中国第三产业年鉴

ALMANAC OF CHINA'S TERTIARY INDUSTRY

1993

《中国第三产业年鉴》编委会

中国统计出版社

發展第三產業
造福人民群众

為中國第三產業年鑑題

鄒家華

一九九二年八月廿九日

《中国第三产业年鉴》顾问

《中国第三产业年鉴》编委会

贾德安　广播电影电视部计财司司长
徐殿试　农业部计划司副司长
继启武　国家气象局计财司司长
鄂竞平　水利部计划司副司长
曾绍金　地矿部地勘行业管理司司长
韩良诚　劳动部保险福利司司长

焦长根　国内贸易部副司长
谢鸿光　中国统计出版社副总编
雷国平　海关总署政策法规司副司长
蔡仁华　卫生部政策法规司副司长
薛　亮　国家计委第三产业领导小组办公室副主任

千庆弼　内蒙古自治区计委副主任
马述林　重庆市计委副主任
王亚保　海南省计划厅副厅长
兰光中　山西省计委副主任
冯建全　宁波市计委副主任
江金和　福建省计委副主任
齐洪灿　宁夏回族自治区计委副主任
刘玉兰　陕西省计委副主任
刘家原　成都市计委副主任
孙同越　北京市计委副主任
华建敏　上海市计委主任
何先聪　四川省计经委副主任
李　辉　吉林省计委副主任
李晋修　长春市计委副主任
苏忠遂　武汉市计委主任
宋益康　浙江省计委副主任
闵雪安　云南省计委副主任
陈博文　新疆维吾尔自治区计委副主任
张　溯　深圳市计划局局长
张宝林　辽宁省计经委副主任
张国杰　甘肃省计委副主任

郑金沐　厦门市计委副主任
张振藩　哈尔滨市计委副主任
孟祥忱　沈阳市计经委副主任
范建军　青岛市计委副主任
林鸿增　天津市计委副主任
周本立　安徽省计委副主任
周秋田　山东省计委副主任
姜亦栋　黑龙江省计委副主任
姚定海　广东省计委副主任
洪普洲　广西壮族自治区计委主任
胡中兴　贵州省计委副主任
郭世良　江苏省计委副主任
高运科　湖北省计委副主任
耿乃凡　南京市计委副主任
夏宗勇　河南省计经委副主任
唐益成　河北省计经委副主任
黄叔平　大连市计委副主任
郭锡龄　广州市计委主任
曾建国　西安市计委副主任
颜学顺　湖南省计委副主任

《中国第三产业年鉴》
编辑工作人员

总 编 辑　蓝世良

副总编辑　赵　彬　　薛　亮

编辑人员　（按姓氏笔划为序）

王会娟　　孔丽频　　宁吉喆　　任　珑

李佩钰　　金　平　　杨玉英　　索亚军

夏咏梅　　黄建华

编 辑 说 明

一、《中国第三产业年鉴》是我国第一部系统宣传党中央和国务院关于发展第三产业的方针政策，全面介绍我国第三产业情况和研究第三产业问题的大型年刊。它由第三产业各行业主管部门的有关司局和各省、自治区、直辖市、计划单列市计划部门撰稿，国家计委第三产业领导小组办公室和中国经营报社编辑部承担了本年鉴的编纂组织工作。本年鉴全面介绍各行业、各地区第三产业的发展经验、现状及展望，具有相当的系统性和权威性，以此为第三产业的研究者提供资料，为规划者提供依据，为管理者提供思路，为经营者提供借鉴。

二、本年鉴 1993 年刊，内容分为九个部分：

第一部分，第三产业概述；第二部分，第三产业重要政策法规；第三部分，全国加快第三产业发展工作会议专辑；第四部分，第三产业研究专文；第五部分，第三产业分行业发展概况；第六部分，第三产业分地区发展概况；第七部分，专题述评与介绍；第八部分，第三产业企业、事业单位介绍；第九部分，第三产业统计资料及分析。

三、本年鉴 1993 年刊是创刊号，为了给读者一个关于第三产业的完整概念和全面了解，在内容安排上，除了介绍 1992 年各行业、各地区的情况外，还特别编排了以下两项内容：

1. 第三产业基本知识概述，包括第三产业的划分、核算及其在国民经济中的地位、作用等。

2. 改革开放以来是建国以后第三产业发展最快的时期，因此，在本年鉴中对各部门、各地区改革开放以来第三产业的发展情况作了概要的介绍。

四、关于第三产业重要政策法规部分，精选了近年来党中央和国务院及有关部门关于发展第三产业方面的最新的一些文件。

五、本年鉴特请罗干、柳随年、厉以宁等九位国内知名专家撰写了有关第三产业问题的专文，从理论和实证研究的角度提出了他们的论点和意见，力求为广大读者提供启发和参考。

六、第三产业专题述评部分，是选择近年来的一些热点领域或人们普遍关心的问题，请有关主管部门的负责人或对该问题有研究的专家撰稿，介绍这些领域的基本情况，并进行分析评论。虽然其中或许是作者个人观点或一家之言，但对这些问题的讨论和研究是会有参考意义的。为使这些专题的评论更加生动、具体，在部分专题下配合编排了有关企、事业单位的情况介绍。

七、本年鉴第八部分介绍了一些由有关部门推荐的第三产业企业、事业单位的情况。其中劳动部、民政部、建设部、总后生产管理部推荐的企业有个别属第二产业，但由于这些企业归属上述第三产业主管部门管理，因此也编入了这部分中。

八、本年鉴的资料，一般截止到 1992 年底。为了尽量给读者提供最新的资料，有的篇章还采用了 1993 年上半年的数据。

九、本年鉴是第一次出版，由于编者的水平、经验所限，疏漏、错误等不足之外在所难免，敬请广大读者提出批评意见和改进建议。

谨此对参与本年鉴编辑和撰稿工作以及对本年鉴的编纂工作提供过帮助、指导和关注的各方面领导、专家学者、企业等有关人士和单位表示诚致的谢意！

《中国第三产业年鉴》
编 委 会
1993 年 10 月

序　言

《中国第三产业年鉴》与大家见面了，这是我国第一部全面总结、反映第三产业发展情况的年鉴，是我国第三产业发展过程中的一件大事。自去年以来，党中央、国务院发布了关于加快发展第三产业的决定，第一次把发展第三产业作为一项重大战略决策提了出来。决定指出了我国现在已进入第三产业的发展速度将高于第一、第二产业这样的经济发展阶段，提出了要建立起社会主义统一市场体系、城乡社会化综合服务体系和社会保障体系的发展目标以及13条重要政策措施，这是对第三产业发展具有里程碑意义的重大决策。在党的十四大会议上，江泽民总书记第一次把第三产业的兴旺发达提到了现代化经济重要特征的高度，并将其列为90年代十个关系全局的主要任务之一。随后，国务院又召开了建国以来第一次专门讨论研究全国加快第三产业发展的工作会议，对全国第三产业发展规划，包括目标、任务、政策等进行了深入的讨论。以上一系列重大步骤，标志着我国第三产业的发展开始进入了一个新的发展阶段，全国上下出现了加快发展第三产业的好势头。

面对第三产业发展的新形势，必须对第三产业有一个新的充分的认识。我们长期以来把第三产业作为非生产部门，在计划安排等方面常常放在从属的位置，而且往往把它局限在商业和居民服务业范畴，从理论到实践上对第三产业在国民经济中的地位和作用没有明确的认识和正确对待，因而制约了它的发展。当前，在认识上最重要的是要明确，第三产业是国民经济中的一大产业。首先，第三产业是除了生产有形产品的第一产业（农业）、第二产业（工业和建筑业）之外的所有生产无形产品（服务）的行业的总称，它不仅包括传统的生活服务业，还包括运输、通信、金融、租赁等生产或商务服务业；不仅包括劳动密集型行业，还包括信息、咨询等技术密集型行业。发展第三产业，不仅需要一般的人才，还需要大批具有高知识结构、高技术水平和管理水平的人才。其次，随着经济的发展，第三产业在经济结构中的比重和作用越来越大。从在经济发展中的从属地位发展成为通过对第一、第二产业以及社会其他方面的专业化、现代化服务，来提高经济效率、影响经济发展的主要力量。在经济发达国家，第三产业已成为第一大产业，在国民生产总值中的比重和就业人数比重均在60％以上。因此，把第三产业从国民经济发展的从属地位提高到现代化经济重要特征的高度来认识，在我国有着非常现实的意义。这本年鉴从第三产业广阔领域的各个方面展示了其丰富的内涵，对于认识这一点是有帮助的。

第三产业与第一、第二产业有着不同的特点，应当重在正确的政策引导。第三产业中除了少数一些对全局有重要影响的行业，如交通、通信业、金融业等需要实行严格的全国统一规划外，其他绝大多数行业都是每一个地区、每一个城市的社会经济发展所共同需要的。根据这一特点，国家对于第三产业的发展，主要不是靠投资搞一两个大项目，而主要在改革开放的总的指导思想下，按照建立社会主义市场经济体制的要求，从政策上、体制上、机制上为第三产业的发展创造有利条件，广泛动员社会各方面力量兴办，并且要引导其健康发展。对于行业的发展，从国家直接着力于项目投资——硬件建设到重在政策引导——软件建设，也是一个重要的转变。因此，加强对第三产业发展的政策引导应是各级政府部门的重要任务。本年鉴提供的基本材料和数据，可以成为研究制订发展第三产业的政策和规划的依据和参考。

以上两点，我以为是当前我国第三产业发展中最先遇到和需要认真解决的。

第三产业在它被经济理论家们命名之前就古已有之，如今在经济发达国家已成为主体产业，而在我国还正在兴起。可以说，第三产业的基础理论知识、范围特点、政策内涵等等，对于许多人来说，还是比较陌生的。加强第三产业的宣传，是一件益国益民的大事，我希望《中国第三产业年鉴》成为第三产业宣传队伍中的一支生力军。预祝它在广大读者的支持帮助下越办越好。

陈锦华

一九九三年八月十日

《中国第三产业年鉴·1993》(目录)

编辑说明

序言

第一部分　第三产业概述

第二部分　第三产业重要政策法规

第四部分　第三产业研究专文

第五部分　第三产业分行业发展概况

第六部分　第三产业分地区发展概况

第七部分　专题述评与介绍

第九部分　第三产业统计资料及分析

第一部分

第 三 产 业 概 述

三次产业分类理论的产生与发展

第三产业作为一个完整的概念，最早是在本世纪30年代由英国经济学家、当时在新西兰奥塔哥大学任教的阿·费希尔（A·Fisher）首先提出的。在其所著的《安全与进步的冲突》（1935年伦敦版）一书中，他认为，在世界经济史中人类生产活动的发展有三个阶段。在第一阶段即初级生产阶段上，生产活动主要以农业和畜牧业为主。第二阶段开始于英国工业革命，以工业生产大规模的迅速发展为标志，纺织、钢铁和其他制造业迅速崛起和发展，为就业和投资提供了广泛的机会。第三阶段开始于本世纪初期，大量的劳动力和资本流入旅游、娱乐服务、文化艺术、保健、教育和科学、政府等活动中。欧、美、澳一些工业发达国家率先进入这一阶段。费希尔将处于初级阶段生产的产业叫做第一产业，处于第二阶段生产的产业叫做第二产业，处于第三阶段生产的产业叫做第三产业。

费希尔关于三次产业分类的新理论，最先为澳大利亚、新西兰两国的经济学界和政府部门所接受，并开始在两国的统计中正式使用三次产业的分类方法。

1940年，英国经济学家科林·克拉克（Colin Clack）发表了《经济进步的条件》一书。该书在费希尔关于产业分类方法研究成果的基础上，根据生产距离自然资源的远近对三次产业的理论作了进一步的阐述，明确区分了国民经济的三次产业构成。经过克拉克的发展，这种新的分类方法开始为越来越多的经济界人士所接受。从50年代后期起，三次产业的分类方法日渐成为国际通用的国民经济结构的重要分类和统计方法。

三次产业的划分，第三产业概念的确立，是产业结构发展与演变的必然趋势和要求。由于费希尔首先提出了第三产业的概念和三次产业的分类方法，克拉克使三次产业的分类方法得到了广泛的普及，因而他们被公认为三次产业分类法的创始人。

这种三次产业分类法，就是把国民经济部门划分为第一产业（Primary Industry），第二产业（Scondary Industry），第三产业（Tertiary Industry）。在实际应用中，到目前为止，三次产业分类的依据和标准在国际上并没有完全一致的意见。一般地说，第一产业包括农业（种植业）、畜牧业、渔业、狩猎业和林业；第二产业包括制造业、采掘业和矿业、建筑业以及煤气、电力、自来水；第三产业包括运输业、通信业、仓储业、批发零售贸易、金融业、房地产业、科学、教育、新闻、广播、公共行政和国防，以及社会服务娱乐和个人生活服务等。但有些国家把采掘业列为第一产业，也有些国家把煤气、电力、自来水列为第三产业。

简而言之，第一产业是广义的农业，第二产业是广义的工业，第三产业是广义的服务业。世界银行等国际组织现在正是用农业、工业、服务业来表示三次产业的划分的。

三次产业划分的依据和标准，主要是产品的性质和生产过程的特征。总的来看，第一产业的生产过程是直接从自然界获取产品，直接依赖对自然资源的开发和利用来进行生产活动，并且只能在自然资源所在地进行，其产品称为初级产品，是人类社会自古以来就赖以生存的基础。第二产业的生产过程是对初级产品的再加工过程，其产品为加工产品。第二产业的兴起，使人类利用自然、征服自然的能力大幅度提高。第三产业的生产过程主要不是对初级产品和加工产品的再加工，而是以其为条件，生产非实物形态的产品。但许多经济学家在划分三次产业中运用了各自不同的标准和方法，大体上有以下几种：

1. 根据生产者与消费者距离的远近。生产者距离消费者远的为第一产业，次远的为第二产业，近的为第三产业。

2. 根据生产过程与消费过程是否可以分离。第一、第二产业的生产过程与消费过程可以分离，第三产业的生产过程和消费过程一般是同时同地进行的。

3. 根据产品是否有形。生产有形产品的为第一、第二产业，生产无形产品的为第三产业。

4. 根据人类生产活动发展的先后次序。大体顺序为第一、第二、第三产业。

还有一些划分标准，如是否具有异质性等等。

第三产业中的交通、邮电、商业、教育、卫生、旅游等行业虽然早已有之，但其成为一类独立存在的产业，则是本世纪初商品经济发展到一定程度，社会对服务行业的需求足以支撑该行业的独立化和服务行业独立化后有越来越多的人能够依靠从事职业性服务而获得更多收益的时候。通过以上对第三产业概念的由来进行考察，可以看出，第三产业的产生需要具备以下基本条件：

第一，社会生产力发展到出现剩余产品的水平。剩余产品有多种含义，这里所说的剩余产品，是指某一类产品的供给量超过其生产者对它的需要量的差额部分。以食物生产为例，当社会生产力发展到食物生产开始出现剩余产品的时候，才有可能从狩猎、采集或原始农牧业中腾出一部分人员，从事独立化的职业性服务生产，如医疗服务、教育服务、科学服务等。这时，食物生产者和服务生产都出现了剩余产品：食物生产者和服务生产者将满足各自需要后的剩余产品进行交换，这一交换同时为服务生产者提供了食物来源和为食物生产者提供了服务产品的来源。

第二，社会对服务产品的需求量足以支撑第三产业独立化。人们从事生产是为了满足消费需求。但是如果需求量很小，未能达到经济规模的程度，那么，生产企业会因生产规模过小，致使生产成本大大提高，无法维持再生产。因此，社会生产力发展到出现剩余产品的水平，只是使第三产业独立有了可能性，而第三产业独立的现实性，还取决于社会对服务产品的需求量达到支持第三产业独立具有经济性的程度。

第三，服务行业独立化能使服务效率提高。社会所需的服务产品，既可以包括在整个实物生产过程中，也可以由独立于实物生产过程之外的专业性服务行业来提供。例如，工农业生产者可以兼营商业服务和运输服务，自产自销和自产自运。但由于服务行业独立能够大幅度提高服务效率，各种专业性的服务行业就应运而生了。比如，以专用运输工具和技术熟练的运输人员进行的专业运输服务，可以为多个工农业生产单位提供服务，大大减少了运输设备的闲置，因此，运输业在历史上很早就独立化了。

第四，商品经济一定程度的发展。服务生产和服务产品从其本性考察，是与商品经济联系在一起的。当社会生产力水平较低时，在人们的需求结构中对服务需求的比重较小，对实物需求的比重很大。随着社会生产力水平提高和商品经济的发达，使服务需求的比重上升，并为从实物产品之间的交换发展到实物产品与服务产品的交换、服务产品之间的交换创造了必要的机制和环境。

（国家计委规划司 杨玉英）

中国第三产业的划分与核算

一、第三产业的划分

对国民经济部门进行三次产业划分，长期以来未被我国经济理论界所接受和未在实际统计中所采用。

从国民经济核算和宏观管理上说，世界各国大体上实行两种国民经济核算体系，原苏联、东欧和我国使用的是物质产品平衡表体系（MPS），西方国家使用的是国民经济帐户体系（SNA）。两种核算体系的统计和计算方法不同。物质产品平衡表体系是按物质生产领域，即农业、工业、建筑业、运输业、商业五大领域的净产值计算国民收入。这种方法与高度集中的计划体制相适应，在过去的经济管理中曾经发挥了重要作用。但是随着经济体制改革的深化和经济运行机制的变化，旧核算制度的缺陷日益突出，与社会主义市场经济体制的要求越来越不相适应。主要表现在：原有体系侧重于反映物质生产，不能真实地反映非物质生产领域创造的社会价值，不能全面地反映综合国力和产业结构；侧重于反映实物流量，不能系统地反映社会资金运动情况，不利于国家通过经济杠杆进行宏观调控；侧重于生产核算，分配、消费、积累等方面的核算比较薄弱，不能反映国民经济循环全貌及各个环节之间的衔接。西方的国民经济帐户体系所采用的国民生产总值指标，不仅包括了物质生产部门创造的增加值，也包括了服务业的增加值，即所有国民经济部门的净产值加上固定资产折旧，能够比较全面地反映国民经济和社会发展的规模和水平。

改革开放以后，我们经过认真总结国民经济发展中的经验与教训，认识到国民经济的健康发展要求产业结构必须协调合理，国民经济的腾飞，不但需要物质生产部门的发展，更要有赖于科技、教育、管理等非物质生产部门的发展。据此，1985年，国务院确定在我国建立国民生产总值和第三产业的统计；1992年，国务院又决定开始分步实施新的国民经济核算体系，这个核算体系能够与实行西方核算体系的国家进行科学的比较，同时又能和我国原有的核算方法相衔接。因此，进行三次产业的统计和计算是势在必行的。借鉴国外通用的划分方法，并结合我国国情，我国对三次产业划分是：

第一产业：农业（包括林业、牧业、渔业等）。

第二产业：工业（包括采掘业、制造业、自来水、电力、蒸汽、热水、煤气）和建筑业。

第三产业：除上述第一、第二产业以外的其他各业。由于第三产业包括的行业多、范围广，根据我国的实际情况，第三产业可分为两大部分：一是流通部门，二是服务部门，具体分为四个层次。

第一层次：流通部门，包括交通运输业、邮电通信业、商业饮食业、物资供销业和仓储业。

第二层次：为生产和生活服务的部门，包括金融、保险业，地质普查业，房地产业、公用事业，居民服务业、旅游业，咨询信息服务业和各类技术服务业等。

第三层次：为提高科学文化水平和居民素质服务的部门，包括教育、文化、广播电视事业，科学研究事业，卫生、体育和社会福利事业等。

第四层次：为社会公共需要服务的部门，包括国家机关、政党机关、社会团体，以及军队和警察等。

但是，我国的统计制度和计划方法尚未进行相应的改革，第三产业的统计指标体系不完整，统计标准不统一，统计范围和口径不规范，不能全面反映第三产业发展的全貌与实际情况；计划安排上也没有把第三产业放到应有的位置。因此，应当进一步改进和完善统计制度和计划方法，以适应社会主义市场经济体制和新的核算体系的需要。

二、第三产业的核算

第三产业核算是国民经济核算体系中，国内生产总值总量核算的重要组成部分。第三产业与一、二产业增加值之和，就是国内生产总值。因此第三产业的一些核算原则与国内生产总值核算的原则是相同的。区别是国内生产总值是对于一定时期生产和提供货物与服务的最终成果的核算。而第三产业仅是对一定时期内为提供最终使用的服务进行的核算。

第三产业的核算主体，是我国的常住单位，即在我国经济领土上具有经济利益中心的单位。经济领土：是指由我国政府控制的地理领土、领海、领空与位于国际水域,但我国具有捕捞和海底开采管辖权的大陆架;我国在国外的领土“飞地”,即位于其他国家,但通过正式协议,为我国政府拥有或租用于外交等目的,具有明确边界的地域或空间,如我国驻外大使馆、领事馆、南极考察站等。同时不包括国外在我国的“飞地”,即位于我国地理领土范围内,但通过正式协议,为外国政府所拥有或租用于外交目的,具有明确边界的地域,如外国驻华使馆、领馆用地及国际组织用地。经济利益中心:一个经济单位在我国经济领土范围内具有一定的场所,如住房、厂房或其他建筑物,从事一定规模的经济活动并超过一定时期(一般以一年为操作准则),则说该经济单位在我国具有经济利益中心。

第三产业的生产就是劳动者利用劳动手段转换或消耗货物和服务投入,创造新的服务产出的过程。第三产业生产核算的对象是服务,即物质性服务与非物质性服务。物质性服务是指为货物的生产提供的运输、邮电、商业等服务;非物质服务是指主要为个人和公众提供的文化教育、医疗保健、社会保障、综合技术、金融、国家管理和国防等服务。

第三产业核算采用的价格一般是市场价格。第三产业的特点是生产与使用同时发生,不经过流通环节,所以第三产业购买者价格与生产者价格是一致的。

第三产业核算与国内生产总值核算一样,有生产法、收入(分配)法和支出法。

(一)生产法:

第三产业生产法是从服务活动的总价值量入手,剔除提供服务这一生产过程中的中间投入产品(货物和服务),得到新增价值的方法。公式为:

总产出－中间投入＝增加值

第三产业总产出:是常住单位核算期内提供服务活动的总成果,是服务产品的全部价值,包括转移价值和新增价值两个部分。

第三产业中间投入:是常住单位在提供服务过程中,消耗和使用的所有货物和服务的价值,计入中间投入应按生产过程中实际使用的计算。

第三产业增加值:是提供服务过程中增加的价值,也称为追加价值,就是总产出与中间投入之间的差额。

下面分别介绍具体行业的核算

1. 运输业

(1)运输业的总产出是公路运输企业、水上运输企业、航空运输企业、铁路运输企业和管道运输企业的货运、客运业务收入、装卸收入和其他服务收入等。

(2)运输业中间投入是核算期内运输企业消耗的外购物质产品和服务费,需要明确的是与总产出口径一致的中间投入计算在内。具体包括:外购材料、外购燃料、外购动力、外付修理费、邮电费、印刷费、水电费、金融与保险业服务费、会议费、技术转让费、广告费等。

运输业总产出－运输业中间投入＝运输业增加值

2. 邮电通讯业

(1)邮电通讯业总产出是通过电报、电话、传送邮件等邮电活动所取得的全部营业收入,代表邮电通讯业生产活动成果(不包括邮电储蓄所发生的收支部分,这部分属于金融业活动)。

(2)邮电业中间投入是邮电通讯活动中外购的动力、燃料、照明、取暖,以及通讯导航器材、业务用品、低值易耗品和支付的服务费用等。

邮电总产出－邮电业中间投入＝邮电业增加值

3. 商业、饮食业、仓储业

(1)商业、饮食业、仓储业总产出。

商业总产出原则上就是商业附加费,也就是商品销售收入减商品进价的差额,即通常所说的毛利。为了避免流通过程中的重复计算,保持商品购进价格的一致性,需要扣除外购的运费和装卸搬运费。商业具体包括国内商业、外贸、物资供销、工业自销等批发零售活动。

对饮食业有两种认识,一种认为饮食业与商业活动相同;另一种认为饮食业兼有工业生产性质,改变了劳动对象的原有形态,但它又与商业活动有相似之处,其生产与销售是同时进行的。所以其总产出的计算也有两种意见,一种认为应按饮食业产品的全价计算,另一种意见则认为根据饮食业生产与销售同步的特点,应按商业只计算毛利的做法。目前,我国采用前一种作法。所以饮食业总产出就是饮食业的营业收入。

仓储业总产出有两种情况:一是代储而收取储存费用,则以其收费收入做为总产出,二是国家储备,不收取费用,而是在储存过程中发生一些支出,则以其储存活动经费支出作为总产出,但不包括被储存货物的自身价值。

(2)商业、饮食业、仓储业中间投入是在生产活动中所消耗的物质产品和非物质服务,主要有商品损耗、库存物资损耗、低值易耗品摊销、仓储费和包装费(需要说明的是各项费用均需扣除支付个人的劳动报酬、奖金等)、印刷、书报文具、水电费、运输邮电费、金融及保险服务费、广告费、商品检验费、咨询费、技术研究费等。饮食业中间投入还要包括营业成本,即购买的粮食、肉禽蛋、干鲜菜等食品。

商业、饮食业、仓储业总产出－商业、饮食业、仓储业中间投入＝商业饮食业仓储业增加值

4. 非物质生产部门中营利性单位的核算

非物质生产部门中的营利性单位,包括居民服务

业、旅游业、房地产管理业、金融、保险业等。有营利业务收入的部门,其经济活动中所发生的费用,主要来源于营业收入。因此,大部分营利性单位总产出是营业或业务收入。

(1) 房地产、金融、保险业的总产出

房地产业是为居民提供住房的服务行业，具体包括四个部分,一是房产管理部门,二是房屋开发经营部门,三是城乡居民自有住房,四是国民经济各个部门自有的宿舍。

①房地产管理部门总产出，其总产出＝房租收入＋土地使用费收入＋拨入经费(扣除用于基建支出)＋其他业务收入 (换房手续费和房产交易费等收入)

②房屋开发公司往往都是先从事房屋的投资建设,再将房屋销售出去,所以该部门活动包括建筑业活动与经营房屋两个部分。建筑业活动部分应计入建筑业中去,这里只计算经营房屋销售部分的差价,其总产出＝销售收入－前期工程费和建安工程费。

③城乡居民自有房屋也应计入房地产业生产活动中,它是一种虚拟服务产出活动。城乡居民自有住房的产出应按市场的房租价格加虚拟折旧进行计算，其总产出等于虚拟房租。

④国民经济自管住宅房应参照市场房租和自管住宅折旧来计算其总产出。

金融业是通过吸纳存款和对外贷款活动提供融资服务的行业。金融业总产出＝各项利息收入＋手续费收入＋信托业务收入＋融资租赁业务收入＋外汇收入＋投资分红收入－各项利息支出

保险业是通过从投保单位或个人筹集资金，最终回流到投保单位或个人，并在此期间可以利用这些资金进行投资,以获得一定的收入和产生资本收益(或损失)的活动。保险业总产出＝保费收入＋追偿款收入＋手续费收入＋利息(投资分红)收入＋转回未到期责任准备金＋分保损益及其他收入－退保及赔款支出－提存未到期责任准备金

(2) 上述单位的中间投入是这些产业在核算期内所耗的货物和服务。主要包括外购燃料、动力、外购材料、水电费、邮电费、印刷费、图书资料费、报刊费、装卸费、低值易耗品摊销、劳动保护费、警卫消防费、取暖费、运输费、办公用品、机动车用油费、租赁费、出纳费、安全措施费、钞币运送费、公杂费等。还有执行费、保险服务费、绿化费、差旅费、干训费、公证费、广告费、勘察费、律师费、诉讼费、检验试验费等。

总产出－中间投入＝增加值

5. 非物质生产部门非营利性单位的总产出核算

非物质生产部门中营利性单位，一般没有经营收入或虽有收入也抵补不了支出。主要包括公用、文化、教育、广播电视事业、卫生、科学研究、体育和社会福利，国家政党机关和社会团体等。

(1)总产出是核算期内提供服务的总费用支出,即以经常性支出加固定资产虚拟折旧费的办法计算，但对于不属于经常性支出的如设备购置费、零星土建工程费用和与生产活动无关的属于转移的人民助学金、离退休人员费用要进行扣除。

总产出＝劳动者收入＋职工福利费＋公务费＋修缮费＋业务费＋其他费用＋物价补贴＋预算外支出＋固定资产虚拟折旧

(2) 中间投入是从事其业务活动中消耗的货物和服务。具体包括办公费、水电费、邮电费、公用取暖费、燃料费、修理费、租赁费、低值易耗品、材料费、印刷费、书报费、运输费、仓储费等,保险服务费、养路费、宣传广告费等。

总产出－中间投入＝增加值

(二) 收入法

收入法也称为分配法，是常住生产单位在生产过程中,按原始收入反映最终成果的一种计算方法。具体是要素收入加生产税与进口税再扣除补贴。共分为劳动者报酬、生产税净额、固定资产折旧、营业盈余四项。

第三产业按收入法核算，则需要按第三产业中各个行业中分别核算收入法的资料。

1. 劳动者报酬：是劳动者在生产过程中，得到的全部收入。具体是指常住生产单位以各种形式支付给劳动者的报酬。一是货币性收入：包括工资、薪金、奖金各种津贴和补贴，个体和其他劳动者得到的货币纯收入;二是实物性收入:劳动者在生产单位得到的免费或低于市场价格的货物或服务，还包括居民自产自用于生活消费的货物价值；三是生产单位为劳动者个人支付的社会保险，包括为劳动者向社会保险部门支付的待业、退休、养老、人身、医疗、家庭财产等保险费用。

2. 固定资产折旧：是核算期为补偿消耗的固定资产而提取的价值，是反映固定资产在生产过程中损耗与转移的价值。具体包括两部分，一是根据固定资产原值按规定比率提取的基本折旧基金，主要有按年限提取的固定资产基本折旧,补提折旧等项,另一种是目前还没有提取固定资产折旧的单位，应采取虚拟折旧办法,即参照类似的固定资产及使用年限,对固定资产提取折旧。

3. 生产税净额：是常住生产单位向政府缴纳的生产税与政府支付给常住生产单位补贴相抵后的差额。

生产税是指常住生产单位，在生产、销售、购买或进口时交纳的税。一是向国家缴纳的各种利前税,有牲畜交易税、销售税、营业税、产品税、增值税、城市维

护建设税、房产税、车船使用税、印花税、烧油特别税、土地使用税、进口税、特别消费税等；二是直接或间接缴纳政府的规费，如教育费附加、水资源费、电费附加等等。

补贴：是政府为扶持生产而支付给生产单位的价格补贴和政策性亏损补贴。

严格区分生产税与收入税的划分是本指标核算的要领。

4. 营业盈余：是常住生产单位在生产过程中所获得的收益，是总产出与中间投入、固定资产消耗、劳动者报酬、生产税净额之间的差额。它代表生产单位原始收入的部分，具体可从进入成本的职工福利费用，补贴后的实现利润，其他等项扣除支付个人劳动报酬后的部分取得。

（三）支出法

支出法是从最终使用的角度来反映生产规模的一种方法。第三产业最终使用包括服务总消费、服务净出口两项内容。

1. 服务总消费：是常住单位在一定时期内对于服务的全部最终消费。服务总消费只核算常住单位或居民为满足物质、文化与精神生活的需要，从本国经济领土或外国购买的服务，不包括非常住居民在本国经济领土内的服务消费。服务总消费分为居民服务消费和社会服务消费。

（1）居民服务消费

居民服务消费是指常住居民在核算期内关于服务的全部最终消费。一是居民直接购买的用于生活消费的各种服务支出，包括交通费、房租、洗理、日用修理、医疗保健、教育、文化等支出；二是居民从单位免费或低于市场价格获得的各种服务；三是居民虚拟消费，包括自有住房消费和雇佣的家庭保姆支出。

（2）社会服务消费

社会服务消费包括政府服务消费和集体服务消费两部分。

①政府服务消费：是指政府为了保障国民经济正常运行、国家防卫、人民的正常生活等所消费的服务产品。具体是以财政拨款形式对行政事业单位的经济活动而支付的款项。可以理解为社会公共服务部门将其服务生产的总成果提供给政府，供全社会享用作为政府消费。具体是行政事业单位总产出减去销售收入后的价值。主要有以财政拨款形式的支出，行政管理费、国防和武装警察部队经费、科学文教卫生事业费、社会福利事业费、工交商和农林水气事业费、城市维护费、地质普查费等项，扣除设备购置和人民助学金等，再加上行政事业单位虚拟固定资产折旧费。

②集体服务消费：指企业、事业和行政单位的职工共同最终消费的服务。具体地讲，它是由企业、事业和行政单位利用工会经费和职工福利费等，为本单位职工所提供的文娱、体育和生活服务及用品的全部支出中无法或不能计入居民消费的部分。

2. 服务净出口

服务净出口是指出口与进口的差额，即出口减去进口。在开放经济条件下，一国常住单位所消费的服务产品中，会有非常住单位提供的服务；同时，常住单位提供的服务也会被非常住单位所使用。因此，从使用角度核算常住单位生产的全部服务总量就需要计算净出口。

第三产业服务进出口包括物质性服务和非物质性服务，应把常住单位和居民从国外得到的服务作为服务进口，反之，非常住单位和居民从我国得到的服务作为出口。

以上就是第三产业的三种计算方法，从理论上讲计算结果是完全一致的。但为了观察第三产业内部产业结构，生产法、收入法更为适用。支出法只能反映第三产业增加值的总量。

（国家统计局平衡司 徐凯瑞）

第三产业在国民经济中的地位

一、第三产业进步与经济发展

与自给自足经济相比，市场经济活动的各经济主体之间的关系需要中间媒介来沟通。中间媒介不仅包括专门从事商品交换的商业，还包括其他一系列中间服务业，即第三产业。但是，在我国有些人的观念中，第三产业属于非物质生产部门，只是同生活消费联系在一起；而西方有些人则认为，进入了“后工业化社会”后，第三产业的发展意味着工业的衰落。看起来，这两种观点截然不同，前者缩小服务业的范围和作用，后者则过分夸大了其地位和影响。但他们两者又有相通之处，都没有能正确反映第三产业与物质生产部门的紧密联系，以及它所起的强化物质生产的作用。在新技术革命推动下，现代市场经济进一步发展和完善，服务业提供的劳务在物质生产过程中起着越来越重要的作用，第三产业逐渐提高到主导产业地位。

自商品交换发生起，第三产业中的一些行业就逐渐发展起来。中世纪，商人活动主要是销售外国产品，如欧洲商人贩卖东方的丝绸、茶叶等。由于农业与手工业的分离，商品经济得以发展，但最初的商人往往又是手工业者，经营方式是“前店后场”的手工业作坊生产方式，分工进一步深化之后，一批手工业者才专门经营商业。最初是行商，然后才成为坐商。当时，生产者与消费者是直接见面的，商业对商品交换的作用尚未充分发挥。英国工业革命之后，工场手工业代替了手工业作坊，机器大工厂又代替了工场手工业。商品经济进一步发达起来。大工厂生产方式和世界统一市场的形成，把生产者与消费者的距离拉开，生产适应消费需求产生了困难，这与市场经济是消费经济的本意发生了矛盾。为解决生产者与消费者距离拉开产生的问题，就必须发展沟通两者的中间媒介。机器大工厂的产品要通过批发商和零售商之手，不能卖给消费者，商业进一步发达起来。产品要从工厂运到批发商、零售商、以至于消费者手中，工厂所需的原材料和能源数量增多，都需要专门的运输业。商品交换和生产资金筹集，使金融业发展起来。工业从农业分离开来，成为一个独立产业，促进了市场经济发展，呼唤着第三产业，它不仅仅是为个人生活消费服务的产业，更重要的是为市场活动服务的产业。第三产业在国民经济中的作用更被突出出来。

人类生产力的发展进一步刺激了消费，使产业结构更加多样化，也对服务业起了推动作用。一些西方经济学家把市场经济发展分为若干阶段。其中，比较典型的是美国经济学家罗斯托的经济阶段论，他认为人类社会发展共分为 6 个经济增长阶段：1. 传统社会；2. 为“起飞”创造前提的阶段；3. 起飞阶段；4. 成熟阶段；5. 群众高额消费阶段；6. 追求生活质量阶段。当市场经济发展到群众高额消费阶段之后，主导产业部门是由汽车工业组成的综合产业体系。它不但包括钢铁、轮胎、石油、玻璃等工业部门，也包括与汽车使用和为汽车使用服务的部门。如加油站、高速公路、公路沿线的零售店、餐馆、停车场等。当社会发展到追求生活质量阶段，服务业的作用进一步上升，产业主导部门是以公共服务业和私人服务业为代表的，能够提高居民生活质量的部门，它包括教育、住宅建筑和城市公共设施的现代化建设，以及社会福利等。生产活动的重心从生产有形产品的产业部门为主转向生产无形产品的服务部门为主。

世界产业结构变化说明，第三产业比重上升是市场经济发展的必然趋势：农业比重不断缩小，工业比重由上升变为逐渐下降，第三产业不断扩大。在世界国民总产值中，农业的比重从 1970 年的 7.4%降至 1985 年的 6.3%，到 2000 年，可能降到 5.6%；工业的比重也在下降，从1970年的40.8%降至1985年的36.3%，到 2000 年，将降至 36.0%，其中制造业的比重则比较稳定，1970 年为 23.7%，1985 年为 24%，到 2000 年，可能为 23.7%；第三产业的比重持续上升，从 1970 年的 51.8%升至 1985 年的 57.4%，到 2000 年，可达到 58.4%。发达国家的农业比重已从 1970 年的 4.4%降至 1985 年的 3.6%，2000 年将降至 3.1%；工业比重从 1970 年的 40.6%降至 1985 年的 36.9%，2000 年将降至 34.85，其中制造业从 1970 年的 25.7%降至 1985 的 25.3%，2000 年将降至 24.0%；第三产业从 1970 年的 55.0%升至 1985 年的 59.5%，2000 年将升至 62.1%。作为工业发展后来者的发展中国家，制造业正处于迅速增长阶段。农业比重由 1970 年的 20.7%下降为 1985 年的 16.9%，2000 年将降至 13.8%；工业比重从 1970 年的 41.3%降至 1985 年的 36.1%，2000 年将升至 39.8%；第三产业增长幅度很大，从 1970 年的 38.0%上升为 1985 年的 47.0%，2000 年将维持这个比重。

世界各国的市场经济发展史说明，第三产业在市场经济中的地位是随着生产力进步、市场体制的深化而不断提高的。市场体系的完整取决于服务业的发展。现代市场体系逐渐由硬市场为主转向软市场为主。硬市场就是商品市场。软市场是指生产要素市场，由于生产要素趋于以软件为主，则称它为软市场。随着生产力趋于软件化，软市场地位上升。当人类社会发展到复杂商品生产阶段，社会生产水平进一步提高，社会分工深化，物质资料生产逐渐丰富，因而人们交换范围开始扩大。为适应物资资料发展的需要，土地和房产市场相继出现；同时货币的作用和范围扩大使人们之间的交换更加频繁，商品市场发达起来，商人、经纪人成为社会职业重要组成部分。到了成熟商品生产阶段，社会分工进一步发达，商品生产的物质技术基础变得更雄厚，以金融市场、劳动力市场为主的软市场逐步发展，形成较为完整的市场体系。这时，货币变为资本，劳动力成为商品。当金融市场从资金市场为主转向资本市场为主之后，金融业成为重要的产业部门。在工业高度发达的基础上，新技术革命改变着传统的工业结构、经济和社会结构。技术和知识的作用上升，技术市场形成，教育成为重要的产业部门。作为逐步扩张的市场体系，覆盖范围更宽了；适应计算革命和沟通社会生活各方面联系需要的技术市场、信息市场、文化市场等逐步成熟起来。"服务革命"使第三产业蓬勃发展，原有的物质商品市场、房地产市场、金融市场、劳动力市场等更加完善和发达，市场网络已通向全球，健全统一的市场体系建立起来。因此，软市场的发展，使第三产业作为一个整体产业成为重要产业部门。科学技术的迅速发展和应用，得益于适用市场。仅发明专利一项就给社会经济带来巨大效益。信息市场的形成，为科学地制定经济决策，为人们自由选择经济活动提供了依据；为生产适应市场需求发挥了引导作用，可以减少盲目生产，节约社会劳动。

第三产业的发展不但不意味着工农业物质生产部门的衰落，而且，还促进和加强了物质生产部门特别是制造业生产。近一二十年来，在新技术革命推动下，服务业摆脱了传统束缚，正在以崭新的面目出现于世界。因而有人称第三产业正在发生一场革命。这场"革命"使服务业发生了深刻变化，使其在许多国家上升为国民经济的主导产业。

一是第三产业的生产化。按照许多人的传统观念，第三产业就是百货业、理发业、餐饮业、旅馆业等为生活消费服务的行业。而现代的第三产业已经向为物质生产服务为主转化，除了消费服务业之外，直接为物质生产服务的生产者服务业在整个第三产业中的地位日益提高。这类服务业部门，主要包括工业设备安装业、设备保养和维修业以及技术开发研究业，被称为工业性生产者服务业；还包括法律、金融、通讯、运输、租赁和其他商务服务业，被称为非工业生产服务业。据统计，1972—1986 年，日本的生产者服务业企业增加 120%，就业增长 112%；而个人生活服务业只分别增长 22%和 30%。1975—1981 年，西德制造业花在生产者服务业方面的支出占制造业产值的比重，从 12.8%增至 14.1%，英国从 7.7%增至 10.1%，意大利从 13.7%增至 16.1%。

二是服务业的知识化。物质生产的技术含量日益增加，是与服务业从以最终消费为主转向生产服务为主有关的。为生活消费服务，主要体现在为商品交换提供劳务；为生产服务则主要体现在为物质生产提供投入。这种投入不是具体的物质，而是专门的知识或技术。因此，在生产者服务业的发展中，知识密集型服务业的地位日益重要，使服务业成为名符其实的智力产业。这类服务业包括，工程设计、项目评估及可行性研究、生产设备保修及租赁、产品广告宣传、产品使用技术培训及保修等。1985 年，仅工程设计、项目评估及可行性研究等服务业创造的增殖价值就占发达国家国民生产总值的 10%左右。知识密集型服务业企业的技术人员和专门人才比例自然较高。对 1982 年美国一些跨国公司的调查表明，专业技术人员占公司雇员比重，制造业为 1.94%，金融咨询服务业为 4.14%，电脑服务业为 1.96%。在其子公司中，制造业企业的专业人员占 2.27%，生产者服务业为 2.60%；其中，企业管理、咨询和公共关系服务业为 2.19%。

三是服务业的信息化。知识密集型生产者服务业使用的主要是软技术(即包含在诀窍、技能和技术中的知识)。由于软技术可作为信息存储在电脑中，并可以通过卫星通讯网进行不同地点之间的传送，因而服务业的知识化伴随信息化。一些服务业部门的企业花在信息存储和传送方面的开支很大。美国捷通公司(金融业)每年用于此项的投资达 5 亿美元。80 年代后半期，法国航空公司对通讯设备的投资与购买飞机的开支相差无几。1985 年，美洲银行花在电脑和通讯设备上的开支高过 12 亿美元。可见，一些传统服务业已与新兴的信息业融和在一起。

四是服务业交易的外化。随着服务业的生产化、知识化和信息化，服务业的交易方式突破了传统的观念和作法。过去区别服务业与工农业的标准主要有两条：第一条是劳务不可存储；第二条是劳务的提供和消费是在同时同地进行的。现在软技术可以固化在产品中，如把信息存储在磁带或软盘里，因而劳务可以进行易地交换。例如，设计图纸可以通过传真机从一个地方传到另一个地方，期货交易也可以利用通讯设施传递货单。所以，区分服务业的传统标准已不适用，劳务交换的流动性增强，使之成为市场经济活动的重要内容。

五是服务业的专业化。物质生产企业的一些劳务性工序（即非加工工序），由本企业外的服务业专门提供。这种趋势渗透在物质生产、特别是制造业生产的各个阶段：在生产前的准备阶段，可行性研究由专门的工程咨询公司提供，资金筹集由金融企业负责，产品开发和市场开发由商业服务业进行。在产品生产阶段，生产设备可向专门的公司租赁，设备保养和维修由机械修理公司负责，自动化设备所需的电脑软件由软件公司提供，企业会计财务由会计事务所进行。在生产后阶段，除了产品推销和运输由商业和运输业负责之外，产品销售所需的消费者信贷由金融业提供，产品使用技术培训及产品维修也有专门的企业进行。

尽管衡量劳务的标准已经变化，但某些劳务仍具有不易存储和生产与消费在同时同地进行的特点，服务业企业需要向海外扩展，因而服务业对外直接投资增长快于制造业等物质生产部门。50年代初，服务业占世界对外直接投资累计总额的20%，70年代初升至25%，80年代中期已达40%。80年代后半期，服务业占每年对外直接投资额的比重为50%。服务业生产的国际化与制造业生产国际相比，有三个特点：(1)服务业对外直接投资的作用大于劳务贸易，跨国公司海外子公司的劳务收入多于本国劳务出口收入。如80年代，美国跨国公司海外子公司的劳务收入是美国劳务出口收入的2倍，西德为1.7倍。(2)一些服务业部门的信息数据跨国传送的作用大于商品和人员流动。对88家跨国公司的调查表明，1988年，制造业企业的国际间信息数据转移约占其国际经营活动的39%，金融业占73%，市场行销业占46%。(3)服务业国际化发展最快的部门是生产者服务业，金融业和贸易业的国际化程度最高。如美国服务业对外直接投资的32.4%是贸易业，32.0%是金融业；英国分别是39.1%和27.2%，德国分别为42.2%和31%，日本分别为24%和29.9%，法国分别为25.9%和47.9%。

由此可见，“服务革命”是新技术革命的产物，它势必对人类产生深远影响。

第一，服务业的发展直接影响了企业的生产活动，即刺激物质生产向软件化方向发展。生产加工所需投入，不再仅仅是物质材料，非物质性的信息，主要是信息中包含的软技术，也成为物质生产的一种重要投入，参与生产过程。例如，发达国家的航空工业和通讯设备工业增殖价值的50%左右来自信息投入。与此相应，物质生产所需的原材料投入迅速减少。1973—1984年，日本制造业单位产品生产的原材料消耗减少了60%。

第二，生产者服务业的发展革新了企业的生产经营方式。它的信息化使制造业企业能及时对市场需求变化做出反应，并能迅速吸收最新生产技术；服务业的外化又使制造业企业生产过程的劳务性工序转包出去。由于信息在生产中的作用增强，作为引导企业生产活动的信号，价格信息和非价格信息都起了重要作用。生产还必须适应消费者的多样化和个性化的需求。例如，到本世纪末，发达国家的轿车生产将可以根据用户按个人需要自行设计，轿车的零部件将造成积木式。用户可以象儿童搭积木一样，随意组装，使之更符合自己的需要。再者，由于企业的原材料存货减少，生产者更要求供货者按质量等标准及时供货，否则将影响小批量、多样化生产。因而，除了价格条件之外，生产者更重视供货者的信誉。两者一旦建立供货关系，其他供货者即使以低价引诱，也难以插足。同时，生产者服务业为生产者考察供货者的信誉提供了方便。最后，由于劳务在产品生产中的作用增强，企业之间的竞争内容比过去更广泛。只靠价格已不足以打败竞争对手。高质量的服务（如使用者培训，后续知识的提供及维修）成为竞争力的重要条件。

第三，服务业的发展直接影响了产业结构和人类生产方式。从表面层次看，它改变了农业、工业和服务业三大产业在国民经济中的比重；从更深一层看，它改变了三大产业之间，特别的是制造业与服务业之间的关系，加强了两者之间的关联，深化了社会分工。如前所述，工业生产需要更多劳务，使之出现劳务化，即非物质化趋势。而服务业更面向物质生产，使之出现工业化趋势，服务业可以运用工业生产技术和工业企业管理方法进行生产。在传统服务业中，联锁快餐店的经营采用了制造业企业的全面质量管理法。美国麦当劳快餐店和肯德基快餐店都是如此。他们精心挑选原材料，严格规定食品的存放时间，如在肯德基快餐店，炸好的鸡存放到一定时间没有售出，就一定要销毁。

第四，工业与服务业之间的投入产出关系更为密切。由于服务业生产外化，又使工业与服务业分工更细，使服务业承担了一部分原来由工业从事的生产活动；又由于物质生产向节约物质材料的方向发展，产业结构趋于轻形化和软件化。同时，消费性劳务趋于产品化，越来越多的劳务固化在产品之中。例如，洗衣机固化洗衣店提供的劳务，录音机或激光唱片机可以部分代替音乐厅提供的欣赏服务。因而，服务业的发展不仅没有削弱物质生产在人类经济活动中的作用，反而强化了物质生产。工业生产比重的下降并不意味着它的衰落，其绝对量在不断增大，而且增量部分越来越依靠效益。随之而来的是工业产品结构向精巧化发展，世界工业部门结构也随之变化；原材料工业比重下降，加工工业比重上升，1975—1985年，钢铁工业占工业比重从6.3%降至5%，有色金属材料工业从5.8%降至5.4%，纺织材料工业从6.2%降至5.2%，电气机械工业则从6.9%升至9.1%，运输设备工业一直保持在9%。这些变化对企业行为产生的影响更加深刻。

二、加快发展第三产业对我国经济发展的意义

我国在建国以后的很长时期内，第三产业没有得到应有的发展，到70年代末，第三产业占国民生产总值的比重仅为20%。客观上是当时需要集中力量进行工业化起步，同时理论认识上的偏差，经济体制、运行机制上的缺陷和经济政策的某些失误，也是重要的原因。改革开放以来，第三产业发展较快。80年代，第三产业平均每年增长10.9%，超过同期国民生产总值年均增长8.9%的速度。到1991年，第三产业增加值占国民生产总值的28.6%，从业人数占社会劳动者总人数的18.3%。第三产业已成为国民经济的一个重要产业。

80年代中期以来，党和国家高度重视我国第三产业的发展。1985年，国务院办公厅批转了国家统计局关于建立第三产业统计的报告，要求抓紧建立国民生产总值和第三产业的统计。在“七五”计划中提出了第三产业的发展指标。1991年4月，全国人大七届四次会议通过的十年规划和“八五”计划纲要对第三产业给予了更加充分的重视，明确提出要“进一步重视第三产业，使之继续快于第一、第二产业的发展。到2000年，第三产业在国民生产总值中的比重，由现在的1/4左右提高到1/3左右”。1992年6月16日，中共中央、国务院发布了关于加快发展第三产业的决定。这个决定是发展第三产业的里程碑，它第一次把发展第三产业作为党中央、国务院的重大战略决策提了出来，标志着我国经济已发展到一个相应的阶段，第三产业将进入一个新的发展时期。这个决定也是一个动员令，它突破了思想上、政策上、管理上许多陈规旧律，提出了十三条重大政策措施，为各行各业利用自己的优势，在第三产业的各个领域内取得发展创造了重要条件。党的十四大会议上，江泽民总书记在报告中进一步指出：“第三产业的兴旺发达，是现代化经济的一个重要特征”，“要大力促进第三产业的兴起”，并把加快第三产业发展作为90年代十个关系全局的主要任务之一。这个论述精辟地阐明了人类社会经济发展和产业结构变动的客观趋势，指明了第三产业在现代经济中的地位和作用，并对第三产业的发展作了战略部署。1992年11月，国务院召开了全国加快第三产业发展工作会议。这是建国40多年来第一次专门讨论第三产业发展的会议，是进一步贯彻落实决定和十四大精神的会议。会议研究了90年代第三产业发展的目标、任务和政策措施，明确了当前加快发展第三产业是关系全局的具有战略意义的重大任务，在如何发展第三产业的问题上统一了认识。

90年代，我国第三产业将进入一个新的发展时期。我国国民经济经过40多年、特别是改革开放以来的发展，已经达到一定的规模和水平，正在向现代化建设的第二步战略目标奋进；同时，党的十四大确定了90年代改革和建设的任务，这些都对第三产业的加快发展提出了新的要求，第三产业在国民经济中的地位必将大大提高。

（一）加快发展第三产业，有利于推动社会主义市场经济体制的建立。

党的十四大提出了我国经济体制改革的目标，是建立社会主义市场经济体制。这就要求充分发挥市机制在国家宏观调控下对资源配置的基础性作用。因此，需要积极培育、发展、完善各类市场，以形成全国统一的、开放的、有序竞争的市场体系。要达到这个目标，就需要为市场机制的运行创造必要的前提条件。这些条件相当大部分包含在第三产业之中，第三产业中的许多行业都与市场的形成和发展紧密相关。第三产业中有一些行业本身就是市场体系的组成部分，如商业、物资业、外贸业以及资金市场、房地产市场、技术市场等；有一些行业是市场运行的基础，如交通运输业、邮电通信业、仓储业等；有一些行业是直接为市场运行服务的，如金融业、信息业、会计咨询、法律咨询等；还有一些行业是市场运行的保证，如社会保障业等。因此，第三产业不发展就很难培育完善的市场和发挥市场机制的有效作用。特别是在目前，我国市场体系很不健全，商品市场发育程度低，各类要素市场仅处于起步阶段；人们对市场认识和知识不足，市场的各种中介、监管、自律组织和市场制度不完善，以及与之相配套的法律、法规都还没有很好地建立，培育市场的任务就更为迫切。同时，转换国有企业的经营机制，使企业成为市场竞争的主体，深化分配制度和社会保障制度的改革，以及加快政府职能的转变等，都要求第三产业有较快的发展。

（二）加快第三产业发展，对于顺利实现90年代经济增长目标和调整优化产业结构有着重大作用。

从宏观经济来看，三次产业结构是国民经济中最

高层次的结构。一般地说，第一、第二产业是发展第三产业的基础，反过来，第三产业又强有力地促进第一、第二产业提高效率和水平。在当今世界第三产业取得很大发展的时代，第三产业与第一、第二产业共同综合发挥结构作用，三次产业之间发展成为相互制约、相互依存、互为因果的内在联系。因此，优化和调整我国产业结构的首要任务，就是理顺一、二、三产业之间的关系。我国第三产业在1978年以前的30年中，由于种种原因，一直处于被抑制的状态。改革开放以来，第三产业才得到比较快的发展。

90年代，是我国经济实现高速增长的一个极好的机遇，我们决不能丧失这个机遇。根据规划，90年代经济增长速度要达到年均8—9%。要达到这个目标，必须以不断优化产业结构、提高经济效益为前提，同时第三产业也应当和可以对经济增长作出更大的贡献。第一，加快发展第三产业，有利于形成在国家宏观政策指导下，通过市场自动调整优化产业结构的机制。在这一过程中，首先有利于促进生产、交换、分配、消费的良性循环，改变目前流通不畅，农产品买难、卖难，仓储能力严重不足，工业不少商品积压、产销脱节的状况。其次有利于提高生产、服务的专业化和社会化水平，改变目前企事业单位"大而全"、"小而全"、自我服务、自成体系的不合理状况。再次有利于促进各类生产要素的流动，形成比较发达的融资机制等，有效地吸引社会资金流向基础产业建设，打破国民经济的"瓶颈"限制。第二，通过扩大第三产业在国民经济结构中的比重，转变经济增长模式，提高经济增长效益。当前，我国经济进入了加速工业化、现代化的成长阶段，而交通、能源、重要原材料和资金等的供给不足，是制约经济持续快速发展的突出矛盾。今后经济增长必须突破靠资源大量投入的模式，建立起科学、高效的增长机制。除了加快技术进步，提高资源利用效率以外，第三产业大部分行业能耗低，投入产出率高，见效快，加快它的发展，将降低国民经济发展的能源、运输、投资等弹性系数，从根本上改变经济的增长方式，实现少投入、高产出的增长。第三，从现实情况看，加快第三产业发展也是带动经济增长的关键环节。当前我国的第一产业（农业）发展难度增大，特别是流通环节不畅，服务体系不发达、不健全，使大部分农业仍然没有超越自然经济的状态，内部结构有待改善，要形成高产、高效、优质农业尚需做许多工作。第二产业已经建立起一个比较完整的体系，但基础工业与加工工业的发展很不协调，专业化、集约化程度不高，效率、效益低下，企业亏损和库存积压比较严重，需要进一步调整内部结构，向良性循环发展。第三产业相对来说发展潜力大，投入产出比高，一方面直接增加国民生产总值，另一方面通过增强为第一、第二产业服务的功能，提高整个国民经济效益。

（三）加快第三产业发展，可以为进一步扩大对外开放创造更加有利的环境和条件。

扩大开放，是我国现代化建设的一项基本国策，就是要扩大利用国外资金、资源、技术和人才，要大力发展对外经济贸易，参与国际竞争，使我们的企业走向世界。简单说就是请进来和走出去。

要吸引国外的资金、资源、技术和人才源源不断地流入我国，加速我国的经济建设，这就要求在我国建立一种可以与国际接轨的投资环境，包括有方便快捷的交通、通信手段，有方便舒适的居住旅游设施，以及为这些硬环境服务的金融、信息、咨询、会计、法律等行业和其他社会服务行业。这些行业，恰恰都是第三产业的主要行业，同时也是我国经济发展的薄弱环节。因此，第三产业发达与否，直接关系到整个社会经济环境的好坏。在当前世界经济向国际化、集团化、一体化方向发展的趋势越来越明显的情况下，特别是今后在恢复我国关贸总协定缔约国地位后，要扩大对外贸易和国际化经营，必须掌握国际经济和国际市场的信息，建立符合国际惯例的经济贸易制度。另一方面，国际服务贸易的发展也大大加快，我国已在一些领域开始对外进行了双边或多边谈判，不少第三产业行业将直接面临国际竞争。要进一步提高我国整个国民经济的开放度，更好地扩大对外经济技术合作，更大规模地参与国际分工和竞争，必须使第三产业的发展与之相适应。

（四）加快第三产业发展，是扩大劳动就业和满足人民生活小康水平需要的重要途径。

就业问题在我国一直是关系社会安定和生产稳定增长的大问题。过去就业人员主要安排在第一、第二产业，目前一、二产业的从业人员占我国全部从业人员的80%以上。90年代，我国每年将有大批新成长的劳动力需要就业，预测十年净增约1亿人；同时随着科学技术发展和经济结构调整，第一、第二产业还将转移出来1亿左右劳动力，总共估计将有2亿人左右需要安置。我们将面临前所未有的巨大就业压力。这个问题解决得好，是一笔巨大的人力财富；解决不好，是一个沉重的社会包袱和不安定因素。第三产业行业多，门类广，劳动密集、技术密集、知识密集行业并存，大多数行业具有投资少、见效快的特点，如按等量投资计算，第三产业所容纳的劳动力可以比工业多2—3倍，具有吸纳各类劳动力就业的独特优势和作用。实践证明，发展第三产业就可以广开就业门路，增加就业容量，还能分流工业企业的富余人员。

人民生活要达到小康水平，不仅要求居民收入要有明显增加，吃穿用住的水平要有较大的提高，消费领域要有较大的拓展，消费结构要有较大的变化，而且还要提高社会化服务水平和居民生活质量。随着生产的发展，要满足人民群众在衣、食、住、行、通讯、卫生、生活环境等物质生活水平各个方面不断提高的要求，而且要在文化娱乐、广播影视、图书出版、体育康复、旅游等精神生活方面满足人民不断扩大的需要。同时，这些行业的发展，还可以提高全民族的智力素质和体力素质，培养出高质量的劳动者。加快第三产业的发展，将对城乡社会化服务体系的建立、物质文明和精神文明的建设产生积极的推动作用。

因此，第三产业发展对于我国经济发展具有极为重要的战略意义。我国社会主义现代化建设的需要和长期以来第三产业发展滞后的状况，提出了第三产业加快发展的客观必要性；同时，第一、第二产业的发展和国民经济总体实力的增强，以及改革开放和国际交流、合作的深化，为加快发展第三产业提供了现实可能性。我们必须紧紧抓住这一历史机遇，促进第三产业的全面兴起和健康发展。

（现代国际关系研究所 侯若石
国家计委规划司 薛 亮）

第二部分

第三产业重要政策法规

中共中央　国务院
关于加快发展第三产业的决定

（1992 年 6 月 16 日）

为了抓住当前有利时机，加快改革开放步伐，集中精力把经济建设搞上去，按照国民经济和社会发展十年规划和第八个五年计划的要求，必须使第三产业有一个全面、快速的发展。

一、加快发展第三产业具有重大战略意义

（一）第三产业的加快发展是生产力提高和社会进步的必然结果。第三产业水平是衡量现代社会经济发达程度的重要标志。我国第三产业发展缓慢，水平较低，不适应国民经济发展的需要。从许多国家经济发展的规律看，当经济发展到一定水平时，第三产业的发展速度普遍高于第一、第二产业，对于整个国民经济的发展，起了明显的促进作用。我国现在已经进入这个阶段。为顺利实现社会主义现代化建设的宏伟目标，必须紧紧抓住这一机遇，把第三产业提高到一个新的水平。

（二）加快发展第三产业，可以促进市场充分发育，提高服务的社会化、专业化水平，增强社会保障能力，有利于劳动、工资、价格、企业经营机制和流通体制等一系列改革顺利实施，有利于进一步扩大开放、更多地吸引外资，有利于精简机构、提高效率，逐步改变机关、企事业单位办社会的状况，为改革开放在更广阔的领域向纵深发展创造更好的条件。

（三）我国工业经济效益差，农业商品率低，流通不畅，财政困难，已经严重障碍国民经济的进一步发展。产生这些问题的一个重要原因是经济结构不合理。经济结构不合理主要表现在第三产业不适应第一、第二产业发展的需要。第三产业投入少，见效快，社会效益好。加快发展第三产业，既可以调整三次产业比例关系、优化国民经济结构，又是缓解经济生活中深层次矛盾和促进经济更快发展的一个有效途径。

（四）九十年代，我国每年都将有大批新成长的劳动力和从第一、第二产业转移出来的劳动力需要安置。第三产业在吸纳劳动力就业方面具有独特的优势：行业多，门类广，劳动密集、技术密集、知识密集行业并存，能够吸纳大量的和不同层次的各类人员，特别是可以容纳大量科技、专业人才。加快发展第三产业是缓解我国日益严峻的就业压力的主要出路。

（五）到本世纪末，我国人民的生活将达到小康水平。同温饱水平相比，小康水平不仅表现在居民收入所达到的标准，更重要的是要看社会化服务水平和居民生活质量。随着经济的发展和收入的提高，人民群众不仅在衣、食、住、行、通讯、卫生和生活环境等物质生活的各个方面提出了更多、更高的要求，而且在文化娱乐、广播影视、图书出版、体育康复、旅游等精神生活方面也提出了更多、更高的要求。只有加快发展第三产业，才能适应人民群众日益增长的物质和文化生活的需要，促进社会主义物质文明和精神文明建设。

二、加快发展第三产业的目标和重点

（六）根据国情，我国对国民经济按三次产业作如下划分：第一产业是农业；第二产业是工业和建筑业；第三产业是除此以外的其他各业，主要包括流通部门、为生产和生活服务的部门、为提高科学文化水平和居民素质服务的部门。

（七）加快发展第三产业的目标是，争取用十年左右或更长一些时间，逐步建立起适合我国国情的社会主义统一市场体系、城乡社会化综合服务体系和社会保障体系。九十年代，要在发展第一、第二产业的同时发展第三产业，促进国民经济每隔几年上一个新台阶。为此，第三产业增长速度要高于第一、第二产业，第三产业增加值占国民生产总值的比重和就业人数占社会劳动者总人数的比重，力争达到或接近发展中国家的平均水平。

（八）加快发展第三产业的重点是：一、投资少、收效快、效益好、就业容量大、与经济发展和人民生活关系密切的行业，主要是商业、物资业、对外贸易业、金

融业、保险业、旅游业、房地产业、仓储业、居民服务业、饮食业和文化卫生事业等。二、与科技进步相关的新兴行业，主要是咨询业（包括科技、法律、会计、审计等咨询业）、信息业和各类技术服务业等。三、农村的第三产业，主要是为农业产前、产中、产后服务的行业，为提高农民素质和生活质量服务的行业。四、对国民经济发展具有全局性、先导性影响的基础行业，主要是交通运输业、邮电通讯业、科学研究事业、教育事业和公用事业等。

三、加快发展第三产业的主要政策和措施

（九）充分调动各方面的积极性，国家、集体、个人一起上。要放手让城乡集体经济组织和私营企业、个人兴办那些投资少、见效快、劳动密集、直接为生产和生活服务的行业。对国民经济发展具有全局性、先导性影响的基础行业主要由国家办，但也要引入竞争机制，在统一规划、统一管理下，动员地方、部门和集体经济力量兴办。加快发展第三产业，主要应依靠社会各方面力量，坚持谁投资、谁所有、谁受益的原则，不能过多依赖国家投资。

（十）依靠深化改革、扩大开放加快发展第三产业的步伐。积极进行多种形式的改革和试点，大胆利用海外资金、技术和销售渠道；通过发行债券、股票等各种途径、方式筹集资金；积极推进集团化经营，打破部门、地区、行业和所有制界限，组建全国性和区域性第三产业企业集团，加快发展第三产业。凡实践证明行之有效的，要尽快全面铺开；一时效果不明显的，可继续试行；确实不成功的，应改试其他方式。

（十一）以产业化为方向，建立充满活力的第三产业自我发展机制。大多数第三产业机构应办成经济实体或实行企业化经营，做到自主经营、自负盈亏。现有的大部分福利型、公益型和事业型第三产业单位要逐步向经营型转变，实行企业化管理。

（十二）以社会化为方向，积极推动有条件的机关和企事业单位在不影响保密和安全的前提下，将现有的信息、咨询机构、内部服务设施和交通运输工具向社会开放，开展有偿服务，并创造条件使其与原单位脱钩，自主经营、独立核算。同时，鼓励社会服务组织承揽机关和企事业单位的后勤服务、退休人员管理和其他事务性工作。打破"大而全"、"小而全"的封闭式自我服务体系，使上述工作逐步实现社会化。

（十三）鼓励第三产业企业跨部门、跨行业、跨地区兼并应关停并转的工业企业，在资产转让、债务清理、信贷和税收等方面给予优惠和支持。这要作为加快调整工业结构的一项重要措施。

（十四）积极鼓励行政人员从机关分离出来，从事服务行业。从机关分离出来的人员与机关脱钩。同时要大力发展为生产和生活服务的行业，尽可能多地吸纳从机关分离出来的人员。为政府机构改革和精减人员顺利实施创造条件。

（十五）推进劳动人事制度改革，赋予第三产业企业用工自主权。逐步实行辞退、辞职制度，实现就业双向选择。实行企业化经营、不需财政拨付经费的事业单位，用人放开，自定编制；财政拨付部分经费的事业单位，适当放宽编制。鼓励工业企业富余人员，特别是有专业技术特长的人员向第三产业流动。鼓励大专院校毕业生和转业军人到第三产业企事业单位工作。

（十六）遵循价值规律，改革价格体系，解决第三产业长期存在的价值补偿不足问题。除少数确实需要由国家制定价格和收费标准的以外，第三产业的大部分价格和服务收费标准要放开，分别情况实行浮动定价、同行议价或自行定价，以形成合理的比价关系。

（十七）鼓励扩大国际化经营，赋予部分国营大中型商业、物资企业进出口权，有条件的要努力向境外发展，积极兴办海外中资企业。经批准，可以赋予国营大中型外贸企业国内销售权。实现国内国际市场统筹经营。进一步简化出国开展业务的审批手续。

（十八）利用金融和税收等经济手段扶持第三产业发展。对重点行业所需贷款，在信贷计划中加以安排。银行和城乡信用社可以向效益好、有偿还能力的集体企业、私营企业和个体工商户发放小额固定资产和简易设备维修贷款。对一些新办的第三产业企业，确有必要时可按产业政策在一定时期内缓征、减征所得税。

（十九）简化审批手续，改变目前第三产业开业难状况。放开第三产业企业经营自主权，允许他们采取更加灵活的方式，扩大经营范围；同时，要切实加强管理与监督。

（二十）加强第三产业法制建设。加快制定有关法律、法规，规范企业行为和市场行为。企业要依法经营，行业主管部门和经济监督部门要依法行政和依法监督。确保第三产业沿着法制轨道健康发展。

（二十一）加强第三产业的规划和管理。各地经济结构和发展水平不同，第三产业的发展重点和速度也应有所区别。要因地制宜，依据国家的产业政策，确定发展重点。将发展第三产业的投资、信贷、就业、用地等列入城乡整体发展规划，统筹安排。各地区、各部门要制定贯彻落实本《决定》的实施方案，并尽快修订与本《决定》精神不符的政策法规。

党中央、国务院要求全党和各级政府高度重视第三产业。各级党政领导干部要统一思想，转变观念，开阔思路，发挥创造性，动员广大干部群众，为实现加快发展第三产业这一重大战略任务而努力奋斗。

九十年代改革和建设的主要任务

（中共十四大报告中有关第三产业部分摘要）

（1992年10月12日）

我们要在九十年代把有中国特色社会主义的伟大事业推向前进，最根本的是坚持党的基本路线，加快改革开放，集中精力把经济建设搞上去。同时，要围绕经济建设这个中心，加强社会主义民主法制和精神文明建设，促进社会全面进步。

我国近代的历史和当今世界的现实都清楚表明，经济落后就会非常被动，就会受制于人。当前国际竞争的实质是以经济和科技实力为基础的综合国力较量。世界上许多国家特别是我们周边的一些国家和地区都在加快发展。如果我国经济发展慢了，社会主义制度的巩固和国家的长治久安都会遇到极大困难。所以，我国经济能不能加快发展，不仅是重大的经济问题，而且是重大的政治问题。

九十年代我国经济的发展速度，原定为国民生产总值平均每年增长百分之六，现在从国际国内形势的发展情况来看，可以更快一些。根据初步测算，增长百分之八到九是可能的，我们应该向这个目标前进。在提高质量、优化结构、增进效益的基础上努力实现这样的发展速度，到本世纪末我国国民经济整体素质和综合国力将迈上一个新的台阶。国民生产总值将超过原定比1980年翻两番的要求。主要工农业产品产量显著增加。产业结构和地区经济布局比较合理。科学技术和管理水平有较大提高，一批骨干企业接近或达到国际先进水平。人民生活由温饱进入小康。建议国务院对“八五”计划做出必要的调整，并着手研究制订“九五”计划。

当前，要紧紧抓住有利时机，加快发展，有条件能搞快一些的就快一些，只要是质量高、效益好、适应国内外市场需求变化的，就应当鼓励发展。要坚持从实际出发，注意量力而行，搞好综合平衡，不要一讲加快发展，就一哄而起，走到过去那种忽视效益，片面追求产值，争相攀比，盲目上新项目，一味扩大基建规模的老路上去。要真抓实干，大胆而又细致地工作，齐心协力办好几件大事，走出一条既有较高速度又有较好效益的国民经济发展路子。

加快我国经济发展，必须进一步解放思想，加快改革开放的步伐，不要被一些姓“社”姓“资”的抽象争论束缚自己的思想和手脚。社会主义要赢得同资本主义相比较的优势，必须大胆吸收和借鉴世界各国包括资本主义发达国家的一切反映现代社会化生产和商品经济一般规律的先进经营方式和管理方法。国外的资金、资源、技术、人才以及作为有益补充的私营经济，都应当而且能够为社会主义所利用。政权在人民手中，又有强大的公有制经济，这样做不会损害社会主义，只会有利于社会主义的发展。

我国经济体制改革确定什么样的目标模式，是关系整个社会主义现代化建设全局的一个重大问题。这个问题的核心，是正确认识和处理计划与市场的关系。传统的观念认为，市场经济是资本主义的东西，计划经济才是社会主义经济的基本特征。十一届三中全会以来，随着改革的深入，我们逐步摆脱这种观念，形成新的认识，对推动改革和发展起了重要作用。十二大提出计划经济为主，市场调节为辅；十二届三中全会指出商品经济是社会经济发展不可逾越的阶段，我国社会主义经济是公有制基础上的有计划商品经济；十三大提出社会主义有计划商品经济的体制应该是计划与市场内在统一的体制；十三届四中全会后，提出建立适应有计划商品经济发展的计划经济与市场调节相结合的经济体制和运行机制。特别是邓小平今年初重要谈话进一步指出，计划经济不等于社会主义，资本主义也有计划；市场经济不等于资本主义，社会主义也有市场。计划和市场都是经济手段。计划多一点还是市场多一点，不是社会主义与资本主义本质区别。这个精辟论断,从根本上解除了把计划经济和市场经济看作属于社会基本制度范畴的思想束缚,使我们在计划与市场关系问题上的认识有了新的重大突破。改革开放十多年来,市场范围逐步扩大,大多数商品的价格已经放开,计划直接管理的领域显著缩小,市场对经济活动调节的作用大大增强。实践表明,市场作用发挥比较充分的地方,经济活力就比较强,发展态势也比较好。我国经济要优化结构,提高效益,加快发展,参与国际竞争,就必须继续强化市场机制的作用。实践的发展和认识的深化,要求我们明确提出,我国经济体制改革的目标是建立社会主义市场经济体制,以利于进一步解放和发展生产力。

我们要建立的社会主义市场经济体制,就是要使市场在社会主义国家宏观调控下对资源配置起基础性作用,使经济活动遵循价值规律的要求,适应供求关系的变化;通过价格杠杆和竞争机制的功能,把资源配置到效益较好的环节中去,并给企业以压力和动力,实现优胜劣汰;运用市场对各种经济信号反应比较灵敏的优点,促进生产和需求的及时协调。同时也要看到市场有其自身的弱点和消极方面,必须加强和改善国家对经济的宏观调控。我们要大力发展全国的统一市场,进一步扩大市场的作用,并依据客观规律的要求,运用好经济政策、经济法规、计划指导和必要的行政管理,引导市场健康发展。

社会主义市场经济体制是同社会主义基本制度结合在一起的。在所有制结构上,以公有制包括全民所有制和集体所有制经济为主体,个体经济、私营经济、外资经济为补充,多种经济成分长期共同发展,不同经济成分还可以自愿实行多种形式的联合经营。国有企业、集体企业和其他企业都进入市场,通过平等竞争发挥国有企业的主导作用。在分配制度上,以按劳分配为主体,其他分配方式为补充,兼顾效率与公平。运用包括市场在内的各种调节手段,既鼓励先进,促进效率,合理拉开收入差距,又防止两极分化,逐步实现共同富裕。在宏观调控上,我们社会主义国家能够把人民的当前利益与长远利益、局部利益与整体利益结合起来,更好地发挥计划和市场两种手段的长处。国家计划是宏观调控的重要手段之一。要更新计划观念,改进计划方法,重点是合理确定国民经济和社会发展的战略目标,搞好经济发展预测、总量调控、重大结构与生产力布局规划,集中必要的财力物力进行重点建设,综合运用经济杠杆,促进经济更好更快地发展。

建立和完善社会主义市场经济体制,是一个长期发展的过程,是一项艰巨复杂的社会系统工程。既要做持久的努力,又要有紧迫感;既要坚定方向,又要从实际出发,区别不同情况,积极推进。在建立社会主义市场经济体制的过程中,计划与市场两种手段相结合的范围、程度和形式,在不同时期、不同领域和不同地区可以有所不同。要大胆探索,敢于试验,及时总结经验,促进体制转换的健康进行。建立社会主义市场经济体制,涉及到我这经济基础和上层建筑的许多领域,需要有一系列相应的体制改革和政策调整,必须抓紧制定总体规划,有计划、有步骤地实施。我们相信,社会主义条件下的市场经济,应当也完全可能比资本主义条件下的市场经济运转得更好。

为了加速改革开放,推动经济发展和社会全面进步,必须努力实现十个方面关系全局的主要任务。

第一,围绕社会主义市场经济体制的建立,加快经济改革步伐。

建立社会主义市场经济体制,要认真抓好几个相互联系的重要环节。

一是转换国有企业特别是大中型企业的经营机制,把企业推向市场,增强它们的活力,提高它们的素质。这是建立社会主义市场经济体制的中心环节,是巩固社会主义制度和发挥社会主义优越性的关键所在。通过理顺产权关系,实行政企分开,落实企业自主权,使企业真正成为自主经营、自负盈亏、自我发展、自我约束的法人实体和市场竞争的主体,并承担国有资产保值增值的责任。当前实行的经营承包制应当进一步完善。股份制有利于促进政企分开、转换企业经营机制和积累社会资金,要积极试点,总结经验,抓紧制定和落实有关法规,使之有秩序地健康发展。鼓励有条件的企业联合、兼并,合理组建企业集团。国有小型企业,有些可以出租或出售给集体或个人经营。

二是加快市场体系的培育。继续大力发展商品市场特别是生产资料市场,积极培育包括债券、股票等有价证券的金融市场,发展技术、劳务、信息和房地产等市场,尽快形成全国统一的开放的市场体系。加强市场制度和法规建设,坚决打破条条块块的分割、封锁和垄断,促进和保护公平竞争。价格改革是市场发育和经济体制改革的关键,应当根据各方面的承受能力,加快改革步伐,积极理顺价格关系,建立起以市场形成价格为主的价格机制。

三是深化分配制度和社会保障制度的改革。统筹兼顾国家、集体、个人三者利益,理顺国家与企业,中央与地方的分配关系,逐步实行利税分流和分税制。加快工资制度改革,逐步建立起符合企业、事业单位和机关各自特点的工资制度与正常的工资增长机制。积极建立待业、养老、医疗等社会保障制度,努力推进城镇住房制度改革。

四是加快政府职能的转变。这是上层建筑适应经济基础和促进经济发展的大问题。不在这方面取得实质性进展，改革难以深化，社会主义市场经济体制难以建立。转变的根本途径是政企分开。凡是国家法令规定属于企业行使的职权，各级政府都不要干预。下放给企业的权利，中央政府部门和地方政府都不得截留。政府的职能，主要是统筹规划，掌握政策，信息引导，组织协调，提供服务和检查监督。进一步改革计划、投资、财政、金融和一些专业部门的管理体制，同时强化审计和经济监督，健全科学的宏观管理体制与方法。合理划分中央与省、自治区、直辖市的经济管理权限，充分发挥中央和地方两个积极性。

第二，进一步扩大对外开放，更多更好地利用国外资金、资源、技术和管理经验。

对外开放的地域要扩大，形成多层次、多渠道、全方位开放的格局。继续办好经济特区、沿海开放城市和沿海经济开放区。扩大开放沿边地区，加快内陆省、自治区对外开放的步伐。以上海浦东开发开放为龙头，进一步开放长江沿岸城市，尽快把上海建成国际经济、金融、贸易中心之一，带动长江三角洲和整个长江流域地区经济的新飞跃。加速广东、福建、海南、环渤海湾地区的开放和开发。力争经过二十年的努力，使广东及其他有条件的地方成为我国基本上实现现代化的地区。

利用外资的领域要拓宽。采取更加灵活的方式，继续完善投资环境，为外商投资经营提供更方便的条件和更充分的法律保障。按照产业政策，积极吸引外商投资，引导外资主要投向基础设施、基础产业和企业的技术改造，投向资金、技术密集型产业，适当投向金融、商业、旅游、房地产等领域。经济技术开发区和高新技术产业开发区的建设，要合理布局，认真办好。

积极开拓国际市场，促进对外贸易多元化，发展外向型经济。扩大出口贸易，改善出口商品结构，提高出口商品的质量和档次，同时适当增加进口，更多地利用国外资源和引进先进技术。深化外贸体制改革，尽快建立适应社会主义市场经济发展的、符合国际贸易规范的新型外贸体制。赋予有条件的企业、科技单位以外贸自营权。积极扩大我国企业的对外投资和跨国经营。

第三，调整和优化产业结构，高度重视农业，加快发展基础工业、基础设施和第三产业。

根据我国经济的现实情况和发展趋向，应当着力提高第一产业即农业的质量，稳步增加产量；继续发展第二产业，积极调整工业结构；大力促进第三产业的兴起。

农业是国民经济的基础，必须坚持把加强农业放在首位，全面振兴农村经济。树立大农业观念，保持粮食、棉花稳定增产，继续调整农业内部结构，积极发展农、林、牧、副、渔各业，努力开发高产优质高效农业。坚持依靠科技、教育兴农，多形式、多渠道增加农业投入，坚持不懈地开展农田水利建设，不断提高农业的集约经营水平和综合生产能力。继续大力发展乡镇企业，特别要扶持和加快中西部地区和少数民族地区乡镇企业的发展。必须全面贯彻十三届八中全会的决定，深化农村经济体制和经营机制的改革。要把家庭联产承包为主的责任制，统分结合的双层经营体制，作为一项基本制度长期稳定下来，并不断充实完善。积极发展多种形式的农业社会化服务体系。从各地实际出发，逐步壮大集体经济实力。抓紧进行农产品价格和农村流通体制的改革，继续强化在农村经济中的调节作用。

加快交通、通信、能源、重要原材料和水利等基础设施和基础工业的开发与建设。这是当前加快经济发展的迫切需要，也是增强经济发展后劲的重要条件。集中必要的力量，高质量、商效率地建设一批重点骨干工程，抓紧长江三峡水利枢纽、南水北调、西煤东运新铁路通道、千万吨级钢铁基地等跨世纪特大工程的兴建。加强地质勘探。振兴机械电子、石油化工、汽车制造和建筑业，使它们成为国民经济的支柱产业。不失时机地发展高新技术产业。轻工、纺织等一般加工工业主要通过联合、改组和技术改造，提高素质和水平。高度重视节约能源和原材料，提高资源利用效率。固定资产投资的重点应当放在加强基础设施、基础产业，以及现有企业的技术改造和改建扩建上，尤其要重视老工业基地和大型骨干企业的技术改造。

第三产业的兴旺发达，是现代化经济的一个重要特征。目前我国第三产业在国民生产总值中的比重，大大低于发达国家和许多发展中国家，发展我国商业、金融、保险、旅游、信息、法律和会计审计咨询、居民服务等第三产业，有仅有利于促进市场发育，提高服务的社会化、专业化水平，提高经济效益和效率，方便和丰富人民生活，而且可以广开就业门路，为经济结构调整、企业经营机制转换和政府机构改革创造重要条件。要发挥国家、集体、个人三方面的积极性，加快第三产业的发展，使之在国民生产总值中的比重有明显提高

第四，加速科技进步，大力发展教育，充分发挥知识分子的作用。

科学技术是第一生产力。振兴经济首先要振兴科技。只有坚定地推进科技进步，才能在激烈的竞争中取得主动。当前，我国经济正面临着加速发展、调整结构、提高效益的重大任务，尤其需要全社会提高科技意识，多方面增加科技投入，真正依靠科技进步。科技工作要面向经济建设主战场，在开发研究、高新技术及其产业、基础性研究这三个方面合理配置力量，确定各自攀登高峰的目标。在世界高科技领域中，中华民族要占有应有的位置。通过深化改革，建立和完善科技与经济有

效结合的机制，加速科技成果的商品化和向现实生产力转化。不断完善保护知识产权的制度。认真抓好引进先进技术的消化、吸收和创新。努力提高科技进步在经济增长中所占的含量，促进整个经济由粗放经营向集约经营转变。

科技进步、经济繁荣和社会发展，从根本上说取决于提高劳动者的素质，培养大批人才。目前必须把教育摆在优先发展的战略地位，努力提高全民族的思想道德和科学文化水平，这是实现我国现代化的根本大计。要优化教育结构，大力加强基础教育，积极发展职业教育、成人教育和高等教育，鼓励自学成才。各级政府要增加教育投入。鼓励多渠道、多形式社会集资办学和民间办学，改变国家包办教育的做法。各级各类学校都要全面贯彻党的教育方针，全面提高教育质量。到本世纪末，基本扫除青壮年文盲，基本实现九年制义务教育。进一步改革教育体制、教学内容和教学方法，加强师资队伍的培养和建设，扩大学校办学自主权，促进教育同经济、科技的密切结合。

知识分子是工人阶级中掌握科学文化知识较多的一部分，是先进生产力的开拓者，在改革开放和现代化建设在有着特殊重要的作用。能不能充分发挥广大知识分子的才能，在很大程度上决定着我们民族的盛衰和现代化建设的进程。要努力创造更加有利于知识分子施展聪明才智的良好环境，在全社会进一步形成尊重知识、尊重人才的良好风尚。下决心采取重大政策和措施，积极改善知识分子的工作、学习和生活条件，对有突出贡献的知识分子给予重奖，并形成规范化的奖励制度。我们热情欢迎出国学习人员通过多种方式关心、支持和参加祖国的现代化建设。不论他们过去的政治态度如何，都欢迎回来参加社会主义建设，给予妥善安排，并实行出入自由、来去方便的政策。广大知识分子在社会主义现代化事业中已经做出巨大贡献，今后一定会不辜负国家和人民的厚望与重托，更加振奋精神，做出新的贡献。

第九，不断改善人民生活，严格控制人口增长，加强环境保护。

加快改革开放和经济发展，目的都是为了满足人民日益增长的物质文化需要。随着生产发展和社会财富的增加，城乡居民的实际收入、消费水平和生活质量要有明显提高。衣食住行尤其是居住条件，应有较多改善。文化生活更加丰富，体育、卫生事业进一步发展，人民健康水平继续提高。在我们这个占世界人口五分之一的国家里，人民过上小康生活，是一件了不起的大事。同时应当指出，我国底子薄，目前处在实现现代化的创业阶段，需要有更多的资金用于建设，一定要继续发扬艰苦奋斗、勤俭建国的优良传统，提倡崇尚节约的社会风气。

认真执行控制人口增长和加强环境保护的基本国策。计划生育工作决不能放松，必须确保实现既定的人口控制目标，坚持优生优育，提高人口质量。重视研究人口老龄化问题，认真做好这方面的工作。要增强全民族的环境意识，保护和合理利用土地、矿藏、森林、水等自然资源，努力改善生态环境。

国务院批转国家计委关于全国第三产业发展规划基本思路的通知

（1993 年 3 月 12 日）

国务院原则同意国家计委《全国第三产业发展规划基本思路》，现转发给你们，请参照这个思路，进一步做好本地区、本部门制定第三产业发展规划和有关政策的实施工作。

在党的十四大精神鼓舞和指导下，我国改革开放和现代化建设进入了蓬勃发展的新阶段，加快第三产业的发展，对于促进社会主义市场经济体制的建立和加快经济发展具有重要作用。各地区、各部门要从实际出发，按照规划的要求，选准重点和带头行业，既要积极发展，又要量力而行。

加快发展第三产业，要解放思想，勇于开拓，同时又要实事求是，真抓实干。要推动我国第三产业全面兴起，同时又要引导其健康发展。

正确的政策引导，是推动第三产业发展的重要环节。国家计委和有关部门要在这个思路基础上，进一步研究，提出具体实施的政策意见和办法，重要的政策和实施方案要报国务院批准后再下发执行。

全国第三产业发展规划基本思路

前　言

九十年代是我国社会主义现代化建设进程中的关键时期，国民经济和社会发展将提高到一个新的水平。第三产业的兴旺发达，是现代化经济的重要特征。加快发展第三产业，对于建立社会主义市场经济体制、优化经济结构、促使经济上新台阶，具有重大的战略意义。

从一九八五年起，国务院批准在全国进行国民生产总值和第三产业的统计。借鉴国际通用的三次产业分类方法并从我国国情出发，对国民经济按三次产业作如下划分：第一产业是农业；第二产业是工业和建筑业；第三产业是除上述第一、二产业以外的其他行业，包括流通领域、为生产和生活服务的领域、为提高科学文化水平和居民素质服务的领域、为社会公共需要服务的领域。第三产业内部又可区分为盈利性和非盈利性两种类型。

我国在建国以后的很长时期内，由于多种原因，第三产业没有得到应有的发展。改革开放以来，第三产业发展较快。八十年代，第三产业平均每年增长 10.9%，超过同期国民生产总值年均增长 8.9%的速度。一九九一年，第三产业增加值占国民生产总值的 27.2%，就业人数占社会劳动者总人数的 18.9%。第三产业传统行业不断扩大，金融保险业、交通通信业、商业物资业的比重占整个第三产业的三分之二；信息咨询业、旅游业等新兴行业也有较快发展。第三产业已经成为国民经济的一个重要产业。但从总体上看，我国第三产业发展水平仍然比较落后，在国民生产总值中所占的比重不仅大大低于经济发达国家，而且还低于发展中国家的平均水平。第三产业内部结构不尽合理，基本上以传统行业为主，新兴行业所占比重较小，即使是传统的第三产业，也不适应社会、经济发展的需要；直接为生产和科技发展服务的行业严重滞后；社会化服务体系和社会保障体系不健全；行业之间发展不协调。特别是市场体系发育程度低，结构不合理，法规不健全，基础设施建设也比较落后。第三产业在地区之间发展不平衡，经济欠发达的内陆地区落后于经济比较发达的沿海地区，农村明显落后于城市。在经营机制上，社会化、产业化、商品化程度低，福利化现象和机关、企事业单位封闭式自我服务的问题严重，财政负担沉重。在管理上，对第三产业缺乏统一的规划和明确有力的政策支持，限制较多，机制也没有理顺；统计薄弱，底数不清。上述这些问题，都影响了一、二、三产业的协调发展和社会再生产的顺畅运行，妨碍了经济效率和效益的提高，也束缚了第三产业自身的发展。

九十年代，我国第三产业将进入一个新的发展时期。我国国民经济经过四十多年，特别是改革开放以来十几年的发展，已经达到一定的规模和水平，同时，党的十四大确定的九十年代改革和建设的任务，对加快第三产业发展也提出了新的要求。

——加快发展第三产业是加速经济发展、优化经济结构的战略措施，是国民经济上新台阶的一个决定性因素。第三产业的发展要以第一、第二产业的发展为基础，同时，也只有第三产业得到更快的发展，才能使产业结构逐步优化，促进社会再生产循环畅通。第三产业大多数行业耗能少、投入产出率高、发展潜力大。加快发展第三产业，可以降低经济发展的能源、运输、投资等需求弹性系数，从根本上改变经济增长的结构，实现少投入、高产出的增长；提高为第一、第二产业的服务能力和水平，进一步挖掘生产潜力，促进经济效益的提高。

——加快发展第三产业是建立社会主义市场经济体制的必要条件。社会主义市场经济要求充分发挥市场机制在资源配置中的基础性作用，第三产业中的许多行业都与市场体系的形成和发展紧密相关。因此，加快发展第三产业将为培育和发展市场体系、提供市场中介服务和保证市场正常运行创造条件，也将大大推动企业经营机制转换和分配制度、社会保障制度的改革以及政府职能的转变。

——加快发展第三产业是进一步扩大对外开放的客观要求。发展第三产业有利于改善投资环境，为扩大利用外资和对外经济技术合作提供更广泛、优质的交通、通信、投资、贸易、金融、咨询等方面的服务；有利于建立促进进出口贸易和企业国际化经营的符合国际惯例的经济贸易制度；有利于在国际服务贸易日益发展的情况下，不断增强第三产业直接参与国际竞争的能力。

——加快发展第三产业是推进我国经济和社会现代化的强大动力。第三产业的发展，标志着社会劳动分工和生产社会化水平的提高。尤其是科技、教育和信息业的发展，已成为现代化大生产取得高效率、高效益的必要条件。第三产业中以高新技术为依托的新兴行业的发展，将会给经济和社会发展带来质的飞跃。

——加快第三产业发展是扩大劳动就业和实现人民生活小康的重要途径。第三产业包含的行业多，劳动密集、技术密集、知识密集型行业并存，加快其发展，对拓宽就业门路、吸纳城镇新成长劳动力和机关、企事业单位富余人员的转移及农业劳动力向非农业转移具有重要作用。同时，发展第三产业对扩大居民消费领域，提高人民生活水平和质量，缩小城乡差别也具有积极作用。

我国社会主义现代化建设的快速发展和第三产业发展相对滞后的状况，提出了加快第三产业发展的客观要求；第一、第二产业的发展和国民经济总体实力的增强，以及改革开放和国际交流、合作的深入扩展，也为加快第三产业发展提供了现实的可能性。我们必须紧紧抓住这一历史机遇，加快改革开放步伐，促进第三产业的全面兴起和健康发展。

制定全国第三产业发展规划，是为了进一步明确第三产业在国民经济和社会发展中的重要地位，统筹协调三次产业以及第三产业内部各行业的发展，促进第三产业在九十年代得到较快的发展。本规划基本思路提出了第三产业发展的目标、方针、任务和主要政策措施，其中有些指标是预测性的，还需与“八五”计划的调整和“九五”计划的制定相衔接，各地区、各部门应按照规划基本思路的要求，结合实际情况具体组织实施。

一、九十年代全国第三产业发展的目标、重点和指导原则

（一）发展目标

第三产业发展的总目标是：

争取用十年左右或更长一些时间，逐步建立起适应社会主义市场经济体制的统一的市场体系、城乡社会化综合服务体系和社会保障体系。

——建立全国统一的开放的市场体系。继续大力发展商品市场特别是生产资料市场，积极培育和发展金融市场、技术市场、房地产市场、劳务市场、信息市场，实现各种生产要素交换的市场化；建设比较完备的流通基础设施，完善现代化的技术装备、信息系统和管理手段；合理发展适应各类市场活动的多种交易方式；打破地区封锁、部门分割、行业垄断，形成地方性市场、区域性市场和全国性市场分层发展、相互贯通、货畅其流的统一大市场；建立法律健全、规则统一、公平竞争

的市场秩序；形成与国际市场接轨的开放的市场格局。

——建立比较健全的城乡社会化综合服务体系。发展交通、通信、市政公用、教育、卫生、文化、旅游、科技、信息、咨询和农村综合服务等开放型、多层次、多功能的社会服务业。形成比较健全的市场中介组织和服务体系。逐步实现大部分事业型单位转向经营型和企业化管理，形成自我发展的动力机制。改变目前企事业单位和机关团体封闭式自我服务的状况，逐步实现大部分生产服务、生活服务的社会化。

——建立新型的社会保障体系。基本建立国家、集体、个人三方合理负担的、覆盖全体职工的城市养老保险制度，待业保险制度，工伤保险制度，医疗保险制度，以及适合农村特点的农村各项社会保险制度。发展社会福利和社会救济事业。

九十年代，要在第一、第二产业发展的同时加快发展第三产业，第三产业的增长速度要高于第一、第二产业的增长速度，基本实现一、二、三产业的协调发展。第三产业增加值占国民生产总值的比重和就业人数占全社会劳动者总人数的比重，力争达到或接近发展中国家的平均水平。

——第三产业增长速度：九十年代年均增长11%左右。

——第三产业增加值占国民生产总值的比重：二〇〇〇年达到35%左右，比一九九〇年提高七个百分点左右。

——第三产业就业人数占全社会劳动者总人数的比重：二〇〇〇年达到28%左右，比一九九〇年提高十个百分点左右。

（二）指导原则

加快发展第三产业应遵循以下指导原则：

——坚持依靠改革开放，加快发展第三产业。改革开放是第三产业发展的强大动力。要按照建立社会主义市场经济体制的要求，加快改革、扩大开放，从政策上、体制上、机制上为第三产业发展提供有利条件；在加强和改进国家宏观调控的同时，充分发挥市场机制的作用，使第三产业的发展充满生机和活力。

——坚持加快发展第三产业与调整和优化产业结构相适应。第三产业的发展速度要明显快于国民生产总值的增长速度。第三产业的发展要与第一、第二产业的发展统筹规划，做到需要与可能相结合，使一、二、三产业相互促进，协调发展。

——坚持不断改善第三产业结构和提高效益。按照提高国民经济现代化水平和整体素质的要求，合理确定第三产业发展的方向、目标和重点。坚持为生产服务与为生活服务相结合，城市服务体系与农村服务体系相结合，发展传统行业与发展新兴行业相结合，国内市场与国际市场相结合。在提高经济效益的同时，注重发展基础性、社会性、公益性强的行业，以最大限度地发挥国民经济的总体效益。

——坚持正确的政策引导。要从发展第三产业的实际出发，把制定相互配套的、有利于发展的、可操作的政策作为推动第三产业发展的关键环节。第三产业各行业，都应在国家支持下，根据不同情况，走依靠深化改革、放开搞活经营的发展路子。

——坚持调动各方面的积极性兴办第三产业，国家、集体和个人一齐上。遵循谁投资、谁所有、谁受益的原则，扩大投资渠道。对第三产业中国家鼓励发展的大多数行业，实行放开经营，依法监督的管理方式。

——坚持合理规划，突出重点，分类指导，全面发展。要把第三产业作为国民经济和社会发展的有机组成部分，进行统筹规划；区别轻重缓急，突出发展社会急需的行业。从各地区、各行业实际出发，发展各具特色的第三产业行业；在国家统筹规划下，对第三产业进行分类指导，形成全国性、区域性和地方性分层次发展的格局。

（三）发展重点

加快发展第三产业的重点是：

1. 投资少、收效快、效益好、就业容量大、与经济发展和人民生活关系密切的行业。

2. 与科技进步相关的新兴行业。

3. 农村的第三产业，主要是发展为农业产前、产中、产后服务的行业及为提高农民素质和生活质量服务的行业。

4. 对国民经济发展具有全局性、先导性影响的基础行业。

通过加快第三产业重点行业的发展，使第三产业在总体发展的同时，内部结构也有一个较大的改善。在进一步发展交通通信业、商业物资业、金融保险业，继续保持其占第三产业较大比重的同时，要加快房地产、科教文卫、旅游、信息、咨询等行业及公用事业的发展，增大它们在第三产业中的比重，对其中直接关系国民经济发展后劲的科技、教育事业和信息、咨询业，更要超前发展。

上述重点行业中，交通运输、邮电通信等行业是国民经济的基础产业，科学技术和教育等事业在国民经济中处于优先发展的战略地位。对这些行业，国家已经或正在制定专项发展规划，因此，在本规划基本思路中只作简要的阐述。

根据党的十四大提出的建立社会主义市场经济体制的要求，针对当前市场基础比较薄弱的状况，近期要把培育和发展各类市场，加强为市场服务的行业，作为第三产业发展的主攻方向，为市场经济运行创造基础条件和外部环境。

二、主要行业的发展目标和任务

商品流通业及商品市场

商品流通业包括国内贸易业（商业、物资业）、外贸业、仓储业和再生资源业，以及与此相适应的商品市场体系。商品流通业及商品市场是联结生产与消费的中间环节，是工农、城乡和地区之间经济联系的桥梁和纽带，加快它的发展对提高国民经济的总体效益具有重大作用。

发展目标是：从根本上扭转商品流通业的滞后状况，建立以市场机制为基础，具有比较先进的管理水平和较完善的基础设施，开放、高效、畅通、统一、可调控的商品流通体系，形成大市场、大流通的新格局。

以中心城市为依托，逐步建立起以全国性批发市场为龙头，区域性批发市场为骨干，辐射全国、交易集中、信息畅通、吞吐顺畅的具有现代化水平和调控能力的工业消费品、农副产品和生产资料批发市场网。近期内要有规划地重点建设和发展全国性及区域性的钢材、煤炭、有色金属、粮食、棉花、食油、肉、糖等重要生产资料市场和消费品市场。同时，根据不同商品特点，积极探索现货与期货相结合的交易形式，引进期货机制，完善现货批发，有步骤地推进期货市场的形成。

顺应人民生活水平提高和市场发展的要求，在商品主产地、集散地和消费地发展各种初级批发、贸易市场。建立适合不同层次消费需求，购买方便、遍布城乡、结构布局合理的零售网。逐步发展现代化购物中心、超级市场、连锁商店，努力推广现代零售经营方式。适当发展拍卖业、居间业、典当业。积极推行物资配送制，加强物资配送中心的建设和集装箱运输，在一些中心城市形成部分物资加工配送网络系统。加快仓储业改革步伐，实行仓储业经营企业化和仓储设施向社会开放，建立与生产和流通协调发展的具有专业化、社会化、现代化水平的储运体系。大力发展再生资源业，建立与生产、生活发展需要相适应的，具有现代先进水平的废旧物资回收、加工体系。

对关系国计民生的重要商品，国家通过建立储备制度和储备基金，掌握调控权。加强流通基础设施和信息网络的建设。在建设大型批发市场和大型流通企业的同时，发展采用现代通信和信息技术的信息网络，及时沟通国内外市场行情和有关经济信息。

大力发展对外贸易。加强出口商品生产基地和生产体系建设，完善鼓励出口政策。进一步加强境外贸易中心的建设，选择适当地区建立分拨中心和保税仓库，开展批发业务。加强促进外贸发展的信息、运输、金融、保险等方面的服务体系。加快进口管理体制和经营体制改革。积极发展工贸、农贸、技贸、商贸结合的集团化、实业化、国际化的外贸企业，逐步建立有利于调动地方、部门和企业积极性，适应国内外市场多元化要求，符合国际贸易规范的外贸新体制。

加快流通企业经营机制的转换，使企业真正成为自主经营、自负盈亏、自我发展的市场主体。加大改革力度，尽快取消经营性亏损补贴和减少政策性亏损补贴。打破行政性的经营分工限制，鼓励流通企业实行一业为主、多种经营和跨地区、跨行业、跨所有制、跨国联合经营；积极发展大型流通集团公司。建立健全市场竞争机制和交易规则。

金融业、保险业及金融市场

金融业、保险业是经营货币信用，为经济和社会发展提供保障的特殊行业。它的发展，对于稳定通货、有效地筹集和运用社会资金，保障人民生活，维护社会安定，推动国民经济的合理运行和稳定发展，具有重要作用。

发展目标是：进一步健全中央银行的宏观调控体系，建立和完善以中央银行为领导、国有商业银行为主体、各种金融机构分工协作、平等竞争的金融组织体系；建立和发展公平、高效、开放、统一的金融市场体系；建立直接调控与间接调控相结合，逐步实现以间接调控为主的宏观调控体系；建立现代化、法制化、规范化的金融管理体系。

发展金融业及金融市场，需要加快金融体制改革。(1)积极创造条件，把政策性和商业性信贷业务逐步分开，有计划、有步骤地转换国家专业银行和保险公司的经营机制，使其成为自主经营、自负盈亏、自求资金平衡、自担风险、自我约束、自我发展的商业性银行和保险公司。(2)在投资体制改革的基础上，建立国家政策性中长期投资金融机构，为国家重点建设提供长期稳定的资金来源。(3)因地制宜地发展区域性股份制银行，适当地引进外资银行和兴办中外合资的金融机构，有计划、有步骤地推动国内金融机构在境外设立分支机构。(4)规范化地引导和发展信托投资公司、金融租赁公司、证券公司和金融咨询、评估等机构，适当发展企业集团财务公司。(5)发展城市信用社、市联社和农村信用社、县联社，有条件的地方要逐步向更高级形式发展。(6)发展适应经济需要的新型金融企业和金融工具。

加快金融市场的发展，逐步建立和发展公平、高效、开放、统一的金融市场体系。在间接融资为主的条件下，有计划地发展直接融资。在基本形成全国性同业拆借市场、债券市场、外汇市场的同时，继续搞好股票市场试点。在现有跨地区资金融通和信息网络的基础上，建立几个全国性的跨地区、跨系统的金融市场和全国金融市场报价、交易、信息系统。加快信息传递和清算交割速度，逐步形成集中统一的证券市场。

加快保险业和保险市场的发展，发挥中国人民保险公司的主渠道作用，逐步发展专业性和地区性保险公司，实行政企分开、平等竞争和规范化经营，并积极扩大海外中资保险机构。不断开拓保险业务的新领域，发展国际保理业务，建立非国有企业中的雇主责任（工伤）保险制度。鼓励和扶持保险经纪公司、保险公估行等保险中介组织，逐步完善保险业的市场机制。

房地产业及房地产市场

房地产业是从事房屋资产和土地资产经营的行业。发展房地产业，对于合理配置房地产要素、增加国家资金积累具有重要意义。

发展目标是：逐步建立起比较完善的房地产市场体系、比较健全的房地产管理体系和比较合理的房地产收益分配体系，使之发展成为国民经济的一个重要产业。

房地产业的发展，要积极稳妥地进行。(1)进一步深化土地使用制度改革，近期内，除国家投资的机关、事业单位办公用房及住宅建设用地，公共设施、公用事业和国有企业等建设用地外，其他新增建设用地，要经政府批准，取得有偿有限期出让使用权后，才能开发使用，并要逐步扩大城镇土地有偿有限期使用的范围。(2)加快城镇住房商品化的改革，使住房的建设、分配、交换、消费进入良性循环。(3)建立和完善房地产市场。土地一级市场即土地使用权的出让，由县级以上人民政府代表国家依法行使出让权；土地使用权的出让，除国家另有专门规定外，均应采用拍卖、招标方式进行，尽量减少协议方式。土地二、三级市场即土地使用权出让后的房地产开发经营和交易，以及抵押、租赁等多种经营活动，在国家宏观管理下放开搞活，实行市场调节。(4)拓宽筹资、融资渠道，积极吸收社会资金，积极开办购房储蓄和购房贷款，促进房地产业的资金投入从以国家投资为主向以社会投资为主转变。(5)加快房地产企业经营机制的转换，实行政企分开，自主经营、自负盈亏。推行房地产综合开发，有计划地组建房地产开发经营企业集团。(6)加强政府对房地产业的管理和对房地产增值收益的调节与监督，规范国家、企业、个人在房地产经营中的收益分配关系。加强对土地开发利用和使用权出让的统一规划，严格执行用地计划，依法审批土地出让，尽可能少占耕地，节约用地。正确引导外商房地产投资方向。

劳动就业服务业及劳务市场

劳动就业服务业包括职业介绍、就业训练、待业保险和劳动就业服务企业等。它的发展，对于引导劳动力合理流动、促进劳动力优化配置和社会稳定具有积极作用。

发展目标是：建立和完善职业介绍、待业保险、就业训练和劳动就业服务企业相互联结、有机结合的劳动就业服务体系；形成在国家宏观计划和政策指导下，企业自主用人，个人竞争就业，城乡统筹协调，社会提供服务的具有中国特色的劳务市场。

改革统包统配制度，逐步实行统一的劳动合同制。赋予企业用人和工资分配的自主权，通过竞争就业和工资分配杠杆等促进劳动力优化配置。建立健全劳动争议仲裁制度，保护劳动者个人择业权和单位用人权。发展多种形式的职业介绍机构，初步形成覆盖城市并向乡镇延伸的职业介绍网络。巩固和扩大就业训练基地，大力发展定向培训和转业训练。扩大待业保险范围，合理运用待业保险金，促进待业职工的再就业。发展劳动就业服务企业，增强安置待业人员和企事业单位富余人员的能力。

科技事业及科技服务业

科学技术是第一生产力。发展科技事业和开拓科技服务业，对于加速科技成果转化，发挥科学技术生产力的作用，推动技术进步具有重要意义。

发展目标是：形成能够跟踪世界科学研究先进水平的基础研究、应用研究和较强的科技攻关能力，通过各种方式和途径广泛、迅速地将科技成果转化为现实生产力。到本世纪末，科技进步对经济增长的贡献率、科技成果的应用率、高新技术年产值、技术市场年交易额都要有较大的提高和增长。

科技工作要面向经济建设主战场。加强基础性研究，力争某些领域达到或接近国际先进水平。加强科技攻关和关键技术的研究开发，加快引进技术的消化吸收和国产化。积极发展高科技，推动高新技术商品化、产业化，并加快向传统产业扩散和渗透。通过深化改革，建立和完善科技与经济有效结合的机制，加速科技成果的商品化和向现实生产力转化。放开搞活技术开发机构，在三五年内分流出相当力量直接投入经济建设；加强第一、二产业中的科研机构建设；加强科研机构、高等院校与大型生产企业的联系，并促进二者相互结合。加强人才培养，努力造就一支具有国际竞争能力的优秀科技队伍。不断完善知识产权保护制度，为有效地保护知识产权和扩大技术产品进出口贸易提供法律保证。建立多种形式、多种所有制、多层次的技术开发经营服务体系；建立和完善技术市场体系及信息网络，尽快制订和完善相应的法律、法规、规章。

信息、咨询服务业和广告业

信息、咨询服务业和广告业是知识技术密集型产业，包括经济、社会、科技、地理等信息的采集和统计以及加工和提供，信息技术服务和广告服务，工程咨询、科技咨询、企业管理咨询、法律咨询、会计审计咨询和其他各项专业咨询。它的发展,对于提高决策和管理的科学化、民主化,促进社会主义市场经济的健康发展起着重要作用。

发展目标是:逐步建立起为宏观决策、企业生产经营和市场体系运行服务的信息、咨询综合服务体系,使信息、咨询服务业成为结构合理、手段先进、有一定规模的独立产业,基本满足社会经济发展对信息、咨询服务的需求。

建立连接地区和部门、市场和企业的信息及咨询网络,形成比较完整的预测分析和咨询体系。建立科学的信息交流制度,加快计算机联网服务,实现信息资源共享。在现有各政府部门的信息系统基础上,加快建设办公信息系统、管理信息系统、决策支持系统,为政府职能转变创造条件。建立与各类市场发展相一致、行业与区域相结合、全国与地区互补的市场信息网络和系统。挖掘现有人才潜力,大力发展软件业。发展面向社会和企业的信息技术服务业。

大力发展咨询服务业。工程咨询业要形成为经济建设和各类工程项目决策、建设提供全过程咨询的服务体系。科技咨询业要成为科技成果转化为商品的纽带。管理咨询业要对转换企业经营机制,推进企业管理现代化发挥更大的作用。会计审计咨询业、法律咨询业是建立社会主义市场经济体制所必需的市场中介服务行业,要大力加快发展,以适应伴随市场体系发展、企业经营机制转换和政府职能转变而涌现出的大量社会需求。

加快广告业的发展,逐步建立结构合理、门类齐全、媒介通畅、专业化水平较高和多层次、全方位的广告信息传播和市场营销服务体系。提高广告制作和经营水平,加强广告的监督管理。积极推进符合广告市场运行规律和国际惯例的广告经营代理体制。

发展信息、咨询服务业和广告业,要加快这些方面人才的培养。提倡和鼓励信息和咨询业跨地区、跨部门、跨国合作,向集团化和网络化方向发展。以现有的大型信息、咨询机构为基础,通过内引外联、兼并、购买等手段,创建一批骨干企业和企业集团。改革事业型的信息、咨询管理体制,实现经营企业化、服务社会化以及信息、咨询产品与服务商品化。在严格进行资格审查的条件下,积极开办会计师、审计、律师等事务所。

交通运输和邮电通信业

交通运输和邮电通信业是国民经济的重要基础产业,是社会再生产顺利运转的保证,在国民经济发展中处于先行地位。

发展目标是:到本世纪末,交通运输和邮电通信的综合服务能力有较大的增长,初步建立起协调配套的具有现代化技术水平的综合运输大通道系统。交通、通信紧张状况有较大缓解,制约国民经济发展的状况有明显改善。旅客运输服务质量和舒适程度提高到一个新水平。

交通、通信设施的建设,要贯彻“统筹规划、条块结合、分层负责、联合建设”的方针,发挥中央、地方和企业的积极性,多渠道筹集资金。引入企业竞争机制,推进企业股份制试点,在统一规范和标准的前提下,组建若干个大型企业集团,展开适度竞争。

市政公用事业

市政公用事业包括公共交通、市政工程、环境卫生、园林绿化和城市防洪等。发展市政公用事业,对于缓解交通紧张,改善城市投资环境和生活环境,推进城市化进程具有重要作用。

发展目标是:逐步建成与经济和社会发展相适应的布局得当、结构合理的城市干道网和比较完备的公共交通设施以及供排水、防洪、防汛等城市公用设施系统,特大城市要逐步建成快速轨道交通和快速路系统;大幅度提高污水和垃圾无害化处理能力,环境卫生、污染治理和园林绿化水平有较大提高,城市生态环境质量得到明显改善。

进一步完善城市建设体制,做到统一规划,合理布局,综合开发,配套建设。广开建设资金渠道,逐步实行财政补贴和市场补偿相结合的市政公用设施建设、维护资金筹措机制。对一部分可以放开的客运交通、垃圾清运处理等行业,有步骤地放开经营,采取国有、股份制、中外合资等多种形式,搞活市政公用事业的经营。完善市政公用事业管理。

居民服务业

居民服务业包括城乡饮食服务业和主要面向人民群众生活需要的各种服务业。它的发展,对于方便人民生活,提高人民生活质量,增进居民之间的交往与互助具有积极的作用。

发展目标是:逐步实现服务业的社会化、产业化,形成多种经济成分和多种经营方式并存、行业结构合理、服务门类齐全,服务技艺和服务水平都有较大提高的服务体系。到本世纪末,服务业产值和每千人拥有的服务网点有较大增长。

大力发展多种所有制形式的服务网点,拓宽服务项目,发展具有中国烹饪特色的风味特色店、快餐业和烹饮原料半成品加工、配餐等新兴服务项目。扶持和发展浴池、理发、修理、家庭服务、殡葬服务等传统服务项目,积极开拓房屋修缮、装饰和办公现代化服务及为企业生产经营的后勤服务等新兴服务领域,提高服务的社会化程度。发展以各种便民家庭服务、维修、医疗康复、文化娱乐、幼儿园、托儿所、养老院等为内容的,兼有社会福利性质的社区综合服务中心,拓宽服务面,开展对区内企事业单位和机关团体的社会化服务。在条件适宜的地区，建立和完善城市消费合作社。鼓励并支持发展各种专业化服务公司（站），鼓励有条件的居民自办服务点。

旅游业

旅游业是产业关联度比较高的综合性的经济文化产业和创汇型产业。发展国内旅游业，对于改善人民生活质量，满足人民精神文化生活需求，引导消费，繁荣地方经济具有积极意义。发展国际旅游业，对于扩大对外开放，加强国际间的交往和了解，积累资金，增加外汇收入具有重要作用。

发展目标是：实行适度超前发展战略，力争在本世纪末跻身于世界旅游大国行列。大力开发旅游资源，形成一个比较发达的，包括饭店旅馆业、旅行社业、旅游交通业、旅游商品业、旅游饮食业、旅游娱乐业等的综合产业体系。

旅游资源的开发利用要坚持突出重点的原则，进一步加强旅游"国线"和"省线"的配套建设，做到开发和保护并举，经济效益、社会效益和环境效益的统一。巩固和发展已有的旅游风景区和项目，并不断推出有民族特色和地方特色的专项旅游项目，开发森林旅游资源。

选择若干个在国际上具有吸引力的旅游地区，试办旅游渡假区。继续实行鼓励旅游企业和旅游商品创汇的政策，增强旅游业的创汇能力。经国家批准，在一些口岸城市和主要旅游城市试办外币商店和市内免税店。积极扩大旅游交通渠道，特别要大力发展航空运输。切实加强国际旅游市场的促销活动，简化有关人员的出国审批手续；在境外适当增设旅游办事处，利用各种传播媒介搞好市场营销；对外国来华旅游者简化出入境手续。深化旅游行业内部改革，加强管理，提高服务质量，树立良好信誉。

随着经济发展和人民生活水平的提高，国内旅游业有很大的潜力和需求，要按照"积极引导、因地制宜、稳步发展、协调管理"的方针，大力推进国内旅游业的发展。发展国内旅游业，要加强相关的交通等旅游基础设施建设，充分调动地方、企业、集体和个人的积极性，多渠道集资兴办。有关部门应加强协调配合，实行国际国内旅游并举，充分发挥国内旅游对国际旅游的先导、促进和补充作用。

农村社会化综合服务业及农村市场

农村社会化综合服务业，是指以农业社会化服务为主，为整个农村经济和农民生活提供全方位服务的综合性服务体系。它的发展，对提高农业生产的专业化、商品化、现代化和综合发展能力，促进乡镇企业发展，以及实现农村居民生活小康等都具有重要作用。

发展目标和任务是：在农村逐步建立起一个多行业、多层次、功能齐全、设施配套的农村社会化综合服务体系。(1)建立高效的农业社会化服务体系。各有关部门要围绕农业生产和农副产品加工、销售，提供高质量的产前、产中、产后的综合配套服务。(2)发展为乡镇工业和村镇建设服务的质量监测、污染治理、信息咨询、技术开发、物资供应、产品销售等服务。(3)发展对农村经济的全方位服务。开展林木良种和种苗、森林防火、病虫害防治等技术服务；开展农田水利、水土保持和水利技术、物资供应等服务以及流域开发综合服务；建立和完善农村减灾防灾体系、资源监测体系、经济信息和预警网络，搞好气象、灾害、疫情、病虫害等预测预报。(4)加强农村市场建设，支持和发展集市贸易、小商品市场、生产资料市场等各类市场；对已经发展起来的农村市场，要不断提高档次，加强管理。进一步改革农副产品流通体制，发展多渠道流通，恢复供销社的民办性质，充分发挥其服务功能。(5)加快发展农村金融、保险和教育、培训以及文化、卫生等事业。

农村社会化服务组织要从单纯服务型向经营服务型转变，有条件的要积极向一体化、产业化、企业化方向发展。县乡两级要打破部门界限，将有关服务站、所、社逐步合并，建立和完善县级农业和乡镇企业综合服务中心，兴办乡级综合服务站。积极建立贸工农、产供销一体化的服务实体，实行企业化经营。鼓励乡镇企业拓宽发展领域，积极兴办第三产业。鼓励农户自办、联办服务组织，政府要积极支持和保护其合法权益。要鼓励科研、教育单位的科技人员到农村开展技术服务。加强农村小城镇建设，依托小城镇发展和完善社会化服务体系。

地质勘查业

地质勘查是资源开发、环境保护、生产建设及国民经济发展的必不可少的前期工作，包括基础地质调查、地质普查、详查、勘探等不同工作阶段。

发展目标和任务是：贯彻"保证基础地质、加强普查、择优详查、对口勘探"的方针。地质勘查的重点应放在能源矿产、紧缺的原材料矿种和缺水地区的地下水等方面，使各类资源的各级勘查储量尽可能有较大的增加，基本满足国民经济发展的需要。基础地质工作要加快五万分之一区域地质调查。围绕大江大河、交通干线、重要城市、骨干工程和重要经济区的开发和建设，开展水文、工程、环境地质勘查与评价，加强地质灾害的勘查、监测、预报和防治。

地质勘查业的发展，要靠深化地质勘查管理体制的改革，实行政企分离，引入市场机制。国家地质勘探费主要用于基础地质和普查找矿，并运用国家订货或招标、承包等方式，以保证提供足够的基础地质资料和可供选择进行详查的基地;详查和勘探,由矿产资源补偿费和成果使用者承担工作费用,以加强与生产建设的衔接,提高地质勘查的经济效益,促进地质勘查业的发展。

地质勘查队伍要发展多种经营,开拓生产、服务领域,进入市场,使地质勘查业发展成为多功能产业,逐步实现自身发展的良性循环。

环境保护业

环境保护包括自然环境和自然资源的保护及污染的防治,关系到人类自身的生存和经济的持续发展,是我国的一项基本国策。

发展目标是:到本世纪末,环境污染基本得到控制,重点城市的环境质量有所改善,自然生态恶化的趋势有所减缓,逐步使环境与经济及社会的发展相协调,为实现我国生态系统的良性循环,城乡环境清洁、优美、安静的远景目标打下基础。

突出城市环境综合整治,在抓好重点工业污染源治理的基础上,积极推行对污染的集中控制。大气污染防治要与节能紧密结合,发展集中供热,改造落后的燃煤方式和燃器具并与脱硫和除尘相结合,控制住烟尘排放,防治酸雨和二氧化硫污染。水污染防治要与节水和污水资源化紧密结合,加快城市污水处理厂的建设,控制有机污染物的排放,保护好饮用水水源。要结合对固体废弃物污染的控制大力发展综合利用,妥善处置与处理有害废弃物。要积极采用低噪高效设备,控制噪声振动污染,加强对车辆、建筑和生活产生噪声的管理。要努力增加植被,保护生态环境,积极开展对江河和水土流失的治理,防治各类自然和地质灾害。加强自然保护区的建设和管理,重点保护好濒临灭绝的珍稀物种。加强环境监测,建立定期和及时的环境公报、预警制度。

教育事业

发展教育事业,是提高全民族思想道德和科学文化水平,促进经济发展和社会进步,实现社会主义现代化的根本大计。

发展目标是:到本世纪末,全民教育水平有明显提高;劳动者的职前职后教育有较大发展;各类专门人才的拥有量与现代化建设的需要基本适应;初步形成面向二十一世纪的社会主义教育体系。

努力发展城乡学前教育。全国基本普及九年制义务教育,基本杜绝新文盲产生。大城市和发达地区努力普及高中阶段教育。将教育工作的重点放在提高劳动者素质和培养初、中级人才上。大力发展多种形式的中等职业技术教育,初中毕业生升入各类职业技术学校的人数超过升入普通高中的人数,使城乡新增劳动力接受必要的从业技术教育或培训。高等教育要调整好科类、专业和层次结构,大力提高教育质量、科研水平和办学效益;高层次专门人才的培养基本上立足于国内。积极发展成人教育,基本扫除青壮年文盲,通过成人学历教育、岗位培训和继续教育,提高社会广大从业人员的思想文化素质和职业技能,壮大适应生产发展和技术进步的专业技术人员队伍。当前,特别要加强对第三产业所需的各种类型、不同层次人才的培养。

建立以政府办学为主、同时鼓励社会各界共同办学的体制。社会力量办学应主要侧重学前教育、基础教育、职业技术教育和继续教育。加强地方政府管理教育的职能。赋予学校更多的办学自主权,引导其主动适应经济和社会发展的需要。改变招生计划全部由国家统一安排的办法,实行国家任务计划和委托培养、自费生计划相结合,同时,逐步改变毕业生由国家统一分配的做法。进一步加强师资培养、培训工作。改革和完善教育经费筹措制度,逐步建立以国家财政拨款为主,以征收教育税费、收取非义务教育阶段学生学杂费、校办产业收入、社会捐资集资和设立教育基金等为辅的多种渠道筹集教育经费的体制。

文化、体育事业

文化、广播影视、新闻出版、体育等各项事业,对于加强社会主义精神文明建设,提高中华民族的思想文化素质和身体素质,丰富群众的精神文化生活,开展对外交流和促进经济发展等具有特殊的作用。

发展目标是:各类文化和体育事业,要按照社会效益和经济效益并重的原则,不断提高文化艺术、娱乐、音像、电影、图书、报刊等文化产品的艺术水平和服务质量,努力提高广播电视覆盖率及其节目制作能力和质量,以适应群众不同层次的文化精神生活需要;逐步建立起布局合理、门类齐全、面向群众、满足需求的文化、体育服务体系。

将一部分有条件的文化、体育事业单位推向市场,提高其社会化程度。动员社会各方面集资建设广播电视转播台(站)和其他文化、体育设施,并通过深化内部改革、放开经营,向社会提供更多适应群众需求的有偿服务,逐步增强自我发展能力。有条件的竞技体育应逐步向实体化、职业化、商品化过渡。适当放宽对各类文化产品的审批权限。调整外销文物的出境限制,积极开展文物内销业务。

卫生事业、人口与计划生育事业

卫生事业、人口与计划生育事业是保障人民健康、控制人口数量、提高人口素质的重要事业。

卫生事业的发展目标和任务是:到本世纪末,建立基本适应国民经济发展和城乡居民多层次需求的卫生服务体系和卫生监督体系,使人人享有基本的医疗预防保健服务,在总体上达到与"小康"生活相适应的健康水平。全面实施农村初级卫生保健规划；加强农村基础卫生设施建设；强化卫生防疫、妇幼保健的各项服务功能和能力。改革医疗卫生管理体制和服务价格体系，扩大服务能力，鼓励社会办医。同时，卫生行政管理部门要严格实行对医疗卫生技术人员的资格审查和对医疗卫生机构服务质量的监督，加强卫生监督执法。加强传统医学的继承和发展工作。

人口与计划生育事业要逐步形成符合我国国情的、长期稳定的计划生育机制，使人口增长与经济发展相协调，与环境保护和资源利用相适应。要重点抓好农村的计划生育工作，建立健全基层计划生育服务网络，进一步搞好宣传和药具供应及技术培训等项工作。人口与计划生育工作要逐步由行政管理为主转为依法管理为主，并通过运用激励机制和提供优质服务，保证规划目标的实现。

社会保险业

社会保险是国家保证公民在伤残、年老、疾病及失业时能得到基本生活保障而建立的社会保障制度。社会保险业的发展，对于促进生产发展、保障人民生活和社会稳定具有重要意义。

发展目标是：到本世纪末，逐步建立起覆盖城镇全体职工，国家、集体、个人三方合理负担，国家法律规定的基本保险与商业性的补充保险相结合，包括养老保险、待业保险、工伤保险和医疗保险等的社会保险体系。积极稳妥地发展农村社会保险事业。

养老保险，要逐步建立起城镇职工基本养老保险、企业补充养老保险和职工个人储蓄性养老保险相结合的制度。农村养老保险，要在自愿的基础上，坚持个人负担为主，集体补助为辅，国家予以扶持的原则，实行社会保障和家庭养老相结合等多种形式。

待业保险，要不断扩大范围，完善制度。在对国有企业全体职工实行待业保险制度的基础上，将目前在部分职工中享受的待业保险，扩大到全体非自愿待业职工，并将这一制度推广到城镇集体和私营企业职工以及外商投资企业中方职工；实行待业救济和职业介绍、转业训练、生产自救等措施相结合，积极促进待业职工的再就业。

工伤保险，要进一步改革和完善制度，把工伤保险与事故预防及伤残职工的康复结合起来。

医疗保险，要改革现行公费医疗和劳保医疗制度，健全农村合作性质的健康保障制度，初步建立起适合我国国情的多形式、多层次的医疗保险体系，努力使大多数社会成员获得与社会经济发展相适应的基本医疗保障。

社会福利和社会救济业

社会福利和社会救济业是国家和社会为优抚对象、鳏寡孤独、残疾人、老年人提供各种生活服务和劳动场所而兴办的事业，是在公民生活发生严重困难时，由国家和社会提供物质帮助的社会保障制度。这项事业具有较强的福利性、服务性和政策性，关系到国防建设和社会稳定。

发展目标和任务是：坚持社会化的发展方向。逐步建立起以国家兴办为骨干，集体兴办为基础，个人兴办为辅助的覆盖面较广、设备较齐全、生活有保障并且高效、卫生的社会福利网。福利事业单位要在确保完成国家政策性任务的前提下，充分利用现有设施向社会开放，扩大服务面，开展有偿服务，增强自我发展能力。扩大社会福利企业安置残疾人就业的能力。发动社会力量多渠道筹集社会福利和社会救济资金。对社会救济对象采取救济与扶持相结合，有偿救济和无偿救济相结合的方式，使社会救济对象的基本生活得到可靠保障。同时，增强社会救济对象自身抵御各种灾害和摆脱贫困的能力。改革传统的农业救灾方法，确立国家、集体、个人共同集资，全体农民参加的救灾保险体制，逐步建立起社会化救灾保险服务体系。

三、加快第三产业发展的主要政策措施

加快发展第三产业，关键是进一步解放思想，大胆探索，深化改革，扩大开放。为实现上述第三产业发展的目标和任务，要按照社会主义市场经济的要求，摒弃不利于第三产业发展的观念和认识，改革阻碍第三产业发展的体制和政策，充分运用市场机制，采取切实有效的政策措施促进第三产业的发展。

（一）放手兴办第三产业

——第三产业的发展要充分发挥国家、集体和个人的积极性。除了对国民经济发展具有全局性、先导性影响的基础行业主要由国家兴办以外，其余大多数行业，要坚持谁投资、谁所有、谁受益的原则，依靠社会各方面的力量，进一步放手发展集体、个体、私营和其他经济成分的第三产业。

——鼓励国有企事业单位、社会团体、城乡集体经济、私营企业和个人以资金、房产、设备、技术、信息、劳务等形式投入第三产业。

——积极鼓励政府机构改革中分流出来的人员从事第三产业，特别是充实会计、审计、统计、律师和工商咨询、税务咨询等各类信息和咨询以及为市场服务的队伍。提倡党政机关富余人员，在与机关脱钩的前提下，兴办第三产业经济实体，从事经营活动。

——允许群众组织和社会团体开展以信息、咨询服务为主的经营活动，兴办第三产业经济实体。鼓励科研机构、大专院校兴办各种所有制和多种形式的科技服务实体，并逐步实行企业化经营。对文化、体育、医疗等社会事业，也要进一步搞活经营，提供适应不同层次需要的服务。

——除国家规定需要特许和专项审批的行业及产品外，企业可以突破行业界限，根据市场需要，自主选择经营范围和经营方式。

——鼓励工业企业根据实际情况，整体或部分地转为第三产业。鼓励第三产业企业运用经济手段兼并扭亏无望的工业企业。鼓励跨部门、跨行业、跨地区、跨所有制组建全国性和区域性第三产业企业集团，推进商工贸、产供销集团化经营。

——对铁路、公路干线，重要港口、机场以及邮电通信、教育科研、城市公用事业等基础和先行行业，在继续以国家经营为主的同时，也要打破行业垄断，引进市场竞争机制，在统一规划、统一管理下积极引导社会力量兴办。

（二）建立充满活力的第三产业自我发展机制

加大改革力度，按照政企分开、把企业推向市场的原则，以产业化、社会化为方向，逐步实现第三产业绝大多数单位由福利型、公益型和事业型向经营型转变。根据第三产业不同行业的特点，对盈利性单位和非盈利性单位实行不同的经营管理方式。

——商业、物资、仓储、外贸、房地产、旅游、居民服务等行业，要全面推向市场，实行企业化经营，独立核算、自主经营、自负盈亏、自我发展、自我约束，落实《全民所有制工业企业转换经营机制条例》规定的各项权利和义务。

——信息、咨询、地质勘查、测绘、环境保护、卫生、文化、体育、农业技术推广等行业，根据具体情况，分别实行全额预算、差额预算和自收自支管理，有条件的单位可实行企业化管理。同时，积极鼓励和支持有条件的单位，由全额向差额、由差额向自收自支、由自收自支向企业化管理过渡，逐步减少财政事业费支出。

——基础科研、基础教育等单位继续实行全额预算管理，但也要运用适应社会主义市场经济的管理机制。

——机关、团体和企事业单位的生活服务设施和交通运输工具等，在搞好对内服务的同时，应向社会开放，实行有偿服务，并可扩大服务领域和经营范围，逐步发展成为独立经营的实体。鼓励社会上的服务企业承揽机关和企事业单位的后勤服务和事务性工作。今后，新建的机关、团体和企事业单位，原则上不再办封闭式的自我服务体系。

——第三产业的小型国有企业，特别是商业、居民服务性行业中的小型国有企业，可以向集体、个人出租或出售。

（三）广开发展第三产业的资金来源和筹资渠道

——坚持多渠道、多层次、多形式增加兴办第三产业的资金投入，特别是动员和引导社会资金用于发展第三产业。

——各级政府要继续加强对交通、通信、科技、教育、文化、卫生、环保和市政公用等行业的投入，努力增加对全国性和区域性市场基础设施建设的投资。

——进一步放宽第三产业投资项目审批权。凡属地方自筹资金、自行平衡建设条件，兴办地方性公路、水运、桥梁、邮电通信、商业、仓储、市场基础设施、市政公用设施，以及科技、教育、文化、卫生、体育、环保及其他社会服务设施建设项目，不论规模大小，均由地方自行审批，在国家核定的固定资产投资总规模之内自行安排。

——扩大企业的投资决策权。第三产业企业均可在执行国家法律和有关规定的前提下，以留用资金、实物、工业产权和非专利技术等向各地区、各行业的企业、事业单位投资，可以购买和持有其他企业的股份。

——国家要安排部分投资作为发展第三产业的引导资金，运用参股等方式引导第三产业的投资方向。地方和部门也应安排相应的资金。

——第三产业基础行业的投资要有相对稳定的资金来源，理顺资金渠道，根据不同行业的特点，对投资实行有偿使用的办法，形成第三产业自我积累、自我发展的机制。

——在国家政策引导和国家计划控制下，积极稳妥地利用发行债券、股票的方式筹集第三产业重点建设资金。

（四）进一步理顺和放开第三产业的价格

——除极少数关系国计民生、需要由国家定价的项目以外，放开第三产业大部分项目的价格和服务收费，实行市场调节。

——对重要的交通运输、邮电通信价格和收费，继续实行国家定价，部分价格和收费允许在规定幅度内由经营企业自主决定。逐步调整市政公用事业的收费标准，减少财政补贴。

——土地一级市场基准地价和部分国家职工住房价格由国家制定，其他房地产价格由市场调节。

——技术开发成果的价格由科研机构自行制定，或由科研机构与生产企业商定。信息、咨询等新兴行业服务收费，由经营单位与委托单位商定。

——商业和一般服务性行业的价格和收费标准基本放开，实行市场调节。

——医疗、教育实行财政支持和市场补偿相结合的发展机制，在保证基本医疗服务和基础教育的前提下，随着居民承受能力的提高，按照调放结合的原则改革收费制度。

（五）运用金融、税收、财政等经济手段扶持第三

产业的发展

——银行要调整信贷结构，对第三产业发展所需资金给予积极支持。对从事第三产业的集体企业、私营企业、个体工商户，凡效益好、有偿还能力的，银行和信用社要尽快开办资产抵押贷款业务，发放小额固定资产贷款和简易设备维修贷款。

——房地产交易中的土地使用权有偿出让收入、城镇土地使用税、场地占用费以及拟开征的房地产增值税等，作为专项资金，用于城市建设、土地开发和农业发展。

——税收政策应对第三产业发展给予扶持，对国家政策鼓励发展的新开办企业给予适当的税收优惠。

——行政机关和国有企事业单位在明确资产所有权性质的前提下，可以用国有资产以有偿使用方式，包括参股、控股、租赁等方式扶持开办第三产业。新办第三产业经营初期确有困难的，扶持单位可在一定期限内酌情给予减免分红、租赁费、资产占用费等优惠，或将这些产权收益低息贷（借）给所办第三产业单位，分期偿还。

（六）简化第三产业企业开业审批手续

工商行政管理机关要针对第三产业的特点和实际需要，简化登记审查程序，提高办事效率。设立企业需要制定行业标准的，由各行业主管部门负责制定。现行的企业登记前置性审批，除对国家法律专门规定的、涉及国家垄断、社会安全、人民健康的行业，以及知识技术密集度较高的行业，需要进行严格的资格审查外，对其他行业要简化企业开业的审批手续。对企业经营过程中需要进行监督管理的，有关部门应依法履行经常性的监管职责。

（七）赋予第三产业企业单位和有条件的事业单位充分的用人自主权和分配自主权

——实行企业化经营、不需财政拨付经费的第三产业企事业单位，用人放开，自定编制。财政拨付部分经费的事业单位，可适当放宽编制。

——所有第三产业企事业单位，都应扩大招聘范围，逐步建立辞退、辞职制度，实行用人单位与就业职工双向选择。

——在第三产业从事专业技术工作的人员，按国家统一规定评定或通过国家统一考试取得专业技术职称，在被聘任职后，享受相应的工资待遇。

——第三产业国有企业的职工收入总额，按照国家规定与经济效益挂钩，企业在提取的工资总额内，有权自主决定分配。

——交通运输、邮电通信等行业的国有企业，实行企业利润和职工收入与资产保值增殖、服务质量挂钩浮动。其他第三产业国有、集体企业，实行职工收入与经营状况、服务质量挂钩浮动。合作（含股份制）、私营、外商投资企业的收入分配办法，在国家法律规定的范围内，由企业自行决定。

（八）鼓励和支持工业企业发展第三产业

——鼓励工业企业，特别是大中型工业企业利用现有设施、资金和富余人员，开发和兴办各种科研、信息、咨询、仓储、运输、零售、修理、旅游、饮食等面向企业和社会服务的第三产业经济实体。

——工业企业兴办第三产业，可以从实际情况出发，采取承包制、租赁制、股份制等多种形式。新办的第三产业单位，应实行自主经营、自负盈亏，并创造条件成为独立的经济实体，享受《全民所有制工业企业转换经营机制条例》规定的减免税政策。

——工业企业因安置富余职工到单独核算的第三产业单位就业而减员的，原核定的工资总额不变。

（九）积极有序地发展各类商品交易市场

——遵循商品流通规律，根据不同商品的特点和市场需求，各级政府应在商品主产地、集散地或主要消费地，通过积极的规划和引导，充分利用已有的设施和场地，发展各具特色的全国性、区域性、地方性各类市场。

——将市场建设列入国家和各级地方政府的经济发展规划。建立全国性市场应根据国家有关规划，经国务院授权的部门批准。尤其对于较高层次的期货市场，应在国家统一管理下，有步骤、有计划地发展。区域性市场应根据国家市场发展规划，由地方政府批准和联合兴办。地方性市场由地方政府自主决定建设。

——对于重要生产资料和粮食、棉花等关系国计民生的重要消费资料批发市场，应由计划部门组织协调，流通部门、生产部门与所在地方政府联合兴办，打破条块分割。同时，国家通过建立必要的储备，调节市场的供需状况和价格。

——各级政府应加强对市场建设和经营活动的管理、监督。加快市场法规的制订，建立必要的市场监督机构。坚持公开、公平、公正竞争的原则，防止垄断和变相垄断。建立健全商品交易标准规范体系，发展商品检验和公正计量。要实行市场监督者、市场的经营管理者、市场商品交易者三分开的原则，建立正常的市场秩序，实行高效的市场运作。

（十）积极利用外资发展第三产业

——要支持利用外资发展第三产业。利用国家统借贷款、外国政府贷款和国际金融组织贷款，要继续把交通、通信等基础设施作为投资重点，同时还要支持科技、教育、卫生、金融改革、住房制度改革、信息系统建设和环境保护等项目。可适当安排商业贷款用于效益好的旅游、房地产、商业饮食等行业的项目。

——适当扩展外商投资的第三产业领域。鼓励兴办中外合资、中外合作经营的高新技术开发、信息咨询和广告制作等项目。经国家批准，在一些城市和地区试办中外合资的零售商业、物资供销企业、旅游设施和渡假区、会计师事务所、金融机构。吸收外商投资建设交通运输设施，在保留对等权利的前提下，允许外国航空公司在部分国际航线先单方面飞行。可在部分有条件的城市，利用外资试办语言、自然科学、经营管理、职业培训等教育项目。有规划、有控制地吸收外商投资开发房地产。

进一步改善投资环境，完善有关的法律、法规和规章，加强投资咨询，依法保护外商投资企业的合法经营权益，同时加强对外商投资的规划引导和监督管理，提高利用外资项目的效益。

(十一) 扩大第三产业企业的国际化经营

——具备条件的商业、物资企业可以申请经营进出口业务，具备条件的外贸企业可以申请国内销售权，实现国内国际市场统筹经营。

——扩大有条件的第三产业企业直接对外经营的权限和范围，促进生产与市场的直接结合；鼓励信息、咨询、工程设计、广告等行业大力开拓对外业务。

——建立健全与扩大对外经营相适应的商情、销售、服务网络，增强市场开拓能力。

——对有进出口经营权的企业和有经常性对外业务的单位，有关涉外业务人员的出入境，实行一次性审批、一年内多次有效的办法。

(十二) 加快第三产业的法制建设

——全面清理现行的法律、法规和规章，对不利于第三产业发展的，应区别情况进行修改或予以废止。经过实践证明可行的政策规定，要尽快形成正式法律或法规。要逐步制订和完善有关的法律、法规和规章。在全国性法律、法规未出台前，各地区人民政府和国务院有关部门可根据实际情况制定有关规章。

——各项法规应在行业标准、业务范围、价格收费、资产评估、产权管理、监督管理、奖励惩罚、职业道德及纠纷仲裁等方面，作出尽可能明确和全面合理的规定。

——要严格执法。企业要依法经营，经济监督部门要依法施政和依法监督。要强化工商管理、税务、审计、统计、监察、公安、卫生、环保、技术监督、国有资产管理等部门的执法、监督职能，提高执法人员的素质，适当增加这些方面的人员。

(十三) 改革第三产业的计划、统计制度和方法

——各级计划部门要全面研究制定第三产业的发展规划、布局和政策，要组织有关部门研究制定市场体系建设等专项规划。改进投资项目分类办法，将国民经济计划中的生产性、非生产性建设的划分，改为按经营性、非经营性划分。

——统计工作要按照新的国民经济核算体系的要求，建立第三产业的统计标准和指标体系，搞好第三产业的统计，全面反映第三产业的增加值，正确评价各个地区经济、社会发展的实际水平。

国务院办公厅转发国家统计局关于建立第三产业统计的报告的通知

（1985年4月5日）

国务院同意国家统计局《关于建立第三产业统计的报告》，现转发给你们，请贯彻执行。

随着我国社会生产力的发展和经济体制改革的逐步深入，有必要研究和采用一些新的核算方法，从不同角度反映和研究社会经济各部门的发展规模、结构和水平，以有利于经济结构的合理调整，有利于经济和社会的协调发展。

目前，我们要在继续做好社会总产值、工农业总产值和国民收入统计的同时，抓紧建立国内生产总值和第三产业产值统计，后者是一项新的工作，各地区、各部门要加强对统计核算工作的领导，适当充实力量，建立和健全本地区、本部门的财产占用及财务收支统计，为开展这项工作创造有利的条件。

国家统计局关于建立第三产业统计的报告

遵照国务院领导同志关于发展第三产业的指示精神，我们与有关部门及部分省市的同志对我国第三产业的统计问题作了研究。为了全面建立第三产业统计，逐步形成一套统计制度，经商得国家计委同意，现提出如下意见：

一、关于三次产业的划分

根据国家计委、国家经委、国家统计局和国家标准局联合颁发的国家标准《国民经济行业分类和代码》，并参照国外的做法，对三次产业作如下划分：

第一产业：农业（包括林业、牧业、渔业等）。

第二产业：工业（包括采掘业、制造业、自来水、电力、蒸气、热水、煤气）和建筑业。

第三产业：除上述第一、第二产业以外的其他行业。

由于第三产业包括的行业多，范围广，根据我国的实际情况，第三产业可分为两大部分：一是流通部门，二是服务部门，具体又可分为四个层次。

第一层次：流通部门，包括交通运输业、邮电通讯业、商业饮食业、物资供销和仓储业。

第二层次：为生产和生活服务的部门，包括金融、保险业，地质普查业，房地产、公共事业、居民服务业、旅游业、咨询信息服务业和各类技术服务业等。

第三层次：为提高科学文化水平和居民素质服务的部门，包括教育、文化、广播电视事业，科学研究事业，卫生，体育和社会福利事业等。

第四层次：为社会公共需要服务的部门，包括国家机关、党政机关、社会团体，以及军队和警察等。

二、关于第三产业产值、国民生产总值的国内考核口径和国际对比口径

鉴于第三产业内部各个行业在国民经济和社会发展中所处的地位作用不同，国内进行观察和考核，拟采用上述第一层次、第二层次和第三层次计算第三产业产值和国民生产总值。但在同西方国家进行国际对比时，拟按西方国家通用的计算范围，即采用上述四个层次计算第三产业产值和国民总值。

三、关于第三产业产值的统计方法

第三产业产值可以统计全部价值，也可以统计增加价值，即增加值。按全部价值计算，其计算方法相当于计算物质生产部门的总产值，包括全部物质消耗价值和新创造价值。按增加值计算，包括固定资产折旧和工资、利润、税收等，不包括除固定资产折旧以外的其他消耗。

四、加强统计核算工作

要搞好第三产业统计，取得准确可靠的数据，有必要健全各有关部门的核算制度，进一步加强统计工作。交通、邮电、商业、饮食业等部门已经有了核算制度，需要进一步健全。其他第三产业部门，目前核算工作非常薄弱，资料残缺不全，很难适应计算第三产业产值的要求。建议请教育、文化、广播电视、卫生、体育、科学、工商、城建、旅游、国防、行政和社会团体等有关部门，建立必要的核算制度，充实统计机构，按时提供财务资料。同时，建议请财政部门对现行财务制度的某些分组和计算方法加以改进，以满足计算国民生产总值和第三产业产值的需要。

五、抓紧建立具有我国特色的国民经济核算体系

多年来，由于理论基础不同，国际上存在着两种国民经济核算体系，即东方的国民经济平衡表体系（也称物质产品平衡表体系）和西方的国民经济帐户体系。这两种体系的计算范围和方法不同，但联合国都予承认，并规定了互相换算的方法。国民经济平衡表体系把整个社会劳动分为物质生产领域和非物质生产领域两部分，首先计算物质生产领域创造的物质产品的成果，以反映物质生产发展的规模、结构和速度；同时也计算国民收入在非物质生产领域的再分配。

过去我们按照这一体系计算社会总产值和国民收入，但在某些方面计算不够细致，今后仍需继续做好。与此同时，仿照西方的国民经济帐户体系，计算国民生产总值和第三产业产值，也是必要的。国民生产总值指标不仅能够反映物质生产的发展情况，而且也能够反映各种劳务的增长情况，即全面反映国民经济和社会发展的规模和水平。在目前，两种核算方法并存，以适应从不同角度观察问题的需要，并便于同国际进行对比研究。从长远看，要结合我国实际情况，吸取东、西方的核算体系的优点，经过不断研究和实践，逐步建立起一套适合我国社会主义有计划的商品经济的核算体系。

以上报告，如属可行，请批转国务院各部门和各省、自治区、直辖市人民政府执行。

国务院批转国家体改委关于一九九三年经济体制改革要点的通知

（1993年3月8日）

国务院同意国家体改委《一九九三年经济体制改革要点》，现转发给你们，请根据本地区、本部门的实际情况，采取有力措施，认真贯彻实施。

以邓小平同志视察南方重要座话和党的十四大标志，我国改革开放事业进入了一个新的历史阶段。一九九三年是按照社会主义市场经济体制目标进行改革的第一年。各地区、各部门要全面领会、认真贯彻党的十四大精神，进一步解放思想，实事求是，切实加强对改革工作的领导，把更多的精力放在改革上。要紧紧把握当前的有利时机，立足于加速结构调整、提高经济效益和解决经济体制中的深层次矛盾，加快转换企业经营机制和转变政府经济管理职能。要大胆探索，积极试验，力争在一些关键环节的改革方面取得有效的进展，为在九十年代初步建立社会主义市场经济新体制奠定更坚实的基础，促进国民经济又快又好地发展。

一九九三年经济体制改革要点

以邓小平同志视察南方重要谈话和党的十四大为标志，我国改革开放事业进入了一个新的历史阶段。一九九二年，全国改革开放的步伐明显加快，在企业转换经营机制、走向市场方面取得了明显成效；价格改革和市场培育取得了重要进展；宏观管理体制和社会保障制度的改革进一步深化；对外开放的深度和广度都有新的突破。

一九九三年，是按照党的十四大确立的建立社会主义市场经济体制的方向推进改革的第一年，我们要认真贯彻落实党的十四大精神，进一步解放思想，实事求是，转变观念，统一认识，用邓小平同志建设有中国特色社会主义的理论指导改革实践；要按照建立社会主义市场经济体制的目标，立足于加速结构调整、提高经济效益和解决经济制度中的深层次矛盾，在经济体制改革的一些重要领域取得实质性进展。一九九三年改革工作的主要任务是：继续贯彻落实《全民所有制工业企业转换经营机制条例》（以下简称《条例》），以转换国有企业经营机制、转变政府经济管理职能为重点，围绕把企业推向市场这一中心环节，加快企业改革；以加快价格改革为契机，配套推进财税、金融和计划体制改革；大力发展市场体系，加快以改革进口管理体制为重点的外贸体制改革；全面推进社会保障制度和住房、土地使用制度改革；提高综合改革试点水平，切实做好新体制建设的基础性工作。

一、认真贯彻《条例》，加快转换国有企业经营机制

各地要把贯彻落实《条例》作为企业改革的中心工作来抓，严格按照中共中央、国务院的要求，抓紧制定具体实施办法，逐项落实企业的十四项经营自主权。企业要按照《条例》赋予的权力，主动进入国内、国际两个市场，积极参与竞争；要继续深化企业劳动、人事、分配三项制度改革，形成面向市场、富有效率和活力的机制；要运用《条例》提供的法律手段，维护自身的合法权益。

总结推广各地转换企业经营机制的有效方式和做法。对一九九三年承包期满的企业，要积极创造条件，实行“税利分流”，有条件的经过批准可以进行股份制试点，也可以在完善的基础上继续实行承包制或租赁制等多种经营形式。

对继续实行承包的企业，要坚持政企分开，在完善各类承包形式的同时，从价值形态上加强对国有企业资产经营的有效管理，使企业切实承担起国家资产保值、增殖的责任。

要认真贯彻新颁布的《企业财务通则》、《企业会计准则》和即将颁布的分行业的财务、会计制度，企业应据此制定新的企业财务、会计管理办法。试行企业财务报表委托注册会计师事务所或审计事务所审查和出具查帐报告的制度。对仍在承包期中的企业，执行《企业财务通则》和《企业会计准则》后财务状况变化较大的，通过合同双方协商，可以调整承包合同的有关内容。

二、有领导、规范化地进行企业股份制试点

企业股份制试点要按照国务院的规定和国务院有关部门制定的规范意见和程序进行，在理顺产权关系的基础上，有计划地把一批国有企业改组为股份制企业。

要把股份制试点的重点放在组建有限责任公司上。有组织、有领导地推进法人持股的股份有限公司的组建工作。股份制企业内部职工持股要从严掌握，严格按照国家有关规定进行规范。严格执行《国务院关于进一步加强证券市场宏观管理的通知》(国发［1992］68号)的规定，各省、自治区、直辖市和计划单列市及国务院有关部门在国家下达的规模内，可选择一两家大型或重点企业，经过有关部门核准，进行向社会公开发行股票和异地上市交易的试点(广东、福建、海南三省经批准可以适当增加试点企业的数目)。国家体改委将会同有关部门，抓好上海石化总厂等九家大型企业进行股份制改组及向社会公开发行股票的试点，并做好在境外发行股票和上市交易的准备工作。

结合投资体制改革和贯彻《企业财务通则》的有关规定，进一步扩大企业清产核资的试点范围，通过界定产权，理顺企业的财产归属关系，核定企业的国有资本金，明确企业或控股公司作为法人实体和市场竞争主体应承担的资产责任，积极探索国有资产的有效实现形式。

进一步完善企业股份制的有关法规，各地要严格执行《股份制企业试点办法》和股份有限公司规范意见》、《有限责任公司规范意见》。在总结经验的基础上，抓紧制订《公司法》和《国有资产法》。

三、积极调整企业组织结构，提高整体经济效益

进一步发展和完善企业集团及各种横向经济联合实体。强化企业集团成员间的资产联结纽带，发展集团核心企业向成员企业的参股、控股，加强集团内部管理体制建设。组建企业集团要坚持自愿、合理的原则，政府行业管理部门不得用行政办法上收企业，或把行政性机构翻牌为企业集团或公司。研究制定适应社会主义市场经济要发展企业集团的政策措施，尽快制定有关管理办法。

积极推进多种形式的企业兼并。把企业兼并和企业破产结合起来，减轻兼并企业的负担。企业兼并要充分发挥市场机制的作用，按市场规律办事，尊重企业的兼并、联营自主权。

对国有小型工业、零售商业和饮食、服务业企业要继续进行改、租、卖。抓紧制订《股份合作制企业条例》，在规范现有股份合作制试点的基础上，有计划地推进城镇集体企业和乡镇企业实行股份合作制。国有小型企业可以进行股份合作制的试点，也可以采取长期租赁方式经营；对其中一部分产权，经批准可公开出售给境内外法人、自然人。各地可按照国家体改委等部门颁发的《关于出售国有小型企业产权的暂行办法》(体改经［1989］39号)，进行这项改革的试点。

对达到计定破产条件的企业，要下决心依法破产，并做好破产企业的债务清偿和人员安置工作。银行、劳动等有关部门要抓紧制定实施《破产法》的配套措施。

积极提倡和引导企业承包企业、企业租赁企业。鼓励经济特区、沿海开放地带的优势企业到内地承包、租赁企业；鼓励乡镇企业和城市企业互相承包、租赁；有条件的还可吸引外商承包、租赁国内企业。

有组织地试办企业产权交易市场，推动企业兼并、产权出售和收购以及闲置资产的流动，促进生产要的优化配置。

四、切实转变政府经济管理职能，搞好机构改革

按照《条例》和中共中央、国务院《关于认真贯彻执行〈全民所有制工业企业转换经营机制条例〉的通知》(中发［1992］12号)要求，各级人民政府要切实转变经济管理职能，逐步取消政府专业经济部门与企业的行政隶属关系，不折不扣地把经营权还给企业。凡属可以通过市场或者该由企业解决的问题，要由市场或企业去解决。政府部门对企业的生产经营活动由直接管理逐步转向主要通过统筹规划、制定政策、组织协调、提供服务、强化审计和监督等手段进行间接调控。

按照社会主义市场经济的要求以及政企分开和精简、统一、效能的原则，根据中央的统一部署，搞好中央和省级政府机构改革，有领导地进行有利于理顺国有企业产权关系、实行政企分开的改革试验，有步骤地改革目前与高度集中的计划经济相联系和按产品分部门管理的臃肿、低效的经济管理机构。

县级机构改革，总的方向是走“小机构、大服务”的路子，转变职能，精简机构，强化服务，严格监督。各地要重视县级机构改革，积极扩大试点面，以此为突破口，推动各级机构改革。

在前几年试点的基础上，扩大国家公务员制度改革的试点范围。通过积极兴办第三产业和加强职业培训，解决行政机关分流人员的安置问题。

五、加快价格改革的步伐。逐步建立以市场价格为主的价格形成机制

在价格改革方面要抓紧有利时机理顺价格体系，建立以市场供求为主要导向的价格形成机制。

有计划地调整以煤炭、原油、电力、铁路货运为重点的能源、原材料和运输价格。在进一步理顺、放开钢材等重要生产资料价格的同时，继续减少国家管理生产资料价格的品种和数量，扩大市场调节的范围。

逐步放开粮、棉、油等农产品价格。按照统一政策、分散决策的原则，在做好充分准备的前提下，各省、自治区、直辖市可以择机放开粮油购销价格，实行市场调节，多渠道流通。为了支持农业生产的稳定发展，在农产品逐步实现市场调节的过程中，政府对粮、棉等主要农产品实行支持性价格等保护政策。将粮、棉收购与农用生产资料挂钩的实物方式改为货币方式，采用收购价格价外加价的办法，使农民真正得到实惠。

六、进一步改革流通体制，积极发展统一的市场体系

各地可根据实际需要和可能，继续建立和完善农副产品的初级市场和区域性批发市场，形成多层次的市场网络。切实解决粮食、棉花等卖难和流通不畅等问题。粮食价格放开的地区，各级财政减少的补贴，不能挪作他用，要采取建立粮食风险基金等办法继续用于农业；进一步完善粮食市场体系和多级储备制度，发挥国家宏观调控粮食生产的作用。对于粮食购销价格还不能放开的地区，必须采取措施，把粮食企业的政策性业务与经营性业务分开。认真贯彻落实《国务院批转国家体改委关于改革棉花流通体制意见的通知》（国发[1992] 55号），积极稳妥地搞好山东、河南、江苏三省棉花流通体制改革试点，为建立开放式的棉花流通体制摸索经验。

加快物资订货制度改革，完善和发展生产资料市场，按经济区域建立生产资料市场，完善和推广物资批发市场和交易所的试点经验。办好上海、深圳和郑州等地的商品交易所，开展商品远期合同签约并探索期货交易。为了保证期货交易所试验的成功，要先集中力量办好一两个交易所，同时要加强对期货市场试点工作的统一指导和监督管理，并抓紧制订有关配套法规。积极推广物资配送等现代流通方式，进行建立大型物资配送中心的试点，并给予一定的政策扶持。

在继续发展商品市场的基础上，要大力发展生产要素市场，把加快市场建设的重点放在金融、劳动、技术、产权市场等方面，与统一开放的市场体系相协调。

积极推进外贸体制改革。按照《条例》和已经公布及将要公布的企业经营外贸业务的标准和审批办法，进一步扩大生产企业、科研单位以及其他企业的外贸自主权，加快外贸企业经营机制的转换，推动外贸企业集团化、实业化和国际化经营。继续发展工贸、商贸等多种形式的联合，加强产销之间的联合，共同开拓国际市场。

适应重返关贸总协定的要求，有计划地降低进口商品关税税率；改革进出口商品的经营管理体制，适当放开进出口商品经营范围，大幅度减少许可证管理商品品种；完善配额许可证管理制度，改进出口配额分配办法，引进竞争机制，试行公开招标、转让等方式。进一步加强进出口商会组织，充分发挥商会在对外贸易中的协调作用。

适应建立社会主义市场经济体制的要求，在东北、内蒙古国有林区，全面实行林价制度，推行林木生产商品化配套改革，抓好森林资源资产化管理改革试点。

采取有力措施，打破地区封锁、部门分割和市场垄断。完善市场法规，规范市场交易行为，抓紧研究制订《反不正当竞争法》、《对外贸易法》、《反倾销法》等确立市场经济运行规则的法律、法规。

七、改革计划、投资体制

适应社会主义市场经济体制的要求，计划部门的职能将从主要运用行政手段管理经济，偏重于定指标、分投资、批项目，转变为研究战略、制定规划、宏观调控、总量平衡、产业政策、培育市场、重点建设、协调服务，逐步实现从直接计划管理为主，向协调运用经济杠杆和经济政策进行间接管理为主转变。

简化生产、流通领域的计划指标管理，保留的少数重要指标，有的只列全国总量指标，不分解下达，进一步缩小指令性计划，对供求大体平衡、价格已经放开的重要生产资料，取消指令性分配计划，实行市场调节，国家保留优先订货权；对供求尚有较大矛盾，价格还不能完全放开的重要生产资料，也要减少指令性计划分配的数量，并扩大平价转计划内高价的比重；同时，要逐步以国家导向的产需衔接以及国家订货方式改造和取代指令性计划。各部门、各地区的指令性产品生产和调拨计划也要进一步减少，有条件放开的应尽量放开。同时，要加强预测性计划、指导性计划和政策性计划。

鼓励地方政府对非竞争性的基础产业和公用设施进行投资，扩大其投资审批权。竞争性产业，特别是加工工业的投资决策权应逐步直接交给企业，使企业在国家产业政策的引导下，真正成为投资主体。国有企业有权在执行国家法律和国务院有关规定的前提下，以留用资金、实物、工业产权和非专利技术等向各行业、各地区的企业事业单位投资，有权购买和持有其他企业的股份。

扩大国家投资的筹资方式和渠道。尽快建立规范化的、稳定的和良性循环的国家投资基金制度。进一步完善中央基本建设基金制，国家财政“拨改贷”收回的本息不再列入经常性预算，纳入建设基金滚动增值。对国家重点建设项目，国家通过扩大控股、参股、贴息、合资、合作以及直接投资等办法进行投资，并通过发行债券、股票吸收一部分企业和社会的资金进行建设。新开工的大中型基本建设项目主要采取招标、投标办法，原则上都要推行项目业主责任制，逐步扩大股份投资方式试点。

八、深化财政体制改革，在税制改革方面迈出较大步伐

中央财政在去年试编复式预算的基础上，今年要进一步完善，并对经常性和建设性预算收支项目进行合理调整。省级财政也要试编复式预算。

进一步完善分税制试点办法。结合政府职能转变和税制改革，研究划分各级政府事权和按事权划分财政收支的方案，为建立规范的分税制财政体制作准备。

进一步规范国家与企业的分配关系。在承包到期的企业中积极推行“税利分流，税后还贷，税后分利”的改革。同时，根据《条例》的规定，结合统一所得税率，减轻企业税后负担，研究制定促进企业还贷机制转换的配套措施。

配合价格改革，进一步减少各级政府的财政补贴。

以大幅度调整或放开生产资料价格为契机，首先在工业生产环节，并择机在批发零售环节全面推行增值税，统一增值税扣税范围，简并税率档次，简化计征办法；同时，对产品税的征收范围和计征办法进行配套改革。

建立统一的内资企业所得税制，各类内资企业按计划逐步统一执行基本税率为33%的所得税税率；统一、规范企业所得税税前扣除项目和列支标准，保护税基不受侵蚀；分步取消从企业折旧中征集的两项基金；在取消税前还贷的基础上，分步取消对税后利润征集两项基金的办法。

合并现行的个人所得税、个人收入调节税和城乡个体工商户所得税，建立统一的个人所得税制。根据经济发展和居民收入增长的情况，参照国际惯例，有计划地扩大个人所得税征收范围。

扩大资源税的征收范围和项目；研究废止和取消某些不合理的税种。

抓紧起草《预算法》、《注册会计师法》、《企业所得税法》（或《企业所得税条例》），尽快修订《会计法》、《个人所得税法》等财政法规。

九、进一步推进金融体制改革

中央银行在改善贷款限额管理办法的同时，加强运用利率、准备金、再贷款、公开市场业务等经济手段，逐渐加大间接调控的份量，改善金融的宏观调控。首先在上海、广东、福建、海南、深圳五省市和交通银行系统进行贷款限额管理下的资产负债比例管理和资产风险管理的试点。开办中央银行短期融资券买卖业务，探索中央银行公开市场业务操作的办法。

各专业银行对政策性贷款与商业性贷款实行分帐管理的试点，根据这两类业务的帐目、投向、数量、利息负担等制定相应的管理制度，贯彻实施《银行经营责任制暂行规定》，落实银行经营自主权，转换专业银行经营机制，研究成立国家长期投资银行的可行性，该银行主要从事政策性投资贷款业务。适当提高银行风险基金比例，结合企业经营机制转换和少数企业的破产清算，健全常规的呆帐核销制度，提高银行的资产质量。

按照《国务院关于进一步加强证券市场宏观管理的通知》的要求，在积极发展和规范银行同业拆借市场的同时，进一步开放证券市场，在国债发行中引进市场机制，开发投资基金证券、信托受益证券和国内外汇债券等新的债券品种。进一步搞活债券二级市场，创造条件允许单位持有的国债进入市场，推进金融债券的跨地区交易。有计划地增加股票上市公司的数量。完善管理法规和办法，使证券发行和交易市场健康发展。

积极发展外汇同业拆借业务，试办远期外汇交易，扩大外汇市场的调剂范围，逐步形成全国统一的外汇市场。

抓紧《股票发行和交易暂行规定》、《股票发行资格审查管理办法》、《证券经营机构管理办法》的制订，以及《证券法》、《银行法》、《保险法》等有关法规的起草工作。

十、加快劳动、工资制度和社会保障制度改革步伐

进一步改革劳动制度，大力培育发展劳务市场，完善劳动就业服务体系，充分发挥市场机制对劳动力合理配置的作用，逐步建立劳动就业竞争机制，实现企业自主用工和个人自由择业。扩大全员劳动合同制试点范围。更多地使用经济手段，调整就业结构。大力发展第三产业，拓宽吸收等业人员就业和企业富余人员再就业的渠道。统筹协调城乡劳动就业，引导农业剩余劳动力转移和合理流动。健全和完善就业训练和在职培训制度。

加强工资总量调控，强化企业自我约束机制。坚持工资总额增长不超过经济效益增长、平均工资增长不超过劳动生产率增长的原则，对不同企业实行不同的工资总量调控办法。完善工效挂钩办法，合理确定挂钩指标和浮动比例，在净化收入渠道，规范人工费用的基础上，扩大挂钩工资基数范围，真正贯彻工资随经济效益浮动原则，既挂盈也挂亏。落实企业内部分配自主权，实行以岗位技能工资制为主的各种分配制度和分配形式。逐步建立最低工资制度及调整办法。

进一步扩大养老保险实施范围，加快养老费用省级统筹步伐，积极改革基本养老金计发办法，继续推行职式个人交纳养老保险费的办法，提高社会化管理和服务水平。严格养老保险基金的管理、审计和监督。

完善全民所有制企业职工待业保险办法，扩大待业保险范围，改进待业保险金计发办法；加强对待业保险基金的管理监督。逐步建立包括全民、集体、私营以及外商投资企业中方职工在内的统一的待业保险制度；建立待业保险服务体系，推进工伤保险制度改革。

积极推进医疗保险制度改革。有条件的地区，要逐步建立社会医疗保险体制，保险基金实行国家、用人单位、个人三方共同筹集，扩大医疗保障覆盖面，提高社会化程度。扩大企业职工大病医疗费用社会统筹试点；进一步完善医疗费用与个人挂钩；逐步推广医疗费用由医疗与社会保险机构共同管理的办法。

结合机构改革建立统一的社会保障管理体制。社会保险实行政事分开，社会保险管理部门从宏观上进行政策、制度、标准管理；社会保险经办机构具体承办社会保险业务并承担资金保值、增殖责任。继续搞好改革开放试验区、经济特区和一些省市建立统一社会保障管理体制的试点。

抓紧起草或制订《劳动法》、《劳动保护法》、《最低工资条例》、《城镇职工养老保险条例》等法律、法规。

十一、全面推进住房制度和土地使用制度改革

认真贯彻落实国务院有关文件精神，以住房实物福利分配机制转向货币分配、商品交换机制为重点，积极推进租、售、建全面配套的住房制度改革。以改革低租金制为核心，适当加大租金调整幅度，坚持实行新房新租，出售公房必须经过房地产评估机构评估；坚持国家规定的按标准价购买公房、个人拥有部分产权的重要政策，制止违反市场机制的交易行为和低价福利性售房。

逐步建立适应新体制要求的住房资金管理运行体系，不断巩固和完善公积金制，规范住房资金管理机构的运作，普遍建立抵押贷款购房制度。

鼓励有条件的大中型企业加大房改力度，进行住房合股公司和一系列配套措施相结合的试点。

进一步深化土地使用制度改革，建立和完善与社会主义市场经济相适应的土地使用权出让、转让制度。严格用地审批制度，依照法定程序办事。对经营性用地，要尽快实行全部以出让方式提供，同时根据国家产业政策，对需要鼓励发展的产业在地价上给予优惠；对非经营性用地，仍按行政划拨的政策管理。继续清理土地市场。逐步推行农村宅基地有偿使用。推进乡镇企业用地使用制度改革。做好国有企业转换经营机制及股份制企业试点中土地资产的清理评估工作。

加强对土地市场的宏观调控。建设用地要实行由政府统一规划，统一征地，统一开发，统一出让，统一管理。运用财政、金融、税收、价格等手段调整土地供求关系，建立规范化的土地市场，防止地产交易过热。完善土地登记制度，建立和发展房地产评估体系、信息体系及各类中介服务机构。

加强资产管理和资源开发管理，严格制止乱占滥用耕地、林地，防止土地、森林资源的浪费。建立土地收益的合理分配机制，正确处理中央与地方、政府与企业的收益分配关系，实现土地资产的保值、增殖，防止土地、森林等资源收益流失，增加国家财政收入。

完善有关法规，加强执法监督检查。研究起草《不动产法》、《房地产交易法》并制定相应的配套法规。

十二、健全和发展农村社会化服务体系，推进县级综合改革

发展农村社会化服务体系。发挥国家、集体、个人三方面的积极性，既要加强乡村集体经济组织内部的服务功能，又要鼓励兴办各类农民自办、联办、以及合作经济性质的服务性经济实体；结合县、乡政府职能转换和机构改革，推动国家农业经济技术部门为农业提供服务。各级人民政府要在资金、物资、税收方面，支持农村社会公服务体系的建设。

进一步落实现有农业法规，继续清理农民的各种不合理负担，严格禁止各项违反国家规定的不合理摊派。抓紧起草《农业技术推广法》、《农业基本法》、《农业投资法》等法规。

继续深化供销合作社改革。按照把供销社办成农民自已的合作商业组织的方向，进一步理顺供销社的组织体制和民办机制，健全和规范国家对供销社的各项扶持政策，使其在农村社会化服务体系中发挥重要作用。

县级综合改革要以促进县域经济全面协调发展、实现城乡一体化和建立适应农业发展需要的市场经济运行机制为目标，以改革县级综合经济管理体制为重点，进行综合配套改革。各地要积极扩大试点面，吸收和借鉴典型经验，因地制宜，分类指导，支持和鼓励各县主动灵活、自主选择改革方案和途径。

十三、继续推进科技体制与经济体制的配套改革

深化高新技术产业开发区管理体制改革。在北京、成都等城市的国家高新技术产业开发区进行股份制试点,探索新型管理模式。在开发区进行适应市场经济的收入分配制度试点,制定激励政策,吸引科技人才、企业家创办和联办高新技术企业。采取各种措施发展科技服务支撑体系。

推进科技系统人才的合理流动和结构调整,探索有条件的科技单位和院校的研究所实行企业化管理。选择一批研究院所进行向高新技术企业、企业集团整建制转变的试点。经批准后,试点单位可实行高新技术产业开发区的高新技术企业运行机制、经营方式及优惠政策,建立技工贸一体化体制。

为科技中介机构的建立创造有利条件,使科技转化为生产力的传递结构网络化、系统化,鼓励兴办行业技术开发中心、区域技术开发中心和科技咨询中心,在深圳等城市进行建立科技基金、风险投资公司的试点。

继续搞好城市的科技体制和经济体制配套改革的试点。

十四、积极进行综合改革试点

经济特区和广东、福建、江苏南部以及部分综合改革试点城市,要认真总结经验,深化城乡综合改革试点,按照社会主义市场经济的要求,大胆探索,率先建立新体制。

按照建立社会主义市场经济体制的目标和任务,国家体改委将在一九九二年试点的基础上,确定几个城市,共同制定以企业制度改革为重点,包括市场制度、政府机构和社会保障制度改革等内容的综合改革试点方案,为面上的改革提供经验。

研究内陆、边疆和民族自治地区加快改革开放的有关具体政策,通过在这类地区建立不同类型、各具特色的改革开放试点单位,探索积极推进内陆和少数民族地区改革的路子和办法。

十五、加强改革的规划、协调和领导

各地区、各部门要在抓紧制定、实施本年度改革要点的同时,按照党的十四大提出的建立社会主义市场经济的目标要求及改革的总体规划,根据本地区、本部门实际,研究制定建立社会主义市场经济体制的规划。

坚持配套改革,加强总体协调,防止政出多门。各有关部门要通力合作,相互支持。

加强对改革工作的领导。各地区、各部门主要负责同志要把主要精力放到推进改革上来。重大改革及地区性改革试验,要集体讨论,专人负责,及时检查指导。各级体改部门要积极主动开展工作,加强对改革政策和措施的研究制定,充分发挥体改部门的综合规划和协调作用,加强体改机构和队伍的建设。

财政部关于深化会计改革，加强会计工作，促进经济更快更好发展的意见

（1992年10月6日）

会计工作是经济管理工作的重要组成部分。党的十一届三中全会以来，会计工作的重点逐步向强化管理、参与决策转移，在改善生产经营管理、促进“双增双节”、提高经济效益中发挥着日益显著的作用；会计工作的法制建设也有很大加强，以《会计法》为核心的会计法规体系初步形成；注册会计师事业得到恢复和发展，在推动对外开放、改善投资环境和开展会计的社会监督方面发挥了重要作用；通过多渠道、多层次、多形式的专业培训，会计人员的政治、业务素质明显提高；广大会计人员适应改革开放的新形势，解放思想，努力工作，廉洁奉公，忠于职守，为合理组织收入，严格管理监督，加强经济核算，维护财经纪律作出了积极贡献。但也应当看到，在当前加快改革开放的新形势下，我国的会计工作还有许多不相适应之处，会计基础工作仍然比较薄弱，会计制度与经济发展的要求和国际惯例还存在较大的差距，社会会计监督体系还不健全，会计人员的参与意识、效益观念、业务素质等也都有待于进一步提高。

为使会计工作尽快适应发展社会主义市场经济和扩人对外开放的需要，现对进一步深化会计改革、加强会计工作问题提出如下意见。

一、提高认识，加强领导，把深化会计改革和加强会计工作作为一件大事来抓

科技和管理是推进经济发展的两个轮子。抓管理离不开会计工作。做好会计工作，充分发挥会计的核算、控制和监督职能，是提高经济效益，促进国民经济发展的重要条件。科学、合理并且符合国际惯例的会计政策和会计方法，不仅是扩大对外开放，吸引外资，发展外向型经济的一个十分重要的软环境，也是转变政府职能，转换企业经营机制，把企业推向市场的必要条件。在现代经济发展中，会计工作水平和效率的高低，无论从一个单位、一个地区和一个国家来说，都是衡量财政经济工作秩序是否良好、合理和有效的一项重要标志。要加快我国改革开放的步伐，加速社会主义市场经济的发展，必须尽快建立与完善适应社会主义市场经济发展要求的会计管理体制和会计方法体系。

各地区、各部门、各单位的领导，特别是抓经济管理工作的领导，要增强效益观念和竞争意识，从发展经济和扩大改革开放的高度来认识和理解会计工作的重要性和会计改革的紧迫性。要亲自过问会计工作，把推进会计改革列入领导的重要议事日程，结合本地区、本部门、本单位的实际，经常研究和部署会计工作。要带头执行《会计法》和各项财政、财务、会计法规，关心会计工作，支持会计人员依法履行职责，对于打击报复会计人员的案件，要及时、严肃地进行处理。

各级财政部门要根据会计改革的总体目标，结合本地区财政经济改革的要求和会计工作状况，制定本地区的会计改革实施方案和加强会计工作的具体措施。

二、加快会计改革步伐，尽快建立适应并服务于社会主义市场经济的会计体系

我部1991年印发的《会计改革纲要（试行）》，就会计改革的指导思想、目标和要点提出了要求。为了加快会计改革的步伐，尽快实现《纲要》提出的目标，当前，要集中精力抓好三件事：

第一，制定会计准则，改革会计核算制度。会计核算制度的改革是搞好会计工作的当务之急。要彻底改变过去那种按所有制、分行业或部门制定会计核算制度的格局，适应多种经济成分并存、投资主体多元化、经营方式多样化以及对外开放的要求，借鉴国际惯例，制定并实施符合中国国情的会计准则。它的基本要求是：实行以会计准则统驭各行各业会计核算制度的新

模式；统一会计要素确认、计量标准和处理方法，提高会计信息的可比性和适应性；确立保护投资不受侵蚀的原则，改变过去那种任意冲减投资的不合理做法，维护包括国家在内的投资者的权益；确认企业对全部资金的处置权和调度权，改变过去将资金人为分割、各自平衡的会计处理原则；按商品经济的运行规律，正确处理存货计价、坏帐准备等问题，改变过去某些导致盈亏不实、虚盈实亏的会计处理方法；推行制造成本法，改变过去不能正确反映经营成果、不利于推行现代化管理、计算程序繁琐的全部成本法；根据明晰、合理、统一的原则，制定既能满足微观管理、又能满足宏观管理需要和投资者、债权人的要求，并且能与国际惯例直协调的会计报表体系，克服现行会计报表种类过多、指标过繁、项目繁杂、口径不一、权责关系表达不清的弊端。

为了保证会计准则的有效实施，在制定发布会计准则的同时，要以会计准则为指导，以统一、规范、简化为原则，逐步修改现行的会计核算制度，使之与会计准则的基本规定相衔接。

制定和实施会计准则是一项大的系统工程，必须积极稳妥地进行。各级财政部门、业务主管部门，都要积极支持、配合会计准则的制定、实施以及会计核算制度的修订工作，并且要抓好财政管理制度的同步改革。会计准则的制定和实施，必然有一个新旧交替的过程，要按照“先立后破”和“改而不乱”的原则，妥善处理有关问题。

第二，强化参与意识，增强效益观念，充分发挥会计的管理职能。这是会计改革的中心环节。各单位的会计工作要在建立健全各项基础工作、搞好日常核算的同时，把工作重点转移到预测分析、检查控制和参与决策上来，实施全过程、全方位的经济核算。要使会计监督真正成为各单位自我约束的内部机制，既保证各项财务收支合理合法，又能有效地防止和杜绝经营管理不善造成的各种损失浪费。要结合各单位内部的经济责任制，推行各种模式的责任会计形式，推动“双增双节”的深入开展。要配备数量和质量都能与工作发展要求相适应的会计人员，凡是应当设置总会计师的单位，都要按照《总会计师条例》的规定办理。要积极创造条件，结合管理需要和要求，推行会计电算化，提高工作效率和水平。要保护和发挥广大会计人员的积极性和创造性，努力做好会计工作。

第三，转变政府职能，减少政府部门对各单位会计工作的直接干预。这是实现会计改革目标的必要条件。政府对各单位特别是企业的会计管理，主要通过法律、法规进行规范，通过经济政策和手段进行指导和调节。要继续健全和完善以《会计法》为核心的会计法规体系，在贯彻执行《会计法》和各项会计法规时，地方各级政府和财政部门、主管部门应当根据授 权、分工和规定的程序，制定本地区、本部门的有关会计规章、制度。要依法建立社会化的会计监督和咨询服务体系，逐步将现在主要由政府部门进行的会计检查、监督工作，转变为主要由社会监督组织进行。

三、加速发展注册会计师事业，充分发挥注册会计师在社会经济监督中的作用

发展社会主义的市场经济，实现政府职能的转变和企业经营机制的转换，进一步扩大对外开放和发展第三产业，都必须大力发展注册会计师事业，充分发挥注册会计师在社会经济活动中的监督作用。发展我国注册会计师事业的总体目标是：在本世纪末，争取在我国初步形成一个适应改革开放和发展社会主义商品经济需要的注册会计师监督服务体系。根据这一目标，注册会计师队伍要在严格保证质量的基础上，从现在的1万人，至1995年发展到3万人左右，至2000年发展到10万人左右。会计师事务所也要注重规模效益的前提下适度发展。

各级财政部门必须加强对注册会计师队伍和会计师事务所的领导和管理。开办会计师事务所，必须由财政部或省、自治区、直辖市财政厅（局）统一审批和管理。注册会计师查帐验证应执行统一的执业标准和工作制度。要采取切实措施，尽快解决注册会计师数量严重不足，老龄人员偏多，业务素质偏低的问题。要根据国家规定的注册会计师执业范围，做好外商投资企业，向社会发行股票、债券企业，企业集团，联营企业，股份制企业，合并、分立、变卖、停业整顿、实行破产企业以及国营企业等的会计资料、财务报表的查帐验证工作，国家法律、法规规定应由注册会计师查帐、验证的会计报表和有关资料，必须经国家授权机关批准的注册会计师及其事务所签字认可后方具有法律效力。要对会计师事务所逐步实行放开政策，消除不应有的行政干预。要抓紧草拟《中华人民共和国注册会计师法》，以保证法定会计查帐验证业务有序地进行。同时，要严明纪律，严格注册会计师必须承担的经济和法律责任。要严格注册会计师考试、考核和资格认可制度，不断壮大、提高我国的注册会计师队伍。

四、大力加强会计人才培训，建设一支素质高、业务技术和思想作风都过硬的会计队伍

加强会计人员培训，完善会计人才的评价、选拔机制，是会计工作管理的一项重要和长期任务。会计改革能否顺利进行，会计工作能否在经济管理中发挥应有的作用，关键在于建设一支素质高、业务技术和思想作风都过硬的会计队伍。

在职会计人员培训的总体目标是：到1995年，在全民所有制和县以上集体所有制企事业单位的会计人员中，具备中专以上学历或知识水平的达到55%—60%；到2000年，达到70%—80%；在乡镇和农村集体经济组织的会计人员，专业知识水平也要有明显改善。为了完成这一培训目标，各级财政部门和业务主管部门都要在年内对原有培训规划的执行情况进行一次检查，按照新形势的发展要求，该修订的要进行修订。要积极发展目的在于提高会计人员素质的各种培训形式。要按照会计专业技术资格考试的有关规定和要求，加强对各类资格考试培训班的审批和管理，使参加培训的人员全面、系统地理解和掌握资格考试所要求的专业知识和实务处理能力。当前要紧密配合会计改革和企业会计准则的制定以及外商投资企业、股份制试点企业等会计制度的颁布实施，广泛宣讲会计改革和有关制度规定；要加强会计人员的法制教育，使他们能够坚持原则，秉公办事，敢于同一切违反财经纪律的行为作斗争。

提高会计人员素质的根本途径，是发展我国的专业教育，逐步做到新上岗的会计人员从各类学术的会计专业毕业生中输送。要建立、健全各类会计人员的评价、选拔机制，不断总结经验，逐步完善会计专业技术资格考试制度，促进会计人员培训，促进会计教学改革。

各级财政部门要加强对会计工作的管理和对会计改革的领导。要努力做好会计工作的宏观规划、指导、监督、服务，既要坚持会计工作的统一领导，又要切实执行分级管理的原则，充分发挥各级、各部门的职能作用和积极性。要拓宽会计管理工作的领域，积极进行会计信息中心的试点，探索全面、系统、迅速、准确搜集、储存、处理、传输、运用会计信息的途径和方法，实现“数出一门，资料共享”的要求，充分发挥会计信息在宏观财政经济管理中的作用。要积极推行会计软件的商品化和会计代理记帐业务的发展，并注意总结经验，加强领导。要重视会计事务管理机构和干部队伍的建设，并安排必要的经费，为开展会计事务管理工作创造必要的条件。

财政部、国有资产管理局关于全民所有制单位用国有资产支持发展第三产业有关问题的通知

(1992年11月5日)

大力发展第三产业,是党中央、国务院加快改开放步伐、加速经济发展的一项重大战略决策。为了认真贯彻落实中发[1992]5号文件精神,对全民所有制单位用国有资产支持发展第三产业有的关问题通知如下:

一、财政部门、国有资产管理部门要支持有关的全民所有制单位在不影响本单位生产、经营和工作正常进行的前提下,挖掘国有资产潜力,可以利用多余或闲置的资产扶持开办第三产业。扶持开办的第三产业应符合国家规定的发展方向。

二、用国有资产扶持开办第三产业,要按照国家有关规定,对资产价值进行合理评估,核定资产价值量,并确认国家对这些资产拥有的所有权。

三、用国有资产扶持开办第三产业,要按照国家有关规定,对这些资产进行产权登记。产权登记表作为开办单位申请工商登记的资信证明。

四、用国有资产扶持开办第三产业,要实行有偿支持为主、无偿支持为辅的原则。有偿支持的方式主要有投资、租赁、借贷和有偿出让。采取哪种扶持方式及扶持方和被扶持方的权利和义务,都要根据国家法律和法规,用书面合同或协议载明。用国有资产扶持开办全民所有制第三产业,资产的占有和经营使用权可以无偿转移,但产权属国家所有的性质不变,并按财政部、国家国有资产管理局的有关规定办理无偿划转手续。向被扶持的第三产业单位出让、转让国有土地使用权,按国家有关土地管理的规定执行。

五、第三产业单位开办初期在享受国家政策规定的减免税照顾后仍确有困难的,扶持单位对有偿支持的资产可在一定期限内酌情给予适当减免分红、租赁费、资产占用费等优惠措施;或将这些应归国家的收入低息贷(借)给第三产业单位用于发展生产经营。优惠办法由各省、自治区、直辖市、计划单列市财政部门和国有资产管理部门制定,报同级人民政府批准后实施。

六、第三产业单位对由于这些优惠增加的收入,应用于扩大生产,不得用于个人和集体的生活消费。扶持单位对第三产业单位运用优惠措施的情况要建立检查监督制度。财政部门、国有资产管理部门或扶持单位,有权对受扶持单位运用优惠措施支持开办和发展第三产业的情况进行监督检查,违反上述规定的,取消实行的优惠。

七、第三产业单位应实行"自主经营、自负盈亏、自我约束、自我发展",经济上独立核算。扶持单位用国有资产支持和发展第三产业,其有偿收入参照国内联营企业、股份制企业和租赁企业的财务规定处理。

八、各级财政部门、国有资产管理部门在发展第三产业过程中,既要积极支持,又要防止国有资产的流失。任何单位和个人不得借支持发展第三产业为名,瓜分、侵吞国有资产。对造成国有资产严重损失的单位和个人,要依法查处,追究责任。

九、各省、自治区、直辖市和中央各部门,可根据本通知精神,结合具体情况,制定相应的实施办法,并报财政部和国家国有资产管理局备案。执行中碰到的问题及有关建议,望及时告我们。

中华人民共和国国库券条例

（1992 年 3 月 18 日国务院发布）

第一条 为了筹集社会资金，进行社会主义现代化建设，制定本条例。

第二条 国库券的发行对象是：居民个人、个体工商户、企业、事业单位、机关、社会团体和其他组织。

第三条 国库券以人民币元为计算单位。

第四条 每年国库券的发行数额、利率、偿还期等，经国务院确定后，由财政部予以公告。

第五条 国库券发行采取承购包销、认购等方式。国家下达的国库券发行计划，必须按期完成。

第六条 国库券按期偿还本金。国库券利息在偿还本金时一次付给，不计复利。

第七条 国库券的发行和还本付息事宜，在各级人民政府统一领导下，由财政部门和中国人民银行组织有关部门多渠道办理。

第八条 国库券可以用于抵押，但是不得作为货币流通。

第九条 国库券可以转让，但是应当在国家批准的交易场所办理。

第十条 发行国库券筹集的资金，由国务院统一安排使用。

第十一条 对伪造国库券的，依法追究刑事责任。对倒卖国库券的，按照投机倒把论处。

第十二条 国库券的利息收入享受免税待遇。

第十三条 本条例由财政部负责解释。实施细则由财政部商中国人民银行制定。

第十四条 本条例自发布之日起施行。

国务院关于进一步加强证券市场宏观管理的通知

（1992年12月17日）

证券市场的建立和发展，对于筹集资金，优化资源配置，调整产业结构，转换企业经营机制，促进社会主义市场经济发展具有积极的作用。我国的证券市场在改革开放中得到恢复并有了较快发展，今年以来，在邓小平同志视察南方时的重要谈话和中央政治局全体会议精神的指导下，又有了进一步发展。但由于我国有关证券市场的法律、法规和监督体系还不健全，证券市场的操作经验不足，投资者缺乏必要的风险意识，一些地方推行股份制改革和发展证券市场存在着一哄而上的倾向，加之证券市场管理政出多门、力量分散和管理薄弱，使证券市场出现了一些混乱现象。为了加强证券市场的宏观管理，统一协调有关政策，建立健全证券监管工作制度，保护广大投资者的利益，促进我国证券市场健康发展，国务院已决定成立国务院证券委员会（简称证券委）和中国证券监督管理委员会（简称证监会）。这是深化改革，完善证券管理体制的一项重要决策，对于保障证券市场健康发展有着重要意义。现就进一步加强证券市场宏观管理的有关问题通知如下：

一、理顺和完善证券市场管理体制

（一）证券委是国家对全国证券市场进行统一宏观管理的主管机构，主要职责是：负责组织拟订有关证券市场的法律、法规草案；研究制定有关证券市场的方针政策和规章；制定证券市场发展规划和提出计划建议；指导、协调、监督和检查各地区、各有关部门与证券有关的各项工作；归口管理证监会。

（二）证监会是证券委的监管执行机构，由有证券专业知识和实践经验的专家组成，按事业单位管理，主要职责是：根据证券委的授权，拟订有关证券市场管理的规则；对证券经营机构从事证券业务，特别是股票自营业务进行监管；依法对有价证券的发行和交易以及对向社会公开发行股票的公司实施监管；对境内企业向境外发行股票实施监管；会同有关部门进行证券统计，研究分析证券市场形势并及时向证券委报告工作，提出建议。

（三）国务院有关部门和地方人民政府关于证券工作的职责分工是：国家计委根据证券委的计划建议进行综合平衡，编制证券计划；中国人民银行负责审批和归口管理证券机构，同时报证券委备案；财政部归口管理注册会计师和会计师事务所，对其从事与证券业有关的会计事务的资格由证监会审定；国家体改委负责拟订股份制试点的法规并组织协议有关试点工作；上海、深圳证券交易所由当地政府归口管理，由证监会实施监督，设立新的证券交易所必须由证券委审核，报国务院批准；现有企业的股份制试点，地方企业由省级或计划单列市人民政府授权的部门会同企业主管部门负责审批，中央企业由国家体改委会同企业主管部门负责审批。新建和在建项目的股份制试点审批办法另行下达。

（四）要充分发挥证券行业自律性组织的作用，逐步建立起有中国特色的，分层次的，各司其职、各负其责、协调配合的证券市场监督管理体系。

二、严格规范证券发行上市程序

为了确保证券发行与上市的质量，体现“公开、公正、公平”的原则，对证券的发行程序作如下规范：

（一）股票发行、上市的程序是：经过批准的股份制试点企业，经证监会认可的资产评估机构和会计师事务所进行资产评估和财务审核后，向企业所在地的省级或计划单列市人民政府提出公开发行上市股票的申请，地方企业由省级或计划单列市人民政府在国家下达给该地的规模内审批；中央企业由其主管部门商企业所在地的省级或计划单列市人民政府在国家下达给该部门的规模内审批；被批准的发行申请送证监会进行资格复审后，由上海、深圳证券交易所发行上市委员会审核批准，报证监会备案（同时抄报证券委），十五日内无异议即可发行。何时上市，由证券交易所发行上市委员会确定。

股票发行要借鉴境外成功经验。目前，可试行在每一个公司股票发行之前，无限量发售只收工本费的一次性认购表，在公证机关监督下公开抽签，中签后再交款购买股票的办法，或者试用国际上通用的其他办法。

证券委及各有关部门要密切注意研究解决股票发行、上市中出现的问题，不断总结经验，逐步完善有关的管理办法，把试点工作做得更好。

（二）其他证券发行的管理职责分工如下：国债由财政部负责；金融机构债券、投资基金证券同中国人民银行负责审批；国家投资债券、国家投资公司债券由国家计委负责审批；中央企业债券由中国人民银行和国家计委负责审批；地方企业债券、地方投资公司债券由省级或计划单列市人民政府负责审批。

证券的发行必须按上述程序和职责分工，在国家下达的规模内，经过严格财务审核、信用评级，按照产业政策的要求从严掌握。任何地区和部门不得越权审批、突破规模。在遵守国家有关规定的前提下，发行主体和代理单位可自主签订合同，并承担相应的责任，各地区、各部门不得干预其正常业务活动。

三、关于一九九三年的证券发行问题

一九九三年证券的发行规模，由证券委根据有关部门提出的计划，结合全国经济发展情况提出计划建议，经国家计委综合平衡后，报国务院审批。分地区、分部门的年度规模，由国家计委会同证券委下达。各省、自治区、直辖市及计划单列市和国务院有关部门可以国家下达的规模内，各选择一两个经过批准的股份制企业，进行公开发行股票的试点（广东、福建、海南三省经批准可以适当增加试点企业的数目）；对一九九二年未经国家批准擅自公开发行股票、信托受益证券和超出国家规定范围发行内部股权证的地区，必须进行清理整顿并写出报告，经证券委审查合格后，再下达规模。债券的利率政策应当统一，对少数部门和企业违反国家规定高利率发行企业债券的现象，必须坚决制止。

四、进一步开放证券市场

为了更多更好地筹集资金，促进经济建设发展，我国的证券市场要逐步加快开放步伐，在加强统一管理的基础上，积极组织投资基金证券、可转换证券、信托受益证券等新品种的试点，丰富、活跃证券市场。要进一步放开搞活债券二级市场。要继续做好人民币特种股票（B股）的试点工作。目前，我国证券市场有关法规尚不完善，各有关部门在制定与证券市场有关的对外开放政策时，要事先与证券委研究。选择若干企业到海外公开发行股票和上市，必须在证券委统一安排下进行，并经证券委审批，各地方、各部门不得自行其是。

五、抓紧证券市场的法制建设

健全法规是证券市场健康发展的法律保障。近期，证券委要组织有关方面抓紧完成《股票发行与交易暂行规定》（国家体改委和证监会牵头），《证券经营机构管理办法》、《投资基金管理办法》（中国人民银行牵头），《证券从业人员行为规范》（证监会和证券业协会牵头），《股票发行资格审查管理办法》（证监会牵头）等法规的起草修改工作；国家体改委要组织有关部门抓紧《证券法》的起草工作。上述法规，按规定程序批准后发布实施。

六、研究制订证券市场发展战略和规划，加强证券市场基础建设

证券市场是社会主义市场经济体系的重要组成部门，我国的证券市场经过多年的发展，虽已初具规模，但与社会主义市场经济发展的要求还有很大距离。证券委要组织各有关方面，根据建立社会主义市场经济体制的要求和证券市场发展的规律，在充分调查研究的基础上，研究制订证券市场的发展战略和规划，不断加强和改善国家对证券市场的宏观调控，积极发挥证券市场对资金配置所具有的积极作用，努力克服并限制其自身的弱点和消极面，指导证券市场健康发展。要加强证券经营机构和证券交易所、证券业协会等机构以及全国证券交易系统的自身建设。要采取多种方式，大力培养证券专业人才。要建立证券市场的分析、预测和信息发布系统。积极开展对外交往与合作，学习借鉴境外的成功经验。

七、加强证券市场管理，保障证券市场健康发展

证券市场的稳定与健康发展，影响到国家的金融秩序、人民群众的切身利益和社会的安定，各地区、各部门要严格执行国家关于证券市场的有关规定，对突破国家计划规模或违反规定擅自发行股票、债券的，要严肃处理。要坚持两手抓，加强廉政建设，坚决查处在股份制企业设立和股票、债券发行上市等工作中的腐败行为和证券从业人员及会计、律师等人员利用职权违法违纪、营私舞弊的行为。对证券市场上出现的经济犯罪分子要坚决予以打击。

为了防止出现管理工作的脱节，各地区、各部门要按照证券委的统一部署和上述分工，各司其职，切实加强证券市场管理。各省、自治区、直辖市和计划单列市人民政府要指定一名负责同志分管证券工作，并将名单报证券委，抄送证监会。

国务院关于禁止印制、发售、购买和使用各种代币购物券的通知

（1993年4月4日）

去年以来，一些大中城市的企事业单位和机关，违反党中央、国务院的有关规定，擅自印制、发售和使用各种代币购物券。这种做法，扰乱金融秩序，违反税收和财务管理制度，扩大消费基金支出，助长不正之风，必须立即加以制止。

关于禁止发放、使用代币购物券问题，国务院和有关部门早有规定："凡属有发行变相货币的凭证者，银行有责任监督其立即停止使用，督促限期收回，并转请当地司法机关酌情处理，以维护国家货币的统一发行政策。"一九九一年，国务院办公厅曾发出关于禁止发放使用各种代币购物券的通知（国办发〔1991〕28号），明确规定"任何单位不准发放、使用各种代币购物券"，"对发放、使用购物券的单位要按财务、税收和金融管理的有关规定进行处理；对情节严重的，要依法追究有关人员的责任"。中央办公厅、国务院办公厅于一九九二年十一月十三日又发出紧急通知，要求"各地区、各部门、各单位不得以年终评比、奖励和其他任何借口、任何形式滥发奖金、补贴、津贴、购物券和实物"。

党中央和国务院及其有关部门对禁止发放、使用各种代币购物券问题虽曾三令五申，但目前仍有一些单位拒不执行。据反映，有的商店发售代币购物券高达亿元以上，用代币购物券购买商品的金额已占销售总额的三分之一以上；有的代币购物券已从短期发放使用，发展为长期发放使用，从指定到一个商场购买商品，发展到可以到许多商场购买商品。购买代币购物券的单位，有国有企业、集体企业、中外合资企业、私营企业及个人，也有个别机关和事业单位。有些单位购买的代币购物券高达十几万元以上，有的地方已由企业行为发展成为社会现象。

发放、使用各种代币购物券，只是一时给部分商业企业带来一些效益，但对整个经济生活危害很大。一是扰乱金融秩序。各种代币购物券在市场上流通，实际上是一种变相货币，有些大中城市已出现了代币购物券的黑市交易，直接影响了人民币的信誉。二是给税收和财务管理带来了混乱。发代币购物券，违反发票管理的有关规定，逃避税款的征收；有的单位将购买代币购物券款项直接摊入成本或费用，违反了财务管理制度，扩大了消费基金支出。三是有的单位通过送代币购物券拉关系，助长了不正之风。

为了维护正常的金融秩序，促进社会主义市场经济的健康发展，必须采取有力措施，坚决制止任何单位印制、发售、购买和使用各种代币购物券。为此，特作如下通知：

一、各地区、各部门以及各单位要立即停止印制、发售和购买各种代币购物券。商业企业不准用发售代币购物券的方式扩大商品销售，各单位不准到商业企业购买代币购物券发给职工或送礼，个人不准收受代币购物券。

二、对已经发放、使用的各种代币购物券，即期在四月底以前使用，过期一律作废。在此期间，各有关地区的人民政府要组织力量，严厉打击和取缔各种代币购物券的黑市交易。

三、各级人民政府要立即对发售、购买各种代币购物券的单位进行一次检查。先由各单位自查，并向主管部门报告；然后由政府牵头，财政、税务、商业、审计、工商管理和银行等有关部门参加，组成联合检查组进行检查，并按有关规定予以处理。对在中央办公厅、国务院办公厅一九九二年十一月十三日发出紧急通知之后发售、购买、使用代币购物券而又隐瞒不报的单位，一律按发生额加倍罚款。

四、各地区、各有关部门对禁止发放、使用各种代币购物券的有关规定要进行广泛宣传，加强监督管理，并把发放、使用代币购物券作为今后财税大检查的一项内容。今后再有发售、购买代币购物券的情况，除对发售、购买、使用及印制单位进行处罚外，要依法追究有关单位领导和责任者的责任，并公开通报批评。

国务院关于坚决制止乱集资和加强债券发行管理的通知

（1993年4月11日）

去年以来，许多地区、部门以及企事业单位违反国家有关规定，擅自利用发行债券等各种方式进行集资，其特点是利率高、涉及面广、发行量大，问题相当严重。目前，这种乱集资的状况还有进一步扩大的趋势，如不及时加以制止，不仅扰乱金融秩序，而且还容易引发严重的社会问题。为了制止乱集资，加强对证券市场，特别是债券发行市场的管理，维护正常的金融秩序，保持社会稳定，促进国民经济既快又好地健康发展，现就有关问题通知如下：

一、各级人民政府和各有关部门必须立即采取有力措施，坚决制止各种违反国家有关规定的集资。任何地区、部门、企事业单位和个人，一律不得在国务院有关规定之外，以各种名义乱集资；对已搞的高利集资，要分别不同情况，予以妥善处理。

二、加强债券发行管理，严格控制各项债券的年度发行规模。国家下达的债券发行计划指标为年度债券发行的最高限额，各地区和有关部门必须严格执行，未经国家计委和国务院证券委同意，不得擅自突破规模，也不得随意调整计划内的各项指标。今后，企业内部债券合并到地方企业债券中进行统一管理，不再单设券种，并按实际发行额控制在年度计划指标内。企业短期融资券暂不纳入国内证券发行计划，其发行规模和管理办法，仍按人民银行的有关规定执行，期限严格按三、六、九个月掌握，所筹资金只能用于弥补企业临时性、季节性流动资金不足，不得用于企业的长期周转和固定资产投资。凡期限超过九个月的企业短期融资券，一律纳入地方企业债券发行计划。对今年新开工的项目，原则上今年不安排发行地方企业债券。对已试点发行的地方投资公司债券、住宅建设债券，严格限定在原试点地区、企业发行，不得扩大。

三、各地区和有关部门对债券发行的审批工作，必须按《国务院关于进一步加强证券市场宏观管理的通知》（国发〔1992〕68号）和有关规定执行。

（一）各地应尽快明确负责本地区债券发行审批的管理部门，并报国家计委和国务院证券委备案。各地区和有关部门必须按国家计划确定的债券券种进行审批。不得另行设立新的券种。地方人民政府不得发行或变相发行地方政府债券。

（二）企业发行债券要公布章程或办法，明确企业的经营状况、发债券的目的、还本付息方式和风险责任等，同时向主管部门报送有关材料。企业发行债券的总额不得大于该企业的自有资产净值。

企业为固定资产投资发行债券，必须纳入固定资产投资规模，其发行总额不得超过自筹投资和国家预算内投资之和；用于单个技改项目的，发行总额不得超过其投资总额的30%，用于基建项目的不得超过20%。

（三）要加强债券的信用评级工作，只有确实具有偿还能力的企业才能发债券。申请发行债券的公司、企业，必须由经有关部门确认的有资格的信用评级机构进行评级。发行债券数额超过一亿元以上的企业，要由全国性的信用评级机构予以评定。

四、严格执行国家规定的有关利率政策。公司、企业债券及其他任何形式集资的利率都不得高于同期国库券的利率。

五、要优先保证国库券和用于国家重点建设债券的发行。今年，在国库券发行任务完成之前，未经国务院批准，一律不得发行企业债券、股票等其他证券和进行各种形式的集资。各级人民政府要采取有效措施，组织各方面力量，保证国库券发行任务的完成。

六、各有关部门要积极配合，加强对债券发行和集资活动的宏观控制。审计部门要协助做好债券发行和集资审批的审计工作，发现问题及时反映。统计部门应根据国内证券发行计划中的有关要求，认真做好证券发行统计工作。

七、对违反国家有关规定，擅自突破国家下达的债券发行计划、擅自设立或批准发行计划外券种、发行或变相发行地政府债券和以高于国库券利率进行各种形式集资的，主管部门要予以通报批评；对情节严重者，要追究主要领导和直接责任者的责任，同时，核减该地方或部门当年或下一年度的证券发行规模。

各地区、各部门必须坚决贯彻执行以上通知，并将贯彻执行情况及时报告国务院。

股票发行与交易管理暂行条例

（1993年4月22日国务院发布）

第一章　总　　则

第一条　为了适应发展社会主义市场经济的需要，建立和发展全国统一、高效的股票市场，保护投资者的合法权益和社会公共利益，促进国民经济的发展，制定本条例。

第二条　在中华人民共和国境内从事股票发行、交易及其相关活动，必须遵守本条例。

本条例关于股票的规定适用于具有股票性质、功能的证券。

第三条　股票的发行与交易，应当遵循公开、公平和诚实信用的原则。

第四条　股票的发行与交易，应当维护社会主义公有制的主体地位，保障国有资产不受侵害。

第五条　国务院证券委员会（以下简称"证券委"）是全国证券市场的主管机构，依照法律、法规的规定对全国证券市场进行统一管理。中国证券监督管理委员会（以下简称"证监会"）是证券委的监督管理执行机构，依照法律、法规的规定对证券发行与交易的具体活动进行管理和监督。

第六条　人民币特种股票发行与交易的具体办法另行制定。

境内企业直接或者间接到境外发行股票、将其股票在境外交易，必须经证券委审批，具体办法另行制定。

第二章　股票的发行

第七条　股票发行人必须是具有股票发行资格的股份有限公司。

前款所称股份有限公司，包括已经成立的股份有限公司和经批准拟成立的股份有限公司。

第八条　设立股份有限公司申请公开发行股票，应当符合下列条件：

（一）其生产经营符合国家产业政策；

（二）其发行的普通股限于一种，同股同权；

（三）发起人认购的股本数额不少于公司拟发行的股本总额的百分之三十五；

（四）在公司拟发行的股本总额中，发起人认购的部分不少于人民币三千万元，但是国家另有规定的除外；

（五）向社会公众发行的部分不少于公司拟发行的股本总额的百分之二十五，其中公司职工认购的股本数额不得超过拟向社会公众发行的股本总额的百分之十；公司拟发行的股本总额超过人民币四亿元的，证监会按照规定可以酌情降低向社会公众发行的部分的比例，但是最低不少于公司拟发行的股本总额的百分之十；

（六）发起人在近三年内没有重大违法行为；

（七）证券委规定的其他条件。

第九条　原有企业改组设立股份有限公司申请公开发行股票，除应当符合本条例第八条所列条件外，还应当符合下列条件：

（一）发行前一年末，净资产在总资产中所占比例不低于百分之三十，无形资产在净资产中所占比例不高于百分之二十，但是证券委另有规定的除外；

（二）近三年连续盈利。

国有企业改组设立股份有限公司公开发行股票的，国家拥有的股份在公司拟发行的股本总额中所占的比例由国务院或者国务院授权的部门规定。

第十条　股份有限公司增资申请公开发行股票，除应当符合本条例第八条和第九条所列条件外，还应当符合下列条件：

（一）前一次公开发行股票所得资金的使用与其招股说明书所述的用途相符，并且资金使用效益良好；

(二)距前一次公开发行股票的时间不少于十二个月；

(三)从前一次公开发行股票到本次申请期间没有重大违法行为；

(四) 证券委规定的其他条件。

第十一条　定向募集公司申请公开发行股票，除应当符合本条例第八条和第九条所列条件外，还应当符合下列条件：

(一)定向募集所得资金的使用与其招股说明书所述的用途相符，并且资金使用效益良好；

(二)距最近一次定向募集股份的时间不少于十二个月；

(三)从最近一次定向募集到本次公开发行期间没有重大违法行为；

(四) 内部职工股权证按照规定范围发放，并且已交国家指定的证券机构集中托管；

(五) 证券委规定的其他条件。

第十二条　申请公开发行股票，按照下列程序办理：(一)申请人聘请会计师事务所、资产评估机构、律师事务所等专业性机构，对其资信、资产、财务状况进行审定、评估和就有关事项出具法律意见书后，按照隶属关系，分别向省、自治区、直辖市、计划单列市人民政府（以下简称"地方政府"）或者中央企业主管部门提出公开发行股票的申请；

(二) 在国家下达的发行规模内，地方政府对地方企业的发行申请进行审批，中央企业主管部门在与申请人所在地地方政府协商后对中央企业的发行申请进行审批；地方政府、中央企业主管部门应当自收到发行申请之日起三十个工作日内作出审批决定，并抄报证券委；

(三) 被批准的发行申请，送证监会复审；证监会应当自收到复审申请之日起二十个工作日内出具复审意见，并将复审意见书抄报证券委；经证监会复审同意的，申请人应当向证券交易所上市委员会提出申请，经上市委员会同意接受上市，方可发行股票。

第十三条　申请公开发行股票，应当向地方政府或者中央企业主管部门报送下列文件：

(一) 申请报告；

(二)发起人会议或者股东大会同意公开发行股票的决议；

(三) 批准设立股份有限公司的文件；

(四)工商行政管理部门颁发的股份有限公司营业执照或者股份有限公司筹建登记证明；

(五) 公司章程或者公司章程草案；

(六) 招股说明书；

(七) 资金运用的可行性报告；需要国家提供资金或者其他条件的固定资产投资项目，还应当提供国家有关部门同意固定资产投资立项的批准文件；

(八)经会计师事务所审计的公司近三年或者成立以来的财务报告和由二名以上注册会计师及其所在事务所签字、盖章的审计报告；

(九)经二名以上律师及其所在事务所就有关事项签字、盖章的法律意见书；

(十) 经二名以上专业评估人员及其所在机构签字、盖章的资产评估报告，经二名以上注册会计师及其所在事务所签字、盖章的验资报告；涉及国有资产的，还应当提供国有资产管理部门出具的确认文件；

(十一) 股票发行承销方案和承销协议；

(十二)地方政府或者中央企业主管部门要求报送的其他文件。

第十四条　被批准的发行申请送证监会复审时，除应当报送本条例第十三条所列文件外，还应当报送下列文件：

(一)地方政府或者中央企业主管部门批准发行申请的文件；

(二) 证监会要求报送的其他文件。

第十五条　本条例第十三条所称招股说明书应当按照证监会规定的格式制作，并载明下列事项：

(一) 公司的名称、住所；

(二) 发起人、发行人简况；

(三) 筹资的目的；

(四)公司现有股本总额，本次发行的股票种类、总额，每股的面值、售价，发行前的每股净资产值和发行结束后每股预期净资产值，发行费用和佣金；

(五) 初次发行的发起人认购股本的情况、股权结构及验资证明；

(六) 承销机构的名称、承销方式与承销数量；

(七) 发行的对象、时间、地点及股票认购和股款缴纳的方式；

(八) 所筹资金的运用计划及收益、风险预测；

(九)公司近期发展规划和经注册会计师审核并出具审核意见的公司下一年的盈利预测文件；

(十) 重要的合同；

(十一) 涉及公司的重大诉讼事项；

(十二) 公司董事、监事名单及其简历；

(十三)近三年或者成立以来的生产经营状况和有关业务发展的基本情况；

(十四)经会计师事务所审计的公司近三年或者成立以来的财务报告和由二名以上注册会计师及其所在事务所签字、盖章的审计报告。

(十五)增资发行的公司前次公开发行股票所筹资金的运用情况；

（十六）证监会要求载明的其他事项。

第十六条 招股说明书的封面应当载明："发行人保证招股说明书的内容真实、准确、完整。政府及国家证券管理部门对本次发行所作出的任何决定，均不表明其对发行人所发行的股票的价值或者投资人的收益作出实质性判断或者保证。"

第十七条 全体发起人或者董事以及主承销商应当在招股说明书上签字，保证招股说明书没有虚假、严重误导性陈述或者重大遗漏，并保证对其承担连带责任。

第十八条 为发行人出具文件的注册会计师及其所在事务所、专业评做人员及其所在机构、律师及其所在事务所，在履行职责时，应当按照本行业公认的业务标准和道德规范，对其出具文件内容的真实性、准确性、完整性进行核查和验证。

第十九条 在获准公开发行股票前，任何人不得以任何形式泄露招股说明书的内容。在获准公开发行股票后，发行人应当在承销期开始前二个至五个工作日期间公布招股说明书。

发行人应当向认购人提供招股说明书。证券承销机构应当将招股说明书备置于营业场所，并有义务提醒认购人阅读招股说明书。

招股说明书的有效期为六个月，自招股说明书签署完毕之日起计算。招股说明书失效后，股票发行必须立即停止。

第二十条 公开发行的股票应当由证券经营机构承销。承销包括包销和代销两种方式。

发行人应当与证券经营机构签署承销协议。承销协议应当载明下列事项：

（一）当事人的名称、住所及法定代表人的姓名；

（二）承销方式；

（三）承销股票的种类、数量、金额及发行价格；

（四）承销期及起止日期；

（五）承销付款的日期及方式；

（六）承销费用的计算、支付方式和日期；

（七）违约责任；

（八）其他需要约定的事项。

证券经营机构收取承销费用的原则，由证监会确定。

第二十一条 证券经营机构承销股票，应当对招股说明书和其他有关宣传材料的真实性、准确性、完整性进行核查；发现含有虚假、严重误导性陈述或者重大遗漏的，不得发出要约邀请或者要约；已经发出的，应当立即停止销售活动，并采取相应的补救措施。

第二十二条 拟公开发行股票的面值总额超过人民币三千万元或者预期销售总金额超过人民币五千万元的，应当由承销团承销。

承销团由二个以上承销机构组成。主承销商由发行人按照公平竞争的原则，通过竞标或者协调的方式确定。主承销商应当与其他承销商签署承销团协议。

第二十三条 拟公开发行股票的面值总额超过人民币一亿元或者预期销售总金额超过人民币一亿五千万元的，承销团中的外地承销机构的数目以及总承销量中在外地销售的数量，应当占合理的比例。

前款所称外地是指发行人所在的省、自治区、直辖市以外的地区。

第二十四条 承销期不得少于十日，不得超过九十日。

在承销期内，承销机构应当尽力向认购人出售其所承销的股票，不得为本机构保留所承销的股票。

承销期满后，尚未售出的股票按照承销协议约定的包销或者代销方式分别处理。

第二十五条 承销机构或者其委托机构向社会发放股票认购申请表，不得收取高于认购申请表印制和发放成本的费用，并不得限制认购申请表发放数量。

认购数量超过拟公开发行的总量时，承销机构应当按照公平原则，采用按比例配售、按比例累退配售或者抽签等方式销售股票。采用抽签方式时，承销机构应当在规定的日期，在公证机关监督下，按照规定的程序，对所有股票认购申请表进行公开抽签，并对中签者销售股票。

除承销机构或者其委托机构外，任何单位和个人不得发放、转售股票认购申请表。

第二十六条 承销机构应当在承销期满后的十五个工作日内向证监会提交承销情况的书面报告。

第二十七条 证券经营机构在承销期结束后，将其特有的发行人的股票向发行人以外的社会公众作出要约邀请、要约或者销售，应当经证监会批准，按照规定的程序办理。

第二十八条 发行人用新股票换回其已经发行在外的股票，并且这种交换无直接或者间接的费用发生的，不适用本章规定。

第三章 股票的交易

第二十九条 股票交易必须在经证券委批准可以进行股票交易的证券交易场所进行。

第三十条 股份有限公司申请其股票在证券交易所交易，应当符合下列条件：

（一）其股票已经公开发行；

（二）发行后的股本总额不少于人民币五千万元；

（三）持有面值人民币一千元以上的个人股东人数

不少于一千人，个人持有的股票面值总额不少于人民币一千万元；

(四)公司有最近三年连续盈利的记录；原有企业改组设立股份有限公司的，原企业有最近三年连续盈利的记录，但是新设立的股份有限公司除外；

(五)证券委规定的其他条件。

第三十一条　公开发行股票符合前条规定条件的股份有公司，申请其股票在证券交易所交易，应当向证券交易所的上市委员会提出申请；上市委员会应当自收到申请之日起二十个工作日内作出审批，确定具体上市时间。审批文件报证监会备案，并抄报证券委。

第三十二条　股份有限公司申请其股票在证券交易所交易，应当向证券交易所有上市委员会送交下列文件：

(一)申请书；

(二)公司登记注册文件；

(三)股票公开发行的批准文件；

(四)经会计师事务所审计的公司近三年或者成立以来的财务报告和由二名以上的注册会计师及其所在事务所签字、盖章的审计报告；

(五)证券交易所会员的推荐书；

(六)最近一次的招股说明书；

(七)证券交易所要求的其他文件。

第三十三条　股票获准在证券交易所交易后，上市公司应当公布上市公告并将本条例第三十二条所列文件予以公开。

第三十四条　上市公告的内容，除应当包括本条例第十五条规定的招股说明书的主要内容外，还应当包括下列事项：

(一)股票获准在证券交易所交易的日期和批准文号；

(二)股票发行情况、股权结构和最大的十名股东的名单及持股股数额；

(三)公司创立大会或者股东大会同意公司股票在证券交易所交易的决议；

(四)董事、监事和高级管理人员简历及其持有本公司证券的情况；

(五)公司近三年或者成立以来的经营业绩和财务状况以及下一年的盈利预测文件；

(六)证券交易所要求载明的其他事项。

第三十五条　为上市公司出具文件的注册会计师及其所在事务所、专业评估人员及其所在机构、律师及其所在机构、律师及其所在事务所，在履行职责时，应当按照本行业公认的业务标准和道德规范，对其出具文件内容的真实性、准确性、完整性进行核查和验证。

第三十六条　国家拥有的股份的转让必须经国家有关部门批准，具体办法另行规定。

国家拥有的股份的转让，不得损害国家拥有的股份的权益。

第三十七条　证券交易场所、证券保管、清算、过户、登记机构和证券经营机构，应当保证外地委托人与本地委托人享有同等待遇，不得歧视或者限制外地委托人。

第三十八条　股份有限公司的董事、监事、高级管理人员和持有公司百分之五以上有表决权股份的法人股东，将其所持有的公司股票在买入后六个月内卖出或者在卖出后六个月内买入，自此获得的利润归公司所有。

前款规定适用于持有公司百分之五以上有表决权股份的法人股东的董事、监事和高级管理人员。

第三十九条　证券业从业人员、证券业管理人员和国家规定禁止买卖股票的其他人员，不得直接或者间接持有、买卖股票，但是买卖经批准发行的投资基金证券除外。

第四十条　为股票发行出具审计报告、资产评估报告、法律意见书等文件的有关专业人员，在该股票承销期内和期满后六个月内，不得购买或者持有该股票。

为上市公司出具审计报告、资产评估报告、法律意见书等文件的有关专业人员，在其审计报告、资产评估报告、法律意见书等文件成为公开信息前，不得购买或者持有该公司的股票；成为公开信息后的五个工作日内，也不得购买该公司的股票。

第四十一条　未依照国家有关规定经过批准，股份有限公司不得购回其发行在外的股票。

第四十二条　未经证券委批准，任何人不得对股票及其指数的期权、期货进行交易。

第四十三条　任何金融机构不得为股票交易提供贷款。

第四十四条　证券经营机构不得将客户的股票借与他人或者作为担保物。

第四十五条　经批准从事证券自营、代理和投资基金管理业务中二项以上业务的证券经营机构，应当将不同业务的经营人员、资金、帐目分开。

第四章　上市公司的收购

第四十六条　任何个人不得持有一个上市公司千分之五以上的发行在外的普通股；超过的部分，由公司在征得证监会同意后，按照原买入价格和市场价格中较低的一种价格收购。但是，因公司发行在外的普通股总量减少，致使个人持有该公司千分之五以上发行在外的普通股的，超过的部分在合理期限内不予收购。

外国和香港、澳门、台湾地区的个人持有的公司发行的人民币特种股票和在境外发行的股票，不受前款规定的千分之五的限制。

第四十七条　任何法人直接或者间接持有一个上市公司发行在外的普通股达到百分之五时，应当自该事实发生之日起三个工作日内，向该公司、证券交易场所和证监会作出书面报告并公告。但是，因公司发行在外的普通股总量减少，致使法人持有该公司百分之五以上发行在外的普通股的，在合理期限内不受上述限制。

任何法人持有一个上市公司百分之五以上的发行在外的普通股后，其持有该种股票的增减变化每达到该种股票发行在外总额的百分之二时，应当自该事实发生之日起三个工作日内，向该公司、证券交易场所和证监会作出书面报告并公告。

法人在依照前两款规定作出报告并公告之日起二个工作日内和作出报告前，不得再行直接或者间接买入或者卖出该种股票。

第四十八条　发起人以外的任何法人直接或者间接持有一个上市公司发行在外的普通股达到百分之三十时，应当自该事实发生之日起四十五个工作日内，向该公司所有股票持有人发出收购要约，按照下列价格中较高的一种价格，以货币付款方式购买股票：

（一）在收购要约发出前十二个月内收购要约人购买该种股票所支付的最高价格；

（二）在收购要约发出前三十个工作日内该种股票的平均市场价格。

前款持有人发出收购要约前，不得再行购买该种股票。

第四十九条　收购要约人在发出收购要约前应当向证监会作出有关收购的书面报告；在发出收购要约的同时应当向受要约人、证券交易场所提供本身情况的说明和与该要约有关的全部信息，并保证材料真实、准确、完整，不产生误导。

收购要约的有效期不得少于三十个工作日，自收购要约发出之日起计算。自收购要约发出之日起三十个工作日内，收购要给人不得撤回其收购要约。

第五十条　收购要约的全部条件适用于同种股票的所有持有人。

第五十一条　收购要约期满，收购要约人持有的普通股未达到该公司发行在外的普通股总数的百分之五十的，为收购失败；收购要约人除发出新的收购要约外，其以后每年购买的该公司发行在外的普通股，不得超过该公司发行在外的普通股总数的百分之五。

收购要约期满，收购要约人持有的普通股达到该发行在外的普通股总数的百分之七十五以上的，该公司应当在证券交易所终止交易。

收购要约人要约购买股票的总数低于预受要约的总数时，收购要约人应当按照比例从所有预受收购要约的受约人中购买该股票。

收购要约期满，收购要约人持有的股票达到该公司股票总数的百分之九十时，其余股东有权以同等条件向收购要约人强制出售其股票。

第五十二条　收购要约发出后，主要要约条件改变的，收购要约人应当立即通知所有受要约人。通知可以采用新闻发布会、登报或者其他传播形式。

收购要约人在要约期内及要约期满后三十个工作日内，不得以要约规定以外的任何条件购买该种股票。

预受收购要约的受要约人有权在收购要约失效前撤回对该要约的预受。

第五章　保管、清算和过户

第五十三条　股票发行采取记名式。发行人可以发行簿记券式股票，也可以发行实物券式股票。簿记券式股票名册应当由证监会指定的机构保管。实物券式股集中保管的，也应当由证监会指定的机构保管。

第五十四条　未经股票持有人的书面同意，股票保管机构不得将该持有人的股票借与他人或者作为担保物。

第五十五条　证券清算机构应当根据方便、安全、公平的原则，制定股票清算、交割的业务规则和内部管理规则。

证券清算机构应当按照公平的原则接纳会员。

第五十六条　证券保管、清算、过户、登记机构应当接受证监会监管。

第六章　上市公司的信息披露

第五十七条　上市公司应当向证监会、证券交易场所提供下列文件：

（一）在每个会计年度的前六个月结束后六十日内提交中期报告；

（二）在每个会计年度结束后一百二十日内提交经注册会计师审计的年度报告。

中期报告和年度报告应当符合国家的会计制度和证监会的有关规定，由上市公司授权的董事或者经理签字，并由上市公司盖章。

第五十八条　本条例第五十七条所列中期报告应当包括下列内容：

（一）公司财务报告；

（二）公司管理部门对公司财务状况和经营成果的

分析；

（三）涉及公司的重大诉讼事项；

（四）公司发行在外股票的变动情况；

（五）公司提交给有表决权的股东审议的重要事项；

（六）证监会要求载明的其他内容。

第五十九条　本条例第五十七条所列年度报告应当包括下列内容：

（一）公司简况；

（二）公司的主要产品或者主要服务项目简况；

（三）公司所在行业简况；

（四）公司所拥有的重要的工厂、矿山、房地产等财产简况；

（五）公司发行在外股票的情况，包括持有公司百分之五以上发行在外普通股的股东的名单及前十名最大的股东的名单；

（六）公司股东数量；

（七）公司董事、监事和高级管理人员简况、持股情况和报酬；

（八）公司及其关联人一览表和简况；

（九）公司近三年或者成立以来的财务信息摘要；

（十）公司管理部门对公司财务状况和经营成果的分析；

（十一）公司发行在外债券的变动情况；

（十二）涉及公司的重大诉讼事项；

（十三）经注册会计师审计的公司最近二个年度的比较财务报告及其附表、注释；该上市公司为控股公司的，还应当包括最近二个年度的比较合并财务报告；

（十四）证监会要求载明的其他内容。

第六十条　发生可能对上市公司股票的市场价格产生较大影响、而投资人尚未得知的重大事件时，上市公司应当立即将有关该重大事件的报告提交证券交易场所和证监会，并向社会公布，说明事件的实质。但是，上市公司有充分理由认为向社会公布该重大事件会损害上市公司的利益，且不公布也不会导致股票市场价格重大变动的，经证券交易场所同意，可以不予公布。

前款所称重大事件包括下列情况：

（一）公司订立重要合同，该合同可能对公司的资产、负债、权益和经营成果中的一项或者多项产生显著影响；

（二）公司的经营政策或者经营项目发生重大变化；

（三）公司发生重大的投资行为或者购置金额较大长期资产的行为；

（四）公司发生重大债务；

（五）公司未能归还到期重大债务的违约情况；

（六）公司发生重大经营性或者非经营性亏损；

（七）公司资产遭受重大损失；

（八）公司生产经营环境发生重要变化；

（九）新颁布的法律、法规、政策、规章等，可能对公司的经营有显著影响；

（十）董事长、百分之三十以上的董事或者总经理发生变动；

（十一）持有公司百分之五以上的发行在外的普通股的股东，其持有该种股票的增减变化每达到该种股票发行在外总额的百分之二以上的事实；

（十二）涉及公司的重大诉讼事项；

（十三）公司进入清算、破产状态。

第六十一条　在任何公共传播媒介中出现的消息可能上市公司股票的市场价格产生误导性影响时，该公司知悉后应当立即对该消息作出公开澄清。

第六十二条　上市公司的董事、监事和高级管理人员持有该公司普通股的，应当向证监会、证券交易场所和该公司报告其持股情况；持股情况发生变化的，应当自该变化发生之日起十个工作日内向证监会、证券交易场所和该公司作出报告。

前款所列人员在辞职或者离职后六个月内负有依照本条规定作出报告的义务。

第六十三条　上市公司应当将要求公布的信息刊登在证监会指定的全国性报刊上。

上市公司在依照前款规定公布信息的同时，可以在证券交易场所指定的地方报刊上公布有关信息。

第六十四条　证监会应当将上市公司及其董事、监事、高级管理人员和持有公司百分之五以上的发行在外的普通股的股东所提交的报告、公告及其他文件及时向社会公开，供投资人查阅。

证监会要求披露的全部信息均为公开信息，但是下列信息除外：

（一）法律、法规予以保护并允许不予披露的商业秘密；

（二）证监会在调查违法行为过程中获得的非公开信息和文件；

（三）根据有关法律、法规规定可以不予披露的其他信息和文件。

第六十五条　股票持有人可以授权他人代理行使其同意权或者投票权。但是，任何人在征集二十五人以上的同意权或者投票权时，应当遵守证监会有关信息披露和作出报告的规定。

第六十六条　上市公司除应当向证监会、证券交易场所提交本章规定的报告、公告、信息及文件外，还应当按照证券交易场所的规定提交有关报告、公告、信息及文件，并向所有股东公开。

第六十七条　本条例第五十七条至第六十五条的规定，适用于已经公开发行股票，其股票并未在证券交易场所交易的股份有限公司。

第七章　调查和处罚

第六十八条　对违反本条例规定的单位和个人，证监会有权进行调查或者会同国家有关部门进行调查；重大的案件，由证券委组织调查。

第六十九条　证监会可以对证券经营机构的业务活动进行检查。

第七十条　股份有限公司违反本条例规定，有下列行为之一的，根据不同情况，单处或者并处警告、责令退还非法所筹股款、没收非法所得、罚款；情节严重的，停止其发行股票资格：

（一）未经批准发行或者变相发行股票的；

（二）以欺骗或者其他不正当手段获准发行股票或者获准其股票在证券交易场所交易的；

（三）未按照规定方式、范围发行股票，或者在招股说明书失效后销售股票的；

（四）未经批准购回其发行在外的股票的。

对前款所列行为负有直接责任的股份有限公司的董事、监事和高级管理人员，给予警告或者处以三万元以上三十万元以下的罚款。

第七十一条　证券经营机构违反本条例规定，有下列行为之一的，根据不同情况，单处或者并处警告、没收非法获取的股票和其他非法所得、罚款；情节严重的，限制、暂停其证券经营业务或者撤销其证券经营业务许可：

（一）未按照规定的时间、程序、方式承销股票的；

（二）未按照规定发放股票认购申请表的；

（三）将客户的股票借与他人或者作为担保物的；

（四）收取不合理的佣金和其他费用的；

（五）以客户的名义为本机构买卖股票的；

（六）挪用客户保证金的；

（七）在代理客户买卖股票活动中，与客户分享股票交易的利润或者分担股票交易的损失，或者向客户提供避免损失的保证的；

（八）为股票交易提供融资的。

对前款所列行为负有责任的证券经营机构的主管人员和直接责任人员，给予警告或者处以三万元以上三十万元以下的罚款。

第七十二条　内幕人员和以不正当手段获取内幕信息的其他人员违反本条例规定，泄露内幕信息、根据内幕信息买卖股票或者向他人提出买卖股票的建议的，根据不同情况，没收非法获取的股票和其他非法所得，并处以五万元以上五十万元以下的罚款。

证券业从业人员、证券业管理人员和国家规定禁止买卖股票的其他人员违反本条例规定，直接或者间接持有、买卖股票的，除责令限期出售其持有的股票外，根据不同情况，单处或者并处警告、没收非法所得、五千元以上五万元以下的罚款。

第七十三条　会计师事务所、资产评估机构和律师事务所违反本条例规定，出具的文件有虚假、严重误导性内容或者有重大遗漏的，根据不同情况，单处或者并处警告、没收非法所得、罚款；情节严重的，暂停其从事证券业务或者撤销其从事证券业务许可。

对前款所列行为负有直接责任的注册会计师、专业评估人员和律师，给予警告或者处以三万元以上三十万元以下的罚款；情节严重的，撤销其从事证券业务的资格。

第七十四条　任何单位和个人违反本条例规定，有下列行为之一的，根据不同情况，单处或者并处警告、没收非法获取的股票和其他非法所得、罚款：

（一）在证券委批准可以进行股票交易的证券交易场所之外进行股票交易的；

（二）在股票发行、交易过程中，作出虚假、严重误导性陈述或者遗漏重大信息的；

（三）通过合谋或者集中资金操纵股票市场价格，或者以散布谣言等手段影响股票发行、交易的；

（四）为制造股票的虚假价格与他人串通，不转移股票的所有权或者实际控制，虚买虚卖的；

（五）出售或者要约出售其并不持有的股票，扰乱股票市场秩序的；

（六）利用职权或者其他不正当手段，索取或者强行买卖股票，或者协助他人买卖股票的；

（七）未经批准对股票及其指数的期权、期货进行交易的；

（八）未按照规定履行有关文件和信息的报告、公开、公布义务的；

（九）伪装、篡改或者销毁与股票发行、交易有关的业务记录、财务帐簿等文件的；

（十）其他非法从事股票发行、交易及其相关活动的。

股份有限公司有前款所列行为，情节严重的，可以停止其发行股票的资格；证券经营机构有关款所列行为，情节严重的，可以限制、暂停其证券经营业务或者撤销其证券经营业务许可。

第七十五条　本条例第七十条、第七十一条、第七十二条、第七十四条规定的处罚，由证券委指定的机构决定；重大的案件的处罚，报证券委决定。本条例第七十三条规定的处罚，由有关部门在各自的职权范围内决定。

第七十六条 上市公司和证券交易所或者其他证券业自律性管理组织的会员及其工作人员违反本条例规定,除依照本条例规定给予行政处罚外,由证券交易所或者其他证券业自律性管理组织根据章程或者自律准则给予制裁。

第七十七条 违反本条例规定，给他人造成损失的，应当依法承担民事赔偿责任。

第七十八条 违反本条例规定,构成犯罪的,依法追究刑事责任。

第八章 争议的仲裁

第七十九条 与股票的发行或者交易有关的争议,当事人可以按照协议的约定向仲裁机构申请调解、仲裁。

第八十条 证券经营机构之间以及证券经营机构与证券交易场所之间因股票的发行或者交易引起的争议,应当由证券委批准设立或者指定的仲裁机构调解、仲裁。

第九章 附 则

第八十一条 本条例下列用语的含义:

(一)“股票”是指股份有限公司发行的、表示其股东按其持有的股份享受权益和承担义务的可转让的书面凭证。

“簿记券式股票”是指发行人按照证监会规定的统一格式制作的、记载股东权益的书面名册。

“实物券式股票”是指发行人在证监会指定的印制机构统一印制的书面股票。

(二)“发行在外的普通股”是指公司库存以外的普通股。

(三)“公开发行”是指发行人通过证券经营机构向发行人以外的社会公众就发行人的股票作出的要约邀请、要约或者销售行为。

(四)“承销”是指证券经营机构依照协议包销或者代销发行人所发行股票的行为。

(五)“承销机构”是指以包销或者代销方式为发行人销售股票的证券经营机构。

(六)“包销”是指承销机构在发行期结束后将未售出的股票全部买下的承销方式。

(七)“代销”是指承销机构代理发售股票，在发行期结束后，将未售出的股票全部退还给发行人或者包销人的承销方式。

(八)“公布”是指将本条例规定应当予以披露的文件刊载在证监会指定的报刊上的行为。

(九)“公开”是指将本条例规定应当予以披露的文件备置于发行人及其证券承销机构的营业地和证监会，供投资人查阅的行为。

(十)“要约”是指向特定人或者非特定人发出购买或者销售某种股票的口头或者书面的意思表示。

(十一)“要约邀请”是指建议他人向自己发出要约的意思表示。

(十二)“预受”是指受要约人同意接受要约的初步意思表示，在要约期满前不构成承诺。

(十三)“上市公司”是指其股票获准在证券交易场所交易的股份有限公司。

(十四)“内幕人员”是指任何由于持有发行人的股票，或者在发行人或者与发行人有密切联系的企业中担任董事、监事、高级管理人员,或者由于其会员地位、管理地位、监督地位和职业地位，或者作为雇员、专业顾问履行职务，能够接触或者获取内幕信息的人员。

(十五)“内幕信息”是指有关发行人、证券经营机构、有收购意图的法人、证券监督管理机构、证券业自律性管理组织以及与其有密切联系的人员所知悉的尚未公开的可能影响股票市场价格的重大信息。

(十六)“证券交易场所”是指经准设立的、进行证券交易的证券交易所和证券交易报价系统。

(十七)“证券业管理人员”是指证券管理部门和证券业自律性管理组织的工作人员。

(十八)“证券业从业人员”是指从事证券发行、交易及其他相关业务的机构的工作人员。

第八十二条 证券经营机构和证券交易所的管理规定，另行制定。

公司内部职工持股不适用本条例。

第八十三条 本条例由证券委负责解释。

第八十四条 本条例自发布之日起施行。

国家工商行政管理局关于改进企业登记管理工作，促进改革开放和经济发展的若干意见

（1992年9月11日）

为了贯彻落实邓小平同志南巡重要谈话和中共中央、国务院关于加快改革开放的精神，进一步改进企业登记管理工作，促进改革开放和经济发展，现提出如下意见：

一、积极支持全民所有制企业转换经营机制，引导企业走向市场

1. 积极支持国营大中型企业组建企业集团和进行股份制试点。符合条件的，经有关部门审批后，应按照受理登记权限和程序予以登记注册。

2. 允许企业根据自身条件从事综合性经营和跨行业经营。企业的经营范围除国家法律、法规和国务院规定需经行业归口部门审批的以外，其他由登记主管机关直接核定。登记主管机关应根据企业条件，按照国家工商行政管理局制定的《企业经营范围用语规范》的规定，逐步施行按行业大类、中类或小类规范用语核定企业的经营范围。

3. 进一步放开商业（含供销、粮食）物资供销企业的经营方式，对在资金、设施、人员等方面具备条件的，应允许其从事批发、零售、代购、代销、代储、代运等项业务。

4. 生产企业购进的原材料，品种、规格不对路或积压的，允许进行调剂、串换和销售。其中，需要进行销售的，应经登记主管机关核准；计划内的生产资料转计划外销售的，应经当地人民政府批准，销售给其他生产企业、有经营权的物资供销机构，或进入生产资料市场销售。

5. 各类物资供销企业经营的计划外物资不受本系统和地域的限制，允许有条件的物资供销企业经营汽车（不含小轿车）。

6. 国营大中型企业产品的出口业务和生产所需原材料、设备的进口业务，经审批机关审查同意，登记主管机关应予登记注册。

7. 国营大型商业企业、物资供销企业积极创造条件从事进出口业务，经审批机关审查同意，登记主管机关应予登记注册。

8. 外贸专业企业具备经营条件，申请经营自行进口商品、易货商品、国内生产的替代进口产品及其经营范围内所含商品的国内贸易，登记主管机关应予以登记注册。但国家有专营专项规定的商品除外。

9. 经审批机关批准，有条件的金融企业可以使用自有资金兴办非金融性的企业或向其他行业的企业投资。

10. 经审批机关批准，在国家工商行政管理局登记注册的自有资金两亿元以上的非生产型综合性公司、信托投资公司和自有资金一亿元以上的工程建设公司，可以从事房地产的开发经营，自有资金两亿元以上的地方性信托投资公司和自有资金伍仟万元以上的资质一级建筑公司，可以从事房地产开发经营，通过招标等形式取得开发项目的企业，可以申请从事单项房地产开发经营。

11. 积极支持企业组织富余人员兴办自主经营自负盈亏的第三产业，鼓励兴办各类技术开发、技术咨询、技术服务、技术转让等科技性企业。对符合条件的，应予核准登记注册。

二、积极支持各类集体企业的发展

12. 支持城镇街道和乡村农民兴办各类集体企业和发展第三产业。支持城区街道、居委会等组织为方便群众、服务社会、积极发展商业、饮食、修理、文化娱

乐、代办服务等第三产业。支持乡村农民集体兴办和农民集资开办为农业和农民生活服务的第三产业。对老少边穷地区兴办的集体所有制企业，在登记注册条件方面，可以适当放宽。

13．凡科技人员离职自办、联办与科技进步相关的信息业、咨询业和各类集体所有制技术服务企业，应予登记注册。

14．对实行自愿组合、自筹资金、独立核算、自负盈亏、自主经营、民主管理、集体积累、自主支配、入股分红的各类集体所有制企业，应予以登记注册。

三、积极支持政府机关转变职能

15．在机构改革中、政府经济管理部门经批准建制转为自主经营、自负盈亏经济实体的，登记主管机关应予登记注册，但不得兼有行政职能。

16．支持党政机关精简机构，组织富余人员兴办经济实体。所兴办的经济实体应自主经营、自负盈亏，独立承担民事责任，并与党政机关在财务、名称、人事等方面彻底脱钩。所兴办的经济实体应向其所在地登记主管机关申请登记注册。但不得接收挂靠企业。

17．支持党政机关干部及党政机关中的专业技术人员从机关分离出来，领办、创办开发性、技术性和服务性的经济实体。但不得保留机关的职务，不得以党政机关名义和党政干部身份从事经营活动。这类企业应向其所在地登记主管机关申请登记注册。

18．支持党政机关对内服务为主的小卖部、招待所、食堂、礼堂、车队、印刷厂、信息咨询机构等向社会开放，实行有偿服务和对外经营，有条件的可以改办成经济实体，向其所在地登记主管机关申请登记注册。

19．事业单位取得法人资格后，经事业单位主管部门审查同意和登记主管机关核准，可以从事经营活动，也可以设立企业。但不得接收挂靠企业。

20．社会团体（不包括各类基金会）取得法人资格后，经社会团体主管部门审查同意，社会团体所在地登记主管机关核准登记后，可以从事与其业务相关的经营活动，也可以兴办企业或使用自有资金向其他企业（不含外商投资企业）投资入股。但不得接收挂靠企业。

四、支持农业社会化服务体系的发展

21．各级农业、农机、畜牧、水利、林业及有关部门设立为农、林、牧、副、渔各业提供咨询、机耕、排灌、植保、收割、运输、农机修理、良种培育、技术推广、病虫害防治等农业社会化服务企业或经营单位，各级登记主管机关，尤其是区、县登记主管机关应大力支持并及时办理登记注册。

22．农业技术推广站、畜牧兽医站、农业机械管理站、农村合作经济管理站、水产站等基层事业单位经核准登记，可以自身名义对外开展有偿服务或经营活动，也可以实行企业化经营，或举办生产加工、修理、咨询等服务实体。

23．农业社会化服务机构可以开展与自身业务有关的服务，有条件的可以开展综合服务，也可以搞产供销一体化的服务。技术推广机构可以技术推广带动经营农业所需的化肥、农膜、农药；农机服务机构可以零售农用柴油、农用润滑油、农业机械配件等。

24．对农业社会化服务机构，在登记注册时，条件可适当放宽。其资金可以由基层事业单位干部，职工或农民集资入股。

25．农业社会化服务机构经县以上（含县）企业主管部门审批后，向所在地登记主管机关申请登记注册。

五、加快对外开放，大力发展外商投资企业

26．为加快对外开放和引进外资，名级工商行政管理局应加强和充实外资企业登记管理机构和人员。国家工商行政管理局将加快外商投资企业登记管理的授权工作。对列入开放地区的省辖市以及外商投资企业超百家的其他省辖市，根据授权条件（编制、办公用房、干部配备及培训），成熟一个，授权一个。具备条件的县（市）、区工商行政管理局经授权的工商行政管理局同意，可以受理外商投资企业的登记初审工作。

27．积极支持外商投资企业管理体制的改革试点工作。国家工商行政管理局同意在海南省洋浦开发区设立的外商投资企业不经过合同、章程审批，直接向海南省工商行政管理局洋浦开发区分局申请登记注册。经核准登记后，即可开展生产经营活动。属国家政策限制的项目，在企业登记注册后再办理立项审批手续。

28．积极支持利用外资兴办第三产业。对利用外商投资进行土地成片开发，从事零售商业、外贸、交通运输、金融、保险、旅游等行业的，经国务院或国务院授权机关审批后，登记主管机关应予登记注册。

29、授权的外商投资企业登记主管机关应根据国家法律、法规规定受理外商投资企业的登记注册。有关部门或地方政府另行规定的专项审批和许可证，一律不作为外商投资企业开业登记的法定前置条件。

30．外商投资企业变更住所、董事长、总经理、企业名称以及增加与原核定的经营范围相关的业务，可不经原审批机关批准，持董事会决议及有关文件，直接向原登记主管机关申请变更登记。

31．简化外商投资企业分支机构的登记程度。已登记注册的外商投资企业，凡注册资本出齐，已投产开业和产品有一定内销比例的，均可在异地（含跨省、自治区、直辖市）设立分支机构，授权登记主管机关应予以核准登记。具备上述条件的外商投资企业申请增设分支机构，应首先向原登记主管机关申请变更登记，并提交下列文件、证件：（1）变更登记申请书；（2）董事会决议（含向分支机构的拨款数额）；（3）分支机构负责人委派书（附负责人简历、身份证明）。然后向分支机构所在地登记主管机关申请开业登记，并提交下列文件、证件：（1）原登记主管机关同意设立分支机构的核转通知书；（2）外商投资企业营业热照副本（复印件）；（3）董事会决议；（4）分支机构负责人委派书；（5）场所使用证明。

32. 投资规模较大、属国家政策鼓励项目的中外合资、合作经营企业，经国家工商行政管理局核准，其名称可不冠以所在地行政区划名称。外资企业名称，可以在中间使用行政区划名称（包括简称）；经国家工商行政管理局核准，可以在名称中间使用“中国”字样。

33. 外国企业和其他经济组织或个人，从在中国境内举办的外商投资企业所获利润进行再投资，其外商投入资金不低于25%的，经审批机关批准，可按外商投资企业登记注册。

经原审批机关和原登记主管机关审查同意，外商投资企业可以未分配利润作为投资，与内资企业联营，联营企业按内资企业予以登记注册。

34. 经国务院或国务院授权机关批准，按照国家规定的法定程序设立的外商投资股份有限公司，其名称可以使用“股份”字样。

35. 凡具备生产条件和能力的外商投资企业，在符合国家产业政策的条件下，可以生产和自销与原核准经营范围相连的产品。

六、简化登记注册程序，提高办事效率

36. 企业申请开业登记、除外贸、金融、交通、航空、旅游、医药、建筑、出版等行业应按国家有关规定报请行业归口部门审批外，其他行业的企业办理开业登记，经企业主管部门审批后，可直接向登记主管机关申请登记注册、除法律、法规规定实行专项审批或许可证的以外，其他部门规定的审批及许可证，一律不作为登记注册的法定前置条件。

37. 企业申请变更登记，除变更法定代表人（负责人）、经济性质、增、减独立承担民事责任的分支机构外，其他登记事项的变更，可不提交企业主管部门审批文件，向登记主管机关申请变更登记。

七、加强监督管理，保护企业的合法权益

38. 加强监督管理，保护企业的合法权益。登记要简化，管理要加强，以维护改革开放的成果。登记主管机关要积极宣传登记管理法规，提高企业法律意识，规范企业经营行为。取缔无照经营，为企业生产经营创造良好的外部环境。

39. 加强对外商投资企业的监督管理，在国家法律、法规范围内，严格执法，创造良好的投资环境，促进外商投资企业的健康发展。

40. 各地要不断总结加强监督管理的经验，以适应改革开放新形势、新任务的要求，真正做到“放而有度、活而有序、管而有法”。

中华人民共和国产品质量法

（1993 年 2 月 22 日第七届全国人民代表大会常务委员会第三十次会议通过）

第一章 总 则

第一条 为了加强对产品质量的监督管理，明确产品质量责任，保护用户、消费者的合法权益，维护社会经济秩序，制定本法。

第二条 在中华人民共和国境内从事产品生产、销售活动，必须遵守本法。

本法所称产品是指经过加工、制作，用于销售的产品。

建设工程不适用本法规定。

第三条 生产者、销售者依照本法规定承担产品质量责任。

第四条 禁止伪造或者冒用认证标志、名优标志等质量标志；禁止伪造产品的产地，伪造或者冒用他人的厂名、厂址、禁止在生产、销售的产品中掺杂、掺假、以假充真、以次充好。

第五条 国家鼓励推行科学的质量管理方法，采用先进的科学技术，鼓励企业产品质量达到并且超过行业标准、国家标准和国际标准。对产品质量管理先进和产品质量达到国际先进水平、成绩显著的单位和个人，给予奖励。

第六条 国务院产品质量监督管理部门负责全国产品质量监督管理工作。国务院有关部门在各自的职责范围内负责产品质量监督管理工作。

县级以上地方人民政府管理产品质量监督工作的部门负责本行政区域内的产品质量监督管理工作。县级以上地方人民政府有关部门在各自的职责范围内负责产品质量监督管理工作。

第二章 产品质量的监督管理

第七条 产品质量应当检验合格，不得以不合格产品冒充合格产品。

第八条 可能危及人体健康和人身、财产安全的工业产品，必须符合保障人体健康，人身、财产安全的国家标准、行业标准；未制定国家标准、行业标准的，必须符合保障人体健康，人身、财产安全的要求。

第九条 国家根据国际通用的质量管理标准，推行企业质量体系认证制度。企业根据自愿原则可以向国务院产品质量监督管理部门或者国务院产品质量监督管理部门授权的部门认可的认证机构申请企业质量体系认证。经认证合格的，由认证机构颁发企业质量体系认证证书。

国家参照国际先进的产品标准和技术要求，推行产品质量认证制度。企业根据自愿原则可以向国务院产品质量监督管理部门或者国务院产品质量监督管理部门授权的部门认可的认证机构申请产品质量证。经认证合格的，由认证机构颁发产品质量认证证书，准许企业在产品或者其包装上使用产品质量认证标志。

第十条 国家对产品质量实行以抽查为主要方式的监督检查制度，对可能危及人体健康和人身、财产安全的产品，影响国计民生的重要工业产品以及用户、消费者、有关组织反映有质量问题的产品进行抽查。监督抽查工作由国务院产品质量监督管理部门规划和组织。县级以上地方人民政府管理产品质量监督工作的部门在本行政区域内也可以组织监督抽查，但是要防止重复抽查。产品质量抽查的结果应当公布。法律对产品质量的监督检查另有规定的，依照有关法律的规定执行。

根据监督抽查的需要，可以对产品进行检验，但不得向企业收取检验费用。监督抽查所需检验费用按照国务院规定列支。

第十一条 产品质量检验机构必须具备相应的检测条件和能力，经省级以上人民政府产品质量监督管理部门或者其授权的部门考核合格后，方可承担产品质量检验工作。法律、行政法规对产品质量检验机构另有规定的，依照有关的法律、行政法规的规定执行。

第十二条　用户、消费者有权就产品质量问题，向产品的生产者、销售者查询；向产品质量监督管理部门、工商行政管理部门及有关部门申诉，有关部门应当负责处理。

第十三条　保护消费者权益的社会组织可以就消费者反映的产品质量问题建议有关部门负责处理，支持消费者对因产品质量造成的损害向人民法院起诉。

第三章　生产者、销售者的产品质量责任和义务

第一节　生产者的产品质量责任和义务

第十四条　生产者应当对其生产的产品质量负责。

产品质量应当符合下列要求：

(一)不存在危及人身、财产安全的不合理的危险，有保障人体健康，人身、财产安全的国家标准、行业标准的，应当符合该标准；

(二)具备产品应当具备的使用性能，但是，对产品存在使用性能的瑕疵作出说明的除外；

(三)符合在产品或者其包装上注明采用的产品标准，符合以产品说明、实物样品等方式表明的质量状况。

第十五条　产品或者其包装上的标识应当符合下列要求：

(一)有产品质量检验合格证明；

(二)有中文标明的产品名称、生产厂厂名和厂址；

(三)根据产品的特点和使用要求，需要标明产品规格、等级、所含主要成份的名称和含量的，相应予以标明；

(四)限期使用的产品，标明生产日期和安全使用期或者失效日期；

(五)使用不当，容易造成产品本身损坏或者可能危及人身、财产安全的产品，有警示标志或者中文警示说明。

裸装的食品和其他根据产品的特点难以附加标识的裸装产品，可以不附加产品标识。

第十六条　剧毒、危险、易碎、储运中不能倒置以及有其他特殊要求的产品，其包装必须符合相应要求，有警示标志或者中文警示说明标明储运注意事项。

第十七条　生产者不得生产国家明令淘汰的产品。

第十八条　生产者不得伪造产地，不得伪造或者冒用他人的厂名、厂址。

第十九条　生产者不得伪造或者冒用认证标志、名优标志等质量标志。

第二十条　生产者生产产品，不得掺杂、掺假，不得以假充真、以次充好，不得以不合格产品冒充合格产品。

第二节　销售者的产品质量责任和义务

第二十一条　销售者应当执行进货检查验收制度，验明产品合格证明和其他标识。

第二十二条　销售者应当采取措施，保持销售产品的质量。

第二十三条　销售者不得销售失效、变质的产品。

第二十四条　销售者销售的产品的标识应当符合本法第十五条的规定。

第二十五条　销售者不得伪造产地，不得伪造或者冒用他人的厂名、厂址。

第二十六条　销售者不得伪造或者冒用认证书、名优标志等质量标志。

第二十七条　销售者销售产品，不得掺杂、掺假、不得以假充真、以次充好，不得以不合格产品冒充合格产品。

第四章　损害赔偿

第二十八条　售出的产品有下列情形之一的，销售者应当负责修理、更换、退货；给购买产品的用户、消费者造成损失的，销售者应当赔偿损失：

(一)不具备产品应当具备的使用性能而事先未作说明的；

(二)不符合在产品或者其包装上注明采用的产品标准的；

(三)不符合以产品说明、实物样品等方式表明的质量状况的。

销售者依照前款规定负责修理、更换、退货、赔偿损失后，属于生产者的责任或者属于向销售者提供产品的其他销售者(以下简称供货者)的责任的，销售者有权向生产者、供货者追偿。

销售者未按照第一款规定给予修理、更换、退货或者赔偿损失的，由管理产品质量监督工作的部门或者工商行政管理部门责令改正。

生产者之间、销售者之间、生产者与销售者之间订立的产品购销、加工承揽合同有不同约定的，合同当事人按照合同约定执行。

第二十九条　因产品存在缺陷造成人身、缺陷产

品以外的其他财产(以下简称他人财产)损害的,生产者应当承担赔偿责任。

生产者能够证明有下列情形之一的,不承担赔偿责任:

(一)未将产品投入流通的;

(二)产品投入流通时,引起损害的缺陷尚不存在的;

(三)将产品投入流通时的科学技术水平尚不能发现缺陷的存在的。

第三十条 由于销售者的过错使产品存在缺陷,造成人身、他人财产损害的,销售者应当承担赔偿责任。

销售者不能指明缺陷产品的生产者也不能指明缺陷产品的供货者的,销售者应当承担赔偿责任。

第三十一条 因产品存在缺陷造成人身、他人财产损害的,受害人可以向产品的生产者要求赔偿,也可以向产品的销售者要求赔偿。属于产品的生产者的责任,产品的销售者赔偿的,产品的销售者有权向产品的生产者追偿。属于产品的销售者的责任,产品的生产者赔偿的,产品的生产者有权向产品的销售者追偿。

第三十二条 因产品存在缺陷造成受害人人身伤害的,侵害人应当赔偿医疗费、因误工减少的收入、残废者生活补助费等费用;造成受害人死亡的,并应当支付丧葬费、抚恤费、死者生前抚养的人必要的生活费等费用。

因产品存在缺陷造成受害人财产损失的,侵害人应当恢复原状或者折价赔偿。受害人因此遭受其他重大损失的,侵害人应当赔偿损失。

第三十三条 因产品存在缺陷造成损害要求赔偿的诉讼时效期间为二年,自当事人知道或者应当知道其权益受到损害时起计算。

因产品存在缺陷造成损害要求赔偿的请求权,在造成损害的缺陷产品交付最初用户、消费者满十年丧失;但是,尚未超过明示的安全使用期的除外。

第三十四条 本法所称缺陷,是指产品存在危及人身、他人财产安全的不合理的危险;产品有保障人体健康,人身、财产安全的国家标准、行业标准的,是指不符合该标准。

第三十五条 因产品质量发生民事纠纷时,当事人可以通过协商或者调解解决。当事人不愿通过协商、调解解决或者协商、调解不成的,可以根据当事人各方的协议向仲裁机构申请仲裁;当事人各方没有达成仲裁协议的,可以向人民法院起诉。

第三十六条 仲裁机构或者人民法院可以委托本法第十一条规定的产品质量检验机构,对有关产品质量进行检验。

第五章 罚 则

第三十七条 生产不符合保障人体健康,人身、财产安全的国家标准、行业标准的产品的,责令停止生产,没收违法生产的产品和违法所得,并处违法所得一倍以上五倍以下的罚款,可以吊销营业执照;构成犯罪的,依法追究刑事责任。

销售不符合保障人体健康,人身、财产安全的国家标准、行业标准的产品的,责令停止销售。销售明知是不符合保障人体健康,人身、财产安全的国家标准、行业标准的产品的,没收违法销售的产品和违法所得,并处违法所得一倍以上五倍以下的罚款,可以吊销营业执照;构成犯罪的,依法追究刑事责任。

第三十八条 生产者、销售者在产品中掺杂、掺假、以假充真、以次充好,或者以不合格产品冒充合格产品的,责令停止生产、销售,没收违法所得,并处违法所得一倍以上五倍以下的罚款,可以吊销营业执照;构成犯罪的,依法追究刑事责任。

第三十九条 生产国家明令淘汰的产品的,责令停止生产,没收违法生产的产品和违法所得,并处违法所得一倍以上五倍以下的罚款,可以吊销营业执照。

第四十条 销售失效、变质产品的,责令停止销售,没收违法销售的产品和违法所得,并处违法所得一倍以上五倍以下的罚款,可以吊销营业执照;构成犯罪的,依法追究刑事责任。

第四十一条 生产者、销售者伪造产品的产地的,伪造或者冒用他人的厂名、厂址的,伪造或者冒用认证标志、名优标志等质量标志的,责令公开更正,没收违法所得,可以并处罚款。

第四十二条 以行贿、受贿或者其他非法手段推销、采购本法第三十七至第四十条所列产品,构成犯罪的,依法追究刑事责任。

第四十三条 产品标识不符合本法第十五条规定的,责令改正;有包装的产品标识不符合本法第十五条第(四)项、第(五)项规定,情节严重的,可以责令停止生产、销售,并可以处以违法所得百分之十五至百分之二十的罚款。

第四十四条 伪造检验数据或者伪造检验结论的,责令更正,可以处以所收检验费一倍以上三倍以下的罚款;情节严重的,吊销营业执照;构成犯罪的,对直接责任人员比照刑法第一百六十七条的规定追究刑事责任。

第四十五条 本法规定的吊销营业执照的行政处罚由工商行政管理部门决定,其他行政处罚由管理产品质量监督工作的部门或者工商行政管理部门按照国务院规定的职权范围决定。法律、行政法规对行使行政处罚权的机关另有规定的，依照有关法律、行政法规的规定执行。

第四十六条　当事人对行政处罚决定不服的，可以在接到处罚通知之日起十五日内向作出处罚决定的机关的上一级机关申请复议；当事人也可以在接到处罚通知之日起十五日内直接向人民法院起诉。

复议机关应当在接到复议申请之日起六十日内作出复议决定。当事人对复议决定不服的，可以在接到复议决定之日起十五日内向人民法院起诉。复议机关逾期不作出复议决定的，当事人可以在复议期满之日起十五日内向人民法院起诉。

当事人逾期不申请复议也不向人民法院起诉、又不履行处罚决定的，作出处罚决定的机关可以申请人民法院强制执行。

第四十七条　从事产品质量监督管理的国家工作人员滥用职权、玩忽职守、徇私舞弊，构成犯罪的，依法追究刑事责任；不构成犯罪的，给予行政处分。

第四十八条　国家工作人员利用职务，对明知有违反本法规定构成犯罪的行为的企业事业单位或者个人故意包庇使其不受追诉的，依法追究刑事责任。

第四十九条　以暴力、威胁方法阻碍从事产品质量监督管理的国家工作人员依法执行职务的，依照刑法第一百五十七条的规定追究刑事责任；拒绝、阻碍从事产品质量监督管理的国家工作人员依法执行职务未使用暴力、威胁方法的，由公安机关依照治安管理处罚条例的规定处罚。

第六章　附　　则

第五十条　军工产品质量监督管理办法，由国务院、中央军事委员会另行制定。

第五十一条　本法自 1993 年 9 月 1 日起施行。

中华人民共和国商标法

（1993年2月22日第七届全国人民代表大会常务委员会第三十次会议修正）

第一章 总 则

第一条 为了加强商标管理，保护商标专用权，促进生产者保证商品质量和维护商标信誉，以保障消费者的利益，促进社会主义商品经济的发展，特制定本法。

第二条 国务院工商行政管理部门商标局主管全国商标注册和管理的工作。

第三条 经商标局核准注册的商标为注册商标，商标注册人享有商标专用权，受法律保护。

第四条 企业、事业单位和个体工商业者，对其生产、制造、加工、拣选或者经销的商品，需要取得商标专用权的，应当向商标局申请商品商标注册。

企业、事业单位和个体工商业者，对其提供的服务项目，需要取得商标专用权的，应当向商标局申请服务商标注册。

本法有关商品商标的规定，适用于服务商标。

第五条 国家规定必须使用注册商标的商品，必须申请商标注册，未经核准注册的，不得在市场销售。

第六条 商标使用人应当对其使用商标的商品质量负责。各级工商行政管理部门应当通过商标管理，监督商品质量，制止欺骗消费者的行为。

第七条 商标使用的文字、图形或者其结合，应当有显著特征，便于识别。使用注册商标的，并应当标明“注册商标”或者注册标记。

第八条 商标不得使用下列文字、图形：

(1) 同中华人民共和国的国家名称、国旗、国徽、军旗、勋章相同或者近似的；

(2) 同外国的国家名称、国旗、国徽、军旗相同或者近似的；

(3) 同政府间国际组织的旗帜、徽记、名称相同或者近似的；

(4) 同“红十字”、“红新月”的标志、名称相同或者近似的；

(5) 本商品的通用名称和图形；

(6) 直接表示商品的质量、主要原料、功能、用途、重量、数量及其他特点的；

(7) 带有民族歧视性的；

(8) 夸大宣传并带有欺骗性的；

(9) 有害于社会主义道德风尚或者有其他不良影响的。

县级以上行政区划的地名或者公众知晓的外国地名，不得作为商标，但是，地名具有其他含义的除外；已经注册的使用地名的商标继续有效。

第九条 外国人或者外国企业在中国申请商标注册的，应当按其所属和中华人民共和国签订的协议或者共同参加的国际条约办理，或者按对等原则办理。

第十条 外国人或者外国企业在中国申请商标注册和办理其他商标事宜的，应当委托国家指定的组织代理。

第二章 商标注册的申请

第十一条 申请商标注册的，应当按规定的商品分类表填报使用商标的商品类别和商品名称。

第十二条 同一申请人在不同类别的商品上使用同一商标的，应当按商品分类表提出注册申请。

第十三条 注册商标需要在同一类的其他商品上使用的，应当另行提出注册申请。

第十四条 注册商标需要改变文字、图形的，应当重新提出注册申请。

第十五条 注册商标需要变更注册人的名义、地址或者其他注册事项的，应当提出变更申请。

第三章　商标注册的审查和核准

第十六条　申请注册的商标，凡符合本法有关规定的，由商标局初步审定，予以公告。

第十七条　申请注册的商标，凡不符合本法有关规定或者同他人在同一种商品或者类似商品上已经注册的或者初步审定的商标相同或者近似的，由商标局驳回申请，不予公告。

第十八条　两个或者两个以上的申请人，在同一种商品或者类似商品上，以相同或者近似的商标申请注册的，初步审定并公告申请在先的商标；同一天申请的，初步审定并公告使用在先的商标，驳回其他人的申请，不予以公告。

第十九条　对初步审定的商标，自公告之日起三个月内，任何人均可以提出异议。无异议或者经裁定异议不能成立的，始予核准注册，发给商标注册证，并予公告；经裁定异议成立的，不予核准注册。

第二十条　国务院工商行政管理部门设立商标评审委员会，负责处理商标争议事宜。

第二十一条　对驳回申请、不予公告的商标，商标局应当书面通知申请人。申请人不服的，可以在收到通知十五天内申请复审，由商标评审委员会做出终局决定，并书面通知申请人。

第二十二条　对初步审定、予以公告的商标提出异议的，商标局应当听取异议人和申请人陈述事实和理由，经调查核实后，做出裁定。当事人不服的，可以在收到通知十五天内申请复审，由商标评审委员会做出终局裁定，并书面通知异议人和申请人。

第四章　注册商标的续展、转让和使用许可

第二十三条　注册商标的有效期为十年，自核准注册之日起计算。

第二十四条　注册商标有效期满，需要继续使用的，应当在期满前六个月内申请续展注册；在此期间未能提出申请的，可以给予六个月的宽展期。宽展期满仍未提出申请的，注销其注册商标。

每次续展注册的有效期为十年。

续展注册经核准后，予以公告。

第二十五条　转让注册商标的，转让人和受让人应当共同向商标局提出申请。受让人应当保证使用该注册商标的商品质量。

转让注册商标经核准后，予以公告。

第二十六条　商标注册人可以通过签订商标使用许可合同，许可他人使用其注册商标。许可人应当监督被许可人使用其注册商标的商品质量。被许可人应当保证使用该注册商标的商品质量。

经许可使用他人注册商标的，必须在使用该注册商标的商品上标明被许可人的名称和商品产地。

商标使用许可合同应当报商标局备案。

第五章　注册商标争议的裁定

第二十七条　已经注册的商标，违反本法第八条规定的，或者是以欺骗手段或者其他不正当手段取得注册的，由商标局撤销该注册商标；其他单位或者个人可以请求商标评审委员会裁定撤销该注册商标。

除前款规定的情形外，对已经注册的商标有争议的，可以自该商标经核准注册之日起一年内，向商标评审委员会申请裁定。

商标评审委员会收到裁定申请后，就当通知有关当事人，并限期提出答辩。

第二十八条　对核准注册前已经提出异议并经裁定的商标，不得再以相同的事实和理由申请裁定。

第二十九条　商标评审委员会做出维持或者撤销注册商标的终局裁定后，应当书面通知有关当事人。

第六章　商标使用的管理

第三十条　使用注册商标，有下列行为之一的，由商标局责令限期改正或者撤销其注册商标：

(1) 自行改变注册商标的文字、图形或者其组合的；

(2)自行改变注册商标的注册人名义、地址或者其他注册事项的；

(3) 自行转让注册商标的；

(4) 连续三年停止使用的。

第三十一条　使用注册商标，其商品粗制滥造，以次充好，欺骗消费者的，由各级工商行政管理部门分别不同情况，责令限期改正，并可以予以通报或者处以罚款，或者由商标局撤销其注册商标。

第三十二条　注册商标被撤销的或者期满不再续展的，自撤销或者注销之日起一年内，商标局对与该商标相同或者近似的商标注册申请，不予核准。

第三十三条　违反本法第五条规定的，由地方工商行政管理部门责令限期申请注册，可以并处罚款。

第三十四条　使用未注册商标，有下列行为之一的，由地方工商行政管理部门予以制止，限期改正，并可以予以通报或者处以罚款：

(1) 冒充注册商标的；

(2) 违反本法第八条规定的；

(3) 粗制滥造，以次充好，欺骗消费者的。

第三十五条　对商标局撤销注册商标的决定，当事人不服的，可以在收到通知十五天内申请复审，由商标评审委员会做出终局决定，并书面通知申请人。

第三十六条　对工商行政管理部门根据本法第三十一条、第三十三条、第三十四条的规定做出的罚款决定，当事人不服的，可以在收到通知十五天内，向人民法院起诉；期满不起诉又不履行的，由有关工商行政管理部门申请人民法院强制执行。

第七章　注册商标专用权的保护

第三十七条　注册商标的专用权，以核准注册的商标和核定使用的商品为限。

第三十八条　在下列行为之一的，均属侵犯注册商标专用权：

(1)未经注册商标所有人的许可，在同一种商品或者类似商品上使用与其注册商标相同或者近似的商标的；

(2) 销售明知是假冒注册商标的商品的；

(3)伪造、擅自制造他人注册商标标识或者销售伪造、擅自制造的注册商标标识的；

(4) 给他人的注册商标专用权造成其他损害的。

第三十九条　有本法第三十八条所列侵犯注册商标专用权行为之一的，被侵犯人可以向县级以上工商行政管理部门要求处理，有关工商行政管理部门有权责令侵权人立即停止侵权行为，赔偿被侵权人的损失，赔偿额为侵权人在侵权期间因侵权所获得的利润或者被侵权人在被侵权期间因被侵权所受到的损失。侵犯注册商标专用权，未构成犯罪的，工商行政管理部门可以处以罚款。当事人对工商行政管理部门责令停止侵权行为、罚款的处理决定不服的，可以在收到通知十五天内，向人民法院起诉；期满不起诉又不履行的，由有关工商行政管理部门申请人民法院强制执行。

对侵犯注册商标专用权的，被侵权人也可以直接向人民法院起诉。

第四十条　假冒他人注册商标，构成犯罪的，除赔偿被侵权人的损失外，依法追究刑事责任。

伪造、擅自制造他人注册商标标识或者销售伪造、擅自制造的注册商标标识，构成犯罪的，除赔偿被侵权人的损失外，依法追究刑事责任。

销售明知是假冒注册商标的商品，构成犯罪的，除赔偿被侵权人的损失外，依法追究刑事责任。

第八章　附　则

第四十一条　申请商标注册和办理其他商标事宜的，应当缴纳费用，具体收费标准另定。

第四十二条　本法的实施细则，由国务院工商行政管理部门制定，报国务院批准施行。

第四十三条　本法自 1983 年 3 月 1 日起施行。1963 年 4 月 10 日国务院公布的《商标管理条例》同时废止；其他有关商标管理的规定，凡与本法抵触的，同时失效。

本法施行以前已经注册的商标继续有效。

国务院关于严厉打击生产和经销假冒伪劣商品违法行为的通知

（1992年7月2日）

一九八九年以来，各地区、各部门按照《国务院关于严厉打击在商品中掺杂使假的通知》（国发〔1989〕61号）和《国务院办公厅转发国家技术监督局关于严厉惩处经销伪劣商品责任者意见的通知》（国办发〔1989〕32号）的要求，加强了对生产、经销假冒伪劣商品违法行为的查处工作，取得了一定成效。但假冒伪劣商品屡禁不止的状况尚未根本扭转，一些单位和个人，采用种种不正当手段，置国家法律、法规于不顾，继续生产和经销假冒伪劣商品，牟取暴利。个别地区，竟形成了假冒伪劣商品的集散地。由假冒伪劣商品造成的恶性事故不断发生，给国民经济和人民生命财产造成了很大损失，不仅严重扰乱了正常的商品经济秩序，损害了群众的切身利益，而且危及到深化改革和对外开放的顺利进行，已成为经济生活中亟待解决的一个突出问题。为此，国务院决定，要在全国范围内，进一步打击生产和经销假冒伪劣商品的违法行为。现将有关问题通知如下：

一、打击重点

（一）下列生产或经销假冒伪劣商品的违法行为：

1. 生产或经销假冒他人注册商标的商品，或擅自生产、经销他人注册商标标识的；

2. 生产或经销使用虚假产地、假冒其他企业名称或代号商品的；

3. 伪造或冒用优质产品、认证产品、许可证标志的；

4. 违反国家有关规定，生产或经销危及人身安全、健康商品的；

5. 生产或经销伪劣农药、种子、化肥、饲料等农业生产资料和其他伪劣商品的。

（二）用“回扣”、“好处费”等手段经销假冒伪劣商品或收受“回扣”、“好处费”等采购假冒伪劣商品的违法行为。

（三）国家工作人员支持、包庇、纵容生产或经销假冒伪劣商品的违法行为。

二、具体措施

对生产或经销假冒伪劣商品的单位和个人，有关部门要按各自的职责分工，依据国家的有关法律、法规和本通知的规定，处以罚款、没收其非法所得或查获的全部假冒伪劣商品；触犯刑律的，必须依法追究刑事责任。

（一）对生产或经销假冒伪劣商品情节恶劣、后果严重或屡教不改的企业或个体工商户，由工商行政管理部门吊销其营业执照。

（二）对生产、经销假冒伪劣商品的，要视情节轻重，对单位负责人和直接责任者给予经济处罚，并依照国家的有关规定给予行政处分，直至依法追究刑事责任。

（三）对支持、包庇、纵容生产或经销假冒伪劣商品，为其提供生产、经销场所，在物资、资金等方面提供方便条件的单位和个人，视同生产或经销假冒伪劣商品行为予以处理。

（四）对有意采购假冒伪劣商品的进货单位或进货人员，视同生产或经销假冒伪劣商品行为予以处理；对于利用“回扣”、“好处费”或接受“回扣”、“好处费”经销假冒伪劣商品的，视同行贿、受贿，必须没收其全部“回扣”、“好处费”，并给予经济处罚、行政处分，直至依法追究刑事责任。

（五）对生产、经销假冒伪劣商品活动严重的地区，当地政府必须采取果断措施，坚决予以整顿。对整顿查处不力，问题长期得不到解决的地区，上一级政府要追究当地政府领导的责任；对干预、阻碍查处的行为，监察部门要立即查证，对责任者必须给予行政处分，情节严重的，必须提交司法部门，依法追究法律责任。

（六）各级人民政府要鼓励和保护举报揭发生产、经销假冒伪劣商品行为的单位和个人。对举报属实的，应给予表彰和奖励；对打击、报复举报的人，要从重给予处罚。

（七）工商行政管理、技术监督、公安、监察、银行等有关部门要紧密配合，在调查取证、鉴定、冻结银行帐号、罚款、吊销营业执照等方面，均要大力协同工作。

（八）要把假冒伪劣商品和有一般质量问题的商品区别开业。对假冒伪劣商品的认定要严格掌握，避免随意性。在查处中要依法办案，做到事实清楚，证据确凿，定性准确，处罚适当。

（九）对生产或经销假冒伪劣商品的单位或个人，以及支持、包庇、纵容者，如能主动坦白交待，并主动中止违法行为的，予以从宽处理；对不予改正，继续从事生产或经销假冒伪劣商品违法活动者，应从重处罚。

三、组织领导

国务院责成国务院经济贸易办公室牵头，组织工商行政管理、技术监督、卫生、监察、公安、税务、物价、财政、银行及生产、流通等主管部门参加，在统一领导下，以工商行政管理、技术监督部门为主，各司其职，各负其责，协同做好这项工作。

各地要在当地人民政府的领导下，组织各有关部门，针对当地存在的问题，制定相应的实施办法，采取切实可行的措施，有重点地打击违法行为。各级人民政府要在人力、财力、物力等方面给执法部门提供必要的保证。

做好打击生产和经销假冒伪劣商品违法行为的工作，意义重大，涉及面广，政策性强，各地区、各部门要高度重视，加强领导，相互配合，务必把这项工作做好。

商业部关于继续深化、完善国营商业企业改革的通知

（1991年3月13日）

根据《国务院批转国家体改委关于在治理整顿中深化企业改革强化管理的意见的通知》(国发〔1990〕33号文件）精神，结合商业特点，对继续深化、完善国营商业企业改革的有关问题通知如下：

一、继续坚持和完善大中型国营商业企业承包经营责任制

大中型商业企业实行承包经营责任制，要按照“稳定、充实、调整、改善”的方针，兼顾国家、企业和职工三者的利益，进一步调动企业和职工的积极性，增强企业活力，充分发挥国营商业主渠道作用，促进有计划商品经济的发展。

1. 认真做好新一轮承包衔接工作。到1990年底有80%左右的企业承包到期，各地要根据上期承包情况，认真进行总结考核。要依据《全民所有制工业企业承包经营责任制暂行条例》(以下称《承包条例》和承包合同内容认真进行审计，对上轮承包工作作出实事求是的评价；要进行清仓查库，对有问题商品和资金要查明原因，分清责任，提出处理意见，不要把上轮承包中的遗留问题带到新一轮承包中去；要认真兑现合同，维护承包合同的严肃性。

2. 合理确定承包基数。确定承包基数，要从实际出发，兼顾国家、企业、职工三者利益，本着大稳定小调整和为国家多做贡献的原则。根据不同地区、不同行业、不同企业的具体情况合理确定。一是以本地区、本行业同类型企业平均资金利润率为依据，参考企业承包前上缴利润平均数确定；二是以前三年（1988年—1990年）承包合同规定的平均上缴数或上期合同最后一年的上缴数为基础，适当调整后确定。实行上交利润递增包干的企业，其递增率应同“八五”期间经济发展速度大体相适应。对上一轮承包基数、上交利润递增率或分成比例明显偏低的，或技术改造项目已发挥作用的，应适当调高基数和上交比例；对上期承包基数偏高，经营情况不正常的，技术改造任务重和需要重点扶持发展的企业，在核定承包基数、上交利润递增率或分成比例时应适当予以照顾。

对批发企业，特别是一些因受外部环境影响，经营起伏很大，经济效益大幅度下滑的工业品批发企业，在确定基数时，要考虑市场形势和有利于其主渠道作用的发挥。新一轮承包基数原则上以1990年实际上缴数加以适当调整确定，超收部分上缴比例可适当提高。无论基数如何确定，批发企业都要进一步转变观念，锐意改革，调整和改革组织结构和企业内部经营机制，更好地发挥国营批发企业的优势。

承包形式和承包期限。承包形式应从实际出发，因地因行业制宜，按《承包条例》规定，每个企业选择一种承包形式。不能搞递增包干，同时又超收分成。承包期限要灵活确定，经营比较稳定的企业一般可同“八五”计划或经理任期目标责任制时间相一致。经营不稳定的企业，承包期限可短些，也可以用滚动办法承包。

3. 明确发包主体和指标体系。国发〔1990〕33号文件规定发包方仍应由各地政府指定。为强化商业主管部门对企业的监督和管理，可经当地政府指定由商业主管部门代表政府发包，也可由商业主管部门和财政或国有资产管理部门组成联合发包方。发包对象，在大中城市可直接发包到大型企业，对中小型企业一般发包到公司，再由公司对企业实行承包或其他形式的经营责任制。承包经营合同指标体系，应严格按照《承包条例》加以规范，合同指标不宜过多过细，有的指标可列入经理任期目标责任制或合同副本，进行检查、考核、奖惩，以利于加强对企业的管理。

4. 选好企业经营者。经营者的选择要按照“多数稳定，个别调整”和贯彻公开、民主、竞争、择优原则。

原经营者只要完成了承包合同，经审计认定无违法乱纪行为，领导班子比较团结，受到职工拥护的，可以继续承包；需要更换经营者的企业或经营者因故调动的，应首先在本企业、本系统内选调或公开招聘，同时要按《中华人民共和国人民所有制工业企业法》（以下简称《企业法》）和规定和干部管理权限程序办理。要坚持对经营者进行全面考核，除考核业务能力外，还要注意考察经营者的政治素质。

二、进一步完善小型商业企业改革

小型商业企业点多面广，不同地区、不同行业之间差异较大，在坚持开放搞活的原则下，各地可根据企业具体情况，从实际出发，因地制宜，采取宜租则租，宜包则包等多种灵活的改革形式。那些经过几年发展已超过小型企业规模的企业，可以实行大中型企业的改革办法。

要适当调整经营规模和结构。对一些核算单位过小，经营困难，缺乏竞争能力的企业，在统筹规划的基础上，可适当突破原有行业结构，实行群体租赁、以大带小、连锁店、批零结合、企业兼并、企业承包企业等办法，发挥适度规模经营的优势。要根据市场情况的变化，积极开拓新的经营领域，及时调整商品经营结构，扩大经营范围。

要在政策上继续给予扶持。小型商业企业在搞活流通，稳定市场，稳定物价，方便人民生活方面具有十分重要的作用，但他们绝大多数本小利微，近年来由于市场变化，处境更为艰难。各级商业主管部门要积极向当地政府和有关部门反映小型企业的困难并提出解决的意见，争取在政策上予以扶持和照顾。要进一步完善租赁制经营，从企业实际出发，合理确定租金，使小型企业在正常经营情况下有较稳定的收入。租赁企业新增资产的归属应执行国家国有资产管理局、财政部、商业部国资商字〔1989〕13号文件关于"租赁期间，出租方和承租方投资新增添的资产，原则上谁投资谁所有，个人投资部分在租赁期满后，可以折价卖给企业出租方或投资入股，也可以一次或分期抽回"的规定。对实行承包经营的小型企业，原则上应参照大中型企业承包有关规定，并结合小型企业的特点，由当地商业主管部门制定具体办法，不断予以完善。

三、搞好企业内部配套改革，强化约束机制

要认真贯彻《企业法》，继续坚持和完善经理（厂长）负责制，进一步理顺党政工作的关系，保证经理（厂长）依法正常行使职权。要充分发挥党组织的思想政治领导作用，搞好思想、组织、作风建设，保证、监督党和国家的方针、政策在企业的贯彻执行。要全心全意依靠工人阶级，确立职工在企业中的主人翁地位，发挥职代会的民主管理作用，建立和健全民主管理制度；要认真落实企业内部责任制。企业必须建立责、权、利相统一，职工劳动所得与劳动成果和贡献大小相联系的经营责任制，将强化企业管理的各项任务纳入企业内部经营责任制，把提高经济效益和提高服务质量的指标层层分解落实，严格考核；继续完善工资总额与经济效益挂钩办法，并与承包责任制相配套，相衔接；企业的留利要保证扩大企业经营、促进企业技术进步、补充流动资金等增强企业发展后劲的需要。各级商业主管部门可以按企业的不同情况和人均留利水平，采取不同档次具体核定每个企业生产发展基金比例。奖金提取比例要从严掌握，逐步提高生产发展基金比例。企业要制定中、长期发展规划，避免短期行为。

合理确定经营者的收入，根据《承包条例》和国发〔1990〕33号文件精神，实行承包和租赁经营的企业，经营者收入应严格按其经营成绩和贡献大小确定。经营者和职工的收入分配应适当拉开差距，但也不能悬殊过大。在治理整顿期间，经营者全年收入（包括各种津市、单项奖在内的所有收入），一般控制在不高于本企业职工全年平均收入一的至两倍的范围内，成效特别突出的少数企业，最多不得超过3倍。各地要制定分档次按比例分配办法。经营者和领导班子其他成员的收入分配方案，要经过职工代表大会审议通过，上级主管部门批准后执行。

四、强化企业管理，提高企业素质

各级商业主管部门和企业，要根据承包、租赁任务和企业的实际情况。从抓制度建设开始，下大力量健全和完善从定额管理、资金管理、成本管理、质量管理到经济核算的各项基础工作和规章制度。要认真贯彻国务院《关于开展"质量、品种效益年"活动的通知》精神，结合商业实际，积极推动规范化管理、全面质量管理，继续抓好企业升级工作，促进企业现代化管理，不断提高经济效益和社会效益。要注意研究和解决改革中出现的新情况、新问题，特别是对小型企业，各级商业主管部门要帮助建立健全必要的规章制度，制定管理办法，规范企业行为，要把培训工作纳入经理（厂长）任期目标责任制，有计划地对企业干部和职工进行培训，提高他们的政治、业务素质和经营管理水平，使承包、租赁经营责任制不断完善和发展。要继续探索已出台的其他改革形式，如进一步发展企业集团，按照"完善提高，发育成型"的要求，提高现有企业集团的素质，真正发挥企业集团应有的作用，要认真抓好一批跨地区、跨部门、跨所有制的企业集团的试点。对税利分流、股份制、企业兼并等，要有计划、有步骤地进行试点，总结经验，不断完善。

《中华人民共和国城镇集体所有制企业条例》商业企业实施细则

（1992年8月10日商业部发布）

第一章 总 则

第一条 根据《中华人民共和国城镇集体所有制企业条例》（以下简称《条例》），结合城镇集体所有制商业（以下简称集体商业）企业的具体情况，制定本细则。

第二条 本细则适用于城镇集体所有制商业（包括饮食业、服务业、修理业和具有集体商业性质的其他业）企业。

第三条 集体商业是社会主义公有制经济，它和国营商业共同构成商品流通的主体。按照国家有关方针、政策，要积极扶持，大力发展集体商业。

第四条 集体商业企业（以下简称企业）是财产属于本企业劳动群众共同所有，共同劳动，实行按劳分配为主，按股分红为辅的社会主义合作经济组织。

第五条 国家保护集体商业企业的财产和合法权益。禁止任何组织或个人以任何手段侵害企业的财产和合法权益。

第六条 企业是独立的商品生产者和经营者，要建立自我管理的体制。可以通过集体商业联合经济组织或集体商业企业联合会，实行自我管理，自我服务。

第七条 企业实行合股经营，具体办法另行制定。

第八条 企业的任务是：根据市场需要，在国家宏观指导下，从事合法的经营活动，不断提高经济效益和社会效益，为工农业生产和人民生活服务。

第二章 企业设立、变更和终止

第九条 企业的设立必须向当地商业主管部门提出申请，经审查批准，具备《条例》第十二条所规定的条件，按照《条例》第十四条的规定，取得法人资格，方可进行经营活动。

第十条 企业的合并、分立、终止等事宜，须经本企业职工（代表）大会讨论通过。报主管部门审核同意后，向当地工商行政管理部门办理有关变更登记。

第十一条 企业终止，按下列程序进行：

（一）企业法人代表向职工（代表）大会提出报告；

（二）经职工（代表）大会讨论通过，形成决议，报主管部门批准；

（三）企业对清算后的剩余财产享有处分的权利，按照职工（包括退休职工）股金与资产总额的比例、在本企业工龄的长短，一次性处理完毕，并办理公证手续。

（四）向工商、税务和银行办理注销原企业登记、纳税和开户事宜。

第三章 企业权利和义务

第十二条 企业对其财产享有占有、使用、收益、处分的权利；有权出租、有偿转让或购置、租赁固定资产，新建和改造经营网点和设施；有权拒绝、抵制任何形式的侵吞、平调、占有企业财产的行为；有权追回被侵吞、平调、占有的企业财产，直至诉诸法律。

第十三条 企业有权抵制各种摊派，直至诉诸法律。

第十四条 在城市建设中被拆迁的集体商业网点，坚持谁拆谁建、拆一还一的原则，就近复建。有条件的要先建后拆。新建网点超过应还面积部分，应优惠作价。因拆除网点造成停业或效益下降的，拆迁人应提供周转网点和此间所造成经济损失的补偿。任何单位或个人不得无偿拆除集体商业网点。

第十五条 企业享有经营、服务、生产自主权，根据社会需要和市场变化，自主确定经营、服务、生产项目和调整经营结构，选择商品购销渠道和经营方式。

第十六条 依照国家有关规定，企业可以自行确定商品销售价格和劳务价格。

第十七条 企业可以自行确定内部机构设置、人员配备和劳动组织形式，依照法规录用、辞退职工；有权抵制单位和个人随意向企业安排人员。

第十八条 企业有权确定适合本企业特点的经营责任制，自行确定分配办法和依照法规奖励、处罚本企业职工。

第十九条 按照国家有关规定，经批准，企业可以直接参与国际贸易和与外商签订经济合同，并按规定提取和使用留成外汇收入。

第二十条 企业有权享受国家规定的各种减、免税等优惠政策和享受劳动就业服务企业的优惠政策。

第二十一条 经营政策性亏损商品、微利小商品和人民生活日用必需品的企业，有权享受有关部门规定的优惠政策。

第二十二条 经批准，企业可在税前按营业额提取一定比例的网点建设基金、商品削价准备金和企业风险基金，专户储存，专款专用。

第二十三条 企业应遵守国家法律、法规和政策，接受国家计划指导，依法缴纳税金，依法履行经济合同。

第二十四条 企业应准确、及时地向统计和主管部门报送财务、经营情况等统计报表。

第二十五条 企业在经营活动中，要明码实价、买卖公平、文明经商，不得生产和销售假冒伪劣商品，切实保障和维护消费者利益。

第四章 企业职工和民主管理

第二十六条 凡本人提出申请，承认并遵守企业章程，被企业招收，按企业的规定缴纳股金，即可成为企业职工。

第二十七条 企业职工有权享受和承担《条例》第二十五条、第二十六条所规定的各项权利和义务。

第二十八条 职工违反企业规章制度，经教育没有悔改表现的，可以辞退；严重违反企业规章制度、影响极坏的，根据《企业职工奖惩条例》的规定，经职工（代表）大会讨论决定，可以除名或开除。

第二十九条 企业必须实行民主管理。按照《条例》第四章的规定，建立健全职工（代表）大会制度。职工（代表）大会是企业的权力机构，依法行使《条例》第二十八条所规定的各项职责。

第三十条 职工代表大会代表产生，应当以商品服务柜（班）组或商品、服务部（车间）为单位，由职工直接选举。

第三十一条 职工代表实行常任期，任期3至5年，可以连选连任，职工代表对选举单位职工负责。选举单位职工有权监督或者撤换本选举单位职工代表。职工代表行使民主权利，任何组织和个人不得干扰和阻挠。

第三十二条 经职工（代表）大会1/3以上人数的提议或经理（厂长，下同）的建议，职工（代表）大会可以提前或延期召开。

第三十三条 职工（代表）大会闭会期间，可以设立常设机构，负责处理日常工作。

第三十四条 企业经理由职工（代表）大会选举或聘请产生，执行职工（代表）大会的决议，并采取具体有效措施组织实施。职工（代表）大会应支持经理按《条例》第三十四条的规定行使职权。经理按企业章程的规定向职工（代表）大会定期报告工作，由职工（代表）大会进行审议。

经理对职工（代表）大会决议有不同意见时，有权向职工（代表）大会提出复议。职工（代表）大会经过复议，重新作出决议后，经理必须执行。

职工（代表）大会所作决议如有违反国家法律、法规、政策的，经理有权向职工（代表）大会提出复议，复议后仍有争议，应由企业主管部门根据国家法律、法规、政策裁决后执行。

第三十五条 企业实行经理负责制、任期目标责任制和任期审计制。经理每届3至5年，可以连选连任。经职工（代表）大会讨论通过，也可罢免或解聘。

第五章 企业经营管理和收益分配

第三十六条 企业要加强内部管理，实行各种形式的经营责任制。企业必须建立健全财务制度及内部管理的各项规章制度，接受审计监督。

第三十七条 企业应按《条例》规定，进行清产核资，明确产权归属。

第三十八条 国家扶持企业的减免税款，作为企业积累。

第三十九条 企业的收益分配，必须遵循兼顾国家、集体和个人三者利益的原则，税后的利润由企业自主分配。

第四十条 企业职工的劳动报酬，必须坚持按劳分配原则，分配形式和办法由企业自行确定。

第四十一条 职工股金，归职工个人所有。企业的股金分红同企业盈亏相结合。

第六章　企业与管理部门的关系

第四十二条　商业行业管理部门要把发展集体商业纳入商业行业的发展规划，统筹安排，依照法律、法规的规定，加强行业指导和管理，协调有关部门在集体商业发展中的关系。

第四十三条　企业主管部门要加强对企业的政策指导，监督、检查国家发展集体经济法规、政策执行情况，协调关系，帮助企业解决实际困难和问题。

第四十四条　商业行业管理部门和企业主管部门要尊重和保护企业的财产所有权、经营自主权和民主管理权，支持企业抵制各种平调和摊派。

第四十五条　企业要自觉地接受商业行业管理部门和企业主管部门的指导和管理。

第四十六条　任何部门、单位和个人不得改变企业的集体所有制性质，不得干预企业的经营和民主管理。

第七章　附　　则

第四十七条　本细则原则上适用于集体所有制商业工业企业。

第四十八条　本细则由商业部负责解释。

第四十九条　本细则自发布之日起实施。

全民所有制商业企业转换经营机制实施办法

（1992年11月6日商业部、国务院经贸办、国家体改委发布）

第一章 总 则

第一条 为了促进全民所有制商业企业（以下简称企业）转换经营机制，增强企业活力，提高企业经济效益，根据《全民所有制工业企业转换经营机制条例》（以下简称《条例》），制定本办法。

第二条 企业转换经营机制的目标是：使企业适应市场的要求，成为依法自主经营、自负盈亏、自我发展、自我约束的商品经营单位，成为独立享有民事权力和承担民事主务的企业法人。

第三条 各级商业主管部门要围绕企业转换经营机制，转变职能，改革管理企业的方式，培育和发展市场体系；积极争取有关部门的支持，搞好配套改革；根据各地具体情况和企业的不同类型作出规划，加强领导，通过试点，分类指导，逐步达到转换企业经营机制的目标。

第四条 企业中的一切组织和全体职工，都应当根据《企业法》规定的根本任务和必须遵循的原则开展工作。社会各有关方面都应当为转换企业经营机制创造条件。

第二章 企业经营权

第五条 企业按照国家规定的资产经营形式，可依法选择承包经营责任制、租赁制，报政策主管部门批准后实施。创造条件，试行股份制以及国家规定或者认可的其他资产经营形式。

第六条 企业享有经营决策权。

企业有权自主确定经营范围。除国家明令规定不允许经营的商品外，其他商品都可以经营。

企业有权自主选择经营方式，批发企业可以经营零售，零售企业也可以经营批发。根据自身的条件，企业还可以采取代购、代销、代储、代运、联购分销、分购联销等多种经营方式。

企业可以利用自有设施和场地，兴办专业或综合批发市场。

第七条 企业享有选择购销渠道的自主权。

企业按照经营需要，可不受地区、行业和部门的限制，自主选择购销渠道，签订购销合同，建立经济合理的购销网络。

除政府委托收购的指令性计划商品外，企业有权拒绝任何单位或者部门强令收购和销售商品以及为企业指定供货单位或者供货渠道。

企业有权拒绝未经省级人民政府批准设立的任何检查站（所、卡、岗）的检查和处罚。

第八条 企业享有商品、服务定价权。

企业经营的商品，除国务院物价部门和省级政府物价部门管理价格的个别商品外，由企业自主定价。对国家已放开的商品和饮食、服务等价格，各部门不得用毛利率、差率、限价等管理方式加以限制。法律对商品、服务定价另有规定的，从其规定。

第九条 企业享有进出口权。

企业可以在全国范围内自行选择外贸代理企业从事进出口业务，并有权参与同外商的谈判。

符合国家规定条件的企业，经批准可享有进出口经营权，在获得进出口配额、许可证等方面，享有与外贸企业同等的待遇。

符合国家规定的企业，经批准，可与外商合资或者合作经营零售商业。

经当地人民政府批准，企业可从事边境贸易。

企业根据国家规定，可以在境外承揽工程、进行技术合作或者提供其他劳务。

第十条　企业享有投资决策权。

企业按照国家法律和国务院有关规定，有权以留用资金、土地使用权、商业设施、实物或商品、技术、字号等向国内各地区、各行业的企业、事业单位投资，购买和持有其他企业股份。有条件的企业，可投资办招商商场。经批准，可以在特区办企业，享受特区政策待遇。可以与外商联合办项目，可以跨国界办实业。

企业在国家产业政策、城市发展规划和商业网点布局的指导下，用留用资金和自筹资金从事商业网点建设和开发，能自行解决建设和经营条件的，由企业自主决定立项，报政府主管部门备案，并接受监督。经有关部门依法办理手续后，企业自行决定开工。企业利用留用资金和借贷资金修缮改造、装修的商业网点，房地产部门不得擅自提高房租。

企业从事商业网点建设和开发，留用资金不足，按照国家规定的审批权限，报有关部门审批准后，可发行企业债券和使用境外贷款。

第十一条　企业享有留用资金支配权。

在确保国有资产保值、增殖的前提下，企业有权自主确定税后利润中各项基金的分配比例和用途，报主管部门和财政部门备案。企业用留利安排生产性建设项目或补充流动资金的，经税务部门批准，可退还企业再投资部分已缴纳所得税40%税款。

第十二条　企业享有资产处置权。

企业对一般固定资产，在按照国家有关规定进行评估的前提下，可以自主决定出租、抵押或者有偿转让，地处偏僻或微利、亏损的小企业，经批准，可进行拍卖；国家另有规定的除外。

企业处置固定资产所得收入，必须全部用于设备更新和网点改造。

第十三条　企业享有联营、兼并权。

企业可以跨地区、跨行业、跨所有制和其他企业进行联营，也可以入股、兼并、合并以衣发展各类商商、商贸、工商、农商、农工商企业集团、连锁店及其他组织形式。

第十四条　企业享有劳动用工权。

企业根据经营需要，按照面向社会、公开招收、全面考核、择优录用的原则，自主决定招工时间、条件、方式和数量。有些行业有城镇招工有困难，需要从农村招工的，按照企业所在地的省、自治区、直辖市人民政府规定执行。

除法律和国务院已有明令规定外，企业有权拒绝接收不需要的人员。

企业有权决定用工形式，可以实行合同管理或者全员劳动合同制。按照行业、工种、岗位的不同特点，订立固定期限、无固定期限、以完成某项任务为期限工劳动合同。企业技术骨干和熟练职工，可签订无固定期限的合同。实行全员劳动合同制的企业，原固定职工身份和待遇可作档案保留。

企业有权在做好定员、定额的基础上，对全体职工进行专业和工作业绩考核，实行合理劳动组合。考试合格者上岗，不合格者试岗，试岗期满仍不合格者转为内部待业。

企业有权按照法律、法规和企业规章，决定对职工辞退、除名和解除劳动合同。经职代会讨论通过，可决定开除职工。

第十五条　企业享有人事管理权。

企业可打破管理人员和职工的身份界限。根据实际需要，企业可设置和聘用在本企业内部有效的专业技术职务。经有关部门批准，企业可聘用境外有关技术管理人员。企业中层行政管理人员，由经理（主任）按照国家规定决定任免，副经理（副主任）级行政管理人员，由经理（主任）按照国家规定提请政府主管部门任免，或者经政府主管部门授权，由经理（主任）任免。法律另有规定的除外。

第十六条　企业享有工资奖金分配权。

企业的工资总额依照政府规定的工资总额与经济效益挂钩的办法确定。根据具体情况，可以实行工资总额同实现利税、销售额等项指标相联系的“工效挂钩”，也可实行提成工资制或者工资总额递增包干办法。企业在相应提取的工资总额内有权自主使用，自主分配工资和奖金。结合内部经营承包责任制，企业可以实行岗位工资制或者实行计件、提成等各种工资分配形式。通过对劳动贡献、劳动技能、劳动纪律、劳动态度、服务质量等项指标的考核，企业有权建立内部职工晋、降级制，自主安排晋降级条件和时间，有权使工资、奖金向责任重大，对经营和效益提高有较大作用的岗位倾斜，向一线工种和苦、脏、累岗位倾斜。企业业鼓励扩大销售，可设立推销商品奖励基金，用于奖励推销人员。

第十七条　企业享有内部机构设置权。

企业有权决定内部机构的设立、调整和撤销，决定企业的人员编制。任何部门和单位不能以任何借口强求企业设置对口机构，不能以机构不对口作为影响各种检查、评比、考核、达标的条件，也不得通过企业对口机构，干预企业经营。法律另有规定和国务院有特殊规定的，从其规定。

第十八条　企业享有拒绝摊派权。

企业有权拒绝任何部门和单位，以任何方式向企业摊派人力、物力、财力。任何单位和部门抽查商品，都必须按照法律规定办事，对超出规定范围所造成的经济损失，企业有权要求给予赔偿。

第三章 企业自负盈亏的责任

第十九条 企业必须建立分配约束机制和监督机制。

企业必须坚持工资总额增长幅度低于本企业经济效益（依据实现利税计算）增长幅度，职工实际平均工资增长幅度低于本企业劳动生产率（依据净产值计算）增长幅度的原则。企业职工的工资、奖金、津贴、补贴以及其他工资性收入，应当纳入工资总额。取消工资总额以外的一切单项奖。企业必须根据经济效益的增减决定职工收入增减。实行“工效挂钩”的企业经济效益增长时，企业工资总额可按规定比例上升；经济效益下降时，企业工资总额必须按照同样的挂钩比例下降。未实行“工效挂钩”的企业，应当在政府有关部门核定的工资总额内，确定企业职工工资、奖金的增减。

第二十条 企业经理（主任）的收入应当按照国家有关规定的办法确定，也可以实行“双挂钩”。一是与承包指标挂钩，即完成承包基数指标和经营目标指标，确定当年基本收入。超额完成承包各项指标，依据超额幅度和难易程度，分档计算奖励收入。二是与职工年人均实际收入挂钩，当职工收入未增长时，经理（主任）的承包奖励应部分暂缓兑现。当职工收入下降时，经理（主任）的收入也应当下浮。经理（主任）晋升工资应当报主管部门批准。

第二十一条 实行承包经营责任制的企业，未完成上交利润的，应当用风险抵押金、工资储备基金、留利补交。实行租赁制的企业，承租方的租赁期达不到租赁合同规定经营总目标或欠交租金时，应当以企业的风险保证金、预支生活费（或者承租成员的年收入）抵补，不足部分由承租人、担保人提供的担保财产抵补。

第二十二条 企业执行政府下达的指令性计划，要明确是否属于政策性亏损，应当事先明确抵补办法，签订协议。对政策性亏损，财政部门应当根据企业的实际亏损情况，给予相应的补偿。除国家下达的指令性计划外，有关部门强令企业收购和销售商品而出现的亏损，由决策部门给予相应的补偿。

第二十三条 企业由于经营管理不善造成经营性亏损的，经理（主任）、领导班子其他成员和职工应当根据责任大小，承担相应责任。

企业1年经营亏损的，应当适当核减企业工资总额，经理（主任）、领导班子其他成员和直接责任人员不得领取奖金。企业亏损严重的，还应当根据责任大小，相应降低经理（主任）、领导班子其他成员和职工的工资。

企业连续2年经营亏损，亏损额继续增加的，应当核减企业的工资总额，除企业不得发放奖金外，根据责任大小，适当降低经理（主任）、领导班子其他成员和职工的工资；对企业领导班子可以进行必要的调整；对企业主要领导可以免职或者降级、降职。

第二十四条 亏损企业的新任经理（主任），在规定期限内，实现扭亏增盈目标的，主管部门可分别情况对经理（主任）给予相应的奖励。奖金由决定奖励的部门拨付。

企业连续3年全面完成上交任务，并实现企业财产增殖的，政府主管部门可对经理（主任）及领导班子主要成员进行奖励。奖金由决定奖励的部门拨付。

第二十五条 对《条例》施行前企业长期积累的亏损，经清产核资后，按国务院有关规定另行处理。

第二十六条 企业必须严格执行国家财政、税收和国有资产管理的法律、法规和制度，要建立资产负债和损益考核制度，并进行审计。要定期进行商品盘点做到帐实相符。要经常分析商品库存结构、库存保值及商品适销情况，不得潜伏商品损失搞虚盈实亏。要建立利润审计制度，企业在兑现分配之前须对利润指标进行审计，对当年应提未提、应核未核、应处理未处理部分，一律抵减当年利润。

第四章 企业变更和终止

第二十七条 企业因经营不符合市场需要，造成商品积压严重，应当调整经营范围，改变经营方式。批发企业为改变经营不利局面，可以调整经营组织形式，开展多元化经营，多功能服务。企业为获取更大的经济利益，也可以主动进行经营结构的调整。

第二十八条 企业出现经营性亏损，可以自行申请停业整顿，主管部门也可以责令其停业整顿。整顿期间，主管部门可对企业领导班子进行调整。被整顿企业，要按照规定提出整顿方案，经主管部门批准后实施。

第二十九条 企业跨部门之间的合并，由企业提出方案，经主管部门同意后报政府批准。部门内的企业合并与分立，由企业或者主管部门提出方案，报政府批准。

第三十条 企业可以自主决定跨地区、跨行业、跨所有制兼并其他企业。企业被其他企业兼并的，需经主管部门批准。

第三十一条 企业经营性亏损扭亏无望的，要依法采用以留用资金、变卖抵押资产等方式清偿债务。不能清偿到期债务的、应当按照《中华人民共和国企业破产法（试行）》实行破产。

第五章　企业和主管部门的关系

第三十二条　各级商业主管部门为确保企业财产所有权，对企业行使下列职责：

（一）协同政府有关部门批准并考核企业资产保值、增殖指标，审查企业资产负债和损益情况。

（二）根据国务院有关规定，协同有关部门决定国家与企业的财产收益分配方式和比例或者定额。

（三）会同政府有关部门决定或者批准企业的资产经营形式和企业的设立、合并（不含兼并）、分立、终止、拍卖、批准企业提出的被兼并和破产申请。

（四）根据国务院的有关规定，会同政府有关部门审批企业资产的报损、冲减、核销和重要建筑物的抵押、有偿转让，组织清算和收缴被撤销、解散企业的财产。

（五）依照法定条件和程序，决定企业经理（主任）的任免（聘任、解聘）和奖惩。

（六）协同有关部门对企业财产的管理情况进行监督、检查。

（七）维护企业依法行使经营权，保障企业的经营活动不受干预。

第三十三条　商业主管部门应当转变职能，并会同政府有关部门加强行业管理。

（一）制定商业方针、政策，商业体制改革方案，商业法规和有关规章制度，并按照法定程序实施。

（二）制定商业发展战略、发展规划和规模布局。根据国家计划，组织实施必要的商品（粮食等）储备。

（三）协同有关部门利用利率、税率、汇率等经济杠杆，调控和引导企业行为。

（四）制订行业业务技术等级标准。

（五）协同有关部门进行商品、服务质量监督。

第三十四条　商业主管部门应当采取下列措施，为企业提供服务。

（一）发展商业教育和公共服务事业，为企业提供市场预测、会计审计、人才培训等咨询服务。

（二）积极支持企业参加社会养老保险、待业保险和医疗保险。在社会保障体系建立和完善以前，继续组织企业进行职工养老社会统筹。

（三）组织商业科学、技术的推广和应用，鉴定重大科技成果，组织国际经济、科技合作和交流。

第六章　附　　则

第三十五条　本办法适用于全民所有制商业（粮食）、饮食业、服务业、仓储业等行业的企业。

第三十六条　本办法公布之前商业部颁布的有关规章和行政性文件的内容，与本办法相抵触的，一律以本办法为准。

第三十七条　本办法由商业部负责解释，地方商业行政主管部门会同有关部门组织实施。

第三十八条　本办法未尽事项，均按照《全民所有制工业企业转换经营机制条例》执行。

第三十九条　本办法自发布之日起生效。

国务院关于加强农业社会化服务体系建设的通知

（1991年10月28日）

加强农业社会化服务体系建设，是深化农村改革，推动农村有计划商品经济发展的一项伟大事业，对于稳定和完善以家庭联产承包为主的责任制，健全双层经营体制，壮大集体经济，实现小康目标，促进农业现代化，具有极其重要而又深远的意义。全国各地对于发展农业社会化服务体系做了大量工作，取得了明显成效，积累了一定经验。现在的问题是，要认真总结经验，进一步明确发展方向和原则，采取切实有效的政策措施，使农业社会化服务体系更快更健康地发展起来，在农村经济中发挥更大的作用。现就加强农业社会化服务体系建设中的有关问题，通知如下：

一、明确农业社会化服务体系建设的方向和原则

农业社会化服务，是包括专业经济技术部门、乡村合作经济组织和社会其他方面为农、林、牧、副、渔各业发展所提供的服务。近几年来，农业社会化服务在全国范围内蓬勃兴起，对促进农村经济发展起到了重要作用。

农业社会化服务的形式，要以乡村集体或合作经济组织为基础，以专业经济技术部门为依托，以农民自办服务为补充，形成多经济成分、多渠道、多形式、多层次的服务体系。从现实情况看，大体包括五个主要方面：一是村级集体经济组织开展的以统一机耕、排灌、植保、收割、运输等为主要内容的服务；二是乡级农技站、农机站、水利（水保）站、林业站、畜牧兽医站、水产站、经营管理站和气象服务网等提供的以良种供应、技术推广、气象信息和科学管理为重点的服务；三是供销合作社和商业、物资、外贸、金融等部门开展的以供应生产生活资料，收购、加工、运销、出口产品，以及筹资、保险为重点的服务；四是科研、教育单位深入农村，开展技术咨询指导、人员培训、集团承包为重点的服务；五是农民专业技术协会、专业合作社和专业户开展的专项服务。这五个主要方面构成了当前农业社会化服务体系的雏形。对此，要肯定下来，坚持下去，不断完善发展。同时，鼓励各地方、各部门在实践中勇于探索和创造，努力建设一个适合不同地区生产力发展水平的、多样化的农业社会化服务体系。

农业社会化服务的内容，是为农民提供产前、产中和产后的全过程综合配套服务。各地涌现的贸工农一体化、产供销一条龙的系列化综合服务组织，很受农民欢迎，应鼓励发展。在具体发展步骤上，要从各地实际情况出发，选择农民最急需的服务项目入手，注重实效，积极创造条件，逐步地由单项服务向多项服务、系列服务乃至综合配套服务发展。提倡在县、乡政府统一领导和协调下，理顺部门关系，实行多部门服务功能配套，优势互补，在生产、加工、销售中形成合力，加快农村商品经济发展。

发展农业社会化服务的原则：（一）农民接受服务实行自愿的原则。服务组织要根据农民的需要开展服务，通过提高服务质量和服务效益吸引农民，不要代替农户做那些自己可以决策和自己干得了的事情，或者暂时不愿接受的事情。（二）服务体系的发展实行量力而行的原则。既要抓紧，又不要操之过急，不强求一律，要从不同地区的实际情况出发，因地制宜，积极稳步发展。（三）基本实行有偿服务的原则。服务实体要根据保本微利的要求，合理收取服务费用，不以盈利为目的。属于国家和集体经济组织对农民的扶持，以及协调组织方面的工作，实行无偿服务。

二、大力发展集体经济，不断壮大乡、村服务实力

壮大集体经济实力，是搞好乡、村服务的基础。凡是乡、村服务搞得好的，一般是集体经济实力比较强大的地方，乡镇企业比较发达的地方。要通过发展集体经济，强化农业服务，完善双层经营，进一步发挥家庭经

营的活力。集体经济发展了，不仅有了建设服务体系的力量，而且有利于巩固基层政权，减轻农民负担，增强集体经济组织的凝聚力。发展集体经济，主要是靠进一步发展乡镇企业，开发新的农业资源，开辟新的生产门路，扩大新的财源，以及按承包合同规定收取提留和承包金等办法，逐步增加集体积累，决不能采取“一平二调”的办法，违背农民意愿收回承包地的办法。

发展农业生产服务，是壮大集体经济的重要途径。凡是服务搞得好的地方，就可以使双层经营的功能得到充分发挥，集体经济力量不断壮大。在集体经济薄弱的地方，不能等到经济实力强大以后再去办服务，可以从主要做好组织协调工作和技术推广等服务项目开始，也可以从收益较高、有利于服务组织自我发展的产后运销抓起，通过发展服务壮大集体经济。

三、充分发挥专业经济技术部门的职能作用

有关专业经济技术部门以及与农业直接相关的企事业单位，都是农业社会化服务体系的依托力量，要调动他们开展农业化服务的积极性，切实发展他们的职能作用。

要加强乡级技术推广机构建设。为了鼓励大中专毕业生到农村第一线服务，决定把乡级技术推广机构定为国家在基层的事业单位，其编制员额和所需经费，由各省、自治区、直辖市根据需要和财力自行解决。对此，人事部会同农业部等有关部门要研究制订具体实施方案。要提高基层技术推广机构人员的素质，牢固树立为农民服务、为生产服务的观念，不断改进工作作风，提高服务质量，同时实行承包服务责任制，打破“大锅饭”。对有突出贡献的基层农业技术推广人员要进行表彰和奖励，优先考虑工资晋级。

农村供销合作社有数十年的经营历史，积累了丰富经验，增养了大批人才和具有相当的服务设施，有条件为农民提供综合服务。农村技术推广机构，拥有大批的技术人员和推广手段，农业技术教育日益发展壮大，是科教兴家的重要力量。要搞好农商结合，农科教结合，充分发挥各自的优势，为推进农业社会化服务共同努力，做出更大的贡献。

要允许农业、林业、水利等部门所属事业单位根据有关规定，兴办农业服务实体，国家原有的事业费保持不变。开展有偿服务增加的收入，主要用于改善工作条件，进一步发展农业社会化服务。

要鼓励科研、教育单位和科技人员到农村去，开展各种有效的农业技术服务。他们的智力投入应当同产生的经济效益挂钩，取得合理报酬。他们的职称评定和晋级要与实际贡献结合。

在国家政策允许的前提下，要鼓励农产品加工企业与原材料产地直接挂钩，与农房结成利益共同体，围绕拳头产品搞产供销一条龙服务。在企业与集体经济组织、农户之间通过合同方式，形成稳定的供求关系。工商行政策管理机关要加强对合同的监督和管理。

四、积极支持农民自办、联办服务组织

近年来，许多地方特别是在经济不发达的地区，大量涌现出由农户自办、联办的服务组织，以及各种专业技术协会、研究会等民办服务组织，在发展农业社会化服务中起着不可忽视的补充作用。各级政府对农民自办、联办服务组织要积极支持，保护他们的合法权益，同时要加强管理，引导他们健康发展。金融、科技、商业等部门，对户办、联户办、其他民办的服务实体，要在资金、技术、生产资料供应等方面给予支持。

五、建立服务体系建设的资金保证制度

农业社会化服务体系建设的资金，除了管好用好现有各个渠道资金以外，主要依靠集体经济组织和服务组织自身积累，国家在财政和信贷资金方面给予必要的扶持。

乡镇企业以工补农建农资金，在使用上要把支持乡、村集体服务体系建设作为一个重点。乡村集体服务组织除自身需要办成经济实体，开展有偿服务外，还可以按照国家产业政策的规定，兴办一些加工企业，解决服务资金不足问题。

各级财政要调整现有支农资金的使用结构，把支持服务体系建设作为一项重要任务。今后中央和地方财政都要在预算中适当增加服务体系建设资金，专项用于那些乡、村服务刚刚起步而经济又比较落后的地区。同时，在农业基本建设项目（特别是商品基地建设投资）、农业综合开发、扶贫开发等资金的使用上，也要增加服务体系建设的比重。

农村信贷要把服务体系建设作为投放的一个重点。随着服务体系发展，人民银行每年要适当增加新的农贷规模和资金，不断增强支持力量。对乡、村集体服务实体要方便开户和结算，对新办服务实体所需贷款的自有资金比重可适当降低，同时相应落实贷款安全保证措施。

六、在工商管理和税收方面实行扶持政策

工商行政管理机关对各类服务实体办理注册登记时，应给予支持和照顾。农业服务实体实行低偿服务，通常收入较低，自我积累能力较弱。因此，税务部门对经营有困难和新开办的服务实体，以及乡、村集体服务组织为解决经费开支、减轻农民负担而创办的企业，要在税收上给予优惠。

七、把支持技术服务和完善生产资料专营结合起来

中国农业生产资料公司和各级供销社的农资经营单位，是化肥、农药、农膜等农业生产资料专营的主渠道。为了支持基层技术推广机构实行“技物结合”，科学地用肥用药，更好地为生产服务，供销社农资部门要根据技术推广的需要，批发给一定份额的生产资料，具体品种、数量由供销社农资部门和技术推广机构双方商定。国发〔1989〕87号文件中关于“属中央和地方指令性计划以外的化肥、农药，在与农资部门计划衔接后，可与生产厂家直接订货”的规定，继续贯彻执行。技术推广机构销售的化肥、农药、农膜等，只用于接受技术服务的农户，零售价格执行统一规定的标准，并同基层供销社一样免征营业税。

八、加强农业社会化服务体系建设的领导和协调

各级政府要把农业社会化服务体系建设摆到农村工作的重要位置上，坚持不懈地抓下去。力争在“八五”期间，把以乡镇为重点的农业社会化服务体系，在全国农村多数地区逐步建立起来，开展有成效的生产服务。在大中城市效区和经济较发达地区，“八五”期间要以县为单位，在县、乡、村三级建立起服务功能比较齐备的农业社会化服务体系，逐步开展全程化、系列化服务，使受益农户基本普及。

省、市、县、乡政府都要建立农业社会化服务协调制度，确定一位负责同志主持协调工作，定期召开有关部门参加的联席会议，总结交流经验，及时解决问题，统一规划和指导，促进农业社会化服务的健康发展。

国务院关于进一步搞活农产品流通的通知

（1991年10月28日）

随着我国农村商品经济的发展，农产品流通对于保持农业生产稳定增长，增加农民收入，促进城乡市场繁荣和社会安定，具有越来越重要的作用。近年来，为搞活农产品流通，中央和地方在调整购销政策，建立储备制度，开办批发市场等方面，做了大量工作，并取得明显成效。但是，当前农产品流通滞后的问题仍然十分突出，很不适应农村商品生产发展的需要，亟待进一步采取措施加以解决。现就深化流通体制改革，进一步搞活农产品流通的有关问题，通知如下：

一、进一步完善农产品放管结合的购销政策

遵循计划经济与市场调节相结合的原则，国家对农产品流通问题，总的要求是：随着农村商品经济的发展，适当缩小指令性计划管理，完善指导性计划管理，更多地发挥市场机制的作用。

粮食，在保证完成国家定购任务的前提下，长年放开经营。取消"大米由粮食部门统一收购，其他部门、单位和个人不得经营"的规定。中央和地方实行专项储备粮制度，当市场价格下跌时，政府按保护价定额收购储备，保护生产者的利益；当市场价格过高时，政府按合理价格抛售一部分储备粮，以稳定市场，保护消费者的利益。国家专项储备粮的指标分配要适当集中，重点照顾商品率比较高的主产区和出售国家定购粮较多的农户。随着市场发育，专储粮要逐步过渡到通过市场吞吐，以保持粮食市场和价格的稳定。粮食压销继续由省、自治区、直辖市分散决策。

棉花，继续由供销合作社统一收购，统一经营。其中棉花良种繁殖区的棉花委托良棉厂收购。提倡销区到产区投资，联合开发宜棉荒地，生产的棉花五年内不纳入分配计划。

烟草，蚕茧，以及麝香、甘草、杜仲、厚朴四种中药材，继续由国家指定的部门统一经营。南方集体林区的木材（竹材、松脂）和天然橡胶、边销茶，仍按国务院现行规定办理。

食油（油料）、食糖（糖料）、生猪、绵羊毛、黄红麻等产品的购销实行指导性计划，通过规定指导性价格，建立和完善购销合同制，引导生产和流通。为了保证国计民生的需要，国营商业和供销合作社对油、糖、猪肉、绵羊毛、黄红麻，必须保持一定的合同收购量和国家储备量，以稳定市场。

有条件的地方，生猪可以完全放开经营，其决策权归省、自治区、直辖市政府。

其他农产品，各地根据不同情况，逐步实行市场调节，放开价格，多渠道、少环节自由购销，同时加强宏观指导和管理。

凡属放开经营的产品，未经国务院批准，不准纳入部门或地方的计划管理。

二、打破地区封锁，撤掉滥设的关卡，保证货畅其流

为了建立全国统一的农产品市场，保证农产品流通的正常秩序，国务院重申：严禁地区封锁，任何部门和地方不得干预流通部门执行国家计划和合法的经营活动；对放开经营的农产品外运，任何地区和部门都不得加以限制；各地在交通线上设置的检查站，必须持省、自治区、直辖市政府重新审查后颁发的许可证，无证的检查站一律撤除；坚决制止一切乱收费、乱罚款的非法行为。各省、自治区、直辖市政府要依上述精神发布通告，并监督执行，违者严肃处理。

三、继续发挥供销合作社和国营商业在农产品流通中的主渠道作用

供销合作社和国营商业是国家农产品流通计划的主要执行者，是稳定和繁荣城乡市场的主导力量。要继续深化改革，完善企业经营机制，增强企业自我发展的能力。要逐步实现政府调控职能与经营职能的分率，除政策性经营亏损由国家补贴外，均应实行自主经营、自负盈亏。

供销合作社是农民集体所有制的合作商业组织。凡是放开经营的产品和农民生产生活需要的商品，供销合作社都可以经营；其他部门专营的农产品，应委托基层供销社代购，不必另设收购网点。各级政府和有关部门要积极指导和扶持供销合作社的发展，切实解决供销合作社特别是基层社的困难。必须坚决制止一些地方政府平调供销合作社资金、物资，任意改变隶属关系和限制经营范围的错误做法，维护供销合作社的合法权益。

供销合作社和国营商业要适应农村商品经济发展的需要，积极与农民以及其他购销组织实行多种形式的联合与合作，更好地为农业生产和农民生活服务。

四、鼓励集体和个人进入流通领域，发展多渠道经营

近年来，农村集体经济组织和农民个人以多种方式组织起来进入流通领域，对于搞活农产品流通，促进农业生产发展，方便农民群众生活，发展农村第三产业等方面发挥了积极作用，各有关部门应给予热情支持，指导其合法经营。凡是放开经营的农产品，集体商业和个体工商户都可以经营，可以长途贩运，也可从事批发业务，其中粮、油等关系国计民生产品的批发经营必须经过批准。对申请从事农产品流通活动的集体和个人，要准予注册和领取营业执照。要允许它们在银行或信用合作社开户、结算，并建立风险保证金制度。对进城从事农产品流通活动的农民，有关部门要在经营场地等方面提供方便。要通过引导、服务、管理和健全有关法规，逐步提高多渠道流通的规范化和组织化程度。

五、积极发展产销一体化经营组织

目前我国农村已经出现一批贸工农一体化、产供销一条龙的经营组织，对于联结千家万户建立专业化商品生产基地，提高农产品生产组织化程度，减轻市场风险，发挥了重要作用。国营商业、外贸企业、供销合作社、农产品加工企业、农业（畜牧、水产）科技推广部门、乡镇企业等，凡有条件的都可以不受行政区划的限制，牵头或参与产销一体化经营活动。国家统一经营和国家定购部分以外的农产品，可以通过产销一体化经营组织，使产区直接与销区挂钩，以销定产，签订合同，建立长期稳定的供求关系，逐步形成合理的区域分工。各部门对其参与产销一体化经营组织的下属单位，应当鼓励支持，原有的资金，物资供给不变。

六、逐步建立和完善以批发市场为中心的农产品市场体系

建立农产品市场体系是我国流通体制改革的一个重要方面。要继续发展多种形式的农产品初级市场，同时有计划地建立若干主要农产品的批发市场，逐步形成以批发市场为中心的农产品市场体系。要采取措施积极引导农产品批发交易活动在市场内进行，逐步减少场外交易。粮食等重要农产品，要在现货交易的基础上，逐步向远期合同和期货贸易发展。农产品批发市场实行统一的交易规则，市场的管理者不得参予市场交易。工商行政管理机关要加强市场管理和合同管理。农产品批发市场的建设，在政府统一组织协调下，有关部门参加，制定批发市场发展规划，并纳入各地经济发展和城乡建设总体规划，作为公共事业来办。在统一规划下，鼓励多方兴建，多渠道筹资，调动各方面办批发市场的积极性。对按统一规划建设的农产品批发市场的固定资产投资，税收上要给予优惠。

七、加强农产品流通基础设施建设

目前，我国农产品收购、储藏、运输等基础设施，远远不能适应农村商品经济发展的需要，必须尽快解决。今后国家基本建设计划中，农产品流通设施建设的投资比例要有较大幅度的提高，各级计委都要作出相应安排。重要的农产品和农业生产资料的国家储备库、中转库的建设和公路建设，由国家和地方安排专项资金。大型农业开发项目和农业商品粮基地建设，要相应增加农产品流通设施建设的投资。为了支持供销合作社和经营农产品的国营商业尽快改变流通设施陈旧和不足的状况，对其投资新建和改建的流通设施，在贷款利率和税收方面给予优惠。鼓励集体和个人建设储藏设施，经营储藏业务。各部门的仓储设施要逐步向社会开放，实行栈租制，作为企业来经营，自负盈亏。合理调节粮食调出地区和调入地区之 间的利益。粮、油销区要严格按计划调入，分担产区储藏的困难，逾期不按计划数量调入的，要承担贷款利息和保管费；如产区待价而沽，不按时调出，应承担给对方造成的经济损失。铁路、公路运输企业，在农产品购销旺季，对农产品主产区和大型批发市场所需运力，要给予重点照顾，大力支持。

八、大力发展和合理调整农产品加工业

根据国家当前产业政策的要求，大力发展和合理调整农产品加工业，不仅有利于解决农产品的买难、卖难问题，而且可以为国内外市场提供多种多样的适销产品，为农产品商品生产的发展开辟更加广阔的前景。

要在统筹安排、全面规划的基础上，调整农产品加工业布局。积极扶持农产品主产区发展农产品初加工工业，逐步改变财政困难，以及农民收入不高，生产后劲不足的状况。银行要相应增加乡镇工业贷款规模。城市一般不再发展新的农产品初加工能力，对现有农产品加工企业，要加快技改步伐，提高产品质量和档次，增加花色品种，实现精加工、深加工，带动农村产品初加工工业的发展，逐步形成农产品加工业的合理分工。要防止一哄而起，避免重复建设。国家对需要重点支持的农产品加工继续实行优惠政策。同时严格控制棉花及其他原料供应不足、加工能力已经过剩的加工业。

九、切实安排好农产品收购资金

近几年、一些地方不断出现收购农产品“打白条”的现象，挫伤了农民的生产积极性。各地农产品收购所需要的资金，要由政府牵头，银行、财政、商业企业分头筹措，包干负责，按时到位。人民银行和有关专业银行要在贷款规模资金供应上保证粮、棉、油等主要农产品的收购，并把资金管好用活。对已转为国家储备的农产品所占用的临时贷款，要及时转为年度性贷款。要尽快解决在工商银行和农业银行两行开户、汇路不畅的问题。各级财政对粮食企业的各项拨款必须保证按时足额到位。要对粮食企业不合理的资金占用认真进行一次清理，对挤占挪用的收购资金要限期追回，并追究领导责任。

十、各级政府要像抓生产那样抓流通，加强宏观调控

农产品流通涉及部门多，政策性强，工作量大。各级政策都要切实加强领导，把搞活农产品流通当做一件大事来抓，要像重视农业生产那样重视农产品流通。今后各级政府都要建立协调制度，由政府主管负责人定期召集各有关部门协商，及时解决农产品流通方面的问题。要坚持和完善重要农产品储备调节制度。中央和地方要根据需要，研究确定关系国计民生的重要农产品的储备量，建立储备基金。除国家储备外，还要积极引导企业和农民采取多种办法，进行必要的储备，建立多级储备体制。对重要农产品，各地要逐步建立和完善风险基金制度，以保护生产者、消费者和经营者利益。

要搞好内外贸的协调与平衡。对主要供出口的农产品，外贸企业要提前同产区和农民签订合同，引导生产，对不执行合同所造成的损失，违约者必须承担经济责任。对主要面向国内市场的农产品，外贸企业要在稳定国内市场价格的情况下，随行就市收购出口。内外贸都不得抬价抢购，以保持市场和生产的稳定。

各地要在国家总体改革规划的指导下，根据实际情况，积极进行农产品流通体制改革的试验，不断深化改革。

农业部关于进一步加强科教兴农工作的决定

(1992年6月20日)

我国农业和农村经济已经进入一个新的发展时期，九十年代以至今后的农业发展必须转移到依靠科学技术进步和提高劳动者素质的轨道上来。没有科学技术的进步，就不可能有农业的进步；离开了科学技术的支持，农业就不可能得到持续、稳定的发展。加速科教兴农，已经成为各级农业部门（包括农业、畜牧、水产、农垦、农机和乡镇企业）的紧迫任务。为了进一步加强科教兴农工作，奠定我国农业持续、稳定增长的坚实基础，特作出如下决定：

一、把科教兴农真正摆在农业部门工作的主要位置，落实到各项具体工作之中

各级农业主管部门的主要领导要亲自抓科教兴农，切切实实将科技作为第一生产力来抓。在制定农业中长期发展规划、特别是年度计划中，都要首先考虑科技进步的因素，把经济发展计划与科技、教育计划紧密结合起来。在进行重要决策和重大工作部置过程中，要充分听取科研、教育、推广单位的意见，保证决策的科学化。在实施农业综合开发、商品基地建设、菜篮子工程等项目中，要根据国家计委关于“都要包括科技开发和推广应用等内容，把改善生产条件和科教兴农结合起来”的精神，充分依靠科技进步，与有关部门联系，制订出具体和科技推广和人才培训计划，安排一定的科技示范项目。并组织农业科研、教育、推广几方面的力量共同参与，明确任务、签订科技服务合同，并在资金安排上予以保证，提高投资效益。今后，各级农业部门在安排原种基地、质量监测中心、人才培训基地等建设项目时，要尽可能利用现有农业科研、教育单位的人才、技术和设施优势，以确保项目质量，避免重复建设。

二、加强农业科研工作，增强科教兴农的技术贮备

农业科研工作要继续贯彻面向经济建设的方针，更好地服从和服务于农村经济发展的总体要求。当前，我国农业的发展正处于向高产、优质、高效的方向转变的关键阶段。农业科研工作要进一步调整方向和结构，使之适应于农业发展新的需要。要统筹安排好应用基础研究、应用技术研究和开发研究三个层次。要全力抓好国家科技攻关计划和部重点科研计划的组织实施以及国家重点实验室、国家工程技术中心等项目的建设，确保各级科技计划指标的全面完成。各地也要根据农业生产的实际需要，组织科技攻关，通过各级科技计划的实施，为科教兴农源源不断提供新的科技成果。农业利教单位在制订科技计划、组织申报课题时，都要主动征求同级生产主管部门的意见。要重视生物技术等高新技术的研究与开发，并加快商品化、产业化的步伐。要进一步扩大开放，加强国际农业科技合作与交流，作好国外先进技术的引进、消化、吸收工作。

三、加强农业教育，为科教兴农提供人才保障

高等农业教育要围绕提高劳动者素质的总体要求，大力推广院校内部的综合改革。继续坚持多方式招生、多规格培养、多渠道就业的办学方向。在教学工作中，要加强实践环节、拓宽专业方向，更多地为基层培养留得住、受欢迎的农业专门人才。同时要重视高层次人才的培养，抓好学科专业学术带头人的培养工作，建设好重点学科和重点实验室。要适应农村产业结构调整和人才向下的需要，调整专业结构，因地制宜增设一批面向农村经济、乡镇企业和发展第三产业需要的新型学科专业。部属重点院校要以农为主，实行农理、农工、农文、农商、农林结合，因校因地制宜，综合发展，逐步办成综合性大学。

要加强职业技术教育，促进农业中专的改革、建设和发展，发挥农业中专承上启下的重要作用，为基层服务体系建设培养大批中等技术人才。继续办发好各级农业管理干部院校和农业广播电视学校。高中等农业院校和科研单位要加强对农业技术推广骨干的培训，县、乡技术推广机构要加强对农民技术员的培训和农民技术资格证书（绿色证书）的培训，不断提高农民的科学文化素质，增强其对先进技术的消化、应用能力。

四、加快落实国务院决定，加强基层农业技术推广体系建设

各类农业技术推广队伍是基层科技兴农的基本力量，各级农业部门要按照国家关于加强农业社会化服务体系建设的通知的有关规定，狠抓基层服务体系建设的落实工作。各地要加快完成定编工作，并做好聘用和录用工作。要把好进人关，争取多充实一些大中专毕业生，同时通过考核，从在岗的农技人员中择优录用。不另从社会招收，不配备非专业人员。要积极争取财政的支持，抓紧经费的落实。同时，要以改革的精神，大力发展多种形式的有偿服务，积极创办各类经济实体，办好实体促服务，搞好服务促发展。

五、多方筹集资金，切实增强科教兴农的投人

增加农业科教投入要走多渠道、多形式的路子。逐步建立起国家、集体、企业、个人和单位自筹的多元投资结构，努力提高科教投入的总体水平。

国家、地方各级财政作为主渠道，应根据财政部“财政将向科技倾斜”的政策，增加科技投资，各级农业主管部门要积极与有关部门联系，努力增加对科教兴农的投入。要进一步贯彻落实党中央、国务院关于增强农业科技教育投入和有关政策规定，各级农业科研、教育、推广的事业经费，要保证以高于财政收入增长的速度予以稳定增长。各级农业部门对科研教育单位的基建投资要继续予以重点支持，并逐步增加对仪器设施的投资。基层农业技术推广单位的建设，除了正常基建投资外，在商品基地建设、农业综合开发等项目资金安排上，给予一定比例的支持，加快推广体系建设。

除了争取国家和地方财政投入的增加外，要广开渠道，多方筹集科教兴农的资金。一是从国家和地方安排的大型农业开发建设项目资金中拿出一定比例，用于进行技术推广、技术培训；二是从乡镇企业补农建农资金中拿出一部分用于科教兴农；三是鼓励企业向科教单位投资，委托进行新技术、新产品的研制开发；四是鼓励农民进行科技投资；五是从主要农产品销售环节提取一定比例的技术改进费，目前已提取的要明确主要由农业部门安排，真正用于科教兴农；六是从科技、教育单位的开发创收中留出一部分继续用于科教事业；七是积极利用银行科技贷款。

六、进一步深化农业科技体制改革、积极稳妥地引导科教单位和人员合理分流，使其各尽所能，各得其所

今后，国家将按照平等竞争的原则，重点支持一批基础好、力量强的单位，加强应用基础研究和应用技术研究。其余大部分单位要面向市场需要，以开发研究为主，通过承担生产者或企业的委托任务和自主研究开发，在市场竞争中求效益、求发展。部属大院大所和省级农业科研单位要大力精简管理机构，充实科研、开发第一线力量。对一些不适应新形式需要的所、室、要大胆调整、合并。在单位内部，除了保证有一部分人去争取承担国家研究课题和有关部门、单位委托的研究任务，专心致志搞科研，并给予必要的条件和生活保障外，要分流出相当一部分人员充实开发队伍。加速各类成果的转化。

农业教育单位，特别是高等院校，要按照教学、科研、开发、推广四方面的功能，在搞好教学、科研的同时，重点充实科技开发工作，尽快分流出一部分人才，创办高新技术产业，推广农业科技成果。

农业科研教育单位要进一步深化内部机制的改革，加强内部管理，打破分配上的大锅饭和平均主义，充分调动科技人员面向经济建设的积极性，增强单位的实力与活力。

七、大力加强科技开发

科技开发是在加快科技成果转化，使科技变为现实第一生产力的同时，增强科技、教育单位自我发展能力的有效途径。各级农业科研、教育单位必须适应形势，解放思想，放开手脚，加快科技开发的步伐。

科技开发首先要立足于本单位的技术、人才优势，同时也要适应农村经济发展的需要，向产前、产后延伸，全方位、多层次地展开。要逐步将零星、分散的开发活动组织起来，组织精干的力量，选准见效快、社会效益好的项目，创办开发经营实体，形成自己的拳头产品，向技工贸一体化的方向发展，有条件的可面向国际国内两个市场，组建大型产业集团。各级农业主管部门要热情支持科技开发工作，从政策上、资金上帮助解决遇到的困难。农业部门要拿出一部分资金，作为科研教育单位科技开发的周转资金，并帮助疏通利用科技贷款的渠道。各级农业部门要进一步贯彻落实国务院关于科技兴农业的《决定》，允许科研教育单位依法经营自己培育、研制的良种、疫苗、农药、复配肥料、饲料、机具等物化科技成果，保护科研教育单位的合法权益。同时，要鼓励科研教育单位按照平等互利的原则，向生产经营部门转让技术成果，发展横向联合，使之相互促进，共同发展。

要采取优惠政策，调动科技人员从事开发的积极性，对在科技开发、成果推广中作出突出贡献的单位和个人要进行表彰和奖励。要不断总结推广评聘推广型教授、开发型研究员等职称评定的成功经验，对从事科技开发和技术推广人员，主要根据其实际贡献大小，评聘相应的技术职称。对在开发推广中作出突出贡献的科技人员还要政府特殊津贴的选拔范围，与研究人员一视同仁。要破除分配上的平均主义，允许并鼓励科技人员在科学技术的不同领域，通过自己的辛勤劳动而增加收入，富裕起来。

八、继续组织实施"丰收计划"等农业技术推广计划，加速成果大面积推广应用

由农业部、财政部共同组织实施的全国农牧渔业丰收计划，是科教兴农的一项重要措施，要进一步抓紧好。要继续以推广农作物、畜禽、水产新品种，栽培、耕作、饲养新技术，中低产田综合治理等先进实用技术为主要内容，并不断增加新的技术成果的推广。各地还要组织好地方的丰收计划以及其它技术推广计划，并使之与国家丰收计划衔接起来。在项目任务分解和具体实施过程中，要把科研、教育、推广三方面的力量结合起来，共同工作。

九、积极推进企业的科技进步

随着改革开放的不断深入和有计划的社会主义商品经济的发展，农业系统的各类企业，都要在激烈的市场竞争中，把生存、发展的立足点转移到依靠科技进步上来。各类农业企业都要贯彻中共中央关于搞活大中型企业的决定精神，建立技术开发的专门机构，多渠道筹措技术改造资金，用好新产品开发基金，加快新产品、新工艺的研究开发。同时，要促进企业与科研、教育单位的横向联合，利用科教单位的技术人才优势，不断引进新技术，增加新品种，提高产品质量，提高经济效益。

十、加强对科教兴农工作的领导，促进"三农"的紧密结合

各级农业主管部门，要充分发挥行政职能，责无旁贷地担负起领导、组织、协调科教兴农工作的责任。农业系统内部的科研、教育、推广单位，是科教兴农的三个方面军，都要从科教兴农的大局出发，统一思想，相互协作配合，共同为科教兴农作出贡献。要积极探索各种行之有效的三农结合形式，如组织科技协作攻关，共同参与基地建设和农业综合开发，联合进行技术开发等。各级农业主管部门要积极为三农结合创造条件，从资金上和政策上进行引导、支持，调动三个方面兴农的积极性，充分发挥农业系统的整体功能，共同开创科教兴农工作的新局面。

随着改革开放的深入及农业和农村的发展，各级农业主管部门和科研、教育、推广单位要不断研究新形势下的新需求，更新观念，解放思想，只要有利于发展社会主义生产力，有利于增强社会主义国家的综合国力，有利于提高人民的生活水平，都应大胆探索，勇于实践，并及时总结本单位和其它单位的成功经验，进一步深化改革，大力发展科技生产力，为农业和农村经济持续稳定发展作出贡献。

国务院批转国家体改委关于改革棉花流通体制意见的通知

（1992年9月22日）

国务院同意国家体改委《关于改革棉花流通体制的意见》，现转发给你们，请贯彻执行。

国家体改委关于改革棉花流通体制的意见

根据全国棉花工作会议精神和国务院领导同志的指示，经与有关部门共同研究，对棉花流通体制改革提出以下意见：

一、积极推进棉花流通体制改革。现行高度集中的棉花流通体制，对发展棉花生产、保护农民利益、保障各方面需要发挥了重要作用，但随着经济的发展和改革的深化，这种体制已经不能适应建立新的经济体制的要求。近两年我国棉花产量有较大幅度增长，出现了产需大体平衡，供略大于求的好形势，为推进棉花流通体制改革提供了有利条件。

棉花是关系国计民生的重要商品，是产棉区农民收入的主要来源和纺织工业的主要原料。棉花流通体制改革必须坚持积极稳妥的方针，要有利于稳定棉花生产和提高质量，有利于调整纺织工业结构，有利于促进纺织工业企业和棉花经营企业转换经营机制，有利于改善国家财政状况。改革的最终目标是：放开经营，放开市场，放开价格，逐步建立起在国家宏观调控下、以市场调节为主要手段、内外贸相互联结、高效畅通的棉花流通新体制。在实施步骤上采取“先行试点、逐步推进”的方法，争取在二三年内基本完成。一九九三年拟增加放开试点省，一九九四年根据试点情况和产需形势，能一次放开就一次放开，不能一次放开就再选择若干省扩大试点。一九九五年基本建立起棉花流通新体制。

二、一九九三年度棉花流通体制改革的主要任务是，在现行棉花购销政策不做大变动的情况下，积极完善的扩大棉花放开的试点；同时，在非试点省（区、市）也要划出一块搞市场调节，也可选择少数县（市）进行棉花放开试点；改革、完善对棉农的奖售办法；有计划地建立棉花交易市场；进一步完善棉花储备制度；为全面推进改革摸索经验，奠定基础。

三、建议在山东、河南两省初步试点的基础上，一九九三年度增加江苏省作为棉花放开试点省。试点省在以下几个方面可以有较大突破：

（一）改革现行合同定购办法，实行市场调节，由政府指定的经营企业根据国家指导计划，用经济办法同棉农签订合同。

（二）在试点省实行棉花供需直接见面。纺织工业企业和棉花经营企业，通过批发市场或其他形式签订经济合同进行棉花交易，逐步建立新的供需关系。

（三）棉花收购和供应价格，由国家定价改为由买卖双方协商议价。

（四）改革棉花由供销统一经营的办法，开放棉花市场，允许棉花上市交易。供销社棉花经营企业要转换经营机制，充分发挥优势，搞活经营；同时，允许省内具备条件并经过批准的其他企业经营棉花。

（五）将原有的棉花财政补贴改为价格调节基金，由地方政府掌握用以调控价格，扶植生产、稳定市场。

国家对试点省的财政补贴仍按国家合同定购任务完成情况核拨，其中国家调出棉花的补贴，一九九三年度仍按调出任务完成进度分期核拨。具体办法由国家物价局、财政部、商业部与试点省人民政府商定。

四、为了减少试点中体制运行的矛盾和摩擦，必须处理好试点省与其他省（区、市）之间的关系。试点省和非试点省（区、市）都不得直接到对方农村设点收购棉花，防止"棉花大战"发生。试点省承担的国家调出任务，省政府必须保证完成；调入省（区、市）政府，也要确保按计划完成调入任务。价格以当时国家确定的供应价为指导，由调出调入双方协商议定。试点省在棉花价格放开以后，必须制定最低保护价或在棉花播种前公布预期价格，以指导生产，保护棉农利益。试点省必须加强对棉花市场的宏观调控和管理，维护好市场秩序。

具体试点方案，由省人民政府组织制定，报国务院批准后实施。

五、非改革试点的产棉省（区、市）也要逐步推进棉花流通体制改革，在以县（市）为单位完成国家合同定购任务以后可以开放棉花市场，允许自由买卖。价格由买卖双方协商确定。

六、改革对棉农的奖售办法。各产棉省（区、市）一九九三年度对棉农的奖售政策保持不变，但奖售兑现形式可由实物改为返还平议差价，作为价外补贴，直接付给棉农。同时将奖售棉农的化肥、柴油由平价改为议价，实行保量不保价。具体实施办法由地方政府研究确定。

七、试办棉花交易市场，逐步建立和完善棉花市场体系。当前棉花市场建设的重点，是在试点省和产棉省（区、市）建立区域性棉花批发市场。这类批发市场要由省人民政府组织有关部门联合兴办，共同投资，共同管理，共同受益。具体管理形式由各地因地制宜确定。兴办棉花批发市场一定要搞好规划，尽可能利用现有设施，避免一哄而起和重复建设。市场建设要规范化，要遵循公开、公平、公正和管理者与经营者分开的原则，打破地区封锁和部门分割，实行平等竞争，防止垄断。棉花批发市场实行会员制，凡经批准的农、工、商企业均可申请成为会员进入批发市场。所有棉花批发市场都必须根据国家有关规定制订管理办法和交易规则，并报经省（区、市）人民政府批准实行。棉花国家批发市场的建立由国务院另行研究决定。

八、逐步建立健全国家和省（区、市）两级棉花储备制度。国家棉花储备规模由国家计划管理，所需储备资金由银行安排贷款，利息由中央财政垫付，费用仍按现行规定执行，即储备棉花的保管费用，由省（区、市）财政负担大部分，企业负担小部分。国家储备棉的调用权在国务院，不经批准，任何部门和地方不得擅自动用。地方棉花储备规模由地方确定，所需资金由地方安排解决，调用权归地方。储备棉主要用于国家和地方调节市场供求、平抑价格。棉花供大于求、市场价格低于最低保护价时，按最低保护价收购，增加储备。棉花紧缺、市场价格过高时，按最高限价卖出储备棉，抑制棉价上涨。储备棉的吞吐一般经过批发市场进行，收益分别由中央和地方政府掌握。棉花储备业务要与正常的棉花经营分开。

九、棉花质量关系产、供、需各方利益，在改革过程中，质量标准和检验、监督工作只能加强，不能削弱。对进入市场交易的棉花，各级纤维检验机构要加强质量监督，逐步推行公证检验制度。试点省要会同有关部门在这方面进行积极探索。

十、为了稳定全局，避免生产上出现大的波动，一九九三年度国家对棉花的财政补贴不变。国家仍按棉花合同定购任务完成情况核拨棉花收购加价款和奖售物资平议价差款，按调出省净调出数量核拨奖售粮价差款。财政补贴由商业部按收购进度陆续下拨，统一对财政部结算。各省对棉花的财政补贴要严格管理，严禁弄虚作假。

十一、棉花流通体制改革是一件大事，政策性强，涉及面广，各级人民政府要处理好改革与发展的关系，继续抓好棉花生产，切实加强对棉花流通体制改革的领导，充分准备，周密部署。有关部门要齐心协力，密切配合，有关省体改委要做好协调工作，保证棉花流通体制改革的顺利进行。

国务院关于加快粮食流通体制改革的通知

（1993 年 2 月 15 日）

近几年来，我国粮食流通体制改革迈出了很大步伐，取得了明显成效，促进了粮食生产持续发展，保证了城乡人民生活和国民经济发展的需要。按照党的十四大提出的建立社会主义市场经济体制的总目标，必须稳定增产粮食，促进高产优质高效农业的发展，加快全国粮食市场体系建设。粮食流通体制改革要把握有利时机，在国家宏观调控下放开价格，放开经营，增强粮食企业活力，减轻国家财政负担，进一步向粮食商品化、经营市场化方向推进。为此，特作如下通知。

一、积极稳步地放开粮食价格和经营

粮食价格改革是粮食流通体制改革的核心。目前我国粮食市场发育程度还比较低，地区之间经济发展水平很不平衡。因此，粮食价格改革既要积极又要稳妥，总的原则是：统一政策，分散决策，分类指导，逐步推进。争取在二三年内全部放开粮食价格。各省、自治区、直辖市人民政府在放开粮食价格和经营之前，应研究制定具体实施方案，并报国务院及其有关部门备案。

粮食价格放开，要兼顾生产者、经营者和消费者的利益，注意保护粮食生产，稳定粮食市场。为此，需要采取以下措施：（一）保留粮食定购数量，价格随行就市。（二）继续实行和改进粮食定购“三挂钩”政策，将化肥、柴油由实物奖售改为平议差价补贴，付给出售定购粮食的农民。（三）为防止“谷贱伤农”或粮价暴涨，保护生产者和消费者利益，各地在必要时应制定粮食收购的最低保护价或销售的最高限价，并相应承担财政责任。具体办法由国家物价局会同有关部门另行制定下达。（四）销售价格放开后，要继续保留城镇定量人口的粮食供应关系，对城镇定量人口是否给予补偿，由地方政府自行确定。切实做好受灾地区、贫困地区和水库移民的粮食供应。（五）要支持粮食主产区发展粮食生产，在政策上予以倾斜和扶持。（六）省间、地区间粮食贸易，要产销见面签定供销合同并严格履行，或通过批发市场交易。大中城市要切实加强粮食储存、调运和供应工作。

为了支持粮价改革，中央财政对各省、自治区、直辖市的粮食补贴保留三年，逐年减少。每年减少的财政补贴，转作中央粮食风险基金，不准挪作他用。各省、自治区、直辖市减少的财政补贴，也要转作地方粮食风险基金。具体办法由财政部会同有关部门制定下达。

暂缓放开粮价的地方，继续执行现行粮食购销政策和国家规定的中等标准品购销价格，品种等级差价、进销差率改由地方政府或物价部门商粮食主管部门确定。

全面放开食油购销价格和经营。从一九九三年度（系指粮食年度，下同）起，除军供用油外，取消国家食油收购计划和食油定量供应政策，取消食油指令性调拨计划，产销由各省、自治区、直辖市根据当地实际情况自行安排。

二、继续实行粮食包干办法

现行国家对各省、自治区、直辖市粮食购销调拨包干办法到一九九二年度末（一九九三年三月底）结束。为了支持粮价改革，保证粮食计划管理体制向社会主义市场经济体制的顺利过渡，原包干指标原则上不作变动，继续延长执行到一九九五年度，中央财政拨付的粮食加价款、差价款补贴，与粮食包干方案脱钩。各省、自治区、直辖市人民政府要切实加强粮食管理，搞好本地区粮食数量、品种平衡，确保城乡市场粮食供应。今后除中央认定的特大自然灾害外，国务院不再核批粮食指标。

军供粮油和大豆暂按现行办法供应，计划一年一定。各级政府和粮食企业要从全局出发，在品种、质量、数量上保证供应。

要切实加强国家粮油库存的管理，确保帐实相符，安全储存。一些行之有效的保管制度和办法要继续执行。国家专项储备粮、特种储备粮、国务院市场调节粮和国家储备食油，所有权属中央，未经国务院批准，任何地方和部门不准动用。为帮助地方尽快建立粮食储备，国家平价粮食周转库存下放地方管理，其中百分之六十转作地方储备，其余部分，地方可以周转使用。国家平价食油周转库存也要划一部分作地方储备。具体办法由商业部下达。

三、继续加强和完善国家对粮食的宏观调控

粮食是关系国计民生和社会安定的重要商品，在放开粮价、搞活经营的同时，必须进一步加强宏观调控，做到放得开，守得住。

(一) 以国家储备为中心，中央和省、自治区、直辖市两级为主的多层次粮食储备体系，是加强宏观调控的重要物质基础。国家粮食储备在坚持适度规模、总量平衡的前提下，要优化品种结构和储存布局，要通过储备粮的吞吐，平衡供求，稳定市场，并积极探索搞活国内外经营，串换品种，保量增值的途径。

要抓紧建立地方粮油储备，以确保本地区粮油市场的基本稳定。地方粮食储备资金和费用补贴参考国家储备粮的办法，由同级政府确定。积极推行农村集体储粮和农户储粮，防止灾荒。

(二) 加快以全国性大型批发市场为中心的三级粮油市场体系的建设。全国性大型粮食批发市场，在重点发展中远期合同交易的基础上，选择有条件的市场，研究探索分散价格风险的机制和办法，建立标准合约，逐步向期货贸易方向发展。区域性批发市场，要逐步办成该区域粮油流转中心和集散地。农村初级粮油市场，要以历史形成的集散地为中心，放手发展，做到产需直接见面，互通有无，批零兼营。要打破地区封锁和贸易壁垒，形成高效、畅通、灵活的全国粮油市场体系。

允许和支持多种经济成分、多流通渠道参与市场粮油经营。国有粮油企业要通过参与市场竞争，努力掌握粮食和食油的主要批发业务。符合条件的企业、单位、个人，经工商行政管理机关核准登记，领取营业执照后，可以从事粮食和食油批发、零售业务。坚决取缔无证经营。

(三) 加快粮食收储、加工、销售服务体系建设，提高粮食企业的组织化和技术设施现代化程度，充分发挥国有粮食企业的整体优势和主渠道作用。要大力推进企业组织结构的调整，以现有服务体系为依托，以大型企业为骨干，积极组建粮食企业集团，建立起设施先进、功能完善的粮食流通服务体系。

(四) 实行粮食进出口内外贸易结合，统一管理。国家对粮食的进出口实行总量控制。对小麦、大米、玉米、大豆等主要品种的进出口，根据国内余缺和国际市场情况，由国家粮食主管部门提出年度进出口总量计划，商经贸部后由国家计划部门综合平衡，报国务院批准实施。根据《中共中央、国务院关于加快发展第三产业的决定》(中发［1992］5号) 精神和国务院有关规定，对出口实行计划配额管理的大米、玉米、大豆，可实行内外贸联合经营；其他非计划配额管理的粮油品种，也鼓励内外贸联合经营；可赋予有条件的大中型国有粮油企业一定的进出口权。凡取得进出口经营权的粮油企业，要积极参与国际市场，执行国家有关政策和计划，接受价格指导，并在获得配额和许可证方面享有与外贸企业同等的待遇。

(五) 随着粮油价格和经营逐步放开，各级粮食行政管理部门要注意粮食总量和分品种、分地区综合平衡情况，努力使粮食的总供给与总需求大体适应。这是加强宏观指导的重要环节，绝不能放松。要制定年度粮油 (包括议价粮油) 购销指导性计划，指导粮油企业的经营活动。各级银行要合理安排国有粮食企业经营资金，建立良性的收购资金机制，以利于粮食生产、收购和市场的供应，具体办法由中国人民银行会同商业部等有关部门制定下达。

四、大力促进企业转换经营机制，进一步增强国有粮油企业的活力

转换企业经营机制，是粮食流通体制改革的中心环节。要继续推行和完善各种形式的经营承包责任制。大中型粮油企业要实行集体承包或全员承包，有条件的要积极进行股份制试点。小型企业可以灵活采用转、改、租等多种改革形式。企业内部要积极进行人事、用工、分配制度等方面的改革，克服平均主义、吃“大锅饭”等弊病，调动干部职工的积极性和主动性。承包过程中，要保障国家对企业财产的所有权，实现国有资产的保值和增值。基层粮管所 (站) 的隶属关系，仍由粮食部门统一管理。其资产属国家所有，禁止任何部门、单位平调和挪用。

在深化改革放开经营的过程中，各级政府和各有关部门要积极支持国有粮油企业转换经营机制，开展多种经营。(一) 对放开粮价的地区，原来地方财政对粮油企业的亏损补贴和有关专项补贴，原则上三年内不取消。(二) 价格放开后，粮食企业开展多种经营所需资金，各级银行要继续支持，并与收购资金贷款分户管理。要在试点的基础上，积极推行粮油企业“内部结算中心”，做好系统内部的资金结算工作。(三) 要多方筹集资金，加快国有粮油工商企业的技术改造和网点建设。除“八五”期间粮油加工企业继续享受国家有关减免税收等优惠政策外，各级政府可因地制宜地制定一些政策予以支持。(四) 放开价格和经营的地区，国有粮油商业企业过去享受的减免税办法，在“八五”期间要继续执行。国有粮食企业新开办的多种经营，在开办初期确有困难的，可按税收管理体制的规定申请减税、免税优惠。(五) 国家有关部门和各级人民政府对国有粮油企业现行的各项优惠政策不变。国有粮油企业要进一步加强企业管理,完善各项规章制度,堵塞各种漏洞,努力降低费用开支,挖掘潜力,扭亏增盈,提高经济效益。

五、绝不放松粮食工作

长期以来,国有粮食企业的广大干部职工在各级党委和人民政府的领导下,为安排好人民生活、保证国民经济发展做出了重大贡献。粮食是国民经济基础的基础,涉及面广,影响大。目前我国粮食总量并不宽裕,品种矛盾还相当突出。在粮食流通体制转换过程中,各级人民政府要切实加强领导,周密计划,精心组织,认真研究解决出现的问题。粮食服务体系不要打乱,粮食工作不能削弱。粮食行政管理机构要按照"小机构,大服务"的原则,精减人员,转变职能,把工作重点转向研究政策、制定规划、加强行业管理、搞好协调、监督和信息咨询服务。要抓紧粮食法规建设,使粮油经营逐步走上制度化、法制化的轨道。在多渠道、多种经济成分的竞争中,要加强和改进国有粮食企业的工作,继续保持和发挥主渠道作用。粮食行业的干部职工要继续发扬优良传统,积极发挥在调节市场、搞活流通等方面的主导作用。财政、银行、税务、工商、铁道、交通等有关部门要密切配合,积极给予帮助和支持,确保粮食流通体制改革的顺利进行。

国务院关于改进粮棉“三挂钩”兑现办法的通知

（1993年2月20日）

为了进一步落实扶持粮棉生产的优惠政策，促进粮棉生产的稳定发展，国务院决定从一九九三年粮食、棉花生产年度起，改进粮棉“三挂钩”兑现办法。现将具体办法通知如下：

一、国家用于扶持粮棉生产的化肥、柴油，由按平价供应实物，改为以货币方式，在收购价格之外将平议价差以加价形式付给农民。

价外加价的范围，按国家定购粮食的品种、数量和实际收购棉花的数量掌握。

价外加价的标准，按现行国家规定的挂钩化肥和柴油数量，以目前的平议价差为计算依据。全国的平均标准是：每五十公斤小麦、玉米各四元二角（中央财政负担二元八角五分，地方财政负担一元三角五分）；每五十公斤大米五元二角（中央财政负担三元一角七分五厘，地方财政负担二元零二分五厘）；每五十公斤大豆五元五角（中央财政负担三元四角七分五厘，地方财政负担二元零二分五厘）；每五十公斤棉花十二元（中央财政负担）。地方根据财力可以适当提高加价标准，所增加的费用由地方财政负担。

粮食预购定金继续由粮食部门在与农民签订粮食收购合同时，按收购价的20％预付给农民。

二、改变粮棉“三挂钩”兑现办法后，原来中央按平价拨给各省、自治区、直辖市的粮棉挂钩化肥和柴油，数量继续保留，价格放开。中央财政用于以货币方式兑现“三挂钩”物资的资金，按原定购粮食、棉花的数量和标准由财政部拨给商业部，由商业部在收购前下拨到粮棉收购部门，连同地方财政加价部分在收购时如数兑现给农民。

“三挂钩”新的兑现办法各地都应认真执行。有特殊情况，确需继续兑现实物的，须报国务院批准。

三、按照规定，“三挂钩”物资由地方负担的部分，以及地方原来在国家规定之外增加的“三挂钩”化肥、柴油，也应改以货币方式付给农民，其平议价差继续由地方财政负担。各地必须积极筹措资金，保证及时拨付给收购部门，如数向农民兑现，不得以任何理由和方式截留。

各地人民政府要组织物价、财政、粮食、供销、农业等有关部门，抓紧研究制定改进“三挂钩”兑现方式的具体办法，并组织物价、工商行政管理、监察、审计等部门，监督检查改进“三挂钩”办法的落实情况，保证价外加价款在收购粮棉时如数付给农民。

国务院关于建立粮食收购保护价格制度的通知

（1993年2月20日）

为了保护农民种粮的积极性，促进粮食生产的稳定增长，国务院决定建立粮食收购保护价格制度。现将有关问题通知如下：

一、制定粮食收购保护价格的原则。粮食收购保护价格的制定要以补偿生产成本并有适当利润，有利于优化品种结构，并考虑国家财政承受能力为原则。随着国家财力的增强，要逐步提高保护价格水平，在条件具备时向支持性价格过渡。

二、执行粮食收购保护价格的范围。为了既保护农民利益，又不过多增加财政负担，保护价的实施范围限于原国家定购和专项储备的粮食。各地根据当地实际情况，可在此基础上适当增加执行保护价的粮食品种和数量，但不得调减。

三、制定粮食收购保护价格的权限和程序。粮食收购保护价格由国务院和省、自治区、直辖市人民政府制定。全国主要粮食品种的收购保护价格的基准价，由国务院制定下达。各省、自治区、直辖市人民政府根据当地情况，按不低于但可高于中央下达的基准价格水平，制定本地区的收购保护价格，向农民公布，并按保护价收购。

四、粮食收购保护价格的品种及标准。对粮食的主要品种实行收购保护价格制度，除早籼稻外，其他粮食品种的保护价格，按不低于国家合同定购价格制定。列入一九九三年粮食年度收购保护价格的品种及标准：每五十公斤北方冬小麦（中等质量标准，下同）三十二元五角，南方冬小麦三十一元，关内玉米二十一元，关外玉米二十元，大豆四十五元，早籼稻二十一元，中籼稻二十六元，晚籼稻二十八元，北方粳稻三十五元，南方粳稻三十一元五角。等级差价率按原规定执行。

五、建立粮食风险基金制度。为了保证落实粮食收购保护价格制度，国务院决定建立中央和省（区、市）两级粮食风险基金制度。在粮食市价低于保护价时，按保护价收购；在粮食市价上涨过多时，按较低价格出售。上述价差由风险基金补偿。风险基金的筹集、使用办法，由财政部会同国家计委、国家物价局等有关部门提出方案，报国务院批准后实施。

六、要切实执行粮食收购保护价格制度。未放开粮食收购价的地方，对原定购粮食要执行国家定价；对专项储备的粮食要执行国家规定的专储价格。已经宣布放开粮食收购价格、取消定购任务的地方，要采取经济合同的办法，按原定购粮食数量与农民签订购粮合同，这部分粮食在市价低于保护价时按保护价格收购。各级人民政府要组织有关部门认真落实粮食收购保护价格制度，严格按规定执行。物价、审计、工商行政管理等有关部门要加强对落实情况的监督检查，保证这项重大措施落在实处。

农业部关于大力发展乡镇企业第三产业的意见

（1993年2月25日）

改革开放以来，我国乡镇企业第三产业有较大发展。到1991年底，全国乡镇企业第三产业总收入达到2360亿元，拥有职工2168万人，分别占全国乡镇企业总收入和职工总数22.2%和22.6%，第三产业已成为乡镇企业和农村经济的一个重要产业。但是从总体上看，乡镇企业第三产业的发展还远远不能适应国民经济和社会发展需要。主要表现在：与乡镇工业相比，发展滞后，总量少，比重小；内部结构层次低，发展基本上局限于传统行业，一些急需发展的新兴行业相当薄弱；组织程度和服务水平较低。为了贯彻党的十四大精神和中共中央、国务院《关于加快发展第三产业的决定》，加快乡镇企业第三产业的发展，提出以下意见：

一、充分认识发展乡镇企业第三产业的战略意义

乡镇企业第三产业的发展关系到国民经济发展和社会进步。大力发展乡镇企业第三产业，是建立社会主义市场经济体制，推动农村商品经济向更大范围和更高层次发展，调整优化农村产业结构，加快转移农村剩余劳动力，缩小城乡差别，实现小康目标的一项战略措施。为此，必须进一步解放思想，更新观念，树立第三产业是创造价值的生产性劳动的科学观点，深刻认识第一、二、三产业协调发展，互相促进的经济规律，象重视抓乡镇工业那样，重视抓好乡镇企业第三产业。当前，我国改革开放和社会主义现代化建设正处在一个新的历史时期，发展乡镇企业第三产业的各方面条件十分有利，我们一定要抓住有利时机，加快改革开放步伐，努力推进乡镇企业第三产业的大发展。

二、明确乡镇企业第三产业发展的目标和重点

九十年代乡镇企业第三产业发展的主要任务是：坚持为工农业生产服务，为城乡人民生活服务，为改革开放服务，为发展社会主义市场经济服务，促使乡镇企业和国民经济上新台阶。

九十年代，乡镇企业第三产业的发展速度要快于乡镇工业，乡镇企业中第三产业所占的比重要有较大提高。总目标是：第一步，到1995年，全国乡镇企业第三产业总收入占全国乡镇企业总收入的27%，从业人员占全国乡镇企业职工总数的28%，分别比1990年提高3.2个百分点和5.2个百分点。第二步，到2000年，乡镇企业第三产业总收入占全国乡镇企业总收入的35%以上，从业人员占全国乡镇企业职工总数的40%左右，分别比1990年提高11个百分点以上和17个百分点左右。

乡镇企业第三产业主要包括商品流通业、交通运输业和邮电通信业、饮食服务业、金融保险业、房地产业、旅游业、科技服务业、劳动就业服务业、信息咨询和广告业、文化体育事业及其他诸多行业。乡镇企业第三产业的发展要适应改革开放和社会经济发展的要求，不断拓宽领域，社会需要什么就发展什么，能够兴办什么就兴办什么，同时注重发挥自身优势，抓住社会急需的环节，有重点地加快发展。发展的重点，一是投资少，收效快，就业容量大，适合农民群众兴办的行业；二是与城乡经济和社会发展以及人民生活密切相关的行业；三是为农村第一、二产业提供产前、产中、产后服务的行业；四是促进商品流通繁荣市场的行业；五是为提高农民素质和生活质量服务的行业。"八五"期间，乡镇企业在商业、运输业、饮食和服务业等传统行业上要有一个大的发展和新的提高，在旅游业、房地产业、金融业、咨询信息业和科技服务业等新兴行业力争取得突破性发展。

各地发展乡镇企业第三产业的潜力都很大，但条件不尽相同，应根据本地实际情况合理确定发展目标和重点。经济比较发达的地区，要实现第三产业增长速度高于第二产业；经济欠发达的地区，第三产业要与第

二产业同步加速发展，力争超过第二产业增长速度；经济不发达的地区，应通过大力发展第三产业促进第一、二产业的加快发展。

三、落实政策措施，推进乡镇企业第三产业的发展

加快发展乡镇企业第三产业，必须坚定不移地贯彻执行党的十四大精神和党中央、国务院制定的有关发展乡镇企业的一系列方针政策，并进一步采取切实有效的政策措施。

（一）放手发展乡镇企业第三产业。坚持乡村集体、联户、私营、个体企业一起上，充分发挥乡镇企业中各种经济成份的积极性和优势。除国家法律、法规明令禁止的都应当允许乡镇企业兴办，实行谁投资，谁所有，谁受益。积极支持集体企业兴办有利于发挥集体经济优势的行业和项目，向经营的高层次、规模化、集约化发展。鼓励和引导私营和个体企业兴办那些投资少、收效快、流动性大和适合个人分散经营的行业。要简化开业审批手续，除国家有专门规定外，兴办乡镇企业第三产业一律不需要经过行业部门批准。集体企业的职工工资与经济效益，服务质量挂钩浮动，按实际支付的工资计入成本。认真落实国家有关放开第三产业价格和收费标准的政策规定。

（二）允许乡镇企业进城兴办第三产业。只要是符合城镇规划和城镇管理规定的，都应当允许乡镇企业采取独资、合资、联营、租赁、承包经营等形式进城设点开店，开展服务业务。积极引导乡镇企业第三产业向小城镇、乡镇相对集中，形成合理布局，促进农村小城镇的发展。要与计划、公安、工商、税务等有关部门加强协调，取消不合理的限制，进一步放宽政策，“打开城门”，为乡镇企业进城兴办第三产业创造条件。

（三）鼓励乡镇工业和建筑企业发展第三产业。乡镇工业企业和建筑企业可采取独资、合资、联营、入股、租赁等方式兴办各种第三产业经济实体，可以发展与本企业生产经营相关的行业，也可以发展其他行业。允许工业企业和建筑企业以本企业资产作担保筹措发展第三产业的贷款资金。应积极创造条件使企业内部的招待所、餐厅、车队等生产、生活服务设施向社会开放。积极引导缺乏竞争能力，没有发展前途的工业企业和建筑企业转办第三产业，同时鼓励第三产业企业兼并关停并转的工业企业和建筑企业，在资产转让、债务清理、信贷和税收方面请有关部门给予优惠和支持。工业企业和建筑企业转化为第三产业企业，经办理相应的变更手续后，应按新开办的企业对待，给予政策扶持。

（四）扩大对外开放，积极利用外资。积极在乡镇企业第三产业中发展中外合资、合作经营，利用海外资金、技术和经营渠道，大力发展高新技术开发、科技服务等项目，发展旅游业、饮食业、仓储业、房地产业、交通运输业、各类服务业等行业，经批准，允许试办中外合资的零售商业、物资供销企业、会计事务所、金融机构。对外开放的边境地区，应本着大胆探索的精神，允许有条件的乡镇企业与外商合资、合作或独立开展境外旅游、跨境客货运输等业务。鼓励乡镇企业与有进出口权的国有大中型商业、物资企业组建企业集团，开展国际化经营。应允许有条件的乡镇企业主管部门批准获得直接对外经营权。积极创造条件向境外发展，兴办境外合资或境外独资第三产业企业。

（五）多渠道、多形式增加投入。鼓励集体、私营企业和个体以资金、房产、设备、技术、信息、劳务等形式投入发展乡镇企业第三产业。农村集体经济经批准后可以用集体所有的土地发展第三产业，或作价入股兴办中外合资及内联第三产业企业。鼓励农民群众和企业采取集资、合资、股份合作等多种方式筹集资金，经批准可以发行股票、债券。各级政府应对发展乡镇企业第三产业给予必要的资金支持。在各地乡镇企业周转资金和发展资金中，每年应安排一定的比例用于支持发展乡镇企业第三产业。对新开办的企业、促进科技进步的行业以及经济效益低而社会效益高的行业，应征得税务部门同意，根据情况给予减免税收的扶持。农业银行和农村信用社应增加乡镇企业第三产业贷款规模，对效益好，有偿还能力的项目给予信贷支持。各地应广开资金渠道，建立乡镇企业第三产业发展基金。

（六）加强人才引进和培养。发展第三产业，必须加快解决乡镇企业第三产业人才匮乏的问题。要进一步拓宽渠道，采取更为灵活的方式和优惠的政策，大力吸引社会各方面人才向乡镇企业第三产业流动。要积极与教育部门和大中专院校、职业学校联系挂钩，定向为乡镇企业第三产业培养所需人才。各级乡镇企业教育培训机构，在制定培训计划、确定招生对象、安排教学内容等方面，应考虑第三产业发展的需要，相应增加第三产业的比重，各级乡镇企业主管部门要根据第三产业不同行业的特点，组织开展各种类型的培训活动，普遍提高管理人员和职工队伍的业务素质。乡镇企业第三产业的科技和管理人员的职称评定应与工业企业同等对待，各类技工的等级考核评定，可参照有关标准由省（区、市）乡镇企业主管部门统一组织进行。

（七）深化企业改革。要适应建立完善社会主义市场经济体制的要求，不断完善和优化企业经营机制，使企业真正成为自主经营、自负盈亏、自我约束、自我发展的经济实体。继续坚持和完善承包经营责任制。乡村集体兴办的旅游公司、房地产开发公司、金融机构、劳动就业服务机构、储运公司、批发交易市场以及其他有一定规模的企业应坚持集体承包经营为主，实行经理负责制；小型、微型和亏损企业可以实行个人或合伙承包，也可以向个人出租或出售。积极推行股份合作制和股份制。按照社会化大市场、大流通大服务的要求，积极推进各种形式的横向联合，发展集团化经营。

（八）强化乡镇企业主管部门的管理职能。乡镇企业第三产业是乡镇企业的有机组成部分，应与乡镇企业第一二产业统筹规划，加强管理。各级人民政府乡镇企业行政主管部门是乡镇企业第三产业的主管部门，要切实履行《中华人民共和国乡村集体所有制企业条例》所赋予的“指导、管理、监督、协调、服务”职能，在当地党委、政府的领导下，组织制定和实施乡镇企业第三产业发展规划，会同有关部门研究制定扶持、引导乡镇企业第三产业的政策措施；参照有关规定制定乡镇企业第三产业的管理办法和行业标准，监督检查企业执行国家法律、法规和政策；指导企业完善经营机制，加强企业管理；在项目论证、资金筹措、人才培训、技术进步、经营管理、市场信息等方面加强服务，努力为乡镇企业第三产业的发展创造有利条件。各级乡镇企业主管部门要把乡镇企业第三产业工作列入重要工作议程，根据工作需要建立管理机构，健全管理体系，以适应乡镇企业第三产业的大发展。

国务院关于《中华人民共和国进出口商品检验法实施条例》的批复

（1992年10月7日）

国家商检局：

《中华人民共和国进出口商品检验法实施条例》已经国务院批准，由你局发布施行。

中华人民共和国进出口商品检验法实施条例

第一章　总　　则

第一条　根据《中华人民共和国进出口商品检验法》（以下简称《商检法》）的规定，制定本条例。

第二条　中华人民共和国国家进出口商品检验局（以下简称国家商检局）主管全国进出口商品检验工作。

第三条　国家商检局在省、自治区、直辖市以及进出口商品的口岸、集散地设立的进出口商品检验局及其分支机构（以下简称商检机构），管理所负责地区的进出口商品检验工作。商检机构的职责是：对进出口商品实施检验，办理进出口商品鉴定，对进出口商品的质量和检验工作实施监督管理。

第四条　国家商检局根据对外贸易发展的需要，对涉及社会公共利益的进出口商品，制定、调整并公布《商检机构实施检验的进出口商品种类表》（以下简称《种类表》）。

第五条　商检机构和国家商检局、商检机构指定的检验机构对进出口商品实施法定检验的范围包括：

（一）对列入《种类表》的进出口商品的检验；

（二）对出口食品的卫生检验；

（三）对出口危险货物包装容器的性能鉴定和使用鉴定；

（四）对装运出口易腐烂变质食品、冷冻品的船舱、集装箱等运载工具的适载检验；

（五）对有关国际条约规定须经商检机构检验的进出口商品的检验；

（六）对其他法律、行政法规规定须经商检机构检验的进出口商品的检验。

第六条　依照有关法律、行政法规的规定，进出口药品的卫生质量检验、计量器具的量值检定、锅炉压力容器的安全监督检验、船舶（包括海上平台、主要船用设备及材料）和集装箱的规范检验、飞机（包括飞机发动机、机载设备）的适航检验以及核承压设备的安全检验等项目，由其他检验机构实施检验。

第七条　商检机构对法定检验以外的进出口商品，可以抽查检验并实施监督管理。

法定检验以外的进出口商品，对外贸易合同约定或者进出口商品的收货人、发货人申请商检机构签发检验证书的，由商检机构实施检验。

第八条　进出口的样品、礼品、非销售展品和其他非贸易性物品，可以免予检验。但是，国家另有规定或者对外贸易合同另有约定的除外。

列入《种类表》的进出口商品，经商检机构检验，质量长期稳定的或者经国家商检局认可的外国有关组织实施质量认证的，由进出口商品的收货人、发货人或者生产企业申请，经国家商检局审查批准，商检机构免予检验。

免验的具体办法由国家商检局制定。

第九条　商检机构对进出口商品实施检验的内容，包括商品的质量、规格、数量、重量、包装以及是否符合安全、卫生要求。

第十条　商检机构按照下列标准对进出口商品实施检验：

（一）法律、行政法规规定有强制性标准或者其他必须执行的检验标准的，按照法律、行政法规规定的检验标准检验；

（二）法律、行政法规未规定有强制性标准或者其他必须执行的检验标准的，按照对外贸易合同约定的检验标准检验；凭样成交的，并应当按照样品检验；

（三）法律、行政法规规定的强制性标准或者其他必须执行的检验标准，低于对外贸易合同约定的检验标准的，按照对外贸易合同约定的检验标准检验；凭样成交的，并应当按照样品检验；

（四）法律、行政法规未规定有强制性标准或者其他必须执行的检验标准，对外贸易合同又未约定检验标准或者约定检验标准不明确的，按照生产国标准、有关国际标准或者国家商检局指定的标准检验。

第十一条　国家商检局根据对外贸易和检验工作的实际需要，可以制定进出口商品检验方法行业标准。

第十二条　商检机构的检验人员须经考核合格，并取得证件后，方可执行检验任务。

商检机构的检验人员依法执行职务，不受非法干预和阻挠。

第二章　进口商品的检验

第十三条　法定检验的进口商品到货后，收货人必须向卸货口岸或者到达站的商检机构办理登记。商检机构在报关单上加盖“已接受登记”的印章，海关凭报关单上加盖的印章验放。

第十四条　对外贸易合同或者运输合同约定进口商品检验地点的，在约定的地点进行检验；未约定检验地点的，在卸货口岸、到达站或者商检机构指定的地点进行检验。

大宗散装商品、易腐烂变质商品，以及卸货时发现残损或者数量、重量短缺的商品，必须在卸货口岸或者到达站进行检验。

需要结合安装调试进行检验的成套设备、机电仪产品，以及在口岸开件检验后难以恢复包装的商品，可以在收货人所在地进行检验。

第十五条　法定检验的进口商品办理登记后，收货人必须在规定的检验地点和期限内，持合同、发票、装箱单、提单等必要的证单，向商检机构报验，由商检机构实施或者组织实施检验；未报经检验的，不准销售，不准使用。

法定检验以外的进口商品，对外贸易合同约定由商检机构检验的，依照前款规定办理报验、检验事项。

第十六条　商检机构对已报验的进口商品，应当在索赔期限内检验完毕，检验合格的，出具检验情况通知单；检验不合格或者对外贸易合同约定由商检机构出具检验结果的，签发检验证书。

第十七条　进口商品经检验不符合法律、行政法规规定的强制性标准或者其他必须执行的检验标准的，必须在商检机构的监督下进行技术处理，经重新检验合格后，方可销售或者使用；不能进行技术处理或者经技术处理后，重新检验仍不合格的，由商检机构责令收货人退货或者销毁。

第十八条　商检机构对检验不合格的进口成套设备及其材料，签发“不准安装使用通知书”。经技术处理，并经商检机构重新检验合格的，可以安装使用。

第十九条　进口机动车辆到货后，收货人凭商检机构签发的进口机动车辆检验通知单向车辆管理机关领取号牌，并在距质量保证期满的三十日前将质量情况报商检机构备案。

第二十条　法定检验以外的进口商品，对外贸易合同没有约定由商检机构检验的，收货人应当按照合同的约定进行验收。商检机构可以督促收货人验收并进行抽查检验。验收不合格需要凭商检机构检验证书索赔的，收货人应当及时向所在地商检机构申请检验出证。

第二十一条　商检机构检验或者抽查检验不合格，并已对外索赔的进口商品，不需要换货或者退货的，收货人应当保留一定数量的实物或者样品；对外提出换货或者退货的进口商品，必须妥善保管，在索赔结案前不得动用。

第二十二条　进口商品在口岸卸货时发现残损或者数量、重量短缺需要索赔的，收货人应当及时向口岸商检机构申请检验出证。卸货单位对残损部分应当分别卸货和存放。

第二十三条　对关系国计民生、价值较高、技术复杂的重要进口商品和大型成套设备，收货人应当在对外贸易合同中约定在出口国装运前进行预检验、监造或者监装，以及保留到货后最终检验和索赔权的条款，并按照合同约定进行装运前预检验、监造或者监装。

对装运前的预检验、监造或者监装，收货人的主管部门应当加强监督。商检机构可以根据需要派出检验人员参加或者组织实施装运前预检验、监造或者监装。

第三章　出口商品的检验

第二十四条　法定检验的出口商品，发货人应当在商检机构规定的地点和期限内，持合同等必要的证单向商检机构报验，由商检机构实施或者组织实施检验。

法定检验以外的出口商品，对外贸易合同约定由商检机构检验的，依照前款规定办理报验、检验事项。

第二十五条　商检机构对已报验的出口商品，应当在不延误装运的期限内检验完毕，检验合格的，按照规定签发检验证书、放行单或者在报关单上加盖印章。

产地检验的出口商品，需要在口岸换证出口的，由产地商检机构按照规定签发检验换证凭证。发货人应当在规定的期限内持检验换证凭证和必要的证单向口岸商检机构报请查验。经查验合格的，由口岸商检机构换发检验证书、放行单或者在报关单上加盖印章。

第二十六条　商检机构对法定检验以外的出口商品，可以在生产、经营单位检验的基础上定期或者不定期地抽查检验。

第二十七条　商检机构检验合格的出口商品，发货人应当在检验证书或者放行单签发之日起六十天内报运出口，鲜活类出口商品应当在规定的期限内报运出口。逾期报运出口的，发货人必须重新向商检机构报验。

第二十八条　生产危险货物出口包装容器的企业，必须向商检机构申请包装容器的性能鉴定。包装容器经商检机构鉴定合格并取得性能鉴定证书的，方可用于包装危险货物。

生产出口危险货物的企业，必须向商检机构申请危险货物包装容器的使用鉴定。危险货物包装容器经商检机构鉴定合格并取得使用鉴定证书的，方可包装危险货物出口。

第二十九条　对装运出口易腐烂变质的食品、冷冻品的船舱、集装箱等运载工具，承运人、装箱单位或者其代理人必须在装运前向商检机构申请清洁、卫生、冷藏、密固等适载检验；经检验合格并取得证书的，方可装运。

第三十条　法定检验的出口商品，海关凭商检机构依照本条例第二十五条、第二十八条、第二十九条的规定签发的证单或者在报关单上加盖的印章验放。

第三十一条　出口商品经商检机构检验、口岸查验或者抽查检验不合格的，不准出口。

第四章　进出口商品鉴定

第三十二条　商检机构和国家商检局、商检机构指定的检验机构以及经国家商检局批准的其他检验机构，可以接受对外贸易关系人以及国内外有关单位或者外国检验机构的委托，办理规定范围内的进出口商品鉴定业务，签发鉴定证书。

第三十三条　进出口商品鉴定业务包括：

（一）进出口商品的质量、数量、重量、包装鉴定和货载衡量；

（二）进出口商品的监视装载和监视卸载；

（三）进出口商品的积载鉴定、残损鉴定、载损鉴定和海损鉴定；

（四）装载出口商品的船舶、车辆、飞机、集装箱等运载工具的适载鉴定；

（五）装载进出口商品的船舶封舱、舱口检视、空距测量；

（六）集装箱及集装箱货物鉴定；

（七）与进出口商品有关的外商投资财产的价值、品种、质量、数量和损失鉴定；

（八）抽取并签封各类样品；

（九）签发价值证书及其他鉴定证书；

（十）其他进出口商品鉴定业务。

第三十四条　商检机构可以接受对外贸易关系人的申请，依照有关法律、行政法规的规定签发普惠制原产地证、一般原产地证。

第三十五条　对外贸易关系人委托商检机构办理鉴定业务，应当提供合同、信用证以及有关的其他证单。

第五章　监督管理

第三十六条　国家商检局、商检机构对进出口商品的收货人、发货人及生产、经营、储运单位以及国家商检局、商检机构指定或者认可的检验机构和认可的检验人员的检验工作实施监督管理。

第三十七条　国家商检局根据需要同外国有关机构签订进出口商品质量认证协议。商检机构根据协议或者接受外国有关机构的委托进行进出口商品质量认证工作。对经认证合格的进出口商品及其生产企业颁发认证证书，准许使用进出口商品质量认证标志。具体办法由国家商检局制定。

第三十八条　国家根据需要，对涉及安全、卫生等重要的进出口商品及其生产企业实施进口安全质量许可制度和出口质量许可制度。具体办法由国家商检局会同国务院有关主管部门制定。

实施进口安全质量许可制度的进口商品，必须取得国家商检局的进口安全质量许可，方可进口。

实施出口质量许可制度的出口商品，必须取得国家商检局或者国家商检局会同国务院有关主管部门的出口质量许可，方可出口。

第三十九条 国家对出口食品及其生产企业（包括加工厂、屠宰场、冷库、仓库，下同）实施卫生注册登记制度。具体办法由国家商检局会同国务院有关主管部门制定。

实施卫生注册登记制度的出口食品生产企业，必须向商检机构申请卫生注册登记，经国家商检局核准后，方可生产、加工、储存出口食品。

出口食品生产企业需要在国外注册的，依照前款规定经注册登记后，报国家商检局统一对外办理。

第四十条 商检机构根据出口商品生产企业的申请或者国外的要求，对出口商品生产企业的质量体系进行评审。具体办法由国家商检局制定。

第四十一条 获准使用认证标志或者取得进口安全质量许可、出口质量许可或者经卫生注册登记的进出口商品的生产企业，经检查不符合规定要求的，由商检机构责令其限期改进；逾期仍不符合规定要求的，报经国家商检局取消其使用认证标志的资格或者撤销其进口安全质量许可、出口质量许可、卫生注册登记。

第四十二条 商检机构根据检验工作的需要，可以向法定检验的出口商品生产企业派出检验人员，参与监督出口商品出厂前的质量检验工作；对生产企业的生产、检测条件、质量保证工作实施监督检查；对出口商品使用的原材料、零部件和成品、包装、标志等进行抽查检验。

第四十三条 商检机构根据需要，对检验合格的进出口商品加施商检标志；对检验合格的以及其他需要加施封识的进出口商品加施封识。商检标志和封识的制发由国家商检局规定。

第四十四条 商检机构或者国家商检局、商检机构指定或者认可的检验机构，按照有关规定对检验的进出口商品抽取样品。验余的样品，有关单位应当在规定的期限内领回；逾期不领回的，由商检机构处理。

第四十五条 商检机构的检验人员到生产企业、建设现场、港口、机场、车站、仓库等地点或者运输工具上依法实施检验、鉴定和监督管理时，有关单位应当提供必要的工作条件及辅助人力、用具等。

第四十六条 国家商检局和商检机构根据检验工作需要，可以认可符合条件的国内外检验机构承担委托的进出口商品检验或者指定的质量许可和认证商品的检测以及企业的评审工作。被认可的检验机构，经检查不符合规定要求的，国家商检局或者商检机构可以取消对其认可的资格。

第四十七条 商检机构根据需要，可以认可有关单位的检验人员承担指定的检验、评审任务。

第四十八条 外国在中国境内设立进出口商品检验鉴定机构，须经国家商检局审核同意，依照有关法律、行政法规的规定履行批准和登记手续，方可在指定的范围内接受委托办理进出口商品检验、鉴定业务，并应当接受国家商检局和商检机构的监督管理。

第四十九条 进出口商品的报验人对商检机构作出的检验结果有异议的，可以在收到检验结果之日起十五日内向作出检验结果的商检机构或者其上级商检机构申请复验，受理复验的商检机构应当自收到复验申请之日起四十五日内作出复验结论。报验人对复验结论仍有异议的，可以自收到复验结论之日起十五日内向国家商检局申请复验；国家商检局应当在六十日内作出复验结论。国家商检局的复验结论为终局结论。

第六章 法律责任

第五十条 违反《商检法》或者本条例规定，有下列行为之一的，由商检机构根据情节轻重给予通报批评、警告或者暂时停止报验，并可以处以有关商品总值百分之一以上、百分之五以下的罚款：

（一）销售、使用未报经检验的属于法定检验进口商品的，或者擅自出口未报经检验的属于法定检验出口商品的；

（二）进口、销售、使用属于实施进口安全质量许可制度，而未取得进口安全质量许可的商品的，或者出口属于实施出口质量许可制度或者卫生注册登记制度，而未取得出口质量许可或者未经卫生注册登记的商品的；

（三）使用未取得适载合格证书或者检验不合格的船舱、集装箱装运易腐烂变质食品、冷冻品出口的；

（四）提供或者使用未经商检机构鉴定的危险货物出口包装容器的；

（五）其他逃避商检机构法定检验行为的。

第五十一条 违反《商检法》或者本条例的规定，有下列行为之一的，由商检机构根据情节轻重给予通报批评、警告或者暂时停止报验，并可以处以有关商品总值百分之五以上、百分之二十以下的罚款：

（一）销售、使用经商检机构检验不符合强制性标准或者其他必须执行的检验标准的进口商品的；

（二）出口经商检机构检验或者抽查检验不合格的商品的；

（三）擅自调换商检机构抽取的样品或者改变商检

机构检验合格的出口商品的质量、规格、数量、重量以及包装的；

（四）擅自调换、损毁商检机构加施于商品及其包装上的商检标志、封识以及认证标志的；

（五）提供或者使用经商检机构鉴定不合格的包装容器包装出口危险货物的。

（六）不如实向商检机构报验，骗取商检机构的有关证单的。

第五十二条　已报验的出口商品属于假冒伪劣商品的，由商检机构或者商检机构会同有关主管部门责令生产、经营单位停止生产和出口假冒伪劣商品，并可以监督销毁有关商品，单处或者并处有关商品等值以下罚款。

第五十三条　有本条例第五十条、第五十一条、第五十二条所列行为，情节严重，造成重大经济损失，构成犯罪的，对直接责任人员依法追究刑事责任。

第五十四条　伪造、变造、盗用商检机构的证单、印章、标志、封识和质量认证标志，或者买卖、涂改商检证单、标志，尚未用于商品进出口的，商检机构可以处以五千元以上、三万元以下罚款；已经用于商品进出口的，由商检机构处以有关商品总值等值以下罚款；情节严重，构成犯罪的，对直接责任人员依法追究刑事责任。

第五十五条　未经国家商检局及其授权的商检机构批准、指定或者认可，擅自进行有关进出口商品检验鉴定业务的，由商检机构责令其停止检验鉴定业务，并可以处以其非法所得三倍以下罚款。

第五十六条　受到罚款处罚的当事人应当自收到商检机构的罚款通知单之日起十日内向指定的银行缴纳罚款。

罚款全部上缴国库。

第五十七条　当事人对商检机构的处罚决定不服的，可以自收到处罚通知之日起三十日内，向作出处罚决定的商检机构或者其上级商检机构申请复议。当事人对复议决定不服的，可以自收到复议决定之日起三十日内，向人民法院提起诉讼。

当事人逾期不申请复议也不提起诉讼又不履行处罚决定的，由作出处罚决定的商检机构申请人民法院强制执行。

第五十八条　国家商检局、商检机构的工作人员滥用职权、徇私舞弊、伪造检验结果或者玩忽职守，延误检验出证的，由其所在单位或者上级机构给予行政处分；情节严重，构成犯罪的，依法追究刑事责任。

国家商检局、商检机构指定或者认可的检验机构的检验人员以及认可的检验人员，有前款违法行为的，依照前款规定处罚。

第七章　附　则

第五十九条　商检机构根据国务院的规定作为贸易性出口动物产品的检疫机关时，按照有关进出境动植物检疫的法律规定，对贸易性出口动物产品实施检疫。

第六十条　本条例由国家商检局负责解释。

第六十一条　本条例自发布之日起施行。

国务院关于修改《中华人民共和国进出口关税条例》的决定

（1992年3月18日）

国务院根据《中华人民共和国海关法》的规定和几年来海关工作的实践经验，决定对《中华人民共和国进出口关税条例》作如下修改和补充：

一、第二条增加一款，作为第二款："从境外采购进口的原产于中国境内的货物，海关依照《海关进出口税则》征收进口关税。"

二、第五条修改为："进出境的旅客行李物品和个人邮递物品征免税办法，由国务院关税税则委员会另行规定。"

三、第六条修改为："进口关税设普通税率和优惠税率。对原产于与中华人民共和国未订有关税互惠协议的国家或者地区的进口货物，按照普通税率征税；对原产于与中华人民共和国订有关税互惠协议的国家或者地区的进口货物，按照优惠税率征税。

前款规定按照普通税率征税的进口货物，经国务院关税税则委员会特别批准，可以按照优惠税率征税。

任何国家或者地区对其进口的原产于中华人民共和国的货物征收歧视性关税或者给予其他歧视性待遇的，海关对原产于该国家或者地区的进口货物，可以征收特别关税。征收特别关税的货物品种、税率和起征、停征时间，由国务院关税税则委员会决定，并公布施行。"

四、删去第七条。

五、增加一条，作为第七条："进出口货物，应当依照《海关进出口税则》规定的归类原则归入合适的税号，并按照适用的税率征税。"

六、增加一条，作为第九条："进出口货物的补税和退税，适用该进出口货物原申报进口或者出口之日所实施的税率。具体办法由海关总署另行规定。"

七、第十条改为第十一条，修改为："进口货物的到岸价格经海关审查未能确定的，海关应当依次以下列价格为基础估定完税价格：

（一）从该项进口货物同一出口国或者地区购进的相同或者类似货物的成交价格；

（二）该项进口货物的相同或者类似货物在国际市场上的成交价格；

（三）该项进口货物的相同或者类似货物在国内市场上的批发价格，减去进口关税、进口环节其他税收以及进口后的运输、储存、营业费用及利润后的价格；

（四）海关用其他合理方法估定的价格。

八、第十二条改为第十三条，增加一款作为第二款："前款所述货物的品种和具体管理办法，由海关总署另行规定。"

九、增加一条，作为第十五条："进口货物的完税价格，应当包括为了在境内制造、使用、出版或者发行的目的而向境外支付的与该进口货物有关的专利、商标、著作权以及专有技术、计算机软件和资料等费用。"

十、第十四条改为第十六条，修改为："出口货物应当以海关审定的货物售与境外的离岸价格，扣除出口关税后，作为完税价格。离岸价格不能确定时，完税价格由海关估定。"

十一、增加一条，作为第十七条："进出口货物的收发货人或者他们的代理人，应当如实向海关申报进出口货物的成交价格。申报的成交价格明显低于或者高于相同或者类似货物的成交价格的，由海关依照本条例的规定确定完税价格。"

十二、第二十二条改为第二十五条，增加一款作为第二款："海关应当自受理退税申请之日起三十日内作出书面答复并通知退税申请人。"

十三、第二十四条改为第二十七条，增加一款作为第三款："因故退还的境外进口货物，由原收货人或者他们的代理人申报出境，并提供原进口单证，经海关审查核实，可以免征出口关税。但是，已征收的进口关税，不予退还。”

十四、第二十七条改为第三十条，增加一款作为第三款：“暂时进口的施工机械、工程车辆、工程船舶等经海关核准酌予延长期限的，在延长期内由海关按照货物的使用时间征收进口关税。具体办法由海关总署另行规定。”

十五、第二十八条改为第三十一条，增加一句：“或者对进口料、件先征进口关税，再按照实际加工出口的成品数量予以退税。”

十六、增加一条，作为第三十五条：“依照国家法律、法规的规定给予特定关税减免优惠的进口货物，在监管年限内经海关核准出售、转让或者移作他用时，应当按照其使用时间折旧估价，补征进口关税。监管年限由海关总署另行规定。”

十七、第三十二条改为第三十六条，修改为：“纳税义务人对海关确定的进出口货物的征税、减税、补税或者退税等有异议时，应当先按照海关核定的税额缴纳税款，然后自海关填发税款缴纳证之日起三十日内，向海关书面申请复议。逾期申请复议的，海关不予受理。”

此外，对部分条文的文字和条款的顺序作了相应的修改和调整。

本决定自一九九二年四月一日起施行。

《中华人民共和国进出口关税条例》根据本决定作相应的修正，重新发布。

中华人民共和国进出口关税条例

（1985 年 3 月 7 日国务院发布。
1992 年 3 月 18 日第二次修订发布）

第一章　总　　则

第一条　为了贯彻对外开放政策，促进对外经济贸易和国民经济的发展，根据《中华人民共和国海关法》的有关规定，制定本条例。

第二条　中华人民共和国准许进出口的货物，除国家另有规定的以外，海关依照《中华人民共和国海关进出口税则》（以下简称《海关进出口税则》）征收进口关税或者出口关税。

从境外采购进口的原产于中国境内的货物，海关依照《海关进出口税则》征收进口关税。

《海关进出口税则》是本条例的组成部分。

第三条　国务院成立关税税则委员会，其职责是提出制定或者修订《进出口关税条例》、《海关进出口税则》的方针、政策、原则，审议税则修订草案，制定暂定税率，审定局部调整税率。

国务院关税税则委员会的组成由国务院规定。

第四条　进口货物的收货人、出口货物的发货人，是关税的纳税义务人。

接受委托办理有关手续的代理人，应当遵守本条例对其委托人的各项规定。

第五条　进出境的旅客行李物品和个人邮递物品征免税办法，由国务院关税税则委员会另行规定。

第二章　税率的运用

第六条　进口关税设普通税率和优惠税率。对原产于与中华人民共和国未订有关税互惠协议的国家或者地区的进口货物，按照普通税率征税；对原产于与中华人民共和国订有关税互惠协议的国家或者地区的进口货物，按照优惠税率征税。

前款规定按照普通税率征税的进口货物，经国务院关税税则委员会特别批准，可以按照优惠税率征税。

任何国家或者地区对其进口的原产于中华人民共和国的货物征收歧视性关税或者给予其他歧视性待遇的，海关对原产于该国家或者地区的进口货物，可以征收特别关税。征收特别关税的货物品种、税率和起征、停征时间，由国务院关税税则委员会决定，并公布施行。

第七条　进出口货物，应当依照《海关进出口税则》规定的归类原则归入合适的税号，并按照适用的税率征税。

第八条　进出口货物，应当按照收发货人或者他们的代理人申报进口或者出口之日实施的税率征税。

进口货物到达前，经海关核准先行申报的，应当按照装载此项货物的运输工具申报进境之日实施的税率征税。

第九条　进出口货物的补税和退税，适用该进出口货物原申报进口或者出口之日所实施的税率。具体办法由海关总署另行规定。

第三章　完税价格的审定

第十条　进口货物以海关审定的成交价格为基础的到岸价格作为完税价格。到岸价格包括货价，加上货物运抵中华人民共和国关境内输入地点起卸前的包装费、运费、保险费和其他劳务费等费用。

第十一条　进口货物的到岸价格经海关审查未能确定的，海关应当依次以下列价格为基础估定完税价格：

(一)从该项进口货物同一出口国或者地区购进的相同或者类似货物的成交价格；

(二)该项进口货物的相同或者类似货物在国际市场上的成交价格；

(三)该项进口货物的相同或者类似货物在国内市场上的批发价格，减去进口关税、进口环节其他税收以及进口后的运输、储存、营业费用及利润后的价格；

(四) 海关用其他合理方法估定的价格。

第十二条　运往境外修理的机械器具、运输工具或者其他货物，出境时已向海关报明并在海关期限内复运进境的，应当以海关审定的修理费和料件费作为完税价格。

第十三条　运往境外加工的货物，出境时已向海关报明并在海关规定其他内复运进境的，应当以加工后的货物进境时的到岸价格与原出境货物或者相同、类似货物在进境时的到岸价格之间的差额，作为完税价格。

前款所述货物的品种和具体管理办法，由海关总署另行规定。

第十四条　以租赁（包括租借）方式进口的货物，应当以海关审定的货物的租金，作为完税价格。

第十五条　进口货物的完税价格，应当包括为了在境内制造、使用、出版或者发行的目的而向境外支付的与该进口货物有关的专利、商标、著作权以及专有技术、计算机软件和资料等费用。

第十六条　出口货物应当以海关审定的货物售与境外的离岸价格，扣除出口关税后，作为完税价格。离岸价格不能确定时，完税价格由海关估定。

第十七条　进出口货物的收发货人或者他们的代理人，应当如实向海关申报进出口货物的成交价格。申报的成交价格明显低于或者高于相同或者类似货物的成交价格的，由海关依照本条例的规定确定完税价格。

第十八条　进出口货物的收发货人或者他们的代理人，在向海关递交进出口货物报关单时，应当交验载明货物的真实价格、运费、保险费和其他费用的发票（如有厂家发票应附在内）、包装清单和其他有关单证。

前款各项单证应当由进出口货物的收发货人或者他们的代理人签印证明无讹。

第十九条　海关审核进出口货物完税价格时，收发货人或者他们的代理人应当交验发票等单证；必要时海关可以检查买卖双方的有关合同、帐册、单据和文件，或者作其他调查。对于已经完税放行的货物，海关仍可检查货物的上述有关资料。

第二十条　进出口货物的收发货人或者他们的代理人，在递交进出口货物报关单时未交验第十八条规定的各项单证的，应当按照海关估定的完税价格完税；事后补交单证的，税款不予调整。

第二十一条　进出口货物的到岸价格、离岸价格或者租金、修理费、料件费等以外币计价的，由海关按照填发税款缴纳证之日国家外汇管理部门公布的《人民币外汇牌价表》的买卖中间价，折合人民币计征关税。《人民币外汇牌价表》未列入的外币，按照国家外汇管理部门确定的汇率折合人民币。

第四章　税款的缴纳、退补

第二十二条　进出口货物的收发货人或者他们的代理人，应当在海关填发税款缴纳证的次日起七日内（星期日和法定节假日除外)，向指定银行缴纳税款。逾期缴纳的，除依法追缴外，由海关自到期的次日起至缴清税款日止，按日加收欠缴税款1‰的滞纳金。

第二十三条　海关征收关税、滞纳金等，除海关总署另有规定的以外，应当按人民币计征。

第二十四条　海关征收关税、滞纳金等，应当制发收据。收据格式由海关总署规定。

第二十五条　有下列情形之一的，进出口货物的收发货人或者他们的代理人，可以自缴纳税款之日起一年内，书面声明理由，连同原纳税收据向海关申请退税，逾期不予受理：

(一) 因海关误征，多纳税款的；

(二) 海关核准免验进口的货物，在完税后，发现有短卸情事，经海关审查认可的；

(三) 已征出口关税的货物，因故未装运出口，申报退关，经海关查验属实的。

海关应当自理退税申请之日起三十日内作出书面答复并通知退税申请人。

第二十六条　进出口货物完税后，如发现少征或者漏征税款，海关应当自缴纳税款或者货物放行之日起一年内，向收发货人或者他们的代理人补征。因收发货人或者他们的代理人违反规定而造成少征或者漏征的，海关在三年内可以追征。

第五章　关税的减免及审批程序

第二十七条　下列货物，经海关审查无讹，可以免税：

（一）关税税额在人民币十元以下的一票货物；

（二）无商业价值的广告品和货样；

（三）外国政府、国际组织无偿赠送的物资；

（四）进出境运输工具装载的途中必需的燃料、物料和饮食用品。

因故退还的我国出口货物，由原发货人或者他们的代理人申报进境，并提供原出口单证，经海关审查核实，可以免征进口关税。但是，已征收的出口关税，不予退还。

因故退还的境外进口货物，由原收货人或者他们的代理人申报出境，并提供原进口单证，经海关审查核实，可以免征出口关税。但是，已征收的进口关税，不予退还。

第二十八条　有下列情形之一的进口货物，海关可以酌情减免关税：

（一）在境外运输途中或者在起卸时，遭受损坏或者损失的；

（二）起卸后海关放行前，因不可抗力遭受损坏或者损失的；

（三）海关查验时已经破漏、损坏或者腐烂，经证明不是保管不慎造成的。

第二十九条　中华人民共和国缔结或者参加的国际条约规定减征、免征关税的货物、物品，海关应当按照规定予以减免关税。

第三十条　经海关核准暂时进境或者暂时出境并在六个月内复运出境或者复运进境的货样、展览品、施工机械、工程车辆、工程船舶、供安装设备时使用的仪器和工具、电视或者电影摄制器械、盛装货物的容器以及剧团服装道具，在货物收发货人向海关缴纳相当于税款的保证金或者提供担保后，准予暂时免纳关税。

前款规定的六个月期限，海关可以根据情况酌予延长。

暂时进口的施工机械、工程车辆、工程船舶等经海关核准酌予延长期限的，在延长期内由海关按照货物的使用时间征收进口关税。具体办法由海关总署另行规定。

第三十一条　为境外厂商加工、装配成品和为制造外销产品而进口的原材料、辅料、零件、部件、配套件和包装物料，海关按照实际加工出口的成品数量免征进口关税；或者对进口料、件先征进口关税，再按照实际加工出口的成口数量予以退税。

第三十二条　无代价抵偿的进出口货物的关税征免办法，由海关总署另行规定。

第三十三条　经济特区等特定地区进出口的货物，中外合资经营企业、中外合作经营企业、外资企业等特定企业进出口的货物以及其他依法给予关税减免优惠的进出口货物，按照国家有关规定减税或者免税。

第三十四条　收发货人或者他们的代理人，要求对其进出口货物临时减征或者免征进出口关税的，应当在货物进出口前书面说明理由，并附必要的证明和资料，向所在地海关申请。所在地海关审查属实后，转报海关总署，由海关总署或者海关总署会同财政部按照国务院的规定审查批准。

第三十五条　依照国家法律、法规的规定给予特定关税减免优惠的进口货物，在监管年限内经海关核准出售、转让或者移作他用时，应当按照其使用时间折旧估价，补征进口关税。监管年限由海关总署另行规定。

第六章　申诉程序

第三十六条　纳税义务人对海关确定的进出口货物的征税、减税、补税或者退税等有异议时，应当先按照海关核定的税额缴纳税款，然后自海关填发税款缴纳证之日起三十日内，向海关书面申请复议。逾期申请复议的，海关不予受理。

第三十七条　海关应当自收到复议申请之日起十五日内作出复议决定。

纳税义务人对复议决定不服的，可以自收到复议决定书之日起十五日内，向海关总署申请复议。

第三十八条　海关总署收到纳税义务人的复议申请后，应当在三十日内作出复议决定，并制成决定书交海关送达申请人。

纳税义务人对海关总署的复议决定仍然不服的，可以自收到复议决定书之日起十五日内，向人民法院起诉。

第七章　罚　　则

第三十九条　违反本条例的规定构成走私或者违反海关监管规定的行为的，依照《中华人民共和国海关法》、《中华人民共和国海关法行政处罚实施细则》和其他有关法律、法规的规定处理。

第八章　附　　则

第四十条　海关对检举或者协助查获违反本条例的偷税漏税行为的单位和个人，应当按照规定给予奖励，并负责保密。

第四十一条　本条例由中华人民共和国海关总署负责解释。

第四十二条　本条例自一九九二年四月一日起施行。

国务院批转国家旅游局关于加强旅游行业管理若干问题请示的通知

（1991年2月12日）

国务院同意国家旅游局《关于加强旅游行业管理若干问题的请示》，现转发给你们，请贯彻执行。

旅游业是创汇、创收的重要产业，开发潜力很大，前景广阔。同时，旅游业又具有跨行业、跨地区的特点，综合性很强。根据党的十三届七中全会提出的大力发展国际旅游业的要求，各级旅游管理部门要在统一领导、分级管理的原则下，加强旅游全行业管理，充分利用各种有利条件，努力提高服务质量，以取得更好的效益，为增进我国人民同世界各国人民的了解和友谊，为进一步促进对外开放和国民经济发展做出更大贡献。

国家旅游局关于加强旅游行业管理若干问题的请示

我国旅游业经过一年多的重振工作，随着国内整个形势的稳定，出现了可喜的重大变化。旅游收汇计划超额完成，客源市场打开局面，旅游业的治理整顿取得了很大成效，旅游有了新的发展势头。目前存在的问题主要是旅游市场秩序紊乱，旅游服务质量下降；对外随意削价竞争，造成国家收入严重损失；旅行社经营不规范，致使商业信誉下降等等。这些问题如不尽快解决，将影响我国旅游业的振兴，不利于改革开放和为国家创汇、创收。由于旅游业综合性很强，旅游企业和相关行业，分属不同部门和不同层次，具有头绪多、环节多的特点，旅游行程又依托性大、连贯性强，因此，旅游业实行行业管理难度较大，加强旅游行业管理更为迫切。根据党的十三届七中全会提出的大力发展国际旅游业的要求，为保证我国旅游业得以持续发展，现就加强旅游行业管理若干问题提出几点意见：

一、我国旅游业应贯彻一边建设、一边创收的原则。今后几年，要继续完善和开发旅游资源，加强配套建设，广泛招徕客源，提高服务质量，为我国国民经济进一步发展多做贡献。凡是“八五”和“九五”期间具有旅游开发价值的地方，各级政府要把旅游业作为一项产业，纳入国民经济和社会发展计划。旅游经营单位要按照隶属关系和行业归口关系，建立计划统计和考核管理制度。

二、国家旅游局和地方各级旅游行政部门是旅游工作的行业归口管理部门，在统一领导、分级管理的原则下，实行旅游全行业的管理。各级各类旅游企业的人、财、物，由企业归属部门负责领导和管理，旅游经营活动应接受旅游管理部门的领导、管理和协调。各级旅游企业都应参加当地的行业评比、检查等。对与行、游、吃、购、娱有关的旅游涉外企业和单位，旅游管理部门应经常进行检查，保障旅游行程顺利进行。对非法阻挠旅游行程、敲诈旅游者和旅游企业的单位和个人，当地旅游管理部门应分别不同情况，直接进行处理或会同公安、工商等有关部门依法予以查处。对处理不服的，必须首先保证旅游者的行程顺利，然后再提出申诉。

三、要根据国办发［1990］15号文件的规定，继续清理整顿旅行社。在此基础上，按照企业集团化政策，近期在全国办好四、五个成体系的骨干旅行社集团。今后成立新的经营国际旅游业务的旅行社，由国家旅游局从严审批。各地旅游管理部门应与工商、公安等部门密切配合，对游览点摊贩和书画销售重点加强管理。同时，要采取措施，切实解决一些地方存在的不讲道德、商贩追售商品、追换外汇等问题，以保持游览点良好的旅游秩序和环境。

四、加强对外宣传促销管理。凡参加国外旅游展销活动和在国内举办全国性的国际旅游展销活动，由国家旅游局组织。各省、自治区、直辖市、计划单列市如牵头举办跨省、市的区域性国际旅游展销活动或连续举办以旅游招徕为主的定期的旅游节庆活动，应报国家旅游局审批。各地旅游企业派出的常驻经营机构，一律经省一级政府审查后，报国家旅游局或由国家旅游局会同有关部门审批。所有外派机构和促销人员，都要接受我驻外使领馆和国家派出的驻外旅游办事处的监督和管理。

五、各级旅游管理部门应加强对散客旅游的管理。要主动配合执法部门对海外旅游者在华期间的违法行为依法进行查处。对以旅游者身份来华的外国记者、神职人员，应特别加强管理，防止他们在华从事采访、传教等与旅游者身份不符的活动。同时，旅游企业有责任保护旅游者的合法权益不受侵犯。有关部门需对旅游者进行检查、质询时，应征求旅行社或饭店的意见。为维护我国旅游业的声誉和利益，统一旅游市场的管理，严禁非旅游经营单位非法或变相经营旅游业务。有签证通知权的非旅游单位不得以经商、洽谈业务等名义为海外旅游者发签证通知。如发现旅游从业人员参与违法活动，必须依法惩处，并追究有关领导者的责任。

六、对外公开宣布中国的旅游人员不收小费。凡是向客人索要小费或因无小费而不提供服务的，要严肃查处。陪同人员带领旅游团组到商店购物时，严禁索要回扣，以维护我国旅游业的声誉。

七、旅游商品是旅游业的重要组成部分，是为国家创汇的重要途径之一。各地区和有关部门要进一步组织力量，研究、开发具有地方特色和民族风格的旅游商品，搞好旅游商品的生产和销售。要适当放宽对海外旅游者购物额的限制，具体事宜由国家旅游局会同经贸部协商确定。

八、切实做好旅游交通运输工作，提高我国民航、铁路、交通和旅游企业人声誉和总体经济效益。旅游部门应加强外联工作的计划性，根据民航、铁路、交通部门所制定的航班、火车时刻表，合理安排乘机、乘车计划，并事先提报给有关交通部门。民航、铁路、交通部门与旅游部门要密切配合，在同等条件下，对海外旅游者实行优先，包括运行路线设计，购买机票、车票等。

九、各地旅游管理部门和经营单位要继续发扬亚运会的奉献精神、民族精神，加强廉政建设，纠正行业不正之风，切实把精神文明建设和业务培训抓出成效。要进一步提高职工的政治思想素质和业务技能，提高服务质量。要切实加强管理、深化企业改革，使旅游企业管理尽快走上规范化、科学化轨道，把整个旅游服务水平提高一步，为国家建设和对外开放做出更大的贡献。

以上意见如无不妥，请批转各地区、各部门贯彻执行。

国务院关于试办国家旅游度假区有关问题的通知

(1992年8月17日)

为进一步扩大对外开放，开发利用我国丰富的旅游资源，促进我国旅游业由观光型向观光度假型转变，加快旅游事业发展，国务院决定在条件成熟的地方试办国家旅游度假区，鼓励外国和台湾、香港、澳门地区的企业、个人(以下简称外商)投资开发旅游设施和经营旅游项目。现将有关问题通知如下：

一、国家旅游度假区是符合国际度假旅游要求、以接待海外旅游者为主的综合性旅游区。国家旅游度假区，应有明确的地域界限，适于集中建设配套旅游设施，所在地区旅游度假资源丰富，客源基础较好，交通便捷，对外开放工作已有较好基础。

二、旅游业是国家鼓励发展的创汇型产业，对国家旅游度假区实行以下优惠政策：

(一)在区内兴办的外商投资企业，其所得税减按24%的税率征收；其中生产性外商投资企业，经营期在十年以上的，从企业获利年度起，第一年和第二年免征企业所得税，第三年至第五年减半征收企业所得税。

(二)区内的外商投资企业在投资总额内进口自用的建筑材料、生产经营设备、交通工具和办公用品；常驻的境外客商和技职人员进口的安家物品和自用交通工具，在合理数量范围内，免征关税和进口工商统一税。为生产出口旅游商品而进口的原材料、零部件、元器件、配套件、辅料、包装物料，海关按保税货物的有关规定办理。

(三)建设度假区基础设施所需进口的机器、设备和其他基建物资，免征进口关税和产品税(增值税)。

(四)区内可开办外汇商店，具体审批按国家有关规定办理。

(五)区内可开办使用国产车的中外合资经营的旅游汽车公司。对其购置的国产车，在核定的数量内，国家免征横向配套费、车辆购置附加费和特别消费税。对国内企业在区内开办的旅游汽车公司，可比照上述政策执行。这些车辆限于区内旅游汽车公司自用，不得转售。具体由国家计委会同有关部门办理。

(六)区内可开办中外合资经营的第一类旅行社，经营区内的海外旅游业务。具体由国家旅游局负责审批和管理。

(七)区内的开发建设用地，按《中华人民共和国城镇国有土地使用权出让和转让暂行条例》(国务院[1990]第55号令)办理。土地出让金从该区批准兴办之日起，五年内留在区内用于基础设施建设。

(八)区内的旅游外汇收入，从该区批准兴办之日起，外汇额度五年内全额留成，用于区内自我滚动发展。

三、国家旅游度假区内利用外商投资建设的旅游设施项目，投资额在国务院规定的审批限额以内的，由所在省、自治区、直辖市和计划单列市自行审批，其中旅游住宿设施项目，应报国家旅游局和国家计委、经贸部备案；投资额在国务院规定的审批限额以上的，按国家有关规定办理。利用外商投资建设的旅游住宿设施项目，企业经营期限一般不得超过三十年。

四、试办国家旅游度假区，由地方人民政府报国务院审批。

五、试办国家旅游度假区，是旅游业深化改革、扩大开放，改变我国旅游产品结构，提高旅游产品档次，提高国际竞争力的一项重要部署。国务院有关部门和有关地方政府要切实做好规划，搞好试点工作。旅游度假区起步阶段规模不宜过大，应从小到大，逐步发展。

国务院办公厅转发建设部关于加强风景名胜区工作报告的通知

（1992年9月3日）

建设部《关于加强风景名胜区工作的报告》，已经国务院批准，现转发给你们，请贯彻执行。

建设部关于加强风景名胜区工作的报告

自一九八二年国务院审定公布第一批国家级风景名胜区以来，风景名胜区工作有很大进展。目前，全国有国家级风景名胜区八十四处，省级风景名胜区二百五十六处，县（市）级风景名胜区一百三十七处，总面积八点五万平方公里，占国土面积的0.9%。这是我们中华民族重要的自然文化遗产和宝贵财富，是国家的重要资源，也是发展旅游事业的基础。保护好、管理好、建设好风景名胜区，对于维护国土风貌，优化生态环境，弘扬民族文化，激发爱国热情，促进旅游事业，推动地区经济的发展，扩大对外开放，建设社会主义物质文明和精神文明，都具有十分重要的作用。

风景名胜区建设起步晚，基础差，还存在一些亟待解决的问题。主要是：旅游事业迅速发展，国内外游客猛增，许多风景名胜区基础设施不足，服务水平低，接待能力不能满足需要；资源保护和开发建设所需资金严重不足，缺乏配套的经济政策，致使一些风景名胜资源不能及时得到保护和开发利用。为了切实加强我国风景名胜区的保护、建设与管理，使我国的风景名胜区工作在“八五”期间上一个新的台阶，现提出以下意见：

一、抓住有利时机，加快风景名胜区建设的步伐

为了适应进一步扩大改革开放，加速经济发展的新形势，一些具备条件的风景名胜区应利用其地理位置和经济基础较好的优势，进行外引内联，多方面探索合作开发风景名胜区的新途径，以加速景区建设，扩大游人接待容量，适应地区经济发展的需要。其他风景名胜区要积极争取有关部门的支持，发挥社会各方面的积极性，增加收入，提高接待水平和服务质量。在建设中，要优先安排水、电、交通、绿化、环境卫生、环境保护等基础设施的建设项目，以满足游人的需要。内地的风景区也要积极增辟资金来源，在加强资源和环境保护的基础上，首先搞好景区的内外道路交通的建设，逐步完善其他基础设施，促进风景名胜区建设的稳步发展。

二、开展风景名胜区达标管理活动

为了尽快使各级风景名胜区的管理逐步走上规范化的轨道，提高环境质量、服务质量和管理水平，在全国风景名胜区中逐步开展资源保护、环境卫生、安全游览、文明管理等各项达标活动。基础较好、管理工作较强的风景名胜区，要全面开展达标管理活动；不具备开展全面达标条件的风景名胜区，要抓紧搞好开展达标管理活动的各项基础性工作，重点抓好资源保护和环境管理，创建文明卫生风景区，逐步达标。风景名胜区要采用多种生动活泼的形式，对游人进行风景名胜区文化、科学知识的宣传和教育，倡导文明游览的新风尚。各地风景名胜区主管部门要抓好风景名胜区达标管理工作，制定有关标准，健全规章制度，落实必要的资金，把创建文明、安全、卫生风景名胜区的活动扎扎实实地开展起来，使风景名胜区的景观风貌、环境质量和管理水平提高到一个新的水平。

三、加强风景名胜区规划工作

风景名胜区规划是风景名胜区保护、建设和管理工作的依据。各地要加强风景名胜区规划的编制、评审和批复工作。规划由各单位上级主管部门共同参加制定。现有八十四处国家级风景名胜区的总体规划，要在一九九三年全部完成编制上报审批。省级和县（市）级风景名胜区规划，也要明确要求，抓紧完成规划编制和报批工作。同时，要制订风景名胜区实施规划建设的有关规定，加强规划实施过程中的监督、检查和管理。对违反规划、违章建设、破坏资源的事件，各级人民政府要依法严肃进行处理。

四、加强风景名胜资源的保护工作

风景名胜区是我们中华民族重要的自然文化遗产和宝贵财富，是稀有的、不可再生的国家资源，通过保护维修使其长久地保存，供人们游览、观赏和利用，是一件利在当代，造福子孙的大事。各级人民政府、特别是各级城市建设行政主管部门要切实担负起对国家风景名胜资源的保护责任，依法加强对风景名胜资源的保护和管理。要抓紧起草《风景名胜区法》，争取早日公布实施。地方各级人民政府应把风景名胜区事业列入国民经济和社会发展计划，在资金上给予应有的扶持。为使风景名胜区具有自我保护、自我发展的能力，江苏、浙江、辽宁、福建、湖南等省的一些风景名胜区，经过当地政府的批准，收取风景名胜资源保护费，实行风景名胜资源有偿使用，所收费用专项用于资源的保护和维修的做法，对加强风景名胜区的保护、建设和管理起到了积极的促进作用。建议在有条件的地区，进一步扩大试点，逐步推广。

五、要进一步加强对风景名胜区工作的领导

风景名胜区工作综合性强，涉及许多方面，各级人民政府要进一步加强对风景名胜区工作的领导，组织协调好各有关部门的关系，加快现有风景名胜区的建设。要按照国务院《风景名胜区管理暂行条例》的要求，建立健全风景名胜区管理机构，行使地方政府授予的相应的行政管理职能，对风景名胜区实行统一规划和管理。设在风景名胜区内的所有单位，除各自业务受上级主部门领导外，都要积极支持风景名胜区管理机构行使管理的职责。风景名胜区管理机构要调动各方面的积极性，切实做好风景名胜区的保护、建设及管理等各项工作。为了有效地对风景名胜区进行管理，今后凡由于风景名胜区管理工作不力，在规定时期内未达到标准的，要提出批评，限期整治。逾期仍无好转，致使资源遭到严重破坏的，可由主管风景名胜区的行政主管部门报经原审定机关批准，降低或撤销该风景名胜区的原有级别。

以上报告如无不当，请批转各地区、各部门贯彻执行。

国务院批转国家计委、铁道部关于发展中央和地方合资建设铁路意见的通知

（1992年8月11日）

国务院同意国家计委、铁道部《关于发展中央和地方合资建设铁路的意见》，现转发给你们，请贯彻执行。

铁路是国家的基础设施，是国民经济的大动脉和我国交通运输的骨干。铁路建设的发展，关系到我国现代化建设的进程。为加快铁路建设，促进经济发展，充分发挥中央和地方两个积极性，拓宽铁路建设资金渠道，要积极发展中央和地方合资建设铁路（以下简称合资铁路）。实践表明，合资铁路是对传统的铁路建设和管理体制的一大突破，是深化铁路改革的一条新路。

合资建设铁路要坚持“统筹规划，条块结合，分层负责，联合建设”的方针；在兼顾中央和地方、国家和企业利益的前提下，投资各方按投资比例共担风险、分享利益；国家对合资铁路实行特殊运价，并给予其他必要的优惠政策；合资铁路公司要做到自主经营、自负盈亏、自偿本息和自我积累。目前已经合资建设的铁路也要按国家计委、铁道部《关于发展中央和地方合资建设铁路的意见》逐步规范化。国家计委、铁道部要尽快商有关部门制定具体实施办法。各地区、各部门要积极支持合资铁路的发展。

国家计委、铁道部关于发展中央和地方合资建设铁路的意见

中央和地方合资建设铁路是改革开放中出现的新事物，是调动中央和地方两个积极性，广泛筹集建设资金，加快我国铁路发展的一条重要途径。合资铁路，是指铁道部与地方政府、企业和其他投资单位共同投资建设、经营的铁路路网干线和重要支线。为进一步引导、鼓励和扶持合资铁路的发展，现提出以下意见。

一、铁路建设是中央和地方、国家和企业的共同事业。合资建设铁路要贯彻“统筹规划，条块结合，分层负责，联合建设”的方针。合资建设的铁路要服从国家统一的路网布局，由铁道部统筹规划，纳入国家基本建设计划。跨地区和地区性的铁路干线及重要的铁路支线，都可以由铁道部与地方政府、企业和其他投资单位共同投资建设和经营。

二、合资铁路可根据国家发展股份制企业的政策，组建规范性的股份公司，负责铁路建设和经营管理。投资各方本着平等互利、等价有偿、利益共享和风险共担的原则，共同解决铁路建设和运营中的有关问题。

三、合资铁路在兼顾中央和地方、国家和企业利益的前提下，投资各方按投资比例共担风险、分享利益。合资铁路公司实行自主经营、自负盈亏、自偿本息和自我积累。合资铁路企业实行“以运为主，发展多种经营”的方针，以增强企业活力。

四、合资铁路投资，包括铁路主体工程及配套工程建设投资、机车车辆购置费、铺底流动资金和建设期间的利息支出等。投资各方可以利用资金（含自贷自还的贷款）、物资、设备、土地征用及补偿费和劳务等多种

形式投入，合资建设铁路。

五、合资铁路产权由投资各方按投资比例所有，其资产和财务关系，按行政隶属关系分别纳入中央和地方渠道。合资铁路的建设资金（含贷款）分别列入投资各方的基本建设计划，建设规模原则上由国家计委统一安排。要积极鼓励利用外资建设铁路。

六、合资铁路是全国铁路网的重要组成部分，铁道部要行使行业管理职能，加强统一归口管理，切实做好指导、协调、帮助和监督工作。铁路运输具有高度集中、统一指挥的特点，合资铁路的接轨、过轨、排空、接重、运量分配、设备维修等，由铁道部门商合资铁路公司制定计划，共同落实。与合资铁路相关的通路，由铁道部门统筹规划，统一安排建设。

七、合资铁路按照保本、还贷和微利的原则实行特殊运价，并允许在一定范围内浮动。具体办法，按有关规定办理。

八、合资铁路在建设和运营初期，可适当减免税、费，国家对合资铁路在贷款方面给予优惠。具体办法，由有关部门确定。

九、合资铁路的土地征用、拆迁和安置工作，按国家《土地法》的有关规定，实行定额承包方式，由地方政府组织实施。

十、合资铁路建设和运营所需的统配物资，分别由投资各方纳入国家分配计划解决。铁路专用设备、器材，由铁道部门负责供应。

上述意见，由国家计委和铁道部商有关部门制定具体实施办法。

中华人民共和国城镇国有土地使用权出让和转让暂行条例

（1990年5月19日国务院发布）

第一章　总　　则

第一条　为了改革城镇国有土地使用制度，合理开发、利用、经营土地，加强土地管理，促进城市建设和经济发展，制定本条例。

第二条　国家按照所有权与使用权分离的原则，实行城镇国有土地使用权出让、转让制度，但地下资源、埋藏物和市政公用设施除外。前款所称城镇国有土地是指市、县城、建制镇、工矿区范围内属于全民所有的土地（以下简称土地）。

第三条　中华人民共和国境内外的公司、企业、其他组织和个人，除法律另有规定者外，均可依照本条例的规定取得土地使用权，进行土地开发、利用、经营。

第四条　依照本条例的规定取得土地使用权的土地使用者，其使用权在使用年限内可以转让、出租、抵押或者用于其他经济活动，合法权益受国家法律保护。

第五条　土地使用者开发、利用、经营土地的活动，应当遵守国家法律、法规的规定，并不得损害社会公共利益。

第六条　县级以上人民政府土地管理部门依法对土地使用权的出让、转让、出租、抵押、终止进行监督检查。

第七条　土地使用权出让、转让、出租、抵押、终止及有关的地上建筑物、其他附着物的登记，由政府土地管理部门、房产管理部门依照法律和国务院的有关规定办理。

登记文件可以公开查阅。

第二章　土地使用权出让

第八条　土地使用权出让是指国家以土地所有者的身份将土地使用权在一定年限内让与土地使用者，并由土地使用者向国家支付土地使用权出让金的行为。

土地使用权出让应当签订出让合同。

第九条　土地使用权的出让，由市、县人民政府负责，有计划、有步骤地进行。

第十条　土地使用权出让的地块、用途、年限和其他条件，由市、县人民政府土地管理部门会同城市规划和建设管理部门、房产管理部门共同拟定方案，按照国务院规定的批准权限报经批准后，由土地管理部门实施。

第十一条　土地使用权出让合同应当按照平等、自愿、有偿的原则，由市、县人民政府土地管理部门（以下简称出让方）与土地使用者签订。

第十二条　土地使用权出让最高年限按下列用途确定：

（一）居住用地七十年；

（二）工业用地五十年；

（三）教育、科技、文化、卫生、体育用地五十年；

（四）商业、旅游、娱乐用地四十年；

（五）综合或者其他用地五十年。

第十三条　土地使用权出让可以采取下列方式：

（一）协议；

（二）招标；

（三）拍卖。

依照前款规定方式出让土地使用权的具体程序和步骤，由省、自治区、直辖市人民政府规定。

第十四条　土地使用者应当在签订土地使用权出让合同后六十日内，支付全部土地使用权出让金。逾期未全部支付的，出让方有权解除合同，并可请求违约赔偿。

第十五条 出让方应当按照合同规定，提供出让的土地使用权。未按合同规定提供土地使用权的，土地使用者有权解除合同，并可请求违约赔偿。

第十六条 土地使用者在支付全部土地使用权出让金后，应当依照规定办理登记，领取土地使用证，取得土地使用权。

第十七条 土地使用者应当按照土地使用权出让合同的规定和城市规划的要求，开发、利用、经营土地。

未按合同规定的期限和条件开发、利用土地的，市县人民政府土地管理部门应当予以纠正，并根据情节可以给予警告、罚款直至无偿收回土地使用权的处罚。

第十八条 土地使用者需要改变土地使用权出让合同规定的土地用途的，应当征得出让方同意并经土地管理部门和城市规划部门批准，依照本章的有关规定重新签订土地使用权出让合同，调整土地使用权出让金，并办理登记。

第三章 土地使用权转让

第十九条 土地使用权转让是指土地使用者将土地使用权再转移的行为，包括出售、交换和赠与。未按土地使用权出让合同规定的期限和条件投资开发、利用土地的，土地使用权不得转让。

第二十条 土地使用权转让应当签订转让合同。

第二十一条 土地使用权转让时，土地使用权出让合同和登记文件中所载明的权利、义务随之转移。

第二十二条 土地使用者通过转让方式取得的土地使用权，其使用年限为土地使用权出让合同规定的使用年限减去原土地使用者已使用年限后的剩余年限。

第二十三条 土地使用权转让时，其地上建筑物、其他附着物所有权随之转让。

第二十四条 地上建筑物、其他附着物的所有人或者共有人，享有该建筑物、附着物使用范围内的土地使用权。土地使用者转让地上建筑物、其他附着物所有权时，其使用范围内的土地使用权随之转让，但地上建筑物、其他附着物作为动产转让的除外。

第二十五条 土地使用权和地上建筑物、其他附着物所有权转让，应当依照规定办理过户登记。土地使用权和地上建筑物、其他附着物所有权分割转让的，应当经市、县人民政府土地管理部门和房产管理部门批准，并依照规定办理过户登记。

第二十六条 土地使用权转让价格明显低于市场价格的，市、县人民政府有优先购买权。土地使用权转让的市场价格不合理上涨时，市、县人民政府可以采取必要的措施。

第二十七条 土地使用权转让后，需要改变土地使用权出让合同规定的土地用途的，依照本条例第十八条的规定办理。

第四章 土地使用权出租

第二十八条 土地使用权出租是指土地使用者作为出租人将土地使用权随同地上建筑物、其他附着物租赁给承租人使用，由承租人向出租人支付租金的行为。未按土地使用权出让合同规定的期限和条件投资开发、利用土地的，土地使用权不得出租。

第二十九条 土地使用权出租，出租人与承租人应当签订租赁合同，租赁合同不得违背国家法律、法规和土地使用权出让合同的规定。

第三十条 土地使用权出租后，出租人必须继续履行土地使用权出让合同。

第三十一条 土地使用权和地上建筑物、其他附着物出租，出租人应当依照规定办理登记。

第五章 土地使用权抵押

第三十二条 土地使用权可以抵押。

第三十三条 土地使用权抵押时，其地上建筑物、其他附着物随之抵押。地上建筑物、其他附着物抵押时，其使用范围内的土地使用权随之抵押。

第三十四条 土地使用权抵押，抵押人与抵押权人应当签订抵押合同。抵押合同不得违背国家法律、法规和土地使用权出让合同的规定。

第三十五条 土地使用权和地上建筑物、其他附着物抵押，应当依照规定办理抵押登记。

第三十六条 抵押人到期未能履行债务或者在抵押合同期间宣告解散、破产的，抵押权人有权依照国家法律、法规和抵押合同的规定处分抵押财产。因处分抵押财产而取得土地使用权和地上建筑物，其他附着物所有权的，应当依照规定办理过户登记。

第三十七条 处分抵押财产所得，抵押权人有优先受偿权。

第三十八条 抵押权因债务清偿或者其他原因而消灭的，应当依照规定办理注销抵押登记。

第六章 土地使用权终止

第三十九条 土地使用权因土地使用权出让合同规定的使用年限届满、提前收回及土地灭失等原因而终止。

第四十条 土地使用权期满，土地使用权及其地上建筑物、其他附着物所有权由国家无偿取得。土地使用者应当交还土地使用证，并依照规定办理注销登记。

第四十一条　土地使用权期满，土地使用者可以申请续期。需要续期的，应当依照本条例第二章的规定重新签订合同，支付土地使用权出让金，并办理登记。

第四十二条　国家对土地使用者依法取得的土地使用权不提前收回。在特殊情况下，根据社会公共利益的需要，国家可依照法律程序提前收回，并根据土地使用者已使用的年限和开发、利用土地的实际情况给予相应的补偿。

第七章　划拨土地使用权

第四十三条　划拨土地使用权是指土地使用者通过各种方式依法无偿取得的土地使用权。前款土地使用者应当依照《中华人民共和国城镇土地使用税暂行条例》的规定缴纳土地使用税。

第四十四条　划拨土地使用权，除本条例第四十五条规定的情况外，不得转让、出租、抵押。

第四十五条　符合下列条件的，经市、县人民政府土地管理部门和房产管理部门批准，其划拨土地使用权和地上建筑物、其他附着物所有权可以转让、出租、抵押：

（一）土地使用者为公司、企业、其他经济组织和个人；

（二）领有国有土地使用证；

（三）具有地上建筑物、其他附着物合法的产权证明；

（四）依照本条例第二章的规定签订土地使用权出让合同，向当地市、县人民政府补交土地使用权出让金或者以转让、出租、抵押所获收益抵交土地使用权出让金。转让、出租、抵押前款划拨土地使用权的，分别依照本条例第三章、第四章和第五章的规定办理。

第四十六条　对未经批准擅自转让、出租、抵押划拨土地使用权的单位和个人，市、县人民政府土地管理部门应当没收其非法收入，并根据情节处以罚款。

第四十七条　无偿取得划拨土地使用权的土地使用者，因迁移、解散、撤销、破产或者其他原因而停止使用土地的，市、县人民政府应当无偿收回其划拨土地使用权，并可依照本条例的规定予以出让。对划拨土地使用权，市、县人民政府根据城市建设发展需要和城市规划的要求，可以无偿收回，并可依照本条例的规定予以出让。无偿收回划拨土地使用权时，对其地上建筑物、其他附着物，市、县人民政府应当根据实际情况给予适当补偿。

第八章　附　　则

第四十八条　依照本条例的规定取得土地使用权的个人，其土地使用权可以继承。

第四十九条　土地使用者应当依照国家税收法规的规定纳税。

第五十条　依照本条例收取的土使用权出让金列入财政预算，作为专项基金管理，主要用于城市建设和土地开发。具体使用管理办法，由财政部另行制定。

第五十一条　各省、自治区、直辖市人民政府应当根据本条例的规定和当地的实际情况选择部分条件比较成熟的城镇先行试点。

第五十二条　外商投资从事开发经营成片土地的，其土地使用权的管理依照国务院的有关规定执行。

第五十三条　本条例由国家土地管理局负责解释；实施办法由省、自治区、直辖市人民政府制定。

第五十四条　本条例自发布之日起施行。

外商投资开发经营成片土地暂行管理办法

（1990年5月19日国务院发布）

第一条 为了吸收外商投资从事开发经营成片土地（以下简称成片开发），以加强公用设施建设，改善投资环境，引进外商投资先进技术企业和产品出口企业，发展外向型经济，制定本办法。

第二条 本办法所称成片开发是指：在取得国有土地使用权后，依照规划对土地进行综合性的开发建设，平整场地、建设供排水、供电、供热、道路交通、通信等公用设施，形成工业用地和其他建设用地条件，然后进行转让土地使用权、经营公用事业；或者进而建设通用工业厂房以及相配套的生产和生活服务设施等地面建筑物，并对这些地面建筑物从事转让或出租的经营活动。

成片开发应确定明确的开发目标，应有明确意向的利用开发后土地的建设项目。

第三条 吸收外商投资进行成片开发的项目，应由市、县人民政府组织编制成片开发项目建议书（或初步可行性研究报告，下同）。

使用耕地一千亩以下、其他土地二千亩以下，综合开发投资额在省、自治区、直辖市人民政府（包括经济特区人民政府或者管理委员会，下同）审批权限内的成片开发项目，其项目建议书应报省、自治区、直辖市人民政府审批。

使用耕地超过一千亩、其他土地超过二千亩，或者综合开发投资额超过省、自治区、直辖市人民政府审批权限的成片开发项目，其项目建议书应经省、自治区、直辖市人民政府报国家计划委员会审核和综合平衡后，由国务院审批。

第四条 外商投资成片开发，应分别依照《中华人民共和国中外合资经营企业法》、《中华人民共和国中外合作经营企业法》、《中华人民共和国外资企业法》的规定，成立从事开发经营的中外合资经营企业，或者中外合作经营企业，或者外资企业（以下简称开发企业）。

开发企业受中国法律的管辖和保护，其一切活动应遵守中华人民共和国的法律、法规。

开发企业依法自主经营管理，但在其开发区域内没有行政管理权。开发企业与其他企业的关系是商务关系。

国家鼓励国营企业以国有土地使用权作为投资或合作条件，与外商组成开发企业。

第五条 开发企业应依法取得开发区域的国有土地使用权。

开发区域所在的市、县人民政府向开发企业出让国有土地使用权，应依照国家土地管理的法律和行政法规，合理确定地块范围、用途、年限、出让金和其他条件，签订国有土地使用权出让合同，并按出让国有土地使用权的审批权限报经批准。

第六条 国有土地使用权出让后，其地下资源和埋藏物仍属于国家所有。如需开发利用，应依照国家有关法律和行政法规管理。

第七条 开发企业应编制成片开发规划或者可行性研究报告，明确规定开发建设的总目标和分期目标，实施开发的具体内容和要求，以及开发后土地利用方案等。

成片开发规划或者可行性研究报告，经市、县人民政府审核后，报省、自治区、直辖市人民政府审批。审批机关应就有关公用设施建设和经营，组织有关主管部门协调。

第八条 开发区域在城市规划区范围内的，各项开发建设必须符合城市规划要求，服从规划管理。

开发区域的各项建设，必须符合国家环境保护的法律、行政法规和标准。

第九条 开发企业必须在实施成片开发规划，并达到出让国有土地使用权合同规定的条件后，方可转让国有土地使用权。开发企业未按照出让国有土地使用权合同规定的条件和成片开发规划的要求投资开发土地的，不得转让国有土地使用权。

开发企业和其他企业转让国有土地使用权，或者抵押国有土地使用权，以及国有土地使用权终止，应依照国家土地管理的法律和行政法规办理。

第十条　开发企业可以吸引投资者到开发区域投资，受让国有土地使用权，举办企业。外商投资企业应分别依照《中华人民共和国中外合资经营企业法》、《中华人民共和国中外合作经营企业法》、《中华人民共和国外资企业法》的规定成立。

在开发区域举办企业，应符合国家有关投资产业政策的要求。国家鼓励举办先进技术企业和产品出口企业。

第十一条　开发区域的邮电通信事业，由邮电部门统一规划、建设与经营。也可以经省、自治区、直辖市邮电主管部门批准，由开发企业投资建设，或者开发企业与邮电部门合资建设通信设施，建成后移交邮电部门经营，并根据双方签订的合同，对开发企业给予经济补偿。

第十二条　开发企业投资建设区域内自备电站、热力站、水厂等生产性公用设施的，可以经营开发区域内的供电、供水、供热等业务，也可以交地方公用事业企业经营。公用设施能力有富余，需要供应区域外，或者需要与区域外设施联网运行的，开发企业应与地方公用事业企业按国家有关规定签订合同，按合同规定的条件经营。

开发区域接引区域外水、电等资源的，应由地方公用事业企业经营。

第十三条　开发区域地块范围涉及海岸港湾或者江河建港区段的，岸线由国家统一规划和管理。开发企业可以按照国家交通主管部门的统一规划建设和经营专用港区和码头。

第十四条　开发区域内不得从事国家法律和行政法规禁止的经营活动和社会活动。

第十五条　以举办出口加工企业为主的开发区域，需要在进出口管理、海关管理等方面采取特殊管理措施的，应报经国务院批准，由国家有关主管部门制定具体管理办法。

第十六条　开发区域的行政管理、司法管理、口岸管理、海关管理等，分别由国家有关主管部门、所在的地方人民政府和有管辖权的司法机关组织实施。

第十七条　香港、澳门、台湾地区的公司、企业和其他经济组织或者个人投资从事成片开发，参照本办法执行。

第十八条　本办法自发布之日起在经济特区、沿海开放城市和沿海经济开放区范围内施行。

国务院办公厅转发国务院住房制度改革领导小组关于全面推进城镇住房制度改革意见的通知

(1991年11月23日)

国务院住房制度改革领导小组《关于全面推进城镇住房制度改革的意见》,已经国务院同意,现转发给你们,请结合实际情况贯彻执行。

关于全面推进城镇住房制度改革的意见(摘要)

为了落实七届全国人大四次会议通过的《中华人民共和国国民经济和社会发展十年规划和第八个五年计划纲要》中有关改善居民居住条件的要求,继续积极稳妥地进行城镇住房制度改革,经全国住房制度改革工作会议认真讨论,现就全面推进城镇住房制度改革提出以下意见:

一、城镇住房制度改革的总目标

城镇住房制度改革是经济体制改革的重要组成部分,其根本目的,是要缓解居民住房困难,不断改善住房条件,正确引导消费,逐步实现住房商品化,发展房地产业。按照社会主义有计划商品经济的要求,从改革公房低租金制度着手,将现行公房的实物福利分配制度逐步转变为货币工资分配制度,由住户通过商品交换(买房或租房),取得住房的所有权或使用权,使住房这种特殊商品进入消费品市场,实现住房资金投入产出的良性循环。

二、城镇住房制度改革的分阶段目标

(一)"八五"计划期间的目标。以改变低租金、无偿分配为基本点,公房租金计租标准力争达到实现简单再生产的三项因素(维修费、管理费、折旧费)的水平,逐步增加家庭收入中住房消费支出的比重;紧紧围绕"解危"、"解困",重点解决危险住房和人均居住面积在三至四平方米以下的住房困难户以及无房户的住房问题,使人均居住面积达到七点五平方米,住房成套率达到40%至50%;房改方案正式出台的城市,要建立城市、单位和个人三级住房基金,并使之合理化、固定化、规范化,保证住房建设有稳定的资金来源,通过改革奠定机制转换的基础。

(二)十年目标。到二〇〇〇年,公房租金计租标准要努力达到包括五项因素(维修费、管理费、折旧费、投资利息和房产税)的成本租金水平;住房成套率达到60%至70%,城镇人均居住面积达到八平方米,群众居住条件和居住环境得到明显改善;发展房地产市场,建立和健全住房资金的融资体系,加速机制的转换,初步实现住房建设资金投入产出的良性循环。

(三)长期目标。住房租金计租标准要达到包括八项因素(在前述五项因素基础上再增加土地使用费、保险费和利润)的商品租金水平;住房成套率大大提高,每户有一套舒适的住房;健全房地产市场,完善住房融资体系,完成住房商品机制的转换,实现住房商品化、社会化。

三、城镇住房制度改革的基本原则

（一）坚持国家、集体、个人三者共同负担的原则。在保持现有建房资金渠道的前提下，增加个人在住房建设投资中的比重。

（二）坚持租、售、建并举的原则，形成一个提高租金、促进售房、回收资金、推动建房的良性循环。

（三）坚持在统一政策下因地制宜、分散决策的原则。全国房改的目标方向是一致的，但各地房改的步骤、办法和措施不能一刀切，要在国务院有关文件规定的统一政策下，因地制宜、分散决策，分步实施。

（四）坚持机制转换的原则。首先，要改变现行资金分配体制，把住房资金从作为积累形式的计划实物分配变为消费形式的商品交换分配，把住房基金逐步纳入正常渠道，使目前实际用于职工建房、修房的大量暗补资金转化为明补资金，并逐步纳入职工工资；其次，要把现行的住房作为固定资产投资的计划管理体制变为住房作为商品生产投资的指导性计划管理体制；再次，要通过财政、税收、工资、金融、物价、房产管理和土地使用制度等方面的配套改革，在理顺目前围绕住房所发生的各种资金渠道的基础上建立住房基金，逐步形成能够实现住房资金良性循环的运行机制；最后，要通过调整产业结构，开放房地产市场，发展房地产金融和房地产业，把包括住房在内的房地产开发、建设、经营、服务纳入整个社会主义有计划商品经济的循环体系。

四、城镇住制度改革中的有关政策问题

住房制度改革涉及面广、政策性强，是一项长期的工作。需要重申和进一步明确的有关政策是：

（一）提租与补贴问题。合理调整公房租金是住房制度改革的核心环节。提高房租要着眼于租售比价的合理化；提租次数和提租幅度由各地根据物价指数控制目标和群众承受能力等因素统筹安排。各地要坚持“多提少补”的原则，一些地区在理顺租金、小幅度提租的前提下也可以不补。明后两年，对出租公房的租金按统一标准进行调整，这个标准至少要包含两项因素，有条件的应争取达到三至五项因素；同时，应把计算租金标准和补贴所依据的各项参数统一在一九九〇年底实际发生的水平。

（二）售房问题。向居民个人出售新旧公房是推行住房商品化的基本措施之一。出售公房的价格要合理，既要考虑到职工的购买能力，又不能定得过低。住房价格区分为标准价和市场价，标准价包括住房本身的建筑造价以及征地和拆迁补偿费。在起步阶段，为鼓励群众买房，按标准价计价时，征地和拆迁补偿费暂可以考虑由单位适当负担。出售公有住房的价格，要经评估机构评估，国有资产、房地产和物价管理部门核定，报所在省、自治区、直辖市人民政府审查批准，严禁以过低的价格出售公有住房。按市场价格出售的住房，出售对象主要是高收入者，要按体现国家宏观调控的原则定价。要重视降低住房造价，把不应摊入住房建设的费用划分出来。对拆迁户的安置用房应按国务院有关规定，结合住房制度改革，以合理价格有偿提供。要加强公房售后维修、管理和服务。

（三）新房新制度问题。对从一九九二年起投入使用的新房，全面贯彻先卖后租、新房新租、有偿租房的原则。租金要在贯彻“多提少补”的原则下较大幅度地提高。对新房交纳租赁保证金或认购住房债券，要作出适合于本地区情况的具体规定。新房实施的住房券资金来源，企业可进入成本，机关、事业单位可列入财政经费预算。

（四）住房基金问题。为了建立城市、单位和个人三级住房基金，要把基建投资中的住房投资划出来，并把住房的修缮拨款固定下来，划入城市住房基金；把企业用于生产和住房消费的资金分列，使企业住房基金规范化；并通过逐步提高公房租金、收取租赁保证金、发行住房债券、组织住房储蓄等形式，增大个人筹资在住房投资中的比重。各级人民政府要切实做好住房资金筹集和转化工作，凡是房改方案出台的城市，都要把住房基金建立起来，并把基金管好用活。公积金是建立个人住房基金的有效方式，各地区要紧密联系各地区的特点和经济能力，正确引导，逐步推行。

（五）住房金融问题。要逐步建立集中调度、统筹使用、可供融通的住房信贷资金，使资金有借有还、有偿使用、滚动循环。要办好抵押贷款，使分散、分期实现的居民家庭收入，能适应集中、一次性支付的住房购置的需求；住房建设单位要通过住房的出售尽快收回投资，投入建新房，加快资金周转。在住房金融管理体制上，要区别政策性信贷和经营性信贷。政策性业务要划分出专项资金来源，建立房改信贷基金，单独核算、自主经营、自负盈亏、自求平衡、就地完税，国家在计划安排、信贷规模、利率、税收等方面给予优惠。经营性业务要充分发挥各金融机构的积极性，按现行规定拓展房地产开发信贷业务。继续开展职工购房保险配套工作。有的地区成立了住房储蓄银行，要继续积极探索、总结经验。

（六）住房投资和建设体制问题。住房投资和建设体制的改革，就是把现行由国家、企业统包的住房投资体制，转换成国家、集体、个人三方面共同负担的住房投资体制。各地政府应大力支持单位或个人的集资、合作建房，特别是结合“解危”、“解困”进行的集资、合作建房。计划、金融、财政、税收、城建、规划、土地等有关部门应该积极配合、支持，通过减免税费等扶持政策，努力降低建房造价。要正确引导和改革现行房产开发的建设体制，确立政府对住房价格的有效调控和制约机制。要形成指令性和指导性计划相结合的住房建设计划管理体制，除指令性计划安排的住房建设外，对个人集资与合作建房的部分可以不受规模的控制，实行指导性计划。

（七）住房管理问题。各地可以采取逐步引导、渐进过渡的办法，逐步实现公有住房的社会化管理。先在企业内部实行分离，把对消费性住房的管理从以往的与生产性房产的混合管理中分离出来，专项核算，自成体系，独立经营。再以信托方式把这部分住房委托给由社区组织的，或由若干企业单位的房产部门合并而成的经济实体进行具体经营管理。

（八）住房权属问题。职工购买公有住房，在国家规定标准面积以内的，实行标准价。购房后拥有部分产权，即占有权和使用权、有限处分权和收益权；可以继承，可以在购房五年以后进入市场出售或出租，原产权单位有优先购买权和租用权。售房收入扣除有关税费后所得收益，按政府、单位、个人的产权比例进行分配。职工拥有部分产权的住房，在自用和自住时受到法律的保护；按标准价购买的住房投放市场时，则受到法律的约束，不得高价出售或出租。各地在推行按标准价和部分产权原则出售公房时，要结合本地实际，拟定公房出售后的产权管理办法，把公房出售继续推行下去。

（九）房地产市场问题。在房地产市场的推进过程中，要加强法制建设，建立法规体系，把房地产市场纳入法制轨道。既要形成一个以传递信息、促成交易、余缺互补的交易场所，又要严格交易程序，严格交易人的资格审查，打击非法倒买倒卖行为。要搞好房地产的价格评估和价格调节，保护合法收入，调节过高收入，取缔非法收入，形成一个可调控的住房出租、出售、交换和抵押的房地产市场。

（十）条块、点面关系问题。中央和国务院各部门要积极支持所属企事业单位进行房改，地方政府也要适当照顾到各部门的特点。试点地区和单位要继续先行改革，摸索经验。对于不同市、县，不同单位在提租补贴等方面出现的交叉和辐射问题，要坚持后改的支持先改的，改革步子小的支持改革步子大的。

（十一）房改中的减免补问题。住房制度改革中对低收入职工、离退休职工、政府民政部门确定的社会救济户和非在职的优抚户等，在一定时期内可以实行减免补政策。各地要严格控制减免补的范围。

（十二）机关干部要在统一政策下参加房改，并要以身作则，起表率作用。

五、城镇住房制度改革明后两年的总体部署

各省、自治区、直辖市要根据党中央、国务院提出的“八五”计划期间“要积极推进住房制度改革”和“住房制度改革要统筹规划、因地制宜、分类指导、稳步向前推进”的要求，按照房改的统一目标、统一政策和基本原则，从实际出发，制定切实可行的房改总体方案，选择适合本地实际情况的起步方式，抓住有利时机，有计划地在明后两年内分期分批地实行住房制度改革。

建议直辖市、各省会（自治区首府）城市、沿海城市和有条件的城镇在一九九二年底以前率先进行全面配套的住房制度改革；其余的城市和城镇凡是有条件的，力争在一九九二年底以前起步。

已经进行住房制度改革试点的城镇、企事业单位要按既定政策、原则和办法继续推行改革。

各省、自治区、直辖市的房改方案经国务院住房制度改革领导小组会同有关部门审查批准后实行。

六、加强对城镇住房制度改革工作的领导

住房制度改革的全面推开，是一项艰苦而细致的工作，直接关系到人民群众的切身利益。各级人民政府要高度重视和加强对这项工作的领导，领导同志要亲自抓房改工作，取得房改的直接经验。

要认真对群众进行宣传教育和解释工作，向群众说明改革的政策、方法和步骤，讲清改革中所出现的困难和问题，真心实意地听取群众意见，吸取群众智慧。

推进住房制度改革，必须正确处理局部与全局、当前与长远的关系，必须正确处理改革与稳定的关系，把住房制度改革纳入整个经济体制改革中去，结合企业、工资、价格、以及宏观调控体制的改革，统筹规划，协调配套地进行。同时要制定相应的法规，做到有法可依。

住房制度改革工作，要有强有力的领导班子和必要的人力来抓。要有规划、有安排。切实抓好干部的培训工作。

各级宣传部门要积极、准确地宣传房改政策，引导群众参与房改、支持房改。在起步以后，适当加大改革的份量，加快改革的步伐，不断总结经验，使住房制度改革顺利健康地发展。

财政部关于国有土地使用权有偿使用收入征收管理的暂行办法

（1992 年 9 月 21 日）

第一条　为了加强国有土地（以下简称土地）使用权有偿使用收入的征收管理，进一步完善土地使用制度改革，促进房地产市场的发展，根据《中华人民共和国城镇国有土地使用权出让和转让暂行条例》（以下简称《条例》），特制定本办法。

第二条　本办法适用于按法律规定在我国有偿转移土地使用权的中华人民共和国境内外的部门、公司、企业、其他组织和个人。

第三条　国有土地使用权有偿使用收入包括：

1. 土地出让金

各级政府土地管理部门将土地使用权出让给土地使用者，按规定向受让人收取的土地出让的全部价款（指土地出让的交易总额）；

土地使用期满，土地使用者需要续期而向土地管理部门缴纳的续期土地出让价款；

原通过行政划拨获得土地使用权的土地使用者，将土地使用权有偿转让、出租、抵押、作价入股和投资，按规定补交的土地出让价款。

2. 土地收益金（或土地增值费）

土地使用者将其所使用的土地使用权转让（含连同地面建筑物一同转让）给第三者时，就其转让土地交易额按规定比例向财政部门缴纳的价款；

土地使用者将其所使用的土地使用权出租（含连同地面建筑物一同出租）给其他使用者时，就其所获得的租金收入按规定比例向财政部门缴纳的价款。

第四条　土地使用权有偿使用收入归中央政府和地方政府所有，由财政部门统一负责征收管理。

土地出让金由土地管理部门代收代缴；土地收益金（或土地增值费）由房地产管理部门代收代缴。

第五条　土地管理部门和房地产管理部门应在次月五日前将收到的土地出让金和土地收益金（或土地增值费）上缴财政部门，其中：土地出让金总额的 5% 应上交中央财政，土地转让交易额和土地出租收入的 5% 应作为上交中央财政的土地收益金或土地增值费；对连同地面建筑物一同转让的土地使用权，应根据房产评估价格，经财政部门核定，在交易总额中扣除合理的住房价款，其余额的 5% 作为土地收益金或土地增值费上交中央财政。地方财政收取的土地出让金和土地收益金（或土地增值费）比例，由各省、自治区、直辖市和各计划单列市财政部门在核定合理的土地开发成本和住房价款的基础上，自行确定。

第六条　有关土地出让金和土地收益金的征收管理、财务管理等具体办法，由各省、自治区、直辖市和计划单列市财政部门自行制定。

第七条　土地管理部门和房地产管理部门在收取土地出让金和土地收益金时，必须使用由财政部门统一印制的国有土地使用权有偿使用收入缴款单；土地管理部门不得为有偿出让土地没有缴款的土地使用者发放或变更国有土地使用权证书；房地产管理部门不得为有偿转让土地没有缴款的土地使用者办理交易手续。

第八条　上交财政的土地使用权有偿使用收入，代缴人逾期不缴的，除令其限期补缴外，并收取滞纳金；每逾其一天，滞纳金为应缴收入 1—3‰。

第九条　市、县人民政府土地管理部门对未补办出让手续而擅自转让、出租、抵押原行政划拨土地使用权的单位和个人所处以的罚没收入，按现行规定全部上交财政。

第十条　外国投资者为获取土地使用权所付土地出让（或转让）价款，需用外汇支付；港、澳、台商一般应用外汇支付，如确有困难，也可用人民币结算。外汇结算根据中国银行人民币外汇牌价换算人民币。

第十一条　自本办法发布之日起，凡以前未经国务院和财政部批准的土地有偿使用收益一律停止征收，并禁止以非货币方式支付土地使用权有偿使用收入。

第十二条　土地使用权转移后，除另有规定外，土地使用者仍必须按现行的有关法律缴纳各项税费。

第十三条　各省、自治区、直辖市和各计划单列市财政部门可依照本办法制定实施细则，并报财政部备案。

第十四条　本办法由财政部负责解释。

第十五条　本办法自发布之日起实行。凡财政部以前颁布的有关规定与此相抵触的， 律按本办法执行。

财政部关于国有土地使用权有偿使用收入若干财政问题的暂行规定

（1992 年 9 月 21 日）

为了加强国有土地（以下简称土地）使用权有偿使用收入的财务管理，根据《中华人民共和国城镇国有土地使用权出让和转让暂行条例》（以下简称《条例》）和《关于国有土地使用权有偿使用收入征收管理的暂行办法》（以下简称《暂行办法》），制定本规定。

一、本规定适用于按《暂行办法》取得土地使用权有偿使用收入的部门、公司、企业、其他组织和个人。

二、经财政部门核定，土地管理部门可以从其代收的土地出让金中提取土地出让业务费，提取比例不得超过土地出让金的 2%。

经财政部门核定，房地产管理部门可以从其代收的土地收益金或土地增值费中提取土地收益业务费，提取比例不得超过土地收益金或土地增值费的 2%。

三、土地管理部门按规定提取的土地出让业务费，应按如下范围使用：

1. 为开展土地有偿使用工作所支付的调查研究费、办公用品费；

2. 对有偿使用的土地地域内的勘探设计费；

3. 对土地价格进行评估所需费用；

4. 为开展土地有偿使用工作所支付的广告宣传费、咨询费；

5. 土地出让、转让给外商过程中的外方中介人佣金；

6. 土地在进行出让、转让（拍卖、招标等）时所付出的场地租金；

7. 进行土地有偿使用工作的土地业务人员培训费；

8. 查处未补办出让手续而擅自转让、出租、抵押原属行政划拨土地使用权的单位和个人所发生的开支。

在上述土地出让业务费使用范围中，除第 2 项和第 3 项外，其它各项均适用于房地产管理部门按规定提取的土地收益业务费使用范围。

四、土地管理部门提取的土地出让业务费和房地产管理部门提取的土地收益业务费，执行行政事业单位预算外资金管理办法。

五、土地使用者将土地使用权作价入股或投资时补交的土地出让金，由土地使用者用自有资金支付。

六、上缴地方财政的国有土地使用权有偿使用收入，作为地方的预算固定收入；上缴中央财政的国有土地使用权有偿使用收入，作为中央财政的固定收入；专项用于城市建设和土地开发。

“1992 年国家预算收入科目”第十二类“其他收入类”中第 242 款“国有土地使用权有偿出让收入”改为“国有土地使用权有偿使用收入”，该“款”下设四个“项”级科目，即“土地出让金（中央固定）”、“土地出让金（地方固定）”、“土地收益金或土地增值费（中央固定）”、“土地收益金或土地增值费（地方固定）”。按规定征收的国有土地使用权有偿使用收入，根据规定的预算级次，分别归入本“款”各“项”级科目反映。

原“1992 年国家预算支出科目”第二十六类“其他支出类”中第 278 款“城市土地开发建设支出”不变。

七、上缴中央财政的土地使用权有偿使用收入，根据国发（1989）38 号文件和财政部发（89）财综字第 94 号文件的有关规定，由中央财政专项用于城市土地开发建设，具体可由地方逐项申报具体开发项目所需费用，由中央财政专项核拨。

八、对留给企业的土地使用权有偿使用收入，作为企业营业外收入，应照章纳税。

对留归行政事业单位的土地使用权有偿使用收入，执行预算外资金管理办法。

九、国有土地使用权有偿使用收入中的外汇收入按外汇额度，上交中央财政40%，留地方财政60%。如在土地开发过程中，确有必不可少的外汇支出，由城市土地开发建设管理部门申报财政部门，由财政部门核拨。

十、各级土地管理部门、房地产管理部门和城市土地开发建设管理部门应向同级财政部门报送土地使用权有偿使用收入和支出季度报表，季度报表于季度终了后十日内报送同级财政部门，一式二份。

十一、各省、自治区、直辖市和各计划单列市财政部门应向财政部报送土地使用权有偿使用收入和支出季度报表，季度报表于季度终了后二十日内报送财政部。

十二、国有土地使用权有偿使用收入和支出的会计制度，由财政部另行制定。

十三、各省、自治区、直辖市和各计划单列市可依照本规定制定实施细则，并报财政部备案。

十四、本规定由财政部负责解释。

十五、本规定自发布之日起实行。凡财政部以前颁布的有关规定与此相抵触的，一律按本规定执行。

国务院关于发展房地产业若干问题的通知

(1992年11月4日)

房地产业在我国是一个新兴产业，是第三产业的重要组成部分，随着城镇国有土地有偿使用和房屋商品化的推进，将成为国民经济发展的支柱产业之一。加快发展房地产业，对于提高土地既是资源又是资产的认识，促进土地的节约和合理利用，对政府筹集建设资金，加快城市建设和经济发展，都具有重要作用。为了推动房地产业的健康发展，现就有关问题通知如下：

一、进一步深化土地使用制度改革

要逐步扩大城镇国有土地有偿有限期使用范围。目前，除对国家投资的党政军机关、行政事业单位办公用房、住宅建设用地，公共设施、公用事业和国营工业等建设用地，继续采用划拨方式供应外，其他新增建设用地，首先是商业、金融、旅游、服务业、商品房屋和涉外工程建设用地，要逐步采用土地使用权有偿有限期出让的办法。对外开放城市及地区土地使用制度改革的步子可适当加快。

城镇国有土地使用权的出让，必须严格执行《中华人民共和国城镇国有土地使用权出让和转让暂行条件》。出让土地使用权一定要与建设项目相结合，不要盲目地成片出让土地使用权。出让土地使用权的审批权限不得层层下放。

集体所有土地，必须先行征用转为国有土地后才能出让。农村集体经济组织以集体所有的土地资产作价入股，兴办外商投资企业和内联乡镇企业，须经县级人民政府批准，但集体土地股份不得转让。

二、积极推行土地使用权出让集中管理的办法

城镇国有土地使用权的出让，由县级以上人民政府代表国家依法行使使用出让权，以规划为前提，统一规划、统一征用、统一开发、统一管理、统一出让。城镇国有土地的出让和使用，必须符合城镇规划的要求。城镇总体规划应能指导土地的开发，详细规划应能为出让土地提供足够的依据。土地使用者应当按照城镇规划和土地使用权出让合同规定的要求，开发、利用、经营土地。

为了节约和合理利用土地资源，防止出现供求失调、竞相压价、收益流失的现象，各级人民政府要加强使用权出让的计划性。所有出让的土地，包括地块数、用地面积等都要纳入规划和计划，做到有计划出让。土地使用权出让的计划，按现行土地利用计划编制程序进行。

各级人民政府要切实加强对城乡土地的统一和集中管理，严格按照国家的法律、法规和文件审批、办理建设用地手续。国务院重申：不论开发区或非开发区，凡行政划拨、有偿出让的建设用地，耕地一千亩以上，其他土地二千亩以上的，必须依照有关法规报国务院审批。对违反法律、法规和文件及本通知规定的行为，应立即予以纠正，并按有关规定补办建设用地审批手续。

三、合理确定地价，提高土地利用效益

要根据土地不同的区位、使用性质、容积率、级差收益和供求状况等因素，由政府组织的评估机构合理确定基准地价，使之与本地区的经济发展以及宏观调控的要求相适应。土地使用权出让价格，要以基准地价为依据，并体现国家产业政策。城镇住宅建设用地价格，随着住宅商品化的推进，按照涉外商品房、商品房、微利房、福利房的性质实行不同价格。

四、加强开发区的审批和土地出让管理

设立经济、科技、工业等各类开发区，要进行充分论证，然后报国务院或省、自治区、直辖市人民政府审批。乡镇一级不设立开发区，但可以搞工业和乡镇企业集中连片开发。各地在制定开发区和招商的优惠政策时，不得超越国家有关规定的权限。开发区经政府批准后，再进行土地开发和出让。土地出让和开发要按照合理布局、节约用地的原则，尽量利用荒地，严格控制占用耕地。

五、加强土地使用权出让合同的管理

出让方和受让方要按规定的程序签订土地使用权出让合同。土地使用权出让的合同里，必须明确规定土地使用权出让年限、土地用途、投资开发期限、在规定期限内的开发程度、土地出让金额和支付方式等。如不能按期开发、不按规定用途使用，或土地闲置时间超过两年者，县级以上人民政府有权依法收回土地使用权。

六、加强对划拨土地使用权的管理

凡通过划拨方式取得的土地使用权，政府不收取地价补偿费，不得自行转让、出租和抵押；需要对土地使用权进行转让、出租、抵押和连同建筑物资产一起进行交易者，应到县级以上人民政府有关部门办理出让和过户手续，补交或者以转让、出租、抵押所获收益抵交土地使用权出让金。

七、继续深化城镇居民住房制度改革

要按照房屋商品化的原则，多方筹集建设资金，使住房的建设、分配、交换、消费进入良性循环。要运用经济调控手段，努力保持住房市场价格的相对稳定。各地要把解决城镇居民住房，特别是困难户的住房问题，作为房地产开发工作中的一项重要任务。认真搞好福利房、微利房和商品房的建设，加快危房的改造。加强综合开发，配套建设。通过住房制度改革，促进房地产业的发展，满足人民群众对住房的需求。

八、完善房地产开发的投资管理

房地产开发建设投资是固定资产投资的一个组成部分，必须纳入国家固定资产投资总规模(外商投资除外)。在计划管理上，要适应改革开放的新形势，不断加以改进，做到既有利于宏观调控，又有利于微观搞活。为了促进房地产业的发展，今后，凡地方自筹资金用于房地产开发的项目，一律由省、自治区、直辖市及计划单列市人民政府自行审批。允许各专业银行发放房地产开发贷款。银行贷款规模、发行债券额度等要列入信贷计划、证券计划和投资计划，实行总量控制。

九、正确引导外商对房地产的投资

外商投资房地产开发经营可弥补我国投资的不足，并可引进竞争机制。要按照国务院《外商投资开发经营成片土地暂行管理办法》等规定，引导外商结合建设项目进行房地产开发。要正确引导投资方向，使其主要投向与我国规定的鼓励类引进项目相配套的房地产开发，以及高难度高档次的房地产开发项目。

十、建立和培育完善的房地产市场体系

在房地产交易中应充分运用竞争机制。房地产一级市场即土地使用权的出让，要在城市总体规划指导下，尽量通过招标、拍卖等方式进行，减少协议出让，房地产二级市场即土地使用权出让后的房地产开发经营和三级市场即投入使用后的房地产交易，以及抵押、租赁等多种经营方式，要在国家宏观管理下，放开搞活，实行市场调节。土地使用权的转让和房产所有权的转移(包括涉外房地产)，必须依照规定到当地房地产市场管理部门办理过户手续。要建立与房地产市场配套的服务体系，建立房地产交易的中介服务代理机构、房地产价格评估机构和对市场纠纷的仲裁机构等，逐步形成规范、公开、有序的房地产市场。

十一、提高房地产开发企业的素质，严格资质审批

所有从事房地产开发经营的中、外资企业，都必须经过严格的资质审批。全民所有制房地产开发企业要通过贯彻国务院《全民所有制工业企业转换经营机制条例》，积极进行经营机制的转换。所有行政单位兼有房地产经营业务的，必须实行政企分开。各级政府部门都要转变管理职能，不直接干预企业的经营活动，不搞地方保护主义，简化各种办事手续，积极为企业服务。

十二、加强土地有偿使用收入的征收管理

目前，土地有偿使用收入(包括土地出让和房地产增值收益)的具体征收管理办法，由财政部依法制定。为防止房地产增值收益过多流向企业和个人，要逐步开征房地产增值税，把房地产增值收益中应当归国家所有的部分，通过税收的形式收归国有。房地产增值收益中的大部分目前可由地方人民政府掌握，连同现行的土地出让收益、城镇土地使用税、场地占用费一起，作为专项基金，主要用于城市基础设施建设、土地开发和发展农业。

十三、加强房地产业和法制建设

要从我国国情出发，逐步建立健全房地产法律体系。各地人民政府可按照现有的有关法规，根据本地的实际情况，先制定一些地方性法规。房地产业的干部、职工，要努力学习和掌握房地产开发经营的知识，熟悉有关法规，做到有法必依，依法办事。

十四、加强对房地产业的领导

我国房地产业的领导和管理体制，还处于探索阶段。各地人民政府可按照国务院的现行部门分工和本地具体情况，根据加强领导、统一管理、分工负责的原则，自行确定管理机构，不要求与中央的机构对口设置。要不断总结经验，积极探索，逐步形成有效、合理的房地产业管理体制。

建设部关于城市国有土地使用权出让转让规划管理办法

（1992 年 12 月 4 日）

第一条　为了加强城市国有土地使用权出让、转让的规划管理，保证城市规划实施，科学、合理利用城市土地，根据《中华人民共和国城市规划法》、《中华人民共和国土地管理法》、《中华人民共和国城镇国有土地使用权出让和转让暂行条例》和《外商投资开发经营成片土地暂行管理办法》等制定本办法。

第二条　在城市规划区内城市国有土地使用权出让、转让必须符合城市规划，有利于城市经济社会的发展，并遵守本办法。

第三条　国务院城市规划行政主管部门负责全国城市国有土地使用权出让、转让规划管理的指导工作。

省、自治区、直辖市人民政府城市规划行政主管部门负责本省、自治区、直辖市行政区域内城市国有土地使用权出让、转让规划管理的指导工作。

直辖市、市和县人民政府城市规划行政主管部门负责城市规划区内城市国有土地使用权出让、转让的规划管理工作。

第四条　城市国有土地使用权出让的投放量应当与城市土地资源、经济社会发展和市场需求相适应。土地使用权出让、转让应当与建设项目相结合。城市规划行政主管部门和有关部门要根据城市规划实施的步骤和要求，编制城市国有土地使用权出让规划和计划，包括地块数量、用地面积、地块位置、出让步骤等，保证城市国有土地使用权的出让有规划、有步骤、有计划地进行。

第五条　出让城市国有土地使用权，出让前应当制定控制性详细规划。

出让的地块，必须具有城市规划行政主管部门提出的规划设计条件及附图。

第六条　规划设计条件应当包括：地块面积，土地使用性质，容积率，建筑密度，建筑高度，停车泊位，主要出入口，绿地比例，须配置的公共设施、工程设施，建筑界线，开发期限以及其他要求。

附图应当包括：地块区位和现状，地位座标、标高，道路红线座标、标高，出入口位置，建筑界线以及地块周围地区环境与基础设施条件。

第七条　城市国有土地使用权出让、转让合同必须附具规划设计条件及附图。

规划设计条件及附图，出让方和受让方不得擅自变更。在出让、转让过程中确需变更的，必须经城市规划行政主管部门批准。

第八条　城市用地分等定级应当根据城市各地段的现状和规划要求等因素确定。土地出让金的测算应当把出让地块的规划设计条件作为重要依据之一。在城市政府的统一组织下，城市规划行政主管部门应当和有关部门进行城市用地分等定级和土地出让金的测算。

第九条　已取得土地出让合同的，受让方应当持出让合同依法向城市规划行政主管部门申请建设用地规划许可证。在取得建设用地规划许可证后，方可办理土地使用权属证明。

第十条　通过出让获得的土地使用权再转让时，受让方应当遵守原出让合同附具的规划设计条件，并由受让方向城市规划行政主管部门办理登记手续。

受让方如需改变原规划设计条件，应当先经城市规划行政主管部门批准。

第十一条　受让方在符合规划设计条件外为公众提供公共使用空间或设施的，经城市规划行政主管部门批准后，可给予适当提高容积率的补偿。

受让方经城市规划行政主管部门批准变更规划设计条件而获得的收益，应当按规定比例上交城市政府。

第十二条　城市规划行政主管部门有权对城市国

有土地使用权出让、转让过程是否符合城市规划进行监督检查。

第十三条 凡持未附具城市规划行政主管部门提供规划设计条件及附图的出让、转让合同,或擅自变更的,城市规划行政主管部门不予办理建设用地规划许可证。

凡未取得或擅自变更建设用地规划许可证而办理土地使用权属证明的,土地权属证明无效。

第十四条 各级人民政府城市规划行政主管部门,应当对本行政区域内的城市国有土地使用权出让、转让规划管理情况逐项登记,定期汇总。

第十五条 城市规划行政主管部门应当深化城市土地利用规划,加强规划管理工作。城市规划行政主管部门必须提高办事效率,对申领规划设计条件及附图、建设用地规划许可证的,应当在规定的期限内完成。

第十六条 各省、自治区、直辖市城市规划行政主管部门可以根据本办法制定实施细则,报当地人民政府批准后执行。

第十七条 本办法由建设部负责解释。

第十八条 本办法自1993年1月1日起施行。

劳动就业服务企业管理规定

（1990年11月22日国务院发布）

第一章　总　则

第一条　为巩固和发展劳动就业服务企业，保障其合法权益，加强管理，促进城镇劳动就业工作的开展，制定本规定。

第二条　劳动就业服务企业是承担安置城镇待业人员任务、由国家和社会扶持、进行生产经营自救的集体所有制经济组织。

前款所称承担安置城镇待业人员任务，是指：

（一）劳动就业服务企业开办时，从业人员中60%以上（含60%）为城镇待业人员；

（二）劳动就业服务企业存续期间，根据当地就业安置任务和企业常年生产经营情况按一定比例安置城镇待业人员。

本规定所称城镇待业人员，是指城镇居民中持有待业证明的未就过业的人员和曾就过业又失业的人员。

第三条　国家对劳动就业服务企业实行扶持政策，鼓励社会各方面依法扶持兴办各种形式的劳动就业服务企业。

各级人民政府及其行业主管部门应当重视和加强对劳动就业服务企业的领导，把巩固和发展劳动就业服务企业作为解决城镇就业问题的重要途径，将其纳入国民经济和社会发展计划，促进城镇劳动就业工作的开展。

第四条　国家对劳动就业服务企业给予下列税收优惠：

（一）新开办的劳动就业服务企业免征所得税2至3年；

（二）免税期满后，继续承担安置城镇待业人员任务并达到一定比例的，享受相应的减免税优惠；

（三）适当调低劳动就业服务企业所得税的税率。

上述税收优惠的具体实施办法，由国家税务局商劳动部等有关部门制定。

第五条　国家在开办条件、物资供应、固定资产和流动资金贷款等方面对劳动就业服务企业予以支持和照顾。

第六条　国家保护劳动就业服务企业的合法权益。禁止任何机关和单位非法改变劳动就业服务企业的集体所有制性质、干预企业自主权和向企业平调或者摊派人力、物力和财力。

第七条　劳动就业服务企业必须贯彻执行国家的方针、政策和法律、法规，坚持社会主义方向，坚持以安置待业人员为主、安置效益和经济效益相结合的原则。

第二章　政府对劳动就业服务企业的管理

第八条　开办劳动就业服务企业，须经审批机关批准，并经同级工商行政管理机关核准登记，领取《企业法人营业执照》或者《营业执照》后始得经营。

前款所称审批机关批准是指：

（一）有主办或者扶持单位的劳动就业服务企业，经主办或者扶持单位的主管部门审查同意，由同级劳动部门认定其劳动就业服务企业的性质；

（二）待业人员自筹资金开办的劳动就业服务企业，由当地县（区）以上劳动部门批准。

劳动就业服务企业应当在核准登记的经营范围内从事生产经营活动。

第九条　各级人民政府的劳动部门对本地区劳动就业服务企业的职责是：

（一）指导和监督劳动就业服务企业贯彻执行国家有关方针、政府和法律、法规；

（二）规定劳动就业服务企业的地区发展规划；

（三）根据国家有关规定，运用就业经费和生产扶持基金，推动劳动就业服务企业的发展，扩大其安置待业人员的能力；

（四）开展技术培训，开辟物资渠道，组织技术咨询和信息交流，为劳动就业服务企业提供服务；

（五）指导劳动部门所属的劳动就业服务企业的管理活动及其干部的管理和培养工作，开展评选先进集体和个人的活动；

（六）省、自治区、直辖市（含计划单列市，下同）人民政府的劳动部门组织本地区的劳动就业服务企业开展产品评优、企业升级的工作。

各级劳动部门的就业服务机构，按照国务院和省、自治区、直辖市人民政府的规定，可以承担上款各项的有关具体工作。

第十条 各行业主管部门对本部门劳动就业服务企业的职责是：

（一）指导和监督劳动就业服务企业贯彻执行国家有关方针、政策和法律、法规；

（二）制定劳动就业服务企业的部门发展规划，协助企业筹措发展资金；

（三）协调劳动就业服务企业与部门内各有关方面的关系；

（四）开展技术培训，为劳动就业服务企业提供咨询，组织物资、生产、技术等信息交流；

（五）帮助劳动就业服务企业进行新产品鉴定和科研成果鉴定；

（六）指导本部门所属的劳动就业服务企业的干部管理和培养工作，开展评选先进集体和个人的活动。

第三章 主办或者扶持单位与劳动就业服务企业的关系

第十一条 企业、事业单位、机关、团体、部队等主办或者扶持单位（简称主办或者扶持单位，下同）对所主办或者扶持开办的劳动就业服务企业的职责是：

（一）劳动就业服务企业开办时，为企业筹措开办资金，帮助企业办理审批和工商登记手续；

（二）为劳动就业服务企业安置待业人员提供一定的生产经营条件；

（三）协调劳动就业服务企业与各方的关系；

（四）在劳动就业服务企业兴办初期，指导企业制定管理制度，任用、招聘或者组织民主选举企业的厂长（经理）；

（五）尊重并维护劳动就业服务企业在人财物、产供销等方面的管理自主权；

（六）在平等互利、等价交换的原则基础上，同劳动就业服务企业开展生产经营和服务等方面的合作活动。

第十二条 主办或者扶持单位应当按照国家有关规定积极支持本单位职工到劳动就业服务企业担任生产经营和技术等方面的管理职务。

主办或者扶持单位的职工到劳动就业服务企业任职，应当逐步实行聘任制，由主办或者扶持单位、任职人员和劳动就业服务企业三方签订聘用合同；聘用合同应当以书面形式订立，其主要内容应当包括：

（一）聘用人员的职责；

（二）聘用人员的待遇；

（三）聘用期限；

（四）违约责任及其处理方法；

（五）三方认为应当规定的其他内容。

聘用合同一经依法订立即具法律约束力，三方均应当认真履行，不得擅自改变。

聘任期满后可以续聘。

聘用合同书应当报劳动就业服务企业主管部门和劳动部门备案。

第十三条 全民所有制的主办或者扶持单位的职工被劳动就业服务企业聘用后，仍保留其在原单位的全民所有制职工的身份和待遇。

聘用人员退休后回原单位领取退休金并享受退休人员的一切待遇。

第十四条 主办或者扶持单位对支持劳动就业服务企业的资金、设备等，应当坚持有偿使用原则：

（一）扶持资金（限于主办或者扶持单位的自有资金）可以作为借用款由劳动就业服务企业按双方约定分期归还，也可以依法作为投资参与劳动就业服务企业的利润分配；

（二）设备、工具等生产资料和厂房可以在合理作价的基础上由劳动就业服务企业一次或分期付清；主办或者扶持单位也可以采用出租形式，收取相当于折旧费的租金。

第四章 劳动就业服务企业的内部管理

第十五条 劳动就业服务企业实行民主管理。除下列情况外，劳动就业服务企业的内部管理按国家有关城镇集体所有制企业的法律、法规的规定执行：

（一）本规定第十一条（四）所规定的情况；

（二）以全民所用制企业为主办单位的劳动就业服

务企业，其厂长（经理）人选可以由主办单位提出，由主办单位和劳动就业服务企业共同确定。厂长（经理）实行任期制。在厂长（经理）任期内，无法定理由，主办单位和劳动就业服务企业均不得擅自对厂长（经理）予以罢免或调动。

第十六条　劳动就业服务企业可以实行多种形式的生产经营责任制，但任何一种生产经营责任制均应当以安置待业人员作为责任制的一项重要内容。

第十七条　劳动就业服务企业应当按照灵活方便、合同管理、骨干稳定、合理流动的原则，自主选择用工形式。

从业人员在劳动就业服务企业工作期间应当计算工龄。

第十八条　劳动就业服务企业根据自身情况可以有条件地适当安排全民所有制主办单位的富余人员在本企业就业。安置富余人员应当由劳动就业服务企业同全民所有制主办单位双方签订安置合同，合同内容由双方商定。

第十九条　劳动就业服务企业可以根据国家有关规定和企业经济效益，自主地确定适合本企业具体情况的工资和奖金的分配形式和办法。

第二十条　劳动就业服务企业对职工个人出资可以实行付息或者分红的办法。企业盈利，按一定比例付息或者分红；企业亏损，在弥补亏损之前，不得付息或者分红。付息或者分红的比例不得超过国家规定的最高限额。

第二十一条　由待业人员自筹资金开办的劳动就业服务企业，在企业具备偿还能力时，可以逐步偿还个人出资。

第二十二条　劳动就业服务企业应当建立养老保险制度并逐步建立待业保险制度。保险基金提取办法和保险项目按国家有关规定执行。

第二十三条　劳动就业服务企业应当执行国家有关财务制度和财经纪律，健全财务管理，接受国家有关主管部门的指导和监督。

第五章　法律责任

第二十四条　违反本规定第八条的规定，以劳动就业服务企业名义进行活动的，由工商行政管理机关根据国家有关规定给予行政处罚。

第二十五条　任何机关和单位违反本规定第六条的规定，非法改变劳动就业服务企业的集体所有制性质，干预企业自主权的，其上级主管部门应当予以纠正；向劳动就业服务企业平调或者摊派人力、物力、财力的，必须予以赔偿。对负有直接责任的主管人员和其他直接责任人员，由其主管部门根据情节轻重，给予行政处分；构成犯罪的，依法追究刑事责任。

第二十六条　劳动就业服务企业违反本规定有关企业领导人员的产生、罢免程序规定的，其主管部门应当予以纠正，并追究直接责任人员的行政责任。

劳动就业服务企业的主管部门或者主办、扶持单位违反本规定有关劳动就业服务企业领导人员产生、罢免程序规定的，其上一级主管部门或者主办、扶持单位的主管部门应当予以纠正，并追究直接责任人员的行政责任。

第六章　附　　则

第二十七条　除本规定有明文规定者外，劳动就业服务企业均应当执行国家有关城镇集体所有制企业的政策和法规。

第二十八条　省、自治区、直辖市人民政府和国务院各行业主管部门可以根据本规定并结合本地区、本部门的具体情况制定实施办法。

第二十九条　本规定由劳动部负责解释。

第三十条　本规定从发布之日起施行。

国务院关于企业职工养老保险制度改革的决定

（1991年6月26日）

我国企业职工的养老保险制度是五十年代初期建立的，以后在1958年和1978年两次作了修改。近年来，各地区适应经济体制改革的需要，又进行了以退休费用社会统筹为主要内容的改革，取得一定成效。按照国民经济和社会发展十年规划和第八个五年计划纲要的要求，在总结各地经验的基础上，国务院对企业职工养老保险制度改革作如下决定：

一、根据我国生产力发展水平和人口众多且老龄化发展迅速的情况，企业职工养老保险制度改革要处理好国家利益、集体利益和个人利益，目前利益和长远利益，整体利益和局部利益的关系，主要是对现行的制度办法进行调整、完善。考虑到各地区和企业的情况不同，各省、自治区、直辖市人民政府可以根据国家的统一政策，对职工养老保险作出具体规定，允许不同地区、企业之间存在一定的差别。

二、随着经济的发展，逐步建立起基本养老保险与企业补充养老保险和职工个人储蓄性养老保险相结合的制度。改变养老保险完全由国家、企业包下来的办法，实行国家、企业、个人三方共同负担，职工个人也要缴纳一定的费用。

三、基本养老保险基金由政府根据支付费用的实际需要和企业、职工的承受能力，按照以支定收、略有结余、留有部门积累的原则统一筹集。具体的提取比例和积累率，由省、自治区、直辖市人民政府经实际测算后确定，并报国务院备案。

四、企业和职工个人缴纳的基本养老保险费分别记入《职工养老保险手册》。

企业缴纳的基本养老保险费，按本企业职工工资总额和当地政府规定的比例在税前提取，由企业开户银行按月代为扣缴。企业逾期不缴，要按规定加收滞纳金。滞纳金并入基本养老保险基金。

职工个人缴纳基本养老保险费，在调整工资的基础上逐步实行，缴费标准开始时间可不超过本人标准工资的3%，以后随着经济的发展和职工工资的调整再逐步提高。职工个人缴纳的基本养老保险费，由企业在发放工资时代为收缴。

五、企业和职工个人缴纳的基本养老保险费转入社会保险管理机构在银行开设的“养老保险基金专户”，实行专项储存，专款专用，任何单位和个人均不得擅自动用。银行应按规定提取“应付未付利息”；对存入银行的基金，按其存期照人民银行规定的同期城乡居民储蓄存款利率计息，所得利息并入基金。积累基金的一部分可以购买国家债券。

地方各级政府要设立养老保险基金委员会，实施对养老保险基金管理的指导和监督。委员会由政府主管领导任主任，劳动、财政、计划、审计、银行、工会等部门的负责同志参加，办公室设在劳动部门。

六、职工退休后的基本养老金计发办法目前不作变动，今后可结合工资制度改革，通过增加标准工资在工资总额中的比重，逐步提高养老金的数额。

国家根据城镇居民生活费用价格指数增长情况，参照在职职工工资增长情况对基本养老金进行适当调整，所需费用从基本养老保险基金中开支。

七、尚未实行基本养老保险基金省级统筹的地区，要积极创造条件，由目前的市、县统筹逐步过渡到省级统筹。实行省级统筹后，原有固定职工和劳动合同制职工的养老保险基金要逐步按统一比例提取，合并调剂使用。具体办法由各省、自治区、直辖市人民政府制定。

中央部属企业，除国家另有规定者外，都要参加所在地区的统筹。

八、企业补充养老保险由企业根据自身经济能力，为本企业职工建立，所需费用从企业自有资金中的奖励、福利基金内提取。个人储蓄性养老保险由职工根据个人收入情况自愿参加。国家提倡、鼓励企业实行补充养老保险和职工参加个人储蓄性养老保险，并在政策上给予指导。同时，允许试行将个人储蓄性养老保险与企业补充养老保险挂钩的办法。补充养老保险基金，由社会保险管理机构按国家技术监督局发布的社会保障号码（国家标准GB11643—89）记入职工个人帐户。

九、劳动部和地方各级劳动部门负责管理城镇企业（包括不在城镇的全民所有制企业）职工的养老保险工作。

劳动部门所属的社会保险管理机构，是非营利性的事业单位，经办基本养老保险和企业补充养老保险的具体业务，并受养老保险基金委员会委托，管理养老保险基金。现已由人民保险公司经办的养老保险业务，可以维持现状不作变动。个人储蓄性养老保险由职工个人自愿选择经办机构。

十、社会保险管理机构可从养老保险基金中提取一定的管理服务费，具体的提取比例根据实际工作需要和节约的原则，由当地劳动部门提出，经同级财政部门审核，报养老保险基金委员会批准。管理服务费主要用于支付必要的行政和业务等费用。养老保险基金及管理服务费，不计征税、费。

社会保险管理机构应根据国家的政策规定，建立健全基金管理的各项制度，编制养老保险基金和管理服务费收支的预、决算，报当地人民政府在预算中列收列支，并接受财政、审计、银行和工会的监督。

十一、本决定适用于全民所有制企业。城镇集体所有制企业可以参照执行；对外商投资企业中方职工、城镇私营企业职工和个体劳动者，也要逐步建立养老保险制度。具体办法由各省、自治区、直辖市人民政府制定。

十二、国家机关、事业单位和农村（含乡镇企业）的养老保险制度改革，分别由人事部、民政部负责，具体办法另行制定。

企业职工养老保险制度改革，是保障退休职工生活，维护社会安定的一项重要措施，对减轻国家和企业负担，促进经济体制改革以及合理引导消费有重要作用。这项工作政策性强，涉及面广，各级政府要切实加强领导，根据本决定的精神，结合实际抓紧制定具体的实施方案，积极稳妥地推进企业职工养老保险制度的改革。

国有企业职工待业保险规定

（1993 年 4 月 12 日国务院发布）

第一章 总 则

第一条 为了完善国有企业的劳动制度，保障待业职工的基本生活，维护社会安定，制定本规定。

第二条 本规定所称待业职工，是指因下列情形之一，失去工作的国有企业（以下简称企业）职工：

（一）依法宣告破产的企业的职工；

（二）濒临破产的企业在法定整顿期间被精减的职工；

（三）按照国家有关规定被撤消、解散企业的职工；

（四）按照国家有关规定停产整顿企业被精减的职工；

（五）终止或者解除劳动合同的职工；

（六）企业辞退、除名或者开除的职工；

（七）依照法律、法规规定或者按照省、自治区、直辖市人民政府规定，享受待业保险的其他职工。

第三条 待业保险工作应当与职业介绍、就业训练和生产自救等就业服务工作紧密结合，统筹安排。

第二章 待业保险基金的筹集和管理

第四条 待业保险基金的来源：

（一）企业缴纳的待业保险费；

（二）待业保险费的利息收入；

（三）财政补贴。

第五条 企业按照全部职工工资总额的百分之零点六缴纳待业保险费。待业保险基金不足或者结余较多的，经省、自治区、直辖市人民政府决定，可以适当增加或者减少企业缴纳的待业保险费，但是企业缴纳的待业保险费总额最多不得超过企业职工工资总额的百分之一。

企业缴纳的待业保险费在缴纳所得税前列支，由企业的开户银行按月代为扣缴。

第六条 企业缴纳的待业保险费转入企业所在地的待业保险机构在银行开设的“待业保险基金专户”，专项储存，专款专用，任何部门、单位和个人不得挪用。

待业保险基金存入银行后，按照城乡居民储蓄存款利率计息，所得利息纳入待业保险基金。

第七条 待业保险基金实行市、县统筹、省、自治区可以集中部分待业保险调剂使用。直辖市根据需要，可以统筹使用全部或者部分待业保险基金。

第八条 待业保险基金及其管理费收支的预算、决算，按照统筹范围，由劳动行政主管部门负责编制，经同级财政行政主管部门审核汇总后，纳入本级预算、决算，报本级人民政府审定，并且不得用于平衡财政收支。

财政行政主管部门、审计部门应当加强对待业保险基金及其管理费收支的监督。

第九条 待业保险基金及其管理费不计征税、费。

第三章 待业保险基金的使用

第十条 待业保险基金的开支项目：

（一）待业职工待业救济金；

（二）待业职工在领取待业救济金期间的医疗费、丧葬补助费，其供养的直系亲属的抚恤费、救济费；

（三）待业职工的转业训练费；

（四）扶持待业职工的生产自救费；

（五）待业保险管理费；

（六）经省、自治区、直辖市人民政府批准，为解决待业职工生活困难和帮助其再就业确需支付的其他费用。

第十一条 符合本规定第二条规定的待业职工，

向企业所在地的待业保险机构办理待业登记后，方可领取待业救济金。

第十二条　待业职工领取待业救济金的期限，根据待业职工待业前在企业连续工作时间确定：

（一）待业职工待业前在企业连续工作一年以上不足五年的，领取待业救济金的期限最长为十二个月。

（二）待业职工待业前在企业连续工作五年以上的，领取待业救济金的期限最长为二十四个月。

第十三条　待业救济金由待业保险机构按月发给待业职工。

待业救济金的发放标准为相当于当地民政部门规定的社会救济金额的百分之一百二十至百分之一百五十，具体金额由省、自治区、直辖市人民政府规定。

第十四条　待业职工医疗费的发放标准，由省、自治区、直辖市人民政府规定。

待业职工丧葬补助费和其供养的直系亲属的抚恤费、救济费的发放标准，参照当地职工社会保险有关规定办理。

第十五条　待业职工转业训练费和生产自救费，按照上年度筹集待业保险基金的一定比例提取。具体提取比例和使用办法，由省、自治区、直辖市人民政府规定。

第十六条　待业职工有下列情况之一的，待业保险机构停止发给待业救济金及其他费用：

（一）领取待业救济金期限届满的；

（二）参军或者出国定居的；

（三）重新就业的；

（四）无正当理由，两次不接受劳动就业服务机构介绍就业的；

（五）在领取待业救济金期限内被劳动教养或者被判刑的。

第四章　组织管理机构的职责

第十七条　国务院劳动行政主管部门负责全国企业职工待业保险的管理工作。

县级以上地方各级人民政府劳动行政主管部门负责本行政区域内企业职工待业保险的管理工作，负责待业职工的待业保险、职业介绍、就业训练和生产自救等项工作的统筹规划和组织实施，并指导待业保险机构做好待业保险基金的筹集、管理和发放以及待业职工的组织、管理等工作。

县级以上地方各级人民政府设立的待业保险基金委员会，实施对待业保险基金管理的指导和监督。委员会主任由本级人民政府负责人担任，劳动、财政、计（经）委、审计、银行等部门和本级总工会的负责人参加，办公室设在劳动行政主管部门。

第十八条　地方待业保险机构为非营利性的事业单位，具体经办待业保险业务。待业保险机构的人员编制，由省、自治区、直辖市人民政府根据实际需要确定。

待业保险机构的经费在待业保险管理费中列支。待业保险管理费的开支标准，由省、自治区、直辖市人民政府劳动行政主管部门提出，经同级财政行政主管部门审核，报本级人民政府批准。

第五章　罚　　则

第十九条　以非法手段领取待业救济金和其他待业保险费用的，由待业保险机构追回其全部非法所得；构成犯罪的，依法追究刑事责任。

第二十条　任何单位和个人挪用待业保险基金的，对主管人员和直接责任人员，根据情节轻重，给予行政处分；构成犯罪的，依法追究刑事责任。

第二十一条　待业保险机构违反规定拖欠支付待业救济金和其他待业保险费用的，由劳动行政主管部门责令改正；情节严重的，对主管人员和直接责任人员给予行政处分。

第六章　附　　则

第二十二条　实行企业化管理的事业单位职工待业保险，依照本规定执行，待业保险费在事业单位自我资金中列支。

第二十三条　本规定不适用企业招用的农民合同制工人。

第二十四条　省、自治区、直辖市人民政府可以根据本规定制定实施办法。

第二十五条　本规定由国务院劳动行政主管部门负责解释。

第二十六条　本规定自一九九三年五月一日起施行。一九八六年七月十二日国务院发布的《国营企业职工待业保险暂行规定》同时废止。

国有企业富余职工安置规定

（1993年4月20日国务院发布）

第一条　为了妥善安置国有企业富余职工，增强企业活力，提高企业经济效益，制定本规定。

第二条　安置国有企业(以下简称企业)中的富余职工，应当遵循企业自行安置为主、社会帮助安置为辅，保障富余职工基本生活的原则。

第三条　企业安置富余职工应当依照本规定采取拓展多种经营、组织劳务活动、发展第三产业、综合利用资源和其它措施。

企业行政主管部门、劳动行政主管部门和工会组织应当指导、帮助和支持企业做好富余职工安置工作，积极创造条件，培育和完善劳务市场，开辟社会安置渠道。

第四条　企业为安置富余职工而兴办的从事第三产业的独立核算企业，自开业之日起两年免征、三年减半征收企业所得税。

第五条　企业开办的劳动就业服务企业，应当承担安置本企业富余职工的任务。企业应当按照国家有关国有资产管理的规定，在资金、场地、原材料和设备等方面给予扶持。

第六条　企业组织本企业富余职工依法兴办的独立核算企业，可以承担本企业中原由外单位承包的技术改造或者劳务项目。

第七条　企业可以对富余职工实行待岗和转业培训，培训期间的工资待遇由企业自行确定。

第八条　经企业职工代表大会讨论同意并报企业行政主管部门备案，企业可以对职工实行有限期的放假。职工放假期间，由企业发给生活费。

孕期或者哺乳期的女职工，经本人申请，企业可以给予不超过二年的假期，放假期间发给生活费。假期内含产假的，产假期间按照国家规定发给工资。

第九条　职工距退休年龄不到五年的，经本人申请，企业领导批准，可以退出工作岗位休养。职工退出工作岗位休养期间，由企业发给生活费。已经实行退休费用统筹的地方，企业和退出工作岗位休养的职工应当按照有关规定缴纳基本养老保险费。职工退出工作岗位休养期间达到国家规定的退休年龄时，按照规定办理退休手续。职工退出工作岗位休养期间视为工龄，与其以前的工龄合并计算。

第十条　职工可以申请辞职。经企业批准辞职的职工，在办理辞职手续时，企业应当按照国家有关规定发给一次性生活补助费。

第十一条　按照本规定第八条、第九条规定发放的生活费在企业工资基金中列支，生活费标准由企业自主确定，但是不得低于省、自治区、直辖市人民政府规定的最低标准。

第十二条　企业因生产经营发生重大变化，必须裁减职工的，对劳动合同制职工，经企业职工代表大会讨论同意，可以提前解除劳动合同，但是应当按照合同约定履行义务；合同没有约定的，企业对被提前解除劳动合同的职工，按照其在本企业工作的年限，工龄每满一年，发给相当于本人一个月标准工资的补偿费。

第十三条　各级劳动行政主管部门和企业行政主管部门应当做好富余职工的社会安置和调剂工作，鼓励和帮助富余职工组织起来就业和自谋职业。企业之间调剂职工，可以正式调动，也可以临时借调；临时借调的，借调期间的工资和福利待遇由双方企业在协议中商定。

第十四条　富余职工由企业自行安置有困难到社会待业的，在待业期间，依法享受待业保险待遇。劳动行政主管部门和有关行政主管部门应当创造条件，帮助职工再就业。

第十五条　企业依照本规定兴办的独立核算企业安置的职工，按照国家有关规定纳入新办企业的职工人数和经济指标的统计范围。

第十六条　省、自治区、直辖市人民政府可以根据本规定制定实施办法。

第十七条　本规定由国务院劳动行政主管部门负责解释。

第十八条　本规定自发布之日起施行。

卫生部关于深化卫生改革的几点意见

（1992 年 9 月 23 日）

为认真贯彻邓小平同志南巡谈话与中共中央政治局会议精神，全面落实中共中央、国务院关于加快发展第三产业的决定，促使卫生事业更快更好地上一个新台阶，以建立健全基本适应社会经济发展和人民“小康”生活水平，具有中国特色的卫生服务、监督体系和健康保障制度，向社会提供更多的优质高效服务，最大限度地满足人们日益增长和不同层次的医疗预防保健需求，加快实现 2000 年人人享有卫生保健的目标，在继续贯彻执行国发〔1985〕62 号、〔1989〕10 号文件的基础上，现就深化卫生改革的若干问题提出如下意见：

（一）改革卫生管理体制，提高卫生服务的整体效能

各级政府加强对卫生工作的统一管理和宏观调控，提高卫生行政部门的综合协调能力和管理水平。按照精简、统一、高效的原则，逐步改变条块分割、政出多门的状况，对机构重叠、业务交叉的有关部门应进行调整。地方卫生行政机构的设置在保证实现卫生规划任务的前提下，由地方政府决定，不强求上下对口。

积极推行区域卫生发展规划，由卫生主管部门运用行政、法律、经济手段，通过规划、协调、监督、服务等方式，实施卫生全行业宏观管理。建立并完善分级管理体系。

建立健全卫生监督监测体制，强化卫生行政部门综合监督执法职能，逐步做到卫生监督执法与业务服务分离。扩大改革试点，逐步推开。

（二）拓宽卫生筹资渠道，完善补偿机制

我国卫生事业是公益性的福利事业，国家和地方要逐年增加对卫生事业的投入，使卫生投入的增长速度高于国家财政增长的速度。建议设立国家和地方专项卫生基金，以加强对卫生防病工作的调控能力。鼓励采取部门和企业投资、单位自筹、个人集资、银行贷款、社团捐赠、建立基金等多种形式，多渠道筹集社会资金，用于卫生建设。

在财政补助政策上，要向农村和预防保健倾斜。对乡镇卫生院预防保健工作实行全额补助；争取对经济不发达地区的集体所有制乡镇卫生院，实行与全民所有制卫生院相同的补助政策；对老少边穷地区乡镇卫生院的经费实行全额补助。

遵循价值规律，改革医疗卫生服务价格体系，调整收费结构，保证基本医疗预防保健服务，放开特殊医疗预防保健服务价格。基本服务部分，适当调整技术劳务项目的收费标准，逐步实现按成本收费；特殊服务部分，分别情况实行浮动定价、同行定价或自行定价。不同等级的医疗预防保健单位应拉开收费档次。

预防保健机构在实行全额补助的前提下，扩大预防保健有偿服务的范围和覆盖面，合理确定有偿服务收入的分配比例，并大力推广各种形式的预防保健有偿制。有偿服务收入，不应冲抵正常的财政拨款。

（三）转换运行机制，推进劳动人事及工资制度改革

进一步扩大医疗卫生单位的自主权，使单位真正拥有劳动人事安排权、业务建设决策权、经营开发管理权和工资奖金分配权。继续坚持并完善各种形式的责、权、利相结合的目标管理责任制。

实行干部聘任制、专业技术职务聘任制或全员劳动合同制，试行评聘分开，逐步建立起干部能上能下，职工能进能出，收入能升能降的劳动人事制度。

鼓励公平竞争，实行双向选择，优化组合，促进卫生人才的合理流动。支持城市卫生技术人员以调动、辞职、兼职等方式，到农村及基层医疗卫生机构从事技术服务或管理工作，或创办高新技术产业，工资待遇及各项补贴由双方商定。

打破平均主义的分配方式，根据不同单位或条件，可分别实行结构工资、职等工资或绩效工资制，拉开分配档次。在有条件的单位实行工资总额包干，包干结余和创收部分，在保证事业发展和完成科教任务的前提

下，可由单位自主支配。

继续放宽卫生技术劳务政策，鼓励医疗卫生单位扩大医疗卫生服务，并落实按劳分配政策，提倡有组织地开展业余服务和兼职服务，其纯收入应大部分分配给个人，体现多劳多得政策。

稳定农村基层卫生技术队伍，扩大农村定向招生、定向培养、定向分配比例，支持各地建立适合农村卫生技术人员职务晋升的有关规定，逐步解决“农转非”及子女升学就业等实际问题。鼓励采取城乡挂钩、横向联合、轮流下派、有偿支援等方式，扶持发展农村卫生事业。

（四）加强经营开发，增强卫生经济实力

医疗卫生单位应积极兴办医疗卫生延伸服务的工副业或其它产业，以工助医，“以副补主”。新办工副业争取按国发〔1989〕10号文件精神，继续免征所得税。支持有条件的单位办成经济实体或实行企业化管理，做到自主经营、自负盈亏；对不需要经费补贴的单位可以用人放开、自定编制；允许试行“一院两制”或“一院多制”的经营模式和分配方式；允许试办股份制医疗卫生机构。

鼓励冲破部门、单位和地区界限，开展城乡联合、院校联办、厂院联营，组建全国性或区域性的专业技术中心、服务公司或产业集团，促进集团化经营。打破“大而全”、“小而全”的封闭式自我服务体系，推行后勤工作和某些技术装备社会化服务。

为满足社会不同层次的医疗保健需求，在确保提供基本服务的前提下开展特殊服务。如专家门诊、特约会诊、高档病房、特需护理、上门服务和开展整形、美容、正畸、药膳等服务项目，收费可随需求浮动。大力发展中国医疗服务和护理行业。

预防保健服务机构应积极组织产品开发，可以直接同企、事业单位挂钩，联合进行预防保健项目的研制、开发和利用，并向社会提供服务和承揽有关课题。

加快科研成果向现实生产力转化，促进科研成果的商品化。医学科研机构和高等院校要分流出一定的力量，投入经济建设主战场，进入高新技术开发区，开发高新技术产业。积极推进科研机构和企业的联合，支持有条件的地区或单位创办科技企业集团，建立面向社会的开放型实验室，走科技产业化道路。鼓励科研单位、科技人员开展技术咨询、技术服务、技术开发、技术转让活动。对研制、开发、推广高新技术有显著成效的单位和个人要给予重奖。

高等医学院应参照执行国家教委提出的16条改革意见和措施。根据社会需求，举办多种形式和层次的继续教育及岗位培训等非学历教育；成人高等学历教育在办学条件允许的前提下，适当增收委托培养和自费生。各类医学教育机构可与需求单位建立有偿定向培养项目。

（五）改革医疗保健制度，完善健康保障体系

改革现行公费、劳保医疗制度，逐步建立起医药费用由国家、单位、个人适量分担，社会化程度较高的健康保障体系。现阶段在合理确定年度医疗预算定额标准的前提下，实行多方参与、共同管理的办法。

积极推广形式多样、项目不同、标准有别的医疗保险制度，争取尽早制订全国性或地方性医疗保险法规。在农村，要大力推行合作医疗保险制度。

（六）扩大对外开放，开拓国际医药卫生市场

不失时机地进一步扩大对外开放，不断发展官方和民间、双边和多边的对外合作与交流，大力引进我国需要的资金、人才、先进技术装备、信息和管理经验，加速我国医药卫生科学技术现代化。积极引进、利用外资，进行合作办院、办所，准许以资金入股、技术入股方式兴办合作项目。同时，地市以上的卫生行政部门有权聘用外籍人员，简化报批手续。充分利用我国传统医药、卫生技术人员等优势，扩大医药卫生技术劳务输出。鼓励医学科技人员积极参与国际科研课题招标或国际合作项目，允许双边互聘或兼职。

积极吸引留学人员回国服务并为他们创造有利条件，对在国际交流与合作中对我国医药卫生事业作出突出贡献者给予重奖。

为保证卫生改革的健康、深入进行，必须坚持党的“一个中心、两基本点”的基本路线，大力加强精神文明建设，建立并完善各种约束机制及监督体系；加强舆论宣传，争取社会各方面的支持，努力给卫生改革创造良好的外部环境。同时应选择不同地区或单位进行试点，不断总结、推广典型经验。

各地根据上述意见，结合实际情况，可制定具体方案和实施办法。

国务院批转国家教委、国家科委关于加强高等学校科学技术工作意见的通知

（1991 年 9 月 30 日）

国务院同意国家教委、国家科委《关于加强高等学校科学技术工作的意见》，现转发给你们。这一文件总结了党的十一届三中全会以来高等学校科技工作的基本经验，提出了今后5至10年高等学校科技工作的指导方针、奋斗目标、主要任务和应当采取的重大措施，请结合本地区、本部门的实际情况贯彻执行。

关于加强高等学校科学技术工作的意见

党的十一届三中全会以来，高等学校科学技术工作取得了很大成绩，在各项建设事业中发挥了重要作用。九十年代是我国社会主义现代化建设的关键时期，高等学校要认真贯彻党的十三届七中全会的精神，为实现国民经济和社会发展十年规划和“八五”计划的奋斗目标做出重大贡献。为此提出以下意见：

一、进一步提高认识，切实加强高等学校科学技术工作

高等学校担负着培养高级专门人才和发展科学技术的重大任务，已经成为我国科技事业一个重要方面军。不仅是基础性研究与高技术研究的一支主力，也是科技攻关、引进项目消化吸收、传统产业技术改造和高技术产业开拓中的重要力量。培养人才是高等学校的根本任务，科技工作是培养高级专门人才的一个重要手段，是高等教育不可缺少的有机组成部分，师资水平的提高，学科内容的更新，交叉、新兴学科的形成，都有赖于科技工作的开展。学生参加科技活动是引导他们了解国情、联系实际、参加社会实践的重要途径，不仅可以提高他们的科学素质和分析、解决实际问题的能力，还有助于进行德育教育。高水平的科研是高层次人才培养的基础，没有这个基础就不能解决立足国内培养的问题。各级政府部门要十分重视高等学校的科技力量，认真作好部署，关心和支持他们的工作，充分发挥其作用。高等学校必须高度重视科技工作，把它作为一项基本任务，精心组织，妥善安排，因校因地制宜地逐步开展，以不断提高培养人才质量和促进经济、科技与社会发展。

二、坚持党的基本路线，认真贯彻高等学校科学技术工作方针

高等学校科技工作要坚持党的“一个中心，两个基本点”的基本路线，认真贯彻“经济建设必须依靠科学技术，科学技术工作必须面向经济建设”和“教育必须为社会主义建设服务，社会主义建设必须依靠教育”的战略方针。要根据国家总体部署，把高等学校大多数科技力量有效的组织到为国民经济服务的主战场，同时保持精干力量稳定持续地进行基础性研究和高技术研究；要实行教育、科技、生产三结合，加强与产业部门和研究单位的合作联系；要坚持改革开放，重视国内外的科技交流；要从实际出发，有计划、有重点、分层次、分类型安排科技工作，既要重视开拓性创造，攀登科学技术高峰，又要重视推广应用；要充分发挥科技人员的积极性，发扬自力更生、艰苦奋斗、团结协作、无私奉献的优良传统和爱国主义精神。这些都是长期以来高等学校科技工作的基本经验，也是今后应当继续坚持

的工作方针。

三、根据国家需要和高等学校实际，确定今后10年科学技术工作的主要任务与发展目标

高等学校开展科技工作的基本任务是促进经济发展和提高科技水平与高等教育质量。今后10年，要加强联合，发挥优势，深化改革，增加投入，提高水平，加速成果转化。根据国民经济和社会发展十年规划和“八五”计划纲要，确定高等学校科技工作的任务与目标。总的设想，到本世纪末，要基本形成适应我国社会主义现代化建设需要，体现高等学校特色和优势，结构合理的科技工作总体布局，并建立良性循环的运行机制；解决一批经济建设、国防建设及社会发展中急需解决的重大科技问题，大力开展科技成果推广应用工作，使之转化为现实生产力，取得明显效益，并为长远发展作好储备；为国家培养输送一大批政治、业务素质良好的科技人才、造就一批年富力强的学科带头人；办好一批重点大学、重点学科，建设好一批先进教学科研基地，使博士生培养立足国内，一些科技领域进入世界先进行列。

各高教主管部门和高等学校都要从实际出发，制订好今后5至10年的科技工作规划，明确各自的主要任务和奋斗目标。不同教育层次、不同条件的学校在科技工作安排上应各有侧重，逐步形成特色。重点学科比较集中、研究生培养任务重、教学科研基础好的高等学校，要切实办成既是教育中心、又是科学研究中心，成为承担国家重大科技任务和培养高层次人才的主力，在提高我国科技水平与高等教育质量中起带头作用。一般本科院校也要积极开展科技工作，主要为地区经济建设和各行各业发展服务，争取在某些学科领域逐步形成自己的特色和优势，成为先进的教学科研基地。高等专科学校与新建本科院校主要进行科技推广服务工作，根据需要与条件可能，也应积极开展应用开发工作。科技力量能组织到重点攻关、高技术和基础研究项目中的是少数，大多数要投入经济建设急需的开发和推广应用。新建的学校要首先把教学搞好，科技工作不能要求过急，应根据实际情况，逐渐创造条件，稳步发展。

四、广泛动员高等学校科学技术力量，积极投入为国民经济服务的主战场

要进一步调动高等学校广大科技人员的积极性，面向生产应用第一线进行研究开发，为经济发展奉献力量。

各高等学校都要为振兴本地区经济建设服务，积极承担地区经济发展中急待解决的科技任务。各地高教主管部门要积极会同有关方面，组织高等学校为各行各业发展服务。

要认真贯彻党中央、国务院关于科技、教育兴农的指示，不仅农业院校。所有高等学校都要根据各自特点，为振兴农业做出贡献。要把“燎原计划”、“星火计划”、“丰收计划”结合起来，促使农村经济发展转移到依靠科技进步和提高劳动者素质的轨道上来，形成持续发展能力。在普遍开展为农业服务的同时，还要有选择地兴办一批试验县和乡，争取在全国形成一批向农村辐射科学技术的群网。

各级教育、科技主管部门要会同有关部门把高等学校优势力量组织起来，联合生产应用部门与科研单位，齐心协力抓好一批关系经济发展全局、综合性、前沿性的重大科技问题，以使我国某些产业的生产技术上一个台阶，产品质量上一个档次，并配合“火炬计划”办好一批在国际上有竞争力的高技术产业。

科技攻关是直接为经济建设服务的一项重大科技计划，高等学校要积极参与，做出较大贡献。

五、组织精干队伍，稳定持续进行基础性研究和高技术研究，要充分发挥高等学校在基础性研究和高技术研究中的主力军作用

由于这类科研需要高水平人才稳定持续地进行，根据我国实际，在工作部署上宜相对集中，一般应以博士学科点为基本力量，形成一支精干的、布局和结构比较合理的科研队伍。

在计划安排上，要点面结合，分层次进行。抓好一批基础性研究和高技术研究的重点基地与重点项目，在经费和其他条件上优先保证，强化支持，使其能稳定持续地开展工作，以期取得突破或重大发展。同时对其他确有新思想、新苗头的研究工作也要重视并给予一定支持。

“八六三”计划是跟踪世界高技术前沿的国家重大科技计划，它与人才培养、学科发展关系十分密切。有条件的高等学校要积极争取承担任务，并注意及时将研究成果向生产应用转移。

六、大力加强科学技术成果推广应用，努力提高经济和社会效益

近几年来，高等学校科技成果推广应用虽有明显进步，但仍是薄弱环节。要从政策上予以推动，职称晋升应鼓励开发和推广应用；在力量部署和运行机制上要进行适当调整，并积极开拓资金渠道和转移途径。各级政府部门和有关方面应予大力支持，逐步形成科技成果转化为生产应用的良好环境与政策制度。

要继续办好杭嘉湖绍科技开发试验区。同时再选择不同类型地区，与地方政府合作，联合创办多种形式科技开发试验区。还要在条件适合的地区，科研实力雄厚的高等学校周围，与地方政府联办几个科技园区。这些开发区和园区，都要以科技成果转化为生产应用、促进经济社会发展为主要目的，同时也为学生参加科技活动和生产实践开辟新的场所。

创办高科技校产，既是为经济建设服务，又是一项重要改革。有条件的学校要扬长分流，组织部分人员，积极而又有选择地自行创办或与国内外企业联办科技企业，并根据其特点，实行与教学、科研不同的管理体制。有关政府部门要给予鼓励与支持。校办科技产业要有雄厚的研究开发力量作后盾，长期坚持不懈地逐步发展，努力创新，能不断推出新技术、新产品，保持高水平、高效益；必须与办学方向符合，尽可能为教学科研服务，发挥实践基地作用。

高等学校的重要科技成果，要积极争取纳入各级政府的成果推广计划。国家教委要在银行及其它有关部门支持下，利用贷款和筹集到的贴息资金及风险投资，有计划地抓好一批成果推广应用项目，推进科技成果商品化、产业化，促使形成一批有竞争力的新兴产业，用新技术改造一批传统产业。

七、统筹规划布局，集中力量办好一批重点教学科研和教师进修基地

根据《中共中央关于教育体制改革的决定》提出的建设重点学科的要求，国家教委将会同有关方面共同规划、部署500个左右重点学科点的建设，在“八五”期间，利用世界银行贷款和其它渠道资金，给予程度不同的支持，各学科点都要认真规划，落实任务，搞好队伍建设，争取多方支持改善工作条件。这些学科点要努力成为本领域培养高层次人才和科学研究的“国家队”。各省、自治区、直辖市和国务院各部门在共同扶植全国统一布局的重点外，还可根据需要与可能，有计划地建设自己的重点学科。

在基础性研究方面，要集中力量办好一批重点开放实验室。“八五”末期，建成100个左右国家重点实验室，50个左右部门或地区重点实验室。这些实验室都要面向社会开放，实行开放、流动、联合，引入竞争机制。各有关主管部门和学校要采取切实有效措施，把它们办成具有国内一流水平、在国际上也有一定影响的教学科研基地和学术中心。

为进一步适应经济部门需要的新型技术人才培养的要求和提高解决经济建设中重大综合性科技问题的能力，要在高等学校择优选点，逐步建设一批工程研究中心。这类中心要办成多学科结合、育人与科研并举、同产业界密切合作与联系的，以开展工程基础研究和综合性关键技术开发与试验为重点的，具有较强自我发展能力的新型基地。它应面向行业，源源不断向社会扩散与辐射新知识、新技术、新方法，输送与培训新型技术人才。国家教委将会同有关方面制定今后5至10年的发展规划，并通力合作，分期分批实施。

八、重视科技队伍建设，抓紧培养造就年轻一代学科带头人

高等学校广大教学科研人员是国家的宝贵财富，是一支可以信赖和依靠的力量。要尊重知识，尊重人才，尽力改善他们的工作和生活条件，充分发挥他们的作用，重视和关心他们的成长，鼓励他们与实践结合，与工农结合，掌握马列主义、毛泽东思想的认识论与方法论，不断提高思想政治水平和业务工作能力。

目前，相当部分学科点面临人才新老交替和队伍结构不尽合理的问题。尽快造就一批能坚持社会主义方向、学术造诣深、学风好且善于团结人的新一代学科带头人已是当务之急。各级教育主管部门和高等学校要作为一项紧迫的战略任务来抓，采取有力措施，为年轻拔尖人才脱颖而出创造条件。争取本世纪内，造就数百名国内外有影响的年轻学科带头人。同时还要尽快改善学科队伍结构，充分重视实验技术队伍建设。

现在，各地都有一些教学科研集体，工作开展得好，思想政治工作强，中青年成长也快，富有凝聚力和活力。要总结推广他们的先进经验。

九、争取多种渠道支持，增加高等学校科学技术工作的投入

要逐步改变高等学校科技力量与承担任务不相称、任务与经费不相称的局面。在发展与改革中，促进体制趋向合理，使高等学校的科技工作更多地纳入国家、行业、地区等各个层次科技计划。“八五”期间承担的任务与得到的经费要比“七五”计划有较多增长。

较大幅度增加对高等学校基础性研究的投放。拨专款资助重点开放实验室，以维持正常运转与开放。逐年增加高等学校博士学科点专项科研基金，争取“八五”后期有较大增长，要适当增加自选课题经费，用于资助有新思想、新苗头而尚未得到基金资助的课题。特别是基础性研究实力雄厚的少数重点大学，应给予较优厚的事业费支持。

十、加强高等学校科学技术工作的领导与管理，进一步深化体制改革

各级高教和科技主管部门要会同有关部门加强对高等学校科技工作的领导和管理。认真贯彻党和国家的方针政策；制定规划，做好协调工作；组织重大项目联合研究开发；为学校科技工作疏通渠道，提供服务；组织国际合作与学术交流，促进横向联系；总结交流经验，制定规章制度，改进管理工作。国务院有关部门和省、自治区、直辖市高教主管部门，除直接管理本系统高等学校外，还应把组织其他高等学校为本行业、本地区发展经济服务作为一项重要工作。

随着事业的发展和改革的深入，高等学校科技管理工作任务日趋繁重。各校及主管部门要保证科技管理所必须的力量，抓好管理队伍建设，提高管理人员政治、业务素质和管理水平，并妥善解决他们的职称和待遇问题。

科技统计工作是对科技活动力量认识的主要手段，是制定政策、编制规划与计划、提高管理水平的基础和前提条件。省、自治区、直辖市高教主管部门和高等学校都必须充分重视这项工作，安排相对稳定的专人负责，确保统计数据的准确性和真实性，使科学管理和决策建立在坚实的统计基础上。

以推动科技成果商品化、产业化为基本宗旨的技术推广、成果转让、科技咨询、设计与试制、中间试验等科技开发服务工作，是高校研究与发展工作的延伸，是科技工作的重要组成部分，是当前要着力加强的一部分工作，在一般情况下，应由学校科技（研）处统一归口管理。对于设立校办产业管理处的学校，在科技产业管理方面，要与科技（研）处密切配合，相互支持，协调工作。

要完善奖励制度。对在各类科技工作中做出突出贡献者，都应给予相应的表彰和待遇。目前对于从事实验技术工作、成果推广应用和科技管理的人员，还缺乏应有的鼓励措施，要认真研究，建立合理的制度。

原有体制遗留的不合理现象要在发展与改革中逐步解决，形成合理布局和平等竞争的环境，完善投资政策和分配制度。

高等学校应坚决贯彻党中央的路线、方针，同全国人民一道，沿着建设具有中国特色的社会主义道路奋勇前进。要发扬成绩，克服困难，振奋精神，励志图强，为实现我国现代化建设的第二步战略目标做出应有的贡献。

国务院关于大力发展职业技术教育的决定

（1991 年 10 月 17 日）

党的十三届七中全会再次提出要大力发展职业技术教育，为了认真贯彻落实这一决策，特做如下决定：

一、高度重视职业技术教育的战略地位和作用

九十年代是我国社会主义现代化建设非常关键的十年。进一步发展教育事业，推动科技进步是实现第二步战略目标并为下世纪经济和社会发展奠定基础的迫切需要。职业技术教育的规模和水平影响着产品质量、经济效益和发展速度。发展职业技术教育，不仅是提高劳动者思想道德和科学文化素质、实现社会主义现代化的一项具有战略意义的基础建设，而且对于进一步巩固以工人阶级为领导的工农联盟为基础的社会主义制度具有特殊重要的意义。因此，必须坚定不移地把教育事业摆在优先发展的战略地位，必须高度重视和大力发展职业技术教育。

党的十一届三中全会以来，特别是《中共中央关于教育体制改革的决定》公布以来，我国的职业技术教育有了很大发展。到 1990 年底，各类职业技术学校已发展到 1.6 万多所，在校生超过 600 万人，同时全国建有就业训练中心 2100 余所，每年培训待业人员 90 多万人；高中阶段各类职业技术学校和普通高中的招生数之比已接近一比一，中等教育结构单一的状况有了较大改变。

但是，目前我国的职业技术教育无论规模、规格和质量都还不能适应经济建设和社会发展的需要，在整个教育事业中仍然是很薄弱的环节。社会上乃至一些部门和地方的领导中还存在着鄙薄职业技术教育的现象；职业技术教育的有关法规和配套政策不健全，管理体制尚待进一步理顺，资金投入不足，办学条件差，支持职业技术教育发展的服务体系很薄弱；教育内部的改革和建设亟需加强，高水平的示范性骨干学校数量还太少，职业技术教育的专业设置和专业结构有些方面与社会需要结合得不够紧密等。这些困难和问题亟待认真研究解决。

因此，国务院要求各级政府和有关部门、广大教育工作者及社会各方面，从国家的全局和民族的未来出发，进一步提高对职业技术教育战略地位和作用的认识，采取有力措施，齐心协力地大力发展职业技术教育。

二、积极贯彻大力发展职业技术教育的方针

（一）根据未来十年我国经济、社会发展的需要，在九十年代要逐步做到：使大多数新增劳动力基本上能够受到适应从业岗位需要的最基本的职业技术训练，在一些专业性技术要求较高的劳动岗位，就业者能较普遍地受到系统的严格的职业技术教育；初步建立起有中国特色的，从初级到高级、行业配套、结构合理、形式多样，又能与其他教育相互沟通、协调发展的职业技术教育体系的基本框架。

（二）九十年代发展职业技术教育的主要任务是：

——努力办好现有各类职业技术学校。要有计划地对现有各类职业技术学校加强规范化建设，并集中力量办好一批起示范和骨干作用的学校。要挖掘现有学校的潜力，扩大招生规模，特别是扩大中等职业技术学校的招生规模，使全国高中阶段职业技术学校的在校生人数超过普通高中的在校生人数。

——广泛开展短期职业技术培训。要办好各地的职业培训中心（包括就业训练中心，下同），在有条件的城市，还可试办层次较高和专业综合性较强的职业技术教育中心。各类职业技术学校也应积极承担短期培训任务。要根据各地教育的普及程度和经济发展水平，对小学后、初中后、高中后不能升学的青少年在从业前进行多种形式不同程度的短期职业技术培训。

——在普通教育中积极开展职业指导，因地制宜地在适当阶段引进职业技术教育因素，在不同阶段对学生实行分流教育。城市可在高三分流，对一部分人进行定向性的或预备性的职业技术教育。农村可根据各地的情况，分别采取“三加一”（即三年初中教育再加一年职业技术教育)、初三分流、四年制渗透职业技术内容或办职业初中等多种形式发展初中阶段的职业技术教育。

——重视并积极发展对在职人员进行职业技术培训的成人教育。在不改变现行管理分工情况下,各级政府和有关部门要统筹规划,加强成人教育与职前的职业技术教育的密切合作。

(三)要制定相应政策稳定中专,支持它们深化改革,办出特色,提高质量,积极发挥中等专业学校在同类职业技术教育中的骨干作用。要加强技工学校和职业中学的建设,改善办学条件,提高教学质量。积极推进现有职业大学的改革,努力办好一批培养技艺性强的高级操作人员的高等职业学校。为适应对外开放的要求,各类职业技术学校要积极培养国际劳务市场需要的各种从业人员。

(四)在广大农村地区,要积极推进农村教育综合改革,实施"燎原计划",实行农科教结合,统筹规划基础教育、职业技术教育和成人教育,采取更灵活的方式大力发展职业技术教育。

(五)我国职业技术教育要走符合国情的发展路子。要坚持分区规划、分类指导,因地制宜地确定具体发展目标。要重视并积极帮助老、少、边、山、穷地区发展职业技术教育。

三、采取有力政策支持职业技术教育发展

(一)我国职业技术教育必须采取大家来办的方针,要在各级政府的统筹下,发展行业、企事业单位办学和各方面联合办学,鼓励民主党派、社会团体和个人办学;要充分发挥企业在培养技术工人方面的优势和力量。要发展电视、广播和函授职业技术教育。各类职业技术教育机构的设立、调整和撤销均应按国家有关规定和审批程序办理。

(二)各级政府、各级财政部门、各有关业务主管部及厂矿企业等要从财力和政策上支持职业技术教育的发展,努力增加对职业技术教育的投入。各级各类职业技术学校的业务主管部门要根据财力可能和事业发展的需要,商同级财政部门,制定本地区、本部门(行业)职业技术学校的生均经费标准。在国家政策规定的范围内,各地各部门应采取多种措施,扩大职业技术教育的经费来源。除国家投资外,要提倡利用贷款,有关部门要为职业技术学校使用贷款创造条件,并鼓励集体、个人和其他社会力量对职业技术教育捐资助学。

(三)各类职业技术学校和培训中心,应根据教学需要和所具有的条件,积极发展校办产业,办好生产实习基地。提倡产教结合,工学结合。政府和有关部门要在起步资金、条件设施、产销渠道等方面给予支持。

非义务教育阶段的职业技术教育,可以收取学费,用于补充教学方面的开支。

(四)各级政府和有关部门应该制定有关法规,采取必要的行政和经济手段,有步骤地推行"先培训,后就业"的原则。首先在专业性技术性较强的行业实行,进而争取尽快做到:在城市,未经职业技术教育、达不到岗位规范要求的一律不得就业、上岗;在农村,企事业单位(含乡镇企业)招工、招干及从事技术性强的生产经营工作,必须经过相应的职业技术教育。今后,各单位招工,招干应首先从专业对口的各种职业技术学校毕业生中择优录用,在对口专业合格毕业生尚未全部录用的情况下,用人单位一般不另行从社会上招用人员。政府和有关部门对回乡参加农业生产的职业技术学校毕业生,在贷款、农用生产资料等方面给予扶持和优惠。

凡进行技术等级考核的工种,逐步实行"双证书"(即毕业证书和技术等级或岗位合格证书)制度。应把技术等级证书或岗位合格证书,作为择优录用和上岗确定工资待遇的重要依据。在农村完善农民技术人员职称评定制定,并视条件逐步实行农民技术资格证书制度。

(五)要在充分利用现有相应机构的基础上,逐步建立健全职业技术教育的研究、教材出版、信息交流、师资和干部培训等服务体系。中央和各地的报刊、广播电台、电视台等应加强对职业技术教育的宣传报导工作。

要充分发挥中国职业技术教育学会、中华职业教育社等有关社会团体的作用。要加强与世界各国和地区及有关国际组织的交流与合作。

四、加强职业技术教育的改革和基本建设

(一)各级各类职业技术学校要把德育放在首位。坚持不懈地进行四项基本原则和国情教育,进行爱国主义、社会主义、集体主义及共产主义人生观等思想政治教育。要注意根据职业技术教育的特点,切实加强职业自豪感、职业道德和职业纪律的教育,坚持严格要求,反复实践,扎扎实实地提高学生的思想觉悟和纪律观念。

(二)要面向社会实际需要,合理规划职业技术学校的布局和专业设置。在农村,要重视办好直接为农林牧业服务、特别是与发展粮棉油生产有关的专业,同时也要注意培养其他各种专业技术人才。专业设置要适应农村经济需要和农民生产经营体制。在城市,要根据国家产业政策加强技术工人的培养。同时,要积极办好适应城市商业和各类服务业发展需要的职业技术教育。城乡职业技术教育专业的布点一般应在地(市)范围内统筹规划。

(三)要改革教学内容和教学方法,突出实践性教学环节，加强职业技能训练；教学安排中要注意增强适应性、实用性和灵活性；职业技术学校在加强德育和智育的同时，还要重视美育、体育和卫生教育，全面提高教育质量。

（四）要积极稳妥地改革中等专业学校和技工学校的招生和毕业生分配制度。应按照国家计划分配、用人单位择优录用和个人自谋职业相结合的就业方针，面向城乡多种所有制的需要培养人才，根据专业特点，合理安排毕业生去向，特别是要打开中级技术人才通向农村的渠道。计划、教育、劳动、人事等有关部门应积极配合，推进这项改革。

（五）大力加强师资、实验实习基地和教材等基本建设。本着培养和培训、专职和兼职相结合的原则，多渠道地解决职业技术教育的师资特别是技能教师来源问题。要建立职业技术教育教师、干部的轮训进修制度。要制定职业技术教育教师的任职条件，完善教师专业技术职务评聘办法，逐步实行教师资格证书制度，采取措施逐步提高职业技术学校教师的待遇。要抓紧职业技术教育的教材建设，尽快解决各类职业技术教育对教材的急需。各级政府和参与办学的部门、企事业单位必须认真解决职业技术学校实验、实习设备和校内外实习基地。企业应该积极接纳职业技术学校师生到厂实习。县一级政府要负责安排一定土地、山林或水面给农村技术学校做生产实习基地。

五、加强和改善对职业技术教育工作的领导和管理

（一）各级政府及中央与地方的各有关部门要对职业技术教育分工负责。按照《中共中央关于教育体制改革的决定》，国家教育委员会负责掌握职业技术教育的大政方针，统筹职业技术教育的发展，协调各部门有关职业技术教育的工作，统一部署和指导职业技术教育的改革。国家计划、劳动、人事、财政等综合部门应按照职责分工，做好人才需求预测、经费来源、毕业生就业录用和有关职业技术教育管理等方面的工作。

（二）发展职业技术教育主要责任在地方，关键在市、县。因此，地方政府有权对职业技术教育进行必要的统筹和决策。在中央统一的方针政策下，由地方政府统筹安排本地各类职业技术教育的布局、专业（工种）设置、招生、毕（结）业生就业安置及中、长期规划。上级各有关部门应支持地方政府的统筹和决策。部门办在地方的学校，在首先满足本行业所需人才的同时，也应积极为当地培养所需人才。提倡部门和地方根据需要联合办学。

（三）要重视发挥各业务部门在发展职业技术教育中的作用。各业务部门除办好所属职业技术学校外，还要对本行业范围内的各类职业技术教育在学校布局、专业（工种）设置、办学标准、教学要求、质量评估等方面进行指导和协调；在实验实习、师资、设备、教材、考核标准等方面给予服务和帮助。

（四）各地和各部门要落实和加强对职业技术教育的管理。要进一步完善职业技术学校内部的管理体制。高等职业技术学校原则上实行党委领导下的校长负责制；中等和初等职业技术学校原则上实行校长负责制并充分发挥党组织的政治核心作用；要把校长负责、社会参与和教师职工、学生的民主管理监督有效结合起来。

（五）要制定各类职业技术学校的设置标准和评估标准，逐步建立职业技术教育的评估制度。要加强职业技术教育的法规建设，逐步使我国职业技术教育走上以法治教、科学管理的轨道。

（六）各级政府要把职业技术教育纳入当地经济和社会发展的总体规划，使经济建设真正转到依靠科技进步和提高劳动者素质的轨道上来。要建立干部责任制，把职业技术教育工作列入有关考评内容。领导干部要亲自抓典型，要经常深入教育第一线，帮助基层解决实际困难和问题。

要十分重视职业技术学校领导干部的配备，要选派懂教育、又有一定生产经营管理能力的得力干部到职业技术学校工作。各级政府和各有关部门应按照本决定的要求，认真落实规划，采取措施，争取在九十年代使我国职业技术教育有更大的发展和提高，为实现我国社会主义建设的宏伟目标，奠定更坚实的基础。

国务院关于《中华人民共和国义务教育法实施细则》的批复

(1992年2月29日)

国家教委：

国务院批准《中华人民共和国义务教育法实施细则》，由你委发布施行。

中华人民共和国义务教育法实施细则

第一章 总 则

第一条 根据中华人民共和国义务教育法（以下简称义务教育法）第十七条的规定，制定本细则。

第二条 义务教育法第四条所称适龄儿童、少年，是指依法应当入学至受完规定年限义务教育的年龄阶段的儿童、少年。

适龄儿童、少年接受义务教育的入学年龄和年限，以及因缓学或者其他特殊情况需延长的在校年龄，由省级人民政府依照义务教育法的规定和本地区实际情况确定。

盲、聋哑、弱智儿童和少年接受义务教育的入学年龄和在校年龄可适当放宽。

第三条 实施义务教育，在国务院领导下，由地方各级人民政府负责，按省、县、乡分级管理。

各级教育主管部门在本级人民政府领导下，具体负责组织、管理本行政区域内实施义务教育的工作。

第四条 省级人民政府根据本地区经济和社会发展状况，因地制宜，分阶段、有步骤地推行九年制义务教育。

第五条 实施义务教育，城市以市或者市辖区为单位组织进行；农村以县为单位组织进行，并落实到乡(镇)。

工矿区、农垦区、林区等组织实施义务教育的行政区划单位，由省级人民政府规定。

第六条 承担实施义务教育任务的学校为：地方人民政府设置或者批准设置的全日制小学，全日制普通中学，九年一贯制学校，初级中等职业技术学校，各种形式的简易小学或者教学点（班或者组），盲童学校，聋哑学校，弱智儿童辅读学校（班），工读学校等。

文艺、体育和特种工艺等单位，应当保证招收的适龄儿童、少年接受义务教育。上述单位自行实施义务教育教学工作，需经县级以上教育主管部门批准。

第二章 实施步骤

第七条 实施九年制义务教育，可以分为两个阶段。第一阶段，实施初等义务教育；第二阶段，在实施初等义务教育的基础上实施初级中等义务教育。初等教育达到义务教育法规定要求的，可直接实施初级中等义务教育。

第八条 实施义务教育，应当具备下列基本条件：

（一）与适龄儿童、少年数量相适应的校舍及其他基本教学设施；

（二）具有按编制标准配备的教师的符合义务教育

法规定要求的师资来源；

（三）具有一定的经济能力，能够按照规定标准逐步配置教学仪器、图书资料和文娱、体育、卫生器材。

地方各级人民政府和其他办学单位应当积极采取措施，不断改善实施义务教育的条件。

第九条　直接实施初等义务教育有困难、需要分两步实施的，由设区的市级或者县级人民政府提出报告，报省人民政府决定或者依照地方性法规规定办理。

第十条　各级人民政府应当努力在本世纪末普及初等义务教育。在全国大部分地区应当基本普及九年义务教育或者初级中等义务教育。

省级人民政府应当制定义务教育实施规划，规定实施义务教育的目标、完成规划期限和措施等。设区的市级或者县级人民政府应当根据省级人民政府的规划制定实施义务教育的具体方案。

第三章　就　学

第十一条　当地基层人民政府或者其授权的实施义务教育的学校至迟在新学年始业前十五天，将应当接受义务教育的儿童、少年的入学通知发给其父母或者其他监护人。

适龄儿童、少年的父母或者其他监护人必须按照通知要求送子女或者其他被监护人入学。

第十二条　适龄儿童、少年需免学、缓学的，由其父母或者其他监护人提出申请，经县级以上教育主管部门或者乡级人民政府批准。因身体原因申请免学、缓学的，应当附具县级以上教育主管部门指定的医疗机构的证明。

缓学期满仍不能就学的，应当重新提出缓学申请。

第十三条　父母或者其他监护人不送其适龄子女或者其他被监护人入学的，以及其在校接受义务教育的适龄子女或者其他被监护人辍学的，在城市由市或者市辖区人民政府及其教育主管部门，在农村由乡级人民政府，采取措施，使其送子女或者其他被监护人就学。

第十四条　适龄儿童、少年到非户籍所在地接受义务教育的，经户籍所在地的县级教育主管部门或者乡级人民政府批准，可以按照居住地人民政府的有关规定申请借读。

借读的适龄儿童、少年接受义务教育的年限，以其户籍所在地的规定为准。

第十五条　对受完规定年限义务教育的儿童、少年，由学校发给完成义务教育的证书。完成义务教育证书的格式由省级教育主管部门统一制定。

受完当地规定年限义务教育获得的毕业证书或者结业证书，可视为完成义务教育的证书。

第十六条　适龄儿童、少年因学业成绩优异而提前达到与规定年限义务教育相应的初等或者初级中等教育毕业程度的，视为完成义务教育。

第十七条　实施义务教育的学校可收取杂费。收取杂费的标准和具体办法，由省级教育、物价、财政部门提出方案，报省级人民政府批准。已规定免收杂费的，其规定可以继续执行。

对家庭经济困难的学生，应当酌情减免杂费。

其他行政机关和学校不得违反国家有关规定，自行制定收费的项目及标准；不得向学生乱收费用。

第十八条　依照义务教育法第十条第二款规定享受助学金的贫困学生是指：初级中等学校、特殊教育学校的家庭经济困难的学生，少数民族聚居地区、经济困难地区、边远地区的小学及其他寄宿小学的家庭经济困难的学生。实行助学金制度的具体办法，由省级人民政府规定。

第四章　教育教学

第十九条　实施义务教育必须贯彻国家的教育方针，坚持社会主义方向，实行教育与生产劳动相结合，对学生进行德育、智育、体育、美育和劳动教育。

第二十条　实施义务教育的学校必须按照国务院教育主管部门发布的指导性教学计划、教学大纲和省级教育主管部门制定的教学计划，进行教育教学活动。

第二十一条　实施义务教育的学校应当选用经国务院教育主管部门审定或者其授权的省级教育主管部门审定的教科书。非经审定的教科书不得使用。但国家另有规定的除外。

第二十二条　实施义务教育学校的教育教学工作，应当适应全体学生身心发展的需要。

学校和教师不得对学生实施体罚、变相体罚或者其他侮辱人格尊严的行为；对品行有缺陷、学习有困难的儿童、少年应当给予帮助，不得歧视。

第二十三条　实施义务教育的学校可根据城乡经济、社会发展和学生自身发展的实际情况，有计划地对学生进行职业指导教育和职业预备教育或者劳动技艺教育。

第二十四条　实施义务教育的学校在教育教学和各种活动中，应当推广使用全国通用的普通话。

师范院校的教育教学和各种活动应当使用普通话。

第二十五条　民族自治地方应当按照义务教育法及其他有关法律规定组织实施本地区的义务教育。实施义务教育学校的设置、学制、办学形式、教学内容、教学用语，由民族自治地方的自治机关依照有关法律决定。

用少数民族通用的语言文字教学的学校，应当在小学高年级或者中学开设汉语文课程，也可以根据实际情况适当提前开设。

第五章 实施保障

第二十六条 实施义务教育学校的设置，由设区的市级或者县级人民政府统筹规划，合理布局。

小学的设置应当有利于适龄儿童、少年就近入学。寄宿制小学设置可适当集中。普通初级中学和初级中等职业技术学校的设置，应当根据人口分布状况和地理条件相对集中。

盲童学校（班）的设置，由省级或者设区的市级人民政府统筹安排。聋哑学校（班）和弱智儿童辅读学校（班）的设置，由设区的市级或者县级人民政府统筹安排。

第二十七条 省级人民政府应当制订实施义务教育各类学校的经费开支定额，并制定按照学生人数平均的公用经费开支标准、教职工编制标准和校舍建设、图书资料、仪器设备配置等标准。

地方各级人民政府应当制订实施规划，使学校分期分批达到前款所列的办学条件标准，并进行检查验收。

第二十八条 地方各级人民政府设置的实施义务教育学校的事业费和基本建设投资，由地方各级人民政府负责筹措。用于义务教育的财政拨款的增长比例，应当高于财政经常性收入的增长比例，并使按在校学生人数平均的教育费用逐步增长。

社会力量举办实施义务教育学校的事业费和基本建设投资，由办学单位或者经国家批准的私人办学者负责筹措。

中央和地方财政视具体情况，对经济困难地区和少数民族居地区实施义务教育给予适当补助。

地方各级人民政府应当鼓励各种社会力量以及个人自愿捐资助学。

第二十九条 依法征收的教育费附加，城市的，纳入预算管理，由教育主管部门统筹安排，提出分配方案，商同级财政部门同意后，用于改善中小学办学条件；农村的，由乡级人民政府负责统筹安排，主要用于支付国家补助、集体支付工资的教师的工资，改善办学条件和补充学校公用经费等。

学校的勤工俭学收入，部分应当用于改善办学条件。

第三十条 实施义务教育各类学校的新建、改建、扩建，应当列入城乡建设总体规划，并与居住人口和义务教育实施规划相协调。

实施义务教育的学校新建、改建、扩建所需资金，在城镇由当地人民政府负责列入基本建设投资计划，或者通过其他渠道筹措；在农村由乡、村负责筹措，县级人民政府对有困难的乡、村可酌情予以补助。

第三十一条 地方各级人民政府应当采取切实措施，保证实施义务教育各类学校教科书和文具纸张按时、按质、按量供应。

第三十二条 省级人民政府应当制定规划、采取措施，加强和发展师范教育，并组织其他高等学校为实施义务教育培养师资。

盲、聋哑、弱智儿童学校的师资，由省级人民政府根据实际情况组织培养。

第三十三条 各级教育主管部门应当加强实施义务教育学校的教师培训工作，使教师的思想政治素质和业务水平达到义务教育法规的要求。

各级人民政府应当加强培训工作，提高实施义务教育学校校长的思想政治素质和管理水平。

校长和教师的在职培训工作，由县级以上地方各级教育主管部门负责组织。

第六章 管理与监督

第三十四条 地方各级人民政府及其教育主管部门应当建立实施义务教育的目标责任制，把实施义务教育的情况作为对有关负责人员政绩考核的重要内容。

第三十五条 县级以上各级人民政府应当建立对实施义务教育的工作进行监督、指导、检查的制度。

第三十六条 实施义务教育的学校及其他机构，在实施义务教育工作上，接受当地人民政府及其教育主管部门的管理、指导和监督。

第三十七条 地方各级人民政府对为实施义务教育作出突出贡献的企业事业单位、学校、社会团体、部队、居（村）民组织和公民，给予奖励。

第七章 罚 则

第三十八条 有下列情形之一的，由地方人民政府或者有关部门依照管理权限对有关责任人员给予行政处分：

（一）因工作失职未能如期实现义务教育实施规划目标的；

（二）无特殊原因，未能如期达到实施义务教育学校办学条件要求的；

（三）对学生辍学未采取必要措施加以解决的；

（四）无正当理由拒绝接收应当在该地区或者该学校接受义务教育的适龄儿童、少年就学的；

（五）将学校校舍、场地出租、出让或者移作他用，妨碍义务教育实施的；

（六）使用未经依法审定的教科书，造成不良影响的；

（七）其他妨碍义务教育实施的。

第三十九条 有下列情形之一的，由地方人民政府或者有关部门依照管理权限对有关责任人员给予行政处分；情节严重，构成犯罪的，依法追究刑事责任：

（一）侵占、克扣、挪用义务教育款项的；

（二）玩忽职守致使校舍倒塌，造成师生伤亡事故的。

第四十条 适龄儿童、少年的父母或者其他监护人未按规定送子女或者其他被监护人就学接受义务教育的，城市由市、市辖区人民政府或者其指定机构，农村由乡级人民政府，进行批评教育；经教育仍拒不送其子女或者其他被监护人就学的，可视具体情况处以罚款，并采取其他措施使其子女或者其他被监护人就学。

第四十一条 招用应当接受义务教育的适龄儿童、少年做工、经商或者从事其他雇佣性劳动的，按照国家有关禁止使用童工的规定处罚。

第四十二条 有下列行为之一的，由有关部门给予行政处分；违反《中华人民共和国治安管理处罚条例》的，由公安机关给予行政处罚；构成犯罪的，依法追究刑事责任：

（一）扰乱实施义务教育学校秩序的；

（二）侮辱、殴打教师、学生的；

（三）体罚学生情节严重的；

（四）侵占或者破坏学校校舍、场地和设备的。

第四十三条 当事人对行政处罚决定不服的，可以依照法律、法规的规定申请复议。当事人对复议决定不服的，可以依照法律、法规的规定向人民法院提起诉讼。当事人在规定的期限内不申请复议，也不向人民法院提起诉讼，又不履行处罚决定的，由作出处罚决定的机关申请人民法院强制执行，或者依法强制执行。

第八章 附 则

第四十四条 适龄儿童的入学年龄以新学年始业前达到的实足年龄为准。

第四十五条 本细则由国家教育委员会负责解释。

第四十六条 本细则自发布之日起施行。

国务院办公厅转发国家教委关于进一步改革和发展成人高等教育意见的通知

(1993年1月7日)

国家教委《关于进一步改革和发展成人高等教育的意见》已经国务院同意，现转发给你们，请贯彻执行。

国家教委关于进一步改革和发展成人高等教育的意见

一

党的十一届三中全会以来，成人高等教育事业有了很大发展，初步形成了调动社会各方面力量，多形式、多层次、多渠道办学的体系，出现了成人高等教育与普通高等教育“两条腿走路”共同发展的新格局。成人高等教育为社会培养、培训了相当数量的各类专门人才，提高了劳动者的文化素质，对于建设社会主义精神文明、促进社会进步和经济发展起到了重要作用。

目前，我国成人高等教育的基础还比较薄弱，布局、结构存在着脱离实际、重复设置的问题，办学的质量、效益有待提高；有关法规和制度尚不完善，宏观指导、协调和服务工作亟待加强；地方、主管部门和学校的办学自主权未得到充分保证。这些都需要进一步改革和完善。

当前，我国的经济和社会生活正在发生深刻的变化。随着改革的深入和进一步对外开放，随着生产力的发展，我国劳动者的文化素质与现代化建设的要求不相适应的矛盾将愈加突出。尽快提高千百万社会主义建设者的文化素质，培养掌握现代科学技术和文化知识的劳动者已成为促进生产力发展的关键环节。与此同时，人民群众的生活由温饱向小康转变过程中，也将会有更为普遍的接受高等教育的要求。我国的高等教育已经出现了职前与职后教育并举，全日制教育与业余教育相互配合，继续教育、终生教育正在逐步发展的新局面。作为对各类高中后在职、从业人员进行多种教育的成人高等教育，担负着直接有效地为社会主义建设服务，促进生产力发展的艰巨任务和重要责任。

二

我国的经济体制、科技体制、教育体制的改革要求成人高等教育必须加大改革力度，加快发展步伐。

今后一个时期，成人高等教育改革和发展的总体目标是：

（一）动员社会各方面的力量大力支持、积极兴办多种形式、多种层次、多种规格的成人高等教育，进一步增加和拓宽社会成员接受高中后教育的机会和渠道，使成人高等教育为经济和社会发展提供更加广泛的服务。

（二）把高等层次岗位培训、大学后继续教育作为成人高等教育的重点，为此，要制定政策和措施鼓励、促进其大力发展，并形成制度；学历教育是成人高等教育的重要组成部分，要完善学历教育体系，增加投入，根据需求积极发展。建立起能够适应不断变化的经济、社会需求的新的办学机制。

（三）建立分级管理、分级负责的管理体制，形成科学的管理、调控制度。

为保证总体目标的实现，成人高等教育要坚持社会主义方向，进一步解放思想，深化改革，加强管理，增加投入，提高质量和效益，努力办出特色。

三

为促进成人高等教育的改革和发展，提出以下政策措施：

(一)各类成人高等学校和办学机构要坚持社会主义办学方向，加强党的领导，贯彻执行党的基本路线和党的教育方针。

(二)高等层次岗位培训和考核，要以行业为主，制定岗位分类和岗位规范，使培训和考核制度化；积极发展成人高等职业技术教育，继续开展专业证书教育，逐步建立起职业资格培训证书与学历文凭并存、并用的制度。成人高等学历教育以专科为主，以招收在职、从业人员为主；根据需要开办第二专业学历教育，试办以专科为起点的本科教育。依托普通高等学校，进一步拓宽在职人员攻读硕士、博士学位的渠道；对经过评审符合国家学位条例规定的成人高等学校，应给予学士学位授予权。

(三)大力推进成人高等教育管理体制的改革。国家教委要健全法规，加强总体规划、宏观指导、协调、监督和检查，重点掌握好学历教育的规格、质量；扩大省、自治区、直辖市和国务院各部门管理成人高等教育的权限，逐步把调整学校布局、制定培养规划和确定专业设置、办学形式、招生计划、招生对象及管理非学历教育的权力与责任全部交给地方和部门；地方和部门要保证学校有充分的办学自主权。

国家教委支持有条件的地区对成人高等教育的改革进行更广泛的综合试点。

(四)成人高等学历教育在招生时，要切实保证学生入学质量，同时结合成人特点逐步改革招生考试办法，并制定有利于劳动模范、生产和业务骨干以及农村、乡镇企业、边远和少数民族地区考生入学的政策。

要贯彻按需施教、学以致用的原则，紧密结合生产和工作实际进行教学领域的改革。教学计划、大纲和教材的制订和编写要注意针对性、实用性和职业性，强化实践技能的培养。要努力建立各类成人高等学校与企业、部门双向介入，生产、工作和教学相互渗透、相互促进的运行机制。有条件的成人高等学校可在部分专业实行教师职务双师制(既是工程师，又是有相应职务的教师)。

(五)强化成人高等学历教育质量控制机制，切实保证国家高等教育的质量和规格。成人高等学校的设置和普通高等学校办成人高等学历教育的资格由国家教委根据有关规定审批或备案。国家教委负责制定、编审指导性的教学计划、大纲和教材。建立办学方向、办学水平和教学质量评估制度。加强对成人高等学历教育毕业证书的管理，运用行政、经济、法律手段，坚决查处违章、违法办学。

(六)合理调整成人高等学校的设置和布局。通过多种形式的联合和一个学校发挥多种功能等措施，使成人高等教育在质量、效益和适应能力上迈上新台阶。

各类成人高等学校要合理分工、发挥优势、协调发展。普通高等学校的函授教育、夜大学应根据所在方或所属部门的需要办，避免办学层次、专业设置、招生区域的重复与交叉。函授教育和广播电视大学应充分发挥远距离教育的优势，努力为中小城市、乡镇企业、农村以及边远和教育不发达地区服务。要积极探索函授、广播电视教育和国家考试沟通的制度。

(七)在高等教育自学考试的基础上，建立功能更为完备的国家考试制度。国家教委负责指导和管理社会力量办的高等教育，进行国家认可学历的文凭考试和对成人高等教育进行质量检测、评估性考试。

为向社会提供更多的接受教育的机会，在部分有需求、有条件的地区应充分利用广播电视大学等成人高等学校现代化教育手段，招收高中毕业的在职人员和社会青年，自费学习大学基础课程。学生考试成绩合格的，发给大学基础课程结业证书。普通高等学校和成人高等学校可招收其中成绩优良者续读大学专、本科专业课程，合格后取得专科或本科学历。

(八)鼓励和支持社会力量办学。申请办学的社会团体或个人应具有法人资格。社会力量办具有颁发国家承认的学历文凭资格的高等学校，应按照国务院发布的《普通高等学校设置暂行条例》(国发〔1986〕108号)和国家教委颁发的《成人高等学校设置暂行规定》(〔88〕教计字0040号)审批，批准后纳入普通高等教育或成人高等教育系列。办进修、培训、补习、助学、辅导性质的学校，由地方政府审批，这类学校可颁发写实性学业证书。要加强对社会力量办的高等学校的指导和扶持，在评估、奖励等管理工作中，应与其他高等学校一视同仁。

(九)各类成人高等学校都要根据办学任务和培养目标，保证投入，充实和改善办学条件。普通高等学校的成人高等教育要切实做好定任务、定规模、定编制、定经费分配比例的工作。

(十)加强成人高等教育的理论研究和对外交流与合作。在有条件的高等学校建立成人教育专业，对中高级成人教育管理人员和研究人员进行系统培训。有组织地开展成人高等教育管理、教学、科研领域的对外交流与合作。

国务院批转国家教委关于加快改革和积极发展普通高等教育意见的通知

（1993年1月12日）

国务院同意国家教委《关于加快改革和积极发展普通高等教育的意见》，现转发给你们，请认真贯彻执行。

高等教育担负为社会主义事业培养建设者、接班人和发展科技、文化的重大任务，对解放和发展生产力起很重要的促进作用。为了更好地适应我国社会主义现代化建设的需要，必须加快改革和积极发展普通高等教育。各级政府和国务院各部门，要高度重视和积极支持普通高等教育的改革和发展，加强对有关高等学校改革工作的领导，切实解决学校的实际困难和问题，使普通高等教育的改革和发展沿着党的十四大指引的方向胜利前进。

关于加快改革和积极发展普通高等教育的意见

九十年代是我国社会主义现代化建设的关键时期，抓住有利时机加快改革开放和现代化建设步伐，夺取有中国特色社会主义事业的更大胜利，这是摆在全党全国人民面前的战略任务。高等教育担负为社会主义事业培养建设者、接班人和发展科技、文化的重大任务，对解放和发展生产力起着重要的促进作用。高等教育战线的全体同志，要增强责任感和紧迫感，认真学习贯彻党的十四大精神和邓小平同志建设有中国特色社会主义的理论，解放思想，振奋精神，加快、加大高等教育改革的步伐和力度，努力开创高等教育改革和发展的新局面。

一、高等教育改革和发展的指导思想是，遵循党的十四大精神，以建设有中国特色社会主义的理论和“一个中心、两个基本点”的基本路线为指针，解放思想，为适应改革开放和现代化建设的需要，适应社会主义市场经济体制和政治、科技、文化体制改革的要求，加快高等教育改革开放的步伐，探索办好有中国特色的社会主义高等学校的新路子，在九十年代，使我国高等教育的发展在质量、数量、结构和效益等方面达到一个新的水平，并为下世纪的更大发展和提高打下坚实基础。高等教育的改革和发展，要有利于为以经济建设为中心的社会主义事业服务，促进经济和社会的全面发展；有利于调动学校的广大师生员工和社会各界的积极性；有利于全面贯彻党的教育方针，提高教育质量和办学效益，培养德智体全面发展的社会主义事业建设者和接班人。

高等教育改革和发展的主要任务是：坚持社会主义办学方向，改革高等教育办学和管理体制，转变政府管理部门职能，扩大学校办学自主权，改革学校内部管理体制和运行机制，深化教育和教学改革，探索高等教育发展的新路子。通过改革达到：规模有较大发展，结构更加合理，质量上一个台阶，效益有明显提高，到本世纪末，初步建立起有中国特色的社会主义高等教育体系。

二、改革原有的由国家包办高等教育的单一体制和模式，探索适应社会主义市场经济体制、调动社会办学积极性，多种形式和途径发展高等教育的新路子。经过改革和试验，我国高等学校逐步形成国家投资为主，学生缴费和社会集资为辅；学生缴费和社会集资为主；国家资助为辅；民办自费；企业办学等多种办学的形式。

高等教育的发展，要坚持走内涵发展为主的道路，首先使现有学校达到合理的办学规模，同时进一步发挥学校的办学潜力，提高整体效益。到二〇〇〇年，规模效益应有明显提高，校均规模本科院校由现在的二千五百人提高到三千五百人左右，专科院校由一千人提高到二千人左右。积极鼓励和支持社会力量兴办民办高等学校，尽快制定民办普通高等学校有关条例，加强引导和管理。目前，确有必要新设置高等学校，要按照国务院发布的《普通高等学校设置暂行条例》（国发〔1986〕108号），由国家教委高等学校设置评议委员会进行评议后，提交国家教委审批。国家教委和各地有关部门要加强学历文凭的管理，以保证高等教育的规格和水平，不断提高教育质量。

三、高等教育的发展要充分发挥各地区的积极性，因地制宜，合理布局，优化结构。在国家统筹规划指导下，省、自治区、直辖市人民政府根据实际情况分别确定各自的发展目标和重点，并注意地区间的合作和互补。经济发展水平高的地区，要更多地增加对高等教育的投入，加快改革步伐和发展速度。对经济基础薄弱和教育规模偏小的地区，要积极创造条件，采取有力措施，使这些地区的高等教育有一个适当的发展速度，以适应当地经济发展的需要。对少数民族地区，国家和地方政府都要采取特殊政策和措施，积极扶持少数民族高等教育的发展。

在层次上，大力发展专科教育，特别着重发展面向广大农村、中小企业、乡镇企业和第三产业的专科教育；努力扩大研究生的培养数量，实现高层次人才培养基本上立足于国内。在科类上，稳定基础学科的规模，适当发展新兴和边缘学科，重点发展应用学科。

四、发展高等教育必须把提高教育质量放在突出的地位。有条件的省、自治区、直辖市和国务院有关部门着重办好一二所代表本地区、本行业先进水平的高等学校和一批重点学科、专业。在此基础上，国家教委会同国务院有关综合部门有计划地选择其中一批代表国家水平的高等学校和学科、专业，列入国务院已原则批准的“211工程”计划（面向二十一世纪，在全国重点办好一百所大学），分期滚动实施。对于列入“211工程”计划的高等学校和学科、专业，中央（包括各有关部门）和地方两级教育部门，要采取适当的特殊政策，进一步扩大这些学校的办学自主权。力争到二十一世纪初，我国有一批高等学校和学科、专业进入世界先进行列，在教育质量、科研水平和学校管理等方面能与国际著名大学相比拟。

五、进一步改革原有的国家集中计划和政府直接管理的办学体制，逐步建立和完善国家统筹规划和宏观管理、学校面向社会自主办学的新体制。

高等教育办学体制的改革是要理顺政府、社会和学校三者之间的关系，按照政事分开的原则，使高等学校真正成为自主办学的法人实体，明确学校的权力和义务、利益和责任，进一步促进学校面向社会自主办学。国家要加强高等教育的立法工作，尽快制定高等教育法、高等学校组织法等。政府要转变职能，简政放权，由对学校的直接行政管理，转变为运用法律、经济、评估和信息服务以及必要的行政手段进行宏观管理。保证学校拥有充分的依法办学的自主权，在专业设置、招生、指导毕业生就业、教育教学、科学研究、筹措和使用经费、机构设置、人事安排、职称评定、工资分配、对外交流和学校管理等方面拥有有关法律、法规规定的权限。学校要善于行使属于自己的权力，承担好自己的责任，建立起主动适应国家经济建设和社会发展需要的自我激励、自我发展、自我约束的运行机制。社会各界要积极支持和直接参与高等学校的建设和人才培养、评估办学水平和教育质量，为学校提供生产实习和社会实践基地，公平、择优录用毕业生，逐步为学校提供社会化服务。

六、高等教育管理体制的改革方向是，逐步实行中央与省（自治区、直辖市）两级管理、两级负责为主的管理体制。国务院各部门重点管理好直接关系国家经济、社会发展全局并在高等教育中起示范作用的骨干学校和行业性强、地方不便管理的学校。在中央与地方的关系上，中央管理部门要简政放权，加强地方政府的管理职能，中央主要负责大政方针、宏观规划和监督检查，对地方所属高等学校的具体政策、制度、计划的制定和实施以及对学校的领导和管理，责任和权力均交给地方，进一步加强省、自治区、直辖市对设在本地区的国务院各部门所属高等学校的协调作用。在国家教委和国务院各主管部门的关系上，国家教委负责统筹规划、政策指导、组织协调、信息服务、监督检查，各部门所属学校的专业设置、招生计划、经费筹措、学生就业等管理的责任和权限逐步归国务院各主管部门。国务院有关部门要加强对本行业专门人才的需求预测，协助国家教委指导本行业培养全国专门人才的规划工作。随着国务院各部门职能的转变和直属企业的下放，对部门所属高等学校的办学体制和管理体制，要区别不同情况，采取继续由中央部门办、中央部门与地方政府联合办、下放给地方办、企业集团参与管理等办法，进行改革试点。下放给地方办的，要将学校的事业费和基建投资基数划拨给地方政府。这项改革涉及面广、难度大，要采取积极稳妥的步骤，先在若干部门试点，成熟一个改革一个。这是今后一段时间内的一项重要改革，要认真做好。

七、改革高等教育投资体制，逐步建立财政拨款为主、多渠道筹措经费的投资体制。中央和地方的有关部门都要按照“两个增长”的原则，增加对高等教育的拨款，满足高教事业发展的基本需要。学校也要改变单纯依靠财政拨款的观念，走多渠道筹措教育经费的路子。要研究制定社会、企业、个人和校办产业等多渠道为高等学校筹措办学经费的具体制度和办法。

高等教育属于非义务教育，要改革学生上大学由国家“包”下来的制度。学生上大学原则上均应缴费，缴费标准要考虑到人民群众的承受能力，由学校报主管部门或省、自治区、直辖市人民政府确定。同时，国家、企事业单位、社会团体和学校均可设立奖学金，对品学兼优的学生给予奖励，对毕业后定向就业的学生予以资助；银行设立贷学金，学校积极开展勤工助学，对家庭经济有困难的学生提供帮助；对部门国家必须重点保证的、特殊的学校和专业，实行专项奖学金或提高奖学金的数额。这些改革，要与调动学生的学习主动性和积极性紧密联系起来，要与招生和毕业生就业制度改革配套进行。

八、进一步改革招生和毕业生就业制度。高等学校招生计划体制，实行国家任务计划和调节性计划相结合。国家任务计划是重点保证国家重点项目、国防建设、文化教育、基础学科和高技术研究，以及边远地区、某些艰苦行业所需专门人才。国家任务计划由学校主管部门报国家教委核定后下达。对国家任务计划人才的培养，学校主管部门要保证足够的事业费和基建经费。在保证完成国家任务计划的前提下，要逐步扩大调节性计划，逐步扩大招收自费生和委托培养生的比重，调节性计划由学校主管部门根据需要和实际办学条件确定。

进一步改进招生和入学考试办法。坚持德智体全面考核、以文化考试为主、择优录取的原则。要在高中毕业省级会考的基础上，减少高考统一考试科目，录取时参考会考成绩。对在培养人才方面有特殊要求的学校或专业，经过批准可以按系统或地区，联合或单独组织招生考试，并按有关规章录取新生。为有利于高等学校按照各自的特色、风格和专业要求培养人才，把选拔新生的职权放给学校。要注意选拔农村、边远地区以及基层单位有一定实践经验的优秀人才入学。地方招生部门通过职能转变，负责有关报名、考试和录取的组织工作，为学校招生提供服务。建立和完善招生过程的监察制度。

改革高等学校毕业生“包当干部”和由国家“统包统配”的就业制度。随着社会主义市场经济体制的建立和劳动人事制度的改革，在国家政策指导下，实行高等学校大多数毕业生自主择业的就业制度。近期内，国家任务计划招收的学生，原则上由国家负责安排就业，学校与用人单位“供需见面”落实毕业生就业方案，并积极推行毕业生与用人单位“双向选择”的办法。调节性计划中，委托和定向培养的学生按合同就业，自费生自主择业，有关部门要加强毕业生就业的指导和服务工作。

九、积极稳妥地推进高等学校内部管理体制改革。要逐步进行校内人事、分配、住房、医疗和退休养老保险制度以及后勤服务企业化、社会化等改革，理顺关系、转换机制、调整结构、精简机构、优化队伍、改善条件、提高待遇，调动广大教职工的积极性，增强学校内在的办学活力和主动适应国民经济和社会发展的需要的能力，不断提高教育质量、科研水平和办学效益。进行校内管理体制改革，要在学校主管部门的领导下，取得学校所在省、自治区、直辖市人民政府的领导和支持，积极稳妥地进行。要从实际出发，积极试验，统筹兼顾，逐步展开。争取在最近几年内全国高等学校在实行内部管理机制的改革方面取得显著成绩。

十、继续加强和改进德育工作。要进一步加强和改进马克思主义理论教育和思想政治教育，用建设有中国特色社会主义的理论武装学生，加强党的基本路线教育及爱国主义、集体主义和社会主义的教育。要紧密联系我国社会主义建设实际，加强社会实践，使广大学生坚定建设有中国特色社会主义的信念，走与工农相结合的道路，逐步树立科学的世界观和为人民服务的人生观，增强抵御和平演变、抵御资本主义和封建主义腐朽思想侵蚀的能力，珍惜和维护安定团结的政治局面。要通过实践，不断探索和总结在改革开放条件下加强德育工作的经验，继续加强和改进思想政治工作体系，充实德育内容、改善德育工作的形式和方法，努力建设好一支以精干的专职人员为骨干、专兼职结合的思想政治工作队伍，进一步提倡教书育人、管理育人、服务育人，把建立优良的校风、学风，优化育人环境作为经常性工作落到实处。

十一、深化教学改革、提高教育质量，是高等教育改革的核心。要按照“面向现代化，面向世界，面向未来”的要求，全面贯彻执行党的教育方针，逐步建立与社会主义市场经济体制相适应、符合学生成长规律、具有竞争活力的教学制度，努力提高教育质量。

要继承和发扬我国高等教育的优良传统，大胆吸收和借鉴当今世界先进的教育经验，进一步转变教育思想，更新教育观念。要继续拓宽专业面，加大教学内容和教学方法改革的力度，逐步建立和完善适应我国社会主义建设和现代科技、文化发展趋势的教学内容体系和课程结构，着重培养学生的素质和能力。要加强实验室建设，充实和更新教学仪器设备，大力推进现代化教育手段的应用。

要进一步贯彻落实教育与生产劳动相结合的方针，采取多种形式，大力加强学校与科研部门、企业事业单位等的密切联系和合作，争取社会各方面更多地参与高等学校人才培养工作。进一步巩固和发展实习基地、三结合基地、厂校合作委员会、产学研联合体等，实行教学、科研、生产（社会实践）三结合，促使学校教育和教学过程与社会主义建设实际紧密结合。

要逐步建立和完善与学校面向社会自主办学新体制相适应的教学管理制度和运行机制。要充分发挥各校优势，根据经济建设和社会发展的需要，规划专业设置、调整专业方向、制订教学计划和教学大纲、选编教材和组织实施教学。学校要引入竞争和激励机制，进一步完善学分制，实行合理淘汰和优秀生奖励制度等，经过改革试验，形成既有严格管理、又有利于调动教与学两方面积极性和主动性的教学管理制度；建立既符合教育规律又生动活泼的教学运行机制。教育行政管理部门要通过修订专业目录和专业设置条例，制定各科类、专业的基本培养规格和主要课程的教学基本要求，积极开展教学研究和教学评估，建立高等学校教学工作和人才质量评价体系，在用人单位设立人才质量测试点等，加强对教学工作的宏观管理和指导。

十二、改革研究生教育。要根据社会主义建设和学科发展的需要，加快研究生教育的发展、改善结构和布局，进一步明确不同类型研究生的培养目标和规格，在满足教学、科研岗位所需人才的同时，着重加强应用人才的培养，注意吸收在职人员接受研究生教育，在一些行业试行专业学位制度。要理顺研究生教育和学位授权体系的关系，加快下放硕士学位授权点和博士生指导教师审核权的试点工作，同时建立和完善质量监督、评价制度。改进研究生招生办法，进一步完善培养过程，继续进行和扩大研究生兼做助教（协助教学）、助研（协助科研）、助管（协助管理）的试点，改善研究生培养的物质条件，提高教育质量，在本世纪内力争有一批学校和重点学科的研究生教育进入世界先进水平。

十三、高等学校科学技术工作要认真贯彻国家的科技方针，坚持科技是第一生产力的思想，坚持面向经济建设，坚持同教学相结合，努力攀登科技高峰。充分调动科技队伍的积极性，在把主要力量投入为国民经济建设服务的同时，要保持一支精干队伍稳定持续地开展基础性研究，巩固并再建一批国家级重点实验室；在组织优势力量承担国家“攀登计划”、“八六三”高技术计划和科技攻关计划等重大任务的同时，引导广大科技人员走向社会，面向市场，积极开展经济和社会发展中急需的应用、开发研究。要大力加强科技成果推广应用工作，建设一批工程研究中心和中试基地，促进科技成果的商品化、产业化和国际化。哲学、社会科学研究要把社会主义建设和改革中急需解决的重大理论和实际问题作为主攻方向。

要改革原有计划经济体制下形成的科技管理体制。科技机构要引入竞争机构，人员要合理分流、优化组合，不同类型的机构采取不同管理制度，实行开放、流动和定期评估。要加强多种形式的产、学、研合作，形成一批与产业界密切结合的人才培养与研究、开发基地。要建立合理的科技投入机制，在国家继续加强对科技投入的同时，积极开拓科技投资渠道，增加科技贷款和设立高新技术开发风险投资基金。

十四、积极发展以高新技术产业为主的校办产业。校办产业要有利于加强学校与社会的联系，促进教育和教学改革，有利于筹集教育资金，增强办学实力。要组织高校的科技力量，积极投身国民经济建设主战场，面向生产第一线进行研究开发，多渠道、多层次地转化科技成果，积极进入高新技术产业开发区，有计划、有重点、有选择、讲求实效地发展科技产业。因地因校制宜，利用学校的优势，积极发展经济、科技、文教的信息咨询和服务的第三产业。国家要增加用于支持校办产业发展贷款规模，并在税率上予以优惠；尽快制定校办产业行政法规，使校办产业有法可依。学校要加强领导，采取人员分流、企业化管理等办法，努力在实践中探索适合本地区、本部门、本学校情况的发展校办产业的多种模式。

十五、加强教师队伍建设。九十年代，高等学校教师队伍进入新老交替的重要时期，学术带头人和骨干教师的培养、补充迫在眉睫。要采取各种有力措施，以加强培养中青年学术带头人为重点，优化教师队伍结构。要采取多种形式促进教师和社会的密切联系，聘请实际工作部门有较高水平的专家到校任教。要把师资队伍建设和学校整体改革有机地结合起来，把教师的工资、住房、医疗、退休等问题摆到改革的重要议事日程上。要下决心采取重大政策和措施，积极改善教师的工作、学习和生活条件，对有突出贡献的教师给予重奖，并形成规范化的奖励制度。国家建立与公务员工资制度脱钩的教育系统工资制度，制定高等学校教师的基本工资标准，学校主管部门和学校有权适当增加教师的地区或校内津贴，不同地区、不同学校的教师可以有不同的实际工资标准，克服平均主义和论资排辈的倾向，按贡献大小适当拉开档次。要进一步改革专业技术职务评聘工作，进一步下放教师任职资格评审权，并制定有关政策，体现正确的政策导向。要发挥国家、集体、个人三方面的积极性，加快教师住房建设，争取实现三年解困、五年改善的目标。

十六、进一步扩大对外开放，积极开展国际交流与合作，是我国高等教育事业发展的一项重要方针。要加强和重视对国外高等教育的研究，大胆吸收和借鉴人类文明发展的一切优秀成果和世界各国发展和管理高等教育的成功经验。要积极创造有利于国际合作与交流的条件与环境，进一步制定和完善有关政策，改进教育外事工作管理办法；要根据我国高等教育改革发展的需要，扩大和搞活国际教育、学术和科技交流合作；要改进派遣留学、进修人员和引进国外智力的工作；积极创造条件，适当扩大和加强接受来华留学生、选派出国任教教师、对外汉语教学以及在境外联合办学等工作；尽快制定境外机构和个人在华办学条件，欢迎和鼓励境外机构和个人，依照我国的法律和方针政策，来华捐资助学和联合办培训中心、研究中心和校内分院等。

十七、各级政府要加强对高等教育改革的领导。高等学校的重大改革方案的实施，必须经主管部门批准，有计划、有步骤地进行。改革要经过试点、总结经验后，逐步推广。对深化改革中遇到的各种问题，各级领导部门要积极加以引导和管理，帮助高等学校解决各种实际困难。

中共中央　国务院关于印发《中国教育改革和发展纲要》的通知

（1993年2月13日）

现将《中国教育改革和发展纲要》印发给你们，请贯彻执行。

中国教育改革和发展纲要

中国共产党第十四次全国代表大会在建设有中国特色社会主义理论的指导下，确定了九十年代我国改革和建设的主要任务，明确提出"必须把教育摆在优先发展的战略地位，努力提高全民族的思想道德和科学文化水平，这是实现我国现代化的根本大计"。为了实现党的十四大所确定的战略任务，指导九十年代乃至下世纪初教育的改革和发展，使教育更好地为社会主义现代化建设服务，特制定本纲要。

一、教育面临的形势和任务

（1）当前，我国改革开放和现代化建设事业进入了一个新阶段。建立社会主义市场经济体制，加快改革开放和现代化建设步伐，进一步解放和发展生产力，使国民经济整体素质和综合国力都迈上一个新台阶。这对教育工作既是难得的机遇，又提出了新的任务和要求。在新的形势下，教育工作的任务是：遵循党的十四大精神，以建设有中国特色的社会主义理论为指导，坚持党的基本路线，全面贯彻教育方针，面向现代化，面向世界，面向未来，加快教育的改革和发展，进一步提高劳动者素质，培养大批人才，建立适应社会主义市场经济体制和政治、科技体制改革需要的教育体制，更好地为社会主义现代化建设服务。

（2）建国四十多年来，我国教育工作取得了显著成就。社会主义教育制度已经基本确立；教育事业有了很大发展，为社会主义建设培养了大批人才；形成了上千万人的教师队伍；办学的物质条件程度不同地有所改善。特别是党的十一届三中全会以来，教育改革逐步展开；九年义务教育开始有计划、分阶段地实施，全国已有百分之九十一人口的地区普及了小学教育；职业和技术教育得到相当程度的发展，中等职业技术学校招生和在校学生人数占高中阶段学生人数的比例，均已超过百分之五十，改变了中等教育结构单一化的局面；高等教育发展较快，普通高等学校和成人高等学校在校学生已达到376万人，初步形成了多种层次、多种形式、学科门类基本齐全的体系；形式多样的成人教育和民族教育也得到很大发展；农村基础教育实行地方负责、分级管理的体制取得了明显效果，教育同科技、农业的统筹结合开始显示出生命力；涌现出一批尊师重教并取得较大成绩的地区、部门和单位。国际教育交流和合作也得到广泛开展。我国教育工作取得的成就，是坚持改革开放的结果，体现了社会主义制度的优越性，是我国教育进一步改革和发展的基础。

同时，必须看到，我国教育在总体上还比较落后，不能适应加快改革开放和现代化建设的需要。教育的战略地位在实际工作中还没有完全落实；教育投入不足，教师待遇偏低，办学条件较差；教育思想、教学内容和教学方法程度不同地脱离实际；学校思想政治工作还需要进一步加强和改进；教育体制和运行机制不适应日益深化的经济、政治、科技体制改革的需要。对教育工作中存在的这些问题，必须随着经济的发展和改革的深化，认真加以解决。

(3) 四十多年来，我国教育经历了曲折的发展历程，为发展社会主义教育事业积累了宝贵经验，初步明确了建设有中国特色社会主义教育体系的主要原则：第一，教育是社会主义现代化建设的基础，必须坚持把教育摆在优先发展的战略地位。第二，必须坚持党对教育工作的领导，坚持教育的社会主义方向，培养德智体全面发展的建设者和接班人。第三，必须坚持教育为社会主义现代化建设服务，与生产劳动相结合，自觉地服从和服务于经济建设这个中心，促进社会的全面进步。第四，必须坚持教育的改革开放，努力改革教育体制、教育结构、教学内容和方法，大胆吸收和借鉴人类社会的一切文明成果，勇于创新，敢于试验，不断发展和完善社会主义教育制度。第五，必须全面贯彻党和国家的教育方针，遵循教育规律，全面提高教育质量和办学效益。第六，必须依靠广大教师，不断提高教师政治和业务素质，努力改善他们的工作、学习和生活条件。第七，必须充分发挥各级政府、社会各方面和人民群众的办学积极性，坚持以财政拨款为主、多渠道筹措教育经费。第八，必须从我国国情出发，根据统一性和多样性相结合的原则，实行多种形式办学，培养多种规格人才，走出符合我国和各地区实际的发展教育的路子。这些主要原则，需要在今后的实践中进一步丰富和发展。

(4) 邓小平同志指出，实现四个现代化，科学技术是关键，基础在教育。为了完成党的十四大确定的九十年代的主要任务，必须把经济建设转到依靠科技进步和提高劳动者素质的轨道上来。我国企业经济效益低、产品缺乏竞争能力的状况之所以长期得不到改变，农业科学技术之所以得不到普遍推广，宝贵的资源和生态环境之所以不能得到充分利用和保护，人口增长之所以不能得到有效的控制，一些不良的社会风气之所以屡禁不止，原因固然很多，但一个重要的原因是劳动者素质低。发展教育事业，提高全民族的素质，把沉重的人口负担转化为人力资源优势，这是我国实现社会主义现代化的一条必由之路。

当今世界政治风云变幻，国际竞争日趋激烈，科学技术发展迅速。世界范围的经济竞争、综合国力竞争，实质上是科学技术的竞争和民族素质的竞争。从这个意义上说，谁掌握了面向二十一世纪的教育，谁就能在二十一世纪的国际竞争中处于战略主动地位。为此，必须高瞻远瞩，及早筹划我国教育事业的大计，迎接二十一世纪的挑战。

面对加快改革开放和现代化建设的新形势，各级政府、广大教育工作者和全社会，必须对教育的改革和发展具有紧迫感，真正树立社会主义建设必须依靠教育和“百年大计，教育为本”的思想，采取切实有力措施，落实教育的战略地位，加快教育的改革和发展，开创教育事业的新局面。

二、教育事业发展的目标、战略和指导方针

(5) 根据我国社会主义现代化建设“三步走”的战略部署，到本世纪末，我国教育发展的总目标是：全民受教育水平有明显提高；城乡劳动者的职前、职后教育有较大发展；各类专门人才的拥有量基本满足现代化建设的需要；形成具有中国特色的、面向二十一世纪的社会主义教育体系的基本框架。再经过几十年的努力，建立起比较成熟和完善的社会主义教育体系，实现教育的现代化。

九十年代，在保证必要的教育投入和办学条件的前提下，各级各类教育发展的具体目标是：

——全国基本普及九年义务教育（包括初中阶段的职业技术教育）；大城市市区和沿海经济发达地区积极普及高中阶段教育。大中城市基本满足幼儿接受教育的要求，广大农村积极发展学前一年教育。

——高中阶段职业技术学校在校学生人数有较大幅度的增加，未升学的初中和高中毕业生普遍接受不同年限的职业技术培训，使城乡新增劳动力上岗前都得到必需的职业技术训练。

——高等学校培养的专门人才适应经济、科技和社会发展的需求，集中力量办好一批重点大学和重点学科，高层次专门人才的培养基本上立足于国内，教育质量、科学技术水平和办学效益有明显提高。

——全国基本扫除青壮年文盲，使青壮年中的文盲率降到百分之五以下。通过岗位培训、继续教育和在职学历教育，提高广大从业人员的思想文化素质和职业技能。

各地区、各部门根据实际情况，制定本地区本行业的分阶段教育发展目标和任务。

(6) 为了实现上述目标，应采取深化教育改革，坚持协调发展，增加教育投入，提高教师素质，提高教育质量，注重办学效益，实行分区规划，加强社会参与的战略。

——在教育事业发展上，不仅教育的规模要有较大发展，而且要把教育质量和办学效益提高到一个新的水平。

——在结构选择上，以九年义务教育为基础，大力加强基础教育，积极发展职业技术教育、成人教育和高等教育，把提高劳动者素质，培养初、中级人才摆到突出的位置。

——在地区发展格局上，从各地经济、文化发展不平衡的实际出发，因地制宜，分类指导。鼓励经济、文化发达地区率先达到中等发达国家八十年代末的教育发展水平，积极支持贫困地区和民族地区发展教育。

(7)基础教育是提高民族素质的奠基工程，必须大力加强。各级政府要认真贯彻执行《中华人民共和国义务教育法》及其实施细则，以积极进取的精神，从本地区的实际出发，把普及九年义务教育的目标落到实处。要建立检查、监督和奖惩制度，确保义务教育法的贯彻执行。政府、社会、家长要认真履行自己的义务，保证适龄儿童入学，制止学生的辍学。对招用学龄儿童和少年就业的组织和个人，必须坚决依法制裁。

发展基础教育，必须继续改善办学条件，逐步实现标准化。中小学要由"应试教育"转向全面提高国民素质的轨道，面向全体学生，全面提高学生的思想道德、文化科学、劳动技能和身体心理素质，促进学生生动活泼地发展，办出各自的特色。普通高中的办学体制和办学模式要多样化。

(8)职业技术教育是现代教育的重要组成部分，是工业化和生产社会化、现代化的重要支柱。各级政府要高度重视，统筹规划，贯彻积极发展的方针，充分调动各部门、企事业单位和社会各界的积极性，形成全社会兴办多形式、多层次职业技术教育的局面。到本世纪末，中心城市的行业和每个县，都应当办好一、两所示范性骨干学校或培训中心，同大量形式多样的短期培训相结合，形成职业技术教育的网络。

发展职业技术教育要与当地经济发展的需要相适应。基本普及九年义务教育的地区，应以发展初中后职业技术教育为重点；尚未普及九年义务教育的地区，对不能升入初中的小学毕业生应实行职业技术培训；各地要积极发展多样化的高中后教育，对未升入高等学校的普通高中毕业生进行职业技术培训。普通中学也要分别不同情况，适当开设职业技术教育课程。

各级各类职业技术学校都要主动适应当地建设和社会主义市场经济的需要。要在政府的指导下，提倡联合办学，走产教结合的路子，更多地利用贷款发展校为产业，增强学校自我发展的能力，逐步做到以厂（场）养校。

要认真实行"先培训，后就业"的制度。优先录用经过职业技术教育和培训的学生就业，专业性、技术性较强的岗位，应在获得岗位资格证书后上岗。对未经培训已就业的，要进行岗前培训。

(9)高等教育担负着培养高级专门人才、发展科学技术文化和促进现代化建设的重大任务。九十年代，高等教育要适应加快改革开放和现代化建设的需要，积极探索发展的新路子，使规模有较大发展，结构更加合理，质量和效益明显提高。

高等教育的发展，要坚持走内涵发展为主的道路，努力提高办学效益。要区别不同的地区、科类和学校，确定发展目标和重点。制订高等学校分类标准和相应的政策措施，使各种类型的学校合理分工，在各自的层次上办出特色。要大力加强和发展地区性的专科教育，特别注重发展面向广大农村、中小企业、乡镇企业和第三产业的专科教育，努力扩大研究生的培养数量。要基本稳定基础学科的规模，适当发展新兴和边缘学科，重点发展应用学科。为了迎接世界新技术革命的挑战，要集中中央和地方等各方面的力量办好100所左右重点大学和一批重点学科、专业，力争在下世纪初，有一批高等学校和学科、专业，在教育质量、科学研究和管理方面，达到世界较高水平。

高等学校科学技术工作要认真贯彻国家对科学技术工作的方针，坚持"科学技术是第一生产力"的思想，坚持面向经济建设，坚持同教学相结合。要根据不同条件，大力开展技术开发、推广应用和咨询服务，兴办科技产业，使科技成果尽快转化为现实生产力。要加强基础科学和应用科学的研究，组织精干力量承担国家科技攻关项目和发展高新技术任务。要有计划地建成一批国家重点实验室和工程研究中心，促进相关学科的科研水平进入世界先进行列。

哲学社会科学的教学与科学研究，必须以马克思主义和建设有中国特色社会主义的理论为指导，紧密联系实际，努力研究和解决社会主义现代化建设中的理论和实际问题，为繁荣哲学社会科学，建设有中国特色的社会主义作出贡献。

(10)成人教育是传统学校教育向终生教育发展的一种新型教育制度，对不断提高全民族素质，促进经济和社会发展具有重要作用。九十年代，要适应经济建设、社会发展和从业人员的实际需要，积极发展。要本着学用结合、按需施教和注重实效的原则，把大力开展岗位培训和继续教育作为重点，重视从业人员的知识更新。国家建立和完善岗位培训制度、证书制度、资格考试和考核制度、继续教育制度。

大力发展农村成人教育，积极办好乡镇成人文化技术学校，全面提高农村从业人员的素质。抓紧扫除青壮年文盲，坚持标准，讲求实效，把文化教育和职业技术教育结合起来。各级政府要增加扫盲拨款，设立社会扫盲基金，并加强领导，把扫盲任务落实到乡、村。

成人学历教育要加强和普通学校的联系与合作，努力体现成人教育的特色，注重提高质量。不具备颁发学历文凭资格的各种成人教育机构，可以发给毕业生写实性学习证书；毕业生要取得国家承认的学历文凭，可以参加国家组织的文凭考试或自学考试。要完善和发展自学考试制度，鼓励自学成才。

(11)重视和扶持少数民族教育事业。中央和地方要逐步增加少数民族教育经费。对有特殊困难的少数民族地区，要采取倾斜政策和措施。在国家安排的少数民族地区各项补助费及其他扶贫资金中，要划出一定比例的经费用于发展民族教育。对志愿到边疆少数民族地区工作的大中专毕业生的待遇，各地要制订优惠政策。认真组织和落实内地省、市对民族地区教育的对口支援。各民族地区要积极探索适合当地实际的发展教育的路子。

(12) 重视和支持残疾人教育事业。各级政府要把残疾人教育作为教育事业的组成部分，采取单独举办残疾人学校或普通学校招收残疾人入学等多种形式，发展残疾人教育事业。逐步增加特殊教育经费，并鼓励社会力量办学、捐资办学。要对残疾人学校及其校办产业给予扶持和优惠。

(13) 积极发展广播电视教育和学校电化教学，推广运用现代化教学手段。要抓好教育卫星电视接收和播放网点的建设，到本世纪末，基本建成全国电教网络，覆盖大多数乡镇和边远地区。

(14) 进一步扩大教育对外开放，加强国际教育交流与合作，大胆吸收和借鉴世界各国发展和管理教育的成功经验。出国留学人员是国家的宝贵财富，国家要给予重视和信任。根据"支持留学，鼓励回国，来去自由"的方针，继续扩大派遣留学生；认真贯彻国家关于在外留学人员的有关规定，支持留学人员在外学习研究，鼓励他们学成归来，或采用多种方式为祖国社会主义现代化建设作出贡献。改革来华留学生的招生和管理办法，加强我国高等学校同外国高等学校的交流与合作，开展与国外学校或专家联合培养人才、联合进行科学研究。大力加强对外汉语教学工作。

三、教育体制改革

(15)党的十四大确定我国经济体制改革的目标是建立社会主义市场经济体制。在九十年代，随着经济体制、政治体制和科技体制改革的深化，教育体制改革要采取综合配套、分步推进的方针，加快步伐，改革包得过多、统得过死的体制，初步建立起与社会主义市场经济体制和政治体制、科技体制改革相适应的教育新体制。只有这样，才能增强主动适应经济和社会发展的活力，走出教育发展的新路子，为建立具有中国特色的社会主义教育体系奠定基础。教育体制改革要有利于坚持教育的社会主义方向，培养德智体全面发展的建设者和接班人；有利于调动各级政府、全社会和广大师生员工的积极性，提高教育质量、科研水平和办学效益；有利于促进教育更好地为社会主义现代化建设服务。

(16)改革办学体制。改变政府包揽办学的格局，逐步建立以政府办学为主体、社会各界共同办学的体制。在现阶段，基础教育应以地方政府办学为主；高等教育要逐步形成以中央、省（自治区、直辖市）两级政府办学为主、社会各界参与办学的新格局；职业技术教育和成人教育主要依靠行业、企业、事业单位办学和社会各方面联合办学。

国家对社会团体和公民个人依法办学，采取积极鼓励、大力支持、正确引导、加强管理的方针。国家欢迎港、澳、台同胞、海外侨胞和外国友好人士捐资助学。在国家有关法律和法规的范围内进行国际合作办学。举办具有颁发国家承认的学历文凭资格的各类学校，应按国家有关规定办理审批手续。

(17) 深化中等以下教育体制改革，继续完善分级办学、分级管理的体制。

——中等及中等以下教育，由地方政府在中央大政方针的指导下，实行统筹和管理。国家颁发基本学制、课程设置和课程标准、学校人员编制标准、教师资格和教职工基本工资标准等规定，省、自治区、直辖市政府有权确定本地区的学制、年度招生规模，确定教学计划，选用教材和审定省编教材，确定教师职务限额和工资水平等。省以下各级政府的权限，由省、自治区、直辖市政府确定。

积极推进农村教育、城市教育和企业教育综合改革，促进教育同经济、科技的密切结合。县、乡两级政府要把教育纳入当地经济、社会发展的整体规划，分级统筹管理基础教育、职业技术教育、成人教育，统筹规划经济、科技、教育的发展，促进"燎原计划"与、"星火计划"、"丰收计划"的有机结合，落实科教兴农战略。要积极推进城市教育综合改革，探索城市教育管理的新体制。

——中等及中等以下各类学校实行校长负责制。校长要全面贯彻国家的教育方针和政策，依靠教职员工办好学校。

——支持和鼓励中小学同附近的企业事业单位、街道或村民委员会建立社区教育组织，吸引社会各界支持学校建设，参与学校管理，优化育人环境，探索出符合中小学特点的教育与社会结合的形式。

(18) 深化高等教育体制改革。进行高等教育体制改革，主要是解决政府与高等学校、中央与地方、国家教委与中央各业务部门之间的关系，逐步建立政府宏观管理、学校面向社会自主办学的体制。

——在政府与学校的关系上，要按照政事分开的原则，通过立法，明确高等学校的权利和义务，使高等学校真正成为面向社会自主办学的法人实体。要在招生、专业调整、机构设置、干部任免、经费使用、职称评定、工资分配和国际合作交流等方面，分别不同情况，进一步扩大高等学校的办学自主权。学校要善于行使自己的权力，承担应负的责任，建立起主动适应经济建设和社会发展需要的自我发展、自我约束的运行机制。

政府要转变职能，由对学校的直接行政管理，转变为运用立法、拨款、规划、信息服务、政策指导和必要的行政手段，进行宏观管理。要重视和加强决策研究工作，建立有教育和社会各界专家参加的咨询、审议、评估等机构，对高等教育方针政策、发展战略和规划等提出咨询建议，形成民主的、科学的决策程序。

——在中央与地方的关系上，进一步确立中央与省（自治区、直辖市）分级管理、分级负责的教育管理体制。中央直接管理一部分关系国家经济、社会发展全局并在高等教育中起示范作用的骨干学校和少数行业性强、地方不便管理的学校。在中央大政方针和宏观规划指导下，对地方举办的高等教育的领导和管理，责任和权力都交给省（自治区、直辖高）。按照这个精神，中央要进一步简政放权，扩大省（自治区、直辖市）的教育决策权和包括对中央部门所属学校的统筹权。省（自治区、直辖市）在充分论证、严格审议程序，自行解决办学经费，以及统筹中央和地方所属高校毕业生就业去向的条件下，有权决定地方高等学校招生规模和专业设置。设置高等学校，由全国高等学校设置评议委员会评议，国家教委审批。

——在国家教委与中央业务部门的关系上，国家教委负责统筹规划、政策指导、组织协调、监督检查、提供服务。中央业务部门要加强对本行业的人才预测和规划，协助国家教委指导本行业的人才培养工作，负责管理其所属学校，包括在国家宏观指导下，决定所属学校的招生规模、专业设置、经费筹措、学生就业等。随着中央业务部门职能的转变和政企分开，中央业务部门所属学校要面向社会，其办学体制和管理体制分别不同情况，采取继续由中央部门办、中央部门和地方政府联合办、交给地方政府、企业集团参与和管理等不同办法。目前先进行改革试点，逐步到位。

（19）改革高等学校的招生和毕业生就业制度。

——改变全部按国家统一计划招生的体制，实行国家任务计划和调节性计划相结合。在现阶段，国家仍要提出指导性的宏观调控的招生总量目标，并通过国家任务计划重点保证：国家重点建设项目、国防建设、文化教育、基础学科、边远地区和某些艰苦行业所需要的专门人才。在保证完成国家任务计划的前提下，逐步扩大招收委托培养和自费生的比重，这部分调节性计划由学校及其主管部门根据社会需求和办学条件确定。

——改革学生上大学由国家包下来的做法，逐步实行收费制度。高等教育是非义务教育，学生上大学原则上均应缴费。设立贷学金，对家庭经济有困难的学生提供帮助；国家、企事业单位、社会团体和学校均可设立奖学金，对品学兼优的学生和报考国家重点保证的、特殊的、条件艰苦的专业的学生给予奖励。

——改革高等学校毕业生“统包统分”和“包当干部”的就业制度，实行少数毕业生由国家安排就业，多数由学生“自主择业”的就业制度。近期内，国家任务计划招收的学生，原则上仍由国家负责在一定范围内安排就业，实行学校与用人单位“供需见面”，落实毕业生就业方案，并逐步推行毕业生与用人单位“双向选择”的办法；委托和定向培养的学生按合同就业；自费生自主择业。随着社会主义市场经济体制的建立和劳动人事制度的改革，除对师范学科和某些艰苦行业、边远地区的毕业生，实行在一定范围内定向就业外，大部分毕业生实行在国家方针政策指导下，通过人才劳务市场，采取“自主择业”的就业办法。与此相配套，建立人才需求信息、就业咨询指导、职业介绍等社会中介组织，为毕业生就业提供服务。

（20）完善研究生培养和学位制度。通过试点，改进硕士学位授权点和博士生导师的审核办法，同时加强质量监督和评估制度。在培养教学、科研岗位所需人才的同时，大力培养经济建设和社会发展所需的应用性人才。鼓励有实践经验的优秀在职人员采用多种形式攻读硕士、博士学位。研究生学习期间，实行兼任教学、研究和管理等辅助工作的制度，其待遇视学校内部管理体制改革的进展、所兼工作的实绩，参照在职人员的水平，由学校确定。

（21）改革对高等学校的财政拨款机制，充分发挥拨款手段的宏观调控作用。对于不同层次和科类的学校，拨款标准和拨款方法应有所区别。改革按学生人数拨款的办法，逐步实行基金制。在国家和地方预算下达的教育经费之外，学校可依法筹集资金。

（22）参照高等学校招生、毕业生就业制度改革的精神，加快改革中专、技校招生、毕业生就业制度。根据国家有关政策，由地方人民政府或主管部门制定具体办法。通过联合办学和委托培养、自费等形式，使毕业生面向城乡多种所有制单位就业。中等专业教育和技工教育的重大方针政策，由国家制定，地方政府负责统筹规划和指导。

（23）积极推进以人事制度和分配制度改革为重点的学校内部管理体制改革。在合理定编的基础上，对教职工实行岗位责任制和聘任制，在分配上按照工作实绩拉开差距。改革的核心在于，运用正确的政策导向、思想教育和物质激励手段，打破平均主义，调动广大教职工积极性，转换学校内部运行机制，提高办学水平和效益。

学校的后勤工作，应通过改革逐步实现社会化。

（24）深化人事劳动制度改革，同教育体制改革相配套。

——建立和完善高等学校毕业生的考核录用制度。推行学历文凭、技术等级证书、岗位资格证书并重的制度，扭转升学、文凭、职称对于教育运行的片面导向作用。逐步建立职业岗位资格考核机构，实施各种岗位的资格考试和资格证书制度。

——改革高等学校职称评定和职务聘任制度。评定职称既要重视学术水平，又要重视有实用价值的研究成果和教学工作、技术推广应用的实绩。高等学校教师实行聘任制。中小学逐步实行教师资格制度和职务等级制度。

——运用劳动工资等政策杠杆，推动教育体制改革。大、中专学校毕业生的起点工资，用人部门可以按照实际水平和实际表现拉开档次。为鼓励各级各类学校毕业生到农村、边远地区、艰苦行业工作，各地要制定津贴和奖励政策。

（25）加快教育法制建设，建立和完善执法监督系统，逐步走上依法治教的轨道。制订教育法律、法规，要注意综合配套，逐步完善。要抓紧草拟基本的教育法律、法规和当前急需的教育法律、法规，争取到本世纪末，初步建立起教育法律、法规体系的框架。地方要从各自的实际出发，加快制定地方性的教育法规。

（26）加强教育改革和发展的理论研究和试验。各级政府和教育行政部门要把教育科学研究和教育管理信息工作摆到十分重要的地位。社会主义市场经济体制的建立，对教育的改革和发展提出了许多新的课题。教育理论工作者和实际工作者，要以马克思主义为指导，研究和回答建设有中国特色的社会主义教育体系的理论问题和实际问题。要积极开展教育决策咨询研究，密切教育科研同教育决策、教育实践的联系，发挥教育科研对教育改革和发展的促进作用。鼓励和支持学校、教师和教育研究工作者积极进行教育改革试验。

四、全面贯彻教育方针，全面提高教育质量

（27）教育改革和发展的根本目的是提高民族素质，多出人才，出好人才。各级各类学校要认真贯彻“教育必须为社会主义现代化建设服务，必须与生产劳动相结合，培养德、智、体全面发展的建设者和接班人”的方针，努力使教育质量在九十年代上一个新台阶。

（28）用马列主义、毛泽东思想和建设有中国特色的社会主义理论教育学生，把坚定正确的政治方向摆在首位，培养有理想、有道德、有文化、有纪律的社会主义新人，是学校德育即思想政治和品德教育的根本任务。要进一步加强和改进德育工作，在实践中不断创造改革开放条件下学校德育工作的新经验，把德育工作提高到一个新水平。

对广大青少年要加强党的基本路线教育，爱国主义、集体主义和社会主义思想教育，近代史、现代史教育和国情教育，引导学生运用马克思主义的立场、观点、方法认识现实问题，走与工农结合、与实践结合的成长道路，促进学生逐步树立科学的世界观和为人民服务的人生观，增强学生抵制资产阶级自由化和一切剥削阶级腐朽思想的能力，坚定建设有中国特色的社会主义的信念。要重视对学生进行中国优秀文化传统教育。对中小学生还要注重进行文明行为的养成教育。

要从各级各类学校的实际出发，分层次地确定德育工作的任务和要求，改进德育教材和德育方法，注重实效，使德育落到实处。

（29）重视和加强德育队伍的建设。加强德育工作是全体教师的共同职责。教师应当把德育贯穿和渗透到教育教学的全过程中，并以自己的楷模作用，促进学生的全面成长。

高等学校要建设好一支以精干的专职人员为骨干、专兼职结合的思想政治工作队伍。中小学要充分发挥思想品德课和思想政治课教师、班主任及共青团、少先队干部的作用。对从事思想政治工作的人员要进行培训，不断提高他们的思想政治素质和政策、业务水平，并采取实际措施解决他们的待遇问题。

（30）完善政策导向，加强学校管理。在招生、毕业生就业、评奖评优、教师职务评聘、工资晋级和出国留学等方面，坚持德才兼备的原则。教师从事德育工作和参加社会实践的成绩，应与其他工作成绩同等对待。

要严格执行校规、校纪，教育学生遵守行为规范，建设健康的、生动的校园文化，树立良好的校风、学风，使学校成为建设社会主义精神文明的重要阵地。

（31）进一步转变教育思想，改革教学内容和教学方法，克服学校教育不同程度存在的脱离经济建设和社会发展需要的现象。要按照现代科学技术文化发展的新成果和社会主义现代化建设的实际需要，更新教学内容，调整课程结构。加强基本知识、基础理论和基本技能的培养和训练，重视培养学生分析问题和解决问题的能力，注意发现和培养有特长的学生。中小学要切实采取措施减轻学生过重的课业负担。职业技术学校要注重职业道德和实际能力的培养。高等教育要进一步改变专业设置偏窄的状况，拓宽专业业务范围，加强实践环节的教学和训练，发展同社会实际工作部门的合作培养，促进教学、科研、生产三结合。

要逐步改革和完善升学和考试制度，稳步推进小学毕业生就近入学、初中毕业生升学考试、高中毕业会考和高考制度的改革。

（32）建立各类教育的质量标准和评估指标体系。

各地教育部门要把检查评估学校教育质量作为一项经常性的任务。要加强督导队伍，完善督导制度，加强对中小学学校工作和教育质量的检查和指导。对职业技术教育和高等教育，要采取领导、专家和用人部门相结合的办法，通过多种形式进行质量评估和检查。各类学校都要重视了解用人单位对毕业生质量的评价。

(33)学校教材要反映中国和世界的优秀文明成果以及当代科学技术文化的最新发展。中小学教材要在统一基本要求的前提下实行多样化。提倡各地编写适应当地农村中小学需要的教材。职业技术学校要逐步形成配套的教材系列。高等学校教材要在积极扩大种类的同时，不断提高质量，加强理论与实际的联系，力求思想性与科学性的统一。

(34)进一步加强和改善学校体育卫生工作，动员社会各方面和家长关心学生的体质和健康。各级政府要积极创造条件，切实解决师资、经费、体育场地、设施问题，逐步做到按教学计划上好体育与健康教育课。

重视国防教育，增加国防观念。继续组织高等学校、中等专业学校和高级中学学生参加多种形式的军事训练。各级教育部门、军事部门和学校要统筹安排，认真组织实施。

(35)美育对于培养学生健康的审美观念和审美能力，陶冶高尚的道德情操，培养全面发展的人才，具有重要作用。要提高认识，发挥美育在教育教学中的作用，根据各级各类学校的不同情况，开展形式多样的美育活动。

(36)加强劳动观点和劳动技能的教育，是实现学校培养目标的重要途径和内容。各级各类学校都要把劳动教育列入教学计划，逐步做到制度化、系列化。社会各方面要积极为学校进行劳动教育提供场所和条件。

(37)全社会都要关心和保护青少年的健康成长，形成社会教育、家庭教育同学校教育密切结合的局面。家长应当对社会负责，对后代负责，讲究教育方法，培养子女具有良好的品德和行为习惯。新闻出版、广播影视、文化艺术等部门，要把提供有益于青少年身心发展的、丰富多采的精神产品作为义不容辞的责任。在城镇建设中，要注意兴建科学馆、博物馆、图书馆、体育馆和青少年之家等设施，要制定和完善公共文化设施对学生开放和减免收费的制度。各级政府要认真贯彻《未成年人保护法》，采取严厉措施，查禁淫秽书刊、音像制品，打击教唆、残害青少年的犯罪活动，优化育人环境。

(38)坚持党对学校的领导，加强学校党的建设，是全面贯彻教育方针，加快教育改革和发展，全面提高教育质量的根本保证。学校党组织要认真贯彻党的十四大精神，用建设有中国特色的社会主义理论教育全体党员和师生员工，深入研究学校改革和发展中的重大问题，坚持改革的正确方向。要加强党的基层组织建设，发挥常员的先锋模范作用，密切党员和群众的联系，带动群众推进改革。实行党委领导下的校长负责制的高等学校，党委要对重大问题进行讨论并作出决定，同时保证行政领导人充分行使自己的职权。实行校长负责制的中小学和基他学校，党的组织发挥政治核心作用。

五、教师队伍建设

(39)振兴民族的希望在教育，振兴教育的希望在教师。建设一支具有良好政治业务素质、结构合理、相对稳定的教师队伍，是教育改革和发展的根本大计。要下决心，采取重大政策和措施，提高教师的社会地位，大力改善教师的工作、学习和生活条件，努力使教师成为最受人尊重的职业。

(40)教育的改革和发展对教师提出了新的更高的要求。教师是人类灵魂工程师，必须努力提高自己的思想政治素质和业务水平；热爱教育事业，教书育人，为人师表；精心组织教学，积极参加教育改革，不断提高教学质量。

(41)进一步加强师资培养培训工作。师范教育是培养中小学师资的工作母机，各级政府要努力增加投入，大力办好师范教育，鼓励优秀中学毕业生报考师范院校。进一步扩大师范院校定向招生的比例，建立师范毕业生服务期制度，保证毕业生到中小学任教。其他高等院校也要积极承担培养中小学和职业技术学校师资的任务。要制定教师培训计划，促进教师特别是中青年教师不断进修提高，使绝大多数中小学教师更好地胜任教育教学工作。到本世纪末，通过师资补充和在职培训，绝大多数中小学教师要达到国家规定的合格学历标准，小学和初中教师中具有专科和本科学历者的比重逐年提高。

高等学校师资培养培训工作要坚持立足国内、在职为主、加强实践、多种形式并举的原则。要充分发挥教学科研力量较强的高等学校在师资培训中的骨干作用。采取多种形式促进教师和社会的密切联系，聘请实际工作部门有较高水平的专家到校任教，加强高等学校之间教师的相互交流。要建立扶持和培养中青年骨干教师使中青年学术带头人脱颖而出的制度。

(42)改革教育系统工资制度，提高教师工资待遇，逐步使教师的工资水平与全民所有制企业同类人员大体持平。“八五”期间，教育系统平均工资要高于当地全民所有制职工平均水平，在国民经济十二个行业中居中等偏上水平，其中高等学校平均工资高于全民所有制企业职工平均水平。

要建立符合教育特点的工资制度和正常的工资增长机制，切实保证教师的工资水平随国民收入的增长逐步提高。要贯彻按劳分配原则，克服平均主义、论资排辈的倾向，使贡献大的、教学质量高的教师有更高的工资收入。改革过于集中统一的工资管理体制，在国家宏观调控的前提下，使地方、部门和学校享有自主权。国家规定教育系统工资制度的基本原则和基本工资标准，由各省、自治区、直辖市政府和中央主管部门，在不低于基本工资标准的前提下确定具体工资标准，不搞全国"一刀切"。学校具有调整内部工资关系、增加工资和学校基金分配的自主权。

(43) 精简机构和人员，提高办学效益。适应面向二十一世纪的需要，必须走建设一支人员精干、素质优良、待遇较高的师资队伍的路子。要制订合理的学校人员编制标准，严格考核，精减人员，提高每一教师负担的学生人数。对超编人员，各级人事、劳动、教育部门和学校，要在政府统筹下，通过多种就业渠道妥善安置，使其各得其所，发挥所长。

(44)在住房和其他社会福利方面实行优待教师的政策。各级政府要制订切实可行的计划，尽快使城市教职工家庭人均住房面积达到当地居民的平均水平。在住房制度改革中，要对教职工住房的建设、分配、销售或租赁，实行优先、优惠政策，逐步社会化。教职工住房建设的责任在地方政府和主管部门，基建投资实行多渠道筹集的办法。地方政府和主管部门要增加对教职工住房建设的投资。"八五"期间，力争使学校教职工住房条件有明显改善。

各地逐步建立医疗、退休保险等方面的教师保障制度。

(45)进一步改善民办教师工作。目前农村学校存在大量的民办教师，是历史形成的。各地要改进民办教师工资管理体制和统筹办法，增加民办教师补助费，改善民办教师待遇，逐步使民办教师与公办教师同工同酬。对离职民办教师，给予生活补助，有条件的地方要逐步建立民办教师保险福利基金。师范院校要定向招收部分民办教师入学深造。各地要根据当地的实际情况，每年划拨一定数量的劳动指标，从优秀民办教师中选招公办教师。通过多种途径，逐步减少民办教师的比重。

(46)各级政府和学校，对优秀教师和教育工作者，要进行精神和物质的奖励，对有突出贡献的教师要给予特殊津贴或奖励，并形成制度。提倡和鼓励各级政府、社会团体、企业和个人建立教师奖励基金。

六、教育经费

(47)改革和完善教育投资体制，增加教育经费。目前教育经费相当紧缺，不仅不能适应加快改革开放和现代化建设对人才的需求，而且也难以满足现有教育事业发展的基本需要。增加教育投资是落实教育战略地位的根本措施，各级政府、社会各方面和个人都要努力增加对教育的投入，确保教育事业优先发展。要逐步建立以国家财政拨款为主，辅之以征收用于教育的税费、收取非义务教育阶段学生学杂费、校办产业收入、社会捐资集资和设立教育基金等多种渠道筹措教育经费的体制。通过立法，保证教育经费的稳定来源和增长。

(48) 筹措教育经费主要措施：

——逐步提高国家财政性教育经费支出(包括：各级财政对教育的拨款，城乡教育费附加，企业用于举办中小学的经费，校办产业减免税部分)占国民生产总值的比例，本世纪末达到百分之四。计划、财政、税务等部门要制定相应的政策措施，认真加以落实。

——各级政府必须认真贯彻《中共中央关于教育体制改革的决定》所规定的"中央和地方政府教育拨款的增长要高于财政经常性收入的增长，并使按在校学生人数平均的教育费用逐步增长"的原则，切实保证教师工资和生均公用经费逐年有所增长。要提高各级财政支出中教育经费所占的比例，"八五"期间逐步提高到全国平均不低于百分之十五。省(自治区、直辖市)级财政、县(市)级财政支出中教育经费所占比例，由各省、自治区、直辖市政府确定。乡(镇)财政收入主要用于发展教育。

——进一步完善城乡教育费附加征收办法。凡缴纳产品税、增值税、营业税的单位和个人，按"三税"的百分之二到百分之三计征城市教育费附加；农村教育费附加征收办法和计征比例，由各省、自治区、直辖市政府制定。上述所征款主要用于普及九年义务教育。地方政府还可根据当地教育发展的实际需要、经济状况和群众承受能力，开征其他用于教育的附加费。

——提高非义务教育阶段学生学费标准，同时按不同情况确定义务教育阶段学校杂费收费标准。学费和杂费收取标准和办法，由省、自治区、直辖市政府和直接管理学校的中央业务部门考虑群众群承受能力确定。要加强收费管理，严禁乱收费。要创造条件，鼓励和支持学生参加勤工俭学，对家庭确有困难的学生，可减免学杂费或提供贷学金。

——继续大力发展校办产业和社会服务，逐步建立支持教育改革和发展的服务体系，各级政府和有关部门要给予优惠政策。

——鼓励和提倡厂矿企业、事业单位、社会团体和个人根据自愿、量力原则捐资助学、集资办学，不计征税。欢迎港澳台同胞、海外侨胞、外籍团体和友好人士对教育提供资助和捐赠。各级政府要加强对集资工作的统筹管理。

——运用金融、信贷手段，融通教育资金，支持校办产业、高新科技企业以及勤工俭学的发展，开办教育储蓄和贷学金等业务。具体办法由国家教委会同有关部门制定。积极开展教师退休养老基金、医疗保险基金等项工作。

(49) 重视解决各级各类学校，特别是中小学、职业技术学校仪器设备、教科书和图书资料短缺的问题，增加用于购置仪器设备和图书资料的资金。各级政府对教科书及教学用图书资料的出版发行和教学仪器设备的生产、供应，实行优先、优惠的政策。

继续加强学校危房改造工作，凡属危房不得使用，由当地政府负责限期解决。学校房屋倒塌造成师生伤亡事故的，要追究当地政府主要负责人的责任。坚决制止占用学校校舍和运动场地，保证学校教学活动正常进行。

(50)各级教育部门和学校必须努力提高教育经费的使用效益。要合理规划教育事业的规模，调整教育结构和布局，避免结构性浪费；要坚持艰苦奋斗、勤俭办学的方针，建立健全财务规章制度，加强财会队伍建设。各级财政和审计部门要加强财务监督和审计，共同把教育经费管好用好。

国务院关于下达《国家中长期科学技术发展纲领》的通知

（1992年3月8日）

《国家中长期科学技术发展纲领》已经国务院第九十四次常务会议审议通过，现发给你们，请贯彻执行。

《中长期科学技术发展纲要》和《中华人民共和国科学技术发展十年规划和“八五”计划纲要》，已经国务院原则同意，由国家科委另发。

国家中长期科学技术发展纲领

在人类社会迎接世纪之交的年代，世界正经历一场巨大的变革。新科技革命迅猛发展，市场竞争日益加剧，国际政治风云变幻，我们的国家和民族面临着紧迫而严峻的挑战。为了在二〇〇〇年实现第二步战略目标，进而在下世纪中叶步入中等发达国家的行列，我们必须坚持四项基本原则，继续改革开放，依靠科技进步加速经济、社会发展。这是一项伟大而艰巨的任务，关系到国家的前途和社会主义的命运。

本纲领是根据中国共产党第十三次全国代表大会的决定和十三大以来历届中央全会的精神制定的，目的是阐明我国中长期自然科学技术发展的战略、方针、政策和发展重点，指导我国到二〇〇〇年以至二〇二〇年科学技术与经济、社会的协调发展。

一、形势与抉择

1. 科学技术是第一生产力，是推动经济和社会发展的伟大革命力量。在优越的社会主义制度下，科学技术的进步和管理水平的提高，将在我国现代化建设的进程中发挥决定性的作用。把经济建设进一步转移到依靠科技进步和提高劳动者素质的轨道上来，必将保证我国第二步战略目标的胜利实现，同时将为实现第三步战略目标奠定坚实的基础。根据我国经济建设分三步走的战略部署，参照国际科技发展的趋势和潮流，对我国今后十年到三十年科学技术的发展作出总体安排，是一项重大的历史性任务。

2. 四十年来，我国的科技事业取得了举世瞩目的成就。目前全国已拥有自然科学技术人员一千零九十万人，其中从事研究与开发的有一百零五万人。独立研究与开发机构有五千多个，企业所属的研究开发机构有七千多个，已经形成了比较完整的科学技术体系，取得了一批世界公认的重大科技成果。我国主要依靠自己力量，解决了经济建设、国防建设和社会发展中的许多重大科技问题。特别是改革开放十多年来，我国调整了科技发展方针，在改革科技体制，组织科技攻关，推广科技成果，推动农村科技进步，促进高新技术产业发展，加强国际科技合作与交流等方面，都取得了突破性的进展。

3. 在四十多年科技工作的发展历程中，我们积累了丰富的经验，也有不少教训。

我们的主要经验是：第一，科技工作必须坚持共产党的领导，坚持走社会主义道路。第二，坚持改革开放。在完善计划管理的同时，加强市场调节的作用，加速科学技术成果向生产的转移，促进科技同经济的结合；在独立自主的基础上积极吸取国外先进经验和科技成果，加速我国科学技术的发展。第三，在国家的统一领导下，集中人力物力，对国民经济建设和社会发展中的重大科技任务，组织攻关。第四，在发挥科技专业队伍的骨干作用的同时，注意专业科研工作和群众性技术革新相结合，领导干部同科技人员及工人、农民相结合，共同促进科技成果的应用和科技知识的普及，提高各族人民的科学文化素质。

我们的主要教训是：第一，经济、社会发展的指导思想和实际工作，未能始终一贯地把促进科技进步放到重要的战略位置上。第二，经济发展缺乏依靠科技进步的机制与内在动力，科技发展缺乏面向经济建设的活力，大量技术成果未能转化为生产力，造成科技与经济、社会发展在一定程度上相互脱节，未能充分发挥科学技术的潜力。第三，在科技工作中，缺乏统筹安排、合理分工，以及低水平重复的问题普遍存在；脱离国情、盲目赶超、急于求成的现象也时有发生。第四，在知识分子政策上曾经发生过重大失误，挫伤了科技人员的积极性和创造性，影响了科技队伍的健康成长。尊重知识、尊重人才的社会风气尚未形成。

4. 科技工作必须面向现代化，面向世界，面向未来。当今世界蓬勃发展的新科技革命，使科学技术空间广泛地渗透到人类社会的各个领域，不仅促使社会生产力的巨大飞跃，而且引起世界格局的深刻变化。各国经济和社会发展对科技进步的依赖程度越来越高。基础研究、应用研究与技术开发之间出现了叠合和交叉，技术成果转化为商品生产的周期不断缩短，科技、教育和生产之间的联系更加密切。

展望今后十年到三十年世界科技的发展，一系列新兴科学技术领域将出现重大突破，新的生产技术和对自然现象的新的认识，将对人类社会的发展产生深刻的影响。高新技术的发展将进一步改变现有产业的面貌，成为世界经济竞争的重要因素。世界经济发展和科技进步正趋于国际化，科学技术的竞争日益成为国际经济竞争中的决定性因素。与此同时，人类为了解决共同面临的人口、环境、资源、灾害等全球性问题，又必须加强国际间的合作。任何国家都不能在封闭状态下实现本国的现代化。

5. 我国的科技发展必须从国情出发。我国人口多，底子薄，社会生产力不发达，80％的人口生活在农村，今后相当长历史时期内仍将处于社会主义初级阶段。我国经济、社会的发展面临着人口、资源、环境等因素的制约。人口现已突破十一亿，即使严格控制其增长速度，到下世纪二十年代也将增加到十五亿。我国大多数资源的总量虽然比较丰富，但人均资源量相对不足，人均耕地面积仅为世界平均值的三分之一，淡水资源为四分之一，森林面积为五分之一，能源资源也只有二分之一。环境污染和生态破坏已对经济、社会发展构成严重威胁。

长期以来，我们靠消耗大量资源来发展经济，多数产业的技术和管理落后，产品质量差，经济效益低。我国是世界上单位产值能耗最高的国家之一，而社会劳动生产率只相当于世界先进水平的5％左右。这些差距，归根到底是科学技术水平、教育水平和管理水平的差距。如果我们仍然缺乏危机感和紧迫感，不奋起直追，那么差距不仅不会缩小，甚至还会拉大。我国社会主义现代化建设的目标就有落空的危险，世界上就将没有我们应有的地位。

6. 我们要实现国民经济的现代化，极大地提高劳动生产率，关键是实现科学技术的现代化。我们一定要最大限度地发挥科学技术第一生产力的作用，尊重知识，尊重人才，更加自觉地把经济建设转移到依靠科技进步和提高劳动者素质的轨道上来。这一重大决策标志着我国科技、经济、社会发展战略的历史性转变，对于实现本世纪末到下世纪中叶的奋斗目标至关重要。

展望未来，我们既要对严峻的形势有清醒的认识，更要看到有利因素，满怀信心地迎接挑战。我国已经拥有相当的科技实力，取得了许多成功的经验。更重要的是，十年改革开放，给经济和科技发展带来了生机和活力。只要我们认真贯彻党的基本路线，充分发挥科学技术第一生产力的作用，振奋精神，团结奋斗，就一定能够加速社会生产力的发展，摆脱贫穷和落后，实现现代化的宏伟目标，使社会主义的优越性充分显示出来。

二、战略与方针

7. 我国发展科学技术的基本战略是，增强全民族的科学技术意识，提高劳动者的素质，动员和吸引大部分科技力量投身于国民经济建设主战场，注重技术创新，努力吸收和尽快应用世界上先进的适用技术，加强国民经济各领域的技术改造。在今后相当长的时期内，科学技术的发展要以大规模生产的产业技术和装备现代化为主要方向，同时有计划、有重点地发展高新技术及其产业，稳定地加强基础产业，增加科学储备。

8. 我国科学技术发展的战略目标，必须以国家的经济、社会发展的目标和部署为依据，运用现代科学技术增强综合国力和提高人民生活水平，着重解决工农业大规模现代化商品生产中的问题，有效地控制和缓解人口、资源和环境的压力。在若干我国具有优势的科学技术领域，必须勇于创新，保持发展势头，继续在世界先进行列中占有一定的地位：在高新技术和基础研究的若干重点领域有所突破，达到世界先进水平，并形成部分具有国际竞争力的高新技术产业。到二〇〇〇年我国工业主要领域大体达到经济发达国家七十年代或八十年代初的技术水平，到二〇二〇年达到经济发达国家二十一世纪初的技术水平，在总体上缩短与世界先进水平的差距。

农业科学技术的发展，要处理好应用推广与研究开发的关系。要推广适用配套的先进技术，大力发展以科技为支柱的商品经济服务体系，提高农业技术水平，推动农村产业结构、产品结构和就业结构的合理调整；同时要切实加强农业科研工作，搞好纵深配置，增强农业发展的后劲。要继续实施以发展农村经济为宗旨的“星火”、“丰收”、“燎原”等计划。

工业科学技术的发展，应以提高经济效益为中心，大力推动企业、尤其是大中型企业的科技进步。要注重运用现代科学技术和现代管理技术，特别要用电子信息技术对各产业部门进行技术改造，提高机械装备的技术水平。节约能源，降低消耗，提高质量，发展品种，提高劳动生产率以及产品的国际竞争力，优化产业结构和产品结构，促进我国经济从高消耗、低效益向低消耗、高效益转变。

社会发展方面的科学技术，应在人口、医药卫生、社会服务、公共基础设施、环境和生态保护以及灾害监测和防御等方面加强研究和开发，为我国人民创造一个良好的自然和社会环境。

高新技术的发展，应继续贯彻“有限目标，突出重点”的方针。国家要重点支持可能取得重大突破和具有广泛应用前景的高新技术的研究，大力扶植高新技术产业的发展。要积极创造条件，认真办好高新技术产业开发区。推进高新技术的国际合作和市场开拓，扩大技术进出口贸易，充分利用国际资源，引导高新技术产业走国际化的道路。积极推进以“攻关计划”、“八六三计划”、“火炬计划”等高新技术研究及产业发展计划，争取在某些领域取得突破，加快高新技术商品化、产业化和国际化的进程。

基础研究应遵循科学自身发展规律，要在若干前沿领域加强探索和跟踪，争取进入国际先进行列。应用基础研究要以解决经济、社会发展中的重大科技问题为目标。基础和应用基础研究要保持一支精干的高水平的队伍，国家应稳定地给予支持。要充分发挥中国科学院和高等院校的作用，加强两者的协调与合作，以利于培养人才，保持活力。

国防科学技术的发展，要贯彻缩短战线，突出重点，加强科研，梯次更新的方针。注意研究发展对提高重点常规武器性能和提高未来新的军事能力具有关键作用的高技术，以及为国防科学技术发展奠定基础的技术；继续发展国防尖端技术，保持发展势头。继续推进武器装备技术的现代化进程，使高技术常规武器有较大发展，自卫核威慑能力的有效性得到保持，缩短同世界先进水平的差距，某些方面达到世界先进水平；使国防科技在世界先进科技领域里继续占有一席之地。

9. 继续坚持“经济建设必须依靠科学技术，科学技术工作必须面向经济建设”的基本方针，促进科技与经济、社会的协调发展。在贯彻执行基本方针的同时，还应注意贯彻执行以下具有长远意义的指导方针：

——切实贯彻科学技术是第一生产力的思想，提高全党、全国人民对科学技术重要性的认识造成尊重知识、尊重人才的社会风尚。各级政府要切实加强对科技工作的领导，充分发挥科技人员的作用，提高决策科学化、民主化和制度化的水平，创造有利于科技发展的环境和条件。

——坚持改革开放。科学技术要在改革开放中发展。科技体制改革要与经济改革和政治体制改革相协调。在进一步发挥竞争机制和市场作用的同时，必须加强政府的宏观调控职能和必要的集中管理手段，动用政策、法规、行政、经济等手段进行干预与调节。

——坚持自力更生、自主开发与引进技术相结合的方针，把引进国外先进技术及其消化、吸收与创新，作为加速发展我国科学技术的重要途径。

——坚持“百花齐放、百家争鸣”的方针，充分发扬社会主义民主，保障学术自由，鼓励探索创新。

——坚持提高与普及相结合的方针，在作出科学技术发展纵深部署的同时，大力开展群众性技术革新活动，努力普及科学知识，不断提高劳动者的科学素质，同愚昧、迷信作长期的斗争。

三、发展重点

10. 农业科学技术。农业是国民经济的基础，农业的持续增长是整个国民经济长期稳定、协调发展的决定性因素，关系到建设、改革和社会安定的全局。由于我国人口逐年增加，耕地面积不断减少，农业资源日趋紧缺，生态环境继续恶化，发展我国的农业采用粗放的方式已无出路。

因此，必须贯彻“科技兴农”的方针。应以科学技术和现代工业为强大支柱，建立现代化的农业生产技术体系，大幅度提高土地利用率、劳动生产率和产品商品率，把传统农业转变到以现代科学技术为基础的现代集约农业上来。

农业科学技术的重点是：

——有效保护和充分利用现有耕地，面向整个国土资源，有计划地改造大片中低产田。大力发展干旱、半干旱农业技术和节水灌溉技术。开发利用尚有很大潜力的丘陵山区、草原、水面和大片滩涂，注重兴修水利，防止水土流失，保护生态环境，建立合理的农林牧副渔复合生态体系。

——广辟食物来源，开发新的蛋白质资源和配合饲料。发展多样化食品生产和加工技术。综合利用各种动植物资源，改善城乡居民的膳食结构。

——利用杂交优势和遗传工程技术选育高产、优质、多抗的动植物新品种。深入研究、开发区域性综合配套配方施肥、节水灌溉等农业生产技术和养殖技术，使农产品的质量和产量大幅度提高。

——用现代工业技术装备农业和乡镇企业，发展农产品的贮运、保鲜、加工、包装和综合利用技术，提高农村工业化水平和管理水平，引导农业剩余劳动力转向发展农村商品经济。

11. 工业科学技术。工业是国民经济的主导，我国工业的技术水平、生产能力、经济效益决定着整个经济的发展。我国已初步建成门类比较齐全的工业体系。但从总体上说，工业的技术落后状况尚未得到根本的改变，主要表现在装备、工艺和管理技术落后，设计陈旧，机械化、自动化水平低等方面，导致产品的性能和质量差，能源和材料消耗高，经济效益低，缺乏国际竞争能力。

因此，工业科学技术发展的主要任务，是用现代科学技术，特别是微电子技术，对我国各主要工业领域进行技术改造。要调整和优化产业结构，广泛采用新的技术原理和新的设计方法，更新装备、工艺和产品，开发新的制造技术和资源开采技术，提高大规模生产的自动化、智能化水平，提高主要行业先进技术设备的成套国产化水平、管理技术水平和安全生产技术的水平，以便提高经济效益，增加品种，提高质量，增强国际竞争力。

——能源是推动国民经济发展的关键因素。能源科学技术的发展要采取开发与节约并重的方针，大幅度提高能源利用率，改善结构，减少污染。

能源科学技术发展的重点，是着重解决沙漠地带和海上油气藏勘探和开发技术，提高老油田采收率的技术；研究开发煤炭开采、利用、安全生产和洁净煤技术；开发先进的大容量火电机组的制造技术，复杂条件下建设大型水电站的技术，以及超高压输配电技术；研究开发大型先进的核能技术和核安全技术；开发经济适用的新能源和农村能源技术；大力推广、应用先进的节能技术。

——交通运输与通信是重要的基础设施，是国民经济、社会发展的先行部门。

运用科学技术推动交通运输和通信发展的主要方向是：在各种运输技术协调发展的基础上，大幅度提高综合运输效率和装备的利用率；发展先进通信网络和通信技术。

交通运输科学技术发展重点，是研究开发集装箱运输和快速客运等客货多式联运的关键技术；加速研究开发铁路重载运输关键技术和时速在二百公里以上的高速铁路客运专线技术；研究推广高效能源运输技术；发展远洋运输和内河运输系统及船舶制造的关键技术；开发高速公路和一二级汽车专用公路干线新技术和高效汽车运输及各种动力车辆制造的关键技术；发展国产干线飞机的设计制造与批量生产技术，加强飞行安全技术研究；大力推广、应用电子计算机和自动化技术，尽快提高交通运输运营管理现代化的水平。

通信科学技术发展的重点，是优先发展卫星通讯、光纤通信技术；重视发展数字微波通信和移动通信技术；研究开发数字程控交换与通信网络技术，逐步发展综合业务数字网技术。

——材料工业是国民经济的基础工业。材料科学技术的主要发展方向是提高质量，增加品种，降低成本，缓解供需矛盾。

材料科学技术的重点，是加强资源开发和综合利用技术，做好矿藏的勘探、分析和综合评价；发展先进采、选技术和成套装备，研究共生矿的开发和综合利用技术；加强黑色和有色金属、有机高分子、无机非金属材料的研究，研究开发传统材料改性技术和新型材料；发展高档、专用、性能优异的精细化工产品；研究开发煤化工新技术及各种再生资源的回收利用新技术。

——机械电子是国民经济的装备工业。机械电子装备的性能、质量、效率和革新速度，决定着国民经济各个领域生产技术的水平和经济效益的高低。

机械电子科学技术的重点，是研究开发机械基础件和新一代电子元器件的设计、制造、测试的关键技术，全面提高基础产品的质量和可靠性；开发重大成套装备设计、制造技术，系统的过程控制技术；开发现代化机械和电子技术结合的机电一体化产品，发展计算机辅助设计、制造及测试技术、数控技术和检测传感技术；开发和推广电力电子节能技术。

——消费品工业与广大人民的生活休戚相关，十分重要，但科学技术水平仍相对落后，有很大的发展潜力。

轻工、纺织、服装、家电等消费品工业要广泛采用先进的机械电子技术，逐步采用国际标准，增加花色品种，改进产品质量，积极扩大出口。

12. 社会发展方面的科学技术。能否控制人口增长和提高人口素质，合理开发利用自然资源和保护生态环境，是关系中华民族前途的大事。解决这些问题，要从政治、经济、社会和文化各个方面进行综合治理，同时要加强社会发展科学技术的研究和应用。

社会发展科学技术的重点是：

——加强人口科学研究，坚决有效地控制人口数量，大力改进与完善现有节育技术及方法，做到安全、方便、经济和有效。

——加强气象研究以及地震、旱涝等自然灾害研究，开发救灾技术，并尽快建立自然灾害监测、评价与辅助决策工程系统。利用遥感技术、系统监测技术，及时监测、预报和评价灾情的发展过程，以便及早采取措施，减少损失。

——研制各种控制污染的高效成套技术和装备，要特别重视解决减少燃煤污染的技术问题；发展生态建设工程；开展对温室效应、酸雨及臭氧层机理，及其对环境和人体影响的研究，并提出相应的对策。

——医药卫生科学技术的发展关系到国计民生和民族的兴旺发达，在社会发展中占有重要地位。要充分利用和发展我国宝贵的传统医药和丰富的药物资源，加强对民族医药学的研究；对危害人民健康的常见病、多发病以及老年医学要加强研究，自主开发各种优质、高效和副作用小的创新药物；加强医疗器械及设备的研制。

——为了改善人民的生活环境与居住条件，要提高城市与村镇建设规划、建筑设计、施工、管理的技术水平；研究开发经济、实用、先进的建筑材料和施工设备，提高城乡住宅的质量和使用功能，提高社会公共设施和服务业的技术水平。

13. 高新技术和高新技术产业。高新技术及其产业的发展是社会生产力持续发展的源泉和基础。高新技术研究从一开始就要注意与传统产业的技术改造密切结合，大力发展高新技术产业开发区，促进高新技术的商品化、产业化和国际化。力争在微电子、信息、生物、新材料、航空航天、自动化、新能源、激光和海洋等领域有所突破，使我国在世界高新技术领域占有一定的地位。

高新技术发展的重点是：

——微电子技术和计算机技术是现代科学技术和国民经济发展的支撑技术。要集中力量加速建设微米和亚微米硅集成电路设计、制造和测试中心，研究超大规模集成电路生产技术；相应发展砷化镓集成电路制造技术和光电集成技术。要大力发展通用超高性能并行计算机和软件工程，并实现商品化生产。要研究新一代计算机技术，发展中文信息处理技术、人机界面技术和人工智能技术。研究、开发柔性制造系统技术、机器人技术和计算机集成制造系统技术。

——生物技术的发展开创了人类工农业生产发展的新途径，将成为当今世界解决食物、健康、资源、环境等重大问题的有力手段。要着重研究培养动植物新品种，研制新的生物制品，药品和菌种，开发再生资源的微生物转化及其综合利用。

——新材料技术有可能使某些技术领域产生突破性进展，发生根本的变化。要研究开发复合材料，结构和功能陶瓷材料、非晶体材料、超导材料和光电子材料等新材料，并及时推广应用。

——航空航天技术对增强我国的综合国力和提高科技水平具有深远的重要意义。要继续加强航天动力和推进技术，以及测控技术的发展和研究，研究开发载人航天技术，保持我国在这个领域里的国际地位。

14. 基础研究和应用基础研究。基础研究和应用基础研究是新技术、新发明的先导，是科技和经济发展的坚强后盾，是培养科技人才的摇篮，对此必须给予充分的重视。在对前沿学科作出总体部署的同时，紧紧围绕农业、能源、交通运输、信息、材料等国民经济发展的战略重点领域，及人口、医药卫生、资源、生态、环境、自然灾害、国家安全等重大问题，开展多学科综合性研究。

基础和应用基础研究的重点是：

——加强凝聚物理、分子生物学、化学、海洋学、生态学和信息科学等前沿基础学科的研究。特别要对高临界温度超导的物理机理有所突破。对物理学与生命科学、材料科学、能源学等学科的交叉领域要加强研究。加强非线性数学、计算数学和大规模科学与工程计算的理论与方法的研究。

——分子和细胞生物学研究，要在分子和细胞水平上探讨遗传、分化和发育的基本规律，为现代生物技术的发展提供理论依据。加强与生命过程有关的化学研究。围绕新材料的探索，发展高分子、催化、表面和稀有化学；注意分子设计和微观反应动力学等的研究和跟踪。

——地球科学要把固体地球、气圈、水圈、生物圈组成的复杂耦合系统作为整体开展研究，为解决国家资源、能源、环境、自然灾害等重大问题提供基础资料和理论依据。生态学的研究着重于系统的协同进化、退化生态系统的机理和优化人工系统的组建等，为改善环境、促进社会发展做贡献。

——信息科学要重视智能化的发展方向，解决通信、计算机、自动控制等关键信息技术问题，争取有重大突破。

——空间科学的发展，应加强基础空间科学的研究，并与高技术密切结合，着重对微重力下的物理、化学和生命现象以及日地系统整体行为进行研究。

15. 国防科学技术。国防科学技术的发展，是保证国家安全，增加综合国力的重要因素。我国国防科学技术的发展，必须从社会主义初级阶段的实际出发，与经济建设战略部署和新时期军事战略相适应，以整体效益为中心，需求牵引和技术推动相结合，选择跟踪，重点突破。

——用先进的国防科学技术推动武器装备的发展，促进新时期军事战略目标的实现，是国防科学技术发展的重点任务。根据国家财力可能，重点发展对提高我军作战能力有重大作用，对国防科学技术乃至整个国家科学技术水平提高有较大带动作用的武器装备系统。为此，要加强对这些武器装备系统研制有重大作用的关键技术的研究。

——按照军民结合的原则，充分重视理论探索，加强超前的应用理论研究，为国防科技的持续、稳定发展奠定基础。

四、深化改革，建立有利于经济发展和科技进步的新体制

16. 我国的科技体制必须有利于促进经济的发展，我国的经济体制必须有利于促进科技进步。为了进一步解决科技与经济结合的问题，必须在已有成绩和经验的基础上，按照协同配套的原则，继续深化改革。

我国科技体制改革的总目标是：建立和完善符合科学技术发展客观规律的、与社会主义有计划商品经济相适应的科技同经济有机结合、相互促进的新体制；促使科技工作积极为社会主义有计划的商品经济服务，推动经济建设转移到依靠科技进步和提高劳动者素质的轨道上来，充分发挥科学技术第一生产力的作用。

科技体制改革的具体目标是：

——转变政府职能，形成以直接计划管理与间接管理有机结合的宏观科技进步管理体系，并使之规范化、法制化。

——改革科技人员管理制度，造成人才辈出、人尽其才的良好环境。建立对科技人员和科技活动的社会化服务体系。

——建立研究开发机构与企业、农村有机结合、配置合理的工业和农村研究、开发、推广服务体系。

——培育和建立物资、技术、劳务、信息等社会主义市场体系，创造有利于科技发展的合理竞争的环境。

——形成由政府、民间、企业和金融等各方面组成的多元化科技投资体系。

——形成适应社会主义有计划商品经济发展的科技组织结构。

科技体制的改革要按照经济发展和科技进步的客观要求，分阶段配套进行。二〇〇〇年以前，形成新体制的基本格局，以后使之逐步完善。

17. 科技体制改革的核心是建立新的运行机制，把完善计划管理和加强市场调节有机地结合起来，充分发挥两者的协同优势。引入公平竞争，人员、技术、信息合理流动，需求引导等市场机制，使科技进步成为社会经济活动的内在需求。根据不同层次、不同类型科技发展的特点，建立相应的运行机制。

基础研究和应用基础研究、公益性科学技术工作应以科学探索、获取宏观经济社会效益为目标，由国家给予持续稳定的财政支持。在今后相当长的时期内，大型综合科学研究、重大技术攻关项目，必须坚持以国家支持为主，实行计划管理。同时也要引入必要的竞争机制，以获得较好的投资效果。具有直接经济效益的技术开发和应用推广工作，应在国家政策引导下，更多地发挥市场调节的作用。

18. 完善国家宏观科技管理与调控系统，切实转变政府职能，把制定和执行有关科技发展的方针、政策、规划、计划及法规放在工作的首位，综合运用法律的、政策的、行政的和经济的手段推动科技进步。

要强化调控手段，提高宏观调控能力，加强和改进国家指令性计划管理。同时逐步扩大指导性计划的范围。开辟科技信贷、风险投资等多种资金渠道，支持科技发展。鼓励技术创新，加强和改进科技奖励制度。保护知识产权，发挥专利作用，促进技术成果的商品化、产业化，形成促进科技进步的环境。加强标准、计量和质量监督工作，制定技术标准，完善国家质量监督保证体系。

19. 随着经济体制改革的深入，逐步使行业和企业成为技术开发的主体。要增强企业的技术吸收与自主开发能力，建立并完善企业的技术开发与技术管理体系。通过多种方式推进企业之间、企业与研究开发机构、高等院校之间的横向联合。提倡以大中型企业为骨干，以优质名牌商品为龙头，通过科研和生产的联合，形成具备技术开发、生产、销售、服务功能的企业集团，特别要支持科技先导型或具有国际竞争力的企业集团的发展。

加强行业的科技工作对经济发展具有十分重要的意义。为了节约资源，集中力量，更好地为企业提供技术支持，要有选择地建立和完善行业技术研究开发中心，承担全行业的基础性通用技术、前沿技术、综合性成套技术等研究与开发任务。行业技术研究开发中心由国家、行业和企业共同支持，实行自主管理，完成国家、行业和企业的委托任务。

20. 深化农村科技体制改革。发展我国农业，必须依靠科学技术，国家要继续加强对农业科学研究和农业技术推广工作的支持。在科技体制改革中，要保证农业科技经费的稳定增长与农业科研队伍的持续发展。要引导与鼓励各级科研机构、大专院校和科技人员，配合地方政府共同进行区域经济技术的研究和开发。国家和地方要支持和引导县及县以下农业科技机构逐步发展成为独立核算的、综合性的技术开发、推广、服务经营实体，实行有偿服务，以增强农业科技推广工作的活力。

为适应农村商品经济发展的需要，要有领导地发展多种所有制的技农工贸一体化经营实体，用先进适用的工业技术，装备新型的农村企业，并同多种形式的农民专业技术协会结合，对农户进行商品生产全程服务。在稳定家庭联产承包责任制的基础上，通过技术服务，形成一定生产规模的统分结合的双层经营体制，推动其产品进入国内外市场。

采用各种灵活、有效的方式，对农民进行经常性的技术教育和培训，培养一大批掌握现代技术知识的新型农民。

引导和鼓励科研机构、大专院校和广大科技人员到农村承包、创办乡镇企业与其他产业，促进农村产业结构和技术水平的升级。

21. 建立适应社会主义有计划商品经济发展的科技组织结构。我国的研究开发机构应是多层次、多功能、多种所有制的，既有面向全国的，也有面向行业或地方的；既有从事基础研究和应用研究的，也有从事技术开发的；既有国家办的，也有集体、个体等民办的。中国科学院和各部门、高等院校和大型骨干企业的研究开发机构，是我国科学技术事业的主力军，各级政府要给予重点支持。在坚持公有制为主体的条件下，国家继续鼓励和引导民办科技机构的健康发展，作为社会主义科技事业的重要补充。

根据我国经济社会发展的需要和不同层次科学技术发展的运行机制，调整我国的科学技术组织结构。国家重点支持一部分研究开发机构，承担基础研究、应用基础研究、公益型科学技术工作和重大的综合性、长远性科学研究任务，或承担全行业的通用技术的研究与开发任务。其余大部分全民所有制科研单位，尤其是大批技术开发型的中小型科研机构，将根根各自的具体情况，在国家政策的引导下，按照市场调节的机制，逐步分流重组。它们中有的发展成为科技先导型企业，为国内外市场提供高新技术产品和服务；有的可与企业联合组成企业集团；有的可以进入企业，成为企业的技术开发部或中试基地；有的则可面向中小企业和农村，成为区域性或行业性技术开发、服务中心等。

22. 逐步建立科技人员的社会化管理体系。有计划商品经济的发展，要求科技人员在一定范围内合理流动。要放活对科技人员的管理，既要按照国家的需要，进行必要的人才计划管理，又要按照市场需求，允许必要的人才流动，与其他生产要素合理组合。商品生产的社会化和人才的成长规律，要求科技人员管理社会化。为此，必须逐步建立和完善相应的科技人员社会化管理系统。这是改革科技人员管理制度的方向。为实现这一目标，必须积极而稳妥地进行配套改革。

要逐步改变国家以科技人员统包统揽的管理模式，有计划地开放科技劳务市场。制订法律，保证科技人员有选择职业的余地，逐步实行科技人员和用人单位双向自由选择的聘任合同制，促进人才特别是高级科技人才的合理流动，完善科技人员专业技术职务聘用制。根据按劳分配的原则，形成新的分配机制，激励科技人员专心致志地做好本职工作。建立社会保障体系，把目前国家承担的保险事业转向社会，由社会对科技人员的待业、养老、医疗、伤残实行保险。改革相关的户籍、住房等制度，使之逐步适应人员流动的需要。这是一项艰巨、复杂的工作，需要进行长期的努力。

五、坚持对外开放，积极推进国际科技合作与交流

23. 科学技术已日益成为全人类共识的知识与财富，在国际关系中，科技交流往往是国际交往的先导，又是最稳定的合作领域之一。因此，积极推进国际科技合作与交流，应当成为我国发展科学技术事业的一项长期的重要方针。

开展国际科技合作与交流，必须坚持独立自主、平等互利的原则，贯彻对外开放的政策。尊重国际科技合作的法律与惯例，保护知识产权。在促进世界科技进步的同时，加速提高我国的科学技术水平，增强我国科技工作的自力更生能力，逐步形成具有国际竞争能力的科学研究和技术开发、创新体系。

24. 要根据我国的需要与可能，全方位地开展国际科技合作与交流。在搞好政府间科技合作的同时，扩展民间科技合作的领域与规模，逐步扩大企业、科研机构、高等院校以及民间科技组织的对外交往。在国际科技合作中，既要搞好双边合作，也要充分利用国际组织开展多边合作与交流。在发展与发达国家科技交往的同时，要注意加强同发展中国家的科技合作与交流。要以科技交流、技术贸易为前导，促进我国与世界各国的经济、贸易合作。

25. 切实做好技术引进及其消化、吸收与创新的工作，是加快我国现代化建设步伐的一项长远战略措施。

引进技术的选择，应以适合我国需要和增强自主开发能力为原则，认真做好前期论证工作。国家要制定技术引进的法规、序列和标准，加强宏观控制与管理，防止盲目引进和重复引进，注重保护知识产权。

技术引进要与国内科技攻关和技术贸易结合起来，注重软件和关键生产技术的引进，重视技术、资金、设备、管理、人才和市场的协调配合。

国家要通过立法，确保引进技术消化、吸收和创新的资金渠道，确保科研机构参与技术引进及其消化、吸收和创新工作的全过程。切实加强引进技术和装备的国产化工作。

26. 对外科技合作与交流，要与我国经济、社会、科技发展计划紧密结合。积极开展合作研究、联合开发

和合作经营等方式的国际科技合作，选择我国急需或具有一定优势的科学技术领域，参与国际大型科技计划和项目。创造条件，与外国机构、国际组织在国内或国外合办研究、开发、设计、生产、信息服务等机构，促进技术经济合作。

27. 对外科技合作与交流，要促进对外向型经济的发展，为推动高附加值产品和高新技术产品的出口，提供技术支持与服务，增加它们在出口总额中的比重。要在获取最佳经济效益的前提下，积极组织技术出口。对有出口前景的高新技术开发机构和企业，在政策、资金、外事权限等方面给予更大支持，提高其经营灵活性。要有计划地培养、造就一大批精通专业技术、熟悉国际环境、熟练掌握外语的科技型经营管理人才。努力吸收留学人员参与外向型高新技术产业的工作。

28. 进一步制定和完善有关政策，推动科技人员对外交往、学术交流和智力输出。要为科技人员参加国际会议，进行学术访问和客座研究，在国外兼职或在国际组织任职提供方便条件。对科技人员出国参加学术活动，要下放审批权限，简化手续。要积极创造条件，吸引在国外工作的优秀科技人员回国服务，聘请外国专家来华从事科研、教学工作，对生产、经营活动进行指导、咨询或担任管理职务。

根据需要与可能，有计划地组织智力输出，扩大技术创汇。要派遣更多的技术专家、管理专家到国外工作，承包、经营技术项目，提供技术服务，在国外建立科研和工程技术服务机构。

29. 创造有利于国际科技合作与交流的条件与环境。加强国内外科技有信息的收集与交流，开展有关各国科技状况与科技政策的国别研究与比较研究。针对不同国家在不同领域的特点与优势，制定对其开展科技合作与交流的战略、策略和政策。开辟对外科技合作与交流的经费渠道，多方筹集国内外资金，为国际科技术合作与交流提供资金支持。

六、政策与措施

30. 为了确保把科技进步放国家发展战略的首要地位，国家最高领导机构要切实加强对科技工作的领导，对全国科技与经济、社会协调发展的重大问题进行统一筹划与指导。强化国家科技主管部门的职能，努力提高宏观决策水平，克服各种条块分割和分散主义倾向，把有限的资源用到最需要的地方，保证国家重大科技任务的实现。

31. 提高科技投资强度，改善科技经费管理。要在保证国家财政拨款稳步增长的同时，逐步增加社会对科技经费的投入，改变完全由国家财政投入的状况，形成财政拨款、企业自筹和金融机构贷款组成的科技投资三大支柱，同时积极吸引民间海外资金，建立多渠道、多层次的科技投资体系，大幅度提高全社会对科技发展的资金投入强度。

政府要适当增加对科技的投入，对高新技术开发实行优惠政策。企业要重视新产品的开发，增加对研究开发的投入，逐步增加农业研究开发经费，并鼓励乡镇企业向农业科技投资。

银行金融系统，均应设立科技信贷科目，增加科技贷款。到二○○○年，应使科技贷款额度有显著的增长。

逐步调整科技投资结构，本世纪末，基础研究和应用基础研究的经费达到研究开发经费总额的10%左右。要增加对中间试验、生产工艺的开发及技术成果商品化、产业化的资金支持。对高新技术和高新技术产业，应选择重点，大幅度提高投资强度，并逐步实施风险投资。

继续改革科技经费管理体制。国家科技投资要实行统一管理，引入竞争机制。根据不同类型的科研项目，实行专项拨款、基金制、包干制、招标制或合同制。列入国家计划的有经济效益的项目，实行由政府和受益单位匹配投资的办法。建立研究开发项目评审制度和独立的技术评审机构，对科技经费的分配和使用进行监督与审查。健全科技财务管理办法，加强审计工作。

32. 运用税收、价格、信贷、折旧等经济杠杆，引导行业和企业的科技进步，促进科技事业的发展。

免征技术咨询、技术转让、技术服务、技术开发等技术性收入的营业税。对不符合国家产业政策和技术政策、阻碍科技进步的产品技术，征收附加税。

对研究开发机构和企业的研究开发、测试分析和软件等技术性投资，以及国家确定的新产品的商品化生产，给予贴息或低息贷款。

对研究开发机构的基础设施和高新技术产品生产装置实行加速折旧办法。

33. 加强科技法制建设，把推进科技进步的方针政策用法律形式固定下来，使科技工作纳入法制轨道，受到法律的保护和监督。尽快制定《科学技术进步法》等有关科技工作的法律，完善有关科学技术组织、劳动、奖励以及保护知识产权等方面的法规，争取到2000年形成比较完整的科技法律体系。

普及科技法规知识，加强科技法规的实施与监督，建立技术合同仲裁机构和各级科技法制机构，以及科技法规的研究、咨询和服务系统。

34. 推进决策科学化、民主化和制度化。科学技术作为综合的知识体系和思维工具，能帮助我们从宏观上观察分析复杂多变的经济和社会现象，作出鉴别、判断和科学的决策。

要重视和加强决策研究、决策咨询的工作，建立和健全民主的、科学的决策程序和执行程序，对国计民生有重大影响的问题，在决策之前必须进行软科学研究，并逐步成为制度。各级领导要重视软科学研究工作，要积极应用软科学研究成果，实现正确决策。

35. 开发人才资源，充分发挥科技人员的作用。各级领导要善于发现人才，团结人才，不拘一格使用人才。只要在工作中做出成绩的科技人员都应得到应有的尊重。要通过各种途径，加速培养新一代科技人员，大胆起用德才兼备的年轻科技人员。重视对科技人员的继续教育，积极而有计划地派遣科技人员到国外深造。充分发挥中青年科技人员的骨干作用，积极为离退休科技人员提供继续服务的机会。

加强劳动者的职业教育，鼓励自学成才。对于工人、农民中涌现出来的科技人才，要与相应的专业技术人员同等对待。

加强科技人员的思想政治工作，教育他们热爱祖国，拥护四项基本原则，遵守科技工作的道德规范。鼓励他们努力攀登，为国家的现代化建设多做贡献。

努力改善科技人员的工作条件和生活待遇。结合人事制度、分配制度的改革，及时采取必要的措施，使科技人员的实际收入有较大幅度的增长。对在农村和边远地区以及地下、野外、危险环境工作的科技人员，应给予优惠待遇。

36. 为科技发展创造稳定的、充分民主和学术自由的环境。学术上的不同见解，应由学术界通过科学实践和讨论来解决，不应以行政手段确定是非。

充分发挥中国科学技术协会等学术团体的作用，鼓励各学术团体和科技人员参加学术交流、决策论证、咨询服务等活动。

建立并完善社会化的科研设备、科技情报、图书资料、书刊出版等科技支撑体系。

37. 加强全社会对科技工作的支持。各部门、各地方的各级党政领导应提高对科技工作的认识，并给予极大的重视和支持。领导机关要努力提高自己的科技素养，真正把依靠科学技术作为振兴中华、振兴地区、振兴部门的头等大事，成为倡导科技发展的带头人。

计划、人事、教育、财政、金融、税收、外贸、宣传等部门和新闻、出版、文艺各界，都要加强对科技工作的支持，共同为科技发展作出贡献。

38. 发展科学技术是中华民族的千秋功业，需全民族的奋起，多代人坚持不懈的努力。在历史上，中华民族依靠自己的勤劳智慧，创造了灿烂的古代文明，至今仍闪烁着不朽的光辉。今天，在中国共产党的领导下，在党的基本路线指引下，依靠科学技术进步，我们就一定能够实现社会生产力的新飞跃，实现社会主义现代化建设第二步、第三步的伟大战略目标。

中华人民共和国专利法

（1992年9月4日第七届全国人民代表大会常务委员会第二十七次会议修正）

第一章 总 则

第一条 为了保护发明创造专利权，鼓励发明创造，有利于发明创造的推广应用，促进科学技术的发展，适应社会主义现代化建设的需要，特制定本法。

第二条 本法所称的发明创造是指发明、实用新型和外观设计。

第三条 中华人民共和国专利局受理和审查专利申请，对符合本法规定的发明创造授予专利权。

第四条 申请专利的发明创造涉及国家安全或者重大利益需要保密的，按照国家有关规定办理。

第五条 对违反国家法律、社会公德或者妨害公共利益的发明创造，不授予专利权。

第六条 执行本单位的任务或者主要是利用本单位的物质条件所完成的职务发明创造，申请专利的权利属于该单位；非职务发明创造，申请专利的权利属于发明人或者设计人。申请被批准后，全民所有制单位申请的，专利权归该单位持有；集体所有制单位或者个人申请的，专利权归该单位或者个人所有。

在中国境内的外资企业和中外合资经营企业的工作人员完成的职务发明创造，申请专利的权利属于该企业；非职务发明创造，申请专利的权利属于发明人或者设计人。申请被批准后，专利权归申请的企业或者个人所有。

专利权的所有人和持有统称专利权人。

第七条 对发明人或者设计人的非职务发明创造专利申请，任何单位或者个人不得压制。

第八条 两个以上单位协作或者一个单位接受其他单位委托的研究、设计任务所完成的发明创造，除另有协议的以外，申请专利的权利属于完成或者共同完成的单位；申请被批准后，专利权归申请的单位所有或者持有。

第九条 两个以上的申请人分别就同样的发明创造申请专利的，专利权授予最先申请的人。

第十条 专利申请权和专利权可以转让。

全民所有制单位转让专利申请权或者专利权的，必须经上级主管机关批准。

中国单位或者个人向外国转让专利申请权或者专利权的，必须经国务院有关主管部门批准。

转让专利申请权或者专利权的，当事人必须订立书面合同，经专利局登记和公告后生效。

第十一条 发明和实用新型专利权被授予后，除法律另有规定的以外，任何单位或者个人未经专利权人许可，不得为生产经营目的制造、使用、销售其专利产品，或者使用其专利方法以及使用、销售依照该专利方法直接获得的产品。

外观设计专利权被授予后，任何单位或者个人未经专利权人许可，不得为生产经营目的制造、销售其外观设计专利产品。

专利权被授予后，除法律另有规定的以外，专利权人有权阻止他人未经专利权人许可，为上两款所述用途进口其专利产品或者进口依照其专利方法直接获得的产品。

第十二条 任何单位或者个人实施他人专利的，除本法第十四条规定的以外，都必须与专利权人订立书面实施许可合同，向专利权人支付专利使用费。被许可人无权允许合同规定以外的任何单位或者个人实施该专利。

第十三条 发明专利申请公布后，申请人可以要求实施其发明的单位或者个人支付适当的费用。

第十四条 国务院有关主管部门和省、自治区、直辖市人民政府根据国家计划，有权决定本系统内或者所管辖的全民所有制单位持有的重要发明创造专利允许指定的单位实施，由实施单位按照国家规定向持有专利权的单位支付使用费。

中国集体所有制单位和个人的专利，对国家利益或者公共利益具有重大意义，需要推广应用的，由国务院有关主管部门报国务院批准后，参照上款规定办理。

第十五条　专利权人有权在其专利产品或者该产品的包装上标明专利标记和专利号。

第十六条　专利权的所有单位或者持有单位应当对专利发明创造的发明人或者设计人给予奖励；发明创造实施后，根据其推广应用的范围和取得的经济效益，对发明人或者设计人给予奖励。

第十七条　发明人或者设计人有在专利文件中写明自己是发明人或者设计人的权利。

第十八条　在中国没有经常居所或者营业所的外国人、外国企业或者外国其他组织在中国申请专利的，依照其所属国同中国签订的协议或者共同参加的国际条约，或者依照互惠原则，根据本法办理。

第十九条　在中国没有经常居所或者营业所的外国人、外国企业或者外国其他组织在中国申请专利和办理其他专利事务的，应当委托中华人民共和国国务院指定的专利代理机构办理。

中国单位或者个人在国内申请专利和办理其他专利事务的，可以委托专利代理机构办理。

第二十条　中国单位或者个人将其在国内完成的发明创造向外申请专利的，应当首先向专利局申请专利，并经国务院有关主管部门同意后，委托国务院指定的专利代理机构办理。

第二十一条　在专利申请公布或者公告前，专利局工作人员及有关人员对其内容负有保密责任。

第二章　授予专利权的条件

第二十二条　授予专利权的发明和实用新型，应当具备新颖性、创造性和实用性。

新颖性，是指在申请日以前没有同样的发明或者实用新型在国内外出版物上公开发表过、在国内公开使用过或者以其他方式为公众所知，也没有同样的发明或者实用新型由他人向专利局提出过申请并且记载在申请日以后公布的专利申请文件中。

创造性，是指同申请日以前已有的技术相比，该发明有突出的实质性特点和显著的进步，该实用新型有实质性特点和进步。实用性，是指该发明或者实用新型能够制造或者使用，并且能够产生积极效果。

第二十三条　授予专利权的外观设计，应当同申请日以前在国内外出版物上公开发表过或者国内公开使用过的外观设计不相同或者不相近似。

第二十四条　申请专利的发明创造在申请日以前6个月内，有下列情形之一的，不丧失新颖性：

一、在中国政府主办或者承认的国际展览会上首次展出的；

二、在规定的学术会议或者技术会议上首次发表的；

三、他人未经申请人同意而泄露其内容的。

第二十五条　对下列各项，不授予专利权：

一、科学发现；

二、智力活动的规则和方法；

三、疾病的诊断和治疗方法；

四、动物和植物品种；

五、用原子核变换方法获得的物质。

对上款第四项所列产品的生产方法，可以依照本法规定授予专利权。

第三章　专利的申请

第二十六条　申请发明或者实用新型专利的，应当提交请求书、说明书及其摘要和权利要求书等文件。

请求书应当写明发明或者实用新型的名称，发明人或者设计人的姓名，申请人姓名或者名称、地址，以及其他事项。

说明书应当对发明或者实用新型作出清楚、完整的说明，以所属技术领域的技术人员能够实现为准，必要的时候，应当有附图。摘要应当简要说明发明或者实用新型的技术要点。

权利要求书应当以说明书为依据，说明要求专利保护的范围。

第二十七条　申请外观设计专利的，应当提交请求书以及该外观设计的图片或者照片等文件，并且应当写明使用该外观设计的产品及其所属的类别。

第二十八条　专利局收到专利申请文件之日为申请日。如果申请文件是邮寄的，以寄出的邮戳日为申请日。

第二十九条　申请人自发明或者实用新型在外国第一次提出专利申请之日起12个月内，或者自外观设计在外国第一次提出专利申请之日起6个月内，又在中国就相同主题提出专利申请的，依照该外国同中国签订的协议或者共同参加的国际条约，或者依照相互承认优先权的原则，可以享有优先权。

申请人自发明或者实用新型在中国第一次提出专利申请之日起12个月内，又向专利局就相同主题提出专利申请的，可以享有优先权。

第三十条　申请人要求优先权的，应当在申请的时候提出书面声明，并且在3个月内提交第一次提出的专利申请文件的副本；未提出书面声明或者逾期未提交专利申请文件副本的，视为未要求优先权。

第三十一条　一件发明或者实用新型专利申请应当限于一项发明或者实用新型。属于一个总的发明构思的两项以上的发明或者实用新型，可以作为一件申请提出。

一件外观设计专利申请应当限于一种产品所使用的一项外观设计。用于同一类别并且成套出售或者使用的产品的两项以上的外观设计，可以作为一件申请提出。

第三十二条　申请人可以在被授予专利权之前随时撤回其专利申请。

第三十三条　申请人可以对其专利申请文件进行修改，但是，对发明和实用新型专利申请文件的修改不得超出原说明书和权利要求书记载的范围，对外观设计专利申请文件的修改不得超出原图片或者照片表示的范围。

第四章　专利申请的审查和批准

第三十四条　专利局收到发明专利申请后，经初步审查认为符合本法要求的，自申请日起满18个月，即行公布。专利局可以根据申请人的请求早日公布其申请。

第三十五条　发明专利申请自申请日起3年内，专利可以根据申请人随时提出的请求，对其申请进行实质审查；申请人无正当理由逾期不请求实质审查的，该申请即被视为撤回。

专利局认为必要的时候，可以自行对发明专利申请进行实质审查。

第三十六条　发明专利的申请人请求实质审查的时候，应当提交在申请日前与其发明有关的参考资料。

发明专利已经在外国提出过申请的，申请人请求实质审查的时候，应当提交该国为审查其申请进行检索的资料或者审查结果的资料；无正当理由不提交的，该申请即被视为撤回。

第三十七条　专利局对发明专利申请进行实质审查后，认为不符合本法规定的，应当通知申请人，要求其在指定的期限内陈述意见，或者对其申请进行修改；无正当理由逾期不答复的，该申请即被视为撤回。

第三十八条　发明专利申请经申请人陈述意见或者进行修改后，专利局仍然认为不符合本法规定的，应当予以驳回。

第三十九条　发明专利申请经实质审查没有发现驳回理由的，专利局应当作出授予发明专利权的决定，发给发明专利证书，并予以登记和公告。

第四十条　实用新型和外观设计专利申请经初步审查没有发现驳回理由的，专利局应当作出授予实用新型专利权或者外观设计专利权的决定，发给相应的专利证书，并予以登记和公告。

第四十一条　自专利局公告授予专利权之日起6个月内，任何单位或者个人认为该专利权的授予不符合本法有关规定的，都可以请求专利局撤销该专利权。

第四十二条　专利局对撤销专利权的请求进行审查，作出撤销或者维持专利权的决定，并通知请求人和专利权人。撤销专利权的决定，由专利局登记和公告。

第四十三条　专利局设立专利复审委员会。对专利局驳回申请的决定不服的，或者对专利局撤销或者维持专利权的决定不服的，可以自收到通知之日起3个月内，向专利复审委员会请求复审。专利复审委员会复审后，作出决定，并通知专利申请人、专利权人或者撤销专利权的请求人。

发明专利的申请人、发明专利权人或者撤销发明专利权的请求人对专利复审委员会的复审决定不服的，可以自收到通知之日起3个月内向人民法院起诉。

专利复审委员会对申请人、专利权人或者撤销专利权的请求人关于实用新型和外观设计的复审请求所作出的决定为终局决定。

第四十四条　被撤销的专利权视为自始即不存在。

第五章　专利权的期限、终止和无效

第四十五条　发明专利权的期限为20年，实用新型专利权和外观设计专利权的期限为10年，均自申请日起计算。

第四十六条　专利权人应当自被授予专利权的当年开始缴纳年费。

第四十七条　有下列情形之一的，专利权在期限届满前终止：

一、没有按照规定缴纳年费的；

二、专利权人以书面声明放弃其专利权的。

专利权的终止，由专利局登记和公告。

第四十八条　自专利局公告授予专利权之日起满6个月后，任何单位或者个人认为该专利权的授予不符合本法有关规定的，都可以请求专利复审委员会宣告该专利权无效。

第四十九条　专利复审委员会对宣告专利权无效的请求进行审查，作出决定，并通知请求人和专利权人。宣告专利权无效的决定，由专利局登记和公告。

对专利复审委员会宣告发明专利权无效或者维持

发明专利权的决定不服的，可以在收到通知之日起3个月内向人民法院起诉。

专利复审委员会对宣告实用新型和外观设计专利权无效的请求所作出的决定为终局决定。

第五十条　宣告无效的专利权视为自始即不存在。

宣告专利权无效的决定，对在宣告专利权无效前人民法院作出并已执行的专利侵权的判决、裁定，专利管理机关作出并已执行的专利侵权处理决定，以及已经履行的专利实施许可合同和专利权转让合同，不具有追溯力。但是因专利权人的恶意给他人造成的损失，应当给予赔偿。

如果依照上款规定，专利权人或者专利权转让人不向被许可实施专利人或者专利权受让人返还专利使用费或者专利权转让费，明显违反公平原则，专利权人或者专利权转让人应当向被许可实施专利人或者专利权受让人返还全部或者部分专利使用费或者专利权转让费。

本条第二款、第三款的规定适用于被撤销的专利权。

第六章　专利实施的强制许可

第五十一条　具备实施条件的单位以合理的条件请求发明或者实用新型专利权人许可实施其专利，而未能在合理的时间内获得这种许可时，专利局根据该单位的申请，可以给予实施该发明专利或者实用新型专利的强制许可。

第五十二条　在国家出现紧急状态或者非常情况时，或者为了公共利益的目的，专利局可以给予实施发明专利或者实用新型专利的强制许可。

第五十三条　一项取得专利权的发明或者实用新型比前已经取得专利权的发明或者实用新型在技术上先进，其实施又有赖于前一发明或者实用新型的实施的，专利局根据后一专利权人的申请，可以给予实施前一发明或者实用新型的强制许可。

在依照上款规定给予实施强制许可的情形下，专利局根据前一专利权人的申请，也可以给予实施后一发明或者实用新型的强制许可。

第五十四条　依照本法规定申请实施强制许可的单位或者个人，应当提出未能以合理条件与专利权人签订实施许可合同的证明。

第五十五条　专利局作出的给予实施强制许可的决定，应当予以登记和公告。

第五十六条　取得实施强制许可的单位或者个人不享有独占的实施权，并且无权允许他人实施。

第五十七条　取得实施强制许可的单位或者个人应当付给专利权人合理的使用费，其数额由双方商定；双方不能达成协议的，由专利局裁决。

第五十八条　专利权人对专利局关于实施强制许可的决定或者关于实施强制许可的使用费的裁决不服的，可以在收到通知之日起3个月内向人民法院起诉。

第七章　专利权的保护

第五十九条　发明或者实用新型专利权的保护范围以其权利要求的内容为准，说明书及附图可以用于解释权利要求。

外观设计专利权的保护范围以表示在图片或者照片中的该外观设计专利产品为准。

第六十条　对未经专利权人许可，实施其专利的侵权行为，专利权人或者利害关系人可请求专利管理机关进行处理，也可以直接向人民法院起诉。专利管理机关处理的时候，有权责令侵权人停止侵权行为，并赔偿损失；当事人不服的，可以在收到通知之日起3个月内向人民法院起诉；期满不起诉又不履行的，专利管理机关可以请求人民法院强制执行。

在发生侵权纠纷的时候，如果发明专利是一项新产品的制造方法，制造同样产品的单位或者个人应当提供其产品制造方法的证明。

第六十一条　侵犯专利权的诉讼时效为2年，自专利权人或者利害关系人得知或者应当得知侵权行为之日起计算。

第六十二条　有下列情形之一的，不视为侵犯专利权：

一、专利权人制造或者经专利权人许可制造的专利产品售出后，使用或者销售该产品的；

二、使用或者销售不知道是未经专利权人许可而制造并售出的专利产品的；

三、在专利申请日前已经制造相同产品、使用相同方法或者已经作好制造、使用的必要准备，并且仅在原有范围内继续制造、使用的；

四、临时通过中国领土、领水、领空的外国运输工具，依照其所属国同中国签订的协议或者共同参加的国际条约，或者依照互惠原则，为运输工具自身需要而在其装置和设备中使用有关专利的；

五、专为科学研究和实验而使用有关专利的。

第六十三条　假冒他人专利的，依照本法第六十条的规定处理；情节严重的，对直接责任人员比照刑法第一百二十七条的规定追究刑事责任。

将非专利产品冒充专利产品的或者将非专利方法冒充专利方法的，由专利管理机关责令停止冒充行为，公开更正，并处以罚款。

第六十四条　违反本法第二十条规定，擅自向外国申请专利，泄露国家重要机密的，由所在单位或者上级主管机关给予行政处分；情节严重的，依法追究刑事责任。

第六十五条　侵夺发明人或者设计人的非职务发明创造专利申请权和本法规定的其他权益的，由所在单位或者上级主管机关给予行政处分。

第六十六条　专利局工作人员及有关国家工作人员徇私舞弊的，由专利局或者有关主管机关给予行政处分；情节严重的，比照刑法第一百八十八条的规定追究刑事责任。

第八章　附　　则

第六十七条　向专利局申请专利和办理其他手续，应当按照规定缴纳费用。

第六十八条　本法实施细则由专利局制订，报国务院批准后施行。

第六十九条　本法自 1985 年 4 月 1 日起施行。

中华人民共和国著作权法

（1990年9月7日第七届全国人民代表大会常务委员会第十五次会议通过）

第一章　总　　则

第一条　为保护文学、艺术和科学作品作者的著作权，以及与著作权有关的权益，鼓励有益于社会主义精神文明、物质文明建设的作用的创作和传播，促进社会主义文化和科学事业的发展与繁荣，根据宪法制定本法。

第二条　中国公民、法人或者非法人单位的作品，不论是否发表，依照本法享有著作权。

外国人的作品首先在中国境内发表的，依照本法享有著作权。

外国人在中国境内发表的作品，根据其所属国同中国签订的协议或者共同参加的国际条约享有的著作权，受本法保护。

第三条　本法所称的作品，包括以下列形式创作的文学、艺术和自然科学、社会科学、工程技术等作品：

（一）文字作品；

（二）口述作品；

（三）音乐、戏剧、曲艺、舞蹈作品；

（四）美术、摄影作品；

（五）电影、电视、录像作品；

（六）工程设计、产品设计图纸及其说明；

（七）地图、示意图等图形作品；

（八）计算机软件；

（九）法律、行政法规规定的其他作品。

第四条　依法禁止出版、传播的作品，不受本法保护。

著作权人行使著作权，不得违反宪法和法律，不得损害公共利益。

第五条　本法不适用于：

（一）法律、法规，国家机关的决议、决定、命令和其他具有立法、行政、司法性质的文件，及其官方正式译文；

（二）时事新闻；

（三）历法、数表、通用表格和公式。

第六条　民间文学艺术作品的著作权保护办法由国务院另行规定。

第七条　科学技术作品中应当由专利法、技术合同法等法律保护的，适用专利法、技术合同法等法律的规定。

第八条　国务院著作权行政管理部门主管全国的著作权管理工作；各省、自治区、直辖市人民政府的著作权行政管理部门主管本行政区域的著作权管理工作。

第二章　著作权

第一节　著作权人及其权利

第九条　著作权人包括：

（一）作者；

（二）其他依照本法享有著作权的公民、法人或者非法人单位。

第十条　著作权包括下列人身权和财产权：

（一）发表权，即决定作用是否公之于众的权利；

（二）署名权，即表明作者身份，在作品上署名的权利；

（三）修改权，即修改或者授权他人修改作品的权利；

（四）保护作品完整权，即保护作品不受歪曲、篡改的权利；

（五）使用权和获得报酬权，即以复制、表演、播放、展览、发行、摄制电影、电视、录像或者改编、翻译、注释、编辑等方式使用作品的权利；以及许可他人以上面方式使用作品，并由此获得报酬的权利。

第二节 著作权归属

第十一条 著作权属于作者，本法另有规定的除外。

创作作品的公民是作者。

由法人或者非法人单位主持，代表法人或者非法人单位意志创作，并由法人或者非法人单位承担责任的作品，法人或者非法人单位视为作者。

如无相反证明，在作品上署名的公民、法人或者非法人单位为作者。

第十二条 改编、翻译、注释、整理已有作品而产生的作品，其著作权由改编、翻译、注释、整理人享有，但行使著作权时，不得侵犯原作品的著作权。

第十三条 两人以上合作创作的作品，著作权由合作者共同享有。没有参加创作的人，不能成为合作作者。

合作作品可以分割使用的，作者对各自创作的部分可以单独享有著作权，但行使著作权时不得侵犯合作作品整体的著作权。

第十四条 编辑作品由编辑人享有著作权，但行使著作权时，不得侵犯原作品的著作权。

编辑作品中可以单独使用的作品的作者有权单独行使其著作权。

第十五条 电影、电视、录像作品的导演、编剧、作词、作曲、摄影等作者享有署名权，著作权的其他权利由制作电影、电视、录像作品的制片者享有。

电影、电视、录像作品中剧本、音乐等可以单独使用的作品的作者有权单独行使其著作权。

第十六条 公民为完成法人或者非法人单位工作任务所创作的作品是职务作品，除本条第二款的规定以外，著作权由作者享有，但法人或者非法人单位有权在其业务范围内优先使用。作品完成两年内，未经单位同意，作者不得许可第三人以与单位使用的相同方式使用该作品。

有下列情形之一的职务作品，作者享有署名权，著作权的其他权利由法人或者非法人单位享有，法人或者非法人单位可以给予作者奖励：

（一）主要是利用法人或者非法人单位的物质技术条件创作，并由法人或者非法人单位承担责任的工程设计、产品设计图纸及其说明、计算机软件、地图等职务作品；

（二）法律、行政法规规定或者合同约定著作权由法人或者非法人单位享有的职务作品。

第十七条 受委托创作的作品，著作权的归属由委托人和受托人通过合同约定。合同未作明确约定或者没有订立合同的，著作权属于受托人。

第十八条 美术等作品原件所有权的转移，不视为作品著作权的转移，但美术作品原件的展览权由原件所有人享有。

第十九条 著作权属于公民的，公民死亡后，其作品的使用权和获得报酬权在本法规定的保护期内，依照继承法的规定转移。

著作权属于法人或者非法人单位的，法人或者非法人单位变更、终止后，其作品的使用权和获得报酬权在本法规定的保护期内，由承受其权利义务的法人或者非法人单位享有；没有承受其权利义务的法人或者非法人单位的，由国家享有。

第三节 权利的保护期

第二十条 作者的署名权、修改权、保护作品完整权的保护期不受限制。

第二十一条 公民的作品，其发表权、使用权和获得报酬权的保护期为作者终生及其死亡后五十年，截止于作者死亡后第五十年的12月31日；如果是合作作品，截止于最后死亡的作者死亡后的第五十年的12月31日。

法人或者非法人单位的作品、著作权（署名权除外）由法人或者非法人单位享有职务作品，其发表权、使用权和获得报酬权的保护期为五十年，截止于作品首次发表后第五十年的12月31日，但作品自创作完成后五十年内未发表的，本法不再保护。

电影、电视、录像和摄影作品的发表权、使用权和获得报酬权的保护期为五十年，截止于作品首次发表后第五十年的12月31日，但作品自创作完成后五十年内未发表的，本法不再保护。

第四节 权利的限制

第二十二条 在下列情况下使用作品，可以不经著作权人许可，不向其支付报酬，但应当指明作者姓名、作品名称，并且不得侵犯著作权人依照本法享有其他权利：

（一）为个人学习、研究或者欣赏，使用他人已经发表的作品；

（二）为介绍、评论某一作品或者说明某一问题，在作品中适当引用他人已经发表的作品；

（三）为报道时事新闻，在报纸、期刊、广播、电视节目或者新闻纪录影片中引用已经发表的作品；

（四）报纸、期刊、广播电台、电视台刊登或者播放其他报纸、期刊、广播电台、电视台已经发表的社论、评论员文章；

（五）报纸、期刊、广播电台、电视如刊登或者播放在公众集会上发表的讲话，但作者声明不许刊登、播放的除外；

（六）为学校课堂教学或者科学研究，翻译或者少量复制已经发表的作品，供教学或者科研人员使用，但不得出版发行；

（七）国家机关为执行公务使用已经发表的作品；

（八）图书馆、档案馆、纪念馆、博物馆、美术馆等陈列或者保存版本的需要，复制本馆收藏的作品；

（九）免费表演已经发表的作品；

（十）对设置或陈列在室外公共场所的艺术作品进行临摹、绘画、摄影、录像；

（十一）将已经发表的汉族文字作品翻译成少数民族文字在国内出版发行；

（十二）将已经发表的作品改成盲文出版。

以上规定适用于对出版者、表演者、录音录像制作者、广播电台、电视台的权利的限制。

第三章 著作权许可使用合同

第二十三条 使用他人作品应当同著作权人订立合同或者取得许可，本法规定可以不经许可的除外。

第二十四条 合同包括下列主要条款：

（一）许可使用作品的方式；

（二）许可使用的权利是专有使用权或者非专有使用权；

（三）许可使用的范围、期间；

（四）付酬标准和办法；

（五）违约责任；

（六）双方认为需要约定的其他内容。

第二十五条 合同中著作权人未明确许可的权利，未经著作权人许可，另一方当事人不得行使。

第二十六条 合同的有效期限不超过十年。合同期满可以续订。

第二十七条 使用作品的付酬标准由国务院著作权行政管理部门会同有关部门制定。

合同另有约定的，也可以按照合同支付报酬。

第二十八条 出版者、表演者、录音录像制作者、广播电台、电视台等依照本法取得他人的著作权使用权的，不得侵犯作者的署名权、修改权、保护作品完整权和获得报酬权。

第四章 出版、表演、录音录像、播放

第一节 图书、报刊的出版

第二十九条 国书出版者出版图书应当和著作权人订立出版合同，并支付报酬。

第三十条 图书出版者对著作权人交付出版的作品，在合同约定期间享有专有出版权。合同约定图书出版者享有专有出版权的期限不得超过十年，合同期满可以续订。

图书出版者在合同约定期间享有的专有出版权受法律保护，他人不得出版该作品。

第三十一条 著作权人应当按照合同约定期限交付作品。图书出版者应当按照合同约定的出版质量、期限出版图书。

图书出版者不按照合同约定期限出版，应当依照本法第四十七条的规定承担民事责任。

图书出版者重印、再版作品的，应当通知著作权人，并支付报酬。图书脱销后。图书出版者拒绝重印、再版的，著作权人有权终止合同。

第三十二条 著作权人向报社、杂志社投稿的，自稿件发出之日起15日内未收到报社通知决定刊登的，或者自稿件发出之日起30日内未收到杂志社通知决定刊登的，可以将同一作品向其他报社、杂志社投稿。双方另有约定的除外。

作品刊登后，除著作权人声明不得转载、摘编的外，其他报刊可能转载或者作为文摘、资料刊登，但应当按照规定向著作权人支付报酬。

第三十三条 图书出版者经作者许可，可以对作品修改、删节。

报社、杂志社可以对作品作文字性修改、删节，对内容的修改，应当经作者许可。

第三十四条 出版改编、翻译、注释、整理、编辑已有作品而产生的作品，应当向改编、翻译、注释、整理、编辑作品的著作权人和原作品的著作权人支付报酬。

第二节 表 演

第三十五条 表演者（演员、演出单位）使用他人未发表的作品演出，应当取得著作权人许可，并支付报酬。

表演者使用他人已发表的作品进行营业性演出，可以不经著作权人许可，但应当按照规定支付报酬；著作权人声明不许使用的不得使用。

表演者使用改编、翻译、注释、整理已有作品而产生的作品进行营业性演出，应当按照规定向改编、翻译、注释、整理作品的著作权人和原作品的著作权人支付报酬。

表演者为制作录音录像和广播、电视节目进行表演使用他人作品的，适用本法第三十七条、第四十条的规定。

第三十六条　表演者对其表演享有下列权利：

（一）表明表演者身份；

（二）保护表演者形象不受歪曲；

（三）许可他人从现场直播；

（四）许可他人为营利目的录音录像，并获得报酬。

第三节　录音录像

第三十七条　录音制作者使用他人未发表的作品制作录音制品，应当取得著作权人的许可，并支付报酬。使用他人已发表的作品制作录音制品，可以不经著作权人许可，但应当按照规定支付报酬；著作权人声明不许使用的不得使用。

录像制作者使用他人作品制作录像制品，应当取得著作权人的许可，并支付报酬。

录音录像制作者使用改编、翻译、注释、整理已有作品而产生的作品，应当向改编、翻译、注释、整理作品的著作权人和原作品的著作权人支付报酬。

第三十八条　录音录像制作者制作录音录像制品，应当同表演者订立合同，并支付报酬。

第三十九条　录音录像制作者对其制作的录音录像制品，享有许可他人复制发行并获得报酬的权利。该权利的保护期为五十年，截止于该制品首次出版后第五十年的12月31日。

被许可复制发行的录音录像制作者还应当按照规定向著作权人和表演者支付报酬。

第四节　广播电台、电视台播放

第四十条　广播电台、电视如使用他人未发表的作品制作广播、电视节目，应当取得著作权人的许可，并支付报酬。

广播电台、电视台使用他人已发表的作品制作广播、电视节目，可以不经著作权人许可，但著作权人声明不许使用的不得使用；并且除本法规定可以不支付报酬的以外，应当按照规定支付报酬。

广播电台、电视台使用改编、翻译、注释、整理已有作品而产生的作品制作广播、电视节目，应当向改编、翻译、注释、整理作品的著作权人和原作品的著作权人支付报酬。

第四十一条　广播电台、电视台制作广播、电视节目，应当同表演者订立合同，并支付报酬。

第四十二条　广播电台、电视台对其制作的广播、电视节目，享有下列权利：

（一）播放；

（二）许可他人播放，并获得报酬；

（三）许可他人复制发行其制作的广播、电视节目，并获得报酬。

前款规定的权利的保护期为五十年，截止于该节目首次播放后第五十年的12月31日。

被许可复制发行的录音录像制作者还应当按照规定向著作权人和表演者支付报酬。

第四十三条　广播电台、电视台非营业性播放已经出版的录音制品，可以不经著作权人、表演者、录音制作者许可，不向其支付报酬。

第四十四条　电视台播放他人的电影、电视和录像，应当取得电影、电视制片者和录像制作者的许可，并支付报酬。

第五章　法律责任

第四十五条　有下列侵权行为的，应当根据情况，承担停止侵害、消除影响、公开赔礼道歉、赔偿损失等民事责任：

（一）未经著作权人许可，发表其作品的；

（二）未经合作作者许可，将与他人合作创作的作品当作自己单独创作的作品发表的；

（三）没有参加创作，为谋取个人名利，在他人作品上署名的；

（四）歪曲、篡改他人作品的；

（五）未经著作权人许可，以表演、播放、展览、发行、摄制电影、电视、录像或者改编、翻译、注释、编辑等方式使用作品的，本法另有规定的除外；

（六）使用他人作品，未按照规定支付报酬的；

（七）未经表演者许可，从现场直播其表演的；

（八）其他侵犯著作权以及与著作权有关的权益的行为。

第四十六条　有下列侵权行为的，应当根据情况，承担停止侵害、消除影响、公开赔礼道歉、赔偿损失等民事责任，并可以由著作权行政管理部门给予没收非法所得、罚款等行政处罚：

（一）剽窃、抄袭他人作品的；

（二）未经著作权人许可，以营利为目的，复制发行其作品的；

（三）出版他人享有专有出版权的图书的；

（四）未经表演者许可，对其表演制作录音录像出版的；

（五）未经录音录像制作者许可，复制发行其制作录音录像的；

（六）未经广播电台、电视台许可，复制发行其制作的广播、电视节目的；

（七）制作、出售假冒他人署名的美术作品的。

第四十七条　当事人不履行合同义务或者履行合同义务不符合约定条件的，应当依照民法通则有关规定承担民事责任。

第四十八条　著作权侵权纠纷可以调解，调解不成或者调解达成协议后一方反悔的，可以向人民法院起诉。当事人不愿调解的，也可以直接向人民法院起诉。

第四十九条　著作权合同纠纷可以调解，也可以依合同中的仲裁条款或者事后达成的书面仲裁协议，向著作权仲裁机构申请仲裁。

对于仲裁裁决，当事人应当履行。当事人一方不履行仲裁裁决的，另一方可以申请人民法院执行。

受申请的人民法院发现仲裁裁决违法的，有权不予执行。人民法院不予执行的，当事人可以就合同纠纷向人民法院起诉。

当事人没有在合同中订立仲裁条款，事后又没有书面仲裁协议的，可以直接向人民法院起诉。

第五十条　当事人对行政处罚不服的，可以在收到行政处罚决定书3个月内向人民法院起诉，期满不起诉又不履行的，著作权行政管理部门可以申请人民法院执行。

第六章　附　则

第五十一条　本法所称的著作权与版权系同义语。

第五十二条　本法所称的复制，指以印刷、复印、临摹、拓印、录音、录像、翻录、翻拍等方式将作品制作一份或者多份的行为。

按照工程设计、产品设计图纸及其说明进行施工、生产工业品，不属于本法所称的复制。

第五十三条　计算机软件的保护办法由国务院另行规定。

第五十四条　本法的实施条例由国务院著作权行政管理部门制定，报国务院批准后施行。

第五十五条　本法规定的著作权人和出版者、表演者、录音录像制作者、广播电台、电视台的权利，在本法施行之日尚未超过本法规定的保护期的，依照本法予以保护。

本法施行前发生的侵权或者违约行为，依照侵权或者违约行为发生时的有关规定和政策处理。

第五十六条　本法自1991年6月1日起施行。

实施国际著作权条约的规定

（1992 年 9 月 25 日国务院发布）

第一条　为实施国际著作权条约，保护外国作品著作权人的合法权益，制定本规定。

第二条　对外国作品的保护，适用《中华人民共和国著作权法》（以下称著作权法）、《中华人民共和国著作权法实施条例》、《计算机软件保护条例》和本规定。

第三条　本规定所称国际著作权条约，是指中华人民共和国（以下称中国）参加的《伯尔尼保护文学和艺术作品公约》（以下称伯尔尼公约）和与外国签订的有关著作权的双边协定。

第四条　本规定所称外国作品，包括：

（一）作者或者作者之一，其他著作权人或者著作权人之一是国际著作权条约成员国的国民或者在该条约的成员国有经常居所的居民的作品；

（二）作者不是国际著作权条约成员国的国民或者在该条约的成员国有经常居所的居民，但是在该条约的成员国首次或者同时发表的作品；

（三）中外合资经营企业，中外合作经营企业和外资企业按照合同约定是著作权人或者著作权人之一的，其委托他人创作的作品。

第五条　对未发表的外国作品的保护期，适用著作权法第二十条、第二十一条的规定。

第六条　对外国实用艺术作品的保护期，为自该作品完成起二十五年。

美术作品（包括动画形象设计）用于工业制品的，不适用前款规定。

第七条　外国计算机程序为文学作品保护，可以不履行登记手续，保护期为自该程序首次发表之年年底起五十年。

第八条　外国作品是由不受保护的材料编辑而成，但是在材料的选取或者编辑上有独创性的，依照著作权法第十四条的规定予以保护。此种保护不排斥他人利用同样的材料进行编辑。

第九条　将外国录象制品根据国际著作权条约构成电影作品的，作为电影作品保护。

第十条　将外国人已经发表的以汉字创作的作品，翻译成少数民族文字出版发行的，应当事先取得著作权人的授权。

第十一条　外国作品著作权人，可以授权他人以任何方式、手段公开表演其作品或者公开传播对其作品的表演。

第十二条　外国电影、电视和录象作品的著作权人可以授权他人公开表演其作品。

第十三条　报刊转载外国作品，应当事先取得著作权人的授权；但是，转载有关政治、经济等社会问题的时事文章除外。

第十四条　外国作品的著作权人在授权他人发行作品的复制品后，可以授权或者禁止出租其作品的复制品。

第十五条　外国作品的著作权人有权禁止进口其作品的下列复制品：

（一）侵权复制品；

（二）来自对其作品不予保护的国家的复制品。

第十六条　表演、录音或者广播外国作品，适用伯尔尼公约的规定；有集体管理组织的，应当事先取得该组织的授权。

第十七条　国际著作权条约在中国生效之日尚未在起源国进入公有领域的外国作品，按照著作权法和本规定规定的保护期受保护，到期满为止。

前款规定不适用于国际著作权条约在中国生效之日前发生的对外国作品的使用。

中国公民或者法人在国际著作权条约在中国生效之日前为特定目的而拥有和使用外国作品的特定复制本的，可以继续使用该作品的复制本而不承担责任；但是，该复制本不得以任何不合理地损害该作品著作权人合法权益的方式复制和使用。

前三款规定依照中国同有关国家签订的有关著作

权的双边协定的规定实施。

第十八条 本规定第五条、第十二条、第十四条、第十五条、第十七条适用于录音制品。

第十九条 本规定施行前，有关著作权的行政法规与本规定有不同规定的，适用本规定。本规定与国际著作权条约有不同规定的，适用国际著作权条约。

第二十条 国家版权局负责国际著作权条约在中国的实施。

第二十一条 本规定由国家版权局负责解释。

第二十二条 本规定自 1992 年 9 月 30 日起施行。

计算机软件保护条例

（1991 年 6 月 4 日国务院发布）

第一章 总 则

第一条 为保护计算机软件著作权人的权益，调整计算机软件在开发、传播和使用中发生的利益关系，鼓励计算机软件的开发与流通，促进计算机应用事业的发展，依照《中华人民共和国著作权法》的规定，制定本条例。

第二条 本条例所称的计算机软件（简称软件，下同）是指计算机程序及其有关文档。

第三条 本条例下列用语的含义是：

（一）计算机程序：指为了得到某种结果而可以由计算机等具有信息处理能力的装置执行的代码化指令序列，或者可被自动转换成代码化指令的符号化指令序列或者符号化语句序列。

计算机程序包括源程序和目标程序。同一程序的源文本和目标文本应当视为同一作品。

（二）文档：指用自然语言或者形式化语言所编写的文字资料和图表，用来描述程序的内容、组成、设计、功能规格、开发情况、测试结果及使用方法，如程序设计说明书、流程图、用户手册等。

（三）软件开发者：指实际组织、进行开发工作，提供工作条件以完成软件开发，并对软件承担责任的法人或者非法人单位（简称单位，下同）；依靠自己具有的条件完成软件开发，并对软件承担责任的公民。

（四）软件著作权人：指按本条例的规定，对软件享有著作权的单位和公民。

（五）复制：指把软件转载在有形物体上的行为。

第四条 本条例所称对软件的保护，是指软件的著作权人或者其受让者享有本条例规定的软件著作的各项权利。

第五条 受本条例保护的软件必须由开发者独立开发，并已固定在某种有形物体上。

第六条 中国公民和单位对其所开发的软件，不论是否发表，不论在何地发表，均依照本条例享有著作权。

外国人的软件首先在中国境内发表的，依照本条例享有著作权。

外国人在中国境外发表的软件，依照其所属国同中国签订的协议或者共同参加的国际条约享有的著作权，受本条例保护。

第七条 本条例对软件的保护不能扩大到开发软件所用的思想、概念、发现、原理、算法、处理过程和运行方法。

第八条 国务院授权的软件登记管理机构主管全国软件的登记工作。

第二章 计算机软件著作权

第九条 软件著作权人享有下列各项权利：

（一）发表权，即决定软件是否公之于众的权利；

（二）开发者身份权，即表明开发者身份的权利以及在其软件上署名的权利；

（三）使用权，即在不损害社会公共利益的前提下，以复制、展示、发行、修改、翻译、注释等方式使用其软件的权利；

（四）使用许可权和获得报酬权，即许可他人以本条第（三）项中规定的部分或者全部方式使用其软件的权利和由此而获得报酬的权利；

（五）转让权，即向他人转让由本条第（三）项和第（四）项规定的使用权和使用许可权的权利。

第十条 软件著作权属于软件开发者，本条例有专门规定者从其规定。

第十一条 由两个以上的单位、公民合作开发的软件，除另有协议外，其软件著作权由各合作开发者共同享有。

合作开发者对软件著作权的行使按照事前的书面协议进行。如无书面协议，而合作开发的软件可以分割使用的，开发者对各自开发的部分可以单独享有著作权，但行使著作权时不得扩展到合作开发的软件整体的著作权。合作开发的软件不能分割使用的，由合作开发者协商一致行使。如不能协商一致，又无正当理由，任何一方不得阻止他方行使除转让权以外的其他权利，但所得收益应合理分配给所有合作开发者。

第十二条 受他人委托开发的软件，其著作权的归属由委托者与受委托者签定书面协议约定，如无书面协议或者在协议中未作明确约定，其著作权属于受委托者。

第十三条 由上级单位或者政府部门下达任务开发的软件，著作权的归属由项目任务书或者合同规定，如项目任务书或者合同中未作明确规定，软件著作权属于接受任务的单位。

国务院有关主管部门和省、自治区、直辖市人民政府，对本系统内或者所管辖的全民所有制单位开发的对于国家利益和公共利益具有重大意义的软件，有权决定允许指定的单位使用，由使用单位按照国家有关规定支付使用费。

第十四条 公民在单位任职期间所开发的软件，如是执行本职工作的结果，即针对本职工作中明确指定的开发目标所开发的，或者是从事本职工作活动所预见的结果或者自然的结果，则该软件的著作权属于该单位。

公民所开发的软件如不是执行本职工作的结果，并与开发者在单位中从事的工作内容无直接联系，同时又未使用单位的物质技术条件，则该软件的著作权属于开发者自己。

第十五条 软件著作权的保护期为二十五年，截止于软件首次发表后第二十五年的12月31日。保护期满前，软件著作权人可以向软件登记管理机构申请续展二十五年，但保护期最长不超过五十年。

软件开发者的开发者身份权的保护期不受限制。

第十六条 在软件著作权的保护期内，软件著作权的继承者可根据《中华人民共和国继承法》的有关规定，继承本条例第九条第（三）项和第（四）项规定的权利。

继承活动的发生不改变该软件权利的保护期。

第十七条 在软件著作权的保护期内，享有软件著作权的单位发生变更后，由合法的继承单位享有该软件的各项权利。

享有软件著作权的单位发生变更，不改变该软件权利的保护期。

第十八条 在软件著作权的保护期内，软件的著作权人或者其受让者有权许可他人行使本条例第九条第（三）项规定的使用权。著作权人或者其受让者许可他人行使使用权时，可以按协议收取费用。

软件权利的使用许可应当根据我国有关法规以签订、执行书面合同的方式进行。被许可人应当在合同规定的方式、条件、范围和时间内行使使用权。

许可合同的有效期限一次不得超过十年。合同期满可以续订。

合同中未明确确定为独占许可的，被许可的软件权利应当视为非独占的。

上述许可活动的发生不改变该软件著作权的归属。

第十九条 在软件著作权的保护期内，由本条例第九条第（三）项和第（四）项规定的使用权和使用许可权的享有者，可以把使用权和使用许可权转让给他人。

软件权利的转让应当根据我国有关法规以签订、执行书面合同的方式进行。

转让活动的发生不改变该软件著作权的保护期。

第二十条 软件著作权保护期满后，除开发者身份权以外，该软件的其他各项权利即行终止。

凡符合下列各项之一者，除开发者身份权以外，软件的各项权利在保护期满之前进入公有领域：

（一）拥有该软件著作权的单位终止而无合法继承者；

（二）拥有该软件著作权的公民死亡而无合法继承者。

第二十一条 合法持有软件复制品的单位、公民，在不经该软件著作权人同意的情况下，享有下列权利：

（一）根据使用的需要把该软件装入计算机内；

（二）为了存档而制作备份复制品。但这些备份复制品不得通过任何方式提供给他人使用。一旦持有者丧失对该软件的合法持有权时，这些备份复制品必须全部销毁；

（三）为了把该软件用于实际的计算机应用环境或者改进其功能性能而进行必要的修改。但除另有协议外，未经该软件著作权人或者其合法受让者的同意，不得向任何第三方提供修改后的文本。

第二十二条 因课堂教学、科学研究、国家机关执行公务等非商业性目的的需要对软件进行少量的复制，可以不经软件著作权人或者其合法受让者的同意，不向其支付报酬。但使用时应当说明该软件的名称、开发者，并且不得侵犯著作权人或者其合法受让者依本条例所享有的其他各项权利。该复制品使用完毕后应当妥善保管、收回或者销毁，不得用于其他目的或者向他人提供。

第三章 计算机软件的登记管理

第二十三条　在本条例发布以后发表的软件，可向软件登记管理机构办理登记申请，登记获准之后，由软件登记管理机构发放登记证明文件，并向社会公告。

第二十四条　向软件登记管理机构办理软件著作权的登记，是根据本条例提出软件权利纠纷行政处理或者诉讼的前提。

软件登记管理机构发放的登记证明文件，是软件著作权有效或者登记申请文件中所述事实确实的初步证明。

第二十五条　软件著作权人申请登记时应当提交：

（一）按规定填写的软件著作权登记表；

（二）符合规定的软件鉴别材料。

软件著作权人还应当按规定交纳登记费。

软件登记的具体管理办法和收费标准由软件登记管理机构公布。

第二十六条　软件著作权的登记具有下列情况之一的，可以被撤销：

（一）根据最终的司法判决；

（二）已经确认申请登记中提供的主要信息是不真实的。

第二十七条　凡已办理登记的软件，在软件权利发生转让活动时，受让方应当在转让合同正式签订后3个月之内向软件登记管理机构备案，否则不能对抗第三者的侵权活动。

第二十八条　中国籍的软件著作权人将其在中国境内开发的软件的权利向外国人许可或者转让时，应当报请国务院有关主管部门批准并向软件登记管理机构备案。

第二十九条　从事软件登记的工作人员，以及曾在此职位上工作过的人员，在软件著作权的保护期内，除为了执行这项登记管理职务的目的之外，不得利用或者向他人透露申请者登记时提交的存档材料及有关情况。

第四章　法律责任

第三十条　除本条例第二十一条及第二十二条规定的情况外，有下列侵权行为的，应当根据情况，承担停止侵害、消除影响、公开赔礼道歉、赔偿损失等民事责任，并可以由国家软件著作权行政管理部门给予没收非法所得、罚款等行政处罚：

（一）未经软件著作权人同意发表其软件作品；

（二）将他人开发的软件当作自己的作品发表；

（三）未经合作者同意，将与他人合作开发的软件当作自己单位独完成的作品发表；

（四）在他人开发的软件上署名或者涂改他人开发的软件上的署名；

（五）未经软件著作权人或者其合法受让者的同意修改、翻译、注释其软件作品；

（六）未经软件著作权人或者其合法受让者的同意复制或者部分复制其软件作品；

（七）未经软件著作权人或者其合法受让者的同意向公众发行、展示其软件的复制品；

（八）未经软件著作权人或者其合法受让者的同意向任何第三方办理其软件的许可使用或者转让事宜。

第三十一条　因下列情况之一而引起的所开发的软件与已经存在的软件相似，不构成对已经存在的软件的著作权的侵犯：

（一）由于必须执行国家有关政策、法律、法规和规章；

（二）由于必须执行国家技术标准；

（三）由于可供选用的表现形式种类有限。

第三十二条　软件持有者不知道或者没有合理的依据知道该软件是侵权物品，其侵权责任由该侵权软件的提供者承担。但若所持有的侵权软件不销毁不足以保护软件著作权人的权益时，持有者有义务销毁所持有的侵权软件，为此遭受的损失可以向侵权软件的提供者追偿。

前款所称侵权软件的提供者包括明知是侵权软件又向他人提供该侵权软件者。

第三十三条　当事人不履行合同义务或者履行合同义务不符合约定条件的，应当依照民法通则有关规定承担民事责任。

第三十四条　软件著作权侵权纠纷可以调解，调解不成或者调解达成协议后一方反悔的，可以向人民法院起诉。当事人不愿调解的，也可以直接向人民法院起诉。

第三十五条　软件著作权合同纠纷可以调解，也可以依据合同中的仲裁条款或者事后达成的书面仲裁协议，向国家软件著作权仲裁机构申请仲裁。

对于仲裁裁决，当事人应当履行。当事人一方不履行仲裁裁决的，另一方可以申请人民法院执行。

受申请的人民法院发现仲裁裁决违法的，有权不予执行。人民法院不予执行的，当事人可以就合同纠纷向人民法院起诉。

当事人没有在合同中订立仲裁条款，事后又没有书面仲裁协议的，可以直接向人民法院起诉。

第三十六条　当事人如对国家软件著作权行政管

理部门的行政处罚不服的，可以在自收到通知之日起3个月内向人民法院起诉。期满不履行也不起诉的，国家软件著作权行政管理部门可以申请人民法院强制执行。

第三十七条 软件登记管理机构工作人员违反本条例第二十九条规定的，由软件登记管理机构或者上级主管部门给予行政处分；情节严重、构成犯罪的，由司法机关依法追究刑事责任。

第五章 附 则

第三十八条 本条例施行前发生的侵权行为，依照侵权行为发生时的有关规定处理。

第三十九条 本条例由国务院主管软件登记管理和软件著作权的行政管理部门负责解释。

第四十条 本条例自1991年10月1日起施行。

新闻出版署关于调整科技出版社出书范围的通知

（1992 年 7 月 25 日）

党的十一届三中全会以来，我国自然科学和技术科学类图书的出版迅速发展，不仅数量大为增加，而且质量明显提高，有力地促进了科学技术的研究、应用和推广，为发展生产力、推动经济建设作出了重要贡献。当前，在加快改革开放和经济建设的新形势下，科技图书的出版需要加强。考虑到科学和技术相结合日益紧密的发展趋势，学科之间互相渗透、技术的专门化和综合化的发展趋势，以及新兴学科、交叉学科、边缘学科和高新技术的发展；同时也为了促进科技出版事业的发展，有必要对科技出版社特别是专业面窄的科技出版社的出书范围加以调整。特通知如下：

一、科技出版社一定要坚持面向经济建设的方针，大力促进基础研究、高技术和应用技术著作的出版，为科技的开发、积累和传播，为促进科学技术迅速转化为现实生产力服务。

二、科技出版社的出书可以立足本专业、面向大科技。科技出版社的首要任务是认真出好本专业的图书，在此前提下，可以发挥本社优势，出版与本专业相关的其他科技图书。还可以根据本产业、本部门的需要，安排出版各类技术培训教材和宣传行业特点，歌颂本行业模范人物的读物以及科技外语图书。各科技出版社要正确处理本专业图书和其他科技专业图书两者的关系，坚持正确的出书方向，保持合理的图书结构，在实践中形成自已的特色。

三、调整出书范围之后，各科技出版社要以提高图书质量为中心，通过深化改革，加强经营管理，增强竞争意识，力争在图书质量和经营管理两方面都跨上一个新台阶。

四、除科技出版社以外，其他专业出版社仍然按照核定的专业分工范围出书。

新闻出版署关于调整部分选题管理规定的通知

（1992年8月8日）

为贯彻邓小平同志南巡重要谈话精神，深化出版改革，简政放权，根据当前的实际情况，决定对部分选题管理规定进行必要的调整。现通告如下：

一、关于古旧小说专题审批权

1985年文化部在《关于当前文学作品出版工作中若干问题的请示报告》（文出字〔85〕第432号）中，对古旧小说的出版作出规定："此类选题可由各有关出版社自行规划。但在安排选题时务必考虑作品在文学史上的地位及其学术、艺术价值，并注意提高整理质量。未经整理的版本，不得翻印。这部分选题，经报出版社上级主管部门审核同意后，报我部出版局批准后出版。"1988年，新闻出版署又在（88）新出图字第626号文中重申了上述规定。现决定下放古旧小说专题审批权，凡我署核定的出版范围中有文学图书的出版社可按一般选题管理程序安排出版。古旧小说中确有文学价值、可供学术研究工作参考，但有较多性描写内容、不适合青少年阅读的，仍需专题报我署审批。

二、关于新武侠小说的专题审批权

1985年文化部在《关于当前文学作品出版工作中若干问题的请求报告》（文出字〔85〕第432号）中，对新武侠小说的出版作出规定："内容健康，具有一定影响的代表性作品，包括港、台的新武侠小说，可以选择出版。为防止选题的重复，加强出书的计划性，这类品种的出书计划须经出版社上级主管部门审核同意后，报送我部出版局批准后出版。"1988年，新闻出版署又在（88）新出图字第626号文中重申了上述规定。现决定下放新武侠小说的专题审批权，凡我署核定的文艺专业出版社（含一个省里没有分出文艺专业出版社的人民出版社）均可按一般选题管理程序安排出版。

三、关于人体美术图书的专题审批权

1989年新闻出版署在《关于严格控制人体美术图书出版的通知》〔89〕新出图字第776号）中，对人体美术图书的出版作出规定："确有价值的这类选题必须事先专题报新闻出版署审批，否则不得出版。"现决定下放此类选题的专题审批权，由美术、摄影专业出版社按一般选题管理程序安排出版。

四、取消对比基尼泳装、港台和外国影星、歌星挂历选题的限制

1985年原国家出版局在《关于从严控制印售港台和外国影星、歌星挂历的通知》〔85〕出综字第429号）中规定："任何单位都不行印制、出售专辑港台和外国影星、歌星的挂历。"1987年新闻出版署发出《关于不要安排印制比基尼泳装挂历的通知》〔87〕新出综字第46号）。现决定上述两通知停止执行。

五、关于广告宣传挂历的审批权

1987年国务院办公厅在《关于坚决制止国内互赠挂历的通知》（国办发〔1987〕14号）中规定："所有行政、事业单位和企业，都不得以任何名义印制和购买挂历赠送国内单位或个人。"1990年新闻出版署为继续贯彻国务院办公厅的通知，在《〈关于重申加强对挂历、年历画、年画出版管理的通知〉的补充说明》〔90〕新出图字第972号）中规定："凡用于国内发送的广告挂历和年历画，出版社和非出版单位一律不得安排印制。如出版向国外发送的宣传用的广告挂历和年历画，地方的出版社和非出版单位必须事先经当地省级新闻出版局审核同意后，报我署审批，中央级出版社和非出版单位必须先经上级主管部门审核同意后，报我署审批，然后到当地工商局广告管理部门办理广告审批手续。"现决定将用于向国外赠送的广告宣传挂历的审批权下放，各单位可以到当地省级新闻出版局办理准印证，然后到当地工商局广告管理部门办理广告审批手续。

六、本文自下发之日起执行

上述选题管理规定调整后，原通知中的其他规定，在我署未正式通知调整前，仍然执行。各单位如认为有需要调整，应向我署报告，提出建议。

七、各地新闻出版管理部门和出版社的上级主管部门

在根据党和政府的新闻出版政策法规行使管理职权时，应自觉按照党的"一个中心、两个基本点"的基本路线，从促进出版改革、繁荣出版的大局出发，既要尽职尽责，严格把关，同时也要尽心尽力为出版社解决工作中出现的实际困难。对在改革、调整中遇到的新情况、新问题要及时向我署通报，以便研究解决。

中华人民共和国测绘法

(1992年12月28日第七届全国人民代表大会常务委员会第二十九次会议通过)

第一章 总 则

第一条 为了保障测绘事业的顺利发展，促进测绘事业为国家经济建设、国防建设和科学研究服务，制定本法。

第二条 在中华人民共和国领域和管辖的其他海域从事测绘活动，必须遵守本法。

第三条 国务院测绘行政主管部门主管全国测绘工作。国务院其他有关部门按照国务院规定的职责分工，负责管理本部门的测绘工作。

省、自治区、直辖市人民政府管理测绘工作的部门，主管本行政区域内的测绘工作。省、自治区、直辖市人民政府其他有关部门，按照本级人民政府规定的职责分工，负责管理本部门的测绘工作。

军队测绘主管部门负责管理军事部门的测绘工作，并按照国务院、中央军事委员会规定的职责分工负责管理海洋基础测绘工作。

第四条 测绘应当使用国家规定的测绘基准和测绘标准。

第五条 国家鼓励加强测绘科学技术研究，采用先进技术和先进设备，提高测绘科学技术水平。

对在测绘工作和有关的科学技术研究等方面做出显著成绩的单位和个人，给予奖励。

第六条 各单位和个人应当对测绘提供便利，不得妨碍和阻挠测绘人员按照规定进行测绘活动。

第二章 测绘基准和测绘系统

第七条 国家设立和采用全国统一的大地基准、高程基准、深度基准、重力基准，其数据由国务院测绘行政主管部门审核，并同国务院其他有关部门、军队测绘主管部门会商后，报国务院批准发布。

第八条 国家建立全国统一的大地坐标系统、平面坐标系统、高程系统、地心坐标系统和重力测量系统，确定国家大地测量等级和精度，以及国家基本比例尺地图的系列和基本精度。具体规定由国务院测绘行政主管部门同国务院其他有关部门、军队测绘主管部门会商后制定，报国务院批准发布。

第九条 因建设、城市规划和科学研究的需要，局部地区可以建立相对独立的平面坐标系统。

大城市、中等城市和大型建设项目建立相对独立的平面坐标系统，应当按照规定经国务院有关部门或者省、自治区、直辖市人民政府批准，报国务院测绘行政主管部门备案，并与国家坐标系统相联系。

第三章 测绘规划及其实施

第十条 国务院测绘行政主管部门根据实际情况分别会同国务院其他有关部门、军队测绘主管部门，编制全国基础测绘和其他重大测绘项目规划，并按照分工组织实施。

国务院其他有关部门编制本部门专业测绘规划，报国务院测绘行政主管部门备案后，组织实施。

省、自治区、直辖市人民政府管理测绘工作的部门根据需要，可以编制本行政区域内局部地区的基础测绘和其他重大测绘项目规划，报国务院测绘行政主管部门备案后，组织实施。

军队测绘主管部门编制军事测绘规划和按照国务院、中央军事委员会规定的职责分工编制海洋基础测绘规划，并组织实施。

第十一条 国务院测绘行政主管部门会同国务院土地管理部门和国务院其他有关部门编制地籍测绘规划，并由国务院测绘行政主管部门按照规划组织协调地籍测绘工作。

第十二条 承担测绘任务的单位必须具备与其所

从事的测绘工作相适应的技术人员、设备和设施，由国务院测绘行政主管部门或者省、自治区、直辖市人民政府管理测绘工作的部门对其测绘资格审查合格后，方可承担测绘任务。

国务院其他有关部门管辖系统内的单位承担本部门业务范围内的测绘任务，由该部门进行测绘资格审查。

军队测绘主管部门负责军事测绘单位的测绘资格审查。

第十三条　承担测绘任务的单位，施测前应当按照规定向测绘项目所在地的省、自治区、直辖市人民政府管理测绘工作的部门或者国务院授权的部门进行测绘任务登记。

需要进行登记的测绘任务的范围，由省、自治区、直辖市人民政府或者国务院授权的部门规定。

列入全国基础测绘规划、专业测绘规划的测绘任务，施测前由编制测绘规划的部门将任务安排通知测绘项目所在地的省、自治区、直辖市人民政府管理测绘工作的部门或者国务院授权的部门，不再另行登记。

军事测绘任务的登记，按照中央军事委员会的规定执行。

第十四条　测绘人员进行测绘时，应当持有测绘工作证件。

第四章　界线测绘

第十五条　中华人民共和国地图的国界线标准样图，由外交部和国务院测绘行政主管部门制定，报国务院批准发布。

第十六条　省、自治区、直辖市和自治州、县、自治县、市的行政区域界线的测绘，按照国务院规定的办法进行。

第十七条　土地、建筑物、构筑物以及地面上其他附着物的权属界址线测绘，按照县级以上地方人民政府确定的权属界线的界址点、界址线或者提供的有关登记资料和附图进行。

第五章　测绘成果管理

第十八条　国务院其他有关部门和县级以上地方人民政府有关部门完成的基础测绘成果和专业测绘成果，必须按照规定分别向国务院测绘行政主管部门或者省、自治区、直辖市人民政府管理测绘工作的部门汇交测绘成果目录；国务院其他有关部门和省、自治区、直辖市人民政府其他有关部门完成的天文测量、大地测量、卫星大地测量、重力测量的数据和图件以及正式印制的地图，必须按照规定分别向国务院测绘行政主管部门或者省、自治区、直辖市人民政府管理测绘工作的部门汇交副本。

国务院测绘行政主管部门和省、自治区、直辖市人民政府管理测绘工作的部门，应当定期编制测绘成果目录，并向有关使用单位提供。

第十九条　外国的组织、个人在中华人民共和国领域和管理的其他海域测绘或者与中华人民共和国有关部门、单位合作测绘，须经中华人民共和国政府或者其授权的部门批准。

外国的组织、个人经批准在中华人民共和国领域和管辖的其他海域测绘或者与中华人民共和国有关部门、单位合作测绘，必须遵守中华人民共和国的有关法律、行政法规的规定，并向国务院测绘行政府主管部门提交全部测绘成果副本一式两份。

第二十条　测绘成果需要保密的，其密级的确定、变更和解密以及使用，依照保守国家秘密法的规定执行。

对外提供保密和测绘成果，依照国务院、中央军事委员会规定的审批程序执行。

第二十一条　测绘成果实行有偿使用，具体办法由国务院规定。

测绘成果属于知识产权的，适用有关法律的规定。

第二十二条　中华人民共和国领域和管辖的其他海域的位置、高程、深度、面积、长度等重要地理信息数据，由国务院测绘行政主管部门审核，并向国务院其他有关部门、军队测绘主管部门会商后，报国务院批准，由国务院或者其授权的部门发布。

第二十三条　国务院测绘行政主管部门和省、自治区、直辖市人民政府管理测绘工作的部门对基础测绘成果实施质量监督。

测绘单位应当建立、健全测绘成果的质量管理制度。

第六章　测量标志保护

第二十四条　各单位和个人都有保护地上和地下的永久性测量标志以及在使用中的临时性测量标志的义务，不得损毁或者擅自移动，不得侵占永久性测量标志用地。

在永久性测量标志安全控制范围内，不得采矿、取土、挖沙、采石、爆破、射击以及进行其他危害测量标志安全和作用效能的活动。

第一款所称永久性测量标志，是指各等级的三角点、基线点、导线点、军用控制点、重力点、天文点、水准点的木质觇标、钢质觇标和标石标志，以及用于地形测图、工程测量和形变测量的固定标志和海底大地点设施等。

第二十五条　建设永久性测量标志的单位应当对永久性测量标志设立明显标记。

建设永久性测量标志的单位应当委托当地有关单位指派专人负责保管该测量标志。

第二十六条　进行工程建设，应当避开永久性测量标志；确实无法避开，需要拆迁永久性测量标志或者使该测量标志失去效能的，建设单位应当取得设置永久性测量标志单位的同意，经国务院测绘行政主管部门或者省、自治区、直辖市人民政府管理测绘工作的部门批准。建设单位应当支付迁建费用。

第二十七条　测绘人员使用永久性测量标志，必须持有测绘工作证件，并保证该测量标志的完好。负责保管该测量标志的单位和人员，应当查验使用后测量标志的完好状况。

第七章　法律责任

第二十八条　违反本法规定，未经测绘资格审查违法经营测绘业务的，由省、自治区、直辖市人民政府管理测绘工作的部门或者其授权的部门责令停止测绘业务，没收违法所得，可以并处违法所得百分之五十至百分之百的罚款。

第二十九条　违反本法规定，施测前未按照规定进行测绘任务登记的，由省、自治区、直辖市人民政府管理测绘工作的部门或者国务院授权的部门责令停止测绘。

第三十条　测绘成果质量不合格给用户造成损失的，测绘单位应当承担赔偿责任。

多次测绘成果质量不合格给用户造成损失的，由省、自治区、直辖市人民政府管理测绘工作的部门或者其授权的部门取消其测绘资格。

第三十一条　当事人对行政处罚决定不服的，可以在接到处罚通知之日起十五日内，向作出处罚决定的机关的上一级机关申请复议；对复议决定不服的，可以在接到复议决定之日起十五日内，向人民法院起诉。当事人也可以在接到处罚通知之日起十五日内直接向人民法院起诉。当事人逾期不申请复议，也不向人民法院起诉，又不履行处罚决定的，作出处罚决定的机关可以申请人民法院强制执行。

第三十二条　阻挠测绘人员依法进行测绘的，损毁、擅自移动永久性测量标志或者进行其他危害永久性测量标志安全和使用效能活动的，依照治安管理处罚条例的规定予以处罚。

故意破坏永久性测量标志的，依照刑法第一百七十五条的规定，追究刑事责任。

第八章　附　　则

第三十三条　军事测绘管理办法由中央军事委员会根据本法制定。

第三十四条　本法自1993年7月1日起施行。

附：

刑法有关条款

第一百七十五条　故意破坏国家边境的界碑、界桩或者永久性测量标志的，处三年以下有期徒刑或者拘役。

以叛国为目的的，按照反革命罪处罚。

国务院关于实施新国民经济核算体系方案的通知

（1992年8月30日）

各省、自治区、直辖市人民政府，国务院各部委、各直属机构：

改革开放以来，我国国民经济有了很大发展，经济结构进行了重大调整，经济体制和经济运行机制发生了深刻变化，国际经济技术交流日益扩大，原有建立在产品经济基础上的国民经济核算制度与发展社会主义商品经济的要求越来越不相适应。为从整体上掌握国民经济的运行状况，加强宏观经济管理，指导经济工作切实转移到调整结构和提高效益的轨道上来，实行科学决策，促进国民经济持续稳定协调地发展，急需建立一整套适合中国国情的、新的国民经济核算体系。

自一九八四年一月《国务院关于加强统计工作的决定》（国发［1984］7号）提出建立统一的、科学的国民经济核算制度以来，经过长期努力，建立新国民经济核算体系的准备工作已基本就绪。几年来，国家统计局会同有关部门及高等院校和科研机构，开展了理论研究、方案设计和试点试算等一系列工作，制定了《中国国民经济核算体系（试行方案）》，并已经国务院有关部门和各方面专家论证通过。新核算体系方案是以马克思主义的再生产理论为指导，从我国实际情况出发，吸收国际上科学的核算方法和有益经验而设计的，具有较强的实用性，并经各地试点试算证明是可行的，可以付诸实施。

为此，国务院决定，从今年起在全国分两步实施新国民经济核算体系方案。第一步，在今明两年建立起国家和省两级新核算体系基本框架，实现初步过渡；第二步，到一九九五年基本完成向新国民经济核算体系的全面过渡。关键是要走好第一步。第一步的主要目标，就是要把新核算体系的基本核算表建立起来，即通过一九九二年度的资料，编制国内生产总值及其使用表、投入产出表、资金流量表、国际收支表，从总体上系统地反映国民经济的运行情况。实现第二步目标，就是要能够比较准确完整地编制新核算体系的全部表式和帐户体系，并建立起与之配套的统计指标体系、统计分类标准和数据库系统。

实施新国民经济核算体系方案是对旧核算制度的重大改革，是提高宏观决策和宏观管理水平，促进深化改革和扩大对外开放的一项重要措施。这项工作涉及面广，技术要求高，实施难度大，各地区、各部门都要作为共同的任务，努力完成。各部门要密切配合，及时提供新国民经济核算体系所需的有关财务、统计和业务资料，做到信息共享，并按照新国民经济核算体系的要求，改革各自的核算制度。各地区、各部门都要加强对新国民经济核算体系的宣传和业务培训，加强统计和会计的基础工作，为推行新国民经济核算体系打下扎实的基础，创造良好的环境。各级人民政府要切实加强对这项工作的组织领导，并在人力、财力上给予必要的支持。

新国民经济核算体系方案实施办法，由国家统计局会同有关部门研究制定后另行下达。

国有资产评估管理办法

（1991年11月16日国务院发布）

第一章　总　　则

第一条　为了正确体现国有资产的价值量，保护国有资产所有者和经营者、使用者的合法权益，制定本办法。

第二条　国有资产评估，除法律、法规另有规定外，适用本办法。

第三条　国有资产占有单位（以下简称占有单位）有下列情形之一的，应当进行资产评估：

（一）资产拍卖、转让；

（二）企业兼并、出售、联营、股份经营；

（三）与外国公司、企业和其他经济组织或者个人开办中外合资经营企业或者中外合作经营企业；

（四）企业清算；

（五）依照国家有关规定需要进行资产评估的其他情形。

第四条　占有单位有下列情形之一，当事人认为需要的，可以进行资产评估：

（一）资产抵押及其他担保；

（二）企业租赁；

（三）需要进行资产评估的其他情形。

第五条　全国或者特定行业的国有资产评估，由国务院决定。

第六条　国有资产评估范围包括：固定资产、流动资产、无形资产和其他资产。

第七条　国有资产评估应当遵循真实性、科学性、可行性原则，依照国家规定的标准、程序和方法进行评定和估算。

第二章　组织管理

第八条　国有资产评估工作，按照国有资产管理权限，由国有资产管理行政主管部门负责管理和监督。

国有资产评估组织工作，按照占有单位的隶属关系，由行业主管部门负责。

国有资产管理行政主管部门和行业主管部门不直接从事国有资产评估业务。

第九条　持有国务院或者省、自治区、直辖市人民政府国有资产管理行政主管部门颁发的国有资产评估资格证书的资产评估公司、会计师事务所、审计事务所、财务咨询公司，经国务院或者省、自治区、直辖市人民政府国有资产管理行政主管部门认可的临时评估机构（以下统称资产评估机构），可以接受占有单位的委托，从事国有资产评估业务。

前款所列资产评估机构的管理办法，由国务院国有资产管理行政主管部门制定。

第十条　占有单位委托资产评估机构进行资产评估时，应当如实提供有关情况和资料，资产评估机构应当对占有单位提供的有关情况和资料保守秘密。

第十一条　资产评估机构进行资产评估，实行有偿服务。资产评估收费办法，由国务院国有资产管理行政主管部门会同财政部门、物价主管部门制定。

第三章　评估程序

第十二条　国有资产评估按照下列程序进行：

（一）申请立项；

（二）资产清查；

（三）评定估算；

（四）验证确认。

第十三条　依照本办法第三条、第四条规定进行资产评估的占有单位，经其主管部门审查同意后，应当向同级国有资产管理行政主管部门提交资产评估立项申请书，并附财产目录和有关会计报表等资料。

经国有资产管理行政主管部门授权或者委托，占有单位的主管部门可以审批资产评估立项申请。

第十四条　国有资产管理行政主管部门应当自收到资产评估立项申请书之日起十日内进行审核，并作出是否准予资产评估立项的决定，通知申请单位及其主管部门。

第十五条　国务院决定对全国或者特定行业进行国有资产评估的，视为已经准予资产评估立项。

第十六条　申请单位收到准予资产评估立项通知书后，可以委托资产评估机构评估资产。

第十七条　受占有单位委托的资产评估机构应当在对委托单位的资产、债权、债务进行全面清查的基础上，核实资产帐面与实际是否相符，经营成果是否真实，据以作出鉴定。

第十八条　受占有单位委托的资产评估机构应当根据本办法的规定，对委托单位被评估资产的价值进行评定和估算，并向委托单位提出资产评估结果报告书。

委托单位收到资产评估机构的资产评估结果报告书后，应当报其主管部门审查；主管部门审查同意后，报同级国有资产管理行政主管部门确认资产评估结果。

经国有资产管理行政主管部门授权或者委托，占有单位的主管部门可以确认资产评估结果。

第十九条　国有资产管理行政主管部门应当自收到占有单位报送的资产评估结果报告书之日起四十五日内组织审核、验证、协商，确认资产评估结果，并下达确认通知书。

第二十条　占有单位对确认通知书有异议的，可以自收到通知书之日起十五日内向上一级国有资产管理行政主管部门申请复核。上一级国有资产管理行政主管部门应当自收到复核申请之日起三十日内作出裁定，并下达裁定通知书。

第二十一条　占有单位收到确认通知书或者裁定通知书后，应当根据国家有关财务、会计制度进行帐务处理。

第四章　评估方法

第二十二条　国有资产重估价值，根据资产原值、净值、新旧程度、重置成本、获利能力等因素和本办法规定的资产评估方法评定。

第二十三条　国有资产评估方法包括：

（一）收益现值法；

（二）重置成本法；

（三）现行市价法；

（四）清算价格法；

（五）国务院国有资产管理行政主管部门规定的其他评估方法。

第二十四条　用收益现值法进行资产评估的，应当根据被评估资产合理的预期获利能力和适当的折现率，计算出资产的现值，并以此评定重估价值。

第二十五条　用重置成本法进行资产评估的，应当根据该项资产在全新情况下的重置成本，减去按重置成本计算的已使用年限的累积折旧额，考虑资产功能变化、成新率等因素，评定重估价值；或者根据资产的使用期限，考虑资产功能变化等因素重新确定成新率，评定重估价值。

第二十六条　用现行市价法进行资产评估的，应当参照相同或者类似资产的市场价格，评定重估价值。

第二十七条　用清算价格法进行资产评估的，应当根据企业清算时其资产可变现的价值，评定重估价值。

第二十八条　对流动资产中的原材料、在制品、协作件、库存商品、低值易耗品等进行评估时，应当根据该项资产的现行市场价格、计划价格，考虑购置费用、产品完工程度、损耗等因素，评定重估价值。

第二十九条　对有价证券的评估，参照市场价格评定重估价值；没有市场价格的，考虑票面价值、预期收益等因素，评定重估价值。

第三十条　对占有单位的无形资产，区别下列情况评定重估价值：

（一）外购的无形资产，根据购入成本及该项资产具有的获利能力；

（二）自创或者自身拥有的无形资产，根据其形成对所需实际成本及该项资产具有的获利能力；

（三）自创或者自身拥有的未单独计算成本的无形资产，根据该项资产具有的获利能力。

第五章　法律责任

第三十一条　占有单位违反本办法的规定，提供虚假情况和资料，或者与资产评估机构串通作弊，致使资产评估结果失实的，国有资产管理行政主管部门可以宣布资产评估结果无效，并可以根据情节轻重，单处或者并处下列处罚：

（一）通报批评；

（二）限期改正，并可以处以相当于评估费用以下的罚款；

（三）提请有关部门对单位主管人员和直接责任人员给予行政处分，并可以处以相当于本人三个月基本工资以下的罚款。

第三十二条　资产评估机构作弊或者玩忽职守，

致使资产评估结果失实的，国有资产管理行政主管部门可以宣布资产评估结果无效，并可以根据情节轻重，对该资产评估机构给予下列处罚：

（一）警告；

（二）停业整顿；

（三）吊销国有资产评估资格证书。

第三十三条 被处罚的单位和个人对依照本办法第三十一条、第三十二条规定作出的处罚决定不服的，可以在收到处罚通知之日起十五日内，向上一级国有资产管理行政主管部门申请复议。上一级国有资产管理行政主管部门应当自收到复议申请之日起六十日内作出复议决定。申请人对复议决定不服的，可以自收到复议通知之日起十五日内，向人民法院提起诉讼。

第三十四条 国有资产管理行政主管部门或者行业主管部门工作人员违反本办法，利用职权谋取私利，或者玩忽职守，造成国有资产损失的，国有资产管理行政主管部门或者行业主管部门可以按照干部管理权限，给予行政处分，并可以处以相当于本人三个月基本工资以下的罚款。

违反本办法，利用职权谋取私利的，由有查处权的部门依法追缴其非法所得。

第三十五条 违反本办法，情节严重，构成犯罪的，由司法机关依法追究刑事责任。

第六章 附 则

第三十六条 境外国有资产的评估，不适用本办法。

第三十七条 有关国有自然资源有偿使用、开采的评估方法，由国务院另行规定。

第三十八条 本办法由国务院国有资产管理行政部门负责解释。本办法的施行细则由国务院国有资产管理行政主管部门制定。

第三十九条 本办法自发布之日起施行。

第三部分

全国加快第三产业发展工作会议专辑

全国加快第三产业发展工作会议综述

国务院召开的全国加快第三产业发展工作会议于1992年11月6日至11日在北京举行，这是我国第三产业发展的一个重要里程碑，标志着我国第三产业的发展在理论和实践上进入了一个新的历史阶段。

一、会议特点

（一）重大的举措，第三产业的希望

党中央、国务院对这次会议高度重视，李鹏总理两次到会并作了重要讲话，邹家华副总理作了题为《认真贯彻党的十四大精神，加快第三产业的兴起和发展》的报告，国务院其他主要领导同志也都出席了开幕式和闭幕式，给与会的地方、部门的同志很大的鼓舞。

会议讨论了国家计委提出的《全国第三产业发展规划基本思路》，研究了90年代第三产业发展的目标、任务和政策措施。会上还组织了北京、上海、山东、河南、广东、吉林、武汉、成都8个省市，物资部和商业部两个部门从不同角度介绍了各自发展第三产业的做法和经验，受到了欢迎。全体与会同志在会议期间全力参与，经验交流大会座无虚席，分组讨论踊跃发言，对会议讨论文件和如何进一步推动全国第三产业的发展，提出了大量积极的意见和建议。会议开得圆满成功，达到了预期的目的。

这次会议是党的十四大闭幕后国务院召开的第一次全国性的经济工作会议。会议围绕建立社会主义市场经济体制的要求和加快经济发展的战略目标，进行具体研究和部署，是贯彻十四大精神和落实中共中央、国务院关于加快发展第三产业的决定的重大举措。在新形势下召开这样的会议，具有重要的战略意义。振奋了全国人民的精神，第三产业的发展大有希望。

（二）鼓舞人心的讲话，切中要害的报告

李鹏总理在开幕式上的讲话中说，党的十四大提出到本世纪末初步建立起我国社会主义市场经济新体制，需要积极培育、发展各类市场体系，形成全国统一的、开放的和有序竞争的市场。第三产业中的许多行业与市场体系的形成和发展紧密相关，与人民日益提高的物质生活和文化生活息息相关，不加快第三产业的发展，就会直接影响市场体系的发育和市场机制作用的发挥及人民生活水平的提高。同时，深化企业改革、分配制度和社会保障制度改革，以及加快政府职能的转变，也对第三产业的兴起和加速发展提出了迫切的要求。第三产业的内涵非常丰富，第三产业的发展水平是衡量现代经济发达程度的重要标志。所以，我们一定要把握住当前的有利时机，加快改革开放步伐，积极引导第三产业快速、健康地发展。

邹家华副总理在报告中，阐述了加快第三产业发展的重大战略意义，提出了发展第三产业的指导思想、总体目标和重点，以及加快第三产业发展需要采取的重大政策和改革措施，部署了当前应突出抓好的几项工作。

与会同志在讨论中认为，李鹏总理的讲话言简意赅，意义重大，为我国第三产业的发展指明了方向。邹家华副总理的报告全面深刻，思路清楚，目标政策明确，是继中央5号文件之后又一个很好的指导性文件。

大家普遍反映，家华同志的报告充分论述了发展第三产业的战略意义。全面系统地论述了发展第三产业与建立市场经济体制、扩大对外开放、调整和优化产业结构、提高经济效益和素质、加快经济增长、改善城乡人民生活等方面的关系。这必将深化人们的认识，为今后的工作奠定坚实的思想基础。

有的同志说，家华同志的报告中有许多新的、重要的提法。这是小平同志南巡谈话以后解放思想、更新观念的反映，必将推动我国第三产业更快更好地发展。例如，报告中把“专业银行”改为“商业银行”虽一字之差，却有根本变化，对金融体制改革和金融业发展将产生重大影响。

（三）坚持政策引导，体现改革精神

国家计委提交会议讨论的《关于全国第三产业发展规划基本思路》（以下简称《思路》），分析了我国第三产业长期落后的状况和原因；明确了第三产业在国民经济和社会发展中的重要地位；在广泛征求各部门、各地区意见的基础上，提出了90年代全国第三产业发展的目标、重点和指导原则；还对18个行业的发展目标和任务作了比较系统、全面、切合实际的阐述。最后，

在中央5号文件提出的加快第三产业发展的13条政策措施基础上，作了进一步的深化和具体化。

第三产业发展的总目标是：争取用十年左右或更长一些时间，逐步建立起适应社会主义市场经济体制的统一市场体系、城乡社会化综合服务体系和社会保障体系。

第三产业发展的指导原则是：坚持依靠改革开放，加快发展第三产业；坚持加快发展第三产业与调整和优化产业结构相适应；坚持不断改善第三产业结构和提高效益；坚持正确的政策引导；坚持调动各方面的积极性兴办第三产业，国家、集体、个人一齐上；坚持合理规划，突出重点，分类指导，全面发展。

《思路》一改过去过多重视指标的做法，较为突出政策和改革措施的研究，体现了计委职能转变的决心，进一步探索了计划体制和计划工作改革的道路，鼓舞了大家开拓工作新局面的信心，受到与会者的普遍肯定。同时，也对《思路》还提出了进一步修改完善的意见和建议。

二、会议交流发展第三产业的经验

（一）解放思想，更新观念

在交流发展第三产业经验的大会上，10个省、市和部门分别从不同角度介绍了他们发展第三产业的经验。

山东省介绍他们的做法是，把解放思想、更新观念作为发展第三产业的首要任务来抓。他们说，思想解放的深度，决定着第三产业的发展进度。要进一步提高经济素质，登上新台阶，就必须使第三产业有一个大发展、大突破，破除轻商抑商思想。省政府明确提出，第三产业是加速经济发展的主要支撑力量，必须大胆、果断地对一、二、三产业的发展序列进行战略调整，把第三产业放到优先发展的位置上，特别是在城市，作为工作的重中之重来抓。

武汉市委、市政府广泛宣传发展第三产业的重要战略意义，在全市上下初步形成了一个共识：加快发展第三产业是经济发展规律的必然要求；第三产业也创造财富，是优化经济结构的关键；发展第三产业对于建立社会主义市场经济有着重要的促进作用。增强了发展第三产业的紧迫感，把发展第三产业列入各级政府和有关部门的重要议事日程，并作为考核这些部门主要负责人政绩的重要内容，效果明显。

（二）统筹规划，突出重点

河南省政府认为，市场建设涉及面广，工作量大，是一项复杂的系统工程，必须从本省的实际出发，统筹规划，突出重点，分步实施，不搞一刀切。他们提出了全省"八五"和今后十年市场建设的指导思想和奋斗目标，拟定了商品市场、劳务市场、房地产市场、技术市场、信息和咨询市场等市场体系建设的发展规划，这样既可避免一哄而上，又有利于实施。他们突出了三个重点：一是围绕方便人民生活大办第三产业，限期解决群众生活的难点；二是围绕农副产品的卖难问题，搞好农村社会化服务体系建设；三是围绕搞好大中型企业，建立生产要素市场，完善市场体系。

北京市政府组织有关部门对全市第三产业的发展情况作了全面普查，在此基础上，制订了全市第三产业的发展规划：进一步提高第三产业的比重，并以商业、金融保险、房地产、旅游、运输、邮电、科技教育、居民服务等行业为重点，带动第三产业的全面发展；广开资金渠道，增加投入，调整二、三产业之间和第三产业内部的资产存量结构，解决第三产业发展后劲不足问题，加快发展和完善各类市场，更好地发挥市场功能。

商业部和物资部分别介绍了粮食和全国性生产资料批发市场及期货市场建设的规划设想。

（三）广开渠道，多方集资

广东省政府为解决制约经济发展的交通问题，对贷款建设的公路、桥梁实行收费，以路养路，以桥养桥。结束了道路交通建设单靠国家投资的传统体制，一种多渠道筹集资金的机制基本形成。1991年全社会对第三产业投资超过170亿元。十几年来全省建设了公路桥梁1 000多座，实现全省内主干道除海湾外无渡口通车。

吉林省政府先后出台50多条优惠政策，在城市放开200多条街道，建立个体商业占很大比重的商业街，允许并鼓励个体和私营经济筹措资金办大商店、大酒店，允许个体私营经济兼并国营集体企业或实行出租、租赁、拍卖给个体和私营户。使社会对第三产业的投入能力提高了10%以上。同时，省政府还从财政中拿出一部分资金作为发展第三产业的贷款贴息，推动市、县有关部门和企业、社会增加对第三产业的资金投入。1985年以来，省财政贴息资金由200万元增加到目前的400万元，累计达3 900万元，实现贴息贷款约4亿元，吸收市县两级和企业投入达12亿元。

上海市积极利用外资，1992年1月至9月。全市第三产业方面共批准利用外商投资项目155个，协议金额8.8亿美元。外商投资外高桥保税区的外贸项目已超过10个。

（四）因地制宜，发挥优势

上海市政府根据本地空间狭小，自然资源缺乏，但地理位置优越的特点，提出上海第三产业的发展，要打好"中华牌"和"世界牌"，提高开放度，搭好大舞台，让各省市、国外客商共同利用这个大舞台唱好发展第三产业的同台戏，以形成万商云集的格局。他们将长期以来实行的"二、三、一"的产业发展模式转变为按

"三、二、一"产业序列发展的方针，提出把第三产业作为优先发展的产业，为再造上海国际经济、金融、贸易中心地位创造条件。

(五)深化改革，转换机制

广东省政府在发展第三产业中，从改革流通入手，引入市场机制方面主要抓了三点：1. 抓"放开"。首先是放开价格。目前全省农产品除烟草、蚕茧外，已全部放开价格和经营，工业的计划产品产值只占产值的3.3%，商业系统计划管理的商品占销售额的3%。其次是放开经营。三是打破"三固定、四级大流转"的商业批发体制。2. 抓"搞活"。搞活发展第三产业的资金渠道。3. 抓"管理"。加强了政府的宏观管理和指导作用，放宽第三产业企业的经营范围；简化开办第三产业企业的审批手续；开展有偿服务实行社会化服务和企业化经营；鼓励内外贸企业相互渗透，逐步打破经营界限。

山东省政府把转换国合商业企业的经营机制作为深化第三产业改革的重点来抓，先后选择了350多个企业进行"四放开"试点。从而调动了职工的积极性，增强了企业活力，大幅度提高了经济效益。

三、会议取得的主要收获

(一)明确了当前加快发展第三产业是关系全局的具有战略意义的重大任务

第一，加快第三产业发展，有利于推进社会主义市场经济体制的建立。党的十四大确立了建立社会主义市场经济体制的改革目标，需要积极培育、发展各类市场，形成全国统一的、开放的、有序竞争的市场体系。第三产业中的许多行业与市场体系的形成和发展紧密相关。同时，转换国有企业的经营机制，使企业成为市场竞争的主体，深化分配制度和社会保障制度的改革，以及加快政府职能的转变等，都要求第三产业有较快的发展。

第二，加快第三产业发展，对于顺利实现90年代经济增长日标和调整优化产业结构有着重大作用。90年代经济增长速度达到年均8—9%的目标，第三产业应当和可以对经济增长作出更大的贡献。第三产业大部分行业能耗低，投入产出率高，见效快。加快它的发展，将降低国民经济发展的能源、运输、投资等弹性系数，从根本上改变经济的增长结构，实现少投入、高产出的增长和第一、二、三产业比较协调的发展。同时，第三产业发展，有利于改善流通，促进生产、交换、分配、消费的良性循环。

第三，加快第三产业发展，可以为进一步扩大对外开放创造更加有利的环境和条件。我们要扩大利用国外资金、技术和人才，必须提供良好的社会经济环境，包括比较便利的交通、通信、金融、信息、咨询和社会服务。要扩大对外贸易和国际化经营，也必须掌握国际经济和市场的信息，建立符合国际惯例的经济贸易制度。也就是说，要使第三产业的发展与之相适应。

第四，加快第三产业发展，是扩大劳动就业和满足人民生活小康水平需要的重要途径。第三产业行业多，领域宽，对拓宽就业门路，吸纳新成长劳动力，对城镇机关、企事业单位富余人员的转移和农业劳动力向非农业转移具有重要作用。同时，第三产业对扩大居民消费领域，提高生活水平和质量，缩小城乡差别也具有积极作用。

(二)在如何发展第三产业的几个问题上统一了认识

1. 加快第三产业发展，首先需要进一步解放思想，更新观念。我国第三产业长期发展缓慢的一个重要原因，在于对第三产业在国民经济中的地位和作用缺乏正确认识。认为只有第一、第二产业劳动才创造价值，第三产业劳动不创造价值，第三产业部门不创造社会总产品和国民收入，因而忽视和人为地限制了它的发展。党的十四大提出的建立社会主义市场经济体制，是经济理论上的重大突破，也为我们在理论上对第三产业进行正确表述奠定了基础。因此，这次会议在认识上明确提出：与第一、第二产业的物质生产过程一样，第三产业劳动也是一般人类劳动，在劳动过程中也消耗物化劳动和活劳动，并创造出使用价值和价值。所不同的是，第三产业主要是通过服务形式满足生产与生活的各种需要，渗透到第一、第二产业中，物化于各种物质生产要素之中，越来越成为第一、二产业发展的强大推动力。

2. 发展第三产业，需要改变传统的计划经济观念，树立发展社会主义市场经济的思想。要改变传统计划经济的重生产、轻流通，重计划作用、轻市场作用，偏重政府决策、忽视企业的市场主体地位，重行政手段、忽视价值规律和竞争机制等等观念和做法。第三产业行业多，多数行业具有面广分散、投资规模较小和劳务比重大等特点，必须充分发挥市场调节的作用；广泛动员和依靠社会各方面力量兴办。即使一些需要国家办的行业，也要打破国家包办、行业垄断的局面，引入竞争机制，动员各方面力量来办。文化、体育、卫生等社会事业，也要改变国家财政包下来办的状况，将一部分有条件的单位推向市场，通过放开经营来发展。

3. 第三产业的范围十分广泛，内涵十分丰富。要改变社会上许多人把第三产业局限于就是商业、服务业的过于狭窄的认识，第三产业不仅包括传统的生活服务业，还包括交通通信、科技、教育等国民经济基础行业和先导行业，不仅包括劳动密集型行业，还包括信息、咨询等技术、知识密集型行业。因此，要给予充分的重视，进行全面规划，积极推动发展。

4. 发展第三产业，要处理好微观搞活和宏观调控的关系。一方面要进一步放开搞活，发挥地方、企业、个人的积极性和主动精神，建立充满活力的第三产业发展机制；另一主面，要十分重视和加强宏观引导和调控，特别对一些关系全局的重要方面，如建设市场和出让土地、兴办开发区中、要认真执行国家政策，不要搞一哄而起，盲目发展。要积极引导，保证第三产业健康发展。

（三）提出了下一步的工作任务

第一，大力培育市场体系。首先，把商品市场体系建设推进一步。抓紧做好有色金属、钢材、煤炭、粮食、棉花等重要生产资料和消费资料市场的规划，重点建设和完善全国性的批发市场和交易所，搞好与之配套的交通、仓储、信息、法规等建设，引导和完善区域级的批发市场。逐步建立与人民生活密切相关的油、肉、糖等农副产品批发市场。同时，积极稳妥地发展金融市场、技术市场、信息市场、劳务市场和房地产市场等。

第二，大力发展交通通信。一是千方百计筹集资金，解决交通通信建设资金不足的问题。国家要增加对交通通信建设的投入；有步骤地提高运价，扩大发行建设债券；大力提倡中央、地方、企业和其他国内外投资者合资建设交通、通信设施，积极推行交通企业股份制试点。二是抓好重点项目建设，尽早形成生产能力。

第三，把政策引导作为推动第三产业发展的中心环节来抓。要进一步做好各有关部门之间的协调工作，尽快使促进第三产业发展的各项具体政策成熟一个、出台一个，有的可以先试行，再完善。

第四，1993年下半年，在我国进行一次第三产业的全面普查，摸清底数，为进一步制定第三产业发展规划和政策提供依据。

这次会议对全国第三产业发展将有一个较大推动。通过会议准备阶段的发动、部署和会议期间的交流，大多数第三产业行业主管部门都拟定了初步的发展规划要点，不少省市已着手制定第三产业发展规划。还有一些工业主管部门，相继成立了发展第三产业的专门机构，研究和规划工业部门在调整结构过程中大力发展第三产业的问题。可以预期，全国第三产业在广度和深度上都将会有一个较大的发展。

（国家计委规划司　杨玉英）

认真贯彻党的十四大精神 加快第三产业的兴起和发展

——1992年11月6日在全国加快第三产业发展工作会议上的报告

国务院副总理兼
国家计划委员会主任　邹家华

同志们：

这次全国加快第三产业发展工作会议，是在全国各族人民认真学习、贯彻党的十四大精神的新形势下召开的。具有重大历史意义的党的十四大，以邓小平同志关于建设有中国特色社会主义理论和党的基本路线为指针，确定了加快改革开放和现代化建设的战略部署，提出了建立社会主义市场经济体制的目标，为全国人民指明了继续前进的方向。全面贯彻落实党的十四大精神，对于把建设有中国特色社会主义的伟大事业推向前进，具有极为重要的意义。

党的十四大，把调整和优化产业结构，加快第三产业发展，作为今后时期关系全局的十大任务之一。国务院召开这次会议的主要议题，就是学习和贯彻党的十四大精神，落实《中共中央、国务院关于加快发展第三产业的决定》(中发〔1992〕5号文件)，讨论全国第三产业发展规划基本思路，交流发展第三产业的经验，部署近期加快第三产业发展的工作，以推动和引导第三产业的快速发展，促进社会主义市场经济体制的建立，使国民经济更好更快地迈上新台阶。

今年6月，中央5号文件发布后，经国务院批准，国家计委着手组织研究制定第三产业发展规划的工作。7月中旬，分别召开了国务院一些部委负责同志、有关专家和部分城市计委负责同志的座谈会，初步听取了意见。在此基础上，国家计委向各部门、各地方作了制定第三产业发展规划的具体部署。近几个月来，各部门、各地方对这项工作都比较重视，分别提出了本行业、本地区第三产业发展规划纲要草案或规划思路。国家计委在集中各部门、各地方工作成果的基础上，研究提出了全国第三产业发展规划基本思路的初步设想，并于10月中旬印发各部门、各地方征求意见。11月3日，李鹏总理主持总理办公会议，听取了国家计委的汇报，并作了重要指示，原则同意将《全国第三产业发展规划基本思路（征求意见稿）》提交这次会议讨论。

下面，我就加快第三产业发展和制定第三产业规划的问题，讲一些意见。

一、充分认识加快第三产业发展的重大战略意义

江泽民总书记在党的十四大报告中指出："第三产业的兴旺发达，是现代化经济的一个重要特征。"这个论断精辟地阐明了人类社会经济发展和产业结构变动的客观趋势，指明了第三产业在现代经济中的重要地位和作用。国外经验表明，一个国家的现代化过程，不仅是经济总量增长的过程，而且是产业结构不断调整和优化，使之趋于合理、逐步高级化的过程。第一、二产业的发展和水平的提高，为第三产业的发展提供了物力、财力和人力，创造了日益增多的社会需求和广阔的市场；而第三产业的发展，又为第一、二产业提供了必要的基础设施、大量的信息和各种高效率的服务，从而对第一、二产业的发展起着巨大的推动作用。

建国以后的一个较长时期内，由于多种原因，我国第三产业没有得到应有的发展。改革开放十多年来，第三产业发展较快，80年代年均增长达到10.9%，超过同期国民生产总值年均增长8.9%的速度。但是，总的来看，目前我国第三产业仍然相当落后，不仅数量不足，结构不合理，而且专业化、社会化水平低，福利化现象严重。从数量上看，1991年第三产业增加值占国民生产总值的比重仅为27.2%，第三产业从业人员占全社会劳动者总人数的比重仅为18.9%，不仅远远低于发达国家，而且明显低于发展中国家的平均水平。在

结构上，第三产业的内部结构不合理，基本上是以传统行业为主，而新兴行业比较少；直接服务于生产和科技发展的行业严重滞后；社会化服务体系和保障体系不健全；行业之间、行业内部发展不协调。在地域分布上也很不平衡，内地欠发达地区落后于经济比较发达的东部沿海地区，农村明显落后于城市。在经营机制和管理上，违背商品经济规律，吃大锅饭，财政负担沉重。特别是市场体系发育程度低，市场结构、市场法制和市场基础设施不健全。所有这些，影响着一、二、三产业的协调发展和社会再生产的顺畅运行，妨碍了经济效率和效益的提高。

现在，我国改革开放和现代化建设进入了新的发展阶段，加快发展第三产业具有全局性的重大战略意义。

第一，加快第三产业发展，有利于推进社会主义市场经济体制的建立。

党的十四大提出，到本世纪末要初步建立起社会主义市场经济体制。这种新的经济体制要求必须充分发挥市场在资源配置中的基础性作用。为此，需要积极培育和发展各类市场体系，包括消费品市场、生产资料市场、金融市场、技术市场、劳务市场、信息市场和房地产市场等，并形成全国统一的、开放的和有序竞争的市场。第三产业中的许多行业与市场体系的形成和发展紧密相关，不加快第三产业的发展，就会直接影响市场体系的发育和市场机制作用的发挥。同时，深化企业改革、转换国有企业经营机制，深化流通体制、分配体制和社会保障制度改革，以及加快政府职能的转变和健全科学的宏观调控体系，都对第三产业的全面兴起和快速发展提出了迫切要求。

第二，加快第三产业发展，可以为进一步扩大对外开放创造更加有利的环境和条件。

我们要扩大对外开放，吸收更多的国外资金、资源、技术和人才，必须提供良好的社会经济环境，包括比较便利的交通、通信、信息、咨询、金融、旅游和社会服务，以及健全的政策法规等。我们的产品要打出去，企业要走向国际市场，也必须及时掌握世界经济、科技发展和国际市场变化的动态，并建立符合国际惯例的贸易制度。也就是说，要进一步提高我国整个国民经济的开放度，更好地扩大对外经济技术交流，更大规模地参与国际分工、合作和竞争，必须使第三产业中有关行业的发展与之相适应。

第三，加快第三产业发展，是调整和优化产业结构，全面提高经济素质和效益的需要。

当前，产业结构不够合理，特别是第三产业不适应第一、二产业发展的需要，是影响我国经济持续快速发展的一个重要因素。我国工业经济效益差、农业商品率低、流通不畅、财政困难，在很大程度上也与产业结构不合理、结构层次低有直接关系。加快第三产业发展，不仅可以改变第三产业与第一、二产业不相协调的状况，而且由于它的渗透功能，对优化整个国民经济结构，促进经济结构的升级，具有重要作用。加快第三产业发展，有利于促进生产、交换、分配和消费的良性循环，有利于提高生产、服务专业化和社会化水平，改变目前普遍存在着的“大而全”、“小而全”，自我服务、自成体系的不合理现象。加快第三产业中金融、保险、信息、咨询等新兴行业的发展，有利于促进生产要素的合理流动，提高宏观经济决策和微观经济决策的水平与质量。

第四，加快第三产业发展，对于顺利实现90年代经济增长目标有着重大的作用。

党的十四大报告提出，90年代我国国民生产总值增长速度应该向年均8—9%的目标前进。这一目标的提出，是以不断提高产品质量、优化结构、增进效益为前提的；同时，也考虑了加快第三产业发展可以对经济增长作出的更大贡献。我国经济进入了加速工业化、现代化的成长阶段，这一时期，需要大量的能源、交通、重要原材料和资金投入；而这些方面供给不足，是制约经济持续快速发展的突出矛盾。第三产业大部分行业能耗低、投入产出率高、见效快，加快它们的发展，能够降低国民经济发展的能源、运力、投资等弹性系数，以同样多的投入，使经济得到更好更快的发展。

第五，加快第三产业发展，是改善城乡人民生活，扩大劳动就业的重要条件。

90年代我国人民要实现由温饱向小康过渡，生活的水平和质量要有明显提高，消费内容更加充实，消费领域更加拓宽。这样，不仅在衣、食、住、用、行和医疗卫生等方面，而且在文化娱乐、旅游、体育和社会服务等方面提出了更多、更高的要求。同时，扩大劳动就业，也是今后时期经济社会发展面临的重大任务。现在的企业、事业和机关单位，有相当数量的富余人员，随着改革的深入、竞争机制的发挥、劳动生产率的提高和政府职能的转变，还会有大量的人员需要提供新的生产和工作岗位。据预测，到2000年农业劳动力要向非农产业转移1.5亿左右；同时，城镇每年还有600多万新增就业人员需要提供就业门路。大力发展第三产业，不仅能够适应人民多方面、多层次的消费需要，使人民过上小康生活；而且能够大量吸收劳动就业，充分发挥我国劳动力资源丰富的巨大潜力。

加快第三产业发展，首先需要进一步解放思想，更新观念。我国第三产业长期发展缓慢的一个重要原因，在于对第三产业在国民经济中的地位和作用缺乏正确认识。认为只有第一、二产业劳动才创造社会价值，第三产业劳动不创造价值，第三产业部门不创造社会总产品和国民收入，因而不仅忽视第三产业的发展，而且人为地降低第三产业产品和服务价格，使其价值得不到应有的补偿，缺乏自我积累、自我发展的能力。应当看到，第三产业劳动也是一般人类劳动，同物质产品的生产过程一样，在劳动过程中也消耗物化劳动和活劳动，并创造出使用价值和价值。所不同的是，第三产业是以第一、二产业所创造的产品为基本物质条件，主要通过服务形式满足生产和生活的各种需要。随着技术进步和国际市场的发展，市场的扩展直接决定着生产的规模和速度，为生产提供技术、信息、贸易等多方面的服务，越来越成为经济发展的决定性因素，因而第三产业在国民经济中的地位和作用越来越重要。它不仅成为庞大的、门类繁多的产业部门，创造着巨大的社会财富，而且作为国民经济运转的"润滑剂"和"增效剂"，渗透到第一、二产业，物化于各种物质生产要素之中，成为第一、二产业发展的强大推动力。

*加快第三产业发展，也需要破除从事第三产业主要是商业、服务业劳动低人一等的陈腐观念。*由于受历史上重农抑商、重工抑商等传统观念的影响，至今社会上还比较普遍地存在着从事商业、服务业低人一等的思想，并片面地把第三产业的理解仅仅局限于就是商业、服务业。其实，第三产业不仅包括商业、服务业，而且还包括交通、通信、科技、教育、文化、金融、房地产、信息、咨询、旅游等许多行业。因此，必须彻底摈弃从事商业、服务业低人一等的思想，改变对第三产业过于狭窄的认识。要加强这方面的宣传，教育广大群众树立新的择业观念和对第三产业职业的荣誉感。

*加快第三产业发展，还需要改变传统的计划经济观念，树立发展社会主义市场经济的思想。*过去，由于对社会主义经济性质缺乏深刻、全面的认识，把社会主义经济作为产品经济而不是商品经济来看待；同时，在缺少经验的情况下，搬用了外国实行高度集中的计划经济体制模式。在传统的计划经济模式下，重生产、轻流通；重计划作用，轻市场作用；偏重政府决策，忽视企业的市场主体地位；重行政手段，忽视价值规律和竞争机制。这些观念和作法，不符合商品经济发展的客观要求，也限制了第三产业全面的和应有的发展。我们要发展社会主义市场经济，既要改变过去高度集中和主要靠行政手段管理经济的作法，又要适应市场经济发展的客观要求，全面发展为生产、生活服务以及促进科技进步的各类第三产业。从各级计划部门来说，必须更新计划观念，拓宽计划领域，改进计划方法，运用计划和市场两种手段，促进第三产业和整个国民经济的健康发展。

二、制定第三产业发展规划的指导原则、总体目标和重点

为了加快第三产业发展，必须搞好规划工作。根据中央5号文件提出的要求，并考虑到我国目前经济和社会发展的实际情况，在研究制定第三产业发展规划时，需要遵循以下指导原则：

*——坚持依靠改革开放来加快第三产业发展。*改革开放是第三产业发展的强大动力。要通过加快改革开放，按照逐步建立社会主义市场经济体制的要求，从政策上、体制上、机制上为第三产业的发展提供有利条件，在加强和改进国家宏观调控的同时，要十分重视和充分发挥市场机制的作用，使第三产业的发展充满生机和活力。

*——坚持第三产业发展与调整和优化产业结构相适应。*90年代，第三产业的发展要明显快于国民生产总值的增长速度，同时要与第一、二产业的发展统筹规划，既考虑需要，也考虑可能，使第一、二、三产业相互促进，协调发展。

*——坚持不断改善第三产业结构和提高效益。*第三产业要按照发展市场经济以及提高国民经济现代化和整体素质的要求，合理确定发展的方向、目标和重点。坚持为生产服务与为生活服务相结合，城市服务体系与农村服务体系相结合，传统行业与新兴行业相结合，国内市场与国际市场相结合。在注重经济效益的同时，积极发展基础性、社会性、公益性强的行业，以发挥最大的社会效益。

*——坚持合理规划、突出重点、分类指导、全面发展。*要把第三产业作为国民经济和社会发展的有机组成部分，进行统筹规划，并根据不同行业的特点区别轻重缓急，突出抓好社会急需的环节。各地区、各部门要从本地区、本部门的实际出发，努力发展各具特色的第三产业。不能脱离实际，竞相攀比，过份集中在某些行业，避免造成浪费。要加强分类指导，对第三产业中的一些重点行业，在国家规划指导下，逐步形成全国性、区域性和地方性多层次的第三产业发展格局。

*第三产业发展的目标是：*按照90年代国民生产总值年均增长8—9%，以及调整和优化产业结构的要求，初步考虑，第三产业年均增长11%左右。这个目标是就全国而说的，各地区、各部门要根据自己的实际情况，可以高一些，也可以低一些，合理地确定各自第三产业发展目标和一、二、三产业的比例。

到本世纪末，我国第三产业发展的总体布局是：(1)初步建立起适合我国国情的统一、开放的市场体系，包括发展和完善消费品市场和生产资料市场，积极培育和发展包括债券、股票等有价证券的金融市场，大力发展技术、劳务、信息和房地产市场等。(2)初步建立起比较健全的社会化综合服务体系，包括交通通信

服务业、城市市政公用业和社区服务业，信息、咨询业，旅游业，居民饮食服务业，使社会服务业具有开放型、多层次、多功能的特点。(3) 初步建立起比较合理的社会保障体系，包括积极建立待业保险、养老保险、医疗保险等社会保障制度，改革和完善社会福利业和社会救济业。

从以上目标和布局出发，90 年代我们要大力促进第三产业的各行各业全面兴起和发展。同时，在制定第三产业发展规划时还要充分考虑我国当前实际情况，有计划、有重点地抓好一些行业。近期内，特别要着力培育和发展为改革开放、经济建设和人民生活服务的各类市场，大力促进与市场发育密切相关的行业兴起，积极为市场经济运行创造较好的基础条件和环境。

这次提交会议讨论的第三产业发展规划基本思路，兼顾了重点和一般、当前发展和长远发展。这里，我着重讲一些重要行业的发展目标和任务。

（一）商品流通业及商品市场

商品流通业包括商业、物资业、外贸业、仓储业和再生资源业，以及与此相适应的商品市场体系。发展目标是：从根本上扭转商品流通业的滞后状况，逐步建立以市场机制为基础，具有比较先进的管理水平和较完善的基础设施，高效、畅通、统一、可调控的商品流通体系，形成大市场、大流通的新格局。全国要以中心城市为依托，建立以国家级批发市场为龙头，区域性批发市场为骨干，辐射全国的工业消费品、农副产品、生产资料批发市场网络。同时，根据不同商品特点，积极探索现货与期货相结合的交易形式，有步骤地推进期货市场的形成。在商品主产地、集散地和消费地发展各种初级批发、贸易市场。建立方便购买、遍布城乡、结构布局合理的零售网。逐步发展现代化购物中心、超级市场、连锁商店，适当发展拍卖业、居间业、典当业。逐步建立与生产和流通协调发展的具有专业化、社会化、现代化水平的储运体系。对关系国计民生的重要商品，国家建立储备制度和储备基金，并掌握批发权。近期内，重点抓好国家级、区域级的有色金属、钢材、煤炭、粮食、棉花、食油、肉、糖等重要商品市场的建设。第三产业发展规划基本思路对抓好这些重要商品市场的建设，提出了比较具体的设想，从明年起就要认真有步骤付诸实施。

加快商品流通业及商品市场发展，一要鼓励内、外贸流通企业实行跨地区、跨行业、跨所有制联合经营，建立大型流通集团公司，赋予有条件的流通企业进出口权，鼓励它们实行跨国经营；二要加强流通业和市场基础设施建设，银行适当增加流通业贷款，对效益好、有偿还能力的集体企业、私营企业和个体商户，适量开办资产抵押贷款业务，发放小额固定资产和简易设施维修贷款；三要认真办好已经国务院批准的在一些城市试办的中外合资超级市场、购物中心和其他零售商店；四要积极发展工贸、农贸、技贸、商贸结合的集团化、实业化、国际化的外贸企业，逐步建立适应国内外市场多元化要求，符合国际贸易规范的外贸体制。

（二）金融业及金融市场

金融业是经营货币信用的特殊企业和经济组织。目前，我国金融业及金融市场的发展相当滞后，不适应加快改革和发展的要求，需要积极开拓和发展。总的方向是：进一步健全中央银行的宏观调控体系，完善中央银行为领导、国家商业银行为主体、各种金融机构分工协作的金融业体系，逐步建立起现代化的金融管理和营运体系，努力形成规则健全、布局合理、开放和全国统一的金融市场。为此，需要加快金融体制改革。积极创造条件，把政策性和商业性信贷业务分开，有计划、有步骤地转换国家专业银行的经营机制，逐步使其成为自主经营、自负盈亏、自求资金平衡、自我发展、自担风险、自我约束的商业性银行。组建国家政策性投资银行，承担政策性贷款业务，保证国家重点建设有长期稳定的资金来源。鼓励和引导一些信托机构联合组建集团性信托公司，鼓励发展金融租赁公司，适当发展财务公司。在间接融资为主的条件下，有计划地发展直接融资。在基本建成全国性同业拆借市场、债券市场、外汇市场的同时，继续搞好股票市场试点。

（三）信息、咨询、广告业

信息、咨询、广告业是知识技术密集型产业。包括：统计、经济、科技等信息的采集、加工和提供，信息技术服务和广告服务，工程咨询、科技咨询、法律咨询、会计咨询、社会审计查证咨询和其他咨询。发展目标是：逐步建立起为宏观决策、企业生产经营和市场体系运行服务的信息、咨询、广告综合服务体系，使信息、咨询、广告业成为结构合理、手段先进、有一定规模的独立产业，基本满足社会经济发展对信息、咨询、广告服务的需求。

信息、咨询业的总体布局设想是：建立连接地区和部门、市场和企业的信息咨询网络，形成为宏观决策和企业经营服务的比较完善的预测分析和咨询体系。健全科学合理的信息交流制度，完善政府部门的管理、决策支持系统。在现有各政府部门信息系统的基础上，加强政府部门之间办公信息系统和管理信息系统的建设，加快计算机联网服务。信息资源要共享利用，不能相互封锁。大力发展咨询服务业。工程咨询业要建设成以全民所有制为主体、多种经济成分并举，为各类工程项目决策、建设提供全过程咨询的服务体系。科技咨询业要成为科技成果转化为商品和现实生产力的桥梁和纽带。会计咨询业要使注册会计师、会计服务公司、会计信息业和会计审计咨询共同发展。要在严格进行资格审查的条件下，大力开办律师、公证等法律事务所，发展社会法律咨询业。

加快广告业的发展，逐步建立结构合理、门类齐全、专业化水平较高和多层次、全方位的广告信息传播和服务体系。要加强广告的监督管理，提高广告的质量。

(四) 房地产业及房地产市场

房地产业是从事房屋资产和土地资产经营的行业。要逐步建立起比较完善的房地产市场体系，比较健全的房地产管理体系，比较合理的房地产收益分配体系，使房地产业成为国民经济中的一个重要产业。近年来，全国房地产业发展很快，而必要的配套管理和政策法规没有来得及相应跟上。为了推动房地产业及房地产市场的健康发展，需要采取以下政策和措施：(1)在认真搞好统一规划，严格执行国家规定的审批权限和政策的前提下，逐步扩大土地有偿有限期出让的范围，搞好土地的开发、利用和经营，不能无偿无限期出让。(2)加快城镇住房商品化的改革，使住房的建设、分配、交换、消费进入良性循环。(3)配合住房制度改革，积极开办购房储蓄和购房贷款。(4)建立和完善房地产交易市场，一级市场由国家垄断，二、三级市场在加强国家调控下放开搞活。(5)加强对房地产业的管理和房地产增值收益的调节与监督，严格进行房地产开发经营企业的资质审批。

(五) 旅游业

我国具有发展旅游业的巨大潜力，应当使旅游业成为国民经济中的一大产业。总的设想是：旅游业要实行适度超前发展战略，力争到本世纪末使我国跻身于世界旅游大国行列。大力开发旅游资源，形成一个比较发达的包括饭店旅馆业、旅行社业、旅游交通业、旅游商品业、旅游娱乐业等综合产业体系。既要开拓国际旅游业，又要积极发展国内旅游业。

旅游资源的开发利用要坚持突出重点的原则，进一步加强“国线”和“省线”的配套建设，做到开发和保护并举，经济效益、社会效益和环境效益相统一。大力巩固和发展已有的旅游景区和项目，并不断推出有民族特色和地方特色的专项旅游项目。选择若干个在世界享有盛名、具有吸引力的旅游地区，试办旅游渡假区。要大力搞好旅游对外宣传，扩大旅游广告业和旅游商品的营销，努力提高旅游业服务质量。经国家批准，在一些口岸城市和主要旅游城市试办外币商店和市内免税店。要积极扩大旅游交通渠道，特别要加快航空运输业的发展，并放宽旅游出入境管制，以适应旅游业迅速发展形势的需要。

(六) 农村社会化综合服务业及农村市场

积极发展多种形式的农村社会化服务体系，提高农业生产的专业化、社会化、现代化水平和综合生产能力。建立高效的农业社会化服务体系。围绕农业生产和农副产品加工、销售，提供多层次、高质量的产前、产中、产后综合配套服务。发展为乡镇工业和村镇建设服务的质量监测、污染治理、技术信息、产品销售等服务。发展对农村经济的全方位服务。发展和完善技术服务，物资、设备供应等服务，建立和完善农村经济信息、咨询和预警网络等。加强农村市场建设。对经济发达地区已经发展起来的农村市场，要不断提高其档次，加强管理；在经济不发达的地区，要加强市场经济意识，搞好市场的建设。进一步改革农产品流通体制，扩大供销社服务功能，鼓励农民在国家政策指导下进入农产品流通。加快发展农村金融、保险和教育、培训服务。积极建立贸工农、产供销一体化的服务实体。要鼓励乡镇企业积极兴办第三产业。提倡农户自办、联办服务组织，政府要积极支持和保护其合法权益。要鼓励科研、教育单位的科技人员到农村开展农业技术服务。

(七) 社会保险和社会福利、救济业

积极发展社会保险业。到本世纪末，在城镇逐步建立起国家、集体、个人三方合理负担，基本保险与补充保险相结合的社会保险体系；同时，努力发展农村社会保险事业。不断扩大待业保险范围，并完善制度。将目前在国营企业部分职工中实行的待业保险，扩大到国营企业全体非自愿待业职工、城镇集体和私营企业职工以及外商投资企业中方职工。逐步建立起城镇职工的基本养老保险、企业补充养老保险和职工个人储蓄性养老保险相结合的制度。农村养老保险，坚持个人缴费为主，集体补助为辅，国家予以扶持的原则，实行社会保障和家庭养老相结合等多种形式。改革现行公费医疗与劳保医疗制度。初步建立起适合我国国情的多形式、多层次的医疗保险体系，使大多数社会成员获得与社会经济发展相适应的基本医疗保障。

进一步发展社会福利和社会救济业。逐步建立起覆盖面较广、生活有保障的社会福利网。福利事业单位要充分利用现有设施向社会开放，扩大服务面，开展有偿服务。发动社会力量多渠道筹集社会救济资金。确立国家、集体、个人共同集资，全体农民参加的救灾保险体制，逐步建立社会化救灾保险服务体系。

(八) 居民服务业

居民服务业包括城乡饮食服务业和各种社区服务业，对于方便人民生活、改变企事业、机关办社会的状况，增进居民之间的交往与互助具有积极的作用。发展目标是：逐步实现服务业的社会化、产业化，形成多种经济成分和多种经营方式并存、行业结构合理、服务门类齐全、服务技艺和服务水平有较大提高的服务体系。要大力发展多种所有制形式的服务网点，拓宽服务项目，发展具有中国特色的风味饮食业、快餐业。扶持和发展浴池、理发、修理、家庭服务等传统服务项目，积极开拓房屋修缮、装饰和现代化办公服务及为企业生产经营服务等服务领域。发展以各种便民家庭服务、维修、医疗康复、文化娱乐、幼儿园、托儿所、养老院等项为内容的社区综合服务中心，并拓宽服务面，开展对区内企事业单位和机关团体的社会化服务。在条件适宜的地区，建立和完善城市消费合作社。无论是城市还是农村，都要大力增加居民服务业网点。鼓励并支持发展各种专业化服务公司（站），鼓励有条件的居民自办服务点。

第三产业中交通运输业、邮电通信业、科学技术事业、教育事业，是对国民经济发展具有全局性、先导性影响的基础性行业，这些行业也都是急需加强的重点行业，应当制定明确的规划，以促进它们加快发展。国家计委正在研究制定振兴交通通信业的专项规划，科技、教育、文化、卫生等其他行业，也都有了具体规划，需要根据十四大精神进一步完善充实。这些行业也都要按照建立社会主义市场经济体制的目标，合理确定发展方向、重点和政策、措施。

第三产业涉及面广，门类庞杂，相互交叉。同时，由于这次研究制定第三产业发展规划的工作时间较短，“八五”计划的调整和“九五”计划的制定工作尚未进行，特别是对我国市场经济发展和第三产业行业的长期走势，现在还难以完全看清楚。所以，这次提出的第三产业发展规划思路还是初步的，粗线条的，有些讲得比较具体，有些只能指出发展的大体方向和任务。

三、加快第三产业发展需要采取的重大政策和改革措施

改革开放是我国在社会主义条件下解放和发展社会生产力的伟大革命，是加快经济发展的强大动力，也是加快第三产业兴起和发展的根本途径。必须坚定不移地积极推进改革、扩大开放，改变不合理的管理体制和运行机制，采取有利于第三产业发展的政策措施。中央5号文件对发展第三产业的政策措施作出了明确规定，必须认真全面贯彻执行。根据党的十四大和中央5号文件精神，这里主要强调以下几点。

（一）*充分发挥国家、集体、个人的积极性，大力兴办第三产业*。第三产业中的多数行业具有面广分散、流动性大、投资规模小和以劳务服务为主等特点，适合于集体、私营和个人兴办。除了对国民经济发展具有全局性、先导性影响的基础行业，如铁路运输、公路干线、重要港口、机场、邮电通信、科研教育、城市公用设施等主要由国家建设，同时动员社会力量投资以外，其余大多数行业，要进一步放手发展集体、个人、私营和其他经济成分，主要依靠社会各方面的力量兴办。鼓励国营企事业单位、城乡集体经济、私营企业和个人，以资金、房产、设备、技术、信息、劳务等形式投入第三产业。提倡党政机关富余人员，在与机关脱钩的前提下，兴办第三产业经济实体。鼓励科研机构、大专院校兴办各种所有制、多种形式的科技服务业，实行企业化经营。除涉及国家垄断、社会安全、人民健康，以及需要专门技术和知识的某些行业要继续按现行规定进行严格的资格审查外，其他行业要适当简化企业开业的审批手续。

（二）*加大改革力度，逐步建立充满生机和活力的第三产业自我发展机制*。要按照政企分开、把企业推向市场的原则，以产业化、社会化为方向，逐步实现第三产业绝大多数企业和单位由福利型、公益型、事业型向经营型转变。根据第三产业不同行业的特点，实行不同的经营管理方式。商业、物资、仓储、外贸、旅游、服务等行业，实行企业化经营，赋予《全民所有制工业企业转换企业经营机制条例》规定的各项权利和义务，实行独立核算、自主经营、自负盈亏、自担风险、自我发展。信息、咨询、环境保护、卫生、体育等行业，根据具体情况，分别实行差额预算和自收自支管理，或在有的单位实行企业化管理，有的单位实行事业化管理。同时，创造条件不断扩大企业化经营部分，逐步减少财政事业费支出。机关、团体和企事业单位的生活服务设施和交通运输工具等，一方面要对内搞好服务，另一方面可以适当向社会开放，实行有偿服务，并积极创造条件成为独立经营的实体。今后，新建的机关、团体和企事业单位，原则上不再办封闭的自我服务体系，鼓励社会上的服务企业承揽行政机关和企事业单位的后勤服务和事务性工作。第三产业的小型国有企业，特别是商业、居民服务性行业中的小型国有企业，也可以向集体、个人出租或出售。

鼓励第三产业企业实行国际化经营。对有条件的第三产业企业，要扩大它们直接对外经营的权限和范围，促进生产与市场的直接结合。建立健全对外经营的商情、销售、服务网络，增强国际市场开拓能力。

要进一步理顺和放开第三产业价格。除极少数关系国计民生、需要由国家定价的以外，放开第三产业的大部分商品价格和服务收费，实行市场调节。

（三）*广开资金来源和筹资渠道，增加对第三产业的投入*。坚持多层次、多渠道、多形式增加兴办第三产业的资金，特别要动员和引导社会资金用于发展第三产业。各级政府要继续加强对交通、通信、科技、教育、文化、卫生、环保和市政公用等行业的投资，努力增加对全国性和区域性市场基础设施的投入。对第三产业基础行业的投资，实行有偿使用的办法。通过适当的形式和渠道，建立交通、通信、市政、商业、物资网点、旅游和社会发展等基金，实行滚动增值。在国家政策引导和国家计划控制下，积极利用发行债券、股票等各种途径和方式筹集第三产业重点建设资金。运用金融、税收、财政贴息等经济手段扶持第三产业的发展。

积极利用外资发展第三产业。国家统借贷款、外国政府贷款和国际金融组织贷款，要继续把交通、通信等基础设施作为投资重点；同时，还要支持科技、教育、卫生事业，以及金融改革、住房改革、信息系统建设和环境保护事业等项目。扩展外商对第三产业投资的领域。经国家批准，在一些城市和地区试办中外合资的零售商业、物资供销、旅游设施和渡假区、会计事务所、金融机构；吸收外商投资建设交通运输设施，在保留对等权利的前提下，允许外国航空公司在部分国际航线先单方面飞行；在部分有条件的城市，利用外资试办自然科学、经营管理、职业培训等教育事业。此外，还要有规划、有控制地吸收外商投资房地产业。

（四）加快第三产业的法制建设，逐步使第三产业的发展纳入规范化、法制化的轨道。要全面清理现行法律法规，同时抓紧制定新的法律法规。经过实践证明可行的政策规定，要尽快形成正式法律法规。各项法规应在行业标准、业务范围、价格收费、资产评估、监督管理、奖励惩罚、职业道德和纠纷仲裁等方面做出尽可能具体明确的规定。要逐步制定和完善各种全国性法规、地方法规和行业法规。目前要抓紧拟定《市场法》、《银行法》、《公司法》、《价格法》、《公正交易法》、《反垄断法》和《信息法》、《审计法》等基本经济法律法规。企业要依法经营，行业主管部门和经济监督部门要依法施政、加强监督、严格执法。

（五）改革计划、统计制度和方法，全面规划、统计、考核第三产业的发展。各级政府和计划部门要把第三产业作为国民经济的重要组成部分，列入国民经济和社会发展的中长期规划和年度计划。近期，国家计委要组织有关部门对第三产业中的重点行业制定专项规划，以指导各行业的健康发展。

统计工作要适应改革开放的新形势，努力改进统计制度和方法。要按照新的国民经济核算体系，建立和健全第三产业的统计标准和指标体系，搞好第三产业的统计，全面反映第三产业的增加值，正确评价各个地区经济、社会发展的实际水平，以引导经济、社会和科技的全面发展。

四、加强领导和宏观调控，搞好规划，狠抓落实，推动和引导第三产业健康发展

中央5号文件发布以来，各部门、各地区兴办第三产业的积极性很高，取得了很大成绩，总的形势很好。不少地方和部门从自已的实际出发，积极工作，开拓进取，积累了一些发展第三产业的经验。在这次会议上，将有8个省、市和2个部门介绍他们的经验和作法。同时，在前进中也出现了一些需要重视和解决的问题。有的地方和单位不考虑可能，不同需要，不讲效益，对某些行业蜂涌而上、一哄而起，盲目攀比，发展过快，造成了一些浪费。有的地方对市场建设缺乏研究和规划，忽视市场发展内在规律和交易成本，盲目地建市场、盖大楼，形成“有场无市”，甚至建造了一些高档的和市场前景不明的豪华宾馆、饭店。有的地方和部门过分注重局部利益，忽视大市场、大流通，出现了新的地区封锁、部门分割。

这里，要强调讲一下房地产业发展中出现的问题。土地是发展农业的基础，特别是农用耕地只占全国土地面积的1/10，人均只有一亩多一点，而且由于人口每年还要增加，人均土地占有率还会降低。因此，我们必须十分珍惜每一寸土地，精打细算地利用每一寸土地。目前，在房地产业开发中盲目占地现象相当严重。有的只圈地不使用，既不开发，也不耕种，而是待价炒卖。有的为了争取外商到本地投资，不顾土地状况，竞相压低地价；有的违反国务院规定，超越权限大量向外批租土地。这些问题，一定要引起高度注意。

为了巩固第三产业发展的好形势，及时解决前进中的问题，使第三产业得到更好更快地发展，当前需要突出抓好以下几项工作。

（一）进一步提高思想认识，加强领导。

加快第三产业发展，关系到改革开放和现代化建设的全局。国务院各部门和各级地方政府都要增强紧迫感，提高自觉性。我们要站在建立社会主义市场经济体制的高度，站在全面提高国民经济整体素质和实现90年代现代化建设目标的高度，认识加快第三产业发展的重大意义，把思想统一到党的十四大和中央5号文件精神上来。象抓第一、二产业那样，重视第三产业发展工作，切实加强领导。计划部门要搞好第三产业的总体规划和协调工作。各级领导班子要经常研究本地区、本部门第三产业发展的方向、目标和重点，及时解决出现的问题，特别要注意抓好试点，总结经验。

（二）加强和改进宏观调控，认真执行党和国家的有关政策、法规。

第三产业是国民经济的有机组成部分。第三产业各个行业的规模、速度、结构，都应在国家的总体规划和政策指导下发展。各地方、各部门在发展第三产业中，既要充分运用中央赋予的权力和政策，结合自己的实际，创造性地开展工作，又要严格执行涉及国民经济总量平衡、结构协调的计划和政策；既要放开搞活，又要宏观引导和控制。对批租土地，发行债券、股票，重要建设项目审批等，必须按照国家计划、政策和法规办事，不得擅自突破界限。在资金的筹集上，要统筹考虑，合理安排，既要考虑第三产业的发展需要，又不能过于勉强，突破总量限制范围。各地方、各部门要对前一时期开办的房地产公司、批租的土地和各类开发区，进行认真的检查，违反国家政策和法律规定的，要进行纠正，及时予以处理。国务院最近将颁发《关于发展房地产业若干问题的通知》，希望各地方、各部门认真贯彻执行。

（三）进一步搞好制定第三产业发展规划的工作。

近几个月来，许多地方和部门都提出了自己的第三产业发展规划草案或思路，有了一个规划基础。这次会议以后，请大家按照这次会议的精神，结合“八五”计划的调整和“九五”计划的制定，进一步修订自己的第三产业发展规划，使第三产业规划更具有科学性、指导性。在这项工作中，一定要以十四大精神为指针，从自己的实际和特点出发，突出重点和薄弱环节，统筹考虑局部与全局、当前与长远，有计划、有步骤地引导第三产业健康发展。

（四）明年要以建立和完善商品市场特别是生产资料市场为重点，抓好市场体系建设。

这次会议上提交大家讨论的《全国第三产业发展规划基本思路》中，提出了逐步建立一批全国性和区域性的重要商品市场的规划意见。从明年起，中央有关部门和有关地方，要通力合作，狠抓落实，把商品市场体系的建设推向前进。同时，要积极稳妥地发展金融市场，技术市场，信息、咨询市场，劳务市场和房地产市场等。

（五）认真开展全国性的第三产业普查工作。

为了摸清我国第三产业的底数，为制定第三产业的发展规划和政策等提供全面翔实的资料，并为向新的国民经济核算体系过渡奠定基础，国务院决定，从1993年下半年开始，对第三产业进行一次全面普查。这项工作涉及到各个部门和各个地区，希望共同努力，认真地、高质量地完成这项任务。

同志们！加快第三产业发展，是党中央、国务院作出的一项重大决策，它直接关系到我国现代化建设第二步、第三步战略目标的实现，关系到社会主义市场经济体制的形成和发展。现在我们也已具备了加快第三产业发展的条件。这次会议是第一次全国性的第三产业会议，目的在于进一步推动和引导第三产业的发展。但第三产业的工作是一项长期的工作，要在今后的实践中不断总结和提高，争取每年都有所前进。让我们在党的十四大精神指引下，在以江泽民同志为核心的党中央领导下，充分调动一切积极因素，利用各种有利条件，促进第三产业更好更快地发展，为国民经济迈上新台阶，建设有中国特色的社会主义，做出更大贡献！

会 议 讨 论 文 件

全国第三产业发展规划基本思路

（已经国务院批转各地区、各部门。见本书23页）

关于加快发展商品流通业的规划思路（摘编）

商品流通业包括商业、物资业、外贸业、仓储业以及与此相适应的商品市场体系，是第三产业中的传统产业，也是支柱产业和带头产业。商品流通业是联结生产与消费的中间环节，是工农、城乡、地区之间的桥梁和纽带。加快发展商品流通业是再生产过程和经济发展的前提条件和实现条件，有利于三次产业的协调发展和生产要素的合理配置，有利于生产的专业化、社会化和国民经济总体效益的提高，是更好地满足人民群众物质、文化生活日益提高的需要。可见，商品流通业的发展对促进国民经济的发展和人民生活的提高，具有举足轻重的作用。

一、我国商品流通业的现状与问题

改革开放以来，我国商品流通业发生了很大变化，取得了明显的成绩。

——市场流通规模有了较大的扩展。1991年商品流通业产值达1 346亿元，占国民生产总值6.8%。社会商品零售总额9 415.6亿元，比1980年增长4.4倍，年均增长14.4%。商业网点924万个，增长5.3倍。全国物资经营网点5.1万个，年销售额3 171亿元。外贸进出口额1 357亿美元，增加2.6倍，年均增长12.2%。商业、物资、外贸仓库2.5亿平方米，冷库380万吨，储存数千亿元的商品。再生资源回收110亿元，增长5倍，年均增长17.7%。

——形成了多种经济成分并存和多渠道、开放式的流通格局。目前，商品流通业已改变了过去国合商业独家经营、所有制单一的局面，基本形成了以公有制为主导、多种经济成分并存、相互竞争的新格局。国营、集体经济成分的经营比重下降，个体和其他经济成分的经营比重上升。在社会商品零售总额中，国营、集体、个体和其他经济成份所占比重，1980年分别为51.4%、44.6%和4%，1991年分别为39.6%、31.7%、22.7%。过去渠道单一、城乡分割的做法正在被多渠道、开放式的流通体制所代替。我国与外商合资、合作商业，已在经济特区和部分大城市同时开始试点。流通主体的经营范围开始打破部门、地区、行业界限。各种市场形式已经或正在形成。到1991年，全国各地的城乡集贸市场发展到7万多个，专业的和综合的农副产品批发市场已有1 600多个，工业消费品批发市场上千个，建立了全国性的粮食批发市场。在生产资料流通方面，县以上物资贸易中心550多个，经营额450亿元；钢材市场303个，销售全国1/3的钢材；专业或综合生产资料市场1 000多个；沿海地区和地市以下生产企业所属物资有90%以上通过市场解决；建立了全国性的北方木材批发市场和上海、深圳交易所；一些地区建立了生产资料配送中心，并开始期货交易市场的探索。

——市场调节的范围不断扩大。随着经济体制改革的逐步深入，国家计划管理的商品范围和品种数量大大减少，地方、企业的供销经营自主权扩大。国家计委管理的计划生产资料由80年代初的250多种，减少到目前的20多种，其中钢材、木材、水泥、有色金属等4种产品，其国家分配比例分别由1985年的56.3%、35%、17.7%和50%降到38.2%、19.5%、8.9%和33.3%。国家指令性计划管理的商品从改革前的68种，减少到15种。流通中的价格体系由单一的计划管理转变为市场调节价、指导价或双轨价格。1991年政府直接定价的比重，在农民出售的农产品总额中占25%，在工业生产资料出厂价格的销售总额中占45%，在社会商品零售总额中占21%。

我国流通业尽管有了较大的发展，但仍然存在一些亟待解决的问题。

一是条块分割，市场不统一。由于旧的条块分割的经济体制尚未彻底打破，政企不分，加上财政包干的影响等，致使一些部门和地区常常从本部门、本地区的利益出发，干预企业的购销活动和市场交易行为，甚至利用部门的行政权力强制控制紧缺资源，垄断市场；由于缺乏统一组织和统一规划，争地盘、乱布点、重复建设等现象也比较突出，造成流通中条块分割、地区封锁、行业垄断，严重阻碍了统一市场的形成。

二是法制不健全，管理不规范。目前一些必要的市场法规，尚未制定颁布，即使已经颁布的也不完善、不配套，加之执法不严，政出多门，多头管理，致使市场管理缺乏规范化、制度化、法制化。

三是设施落后，管理水平低，网点布局不平衡。由于长期实行单纯的计划经济，市场小而少，大部分批发市场是在集贸市场的基础上发育而成，交易设施简陋，场地不足，经营手段落后，管理水平低；仓储行业半数以上的仓库超期“服役”，粮油库长期紧张；新建居民区商业设施不配套，边远地区、工矿地区和广大农村网点稀少，购物条件和环境比较落后，买难卖难的问题仍较突出。

四是国营企业活力不足，国家的宏观调控不力。各级政府部门过多地注重微观经济和直接干预企业的经营活动，造成一方面企业缺乏自主权，没有自主经营自我发展的能力，活力不足，亏损严重；另一方面分散了政府用于制定规划、提供服务、监督管理、培育市场等方面的力量，再加上缺少必要的调控手段，致使宏观调控不力。

二、加快发展流通业的目标和任务

总体目标是：力争到2000年，根本扭转商品流通业滞后的状况，建立一个以市场机制为基础，具有先进的管理水平和现代化的技术、设施，与整个国民经济发展水平和人民群众小康生活需要相适应，开放、高效、畅通、统一、可调控的商品流通体系，形成大市场，大流通的新格局。

（一）建立统一的、开放的市场体系，不断扩大流通规模。按照国民经济和社会发展的要求，到1995年和2000年，流通业（含商业饮食服务业、物资、外贸、储运）产值分别达到2 260亿元和4 300亿元，十年平均增长12.7%，占国民生产总值的比重由6.8%提高到10%左右；社会商品零售总额分别达到16 300亿元和32 000亿元，十年平均增长14.5%；物资系统销售总额分别达到6 270亿元和15 600亿元，十年平均增长20%；外贸进出口总额分别达到2 200亿美元和3 200亿美元，十年平均增长11%；再生资源回收分别达到120亿元和170亿元，十年平均增长8.2%。

逐步改变消费资料市场与生产资料市场分离、内外贸分割、生产部门和流通部门自成体系、行政区域相互封锁的状况。同时，推进区域之间的横向经济联合和协作，提高整体协调性，互相贯通，形成全国统一的大市场、大流通。制定统一健全的市场流通规则，改变市场管理和监督过多依附于地方行政管理部门的状况，使企业竞争条件平等。加快企业经营机制的转换，逐步使企业的所有权与经营权分离，使原来隶属于各部门的企业真正成为自主经营、自负盈亏、自我发展、自我约束的市场主体，同时改变行政性的强制分工，实行一业为主，兼营别样和跨地区、跨行业、跨部门、跨国经营。

（二）建设货畅其流、结构布局合理的流通网络。

一是建立以中心城市为依托，布局合理的市场网络。生产资料网络应依托经济中心城市，建立全国性、区域性和地方性不同层次、不同规模、不同类型的生产资料市场，形成以全国性批发市场为龙头、以区域性批发市场为骨干、城市综合贸易商场为纽带、县级综合贸易市场为基点，与生产、流通企业和广大用户紧密结合的市场网络。工业消费品批发网络要建成以大城市为依托、辐射全国、面向国际市场的批发交易中心和以中等城市为依托的农村批发中心。农副产品批发网络应在历史形成的生产地和集散地建立并完善以全国性粮食批发市场、区域性农副产品批发市场为主体的农副产品批发网络。在积极发展各专业市场的同时，努力探索现货与期货相结合的交易形式，推进期货市场的形成。要重点建设和发展全国性、区域性的有色金属、钢材、煤炭等重要基础生产资料市场和粮食、棉花、食油、肉、糖等重要消费资料市场。

——有色金属市场。继续完善上海金属交易所和深圳金属交易所，努力将其建成全国性的有色金属交易市场。要积极引进期货交易方式，将一部分现货交易逐步向期货交易转变，并实现与国际市场全面接轨。在此基础上，在全国有色金属主要产地或消费地的中心城市组建若干个有色金属经纪公司，并直接与上述两个或其中的一个交易所联网，扩展交易所的职能。再以各经纪公司为中心，向周边地区辐射，建立若干地方性的有色金属交易（批发）市场，形成一个比较完整的有色金属市场网络。

——钢材市场。在经济发达地区建设两到三个全国性的钢材批发市场，并尽快与国际钢材市场接轨。以全国性钢材批发市场为龙头，还要建立和完善若干区域性的钢材批发市场，并逐步使两级市场全面联网。为满足社会上一些小批量零散用户的需要，各地还应设立钢材零售网点。全国性的定期钢材订货会要转移到全国性的钢材批发市场内进行，并使之逐步成为经常性的交易活动。

——煤炭市场。鉴于煤炭的流通在相当长的时期内受运输条件的制约，因此大量的煤炭交易活动是在国家指导下，通过建立和完善重点煤炭用户（电厂和钢厂等）与煤矿之间的产销关系，以签订长期供货合同的方式进行。同时考虑到批量小、比较分散的中小企业和城乡居民生活用煤的需要，拟建立面向全国的煤炭交易市场，以指导全国煤炭市场价格。另外，在煤炭主要产地、煤炭的主要集散地建立若干地区性的煤炭交易市场。在主要煤炭调入省市建立具有一定规模的仓储设施，形成煤炭集散地。取消全国煤炭订货会，国家重点帮助协调煤炭运输。

——粮食市场。建立功能完备、高效统一的三级粮食批发市场网。在完善郑州粮食批发市场的同时，在上海建立面向全国的粮食交易所。在大力发展中长期合同交易的基础上，通过合约标准化，积极探索初级的粮食期货市场。按照经济、合理的原则建立区域级粮食批发市场。在完善现有7个省级粮食批发市场的基础上，在华北、西南、西北及粮食主销区和沿海省份，再建若干省级粮食批发市场。同时在粮食集散地建立地市级粮食批发市场。按照便于管理和交易的原则，每个县建立初级粮食批发市场。

——棉花市场。在国务院〔1992〕55号文件确定的在山东、河南、江苏等主产省试点开放部分棉花市场，取得经验的基础上，建立面向全国的棉花交易所，逐步发展中长期合同交易。

二是形成适合消费、方便购买的零售网络。在大中城市建立并完善三级零售商业群，即设施先进、商品齐全、服务优良的现代化购物中心和专业商品集中、品种规格丰富多样的专业商店街，以及区域性商业中心和居民区各类便民小店。县镇乡村建立商品齐全、方便群众的综合商场、综合经营门市部和星罗棋布的零售商业店（铺）。逐步发展超级市场、连锁商店、折扣商店、邮购商店、消费合作社等多种流通组织形式，适当发展拍卖业、居间业和典当业等行业。逐步改变传统的售货方式，努力推广现代零售经营方式，提高经营服务水平和综合经济效益。

三是建立适应生产和流通需要，既有中心又成网络的专业化、企业化、社会化、现代化的仓储体系。加快储运业经营企业化和社会化改革的步伐，提高设施利用率。根据沿海、沿江、沿边地区以及新建铁路沿线经济发展的需要，加快物流网络的建设。加强物资配送中心建设，积极发展物资配送制，加快发展集装箱、送货上门等形式运输，在一些中心城市形成部分加工配送网络系统。以大中城市、商品集散地、交通枢纽地为轴心组建必要的现代化大型仓储（储运）企业（物流中心）和若干配送中心，中小城市要适当建设中型仓储（储运）企业（兼物流中心和配送中心两种职能），县城要建设必要的小型仓储（储运）企业，形成全国储运网。

四是大力发展再生资源市场。依靠科学进步，加强技术改造，建立与生产、生活相适应的废旧物资回收、加工网络，逐步实行分类回收、分类存放。

五是加快建设市场信息网络。全面建立以供求和价格信息交流为主的覆盖面广、实用性高、权威性强、更新及时的市场信息网络，并根据需求和资源条件，尽快采用计算机等现代通信技术。全国重要的商品物资交易中心、批发市场，建立设施先进的信息网络机构，开发软件，形成纵横通畅、联络国内外市场商情的信息中心，各地大型流通企业加强电子计算机建设，实行联网，及时沟通全国市场行情和有关经济信息。

（三）建立社会主义市场经济的调控机制。根据社会主义市场经济发展的要求，按照“小政府、大服务”和政企分开的原则，真正实行政府与企业脱钩，不断改进和加强市场的宏观调控机制。改革计划管理体制，进一步减少指令性计划指标，缩小物资调拨范围，由传统的以指令性计划和实物分配为主的直接调控和行政干预转变为以价格、税收、利率等经济杠杆和法律手段为主、以行政手段为辅的市场调控形式，把主要力量用在制定规划、健全法制、提供服务、加强监督方面来，优化、规范市场环境，促使流通健康发展。

三、加速发展商品流通业的主要措施

（一）坚持国营、集体、个体一起上的方针，充分调动社会各方面的积极性，促进商品流通和商品市场的发展。要打破城乡界限、地区界限、部门界限，鼓励跨地区、跨部门、跨行业从事商品流通，对流通中重要商品的国家储备库、辐射全国的贸易中心、批发市场、期货市场及少数骨干基础设施，由国家重点规划，实行国家、地方和企业联合投资，同时也要积极动员社会力量去办，其它主要靠地方、企业和社会集资解决，国家要掌握关系国计民生重要商品物资的批发权和储备。对流通中大多数行业的加快发展，主要依靠社会各方面力量，特别要发挥集体、个体和私营经济的作用，鼓励和引导个人兴办那些投资少、见效快、劳动密集、直接为生产和生活服务的流通业。

（二）*多渠道、多形式增加投入*。国家要安排部分投资作为发展流通业和培育建设市场的引导资金，地方和部门也要安排相应的资金，实行有偿使用的办法。对于地方、部门能够自己筹措资金自行平衡建设条件的项目，由地方、部门自行审批，纳入基建投资规模。积极利用国外资金、技术、销售渠道发展流通业。鼓励城镇的街道、居委会、国营企事业单位、城乡集体经济和私营企业及个人以资金、房产、设备、技术、信息、劳力等形式投入，积极利用发行债券、股票等有价证券方式，向社会集资，有条件的企业可以通过兼并关停企业兴办流通业，关停企业也可利用现有设备、房屋兴办流通业。各地要根据实际情况，将流通网点建设列入城乡建设总体规划，保证网点建设用地。

（三）*进一步放开和理顺商品价格*。合理确定国家管理商品价格的范围，国家直接定价和实行价格干预的比重应当逐步缩小到最低限度，建立由市场决定价格的机制。对以粮油为龙头的农副产品价格，主要是逐步放开销价，对收购环节，要在建立主要农产品的国家保护价和必要储备制度的前提下，采取分散决策，根据各地实际情况在3年内逐步取消粮食合同订购。对于长期价格偏低的能源、交通运输和部分基础原材料计划价格，要逐步按市场价格调整、取消价格双轨制。除石油、电力等及少数重要产品由国家管理外，煤炭、钢材、有色金属、化工以及绝大部分机电产品价格全部放开或实行国家干预下的市场定价。

（四）*利用金融、税收等倾斜政策支持商品流通业发展*。应当依据产业政策，而不是按照所有制不同制定税收和相关政策。银行要调整信贷结构，增加流通业信贷规模，对效益好、有偿还能力的集体企业、私营企业和个体商户要尽快开办资产抵押贷款业务，发放小额固定资产和简易设施维修贷款，在贷款利息上予以照顾。对从事小商品经营、对新开办的和对机关企事业单位分离出来的流通企业，对流通网点不足的老、少、边、穷地区，城市的偏僻地段，新建居民住宅区，新设的商业网点在税收上予以照顾。对再生资源回收、加工和综合利用企业继续实行减免税照顾，实行“以废养废”政策。

（五）*加快国有流通企业的改革*。完善企业经营承包责任制，落实企业在经营、定价、分配、用工、投资、资金等方面的自主权，在部分企业试行股份制，小型企业宜租则租，宜包则包，加快企业经营机制的转换，逐步取消经营性补贴，减少政策性补贴。

取消流通企业经营分工的限制，除国家规定特许和专项审批的行业、产品外，允许流通企业一业为主、多种经营。鼓励流通企业跨地区、跨部门、跨所有制联合经营。通过资金渗透、联合经营等形式，发展有一定规模，有竞争性的跨地区、跨行业的大型流通集团公司。

配合产业结构调整和企业经营机制转换，鼓励第三产业兼并关停并转工业企业，并在资产转让、债务清理、信贷和税收等方面，对兼并者给于优惠和支持。

鼓励仓储企业和设施向社会开放，实行独立核算、自负盈亏，做到企业化经营。

逐步赋予流通企业进出口权，鼓励有条件的国有、集体、私营企业或个人向境外发展，兴办海外中资、合资企业，实行跨国经营，同时，赋予外贸企业内贸权，鼓励和支持流通企业发展边境贸易、特区贸易。

对各级经营批发公司，应逐步将一般性经营职能与国家委托的政策性流通职能分开，其政策性亏损由政府负担。进一步恢复供销社的民办性质。

（六）*简化开业审批手续，加强政府对市场的管理和监督*。工商行政管理部门按照国家有关企业法人登记、管理条例、国家对特殊行业的专项规定，参照各行业的开业标准和从业条件，对开办流通业的申请直接进行审批登记，任何部门不准设置障碍，以简化审批手续，缩短审批时间，同时加强市场管理和宏观调控。(1)按照精干、高效、统一的原则改革流通部门的管理体制，精简机构，加强对流通和市场的统一管理。(2)要强化检查、监督、管理机构，提高管理人员素质，切实加强开业后的从业管理和监督，同时建立健全各类行业协会或商会，加强行业管理。(3)抓紧有关流通业和市场管理的立法工作，要逐步制定和完善各种全国性法规、地方法规和行业法规。重要的法规要由国家统一制定。法规应在行业标准、业务范围、价格收费、资产评估、监督管理、奖励惩罚、职业道德及纠纷仲裁等方面尽可能做全面详细的规定。要尽快制定《贸易法》、《市场法》、《反垄断法》、《反不正当竞争法》等有关法规，建立和完善市场交易规则。企业要依法经营，行业主管部门和经济监督部门要依法管理和依法监督，及时制止和惩处经营活动中的各种违法行为，保护合法的正常市场经营活动。(4)对关系国计民生的重要商品物资，建立储备制度和专项储备资金，增强国家调控市场的能力。(5)各地区、各部门不得擅自在道路、车站、码头、省区边界设置关卡和用违背国家有关法规的惩治手段阻碍商品的正常合理流通。凡是国家放开经营的商品，任何部门不得重新纳入计划管理范围，或以任何手段进行垄断。打破各地区、各部门对流通领域的分割和垄断。

（七）*积极开拓国际市场，大力发展对外贸易*。为了适应世界经济贸易发展趋势，应进一步发展和建立

"放开经营、自负盈亏、工贸结合、推行代理制"的外贸新体制，按照国际经济贸易惯例，积极参与国际合作和竞争。完善涉外经济法规体系，调整进出口商品分类，减少专营商品范围，促进平等竞争。加速外贸企业经营机制的转换，加快外贸企业向集团化、实业化、国际化和综合性经营转变的步伐。逐步建立主要利用关税措施、例外条款和保障条款等来管理和调节进口，并利用产业政策引导进口的机制。进一步完善外汇调剂市场，建立有管理的浮动汇率机制。完善出口退税制度，坚持并改进鼓励出口的政策与措施。加快实施市场多元化战略。

（国家计委市场司　姜永涛　马占平编）

关于加快发展金融业及金融市场的规划思路（摘编）

金融业是由经营货币信用的特殊企业和特殊经济组织构成的产业部门。金融业作为第三产业重要组成部分，其发展程度是衡量一个国家现代商品经济发达水平的重要标志之一。随着我国国民经济信用化、货币化程度的不断提高，金融越来越成为国民经济的重要调节手段。金融产业的发展，对于更好地筹集和运用资金、稳定通货、促进产业结构调整，都具有十分重要的意义。

一、我国金融业现状

改革开放以来，我国金融业获得了迅速发展。初步构成了以中央银行为领导，国家专业银行为主体，各种金融机构并存和分工协作的金融组织机构体系。大体上形成了以间接金融为主、直接金融为辅的资金融通格局。金融业务领域不断得到拓展，融资工具及融资形式多样化，融资渠道多元化。

我国目前的金融机构是由中央银行（中国人民银行）、国家四大专业银行（中国工商银行、中国农业银行、中国银行、中国人民建设银行）和交通银行、中信实业银行、中国投资银行以及其他银行（广东发展银行、福建兴业银行、深圳发展银行、蛇口招商银行、烟台住房储蓄银行、蚌埠住房储蓄银行、光大银行等全国性和区域性、地方性银行）与外资、合资银行在华的分支机构、城乡信用合作社以及非银行金融机构（信托投资公司、企业集团财务公司、金融租赁公司、证券公司和证券交易所等）组成。

截止到1990年末，全国金融机构18.67万个。其中，国家银行的机构网点达12.5万个，农村信用社机构5.8万个，城市信用社3 400多个；信托投资公司300多个；企业集团财务公司17个；金融租赁公司9个；经中国人民银行批准的证券公司58个。金融从业人员超过195万人。

随着金融体制改革的不断深化，我国陆续推出股票、债券、商业票据、大额定期存单等多种信用工具，逐步开展了票据的承兑、贴现、再贴现业务和债券发行、转让等工作，初步形成了以银行同业拆借市场、债券发行和转让市场、外汇调剂市场为主体的金融市场体系，促进了资金的合理流动，提高了资金使用效益。

80年代，国家银行充分发挥了在金融业中的主导地位，一方面为国民经济建设筹集并投入了大量资金，1980～1990年，国家银行新增贷款投入12 000多亿元，为支撑国民经济发展发挥了重要作用。另一方面，通过实施货币信贷政策，运用贷款规模控制、再贷款、存款准备金、利率、汇率等直接和间接调控手段，对社会信用总量进行调节，保持通货稳定，促进了我国国民经济发展。同时，金融业作为国民经济重要产业部门，自身也获得了长足发展，业已构成整个国民经济运作中，特别是第三产业发展中举足轻重的部分：

——国家银行各项存款余额由1978年的1 134亿元增加到1990年的11 645亿元，增长了9倍；各项贷款余额由1978年的1 850亿元增加到1990年的15 166亿元，增长了7倍。到1990年末，城乡信用社各项存款余额达2 454亿元，各项贷款余额达1 661亿元。

——1990年，银行同业拆借2 370亿元，外汇调剂131亿美元，商业票据贴现238亿元，再贴现85亿元。1981～1991年，全国共发行各类有价证券3 770亿元，到1991年底，各种有价证券交易总量已达650亿元。

——非银行机构中的信托公司、租赁公司、财务公司、证券公司的发展逐步规范化，在各自领域内业务获得了稳步发展。

——金融电子化工作有了一定进展，在清算系统、柜台业务、信息统计等方面采用了大量的电子信息技术，扩大了金融服务范围，提高了工作效率和质量。

总的来看，我国金融事业有了很大发展，但是，金融业及金融市场发展现状还难以适应我国社会主义市场经济新机制，还不能满足国民经济上新台阶的需要。主要表现在：金融业行业发展规模较小，现有金融机构的数量、就业人数以及金融资产负债总规模，同发达国家比较，还有相当的差距，同我国国民经济发展速度不匹配；金融调控能力差，调控体系不健全，调控手段不完善，还不能灵活、及时而有效地实施宏观货币政策；银行经营机制不完善，信贷资产质量不高；银行自我积累能力弱，国家投入较少；金融市场发育滞缓、金融法规不完备；金融业开放度不高；管理服务和营运手段比较落后，金融电子化装备程度较低。

二、加快发展的设想和实施步骤

我国金融业的进一步发展，一靠改革开放，包括金融业自身改革开放和外部配套改革开放；二靠投入，主要包括金融业自我积累投入，国家投入和引进外资。

（一）金融体制改革的基本目标：

1. 健全和完善中央银行宏观调控体系。按照社会主义市场经济运行机制，逐步形成如下中央银行模式：

——中央银行的职能：控制货币数量和调节利率。

——中央银行的目标：一是稳定货币，二是支持经济发展。

——中央银行的调控手段：主要是贷款总量控制、存款准备率、再贴现和公开市场业务。

——中央银行宏观调控的中介目标：信贷总量和货币供应量。

——中央银行既负有提供最后贷款，规避商业银行倒闭风险的责任，又具有调控、规范和督导各种金融机构业务活动的任务。

“八五”期间，人民银行要从侧重对信贷规模的直接调控逐步转向对信贷数量、质量并重的管理，对经营银行逐步推行资产负债比例管理，同时辅以贷款限额指导。加强存款准备率、再贴现等间接调控手段的运用，探索开展和运作公开市场业务，逐步提高中央银行在资金市场上吞吐资金的能力和比重。积极研究制定实施货币供应量控制的配套金融政策措施，完善货币供应量计量模型和货币供应量的统计监测制度，建立比较完善的货币政策预警系统。在此基础上，“九五”期间要逐步向间接调控转换。

2. 在现有金融组织机构体系的基础上，通过改革完善以中央银行为领导、国有商业银行为主体、各种金融机构分工协作的金融机构组织体系。在转变政府职能和企业经营机制的基础上，探索银行政策性贷款与经营性贷款分别管理的办法，进而改革并转换国家专业银行经营机制，使目前的国家专业银行逐步发展成为自主经营、自负盈亏、自求资金平衡、自我约束、自担风险和自我发展的商业银行。

“八五”期间，对资金自我平衡的银行实行资产负债比例管理，贷款限额指导，特种存款调控。“九五”期间使资产负债比例管理制度逐渐成熟并全面推广。同时，要陆续完成和逐步推进其他金融机构的改革与发展：

(1) 组建长期开发信用银行；(2) 因地制宜发展区域性股份制银行；(3) 关于信托公司：一是通过经济手段，鼓励和引导低于一定规模的小信托公司联合组建成立集团性信托公司，二是组建国家信托机构，归口管理全国信托业，三是规范和拓展信托业务；(4) 发展城市信用社、市联社和农村信用社、县联社，推动其向高级形式发展；(5) 鼓励发展金融租赁公司，适当发展财务公司。

（二）到2000年发展目标：

1. 在加强国有商业银行主体地位的同时，发展股份制银行，组建国家政策性银行，以保证国家重点建设有稳定的资金来源，逐步形成多层次、广泛的银行和非银行金融机构，使我国金融业的行业规模上一个新台阶。金融市场在全部信贷资金中的融资比重逐步提高。同时，通过金融业发展过程中内在质量的提高，使整个社会资金循环周转更加顺畅，金融资产负债质量和资金使用效益明显提高。

2. 建立现代化的金融管理、营运体系。在“八五”国家投入40亿元加强银行电子装备基础上，国家、银行进行再投入，达到全面运用电子计算机、卫星通讯等现代化手段进行经营管理，进一步提高金融服务效率和质量，基本形成高效、开放、全国统一的金融信息传递网络和银行清算系统，实施电子联行，办理异地资金的快速划转，在全国主要城市实现同城通存通兑、柜台业务电子化，达到国际80年代初期水平。

“八五”期间，首先开发建立电子联行系统，在72家银行进网的基础上，扩大到190个行；建立同城自动支付系统，先在京、津、沪、武汉等大城市开发建立；建立区域性支付系统，在长江三角洲、珠江三角洲等经济区域内建立区域性现代化支付系统，条件成熟后逐步扩大；逐步将同城和区域性支付系统与异地支付系统联网。

3. 建立全国统一、运行规范、开放的社会主义金融市场体系。在间接融资为主的条件下，有计划地发展直接融资。基本建成全国性的同业拆借市场、债券市场和外汇市场。同时，继续对股票市场积极试点、不断探索。

建立完善的金融市场体系需要渐次推进、分步到位。"八五"期间要按照统一标准，完善现有拆借市场、债券市场和外汇市场，使之运行逐步趋于规范化；"九五"期间，加强全国性的中心市场对周围地区的辐射，使各规范化的市场单元逐步勾通入网；在全国若干区域性市场网络形成的基础上，并网连结成为全国性的统一市场。

三、加快发展的主要措施

(一)作为社会主义市场经济重要组成部分的金融业，其发展和推进有赖于：

1. 内外部环境的改善。从外部环境来看，一是其他部门配套改革要同步协调，政府职能和企业经营机制的转换不能滞后；二是其他部门要积极支持金融业的发展与改革，一方面要废除或修改不利于金融业发展的政策、法规和条例，另一方面，要积极制订和颁布实施新的支持、鼓励、有助于金融业上新台阶的经济政策、法规和条例，特别是财政、税收、投资等配套政策要适应金融业进一步发展的需要。从内部环境来看，我国金融业自身要有紧迫感与发展的内在动力，能够把握改革与发展的大思路，大胆借鉴和吸收国外的成功经验；健全和规范内部管理制度；加强职工的在职教育和岗位培训，加快高级金融人才的培养，提高我国金融业从业人员的素质。

2. 中央银行要加强管理，要调控和服务于金融企业。因此，强化人民银行规范化金融管理，适时、灵活进行金融调控，进一步提高中央银行的工作效率和质量，对于促进我国金融业的发展是十分必要的。

3. 充分利用社会主义市场竞争机制，加快我国金融业发展步伐。在完善和健全金融法规的前提下，发展多种形式的金融机构，利用市场竞争机制，实行"公平、公正、公开、有序"竞争。通过竞争，增强金融企业自我约束、自求资金平衡、自我发展的能力；通过竞争，使金融企业趋于合理经济规模；通过竞争，提高资产负债质量，增强资金流动性；通过竞争，改善金融服务，提高效率。

4. 增加国家投资和金融业自我积累投入。在"八五"和"九五"期间，一方面适当增加国家对金融业的建设资金投入；另一方面，通过深化财税体制改革，增强金融企业自我积累发展的能力；适当引入外资。逐步使我国金融业步入以自我积累投入为主、国家投入和其他投入为辅的发展轨道。

5. 发展标准国际化。一是按照"巴塞尔协议"的要求，采取措施，使我国银行资本金占资产总额的比例逐步达到8%的标准。二是改革人民币汇率形成机制，逐步使人民币汇率并轨，建立以市场汇率为基础的人民币汇率机制；在非贸易领域开始人民币自由兑换，然后向其他领域过渡；先实行国内的自由兑换，然后逐步向国际性货币过渡。三是改革银行记帐方法，使收付记帐法逐步过渡到国际上通行的借贷记帐法。总之，通过改革汇率制度以及银行会计、结算和联行制度等，使我国金融业的发展标准国际化。

6. 扩大开放度。一是要逐步引进外资银行，有计划地兴办中外合资的金融机构。二是逐步对外开放证券市场，利用证券市场筹措外资。三是积极推动我国金融机构在境外设立分支机构。

7. 金融创新，包括新业务的拓展以及发展创造多种新型金融工具。要推广使用信用卡、工资卡、个人支票、大额可转让存单等，进一步增强这些金融工具的灵活性、流动性、兑现性、安全性和融通资金的功能。

8. 建立存款保险机制。由银行、信用社按存款总额的一定比例，共同组建存款保险基金，一定程度上规避银行、信用社的经营风险，从而维护金融机构的安全和信誉，保护存款者的利益，稳定存款，特别是储蓄存款来源。

9. 抓紧制定和颁布实施《银行法》、《证券法》、《票据法》、《公司法》等有关法规。

(二)金融市场依据资金来源与运用的期限长短划分为短期资金市场和长期资金市场。整个金融市场体系的发育和发展除了有赖于上述若干政策措施的贯彻落实之外，还需要强化市场运行机制的介入，以促进其迅速发育和发展。

——关于短期资金市场

1. 存贷款市场。通过形成大体均衡的市场利率，辅以灵活的利率机制，使目前一定程度上的银行资金供给制逐步过渡到由资金供求双重决定的完全借贷制，从而促进银行、信用社存贷款市场的进一步发展。

2. 国库券、短期债券和可转让存单市场。搞好其二级市场即流通市场的建设，进而促进和带动发行市场的发展。

3. 商业票据、承兑和贴现市场。推广使用商业票据，扩大商业票据的发行、转让、承兑和贴现规模，扩大商业银行商业票据承兑和贴现业务，中央银行相应扩大再贴现业务。

4. 外汇市场

(1) 建立全国性金融机构同业外汇拆借市场。

(2) 建立全国统一的外汇调剂市场联合报价和成交体系。

(3)改外汇额度留成为现汇留成，实行全部现汇调剂。

(4)增加外汇调剂市场的业务种类，试办远期外汇交易；扩大外汇调剂市场的调剂范围，逐步将个人外汇及其他非贸易外汇供求纳入外汇市场。

(5) 探索和试办外币有价证券交易市场。

5.人民币拆借市场

(1)在全国建立几个跨地区、跨系统的区域性资金拆借市场,进而形成全国性的资金拆借中心。目前除武汉、上海继续保持或扩大成为所在地区或经济区的拆借中心外,把广州、西安、重庆、沈阳、天津作为华南、西北、西南、东北、华北的拆借中心。在此基础上,通过全国金融市场报价信息系统形成全国统一、开放的人民币资金拆借市场,使各地拆借资金的利率逐步趋于均衡。

(2)放开同业拆借利率和期限,加快短期资金市场化的步伐。

6.研究、论证和试办黄金市场。

——关于长期资金市场

总的来看,需要积极培育和发展债券市场,稳步推进股票市场试点。一是要切实发挥国务院证券委员会和国家证券监督管理委员会的作用,加强对证券市场的日常管理和监督;二是要协调好与证券市场发展、运行相关的宏观经济政策,如税收、利率政策等。

1.积极培育和发展债券市场。

继续扩大企业债券的发行量,允许一些新建的大中型企业、企业集团和国家重点基础设施工程通过发行债券筹集资金,同时适当增加金融债券和其他债券发行量;增加债券品种,根据不同的筹资要求,开发新的债券品种,如房地产投资债券和国内外汇债券等;对发债券企业进行规范化的资产评估,定期审查其经营和财务状况;搞活债券上市交易。除允许个人持有的国债上市交易外,同时创造条件允许单位持有的国债进入流通市场;实现金融债券在全国通兑以便跨地区交易。

2.积极稳步地推进股票市场试点。

总的来看,要大胆试验,但要积极创造条件,稳步推进。选择一些条件较好、规范化企业向社会公开发行股票;在进一步搞好上海、深圳两地股票市场管理的基础上,扩大两市公开发行股票的规模,增加上市公司的数量。公开发行不上市股票只在广东、福建、海南三省试点。研究制定三省公开发行的股票如何上市、过户和联网的办法;研究解决两市三省以外地区股票异地上市问题;在部分省市选择一些有条件的证券经营机构试办投资基金业务,或组织投资基金管理机构,从事投资基金业务;进一步完善已建立的"两所一网"(上海、深圳证券交易所和全国证券交易自动报价系统),逐步将各地的证券经营机构与"两所一网"联通,打破地区封锁和市场分割;建立几个全国性的、资金雄厚、能够发挥主渠道作用的大证券公司(现在筹建中的有北京华夏、上海国泰、深圳南方三大证券公司);加强同证券市场相关机构的建设,完善证券市场监管体系。设立一些专门对上市公司的资产进行评估,对盈亏进行会计审计,对信用状况进行评级的会计事务所、投资咨询公司和信誉评级公司,或综合提供上述服务的全国性公司。

(国家计委财金司　冯中圣编)

关于加快发展房地产业的规划思路(摘编)

房地产是指土地及地上建筑物、附着物的总称。房地产业包括土地开发经营、房屋设施建设以及房地产开发后的流通、消费、维修、管理等,是一个综合性产业。房地产的价值包括地价和房屋设施造价。到1991年底,我国设市城市479个,城镇1.1万多个,加上工矿用地,共6万多平方公里,城镇各类房屋建筑面积66亿平方米,其中公有房屋48亿平方米。如按平均每平方米土地100元,每平方米房屋建筑面积300元估算,我国城镇及工矿区房地产总价值高达七八万亿元。今后每年还要扩大城镇用地400平方公里,新建房屋建筑面积约2亿平方米。如此巨额的房地产如纳入社会主义市场经济运行轨道,将会给国家带来巨大的财富。因此,解放思想,加快改革开放步伐,抓住当前有利时机,促进房地产业健康发展,将不仅为国家经济建设积累大量资金,而且对于促进建筑业等相关产业的发展,合理配置土地资源,改善投资环境,扩大对外开放,优化产业结构,调整消费结构等,都具有十分重要的意义。

一、房地产业发展的基本情况和存在的问题

长期以来,在产品经济思想支配下,城镇土地实行无偿无限期的行政划拨,居民住房由国家包下来实行低租金分配,土地和住房没有作为商品进入市场流通,房地产商品经济活动基本上处于停滞状况。十一届三中全会以后,随着改革开放和商品经济的发展,房地产逐步进入商品市场。基本情况如下:

——"七五"末期,房地产业国民生产总值为469.8亿元,占全国国民生产总值的2.7%。

——1980年以来,城镇住宅投资4 000亿元,建

成城镇住宅15亿平方米，相当于前31年的2倍多。其中大部分住宅实行低租金分配，小部分以商品房形式出售。“七五”期间销售商品房1.32亿平方米，回笼货币150多亿元。

——1987年以来土地供应开始实行有偿出让，到目前每年土地出让数占土地供应总量的1%。据初步统计，到1992年7月底出让国有土地使用权3 070幅，土地面积13 440公顷。

——开征了土地使用税、房产税、国有土地收益金等。1991年征收土地使用税、房产税、房地产交易契税、房地产开发企业纳税等共91.22亿元，占当年财政收入2.3%。

——1991年底全国房地产开发公司发展到3 700多家，房地产交易所1 500家，固定资产90亿元，年产值近千亿元。各类房地产企事业单位1万多个，从业人员240多万人。

——近几年城镇划拨土地中约有5～10%进入市场，大量本应归国家所得的土地资产收益流失到单位和个人手中，土地收益流失比较严重，影响国家财政收入。

——房地产制度改革发展不平衡，总的情况是沿海快、内地慢，南方快、北方慢。最近，许多地区加快了房地产业发展步伐，出现一些新情况：一是纷纷划定开发区，1991年底全国开发区共117个，到1992年7月已发展到1 800多个；二是房地产开发公司迅速增加，非房地产企业大量涉足房地产业；三是外资大量涌入房地产业；四是建设用地增加较多，房地产业用地增加幅度大；五是越权批地的现象比较严重。

——产权产籍管理制度基本建立，到1990年已完成1 772.11万户、房屋建筑面积46.5亿平方米的房屋产权登记。经过审查确定产权，并核发了产权证的1 473.11万户，房屋建筑面积40亿平方米；全国已完成土地登记发证约910万宗。

我国房地产业的发展还处于初级阶段，各地发展也很不平衡，还存在一些制约因素，主要有：

1. 宏观调控市场机制尚未建立。对如何把握房地产业的运行规律，如何建立起与社会主义市场经济体制相适应的房地产业市场机制，还有待于进一步认识和实践。

2. 传统的思想观念没有转变。许多地区对土地使用制度改革尚未引起重视，缺乏土地的“资产”意识，习惯于用行政办法无偿划拨土地，使国家对国有土地所有权在经济上没有得到体现。

3. 知识、经验不足，管理机制不适应。有的地方急于加快经济发展，出现划定开发区热、批地热、圈地热、成立房地产公司热。一次批地面积过大，出让土地使用权的期限过长，不按经济规律办事，存在一定盲目性。个别地方不考虑市场需求，房地产开发偏多偏快，出现商品房过剩苗头，已开发好的土地未能引来投资者，阻碍了房地产业健康发展，使国家、地方蒙受损失。

4. 市场机制不完善，在土地出让中采取协议方式多，招标、拍卖少。商品房屋交易以及房地产的抵押价格，还缺乏科学的、可资依循的价格标准，随意性较大。

5. 房地产的收益分配机制不健全。一方面国家对国有土地的所有权应得的合理收益没有完全收回来。另一方面，由于国家、企业、个人在房地产经济活动中收益分配政策不明确，利益得不到保障，在一定程度上制约着房屋和土地的流动，导致部分房地产长期闲置，得不到充分利用。

6. 房地产管理体制不顺，有些政策不够协调，给具体的组织实施工作造成困难。

7. 法规不健全。近几年国家先后颁布了《土地管理法》、《城市规划法》、《城镇国有土地使用权出让和转让条例》、《外商投资开发经营成片土地暂行管理办法》、《城镇私有房屋管理条例》等，地方性法规也颁布了一些，但是随着社会主义市场经济的发展，房地产经济活动过程越来越复杂，原先出台的法规已不完全适应房地产业的发展需要。

二、深化房地产体制改革，促进房地产业继续发展

房地产业发展的根本出路在于改革。各级政府要抓住当前有利时机，深化房地产业管理体制的改革，包括土地开发、房屋设施建设，以及房地产的流通、消费、维修、管理等各个环节的改革，加大改革力度，促进房地产业的健康发展：

1. 土地使用制度改革：这是一项根本性的改革，各地要积极稳妥地、有计划有步骤地进行。

(1)逐步扩大土地使用权有偿出让范围，减少行政划拨土地使用权的比重。各级政府要转变观念，严格把关。目前，除对国家投资的党政军机关、行政事业单位办公用房、住宅建设用地，公共设施、公用事业和国营工业等建设用地，继续采用划拨方式供应外，其他新增建设用地，首先是商业、金融、旅游、服务业、商品房屋和涉外工程建设用地，要逐步采用土地使用权有偿有限期出让的办法。对外开放城市及地区土地使用制度改革的步子可适当加快。

(2)土地使用权的出让，要推向市场。要采用拍卖、招标方式，尽可能减少协议方式，各城市政府要尽快制定土地使用权出让基准价格，任何单位或个人都不得低于基准价格出让土地使用权。

(3) 对过去已作了行政划拨的存量用地，要根据《中华人民共和国城镇国有土地使用税暂行条例》，全面开征土地使用税。根据各地不同情况、以及土地级差收益、土地用途的不同等，要有计划、有步骤地调整部分企业土地使用税税率，逐步使通过出让和通过划拨所获得的土地使用权的使用者，能够平等地竞争。

2. 投资体制改革：发展房地产所需资金来源，由过去以国家投资为主体，转为资金来源多元化。主要依靠房地产开发公司自有资金，同时也要在国家宏观调控下积极吸引社会闲散资金，包括吸收个人资金和利用外资。要有计划地拓宽集资、融资渠道，加快房地产业资金周转。住宅建设投资，要实行国家、企业（单位）、个人一起上的方针，不能由国家包下来。

3. 房地产开发领域改革：深化房地产开发领域的改革，对于实现城市总体规划，改变旧城面貌，提高投资效益，方便居民生活，改善城市功能都有重要意义。

(1)房地产开发要以规划为龙头、土地为基础、市场为对象，统一规划、统一开发、统一管理。严禁一切乱建、乱拆、乱挖的行为，必须按城市规划要求开发土地、建设房屋设施。

(2)提高房地产综合开发的比重，不论是开发区还是旧城改造，都要尽可能综合开发，统一规划、合理布局、因地制宜、配套建设，提高投资效益和社会效益。

4. 要在国家政策指导下，搞活房地产经营：

(1) 开放房地产经营，促进房地产合理流动。

(2)积极开展土地使用权出让、转让、出租、抵押和房屋买卖、租赁、抵押等活动。

(3) 大力发展房地产信息、咨询、估价、保险、代理等中介服务体系。

(4) 利用房地产市场机制实现房地产生产要素优化配置。

(5) 建立健全监督、管理服务机构。

5. 规范房地产市场管理，不断培育和完善房地产交易市场。

(1)建立房地产市场竞争机制。关键是要实行公平竞争，在土地出让，各项税费方面要一视同仁，反对不正之风，提高透明度，接受社会监督。

(2)建立科学的房地产价格体系。土地使用权的出让价格，要以土地和物价管理部门制定的基准地价为依据，并体现国家产业政策。住宅商品化，要按照涉外商品房、商品房、微利房、福利房的性质实行不同价格。

(3)建立合理的收益分配关系，切实防止国家土地收益流失。已经出台的“城镇土地使用税”和“土地使用权出让金”等政策必须严格执行，未经国务院批准，任何单位和个人无权减免。计划、财政、税务部门要抓紧制订土地增值税。

(4)规范市场行为，促进房地产交易行为、程序、文本契证的规范化。

6. 房地产服务管理：

(1)房地产的修缮、装饰、搬家等服务单位要成为企业实体，推向市场。

(2) 发展小区管理、物业管理和委托代管业务。

(3)扩大专业化、社会化程度，提高服务水平和服务质量，方便居民生活。

(4) 进一步健全产权产籍管理。

在发展房地产业的过程中，各级政府对目前出现的划定开发区热、批地热、圈地热、成立房地产公司热，要引起高度重视。要采取有效措施，正确引导，加强管理。要防止一哄而起，出现过热，给房地产市场带来混乱，给国家造成不应有的损失。

三、房地产业的发展目标和政策措施

根据社会主义市场经济要求，今后我国房地产业将有较大的发展。到2000年总的发展目标是：建立比较完善的房地产市场体系，比较健全的房地产管理体系，自我积累、自我发展、自我约束的调控机制，比较合理的房地产收益分配体系。具体在房地产业增加值、从业人数、国有土地使用权有偿出让占土地供应量的比重、商品房占城镇房屋建设总面积的比重都要有较大的增长。

房地产业是第三产业的重要组成部分，既是国民经济的先导性、基础性产业，又必须与经济、社会发展水平相适应，协调发展。同时，我国房地产业又是刚刚起步，知识、经验不足，难免出现一些这样那样的问题，各级政府必须给予正确引导，加强管理，积极扶持，使房地产业朝着“放有度、管有法、活有序”的方向发展。

1. 把房地产业推向市场。在国家宏观调控下，房地产业的各项经营活动按市场规律运行，由企业自主经营，开放搞活。要打破地区封锁，开展公平竞争，优胜劣汰。盈利由企业自主支配，亏损政府不补。

2. 实行有偿有限期的土地使用制度。对党政军机关、群众团体、行政事业单位办公用房和住宅建设用地，公共设施、公用事业和国营工业等建设用地，继续采用行政划拨方式供应；对商品房开发用地，“三资”企业、商业、金融业、经营性旅游业等的用地，实行有偿有限期的出让供应。通过行政划拨方式取得土地使用权的单位，需要转让、出租、抵押土地使用权时，须经县级或县级以上人民政府批准，并按当时市场的地价，补交出让金，或以国有土地收益金抵交出让金。对过去通过行政划拨方式所获取的土地，还要区别不同情况，有计划地调整部分企业土地使用税的税率，拉开税率档次，使其对土地资源优化配置发挥调节作用。

3. 建立和完善房地产交易市场。房地产一级市场即土地使用权的出让，必须由国家垄断。房地产二级市场即房地产开发经营和三级市场即存量房地产交易，要在国家宏观调控下开放搞活。各级政府出让土地使用权，要尽可能采用拍卖、招标方式，减少协议方式。要发展房地产的出售、抵押、租赁等活动，建立房地产的估价、仲裁、咨询、代理等中介机构，逐步形成规范、公开、有序的房地产交易市场。

4. 继续深化住房制度改革。加快住宅商品化步伐，鼓励职工和私人买房，对租房居民要逐步提高房屋租金，减少国家财政补贴，最终目标实现住宅的建设、消费良性循环，自我发展，满足城镇居民对住房不断增长的需要。为解决行政及全额预算事业单位无房户、拥挤户、不方便户的住房困难问题，通过行政划拨取得土地使用权的房地产开发公司，有义务向政府提供福利房、微利房。

5. 积极推进房地产企业经营机制的转换，政企分开。各级政府要转变管理职能，其主要职责：加强宏观调控，制定行业发展规划，颁布政策法规，发布信息，审核房地产企业和有关岗位人员资质，加强行政管理和行业管理，努力为企业服务。政府不直接干预企业经营活动。企业职责：企业有权自主经营、自我发展，企业必须执行国家有关法律规定。

6. 改善投资管理。房地产开发资金，包括自有资金、银行贷款、利用外资、预收资金、各类证券及其它资金，都必须纳入国家固定资产投资规模。其中银行贷款既要纳入固定资产投资计划，又要列入信贷计划。限额以上的房地产建设项目，凡不需国家平衡建设条件的由地方审批，需要国家平衡建设条件的报国家计委审批。

7. 正确引导外资适当投向房地产业。引进外商投资，可以补充房地产开发资金不足。外商投资应符合我国产业政策。"三资"企业和国内企业在税费上一视同仁，公平竞争。外资企业内销和内资企业外销商品房，最好要实行许可证制度。

8. 正确处理政府、企业、个人之间的收益分配关系。城镇土地使用权出让收益、土地增值税，目前大部分可归地方，用于城镇的基础设施和土地开发。企业、个人在房地产经营活动中的合理收益，要依法保护。

9. 城镇土地的开发利用，要以规划为龙头。土地使用者必须按土地利用总体规划和城市规划的要求开发、利用土地。各级政府不得迁就土地使用者违反城市规划的要求。

10. 要有计划供应土地，节约用地。我国是一个农业大国，人多地少，土地是最宝贵的资源，各级政府必须节约用地。凡有条件的地方，都要鼓励尽可能多利用非耕地，多从山丘、滩涂造地；多从改造旧城腾地。做到少占好地，少占农田，少占菜地。各级政府要编制年度用地计划和五年用地计划，经省、自治区、直辖市和计划单列市政府初审，上报国家计委综合平衡后下达，实行指令性计划，严格管理。

11. 出让城镇土地使用权必须坚持依法审批。耕地1 000亩及其以上的，非耕地 2 000 亩及其以上的，由省、自治区、直辖市人民政府报国务院审批。耕地1 000亩以下，非耕地 2 000 亩以下的，要根据出让土地使用权的数量、地理位置、用地性质，分别由省、市(地)、县三级人民政府审批，地方各级政府的具体审批权限请省级人民政府确定，报国务院备案。

12. 集体所有制土地使用权不得出让、转让。乡镇及其以下基层组织不得兴办开发区。乡镇企业使用土地、农村集体经济组织以土地作价入股兴办"三资"企业、内联企业，须经县级人民政府批准，但集体土地作价入股的股份不得转让。国家建设需要使用集体土地时，需经县及县级以上人民政府先征后用。

13. 合理确定土地使用权出让价格。土地使用权出让价格，要根据不同的土地使用性质、使用年限、容积率、级差收益和供求关系等因素，有所区别；外商用地和国内单位用地，有所区别；经营性项目用地和非经营性项目用地，有所区别，各级政府应实行动态价格管理。

14. 加强对土地开发利用的管理。各级政府审批土地使用时，要从建设项目出发，不要盲目地成片出让土地使用权；出让土地使用权的期限要严格按国家法规执行；土地使用权出让后，土地使用者要及时开发利用，土地闲置时间不得超过两年，否则政府有权依法收回；转让土地使用权必须经过开发，开发的投入不得小于出让金的 25%；任何单位、个人不得囤积土地，哄抬地价。

15. 严格房地产开发公司资质审查和登记注册。工商行政管理部门办理从事房地产的企业、个人，包括"三资"企业登记注册时，必须依据有关部门制定的资质审查标准进行。没有取得资质和登记注册的任何企业、个人不得从事房地产业务。

16. 加强法制建设。要在调查研究的基础上，完善房地产的法律、规定，国家要尽快制定《房地产法》、《住宅法》等，各地也要结合自己的实际情况，制定一些地方性法规。

（国家计委投资司　海峰、高桦编）

关于加快发展信息、咨询业的规划思路（摘编）

一、关于我国信息、咨询业的现状

我国信息、咨询业是伴随改革开放发展起来的新兴知识密集型产业。信息、咨询业通过向社会提供高质量、低成本的信息、咨询服务成为政府部门宏观决策，企业经营管理、科学研究和技术开发、以及社会生活其它方面所不可缺少的一个重要方面。而深化改革、扩大开放、建立社会主义市场经济体制、政府职能转变和机构改革又为信息、咨询业的发展提供了广阔的市场。

信息、咨询业在不同的发展阶段、不同的国家和地区，它的服务范围、使用的技术手段、子行业的构成都不尽相同。一般来说，信息服务业和咨询业是两个联系十分密切的行业。提供信息服务的机构经常提供咨询服务，提供咨询服务的机构不是利用信息机构的信息，就是自己建立相应的信息部门，为开展咨询工作服务。因此，在许多国家中，咨询业是作为信息服务业的一个子行业的，也有少数国家将两者并立起来。考虑到我国的实际情况，在这次规划思路中，信息业包括信息采集、加工和提供，电子信息技术服务、广告等；咨询业包括工程咨询业、经济管理咨询业、科技咨询业、法律咨询业、会计审计咨询业及其它咨询业。

改革开放以来，我国的信息、咨询业发展很快，逐步渗透到国民经济的各个领域，取得了显著的社会效益和经济效益。为宏观决策服务的信息咨询机构和信息系统为各级政府部门提供了大量有价值高质量的信息产品和服务，为宏观决策的科学化和民主化做出了贡献；数百个跨地区、跨部门、跨行业、与市场和企业密切相连的信息网络和信息系统在市场信息传递和企业走向市场中发挥了重要的作用；广告服务在厂商、产品和用户之间建起了信息通道；科技信息和咨询为企业的技术改造、新产品开发提供服务，在科学技术转化为生产力中起了桥梁和纽带的作用；管理咨询、工程咨询、会计咨询、审计咨询、法律咨询等在提高决策的效率和质量，企业转换经营机制和法制建设中正发挥越来越重要的作用。

信息、咨询业的发展中还存在不少问题和影响进一步发展的制约因素，主要有：社会对信息、咨询的重要性认识不足，信息、咨询服务价值观念淡薄；市场机制尚处于形成阶段，需求相对不足；行业管理体制不健全，行业结构不合理，信息、咨询业分布在几十个行业、部门中，缺乏统一规划；有关法律、法规不健全，行业行为不规范、信息交流机制不健全，信息共享程度低；经营机制缺乏活力，信息、咨询业除少数子行业外，主体部分均系事业单位，许多在计划体制下建成的信息、咨询机构投入多，产出少，设备利用率很低，缺乏走向市场的动力；信息企业规模小、从业人员素质差，信息产品的数量和质量离需求尚有不小的差距，低水平的重复劳动大量存在；缺乏对信息、咨询业应有的鼓励性政策；基础条件差，特别是与信息、咨询业发展息息相关的通信基础设施和信息设备制造业落后。

二、关于发展信息、咨询业的目标和主要任务

信息、咨询业发展要紧紧围绕党的十四大所提出的90年代改革和建设的主要任务，特别是要为社会主义市场经济体制的建立和运行，为企业转换经营机制和走向市场，为政府转变职能、行政管理体制和机构改革，为科学技术转化为生产力，为社会公共信息服务作出贡献。据此，规划思路中提出的总目标是：到2000年，逐步形成完整高效的综合社会信息、咨询服务体系，其核心是在社会主义市场经济体制的形成和完善时期，为宏观和微观两个方面急剧扩大的信息和咨询需求提供全面有效的支持，这样的综合社会信息、咨询服务体系应能满足政府在转变职能、精简机构环境下的信息、咨询需求，为宏观决策提供全面有效的服务；应为企业走向市场、转变经营机制提供全面的信息、咨询服务；应建立与社会主义市场体系的发展相适应的市场信息、咨询服务体系；为企业技术进步和科研教育提供有效的信息、咨询服务；在有条件、有需求的城市建设面向社会公众的公共信息、咨询服务系统。

实现上述目标要分两步走。第一步，“八五”期间，要建立与社会主义市场经济相适应的为宏观决策、企业生产经营和市场体系运行服务的信息、咨询综合服务体系框架，基本完成事业型信息、咨询机构向企业化经营的转变。第二步，再经过5年努力，使信息、咨询服务业发展成为结构合理、手段先进、有一定规模的独立产业，基本满足社会、经济、科技、文化发展对信息、咨询服务的需求。

根据这样的目标，主要的任务是：

加快建设为各级政府部门服务的信息、咨询体系。建立连接地区和部门、市场和企业的高层次信息网络，形成为宏观决策服务完整的预测分析和咨询体系，为

各级政府部门建立现代化的管理信息系统提供技术支持。具体任务是：进行一次政府信息资源普查以摸清家底；制定统一的发展规划。加速信息资源的开发利用。制定政府信息资源管理和信息交流法规，打破信息的部门封锁，确立科学合理的信息交流制度；在现有各政府部门的信息系统基础上，加快计算机联网服务步伐，加快建设同管理工作密切结合的实用的政府部门办公信息系统、管理信息系统、决策支持系统，提高工作效率和决策质量。建立完整的决策后援机制，扩展咨询业的业务范围，逐步成为各级政府实现决策民主化、科学化中不可缺少的一环，为实现"小政府、大服务"的目标创造必要的条件。

加快发展市场信息系统和网络。信息的完备和通畅是确立健全的市场秩序，建立完善的市场功能，充分发挥市场机制的必要条件。根据国家建立市场体系的规划和布局，建设与各类市场规模和需求相一致、专业与区域相结合、国际和国内相补充的现代化市场信息系统和网络。全面建立以供求和价格信息交流为主的覆盖面广，实用性强，权威性高，更新及时的市场信息网络，并根据需求和资源条件，采用计算机和现代通信技术。在咨询业方面，要积极培育咨询市场，提高市场咨询服务的质量，

为企业走向市场提供全面的信息咨询服务。建立社会主义市场经济体制的首要任务，是转换国有企业的经营机制，把企业推向市场。90年代中国的企业将面临一个全新的信息环境，信息咨询服务业应该为企业适应这一新环境提供有力的支持，对中小企业和乡镇企业要给予信息扶持。为此，应该有重点地建设若干个经济信息中心，这样的信息中心将集中国际国内主要的经济信息，并能通过各种不同的渠道为全国所有的企业服务；要为企业在新的运行环境中提供各类咨询服务，包括法律、会计、管理、市场调查和分析、金融等一切相关方面的咨询服务；要为企业提供在今天市场全球化和高度发达的信息技术环境中所需要的技术支持，如条形码、电子数据交换、电子邮政和其他增值网服务，为企业开发各种类型的信息系统提供成套服务。

抓好骨干信息、咨询企业的建设。要以现有的大型信息、咨询机构为基础，通过内引外联、兼并等手段，创建一批骨干企业和企业集团。特别要培育从事联机信息服务、数据库生产和服务以及增值网服务的大型骨干企业，在国际国内有较大影响的权威性综合或专业信息、咨询企业，使之成为信息、咨询业发展的龙头。

抓好人才培训，加强理论研究。制定专业人才培训规划，利用现有设施基础，建立培训基地，实施信息、咨询专业人员考核晋级制度。积极开拓多种渠道，培养高层次人才。

统计信息业的发展重点是，为宏观决策和管理提供信息和咨询，发展对微观经济的导向作用，为商品生产经营者提供信息和咨询服务的市场统计信息网络。逐步建成比较完善的计算机网络和统计数据库体系，建立配套的统计信息服务法规体系，形成统计信息、咨询企业事业机构自主经营、自我约束、自负盈亏、自我发展的机制。

科技信息业要建立起与社会主义市场经济相适应的科技信息体制和运行机制，尽快形成功能社会化、结构网络化、信息生产与服务产业化、手段现代化的科技信息业。要调整结构，将重心转向为经济建设服务的主战场。

电子信息技术服务业要形成包括数据录入及处理、数据库服务、应用软件开发、系统集成、增值网络服务等领域的独立产业。加快政府部门、企事业单位软件开发、信息系统建设商品化、产业化进程。加快发展电子邮政、电子数据交换，为企业面向市场、面向世界在信息交流方面提供必要的技术服务。

地理信息业要补充和更新全国主要地理信息产品，建立正常的信息维护制度，使地理信息始终保持较好的现势性，服务方式从模拟图件逐步转为数字化信息服务，扩大地理信息服务面。

广告业要建立与国民经济和社会发展相适应的重点突出、结构合理、门类齐全、专业化水平较高，多层次、全方位的广告信息传播和服务体系。要在提高广告社会效益的基础上明显提高广告经营水平，提高广告产品质量、加强广告监督管理、提高广告从业人员素质。

工程咨询业应建设成为具有中国特色的以全民所有制为主体、多种经济成分并举为国家经济建设和工程项目决策、建设提供全过程咨询的服务体系，成为国家和地区建设中必不可少的参谋、咨询部门；大幅度地参与国际工程咨询市场竞争，成为带动我国设备、技术、劳务出口的先遣队。

科技咨询业要成为科学技术转化为商品的桥梁与纽带。科技咨询业的主要任务是扩大并稳定科技咨询队伍，建立科研机构、大专院校的科研成果和国内外专利技术向全国各类企业，特别是中小企业和乡镇企业转移的正常稳定的渠道。

经济管理咨询业要建成一支由国家、行业、地区及民办等多方面多层次组成的、具有一定素质的经济管理咨询队伍，形成覆盖经济发展战略、规划、对策、评价、预测分析、企业经营管理和国际技术合作的服务体系。

会计审计咨询业要在注册会计师、注册审计师、会

计服务公司和会计信息业几个方面一起发展。扩大服务范围，加快机构组建，扩大从业人员队伍，提高业务人员的素质和服务质量。

法律咨询业要加快壮大律师、公证、乡镇法律服务主体，适当发展社会法律咨询业，进一步完善具有中国特色的法律服务体系。具体目标是：进一步发展队伍数量，提高队伍素质，拓展服务领域，发展社会法律咨询业，并逐步实现企业化经营管理。

其它信息、咨询业要根据需求、现状和资源的约束条件，加快发展步伐。

要加快信息咨询业管理体制的改革，这是关系到信息咨询业能否加快发展的关键问题。改革的重点是实现经营企业化，服务社会化，信息咨询产品和服务商品化；加强行业管理，引入竞争机制，逐步走向市场，使信息、咨询业走上良性循环的发展轨道。

要加快经营企业化的步伐。除少数由国家统一规划的综合性、基础性科技、经济信息机构，主要为宏观决策服务和为全社会提供信息的非盈利信息、咨询机构保持公益性事业单位外，其余部分应根据有效利用信息资源、发挥规模效益、保证公平竞争原则，在三五年内转变为企业化管理的信息、咨询事业单位，逐年递减事业费，最终过渡到完全自主经营、自负盈亏的企业单位。对综合性、基础性、公益性的信息机构要增加投入强度，开发建设与我国国际地位相称的经济、科技信息源和信息系统。

要加快服务社会化进程，政府部门，企事业单位内部信息咨询机构要转向社会化服务，向社会开放，逐步变成独立法人。

要加快信息、咨询产品和服务的商品化过程。这是信息、咨询机构转向企业的必要前提。放开信息、咨询产品服务的价格，同时要制止各种形式的信息垄断和信息封锁，防止不正当竞争。

三、关于发展信息、咨询业的重要政策措施

相对于第三产业的其他行业来说，信息、咨询业的发展水平与发达国家相比差距更大，自我发展能力更弱。因此，国家必须采取强有利的政策和立法管理手段，促使其快速、健康发展。

第一，转变观念。政府要致力于提高全社会的信息意识，动员新闻界、学术界、政府部门、社会团体等各方面的力量不断地进行宣传，改变在信息方面的传统观念，要把信息当作社会发展的战略资源，作为有价值宝贵财产，要强调信息，咨询成果的商品意识。

第二，要加快信息和咨询领域的立法和行业管理体制的建设。首先，要确立行业管理体制。信息、咨询业是综合性、渗透性很强的行业，要改变目前分散管理，政出多门，产业化进程缓慢的状态。结合我国的实际情况，国家计委可以作为行业管理部门，行业协会协助管理。行业管理的主要职责是：制定有关政策法规；制定国家信息、咨询业发展的总体规划；协调政府部门之间，政府与企业之间，企业与企业之间，政府与公众之间的信息咨询活动；监督和管理信息、咨询业的经营活动；组织信息咨询业的国际合作。其次，要加快立法。信息和咨询领域立法主要应解决的问题是：政府部门之间的信息交流的制度化；规范政府对企业和公众的信息咨询服务行为；加强政府对信息、咨询服务市场的管理，保证信息、咨询企业公平竞争，提高信息、咨询产品及服务的质量等。在保密制度方面，在确保与国家安全和利益相关的信息严格保密的前提下，按照国际惯例，尽可能缩小信息保密范围和周期。

第三，资金扶持。信息、咨询业的发展需要适当的投资。信息，咨询服务业应根据不同行业的性质广开资金渠道，有的需要国家和地方给予扶持，有的可以在金融市场直接融资。

第四，充分调动各方面的积极性。发展信息、咨询业，除少数行业外，采取国家、集体、个人一起上的方针发展信息、咨询服务业。提倡和鼓励信息、咨询业跨地区、跨部门、跨国界合作，向集团化和网络化方向发展。提倡和支持中外合资、国外独资和跨国信息企业的建立，通过多种渠道和方式，引进国外资金、人才信息资源、管理经验和技术，促进我国信息、咨询业的标准化进程。

四、关于实施步骤

实现规划提出的目标，需要实事求是脚踏实地从头抓起，一个符合中国国情的实施过程是规划的重要构成部分。规划中，将实施步骤分成“八五”和“九五”两个阶段描述，重点在“八五”期间。

“八五”期间：

1. 将现隶属于政府部门的信息、咨询机构分门别类逐步推向市场。现有的政府信息、咨询机构分布在各级政府、综合管理部门和专业管理部门之中，要针对各部门的不同情况，制定相应的改革措施和方案。

专业管理部门所属的信息、咨询机构，要逐年递减事业费。加快其企业化的步伐，在3至5年内完全转为独立经营的信息、咨询企业。

综合管理部门所属的信息、咨询机构应采取“精简过渡”的方针。直接为管理部门服务的部分精简机构，集中服务、保持其事业单位性质并逐步转为企业化管理，使其由全额预算单位逐步过渡为差额预算单位。其余部分应尽快转为独立的信息、咨询企业，开展对企业和公众的信息、咨询服务。

直接为政府首脑部门服务的信息、咨询机构，视不同情况分别保持在行政或事业编制之内。

2．建立国家和省一级以及部分中心城市的信息、咨询业行业管理机构。

3．制定重要和急需的信息、咨询业法规和条例，主要是：关于政府信息资源管理和政务信息公布和查询方面的法规，信息、咨询企业资格审查、信息市场管理和涉外信息、咨询服务管理方面的法规，注册会计师、注册审计师等有关法规，工程咨询、科技咨询、经济管理咨询、法律咨询等咨询业的法规，修订统计、广告管理等方面的法律法规。

4．在投资、信贷、工商、财政、税收、物价、出版、利用外资等方面给予优惠政策。

5．以优惠政策扶持若干个信息、咨询试点骨干企业或企业集团。

6．统计信息和咨询、科技信息和咨询、工程咨询、经济管理咨询、社会审计查证咨询、会计咨询、法律咨询、广告等行业在机构、人员，服务的质量和数量上有较大的增长。

7．结合全国第三产业普查，进行第一次全国信息资源普查。

8．扩充和健全现有的各类信息、咨询培训基地，到"八五"末争取年培训5万人次。

9．放手动员各方面力量，完善当前已有的市场信息网络，建设现代化的市场信息系统。

10．发挥市场机制的作用，并适当运用经济、法律和行政的手段，建立保证满足政府宏观决策在职能转变和市场经济条件下信息需求的信息网络和交流渠道。根据不同咨询业的性质、需求和条件，逐步采用现代化咨询手段，建设咨询信息系统。

11．同国外主要信息和咨询企业建立合作关系，有条件的地区和部门应加快国际合作与联网步伐。

"九五"期间：

"九五"期间是我国信息、咨询业从发育走向成熟的关键时期，要在"八五"的基础上，加快发展步伐，实现并争取提前实现本规划思路提出的到本世纪末的总目标。

（国家信息中心　杨学山编）

关于加快发展农村社会化综合服务体系的规划思路（摘编）

农村社会化综合服务体系，是农村第三产业的重要组成部分。加快农村社会化综合服务体系的建设，即：在整个农村经济范围内，建立以农业社会化服务体系为主，包括农村第二产业的服务体系、农村市场体系等组成的多部门、多层次综合性服务网络。对加快发展农村社会主义市场经济，提高农业专业化、商品化、现代化水平和农业综合生产能力，具有重要推动作用。是促进农村第二、三产业发展，加快农村剩余劳动力合理转移的有效途径，也是提高农民收入，缩小城乡差别，实现农村小康的重要措施。

一、农村社会化综合服务体系的现状及主要制约因素

进入90年代，我国农业发展已从单纯的以农业经济为主转向农林牧副渔、工商建运服全面发展，农村第一、第二、第三产业之间的比例和结构逐步调整，农村经济状况发生了较大的变化。农村社会化综合服务体系也有了长足的发展。主要特征是：

1．农业社会化服务体系已初步形成。目前全国共有农牧渔各类服务机构21.416万个，其中包括省级327个，地区级2 465个，县级6 724个，乡级18.6万个，其他1.86万个。拥有技术服务人员117万人，其中国家技术干部46万人，合同制干部、工人33万人，农民技术员38万人。从大农业的角度看，全国林业和水利服务体系也有了较大的发展。1990年底，全国区、乡（镇）林业工作站已达3.5万个，职工人数由1985年的6.43万人增加到14万人，增长1.2倍。全国林业防治检疫站达到1 898个，森林防火机构达到2 400多个，有专业森林防火消防队4 432人。全国县以下农村各类水利服务组织达到40多万个，其中县级1.8万个，区、乡3万多个，村组35万多个，拥有600多万人。初步形成了以县水利部门为依托、区乡水利管理站为基础、以各类水利工程管理单位为骨干、以村组管水组织和水利个体户为补充的水利服务网络。目前以国家技术经济部门为主体，其它专业技术部门相结合，集体经济组织为基础，农业科研单位、大专院校及农民技术服务组织为补充，集科研、试验、示范、培训、农业生产资料供应、农产品收购、资金供应为一体的农业生产服务组织系统已初步形成。

2. 农村第二产业的社会化服务不断发展。近十多年来，以乡镇工业、建筑业为主的农村第二产业发展较快，促进了农村第二产业社会化服务体系的建立与发展，形成了以技术、劳务、产品销售为基础，质量监测、行业指导、咨询、信息服务为主体，运输、仓储、物资供应为辅助的农村第二产业服务体系雏形。

3. 农村商业和服务业发展较快。1990 年末，农村各种商业经营机构已达到 562.8 万个，从业人员 1 122.7 万人。其中包括供销社经营网点 80 万个，从业人员 470 万人；其它集体、个体商业网点 478.5 万个，从业人员 769 万人，均比改革前的 1978 年有了成倍增长。全国供销社系统常年活跃在农业第一线的科技人员达 20 万人，建立了各种农资社会化服务网点 20 多万个，其中“庄稼医院”2.36 万个，配肥配药站 4.1 万个，咨询服务站 3.5 万个，其他服务网点 10 万个。同时，农村产供销一体化经营和批发市场建设出现了良好的开端。农村现已试办和建立起了大批不同形式、不同层次的产供销、农工商、贸工农一体化经营组织，不少地方还兴办了农贸市场和农产品批发市场，农村技术人才、物资交流市场，促进了农村社会化服务工作的开展。

4. 农业银行、信用社等金融组织开展了大量农村社会化服务工作。1990 年，农村乡镇一级有独立核算的信用社 58.2 万个，不独立核算的村一级信用分社和信用站有 32 万个，脱产和不脱产人员达到 78.6 万人。

在农村经济发展过程中，农村社会化服务重点开展了以下几个方面的工作：

一是产前提供良种、化肥、排灌、机耕、农田水利等方面的服务。二是在产中进行植保、畜禽疫病防治、技术推广等服务。三是在产后提供大宗农作物收割、脱粒、产品销售、加工储藏、运输等服务。四是随着农村经济的发展，供销社、商业、外贸、银行、信用社、保险等部门，科研部门、大专院校和农民专业技术协会、专业合作社以及专业户等也在农村开展了广泛的社会化服务工作。

在农村社会主义市场经济发展的新形势下，开展农村社会化综合服务也面临一些问题：

1. 经营管理机制不顺，制约了农村社会化综合服务体系的发展。主要是存在着两个方面的不适应：一是不适应社会主义市场经济发展的要求，不能迅速地在服务工作中运用竞争的机制，增强服务机构的活力，提高效率。二是还不能为解决现实农村经济中诸如农产品、农业生产资料买难卖难等突出的矛盾。现阶段涉及农村社会化服务的行业和部门一定程度上仍处于分割状态。农村乡镇一般都设有农技、农机、林业、畜牧、渔业、水利、经营、电力、粮食和工商、信用社、供销社等基层分支机构，但由于现行体制的制约，难以在农村社会化服务方面形成合力。部门行业之间缺少协调与合作，以致出现社会化服务机制不配套，服务功能不完善，行为短期化等现象，影响了整体服务效率和服务质量的提高。

2. 资金短缺、设施落后、机构不健全等影响了农村社会化综合服务功能的发挥。目前尚有 36%的县、20%的乡镇、45%的村因缺乏资金没有建立农业技术推广服务机构，已建成的农村服务组织，普遍存在设施不配套，仪器设备陈旧老化，活动经费短缺的矛盾，不能开展正常的服务工作。一些地方对农技推广部门、供销社等的建设投入不足，运营管理也缺少优惠政策。

3. 政策不落实、不配套，不利于服务工作的开展。由于工农产品价格剪刀差的存在，以及农业生产效率低，条件差、风险大等因素，在农村商品经济发展的情况下，开展农村社会化服务，成本高，收益少，不利于工作的深入。虽然近几年来，中央、国务院制定了一系列政策，要求加强和发展农业社会化服务工作。但有些政策，如解决乡镇农技服务组织的人员编制，以及经费问题等政策，一些地方尚未全部落实。

4. 农村社会化综合服务体系发展不平衡。据有关部门调查，东部地区良种供应、农机耕种的社会化服务程度现已达到 73%和 85%，中部地区为 49%和 79%，而西部地区仅为 38%和 57%。西部地区尚有一半的村没有植保和畜禽疫病防治服务组织。在农业和农村工业、农村建筑业之间，农业生产的产前、产中、产后之间，服务工作的差距较大。一些急需发展的服务行业如信息、咨询服务、房地产开发、金融、保险等仍相当薄弱，仅处于起步阶段。

二、农村社会化综合服务体系的发展目标和任务

我国农村经济发展现正面临较大的战略调整，要由传统的数量型增长，转向质量效益型增长。促进农村经济发展，必须从生产、流通、分配、消费再生产的各个环节上进行转变，实行农业生产的商品化、社会化和现代化。这种新的形势，对农村社会化综合服务体系提出了更高的要求。我们必须从发展农业是强化国民经济持续稳定发展基础的高度，来认识加快农村社会化综合服务体系的重要性，从组织领导、政策措施、物资保障和资金安排上扶持这项事业。到本世纪末，农村社会化综合服务体系建设的目标是：在全国逐步建立起一个多部门、多层次、多功能、设施完备、手段较先进的适应社会主义市场经济运行机制的农村社会化综合服务体系，为农村农业生产和农村工业、农村建筑业等提供综合性的系列化服务，促进农村的繁荣和发展。建立农村社会化综合服务体系是一项涉及面广、难度较大的工作。搞好这项工作，要与国民经济和社会发展的

总要求相适应，以优化农村产业结构，提高农业综合生产能力和农民生活水平为宗旨，坚持国家、集体、个人一起上和统筹规划、因地制宜、稳步发展的方针，充分调动社会各方面的力量，发挥部门、行业的积极性，加快发展以农业社会化服务体系为主的、适应不同地区生产力发展水平的农村社会化综合服务体系。要完成的主要任务是：

1. 建立高效的农业社会化综合服务体系：重点是在产前搞好良种、化肥、农药、农膜、柴油等农业生产资料的供应。在产中开展农技推广、植物保护和病虫害防治、土壤肥料、农业机械、农田水利、灌溉排水、林木良种及种苗、畜牧兽医、水产养殖和饲料生产等方面的服务。在产后做好农林牧渔产品的加工、贮存、运输、销售等服务工作。在"八五"时期，基本形成县有中心、乡有站、村有技术员和示范户的服务网络体系。到本世纪末，把现在1 000多个仍没有建设的县级农业综合服务中心全部建设起来，对已有的综合服务中心，要加以完善，加强基础设施建设和设备配套，提高服务质量。要因地制宜建设和发展基层林业站、水利、水保站和供销合作社。

2. 在农村工业，建筑业方面，重点发展为乡镇工业生产服务的质量监测、技术信息和销售服务体系，发展和完善农村村镇建设、建筑等社会化服务体系。逐步形成以农村第三产业为主体的多层次、多形式的乡镇工业和村镇建设社会化服务网络。

3. 为了实现对农村经济的全方位服务，还要建立和完善国家的农村经济信息、咨询和预警体系，灾害性天气预报、防洪、排涝、森林防火和森林病虫害防治体系，作物病虫害和动物疫情预测预报体系，农业气象预测预报体系，农村能源建设服务体系，农业、森林、水土资源监测体系，主要农产品储备体系、农垦系统综合服务体系等。

4. 大力发展农村市场和其他服务体系。必须加快农产品流通体制改革，扩大供销社系统的服务功能。要加快发展农村金融、保险，完善和扩大农村集体融资服务组织，加强农村教育和技术培训体系的建设。

今后十年，必须以市场为导向，科技为支柱，效益为中心，服务为重点，使这些服务体系建设取得明显的进展。尽快形成综合性的服务网络。促进科工农商社会化服务一体化。

三、加快农村社会化综合服务体系建设的主要政策措施

(一) 要深化改革，适应社会主义市场经济发展的新形势。重点是做好以下工作：

1. 促进农村社会化服务向一体化发展。要使农村经济各业产前、产中、产后服务结为一体，共同经营和发展，形成产供销一条龙、贸工农一体化。随着农村商品经济的发展，农产品的商品率将越来越高，农业生产的发展与市场销售状况的联系更为紧密。从总体上讲，农业生产、加工和销售环节具有共同的利益。而这种共同的利益就从客观上要求将产前、产中、产后的服务，与农民的生产结合起来，相互促进，使整个农村社会化服务向一体化方向发展。近几年在我国一些地方，根据市场发展的需要，以流通型企业或农副产品加工企业为龙头，以农户和农村集体经济组织为基础，通过合同契约、经济利益共享或资产参与等形式，使农工商贸结成风险共担、利益均沾、互利互惠、协调发展的经济利益共同体，为农民提供产前、产中、产后的系列化服务，取得了明显的成效，已经显示了强大的生命力。今后发展农村社会化综合服务就是要打破部门分工的局限，使不同部门、不同所有制结构和不同的经济组织联结起来，突破地域界限，按商品经济发展的要求组织起来，共同发展。

2. 促进农村社会化服务体系向产业化方向发展。迄今为止，我国农村社会化服务体系虽然已经初步形成，但其推动农村经济和社会发展的作用还没有充分发挥出来。我国农业劳动生产率、农产品的商品率和农户经营的规模经济效益之所以比较低，除了人多地少这个客观因素外，主要还在于社会分工不发达，农村劳动力过多地集中在农业的直接生产过程中，而从事农业生产服务的劳动力又严重不足。改变这种状况的基本途径之一是通过发展社会分工向农业的产前、产后两个领域拓展，以此逐步减少直接从事农业生产的劳动力，相应增加为农业提供服务的劳动力。目前，我国有3.4亿多农业劳动力，而县、乡、村三级从事社会化服务的劳动力大约3 000多万人，不到1/10，而在美国从事农业产前、产后服务的劳动力约相当于农业劳动力的9倍。因此，我们要通过发展农村中的集体服务组织和农民自办的服务组织，以加速农业剩余劳动力的转移。根据农业生产专业化的要求，因势利导地加快社会分工，提高农业劳动生产率和规模经济效益，使农业社会化服务逐步发展成为一个相对独立的产业。

3. 促进农村社会化服务向企业化发展。实行企业化经营是形成农村社会化综合服务体系自我积累、自我发展的唯一途径。在经济发达国家，农业社会化服务以商品经济发展所形成的专业分工为基础，大多数服务组织一开始就以企业化经营的面貌出现。我国由于农业比较利益偏低，长期以来为农业提供服务的企事业单位大多数是半企业化经营和无偿服务，不利于服务工作的开展。因此，今后要通过改革，逐步推动我国农村社会化服务体系实行企业化经营。从事产前生产资料采购供应和产后农产品加工、贮存、运输、销售的企业单位可以加快实行企业化。从事生产服务和技术服务的乡村集体经济组织与县、乡技术推广机构，尽管在相当长时期内仍然需要实行半企业化经营，即坚持以保本服务为主，服务费用不足部分主要通过兴办加工企业和流通企业等实体所形成的收益予以弥补。同时也要走拓宽服务领域，提高服务质量，以提高自身的积累和发展能力。对于为收益较高的某些种养业生产领域和已经实现规模经营的农户开展的生产服务，也可以实行企业化经营。

（二）要理顺关系，健全机制，从组织机构和体制建设上支持服务体系的发展。搞好农村社会化服务是一项复杂的系统工程，需要加强宏观调控与管理，需要与各级体制改革结合起来，使各部门、各方面形成一种合力。各级政府，尤其是县乡政府，要把体制改革与职能转换结合起来。通过县乡体制改革，减少不必要的行政职能，扩大服务职能和服务领域，把不同部门和方面的服务统一起来。

一是在乡级体制改革上要重点解决好乡农机站、农技站、水管站、林业站、畜牧兽医站、经管站、信用社、供销社等加强服务和统一协调问题。可以在不改变隶属关系的条件下，在自愿的基础上，由乡级各站、所、社相互联合，共同服务。也可以随着改革的深化，将有关站、所、社逐步合并，兴办综合服务站，以利于向农民提供产前、产中、产后系列化综合配套服务。

二是在县级体制改革上，围绕政府部门职能转变，搞好农村社会化服务的一体化。突破隶属关系，破除不同所有制和行政区划界限，使工商贸各行业有机地结合起来，为农民提供产供销系列服务，实行贸工农一体化经营，解决条块分割、产销脱节带来的矛盾，使多部门、多种服务功能、多种服务手段集结为一体，优势互补，形成农村社会化服务的合力。通过兴办实体，组成农村社会化服务体系，要坚决地削减过于膨胀的行政和事业机构，做到“小政府、大服务”。既解决农村社会化服务体系建设缺乏人才、技术的困难，又为机关干部找到了用武之地，改变农村有事无人干，机关有人无事干的现象。

（三）多渠道筹集资金，加强服务体系建设。发展农村社会化服务体系需要大量投资，要实行国家、集体、个人一起上的办法，多渠道筹集建设资金。中央和地方各级政府的投资主要用于服务于全国的跨地区的各种服务体系建设。安排好重点项目建设，如良种繁育中的试验示范、精选加工、仓储、检验等环节的基础设施，农作物病虫害测报网、地壤肥料测试中心和畜牧兽医、饲料监测中心、森林病虫害和火灾预报、检疫防治体系、水利、水保、防洪、排涝基础设施等。国家和各地的基建投资和用于农业综合开发、扶贫和各种农产品生产基地的建设资金中，要安排一部分用于社会化服务。财政、金融和有关行业、部门都要从资金、物资上支持这项工作。各地可根据经济发展的需要，设立农村社会化服务体系建设专项基金，在提取的各类农产品技术改进费、渔业资源增殖费、农林特产税中要有一部分用于农业技术推广。用于服务组织经营活动的农业贷款要实行优惠利率。同时要鼓励和动员乡镇企业和各类团体、农村集体和农民集资兴办各种服务实体。扩大利用外资和对外合作，进行农村社会化综合服务体系建设。供销合作社要进一步实行扩股集资和其他渠道集资，加强服务体系建设。

（四）要为农村社会化综合服务体系的发展，创造良好的外部环境条件。为此要做好以下几方面的工作：

一是落实政策。抓紧落实《国务院关于加强农业社会化服务体系建设的通知》（国发〔1991〕59号）和有关文件制定的政策，把农村现有的政策用足用好。要加强组织领导工作。农业、林业、水利、科技、教育、商业、供销、外贸、金融、物资、建设、气象等部门要更加重视农村社会化服务工作，根据自身的特点，相互支持和配合。要提高从事农村社会化综合服务工作人员的待遇，改善工作条件，促进服务工作的开展。

二是加强农村市场建设，大力发展农村第三产业。积极在农村建设各种集贸市场、批发市场、物资技术市场。扩大市场规模，提高通信、仓储、运输能力，健全市场管理机制。要进一步加快农产品、农用生产资料价格改革，搞活流通，打破地区、行业封锁，建立良好的市场秩序。

三是加强农村社会化综合服务领域的法制建设，尽快制定保障这项工作顺利开展的法律、法规。

四是加强农村小城镇建设，依托小城镇这个农村政治、经济文化的中心，发展和完善农村社会化综合服务体系。小城镇是农村商品生产和交换的重要场所，农村工业、第三产业比重大，交通地理位置重要，能够以较低的成本取得较大的社会化服务效益。

（国家计委农经司 王平生编）

关于推进机关后勤服务社会化若干问题的意见（摘编）

一、推进机关后勤服务社会化的必要性和紧迫性

机关后勤服务是第三产业的组成部分，是机关开展职能活动的重要保障系统，其业务涉及交通、饮食、旅店、印刷、通信、幼教、机电修理、职工住房供给、房产管理维修、医疗保健、清洁卫生等多种行业。经过40多年的建设和发展，特别是十年来后勤改革的不断推进，有力地促进了后勤事业的发展。机关后勤已经形成了一定规模的资产，县以上机关从事后勤工作的人员逾百万，在保障国家机关优质、高效地完成各项职能活动，方便职工生活，稳定机关队伍，服务经济建设等方面，做出了重要贡献，发挥了独特的作用，为促进第三产业的发展创造了一定的条件。

但是，现行的机关后勤管理体制是在产品经济环境中和低工资制条件下形成和发展起来的，其供给制、福利性、“小而全”和封闭式的基本特征和运作方式，造成了经济效益低下、劳动生产率和服务质量不高，机关行政管理和服务负荷过重，人、财、物资源未得到充分的开发利用，在很大程度上束缚着后勤服务生产力的发展，不适应建立社会主义市场经济体制的要求。因此，加快机关后勤管理体制改革，推进后勤服务社会化，势在必行。

机关后勤服务社会化是一个逐步发展的过程，其具体内涵是指，适应社会主义市场经济发展的要求，通过改革现行机关后勤体制，引入市场机制，逐步打破部门分割和封闭式的自我服务格局，实现内外两面服务和双向服务，将机关后勤服务单位改造成为自主经营、自负盈亏、自我发展和自我约束的独立的商品生产者和经营者，从而把机关后勤服务事业纳入市场化、产业化的轨道。

推进机关后勤服务社会化，是促进生产要素的合理配置，充分发挥人、财、物资源的综合效益，加快发展第三产业的重要措施；是适应国家机构改革，精兵简政，减轻国家财政负担，提高机关工作效率，实现机关人员合理分流的有效途径；是后勤服务事业走向市场，解放和发展后勤服务生产力的内在要求。

二、机关后勤服务社会化的目标、重点和原则

机关后勤服务社会化的目标是：争取用十年左右或更长一些时间，随着适应社会主义市场经济体制的统一市场体系、城乡社会化综合服务体系和社会保障体系的逐步建立，改变机关后勤服务“大而全”、“小而全”自我封闭式的服务格局，使大多数机关后勤服务单位成为实行自收自支管理方式的服务经营实体，逐步形成统分结合、内外两面服务和双向服务的开放式后勤服务体系

今后几年，在保证为机关职能活动服务的前提下，主要从以下几个方面积极推进机关后勤服务社会化：

——适应政府机构改革的总体要求，转变职能，精兵简政，按照“小管理、大服务”的思路，加快机关后勤行政管理职能和服务职能的分开，后勤服务单位和人员从机关行政序列中划出来，改为事业单位和事业编制，单列事业经费。

——转换后勤服务单位运行机制。由财政全额拨款的服务单位，要实行多种形式的承包经营责任制，单独核算，在保证为机关服务的基础上，尽可能地将现有服务设施对外开放，大力开展对外经营服务，有条件的应实行差额补贴；已实行差额补贴的服务单位，要进一步扩大对内对外服务面，对内实行有偿服务，对外开展经营服务，增强经费自理能力，有条件的应实行自收自支或企业化管理；已实行自收自支或企业化管理的服务单位，要积极开拓社会市场，一业为主、多种经营，进一步增强活力，逐步发展成为自主经营、自负盈亏的服务经营实体。

——充分利用后勤服务单位自身优势，结合精简机构和机关人员的分流，兴办服务经营实体，发展第三产业，开展内外两面服务；同时，可兴办有助于后勤服务单位机制转换、便于其资金积累和促进后勤服务社会化的其他服务经营实体。

——打破部门分割、行业封闭，通过多种经济合作方式，组建区域性或专业性后勤服务公司和集团，改变“大而全”、“小而全”的服务格局；同时，要从实际出发，积极引入社会服务组织，承揽机关的后勤服务。

推进机关后勤服务社会化要遵循以下基本原则：一是适应政府机构改革的总体要求，坚持政事分开和精简、统一、效能的原则；二是坚持为机关服务的宗旨，正确处理内外两面服务的关系，不断提高管理水平和服务质量，保障机关职能活动的开展；三是适应社会主

义市场经济发展的要求，以后勤服务社会化为目标，转换后勤服务单位运行机制，减轻国家财政负担；四是坚持依照国家法律、法规，开展经营活动，保证后勤服务事业的健康发展；五是坚持实事求是、因地制宜原则，先易后难，分类指导，逐步过渡。

三、推进机关后勤服务社会化的政策和措施

我国正处在改革和经济发展的关键时期，但由于改革的不同步以及旧观念的深刻影响，推进机关后勤服务社会化仍存在着多种制约因素和困难。后勤服务社会化是机关后勤管理体制改革和发展第三产业的重要内容，必须统筹考虑配套政策和相应措施，以加强对推进机关后勤服务社会化的政策引导。

——要加快后勤服务单位经营机制的转换。一是在后勤管理职能与服务职能分开的基础上，依照所有权和经营权分离的原则，确立机关资产所有与后勤服务单位资产经营的关系，服务需求与服务供给的有偿服务或商品交换关系，建立后勤服务单位的经济核算机制，为转换其经营机制奠定基础。二是后勤主管部门要转变职能，简政放权，参照《全民所有制工业企业转换经营机制条例》，依据后勤服务单位的实际情况赋予其相应的经营决策、产品劳务定价、留用资金支配、劳动用工、人事管理、工资奖金分配等经营自主权；三是全面推进和完善后勤服务单位多种形式承包经营责任制。全额拨款单位实行经费“全额包干，创收分成”的承包办法，经过一定时期的过渡，改为差额预算单位；差额预算单位实行“定额补贴，超收分成”承包办法，根据其自立能力，逐步改为自收自支单位；自收自支单位实行“经济效益与工资总额挂钩”的承包办法，加快其向企业化过渡。四是随着社会福利保险制度的建立，逐步加大后勤服务单位内部劳动、人事、工资分配制度改革的力度，真正确立起能够激发和调动职工积极性、创造性的内部机制。

——机关后勤服务单位转为或兴办服务经营实体，是在机关转变职能的基础上，加快其社会化进程的重要措施，而且仍具有为机关服务的重要职能，因此不同与党政机关经商办公司，应在政策上予以鼓励。这类服务经营实体的发展方向，应逐步与机关脱钩，即在法律上具有独立的法人资格，经济上实行自主经营、自负盈亏；机制上实行自我发展、自我约束。

——后勤服务单位利用内部服务设施面向社会开展经营服务和兴办服务经营实体，凡具备条件并符合有关规定的，经主管部门批准，由所在地工商机关登记注册；后勤服务单位组建经营集团，凡符合条件，并经政府或其授权部门批准，应按照受理登记权限和程序予以登记注册。

——后勤服务价格和收费标准，可根据其社会化进程及机关经费条件逐步向市场价格过渡。凡面向社会的经营服务，除国家有明确规定的执行国家规定的标准外，其他经营服务价格和收费标准放开，分别情况实行浮动定价、随行议价或自行定价，以解决长期存在机关事业单位后勤服务价值补偿不足的问题。

——税务部门对机关后勤服务单位及其兴办的经济实体，要予以优惠照顾。对机关后勤服务单位的对外经营服务及兴办的服务经营实体，区别不同情况在一定期限内予以免税、减税的优惠。

——财政部门对后勤服务单位转轨或兴办服务经营实体初期，可设立一定的财政周转金给予必要的支持。金融部门应在信贷计划中安排贷款，并按产业政策在贷款期限和贷款利率上给予优惠。条件成熟的地区或部门，经人民银行批准，可以通过发行债券、股票等途径和方式筹集、融通资金，并要积极利用国外资金。

——后勤服务单位转为或兴办的服务经营实体预决算（财务收支计划）要接受财政、审计部门的监督。在保证国有资产保值、增殖和事业发展需求的前提下，由其自主确定税后留利中的各项基金分配比例，报财政部门和主管部门备案。

——放宽后勤服务单位人员编制的管理。除由财政全额拨款的后勤服务单位人员编制要从严控制外，对实行企业化管理、不需财政拨付经费的服务单位，用人放开，自定编制；财政拨付部分经费的后勤服务单位，适当放宽编制。同时，在后勤服务单位全面推行干部聘任制和工人合同制，，并实行辞退、辞职制度，实现就业双向选择。鼓励机关人员从事后勤服务事业，允许个人承包后勤服务单位及其服务经营实体。

——按照事业单位工资制度改革实施办法有关条款，对机关后勤服务单位的工资分配制度进行相应改革。其中，全额预算单位，工资由国家财政支付，在执行国家统一工资制度和工资标准的前提下，实行工资总额包干，增人不增工资总额，减人不减工资总额，编制内结余的工资，单位可自主安排使用；差额预算的事业单位，工资由国家财政支付一部分，可参考国家制定的工资制度和工资标准执行，扩大内部分配自主权；自收自支和企业化管理的事业单位，可给予较大的自主权，其工资增长应参照企业的办法，随经济效益好坏浮动。

——机关后勤服务单位兴办的服务经营实体占用机关的资产，应按国家有关规定进行评估和产权登记，并以国有资产产权收益形式向机关上交资产占用费。对确有困难的单位，可给予在一定期限内酌情减免其资产占用费的照顾。

——中央关于加快发展第三产业的战略决策，为推进机关后勤服务社会化提供了难得的机遇，开辟了广阔的道路。各地区、各部门应解放思想，转变观念，加强领导，结合本地区、本部门的实际情况，深化改革，积极推进机关后勤服务社会化，努力为加快发展第三产业作贡献。

（国务院机关事务管理局　张晓天编）

关于工业企业兴办第三产业若干问题的意见（摘编）

一、工业企业发展第三产业的重要性和紧迫性

工业企业发展第三产业，对深化企业改革、促进国民经济发展，具有重要的意义。改革开放以来，工业企业在一业为主、多种经营的方针指引下，在发展第三产业方面取得了一定的成绩。但封闭、半封闭的小生产意识仍在人们的头脑中不同程度的存在。工业企业中，"大而全、小而全"的企业组织结构还没有根本改变，企业办社会、机构臃肿、人浮于事、效率和效益不高的现象十分普遍，相当多的企业冗员高达 1/3，甚至更多。这种状况不改变，势必严重阻碍工业企业的发展，影响经济效益的提高。因此，提高认识，转变观念，增强紧迫感，是工业企业发展第三产业必须首先解决的问题。

二、工业企业发展第三产业的基本原则

工业企业发展第三产业，是深化企业改革，落实《全民所有制工业企业转换经营机制条例》的重要内容。在工作上要坚持以下基本原则：

——工业企业兴办第三产业的主要目的是搞活国有工业企业，提高企业经济效益，解决企业办社会的问题；同时也是为了调整经济结构，使工业企业的富余职工以及闲置设备、厂房、场地等向第三产业转移。

——工业企业要积极组织富余人员兴办第三产业；鼓励第三产业运用企业兼并，将严重亏损的工业企业转为第三产业。

——工业企业兴办第三产业必须坚持面向社会服务的宗旨。树立大流通、大市场、大服务的观念，为经济建设和人民生活提供多层次、高质量的服务。

——工业企业要利用现有设施条件和人员，开发与兴办面向企业、面向社会的各种科研、信息、咨询、仓储、运输、零售、修理、旅游、饮食、医疗等服务设施。

——打破部门、地区、行业和所有制界限，鼓励工商、工贸结合，配套发展，逐步推动第三产业企业的集团化经营。

三、工业企业兴办第三产业企业的主要形式

1. 工业企业通过挖掘内部潜力，安置富余职工，兴办的第三产业，应成为独立的企业法人，实行自主经营、独立核算、自负盈亏。工业企业内部的各类学校、商店、托儿所、食堂、浴室、医院、车队等后勤服务设施和服务机构，要积极向社会开放，实行有偿服务，要积极创造条件，使其自主经营、独立核算、自负盈亏。在条件具备后，应使其与原企业脱钩或成为原企业控股的独立法人。

2. 根据行业特点、企业规模、市场环境等不同情况，兴办第三产业，可以从实际情况出发，实行承包经营责任制、租赁经营责任制、股份制等各种形式。

3. 工业企业兴办的全民所有制第三产业企业，要严格按照《全民所有制工业企业转换经营机制条例》，落实经营自主权。对全民所有制工业企业兴办的集体所有制第三产业企业，可以采取租赁、承包和股份合作制的办法，也可以采取将其占用的国有资产转卖、分期收回资金的办法，防止国有资产流失。

4. 鼓励企业富余人员，经原企业同意，自愿组合、自筹资金合作合伙兴办第三产业企业。工业企业也可以采取资金入股或投资入股的方式兴办股份合作制第三产业企业。

5. 允许企业富余人员，经原企业同意，通过辞职、停薪留职等形式兴办第三产业。

四、兴办第三产业企业的人事、劳动、工资制度

1. 工业企业兴办的第三产业企业首任厂长（经理），可以由原单位委派，也可以通过竞争招标、招聘或民主选举产生。管理机构不强求对口，但必须健全各项管理制度。机构要精简，管理人员要精干，应该是创业型的，而不是安置型的。

2. 新办的第三产业企业，在劳动、分配上要真正实行干部能上能下，职工能进能出，工资能高能低。对人员实行聘任制和全员劳动合同制，职工的收入与经济效益挂钩，上不封顶，下不保底。对经济效益高于原工业企业的，在处理好积累与消费关系的前提下，其职工收益水平可高于原工业企业。

3. 在第三产业企业中具有全民所有制职工身份

的，可保留原身份，其劳动保险待遇按原企业办法执行，退休时与原企业退休职工享受同等待遇。

4. 实行减员不减工资总额的政策，企业因安置富余职工兴办第三产业而减员的，其原核定的工资总额不变。新办第三产业企业的工资管理办法，由第三产业管理机构与劳动部门核定。

五、工业企业兴办第三产业的资金来源

1. 发展第三产业必须坚持国家、集体、个人一起上，动员全社会力量多渠道筹集资金。

2. 工业企业可自行筹措一部分资金和用闲置的设备、场地，由第三产业企业有偿使用，分期偿还。

3. 可以从待业保险金中划出一定的额度，扶持工业企业兴办第三产业企业，安置富余人员。

4. 通过发行债券、职工入股、股票等形式，筹集社会闲散资金，积极引导集体和个体劳动者把资金投入企业兴办的第三产业。

六、加强组织领导，简化审批手续

1. 各地区、各有关部门，要把发展第三产业当作一个重要的产业来抓。把发展第三产业的经济效益和安置人员数作为考核单位领导班子成员业绩的重要内容。

2. 工业企业安置富余人员兴办的第三产业企业，由企业自主确定，可直接向工商行政管理机关申请注册，报上级主管部门备案。

3. 为鼓励全民所有制工业企业用一部分国有资产开办集体所有制的第三产业企业，企业在办理登记注册手续时，只需提交工业企业的资产负债表和国有资产产权登记表，由国有资产管理部门开具资金信用证明，按规定核定占用费后，由工商行政管理机关办理注册登记，不再另行办理验资手续。职工自筹资金或合伙经营的，可以委托本地区或跨地区的验资机构出具验资证明。

4. 工业企业申办第三产业企业，如涉及到行业主管部门时，有关行业主管部门要尽量简化审批手续，提高办事效率。

七、国家对工业企业兴办的第三产业，要根据不同情况，给予一定的优惠政策。

对工业企业兴办的第三产业，享受国务院颁布的《全民所有制工业企业转换经营机制条例》和《关于加快发展第三产业的决定》中明确的优惠政策。

（国家经贸委企业局编）

地方和部门经验交流材料

北京市进行第三产业普查的情况介绍

北京市人民政府

第三产业的兴旺发达，是现代化经济的一个重要特征，它的产生与发展是生产力提高和社会进步的必然结果。随着我国社会主义市场经济的建立和发展，市场体系的培育，加快发展第三产业已是建设首都的战略性部署。

一、普查工作的组织实施

第三产业涉及的部门和行业众多，内容庞杂，现行统计制度所采集的数据资料，不能满足对第三产业现状的分析和编制发展规划的需要。为摸清家底、掌握现状，我们认为有必要对全市第三产业做一次全面的普查。紧紧围绕"反映首都特点，全面、准确掌握全市第三产业情况，为各级政府制定政策、研究规划提供决策依据"这个中心，紧密结合我市第三产业管理体制和发展水平的实际情况，从调查方案的科学性、系统性和可操作性入手，开展了大量的、深入的调查研究工作，形成了一套较为完整的反映第三产业单位基本情况的统计指标体系。

此外，为进一步掌握我市第三产业发展的潜力，适应企业深化改革，转换经营机制的需要，在普查中还增加了第一、二产业企业内部属第三产业性质的自我服务型设施机构情况的调查内容。

我市第三产业普查点多、面广，填报指标复杂，为此市政府成立了有市属12个委、办、局和中直机关、国务院办公厅、总后勤部主管部门领导参加的北京市第三产业普查领导小组，负责全市的普查工作。据统计，全市共成立普查机构410个，普查人员达3 500人，参与普查填报的统计、会计人员近7万人。

我们在广泛开展宣传教育的基础上，坚持严密组织、分工负责和科学安排，制定工作流程的原则，既保证了普查单位的全面性、组织系统的畅通，又防止了漏查、漏报现象；既保证了全市普查工作步调一致，又为各区、县结合本地区实际，创造性地开展工作提供了条件。

普查质量好坏是决定普查工作成败的关键。为确保普查质量，我们狠抓了四个环节。

第一、确保普查范围的完整。针对第三产业单位多、行业复杂、概念新的特点，我们把清查、核实基层单位名单摆在首要位置上，用一个半月的时间实行市和区县两级清查核对。

第二、抓好各级普查人员的培训。这次普查内容杂、指标新、企业核算基础差，能否准确地采集到普查数据，直接关系到普查的质量。为此，市、区、县各级普查机构都十分重视培训工作，要求各级普查人员做到"三懂、三会"，即："懂普查工作流程，会组织本地区（单位）普查工作"，"懂各项调查指标含义和计算方法，会指导基层填报"；"懂普查汇总要求，会审核各类指标"。在培训中坚持考试制度，做到合格上岗。

第三，开展质量抽查，发现问题及时解决。市"普查办"于6月初对全市18个县、区的19个街、乡、镇共3 700个单位的普查表进行了抽查，查出了152个问题，全部及时解决。与此同时，各区县也采取相应办法，及时解决了填报中的问题，确保了普查质量。

第四，进行普查表的复审工作。要求每张普查表必须达到数字真实无误、印鉴完备、字迹清晰、指标齐全、表面整洁的标准，不合格的一律重新填报。

这次普查的突出特点是：时间紧，任务重，指标新，属“短、平、快”项目。在市、区、县各级人民政府的领导下，在中央各部委、驻京部队和市属各委、办、局（总公司）的大力支持下，经过全体普查人员的共同努力，历时6个月，已于1992年7月31日基本结束。普查共采集数据近800万笔，经过计算机处理，得出反映全市第三产业规模、结构、分布、效益等综合表300多套，1 400余张，达到了普查的预期目的。

二、普查结果初步展示

普查结果表明，我市第三产业在改革开放中得到了迅速发展，现已形成行业门类齐全、各种经济形式并存、整体效益较好的产业群体，在推进首都现代化建设、完善特大都市功能、提高人民生活质量等方面发挥了巨大作用。截止到1991年底，全市从事第三产业的独立核算和单独核算单位3.5万个，私营企业和个体工商户12.6万个，合计16.1万个；各类机构和经营服务网点19.2万个。全部第三产业从业人员263.5万人，其中大专以上文化程度的占21.7%。第三产业拥有固定资产784.03亿元（系指原值，下同），商业、饮食业营业面积925.6万平方米，物资供销业仓储面积为543.2万平方米，各种类型的旅馆、招待所、饭店拥有客房14.8万间。此外，各企事业单位、机关团体内部属第三产业性质的自我服务型设施、机构也具有一定规模。据对全市县及县以上的第一、二产业的企业调查，共有食堂2 167个，幼儿园、托儿所735个，卫生室（所）1 401个，浴池、理发室1 405个；拥有职工6.1万人；占有固定资产6.17亿元，分别相当于第三产业的2.4%和0.8%。

1991年，我市第三产业总产出649.70亿元，中间消耗387.87亿元，提供增加值261.83亿元，实现利税118.39亿元。在国内生产总值构成中，第一产业占7.5%，第二产业占48.8%，第三产业占43.7%。在全社会劳动者的构成中，第一产业占14.3%，第二产业占44.1%，第三产业占41.6%。

——按照隶属关系划分。1991年末，中央属第三产业单位有5 798个，从业人员79.4万人，拥有固定资产486.19亿元，提供增加值149.15亿元，占全市的57%；地方属第三产业单位有2.95万个，从业人员184.1万人，拥有固定资产297.84亿元，提供增加值112.14亿元，占全市的42.8%；外省市驻京单位等提供增加值0.54亿元，占全市的0.2%。从行业结构上观察，中央和地方所属的金融保险、教育文化广播电视、国家机关群众团体等行业（事业）都较发达，均占一定的比重。在交通运输、邮电通信业中，中央单位提供的增加值为21.33亿元，占全行业29.61亿元的71.7%，地方单位占28.3%；对外贸易业中央单位占95%以上；（从总产出看，中央占64.3%，地方占35.7%）；而商业、公共饮食业，地方单位提供的增加值为43.82亿元，占全行业61.45亿元的71.3%，中央单位占28.7%。

——按照所有制类型划分。1991年底，在第三产业中，全民所有制单位有1.64万个，从业人员177.3万人，占全市第三产业的67.3%，拥有固定资产665.00亿元，占84.8%。全年提供增加值207.12亿元，占79.1%，单位规模为126万元；集体所有制单位有1.8万个，从业人员61.1万人，占23.2%，拥有固定资产43.41亿元，占5.5%，全年提供增加值33.40亿元，占12.8%，单位规模为18.4万元；三资企业有214个，从业人员4.7万人，占1.8%，拥有固定资产69亿元，占8.8%，提供增加值5亿元，占1.9%；私营企业和个体工商户有12.59万人，从业人员18.05万人，提供增加值12.83亿元，占4.9%。其他所有制形式的单位，规模不大，比重很小。

——按照行业划分。第一层次（指流通部门）的从业人员为102万人，提供增加值95.26亿元，分别占全市第三产业的38.7%和36.4%；第二层次（指为生产和生活服务的部门）的从业人员为61.3万人，提供增加值97.91亿元，分别占23.3%和37.4%；第三层次（指为提高科学文化水平和居民素质服务的部门）的从业人员为66.3万人，提供增加值46.84亿元，分别占25.3%和17.9%；第四层次（指为社会公共需要服务的部门）的从业人员为33.6万人，提供增加值21.82亿元，分别占12.7%和8.3%。

从12个行业观察，商业、公共饮食、物资供销及仓储业提供增加值居首位，为65.65亿元，占全市第三产业的25.1%；金融保险业居第二位，为54.68亿元，占20.9%；提供增加值最少的是综合技术生产服务业，为1.39亿元，仅占0.5%，规模明显偏小，说明发展潜力很大。

——按照增加值构成划分。经营利润和税金为118.39亿元，占增加值的45.2%；劳动者收入为61.73亿元，占23.6%；固定资产折旧及大修理基金为46.55亿元，占17.8%；其他增加值为30.06亿元，占11.5%；职工福利基金为5.1亿元，占1.9%。在第三产业增加值中，国家、集体、个人三者的分配比例大致为1∶1.83∶1.33（全国第三产业增加值三者分配比例为1∶1.65∶4.24）。经计算，第三产业的增加值率（增加值占总产出的比重）为40.3%，比第二产业高11.1个百分点，社会劳动生产率（每个职工平均创造的增加值）为10 960元，比第二产业的10 449元高4.9%；资金利税率为6.8%，比第二产业中的工业低12.7个百分点，比建筑业低3.1个百分点；人均劳动者收入为2 748元。

改革开放以来，我市第三产业迅速崛起。

——从反映产业规模的指标看，1991年和1980年相比，11年间，单位个数由1万发展到3.5万个，增长2.5倍，平均每年递增12%；拥有的固定资产增长约6倍，年均增长率在20%左右；从业人员由158.9万增至263.5万人，增长65.9%，平均每年以4.7%的速度递增；提供增加值由37.2亿元增加到261.83亿元，增长2.9倍（按可比价格计算，下同），年均增长率为13.1%，超过了同期全市经济增长率4个百分点；单位规模由34万元扩大到71万元，增长1.1倍。

——从反映产业发达程度的指标看，从业人员占社会劳动者的比重，第三产业由1980年32.8%升至1991年41.6%，上升了8.8个百分点；同期第二产业由42.8%升至44.1%，仅升1.3个百分点；第一产业却下降了10.1个百分点。11年间，第三产业吸收就业人员105万人，其中有56万人来自第一、二产业。产业增加值占国内生产总值的比重，第三产业由1980年的26.8%升至1991年的43.7%，扩大了16.9个百分点，同期第一产业由4.4%升至7.6%，仅扩大了3.2个百分点，而第二产业却由68.8%减至48.7%，缩小了20.1个百分点。11年间，第三产业累计为社会创造财富1 355亿元，相当于改革开放前30年（1949—1979）总和的3.5倍。

——改革开放以来，我市第三产业的发展出现过两次高峰，相继登上两个台阶。第一次是1985年，为缓解人民生活中的“诸多不便”，以实现首都的“气象不凡”，市委、市政府下发了5个专项文件，要求各级政府、各行各业都要大力兴办第三产业。这一年新增第三产业单位2 738个，比上年增长20.2%。1985年第三产业提供增加值85.64亿元，比上年净增14.56亿元，和“六五”时期年均净增额相比，增长50.4%。第二次是1991年，针对企业劳动组织改革后，富余人员的安置问题，兴办第三产业的各项优惠政策相继出台，有力地推动了第二产业的蓬勃发展。1991年全市新增第三产业单位3 523个，是改革开放以来，开业单位最多的一年，全年提供增加值比上年净增41.82亿元，增长13%。

通过这次普查，摸清了北京市第三产业现状，取得了一套较为完整的反映我市第三产业规模、结构、效益、分布等情况的详尽统计资料，为建立“以新技术产业为先导、第三产业为主体、第一和第二产业为基础、适合首都特点的各类产业协调发展的国民经济体系”提供决策决据，为编制《北京市第三产业发展规划》提供了大量的、丰富的基础信息。

三、几点收获与体会

这次普查最大的收获就是摸清了底数，除此之外，还有以下四点收获与体会

（一）普查为大力发展第三产业，制定相应政策和发展规划，提供了重要依据。

根据普查资料及与国内国际第三产业发展经验数据的对比分析，我们认为北京市第三产业发展中存在的主要问题是（1）比重偏低，作为国民经济的主体产业尚存距离；(2)社会化程度低，第三产业商品化水平不高；(3)所有制结构单一，经营机制不顺；(4)市场发展缓慢，流通渠道不畅。针对这些问题，市委、市政府在制订年度计划和中长期发展规划中都进行了认真的考虑并给予了相应的优惠政策：一是提高第三产业的比重，并以商业、金融保险、房地产、旅游、运输邮电、科技教育、居民生产服务等行业作为重点，带动第三产业的全面发展。二是广开资金渠道，增加投入，并调整二、三产业之间和第三产业内部的资产存量结构，从而解决第三产业面临的规模偏小后劲不足等问题。三是挖掘潜力，充分利用好第三产业现有资产存量，并要大刀阔斧地进行改革，转换企业经营机制；将福利型、公益型、事业型单位改为企业化管理，逐步减少行政事业费和财政补贴，彻底改革企事业单位、行政机关办社会的状况，提高第三产业的总体效率。四是发育和完善各类市场，以适应社会主义市场经济发展的需要，同时也使北京的商业、物资供销、外贸等流通部门的经营机制得到了根本的扭转，充分发挥市场功能，支撑第三产业的大力发展。

通过对普查资料的分析，找出我市第三产业在发展中存在的问题，并提出相应的对策建议，将有助于未来十年内北京市第三产业发展总体规划的编制和配套政策的制定，并形成一个有普查资料、有发展规划、有支持政策的成龙配套的“蓝本”，推动了北京市第三产业的发展。

（二）普查有助于扭转人们对第三产业的片面认识，无可辩驳地证明了第三产业日益重要的地位和作用。

这次普查，直接填写普查表的会计统计人员约7万多人，独立核算和单独核算的填报单位3.5万个。几万人参加普查的实践，客观上就是一次对第三产业涵义及其地位作用的宣传活动，有助于人们准确地把握第三产业的正确涵义，摒弃过去那种第三产业就是商饮服修的片面认识，而要把金融、旅游、咨询、市场、房地产、科教文卫等行业都涵盖进去，树立第三产业所提供的劳务也是一种“无形”商品、也受价值规律支配的新观念。

普查资料显示，1991年北京市第三产业增加值为261.83亿元，占国民生产总值的比重为43.7%；提供税金28.44亿元，占同期财政收入的30.9%；提供利

润89.94亿元。上述资料表明,第三产业在国民经济发展中的地位和作用都是令人瞩目和无可辩驳的。市政府结合首都特点,明确提出,在国民经济结构中,第三产业将逐步成为主体产业的发展方向无疑是十分正确的。

(三)普查也是新国民经济核算体系的一次试运行,对完善第三产业统计制度,加强国民经济的宏观调控具有重要的现实意义。

这次普查是在新旧两种国民经济核算体系转轨之际进行的,所以在调查方案的设计上,(1)突出了新核算体系中的核心指标产业增加值,完善了国民生产总值统计,有利于国际间对比。(2)设置了增加值构成多项指标,突出反映第三产业单位经营服务的效益和成果,以适应社会主义市场经济的需要。(3)努力把微观的会计科目和宏观的统计指标相衔接,以促进调查工作的高效和普查资料的准确,适应了建立新国民经济核算体系基本框架的需要,从而使这次普查成为一次新核算体系的试运行,为两种核算体系的转轨积累了丰富的经验。

普查还推动了第三产业统计方法制度的改革。普查结果显示,1991年北京市第三产业提供增加值261.83亿元,占国内生产总值比重为43.7%,和同期年报资料相比,总量多出40个亿,比重高出4个百分点,暴露出我市第三产业统计范围不全、调查方法单一、基层核算基础差等问题。因此,必须强化统计、会计、业务三种核算,逐步做到有机结合,促进第三产业统计制度的建立和完善,进而为计算国民生产总值提供准确数据,为实现对国民经济的连续监测和宏观调控提供科学依据。

(四)市政府重视,各方面配合,保证这次普查取得了圆满的结果。

这次普查,市政府领导亲任领导小组组长,市属各委办局、中直机关、国务院办公厅、总后勤部主管部门领导任副组长,并以市政府名义下发了普查文件。由于指挥得力,各单位纷纷响应,组建机构、落实人员从事普查工作,使整个过程没出现因条块不顺而扯皮现象,在较短时间内以较好的质量完成了普查工作。可以说,领导重视,多方配合,是这次普查成功的重要保证。

这次普查既是对改革开放以来全市第三产业发展成就的一次检阅,同时也是贯彻落实邓小平同志南巡讲话及党的十四大精神的体现,为进一步加快首都经济发展所做的一项重要基础工作。但由于时间紧迫,在指标设计、组织实施、资料分析等方面还存在一些不足之处,有待在今后工作中改进。

集聚资金、加大投入,加快发展第三产业

吉林省人民政府

多年来,吉林省委、省政府一直重视抓发展第三产业,把发展第三产业做为振兴吉林经济一个突破性任务摆到日程上。省委、省政府做出了《关于加快发展第三产业的若干规定》,从省到县各级政府都成立了由主要领导牵头的第三产业领导协调小组,建立健全了第三产业协调工作机构,设立第三产业研究室和第三产业协会,创办了第三产业杂志。坚持国家、集体、个体一起上,城市农村一起上,企事业单位一起上,传统行业和新兴行业一起上的发展方针,放宽政策,搞活经营,动员社会方方面面的力量兴办第三产业。与此同时,我们采取省政策贴一点,社会筹一点,企业投一点,市县拿一点的办法,集聚发展资金,增加对第三产业的投入,推动第三产业以快于第一、第二产业的速度持续增长。1991年,全省第三产业增加值达到100.5亿元,比上年增长15.8%,分别比第一、第二产业高2.1和2.7个百分点;从业人员283.1万人,年均增长4.1%。第三产业增加值占国民生产总值的比重达到23.7%,比1985年增加2.3个百分点。我们在集聚资金、增加投入,促进第三产业发展上,主要做了以下几个方面的工作:

一、提高各级领导对第三产业的认识,使各地各部门主动增加对第三产业的投入

我们从前段工作中体会到,要让大家增加对第三产业的投入,首先必须提高各级领导对第三产业的认识。特别是中央发出《关于加快发展第三产业的决定》之后,我们进一步加强了这方面的学习宣传工作,并取得了较好的效果。

过去,一些同志认为,第三产业就是大企业在本业以外组织职工家属办的商、饮、服务行业。还有的认为,第三产业不创造价值,没有实质意义。针对这些模糊认识,我们按照中共中央《决定》精神,着重向大家讲清什么是第三产业,第三产业包括哪些领域;讲清第三产

业的发展是生产力提高和社会进步的必然结果和直接表现，是一个国家和地方繁荣程度的标志，是现代化水平的尺度。市场经济体制的建立，很大程度上要靠第三产业。第一、第二产业的运转、提高和加强，也要靠第三产业。对于经济不发达的地方，第三产业还可以成为经济振兴的起步行业。深入的向干部讲清这些道理，大大提高了各地、各部门发展第三产业的积极性。

我们还提出，以市场建设作为发展第三产业的突破口，同时着重抓好教育、科技、交通、通信等重点行业，抓好粮食企业这个长期亏损的薄弱环节，抓好旅游、房地产、技术信息服务等新兴行业。这样，就较好地引导了对第三产业的投资方向，为增加投入总量创造了必要的条件。

二、利用贷款贴息，启动资金投入

我省是一个农业省，国营大中型工业有一定基础，但工农业生产效益都不太理想，财政一直很紧张。而加快第三产业发展，需要加大投入，这是一个很尖锐的矛盾。又要发展，又很困难，我们从这一省情出发，下决心从窘迫的财政中挤出一点钱来，做为发展第三产业的贷款贴息，推动市县政府、企事业单位和社会各方面增加对第三产业的资金投入。省委、省政府在《加快第三产业发展若干规定》中提出：各级政府要拨出专款做为第三产业的贷款贴息，各级银行部门对贷款贴息的额度要给予保证。从1985年以来，省财政克服困难，年年都安排专项资金，由最初每年200万元增到后来的400万元。市县财政也拨出专款贴息，启动了第三产业的资金投入。这样做的效果，一是直接增加了第三产业的投入。目前，省财政累计贴息已达3 900万元，实现贴息贷款近4亿元。而且，财政一贴，银行就贷，企业就拿，地方就投，几根线拧成一股绳，加大了投入，增强了推力，加快了发展。8年来，仅省级财政贷款贴息实现的银行贷款，就吸引市县两级和企业增加投入近12亿元。

二是推动了第三产业上规模、上水平。我省用贴息贷款共上了2 300多个项目，覆盖商业、饮食服务、运输、通信、科技教育、文化、体育、卫生等各个领域，其中规模在百万元以上的较大项目就达760多个。全省九个市地州都建了万米以上的商场、商厦。建成各类商贸批发市场226个，新建各类商业街181个，科技市场发展到1 319家，扩大了总体规模，加快了发展速度。

三是促进了第三产业的机构建设。我省的第三产业协调工作机构，是从管理和使用第三产业贴息贷款起步的。各市县为了争取管理运用省里的贷款贴息，也都积极地成立专门的机构，组建队伍。经过几年的实践，机构逐步健全，队伍素质不断提高，工作内容已经从单一的管、用贴息贷款，扩展到研究政策、制定规划、协调关系、加强服务等方面，从而为第三产业的发展，提供了组织和服务保证。

三、转换投入机制，放活投资主体

在增加第三产业投入方面，我们还遇到一个尖锐的问题：一方面传统的投资主体，即各级政府和企事业单位，投入能力有限，远远不能适应第三产业发展需要；另一方面城乡居民手中400多亿元的货币存量又不能顺畅地进入第三产业的投资领域。为解决这个矛盾，我们决定，在增加各级政府和企事业单位投入的同时，放活投资主体，拓宽投入渠道，把群众手中资金吸引出来，用于发展第三产业。

我们做法，一是放手让个体、私营经济参与办第三产业。第三产业中的许多部门和行业，投资少、规模小、见效快，宜于个体去办，是吸引个人投入的便捷渠道。近几年来，我们年年都召开专门会议，研究如何发展个体和私营经济，先后出台50多条优惠政策，在城市放开了200多条街道建立个体商业占比重很大的商业街，在农村各乡镇普遍建大集，发展集贸市场，为农民进入流通，发展第三产业提供条件。今年以来，梅河口市区和山城镇、四平市山门镇、长春市上河湾镇、松源市三岔河镇都建立试验区，学习白沟经验、推动个体和私营经济加速发展。同时，允许并鼓励个体和私营经济筹措资金办大商店、大酒店，允许个体私营经济兼并国营集体企业，把某些长期亏损的国营和供销合作企业出租、租赁、拍卖给个体和私营业户，引导更多的人把资金投入到第三产业中来。吉林市一个个体户，用400万元收买了四平市一家长期亏损的国营宾馆，在人们中引起了震动。目前，全省工商业户已达到26.7万户，形成了较强的第三产业投资力量。

二是实行股份制，走社会化的投入道路。今年以来，全省有20户企业实行股份制经营，注册资本4.3亿元，到目前为止共发行内部股票1.5亿元。事实说明，实行股份制是转换企业经营机制，集聚社会资金的有效途径。股份制的初步实行，就使社会对第三产业的投入能力提高了10%以上。长春市汽车厂百货大楼发行内部股票3 600万元，很快就被认购一空，不仅集聚了资金，而且改变了企业的经营机制。目前20家实行股份制的第三产业大企业经济效益都明显提高。

三是调整政府行为，增大集资力度，让各级政府成为第三产业投资主体。随着改革开放的深入，各级政府在发展第三产业问题上，都逐步改变了单纯依赖国家投资的态度和做法。各级政府一方面本身加大对第三产业的投入，同时积极组织社会集资。政府出面集资号召力强，信任度高，成效大。梅河口贸易区为了集聚社会资金发展第三产业，他们从产权角度明确宣布，按照市政府统一规划，谁投资谁受益，谁建谁所有。他们还针对各种建筑收费占整个建筑投资45%，费用高、投资效益差的实际问题，明确宣布，对来梅河口贸易区投资的，市政府权限内的收费全免，属于上级部门的各项取费暂缓，一下子把每平方米的建筑费用降低了100多元，调动了社会投入的积极性，吸引了本地外地大批投资者。柳河县一个个体户，一次就在梅河口投资300万元，兴建了一座综合服务楼。1991年，梅河口贸易区上“1389”工程，即开通一个2万门的程控电话，建三条商贸大街，上八个市场，盖九幢大楼，以上共需投资2.2亿元，市财政仅拨出30万元资金，作为贷款贴息，从银行贷款6 000万元，作为启动资金，余下的1.6亿元，占全部投资73%的资金，就是用这种方法向社会集来的。我们在全省推广了梅河口的经验，许多市县都去梅河口参观学习，结合各自的实际运用梅河口经验，集聚社会资金，发展第三产业，大大加快了城市建设和市场建设的步伐。1992年初，吉林市政府围绕第三产业确定了13个重点项目，他们用梅河口的办法，向社会筹资2亿多元，保证了这些项目的开工。

四、采取优惠办法，积极引进国外资金

吉林是个内陆省，在引进外资方面，与沿海地区相比，有很大差距。虽然客观条件不利，但只要有胆识，方法对，仍然可以大有作为。我省邮电管理局针对全省邮电通信底子薄、基础差、总体通信能力水平低的问题，从“七五”期间开始大胆利用外资，加强基础建设，使邮电通信业有了很大发展。五年来，全省市话交换机增长了1.6倍，长途自动交换机增长11.4倍，长途业务电路增长了1.62倍，邮电业务总量增长1.4倍，邮电业务收入增长1.98倍。到目前为止，全省43个大中城市和县市的长途电话，可以直拨国内900多个市、县及140多个国家和地区，全省电话普及率达到每百人2部，高于全国平均水平。

邓小平同志南巡谈话前后，省委、省政府主要领导带队，两次去南方考察，找到了我们在引进外资上的主要差距，就是开放程度还不够，优惠政策还不足。因此，比照先进省市的做法，结合我省实际，制定了有较强吸引力的优惠政策，扩大开放度，使我省引进外资，包括第三产业利用外资，出现了快速发展的好势头。

吉林省的第三产业，纵向比有发展，横向比有差距，与小平同志南巡谈话精神和党的十四大提出的九十年代经济跃上新台阶的要求相比，差距就更大了。现在全省上下都有强烈的紧迫感和危机感。我们一定按照中央、国务院的部署和要求，进一步加快我省第三产业的发展，争取到1994年使第三产业在国民生产总值中的比重达到30%以上，提前实现国家提出的目标要求。

加快市场建设步伐　放开搞活大流通

河南省人民政府

党的十四大胜利闭幕不久召开的这次全国第三产业工作会议，对于贯彻落实十四大会议精神，加快建立社会主义市场经济新体制，具有十分重要的意义。河南省在加快市场建设步伐、放开搞活大流通方面的情况和做法，主要如下：

一、近年来我省开展市场建设、搞活流通的基本情况

党的十一届三中全会以来，同全国各地一样，我省经济体制改革日益深化，对外开放不断扩大，国民经济得到长足发展。随着改革开放的逐步深入，建立畅通、灵活、高效的社会主义市场机制越来越重要、越来越迫切。因此，我省在加快改革计划、财政、银行、外贸、工商等体制的同时，充分利用河南地处中原、历史悠久、资源丰富、交通便利的优势，加快了市场建设，放开搞活大流通，取得了一定成效。

（一）各类市场建设蓬勃发展。消费资料市场和生产资料市场是全省市场建设的重点。截止1991年底，全省城乡集贸市场发展到4 785个，1991年城乡集贸市场交易额达到140亿元，占全社会商品零售额的27.6%。郑州粮食批发市场、百泉中药材市场、汝州的废旧机电产品市场逐步发展成为全国性市场，有力地促进了商品的流通。今年以来全省市场建设进一步加快，立项兴建各类市场近600个，计划投资40多亿元。省政府重点抓的郑州市20个大中型批发市场已有农副产品、农业机械、农业生产资料、建筑材料四个全国性批发市场和河南日用工业品、机电产品、纱布、蔬菜果品四个区域性批发市场及外汇调剂市场相继开业，开业一个多月来，成交额已达9 872万元。中原国际博览中心、煤炭批发市场等11个项目正加紧建设。各类生产要素市场建设开始起步，目前金融市场20个，开办证券交易网点300多个，成立投资、信托类公司14个，1991年和1992年上半年，累计拆借资金204.6亿元，证券交易14.5亿元，发行有价证券33.3亿元。全省最大的金融市场——“金博大城”已开工兴建，规划投资5亿元，计划建成一个以金融贸易活动为主的现代化多功能建筑群。全省保险市场已建立各种保险机构212家，各种保险金额1 342亿元；劳务机构已达912个，国内外劳务输出149万人，介绍从业人员81万人；房地产市场也有较快发展，房地产交易、房屋租赁等业务已基本展开。目前我省的市场建设，有五个特点：一是全社会兴办市场，市场建设资金大部分来源于市、县、乡自筹，公司、企业、客商融资，集体群众集资。1991年社会集资达1.2亿元，国家投资仅占市场投资额的3.7%；二是市场档次提高，功能比较齐全；三是市场运行和管理不断规范化；四是市场建设的范围从消费资料向生产资料市场以及金融、技术、劳务、信息和房地产市场等第三产业的各行业延伸；五是政府对市场建设的引导作用增强，在市场建设的同时，开始形成政府调控市场的经济运行机制。我省各类市场的不断发展和完善，对促进商品流通，促进各种生产要素的优化配置，为企业转换经营机制提供了有利的前提条件。

（二）计划管理商品、物资的范围和数量大大减少，市场调节的范围明显扩大。改革统得过死的计划经济体制，逐步缩小指令性计划的范围，扩大市场调节比重，将大批农副产品、工业消费品、生产资料放开经营，自由购销，是促进市场发育的一项迫切任务。1992年初，我省下发了《关于河南省计划管理体制改革的若干意见》，对国家原来实行计划管理的22种商品，减少4种指令性计划，全部取消省计划管理的商品，改为市场调节。暂时不能取消的指令性计划，也改变了管理办法，由经营部门根据市场需要，与生产企业和农民签订合同。对原来省实行指令性计划管理的17种生产资料，全部取消指令性计划管理。对仍实行指令性计划管理的生产资料，进一步减少了调拨任务和分配数量。凡减下来的计划上调产品，全部实行市场调节，由企业自销。明年省将进一步减少计划管理的商品物资，凡是能够放给市场调节的，全部放开。

（三）积极稳妥地进行了价格改革。市场机制的基本前提是，商品价格依据市场供求情况，随行就市，灵活作价，进而引导企业产品的生产。因此我省把改革不合理的价格体系做为促进市场发育的重要措施来抓，在逐步调整和理顺不合理的比价关系的同时，实行调放结合，以放为主，较多地减少了商品价格的计划管理，除国家严格控制的直接关系国计民生的少数重要商品外，原来省计划管理的商品价格基本上已全部放开，由企业自主定价，实行市场调节。

（四）进一步深化了流通体制改革，确立了“三多一少”的流通体制。在保证国合商业主渠道作用的前提下，集体商业和个体商业有较大发展，1991年全省集体商业发展到8万多个，从业人员48万多人，个体商业发展到40多万个，从业人员57万多人，1991年全省集体商业零售额146.9亿元，比1985年增长65.9%，个体商业零售额78.5亿元，比1985年增长1.3倍。集体、个体商业的发展彻底改变了过去所有制单一、网点不足、渠道较少的情况，基本形成了国合商业、物资企业为主体，集体、个体和其他经济成份相互补充、协调发展的局面，彻底打破了长期以来商品实行统购包销的方式，形成了工商联营，商商联营，农工商联营，以及工业自销，企业自购，商业代购代销，合同订购订销，产需直接见面等营销格局，减少了流通环节，加快了流通速度，促进了大流通、大市场的建立和完善。目前，仅郑州市就有亚细亚商场、华联商厦、商业大厦、商城大厦、紫荆山百货大楼、郑州市百货大楼等6家大型商业企业营业额跻身全国百强之列。

二、加快市场建设、搞活流通的主要做法

总结近年来我省市场建设情况，纵向相比，有了明显进步，但同全国相比，我们的起点仍然较低，差距仍然很大，我们的工作只能说是初步的。归纳起来，我们的做法主要有以下几点：

（一）解放思想，提高认识。省委、省政府认真研究总结我国改革开放以来的实践，把培育和发展市场、放开搞活大流通、发展第三产业，作为促进经济上新台阶的一个重大措施来抓。结合河南实际，提出了建立大市场、搞活大流通、组织大贸易、参加大循环、促进大发展的战略任务和目标。1991年12月召开了全省第一次市场工作会议，在全省范围内解放思想，提高认识，部署工作。省政府主要领导在会上作了动员和部署，要求全省干部群众提高认识，转变观念，增强发展第三产业和培育市场、搞活流通必要性和紧迫性的认识，号召全省上下破除重生产轻流通思想，树立市场引导生产观念；破除僵化保守思想，树立放开搞活市场观念；破除封闭自满思想，树立开拓国际国内市场观念；破除单一市场思想，树立大市场、大流通观念。新闻界、理论界广泛开展了“四破四立”的宣传活动，使得全省干群对加快市场建设步伐，放开搞活大流通，大力发展第三产业取得了共同的认识，奠定了思想基础，调动了全省建设市场、搞活流通、发展第三产业的积极性。

（二）统筹规划，分步实施。市场工作涉及面广，工作量大，是一项庞大的系统工程。按照我省国民经济和社会发展十年规划和“八五”计划的要求，结合河南经济发展实际制订了《河南省市场体系建设十年规划和“八五”计划要点》。确定我省社会主义统一市场体系建设的指导思想是：转换经营机制，增强流通企业活力，城乡通开，内外贸结合，逐步形成开放型的流通体系；以商品市场为重点，完善消费资料市场，扩大生产资料市场，努力发展生产要素市场，建立一个开放、畅通、灵活、高效、可调控的初、中、高级市场相结合的社会主义市场网络；加快市场设施建设步伐，扩大市场覆盖面和辐射力，逐步使河南成为中部地区乃至全国的商流、物流、信息流、资金流的交汇中心；建立健全市场法规、政策、规范交易活动，逐步确立以公平、竞争、择优为特征的市场机制，促进资源和生产要素的最佳配置。根据这一指导思想，提出了我省“八五”和今后十年市场建设的奋斗目标，计划第三产业增加值占国民生产总值的比重，1995年达到30%，2000年达到35%；第三产业从业人员占全部就业人员的比重1995年达到20%，2000年达到25%；社会商品零售总额1995年达到650亿元，2000年达到1 000亿元；“八五”期间，继续发展完善现货批发市场，建设国家级、省级和地区性的大中型批发市场，初步形成在全国占有重要地位的商品批发网络。“九五”期间，继续扩大生产资料市场，努力发展生产要素市场，大力发展第三产业，重点把郑州建设成为集商品、资金、技术、劳务、信息、旅游、娱乐、服务为一体，功能齐全、辐射力强的现代化商业服务中心。围绕市场建设的指导思想和奋斗目标、我们对商品市场、金融市场、劳务市场、房地产市场、技术市场、信息和咨询市场等市场体系拟定了发展建设规划，对全省市场体系建设适时地加以指导，力争避免一哄而上和盲目的重复建设，引导市场体系建设健康发展。

（三）建立机构，狠抓落实。为了保证市场建设顺利进行，省政府专门成立了以主管副省长为组长、省直有关部门主要负责同志参加的市场建设领导小组，并调配人员组建了市场建设办公室，协调和推进市场建设进度。主管流通的副省长带领省政府有关部门，深入市地现场办公，检查市场会议和省政府《关于进一步搞活流通、加快市场建设若干问题的决定》的落实情况，协调市场建设中的有关问题。各市、地、县党委、政府也把这项工作列入了重要议事日程，成立了相应的领导和工作机构，一把手亲自过问，分管副市长、副专员主抓，结合当地实际制定相应的措施，把市场建设工作落到实处。省直有关部门都有专人负责，并配备有专门的工作人员。

（四）因地制宜、突出重点，着力发展大中型批发市场。在市场建设和第三产业发展中，我们不搞一哄而上，不搞一刀切，坚持从实际出发，因地制宜，根据各个城市、各个地区不同情况，制定规划、协调发展。对较大的中心城市，高标准，严要求。如郑州和洛阳，向国内先进城市看齐，通过几年努力，达到国内同等规模的先进城市的水平。对其他一些中等城市，要求其有一个较大的发展。对一些小城市和县城，有的交通不方便，有的还没有形成较强的经济辐射能力，主要在市场和传统第三产业上作文章，根据本地工农业生产和人民群众生活水平的实际需求，需要什么就发展什么。在市场体系建设方面，我们突出三个重点：一是围绕方便人民生活大办第三产业，要求各地从实际出发，把群众生活的难点找出来，限期解决。二是围绕农副产品的卖难，搞活农副产品的流通，搞好农村社会化服务体系建设。三是围绕搞好大中型企业，改善大中型企业的外部环境，建立生产要素市场，完善市场体系。在市场设施建设方面，把大中型批发市场作为全省市场建设的重点，省政府重点抓好在郑州市兴建的20个大中型批发交易市场。

（五）深化改革，搞活流通。放开搞活流通的根本途径在于继续深化改革。闻名全国的郑州大型零售商业集团之间的“商战”，为搞活我省流通，繁荣市场，建立市场竞争机制提供了良好的机遇。在激烈的“商战”中，战果辉煌的亚细亚商场，特别引人注目。亚细亚商场是股份制集体所有制企业，没有主管部门，所有权归股东，实行董事会领导下的总经理负责制。这种政企分开，两权分离的管理体制，使亚细亚真正成为自主经营、自负盈亏、自我发展、自我约束、面向市场的商品经营者，在企业内部实行了“六自主”的经营机制：干部任免自主，劳动用工自主，工资分配自主，财务管理自主，机构设置自主，经营决策自主。省委、省政府总结了亚细亚商场建立新型企业经营机制的经验，在全省推广，加快国合商业转换经营机制的步伐。大张旗鼓地宣传和鼓励竞争，使企业真正树立市场观念、竞争观念、服务观念、效益观念，积极主动地开拓经营。

（六）制订政策，推动发展。去年以来，省政府为调动各方面建设市场的积极性，先后印发了《关于加强城乡集贸市场建设的决定》等4个关于市场建设的文件，出台了一些优惠政策。如：工商行政管理部门收取的市场管理费，主要用于集贸市场建设；各级工商行政管理部门收缴的罚没款，3年内80%的返还用于集贸市场建设；“八五”期间从每年集市税收额中拨出20%的资金用于集贸市场建设；国合大中型商业企业、物资企业建立市场使用的银行贷款，可用新增利润在征收所得税前还贷；银行为大中型市场建设优先安排贷款，优先发行市场建设债券；鼓励通过股份制、进场客商集资、横向联合融资等途径，多方聚集市场资金；各级政府和有关部门在土地征用、项目审批、物资供应、手续办理等方面给予优惠，对来我省投资建市场或进入市场设立机构、开展交易的国内外客商，在税收、工商管理、开设帐户、信贷、运输、进出口贸易等方面给予优惠。

三、进一步搞活流通的思路和对国家的建议

尽管我省在建设市场、搞活流通方面做了一些工作，取得了初步成效，但是从总体上看，我省市场建设工作尚处在初始阶段，市场发育还不够健全，市场结构不够合理，市场布局不平衡，市场机制有待进一步规范，与发展社会主义市场经济的要求差距很大。特别是新建市场都是刚刚起步，市场覆盖面和成交额都还十

分有限，基础设施、服务功能不够完善，尚不能真正发挥其在经济体制转轨变型过程中应有的作用，运行和管理有待提高和完善。

党的十四大明确提出了在我国建设社会主义市场经济体制的宏伟目标，这为我们提出了更为紧迫的任务。我省下一步市场建设、搞活流通工作，就是根据党的十四大精神，紧紧围绕建立社会主义市场经济的总目标，进一步修改和完善我省的市场规划，立足于凡是市场能够解决的问题，全部交给市场解决的原则，来加快市场建设步伐。在发展大市场、大流通方面采取更大的动作，完善消费资料市场，扩大生产资料市场，大力发展生产要素市场。改革流通体制，深化计划体制、价格体制等方面的配套改革，完善市场运行机制，规范市场运行，尽快形成大市场、大流通的基本框架，建立一个内外贸结合、城乡通开、开放、通畅、灵活、高效、可调控的初、中、高级市场相结合的社会主义市场体系。消费品市场，首先在中心城市，可围绕河南优势农产品，建立和完善面向全国的粮食、棉花、油料、肉类、果品、蔬菜、农副产品、中药材批发交易市场；尽快建立和完善纺织品、纸张、皮革、饮料酒等各类工业品贸易中心；加快中原国际博览中心、五彩大世界、煤炭批发市场的建设进度，力争早日运营；按照谁投资谁受益的原则，加强城乡集贸市场和零售网点建设，在全省形成批零兼营、服务功能齐全的消费资料市场网络。分期分批建立和完善煤炭、建材、两碱、水泥、轴承、矿山设备、农机、纺机、通信、工具类等专业性生产资料市场。积极发展金融、保险、技术、信息、劳务、房地产、产权交易等生产要素市场。在郑州、洛阳等地试办外汇额度买卖公开竞价市场和外汇拆借市场，建立待业保险基金，建设和完善就业服务中心和职业介绍所；在郑州等中心城市建立大中型技术市场和专利市场，发展多种形式的农村技术服务中心；建立全省性的信息网络和信息服务市场体系；发展房地产开发经营实体。加快改革力度，完善法规，改善管理，逐步适应社会主义市场经济发展的市场运行机制。

河南地处中原，承东启西，南北贯通，战略地位极为重要，具有发展第三产业之独特的区位优势，建设大市场、发展大流通，加速第三产业的发展，不仅对于河南经济发展战略目标的实现具有重要意义，而且也是全国经济发展的客观要求。但是，我省在建设大市场、发展大流通的过程中，也存在不少问题和面临许多困难，需要国家统筹研究解决。一是完善市场法规建设，规范市场行为。建议国家抓紧制定必要的市场法规，规范市场运行，使市场交易和运行逐步实现制度化和法规化；坚决打破地区封锁、部门垄断、条块分割，废除地方和部门的行政保护政策，真正建立全国统一的大市场；二是建议设立国家级批发市场建设基金。国家级市场建设是发展社会主义市场经济的前提条件，是衔接社会再生产各环节、实现宏观调控，保证整个国民经济正常运营的重要手段。国家要尽快设立国家级批发市场建设基金，从财政上划出一块，集中用于国家级批发市场建设，采取有偿使用，滚动发展的办法，促使批发市场建设有一个大的发展。三是建议国家加快金融改革步伐，扩大股票试行范围。中部地区幅员辽阔、物产丰富、交通便利、工业有一定基础，尤其是处在东西交替、南北贯通的战略要塞，发展股份制经济的条件极为优越。因此，建议国家在中部地区试办股票交易中心。四是建议国家在交通、流动资金等方面为全国性批发市场的运行提供良好的外部条件。如郑州粮食批发市场等运营后，铁路运输部门做了较大努力，但是，运输问题始终未能得到根本解决，仍是制约批发市场发展的突出矛盾。因此，建议国家在安排铁路运力运量计划时能够给予批发市场优惠政策，优先安排运力运量计划，或实行计划单列。同时，为了充分利用地方铁路运力，应在全国性批发市场集中的地方，尽快实行地方铁路和国铁的联网。并建议国家在流动资金贷款安排上，优先考虑全国性批发市场的需要。

加快流通设施建设，深化流通体制改革 大力促进社会主义市场经济的建立

成都市人民政府

成都作为古南方丝绸之路的起点，历来是全国的商业重镇。改革开放以来，随着城乡经济的迅速发展，流通活跃，市场繁荣。市委、市政府提出“以流通为先导，带动城市经济发展”的战略方针，不断深化流通体制改革，建设了一批大中型流通设施和商业网点。流通的进一步发展，促进了整个市场的繁荣，增强了成都作

为中心城市的吸引力和辐射力。经过几年努力，一个开放式的大商业、大流通、大市场的发展格局已初步形成。这方面的工作情况主要如下：

一、流通领域的基本情况

在成都，金融业、商贸物资业已优先于其它产业发展，成为位居前列的支柱产业。1991年全市社会商品总购进211亿元，比1990年增长45.8%；市物资供销机构物资购进、销售总额分别达到64亿元和66亿元，社会商品零售总额112.07亿元，比1990年增长19.3%，为1985年的2.55倍。金融业发展迅速，服务机构遍及城乡，初步建立起以国家银行为主体、多种金融机构并存和分工协作的金融体系。1991年末，全市各类金融机构已发展到1 783个，证券市场发展到31个；银行现金收入225亿元，比1990年增长29%。"七五"以来，全市流通基础设施建设投资8.9亿元，新建、改扩建了一批规模较大、档次较高、服务功能比较齐全的流通基础设施，1990年全市商业服务业网点达17.25万个，平均每万人拥有网点187个。

改革开放以来，新建、改建、扩建、装修网点1 022个，面积78万平方米，在城区建成大型骨干商业、物资业网点、仓库29个、总面积30万平方米，建成了一批具有较大影响的一定现代化水平的市场设施，在城区初步形成了以人民商场为依托的购物中心，以物贸中心为依托的生产资料交易中心以及布局较为合理的七个商业群和一大仓储中心。城区新建集贸市场和批发市场31个，新增面积14.7万平方米，建成了一批大型综合批发市场；农副产品批发市场、粮油批发市场、蔬菜批发市场、纺织品批发市场等具有一定影响和辐射力的批发市场，初步形成了一个城市为依托，城乡结合、门类比较齐全的市场网络。人民商场、荷花池综合市场和物资贸易中心已分别进入全国十大商场、十大市场和十大市属物资企业。

大流通、大市场格局的逐步形成，使城市流通的辐射力和吸引力显著增强。它给农副产品和工业消费品的流通也带来巨大活力，商品的进出量大幅度增加。初步框算，1991年流入成都的商品约100亿元左右，流出市外、省外的商品约80亿元左右，为1985年的3倍以上。这些流入流出的商品，除国合商业发挥主渠道作用大进大出外，有相当一部分是通过批发市场等多条渠道流通的。如猪肉，我市每年在保证内需后约需外销200万头，其中约有一半由国营食品公司系统调出省外销往十多个省市；另一半则通过各种渠道将加工的腌腊制品销售到全国几百个大小城市。又如蔬菜和白酒，成都每年要分别调出两亿多公斤和十多万吨，日用工业消费品也是一样，1991年，仅荷花池批发市场和火车北站市场就有4亿多元的服装鞋帽、小百货、针纺织品等流向省内50、60个县市和西北、西南广大城市。这些商品有些是本地加工的，有些是沿海一带入成都又转口出去的。市场经营的20余个省市的药材销往全国各地并转口外销。

流通业发展带动了一批相关产业发展，增强了城市综合功能。随着商品流通的不断扩大，一些相关服务行业蓬勃发展起来。1991年，市区住宿床位已发展到16万张，饮食业由过去的千多家发展到上万家，全市饮食、旅馆等服务行业营业收入达5亿多元，比1985年上升2.12倍；市场的全面开拓，促使铁路、公路、航空的客货运量需求明显增大。

流通的发展，促进了我市产业结构的调整，取得良好的经济效益和社会效益，对增加财政收入起到重要作用。1991年，第三产业增加值占国民生产总值的比重达到36.3%。"七五"期间，商业饮食服务业投资约占市总投资的3%，而1990年全市商业、饮食服务业和物资企业实现的净产值在国民收入中已达到11.5%，上交国家的营业税、所得税、能源交通基金，占当年财政收入的23.7%。商业饮食服务业的投入产出效益比工业高51.4%。流通的发展还大量增加了城镇就业途径，促进了农村剩余劳动力的转移。目前，全市从事各种商业、饮食服务业和物资企业的人员约有100万人左右，占全市人口的10%，这对减轻城镇就业压力，维护社会安定有着重要作用。

二、流通体制改革和流通设施建设的主要作法

（一）提高认识，转变观念

发展大流通的实践使我们认识到，流通是联结生产和消费的中介环节，对于促进生产、引导消费、稳定社会、调节各种利益关系有着重要的意义。改革开放以来，我们对流通的认识也是逐步提高的。过去，我市商业增长幅度虽然超过工农业增长幅度，但成都的商品物资的流通范围，主要仍限于行政区域之内，销往市外省外的商品物资只占少数，对外贸易更属起步阶段。改革开放的深化更增强了我们全面开放成都、搞活大流通的紧迫感，促使我们必须转变观念：(1)从过去只注重生产，转变到既重生产也重流通上来。(2)从过去只注重发展国合商业，转到发展全社会的大商业上来。(3)从局部的行政区域的小范围流通，转到发挥中心城市作用，吸收和辐射周围地区的大流通上来。(4)从单纯地安排当地市场，转到不断培育市场体系，发展壮大统一的社会主义的大市场上来。我们认定：凡是顺应市场经济发展要求，符合党的路线、方针、政策的，就理直气壮地抓。一是在改革上逐步放宽，创造有利于搞活流通、有利于市场建设的外部环境。二是敢于采取一些措施，把重点设施建设项目纳入政府一级责任目标管理。3年来先后将96个项目列入市政府管理范围，要求明确责任到人，有奖有惩，保证了这些项目都按时按质量竣工。三是只要自己能够建设好的项目，能够办好的事情，在积极争取国家给予政策支持的同时，在不违背国家产业政策的情况下，放手让企业积极主动地去办。

（二）加快流通设施建设

现代化商业设施建设是提高城市吸引力和辐射力，充分发挥中心城市流通功能的重要条件，也是增强国合商业发展后劲的物质基础。为此，我市从"七五"开始，市政府把流通设施建设纳入了城市总体发展规划。在具体建设中通过制定实施优惠的集资办法，调动各部门的积极性，多渠道筹集资金，修建了一批现代化的流通设施。其中比较成功的建设方法是敢于进行负债建设。负债建设的前提是经济效益作保证，经济效益好的项目，才敢于负债，负得了债，还得起债。因此，凡经过论证经济效益好的重点流通设施项目，除企业自筹外，短缺资金由市上通过多渠道筹集，支持其快上。仅我市一商局所属市级企业，十年间累计投资2.1亿元，为前30年的总和，资金来源大部分是靠贷款和利用社会闲散资金。从全市的情况看，流通设施的大幅度增加，走负债建设的路是合理和可行的。我们主要是从以下几个方面筹措建设资金：(1)主渠道，从各专业银行贷款；(2)征收"商业网点建设基金"，有偿转让使用；(3)拆借各部门暂时不用的预算资金；(4)建立"商业互助储备金会"，把企业暂时不用的留利和部分专项基金集中起来，有偿调剂使用；(5)向社会发行建设短期债券、股票；(6)引进外资；(7)修建市场向进场的经营单位集资，建商场采取向职工集资，劳务招工集资。

对建成后的流通设施，市政府采取"放水养鱼"、"养鸡下蛋"的办法，帮助企业自我发展，自我积累。在这个问题上，政府包括财政和各收费部门恰当处理好眼前与长远的利益关系。我们是这样具体操作的：首先让利给企业还建设贷款，这样作的结果看起来好象是应该上缴财政的利润少了一些，但是，新设施建成投入使用后，工农业税这部分是新净增的，税利统算上缴财政的收入还是增加的。而且让利给企业那部分，企业用于增加固定资产，这个资产也是国有的，因而实质上对国家有利。

（三）加快体制改革，促进大流通

这些年来，我们大力发展和培育了各类商品市场，金融市场和一批门类齐全的各种专业批发市场，规模日益扩大，流通日益增强。具体做法是：

1. 敞开城门，放宽政策。突破地域界限和行业封锁，实行城乡开通，地区开通，商品物资自由流通，公平交易。内引外联，欢迎市外、省外、国外的工商企业和个人来成都设立经营机构，推销、采购商品，现在成都登记的外地购销企业总计达万家以上，我市在外地设点开店，建立购销窗口，也达万家之多。

2. 专业批发市场，实行全社会开放。国营商业、私营企业、个体工商户都可以进场批发交易。市场既面向城市又面向农村。经营方式坚持四个结合，一是批发与零售结合；二是自产自销和长途贩运相结合；三是外地来货和组织回头货相结合；四是经营原料与经营成品相结合。从而形成了批发市场的4个特点，即商品丰富，规格齐全；平等竞争，价格合理；提供信息、调节供应；开放式、多渠道、少环节。

3. 在发展大市场中，我们坚持以国合商业为主，多种经济成份并存。国营、集体、私营、个体商业在平等条件下的竞争，促进了市场的繁荣活跃。在社会商品零售总额中，1991年国营、集体、个体的比例为：36.9%、31%、22%。在政策上，我们努力创造一个宽松的环境，放开商品的经营权，允许集体商业和个体商业从事农产品，鲜活商品和一般日用工业品的长途运销和批发业务。同时减少计划管理品种，放开一些商品的价格，注重运用价格规律和供求规律，发挥市场机制作用。在价格管理上，批发市场、集贸市场，价格基本放开，实行市场调节。现在，全市日用工业消费品中属国家定价、国家指导价的商品只有35种，占5.5%。价格放开的商品品种占94.5%，销售额占90%，在生产资料销售额中，国家定价的商品占25.1%，国家指导价占19%，市场价占55.9%。

4. 大力发展金融业。初步建立起了一个以中央银行为领导，国家银行为主体，多种金融机构并存和分工合作的金融体系；初步形成了以同业拆借市场、债券发行转让市场和外汇调剂市场为主的金融市场；探索了专业银行企业管理的途径，新开办了技术改造贷款、基本建设贷款、科技贷款、旅游、服务贷款、外汇贷款和信托委托、租赁等业务。

（四）利用多种形式促流通

利用各种形式的国家、省、市级文化、旅游、体育等活动，促进大流通。尤其是全国性大型商品交易会，能聚集各地客商做大生意，活跃大市场。1990年和1991年这两年间，我市先后举办了全国性商品交易会46次，省、市大型交易会4次，一次成交少则几亿元，多则几十亿元，合计成交240亿元，这些交易会，既为兄弟省市提供了良好的服务，活跃了流通，促进各地经济发展，也为我省、我市带来效益。交易会带来的间接效益也是可观的。会议期间，交通运输、邮电通信、饮食服务、住宿旅游、广告信息等行业收入都成倍增长。

（五）强化流通服务功能

发展大商业、大流通、大市场，需要相应发展配套的交通运输、邮电通信、金融汇兑、广告信息、饮食服务等行业，才能适应人流、物流、资金流、信息流不断增长的需要。从1983年以来，市委、市政府就以增强城市综合服务功能，搞好流通为目标，大力发展第三产业和加强城市基础设施建设，相继制订了鼓励支持发展各类服务行业的政策。经过七八年的努力，城市各种服务设施有了较大改善。综合服务功能显著增强。饮食业由过去的千多家发展到现在的上万家，铁路、公路、航空客货吞吐量增大，特别是航空发展快，可直达全国20多个主要城市，上万人的大型交易会，能在两三天之内离蓉返程；金融保险业发展迅速，1991年全市金融机构，比“六五”期末增长了66.14%，其中，各银行所属机构（含储蓄所）976个，保险公司23个，农村信用社410个，信托投资公司6个，城市信用社62个，1991年银行存贷额达560多亿元，信贷能力日益增强；邮电通畅，电话装机量成倍增长。1991年电话装机台数已达13.78万台，先后开办了国内长话直拨、国际直拨、用户电报、传真、无线寻呼、移动电话等业务，形成网络、通达全国和世界100多个国家和地区；广告信息业也大力发展，目前从事广告经营的企业已有上百家。

三、我市90年代发展大流通的设想和工作任务

成都商贸金融事业的发展虽有了一定的规模，体制改革也迈出了步伐，但从总体上看，还存在整体功能不强，体系不够完善，运行机制不够健全，行业发展不够平衡，结构布局不尽合理等不足，与沿海开放城市和东部发达地区相比还有差距，还不能完全适应社会主义市场经济发展的需要。总结我市经济发展的经验教训，我们感到：城市经济和社会发展水平如何，不仅在于它直接向社会提供物质产品的能力，还取决于它对商品、资金、技术、人才、信息的聚合力和辐射力，具体表现在流通发达和市场繁荣上。为此，市委、市政府于去年便明确地提出：从保持成都整体经济实力的加速增长这个总体目标出发，决定把发展大商业、搞活大流通、培育大市场作为成都经济腾飞的一项重要战略任务来抓。1992年，我市在调整产业结构、制定加快第三产业发展的规划时，把商贸、金融作为发展重点，争取用5到10年时间，把成都建设成为我国西部最大的商贸金融中心，形成与成都在全国地位、作用相称的，适应社会主义市场经济的较为完善的统一市场体系。“八五”和“九五”末，社会商品零售总额分别达到200亿和425亿元，全市饮商物净产值分别达到30亿和52亿元，集市贸易成交额达到75亿和160亿元，物资系统年交易额达到30亿和70亿元，使商品市场和生产资料市场在中国西部形成最大规模；金融系统各项存、贷款额分别比“七五”末增长1.1倍和95.4%，建立起完善的资金市场，使其年融资量分别突破100亿和200亿元；外贸进口总额分别以35%和15%的速度增长。“八五”末边贸总销售额在现在的基础上翻4番。

为实现上述目标，我们准备着重抓好以下几个方面的工作：

1. 树立社会主义市场经济的观念，增强搞活流通的自觉性

党的十四大明确提出了建立和发展社会主义市场经济的新理论、新思想，我们一定要围绕我市大流通建设的总目标，以十四大精神为指导，全面贯彻落实中央《关于加快发展第三产业的决定》，在发育市场，搞活流通方面取得突破性进展。牢固树立大流通、大市场观念，树立流通与生产并重的观念，树立发展经济以市场为导向的观念，以及竞争观念和效益观念。把拓宽流通领域，扩大流通规模，培育生产要素市场，转换经营机制，提高管理水平作为今后工作的重点，学习兄弟省市在发展第三产业、搞活流通方面的先进经验，努力把成都建设成为“内陆不内”、流通机制灵活、市场发达、全方位开放的大都会。

2. 搞好总体规划，加快流通设施建设步伐

市政府制定了第三产业规划和《成都市发展大商业、大流通、大市场设施建设十年规划方案》。“八五”期间及今后十年，全市流通设施建设规划总投资70—75亿元，建筑面积约550万平方米。其中规划预选骨干项目181个，投资60亿元，建筑面积460多万平方米。通过5至10年，建设一批设施高挡次、服务高质量、管理高水平的现代化流通企业，修建一批大容量、多功能、高效率、吸引力强、辐射面广的流通设施，形成设施网络体系。

3. 以发展金融市场为突破口，大力发展金融业

充分发挥我市金融业的优势，大力培育金融市场，贯彻“扩大规模、增加品种、强化管理、提高效率”的方针，进一步扩展同业拆借市场，培育证券市场，活跃外汇调剂市场，加快形成以银行为主体，直接融资与间接融资相结合，多渠道，多形式，多种融资工具并存的金融市场格局，努力创造条件，使我市成为西部证券中心。广泛开拓银行业务，用活现有资金存量，调整信贷结构促进资源的优化配置和产业结构的调整。加大对外开放力度，各银行成立国际信托机构，开展国际业务，鼓励国外金融界来我市办外资银行和合资租赁公司，以改善投资环境，吸引更多的资金和外汇。

4. 发挥市场机制作用，完善市场体系

成都市的消费和生产资料市场虽已形成一定规模，但迫切需要向高档次多功能发展，生产要素市场的发展也起步不久。我们通过增加投入，政策扶持，改革

措施配套等办法，大力促进资金、技术、信息、房地产等市场的迅速发展，以适应大流通发展的需要。

5. 加强交通邮电和基础设施建设，提高城市综合服务功能

不断提高城市综合服务功能，是搞活流通的重要条件。按照我市发展规划，我们在交通运输方面，将积极配合国家完成宝成线有关路段的复线建设，成昆线北段的电气化改造，支持成都铁路枢纽的建成。配合省完成成渝高速公路建设，加速成都境内国道、省道改造，建设一批公路干线和铁路公路立交桥。配合民航部门完成双流机场改造，增加航班，增开新航线，抓好邮电通信的扩容、改造和建设。进一步加快旧城改造，改善城区道路环境，为大流通创造良好条件。

我们在发展流通方面虽然做了一些工作，但和兄弟省市相比还有不少差距，我们将虚心学习借鉴各地好的做法和经验，按这次会议的要求，采取有效的措施，鼓实劲，干实事，促进流通和第三产业的更大发展。

选准路子，加快发展第三产业

山东省人民政府

山东的经济结构过去是以农业、基础工业为主，第三产业发展水平较低。党的十一届三中全会以来，我们认真贯彻改革开放的方针，积极推动第三产业的发展。1979 年到 1991 年，我省第三产业增加值由 39.64 亿元，增加到 302.49 亿元，居全国第三位，增长了 2.4 倍，年均增长 9.8%。在一、二产业高速增长的情况下，第三产业的比重仍然有所提高，占国民生产总值的比重由 16.9%提高到 20.3%。特别是最近两年，省委、省政府提出“哪壶不开提哪壶”，把第三产业发展作为全省经济登上一个新台阶的战略措施，作为一把“不开的壶”提出来，发动各级进行大讨论，再认识，再动员。1992 年以来，以贯彻邓小平同志南巡重要谈话为动力，整个第三产业呈现出加速发展的好势头，1—9 月份第三产业增加值增长 16%，全年预计增长 20%。在工作实践中我们体会到，加快第三产业的发展，关键在于把中央的指示精神与当地的实际相结合，从本省实际出发，选准发展的路子。几年来，我们发展第三产业主要抓了以下几项工作：

（一）解放思想，更新观念，不断地解决发展第三产业的认识问题

思想解放的深度，决定着第三产业的发展进程，山东是孔孟之乡，由于旧传统、旧体制和“左”的思想影响，长期以来，轻商抑商、轻流通、轻服务的观念较为严重，解放思想更新观念的任务更为迫切，更为重要。因此，我们把解放思想，更新观念作为发展第三产业的首要任务来抓。在经济工作的指导思想上，我们经历了一个对第三产业逐步深化认识的过程。起初各级党政抓经济，主要是集中精力抓农业，抓粮棉油生产。温饱问题基本解决之后，我们又强调在重视发展农业的同时，集中力量抓工业、抓乡镇企业，使全省城乡工业取得了长足的发展。实践证明，这是必要的、正确的。经济发展的客观现实使我们看到，要进一步提高我省的经济素质，登上新台阶，就必须使第三产业有一个大发展、大突破。1991 年初省委省政府在充分调查研究的基础上，作出了《关于大力发展第三产业的决定》。同时，通过总结推广即墨市服装批发市场、淄博市淄川区服装市场、寿光县蔬菜批发市场等一批典型经验，并采取算帐、对比的做法展开大讨论，明确地提出了“建一处市场，活一方经济，增一份财力，富一方百姓”的观点，使广大干部群众认识到发展第三产业是带动整个经济上水平的重要环节，投资少、见效快、收益高，解决了第三产业要不要大发展的问题。1992 年 9 月我们又召开了全省大型的第三产业工作会议，进一步解放思想，落实规划，落实政策。明确提出，第三产业是今年加速经济发展的主要支撑力量，必须大胆、果断地对一、二、三产业的发展序列进行战略调整，把第三产业放到优先发展的位置上，特别是在城市作为工作的重中之重来抓。实践证明，思想观念的大解放、大转变，促进了第三产业的发展。

（二）抓住薄弱环节，实行重点突破，推进第三产业向高层次发展

第三产业行业多、门类广，不分重点，齐头并进，难以实现较快发展。根据我省实际和经济发展的主要任务，我们在不同时期，注重突出抓好不同的重点行业。以重点突破带动第三产业不断由低层次向高层次发展。

“七五”期间，我们针对基础设施落后、农村社会化服务薄弱等制约第三产业发展并制约整个经济发展

的关键问题，重点抓了交通、通信等基础设施建设和农村社会化服务体系建设。我们集中力量，集中资金建成或基本建成了8个交通、通信大型项目，新增铁路通车里程469公里，公路通车里程4 445公里，港口吞吐能力1 562万吨；长途电话和市话装机容量比1985年分别增长2倍和1倍。初步改变了基础设施发展滞后的情况，对整个经济发展的保障能力显著增强。在农村，结合农村经济体制改革，我们重点抓了建立多层次、多形式的产前、产中、产后社会化服务体系，在全省形成了以县级服务为中心、乡镇服务为骨干、村级农民服务为主体，上下贯通、成龙配套的服务网络。交通、通信基础设施条件的明显改善和农村社会化服务体系的建立，为整个第三产业的发展和全省经济发展打下了良好的基础。

1989年以后的两年，第三产业不发达，加上市场疲软，使整个生产过程的矛盾突出表现在流通环节上，发展商品流通成为整个经济工作的焦点。特别是流通设施规模小、水平低，与许多兄弟省市相比差距较大，严重制约着我省经济的发展。针对这一问题，我们明确提出，抓第三产业要重点抓三通（交通、通信、流通），在继续抓交通、通信的基础上，要集中力量抓好商品流通。在这一段时期，省里以及各市地、各部门切实加强了对流通的组织领导，政策、资金向流通倾斜。1991年，全民商业服务业设施投资比上年增长49%，全省集贸市场投资增长3.4倍，商业、服务业用房在建规模达到200多万平方米，新增营业用房100多万平方米，其中万平方米以上的大型网点10个，3 000平方米以上的中型网点66个，小型网点也有较大发展。今年以来，流通设施建设步伐进一步加快，我们按照合理分工，分级负责的原则，对全省流通设施建设进行统一规划，重点支持。省负责影响全局的大型、特大型网点建设，每年安排5亿元投资予以重点扶持；市地负责本地区的大中型网点建设；区、街、乡镇小型网点建设采取录活多样的形式放开建设。今年新批准建设的万平方米以上的大型流通设施56个，面积125万平方米。经过几年的努力，流通设施落后的状况得到较大的改变，流通设施现代化水平明显提高，商品流通网点成龙配套，各类市场遍布全省城乡，出现了市场繁荣、物畅其流的局面。

在传统行业得到较快发展的基础上，第三产业向高层次发展，在新兴行业实现突破，成为发展第三产业要解决的突出问题。我们在全省加快发展第三产业工作会议上明确提出："要在继续加强科技教育和'三通'的同时，大力发展市场潜力大，带动能力强，附加价值高的金融保险、信息咨询、房地产、旅游、娱乐等行业，使其成为第三产业内部的重要支柱，带动整个第三产业的发展。"目前，房地产开发、信息咨询、金融保险、证券交易、旅游娱乐等方面的发展已形成热潮，整个第三产业发展出现新的局面，开始由传统产业向高层次发展。

（三）城乡结合，以城带乡，分层次发展

在发展第三产业的过程中，我们还注重根据全省各地社会、经济、地理状况不同，实行不同的区域配置政策，城乡结合，以城带乡，由城市一城镇一农村梯次展开，分层次发展。我省济南、青岛、烟台、潍坊、淄博、济宁、威海等大中城市拥有发展第三产业较好的经济技术基础和良好的社会经济环境，我们充分发挥其技术优势、开放优势和城市辐射功能，在积极发展商业服务业、交通运输、邮电通信、公用事业等为生产和生活服务的传统第三产业的同时，着重培植新兴的第三产业，特别是对外贸易、金融保险、房地产、旅游业、涉外服务业、综合技术服务业、信息咨询业等，满足国民经济发展和人民生活较高层次的需求，使这些中心城市成为全省重要的商贸中心、金融中心、交通通信中心、信息中心和科技教育中心，带动了全省第三产业的发展。我省大量的小城市和城镇是联系大中城市与广阔农村的纽带，与大中城市相比，小城市和城镇经济技术基础相对薄弱，我们在这些地方优先发展投入少、见效快、劳动密集型的交通、通信、商业饮食业和居民生活服务业，积极稳妥地发展金融保险、房地产等新兴第三产业，使这些城镇成为区域第三产业发展的中心，并不断向高层次发展。我们还以乡镇为农村第三产业的生长点，重点抓了建立多层次、多形式的产前、产中、产后社会化服务体系，扶植和帮助县、乡、村建立了一大批贸工农、产供销一体化的服务实体，把千家万户分散的农民纳入了现代化商品经济轨道，架起了小生产通往大市场的桥梁。几年来，我省涌现出一大批农科教结合、农工商贸相结合、城乡结合等多形式发展农村第三产业的典型，带动了全省农村第三产业的发展。

由于我们在工作中注意了因地制宜，发展各自的优势，使大中城市、小城镇和农村乡镇的第三产业相互联系、相互补充、相互配合，在全省初步形成了城乡沟通、布局合理、行业齐全的第三产业发展格局。

（四）树立典型，带动全省第三产业的发展

在发展第三产业过程中，我们注重抓典型，各地从不同侧面、不同层次探索出了一些适合本地实际的第三产业发展路子。对于这些好的典型，我们注意及时发现总结，加以推广，从而起到了较好的示范、引路作用，推动了面上的工作。在发展农村社会化服务体系建设方面，我们及时在全省总结推广了五种好的形式：一是以诸城市、荣城市为代表，由外贸牵头，实行贸工农一体化，带动整个农村经济的发展；二是以莱芜市为代表，通过简政放权强化乡镇服务功能，组建系列化、多功能的服务实体，为农民提供有效的服务；三是以招远等市县为代表，以供销社和商业部门为依托，实行农商合作，从市场信息、生产、加工、储运、销售等方面向农民提供系列化服务，有效地促进了商工农的合作与发展；四是以寿光县为代表，把培育蔬菜市场作为搞好服务的突破口，以批发市场为龙头、国合商业为后盾、乡村供销社为躯干、大中城市和工矿区为市场、个体联合体为补充的“五渠通天下”的蔬菜流通新格局；五是围绕种植业，实行产前、产中、产后统一服务等。这些先进典型的好经验，对全省农村社会化服务体系建设起了明显的带动作用，取得了很好的效果。这一作法，1991年3月国务院在山东召开的“全国农村经济工作会议”上向全国作了推广和介绍。近两年来，老的先进典型继续发挥着示范带头作用，同时又涌现出一批发展第三产业新的典型，在搞活流通，加快市场建设方面，我们又向全省推广了淄博、济宁、枣庄等地的先进经验。淄博市以城市为依托，坚持大规模建设和培育专业市场，先后建立了建材、电器、泵类、陶瓷、服装、丝绸、纺织品、沙发、瓜菜、副食品等十大专业批发市场，成为鲁中地区重要商品集散地；济宁市在划清粮食盈亏两条线，增强供销企业活力以及生猪产销等方面进行大胆改革，探索出比较成功的路子；枣庄市积极探索商业集团联合经营途径，先后组建了一批各具特色的大型商业企业集团，形成了整体经营优势，增强了竞争能力；苍山县发挥本地优势，从发展蔬菜专业市场入手，逐步形成了规模大、辐射面广的市场体系。对这一批成功的典型，我们通过开现场会、组织参观学习、加强报道宣传等形式，向全省大力推广，使全省第三产业发展的步伐明显加快。

（五）政府带头，多方集资，建立多渠道融通资金的机制

长期以来，资金投入少、渠道不畅，一直是第三产业发展缓慢的一个重要原因。没有投入，就没有产出，也就没有发展。近几年来，我省十分重视增加对第三产业的投入。积极探索各种有效的筹资路子，针对投资主体多元化、分散化的现状，提出了“政府带头，多方集资，联合建设，共同受益”的方针，初步形成了多渠道、多层次的第三产业投入机制。

第一，建立第三产业发展基金制，稳定资金来源。“七五”初期，我省建立了能源、原材料等发展基金，稳定了资金来源，有效地促进了这些行业的迅速发展。1988年前后，我们把这一经验引入第三产业，陆续建立了交通建设基金、地方铁路建设基金、邮电建设基金、商业网点建设基金等，各项基金每年投入近8亿元。基金制的建立不但使第三产业的建设有了稳定的资金来源，而且开始实现了滚动增值。同时我们积极抓好教育费附加、城市维护建设费、公用事业费附加的征管工作，专款专用，每年用于发展教育和城市公用事业的资金达30多亿元。我们还建立了科技发展基金，每年安排6 000多万元用于科技攻关和重点工业性试验项目。

第二，调整信贷结构，增加第三产业的信贷资金投入。过去，银行没有第三产业基本建设项目的信贷资金规模，技改资金规模也很少。1991年初，我们把第三产业亟待发展的行业列入产业政策重点发展序列，在信贷方面，享受国家重点扶持产业和行业的优惠政策，人民银行和各专业银行，都对第三产业重点行业所需贷款优先给予了安排，银行用于第三产业的贷款明显增加。仅省工商银行，1991年对商业、物资供销企业增加的贷款就达8.3亿元，第三产业贷款已占其全部贷款的30%以上。1992年，我们又建立了专门用于发展第三产业的结构调整信贷资金，由省人民银行和各专业银行拿出5亿元资金，专项用于支持第三产业发展。

第三，扩大社会融资，走多形式、多渠道集资联办的路子。近几年来，我们在增加国家投资的基础上，积极动员集体、个体、私营资金投入第三产业，各地都探索出很多好的形式，融资机制更加灵活。主要有以下几种：一是预售设施集资型。即由地方政府组织建设，通过预售设施的产权或预租设施，筹集资金。二是入股分红型。即由不同的经济实体按自愿互利的原则，通过股份合作制，签定投资入股合同，由工商行政管理部门组织建设，市场设施租赁费收入按投资分红。三是招商自建型。即由政府划出场地，统一规划设计，吸引客商进场自建设施。四是企业投资型。主要是为解决地处偏远的大企业职工生活不方便的问题，由企业投资建设第三产业设施。五是房地产开发起步型。政府对土地成片开发，“七通一平”，生地变熟地以后出售，所得收入主要用于第三产业设施建设。1991年，在市场建设投资中，集体、个体投资达3.4亿元，占整个投资额的48.7%，有的市地比重高达90%。

第四，扩大第三产业利用外资的规模和领域。“七五”以来，我省积极利用国外政府贷款、国际金融组织贷款，建设了兖石铁路、济青公路、市话增容等许多第三产业基础设施建设项目。1992年以来，我们进一步扩大对外开放，允许外商通过中外合资、合作和独资等多种形式，兴办交通、通信、商贸、信息咨询、旅游、教育卫生等项目。外商对第三产业的投资大幅度增加，旅游、房地产、商业饮食业已成为外商投资新的热点，1992年1—8月已签定1 000万美元以上的房地产利用外资合同19个，合同外资额达1.5亿美元。

（六）遵循社会主义市场经济的规律，促进第三产业加速发展

在发展社会主义商品经济的实践中，我们认识到，只有充分发挥市场机制的作用，利用价值规律指导工作，才能促进第三产业的繁荣；而第三产业的加速发展，又是市场机制有效运行必不可少的条件。我们在遵循社会主义市场经济规律发展第三产业方面主要抓了以下工作：

一是加快经营机制转换步伐，把第三产业推向市场。去年以来，我省把转换国合商业企业的经营机制作为深化第三产业改革的重点来抓，先后选择了350多个企业进行“四放开”试点，今年已将试点经验在全行业推开，并开始推广到第三产业的其它经营性行业。到1992年6月底，全省共有5 662家企业实行“四放开”，占全部国合商业企业的一半以上。通过“四放开”改革，扩大了企业的经营自主权，调动了职工的积极性，企业的活力明显增强，经济效益大幅度提高。

二是逐步实现第三产业由福利型、公益型和事业型向经营型转变。我们从1991年初开始，把企业化经营行业，全面推向市场，实行独立核算，自主经营，自负盈亏，自我发展；医疗卫生、体育、文化等事业单位，也采取了半企业化、半事业化经营，走以“实业”养“事业”的路子。到目前为止第三产业的各行各业已经或正在制定实行企业化经营的政策措施，各行业积极兴办实体，开展有偿服务。科研部门到1991年底，已有三分之一以上的市地属科研机构实行了承包经营责任制，创办各类技术经济实体170多个，民办科技机构达到1 100多家。我省企业化经营收入大幅度增加，第三产业自我发展能力显著增强。

三是打破行业垄断，鼓励集体、个体和私营发展第三产业。我们制定了一系列鼓励集体、个体和私人兴办第三产业的政策，在注册登记、税收管理等许多方面提供方便和支持，放手让他们发展。1991年全省城乡个体商业、服务业户数达到99.73万户，比上年增长28%，从业人员达到178.3万人，增长38.9%。目前，个体商业、服务业网点已占全部网点数的80%以上，零售额占社会商品零售总额的20%以上，在繁荣城乡市场，方便人民生活，吸收劳动力就业方面发挥了重要作用。

对一些国家垄断性行业，我们也在引入竞争机制方面作了一些探索。如在金融方面，1986年以前，只有几大专业银行，机构单一，互不往来。近几年来我们先后组建了一批信托投资机构、城乡信用社，在青岛还设立了4家外资金融机构的代表处。目前全省金融机构已达14795个，比1985年增加近2倍，形成了较完善的金融服务体系。我们还在保险、通信、铁路运输、高等教育等方面探索了打破垄断、公平竞争的路子。

四是加快市场体系建设，促进社会主义市场经济新机制的建立。近年来，我省一直把市场体系建设当做发展第三产业的重点来抓，促进了市场体系的发育，初步形成了商品流通、金融保险、房地产、科技、劳动就业等较完善的市场体系。至1991年底全省共建成城乡集贸市场6 994处，生产资料市场164处，城乡物资供应网点3 861个；各市地县都建立了劳务市场，金融市场更加完善，同业拆借、有价证券、票据贴现等市场已经形成；全省共建立各类技术贸易机构1 930个，1985—1991年共实现交易额20亿元。市场体系的建立，为社会主义市场经济的发展创造了有利的条件。

虽然我们在发展第三产业方面取得了一些成绩，但与兄弟省市相比还有很大差距，第三产业在国民生产总值中所占比重低于全国平均水平，仍然是经济发展中的一个突出薄弱环节。第三产业所占比重低，客观原因是我省一、二产业基数大、发展快，第三产业所占比重难以迅速提高，但根本原因还是我们的工作做得不够。要加快发展第三产业，我们仍要继续解决认识问题、体制问题、工作问题和领导问题。1992年在邓小平同志南巡重要谈话发表以后，结合研究加速经济发展，国民经济上新台阶的战略构想，我们提出了今后20年加快发展第三产业的总要求，即全面放开搞活，多渠道增加投入，增长速度要明显高于一、二产业，年均增长16%，占国民生产总值的比重每年提高一个百分点以上，到2000年所占比重达到30%以上，到2010年达到42%以上，实现第三产业高起点、多层次、跳跃式发展。

狠抓起步实施，加快发展第三产业

武汉市人民政府

随着经济建设的发展和改革开放的深入，市委、市政府及时地把加快发展第三产业列入重要议事日程，认真研究，制定方案，确定战略目标，明确重点，狠抓起步实施，促进了我市第三产业加快发展。1991年全

市完成国民生产总值192亿元，比1990年增长9.6%，其中第三产业增加值达到66.7亿元，占国民生产总值的比重由1990年27.9%上升为34.7%；从业人员105.3万人，占全部劳动者总人数的28.6%。今年以来，我市认真贯彻实施《加快发展第三产业起步实施方案》，取得成效。1992年上半年全市实现国民生产总值比去年同期增长8.8%，其中第三产业增加值增长10.9%，增长速度快于第一、第二产业，特别是商业、金融、房地产等重点行业发展步子更快些，商业饮食业上半年增加值增长18.5%，金融保险业增加值增长14.3%，房地产业从二季度开始，以18%的速度增长。《起步实施方案》60项具体工作任务，到目前为止，已有32项完成和部分完成，有21项按计划要求进度顺利进展，第三产业发展势头较好。基本作法是：

（一）统一认识，加强领导

市委、市政府根据党中央、国务院关于加快发展第三产业的有关指示精神和武汉市国民经济及社会发展的需要，通过召开动员大会和各种新闻宣传手段，对发展第三产业在国民经济和社会发展中的位置、重要意义进行大力宣传，转变各级领导和广大群众中"重第一、二产业、轻第三产业"、"重生产、轻流通服务"、"流通和服务不创造价值"的传统思想和传统观念，在全市上下初步形成了一个共识：加快发展第三产业是经济发展规律的必然要求，对促进全市经济和社会发展具有战略意义；第三产业创造财富，是我市一个新的重要的发展增长点，也是优化经济结构的关键；发展第三产业对于建立社会主义市场经济体制有着重要促进作用；武汉具有得天独厚的地理和交通优势，具备很大的发展潜力。思想认识统一了，紧迫感增强了，各级政府和主管部门都把发展第三产业作为深化改革、扩大开放，促进经济上一个新台阶的重要环节来抓。各区县、各部门都指定强有力的机构负责发展第三产业工作，把这些工作列入重要议事日程，分工负责，全力组织实施。把第三产业是否加快发展，作为考核各级政府、各部门主要负责人政绩的重要内容。并在计委正式设立了市第三产业规划协调办公室，负责全市第三产业的发展规划、制定政策和协调工作。

（二）制定发展方案，明确发展目标和重点

从制订"七五"和2000年经济和社会发展规划，到学习邓小平同志南巡讲话后修订十年规划和"八五"计划，随着认识的不断提高，逐步调整完善了我市加快发展第三产业的规划。1991年9月份以来，我们根据国务院的部署，又专门制定了《加快发展第三产业的总体方案》，对发展第三产业的指导思想、目标、重点、布局、政策和措施作了系统的规划。1992年，在学习小平同志南巡讲话的基础上，根据中央5号文件的精神，又对《方案》进行了修改和调整。经过市委、市政府的反复讨论研究以及专家的多次论证，《方案》六易其稿于1992年4月11日由市委、市政府正式批转全市贯彻实施。《方案》确定了第三产业发展的总目标为"到2000年第三产业增加值占国民生产总值的比重达到42—45%，建成金融、商贸、运输、信息、科教等五大中心为一体的现代化、多功能的工商业港口城市，形成大流通、大交通、大服务的第三产业发展格局"。根据统筹规划，发挥优势，突出重点的要求，明确了主要任务和发展重点。按照为生产服务和生活服务相结合，传统行业和新兴行业相结合，国内市场和国际市场相结合的原则，并根据武汉城市的性质、功能和优势特点，提出了三个方面的主要任务：一是进一步深化和完善流通、交通体制改革，扩大对内对外开放的深度和广度；二是加快发展房地产、科技服务、信息咨询和旅游等新兴行业，促进产业结构的高度化；三是大力发展社会服务业和社会保险业，建立和健全社会服务体系和社会保障体系。针对武汉中心城市所具有的集聚性、辐射性、开放性、区域性等特征，以及居中的区位优势，确定了发展的重点是：商业物资、交通通信、金融、信息咨询和科技等，强调要形成大流通、大交通、大服务的发展格局，要把建立全国性、区域性的大市场作为发展第三产业的首要任务。

（三）狠抓起步，把加快发展第三产业的任务落到实处

在第三产业发展上，为了避免"醒得早，起得晚"和"叫得响，不实干"的情况发生，市委、市政府作出决定，要结合武汉的现状，脚踏实地先干几件让群众看得见、摸得着、能振奋人心的实事。在这一指导思想下，我们集中力量制定了《起步实施方案》，提出了1992年和1993年两年必须完成的20项工作任务。经与有关部门协调，又将20项任务进一步分解为60项更具体、明确的项目，包括兴建7个全国性、区域性的综合和专业工业品批发市场，8个农副产品、粮油产品批发交易市场，新建和完善一批多功能商业购物中心、建立完善12条特色商业街，建立中南地区和武汉经济协作区生产资料市场，建立资金市场、拓展证券市场，开发房地产市场，以及大力发展社会服务业和社会保险业等任务，分别下达至有关部门和区县政府，项项都明确了责任单位和责任人，严格考核兑现。围绕这60项任务，紧紧抓住不放，从以下几方面促进其落实：

一是解放思想，放宽政策，加强引导和扶持。根据国务院关于政策的着力点不应过多地放在减免税上，要放在建立第三产业自我发展机制上的原则，我们进一步解放思想，广泛吸取各城市、各地区的先进经验和办法，与有关部门反复研究，充分征求基层单位意见，

在总体方案“八条措施”和“八条政策”的基础上，制定了关于加快发展第三产业的十条有关具体政策，在投资、价格、用工、人事、税收、信贷、审批登记、设施配套等方面进行政策引导和扶植。如：下放第三产业新建或改造项目的审批权限；第三产业大中型企业享受与工业大中型企业同等优惠政策；价格全部放开，由市场调节；经批准，可给予一定时期减免税的照顾；简化登记办证手续，放宽经营范围，鼓励综合经营；开发住宅新区同时规划配套建设农贸市场、社区服务设施，文化设施，实行有偿使用等。

二是突出重点，加强协调服务。1992年以来，围绕搞活流通，建立大市场这一重点，加强了工作力度。除了在政策上给以倾斜外，市委、市政府做了大量的指导、协调、服务工作。市政府多次召开会议，对市场建议拟定了总体规划和发展任务，并要求规划、供电、供水、电信、城管等部门配套提出各自的实施方案；要求市第三产业规划协调办公室与重点行业建立定点联系网络，及时反馈信息，市委书记、市长直接参与几个大型市场建设的协调服务工作，亲自查看情况，协调解决实际问题，有力地促进了我市市场体系加快建设。

三是配套制定了有关的法规、制度、办法。从1991年四季度以来，市政府已经正式颁布的有关加快发展第三产业的文件有30多件，如《市政府关于印发市计委拟订的加快发展第三产业的总体方案和起步实施方案的通知》、《市政府关于加快发展第三产业有关政策问题的通知》、《市政府关于加强农业社会化服务体系建设的通知》、《市委市政府关于加快旧城区改造步伐的通知》、《武汉市城镇国有土地使用权出让和转让实施办法》、《武汉市社区服务管理办法》等。还有一批有关市场法规、社会保险办法和方案正在待批。不少行业提出了全行业管理办法。这些对于引导第三产业健康发展、规范市场经营行为起到了一定的作用。

四是对加快发展第三产业起步工作建立了定期检查制度，按季纳入目标管理考核，采取集中汇报、重点抽查、全面调查等方式加强督促检查，促其按计划要求落实。

由于狠抓落实，1992年我市加快发展第三产业取得一定成绩，突出的是市场体系建设加快。

消费市场：1992年新建开业的专业性综合性的各类大型工业品批发交易市场、副食品批发市场、农副土特产品批发交易市场等共40多个，总建筑面积20万平方米以上，商业部门管理的大型商场如武汉商场、六渡桥百货商场、中南商业大楼等扩建工程正在顺利实施，以这些大型商场为骨干的购物中心正在形成。预计1992年销售额逾1亿元的零售商场可达12个，比上年增加4个。对外贸易发展也比较快，1—9月实现出口外汇比去年同期增长25.8%。

生产资料市场：1992年建立了中南有色金属市场，巩固发展了煤炭市场，并在积极筹备面向全国的中南生产资料市场、武汉钢材市场、全国汽车批发交易市场、汽车配件交易市场、再生资源期货市场等专业的和综合的大型生产资料市场。武汉市物资交易中心的交易范围，逐步向长江流域、武汉经济协作区扩展，交易制度逐步完善，1—9月交易额达8.4亿元。

金融市场：武汉已经建立了比较完善的同业拆借、证券交易、外汇调剂市场，1—9月资金拆借额124亿元，证券交易额107亿元以上，外汇调剂2亿美元，票据贴现业务也在不断扩大，初级金融市场已基本建立。1992年4月17日由省、市人民银行联合组建的武汉证券交易中心，引进了电脑设备，建立了先进的交易员制度，已有来自全国28个省市的甲、乙类会员70多家，实行每周一、三、五定期开市交易，到9月底止证券中心已成交50亿元，武汉证券交易中心已经基本上达到了证券集中交易场所的规范要求。

房地产市场：房地产有偿转让、出租、招租、抵押等经营业务相继起步，现已有房地产开发公司170多家，其中合资企业有42家，独资企业22家，合作企业2家，内资企业104家，投资总额近33亿元。著名的东湖风景区和汉口中山大道沿线老城区成为房地产开发的两大热点。

技术、劳务和其他市场：全市1—9月技术转让成交额2.37亿元，比1991年同期增长15.4%；到目前为止，共开办劳务市场22个，每个城区都设立了长期开放、综合服务的劳务市场固定场所，在城区的大部分街道都设立了职业介绍所，上半年为2 300多人介绍和解决了就业问题；6月底，以拍卖、典当、旧货交易为中心的武汉新永安大型特种市场正式开业，拍卖等经营业务逐步展开；信息咨询市场也正在建立当中。

市场体系的建设也促进了综合服务体系和社会保险体系的建立。综合服务体系的设施有所加强，服务内容有新的发展，服务质量也有提高。比如1992年将新安装电话5.6万门，建立健全了电话安装、移动和售后服务制度，1—9月邮电业务总量1.63亿元，比去年同期增长48.5%；建立了4个层次的房屋维修网络；科技、投资、法律、审计、会计等咨询服务机构增加；在64个工商企业设立信息监测网；各城区都建立了小吃一条街，并设立了家庭服务中介所，搬家、清扫、家教等新兴服务项目增多；老年公寓床位增加；机关、企事业单位内部第三产业逐步走向社会化等等，社会服务网络开始建立。配合“’92中国友好观光年”，成功地组织举办了中国武汉国际杂技艺术节及横渡长江、东湖金秋园林艺术、黄鹤楼中秋赏月等活动。活动期间经贸总成交额达到43亿元，其中外经外贸方面成交额9.5亿元，金融交易额18.8亿元，物资交易额4.87亿元，商业交易额5.33亿元，房地产交易额2.35亿元。根据《起步实施方案》的要求，武汉市社会养老保险实施方案将于年底前正式颁布实施，全民所有制单位养老保险覆盖面达到90%以上，集体企业养老保险覆盖面达到80%以上，同时在乡镇企业、三资企业、个体及私营企业和农村居民中推行了养老保险。结合企业经营机制转换，还积极试行待业保险、工伤保险、医疗保险。

我们在发展第三产业方面取得了一些成绩，但与邓小平同志视察南方的重要谈话和党的十四大精神的要求比，与先进城市相比，差距还非常大，还存在不少问题。主要表现：一是市场体系发育不够，跟不上经济体制和经济运行机制转换的需要。如消费品和生产资料大市场、大流通的格局远远没有形成，为生产直接服务的科技市场、金融市场、房地产市场、劳务市场等要素市场才刚刚起步，非常弱小。市场法规也不健全。这些都对企业转换机制产生了制约作用；二是交通通信等基础设施欠帐过多，投资环境和生活环境较差，制约经济发展和对外开放的扩大；三是服务体系尚未形成，生产和生活中的各种难点多；四是社会保险体系处于初建阶段，跟不上企业转变经营机制和保证社会安定的需要。

我市加快发展第三产业的任务还很重，还须加倍努力。根据党的十四大精神和中央5号文件，以及国家计委工作方案和这次会议要求，结合武汉实际，要进一步修改好我市发展第三产业的规划，研究完善各项政策；要适应建设社会主义市场经济的需要，以形成大流通、大交通、大市场为目标，继续以建立和培育市场体系为龙头，带动第三产业全面加快发展；要大力开发新兴第三产业，使其形成一定气候；要结合第二产业结构调整和老工业企业改造，促进第二产业利用闲置的厂房、技术、人才、设备、富余人员发展第三产业，逐步解决企业办社会的问题和富余人员的安置问题；还要加快发展社会综合服务业和社会保险业。

加快发展第三产业，尽快把上海建设成为国际经济、金融、贸易中心

上海市人民政府

在全国人民认真学习和领会党的十四大精神、进一步加快改革开放和经济发展的大好形势下，国务院召开全国加快第三产业发展工作会议。我们感到，这次会议开得十分及时，它是深入贯彻和落实党的十四大精神和党中央、国务院关于加快发展第三产业决定的一项重大战略措施，必将有力地推动我国改革开放和现代化建设的步伐，促进国民经济发展第二步战略目标的实现。

江泽民同志在党的十四大报告中指出，以上海浦东开发开放为龙头，进一步开放长江沿岸城市，尽快把上海建成国际经济、金融、贸易中心之一，带动长江三角洲和整个长江流域地区经济的新飞跃。这既体现了党中央、国务院对上海发展的厚望，又赋予了我们重要的历史使命。上海将紧紧围绕实现这一宏伟目标，加快第三产业的发展，为全国改革开放和经济发展做出更大贡献。

一、加快发展第三产业的紧迫性、必要性和我们的工作

加快发展第三产业，是在当前新的历史条件下保证我国改革、开放和发展互相协调、全面推进的一项重大而紧迫的战略任务。完成好这一任务，将对建设有中国特色的社会主义产生深远的影响。同时，加快发展第三产业，也是实现上海城市功能、经济体制、产业目标三大战略性转移的需要。

(一)实现城市功能的战略性转移：发展第三产业，再造上海的国际经济、金融、贸易中心

历史上，上海作为一个自然资源缺乏的港口城市，以贸易兴市，曾经成为全国乃至远东地区最大的经济、金融、贸易中心城市。早在19世纪末，全国已有80%左右的“货物成交”和“款项调拨”在上海进行；20世纪30—40年代，上海进出口贸易占全国的比重在70%左右，全国著名银行的总行80%设在上海，第三产业占全市国民生产总值的比重超过50%。在长达百年的风雨和战乱中，上海经历了沉浮兴衰，但以第三产业为支撑的经济、金融、贸易中心城市的地位从未动摇过。

新中国成立以后，上海摆脱了半封建、半殖民地的枷锁，经济以惊人的速度向前发展。但是，在改革开放

前的30年中，由于经济发展模式和经济运行机制的变化，第三产业出现了严重萎缩，占全市国民生产总值的比重，从建国初期的41.7%，下跌到1978年的18.6%，上海日渐成为一个功能单一的工业基地，经济、金融、贸易中心城市地位衰退，城市发展陷入困境。

党的十一届三中全会以来，随着改革、开放的深入、商品经济的发展，上海的第三产业进入了复苏期，占全市国民生产总值的比重逐渐恢复到了1991年的31.8%，但在很大程度上是补偿性质的，从国内、国际间的比较来看，第三产业的发展仍显得极大的不足。目前在经济发展中出现的结构失衡、运输瓶颈、产品积压、效益低下等问题，无不与第三产业的发展不快有关。

90年代，是上海经济发展的一个重要时期，国家已将上海浦东作为全国改革开放的重点，党中央最近又提出了要把上海建设成为国际经济、金融、贸易中心城市的宏伟目标。这些既为上海实现城市功能的战略性转移提供了有利的机遇，也对上海第三产业的发展提出了更高的要求。以工业为主体的生产中心城市不可能成为经济中心，经济中心城市的主要功能是流通和服务功能，即能在大规模经济交换中起集散和枢纽作用，以其强大的辐射能力带动和影响周边经济。因此，加快发展具有流通和服务功能的第三产业，是再造上海国际经济、金融、贸易中心城市的需要。上海第三产业繁荣时期的到来之日，也是上海的国际经济、金融、贸易中心城市地位的确立之时。

（二）实现经济体制的战略性转移：发展第三产业，为推进统一的社会主义市场经济体制作贡献

党的十四大明确了我国经济体制改革的目标是建立社会主义的市场经济体制，发展第三产业是我们建立新体制的重要前提条件。市场体系的建立，需要有完善的商品流通市场和生产要素市场；企业经营机制的转换，需要健全的社会中介服务机构；政府职能的转变，需要相应的金融、信息、咨询等行业的发展，这些都离不开第三产业的支持。第三产业是市场机制发挥功能的有效载体。同时，它的发展又依赖于市场机制的不断发展和完善。因此，可以说加快发展第三产业，是我们建立社会主义市场经济体制的重要组成部分。

长期以来，由于我国实行的是与产品经济相适应的高度集中的计划经济体制，并以建立一个综合性的工业基地作为上海的发展目标，以致上海实际上演变成了一个“工业城”，处于持续衰退状态的第三产业也成为工业的附属物。因此，上海要加快第三产业的发展，就必须彻底克服高度集中的计划经济体制所造成的影响，加快向与商品经济相适应的社会主义市场经济体制的转轨，加快与国际经济运行机制的接轨；而第三产业的发展，也必然会推动社会主义市场体系的建立和完善。

以建立我国统一的社会主义大市场为目标，上海第三产业的发展决不能局限于城市内部产业结构的均衡，也不能局限于自身经济、社会需求，而应当立足于为全国服务，参与国际分工，增强对外、对内双向联系和辐射能力。因此，上海发展第三产业，也一定要打好“中华牌”和“世界牌”，提高开放度，搭好大舞台，让兄弟省市、国外客商共同利用这个舞台唱好发展第三产业的同台戏。为推动统一的社会主义大市场的建立，上海要进一步向兄弟省市和国外客商开放金融市场、商品批发和零售市场、房地产市场等各类市场，形成上海万商云集、外商云集的大好局面。

（三）实现产业目标的战略性转移：发展第三产业，形成与国际性城市并驾齐驱的产业格局

在上海产业结构调整工作中，市委、市政府提出的“大力发展第三产业，积极调整第二产业，稳定提高第一产业”的“三、二、一”方针，是经过对过去几十年上海经济发展模式深刻反思后提出的。在高度集中的计划经济时代，提出把上海作为消费性城市变为生产性城市，实际上就是把上海“三、二、一”的产业结构变为“二、三、一”，现在是否定之否定，这是历史的辩证法。

今天，上海正处于90年代改革、开放的大环境中，我们已深刻地认识到了，“三、二、一”的产业结构调整对上海经济的发展生命攸关。从国际环境来看，第三产业的繁荣与发展程度，已成为衡量一个现代化国际中心城市的主要标志，现在国际性大城市的产业结构中第三产业的比重一般都在70%以上。在当前的国际经济条件下，国际竞争是一种立体的竞争，除了科技的竞争、产品质量的竞争外，它同时又是营销的竞争、广告的竞争、金融的竞争、信息的竞争，没有发达的第三产业，我们将在激烈的国际竞争中处于不利的地位。从国内环境来看，近几年来我国沿海开放城市有了长足的发展，已经形成了一批贸易导向型的中心城市，特别是南方沿海广州、深圳等城市的第三产业占全市国民生产总值的比重已接近50%，而上海1991年全市第三产业的比重仅为31.8%，这与上海在全国的地位和作用是极不相称的。特别是目前关贸总协定已经广泛涉及到知识产权、贸易服务等领域，我们如果在第三产业发展方面缺乏准备，就很难应付“入关”的考验。因此，如果上海继续延袭“二、三、一”的产业发展模式，必然会被日益发展的生产社会化和经济市场化、国际化的潮流抛在后面，失去国际产业转移给上海带来的产业升级和经济振兴的机会。

上海坚持“三、二、一”的产业结构调整方针，也

是充分发挥上海综合优势的需要。上海空间狭小，自然资源缺乏，但地理位置优越，濒江临海，地处沿海和沿江两大开放带的交汇处，经济腹地深广。以往高度集中的计划经济体制下，全国资源保上海的时代已经一去不复返了，继续过度的工业扩张，忽视第三产业的发展，难免受到多种资源短缺的制约，造成综合经济效益的不断下降。因此，上海要实现振兴，就必须重新认识和利用自己得天独厚的地理优势，扬长避短，从推动长江三角洲、长江沿江地区乃至全国的经济繁荣出发，大力促进地区之间、国内外之间的资金、商品、技术、人才、信息的流动和组合，使上海成为一个商品和生产要素大流通的中心。这样，既不与兄弟省市争资源，争市场，又可以充分发挥大城市的综合功能，为全国经济发展服务，走共同繁荣的康庄大道。同时，我们加速第三产业的发展，不仅能有力地推动一、二产业的发展，而且可以充分利用第三产业投入少、产出高、能耗低、见效快的特点，使其成为90年代国民经济发展新的生长点。

自宣布浦东开发开放以来，我们根据市委、市政府确定的"三、二、一"方针，在加快发展第三产业方面着重抓了以下几项工作：

一是抓第三产业的基础设施建设。"八五"期间，我们确定了以交通为主体的十大基础设施骨干工程，通过近二年的建设，大部分可提前在1994年左右完工，有的已竣工投入使用。浦东新区的陆家嘴金融贸易区已有5幢金融商贸大楼开工，65幢楼宇批准立项或即将立项，大型的购物中心和内外贸基地已完成建设前期工作。淮海路商业街的改造可于1992年年底完成，南京路的十大改造项目也已付诸实施。所有这些建设项目，将有力地推动第三产业的繁荣兴旺。

二是抓全国性的大市场建设。上海证券交易所已发展了136家会员，其中外地会员102家，使证券交易突破了行政区域的划分。1992年1至9月，证券交易额已达412亿元。同时，我们成立了市证券管理委员会，进一步加强市场的管理。1992年5月末挂牌的上海金属交易所，在短短的5个月时间里，已初步形成了公开化、规范化、计算机化的交易制度，成交额已近300亿元，其价格已成为全国的"龙头"价，并在国际市场上也产生一定影响。此外，在中央有关部门和兄弟省市的大力支持下，肉类市场、粮食市场相继开业，其他一些全国性的大市场也在积极筹建之中，煤炭交易所预计可在年内开张营业。

三是抓利用外资工作。1992年1至9月，全市第三产业方面共批准外商投资项目155个，协议金额8.8亿美元。到目前为止，全市共有13家外资银行分行，3家中外合资财务公司，1家中外合资银行。外商投资外高桥保税区的外贸项目已超过10个，中日合资上海第一八佰伴有限公司新世纪商厦已开工，其他一些商业项目也正在积极洽谈之中。到9月末，全市已批租土地121幅，总面积760万平方米，外方投资达12.3亿美元。浦西老市区的一大批危房、棚户、简屋得到改造，将集中用于发展第三产业。通过土地批租，我们不但为培育和发展房地产市场创造了条件，而且开始探索出一条利用外资加快旧区改造的新途径。

四是抓体制改革。1991去年以来，我们在本市商业系统中推行"经营活动自主、商品定价自主、劳动用工自主、工资分配自主、投资发展自主、机构设置自主"的改革。目前，参加这"六自主"改革的大中型商业企业已达204家。最近，我们又将12家大中型商业企业从过去的行政管理中解脱出来，转变为行业管理和国有资产管理，进一步加强了改革的力度。在全市已推出的61家股份制企业中，第三产业的企业有21家，占34.4%。这些企业的经营机制得到了较快的转变，以商业股份制企业为例，其销售收入增长32.7%，明显高于其他企业。同时，我们还放宽了各行业从事第三产业的限制，鼓励各种企事业单位投资第三产业。到今年6月底，全市共有第三产业企业8 600家，占全市企业数的63%，比去年年底提高了8个百分点。此外，房租改革也已迈出可喜的一步，并向房产商品化改革深化；社会保障制度的实施也正在着手进行，养老保险方案已初步议定，正在进行试点。

二、上海加快发展第三产业的总体思路

根据党中央、国务院《加快第三产业发展的决定》和对上海发展的新要求，上海第三产业发展的总体思路，是要面向全国、面向世界、面向21世纪，为建立统一的社会主义大市场服务，为国内外经济接轨服务，为周边地区的工农业生产发展服务，走贸易兴市、金融强市、科技立市的新路，形成高级化、国际化、市场化的产业结构，为在下世纪初把上海建设成为国际经济、金融、贸易中心之一奠定坚实的基础。90年代，上海第三产业发展的具体设想是：

1. 大力提高第三产业在国民经济中的比重

到本世纪末，上海第三产业应实现国民生产总值1 000亿元以上，相当于目前的全市国民生产总值，年均递增16%左右，占全市国民生产总值中的比重要从1990年的30.8%提高到45%。其中，浦东新区2000年第三产业占全区国民生产总值的比重达到50%，年均递增35%。同时，全市第三产业的就业人数由1990年的218万人增加到2000年的360万人，占全市就业人数的比重由28.4%提高到45%。

2. 建立和完善一批全国性市场

90年代，上海要进一步完善现有的证券市场、资金拆借市场、外汇调剂市场和金属交易市场，扩大市场覆盖面，建立规范的现代市场交易制度，加强市场的管理和调控。此外，要全力以赴，与中央各部门和各省市通力合作，建立煤炭市场、石油市场、粮油市场、技术市场和离岸国际金融市场等。在建立和完善这些市场的同时，要积极创造条件，加强与国际同类市场的联系和合作，争取到本世纪末能从中发展若干个国际化的交易市场。

3. 建设五大功能区

一是中央商务区（CBD）。即浦东陆家嘴和浦西外滩组成的约3平方公里的面积，集中发展国内外各类银行、跨国公司、国际性财团、综合商社、海外驻华商务机构的总部或分支机构。二是商业贸易区。即在中央商务区外围、黄浦江两岸各10多平方公里面积。在这一区域内，90年代要建设2万平方米以上的商厦20座，各类特色商业街20条，使其成为集国内外名、特、优、精商品、设施先进、功能完备的现代化商业区。三是高科技园区。主要是浦东张江高科技园区和嘉定科技城，集中进行高新技术的开发和产业化。四是涉外功能区。主要是浦东外高桥保税区和浦西虹桥开发区。外高桥保税区主要发展转口贸易、仓储及出口加工业、涉外金融业等产业。虹桥开发区主要发展对外贸易，同时又是上海的领馆区之一。五是旅游度假区。初步规划建设的有青浦旅游城、浦东花木旅游开发区和横沙岛国家级旅游度假区。

4. 建立六大配套系统

第三产业的发展需要各种配套系统的支持。90年代，上海要建立六大系统：一是现代化通信信息系统。包括邮电通信系统、各种计算机信息系统以及卫星通信技术、图像数字传送等一系列高新技术的应用，还包括各种通信信息系统的联网和国际信息网络的连结。二是高效便捷的交通系统。包括高速公路、地下铁路、航空运输、市内高架道路、越江交通等等，其中关键是要建设国际化的航空港、深水港口和高速铁路，以使上海成为亚太地区的重要交通枢纽。三是规范化的中介服务系统。要建立完备的信息咨询、项目评估、市场调查、招标投标、律师公证、会计审计、商检、质检、消费者协会等一系列符合国际规范的中介服务机构。四是功能完备的公用事业服务系统。城市供水、供电、供气、排水、三废及垃圾处理和园林绿化等，要布局合理，设施先进，适应现代化国际城市的需要。同时，要大力发展家庭生活服务业和社区综合服务网络，逐步实现家务劳动社会化。五是现代化的文化传播系统。广播、影视、文艺、新闻、出版、广告等都要按照建设高度发达的社会主义精神文明的要求，为改革开放和经济建设服务，满足广大群众快节奏、多层次的消费需求，成为新思想、新文化、新技术、新风尚的传播媒介。六是完善的社会福利保障系统。大力发展各类社会保险机构和组织，完善社会保险制度，使待业、养老、医疗、住房等纳入社会化的轨道，形成人民安居乐业、社会稳定发展的局面。

三、重点行业发展的具体规划设想

1. 金融保险业

上海金融保险业的发展，应以开发浦东、发展资金市场为突破口，加大改革开放的力度，在国家和各省市的积极支持和参与下，建立开放、高效、以市场为核心的金融保险体系，到本世纪末恢复上海金融中心的地位。

金融保险业的发展目标是：占全市的GNP比重1990年为9.5%，1995年为10.5%，2000年为12%；就业人数由1990年的3.62万人，1995年增加为7万人，2000年增加为12万人，形成一个中央银行、专业银行、商业银行、长期信用银行、外资银行、区域性银行、保险公司、证券公司以及信用合作社等金融机构并存的市场化金融体系，初步展现国际金融中心应有的风貌。在大力发展金融市场的同时，在浦东新区率先冲破现行的信贷管理体制，发展、完善中央银行的调控体系和手段，并根据需要设立金融机构，开办新型业务。

具体措施：一是以证券市场为龙头，带动同行业资金拆借市场、外汇市场和其他资金市场的发展，开展金融期货交易业务，继续引进外资银行，逐步与国际市场接轨；二是不断发展金融机构，完善金融体系，办好上海浦东发展银行，进一步发展民间金融合作组织；三是从实行新的信贷运行机制（特别是在浦东新区）入手，建立自主经营、自我约束、灵活高效的信贷管理体制；四是加紧在浦东陆家嘴地区兴建一批金融大厦，调整浦西外滩一带的房屋使用方向，集中用于发展金融保险业。此外，要培养大批金融人才。

2. 商品流通业

上海商品流通业的发展必须紧紧抓住开放浦东的契机，按照“大贸易、大流通、大市场”的战略思想，大力培育和发展各类市场，尽快使我国社会主义市场经济的运行机制与世界经济运行机制有效接轨，使上海真正成为国际性的贸易中心。

设想到1995年，商品流通业占国民生产总值的比重由1990年的7%提高到13%，就业人数由1990年的70万人增加为110万人；到2000年，占GNP的比重为16%，就业人数为150万人。具体构想是：

商业：上海要真正成为全国最大的贸易中心，必须配套建设为全国经济服务的交易中心、物流中心、信息中心。具体措施：一是组建开放式、多功能、规范化的批发市场体系；二是建造配货发运中心，扩大上海经济辐射能力；三是形成多层次的购物中心，融旅游、购物、服务于一体，吸引客流；四是有步骤地组建各类期货市场。

物资：以创办金属、煤炭、石油化工、汽车、建材等国家级市场为流通主体，以新建物贸大厦、金属大厦、东方物产大厦、石油大厦等为交易核心地，以与中央各部直属企业、外省市物资系统和国外物资商社等合资组建物资集团为依托，形成多层次、全方位的物资流通格局。

外贸：一是充分利用外高桥保税区的政策，向外省市大幅度开放外贸领域，大力发展贸易型三资企业。同时也要吸引内资企业、外贸部门，大力发展转口贸易；二是积极将外资和出口生产企业实行嫁接，提高产品档次和经济效益，扩大出口；三是打破生产与销售、内贸与外贸的人为分割，逐步建立一批具有从事内外贸、资金融通等经营活动的综合商社，融多种功能于一体的跨地区、跨部门、跨所有制、跨国界的贸易联锁企业和跨国公司，建立海外销售网络。

3. 交通通信业

上海交通通信业的发展应以建设现代化国际城市为目标，以企业转换经营机制为基础，以提高经济效益为中心，以加强综合运输、通信能力为重点，以优化运输、通信网络为核心，加快交通、邮电建设。

发展目标是：交通通信业所创造的国民生产总值，1995年占全市GNP比重为9%，比1990年提高1.1%，2000年比重为10%。就业人数由1990年的36万人，提高到1995年的45万人，2000年提高为60万人。

主要措施是：集中央、地方、企业以及民间组织等各方力量，积极引进外资，共同开发建设上海的交通通信业，使之与上海作为国际大都市的地位相称。九十年代要重点建设“三港”（即第二国际航空港、浦东国际国内通信港和全天候进出第三、四代集装箱的深水港）和加速建造“三路”（即高速及高架公路、地下铁路和浦东铁路）。

4. 房地产业

90年代上海房地产业发展的关键是要搞活房地产市场，努力实现房产产权多元化、管理社会化、经营企业化、结构合理化，使之逐步成为国民经济的支柱产业之一。

规划设想到1995年，上海房地产业占全市GNP比重由1990年的0.5%提高到2%，2000年占全市GNP比重为3%，国民生产总值年均递增15%以上。就业人数由1990年的3万人提高到1995年的6万人，2000年将达到10万人。

具体措施：一是加快住房制度改革，缩小现有租金与成本租金的差距，提高住宅商品化比重，有计划出售公有旧住宅，并组建住宅银行，开展抵押贷款，加快住宅商品化的进程；二是搞活房地产开发经营，扩大商品化开发规模；三是优化配置房地产资源，加强中心城区公房的二次开发，引导产业置换，提高中心城区房地产资源的综合效益，并逐步走上以业养房、以房兴业的良性循环轨道；新区建设要与旧区危房改造相结合，充分利用地段级差收益，广泛吸引国内、外资金，争取危旧房改造滚动增值；四是积极培育发展房地产市场，开辟房地产交易场所，扩大市场的流通规模，加快外汇房土地批租步伐，实现境内、外销售，并制订相关政策，鼓励外商来沪投资、开发、经营或购置房地产。同时，房地产业的发展必须以其他行业尤其是金融保险业为支撑，金融保险业可以开展房地产开发、经营、购置抵押贷款（包括按揭贷款）业务和保险业务，降低投资者风险，调动和激发投资者积极性。

5. 旅游业

旅游业的发展要充分发挥上海的地方特色，大力发展国内旅游和国际旅游，最大限度地把国内、国外的人际交往推进到一个持续高涨的新阶梯，从而促进信息流、技术流、资金流、商品流的大运动、大融汇，以此规划建设富有新意和特色的旅游基础设施，提供与上海城市地位和水准相符的一流服务。

旅游业是一项极具潜力的产业，其发展速度应适当超前。规划设想旅游业的国民生产总值占全市GNP的比重，由1990年的0.6%增加至1995年的1%，2000年为2%，就业人数1995年达到8.5万人，2000年为10万人。

具体构想是：上海旅游业的发展必须与开放浦东、加速城市现代化密切结合，在旅游景观建设方面，兴建二处具有世界最高水平的旅游设施迪斯尼乐园和国际博览会；规划开发二处符合国际一流水准的旅游区横沙岛国家级旅游度假区和浦东花木旅游区；合理布局10个景点相对集中的旅游小区，如利用青浦淀山湖的水上风光、松江佘山的秀丽景色，组成“山水海”的游乐项目等。此外，上海旅游业的发展还必须从以下几个方面采取措施：一是国际旅游业必须加强对外促销；二是积极开发旅游娱乐项目，以增加来客人数和逗留天数；三是举办各类特色旅游节目，大力吸引国内外游客，为市民短途旅游创造条件，四是充分鼓励各级开发旅游资源的积极性。

6. 信息咨询业

90年代是上海信息咨询业从起步走向发展的关键时期，经过努力将形成结构合理、技术先进、反映敏捷、高效率的社会化信息服务体系；通过信息市场的积极培育，实现信息产品的商品化、社会化、现代化，把信息咨询业发展成为国民经济一个重要的支柱产业。

信息咨询业的发展目标为：1995年占全市GNP的比重由1990年的0.26%增加为0.56%，2000年为1%；就业人数由1990年的1.3万人增加为5万人，2000年为10万人。

具体构想是：到本世纪末，在宏观经济管理和办公事务处理普遍实现计算机化的基础上，形成一个标准化、系统化、多功能、开放型的现代化经济信息网络。网络内的信息活动覆盖全市各层次经济管理的主要工作过程，网络外的信息往来能沟通国家经济信息系统（含各重点省级子系统和部门分系统），连接市内非经济信息系统及重要的国际信息机构，建立全方位的信息网络。在应用开发方面，针对全市重大经济问题，研制若干实用的决策支持系统和知识工程系统；实现信息资源共享，使上海成为全国以至于亚太地区重要的经济信息中心之一。同时，大力发展科技（包括工程等）咨询部门、涉外经济咨询部门、企业行业咨询部门、战略政策咨询部门、科技情报检索部门等宏观、微观行为的信息咨询企业，以及律师咨询、会计咨询、社会审计查证咨询等咨询部门，形成符合国际规范的咨询服务体系。

为此，必须完善信息咨询流通体制，发展信息咨询网络，加强信息咨询机构建设，推动信息咨询市场发育，并逐步建立国际信息咨询服务体系。

7. 科技业

科技力量雄厚是上海的一大优势。90年代，要充分发挥这一优势，以市场为导向，突出重点，提高高新技术的开发能力，加快产业化进程。同时，要加强基础研究和技术储备，提供多层次的技术支撑，增强国际竞争能力，使科学技术真正成为上海经济发展的第一生产力。

发展目标：到本世纪末，科技进步对经济发展的贡献率达到50%以上，重点行业和重点产品技术水平达到90年代初期的国际水平，80%采用国际标准。集中力量发展电子信息、航空航天、海洋油气开发、现代生物技术和新材料等高新技术产业，使高新技术产业占工业总产值的比重达到5%左右。完善和发展漕河泾高新技术开发区，加快建设浦东张江高科技园区，建设和发展嘉定科学城。组建工程研究中心、信息技术研究中心、科研实验中心以及光机电一体化、办公自动化技术、计算机应用技术、医学生物技术、通讯设备技术、精细化工技术等6个中试基地。

主要措施：一是真正树立振兴上海必须依靠科技进步的观念，确定科学技术在经济建设中的战略位置，大力加强对科技工作的协调与领导；二是提高科技投资强度，多渠道、多层次地增加科技投入，全社会和财政的科技投入每年都要有较大幅度的增长；三是建立和健全科技发展的支持、服务体系，继续推动科技与生产的结合；四是加快建立科技工作新体制，落实和扩大科研机构的自主权，建设和完善技术市场，全面加强科技队伍建设；五是加强国际合作与交流，促进技、经、贸的紧密结合；六是制订和实施具有倾斜性的经济政策和技术政策，制定科技政策法规，把促进科技进步的重大政策以法律形式确定下来。

四、上海加快发展第三产业的运行体制

第三产业必须在经济商品化环境下才可能得到长足发展。因此，必须按照建立社会主义市场经济新体制的要求，加快改革步伐，形成健全的市场机制。

1. 生产要素商品化。大力推进经济活动和生产要素的商品化、货币化、市场化进程，变实物形态为货币形态，变事业型、福利型、补贴型为企业型、经营型、效益型的三产体系。要变土地使用的双轨制为单轨制，实行土地有偿使用和基础设施商品化；通过国有资产的货币化，实现企业产权的股份化和居民住房的商品化；改变文化、教育卫生的福利化倾向，实行知识型产业和文化产品商品化；通过智力劳动的货币化，实现科技成果的商品化、产业化。

2. 投资主体多元化。要鼓励全民、集体、私营、合资、独资等不同经济类型企业投资第三产业，开展公平竞争；鼓励党政机关富余人员与行政脱钩，从事第三产业经营活动；鼓励中心城商务区的工业企业实施“商代工”或“工改商”的产业置换；鼓励行政机关和企事业单位的后勤服务系统社会化，成为独立经营的经济实体。应采取立法的形式来统一不同经济类型和管理体制企业的管理规范和制度约束，实行政企分开，统一税赋，推行国际通用的会计制度。

3. 经济运行市场化。第三产业作为一个市场纽带，其运行轨道基本上以市场为主。这是三产生存和发展的先决条件。要着力引进市场竞争的机制，引进国际通用的市场交易制度，形成市场化的价格体系，培育和组建规范化、统一化、高级化的市场体系。要打破市场分割、行业垄断和行政性保护，把企业真正推向市场。相应建立国家级的统一市场和区域性的专业市场，使企业在市场竞争中获得平等机会、公平税则、平等竞争。

4. 市属郊县城市化。第三产业发展的过程，实际上也是一个城市化的过程，城市化水平越高，市场容量越大，第三产业也就越发达。因此要加速郊区市属县城的城市化进程，有计划的撤县建市，形成一批现代化的第二等级的延伸城市，与中心城组成合理的城市体系。发展城镇的第三产业，吸收农村剩余劳动力，扩大就业人口，发展各具特色的第三产业，从总体上扩大第三产业的规模效应和集聚效应。

5. 公用事业民营化。对城市基础设施的建设项目和部分公用事业，如铁路、航空港、公交、电信、煤气等，可借鉴国际上民营化的成功经验，采取政府投资控股、民间建设经营的办法，通过组建股份有限公司和民间承包经营的办法，让一些经营集团承包建设和经营，政府则通过控股的方式实现间接管理，形成“自借、自还、自营、自付”的投资偿还机制。同时，引进竞争机制，对长期处于被垄断的某些公用服务性行业，如公交、煤气、通信等，通过国营企业和国有民营企业的平等竞争，提高服务水准，提高国有资产的运行效率。

6. 经营方式集约化。第三产业也有一个从粗放型到集约化的发展过程。第三产业集约化主要表现在：一是广泛采用高新技术武装第三产业，应运用电脑系统建立金融证券业的联网系统；运用自动收银机、出纳机、信用卡等先进设备和开架式、自选式等先进交易手段，改变商业交易方式；采用先进的信息处理设备和技术，使信息产业化；二是采用生产线方式实行规模经营，包括服务业、餐饮业等，获取规模效益；三是消费服务要讲究个性化、优质化、多样化，提高第三产业的社会经济效益，降低生产经营成本。

7. 分配结构弹性化。改刚性工资结构为弹性工资结构，实行分配方式的多层次、多样化，才能带来消费的层次性，带动第三产业的多元化发展。因此，要通过建立弹性工资制度，实现合理的劳动报偿机制，拉开分配档次，创造高就业、高效率、高工资的格局，促进第三产业的发展。

8. 政府管理间接化。政府管理第三产业的方式，应从直接管理方式改为间接管理，主要从事规划管理、规则管理、法制管理，减少政府的直接干预，扩大市场调节成份，通过市场中介组织，形成监督和服务体系，组建“强政府、小机关、大市场、大服务”的格局。

在贯彻落实中央5号文件的工作中，我们深切地感到上海在发展第三产业方面与兄弟省市、尤其与南方沿海城市的差距，这次会议为我们创造了学习兄弟省市先进经验的极好机会。通过这次会议，我们一定要把兄弟省市的好经验带回去，运用到上海加快发展第三产业的实践中去。我们愿与兄弟省市携起手来，敢为天下先，探索新路子，共同为加快我国第三产业的发展、促进统一的社会主义市场经济的建立而努力。

发挥市场机制作用，促进第三产业发展

广东省人民政府

改革开放以来，广东第三产业有了较快的发展。这是全省国民经济迅速发展的大环境带动和促进的结果。由于14年来，我省始终坚持了市场取向的改革，市场机制对于促进经济发展，特别是对第三产业的发展发挥了巨大作用。较之第一、二产业而言，第三产业更活跃一些，发展的速度也更快一些，比重呈上升趋势。

一、广东第三产业发展及现状

广东的地理条件优越，历史上商务活动比较活跃，对外通商较早，第三产业特别是商业流通和饮食服务行业有一定的基础。1952年，全省就有商业零售及饮食服务经营单位逾50万户，第三产业占同期国内生产总值的比重达28.6%。三年恢复和“一五”时期，广东第三产业保持了10%的增长速度。但后来在高度集中的指令性计划经济体制下，尤其是在当时片面强调生产，忽视流通的指导思想及极左路线的影响下，第三产业的发展出现徘徊不前的局面。1958—1978年，20年间第三产业平均年增长仅3.8%，低于同期全省国内生产总值年平均增长4.6%的速度，其比重亦因此下降到1978年的23.7%。

改革开放以来，广东采取了一系列放开、搞活的措施，积极引进市场机制，促进了第三产业较快地发展。1979—1991年，广东第三产业的年平均增长速度达14.7%，比同期国内生产总值年均增长速度高出2个百分点；1991年与1978年相比第三产业占国内生产总值的比重上升到34.5%，上升了8个百分点；对国民经济的贡献率上升到37.2%，上升了27.7个百分点；就业人数占社会劳动者的比重上升到20.5%，上升了8.4个百分点。

全省商业蓬勃发展。1991年，全省社会商品零售总额858亿元，比1978年增长9倍多。平均每万人拥有商业网点从1978年的13个增加到154个，拥有商业服务人员由88人增加到417人，分别增长了11倍和3.7倍。1991年，全省城乡集贸市场达3 588个，比1978年增长1.07倍，集市贸易成交额达315.94亿元，比1978年增长20.64倍。

交通、通信有了很大改善。1991年，全省交通货物周转量达3 181.83亿吨公里，客运周转量526.67亿人公里，分别比1978年增长3倍和7倍。1978—1991年的13年间，全省新增公路通车里程3 113公里，新建桥梁1 000多座，全省公路干线实现无渡口通车；完成了衡广铁路复线建设，新建三茂铁路，使铁路营业里程从1 005公里增加到1 287公里。全省已初步形成了以广州为中心，以铁路和海运为骨干，由铁路、公路、水运、民航和管道等5种交通运输方式共同组成的交通运输网。1978—1991年，全省市话、农话共增加190万门。全省先后建成了广州至香港、深圳至珠海等7条微波干线；建成了粤东、粤西和深圳珠海三条大通路数字微波干线；铺设了广州至深圳、香港等多条光纤电缆；开通了京汉广同轴电缆载波系统和珠江三角洲移动通信网。全省通信能力大大加强。目前，省内程控电话可以和国内各大中城市和世界156个国家(地区)直接通话，全省实现了县以上电话程控自动化。

金融保险业在改革中增添了活力。到1990年底，全省共有金融机构7 258个，各项贷款余额达到1 265亿元，比1980年的156亿元增加了7.1倍。全省初步形成以城市为中心，辐射范围不断扩大的跨系统、跨地区的资金融通网络。1990年，全省已建立保险支公司89个，专职保险代理站1 329个，业务收入达18亿元，比1980年增长了66.2倍。

旅游业蓬勃发展。1991年，我省旅游机构增至1072个，职工21.3万人，比1981年分别增长26.5%和26.2%；营业收入114.5亿元，比1981年增长54.3%。国际旅游发展得很快。1991年涉外宾馆、旅行社已达685家，国际旅游总收入8.2亿美元，占全国的29%。

科技、信息、教育事业也得到长足的进步。

二、从改革流通入手，引入市场机制发展第三产业

对于引入市场机制发展第三产业，我们经历了一个认识逐步深化的过程。改革开放之初，我们都看到，长期以来过于集中、僵化的体制严重制约了经济的发展，许多应该办也可以办好的事情，由于体制的原因就是办不成，这在第三产业各个领域中表现得尤为突出。因此，不对旧的体制进行改革就不可能打开局面。改革的核心内容，简单概括起来就是一抓放开，二抓搞活，三抓管理。现在看起来，当时的放开、搞活，实质上就是引入市场机制，实行以市场为导向的诸方面的改革，为社会主义市场的发育创造条件。经过14年的锲而不舍的探索，我省的经济体制已初步纳入了市场经济的轨道。这一进程为第三产业的发展注入了生机活力，推动其迅速发展，并首先在流通领域和交通、通信领域取得了突破。

1.一抓“放开”

流通领域的改革从1980年就开始了。旧的流通体制是那种国营商业独家垄断，一统天下的封闭型体制。而国营商业的经营方式又是“统购统销”，哪个企业在哪里进货，在哪里卖，价格是多少，都规定死了，批发的不能搞零售，零售的不能搞批发。企业经营的路子越来越窄，活力越来越少，设施老化，人员老化的问题越来越显现出来。针对旧体制的这些弊端，我们改革迈出的第一步，就是勇敢坚决地“放开”。首先是放开价格。从1988年起，我省就大量压缩了指令性计划，把当时100多种农副产品统购派购计划，压缩为20多种，两年之后又压缩为5种。工业消费品也由原来计划调拨的90多种，压缩为20多种，所保留的这些品种，完成计划后的产品，价格也都允许放开，实行“双轨制”。与此同时，下放价格管理权限，省里只管大宗的，其它放下去。目前，全省农产品除烟草，蚕茧以外，已全部放开价格和经营；工业的计划产品产值只占产值的3.3%，商业系统计划管理的商品仅占总销售额的3%。价格放开的过程，实际上就是为市场经济发育奠定基础，提供基本条件的过程，并使市场竞争成为可能。其次是放开经营，国营、集体、个人一起上，允许多渠道、多方式地经营。允许集体、个人办商业，允许行业、企业之间适当交叉经营。三是打破“三固定，四级大流转”的商业批发体制，除了少数计划分配的商品以外，零售业可以允许自由进货，批发业可以兼营零售业或转为零售企业，零售企业也可兼营批发。实行敞开城门，城城通开，城乡通开，内外开放；允许异地批发，转手销售，长途贩运，突破了封闭固定的流通界限。

价格的放开和经营的放开，使我省商业流通领域逐步建立起以国营集体商业为主导，多种经济成份、多种经营方式、多条经营渠道并存的开放式流通格局，市场机制在第三产业愈来愈广阔的领域中开始发挥配置资源的基础性作用，促使流通领域的产业发展步伐大大加快。表现在从业人数大幅度增加，商业网点大幅度增加，商业服务设施不断完善，特别是在农村，大批农民进入流通领域。目前从事集市贸易贩运的200多万人中，大多数是农民。东莞市的麻涌镇，为流通服务的劳动力有1.2万多人，占全镇农村劳动力的48.4%。该镇是香蕉主产区之一，设有各种形式的收购站（公司）270个，销售网点遍布全国27个省的74个大中城市。不但解决了本地的产品销售，还把收购网点发展至邻近的市、县，甚至外省。流通领域的放开，不但使商品流通的数量增长了，范围扩大了，而且也使商品流通的层次提高了。适应大批量、远距离商品流通的批发市场，专业市场，在全省发展至600个。南海的西樵、三水的西南，从两个不知名的小镇，分别成为闻名全国，客商云集的布匹批发市场，耕牛交易市场。

2. 二抓"搞活"

如果说我省在流通领域取得的突破主要是在于"放开",那么我省在交通、通信领域取得的突破则在于"搞活"。首先,是搞活发展第三产业的资金渠道。如交通建设,多年来是制约广东经济发展的薄弱环节。尤其是珠江三角洲水网交织,把道路分割得支离破碎。仅广珠公路130多公里路段,就有4个大渡口,有时停车等渡的时间比行车时间还要长。交通建设所需资金巨大,然而在旧的体制中,交通建设的资金来源全部依赖于国家拨款,数量极为有限。同时在旧的体制中,把道路交通单纯看作是社会公益事业,没有把它们看作是商品经济中的一个组成部分,同样要受到价值规律支配,因而对道路桥梁等交通设施长期沿袭了一条国家投资,全社会无偿使用的思路。这样,由于道路交通建设的巨额资金投入难以得到相应的产出补偿,结果是发展缓慢,成了制约整个国民经济发展的滞后行业。针对旧体制的弊端,我们首先是恢复交通产业作为商品经济一部分的本来面目,对道路交通的收费以及对贷款建设的公路、桥梁实行收费以还本付息。1981年,广东省政府向澳门外商贷款1.5亿港元兴建广州至珠海公路上的四座桥,建成之后实行收过桥费还贷款本息,在全国公路系统开创了贷款建桥的先例。1984年以后,我省正式制定出提高养路费标准、客票每人每公里加收1分钱等6项政策。这6项政策的出台,使我省道路交通建设开始具备了自我积累和自我发展的能力,使负债经营、引进外资搞道路建设成为可能。后来,我们将这种方式称之为"以路养路"、"以桥养桥"。运用这种"以桥养桥"的机制,14年来我省建设了公路桥梁1 000多座,实现全省内主干道除海湾外无渡口通车。到目前,我省已经结束了道路交通建设单靠国家投资的传统体制,一种有利于采取多渠道筹集资金,鼓励地方企业自筹资金建设交通设施,"谁建、谁管、谁受益"的机制已基本形成。这种机制极大地调动了各地搞道路交通建设的积极性。10多年来,我省共筹集了道路交通建设资金近百个亿,使我省道路交通建设的面貌焕然一新。这种"以桥养桥"、"以路养路"的良性循环机制,以后又扩展到第三产业的其他领域,形成了"以电信养电信","以市场养市场"的机制,使第三产业的投资渠道大大拓宽,投资总额不断增多。仅能源和运输邮电业,1991年总投资107亿元,是1978年的16倍多。1991年全社会对第三产业投资超过170亿元。

此外,在第三产业的其他方面,如金融、信息、科技、教育、文化等领域,我们都进行了一系列改革。这些改革的基本内容也都是放开,搞活,让市场机制发挥作用。目前,在这些领域内部,市场调节的比重增大了,市场的雏形逐步显现,自我积累、自我发展、自我扩张的势头越来越猛。

3. 三抓"管理"

在放开、搞活,引入市场机制的同时,我们相应地加强了政府的宏观管理和引导作用。这对我省第三产业沿着正确轨道健康发展是必不可少的。当然,这种政府作用区别于旧体制下的政府作用,它更多地是在市场调节基础上发挥的政府作用,有些同志把它的基本特征概括为:抓大放小,宏观管住,微观放开。其基本着力点是那些市场机制作用难以到达的地方。如在集资搞道路交通建设,集资办市场,集资办学等等方面,政府的作用就充分体现出来。政府不但是具体的发起者、组织者,也是参与者。有些投资大,周期长,回收较慢,但又是事关发展全局的大事,没有政府的引导和组织,单纯靠社会自发是难以办成的。又如在流通领域,推广"大而全,小而专","开架售货"的经营方式;鼓励国营大型商场形成吃、住、购、玩、行的"一条龙"综合服务;以及鼓励乡镇大办专业市场、批发市场等等,如果没有政府的引导和推动,单靠市场机制自发促成,就不可能在较短的时间内迅速推开。政府的管理和引导还体现在保障和规范市场机制正常运作,保障公平竞争等方面。如在我省流通体制改革的过程中,曾经一度出现流通膨胀、全民经商的现象,扰乱了正常的市场秩序,以致市场的运作出现障碍。当时政府很快地采取对应性、临时性措施,如控制部分商品购销差率,对少数产品实行专营、对口,迅速扭转了这一趋势,使市场运行走上正轨。总之,随着市场机制作用的加强,政府的宏观管理和引导的责任不是减少而是增大了,市场机制作用越强,政府宏观管理和引导的作用也相应地增强,两者结合的结果,使我省第三产业呈现出一派繁荣兴旺,生机勃勃的景象,与改革开放前形成鲜明的对比。

为了加快第三产业的发展步伐,最近我们还采取了一些新的政策和措施。

第一,放宽第三产业企业的经营范围。商业企业只要具备了经营条件,又不是国家禁止的商品,都允许经营,不受行业限制,不搞独家经营和行业垄断。工业企业凡具备条件的,允许办公司、供销部,实行产供销一体化。生产企业办的公司、供销部,不限于经营本企业自产产品,允许开展综合经营。

第二,简化开办第三产业企业的审批手续。今后开办企业,经组建单位上级行政主管部门审核批准,工商行政管理部门即可受理登记;没有主管单位的企业,可直接向工商行政管理部门申请登记。取消各种不必要的许可证和专项审批手续。有些可试行以招标、拍卖的方式授予经营权。

第三,有步骤地把企、事业单位和政府机关自办的商店、餐厅、维修部、招待所以及信息、交通运输和其他内部服务设施等，转向社会，开展有偿服务，实行社会化服务和企业化经营。

第四，积极扩大第三产业从业人员队伍。鼓励机关精简后的富余人员和企事业单位的富余人员从事第三产业，可以自筹资金、自愿组合、合作合伙兴办第三产业。

第五，鼓励内外贸企业互相渗透，共同发展，逐步打破割裂内外贸的人为界限。支持外贸企业实行内贸、外贸并举。外贸进出口公司可以开展内贸经营和出口转内销业务。争取赋予一批国营大中型商业、物资企业进出口经营权，同时，支持内外贸企业以互相参股等合作方式，组成新的联合体。

当然，我省第三产业的发展仍然存在许多问题。主要是总体水平还比较低，发展不平衡，结构不尽合理。如第三产业主要集中在城市和沿海地区，而农村、山区则比较薄弱。又如，第三产业中传统行业仍占主体地位，新兴行业的发展则刚刚起步。同时在第三产业内部，由于受到整个宏观环境的制约，金融、保险业的改革步伐还不是很大，科技文卫等事业发展比较迟缓，相对滞后，交通运输的发展仍不能满足经济发展的要求。这些问题的存在，仍然是由于市场发育不充分，市场机制的运作还受到阻碍的结果。今后的出路还是在于促进市场发育，完善市场体系，让市场机制更加充分地发挥作用。特别是要把资金、技术、人才等要素市场进一步建立起来。

三、今后我省第三产业的发展战略及措施

今后，我省经济发展的总体战略目标是力争20年赶上亚洲“四小龙”，加快第三产业的发展步伐是实现这一发展战略目标的重要途径。当前我省第三产业占国民生产总值的比重还不高，与“四小龙”相比还有较大的差距。当今世界各国社会经济发展的共同经验表明，当经济发展到一定水平时，第三产业的发展必须加快，也必然会加快。可以说，我省第三产业已经站到这条加速发展的起跑线上了。只要我们按照社会主义市场经济的要求，在更大深度和广度上运用市场机制，我省第三产业迅速跨上一个新的台阶，是完全可能的。

根据我省力争20年赶上亚洲“四小龙”的要求，今后20年，广东第三产业发展分两个阶段的目标，初步设想是：2000年前，第三产业年均递增15.4%，占国内生产总值的比重由1991年的34.5%上升到49%；从业人员占社会劳动者总人数的比重由1991年的20.5%上升到40%。2000年至2010年，第三产业十年平均递增13.8%，占国内生产总值的比重上升为64%，从业人员上升为59%，接近或达到亚洲“四小龙”的平均水平。

为了加快我省第三产业的发展，我们将进一步发挥市场机制的作用，即从经济体制改革的总体目标出发，朝着建立统一完备的市场体系、健全的社会保障体系、产业化的社会服务体系方向努力。同时，依靠科技进步，积极采用高新技术，推动第三产业结构的协调化和高度化，提高产业的带动能力和转变能力，使第三产业成为一个高素质的现代化产业部门。最近中共广东省委、省政府已经向全省发出了《关于加快发展第三产业的实施意见》，要求在以下产业的发展上取得新的突破：

——加快金融改革步伐，真正建立起金融市场。积极发展股票、债券、委托投资、租赁等多种融资工具和融资形式，拓展证券市场。设立一批资信评估机构和证券经营机构，建立全省统一的证券交易网络。积极发展地方专业性的非银行金融机构。鼓励世界主要的大银行及港澳多数银行在广东大中城市设立分行。

——大力开发和拓展咨询、信息业。多渠道、多形式培养法律、财会、审计人才。试办合作制或其他体制的律师事务所、法律咨询服务中心。试办中外合作的会计师事务所。鼓励发展各类信息技术和资源开发、信息咨询服务等经济实体。

——加快房地产业发展，促进房地产市场发育。有组织、有计划地进行土地连片开发，商品房开发。通过招标、拍卖等形式，有偿有限期出让城镇国有土地使用权。积极引进外资搞活房地产二级市场。

——大力发展旅游业。力争旅游创汇以年平均11%的速度递增，到2010年达到60亿美元，赶上或超过“四小龙”目前的创汇水平。重点搞好粤港澳“大三角”旅游区的省内配套建设，把以广州为主体的珠江三角洲旅游区与粤东、粤北、粤西三条旅游热线连成网，吸引更多的境外游客。积极开发民俗风情和特种旅游项目。

——推进科技进步，努力形成广东的科技依托。开发一批产值超亿元的重大科技项目。加快广州、深圳、中山三个高新技术产业开发区的建设，使之成为我省高新技术的开发基地。通过多种渠道增加科技投入，使研究发展经费年递增27%，占国内生产总值的比重从0.4%上升到2010年4%；建设一批重点实验室和与企业联系密切的技术研究开发中心，在企业集团和大中型企业中普遍设立技术开发机构；积极发展技术市场。

加快发展第三产业是发展社会主义市场经济的重要组成部分。要使第三产业能迅速发展，前提是解放思想，更新观念；关键是在更大的深度和广度上引入市场机制。我们相信，有党的十四大确定的邓小平同志建设有中国特色社会主义理论作指引，我省的第三产业一定能更快地得到发展。

努力发展生产资料市场体系，促进社会主义市场经济体制的建立

原　物　资　部

中共中央、国务院《关于加快发展第三产业的决定》和党的十四大报告都提出要发展生产资料市场，建立适合我国国情的社会主义统一市场体系。物资部作为主管物资流通的职能部门，对努力发展生产资料市场更是责无旁贷。今后十年，物资部要把发展和完善生产资料市场体系作为自已头等重要的工作。

长期以来，我国实行的是高度集中计划分配、国家统一定价的物资管理体制。70年代以前虽然也经过多次改革，但基本上是围绕中央和地方集权、分权进行的，没有涉及扩大企业自主权和发展生产资料市场等关键问题。近十多年，通过减少指令性计划分配物资的品种，缩小指令性计划的分配范围和分配数量，扩大企业自销，调整和逐步放开生产资料价格，对物资企业实行政企分开等项改革，特别是近几年来努力发展生产资料市场，我国生产资料市场已有了较大发展。主要开展了以下几项工作：

1．努力发展完善生产资料市场网络。近几年来，各级物资部门始终把建设各种不同层次的、各种类型的物资企业、经营网点、交易场所做为重要工作来抓，以争取尽快建成比较完善的生产资料市场网络，收到了较好成效。到1991年末，全国物资系统共有物资经营网点和交易场所约5.1万个，年销售额3 229亿元，其中县以上物资贸易中心550多个，钢材市场300多个，面向全国的上海金属交易所、中国北方木材批发市场、郑州建材市场和农机市场、中国秦皇岛煤炭市场已经建立，发展势头很好。如上海金属交易所建立四个多月来，交易量已突破250亿元，实物交易量达150万吨，对国内有色金属的市场价格已经发挥了导向作用。据外商评价，上海金属交易所已成为继美国芝加哥、英国伦敦之后的国际第三大市场，令世人瞩目。机电产品、建筑材料、汽车、化工、钢材、橡胶等一批全国性市场也在筹建之中。国务院各部门也都拥有一批物资经营企业和交易场所。遍布全国的多层次的生产资料市场网络体系已初步形成。

2．大幅度缩减指令性物资计划，扩大生产资料市场的物资流通量。1980年以来，国家已先后几次缩减了计划分配物资的数量和范围，这项改革有力地促进了生产资料市场的发展。目前国家除对少数重要物资的部分资源进行计划分配外，绝大多数物资基本上都是市场交易的。每年通过市场交易的钢材有4 000多万吨、煤炭6亿吨、水泥2亿多吨、各类机电产品1 500亿元。沿海地区和地市以下生产企业所需90%的物资，重点大型企业所需75%的物资都是通过市场采购解决的。

3．逐步改革生产资料价格，培育市场的价格调节机制。目前非指令性计划分配物资的价格已全部放开，实行了市场价，一些重要物资如钢材、铜、铝等的价格已接近国际市场价；指令性计划分配物资的价格，经过几次大的调整，有的实行了计划内外“并轨”，有的已接近市场价，已初步改变了价格背离价值，价格不能反映供求的状况，生产资料价格对生产和流通的导向作用日益增强，生产资料市场的价格调节机制正在逐步形成。

4．加强对生产资料市场的管理，建立正常的市场秩序。近几年来，各级物资部门配合有关部门加强了对生产资料市场的组织管理，同时制定了制止就地转手倒卖重要生产资料、加强对经营单位的资格审查等方面的法规政策，对有形交易场所的规划和建设也开始纳入管理工作之中，已初步扭转了生产资料市场混乱的状况。

当前影响生产资料市场发展的问题，主要有以下几个方面：

1．生产资料市场条块分割严重，发展全国统一的生产资料市场十分困难。目前一些部门和地区常常从本部门和本地区的局部利益出发，用行政办法干预企业的购销活动和市场运行；比如有的不愿与其他部门办市场，也不支持所属企业进入其他部门办的市场；有的为了保护本地市场，禁止外地产品进入本地市场，限制本地区企业的自由购销。这种状况不仅造成对生产资料市场的多头管理，政出多门，市场秩序混乱，交易行为不规范，物资流通的社会化、现代化和产业化程度低，影响全国统一市场的形成和发育，还造成物资库存

过大，周转缓慢，影响社会再生产的正常循环。

2. 指令性计划和价格双轨制的存在，影响市场的进一步发展。改革开放以来，指令性计划分配物资的品种和数量虽然已经减少很多，但由于受物价总水平的限制和解决重点生产建设的困难，一时还不能全部取消。指令性计划和价格双轨制的存在，客观上影响了市场的进一步发展。一方面影响市场购销的数量，也助长一部分企业对指令性计划的依赖，影响把企业推向市场和生产资料市场的发展。

3. 生产资料市场网络的覆盖面小、设施落后、层次低。据我们调查，目前生产资料市场的布局很不合理。一是全国生产资料经营网点还比较少，特别是一些新兴的经济发展地区和边远的地区，生产资料经营网点更少；二是国家级、区域性的生产资料市场规模还很小，一些城市中的生产资料市场还是集贸式交易，设施落后、层次低；三是管理跟不上，交易不规范。现有的市场网络还不能满足各类用户的需要。

4. 市场管理法规不健全。目前《物资流通管理条例》、《全民所有制物资企业条例》、《工业品生产资料市场管理条例》等发展生产资料市场的必备法规，由于各方面认识不一，还未出台。生产资料市场管理还处于无法可依的状况。严重影响了正常市场秩序的建立。

造成上述状况的主要原因：

一是传统的计划经济体制下形成的经济格局还没有改变。政府部门的职能没有转变，以及过份强调本部门的利益和产供销一条龙，加上地方财政包干体制等造成的地区分割、部门封锁、行业垄断等倾向仍严重存在，阻碍着全国统一市场的发展。

二是对发展生产资料市场的投入过少。在“重生产、轻流通”观念的影响下，长期以来把市场设施建设看成是非生产性建设，各级政府对这方面的投资很少。以物资系统为例，物资企业市场设施等基建技改投资，从1981年到1990年加在一起只有92.3亿元，平均到每个县级以上物资企业每年不到4万元。而同期全国物资系统上交国家利税达310多亿元，企业留的很少，留利水平到1990年只有26%，可用于市场建设的资金寥寥无几，基本无力进行市场建设。

三是物资部门和有关部门思想不够解放。对发展生产资料市场的重要性认识较晚，对发展生产资料市场体系的理论研究和探讨不够，缺乏发展生产资料市场体系的紧迫感，过去在这方面迈的步子不大。

总的看来，我国的生产资料市场体系建设有了一定的进展，但生产资料市场在调节机制、设施建设、信息系统、法制管理等方面仍很不完善，生产资料市场的层次还很低，不适应发展社会主义市场经济的需要。完善的生产资料市场体系是社会主义市场经济所必备的外部条件。没有完善的生产资料市场体系，企业的经营机制和国民经济管理体制向社会主义市场经济体制过渡是不可想象的。可以说全国统一的市场体系能否建立，直接关系到建立社会主义市场经济体制的成败。在某种意义上说，建立社会主义市场经济体制，就是发展市场体系。我国一些地方“建一片市场、活一片经济、富一片人民”的实践经验，已充分说明了这些道理。通过近几年的实践和探索，我们深深体会到，发展建设全国统一的生产资料市场体系是一项十分复杂的系统工程，主要包括市场网络和设施、市场信息系统、市场价格体系、市场管理法规、市场调节机制建设等各个方面；市场的发育是一个循序渐进的过程，西方国家的市场体系是随着市场经济的发展，经历了近百年乃至几百年才达到今天的发达程度的，我们绝不能把这个问题看得过于简单，对这项工作必须经过长期不懈的努力，才能收到好的成效。同时更应该看到，在我国现行体制下，国家必须对市场建设加强统一组织、规划、协调，才能保证市场建设顺利发展。

今后十年，物资部门主要是通过企业自筹、贷款、国家专项拨款、利用外资等多种渠道筹集一部分资金，采取加快对现有各种物资企业和经营网点，包括已建的各类生产资料市场、物资贸易中心和一些自发经营交易场所的调整、组合和改造；在商品经济发达的大中城市或大宗物资集散的，适当新建一批大型生产资料市场；增强市场的信息服务功能；加强市场法制建设和市场管理等各种措施；逐步在全国建立统一的生产资料市场体系。

一、继续建设完善生产资料市场网络体系

根据建立社会主义市场经济体制的需要，结合订货会议改革，按照统一规划、分类分级的原则，依托经济中心城市，建立各类不同层次、布局合理的多功能的生产资料批发市场、物资零售市场。逐步形成以全国性批发市场为龙头，以区域批发市场为骨干，以各地市级城市市场为纽带，以县级综合物资市场为基点，与生产和广大用户紧密结合的市场网络。

首先，在大经济区域的中心城市，由物资部门、生产部门和有关地方政府，联合组建全国性的生产资料批发市场和期货交易所。初步设想是：

继续完善上海金属交易所，建立与交易规模相适应的交易大厦和若干交易所仓库，增强交易功能，保证实物交割顺利进行。同时在天津、上海等地建设全国性钢材批发市场。

在完善中国北方木材市场、扩大交易的同时，拟在南京筹建进口木材批发市场，在中南或西南地区选择贸易活跃、流通量大的城市建立中南和西南木材批发市场。

继续完善中国郑州建材批发市场，同时根据建材生产需求广泛的特点，在东北、华北、西北、华东地区，合理选点布局，建设若干个区域性建材批发市场。

在沈阳和上海等地建立全国性煤炭市场。

抓紧筹备广州橡胶交易所，同时根据化工产品品种多，生产企业分布广的情况，抓紧建设烟台化工批发市场，在东北、华北、西北的化工主要产地，建设相应的批发市场。

抓紧建设沈阳机电产品批发市场，继续完善郑州农机市场，选择适当的地方建立3—5个汽车批发市场。

在省、区、市区域内，选择产区、销区或物资集散地和沿海、沿江、沿边开发地区，建立区域性生产资料批发市场。以建设专业性市场为主，也可视情况，设立综合性的批发市场，每类物资可设2—3个区域性批发市场。这些批发市场可以充分利用各地现有物资贸易中心，或进行必要的改造和扩建，也可选择具备条件的其它地方。

其次，是建设和完善物资零售网点，重点是通过对各地现有物资经营网点、物资商场及各种物资服务企业的改造、扩建和组合，逐步建立起能够就近就地为城乡生产建设和人民生活提供服务的物资零售网络。

第三，继续发展信托、租赁、储贷、拍卖、旧货交易等各种服务。

第四，在沿海开发区建设保税库和保税市场。

1993年全国争取新增零售市场和销售网点1万个左右。争取用3年左右时间，投资15—20亿元，建设和形成具有一定规模的大型生产资料批发市场20个，在积极利用现有物资贸易大厦的同时，根据交易规模和商品经济发展的需要，适当建立若干贸易大楼。

二、加速对物资经营网点和市场设施的建设改造

通过对现有生产资料经营网点的经营场所、仓储设施、运输工具、通信设施、信息管理等进行改造和完善，同时适当新建一些有一定现代化水平的企业和基础设施，逐步改变市场设施的落后状况，以利于扩大经营规模，提高物资企业的经营管理水平和在市场上的竞争能力，加速生产资料市场的发展。物资部在北京建立大型综合性物流中心，在天津设立招商公司，在上海浦东建立东方物产集团，在哈尔滨建立北方物产集团，在海南设立南方物产集团。各级物资部门和企业要根据发展需要，完善市场设施，开展规模经营，为扩大国内贸易额和参加国际竞争创造条件。大力发展物资配送，重点抓好煤炭、木材、钢材、有色、平板玻璃、机电产品的加工配送，逐步在无锡、沈阳、哈尔滨、上海、天津、武汉、重庆、广州、西安等大中城市建成物资配送网络设施。加快物资储运设施的改造、更新，全国物资系统的货场要逐步铺设水泥地面，并做到防水、排水设施配套，到1995年，铺设水泥地面的货场达50%，有60%的大中型仓库达到现代化水平。继续发展散装水泥，增添散装水泥专用设备，到“八五”末期，形成散装水泥发散、装卸、计量、运输、中转的配套能力5 500万吨。

三、努力完善生产资料市场的价格调节机制

通过保持重要物资数量和品种、规格的供需平衡，稳定生产市场价格的水平；继续调整指令性计划物资的价格，除个别不宜放开的以外，其他计划物资价格逐步放开，由企业按价值规律和市场供需情况自主定价；放开计划外物资的价格；与此同时加强物资经营收费的管理，完善物资经营企业的内部价格管理制度，严禁乱涨价、乱收费，逐步形成比较完善的生产资料价格调节机制。

四、逐步建立生产资料市场管理法规体系

争取到“九五”末期，基本建立一套适合我国国情的生产资料市场管理法规体系，以保持市场的统一性、公开性、公正性。最近两三年间，抓紧制订《重要生产资料批发市场管理暂行办法》、《生产资料交易所管理暂行办法》，积极参与制定《公开交易法》、《反垄断法》，争取这些法规尽早颁布生效。

五、加大物资流通产业对外开放的力度，促进生产资料市场的国际化

采取多种形式鼓励物资企业大胆走向国际市场，开展国际贸易，扩大生产资料的进出口，密切国内外生产资料市场的联系。同时重点采取各种灵活方式大力吸收外资，开展国际招商。有条件的地方要搞一些中外合资的物资流通企业试点；开展物资经营、融资、租赁业务。抓紧在沿海开发区和各地高技术产业开发区建立服务经营场所，做为对外开放的前沿阵地，学技术、学管理。通过这些方式，提高物资企业和物资产业在国内外市场上的竞争能力，促进物资企业经营的国际化，加快国内外生产资料市场的融通和结合。当前要着重抓好落实国营大中型物资企业进出口权工作，抓紧在独联体国家、东南亚、韩国开展经营贸易，兴办实业，逐步打入西欧和拉美市场，争取两三年内，在这方面做出显著成绩。

六、抓紧各方面的配套改革，促进生产资料市场的发展

加快指令性计划的改革，除少数暂时不宜放开的外，要尽快取消指令性计划；全面落实《全民所有制工业企业转换经营机制暂行条例》，取消对生产企业和流通企业的经营限制，把企业真正推向市场；把生产部门和物资部门的管理职能转换到规划、协调、监督、服务上来；通过大力发展各地区之间的联营，逐步打破条块分割的经济格局；为发展全国统一的生产资料市场体系创造条件。1993年要加快指令性物资计划改革的力度，对一部分产需基本平衡、价格已经放开或"并轨"的物资，如纯碱、烧碱、硫酸、轮胎、铅、锡和小轿车等产品取消指令性分配计划；对一部分物资如铜材、铝材、轮胎、小轿车，为保证重点任务需要，实行国家订货；对钢材、有色金属、煤炭进一步缩小指令性计划，并进一步理顺价格；促进生产资料市场的发展。

七、建立国家对生产资料市场的宏观调控体系

通过继续协同国家计委搞好重要物资全社会供需平衡，改进指令性计划，实行和完善国家订货、指导产需衔接、定点定量不定价等方式，保证重点生产建设的物资需要；加强对重要物资市场供需预测和市场运行的监测；同时进一步运用好调整价格和税率、进出口、实物吞吐、协作、资源开发等手段调控市场，以增强国家对市场的宏观调控能力。在发展和完善这些调控方式基础上，逐步建立统一有效的国家生产资料市场调控体系。

八、制定发展生产资料市场的有关政策

抓紧确立建设生产资料市场的各项原则，明确由计划、物资部门会同生产部门和其他部门联合地方有关政府建设生产资料市场，并由国家协调建立统一市场中的各种矛盾，以防在市场建设中出现新的条块分割、地区封锁、行业垄断。适当减少物资企业上交利润比例；允许物资企业从销售收入中提取一定比例的网点建设费，用于网点建设；允许物资企业用新建或改造设施的新增效益税前还贷；允许选择一些经营规模较大的物资企业(集团)组建或是同有关银行联合组建金融财务公司；在国家基本建设和技术改造计划中对物资部门给予倾斜，每年安排一部分必要的基建技改资金，用于同地方联合建设一批市场设施等；以加快生产资料市场设施的改造和建设。

建设有中国特色的粮食市场体系

原 商 业 部

一、粮食市场体系建设的现状

近几年来，我国粮食市场体系建设进展较快。粮食市场的影响力越来越大，功能和作用正在发挥，市场机制不断完善。首先，起基础作用的粮食初级市场已遍布全国城乡，全国已建立起80 000多个粮油初级市场和集贸市场。在调剂余缺、保证供应方面起了重要的作用，年成交量在1 000万吨以上。尤其是以湖北省粮油交易所为代表的粮食初级市场，已发展到1 000多个，1991年成交粮食85万吨，占全省议价粮食成交量的30%以上。市场努力提高服务水平，不断改善服务设施，为全国提供了有益的经验。其次，我国粮食批发市场的建设和发展得到了国内外各界的关注。自1990年10月12日规范化的郑州粮食批发市场成立以来，又有若干个粮食批发市场相继开业，其中由省粮食主管部门主办的市场已建成7家，还有新疆、福建、浙江、陕西四个市场已获批准，开业准备工作正抓紧进行；地、市、县粮食主管部门主办的批发市场全国已有几十家。粮食批发市场的建设、发展及其运行机制在我国粮食工作史上是崭新的、突破性的。粮食批发市场交易以实行会员制、保证金制、市场结算制，体现公开、平等、竞争原则为基本特征。各市场结合当地实际，进行了市场机制的有益试验和探索，获得了市场建设的基本经验，开创了我国粮食市场发育的新阶段。1991年，八大粮食批发市场成交粮食409万吨，合同份数达3 394份。特别是郑州粮食批发市场，是我国第一个规范化的市场，它不仅为其它粮食批发市场的建设提供了模式，也为其它行业的批发市场建设起到了示范作用。第三，积极推动和试办粮食期货市场建设。郑州粮食批发市场开办两年来，超前探索试验了社会主义市场经济的运行机制；实践并确立了规范化市场的基本原则和运行机制；在规范化市场机制下形成的成交价格已成为全国粮食交易的指导价格，引起了国内外各界的关注；树立了良好的市场形象，促进了国际经济交流与合作。郑州市场的成功运行，受到了国务院领导的充分肯定和社会各界的好评。郑州市场经过两年的运行，远期交易比重越来越大，交易日趋完善，在组织现货交易上积累了一定经验。主管部门和各有关部门重视期货交易的探索，在期货交易理论和专门技术的研究上取得了较大进展，培养了一批基本适合于从事期货交易的专业人才。在上述进展的基础上，高起点、规范化的上海粮油商品交易所试办期货交易的筹备工作正在抓紧进行，期货交易的有关规章、规则已经起草，人员培训正在进行，交易管理、监督机构正在建立，期货交易所需软件和结算系统等方面的准备都在加紧进行。预计

1993年上半年即可开业。

可以说，以粮食期货市场、批发市场和初级市场为要素的粮食市场体系正在逐步形成，对我国粮食生产和经营的指导作用越来越大，必将有力地推动社会主义市场经济的迅速发展。

1. 活跃了粮食流通，有利于缓解“卖难”和“买难”现象。粮食市场为粮食交易提供了固定的场所、全方位的服务，促进了粮食流通的发展。市场成交量不断扩大，市场吸引力不断增强，辐射面日趋扩大，促进了粮食大市场、大流通的发展。

2. 打破了长期以来按行政区划组织粮食流通、独家经营的流通体制，有利于规范交易行为。粮食市场充分体现了“公开、平等、竞争”的原则，吸引全国各地粮食部门以及商业、供销、外贸、农垦、轻工等部门的客户进场交易。市场严格按交易规则组织交易，改变了场外、分散、秘密、封闭的传统交易方式，把交易活动纳入了规范化轨道，尤其是省级以上的市场，建立了合同履约保障机制，提高了合同履约率，减少了合同纠纷。

3. 按照市场供求规律形成相对合理的价格，发挥了价格指导作用。提供准确、及时的价格信息，发挥价格信息的导向功能，是粮食市场的重要作用。近年来，各粮食市场成交价格通过公开的新闻媒介及市场自办的信息刊物向外界发布，受到社会各界的关注。如郑州市场的小麦价格，黑龙江市场的大豆价格，吉林市场的玉米价格，以及湖北、芜湖、九江粮食市场各品种大米价格已成为全国粮食市场的指导价格，对于指导农业生产、企业经营的作用越来越大。尤其是郑州市场远期成交价的发布，更好地发挥了粮食批发市场预期价格的指导作用。

4. 对流通领域的改革起到了促进作用。粮食批发市场的发展为粮食和其他商品流通领域改革开辟了一条新路，培养了一批具有现代商品交易知识的管理人才，为规范化市场的建设提供了经验，并在信息技术，交易组织等方面起到了指导作用。继粮食批发市场之后，许多行业和部门都建立了不少交易市场，这些市场在交易的组织管理等方面，基本都借鉴粮食批发市场的模式。同时，粮食批发市场的建立和发展，也为国家有关部门的改革提出了新课题，推动了市场理论研究的深化。

二、粮食市场体系发展的战略目标和步骤

（一）粮食市场体系发展的战略目标

根据商品经济规律和社会主义市场经济下粮食流通的客观需要，逐步建立一个网络齐全、功能完备、交易灵活、高效统一的运行机制。这个市场体系，以星罗棋布的粮食初级市场为基础，以批发市场为骨干，以期货市场为龙头，构成互相联系、互为补充的完整体系。

粮食期货市场是面向全国、并逐步与世界粮食市场相联结的重要交易场所，具有发现价格、分散和转移价格风险、指导生产和经营的重要作用，在运行上按国际通行规则与我国实际情况相结合进行。

粮食批发市场在粮食主要产、销区的大、中城市建立，由商业部与地方共办的上海粮油商品交易所和郑州粮食批发市场是省间大宗交易的中心。由各地粮食部门主办的市场面向地区为主而在某些品种上又面向全国，是平衡粮食供求、疏通本地与外地粮食流通的重要渠道。批发市场在运行上以中期远期批发交易为主。

粮食初级市场，按照便于管理，便利交易的原则，根据当地交易活动的实际需要和集市习惯建立。一般设在粮食产区、销区、经济作物区的交通便利、物流量较大、信息传递较快的城关、集镇。粮食初级市场的特点是产需直接见面，批零兼营，实行对手成交，即时清结。主要功能是在本区域内余缺调剂和品种调剂，满足消费者需要。

以上三级市场体系具有功能完备、完整统一的特点。功能完备是指具有如下功能：(1) 交易功能。不同的市场具有不同的交易功能，交易者可以根据不同的需要到不同的市场进行交易。(2) 服务功能。市场是服务性单位，它能给交易者提供各项便利条件。(3) 价格信息功能。市场产生价格，价格是市场供求的晴雨表，公开的价格能及时传递给生产者，消费者和经营者，起到指导作用。(4) 监督功能。市场交易受国家政策和市场规则指导，能确保交易正常进行。(5) 便于国家宏观调控的功能。国家粮食专项储备以市场为支点进行吞吐，对市场产生更大影响。完整统一是指市场具有：(1) 整体性。各类、各层次的市场是粮食市场体系的有机组成部分，各市场一律平等，不搞地区封锁。(2) 协同性。市场体系中，初级粮食市场交易灵活，交易者不需要有专门交易知识和技能；期货市场是高级市场，进场交易者需要有专门知识和技能；批发市场则介于两者之间。它们之间功能不同，互相补充。(3) 开放和竞争性。市场允许各种经济成分进入，公开竞争，公正平等。

（二）粮食市场体系的发展步骤

1.“八五”期间，是粮食批发和期货市场的起步发育阶段。着重建设上海粮油商品交易所，高起点，规范化，选择交易数量多、价格波动大、交割运输条件好的粮食品种，借鉴国际通行规则，结合我国实际开展期货交易试验。打好基础，总结经验，扩大影响，稳步前进。郑州粮食批发市场可以在远期合同交易更加成熟、条件许可时试行少量期货交易，并注重与上海粮油商品交易所之间的联系与衔接。粮食批发市场要在商业部

统一规划下，适当发展。各地在遵循商业部《粮食批发市场交易管理暂行条例》的基础上，结合本地情况，在交易品种、交易方式、市场管理上，灵活变通、各具特色。初级粮食市场，根据“谁建设、谁所有、谁受益”的原则，结合基层粮管所、站转变职能放手发展。要逐步达到摆粮有货位，检粮有工具，存粮有仓库，停车有场地，建立、健全粮食交易制度。

2.“九五”期间，着重抓粮食市场体系的进一步提高和发展。粮食期货市场通过银行信贷和会计结算制度的改革，信息处理手段现代化程度增强，国家有关期货交易和期货市场管理法规的陆续出台，自身经验的丰富积累和交易制度的完善，粮食经营的市场化等一系列内外部条件的改进和完善，扩大期货交易品种，增强辐射影响力，逐渐与国际市场相衔接，成为国际化的综合性的市场，经过一段时间的努力，力争发展成远东的期货交易中心。粮食批发市场，进一步规范市场行为，完善市场设施，进一步增强市场吸引力，一部分市场，在大力发展远期合同交易的基础上，可进行合同转让。粮食初级市场要在全国普遍建立，每个县至少建1—2个重点市场，交易设施较为先进，场地达到全部硬化地面，结算大部分采用计算机，信息传递更加迅速，交易管理更为规范，服务功能进一步加强。一半以上的市场具备较为齐全、便利的通讯和信息设备，拥有铁路专用线或专用码头。市场的交易量和辐射范围均大大扩展。

三、培育市场机制，发展粮食市场体系的意见

根据党的十四大提出的建立社会主义市场经济体制的要求，针对当前粮食市场发展的状况，我们对下一步培育、建设粮食市场体系提几条意见。

1. 放开价格，主要由市场供求关系形成价格，是发育市场的关键。如果价格规定得很死，流通就搞不活，市场就发展不起来，这是一条规律。对于粮食价格政策，国务院1991年60号文件已有了明确规定，我们要依据这个文件和党的十四大精神的要求，进一步加快粮食流通体制改革的步伐，放开粮价。对专储粮保护价，也要根据市场供求水平和供求结构状况合理制定，使粮食市场机制能够充分地发育起来。粮食批发市场，尤其是骨干区域性市场和全国性市场要学会从整个经济发展的宏观角度，研究粮食市场的供求情况、发展态势；同时，从总量、品种结构、购销各方进行粮价走势的比较和实证分析。要在培育、健全价格机制上大做文章，强化批发市场和期货市场的价格发现功能，并及时向社会提供真实的价格（包括未来预期价格）信号和市场信息，从而使粮食批发、期货市场成为引导粮食生产、经营和消费，调节社会资源合理配置和政府对粮食市场进行宏观调控的一个“支点”。

2. 坚持多种经济成份和多种经营形式的企业进入粮食批发、期货市场，进行平等竞争。允许、鼓励个体、私营经济和其他行业的企业参与市场交易，国有企业也必需在与私有企业的并存和竞争中发挥自己的优越性。大中型批发市场，尤其是期货市场在发展、吸收会员时，要充分考虑到会员范围的广泛性、代表性，会员资格的权威性和会员结构的合理性，除粮食流通部门外，还可以从商业、农业、轻工、外贸，甚至交通、金融等行业中去发展会员，鼓励各类有较强风险投资意识和能力的经纪公司（不拘行业和所有制的限制）成为全权会员，以增强批发市场和期货市场的吸引力和流动性。

3. 为了形成完整统一的粮食市场体系，必须打破地区封锁、部门分割和行业垄断。一是要按合理的经济区域、合理的商品流向，按价值规律的要求组建各类市场，切忌按行政区划一个地方办一个市场。二是要突破行业壁垒，防止一个品种办一个市场的倾向。各个市场要重视发挥自身优势，办出特色，但在上市品种上不宜过于单一，可以根据实际情况逐步向综合性发展，甚至向其他领域渗透。三是要在交通运输、信贷结算、合同签证等方面采取切实有效的措施，克服地方垄断经营粮食的行为，以有利于粮食的合理流通。市场是一个开放系统，国内市场与国际市场是密切联在一起的。骨干区域性市场和全国性市场应该创造条件，开拓组织一些进出口业务，全国性市场可尝试吸收外籍会员进场交易，逐步实现同国际期货市场接轨。

4. 建设、培育粮食市场体系是一项复杂的系统工程，必须搞好配套改革。办好商品市场，需要商品流通、资金融通、交通通信三者的互相配合，这“三通”缺一不可。粮食市场建设的配套改革，最重要的就是这三者。目前交通运输的瓶颈制约相当大，建议在运力计划总量不变的情况下，对进入市场交易者优先安排运输，各市场要想方设法促进市场成交的粮油商品多装快运。设立交割仓库的工作要进一步加快，可以考虑在确定的国家粮食储备仓库中挑选，以缓解运力不足的矛盾。金融与市场的发展密不可分，从一定意义上讲，期货交易是一种金融行为。因此，有条件的市场要吸收银行金融部门参加，通过股份制的形式，或由银行直接进入市场组建结算机构，开展交易结算、帐户结算和财务监督等金融业务。同时，建议宏观金融政策作适当调整，允许进行有条件的风险贷款、跨区贷款，允许把期货合同作为贷款的依据，并尝试利用国库债券等有价证券做为履约抵押，等等，以适应和促进粮食批发市场和期货交易的发展。

5. 加快市场法规建设，加强对粮食市场的宏观调控。市场建设一个很重要的方面，是建立各项有利于公

平竞争的市场规则，当前特别要加紧《市场法》、《反垄断法》、《期货交易法》等法规的制定。《粮食批发市场管理暂行条例》已有初稿，正在讨论修改，力争早日出台，以保证市场交易公开、平等的竞争，制止操纵和割据市场。对粮食市场的宏观调控，除了法规制度建设外，政府部门主要是做好统筹规划、掌握政策、组织协调、提供服务和检查监督。同时，要健全有利于粮食流通的各种中介组织，如粮食流通协会，批发市场联席会，市场研究咨询机构等，要尽快建立全国粮油市场信息网，为市场的决策、管理和监督提供科学依据。国家粮食专项储备制度与粮食批发市场是相辅相成的，专项粮食储备是粮食批发市场的物资基础和后盾，粮食批发市场是专项粮食储备吞吐调节的重要渠道和窗口。应当把二者结合起来。把粮食保护价、储备和批发市场在政策上协调一致，促进全国统一粮食市场的发育。

第四部分

第三产业研究专文

深化改革扩大开放加快发展第三产业

罗　干

一

加快发展第三产业，是党中央、国务院提出的一项重要战略任务。全面、快速、健康地发展第三产业，对于促进经济结构的调整，缓解就业压力，改善投资环境和社会再生产条件，活跃城乡经济，提高国民经济的整体效益和人民生活质量，解决我国经济发展的深层次问题，促进改革开放在更广阔的领域向纵深发展，以及加强社会主义精神文明建设，都具有重大的现实意义和深远的战略意义。

90 年代是我国社会主义现代化建设的关键时期。加快第三产业的发展步伐，优化经济结构，使国民经济每隔几年上一个新台阶，是我国由发展中国家向发达国家过渡的战略需要。从世界发达国家经济结构的变化看，随着社会生产力的发展，第一产业和第二产业的比重逐渐下降，第三产业的比重日益提高。这是社会化大生产发展的趋势，是劳动生产率提高、社会分工细化和社会进步的必然结果。目前，高收入国家第三产业增加值占国民生产总值的比重和第三产业就业人员占全社会劳动者的比重，平均达到65%左右，中等收入国家平均达到50%左右，就是低收入国家，这两个比重一般也在30%左右。而我国仅分别为27%和18.6%，不仅低于发达国家，而且低于发展水平相近的国家和地区。当然，各国生产力发展水平不同，经济结构不同，统计口径也不完全一致，有不可比因素，但我国第三产业落后这一点是不可否认的。目前，第三产业水平已经成为衡量现代社会经济发达程度的重要标志。从许多国家经济发展的规律看，当经济发展到一定水平时，第三产业的发展速度普遍高于第一、第二产业，对于整个国民经济的发展，起了明显的促进作用。经过十多年的改革开放，我国已进入这个阶段。随着我国社会主义现代化建设事业的发展，人民生活水平明显提高，消费领域逐步拓宽，科学技术日新月异的发展，农业人口的转移等等，都会对第三产业的发展提出更高的要求。所以，我们必须抓住机会，下大力气，加快第三产业的发展步伐。这样才能解决第三产业落后于一、二产业的矛盾，并为实现第二步、第三步战略目标奠定良好的基础。

加快发展第三产业，是促进第一、第二产业进一步发展和优化经济结构的客观需要。经济结构不合理，是我国经济发展中一个亟待解决的重大问题。优化国民经济结构，重要的是加快发展第三产业，提高第三产业的比重。一方面要增加对第三产业的投入；另一方面要采取措施，将第二产业中的一部分企业转向第三产业。目前我国工业结构不合理，加工工业企业生产能力过剩，而且有些是低水平的重复，效益很低，发展困难。仅靠增加投入、上项目，以增量变化改善整体结构，不仅时间长、见效慢，而且受国力所限，很不现实。最有效的途径是调整存量，使一些发展不下去、应该关停并转的企业，通过政策引导转向第三产业。这是产业结构调整的一个重要方向。

加快发展第三产业，是建立计划经济与市场经济相结合的经济运行机制的需要。建立统一的社会主义市场体系是我国经济体制改革的三大目标之一。市场是商品的伴生物，也是商品经济运行的基础。在商品经济条件下，不但计划（包括指令性计划）的贯彻、检验都要通过市场，就是制订计划也离不开市场。市场不发达，流通渠道不畅通，社会再生产过程就难以正常进行，宏观调控的效率和准确性也难以提高。市场的发育要求第三产业有一个极大的发展，第三产业的发展又能促进市场的发育和发展。因此，加快第三产业的发展，完善流通体制，促进生产资料、金融、技术、咨询、信息、人才、劳务、房地产等市场的建立和有计划商品经济新秩序的形成，加快生产要素的合理流动和最佳配置，已成为计划经济与市场经济相结合的运行机制形成的重要条件。

加快发展第三产业，是解决我国日益严重的就业问题的需要。劳动力的安置是我国的特殊问题。长期以来，全国2/3以上的劳动力被拴在有限的耕地上。在城市，我们曾采取低工资、高就业的办法，暂时缓解了劳动就业的压力，但代价很大，不利于采用先进技术和提高劳动生产率。今后，随着工业现代化程度和农业劳动生产率的提高。将有大批劳动力脱离第一、第二产业。到2000年，农业总共大约要转移出1至1.5亿个劳动力，城镇现有企业约有1 000多万富余人员待安置；政府职能转变后，会有相当数量的行政人员精简出来；每年还将有600多万新成长的劳动力需要就业。这么多人的就业问题全部靠国家投资办工业来解决是根本做不到的。不同产业对劳动力的容纳程度有很大差异。按等量投资计算，第三产业所容纳的劳动力比工业多2至3倍。而且第三产业行业多，劳动密集、技术密集、智力密集行业并存，可以吸纳各层次的人员就业，因此，加快发展第三产业，广开就业门路，最大限度地吸收各方面人员就业，是一项既现实又紧迫的任务，也是我国经济发展、体制改革、社会安定所必须解决的一个极为重要的问题。

加快发展第三产业，是人民群众生活实现由温饱向小康过渡的需要。小康水平不仅仅是居民收入达到的数量指标，吃、穿、住的水平有较大提高，消费结构有较大变化，还要看第三产业的发展水平，特别是社会化服务水平和居民生活质量。随着我国国民经济的发展和人民收入水平的提高，人民群众生活的条件和环境将大大改善，人们不仅在衣、食、住、行、通讯、卫生和生活环境等物质生活方面会提出更多、更高的要求，而且在文化娱乐、广播影视、图书出版、体育卫生、旅游等精神生活方面也将提出更多、更高的要求。为了适应消费结构变化和人民生活质量提高的要求，第三产业必须有较快的发展。同时也应看到，在第三产业中，居民服务业和科技、教育、文化事业的较快而健康的发展，对于"两个文明"建设，无疑也会产业积极的重要的作用。

长期以来，由于我国商品经济不发展，有的同志对第三产业的作用缺乏应有的认识。认为工、农业等物质生产部门才创造财富，第三产业不创造社会财富，甚至把第三产业纳入资产阶级经济学的范畴。在这种错误思想指导下，重生产、轻流通、轻服务，不把第三产业作为国民经济重要支柱产业对待，因而投入不足，价格不顺，致使第三产业的不少行业靠财政补贴维持，缺乏自我发展的内在动力，影响了发展。加快发展第三产业，必须澄清和解决这种片面认识。应该看到，第三产业中除了交通、邮电、商业、物资等物质生产部门直接创造价值外，一些服务业也创造价值，或者实现价值，都是社会再生产过程不可缺少的。服务劳动虽然不像第一、第二产业生产出的商品具有具体的物质形态，但同样具有生产性和商品性。马克思曾明确指出：服务劳动"以自己的物质规定性给自己的买者和消费者提供服务，对于提供这些服务的生产者来说，服务就是商品"（《马克思恩格斯全集》第26卷第149页）。第三产业的投资收益率较高，可以为社会提供大量积累。在我国国家财政收入中，来自第三产业的部分，从70年代的20%左右，上升到80年代的30%以上。今后一个时期，我国国民收入和社会积累的来源，将越来越多地依赖于第三产业的发展。第三产业发展了，可以更快地促进国民生产总值的增长，它同工业、农业一样，将成为发展国民经济，创造社会财富，提供积累的重要产业。

二

我国第三产业发展滞后，与经济体制有直接的关系。要全面、快速地发展第三产业，必须按照邓小平同志在南方视察工作时重要讲话的精神，进一步深化改革，扩大开放，在加快发展第一、二产业的同时，积极进行多种形式的试点，大胆探索加快发展第三产业的途径和方式。

为了广泛动员和依靠社会各方面的力量，大量吸收社会闲散资金发展第三产业，应当坚持以公有制为主体，多种经济成分并举，"国家、集体、个人一起上"的方针，对已列入"八五"计划和十年规划的第三产业中的基础性行业和骨干项目，主要由国家投资兴办；大量服务性、娱乐性和劳务性的第三产业，应广泛动员社会力量去办，特别是动员企业去办，充分发挥集体经济、私营经济和个体经济的作用。由于第三产业大多数行业具有流动性大、面广分散、投资规模小和以劳务服务为主等特点，国家没有必要、也不便于全部包下来。这些行业最适合集体、私营和个人投资兴办。在这方面，政策不应限制得太死。如批发业，主要应掌握在国营商业手里，但也不能限制个体什么商品都不准搞批发。有些商品个体可以批发，事实上也在批发。像蔬菜，个体搞批发就活跃了市场。还有鲜活产品、小五金、日用品等，个体也在批发。对个体搞批发，主要是掌握好品种、数量的政策界限。一些垄断性、统一性很强的行业，如交通、邮电等，也可以在统一规划、统一管理的前提下，引进竞争机制，动员社会力量去办。加快发展第三产业，主要应广泛动员社会力量，不能过多地依赖国家投资。

在放手发展集体经济、个体经济以及私营经济方面，需要纠正社会上存在的一些陈旧的观念和偏见。由于受历史上重农抑商传统观念和产品经济思想的影响，商业、服务业从业人员的社会地位和物质待遇比较低，一些人民生活急需的行业逐渐萎缩，有些城市目前的商业服务业网点甚至比建国初期还少，出现了“许多事没人干，许多人没事干”的怪现象。改革开放以来，个体商业、服务业得到很大发展，在满足工农业生产和城乡人民生活需要、解决社会就业问题等方面发挥了重要作用，成为社会主义公有制经济的必要的、有益的补充。但是，由于法制不健全，管理工作跟不上，加上个别个体从业者的素质不高，在个体第三产业的发展过程中也确实存在一些违纪违法和不健康的东西。对这些问题必须重视，并要通过加强管理和监督来解决。但是不能因为在对个体经济和管理上出现了一些问题，就否定发展个体第三产业的必要性。应当看到，在公有制为主体的社会主义经济制度下，鼓励和引导个人从事商业和服务业，适当发展个体第三产业，不会动摇社会主义公有制经济的主体地位，也不会改变国民收入分配的基本格局。动员社会力量加快发展第三产业，有利于壮大社会主义经济力量，加快经济发展速度。要认识发展个体第三产业的必要性，肯定个体第三产业对公有制经济必要的补充作用，提高从事第三产业人员的社会地位，保护从事第三产业的劳动者的合法权益。

加快发展第三产业，应该以产业化为方向，进一步改革不适应生产力发展要求的现行管理体制，建立充满活力的自我发展机制。除了一些确需国家财政支持的单位外，第三产业企业都要自主经营，自负盈亏，成为相对独立的经济实体。由于历史原因，长期以来第三产业一直被当作事业单位、福利单位对待，这种做法束缚了它的发展，必须通过改革，使其逐步由事业型、公益型、福利型向经营型转变。政策的着力点，要放在建立第三产业充满活力、自我积累、自我发展的机制上，而不应过多地采取减税免税的办法。在第三产业自我发展机制尚未建立起来以前，各地政府也可以在自己的权限范围内适当减免一些税收。但工作的重点，应通过政策引导和政策扶持，为第三产业实行企业化经营、成为名副其实的经济实体创造良好的环境。为了解决长期以来存在的价值补偿不足问题，要遵循价值规律，改革现行第三产业的价格体系。对关系国计民生的基础性行业和市政公用事业以及部分公益、福利事业的价格和收费标准，由国家确定；第三产业中大部分价格和服务收费标准应逐步放开，分别情况实行浮动定价、同行议价或自行定价，以形成合理的比价关系。

为了打破“大而全”、“小而全”、封闭式的自我服务体系，应当紧紧围绕深化企业经营体制改革和国家机构改革，逐步实现机关、企事业单位后勤服务和福利设施的社会化。积极鼓励行政人员从机关分离出来，从事服务行业。同时要大力发展社会上为生产和生活服务的行业，尽可能多地吸纳从机关分离出来的人员。这是加快发展我国第三产业的一个重要方向。实现社会化，可以从三个方面入手：一是拿出一套政策来，促使机关和企事业单位把内部的咨询、信息机构和服务设施、交通工具等向社会开放，开展有偿服务。当然，受保密、安全、设施条件、地段位置等各种因素限制，并不是所有的机关、企事业单位的全部设施都可以对社会开放。有条件的，要尽快向社会开放；有些条件暂时不具备的，可以创造条件逐步向社会开放。凡向社会开放的，都要逐步与原单位脱钩，发展成为自主经营、独立核算的经济实体。二是采取可行的政策措施，鼓励第三产业企业承揽机关和企事业单位的后勤工作和部分事务性、业务性工作。目前机关、企事业单位有些业务性工作也可以委托社会上的专业服务组织进行。如有些公证性的财务工作，就可以委托会计、审计等事务所进行。一些政策研究，也可以委托社会上的咨询信息机构进行，付给它们一定的费用，由它们拿出调查报告或建议报告。这样就可以减少机关、企事业单位的人员，减少机构的重复设置，提高工作效率和经济效益。三是大力发展社会上的第三产业服务组织。社会上的第三产业发达了，方便了，效能更高了，机关、企事业单位就没有必要自办封闭式的自我服务设施；也可以有更多的服务组织去承揽机关、企事业单位现有的后勤工作和部分业务工作。

为了加快经济结构的调整，要鼓励第三产业企业的跨部门、跨行业、跨地区兼并应该关停并转的工业企业，在资产转让、债务清理、信贷和税收等方面，应给予优惠和支持。最近，北京东安集团兼并了北京手表二厂、北京百货大楼兼并了北京袜厂，为第三产业企业兼并工业企业提供了好的经验。这样做，一方面，可以加快第三产业的发展，有利于第三产业结构的调整；另一方面，可以压缩过剩的和低水平重复的工业加工能力，有利于工业内部结构的调整。

为了鼓励不同层次的劳动者，特别是有专业技术特长的人员人事第三产业中的各种服务业和同科技进步相关的新兴行业，应当改革现行的劳动就业管理体制，实行介绍就业同自愿组织就业、自谋职业相结合的就业体制。从事第三产业的劳动者，在就业政策、技术职称评定和其他方面的待遇上，应一视同仁。为促进第三产业健康发展，应逐步改变目前开业审批手续繁杂、审批时间过长而从业管理又松弛的状况。可以考虑，由各行业制定本行业的具体开业标准和从业条件，由工商行政管理部门按照企业登记管理条例和国家对特殊行业的专项规定,并参照行业开业、从业标准对申请开业的单位和个人直接进行审批登记。放开第三产业企业经营自主权,允许他们采取更加灵活的方式,扩大经营范围。同时加强开业后的从业管理和监督,及时制止各种违法行为。要改革和完善宏观调控手段,在税收、信贷及收入分配上实行区别政策、发挥经济杠杆的调节作用,特别要注意探索如何更有效地发挥市场机制的作用。对易产生高额利润的行业,应在加强管理的同时,采取措施通过竞争促进形成平均利润率,减少暴利,缓解社会分配不公。

为了解决发展第三产业的资金、场地问题,可以吸收社会上的物力、财力,采取股份制或发行债券等方式集资,也可以用闲置的房地产、设备或技术作为投资。为解决第三产业经营场地问题,特别是各类商业、便民服务业和文化体育等服务行业的用地问题,要制定鼓励性的政策,使城镇主要街道两侧的房屋和空地能充分利用起来。新建居民住宅区,要保证一定比例的面积用以发展商业和服务业网点。这些房地产形成的级差地租归投资者和使用者所有,国家不平调,还可以有计划、有步骤地扩大债券、股票等有价证券的发行,扩大股票交易市场的试点,扩大企业集团财务公司和融资租赁公司的试点,扩大农村灾害保险试点。

为了促进第三产业上档次、上水平,向国际化发展,必须进一步解放思想,扩大利用海外资金、技术、销售渠道的范围,更多地兴办中外合资、合作企业和外资企业。比如,可以在经济特区、改革试验区或少数大城市试办中外合资的大型购物中心。像兴办中外合资饭店那样,通过兴办中外合资购物中心,学习国外先进的管理和灵活的经营方式,提高我们自己的管理水平和服务质量,把国内商业推上新水平。还可以考虑经过一定的审批手续,赋予国营大中型商业、物资企业以进出口权,促其逐步发展成为国内、国际市场统筹经营的连锁商店或综合商社,努力向境外发展,实行国际化经营。也可以在一些沿海开放城市扩大开设外资银行的试点。

三

加快发展第三产业,要制定规划,确定发展目标和重点;要因地制宜,分类指导,分步实施,量力而行。从全国来看,按《国民经济和社会发展十年规划和第八个五年计划纲要》的要求,90年代,我国第三产业增长速度要快于第一、第二产业,达到9%。这样,到1995年和2000年,第三产业增加值将分别达到7 300亿元和11 000亿元左右,在国民生产总值平均每年增长6%的情况下,占国民生产总值的比重将分别达到30%和35%以上。到2000年,第三产业的从业人员力争达到2亿人左右,占社会劳动者总数的比重由目前的不到20%提高到30%左右。值得注意的是,1990年和1991年,第三产业增加值增长速度分别占有2.27%和5.3%,不仅没有达到计划指标,而且低于国民生产总值增长速度,占国民生产总值的比重在下降。如果今后由于工业发展速度较高的影响,国民生产总值增长速度高于6%,第三产业增加值占国民生产总值的比重要达到1/3左右,增长速度就要在两位数以上,第三产业增长速度同国民生产总值增长的速度的比应保持1.5∶1才行。显然,摆在我们面前的任务是艰巨的。

加快发展第三产业,要针对现实经济生活中存在的突出问题,围绕经济结构调整和提高经济效益这个中心,为经济体制改革的深化配套,努力拓宽社会化服务领域,扩大就业门路,提高现有第三产业的产业化、社会化程度,以满足经济发展、人民生活水平提高和改革开放的需要。除了国家已在计划中作了安排的以外,动员社会力量发展的重点:一是为生产服务和方便人民生活的流通和服务行业;二是与科技进步相关的新兴行业,如为科技开发、推广服务的行业和信息、咨询服务业等;三是农村中的社会服务体系。发展第三产业的目标,是逐步建立起一个完整的、符合中国国情的第三产业发展体系。主要是:

1. 适应计划经济与市场经济相结合的运行机制和类型齐全、结构合理的社会主义统一市场体系。必须打破地区封锁,突破部门分割和行业垄断,做到货畅其流,物尽其用。建成市场体系,要发展各种类型的市场,如综合商场、购物中心和专业市场;零售市场和批发市场;现货市场和期货市场;新产品市场和旧货市场;有形商品市场和无形商品市场;传统的生活消费资料市场和生产资料市场,以及金融市场、人才劳务市场、咨询信息市场、技术市场、房地产市场等各种生产要素市场。这样才能加快生产要素的合理流动,促进第一、第二产业的发展,提高经济效益,为计划经济与市场经济相结合的运行机制的形成创造条件。

2. 建立以信息、咨询、科技等智力服务为先导,以生产和生活服务为主体的,由传统行业和新兴行业构成的城乡社会化综合服务体系,提高第三产业的社会化、专业化程度,满足人民群众物质和文化生活不断提高的多方面、多层次的需求。建立城乡社会化服务体系,第一要重视发展第三产业中的新兴服务行业,特别是适应科技进步,为科技推广与应用服务的行业。要在全国城乡基本建成一个多功能、多层次、全方位的完善的科技服务体系,为促进更多的科技成果转化为现实生产力提供必要的服务。如加快发展会计、审计、律师、科技等咨询业,既为企业服务,提高企业效益,又有利于国家税收管理，还可以提高决策的科学性。第二要积极发展为城乡居民服务的社会化服务行业，特别是发展人民群众急需的各种家庭劳务服务、房屋装饰维修、家电修理、医疗康复、文化体育服务和幼儿园、养老院等各种便民服务。这些服务，可以由各类公司承担，也可以由街道、居委会兴办的各种形式的服务网点承担。第三要特别重视发展农村中的第三产业。我国农村中的第三产业尤为落后。农业实现现代化不仅要靠农业生产的发展，还必须依靠第三产业的全面、快速发展。通过第三产业的发展，吸纳从农业中转移出来的大批劳动力，提高农产品商品率，提高农民文化程度和整体素质，提高农民收入，提高农村城镇化水平，丰富农民的物质和精神生活。

3. 建立起社会福利事业与社会保障事业共同发展，基本保险与补充保险相结合，国家、集体、个人三方面合理负担的社会保障体系。要逐步扩大养老、待业、医疗、工伤等社会保险和社会福利、社会救济等社会保障制度的范围，扩大农村灾害保险试点，巩固发展扶贫经济实体，办好救灾扶贫互助储金会；做好社会救济和社会福利工作。社会保障体系和社会化综合服务体系建立了，就能使企业为社会服务，社会效益和企业经济效益都会大大提高；还可以减轻企业负担，为转换企业经营机制和搞好国营大中型企业配套改革创造条件。

地方在制定第三产业发展规划时，一方面要根据本地的实际情况，在认真调查研究的基础上，确定近期的发展重点和带头行业；另一方面要看得远一点，把近期的发展重点和长远的发展目标结合起来。同时，要制定相应的政策措施，保证规划的顺利实施。我国有些地区经济发已经达到了一定的水平，又具备了发展第三产业的各种资源条件，地理位置也好，就可以把第三产业定为地区经济发展的重点，并逐步发展成为全国的旅游中心、金融中心、购物中心等，以第三产业带动全地区经济发展。有些地区农业资源或资源丰富，则应把农业或工业作为重点，发展为农业或工业服务的第三产业，以促进地区经济的全面发展。各地区经济发水平、经济结构和资源条件不同，发展第三产业的重点也应有所不同，要避免工业发展中曾出现过的低水平重复建设、结构趋同现象。

加快发展第三产业，是实现我国现代化建设宏伟目标的战略任务。经过十多年的改革开放，我国经济发展到一个新的阶段，具备了全面、快速发展第三产业的条件。我们必须紧紧抓住这一机遇，转变观念，开阔思路，制定规划，加强领导，像抓农业、工业一样，采取切实有效的政策措施，使第三产业有一个更大的发展。

（摘自罗干主编《重大战略决策—加快发展第三产业》，中国政法大学出版社 1992 年 7 月版）

（作者系国务委员兼国务院秘书长）

九十年代物资流通的发展与改革

柳随年

党的十四大把加快市场体系培育，大力发展商品市场特别是生产资料市场作为90年代我国经济发展和建立社会主义市场经济体制的一项重要任务。这完全符合我国的实际情况。

物资部门作为统筹规划和管理全社会生产资料流通的综合部门，经过40多年特别是10多年改革开放以来的建设，已拥有110万人的职工队伍，1.8万个独立核算企业，4.2万个经营网点；建立地市以上物资贸易中心396个，钢材市场182个，以及一批其它专业物资市场，初步形成了从国家、省、地（市）至县等不同层次的、比较完整的生产资料市场经营体系。但迄今为止，物资流通仍然十分落后，流通规模过于狭小，流通结构很不合理，流通技术低，流通效益差，已经成了国民经济中一个突出的薄弱环节，适应不了生产建设和人民生活发展的需要。

我国改革开放以来的实践表明，流通在国民经济中的地位和作用十分重要，不仅是社会再生产的重要组成部分，而且随着社会化大生产和商品经济的不断发展，在衔接产需、调节供求、促进国民经济整体素质的提高方面，作用越来越突出。许多国家经济现代化的实践表明，流通作为一种产业的加速发展，是经济发展到一定阶段的客观要求和必然趋势。物资流通也是第三产业的一个重点，当前，党中央和国务院要求加快第三产业的发展。这对缓解就业压力，增加资金积累，活跃城乡经济，促进经济结构的调整，提高国民经济的整体效益和人民生活的质量，都具有很重要的作用。这些已被实践证明是正确的认识，是推动90年代物资流通加速发展的基本依据，也是制定90年代物资流通发展和改革规划的立足点。总的来说，90年代物资流通发展与改革的目标，是在把保供工作提高到一个新水平的基础上，开拓市场，大力促销，调整结构，提高效益，壮大国营物资企业的实力，进一步发挥其主渠道的作用；扩大计划指导下的生产资料市场，使物资流通作为一个产业加速发展，逐步建立高效、畅通、可调控的物资流通体系，从而更好地为生产建设服务，为国民经济发展第二步战略目标服务。

实现90年代物资流通发展与改革的目标，可以分为“八五”和“九五”这样两个阶段。根据流通发展的一般规律和我国物资流通的实际情况，前一个阶段的重点是“修跑道”，加强设施建设，提高管理水平，为后一个阶段的“起飞”打下坚实基础；后一个阶段是大大推进物资流通的产业化、国际化、社会化和现代化进程。为此，将从以下几个方面坚持不懈地作出努力：

（一）加强对全社会重要物资的综合管理。到80年代后期，物资部门已开始进行从只管计划内物资的分配供应，扩大到综合管理全社会重要物资的职能转变，90年代特别是“八五”期间，应当真正走上加强对全社会重要物资综合管理的轨道。从今后国民经济发展的趋势看，实现这一转变的客观条件会逐步成熟：一方面，尽管品种、结构矛盾依然存在，但总量矛盾和大的结构矛盾会进一步好转；另一方面，两种价格并存所带来的扭曲和混乱，随着价格改革的深化，将会逐步得到改善。当然，要搞好对全社会重要物资的综合管理，归根结底要靠主观努力。这方面的重点，一是继续把综合平衡的工作放在首位，协同计委编制全社会物资平衡计划，定期开展对社会供需和市场形势的分析预测，及时采取措施促进总量平衡和结构平衡。二是按照国家产业政策的要求，采用指令性计划、合同订购、定点定量供应、自销物资导向销售等办法，重点安排好能源、交通、原材料、国防军工等重点生产建设及科研的需要；支持农业和市场紧俏轻工产品的生产，加强对救灾和扶贫的物资供应，对其它方面的需要统筹兼顾，努力做到适度倾斜和合理配置资源。三是为了搞好国家重点生产建设所需要物资的供应工作，“八五”期间，生产企业除按规定上调物资外，对“七五”和“八五”期间新建、扩建投产企业的产品，仍按国家投资比例上调国家。与此同时，将通过经济、法律和行政手段，切实严肃指令性计划。“八五”期间，还必须坚持增产与节约并重的方针，大力开展节约代用、回收再生和综合利用。5年间计划节约标准煤7 000多万吨，节约代用木材7 500万立方米，全社会回收废钢铁1.6亿吨其中物资部门约收购8 000万吨，回收废有色金属200万吨，取得较好的经济效益和社会效益。

（二）通过壮大实力发挥国营物资企业的主渠道作用。近几年来的经验说明，要保证国家重点生产建设的物资供应，对生产资料市场实施有效调控，保持国民经济持续、稳定、协调发展，必须依靠并充分发挥主渠道的作用。发挥主渠道作用，要以壮大国营物资企业实力为前提。这包括扩大经营量，提高市场占有率，扩大资金拥有量，增加经营网点等基础设施，提高企业信誉、人才素质和信息的灵敏程度，等等。壮大国营物资企业的实力，离不开国家政策的扶持，需要在资金、税率、利率等方面创造一些必要的条件，但壮大实力的重点，是要依靠物资部门的优质服务和良好信誉，充分利用现有的设施条件和信息网络，大力开拓市场，提高市场占有率。

（三）搞好物资流通基础设施建设。尽快改变物资流通的落后面貌，离不开必要的资金和技术投入，以加强流通的基础设施建设，这是实现90年代物资流通发展和改革目标的物质基础。90年代特别是“八五”期间，国营物资企业必须在经营网点、仓储设施、信息手段等方面争取有较大的改善。在网点建设方面，要增加一批新的物资经营网点，特别是大力发农村网点；同时改善现有网点的条件，增强一些大中城市物资贸易中心的商品辐射、调节供求、信息交流和多种服务的功能，通过几年的建设，使其成为所在经济区域内的生产资料供应和集散中心。在仓储设施方面，“八五”期间，在沿海和经济发达地区，重点新建和改造一批仓库，使40%的仓库接近现代化水平，对其他地区现有的仓储设施填平补齐，到“八五”期末，使仓储设施吞吐能力、周转速度提高一倍以上。在信息手段方面，“八五”期间，物资企业要普遍推广微机应用，重点物资企业建立以物资经销业务、财务、统计3个子系统为核心的基本管理信息系统，并实现与其上级管理部门的计算机点对点通讯，逐步建立起以超级小型机、多用户超级微机为基础的，包括信息处理和办公自动化主要功能的信息运行系统。

（四）深化物资体制改革。实现90年代物资流通发展目标，最根本的是要靠进一步深化体制改革。90年代的物资体制改革，在80年代改革的基础上，要着重推进流通的社会化、现代化。一是改变流通封锁的局面。物资流通周转缓慢、效益低下，是我国长期未能解决的一个大问题，主要原因是管理体制上的行政条块分割。解决这一问题的根本出路，在于打破条块分割，破除地方保护和地区封锁，把国内贸易与国际贸易、生产资料贸易与生活资料贸易紧密地结合起来，形成不受条块分割的、开放的物资流通新格局，实现流通的社会化。二是进一步发展计划指导下的全国统一的生产资料市场，健全市场体系。改进计划管理体制，继续缩小指令性计划分配物资的数量和范围，扩大指导性计划和市场调节的范围；改革生产资料价格，根据“调、放、控、管”相结合的原则，调整和放开一部分计划价格，缩小计划内外价差，加快向生产资料价格的单轨制过渡；加强市场的宏观调控，建立物资宏观调控体系，形成包括物资、计划、外贸、价格、信贷、税收、工商管理等各项经济杠杆和监督手段在内的宏观调控系统，提高宏观调控的统一性、及时性和有效性。三是建立和发展流通企业集团。今后一个时期，组建企业集团将是调整产品结构、提高规模效益、实现生产要素优化组合的一条途径。物资企业也要组建一批大型的集团，以增强和壮大流通的实力；同时物资企业通过投资开发、入股掺股和联营等形式，积极参与生产企业集团，使流通和生产在社会化过程中协调发展。四是探索现代化的流通形式。流通的社会化和现代化相辅相成，实现流通的现代化，可以加快流通的社会化进程。推进物资流通的现代化，重要的是要大力发展物资的配送业务、发展散装水泥和集装箱运输等。“八五”末期，将在无锡、沈阳、上海、天津、武汉、重庆等中心城市建设和形成一些物资加工配送网络系统，发挥中心城市物资流通的辐射作用；加快水泥散装化步伐，使我国的水泥散装率由现在的10%提高到20%以上，重点项目和重点城市散装水泥使用率力争达到50%以上，一般工程项目达到40%左右；逐步推广集装箱运输，实现物资包装的标准化与规范化。

90年代是我国经济发展的关键时期，也是物资流通发展与改革进一步深入的重要时期。一方面，物资流通发展与改革的任务很重，难度很大；另一方面，随着国民经济的全面发展，也为物资流通进一步发展和改革提供不少有利条件。因此，前景是乐观的，只要我们扎扎实实地做好各项工作，物资流通产业一定会在90年代取得快速的发展。

（作者系全国人大财经委员会主任委员）

加快发展第三产业，推进社会主义市场经济体制的建立

厉以宁

一

在90年代的今后几年内，我国第三产业的发展速度将会大大加快，这对于社会主义市场经济体制的建立将起到有力的推动作用。

第三产业所包括的范围是相当广泛的。其中，交通运输业、邮电通信业、科学技术事业、教育事业等，都是对国民经济发展具有全局性、先导性影响的部门，它们的发展通常应当超前于工农业生产部门的发展，否则，不仅工农业生产部门的发展将受到制约，而且也会缺乏后劲。第三产业中的商业、物资业、外贸业、仓储业、再生资源业等，都是与商品流通直接联系在一起的行业，商品流通状况不善，甚至市场分割，必定严重阻碍工农业生产的发展，不利于居民生活水平的提高。发展第三产业，包括了发展这些与商品流通相联系的行业，以便建立高效、统一的商品流通体系，形成大市场、大流通的新格局。第三产业中的金融业、保险业的发展有助于建立适应现代市场经济的金融管理与运作系统，形成统一的金融市场，房地产业的发展则一方面可以拓宽筹资、融资渠道，积极吸收社会资金，把国家投资为主逐步转变为社会投资为主，另一方面可以通过住房建设的加快而大大提高居民的住房水平，并节约资源的使用。第三产业中的社会保险业、卫生事业、居民生活服务业、文化事业等，对于提高居民生活质量和方便居民生活都具有积极的意义，同时，它们在引导居民合理消费方面也有重要作用。旅游业作为第三产业中的一个重要部门，在创汇、吸引国内消费资金、宣扬民族文化方面的作用是不可忽视的。我国旅游资源的丰富对旅游业的发展十分有利，它为我国跻身于世界旅游大国行列提供了充分的条件。最后，在发展第三产业的过程中，有必要重视信息、咨询业的发展。信息、咨询业包括信息采集和加工，信息服务，广告服务，工程和科技咨询，会计审计咨询，法律咨询，企业管理与企业改革咨询，市场营销咨询等内容。它们的发展不仅可以增强有关单位对信息的利用和制定正确的决策，而且可以降低有关单位的生产成本与交易成本，促进效率的提高。

二

尽管第三产业的范围如此广泛，甚至从严格的经济学角度来看，第三产业概念往往过于笼统，但作为区别于第一产业和第二产业的产业，第三产业的基本特征是提供无形产品，即主要以提供服务的方式来满足生产与生活的各种需要。第三产业就是广义的服务部门，把营利性的服务部门和非营利性的服务部门全都包含在内。第三产业中的某些部门是营利性的服务部门，有些则是非营利性的服务部门。无论是营利性的还是非营利性的服务部门所提供的劳务或服务，在宏观经济运行中的作用基本上是类似的，不过各有特点而已。

按照国民生产总值统计，一切服务部门的产值都计算在国民生产总值之内。区别于营利性服务部门的是：各个非营利性服务部门在计算产值时，只计入本部门的工资总额。即使如此，按照国民生产总值统计，非营利性部门提供的服务也计入了国民生产总值之中。任何服务部门，包括教育、卫生、社会保障、行政管理等非营利性服务部门在内，都是以自己提供的劳务或服务来促进生产的进行的。如果没有这些对生产而言是必不可少的服务，生产过程就会受到阻碍，生产部门的产值就会减少。

第三产业中的各个部门之间、第三产业中的各个生产单位或服务单位之间、各个生产单位或服务单位

同居民个人之间，存在着不同形式的交换关系。交换就是供给者与需求者之间的一种转让行为，例如把自己持有的产品同其他交易人持有的产品进行交换，把自己提供的劳务同其他交易人持有的产品或提供的劳务进行交换，等等。一切服务部门都参加了社会的交换，例如，居民个人向服务部门付费，服务部门由此向居民个人提供有关的服务；此外，居民个人还向服务部门提供各种生产要素，服务部门为取得这些生产要素而向居民个人支付报酬。

在服务部门与生产部门之间、与企业和其它单位之间也存在着交换关系，即服务部门为了提供服务而有必要从其它部门其它单位和企业那里得到各种生产要素，为此，服务部门向它们支付相应的报酬。这一服务部门和企业也向另一服务部门和企业提供服务。服务的对象也可能是这些部门、单位和企业中的个人，而由该部门、单位和企业代个人向服务部门支付一部分费用、甚至全部费用。这种交换关系是比较特殊的。

在宏观经济运行中，分配既是指投入的分配，又是指产出的分配。服务部门与宏观经济运行中的分配的关系，同样可以从投入的分配与产出的分配这样两方面来分析。

从服务部门与投入的分配的关系来看，服务部门的收入中除一部分来自居民个人的付费而外，其余的来自财政部门。社会团体、集体组织、企业的拨款、投资或支付。而从服务部门与产出的分配的关系来看，问题要比较复杂。这主要同服务部门是否作为营利性部门的性质有关。有些服务部门是非营利性部门，在国民生产总值统计中，是把工资总额计入产值的。这样，它们的产出以工资总额来表示，而工资的获得者则是这些部门的工作人员等。如果服务部门作为向居民个人提供服务的部门，它们的产出就是所提供的服务。一切得到服务的居民个人都是服务的对象，也就是服务这一产出的获得者。如果从投入产出关系来分析，那么服务部门同其它各个部门一样，都是国民经济中所提供的各种产品和劳务的获得者。比如说，服务部门需要的电力、燃料、建筑材料、仪器设备等等，是其它部门提供的，服务部门为此而向其它部门支付费用。这种支出反映了国民经济中产品和劳务的分配状况。不仅如此，从劳动力的配置来看，第三产业是现代化过程中大量吸收劳动力的产业。现代化过程中，由于劳动生产率的提高，农业中的的劳动力肯定是过多的。一部分劳动力可能转入第二产业，而更多的劳动力今后将向第三产业转移。第三产业不发展，第二产业容纳的劳动力也毕竟是有限的，于是过多的农业劳动力的安置将成为国民经济中一个头疼的问题。

还应当注意到，第三产业中的各个部门作为服务部门，它们所提供的某些服务是由居民个人得到的，居民个人还为此支付了费用。因此，这部分服务在性质上与消费是一致的。这就是说，居民个人的收入中，除了留作储蓄的部分而外，其余的部分都是消费支出，居民个人的消费支出中包括了各种服务支出。而在居民个人留作储蓄的那部分收入中，也有一部分是迟延的消费支出，其中包括了未来的服务支出(包括居民本人的和家庭其它成员的未来服务支出)。此外，正如前面所指出的，服务部门除了从得到服务的居民个人那里得到收入而外，还从社会团体、集体组织或企业那里得到收入。社会团体、集体组织或企业所支出的服务费中，有相当一部分是被当作消费(集体消费或公共消费)看待的。即使是由财政部门拨给某些部门的经费，仍然被视为一种公共服务支出，也就是一种公共消费支出。由此可见，无论是服务部门从居民个人那里得到的收入，还是从财政部门、社会团体、集体组织或企业那里得到的收入，这些收入中有相当一部分是消费支出(个人消费支出或公共消费支出)的转化。只要第三产业得以迅速发展，第三产业内部各行业之间的比例协调，第三产业将加速货币的回笼。不论商品渠道的回笼、服务渠道的回笼、还是储蓄渠道的回笼，全都与第三产业的发展程度有关。

以上从不同的角度对于服务部门在宏观经济运行中的作用作了分析。通过这些分析，我们可以清楚地了解到，发展第三产业，即除了加强交通运输业、邮电通信业、科学技术事业、教育事业而外，还应重点发展商业、服务业、金融保险业、信息咨询业、旅游业、房地产业，增加服务项目，拓宽服务领域，这样，可以使第三产业在国民经济中起到越来越大的作用，可以使社会主义市场经济的建设进程大大加快，而居民生活水平的提高、居民消费意愿的满足以及居民生活质量的改善也将因第三产业的迅速发展而逐步实现。可以肯定地说，现代市场经济的特征之一就在于第三产业的兴旺发达，在于第三产业在国民生产总值中的比重不断增大。

三

怎样才能加速我国第三产业的发展？关键是要发挥多种经济成分的作用，依靠社会力量兴办第三产业，要逐步把企事业单位和机关团体的服务设施分离出去，实现服务的社会化。

在经济学中，通常把服务视同产品。服务就其性质而言，可以分为公共产品、准公共产品、私人产品。公共产品是指政府向居民户提供的各种服务的总称。公共产品通常包括政府提供的国防、治安、司法、行政管理、教育服务等。由政府提供经费而实现的信息服务、卫生保健服务、社会保障服务等，有时也是公共产品。私人产品与公共产品在性质上是不同的。服务部门的私人产品指居民户、企业（包括国有企业）、事业单位通过市场而提供的服务。比如说，居民户或企事业单位提供的生活服务、商业服务、信息咨询服务就是私人产品，居民户或企事业单位提供的教育、卫生保健服务，也可以是私人产品。如果把公共产品（政府提供的服务）与私人产品（居民户或企事业单位提供的服务）视为两个极端，那么介于二者之间的则是准公共产品。准公共产品是由某一社会团体（如某一集体组织、某一协会、某一俱乐部、某一基金会等）提供的服务。比如说，某一社会团体也可以提供生活服务、信息咨询服务、教育服务、卫生保健服务、社会保障服务等。它所提供的这种服务，被称为准公共产品。

公共产品、准公共产品、私人产品之间（也许较精确的说法是：公共产品性质的服务、准公共产品性质的服务、私人产品性质的服务之间）有以下这些原则：一是供给者不同。公共产品的供给者是政府，准公共产品的供给者是一社会团体，而私人产品的供给者则是居民个人或企事业单位。二是公共产品没有排他性。这是指：政府提供的服务是由全体居民享用的，一个人消费该种公共产品并不排除其他人对该种公共产品的消费，甚至也不减少其他人对该种公共产品的消费。国防、治安、司法等服务的无排他性，充分说明了这一点。然而，准公共产品和私人产品与此不同，它们都是有排他性的。比如说，一个社会团体提供的服务，或一个企业（或一个居民户）提供的服务，当一个人享用了该种服务后，就会减少其他人对该种服务的享用，甚至有可能排除其他人对该种服务的享用。三是不同性质的产品的付费方式不同。所有各个供给者提供的服务都不是无偿的，但付费方式（或收费方式）却有所不同。政府提供的公共产品，主要依靠财政收入，而财政收入又来自企业与居民个人的缴纳，这就是公共产品的付费或收费的特点。私人产品的付费（收费）方式是：由消费者直接向供给者付费。准公共产品的付费（收费）方式比较特殊：一方面，可以像私人产品收费一样，即由消费者直接向准公共产品的供给者付费；另一方面，也可以由社会团体的成员按照规定向社会团体缴纳会费或捐赠，以此作为社会团体的收入，再由社会团体向成员提供准公共产品。准公共产品付费（收费）的上述两种方式是可以并存的、兼用的。四是不同性质的产品的价格不同。这里所说的价格，是指为享用供给者所提供的服务而付费的高低多少。公共产品的价格的特点是：这种价格是垄断性的，即它们由供给者规定，没有讨价还价之余地，一律按规定收费。但是，某些享用者可以不付费（指免税户）或少付费（指减税户），某些不享用者也要按规定付费（指纳税的普遍性）。私人产品的价格的特点是：这种价格可能是垄断性的，也可能是竞争性的，如果是竞争性的价格，既可以随供求变动而上下波动，也可以讨价还价。私人产品按单位产品收费，谁享用谁付费，不享用不付费，享用多则多付费，享用少就少付费。准公共产品的价格介于二者之间。它们既不像公共产品价格那样具有垄断性，也不像私人产品价格那样有讨价还价之可能。另一方面，它们既可以像公共产品那样不按享用数量的多少而一律按规定收费，又可以像私人产品那样按单位产品收费。也就是说，准公共产品的价格是不确定的。

以上就是公共产品、准公共产品、私人产品的区别。在了解了这些区别之后，我们就可以进而分析第三产业作为广义的服务部门的特点以及根据我国情况发展多种经济成分的第三产业的必要性。

如上所述，第三产业中的各个部门是向企业、事业单位和居民个人提供服务的部门。这些服务，既可以由政府提供，也可以由社会团体提供，还可以由居民个人或企事业单位提供。某些服务显然要由政府作为供给者提供，或只能由政府提供，它们具有公共产品性质。但应当看到，由政府作为供给者提供的服务毕竟有一定的适用范围，并具有特殊的性质。不可能使各种服务都成为公共产品。这是因为，公共产品是指完全没有排他性的，人人都可以有资格享用，而且一个人享用后并不排斥其他人享用或减少其他人享用的服务。许多种服务并不具有这种特殊的性质，于是它们也就不可能以公共产品的形式被提供。同时，如果服务以公共产品性质出现，那么就有赖于政府的投资，然而政府的投资是有限的，政府要把所有的服务都变为公共产品性质的服务，将大大超过政府的财力。世界上没有一个国家有能力把许多种服务（更不必说所有的服务）都变为公共产品，这是绝对办不到的。而且，这样做也是极不合理的，因为服务形式多种多样，需求者偏好不同，公共产品的费用由纳税人负担，假定要让纳税人为各种各样的服务付费，岂不是极不合理么？在我国，以往存在的问题之一是：把本来可以作为私人产品或准公共产品提供的若干种服务，也改为由政府提供的公共产品，政府把服务包揽到自己身上，似乎包得越多越好。这种做法不仅使得整个第三产业得不到发展，而且政府也很难把自己所提供的那些服务的服务质量提高。今后，在发展第三产业时，首先应缩小公共产品范围，只把少数必须由政府供给的服务才列为公共产品。凡是可以由团体供给或居民个人、企事业单位供给的，就应以准公共产品或私人产品的形式出现。

再说，一种服务是否采取公共产品形式，还同效率高低有关。某些服务之所以不宜采取公共产品类型，是为了更好地组织这种服务，使其有较大的成效，有助于提高资源利用效率，因为并不是所有各种服务的公共产品化都能提高效率的。只被某个社会团体的成员所享有的某种服务，由该社会团体供给，与由政府供给相比，效率会更高一些。这就是说，在这种情况下，使之具有准公共产品性质要比使之具有公共产品性质更好一些。至于一些私人产品性质的服务，比较灵活、方便，对供给者与需求者双方都有利。以家庭生活服务为例。把愿意担任家庭服务的人组织起来，由政府提供经费，向愿意得到家庭服务的家庭登门服务，这一方面会使资源得不到充分利用，另一方面还会使供求矛盾扩大，或者供大于求，或者供不应求。教育服务、卫生服务、甚至治安服务，也有类似的情况，即在某些场合、某些层次上，准公共产品性质的服务或私人产品性质的服务，更有效率，更受需求者欢迎。

总之，以上说明了不可能让各种服务全都成为公共产品的理由，这也就是准公共产品性质和私人产品性质的服务有必要存在并需要大为发展的理由。

在讨论第三产业发展时，还必须考虑人们对服务需求的多样化。当人们对服务有各种各样的需求时，服务的类型也就必然多种多样。而人们对服务的需求及其多样化，则又主要受下述因素的影响：1. 人均实际收入水平；2. 需求结构、消费结构的变化；3. 人们对某种服务的意义和作用的认识；4. 社会对某种服务的评价以及人们之间在服务需求方面的相互影响；5. 服务对人们提出的服务需求的满足程度，包括服务的质量；6. 服务的收费标准（服务的价格），以及这一收费标准（价格）与其它收费标准（价格）的比较；7. 某种服务的可替代性。

比如说，人均收入较高的地区与人均收入较低的地区相比，前者的准公共产品性质与私人产品性质的服务就可能有较大的发展。人均收入高的家庭与人均收入低的家庭相比，情况同样如此。人均收入高的家庭，对服务的需求肯定大于人均收入低的家庭。对服务（如咨询服务、卫生服务、教育服务、生活服务）的重要性有清楚认识的家庭，肯定比那些不重视服务的家庭对服务有较多的需求。这些都有利于准公共产品性质与私人产品性质的服务的发展，进而推动国有服务企业的改革，促进多种经济成分的服务部门的发展。

经常发生这样的情况：服务质量低下和收费偏高阻碍了人们对服务需求的增长及其多样化，而在各种服务之间存在着较大替代性的条件下，人们对某种服务的需求是会转移的。这就涉及服务单位或第三产业中的企业的效率提高问题。如上所述，既然公共产品性质的服务在某些场合下将被效率较高的准公共产品性质的和私人产品性质的服务所代替，所以各个服务单位（或第三产业中的企业）之间的竞争就是不能回避的。

不同类型的服务之间的竞争表现于这样两个方面。一方面，不同的服务之间有竞争性的替代。比如说，当居民个人持有一笔可供支配的收入后，是愿意用于旅游，还是愿意用于文化消费，或用于业余教育，这种选择除了取决于家庭收入、就业前景、个人兴趣与偏好等因素而外，也在一定程度上与各种服务供给的因素（服务质量、收费标准等）有关。另一方面，在同一种服务中，比如说，在同一层次的教育服务中，假定某种准公共产品性质的中学（工厂招收本厂职工子弟的中学）或私人产品性质的中学（私立学校）在教育质量、收费标准等方面使需求者感到优于公共产品性质的中学，那么就可能由此产生竞争性的替代。又如，假定法律咨询服务、卫生保健服务、信息提供服务有三种类型的：公共产品性质的、准公共产品性质的、私人产品性质的，那么，究竟哪一类型的服务对需求者更有吸引力，就要看效率的比较了。

在这里，一个很重要的问题是，在走向市场经济的过程中，各种类型的服务的竞争力主要依靠效率，而并非仅仅依靠价格。根据人们对服务（比如说，老年保健服务、法律咨询服务、技术信息服务、甚至学前教育服务）的需求来说，价格低廉而效率差，肯定不如价格虽高但效率也高的服务有吸引力。所以说，效率低下的公共产品性质的服务在同效率较高的准公共产品性质与私人产品性质的服务竞争时，是居于不利地位的。人均实际收下水平越高，人们对服务的需求越是多样化，那么效率低下的公共产品性质的服务在竞争中的不利性就越明显。同样的道理，提供某一私人产品性质的服务的国有企业如果在效率上不如非国有企业，那么在竞争中同样会处于不利地位。

这对我们有什么启示？最大的启示在于：要进一步放手发展集体、个人、私营和其他经济成分的服务企业，依靠社会各方面力量兴办第三产业；同时，一切提供公共产品性质的服务的政府机构，必须大力提高效率，一切提供私人产品性质的公有企事业单位也必须增强自身的活力。此外，根据以上的论述，还可以认识到，在大力发展第三产业时，有必要针对现存的第三产业的状况，加大改革力度，这里包括：除某些特殊性行业而外，第三产业的企业可以跨行业经营，跨地区经营，即使是科研、教育、文化、体育、医疗等事业单位，也应当面向社会，采取多种经营方式，提供适应社会不同层次需要的服务。至于机关团体和企事业单位的生活服务设施，更应打破过去的封闭体制，向社会开放，走自营化的道路。唯有这样，各种私人产品性质的和准公共产品性质的服务才能真正发展起来，公共产品性质的服务的质量与效率才能切实地提高。

四

第三产业的发展离不开市场经济体制。第三产业的发展又必定推动市场经济体制的建立与完善。因此，从第三产业发展的总的格局上考虑，必须加快经济改革，尽早赋予第三产业企业以自主经营权，尽早使它们实现自负盈亏，同时，尽早建立统一的、开放的市场体系，建立商品市场、生产要素市场、产权市场。在建立社会主义市场经济体制，加速第三产业发展方面，需要按照市场经济的要求来调整政府、市场、企业三者之间的关系，转换政府职能，把政府的宏观调控提高到新的水平。

扼要地说，政府的行为要优化，即政府在资源配置中的行为要优化。所谓资源配置中政府行为的优化，是指：市场调节是基础性调节，政府调节则是高层次调节。凡是市场能够做到的，不必政府代劳，政府只做市场所做不到的事情。资源配置过程中政府行为的优化，也就是指政府不要包揽一切，不要去做本来应当由市场去做的、并且市场已经表明它能够做好的事情。政府代替市场去配置资源，不仅不必要，而且会把事情弄糟。政府以管理者的身分出现，但管理者决不能代替市场起作用。

政府作为资源配置管理者起作用是以法律作为依据的。政府对经济活动的管理也必须以法律为依据。有法可依是使经济活动具有正常秩序的前提。政府是法律的制定者和维护者。市场上的一切交易。企业的任何经济活动，包括第三产业的发展、第三产业企业的活动，都不能越过法律规定的界限。在法律范围内，一切经济活动都可以进行，并且都受到法律的保护；一旦违背了法律，任何经济活动都应当被禁止，都应当被追究。在法律面前，一切交易人都是平等的，没有一个交易人是例外。

把第三产业企业的交易活动纳入市场化、契约化的轨道是按照法律管理第三产业的要求。目前，不少企业（包括第三产业的企业）有行为的短期化的趋势。这同一些企业认为前景难以预测有关。既然前景难以预测，那么企业行为的短期化也就不可避免。从参加交易活动的企业的角度来看，在不稳定预期的条件下进行活动，最大的损失就是难以对成本与收益进行有效的估算，从而有可能错过适宜的投资机会、盈利机会，有可能在原来不应该遭受损失的场合受到损失，有可能导致经营信心的丧失。今后，在发展第三产业时，通过法制建设，如果能把第三产业企业的交易活动纳入市场化、契约化的轨道，那么随着交易参加者彼此较为稳定的预期的产生，这些方面的损失就有可能大大减少。在较为稳定的预期的前提下，利益关系的调整是与各方尽可能减少不应有的损失结合在一起的，也是与各方通过对成本与收益的有效估算而作出合理的投资、经营战略部署结合在一起的。

在把第三产业企业的交易活动纳入市场化、契约化轨道后，市场必将进一步完善起来，交易成本也将大幅度下降。交易成本是指在市场的交易活动中，因得到市场服务部门所提供的劳务而付出的成本。除运输成本而外，组成交易成本的还有信息成本（即为取得市场信息而付出的成本）、合同谈判成本（即为订立合同而进行谈判而付出的成本）、合同履行成本（即为了使合同实现而付出的成本）等。交易成本随着市场规模的变动而变动，也随着第三产业的发展而降低。市场越完善，第三产业越发展，每个企业为取得信息和订立、履行合同而付出的边际成本就越少。换言之，平均每个单位产品所担负的交易成本，随着市场规模的扩大和完善、随着第三产业的发展而呈递减的趋势。如果交易活动不采取市场交易的形式，而在市场外进行，或者，如果交易活动不采取契约的形式，而对于交易双方都不具有约束力，那么企业将为此付出较多的交易成本。这不仅对参加交易活动的企业是直接的损失，而且对整个国民经济十分不利。这是因为，交易成本的不断下降是促进经济增长和国民生产总值增长的因素之一，而在经济增长和国民生产总值增长的格局中，利益关系的调整要比在经济停滞和国民生产总值不变的格局中容易得多。这就是通过交易活动的市场化、契约化而降低了的交易成本对各个企业（也包括第三产业企业）的共同利益。

我国第三产业的发展是有广阔前景的。我们相信，在党的十四大精神的鼓舞下，在大力建立社会主义市场经济体制的过程中，第三产业的发展一定会加快。90年代今后几年将是我国第三产业发展的新时期，第三产业对于国民经济的积极作用也将越来越明显地反映出来。

（作者系全国人大法律委员会副主任委员）

关于第三产业市场化的几个问题

孙尚清

一

大力发展第三产业，是我国社会主义现代化建设事业的需要，也符合经济发展的客观规律。改革开放以来，我国的第三产业有了较大的发展，平均发展速度达到10%。目前，我国第三产业从业人数达到12 000万人左右，而1978年只有4 869万人。特别是小平同志南巡讲话和党中央、国务院作出关于加快发展第三产业的决定以来，各地各级办"三产"的热情很高，而且一些在新中国建立以来未曾有过的新行业也在萌芽和崛起，如咨询业、房地产业、证券业、中介业及风险业等等。但是，我们要看到，目前我国的第三产业，第一同国外比起来还有很大差距，第二还有很大的潜力有待挖掘出来。1992年，我国第三产业占国内生产总值的比例仅为27.7%，从业人数占劳动力比例仅为19%左右，而据世界银行资料，1984年全球发展中国家第三产业占国民生产总值的37%，印度为47%；目前，美国、日本、香港这样的发达国家和地区则达到60%—70%。从就业比例来看，美、日等国的第三产业就业比例都已达到70%以上，而我国则不到20%。

我国发展第三产业的潜力很大。过去在相当长的时间里，我国的服务性领域深受计划经济、产品经济和自然经济的影响，几乎每个企事业单位都办有自我服务的福利型、公益型机构，每个家庭，尤其是农村家庭都习惯于将服务内化为"家务"或者"副业"。所以，我国的企事业单位中，长期以来把第三产业同第一、第二产业混在一起，没有分离出来并使之形成专业化、商品化和规模化。正因为这样，我国第三产业还很分散，效率低，发展受到多方面的制约。另外，我国有大量的劳动力资源，城镇职工有相当一部分是处于工作不饱满状态，农村每年至少要新产生和向非农产业转移1 000多万劳动力，还有大量的科技人员，能力没有得到充分的发挥利用。第三产业从整体上说是劳动密集型、智力密集型的产业，只要我们将这些丰富的劳动力资源引导到第三产业上来，并开辟出适当渠道使其同社会闲散资金相结合，我国的第三产业发展肯定会出现一个崭新的局面。

要挖掘潜力，缩小同国际水平的差距，第三产业必须实行市场化。当然，属于第三产业中的公共事业，如行政、国防，还有教育、基础研究等等，不可能也不应该按市场机制来运转，我们通常所说的第三产业市场化并不包括这些部门，但是这些部门也必须面向市场，为社会主义市场经济服务。第三产业的市场化，是产业结构演进和经济发展的固有规律，只有实行市场化，才能名副其实地产业化，商品化，社会化，才会提高第三产业的效率和社会覆盖面。

二

第三产业的市场化工作千头万绪，但重点应放在促进要素市场的形成上，以推动社会主义市场经济体制更迅速、更顺利地建立。党的十四大将社会主义市场经济确立为我国经济体制改革的目标，八届人大一次会议又将其写进了宪法，作为我国的基本国策。但建立社会主义市场经济的任务是相当艰巨的，重要原因之一就在于要素市场发育需要有一个过程。改革开放以来，产品市场的培育有了很大的进展，大部分产品尤其是民用消费品的生产和流通都废除了指令性计划，价格也放开了，这带来了市场的极大繁荣；但另一方面，要素市场却跟不上产品市场，既影响了企业经营自主权的行使，又导致了产品结构和产业结构调整的迟缓、乏力。这里是指市场经济中的基本生产要素市场并没有在我国形成应有的规模和规则，有的还处于萌芽状态，如金融市场、劳务市场、土地市场、产权市场、技术市场、信息市场等，这些领域恰恰是属于第三产业。因此，我们要将建立健全基本生产要素市场作为加快第三产业市场化工作的重点，这样就可以促进企业经营机制的转换和社会主义市场经济体制的确立。

拿金融市场来说，目前规模还很小，大部分的社会资金运行还是受传统的计划分配左右。我国的银行尽管不象以前那样只是作为财政的出纳，现在已经有了一定的自主权，但总的说来还是要切块，要围着经济主管部门的盘子和项目转，要给很多国有大中型企业“输血”，各种专业银行离企业化，商业化还差得很远。改革以来，出现了不少信托投资公司、城市信用社和股份制银行，发行了 1 000 多亿的企业债券、股票等有价证券，尽管由于其风险机制和清偿约束制度不健全而带来了这样那样的问题，但这毕竟是金融市场化的苗头，意味着我国的金融市场将不断壮大。以后，我们要大力发展直接金融市场，稳步扩大各种证券的发行量，制定严密的发行和交易规则，建立起一支素质较高、业务熟练的证券从业人员队伍，鼓励经纪商和投资顾问公司依法从事证券经营；同时，要对间接金融体系进行改造，将现有的专业银行中政策性金融分离出去之后改造为商业银行，实行企业化、市场化经营，并建立严格的风险责任制度。直接金融和间接金融的发展和改革，必将推动我国第三产业市场化的进程。

劳务市场的形成与发展也应该成为我国第三产业市场化的一个重要内容。我们知道，在一切生产要素中，人是最关键的，物的要素配置要靠人去组织和实现，如果劳动力资源不能优化配置、人尽其才，那么实现其他资源的优化配置是十分困难的。过去，劳动力同生产资料的结合是由各种招工、招干、招生和分配等计划形式来实现的，并相应建立了僵化的人事制度、工资福利、户口和粮油供应制度，劳动力属于单位和部门所有，难以流动。现在搞社会主义市场经济，这种状况产生了越来越多的弊端，不仅不能由企业根据市场需要不断调整劳动组合，也产生了在职待业、结构性待业、再就业困难等大量问题，而且还容易滋长惰性，不思竞争和进取。沿海发达地区市场经济起步早一些，他们对此体会更深。例如广东省经过多年的尝试，现在已基本取消了招工计划，而且建立了许多的职业介绍、职业训练、就业信息、择业指导等服务机构，使劳动力的流动大大增强了，企业裁员、辞退职工以及职工再就业也变得容易多了。加速发育、发展劳务市场，不但需要建立许多中间服务机构、网络，还需要建立面向市场的住房制度、医疗保险制度、职业教育制度、待业保险和养老保险制度等等，这些对我国的第三产业发展具有很大的带动作用，其意义是不可低估的。

房地产也是一种基本的生产要素。古典经济学将土地与资本、劳动并列为三大要素，可见房地产在经济中的重要性。我国以前由于经济发展规模小、范围窄，第二、第三产业占用土地并不多，而且所有制结构单一、经济利益关系单纯，在这种情况下，土地同其他资源的结合基本上是通过行政性划拨的方法实现的。随着经济规模和经济范围的迅速扩大，所有制结构和经济利益的日益多元化，就必须主要通过市场机制来配置地产和房产资源。应当说，房地产市场在我国还是新生事物，势必迅速发展，要形成规则，这就有许多基础性的工作要做。我国的房地产市场具有与资本主义国家不同的特点，土地是国家和集体所有的，是公有制。一级市场同二级市场要很好地衔接，土地使用的分散性和土地所有的集中性要很好地结合，不但要有专门的房地产管理机构和经营机构，还必须有房地产评估、抵押等组织和从业人员，以及相应的法律服务体系。如果不掌握这个特点，不处理好这个问题，就有可能出现严重的不公正交易和投机泛滥，使我国的房地产市场畸形化。因此，我们一定要在健全法规、科学管理的基础上引导和发展好房地产市场。可以预见，房地产及其相关行业将会成为我国第三产业的一个重要分支。

技术市场和信息市场、产权市场等也要大力发展，我国有一支规模庞大的技术和信息情报队伍，只要面向市场，开展技术转让、技术推广和技术服务，重视信息开发、利用和信息咨询工作，就必定能有力地促进产品结构和产业结构的调整，促进市场开拓和经营管理水平的提高，有利于资源配置和市场繁荣。产权市场的发展，对社会资产存量结构的优化和企业经营机制的转换，具有十分重要的意义。

三

第三产业的市场化，要十分重视交通、通讯等瓶颈产业的市场化。交通，尤其是铁路，通讯业尽管发展速度很快，但还是不能适应经济发展的需要。1992 年，国民生产总值增长 12.8%，工业增长 20.8%，而交通运输邮电只增长 9.1%，滞后于工业和整个国民经济的发展速度，明显成为一个瓶颈产业，严重地制约了我国经济的发展。交通、通讯行业的服务质量与国际水平还有很大的差距，其快速、及时、准确、安全的程度还不高。量的滞后与质的差距，主要是因为市场化程度不高造成的。过去，我们对交通运输、邮电等关系到国计民生的重要产业采取简单的国家垄断的管理方式，这种方式在我国特定的历史阶段是起到过积极作用的，但现在看起来，其弊端愈来愈多，不利于发挥中央、地方、国家、集体、个人的积极性，不利于内资和外资一起上，不利于开展竞争，从而阻碍了量的发展和质的提高。改革实践表明，交通运输、邮电业发展得较快、服务质量较好的地方，基本上都是市场化程度较高的地方，解除了政府的垄断和单一的国有制结构，对外资、集体资金和私人资金开放了这一领域的市场，允许大家公平竞争。例如在珠江三角洲、长江三角洲等地区，不但有集体、私人修建和经营管理的公路、桥梁、码头，还出现了外资、集体集资、私人出资修建铁路和经营空运业务，个体、私营企业经营汽车运输、电话业务的则更多，展现了一派繁荣景象。从全国范围来看，各方面也在积极探索通过市场化来突破瓶颈的办法，如铁道部主动打破垄断，与其他行业部门、地方政府、企业合资建铁路，联合经营铁路运输，目前，合资铁路已遍及十几个省、自治区，合建铁路干线16条，建设规模达到5 690公里，其中已建成的有1 100多公里。合资修建铁路和联合经营铁路运输，在一定程度上缓解了当地的铁路运输紧张状况，铁路运价也适度放开了，铁路部门更接近于企业化经营，产生了自主经营、自负盈亏、自我约束、自我发展的机制，一改过去自我投入不足、设备老化、缺乏发展后劲的状况。邮电通讯领域也出现了市场化的苗头，出现了民办的快递公司、无线寻呼台，方便了群众。事实证明，将市场机制引进交通、通讯领域，是突破这一瓶颈的必由之路。

自去年小平同志视察南方讲话和党中央、国务院作出关于加快发展第三产业的决定以来，交通运输部门、邮电部门更加进一步地解放了思想，制定了相应的政策措施，以促进市场化。如交通部公布了一些措施，允许外商直接修建港口、码头、航道，放开民营企业经营长途陆运和水运，对远洋运输也适度放开；民航局加快了开放市场、引入竞争的步伐，鼓励地方办航空公司。但是我们也要冷静地看到，交通运输业、邮电通讯业的市场化工作难度还很大，任务还很艰巨，国家在实行开放政策的同时，还要积极、热心地扶持、帮助和指导新进入者逐渐熟悉和熟练于该业务，发展和壮大自身。交通运输业、邮电通讯业有其特殊性，不但资金的进入壁垒较高，而且还要有安全性、可靠性等绝对要求。与人民的生命财产的安全和企业的日常生产息息相关的这类产业，如果搞不好，所造成的损失往往是不可挽回的，所以政府既要制定并严格执行各种技术标准，业务规程，又不要以这些标准、规程来设关卡、排斥市场竞争。不管是内资还是外资、不管是国有制还是非国有制，不管是本部门系统的还是外部门外系统的，都应该帮助他们达到规定的标准和规程，提高业务素质和竞争力。我们不能因为出了一二起空难事故，就认为航空公司不能由地方、别的系统或别的企业来办，更不能由私人来办，就认为不能搞市场化。交通运输、邮电通讯业，利润较为丰厚、市场潜力巨大，但又较易形成垄断，如果光靠市场自身的力量，也有可能会产生出一种异己于市场的阻碍力量，阻碍市场化的进程。因此，政府开放市场时必须维护市场公平竞争，当好裁判，保护竞争，否则，就是一种消级的市场化，会产生事与愿违的后果。这方面，在旧中国，以及其他的一些发展中国家都曾出现过，是有过经验教训的。

总之，交通、通讯严重地制约着我国国民经济的发展，国家准备下大决心来解决这个问题，但解决的方法应该跳出单靠国家大幅增加投资的窠臼，而应该同加速第三产业市场化的思路结合起来，改变过去那种被动应付局面，使我们的经济发展少波动一些，步子更快一些。

四

第三产业的市场化，必须要结合我国恢复在关贸总协定中的地位这一问题来一起考虑。我们搞社会主义市场经济，推行第三产业的市场化，是在20世纪90年代提出的，是在我国即将恢复在关贸总协定中的地位这一背景下提出的，是在服务性贸易在关贸体系中具有日益重要的地位这一客观形势下提出的，这就是说我们不可能关起门来封闭地搞第三产业市场化，也不可能在与发达国家的第三产业旗鼓相当的时候才来讲市场竞争。我们要在第三产业整个水平远远落后于发达国家、某些行业初具雏形甚至刚刚萌芽的状况下运用市场机制，遵循市场准则。我们认为，这件事情也具有两面性，既面临第三产业市场发育发展受到严重压抑的威胁，也是我们加速第三产业市场化、规范化、国际惯例化的契机。

关贸总协定开始是侧重于货物贸易的，但由于国际产业结构的调整，第三产业迅速发展，服务贸易就成了关贸总协定的一个重要内容。1992年，国际商品贸易总额为37 000亿美元，服务贸易已达到9 600亿美元，而且近几年的服务贸易增长速度大大高于货物贸易的增长速度，这说明世界经济正在向着服务业倾斜发展。尤其是象美国这样的发达国家，第三产业的比重已占国民经济的70%以上，无论在量上还是在质上都占有很大的优势，所以美国等发达国家竭力将服务贸易纳入关贸体系。服务业发展水平不太高的广大国家对此也有积极性，因为大家都看到，促进服务贸易的发展，能够极大地提高第二产业、第一产业的生产率，能够提高为生产和人民生活服务的质量。我国也正是采取了这一态度，在关贸总协定的谈判中，积极参与服务贸易方面的工作，向乌拉圭回合递交了航运、专业服务、银行、广告、旅游、近海石油勘探等6个部门的初步承诺开价单，别的服务行业的开放问题也将随着我国复关和乌拉圭回合谈判的进程而日益明朗化。如果不认真对待这个问题，我国第三产业会受到强大冲击，服务贸易逆差会严重影响我国的对外平衡乃至整个经济的平衡。如金融业和保险业的开放，会使我们的许多业务被外资银行和保险公司抢走。按照国民待遇的一致性原则,管理规范的非歧视性原则,我国的金融机构同外资金融机构一样地接受资产负债管理,一样地承担风险责任,一样地实行破产清偿,再也不可能背着那么多的呆帐烂帐而继续营业了,再也不可能对那么多收不回的资金无动于衷了。这样,我们的一些金融机构就有可能被挤跨。因此,我们对服务业的开放应是逐步的,不同行业的开放程度应有所不同,尤其是对金融业这样欠发达、事关整个经济运行的行业是不会一下子全部放开的。我们通过谈判可以获得一个适应和提高的时期,但这个期间终究是暂时的。其他许多服务业,都想保护是不可能的,大部分领域还是要直接面对国际市场的。

所以,我国第三产业的市场化,在这种意义上说,意味着实行国际市场化。国际市场化,也对我们有很多好外,起码可以使我们少走弯路,别人经过几十年市场磨练才形成的一些机制、方式方法、惯例,我们一起步就可以借鉴和运用。加上竞争的压力,我们就能够改变过去在计划经济条件下长期以来形成的机制和规则,真正地按市场经济的原则办事。大家知道,我国计划经济条件下的银行,发放贷款靠计划指标,行政命令,即使是计划外的信贷,也是靠信用担保而不是国际上通用的抵押担保,再加上我国没有建立国际上通行的信用等级评估制度,银行很难真正遵循市场原则。还有一些第三产业,在我国还是空白或者尚处于萌芽状态,但对生产生活都是很有用处的,我们允许国外有限度地进入,能带动我们效仿和发展,如资产评估、证券评估、房地产评估、咨询业、心理保健业、家庭服务业,还有一些风险行业。

我们还可以借助复关这个契机,主动打破一些第三产业部门的垄断状况,促进竞争型第三产业市场格局的形成。竞争是市场的灵魂,没有竞争就谈不上市场化。我国的某些第三产业领域,由于长期实行政府严格管制,由于资金、市场网络等进入壁垒较高,垄断相当严重,由于缺少实力雄厚的竞争者使市场化步履迟缓。如跨国流通、长距离运输、勘探、旅游等行业,国内的民营企业就没有力量进入和竞争,政府部门进入的,其竞争往往被市场割据取代,管理水平低,服务质量差,企业经济效益不佳,如果引入国外的竞争,就有望在较短的时间内治好这一痼疾,促进第三产业市场的繁荣。

我国的第三产业还要走国门。我们允许别国的服务性企业进入我国,我国的服务性企业也被允许进入别国。虽然我国的第三产业在总体上是落后的,但在某些行业还是有吸引力和竞争力的,如在航运、卫星发射服务、工程建设等部门,因为价格低廉、技术可靠等因素而具有优势和发展潜力。1989年,在关贸总协定统计的40个领先的服务进出口国中,中国在出口国中排名27位,在进口国中排名第32位,复关后,名次肯定要迅速前移。国际上服务业市场非常广泛,行业五花八门,我们在这个大市场中,一定能造就一批实力雄厚、网络四通八达,符合国际规范的大型服务性跨国企业和企业集团。

五

为促进第三产业的市场化,首先要求政府职能转换,取消那些不应有的和不必要的管制和限制,解除垄断,包括对外资和国内私人资金实行开放。改革开放以来,由于政府放宽了对餐饮业、修理业、旅馆业和商业的限制,于是各种档次、各种规模的饭馆酒店、宾馆旅社、商场一下子就多了起来,繁荣了市场,方便了群众,竞争也使得服务质量有了很大的提高。近两年来,我们又放宽了对出租汽车行业的进入限制,出租汽车公司如雨后春笋一般地冒出,改变了大城市乘出租汽车难的状况,服务质量也逐渐实现了标准化、规范化。即使象全日制教育这样的部分,也由于政府有限度地解除垄断,允许民办的、私立的大学、中学、小学开办,带来一般新鲜空气,学校的经营管理方式,教学质量的保证体系、学生的录取和淘汰机制等都有进步,使教育面向社会、面向市场。事实证明,政府不取消不必要的管制和限制,不解除垄断,就不可能实现第三产业的市场化;一旦政府取消了管制和限制,解除了垄断,市场化的浪潮就会出现,竞争的格局就会形成,优胜劣汰的机制就会自然产生。政府除在市场准入政策方面实行开放,还要在具体执行措施方面尤其在注册登记和营业执照管理方面拆除障碍,降低壁垒,便于投资者、经营者进入。我国对第三产业的企业注册登记和营业许可制度长期以来用对第二产业的处理办法,需要履行繁琐的审批手续,对申请经营者和从业者的身份、资金和房产等条件有过多过细的有些甚至是不合理规定,如一定要有政府部门作主管部门,要得到行业管理部门的批准。这些规定是不利于第三产业市场化的,虽已开始调整还应进一步清理。

促进第三产业的市场化,除一些特殊的行业外,应该实行政企分开,试行民营方式。政企分开是我国国有制企业改革的方向,第三产业的国有企业也不能例外。第三产业的许多行业长期实行政府经营,官商不分,实行政企分开难度很大;有些属于基础性产业,政府同企业之间存在着一种微妙的平衡关系,政企分开之后如果政府管理不配套又怕失去控制。尽管有这些情况,我们还是要坚定不移地实行政企分开,试行民营方式,这是市场化的前提条件,不能有丝毫的动摇。在国外,有许多对公营的、政企不分的服务性行业实行民营化、政企分开的成功例子,包括对一些基础性行业的民营化,这些都值得我们借鉴。如日本分别于1985年和1987年将公营的烟草专卖公社、电信电话公社、国有铁路实行民营化，改组为烟草产业股份公司、电信电话股份公司和7个铁路股份公司，企业成为市场竞争主体，服务质量和经济效益都大为提高。需要指出，民营化并不是私有化，并不是把国有财产分给私人，即使将一部分股份售给私人，也是有限制的，1985年民营化的日本烟草产业股份公司，到1992年才将1/3的股份上市公开发行，2/3仍由政府控制，发售股份回收的资金可以继续用来投资。股份制是民营化的一种较好形式，我们可以继续大胆探索，运用到第三产业中甚至某些基础性行业中来。

为促进第三产业的市场化，已有的众多服务性机构、部门和设施同时要走社会化的路子。几十年来，为了改善人民的生活和生产条件，政府部门和企事业单位花了大量资金建设了很多服务性设施，形成了许多服务性机构，但其服务范围往往限于本单位、本部门、本社区，且带有一定的福利性，因而利用效率很低、维护维修也很困难。这是我国服务业的一笔宝贵财富、一支重要力量，我们要十分重视，将其从原来对政府部门、企事业单位的附属地位逐步分离出来，形成独立的或半独立的企业，面向社会，靠自身的经营来充实资产、扩大规模、谋求发展。对于这些服务性机构和设施，只要认真理顺产权关系，正确处理同其原主办、主管单位的财产关系、人事关系，就一定能使其走向市场，真正地形成产业化。

实行第三产业的市场化，是不是政府放手不管、取消各种管制就万事大吉了呢？绝对不是。市场的发育发展有政府的引导和科学干预才会变得有序和顺利。在第三产业市场化过程中，政府要学会对市场的各种宏观调控和管理办法。

首先，要制定和执行科学、严密的市场规则，我们以前基本上没有独立存在的整体的第三产业市场，服务业作为附属物，并不需要什么市场规则。要对第三产业实行市场化，就要鼓励公平竞争，防止垄断，就要维护市场机制在配置资源的基础性作用，没有科学、严密的市场规则是不行的，这种规则得不到严格执行也是不行的。尤其我国的第三产业，由于历史上的原因，同政府部门有着很深的渊源和千丝万缕的联系，这些渊源和联系很有可能成为一种破坏市场机制的不健康因素，因此必须有强制性的公正力量来防止其对市场机制的破坏，这就必须发挥政府的应有作用。一些利润丰厚行业、历史上长期实行垄断或易于形成垄断的行业，如金融业、运输业、批发业等等，很容易发生各种争执和纠纷，很容易出现不公正、不公平的现象，特别是在市场化之初，本来机遇就不一样，加上政策不明确、不健全，会有一些钻空子和浑水摸鱼的事情，如果政府不维护市场规则，就会导致无序和混乱，最后葬送市场经济。一些基础产业，关系到国计民生，同生产和生活紧密相关，影响面大，如铁路运输，国家对其服务价格、服务质量标准如果放任不管，老百姓就会有意见。当然，这种管理是建立在对市场测算和与企业有磋商的基础之上的，是主要通过经济杠杆辅之以必要的行政手段来实现的。

其次，政府制定的产业政策中应适当突出第三产业的内容。在市场发育初期，在市场实行对外开放的关键时刻，产业政策尤为重要，我国第三产业的许多行业还处于幼稚状态，需要产业政策的扶植才能够参与国际市场的竞争；我国大部分第三产业的专业化、规模化程度还很低，组织结构很不合理，国际竞争力不强，需要用产业政策来促进企业重组。我们过去把产业政策工作的重心放在第二产业上，第三产业不够突出，现在看来，迫切需要制定完整有力的针对服务业的产业政策。在服务贸易发展速度远高于货物贸易的当今，如果政府不以产业政策主动介入，就很难抓住机遇，掌握主动权，就有可能延缓我们第三产业市场化的进程。

再次，政府要帮助企业改善管理，提高服务质量。服务质量不高是我国的一个大问题，各方面的意见很大，随着第三产业的迅速发展和市场化程度的提高，服务质量会得到改善，但不可忽视政府在其中的重要作用，政府抓与不抓，抓得紧与不紧，效果就大不一样。只要政府采取切实可行的办法，真心实意地帮助企业改进管理，就有可能使我国的服务质量有一个较快的普遍的提高。

总之，实现第三产业的市场化，要同转换政府职能结合起来，不该管的不要管，该管的一定要管好，管出效果来。

（作者系国务院发展研究中心主任）

商品流通体制改革的目标和进展

万典武

在建立和发展社会主义市场经济这一新的指导思想下，我国商品流通体制改革应当采取怎样的目标模式和15年改革的进展如何，是一个急待深入探讨的理论和实际问题。笔者曾在1986年提出过商品流通体制改革模式的设想："社会主义国家间接宏观调控下自愿让渡、等价交换的商品市场"，简称为"国家间接宏观调控下的商品自由流通"（见课题研究报告《商品流通体制改革模式的设想》）。事隔7年，我国经济体制和商品流通体制改革举措都有明显发展，对于这个问题的研究也有丰富和提高，共识之士愈来愈多。现在根据社会主义市场经济的新进程和新要求，就我国商品流通体制改革的目标和进展，从商品、商人、商品市场、宏观调控等四个方面试作阐述。

一、商品，商品流通的客体，应当是自由流通的

在市场经济的条件下，市场是配置生产诸要素的基本契机，一切产品（包括物质产品和非物质产品）作为商品，都是为了向市场出售而生产的。商品流通的本质是实现商品的价值。商品的天性是自由流通。商品自由流通总的说来只服从于价值规律和供求规律。应当排除"商品⟷货币"以外的统购、统销、派购、包销、统配、部管、票证等一切附加条件和条块分割、地区封琐等强加的行政干预。价值规律，是市场经济的基本规律，商品价值是决定于生产商品的必要劳动时间，商品价格应当以价值为基础，按照等价交换原则进行交换。供求规律表明，商品供应和商品需求两者是相互制约、共同作用的关系。当市场商品出现供之者寡，求之者众时，商品价格则高于价值，生产由之增加；反之，当市场商品出现供之者众，求之者寡时，商品价格则低于价值，生产由之减少；只有当供求趋于平衡，商品价格才接近价值。这种价格围绕价值的上下波动，正是价值规律和供求规律在发挥作用，起着调整产业、产品数量和结构，合理配置生产要素，使商品生产适合市场需要的作用。可是，按照价值规律和供求规律的要求，商品应当不受地域和国界的限制而自由流通。历史上，在资本主义发展初期，资产阶级能够创造出巨大的生产力，其中，一个极为重要的原因就是他们利用商品自由流通这一属性，冲破了国内经济的封建割据的束缚，建立了统一的国内市场；同时还摧毁了一切落后地区和国家封关锁国的壁垒，开拓了广阔的国际市场。我国改革开放以来，沿海一些省市和经济特区的经济发展较快，其中一个重要原因，也是他们利用商品自由流通的属性，使价值规律和供求规律有了用武之地。可见，在市场经济条件下，我们应当积极地进行价格改革，改变价格扭曲现象，逐步形成合理的价格机制，让商品在市场上比质比价。同时，改革传统的购销体制，破除一切人为的附加条件和形形色色的地区封锁，切实让商品按其基本属性而自由流通，优胜劣汰。这样才能达到生产要素的合理配置、产业结构的合理调整、产量增加、质量提高、销售扩大的目的。

15年来，我国商品流通体制改革，是朝着市场取向逐步前进的。就商品购销体制来说，基本上完成了改革任务。目前，生活资料商品有90%以上已经放开，实行自由流通，价格由市场调节。只有粮食实行全国定购，全国有27个省、市、自治区的1 800多个市县放开了粮油价格，占全部市县的80%，只有西藏、宁夏等少数边远地区尚未放开，实行定销。还有棉花实行专营，卷烟实行专卖，食盐由国家定价。生产资料商品有60—70%已经开放，价格由市场调节。部分生产资料商品实行"双轨制"，作为一种过渡。

预计今后两三年内商品购销体制改革，将着重解决3个问题，以扩大和完善商品自由流通：(1)部分生产资料商品将逐步理顺价格，实行并轨；(2)进一步实现商品流通的社会化和统一化，坚决制止形形色色的地区封锁，建立全国统一的商品市场；(3)面对我国即将恢复关贸总协定的地位，促进国内商品与国际商品对流，有关方面要研究制定有关政策法规，以利内外交

流的发展。

二、商人（包括商业企业和个体经营者），是商品流通的主体

首先，从理论上讲，商品要在市场上自由流通，必须根据自愿让渡的原则，使经营者独立行使商品流通的职能。如果不遵守自愿让渡的原则，就没有实质上的商品流通。马克思说："为了使这些物作为商品彼此发生关系，商品监护人作为自己的意志体现在这些物中的人彼此发生关系。因此，一方只有符合另一方的意志行为，才能让渡自己的商品，占有别人的商品。"（马克思《资本论》第一卷第102页）商品是物，是商品流通的客体，它不能自己出现在市场上，必须依托从事商品流通的当事人。商品与货币的交换关系，必须变为买卖双方人与人的关系。而要使买卖双方都成为独立行使其"自愿让渡"的职能，必须使他们具备"自愿"的独立性，自己决定自己的行为和命运。否则，他们就很难完满地行使自愿让渡、自由流通的职能，他们只是不完全的商品流通主体。传统体制下的弊端，是国有国营或公有公营企业是政府某个部门的附属物，必须改变这一弊端，他们才能按照"自愿让渡"原则成为行使流通职能的主体。同时，谁能成为流通的主体或主导者，还要看谁能在流通过程中耗费社会劳动最少，用最短的时间，最安全的办法，实现商品价值。不能自封，也不能行政授予。选择商品流通当事人这一客观标准，也是改革以来，我们采取"多种经济成分、多条流通渠道、多种经营方式"这一政策的理论依据，可简称为"交换当事人的多元化"。过去在传统的商品流通体制下，整个社会商品流通活动基本上由国家用计划等方式来控制，公有公营商业企业只能按照国家计划和上级决定执行社会产品分配职能。这是企业缺乏活力，造成交换呆滞等弊端的根源。如果公有公营商业企业能成为"四自"的商品流通主体，能够克服这些弊端，有利于企业经营活动以市场为导向；有利于按照商品流通的自然流向，用耗费较少的社会劳动、较快的速度、较安全的办法实现商品价值；有利于迅速反馈信息，促进和引导生产，实现产需结合和生产要素的合理配置；有利于完善经营管理制度，提高经济效益和社会效益。这是符合市场经济的客观规律的。

其次，从改革措施上，必须遵循经济利益的原则，使公有公营商业企业成为具有法人资格的利益主体。这个利益主体应当具备的条件是：（1）具有经营自主权。从1980年扩大企业自主权开始，在逐步理顺国家和企业的关系方面，已发生一些可喜的转变。企业由静态地等待和依靠上级指示向动态地适应市场变化的方向转变；由单纯执行型向自主决策型转变；由过去只注意购销调拨业务和传统经营管理方式向以经济效益为中心的现代化经营管理转变；企业行为由过去被动、保守向制定自己的发展战略目标和长期效益转变。(2)商业企业行使自主权的目的，主要是为了提高经济效益和社会效益。自主权是手段，经济效益是目的。企业的生产和经营都是为了盈利。当然，商业企业内部要正确处理好企业和职工的关系，相应地进行人事、劳动和分配制度的改革，实行干部聘用制，用工合同制和企业工资制，将责、权、利以及劳和酬有机地结合起来，调动广大职工的积极性，为提高企业经济效益而努力。(3)商业企业经营者应当成为经济法人。我国国有商业企业是国家所有，企业只有经营使用权，企业自有资金很少，经营活动基本上靠银行贷款维持，利息负担重，面对瞬息万变的市场，无力与其他经济成分的企业竞争，抑制了企业的发展。在改革过程中，一些实行股份制试点的企业，将国有资产（包括固定资产，流动资金，无形资产）全部折成国家股份，国家拥有终极所有权；向社会和个人集资部份，终极所有权属于各个股东。股份制商业企业经营者则拥有全部资产的法人所有权，成为经济法人。企业经营者按照股份制章程规定，有权根据市场变化需要，将企业资金用于改建、扩建、增加营业设施、改造技术设备，优化购物环境和建立分店、分号等开拓经营。

15年来的改革，我国商品流通领域已经形成多种经济成分、多条流通渠道、多种经营方式并存的格局。1992年全国社会商品零售额10 894亿元，比改革前的1978年1 558.6亿元增长6倍。其中国营增长4.2倍，比重为40.8%，比1978年下降13.8个百分点；集体增长3.6倍，比重为28.2%，比1978年下降15.1个百分点；个体增长1 000倍，比重为20.5%，比1978年上升20.4个百分点；农民贸易增长30多倍，比重为9.8%，比1978年上升7.2个百分点。另外还有中外合营70亿元，比重为0.7%。全国个体经营人员2 700万人，其中个体商业1 400万人，还有继续增长趋势。十多年这方面的改革一直是稳步前进的，是成功的。市场形成多家经营，店铺林立，风采各异，买卖方便的良好状态。国有商业企业的自主权有明显扩大，通过承包经营、股份制试点等形式，正在逐步转换企业经营机制，使之成为"四自"的企业。

预计今后两三年内，商品经营者方面的改革，除了依法继续发展个体（包括私营）、合营、外商独资外，重点是搞好国有商业企业的微观再造，使企业真正成为市场的主体。其主要内容是：(1)扩大企业自主权。按照国务院颁布扩大企业自主权条件，逐步落实，使企业成为自主经营、自负盈亏、自我约束、自我发展的经济法人。(2)继续扩大股份制试点范围。现在全国已有200多个国有商业企业实行股份制，少数商业企业发行的股票已公开上市。国家已制定十多项有关法规来促进股份制的规范化,引导其健康发展,便于与国际惯例接轨。(3)积极转换企业内部机制。1991年,四川重庆等地国有商业企业首先实行企业人事、用工和分配等三项制度的改革,今后将在全国范围内逐步铺开,实行企业干部聘用制,用工合同制,分配与效益挂钩实行企业工资制,以推动企业内部机制的转化。(4)组建企业集团。以国有商业企业为核心,以经济效益为中心,组建的大型企业集团正在逐步兴起,今后将会有较大发展,不断显示出群体优势和规模效益,发挥公有制经济的主体作用。

三、商品市场体系的培育和完善

市场是商品生产和社会分工的伴生物,有商品生产和商品交换就有市场。因商品生产和商品交换的发展程度不同,市场也有不同的发展程度,有原始市场、初级市场、发达的市场、现代的市场。市场经济就是发达的现代的商品经济的产物,是指市场成为配置生产要素、组织和调节一切经济活动的基本机制。就狭义而言,市场是进行交换的场所,是商品流通的总和。就广义而言,计划和市场都是社会合理配置资源和生产要素的手段,都是一种经济运行机制。我国是实行社会主义市场经济,在总供给与总需求的平衡、在一些重大建设项目等方面,不能没有计划,在众多的经济活动方面,不能没有市场。过去在传统的商品流通体制下,排斥市场机制作用,导致资源浪费,经济缺乏活力,经济效益不高。改革以来,逐步重视市场机制作用,扩大市场调节范围,生产发展较快,经济活力明显增强。因此,进一步加强市场体系的培育和完善,是国民经济发展的要求,也是实现商品流通改革目标的重要方面。我认为市场体系的培育和完善,要特别重视以下两个方面:

1.商品市场体系的培育和完善。市场体系总的说来包括商品市场(生活消费品和生产资料市场)、资金、人才、劳动力、信息、技术、房地产、证券等市场。目前在我国,商品市场是市场体系中的基本部分,商品市场体系的培育和完善有特别的重要性。但是当前各类商品市场的组织、市场规则还很不健全,市场监督管理工作还很不完善。应进一步加强计划,财政、金融、物价、市场法规、工商管理等方面配套改革,以培育商品市场,完善商品市场法规,强化商品市场监督管理,使参与商品市场活动的企业和个人有一个良好的市场环境和平等竞争的机会,以发挥市场竞争规律对企业的促进作用。

2.进一步加强有形市场的建设。有形市场是相对于无形市场而言的。无形市场一般有两种涵义:就广义而言,是指社会总供给同总需求是否适应,衡量市场总的规模和容量。狭义而言,是指上市的商品是无形的,如技术市场,包括技术开发、技术转让、技术咨询、技术服务,称为“四技”的智力产品,其交易场所往往也是不固定的,但仍按价值规律和供求规律出售和购买作为商品的技术成果。有形市场,交换的则是有形商品,具有固定的交易场所。在有形商品市场中,有批发市场、零售市场、期货市场等。在批发市场中,又有综合批发市场、各类专业批发市场、小商品批发市场等等。零售市场更是经营方式多种多样。各类商业网点、摊位是组成市场的细胞。当前,就公有制商业看,其网点发展滞后,加上企业机制不适应外部环境的发展变化,这是公有制商业企业经营萎缩、经济效益滑坡的原因之一。据统计1957年我国平均每千人占有商业网点12个,1990年底我国社会商品零售额是1957年的近20倍,而平均每千人占有商业网点仅10.4个,比1957年减少1.6个。又据不完全统计,目前广东省挂个体、私营牌子的商业、服务业、饮食业网点已达80万个,相当于国营和集体各类商业网点的4倍。事实说明,没有网点,就没有经营地盘,也就没有经济效益。因此,要大力发展各类商业网点,加强有形市场的建设,推动我国第三产业的发展,提供更多的就业机会,以适应经济发展的需要。

15年的改革,我国商品市场有很大发展。农村集市贸易和农贸市场早已恢复并有了明显发展,1991年全国有农村集市60 784个,城市农贸市场13 891个,最近一二年又有增加。近几年恢复和发展了一批比较正规的交易市场,如粮食市场、油料市场、中药材市场、钢材市场、有色金属市场、煤炭市场各大中城市农副产品批发交易市场、各类工业品批发交易市场、小商品批发交易市场等等。此外,各地配合城市建设,各类商业网点也有很大发展,改造、扩建和增设不少商业网点,优化购物环境,改善营业设施,提高服务质量等方面,都有令人瞩目的成效。

今后两三年内,在培育和完善商品市场方面应着重解决:(1)进一步健全商品市场法规。积极培育参与市场的商人(包括企业和个人)严格依法经商,充分发挥市场机制作用,优胜劣汰。(2)加强商品市场的物质建设。把国家、地方、各经济实体和个人等几方面力量结合起来,将各类交易市场建设成为具有场地、运输、仓储、信息、银行、人员培训以及生活服务等系列化功能的物质设施,使交易市场逐步成型,扩大其辐射面,带动周边地区经济发展和国际市场对接。(3)继续加强各类商业网点的建设。在发展各类商业网点时,特别要加强商业中心区网点的建设。根据实际情况,实行城乡结合、大中小结合、综合与专业结合、批发与零售结合、国内与国外结合,以经营为主向生产、服务领域延伸等,打破专业、部门、地区界限,建设成为多层次、多领域、多功能的商品市场体系和商业网络，让多种经济成分、多种经营方式的企业和个人，在市场风浪中比质、比价、比服务，优胜劣汰。

四、国家对商品流通的间接宏观调控

我国社会主义市场经济，除了市场经济的一般共性(即商品按价值规律和供求规律自由流通，商人是经营和经济利益的主体，有完善的市场法规，健全的法制监督管理以及必要的间接宏观调控等)外；社会主义条件下的市场经济有其自身的特点：(1)以公有制经济为主体，个体、私营、合资、外资等多种经济并存，各自发挥优势，平等竞争，共同发展。(2)在分配上，以按劳分配为主体，其他分配形式为补充，在效率与公平相统一的基础上，合理拉开分配档次，同时防止两极分化，逐步达到共同富裕。(3)国家间接宏观调控方面，要充分发挥计划与市场两种运行机制对优化配置生产要素的作用，同时国家拥有较雄厚的物质基础，对市场具有较强的调控能力。关于以上第(1)、第(2)点已在前面论述，这里仅就国家对商品流通的间接宏观调控谈两点看法。

1. 国家为什么要对商品流通进行间接宏观调控。第一，国家制定计划要在遵循价值规律和供求规律的前提下，安排好国民经济重大比例关系，进行总量调控以求得社会总供给和总需求的基本平衡，为社会经济活动(包括商品流通活动)提供一个宽松良好的环境，防止经济大起大落的盲目性。第二，商品流通是商品价值实现过程，由于历史原因，目前不少商品的成本价值、使用价值和可能实现的价值经常产生矛盾。这种矛盾实质上是生产同消费的矛盾在流通领域里的反映。当前我国经济管理体制和价格结构还不尽合理，市场物价的变动，还不能视为指导生产和消费的准确信息。因此，要使经济结构合理、经济布局恰当，产销协调，流通畅通，商品价值尽快实现，国家利用有效手段进行宏观调控是完全必要的。第三，在商品交换时，交换双方由于经济成分、地位、地区、技术设备、经营管理水平、经营方式等的差异，往往从各自的经济利益出发，经常出现矛盾。为了防止和解决这些矛盾，国家必须通过必要的手段进行指导、调节和制约，以维护国家、交换双方、消费者的合理利益。第四，国家为了保护和扶持生产发展，控制有关技术外流和引进先进技术，对某些商品和设备的进出口，也须采取相应的政策和经济手段，进行鼓励、引导和限制。当然，国家对商品流通的宏观调控应当是间接的。国家利用宏观调控的一切手段，都是针对整个市场的。企业的经营活动由市场来导向，而不是由国家和行政管理部门直接干预企业的经营活动。因此，对企业来说，这种宏观调控是间接的。

2. 国家对商品流通如何调控。第一，政企职责分开，行政管理部门切实转变职能。改革迄至今日，种种迹象表明，行政管理部门不切实转变职能，企业自主权落实、经营机制转变就很困难，政企职责分开，也就成了一句套话。因此，实行政企职责分开，必须要求行政管理部门认真转变职能。主要是行政管理部门对商业企业的产、供、销、人、财、物等经营管理具体活动，要从过去直接控制干预中解脱出来，通过国家宏观调控手段和经济参数培育和健全市场，企业由市场来导向。同时，行政管理部门的管理方法，要从过去对企业定指标、批项目、批物资、批资金为主，转变为积极搞好所属范围的有关规划、协调、监督和服务工作为主。当然，这项改革的难度较大，还需要一个过程，但这个改革方向是正确的。第二，要健全经济立法，严格法制管理。第三，要相应地进行计划、财政、税收、物价、金融等体制的配套改革，以利国家运用经济参数(包括利率、税率、汇率、价格等)调控市场。

15年的改革，在政企职责分开方面已经迈出可喜的一步。当前，国务院所属各部委机构和各地方机构正在进行改革和精简，转变政府职能，改进管理方法，进一步落实企业自主权，都将有进一步发展。我国经济立法工作也有进展。全国人大常委会已将经济立法工作作为主要工作在抓。这些年来国家对利率、税率、汇率、价格等方面都曾作过多次调整，成绩很大。但是，经济是发展变化的，宏观调控要做到及时、准确，必须加强预测预报工作，才能发挥经济手段的引导和调控作用。与此同时，还要加强社会保障制度的建设，为国家机关、企业、事业单位的富余人员积极创造生活保障、专业培训以及再次就业的机遇。

综上所述，国家间接宏观调控下的商品流通体制改革目标的主要内容是：商品，要按价值规律和供求规律实行自由流通；商业企业，要有经营自主权，按自愿让渡和经济利益原则执行商品流通职能，并积极转换企业机制；市场，要完善法规，严格管理，特别要注意商品市场的培育和完善，加强有形市场的建设，充分发挥市场机制的作用；国家间接宏观调控手段要逐步完善，行政管理部门应转变职能，切实搞好政企职责分开。商品流通体制改革的这个目标模式取向是符合社会主义市场经济的，15年来的改革举措，基本上也是朝着这个方向逐步前进的。

(作者系中国商业经济学会副会长)

我国的金融业

赵海宽

金融业是第三产业的一个重要组成部分。它的主要任务是通过各种形式,从社会吸收闲散资金,又主要运用发放贷款等办法把这些资金使用出去,并办理现金收支、转帐结算和参与宏观经济调控等,为加快经济发展、方便和改善居民生活服务。因此,研究第三产业,必须研究金融业。

一、改革开放以来我国金融业的发展

改革开放以来我国的金融业实现了非常迅速的发展。

改革前,我国实际上只有中国人民银行一家银行,所有的银行业务都集中由这家银行办理。改革以来,我国已初步建成了一个金融系统。在这个系统中,中国人民银行是中央银行、货币发行银行,是领导和管理全国金融事业的国家机关。中国工商银行、中国农业银行、中国银行、中国人民建设银行等国有大银行,是我国办理金融业务的基本力量。大量中小银行、城乡信用合作社、信托投资公司、三资银行等,是我国金融业的补充。1985年我国金融市场出现以后,又先后建立起一批证券公司、评级公司、会计事务所、证券交易所等同金融市场有关的机构。这些机构也是我国金融系统的组成部分。

到1991年,全系统机构总数为188 559个,比1981年增长83%;其中国有大银行123 356个,增长1.6倍;农村信用社57 927个,增长5.2%。到1991年全系统总人数为2 256 203人,比1981年增长1.3倍;其中国有大银行1 499 823人,增长1.19倍;农村信用社539 226人,增长95%。

金融业的业务范围扩大,内容更加丰富。改革开放以来,突破了银行对工商企业只能发放流动资金贷款的老框框,开始既发放流动资金贷款,又发放固定资产贷款。还开办了信托业务。在个体经济、私营企业和三资企业发展起来之后,又对这些企业开始发放贷款。特别是1985年金融市场逐步开放以后,我国金融业除代理财政债券、企业债券、股票的发行和交易,举办为企业实行股份制和发行债券进行咨询、财产评估、经营状况评级等业务外,自己也发行了金融债券;还开办了银行同业拆借、票据贴现和买卖大额定期存单等业务。

金融业的融资量迅速增加。例如,国有银行和农村信用社的资金来源余额,1991年为22 380亿元,比1979年增长9.2倍;其中城乡储蓄存款金额为9 287亿元,增长了32倍。

金融运行机制发生了很大变化。改革开放以前,银行的业务活动,完全依靠指令性计划和行政手段。即单位存款的增加依靠存款者不能不来银行开户的垄断地位和超过库存限额必须送存银行的现金管理办法;个人存款的增加,主要依靠支援国家建设的政治号召。贷款按照国家指令性计划指标贷放。改革开放以来,金融机构增多,竞争因素产生,在业务活动中经济手段使用得多了。资金来源中,逐步依靠方便存取、加强服务、增大利息、举办新的存款种类等办法促进增加存款。同时通过发行金融债券、办理信托业务、开展保险业务等新开渠道增加其他资金来源。在资金运用方面,已有部分贷款按市场原则发放。金融机构之间的资金融通,由过去上级进行硬性调剂,改为同业拆借。转帐结算办法,也由过去适应产品经济的托收承付,付款委托书等八种方式,改变为初步具有灵活、通用、安全等特性,以银行汇票、本票和支票为主要的方式。为方便个人收付,还在经济发达地区试办了信用卡。所有这些改革,都使银行业务活动的质量提高,对社会主义市场经济的促进作用大大加强。

总之、我国的金融业在改革开放以来已得到了巨大的发展和进步,目前正处在欣欣向荣的状态。

二、我国金融业的作用

我国金融业在国民经济发展中能够发挥巨大作用。这些作用可以概括为如下几点:

(一)筹集和分配建设资金,促进企业改善经营管理。经济建设需要大量资金,除企业自己筹集和通过财政筹集分配外,还需要银行通过信用形式进行筹集和分配。

银行是信用机构，银行信用主要表现为存款和贷款，信贷关系既是商品经济的组成部分，但又不同于普通的商品交换。普通商品实行等价交换，一手交货一手交钱，交易完成，双方的关系也就结束。而存款和贷款的运动是一种信用行为，是价值的单方面转移。存款人把货币存入银行时，并未从银行换走相应的价值，他只是凭着对银行的信任，把货币的使用权暂时交给银行，而留着货币的所有权，以便随时（活期存款）或按照约定的时间（定期存款）从银行收回这些货币。银行对企业发放贷款的情况也是这样。

银行信用有存有取、有放有收，非常机动灵活，能有效动员社会闲散资金，并促进充分合理使用这些资金。银行之所以能促进社会资金充分使用，是由于资金运动的季节性和需要量的不平衡性，各部门、各单位的资金占用额在时间上是不平衡的。季节性企业在备料时需要较多资金，产品出售时就可以收回这些资金；非季节性企业，在产品大量出售时资金充裕，在储备增大时需要资金较多。由财政拨付经费的机关、团体、事业单位、财政集中把经费拨来，然后逐步使用，在经费拨来而未使用之前形成暂时空闲资金。个人收支也一般先通过工资、分红等渠道集中收入，然后逐步分散支出，能在手中形成暂时闲置货币，等等。于是就出现了在同一时间，一些单位和个人急需补充资金，而另一些单位和个人却有多余资金和货币的现象，客观上需要进行资金调剂。由谁来调剂呢？财政分配资金的基本特点是无偿还性，收入的资金不再偿还，拨付的资金除拨款改贷款部分外其余也不再收回，无法对资金的暂时余缺进行调剂。而银行可以用吸收存款的办法把这些闲散资金集中起来，再按照国家发展经济的需要贷放出去，不改变资金所有者对资金的所有权，只暂时集中和分配资金的使用权，使这部分资金充分得到使用。

银行调剂出来的资金有没有物资基础？答复是只要不存在信用膨胀，原来社会上存在的资金有物资基础，经银行调剂出的资金也就有物资基础。因为既然原来的资金有物资基础，在这些资金中闲置出一部分，说明对应的物资也有一部分闲置了，把这些闲置资金集中起来，贷放出去，也就相应地把对应的闲置物资动员了起来，并使用于经济建设。即使存在通货膨胀和物价上涨的现象，也由于货币是平均贬值的，所以，银行调剂出去的资金，代表着扣减贬值部分后相应的物资是毫无问题的。

银行信贷不仅可以挖掘社会资金潜力，增大建设资金力量，而且能够促进企业改善经营管理，提高资金使用效益。因为银行贷款必须归还并要计算利息，到期不能归还就要加收利息。企业向银行贷款多、贷款期限长，就债务负担重，利息开支大，如要减轻利息负担，必须在增加生产和扩大商品流转的同时，尽可能减少向银行贷款。而企业的资金是一个整体，银行贷款同企业自有资金、其他资金有机地联系着，要减少银行贷款，就必须全面改善经营管理，加速资金周转。

（二）发行货币，组织结算，促进商品经济顺畅运行。社会主义市场经济的特征，是企业的产品必须通过市场进行等价交换，生产要素也要基本上通过市场配置，整个经济的运转必须通过货币媒介。金融系统中的中央银行，把发行货币，调节货币流通，向社会提供一个稳定的货币市场，促进经济顺畅运转，作为主要任务之一。

银行还为社会组织办理货币结算。在商品交换中，购买者向售卖者交付货款和其它货币收付的行为，叫做货币结算。货币结算分为现金结算和转收结算。现金结算就是购销双方直接用现金进行的收付；转帐结算是由银行把资金从付款单位帐户划转收款单位存款帐户。目前我国国有企业、机关、团体、部队等单位之间的大额货币收付，一般通过银行进行转帐结算，个人收付和单位零星收付使用现金。

人们知道，商品周转越快，流通时间越短，资金的生产效率和价值增殖就越大。反过来，流通时间越长，资金的生产效率和价值增殖就会越小。没有银行的转帐结算，商品交换和经济往来不可能顺利发展。

在广泛开展转帐结算业务的同时，银行还可利用自已的信用地位、存款帐户和现代化设备，为顾客开展其它金融服务。例如，信托业务，代收、代缴某些费用；代保管贵重物品等等。

（三）迅速反映国民经济运转情况，为国家进行宏观经济决策提供依据。我国所有的企业、事业、其它经济单位，在银行开立了存款帐户，大额货币收付均通过银行。多数企业都同银行保持借贷关系，其部分固定资金和大部分流动资金来源于银行。绝大部分居民在银行有储蓄存款。银行存、放款数额的变化，反映着国民经济运转情况。例如，银行贷款余额增加过快，一般反映产品销售不畅，可能出现经济发展过热现象。再如储蓄存款出现下降现象，或者说明股票、债券、集资等的发行额增加过快，固定资产投资过大，经济发展趋于过热；或者说明商品市场有所动荡，许多商品缺乏，人们持币待购。抓住信贷资金变化表现出的苗头，深入进行研究分析，就能及时，准确地掌握国民经济的发展状况，作出正确的宏观经济决策。

（四）灵活运用手中掌握的经济杠杆，参与宏观经济调控。大家都知道，在有计划商品经济时期，银行在宏观经济调控方面已发挥了很大的作用。建立社会主义市场经济，中央银行在宏观经济调控中的任务进一步加重。市场经济是以平等竞争和等价交换为特征的。商品交换必然通过货币媒介。首先表现为商品同货币的交换。银行通过增加和减少贷款、扩大和收缩货币供应,能最有效地进行宏观经济调控。银行贷款和货币供应量收缩,生产、建设和市场规模自然收缩,银行贷款和货币供应量增加,生产、建设、市场规模就扩大。因此,准确掌握经济发展变化情况,及时、正确作出宏观经济决策,并采取相应的银行贷款和货币措施,结合其他经济措施,就能防止通货膨胀,保证经济正常运转。

三、我国的金融业还需要深化改革

1979年以来,在经济体制改革过程,我国对金融体制也进行了巨大的改革,金融业已出现了崭新的面貌。然而我国金融业目前的状况仍不能适应建立社会主义市场经济的需要,还必须进一步实行改革。

第一,在条件具备之后,成立一家或两家政策性银行,专办政府需要直接控制的银行业务。政策性银行的任务,除办理现由几家国有大银行承担的不能考虑盈亏和必须由政府直接控制的银行业务外,还应办理现由人民银行办理的一些一般银行业务和由财政部门经营的一部分信用业务。以便使我国人民银行摆脱各项具体业务,成为规范和超脱的中央银行;各国有大银行不再办理由政府直接控制的业务,整个金融系统的企业化程度提高,尽快走上市场,迈向现代化。同时,使政府需要直接控制和不能考虑盈亏的一些银行业务,例如主要农副产品收购贷款;某些社会效益很大,自身效益不大,甚至可能亏损的企业贷款,有了专门银行办理,能办得更好。

在成立政策性银行的同时,为了推动竞争,促进国有大银行尽快转换经营机制,增强我国金融机构的活力,还可考虑再适量增建股份制银行,使城市、农村、外汇等金融领域,均有势均力敌的竞争对手。要用增设金融机构和实行调节税或调节利率等办法,消除银行机构的垄断利润,使股份制银行规范化,有条件的银行股票进入二级上市。

第二,进一步开放和规范金融市场。在国有大银行走上市场之后。我国除政策性银行经营的业务外,整个金融业务活动就都进入了市场,按照市场原则和价值规律运转,同时应扩大和规范股票的交易。现在股票市场存在不少问题需要尽快加以解决,而其中重要的一点,是要研究,制定合理评定原始股票价格的办法,使购买原始股票者在正常情况下,可以得到高于银行存款利息,但又高得不算很多的股息收入。要进一步发展企业债券,国家债券、金融债券等其它有价证券。合理增大直接融资在总融资额中的比重。扩大和完善有价证券的二级市场,在上市股票增到一定数量之后,要考虑再适当增加几家证券交易所。

第三,把部分银行贷款改为银行投资。目前,在几家国有大银行的贷款中,有不小的一部分是根本无法收回的。这些无法收回的贷款,有的是坏帐、烂帐,它的物资保证已不存在,有的是企业最低需要的资金,本应由自有资金充任,因无自有资金才用银行贷款抵补,只要企业存在,这部分资金必须占用,就不能归还银行。

这部分根本无法归还的贷款,既是企业的包袱,也是银行的包袱,国有企业对这部分贷款,不但承担着归还银行的义务,而且必须支付利息。背着这一个包袱,很难同那些很少债务负担的私营企业、个体经济、外资企业竞争。从国有银行来说,在贷款中有这样大的部分根本收不回来,面临冲销的可能,自然也是一个包袱,也不能平等地同其他金融机构竞争。

可考虑采用以下办法解决这一问题:

1. 已决定转变为股份制的国有企业,把这部分贷款转换为银行向企业的投资,即把相应借款凭证改变为股票,银行由债权人转变为股东,参与对企业的管理和监督。

2. 对现在尚无条件,将来有可能改行股份制的企业,可把这部分贷款转变为可转换债券,即先转变为企业债券,将来实行股份制时再转变为股票。

3. 对不可能实行股份制的企业,转换为低息、分段偿还的长期企业债券,由企业每年从利润留成中抽出一部分资金,或采取其他办法筹集资金,逐步归还。

4. 对于借款人已不存在,或无人负责归还的贷款,应该核实数额,干脆由银行报损。

第四,在条件成熟之后,放开汇价。建立社会主义市场经济,进一步扩大对外经济往来,需要积极创造条件,尽快把汇价放开。这不仅因为外汇也是一种商品,需要上市交换,而且还因为这样做能使我国的对外经济交流更加畅通。不准人民币流出国外的规定已经取消,国家已允许人民币有限度地流出国外,今后应创造条件扩大或取消限度。

第五,要进一步改善银行的宏观经济调控机制。要由现在的主要依靠指令性计划调控,逐步过度到基本上使用经济办法进行调控。在实现上述各项改革措施,中央银行和政策性银行之外的各种金融机构,都把增加利润收入作为业务活动的首要目标之后,用经济手段进行调控,比用行政手段进行调控更加有力。即真正能做到宏观有效控制,微观越来越活。

这样,我国金融业在经济发展中的作用,就能得到充分发挥,我国的国民经济也就可能持续地更加迅速地发展。

(作者系中国人民银行金融研究所名誉所长)

技术进步与第三产业发展

李京文

一、技术进步是第三产业形成和发展的基本原因

技术进步是指技术在实现某种目标方面的变动与发展，它包括劳动手段的变革，生产方法的改进，劳动者生产技能的提高和技术知识的丰富，以及经济、社会组织与管理技术的改进与提高。科学技术是第一生产力，是推动经济发展的基本动力。在现代人类历史上，发生过三次技术革命，第一次是以蒸汽机的发明应用为代表，第二次是以电机的发明应用为代表，第三次是以电子计算机、自动化、原子能的发明、应用为代表。这几次大的技术进步，促进了经济迅速增长和产业结构的巨大变化也包括对第三产业的重大影响。现在，人类又处于一次新的技术革命初期，未来的科学技术将比过去任何时侯给人类的物质文明与幸福更多更大，对第三产业发展的影响也会愈来愈明显。

技术进步与第三产业的发展之间存在着互相促进、互相制约的紧密联系。

首先，只有技术进步到一定程度，第三产业才可能形成。人类的经济活动经历了3个阶段，在这3个阶段中，农业、工业和（广义）服务业依次兴旺发达起来，并相应地成为这个阶段的主要产业，因而人们就把它们称为第一次产业，第二次产业和第三次产业。最先提出三次产业分类法的经济学家之一的克拉克曾经指出，随着经济的发展，即随着人均国民收入的增加，劳动力先从第一次产业向第二次产业转移，进而从第二次产业向第三次产业转移，即所谓配第——克拉克定律。历史经验证明，三次产业的依次出现和重点转移以及各次产业内部各个阶段的依次递进，都与科学技术的发展密切相关。例如，在人类社会发展的第一阶段，农业是最重要的产业，在旧石器时代，人们使用的是粗糙石器工具和木棒，只能以采集和渔猎为主获得食物；到了中石器时代，由于弓箭的出现使狩猎经济进一步得到发展；在新石器时代，则以磨光石器为主要生产工具。正是由于生产工具的变革和人们对植物生长规律的逐渐认识并培育出一些原始作物，使农业成为维系人类生存和经济发展的基础产业。随着从青铜器到铁器工具的出现，农业劳动生产率逐步提高，有了农业剩余产品，这就出现了手工业从农业中的分离，产生了最初的工业。18世纪在美国爆发的产业革命，以发明机械和动力的形式带动了经济社会的变化，使社会发展进入第二阶段。在19世纪，美、法、德、日等国家先后完成了工业革命，其基本工业部门中机器生产和工厂制度占据了优势，并为全社会的就业和投资提供了广泛的机会，成为社会经济的主导产业。人类发展的第三阶段，是以贸易、交通、通讯、教育、科研、保健、旅游、娱乐、文化艺术、饮食等服务性行业，即第三产业的迅速发展为特征的经济发展阶段。对一些工业发达国家来说，这一阶段开始于20世纪上中叶。在这阶段里，虽然许多国家仍在继续实现工业化，但第三产业的各行业都在迅速兴起，整个国民经济逐渐进入“软化”阶段。这个变化的发生，也是科学技术和社会生产力高度发达的结果。因为任何新产业的出现和形成，其前提条件都是科技水平和社会生产发展到出现剩余产品的出现。只有当科技进步促进了生产效率提高，使剩余产品（指某一类产品的供给量超过其生产者需要的差额部分，通过无偿供给或有偿交换而进入消费领域）从无到有，从少到多的时侯，才为第三产业的形成从生活资料和生产要素上提供了可能性。其次，技术进步是促使第三产业作为独立行业发展的基本条件。因为，只有依靠技术进步，第三产业的服务（广义的服务）效率才可能高于原来由第一或第二产业兼营时的水平，第三产业也才有可能作为独立的产业而形成和发展。因为，即使社会生产力能够提供大量剩余产品以支撑第三产业的发展，第三产业也不一定就形成，这些服务性工作可以由附属于第一、二产业的单位或人员来承担或兼任，如工、农业企业兼营商业活动，自产自销，自产自运。只有当第三产业的各行业独立化可使服务效

率提高，这些行业才可能专业化和形成。而这就要依靠科学技术水平的提高。例如，以专用的运输工具和技术熟练的运输人员进行的专业运输服务，大大提高了运输效率，降低运输成本，因而专业运输业较早地就开始形成和迅速发展。

二、第三产业的形成和发展是促使技术不断进步的强大力量。

技术进步促进了第三产业的发展，反过来，它的发展又为科学技术创造出大量新需求，从而促进它的迅速进步。考察技术进步和生产力发展的历史，就会发现，技术推力和需求拉力始终交叉作用。一方面科技进步促进了产业结构的变动；另一方面旧产业的变化和新产业的形成，又对科学技术提出了新的需求，成为技术进步新的动力。一种新技术的出现，无论从科学技术角度有多么先进，但如果不为生产和生活所需要，它就难以被实际应用和推广。在人均收入较高水平的阶段，人们在满足对维持基本生活的物质产品需求之后，对精神生活、生活质量和生活环境的要求大大提高，人们的需求具有明显的多样性和多变性。在这个阶段，除了在生产方式上会出现多品种、小批量的要求外，还要求加强产前产后服务，要求加强属于第三产业的第一个层次——流通部门的各个行业，包括商业，交通运输业、通讯业、仓储业等。不仅要增加它们的数量，而且要大大提高它们的服务质量，这就大大促进了这些产业的技术发展。同时，为了提高生产和生活质量，提高人们的素质，更好地满足人们的精神需求，就先后发展和加强了第三产业的第二层次产业，即为生产和生活服务的产业（如城市公用事业、居民服务业、旅游业、金融业、技术服务业、咨询信息业、房地产业等）、第三层次的产业，即为提高科学文化水平和居民素质服务的部门（如文化事业、教育事业、科研事业、医疗卫生业、体育业等）和第四层次上的第三产业，即为社会公共需要服务的部门（如国家机关、军队等）。这一大批产业、行业、部门的形成与发展，对科学技术提出了巨大而复杂的需求，有力地促进了科学技术的发展。例如，在现代社会中，由于人们对健康水平的关注较以往空前提高，也由于一些经济发达国家的人口老龄化程度严重，这就大大增强了对医疗服务的需求，促进了医疗事业的发展和医疗技术的提高。在90年代初，美国投入卫生保健的资金已超过国民生产总值的12%，新的医学技术已经使美国的医学发生革命性的变化，医学技术已经包含许多不同的科学领域，利用了计算机、纤维光学、材料科学、电子学、激光、声谱学和其它科技领域的成就。医学产品已经包括：新型诊断成像设备，能够提供骨骼器官、组织和神经活动的精确图像；移植器械如心脏起搏器、电震发生器、人工心脏瓣膜、脊椎替代物等；以及代替传统外科手术的新的非伤害性医疗技术，如利用震动波粉碎肾结石。这一系列高新技术的发展都是在第三产业发展与需求的背景下实现的。

三、依靠技术进步，加速第三产业发展

90年代是我国实现工业化的关键年代。在走向21世纪的今后7、8年里，我国的经济发展既要努力保持持续稳定和高速的势头，又要不断提高生产和生活的质量。在产业结构升级中，第二产业继续迅速发展的同时，第三产业将加快发展，逐渐提高其在国民经济中的比重。根据我们用计量经济模型结合定性分析进行的预测，90年代我国的经济增长率（GNP增长率）将达8—9%，其中第二产业增加值的年均增长率为8.5—10%，第三产业的年均增长率为11—12%。第三产业在国民经济中的比重将由1992年的27%上升到2000年的35—38%。

要加快发展第三产业，除了坚持改革开放外，必须紧紧依靠技术进步。

（一）要在第三产业中广泛开发、应用各种新技术。

第三产业同其他产业一样，其发展的基础主要是投资、技术、市场与政策。市场和政策都主要靠坚定不移地推进社会主义市场经济体制的建立与发展；投资的扩大既靠改革旧的投资体制，多渠道集资，又靠扩大开放，更多地引进外资。有了一定的投资和较好的政策环境后，第三产业的发展主要靠采用先进技术，包括“硬技术”和“软技术”。技术进步能够使第三产业的企业具有更强的适应市场的能力，并使资金的使用效率大大提高，使这些企业得到更快的发展。依靠技术进步来发展第三产业，就不会发生以第一产业和第二产业萎缩的代价来加快第三产业的发展，相反，第三产业的发展会保证和促进第一、二产业和国民经济的新高涨。

例如，属于第三产业第一层次的交通运输业，是当前制约我国经济发展的“瓶颈”产业，交通运输是经济活动的动脉和先行，它在各国经济发展中的重要性都很突出。还在19世纪，英国经济获得的利润，有3/4以上是来自人和物资的运输，以及由于水、电、光热、通讯费用等的低廉化所得到的间接成果。目前我国的情况和当时的英国颇为相似，交通运输以及通讯、水、电供应等基础设施对整个国民经济的发展起着决定性作用。因此，加强交通运输和通讯、仓储等直接为生产和流通服务的第三产业，是90年代我国经济持续稳定高速增长的基础和重要内容。

交通运输问题乍看起来主要是增加线路和设备投资问题，但要提高交通运输的投资效率和运营效率，提高运输的经济性和安全性，必须依靠科技进步。这里包括：铁路、公路、港口、机场设施的现代化和高效化；

机车、车辆、汽车、船舶、飞机等运输工具的经济、高速和现代化；发展运输安全技术；把我国交通运输业转移到以现代化基础设施和装备为基础，并采用现代化管理方法的轨道上来。具体来讲，铁路要逐步实现牵引动力电气化、内燃化、轨道结构重型化、运营管理现代化、运输过程控制自动化、养路、施工、装卸、修车作业机械化。重载运输技术得到推广，建设和发展高速铁路。公路运输，要建立以高速化、高效化和车辆大型化、专用化为技术特点的公路交通体系，实现管理、设计、施工、养护和运输服务现代化。水运要逐步实现装备和管理现代化，装卸、施工作业机械化，建成一支技术先进，具有国际竞争力的远洋船队，并大幅度提高国内船舶的平均吨位和运输效率。民航要瞄准国际先进技术水平，采用国际标准，强化技术引进和吸收；提高飞机利用率、劳动生产率和安全可靠性等。

总之，研制、引进、吸收、开发和广泛应用先进技术，是大力发展交通运输和其他第三产业的基本途径。

（二）增加“软技术”的投入

第三产业的加快发展，是同科技进步、产业结构“软化”和“经济服务化”程度提高密切相关的。

随着技术水平的不断提高，在物质产品生产的投入中，除资金，劳动和中间投入外，软技术的投入不断增加，这些技术诸如信息处理技术、组织管理技术、质量管理技术、预测决策技术、资源优化配置技术和信息服务、咨询服务等等，都在生产中发挥越来越大的作用。这些投入的增加，不仅能够有效地提高产品数量和质量，而且可以使资源配置和生产行为更好更快地适应市场需要和社会经济、环境条件，取得更好的经济效益和社会效果。与此同时，也促进了，“软产业”的产生与迅速发展。所谓“软产业”是指用“无形的科学技术，生产“无形产品”的那些产业，如信息业、咨询业、软件产业、知识产业以及各种服务产业等，实际上就是第三产业的第二、三个层次的产业。这些产业的崛起和发展，将使产业结构“软化”和升级，国民经济发展将建立在决策科学化、管理现代化、运行合理化的基础之上。

（三）知识和教育、医疗等事业将越来越受到重视

第三产业的第三个层次是为提高科学文化水平和居民素质服务的部门，包括教育事业、医疗卫生事业、文化服务事业、科学研究事业、体育事业等。这些事业虽然早就存在，但其迅速发展则是工业高度发达，即向“后工业化社会”迈进的发展阶段里的事。在这个阶段里，理论知识日益成为创新的源泉和社会发展决策的依据。工业社会的特征是大量生产商品，在生产中要协调人和机器的关系；后工业社会则是围绕知识，为了创新和变革，实施社会控制和指导而组织起来的社会。而且，在后工业社会里，知识本身的特征也产生了变化，理论知识占据主导地位，其重要性超过了经验，知识被编码成抽象的符号系统，使之能用以描述迥然不同的经验。因此，美国经济学家丹尼尔·贝尔认为，理论和知识正日益成为社会的战略资源即轴心原则，而学校、研究所和智力部门正日益成为新型社会的“轴心机构”。世界各国在未来激烈的国际技术经济竞争中的胜负，在很大程度上取决于现在为未来培养人才的教育状况。这几年美国社会在检讨其经济竞争能力落后于日本的原因时，普遍认为在于美国教育的弱点，因而里根、克林顿都提出了加强教育的措施。日本在1960年制订的“日本科学技术10年规划”中把科技人才的培养和使用政策列为科技政策的第一项。除了要培养高质量专业人才外，还必须提高全民族的素质，培养大量有文化、肯钻研、守纪律的工人。这些要求在我国也是同样适用的，而这一切又都有赖于教育事业的发展和改革。

医药卫生技术和事业也将有一个大发展。因为，随着经济、社会的不断发展，人类对自身的认识、对生命价值越来越重视，对健康素质水平的要求也越来越高。健康概念不仅是指免除疾病而言，还包括遗传素质和身心完美的发展。一些发达国家都不惜付出巨额资金和巨大代价。集中大批优秀人才在有关领域开展广泛而深入的研究，并把科研重点逐渐转移到生命科学方面来，这就大大促进了医学科学的发展。在我国，虽然具有祖国医药学宝库等优势，但在医药科学技术和医疗卫生事业方面，与发达国家相比还是有较大差距的，在控制人口增长，提高人口素质和健康水平，防治重大疾病，延长老人寿命等方面的任务都很艰巨。要缩小差距，解决上述问题，都必须重视、加速科技进步。

总之，我国的第三产业必须有一个大的发展，这既要靠改革开放，也要靠技术进步。技术进步将提高第一、二产业的效率，以提供更多的资金、产品和人才来支持第三产业的发展。技术进步将为第三产业供给愈来愈多的新技术，使第三产业的效率显著提高，以较少的投入获得较快的发展。技术进步还将使国民经济产业结构“软化”，软投入和软因素比重愈来愈高，“软产业”的地位越来越重要。在技术进步促进第三产业发展的过程中，对科学技术将提出愈来愈多的新课题新任务，并为科学技术发展提供愈来愈多的优秀人才，从而加速技术进步，为整个国民经济的高速高效发展开辟广阔的前景。

（作者系中国社会科学院技术经济研究所所长）

关于加快我国第三产业发展的若干思考

王　建

整个80年代，我国第三产业发展年均增长速度比GNP增长速度快1.7个百分点，为10.7%。10年中第三产业产值增加额占同期全部GNP增加额的30%，是支撑我国80年代实现经济高增长的重要动力。但是近3年来，第三产业产值的增长速度明显下降，1989—1991年平均为4.4%，比同期GNP增长速度低1个多百分点。为什么会出现这种现象呢？

产业发展理论认为，如果一个产业获得了比较快的发展，则该产业部门必然存在着相对于其他产业部门更好的比较生产条件。比较生产条件为某部门产值占总产值比重与某部门劳动力占全部劳动力比重。一般来说，比较生产条件大于1的部门，总是能获得较快的发展速度。日本在70年代第三产业高速发展时期，比较生产条件始终在"1"左右。台湾1970年第三产业比较生产条件为0.78，到第三产业高速发展时期的1986年不过为1.4。我国1990年为1.5，说明第三产业的比较生产条件并不比他们差，甚至更好，然而却出现了停滞势头。问题显然并不在于发展第三产业的利益刺激不足，当然我们还可以追溯到原有体制中不重视服务业发展，过度偏重于追求工业速度的传统意识对各级领导的影响，但也必须承认，这种意识在经历10年改革后，已不具备过去那样强大的统治力量。所以，导致第三产业出现停滞、徘徊势头，必定还有其他一些更为深刻的原因。这些原因我认为主要有两个：

1. 我国产业结构特殊性的影响。

据1990年世界银行统计，1989年世界低收入国家农业、工业、服务业的产值占GNP的比重，平均为33%、28%和39%，而我国则分别为32%、48%和20%。这表明，我国农业比重与低收入国家平均值十分接近，而工业之高和服务业之低是绝无仅有的。

我国第三产业不仅产值比重显著偏低，劳动力比重与一般国家比较相差更大。用我们目前的数据与日本的60年代、台湾的70年代数据比较，当人均收入水平大体相近时，我们第三产业产值比重约比他们低50%，劳动力比重则相差一倍。

为什么我国产业结构与世界其他国家相比会如此特殊？这是由我国改革前30年特殊的发展道路决定的。各国工业化的一般规律是先发展轻工业，再发展重工业，我国则由于新中国成立以来长期受到外部的军事威胁，不得不优先发展以巩固国防为目的的重工业。这样，经过长期建设，就培育出了一个第二产业比重远高于各国水平的特殊产业结构。

在人均收入水平很低的基础上发展资金密集程度很高的重工业，国家必然要一方面在城乡收入分配中实行强制积累，一方面严格控制农村剩余人口向城市转移。所以我国产业结构特殊发展过程的另一个方面，就是农村人口和农业劳动力比重长期过于宠大。而这一特点，正是决定我国第三产业比重不可能很高的内在原因。

国际经验表明，任何国家在工业化过程中随着人均收入水平的提高，都存在农村人口占总人口比重不断下降，第三产业产值占总产出的比重则不断上升的趋势。这是因为农村人口的人均收入水平一般都很低，又有相当大的一部分是自给性消费，不需要经过市场，所以，当农村人口居于主体地位时，一个国家的服务产业必须不会有很高的发展。然而随着工业化的发展，大量人口进入城市，居民消费水平相应提高，而且城市居民消费的产品和劳务，基本上都要以商品形式取得，由此带动了第三产业的发展。所以，农村人口比重下降和服务产业比重上升，是工业化过程中不可分离的两个方面。

与我们大体处于相同的发展阶段，日本60年代和台湾70年代，农村人口比重和第三产业比重都在40%左右，而我国1990年农村人口比重仍高达73.6%，第三产业比重同年为27.2%，说明我国第三产业发展程度过低，的确与过高的农村人口比重直接相关。因此，与其它国家相比，我国第三产业比重显著偏低却又发展迟缓，这主要并非是政策问题，而是特殊的国情决定了特殊的结构。

我国第三产业劳动力比重相对于产值比重更低这一事实，从另一个角度说明了特殊产业结构对第三产业发展的不利影响，低收入国家第三产业发展的内部特征，是以围绕居民生活展开的服务产业为主，这类产业一般劳动密集度相对要大得多。以单位产值容纳的劳动力为观察指标，我国目前每万元服务业收入，饮食业可容纳10人，零售商业为3人，运输、邮电业为0.6人，金融保险业只有0.1人。由于我国农村人口庞大，居民消费的自给性比重很高，所以服务产业中入门最容易的这部分产业恰恰是最难充分发展的，例如，国外一般情况，商业在GNP中所占的比重为15%，我国目前只占到5%。相应地，我国人均产值较高的服务产业门类却占有较高的比重。这种内部结构，必然会压低第三产业的劳动力比重。这也正是我国第三产业虽然比较生产条件高于其它国家，而发展却最不充分的内在原因。

特殊产业结构在多大程度上抑制了第三产业发展。我们可以作一个粗略的推算，按农村人口比重比日本和台湾同一发展阶段时期高出30%，农村人口自给性消费率估计为40%计算，我国目前居民消费中的自给性部分比日本和台湾当时的水平高出12个百分点。日本和台湾当时消费占GNP的比重在65—70%之间，第三产业比重在40—45%之间，即大约每单位消费需要0.6单位的第三产业产出支持。按此推算，由于我国居民自给性消费比一般水平高出12个百分点，所以我国第三产业发展由此受到7个百分点比重的限制。也可以理解为，如果没有特殊结构因素，我国第三产业比重应达到34%左右，这就与低收入国家的一般水平相差不远了。

2. 我国体制特殊性的影响。

改革前30年，我国始终采取传统社会主义的经济管理体制。这种体制的基本特征是产品经济，体现在产业和企业组织结构方面，就是各个产业门类都相对封闭，专业化分工与协作很不发达，企业不论规模大小，都是“大而全”、“小而全”的全能厂，零配件的自制率很高，大部分生产性服务也在企业内部进行。以汽车工业为例，日本的汽车厂零部件生产主要依靠协作厂，自制率只有20—30%，而我国的汽车厂如“一汽”，自制率高达60—70%。“一汽”在一线的生产工人有1万人，而在二线从事生产性服务和其它生活服务的超过4万人。这种情况在我国企业中是普遍存在的，改革以来情况虽有好转，但尚未能从根本上转变。由于条块分割的体制格局不仅没有被打破，反而有所强化，地方和部门都仍在追求自成体系的建设，产业体系封闭化、企业生产全能化的格局反而在一些重要的产业领域和地区有所发展。

第三产业的发展，归根到底是生产的社会化、专业化和市场交换高度发展的结果。社会化的分工与协作不发达，企业的大部分生产活动都在内部进行，产品零部件的外购率很低，围绕生产过程展开的生产性服务业如销售、广告、仓储、运输、咨询、法律、金融等社会化服务就发展不起来。另一方面，目前许多生产性服务虽然没有社会化，但却是生产过程所必须的，如销售、仓储、运输等。这些活动在企业内部发生，因而计入了企业的生产总值，而不能反映为服务业产值。所以可以说，由于我国体制的特殊性，我国有相当本应属于第三产业的产值，是隐含在第二产业当中。随着体制改革的深入和专业分工与协作的发展，以及市场体系的深化，大量企业内部的生产性服务将来走向社会化，第三产业产值将有所增加，第二产业产值则相应减少。社会化的专业分工与协作发展起来后，企业产品的自制水平也会大大降低，许多过去只在企业内部生产的产品，将变成企业之间交换的商品，从而引起生产资料市场的扩大，这也将成为带动生产性服务业发展的强大动力。

传统产品经济的又一个显著特征是，大量的职工生活消费和服务，不是采取商品经济形式，而是采取产品经济的福利形式分配给职工。在生活消费方面，最突出的例子是住宅，它不是作为商品而是职工所享受的一种福利待遇。因此，一方面住宅投资被打入企业生产成本，变成了工业产值，另一方面冲减了职工的工资收入，抑制了房地产业服务的增长。此外，城市改革起步以来，企业滥发实物的现象十分普遍。由于政府机构职工收入偏低所导致的“大院经济”，也在某种程度上助长了实物消费势头，抑制了正常商品渠道的扩展。

在生活服务方面，非商品化消费的倾向更为明显。教育、医疗、养老等支出都由国家包下来，在交通、邮电、保育、娱乐方面，国家又给予广泛的补贴，这样就大大压缩了职工在非商品消费上面的开支。同时，大量医疗，养老保险和部分教育服务在企业内部进行，实际上也夸大了第二产业产值，缩小了第三产业产值。这种情况，与大量生产性服务隐含在第二产业内部的情况是一致的。

由于城市居民消费中的产品化、福利化特征，使我国城市居民的消费支出结构与一般规律比较有显著差别。例如，大体处在同一发展阶段时的非商品开支所占比重，1960年日本为34%，1970年台湾为25%，1975年泰国为19%。我国目前只有10%而且提高速度十分缓慢，与80年代初相比，只提高了不到2个百分点。这说明虽然历经了13年改革，而职工消费领域中的传统体制仍未能从根本上触动。由于非商品消费与服务业发展有着最直接、最紧密的联系，职工非商品消费开支长期过低，不能不是我国第三产业发展缓慢的内在原因之一。

究竟有多少生产性和生活性服务业隐含在第二产业内部，由于数据不全，难以准确量化。若估算我国目前仍有60%的企业为全能厂，产品自制率比国外一般30%的水平高一倍，第二产业与第三产业的发展比例按日本、台湾同等人均收入水平时的1：0.8左右计算，则隐含在第二产业内部的服务业产值约相当于占GNP6—7个百分点。

这6—7个百分点，与上面所说的特殊产业结构影响的7个百分点不同，结构影响是源于存在大量农村人口自给性消费，所以是没有发生的服务业产值。而体制特殊性所影响的服务业产值，由于已在第二产业内部发生，只是受体制影响而统计口径不同，所以我们有理由认为，我国目前第三产业的实际比重为33%左右。第二产业比重相应要下降到37%左右，这个概念很不精确，但得出这个概念十分重要。因为目前许多同志担心我国第二产业的比重已经过大，第三产业则严重发展不足。由于许多重要的物质资源短缺，还把加快发展的很大希望放到消耗资源较少的第三产业上。如果第三产业比重已经在30%以上，距国外一般水平虽然有较大差距，但并不是十分巨大。同时，改革以来第二产业的高速增长中，有相当一部分是隐含其中的服务业产值。因此我们既不应对第三产业所担负的加快发展任务寄予过高期望，也不用对第二产业的急剧扩张予以过分担忧，从而把国民经济的长期发展规划放到更加科学的基础上。

前面的分析表明，导致我国第三产业比重显著偏低却又徘徊不前的原因，是特殊的战略和特殊的体制，而不是第三产业的比较利益偏低。所以，仅靠继续增加对第三产业的各种优惠政策，是难以从根本上解决发展动力的。我们也不应该把我国的第三产业比重与一般国家相比，甚至与发达国家60—70%的比重状况相比，来说明我国发展第三产业还有多大的潜力，由此而对第三产业的发展寄予过大希望，置我国的特殊国情于不顾。只有在认识规律、把握规律的基础上，实事求是地作好规划，制定出确实具有针对性的政策，才有可能促使我国第三产业发展登上新台阶。

（一）到本世纪末或下世纪初，第三产业占GNP比重的战略目标。我国第三产业比重若考虑到隐含在第二产业内的部分，可能已达33%，再考虑到由于人口结构的特殊情况而减少了对第三产业相当于占GNP7个百分点的需求，按与国外可比条件计算的第三产业的比重已有40%，已达目前低收入国家的平均水平。这是否意味着我国第三产业比重已无提高必要了呢？还不能这样看。由于我国产业结构的特殊性，用发展中国家的一般水平衡量是不合适的。我国产业结构的特殊性在于二次产业所占的比重特别大，即使剔除隐含在内的服务业，仍比一般低收入国家二次产业的平均水平高出近10个百分点。这一结构特征更类似于中等收入国家，而中等收入国家的第三产业比重平均为50%。他们的第三产业比重高，原因正如前面已经讲过的，是由于工业化进程深入，产业间的联系更紧密，分工更细致，专业化协作程度更高。我国经过40年的工业化建设，工业规模在一定程度上实际已具备中等收入国家的实力，所以第三产业规模理应比一般低收入国家要高，这才能满足同等工业规模所需要的社会化生产服务。所以，假如我国农村人口与国外一般情况类似，都为40%，则我国第三产业比重占到45%左右可能并不算过高。如果以此为目标，并考虑人口结构因素的实际影响，以及通过深化改革，使第二产业内部的生产性服务进入社会化过程，则在近几年内我国第三产业发展所达到的占GNP比重的目标，应以38%左右为宜。

随着经济的发展和我国产业结构扭曲现象的缓解，农村人口工业化的步伐也会加快，80年代我国GNP年增长率达9%，农村人口比重年均下降0.7个百分点。若90年代经济增长速度进一步加快，农村人口比重年均下降能达1个百分点，则到2005年，我国农村人口比重可降到55%左右，相应要求第三产业比重上升近4个百分点。所以下个世纪初，第三产业的比重目标可以设想为42%。

（二）第三产业内部结构的设想。第三产业内部的大结构，可分成商业，运输、邮电业，金融、保险和房地产业，社会服务业和政府服务这五大项。由于我国GNP分项统计中，只有商业和运输、邮电业数据，所以有些产业只能泛泛而论。

1. 商业。我国商业占GNP的比重目前只有5%多一点，与国外一般水平占到15%左右比差距过大。消费资料商业发展不足，显然是受到农村人口过于庞大的影响；生产资料商业发展不足，则主要在于传统体制所导致的企业封闭发展。大量产品由企业内部自制而不进入流通与交换过程，所以在进一步发展第三产业中，商业部门发展的潜力应当是最大的。一方面将通过农村人口工业化的过程不断扩张消费品流通，一方面将通过改革推动专业化协作的发展，扩张生产资料流通。到本世纪末或下世纪初，商业占GNP的比重从目前的5%提高到10%左右，可能是合适的。

2. 运输、邮电业。美国、日本和原西德在战后40

多年中，运输、通信业在GNP中所占比重长期保持在6—7%之间，台湾自60年代以来的20多年中，更是长期稳定在占6%的水平，看来运输、通信业占GNP比重为6%，是各国工业化过程中的普遍规律。

我国1990年运输、通信业占GNP的比重为5.4%，与国外一般水平比较差距并不大。但是近几年来，交通运输的紧张状况却是有增无减，要求加快发展运输产业的呼声也越来越高。为什么一般规律在我国如此不适用呢？

交通运输业提供的服务是产品的空间位移，交通运输日趋紧张必然反映着产业空间布局中的问题。事实也是如此，自70年代末至80年代初以来，我国产业空间结构变动的一个突出特点，就是东部地区产出的初级资源比重出现了急剧下滑的情况。例如70年代末期，京广线以东地区煤炭产量的比重还为70%，目前已降至40%左右。继煤炭之后，80年代中期，东部地区的石油和主要农产品产量也出现了下降。东部地区初级产品产出的全面下降，意味着西部地区产出比重的全面上升，即资源产出重心在80年代已出现西移趋势。但是我国工业加工中心仍然摆在东部，加工品产出还出现了更加向东部地区集中的趋势，这样就必须从西向东大规模、长距离运输物资，使交通运输紧张状况日益加剧。目前我国每单位产出所需要的货运周转量即货运强度，大约比发达国家高出1倍，所以大体接近的运输、通信业比重，在我国却显出极大的不适应。

即然问题的产生是由于产业空间结构的变化，那么是通过提高交通运输业比重来加以缓解？还是通过调整区域布局加以缓解呢？我认为应该选择后者。我国人均资源拥有量还不到世界人均水平的一半，排名在80位，因此在向现代化迈进过程中，迟早要走上利用国际资源和市场的加工型道路。东部地区人口集中，加工产业庞大，又更靠近国际市场，在资源逐渐耗尽的今天，应当推动其走上外向型道路，西部地区则可以依托资源开发，兴建起一批加工产业。经过这样的产业布局调整，对交通运输业的压力就会大为缓解。所以从长远看，运输、邮电业在GNP中的份额，稳定在6—7%之间可能是比较合适的。运输业的规模，保持与总产出规模同步扩张就可以了，当然，目前交通运输业发展滞后于经济发展的状况也必须改变。

3. 金融保险和房地产业。西方国家在工业化初期，这部分产业占GNP1/10上下，后期一般为1/4。我国由于缺乏资料，这部分产业目前占GNP的比重尚不掌握。我国1990年第三产业中扣除运输、邮电和商业后，包括这部分产业和社会服务业、政府服务在内的其它服务业为16.5%，两相比较，金融、保险和房地产业所占的比重不会有10个百分点。所以可以肯定地说，是发展不足。

保险业和房地产业，目前大部分是隐含在第二产业中，随着推进改革，将从第二产业中独立出来，成为社会化的新兴服务业部门。目前这部分产业已经有了很好的发展势头，金融体制改革和金融市场的发展，也会带来金融业的大发展，从长期发展目标看，这部分产业比重占12%左右可能比较合适。

4. 社会服务业。这部分产业包括医疗、教育、科研、文化娱乐、修理服务和各类家庭服务等。目前我国同样没有这方面的GNP产值统计。西方国家工业化初期，这类产业一般占GNP8%左右，后期上升到14%左右，也属于发展迅速的部门。由于我国农村低收入人口庞大，一些体制因素又把部分本该属于这类产业的服务变成了企业内部的福利待遇，所以发展是很不充分的。从长远看，可以把占GNP8%作为这部分产业的发展目标。

值得一提的是教育产业的发展。我国目前教育产业相对于其它国家很不发达。目前世界低收入国家居民家庭支出中教育费用一般占3%，中等收入国家一般占6.5%，高收入国家一般占10%，而我国目前只占1%。教育产业发展缓慢显然与此有关，而这是与教育支出的福利化制度密切联系的。

另一方面，我们是人口大国，未来十几年又处在人口出生高峰，将有大批人口需要就业，这将使劳动力市场长期受到供过于求的压力。如果能将教育时间拉长两年，比如象德国那样，从小学到高中实行14年教育，就可以显著减少劳动力参与率，既有利于提高人口素质，也有利于缓解劳动力市场压力，这也是把教育发展成大服务产业的有力措施。

5. 政府服务。发达国家工业化前期政府服务占GNP比重一般为6—8%，工业化后期欧美国家一般上升到12—14%，日本要低一些，目前为9%左右。我国目前没有政府服务产值统计。从就业比重看，西方国家政府部门一般为3%左右，我国目前为1.5%，由此推算，再考虑到政府部门普遍工资偏低的因素，目前政府服务可能只占GNP的3%左右。

我国经济长期处于传统体制下，政府用行政命令的方式管理经济。随着市场化改革的深入，政府对经济的管理逐步从直接的行政命令转向间接的经济政策，转向在了解市场、把握市场规律的基础上进行宏观调控，所需的人员相应要增加。发达国家的政府服务随经济发展水平提高而扩大的趋势，就说明了这个问题。所以从长期目标看，政府机构占总劳动力的比重应逐步提高3%左右，达到国外的一般水平，政府服务占GNP的比重以占6%左右为宜。当然，这都要以政府职能的根本性转变为前提。

综上所述，到本世纪末或下世纪初，第三产业内部各项产业所占比重的设想是：商业10%，运输、邮电业6%，金融、保险、房地产业12%，社会服务业8%，政府服务6%，合计为42%。

（三）加快第三产业发展的两项重大战略措施。第一项措施是努力促进农村人口的工业化过程，促进各项农村非农产业的发展。我国第三产业发展严重受阻的原因，在于特殊发展战略所导致的“二元产业结构”。所以不从根本上消除这种“二元结构”，只从政策上给第三产业一些发展优惠，是不可能真正推动第三产业发展的。第三产业不是孤立存在的，而是国民经济积累与消费，生产、流通与分配环节中的一个有机组成部分，所以既不能只从第三产业内部寻找发展停滞的原因，也不能脱离国民经济的大结构孤立地提出第三产业发展要求。只有从国民经济全局着眼，从产业发展间的内在联系出发看某一产业的发展要求，才能把规划落到实处。从这点出发，推动农村人口工业化似乎与发展第三产业离得很远，实际上却是促进第三产业发展的一个根本所在。第二项措施是加快我国体制改革和推动市场发育。传统体制所导致的产业间、区域间和企业内部生产过程的相对封闭，以及生活消费与服务中的福利化制度，阻碍了专业化分工的发展，降低了生产效率，也抑制了对服务业的需求。所以推进改革，打破部门、行业和地区封锁，打破“大而全”、“小而全”的企业组织制度，打破传统的福利消费观念，把教育、医疗、养老、保育等生活消费与服务统统转变为市场化、社会化的服务与消费，将成为加快我国第三产业发展又一项重大措施。

（作者系国家计委经济研究所副所长）

第三产业经济学若干问题的探讨及其启示

李江帆

第三产业经济学是以第三产业的服务产品的生产、交换、分配和消费的经济现象，经济关系和经济规律为研究对象的经济学新学科。① 它通过对第三产业的服务生产、服务流通、服务分配和服务消费“四环节”的经济现象和经济关系的分析，揭示三次产业的共有经济规律在第三产业领域起作用的条件及其特殊表现形式，探讨第三产业的特有经济规律的形成条件、作用形式与特点，并通过对第三产业各分支部门的特殊经济规律的分析，揭示其共同的经济规律及发展趋势。这一研究对象使第三产业经济学在经济科学体系中具有概论经济学（概括和总结第三产业领域各部门经济学)、理论经济学（丰富、补充和应用马克思主义政治经济学)和边缘经济学(经济学体系内外相关学科间的渗透和融合）的地位。开展对第三产业经济学的研究，有利于科学地总结世界各国发展第三产业的共同规律;对我国明确发展第三产业的指导思想,制定发展第三产业的战略和具体对策，具有重要意义;对我国第三产业经济的发展和经济科学的建设，发挥着积极的影响和有益的推动作用。

第三产业经济学的理论体系主要包括非实物产品理论和服务“四环节”理论，也揭示了第三产业的一些特有规律,如第三产业形成规律、第三产业价格变动规律、第三产业供求规律、第三产业比重增大规律、第三产业分配规律和消费规律等。

一、第三产业与服务产品

非实物产品

按照第三产业经济学的理论，人类通过劳动会产生两大类成果：一类是以实物（物品）形式存在的实物劳动成果，它具有静止质量(即处于相对静止状态中可以测定的质量)、一定的体积和不可入性（即不同的实物不能同时占有同一空间)，都由基本粒子构成。第一产业生产的粮食、棉花、茶叶、牲畜等，第二产业生产的钢铁、机械、电器、以及房子、煤气、自来水、电力等，都有这些特性。我们可把它称为实物产品，或货物（goods)。另一类是不采取实物形式的非实物劳动成果。它是无形的，具有一系列非实物属性，如没有静止质量，体积、不由基本粒子构成，具有一定程度的可迭加性（即不同的非实物劳动成果可交织在同一空间)。第三产业的司机、店员、教员、医生、演员、导游、律师、话务员等给人们提供的服务，虽然都是客观实在的，人们也能用自己的感官感知其存在，但它们却是无形的，不能象实物劳动成果那样给人们以可能摸的形体。我们可称之为服务产品，简称服务（services)。在社会生产体系中，第一、二产业主要生产实物产品；第三产业则基本生产服务产品。

服务产品与社会产品

非实物劳动成果之所以被纳入社会产品范畴，其根本原因在于它与实物劳动成果一样，也具有消除相对稀缺，满足人的需要的功能。在消费对象稀缺的条件下，人的需求是人类从事劳动的直接动因。为了满足人类的物质和精神需要，以求生存，繁衍、发展和享受，劳动过程必须提供可以满足物质或精神需要的成果。这一成果就是产品——劳动过程的产物。不管劳动成果采取实物形态，还是非实物形态，只要它能满足人的需要，解除相对稀缺，就说明人类从事劳动的目的已达到，人们也就承认它是产品。而非实物劳动成果，如教育服务、医疗服务、文艺服务、交通服务、旅游服务、信息服务等，事实上都具有满足人多方面需要的功能，并由此与实物劳动成果构成互相补充或互相代换的关系。这样，它们就应理所当然地被包括在社会产品项下。

在现代社会，需求结构逐渐向服务比重增大的方向演变;生产的社会化，专业化分工导致实物生产过程

① 见李江帆：《第三产业经济学》，广东人民出版社1990年版。

的某些阶段独立化及阶段性劳动成果的独立化；科技水平的提高及其应用引起生产过程对“软件”需求增大。这些变化都使得非实物劳动成果在生产结构和消费结构中的地位越来越重要，为人们较透彻地认识非实物劳动成果的产品属性提供了客观条件。因此，当代社会产品范畴必然要突破实物形态的界限，它应是社会在一定时期内创造的能满足需要的实物劳动成果和非实物劳动成果的总和，包括实物产品和服务产品两大类。

社会产品观的更新使产品突破了传统经济学限定的“物质产品”的界限，全面、客观、真实地反映全社会投入与产出的状况，而且丰富了马克思的两大部类理论。因为，按照产品使用价值的用途，服务产品也可以分归第一部类（生产资料部类）和第二部类（生活资料部类）：第一、二产业生产所需的服务产品，如农业科技服务、农业销售服务、工业运输服务、工业信息服务等，以及第三产业本身生产所需的服务产品，如流通部门所需的信息咨询服务，商业部门所需的仓储、维修、货运服务，科教部门所需的电讯、保安、清洁服务等，构成服务形式的生产资料；而用于生活消费的服务产品，如居民生活服务（美容、旅业、家务服务等）、教育服务、卫生服务、文娱康乐服务、客运服务、旅游服务等，构成服务形式的消费品（简称服务消费品）。

至于智力劳动所直接生产的，具有一定思想内容的、用于满足人的精神或智力需要的成果，可称为精神产品。由于精神产品在按产品的形态划分的体系中，或是采取实物形态，或是采取非实物形态，所以可分归实物产品或服务产品项下。其中，一类是以实物形态存在的精神产品，如设计图纸、书刊，报纸、图画、雕塑、唱片、音像磁带、照片、电影拷贝、手稿、讲稿、电脑软件等；另一类是以服务形式存在的精神产品，如咨询服务、演出服务、教学服务等。

综上所述，第三产业生产的产品有：精神型服务产品（或称服务形式的精神产品，如教育、科研、技术、文艺服务等）；非精神型服务产品（如医疗、交通、旅业、商业、通讯等服务）。第一、二产业主要生产非精神型实物产品（工农业产品）。至于精神型实物产品（报刊、音像磁带、唱片等）则是由第二、三产业联合生产的：第三产业生产其精神内容，第二产业生产其实物外壳。

服务产品与使用价值

第三产业生产的服务产品只要不是废品，就具有使用价值——非实物使用价值。这是一种不采取实物形式的，与劳动过程紧密结合在一起的，只能在活动状态中被消费从而满足某种需要的使用价值。而第一、二产业生产的实物产品的使用价值则具有离开生产者和消费者而独立的形式，因而能在生产和消费之间的一段时间内存在，可称为实物使用价值。

非实物使用价值与实物使用价值一样，也有满足人的某种物质或精神需要的功能，这是非实物使用价值的共性。由于某些服务产品的使用价值与实物产品功能相近，故二者在生产消费或生活消费中可以互相替换，具有消费替换性；由于某些服务产品的使用价值与实物产品的相异而有联系，故在消费中可以互相补充，构成互补关系；另一些服务产品与实物产品的使用价值在功能上存在着因果链的联系，只要消费一种使用价值，就会引起以后一系列其他使用价值的消费，因而具有消费引致性，这说明，服务产品的使用价值具有消费替代性，消费互补性和消费引致性的根本原因，在于非实物使用价值具有一切使用价值所具有的共性—可消费性。因此，非实物使用价值是名副其实的使用价值，服务产品是货真价实的社会产品。

与实物产品的使用价值不同的是，服务产品的使用价值具有非实物特性。它是一种在活动形态上提供的，不能离开服务劳动者单独存在的、不采取实物形式的特殊使用价值——非实物使用价值。它具有非实物性（不可触摸），生产、交换和消费的同时性，非贮存性，非移动性，再生产的严格被制约性，劳动产物的必然性，（不可能是没有花费人类劳动的自然产物）。这些是非实物使用价值区别于实物使用价值的重要特性。

由于人们通过经济活动创造财富为的是满足自己多方面的需要，以带来健康、幸福和福利，因此，财富从物质上来看只是需要的多样性，财富是与使用价值等同的东西。在现代社会中，满足各种特殊需要的社会规模的使用价值，日益分为实物使用价值和非实物使用价值两大类，而后者的比重正在上升。使用价值由实物使用价值到非实物使用价值的发展就使财富内容及其概念也在发生着演变，非实物使用价值也是构成社会财富的重要内容。

服务产品与价值

根据上述服务产品和非实物使用价值理论，可以顺理成章地推导出服务产品的价值理论。商品经济中的服务产品具有价值的原因是：(1)生产服务产品耗费的劳动凝结在非实物使用价值上形成价值实体；(2)私人劳动和社会劳动的矛盾使生产服务产品的劳动取得社会形式，从而表现为价值；(3)服务产品与实物产品不能按异质的使用价值量，而只能按其中凝结的同质的抽象劳动量进行交换，从而以价值为尺度决定其交换比例。服务产品的价值量也由社会必要劳动量决定，但创新型服务产品的价值量由最先生产出这种产品所耗费的个别劳动时间决定。由于第三产业的生产率增长慢于第一、二产业，因此，以实物产品为等价形态的服务产品的相对价值量呈增大趋势，非自动化服务的价格增幅将大于工农业产品。

理论启示

对第三产业与服务产品的分析告诉我们，要加深对发展第三产业的必要性和重要性的认识，必须做到“三个克服，三个树立”。一是克服头脑僵化，树立新的价值观。这就是克服将马克思的书当作解决现实问题的灵丹妙药、现成答案，不敢越雷池半步的头脑僵化状态，根据现实经济状况研究新问题，作出新概括，树立服务劳动创造价值，服务产品具有价值的新观念。其实，马克思本人对他的劳动价值论，就没有采取凝固化的态度，而是根据研究对象的具体化，对劳动价值论作过多次补充和发展，指出总体劳动中的脑力劳动和管理劳动、不生产有用物品的运输劳动、生产服务消费品的服务劳动和生产“二项式定理”的科学劳动创造价值。二是克服怀疑态度，树立新的产业观。这就是克服对从西方引进的第三产业概念的怀疑态度，树立三大产业的新产业观。第三产业概念虽是西方经济学家提出的，但它反映的是全人类共有的经济发展趋势，产业兴旺发达和需求层次演变的顺序；第三产业生产的服务产品已成为世界生产体系中比重越来越大的部分。三是克服传统偏见，树立新的财富观。这就是克服我国历史上传统的“重农抑商”，现代的重物质生产，轻服务生产的偏见，树立科学、技术、信息、服务等非实物使用价值是财富的观点。因此，对于过去把第三产业投资视为“非生产性投资”，将服务部门当作“非生产部门”，控制“楼堂馆所”上马等观点应当进行重新认识。

二、第三产业与服务“四环节”

服务“四环节”

根据非实物产品理论，第三产业既然生产出具有使用价值和价值的服务产品，那么，在第三产业以至社会经济领域中，自然也就存在着以服务产品的运动为轴心形成的服务产品的生产、服务产品的流通、服务产品的分配和服务产品的消费，简称服务“四环节”。

传统政治经济学所说的生产、流通、分配和消费，是以实物产品为对象的。物品在生产领域生产出来，被分配给其生产者，投入流通领域进行交换，最后被消费掉。然而，物品的生产、流通、分配和消费并没有囊括社会上所有的生产、流通、分配和消费现象。因为，实物产品只是社会产品的一部分(随着社会的发展，其比重在下降)，在实物产品之外，还有表现为无形产品的服务产品；服务产品不能由自然界恩赐，只能由人类生产，它同样要被分配给社会成员，投入流通领域进行交换，并被人们有目的地消费。因此，在第一、二产业的实物产品的生产、流通、分配和消费之外，还存在着第三产业的生产、流通、分配和消费。这是两类不同对象的“四环节”。前者以实物产品的运动为轴心，后者以服务产品的运动为轴心。在传统的政治经济学理论中，人们只研究了“物质产品”的生产、流通、分配和消费，并以实物产品的运动为准绳划分生产领域、流通领域、分配领域和消费领域，没有认识到其中还交错着服务产品的生产、流通、分配和消费，以及以服务产品的运动为准绳划分的服务产品的生产领域、流通领域、分配领域和消费领域。随着第三产业比重的上升导致的实物产品比重的下降，人们越来越清楚地意识到：上述成说不适应现代社会的实际；长期被忽视的服务产品运动的“四环节”，不仅应被确认，而且应在经济科学中有一席之位，通过第三产业经济学加以系统的探讨。这是发展第三产业，协调第三产业的生产、流通、分配和消费关系不可或缺的重要问题。

特征

第三产业的生产、交换、分配和消费“四环节”，从总体上说具有以下特征：

1. 独立性。第三产业的“四环节”有独立的运动对象——服务产品，独立的运动起点（服务产品的生产）、终点（服务产品的消费）及媒介（服务产品的分配和交换），独立的运动路线、运动系统和运动目的。虽然这“四环节”的存在在一定程度上要以实物产品为条件，但它并非依附于或派生于物品的生产、流通、分配和消费。因为“条件”与“派生”之间不构成因果关系。严格地说，物品的生产、流通、分配和消费在一定程度上也要以服务产品为存在条件。如电视机的生产要以科研服务为条件，其交换要以运输服务、仓储服务和商业服务为条件，其分配要以金融服务为条件，其消费要以维修服务、电视广播服务为条件。但这同样不能成为实物产品的“四环节”派生于服务产品的“四环节”的理由。

2. 非直观性。实物产品的有形性，使第一、二产业的“四环节”具有直观性：实物产品的生产、分配、交换和消费是可以被人们清楚地观察到的。而服务产品的无形性，使第三产业的“四环节”具有非直观性：服务产品的生产简直就象“皇帝的新衣”那样“虚无飘渺”；服务产品的分配和交换也决非如同第一、二产业“一手交钱，一手交货”那样一目了然；服务产品的消费更是因消费对象的非实物性而几乎“痕迹全无”。这正是传统经济学否认服务产品的生产、流通、分配和消费客观存在的认识根源。

3. 时空同一性。第一、二产业的实物产品的生产、流通、分配和消费在时间、空间上往往是不一致的，四个环节各自独立存在，并相继发生。而第三产业的服务产品的生产、分配、交换和消费往往在时间、空间上并存，没有时间继起性和先后次序之分；其起点、终点、媒介点，往往发生在同一地点、同一时刻。例如，理发员提供理发服务的过程，既是理发服务的生产过程，又是顾客消费理发服务的过程，还是理发服务归属理发员的分配过程，以及理发员用理发服务同顾客的货币进行交换的过程。

4. 环节交错性。这是指某些服务产品运动的“四环节”与其他产品（实物产品或另一些服务产品）运动的“四环节”存在着交错现象。由于一些服务产品本身具有实现其他产品的生产、分配、交换和消费的功能。因此，这些服务产品的消费环节（由于其“四环节”在时空上的同一性，也可以说是其生产、分配或交换环节），从其消费功能的实现这一角度考察，又构成了其他产品运动“四环节”之一。这就出现了某些服务产品“四环节”与其他产品“四环节”交错的现象。例如，商业服务具有的实现货物或服务流通的功能，使商业服务的生产和消费环节，同时构成货物或其他服务的流通环节。就商品（包括货物和服务型商品）买卖这一事件而言，它是商业服务的生产环节（对商业职工而言）和消费环节（对顾客来说），又是实物型商品的流通环节（如电冰箱的买卖），或是其他服务型商品（如剧院戏票的买卖）。同理，运输服务具有的实现位移的功能，使运输服务的消费环节构成货物的流通环节；科研服务具有的创新功能，使科研服务的消费环节，构成其他产品的生产环节（科研服务用于生产时）、流通环节（科研服务用于改善流通条件时），或分配、消费环节（科研服务用于分配环节或消费领域时）。因此，判断产品处于生产、流通、分配和消费的哪一个环节，最重要的是明确所论的是何种产品——实物产品还是服务产品？对不同的产品来说，情况大不一样。如不分清所论对象就作判断，往往会失之含糊。

以第三产业的服务产品为运动对象确立的新的生产、分配、流通和消费观，打破了传统经济学理论乃至一般语义上以“物质产品”为中心划分生产、流通、分配和消费的一统天下。只有用双重观点即依据实物产品与服务产品这一双重产品观来区分三次产业的生产、流通、分配和消费及相应的四个领域，才可能全面、客观和正确地反映客观经济实际。

现实意义

服务“四环节”理论对于加快发展第三产业具有重大的理论意义和实践意义。

首先，服务“四环节”理论既是第三产业概念的延伸，又是它得以完整、科学地确立的根基。作为产业，第三产业不仅有（人、财、物力）投入与产出（服务产品），而且应该有由其产出成果的运动形成的服务产品的流通、分配和消费。如果服务生产、流通、分配和消费范畴不确立，第三产业的“产业性”就失去支撑点而缺乏逻辑严密性和科学性。因此，如果说非实物产品理论是第三产业经济学的理论基石的话，那么，服务“四环节”理论就成了第三产业经济学的主体。它使人们习以为常的生产、流通、分配和消费观来了一个大更新、大扩充，有助于认识第三产业的无形产品的运动引起的一系列新经济现象、经济关系，并从中寻找有助于第三产业发展的规律性。

其次，服务生产观通过突破传统的狭义生产观，确立广义生产观，阐明服务生产就是对非实物形式的劳动成果的创造，是服务劳动过程和服务价值的形成与增殖过程的统一，这使人们认识到第三产业的发展决非是“再分配”第一、二产业所创造的价值，而是为社会财富的增长作出重要的贡献。因此，要研究服务劳动过程的特点和服务价值增长的规律性，加快第三产业生产的发展；扬弃忽视第三产业生产状况的工农业总产值指标，代之以国民生产总值指标。

第三，服务流通观的确立使人们认识到第三产业流通问题的存在及其重要性，将流通理论的着眼点从第一、二产业扩展到第三产业，关注包括服务差价、服务比价、服务与货物比价体系在内的第三产业价格体系，研究第三产业流通中的服务供求关系及其规律，并将社会再生产和流通的宏观平衡的关注点从农、轻、重扩展到三次产业的内部和外部。将比重日趋增大的第三产业因素引入流通理论的研究中，肯定有利于我国运用市场经济的方法推进第三产业的自我完善、自我发展和社会主义市场经济体制的建立。

第四，对服务分配理论的分析阐明了第三产业分配是对第三产业生产的服务产品的占有过程；并使人们清晰地认识到第三产业中的市场分配方式、半市场分配方式和非市场分配方式在导向平等与效率目标方面的不同特点，有助于明确我国服务分配方式的改革方向；它对第三产业的分配水平的制约因素及其变动机制的揭示，有助于正确解决我国第三产业分配水平的问题。

最后，对服务消费理论的探讨使人们明确了服务消费的概念、属性和方式，认识第三产业的服务消费对社会产生的协调、效益、闲暇、福利和稳态等功能，有助于从理论上掌握加快发展第三产业的重大战略意义；对服务消费结构的定性和定量分析和预测，对于以市场消费需求为导向发展我国第三产业，选择战略重点，确定发展力度，也有很大的实践意义。

（作者系华南师范大学经济研究所教授）

第五部分

第三产业分行业发展概况

商品流通业

国内商业

商业是第三产业体系中的传统产业，在社会主义市场经济体制下，振兴商业，搞活流通，对促进生产，引导和满足消费需求，扩大对外开放，推动第三产业及整个宏观经济的协调、高速发展，具有十分重大的意义。

一、1978 年以来行业改革与发展

随着流通体制改革的不断深化，我国商业发生了深刻变化，取得了可喜成就。表现在：

（一）通过彻底打破国合商业长期一统天下、独家经营的旧格局，形成了以公有制为主体，多种经济成分并存、相互竞争的流通新格局。1992 年底，全社会拥有商业网点 1 049.8 万个，比 1978 年增长 7.6 倍，年均递增 16.6%；其中，零售商业网点共 1 006.3 万个。在零售网点中，国营、集体和个体网点分别是 32.4 万、122.6 万、854.3 万个，分别占零售商业网点总数的 3.2%、12.2%、84.9%；1992 年，全社会商业从业人员总数达到 2 959.4 万人，比 1978 年增长了 3.8 倍，年均增长 12%。从事零售商业的人员，1992 年达到 2 434.5 万人，比 1978 年增长了 4.4 倍，年均增长 12.9%。在零售商业从业人员中，国营、集体和个体分别为 435.8 万人、734.3 万人、1 263.8 万人，分别占零售从业人员数的 18%、30.2%、52%。到 1992 年末，农村各种所有制商业经营机构已达到 626.4 万个，比改革前的 1978 年有了成倍增长。此外，我国与外商合资、合作经营零售商业已在经济特区和部分大城市开始试点。

（二）改变了过去长期沿袭的工业品流通实行城乡分工，城乡市场分割的做法，逐步走向市场全面通开、互相融合；彻底破除了固定进货渠道、销售对象和作价方式的“三固定”旧模式，按商品自然流向组织商品流通，开展跨地区、跨部门、跨行业、跨所有制联营；以中心城市为依托，发展了一批辐射面广、吞吐能力强、联结城乡市场的贸易中心、批发市场和按现代市场交易规范组织运营的期货市场。

（三）购销形式灵活多样，市场调节范围扩大。日用工业品已由过去的统购包销改为计划收购、合同订购、自由选购、代购代销、议购议销、工业自销等多种形式；农副产品，从 1985 年开始取消统购派购，按其在国计民生中的重要程度，分别实行合同订购、市场收购或“双轨”经营，并放开了大部分农副产品价格；商业系统计划分配的商品范围已历史性地缩小，商品流通已基本进入了市场调节为主的新时期。

（四）国合商业企业改革不断深化，市场应变能力开始增强。企业的改革，从恢复供销社“三性”，国合企业经营形式实行改、转、租、联营、承包、兼并、连锁经营及股份制试点，到推行“四放开”，全面转换企业经营机制，逐步把企业推向市场。一批以大型商业企业为龙头，内部组织结构比较完善，跨地区、跨部门、跨行业、跨所有制、多层次的商业企业集团正在形成，推动着国合商业规模结构的调整和组织化程度的提高，国合商业的整体竞争实力正在增强。

（五）按照政企分开的要求，商业各级行政部门给所属企业进一步下放了权力，对企业的管理已开始由直接管理转变向以间接管理为主。与此同时，各类行业协会迅速发展，成为沟通企业和政府的桥梁。

（六）传统经营行业逐步得到恢复和发展，新兴行业迅速崛起，流通组织形式日趋多样化。在一些大城市，信托业、典当业、拍卖业等传统经营行业正在得到恢复，日益发挥着促进流通，服务社会，方便生活的作用。零售领域，超级市场、连锁商店、购物中心等先进流通组织形式和开架售货、邮寄销售等现代营销形式在一些大城市相继涌现，并发挥着越来越重要的作用。

（七）流通基础设施建设进程加快，消费者购物环境开始改善。据 14 个大中城市不完全统计，这些城市在“七五”期间，共征收商业网点建设费 6.64 亿元，征收商业网点面积 741 万平方米。网点建设总投资 48 亿多元，共新建、改建、扩建商业网点 28 202 个，其中 1 万平方米以上的商业网点 134 个。其他省市的商业网点建设也取得了十分可喜的成绩。一大批新建、改建

或扩建的零售商场、购物中心都安装了滚动电梯、中央温控系统或其他娱乐、休息场所和设施，消费者的购物环境正在得到改善。

（八）社会商品流通规模持续扩大，商业的产业功能增强。1992年全社会实现商品零售总额10 994亿元，比1978年增长6.1倍，平均每年增长15%。全社会平均每个零售网点的服务人口数，由1978年的919人下降为1992年的116人。每个商业从业人员服务人口数，由1978年的215人，下降为1992年的48人。

商业的发展，对促进生产发展，繁荣城乡市场，方便人民生活，调整产业结构，缓解就业压力，推动改革开放，都起到了十分重要的作用。

二、存在的主要问题

我国商业的发展，还存在一些问题，面临一些困难。主要是：

（一）各种所有制商业行为主体之间竞争条件不平等，市场行为不规范。国合商业和其他集体、个体和私营商业在税收、价格、经营、分配和用工制度等诸多方面差异悬殊，致使它们不能在同一起跑线上展开公平竞争。此外，在鼓励社会各方面经商办企业的同时，没有制定合理有效的市场行为规范和竞争规则，致使市场竞争处于无序状态，消费者的正当权益和国家利益受到损害。

（二）流通基础设施陈旧落后，网点布局不合理。近年来，国家对商业基本建设的资金投入占全国基建总投资的比重一直在下降，“六五”为0.327%，“七五”为0.217%，1991年下降到0.102%。特别是粮食系统基础设施长期得不到重视，国家基本没有投入。许多企业50年代建造的经营设施一直未能得到改造，门店陈旧，设施老化；一批久负盛名、享誉中外的大店、名店、老字号年久失修，设施简陋，拥挤不堪；粮食行业长期库容紧张，大量粮食露天存放；食用油储存能力缺口多达150至200万立方米。此外，城市新建居民区商业设施不配套，居民购买不便；老商业区客流过于集中，基础设施长期超负荷运转；农村网点稀少，设施简陋。

（三）国合商业企业内部机制不完善，经济效益不理想。目前，国营批发企业困难重重，举步维艰；基层供销社亏损严重，粮油购销企业挂帐不止，普遍感到日子难过。

三、1992年行业发展基本情况

中共中央、国务院《关于加快发展第三产业的决定》下发以后，商业发展上了一个新的台阶。1992年，全社会新增商业网点85.9万个，从业人员334.5万人，分别比1991年增长8.9%和12.7%。其中，城市新增商业网点53.6万个，从业人员242.万人，分别占全社会新增网点、从业人员的62.3%和72.4%。1992年，全社会实现商品零售总额10 994亿元，比上年增长16.3%。

（一）1992年为促进商业的发展国家采取的方针政策：

1.1992年11月6日，商业部、国务院经贸办、国家体改委联合下发了《全民所有制商业企业转换经营机制实施办法》，以增强企业活力，提高企业经济效益。与此同时，对商业行业发展的一些特殊问题作了具体规定。例如，企业有权自主确定经营范围，除国家明令规定不允许经营的商品外，其他商品都可以经营；企业可以利用自有设施和场地，兴办专业或综合批发市场。企业利用留用资金和借贷资金修缮、改造、装修的商业网点，房地产部门不得擅自提高房租。企业从事商业网点建设和开发，留用资金不足，按国家规定的审批权限，报有关部门审核批准后，可发行企业债券和使用境外贷款。

2.1992年8月12日，国务院下发了《关于解决财政欠拨、欠付、欠退和挂帐问题的通知》，对解决商业企业的历史包袱作了专门规定，从而为商业企业轻装上阵创造了有利条件。《通知》要求，“对现有粮食挂帐实行新老挂帐划断，挂帐按正常利率计收利息，单独统计，不加息、罚息”。“对供销社1985年以前遗留待处理损失挂帐，继续按规定用供销社库存商品增值资金解决。”

3.1992年7月14日，国务院对经贸部、商业部、国家体改委、国务院特区办、国家计委等单位关于零售领域利用外资问题作了批复（国函［1992］82号），同意在北京、上海、天津、广州、大连、青岛和五个经济特区各试办1—2个中外合资或合作经营的商业零售企业（简称外商投资商业企业），并对经批准试办的外商投资商业企业赋予一定程度的进出口权。

（二）1992年，商业行业有以下几方面重大变化：

1.批发商业进行结构大调整。在连续几年经营滑坡、效益下降的情况下，1992年，批发商业改革有较大的动作。一是调整企业组织结构。一些大中城市将亏损大、包袱重的批发企业划归当地大中型零售企业，以解决职工安置和企业长期亏损。二是一些批发企业利用仓库等设施分别改、扩建批发市场，促使批发市场化。三是按“新一块，老一块”的思路，新老划断、分散突围。部分大中城市的批发企业只保留少数人承担原库存、应收货款和历史包袱的处理，其余人员组建新的经营单位，轻装上阵，开拓经营。从1992年批发商业结构大调整来看，有两个特点：一是相当一部分批发企业不再从事批发，而是向零售和其他行业转移；二是发展新的经营形式，如大力开发批发市场。即使按“新老划断、分散突围”出来的经营单位，也在开始改变传统的批发经营形式，如大力开展总代理、总经销业务。

2. 零售商业大力推广开架售货。1992年6月，商业部在广州召开市场营销暨发展外向型经济经验交流会。会上，各地交流了经验，对大力推广开架售货这一现代营销方式给予了充分肯定。这次会议，标志着我国零售商业实行开架售货已进入一个新的时期。

3. 各地大力兴建批发市场。1992年，商业部系统共有各类批发市场8 145个，比上年增长80.5%。其中工业品批发市场4 822个，农副产品批发市场3 323个，分别比上年增长80%和8.1%。这是改革开放以来批发市场增长幅度最大的一年。

四、今后行业发展方向

(一) 加速扩大流通规模。根据第三产业及国民经济整体发展要求，商业发展的现实条件，“八五”期间乃至整个90年代，商品流通规模将持续扩大。预计社会商品零售总额，1995年达到14 700亿元，2000年达到26 000亿元，10年(1991—2000)年均增长12.1%；商业产值，1995年1 924亿元，2000年达到3 912亿元，10年年均增长15.3%。

(二) 大力发展零售商业。90年代零售商业发展的重点，一是建立健全以适合消费、方便购买为目标的零售网络。在各大中城市要建立并完善三级零售商业群，即全市性设施先进、环境优美、商品齐全、服务优良的现代化购物中心和专业商品集中、品种规格丰富多样、大小店铺鳞次栉比的电器街、服装街、食品街和书店街等专业商店街，以及区域性商业中心和居民区各类便民小店；县城及农村乡镇建立商品齐全、方便购买的综合商场；乡村建立综合经营的门市部和星罗棋布的代购代销店。二是大力开辟新型零售组织形式。通过广泛发展超级市场、连锁商店、折扣商店、邮购商店、无店铺商店、方便商店以及城市消费合作社等现代流通组织形式，迅速提高零售行业的经营服务水平和综合经济效益。计划2000年以前，各大中城市都要建立两个以上拥有现代化服务设施、实行优质服务的超级市场。全社会每千人口占有零售网点，1995年达到11.6个，2000年则达到17.6个；平均每个零售网点的服务人口数由1990年的131人下降为2000年的57人；每个商业从业人员服务人口数由1990年的55人下降为2000年的20人。

(三) 重构批发网络。批发网络重建的目标，一是形成大中城市为依托的工业品批发网络和以生产地、集散地为中心的农副产品批发网络。工业品批发网络要建立以大城市为依托、辐射全国、面向国际市场的批发交易中心，以中等城市为依托的农村批发中心；农副产品批发网络建设，是要在历史形成的生产地和集散地建立并完善以中央粮食批发市场、区域性农副产品批发市场为主体的农副产品批发网络，在农产品集中产区和大中城市，建立便于生产者交售和零售组织进货的副食品收购中心、批发中心和转运中心。二是在改革完善国合批发商业组织形式的基础上，开辟新型批发组织形式。为此，“八五”期间以及整个90年代要以市场需求为导向，重组批发网络。主要任务是：1. 调整、充实和完善批发组织的空间布局。一方面，对一部分批发机构林立、盲目竞争、批发经营效益普遍不景气、并且批发环节过多的地区的批发行业，要通过引进竞争机制、兼并机制，并伴之以产业政策调节措施，合并或淘汰一批批发机构，以建立高效、合理的批发流通秩序；另一方面，按照经济合理原则，在沿海、沿江、沿边地区以及新的铁路交通线沿线的枢纽城市，设置一批幅射范围广、吞吐能力强的新型批发中心；2. 加快现有国合批发企业调整经营方式、改变经营结构的步伐，积极引导其开展批零兼营，并向生产领域延伸，实行综合经营；3. 调整批发流通主体的职能分工范围，重塑专业分工新格局。对那些技术性强、需要提供特殊销售服务和售后跟踪服务的高技术商品，鼓励生产者进入批发领域或建立自属批发机构，或委托专门销售代理机构，实现生产及售后服务的有效结合；对一部分需要采用专门的冷冻技术或温控技术，以便在国内市场上销售易腐易坏产品的厂商，提倡其采取产代销一体化方式，加快商品流通速度，提高经济效益；一部分与国计民生关系不大、可放开经营的商品的批发业务，要向国合商业以外的其他集体和个体开放，实行平等竞争。4. 大力发展新型批发组织形式。除现有国合批发企业要积极开展总经销、总代理业务、完善批发功能外，还要大力发展工业经销商、农产品批发商、进出口批发商、现购自运批发商、邮购批发商、直达货运批发商、制造商代理、买卖经纪人、佣金批发商以及生产者自属批发销售部等各种现代批发商业形式，重新塑造组织体系。

(四) 建立和完善商品市场体系。按照大市场、大流通、大商业发展战略的要求，90年代商品市场建设总的发展目标是重点培育和建设以初级市场为龙头的三级有形市场体系；以批发市场和期货市场为中心构建网络齐全、功能完备、交易灵活、高效统一的商品市场组织体系，促进全国统一市场的形成；以中心批发市场和期货市场为纽带衔接国内和国际两个市场。为我国商品生产和流通参与国际经济大循环提供条件。具体而言，专业商品市场的建设，主要是发展完善粮油市场、棉花市场、蔬菜果品市场、农业生产资料市场、废旧物资市场以及日用工业品市场等各种专业市场，建立健全各种交易规则，实行规范和运营。

(五) 加快流通和市场信息化进程。90年代，将在全国性批发交易中心、大型物流中心和部分大型零售企业，逐步把计算机管理引入到商品采购、库存、配送和营销过程中来，实行商品流通的全程动态管理；有条件的零售企业，特别是超级市场及其他自选商店、商场，要加快“条形码”激光扫描系统的推广应用，以节省顾客购物付款的时间，提高商店库存统计和财务结算效率以及管理的科学化程度。与此同时，要逐步在全国范围内形成以批发、零售和物流网络为依托的市场信息网络，把全社会的商流、物流和信息流统一纳入到高节奏、高效率运转的统一市场体系中来。

（六）大力发展外向型经济。商业部门将利用网点设施和市场信息等方面的优势，搞好内外贸、进出口结合；大胆地利用外资，引进先进技术设备，加快商业技术改造；开展国外工程承包等国际经济技术合作；有条件的大中型企业到国外，特别是周边国家和地区开设经营网点。计划“八五”和2000年期间，全国的开放城市都要发展2个以上的有进出口权、从事对外进出口业务的商贸企业；同时，在开放城市，有组织、有选择地开办1—2个中外合资“合作经营的零售商业企业。

物资流通业

物资流通是联结生产与消费的桥梁和纽带，围绕发展物资流通所形成的物资流通产业范围很广，涉及到生产资料社会再生产过程中除生产环节以外的所有环节，是第三产业的重要组成部分，主要包括物资购销、配送、运输、仓储、保管、检验、市场建设、经济协作、综合加工利用、信息咨询服务、售后服务等。10多年来，各级物资部门和企业认真贯彻改革开放的方针，加快物资流通产业发展的步伐，使物资流通产业得到了很大发展，已初步形成了规模产业，为今后进一步的发展奠定了基础。

一、物资流通产业发展回顾

在建国以后相当长一段时间内，我国实行的是集中计划分配、国家统一订价的物资管理体制。这种体制集中过多、管理过死，虽然对保证国家重点建设起到了重要作用，但严重束缚了物资流通产业的发展。近10多年来，通过对物资计划管理、物资流通方式、物资价格、物资企业等方面的改革，特别是近几年来大力发展生产资料市场、推进物资流通的社会化、现代化、产业化和国际化，已根本改变了过去那种以计划分配为核心的物资管理体制，物资流通产业的面貌已发生了重大变化。

（一）物资流通产业的地位和作用不断提高。长期以来，各级物资部门和企业始终把促进国民经济的发展做为首要任务，围绕这项任务加强了供需形势分析预测，大力保供促销，除积极完成国家指令性计划分配物资和国家合同订购物资的供应任务外，还采取协助供需双方搞好产需衔接、组织定点定量不定价供应，开展进出口、协作、开发短线资源等多种措施，调控市场，疏导流通，实现了全社会重要物资供需的基本平衡，为这一时期国民经济的发展提供了物资保证，较好地发挥了物资流通对国民经济发展的促进作用。如“七五”期间，根据国家产业政策，在国家计委指导下，共供应重点生产建设需要的煤炭17亿吨、钢材6 877万吨、木材6 442万立方米，分别占计划分配总量的74.3%、52.6%、65.3%。1988年经济过热时，一些大企业因缺少材料陷入困境，物资部想方设法动用铜、铝、镍等库存及储备33万吨，组织进口冷轧板、矽钢片18万吨，保证了一汽、二汽、天津和上海铝制品厂、沈阳电缆厂、保定变压器厂等一大批重点企业的正常生产。1989年下半年需求严重不足，为启动市场，稳定生产，物资部直属公司和储备局1990年专项收购重点企业暂时积压的重要产品达43亿元。“七五”期间，物资部共组织进口钢材5 350万吨、木材3 919万立方米、铜铝铅锌155万吨；组织推动全国节约标准煤7 000万吨、节约代用木材7 826万立方米。物资流通产业已越来越得到各级政府和社会的重视。

（二）物资体制改革日益深化。经过十多年的改革，物资流通管理体制已由计划调拨为主，改变为市场调节为主。一是指令性计划分配的物资品种大大减少。到1991年，计划分配物资的品种已从1980年的837种减少到72种；二是计划分配物资的数量占生产量的比重大幅度下降。煤炭由1980年的57.9%下降为40.74%，钢材由74.3%下降为41.5%，五种有色金属由66.6%下降为35.7%，木材由80.9%下降为21.8%，水泥由35%下降为11.8%，汽车由80%下降为20%。三是生产资料价格大部分实行了市场价或接近市场价。目前非指令性计划分配物资的价格已全部放开，实行了市场价，一些重要物资如钢材、铜、铝等的价格已同国际市场价接轨；指令性计划分配物资的价格，经过几次大的调整，有的实行了计划内外价格并轨，有的实行市场价或接近市场价。四是国营大中型物资企业基本实行了政企职责分开，已成为自主经营、自负盈亏的经营实体，除少数承担一小部分计划分配物资供应外，都已转向市场购销。

（三）生产资料市场逐步扩大。到1991年末，全国共有物资经营网点近5万个，其中具有批发市场性质的物资贸易中心400多个，钢材市场300多个，全国已初步形成了生产资料市场网络体系。目前每年通过市场交易的钢材有4 000多万吨、煤炭6亿吨、水泥2亿多吨、各类机电产品1 500亿元。生产资料市场管理和法规建设也有一定的进展。

（四）物资流通社会化、现代化步伐明显加快。一是联合生产、外贸、金融等部门组建了苏州、沈阳、四川物资企业集团和深圳工贸、中国（北京）物流中心、东方物产、南方物产、北方物产、中国物资国际招商等一批跨地区、跨行业的新型物资流通企业，各地区也建立了一大批跨地区的物资经营联合体，有些地方还建设了一批中外合资物资流通和加工企业，有力地促进了物资流通的社会化。二是推广应用了物资配套承包供应、物资配送、散装水泥、物资集装箱运输、物资综合利用等物流新技术；新建和改造了一批物资流通设施；增养了一批物资经营管理人材，完成了一批科研项目，加强了计算机的应用。三是物资流通产业的实力有所增强。到1991年末，全国物资系统已有各种仓库2 430万平方米；各种货场1.16亿平方米；各种运输车辆9.2万辆，起重设备3 400台，各种计算机7 067台；固定资产原值191亿元，净值140亿元；流动资金564亿元，其中自有资金133.6亿元，银行贷款430亿元；各类物资加工企业3 500多个；全系统“七五”期间平均每年上交税利50亿元左右，占实现利税总额的80%以上；销售额3 200亿元，占全社会使用总额的三分之一左右。

二、1992年物资流通产业的发展

1992年是我国物资流通产业大发展的一年，各级物资部门和企业认真贯彻党中央、国务院建立社会主义市场经济体制、大力发展第三产业的决定精神，解放思想，转变观念，努力探索，大胆实践，使各项工作又取得较大进展。

（一）生产资料市场建设取得了突破性进展。1992年，物资部联合有关部门和地方，相继建立了上海金属交易所、中国北方木材批发市场、中国郑州建筑材料批发交易市场、中国郑州农业机械批发交易市场、中国秦皇岛煤炭批发交易市场、烟台中国化工物资交易市场和上海煤炭交易所、广州橡胶交易所、甘肃木材批发市场等20多个全国性的生产资料市场。各地物资部门也根据自己的实际情况，建立了金属、化工、煤炭、木材、建材、汽车、机电及闲置设备等一大批地区性的交易市场。到1992年底，全国物资系统兴办的各类市场和经营网点已达6万个，初步形成了一个多层次的生产资料市场网络，交易额与交易量直线上升。如：上海金属交易所从1992年5月28日到12月30日，仅7个月时间，累计交易量288万吨，交易额481亿元，在国内市场上起到价格导向作用，并成为当今世界第三大金属交易市场。

（二）生产资料市场规模继续扩大。1992年各级物资部门和企业继续深化物资体制改革，努力发展适应建立社会主义市场经济体制的物资流通产业。到1992年，指令性计划分配物资数量占生产量的比重继续下降，钢材为35.8%，五种有色金属32.3%，木材19.3%，汽车15%。全国物资系统自行组织的资源占购进总额的85%左右，计划外销售额占销售总额的90%左右；沿海地区和市以下生产企业所需物资的90%，重点企业所需物资的75%，都已通过市场采购解决。1992年全国物资系统市场占有率为34.8%，比1991年提高2.6个百分点。其中钢材为68.1%，铜为59.7%，铝为44.6%，煤炭为19.8%，水泥为11%，木材为34.8%，橡胶为50.3%。

（三）物资系统多种经营得到长足发展。1992年，全国物资企业从市场需要出发，打破行业界限，实行全方位发展战略，经营范围已扩大到房地产业、旅游业、旅馆业、商业批发与零售业以及物资加工、运输等各种类型的产业和实业。1992年全国物资系统实现的利润总额中来自物资销售以外的已占1/4。

（四）物资企业活力进一步增强。1992年，各地物资部门和企业在企业人事、用工、分配三项制度改革上探索出了许多有效的办法，使一批年富力强，勇于开拓，善于经营，精通管理的同志走上领导岗位；不少企业实行了面向社会公开招聘、择优录用职工，对现有职工实行双向选择和全员合同制；在分配上，不少企业实行了贯用包干、风险抵押、分档计奖、岗位工资和对有功人员实行重奖等办法；从而进一步调动了职工的积极性，增强了企业的活力。

（五）对外开放开创了新的局面。1992年，全国物资系统都把对外开放摆到了重要的位置，推动了生产资料外经、外贸工作的发展。一是扩大了物资系统的进出口贸易。全年进出口额约为35亿美元，有的企业年出口创汇已达1 000万美元。进出口物资已由钢材、化工产品、机电产品等工业生产资料扩大到化肥、食糖、服装、纺织品等农用物资和日用消费品。二是积极开展对外经济技术合作。到1992年底，全国物资系统在境内吸引外资兴办各类合资企业达500个左右，协议外资金额8亿多美元，合作领域包括物流设施建设、来料加工和物办工业等；同时，在境外投资5 000多万美元兴办独资与合资企业近100家，合作对象涉及五大洲30多个国家和地区。三是落实物资企业进出口权工作有所进展。一些物资企业在当地支持下，已取得了直接进出口权，不少企业采取变通办法，较好地解决了进出口权问题。

（六）物资企业集团化步伐加快。1992年，物资部组建了华通集团，各省市物资部门也加快了组建集团的步伐。如四川成立了物资集团公司，上海成立了浦东物资总公司，山东省物资局组建了汽车销售、木材、燃料、基建物资四个集团，其中汽车销售集团已基本形成了销售、维修、咨询、服务一条龙的企业群体，较好地发挥了物资行业的综合优势。

（七）物流新技术推广成效显著。1992 年，全国物资系统继续努力推广应用物流新技术，以提高物资流通的现代化水平。物资配送工作在全国物资系统进一步展开，配送试点城市已达 80 多个，全年物资配送额约 80 亿元，已签定配送协议的生产企业超过 1 000 个，配送物资已过 100 种。据对全国 20 个省区市和计划单列市的统计，物资配送率约为 4%，高的超过 20%。配送形式主要为“三定一送”、“并库配送”、“加工配送”和“零库存配送”等。上海燃料公司加工动力配煤深受用户欢迎，一年创利润数百万元；沈阳市成立了全国首家机电产品配送中心；石家庄市大力开展物资配送业务，钢材、木材、水泥、煤炭等主要物资配送量已分别占到市属企业消费量的 14.4%、73%、36.6%和 13.6%。水泥散装、集装箱运输、物资综合加工、计算机管理、配套承包供应等方面也有较大发展。1992 年散装水泥达 3 963 万吨。

三、今后发展的目标和任务

目前我国物资流通产业发展中存在的主要问题，一是长期以来受生产资料不是商品框框的影响，生产资料市场发展比较缓慢，现有生产资料市场网络覆盖面小、层次低、设施落后、功能单一。生产资料市场的布局还很不合理，生产资料市场建设还刚刚起步，不少重要产品全国性的市场还未建立起来，经营网点还比较少，特别是边远地区和一些新兴的经济发展地区的生产资料经营网点还很少。一些城市中的生 产资料市场是比较初级的，有的还是集贸式的交易，缺乏现代化的通讯系统、计算机信息系统和其他必要的服务设施，不能满足各类用户的需要。二是市场管理法规不健全。一些必要的生产资料市场管理法规，如《工业品生产资料市场管理条例》、《工业品生产资料批发市场管理办法》等，由于种种原因还未出台，市场管理还处于无法可依的状态，交易行为不规范，没有形成公平竞争的市场机制。三是在市场建设特别是全国性、区域性市场建设工作中，有关部门互相配合不够，有的部门想垄断市场或排斥其它部门联合办市场，这种倾向不利于全国统一的、开放的生产资料市场的发展。

为进一步发展物资流通产业，在今后一段时期内必须做好以下工作：争取到 2000 年，基本建成开放、高效、畅通、统一、可调控的生产资料流通体系，使流通产业的面貌发生一个根本性的变化，以有力促进社会主义市场经济体制的建立。

（一）深化经济体制和物资体制改革，为发展物资流通产业和全国统一市场创造条件。加快指令性计划的改革，除少数暂时不宜放开的外，要尽快取消指令性计划，放开生产资料价格；全面落实《全民所有制工业企业转换经营机制暂行条例》，取消对生产企业和流通企业的经营限制，把企业真正推向市场；把生产部门和物资部门的管理职能转换到规划、协调、监督、服务上来；通过大力发展各地区之间的联营，逐步打破条块分割的经济格局；为发展全国统一的生产资料市场体系创造条件。近两年对一部分产需基本平衡、价格已经放开或“并轨”的物资取消指令性分配计划，为保证重点任务需要，对一部分物资取消计划分配后实行国家订货、对确需计划分配的少数物资，要进一步理顺价格、以促进生产资料市场的发展。

（二）积极促进内外贸结合，推动商业、物资、外贸三大市场向统一市场过流。坚持实现大市场、大流通的新格局，根本扭转商品流通业分割、滞后的状况。首先是落实大中型物资企业进出口权，给予外贸企业内贸权，扩大商业、物资、外贸企业的经营范围，实行交叉经营，鼓励物资、商业、外贸企业之间的联营；其次是逐步实现国家对物资、商业、外贸的统一流通管理，形成统一市场。

（三）培育完善生产资料市场机制，发展统一的生产资料市场体系。在充分发挥和适当调整现有各个经营网点的基础上，按照打破地区封锁、条块分割、行业垄断和统一规划、分类分级管理的原则，在国家计委、国家经贸委、国家体改委统一指导下，由物资部门、生产部门和有关地方政府联合组织建设国家级的生产资料批发市场和期货市场；在一些重点地区和城市建设一批地区性的批发市场；在一些市场覆盖面小的地区，增建一批销售网点或物资零售市场；继续发展信托、租赁、储贷、拍卖、旧货交易等服务网络；争取到“八五”末期在全国初步形成生产资料市场网络，到“九五”末期，在全国建成统一的、布局合理的、规范化的、能够满足不同层次需要的生产资料市场网络。近两年继续完善中国上海金属交易所、秦皇岛煤炭市场、中国北方木材批发市场、郑州建材市场和农机市场、烟台化工新建市场的功能，并抓紧再建立一批煤炭、钢材、机电、汽车、化工、橡胶、油品等国家级的批发市场。在沿海、沿江和沿边开放地区，建设一批地区性的综合物资批发市场。同时逐步建立完善生产资料市场的价格调节机制，抓紧建立生产资料市场管理法规体系，继续建立国家对生产资料市场的调控体系。

（四）积极采用国内外先进流通技术，加速物资流通的现代化。继续发展物资配送。到“九五”末期，争取以北京、无锡、沈阳、哈尔滨、上海、天津、武汉、重庆、广州、西安等大中城市为中心，形成全国的统一配送体系。

继续发展物资储运业。争取到“九五”末期，使物资储运业的设施和管理基本达到现代化水平，吞吐量有较大提高。

继续发展集装箱运输。力争在“八五”或更长一些的时期内，使物资部门的集装箱业务，在全国集装箱行业和国际集装箱运输中，占有一定比重。重点扩大物资业集装箱的接发量，在全国各大、中城市，各交通枢纽和主要运输线路起迄点，建立起经营网点或业务代办机构。

继续发展散装水泥。到“八五”末期，全国水泥散装量达到6 400万吨，水泥散装率达到20%，比“七五”末期提高10个百分点；重点建设和水泥用量较大的基建工程，使用散装水泥要达到60%，水泥制品企业、预制构件、混凝土搅拌站要全部使用散装水泥。

继续搞好物资的综合加工和综合利用。利用比较先进的技术和设备，建设一批物资综合加工、物资节约、物资二次资源综合加工利用的设施和企业。继续采取“以废养废”的优惠政策，设立物资再生资源开发基金，依靠科技进步，提高队伍素质等措施，努力提高废旧物资综合利用水平，争取到“九五”末期实现物尽其用，以提高物资的使用效益。

继续加速物资信息系统的现代化建设。物资信息和统计要逐步做到能灵敏、高效地监控物资宏观综合平衡情况，跟踪生产资料市场的动态，提供主要物资经营、管理和辅助决策信息，以信息流引导物流、商流，提高物资经营管理水平。

(五) 扩大联合，提高竞争能力，促进物资流通的社会化。物资企业间要通过联合融通资金、资源、市场、信息、场地等，逐步形成不受地区、部门和所有制分割的联合体；物资企业与其它企业主要是通过资金、网点、进出口、运输等方面的互利，逐步发展为各种联合体；要抓紧组建和发展一批跨地区、跨部门的物资企业集团；要加快物资流通股份制试点的步伐，选择上海、深圳、广东、福建、海南等地，试办一批股份制物资企业。通过这些措施，逐步冲破条块分割及各种障碍，实现物资流通的社会化，争取到“九五”末期在这方面有重大突破。

(六) 加大对外开放的力度，促进物资企业经营的国际化。要大胆走向国际市场，采取多种形式开展国际贸易，密切国内外生产资料市场的联系。要采取灵活的方式大力吸收外资，开展国际招商，围绕发展物资业，利用外资兴办包括生产、物资综合配套加工、以及为直接生产、生活服务的第三产业；有条件的地方要搞一些中外合资的物资企业试点，开展物资经营、融资、租赁业务；鼓励和支持物资企业到境外兴建独资或合资企业；可以做外商在国内市场的总代理，从国外聘请经营管理人材，选择一些物资企业租赁或承包给外商经营。各级物资企业要抓紧在沿海开发区和各地高技术产业开发区建立服务经营场所，做为对外开放的前沿阵地，学技术、学管理。通过这些方式，提高物资企业和物资产业在国内外市场上的竞争能力，促进物资企业经营的国际化。

(七) 转换物资企业的经营机制，提高经济效益，壮大企业实力。按照《企业法》和《全民所有制工业企业转换经营机制暂行条例》，全面落实物资企业在内部分配、用工制度、人事管理、经营方式、资金支配、投资决策、资产处置和市场定价等方面的自主权。取消各种行政保护和行政限制，建立自主经营、自我发展和自我约束的机制，打破干部能上不能下，职工能进不能出，平均主义分配等多种弊端，把企业真正推向市场。鼓励物资企业围绕搞活物资流通，大力开展物资综合加工，二次资源综合利用，开发重要物资资源，房地产开发，开展信息、咨询、技术服务、宾馆、交通、通迅服务，以拓展经营服务领域，扩大经营规模，提高经济效益。

(八) 多渠道筹集资金，加速物资产业基础设施的建设和改造。按照立足利用现有基础，适当新建的原则，通过国家支持、企业自筹、引进外资等多种渠道筹集一部分资金，抓紧对现有的仓库、货场、运输设备、经营场所、专用线等流通基础设施进行技术改造；同时围绕发展物资配送、散装水泥、集装箱运输、物资综合加工、二次资源综合利用、储运现代化和开放地区的设施建设，适当新建一批具有较高现代化水平的物资流通设施。到1995年，大中城市物资部门40%的仓库要接近现代化水平；物资企业的货场要有50%铺设水泥地面；运输车辆和吊装设备平均每年分别增长20%和15%。争取到“九五”末期，基本改变物资流通设施落后的状况，为物资产业的现代化提供物质技术基础。

(国内贸易部　武保忠　佟晓春)

储运业

商业储运业　商业储运业，包括国营商业储运业和供销社储运业，它主要从事商品的运输和储存，是第三产业重要组成部分，是流通领域中不可缺少的重要行业。

一、基本概况

国营商业和供销社系统，目前有仓库1.75亿平方米，较1987年增长47%。这些仓库中，批发环节（不包括国营零售企业和基层供销社）约占53%。另外，还有冷库300多万吨；货场6 000多万平方米；铁路专用线800多条，总长600多公里；货运汽车17万多辆；专用码头860多个。储运职工80多万人。独立核算的储运企业约3 000家。其中，综合性的大、中型储运企业不到100家，多数是小型汽车队。独立核算的储运企业拥有的储运设施只占批发环节储运设施的10%，其余的储运设施均附属于各类批发公司、零售企业和基层社。已初步形成了一个大、中、小型储运企业相配合，铁路、公路、水路运输相连接，发货、中转、收货相衔接的储运网。

二、商业储运业的改革

我国的商业储运业是在计划经济体制下建立起来的。就其管理体制看，基本上可分为两种形式：一种是各专业批发公司和零售企业在企业内部自设机构、自配人员、自管储运设施，办理本公司和企业所经营商品的收、发、存等储运业务，费用采取报帐制，由公司和企业统一核算，是为本公司和本企业服务的，这种形式占90%以上。另一种形式是设立专业服务的储运公司（站），集中管理储运设施，承办若干个批发公司的商品储运业务，实行独立核算。它仍属商业系统内部服务性的企业。这种部门所有，内部封闭型的管理体制，使储运设施不能在地区之间、部门之间、单位之间、商品淡旺季之间调剂使用，有的不足，有的闲置，不能适应改革开放和商品经济的需要。根据中央和国务院有关文件精神，商业部在总结各地改革经验的基础上，对储运业进行了一系列改革。

1985年昆明会议上，提出了以政企职责分开为主要内容的一系列储运体制改革的意见。印发了《关于商业、供销储运管理体制改革的意见》，就储运改革问题作了总体部署。1986年在大连召开了以向社会开放为重点的储运改革会议。会后印发了《关于商业、供销储运设施进一步向社会开放的意见》，提出在优先保证本单位、本系统内商品储存和运输的前提下，将多余的储运设施向社会开放，提高设备利用率，提高企业的经济效益和社会效益。1987年在天津召开了以推行承包经营责任制为重点的改革会议。1988年在长春召开了以进一步推动和促进批发公司的储运体制改革会议，提出对批发公司的储运设施可在隶属关系不变、产权不变的前提下，实行独立核算或半独立核算，自主经营，有偿服务，自用有余，对外开放。1989年分别在天津和武汉召开会议，总结前几年的改革情况，进一步坚持、稳定、完善、发展各项改革措施，推动储运改革深入发展。1990年在襄樊召开了以开拓经营，增强活力为重点的改革会议，坚持“一业为主，多种经营”，以增强企业活力。通过上述一系列改革，基本改变了原来的封闭式、内部服务型的管理体制和模式，开始向开放式、经营服务型转变。

为进一步发展商业储运业，适应商品经济发展需要，1991年8月29日，商业部部长胡平主持部办公会议，研究加快商业物流发展建设问题。提出了发展商业物流应遵循“改革、开拓、联合、创新”的指导思想和原则，以及“社会化、现代化、合理化”的发展方向，并就商业物流的基本模式和发展建设措施提出了意见，以部发文件通知各地贯彻执行。在11月于天津召开的全国商业、供销社系统储运工作座谈会上又进一步研究了落实的具体步骤和措施。1992年，在广泛调查研究的基础上，召开了三次研讨会，经反复研究，并借鉴国外经验，印发了《关于商品物流配送中心发展建设的意见》，明确提出了有中国特色的商品物流配送中心的功能、形式、条件、发展步骤和政策措施。并组织广东、上海和杭州、鞍山、牡丹江等地分别进行物流中心和配送中心建设的试点，以探索建设经验。并就调整经营和组织结构，转换企业经营机制，开拓新的经营领域等方面提出了新的要求，储运业的改革和发展进入了一个新的时期。

三、存在的主要问题

（一）仓储市场混乱。随着改革开放的发展，社会上一些机关、厂矿、部队、农民、个体的仓库也相继投入市场，虽对缓解“储存难”起了一定作用，但这些“仓库”绝大部分不具备储存条件，没有必要的安全设施，人员素质极差，有的无照经营，有的偷税、漏税，有的采取不正当手段招揽货源等等，致使商品、物资损失严重，也冲击了国营储运业，形成了不平等竞争。

（二）设施过于分散，利用率低。虽然储运企业的库房基本上是满负荷运转，每平方米储存量可达0.7—1吨，但批发公司附属仓库每平方米储存量只有0.3—0.5吨，利用率较独立核算的储运企业低一半。如扣除品种多、批量少、零星等与储运企业不可比因素，按提高20%的利用率计算，可为社会提供1 800万平方米库，按现行平房库造价计算，可节省建设资金90亿元。

（三）布局不尽合理，部分地区仓库数量不足。仓库不单纯存放商品，也是商品运输的起落点、中转站。一些限制口、交通枢纽地区和物资集散地因缺少必要的仓库和配套设施，而影响中转、换装分运，基至因运送不及时而造成退货现象，或造成费用开支增大；一些新兴起的经济区也缺少应有的仓储设施。

（四）功能不配套，缺乏现代管理技术和手段。在产品经济条件下，所建仓库功能单一，能存放商品就行，属静态型、储备型。随着商品经济的发展，流通加快，批次多，批量少，零星分散，点多面广，出入库频繁，要求配送要及时、准确，仓库管理已转为动态型、流通型。因此仓库只有单一的储存功能已不适应流通需要。现代仓库业需要与运输业相配合发展，故而设施上要成龙配套，应有相应的辅助设施。如：铁路专用线，搬运机具，堆装机具，运输工具，加工包装设备，养护、检测设备，消防安全设施，电脑等一系列现代化配套设施和手段。目前，绝大多数不具备上述条件，且原有库房矮小，设计不规范，也无法采取应用现代机械和先进技术。

（五）仓库老化严重。约50%的仓库已超过“服役”期，地基下沉，墙体开裂，屋顶漏雨，已成为危房，严重威胁商品和人身安全，急需更新改造，但无资金。

（六）储运企业税负过重，没有自我更新、自我积累、自我发展能力。储运企业是以服务为主的劳务密集型的微利企业，其所创造的价值绝大多数体现在受其服务的各级批发企业和货主单位，社会效益大，企业本身经济效益低，没有自我积累、自我发展能力，只能维持简单再生产，有的靠吃老本过日子，职工队伍人心不稳。

四、今后发展设想和政策措施

仓储业是第三产业中决定流通规模和速度的基础产业，并对工农业生产循环有巨大影响，必须转变重生产、轻流通，重商流、轻物流的思想和观念，提高发展仓储业对推动流通、加速周转、促进生产的作用和意义的认识，并采取有力的政策和切实可行的措施促使行业健康快速地发展。

（一）发展设想

1．发展的指导思想

根据商品生产布局、规模、流向及交通运输的现状和发展，统一规划，统筹安排，建立一个以公有制为基础、各种经济成分并存的，适应流通需要，与国民经济各部门、各行业协调发展的，即有中心，又成网络的高效、畅通、可调控的、社会化的仓储服务体系。

2．发展的方向与模式

仓储业的发展方向应是专业化、企业化、规模化，进而达到社会化、现代化、合理化。专业化就是仓储业应实行专业管理，成为一个独立的行业。企业化就是从事仓储业务的部门、单位应成为独立核算、自负盈亏的企业单位。规模化即仓储企业应具有一定的规模，能体现出规模效益。社会化就是仓储企业不单纯为某一特定的企业、部门服务，而要面向整个流通领域、生产领域，面向全社会。现代化就是在设备管理上，尽可能配置先进设备、设施，采用先进技术和科学的管理方法、手段。合理化即仓储企业设置的地理位置、数量、结构、布局等，既适合本行业的特点、要求，也符合城市建设总体规划及铁路、交通设施的现状和发展，同时又能适应商品流通全局、工农业生产布局和发展的需要，并与之协调发展。专业化、企业化、规模化是社会化、现代化、合理化的基础和前提。没有专业化、企业化、规模化也就没有社会化、现代化和合理化。

根据我国的国情和仓储业的现状，仓储业的发展模式可采取以下三种：

（1）在商品主产地、集散地及交通枢纽地和中心城市，主要以现有的大中型储运企业为基础，进行改造、配套与完善，使之成为辐射全国的物流中心（兼配送中心）。

（2）对批发公司附属的大中型仓库实行独立核算或内部核算，也可以与储运企业联合，配套一些设施，使之成为各种专业性、开放型的商品配送中心。

（3）对小型储运企业，小型批发公司、大型零售企业的储运部门进行引导，促使他们之间联合，形成商流物流相结合型的物流中心和配送中心的分支机构或代理点，发挥仓储业的全体优势。

3．发展目标

近期（“八五”期间或到2000年前）发展目标是：

（1）巩固完善现有仓储企业，扩大服务功能，并选择一批大型储运企业进行现代化试点，办成现代化物流中心。

（2）改革不合理的管理体制。考虑目前实际状况，可在领导关系不变的情况下，用经济办法推动批发公司附属仓库（大中型）有条件的做到独立核算，实行企业化经营，为社会化打好基础（零售企业可有一定数量的前店后库性质的仓库）。

（3）加速设施更新改造。将目前已超期服役设施全部更新，并在改造过程中提高组织化、规划化程度，考虑将来实现现代化管理的需要，做好基础准备。

（4）在若干城市进行各种配送中心试点。

长远目标是：每一个大中城市，包括商品、物资集散地，交通枢纽地区，组建1—2个现代化大型仓储企业（或叫物流中心）和几个配送中心；其他地级中小城市建几个中型仓储企业（兼物流中心和配送中心两种职放）；县级市和县级至少要有一个仓储企业。从而形成全国的储运网。

（二）政策措施

要实现上述发展的设相，必须抓住主要矛盾，采取多种有力措施，逐步解决。

1．国家和各级政府应把统管全社会的仓储业纳入宏观管理职能，明确主管部门。其主要职责是：调查研究，统筹安排仓储业的发展规划、网点布局，制定政策、法规等管理办法，审批建设项目和开业，检查监督，咨询服务等。

2．加快仓储行业的立法工作步伐，实现以法治库。应尽快制定《仓库法》及配套法规，以便有法可依，有章可循。

3. 为减少仓储企业的不合理负担，改革不合理体制，推动内部附属仓库实行独立核算，根据目前实际情况，现时可实行下列税收政策：

(1) 大型仓储企业按15%缴纳所得税，中小型储运企业免交所得税，企业留利不再交各种税费，全部留给企业使用，少交或免交的利润，全部用作企业发展资金。

(2)适当减免储运企业的土地税。或按仓库实际占地面积核交土地税。

(3) 提高储运企业固定资产折旧和修理金的提取比例。

(4) 批发公司附属仓库实行独立核算、自负盈亏后，不增交营业税，并享受上述政策。

其他未独立核算的附属仓库不享受上述政策。

4. "八五"、"九五"期间，国家每年安排2—3亿元更新改造贴息或低息贷款，税前还贷，由主管部门统筹安排、统一规划、专款专用，以加速更新改造步伐。在目前仓储设施需要大面积更新的时期，也是深化改革的最好时机，可以将分散的设施集中在地理位置好、交通条件方便、有利于商品流通和城市规划的地点进行更新改造，以利加速改变仓库分散、布局不合理的状况，进行物流中心及配送中心的试点。

5. "八五"期间，对仓库及物流设施的投资，应面向社会化的、独立核算的仓储企业，免交投资方向税，税前还贷；凡建设后是附属自用的，一般不批建设计划，或实行高率贷款，高率投资方向税，以改变自有自用的不合理体制及重复建设、利用率低下的状况。

6. 目前，在搞好仓储业的同时，要大力发展多种经营，以补充主业发展的资金需要。

7. 要加强物流科技攻关，做好引进、消化、吸收及推广工作。

8. 要调动各方面的积极性，多方筹集发展资金。允许个体和私人兴办仓储业，但必须符合经营条件，且有足够赔偿的注册资金。

总之，要在调查研究的基础上，总结仓储业发展的经验和教训，实事求是地研究和制定具体方案，积极创造条件，尽快建成一个有中国特色的、高效、畅通、网络化的仓储服务体系。

（国内贸易部基建储运管理司　徐文彩）

粮食仓储业　解放以来，我国的粮食仓储企业一直是在党和政府的关怀下，发展壮大起来的。但由于受当时粮食管理体制的制约，粮食部门存在的困难和问题也越来越暴露出来，困扰和制约着粮食事业的进一步发展。财政欠拨，政策性挂亏日趋严重，粮食仓储企业没有自主权，自我积累、自我发展的能力差。党的十一届三中全会以后，在"调整、改革、整顿、提高"的方针指导下，各地粮食部门积极对粮库的经营体制进行探索和改革。针对粮食仓储企业已不能适应形势发展的落后管理状况，为了增强粮库的经营活力，解决"两个大锅饭"的弊端，进一步调动企业和职工的积极性，1980年，商业部发现并及时总结了天津大直沽粮库"栈租制"的经验，以后又在全国各地进行试点，逐步推广这一做法。"栈租制"虽不是什么新生事物，但用在长期严格执行国家制定"四统一"政策的粮食仓储企业，却是一种大胆的尝试和改革。实践证明，实行"栈租制"管理是粮库体制改革的方向。实行"栈租制"后，初步理顺了国家与企业的关系，改变了粮库企业一切都依赖国家的被动地位，把企业的责、权、利有机地结合在一起，搞活了生产经营，节约了费用开支，减少了消耗，降低了成本，提高了企业的经济效益和社会效益。企业有了活力，经营机制转换的就快。1990年和1991年，商业部、财政部、国家体改委又分别在天津、烟台召开了粮食企业体制改革经验交流会和座谈会。改革使粮食仓储企业实现了政企职责分开，解决了死指标活任务、钱粮脱节的弊端和企业吃国家大锅饭的问题，调动了企业和职工的积极性，粮食储运部门的广大职工，在保好粮的前提下，积极开展多种经营，把企业推向了市场。到1991年底，我国的粮食仓储企业有固定资产200亿元，有职工150万人，仅据23个省、市、区27 000多个单位的统计，仓储企业开展多种经营额达13亿元，实现利税5.23亿元，企业留利1.2亿元，其中经营议价粮油实现的利税0.24亿元，储运设施对外开放实现利税0.54亿元，加工粮油、食品、饲料食品等实现利税1.42亿元，在发展养殖业、种植业、旅馆饭店服务业和商品经营等实现利税0.53亿元。各地仓储企业的多种经营表明，不仅取得了明显的经济效益和社会效益，而且搞活了企业，壮大了企业的经济实力，增加了职工收入，这是粮食仓储企业在改革开放的新形势下，做出的新贡献。我国幅员辽阔，仓储企业的多种经营，在地区之间、企业之间发展还不平衡，还有相当一部分企业没有把多种经营开展起来，有的开展了，也没有把优势发挥出来。

在仓库建设方面，1978年我国有粮食库点58 265个，有仓容1 097.5亿公斤。其中完好的有912.5亿公斤，有30%的仓房是解放前的民房祠庙仓和解放初期建的简易仓、土圆仓。随着农业生产的不断发展，粮食数量不断增加。粮食仓库严重不足，露天存粮不断增加，直接给粮食的保管工作带来了很大的困难。特别是

1984年和1989年、1991年，粮食大丰收，粮食部门为了保好粮，通过租借物资、军队、商业、外贸等部门仓房存放了100多亿公斤粮食，但仍有450多亿公斤粮食、油料存放在露天囤垛之中。由于仓容不足，又带来了一系列的问题：国家储粮难，农民卖粮难，粮食流通体制受阻，影响国家改革政策的落实，费用开支增多。鉴于此种情况，1983年，经国务院批准，用四年时间，集中30亿元资金，建成仓容287亿公斤。"八五"期间，在国家资金非常紧张的情况下，又拿出一定的资金，新建仓容250亿公斤，粮食仓容紧张状况有所缓解。截止到1992年，我国的粮食仓库容量达1 520亿公斤，其中完好仓容1 273亿公斤。虽然近十年在国家的重视之下，建了不少粮食仓库，但由于过去欠帐太多，目前仓容量与实际储存数字相比，缺仓仍很严重。近几年每年报废仓容近50亿公斤，另外大部分的民房祠庙仓、土圆仓以及50、60年代建的简易仓房也都危在旦夕，"带病运转"。而且我国仓容利用率一般不超过70%，也就是说能存粮的仓房只有891亿公斤。到1992年底还有350—400亿公斤粮食在露天储存。建议国家在"九五"期间，在资金的投入上向粮食仓储设施建设倾斜，从根本上解决农民卖粮难、国家储粮难的矛盾，保证粮食的安全储存。

（国内贸易部粮食储运局 龙伶俐）

物资储运业 物资储运是生产和流通的重要环节。传统的物资储运业主要是从事物资的储存、保管、运输等。

一、物资储运业的基本情况

经过40多年的建设，特别是近10年的改革开放，我国的物资储运业已从功能单一的仓储业发展成为集运输、配送、加工等功能为一体的综合性服务行业。目前全国物资储运业拥有固定资产103.64亿元，职工49万余人，占地面积1.8亿平方米，营业性库房1 900万平方米，露天货场1.1亿平方米，铁路专用线1 720条，拥有火车自备列车和特种铁路运输车辆，各种运输和起重设备3万多台，年吞吐能力6亿吨以上。

中国物资储运总公司是全国规模较大、功能齐全的骨干企业，现有固定资产15亿元，职工3万人，占地面积2 000万平方米，营业性库房200万平方米，露天货场500万平方米，铁路专用线131条，各种公路运输车辆1 200部、起重机2 300台，年吞吐能力2 000万吨以上。已与国内5 000个铁路火车站对发物资，远洋船队已在日本、南韩、新加坡、香港、东南亚及其他国际航线上开办国际货物运营业务，国际集装箱联运业务也具相当规模，上千个经营网点遍及全国20多个大中城市和主要港口，已成为在国内、国际市场有较大竞争能力的公司。

我国物资储运业发展中存在的主要问题：一是管理分散，市场混乱。全国尚无行业管理机构，法制很不健全，各自为政，层层设库，土地、资金浪费惊人，设施利用率低，一些集体和事业性仓库利用政策优势和灵活手段，与国营企业开展不平等竞争，重复建库现象相当严重；二是布局不合理。70年代中央和地方在边远城市和地区建设了一批综合仓库，由于交通不便长期闲置，利用率极低。改革开放以来，一些经济发达的城市及沿海地区经济发展迅速，仓储能力严重不足，影响了生产物资的正常储存和流通；三是仓储设施破旧。现有的库房一半以上为70年代以前建造，矮小、简陋，货场、道路有89%是泥土碎石结构，坑洼不平，致使排水不畅，雨季时物资常被浸泡，大量库存物资损失严重，一些化工危险品库，由于库存化工原料燃点低，仓库又无相应的通风降温设施，每到夏季，库房上必须浇自来水降温，库内不得不购买食用冰降温，起重运输设备超期服役率高达48.8%；四是仓库功能单一。现有储运仓库除仓储业务外，物流加工、配送、包装、贸易等配套服务大部分仓库尚未开展，不能适应市场需求。

二、1992年储运业的发展

（一）深化改革，转换机制。物资储运从以劳务服务为主的行业特点出发，实行"小管理，大经营"，改革不适应生产发展的领导体制、管理制度、用工制度，搞活企业，搞活经营，并不断采用科学管理办法（包括建立一套科学的考核体系）和先进技术，提高市场竞争能力，创造最佳效益。如：中国物资储运总公司本部从1992年4月起实行全员"四封存"（工资、职务、职称、干部身份封存）的改革，管理人员由99人减到17人，1992年总公司本部实现利润442万余元，甩掉吃管理费的帽子。

（二）开发综合贸易。物资储运业充分利用储运企业现有场地、运输手段和联系广、信息灵的优势，开展生产资料经营业务。改变了仓库单打一的局面，面向社会服务，逐步形成了依托储运，集服务、加工、贸易、物业、科技开发并举的经营格局，提高了现代化、合理化水平，为国民经济各行业提供了优质、配套、高效的实物流通服务。

（三）开拓外向型经营，为与国际市场接轨积极准备。1992年物资储运总公司已分期分批选派人员赴国外培训和考察，引进国外先进管理和技术，成立合资企业16家，注册资金总额1 000余万美元，充分利用沿海城市特别是保税区的对外开放前沿阵地，先后涉足天津、大连、浦东、广州等保税区，开展国际、国内贸易，在美国、独联体、香港等国家和地区设立了分支机构，已开始组织进出口业务。目前储运业把未来发展的舞台定位在国际市场竞争上，正把业务触角和分支机构延伸到国际市场，及时把握机遇，加快发展进程，在人才、机构、网点分布等方面做了积极准备。

三、今后的发展方向

（一）合理调整布局，积极向社会化发展。根据“发展沿海、搞活内陆、紧缩三线”的战略调整方针，今后5—10年，通过行政法规和经济、政策杠杆，有步骤地将一些长期闲置、亏损的边远仓库进行设备、资金转移，对附属于部门、企业的非独立核算仓库进行开放，面向社会。中国储运总公司将在上海浦东、深圳等沿海开放城市和大连、天津两个保税区，新建一批多功能的综合性储运企业。

（二）充分发挥挖掘土地资源优势，大力创办实业。充分利用场地、房屋、设施和设备等有利条件，广泛引进国内外资金和技术，创办实业，生产有竞争力的产品，尤其是高新技术产品。对于物资储运系统，在“八五”期间，一是力争创办30个中外合资企业；二是把正在试制和洽谈的高新技术产品项目尽快搞出来，投入生产；三是把沈阳、天津、上海、武汉等机修厂抓紧建成一、二汽集团新型轿车的维修中心（站）；四是郑州秤厂的电子秤、要在提高质量、改进工艺、开发新品种的基础上提高产量；五是有条件的仓库都要根据货主、用户的要求，开展剪切、组装、冲压、改制（装），折弯、打孔等物资加工业务。

（三）建立经济、合理、高效的配送中心。增加运输能力，以库区为轴心，组织从物资仓库到生产企业车间的门对门配送，逐步做到配送点、线、面、网配套，为大中型生产企业组织原材料供应和产成品的产前、产中、产后服务，最大限度地满足社会需要。

（四）建立科学的管理体系，逐步实现储存运输的集装化和托盘化、装卸搬运的机械化和包装加工的标准化综合信息的电脑化和网络化。

（五）加快储运设施的技术改造。按照立足利用现有基础，适当新建的原则，通过国家支持、企业自筹、引进外资等多种渠道筹集一部分资金，抓紧对现有的仓库、货场、运输设备、铁路专用线等基础设施进行改造，充分发挥物资储运业在生产和流通中的重要作用。

（国内贸易部　中储）

对外贸易仓储业　商品储存是对外贸易商品流通不可缺少的重要环节。对外贸易仓储业的主要任务是：对进出口企业收购的出口商品，进行保管、养护、挑选、整理、加工、改装、包装、备货和发运等，以保证完成国家的出口创汇任务。

一、外贸仓库的建设与发展

我国的外贸仓库是从1953年开始建设的。在国务院的关怀和国家计委、财政部等部门的大力支持下，到1978年，国家累计投资208 603万元，共建设各类仓库约2 000处（其中冷藏库130处、冷藏能力21.4万吨），库房建筑面积670万平方米，露天货场和集装箱堆场408万平方米；同时配套了一部分装卸搬运设备，少数大型仓库还修建了铁路专用线，有的修建了专用码头。

党的十一届三中全会以后，在改革开放的方针指引下，我国的对外贸易迅速发展，为对外贸易服务的仓储业必须适应新的形势，因而加快了外贸仓库的建设步伐。从1979年到1987年，国家为建设外贸仓库累计投资为152 314万元。这9年的投资相当于1978年以前25年投资总额的73%。从1988年起，国家实行“拨改贷”政策，仓库建设所需资金由企业自行贷款，或向财政部申请借用商贸企业业务发展周转金，定期归还，到1992年企业贷款和借用周转金累计约5亿元左右。

根据1992年3月至10月历时8个月的普查统计，截止1991年12月31日（1992年基本无变化），全国外贸仓库共有2 643处（其中冷藏库170处、冷藏能力24.6万吨），库房建筑面积1 503万平方米，比1978年增加124.33%；露天货场和集装箱堆场739万平方米，比1978年增加81.13%。此外，向社会其他单位租用或联营仓库1 130处，库房建筑面积323万平方米，露天货场350万平方米。

外贸仓库的主要配套设施、设备有：铁路专用线205条，总长15.94万延长米；专用码头127个，岸线总长1.15万米；各种装卸搬运设备10 189台（部、艘），共6.87万吨位，其中：集装箱专用设备（叉车、拖车、拖架等）456台、13 449吨位，各种吊车848台、7 407吨位，普通叉车3 562台、8 318吨位，货运汽车4 025部、2.06万吨位，驳船36艘、1.62万吨位，货运电梯1 081部、2 245吨位。沿海港口仓库装卸搬运作业基本上实现了机械化或半机械化，不仅减轻了工人的劳动强度，而且提高了生产效率和作业质量，保证了出口商品按时集港装运出口。

二、外贸仓储管理的历史概况和现状

外贸仓库是我国出口商品储存保管的要害场所，在对外贸易工作中有着重要的地位和作用。但是，从1953年建库到1973年的20年中，没有把仓储作为一个行业加强管理，只把它看作是各外贸公司的附属企业；而各外贸公司一般是只抓储存，不抓管理。因而许多仓库管理制度不健全，仓储业务混乱，差错事故和商品霉变、虫蛀现象时有发生；不少仓库的库区垃圾遍地、杂草丛生、火险隐患多，一般每年都发生火灾十几起，直接经济损失少则几百万元，多则上千万元。仓储职工则因工作艰苦、待遇低、福利差，加上有些犯了错误的同志往往调到仓库工作，使人们认为做仓储工作低人一等，因而许多职工不安心仓储工作，要求调走，企业缺乏凝聚力。

1974年1月，原对外贸易部常务副部长姚依林同志主持成立了仓库工作办公室，派出两个工作组到仓库蹲点，参加劳动，调查研究，以"鞍钢宪法"的基本精神为指导，总结仓库基层建设（包括组织建设、制度建设和思想建设）的经验，推动面上的仓储管理工作。经过一年的努力，发现和培养了一批先进典型。1975年1月，在北京召开了全国外贸仓库工作座谈会，总结交流了先进单位的经验，李先念副总理到会讲了话。会后财经出版社出版了一本《坚持鞍钢宪法办好外贸仓库》的经验选编。这次会议，对推动外贸仓库加强管理起到了很大的作用。

为了加强对仓储工作的领导和管理，1976年1月，对外贸易部以仓库办公室为基础成立了仓储局（又挂中国对外贸易仓储总公司的牌子，政企合一），着手研究制定《外贸仓储管理制度》确立了"安全、优质、方便、多储、低耗"的外贸仓储工作方针，并根据这个方针，提出了"五优"（仓间安全管理优，保管养护质量优，方便货主服务优，挖掘潜力多储优，增产节约低耗优，每一项"优"都有具体要求）管理法，于1979年初组织推动外贸仓库开展创"五优"活动，从创"五优仓间"开始，逐步发展到创"五优仓库"和"最佳五优仓库"，每年检查考核一次。达到《五优仓间基本要求》的仓间，由仓库或上级公司命名为"五优仓间"；"达到《五优仓库基本条件》的仓库，由地方经贸主管部门命名为"五优仓库"；达到《最佳五优仓库基本条件》的仓库，由地方经贸主管部门向经贸部推荐，由经贸部命名为全国对外经贸系统的"最佳五优仓库"，发给奖牌和证书，并通报表彰。创"五优"不搞终身制。创"五优"的内容，是根据形势的发展和管理工作的需要，不断提出新的要求，引导创"五优"活动不断深入发展，做到常创常新。

外贸仓库开展的创"五优"活动，是一种具有外贸特色的行之有效的仓储管理方法，因而能坚持十四年而长盛不衰，并且取得了可喜的成绩，主要表现在：库容库貌发生了根本性变化，仓间商品堆码整齐，机械设备、物料用品定置存放，库区整洁卫生，不少仓库从实际出发搞好绿化美化，变成了花园式单位；仓储管理水平有了很大提高，基本上做到了管理规范化、标准化，一部分仓库开始应用现代化管理方法和计算机辅助管理手段，正在为实现仓储管理现代化而努力；显著提高了为货主优质服务的水平，商品霉变虫蛀现象和差错事故很少发生，特别创"五优"活动的10多年来，基本上杜绝了重大火灾事故；企业的凝聚力和向心力大大加强了，"库兴我荣，库衰我耻"成为广大仓储职工的共识，要求调离仓库的人很少见了，要求进仓库的人却多了，甚至出现了大学毕业"三考"进仓库的生动事例。

此外，从"五优"考评方面也可以体现出仓储管理水平的提高。1981年第一次考评时，共评出"五优仓库"5个；1991年评出"最佳五优仓库"91个，"五优仓库"近400个；1992年预计"最佳五优仓库"可达到120个以上。在仓储企业中，还有23个单位晋升为国家二级企业，22个单位命名为省、部级先进企业。

三、适应市场经济体制，转换经营机制

过去在计划经济体制下，外贸仓库作为各外贸公司附属的服务单位，商品的储存、吞吐完全由其上级公司安排，只储存本公司的商品，不为其他单位服务。仓库本身没有经营自主权，大多数不搞独立经济核算，实行报帐制，因而不关心经营成果。中国外运总公司系统的仓库，虽然属于营业性的，但也主要是为各外贸公司服务，一般不承揽其他单位的商品储存业务。

随着外贸体制的深化改革，各外贸公司和仓库都实行承包经营责任制。从1988年起，国家给各外贸公司核定了出口亏损限额，超亏不补，自行消化；到1991年又改为出口自负盈亏，国家不再补贴。在这种新形势下，促使各外贸公司压缩库存，力求减少中间储存环节，以节约商品流通费用，降低出口成本。这对外贸全局来说是大好事，但对外贸仓库来说却是一个很大的冲击，不少仓库出现了货源减少、空仓增加、收入下降的情况，加上改革开放以来，农民、部队和社会其他单位的仓库迅速兴起，储运市场竞争激烈，货源分流，更给外贸仓库的揽货带来了困难。

面对市场经济的浪潮，许多外贸仓库及时转变观念，从计划经济体制的束缚中解脱出来，转换经营机制，坚持一业为主多种经营，走向市场参与竞争，在竞争中求得生存和发展。外贸仓库转换经营机制的做法，概括起来主要是：深化劳动人事制度和分配制度的改革，调整组织机构，使其适应市场经济的需要；对优化组合的富余人员，安排他们从事多种经营；为了便于拓宽业务领域，不少仓库经工商行政管理部门批准更名为储运贸易公司，以利做到储营结合。这样做了以后，尽管商品储量有所减少，但有多种经营作补充，经济效益仍然较好。例如：中国外运江苏浒墅关中转仓库，1992年仓租收入211万元，比1991年减少2%，多种经营收入147万元，比1991年增加31%，两项收入合计1992年比1991年增加9.4%；上海文教体育用品进出口公司漕宝路仓库，1992年仓租收入262.4万元，比1991年减少54%，多种经营收入217万元，比1991年增加70%，两项收入合计1992年比1991年增加61.8%。有些仓库两项收入都有不同程度的增长；也有些仓库，仓租收入减少的比例大，多种经营收入增长幅度小，因而两项收入合计1992年比1991年有所降低。

外贸仓库多种经营的项目很多，如：经营出口商品，代购出口商品，开展边境易货贸易，加工挑选出口商品，办小型服装厂、印刷厂、汽车修理厂、包装厂，办中外合资企业，建宾馆、饭店从事国内贸易等。总之，许多仓库都根据自己的实际情况选择经营项目，力求投入少，产出多。目前多种经营只是刚刚起步，正在兴起阶段，不用很长时间就会有一个较快的发展。搞好一业为主多种经营，是外贸仓库在市场经济体制下，提高经济效益的重要途径。

四、外贸仓储业急待解决的问题

外贸仓库大部分是砖木结构的平房库和简易库，共849.4万平方米，占库房建筑面积总数的56.5%，其中约有500万平方米投产使用20年以上，均已不同程度的老化，有的地基下沉，有的墙体开裂，特别是用简易建筑材料修建的库棚已成为危房，急待大修或报废重建；外贸仓库的装卸搬运设备，大部分是1982年以前进口的，有的已超过规定的折旧期无法使用，有的严重磨损需要更换发动机等总成或报废，属于上述情况的装卸搬运设备共有3 000余台。

外贸仓储设施的更新改造或大修，需要的投资很多。如果报废重建库房300万平方米（每平方米最低造价400元）、大修200万平方米（每平方米最低造100元）、更新设备2 000台（每台平均按12万元计算）、大修设备1 000台（每台按3万元计算），则总投资为16.7亿元。这个数字只会偏低而不会偏高。如中国外运上海江湾储运公司大修1.5万吨的冷库，预算投资1 000万元，中国外运河北元氏仓库翻修3万平方米库房屋顶，预算投资300万元，购买一台国产普通3吨叉车需要9万多元，进口一台40吨集装箱叉车需要近300万元。

仓库是微利企业，自筹资金难以解决。以中国外运总公司系统为例，应当更新改造的库房96万平方米、设备1 000台，需要投资5亿多元，而仓库每年的利润7 000万元左右，按留成60%计算为4 200万元，除去50%的奖金、福利费后剩下2 100万元，再缴纳25%的“两金”，只有1 575万元。如果这些钱不作他用，全部用于仓储设施新改造，需要30年的时间才能完成；但是用不了几年其他库房和设备，又要更新改造了。因此，假若国家不给予支持，完全靠仓库自筹资金解决，那么仓库不但不能进行扩大再生产，连简单再生产也难以维持，这就不能适应我国对外贸易日益发展的需要。

（对外贸易经济合作部　李本珂）

集市贸易

一

集市贸易在我国已存在了几千年，新中国成立后，它的发展几经波折。十年动乱后已是“奄奄一息”。1978年党的十一届三中全会以后，集市贸易迅速恢复、蓬勃发展。在社会经济生活中发挥了重要的作用。改革开放十几年来集贸市场的发展，大体经过了三个阶段：

（一）恢复开放阶段（1978—1983年）。这一阶段主要是恢复被关闭的农村集市贸易，开放城市农副产品市场和工业小商品市场。十一届三中全会和四中全会明确，社员自留地、家庭副业和集市贸易是社会主义经济的必要补充部分，任何人不得乱加干涉，不能当作所谓“资本主义尾巴”去批判。中央肯定了集市贸易的性质、地位和作用，城乡集市贸易相继恢复和开放。1980年8月，工商行政管理总局在沈阳市召开了全国城市农副产品市场座谈会，肯定了沈阳市开放城市农副产品市场的经验和城市中开放小商品市场的“方向是对的”1982年10月，国家工商行政管理总局又在武汉市召开了全国小商品市场现场会，肯定了汉正街小商品市场的经验，对小商品市场的上市商品范围、上市人员、销售形式、贩运和价格等问题进行了研究，明确提出放开小商品市场。国家相继调整了农副产品的购销政策，放宽了上市商品的范围，允许农民从事一定商品范围内的、一定程度的贩运活动，个体工商户也得到恢复和发展。之后，农村集市贸易迅速恢复，城市中普遍开放了农副产品和工业小商品市场，并随着农村商品经济的发展而逐年发展。1983年2月，国务院发布了《城市集市贸易管理办法》。这是新中国建国以来第一个市场管理法规，它总结了30多年来集贸市场管理正反两个方面的经验，把开放城乡集市贸易的经济政策用法规形式确定下来，对上市物资和参加集市活动的范围在政策上进一步放宽，有力地促进了集贸市场的发展。1978年，全国集贸市场仅有33 302个，年成交额125亿元，相当于社会商品零售额的5.4%，且市场形式单一；到1983年，城乡集市数已发展到44 775个，集市贸易成交额达379.3亿元，5年平均每年以50亿元的数量增加，年增长幅度为20%。集市贸易成交额占社会商品零售额的比重上升到10.2%。城乡集市贸易已成为联系生产和消费、城市和农村一条不可缺少的渠道。

（二）发展和提高阶段（1984—1989年）。其主要标志是：市场数迅速增加；成交金额大幅度增长；批发市场、专业市场出现并有一定的发展；市场建设普遍展开，很多市场服务设施日渐完善；市场行为和市场管理走向规范化。1984年2月国务院发布了《关于合作商业组织和个人贩运农副产品若干问题的规定》，贩运政策进一步放宽，个人贩运不受行政区划和路途远近的限制，可以利用机动车船，在经营方式上可以零售也可以批量销售，使商品上市量迅速增加。各级党政领导对发展集市贸易越来越重视，越来越支持，在土地、资金等方面提供了不少优惠政策，“抓生产不抓流通不行，抓流通不抓市场不行”的观念越来越为各级党政领导所接受，这是集贸市场得以发展的基本保证。各级工商行政管理部门同志经过辛苦努力，探索了一套行之有效的管理集市贸易的经验，促使集贸市场迅速发展。主要的经验：第一是发展贩运队伍，鼓励贩运活动。国务院逐步放宽贩运政策后，积极发展贩运队伍，巩固贩运队伍。贩运队伍的发展，促进了专业、批发市场的发展，增强了集贸市场的凝聚力和辐射力。第二是尊重价值规律，充分发挥价值规律的调节作用。集贸市场实行全方位开放，平等竞争，等价交换，随行就市，吸引了众多不同经济成份市场主体进场经营，大大活跃了市场。第三是既搞好管理，又搞好服务。在依法管理、认真维护市场秩序的同时，积极为交易双方服务。第四是创建文明市场活动，推行规范化管理，提高了市场管理水平。根据集市贸易的特点和存在问题，抓住其中最有普遍意义的东西，提出重点，即管理工作、经营作风、场容场貌、市场效益四个方面，并明确目标要求，由下而上进行检查、评比、表彰先进。这项活动的开展，受到了各级政府和工商部门的重视，效果很好，对于加强集贸市场的物质文明、精神文明建设，提高管理水平，促进集市的繁荣发展，都起到了积极作用。到1989年底，集贸市场数已达72 130个，比1978年增加38 828个，增长116%。其中工业小商品市场3 340个，农副产品批发市场1 313个。集贸市场成交额达1 974亿元，比三中全会前增长14倍，比1979年增长9.8倍。1984至1989年6年平均以265.3亿元的数量增加，年平均增长幅度28.9%。1989年集市贸易成交额占社会商品零售总额的20.97%，农民出售农产品近一半要通过集贸市场，城市居民吃菜一大半由集市供应。集市贸易已经成为一条不可替代的重要的流通渠道。至此，集市贸易发生了如下根本性变化：1.市场类型已由单一的农副产品、手工业品市场向既有农副产品、手工业品又有轻纺原料、日用工业小商品等多类型市场转变。2.购销方式已由基本上是零售向既有零售又有批发、既有现货交易又有远期合同交易等多种交易方式转变。3.市场功能已由小范围的地区性交易，短途运销功能向跨地区、深购远销、远距离辐射功能转变。4.市场主体已由基本上是农民和手工业者向既有农民和手工业者又有国营、供销合作社企业以及其他集体企业、合伙经营、个体工商户等多种成份转变。这一时期集市贸易已经形成一个多成份参加的，多类型、多层次、多功能的，市场机制比较健全的流通网络。

（三）迅猛发展、不断完善阶段（1990—1992年）。主要标志是：集贸市场已初步形成了布局合理、发育健全、覆盖全国城乡的网络；各类专业、批发市场异军突起，大大提高了市场的辐射功能；越来越多的商品依靠集市贸易这条流通渠道来实现自身价值，城市居民购买副食品的主要场所已从过去的国营副食店转向城市集贸市场；市场价格逐步进入平稳水平，且稳中略有下降；市场建设取得了突破性的进展，单个市场建设规模和档次的提高，使大型市场不断涌现；积极开拓国际市场，边民互市迅速发展。

随着改革开放的不断深入，党中央、国务院对农副产品和工业小商品经营品种和经营范围绝大多数放开。各级党委、政府已将发展集贸市场做为振兴当地经济的一项重要工作，把市场建设纳入城镇建设规划，把发展市场纳入发展经济的总体规划，并以党委、政府的名义发布加快集贸市场建设的文件，召开市场建设现场会，成立以政府分管领导牵头的市场建设领导小组。多家办市场的热潮一鼓再鼓，不仅政府有关部门积极组织培育市场，企业和群众团体也积极开办市场，还有一些地方与外商共同办市场。

各级工商行政管理机关支持各类市场发展，加强监督管理，促进完善社会主义市场体系，促进了集贸市场的迅猛发展。

1990年10月，国家工商行政管理局在沈阳召开了全国集贸市场会议。会议全面分析了改革开放以来我国集贸市场的发展过程和它在国民经济发展中日益重要的作用；总结了发展集贸市场的基本经验；提出了从建设有中国特色的社会主义的高度来认识集贸市场作用的观点，同时，提出了“八五”期间和后十年集贸市场的大体发展规划要求。会后，各级工商行政管理机关认真贯彻会议精神，在党委、政府的领导下，根据本地实际发展市场，全国掀起了继1984至1985年以来第二个集贸市场建设热潮。1992年3月，国家工商行政管理在北京人民大会堂召开了“全国十大专业批发市场新闻发布会”。会上介绍了全国十大专业批发市场在发展经济、搞活流通中的作用，在全国引起了强烈反响。这次会议进一步促进了全国范围内大型市场的发展。1992年初，中央发表了小平同志南巡重要讲话，奠定了我国向市场经济迈进的基础；下半年，党的十四大召开，把确定社会主义市场经济体制，作为我国经济体制改革的目标，标志着我国社会主义现代化建设进入了一个新的历史阶段，是我国革命和建设的一个光辉里程碑。为了贯彻小平同志南巡重要讲话和党的十四大精神，1992年11月，国家工商行政管理局在武汉市召开了全国市场工作会议。这次会议，以贯彻党的十四大提出的建立社会主义市场经济体制的理论为依据，密切结合工商行政管理机关的实际，提出了培育社会主义市场体系结构框架的思路和加快培育市场体系的意见。总之，1990年以来，各级工商行政管理机关一方面积极组织协调落实，大力加强集贸市场基础设施建设，改善交易条件；另一方面，改革并加强市场监督管理，引导交易主体依法开展公平交易；查处违法违章活动，坚决打击制售假冒伪劣商品的行为，并通过在全国进一步深入开展创建文明集贸市场活动，提高市场管理的规范化、制度化、科学化的水平。有些地方还制定了市场审批登记管理办法，对市场的开办进行统一管理。从而有力地促进了集贸市场的发展。到1992年底，全国城乡集贸市场已发展到79 188个，比1978年增加了45 886个，增长138%，平均每年增加3 277个；其中城市有14 510个，农村64 678个。全国集贸市场成交额达到3 530亿元，比1978年增加3 405亿元，是1978年的27.24倍，平均每年增加243.2亿元。其中城市集贸市场成交额1 583亿元，农村集贸市场成交额1 947亿元。全国集贸市场成交额占社会商品零售总额的25.2%，比1978年提高了19.8个百分点。从各地看，1992年广东省集贸市场成交额为408亿元，改革开放以来连续十几年为全国最高；其次，浙江省321亿元，山东省305亿元，江苏省243亿元，四川省233亿元，河北省211亿元，辽宁省205亿元。

这一阶段，全国集贸市场的发展主要有以下特点：

1. 各类批发市场发展快，市场结构趋向合理。近年来，批发市场的发展和建设得到了各地的普遍重视。1990年，全国农副产品批发市场为1 340个，成交额115亿元，1992年则发展到1 858个，成交额达到224亿元；市场个数增加了518个，增长38.6%，成交额增加了109亿元，增长94.8%。1990年，全国工业小商品批发市场有265个，成交额113亿元，1992年发展到560个，成交额356亿元；市场个数增加了295个，增长111.3%，成交额增加了252亿元，增长了223%。批发市场的发展，使商品流通规模、范围得到进一步扩大，缓解了农民卖难问题，增加了农民收益；使一些企业以市场为依托，采购原料、推销产品，逐步成为市场的主体。

2. 大型骨干市场激增，繁荣了经济。1990年，全国超亿元市场只有110个；1991年，达到162个；1992年，即高达343个。1992年比1990年增加233个，增长211.8%。这些市场成交额达813亿元，占集贸市场成交额的23%，比1991年提高了10.6个百分点。超亿元市场成交额超10亿元的由1991年的3个增加到12个，5至10亿元的由5个发展到19个。浙江省义乌市中国小商品城连续三年位居榜首，成交额1992年高达20.50亿元。1992年在超亿元市场中，各类批发市场有193个，占总额的56.1%；成交额是569亿元；占成交总额70%。超亿元市场大多分布在东部和中部地区，其中浙江省44个，广东省42个，辽宁省28个，江苏省27个，河北省26个。大型骨干市场近几年迅速崛起表明，作为我国市场发展先导的集贸市场，吞吐量不断加大，辐射范围进一步广泛，已经成为当地经济发展的龙头。

3. 市场设施建设取得了突破性进展。1990年全国集贸市场建设投资额为19.5亿元。1991年达38.15亿元，1992年高达116.5亿元。1991年比上年增加18.65亿元，增长95%；1992年比1991年增加78.35亿元，增长205%。1992年市场建设投资为前6年的总和。1990至1992年全国共新建、改建集贸市场共18 491个，不少市场建设规模大、标准高、投资见效快。1992年，市场建设投资超亿元的省（市、区）达24个，其中，投资超过5亿元的省有8个，依次是：山东、河北、辽宁、江苏、广东、河南、浙江和四川。经过十几年，特别是近几年建设，全国城乡集贸市场的交易环境得到了很大的改善，与改革开放初期相比，市场面貌发生了显著变化。

4. 东部地区集贸市场继续发展，中西部地区发展步伐加快。近年来，东部地区市场稳步发展，据对沿海12个省（市、区）的统计，1992年的成交额为2 090亿元，占成交总额的59.2%。特别引人注目的是，中西部地区集贸市场发展步伐大大加快，1992年，内蒙、甘肃两省区成交额比1991年增长幅度分别达到44%和43%；湖南、新疆、宁夏、陕西、贵州等省区增长幅度也超过30%。中西部地区集贸成交额占社会商品零售总额的比重也有较大提高，贵州、甘肃两省集贸市场成交额占社会商品零售总额的比例分别为36.65%和32.2%。

5. 积极开拓国际市场，边民互市迅速崛起。近年来，随着对外开放的不断深入，我国与周边国家贸易往来越来越多，边民互市有了很大发展。据对云南、广西、新疆、黑龙江、吉林、内蒙古六省（区）统计，1992年边民互市市场已发展到292个，比1991年增加148

个，增长49.7%；年成交额达24亿元，比上年增加一倍多；年成交额在5 000万元以上的市场有13个，比1991年增加了5个。现在边民互市已不限于边民之间互通有无，而扩大为有众多的国有、集体企业、个体工商户，边民之间以及与邻国客商、边民之间的商品交易。1992年，在边民互市场经营的单位和个体工商户达35 000多个，比1991年增加70%，其中，国有、集体企业有4 200多家，比1991年增加88%；个体工商户31 000多户，比1991年增加48%；境外客商在我国边民互市市场经营的有11 000多人，比1991年增加74%。边民互市市场上市商品丰富，有中外农副产品、日用工业品等多达几千种，吸引了大量的中外游人和消费者，日客流量达到160万人次，比1991年增加了2倍。边民互市市场设施得到了进一步改善，1992年共投资1.4亿元，投资额比1991年增加122%。

6. 进入集贸市场经营的国有、集体企业明显增加。集贸市场已不再是传统意义上的集贸市场，它已成为国有、集体企业和私营企业、个体工商户共同竞争的“舞台”。1990年，不少生产企业为克服市场疲软带来的困难，大量进入集贸市场销售产品；集贸市场也积极为企业安排摊位。1991年，国有企业、供销社和其它集体企业进入集贸市场经营的大大增加，销售额达350亿元。1992年，国有、集体企业在集贸市场的销售额高达497亿元，比1991年增加147亿元，增长42%。

7. 集市贸易商品成交量增加，平抑了物价，促进了生产。1990年，城市集贸市场主要商品成交量相当于国营商业同类商品零售量的比重是：干鲜果293.02%、水产品188.54%、鲜蛋147.07%、蔬菜138.48%、牛肉125.21%、羊肉122.35%、肉禽蛋108.10%、猪肉78.31%、食油11.21%、粮食32.23%。1991年除羊肉略有减少，其余都有增加。1992年，集贸市场的成交量明显高于国有商业：干鲜果超过国有商业的5倍，鲜蛋、蔬菜超过3倍，水产品超过2倍。集贸市场主要农副产品价格总水平1992年仅比1991年上升1.9%，大大低于社会商品零售物价增长指数。其中，城市商品价格比上年同期上升4.5%，农村与上年持平。城市集贸市场41种主要农副产品中，32种商品年平均价格上升，其余下降或持平。农村56种农副产品中，35种商品年平均价格上升，21种商品价格下降。目前，县以下城镇居民的副食品基本上靠集贸市场解决，大中城市居民的副食品也主要靠集贸市场解决。集贸市场已成为城乡居民须臾不可离开的购物场所。

作为我国市场经济发展的先导的集贸市场，已成为我国消费品市场一个不可缺少的重要组成部分。它是我国目前市场机制比较完善，市场功能比较健全，市场调节作用比较充分的市场之一。它摆脱了传统计划经济的束缚，以集体企业、乡镇企业、家庭工业、个体贩运户为市场的主力军；它提供了流通体制改革的成功经验，为我国发展市场经济提供了很多可资借鉴的经验和做法。

二

我国的集贸市场发展虽取得了显著的成绩，但是在市场的培育和建设中，也还存在着一些值得注意的问题。

一是市场还存在着不平衡、不统一、不规范、不配套以及相互封锁分割等问题。在市场的组织培育方面，市场的组织化程度较低，发展很不平衡，市场设施、流通手段也较落后；东部沿海地区发展较快，中西部地区，尤其是老少边穷地区发展缓慢。初级市场较多，中高级市场发展不够，适应国有大中型企业进入和大宗农副产品成交的市场不多。在监督管理方面，政府行为不很规范，政府有关部门在管理中职责不清，政出多门。市场法规建设滞后，1983年国务院颁布的《城乡集市贸易管理办法》有些条款已不适应形势发展的要求，新的《城乡集市贸易管理条例》迟迟未能出台。

二是在市场发展不平衡中一些地方出现了多家争办市场、重复布点，不考虑发展趋势，盲目建设的情况。有些地方政府不按经济规律办事，以行政命令的形式搞集贸市场建设。有些市场投资很大、缺乏科学论证，投入运营后，效益差，致使“有场无市”造成了土地和资金的浪费。

三

集贸市场今后发展总的方针应该是：发展巩固、提高、完善。到本世纪末，要形成初级、中级、高级市场比较完备的，覆盖全国的市场网络。初级市场的发展重点主要在地市以下范围，省一级要抓一些适合国有大中型企业进入和大宗农副产品交易的中级市场，能够进行期货交易的高级市场的发展要慎重稳妥地进行。要把发展东部地区市场同发展中西部地区市场结合起来，从东部地区逐步向中西部地区推进。东部地区的发展重点主要是提高现有市场的功能，上水平，上档次；中西部地区发展重点是放，要先放开，后规范，特别是老、少、边、穷地区，要敢于放开政策、放手发展，国家和各级政府要在发展老、少、边、穷地区市场上下更大的气力，提供更多的优惠政策。

在集贸市场的培育和管理上，要加强对市场开办者的资格审查，加强对市场行为的监督管理，重点是规范经营行为。要适应建立社会主义市场经济体制的要求，采取有力措施，打破地区封锁、部门分割和行业垄断，坚持市场的组织建设和市场的“软件”建设两手抓。

要集中力量研究制定集贸市场的管理办法，制定交易规则，进一步提高市场管理工作的规范化、法制化水平。

（国家工商局　宁望鲁）

对外贸易业

改革开放以来，我国对外贸易与经济合作事业发展迅速。1992年，在邓小平同志南巡重要谈话的鼓舞下，对外经济贸易领域的改革不断深化，各项业务全面发展，对外经济贸易在我国改革开放和现代化中发挥了越来越重要的作用。

一、1992年我国对外经济贸易蓬勃发展

（一）进出口贸易继续保持高速增长势头

1992年，我国进出口贸易继续保持高速增长势头。据海关统计，全年进出口贸易总额达1 656亿美元，比1991年增长22.1%。其中，出口贸易额达850亿美元，比上年增长18.3%；进口达806.3%亿美元，比1991年增长26.4%。进口增幅高于出口，增幅达8.1个百分点。1992年我国进出口总额已超过韩国、西班牙、原苏联和我国台湾省，由1991年居世界主要贸易国家和地区的第15位上升至第11位（1978年为第32位）。外商投资企业进出口额创历史最高水平，全年进出口总额达437.5亿美元，比上年增长51%，占全国进出口总额的1/4以上。出口额占其出口总额的88.3%，进口以为加工出口产品所进口的料件占首位，占其进口总值的53.6%，但比重较本年下降，约4个百分点。经济特区对外贸易也上新台阶。1992年，我国5个经济特区进出口总值达243亿美元，为历史上最多的一年。其中，出口124亿美元，进口119亿美元，分别比上年增长24.2%和16.6%。此外，边境贸易也超过历史上最高水平，取得较大进展。

1992年，我国出口较多的商品有：粮食出口1 299万吨，比1991年增长19.6%，其中大米95万吨，增长37.7%；玉米1 031万吨，增长32.5%；干豆97万吨，增长21%；原油2 151万吨，减少4.8%；成品油539万吨，增长12%；煤1 970万吨，略有下降；钢材212万吨，水泥645万吨，减少40%；山羊绒2 567吨，增长27%；织物制服装60.4亿件，增长90%；自行车1 024万辆，增长40%；工业用缝纫机36万台，增长6.8%；纺织机械出口1.3亿美元，增长11%；电扇3 252万台，增长80%；电视机939万台，增长47%；录音机、收录机及组合音响10 353万台，增长2.5倍；汽车及汽车底盘6 380辆，增长54%；船舶22.98万艘，增长1.39倍；手表54 113万只，增长8.2倍。1992年，我国工业制成品出口增长较快，实现了出口商品结构的进一步优化。进口较多的商品有：粮食1 162万吨，比上年减少13%；钢材719万吨，增长1倍；铁矿砂2 522万吨，增长36%；成品油768万吨，增长67%；合成橡胶14.万吨，增长76%；成套数字式中央处理机47 992台，增长12倍；电话交换机8 462台，增长1.4倍。

从各地区情况看，出口增加较多的省份有：广东出口341.6亿美元，增加69亿美元；福建41.2亿美元，增加11亿美元；浙江38.9亿美元，增加8.1亿美元；江苏44.9亿美元，增加7.1亿美元；上海73.3亿美元，增加6.2亿美元；辽宁42.8亿美元，增加4.8亿美元；山东45.2亿美元，增加3亿美元；黑龙江40.2亿美元，增加3亿美元。出口增长较大的省份有：内蒙古增长31.6%；浙江26%、福建36.2%、广东25.3%、云南27.7%、西藏209%、新疆32.9%、海南省41%。此外，天津、北京、广西、吉林、甘肃、江苏等省市、自治区出口增长速度均超过了全国平均水平。沿海地区外贸平稳增长，沿边地区外贸增长明显加快，这是1992年我国外贸发展的一个重要特征。

从出口市场情况看：我国对香港贸易总额580.5亿美元，占我国贸易总额35%（其中我出口375亿美元，占44%）；对日本253.8亿美元，占15.3%（出口116.9亿美元，占13.8%）；欧共体174.1亿美元，占10.5%（出口76亿美元，占8.9%）；美国174.9亿美元，占10.6%（出口85.9%美元，占10.1%）；东盟84.7亿美元，占5%（出口42.6亿美元，占5%）；原苏联66.6亿美元，占4%（出口27.4亿美元，占3.2%）；台湾省65.7亿美元；占3.9%（出口6.98亿美元，占0.8%）；韩国50.6亿美元，占3.1%（出口24.4亿美元，占2.9%）。由于实施市场多元化战略，我国对发展中国家贸易占我国贸易总额比重上升。其中对非洲出口13亿美元，比1991年增加3亿美元，占我国出口总值的1.53%，比1991年增长0.14个百分点；对拉美出口10.8亿美元，增加2.9亿美元，占总值的1.27%，增长0.16个百分点；对原苏联各国出口27.4亿美元，增加9.2亿美元，占总值3.2%，增长0.67个百分点。

出口商品结构进一步改善。1992年，我国制成品出口额为679.5亿美元，占出口总额的79.9%，较上年上升了2.4个百分点；其中机电产品出口额达195.5亿美元，较上年增长38.7%，超过全国出口平均增长幅度20.4个百分点，机电产品占出口总额的比重达23%，比上年上升3.4个百分点。从我国外贸（工贸）专业总公司出口完成情况来看，机械、技术、机械

设备、电子、汽车等工业制成品出口增长较多，也可看到我国出口商品结构在进一步优化。

出口商品质量有了明显改善。1992年，在贯彻落实"以质取胜"战略的基础上，健全有关管理制度，狠抓出口商品和其他各项质量工作，加快推行出口质量许可制度，取得了一定成效，出口商品质量有一定改善。据统计，1992年全国出口商品检批次合格率为97.4%，比1991年的96.89%提高0.56个百分点。外商因商品质量提出的索赔案件进一步减少，出口履约率稳中有升，我国对外贸易信誉有所提高。

出口经济经济效益有所提高。至1992年10月底，全国自营外贸剔除石油后的出口成本比1991年同期上升4.3%，出口费用水平为6.28%，比1991年同期上升0.13个百分点，全年流动资金周转次数为3.28次，比1991年加快0.49次，增幅为17.56%。在出口大幅度增加的情况下，外贸库存比1991年减少61.26亿元人民币，下降11.9%。外贸收支状况良好，国家外汇储备仍保持近200亿美元水平。

（二）利用外资的经济效益和社会效益明显提高

1992年，我国共批准利用外资项目48 857个，协议外资金额684.9亿美元，实际使用外资金额188亿美元，分别比上年增长2.7倍、2.5倍和60%。其中，外商直接投资协议金额为575亿美元，比上年增长3.8倍；实际投入111.56亿美元，比上年增长1.6倍。

外商直接投资项目向大型化发展，批准了一批投资额较大、技术水平较高的项目，如神龙汽车有限公司（总投资7.29亿美元，年产15万辆轿车）、广州珠江电力有限公司（总投资近4亿美元，年发电量33亿千瓦）等。截至1992年底，注册的"三资"企业近7万家，累计实际投入的外资达341.6亿美元。

1992年，我国外商投资企业出口商品结构发生可喜变化，工业制成品出口比重占94%。机电产品是"三资"企业出口的第一大类商品，出口达60.9亿美元，占出口总值的1/3以上，比重明显高于全国的平均水平。出口额在1亿美元的机电产品主要有收录音机、电视机、集装箱、手表、自行车、电话机、照像机、计算器等。

外商投资企业主要分布在工业、农业、林牧业、交通运输、邮电通信等行业，生产性项目占90%以上。

对外借款新签协议金额103.7亿美元，实际使用外资金额73.5亿美元，分别比上年增长44.8%和6.7%。

利用外资的经济效益和社会效益明显提高。1992年，外商投资企业出口173.6亿美元，比1991年增长44%，占出口总额的20.4%；涉外税收为107亿元人民币，比1991年增长52.3%；生产总值预计全年将比1991年增长20%以上。

通过利用外资，引进先进适用技术和管理经验，弥补了国内建设资金的不足；加强了国民经济薄弱环节的建设；促进了技术进步和产业结构、产品结构的调整，使我国的汽车、电梯、计算机、彩电、音响、通讯器材、食品饮料、仪器仪表、玻璃等制造技术上了一个新的台阶。利用外资，对扩大出口，促进我国对外贸易发展、促进我国国有企业转换经营机制和增加财政收入、扩大劳动就业以及加强大陆同港澳、台湾之间的经济合作，促进祖国和平统一事业，也起了积极作用。

（三）技术进出口得到进一步扩大

1992年，全国签订引进技术合同504项，合同额为65.9亿美元，分别比1991年增长40%和90.5%。我国目前引进的重点仍然是能源、通信、基础元器件、关键零部件和原材料的生产制造技术。在技术引进合同中，成套设备项目占较大比重。此外，与我签订技术引进合同的国别也有增加。全年审批技术出口合同294项，合同额15.1亿美元，比1991年增长18%。目前，我国技术出口市场已发展到包括美国、德国等发达国家在内的50多个国家和地区，其中，向发展中国家的技术出口占较大的比重。技术出口合同额较大的国家和地区有：巴基斯坦、叙利亚、印尼、前苏联、伊朗、香港、德国等。

（四）对外承包工程和劳务合作取得较大突破

1992年，我国新签对外承包劳务合同9 240项，合同金额61.84亿美元，实现营业额27.96美元，分别比上年增长71%和18%；净收入3亿美元，比1991年增长44.23%。1992年底，在国外执行合同人数达13万人，截至1992年底，我国企业在120多个国家和地区开办各类企业2 463家，投资额19.4亿美元。

（五）对外经济技术援助广泛发展

1992年，我国与80多个国家和组织新签了对外援助协议，新签援助款金额比1991年增长13.9%。全年我国在发展中国家实施经援项目267个，1992年竣工项目43个。同时对100多个已建成项目进行了巩固。我国还积极参与多边技术合作，全年为26个国家执行了46个多边援助项目，促进了我国同联合国和地区性经济机构的交流与合作。

（六）开展同联合国发展系统及多边双边经贸合作方面取得一定成效

1992年，我国认真贯彻执行我国独立自主的和平外交政策，在发展多边双边对外经贸关系中，积极进取，取得了一定进展。

在双边经贸关系中，1992年较突出的是中美贸易摩擦问题。通过努力，我们在这方面取得了较好效果。一是完成了对美市场准入、知识产权、劳改产品等敏感问题的谈判，并达成了相应的谅解备忘录；二是使我国最惠国待遇问题以无条件延长获得解决。中美贸易谈判的成功，为我国对外经贸的发展，创造了一个较好的外部环境。

在多边经贸关系中，也取得了较好的发展。一是恢复我国关贸总协定缔约国地位谈判取得突破性进展。1992年，促成了关贸总协定中国工作组第10次和第11次会议，从而结束了对我国外贸制度的审批。并制定了议定书框架非正式文件，谈判进入了第二阶段。我国重返GATT已仅是时间问题。二是在亚太经济合作方面，取得了积极进展。我国于1991年正式参加了APEC。1992年我国参加了APEC7个专题工作组和两个特设工作组的活动，发挥积极作用，取得了较好的成果。在APEC贸易促进工作组框架内，我国提出1993年和1994年分别在我国举办"促进中小企业扩大出口研讨会"、亚太贸促研讨会"和"促进贸易培训班"等三个经济合作项目，对于扩大我国在APEC中的影响和地位有很大的作用。

此外，在多双边经济技术合作方面也取得了较快的发展。

1992年，我国对外经济贸易各项业务取得这样的好成绩，主要原因有以下几个方面：

第一，最根本的是，我国政治稳定、社会稳定，全国人民精神振奋。小平同志南巡讲话和中央政治局全体会议后，我国的改革开放和现代化建设进入了一个新的时期。党的十四大确定，我国经济体制改革的目标是建立社会主义市场经济体制。全国人民的思想获得了新的解放，各地区、各领域的改革开放和建设步伐进一步加快，国民经济保持较快的增长势头，对外商产生了更大的吸引力，同时也为加快对外经济贸易发展创造了条件。

第二，外贸体制改革继续深化，特别是外贸企业内部改革迈出了新的步伐。外贸企业以转换内部经营机制为中心，强化各种形式的经济责任制，开展实业化、集团化和国际化经营，取得明显的进展。

第三，对外经贸与外交工作密切配合，为对外经贸发展创造较好的国际环境。中美经贸关系中的一些重大问题得到了妥善的处理；推动恢复我国关贸总协定缔约国地位的工作取得了实质性进展；我国同发达国家的经贸关系大都恢复正常，中断了3年之久的中美商贸联委会已于1992年年底举行；我国同日本和其他周边国家的关系进一步加强。整个外部环境得到显著的改善。

另外，国际市场相对平稳，虽然世界经济普遍不景气，但经贸活动较活跃，对我经贸发展比较有利。

第四，有关部门加强了对经贸工作的支持与配合。如今年以来，出口退税特别是中央财政退税比较及时；为支持实施市场多元化战略和机电产品出口，银行设立了出口信贷资金；商检、海关、外汇管理、交通运输等各有关部门既严格把关，又改进服务、对经贸工作给予了大力的支持。

第五，各级经贸部门上下一条心，紧密围绕深化外贸体制改革、实施以质取胜和市场多元化战略三个重点，抓重点带一般。各方面齐心协力，密切配合，积极开拓，为经贸发展做出了应有的贡献。

1992年我国对外经济发展的主要特点：

第一，对外经贸全面发展，对外贸易持续高速增长，进口增幅大于出口增幅。

1992年，据海关统计，我国进出口贸易总额比上年增长22.1%，其中出口增长18.3%，进口26.4%。进口增幅大于出口增幅8.1个百分点。

五大特区全面增长。贸易额创历史最高纪录，达243亿美元。在五个特区中，厦门特区增幅最大，达46.9%，珠海、海南特区出口增长速度明显高于全国平均水平。

外商投资企业的进出口额也创历史最佳水平。进出口额比上年增长51%，其中，出口44%，进口56%，远远超过全国平均水平。

此外，技术进出口、对外承包工程和劳务合作、对外经济技术援助和同联合国发展系统的多边经贸合作等，也取得较快的发展。

第二，内地各省出口加快，赶超沿海，内地沿海齐头并进。

1992年，我国各地区出口贸易均有较快增长。内地各省市区如：内蒙古(增长31.6%)、云南(27.7%)、西藏(209%)、新疆(32.9%)、广西(19.2%)、吉林(19%)、甘肃(18.6%)都增长很快，超过全国出口增长平均水平。其中内蒙古、新疆、云南等地增长速度达到或超过沿海水平，形成了内地沿海齐头并进的良好态势。

第三，利用外资突飞猛进，1992年成为我国利用外资最多的一年。

1992年，我国使用外商直接投资111.6亿美元，比1991年增长1.6倍。一年利用外资金额相当于1979—1991年14年利用外资总和的一半左右。当年利用外资不仅在量上有较大的增长，而且在质的方面，在利用外资方式、领域方面亦有新的突破。利用外资在继续采取合资、合作、独资、补偿贸易等传统方式吸收外商投资的同时，一些新的利用外资的途径和方式已开始得到尝试。如，中外合资股份公司已在上海、深圳试点，并取得了成功；允许外商投资的领域也正在逐渐拓展，商业、金融、房地产、港口等领域已开始引入外资。

第四,出口商品结构进一步优化,工业制成品出口仍保持较快增长。

1992年我国工业制成品出口达679.49亿美元,占出口总额的比重为79.9%,较上年提高了2个百分点。其中,外商投资企业出口商品中,工业制成品比重占94%。出口商品结构进一步优化。

第五,外贸经济效益有所提高

流动资金周转次数加快,外贸出口商品库存量下降,外贸自营出口退税后成本上升低于我国物价指数上升幅度。出口效益有所提高。

利用外资的经济效益和社会效益明显提高。1992年"三资"企业进出口贸易创历史最高水平;涉外税收全年突破100亿元,也有了较大增长。

援外项目竣工43个,比1991年增加16个。其他各项对外经贸业务也都取得了较好的经济效益和社会效益。

第六,对外经济贸易市场趋于多元化。

1992年,我国对发展中国家贸易,占我国贸易总额的比重开始上升。其中,对非洲和拉美国家出口占出口总额的比重略有上升;对独联体上升0.67个百分点。对韩国、台湾地区贸易也有增长,分别比1991年增长55%和55.7%。

外资来源进一步扩大,增加了塞浦路斯、黎巴嫩、波兰、匈牙利、罗马尼亚、卢森堡等国家。

对外承包工程和劳务合作的市场进一步拓宽。我国在港、澳、日、韩工程与劳务市场上取得了突破进展,在西亚、南亚、非洲、独联体和美洲劳务市场上也都取得了新的进展。

1992年我国对外经济贸易工作中还存在一些值得重视的问题,主要是:

第一,进口体制改革滞后,贸易摩擦增多。这些年来,我国外贸体制改革主要是对出口体制进行改革,进口体制基本上没有大的变化。对进口采取多种手段的交叉管理,且覆盖面很大,影响了进出口贸易的平衡发展,成为引发贸易摩擦的一个重要原因和恢复我国关贸总协定地位的重要障碍,也不利于我国工业技术水平的提高和整个经济发展。

第二,市场过于集中的局面尚未得到根本的改善,特别是对发展中国家的贸易发展步子不大,进展不够快。

第三,出口商品质量和经贸工作质量状况还没有得到根本扭转。特别值得重视的是,对发展中国家的出口和边贸出口中存在着严重的质量问题,个别对外援助工程项目质量也存在着比较严重的问题,如我们援建的瓦努阿图国会大厦被大风掀塌了屋顶,捐赠特立尼达和多巴哥的拖拉机全部生锈等等,严重损坏了我国的声誉和形象。

第四,吸收外商投资只追求项目数量,不讲质量;外商资金投入率低。1992年,外商直接投资实际投入资金只占协议金额的约1/4;如何按照国际惯例改进和加强对外投资企业的客观管理,加强对外资投向的引导等等,也值得认真研究。

第五,转换外贸企业经营机制的配套措施还不完备,影响外资企业的改革,也制约着整个对外经济贸易发展。

二、1993年对外经济贸易发展的前景

随着对外经济贸易的发展,其在我国国民经济和整个社会生活中影响的范围愈来愈大,影响的程度也愈来愈深;另一方面,对外经济贸易发展又受到诸方面许多因素的影响和制约。与此同时,对外经济贸易又涉及到整个世界经济、贸易发展等诸多因素。因此,在分析和展望1993年我国对外经济贸易发展前景时,我们对影响对外经贸发展的国内外诸方面因素做扼要的分析和预测。

(一)国际经贸环境对我国对外经贸发展的主要影响

1. 主要的有利因素

首先,从国际形势的全局来看,两极格局已经终结,世界向多极化方向发展,这为我国参与国际经济竞争、加速对外经贸发展提供了较稳定的环境和有利的机遇。随着政治"冷战"结束,经济与科技竞争"升温",无论是发达国家还是发展中国家,都愈来愈重视自身的经济发展,以图增强其综合国力。虽然不少国家和地区的民族矛盾、领土争端、宗教纠纷突出起来,甚至酿成流血冲突和局部战争。加之原有的"热点"难以在短期内根本解决,但和平与发展仍是当今世界的两大主题。从1993年的国际局势来看,和平与发展的趋势将更加突出。在两极格局结束伊始的1992年我国对外经济贸易取得令人瞩目的发展,表明在以和平与发展为主题的国际局势下,我国对外经济贸易确有加速发展的有利条件和机遇。

其次,世界新技术革命正向纵深发展,西方发达国家和新兴工业化国家和地区的经济结构、产业结构调整亦有加速的趋势。这种形势为我国吸收外资和引进先进技术提供了机遇,也为我国扩大出口、特别是提高出口产业素质、发展资本密集和技术密集型产品出口创造了条件;同时,我国劳动密集型产品出口仍有继续发展的余地。

第三,世界经济区域集团化步伐明显加快;将为我国对外贸易发展提供不少机会。区域集团化的发展,一方面对以关贸总协定为代表的国际多边贸易体制成为

威胁，另一方面也有利于集团内各国间资源配置的优化，从而加快其经济成长，为世界经济和贸易发展注入新的活力。据欧共体专家预测，建立欧洲统一大市场在中期内的宏观效果，是使其12个成员国的国内生产总值平均提高4.5%，创造180万个就业机会。这就同时意味着给区域集团外部国家的商品、资金和劳务进入欧共体带来一些机会，我国自然也可以利用；区域集团内各国间将逐步消除贸易壁垒、统一技术标准等，还有利于我对这些国家市场的整体开拓。随着欧洲统一大市场和北美自由贸易区建设在1993年内取得实质性进展，上述可能性将愈来愈成为我国对外经贸发展之现实的机会。此外，诸如亚太地区经济合作会议、东盟自由贸易区等多种形式的区域合作正在取得进展，我国有条件直接参与亚太区域合作。从中亦可获得经贸发展方面的利益。

第四，西方各国为使经济复苏，已经或正在采取许多刺激经济增长的措施。据估计，其中许多政策措施的积极效果可能在1993年上半年逐步显露出来。亚太地区大部分国家和地区经济和贸易发展将继续看好。这也将为我国对外经济贸易发展提供新的机遇。

另外，恢复我国在关贸总协定缔约国地位的主要障碍已经排除，"复关"进程正在加快。如果这个问题能够在短时间内解决，还将进一步改善我国对外开放和对外经贸发展的外部环境。

2. 国际环境中不利因素

1993年，我国所处的国际经济贸易环境仍有严竣的一面，不容乐观。主要的不利因素包括：

第一，我国同西方发达国家关系有趋紧的一面。美国新政府上台，为中美关系包括经济贸易关系增加了许多不确定因素。有迹象表明，美国可能在给予我国贸易最惠国待遇、贸易平衡、美台关系等方面向我国施加更大的压力。美国、法国提高售台武器水平，可能引起一些连锁反应，或至少在我国与西方国家经济贸易关系中增添一些不可测因素。港英当局的政改方案影响香港经济贸易的稳定与发展，也可能影响我国与香港的经贸发展及中英经贸关系。上述地区是我国重要的贸易市场和外资来源地，据统计，1991年，我国对这些地区出口占我总出口额的55.3%，这些地区对华投资占我吸收外商直接投资协议总额的72.3%。因此，我国同这些国家和地区关系趋紧，对我国整个对外经济贸易发展有着不可忽视的影响。

第二，随着世界经济区域集团化的发展，贸易保护主义有加剧的趋势。北美自由贸易区的正式建立并向中南美国家扩展，欧共体向中欧、东欧国家扩展，区域内发展中国家的劳动密集型产品与我国产品碰头，加上集团内实行减免关税和人员、资金自由流动等政策，贸易保护主义将加强，竞争将更趋激烈。

第三，西方发达国家科技发展和新技术应用步伐在继续加快，今后国际竞争的焦点将越来越集中在高新技术上，资源和劳动密集型产业在国际分工中的地位日益下降，技术和知识密集型产业越来越占有优势。改革开放以来，我国出口商品结构虽有很大改善，但仍以劳动和资源密集型产品为主，在国际分工中处于比较低的层次。尽管目前劳动密集型产品出口还有发展的余地，但从长远来看，如不提高出口产品的技术含量，随着我国廉价劳动力优势的逐步减弱，我国在国际竞争中将会处于不利的境地。

第四，我国对外贸易规模不断扩大，加之由于我国进口体制存在的问题以及各国贸易统计上的差异，我国对不少发达国家贸易都呈顺差状态，国外要求我国放开市场，准入、平衡贸易的呼声日高；加上我国部分经贸企业素质不高，出现一些违法经营、损害我国外贸经营秩序的行为，我国同一些国家尤其是发达国家的贸易摩擦可能增多，易于导致某些国家对我国企业出口产品采取单方面的限制措施，甚至影响我国同这些国家的整个经济贸易关系。

第五，开拓原苏联地区和东欧国家市场是发展我对外经贸关系的重点之一，但该地区国家的经济正在转轨，有些国家政局不稳、经济困难，为发展我国同这些国家的经贸关系增加了难度。同时，一些国家提高了部分产品的进口关税，对我国需要的一些产品加严了出口限制，也直接影响着我国同这些国家经贸关系的发展。

（二）我国对外经贸关系的国内条件及其影响

1. 主要的有利条件

首先，党的十四大确定了今后一个时期的战略部署，提出要进一步解放思想，加快改革开放步伐；1992年以来，相继开放了一批边境城市、沿江城市和内陆省会城市，扩大了全国的总体开放度；我国政治稳定，社会稳定，经济发展步伐进一步加快，投资环境不断改善，我国市场的巨大潜力逐步显示出来，增强了对外商的吸引力。目前，大多数西方国家在经济不景气的情况下，将更加重视发展对华经贸关系。而且它们在争夺市场的过程中，也产生和暴露出各种矛盾，我可利用矛盾争取较好的条件。

其次，我国国民经济将继续保持以较高速度增长的势头，既向对外经济贸易发展提出了更高的要求，也为其创造了更有利的条件。

第三，我国外交工作比较活跃，外交与对外经贸工作的配合将进一步加强。

第四，我国对外经济贸易体制改革将进一步深化。按照《全民所有制工业企业转换经营机制条例》的原则，对外经贸企业正在加速转换内部经营机制，实行一业为主、多种经营，开展实业化、集团化、国际化经营已迈出了步子，经贸企业的发展活力也进一步增强；经贸行政管理部门的职能正在转变，这是搞活搞好对外经贸企业并维护良好的经营秩序的重要条件。新的《出口商品管理暂行办法》已经颁布实施，该"办法大大减少了对外贸企业经营范围的限制，下放了大部分出口商品的经营权，简化了对出口商品的管理，这一方面有助于搞活外贸经营，另一方面又大大调动各部门、各地方及企业的积极性。大批有条件的生产企业和企业集团、科技单位已经或即将取得外贸自营权，相当一部分"三资"企业已进入收获期，出口实力不可低估，它们正在成为发展对外经贸的有生力量。为了更有效地推动对外贸易与对外经济技术合作的结合，已经并陆续批准部分外贸公司和国际经贸技术合作公司兼营对外工程承包或商品贸易，并对驻外经济商务机构实行了改革。随着相关行业改革的深化，发展对外经贸的配套条件和协调服务机制将逐步健全，这也将对经贸发展产生重要的推动作用。

2. 国内制约对外经贸发展的主要因素

第一，由于国内经济发展速度加快，国内市场需求旺势不减，可能在一定程度上引起内外销之间的矛盾，特别是大宗原料性商品出口货源将趋于紧张。就短期而言，这个缺口是制成品出口所难以完全弥补的。

第二，随着国内物价进一步放开，大部分出口商品货源价格势必上扬，这将使出口成本有相当幅度的上升，也将影响经贸企业综合运筹、自负盈亏的能力。

第三，从改革的实际进程来看，对外经贸体制特别是外贸体制改革与相关体制的改革是不同步的。尤为突出的是，国内市场机制的发育、市场体系的形成明显滞后于对外经贸体制改革，这就不可避免地会引起诸多矛盾。如外贸经营进一步放开、统一政策与地区封锁之间的矛盾，经贸企业自主经营与部门干预的矛盾，行业管理部门放权与行政主管机关变相收权的矛盾等，在相当大的程度上影响着企业活力的发挥，也使对外经贸体制改革的措施难以落实到位。即使在经贸领域内部，进口体制与出口体制改革的步骤也很不协调，前者严重滞后于后者，处理不好，这可能成为影响1993年对外贸易健康发展和保持较好的外部环境的一个重要因素。

第四，对外经贸企业经营机制转换正在进行之中，其间，企业取得人民币效益和取得出口效益往往不能有效地统一起来，如果再加上在国内市场发育过程中宏观调控"盲点"较多、企业行为失当等因素，很可能导致一些对外经贸企业忽视发展经贸业务而热衷于其他"副业"的倾向，这是值得警觉的。

综合上述，1993年我国对外经济贸易面临的机遇和困难是并存的。只要正视现实，善于发现和把握机遇，有效地利用有利条件，以改革和开拓精神克服困难，转化不利因素，争取1993年我国对外经济贸易有更大的发展是完全可能的。

（三）1993年我国对外经贸发展前景展望

1993年，我国对外经济贸易各项业务将继续发展，前景是好的。总的来看，各项经贸业务可比指标可望持续增长，规模将相应扩大，但由于基数较大和不确定因素较多，保持增长的难度也相应增大，预计增长速度将低于1992年。

当然，各项对外经贸业务发展情况不同，进展的程度也会相应地有一些差异。初步预计，进出口贸易额可能达到1 800—1 900亿美元，其中出口额达900—950亿美元，比1992年增长10%—12%，略高于国民生产总值的增长速度；由于国内需求包括对出口需求压力以及我国扩大市场准入等因素，贸易顺差可能减少甚至贸易收支完全持平；出口商品结构优化的趋势将继续发展，但制成品出口比重难以有较大的提高，结构优化的重点可能主要体现为机电产品和高科技产品比重的显著上升，进口结构中，在保持生产资料进口为主的基本格局下，消费品进口可能有明显增加，贸易市场多元化将继续有所进展；国内各地区间外贸发展速度将进一步趋近，各地出口商品结构趋同的倾向难以根本改观；从外贸经营渠道而言，除"三资"企业出口仍将保持高速增长以外，联营贸易额比重可能大大上升，按传统办法划分各类企业及其贸易额的比重更为不易。其他方面，吸收外商直接投资将继续保持强劲增长的势头，利用国外贷款预计将稳步发展；技术进出口仍将保持较高的增长速度；对外工程承包与劳务合作将在内容、形式多样化的基础上持续发展；对外经济技术援助在改革中保持平稳发展；与联合国发展系统及其他多双边合作可望取得新的进展。

（对外贸易经济合作部办公厅　边振瑚）

海　关

海关是国家的进出关境监督管理机关，依法监管进出境的运输工具、货物、行李物品、邮递物品和其他物品，征收关税和其他税费，查缉走私，编制海关统计和办理其他海关业务。党的十一届三中全会以来，中国海关为了更好地保障和促进开放，对管理体制、组织机构、方针政策、法律法规和业务制度等各个方面进行了一系列的改革，在业务上坚持"促进为主"的方针，在队伍建设上坚持“从严治关”的方针，不断探索建设有中国特色的社会主义海关的道路，为对外开放和经济建设作出了积极的贡献。

依照《中华人民共和国海关法》，中国海关的组织机构建设遵循高度集中统一的原则，即国务院设立海关总署，统一管理全国海关。国家在对外开放的口岸和海关监管业务集中的地点设立海关。海关依法独立行使职权，向海关总署负责。

海关总署职责是：研究拟订海关各项业务工作方针、政策、法律、法规，并检查、督促全国海关贯彻执行；参与制订和修订关税条例、进出口税则，并组织实施；领导全国海关依法对进出境运输工具、货物和行李物品、邮递物品进行监管；统一管理关税征收和减免事项；组织领导全国海关的缉私工作；组织领导全国海关行政复议工作，指导全国海关行政应诉工作；负责全国海关统计，开展统计分析和咨询服务；组织研制、引进和开发应用海关技术设施；管理全国海关的组织机构、人员编制、工资福利、专业培训、专业职务评定、署管干部任免；组织推动全国海关的社会主义精神文明建设；管理全国海关的经费、财务、车船、科技装备、固定资产和基本建设，并进行审计监督；监督、检查全国海关工作人员执法、守法情况，查处违反政纪的案件；拟订或参与拟订有关海关问题的国际条约和协定草案；开展同外国海关、国际海关组织及有关国际机构的联系、交往和合作。

目前，中国海关机构已由开放前的79个发展到248个（不包括香港、澳门、台湾地区），遍布中国各省。由于广东省内海关机构多、任务重，海关总署在广州设立广东分署，作为总署的派出机构，协助总署管理广东省内的海关。全国海关人员编制共3.3万人。

海关履行职责的依据是以《中华人民共和国海关法》为主体的法规体系。该体系由三个层次的100多个法律、法规、规章组成。一是1987年1月22日第6届全国人民代表大会常务委员会第19次会议通过的《中华人民共和国海关法》。二是经国务院批准的《中华人民共和国进出口关税条例》、《海关进出口税则》以及《中华人民共和国海关法行政处罚实施细则》。三是海关总署单独或会同有关部门制定的单项配套规章。

党的十一届三中全会以后，全国工作重心转向以经济建设为中心，海关也调整了工作指导方针。经过几年实践，中国海关在1986年正式提出了“促进为主”的业务工作指导方针，就是坚持以经济建设为中心，把海关工作的着眼点放在促进对外经济贸易和科技文化交流、促进社会主义社会生产力的发展上，为社会主义现代化建设服务。

一是改革监管制度。面对对外经济贸易的迅速发展，海关确立了加强监管、方便进出和区别对待、突出重点的原则，推行了前期管理、现场监管和后续管理相结合的监管体系，海关管理为主，社会综合管理和企业自身管理相结合的管理模式。在部分口岸，海关对进出口货物实行昼夜24小时接受申报、船边验放制度，加快了验放速度，配合了港口疏运。对成套设备、精密仪器、贵重物资、急需急用物资和集装箱货物，海关派员到监管区以外办理手续，查验放行。根据实际需要，增设海关机构，方便进出口业务集中的地区办理海关手续。对于在内地收发货，而从口岸进出境的货物，按转关运输办法，在内地设关地点直接办理进出口手续。部分海关应用计算机对审单、征税、复核、统计、验放等项业务进行自动化处理，建立了进出境货物报关自动化系统，并已显示出很大的效益。同时，大力实行和推广保税监管制度。一些海关实行“集团保税”的办法，支持和促进企业发展外向型经济，既方便了货主，提高了有关产品在国际市场上的竞争能力，也促使有关企业改善了生产和经营管理。在旅客携带行李物品监管工作中，实行旅检红绿通道验放制度和重点抽查的管理办法。在不断改革旅检现场布局、完善作业流程和作业制度的前提下，做到既简化手续、文明监管、加速验放，又加强监管，提高现场处理问题和突发性事件的能力。

二是改革关税制度。根据国家经济持续、稳定、协调发展的需要，海关积极发挥关税调节作用，为国家宏观调控服务。自1992年起，海关采用以国际上通行的《商品名称和编码协调制度》（简称HS）为基础的新税则。在转换采用新税则目录时，根据本国情况把税则商品目录的编码增加到8位数。前6位数码所表示的商品名称与HS完全一致，后两位数码是根据统计和贸易管理的需要增设的。根据国家鼓励外商投资、引进先进技术、发展加工贸易、促进科教事业的政策，海关采取了相应的关税优惠措施，对不同开放层次的地区实施不同的关税优惠政策和管理办法。目前已建立经济特区5个，保税区13个，经济技术开发区30个，高新技术开发区52个。海关认真贯彻关税优惠政策，在改善投资环境，扩大出口创汇，推动科技进步，促进生产发展等方面发挥了积极作用，取得了显著的经济效益和社会效益。在对进出口监督管理的工作中，海关注意跟踪进出口货物供销情况和进出口动向，研究贯彻国家产业政策，适时向国务院关税税则委员会提出调整关税税率的建议，以扩大必需品的进口，鼓励出口，促进和保护国内工农业的发展，同时保证国家的财政收入。

三是严格查禁重大的走私违法活动。改革开放以来，境内不法分子通过各种渠道，对我国进行走私活动。海关不断增强缉私人力和装备，依靠广大人民群众和地方政府，同各有关执法部门密切配合，运用法律的、行政的、经济的、教育等多种手段，采取各种措施，进行综合治理。根据不同时期的走私特点，有步骤、有重点地查处走私违法案件。据不完全统计，1980年至1992年间，全国海关共查获走私案件27.65万起，扣获私货价值人民币53.64亿元，有力地打击了走私违法活动，维护了进出关境的正常秩序，保证了对外经济贸易的健康发展。

四是发挥海关统计的作用。海关统计是货物实际进出口的统计。统计范围除了一般的进出口贸易货物外，还有中外合资、合作、外商独资企业的进出口货物以及国家间的援助物资和捐赠物品。海关统计是国家统计的组成部分，海关统计资料为国家制定对外贸易方针、政策、计划，检查、监督执行情况，进行宏观调控提供依据。海关统计商品目录以《商品名称和编码协调制度》为基础，所列商品编号与税则目录完全一致。海关目前在国内外公开发行两种统计刊物，定期发布海关统计数据，还广泛开展统计咨询，为社会各界提供咨询服务。

改革开放以来，海关运用现代管理科学和先进技术，不断提高海关管理的现代化水平。在管理方面，主要是加强海关统计、信息和政策研究工作，更好地为领导决策服务。在科技应用方面，海关已装备计算机、通信、检查、监视、录证等五大类设备。这些设备已经比较广泛地运用于监管、征税、缉私、统计和报关自动化、办公自动化等业务工作上，在严密监管、方便进出、节省人力、提高效率等方面效果显著，并取得较好的经济效益。1988年以来，海关集中力量开发应用了报关自动化系统（H883）和全国海关计算机逐步联网（H909）工程，为进一步做好海关工作提供了重要手段。

海关在队伍建设上坚持“从严治关”的方针。从1986年起，海关结合实际，大力加强具有海关特色的社会主义精神文明建设，积极引导海关关员树立“为祖国把关，为国家争光，对人民负责”的海关意识和“公正廉洁、文明把关”的海关职业道德。同时，严格执行海关职业纪律，对关员中发生的玩忽职守，滥用权力，收受贿赂，内外勾结等违法事情依法进行严肃处理。对海关关员必须严格依法行政的要求，在1987年颁布实施的《海关法》中作出了明确规定，“海关工作人员必须遵守法律、法规，秉公执法，忠于职守，文明服务”。《海关法》还规定，当事人认为自己的合法权益受到侵犯，不仅可以向海关和海关总署申请复议，而且有权向法院起诉，请求司法保护。为确保海关人员正确运用手中的权力，海关在执法工作中逐步建立、完善内部监督制约机制，在制定配套法规规章和工作制度时，注重对各种权力的制约和内外监督。在工作中，加强了对执法活动的监督与检查，减少执法的随意性。近5年发生海关行政诉讼案件共52起（约占海关行政处罚总数的0.58‰），尚未发生海关败诉情况。为了全面提高海关关员的素质，海关在改革开放以来先后组建和恢复了1个大学海关系、2个大专院校和2个中专学校，为全国海关培养输送人才。同时还建立了10个培训基地，大力加强对在职关员的岗位培训，努力培养一支适应对外开放需要、德才兼备的海关关员队伍。

1992年，全国海关认真学习贯彻邓小平同志重要谈话和党的十四大精神，全面贯彻促进为主和从严治关的方针，自觉为改革开放和经济建设服务，各项工作取得了显著成绩。特别是在支持扩大开放方面迈出的新步伐，监管制度和关税制度改革方面取得的新突破，调查工作和科技工作方面取得的新成果，使海关工作登上了一个新台阶。

为贯彻落实邓小平同志南巡重要谈话精神，适应迅速发展的新形势，海关总署成立支持扩大开放领导小组，在上海浦东进行现场办公，举办关长研讨班，召开边境五关贯彻国务院33号文件紧急会议，及时统一思想认识，迅速提出贯彻意见，探索进一步深化海关改革、支持扩大开放的思路。明确提出当前和今后一个时期海关改革的基本目标：逐步建立起与加快经济建设和扩大对外开放相适应，与建立社会主义市场经济体制相配套，与国际海关通行做法相衔接，方便进出与严格管理有机结合的有中国特色社会主义海关的管理体系。同时对治理整顿期间制定的海关行政规章和规范性文件进行清理，废止和修订不适应开放形势的规定。根据国务院的决定，先后制定了对上海浦东、海南洋浦、新设立的保税区和高新技术开发区、内陆省会城市、边境开放城市以及对原苏东等26国易货贸易和边境贸易的关税优惠和海关管理规定。为适应扩大开放形势的需要，全年共新设和恢复海关机构24个。各地海关坚决贯彻中央的战略决策，广泛宣传海关法规，主动帮助地方用足用好政策，有力地促进了对外开放的健康发展。

海关货运监管制度改革，在逐步完善现有监管体系的基础上，重点抓了通关制度改革和稽查制度的试点工作。广东地区公路运输海关监控网络的建立，巩固和发展了深圳公路口岸通关制度改革的成果。制定新的报关管理规定，在10个海关推广应用报关自动化系统（即H883系统工程），加强了报关管理，提高了报关质量。按照海关稽查制度专题研讨会形成的共识，部分海关认真进行稽查工作试点并初见成效，为探索海关监管新模式做了有益的尝试。全年共监管进出口货物 2.8 亿吨，比上年度增加 11.6%；进出口货物总值 1 656.3 亿美元，增加 22.1%；监管进出境运输工具 803.4 万辆（艘、架）次，增长 5%；监管进出境集装箱 551.9 万标准箱次，增长 39.5%；箱载货物 3 289.4 万吨，增长 28.4%。全国海关实施监管的各类保税仓库 1 862 家，保税工厂 1 200 多家，出口监管仓库 34 家，进料加工保税集团 23 家，三资企业近 4 万家，并对 1 400 多家资信好、管理严密、合法经营的单位授予“信得过企业”，调动了企业自主管理的积极性。

1992 年是“国际旅游黄金年”，为做好进出境旅客行李物品的验放工作，海关实施了旅检现场的申报、验放制度的改革。制订和修订了《旅客申报物品的规定》、《旅客选择“红绿通道”通关的规定》，进一步扩大了口头申报的范围和选择“绿色通道”通关的比例，明确了旅客申报的方式、时限、范围、义务和责任，拟定了适合形势发展要求的分道原则和选道规范，为旅客通关提供了更大的便利。同时，根据国际惯例和我国的实际情况，对物品管理实行有重点、分层次的管理原则，重点管住国家禁止进出境的物品，对国家限制进出境的物品，则重点管好价值大、档次高的物品，对一般生活用品和经海关核准暂时免税进境的旅行自用物品则从宽验放。这些改革，标志着我国海关在简化进出境旅客通关手续方面，与国际海关通行的通关模式更加符合，为今后我国海关加入《京都公约》打下了基础。全年共监管进出境旅客行李物品 9 549.4 万人次，比 1991 年度增加 19%，其中港澳旅客 6 194.5 万人次，增加 13.4%；验放进口邮包 103.2 万件，减少 11.5%；验放出口邮包 127.4 万件，增加 24%；验放进出境录音制品 73.4 万盒，增加 29%；验放进出境录像制品 20.2 万盘，减少 21%。

关税制度改革，重点抓了关税政策的调整。经国务院批准，从 1 月 1 日起，实施新的《海关进出口税则》。新《税则》采用了国际上通用的《商品名称及编码协调制度》目录，海关对进出口货物的监管、征税、统计采用统一商品目录，统一编码，统一商品名称，统一商品范围，为我国参与国际经济贸易活动提供了国际通用的“标准语言”。在由原《税则》向以《协调制度》目录为基础的新《税则》的转换中，根据国家产业政策和促进对外经济贸易发展的需要，对原料性商品、农业用生产资料等 225 种商品降低了进口税率。自 4 月 1 日起，全部取消了 1985 年设置的进口调节税，合成纤维和人造纤维纺织物，32 位字长以下的微型计算机、彩色投影电视机、中小规模集成电路，以及小汽车、一般摄像机等 16 种（涉及 168 个税号）商品的实际关税税负降低了 28.6%至 61.5%。12 月 31 日，我国自主降低了 3 371 种税目商品的进口关税税率，占《海关进出口税则》税目总数的 53.6%，使我国关税总水平下降了 7.3%，是新中国建立以来调整关税涉及商品范围最广的一次。降低税率的重点商品是国内需要长期进口的原材料，国内不能生产的先进技术产品，产于发展中国家的若干产品和我国在国际市场上已有一定竞争力的制成品。这次大规模降低进口关税税率，将有利于促进我国技术进步，有利于国内工农业生产所需要的原材料的进口和经济的发展；同时，也是我国逐步建立以汇率、关税为主要调控手段的外贸管理体制，使我国外贸管理体制向国际规范靠拢的重大措施，对正在进行的为恢复我国关贸总协定缔约国地位的谈判产生了良好的影响。全国海关认真执行关税政策，加强税收征管工作，积极催缴欠税，严肃处理偷税逃税行为。全年共征收关税 215 亿元，超额完成预定的 200 亿元的税收任务，比 1991 年度增长 13.8%；减免关税增长 50.7%，充分体现了国家对特定地区、特定企业、特定用途的关税优惠政策。

针对走私活动的猖獗势头和出现的新动向，海关及时向国务院和中央有关部门汇报，提出加强反走私斗争的建议，依靠当地政府，严厉打击走私违法活动。全年共查获走私案件 9 954 起，实扣私货总值 13.2 亿元，比 1991 年分别减少 25.3%、增加 85.1%。西南地区海关，集中力量有力打击了利用中越边境贸易进行的严重走私犯罪活动。广东、福建省海关，在当地政府的统一领导下，组织力量开展打击铁壳船走私的专项斗争，初战告捷。全国海关把制止企事业单位参与走私活动作为重点，集中力量查处数额巨大、危害严重、手法恶劣、内外勾结、执法犯法的大案要案。全年共查获此类案件 700 余起，案值 4.7 亿元，比 1991 年度分别增加 26%和 136%。沿海各海关严厉打击北部湾海域及琼州海峡的走私活动，坚决遏制海上走私由东南沿海向北蔓延、并向内河渗透的趋势，全年共查获海上走私案件 500 余起，案值 4.3 亿元，比 1991 年度分别减少 54%和增加 113%。在打击毒品和文物走私方面取得新的战果，全年查获毒品 145 公斤，文物 14 797 件。查获的走私进口物品，主要是家用电器、香烟、汽车、化纤原料等，其中增幅最大的是汽车和香烟，查获数量分别增长 1.3 倍、46%，价值分别增长 1.8 倍和近 1 倍。针对进出境环节和后续管理中存在的突出问题，着重加强了对许可证管理商品、转关运输货物、加工贸易货物、特区减免税货物的监管和税收稽查工作，严肃查处各种违法行为。全年共查处违反海关规定案件 11 727 起，货值 16.6 亿元，查处伪报、瞒报价格案件 39 801 起，补税 10.1 亿元（其中关税 6.35 亿元，代征税 3.75 亿元）。与此同时，各地海关还认真开展执法检查，进一步完善执法规范，促进了执法水平的提高。

海关统计工作突出强调为国家宏观调控和对外贸易服务的观念，进一步改进制度和方法，使实施《协调制度》后的海关统计工作得到加强。海关科技工作按照“抓效益，促应用，以龙头项目带动面上开发”的指导思想，完成了在H883工程基础上的协调目录转换和运行，建成了用电话拨号线连接的全国海关计算机初级网络，发挥了科技对业务改革的保障和促进作用。H883工程获得国家科技进步一等奖，为海关系统争得了荣誉。

1993年的海关工作，要按照海关改革的基本目标，着重抓好关税制度、通关制度、稽查业务和海关法制四项改革，突出强化关税杠杆的调节作用和法律手段的保障功能，把宏观调控和微观规范有机结合起来，进一步方便进出，加强监管，严厉打击走私违法活动，更好地为建立社会主义经济体制、扩大对外开放和加快经济建设服务。

（海关总署政策法规司　郭燕民）

进出口商品检验

改革开放以来，我国商检部门认真贯彻落实党的十一届三中全会以来的各项路线、方针、政策，严格遵守和执行国家的有关法律和法规，贯彻“加强管理，认真检验，公正准确，维护信誉，促进外贸，为四化服务”的工作方计，不断加强进出口商品检验和监督管理工作，为保证进出口商品质量，维护对外贸易有关各方的合法权益，促进我国经济建设和对外经济贸易的发展作出了积极贡献。与此同时，商检部门不断深化自身改革，加强宏观管理，提高检验把关的能力，使我国进出口商品检验事业进入了一个新的发展阶段。

一、改革开放以来我国商检工作的基本情况

（一）改革十多年来，我国商检部门加强检验把关，促进了对外贸易的发展，维护了国家的利益。据统计，从1982年至1992年，商检部门共完成进出口商品检验1 039.5万批，检验总货值3 689.7亿美元，其中，检验出口商品923.4万批，货值2 052.3亿美元，发现不合格批次占2.9%（年平均），由有关部门整理或换货出口，保证了出口商品的质量；检验进口商品116.1万批，货值1 637.4亿美元，发现不符合合同或标准规定的批次占11.1%（年平均），经出具商检证书，由有关部门对外索赔，每年约赔回1亿美元。与此同时，商检部门积极开展对外贸易鉴定业务，1981年至1992年共完成水尺、容量和流量计重49 416船次，货载衡量5 337船，衡器鉴重28 082万吨，残损鉴定25 627批，其他登轮检验59 871船（批）次。商检部门从1980年至1992年，共签发普惠制原产地证书391.3万份，签证商品金额达1 292.2亿美元，据估算，可使我出口商品享受约130亿美元的关税优惠，大大提高了我出口商品在国际市场上的竞争能力。

为加强商检检验把关，商检部门采取了一系列有效措施。1978年以来，根据我国对外经济贸易发展的需要，对《商检机构实施检验的进出口商品种类表》进行了调整，将进出口数量多、金额大、影响国计民生或质量问题较多的商品列入《种类表》，实施法定检验。商检部门还根据需要和国际惯例，从1984年起对装运粮油食品、冷冻品等易腐食品的船舱、集装箱的装运技术条件实行强制检验，开验以来，共检验鉴定集装箱692 208箱。为保证我国出口危险货物的运输安全，商检部门在交通、外贸等部门的积极支持和配合下，自1985年7月起，按照《国际海上危险货物运输规则》的要求，开展了海运出口危险货物包装检验工作。7年来，商检部门共检验危险货物包装约7万余批，有效地保证了我国危险货物的安全出口，促进了危险货物包装质量的提高。为保证进口商品质量，商检部门在加强对进口商品进行到货检验的同时，对某些到货检验不易发现问题或金额较大的进口商品和成套设备，采取装运前到生产国进行监造、监装和预检验措施，收到良好效果。为了加强进出口商品检验把关的能力，从1983年起商检部门经过考核，对工业、交通、科研、教育等部门具备条件的检测机构进行认可，委托其承担指定范围内的进出口商品检验工作。目前，商检部门已认可国家级检测实验室134个，地方级检测实验室279个，初步形成了一个以商检机构为主体的、多层次的进出口商品检验网络。

（二）在加强检验把关的同时，商检部门积极强化监督管理职能，防止和减少不合格商品出口和次劣商品进口。从1983年起，商检部门会同有关部门，对部分机电、服装、纺织、棉花、陶瓷、煤炭等重点出口商品实施质量许可制度，经考核合格并取得质量许可证的单位，方准生产出口产品。至1992年底，商检部门经考核共向厂、矿累计颁发出口质量许可证17 252份，其中机电产品5 074份、纺织品4 712份、服装3 726份、棉纺529份、陶瓷202份、土畜产品878份，促进了出口产品质量的稳定和提高；对出口食品厂、库严格实施卫生注册登记制度，到1992年底，经国家商检部门审查批准注册登记的食品厂、库达6 900多家。商检部门还在全国43个重要出口商品生产企业试行驻厂质量监督员制度，并积极在出口商品生产企业推行ISO9000系列标准，帮助企业健全质量保证体系，

提高产品质量和竞争能力。为防止次劣商品进口，从1988年开始，商检部门对汽车、摩托车、电视机、电冰箱等9种商品实施进口安全质量许可制度，到目前已对28个国家和地区的142家企业进行了考核审查，完成国外送审样品型式检测3 500台，颁发进口商品安全质量许可证书473份。

各地商检机构还根据本地区的特点，采取多种形式，加强监督管理工作。如根据质量情况对出口商品实行分类管理；在部分大型建设项目派驻检验办公室；加强引进成套技术设备的监管工作，并对进口设备实施质量跟踪；采取工贸检联合检查和商检抽查相结合的办法，都取得了显著成效。

（三）商检法制建设不断加强。随着国家经济建设的发展和改革开放的深入，由原政务院1954年公布的《输出输入商品检验暂行条例》已不能适应我国对外贸易发展的形势。1984年1月国务院发布了《中华人民共和国进出口商品检验条例》（简称《商检条例》）。《商检条例》的发布，使商检工作上了一个新台阶。《商检条例》规定，中华人民共和国国家进出口商品检验局是统一监督管理全国进出口商品检验工作的主管机关，各省、自治区、直辖市进出口商品检验局及其分支机构监督管理本地区的进出口商品检验工作。《商检条例》还规定，一切进出口商品必须经过对其质量、重量、数量、包装的检验；进口商品未经检验的不准安装投产，不准销售，不准使用；出口商品未经检验或检验不合格的不准出口。此外，《商检条例》还对有关进出口商品检验工作的重大事项作出一系列规定。

根据《商检条例》和国家有关法律、法规，国家商检局相继制定和发布了一系列规章，其中主要有《商检条例实施细则》、《出口食品卫生管理办法》、《出口食品厂、库最低卫生要求》、《三资企业和“三来一补”贸易方式进出口商品检验管理办法》、《进口商品质量监督管理办法》等近百个行政规章。其中，国家商检局单独制定的88个，与其他有关主管部门联合制定或经国务院批转的11个。各省市人民政府还根据《商检条例》的规定，结合本地区特点制定了本地区进出口商品检验管理办法。各地商检局单独或与地方有关部门联合制定了一批地方法规和管理办法，初步形成了商检工作的法规体系。

1989年2月，《中华人民共和国进出口商品检验法》经第七届全国人大常委会第六次会议审议通过。《商检法》是在认真总结《商检条例》实施5年经验的基础上，借鉴了国际上的通行做法，并结合我国国民经济和外贸发展新形势制定的。与《商检条例》相比，《商检法》进一步突出了“法定检验”这一工作重点；增加了可以实行进口装船前检验以及应向有关方面提供信息的内容；对检验项目作了具体规定；增加了免验的内容和法律责任等。《商检法》删去了《商检条例》中“一切进出口商品都必须经过检验”和“中国境内不得设立外国检验机构”等提法。《商检法》进一步明确了商检工作的职责任务和各有关方面的权利与义务，进一步理顺了关系，为促进外贸和商检事业的发展发挥了积极作用。

（四）为了加强商检工作，1980年国务院作出了改革进出口商品检验管理体制的决定，将原属对外经济贸易部的商品检验局改为直接由国务院领导的国家商检总局。负责贯彻执行国家有关方针、政策和法令，统一组织管理全国进出口商品检验工作和国内外委托检验业务。各地商检局收归中央建制，实行国家商检总局和地方双重领导，以国家商检总局领导为主的管理体制。在此后的历次机构改革中，这一管理体制基本没变，这对于加强集中统一领导和保证商检工作对外的一致性起到了积极作用。

10多年来，商检机构的建设得到迅猛发展。目前，除在全国30个省、市、自治区以及重庆、厦门设立了直属商检机构外，为了适应改革开放和外贸发展，还在沿海城市、经济特区、港口、进出口商品集散地以及进出口量较大的市、县设立了商检机构。到1992年底，商检系统各级各类机构已达300多个，比1981年增加了2倍多。商检职工总数也由1981年的5 000人增加到15 000余人，其中专业技术人员占2/3以上，基本形成了一支多层次、多学科、多种专业的进出口商品检验和管理队伍。目前，商检系统有346个实验室，在这些实验室中，除配有常规检测仪器设备，还配备了X光荧光仪、X光衍射仪、等离子光谱仪、色谱—质谱联用仪、核磁共振仪、扫描电子显微镜、微生物快速自动测定仪等具有国际先进水平的现代化检测设备。

（五）商检部门与世界上许多国家的政府检验部门以及有关国际组织建立了广泛的联系，与前苏联、美国、日本、英国、加拿大、马来西亚、意大利等国家的政府检验机构签订了双边合作协议，还与世界上60多个国家和地区的200多家检验机构和厂商建立了业务联系，开展合作与技术交流。商检部门还积极参与中美市场准入和恢复我国关贸总协定缔约国地位的谈判，积极为我出口商品疏通渠道。商检部门还积极开展国际间的产品质量认证工作，经商检部门考核、推荐，全国已有200多厂次获得英、日、德、法、美、意等20多个国家的注册认可，59家罐头生产厂获得美国FDA的注册登记，2 000多家企业的产品分别获准使用美国UL、加拿大CSA、德国TUV安全标志和国际羊毛局纯羊毛标志，为提高我国出口商品的竞争能力和扩大出口提供了有利条件。中国进出口商品检验总公司自成立以来，积极开拓业务，已在亚、欧、美、大洋洲兴办了20多家独资、合资检验公司，使商检工作逐步形成了既有国内检验又有国际检验的局面。

（六）商检的科研和标准化工作有较大进展。1980年以来，商检科研工作取得了显著成果，由国家科委成果公报公布的重大科研成果173项，获得国家科技进步奖5项、国家发明奖1项，获省、部级科技术进步奖219项。这些科研成果对提高商检的技术水平，增强检验把关的能力起到了积极作用。在标准化工作方面，1980年以来，商检部门共制定国家标准51个、省(部)颁标准28个、专业标准523个，为进出口商品检验工作提供了科学依据。如，一段时期，我国出口商品掺杂使假问题比较严重，针对这一情况，商检部门及时研究出一些快速识别真伪的检验方法，有效地阻止了掺杂使假商品流往国外，国外不良反映明显减少。近年来，国际上对农药、兽药残留量的控制越来越严，标准越来越高，为了促进出口食品贸易发展，商检部门采取措施，有组织、有计划地研制农药、兽药残留量的检验方法标准，以适应出口食品、农副产品检验把关的需要，保证出口商品质量。

（七）坚持既把关又服务的原则，热情为外贸及生产部门服务。为配合外贸发展，商检部门采取措施，尽可能简化手续，缩短检验周期，加快检验出证，并实行就地生产、就地检验、就地出证等措施，配合外贸单位早出口、早结汇。对三资企业和“三来一补”进出口商品，实行优先报验，优先检验，优先签证放行。商检部门还根据口岸装卸疏运的需要，对口岸的检验鉴定工作逐步采取昼夜检验的办法，及时出证，配合港口加快周转。商检部门还把检验工作延伸到生产过程中去，把不合格因素消灭在生产过程中，协助生产部门加强质量管理，改进和提高出口产品质量。商检部门对发展外向型经济的乡镇企业，积极提供技术咨询服务，帮助培训质量检验人员和建立健全检验制度，促进了乡镇企业的出口商品质量的提高。

二、1992年我国进出口商品检验工作取得新成绩

1992年我国商检部门认真学习贯彻邓小平同志视察南方时的重要谈话及党的十四大精神，严格执行《商检法》及其《实施条例》，切实加强进出口商品检验工作，为我国对外经济贸易的发展起到了积极的促进作用。同时，商检部门继续进行深化改革的探索，树立市场观念，引进竞争机制，提高工作效率，各项工作取得了新发展。

（一）加强对进出口商品的检验把关。1992年全国商检部门共检验进出口商品152.2万批，货值592.93亿美元。其中，检验出口商品137.6万批，货值325.19亿美元，发现不合格出口商品18 386批，货值4.07亿美元。检验进口商品14.6万批，货值267.74亿美元，发现不合格进口商品15 233批，货值27.02亿美元。商检部门对检验发现的不合格出口商品责成出口单位对货物进行整理或换货；对不合格进口商品及时出证，供有关单位对外索赔。据不完全统计，1992年共赔回1.1亿美元。

1992年商检部门共检验集装箱12万箱、危险品包装和一般商品包装17万批，完成港口衡器鉴重4 542万吨，水尺、容量、流量计重8 586船次，其他登轮检验6 818船（批）次，残损鉴定1 774批，货载衡量175船次。签发一般产地证17.03万份，签证金额84.88亿美元。签发普惠制产地证117.49万份，签证金额210.03亿美元。对合资企业涉外财产价值评估业务取得新进展。据广东、福建、江苏、天津、浙江五省市的初步统计，1991年至1992年7月，受理涉外财产价值鉴定156批，外商报价6 626.13万美元，鉴定结果为5 081.60万美元，挽回直接经济损失1 544.53万美元。

1992年商检部门依法加强进出口商品检验工作，对列入《种类表》的进出口商品逐一落实检验和监督管理措施，同时积极研究解决了若干类出口商品识别真伪的快速检验方法，使一度较为严重的出口商品掺杂使假问题得到有效控制。

随着我国边境贸易的迅猛发展，边贸出口商品质量问题比较突出。针对这一情况，国家商检局进一步研究了加强边贸商检工作的措施，制定发布了《边境贸易进出口商品检验管理办法》，明确了把涉及安全卫生的商品及大宗商品作为检验重点，确立了现场检验把关与追源治本相结合的工作原则。国家商检局还与经贸部共同下发了《关于加强边贸商品质量检验管理的通知》，与生产、外贸、海关等有关部门共同采取措施，防止不合格及假冒伪劣商品流往国外。

目前，我国进出口商品检验工作量与改革开放初期相比有较大增长。1992年商检部门检验进出口商品总批量比1980年增长了1.1倍。在对外贸易鉴定业务中，1992年完成水尺、容量、流量计重、货载衡量和其他登轮检验鉴定的船(批)次比1981年增长1.6倍；衡器鉴重比1981年增长2.9倍。1992年一般产地证和普惠制产地证的签证量和签证金额分别比1980年增长了16倍和13.3倍。

（二）加强监督管理，帮助生产企业完善质量管理和质量保证体系。商检部门在加强检验把关的同时，积极协助企业加强质量管理，改进工艺，健全检验制度。1992年经商检部门考核合格，有583家出口食品厂(库)获得卫生注册签记，有6家因管理松懈和卫生条件下降被吊销卫生注册登记或被国外取消注册认可。

商检部门继续对部分出口商品实施质量许可证制度，对9类进口商品实施安全质量许可制度。

国家商检局会同国务院机电出口办、经贸部、机电部等9个部门成立了出口产品生产企业质量体系(ISO9000)工作委员会，并在广东、上海、山东、浙江、湖北、甘肃、云南及深圳、重庆、厦门等地的30个企业中进行了ISO9000质量体系试点工作，为全面推行ISO9000系列标准做好了准备，积极帮助我出口生产企业走向国际市场。商检部门还举办了多种类型的培训班，为出口生产企业培训人员4 300人次。目前，商检系统已拥有1 000多名专职和兼职质量体系评审人员，并建立了一整套比较成熟的管理方法。1992年商检系统有40名评审人员获得英国BSI主任评审员证书。

(三)商检法制建设取得了新进展。1992年10月，国务院批准了《中华人民共和国进出口商品检验法实施条例》,《实施条例》将《商检法》的各项规定具体化，对商检部门依法实施检验和管理作了明确具体的规定，对进一步加强进出口商品检验和监督管理，促进对外经济贸易关系的顺利发展将发挥积极作用。1992年，国务院还批准了《中华人民共和国出口货的原产地规则》，使我国的原产地签证管理工作纳入规范化、法制化的轨道，对扩大出口和提高我出口商品的竞争能力具有重大的意义。

国家商检局还对现行的商检规章进行了认真清理，制定发布了与《商检法》配套的规章14个，按国际通行的H·S编码重新编制了《种类表》，使我国进出口商品检验法规体系进一步完善。

(四)商检科技工作取得可喜成绩。1992年商检部门共完成商检科技成果登记55项，申请科技进步奖144项，其中70项获奖。研制进出口商品检验标准及农残、兽残、生物毒素含量标准100余项。《出口安全食品工程》中的8个课题、10种商品的第一期科研工作已取得进展，有的项目已初见成效。如浙江商检局与省土畜公司共同研究，降低蜂蜜中杀虫脒含量，使久已退出欧洲市场的中国蜂蜜重新进入德国市场等。商检部门还注意收集各国对进口商品的新法规、新标准，及时向有关部门及生产、经营单位通报信息，协助他们采取措施，改进生产和经营。

当前，在党的十四大精神指引下，我国的改革开放和现代化建设迅猛发展，外贸体制改革正进一步深化，我国关贸总协定缔国地位可望恢复，欧共体统一大市场初步形成，国内市场与国际市场的联系更加紧密，国际贸易的竞争也更加激烈。在新的形势下，商检工作面临着许多新情况、新问题。商检部门将以十四大精神为指导，加快商检改革和建设的步伐，全面落实《商检法》及其《实施条例》，充分发挥主管机关的作用，进一步提高检验把关的能力，更好地为外贸发展服务，为促进社会主义市场经济的发展发挥积极作用。

(国家进出口商品检验局 刘欣)

金　融　业

一、概述

经过14年的改革开放，我国终于走上了一条自己独特的建设社会主义市场经济体制的新路子，金融事业也进入了一个前所未有的新阶段，发生了巨大而深刻的变化。改革以来，金融业在国民经济总体运行中的地位和作用显得越来越重要，它已成为社会资金的最主要供应者（由金融渠道集中和分配的生产和建设资金占2/3以上），成为国民经济的重要产业部门。中国人民银行作为我国的中央银行，担负着宏观调控的重要任务，通过制定和实施货币政策，综合运用经济、法律、行政的手段对社会总信用进行调节，以保持通货的稳定，促进国民经济的持续、稳定发展。与此同时，全国金融产业有了很大的发展，到1992年底，国家银行和农村信用社的各项存款余额达21 312亿元，比1978年增长16.4倍；各项贷款余额达24 038亿元，比1978年增长12.7倍；全国累计发行各种有价证券4 500多亿元；金融机构20万个，比1978年增长5.4倍；从业人员220万人，比1979增长1倍多；国家银行的外汇存款余额达507亿美元，贷款余额达364亿美元。

二、金融业的发展历程

金融事业14年的改革发展历程，是一个艰苦的探索过程。从社会主义市场经济发展的需要出发，我们在金融体制改革方面进行了广泛、深入的探索和实践，从金融宏观管理体制到微观经营活动等各个方面，对传统金融体制进行了改革。

（一）改革单一银行体制，初步建立了以中央银行为领导、国家专业银行为主体、多种金融机构并存和分工协作的金融组织体系。

随着经济体制改革的深入，我国原有的以“大一统”为主要特征的单一银行体制，即中国人民银行既承担中央银行职能，又办理各种信贷业务和储蓄业务这种“一身二任”的银行体制，已不能适应社会主义市场经济的发展。因此，必须改革原有的单一银行体制，向中央银行体制过渡。

首先，分设专业银行。1978年2月，中国农业银行恢复；1979年3月分设了中国银行；中国人民建设银行从1985年11月开始独立。1981年2月成立了中国投资银行。专业银行的恢复、分设和独立，使中央银行体制的形成有了现实的基础。

第二，分设中国工商银行，基本形成中央银行体制。国务院于1983年9月决定，中国人民银行专门行使中央银行职能，另设中国工商银行办理工商信贷和城镇储蓄业务。1984年中国工商银行正式分设，中国人民银行不再承担商业银行的业务，标志着中央银行体制的基本形成。

第三，建立了多种金融机构，形成新的金融组织体系。在恢复和建立专业银行的同时，1986年7月，国务院决定重新组建股份制的全国性、综合性银行——交通银行。近几年，又设立了10家商业银行和其他的区域性商业银行：中信实业银行、光大银行、华夏银行、烟台住房储蓄银行、蚌埠住房储蓄银行、广东发展银行、深圳发展银行、浦东发展银行、蛇口招商银行、福建兴业银行。非金融机构也得到了较快的发展。国内保险业从1979年4月恢复至今，已有中国人民保险公司、太平洋保险公司、平安保险公司3家全国性的保险公司；另外，还有区域性人寿保险公司8家。信托投资机构发展比较迅速，到1992年底，已有中央级信托投资公司15家，地方级信托投资公司371家。为适应证券市场发展的需要，全国建立了85家证券公司。农村信用社发展到5.9万个，城市信用社达3 897家。此外，全国还建立了29家财务公司、9家融资性租赁公司。

至此，整个金融体系已初步形成了以中央银行为领导、国家专业银行为主体、多种金融机构并存和分工协作的较完整的金融体系。并且，还将着手划分专业银行政策性经营业务，逐步把国家专业银行改造成国有商业银行，以利于宏观调控。在这个体系中，中国人民银行承担领导、管理、协调、监督的职能，专业银行和其他金融机构则从事具体的金融经营活动。

（二）改革信贷资金管理办法，建立金融宏观调控体系。

在建立中央银行体制的同时，信贷资金的管理体制也在相应改革。过去统存统贷的信贷管理办法，即供给制的信贷资金管理体制，是和单一银行体制相配套的。在社会主义市场经济中,这种管理体制已不适应经济发展的需要,因此必须改革。其改革过程是:1979年中国人民银行实行"统一计划、分级管理、存贷挂钩、差额控制"的信贷资金计划管理体制,即分级确定存款和贷款总额,存贷比例挂钩,实行差额包干,多存可以多贷。与此相适应,还建立了人民银行和专业银行独立的联行核算系统,实行缴存准备金制度。这种方法收到一定的效果,但在中央银行体制尚未确立的情况下,只能是个过渡办法。为适应新建立的中央银行体制,1985年中国人民银行开始实行"统一计划、划分资金、实贷实存、相互融通"的新体制,改革了计划指标层层下批的管理办法,初步解决了专业银行在信贷资金上吃中央银行"大锅饭"的问题,但由于种种因素的影响,曾出现了贷款增加过快的失控现象。1988年,因为通货膨胀严重,经济增长过热,国家决定进行治理整顿,信贷资金管理也由"多存多贷、少存少贷"的办法变为限额管理,即把信贷规模作为指令性计划层层下达到各金融机构。1989年实行"限额管理、以存定贷"和"全年亮底、按季监控、按月考核、适时调节"的办法。以后,在实行限额管理的同时,也探索了资产负债比例管理的办法。

在我国,目前由于金融市场发育程度较低,企业机制转换以及政府职能转变还要有一定过程,因而,中央银行完全用间接调控的手段进行,尚缺乏操作的基础。因此,在不断改革和完善信贷资金管理体制的过程中,中国人民银行逐步运用存款准备金、利率、再贴现、再贷款等经济手段,改善了信贷资金管理僵化和"一刀切"的做法,同时运用行政、法律手段,加强了中央银行的宏观调控能力。

(三)改革不合理的利率体系,发挥利率在国民经济中杠杆调节作用。

从1979年以来,中国人民银行先后11次调整了存贷款利率,改变了利率长期以来偏低、僵硬不动的状况。在1988年出现明显通货膨胀时,还对3年以上的定期储蓄存款实行了保值贴补率,这对稳定储蓄、稳定经济起到了很大的作用。以后,在通货膨胀率下降时,我们又适当调低了利率水平,逐步取消了保值贴补率,对利率的结构也作了调整,种类档次都有所增加。在管理体制上,利率是由中国人民银行集中统一管理,各专业银行和其他金融机构不得自定利率。从1979年以来,中国人民银行根据国务院授权,给予各专业银行和其他金融机构一定幅度的利率权限。这些都增强了利率对经济的调节作用。

(四)扩大了银行信用的范围。

1979年以前,银行信贷仅限于工商企业短期、临时性和季节性的资金需求,银行贷款被限制在流动资金狭小的范围内。这极大地限制了银行在国民经济中发挥应有的调控作用。1979年10月,邓小平同志在全国省、自治区、直辖市党委第一书记座谈会上提出"要把银行办成真正的银行";同年,根据国务院批示,中国人民银行决定拿出5亿元信贷资金用于中短期设备贷款,以支持企业购置和更新技术。从1985年起,凡由国家预算安排的基本建设投资全部由财政部拨款改为建设银行贷款,即"拨改贷"。以后随着银行资金来源的增加,技术改造贷款、科技贷款及对饮食业、旅游业、文教事业的贷款也都逐步发展起来;同时增加了外汇信贷。

(五)发展了金融市场。

金融市场的发展,首先是从改革单一的银行信用、发展多种信用形式和融资形式开始。1981年,上海市开始试行商业票据承兑、贴现业务。1986年4月,中国人民银行和中国工商银行联合发出通知,确定北京、上海、天津、广州、重庆、武汉、沈阳、哈尔滨、南京、常州等10个城市试行,并逐步推开。到1990年,商业票据承兑贴现金额达238.8亿元,人民银行再贴现达85.2亿元。

其次,发行债券,开辟新的融资渠道。1985年以来,银行发行了三种形式的债券。一是企业债券,由银行及其他金融机构代理企业发行;二是国债和建设债券,由银行代理财政部门发行;三是金融债券,专业银行在人民银行批准的额度内,发行金融债券和大额存单。到1992年底,全国累计发行国债、国家投资公司债、金融债、企业债已达4 000亿元。

随着证券发行市场的扩大,证券流通市场也逐渐形成。1988年开始在上海、沈阳等7个城市进行国库券公开转让试点,现已扩大到各个中心城市。1990年7月深圳证券交易所、12月上海证券交易所和全国证券交易自动报价系统3个集中交易市场相继成立,形成了"两所一网"的市场格局。1991年,开始试行部分国库券发行采用国际上通行的承购包销方式,并试行了无券发行方式,获得很大成功。1992年有价证券上市交易量达1 000多亿元。

1984年,北京天桥商场宣布向社会募股集资,开创了建国以来国营企业直接向社会筹集资金的先例。接着,广东、山东、上海、浙江等地也开始向内部职工和公众发行股票。1992年上海、深圳两地开始发行人民币特种股票(B种股票),同时开始在两地上市转让。到1992年底,我国累计发行股票190多亿元。其中,上市的A股:上海29种、深圳24种;B股:上海、深圳各9种。1992年,上海、深圳两地的股市交易量近1 000亿元人民币。

1986年1月,国家体改委和中国人民银行联合召开了广州等5个城市金融体制改革试点座谈会,把银行同业拆借列为金融改革试点的重要内容。同年3月7日,国务院又颁布了相应的条例。目前,银行同业拆借已在全国铺开,形成了上海、武汉、沈阳等区域性的拆借市场。全国资金拆借市场的规模每年达2 000—3 000亿元人民币。

(六) 探索专业银行企业化经营的途径。

各专业银行逐步建立起来以后，从适应社会主义市场经济发展的需要来看，银行原来的在资金和财务上“吃大锅饭”的状况必须改变。到1983年，银行系统开始实行全额利润留成制度，把各项经济指标的完成情况与利润留成挂钩，各专业银行在利润分配上进一步打破了大锅饭的体制。从80年代后期，各专业银行把试行不同形式和类型的经济责任制、承包责任制作为演化金融改革的重点。如：中国工商银行试行了“目标经营责任制”和“行长目标经营责任制”以及“贷款三查分离、集体审贷”的管理办法；中国农业银行试行了“县(市)支行行长负责制”；中国银行试行了“外贸贷款目标承包责任制”和其他单项目标责任制。此外，在扩大专业银行基层行的经营自主权方面，也进行了探索。目前，根据社会主义市场经济的原则，正在进行专业银行转变成国有商业银行的改革。这项改革之后，将极大地发挥国有商业银行在市场经济中的作用，进一步加强中央银行的宏观调控。

(七) 加快了金融管理手段的现代化。

从1979年以来，全国许多大中城市的银行逐步减少了手工操作方法，开始利用电子技术办理柜台业务，进行结算。经过十几年的努力，全国银行电子化营业网点数已达到2万多个，电子化网点覆盖率近30%，全国银行柜台业务总量的40%以上已实现了计算机处理。同时，中国人民银行正在加强银行卫星通讯网络的建设，以加快联行清算，加速资金周转。目前，除总站外，已有近百个站开通，近50个城市试运行，7个城市正式投入使用。此外，各家银行更多地应用电子计算机，提高了会计、统计、信贷管理等办公自动化水平，中央银行也还更多地采用现代分析方法，运用到货币政策咨询决策方面。

(八) 改革外汇管理体制，扩大金融对外开放。

为适应经济体制改革和对外开放的需要，金融业也逐步对外开放。我国金融业的对外开放起始于外汇管理体制的改革。为了改变外汇管理政出多门的状况，1979年2月国务院批准设立了国家外汇管理局，行使外汇管理的职能；同年实行全面的贸易外汇和非贸易外汇留成的办法。从1990年起，部分地区进行了外汇现汇留成试点，1992年试点范围有所扩大。为了鼓励出口，改善国际收支状况，从80年代初开始，国家多次调整汇价，解决汇价偏低问题，并逐步缩小官方汇价与市场汇价之间的差距。同时，为提高外汇的使用效率，从80年代初起，国内各地建立了外汇调剂市场，1992年建立了全国外汇调剂中心。

14年来，我国金融对外开放取得了很大进展，陆续加入了一些国际金融组织，引进了国外金融机构，开放了国内金融市场，鼓励国内金融机构在境外设立分支机构和办事处，推动了国内金融机构参与国际金融市场的竞争。1980年，我国恢复了世界银行成员国地位、重返国际货币基金组织；1984年，和国际清算银行建立了业务联系；1985年正式加入非洲开发银行；1986年正式成为亚洲开发银行成员。各专业银行、保险公司也参加了一些国际金融组织和国际金融会议，如：中国农业银行1982年参加了亚洲和太平洋地区农业信贷协会，1986年6月该行被联合国粮农组织银行家计划委员会接纳为会员；中国工商银行于1985年6月正式参加国际储蓄银行协会；中国人民保险公司1985年派代表出席联合国无形贸易委员会在日内瓦举行的第一次会议和发展中国家保险监督官特别会议等国际保险业的会议。

到1992年底，外国金融机构在我国境内设立的业务分支机构已有68家、代表处231个；我国金融机构在境外设立的分支机构和办事处近500个。我国的人民币特种股票(B股)已经对外发行并在国内证券交易所上市转让，开辟了一条利用外资的新渠道；我国的一些金融机构已多次在国外发行债券。

(九) 建立了银行干部垂直管理体制。

为了与中央银行体制相适应，金融业的人事管理制度也进行了较大的改革。中国人民银行各级分支行由原来的作为各地政府的组成部分变为中国人民银行总行的派出机构，职工人数和工资总额从各省、市、地、县政府的基数中划出来，由中国人民银行总行统一垂直管理。各专业银行、保险公司的各级分支机构也分别由专业银行总行、保险公司总公司实行系统垂直管理。各专业银行、保险公司的各级行长、经理的任免需经同级人民银行同意后方可任免。这加强了银行的集中管理，有利于国家宏观金融政策的统一性，便于贯彻执行。

(十) 恢复保险机构，发展保险事业。

我国保险事业从1980年开始恢复。中国人民保险公司在重新开展国内业务后，既作为中国人民银行内部的一个行政机构进行行业管理，又作为一个保险企业单位从事经营活动，存在政企不分的问题。为此，1981年4月，中国人民保险公司从行政建制改为专业公司，实行独立核算，以后又建立了从总公司到省、市、区分公司、县支公司这样一个独立系统。之后，交通银行建立了太平洋保险公司并逐步成为一个全国性的保险公司；以沿海地区为主要活动区域的平安保险公司也建立起来。以后又成立了8家区域性人寿保险公司。

保险业刚成立时，只有单一的企业财产保险，之后经过扩大和创新，逐步与国际保险业的业务范围接近。同时，保险公司系统内部的管理体制也在不断完善，扩大了保险资金的运用范围，一些省、市的保险公司还建立了投资机构。

14年来，随着经济体制改革的深入和对外开放的扩大，金融体制的改革取得的成绩是巨大的。但由于金融业涉及面广，改革的难度较大，同时目前整个改革还处于探索阶段，因此在金融业的发展过程中还存在一些问题。

首先，经济、金融工作中的一些关系尚未理顺，金融宏观调控机制没有完善。

比如，没有形成规范的短期国债市场，财政赤字向中央银行透支借款的作法无法改变，中央银行货币供给的压力相当大；专业银行既承担政策性贷款业务，又有经营性业务，受利益驱动，当经营性贷款业务扩张后，无法保证政策性贷款的需求，逼迫中央银行更多地动用基础性货币，扩大货币发行；目前我国大部分全民所有制企业还没有形成健全的自我约束机制，价格机制也不健全，银行与企业的关系还未理顺，这使信贷、利率、汇率等金融杠杆难以充分发挥应有的作用。中央银行与专业银行、各金融机构之间的关系及银行与非银行金融机构之间的关系，都还有待进一步协调。

其次，银行的经营机制还不健全。

目前，银行的自我积累能力比较弱，超负荷经营状况严重。银行自身的风险机制和约束机制尚未建立起来。银行的资金管理和营运手段比较落后，信贷质量不高。银行的经营自主权有待进一步落实。

最后，金融市场还需进一步发展。

金融市场发育滞缓，目前尚未形成全国性的资金拆借市场，还存在资金的地区性封锁问题。证券市场还有待规范，全国统一的外汇市场还未形成。目前，我国的金融法规不健全、不完备，金融的监督管理跟不上形势发展的要求。

三、1992年金融业的发展情况

1992年，在邓小平同志视察南方的重要谈话和党的十四大精神指导下，我国改革开放和现代化建设进入了一个蓬勃发展的新阶段。全国出现了前所未有的建设热潮，相当一部分地区呈现高速甚至超高速发展的态势。为推动全国经济的发展，金融业做了大量的工作，发挥了重要的调控作用。

1992年，金融系统认真贯彻邓小平同志南巡重要谈活和中央政治局全体会议精神，在党的十四大精神指引下，在各级党政部门的大力支持下，按照党中央和国务院“加大金融改革开放力度，一方面筹集更多的建设资金，提高信贷资金的使用效益；另一方面要维护货币稳定，防止出现通货膨胀”的要求，大力筹集和融通资金，积极支持国民经济稳定发展和扩大改革开放的合理资金需要，同时加强了金融宏观调控。金融形势总的来说是好的，货币是稳定的。

1992年，银行加强和改善了金融宏观调控，强化了对固定资产投资的控制。从5月份开始，金融部门采取了一系列调控货币、信贷总量的措施，特别是党中央、国务院8号文件下发后，金融系统坚决贯彻执行，在地方政府的支持下，取得了较好的效果。货币、信贷控制在国家批准的计划之内，促进了经济的较快发展，又保持了货币的稳定。同时，进一步健全了银行内部管理制度和监管要求；引导银行经营面向市场、防范风险和提高效益；进一步发展了金融组织体系，新建了3家商业银行（华夏银行、光大银行、浦东发展银行）、22家信托投资公司和财务公司等金融机构。加快了金融市场的发展和建设；扩大了现汇留成试点范围，建立了全国外汇调剂中心公开市场。扩大对外开放，加快了引进外资金融机构和国内金融机构走向国际市场的步伐，全年批准增加了7个城市对外资金融机构开放，新批准外资金融机构在国内设立营业机构25个、代表处27个；批准我国银行在一些国际金融中心城市设立代表机构和营业机构12家。

1992年，银行在控制信贷总量的同时，积极采取有效措施，大力筹集资金，努力调整信贷结构，挖掘资金潜力，增加了对农业和能源、交通、通信、原材料等基础产业的信贷投入；积极支持第三产业、科技开发运用、乡镇企业发展和外贸进出口的合理资金需要；支持了质量高、销路畅、效益好的产品的生产；较好地完成了国家下达的帮助企业清理“三角债”的任务。有力地促进了各地经济的稳定发展和改革开放。

1992年，国家银行和农村信用社的各项存款增加4 639亿元，比1991年增长27.8%，其中：国家银行各项存款增加4 028亿元，比1991年增长27.1%，城乡储蓄存款增加2 438亿元，比上年增长26.7%；国家银行和农村信用社各项贷款增加4 228亿元，比1991年增长21.3%，其中：国家银行各项贷款增加3 547亿元，比1991年增长19.7%，控制在国务院批准的调整计划之内；固定资产贷款增加880亿元，比上年增长28.9%，其中用于基础产业及国家重点建设项目的固定资产贷款比1991年增长23.3%。国家银行提供的农业贷款比1991年增长22.7%；对商业、物资供销等第三产业的贷款也有较多的增加，其中：商业贷款比1991年同期多增加189亿元，物资供销企业贷款比1991年同期多增加78亿元；支持扩大对外开放，外贸和沿边开放城市贷款也相应增加；银行对科技发展给予适当倾斜，科技开发贷款占新增贷款的比重有很大提高。另外，还安排300亿元的贷款用于清理国家重点建设项目投资的拖欠货款。全年，货币发行1 158亿元，比1991年增加625亿元；到年末，市场货币流通量为4 336亿元，比1991年增长36.5%。全年保险公司保费收入比上年增加50%以上。全年新发行各类债券1 350亿元，股票114亿元。

当前，金融工作中也存在一些问题，金融形势不容乐观。这些问题实际上是经济运行中出现的一些问题和矛盾在金融方面的反映。主要表现在以下几个方面：

(一) 货币信贷持续超经济增长，通货膨胀的压力在加大。

1992年，国家银行贷款增长19.7%，高于经济增长（国民生产总值增长12.8%）和物价（零售物价上涨5.4%）上涨之和。同时，其他金融机构信贷规模和各类债券发行规模扩大，增幅高于国家银行贷款的增长。货币供应量在近年来持续高增长的基础上，增幅进一步提高，1992年广义货币增幅高达31.3%。这主要是：(1) 固定资产投资过猛，增幅达37.6%，是80年代以来第二个高峰年。大部分地区出现了房地产热、开发区热，重复建设现象较多，扩大了对贷款和货币的需求；(2) 产品积压严重，据工商银行四万户工业企业统计，1992年末三项资金（产成品、发出商品、应收货款）占用余额比年初新增加411.7亿元；(3) 能源、交通、部分原材料供应趋于紧张，生产资料价格和大中城市零售物价指数增幅较高；(4) 一些地方忽视农业，计划外集资过多，部分农用资金通过多种渠道被转移到城镇，用于一般加工工业和开发区投资，农副产品收购资金被挪用现象比较严重。

(二) 银行资产负债结构不够合理，信贷资产质量下降，业务经营风险加大。

从1987年到1992年，银行固定资产贷款年均增长25.5%，高于同期各项贷款6.5个百分点，所占比重上升18.8%，其中1992年贷款增加额中，固定资产贷款所占比重达24.7%。与此同时，银行其他长期性资金占用大量增加：(1) 财政性占用不断增加，包括透支、借款、银行购买财政性债券、银行承担的应由各级财政安排解决的国家各种专项储备，以及垫付因财政欠拨补所形成的各种挂帐款；(2) 流动资金贷款中，长期性占用大量增加；(3) 近年来企业亏损增加较多，大量的银行贷款被用于弥补亏损，形成长期性占用；(4) 一些金融机构擅自通过各种渠道扩大固定资产贷款，用拆借资金发放贷款，导致银行信贷资金周转困难，风险加大。

四、加大金融改革开放力度，建立适应社会主义市场经济的金融体制

党的十四大以来，中国人民银行按照建立社会主义市场经济体制的要求，提出我国金融体制改革开放的目标，即：贯彻党的十四大精神，以邓小平同志建设有中国特色的社会主义理论和把银行办成真正的银行的要求为指导，建立适应社会主义市场经济的金融体制和运行机制，促进国民经济更快、更好的发展。

(一) 建立以中央银行为领导、国有商业银行为主体、多种金融机构分工协作的金融组织体系。

发挥中央银行在金融工作中的领导作用，加强和完善金融宏观调控，强化中央银行对整个金融体系的监督管理。转换专业银行经营机制，使专业银行既承担国家宏观调控任务，又实行企业化经营，逐步转换成自主经营、自负盈亏、自求资金平衡、自担风险、自我约束和自我发展的国有商业银行。进一步改革和完善农村金融体系。继续办好交通银行和其他商业银行。进一步发展和完善非银行金融机构。积极发展城市信用社联社，加强对城市信用社的领导和管理。深化保险体制改革，积极发展保险市场。适当引进外资金融机构，开办中外合资金融机构。

(二) 建立和发展全国统一的金融市场体系。

进一步搞活货币市场，实现资金的合理配置。加强对证券市场的制度化、规范化管理。继续搞活上海、深圳的股票交易所的试点。积极发展外汇市场。

(三) 建立直接调控与间接调控相结合，逐步以间接调控为主的宏观调控体系。

逐步扩大中央银行通过市场机制吞吐基础货币的比重，开办人民银行短期融资债券的买卖业务，扩大再贴现的比重，减少信用放款。在对金融机构实行贷款限额管理的前提下，选择部分地区和金融机构进行资产负债比例管理和资产风险管理的试点。进一步增强利率调节功能。积极扩大现汇留成试点，加强对金融机构外汇信贷资金的管理。

(四) 建立法律化、规范化、现代化的金融管理体系。

要加快金融立法进程，使各项金融活动做到有法可依。同时，加快会计、结算制度改革，实现联行清算、信息统计、业务处理的现代化、自动化。改革人事管理制度，形成内部激励和约束机制。

(五) 扩大对外开放，逐步推动我国金融业进入国际金融市场。

进一步引进外资金融机构，推动国内金融机构进入国际市场。加强与国际金融组织的往来与合作，积极参与区域性国际金融的交流与合作。改革外债规模的控制办法，采用余额式管理，对外借债向信用等级管理过渡。逐步创造条件，实现人民币的自由兑换。大力发展金融服务，允许边贸地区人民币自由出入境和用人民币结算。

（中国人民银行调统司　张子红）

保 险 业

新中国成立后，我国保险业走过了一条曲折的发展道路。

建国初期，在党的过渡时期总路线的指引下，很快实现了保险经营的国家垄断。1949年10月20日成立了中国人民保险公司。该公司是经营各类保险和再保险业务的国家保险公司，是国务院直属局级经济实体。

50年代保险业发展出现高潮。中国人民保险公司当时开办的险种有企业财产保险、船舶保险、家庭财产保险、海洋运输货物保险、简易人身保险、团体人身保险、旅客意外伤害保险、牲畜保险、农作物保险等。到1958年，全国设立保险机构4 600个，保险职工人数达到5万余人，保费收入16亿元，支付赔款3.6亿元，积累保险基金4亿元。但在这个时期，保险业的发展在指导思想和经济体制上潜伏着危机。50年代后期，我国逐步建立起一套高度集中的、以行政管理为主的产品经济的管理体制。随着这种产品经济体制的建立，从1955年开始，主要产业部门相继退出了保险，到1958年，人民公社成立，实现了"一大二公"，国内保险就此全面停办。"文革"时，涉外保险业务也被认为是资本主义的东西，险些被停办。十一届三中全会以后，我国保险事业得到恢复和发展。

1979年底，根据国家经济体制改革和对外开放的需要，经国务院批准，中国人民保险公司恢复办理国内保险业务，同时积极发展涉外保险业务。10多年来，在改革开放政策的指引下，在党中央、国务院以及各级党组织的热情关怀和大力支持下，中国人民保险公司的各项业务获得了迅速的发展。随着社会主义市场经济的建立，我国又相继成立了太平洋保险公司、平安保险公司。第一家外资保险公司——美国保险集团（AIG）开始在上海等地设立机构。在我国开始形成保险竞争局面，尽管如此，中国人民保险公司的业务量占整个保险市场的95%以上，仍然发挥着主渠道作用。

农业保险：我国的经济体制改革是从农村开始的，农村联产承包责任制使农民掌握了生产经营的自主权，同时也承担了相应的经济责任和风险。农民家庭抵御灾害事故的能力较小，他们要搞多种经营，搞商品生产，迫切需要保险提供保障。现在，在我国广大农村开办的保险已涉及农、林、牧、副、渔、工、商、运、建、服务10大领域，开办的险种达100多个。近年来，为适应农村改革的需要，农业保险重点是发展种植业和养殖业保险，为丰富人民群众的"菜篮子"和"米袋子"服务；为农业综合开发、科技兴农、推广优良品种，推广先进的耕作方法和栽培技术服务。1992年，农业种植业承保面积4.4亿亩，约占全国种植业的20%。其中，粮食作物1.8亿亩，经济作物6 100多万亩，森林1.1亿亩。在养殖业中，承保牛、马等大牲畜268万头，小牲畜1 000多万头：猪982万头，羊23万多头，鸡鸭等家禽承保4 500万只，水产养殖共计320多万亩。经营农业保险的总方针是"收支平衡、略有节余，以备大灾之年"。1992年，农业保险总收入8.16亿元，处理赔案76万件，支付赔款8.14亿元，赔付率为99%，保费收入全部偿还给农民。尽管10年来农业保险费收入以年平均增长132.4%的速度发展，但收取11.25亿元保费后，支付赔款达12.067亿元，赔付率为107.1%，这在其它险种是少见的。中国人民保险公司由于对农业加大了投入，并实行一定的倾斜政策，对推动农村经济的发展起到了积极作用。

企业财产保险：是财产保险业务的基本险种。在城市的改革中，如扩大企业自主权、承包、租赁等，使企业成为责权利统一的、相对独立的商品生产者和经营者，企业要承担生产经营过程中的风险，企业的意外经济损失不能再要求国家财政予以补偿或实行核销。企业需要有新的"靠山"。企业财产保险应运而生。随着社会主义市场经济的建立，全民所有制工业企业开始转换经营机制，越来越多的企业成为独立的经济实体，企业经营者的经济责任和风险意识大大增强，更多地寻求保险保障。中国人民保险公司采取各种措施，为企业提供优质服务。对已投保的企业，积极做好续保工作，避免脱保现象的发生，以防万一出现意外，无法得到经济补偿。在挖潜方面，力争使企业财产保全保足，考虑到物价上涨因素，实行加成承保和按重置价承保；根据保户的不同需要，积极发展企业财产保险的附加险，如盗窃险、营业中断险、机器损毁险等，扩大保障范围；针对企业资金短缺，交纳保险费有困难，采取分期或缓期交费等办法，调动企业投保的积极性。如河南省电力系统再次实现全省统保，保险金额达77亿多元。哈尔滨市有关部门要求企业积极投保，所有国有资产的企业在遭受自然灾害或发生意外事故造成的财产损失财政不予核销拨补。浙江省在个体工商户和私营企业中全面推行长效还本财产保险。这些措施推动了企业财产险业务的发展。1992年，投保企业64万多家，其中：中央企事业8 000多家，地方企事业34万多家，乡镇企业18.8万家，城市集体企业9万多家，合作个体5.4万多家。

运输工具及责任保险：伴随经济增长速度和工农业发展的需要，我国机动车数量急增，对保险的需求不断扩大。在各级政府和公安交警部门的支持下，全国许多省份实行了机动车辆及第三者责任的法定保险。1992年有520多万辆汽车投保。其中城市汽车410多万辆，农村汽车110多万辆。投保拖拉机共计32.5万辆，摩托车190多万辆。由于多种原因造成运输工具及其责任保险承担的风险较大，一旦出事，不仅造成车身的损失，也往往出现其它人身伤害及财产损失责任。1992年该险种总赔案131万件，赔款支出45.6亿元，比上年增长45%，赔付率为65%。

家庭财产保险：随着人民生活水平的日益提高和群众保险意识不断增强，家庭财产保险业务迅速发展。1980年刚刚开办保险业务时，北京仅有十几户，全国不过3万户家庭投保。1985年为2 000万户，1987年为5 000万户，到1992年底全国已有1.4亿多户家庭投保。家庭财产保险条款、内容不断完善，以方便和满足群众。家庭财产保险中有一般保险，即一年一保，一年一交费。该险种有7 877万多户家庭投保。两全保险带有储蓄保险双重性质，期限较长，在三五年内不论得到赔偿与否，到期全部返还储金。该险种有6 817万多户投保。此外还开展了家庭财产单保盗窃险、单保基本险、液化汽罐保险、家用电器保险、房屋保险等。

人身保险：从1982年恢复办理初的10万人增加到1992年的3亿人。开办的险种从最初的简易人身保险、意外伤害保险、养老保险等几个险种发展到70多个。各级保险公司围绕党和国家的方针政策积极开展多种人身保险业务，经过10多年的探索、实践和开发，基本形成了门类较齐全、成龙配套的服务体系。其中，投保简易人身保险为5 100多万人，给付人数2 300多万人。参加养老保险的人数为2 400多万人，其中国营企业职工300多万人，集体企业350多万人，统筹养老保险1 000多万人，个体户370多万人。养老保险总给付率为40%。参加意外伤害保险人最多，达1.75亿人，处理各种赔案240多万件次，赔付率为42%。为配合国家医疗制度的改革，目前全国有22个分公司试办了医疗保险，承保人数1 000多万人。1992年在十几个省、市、自治区试办的少年儿童住院、医疗保险深受家长的欢迎，现全国已有470多万人投保。人身保险业务除了以上基本险种外，根据各地不同情况和不同需要开办了独生子女父母养老金保险、子女婚嫁金保险、计划生育系列保险、义务兵养老保险、“三资”企业、个体户、私营企业职工各种人身保险业务。

涉外保险业务：中国人民保险公司自1949年成立以来，一直办理涉外保险业务，为对外经济交往提供优质服务。目前开办80多个险种，基本上做到了国际市场通行的保险，我们都可以提供。涉外业务从1980年的1.13亿美元增加到1991年5.8亿美元。飞机保险业务是从1974年开始办理的，到目前已承保数百架中国国际航班和国内航班的飞机。随着“三资”企业的增加和国内建设规模的扩大，推出了建筑工程安装保险、机器损坏保险、营业中断保险、产品责任保险、贷款保证保险、雇主责任保险等。远洋船舶保险已有30年的历史，目前承保的船舶总数约4 000多艘，进出口货物运输承保约70多万笔。为了方便国外的海事处理，中国人民保险公司在世界各主要港口和国家委请了300多家海损检验和理赔代理。

国际再保险业务：各国的保险公司为了保持业务的正常经营和财政稳定，对于超过自身承受能力的业务，通过再保险的途径向国际保险市场分散风险，并付出相应的保险费。目前中国人民保险公司已同世界上100多个国家和地区的1 200多家保险公司、再保险公司、保险经纪公司建立了分保业务关系。

出口信用保险业务：是国务院交中国人民保险公司办理的一项政策性业务，主要目的是支持国家扩大出口和创汇，促进对外贸易的发展。这项业务，从1988年开始试办，目前全国已有30多个省市分公司开办了这项业务，为国内200家外贸公司提供了保险保障。

卫星保险：从1985年起承保第一颗卫星即“长征二号”丙火箭发射的回收式国土普查卫星，到1992年3月22日发射的澳大利亚通信卫星，共计为14颗卫星提供了保险。1991年12月28日，“长征三号”火箭发射东方红三号通讯卫星，没进入预定轨道，公司赔付6 000万人民币。1992年3月澳星B1推迟发射，由于运载火箭已点火，不能再次使用赔付1 500万元。目前承保的14颗卫星共收保险费5 110万元，发生赔案两起，支付赔款7 500万元。

保险赔偿：1992年保险的经济补偿作用得到充分发挥。国内外保险业务赔款和给付总支出167.9亿元。其中，国内财产保险赔款99亿元；人身保险给付金和赔款55.1亿元；涉外业务赔款2.4亿美元，折合人民币13.8亿元。17万多家企业得到不同程度的保险赔款。运输工具及责任险种处理赔案131万多件。164万多个家庭受损后得到保险补偿。

中国人民保险公司自1979年底恢复办理国内保险业务以来，保险事业发展迅速。目前在全国设立了5 200多个机构，正式职工11万人。在海外有70多个机构，从业员工1 000多人。代理网点11万个，专兼职代理人员20万人。公司在世界主要港口委请了300多家货损检验和理赔代理人。参加了亚非保险和再保险联合会及所属的再保集团。

1992年底中国人民保险公司资产总值480亿元，各项准备300亿元。1992年业务情况：保险业务收入为367.9亿元，较1991年增长56%，完成年计划的122.7%。其中保险费收入197.1亿元，保险储金收入170.8亿元，分别较1991年增长35%和91%。国内业务按财产保险和人身保险分类，财产保险业务收入（包括保险费和储金）193.1亿元，较1991年增长52%，完成年计划的121%。其中，农业保险业务收入10.6亿元，较1991年增长136%；人身保险业务收入（包括保险费和储金）141.7亿元，较1991年增长70%，完成年计划的128%；涉外业务保费收入5.8亿美元，折合人民币33.1亿元，较上年增长31%，完成年计划的115%。

（中国人民保险公司　谷建中）

房　地　产　业

一、行业状况

党的十一届三中全会以后，随着经济体制的改革和商品经济的发展，我国房地产业迅速崛起，房地产业各个环节的改革相继展开。目前，我国房地产业已经初步形成一个包括房地产的开发、经营、管理、服务等多种经济活动的高附加值的综合性产业。

（一）房地产行业的发展已经初具规模。到1990年底，我国467个设市城市和1.1万多个建制镇形成的国有土地总面积为2.5万多平方公里；城镇各类房屋66亿平方米，其中公有房屋为48亿平方米。按土地每平方米100元、房屋每平方米300元初步估算，我国城镇房地产总价值超过4万亿元。全国各类房地产企事业单位1万多个，其中房地产开发公司4 000多家，各类房地产经营、管理、修缮公司4 700多家，房地产交易所、交易市场和其它中介服务组织1 600家，从业人员240多万。房地产作为重要的生产要素和必备的生活物质条件，已逐步进入市场流通，开始对我国国民经济和社会生活各个领域产生重要的作用。

（二）土地的供给正在改变过去的行政划拨、无偿使用的制度，开征了土地使用税和“三资”企业场地使用费，并逐步实行土地有偿出让和转让，在存量房地产交易中开征了国有土地收益金。从1987年到1992年4月底，据不完全统计，全国已出让城镇国有土地使用权1 500多幅，出让面积3 500公顷。

（三）房地产综合开发已成为房地产生产的主要方式。“七五”期间实行统一规划、合理布局、综合开发、配套建设，共完成房地产开发工作量1 027亿元，平均每年递增26%；每年商品房施工面积1亿平方米左右。到1992年初，房屋建筑面积在5万平方米以上的住宅小区已建成2 600多个，通过综合开发，为城市提供了2 600万平方米工商文教用房以及大量的城市基础设施。1991年，房地产开发企业完成开发工作量336亿元，开发土地面积8 500公顷，施工房屋面积1.25亿平方米。房地产开发公司拥有的自有资金已达238亿元。1992年，发展速度更迅猛（见附表1、2），10年前才起步的房地产综合开发，现已成为城市房地产生产的主要方式。

（四）城镇住宅建设发展迅速。改革开放以来，我国城镇住宅建设结束了长期徘徊在每年平均二三千万平方米的历史，1979年达到7 500万平方米，1980年突破了1亿平方米的大关。1980年以来，我国城镇每年平均新建住宅1.2亿平方米，用于住宅建设的投资累计已接近4 000亿元，是建国后前31年住宅建设投资的5倍多。总计15亿平方米的新建住宅投入使用，是建国后前31年新建住宅投入使用总数的2倍多。目前，我国城镇住房中，有一半是在改革开放以后房地产业迅速发展中建造起来的。人均住房居住面积已由1979年的3.6平方米提高到7.1平方米。

（五）房地产市场流通日趋活跃。“七五”期间，全国商品房销售达1.32亿平方米，销售收入近700亿元；其中个人购买的商品房达4 166万平方米，回笼货币150多亿元。存量房地产交易5 833万平方米，交易总额124.6亿元；其中1990年，房地产交易已接近30万宗，成交金额70多亿元。一个包括土地使用权的出让、转让，房屋买卖、租赁，房地产抵押，以及房地产咨询、代理、中介服务等各种经济活动在内的房地产市场体系正在形成。

（六）房地产产权产籍管理制度基本建立。已在全国范围内建立健全了房地产产权管理机构。并已基本完成了城镇房屋所有权登记和核发产权证的工作，建立了比较齐全的产权产籍资料。到1990年底，已完成了1 772.11万户、房屋建筑面积46.5亿平方米的房产产权登记工作；通过审查确权，已核发产权证1 473.11万户，房屋建筑面积40亿平方米。目前产权产籍管理已经转向日常的变更管理工作，并正在大力推广运用电子计算机进行现代化方式的产权产籍管理。物业管理和委托代管事业也已初步兴起。

（七）房地产业对于促进国民经济发展和增加财政收入的作用已日益显示出来。房地产业的发展，带动了建筑、建材、轻工、化工等50多类产品的发展，并促进了旅游业、商业、金融业、服务业等第三产业的发展。在增加财政收入方面，1991年全国城镇土地使用税收入31.7亿元，房产税收入37.2亿元，房地产交易契税国家入库数1.87亿元，房地产开发企业纳税20.45亿元，仅这几项就占当年财政收入的2.3%。沿海商品经济发达的城市，房地产业创造的财政积累的比重更高一些。广州市1991年仅房地产开发企业的税收就占当年市财政收入的4.55%。深圳市近几年房地产开发企业的税收超过每年市财政收入的10%，加上国有土地使用权有偿出让的收入，占深圳市财政收入的14%到18%。同时，房地产业还以实物和货币的形式，向城市建设提供了大量资金，仅实物地租的贡献每年就达70多个亿，占每年全部城建资金的1/3以上，有力地促进了城市的建设和发展。

80年代以来，我国房地产业之所以能取得迅速的发展，主要做了6个方面的改革和开拓工作：

一是坚持推行国有土地有偿使用和房屋商品化两项基本政策。由此，国家对城市土地的所有权在经济上得以实现，用地结构也得以通过经济手段而调整。加上房屋商品化，改变了以往的房地产只有投入没有回收的产品经济模式，起到了完善生产要素市场，增加市场的商品流通量，调整居民消费结构、回笼货币的作用。土地有偿使用和房屋商品化有着不可分割的关系。土地经过开发，完成“七通一平”，把“生地”变为“熟地”，然后在上面建造房屋和各种设施，房屋与土地作为整体的生产要素和生活资料，在其它产业部门和人民生活消费领域中反映其价值和使用价值。土地有偿使用和房屋商品化这两项基本政策结合起来推行，才能培育我国的房地产市场，才能使我国的房地产业完成从产品经济向商品经济的转换。

二是坚持推行城镇住房制度改革，调整住宅建设投资结构，发挥国家、地方、企业、个人4个方面积极性，解决城镇居民的住房问题。目前，住宅建设投资中，企业占3/5，个人已占1/5。商品住宅的发展，使城镇住宅建设资金开始滚动循环。

三是坚持推行房地产综合开发这一社会化大生产的房地产生产方式。这几年我们房地产财富大量增加，城市的面貌有了很大的改观，关键的一条是坚持了综合开发这一先进的建设组织方式。从全国各城市来看，大体上每年基础设施建设资金的50%以上是通过综合开发提供的。可以说，没有综合开发，就没有我们现在的投资环境和居住生活环境。

四是坚持“开放市场、严格管理”的原则，积极培育房地产市物体系，引导房地产巨额财富进入市场，搞活流通，积极发展房地产咨询、信息、估价、保险、金融、代理和中介服务等房地产综合服务体系，同时，通过行政、法律手段，加强市场管理。

五是加强房地产管理的基础建设。1985年，我国进行了第一次全国城镇房屋普查工作，基本摸清了全国城镇房地产的家底，建立了比较完整的档案和数据库，在此基础上，开展了产权登记发证工作，推行了房地产产权产籍管理的现代化、规范化。并出现了物业管理和委托代管等房地产管理的新形式，推动房地产管理朝着社会化、专业化的方向发展。

六是促进房地产管理部门的职能转变和企事业单位经营机制的转变。房地产管理部门逐步地从过去只管理一些直管公房和直属企事业单位的小圈子里跳出来，面向行业、面向市场、面向社会。房地产经营企业开展了“一业为主、多种经营”，由过去靠政府补贴为主逐步转变为通过经营创收向国家提供越来越多的财政积累。

二、1992年房地产业发展态势

1992年，房地产业在大的政治、经济环境下得到较快发展，房地产成了我国经济发展中的一大热点。主要表现在以下几个方面：

一是房地产开发投资的高速增长。1992年完成房地产开发投资732亿元，比1991年增长117%，占全社会完成固定资产投资的9.64%。施工商品房屋1.9亿平方米，增长57.75%；其中新开工商品房屋1.15亿平方米，增长78.1%；竣工商品房面积7 145万平方米，增长36%；房地产开发利用外资7.1亿美元，比1991年增长228%，占全国实际利用外资的3.78%。

各地的房地产开发投资普遍增长50%以上，其中海南省增长211%，内蒙、辽宁、吉林、黑龙江、福建、山东、河南、广西等地区的增长率也超过100%或接近100%。

房地产投资的热点主要集中在沿海，其次是东北地区。海南、广东、福建、浙江、上海、江苏、山东完成房地产开发投资占全国的60%，其中广东省完成投资占全国的32%，黑龙江、吉林、辽宁完成投资占全国14%。内地大部分地区房地产开发虽有较大的增长率，但总量规模比较小，只是相对1991年较小的基数有较快的发展。

二是土地批租量和开发量较前几年有大幅度增长。据不完全统计，1992年全国出让土地近3000幅，2.2万公顷，分别是1991年前土地出让总量的3倍和11倍。实际开发土地2.3万公顷，比1991年增长175%。海南、广东、福建、浙江、上海、江苏、山东等沿海7省市开发土地1.65万公顷，占全国开发量的71%。1991年上海市出让土地201幅，2 010公顷，出让面积占全市土地供应量的14.3%；江苏省出让土地面积占土地供应量的18%；广东省出让土地2 503幅，7 374公顷。

三是各类开发区纷纷设立。据不完全统计，截止

1992年底，全国有各类开发区1 951个，是前四年设立开发区总数的15倍。其中国家级开发区95个(国务院批准的一级经济开发区19个，国家科委批准的高新技术开发区52个，国家旅游局批准的旅游度假开发区11个，国家海关总署批准的保税区13个)。各省批准的开发区176个。开发区规划占地面积15 000平方公里。

四是房地产开发公司发展迅速。1992年底，全国共有房地产开发公司12 400家，是1991年底的3倍，而同期全国各类公司增长约1倍。在全国新增加公司中，房地产开发公司占3.5%。其中外资独资、中外合资合作房地产开发公司2 200多个。大量的房地产开发公司集中在沿海。广东、海南、福建、上海、江苏5个省共有房地产开发公司5 250家，占全国房地产开发公司总数的44%。这些房地产开发公司大部分是在1992年5月以后才成立的。

在1992年有开发业绩的房地产开发公司7 066家，这些公司1992年底实有资本总额408亿元，1992年实际纳税41.1亿元，比1991年增长102%；实现利润64亿元，比1991年增长140%；经营利润率(毛利)12%。

五是房地产价格上涨幅度较大。据统计分析，1992年全国房地产价格较1991年平均涨幅为27.9%，1991年底较年初的平均涨幅为51%，海南等热点地区和城市的房地产价格涨幅在1倍以上。

六是房地产市场十分活跃。1992年仅商品房销售面积4 288万平方米，比1991年增长40.39%；销售额440亿元，比1991年增长80%。一个包括土地使用权出让、转让，房屋买卖、租赁，房地产抵押以及房地产咨询、代理、中介服务等各种经济活动在内的房地产市场体系正在逐步形成。

三、主要问题

(一)宏观调控机制尚未建立，产业发展的具体政策还不完善。房地产业是一个新兴的产业，房地产经济活动是一项十分复杂的经济活动，目前，对如何把握房地产业的运行规律和市场运作程序、如何建立起与社会主义市场经济相适应的房地产业宏观调控机制等问题，我们还缺乏认识和实践基础。房地产业作为第三产业的重要组成部分，其发展目标、各项经济指标和有关政策都有待明确，统计体系也有待建立和完善。

(二)市场机制不完善，规则不健全，平等竞争环境尚未形成。一是土地供给机制不完善，土地的供应计划性不强，与项目不相衔接，城市规划受到严重干扰。一些地区项目没有落实就批出土地；土地批出量过多、规模过大，不考虑开发能力。土地的转让中，协议方式多，招标、投标方式少，土地的供给中缺乏规范的市场机制和公平、公正和公开的竞争，也加剧了房地产市场的投机行为。

二是房地产经济活动中的收益分配调控机制尚未建立。国家、地方、企业和个人在国有土地使用权经营活动中还没有得到合理的分配。房地产应该是地方财政的重要来源，但一方面城市土地的分等定级还没有普遍进行，基准地价无法确定，另一方面增值税还没有开征，房地产经营中的收益大量流向企业和个人。

三是多数地方还没有通过市场竞争形成市场价格体系。土地的出让转让、商品房买卖，存量房屋的交易，房地产抵押等活动中的价格，随意性大，尤其地价受非市场因素的影响较大，房屋交易中也存在着隐价瞒租等不良现象。

(三)开发区的设立有相当大的盲目性。一些开发区根本没有经过详细的可行性论证，就盲目“圈地”，有的县、乡自行审批规模很大的开发区，结果却没有资金来开发，甚至有的开发区把基础设施搞好了也没有吸引到资金，大片土地闲置，资金积压。

四、展望

(一)市场走势

1992年土地开发面积、施工房屋面积增长量远高于竣工房屋面积增长量，全国有约1万公顷已开发的土地储备量在1993年要进入商品房屋的施工期，1993年才形成投资的更大势潮；1992年全国有约1.2亿平方米的施工商品房屋未在1992年竣工，结转至1993年，在1993年大部分要竣工，进入市场房地产供货的高峰期，形成最终消费。另一方面，绝大多数房地产开发公司是在1992年5月以后才组建的，1992年均未有实际的房地产开发投资，都在进行项目开工的前期准备，1993年要形成实际的房地产开发投资，更大的资金量要投入于房地产开发。

在1993年中，随着产业结构的调整和第三产业的加快发展，商业、服务、金融业用房和写字楼等企业办公用房的需求量会大大增加。同时随着价格的进一步放开，非住宅的价格与住宅的价格差将进一步拉大。

1993年房地产开发企业的竞争也会是相当激烈的。现有近12 000个房地产开发公司的总资本约900亿元，相对于今年的房地产开发所需，投资能力绰绰有余。另一方面，已经开发的土地储备量已经相当大，而市场的有效需求毕竟是有限的。

以房地产开发为龙头所带动的整个房地产业，1993年，房地产市场中的房屋买卖、代理评估、咨询服务以及指挥等活动将趋兴旺，目前已有大量的中介代理机构应运而生。同时，随着房地产市场规则的逐步规范和市场竞争的激烈，大量购买土地使用权和转让“炒地”的现象将会有所控制。

（二）政策方向

1．切实增强政府对房地产开发和房地产市场的宏观调控能力。主要应通过调整土地的供给量控制房地产开发规模。同时要在控制土地批租总量的基础上进一步调整用地结构，以正确引导投资方向。对国家重点建设配套的房地产开发项目和城镇普通住宅用地，应适当给予倾斜，对高档宾馆、写字楼、别墅用地应严格控制。调整中要充分考虑各地条件的较大差异，分类指导，分区调控，因地制宜，稳妥进行，不搞一刀切和急转弯，避免出现大起大落。调整中要少用行政手段，多用经济法律手段，使地方政府自觉认识和掌握市场经济规律，结合本地的经济发展水平、资金来源渠道和市场供需前景自觉进行调整。要严格控制审批新的土地批租项目，对已批租项目进行复查，对具备开发条件的项目要加快建设速度，对不具备开发条件的项目可区别情况进入项目储备或停建缓建，以达到保重点、限规模的目的。

2．切实加强对国有土地使用权的出让管理。严格要求各地政府坚持以城市规划指导土地出让，坚持按建设项目出让土地，严格控制土地的成片出让，合理确定地价并加强对土地出让合同的监管。除国务院规定的项目外，对商业、金融、旅游、服务业、商品房和涉外工程建设项目用地的供应，尽可能采用招标或拍卖的方式有偿出让，出让地块的地价要由政府部门组织评估机构评定基准地价，避免低价出让。

对不按期开发，不按规定用途土地或土地闲置时间超过两年者，依法收回使用权以严格执法。对不按法规出让土地的政府行为要明令禁止并给予相应的处理。对受让土地未完成开发投资一定比例不得转让，对开发经营企业预售商品房实行审批制度。

3．正确引导外商对房地产的投资。引导外资主要投向与我国规定的鼓励类引进项目相配套的房地产开发项目和拆迁难度较大、资金需求量大的旧城改造项目。引进外资发展房地产业时，要严肃制止部分地区把土地圈子划得很大，地价压得很低和超越权限擅自制定减免所得税等优惠政策来作为吸引外资条件的做法。同时要加强对外商投资房地产的资金管理，对外商投资的房地产项目，应根据项目规模规定其注册资本，分期投入资金量、合资双方股金份额等，以保证外资的真正引进和及时到位，以解决部分地区出现的假外商、假合资和外资实际到位率很低，却利用不正当的优惠政策，以少量投资获取高额回报等问题。

4．要深化改革，认真解决好新旧体制过渡中的有关问题，在房地产市场的各个环节充分引入竞争机制。房地产一级市场的平等竞争是二、三级市场健康发展的重要前提，因此要进一步改革土地供应的双轨制，减少行政性划拨用地，扩大城镇国有土地有偿有期限使用比例。促使发展迅猛的房地产开发企业通过公平竞争实现优胜劣汰，以改变目前无限制发展局面。制止一些企业和个人利用关系协议方式，低价获取土地后高价炒出进行投机牟利，扰乱房地产市场的正常秩序并使得政府的土地收益大量流失。与此同时，我们要特别重视我国的房地产业在深化改革中逐步和国际惯例接轨问题，在健全土地出让中招标拍卖制度的同时，鼓励建立起与房地产市场相配套的中介服务代理机构，开放透明度高的市场信息库以更多地吸引外资。还必须解决与健康的房地产市场相适应的房地产信贷问题。房地产投资大、周期长，按照国际惯例，土地抵押贷款，房地产开发贷款，买房客户的贷款等对提高房地产开发投资支付能力，提高人民群众的住房购买力，引导群众把资金投向房地产市场，推动住房制度改革都是有利的。与住房制度改革相配套，各地应把房改筹集的资金存入住房专业银行，主要用于解决城镇居民住房，特别是困难户住房，搞好微利房、福利房的建设，以达到通过住房制度改革，促进房地产业的发展，满足人民群众对住房的要求。

5．加强政府职能的转变，为企业创造一个良好的外部竞争环境，尤其是要搞好大中型房地产企业，在政策上将予以倾斜。一方面，要给企业经营自主权，另一方面，要端正企业的经营方向、规范企业的行为。

6．加强房地产业法制建设。尽快制定房地产法，规范房地产经济行为，以适应社会主义市场经济发展需要。同时要组织房地产从业干部、职工，学习、掌握、熟悉法规，依法办理。对于违法行为必须严肃查处，坚决执法以严肃法纪，通过执法以增强各方面的守法意识，保证房地产业的健康稳定发展。

附：表1、表2

（建设部房地产司　郑文浩）

1992 年房地产开发主要统计指标

表 1：

地　区	住宅占竣工房屋比重（%）	资金利用率（%）	自有资金比重（%）	银行贷款比重（%）	个人购买商品房比重（%）	销售商品房屋占总收入比重（%）	经营利润率（%）	资金利润率（%）	商品房屋平均价格（元/m²）	完成投资比上年增长（%）	销售额比上年增长（%）
全　国	81.72	63.64	22.39	24.32	36.12	80.71	12.02	5.53	1 050.03	117.42	83.88
北　京	85.40	35.20	9.75	13.63	5.93	98.42	9.01	2.15	1 603.78	49.63	15.87
天　津	93.50	52.55	49.45	18.10	18.90	90.75	31.05	12.41	1 109.85	66.04	2.77
河　北	87.55	79.78	29.31	22.27	41.03	87.91	7.00	3.13	606.70	71.70	81.55
山　西	90.47	51.87	13.06	25.96	44.47	75.28	2.36	1.02	595.08	49.92	76.17
内　蒙	91.43	88.99	14.92	36.85	38.70	95.54	3.39	2.12	677.43	113.13	116.70
辽　宁	88.72	72.08	18.86	26.90	23.79	90.98	4.72	2.43	968.24	97.15	71.60
吉　林	72.22	96.06	10.01	21.72	19.98	91.82	5.42	2.36	959.68	152.81	31.09
黑龙江	80.52	74.99	20.77	20.55	30.06	98.89	4.10	2.80	1 135.78	104.80	161.69
上　海	83.45	39.52	35.39	9.58	22.27	69.22	16.47	7.09	1 635.77	66.24	−0.82
江　苏	81.04	64.88	18.87	24.08	29.05	92.14	11.62	4.11	761.45	89.13	56.71
浙　江	87.35	56.05	15.48	11.94	46.15	79.65	9.99	4.05	710.58	46.51	36.28
安　徽	81.40	58.90	26.34	20.95	25.36	93.14	7.07	3.04	982.87	69.33	154.16
福　建	70.12	62.71	29.01	28.74	58.37	83.36	15.59	4.79	1 242.20	94.76	78.29
江　西	77.71	77.48	15.82	22.64	34.50	75.48	2.69	1.33	646.49	57.92	38.43
山　东	78.71	82.19	17.73	26.59	22.09	91.26	5.93	2.84	797.22	134.02	80.76
河　南	81.79	67.33	25.38	34.95	43.93	88.41	6.40	2.26	537.24	120.05	67.97
湖　北	79.82	88.63	15.71	24.56	17.42	81.49	7.60	4.05	563.30	65.00	11.97
湖　南	84.72	81.38	16.41	26.18	34.65	71.93	8.24	3.01	464.33	48.27	−3.38
广　东	80.95	63.24	24.57	27.71	60.78	71.61	15.90	8.73	1 529.94	211.05	118.29
海　南	65.58	66.08	35.51	26.48	7.66	73.46	19.73	9.24	2 243.39	216.37	396.99
广　西	75.01	73.67	19.37	38.03	59.65	84.72	14.53	5.71	589.54	93.88	16.80
四　川	82.12	62.26	21.89	24.64	24.85	82.63	6.68	2.87	618.32	64.34	62.11
贵　洲	88.78	68.69	22.02	23.75	33.59	89.64	10.69	5.37	538.97	67.96	97.53
云　南	78.36	51.13	7.02	14.56	37.87	76.42	2.16	1.09	629.28	17.76	78.01
陕　西	81.41	68.43	14.44	35.47	28.27	84.57	5.31	2.21	620.79	58.90	92.58
甘　肃	81.09	71.18	13.63	25.59	20.06	85.59	2.96	1.82	742.81	56.80	38.02
青　海	84.84	87.69	21.23	21.95	16.59	96.96	5.18	2.21	559.27	64.33	79.60
宁　夏	83.67	107.28	15.49	22.53	25.91	91.33	6.79	4.50	702.07	56.22	158.07
新　疆	82.48	91.30	32.27	25.01	16.17	94.00	4.49	3.50	712.72	48.48	59.92
沈　阳	89.44	61.43	18.91	29.04	12.36	88.98	3.35	1.75	1 151.46	90.18	90.69
大　连	86.86	68.43	19.29	22.89	20.81	92.39	5.03	2.35	1 212.17	104.23	63.39
长　春	75.20	75.99	10.16	22.30	13.55	92.61	9.30	4.14	1 280.96	108.86	134.43
哈尔滨	84.40	63.93	25.16	18.80	18.49	100.00	2.80	1.94	1 635.20	91.17	239.47
南　京	82.64	82.23	11.71	31.17	5.60	94.23	30.61	12.44	1 582.56	65.76	135.18
宁　波	85.15	61.41	12.70	13.97	41.44	77.45	12.04	5.48	721.24	100.61	56.71
厦　门	49.71	68.60	29.62	27.03	55.25	81.55	23.59	12.04	2 251.73	47.69	91.79
青　岛	84.04	59.71	21.72	25.63	18.75	80.53	11.68	3.71	933.26	154.69	27.18
武　汉	86.07	111.76	11.51	19.55	16.45	89.66	9.75	5.23	873.67	80.62	−4.24
广　州	77.76	53.54	14.32	22.48	55.40	69.44	14.41	5.77	2 371.43	186.81	82.76
深　圳	65.98	73.59	29.84	26.11	36.48	63.17	29.43	18.40	2 533.65	179.73	83.58
成　都	85.79	56.15	13.58	19.59	10.15	88.26	4.78	2.28	768.52	46.92	77.13
重　庆	74.01	56.52	28.42	26.34	21.39	86.92	9.97	3.09	892.97	97.23	53.37
西　安	89.94	60.49	13.91	3.51	19.77	80.86	5.40	2.11	106.14	86.15	223.74

城市房屋面积及住房情况

表2:　　　　　　　　　　　　　　　　　　　　　　　　　　　　　　单位：万平方米

地区名称	实有房屋建筑面积 合计	实有房屋建筑面积 其中：直管房	实有房屋建筑面积 其中：私房	实有住宅建筑面积 合计	实有住宅建筑面积 其中：直管房	实有住宅建筑面积 其中：私房	实有住宅使用面积	实有住宅使用面积	居住人口（万人）	缺房户数（户） 合计	缺房户数（户） 其中：人均居住面积在2平米以下	解决缺房户数（户）	房屋竣工建筑面积 合计	房屋竣工建筑面积 其中：住宅	房屋减少建筑面积 合计	房屋减少建筑面积 其中：住宅	危险住宅建筑面积	年末职工人数
总计	462068	43242	48292	239549	34656	72444	173800.8	118786.1	16195.4	4405545	385355	851374	21808.4	12916.8	4236.1	2940.1	3326.0	478463
北京	19090	2510	638	9570	2133	625	6898.9	4712.0	579.1	201497		111241	942.5	584.6	138.3	129.7	43.2	36283
天津	11743	3892	825	5857	2834	815	4611.9	3141.9	457.7	186922		28600	369.9	199.7	103.3	65.7	300.0	40326
河北	19433	1827	3869	9387	1439	3616	6819.0	4909.3	686.4	131427	20766	26797	878.6	520.7	79.2	66.5	18.7	17641
山西	12390	456	1244	6106	381	1062	4186.0	3132.7	429.0	143831	22137	12096	433.6	285.4	47.8	37.5	113.4	5685
内蒙古	9682	407	1544	4989	347	1509	3699	2566.7	392.9	193687	10659	34692	409.9	257.9	37.5	27.1	111.2	5336
辽宁	33473	4991	3246	17392	3277	3190	12611.7	8903.1	1420.6	774976	19653	101261	1925.4	1259.2	435.4	310.2	175.8	82135
吉林	13475	1204	2401	7426	936	2316	5433.9	3802.8	638.9	346510	10210	49844	816.0	581.1	262.9	184.0	154.9	23632
黑龙江	23572	2089	4605	13047	1663	4288	9503.0	6782.0	1096.6	428373	10175	110002	1149.0	751.0	223.5	178.3	157.7	40823
上海	18211	7044	1870	9447	6187	1855	6915.2	5233.6	764.5	264998		33955	596.6	346.2	139.3	90.8	22.5	55456
江苏	34899	3261	7932	17632	2729	7332	12998.0	8713.6	1090.8	44115	3522	13340	1634.9	850.0	362.6	260.3	105.6	28796
浙江	32224	2449	15650	20832	1799	14050	14862.0	9805.3	876.6	59979	1704	11702	1397.0	868.6	293.0	205.5	64.1	8814
安徽	12888	516	1251	6534	421	1141	4666.1	3114.8	486.2	105336	14971	26488	529.5	289.4	153.7	98.1	193.2	6728
福建	9853	639	2137	5136	519	1920	3685.3	2131.6	269.3	66902	3903	8545	512.0	300.2	132.9	108.8	59.4	3562
江西	9355	773	1004	4565	609	929	3551.8	2391.6	337.1	83943	5444	10476	387.9	257.3	118.1	97.0	73.4	7845
山东	30564	3110	5350	15330	2342	4624	10878.7	7076.5	891.7	133023	4038	31456	1544.4	912.5	302.2	212.8	67.6	25273
河南	19950	760	2609	3690	600	2511	6874.6	4812.1	681.9	91985	2321	28341	806.2	325.9	138.5	100.9	38.1	11351
湖北	29478	1589	6262	16665	1231	5604	12516.1	8531.8	1001.6	161509	8156	12380	1125.5	657.4	291.3	155.6	161.2	22397
湖南	17212	1124	1630	2202	844	1488	5767.8	3820.1	527.1	9513	8607	22916	732.7	399.1	95.2	50.8	452.4	7780
广东	24763	1581	7028	13236	1148	7028	9489.1	5892.9	793.7	150762	34544	39253	2199.2	1245.7	120.7	88.3	72.1	15127
广西	10021	410	1492	4931	344	1375	3345.2	1854.1	298.0	120512	7562	13432	345.5	209.8	76.5	41.7	80.6	3286
海南	1387	27	176	807	8	161	613.2	459.1	51.2	4494	2956	9968	210.5	117.3	8.0	7.0	4.0	507
四川	25572	1623	2667	12496	1361	2391	9117.8	6354.6	888.1	260319	54523	48629	1182.5	657.5	311.4	172.7	365.0	13158
贵州	6087	255	459	3088	221	438	2196.0	1584.0	239.2	10321	1420	783	136.9	80.9	16.9	9.9	28.3	1944
云南	6956	277	484	3240	229	431	2378.3	1760.2	224.6	45186	6659	10548	311.5	173.1	57.2	42.2	46.4	1718
西藏	359	39	33	169	31	28	151.0	92.1	15.0	367			5.9	3.0	3.3	1.6	6.5	48
陕西	10311	463	811	4589	327	708	3414.0	2378.7	386.5	177831	114897	23635	3342.6	187.3	73.9	55.7	49.0	7530
甘肃	7496	432	361	3500	340	345	2567.4	1857.5	268.9	32841	6724	6073	235.4	134.4	43.1	36.1	41.0	1628
青海	1773	85	108	791	80	99	604.2	427.1	65.3	8777	2122	280	45.8	17.8	17.3	10.1	207.0	736
宁夏	2330	172	55	1054	159	40	743.4	555.6	77.5	7672	2798	4798	167.3	95.0	15.0	11.5	9.3	819
新疆	7521	137	551	3841	117	525	2652.1	1988.7	259.4	72337	4884	19341	433.7	248.8	138.1	83.7	104.4	2049

劳动就业服务业

改革开放的十几年，给中国社会经济带来了巨大变化。这是中国人民发展经济，摆脱贫困的过程，也是逐步探索由计划经济向有中国特色的社会主义市场经济过渡的过程。在劳动就业领域，变国家包揽就业为实行市场就业，便是上述过程在就业领域里的具体体现。

中国的劳动力资源十分丰富，1992年底总量为7.2亿人，占11.7亿人口的61%。中国政府一贯重视劳动就业工作，并为解决好就业问题付出了巨大的努力。特别是实行改革开放政策以来，根据中国人口众多、物质资源和资金相对短缺的基本国情，把开发利用和合理配置劳动力资源作为战略任务，改革就业制度，制定相应政策，取得了显著成效。劳动就业服务就是在这一背景下诞生的一项崭新事业。

劳动就业服务工作始创于1979年初。当时，我国大批的城镇下乡知识青年返回城市，加上城市中多年积累的待业人员，其总人数达到1 700多万。严峻的就业形势，成为困挠我国经济发展和影响安定团结的重大社会问题。为了解决亿万人民群众所关心的这一焦点问题，各级政府采取了许多措施，各级劳动部门发动街道和企事业单位，把待业人员组织起来，开展培训，安排业务，开辟生产门路，有工做工，无工学习。一大批待业人员还按照“自愿组合、自筹资金、自找项目、自行管理”的原则，因陋就简兴办小型集体所有制性质的劳动就业服务企业，创造劳动者与生产资料相结合的条件，缓解就业压力。劳动就业服务事业自此起步，伴随着经济体制和就业制度改革的日益深入，逐步丰富其服务内容、规范其服务方式、完善其服务手段。到目前为止，已形成以职业介绍、就业训练、待业保险、劳动就业服务企业为主要内容，服务于企业和劳动者的一项较为完善的服务体系，成为第三产业中一项新兴的事业。

一、职业介绍

职业介绍是在国家就业政策指导下，自觉地运用市场调节手段，为劳动力供求双方沟通信息与提供就业服务，实现劳动者与生产资料的结合；或引导劳动力合理流动，实现劳动力的优化配置，调动劳动者的积极性，促进劳动力资源充分开发、合理使用的一种形式。

职业介绍工作在工业化国家已有相当长的历史，但在我国的发展经历了比较曲折的过程。早在建国初期，为了解决旧中国留下的大量失业人员的就业和生活问题，经政务院批准，于1950年5月劳动部颁发了《省、市劳动局暂行组织通则》，在《通则》中规定，“省、市人民政府设置劳动局，劳动局设劳动介绍所”，负责“掌管失业职工登记及介绍职业事宜。”同年，又发布了《市劳动介绍所组织通则》，各地相继成立了“劳动介绍所”、“失业工人救济委员会”等机构。一方面对失业职工进行救济，另一方面介绍他们就业，还采取了其他有效措施，很快地解决了当时严重的失业问题。

1958年以后，由于“左”的思想的影响，忽视价值规律和市场调节，逐步形成劳动力“统包统配”的管理体制，即城镇劳动力由国家包，农村劳动力由生产队包，职业介绍所也就失去了作用而陆续被撤销，但自发的、地下的职业介绍活动从未停止过。一直到60年代初，国家经济遇到严重困难，在许多大、中城市出现了失业问题。国务院于1963年4月又颁布了《关于全国大中城市建立劳动力介绍所的通知》，要求“凡是还没有建立劳动力介绍所的大中城市，应该迅速建立起来，并明确规定劳动力介绍所的干部名额，按每500名闲散劳动力配备一名干部，而且要列入中央批准的地方行政编制，其经费统一由地方行政费或事业费中开支。”许多城市一度又恢复和建立了劳动力介绍所。但由于高度集中的计划管理体制没有改变，而且在经济状况略有好转后进一步强化，因此劳动力介绍所很快又被撤销。

党的十一届三中全会以后，改革开放方针的实行，经济体制改革的逐步深入，为职业介绍工作的发展提供了必要性和可行性，创造了宽松环境。一是明确了我国发展社会主义有计划的商品经济，进而确立了社会主义市场经济体制，实行了以公有制为主、各种经济形式并存的方针，制定了鼓励“三资”企业、集体企业、私营企业和个体经济发展的政策。一是在劳动就业工作中，改革国家统包统配，实行劳动部门介绍就业、自愿组织起来就业和自谋职业相结合的就业方针，制定了一系列有利于劳动者合理流动的政策，赋予劳动者以择业自主权，使他们能够按照自己的意愿在一定的区域内选择职业。劳动制度的改革，赋予企业以用工自主权，对新招工人实行劳动合同制，进而在部分企业推行全员劳动合同制，改变了企业用工固定化、能进不能出的状况；在农村，鼓励和发展有组织的劳务输出和进城务工。同样，工资分配制度的改革，社会保险制度的建立，也在一定程度上为劳动力的社会调节提供了条件。

近几年来，职业介绍工作获得了长足发展。到1992年底，全国建立了1.5万所职业介绍机构，仅1992年就为860万人提供了中介服务。其服务内容包括：(1)为用人单位和求职者沟通供求信息，牵线搭桥，为双方提供面谈、双向选择的场所。(2)为求职者和要求调换工作岗位的职工进行登记，进行政策、职业咨询，帮助他们尽快找到或调换工作岗位。(3)为用人单位提供劳动力资源信息。调查了解用工单位的空缺岗位，进行用工指导和咨询。(4)对进城务工的农村劳动力进行政策咨询，提供用工信息，介绍工作岗位。(5)为政府有关部门提供劳动力资源和用工需求信息，为制定就业规划和有关政策提供依据。

在社会主义市场经济条件下，实行国家政策指导下的市场就业方针，职业介绍工作肩负着培育和发展劳务市场的重大使命，应当有更大的发展，形成覆盖城乡，面向所有用人单位和求职者，信息灵通，规则公正、服务便捷的服务系统。

二、就业训练

就业训练是为解决劳动者求职、择业、创业过程中的技能不足、素质不高问题，开展的直接为就业服务的职业技术教育。就业训练事业的发展，适应了我国国情和劳动就业工作的需要。我国劳动力资源十分丰富，需要接受教育和职业技术培训的人数相当大，而我国目前的全民教育水平还不高，教育结构还不尽合理，对劳动者的专业技能教育仍然是个薄弱环节，直接影响到劳动力素质的提高和社会经济的发展，也影响了劳动就业工作的开展。特别在70年代末期，就业高峰所带来的劳动力供求矛盾十分尖锐的形势下，迫切需要一种既不需要国家投资办学，又能以“短平快”的方法解决大量社会劳动力就业前训练问题，在提高劳动力素质、促进劳动就业的同时，发挥储备劳动力的作用，缓解就业压力。就业训练就是在这样的历史条件下产生的。十几年来，它紧密结合劳动就业的要求，在技工学校、职业中学等正规教育形式之外，迅速形成了一套服务于劳动就业工作的教育机构和网络，并以其十分灵活的办学形式和多渠道的训练方式，走出了一条别具特色的就业服务道路，成为劳动就业服务体系中最积极最活跃的因素。

就业训练在实施劳动就业服务的实践中，探索了发展职业技术教育的新途径。在培养目标上，它在国家就业方针和教育方针指导下，承担对城镇待业人员及其他求职人员进行就业前训练和转业训练的任务，培养具有社会主义觉悟和具有一定专业知识及劳动技能的劳动者。在发展方向上，坚持面向社会，自愿报名，自选专业，自费就学，不包分配的原则。在训练方式上，采取长短结合，短期为主，既利用现有设施扩大培训规模，提高训练质量，又坚持“短平快”，为待业人员尽早实现劳动就业创造条件。在训练内容上，坚持以技能训练为主，突出培养学员的实际操作能力，既满足企业对普通技工的急需，也提高了劳动者自主择业的能力。在师资配备上，实行专兼职教师相结合，以兼职教师为主，既适应生产建设和社会生活服务门类多、专业广的特点，也有利于减少就业训练工作的经济负担。在经费上，坚持国家拨款和自筹资金相结合、以自筹资金为主，通过组织有偿培训、自费就学、半工半读、生产实习创收等多种渠道，解决训练经费问题。

由于就业训练方式灵活，针对性强，学以致用，又有其他就业服务手段相结合，所以经过训练的人员绝大部分可以很快就业，社会效益非常明显。与之同时，形成了依靠社会力量，广开门路，多层次多渠道办学的新格局。就业训练是一项社会事业，需要社会各界的广泛关心和支持。各级劳动部门把就业训练作为广开就业门路的重要手段，纳入劳动就业服务事业的发展规划，筹集资金大力兴办就业训练中心，形成了就业训练工作的主体力量。国营企事业单位和社会团体通过自办、联办就业训练班等各种形式参与办学，承担了占总量2/3的就业训练任务，成为这项事业发展的重要基础。通过十几年的发展，已初步形成了以就业训练中心为核心，以企事业单位办学为主体，以社会团体及私人办学为补充的就业训练网络。截至1992年底，全国各级就业服务机构已创办了就业训练中心2 406所，实习场地1 546个，专兼职教师34 266人，1992年就业训练结业人员总计304.7万人，其中就业训练中心自测114.8万人。

随着劳务市场的逐步形成，就业训练的服务范围将更为广阔，要适应市场需要，实行合理布局，提高训练质量，进一步发挥就业训练中心在就业训练工作中的作用，形成以就业训练中心为主体，联合社会各方面力量办学、就业训练与转业训练相结合的服务网络。

三、待业保险

待业保险是一种由国家法律确定的社会保险制

度，是国家通过建立待业保险基金，按照共同分担社会风险的原则，使因失业中断劳动失去工资收入的待业职工，在待业期间获得必要的经济帮助，保证其基本生活需要，同时通过扶持转业训练、生产自救等形式，为待业职工重新就业创造条件。

从1986年10月国务院颁布《国营企业职工待业保险暂行规定》以后，我国建立了待业保险制度。几年来，在各地劳动部门的努力下，全国各省、自治区、直辖市普遍建立了待业保险工作机构，配备了专职工作人员，设立了基金专户并建立了财会制度、预决算制度，基本做到了组织健全、制度健全、手续健全；在基金管理上基本做到专户储存、专项管理、专款专用。截至1992年底，参加待业保险的单位共有47.6万个，包括国有企业、机关团体、事业单位、部分集体所有制企业和“三资”企业，职工7.443万人，累计为65万待业职工发放了失业救济金和医疗费，建立了转业训练基地750个，生产自救基地400多个，并帮助30多万名失业职工重新就业。

待业保险制度的建立，促进了经济体制改革，尤其是劳动制度改革的进行，为搞活企业创造了一定的外部环境。1986年，国务院针对企业劳动制度上存在的种种弊端，决定对国营企业新招工人实行合同制，并赋予企业辞退违纪职工的权利，使劳动制度改革迈出新的一步。与此同时，国家决定试行企业破产法。为适应这两项改革措施的出台，以便在增强企业活力、调动职工积极性的同时又能对失业人员的基本生活提供保障，我国及时建立了职工待业保险制度，破产企业的职工，濒临破产企业法定整顿期间被精简的职工，终止、解除劳动合同的职工和被企业辞退的职工，可以享受待业救济，并得到充分的就业服务的帮助。

我国待业保险制度从建立之日起就显示了双重功能，它既是社会保险的一项重要内容，也是就业服务的一项重要工作。它在保障待业职工维持基本生活的同时，还发挥了促进失业人员再就业的作用。《国营企业职工待业保险暂行规定》中规定，可从待业保险基金中提取生产自救费和转业训练费，用于扶持失业人员开展生产自救和转业训练，为促进失业人员提高自身素质，实现再就业，提供了一定的物质条件。几年来，各地劳动部门通过扶持就业训练中心的发展，对待业职工开展转业训练，提高了待业职工再就业能力；采取扶持劳动就业服务企业发展，与一些经济效益较好的企业联办或组织失业人员自办生产自救基地等形式，举办了一批具有一定吸纳能力的生产自救基地，安置了大量失业人员。

自1986年建立起来的待业保险制度，在实践中暴露出一些不完善的地方，突出表现在覆盖面小，仅限于国营企业的四种人；待业保险金积累较多，使用太少，用得不活；待业职工再就业难，尤其是待业女职工、违纪辞退职工再就业更难，等等。为有效克服上述不足。1993年4月12日颁发第110号国务院令，公布了《国有企业职工待业保险规定》，该《规定》在扩大待业保险范围方面作出了新的努力，将原来享受待业保险的4种人扩大到7种人，即由原来的“宣告破产的企业的职工；濒临破产的企业法定整顿期间被精减的职工；企业终止、解除劳动合同的工人；企业辞退的职工”，增加了“按照国家有关规定被撤销、解散企业的职工；企业除名、开除的职工；依照法律、法规规定或者按照省、自治区、直辖市人民政府规定，享受待业保险的其他职工”。这一规定使待业保险函盖了国有企业所有非个人主观意愿而失去工作的职工。在待业保险基金的使用上，增加了“经省、自治区、直辖市人民政府批准，为解决待业职工困难和帮助其再就业确需支付的其他费用”，这就使得待业保险基金的使用在解决待业职工困难和帮助其再就业方面变得更加有效和灵活，特别是为企业内待业职工的生活困难问题提供了解决途径。

国务院第110号令的颁发，是完善我国待业保险制度的一个重要举措。从发展的眼光看，我国待业保险的最终目标是建立“范围覆盖全部职工，资金两方合理负担，救济、就业紧密结合，国家立法强制实施”的完善的待业保险制度。从待业保险的实施范围上看，待业保险应适用于各种所有制形式的企业和机关、团体、事业单位中的从业人员。近期内应重点解决城镇国有、集体企业职工、外资企业中方职工、私营个体经济从业人员的待业保险问题。从待业保险的资金来源上看，根据国家负担为主、用人单位负担为辅的原则，待业保险资金来源于国家、用人单位二个方面。从待业保险享受的条件上看，要区分自愿失业和非自愿失业两种情况，只对非自愿失业者提供待业保险。从待业保险待遇标准上看，我国应对待业救济金有最低限额的规定，其水平略高于当地民政部门社会闲散人员的社会救济标准。

四、劳动就业服务企业

劳动就业服务企业是承担城镇待业人员安置任务，由国家和社会扶持，进行生产自救的集体所有制的经济组织。劳动就业服务企业坚持社会效益和经济效益并重的原则，在逐步提高企业经济效益的同时，尽量能安置更多的待业人员就业。这是不同于一般工商企业的。劳动就业服务企业的特点，是首先把待业人员组织起来，自已动手，运用少量的资金、简单的生产工具，艰苦创业，为自己创造就业岗位，然后在劳动积累的基础上，不断改善就业条件，依靠国家和各级政府制定的方针政策和法规，逐步形成自我发展、自我安置的能力，变消极待业为积极创造条件就业。劳动就业服务企业的创办和发展,开拓了一条中国式的就业道路,成为调节社会劳动力余量、平抑待业率的重要手段。

劳动就业服务企业是我国经济体制改革和劳动制度改革的产物,它的发展大体经历了三个阶段。第一阶段是初创阶段(1979-1983年)。这一阶段的特点是:组织待业人员因地制宜,因陋就简,广开门路,艰苦创业。这个阶段,党中央和国务院制定的政策法规是:中共中央、国务院转发全国劳动就业会议文件《进一步做好城镇劳动就业工作》(1980年8月17日),中共中央、国务院发布了《关于广开门路,搞活经济,解决城镇就业问题的若干决定》(1981年10月17日),劳动人事部发出了《关于劳动服务公司若干问题的意见》的通知(1982年9月15日)。这些政策法规,推动了劳动就业服务企业的创办和发展。这个时期,主要是由市、区劳动行政部门和街道直接兴办劳动服务公司和企业,同时,积极鼓励和组织待业人员自己集资创办企业,提倡机关、团体、国营企事业单位扶持举办劳动就业服务企业。短短的四年里,劳动就业服务企业发展到13万个,提供了394万个就业岗位,仅1983年的收入就达到134亿元。这个时期劳动就业服务企业的数量每年以80%的速度递增,安置待业人数每年达100万人以上,相当于全国就业安置总任务的30%。劳动就业服务企业的迅速发展,对缓解当时的就业压力,保证社会的稳定,起到了重大作用。第二阶段是大发展的阶段。(1984-1985年),其特点是:迅速扩大生产能力和经营规模,同时注意提高经济效益,巩固就业成果。随着就业形势的相对平稳,劳动就业服务企业的工作重点逐步转向扩大安置能力与提高经济效益并重的发展目标。这个时期,企事业单位为安置本单位职工子女而举办的劳动就业服务企业迅速发展起来,一跃成为劳动就业服务企业的主体。1985年劳动就业服务企业已发展到21.8万个,从业人员达到614万人,经营总收入达到368.7亿元,实现利税34亿元,纳税17.8亿元。这是劳动就业服务经济飞跃发展时期。第三阶段是巩固发展阶段(1985-现在)。此阶段的特点是,加强对劳动就业服务企业的管理,巩固阵地,理顺关系,稳步发展。这个阶段,颁布的政策法规有:劳动部发布《关于劳动服务公司清理整顿工作的实施意见》(1989. 12. 1);劳动部制定《关于劳动服务公司清理整顿工作的实施意见》(1989. 12. 2);国务院颁发了《劳动就业服务企业管理规定》(1996. 11. 22)。根据中共中央、国务院关于清理整顿公司的要求,普遍加强了对劳动就业服务企业的管理,逐步建立完善有关法规制度,维护其合法权益,巩固发展劳动就业安置基地,加强企业全面质量管理,提高企业的整体素质。截至1992年底,劳动就业服务企业已达20万个,从业人员900多万,1992年生产经营收入达1 220亿元,成为活跃城镇经济,调剂社会劳动力余量和平抑待业率的重要手段。

上述四项主要工作内在地构成一个统一的体系,从整体上实现就业服务的各项主要功能。在这一体系之中,各项工作各有侧重,互为推动和补充。职业介绍是就业服务工作的出发点和落脚点,是就业服务的龙头。职业介绍不仅为劳动力供求双方提供相互选择的桥梁和纽带,而且为就业训练和劳动就业服务企业的经营提供信息和导向。在就业服务的实际工作流程中,经过职业介绍这一环节,实现对劳动力的分流,一部分合格的劳动力输送到企业,一部分需要提高素质的送到训练基础进行培训,一部分条件困难的流到劳动就业服务企业进行生产自救,一部分失业人员享受待业保险,寻求再就业的机会,所以,职业介绍是实现社会劳动力良性循环的“调节器”;就业训练是就业服务中最积极最有活力的环节,是组织管理社会劳动力的重要手段之一。就业训练不仅以提高求职者素质的宗旨,还以储备社会劳动力为已任。开展职业介绍,组织生产自救,都需要以提高劳动者本身的就业能力为前提。在就业高峰时期,就业训练容量加大,时间延长,还可能缓解就业压力,减轻职业介绍和生产自救的负担,所以就业训练是调节剩余劳动力的“安全阀”。生产自救是就业服务的经济支柱,是劳动部门直接掌握的就业载体。在我国劳动力供大于求的情况下,职业介绍和就业训练都受到物质生产条件的制约,其难以完成的任务,只能以生产自救方式兜底。无业可就的待业人员和失业人员的安置,主要靠服务企业来承担。这样职业介绍才能做到劳动力分流到位,就业训练的效果才能与促进就业紧密结合。待业保险在就业服务中处于某种保证的地位。待业保险的主要功能是保障失业人员的生活,并为其再就业创造条件。其再就业功能的发展离不开职业介绍、就业训练和生产自救工作的开展。因此,就业服务的四项主要工作属互相贯通、整体配合,以此达到为用人单位服务,为劳动者服务,进而为培育和发展社会主义劳务市场服务的目的。

社会主义市场经济的确立,为诞生于改革背景之下、以市场为主导的就业服务业提供了更加广阔的发展前景,也提出了更加艰巨复杂的任务,在新的形势下,她成为培育和发展社会主义劳务市场的主要载体和运行手段。因此应当制定更加有效的政策法规,促进这项事业的更快发展,使其成为第三产业中一项欣欣向荣的事业。

(劳动部劳动力管理和就业司 王程)

技术服务业

地震事业

地震事业是第三产业科技服务业中的重要组成部分，是社会公益性的科技服务部门。改革开放以来，地震行业通过地震监测预报、震灾预防、地震应急、地震救灾和重建等四个环节，达到对震灾进行综合性防御的目的，并直接服务于国民经济建设和社会发展。在努力减轻地震灾害的同时，地震部门积极贯彻执行第三产业的有关政策，充分发挥人才和技术优势，推动地震部门的科技开发和咨询服务业的发展，并逐步探索出一条地震科技服务于国民经济建设的有效途径。特别是在邓小平同志视察南方以后，地震科技正在面向经济建设主战场迈出新的步伐，开创新的局面。

一、地震监测与预报

（一）中国地震观测及通讯台网的发展与规模

我国地震台网在1966—1976年地震活动的高潮阶段中得到了很大的发展，但技术和质量都难以满足要求。十一届三中全会以后，在清理、整顿的基础上，采用和引入遥测、数字观测、遥感、卫星等新技术，对我国地震观测台网进行了调整和优化，使我国地震观测台网的布局更科学合理，技术更先进可靠，观测项目更加丰富和完善。

到1992年为止，国家地震局已在全国布设了地震及前兆观测台站873个。区域遥测地震台网（768工程）6个，地方遥测台网15个，全国地震数据库系统（837工程）1个，数字地震仪台站10个，国际合作合建地震台23个，强震观测台站209个，地震预报实验场2个，流动观测点4 000多个。经过清理和调整以后，地震观测台站（点）的主要手段为：测震、地磁、地电、地形变、重力、水化、水位、地应力、电磁波、动物观测等。这些台站（网）主要分布在地震较活跃、人口较密集、经济较发达的地区。其规模及质量，基本能适应地震研究与监测的需要，但对边缘地区地震的监测控制力还相当弱，还有待改进和发展。

1978年以前，我国地震通信系统相当落后，极不适应地震工作的需要。在比较先进的地震观测技术系统中，通信系统在观测技术系统中形同“瓶颈”，影响了地震预测预报和减灾效果。

唐山大地震惨痛的教训使我们开始考虑发展地震无线通信系统。80年代初，国家地震局把地震通信网的建设列为“七五”重点项目。

进入90年代，地震信息的传递已具有3个层次专用地震通信网络：

1. 全国骨干通信网：由8个小型卫星数据地面站和20余部无线电台组成的远程计算机通信网，其主要功能是实现省至北京间地震、地震前兆数据以及其它震情信息的传递。

2. 区域通信网：用无线电台完成远程计算机数据通信，主要功能是实现台站到省局间的数据与话音通信。

3. 机动通信：包括3部小型机动卫星数据地面站和10余套无线通信网，主要用于地震现场内及地震现场与省、北京间的通信。

地震速报系统的能力也随之大为增强，现在30个速报台站通过无线电台或电话、电报传递震相数据，在半个小时内可测定出发生在国内5.0级以上、边境附近6.0级以上的地震参数，在一个小时内可测定国外7.0级以上地震的参数，为国内抗震救灾和对国外地震进行快速反应赢得了时间。

（二）我国地震预报的方式及成效

1979年党的十一届三中全会以后，地震预报工作逐步走上正轨，并取得一系列重要进展。

关于地震总形势影响下确定可能的发震危险地区，1980年便提到国家局预报会商的议事日程中。这项改革工作在专家们的设计和推动下，从1980年开始将全国地震活动的趋势分析预报、一两年内可能发生强震的重点危险区及需要加强监视的地区，列为每年一度的全国会商会主要研究的议题，并形成“全国年度地震趋势意见”上报国务院，用以指导全国的防御工作。

这一中国独创的会商方式和内容，对于我国地震工作为经济建设服务和保障人民生命财产的安全，以及为其后的综合防御体系的建立、大震应急方案的制定、基本建设项目的确立和工程标准以及重点危险地区的建筑物加固等国家性有效防震措施的采取，起了根本的指导性作用，产生了明显的社会效益。

1983年的会商报告在我国地震预报会商的发展史上有重要的价值。它不仅标志着我国地震预报研究以及预报工作者们对中国大陆强震活动的规律在认识上有了一个新的飞跃，而且科学地提出："根据地震活动性、统计预报、天体运动与地震的关系以及气象变异等环境因素分析，1985年前后我国大陆地震活动有明显增强的可能性，今后一二年的地震活动水平将有所回升。"这一分析的有效性，在1983年新疆西部发生6.8级强震，东部地区的山东菏泽发生5.9级中强震以及强烈震动上海的1984年南黄海6.2级强震，特别是1985年8月23日新疆乌恰发生7.4级强烈地震中完全被证实。

1986年全国地震趋势会商，在研究领域的广泛性和科学分析的水准上又前进了一步，预报意见变得更成熟。预报提出了关于全国地震的总趋势："我国地震活动可能已进入了一个新的强震活跃期。该活跃期可能持续十至十几年的时间。在此期间，地震活动将有起伏地增强。西部地区发生多次7级以上强震的可能性增大。东部地区，尤其是华北地区仍可能发生多次6级左右的地震……"。这一形势分析的正确性，随着1988年11月5日青海省唐古拉山发生7级强震、第二天在云南省澜沧-耿马发生7.6级和7.2级强烈地震、1989年4月16—25日四川省巴塘地区连续发生两次6.7级地震、同年10月20日我国山西省大同、阳高发生6级地震，以及1990年4月26日青海省共和发生6.9级强烈地震，同年10月甘肃天祝发生了预报已久的6.2级地震等一系列强震得到检验和证实。

1990年北京第十一届亚运会期间，国家地震局根据国务院的指示，为确保亚运会的顺利进行，京区各单位进行了长达3个月的全面研究和连续监视，经综合分析后提出9月15日到30日期间，北京西北可能发生4.5级左右的地震短临预报。国家地震局及时报告了国务院，并分析中介有感，不会影响亚运会进行。9月22日就在亚运会将举行开幕式的当天上午，北京北郊昌平地区发生了一次4级地震，亚运村高层建筑明显有感。地震部门随即报告国务院及有关部门：不会再有更大的地震，亚运会开幕式可照常进行。这次预报的成功受到国务院领导的表扬。

目前我国地震预报水平及能力大体可概括为：对地震孕育发生的原理、规律有所认识，但还没有完全认识；对某些类型的地震能够作出一定程度的预报，但还不能预报大多数的地震：中长期预报已有一定的可信度，但短临预报的成功概率还相对较低。因此，今后除了预报上要继续努力外，还要着重于综合性预报工作。

二、服务于经济建设和社会发展的地震科技

本世纪以来，我国大陆发生7级以上地震约占全球大陆强震的1/3，在全球共发生四次8.5级以上的特大地震中，我国竟占两次。我国因地震死亡的人数却占全球各种自然灾害死亡总人数的27%。一次8.5级的大震相当于12 000个广岛原子弹爆炸的威力，其破坏力之大是可以想象的；二是地震活动的分布广泛，全国有22个省、自治区、直辖市在本世纪遭受过6级以上地震的袭击，全国基本烈度在Ⅵ度或Ⅵ度以上地区的面积约占国土面积的60%；三是地震区内人口稠密，由于历史原因很多建筑物根本没有顾及抗震设防等因素。

我国地震部门通过对地震灾害预测与预防（地震安全性评价或工程地震勘查）等途径，直接为工程和城市建设的安全和投资环境提供决策咨询服务，在第三产业中，充分发挥地震科技服务业的作用。

（一）《中国地震烈度区划图（1990）》的编制

地震区域的划分是各国建设中必做的一项基础性工作，也是工程建设地震设防工作的重要组成部分。随着科学技术的发展和建设的需要，隔若干年编制一代地震区划图，是国际上通行的做法。我国继1956年、1976年两代地震区划图之后，于1983年开始筹备编制第三代地震区划图。

编制新的《中国地震烈度区划图(1990)》，是国家地震局"七五"期间的重点科研项目之一。本项目的最终成果是编制出全国范围内1∶400万的地震烈度区划图、相应的说明书及使用规定。经过近4年艰苦细致的工作，于1990年完成。1991年11月，由国家科委组织鉴定通过，1992年6月由国务院颁布使用。

该图的颁布，将对我国国土资源合理利用与开发，环境保护与治理，国家重大工程设施的布局与规划，国家建设的投向，土地合理利用，制定各种应急措施，预防灾害或改变灾害性质，合理进行社会保险等方面有着直接的重要参考和决策咨询价值。

鉴于该区划图所依据的基础资料，比例尺和概率水平所限，它不宜直接作为重大工程和某些能引起严重次生灾害的工程建设的抗震设防依据。此类重要工程的地震环境选址和抗震设计的地震动参数，都必须按国家地震主管部门的有关规定和工作大纲的要求，进行更详细的工程地震勘查。

（二）重大工程及城市建设地震安全性评价及决策咨询

随着科学技术的进步及地震知识的普及，人们越来越意识到地震设防的重要性。但是，抗御地震灾害是一项长期性的工作，减轻地震灾害措施的可接受程度同一个国家的经济实力和科学技术水平有着密切的联系。为了保证作为结构抗震设防基础的地震安全性评价工作（工程地震工程）的顺利开展，保证全国工程地震工作的质量，为经济建设提供科学依据，80年代以来，国家地震局制订了《重大工程场地工程地震工作大纲》和《地震小区划工作大纲》。这些对工程地震工作发挥了重要的指导作用。在此基础上，国家地震局正在组织编制《工程地震工作规范》，它的编制对于工程地震工作的程序化、规范化和保质保量，进而为国民经济建设服务，都具有重要的指导意义。

与此同时，国家地震局还为一系列重大工程和许多城市建设进行了地震安全性勘查与评价，直接为工程和城市开发区的建设规划的设计和改善投资环境提供决策性咨询服务。

1. 为重大工程项目设计和规划提供决策咨询服务。

大亚湾核电站建设前期，地震部门进行了较充分的工程地震安全性评价工作，提出了科学合理的地震设防标准并排除干扰，坚持这一合理的设防标准，以确保工程的安全。当香港公众对核电站的安全性提出强烈反对意见时，正是由于有了可靠的工程地震安全性评价及设防，安定了几百万公众的情绪。

自1980年起，国家地震局为辽宁核电站、泰山核电站（一、二、三期工程）、苏南核电站、广东二核、福建核电站及连云港核电站的选址等进行了全面的地震勘查工作，为我国核电站建设的前期可行性研究提供了充分的地震安全设计依据。

近十几年，地震部门配合有关部门先后为二滩、小浪底、锦屏、小湾、溪落渡、五强溪、龙羊峡、拉西瓦、乌江渡、大渡河、黑山峡（大柳树、小观音）和三峡等几十个大型水利枢纽工程进行了多方面的工程地震安全性评价，为这些工程的决策立项和建设提供了全面的基础资料。

1988年长江某公路大桥筹建阶段，地震部门对场地断层作了认真评价。否定了西岸破碎的传统观念结论，并确定东岸断层规模仅为毫米级一厘米级，给出了合理的地震动参数，因而节约了经费，缩短了施工周期。

在珠海市的建设规划中，为将目前的东区与新开发区西区相联结，计划并设计建设一座横跨海湾的磨刀门大桥。在原珠海市地震区划工作的基础上，又由地震部门在选定的桥址区进行工程地震勘查工作，发现桥区内有两条竖向断裂和一条横向断裂，有的桥墩正好落在断层上。根据地震部门建议，桥址移动200米并改变了桥墩数。受到珠海市政府和设计部门的好评。自此设计院又推荐地震部门去承担黄石长江大桥和安徽铜陵大桥的工程地震工作。

准格尔煤矿一期基建工程原计划投资7—8亿元。经地震部门进行工程地震勘查和评估后，取得了可靠、科学的地震动参数。据此设计可节省投资7 000—9 000万元。

为充分利用内蒙古地区的煤炭资源，缓解京津唐乃至东北地区的能源紧张状况，内蒙古自治区政府拟在达拉特旗，神府东胜煤山北端，黄河南岸建设坑口电站，最终建成将达到总装机容量500万千瓦，成为亚洲最大的电厂基地。地震部门先后对场址区进行了地震危险性分析评价。为电厂建设的地震安全性设计和合理投资提供了可靠的依据。

山东鲁南地区由于历史上发生过8.5级大震，相当大的区域被定为地震基本烈度10度以上的建设“禁区”，限制了鲁南的经济发展。1985—1988年，山东省科委和国家地震局共同组织开发了重新评定鲁南地区地震区划预测工作，排除了未来百年内鲁南地区再次发生8级以上地震的可能，使原定的10度地震烈区面积缩小9/10，从而解除了鲁南经济建设的后顾之忧。自1987年以来，在鲁南地区进行了28个新建、扩建、筹建项目，约节省投资15%以上。

到目前为止，石油系统已有20个企业利用地震科技成果编制了抗震防灾规划。它的编制为企业长远规划提供了有重要价值的依据，并为确保企业正常生产和人民生命财产安全提供了切实可行的对策。

据不完全统计，改革开放以来，地震部门已为石油、水电、核电、煤炭、冶金、建筑、化工、交通、铁路、航空、纺织、国防等部门2 000多个大中型工程项目提供了地震安全性勘察和咨询服务，取得了良好的经济效益和社会效益。

2. 为城市发展和投资环境提供咨询服务

国内外地震震害实例表明，城市尤其是现代城市最易遭受强震破坏，一个同样大小的地震在城市发生，造成的灾害及其后果较其它地区严重得多，其中又以人员伤亡、经济损失、社会经济影响远比其它地区严重。城市地震灾害的潜在危险性随着城市化、现代化发展而日益俱增。因此，预防和减轻地震灾害的重点一直是城市，而城市建设的地震安全性评价又是减轻城市地震灾害的基础工作，是提高城市综合防御震灾能力的重要组成部分，也是改善城市发展和投资环境的重要依据。

近年来，在围绕由现代城市特点带来的新的城市型灾害特点及其减灾对策上的科学研究、技术开发、减灾实践活动中都取得一定进展，并逐步健全和发展了有关城市建设安全性评价的理论、方法和手段。截至1992年为止，地震部门已经对近30个城市和开发区建设进行了地震安全性评价工作，如烟台、深圳、大连、安阳、宝鸡、天水、乌鲁木齐、厦门、邯郸、临汾等市。对这些城市及开发区的建设，改善其发展和投资环境起到了保障作用。

海南岛琼北洋浦地区处于高烈度区，严重影响了外资引进开发建设，1982—1986年，地震部门在琼北开展了有关工程地震安全性评价工作，科学地调整了琼北地区的地震基本烈度，改善了该地区的投资环境，解除了外商对琼北地震安全性及高投资的担心，推进了海南岛琼北改革开放的进程，对发展海南经济起了重要作用。

三、面向经济建设主战场，不断开拓科技服务领域

地震系统属知识密集型行业，人才荟集，设备精良，技术先进。改革开放以来，地震行业充分发挥这一优势，不断地拓宽科技服务领域和水平，加强与有关部门间的合作，吸纳了大批科技人员开赴经济建设的主战场，为实施“加强一头，放开一片”的科技改革战略创造了条件，推进了地震的高新技术和第三产业的发展。

地震系统的科技开发工作，就其涉及的领域，从时间上大致可以划分为三个阶段：

第一阶段，1990年以前，以地震安全性评价咨询服务为主；第二阶段，90年代初，高新技术开发与工程地震咨询服务并举；第三阶段是1992年6月中央5号文件下发以后，开发工作的内容已扩大到整个第三产业领域。

(一)《关于促进地震科技开发工作的若干意见》和《地震系统深化改革的若干意见》的制定

十四大以后，社会主义市场经济的理论已经牢固确立，因此地震系统在完成地震监测预报、综合防震减灾工作的同时，还有一项重要的任务就是鼓励引导更多的科技人员投入到国民经济建设服务的主战场。为此，地震系统于1991年和1992年召开了两次全国地震局长会议，对进一步深化改革提出了若干条政策性意见和措施，并以正式文件（震发办［1992］381号）下发本系统贯彻落实。

《意见》的主导思想是：通过深化改革和科技开发使地震行业能更加直接、更加广泛地为经济和社会发展服务，真正在减轻地震灾害、安定社会、保障经济方面，取得尽可能好的社会经济效益。同时充分发挥地震系统的人才、科技、资源等优势，发展第三产业，为加速国民经济发展作出应有的贡献。采取“加强一头、放开一片”的战略，开创地震工作为国民经济建设服务的新局面。

《意见》中指出：加强一头，即加强地震事业的主体。放开一片，即充分挖掘内部潜力，逐步动员出1/3以上的科技人员及职工直接投身到经济建设中去，为促进科技成果转化、发展第三产业作贡献。两个《意见》对涉及到有关深化改革，简政放权提出了若干条政策性的措施，极大地调动了地震行业的科技人员投身到经济建设主战场的积极性，促进了地震科技开发和服务业的发展。

(二) 适应三产需要，发展科技服务实业

为了保证科技服务业的健康顺利发展，国家地震局于1992年分别成立了科技领导小组和科技开发办公室，从宏观上对科技开发工作进行协调，同时在资金上也给予充分的支持。1992年还专门设立了科技成果推广基金，第一批项目也于1992年开始实施，此后又开设了科技开发专项基金。计划每年设500万元以支持地震科技开发有收益的项目，并已收到26个单位申报45个开发项目，申请金额为1 334.5万元，现已批准拨款项目17个。这些基金的设置，促使地震系统的科技开发工作步入良性轨道。

地震部门还提倡各单位要根据自己的实际情况，开展一些投资少、收效快、效益好、直接为生产和生活服务的行业，以及一些能够充分利用地震系统优势的项目，抓住时机成立科技实体，在这方面做了很多尝试。1992年筹建了振远、华商两个全国性公司。这两个公司都在开展很多经营活动，并且初步见到一些效益，将来要发挥这两个公司的龙头作用，利用地震系统的网络优势，把业务拓展到全国，为各省局的开发工作创造更多的机会和条件。此外组建了多种形式的开发实体：

1. 建筑物病害测防中心，于1992年5月成立，系统内近30个单位参加，是一个横向联合的开发实体。中心成立后组织了一些开发项目，并承担了测桩许可证发放的评审工作，目前已有近20个单位申请，经过专家审查、论证，国家地震局核发测桩许可证12家，为这些单位承担测桩任务起到了支撑作用。

2. 通作服务中心，自国家地震局分析预报中心BP机无线寻呼通讯网建成并运行以来，取得了良好的社会、经济效益，为使我们的专用频点在满足地震工作需求的前提下，为社会提供服务，使各单位能有一个相对稳定的收益，因此，地震系统许多单位积极创造条件，积极筹建BP机网，目前已有4—5个单位进入实施阶段，为完善和推进这一工作国家地震局组建了通信服务中心。

3. 京区项目协调组，为发挥各单位的专长和综合优势，组建了京区科技开发项目协调组，由京区的几个研究单位共同组成。近年来，组织协调了5个较大的项

目，合同额296万元，为促进地震科技为经济建设服务起到了积极作用。

目前，地震系统所属的44个单位，已有43个单位开办了各种各样的经济实体、技术产业和服务行业，已涉及到通信、交通、房地产、矿产资源开发、保险、商贸、餐饮等行业，有些已取得很好的效益和规模，整个地震系统的科技开发和第三产业正在展现良好的前景。

（三）地震科技服务取得实效

地震部门为石油部门的科技咨询服务所取得的成绩最为显著，两部门的合作成果曾经得到温家宝和宋健同志充分肯定，两部门除了在油田防震规划方面合作外，还开辟了更广泛的合作领域：

油田注水诱发地震是油田开发伴生的环境地质灾害之一，华北油田和江汉油田都曾发生这类事件，对石油生产职工情绪影响较大。两个部门监测预报人员密切合作，进行大量监测研究工作后，找出了地震与注水的关系曲线，建立了一套监测系统。该系统不仅可能准确地作出预报，还可有效地控制地震大小和频度。这项研究对油田合理开采和职工安全产生了良好的效果。

为了搞清水井套管成片破损原因及找出解决办法，地震系统的专家以大庆油田采油二厂南八区为试点，开展地应力、油水井套管的微变形和油田极微震等方面的监测研究并研制出一系列与之配套的仪器设备。通过3年多的连续监测，证实油水井套管破损与注水采油密切相关。在此基础上，开发了一套数学模型，得到了符合该地区地层条件的合理注采比例。根据这项研究成果，采取了一系列保护措施，基本消除了成片套损区，减少了套损井数，取得了每年可增产原油20万吨的效益。

石油行业中的长输油管线及石油企业中的各种管线大多属于生命线工程。两系统协作共同完成了若干条长输管线的地震地质工作。1991—1992年完成了长3 300公里的西部石油长输管道（乌鲁木齐—洛阳）沿线主干活断裂勘察和地震烈度研究，地震系统50多位专家用不到5个月时间，研究了246条断层，判别出全新世活断层30条。研究成果不仅给出了断层性质、产状、年代，位置和位移量，并给出了今后100年的突发断距。这不但对管道工程设计和施工具有十分重要的价值，还促进了这一领域的学科进展。

近两年内，地震部门与油田合作，在吉林油田3个区块进行的振动采油试验，不仅在480米深的浅层油田提高了石油产量，而且在1 250米深的中深层油田也获得令人振奋的增产效果，取得突破性进展。一般情况下，一台起振机在地面激振可波及半径400—700米，波及油井7—10口以上，提高石油产量幅度15—50%，个别油井产油可成倍增长。为适应我国社会主义市场经济体制的建立和发展，石油—地震两系统正在共同组建发挥双方技术优势的联合公司，将双方的科技合作推向更广阔的领域，并共同开拓国际市场。

据初步统计，到1992年止，地震部门还为近10个中大型煤田矿区的建设开发规划、抗震防灾规划开展了服务工作，收到良好的效果。

近年来，国家地震局和华能集团合办的北京华能地学高技术联合公司已经开始了稳步发展阶段，研制的计算机反病毒卡已售出5 000块，1993年将达1万块。石油乳化剂也显示出强大的生命力，在辽河油田的试验取得了喜人的结果，在公路部门的应用亦显示出良好的前景，1993年初，已完成订货300多吨，预计到年底可达1 000吨。已经研制成型的铁路轨道检测仪和机械故障诊断仪已都有很好的市场，1993年全公司产值可突破1 000万元。

国家地震局综合观测队的太阳电子公司，开发了高科技产品“脑电地形图仪”并占领了全国近40%的市场，已经发展到自有资金300多万元，形成了自己的特色，储备了许多新的后续项目，在市场中站稳了脚根，预计今年产值可达2 000万元。

地震部门还在开发应用地球物理探测技术、CT探测技术等方面取得了可喜的进展。

今后一段时间，地震部门还将充分运用社会主义市场机制，根据国家转化企业经营机制条例的有关规定，对本行业的公司、企业的发展给予积极的支持和指导，置管理于服务之中，在发展效益型科技和经营性实体的同时，更积极地为企业牵线搭桥，为企业发展提供多方面的服务、支撑和保障，短时间内争取几个重点企业产值之和突破亿元，二、三年后能有一两个企业的产值突破亿元。同时，带动整个系统科技开发和行业内的第三产业健康发展。

（国家地震局　谭先锋）

气象事业

一、气象事业的基本情况

气象事业是公益性的科技服务事业。十一届三中全会以后，全国气象部门在党中央、国务院和各级政府的领导下，坚决贯彻执行党的基本路线，把气象事业现代化建设放在十分重要的位置上，制定了一系列重要决策，使我国气象事业取得了巨大的发展，进入了一个崭新的阶段，是发展最快、成绩最大、效益最好的时期。主要表现在以下几个方面。

（一）气象业务现代化体系初具规模。1984年1月，在北京召开的全国气象局长会议上确定的《气象现代化建设发展纲要》中，明确了新时期气象工作的任务、目标及战略重点，规划了到本世纪末气象事业现代化建设的基本蓝图。通过《纲要》的贯彻实施，目前已初步建成了由大气探测、气象通信、天气预报警报、资料加工和气象服务组成的，比较现代化的业务技术体系。在大气探测方面，由遍布全国各地的2 700多个气象台站组成了大气探测网，最有代表性的是：1988年“风云一号”第一颗气象卫生和1990年“风云二号”第二颗气象卫星的发射成功，标志着我国大气监测开始了一个新阶段。气象通信系统的建设已具有相当规模，形成了以国家气象中心、区域气象中心和省级气象台相连接的自动化通信网络，大大增强了全球气象情报的交换能力。为了提高天气预报警报和资料加工的能力，不断改善了现代化的技术装备。目前，全国已拥有各种型号的雷达418部，大中型计算机12台，小型机73台，微型计算机4 250台；大部分省（区、市）建成了地方天气雷达网和省、地、县气象通信网，已有148个地、市气象台建立了微机运程终端，占全国地（市）台的47%；为地方经济服务的城镇气象警报网和农村气象科技服务网正迅速发展，许多地区的雨情、墒情、农业气象监测网基本建成，大大提高了对天气的监测、预报能力和为国民经济服务的能力。

（二）拓宽服务领域，提高社会经济效益。努力为社会主义经济建设服务是气象部门的根本宗旨。1982年，经国务院批准，实行了新时期的气象工作方针：“积极推进气象技术现代化，提高灾害性天气的监测预报能力，准确及时地为经济建设和国防建设服务，以为农业服务为重点，不断提高服务的经济效益”。

在这一工作方针指导下，气象部门紧密围绕经济建设这个中心，积极主动开展气象服务，在重大灾害性天气预报等公益服务方面取得显著成绩，为各级领导指挥防灾抗灾做出决策，提供了科学依据。例如：1984年华北地区的特大暴雨、1985年和1986年东北地区连续二年的暴雨洪涝，1987年的大兴安岭特大森林火灾，1991年江淮、太湖流域百年不遇的特大洪水等灾害性天气，气象部门都向党中央、国务院和各级政府提供了及时、准确的预报，做出了重大贡献。与此同时，在全国许多市、县建立了农村气象科技服务网，向广大农民及时提供气象信息和各种科技信息，在科技兴农和科技扶贫中发挥了积极作用。

在气象重点做好为农业服务和加强公益服务的同时，积极开展了专业有偿服务和综合经营。服务领域扩展到工业、能源、交通运输、建筑、林业、水利、海洋、环保、旅游、保险、文化体育等行业和部门，与10多万用户签订了合同。据专家估算：气象服务为国民经济建设趋利避害所产生的经济效益，约达到气象事业投资的15—20倍。综合经营初具规模，逐步发展了技术开发型、生产加工型、维修服务型、种植养植型等经营项目，取得了较好的经济效益。

（三）领导管理体制改革和深化部门改革推动了气象事业的发展。为了适应气象工作业务技术高度集中，台站设置高度分散的特点，以便统一领导、统一规划、统一布局、统一管理，1980年，国务院决定全国气象部门实行“气象部门与地方政府双重领导，以气象部门领导管理为主的管理体制”。到1984年，全国气象部门自上而下全部实行了以气象部门领导为主的双重领导管理体制。1988年，经国家机构编制委员会批准，进一步明确：国家气象局主管气象行业，对民航、林业、军事、农垦、盐业等行业的气象工作负有“统筹规划、调节协调、监督服务”的指导责任。

领导管理体制的改革，进一步推动了部门的各项改革向纵深发展。对此，国家气象局及时制定了《气象部门改革的原则意见》和《气象部门加快和深化改革的总体设想》及关于技术体制、气象服务、气象科学技术研究体制、气象教育、人事制度、计划财务、综合经营及仪器设备管理等8个方面的改革分方案，积极推进业务技术体制的配套改革、调整台站网的布局和业务分工、实行干部任期制、聘任制和考核制。通过这些改革措施，目前各省（区、市）气象局领导班子的平均年龄从80年代初的60岁左右下降至50岁左右；具有大专以上文化程度的从13.6%上升至83.5%。由于在管理工作中引入了竞争机制，实行了“岗位责任制、考核制、奖惩制”（简称“三制一体”）的目标管理的招标承包等多种形式，充分调动了广大职工的工作热情和积极性，取得了良好的效果。

（四）科研教育取得较大发展。改革的深化向科研和教育部门提出了新的要求，为了跟上形势的发展，适应气象事业现代化建设的需要，国家气象局制定了《关于深化气象科学技术研究体制改革的意见》及《关于深化气象教育体制改革的意见》。并在气象科研部门及气象院校贯彻实施。

《意见》的实施，进一步促进了科研与业务和经济建设的结合，取得可喜的成果。其中，“中期数值天气预报及灾害性天气预报研究”取得重要突破，已投入运行的珠江三角洲、长江三角洲、京津冀及长江中上游地区灾害性天气监测和短时预报试验研究基地也取得了明显效益。自1985年以来，气象部门共有36项成果获国家级科技进步奖或自然科学奖，有572项成果获省部级奖，一些科研成果已在业务服务和国民经济建设中发挥了明显效益。

深化改革使气象教育优化了专业结构，初步形成了一个多层次、多规格、多种形式，能承担普通教育与成人教育的双重教育、培训体系，为气象系统输送了大量人才。自1981年以来，气象院校共培养研究生342名、本科生4 583名、专科生3 046名、中专生18 000多名，并有近30 000名职工参加过培训学习。1991年与1980年相比，气象队伍中大专以上人员由15.8%上升到28.9%，中专以上人员由23.0%上升至41.6%。

（五）对外开放取得显著成绩。1979年以来，我国气象部门与国际气象科技领域的合作与交流不断扩大，国际地位空前提高。1983年，国家气象局局长邹竞蒙当选为世界气象组织第二副主席、1987年当选为主席，1991年再次连任主席。这是联合国各专门机构中第一次由中国政府官员担任主席职务，标志着我国气象工作在国际气象界已经并正在发挥着越来越重要的影响。在对外开放中，我们不但积极引进先进技术和设备，并派出科技人员到发达国家学习和进行广泛的学术交流；同时，也将我国的先进技术和装备向发展中国家出口。目前，我国气象部门已与90多个国家和地区的气象部门进行了交往，与13个国家签订双边气象科技合作协定；气象部门的出访专家和接待来访专家分别是10年前的6倍和7倍。

在抓紧气象事业现代化建设的同时，国家气象局坚持贯彻执行了“两个文明一起抓、两手都要硬”的方针，下大力气抓了职工队伍的精神文明建设。先后制定了《气象部门社会主义精神文明建设的实施规划》、《国家气象局关于气象人员职业道德规范》等准则。这些决定、准则的贯彻执行，使广大气象人员的精神面貌发生了深刻的变化。涌现出一批雷雨顺、覃国振、陈素华等勇于探索进取、无私奉献的先进代表。实践证明，由6.7万人组成的气象队伍是一支具有良好业务素质和思想政治素质的队伍。这支队伍经得起考验，正顽强奋斗在气象战线上。

二、1992年气象事业发展情况

改革开放13年来取得的辉煌成就，为1992年的更快发展打下了坚实基础。1992年，以小平同志视察南方重要谈话精神的鼓舞下，气象部门进一步解放思想，深化改革，扩大开放，开拓进取，使我国气象事业呈现出蓬勃发展的新局面。

（一）改革迈出了新步伐。1992年，全国气象工作的主旋律是进一步深化改革开放。年初，在武汉召开的全国气象局长会议上，宋健同志作了重要讲话，指出：气象部门要“进一步解放思想，继续深化改革，创造新的服务方式，不断扩大工作范围，扩展和加强与国民经济各部门各科技部门之间（如水利、林业、渔业、环保、海洋等）的联系，从而使气象科学技术知识体系、科技人才优势、现代科技装备能为全社会发挥更大作用。”对这次会议的精神，各省（区、市）气象局都进行了认真传达贯彻。

小平同志视察南方的重要谈话和中央政治局全体会议后，国家气象局党组先后两次召开扩大会议传达学习，并结合气象部门的工作实际，下发了《关于抓住时机深化改革，扩大开放，加速气象事业发展的意见》和《关于加快改革步伐，加速事业发展的重点任务和政策措施》。8月份在哈尔滨召开的全国气象局长工作研讨会，进一步指出：气象部门的改革要以调整气象事业结构和建立完善相应的运行机制为重点，形成一业为主、兼营多业、协调发展的新型事业结构。这个结构的第一部分是气象事业基本系统（简称基本气象系统），主要由国家气象事业和地方气象事业相结合的基本气象业务和服务及相应的科研、教育和管理组成。这部分是社会主义气象事业的基础和主体，要稳住和加强。第二部分是以有偿方式提供的专业（专项）气象服务和技术开发为主的科技服务，这部分要以基本气象系统为依托，充分利用基本气象系统的技术和装备优势，根据国民经济各行各业的需求提供服务。这一部分要放开，产品以商品形式进入市场。第三部分是以高科技产业为重点的综合经营，由科技产业和各类生产型、服务型的综合经营实体组成，这部分要更加放开搞活，完全以市场为导向（包括国际国内市场），各种产品以商品形式进入市场。这三大部分的有机联系组成了气象部门的新型事业结构和相应的运行机制，是今后一个时期内气象事业改革和发展的重点。

为促进地方气象事业的迅速发展，1992年5月，国务院向各级政府下发了［1992］25号《关于进一步加强气象工作的通知》。《通知》指出：继续加强气象科学技术研究和现代化建设，不断改进天气、气候监测预测和通信技术，进一步拓宽服务领域，提高服务能力，切实作好气象为国民经济建设的服务工作，努力提高气象服务的社会、经济和生态效益，是气象工作的根本任务。要求各级政府进一步加强对气象工作的领导，积极推进气象科学技术现代化，建立健全与气象部门现行领导管理体制相适应的双重计划体制和相应的财务渠道，大力发展地方气象事业，合理划定中央和地方财力分别承担基建投资和事业经费的气象事业项目，完善气象部门的管理体制，保持气象部门机构、编制的相对稳定。

通知下发后，各级政府普遍加强了对气象工作的领导，把发展地方气象事业纳入当地社会经济发展规划，落实项目，推进地方气象事业与国家气象事业协调发展，出现了很好的势头。

在国家气象局和各级地方政府的领导和支持下，各省（区、市）气象部门密切联系本部门的实际，解放思想，转变观念，大胆探索、实验，加大了改革力度，围绕事业结构的调整，突出抓了精干基本业务队伍和兴办各类经营实体。一个以建立高科技产业为重点的多种经营已开始起步，1992年新建各类经济实体475个，从事综合经营的人数已达5 000多人。到1992年底，气象部门从事综合经营和专业有偿服务的人数已占职工总人数的30%。

（二）气象服务进一步加强。1992年，我国的天气气候特点是：年降水量偏少，年平均气温偏低。全国虽未发生大范围的气象灾害，但局部性、小范围的灾害性天气仍很严重，有的地区的旱、涝灾害属于历史罕见。

当严重春旱威胁华北地区时，国家气象中心和各有关省（区、市）气象局严密监视天气变化情况，及时做好预报服务，并组织人员深入农业抗旱第一线，对土壤墒情和小麦生长情况进行调查，掌握第一手材料，为合理、有效地利用水资源做出努力；同时，还抓住有利气象条件，适时进行人工增雨，取得了明显效果。在为北方春旱和江南、华南春汛的灾害性天气服务中，河北、河南、山西、湖北、湖南、江西等省的气象部门都做出了出色成绩，受到当地政府的表扬。

台风是危害我国沿海地区人民生命财产的主要灾害性天气之一。对1992年登陆我国的8个台风和热带风暴、中央气象台和当地省、市气象局积极努力、密切合作，做到了对每个登陆的热带风暴都既无空报，又无漏报，准确及时，主动服务。无论在预报时效、风雨强度、还是在登陆地点等方面，均达到基本准确，得到当地政府和人民的好评。

由于我国的防台抗台工作做得比较出色，在1992年12月召开的世界气象组织台风委员会第25次会议上，国家气象中心荣获1992年自然灾害防御奖。

为了加强对党中央、国务院领导的决策服务，1992年2月国家气象局成立了“重大天气气候联合服务小组”，定期召开有国家气象中心、卫星气象中心、气象科学研学院、有关职能司专家和主要领导参加的天气形势研讨会，会商天气变化，讨论防御办法，以提供决策依据。同时又开辟了国家气象局至中南海的气象信息光缆传输业务，每日两次，定时向中南海发送气象信息，以使中央首长及时了解天气情况。

努力做好为农业服务是气象服务工作的重点。1992年为发展高产、优质、高效农业的服务工作得到进一步加强。全国有1/3的省（区、市）建立了农村气象科技服务网。其中黑龙江64个农业县1 014个乡镇全部建成农村气象科技网，并向村屯发展；河北的农村气象服务网已覆盖80%的县和90%的乡；气象科技扶贫加强了跨省、区的协作，已从救济扶贫型向开发型转化，并开始向产业型发展。

（三）现代化建设取得重要进展。1992年，气象事业现代化骨干工程和省以下现代化建设都取得重要进展。为尽快提高我国天气中期数值预报的水平，我国引进了预报准确率较高的欧洲中期天气预报模式。为开展这项业务而相应上马的中期数值预报系统土建主体工程已在国家气象中心完工；供开展这项业务使用的我国最大的计算机赛伯992型（CYBER 992）已投入业务运行；另一台我国自行研制的最大巨型计算机银河Ⅱ型（YH－2）也开始进行安装调试。它的投入业务运行，必将缩短我国与发达国家中期数值预报水平的差距，把中期数值预报能力提高到一个新水平。

在“风云一号”第一颗和第二颗极轨试验气象卫星发射成功的基础上，1992年，“风云二号”气象卫星应用系统建设取得了较大进展：资料处理中心机房的改建。北京地面接收站的主机房、天线座，广州地面接收站和乌鲁木齐地面接收站的无线基座等均基本完成。由光端机、电端机、光纤路和专用接口等部分组成的光纤通信已全部建成，于1992年10月开始部分试运行，其传输的极轨气象卫星的HRPT资料、通信质量优于微波方式。“风云二号”气象卫星资料接收系统数据处理中心和运控软件也通过了设计评审。

与国家级气象业务体系成龙配套的省、地级气象业务系统也有了进一步的发展。至1992年底，全国已有22个省（区、市）气象台与148个地、市级气象台的天气预报实时系统远程终端相连接，可以根据各自的需要互相提取各种气象信息精加工产品和实时资料。这种技术配置，对于提高地市气象台的预报准确率起了十分重要的作用。

（四）科研、教育取得新成绩。1992年，气象科技研究稳步前进。在完成“八五”国家科技攻关项目方面，主要是：“八五”重大科技攻关项目“台风暴雨灾害性天气警报预报研究”已通过国家科委的论证，正式进入攻关实施阶段，这一项目结构庞大，任务繁重，整个项目被批准立项10个课题，每个课题下设55个专题，55个专题又被分解为289个课题。至年底，有些课题攻关顺利，已取得实质性进展。其他完成的“八五”科技攻关项目还有：完成了雷达定量测量降水的理论研究、并建立了定量测量降水的业务运行模式。在完成部门研究项目及科技应用开发方面，经过论证通过的气象科研项目共11项，其中长期天气预报研究已取得不同程度的进展。应用开发项目共41项，主要以各省开发应用为主，其中浙江省的“旱涝灾害遥感监测”，福建省的“近海环境、海洋渔业和森林火灾的监测”，云南省的“生态环境监测和农业估产研究”等项目已开始实施。年内，还验收了“短、平、快”课题56项，并批准105项“短、平、快”课题立项。1992年的获奖项目共有：气象科技进步奖一等奖3项，二等奖3项，三等奖10项，四等奖11项；气象科学奖二等奖1项；成果推广奖二等奖1项，四等奖2项。

在气象教育方面，1992年各气象院校全面贯彻党的教育方针，主动适应气象事业现代化和国民经济发展，培养德、智、体全面发展的建设者和接班人。在完成国家任务计划和保证教学质量的前提下，挖掘办学潜力，为发展国民经济培养适用人才。各气象院校还发挥科技优势和社会服务功能，积极创办科技开发和综合经营实体，取得了一定的经济效益。各院校将教学改革置于学校各项改革的中心，根据气象事业发展和国民经济建设的需要，通过加强和改进德育教学、修订专业课教学计划、优化培养方案，加强课程建设、实习基地建设及重要学科和重点实验室的建设，把提高教学质量放在首要位置。

10月，科教司在南京气象学院召开了气象院校工作改革研讨会。会议对改革方向、目标和重点提出了明确的要求。

1992年气象院校的高、中等及成人教育的毕业和招生情况

	毕业	招收	在校生
研究生	毕业52人	招收42人	在校生131人
本科、专科生	毕业811人	招收1 046人	在校生2 807人
中专生	毕业574人	招收732人	在校生2 302人
成人教育生	毕业402人	招收484人	

（五）对外开放进一步扩大。1992年，气象部门共接待来访外宾42批321人次，执行各种出访任务125批计313人次，与往年相比，外事活动不断增加。

在国际活动中，我国作为世界气象组织成员国和台风委员会的成员国，积极参与各项合作活动，充分发挥了成员国的作用。不但组团出国参加各种国际会议和培训班，而且作为国际会议的东道主在华召开了气候变化专业委员会第一工作组会议、国际暴雨和洪涝学术讨论会、热带气旋预报培训研讨班、欧共体/中国气候变化国际会议和台风委员会第25届会议。对于经济技术援助，我国本着有给有取的方针，积极开展经济技术援助工作。全年援外经费为97万人民币、3万美元，接待了非洲10国气象局长及世界气象组织的官员来华考察：向阿尔巴尼亚、智利、越南、埃塞俄比亚等10国提供了气象仪器装备；派专家赴孟加拉国帮助维修气象雷达；到越南传授农业气象技术。同时，我国也通过世界气象组织和其他国际组织获得了30多万元美元的资助款，并通过世界气象组织自愿合作计划获得3名长期奖学金，为我国培养高级气象科技人才。

1992年，是邹竞蒙局长担任世界气象组织主席的第六年，除继续履行主席职责、组织协调好各成员国之间的关系外，还利用各种机会发挥主席的作用。11月，代表世界气象组织参加了在科威特召开的第三世界科学院第四次大会，探讨了世界气象组织和第三世界科学院合作的途径。鼓励第三世界科学家积极参与世界气象组织的活动。为提高科技水平，缩小发达国家与发展中国家的差距作出努力。

1992年的双边气象科技合作活动不断扩大，召开了中美、中澳、中朝、中蒙气象科技合作联合工作组会议，签署了双边会谈纪要。与美国、澳大利亚、加拿大、芬兰、朝鲜、蒙古、英国的合作项目正常进行。在气候变化、卫星气象、农牧业气象、中尺度天气、大气化学等领域达成100多个合作项目。此外，还为促进贸易、输出技术作出了努力，邀请越南气象仪器考察团、伊朗气象代表团和世界气象组织技术合作司有关官员来华考察我国气象生产厂家和气象应用软件部门，让他们更多地了解我国生产和技术能力。

（六）领导班子建设和思想政治工作。1992年气象部门把加强各级领导班子建设和后备干部队伍建设作为大事来抓。坚持党的干部队伍“四化方针”，严格考核制度，加快建设政治上强、精通业务、具有现代化科学管理水平和能力的各级领导班子。全年共完成314个司局级和处级领导班子的任届期满考评调整；对21个司局单位的领导班子进行了考核、增补。新提升的司局级领导干部23名，其中提升为正职的9名，平均年龄为49.9岁，大专以上文化程度占79.2%。

按照中央和中组部有关文件精神，组织实施了干部下派挂职锻练，共选派5位同志分赴成都气象学院、河南省气象局、广西壮族自治区气象局、辽宁省朝阳市政府、朝阳市气象局挂职。结合领导班子配备，有4名司局级干部跨省（部门）交流任职。

按人事部要求，全国气象部门推荐选拔了172名享受1992年度政府特殊津贴的知识分子，4名有突出贡献的中青年科技、管理专家。完成了八届人大代表、政协委员人选和世界气象组织国际职员的推荐工作。

在思想政治工作方面，全国气象部门学习贯彻了

中央2号文件和党的十四大精神，各级领导和政工部门结合本部门的特点，加强和改进了思想政治工作，坚持“两手抓”，开展多种形式的思想教育和丰富多彩的文化体育活动，做了大量的工作，取得了可喜的成绩。

1992年，全国气象部门涌现出不少先进单位和个人，据对26个省（区、市）的不完全统计，被地方评为文明单位的：全国级2个，省级4个，地区级215个，县级45个；被评为劳动模范和先进个人的，劳动模范为：全国级2个，省级16个，地区级7个，县级45个；先进个人：省级72个，地区级203个，县级399个；被评为先进党支部的：省级1个，地区级9个，县级43个；被评为优秀共产党员的：省级11个，地区级184个，县级514个。

（七）气象行业管理迈出新的一步。国务院赋于国家气象局行业管理的职能后，国家气象局调查、了解了专业部门的气象工作情况，并征求对气象行业管理的意见。1992年初，国家气象局提出了《关于实施气象行业管理的意见》，并在黑龙江省进行省级气象行业管理的试点。

据24个省（区、市）气象局统计，我国除国家气象部门的气象台站外，民航、航空航天、农垦、林业、盐业、环保、海洋及军事等部门还设有气象台、站、哨1 200多个，有气象职工8 100多人（不含军事、水利部门），其中黑龙江、新疆、云南和海南等省（区）的专业气象台、站较多。

年内，各行业的气象台、站（哨）结合本行业的实际需要，为搞好气象服务做了大量工作，取得显著成绩。例如：

民航气象部门狠抓了队伍建设，完善了各种规章制度，并在业务工作中引进了较为现代化的多普勒雷达设备和机场自动观测系统，进一步提高了服务质量。他们为475条航线提供飞行气象服务保障。全年共保障各种飞行178 401架次。在其他部门的配合下，圆满完成国家领导的出访和接送全国人大、政协及十四大代表等重要专机飞行的气象保障任务。

黑龙江农垦局的气象台、站（哨）根据现有条件，尽力增加投入，以不同形式参加省、地天气预报网，建立相应的信息传递和指导预报制度，提高了预报准确率，努力为5.7万平方公里地域内8 000多万亩农田的种、管、收、晒报准天气。他们还利用垦区内建站历史长、资料完整、站点集中的特点为合理利用和开发气候资源做出应有的贡献。年内，垦区召开了气象学术交流会，共收到论文200多篇，反映出学术研究的好势头。

中国科学院大气物理研究所有4篇专题论文分别获一、二、三等自然科学奖及科技成果推广应用奖，并有4项研究成果上报中国科学院。《大气科学》获中国科学院优秀科技期刊三等奖。3人获个人科技奖，1人获先进个人称号。

高校教育：除国家气象局所属的南京、北京、成都3所气象院校外，北京大学、南京大学、中山大学、兰州大学、北京农业大学、沈阳农业大学、青岛海洋大学等高校分别设有天气动力专业、气候专业和农业气象专业。这些高校不断深化教育教学改革，积极开展科研和学术交流活动，取得较好成绩。

三、气象事业发展制约因素及下一步发展设想

改革开放以来，我们的工作虽然取得了很大的成绩，但是，还存在着不少差距和不足。主要是：思想解放还不够，有些改革还没有一抓到底，气象事业的发展还不能适应国民经济建设和社会发展的需要；事业结构不尽合理，管理工作还不尽适应，现有技术装备和人才的潜力还没有充分发挥；科技产品和科研成果转化为现实生产力还很不充分；服务手段，服务产品和服务方式还不适应社会主义市场经济的发展；发展气象事业的经费投入严重不足，部分地区职工的工作生活条件比较艰苦，队伍还存在不稳定因素。所有这些，都是90年代我国气象事业发展不可忽视的实际问题和制约因素，必须认真研究解决。

90年代，我们的指导思想和基本任务是：在小平同志关于建设有中国特色的社会主义理论的指导和党的十四大精神的指导下，坚持党的基本路线，以提高气象服务的综合效益为中心，依靠科技进步和提高业务素质，加快改革开放和现代化建设步伐，努力建设有中国特色的社会主义气象事业。我们奋斗的总目标是：到本世纪末，实现气象事业与国民经济发展相适应、相协调，气象现代化建设的总体水平达到同期国际中上水平，某些方面接近或达到国际先进水平。

在这个总目标指引下，经过90年代的改革和建设，基本形成适应社会主义市场经济体制的新型气象事业结构，新一代气象业务技术体制投入运行，对灾害性天气的监测和预报能力有较大增强；气象科技水平与发达国家的差距进一步缩小，科技成果向现实生产力转化的能力明显增强；气象科技产业初具规模，气象服务的综合效益显著提高，气象职工的生活水平达到小康，精神文明建设和队伍素质提高到一个新的水平。到90年代末，我国气象事业将获得全面的进步和发展，以更加崭新的姿态跨入21世纪。

（国家气象局）

专利事业

专利制度是国际上普遍采用、行之有效的促进科技进步和经济发展的一项重要法律制度。专利制度从17世纪问世至今，已有300多年的历史。目前，世界上已有160多个国家和地区相继建立了专利制度。党的十一届三中全会实行改革开放以来，我国开始筹建专利制度。如果以中国专利法的颁布作为我国建立专利制度的开端，至今也只有9年多的历史。由于专利制度适应了改革开放的需要，因而在这不长的时间内，我国专利事业发展迅速，在促进科技进步和经济发展中的重要作用已经显示出来，受到国内国外的高度称赞。

一、中国专利法实施以来的基本情况

（一）专利申请和审批

专利申请数量是国际范围内评价一个国家科技发展水平的重要指标之一。专利法实施以来，我国专利申请的突出特点是：起点数量高，增长速度快。

从1985年4月1日到1992年底，中国专利局共受理3种专利申请284 518件，其中发明专利申请79 906件，实用新型专利申请179 946件，外观设计专利申请24 666件。年专利申请数量已由1985年的14 372件增加到1992年的67 135件，8年中平均年增长速度为24.7%。根据世界知识产权组织年鉴数据，我国年专利申请数量在世界排位已由1986年的第17位，上升到1991年的第10位。

在全部专利申请中，国内申请为244 471件，占85.9%，国外申请为40 047件，占14.1%，职务申请为112 893件，占39.7%，非职务申请为171 625件，占60.3%。来华申请专利的国家和地区已达72个。专利制度的建立，极大地调动了广大科技人员和人民群众发明创造的积极性，有力地吸引了国外的先进技术，为我国发展经济起到了重要作用。

专利审批数量和质量是衡量一个国家专利局综合能力和水平的重要指标。几年来，通过采取建立计算机专利审批管理系统（Chinese Patent Management System），专业培训和增加必要的审查人员等措施，专利申请受理、分类、审查、出版、复审无效等各项程序已经全面进入正常工作。在确保专利审查质量的前提下，审查速度不断提高，3种专利审查结果已由1986年6 502件，提高到1992年52 317件。至1992年底，3种专利审查结果共计213 579件，占应审查量的85%，复审无效结果共计871件，占应审查量的56%。3种专利从申请到授权（包括各类程序时间和审查时间）的周期大体为：发明专利52个月，实用新型、外观设计专利16个月。（1993年执行新修改的专利法后，取消异议程序，相应减少7个月）。

至1992年底，中国专利局共批准3种专利117 728件，其中发明专利15 722件，实用新型专利90 396件，外观设计专利11 560件。国内专利共计104 749件，国外专利共计12 979件。根据世界知识产权组织年鉴数据，我国1991年专利批准量在世界排位已由1986年的第23位上升到第7位。

（二）专利技术实施和企业专利工作

实行专利制度的根本目的是在法律保护之下，加快发明创造的推广应用，使其尽快转化为现实生产力。而企业又是实施专利技术的最重要的基地。

1987年召开的第二次全国专利工作会议明确提出，要把抓好专利技术实施和推动企业的专利工作，作为专利工作的一项十分重要的任务。为此，制定了《加强企业专利工作办法》（试行）。几年来，已在近3 000个企业中进行了专利试点工作，已有1万个企业实现了专利工作领导、组织和制度三落实。通过在企业推行专利工作，提高了企业的技术创新和消化吸收能力。企业的专利申请量逐年增长，在国内职务申请中已居首位，比例达到41.2%。国有大中型企业在专利许可贸易中所占份额已由20—30%增加到70%，并且涌现出一批“专利先导型企业”、“以专利技术为龙头的企业集团”。

在专利实施工作中，经过几年来的努力摸索，各地方、各部门主要采取了3个方面的措施：一是专利技术纳入国家和地方各类计划，从1990年开始，每年约有一批专利技术项目依靠计划推动实施。二是根据国家指导性计划、产业政策和技术政策，实施专利技术，例如：中国专利局与农业部联合推广了一批农业专利技术，收到了很好的效果。三是利用市场机制，发挥中介服务机构的作用，发布信息，建立专利实施许可合同管理等，在市场调节下实施，这是专利技术实施的一条最主要的途径。

近几年来，已有相当一批专利技术在专利法的保护下进入经济领域，并产生显著的经济效益。据有关省、市和国务院有关部委对1989年以前和1990年专利实施项目的抽样统计，每年新增产值大约50亿元，利税10亿元。

为鼓励和表彰专利实施中的先进单位和发明者，从1989年开始，我局每两年评选一次中国专利发明创造金奖和优秀奖。据对1991年评选的86个项目的实施统计，每项平均新增产值1亿元，新增利税3 000万元，创汇100多万美元。

（三）专利保护

保护专利权是专利法的核心。依照中国专利法，我国确定了由人民法院审理和专利管理机关调处相结合

的执法保障体系，各类专利纠纷可以请求专利管理机关予以调解和处理，也可直接向人民法院起诉，对专利管理机关处理决定不服可以起诉到人民法院。

1989年12月我局发布执行《专利管理机关处理专利纠纷办法》，1992年正式建立专利纠纷调处备案制度。几年来，专利纠纷调处和审理工作取得显著成效，维护了发明人的合法权益。截止1992年底，各专利管理机关累计受理专利纠纷1 858件，结案1 400件，结案率为75.3%。截至1992年6月底，人民法院累计受理专利纠纷904件，结案602件，结案率为66.7%。据对各类专利纠纷案件的统计分析，侵权纠纷居首位，占受理量的60%，申请权纠纷占28%，专利权属纠纷占7%，请求支付临时保护使用费的纠纷占5%。在调处方式上，调解结案占50.%，请求人撤回结案占20.3%，由专利管理机关做出调处决定的只占29.2%。

（四）专利法规建设

专利法规建设是严格执行中国专利法的基本前提和重要保证。随着专利工作的深入开展，各项法规逐步建立，不断完善，初步形成以专利法为核心的一整套专利法律、法规体系，基本上适应了目前专利工作发展的实际需要。

在1984年3月12日第六届全国人大常委会第四次会议通过《中华人民共和国专利法》后，1985年1月17日国务院批准公布了《中华人民共和国专利法实施细则（草案）》。1991年3月国务院批准发布《专利代理条例》。为加强专利管理机关和企业的专利工作，我局于1989年12月发布了《专利管理机关处理专利纠纷办法》；1990年发布了《关于加强专利管理工作的通知》、《企业专利工作办法（试行）》；1991年发布了《关于加强部委专利管理工作的通知》。制定的涉及专利审查业务的法规和规定有：《审查指南》、《专利审查办事规程》、《专利申请须知》等。全国各地区和各部门还制定和实施了近300个地方、部门法规。从中央到地方，相互配套，为推动全国专利工作的发展发挥了积极的作用。

为适应我国深化改革、扩大开放的需要和国际专利制度发展趋势，专利法及其实施细则的修正案，已经1992年九届人大常委会批准，并于1993年1月1日开始实施。

（五）专利文献传播与利用

专利制度的重要功能之一，是通过出版专利文献公开发明创造的全部内容，促进信息交流和发明创造的推广应用。

至1992年底，中国专利文献公布总量已达202 746件，出版专利说明书186 176件，专利公报960期，以纸件、缩微、光盘文献向全国约1 300多个用户发行，同时还制作专利申请的英文文摘磁带送往国际专利文献中心，装入国际专利文献数据库。

我局专利文献馆是全国唯一收藏量最完整、管理最科学、服务手段最先进的全国文献服务中心。目前，已与美、日、德、法、英、原苏联等16个国家、国际专利合作条约和欧洲专利局两个国际组织建立了专利文献交换关系，并收藏其专利文献说明书和20多个国家的专利公报及检索工具书。文献收藏量为3 637万件。为了快速准确传播专利文献信息，已经建成中国专利情报系统（Chinese Patent Information System）、世界专利索引数据库（World Patent Index），并正在建立中国专利文献全文光盘系统。目前，已形成以文献馆为中心，全国设立63个文献服务网点和30个联机终端的全国专利文献服务网络。近两年，我局每年接待文献读者5～6万人次，机检课题2 000多项。至1992年底，累计接待读者32万人次，计算机检索课题10 328项。

（六）全国专利工作体系的建设

1980年国务院批准成立中国专利局，1988年中国专利局升格为国务院直属局。国务院明确中国专利局既是专利法的执行机关，也是国务院主管全国专利工作的职能机构，具有执法和管理的双重职能。中国专利局现有职能部门15个，全国代办处6个，直属企事业单位6个，挂靠研究会1个。中国专利局现有职工1 300多人。

1984年8月国务院批准《关于在全国设置专利工作机构的通知的请示》之后，全国专利工作体系逐步建立起来。目前，全国已有54个省、自治区、直辖市、计划单列市、沿海开放城市、经济特区和16个国务院部委、直属机构设立了专利管理机关；全国有代理机构480家，涉外专利代理机构5家，全国专利代理人5 000名；专利文献服务网点63个；中国知识产权研究会及其25个地方分会。此外，还建立了500家专门从事专利信息和专利技术开发工作的机构。全国专利工作体系的逐步建立，为专利事业的发展提供了重要的组织保证。

为适应全国专利工作的开展，我局和全国专利管理机关始终把专利法的宣传普及放在“先导”位置，通过报刊、广播、电视等新闻媒介，大量宣传专利法和普及专利知识，逐步提高全民的专利意识。1990年，我局正式创办《中国专利报》。通过专利培训，培养了大量专利人才，截至1992年底，我局主办和与各地方、各部门协办了各类专利培训班284期，培养人员25 274人次。在国家教委的支持下，已将专利知识纳入法学院、理工科大学教材，开设了知识产权课程。另外，还成立了烟台专利干部进修学院和正在筹备全国知识产权培训中心。经过大量的宣传普及、培训工作，已在全国建立起一支专利工作队伍。

（七）国际合作

1980 年 6 月 3 日，我国参加了世界知识产权组织公约，1985 年 3 月 9 日，我国成为《保护工业产权巴黎公约》第 96 个成员国。几年来，我国积极参加世界知识产权组织的各项立法和协调工作，中国专利局局长多次当选为巴黎联盟大会主席、执行委员会主席、世界知识产权组织大会副主席等重要职务。根据我国与国际间经济、贸易发展的需要，我局多次作为中国代表团成员，参加国际贸易中有关知识产权谈判以及国际专利法协调条约会议，在世界知识产权舞台和对外经济贸易交流中发挥积极的作用。

从筹建专利制度至今，我局已同美国、日本、德国、法国、奥地利、古巴、波兰、意大利、俄罗斯、印度尼西亚、蒙古、朝鲜、韩国、欧洲专利局等十几个国家的专利局和国际组织建立了专利双边合作关系。通过互相交流，培养了几百名业务骨干和专利人才。与此同时，与发展中国家在专利方面的合作与交流也正在发展。

中国专利法实施 8 年来的实践表明，专利制度建立，有效地保护了发明创造专利权，结束了我国长期以来无偿使用发明创造的局面，有力地调动了广大科技人员和人民群众从事发明创造的积极性，为发明创造的商品化、工业化和国际化提供了法律保障，为鼓励竞争，保护优势，加快科技进步，发展社会主义市场经济，创造了良好的社会环境。根据《全国专利工作十年规划和“八五”计划纲要》，今后 10 年，专利工作将紧紧围绕我国社会主义现代化建设的第二步战略目标，把专利工作的整体素质提高到一个新的水平，在推动我国科技进步和经济发展中发挥积极的作用。

二、1992 年的主要工作进展

1992 年在邓小平同志南巡重要谈话和中共第十四次代表大会精神指引下，我国改革开放进入了一个新的阶段。适应形势发展的需要，专利工作也开始跨入新的发展阶段。

（一）中国专利法的修改

为适应我国改革开放深入发展的需要，适应国际范围内保护知识产权的新发展和恢复我国关贸总协定缔约国地位的需要，并在认真总结专利法实施以来的经验的基础上，对专利法进行了修改。1992 年 6 月 5 日，国务院常务会第 105 次会议原则通过《中华人民共和国专利法修正案（草案）》，1992 年 9 月 4 日，第七届人大常委会第二十七次会议，通过了《关于修改＜中华人民共和国专利法＞的决定》。此后，12 月 12 日国务院批准了新修订的《中华人民共和国专利法实施细则》。修改后的《中华人民共和国专利法》及其实施细则，于 1993 年 1 月 1 日起施行。

中国专利法的修改共涉及原专利法 19 项条款，共 14 个方面。在新修改的专利法中，专利保护范围扩大到药品、化学物质、食品、饮料和调味品；发明专利保护期限由 15 年延长到 20 年；实用新型和外观设计专利由 8 年延长到 10 年；专利权的内容明确规定了专利权人有进口专有权；方法专利的效力延及到利用这种方法直接获得的产品；重新规定了对专利实施强制许可的条件等。新修改的专利法的保护标准，基本达到了国际专利法条约和关贸总协定对缔约国知识产权保护的要求，使我国专利保护标准和保护水平接近国际水准。专利法及其实施细则的修改，必将使专利制度在促进我国科技进步和经济发展中发挥更大的作用。

新修改的中国专利法的颁布执行，是继 1984 年全国人大常委会颁布专利法以来，我国专利制度发展史上的又一个重要里程碑。

（二）专利申请和审批

1992 年中国专利局共受理专利申请 67 135 件，比 1991 年增长 34%，超过 8 年平均增长速度 24.7%10 个百分点。，是历史上增幅最大，增量最高的一年。全年批准专利 31 475 件，比 1991 年增长 18%，是历年批准专利最多的一年。

在当年的全部申请中，国内申请 61 788 件，占 92%，国外申请 5 347 件，占 8%，国内、外申请量比上年分别增长 36%和 15%。发明专利申请 14 409 件，占 21.5%；实用新型专利申请 44 369 件，占 66%；外观设计专利申请 8 357 件，占 12.5%；3 种专利申请分别比 1991 年增长 26%、33%、57%。

在当年批准的专利中，国内为 28 311 件，国外为 3 164件。发明专利 3 966 件，实用新型专利 24 060 件，外观设计专利 3 449 件。

1992 年专利申请的突出特点是：第一，国外专利申请克服近两年来徘徊不前的局面，开始较大幅度增加。第二，国内发明专利申请量比上年增长 36%，已经超过 10 000 件，说明了国内专利申请的质量有所提高。第三，来自香港、台湾省的专利申请增势强劲，年申请量分别达到 1 747 件和 3 391 件，分别比上年增长 70%和 150%，香港在海外来华申请的国家和地区中排次为第 3 位，台湾省位于国内省市的第 7 位。

专利审查工作全面完成计划任务。3 种专利审查结案 52 317 件，占当年进入量的 86%，复审无效案件结案 324 件，占当年进入量的 65%。公布 3 种专利 50 001件，比 1991 年增长 35.4%。

（三）全国专利工作

在全国深化改革开放和经济快速发展的推动下，

1992年全国专利工作有了新的发展。

1. 专利宣传培训

1992年，我局继续把专利宣传工作放在重要位置。

结合我国即将恢复关贸总协定缔约国地位，中美知识产权谈判，中国专利法修改等，我局撰写了有关专题报告和《中国专利法（修正案）宣传手册》。局领导及有关人员多次应邀到国务院有关部委、科研院所、高等院校、中央党校及有关省市做报告，宣讲专利法。到会人员逾万人，对提高广大干部、特别是领导干部的专利意识起到了一定的作用。为了使国内外有关人才了解到修改后的专利法，1992年9月14日，我局与全国人大常委会办公厅新闻局联合举办了新闻发布会，高卢麟局长介绍了新修改的专利法，并回答了中外记者提出的问题。

年内，组织各大新闻单位，进行有关专利工作的新闻、专题报道200余篇。《中国专利报》由周一刊改为周二刊，订户比上年增加6 000户。

专利培训工作有突出进展。1992年6月25日，国务院办公厅批准由我局正式组建中国知识产权培训中心，确定了宣传、培训、研究等五个方面的任务。今后，该中心将承担我国知识产权领域在职人员的继续教育，并逐步纳入国家正规高等教育，该中心设在北京。一套八册的专利教材正在编写之中。年内，经国家教委批准，华中理工大学、浙江大学专利情报培训中心分别正式设立"专利与专利管理"、"科技情报"第二学士学位班，都已面向社会正式招生。经与有关主管部门联系，专利知识培训已纳入大中型企业领导资格培训计划之中。

年内，由我局举办的各类学习班共25期，培训3 000人次，比上年增加700人次。

2. 专利纠纷调处

为适应专利纠份数量逐渐增长，更好地统一调处标准，年内，我局进一步加强了专利纠纷调外的管理，正式建立了专利纠纷调处的报告制度，并通过《专利纠纷通讯》进行指导。

1992年5月在南京举办了全国专利纠纷调处研讨会，各地方专利管理机关、国务院有关部委，最高人民法院共150余人参加了会议，会议主要内容是：交流和总结全国专利纠纷调处和审理工作经验，以提高办案水平，加强专利司法队伍的建设。

3. 专利技术实施：

年内，各地区各部门突出抓好专利技术信息的传播工作，采用各种形式发布信息。仅由我局主办、合办的3个较大型展览会：首届外观设计及新产品展览会；首届全国食品和包装工业专利技术、新技术、新产品交流交易会；中国新产品、新技术博览会，参展项目几千项，合同总金额达到4.2亿人民币，5 000多万美元。

专利技术市场初步形成。全国已有26个省、市、自治区、计划单列市建立了专利技术合同认定登记机构，并先后建立了审查登记制度，酬金中介方暂存制度、合同履行跟踪制度。据对北京、上海、天津、辽宁、青海、沈阳6个省、市的统计，当年认定登记的专利实施许可合同1 340项，合同成交额为3 980万元。

本年度，有21个专利项目列入国家新产品试产计划，2个项目列入新产品推广计划。

4. 专利代理

1991年3月国务院发布了《专利代理条例》，根据条例要求，年内组织了首届全国代理人资格统一考试。为此，我局制定和公布了《1992年专利代理人资格统一考试大纲》，举办了两期辅导班。1992年11月28～29日，全国分13个考点，同时进行考试，共有2 034人参加，录取工作正在进行中。

5. 专利管理

根据专利工作发展的实际需要，专利管理机关建设得到进一步加强。山东省、湖南省已在地、市和有关条件的县建立了专利管理机构，执行专利管理职能。部委专利管理机关更加重视本行业技术进步和专利战略研究，化工部成立了部知识产权领导小组，组织了对国外最新化学物质的文献检索查询，以加快我国产品的研制步伐。国家医药局根据专利法开放新药保护的需要，采取了加强本国产品保护，参与国际竞争的措施。

为推广城市专利工作经验，年内正式确立沈阳、潍坊、襄樊3个专利工作试点城市。修改了《中国专利金奖评奖办法》，该评奖办法包括申报条件、评奖标准、评奖数量、评奖组织、申报和评审程序、授奖和专利奖的撤销等内容。

年内，在全国组织了全国专利管理局（处）长会议和大中型企业专利工作座谈会等。

（四）专利文献和自动化

为抓紧落实"八·五"规划业务建设任务，年内共收集16个国家、2个国际组织新增专利文献200.7万件，为正式加入国际专利合作条约组织（P. C. T），补充192万件美国、瑞士专利说明书。中国专利文献全文存储光盘系统已经安装就位，并试制出CC—ROM光盘，存入了1985年至1992年公开的中国专利著录项目和文摘数据。

文献馆接待读者6万人次，计算机检索课题2 969项。

（五）国际合作

1992年我局参加了中美知识产权谈判，并发挥了一定作用。在世界知识产权组织专利合作条约（P. C.

T）联盟大会第二十次会议上，通过了关于我局以P. C. T国际检索单位和国际初审单位加入P. C. T，中文成为P. C. T正式文字的提案，1993年将正式加入。

国际专利合作又有新进展。恢复了与欧洲专利局的合作关系，商讨了与欧洲共同体的合作计划，与波兰专利局、韩国工业产权局建立了专利合作关系，与世界知识产权组织在北京举办了亚洲地区电子工业产权应用和技术转让研讨会。

我国的专利事业已有了令人瞩目的发展，但是，我国建立专利制度的历史毕竟太短，因此，要进一步从各方面完善专利制度，并充分发挥作用，任务还相当艰巨。目前，专利工作存在的主要困难和问题是：社会上的专利意识还比较薄弱，包括经济、贸易、科技、教育工作领域中的不少领导，至今对专利知识所知甚少；专利工作与经济、科技工作的关系尚未理顺，还没有很好地与国民经济的各行各业有机结合，专利工作在科技进步和经济发展中的重要地位，至今尚未真正确立；专利事业自身发展所需要的条件以及专利工作为科技进步和经济发展所需要的条件和手段，还很不适应需要。

社会主义市场体制的建立和社会主义市场经济的发展，对外开放的不断扩大和深入，对专利工作提出了更高的要求，提供了难得的机遇。奋斗在专利战线上的同志们正在以新的观念，新的面貌，新的精神状态，知难而进，奋发进取，为使专利工作尽快登上一个新的台阶而努力。专利事业是大有可为的事业，专利事业应当而且必定有一个更大的发展。

（中国专利局　廉莹）

计量事业

计量是一项古老而又新兴的事业，它随着商品交换、社会生产和科学技术的发展而发展，同时又推动着商品交换、社会生产和科学技术的发展，它是商品交换的纽带，社会生产和科学技术发展的手段和技术基础。我国的计量事业经过40多年的发展建设，取得了巨大成就，无论是在计量工作的组织管理方面，还是在计量科学技术方面，都达到了前所未有的水平，基本上适应了国民经济各方面的需要，对经济建设、国防工业、科学研究和商业贸易的发展起到了积极的促进作用。

一、我国计量事业的发展状况

中国的计量事业具有悠久的历史。计量在我国历史上称为度量衡，在几千年发展史中，从“布手知尺”、“掬手成升”、“迈步定亩”的原始计数测量方法到采用比较准确的计量手段进行计量，经历了漫长的发展岁月，到新中国成立之前基本上处于度量衡阶段。解放后，党和政府十分重视计量工作，采取了一系列措施发展我国的计量事业。50年代，随着国民经济的恢复，计量事业逐渐创立和发展起来。1955年正式成立国家计量局，负责主管全国的计量工作；1956年，在国家制订的12年科学技术发展规划中，把研究、建立国家计量基准发展计量技术作为一个重要项目列入规划，推动了我国计量事业的发展；1959年，发布了“关于统一计量制度的命令”，以统一各种计量单位的量值。到1965年，全国计量网基本形成，有近10万人从事计量工作。“文革”期间，我国计量事业受到冲击和破坏，发展缓慢，到1976年，全国省、地（市）、县计量机构仅1 028个，人员12 644人。1976年粉碎“四人帮”的胜利，使中国计量事业进入全面发展的新时期。1978年以后，计量部门积极贯彻中共十一届三中全会的路线、方针、政策，紧紧围绕经济工作的中心任务，建立、完善计量管理制度，大力发展计量科学技术，努力为国民经济服务，为社会主义现代化建设作出贡献。1985年《中华人民共和国计量法》颁布、实施，它标志着计量事业进入了一个新的发展阶段，从此全国计量管理工作从行政管理走向法制管理的轨道。

改革开放以来，我国计量事业全面发展，取得了巨大成就。

（一）机构发展，队伍壮大，一个较为完整的计量管理体系已经形成

到1992年，全国各级政府计量机构已发展到4 060个，比1979年的2 128个增加1 932个，是1979年的将近20倍；计量人员发展到55 544人，比1979年的35 545人增加19 999人，是1979年的1.6倍。全国30个省、自治区、直辖市建立了计量行政机构，323个地（市）、2 005个县（区）建立了局（所、处）；县级以上法定计量技术机构已达3 707个。建立了7个跨地区的国家级计量测试中心，107个大中城市计量测试中心；此外，还建立了13个国家专业计量站和28个分站。一个较为完整的计量行政管理体系和计量技术保障体系已经形成。

（二）计量法规体系逐步建立完善，为依法强化计量监督提供了法律保证

从1978年到1992年，国家颁布了一系列关于计量工作的法律、法规，有关部门和各级政府也制订了相应的办法和规定，促进了计量事业的发展。1980年，颁布了《全国厂矿企业计量管理实施办法》，推动了企业计量工作的开展。1983年，颁布了《企业能源计量器具配备和管理通则（试行）》，对能源计量器具的配备和管理提出了具体要求。1984年，国务院发布了《关于在我国统一实行法定计量单位的命令》，规定从1984

年到1990年,全国各行业要完成向法定计量单位的过渡。1985年以后,我国加快了计量法制建设的步伐。1985年,《中华人民共和国计量法》颁布实施。此后,国务院先后批准发布了《计量法实施细则》,《强制检定的工作计量器具检定管理办法》,《进口计量器具监督管理办法》等5个重要法规;制定发布了《计量基准管理办法》等17个与《计量法》配套的办法,基本上建立了我国的计量法规体系,为依法强化计量监督提供了法律保证。

10多年来,我国计量技术法规也得到了充实和加强,在数量和质量上都有大幅度的提高。到1992年,国家计量检定规程总数已达795个,比1978年的136个增加了659个,是1978年的将近5.9倍,基本覆盖了55项111种强制检定的工作计量器具;国家计量技术规范已达到196个;国家计量检定系统表已发展到89个。还制定了610个部门计量检定规程,257个地方计量检定规程。这些计量技术法规在保证量值准确传递方面、在为强化计量监督提供科学依据方面,发挥了重要作用。

(三)加强企业计量管理工作,为提高企业经济效益和产品质量服务

企业计量工作是我国计量工作的重要内容。加强企业的计量管理,对提高产品质量,降低能源、原材料消耗,提高经济效益,具有重要意义。1983年,开展了企业能源计量工作,对企业节约能源,降低原材料消耗起到了积极推动作用。1984年开始,我国工业企业开展了计量定升级工作,促进了企业计量工作的发展。

从1984年到1991年底,全国已有1 115个企业达到国家一级计量合格,获得国家计量先进企业称号。2万多个企业达到二级计量合格,6万多个企业达到了三级计量合格。全国大中型企业90%以上达到了计量定升级的要求。1987年起,开展了计量器具新产品型式批准、制造计量器具许可证管理工作,到1992年,计量器具新产品型式批准累计达1 397个,取得计量器具制造、修理许可证的单位达19 833个。质检机构计量认证工作开展顺利,从1987年到1992年累计完成计量认证6 628个,其中国家级质检机构计量认证761个,省级质检机构计量认证2 600个。

为了强化市场计量监督,在全国商业企业中开展了物价计量信得过单位活动。至今已开展了3届评选"全国执行物价计量政策法规最佳单位"活动,全国累计有140家商业单位在活动中受到表彰,获得"物价计量信得过单位"称号。

(四)认真抓好计量检定工作,努力完成强制检定工作任务

计量检定是保证国家计量单位制统一和量值准确可靠的一种量传方法。我国每年完成计量仪器检定3 000多万台(件),完成强制检定任务近2 000万台(件),全国已经授权了3 533个单位承担强制检定任务。目前应开展的强检工作计量器具1亿多台(件),已执行强检的约7 000万台(件),强检覆盖率达65%左右。

(五)计量科学技术工作成果显著

计量科学技术水平的高低,是衡量一个国家计量工作水平的主要标志。新中国成立后,我国用了30多年的时间,走完了西方发达国家近100年的发展路程。特别是改革开放以后,我国计量科学技术发展迅速,许多方面已进入了国际先进行列。10余年来,已累计取得科研成果200多项,其中获国家科学技术进步奖一等奖3项,二等奖21项,三等奖26项;获国家自然科学二等奖1项;获国家发明奖5项;共计获部级以上科研成果奖391项。到1992年,我国已建立144项国家计量基准,一级标准物质622种,二级标准物质369种,基本上满足了国民经济各方面的需要。一部分科研成果和建立的计量基准达到了国际先进水平。例如:实现新米定义的碘稳频He——Ne激光器的光谱测量数据,作为国际新米定义波长标准的依据。制造出的高温铂电阻温度计,为高温段用铂电阻温度计代替热电偶奠定了技术基础。

(六)积极进行国际交往,扩大与各国间的计量技术合作

十一届三中全会以来,随着改革开放政策的实行,对外科技交流活动出现了新局面,计量领域的国际交往和合作更加活跃。从1978年到1992年,我国先后同美、英、法、德、意、日、荷等西方工业国家以及周边和发展中国家签订了双边计量科学技术合作协议。到1992年,已同15个国家建立了双边合作关系或签署了双边计量技术合作协议;同40多个国家和地区进行了计量方面的交往和合作。目前,我国已正式加入了5个国际性的计量组织,委派人员参加十几个定期和不定期的国际会谈。通过这些交往和合作,增进了我国同世界各国在计量领域的相互了解,促进了我国计量科学技术水平和管理水平的提高。

二、1992年我国计量事业发展的基本情况

1992年,我国计量工作认真贯彻"以质量为中心,以标准化计量为基础"的工作方针,围绕经济建设这一中心,深入贯彻实施《计量法》,取得了新的发展。

(一)推行法定计量单位,积极进行土地面积计量单位的改革试点

认真贯彻国务院办公厅转发的《关于进一步实施法定计量单位请示的通知》,1992年开展了推行法定计量单位的宣传培训工作,各地区把法定计量单位的

宣传纳入了日常工作程序中。经过多年的准备，改革土地面积计量单位工作已经开始。1992 年组织了 14 个试点县进行试点，到 1992 年底，已有 3 个试点县基本完成了改制任务，其余 11 个试点县大部分完成了乡级试点。

（二）制定、完善计量技术法规，积极完成各项法制计量工作任务

计量技术法规工作，1992 年注意提高了国家计量检定规程制、修订水平，增强计量检定规程的兼容性和确定检定周期的科学性，新制定国家计量检定规程 40 个，修订 14 个；新制定国家计量技术规范 5 个。全年完成计量器具新产品型式批准 91 个，新增计量器具新产品定型鉴定机构 3 个；新增定型鉴定项目 42 个。全年共完成部级质量监督检验机构和计量检测机构计量认证 97 个，省级完成 500 个。

1992 年，还重点加强了社会公用计量标准的考核管理。审定通过了“计量标准考核规范”，组织了“计量标准命名规范”的宣传贯彻，考核新建计量标准 164 项。

（三）以提高企业质量为中心，加强对企业计量工作的宏观指导和服务

为贯彻《全民所有制工业企业转换经营机制条例》，1992 年，国家技术监督局发出了《关于当前工业企业计量工作的若干意见》的通知，要求各级技术监督部门和企业主管部门，对企业的计量工作应本着指导和服务的原则，引导企业自愿采用规范化、科学化的计量管理方法和经验，帮助企业把已经形成的计量能力有效地用于生产经营活动中，为节能降耗、保证产品质量服务。为了使计量器具的型式批准与国际通行做法接轨，争取国际互认，把计量器具产品推向国际市场，1992 年积极推行了国际法制计量组织的型式合格证书制度，制定了在我国实施证书制度的有关工作程序。1992 年，还扩大了量值传递方面的改革，提出了将计量保证和校准作为量传溯源合法方式并进行了试点，提出了计量器具检定的弹性方案，为企业进行自主管理，根据实际需要选择检定周期、量值传递的溯源方式，提供方便，为今后量值传递改革和与国际通行做法接轨向前迈出了一步。

（四）加强市场计量监督，为发展社会主义市场经济服务

为强化市场计量监督，1992 年，开展了第 3 届“全国执行物价计量政策法规最佳单位”活动，评选出“最佳”单位 45 个，优秀单位 55 个。为逐步完善市场计量行为规则，1992 年加快了市场计量配套法规的建设，制定的“称重零售商品计量法定允差规定”已在全国范围内选择了 300 家单位试点，着手组织“散装物料交接允差法制规定”的制定。这两项规定是当前市场经济条件下，强化市场计量监督的基本措施。

为推动社会化计量公证站的建设，在全国范围内开展了称重计量公证站的试点。1992 年依靠 7 个国家计量测试中心进一步扩大了试点，已有一半以上的省建立了公用称重计量公证站。以此为标志，我国计量工作已从过去单一的计量器具管理发展到计量数据的管理和服务。

（五）计量科学技术工作

90 年代，我国计量科学技术工作充分利用激光、超导、半导体、原子能、计算机等新技术，研究、建立国家计量基准和高精度的计量测试手段，开展研究以量子物理为基础的计量单位制，跟踪国际先进水平，努力保持和提高现有基本量基标准水平。1992 年，我国共建立了 4 项国家计量基准，批准发布一级标准物质 93 种，二级标准物质 57 种，在已建成的国家计量基标准中，已有 30%左右达到国际先进水平。1992 年，完成国家科技进步奖获奖项目 6 项，部级获奖项 40 项，完成技术开发项目 80 多项。

（六）国际交往和合作

我国参加了计量领域内的一些国际组织，同这些组织的成员国之间进行了密切合作和技术交流，增进了与各国间的相互了解，扩大了我国在国际上的影响。1992 年，组团参加了七个重要的国际会议，出国考察访问 8 批，145 人次，接待来华团组 39 批 142 人次。中国计量科学技术研究院在申请世界银行货款，争取德国政府援助方面取得进展。1992 年，已经通过了利用世界银行货款的 3 次审查，与德国政府的技术合作项目“测量与计量”已正式立项。

（七）开展计量宣传培训工作

1992 年，共进行岗位培训 30 382 人，开办了函授培训班，招收学员 70 826 人，举办了 34 期计量检定员培训班，培训人员 2 700 人；组织了对 66 名计量监督员、500 名计量检定员的考核发证；配合改革土地面积计量单位，培训骨干 9 000 余人，通过培训，提高了计量队伍素质，为开展工作打下了良好基础。为推行法定计量单位，进行土地面积改革试点工作，开展了一系列宣传活动，印发宣传材料 10 余万份。组织开展了计量宣传周活动。

三、我国计量工作存在的主要问题和发展前景

（一）存在的主要问题

计量作为国民经济的技术基础，在经济建设中发挥着重要作用，随着改革开放、经济发展的步伐的加快，对计量工作提出了更高的要求。目前，我国的计量工作，无论是在计量科学技术水平上，还是在计量管理工作中，还存在一些亟待解决的问题。

1. 我国的计量基标准，总水平与发达国家相比还有一定差距，一些当前迫切需要的工程量标准，有的刚开始起步，有的尚未研究。已经建立的计量基准，有些项目精度不高，与国外有较大差距。目前，我国计量测试水平、测试手段还不能满足需要，处于静态计量为主的阶段，动态计量、在线检测还有待发展。

2. 我国量值传递系统层次过多，而且是单向量值逐级传递，不能适应形势发展的需要。

3. 法制管理与国际通行做法接轨上还有较大的差距。在采用国际规程和建立有效的量值溯源体系以及型式批准、强制检定等方面还不能满足市场经济发展的需要。

4. 对流通领域的计量监督管理工作薄弱，法制不健全。目前，商品交接的允差规定不齐全，计量公正和仲裁机构不完善，导致监督不利。试点推广的计量公正站自身的质保体系、规范化建设、数据认可等一系列问题，还没有统一的管理办法。

5. 对企业计量工作直接管理过多，宏观指导和服务不够，难以提出可供不同类型企业选择的管理模式和方案。

6. 计量技术服务体系没形成产业，计量技术机构的潜力没有得到充分发挥，除了完成法定计量检定任务外，没形成计量检测技术服务市场，影响了计量技术机构自身的发展和更好地为经济建设服务。

(二) 今后计量工作展望

随着我国经济建设步伐的加快，市场经济的发展，对计量工作提出了新的、更高的要求。“科技要发展，计量要先行”，展望未来，我国计量事业的发展方向和趋势是：重视对计量技术基础的规划和投入；加强工业企业计量工作的宏观指导和服务，引导企业计量工作自主管理；缩小计量器具监督管理范围，着力管好法制计量工作，增强对强制检定计量器具管理的力度；加强计量基标准的建立与授权，提高量值的溯源能力。计量科学技术方面要发展以量子物理为基础的计量科学；加速研究和探索我国量值传递的技术和方法，发展在线量值传递，改革不合理的量值传递方式，开拓符合现代生产要求的新计量单位量值传递系统；努力提高我国计量基、标准水平，使已建立的计量基标准到1995年有30%，2000年有50%，主要技术指标达到国际先进水平。

(国家技术监督局综合计划司 丁吉柱)

标准化事业

标准化是一项综合性的技术基础工作，涉及到国民经济的各个领域。它不仅是技术监督的基础，而且是国民经济和社会发展的技术基础保证。标准化是组织现代化、社会化大生产的重要手段，是科学管理的重要组成部分，是打开市场、扩大贸易的关键。因此，标准水平是衡量一个国家的生产技术水平和管理水平的尺度，是现代化社会的重要标志之一。

一、我国标准化事业的状况

标准化事业的发展是与现代化生产的规模、国民经济的发展水平相适应的。50年代是国民经济恢复和起步发展时期，我国的标准化工作处于开创和探索阶段，主要是照搬原苏联的国家标准、部颁标准，解决了有无标准可遵循的问题；60年代初，国务院颁布了《工农业产品和工程建设技术标准管理办法》，推动了全国标准化工作，开始形成我国的标准化独立体制，后来由于受到“文化大革命”的冲击和破坏，到1978年底，只有国家标准1 700个，远不能满足当时工农业生产建设的需要。

1978年党的十一届三中全会决定把全党的工作重点转移到社会主义现代化建设上来，确定了“对外实行开放，对内搞活经济”的重要战略方针。1979年7月，国务院颁布了《中华人民共和国标准化管理条例》，这是使标准化工作适应全党工作重点转移的新形势而制定的一个重要法规，大大加快了我国标准化事业的发展。特别是，1989年4月《中华人民共和国标准化法》的颁布实施及《中华人民共和国标准化法实施条例》等10个配套法规的发布，使标准化工作走上法制管理的轨道，并把我国标准化工作和国际经济大市场的标准化工作逐步接轨，开创了标准化工作的新局面。

(一) 标准化机构建设

改革开放以来，随着我国标准化事业的发展，全国标准化机构和队伍得到了充实和加强。1988年7月在原国家经委质量局、国家标准局和国家计量局的基础上成立了国家技术监督局，是主管全国标准化、计量、质量监督和质量管理的国务院职能部门。负责提出标准化工作的方针、政策、组织制定和执行全国标准化工作规划、计划，管理全国标准化工作。中国纤维检验局、中国标准化与信息分类编码研究所和其它部门设立的25个专业标准化研究所是从事标准化研究和标准制、修订的骨干力量，一些大、中型企业也设立了专职的标准化工作机构或人员。到1992年底，全国标准化专业队伍已达到23 000多人(不包括企业)。

截止到1992年底,已建立全国性的标准化技术委员会200个,分技术委员会328个,有1万多位专家和科技人员担任了有关专业标准化技术委员会和委员工作。另外,还指定了一批科研机构、设计单位和先进企业作为标准化技术归口单位,为加快标准制定速度,提高标准的技术水平起到了积极作用。

(二)国家标准制、修订工作稳步发展

改革开放以来,我国的标准制、修订的速度加快,国家标准总数由1978年底的1 700个,增加到1992年的14 994个,其中强制性国家标准4 900个,推荐性国家标准为10 094个。不仅标准数量有了稳步增长,而且标准结构更趋于合理,标准水平也有了很大提高。1978年,我国大多数标准只相当于国际上50年代水平,比国际水平落后20年。1979年《标准化管理条例》规定,对国际通用标准和国外先进标准要认真研究、积极采用。1984年国务院批转了原国家经委《关于加快采用国际标准的工作报告》,各部门、各地区十分重视,相继制定了本部门、本地区采用国际标准的办法和措施,加快了采用国际标准的步伐。到1992年底,采用国际标准和国外先进标准的国家标准占国家标准总数的40%左右。

我国不仅注重国内各级标准的制、修订工作,而且随着改革开放的进一步深化和扩大,也开始承担部分国际标准的起草工作,其中有《绿茶》、《中国贵州柏木油》、《中国肉桂油》、《八角香精料》、《氙灯型式和尺寸》、《纤维光学隔离器总规范》、《汉字编码字符集》、《产品包装标准编写规范》和《针灸针》等。我国的国家标准《山苍子油》等已做为ISO国际标准的正式标准。此外,我国还有19种电子探针分析标准样品已列入ISO/REMCO标准样品推荐目录。

(三)国际标准化活动

十多年来,我们把参加国际标准化活动和开展标准化双边合作,吸收国外的先进经验作为贯彻党中央改革开放方针的一项具体政策,积极参加了ISO和IEC两个国际标准化组织的各项活动。我国已被选为ISO理事会和IEC执委会的成员,承担了ISO4个分技术委员会秘书处工作,是ISO441个TC/SC分技术委员会的P(正式)成员,IEC全部205个TC/SC分技术委员会的P成员。每年大约派出50-70个团组、200多名专家参加ISO和IEC的近100个会议,每年还在我国召开约10个ISO/IEC的TC/SC会议。

1990年10月国际电工委员会(IEC)第54届大会在我国北京召开,来自世界39个国家的580名外国专家242名中国专家参加了会议。李鹏总理出席了开幕式并作了讲话。

我国还积极参加其他有关国际组织的标准化活动,如太平洋地区标准大会(PASC)、国际实验室认可会议(ILAC)、国际标准应用联合会(IFAN)、国际物品编码协会(EAN)、国际羊毛实验室协会(INTERWOOLAB)等。我国还与欧、美、日、澳等地区和国家的标准机构建立了使用关系,开展了大量的技术交流活动。

(四)标准化科学研究工作及标准化成果

通过认真贯彻党和国家的有关方针政策,坚持深化改革,紧密围绕党和国家的重点工作,跟踪国际标准化发展趋势,标准化科学研究工作取得了一系列重大科研成果。如国家信息中心确定的"七五"重点科技攻关项目"宏观经济指标体系分类编码研究"、"国际收支管理信息分类编码体系研究"、"国家固定资产项目管理分类编码体系研究"、"经济文件主题词"等。完成了一批国家急需的重点国家标准。

根据《中华人民共和国科学技术进步奖励条例》的规定,国家技术监督局发布了《标准化科学技术进步奖励办法》。自1982年以来共有835项标准化成果获得标准化科技进步奖。截止到1992年,经国家科学技术进步奖评审委员会评定,获国家科学技术进步奖的各级标准共88项。

此外,为适应新技术革命的挑战,跟踪国际标准化发展的新趋势,充分发挥情报资料为科研服务的作用,编辑出版了《世界标准化与质量管理》、《国外标准化动态》、《世界标准信息》、《标准化参考资料》、《中国标准化》和《中国标准导报》等期刊。

(五)标准化情报与咨询工作

标准情报是标准化工作的一个重要组成部分,是一项基础性的服务工作。标准情报与咨询工作紧密围绕经济建设、科学技术以及标准化事业发展的需要,广辟标准情报资料来源,大力加强标准文献工作,做好标准情报的分析研究,及时准确地提供标准情报资料,为制、修订标准和贯彻执行标准服务,为采用国际标准、技术进步和进出口贸易服务。

我国标准情报工作也有很大发展,国务院有关部门和省、自治区、直辖市普遍建立了标准情报机构,目前已有320个情报所(站)、2 500人。我国标准情报网络已初步形成。中国技术监督情报研究所除做好情报服务工作以外,还承担了组织管理和协调的任务。目前该所收藏有61个国家,77个国家和国际区域以及600多个外国专业协会、学会标准36万件,是世界上收藏文献品种和数量较多的国家之一,为我国生产、科研、技术引进、技术改造、进出口贸易,为领导决策提供了"迅速、准确、全面"的标准情报服务,1990年至1992年,共接待读者5万多人,借阅资料20多万件。

（六）标准化人员的教育培训工作

随着标准化工作的发展和标准化队伍的不断扩大，标准化人员的业务素质的提高越来越显得重要。1978年以来，全国各级标准化组织、科研和教学机构组织了多种类型的培训工作，培养了大批的标准化人员，为我国的标准化事业和发展做出了突出贡献，仅中国标准化协会、国家技术监督局沈阳培训中心和中国标准化与信息分类编码研究所等单位通过面授、函授和电教等形式培训标准化人员就达27.57万人。

（七）标准的编辑、出版和发行工作

标准出版工作是标准化事业的一个重要组成部分。随着国家经济建设和标准化事业的发展，特别是十一届三中全会以来，我国坚持以经济建设为中心的路线，对标准和标准图书资料的需求量不断增加。

中国标准出版社近年来的工作进展很快，出书品种、册数不断增加，出书周期明显缩短，取得了显著成绩，其中出版标准由1978年的514种，增加到1992年的1 151种，累计11 499种；出版图书由1978年的9种，增加到1992年的123种，累计842种；共发行1.06亿册。

总之，改革开放以来，我国标准化工作已经取得了重大进展，结束了我国标准少、水平低、制修订速度慢的状况。但是，标准化工作还不能完全适应国民经济发展的需要，标准化工作还有待于进一步加强：1.标准化是一项社会公益性的技术基础工作，目前存在着经费严重不足和标准化队伍人员少、不稳定等因素，影响了标准化工作的发展。2.积极参加国际标准化活动，可以吸取国外先进经验和了解国际上新技术的发展动向，有利于提高我国的标准水平，促进技术、经济发展，然而，由于种种原因我国参加国际标准化活动很少，如ISO每年召开的理事会、执委全、TC、SC和工作会议约2 250个，我国仅能参加百来个会议。3.由于标准管理关系没有完全理顺，造成标准不够协调配套、构成不合理等。

二、1992年标准化工作的基本情况

1992年，我国的标准化工作在以《标准化法》为依据，以提高产品质量，提高经济效益，降低物耗为中心，贯彻"提高水平、改善结构、发展重点"的工作方针，取得了可喜的成果。

（一）进一步完善标准化法规建设

1992年完成了《采用国际标准管理办法》（修改稿）、《新产品标准化审查管理办法》、《技术引进标准化管理办法》的修改工作，并且广泛征求了意见，同时完成了参加国际标准组织（ISO）和国际电工委员会（IEC）技术活动的管理办法，使标准法规建设逐步完善。

（二）基本完成了各级标准的清理整顿工作

《标准化法》实施后一项重要工作就是依法清理整顿各级标准，这项工作任务重、难度大、政策性强、涉及面广。经过3年的努力，在各部门、各地方标准化主管部门的配合下，已经提前完成了各级标准清理整顿工作。

原属国家标准清理整顿范围的共有16 225项，其中确定为强制性国家标准的有4 115项，占25%；推荐性国家标准有8 674项，占53.5%；由国家标准调整为行业标准的有3 219项，占20%；废止的国家标准有217项，占1.3%。专业（部）标准清理整顿也基本完成，部分行业标准经主管部门审批发布后已经送我局备案，截止1992年底已经备案的行业标准近4 000多项。各省、自治区、直辖市对地方标准的清理整顿抓的比较紧，目前已经基本完成地方标准和地方企业标准的清理整顿工作，地方标准数由原来的13万多减至1 022项，其中强制性标准有271项。

（三）完成行业标准管理范围的确定工作

为了加强行业标准的管理，确保行业标准的协调、统一，国家技术监督局依据《标准化法》和《行业标准管理办法》的有关规定，重点抓了有关部门的行业标准管理范围的确定，经认真研究、协调和审查工作，截止到1992年底，已完成了48个行业标准管理范围的划分工作，基本上解决了过去行业范围交叉扯皮现象，缓解了因行业范围不清、协调难度大的矛盾。

（四）稳步制订、修订国家标准

根据国民经济和社会发展十年规划和八五计划纲要确定的各项任务，1992年国家标准制修订项目计划重点抓了重要原材料、能源、交通运输和信息技术等方面一批急需的国家标准。

1992年制订、修订国家标准1 063个，其中制订865个，修订198个。1992年所制定国家标准有41.2%采用了国际标准和国外先进标准。

（五）采用国际标准取得了显著成果

我国的国有大中型企业，在6 151种主要工农业产品中，将近40%按国际标准和国外先进标准组织生产。据初步统计，到目前为止各地共完成采用国际标准6 000多项。采用国际标准和国外先进标准工作的开展，使我国产品质量和性能有了较大提高，促进了国内产品进入国际市场，提高了产品出口创汇能力，取得了显著的社会效益和经济效益。

为展示采用国际标准成果，1992年12月在广州举办了"采用国际标准产品展览会"。参加展览会的有19个部门、44个省、自治区、直辖市和计划单列市的近400家企业，700多种产品，涉及机械、电子、汽车、船舶、交通、轻工、纺织、医药卫生、冶金、石油、化工、广播通讯、邮电、建材、包装和农产食品等20多个行业。

（六）积极推进标准化科研、情报和出版工作

1992年，围绕国民经济发展重点，积极跟踪世界高新科技和国际标准化发展趋势，奋力开拓标准化科研新领域。如对金融电子标准化、网络计划技术标准化、电子资料联通（EDI）、计算机辅助设计（CAD）标准化、《汉字字形评测规则》和《学科分类与代码》等重大国家标准的研究都取得了可喜成果。

标准化情报和出版工作取得了成效。1992年，全年共采集国外标准资料2.99万件，接待读者1.5万人次，提供借阅资料6万多册。对ISO、IEC数据库进行了维护和更新，对英、日、德、法等国的标准进行了翻译、审核、分类和录入，1992年共出书1 698种，其中标准1 151种，在各地建立了标准发行网。

（七）条形码的研究和应用取得了突破性进展

自1992年4月，我国正式加入国际物品编码协会以来，条形码的研究和应用工作取得了突破性进展。到目前为止，已完成制订了5项条码国家标准，我国商品条码系统成员已近4 000家，近10万种商品打上了条码标记，为我国商品出口创汇，为商业零售的现代化管理提供了重要的技术保障，全国已建立13家POS系统试点商店。

（八）标准化成果的奖励

为表彰在推动标准化科学技术进步、提高经济效益和社会效益的创造性劳动中作出重大贡献的集体和个人，1992年经国家技术监督局标准化科技进步奖评审委员会选出奖励项目有70项。

1992年，经国家科学技术进步奖评审委员会审查，获国家科技进步奖的各级标准共7项。

（九）重视和加强标准化人员的教育、培训工作及重大标准的宣传贯彻工作

1992年，标准化函授培训3.5万多人，电化教育培训4 000多人，乡镇企业标准化培训4万多人，省、自治区、直辖市技术监督局局长培训100多人。

为了配合“八五”期间节能的工作重点，1992年制定、发布了“风机、泵类系统经济运行通则”等6项国家标准，并组织3期学习班；为了贯彻《国旗法》制定了“国旗”和“国旗颜色标准样品”两项国家标准，并组织了两期学习班。此外还抓了重要通用基础和安全方面标准的宣传贯彻。在1991年工作基础上，继续抓好“食品通用标签”和“烤烟”国家标准的宣传贯彻和实施监督工作。据对酒、饮料等5类食品标签实施监督情况统计，1992年“食品通用标签”合格率由1991年的65%提高到80%。

（十）积极参加国际标准化活动

积极参加国际标准化活动，促进标准化的国际交流。1992年，我国做为成员直接参加了ISO理事会、技术局和IEC总政策委员会、理事会、执委会、安全顾问委员会工作组等高层管理机构的工作。

1992年共派出59个团（组）148人次参加各种国际会议，组织承办了4个国际会议；共派出54个团（组）183人次出国进行技术交流、考察和培训；参加国际商贸活动（包括展览会）22次，488人次；邀请39个外国团（组）142人次来华进行技术交流。

三、对今后标准化工作的展望

我国的标准化事业已经取得了巨大成绩。然而新的形势对标准化工作提出了更高的要求。今后，我国的标准化工作要进一步贯彻党的十四大和邓小平同志1992年初视察南方的重要谈话精神，为适应我国发展社会主义市场经济，转换国有企业经营机制和恢复我国关贸总协定缔约国地位的需要，进一步解放思想，转变观念，深化改革。主要思路是：为适应社会主义市场经济和关贸总协定的要求，在加强技术法规建设的同时，进一步缩小强制性标准的范围，并逐步向国际通行的标准体制过渡；根据商品生产和国内外贸易的需要，改革标准的内容和编写方法，简化企业产品标准的备案手续，加强对企业标准化工作的指导。

另外，高新技术的飞速发展，对标准化工作提出了大量的新课题。今后，将加强高新技术领域内的标准化工作，尽量缩短标准滞后于技术发展的时间，加快高新技术的推广应用。

（国家技术监督局综合计划司　韩毅）

质量管理与质量监督

“质量第一”是我国经济工作的一项长远的重大决策。党的十一届三中全会以来，随着改革、开放形势的发展，我国的质量管理和质量监督工作在提高产品质量、促进经济发展方面，取得了很大成绩。

一、质量管理和质量监督的基本状况

“十年动乱”使我国国民经济濒临全面崩溃的边缘，产品质量严重下降，企业的质量管理遭到破坏。在企业恢复性整顿的基础上，从1979年起，质量管理和质量监督工作全面展开。经过10多年的努力，基本上扭转了我国质量低劣的局面，取得了显著的成绩。

（一）初步建立了质量管理和质量监督管理体系

1.建立了各级质量管理和质量监督机构

改革开放前，我国没有具体主管、协调有关质量工作的专门机构，对质量缺乏统一、有效的管理。1978年原国家经委技术局成立了质量处；1979年，原国家标

准总局设立了质量监督局;在1982年的国家机构改革中,经国家编委批准,国家经委设立了质量局;1988年7月,成立国家技术监督局,负责管理、协调全国的质量管理和产品质量监督工作。到目前为止,全国除台湾省外,各省、市、自治区、各地、市和绝大多数县建立了质量管理机构。此外,1979年成立了中国质量管理协会,目前各级质协组织已达1 392个,团体会员近30万人。

2. 基本上形成质量监督检验网

10多年来,组建了各级质量监督检测机构基本上形成了全国质检网。其中包括:组建了227个国家产品质量监督检验测试中心,其中174个质检中心已通过审查认可;组建行业质量检测机构700多个;已建省、市级综合产品质量监督检验所300多个,省、市两级产品质量监督检验站2 300多个。

(二)初步形成了质量管理和质量监督的法规体系

1979年国务院发布了《中华人民共和国标准化管理条例》;1984年国务院发布了《工业产品生产许可证试行条例》;1985年经国务院批准、原国家标准局发布了《产品质量监督试行办法》;1986年国务院发布了《工业产品质量责任条例》;1988年七届全国人大又发布了《中华人民共和国标准化法》;1991年5月国务院批准发布了《中华人民共和国产品质量认证管理条例》;初步建立了质量管理和质量监督法规体系。目前,《产品质量法》已报国务院审查,不久将由全国人大批准发布(注:《产品质量法》已于1993年2月22日发布)。质量管理和质量监督法规体系将进一步完善。

(三)推行全面质量管理和开展创优评优活动取得了显著成绩

自1979年起,在全国企业大力推行全面质量管理,普遍开展质量管理教育,组织质量管理(QC)小组活动。到1992年,全国QC小组累计注册登记已达596万个,共创经济效益760亿元,评选出优秀QC小组5 318个。自1986年起,又重点在全国8 200个大中型企业开展有计划、有步骤地推行全面质量管理、建立质量保证体系的工作,到1992年已有7 153个企业经验收达到了要求。全国涌现出一批先进的质量管理企业,到1991年底,共评选出获质量管理奖企业6 152个,其中,国家质量管理奖企业121个,部门质量管理奖企业2 601个,地方质量管理奖企业3 430个。

1979年以来,通过开展创优、评优活动,我国的产品质量和性能水平有了较大的提高。到1991年底,共评选出国家优质产品奖4 883项,其中获金质奖843项,银质奖4 040项。同时,有一大批产品获部优、省优称号。已有一批产品的质量达到或接近国际水平,进入国际市场,并在国际上多次获奖。

(四)建立科学的质量指标体系

为了对我国工业产品质量状况进行宏观上的综合分析和定量的评估,进而为产品质量进行宏观指导和控制提供依据,从1982年起,采用质量稳定提高率、优质产品产值率和质量计划完成率等3项指标对工业产品进行统计;同时,统计地方监督抽查合格率和出口商品质量情况,以此来反映国家的产品质量状况。国家统计局把质量稳定提高率和优质产品产值率作为国民经济指标来统计。通过对75个重点工业城市和12个工业部门的调研了解到,它不能全面反映产品质量的状况和水平。为了对我国工业产品质量状况进行科学的统计、分析和评价,1991年7月国家技术监督局、国家统计局、国务院生产办发布了产品质量等级品率、质量损失率、商品销售率和新产品产值率等四项指标构成的新的质量指标体系,目前该指标体系正在机械等10个行业及4个省和30个城市进行试点,将于1994年起,在全国范围内实施。

(五)开展了多种形式的质量监督工作,取得了较好的社会效果

1. 生产领域产品质量监督

经国务院批准,从1985年第三季度开始,实行国家产品质量监督抽查,每季度进行一次,每次抽查约50类、800—1 000种产品。到1992年,共抽查了27 027家企业的1 319类、35 673批次产品,共查出不合格产品9 239批次,发布了30次国家监督抽查公报。全国统一监督抽查从1983年开始,到目前统检产品40种、29 974批次,受检企业22 676家,共查出不合格产品14 836批次。

从1980年到1992年上半年,全国地方各级技术监督部门共监督检验112.44万个生产企业、241.2万批次的产品,平均批次合格率为73.74%。

2. 市场商品质量监督

根据国务院办公厅国办发[1989]32号文件精神,从1989年开始全国市场商品质量抽查工作,到1992年止,共抽查34种商品、1 101组样品,平均合格率60.02%。

1988年到1992年全国地方各级技术监督部门共监督检查54.46万个商业企业的159.28万批次的商品,平均批次合格率为57.46%。

对监督检验不合格的产品及其生产企业,大多进行了不同方式的处理和整改,促进了产品质量的不断提高。国家监督抽查合格率已由1985年的64.5%提高到1991年的80%。

(六)做好仲裁检验工作,保护用户和消费者的合法权益

10多年来,各级质量监督部门受理了大量产品质

量仲裁检验和人民来信来访，保护了广大用户和消费者权益。仅“七五”期间，全国各地各级技术监督部门共受理产品质量仲裁检验1.37万项，涉及金额102 037.84万元；受理有关产品质量方面的人民来信4.35万件。

1991年至1992年，全国地方各级技术监督部门共没收、销毁不合格产、商品价值9 208.42万元；罚、没款2 936.76万元；查处大案要案859件，涉及产、商品价值8 734.7万元。

（七）纤维检验工作得到了加强

为了在全国内加强和协调农业、商业和工业方面的纤维检验工作，从1979年起，在有关部门的纤维检验机构基础上，成立纤维检验局，隶属原国家标准总局领导。1985年7月，国务院发出“关于加强专业纤维检验工作”的通知，决定国家标准局纤维检验局改称“中国纤维检验局”，作为全国最高纤维检验管理机构，现为国家技术监督局领导。目前有28个省、市、自治区已建立了纤维检验机构。

从1990年至1992年，全国地方纤维检验机构检验纤维量为13.59万批、411.73万吨，其中，纤维质量检验80.7万吨，占总检验量的19.6%；进出口检验119.87万吨，占总检验量29.1%；纤维监督检验205.2万吨，占总检验量的49.8%，经济差额达26 024.69万元。复验仲裁6.05万吨，占总检验量的1.47%。

（八）实行了工业产品生产许可证管理

产品质量差，经济效益低，是我国国民经济建设中的突出问题，为了加强产品质量的宏观管理，1984年4月国务院发布了《工业产品生产许可证试行条例》，对部分重要工业产品实行生产许可证管理。到目前为止，已发放生产许可证6万张，对487种产品实行了生产许可证管理。实行生产许可证管理，对推行全面质量管理，提高产品质量，起到了促进作用。

（九）积极开展产品质量认证和企业质量体系的审核注册工作

产品质量认证和企业质量体系审核注册是国际上通行的一种质量监督管理形式，对保证产品质量，促进商品流通，保护消费者利益具有重要作用。

到1992年，我国已成立了10个行业认证委员会，对包括电线、电缆、低压电器、水泥、汽车安全玻璃等产品开展认证工作。从1981年4月成立第一个认证委员会开展认证试点工作起，到1992年，通过产品质量认证的企业有1 720多家，总计发证3 618张，其产品质量全面符合国家标准的水平。获得质量体系认证的企业有26家，发证26张。

开展企业质量体系的审核注册工作的重点是贯彻《质量管理和质量保证》系列标准（即等同采用ISO9000的GB/T19000系列国家标准）。自1989年以来，已在116个企业开展了贯彻标准试点工作。

（十）开展降低不良品损失，提高工序一次合格率，对提高经济效益起了积极作用。

据粗略估计，我国工业企业每年不良品损失至少有1 000多亿元。1990年4月，国家技术监督局、原国务院生产委员会、中国质量管理协会联合发出《关于开展降低不良品损失，向管理、向质量要效益活动的通知》，各地区、各部门积极引导企业眼睛向内挖“金山”，组织群众开展降低不良品损失，提高工序一次合格率活动，已取得初步成效，据不完全统计，到1992年，降低不良品损失达150亿元。

（十一）“质量、品种、效益年”活动取得了显著成效

1991年国务院决定，在全国广泛而深入开展的“质量、品种、效益年”活动，这是我国经济生活中的一件大事，对于进一步搞好国有大中型企业，提高我国企业的经济素质和经济效益，增强全民质量意识，推动企业走“质量效益型”道路，有着重要意义。各地区、各部门根据国务院的统一部署，有组织、有计划、有步骤地开展这项活动，做了大量工作，取得一定成绩。1991年国家监督抽查样品合格率达到80%，超过了历史最好水平1987年的77.3%。全民的质量意识得到加强，涌现出178个“质量效益型”企业。

（十二）大力开展宣传、教育、咨询工作

1978年至1992年，全国参加全面质量管理“电讲”普及教育取证人数达1 952万，编辑出版各类质量管理教材42种，录相教育带2种；1991年举办了有156万职工参加的全面质量管理知识竞赛；编录了《质量—我们的生命》8集电视系列片在中央电视台播出。

1978年至1992年共评选咨询师123名，教育师112名，为92个企业作了咨询。

（十三）开展了“中国质量万里行”活动

“中国质量万里行”活动是由中国新闻文化促进会发起，由人民日报、新华社、中央电视台、中央人民广播电台、经济日报、工人日报、科技日报、法制日报、经济参考报、中国青年报、市场报、中国商报、中国工商报、中华工商时报、中国技术监督报、中国经营报、中国消费者报、中国检察报、中国食品报、中国少年报等首都20家新闻单位和中国工经协会、中国企业协会、中国消费者协会、中国质量协会等社会团体联合主办的。国务院副总理朱镕基亲自修改并批准了活动方案。薄一波同志题写了“中国质量万里行”题名。活动得到了原国务院生产办和国家技术监督的支持。“中国质量万里行”活动前后历经110多天，累计刊播各类文

稿1 000多篇（条），其中在“质量万里行”栏目刊播的约500篇（条），电视采访组走了8个省市、行程6 000多公里，摄编电视新闻60多条。“中国质量万里行”活动，通过新闻舆论界的采访活动，弘扬重视质量工作、生产和经销优质名牌产品的企业，揭露在产品质量上掺杂使假、假冒名牌的违法行为，在维护社会主义正常经济秩序、保护消费者权益方面，发挥了社会舆论监督的作用，受到了广泛的重视和支持。

我国的质量管理和质量监督工作尽管取得了很大成绩，但从总体上看，产品档次低、品种少、质量差的状况还没有得到根本的扭转。当前，质量管理和质量监督工作存在不少亟待解决的问题，这些问题主要是：质量管理松弛，假冒伪劣产品泛滥，有效手段不足；质量管理体制尚没有完全理顺；宏观管理薄弱，组织协调不够，重复检验的问题没有很好解决等。

二、1992年的基本情况及今后展望

1992年是全国质量管理和质量监督工作坚决贯彻小平同志视察南方谈话和党的十四大会议精神，进一步改革并取得丰硕成果的一年。在这一年里，全国开展了“中国质量万里行”活动和打击假冒伪劣商品的“打假”活动，召开了全国质量工作会议，李鹏总理、朱镕基副总理到会并讲话。一年来，我们的质量管理和质量监督工作为落实国务院同志的指示和贯彻全国质量工作会议精神，解放思想，更新观念，在各方面的工作中取得了显著成绩。

（一）召开了全国第一次质量工作会议

为了研究和部署如何抓住当前有利时机，促使我国产品质量和质量工作跃上一个新台阶，经国务院批准，原国务院生产办和国家技术监督局联合于1992年4月27日至30日在北京召开全国第一次质量工作会议。国务院领导同志高度重视这次会议，于4月25日上午，李鹏总理主持总理办公会议，听取会议代表筹备工作的汇报，并作了重要指示。4月28日，李鹏总理、朱镕基副总理、李铁映、宋健国务委员和罗干秘书长接见了参加“全国质量工作会议”的全体代表；李鹏总理、朱镕基副总理发表了重要讲话。会议充分肯定了1991年以来开展“质量、品种、效益年”活动的成绩；全面分析了当前我国产品质量和质量工作的状况，提出了“提高产品质量，加强质量工作的若干意见”。

为了把我国产品质量和质量工作提高到一个新的水平，1992年7月25日国务院以国发［1992］41号文件发布《国务院关于进一步加强质量工作的决定》，以国务院决定的形式发布有关质量工作的文件，在我国还是第一次。《决定》要求各级经济主部门要从战略的高度，进一步加强质量管理、提高产品质量。《决定》从制定创优规划，结合企业技术进步、推动产品升级换代，有步骤淘汰落后产品，进一步地持久地开展打击和查处假冒伪劣产品，鼓励企业积极采用国际标准组织生产，开展质量认证，加强质量立法、执法等10个方面提出了指导性要求。

（二）大力推动企业以质量求生存，建立和发展更多的质量效益型企业

建立以质量为中心的经营战略和以质量为核心的生产经营管理体系，牢固确立技术进步先导地位，围绕质量不断进行技术开发和技术改造，把质量管理的有效性落实到实物质量的提高上；增强商品经济意识和市场观念，瞄准并赶超国际先进水平；加强经济责任制和质量责任制的导向作用，保证质量、品种和效益。

1992年在武钢召开了主题为“质量——走向市场的通行证”质量效益型企业经验交流会，进一步推动了创建质量效益型企业活动的开展。1992年共有110家企业荣获全国质量效益型先进企业称号。

（三）积极推动群众性质量管理活动，为提高企业质量和经济效益多做贡献

1992年8月18日至20日，中国科协、全国总工会、共青团中央和中国质量管理协会在哈尔滨联合召开了全国第十四次质量管理小组代表会议。全国优秀质量管理小组代表和推进者代表300多人参加了大会。中国质量管理协会常务副理事长盛树仁作了题为“解放思想、深化改革、推动群众性质量管理活动上新台阶”的工作报告。大会以“人人参与、组织出成果”为主，交流了经验，表彰了各地区、各部门推荐的700多个全国优秀质量管理小组，对今后工作提出了指导意见。为提高质量小组成员活动水平，还编写了《质量管理小组基础教材》。先后组派小组骨干88人去韩国、新加坡参加国际质量小组会议，学习借鉴国外先进经验。1992年，全国QC小组注册登记110万个，创经济价值150亿元左右。

（四）对国家监督抽查作了改进，从而强化了国家监督抽查

1992年，国家技术监督局对产品质量国家监督抽查工作作了重要改进，以适应发展社会主义市场经济的需要，强调了以扶优治劣，即“抓两头”为重点，重点查处涉及人身健康与安全的重要产品，增加抽查的覆盖面，尽可能地在市场抽样，以增强抽查工作的真实性。今年，重点抽查了原材料、基础件、元器件、整机、煤炭与钢材、一次性输液器等与人身安全健康有关的产品。1992年共监督抽查了6 845家生产企业的231类、9 007批次产品，合格6 312批次，合格率70.1%。

1992年共召开了4次国家监督抽查产品质量新

闻发布会，公布了4个季度的抽查结果，并编辑出版了152万字的4期《国家监督抽查产品质量信息》。

对1991年全国统检合格率低（综合合格率为35.5%）的碳酸饮料，今年又进行了全国统检，加强监督力度，实行了跟踪监督，为了掌握更准确、更真实的质量信息，这次统检还扩大到县级单位。另外我们还组织了对复混肥的全国统检。1992年共统检产品2种，企业数6 435家，产品7 834批次，合格产品2 853批，合格率36.4%。

（五）加强了流通领域重点商品的质量监督

1992年组织了对螺纹钢筋、食用植物油、阀门、眼镜四种商品全国性的市场商品质量抽查工作，共抽查了4 495家经销单位、5 912组样品，样品平均合格率为55.2%，伪劣品率为17.4%。地方质量监督部门今年共监督检查了9.79万家经销企业的33.4万批次商品，平均批次合格率为72.75，查出不合格商品价值达1.67亿元。

（六）做好仲裁检验工作，保护用户和消费者的合法权益

全国地方各级技术监督部门共受理有关产品质量方面的人民来信11 161件，处理9 918件；受理质量仲裁检验805项，涉及金额5 803.17万元；查处大案要案592件，涉及产（商）品价值5 924.24万元；共没收、销毁不合格产、商品价值6 137.85万元，罚没款1 973.02万元。

（七）纤维检验工作取得了可喜成绩

为了检查、协调毗邻地区棉花收购工作，自1991年起，原国务院经贸办和国家技术监督局实行工作联络员工作制度。1992年，共抽调了50名有经验的棉花检验人员，在棉花收购旺季派驻江苏、山东、河南、安徽、河北5省接界44个县，对维护棉花收购秩序发挥了重要作用，保证收购棉花的质量。

1992年，全国地方纤维检验机构检验纤维量为4.09万批.158.53万吨，其中，纤维质量检验22.5万吨，占总检验量的14.2%；进出口检验34.07万吨，占总检验量21.5%，纤维监督检验82.5万吨，占总检验量的52%，经济差额达5 707.31万元；复验仲裁1.16万吨，占总检验量0.7%。

（八）贯彻《条例》，改革生产许可证管理办法

缩小到“发证目录”的范围，准备把目录从487种缩小到105种，主要管理和控制涉及到人体健康、安全的产品；在缩小目录的同时，还要加强生产许可证的查处工作。

（九）进一步开展降损活动

搞好双增双节、降低不良品损失，是挖掘企业内部潜力、减少投入和消耗、增加效益的一项很现实、很有意义的工作。1992年，降损活动得到进一步发展，据不完全统计，全年挽回经济损失100亿元。

（十）全国打击生产和经销假冒伪劣商品违法行为的工作已取得阶段性成果

国务院于1992年7月2日发出了《关于严厉打击生产和经销假冒伪劣商品违法行为的通知》。为了贯彻《通知》精神，1992年7月20日，原国务院经贸办、国家工商局、国家技术监督局联合召开了全国“打假”电话会议，并组建了全国“打假”办公室，协调和指导全国的“打假”工作。据不完全统计，全国“打假”中查处的假冒伪劣商品较集中的有：烟、酒、食品、饮料、药品、化肥、农药、种子、服装、鞋帽、饲料、低压电器、化妆品、一次性使用医疗器械、自行车、调味品、汽车零配件、家用电器等共20余大类、200多个品种，货值近11亿元。统一销毁的假冒伪劣商品货值近3亿元，对制售假冒伪劣商品的工商企业、个体户罚款额1.6亿元。各地捣毁制售假冒伪劣商品的窝点、集散地共1万多个，破获犯罪团伙近百个，立案5万多起，结案1.5万起，移送司法部门2千余起。收审近3千人，宣判366人。其中：制售假茅台酒牟取209万元的罪犯罗德明被判处死刑；北京、河北两地制造假“牛黄清心丸”和假“中州”牌“清热解毒口服液”的罪犯玄京男、邹景恒被处无期徒刑。

（十一）加强教育培训工作，积极宣传贯彻《质量管理和质量保证》系列国际标准

1992年先后举办宣传ISO9000系列标准和全面质量管理培训班、研讨班20期、约2 000人次（不含部门和地方），其中：请英国BSI专家进行ISO9000标准主任审核员培训两期，共有40人取得了BSI考试合格证书。为加速企业贯彻系列国际标准工作，编写了《标准贯彻实施指南》一书。116个全国贯标试点企业也正在按国际标准继续进行试点。

1992年参加TQC电视讲座并取得全国统考合格证书的职工有65万人。

我国下阶段质量工作的总体任务，应是在今后3至5年时间内，努力缩短与国际先进水平的差距，使质量水平上一个大的台阶，到2000年，主要产品质量基本达到国际90年代水平。我国的质量管理和质量监督工作要牢固确立为社会主义市场经济服务的思想。质量管理工作的重心要由对企业管理的直接干预转向对生产、流通、消费服务过程中存在的突出质量问题的横向协调、政策导向以及运用法律手段等进行宏观管理，要坚持宏观上抓好调控，微观上做好服务。质量监督工作要加强监督检验统一协调，防止重复检验；突出重点，提高监督力度，加强国家监督抽查后的整改工作；按照国家惯例积极推行认证制度，加快产品质量认证

和企业质量保证体系的审核注册工作。

（国家技术监督局综合计划司 韩毅）

地质勘查业

地质勘查业是国民经济体系中的一个重要组成部分，它肩负着为经济建设和社会发展提供矿产资源和地质资料的光荣任务。地质勘查业作为国民经济一个独立的产业部门是新中国成立后逐步形成的。40多年来，地质勘查业从建国初期的1 000多人、40几台钻机，发展到目前的近百万职工的地质勘查队伍，8 400多台钻机，拥有门类比较齐全的各种勘查手段。1949年全国有探明储量的矿种只有少数几种。现在，全国有探明储量的矿种已达149种，且矿种门类比较齐全。地质勘查业为整个国民经济建设和社会发展提供了资源保证，特别是改革开放以来，地质勘查业得到了较快发展，已经成为国民经济的一个重要的基础产业部门。

党的十一届三中全会以来的14年，是地质勘查工作取得巨大发展的时期。各项区域性基础地质工作大面积展开，南海地质调查，大洋矿产地质调查和南极地质考察工作取得了重要成果。1978年底1∶20万区域地质调查累计实测面积为国土面积的52.9%，到1992年底达到71.15%；1∶5万区域地质调查1978年底累计实测面积占国土面积的0.73%，到1992年达到9.84%。累计新发现大中型矿产地1 450余处；有探明储量的矿种由1978年的132种增加到1992年的149种；117种矿产新增加了探明储量，其中，46种矿产的探明储量超过了前29年探明储量的总和。煤矿累计新增探明储量3 083亿吨，铁矿累计新增探明储量123亿吨，锰矿累计新增探明储量25 487万吨，铝土矿累计新增探明储量12亿多吨，铜矿累计新增探明储量1 436万吨。探明储量的潜在价值（按1990年不变价格计算），从1978年的63万亿元，增加到1991年的108万亿元，增长了71%。油气地质勘查在塔里木盆地、珠江口盆地、东海盆地、南海盆地等地都取得了重大突破，在老矿区周围也取得了显著的勘查成果。油气地质勘查开始了由东部向西部、由陆地到海域的战略转移。金矿地质勘查在胶东、小秦岭、粤西以及西南、西北地区取得了一系列突破。非金属矿产的地质勘查，开发应用取得了丰硕成果和明显的社会经济效益。水文地质、工程地质、环境地质工作广泛服务于国家重点工程和重大基础设施建设，探明大中型地下水资源地200余处，日供水量达6千多万方。地质灾害防治和地质环境保护工作发挥着越来越大的作用。农业地质、旅游地质和地质扶贫工作等新的服务领域不断开拓，使地质工作为国民经济服务的功能日益增强。地质勘查成果的取得，有力地促进了矿业的发展，1991年，全国矿石（不含砂、石、粘土）采掘量为24亿吨，比1978年增长了140%；矿业产值（按1990年不变价格计算）从1978年的661亿元增加到1991年的1 276亿元，增长了93%，我国已成为世界第3矿业大国。

14年来，地质勘查队伍素质不断提高。1978年年末职工人数为85万多人，1992年年末职工人数达98万多人，比1978年增长了15.3%。地质勘查业是知识密集型产业。工人及学徒的比重由1978年的62.16%，降到1992年的46.41%，降低了15.75个百分点；同时，工程技术人员的比重由1978年的13.09%，提高到1992年的16.11%，提高了3.02个百分点。近几年，由于国民经济发展较快，结构调整变化较大，使得地质勘查工作的结构发生了变化。1992年从事能源矿产地质勘查工作的职工人数占职工总数的比重比1978年增加了7.1个百分点；从事金属矿产地质勘查的职工人数减少了13.3个百分点；从事非金属矿产地质勘查工作的职工人数减少了1.5个百分点。由于地质勘查资金来源渠道的增多，使地质勘查投入有所增加。1978年全国共投入地质勘查费用18.99亿元，主要为中央财政拨款；由于地质勘查基金的建立、部门自筹资金、地方财政拨款以及其他资金用于地质勘查工作，1992年用于地质勘查工作的费用比1978年增长了5倍。但中央财政拨款仅占地质勘查费用总额的29.85%，比1978年增长了90.11%。由于经济的发展，对能源的需求量日益增多，对能源矿产（特别是石油和天然气）的地质勘查投入增长较快。1992年用于能源矿产的地质勘查费用占总地质勘查费用的比重为71.79%，比1978年增加了29.92个百分点，其中，石油和天然气增加了47.92个百分点；用于金属矿产的地质勘查费用占总地质勘查费用的比重减少了23.35个百分点，其中，铁矿减少了16.04个百分点，铜矿减少了4.81个百分点，金矿增加了2.86个百分点；用于非金属矿产的地质勘查费用占总地质勘查费用的比重减少了3.72个百分点。由于科学技术的进步，新技术、新方法广泛应用于地质勘查工作。如机械岩心钻探绳索取心方法的应用，大幅度地提高了钻探台月效率。1978年至1992年累计完成钻探工作量14 441万米，1992年用于能源矿产的钻探工作量占总工作量的65.95%，比1978年增加了11.11个百分点，其中，煤矿减少了8.35个百分点，石油和天然气增加了25.91个百分点；用于金属矿产的钻探工作量减少了6.84个百分点，其中，铁矿减少了14.76个百分点，铜矿减少了2.85个百分点，金矿增加了10.72个百分点；非金属矿产增加了0.97个百分点。1978年钻探台月效率为344米/米台，1992年比1978年每台月增加了226米，增长了65.7%，由于各种生产要素的费用不断增加，使得钻探单位成本不断上升。1992年钻探单位成本比1978年每米增加了980元，增长了8.9倍。

14年来，地质科技解决了一批地质找矿的关键问题，我国在一些重要地质科学技术领域接近或达到国际先进水平。目前已经形成了由地质勘查单位、科研单位、教育单位和地质勘查工业企业组成的拥有地质、钻探、坑探、物探、化探、航空物探、航空遥感、测绘、岩矿测试、计算技术等综合技术手段，学科比较齐全、专业成龙配套、技术力量比较雄厚的地质科技队伍，能在陆地、海洋、空中进行地质勘查作业和联合科技攻关。在基础地质科研方面，解决了一些长期存在的重大地质疑难，提出了许多新认识、新概念、新理论，对于指导地质找矿和发展地质科学都将发挥重要作用。油气科技工作围绕向新领域，新地区、新类型、新深度进军的要求，以科学技术为先导，组织跨部门、多学科联合攻关在珠江口盆地、塔里木盆地、东海等地、对储油气构造、储油气层位以及油气的富集条件等方面进行科技攻关，取得了突破性进展，大大提高了我国油气勘查的科技水平。科学技术在固体矿产权矿方面也取得了重大突破。获得国家科技进步特等奖的山东焦家式新类型金矿的研究和发展，超痕量金快速分析技术的研制成功，以及韧性剪切带对金矿控矿规律的研究和总结，打开了寻找金矿的新局面；“七五”东部隐伏矿国家科技攻关项目和固体矿产预测系统综合研究，探索和建立了一套有色金属矿床的预测理论和方法体系，提出了一大批成矿预测区。矿产综合利用研究成效显著。我国首创的磁团聚重选新工艺，解决了长期存在的微细磁铁矿选矿难的问题，1989年获中国专利局和国际产权组织援予的专利金奖。在勘查方法技术研究方面，有的已跻身于国际先进行列。He85航空光泵磁力仪高技术输出到美国，微机图象处理系统，声波透视技术，1：20万区域化探扫面测试方法技术达到国际先进水平。地质科技的发展，极大地提高了地质找矿的经济社会效益。地质教育稳步发展，初步形成了高等地质教育与职业技术教育、普通教育与成人教育相结合，多层次，多形式、学科门类比较齐全的地质教育体系，14年为国家培养了8万多名毕业生。1986年，颁布了《中华人民共和国矿产资源法》；1987年，国务院发布了《矿产资源勘查登记管理暂行办法》、《全民所有制矿山企业采矿登记管理暂行办法》、《矿产资源监督管理暂行办法》。从此，使矿产资源的勘查和开发管理纳入了法制轨道，矿产资源的勘查和开发秩序已明显好转。

为了适应全党工作重点转移到以经济建设为中心的新形势，结合地质勘查业的实际，提出了地质勘查业以地质找矿为中心，不断提高地质工作的经济、社会效益。14年来，地质勘查业坚持贯彻这一方针，并逐步在地质勘查工作中提出了一系列具体的方针和原则。如，在矿产资源管理方面，提出了“开源与节流并重”和“开发与保护并重”的方针。在地质环境管理方面，提出了“以强化地质环境管理为中心，以防为主，防治结合”的原则。地勘产业的发展，提出了”一业为主，多种经营”的方针。地质勘查工作提出了“保证基础，加强普查，择优详查，对口勘探”的原则。在开拓地质市场方面提出了“面向社会，扩大服务，注意信誉，讲求效益”的原则。在发展多种经营方面提出了“因地制宜，注重效益，规模经营，稳步发展”和以经济效益为主，兼顾安置效益”的原则。在地质勘查队伍建设方面，坚定地贯彻”两个文明一起抓”的方针，提出了“控制总量，调整结构，提高素质”和“依托城镇建设野外队基地”的原则。

14年来，地质勘查工作体制和发展战略发生了具有重大意义的转变：一是由内向封闭向对国内外开放转变；二是由地质勘查单一服务领域向多功能、广服务、发展探、采、工、贸多元化经营转变；三是由追求规模速度外延发展为主，向既要外延又注意内涵的发展转变；四是由高度集中、单一指令性计划的产品经济体制向与社会主义市场经济体制相适应的体制转变；五是地质勘查投资由单一渠道向多渠道转变；六是地勘单位由事业型机制向经营型机制转变，既考虑社会宏观效益，又注重自身发展。

改革开放以来，地质勘查业取得了显著的成绩，同时，地质勘查工作面临的任务也十分艰巨，困难和问题也不少。矿产资源供需形势不容乐观。我国矿产资源储量比较丰富，但人均占有量不到世界平均水平的一半。目前，我国矿产资源充足的大宗矿产有部分建材非金属矿产和用量不多的钨、锡、钼、锑、稀土元素等矿产；煤炭资源总量虽丰富，但可供建井的精查储量不足；一些大宗矿产储量不足；有些矿产将长期依靠进口。在本世纪末，如果没有新的重大发现和足够的储备，到21世纪初，将有20多种主要矿产不能满足建设需要。地下水资源的供需矛盾也十分突出，全国有180多个城市缺水，农村有5 000多万人和4 000多万头牲畜的饮用水问题尚未解决，有8.3亿亩农田和14亿亩草场缺水。地质环境问题日趋严重。我国地质、地理条件复杂，加之人类经济活动的影响，地震、崩塌、滑坡、泥石流、地面沉降、地面塌陷、地裂缝等地质灾害频繁发生，给经济建设和人民生命财产造成严重损失。估算地质灾害每年造成的直接经济损失在70亿元以上。一些地区因水土地球化学异常带来的地方病，使数千万人口的健康受到损害。合理开发利用资源和保护地质环境，以及防治地质灾害的任务十分艰巨。地质勘查投资体制不顺，资金严重不足是最突出的问题。特别是“七五”以来，由于物价上涨和各项费用支出增加等原因，造成地质勘查费用严重不足，使得地质勘查工作规模萎缩，再加上找矿难度加大，地质勘查工作已明显不适应国民经济建设和社会发展当前及长远的需要。地质装备陈旧老化严重，新度系数仅为0.5左右，更新设备需要大量的资金。职工生活还有不少问题，基本建设欠帐多，人均住房低于全国平均水平。严峻的资源形势、突出的地质环境问题，以及地质勘查面临的困难，要求地质勘查业的广大职工必须增强历史责任感，通过大力推进地质勘查工作的改革和发展来加以解决。

1992年地质勘查业在改革和发展方面取得了显著的成绩。全年新发现或新证实为工业矿床的主要矿产地240处，比1991年减少11处，其中能源矿产38处，比1991年增加12处。在能源矿产中，前景较好的矿产地有：安徽涡阳徐广楼煤矿，远景储量6亿多吨，甘肃潮水盆地北缘煤矿，远景储量可达6亿多吨；陆上油气勘查在塔里木盆地、准噶尔盆地、四川盆地以及鄂尔多斯盆地都发现了新的储油气构造；海洋石油勘查在歧口18—1构造和东方1—1构造，经测试都有较好的油气显示。金属矿产地143处，比1991年增加6处。较好的矿产地有：四川省荥经县花滩铜矿，远景储量10万多吨，江西省德兴市先告山铜金矿，铜远景储量10万吨；山西省孝义市悟凤铝土矿，远景储量2 500万吨，山西省交口县北故铝土矿，远景以上储量2 585万吨；金矿新发现矿产地76处，比上年增加5处，其中，辽宁省阜新排山楼外围金矿，辽宁省宽甸县小茧场金矿，黑龙江省大兴安岭古力库河砂金矿，山东省平度大庄子金矿，辽宁省北票赵户沟岩金矿等都显示了较好的发展前景。非金属矿产地54处，比1991年减少34处。较好的矿产地有：湖北省鹤峰走马磷矿，贵州省毕节林口硫铁矿区柱中矿段，江苏省江宁县青龙山石灰岩矿，地质储量72 000万吨。取得重大新进展的勘查矿区114处，比1991年减少23处。其中，能源矿产29处，重要的勘查矿区有：宁夏灵武鸳湖煤矿区，累计已控制储量2.99亿吨，安徽涡阳信湖煤矿区，累计已控制储量2.55亿吨；陆上油气勘查在塔里木盆地、准噶尔盆地、四川盆地等都取得了新的进展，海洋油气勘查在绥中36—1油田，惠州32—3构造都扩大了含油气面积。金属矿产勘查矿区72处。重要的有：河北省迁安水厂铁矿，广西湖润锰矿茶屯矿段，安徽省庐江沙铜矿，江西省九江县金鸡窝铜银矿，吉林省浑江荒沟山金矿，贵州省贞丰烂泥沟金矿磺厂沟矿段，新疆伊宁阿希金矿Ⅰ号矿体，山东省招远玲珑金矿，江西省德兴金山金矿，黑龙江省查拉班砂金矿，山西省灵丘县支家地银矿区。非金属勘查矿区13处。重要的省：安徽省贵池芦冲熔剂石灰岩矿，广西横县陶墟芒硝矿，辽宁省宽甸砖庙硼矿，四川省长宁双河岩盐矿。全年有49种矿产新增加了探明储量，其中，煤矿新增探明储量46亿吨，铁矿0.7亿吨，铝土矿6 595万吨，高岭土矿2 578万吨，磷矿4 258万吨，硫铁矿1 822万吨；油气也完成了新增探明储量计划；金矿新增探明储量比上年增长了1倍以上，1992年提交可供建设利用的重要地质报告413份，比1991年增加25份，其中，能源矿产地质报告61份，主要的有：内蒙古扎莱诺尔煤田灵东井田正式地质报告，黑龙江省鸡西煤田永庆一区正式地质报告，山西省离柳矿区沙区井田煤田地质报告，这些地质报告中的累计探明储量都在10亿吨以上。金属矿产地质报告185份，主要的有：河北省迁安铁矿区孟家沟矿南段地质报告，湖南省水口山康家湾铅锌金银矿区地质报告，陕西省凤县八方山多金属矿床中段地质报告，山东省招远灵山沟Ⅴ号脉地质报告，辽宁凌源析杖子金矿地质报告。非金属矿产地质报告167份，主要的有：内蒙古乌后旗东升庙硫铁矿地质报告，湖北省兴山磷矿瓦屋矿区地质报告，山东省涌泉膨润土矿南段地质报告。1992年进行工作的地质项目8 297个，比1991年增加18个。其中，固体矿产地质勘查项目3 582个，占总数的43.17%，比1991年增加0.62个百分点；水文地质、工程地质、环境地质勘查项目873个，占10.52%，比1991年增加0.18个百分点；地球物理，地球化学地质勘查项目991个，占11.94%，比1991年减少0.46个百分点。地质勘查队伍人数稳中有降，在从事的专业和矿种之间的投入构成上相对稳定。地质勘查业年末职工人数为987 183人，比1991年降低了1.13%，其中，从事固体矿产地质勘查的职工人数占职工总数的比重为19.46%，比1991年减少了3.29个百分点；区域地质调查占1.59%，比1991年下降了0.15个百分点；石油普查勘探占45.25%，比1991年减少了1.27个百分点；水文地质、工程地质、环境地质勘查占2.77%，比1991年减少了0.19个百分点；地球物理、地球化学勘查占5.25%，比1991年增加了1.9个百分点。从事各类矿种地质勘查人数比例：能源矿产占54.93%，比1991年增加了1.02个百分点；金属矿产占12.05%，比1991年减少了2.6个百分点；非金属矿产占4.34%，比1991年减少了0.07个百分点。地质勘查费用的投入有所增加。全年共完成地质勘查费用120亿元，比1991年增长了20.83%，其中，国家地质勘探费增长了12.13%。地质勘查费用在专业和矿种的投资构成上，仍以能源矿产为主，特别是油气勘查的投资所占比重最大。用于固体矿产地质勘查的费用占总费用的17.01%，比1991年减少了0.56个百分点；石油地质普查勘探的费用占65.86%，比1991年减少了2.57个百分点；水文地质、工程地质、环境地质勘查占2.31%，比1991年增加了0.08个百分点；地球物理、地球化学地质勘查占5.42%，比1991年增加了3.08个百分点。地质勘查费用的投入分矿种的构成为：能源矿产占75.79%，比1991年增加了1个百分点，其中，油气占69.86%，比1991年增加了0.7个百分点；金矿矿产占11.07，比1991年增加了1.28个百分点；非金属矿产占3.31%，比1991年增加了0.32个百分点。地质勘查费用的增加，主要来自油气勘查自筹投资的增加。钻探是地质勘查的主要手段，它劳动强度大，耗资高。全年共完成机械岩心（含石油）钻探工作量152万米，比1991年减少了10万米。钻探台月效率继续提高，台月效率为570米/台月，每台月比1991年提高了51米。由于成本要素的费用继续上涨，总成本增加了15.87亿元，单位成本为1090元/米，每米比1991年提高了243元。

地质勘查队伍积极扩大服务领域，地质市场和多种经营得到了较快发展。为了减少地质勘查费用的投入相对不足的影响，适应经济发展的需要，在“六五”末期，提出了以开辟地质市场作为改革的突破口，制定了“一业为主，多种经营”的方针。经过几年的发展，地质市场和多种经营已初具规模。地质市场主要包括：固体矿产地质勘查，石油地质勘查，水文、工程、环境地质勘查，勘查设计及工程施工，技术咨询，技术转让，岩矿实验，地质科研以及矿产品回收等。1992年地质市场实现结算收入19.08亿元，比1991年增长了73.98%。多种经营工作主要集中在工业、矿业、建筑业、交通运输业、商业饮食服务业以及劳务供应等。1992年多种经营实现总收入12.12亿元，比1991年增长了38.22%。地质勘查服务领域的扩大，一方面不同程度地缓解了地勘单位所面临的困难，也为地勘单位的富余人员增加了就业门路，增强了地勘单位的活力，促进了地勘产业的发展；另一方面，使地勘队伍的社会化向前迈进一步。

1992年，地质勘查业坚持物质文明建设和精神文明建设一起抓，继续开展具有行业特点的“三光荣”教育，使艰苦奋斗，无私奉献的传统得到发扬。涌现出了一批先进个人和先进集体，山东地矿局第六地质队被国务院授予”功勋卓著无私奉献的英雄地质队“的荣誉称号。

通过14年改革开放的实践，地质勘查业已初步探索出一条地勘工作体制改革与发展的总思路，即发展“3个市场”（地质市场、多种经营市场、国际市场），推进“三化”（部分地勘成果商品化、地勘单位企业化或经营管理企业化、地勘队伍社会化），实现“四二二工程”：即实现四项计划：“探宝计划”，“减灾计划”，“科技兴地计划”、“安居乐业计划”；进入两个轨道：地质矿产资源勘查开发活动进入法制轨道，地勘产业进入社会主义市场轨道；达到两个目标：为实现第二步战略目标和下世纪经济的持续发展准备矿产资源和地质资料；治穷致富，增强后劲，使地勘产业职工与全国人民一道同步进入小康。

（地矿部地勘行业管理司　杜清坤）

测　绘　业

一、概况

测绘是国民经济和社会发展的一项基础性、前期性工作，是一个技术比较密集、服务范围很广的地理信息产业。它以先进的科学技术手段，准确、及时地获取、处理地理空间定位信息和各类自然资源、自然环境以及各种人类社会基础设施的地理分布信息，并经加工制作成以纸介质为载体的各种地图产品及测量成果资料和以磁带、磁盘、光盘为载体的数字地图产品及数字化测量成果资料，提供给经济建设、国防建设、科学技术、文化教育、行政管理和人民生活等各个领域的用户使用。区域规划、资源调查、江河的开发与治理、农田水利建设、能源、交通、原材料等基础产业重大工程项目的规划设计、城乡建设、自然灾害的监测预报、海洋资源开发、地球科学和空间技术的研究等工作都离不开测绘成果图件和各种技术服务。

测绘业在我国有着悠久的历史。建国以来，在党和国家的关怀与重视下，我国测绘事业有了很大发展。国家测绘局作为国务院测绘行政主管部门，负责全国测绘行业管理。各省、自治区、直辖市人民政府都设有测绘主管部门。全国已形成了从中央到地方的测绘管理体系和较为完整的测量、绘制、印刷、出版、科研、教育、资料、信息工作体系。目前全行业约有测绘单位5 000个、职工27万人，各类测绘仪器约13万台件，分布在测绘、地矿、铁道、交通、水利、煤炭、邮电、冶金、化工、有色金属、建材、航空、航天、农业、林业、海洋、地震等20几个部门及军队系统。每年测制不同比例尺地图10多万幅。向社会提供各种地形图100多万张、各种挂图近50万张、航片约40万张、大地测量成果资料约10万点。另外，还出版发行各类公开版地图400多个品种，总发行量达1亿多册（幅）。

二、改革开放为测绘业注入新的活力

党的十一届三中全会以来，测绘业遵循党的“一个中心、两个基本点”的基本路线，在转变测绘行政主管部门的职能，加速测绘科技进步，增强测绘生产单位的活力，为国民经济和社会发展及时提供适用、可靠的测绘保障等方面不断深化改革，使测绘事业有了较大的发展。

针对传统测绘体制的弊端，测绘主管部门于1984年开始，逐步实行政事职责分开，简政放权，测绘管理面向行业；扩大测绘单位自主权，推行承包经济责任制，开展企业化试点；改革测绘科研、教育、出版管理体制；改变长期形成的单一测绘和依赖国家事业费的传统观念，逐步拓宽测绘服务领域。

1986年，测绘主管部门提出了《关于进一步搞好测绘工作体制改革的意见》，明确了“七五”期间力争实现“三个转变”的改革目标，即：从长期只注意本系统的纵向管理向加强行业横向管理转变，从长期偏重于具体生产的微观和直接管理向宏观和间接管理转变；测绘生产单位从长期完全依靠事业费、从事单一测绘活动、在分配上吃大锅饭的单纯生产型向生产经营型转变。同时进一步强调精神文明建设，根据测绘业的特点加强和改进思想政治工作，开展了测绘职工职业道德教育，大力表彰先进，向测绘行业长期从事测绘工作的职工颁发荣誉证书。

进入90年代以来，测绘工作的改革以增强测绘单位的活力为中心环节，努力改善测绘工作的外部环境，逐步深化测绘单位的内部改革。1991年，国务院表彰国家测绘局第一大地测量队，人事部和国家测绘局联合表彰测绘行业劳动模范和先进班组、先进工作者，扩大了测绘工作的社会影响，测绘工作进一步得到社会各个方面的理解和支持。与此同时，及时总结推广测绘生产单位深化改革、搞活测绘的经验，提出了“一业为主，多种经营”等12条政策措施，进一步推动了基层测绘单位的改革。

通过改革，各级测绘主管部门逐步强化职能，加强宏观管理。陆续制定了一批测绘法规和规章，初步形成了国家和地方的测绘法规体系：加强了对测绘市场的管理，在全国建立起测绘资格审查认证、测绘成果管理等制度，建立健全了面向全行业的测绘科研、教育、技术标准、质量检测、资料信息等事业机构，不断扩大为行业服务的功能；测绘管理工作逐步从省向市县一级延伸。

通过改革，增强了测绘单位的活力。测绘生产单位普遍实行了各种形式的承包经济责任和队长负责制，实行优化劳动组合，加强内部管理，提高了劳动生产率。据统计，1992年与1979年相比，测绘系统劳动生产率和测绘工作总量分别提高70%和66%。各单位积极拓宽测绘服务领域，主动承揽计划任务，努力组织创收。据不完全统计，测绘系统1991年预算外收入已相当于事业费预算额度的47%，同1979年相比增长了41倍，在一定程度上弥补了测绘事业费的不足。相当一部分测绘生产单位靠创收积累的资金改善了装备，增强了生产实力，测绘职工的收入也有一定的提高。

通过改革，加快了从传统测绘技术体系向现代测绘技术体系的过渡，加速了科技成果向生产力的转化，建立了国家级“国土基础信息系统”，推广了卫星定位技术的应用，创建了数字化测绘示范基地，初步形成了模拟测绘产品与数字化测绘产品共存的产品结构，以适应日益增长的用户需求。

通过改革，极大地调动了广大职工的积极性。在测绘战线广大职工的共同努力下，完成了全国农业土地资源详查测图等一大批重大测绘项目，取得了一批重要的测绘科技成果，为国民经济和社会发展及时提供了适用、可靠的测绘保障。

三、主要测绘业务活动与成果

（一）测绘保障工作成果显著。

1. 为满足大规模土地开垦和农田基本建设的需要，50～60年代在东北三江平原、甘肃河西走廊、新疆农垦区、云南西双版纳和海南岛等地区，开展了以1：1万比例尺为主的地形图测制工作。党的十一届三中全会以后，为了进一步满足全国农业区划、国土整治和土地资源调查工作的需要，在全国规划范围内开展了1：1万比例尺地形图的测制工作。到1989年，按时完成了开展土地资源调查工作所需的测图任务，累计测制1:1万比例尺地形图等16多万幅，覆盖国土面积一半以上。

2. 为了适应地质普查找矿、能源和工业原材料的勘探开发、江河流域的综合治理和规划、重点工程建设和城市建设等方面的需要，从50年代开始到70年代中期，组织开展并完成了全国高精度天文大地网、精密水准网、高精度重力网和卫星多普勒网的布测和1：5万比例尺地形图的测制工作。十一届三中全会以来，为了确保各项经济建设需要，在已布测天文大地网点近5万点的基础上进行了全国天文大地网整体平差，并一次上机计算成功：完成了全国9万多公里的一等水准网和近14万公里的二等水准网重新布测：重新建立了国家重力基本点网，并进行了国际联测，建立了重力测量数据库。测绘行业各部门为石油、天燃气和煤炭等能源开发建设，为长江三峡库区规划、沿海滩涂资源调查和众多港湾的建设、以及为葛洲坝水利枢纽、引滦入京、引黄济青等一大批能源、水利、铁路、交通、大型厂矿等重点建设项目测制了各种比例尺、各类等级、不同形式的测绘成果与图件。此外，为满足我国城市建设工作的需要，在相当一部分城市组织开展了1∶500——1∶2 000城市大比例尺地形图测制工作。80年代后半期开展了地籍测绘试点工作。

3．通过在全国范围内建立高精度的平面、高程、重力控制网，并用重复测量的方法，监测地壳运动，为地震、滑波、地面沉降、水患洪涝等重大自然灾害的监测、预报和防治提供了重要的手段和科学依据。1981年7月，四川省合川县根据有关部门及时提供的洪水预报及精确测量资料，提前将居民搬至安全区，创造了特大洪峰到来后无一起伤亡事故的奇迹。1985年6月长江西陵峡新滩发生大滑坡时，由于运用高精度的测量手段进行长期科学监测，及时预报险情，使险区457户居民、1 371人无一伤亡。近几年，应用遥感技术为各防洪重点区段编制了各种影像地图；向水利部门和中央防汛总指挥部提供了永定河、黄河中下游、长江、荆江河段防洪所需的地面数字模型和土地利用现状数据库；1991年，全国较大范围发生洪涝灾害，各级测绘部门突击赶制了一批测绘图件，为抗洪救灾工作及时提供了服务。

4．为国界勘测和联检、国内行政区域界线勘测做了大量工作。10多年来，测绘人员完成了中缅、中苏、中蒙、中巴、中尼等边界的联合勘测和边界联检测绘任务。同时在部分地区开展了省（自治区）间和省内行政区域界线勘定工作。在1∶1万—1∶5万比例尺地形图的基础上陆续编制了覆盖全国大陆的1∶10万—1∶100万比例尺地形图和各类普通地图、地图集。到1984年底，全国省一级行政区的地形地理挂图已全部编成出版；地、市、县一级政区地图的编制工作也按计划完成。

5．为科技、教育和人民生活等各个方面提供服务。测绘部门建立的全国高精度天文大地网、水准网基本重力网和卫星多普勒网，为发展我国空间技术和地学研究，如人造卫星的发射、定轨和回收，中远程导弹的发射、跟踪和命中目标，地壳和板块运动的研究提供了必不可少的基础数据。为满足社会各界需要，编制出版了各类地质、地貌、地震、水文、气象、土壤、植被、环保、矿产、历史、人口、城市、交通、旅游等各类专题地图，出版了大型国家大地图集（共5卷）的农业地图集，其他各卷正在编制、出版中。为满足全国各类大中小学教学所需，编制出版了各类教学用图、地理课本图册和各种教学参考图。

6．海洋测绘方面。随着国家工作重点的转移，海洋测绘已从浅海延伸到深海，从点、线发展到面。除编制航海图外，还编制了渔业及其他部门需要的各种专题图。开展了南海诸岛的大地网联测，勘察了南沙群岛等部分海域，进行了海洋重力测量，为向太平洋海域发射运载火箭等提供测绘保障。另外，还参加了1984年以来的历次南极考察，取得了一批测绘成果及测绘科研资料。

（二）技术进步和人才培养双获丰收

改革开放以来，我国测绘科学技术有了长足的进步，一大批科技成果已转化为现实测绘生产力。全国有24个测绘科研机构，4 000多名科研人员，形成了专业学科基本齐全的测绘科学研究体系。据不完全统计，“六五”和“七五”，共完成测绘科研项目1 000多项，其中，30多项获国家级奖，150多项获省部级奖。我国天文大地网平差计算、高山极地测绘科学考察已进入世界先进行列。航空摄影测量与遥感技术、正射——解析测图技术、电子计算机技术和电子测距技术等已广泛用于测绘生产；卫星大地测量、GPS卫星定位技术、航天遥感技术、四色印刷技术在测绘生产中已经取得显著成效。数字化测图技术已在部分测绘单位推广应用；航测技术改造成果和内外业一体化大比例尺测图技术已在测绘生产中取得显著效益。我国自行研制的JX－3解析测图仪已批量生产；DIPNET遥感图象处理系统已被世界银行贷款项目在国际招标中选中，并达到了批量供货；PR通用接口已行销全国；国土基础信息系统的建设已具有相当规模，全国1∶100万地形图数据库已建成，并提供多方面使用；数字地面模型（DTM）数据及地名数据已应用于国家防洪救灾准实时监测系统；测绘遥感信息广泛应用于城市规划管理；高精度激光准直技术已成功应用于北京正负电子对撞机工程的建设；近景摄影测量技术成功地应用于建筑物形变监测、文物保护、生物细胞分子结构描述等各个方面。一批跟踪世界先进技术的科研项目，如遥感制图图像处理系统、全数字测图技术、人工智能和模式识别技术在现代测绘生产中的应用研究已取得重要进展。此外，还建立了一批测绘科研试验、仪器装备检测等技术设施；完成了一批测绘软科学研究项目。目前，《测绘业中长期科学技术发展纲要》已作为《国家中长期科学技术发展纲领》中29个重点科技发展领域的《纲要》之一。

为适应测绘业发展的需要，测绘教育事业也有较快发展，目前，全国已有测绘专业院校和设有测绘专业的院校25所，国际知名的武汉测绘科技大学是全国重点院校之一，也是亚洲地区规模最大的测绘学府。有雄厚的师资力量和先进的教学科研设施。“测绘遥感信息工程”国家重点实验室设在该校，还与荷兰ITC合作建立了国际“城乡测理、规划与管理教育中心”。截止目前，该校已为国家培养出各类测绘专业人才约1.5万名。从1990年起该校恢复招收外国留学生，已受联合国外空委和亚太经社会委托培养了10名外国进修生。郑州测绘学校作为全国重点中等专业学校之一，是培养中级测绘专业技术人才的重要基地。此外还有专门的测绘职工大学、函授学院、成人教育学院、职工中专校，以及大中专院校中的测绘专业科系，形成了一个多层次、多规格、多形式、学科门类基本齐全的测绘教育体系，培养造就了大批测绘专业人才。据不完全统计，各类专业技术人才已占测绘职工总数的55.1%，其中专业人才占测绘职工总数的43.1%。

（三）对外合作与交流取得可喜进展

在党的扩大对外开放方针指引下，我国对外测绘科技合作与交流不断扩大，目前，已同世界上50多个国家建立了测绘友好交往关系：同20多个国家签订了不同形式的双边测绘合作与交流协议，累计选派出国和邀请来华访问的人数都超过了千人。我国加入了国际大地测量协会（IAG)、国际摄影测量与遥感学会(ISPRS)、中际地图制图协会（ICA）和国际测量师联合会（FIG）等四大国际测绘学术组织，并有四位专家学者在其中担任领导职务。我国测绘部门还代表中国参加了联合国测绘机构召开的各类会议。通过开展对外交往，学习、引进国外先进的测绘科学技术、仪器设备和管理经验，推动了我国测绘业的发展，如同德国DSE合作为我国培训了一大批地籍测绘技术骨干；同芬兰合作进行了我国绝对重力联测，建立了我国野外标准基线检定场；同荷兰ITC合作在武汉测绘科技大学建立了“城乡测量、规划与管理教育中心”；利用世界银行贷款，在武汉测绘科技大学建设了一批科研、教学基础设施。同美国USGS合作在地理信息系统和遥感技术发展方面，以及同法国IGN在卫星遥感应用方面合作都取得良好的效果。在起草制定我国《测绘法》的工作中也吸取、借鉴了世界不少国家测绘立法的经验。近几年来，我国测绘业努力跻身国际测绘市场的竞争，积极参加国际测绘工程项目投标，陆续承揽到国外的测绘项目，我国研制的一些测绘仪器和测量应用软件也开始打进国际测绘市场。

（四）测绘管理工作不断加强

1. 测绘法规建设。《中华人民共和国测绘法》的审议通过，为测绘提供了最高法律支撑；《测绘法》配套法规的制定和修订工作正在进行。《测量标志保护条例》、《测绘成果管理规定》等已由国务院发布实施。此外，还制定颁发了一系列部门测绘规章，全国已有26个省（自治区、直辖市）人民政府或人大正式颁布了地方测绘行政管理法规。

2. 逐步完善测绘业务管理。根据国务院颁布的《测绘成果管理规定》，健全了各级测绘成果资料的管理体系；根据《地图编制出版管理规定》，完善了公开版地图的审批制度；根据《测量标志保护条例》，组织开展了全国测量标志管理工作，配合司法部门加强了对破坏测量标志行为的执法监督；会同技术监督部门组织制定了一系列测绘技术的国家标准和部门标准；会同财政、物价主管部门先后制定了全国统一的测绘成本定额和测绘产品收费标准。

四、1992年测绘事业的新进展

1992年，遵循邓小平同志南方重要谈话和党的十四大精神，测绘业的改革不断深化。主要改革措施：一是转变观念，确立以经济建设为中心的指导方针，主动为国家重大项目和各级领导决策提供服务，树立向社会提供深加工测绘产品的观念，树立“一业为主、多种经营”的观念，树立“科技是第一生产力”观念；二是调整结构，即调整测绘产品结构，调整事业费投入结构，调整测绘生产组织形式和组织结构，调整人才结构；三是改革机制，改革测绘产品价格机制，改革测绘管理机制，改革测绘单位内部管理机制。

在改革开放的推动下，1992年测绘工作又取得了新的进展。

根据“八五”测绘事业发展计划，开展了全国第二期一等水准复测工作，共完成0.98万公里；开展了1：5万地形图更新和大比例尺地形图测绘工作，共测制各比例尺地图13.6万幅，较去年增长25%；完成印刷任务28万色令。完成了珠穆朗玛峰高程复测的外业观测任务；组织开展了全国1992GPS大会战；组织力量为海南洋浦开发区50平方公里范围突击测制了1：1 000比例尺地形图；完成了东海大陆架测量任务，累计测深里程14万公里。1992年，测绘部门共完成测绘产值17 514万元，为年计划的136%，较上年增长10%；公开出版各种地图524个品种，总印数1.7亿册（幅），总定价1.78亿元，较上年增长60%。测绘资料部门向社会各方面用户提供各种比例尺图件160万张、航摄照片26万张、大地测量成果9万点。1992年，国家“八五”科技攻关项目“建立数字化测绘技术体系研究”全面启动，已经完成了项目各专题的技术设计书的编写和论证工作，全面落实了各个专题及子专题的人员、经费和设备，数字化测绘生产示范基地的建设取得进展。在这个大项目中，为国务院建立的“基本国情地理信息系统（9202工程）”、为国家计委开发的“全国重点建设项目信息系统”等已取得重大进展，受到有关领导机关重视和用户的好评。

在1992年实现的、对我国测绘事业有重大影响的工作有：(1)《中华人民共和国测绘法》于1992年12月28日经七届全国人大常委会第二十九次会议审议通过，以中华人民共和国主席令第66号发布，自1993年7月1日起施行。《测绘法》的诞生，标志着我国测绘工作全面走上法制轨道，是我国测绘史上的一个重要里程碑。(2) 创办了测绘行业自己的报纸《中国测绘报》，于 1993 年 1 月 1 日正式公开出版发行，每周一期。江泽民、李鹏、宋健等党和国家领导同志为《中国测绘报》创刊题了词。(3) 创办了第一个有对外经贸权的全国性测绘公司——中国四维测绘技术总公司。该公司集科技开发、生产经营与销售服务于一体，在成立不到半年的时间内已开展多项经营活动，总营业额近千万元。(4) 举办了首届海峡两岸测绘学术交流会。通过这次学术交流活动，加深了海峡两岸测绘学者相互之间的了解和情谊，为今后的进一步合作奠定了基础。(5) 完成了"测绘生产成本定额"的修订，并着手制定了测绘产品收费标准。根据中央关于加快发展第三产业的决定有关精神，国家物价部门已将测绘产品定价权下放给国家测绘局。

五、测绘业发展中的几个主要问题

(一) 测绘市场体系没有真正建立起来。测绘生产单位还普遍缺乏自我生存、自我改造、自我发展的活力，参予市场竞争的能力还比较薄弱；受地方、部门保护主义的影响，还远未形成全国统一的测绘市场；测绘产品的价格与价值严重背离，基础性测绘产品基本上是无偿提供，其投入得不到必要的资金补偿。在测绘市场竞争中，靠不正当手段谋取测绘任务，靠降低质量盲目压价竞争，未经测绘资格审查、擅自承揽测绘任务，未按要求进行测绘任务登记，造成重复浪费等问题还比较严重，测绘主管部门还缺乏对测绘市场进行宏观调控的手段。

(二) 基础测绘经费投入不足。现有的测绘成果图件及生产发展速度不能适应我国经济发展的需要。目前，基础测绘图件中相当一部分年代已久，现势性较差，急待更新；沿海开放开发地区的发展和城镇建设迫切要求提供大量大比例尺（如：1：1 000、1：500）地形图和地籍图作为基础图件；由于经济的发展和技术的进步，以传统的线划地形图为主要形式的基础测绘图件已不能满足各方面的要求，迫切需要生产数字化地图产品。还有许多基础性重大测绘项目急待开展。当前的主要问题是资金投入不足，仅靠现有的测绘事业费投入远不能满足需要，近几年物价上涨幅度较大，目前实际生产成本较 1987 年高了一倍。按目前的投入水平，基础测绘工作量已呈逐年下降趋势。如不切实加大对基础测绘的投入强度，势必对今后一个时期我国经济建设和社会发展造成不良的影响。

(三)测绘生产单位的技术手段同国外相比仍然有较大差距。仪器设备和车辆陈旧，急待更新。测绘职工、特别是野外测绘职工的工作、生活条件差，住房困难、待遇低、后顾之忧多，人才流失严重。

六、贯彻党的十四大精神，努力开创测绘工作新局面

根据党的十四大精神，测绘工作在 90 年代加快改革开放步伐，跃上新台阶的奋斗目标是：建立与社会主义市场经济体制相适应的测绘体制；用 10 年左右时间，补充和更新全国主要测绘信息产品；在服务方式上，由传统的提供模拟图件方式逐步转为以提供现代化的数字信息产品为主，形成我国数字化测绘技术体系，近期先建成国家和部分省一级的国土基础地理信息系统，逐步做到向社会提供模拟和数字化两类测绘产品；扩大测绘信息服务面，最大限度地满足社会各方面的需求；在努力满足国内经济需要的同时，积极跻身国际市场。

为了实现上述目标：一要进一步解放思想，树立社会主义市场观念和自我补充、自我发展的观念，树立开放意识和全方位服务观念，树立科技是第一生产力的观念和新的人才观念。二要加快改革开放步伐，建立适应社会主义市场经济的测绘工作新体制。加快各级测绘主管部门职能的转变，加强和规范政府的行业管理职能。下大力气培育市场，健全市场机制，加快测绘单位的机制转换和结构调整，区别不同情况逐步推向国内外市场。三要明确测绘发展方向，加快测绘发展步伐。明确测绘的地理信息产业属性，并以此作为测绘的产业发展方向。进一步加快测绘科技进步，拓宽测绘事业发展的视野。重点抓好对于测绘事业的现代化建设具有基础和导向作用的四个方面的系统工程，即：数字化测绘技术产业体系；全球卫星定位系统（GPS）技术服务体系；地理信息系统（GIS）产业化工程；开发专题地图、繁荣地图市场。四要结合测绘工作的实际，加强党的建设和精神文明建设。坚持两手抓，两手都要硬，造就一支"有理想、有道德、有文化、有纪律"的测绘职工队伍。在大力提倡、继续发扬以国家测绘局第一大地测量队为代表的"爱祖国、爱事业、艰苦奋斗、无私奉献"的革命精神的同时，努力改善测绘职工的工作、生活条件，帮助测绘职工解决实际存在的困难，减少后顾之忧。

(国家测绘局信息处　王祖年)

农村综合服务业

我国的农村综合服务业，主要包括农业社会化服务体系、农产品市场体系、乡镇企业和国营农业企业中的第三产业，以及农业产供销一体化经营企业中与第一、二产业融为一体的第三产业部分。从总体上看，在新中国成立后的前30年的时间里，农业服务体系虽有所发展，但很不完备，服务设施和手段落后，范围狭窄，水平很低。党的十一届三中全会以后，随着农村经济体制改革和农村商品经济的发展，农村综合服务业的发展出现了新的生机。十几年来，农业社会化服务体系初具规模，服务水平明显提高，服务领域进一步拓宽；适应农村改革、发展社会主义市场经济要求的农产品市场体系、产供销一体化经营开始发育；乡镇企业和国营农业企业中的第三产业发展迅速。农村综合服务业的发展，为农民的生产、生活提供了较全面的服务，为安置农村剩余劳动力开辟了广阔的领域，有力地促进了农业生产的发展，推动了农业商品化、专业化、社会化和现代化的进程。

农业社会化服务体系

一、农业社会化服务体系改革与发展的基本情况

农业社会化服务体系是为农、林、牧、副、渔各业发展提供服务的，以国家专业经济技术部门和乡村合作经济组织为主体，科研、教育单位、民间团体等其他社会服务组织为补充的组织机构的总称。它所提供的服务主要包括五个方面：一是村级集体经济组织开展的以统一机耕、排灌、植保、收割、运输等为主要内容的服务；二是乡级农技站、农机站、水利（水保）站、林业站、畜牧兽医站、水产站、经营管理站和气象服务网等提供的以良种供应、技术推广、气象信息和科学管理为重点的服务；三是供销合作社和商业、物资、外贸、金融等部门开展的以供应生产生活资料，收购、加工、运销、出口产品，以及筹资、保险为重点的服务；四是科研、教育单位深入农村，开展技术咨询指导、人员培训、集团承包为重点的服务；五是农民专业技术协会、专业合作社和专业户开展的专项服务。

农业技术服务体系是农业社会化服务体系的重要方面。目前，以国家农技部门为主体，其它专业技术部门相配合，以集体经济组织为基础，科教单位及民间技术服务组织为补充，集试验、示范、推广、培训、生产资料供应、农产品收购、资金供应为一体的多经济成分、多渠道、多形式、多层次的构架式服务网络已初步形成。据统计，全国共有乡镇以上农牧渔业各类技术服务机构21.4万多个，其中省级327个，地区级2 456个，县级1.8万多个，区级6 700多个，乡级18.6万多个；共有农业技术服务人员117万人，其中国家技术干部46万人，合同制干部、工人33万人，农民技术员38万人。

此外，农民技术教育、农村能源环保及饲料工业等也已建成了较为独立的服务体系，并对农村社会发展事业发挥着重要的作用。

（一）种植业服务体系。党的十一届三中全会以来，适应农村改革和商品经济发展的需要，为进一步发挥农业技术推广部门的综合职能，农业部着重加强了县级农业社会化服务体系的改革和建设，将县级农技、植保、土肥等站和农科所、农业培训学校等单位组织起来，建立县级农业技术推广中心，直接面向农村、面向农业、面向农民服务，有力地促进了种植业生产的发展。

1. 农业技术推广服务体系。改革前与人民公社相适应的“四级农业科学实验网”型推广体系，随着人民公社的瓦解而解体。面对这种情况，1979年，农林部在全国29个省、市、自治区各选一个县进行农技推广机构改革试点，并下发了《建立农业科学实验、推广、培训中心试点县座谈会纪要》。1982年中央一号文件指出要“重点办好县一级推广机构，逐步把技术推广、植保、土肥等农业技术机构结合起来，实行统一领导，分工协作，使各项技术能够综合服务于农业生产”。同年，农业部成立了全国农业技术推广总站。中央1986年一号文件又对建设县“中心”的作法给予了肯定。1987年、1988年农业部先后制定了《关于建设县农技推广中心的若干规定》和《关于县农业技术推广中心检

查验收情况和今后完善、提高、发展的意见》，规定一个合格的县“中心”应是学科齐全、功能完整、设施配套、组织健全、能独立开展工作的业务实体，成为全县范围内技术有权威，经济有实力，工作有活力的农技推广工作核心。截止1992年底，全国已建成县中心1 469个，占农业县数的73%，总投资8.82亿元，拥有技术干部8万多人。乡站4.7万个，有技术干部10多万人。村级服务组织49万多人，有服务人员70多万人，另有科技示范户600多万户。同时，通过开展各种有偿（低偿）服务，也壮大了农技推广部门的实力。据1990至1991年初步统计，全国农技推广系统参加技术承包人数为67.96万人，承包面积8.7亿亩，共增值101.4亿元。推广了农作物地膜覆盖栽培、温饱工程、杂交良种、日光温室蔬菜等技术项目约5 530项，推广面积达15.3亿亩，增加产值327.7亿元。植物医院、植保公司、专业队、配药站等多种形式植保服务组织，1992年已分别达到1.7万、0.45万、65万和2万多个，技术覆盖面积达25亿亩次，总经营额15亿多元。全国90%以上的县推广了配方施肥技术，推广面积从1985年2.5亿亩次增加到1992年的6.5亿亩次，兴办了一批“测土、定产、配方、供肥、服务”一条龙的经济实体。

2.良种繁育体系。良种推广由自选、自繁、自留、自用向种子生产专业化、加工机械化、质量标准化、品种布局区域化迈进一大步。1978年8月，农林部在种子局的基础上成立了种子公司，随后各省相继组建了种子公司，并开始了“种子四化”和以县为单位组织统一供种的试点。到1984年已建成“四化一供”县种子公司460个。为加强种子管理，1989年、1991年国务院、农业部先后颁布了《种子管理条例》和《种子管理条例实施细则》。同时国家投资5.8亿元，加强了基础设施建设。到1991年底，全国有种子行业公司（站）2 724个，职工约7万人；有600个县公司已具相当规模，有2 500个乡建立了较高水平的供种站；种子仓储能力达20亿公斤，其中拥有种子低温低湿库80多座。各种汽车3 827辆，精选加工单机8 490台，比1978年增加8 104台，加工成套流水线设备从无到有，通过引进和改制现已达380条；有检验室13万平方米，各种种子检验仪器3.7万台（件）。全国各级种子公司良种经营量由1978年的10亿公斤，增加到1991年的30亿公斤，占全国总用量的30%，其中杂交种子占90%以上，基本实现大田用种良种化。

（二）畜牧业社会化服务体系。改革开放14年来，服务体系紧紧围绕畜牧业生产，积极开展信息咨询、良种繁育、疫病防治和检疫、草原建设、饲料生产和供应、兽药械生产和供应、技术推广培训、饲养管理、畜产品加工、贮运和销售等产前、产中、产后的系列化服务，保证了我国畜牧业连续14年稳步增长。初步形成了以省、地级综合服务部门（畜牧三站（中心）、公司）为主导，县级畜牧三站（中心）为骨干，乡镇畜牧兽医站为基础，村防疫员、配种员以及农牧民自我服务为补充的服务网络。

畜牧三站（畜牧兽医站、家畜改良站、草原工作站）是畜牧业社会化服务体系的主体。14年来，三站工作得到进一步加强。1982年农业部颁布了《公社畜牧兽医站管理试行条例》，对公社畜牧兽医站进行了整顿。1983年召开的全国畜牧工作会议，要求各级畜牧三站改革服务体制，开展综合办站。1988年，国务院明确了允许基层农业服务组织实行有偿服务、开展综合经营，为畜牧三站开展综合办站提供了政策依据。各地畜牧三站坚持“立足服务搞经营，搞好经营促服务”的原则，取得了明显的社会经济效益。1992年全国畜牧三站总数为55 982个，职工45.2万人，其中乡镇畜牧兽医站5.2万个，职工23.5万人。乡镇站中有2.5万个开展了综合办站，比1978年增长了近一倍。县级以上畜牧三站开展综合服务的更为普遍。1992年全国乡镇畜牧兽医站收入为18.6亿元，有盈余的站达4.1万个。

1.畜禽良种繁育体系。14年来，我国良种繁育体系进一步完善，畜禽良种化程度、畜产品产量和质量均有明显提高，国家家禽育种中心、瘦肉型猪育种中心、奶牛育种中心已基本建成并部分投产。到1992年底，全国已拥有县以上种畜（禽）场1 768个，其中省属100个，地属287个，县属1 381个。拥有固定资产72.9亿元，流动资金14.8亿元，产值1.6亿元。全国现有各级家畜繁育改良站3 460个，其中省级22个、地级139个、县级1 348个、乡镇级1 951个。初步形成了较完善的畜禽良种繁育体系。1992年向社会提供种牛10 344头，种猪48.1万头，种羊10.6万只，种禽1.33亿只，种兔16.1万只，种蜂7 949箱，分别比1978年增加1.2倍、82.9%、54.7%、73.9倍、247倍和3.5倍。到1992年底，我国商品猪中良种比例为67%，良种绵羊比例为41.5%；优质肉鸡从无到有，达到7.5亿只。

2.畜禽疫病防治体系。1992年，全国共有各级各类畜牧兽医站5.36万个，职工41.9万人，其中技术人员35.3万人，此外，还有近50万人的村级兽医、防疫员，形成了畜禽疫病防治网络。全国现有省级兽医化验诊断中心31个，县级畜牧兽医技术服务中心350个，已经建成投产的兽药厂11 150个，可生产3 700多种化药、生物制品和药械。除中国兽药监测所外，省、地级已组建兽药监测所53个，遍布城乡的检疫队伍达到

20万人，在生产、经营、加工、贮运、流通等各个环节依法实施检疫，每年检疫畜禽10亿头（只）、畜禽产品1 600万吨。通过《家畜家禽防疫条例》《兽药管理条例》及其实施细则的颁布实施，我国的畜禽疫病防治工作走上了有法可依的轨道。

3. 饲料生产保障体系。畜牧部门的饲料工业从无到有迅速发展起来，到1992年底，已有饲料生产厂家17 772个，年单班生产能力1 488.6万吨。此外，饲料原料工业和添加剂工业也形成一定规模，1992年，年产添加剂预混料51.2万吨，浓缩饲料73.9万吨。各类药物添加剂19.7万吨，各类矿物添加剂13.6万吨。在非常规饲料的开发方面也有了突破性进展，据不完全统计，1982年全国青贮饲料仅667万吨，秸秆氨化近乎空白，到1992年，全国青贮饲料可达5 500万吨，秸秆氨化500万吨，产生的直接经济效益可达57亿元。在饲料监测方面，已建立了国家饲料监测中心，省级饲料监测所36个，地级108个。

4. 科技推广体系。全国省级以上畜牧科研单位的职工已达1.42万人，其中科研人员占38%，科研队伍结构日趋合理。各级推广机构正逐步健全。“七五”期间，全国累计推广良种猪近5亿头，良种禽31.8亿只，良种牛5 000万头，良种绵山羊3.85亿只，暖棚饲养畜（禽）6 000万头（只）。

（三）水产业技术服务体系。到1990年，全国水产技术推广服务机构已发展到2 566个，其中省级站37个，地（市）级站206个，县级站1 168个，乡级站1 155个。从事技术推广人员27 508人，其中专业技术人员8 492人。此外还有一定数量的渔民协会和养鱼专业户。1990年，全国水产技术推广总站成立后，水产技术推广体系建设工作逐步走上管理规范化的轨道，使已经形成的一定层次的水产技术推广网络更加稳固并逐渐发展壮大。

就全国来看，目前我国的水产技术推广服务机构基本上还没有成为真正的技术服务实体。但近年随着技术推广服务工作内容的不断丰富，水产技术推广服务机构也在增强自我发展能力上进行了多方面的探索。主要体现在工作上开始从单纯的推广和培训，逐步向技术承包、技术入股、综合服务和方便渔民的方向转变，实现推广与服务的配套组合。有些地方的技术推广服务组织正在探索实行有偿服务，并已经初步形成技术经济服务实体的雏形。部分有条件的地区已开始兴办服务型和生产加工型的经济实体，并取得了较好的经验和经济效益。

（四）农机综合服务体系。农村改革以来，为了适应以家庭联产承包为主的经营体制，各级农机部门转变经营形式，加强政策指导，完善规章制度，鼓励农机服务组织积极开展农机社会化服务和经营创收，开展有偿服务，较好地解决了农机服务体系建设中的实际问题，促进了农机服务体系的发展，并取得了可喜的成果，逐步形成了新形势下以农户经营农机为主体的国营、集体、专业合作、个体多种农机经营形式并存的新格局。

到1992年，我国已有县农机技术推广站1 871个，县农机学校（含培训班）2 192所，乡（镇）农机管理服务站41 960个，村农机队（组）32.3万个，各种专业性服务组织10万多个，农机服务专业户148万户，县以下审定定级的农机修理网点11.3万个，农机技术操作人员2 215万人。形成了农机作业、技术推广、人员培训、机具维修、零配件及油料供应等多层次、多形式的农机化服务网络。各级农机服务组织不断完善经营管理体制，努力开展多种经营，增强了自身的发展活力。据统计，1992年，国家和集体农机服务组织经营收入达到144亿元，比上年增长25%，其中多种经营收入达59.7亿元，比上年增长42%。上缴国家税费5.3亿元，比上年增长15.2%。

农机服务体系的发展，促进了我国农机化水平的提高，机耕、机播、机收面积1992年分别达到7.72亿亩、3.95亿亩、2.03亿亩，分别比1978年增长26.6%、97.5%、333%。耕作、播种、收获的机械化水平已分别达到53.8%、17.72%和9.1%。此外，增产效果较高的机械铺膜，秸秆还田技术近年发展更快。

农机服务体系在农机技术培训、油料物料供应、修理等服务中也发挥了巨大作用。10年来，农机系统共培训农机手约1 500万人次，修理农机具2.4亿台（件），重点推广了20多项农机化新技术。

（五）农村合作经济经营管理服务体系。已初步形成了由国家农经专业部门和集体农经服务组织相结合的农经服务网络。1991年底，全国有各级农经管理机构54 407个，其中省级46个，地级415个，县级2 817个，乡镇级51 129个；有农经管理专业人员14.2万人，其中国家编制人员79 477人，非国家编制人员62 417人，在乡镇一级工作的农经人员12.03万人。全国95%左右的农业乡镇已有农经服务组织。此外，以村（社）会计为核心还建立了36.9万个村级农经服务组。1992年农业部颁发了《乡镇合作经济经营管理站管理办法（试行）》对农村经营站的发展发挥了重要作用。

农经服务体系在指导农村各类合作经济组织建设、管理农业承包合同、承担合同的签证和纠纷调解、管理集体财产、进行农村审计与农民负担监督管理的同时，还广泛开展了以下方面的服务：普及推广经济核算和效益评价知识与技术，提高农民的商品生产意识和管理水平；提供经营指导、咨询与诊断，帮助农户和企业选择经营项目，合理调整产业结构；指导农村合作基金会发展，开展集体资金内部融通服务；组织产前、产后代购、代销服务，引导农民进入流通领域；培训考核、管理村（社）财会人员；调查统计农村合作经济情况等。近年来开展起来的集体资金内部融通服务，每年可使101亿元的资金用于生产，既有力地支持了农村经济发展，又有效地保护了集体资产。

（六）国有农垦系统社会化服务业。农垦系统以农业技术推广为中心的农业社会化服务事业始于50年代建场初期，经过不断发展完善，目前已形成由700多个科研单位，8 400多科技干部和3.55万技术服务人员组成的、以农垦现有专业技术部门和国营农场基层技术推广服务组织为基础的农垦科技服务体系。

1978年，国务院决定国营农场试办农工商联合企业，1979年，党的十一届四中全会进一步提出国营农场要“尽快建成农工商联合企业”。按照中央决定，农垦系统到1984年底，完成了农工商联合企业由试点到推广的历史任务。建立农工商综合经营体制，突破了国营农场长期单一经营农业的办场模式，尤其是1983年国营农场兴办职工家庭农场后对农业社会化服务事业的现实要求和中央国务院及有关部委对加强和发展农垦事业的一系列文件和政策下发后，为农垦系统第三产业的加速发展提供了良好的外部条件，有力地推动了垦区第三产业的发展，并取得了显著成效。

目前，农垦农业社会化服务体系日趋完善，服务形式多种多样，主要有：一是以农垦科学院、研究所为主，在完成国家重点研究课题和开发推广任务的同时，以咨询指导、提供信息、集团承包、人才培训等方式提供的技术服务；二是以农垦地区管理局（师）为主的科研单位提供的组织、引进、推广和开发技术成果的服务；三是以农业技术推广服务基层机构的农场科技站为主，在农场生产、技术部门的领导下，联系科技示范户，统一进行良种繁育、疫病防治、植物保护、新技术推广、农业机械、规范措施、职工培训等服务；四是以农场物资供销商贸部门为主，在农场的统一组织下为职工家庭农场提供产前、产后服务。近年来，不少农场一级科技部门在机构改革中转为服务性实体，为职工家庭农场提供农业生产全过程的技术服务，或与国营农场的物资供销、商贸流通机构联合，实行产供销一体化经营。同时，职工在供销、运输、机耕、信息等方面自办、联办的服务组织也在改革中广泛兴起，在农业社会化服务体系中起到不可忽视的作用。

农垦农业社会化服务事业的发展，在推动农业生产发展中发挥了重要作用。农垦的良种繁育推广体系，年生产加工各种良种76万吨，除满足国营农场外，还向农村供种，仅甜菜良种供应量就占全国供应量的40%；农垦热带经济作物科技推广服务体系提供的种苗、栽培技术、植保、割胶等服务基本覆盖了整个热作地区，带动了当地经济发展；农垦的国家级、省级种畜（禽）基地，每年除向国营农场提供大量的种畜（禽）外，还向社会辐射，其中，提供的黑白花奶牛种公牛占全国供应量的80%、梅花种鹿占90%、细毛种羊占90%、种禽年供应量6 000万只，垦区年饲养的良种家畜占饲养量的80%、良种家禽（不含职工个人饲养）占100%，畜禽防疫基本做到社会化服务，一些危害严重的畜禽传染病已连续多年未发生，一些慢性传染病也基本得到控制；农垦农业耕地机械化达82%，播种机械化达70%，收获机械化达56%，化锄达66%，有效灌溉面积达41%，此外，在种子加工、谷物烘干、水利施工、工厂化育秧、插秧、水产养殖、保鲜加工、航空作业以及茶、果、热作和林牧业等方面，机械化服务水平都有较大提高。

（七）农村科技事业。到1992年底，全国农业科研机构已发展到1 140个，职工12.9万人，其中专业技术人员近6万人，平均每年约向社会提供成果7 000项。

1985年中共中央《关于科技体制改革的决定》发布以后，结合农业科技工作的特点和实际情况，农业部先后制定了《关于农业科技体制改革的若干意见》、《关于贯彻国务院关于扩大科学技术研究机构自主权的暂行规定实施办法》、《关于加强科研育种单位和种子公司（站）横向联合的若干意见》等文件，促进了农业科技工作与农村经济发展的结合。1992年，农业部首次在京召开了全国科教兴农工作会议，制定了《农业部关于进一步加强科教兴农工作的决定》、《农业科技开发工作管理办法》和《关于农业科教单位生产和经营农作物种子、兽用疫苗的若干规定》等文件，对把农业发展转移到依靠科技进步上来起到了较大的推动作用。随着改革的逐步深入，农业科技开发逐步转向以市场为导向的服务，同时也为自身发展增加积累。据统计，1991年全国农业科研单位开展的技术开发及推广服务类项目14 599项，投入经费2.01亿元，人员34 311人，分别比1986年增加8 969项、1.72亿元和19 372人。改革开放以来，农业科研单位兴办的科技开发服务实体从无到有，1991年已达400多个，创收达5.6亿元，比1986年增加4亿元，有4 504名农业科技人员以多种方式与企业密切联系，比1987年增加了1 156人，签订横向技术转让合同3 526项，成交总额达8 433万元，比1986年增加6 781万元。1992年农业部属研究院、所创办各类科技开发经济实体101个（中外合资企业3个），全国1 000多个。

（八）农业教育。在改革的形势下，教育结构逐步进行调整，农业院校采取多层次办学、多渠道招生、多规格培养、多方式就业的方针，在招生、分配制度和教学领域推行了一系列重大改革措施，促进了农业教育与农业生产和农村经济的结合。

1992年，全国有农业中专369所，在校生19.2万人，有教职工4.9万人，其中专职教师2.1万人。中央农业管理干部学院、农业部共举办141个各级各类培训班，5 379名管理干部得到培训。

1992年各级农业部门采取多种形式培训农民3 000万人次，约2万人取得了绿色证书，为基层培养了一批留在当地服务的"永久"型人才。中央农业广播电视学校已建成从中央到省、地、县、乡五级办学体系，有省级农广校36所，地（市）级分校329所，县级分校2 296所，乡镇教学班1.38万个，有专兼职办学人员3.9万人。各种教学设施基本能适应办学的要求，10年累计招生190万人，共培养中专毕业生53万人，培训了数以百万计的实用技术人员。1992年农广校招生26万人，10万农民取得了毕业证书。

全国现已有部、省级农业成人教育基地45个，规模1.5万人；地区级培训基地278个，规模2万余人；县级基地5 000多处。乡镇企业培训基地、场所3 300多处；乡镇农民文化技术学校（培训中心）3万多处。

此外，适应商品经济发展的需要，农民自已组织起来，进行自我服务的各类农村专业技术研究会（协会），目前全国已达10万个，拥有会员300万人，正发展成为与国家农业技术推广机构相配合的民办科技服务体系。

（九）农村能源服务体系及环境监测体系。党的十一届三中全会以来，我国的农村能源建设坚持"因地制宜、多能互补、综合利用、讲求效益"的方针，围绕促进农村经济发展，服务农业生产，改善农民生活开展工作。各地根据不同的条件建立了一批建管修、产供销一条龙的专业化农村能源技术服务队伍。

到1992年底，全国已累计推广农村户用沼气池498.21万户，集中供气7.4万户；推广省柴节煤灶1.49亿户；推广太阳能热水器153.89万平方米，太阳灶13.4万台，被动式太阳能采暖房83.07万平方米，光电池应用达216.18千瓦；小型风力发电机12万台，微型水力发电机50 906台，装机21.5万千瓦。形成了每年500万吨标准煤的节能能力。

据不完全统计，目前全国有近2 000个各级农村能源管理机构，总人数超过3万人。农村能源服务公司（站）已达2 652个，人员24 770人，拥有固定资产1 926.67万元。生产农村能源技术推广产品的企业总数达1 448个。

农业环境保护工作多年来重点抓了农业环境监测网和生态农业试点工作，并取得了较好的经济、环境、社会效益。农业环境监测网建设已初具规模。生态农业试点工作也已在全国不同类型的地区开展。尽管如此，随着国民经济的发展，农业环境面临着日益严峻的形势，为此，加强环境保护和生态建设已成为经济发展中必需引起高度重视的问题。

（十）饲料工业服务体系。我国的饲料工业起步于70年代末。十几年来，饲料工业迅猛发展，已发展成为包括饲料加工、添加剂、饲料原料、饲料机械等门类齐全的生产体系。与之配套的饲料科技、教育等服务行业也得到一定发展。饲料科研方面，国家批准建立了国家级饲料科研所，大部分省、市、一些县和大型饲料厂也建立了饲料科研机构。饲料教育方面，国家已在31所高等院校设立了8个动物营养和饲料加工专业，有47个培养点，在校学生近2 000人。另外各地各部门举办的各类培训班和专业证书班等，也培训了大批管理和技术人才。在技术推广和信息咨询服务方面，全国已有28个省、区、市成立了饲料工业协会，许多地、县也成立了相应的协会、学会等社会团体和民间组织。这些组织在加快科技成果向生产力转化方面起了积极作用，有力地促进了饲料工业的发展。

二、农业社会化服务体系发展中存在的主要问题

（一）投入不足是农业社会化服务业发展的主要制约因素。目前，全国尚有36%的县，20%的乡镇、45%的村没有建立农业技术推广服务组织；全国土肥、植保、农机、农经、能源、环保以及畜牧、水产、农垦系统的技术服务组织还很不健全，空白点还很多，一人一站的情况也大量存在；种植业、畜牧业、水产业良种普及率还较低，品种混杂、退化严重，有的名特优品种甚至濒临灭绝。已建成的服务组织，普遍存在设施不配套、仪器设备陈旧老化、服务手段缺乏、人员素质较低等问题。除发达地区外，多数地区服务组织活动经费短缺，"有钱养兵，无钱打仗"，甚至存在连工资也发不出的现象。生活条件差，农技人员不稳定，外流现象严重。所有这些问题，根本原因是目前尚未建立良性运行机制，资金投入严重不足。

县乡两级农技服务组织是国家的事业单位，其经费理应由各级政府解决，但限于各地财力状况，经费保证程度各地不一。实行有偿服务仅仅是缓解经费紧张状况的一项不得已的补充措施，很难依此建立以收费养服务的自我发展机制。况且，在粮棉油等主要农产品经济效益极低的情况下，有偿服务也确实难以推行。一些地方借政府机构改革之机，以有偿服务、办实体为由，对县乡农业事业单位强行"断奶"（一次性或分次停供事业费），使基层农业科技人员无所适从，改行

“下海”的不少，正常的技术服务工作受到很大削弱。目前，经过10多年努力建立起的新型体系，又面临着第二次“线断、网破、人散”的危险。

（二）管理体制不顺，政策不落实，亦是制约农业社会化服务体系发展的重要原因。近年来，党中央、国务院为加强农业基础地位，先后多次发文强调要加强和完善农业社会化服务体系，并制定了一系列扶持政策，如允许农业技术服务组织经营化肥、农药和农膜，乡镇农技服务组织的性质、人员编制以及经费规定等政策，但一些地方至今尚未完全落实。从管理体制上看，现有各种服务体系隶属于不同的部门，受到部门利益驱动，各行其是，产生内耗，难以形成合力，严重影响服务体系发挥整体功能。另外，目前产销脱节的管理体制，也是制约农业社会化服务健康发展的重要原因。农业社会化服务组织从事经营活动除受到“专营”限制以外，在资金、信贷、税收等方面缺乏优惠扶持政策。

三、农业社会化服务体系发展展望

按照十四大提出的建立社会主义市场经济的总体要求，结合农业发展“八五”计划和十年规划，农业社会化服务体系的发展方向是：继续深化改革，进一步扩大技物结合服务面，从目前仍较单一的产中服务扩展到产前、产中、产后的全面、多功能服务；大力兴办经济实体，努力拓宽服务领域；坚持“立足服务搞经营，搞好经营促服务”的方针，使服务体系逐步向一体化、集团化方向发展，有条件的要向产业化方向发展；大力发展农村合作基金组织和各种民办服务组织。总之，要本着自我积累，自我壮大的原则，依靠国家的优惠扶持政策，发展农业社会化服务业。另一方面，要建立健全与之相适应的各项法规制度，使其在服务的过程中，有法可依，有章可循。力争“八五”期末将各层次的农业社会化服务体系基本建立健全起来，并按照市场经济原则，形成新型的服务运行机制和发展机制。

（农业部综合计划司计划处）

乡镇企业第三产业

党的十一届三中全会以来，特别是“七五”期间，我国乡镇企业中第三产业有了较大发展，现已形成以交通运输业、饮食业、商业、仓储业、供销服务业和其他服务业等为主的第三产业体系。旅游业、房地产业、文化中心、信息咨询中心、人才中心、娱乐中心、金融服务等新兴行业以及原有的科技服务、水利服务、畜牧业服务、水产业服务、种苗种籽服务站（中心）也显示出较强的发展势头。目前乡镇企业的第三产业，组成了以运输、商饮服务、物资供销为主体，仓储、咨询、劳务、技术为基础，以质量监测、行业指导为辅助的服务体系，并初具规模，已成为我国乡镇企业和农村经济的一个重要产业，是我国第三产业的重要组成部分。

一、发展现状

到1992年底止，全国乡镇企业从事第三产业人员达2 886万人，比1991年净增716万人，增长30.3%，占全国乡镇企业职工总数23.1%；总收入3 776亿元，比1991年净增1 416亿元，增长60%，占全国乡镇企业总收入20.9%。其中交通运输和商饮服务业总产值达2 391亿元，比1991年净增811亿元，增长51.3%，占全国乡镇企业总产值的13.28%。

几个主要行业现状是：

（一）交通运输业。1992年乡镇企业交通运输业总产值达1 102.2亿元，比1991年净增339.2亿元，增长44.5%；货运量1168亿吨，比1991年净增401亿吨，增长52.3%，占全国交通运输业产值和运量的一半。据统计，其中乡村两级交通运输业完成产值139.8亿元，上交税金4.28亿元，实现利润9.65亿元。产值只占乡镇企业交通运输业总产值的12.7%；利润总额占10.6%。

1992年乡镇企业交通运输业企业个数达436.27万个。其中乡办1.12万个，占0.25%；村办2.91万个，占0.67%；合作办11.41万个，占2.61%；个体办420.68万个，占96.42%。乡村交通运输企业个数呈下降趋势，但企业综合素质，如固定资产、设备完好情况 、人才技术、安全系数等都有较大提高。个体办企业虽呈发展趋势，但企业素质相对来说较低，事故率上升。

1992年乡镇企业交通运输业从业人员796.86万人。其中乡办49.57万人，占6.2%；村办43.10万人，占5.4%；合作办42.21万人，占5.3%；个体661.8万人，占83.1%。平均每个企业人数是：乡办44.25人；村办14.81人；合作办3.7人；个体1.57人。

交通运输业发展较早、较快、较好的是沿海地区，广东、浙江、上海、江苏、山东5省市的产值几乎占全国的一半。而内蒙、宁夏、新疆、青海、西藏、云南、贵州、广西、海南、甘肃10个省区的产值只占全国的1/10，两者相差几十倍。

（二）商饮服务业。乡镇企业的商饮服务业，是一个综合性的大行业，主要包括商业、饮食业、饭店、酒楼、综合大厦、旅店、旅游、修理修配业等，还包括文化娱乐等服务业。到1992年底，全国乡镇企业商饮服务业530.4万个，比1991年净减122.6个，减少18.7%；实现总收入1 298亿元，比1991年净增471.9亿元，增长57.76%，约占全国商业总收入11%；从业人员1 145.2万人，比1991年净增310万人，增长42.1%。

我国乡镇企业商饮服务业主要行业现状是：

1. 商饮业。主要包括商业和饮食服务业两大类。多数企业是以其中一业为主兼营其他。至1992年底止，共有企业数109.7万个。其中乡办0.74万个，占0.67%；村办2.06万个，占1.87%；合作办2.65万个，占2.41%；联户办104.2万个，占94.98%。商饮业中，联户办占绝大部分。其中不少企业属早晚流动营业服务。

共有商饮业从业人员289.7万人。其中乡办7.19万人，占2.48%；村办16.4万人，占5.66%；合作办11.7万人，占4%；联户办254.1万人，占87.67%。平均每个商饮业人数是2.64人。其中乡办9.71人；村办8.0人；合作办4.41人；联户办2.44人。大型乡镇商饮集团、大厦、饭庄等，人数上千，在全国位居前列。

1992年，全国乡镇企业商饮业实现总收入1 072亿元，占全国乡镇企业第三产业总收入的28.39%，是第三产业中的主要行业。占商饮服务业总收入82.6%。其中乡办286.7亿元，占26.73%；村办265.5亿元，占24.76%；合作和联户办共520亿元，占48.49%。

2. 服务业。主要包括宾馆、旅社、综合服务楼等。至1992年底止，全国共有企业个数126.4万个。其中乡办0.94万个，占0.7%；村办2.41万个，占1.9%；合作办2.65万个，占2.1%；联户办120.4万个，占95.2%。

乡镇企业服务业目前共有从业人员283.1万人。其中乡办13.7万人，占4.8%；村办22.9万人，占8.1%；合作办11.2万人，占3.9%；联户办235.2万人，占83.1%。全国平均每个企业人数是2.2人。其中乡办14.5人；村办12人；合作办42人；联户办1.9人。据调查，服务行业点多面广，不少是"跑单帮"者。

1992年，全国乡镇企业服务业实现总收入117亿元，占全国乡镇企业第三产业总收入的3.1%，占商饮服务业总收入的9%。其中乡办24.6亿元，占服务业总收入21%，村办36.4亿元，占31.1%，合作和联户办共56亿元，占47.9%。乡办和村办服务业，人均收入都超万元，但利润不高。而合作和联户办的服务业，人均收入不算高，由于成本低，人均创利润反而高于乡村企业。

3. 其他服务业。主要包括科技、金融、文化方面的服务业，如信息服务中心、科技服务站等。至1992年底止，全国共有企业69.2万个。其中乡办0.54万个，占0.7%；村办1.59万个，占2.2%；合作办2.45万个，占3.5%；联户办64.6万个，占93.3%。与1991年比较，增长较快的是联户企业。村办企业，减少了近0.2万个，基本属经营不好的亏损企业。

目前此行业共有从业人员223.9万人。占全国乡镇企业第三产业总人数的7.7%；占商饮服务业的19.5%。其中乡办9.66万人，占4.3%；村办12.8万人，占5.7%；合作办11.3万人，占5%；联户办189.9万人，占84.8%。全国平均每个企业有3.23人。其中乡办17.88人；村办8人；合作办4.61人；联户办2.93人。据各省调查，这些从业人员，集中在东部、中部地区；我国少数民族地区、西北地区，从事这个行业的人数较少。

1992年，全国乡镇企业其他服务业实现总收入109亿元，占全国乡镇企业第三产业总收入2.8%，占商饮服务业总收入8.4%。其中乡办24.9亿元，占22.8%；村办24.8亿元，占22.7%；合作和联户共50亿元，占45.8%。"其他服务业"，点多面广，业务门类包罗万象，不少是流动个体户。全行业人均收入是0.48万元。其中乡办2.57万元，村办1.90万元，合作和联户办0.24万元。合作、联户与乡办企业，收入几乎相差十倍。但在现实中，这些合作联户服务业，却具有较强的竞争力和比较好的经济效益。

（三）供销及其他专业公司。一般是指县以上（含县）乡镇企业直属的各有关公司，隶属于乡镇企业主管部门，按企业性质来划分，其中不少属"国营"。

1992年底，全国乡镇企业供销和其他专业公司（不含西藏，下同）4 409个，各类展销部3 255个，两者共计7 664个，与1991年相比只增加约200个。职工人数20.65万人，比1991年净增5.46万人，增长36%。

1992年底止，乡镇企业供销公司和专业公司实现购进总额241.4亿元，比1991年净增63.9亿元，增长36%；销售总额为273.6亿元，比1991年净增78.2亿元，增长40%；利润总额为6 973.66万元，比1991年净增274.66万元，增长4.1%；缴纳各种税金4.37亿元，比1991年净增0.875亿元，增长25%。1992年，流通费用25.3亿元，比1991年几乎增长一倍。企业现有全部流动资金85.66亿元，比1991年净增28.17亿元，增长49%。

1992年，亏损面和亏损金额相对加大。据统计，亏损的乡镇企业供销公司及其他专业公司1 908个，比1991年增长25.1%；亏损面为44.3%，比1991年增加4.4个百分点；亏损金额16 175万元，比1991年约增加1 000万元。据业务调查，亏损原因诸多，主要有两条：一是经营管理不善，二是成本、费用加大。

乡镇企业供销公司及其他专业公司经营的物资主要以支农产品为主，兼营其他。主要物资有20种左右，如钢材、煤炭等。1992年由乡镇企业向社会供应的物资主要有：煤炭961万吨，比1991年增长44.5%；钢材579万吨，增长78.2%；废次钢材28万吨，与1991年持平；生铁30万吨，增长20%；木材105万立方米，增长41%；水泥110万吨，增长107%；化纤12万吨，与1991年基本持平。

二、乡镇企业第三产业几个特点

（一）乡镇企业的供销服务行业已自成体系。全国乡镇企业供销公司，成立于80年代初期，至今已经"成熟"。公司直属乡镇企业主管部门领导。目前全国29个省、市、区（不含西藏，下同）共有县以上公司1 981个，是乡镇企业所属公司的主体。现中国乡镇企业总公司，就是在原乡镇企业供销公司的基础上组建的。

（二）已由传统行业向新兴行业发展。据有关部门统计，目前乡镇企业第三产业中兴办的独资、合资的涉外饭店（酒家、酒店、饭庄，下同）有100多家，如北京的紫玉饭店、侨园饭店、香格里拉饭店等，约占全国的15%；在一些地区，乡镇企业金融服务业，如信贷投资公司、债券、股票市场基金会、互助金会开始兴起；沿海地区，信息服务、科技服务业等初成网络。

（三）发展各类专业市场。所谓专业市场一般指的是某一类产品的集散中心，面向一定地区甚至全国。随着农村市场经济的发展，各类专业市场应运而生。如温州市永嘉县桥头的钮扣市场、南通市先锋人造革市场、郑州市花园路小杂粮市场、新昌县城关镇的兔毛市场、束鹿县辛集镇毛皮市场、顺德县小家电市场、大竹县三驱区竹编市场，还有如中药材市场、玉米市场、木材市场、家具市场，各地产区、销区均有。据不完全统计，全国乡镇已有规模不等各类专业市场2万家。乡镇专业市场的建立，活跃了城乡商品交流。

（四）生活服务型的第三产业发展快。随着人们生活水平的提高和文化生活的需求，以生活型的服务行业发展较快，如各类修理修配业、照相、理发、保姆、装饰、服装业等等，属文化类的有电影队、音像室、歌舞厅、文化中心、曲艺队、武术队、游艺场等。据农村抽样调查结果，目前我国东、中部地区，每一个乡镇都建有生活服务型的第三产业企业两个以上，预计全国这类第三产业企业超过10万家。

三、乡镇企业第三产业存在的主要问题

我国乡镇企业第三产业总体上看还很落后，发展水平不高，内部结构不合理，综合服务功能很弱，远远落后于乡镇工业的发展，不能适应国民经济和社会发展的需要。

（一）在思想观念上，一提第三产业，人们往往自觉不自觉地把生活服务行业与之划等号，认为第三产业就是商店、饭馆、旅社，不外乎"吃、穿、住"三字，没有认识到第三产业还包括为生产、经营服务的行业，是一个广义的综合服务行业。

（二）在行业、地区发展上，目前仍限于传统行业，一些急需发展的新兴行业还相当薄弱；东、中、西地区差距仍很大，发展很不平衡。

（三）在组织形式上，乡镇企业第三产业仍处于松散型结构的产业，组织化程度低，没有形成与其作用相适应的社会化、专业化和规模化经营。

（四）把第三产业当做安置老弱病残人员、无技术专长人员、精简编外人员的去处。

四、乡镇企业第三产业重点行业发展方向

（一）商业。大力兴办各类零售商业网点，积极发展商品批发业，鼓励乡镇企业进城兴办大中型商业企业。困地制宜兴建农村农贸市场、区域性农产品批发市场、专业市场、生产资料市场、小商品市场。积极发展仓储业，建立储运联合企业，开展农副产品的储藏、保鲜和运输一条龙服务；沿海地区大力发展外贸仓储业，为外贸出口服务。

加强乡镇企业物资供销队伍的建设，积极兴办各类专业供销公司，拓宽供销渠道，打破所有制和行业界限，强化服务功能，逐步形成上下成线，左右成网，物流畅通，供销配套的乡镇企业供销服务体系。积极发展与生产企业各种形式的联合、协作，或建立企业集团，促进产、供、销一体化发展。

（二）饮食服务业。饮食服务业是乡镇企业第三产业的传统产业，也是乡镇企业的优势产业，应大力鼓励乡镇企业继续在农村或城市兴办。可围绕方便和丰富城乡人民生活，兴办高、中、低档酒家、饭店。开展早点业、夜餐业、快餐业、中餐业、西餐业等多种形式的服务；兴办各种修理修配业、理发业、洗染业及其他劳动服务。要加强人员培训，提倡规范化服务，提高服务质量。

（三）交通运输业。鼓励发展公路、航运客货运输业，建立专业化的车队、船队，改善运输设备，提高单车、单船运输能力。集资兴建铁路专用线、专用码头和货场，加快交通网络和配套设施的建设。

（四）旅游业。充分发挥农村旅游资源丰富的优势，开展国内外旅游服务。兴办旅游服务实体，旅游度假村等，开展各种具有中国特色的民风民俗旅游项目，并围绕旅游业，兴办相关产业，促进旅游业"行、游、吃、住、购、娱"各方面协调发展。

（五）劳动服务业。积极兴办乡镇企业劳动服务组织，开展劳务输出服务。有组织地安排引导农民进城开展各类劳动服务，积极开拓国际劳务市场。建立农村劳务培训体系，提高劳动服务人员素质。

(六)文化娱乐业。针对农民文化娱乐贫乏的特点,重点发展面向农民的各种文化娱乐场所和文艺团体,丰富农村文化生活。兴建为农民服务的各类体育设施,发展农村体育事业。

(七)房地产开发业。积极开展房地产开发经营,开辟城镇郊区及农村房地产市场,促进乡村集镇化和城乡住房商品化。

(八)咨询、信息业。创办乡镇企业咨询公司、会计事务所、信息中心和各类科技服务实体;建立各类信息库、项目库、成果库等,为企业提供技术、管理、法律、会计、审计、项目评估等项服务。

(九)金融服务业。建立乡镇企业信托投资公司、乡镇企业金融所、企业基金会等。与国家保险机构联办各类乡镇保险事业。适应乡镇企业信贷政策的新变化,开展多方式多渠道的金融信贷服务。

(农业部乡镇企业司 李国文 吕兰)

农业产供销一体化服务

一、农业产供销一体化在改革中产生

农业产供销一体化,是集农业生产、农产品加工和供应销售于一体的一种经营管理形式。这种经营管理形式是在农村改革中产生,并为改革实践所检验、承认,从而不断发展壮大起来的新生事物。早在50年代中期,农业产供销一体化就首先出现在水产行业。但是在长期实行统一生产计划、统一供应物资、统一收购、统一销售、国家定价的高度集中的计划经济体制下,这种经营管理方式并未充分发挥其优势。党的十一届三中全会以来,农村率先进行的经济体制改革,解放了农村生产力,促进了农业生产的发展,改善了国内农产品供应。但与此同时,也出现了一些新的矛盾。(1)分散的小生产与大需求的矛盾。人民公社时期形成的集体统一经营方式彻底打破以后,代之以亿万农户家庭经营为主的分散生产方式。这种生产方式具有两个明显的特点:一是农户拥有生产经营自主权,接受国家计划的指导,但不受国家计划直接控制;二是生产高度分散,规模细小,千家万户既要管生产,又要管销售,不适应日益增长的市场需求,也难以抵御市场风险。然而,农产品生产与消费之间的桥梁并不能为生产经营方式的改变而隔断,客观上农户生产活动更需要通过信息指导、技术服务、产品收购、加工、储藏、销售等服务连接上大市场以获得较高的经济收益。特别是商品率高、经济效益大的水产品、畜产品以及蔬菜、水果等方面更是如此。(2)商品生产与统购统销体制之间的矛盾。改革以后商品货币关系的确立,为农村商品经济发展注入了活力。但随着商品生产的发展和农产品的日益丰富,原有的计划经济体制下产销脱节的农产品流通体制越来越显得不适应,买难卖难问题日益突出。在这种情况下,客观上也迫切需要建立一种新型的经营管理体制,把发展生产与搞活流通有机地结合起来,以适应城市对农产品日益增长的优质化、多样化、方便化需求。正是在这些矛盾驱动的特定历史背景下,农业产供销一体化经营管理方式便应运而生了。

1982年四川省简阳县等地率先进行了畜牧业产供销管理一体化改革试点,取得了成功。之后,全国各地纷纷仿效,并结合当地实际情况进行了多形式、多层次的产供销一体化改革探索。1985年国家取消了粮、棉等主要农产品的统购派购制度,实行合同定购,同时放开了肉类、蛋类、水产品、蔬菜、水果等农产品市场,进一步为农业产供销一体化的发展创造了条件。

总之,农村改革后实行了家庭联产承包责任制,以及通过价格与流通体制改革所确立的农村商品经济新体制,是我国产生农业产供销一体化的两大基本前提。

二、发展概况及其作用

农业产供销一体化,是把农产品再生产过程的各个环节,如农产品的生产、贮藏、加工、运输、销售等,紧密结合起来,组成为一个有机的整体。现阶段的产供销一体化,包括管理一体化和生产经营一体化。在具体的组织类型上又体现为农工商联合企业和各种专业协作组织。

随着农产品流通体制改革的深入,农业、农产品加工业、商业、外贸等行业组织和企、事业单位,以商品生产基地为依托,以加工企业、外贸企业、良种场等经营实体为龙头,已经试办和兴办了一大批跨地区跨行业的不同层次和不同形式的产供销、农工商、贸工农一体化经营组织。目前,我国实行一体化的主要形式有:

(一)理顺农商关系的产供销管理一体化。我国水产业自50年代以来一直实行产供销一体化经营和管理,各级水产行政管理部门不仅管理水产品的生产,而且管理水产品的加工和流通以及生产资料供应,把水产品的产供销各个环节置于统一管理与调控之下。

畜产品管理一体化有三种形式:一是将负责畜产品加工、销售的食品部门划归畜牧局管理,如河北的唐山市、四川的内江市都是采用的这种改革方式;二是将食品部门与畜牧局分别从原所属部门划出来,合并成畜牧副食局,如辽宁的沈阳市、陕西的宝鸡市等;三是对畜牧、食品两个部门在不改变其自身机构的前提下,实行统一归口到农委管理,如天津市、陕西的武功县等。

(二)管理体制不变,由政府把农业、商业、粮食、财政、银行等国家经济管理部门联合起来组成一个联合服务集团，共同为农民提供产前、产中、产后服务，从而实现产供销一体化。山东胶州市的生猪产供销一体化即是这种形式。

（三）农产品加工企业及商业、外贸企业直接延伸到农村，与村民签订合同，为农民生产提供配套服务，同时农民按合同进行生产并向企业交售产品。由此而使农工商贸结成风险共担、利益均沾、互惠互利的经济利益共同体，并形成产供销一体化的新型经营机制。

（四）农民根据生产性质自发组织起来形成的专业合作组织，并通过合作组织开展农业生产产前、产中、产后服务等活动，扩大生产经营范围，实行农工商综合经营，从而实现农产品产供销一体化。

（五）国有农场兼营农产品的加工、销售，或工商企业兼营种植、养殖业，在一个企业内部实行农工商综合经营的农产品产供销一体化。

（六）农业部门办的企业（如良种肉鸡示范场、优质米加工厂等）以及农业社会化服务体系中的良种场、畜牧兽医站等，以技术服务为依托，扶持农户发展生产，并开展农产品加工、运销活动形成的产供销经营一体化。目前这种服务形式发展较快。

当前，我国农业产供销一体化主要集中在水产品、畜产品、水果和蔬菜等生产领域，粮食、棉花等国家计划控制的农产品的一体化，发展则相对缓慢些。

畜牧业是产供销一体化发展较快的行业。改革开放以来，国家逐步放开了畜产品价格和市场，商品经济机制的引入，客观上要求产、销更紧密地结合，以适应市场不断变化的需要。为了顺应商品经济发展的内在要求，自四川省简阳县等地进行畜牧业管理一体化改革尝试以来，全国各地不同类型、不同形式的畜产品产供销一体化改革试点不断涌现，并逐步形成蓬勃发展的好势头。据不完全统计，目前全国不同程度、以不同方式实行畜产品产供销管理一体化的县及县以上单位有上百个；不同类型、不同规模实行生产经营一体化的单位有1 300多个。作为畜产品生产加工和流通一体化的牧工商公司的发展比较引人注目。到1992年，全国各类牧工商公司已发展到1 500多家。中国牧工商总公司自1983年成立以来，已经在全国30个省（区、市）、计划单列市和深圳、珠海经济特区，与地方合资建立了联营企业、直属企业及中外合资企业109家，建设项目180多个。经过10年的建设，中国牧工商总公司已发展成为全国最大的畜牧企业集团，在畜产品生产和市场供应方面，其产品已占有相当大的比例。

水产业的产供销一体化，在改革中继续发展。随着水产品市场的放开，国有、集体、个体和联办捕捞企业和水产养殖场，基本实现了产供销、渔工商经营一体化。原国有水产供销企业在改革中处于退缩状态，在市场上的经营份额逐年下降。在渔业管理中重点加强了苗种、饲料、技术指导、信息等系列化服务，使渔业一体化管理体制更趋完善。

国有农垦企业是我国农业系统中，经济实力最为雄厚的农工商一体化企业。除粮食、棉花等少数品种外，其他产品基本上都实现了农工商一体化。目前国有农垦企业已成为国家重要的粮棉糖胶生产基地、城郊副食品生产基地、出口创汇产品基地、农业现代化示范基地和辐射全国的科技服务中心。

实践证明，农业产供销一体化在我国经济发展中已经发挥了重要作用。概括起来有以下四点：

（一）农业产供销一体化打破部门分割局面，促进了经济协调发展。在计划经济向市场经济转变的过渡时期中，农业生产经营体制仍处于条块分割的局面。管生产的农业部门管不了农产品流通，流通部门不管生产。农业产供销一体化管理体制的优越性，就在于它首先打破了管理上的条块分割，使各管理环节相互协调，并按社会生产自身发展规律来管理经济。政府可由此做到按社会的需要来调节农业生产，同时又根据农业生产的情况，组织、调节农产品的加工、储运和销售。从而使这种管理形式能够最大限度地减少因部门分割带来的利益纷争，避免相互扯皮产生内耗；可以减少流通的中间环节，实行产销直挂，避免经营环节过多而造成的流通成本上升，减少国家财政补贴；凭借其经营实体，一头连着市场，一头连着农户，通过与农户签定收购合同，把生产和市场紧密联接起来，成为有机整体；企业通过支持农户发展生产，既保证了加工、运销、货源的数量和质量，又较好地保护了农民利益，减少了市场风险，从而促进农业生产的稳定协调发展。1985年水产品市场放开完全产供销一体化以后直到1992年，水产品产量已连续7年每年增产100万吨以上；畜牧业实行产供销一体化改革的试点地区，生产发展也都较快，就是有力的证明。

（二）产供销一体化促进农业社会化服务向高层次发展。实行产供销一体化的工商企业，除向农户提供种苗、肥料、饲料等生产资料以及生产过程中的技术指导以外，一般还向农民预付一定的资金，或向农民提供一定数量的贷款，解决农民生产过程中所需的资金困难；在产品收购环节，农民与企业之间一般通过合同约束双方的权利义务；农民在生产前就知道自己应生产的产品数量、品种、质量以及交货时间、经济收益等，解除了卖难的后顾之忧。这种以经济利益为纽带、互惠互利、实行产前、产中、产后系列化服务的做法，是实现农业社会化服务的有效形式。

（三）产供销一体化促进了农业技术进步，加快了农业现代化进程。目前，我国实行的农业产供销一体化，无论是管理一体化还是生产经营一体化，一般都把农业技术的推广服务作为一项重要内容。在一体化组织体系中，由经济部门与技术部门结成联合服务集团，对农民实行产供销一条龙服务，尤其是其中的农业技术服务，本身就是实行产供销一体化的主要目标之一。一体化的特点是以科技为先导，经济为依托。实行农产品产供销一体化，拓宽了农技推广的渠道，增强了推广应用农业先进技术成果的实力，把大量的先进适用技术直接传送到广大农民手中，提高了农民的科技水平和农业的现代化水平。

（四）产供销一体化推进了农业生产的专业化和社会化。农业生产的小规模和自给性是我国农业发展中长期存在的两个难题。实行产供销一体化在很大程度上缓解了这两个问题。产供销一体化经营集团以市场为导向，以农产品加工和流通带动农业专业化生产，把一家一户的生产集中到某种统一的专业生产项目上。另外，一些地方还组织龙头企业分别围绕一种或几种农产品的生产，通过定向投入、定向服务，直接到农村建立了一大批专业化生产基地，并实行适度规模经营，推动了当地农业生产专业化、商品化水平的大幅度提高。

三、农业产供销一体化发展中存在的主要问题

总的来看，我国农业产供销一体化尚处于起步阶段，发展很不平衡，还存在不少问题，主要有：

（一）农村市场体系发育不完善，制约着产供销一体化发展。首先，农产品市场尚未完全开放，造成产销脱节、流通不畅，是制约农业产供销一体化发展的宏观因素。其次，已建立的市场受投入不足的限制，设施陈旧落后，交易手段原始，缺乏有效完备的管理规章和法制监督，造成一定程度上的市场混乱，这是制约农业产供销一体化发展的微观因素。

（二）管理体制改革进展缓慢，影响了农业产供销一体化发展。随着社会主义市场经济体制的逐步建立，与发展较快的产供销经营一体化密切联系的管理一体化却受到整个宏观管理体制改革滞后的影响而受到限制，许多农业企业由于经营自主权不充分，部门行政干预过多，政企不分，使企业缺乏足够的积极性和灵活性，或者导致企业以权牟利和出现新的垄断，影响市场经济活力发挥。

四、农业产供销一体化发展前景

农业产供销一体化是农村商品经济发展的客观产物，是农业经营管理现代化的一个重要标志。即使在当代西方发达国家，如美国、法国等，这种经营管理形式也大量存在。可以断定，这种经营管理形式必将随着我国社会主义市场经济体制的建立而逐步壮大。随着我国改革开放的进一步深入，完善国家、集体的各种流通服务组织，扶持流通领域中的各种农民专业合作组织和个体服务组织，根据不同地区、不同生产力发展水平逐步建立更多的农工商、贸工农、产供销一体化集团，是今后农业产供销一体化发展的方向。因势利导地扶持龙头企业，加强农产品商品基地建设，进一步深化流通领域体制改革和产供销一体化管理体制的改革，对条件已经具备的农产品特别是对一些商品化程度较高的生产项目，要大胆地实行一体化经营和管理。这些措施是加快我国农业产供销一体化发展的有力保证。只有使产销更紧密地结合，才能使农民最大限度地免遭产品卖难和市场风险所造成的损失。

（农业部综合计划司计划处）

林业服务业

林业是培育、保护、管理、开发和利用森林资源，充分发挥其经济、生态和社会效益的综合产业和公益事业部门，在国民经济产业结构中有许多特殊性。森林营造，具有种植业性质，属于第一产业；森林的开发与利用，是工业的组成部分，属于第二产业；林木良种和苗木、森林防火、森林病虫害防治、资源监测、科技推广及技术服务、林业工作站、信息服务、林产品加工、贮存、运输、销售、珍稀动植物的保护为营林、森工提供产前、产中、产后服务，属于第三产业，构成了林业的社会化综合服务体系。

一、林木良种和苗木

林木种苗是林业最基本的生产资料，它为造林绿化提供产前准备。我国的种苗生产在1978年前主要是贯彻“自采、自育、自造”的方针，没有统一的规划和合理布局。党的十一届三中全会以后，伴随林业的发展，林木种苗也有了长足发展。林木良种基地由1978年的10多处约1 040公顷，发展到1991年的767处5.97万公顷；1978年只有几个树种的采种基地，到1991年发展到了276处；1978年以前，我国树木引种还处于起步阶段，只有少数几个树种开始进行种子中试，到1991年，引种成功的主要造林树种已有10个；种子冷库由1978年的5座面积3 050平方米库容970吨，发展到1991年的21座面积10 899平方米库容3 670吨；林木种子质量检验室由1978年的20多处，发展到1991年的200处，增加了近10倍。

1978～1991年，共采收林木种子381 875吨，产值达8亿元；育苗7 004公顷，产苗6 690亿株，产值70亿元；林木良种产量430万公斤，优良无性系穗条

8亿条（根），造林890万公顷。

1992年，林木种苗工作继续贯彻落实了《中华人民共和国种子管理条例》和《林业部关于进一步加强种苗工作的决定》，以及有关林木种苗的国家和行业14项标准；积极推行林业厅局长办苗圃点；运用林业部统一调剂与各地自行调剂相结合的办法，搞好供应；加强林木种子质量检验，提高种子品质；进一步完善种苗业政策、法规和标准；积极推行新技术、新品种。

1992年全国林木种子采收量达23 000吨，生产苗木约480亿株，除长白、日本、兴安落叶松的种苗供应有缺口外，基本上可满足全国造林用种、用苗的需要，林木良种产量约140万公斤，比1991年增加9%。全年完成容器量育苗50亿株，比1991年增长67%，实现了用容器苗育珍稀树种到一般树种的突破。

林木种苗生产也还存在一些弱环节，如种苗生产与造林任务衔接不够紧密，种苗生产基地规模和生产能力满足不了造林绿化要求，林木种子贮备能力严重不足，苗圃设施陈旧，基建投资短缺等。

今后我国林木种苗事业依照逐步建立社会主义市场经济体制的要求，以确保造林绿化种苗供应，提高种苗"六率"（种子合格率、基地供种率、良种使用率、一级苗出圃率、自育苗率、容器苗率）为目标，在提高质量，优化结构，增加效益的基础上，建立健全适应林业发展的、合理的种苗生产、管理体系，实现种苗生产基地化、质量标准化、造林良种化。

二、森林防火

火灾是森林的大敌，森林防火工作是保护森林资源的重要手段。改革开放以来，森林防火同其他事业一样得到了迅速的恢复和发展，组织机构、专业队伍和基础设施建设普遍得到加强，特别是1987年大兴安岭特大森林火灾发生后，全国森林防火工作有了突破性进展：

（一）管理体系：1987年7月经国务院、中央军委批准成立了中央森林防火总指挥部（后改为国家森林防火总指挥部），随后全国30个省、区、市建立了防火指挥部及办公室，361个地区、2 017个县建立了地县级防火办公室，配备专兼职人员14 801人，全国还建立了专业森林消防队4 432支，92 778人。1988年11月，武装森林警察部队正式列入武警序列，经过全面整顿，这支队伍现已达1万多人，拥有16个支队，3个警校，105个大队，157个中队，共担负防护面积2 400万公顷。1987年林业部还恢复了西南航空护林总站及下辖6个航空护林站，至此全国共有航空护林站18个。

（二）基础设施：据统计，到1990年底，全国建立了望台4 566座，无线电通信设备43 255台，配备各类交通工具9 533辆，灭火机具207.7万件，修建阻隔系统121万多公里。

（三）业务活动：当前采取的森林消防措施一是加强森林火灾的预测预报工作；二是通过气象卫星监测、航空监测、瞭望台监测、地面监测加强森林火灾的监测；三是通过开设防火线，营造防火林带，修建防火公路加强火灾阻隔；四是建立各级通讯网络；五是加强扑火机具的应用；六是加强计划火烧；七是加强专业培训。

1987年1月国务院颁布了《森林防火条例》之后，各省、区、市普遍制定了实施办法，大力加强宣传教育、强化火源管理、多方集资加强防火基础建设并动员全社会力量共同防火。据统计，1988～1992年火灾发生次数、受害森林面积、森林火灾受害率分别比1987年前下降50%、95.5%、95.9%。

森林防火也还存在一些问题，如森林防火工作各地发展不平衡，成绩不稳定；防火的基础工作仍十分薄弱，基础设施设备总体水平落后；全国预防和扑救火灾的手段单一，综合能力不高；组织指挥体系不健全；科研教育有待进一步加强。

今后森林防火的任务是：实现森林火灾次数和受害森林面积稳中有降；健全防火组织、指挥体系；森林防火基础设施实现"四网两化"（即火险预测预报网、了望网、通讯网、阻隔网和队伍专业化、扑火机具化）；进一步发展专业、半专业扑火队；在现有基础上加强可行性研究，搞好干部培训。

三、森林病虫害防治

森林病虫害是一种生物性自然灾害，森林病虫害防治是保护造林绿化成果的重要措施。党的十一届三中全会以来，在大力发展造林绿化事业的同时，森保工作也得到了加强。

（一）各级政府加强了对森林病虫害防治工作的领导，主要领导都对森保工作有过明确指示和具体领导。

（二）法制建设逐步完善。1983年1月，国务院发布了《植物检疫条例》，1992年5月又重新作了修改，1984年9月林业部制定了实施细则（林业部分）；1989年12月国务院发布了《森林病虫害防治条例》，林业部制定了《森林病虫害预测预报管理办法》、《主要森林病虫鼠害发生面积统计规定》。

（三）森林病虫害防治管理体系逐步完善。1980年，全国建立防治站280个，1 400多人，设立预测预报站（点）1 200个，有专兼职测报人员1 500多人。到1992年，全国省地县三级森林病虫害防治检疫站发展到2 400多个，地方县级以上从事森林病虫害防治的职工人数11 800多人，基层预测预报站（点）14 000多个，专兼职测报人员26 000多人。

（四）推行了森林病虫害防治服务工作。组建森保公司，成立专业队，组织虫情调查测报承包，开展系列化服务。

（五）提高了控制森林病虫灾害的能力。一是防治范围扩大，二是防治对象由少到多，三是检疫工作逐步走向正规，四是防治设施进一步改善。据统计1992年全国森林病虫害发生面积880多万公顷，比1991年下降25.7%，防治率由1991年的52.75%上升到61%。

（六）发展了森林病虫害的测报、药物、生物等多项防治技术，开展了森林病虫害综合治理工程。

森林病虫害防治也还存在一些问题：人工造林面积快速增长，大面积人工纯林为病虫害的发生创造了有利条件，防治任务加重；国内外商品流通日益频繁，危险性病虫害人为传播机会增大；个别地方领导重视不够，在森防体系建设、管理上出现弱化现象。

今后森林病虫害防治要切实加强领导，搞好目标管理；深入贯彻落实两个《条例》；狠抓森林病虫害防治管理体系建设；抓好重点病虫害的综合治理工程，依靠科技进步，提高森林病虫害防治技术水平。

四、森林资源监测

森林资源监测是采用数理统计理论和计算机技术，对森林资源状态、数量、质量进行定期监视和测量的业务，为林业生产提供产前服务。1978年以前，由于种种原因，森林资源监测工作规模小、速度慢、人员少，全国森林资源的数字是1973～1976年第二次森林资源清查的结果，全国省级以上的森林资源监测队伍只有1 000多人。1978年以来，森林资源监测工作随着林业的振兴得到了应有的重视和发展。

（一）人员设备得到补充完善。到1992年，全国省、地、县森林资源监测队伍发展到约8 000人；仪器设备进行了部分更新，计算手段全部实行了计算机化，全国森林资源监测工作使用的微型计算机达到300台左右。

（二）监测业务工作有了新进展。1982年林业部召开了全国林业调查规划会议，明确了森资调查的作用和范围，1985年又召开会议，布置了二类调查的任务和时间。1979年以来，共完成了两次全国森林资源连续清查复查任务，提供了两次森林资源统计成果，并在全国各省、区、市完成了二类调查面积2.2亿多公顷。通过每年造林核查、消耗量调查，从1989年开始，每年可提供上一年度的造林核实率和森资消耗量及其消耗渠道。

（三）采取了一系列改革措施。首先加强了林业部调查规划设计院以及西北、中南、华东调查规划设计院队伍建设；其次建立国家级和地方级森林资源监测体系；第三加强了信息采集工作；第四及时准确提供森林资源变化重大信息，同时开展技术交流，先后两次召开技术交流会，共推广项目74项。

1992年，森资监测工作取得了新的进展，天津、山东、广东、云南、四川等省市开展了森林资源连续清查；29个省区市开展了消耗量调查，范围涉及336个县（局）、1 191个乡（场）、3 293个村（工区），有关单位885个，服务行业的烧材大户8 587个，城镇居民6 462户，农户32 406户；27个省区进行了1991年造林更新实绩核查。

森林资源监测工作还存在的问题是：我国林区大多处于老少边穷地区，技术力量薄弱，资金设备不足，经营管理仍然粗放；森资监测工作作业面广，交通不便，环境条件艰苦，手段设备落后。该工作技术性强，高度分散，需要投入较大力量。

今后森资监测工作，一是要向提供森林资源变化多种信息的方向发展；二是要向林区提供全面服务的方向发展；三是要向社会主义市场经济的方向发展。

五、科技推广及技术服务

科技是第一生产力，林业科技为林业事业的发展提供了全面、系统的服务。

（一）林业技术推广服务体系。1982年林业部提出了“科研与生产并重、科技与推广两手抓”的指导思想，1983年国务院批转《劳动人事部、农牧渔业部、林业部、财政部关于加强农林第一线科技队伍的报告的通知》，提出在全国建立林业科技推广服务体系，到1992年底，林业部与地方合建林业技术推广站（中心）336个；地方自筹建设林业技术推广站约1 500个，全国现已有县级以上林业技术推广站（中心）1 800多处，职工约2万人。并从1991年始开展了每年一期省级站长和部分地级站长培训活动。1990年林业部决定每年拿出100项适用成果向全国推广，并于1992年起建立计划、财务、生产和科技部门“四位一体”的促科技成果转化运行机制，同时建立科技开发推广试验区，深入开展“科技兴林”试点工作。1984年，在国家科委、经委、农业部和林业部联合召开的全国农林科技推广经验交流会上，林业部门有74个先进集体277个先进个人受到表彰奖励。

（二）林业标准化服务。1978年以来相继成立了全国人造板机械标准化委员会、全国林业机械标准化技术委员会、中国木材标准化技术委员会、全国林木种子标准化技术委员会、全国人造板标准化技术委员会。并从1978年开始发布各年度林业国家标准和行业标准，据统计，到1992年底，已经发布实施林业标准701项，同时还开展了建设林业标准化县试点工作。

（三）林业专利服务。1985年9月在科技司设立了专利管理机构，1985年10月建立了北京林业大学专利事务所，同时开展了培训工作，进行了有关专利业务的活动，如参加全国性会议，承办专利申请，举办各种专利技术交易会、展览会，宣传转让专利技术等。

（四）林业科技信息服务。1978年林科院科技情报所重新独立，林科院所属主要专业所、各省林科院所及有关单位，也先后设立了自己的情报部门。1983年组建了全国林业情报网，成立了林业部科技情报中心，该中心1984年正式运转，此后，逐步批准设立了20多个省中心及专业中心。1978年，林科院情报所有职工50人，目前已达近150人。1978年全国林业系统情报工作者不足千人，目前估计已近万人。图书资料、文献检索、情报报道、情报调研及决策咨询、国际交流、培训和技术推广等业务活动已广泛开展起来。

1992年林业部制定了《关于实施‘四位一体’促科技成果转化运行机制的暂行规定》，建立了第一个林业技术开发试验区，组织了重大科技推广项目的实施；制定发布了13项国家标准，22项林业行业标准；推出了10多项林业专利技术列入林业部100项科技成果推广项目，21项专利新技术新设备参加中国专利局举办的展览；制定了科技情报的4个文件，正式发表论文25篇，完成调研报告50万字，正式出版8种期刊，落实了36个国际项目。

林业科技推广技术服务也还存在一些问题，如基层科技人员力量不足，素质低，整体科技水平发展不平衡，对科技的一些新形势认识不足，机构还不健全等。

今后林业科技推广和技术服务将围绕林业生产建设，进一步提高技术水平，改革机制，加强服务，走向市场，实行内引外联，提高服务层次和标准，为林业生产建设当好排头兵。

六、林业工作站

区、乡（镇）林业工作站（以下简称林业站）是林业主管部门指导和组织农村集体、个人发展林业生产的基层事业单位，是开展林业社会化服务的主体。长期以来，由于种种原因，林业站建设进展缓慢，到1987年，全国林业站仅1.7万个，从业人员不足8万人。1987年12月全国林业厅局长会议上，林业部把加强林业站建设作为林业改革的六项任务之一提了出来，1988年3月林业部召开了《全国区、乡（镇）林业工作站建设座谈会》，随即编发了《1988～1992年全国区、乡（镇）林业工作站建设规划》，同年7月林业部颁发了《区、乡（镇）林业工作站管理办法》，11月组建了林业工作站管理总站。1990年3月人事部、林业部联合颁发了《农村基层林业工作站人员编制标准（试行）》，1992年9月林业部、人事部又联合下发了《关于进一步做好基层林业站人员补充工作的通知》，到1992年底，全国多数省（区、市）已基本解决了林业站编制问题，林业站的数量达36 974个，其中1992年新建林业站2 685个，林业站职工由不足8万人增加到14.4万人。与此同时，林业站的业务也由单一向多功能转化，除组织、指导林业生产和管理外，还开展了岗位培训，到1992年底，全国共培训林业站站长1.1万人，站员2.4万人；加强了自身建设；开展了林业社会化服务，全国已有1.54万个林业站开展了不同形式的多种经营，年创产值8.18亿元，创利润1.21亿元；进行了“标准站”建设，1992年下发了《关于在全国开展林业工作站达标活动的通知》，并印发了“达标办法”，制定了“达标站建设标准”。

目前林业站还存在一些薄弱环节，巩固、完善、提高的任务仍十分沉重。一是工作条件亟待改善，现已建站的3.7万个林业站有自有站房的不足1/2；二是林业站职工岗位培训任务繁重，到1992年仅完成主要培训量的1/4；三是目前尚有6个省（区、市）的林业站人员编制问题还未解决；四是多种经营发展不平衡。

今后林业站准备象抓建站一样抓好“标准站”建设，力争到2000年使已建立的林业站都达到“标准站”水平。并以此促进林业站在职能发挥和经营服务方面上新台阶，把林业站建成管理有序、经营有方、功能齐全、具有自我发展活力的基层林业事业单位。

七、信息服务

信息服务是改革开放新形势下的产物，近年来林业在信息系统开发应用方面做了大量工作，如建立了“四五”、“五五”期间的全国森林资源数据库、全国林业科技人才数据库、林业部工业普查数据库、林业科技文献数据库等，在建“六五”森林资源数据库和全国二类调查数据库；开始建国家造林项目信息系统、防火管理信息系统、森林病虫害防治管理信息系统；研制了资源与环境信息系统中卫星遥感图象处理软件，林业常用统计与绘图软件，人事、财务、物资信息管理软件等。为加强信息管理，1991年6月林业部成立了经济信息中心（同年正式改名为林业部信息中心），随后全国林业信息机构开始建立，林业信息网络逐步建立和完善，各种林业信息刊物开始定期出版，同时编制完成了《林业信息系统总体规划》。目前部信息中心正在组建全国林业企业信息网、全国林业事业信息网、全国林业管理信息网、国际林业信息网和建立完善专业信息网，逐步实现部信息中心与国务院、林业系统的广域和局域计算机联网。

林业信息工作存在的主要问题是：现有林业信息工作者，对信息中第三产业的组成部分经营意识不足，办法不多，使林业信息服务至今还是起步阶段，与进入市场尚存很大差距。

今后林业信息工作要继续坚持林业信息为宏观决

策和林业经济建设微观导向服务的思想，逐步落实林业信息系统总体规划，推动林业信息系统建设与应用，充分利用电子信息技术改造传统产业、推广深化应用成果，促进信息产业化。充分开发林业信息资源，力争以快速、准确、敏锐的林业决策、林业政策和林业经济等信息向全社会提供全方位服务，促进信息产业化。进一步健全和完善林业信息网络，推广应用先进通信技术，促进网络通讯的合理发展。进行重大软科学研究。

八、林产品经营及流通

林产品的经营管理和流通方式经历了自由购销阶段、统购统销阶段和"双轨制"阶段。1981年，国家对部分木材取消了统购统销，1982年林业部组织召开了东北内蒙古国有林区、西南西北国有林区和南方集体林区与18个重点产材省区和销区参加的第一届非统配木材交易会。自此，林业部每年组织一次全国性的非统配木材交易会。

为保证坑木、枕木及重点造纸材的供应，在国家计委的支持下，从1989年开始，林业部对南方集体林区的这三项用材实行指导性计划销售，对一些如煤炭、造纸等重点用材大户，组织签订互保供应协议和组织召开专业订货会。

近年来，林业部门在全国各地建立了比较健全的销售网络。国有林区和集体林区由林业部门掌握全国商品木材批发总量的90%以上，由林业部门主管的省级木材公司18个，地、县各级林业部门有经销机构和网点2 500多个，林区在销区设立的自销、联销及销区林业部门的销售网点共计1 600多个，4 000多个国营林场的木材自产自销，实行了产销一体化经营。

为加强对林产品流通的政策管理和理论研究，林业部于1990年在大连召开了林业厅（局）长会议，专题研究林产品流通问题。并在南京林业大学设立了"林业部林产品贸易研究中心"，开展了林产品流通课题研究。1992年在北京召开了全国重点产材省区的林业厅（局）长、木材经销处长会议，具体部署林产品流通深化改革工作。到1992年由林业部门承办已开业的省级木材批发市场有3个，共成交木材及有关林产品154万立方米，交易额达8.7亿元。同时，一改过去单一的木材交易会为木材、林产工业品、林副特产品等多种产品交易会，1992年在长沙举办的第14届全国木材及林产品交易会成交木材等产品700多万立方米，成交额近40亿元。并拟在北京成立国家级木材及林产品交易市场。

1992年，全国19个重点产材区木材生产累计完成4 590万立方米，为计划的84%，销售完成3 926万立方米，比去年略有增长，木材库存减少，年末全国库存836万立方米，比年初下降7.2%，木材价格升幅较大，多数品种超过1988年最高价。木材市场的复苏，使其他林产工业产品也供不应求，1992年全国林产工业行业完成人造板产量289万立方米，为年计划的118%，松香、栲胶、纸浆、纸板均完成年度计划。1992年东北内蒙古林区出口木片5.4万绝干吨，创汇500万美元，南方林区出口木片约35万绝干吨，创汇3 500万美元。小木片已打入韩国、日本、台湾等东南亚市场。

林产品产供销还存在一些问题：如铁路运力紧张严重影响了林产品流通的发展；企业资金紧张影响了生产发展；林产品流通渠道仍存在不同程度的混乱需进一步理顺。

今后林产品经营及流通应做到：

（一）继续深化林业内部流通体制改革，进一步理顺流通渠道，管好森林资源，搞活流通。

（二）大力培育和发展林产品市场，完善和规范市场体系，真正把企业推向市场，促进供需直接见面。

（三）做好重点用材的导向销售工作，研究新形势下如何保证国家重点建设需要，适应社会主义市场经济规律要求的林产品供求关系。

九、自然保护区和野生动物保护管理

（一）自然保护区

自然保护区根据其主要保护对象分为三种类型：森林及其他植被类型（简称森林类型），野生动物类型和自然历史遗迹类型。1978年以来，全国各省相继建立了各种类型的自然保护区，据1992年9月统计，全国自然保护区总数已达708处（台湾未统计在内），总面积5 609万公顷，占国土面积的5.84%，其中国家级有77处。林业部门建设管理的自然保护区有420处，总面积达4 400多万公顷，其中国家级的56处。到1992年底，林业部已审批国家级自然保护区设计任务书44个。

1985年国务院批准、林业部颁布了《森林和野生动物类型自然保护区管理办法》，初步建立了从林业部、省（区、市）林业厅（局）到地、县林业局的自然保护区管理体系。几年来，各级主管部门做了如下几项工作：一是自1980年开始与科研院（所）及大专院校联合举办多期自然保护区资源和环境管理、专业技术人员和旅游管理培训班，并与有关国家和国际自然保护组织共同举办各类研讨会和安排一些专业技术人员到国外进行业务培训；二是开展多种经营，增强自然保护区自身活力；三是开展自然保护区科学研究，组织专家对自然保护区进行综合考察和专业调查，摸清了自然本底，为保护区建设积累了宝贵材料。进行珍稀、濒危、特有物种的保护与繁殖研究，现扬子鳄总数超过4 000头，1991年以来繁殖大熊猫5头，成活3头，此外，对我国特有珍贵树种的研究受到有关国际组织的关注，并开展了定位监测研究；四是执行国际公约，开展国际合作。近几年我国参加了4个重要国际自然保护公约：即《濒危野生动植物种国际贸易公约》、《关于保护世界文化与自然遗产公约》、《关于特别是作为水禽栖息地的国际重要湿地公约》、《生物多样性公约》，有9处自然保护区参加了国际人与生物圈保护区网，6处保护区被列入《湿地公约》中的国际重要湿地名录。另外，在与国际各团体开展的合作中也取得了成绩。1987年在美国召开的第四届世界自然资源保护大会上，林业部刘广运副部长代表中国政府接受了“自然保护领导奖。”

到本世纪末全国将建立和新划自然保护区494处，其中森林及其它植被类型的329处，野生动物类型的129处，自然历史遗迹类型的36处。

（二）野生动物保护和管理

野生动物是自然生态系统的一个重要组成部分，我国是世界上动物种类最多的国家之一，仅脊椎动物就有4 400多种，占世界总种数的10%以上，其中两栖类210种，爬行类320种，鸟类1 186种，兽类500种，鱼类2 200多种。

改革开放以前，我国野生动物管理工作虽然有了一定发展，但没有从根本上改变人们长期形成的“野生无主，谁猎谁有”的状况。党的十一届三中全会以来，野生动物保护事业重现生机。

1. 建立健全保护管理体系，提高专业人员素质。1980年林业部设立了中华人民共和国濒危物种进出口管理办公室，1983年在北京成立了群众性的野生动物保护组织中国野生动物保护协会，1987年林业部又成立了“野生动物和森林植物保护司”。据统计全国目前从事野生动物保护管理的工作人员有1.3万人，中国野生动物保护协会的会员达3万多人。根据需要1979年又将东北林业大学野生动物专业扩大为野生动物系，同时在其他一些院校开设了自然保护和野生动物专业课。

2. 进行珍稀动物资源调查和科研，开展候鸟环志工作。1981年在林业部设立了全国鸟类环志办公室，1982年在林科院设立了全国鸟类环志中心，到目前为止，全国已设立鸟类环志站点60处，累计环志候鸟186种，总数约5万余只。

3. 制定法律法规，依法保护野生动物资源。1983年，国务院发布了《关于严格保护珍贵稀有野生动物的通令》，1987年国务院发出了《关于坚决制止乱捕滥猎和倒卖走私珍稀野生动物的紧急通知》，1988年11月，第七届全国人大常务委员会第四次会议审议通过了《中华人民共和国野生动物保护法》，1992年2月，国务院批准颁布了《陆生野生动物保护实施条例》。

4. 建立完善保护管理制度。包括建立环境监测和环境影响报告书制度，实行特许猎捕证和狩猎证制度，建立经营利用市场、运输的管理制度。

5. 严格猎枪、弹具管理。在1983、1987、1991三年中，国务院发出的保护野生动物资源文件都对猎枪弹具管理作了明确规定，并由林业部和公安部起草了《中华人民共和国猎枪弹具管理办法》。

6. 加强野生动物及其产品的进出口管理。

7. 拯救濒危动物。在川、陕、甘三省建立各种大熊猫专业保护组织60多个，从事保护人员达千人，1983年以来共抢救大熊猫131只，其中救活95只，并与世界自然基金会（WWF）开展为期10年的大熊猫合作研究和保护；此外还建立了朱鹮、扬子鳄等其它动物的保护观察站和繁殖中心。

8. 发展野生动物饲养和狩猎。全国现已建立养鹿场（点）429个，鹿存栏数为15～20万头，建养熊场（点）约百个，各类熊存栏数达3 500～5 000头，此外还饲养猕猴3万只左右；1984年我国成立了第一个对外开放狩猎场——黑龙江桃山国际猎场，此后又建对外猎场14处，试验性狩猎区4个，接待10个国家和地区的狩猎者2 025人次，创汇150多万美元。

9. 积极参与国际合作和交流。参加有关国际公约，学习国外技术经验；开展对外科技合作，提高科技水平，争取国际援助，促进保护事业。

今后野生动物保护管理的发展目标是：在全面贯彻“加强资源保护，积极训养繁殖和合理开发利用”方针的基础上，经过8～10年的努力，建立起我国野生动物养殖和狩猎的产业管理体系，建一批国家对外狩猎场和野生动物养殖及产品开发基地，狩猎产品和野生动物加工产品的产值每年达到5 000万元以上，其中60%以上的产品出口国外。

（林业部　郝学峰等）

水利服务业

水利是农业的命脉，在特定的社会和经济发展阶段，对于具有80%农业人口的农业大国，早已作为一个简单而又深刻的道理为人们所接受。从产业划分的角度来讲，水利属于基础产业。从广义上讲，水利是国民经济和社会发展的基础设施，各类除害兴利水利工程主要为工农业生产和国民经济发展服务，在国民经济分类中属于非工业企业，因此水利业属于第三产业的范畴。狭义上讲，水利工程管理的大中小灌区、机电排灌等设施属于农业生产中必不可少的生产要素，主要用于农业生产，具有第一产业的属性，而水力发电、机械加工、水利建筑等属于工业和建筑业的范畴，又具有第二产业的属性。因此，水利业属于对国民经济全局影响较大，当前矛盾比较突出，与第一、第二产业关系比较直接，必须加快发展的行业。

一、水利行业发展和改革的基本情况

长期以来，由于受传统思想观念的影响，水利在国民经济中的地位这一核心问题一直未能合理确定，使得水利行业的发展远远滞后于社会和国民经济的发展，成为重要的制约因素。党的十一届三中全会以来，随着改革开放的逐步深入，水利基础产业的地位得以明确。党的十三届七中全会通过的《中共中央关于制定国民经济和社会发展十年规划和“八五”计划的建议》明确指出：“水利是基础设施的重要组成部分，不仅关系到农业，而且关系到工业建设和人民生活，中央和地方都要充分重视，认真抓好”。“要把水利作为国民经济的基础产业，放在重要战略地位，努力提高抗御洪水灾害的能力，防治水土流失，巩固和改善现有水利设施，增加农田浇灌面积”。据此，中央和地方各级政府对水利建设实行了倾斜政策，各级水利部门冲破旧的思想观念的束缚，千方百计多渠道、多层次增加水利投入，使水利事业的发展有了较大改观。经过长期实践，明确水利行业的任务是：合理开发利用和保护水资源，防治水害，充分发挥水资源的综合效益，适应国民经济发展和人民生活的需要。水利工作的方针是：加强经营管理，讲究经济效益。水利行业的改革方向是：从以农业为主转到为社会经济全面服务；从不讲投入产出转到以提高经济效益为中心的轨道；从单一生产型转到综合经营型。在水利工作管理中，以水费、电费收入和综合经营为支柱，使水利工作的管理逐步走上良性运行的机制。

十一届三中全会以来水利行业发展和改革可以概括归纳为以下几个方面。

(一) 大江大河治理步伐加快，防洪除涝标准进一步提高，为国民经济发展和人民财产安全提供了有力保障

洪水灾害是当代世界上危害最大的自然灾害之一，我国2/3以上的国土均不同程度遭受洪水威胁。党和政府历来都把防洪建设作为治国安邦的根本大计给予高度重视。尤其是十一届三中全会以来，随着经济建设速度加快，大江大河防洪治理步伐大大加快，防洪标准有了明显提高。截止1992年，全国修建各类江河湖海堤防长达24万多公里，比1978年增加了8万多公里；建成水库8.4万座，库容4 688亿立方米，比1978年增加676亿立方米；全国易涝面积3.6亿亩，已治理了2.8亿亩。水利防洪工程保护了约5亿人口和2/3以上的工农业总产值，其经济效益和社会效益巨大，难以以价值量估价。

(二) 农村水利水保服务体系进一步健全，促进了农业生产的稳产、高产

农村水利水保服务体系是指以大量的水利设施和水土资源为基础，以全面开发水资源、防洪除涝、农田灌溉、搞好乡镇供水、小流域综合治理、推广新技术、加强农村水利建设和管理为主要职能，以服务为宗旨，促进农村经济发展为中心而建立起来的水利服务实体。目前全国已建立各类水利水保组40万个，拥有人员600多万，初步形成了以水利工程为依托，以县乡水利部门为组织保证的县、乡（镇）、村水利水保各类服务实体网络。

截止1992年，全国农村水利水保体系管理着8万多座水库，5 300多处万亩以上灌区，7 000多处大中型供水工程，农田有效灌溉面积从1978年的7.2亿亩发展到7.4亿亩，机电排灌动力从4 700万千瓦增加到6 600万千瓦，为占全国2/3以上的粮食产量、1.5亿人口及大量的乡镇企业提供了生产和生活用水。全国已初步治理水土流失面积51万平方公里，占需治理面积136万平方公里的37.5%。水利工作每年还为城市、工业和人民生活提供570亿立方米的水源。实践证明，农村水利水保服务体系已成为农村社会化服务体系的重要组成部分，在农村经济发展中发挥了极为重要的作用。

(三) 水利综合经营发展速度加快

水利综合经营是在党中央、国务院及各级政府部门关怀下，各级水利部门在改革的大潮中冲破束缚以寻求水利发展新途径的状况下得到蓬勃发展的。过去，水利综合经营范围除发供电、建筑施工、修造外，仅局限于种植业、养殖业和加工业。近年来，水利综合经营发展速度明显加快。从1978年的仅具雏形，到1992年，全国水利综合经营总产值已达160多亿，为繁荣市场经济、解除职工后顾之忧、弥补水利事业经费不足等方面起了重要辅助作用。近年来，水利综合经营在巩固原有产业的基础上，又重点在以下几个方面取得了进展：结合河道整治和滩涂围垦等进行的土地开发、出租和转让，推动了水利房地产业的发展；结合已有水利工程利用水利系统旅游资源建设水上公园和观光景点等使水利旅游业形成了一定的态势并得到发展；各级水利部门在各地兴办商业、服务网点，初步形成了产、供、销一条龙的服务体系；利用水利科研院所的技术力量和人才优势，向社会提供科技、信息及咨询服务等已在水利综合经营中占有重要地位。

(四) 发展建立流域综合开发服务体系

流域综合开发服务体系是指以主要江河流域为单

元，组建经济实体，进行水资源开发、防洪、灌溉、供水、河口整治、围垦造地等流域综合开发，建立投入产出的良性运行机制，使建设资金滚动使用，滚动开发，并为全流域国民经济和社会发展提供服务。

目前，流域综合服务开发体系的建立正在起步，松辽、海河、黄河、淮河、长江、太湖、珠江等7大流域都已成立了水利水电开发公司。水利部属7个流域机构拥有职工5.6万人的雄厚力量。今后发展的重点是要进一步加强水电开发，特别是农村水电、地区电网的建设开发，以此促进农村经济的发展；加快供水工程灌溉工程建设，缓解城乡用水紧张局面，保证工业用水，保证农业灌溉；搞好河道、河口整治，加速江河土地开发利用；大力发展水利综合经营，搞好水利高科技开发和服务。

二、存在的问题

（一）水利作为国民经济的基础产业，其发展远远落后于国民经济发展的需要。江河湖海防洪能力偏低，洪水灾害仍对国民经济和社会安定构成严重威胁；排灌设施与农业生产发展不相适应；北方地区和许多城市缺水严重，水源普遍污染；水土流失严重，水能资源开发利用程度不高；大量工程设施老化失修，效益衰减；水利全行业贫困，队伍不稳定。等等。这些问题集中反映为水利投入严重不足，制约和影响了水利事业的发展。

（二）目前还缺乏整个水利行业全面发展的规划和完善的管理机构，行业管理薄弱，尚未完全走出水利业的大框框形成跨行业、跨部门规模效益。

（三）在如何把水利建设与经营管理相结合、把服务与效益相挂钩方面还须加大改革的力度，并制定相应的办法和政策。目前，水利建设只讲投入，不讲产出，只注重社会效益，不注重经济效益的现象还很普遍，极大程度上忽视了自身行业的生存需要。水利价格体系不合理，产出机制不健全，水利产品价格不能按价值规律确定，使水利工程难以维持运行管理。

（四）水利综合经营缺乏国家优惠政策支持，水利行业基础薄弱，市场竞争能力不强。

三、1992年的发展概况

1992年是改革开放继续向纵深发展的关键年，水利行业在邓小平同志南巡讲话及社会主义市场经济理论指导下，按照《中共中央、国务院关于加快发展第三产业的决定》的要求，围绕水利建设体制及机构改革进行了部署，并得到了很快的发展。

1992年是水利建设的高峰年，国家和地方政府对水利投入给予了极大的倾斜。黄河、淮河、太湖等大江大河的治理步伐明显加快，防洪体系进一步健全，防洪标准普遍提高。1992年，新增防洪堤防2万多公里、水库库容10亿多立方米、有效灌溉面积近1 000万亩、治理水土流失面积5 000多万亩。1992年，重点加快了各级水利部门向社会服务的职能转变，成立兴办了各种类型的服务经营实体。使水利行业由已有的农村水利水保服务体系、商业服务进一步向房地产开发、水资源综合利用、高新技术开发与服务等领域拓宽。粗略统计，1992年水利行业第三产业从业人员比1991年增加10万人，水利综合经营产值由1991年的110亿增加到160多亿，增长速度为45.5%。

四、今后的发展方向

水利行业今后发展的方向和目标是要充分利用水土资源及人才、技术设备的优势，重点加强以下几个方面的工作。

（一）加强行业发展的全面规划和宏观管理，积极开拓市场，走向竞争，探索一条水利行业在市场经济中自我完善、自我发展的道路。

（二）积极推行多层次、多渠道的全社会集资办水利的政策，努力增加水利建设投入，大力提高主要江河防洪除涝标准，发展农田灌溉面积，加强水资源的开发、利用和保护，以巩固和加强水利基础产业的地位，为国民经济和社会发展全面服务。

（三）加强水利工程的经营管理，努力贯彻落实国家制定的有关政策、法规，不断理顺和调整水利行业产品的价格体系和投入产出机制，提高水利行业的经济效益，使水利工作逐步形成自我积累、自我发展的良性运行机制。

（四）农村水利水保服务体系作为农村社会综合服务体系的主要组成部分，是为农村经济发展做好产前、产中、产后服务的，要作为重点产业加强发展。

（五）要抓住与水利紧密相关的水土资源、旅游资源及生产加工业，把房地产开发、水利旅游及商品流通服务等推向社会，参与竞争。同时要在防洪保险、国际经济贸易及科技服务、信息咨询等方面争取获得有关行业和部门同等的经营管理服务的政策和权利。

（六）要积极支持和推动流域综合开发体系不断发展。要大力推行水利建设投资有偿使用制度，逐步建立水利水电发展基金，发展一批骨干水电、供水工程，并以此为依托，推动流域综合开发全面发展。

（水利部计划司　王爱国）

信息服务业

信息服务业和国家经济信息系统

我国信息服务业是伴随改革开放发展起来的新兴知识密集型产业，是社会发展和科技进步的必然产物，已经成为第三产业的重要组成部分。信息服务业的发展，对实现决策的科学化、民主化，促进政府职能和企业经营机制的转变，保障改革开放的顺利进行，提高我国国民经济的整体效益和企业的国际竞争力等都具有十分重要的意义。信息服务业根据所使用的手段和发展历史，可以分为传统的和新兴的信息服务业。传统的信息服务业包括图书、情报、档案、新闻出版、专利等。新兴信息服务业是指以计算机为主要处理手段的信息服务，包括信息采集和提供业、信息处理和加工服务业以及信息技术服务业、系统集成业等。我国信息服务业是随着信息用户的增多而逐步兴旺发展起来的。50年代末期到70年代中期，我国信息服务业没有专业队伍，主要由生产厂家和用户承担培训、信息采集和处理加工、开发等业务。70年代末期到90年代初期，随着我国经济建设的发展，迫切需要信息服务业专业化、社会化。我国自70年代末期开始逐步建立起全国性、地区性的专业信息服务机构，开始作为一个知识、技术、智力密集的新兴产业，一种节省能源资源而又无（低）公害的高增值、高效益的产业，渗透到国民经济、社会各个领域，是第三产业中最活跃的部分。信息服务业的发展可以促进产业结构优化、就业人数增加、国民经济产值增长，推动社会其他产业发展，大幅度提高生产力。

一、发展规模

周恩来总理生前曾指示：要建立一个国家经济信息系统，通过计算机和通讯技术的处理与传输，为中央宏观经济决策服务。1975年下半年，谷牧副总理签发了建立国家计委、统计局电子计算机系统工程任务书的通知，要求国家和各省建立电子计算中心和计算站。1980年上半年，为了迎接我国第三次人口普查，实现计算机处理，中共中央和国务院联合发文要求各省、市、自治区人民政府于1981年5月前，务必把各省计算站建立起来，并保证装机运行。1983年我国第三次人口普查完成以后，为了适应国家信息系统建设的发展，国家计委相继成立经济预测中心和经济信息管理办公室。

1984年9月，邓小平同志为国家信息系统题词："开发信息资源，服务四化建设。"指明了国家信息系统建设的目标和方向。1984年11月30日国家计委向国务院呈报《关于建设国家经济信息系统自动化管理系统若干问题的请示报告》，提出建立国家信息系统的设想建议，并附《国家经济信息自动化管理系统一期工程总体规划方案》。1986年2月20日，国务院在国函[1986]25号文《关于建立国家经济信息自动化管理系统若干问题的批复》中指出：为了统一领导国家经济信息系统的建设，加强经济信息的管理，同意组建国家经济信息中心，委托国家计委代管。

1986年4月12日，国务院办公厅国办函[1986]18号文，批复建立国家经济信息管理领导小组。1986年11月13日劳动人事部发出劳人编[1986]240号文《关于国家经济信息中心编制问题的通知》，同意国家计委《关于国家经济信息中心的机构性质和人员编制问题的请示》，在国家计委计算中心、预测中心和经济信息管理办公室的基础上，正式建立国家经济信息中心。

到目前为止，全国30个省、自治区、直辖市和14个计划单列市、280个地（市）、1 500多个县（市）建立了信息中心。根据《国家经济信息自动化管理系统一期工程总体规划方案（1985—1990）》的要求，初步纵向建立了中央、省（市、自治区）、中心城市（地、盟）、县（市）和企业级的四级信息中心，并拟在1995年开始，将信息系统延伸到镇一级。横向的中央各部委也先后建立了100多个部属信息中心。

1988年1月22日，邓小平同志为国家经济信息中心题写"国家信息中心"名称。由此新组建的中心改称为“国家信息中心”。

国家经济信息系统是为我国的经济管理服务的。它面向中央和地方各级政府的综合经济管理部门，为各级政府的宏观决策服务，同时也向企业、社会提供信息服务。国家经济信息系统主要包括下述任务：

（一）采集、处理、存储和分析与国民经济活动有关的各类经济信息，及时、准确地掌握全国经济活动的基本情况；

（二）完成重大国情国力的调查和数据处理任务，进行各种经济分析和预测；

（三）为中央和地方各级政府制定经济和社会发展计划提供计算分析和辅助决策手段；

（四）为中央和地方各级经济管理部门进行生产调度指挥提供信息依据和现代化手段；

（五）为各级政府机关和经济部门的事务处理、办公自动化提供技术支持和服务；

（六）根据国家法律和规定，开展国际、国内的信息交换和服务工作。

改革开放以来，我国信息服务业发展较快，覆盖面很广，逐步渗透至国民经济生活的各个领域，取得了较为显著的社会和经济效益。我国信息服务业主要分布在政府部门、工业部门、科研教育部门。主要子行业的情况是：

——政府部门信息系统：改革开放以来，国家重点建设了国家经济信息系统、政府政务信息系统、银行业务管理信息系统、铁路运营信息系统、电网监测控制信息系统、科技情报系统、财政税务信息系统等10多个大型信息系统。许多与业务工作紧密联接的信息系统如银行、财税、外贸、物资、铁路、海关、民航、电网监测等取得了十分显著的经济和社会效益；为宏观决策服务的信息系统边建设边发挥作用，为各级政府和部门提供了大量有价值的信息和信息产品，为实现决策科学化、民主化作出了贡献。

——企业和市场信息系统与网络、电子信息技术服务业：80年代初，面向企业和市场的信息系统和网络开始出现，目前全国已建起上百个跨地区、跨行业的信息系统和网络，如以省会及中心城市为主体的信息网、以骨干企业为依托的专业信息网、以市场供求信息和国家政策法规为主要内容的综合性信息网等，有的网络已达几万个用户。这些信息系统和网络与企业和市场联系紧密，在企业走向市场及市场体系发育中起着重要的作用。

——信息和信息技术服务企业：正在形成和发展中。数据录入、数据库服务、信息系统开发和维护、系统集成、增值网等发展迅速，现已成为信息产业化的先头部队。

二、总体水平与总量情况

由于我国的统计体系还没有将信息服务业作为一个独立产业指标考虑，因此，对信息服务业的发展总体水平和总量情况作粗略的估计。我国信息服务业1989年的总营业额为15亿元人民币，1990年总营业额为20亿元人民币。根据掌握的数据推算，1991年的市场大约在30～35亿元人民币之间。

总体发展水平落后。进入80年代以来，信息服务业已成为许多国家的支柱产业，信息服务业部门创造价值占国民生产总值的比重，已被视为衡量一个国家经济发展水平的标志之一。同世界上不同发展水平的国家相比，我国信息服务业的总体发展水平都明显偏低。80年代中期，信息产业部门新创造价值占国民生产总值比重，发达国家一般为45～65%，新兴工业国家为30～40%，发展中国家也在25%左右，而我国还不足20%。从信息服务业来看，目前我国信息服务业产值仅占国民生产总值的1‰，从业人员也只占全国职工总数的1‰，这两个比重均仅仅相当于几个主要发达国家的1/10。虽然存在着诸多不可比因素，但我国信息服务业发展规模与水平明显落后是毋庸置疑的。

据不完全统计，1985年至1992年止，国家经济信息系统主系统总投资105 380.97万元。其中：国家投资20 845.57万元，地方自筹资金84 535.4万元。投资投向主要是省级中心（含各省属委办厅局办公自动化）、中心城市和县级中心以及各类试点系统。国家经济信息主系统（国家、省市级）已有人员10 276人，其中技术人员6 378人，占62.2%；拥有大中型计算机40台（套）、小型机102台（套）、微机3 000余台。国家经济信息系统是全国10大信息系统之一。

1992年是我国信息服务业工作取得迅速发展的一年，出现了一批独特风格、具有当代先进水平的信息产品和科研成果。其中，国家经济信息系统是一项庞大的、涉及多种学科的知识密集、技术密集和资金密集型的系统工程。建设国家经济信息系统的目标是为宏观决策、微观导向和社会信息咨询服务。附表是国家经济信息系统部分信息服务和科研成果。

附表：

国家经济信息系统部分信息服务和科研成果

序号	项目名称
1	国家宏观经济信息系统的研究与开发
2	国家固定资产投资信息系统的研究与开发
3	国际收支管理信息系统的研究与开发
4	宏观物价信息系统的研究与开发
5	国家经济文件文献信息系统的研究与开发
6	国家综合经济管理信息办公自动化的开发
7	国家经济信息系统异机种与远程计算机网络试验
8	国家经济信息系统标准规范的研究与制定
9	省级、中心城市级原型试点
10	国家经济信息系统数据库与经济分析预测软件开发环境的研究
11	国家经济信息系统数据库基础技术及其应用的研究
12	国家经济信息系统分布式数据库技术的研究
13	国家经济信息系统计算机系统性能评价软件与模型
14	国家经济信息系统决策支持技术的研究
15	国家经济信息系统专家系统关键技术的研究与开发
16	信息经济学及经济控制论分析软件系统的研究开发
17	科学工程计算及其软件开发
18	经济信息管理法规与条例的研究和制定
19	政府政务信息系统
20	全国银行业务管理信息系统
21	国家外汇管理局管理信息系统
22	铁路运营信息系统
23	电网监测控制信息系统
24	中国民航信息管理系统
25	公安信息管理系统
26	国家海关管理信息系统
27	交通运输经济信息系统
28	国家测绘局测绘信息系统
29	经贸部计算机信息系统
30	商业经济信息系统
31	水利部信息管理系统
32	环境保护信息管理系统
33	农业电子信息系统
34	机械电子信息管理系统
35	化学工业信息管理系统
36	财政税务信息系统
37	人事部信息管理系统
38	中国人民保险公司信息管理系统
39	邮电信息管理系统

三、存在的主要问题

我国信息服务业是一个发展中的年轻产业，同深化改革、扩大开放和经济、科技发展的需求相比，同国外信息服务业的发展相比，还存在很大的差距，并有许多急需解决的问题。信息服务业覆盖面很广，各子行业存在的问题和主要制约因素有很大不同。主要子行业的情况是：

——在信息系统建设过程中存在部分系统投入多、产出少、信息产品成本过高、设备利用率不高、部门之间及地区之间信息封锁等不足之处。政府信息系统的规模和水平远远不能满足政府部门转变职能的需求；没有先进的信息系统的支持，“小政府、大服务”的目标就难以实现。同国外政府信息系统相比，差距巨大，投入不足。发展的主要制约因素在于：缺乏统一的规划和管理，地区之间、部门之间的信息交流极不通畅，没有建立起必要的信息交流制度和法规；投资政策及基建项目管理中某些条款不利于信息系统建设；缺乏高层次的复合型人才。

——面向企业和市场的信息网络和信息系统规模太小、手段十分落后，市场信息系统和网络结构尚不合理，远远不能满足企业走向市场及市场发育的需要。与发达国家相比，其功能、覆盖面差距极大，有可能成为制约中国市场健康发展的一个瓶颈。

——信息和信息技术服务企业从整体看，规模还很小，人员素质同专业工作要求差距很大，行业行为不规范，作为新兴的知识密集型产业缺乏应有的扶持。有不少信息服务企业自生自灭，也有一些信息服务企业的服务质量不高。

将我国信息服务业发展的制约因素归结起来，主要有：社会对信息服务业的重要性认识不足，信息服务价值观念淡薄；信息服务业散布于几十个行业、部门中，行业管理体制不健全；行业行为不规范，有关法律、法规不健全；信息服务业除少数子行业外，主体部分均系事业单位，经营机制缺乏活力，缺少走向市场的动力；规模小、素质差、服务水平低；缺乏对信息服务业应有的鼓励性政策；基础条件差，特别是与信息服务业发展息息相关的通信基础设施和信息设备制造业落后。

四、展望

到2000年发展的总目标是：逐步形成完整高效的综合社会信息服务体系，为经济的宏观和微观两个方面急剧扩大的信息和咨询需求提供全面有效的服务，满足政府在转变职能、加快改革开放、宏观决策方面的信息需求；为企业走向市场、转变经营机制提供全面的信息服务；建立与社会主义市场体系的发展相适应的市场信息服务体系；为企业技术进步和科研教育提供有效的信息服务；在有条件、有需求的城市建设面向社会公众的公共信息服务系统。

实现上述目标要分两步走。第一步，“八五”期间，要建立与社会主义市场经济相适应的为宏观决策、企业生产经营和市场运行服务的信息综合服务体系框架，基本完成事业型机构向企业化经营的转变。第二步，“九五”期间，使信息服务业发展成为结构合理、手段先进、有一定规模的独立产业，基本满足社会主义市场经济发展运行对信息服务业的需求，从业人员年平均增长率约为22%。到2000年，信息服务业增加值占国民生产总值约1%左右。主要任务是：

——建立连接地区和部门、市场和企业的高层次信息网络，形成为宏观决策服务完整的预测分析和咨询体系，为各级政府部门建立现代化的管理信息系统提供技术服务。进行一次政府信息资源普查以摸清家底；制定统一的发展规划，加速信息资源的开发和利用；制定政府信息资源管理和信息交流法规，打破部门封锁，确立科学合理的信息正常交流制度；在现有政府部门人工管理信息系统基础上，加快计算机联网服务步伐，加快建设同管理工作密切结合的实用的政府部门办公信息系统、管理信息系统、决策支持系统，提高工作效率和决策质量，为实现“小政府、大服务”的目标创造必要的条件。

——根据国家建立市场体系的规划和布局，建设与各类市场发展相一致、行业与区域相结合、国内与国际相补充的市场信息网络和系统。通过行业管理部门和行业协会，全面建立以供求和价格信息交流为主的覆盖面广、实用性高、权威性强、更新及时的市场信息系统和网络，并根据需求和资源条件，尽快采用计算机等现代通信技术。当前的重点是金融市场、劳动力市场、商品市场信息网络和系统的建设。

——以现有的大型信息服务机构为基础，通过内引外联、兼并等手段，创建一批骨干企业和企业集团。特别要培育从事联机信息服务、数据库生产和服务以及增值网服务的大型骨干企业，在国际国内有较大影响的权威性综合或专业信息服务企业，使之成为信息服务业发展的龙头。

——电子信息技术服务业要形成包括数据录入及处理、数据库服务、应用软件开发、系统集成、增值网络服务等领域的独立产业。加快政府部门、企事业单位软件开发、信息系统建设商品化、产业化进程。加快发展电子邮政、电子数据交换，为企业面向市场、面向世界在信息交流方面提供必要的技术服务。

——要加快信息服务业管理体制的改革，这是关系到信息服务业能否快速发展的关键问题。实现经营企业化、服务社会化、信息服务产品和服务商品化；大力调整结构、理顺关系，加强行业管理，引入竞争机制，逐步走向市场，使信息服务业走向良性循环的发展轨道。

——要加快经营企业化的步伐。除少数由国家统一规划的综合性、基础性科技、经济信息机构，主要为宏观决策服务和全社会提供信息的非营利信息服务机构保持公益性事业单位外，其余部分应根据有效利用信息资源、发挥规模效益、保证公平竞争原则，在三五年内先转变为企业化管理的信息服务事业单位，逐年递减事业费，最终过渡到完全自主经营、自负盈亏的企业单位。同时，对综合性、基础性、公益性的信息服务机构要增加投入强度，开发建设与我国国际地位相称的经济、科技信息源和信息系统。

——要加快服务社会化的进程。政府部门、企事业单位内部的信息服务机构要转向社会化服务，向社会开放，逐步变成独立的法人。

——要加快信息服务产品的商品化。这是信息服务机构转向企业的必要前提。放开信息服务产品和信息服务的价格，引入竞争机制，优胜劣汰，禁止信息垄断和使用其他不正当手段竞争。

国家信息中心简介

经国务院批准，国家信息中心于1987年1月成立，由国家计委归口管理。国家信息中心下设7个局级职能部门：有办公室、综合部、计算与通讯部、经济预测部、经济信息部、数据库与程序库管理部、信息科学与应用研究所。中国信息协会的办事机构亦设在国家信息中心。国家信息中心与省、自治区、直辖市、计划单列市、中心城市以及县级信息中心构成了国家经济信息主系统，成为中国大型的集经济分析、信息处理和计算机技术、通讯技术于一体的信息服务系统之一。十几年来，国家信息中心在物质基础、人员素质、技术水平和组织管理等方面打下了比较雄厚的基础，积累了相当的经验，承担着开发管理信息系统和各种类型的大批量数据处理的重要任务。国家信息中心兼有管理和服务双重职能，其宗旨是面向宏观经济决策、面向社会、面向市场、面向企业，实现信息资源的有效开发，充分利用和完善服务。管理职能：作为国家级综合信息管理机构，统一规划和组织国家经济信息系统的建设，协同有关政府管理部门组织和协调国家信息资源的开发和有效利用，推进中国信息服务业的发展；起草制定相关的信息法规、条例和政策；制定经济信息系统设计与应用的标准、规范；组织相应的科研活动和人才培训。服务职能：使用现代化手段为各级政府部门提供经济信息服务和辅助决策支持；向各级政府部门提供经济预测与分析；为微观经济活动提供指导性信息，并通过各类数据库群、计算机联网通讯和其他信息传输手段等向社会、向市场、向企业提供多种服务；同时向社会各界提供全面、及时、准确的信息咨询、信息系统集成及工程、项目开发与管理、计算机软硬件安装、维护和配置开发、数据处理、数据录入等系列信息技术服务。国家信息中心的研究人员中，博士和硕士研究生占22%，大学本科占66%，大专与其他占14%。其中：技术人员中高级技术职称占20%，中级技术职称占83.5%。平均年龄为39.5岁。

国家信息中心在数据库建设、经济预测与分析及对社会提供信息服务等方面开展了卓有成效的工作：

——管理信息系统和数据库建设：开发了国家固定资产投资项目管理信息系统，国家对外贷款项目管理信息系统，全国技术引进项目管理信息系统，全国生产调度管理信息系统，国家宏观经济监测与预警信息系统，国家宏观经济数据库及其应用系统，国家法规数据库，中国产品数据库，中国企业数据库，国家财税法规数据库，中国旅游数据库，外商投资指南信息系统，国家物价信息系统等。

——经济计量模型：建成世界经济模型系统中的中国经济模型，中国地区经济发展模型系统，中国90年代经济发展模型系统，国家各部门宏观经济模型、经济发展季度预测模型，中国经济中长期动态投入产出模型，中国经济景气调查与预测模型系统，中日贸易联接模型，中国农产品分析系统，2000年中国经济发展总体定量分析模型系统等。

——全国范围内的大批量数据处理任务：完成中国第三次人口普查，中国第二次工业普查，中国年度机电普查等。

——信息出版物：主要有《经济与信息》（月刊），《信息系统工程》（月刊），《信息系统建设》（月刊），《中国产品年鉴》，《世界经济展望（年度）》，《中国经济展望（年度）》，不定期的有：《经济预测与分析》，《物价动态》，《经济监测报告》，《专题研究报告》，《经济要闻》，《重要生产动态》等。

——国际交流与合作：与联合国开发计划署、世界银行、法国行政管理信息系统研究中心、法国统计和经济研究所、日本地方自治信息中心、日本电信电话株式会社、联合国的LINK PROJECT等国外机构建立了较为密切的合作关系。

——发展信息服务：充分发挥国家经济信息系统内人员素质、综合技术水平和设备的优势，积极开展了面对社会的信息咨询和信息技术服务，并适当开展了对国外的服务。

国家信息中心希望与国内外各界共同合作，在中国社会主义市场经济发展和运行过程中促进开放式的信息交流，实现信息共享，繁荣信息市场，推动中国信息服务业的发展。

中国信息协会简介

中国信息协会是具有社团法人资格的全国性社会团体，是由全国从事经济、科技、社会信息的科研、生产、流通、服务的单位自愿组成的民间机构。其宗旨是：在政府和信息行业之间发挥桥梁与纽带作用，提高信息科学技术水平，为经济和社会发展服务。中国信息协会的任务是按照协会的宗旨，努力开展各项信息咨询服务活动，不断推进我国信息科学化、社会化、商品化的进程。截止 1993 年 5 月，中国信息协会发展团体会员 460 家，加上 209 家协会理事单位，目前团体会员单位总数已有 669 家。其中各部、委、局信息机构、信息协会 72 个，占总数 15.65%；地方信息中心和协会 190 个，占总数 41.3%；报社、电台、新闻媒介 28 家，占 6%；工厂、企业、专门信息企业 141 个，占 30.65%；科研单位和院校 29 个，占 6.3%。团体会员证已于 1991 年 5 月、6 月份统一编号陆续发放。个人会员拟根据章程规定的原则制定实施细则后再行发展。在推动地方信息协会的组建方面作了一些联络工作。据不完全统计，到目前为止，已有 26 个省、自治区、直辖市、计划单列市正式组建了信息协会。

中国信息协会组建了 7 个专业委员会：

——中国信息协会工业交通信息服务专业委员会；

——中国信息协会省会和中心城市信息服务专业委员会；

——中国信息协会振兴丝绸之路、欧亚大陆桥信息服务专业委员会；

——中国信息协会乡镇企业信息服务专业委员会；

——中国信息协会通信信息服务专业委员会；

——中国信息协会立法信息服务专业委员会；

——中国信息协会发明创造信息服务专业委员会。

中国信息协会自 1990 年成立到现在的 3 年里，积极主动、多层次多样化地开展了大量的工作：

——结合实际工作需要组织了 10 余次信息发布会：日本三菱重工株式会社高新技术信息发布，星火计划高新技术信息发布，国际贸易机会信息发布会，1991 年中国市场预测分析信息发布，海湾战争对中国经济的影响，我国发展企业集团和股份制的情况，季度综合经济形势分析等。

——组织学术交流和考察等活动：中国信息协会年会，考察美国信息产业协会，用户交换机话务员优质服务竞赛，全国首届推销艺术电视演讲比赛等。

——举办培训班：经济分析预测学习班，信息立法学习班，计算机性能评价方法讲座，日本信息服务业介绍讲座，国家经济信息系统标准规范研讨班，美国兰德公司著名经济学家叶孔嘉教授作关于《GNP 的测算方法》和《中国经济形势与亚太形势分析》的报告等。

——编辑出版《中国信息协会通讯》和《经济预测与信息》等刊物。

中国信息协会在以下 5 个方面进行合作和提供服务：(1) 帮助客户了解在华的投资环境，提供相关的信息咨询服务；(2) 帮助寻找合资、合作、代理伙伴，合作开发和推销软件、数据库等高技术信息产品；(3) 为客户组织安排信息发布会；(4) 帮助组织各类商务考察，安排客户对相关行业参观访问；(5) 帮助组织对中国传统文化感兴趣的国际友人来华参加各类学习、研修班和科技、文化旅行。中国信息协会挂靠中华人民共和国国家计划委员会，办事机构设在国家信息中心。

电网监测控制信息系统

我国电力工业 1992 年达到装机容量 16 653 万千瓦，发电量 7 542 亿千瓦时，跃居世界第四位。电力工业是我国最早开发计算机应用的部门之一。电子信息技术的应用有力地促进了电力工业的发展，明显提高了电力系统的设计、生产、建设和管理水平。到“七五”末期，全系统共有各种大、中、小型计算机近 500 台，高档 CAD 工作站近 200 台，微型机 16 000 余台，建立计算机局域网 300 余个，并且形成了一支 20 000 余人各种层次的计算机应用专业人员，为电力工业计算机应用的进一步深入打下了良好的基础。

电力信息系统包括建电、发电、供电、用电全过程的信息管理。其中主要的几个方面均取得了明显的社会经济效益，表现在：

1. 电网调度自动化

全国 5 个大网局中，华北、东北、华中、华东四大电网自动化、系统引进工程已全部投入运行。东北、华中电网调度自动化系统均通过了部“实用化要求”验收；此外全国85%的网调、省调、近百个地(市)调及200多个县调不同程度地实现了安全监视功能；部分网调和国调或网内各省调之间实现了计算机数据通信。

2. 电力管理信息系统

电力系统各单位目前正在由单项作业子系统向综合性管理信息系统过渡。部分电力局、供电局已建立了机关管理信息系统，并将电网的实时调度信息输入到管理信息系统之中；大部分单位正在进行综合性管理信息系统的总体设计，并开始实施。

3. 电力负荷控制

目前我国自主开发的无线和载波两种电力负荷控制系统均已通过工程验收和设计定型鉴定，正向全国推广。新型的电力负荷控制系统集电网调度、负荷控制和用电营业于一体，为落实计划用电、节约用电和安全用电的行政、经济手段提供了技术保证，收到了巨大的社会经济效益。

4. 电厂、变电站自动化

“七五”期间建成和在建的100多台（单机容量在20万千瓦及以上）国产大型火力、发电机组，全部配备了计算机监视系统；从国外引进的20多台大型火电机组也配备了分布式计算机监控系统。16个水电站、所有的500千伏及部分380千伏或220千伏的超高压变电站也不同程度地实现了计算机监测或监控。

电力工业、计算机应用“八五”的主要任务是：

1. 在电网调度自动化方面，将建成国家调度中心自动化系统。四大电网进一步完善其功能，西北电网要实现四大网的功能。25个省调、100—150个地(市)调、300—400个县调不同程度地实现安全监视功能。

2. 在发电厂和变电站自动化方面，要求全国投产的单机容量为20万千瓦及以上的火电机组、大型水电厂、集中管理的梯级水电厂、水电厂群及220千伏以上的变电站要全部实现计算机监测和不同程度的监控。进一步扩大火电厂分布式计算机监控系统的应用面和国产化率。

3. 在水火电工程辅助设计方面，形成包括设计各阶段、各专业从方案构思、分析计算方案优选到最后出图制表的总体能力。CAD占设计工作的比重为：火电工程40%，水电工程30%。

4. 在管理信息系统方面，建成全国电力管理信息系统。各电管局、省电力局、地区供电局和大中型发电企业要建成包括生产、计划、统计、财务、物资、人劳和用电业务等主要业务在内的能够共享信息资源并有一定决策能力的计算机网络系统。

5. 在电力负荷控制方面，要求全国地（市）级以上城市基本实现控制到户，监控的负荷达到总负荷的70%以上。正常情况下，不拉35千伏公用线路，基本不拉10千伏线路。

总之，经过“八五”的奋斗，中国电力工业计算机应用在深度和广度上将达到一个新的水平。

铁路运营信息管理系统

铁路是国民经济的大动脉，承担了国家70%左右的货物运输任务和60%左右的旅客运输任务。目前，全国铁路有5万多公里营业线伸展全国，有5千多个车站遍布各地，有40多万辆机车车辆昼夜奔驰。铁道部门的特点是：点多线长；客货运输任务繁重，运量与运能矛盾突出；站段生产单位分散，又实行集中统一指挥。随着运量的增长和经济体制改革的深入，对运输和管理信息的准确性、及时性和完整性提出了更高的要求，沿用传统的信息收集和管理方式，已不能满足运输生产发展和经济体制改革需要，建立具有信息社会特征和适应当代先进管理水平的“铁路运营管理信息系统”已是势在必行。

铁路运营管理信息系统是原国务院电子振兴领导小组确定的国家12个重点行业应用系统之一，是国家经济信息系统的重要组成部分，也是铁路实现科技进步的重点攻关项目。该系统经过10多年的努力，开发了一大批应用项目。

仅在“七五”期间，通过各级鉴定的应用项目就超过1 000项，其中国家级8项，省（部）级93项，为系统的发展和建立奠定了基础。作为阶段成果，1990年该系统被国家科委定为改革开放十年来“中华人民共和国重大科技成果”之一。

“七五”期间，铁道部认真贯彻了国务院电子振兴领导小组提出的“抓应用、促发展”的方针和落实了各项投资政策，调动了各个方面的积极性，加快了系统建设的速度。目前，该系统配置了600多台中、小型电子计算机(含超级小型机)。其中VAX系列机占77.3%，PDP系列机占19.7%，其他占3%。在VAX系列机中，国产化机器约占30%。主要分布在部、局、分局三级计算中心和编组站、货运站及财务、统计等部门，还配置了近20 000台微型计算机和4 000多台汉字终端设备。在设备购置方面，由于坚持“归口管理、统一对外”的原则，机型比较统一，既便于计算机联网、系统维护和设备维修，也便于应用软件的推广和移植，设备的利用率较高，特别是联网的机器做到了24小时运行。

铁路运营管理信息系统的基础是数据通信网。铁路通信网的特点是信息源点多，而且十分分散，现行的管理体制又分为铁道部、铁路局、铁路分局三级，信息源点到分局之间的线路负载小，分局到铁路局至铁道部之间的线路负载较大。针对这些特点，铁路通信网最终将是一个分布与集中相结合的网络；分局以下的网络称为基层网，是一个集中型的网络。

基干网（铁道部至12个铁路局、56个铁路分局共69个网络结点）于1986年7月建成，并已稳定运行了五年多。该网采用美国DEC公司的DNA网络协议和专线连接方式，通信主速率为4 800bps，北京、广州两局管内已采用9 600bps，铁道部至柳州、兰州、乌鲁木齐3个铁路局已适用卫星信道。该网是国内建立最早、规模最大、速率最高、运行最稳定的计算机网络之一。基层网(铁路分局计算中心至管内主要信息源点共1 000个)尚在建设中，主要信息源点包括：编组站、区段站、主要货运站、局间分界站以及车务段、机务段等。京沪、京广、京哈3大干线已有288个基层站段实现了与铁路分局计算中心联网，其中上海铁路局连通了58个信息源点，并实现信息共享和综合处理。

在计算机网上投产的主要应用项目有：每日铁路运输统计报告、每日客货运输收入报告、按局别使用车去向报告、主要货运站日装车报告、列车运行确报以及月度运输计划和客货票精密统计等，已成为运输生产不可缺少的组成部分。

铁路运营管理信息系统由许多系统组成，目前已建立的系统有：

1. 车流预、确报系统。这个系统的投产，不仅改变了我国铁路用电话、电报收集信息的传统模式，而且提高了信息质量，缩短了传递时间，为各级调度人员准确、及时地提供所需的车流信息，从而增强了车流的预见性。

2. 月度运输计划编制系统。铁道部和铁路局已使用计算机编制铁路月度运输计划，系统投产后，铁道部可以掌握重点品类货物（煤炭、石油、木材和食盐等）400多个主要收发货单位的详细资料，提高了计划质量和兑现率，也为组织合理运输、均衡运输和紧密运输提供了业务信息。

3. 编组站货车管理系统。京沪、京广、京哈、陇海四大铁路干线上的主要编组站，已初步建立了编组站货车管理系统。其中，郑州北编组站货车管理系统通过了国家鉴定。丰台西、株州北、南京东和兰州西编组站货车管理系统通过了省（部）级鉴定。

4. 货运站信息管理系统。全国铁路已有20个主要货运站，初步建立了货运站信息管理理系统。其中，广州南、南京西、苏家屯、丹东等站的信息管理系统已通过了部级鉴定。全路有240个货运站使用微机核算运费和制票。其中有180多个站还实现了和分局计算中心联网。

5. 客、货车辆技术履历信息库。全国铁路近40万辆客、货车辆已建立了技术履历信息库，为编制年度新造车、报废车、加装改造车计划和厂、段修计划提供了可靠的依据。

6. 铁路财务管理信息系统。该系统由运输收入和财务会计两部分组成，包括部、局、分局和基层站段4个层次。铁道部、12个铁路局、56个铁路分局、2 500多个主要站段四级运输财务部门的主要业务工作基本实现了电算化和初步达到了系统化。

7. 铁路统计管理信息系统。每日18点运输统计报告信息自1986年7月起使用计算机网络进行传递，全路180个机务段用微机处理司机报单，12个统计工厂也全部使用计算机。

8. 铁路物资管理信息系统。铁路物资部门配置了400多台微、小型计算机，围绕铁路物资管理工作“供应好、周转快、管理细、费用省”这个总目标，开发了35个物资管理应用软件。

铁路运营管理信息系统是“八五”国家重点科技攻关项目。主要项目有：货车实时追踪系统、铁路分组数据交换网、铁路车流径路管理、铁路调度指挥中心、自动车号识别等。

邮电信息管理系统

邮电通信是社会的基础设施，是国民经济的先行产业和对外开放的必要条件。在现代社会，对信息的获取传递和处理能力，标志着一个国家经济和社会发达的程度，特别是国际上以微电子技术和信息技术为重要标志的新技术革命正在兴起，计算机与通信密切结合，信息处理系统与信息传递系统融为一体，邮电通信的重要作用越来越受到党和政府的重视。

“七五”期间（1986—1990），依靠技术进步，在对外开放的大环境中，通过技术改造和设备更新，我国原来十分落后的通信网不仅在能力上有了很大增强，而且在技术上也正在发生质的变化，通信效率和通信质量提高显著，5年内建成一批大型邮政和电信枢纽。全国市话网的自动化水平达到96%，程控电话交换机超过360万门，占市话自动交换机总容量的45.6%，长途自动电话骨干网已基本建成，已有771个市县进入全国长途自动电话网，有321个市县可以直拨世界180多个国家和地区，长途直拨有权用户达129.4万户；全国电话机总数达到1 270万部，电话普及率达到1.1%，5年翻了一番。邮政的技术水平也有了新的提高，一批邮件的自动分拣、搬运、装卸机械化设备投入使用，计算机技术正在汇兑、稽核、报刊要数、挂号登单等领域逐步推广应用。

“八五”（1991—1995）期间，将大力发展和建设邮电通信网。电信通信网加速以光缆、微波为主要传输手段的长途数字干线和以程控交换为主体的电话网的建设。提高电话网的数字化、自动化水平；提高电话普及率、接通力、实装率，逐步形成方便、迅速的通信网络。邮政以缩短和保证邮件传递时限为主线，加强邮运干线网的建设，开发、采用新技术，特别是计算机技术在邮政储蓄、报刊要数、特快专递、邮运调度等方面的应用，实现省会及经济发达地区40个城市服务网点的储蓄电子服务系统；实现25个省会发报刊局报刊要数系统；实现48个城市联网的速递业务跟踪查询系统。邮电行业的计算机信息系统将全面建成部、省、地、县四级计算机通信网络，并着手开发带有行业特色的信息库，对社会提供信息咨询服务，使邮电部门的现代化管理和决策达到一个较高的水平。

速递局

邮电部邮政速递局系邮电部直属准局级企业管理单位，其主要职能是：负责编制全国速递业务发展规划和工作计划；制订业务方针政策和规章制度，负责国际、国内特快专递、电子信函的业务管理和监督检查，并与国际邮政部门有着广泛的业务联系，其主管业务范围有国际、国内特快专递邮件（含信函、文件资料物品）和电子信函。

中国人民银行电子化建设

中国人民银行是我国的中央银行，是全国资金活动的总枢纽。

中国人民银行担负着制定金融政策法规、控制信贷规模和货币发行、对全国金融实行宏观调控的重任。

采用现代电子信息技术改造和装备人民银行的业务系统，实现人民银行业务处理电子化和宏观管理现代化，受到了党中央和国务院的高度重视，银行电子化被列为国家重点发展的信息系统之一。

按照“‘六五’作准备、‘七五’打基础、‘八五’上规模、‘九五’电子化”的战略发展设想，人民银行经过10年的艰苦创业，在以计算机技术和通信技术为基础的银行电子化建设方面取得了可喜的成绩。目前，中国人民银行已拥有中、小型计算机63台，超级微机224台，各种微机1万余台及相应的配套设备，建立了一支4 580余人的从事计算机工作的科技队伍。

人民银行的电子化建设始终围绕着“狠抓应用、促进发展”的方针展开。为进一步改善金融业务手段，强化中央银行对全国金融的宏观调控能力，经国务院正式批准，人民银行于1989年开始建设全国金融卫星通信专用网。到目前为止，已建成中央卫星主站一个，远程卫星小站122个(其中已开通运行72个)，全国省会城市及计划单列市人民银行的清算业务全部入网运行。通过金融卫星通信专用网实现的全国电子联行系统，对加速银行间异地资金的汇划、减少在途资金发挥了明显的作用。异地资金可随收随发，并在当日或次日全部解付，完全清算，达到了异地结算同资金清算同步的目的，实现了“快、准、平、清、安全”的求，为加速资金周转，压缩在途资金提供了有效的技术手段。

为了配合金融卫星通信专用网的建设，做到天地对接，解决同域或区域的资金清算，使资金既能集中划转，又能扩散分流，人民银行省市一级分行和城市二级分行的区域网建设也已初具规模。其中吉林省人民银行省辖电子联行系统和石家庄市人民银行的数话兼容超短波无线通信网的建设成功，使省域内和区域内的异地资金划拨，实现了当天入帐、当天清算、当天结平帐务，抵用率达到98%。从而部分形成了总行、省行、地市行及县支行间联行资金划拨的三级网络体系。

与此同时，总行和44个一级分行开通了微机电传网，使人民银行能及时掌握日常货币投放和回笼情况，为货币发行工作提供了依据。人民银行国库业务计算机处理系统，在总库与各分库之间实现了联网报解国库资金和传送预算收入报表，为中央财政及时掌握税收和预算的收支情况提供了保障。

随着银行电子化工作的逐步深化，人民银行各业务部门相继开发了一大批适应性强的应用软件，使人民银行的会议业务处理、帐户管理、资金管理、债券管理、证券交易、票据清分处理、各种报表汇总以及办公自动化等方面部分实现了计算机处理，不仅极大地提高了人民银行的工作效益和工作质量，还有效地强化了人民银行对全国金融运行的宏观调控能力，为改革开放的不断深化和促进国民经济持续稳定的发展打下了基础。

展望“八五”，任重道远，人民银行将继续大力推进电子化建设，按照“统一部署、科学布局”的原则，我们将继续建设和不断完善金融卫星通信专用网，并建设一大批省辖网和区域网，形成高效快捷的金融通信计算机网络系统。在此基础上，要实现全国资金调拨、票据清算和联行往来等资金清算业务的电子化，进一步提高资金使用效益，深化资金支付及结算方式的变革。同时建立人民银行的管理信息系统(包括各种数据库)，对金融运营状态和经济发展情况进行监测、分析和预测。还要开发供分析决策使用的方法库、模型库和专家系统，提高决策管理的及时性和科学性，增强宏观调控能力。

我们已经开辟了一条比较适合我国国情的中央银行电子化发展道路，尽管在我们前进的道路上还有很多困难，要走的路还很长，但我们对人民银行电子化建设的前景充满了信心。继往开来，在“科学技术是第一生产力”的战略思想指导下，人民银行科技战线的广大科技人员、干部和职工，将以严谨的科学态度和大无畏的气概，不失时机地继续开拓并推进人民银行的电子信息应用事业，为完成“八五”的既定目标而努力。

中国工商银行电子化建设

中国工商银行是经国务院批准，于1984年1月正式成立，主要承担城市工商信贷、储蓄和结算业务，是经营办理国内金融业务，同时办理国际业务的国家专业银行。

中国工商银行成立以来，业务量以每年15%以上的速度递增，几年之中，存、贷款业务就增加了二三倍以上，总资产达到11 174亿元。

为了更好地提高社会资金流动的速度，促进经济发展，中国工商银行自建行初就把银行业务处理电子化、经营管理现代化作为自身发展的重要战略措施之一，努力探索符合中国国情的银行电子化道路，坚持“中大型机与微机并举，计算机与专用机具并举”的方针，全行上下，共同努力，使计算机和银行专用机具的应用工作取得了突破性发展。目前，中国工商银行的电子化建设已初具规模，基本上形成了全行的计算机网络系统骨架，强化了银行服务手段，提高了经营管理水平和业务竞争能力，为发展国民经济，方便人民生活作出了贡献。

中国工商银行电子化建设的重要发展主要表现在：

1. 全行电子化装备已具有相当的规模和水平

中国工商银行成立时全行仅拥有小型机 7 台，微机几十台。经过“七五”的努力，全行已装备大中型机 56 台（套），小型机和超微机 200 余台，各类多用户和单用户微机和专用工作站 2 万余个，计算机应用规模和水平已有了长足的发展，为工商银行电子化建设奠定了较好的基础。

2. 电子化营业网点建设迅速发展

在“七五”初期，全行电子化营业网点不到 100 个。5 年来，通过大抓计算机推广应用工作，全行电子化营业网点数已达 7 000 多个，电子网点覆盖率已达到全行网点总数的 29.2%以上，城市行网点覆盖率为 44.2%，使全行柜面业务的 63.5%，实现了计算机处理。

3. 计算机网络建设初具规模

在大抓电子化网点建设同时，工商银行还重点抓了全行计算机网络化建设。“七五”期间，在全国 23 个大中城市分行建立了中大型计算机联机网络，联机网点达 1 200 个，基本形成了以经济发达的重点城市为骨干的中大型计算机网络系统。其中，北京、上海两个分行实现了同城多计算中心间的网络互连。全行初步建成了以 SNA 网络结构为基础，由总行和省（市）分行计算机中心及部分节点机组成的计算机网络系统骨架，奠定了工商银行一级网的基础，全国工行系统联行对帐业务，部分管理信息的传输处理工作已正式在网上运行。与此同时，工商银行还在全国 60 个中小城市分行建立了以超小型机为主机的分布式微机网络系统，开展储蓄业务通存通兑，海南省分行还建成了以 S/1280 超微机为主机的全省三级通存通兑网络。在这一网络模式的带动下，辽宁、山东、山西、湖南、广西等分行还分别建立了一批以 386 微机为主机的小型联机网络系统，探索了一条投资省、见效快、比较适合我国目前应用环境的计算机网络化道路。

4. 新型电子化服务项目试点工作顺利开展

工商银行计算机处理的业务不断扩大，已由单纯处理会计、储蓄记帐业务向多元化服务领域发展。当前已在全国 80 余个联网城市开发了通存通兑业务；在 27 个城市开办了 ATM 储户自动存取款服务，POS 销售点终端；工资转存、代收公共事业费、信用卡、银企对帐等新型服务项目，共装备 ATM354 台，提高了计算机网络功能，强化了银行服务手段，受到社会各界的欢迎，在广大客户心目中，树立了工商银行多元化、电子化服务的良好形象。

5. 应用软件开发取得丰硕成果

五年来，工商银行积极依靠自身的技术力量，坚持重大应用系统集中开发，统一推广应用的原则，成功地开发了大中型机对公业务处理系统、储蓄业务处理系统、ATM 联网系统、外币业务处理系统和全国联行对帐系统。超小型机和微机方面成功地开发了对公业务网络系统、储蓄业务网络系统、外币储蓄系统、ATM 联网系统、POS 业务处理系统、国际业务处理及清算系统。这些应用系统的使用，使全行计算机应用水平不断向更高档次发展。

6. 办公自动化初见成效

“七五”期间，工商银行以计划系统为龙头，在全行建成了包括总行在内的省、地（市）级、县级四级计划、统计、分析、加工、汇总处理的微机电传网（PC—TELEX）信息网络体系，至今为止纳入网络系统的网点数已达 1 500 多个。在此基础上，又开发了会计、商业信贷、工交信贷、人事劳资、稽核、国际业务部门的帐务处理及报表传递系统和文档处理、工资管理等事务处理系统，已初步形成了全行微机办公事务处理应用体系。

7. 银行专用机具的研制生产达到新的发展水平

工商银行在前进的几年中，建立了一支工商银行专用机具的科技生产开发队伍，使全行的专用机具开发、研制走上了正常轨道，产品的品种、质量数量都有了明显的提高。智能点钞机、支票打号机、密押专用机、硬币处理机、出纳专用终端和安全报警系统等 20 余种新产品相继开发成功并投入使用，获国家专利八项。点钞机年产量达 4 万台，同时还批量进入国际市场。全行六家主要机具厂、所 1991 年产值已超过 6 258 万元，创税 1 202 万多元，分别比 1984 年建行初期超过 23 倍、30 倍。

按照“‘六五’作准备、‘七五’打基础、‘八五’上规模、‘九五’电子化”的设计目标，“八五”期间，工商银行电子化建设将根据统一规划、持续发展、突出重点、深化应用、强化管理、提高效益的指导思想，努力采用现代化的电子信息技术和自动化技术，将使各级营业机构和管理部门实现计算机联网，朝着建成具有柜面结算业务处理、新型金融服务、综合信息服务、决策管理支持和内部事务处理五大类别功能的电子化综合银行系统这一总体目标努力。

中国农业银行信息管理系统

中国农业银行是主管农村金融业务，实行统一领导，分级经营的全国性金融企业。是以办理农村金融业务为主，为农、工、商、运等各产业提供多功能服务的国家专业银行。总行设在北京，是农村金融业务的最高决策管理机构。中国农业银行在全国各省、自治区、直辖市设分行 29 个，在计划单列市设分行 14 个，各地(市)设分行或中心支行 305 个，各县(市)设支行2 161 个，共设机构 55 410 个，遍布全国广大农村、城镇，拥有干部、职工 46 万多人。

中国农业银行主要业务包括：

1. 办理农村机关、团体、部队、企业、事业单位存款，农村合作组织和集体、个体工商户存款，个人储蓄存款。

2. 办理农村国营农业企业、工业企业、商业企业和乡镇企业、集体经济组织、供销合作社及农户和个体工商户的各项贷款。

3. 办理农村信用合作社的存款和贷款。

4. 办理转帐结算、现金结算、票据贴现和信用卡业务。

5. 办理信托、委托、代理、租贷、抵押、咨询等业务。

6. 办理外汇存贷款、出口信贷、外汇汇款、进出口贸易结算和押汇，非贸易结算、代理外币及外币票据兑换、外币票据贴现、代客户办理即期与远期外汇买卖，外币有价证券买卖、境外外汇借款，境内外发行，代理发行外币有价证券，外汇担保和见证，征信调查和咨询服务等业务。

7. 经批准，发行金融债券，代理发行债券和股票及其证券交易业务。

8. 办理资金拆借业务。

9. 办理中国人民银行委托有关财政存款和金银收售业务。

10. 办理国家指定或中国人民银行与其它金融机构委托业务。

中国农业银行正在逐步实现经营管理手段的现代化。根据《中国农业银行计算机综合信息系统总体方案》所确定的目标，“七五”期间，初步建立了中国农业银行计算机综合系统的框架。全行系统已配备有中型机 3 套，小型机和高档微机 300 余套，微机 18 000 余套，建立了一支包括 600 多名高、中级技术人员在内，共拥有 8 000 多人的计算机技术队伍。

在营业业务方面，全行已有 6 000 余个营业网点应用计算机实现营业业务自动化，全国 80 多个城市建立了同城联机网络，实现储蓄通存通兑以及对公网内实时结算。广东佛山、中山等十几个城市还联网安装了自动柜员机，销售点终端，发行了金穗卡；海南省实现了全省大范围异地联网。

在管理信息系统方面，建立了由总行、省分行、地区中心支行、县支行四级组成的微机远程数据通讯网络。农行各种主要统计报表共 70 余种，实现了网上传输处理。总行、分行先后建立了信贷管理数据库、国民经济数据库、条法文献数据库，并大力推进机关办公自动化进程。外汇业清算、联行对帐等业务的电子化发展也具有一定的规模。

中国农业银行电子化建设通过几年的努力，取得了初步成效。“八五”期间，将进一步完善农业银行信息系统的建设，为建立具有中国农业银行特色的综合信息系统而努力。

中国银行信息管理系统

中国银行是中华人民共和国的国家外汇外贸专业银行。中国银行是我国现有专业银行中历史最悠久的银行，至今已有 80 年的历史。1979 年，国务院批准为国务院直属的经济实体，履行国家外汇专业银行的职责。目前，中国银行在国内设立机构网点 5 000 多个，职工队伍超过 7 万人。在世界上 13 个国家和地区建立了 400 多个分支机构，职工 15 000 人。并与世界上 155 个国家和地区的 1 456 家银行的 3 896 个总分支机构建立了业务代理关系，还与世界上 200 余家大银行保持着经常性的资金往来关系。是我国开展对外金融和经济贸易活动的重要窗口，在对外金融活动中发挥着主渠道作用。与此同时，中国银行的资产总额超过万亿，跨入了世界大银行前列，成为我国繁荣社会主义经济的一支重要力量。

“科学技术是第一生产力”，采用计算机技术、通讯技术和现代银行业务经营、管理、服务手段，改革传统银行体制，建立以计算机为基础，管理决策科学化的银行电子化体系，已成为中国银行实现经营管理现代化的战略目标。

中国银行电子化建设始于 1974 年，至今有 18 年历史，尤其经过“七五”期间的发展，取得了很大进步。目前，中国银行在其海内外机构配置大中型计算机 40 余套，在国内和世界上 20 余个城市、地区建立了大中型数据处理中心；配备各类小型机、超级微机 700 余台(套)，各类微型机 4 000 多台（套)，以及 500 余台 ATM(自动存提款机)。这些设备分布在中国银行海内外 1 600 多个分支机构。在此基础上，中国银行的广大科技人员与业务人员紧密结合，在各级领导的重视和指导下，大力发展计算机应用，开发了国际结算业务处理系统、零售业务处理系统、外汇资金业务处理系统、代客外汇业务处理系统、信息服务系统、电讯分布式数据交换管理系统等 10 余个业务支持系统，基本实现了银行业务处理的计算机化。这些应用系统的推广普及，对于提高中国银行的服务质量和经营管理水平，促进商品经济和社会生产力的发展，起到了积极的作用，取得了良好的经济和社会效益。

目前，中国银行拥有计算机技术人员 3 000 余名，高中级职称的技术干部 800 多人。经过多年来实际工作的锻炼，造就出一批既熟悉银行业务知识，又掌握电脑应用技术的复合型专业技术人员和管理干部的骨干力量。这是中国银行电子化建设的保证，也为未来发展奠定了坚实的基础。

到本世纪末，中国银行电子化系统建设的整体发展目标是实现海内外信息一体化。实现这一奋斗目标，需要彻底改造和完善现已形成的业务处理与自动服务系统，达成范围广泛的网络技术应用和分级的数据管理，逐步形成业务处理、数据传输和信息的综合管理运用三位一体，实现业务处理自动化，数据传输网络化，管理决策科学化，为把中国银行办成信誉卓著，实力雄厚，能够提供高效、优质、多功能服务的第一流国际性大银行创造条件。

国家气象局气象信息系统

“七五”期间国家气象局以“中期数值天气预报业务系统”和“气象卫星资料接收处理系统”建设为重点，初步形成了由大气探测、气象通信、天气预报、气候资料分析处理和气象服务 5 大分系统组成的我国气象业务信息系统。开发成功一批气象信息应用成果，投入业务运行后在我国气象为国民经济发展和防灾、救灾服务中取得显著社会效益。

中国民航信息管理系统

中国民航计算机信息管理中心是一身兼两职的非经营性机构。首先它是对民航各单位及航空公司计算机信息事业发展进行宏观行业管理的职能部门，负责计算机应用发展规划，应用发展技术指导咨询，计算机应用的各种标准规范制定等工作。同时它又是一个信息服务单位，因为计算中心营运着全国最大的航空旅客服务世界性实时计算机网络系统，为全国各航空公司提供订票销售服务、自动打印客票、机场办理值机手续、飞机配载平衡计算以及与民航业务有关系的计算机应用开发服务。

现在北京东四民航大楼机房优利公司 1100/74 主机上运行的订座系统是 1985 年开始建设的，被国务院列为“七五”期间全国 12 个重点建设项目之一。

订座系统是民航集中式经营管理的基本系统，其主要功能包括查询航班信息，提供航班预订座位，候补申请、取消座位、申请座位、实现联、回程订票，系统自动拍发订座所需的各种电报，办理国际预付票款业务，该系统于 1986 年 1 月首先在广州投产，之后又陆续联通了国内 35 个城市，处理中国民航的国内航班。中国民航的国际航班及国外办事处的订座业务原来是租用美国的盖勃尔系统进行处理，经过周密的研究和准备，于 1989 年 10 月 27 日一举成功完成了将盖勃尔系统中所有中国民航旅客订座数据转回北京的实时系统，没有丢失任何数据，也没影响用户工作，实现了实时数据库转移和上千台终端的网络转移，联通了 34 个中国民航驻外办事处。

目前，订座系统日处理交易（TRANSACTION）60 万次，5 年内累计处理旅客量 4 500 万人次。系统不间断连续运行，可利用率达 99.5%。

客运是民航主要业务和收入来源，实现旅客订座的电脑化，不仅为订座提供了科学的手段，为航班管理人员安排航班、调整航班提供了可靠的依据，提高航班座位的利用率及经济效益。在社会效益上，它改善了服务质量，大大方便中外旅客，增强航空公司的信誉，改变了中国民航销售业务的形象，配合改革开放，产生了较好的社会影响。

计算机自动出票系统与订座系统相联，在建立旅客订票启事同时，建立自动出票系统所要求的数据记录，根据营业员的要求自动打印客票。这项应用已在东方航空公司试用，从技术上为中国民航结束手工出票的落后局面打下基础，大大提高营业员的工作效率，减少差错，提高管理水平。

中国民航计算机旅客客房预订系统采用国际标准旅馆软件，以订座系统为依托，使旅客在预订航班座位时，同时预订旅客客房，为旅客提供一条龙服务。该系统于 1991 年已将上海沙龙宾馆数据输入系统，对于国内各大城市宾馆的使用正在进一步准备之中。

计算机信息管理中心在北京西单民航大厦机房还运行了一套计算机离港控制系统，它是电脑订座的配套系统，包括航班值机及航班载重平衡量，可以为旅客在始发地一次性办妥全部乘机手续，自动打印登机牌，通知到达站旅客服务信息。载重平衡量系统可以自动计算飞机客货载量，合理地分舱配货，使飞机载重平衡处于最佳状态，保证飞行安全和节省油料消耗。北京、上海、广州、深圳都已使用该系统。

我们还在 2200/201 小型机上开发了办公室自动化系统，航班运输统计、适航信息管理等一系列应用能够方便、准确、快速为局机关提供各种运输、生产数据，提高工作效率。在亚运会之前为首都机场开发了航班信息管理系统，这不仅能提供旅客有关航班动态准确的信息，而且能及时、准确、安全地协调机场地面各类勤务保证工作。

中国民航计算机通信网络是民航计算机系统的重要组成部分，是信息系统的脉络和血管，它的设计思想是网络和应用相对独立。该网络支持各种不同的实时应用、投产、测试，开发和培训系统同时运行，共有 6

套优利大型主机系统，整个网络所联终端遍及全世界70个城市。该网共租用国内邮电长话专线50多条，组成网络数据传输主干线路，国外城市则通过SITA（航空公司通信协会）网络相联。以北京的主机系统为中心向外辐射，全网由9台中大型前端处理机和28台远程集中器构成网络节点，主要是分布式通信处理机（DCP）和通用通信处理机（UCP），网络运行TELCON网络管理软件。全网共联接了2 000多台各式终端和打印机，采用了地面线路、数字微波及通信卫星等多种传输手段，以确保实时系统在90%情况下达到3秒响应的要求。

随着改革开放的深入，国际交往日益频繁，为增强我国民航在国际航空运输市场的竞争能力，计算机应用的发展任重道远。

网络是计算机建设的基础和前提条件，是一个大型实时计算机系统的命脉。“八五”期间网络建设将为一个重点。除了已建成的网络外，将进一步扩大网络覆盖范围，加强网络物理设施的管理能力。广泛采用卫星通信技术，建立北京卫星通信主站，并开通上海、广州、沈阳、西安等主要节点城市，建立众卫星地面接收站，提高网络的可靠性。同时还将改善网络的拓扑结构，从树形网络逐步向网状树形网络发展，在网络接口、通信规程、网络软件等方面发展，并向异种机型互联进军，以求不同厂家计算机系统的联网。

在应用系统的开发方面，为适应国际业务的发展需要，还将完善扩充旅额服务系统功能，提高销售能力和效率。离港系统将推广到更多的国内外机场，由于离港系统运行的可靠性关系到航班能否正点飞行，各航空公司主要机场还必须建立相应的备份系统。

货运是民航运输的主要业务之一，计算机货运系统是一个独立的、与客运系统并列的应用项目，它的建立将为民航有关部门提供货运量统计，加强货运管理，提高航位利用率，加强货物周转速度，方便货物的查询、跟踪，为客户提供优质服务。货运系统的安装调试工作正在紧张进行，将于1993年初在民航投产，并迅速推广到其它航空公司。

随着民航体制改革和业务量的扩大，国际票证结算工作量和复杂度也随之增加。目前多层次的手工结算方式每年给民航造成近400万美元的损失。由于国际结算系统业务处理量大，专业性强，计划建立一个独立的计算机硬件系统来完成结算、分摊、帐务批配等业务处理，以加快结算速度，提高结算效益，为改善中国民航结算的落后状况提供可靠的技术保障。

1995年前将建立开发综合管理信息及办公室自动化计算机系统，为上级机关、管理部门提供计算机处理加工的信息，二次开发客、货运系统的数据信息，以辅助管理和决策。此外，工程、航空飞行、民航系统等计算机应用项目也将在准备开发中。

“八五”期间，随着民航业务的发展，计算机系统的应用也将越来越广泛。将信息作为资源利用的广度和深度定将会有一个长足的进步。

科技情报计算机服务系统

全国科技情报计算机服务系统是从1975年开始研建的，先后经历了“六五”、“七五”两个五年计划时期的发展。特别是在“七五”期间，作为国家优先发展的12个计算机应用系统之一，取得了长足的进步。

全国科技情报计算机服务系统是一个跨部门、跨省市的综合性公用信息服务系统。目前，我国有独立的科技情报机构414个，职工26 000多人，加上非独立情报机构共有职工近10万人，已配备了IBM4300、DPS、VAX、HP3000王安系列大中小型计算机近百台，微机数千台，初步建成了中国科技情报研究所、北京文献服务处、上海情报所、机械、化工、冶金、农业、专利等10多个综合性或专业性的数据资源中心和服务中心。可以向社会各界提供多样的服务。如数据库的建立和提供服务；国内外联机检索和定题服务；光盘数据库检索服务；应用软件的开发；数据录入和编辑排版以及电子邮政服务等。全国各省市有400多个终端可以联机检索上述中心的数据库。

我国目前已有50多个城市开通了国际联机检索业务，能够检索美国的DIALOG、BRS、DMS/DRI、英国的INFOLINE（含ORBIT系统的数据库）、意大利的ESA—IRS、法国的RIESTA、加拿大的I. SHARP-S、德国的STN、卢森堡的ECHO、奥地利的WSR、瑞士的DATASTAR和DUN—Bradstreet等12个系统的600多个数据库，约数亿条信息记录，包括了世界上的2/3以上的文献，以及金融、商业、人文、产品、新闻等各种各样的信息。还引进了国外数据库磁带50多种，总量超过2 000万篇，部分已建成联机检索数据库，可通过分布在全国各地的数百个终端进行查询。同时图书情报系统还引进了70余种CD—ROM光盘数据库。光盘的存贮容量大，成本低，使用方便。这种光盘+微机的检索系统弥补了联机检索的不足，增加了情报检索的手段。

“七五”期间，科技情报系统的数据库建设有了迅速的发展。到1991年底，在国家科技情报司登记注册的各类数据库共有805个，其中科技情报系统建库最多，共计360个，占总数的45%。其次是文教卫生和商业、经济等。数10个规模较大的科技情报数据库已经向全国提供联机或脱机服务（详见情报数据库指南）。这些数据库的使用为科研立项、成果申报的查新咨询和技术转让等起了重要作用，取得了明显的经济效益和社会效益。

“七五”期间，我国科技情报系统在汉语自动切分和抽词、情报检索软件的研制、图书情报业务的计算机管理、机器翻译、情报文献工作国家标准的制定等领域，都取得了令人瞩目的进展。特别是汉字联机情报检索系统的开通，填补了我国联网检索的空白，得到各级领导和广大用户的好评，是“七五”国家重点建设的各部委信息系统中投入产出比较高的系统。

系统建设的关键技术——中文文献自动检索技术作为“七五”国家科技重点攻关项目，共取得了13项成果。这些成果大部分已经推广使用，在我国图书情报现代化方面发挥了重要作用。例如汉化的Micro CDS/ISIS微机通用情报检索软件已在全国各个行业的图书、情报、档案管理部门推广使用了千余套，直接经济效益百万元。又如在VAX系列计算机上使用的大型全文检索软件TRIP，具有全文检索功能，可以省去大量的人工抽词标引工作，已在中国科技情报所、经济日报社、总参等单位推广使用，取得明显效果。IBN4 381上使用的CDS/ISIS大型汉字检索软件和王安VS系列计算机上的VS—GIRS软件都已经用于建立汉字联机检索系统，取得了良好的经济效益与社会效益。

全国科技情报计算机服务系统的建立和发展，改变了我国情报检索的落后面貌，使我国情报现代化工作上了一个新台阶，为改革开放和社会信息化作出了应有的贡献。

但与发达国家相比，差距仍然很大，数据库总量不足世界总量的1%，利用率低，联机网络技术十分落后。

“八五”发展的主要目标是：

1. 将情报系统拥有的主要主机通过公用数据网和电话网联成科技情报服务网络。

2. 网络中可联机检索的汉字数据库达200万个记录以上，西文库3 000万个记录，比“七五”翻番。

3. 联机用户终端600个以上，覆盖全国主要城市，检索课题量比“七五”翻番。

4. 发展电子邮政、文件传输等新型情报服务。

中国科学技术情报研究所（ISTIC）

中务科学技术情报研究所（ISTIC）成立于1956年10月，是国家科委领导下的综合性科技情报研究机构，是国家和科学技术情报中心。主要任务是：

1. 重点收集、加工、报道国内外科技情报资料并开展文献阅览和缩微、复印服务。

2. 开展手工和计算机检索服务，逐步建立科技情报联机检索网络。

3. 分析、研究报道国内外科技成就和水平动向；为决策部门提供综合性战略情报服务。

4. 登记、加工、报导和交流国家重要科技成果。

公安信息管理系统

公共安全电子信息系统，既包括各级公安机关本身的信息系统建设，同时也关系到公安部门同社会各安全信息交换的要求与机制问题。我国公安信息系统的应用和推广是公安现代化建设的重要内容，得到中央领导和国务院有关部门的直接关怀与大力支持。公安部领导和各级行政首长都把公安信息系统建设列为议事日程中的重要内容，这是公安信息系统得到迅速发展的重要前提和保证。

改革开放的大好形势向公安保卫工作提出了新的课题，为维护社会安定，在新的形势下广开社会安全信息渠道，建立灵敏、快捷、安全的信息采集、信息反馈系统成为当务之急。公安保卫工作也会越来越多地依靠高新技术，各项公安业务都把尽快实现电子信息化作为公安现代化建设的首要任务，给予重点保证、重点落实。我国公安电子信息应用的历史，可归结为以发展公安通信为先导，以加强计算机信息处理为核心，充分开发社会安全信息资源，促进各项公安业务由传统的手工作业向自动化、智能化转变服务于全社会为目标逐步发展起来的。

公安电子信息系统应用，涉及到公共安全信息的采集、传输、处理、利用（辅助决策）和办公自动化电子信息技术应用的全部内容。实现公安信息传递的电子信息化和建立公安通信网系统，是我国公安电子信息系统建设的开端。全国公安通信网的建设包括有线通信专网和移动通信专网两大组成部分。充分运用现代通信的最新成就，积极、适时引用微波通信、光纤通信、卫星通信技术，开辟多种信道资源，以达到公安信息传递的全时空、全天候的目标。1980年开始组建全国公安有线通信专网以来，目前全国各地（市）级公安局公安专网开通率达97%。县局级开通率达92%以上。通信交换设备已开始向程控交换方式过渡，目前已安装运行的程控交换机达几百部，装机容量达数万门。超短波移动通信省际组网发展迅速，有80%以上的县份已建立起基本级移动通信骨干网。投入应用的各类无线电通信设备近20万部。微波通信、光纤通信和卫星通信在部分省、市已开始应用。

公安通信系统的应用和发展，不仅为各项公安业务活动提供了有力的支持，而且成为各级党政机关直接应用的应急通信系统。有相当多的地方党政领导同志，在他们的身边都配有公安通信装备，以便他们能够充分利用公安通信网覆盖的广泛性、运行管理的安全性和时效性，达到信息灵通、处置迅捷的目的。例如在我国最大的经济特区海南省，目前省委和省政府主要领导同志，他们随时可以通过公安通信网与各级公安机关联系。这对于提高公安工作的时效,对于应付重大突发事件减少信息传递环节,使公安队伍直接置于地方党政机关的领导指挥之下,都具有重要的作用。公安通信网为党的中心工作服务,为地方党政领导指挥工作服务已成为很普遍的情况。多年来公安通信事业在保卫国家财产和保护人民群众生命财产安全、抵御自然灾害、指挥抢险救援中都发挥了很大作用,得到各级政府和人民群众的好评。

充分运用电子信息技术广布安全信息渠道、广开安全信息资源,建立各种安全信息报警、监控系统,是"七五"期间公安电子信息应用的一个重要方面。1986年,公安部正式决定在全国大中城市建立110社会安全报警系统和公安局指挥中心。相继各类安全信息电子报警、监控防范应用系统在全国得到广泛的应用,从而形成以公安通信网为社会安全信息中枢,紧密沟通全社会各种安全信息通信系统,使各类社会安全现象都能最及时的汇集到公安部门,实现了安全信息来源广泛、传递及时、指挥畅通、处置迅速,对于提高社会安全感,有效地维护社会安定发挥了重要作用。

在改革开放和迎接国际新技术革命挑战中,我国公安电子信息应用的发展出现了质的飞跃。1983年公安部正式决定成立了计算机安全监察局,以适应我国高技术发展和计算机应用的安全保卫问题。1984年经党中央和国务院批准,开始筹建"全国公安计算机保卫、指挥信息系统工程"(简称为公安信息系统工程)。这项工程的目标是以计算机信息处理为核心,在全国公安通信网的支持下,建立全国公安计算机通信网络和公安部至省、市不同层级公安信息中心,结合各种公安信息数据库、知识库和模型库的整体应用,以实现为公安工作辅助决策服务,从而达到对社会安全实行宏观管理的目的。与此同时,促成公安信息管理由传统手工作业模式向自动化和智能化的转变。

全国公安信息系统工程建设经历了8个年头,在精心设计、精心施工下经过三期工程的分期实施,为最终建成完善的、现代化公安信息系统打下了良好的基础。目前公安部至各省、自治区、直辖市公安厅局的计算机一级网络系统基本建成投入运行,部分省市公安计算机二级、三级网络系统也正在积极筹划建设中。公安信息系统工程建设的全过程,始终遵循用系统工程的方法,坚持统一领导、统一规划、统一系统设计、统一数据标准和统一软件开发的原则,在进行计算机信息技术建设和推广应用的同时,紧密结合各项公安业务传统工作模式的转化,使计算机应用渗透到各项公安业务工作之中,取得了边建设边发挥效益的效果。在统一组织计算机应用推广中,系统建设和运行逐步走上规范化、标准化和制度化,公安部信息中心和省、市级公安信息中心可资利用的数据也日趋完善,一级网信息中心建设达到初步规模,已安装投入运行的小型机100余部、多用户微机200多部、各类微型机2 000余部。目前已开展应用的系统包括人口信息系统、违法犯罪信息管理系统、涉外信息管理系统、交通信息管理系统、消防信息管理系统、公安要情信息系统、公安业务统计信息系统、公安指挥信息系统、警用地图系统、刑事技术、防范技术和办公自动化等方面,各类公安业务广泛的展开了不同规模的应用,收到了明显的效果。在人口信息管理中,全国已有数亿人口信息纳入计算机管理、利用这个系统破获各种案件6万多件,其中包括重大案件7 000件。人口信息管理系统为社会各部门提供了广泛的服务,在个别资本主义国家恶毒攻击我国人口政策时,公安部信息中心协同国家有关部门,利用我国人口信息资料及时定时的提供出我国人口政策的科学依据,得到国际人口组织的充分肯定,有力的支持了我国的外交斗争;违法犯罪信息管理系统已将数百万案犯资料纳入计算机管理,利用该系统破获各类案件10余万件,其中包括重大案件3万余件,对于从重、从快打击犯罪,提高社会的安全感发挥了重要作用;涉外信息管理系统已将95%的入出境人员登记管理工作纳入计算机管理,为我国改革开放提供了直接服务,如1988年10月,深圳罗湖口岸实现过境查验的自动化后,在这个日放行量达十几万人次的涉外口岸上,其过境放行速度超过了港方当局,为海内外同胞和国际友人的入境提供了方便,在海外引起了强烈的反响和高度评价。据专家们评审认为,罗湖口岸入出境信息管理是运用系统工程方法,采用先进技术,解决了世界上最大口岸的入出境信息管理问题,其整体性能和应用效益都达到了世界先进水平。公安要情和公安业务统计信息,用于随时定量和定性的分析掌握我国社会安全的态势,为加强宏观管理和微观指导提供了可靠的依据;此外,在交通、消防、刑事技术、安全防范、指挥中心建设和办公自动化方面的应用,都取得了卓有成效的应用和可喜的进展。

计算机安全监察,是在我国高技术产业发展和计算机广泛应用的历史条件下,向我国公安保卫工作提出的一种新的业务职能。经几年的探索和准备,从计算机安全立法准备到建立各行业部门安全组织、培训安全监察技术人员、开展安全技术研究、指导计算机病毒治理和拟定各类安全规范等方面,做了大量的基础工作。目前已有部分省、市制定出计算机安全的地方行政法规,为我国计算机安全监察的全面展开,做出了有成效的基础准备和实践尝试。

随着计算机在我国公安事业的广泛应用,大大地提高了公安队伍的整体素质、增强了公安战斗力,同时也为我国公安队伍积聚、培养了一大批高水平的系统工程和电子信息技术专业人才，为实现我国公安工作的现代化奠定了良好的基础。要不失时机地坚持以改革、探索、创新、务实的奋进精神不断总结经验，在“八五”期间为系统的完善和功能升级做出新的突破。

海关系统计算机信息系统

海关系统计算机应用工作始于1976年，经历了三个发展阶段。

第一阶段（1976年至1982年）为试验阶段。先后在九龙（深圳）、拱北（珠海）、广州和上海4个海关安装了7台小型计算机、终端机70台，开发了旅客行李物品征税、走私案件资料管理和海关进出口贸易统计等9个急需的应用项目，取得了初步效果，并为计算机技术在海关的应用积累了组织管理经验。

第二阶段（1983年至1985年）为推广普及阶段。1983年海关总署制定了《全国海关电子计算机应用三年规划和八年设想》，海关系统的计算机应用工作开始进入有计划、有步骤的发展阶段。这一时期，计算机的应用推广到了17个主要海关，安装小型机25台，终端机577台，微机一批，开发运行应用项目50余个，涉及海关监管、征税、统计、查私等主要业务领域以及部分行政事务工作。

第三阶段（1986年至1990年）为综合应用和联网试点阶段。1986年海关总署制定了《全国海关“七五”期间计算机应用建设实施计划》，确定了从单项业务管理向综合业务管理、从单机应用向系统化网络化发展的方向。经过6年的努力，海关报关自动化系统（H883工程）开发并试点运行成功；南方福建、广东、海南三省海关地区网开通运行。海关系统的计算机装备规模和应用水平都有了很大发展。

截止1991年底，海关系统计算机设备总投资已达2亿元。在各地海关安装使用VAX系列计算机系统110套，联机终端2 500台、微机1 100余台。目前全国近200个海关单位已全部用上了计算机。所有海关实现了海关贸易统计数据采集和加工计算机化；80%的海关实现了进出口货物征税的计算机管理；在10个主要海关实现了报关自动化综合处理，其处理报关单量已占全国海关总数的60%以上。此外还有近400个单项应用项目在各地海关使用，覆盖了绝大部分海关业务领域和海关内部行政事务管理工作。

海关报关自动化系统（即H883工程）的开发应用，使海关的计算机应用向综合化应用方面迈出了可喜的第一步，取得了突破性成果。该系统自1986年开始进行需求调查的原型试验，至1989年投入试运行，历时4年。在H883工程取得阶段性成果后，海关系统开始研制开发海关办公自动化系统（即COA工程）。该项目是又一个综合性的大型系统工程，整个系统完成后将使海关各部门、各地方海关互相往来的公文、信息和法规文件的登记、分发、传递、归档和检索使用全面实现计算机化处理。

在网络建设方面，一个通过拨号线，专线及卫星信道，连接全国各直属海关的海关系统一级网已初步建成，进而实现了全国海关进出口贸易统计快报的联网传输汇总。作为海关系统二级网的广东地区网也开通。该网横跨福建、广东和海南三省9个海关，入网中小型机42套，终端1 449台，开发运行网络应用项目5个。此外多数沿海和部分内陆海关的关区网也已初步建成，构成了海关系统三级网。一个在结构上集中式与分布式相结合，以集中式为主的全国海关计算机网络系统已见雏形。

“八五”期间，海关计算机应用工作将继续向综合化、网络化发展，奋斗目标是，初步建成一个以全国海关计算机网络为依托，以各种海关业务综合数据库为核心，可由海关总署直接应用并统一管理、各地海关共享的海关管理信息系统。根据这一奋斗目标，今后几年海关计算机应用工作将围绕以下五项重点工程进行：

1. 进一步推广普通报关自动化系统，实现全国进出口货运报关的全面自动化处理；

2. 完成海关办公自动化系统的开发任务并在大部分直属海关推广运用；

3. 研制开发全国海关缉私情报管理和缉私行政指挥系统；

4. 全面建成全国海关计算机三级网络系统；

5. 开展电子数据交换技术的应用研究和与对外经贸业务相关部门的EDI试点应用工作。

国家统计信息自动化系统

国家统计系统是我国主要的综合信息职能部门。统计信息所反映的国民经济和社会发展的总体情况是社会经济信息的主体，是国家实行科学管理的重要基础工作，是党、政府和人民了解国情、制订政策和计划的重要依据。早在1953年，从中央到省（区、市）、地（市）、县各级政府都建立了统计局，区、乡两级都陆续配备了统计员。各有关业务部门也都相继建立了统计机构。1984年，为了弥补全面统计报表的不足，国家统计局又成立了农村社会经济调查队和城市社会经济调查队，形成了覆盖全国各地区、各部门和城、乡各企业、事业单位的统计信息网络。

我国的统计信息自动化系统是指以现代信息技术支持统计信息的采集、传输、处理、存储、提供、分析、预测等一系列统计业务活动的组织系统。

《中华人民共和国统计法》及其实施细则规定了“国家有计划地用现代信息技术装备各级人民政府统

计机构，建立健全国家统计信息自动化系统”。党中央、国务院领导同志对国家统计工作的现代化建设十分重视，多次指出“统计工作现代化，是整个信息工作现代化的重点之一”。

“七五”期间，遵照“微机起步，由小到大，逐步完善”的建设方针，采用“多渠道集资”的办法，国家统计信息自动化系统建设已初具规模。

国家统计局在1986年组建了计算中心（司级），配备了IBM4381机及多套小型机、微机，全国30个省（区、市）统计局都建立了计算中心（处级），绝大部分配备了小型机；95%的地（市）统计局成立了计算站（科级），配置了超级微机；60%的县级统计局配备了专职或兼职的微机应用人员，有的县还成立了微机室，形成统计信息自动化系统的骨干。在国家统计局和省（区、市）统计局各专业司、处以及农村社会经济调查队和城市经济调查队也都广泛采用计算机处理本职业务，成为统计信息自动化系统的重要组成部分。目前，整个系统已拥有计算机技术人员4千多人，中型机一套，小型机30余套，超微机500余套，微机万余套。

通信网络建设也取得了一定的进展，基本实现了国家对省（区、市）、省（区、市）对地（市）的点对点微机数据传输。

目前国家统计系统各专业的月报、季报和年报等定期统计报表都已实现计算机处理。此外，国家统计信息自动化系统还多次承担了大型国情国力专项调查的数据处理工作，如第一、第二期深入的中国妇女生育力调查、中国儿童基本情况调查、1987年全国1%人口抽样调查、1987年中国投入产出调查和1990年第四次全国人口普查等有国际影响的任务。

国家统计信息自动化系统的建设使统计业务工作发生了巨大变化，这些变化体现在：极大地丰富了统计信息量，提高了统计信息的质量和传递速度，增强了统计数据的分析能力和水平，扩大了统计信息的服务面，从而全面提高了统计工作效率。统计工作在监测经济运行和国家调控的决策过程中，发挥了重要作用。

“七五”期间，国家统计信息自动化系统建设已迈出了坚实的一步。“八五”期间，国家统计信息自动化系统建设将以计算机开发应用为中心、数据库建设为重点，紧紧围绕新国民经济核算体系的建立，逐步实现统计信息流程各环节的计算机化，提高统计信息的整体功能和科学管理水平，初步建成适合中国情况的管理信息系统。

新华社新闻信息处理系统

新华通讯社，创建于1931年，是中华人民共和国的国家通讯社，并正向具有中国特色的社会主义现代化的世界性通讯社迈进。

新华社作为党和国家的耳目喉舌，每天要向国内中央、省、地报社、电台、电视台及其它用户发布数10万字的中文新闻等各种信息和新闻图片；向世界各地以中、英、法、西、俄、阿6个语种发布大量的新闻和传真图片；每天通过自己的专线网抄收世界近40家通讯社和电台的数百万字电讯。

为了进一步发挥国家通讯社的职能，开拓世界舆论阵地，并跻身于世界性通讯社的行列，新闻技术现代化必须先行。在党中央、国务院亲切关怀和有关兄弟单位的大力支持下，在我社工程技术人员的共同努力下，新华社的新闻技术现代化已迈出可喜的一步。特别是新闻大厦通信工程于1990年亚运会前建成并投产，使新闻信息的传送、编辑、译审、发布、接收、分发以及排版印刷等处理流程基本上实现了计算机化、自动化。该工程主干系统的技术水平居于国内领先地位，并达到80年代后期国际先进水平。这些系统在1990年亚运会报道、海湾战争报道及日常报道工作中发挥了突出的作用。

国家测绘局测绘信息系统

测绘是一个获取、处理、提供地球重力场信息和地球表层地理、环境及人文信息的产业，是国民经济和社会发展的一个不可缺少的基础性、先行性行业。测绘信息系统是基于计算机技术的地理空间数据采集、处理、管理和分析应用的系统，是国家经济信息系统网络体系中的基础系统之一，属空间型信息系统，具有要素种类多、数据量大、空间实体的相互关系复杂、运算类型多而繁等特点。通过测绘信息系统，可以及时地向各级管理和生产部门提供日常管理咨询、地理区域分析、方案优选和战略决策等方面的地理和空间信息。

国家测绘局是国务院直属的统一归口管理全国测绘业务的政府职能部门。它的基本任务是制定全国性的测绘法规和技术标准，建立各种测量基准，培养高中级测绘人才，研究和推广测绘新技术，组织测绘方面的国际交流与合作。作为一个信息产业，隶属于国家测绘局系统的有全国（除台湾省外）各省、自治区、直辖市测绘局（处、院），测绘科学研究所，武汉测绘科技大学，郑州测绘学校，中国测绘工程规划设计中心，全国测绘资料信息中心，中国地图出版社，测绘出版社等科研、教学、生产单位，为测绘信息系统的建立和更新提供了有效的技术保障。

从“六五”开始，国家测绘局就着手测绘信息系统的研究和建立工作。经过“七五”攻关，测绘信息系统的研究和建设工作已经初具规模，建成了以国土基础信息系统（NGIS）为龙头的一系列实用系统。NGIS是一种地理信息系统，是国家级基础信息系统，其已经建成的“全国1：100万比例尺地形要素数据库”是国家级数据库群中优先开发的72个数据库之一，并已应用于规划管理、灾害监测和科学研究多个领域，获得一定的社会、经济效益。另外，在测绘信息系统的信息采集、输入、处理和输出方面，以及测绘信息管理系统方面，也相应建成了一系列的实用系统。为适应今后若干年我国将进入信息时代的形势，"八五"期间，国家测绘局在继续做好测绘信息系统的研究和建设工作的同时，还将进行建立数字化测绘技术体系和数字化测绘管理体系的研究，以及数字化测绘生产示范基地建设，从而形成地理空间数据采集、管理和分析一体化的测绘信息系统产业化体系。

在国家测绘局的统筹规划和领导下，测绘信息系统的研究和建设工作，是由国家测绘局测绘科学研究所和武汉测绘科技大学以及大量有关的单位，按照系统工程方法，通过联合攻关取得的。

经贸部计算中心计算机信息系统

经贸部计算中心作为经贸部的司、厅级职能部门，归口管理对外经济贸易系统的计算机应用，负责对外经济贸易信息的汇集、处理、分析，以及在国内外经济贸易的宏观预测，在外贸企业的微观辅助决策领域内，为领导机关提供服务。

在国际经贸领域，利用先进的计算机技术加强和改善对外经济贸易管理，已成为必须的发展趋势。经过13年的不懈努力，经贸系统计算机的应用有了较大发展，取得了很大的社会和经济效益。

全国经贸系统共有40多台中、小型计算机和几千台微机，拥有数千名专业人员，在上海、广州、福建、广西、河北、天津、安徽、大连、北京、河南、江苏、山东、山西、浙江、陕西、辽宁、内蒙、湖南、江西、广东、吉林、甘肃等省市建立了分中心，在部属的总公司和院校建立了电脑部，装备了中小型计算机，一个覆盖全国的三级网络已初具规模。

目前计算机的应用已深入到对外贸易、外资管理和对外经济合作三大业务中的统计、财务、客户、合同、价格、货源、仓储、运输、商检、配额许可证、企业管理、交易会成交统计与分析、人事等许多领域，仅经贸部计算中心就开发了130多个应用项目，有些项目在国内处于领先地位，并获得国家级、部级奖励。

经贸部计算机中心配备了功能齐全、性能先进的HP3000/955、HP3000/70、IBM34341等中小型机和大批微机，软硬件资源丰富，检测设备先进齐全，具有先进水平的开发环境。

计算中心现有职工360多名，其中高级工程技术人员40多名，中、初级工程技术人员200余名，多毕业于国内著名大学，并有40余人获得硕士或博士学位。

为加快中国经贸业务现代化管理的步伐，促进中国经贸事业的发展，经贸部制定了《经贸系统计算机应用和联网工作的五年规划》，再次强调了"统一规划、统一机型、统一软件工程设计规范、统一数据格式和代码标准"的"四统一"原则。实施《五年规划》是加速我国经贸系统信息管理三级网络建设的一项系统工程，是我经贸部在国家"八五"期间业务建设的一个重大措施。

面对国际经贸领域计算机应用突飞猛进发展的严峻挑战，中国经贸系统从事计算机应用的同行们众志成城，求实创新，有信心、有能力把五年规划所描绘的美好前景，变成世人瞩目的现实。

商业经济信息系统

商业信息中心（中国商业信息中心）是中华人民共和国商业部直属司局级事业单位，具有管理和服务双重职能。管理职能包括：中国商业经济信息的规划、组织与建设，社会商业经济信息的收集、处理、存贮，提出商业发展和市场安排的决策建议，汇总、发布商品流通统计报表数据，预测全国市场主要商品供求趋势。服务职能包括：向社会提供商业经济信息和计算机技术咨询，全国商业计算机信息系统和企业计算机应用的开发与建设，开展国际市场信息的交流活动，编辑出版市场信息和预测刊物，中国市场调查和商业投资可行性分析，计算机及其软件代理和技术转让，策划、代理、制作全国工商广告。

商业信息中心拥有全国商业信息电脑网络系统、中国市场数据库、良好的机房环境及充足的计算机设备、各种软件工具、先进的摄录像设备和大型演播室。

机构设备：管理职能：办公室、工业品信息处、农产品信息处、市场信息处、市场预测处、信息管理处、计算机管理处、情报资料室；服务职能：计算机开发部、咨询部、商情部、投资部、海南培训中心、中商广告公司；中国市场调查所。现有人员120人（不包括调查所70人，下同），其中专业技术人员105人，有计算机、经济高级职称的各类专家，博士、硕士等，人才济济，技术力量雄厚。

商业信息中心同省、自治区、直辖市、计划单列市及地、县、基层商业和粮食机构、供销社、零售商店、各类商品批发市场的信息机构、全国商业各行业信息网、全国粮油和饲料信息网，以及南方信息网、北方信息网、西北信息网、东北信息网等构成中国商业信息系统。全国商业信息人员32万人，拥有各种类型计算机及设备和各种软件工具，商业信息网覆盖全国。

"七五"期间，商业信息中心在信息建设、信息收集与提供、市场预测、软件开发、信息与计算机咨询方面进行了卓有成效的工作。

管理信息系统：实现了以商品流通为主要内容的部、省两级和全国大型零售企业计算机联网以及抽样调查数据的计算机处理，许多省实现了省、地（市）、县之间计算机联网。开发了商品流通统计数据计算机“电子邮件”传输系统，达到了统计信息准确、及时。完成了国家“七五”重点攻关项目“宏观市场监测与预警预报信息系统”，开发了“月度市场监测预报、市场景气分析方法”计算机软件和“消费品市场计量经济模型”，进行国家级市场波动周期的研究。建立了全国商业批发物价指数信息系统。开发了宏观经济指标数据库、商情数据库、商业部不动产管理数据库。

信息服务系统：全国商情信息系统联通全国30个省会和中心城市的计算机网络，建立60个商情工作站，有的地方在地（市）设立了工作分站，网络用户超过5万家，通过计算机远程通讯，每周把全国各地商业系统可供商品和求购商品的信息1 200多条传集到商业信息中心，经过计算机处理后反馈各地，计算机排版印刷等全过程12小时完成。全国商情信息系统开通五年来，活跃了市场，沟通了购销，促成商品购销达120亿元。通过商业信息网络系统为中央电视台每日播出市场主要商品价格提供信息。开发了粮食批发市场、上海农资公司、全国省会蔬菜公司、大连食品公司、天津肉联厂、上海大场和龙华肉联厂信息和企业计算机管理系统，以及商业部办公自动化系统。正在建设全国首家大型超级市场计算机条形码全面控制系统。在计算机软件开发方面取得的成果有：对操作系统XENIX，UNIX及DOS的汉化；对软件OFFICE及LOTUS分别完成了从PC/XT向PC/AT、386微机的软件移植工作；用C和汇编语言编制了通讯软件DDCP，技术性能居国内DOS操作系统下通软件领先地位；实现了在UNIX及XENIS下的UUCP功能及“电子邮件”传输功能、并已应用于商品流通数据传输系统；使用了在X.25协议下的DPS25全国分组交换网传输信息和TCP/IP通讯网。STARLAN及D-LINK网。

信息出版物：《全国商情》周刊、《市场预测》半月刊、《国际商情》和《中外粮油和饲料信息》月刊，以及不定期的《市场内参》、市场形势分析报告；全国商品分类与高位码的编制、推广；编辑与出版《中国商业企业名录》，编写与出版《商业信息百科》；与中央电视台共同组织“商业文化与市场营销讲座”，并编写出版《商业文化与市场营销》一书；拍摄翻译广告片、专题信息、新闻片50多部在中央、地方电视台播出。

培训工作：建立了“中商信息电脑培训中心”，先后为商业部门和社会培训了计算机软件、市场预测、统计信息人员、基本上满足了商业计算机和信息人员培训的需要，以及对社会各界服务的需要。

国际交流与合作：与日本全国农业协同组织联合会、新加坡电脑局和贸发局、欧洲共同体科技中心、世界银行、日本海外经济协力基金（OECF）、SUN公司、ORACLE公司、SYBASE公司、OLIVITI公司等国家、地区机构建立了较为密切的合作关系。

“八五”期间，我国商业改革和发展将进入一个新的阶段，信息工作的重要性越来越突出。积极开发信息源，提高计算机技术水平，大力发展信息事业。商业信息工作的指导思想是：深化改革，积极开拓，完善网络，提高质量，充分发挥商业信息在商品流中的导向作用和服务功能。走“联合、高效、开拓、服务”的路子。在开发信息资源的深度和广度上下功夫，大力发展新的业务范围，拓展新的服务方式和领域，为培育市场、繁荣市场发挥重要作用。

水利部信息管理系统

我国水资源短缺，水旱灾害频繁。

水利作为国民经济的基础产业，不仅是农业的命脉，也是国民经济和社会持续稳定发展的重要保障。

水利部是国务院水行政主管部门，负责全国水利行业管理，水资源合理开发和调度利用等工作。国家防汛总指挥部的办公室设在水利部，在防洪指挥调度和抢险救灾等方面，负责为国务院领导提供决策信息，也是水利部的主要职责之一。因此，加强水利信息系统建设，是一项十分重要而又急迫的任务。

“七五”期间，电子信息技术已广泛地在水利系统的防洪调度、抗旱、政务、财务、物资、人劳、统计等业务管理，水资源开发利用，科研、教学和辅助设计等方面得到初步应用，为水利事业做出了一定贡献，并为全国信息系统进一步发展奠定了一个良好的基础。

防汛信息系统是水利信息系统的一个重要业务子系统。从70年代末开发水情电报翻译系统起，经过多年的努力，全国防汛信息系统已初具雏形。

10多年来，为各级防汛指挥部及时提供了决策支持信息，对减少洪涝灾害损失，发挥了较大的社会、经济效益。但是，计算机网络尚未形成，信息主要靠电报传送，时效差，误报多，急需改进。因此，在“八五”、“九五”期间，必须加紧通信网络、计算机网络、遥测网的建设，加强决策支持专家系统的研究和开发，建成一个现代化的防汛信息系统，并在此基础上，扩展成为包括政务信息、管理信息、科技信息和灾情在内的现代化水利信息系统。

环境保护信息管理系统

环境信息是人们认识环境、保护环境的基础和依据。为满足环境决策、环境管理和污染控制日益增长的信息需求，国家环境保护局加强了对环境信息工作的领导，在计划司设置信息处，负责全国环境信息工作的指导，统筹安排国家、省、市环境信息工作的建设与发展。近年来，积极开展了计算机技术的应用研究，使得环境信息工作逐步建立在应用计算机技术的基础之上，从而逐步实现环境管理、环境决策需要的各种各类环境信息的规范化、标准化。

“七五”期间，在国家计委、国家科委、财政部的大力支持下，由国家环保局主持开展了国家环境信息系统的研究，设10个专题，组织中国环境科学研究院、清华大学、北京大学、防化研究院、401所等单位的百余名科研人员共同攻关，建成了国家环境信息系统的原型，部分功能已进入实用。该系统是一个多功能、多层次、面向多种用户，并由一系列数据库、模型库、知识库和信息管理软件支持的大型计算机应用系统。共包括8个应用子系统，50个子库，854个数据关系，总装容量达750兆。

在开发国家级环境信息系统的同时，国家环境保护局还组织力量开展了国家环境统计信息系统，全国乡镇企业污染源调查信息系统，国家有毒化学品信息管理系统等实系统的研究，进行了省市级地方环境管理信息系统开发与建设和试点工作，并取得了经验。如已投入使用的国家环境统计信息系统所覆盖的县、地区（市）、省、国家四级环境统计信息网络，统一采用了国家环保局制定，并经国家统计局批准的环境统计报表，同时采用统一信息管理系统软件，所提供的环境数据是全国四级环保机构或其它机构进行环境管理、规划、决策、考核的可靠信息来源，也为《中国环境年鉴》、《中国统计年鉴》、《环境公报》等提供了环境保护方面的权威数据。该系统除有数据管理、统计分析、数据查询、报表输出等功能外，还有各种图形输出功能。又如“七五”科技攻关完成的国家有毒互化学品信息管理系统（NRPTC）建在中国环境科学研究院VAX-11/785计算机上，该系统装机总量达430兆，已成为国际上最大的同类系统，该系统开发过程中，成功地用关系数据库实现了网状数据模型的复杂结构，在程序设计上开发出一个新的在主要功能上较美国DEC公司的FMS更适合于复杂数据结构、使用方便并具有压缩和放展功能全屏幕编辑格式软件，该系统多用户检索响应时间仅在3秒以内。

“七五”期间，通过环境信息工作的开展与发展，以及各种环境信息系统、数据库的研究与建设，取得了大量工作成果和科研成果，并且培养和锻炼了一支环境信息工作的队伍，为环境保护领域应用计算机技术，更好地为我国环境的管理和决策服务奠定了良好的工作基础和发展条件。

“八五”期间，环保系统将根据“重在应用”的原则，不断总结“七五”的成功经验，按照“八五”环境信息工作规划，分期分批地开发和建设我国地方环境信息系统，使我国环境信息系统初具规模，使我国以计算机为基础的环境信息工作得到更大的发展。

农业电子信息系统

农业电子信息系统建设在“七五”期间开始起步，并打下初步的基础。农业电子信息管理系统是国家经济信息系统的专业分系统。系统建设的总目标是：利用技术、数据通讯技术建设遍及全国，包括“集中——分布式”网络系统。通过收集、加工、传递、存储和提供与农业有关的各种信息，为各级领导提供决策依据和辅助决策手段，向广大农户提供服务支持。

系统建设采取“统一规划、分批实施、逐步完善”的方针。按照计划，农业信息管理系统要通过建设18个（子）系统和30个数据库，实现系统建设的总目标。

1987年3月成立农业部信息中心，主要负责农业（电子）信息管理系统建设的实施和管理；进行农业及相关信息的传输、存储和处理；开展信息的分析和预测研究，为农业部门管理和服务工作的现代化提供支持，为领导科学决策提供依据，为农业生产提供技术信息服务。

部内一些业务部门，配备了专门的信息工作人员，有的（例如渔政管理）并组建了信息机构，从事本业务系统的电子信息管理系统的建设。

部分省市的农业管理部门也陆续成立了省级信息中心，从事省级系统的建设工作。

部信息中心，渔业管理信息中心，以及部分省的渔、农业管理部门分别配备了VAX8250、VAX3100、Micro VAX Ⅱ、MV系列等小型机和超级小型机；配备了汉化ROB、ORACLE等数据库软件、多种高级语言、SAS数学统计软件包、办公自动化管理软件ALL-IN-I以及其他网络、通讯软件。

部内各单位、各省农业行政管理部门也陆续添置了一定数量的微机。据不完全统计，仅部机关就有微机200余台；仅部为省级管理部门及部分市、县配备的微机就近700台。此外，为部分省、市配备了传真机，建立了部间的传真网，个别省并将传真网延伸到地、县。“七五”期间，开始信息管理系统建设和通讯网络建设。部信息中心的VAX8250机已与部内部份单位的微机、各省的一些小型机或微机联成计算机网络，其中部内联成局部网运行，部与省之省联成广域网运行。

部信息中心及一些部门的信息人员，以“农牧渔业信息管理系统总体设计”为框架，开始了各业务（子）系统的建设，相继开发了：

乡镇企业信息管理系统：建立了全国乡镇企业统计数据库和万家乡镇企业基本信息库实现了全国乡镇企业统计、财务数据的计算机汇总以及万家较大型乡镇企业基本情况的查询。其中统计数据的传输已经是通过部与省市的远程通讯（远程智能终端）来实现。

菜篮子工程价格信息网络系统：这是以部信息中心的小型机为中心，通过通讯线路，联接全国74个(目前已联12个)大中城市的农副产品批发交易市场，实现农副产品价格信息和交易情况的交流和反馈，为繁荣市场和搞活经济服务。

农业病虫害预测预报系统：以农业部农作物病虫害测报站为中心站，通过通讯线路，收集全国数百个地区监测站的农作物病虫监测数据，进行汇总、处理、分析，预测未来病虫发生规律，发出预报和警报。目前；省、县各级监测站已装备微机百余台，全国重大农作物病虫害已有2/3应用计算机预报，预报提前了20～40天，准确率提高20%左右。

渔政管理信息系统：该系统目前开发了渔政管理上最急需的一批计算机应用项目：《海洋捕捞违规渔船管理》、《海洋捕捞许可证管理》、《海洋渔业船舶档案管理》、《渔政船航次管理》等数据库软件，这些软件的开发应用，促进了应用部门的业务规范化，提高了科学管理的水平，取得了较好的社会效益和经济效益。

农村合作经济信息管理系统：本系统是一个网络系统，通过部信息中心的主机与全国300个基点县的微机联网（目前仅是省市级的软盘传送），实现农村经济信息的采集、传输、汇总、查询、反馈等功能，支持农村经济信息的分析和预测，为领导机关的决策提供依据。

部政务信息系统：是通过在VAX8250上运行美国DEC公司的办公自动化软件ASI-IN-I实现的。目前部机关已有半数以上的司局实现联网，已实现了机关的公文运转、领导的活动日程安排、机关内的电子邮递等工作的自动化。以后将扩大联网范围和系统功能，提高机关办公自动化水平。

部人事管理系统：这是一个建在政务信息系统基础上的实时处理系统，部人事司各业务处分别对人事数据库进行操作，输入各自业务范围的数据，供有关部门共享。

部门管理信息系统：各农业管理部门也结合各自的工作需要，引进或开发了单项管理软件，建立了相应的数据库。上述电子信息管理系统和管理软件的应用，大大地提高了各部门的管理水平，也为基层提供了一些有益的信息，取得了一定的社会效益和经济效益。

省级信息系统建设：四川省农牧厅信息中心开发了四川小粮食信息系统，包括四川省农业粮食数据库、县级农业历史数据库，以及粮食生产子系统、流通子系统，产量预测子系统、粮食图形子系统等，上述系统的运行，对四川粮食政策的决策起到较好的作用。

“八五”期间，农业部门的电子信息系统建设，将按照“农业部电子信息系统推广应用工作的‘八五’计划”积极进行：除继续作好几个重点领域的农业电子信息管理系统的建设外，将积极推进省级系统的试点，把管理信息系统逐步向省级延伸；政务信息系统建设将有一个较大的发展，除部内全部实现联网外，将与国务院和部分部委的政务信息系统联网，并进行与省农口厅司政务信息系统联网的试验；网络建设，包括局域网建设和利用公用数据网进行数据通讯等工作将有一个较大的发展；开展利用公用数据交换网进行数据通讯和进行图文信息业务服务的前期工作。一旦投入正式运行，将对农业信息的传播、利用，对直接为农民服务，提供方便的条件。

机械电子信息管理系统

机电部经济信息中心

机电部经济信息中心（简称“中心”）、是部直属专业单位，有职工180人，其中专业技术人员130人。主要专业技术处室有：信息管理处，咨询分析处，信息刊物编辑室，统计处，系统开发处，办公自动化处，现代设计方法处，计算机运行处等。

“中心”配备有IBM4341、IBM4381、VAX11/750、MICROVAX Ⅱ 等中小型计算机、CAD工作站以及286、386、486等微型计算机，配备有局域网和多用户环境，具有良好的应用开发环境和CAD系统支撑环境、建有一批反映机电工业基本经济和统计信息的数据库，能够向各级管理部门和企事业单位提供有关的信息咨询服务。“中心”与部机关之间开通了以程控交换机为核心的计算机数据通信网络，为信息资源共享创造了条件。

“中心”实行双向服务以部为主的方针，既面向领导部门为宏观调控和科学决策提供信息支持，又面向社会企事业的微观经济活动提供信息导向。既负责组织实施机电工业经济信息系统的建设又面向社会大市场提供应用开发和技术服务。

本“中心”愿加强与各单位的相互了解，发展横向联合，为推进信息事业发展尽绵薄之力。

化学工业信息管理系统

化学工业部经济信息中心

始建于1982年，为部直属事业单位。现有职工121人，具有高等学历的占88%。其中博士3人；硕士7人；高工以上职称17人；工程师43人。主要从事经济与管理信息系统建设信息咨询服务，计算机化工应用等方面工作。主要成果有：一批化工经济信息数据库；为部机关和有关企业开发了一批MIS，化工过程模式分析技术；实时化工过程模拟培训系统；计算机监控技术等。曾获得多项国家级及部级成果奖。

地质矿产部信息系统

地质矿产部从1986年引进第一台计算机，20多年来已有各类大、中、小型计算机60多台，各种微机2 000多台，直接从事计算机应用的技术干部2 000多人，特别是在实际应用过程中培养出一批既懂业务又熟悉计算机技术的复合型人才。这些技术力量和设备已成为系统建设的基础。

在70年代计算机主要用于数据处理，自1978年开始试建数据库，80年代建库工作十分活跃，从科研院所、专业司局、各省局到部机关，由于地矿部的全部工作都围绕着采集、加工、利用地矿资源与环境信息展开，各级领导对信息系统建设都相当重视。

根据国内外信息系统建设的经验和教训，1983年地矿部组织制订了《地质矿产术语分类代码》国家标准，并发文要求我部信息系统建设坚决执行。1987年部成立信息系统项目办公室，负责制订总体方案，贯彻推行有关技术标准，对建库立项申请进行协调和技术指导。使整个地质矿产信息系统建设按照统一领导、统一规划、统一标准的原则纳入有序轨道。

经国家信息中心同意，地矿部信息系统是与国土资源信息分系统相协调的一个物理上独立的地质矿产信息系统。

到目前为止，地矿部已建各类数据库300多个，分布在不同层次、不同领域，都不同程度地发挥了应用效果。

其中较大型和效益较好的数据库有：矿产储量数据库、化探数据库、重力数据库、石油钻井地质数据库、海洋重磁数据库、地下水动态监测数据库、矿产资源勘查登记数据库、采矿登记数据库、矿产资源开发利用管理数据库、地矿工作管理信息子系统以及全国金矿地质数据库、全国稀土矿床数据库、地质文献数据库等。

地矿工作管理信息子系统除部机关已实现联网外，还与下属边远局级单位实现了有线或无线通讯，部与省局实现局、大队、分队三级通讯，为及时沟通上下信息和科学决策提供了现代化手段；地质矿产勘查、采矿及开发利用等数据库的建成和运用，为加强矿产资源合理利用，全面贯彻"矿产资源法"起到了重要作用；矿产储量数据库的建成并投入运行，及时、准确向党中央和国务院领导，规划、计划和有关工业部门提供已探明矿产资源数据，为作出中、长期规划和近期计划提供了可靠数据；化探、重力、海洋重磁等数据库已直接用于生产，使信息系统建设成为生产过程中的重要手段和环节；地下水监测数据在解决地质环境、农牧业用水等方面也起到了积极作用。

在现有基础上，充分利用已有的设备、人才和已取得的经验，在"八五"期间地矿信息系统建设要适当加快步伐，建成信息系统的基本框架，将信息系统建设纳入地质工作年度计划，健全维护运行机制。到"九五"逐步充实完善。以实现下述功能：

1. 为国家和地方国民经济发展中、长期规划的制订和重大建设项目的审查论证提供地质环节和矿产资源信息；

2. 为地质找矿工作布置、地质工作决策和制订资源政策提供现代化信息服务和辅助决策手段；

3. 为微观经济主体单位提供指导性信息服务和为社会用户提供一定程度的咨询服务；

4. 为地质矿产勘查、科研、计划、管理等工作提供现代化数据处理与信息服务，提高地质科学水平和地矿工作效率。

财政税务信息系统

财政税务信息系统是1986年经国务院领导批准建立的12个全国性信息和业务系统之一。系统的主要任务是以计算机为主要手段，利用现代信息技术和科学管理方法，对财政、税务管理信息和与财政、税务有关的社会经济信息进行收集、处理分析，为财政、税务的信息管理、改革方案的测算及目标预测等重大问题的决策提供服务。财政部计算中心按照财政税务信息系统总体规划组织、协调全国财政税务信息系统总体方案的实施，分阶段进行全国财政、税务、国有资产管理信息四级计算机网络系统的建设。

几年来财税信息系统的建设在国家计委、物资部、国务院电子信息系统推广应用办公室的关心和支持下，取得了较大的发展。据统计，到1991年底全国财税部门已安装微机1.5万多台，调制解调器3 000多台。由部、局到全国44个省、自治区、直辖市、计划单列市财政税务厅(局)的微机远程数据通讯已全部开通。到目前为止，全国44个省、自治区、直辖市和计划单位列市中，已有23个财政厅（局）建立了财税（财政）信息中心，其中19个配置了美国IBM公司AS/400系列机或UNISYS公司A系列机。

几年来，财政税务系统的计算机技术人员在各业务部门的密切配合下，开发了多种微机应用软件。这些软件用于各种报表处理、税务会统票处理、税务征收管理、预算管理、财务普查资源管理、企业财务管理、行政事业单位财务管理、文教行政财务管理、外经财务管理、世界银行贷款业务管理、中长期财政收支预测、人事档案管理等方面。对于减轻财税业务人员的劳动强度，提高工作效率、质量和管理水平等方面，收到了明显的效果。在中、小型计算机上，建立了财政收支决策数据库、文教行政财务数据库、国民经济主要指标数据库、国营工业企业和国营商业企业财务普查资料数据库和重点工业企业财务指标数据库等。

这些数据库的建立为财税业务人员提供信息快速查询、多用户共享数据、统计分析以及进行多种方案测算、辅助决策方面发挥了作用并为今后发展打下了坚实的基础。

税收信息化、电子化

税务部门是国家的重要综合性经济管理部门和执法部门，税收业务涉及到整个社会的各个方面。1991年全国税务部门管理的纳税户已达3 300万户，全年处理纳税业务7亿余笔，组织收入超过3 000亿元，占国家财政收入的90%以上，在国民经济建设中起着不可替代的聚财和宏观调控作用，是开展电子信息技术应用的重要领域。

“八五”时期，税收的任务更加繁重。国务院多次要求各地重视并加强税收工作。根据党和国家领导同志关于强化税收、加强征管、更好地发挥税收的作用，加快现代化管理手段在税收工作中的运用的重要指示，国家税务局从1985年开始进行计算机推广应用工作。经过6年多的努力，税务信息系统的规模和应用已达到如下水平：

——全系统微机数量达到7 000多台，基本普及到了县一级税务局，部分地区已配备到税务所；另有十几个省市税务局还配备了20多台小型计算机和超级微机。

——系统的专业技术队伍发展到3 500余人，计算机应用人员达数万人，各级计算机管理机构逐步建立。

——计算机在会统票处理方面的应用趋于成熟，目前税收会统票业务全面实现了计算机管理的区县（县级市）已达到80%；地市一级以上基本实现了微机远程通讯，极大地提高了信息传递速度和处理速度，数据准确性进一步得到提高。

——大部分地区开展了计算机应用于征管的试点工作，并在试点基础上着手进行推广工作，全系统进行征管电子化的税务分局和税务所已达数百个；涉外税收征管电子财政工作正在顺利进行；以中小型计算机为主体的全市性税收管理网络系统试点工作也已取得较大进展。

——各地普遍开展了计算机在税务部门机关事务处理方面的应用，报表处理、税收法规管理、人事管理、机关财务管理等各种微机软件基本成熟，提高了机关工作效率。实践证明，应用计算机管理税收业务，能对纳税情况、征收情况、控管情况、入库情况进行有效的反映和监督，可以较大地提高工作效率，把税务人员从繁杂的手工劳动中解脱出来，投入到征管查工作中去，有利于实现税收管理工作的规范化、科学化和现代化，是实现税务管理现代化不可缺少的手段。税收电子财政工作受到了社会和各级税务部门的欢迎。

人事部人事信息中心信息管理系统

人事部人事信息中心是人事部直属事业单位，负责全国人事信息的采集、存储、处理和分析，为领导和决策部门提供数字依据。负责制定人事信息系统建设的计划、规划和实施方案及系统标准规范的拟定。负责收集整理国内外人事信息，开展人事信息的国内外交流与工作。

人事信息系统将延伸于各级人事部门和基层单位，系统将服务于人事管理工作的控制、管理、监督和反馈四大环节。

船舶工业总公司计算机应用

我国船舶工业是应用计算机最早、受益最大的行业之一，计算机的应用在科研、设计与制造，企业管理，微电子技术应用等三大领域广泛开展，并已渗透到造船过程和各个主要环节，形成了不可逆转的新技术，取得了显著的直接经济效益和难以估量的间接经济效益与社会效益。在改造传统产业，调整产品结构，开拓国际市场等方面都发挥了重大作用。可以说，没有计算机应用，就没有今天的船舶工业。

CAD/CAM是船舶工业最先开发的一个应用领域，经过20多年的不断实践，现已在船舶、海洋工程、柴油机的科学计算、设计、建造等方面，开发出了一批技术上比较成熟的实用的软件包与软件系统。“六五”期间，船舶总公司组织开发了国家重点计算机应用项目“计算机辅助造船集成系统（一期工程）CASIS-Ⅰ”，“七五”期间进一步推广应用，这个系统包括船舶报价、设计、建造、完工交船等12个子系统，贯穿于整个造船过程。CASIS-Ⅰ的推广应用，取代了过去以实尺放样手工切割为特征的传统造船方式，从根本上改变了造船过程的技术面貌，取得了1 000～2 000万元/年的重大经济效益，这是船舶工业的一项具有重大意义的技术进步。

进入“八五”以后，船舶公司又组织力量重点开发采用图形交互作业技术和工程数据库技术的三个新一代CAD/CAM系统，即计算机辅助造船集成系统（二期工程）CASIS-Ⅱ、计算机辅助柴油机设计，生产集成系统（一期工程）CADIS-Ⅰ、计算机辅助海洋工程设计建造集成系统（一期工程）CAMIS-Ⅰ和一个特殊船舶的CAD系统，以追踪国际上的先进造船技术，使我国船舶工业在国际上立于不败之地。

“七五”期间，计算机在企业管理中的应用得到蓬勃发展。船舶总公司确定了“重点扶植，面上引导”的工作方针，选定四个企业作为大型船厂、中小船厂、机厂和仪表厂的典型企业作为重点，开发与建立企业综合管理系统，取得经验，逐步推广。“八五”期间，将以系统优化的思想为指导，提高应用水平，树立几个有效运行综合管理系统的单位，并向CIMS方向发展。同时，按企业MIS的开展情况，分别给予指导，使这项工作有层次地扎扎实实地向前发展。

在微电子技术应用方面，船舶总公司有计划地推行传统机床与炉窑的改造，并以船舶自动化为中心，研制了一批机电一体化产品与智能型的造船生产设备。

此外，船舶总公司的有关科研单位还研制了抗恶劣环境的加固计算机，高可靠性的容错计算机与多级并行的通用二维心动式阵列小巨型机。一方面满足国防建设的需要，也为支持全国的计算机应用工作作出了贡献。

历年来船舶工业各单位先后开发应用的项目约3 000余项，"七五"期间开发应用的重要项目共168项，其中获部级以上科技进步一等奖的6项，二等奖的20项，三等奖的76项。

现在，船舶工业已经建立了一支近4 000人的专业计算机应用队伍，其中包括一批具有丰富经验的高级人员和既懂计算机又懂专项业务的复合型人才，队伍的专业结构和层次结构渐趋合理。计算机的装机量约2 000台，其中中小型和图型工作站70多台。这是船舶工业计算机应用工作进一步发展的重要基础。

中国统配煤矿总公司煤炭工业信息系统

煤炭工业信息系统是国家经济信息系统的重要组成部分，为国家的经济宏观调控提供信息，同时又是煤炭企业实现生产建设指挥和管理现代化的重要手段。

煤炭工业现有的信息系统经过"七五"期间的发展，系统建设取得了显著成果。

计算机在企业管理、生产和安全监测监控、地质、科研、设计、制造、教学等领域均得到应用并初步形成一定规模。

煤炭系统现已配置了中小型计算机20余台，超级微型计算机50余台，普通微型计算机5 000余台，调制解调器1 000余台，绘图设备85套，局部网络58套；有计算机专业技术人员1 700多人（其中高工18人，工程师430人，助工663人），并先后委托全国数所大学代培500余人，其他培训6 000多人；开发各类软件4 000多个，涉及煤炭工业中的各个应用领域，为企业管理的生产调度统计、计划编制、财务核算、煤炭运销、物资供应、机电设备管理、基建工程管理、安全、通风、劳资、人事等管理以及洗煤厂生产过程控制、矿石砖坯生产过程控制、矿井安全综合监测系统、矿区电力调度系统、微机话视系统等。此外在采矿、选煤、土建、机电、矿井地面生产系统、暖通、给排水、工程地质等方面开发了各种工程设计软件。这些软件的应用已在煤炭系统中取得了明显的经济效益和社会效益。

统配煤矿总公司所属系统已在8个省（区）公司成立了信息中心（计算中心），40多个矿务局和近100个煤矿建立了独立的计算机处（计算中心或计算站）。24个省（区）公司和直属矿务局与总公司实现了计算机数据传输，2/3以上的矿务局能与省（区）公司进行计算机通信。

为了更有效地指挥生产，解决通话和数据传送问题，在"七五"期间开通了总公司直达各省公司、省公司到矿务局的通信专线28条（其中超高频电路4条，小卫星电路2条），自建山东微波干线并投入使用（13个站）。

统配煤矿总公司采用投资和集资方法对19个矿区进行了通信工程的新建和改扩建，其中8个矿务局已经完成。共建成微波站62个，光纤电路29公里（4个站），增加了纵横交换机容量达61 970门，程控交换机7 000门。

在矿井通信方面重点抓了井下漏泄通信系统、程控调度交换系统的研制开发和生产，已在部分矿井中得到使用。

"八五"期间，统配煤矿总公司信息系统工程建设的总目标是：初步建成总公司范围的信息系统，做到调度指挥及时；信息传输集中；提供信息查询。

为了达到信息系统工程建设的总目标，拟做下列几项工作。

首先，加快通信工程的新建和改造，初步建成煤炭专用通信网矿区以上的通信，采用自建电路为主、租用电路为辅的办法，建成以总公司为中心，覆盖全国各直属公司（局）、统配矿务局的专用通信网，实现直达通话。部分矿区通信以纵横交换方式，现代化矿务局、新矿区和大型矿区则采用程控交换方式完成矿区通信改造和建设。

井下通信系统推广漏泄通信和程控技术，使矿调度能与井下固定人员和流动人员实现无阴塞通话，逐步实现全矿井统一组网。到2000年基本建成完善的煤炭工业专用通用网。

其次，采用先进技术，加强计算机网络建设：充分利用国家公用分组交换网（X.25），使总公司与所有的省局（公司）联网。矿务局与省局（公司）则利用煤炭专用通信线联接，实现数据传输自动化。采用多种联网技术（多用户系统、局部网络、微机点对点通信等），在企业内部和部门之间实现数据共享。在计算机应用方面做到硬件统一选型，软件开发统筹安排，系统联网统一设计，硬、软件和信息资源共享，到2000年基本建成煤炭计算机网络。

再次，采用系统开发方法，加快管理信息系统建设步伐，完成若干子系统的开发和推广、建设与子系统相应的各种数据库并建立综合查询系统、建立预测和决策支持系统。提高办公自动化(OA)水平。到2000年，煤炭工业要基本建成完整而有效的管理信息系统。

此外，在“八五”期间，以安全和效益为目标，用微电子技术改造煤炭工业。在各项工业改造的基础上，逐步使各类监测监控系统联网，以实现信息的综合采集和利用，便于统一指挥和调度。最终将监测监控系统与管理信息系统连接成为矿井综合信息系统。到2000年所有的180万吨以上矿井均要实现能包括各类监测系统在内的综合监测系统或综合信息系统。

煤炭工业信息系统的建设，将大大促进煤炭生产的调度指挥现代化和管理决策现代化，为煤炭工业的未来发展奠定坚实基础。

中国汽车工业总公司工业信息系统

中国汽车工业总公司是负责管理汽车工业直属企业单位的经济实体。中汽总公司领导并组织所属单位从事汽车、摩托车产品的科研、开发、销售，以及汽车工业的物资供应、投资开发、工程设计、咨询、进出口贸易等经营管理业务。同时，政府授权中汽总公司对全国汽车行业（含摩托车）行使行业管理的职能。

汽车行业现有汽车生产厂125家，汽车改装厂600家，汽车零部件厂1 885家，摩托车厂家87家。

汽车工业经济信息系统的目标是：为满足行业宏观管理与加强企业管理、提高经济效益的需要，逐步建立起与汽车工业发展相适应的信息机制，能及时准确地收集、分析、存贮和反馈各种行业信息与相关信息，为各级领导科学决策服务，为企事业单位的建设、生产经营活动服务，为各类用户提供汽车工业经济信息和市场信息。

系统的主要任务是：1. 建立面向全行业的共享数据库，如固定资产投资项目数据库、汽车保有量数据库、汽车行业企业基本情况数据库、国家宏观经济与相关工业数据库、国外汽车工业数据库、技术引进数据库、汽车产品数据库等。

2. 围绕加强宏观调控，建立固定资产投资项目管理系统、生产调度及计划信息系统、宏观经济环境监测系统、科技管理信息系统、技术引进项目管理信息系统、财务管理系统和市场信息系统。

3. 建立汽车行业有关的各类经济技术发展模型，运用经济数学方法开展定量分析，促进宏观决策和经营管理的科学化。

4. 企业要逐步建立技术管理、生产管理、质量管理、设备管理、财务会计管理和物资管理等企业的主要经营管理职能，要推行企业管理的新思想、新办法、如MRP-Ⅱ，JIT和混流生产等；要建立全厂共享的产品定义数据库、工艺路线数据库、设备数据库、人事劳资以及价格、指标、质量信息等数据库。

5. 建立企业规划发展模型。根据生产、销售及国民经济形势，及时进行分析和未来趋势预测，为领导生产和企业发展决策服务。

6. 开展计算机应用单元技术集成，为发展计算机综合制造系统（CIMS）打下基础。在生产过程自动化水平较高的生产线建立收集产量、质量、设备状况等数据自动采集系统，将管理信息系统和过程控制一体化，以确保数据的及时性和准确性；在产品CAD普遍开展的前提下，将管理信息系统和CAD结合起来；在采用成组技术的情况下，开展计算机辅助工艺设计(CAPP)，生成管理信息系统的基本信息。

7. 为各级业务办公自动化提供技术支持和服务。“七五”期间，承担中国汽车工业总公司信息中心任务的中国汽车工业经济技术信息研究所装备了一台VAX-8550和一台MICROVAX-Ⅱ计算机和若干台微机（从IBM-PC到386)，已形成一定规模的硬件环境。几年来在这环境下开发了中汽查询系统（包括若干个行业共享数据库，已建成6个），科研计划管理系统，生产调度信息系统等。这些系统投入使用后为领导、为行业提供了及时的信息服务。

中汽总公司下属的中国汽车工业进出口公司、中国汽车贸易总公司等也为加强管理，提高经济效益，提高办公自动化水平，开发了在微机上运行的进出口管理信息系统、销售信息系统等。

汽车行业一些主要企业，如第一汽车厂、第二汽车厂、北京汽车厂等，较早就开始了计算机用于企业管理工作，“七五”期间取得了较大进展，从单项数据处理进入到开发为满足生产经营中某一目的服务的子系统，如生产计划、销售、财务质量管理等子系统。现在有的企业正在向逐步建成面向全厂的管理信息系统发展。如济南汽车制造厂、潍坊柴油机厂、天津微型汽车厂等，在作了系统规划后，正在总体规划指导下，开发MRP-Ⅱ式的管理信息系统，要在“八五”期间实施。长春第一汽车厂的管理信息系统，建立了全厂共用的数据库，从产品需求录入开始，到编制打印出完整的作业计划表，只需4小时；质量跟踪系统，对汽车重修缺陷进行统计分析，为改进产品质量提供依据；网络计划评估系统在一汽换型改造中发挥了很好的作用，所编制的周密的计划，保证了产品换型工作的顺利完成。第二汽车厂开发了发动机厂工具管理系统，总装厂、传动轴厂、底盘零件厂、车桥厂等分厂级的管理信息系统，销售业务管理系统，汽车生产物耗数据处理系统，产品定义及控制系统，在制品管理系统等。这些系统的投入运行，改进了管理，建立了企业管理信息系统的一期工程和汽车销售管理信息系统，对改进企业生产经营起了较好的作用。重庆汽车发动机厂制订了计算机应用的总体规划,并开发了产品规格管理子系统、工艺路线和材料定额管理子系统等十几个子系统。北京吉普车公司应用微机局域网建立的企业管理信息系统、项目管理信息系统,已用于生产日报、工时定额、人事、文档、科技图书管理及检索、产品结构、财会、成本、原材料管理、协作管理及CKD管理等。上海汽车工业总公司建立了管理信息查询系统,改善了信息管理和信息的利用。

承担汽车及配件任务的中国汽车贸易总公司及各地方的贸易公司也积极开展了计算机的应用工作,大连汽车工业贸易总公司等单位开发了用计算机进行整个业务的辅助经营管理信息系统,改进了管理,减少了库存,提高了服务质量,取得了明显的经济效益。

汽车行业在"八五"期间将加紧行业信息系统的建设,为各级领导决策服务,为企事业的建设和生产经营服务。要选择生产经营和管理基础较好的汽车厂和零部件厂,作为行业推行计算机管理信息系统的示范单位,要在"八五"实施并取得效益。为"九五"期间全行业推广管理信息系统作好准备。

中国核工业总公司计算机应用情况

中国核工业总公司是我国应用计算机技术最早的部门之一,现已装备有各类大中小微型机系统,具有一支素质好、力量雄厚、经验丰富的计算机应用的科技队伍。引进开发研制了多种高质量的应用程序,有多项成果获得国家和部级科技进步奖,在科学计算、工程和设备设计、生产过程控制、智能仪器仪表、经营管理等方面广泛应用计算机技术,取得了较好的社会和经济效益,为核工业的发展和振兴做出了重要贡献。

按照计算机应用的专业领域,成立了核电、科学计算、计算机辅助设计、管理、核技术、软件工程等软件中心,组建了核工业计算机和信息技术标准化工作组等组织机构,负责计算机技术应用的协调开发推广工作。

为自主设计发展核电,初步建成了我国第一个专业门类齐全的核电软件产品库,现有库存软件230多个,为30万和60万千瓦核电站设计及各应用部门提供了各种程序。

大力开展计算机网络开发应用,原子能科学研究院新近建成了较大范围的复合型局域网,多台异型机相联,动行TCP/IP协议,系统稳定可靠,达到了国际80年代后期水平。尚有十几个企业单位建立了局域网络系统,为经营管理、信息资源共享创造了物质条件。现已逐渐形成一支计算机网络设计安装调试运行技术队伍,初步建立了相应的网络试验手段。计算机情报检索信息服务系统,利用了性能好的超级小型计算机建立了大规模的国际核情报和国内核科技文献数据库,为领导机关决策和科研设计单位提供服务,发挥了很好的作用。

计算机辅助设计已初具规模,各研究设计院配备了相应的装备,开发了建筑专业应用软件、工艺流程、管件布置、结构、暖通、给排水、工程概预算等都有一批计算和绘图程序供工程设计使用。在机械设备方面,如压力容器、阀门、印刷线路等设计,仪器机械制造等采用CAD技术,已初见成效。

智能化仪器仪表研制生产有了新的发展,核电、核医学、工业自动化仪器和火灾自动报警控制系统四大类近百项品种及电脑锈花机、数控等离子切割机、痕金仪等等均采用了单片机或微机技术,收到了显著的经济效益。

在大型科学试验、生产过程监控中,计算机技术也得到广泛应用,如串列加速器、核聚变、微堆、同位素分离、矿山水冶、核燃料生产、地质资源勘探等方面的数据获取处理、运行监控积累了宝贵经验。大型核电工程项目的质量投资进度三大控制系统,核事故应急指挥信息传输系统,能源、物资、人事劳资、计划统计、科研、财务等经营管理中计算机应用提高了工作质量和效率。软件工程和标准化受到特别关注,软件工具、软件构件化等技术在积极研究,核工业软件需求分析等十个标准已完成。在承接的石油、能源、轻工、冶金、建筑、医药等民用项目中采用先进电子技术均取得较好效果。"八五"期间要继续抓应用促发展,为核工业和国民经济发展做出新贡献。

(国家信息中心　刘延宁)

统计信息业

一、概况

新中国统计信息业是建国初期建立起来的。目前统计信息业在国家诸信息系统中,是建立最早、覆盖面最广、信息量最多的综合信息系统。

党的十一届三中全会以前,我国统计信息业经历了曲折的发展历程。中华人民共和国成立后,中央人民政府于1949年10月决定在中央财经委员会计划局设立统计处,后改为统计总处。1952年8月,中央人民政府成立了国家统计局。自此,各地区、部门、基层企事业单位也相继建立起统计机构。逐步在全国范围内开展了全国统一的统计工作,形成了比较健全的各项统计制度。至1965年底,全国统计信息业已形成一定规模,县以上统计机构统计人员发展到2万多人,统计信息为各级政府研究和制定政策、编制和检查国民经济发展计划提供了大量数据。“文化大革命”中，统计信息业遭到严重挫折。1978年3月国务院决定恢复国家统计局，着手统计信息业重建工作。

党的十一届三中全会之后，统计信息业开始走上健康发展的道路。1979年10月国务院作出了《关于加强统计工作充实统计机构的决定》，1981年9月国务院批转了国家统计局《关于加强和改革统计工作的报告》。1982年底，全国县以上统计人员已达到2万人，初步恢复到1965年底的规模。1983年12月8日，六届全国人大常委会审议通过了新中国第一部《统计法》，1984年1月，国务院发布了《关于加强统计工作的决定》。同年全国统计工作会议提出，要大办“开放式”统计，实现“五个转变”(即统计服务方向由封闭式转变为开放式，统计服务方式由单纯的无偿服务转变为无偿服务和有偿服务相结合；统计信息源由狭窄的信息渠道转变为多渠道，统计调查方式由主要依靠全面报表转变为多种调查方法灵活运用；统计信息技术由主要依靠手工操作转变为依靠电子计算机)，以大力开发统计信息资源，为“四化”建设服务。在党中央、国务院的关心、支持下，我国统计信息业在改革中不断发展，迈上了一个新的台阶。

目前，我国统计信息业已建立起纵横交错、覆盖全国的信息网络。这个网络包括全国各级政府统计部门组成的政府统计子系统、各级政府业务部门统计机构组成的部门统计子系统和各企业、事业单位的统计机构组成的基层统计子系统三大部分，全国统计信息系统专（兼）职统计人员达200多万人。其中，国家统计局直接领导的城市、农村两支社会经济抽样调查队共12 000人，分布在1 277个县(市)，联系调查的村、乡、商店（集贸市场）达14.7万个。统计信息涉及范围不断拓宽，内容日趋丰富，由过去主要反映五大物质生产部门情况，发展到全面反映全社会物质产品和服务总量；由主要反映生产情况，发展到全面反映生产经营情况；由主要反映经济情况，发展到全面反映经济、社会、科技情况；由反映本地区、本部门、本企业的情况，发展到反映地区间、部门间、企业间的横向对比情况，以及国际间对比情况。部门统计也由主要反映本部门情况，逐步向反映全行业的情况发展。统计信息成为国家社会经济信息的主体，统计信息产品已形成系列化、多样化、规范化。与此同时，民间统计信息业也在蓬勃发展，统计事务所、统计信息咨询单位大量涌现。

二、蓬勃发展的统计信息业

(一) 统计信息为科学决策和管理发挥积极作用

根据党中央、国务院关于加强统计为宏观调控服务的要求，各级统计机构把为中央和各级政府宏观决策服务放在首位，积极发挥统计信息系统的优势，加强对国民经济运行状况的监测和重大问题的分析研究，及时提供了大量统计信息和具有量化特点的咨询意见。1982—1992年，仅国家统计局为党和政府提供的各种统计分析资料就有4 700多篇。统计信息由开始只是提供统计数据，发展到对统计数据进行分析，为领导提供决策依据。随着计算装备的逐渐现代化，经验的不断丰富，不仅开展定性与定量相结合的分析，而且进行预测。统计部门逐步成为国家重要信息、咨询机构之一。

自80年代中期以来，统计分析研究在全国各级统计部门迅速普及开来，并且水平不断提高。许多统计分析报告，以其针对性、及时性较强，量化分析水平较高，对策建议比较切合实际，而受到中央和各地区、各部门党政领导的重视和采纳，对制定经济发展战略目标、把握宏观调控力度、制定正确的政策和方针，发挥了重要作用。国家统计局1988年反映的抢购商品、经济持续过热、物价上涨过快的预警信息；1989年7月提出的《治理整顿初见成效，面临问题依然严峻》的统计报告；1990年2月提出的增加400亿元固定资产投资以启动市场，解决生产滑坡、市场疲软问题的建议；1992年提出的90年代我国合理经济增长速度为8—9%和当年国内生产总值增长10%的情况下，银行贷款、全社会固定资产投资应控制的合理规模等咨询建议，均得到党中央、国务院重视和采纳，对推动国民经济走上又快又好的发展道路起了积极作用。

14年来，统计信息部门成功地开展了多项普查和专项调查，主要有：第三次全国人口普查（1982年)、第四次全国人口普查(1990年)、第二次全国工业普查(1985年)、全国科技普查（1985年)、城镇房屋普查(1985年)、残疾人抽样调查(1987年)、两次投入产出调查（1982、1987年)、两次儿童基本情况抽样调查(1987、1992年)、两次妇女生育力抽样调查（1985、1987年）等，一些地区还开展了第三产业普查、国内生产总值普查。这些重大调查，为摸清我国国情国力，为党和政府制定社会经济发展规划及各项科学决策提供了可靠的依据。

(二) 为社会公众的统计信息咨询服务不断扩大

党的十一届三中全会以来，统计由封闭、半封闭逐渐走向开放。响应邓小平同志关于“开发信息资源，服务四化建设”的号召，统计信息服务逐步面向社会、面向世界，信息社会化程度不断提高。统计信息发布走向制度化。1981年恢复了发布统计公报制度，以后又建立了定期召开经济形势发布会制度。配合社会主义教育、形势教育、国情教育、爱国主义教育开展的统计新闻系列报道丰富多彩。如1984年的“建国35年光辉成就”；1989年的“弹指一挥间”、“共和国之最”；1990年的“看今朝”、“祖国一日”；1991年的“80年代发展成就”等专题系列新闻，均取得显著效果，受到国家领导和社会各方面好评。统计信息发布量逐年增多，仅1992年国家统计局通过新闻媒介发布的统计新闻达800多条，平均每天2.2条。国家统计局创办的《中国信息报》（原《中国统计信息报》）已发展为周三刊，成为拥有十几万读者的大报。自1991年起统计为社会服务又开辟了一些新的服务领域。统计部门与有关部门合作，先后举办了“亿元财政收入大县”、“国民生产总值超百亿元城市”、“粮棉油肉百强县”、“中国行业100强（包括51个行业）”、“中国农村综合实力百强县”、“中国城市综合势力50强”、“首批中国城市投资环境40优”、“全国地区社会发展水平评价”等一系列评价排序活动，并向社会发布，受到各方面重视。以1982年首次出版《中国统计年鉴》为开端，统计资料出版工作不断发展，全国公开出版的统计年鉴已有80多种，统计刊物达几十种，逐渐形成系统化，规范化。面向国内外的统计信息咨询服务业已形成一定规模。自1986年中国统计信息咨询服务中心成立后，现已建立起覆盖国内各省（区、市）和香港地区的信息服务咨询网络，服务领域逐步扩大。

（三）统计制度方法在进一步改革、完善

统计制度方法是统计信息业的生产内容和操作规程的规范。它包括国民经济核算体系、统计指标体系、统计调查方式和统计标准等。党的十一届三中全会以来，统计制度方法不断改革、充实、完善，为扩大统计信息内容，提高信息生产科学性，发挥了重要作用，14年来取得了重要成果。

新国民经济核算体系已研制成功并在全国开始实施。1991年完成了我国新国民经济核算体系方案制订工作，国务院于1992年3年向全国布置实施。新核算体系，不仅可以从宏观上全面测定、描述我国整个国民经济的经济活动，而且能与国际上两大核算体系接转、转换。1992年，国家和省两级实施新核算体系工作已取得较大进展，进一步完善了国内生产总值统计制度，组织开展了投入产出调查，开拓了国民经济核算的信息源，进行了新核算体系的基本核算表的编制工作，新国民经济核算体系基本框架正在初步建立起来。

统计指标体系逐步走向完整化。十一届三中全会以来，农民和职工家计调查在恢复基础上发展为住户调查，农村生产统计发展为农村社会经济统计，工业和建筑业统计逐步向生产经营型统计发展，基本建设统计发展为固定资产统计，商业、物资统计发展为社会商品流转统计，外贸统计发展为对外经济统计。先后建立了旅游统计、第三产业统计、科技统计、国民收入统计、国民生产总值统计等。

1992年，建立了新的工业经济效益评价考核体系和国内生产总值季度测算制度。从第二季度开始，按季测算国内生产总值，以国内生产总值指标综合评价考核地区经济发展成果；淡化工业总产值指标，建立了工业增加值和工业销售产值月度统计，以工业增加值和工业销售产值作为评价考核工业规模和发展速度的代表性指标，改进工业经济效益评价考核统计，建立了新的工业经济效益评价考核指标和经济效益综合指标体系。并于9月开始，按月发布了分地区的经济评价考核指标。另外，与建立新国民经济核算体系相配套，还研究拟订了经济、社会、科技统计指标体系。

改进统计调查方法和统计标准制定工作取得新成果。抽样调查技术的应用由农产量、家计和物价调查扩大到人口、科技、商业、交通、农村建筑业和村以下工业等项调查，由经济领域扩大到社会领域。同时，还研制并颁布了《全国工农业产品（商品、物资）分类与代码》、《职业分类和代码》、《工资总额组成规定》、1990年工农业产品不变价格等一些新的国家统计标准，对现行日常统计报表也进行了一系列重要改革。

（四）统计信息业各项建设蓬勃发展

1.统计机构和队伍建设。十年动乱中，统计信息系统队伍遭受惨重破坏，1976年全国统计人员只剩下7 800人。1978年国家统计局恢复后，立即着手统计机构和队伍重建工作。至1991年底，县以下各级政府基本上都设立了独立的统计机构；75%的市辖区设立了独立的统计局，91%的乡镇设立了统计站；部门、企事业单位也都设置了综合统计机构或配备了专兼职统计人员。全国县以上政府统计部门的人员已达7万多人，比1965年的2.1万人增加了2倍多。包括部门、企事业单位和农村乡镇在内的全国专兼职统计人员已达200万左右。在此期间，积极进行了统计管理体制的改革，一是建立了由国家统计局垂直领导、统一管理的城乡两支抽样调查队；二是实行“两个上划”，将县以上各级统计局的人员编制和统计事业费上划国家统计局统一管理；三是对县以上各级统计局的领导班子，实行由地方政府和上级统计部门共同管理，以地方政府管理为主的管理体制。

2.统计信息自动化建设。1982年，在联合国援助下，国家统计局与有关部门一起初步建立了信息自动化系统，后归属其他部门。1986年统计部门按照“微机起步，由小到大，逐步发展”的建设方针，采取“多渠道集资”原则和“人机结合”的技术路线，从头开始建设统计信息自动化系统，目前统计信息自动化系统建设已初具规模。到1992年底，县以上统计部门配备微机逾万台、超级微机400多套、小型机32套、中型机2套；实现了国家统计局——省（区、市）统计局——地（市）统计局点对点的数据远程传输；基本上实现了日常报表数据处理计算机化，并具备了能独立处理大型统计调查数据的能力。其中，第四次全国人口普查数据处理工作，获得全国计算机开发和应用优秀成果奖。小型机开发应用和统计数据库建设试点也已初见成效。1992和1993年，国家统计局两次利用综合数据库和县卡数据库为全国人大、政协会议的现场咨询服务，受到代表和委员们普遍称赞。同时，全国已形成一批“人机结合”的人才队伍，地（市）以上统计部门普遍建立了计算中心（站），全系统拥有的计算机专业人员达4 000人。国家统计信息自动化系统在国务院电子办公室组织的全国信息系统评选中被评为优秀信息系统，名列第三名。

3. 统计法制建设。党的十一届三中全会以来，统计信息业立法工作取得重大进展。新中国第一部《统计法》于1983年12月8日颁布，1984年1月1日正式实施。为了完善统计信息业法规体系，1987年2月又颁布了《统计法实施细则》，25个省（区、市）和10几个部门也先后制定了地方、部门统计法规或规章。1990年国家统计局、国务院法制局和监察部联合组织了全国统计执法大检查，共查出违法案件5万多件。经过大检查的推动，全国统计执法工作明显加强。据初步统计，在其后的3年中，全国共查处、结案统计违法案件1万多件，结案率90%以上。统计执法机构基本健全，全国专兼职统计检查员发展到2万多人，形成了一个全国性统计法规检查网络。1992年在全国广泛开展了“二五”统计普法宣传工作，培训宣传骨干5 000多人次，编印普法宣传教材31万份。

4. 统计教育培训。高等和中等学校的统计专业教育发展较快。据1990年统计，全国开设统计专业的高等院校130所，在校1.8万多人，开设统计专业的中等学校和职业高中405所，在校生达4.6万人。分别相当1965年人数的6倍和11倍。统计成人教育成绩显著。中国统计干部电视函授学院自1985年创办以来，已有8万人获得大专毕业学历证书，6万人获得大专层次的统计专业证书，3万人获中专毕业证书。在职干部岗位培训走上经常化。1990—1992年，全国统一组织了基层统计人员岗位专业知识培训，参加培训人员共达60万人（次）。通过多层次、多形式的教育与培训，统计队伍素质有了明显的提高。

5. 统计科研。各级统计科研机构坚持统计科研为统计工作和经济工作服务，围绕改革和建设中的重大问题积极开展课题研究，提供了一批重要的科研成果。几年来，国家统计局与有关部门共同研制完成的《中国人口地图集》、《中国分类（区域）模型生命表》、《中国国家农业地图集及其编制研究》、《中国投入产出模型与应用研究》、宏观经济和预警指标体系研究、中国城乡贫困标准研究、中国城乡小康标准研究、国民经济波动与调整研究、加快我国第三产业发展研究、国际比较项目研究等，都达到了较高的科学水平，得到党政部门和学术界的高度评价。一些国际合作项目，如中国宏观经济模型及中国城市住户消费行为模拟模型等，也已取得了阶段性研究成果。

6. 统计的国际交往。1979年以来，统计信息系统接待国外来访团组300批（次），组织出国参加会议、考察、访问共250批（次）。至1992年底，我国已先后与60多个国家和地区及有关国际组织建立了定期的资料交换关系，与15个国家的18个统计机构和团体签订了统计合作和交流协议，同有关国际组织订立21个援助合作项目和后续项目，取得了几千万美元的经济技术援助。近几年，承办了多次国际性统计会议，并向一些国家派遣了统计技术专家。一些省（区、市）统计局也与周边国家和对口城市开展了双边统计交流活动。

三、统计信息业存在的主要问题

党的十一届三中全会以来，统计信息业有了迅速的发展，但与党的十四大确定的建立社会主义市场经济的要求还很不适应，主要矛盾是日益增长的信息需求与传统落后的统计信息生产方式之间的予盾。具体表现在：当前，一方面，各级党政领导、企业和社会各界对统计信息需求与日剧增，要求日益提高。另一方面，统计信息的物质产品生产信息多，市场信息不全不灵；统计调查方式单调，调查体系笨重，严重制约统计信息资源的广度开拓和深度开发；统计信息技术现代化水平还比较低，不能有效实现信息价值及信息共享；统计信息产业管理体系还不够顺，现有法规不健全、不配套等。

四、统计信息业发展方向

90年代我国统计信息业的发展战略目标是：认真贯彻落实《中共中央国务院关于加快发展第三产业的决定》精神，以建立适应社会主义市场经济的、符合中国国情的统计体系为目标，抓住一切有利时机，加快改革步伐，大力推进统计信息社会化、产业化、商品化、国际化的进程。具体说来，在统计信息技术改革方面：一要以新国民经济核算体系为统率，彻底改进现行统计指标体系，进一步提高统计信息业的整体性和集成化水平；二要广泛应用抽样调查技术，逐步形成一个以普查为基础，抽样调查为主体，全面调查、重点调查、科学估算综合运用的统计调查体系；三要大力推进统计信息处理与管理技术的改革，加速建设国家统计信息自动化系统；四要深入研究和运用现代经济计量模型与方法，进一步提高统计信息、咨询水平。在统计信息业的管理方面：一要按照“强化、巩固、调整、搞活”的原则，大胆改革统计信息系统体制；二是加强和完善统计法制，建立健全统计信息市场法规体系。通过以上改革，努力把我国统计信息业推向一个新的发展阶段，为建立和发展社会主义市场经济作出新的贡献。

（国家统计局　陈根余）

科技信息业

信息是国家的重要资源和巨大财富，是社会、经济、科技发展的基础。当今世界正进入信息经济时代，信息资源开发利用水平已成为一个国家综合国力的重要标志。科学技术是第一生产力，对实现我国社会主义现代化建设的第二步和第三步战略目标具有决定意义。科技、经济的发展必须信息先行。

一、我国科技信息服务业的发展现状

包括科技信息、科技图书、出版、档案、专利、信息咨询、技术市场、技术服务、科技管理信息等在内的科技信息服务业在我国已有悠久历史，并发展到相当规模。据1992年统计，全国现有独立科技信息机构402个，职工2.24万人，加上非独立信息机构人员，共8万多人，拥有图书1 500万册，研究报告431万件，专利2 200万件，开展专题服务22.4万项；有各级各类档案馆3 522个，1.04亿卷（件）档案；有出版社350个，每年出版图书8万种，报纸1 486种，正式刊物5 880种，每年发表学术论文20万篇。

科技信息工作创建于1956年（当时称“科技情报”），自创建以来，这项工作就一直积极参与我国科学研究、技术开发和经济建设，提供了大量有价值的信息。

进入80年代，世界新技术革命的兴起和国内改革开放政策的实施，使科技信息工作面临着严峻的挑战和良好的发展机遇。国家科季担负着归口管理全国科技信息工作的重任，自1985年起多次召开全国性会议，讨论科技信息体制改革与业务发展问题，并制定出一系列政策，有力地推动了科技信息的变革。

经国务院批准，国家科委于1992年9月召开了第八届全国科技情报工作会议暨展览会。会议按照中共中央和国务院“关于加快发展第三产业的决定”的精神，以科技体制改革的方针“稳住一头，放开一片，人才分流，机构调整”为指导，根据国家科委关于社会公益型机构和科技服务型机构改革的布署，提出了发展科技信息服务业的一系列方针政策，包括《国家科委关于进一步加快和深化全国科技信息体制改革的意见》、《国家科委关于加快发展科技信息服务业的规划纲要和政策要点》等。会议确定了科技信息发展的总体目标是：建立与社会主义市场经济相适应的、功能社会化、结构网络化、信息生产与服务产业化、手段现代化、面向社会、面向经济、面向市场、面向攀登科技高峰的社会公益型和科技服务型并举的科技信息服务业。这是一次具有重大意义和深远影响的科技信息工作大会，对推动全国科技信息工作转换运行机制、面向经济建设主战场，具有历史性意义。

为适应科技信息服务业发展的需要，1992年10月14日，国家科委原科技情报司更名为国家科委科技信息司。同年12月11日，中国科学技术情报研究所及重庆分所分别更名为中国科学技术信息研究所和中国科学技术信息研究所重庆分所。这是科技信息界的一项重大决定。近来，其他信息单位也正在根据各自体制改革和业务发展的需要，作出相应的举措。

经过七年来的改革探索和实践，全国科技信息工作发生了显著的变化，取得了显著的成绩。主要表现在以下三方面：

（一）科技信息人员的观念发生了变化

——增强了为经济建设主战场服务的观念，加大了为经济建设主战场服务的比重。近年来，配合国家的重大科技计划和省市的有关科技计划做了大量的工作，积极组织了技术开发“一条龙”服务，为生产力的发展作出了应有的贡献。

——加强了“用户第一”的观念，正在变单一的被动服务为多种多样的主动服务，变封闭型为开放型，走出所门，根据用户需求，组织信息产品生产和提供信息服务。

——增强了市场观念和商品化意识，结合市场需求开发了多种多样的服务经营活动，如技术交易、成果拍卖、技术中介、产品开发、技术服务等。既注重社会效益，又注重经济效益，促进了信息服务社会化、信息产品商品化、信息生产产业化的发展。

（二）不少单位实行经费包干，创办经济实体，开展了有偿服务

经过几年的努力，全国科技信息业务收入由1988年的33 000万元（其中政府拨款24 780万元），增加到1992年的42 910.9万元（其中政府拨款29 248.5万元），业务创收占事业拨款的比例，已由1988年的20.9%上升为1992年的46.7%。1992年增长幅度较大。不少机构成立了咨询公司和信息服务中心，在开展社会化信息服务方面，进行了有益的尝试。

（三）以市场为导向的科技信息产业正在逐步形成，产业结构日趋完善，产品结构也在走向合理化

就全国而言，覆盖多专业、多学科的科技信息系统

正在向信息生产产业化和服务社会化方面发展。大多数信息机构的业务涉及以下几大产业，即：(1) 信息咨询与信息业；(2) 计算机联机检索、光盘和数据库生产开发服务业；(3) 声像信息业；(4) 文献出版印刷、缩微、复制；(5) 成果中介、技术转让和新产品引进开发服务业。各个机构都在完善产业结构、调整产品结构和丰富服务内容方面，进行积极的探索。

较为引人注目的是："七五"期间，科技信息计算机服务系统与数据库生产开发服务业有了明显的发展。信息计算机服务系统已在全国50多个城市设立了150多台国际联机检索终端，并与国外12个大型信息系统互连，可检索全世界600多个数据库几亿条信息记录。据对已掌握的全国800多个数据库进行调查，科技/工程数据库有360个，占总数45%，并已有一部分数据库进入国际市场。国内汉字联机服务已向社会开放，远程终端超过400台，每年检索数万个课题，成为国内规模很大的一个开放型信息服务系统。

近几年各类科技信息咨询机构和技术市场发展迅速，交易额逐年增加，1992年技术合同交易额超过150亿元。全国数千个面向经济、技术、市场、社会的行业、专业、地区信息交流网（站）有力地促进了信息横向流动。

二、存在的主要问题

与国外发达国家相比，我国的信息服务业差距很大，从产值、就业人数和信息化指数三项指标来看，与社会主义市场经济的发展很不适应。存在的主要问题及制约因素如下：

——规模不够，基础薄弱，手段落后，占GNP比例小，与国际水平差距大。

——信息资源相对不足，开发利用不力，投入产出比低。

——部门所有，各自为战，缺乏统筹规划，难以实现协调运作。

——全民信息化意识差，信息市场发育水平低，供求关系比例失调，价格体系尚未理顺。

三、90年代发展的目标和任务

（一）2000年的总体目标

努力开发信息资源，强化采用现代化技术，积极开拓信息市场，提高信息资源的共享水平和利用率，提高经济与社会效益，初步建成一个与发展社会主义市场经济相适应的社会化、产业化、网络化的国家综合科技信息网络和多层次的科技信息服务、咨询和评估分析系统，达到90年代初国际水平。

国家综合科技信息网络包括科技、经济、咨询、专利、档案、技术市场和管理等各种信息，公用汉字数据库总量不少于2 000万条记录，自用汉字库达1亿条记录，西文数据库在4 000万条记录以上，全国凡是有微机和直拨电话的地方都可成为网络终端，数量不少于2 000台，并与世界上主要的信息系统互连，形成国家科技信息服务的核心系统。

（二）主要任务

1. 以数据库为核心，振兴我国电子信息服务业

大力发展以数据库为核心的现代化信息服务业，建立国家的和区域（专业）性的社会化、产业化的数据库生产和服务基地，主要包括：

(1) 重要的科技文献、科学/工程数据、事实和全文数据库生产中心，形成国家基础和战略资源生产基地；

(2) 光盘数据库加工服务中心；

(3) 逐步组建若干全国性和区域性的数据库加工服务联合体，形成规模生产能力。

2. 加快开放型联机信息服务网络建设

积极发展信息处理与通信相结合的信息服务，加快建设符合国际标准的开放型综合联机信息服务资源网络，建立包含多种类型数据库、能联接各种信息子系统的大型综合性联机服务中心，构成分布式的、联接不同机种的数据库服务资源网络，5年内覆盖全国主要城市和大中型企事业单位，用户通过普通电话和微机即可访问上述各领域的数据库和国际联机信息服务系统，逐步向地县扩展。积极开拓公用数据网和新型信息服务技术的应用，公司数据网是今后联机网络发展的主要方向，有条件的单位应积极采用。积极开拓电子邮政、电子数据交换、电子广告板、可视图文等新型信息服务业的应用，5年内普遍推广；努力开发生产国产中文光盘数据库，发展电子出版物和多媒体技术应用。

3. 努力开发信息资源，提高资源的利用率和共享水平

(1) 加快信息资源收集、加工、管理、服务的现代化建设并进行合理布局，形成国家级、专业部委级和地区级三个层次信息资源合理开发利用系统；积极发展联机编目。

(2) 加强数据库和联机网络标准化、规范化建设，提高信息资源共享水平。

(3) 加快传统的文献出版、复印、印刷业务的技术改造，大力发展电子出版物，5年内主要科技出版部门普遍实现编辑出版电子化，逐步实现编辑、出版、发行、检索一体化。

4. 建立健全信息研究和信息咨询系统

(1) 建立多层次、多类型的信息分析研究、市场分析、软科学研究体系，强化各层次国内外科技信息跟踪、比较和预测研究，为各级领导部门和管理决策及时提供科学依据。

(2)加快办公自动化和科技信息管理系统的建设，逐步建成比较完善的重大科技决策信息支持系统。各省市、各部委科技管理部门和信息服务部门要在3—5年内实现业务管理计算机化，发展管理信息系统，提高工作效率。

(3)大力发展技术市场和技术信息服务，在全国建立若干个大型的信息交易中心。

积极发展成果中介、技术转让、成果拍卖、技术交流、信息发布、信息交易和新产品引进开发等技术信息服务业，并向深层次的咨询服务发展，逐步形成多层次的信息咨询服务体系。

(三) 行业改革方向

必须改变信息资源部门所有、各自为政的局面，要按照信息资源的科学规律来构筑信息服务业的行业结构，并以信息作为商品的流程对信息服务业进行合理布局。从信息源角度看，信息有科技、社会、经济、管理、金融、企业、市场、新闻等之分，但从信息的加工、存贮、处理、检索、传送、提供和服务等过程来看，它们的共性是主要的，采用的技术手段是相同的，用户对这些信息的需求是综合、多样的，国外的信息服务或提供部门绝大多数是一体化的。针对这一趋势，我国信息服务业应当依靠部门或专业领域去组织和开发信息源，而信息的加工、处理、提供和服务等应当按行业最大限度实现社会化和产业化，形成一个门类齐全、结构和布局合理、融合科技、社会、经济、金融、管理、新闻、生活等广泛领域的信息为一体的社会化、产业化的信息服务体系。

(四) 发展速度

90年代力争科技信息服务业的产值年平均以15%的速度增加，用户检索、查询课题数平均每年递增15—20%，公用汉字数据库的数量每年增加20%以上，到2000年公用汉字数据库达2 000万条记录，自用数据库1亿条记录，年检索课题增长率在20%以上，网络终端以20%速度发展，到2000年达2 000台以上。

(国家科委科技信息司 刘昭东)

广 告 业

一、广告业发展与改革的基本情况

我国的广告业是在党的十一届三中全会以后逐步恢复和发展起来的。

建国以来直至党的十一届三中全会以前，由于受产品经济思想的影响和高度集中的计划经济体制的束缚，我国广告业发展十分缓慢，始终未能形成一个行业。"十年动乱"期间，广告被彻底否定。1979年以后，随着党和国家确立了以经济建设为中心，大力发展社会主义商品经济方针，深入贯彻执行改革开放政策，企业从过去全部依靠计划组织生产经营，逐步转向主要依靠市场组织生产经营；消费者的消费观念从温饱型为主向以求新、求美、求知、求舒适的小康型转变，为广告业的生存和发展打下了坚实的基础。从1981年至1990年的10年内，广告业从无到有，从小到大，取得了长足的进展，并显示出强劲的发展活力。

(一) 行业规模初步形成

1979年以前，全国经营广告业务的专业公司不到10家，报刊、广播、电视等广告基本媒介不经营广告业务。1979年以后，广告业迅速恢复和发展起来，从1981年到1992年的11年间，全国广告营业额从1.18亿元增加到67.87亿元，平均每年递增44.5%；广告营业额占国民生产总值的比重从0.3‰上升到2.8‰；广告从业人员由1.6万人增加到18.54万人，平均每年递增20%；广告经营单位从2 200家发展到16 683家，平均每年递增26%。到1992年底，全国共有广告公司3 026家，营业额18.51亿元；经营广告业务的报社1 539家，营业额16.18亿元；杂志社2 710家，营业额1.73亿元；电视台981家，营业额20.55亿元，电台660家，营业额1.99亿元；广告制作工厂、经营广告业务的民航、铁路、公共交通、体育、文化等单位4 383家，营业额8.9亿元；初步形成了具有相当数量规模，广告公司、广告媒介、广告制作单位等相互配合、协作的行业结构体系，报刊、广播、电视、电影、路牌、霓虹灯、灯箱等媒介种类比较齐全，专门为社会提供广告服务的新兴的高新技术产业和信息行业。

(二) 现代广告观念初步形成

广大工商企业、消费者以至社会的广告意识，随着高度集中的计划经济体制向市场经济体制转变，发生了显著的变化。工商企业从过去把广告当作可有可无或推销的临时应急手段，开始向有计划、科学运用广告方向转变，相当数量的企业已经把广告作为一项长远的战略投资，纳入企业的市场营销战略之中；广告宣传主体从过去的消费品生产企业扩展到生产资料、军工、商业企业、旅游业、保险业、金融业、航空业等。广大消费者在亲身经历中逐渐改变了"好货不作广告"等不正确看法，开始形成通过广告了解购物信息，有比较、有选择进行消费的习惯。广告管理方面，从过去把广告业作为特种行业进行监督管理，转到把广告业作为市场经济发展的先导产业上来，广告业作为知识密集、人才密集、技术密集的高新技术产业纳入国家第三产业发展规划之中。

（三）广告服务质量明显提高

广告设计从简单化、公式化、雷同化的带有明显叫卖风格的阶段，步入力求以完美的艺术形式表现广告主题的阶段；相当数量的广告制作采用国际先进的技术装备；以广告公司为代表的行业服务水平从只能为广告客户提供简单的广告时间和版面买卖服务，向以广告创意为中心，以全面策划为主导，提供优质服务方向转变，并取得和积累了成功的经验。

（四）广告科研开发应用取得初步成果

广告科研开发迅速，已经研制开发出一批广告业新技术和新材料，有效地促进了广告质量的提高。如广告电脑设计制作系统，三维电脑电视广告制作系统，电视广告墙，大屏幕电脑液晶显示和电子磁翻转媒体，电脑喷绘等等。

（五）广告教育初具规模、人才培养初见成效

1984 年 9 月，厦门大学新闻传播系开办了我国第一个广告专业，从而结束了我国高等教育中广告专业空白的历史，开创了我国大专院校广告知识的正规教育。随后有十几所高等院校开设了广告专业或课程。与此同时，中国广告界从实际出发，采用各种形式开办脱产广告大专班、函授大专班和高、中级短期训练班。目前，广告工作者中大专以上文化水平人员所占比例已达 40%以上。

（六）广告法规和广告管理体系初步形成

1979 年以前，广告管理既无统一的管理机关又无规范全国广告活动的法律、法规。1982 年 2 月，国务院颁布了《广告管理暂行条例》，规定由国家工商行政管理机关统一管理全国广告。1987 年 9 月国务院发布《广告管理条例》，国家工商行政管理局依据《广告管理条例》制定了《广告管理条例施行细则》，与此同时，还单独或会同有关部门制定了几十个广告管理单项规章，使广告法规和广告管理体系初步形成。

（七）建立广告行业民间组织，积极参与国际合作与交流

1981 年中国外贸广告协会成立；1983 年，经国务院批准，成立了全国广告界行业组织——中国广告协会，随后各省市广告协会组织相继成立。到 1990 年底全国已有 28 个省级协会，14 个计划单列市协会。为适应对外开放的需要，中国广告协会加入了国际广告协会和亚洲广告协会联盟，并先后成功地在北京举办了第三世界广告大会和首届中国国际广告研讨会，扩大了与国际广告界间合作交流的规模和范围；在积极开展智力引进资金、技术引进、发展国际合作培训方面，也取得了有益的成果。

（八）为国家和社会创造了明显的经济效益和社会效益

广告为国家和社会创造的效益突出表现在：1. 促进了企业销售和税利的大幅度增长；2. 促进了体育、文化、新闻、出版、广播影视事业的发展，广告费成为这些事业的主要经济支柱；3. 开阔了人们眼界，活跃了人们物质文化生活，提高了人们的科学文化和商品知识水平；4. 促进了国际经济技术合作。

二、广告业存在的主要问题

我国广告业起步晚、基础薄弱，虽然发展迅速，但与国外广告业发达国家相比，总体水平还有很大差距，一些制约广告业进一步发展的深层次问题，随着形势的发展，越来越充分地显露出来，主要是：

（一）缺乏宏观规划和指导，发展带有一定的盲目性。我国现有的广告经营单位分别隶属轻工、文化、机电、邮电、商业、外贸、广播影视、体育、新闻出版等 20 多个部门，没有统一的部门规划广告行业的发展，致使行业的发展带有相当盲目性，仍处于各自为政的状态。

（二）行业结构不合理、不健全，尚未建立起与社会主义商品经济相适应的经营体制。按照广告业的发展规律，科学合理的广告行业结构应该是专业公司处于行业的主导地位，它介于广告客户和媒介之间、为客户提供全面服务，广告媒介专职从事广告发布业务。由于历史的原因，我国广告业习惯于媒介直接承揽、制作、发布广告，集广告经营各环节功能于一身的体制。随着广告事业的发展，这种经营体制已经成为阻碍广告专业化水平提高和行业整体素质进步的桎梏。与此同时，广告效果测定门类仍处于空白状况，市场调查和制作门类十分薄弱。

（三）广告服务能力不平衡，不能满足需求。全国性和区域性重点媒介广告容量过窄，供求矛盾尖锐。目前我国广告业中能够为广告客户提供全面服务的广告公司不足广告公司的 10%，达到国际水准的更少；能够有效为广告客户传递信息的媒介单位主要是中央级、省、市一级报纸、电视台、广播电台。由于这些单位的广告容量有限，大部分广告不能及时发布，有的甚至要排队 3 个月至半年，广告时间和版面的供求矛盾十分突出。

（四）行业整体科研进步缓慢。一是科技进步方面缺乏国家规划指导，二是企业缺乏开发应用新技术的压力、动力和能力。特别是国营大中型广告公司，由于要向主管部门交利，加之税赋过重，难以支撑较大规模的技术开发改造工作。

（五）税率不统一，竞争环境不公平。由于广告经营单位隶属的部门和经济性质不同，税收水平相差悬殊，各种税率不等，竞争环境极不公平。

（六）广告专业人才缺乏，人才层次结构不合理，教育投入薄弱。广告业属知识密集型行业，人员素质要求很高，不但要求综合掌握各种学科知识和具有专业技能，而且要求有较高的政治素质。目前我国广告从业人员与这一要求还相距较大。专业人才只占整个队伍的30%左右，而且多数为初、中级专业水平。广告教育投入薄弱，既无长远的教育规划，也没有专门的基地。

（七）户外广告技术材料落后，管理不统一。除少数地区、少数企业采用了先进的户外广告技术材料外，大部分地区使用的户外广告技术材料陈旧、落后，户外广告多家揽权，审批手续繁琐，企业经营艰难。

（八）保障广告真实、合法的审查体制存在严重缺陷。广告既是经济宣传，又是政治宣传，具有潜移默化的导向作用，广告发布前的审查至关重要。现行的广告内容审查由广告经营者自己承担，由于广告经营者是经营组织，广告审查尺度与经济利益息息相关，致使虚假广告和各种违法广告不断出现，不仅危害社会，更危害广大用户和消费者。

（九）参与国际竞争能力比较低。出口贸易广告无总体统筹规则，管理不统一。国内广告企业在对外投资和跨国经营方面尚属空白。国内广告业现行许多做法与国际惯例不相协调。

（十）广告法规不健全，广告管理力量薄弱，广告经营秩序比较混乱。许多广告活动领域的法律尚属空白。随着形势的发展，广告管理条例、法规已不适应现实生活的要求，与广告业发展相比，广告法制建设处于滞后状态。

三、1992年广告业发展情况

1992年，我国广告业在过去十几年持续、稳定、高速发展的基础上又迈上一个新的台阶，进入了一个新的历史时期。截止1992年年底，全国广告营业额达67.87亿元，比上一年增长93.4%；广告经营单位16 683家，比上一年增长41.8%；广告从业人员18.54万人，比上一年增长37.9%。北京市、广东省的广告营业额突破10亿元，还有14个省、市超过1亿元。广告费占国民生产总值的比重由1991年的1.4‰上升到2.8‰。广告公司3 026家，营业额18.51亿元，比上一年分别增长162%和167.2%；报社广告营业额16.18亿元，共有1 539家，分别比上一年增长105.4%和11%；广播电台广告营业额1.99亿元，共有660家，分别比上一年增长41.8%和5.9%；电视台广告营业额20.55亿元，共有981家，分别比上一年增长41.8%和17.1%；杂志社广告营业额1.73亿元，共有2 710家，分别比上一年增长72.7%和16.5%；其它广告经营单位营业额8.9亿元，共有7 767家，分别比上一年增长145%和42.8%。

1992年是我国广告业具有特殊历史性意义的一年。第一，国家工商行政管理局根据国务院办分厅指示，拟定了《广告业发展规划纲要》。《纲要》明确提出了本世纪末我国广告业发展的总体战略目标和任务，改革与发展的重点，改革与发展的主要目标和措施。在《纲要》以及国务院批转国家计委《关于第三产业发展规划基本思想的通知》中，广告业被定义为高新技术产业，并把广告业同信息、咨询业并列为第六个重要发展的行业领域。《纲要》的制定和广告业被作为市场经济发展的先导产业重新定性，结束了广告业改革与发展无宏观规划指导、调控、盲目发展的历史，转扭了过去对广告业不重视和过分狭窄的观念，为我国广告业今后全面、快速、协调、健康的发展指明了方向，奠定了牢固的基础。

第二，媒介广告经营机制开始启动和运转。以报刊、广播电视为核心的广告媒介，正在改变行政附属物和垄断的地位。随着我国经济体制改革总体目标的确立，推动媒介转换经营机制，加速媒介进入市场的步伐，将竞争机制植入媒介市场，被提到广告业改革与发展的重要议事日程。在东南沿海商品经济比较发达的地区，率先突破媒介官办的格局，出现了一批商业电台、电视台商业频道；全国主要报纸媒介广告版面均扩版1—2倍，媒介经营进入市场的步伐开始启动和运转。

第三，广告管理工作遵循邓小平同志南巡谈话和党的十四大精神，抓住我国加快发展第三产业这个契机，解放思想，转变观念，转变职能，努力促进广告业的健康发展。在指导思想上，广告管理工作明确提出一是要在市场经济的轨道上发展，二是要符合国情，按国际惯例管理。在实际工作中，对一些不符合市场经济要求的限制、规定予以取消、修改或调整。主要体现在三个方面，一是突破旧体制下形成的对广告经营单位发展总量的不合理限制，只要符合法律、法规规定的广告经营资质标准，经核准登记注册后，均可以进入广告市场，二是打破所有制界限，允许不同经济成分、各个阶层经济组织参与广告经营，通过公平竞争，优胜劣汰；三是适当放宽登记条件，重点支持发展能够提供全面服务和具有专业设计制作以及引进和采用新技术的广告企业，合理配置广告门类与媒介种类。

第四，广告法制建设步伐加快。适应市场经济的要求，《广告法》立项、调研、起草工作已经完成，论证修改工作已进入后期阶段。一批规范广告市场活动的规章，如《药品广告管理办法》、《医疗器械广告管理办法》等相断出台。

第五，向国际惯例接轨、靠拢。适应中国即将恢复关贸总协定缔约国地位的形势，中国广告组织参加了

“乌拉圭回合”谈判中有关服务贸易总协定的谈判工作，并递交了中国广告服务贸易市场准入初步承诺开价单。对于国内广告业现行的一些不符合关贸总协定原则的做法，提出了相应的改革方案和措施，其中符合广告市场运行规律和国际惯例的广告经营代理体制和广告发布前审查制度已完成方案的论证调研工作，开始进入试点实施的初期阶段。

四、广告业今后发展的方向

广告业今后发展的总体目标是：争取用10年左右或稍长一些时间，逐步建立起适应社会主义市场经济体制，以研究、开发、教育、培训为核心，以具备全面、综合服务能力的广告公司为主干，以高效、畅通的媒介网络为支撑，提供全方位、多层次、高质量、高效益服务的广告促销体系和信息传播体系。

广告业今后发展的重点是：(1)大力培育企业具有现代广告意识和广告法律意识，促进广告企业转换经营机制。(2)扶持发展具备带动广告行业整体经营、技术水平较高的支柱企业——综合服务型广告公司（集团）。(3)组建广告效果检测、市场调查、专业制作等机构。(4)多渠道开发广告媒体的种类、开发重要新闻媒介的广告容量。(5)鼓励推广应用户外广告先进制作技术和材料。(6)促进以微电子技术、计算机技术、光导纤维等为标志的高新技术在广告业的研究、开发、应用以及广告科研基地建设。(7)加速广告专业人才培训的基地建设。(8)普遍推行广告专业技术资格认证制度。(9)建立符合社会化、专业化和国际惯例要求的广告经营代理体制。(10)初步建立广告市场管理制度和法规体系。

广告业今后改革与发展的主要目标和任务是：(1)发展规模。在大力开拓广告市场、提高广告效益的基础上，力争广告营业额的年增长速度和国民生产总值年增长速度相适应。到2000年广告营业额超过280亿元，占国民生产总值的比重从1.4‰提高到9‰；广告专业技术人员增加9万人，具有全面服务能力的经营单位增加1 000家左右，出口贸易广告费从目前占出口贸易总额的2‰提高到1%。(2)优化行业结构，转换广告经营机制。植入适应现代商品经济发展的广告经营机制——广告代理制，突出广告公司的主导地位。支持具有综合实力的广告企业组建跨国、跨行业、跨地区、跨部门的广告企业集团。(3)积极开发广告新媒体，扩展现有全国性和区域性重点媒介广告容量。到2000年，主要广告媒介传递周期速度比1990年提高3—5倍，最大限度的满足广大工商企业广告需求。(4)推动城乡广告业发展，引导乡镇企业运用广告开拓市场，支持市、县兴办广告经营或服务网络。(5)填补行业缺门，加强薄弱门类。组建全国性或区域性广告测量中心和市场调查。广告制作等公共服务实体，并逐步形成网络。(6)加强广告科技投入和研究开发与成果推广工作。建立广告研究与开发基地，争取每年有一定数量的具有国际先进水平的科研成果得到推广应用。(7)大幅度增加对广告教育的投入，加快人才培养步伐，逐步建立起广告专业资格认证制度。到2000年，初步形成以广告人才培训中心为核心，面向全行业，多层次、全日制、业余等多种形式相配合的人才培养系统和教育网络。建立广告专业技术资格认证制度和认证机构，并得到国际认可，为广告业开拓国际市场打好基础。(8)提高户外广告制作水平，开发推广应用国际先进的户外广告材料。到2000年，3个直辖市、全国各省会市、重点风景区、旅游城市，力争按照统一的户外广告规划全部应用国际先进的户外广告装置材料，使户外广告成为城市美化、人文景观的重要组成部分。(9)促进出口贸易广告发展，为扩大出口创汇服务。建立出口广告市场竞争机制，打破部门分割和垄断。优化出口贸易广告战略。为国内大型企业占领国际市场创造条件。(10)全面提高广告设计制作水平和服务质量，建立广告质量评价标准体系及广告质量测定中心网络。到2000年，全国争取有相当数量广告的质量达到国际水平。(11)改革广告审查制度，完善广告监控系统。建立由各级广告管理机关、广告行业组织、企业和有关专业技术部门组成的广告审查机构。到2000年，对电视、广播、报刊和户外等媒介发布的广告全部实行发布前审查，保障广告真实、合法、维护社会主义市场的合理竞争，符合社会主义物质文明、精神文明建设的道德规范和要求。(12)建立接受国家宏观指导，以国内市场供求关系为基础，并能与国际市场价格接轨的广告价格体系和价格机制。(13)加强广告法制建设，建立以《广告法》为中心的广告法律体系，把广告业发展的战略目标、方针、政策以法律的形式稳定下来，通过法律全面规范和约束广告市场行为。(14)改革广告管理体制。按照市经济的要求，政府部门按政企分开、转换职能的原则，把工作的重心转移到统筹规划、制定政策、法规以及协调、服务和检查监督上来。做到既能通过实施产业政策，宏观调控市场，大力促进广告业的发展，又能依法有效地制止虚假广告。改造现有广告行业组织，使之政事分开，增强综合服务能力和自律职能，真正成为自觉接受法律、政策指导，组织企业自我服务、自我约束的社会化民间自律团体。

（国家工商局　刘宝恒）

附表：

近10年全国广告经营情况

日　期	单位数（户）	营业额（万元）	人员情况（万人）
1983年	2 340	23 407	3.49
1984年	3 622	34 261	4.73
1985年	5 466	55 275	6.38
1986年	6 944	84 477	8.11
1987年	8 225	111 200	9.23
1988年	10 077	149 294	11.21
1989年	11 142	199 900	12.82
1990年	11 123	250 173	13.20
1991年	11 769	350 893	13.45
1992年	16 683	678 675	18.51

软　件　业

计算机产业是实现全国经济现代化的一个基本组成部分，是促进国民经济技术改造的战略性产业。计算机和软件不仅作为生产工具应用于国民经济和各个领域，而且对生产过程、信息交换和社会生活的变革将产生深远影响。软件是计算机产业的支柱，没有软件，就没有计算机应用，就没有国家的现代化和信息化。现阶段我国迫切需要计算机和软件对传统工业进行技术改造，调整产业结构和产品结构，采用现代化的电子信息技术来加强产业的管理和建设，提高各部门的生产水平、管理水平和产品水平。

一、软件产业的现状

（一）我国软件产业的发展过程

中国的软件事业起步较早，是在50年代中后期与中国的计算机事业同时产生的，大体上经历了三阶段。

第一阶段为1979年以前的科研开发阶段。主要发展我国自己的软件，国内自行研制的第一代计算机基木上没有系统软件，直接用机器指令编写应用软件；60年代中期第二代计算机诞生，依靠自己的力量配上了ALGOL语言、BCY语言的编译系统及一些早期的管理程序；1973年后，我国形成了国产计算机系列如DJS—100系列、DJS—200系列等，国际上大多数流行的通用高级语言和操作系统先后在国产机上投入运行。这些软件在信息管理、过程控制、数据处理、科学计算等方面得到了应用，为发展我国的国防、航天和科学技术作出了贡献。

本阶段主要是科研开发，得到的是成果而不是产品，软件还完会依附于硬件。软件没有价格，也没有从事软件生产的企业，软件完全作为科学研究项目，由国家投资，配置在国产机上使用。

第二阶段为80年代的萌芽阶段。软件走上了与国际标准、国际主流产品兼容的道路。随着改革开放带来的活力，国民经济对计算机的需求迅速上升，装机量大幅度增加，逐渐具备了组建软件产业的计算机应用基础。我国的软件技术也得到了较快的发展，如突破了中文信息处理技术，出现了一批较优秀的，具有自已特色和实用价值的软件，受国际大循环的影响和用户需求的推动，开始形成自已的软件产品，出现专门进行软件开发的研究单位，专门从事软件生产的软件企业，国家也把计算机软件作为一个行业来规划。

本阶段是软件产业的萌芽阶段。国外的软件产品经加工后已为广大用户接受，出现了中国的软件企业和软件产品，但较多的还是科研成果，而且软件的价值没有得到充分认识和尊重，没有形成软件市场，软件企业很难生存。因此，虽有一定的规模基础，但很难形成规模生产的软件产品，影响软件产业的成长。

第三阶段为1990年至今，进入了软件产业的创建阶段。我国的软件跨入了国际市场大循环。随着计算机应用的普及和提高，应用水平已从单机、单项应用发展到需要联成系统、系统开发和确保软件高质量。因此，用户需要大量的、先进的、适用的软件产品来提高已有计算机的利用率和增加新系统来加强自己的竞争能力，我国已具备建立软件产业的计算机应用基础，软件的经济价值已逐步被人们接受，特别是实施《计算机软件保护条例》以来，软件市场正在健康成长，软件企业大量发展，虽然国内软件价格还偏低，软件企业规模大多较小，但发展速度很快，而且从事软件服务的企业、三资企业更为走红，软件的销售额大幅度增长。在本世纪内建成与自己国家相适应的软件服务业的目标一定能实现。

（二）软件产业的现状

我国已形成了一定的软件开发和产品小规模生产能力，软件的应用、服务也有了蓬勃发展，但作为一个产业来说还处于初创阶段。软件产业建立的主要标志是应用社会化、开发工程化、产品商品化和经营企业化，当前还有很大差距，特别是在软件生产技术和新的软件服务方面有明显差距。因此，我国软件产业的发展面临着重大因难，需要艰苦努力，才能摆脱被动局面。

1. 软件市场情况

社会主义市场经济的体制，带来了经济高速发展，为我国软件服务业的发展注入了生机与活力，一个多层次，全方位的市场正在出现。(1)面向政府管理与决策部门的市场。这是着眼于为政府的宏观调控管理和决策支持服务的高层次市场。(2)面向大中型企业的市场。为提高企业的现代化生产和管理水平，国家计划在441个重点企业和骨干研究所普遍采用CAD/CAM技术，使2/3的企业技术进步达到一个新的高度。(3)面向乡镇企业的市场。乡镇企业面广量大，要保持它们兴旺发展势头，必须要其生产和技术向更高层次迈进，这是一个潜在的很有发展前途的计算机应用与信息服务的市场。(4)面向三资企业的市场。三资企业发展把它生产的半数以上产品投入国际市场，从技术规范、管理到市场信息服务都要与国际接轨，他们对计算机应用与管理较习惯，易于接受，是一个很有希望的市场。(5)第三产业的崛起。尤其金融、商业现代化及为公众服务的信息业的展开，为计算机应用与软件开发开拓了十分广阔的领域。

市场热点大致在以下几方面：一是金融业务处理系统不断扩大、完善。二是CAD不断扩大应用领域。三是商业计算机应用出现好势头。四是EDI(电子数据交换)系统加速实用。五是MRP企业管理系统迅速开发，CIMS将进入推广应用。六是各种网络软件、网络系统需求大增。七是各类信息管理系统日益增加。八是信息服务业起步发展。九是计算机技术通过软件嵌入产品，提高产品档次，促进更新换代等。

总之，中国的软件市场潜力很大，正在开拓之中，只要采用具有特色的先进技术，尽可能提供成套系统，确保售后服务支持，就能开拓出新的市场。

2. 软件产业的规模和实力

我国已建立了一支软件技术队伍，据初步统计从事软件开发的专业人员约8万人，加上应用部门和行业的计算机应用技术人员，总人数达40～50万人。但队伍主要集中在北京、上海、深圳等发达地区，专业队伍的结构分布也不合理，缺乏高层次的系统分析人员，整个队伍较年青，70%以上是青年技术人员。

软件企业发展迅速，在国内已形成较广泛的分布，其中北京、上海、深圳、沈阳等城市数量较多，全国的软件企业已超过1 000家，其中外资、合资的软件公司已达百余家。虽然目前大部分软件企业仅能维持，发展较困难，但都看到发展增值服务是企业业务内容调整的主要方向，所以服务型企业增加较快。

软件的营业额在1992年有了较大发展，据不完全统计，大约在20多亿元，已经有较多的公司年销售额在3 000万元以上。

软件出口也克服了长期停滞在出口值1 000万美元以下的局面，据不完全统计，1992年的软件出口额已超过3 000万美元。近年来国内投资环境日益改善，有关软件保护的法律法规基本健全，外商来华投资不断增加，我国与世界上许多著名公司进行了软件方面的合作，如我们与IBM、HP、富士通、日立等合资开办软件公司，与MICROSOFT、NEC等合作开发等等，软件出口也从劳务输出转为以承接软件订单为主，且有部分软件产品出口。

（三）软件的生产与销售

当前，国内销售的软件产品主要是外国产品，自我国实施《计算机软件保护条例》以后，几乎所有的美国著名软件公司都进入中国市场，建立代理网，利用中国技术人员开发适合中国市场的产品，而且各外国公司的业务范围正在不断扩大到软件服务业中新兴的服务内容，对正在形成中的中国软件市场起到关健作用。

我国的软件企业大部分是从事定制软件的工程承包，也开发生产了一批软件产品，特别是具有中文处理特色的软件产品，如电子排版系统、字处理软件、财务管理软件、英汉翻译软件等。

目前，系统软件产品有1/3是进口。总之，国外著名公司的产品销售网在中国逐渐形成，主导了软件产品市场，国内企业纷纷在特色、服务上下功夫，进行自我调整，软件市场正在形成和完善中。

（四）软件的研制开发水平

1. 突破了中文信息处理技术。已经建立了有关汉字处理的国家标准，开发了实用的汉字输入、处理和输出技术，解决了多种机型的系统软件，支撑软件的汉化问题，开发了多种少数民族文字处理系统、多种汉字处理系统和具有汉字处理能力、有自已特点的系统软件、支撑软件。我国开发的电子排版系统在中文编辑排版方面居世界领先地位。

2. 软件新技术研究达到了较高水平。如在多媒体软件技术、适应多种程序设计方式的软件开发环境、机器翻译、汉字识别、语音合成、实用专家系统以及专家系统开发工具等方面，已经开始提供产品。在程序自动生成、分布式处理、并行处理、模式识别、软件复用等方面都取得了成果。

3. 采用软件工程技术开发产品，有了开发较大系统的能力。我国在软件工程、软件开发环境和各种软件工具的研制开发方面取得较大进展。首先是采用软件工程的方法来开发软件产品，已经完成了软件工程标准规范制订。开发了各种软件工具，已经开始借助于软件工具来开发产品，保证产品质量，使软件的生产能力和质量有了较大提高。我国开发的集成化软件开发环境（青鸟I）正在推向市场。

一些典型的大型应用系统相继开发成功，如全国银行清算系统、经济信息管理系统等全国性的大型信息系统已陆续投入使用，在一些国民经济重要领域中，开发的应用系统已取得了明显的经济效益，如石油地质勘探数据处理系统等。这标志着我国已具备开发大型软件系统的能力。

4. 开发了一批有竞争力的软件产品，但占有市场率还不大。已开发成功一批具有我国特色的软件产品，如应用软件中的排版系统，支撑软件中的字处理软件、软件开发工具、机器翻译等产品，具有相当的实用价值。还有多媒体软件产品。它们都具有一定的竞争能力，也具备了小批量生产能力，但市场占有率还不大，其原因是多方面的，一个重要原因是软件市场正在形成过程中，缺乏销售能力和资金支持。

总之，软件技术的发展正在紧跟国际潮流，产品的研制能力正在不断加强。

（五）人才的培养

共有326所大专院校开设了与计算机相关的专业，平均每年毕业计算机软件、应用等有关专业的学生18 000人，其中学士8 400人，硕士900人，博士30人。

从1983年起，累计毕业10万人，经自学和二次培训成才的约4万人，而目前我国大中小型计算机拥有量逾万台，微型机拥有量70余万台，大部分机器缺乏软件而没有充分发挥作用。因此，只是国内的软件市场还没有很好开拓，人才并非过剩。

针对这个问题，国家注意了在全社会广泛培养软件人员，建立了计算机应用软件人员水平考试制度，实行在职培训，以适应软件产业发展的需要。

（六）存在的主要问题

1. 软件产业意识不足。包括软件的商品经济意识、软件的产品、市场意识、软件的竞争意识、软件的规模意识、软件的法律保护意识以及软件的服务意识等不足。

2. 组织体制上不符合产业化要求，我国的软件开发和生产组织形式往往以部门为主，服务于自身部门，形成封闭的管理体制，导致了低水平重复开发。

3. 软件商品少，软件生产落后，缺乏服务机制。

4. 软件开发手段、工具、环境基础设施落后。

5. 软件人才流失严重，人才缺乏。

由于软件人员待遇低，美、日等发达国家大量吸收我国软件人才充当廉价劳动力，造成流失严重。

系统分析员短缺，具有软件知识又具有各领域专业知识的复合型人才更少。

二、软件产业的产品和服务

（一）软件产业的业务内容

我国的软件企业大部分还是从事工程承包和定制软件的开发，近年来出现了一批从事软件产品开发、销售和系统集成的软件企业，而且发展的前景越来越好。随着我国计算机应用水平的提高和国际软件服务业的飞速发展，迫切要求达到专业化的服务水平，以保证自己的竞争力和充分体现软件所产生的价值，因而促进了一批专门从事软件服务的企业的诞生，并且很快展示了它的生命力，取得了较好的效益。

我国在发展软件产业过程中，就十分重视“服务”问题，经原国家经委、国防工办批准，于1980年正式成立了中国计算机技术服务公司，标志着我国计算机服务工作走上了专业化、社会化道路。到了90年代，服务的需求及发展软件服务为更多人所重视，也被提高到战略地位。特别是专业的软件服务企业取得的优异成绩，推动了服务业的发展。为了促进我国计算机软件及其服务的发展，建设软件基地，完成产业结构调整，经机电部批准，于1990年7月25日成立了中国计算机软件与技术服务总公司，形成了同类企业中规模最大、服务面最广的国家级新型高科技企业，在全国设立的50多个分支机构基础上组成了经营销售、开发推广、技术培训和维修服务4个网络，以软件开发生产、系统集成、工程承包和成套服务为主要业务，形成遍布全国、就近支持的全方位成套服务体系，并且与国外知名企业合作，推进我国服务业的发展。同时也带动了一批专业软件服务企业的发展。

软件服务是当前产业发展的重点之一。

（二）软件产品

一般说来，计算机软件大致可以分为三大类，即系统软件（操作系统等），支撑软件（开发工具、数据库管理系统、网络软件和系统应用平台等）以及应用软件（各专业领域的实用软件等），通常又把系统软件与支撑软件系统称为基础软件。

目前，我国的软件服务业已置身于国际竞争的环境中，软件产品、软件市场也开始溶入国际大循环，正在抓紧时机，搞好整个行业的宏观调整和战略部署，集中有限的人力、物力、财力、发挥自己的特长，抓好国产软产品的开发生产，特别重视具有特色的基础软件产品。国家要在政策、投资、税收、信贷上重点倾斜，支持、鼓励软件企业加速基础软件产品的生产，利用国外先进技术，在产品开发上狠下功夫，有计划有步骤地推出成龙配套的、具有自己特点的软件产品。象电子出版系统、财务软件系统、中文处理系统那样开拓自己的市场领域，满足软件市场和广大用户的需求。国内用户在激烈的竞争中，正在逐步认识国产软件产品，喜爱国产软件产品，在应用中显示其巨大效益，从而推动了软件服务业的发展。

在软件产品的开发过程中，已普遍采用软件工程技术，开始建立严格的质量保证体系。遵循国际标准，密切注意和跟踪国际软件先进技术、发展动向，在借鉴国外已有技术的基础上，努力创造开发具有中国特色的软件产品。在整个工程中十分注意组织计划和协调管理工作，推出用户满意的、具有竞争力的产品，在质量保证、技术支持服务上狠下功夫，争取闯出自己的名牌软件产品。提高国产软件产品的国内市场占有率。

三、软件产业与知识产权保护

对软件的知识产权保护是当前世界上十分关注的问题和国际经济技术交往的基础。国际上已把国家间的贸易关系同相互保护知识产权的问题联系起来，我国要恢复关贸总协定（GATT）的缔约国地位，就要遵守其中的《服务贸易总协议》（GATS）和《与贸易有关的知识产权协议》（TRIPS）。因此，对计算机软件的知识产权实施法律保护，树立尊重知识、尊重知识产权的道德标准和行为规范，正确协调由于软件的开发、传播和使用而引起的人与人之间的关系，是政府开展软件产业管理工作的重要内容，一项根本措施，也是发展软件产业所必需的社会环境。

软件的知识产权包括：

一是软件的著作权（也称版权）。有关软件的外部表现形式即程序编码和文档方面的产权是著作权，可以依靠著作权法保护。著作权法禁止他人未经权利人许可对其软件进行复制、修改或发行销售。

二是该软件中包含的专利权和商业秘密所有权。软件本身可能符合获得发明专利的条件，此时软件的表现形式和构思都可以依靠专利法保护。有的软件作为整体，可能没有获得发明专利，但其内含的某些方法方案的发明创造属于专利权或商业秘密权，可以依照本国的专利法、商业秘密法和保密协议保护。禁止他人未经权利人许可使用其专利发明创造或接触的商业秘密去开发自己的软件。

三是软件的商标专用权。软件名称、标识的使用权是商标专用权，也可以是服务标志，都可以通过商标法来保护。禁止他人未经权利人许可使用其商标去标识自己的软件。

对于软件而言，著作权实际上是开发者的最主要的、也是最容易得到的知识产权。保护了著作权，也就保护了软件开发者的最基本权利，国际上主要通过著作权法来保护软件 知识产权。但是，目前软件专利正在兴起、发展，从保护角度看，专利是保护构思的，它是比著作权更为强有力的武器，值得注意。

我国非常重视软件的知识产权问题，把搞好软件产业发展的社会环境——尊重知识、尊重知识产权的环境建设，作为软件产业建设的头等大事来抓。早在1984年，我国就开始软件法律保护的研究，并在充分调查研究的基础上着手制订法律。1990年9月我国正式颁布《中华人民共和国著作权法》，其中规定，把计算机软件列为受著作权法保护的一类作品，具体保护办法由国务院另行规定。于是，以著作权法原理、计算机软件特点和我国的实际情况三者的结合为立法基本原则，制订并于1991年6月4日颁布了《计算机软件保护条例》，它是属于著作权法下层的一个专门法规，是我国对计算机软件计算机著作权实施保护时的具体规定，反映了从计算机软件固有特点出发所需要的一些调整。为了搞好国内软件著作权的管理，1992年5月1日颁布并实施了《计算机软件著作权登记办法》。同时，我国已颁布并实施了《专利法》、《商标法》和《制止不正当竞争法》，这样，计算机软件知识产权保护的法律制度已基本完善，使法律能真正有效实施，软件的价值真正被社会所承认。同时，为了使我国的知识产权保护走上国际轨道，我国在1992年9月参加了有关的国际著作权条约组织。1992年10月15日《伯尔尼保护文学和艺术作品公约》在我国正式生效，1992年10月3日《世界版权公约》正式生效。为了实施这些国际著作权条约，保护外国作品著作权人的合法权益，国务院于1992年9月30日颁布并实施了《实施国际著作权条约的规定》，对外国作品的保护适用《著作权法》和《计算机软件保护条例》，外国计算机程序作为文学作品保护，可以不履行登记手续，保护期为自该程序首次发表之年年底起50年。对外国作品，若中国法律与国际著作权条约有不同规定的，适用国际著作权条约。

我国软件知识产权保护的特点，正如《计算机软件保护条例》第一条所指：为保护计算机软件著作权人的权益，调整计算机软件在开发、传播和使用中发生的利益关系，鼓励计算机软件的开发与流通，促进计算机应用事业的发展。保护的目的为了产业的发展、社会的发展。又针对计算机软件从表现形式看，象是文字作品，从功能来看，又是实用工具，并且“服务”越来越成为软件产业发展的重要内容，这是专门用来保护作品的传统的著作权法过去没有遇到过的。因此，用著作权法保护软件的外在表现，这种保护与其他文字作品一样，但传统条款要有所调整，故在《计算机软件保护条例》中进行了一些补充。同时我国对软件实施多种法律——如专利法、商标法和制止不正当竞争法等的综合保护。

关于保护与登记的关系是十分清晰的。首先软件著作权的获得是自然产生的。在《计算机软件保护条例》第六条中明确指出：中国公民和单位对其所开发的软件，不论是否发表，不论在何地发表，均依照本条例享有著作权。也就是说不登记也有著作权。第二、著作权登记管理是为了便于判断权利归属，美、日等国也是这样。根据我国司法实践的具体情况，为了有效地实施保护，故将登记作为提出软件权利纠纷行政处理或者诉讼的前提，因登记证明文件是著作权有效或事实确实的初步证明。

总之，中国的知识产权法律已形成基本完备的体系，为软件产业的发展提供了较好的社会环境。但是，关键问题还在全民尊重知识、尊重知识产权意识的提高和法律的严格执行。

四、软件产业与基地建设

随着计算机应用水平的提高，我们需要建立和健全一个既有合理产业结构，又有适合国内市场需求的产品结构的软件产业，以便形成一个完整的软件研究、开发、生产、流通、维护、管理和服务体系。我国计划在1995年初步形成我国软件产业的框架。

五、软件产业的策略和措施

（一）认真搞好体制改革

1. 目前，我国的软件业资源绝大部分分散在各行业的各个企业单位，计算机设备、技术业务人员、信息都属于部门所有。现行体制必须进行一系列的改革，使经济调整各种关系时起到越来越重要的作用。

2. 计算机软件，应该按市场规律发展，离开了市场机制，就等于没了刺激产业发展的根本动力。随着我国经济高速发展，对于计算机软件产品需求十分迫切，软件的潜在市场很大，国际上软件市场规模仍在继续扩大，都表明市场在呼唤我国软件产业加速形成和发展。

3. 必须大力培养和进行人才结构的调整，建立软件开发过程中合适的人才比例和研究、开发、生产、销售服务各种类型的合理人才结构已刻不容缓。

4. 要转变思想观念，花力气把软件转化成为可能流通的商品，全国开拓新的服务内容扩大软件的使用范围，打破封闭的格局，为单位和开发人员带来实际的经济效益。

（二）培育发展软件市场

随着进一步改革、开放、经济高速发展，对于计算机软件产品的需求是迫切的。我们要注意培养和开拓软件市场，使其真正变成我们自己的市场。

1. 加强市场制度和法规建设。

2. 打破条条块块的分割和封锁，促进和保护公平竞争。

3. 积极引导和支持市场潜力大的国产软件产品开发及规模经济。

4. 国内外软件并举，坚定地走国际化的道路。对于国际市场，要逐步跳出单纯劳务输出的圈子，努力争取国外软件订单，以软件产品打进国际市场。

（电子部计算机司　陈冲
中国计算机软件与技术服务总公司　奚建生）

咨　询　业

工程咨询业

工程咨询是运用多学科知识和经验，运用现代化的科学技术手段和管理方法，对投资和项目建设(含技改项目，下同)的决策、工程建设全过程提供咨询服务和管理服务的智力型服务行业。从世界范围来看，工程咨询业的出现已有100多年的历史。世界上最早出现的咨询业就是工程咨询业。1844年英国首次出现了咨询工程师的名称。1904年丹麦成立了世界上第一个咨询工程师协会。1913年成立了国际咨询工程师联合会(FIDIC)。第二次世界大战后，世界科学技术和现代管理科学迅速发展，工程咨询领域出现了可行性研究，以及计算机辅助设计和管理等一系列新的现代化的方法与手段，工程咨询业的服务范围也大大扩展了，咨询服务发展到贯穿项目建设全过程，包括投资决策阶段的投资机会研究、编制可行性研究报告和对可行性研究报告的评估；投资准备阶段的工程勘察、工程设计和对设计的评审，协助业主招标(包括编制标书和协助招标、评标及合同谈判)；投资执行阶段的协助设备材料采购、监造、催交和验收，代表业主对工程建设有关各方面进行监督和协调，按合同和技术要求控制工程质量、工期和造价，以及生产准备、人员培训、制订操作规程等；直至在项目建成投产后总结经验教训的后评价。工程咨询为项目建设提供的服务既可以是全过程的，也可以是某一阶段的；既包括基建项目，也包括现有企业要求提供的各项技术经济咨询服务。此外，还可接受委托为产业和地区规划提供咨询服务，为客户介绍投资机会等。工程咨询为保证决策正确、项目建设成功、提高投资效益发挥着越来越重要的作用。同时，工程咨询作为吸收、传播、推广新科技，促进经济发展的媒介，为科技与经济有效结合也越来越起着重要的促进作用。尤其是近20年来，西方各国的工程咨询业发展很快，水平不断提高，不仅对本国的经济发展发挥了积极的促进作用，而且结合资本输出，大力开拓国际工程咨询市场，使之日益成为西方各国带动技术、设备、材料出口的重要手段，因而，越来越受到各国政府的重视和支持。

一、我国工程咨询业的基本情况

长期以来我国投资、建设的决策和管理以行政方式为主，工程咨询没有形成为一个完整、独立的行业。但是，各业务部门的规划设计队伍和建设管理力量自新中国成立以来已经有了几十年的历史，为我国独立、完整的工程咨询业的兴起奠定了雄厚的人才和技术基础。改革开放以来，适应我国经济建设发展和对外开放的需要，我国独立的工程咨询业得到了较快发展。80年代初期，加强了建设前期的可行性研究工作，80年代中期，随着改革开放的深入发展，在总结我国前30多年基本建设经验教训的基础上，吸取外国的建设经验，提出了对建设项目实行“先评估、后决策”的决策程序，明确了工程咨询在我国经济建设中的作用。

(一) 我国工程咨询业发展的特点

1. 指导思想明确。我国独立的工程咨询业是改革开放的产物，兴起之初就结合我国国情提出了两条原则：

(1) 坚持公正、科学、可靠的原则。

10年来，我国工程咨询业以这条原则为自己的行为准则，在咨询服务中，坚持职业的公正独立性，努力做到提出的咨询建议、判断、决定，必须经过认真的调研、分析、计算，不管被采纳与否，必须坚持科学、客观；努力提高咨询服务质量，为提高投资的社会效益和经济效益服务，力求咨询成果能经得起社会和历史的检验。

(2)坚持树立职业信誉，不以盈利为主要目的的经营方式。

由于工程咨询业在我国还是一个刚刚兴起的新兴行业，为了求得发展，必须艰苦奋斗，以自己的优质服务去赢得信誉，得到认可；同时为了在咨询服务中更好地坚持公正、科学、可靠的原则，10年来，我国的工程咨询业尽管因业务来源不同，在收费方式上有直接取费与间接取费的区别，但在树立职业信誉，不以盈利为主要目的的经营思想指导下，都采取了低收费的办法。

2. 重视发挥各方面专家的作用。随着科技和社会的进步，经济越来越社会化和国际化，科学技术领域中各学科的交叉渗透越来越广泛。经济建设和工程项目中许多问题往往是跨学科、跨地域的，已不是单一部门、单一学科的专家能够解决的。我国的工程咨询业正是适应这种客观需要而兴起的。因此，从一开始，我国不少骨干工程咨询单位就十分重视发挥各方面专家的作用。不少工程咨询单位除了加强自身专家队伍的建设外，还分别以专家委员会或顾问组等形式，把各方面专家组织起来，参加各项咨询活动，积极发挥专家的作用。通过10年来的实践，我国的工程咨询业已成为广泛组织各方面专家，充分发挥专家作用的重要途径和有效方式。

3. 学习外国工程咨询业的先进方法和经验，重视信息和现代化手段的运用，加强我国工程咨询人员的培训。我国的工程咨询业起步较晚，队伍素质和拥有的现代化手段既比不上发达的资本主义国家，也不能适应社会主义市场经济和国际工程咨询市场的需要。10年来，不少骨干工程咨询单位坚持不懈地学习外国的先进工作方法和经验，加强了工程咨询信息工作和计算机等现代化手段的建设与运用。至今全国除按大区分片成立了7个工程咨询信息协作网以外，还于1992年成立了全国性的工程咨询信息协作网；工程咨询工作中运用计算机手段也已普及。在加强培训，提高咨询人员素质方面，采取请进来、派出去，以及有针对性地举办各种培训班、研讨班等方式，有效地促进了我国工程咨询人员业务素质和咨询能力的提高。

（二）我国工程咨询业已具有的规模和取得的成绩

1. 从队伍来说，截止1992年底，全国已有不同层次、各有侧重的工程咨询单位3 000余家。按业务的专长，大体可分三类：

第一类是依托各部门、各省市专业局（厅）或企业所属设计院（所）成立的专业性工程咨询公司或咨询部、咨询室，主要承担为各类建设项目编制可行性研究报告和设计文件等任务，有的也开始为项目实施提供管理咨询服务。它们基本上和设计（研究）院（所）是两块牌子，一套人马，专业技术力量雄厚，工作经验丰富，是我国工程咨询业中的骨干力量。国家级的专业工程咨询公司还是我国承揽涉外工程咨询业务的主力军。截止1992年底，这类专业性工程咨询单位，全国约有3 000多家。

第二类是归口国家和省、自治区、直辖市、计划单列市两级综合经济部门管理的综合性工程咨询单位，主要承担建设项目可行性研究报告和初步设计的评估，概预算审评，资产评估，行业和地区经济发展规划咨询，以及国民经济中重大专题研究等任务。80年代末期，经济比较发达的沿海省市中省辖市和地区一级也先后成立了一批综合性工程咨询公司，进入90年代后业务开拓也有了较大发展。此外，还有一些依托经济部门的属规划院的工程咨询公司，主要承担行业发展规划咨询业务，具有宏观决策咨询性质；以及中国信托投资公司的子公司中国国际经济咨询公司，具有综合性公司的特点，也基本上属于这一类。在业务开拓中，现在已有部分综合性工程咨询公司与专业工程咨询公司联合，开展了一些编制可行性研究报告和项目实施阶段的建设管理咨询。截止1992年底，这类综合性工程咨询单位，全国约有近80家。

第三类是一些部门与地区建立的主要承担建设管理咨询的施工监理公司，这类公司目前为数还不多。

2. 从业务开拓来说，工程咨询业在国家的经济建设中，承担了国家和地方一大批重要建设项目的咨询任务和一批国民经济中重要专题的研究和地区经济发展规划的咨询任务，发挥了显著的作用。

（1）10年来，承担了近万个建设项目可行性研究报告、初步设计文件的编制和咨询评估工作，认真贯彻了工程咨询公正、科学、可靠的原则，在可行性研究中加强了市场分析和预测，注意了多方案比较论证，加强了经济分析和评价，使建设方案更符合国民经济和市场的需要，技术方案更加合理。

贯彻“先评估、后决策”的决策程序，不仅对项目建设的必要性进行分析评估，更重要的是深入地研究项目的市场预测、工艺方案、配套条件、资金落实、经济效益等方面的可行性，从宏观与微观、技术与经济、当前与长远、定性与定量、静态分析与动态分析的结合上进行全面分析，从而得出比较切合实际的结论。同时，评估站在国家的、公正的立场上，坚持不受外来干扰和部门的影响，尽量避免过去那种急于求成、仓促决策而造成的不应发生的损失。

通过项目决策评估，1986年至1992年7年累计，国家计委委托评估的1 120个大中型建设项目中，共有42项建议取消立项或推迟建设，总投资达685亿元左右，分别占总数的3.75%和6.4%；1990年至1992年3年累计各省、自治区、直辖市和计划单列市计委（计经委）委托评估的4 799个项目中，共有153项建议取消立项或推迟建设，占总数的3.2%。

评估中，发挥多学科专家的优势，对建设方案从不同角度进行综合论证，对建设内容进行多方案的分析比选，提出优化调整意见，使建设方案更加切合实际。初步统计，接受国家和省市两级计委委托评估的项目中，通过评估优化建设方案的约占累计完成评估项目总数的70%左右。

每个建设项目除了本身的主体工程外，还涉及到原材料供应，水、电、汽等配套工程建设和运输条件等方案的落实，有些还涉及到部门与部门、部门与地方间的关系。工程咨询单位在评估中按照科学、合理的原则处理各方的利益，协调各方面的意见和关系，进一步落实项目的建设条件。这种情况，约占各层次工程咨询单位累计完成的项目评估总数的15%左右。

(2) 工程设计及接受委托对设计的审评。10多年来不同层次的专业性和综合性工程咨询单位在这方面做了大量工作，保证了国家和地方大批重要建设项目的如期建设。

(3) 部分骨干工程咨询单位开展了行业和地区经济发展规划的咨询和经济建设中重大专题的研究咨询等，为贯彻国家中长期发展规划和产业政策发挥了引导作用，为加强宏观调控发挥了积极的作用。

(3) 已成立的少数施工监理公司承担了国家和地方部分重点建设项目的施工监理，促进了受监理项目在节约投资、按期建成和保证工程质量方面取得预期成效。

(4)开始在世界银行、亚洲开发银行等国际金融组织对我国的贷款项目中承担了部分咨询任务，如与美国、法国等咨询公司合作承担了厦门东渡港扩建工程、吴泾电厂、成渝公路、三铜公路等的标书编制、施工监理等，天津、上海、广东等地部分利用外资项目的工程咨询任务。

(5)开始参与国承工程咨询市场的竞争，承担了少量国外工程的咨询任务，如先后向阿尔及利亚派遣咨询设计专家100多人次，承担了索马里巴尔德拉水电站技术方案咨询设计和津巴布韦钢铁厂技术改造和生产技术咨询任务等。

(三) *存在的主要问题*

1. 我国的工程咨询业还处于创建阶段，就全社会来说，工程咨询的业务覆盖面目前很小。项目决策咨询基本上只限于纳入国家计划的大中型项目，大量建设项目的前期咨询工作都还没有很好开展。规划咨询和专题研究咨询等宏观决策咨询以及项目建设实施阶段的监理咨询等，开展得都很不够。这种状况与工程咨询应发挥的作用相比，差距很大。

2. 在国外，特别是第三世界国家的工程咨询市场上，我国通过竞争承揽的工程咨询业务还很少；国内利用外资项目的咨询服务到目前为止基本上还是由外国咨询公司承揽，我国工程咨询单位能争取到的极为有限；我国援外项目的工程咨询业务，由国内工程咨询单位承担的，基本上没有。这种状况与我国工程咨询业现有的力量、水平和应达到的程度相比，是极不相称的。

3. 在社会主义市场经济建立初期，受传统体制和观念的影响，工程咨询的自觉需求环境尚未形成，工程咨询市场还需要大力培育和开拓。

4. 有关工程咨询的法制建设尚待建立和完善。对工程咨询在国家经济建设中的地位、作用，以及和投资业主、施工承包单位等的关系都还没有明确和理顺；对工程咨询必须独立于施工承包，以利于其发挥施工监理作用等属于国际惯例的规定等，在我国还没有达到共识和缺乏必要的法律保障。对工程咨询业作为新兴的重点第三产业部门，国家的扶持政策尚未落实。保证行业能健康发展的行规行法，尚待建立、健全。

5. 工程咨询服务的质量和水平还不能完全适应社会主义市场经济和国际工程咨询市场竞争的需要。

二、1992年工程咨询业发展的基本情况

(一)*工程咨询队伍有了较快的发展，特别是集体、个体工程咨询单位发展较快*

1992年国务院召开全国加快第三产业发展工作会议后，在原有基础上，以离、退休科技人员为主兴办，或作为专业部门的第三产业兴办的集体、个体工程咨询单位有了较快的发展。如由中国科学院学部委员、著名岩体力学专家陈宗基个人独资成立的宗基工程咨询公司等，他们根据承揽到的工程项目需要，聘请有关专家，为业主提供咨询服务。又如上海仪表局系统大力发展智力型第三产业，至1992年底已成立了54个“头脑公司”，即科技咨询型公司、产品开发型公司、系统成套型公司和维修服务型公司。北京市也成立了不少以离、退休设计人员为主的个体或集体工程咨询单位，有的设计院任务饱满，就把一些简单的设计咨询任务委托给这些单位去干。

(二) *转变观念，初步树立了面向市场的思想*

在高度集中的计划经济体制下，投资主体较为单一，咨询设计单位和其他企事业单位一样，主要承担政府各部门委托的任务。1992年随着改革的深入，社会主义市场经济新体制的逐步建立，随着项目审批权限的下放、投资主体多元化、建设资金多渠道，以及投资业主责任制的建立和推行，工程咨询服务对象开始发生了变化。工程咨询业面临新的转折，要从单纯依靠下达任务的老做法、老观念，转向依靠开拓工程咨询市场，主动“推销”咨询服务的方向上。这就要求各工程咨询单位既要继续完成好政府决策部门下达或委托的工程咨询任务，又要主动面向市场，参与竞争。1992年是我国工程咨询业转变观念，初步树立市场思想的一年。不少工程咨询单位提出：“投资业主在那里，咨询服务就跟到那里”，“变有任务找上门为主动上门服务”。在长期靠政府决策部门委托任务的综合性工程咨询公司中，1992年已出现了一些全年咨询工作量60—

70%来自市场的单位，如上海市投资咨询公司、广东省国际工程咨询公司等。

（三）开始了改革经营机制，增强活力的探索

国务院加快第三产业发展工作会议提出，现有公益型、福利型、事业型的第三产业单位，有条件的要逐步向经营型转变，实行自主经营，自负盈亏。1992年我国的各类工程咨询单位在贯彻"三产会议"精神的情况下，按照各自的实际情况，对改革内部经营机制进行了有益的探索，有的单位实行了分别对指令性任务和市场任务的承包责任制，完成任务，其收益与报酬挂钩，从而调动了职工的积极性，增强了单位的活力。还有一些单位为增加工程咨询的业务实力，开始进行横向或纵向联合，组成实体，开展咨询服务。

（四）加强国际交往与合作

为使我国工程咨询业能尽快进入国际工程咨询市场，1992年，不少工程咨询单位积极开展了与国外工程咨询公司的交往与合作。一些骨干工程咨询单位已与外国工程咨询公司合资组建了经济实体，引进和开发了新的计算机软件，承揽了一些利用外资项目和国外工程的咨询任务。

（五）成立了全国性的工程咨询行业协会——中国工程咨询协会

中国工程咨询协会作为政府与行业间的纽带与桥梁，将做好各项服务工作，促进我国工程咨询事业的健康发展，推动工程咨询业为我国改革开放和经济建设发挥更大的作用；并通过开拓国际工程咨询业务，更好地为我国对外贸易的发展服务。

三、工程咨询业的展望

为适应深化改革、建立社会主义市场经济体制的需要，工程咨询业要尽快转变经营机制，实行经营企业化、服务社会化、咨询服务商品化，加快培育和发展工程咨询市场，努力提高服务质量，树立信誉，开展竞争；大幅度地参与国际工程咨询市场的竞争；要在竞争中增强实力，把工程咨询业建设成为具有中国特色、为国家经济建设和工程项目决策、建设提供全过程咨询的服务体系，成为国家和地区经济建设中必不可少的参谋。2000年工程咨询业务覆盖面要达到：国家投资的绝大部分项目的可行性研究报告的编制、评估（可研报告的深度要与国际惯例接轨）；重点建设项目和重要项目的施工监理；各行业有代表性项目的后评价；利用外资项目和国外工程咨询有较大发展；宏观经济建设咨询有较大进展。

（中国工程咨询协会　秦文）

会计咨询业

会计咨询业，是一个以会计专门技术服务于会计和其他社会领域的信息服务行业。它是我国第三产业的重要组成部分。在我国，会计咨询业包括三个方面的内容：第一，注册会计师业。这是会计咨询业的主干部分。其主要特征是，由注册会计师组成，并依据国家法律、法规规定，担负社会监督者和服务者的责任，并为国际所承认。其组织形式是会计师事务所。目前，我国的注册会计师虽已形成全国性的网络，但还处在发展的初级阶段。第二，会计咨询服务业。其主要特征是，向社会提供记帐、算帐、电脑等会计专门服务技术，但不具有国家法律、法规所赋予的社会公证职能。其组织形式主要是会计服务公司。目前在我国只是处在试点阶段。第三，会计信息服务业。其主要特征是，以开发和利用会计工作所形成的信息资源为经济管理服务。其组织形式主要是各种财务会计信息咨询服务公司，目前，在我国还处在试点阶段。

一、注册会计师业

（一）我国注册会计师业的发展过程

注册会计师是取得独立执业资格，依据法律、法规规定独立从事查帐、验资业务的人员。注册会计师制度是商品经济发展到一定阶段的产物，注册会计师是社会经济活动中重要的监督和服务力量。在国外，注册会计师制度的形成已有100多年的历史。我国的注册会计师制度从本世纪30年代开始起步，并有了一定的发展。建国后，注册会计师制度曾延续过一段时间，但在50年代进行社会主义改造时期被湮没。随着党的十一届三中全会以后我国改革开放事业的发展，注册会计师事业问题重新被提到议事日程。1980年12月，财政部发布了《关于成立会计顾问处的暂行规定》，它是我国注册会计师制度恢复的标志。1981年1月，我国注册会计师制度恢复后第一家会计师事务所——上海会计顾问处正式成立。1986年7月，国务院发布新中国第一个注册会计师管理行政法规——《中华人民共和国注册会计师条例》，从此，我国的注册会计师事业进入了稳步发展阶段。

（二）我国注册会计师业的现状

1. 注册会计师和会计师事务所。注册会计师是法定承担查帐、验证业务的人员，会计师事务所是注册会计师从事查帐验证工作的场所。随着我国经济体制改革的深入和对外开放的发展，原先那种由政府部门直接对企业进行事无巨细地监督的格局逐步被打破，强化包括注册会计师监督在内的外部监督体系问题被提到重要议事日程。在各级政府的重视和支持下，作为注

册会计师的主管部门——各级财政部门，积极采取措施，大力推动我国注册会计师事业的发展。1988年，财政部提出，要在加强财政、审计、税务、信用等监督的同时，大力发展注册会计师事业，发挥注册会计师从外部实行会计监督的职能，并提出加强对注册会计师的业务管理，完善注册会计师资格审查制度、开业审批制度、业务标准等措施。发展我国的注册会计师事业，必须壮大注册会计师队伍，提高注册会计师队伍的素质。为此，财政部于1988年和1990年先后举办了“查帐业务培训班”和“管理咨询业务培训班”，聘请国际会计公司和国内的会计专家系统讲授注册会计师业务，为各地会计师事务所培训了一批中青年业务骨干。同时，中国注册会计协会又选送一批业务骨干到香港各会计师事务所进行实习和学习，并在香港举办了“西方现代财务管理培训班”。各地财政部门也采取多种形式，大力培训注册会计师人才，推进注册会计师事业的发展。在各级财政部门的推动下，我国注册会计师队伍不断发展壮大，注册会计师素质明显提高，会计师事务所也随之得到发展。截止1992年底，全国共有注册会计师10 733人，会计师事务所及其分支机构2 600家，整个从业人员25 000多人。

2. 注册会计师资格考试。为了壮大注册会计师队伍，提高注册会计师队伍的素质，1991年4月至1992年4月，财政部组织了建国以来首届注册会计师资格考试。考试科目为会计、审计、财务管理、经济法。报名参加考试的人数为23 512人，实际参加全部四门课程考试的10 375人，全科合格的473人，单科合格的分别是：《会计》合格2 351人，《财务管理》合格1 703人，《审计》合格912人，《经济法》合格2 123人。凡部分考试科目合格的人员，可以在以后连续两次全国注册会计师统考中免试已合格的科目；凡四门全合格者，按规定的条件报经主管财政机关批准注册后，即为注册会计师，可以执行注册会计师法定的业务。在组织注册会计师资格考试的同时，财政部还对以前获得注册会计师资格的12 100名人员进行了重新考核，考核结果，有9 500多人考核合格，其中8 942人被批准注册，取得了注册会计师资格证书。

从1992年9月开始，财政部积极进行全国第二届注册会计师资格考试的各项准备工作。9月17日，财政部组织召开了注册会计师第二届全国考试委员会第一次会议，研究和部署有关考试工作，并制发了《注册会计师考核办法》。经考试委员会研究决定，1992年度注册会计师资格考试定于1993年9月25日和26日进行，考试科目仍为会计、财务管理、审计、经济法，报名条件是具有大专或者相当于大专学历并从事三年以上会计、审计工作的人员，或者有会计师专业技术资格或参加全国会计师专业技术资格考试合格的人员。

3. 注册会计师执业情况。根据《中华人民共和国注册会计师条例》的规定，注册会计师主要从事会计查帐验证和咨询业务，包括：审查会计帐目、会计报表和其他财务资料，并出具查帐报告；验证企业资本，出具验资报告书；参与办理企业解散、破产的清算事项；参与调解经济纠纷，协助鉴别经济案件证据等；设计财务会计制度，担任会计顾问，提供会计、财务、税务和经济管理咨询；代理纳税申报；代办申请注册登记，协助拟订合同、章程和其他经济文件；培训财务会计人员等。10多年来，注册会计师在开展上述业务方面做了很多工作，为企业转换经营机制、提高经济效益、发展社会主义市场经济发挥了重要作用。仅1992年，会计师事务所就为20 000多户单位提供了查帐验证和会计咨询服务，业务收入15 000万元。

4. 参与规范证券市场。注册会计师是社会经济活动的监督者，会计师事务所是证券市场的中介机构。根据我国法律、法规规定，证券上市必须经过注册会计师查帐验证。因此，注册会计师成为我国证券市场的重要参与者和维护者。为了维护股份制企业投资人和债权人的合法权益，1992年9月，财政部和国家经济体制改革委员会联合发布《注册会计师执行股份制试点企业有关业务的暂行规定》，要求：股份有限公司和有限责任公司，包括正在准备待批实行股份制的企业、已经进行试点但需要进行清理和重新报批审定的股份制企业、新设或由现有企业改组的股份制企业，应委托经认可的可以办理股份制试点企业业务的会计师事务所办理资产评估，验证投入资本，担任会计帐目、会计报表和其他财务资料的常年会计查帐验证，审核、验证招股说明书，协助办理股票上市、包括以发行国内A股B股和境外上市的有关财务会计业务，协助办理股份制试点企业的合并或分立有关事项，协助办理股权转让有关财务会计工作，协助办理企业终止与清算事项，接受企业监事会委托复审会计报告、营业报告、利润分配方案和其他财务资料，提供有关管理咨询等。对参与上述业务的会计师事务所，应经过有关部门的审核批准，以确保工作质量。同时，财政部和中国证券监督管理委员会发布了《关于从事证券业务的会计师事务所、注册会计师资格确认的规定》，规定：从事证券业务的会计师事务所必须符合以下条件：(1)从事财务审计、咨询及其他相关专业服务的会计师事务所应依法批准成立达三年，经登记取得法人资格，内部机构及管理制度比较健全；(2)专职从业人员不少于30人，至少有8名具有3年以上财务审计工作经验的专职注册会计师，其中专职注册会计师职龄人员（男60岁以下、女55岁以下）应至少在50%以上；(3)从事证券业务的注册会计师必须具备必要的证券、金融、法律等有关知识，其中，执行国内发行B股和境外股票上市业务的注册会计师和助理人员，必须具备一定的外语水平；(4)具有良好的职业道德记录和声誉；(5)必须根据规定向有关机构购买职业责任保险或事业发展基金不少于50万元、风险准备基金不少于10万元，并自取得从事证券业务资格之年起，每年从业务收入中计提4%以上风险准备金。

5. 注册会计师法规制度建设。为了促进我国注册会计师事业的顺利发展，财政部门十分注重注册会计师法规制度的建设。继国务院1986年发布《中华人民共和国注册会计师条例》之后，财政部又陆续制定发布了会计师事务所管理方面的法规制度和注册会计师业务规则等，如《会计师事务所管理暂行办法》、《注册会计师考试考核暂行办法》、《注册会计师查帐验证规则》、《注册会计师检查验证会计报表规则》、《注册会计师验资规则》、《注册会计师查帐验证报告规则》、《注册会计师查帐验证工作底稿规则》、《注册会计师查帐验证计划规则》、《注册会计师管理建议书规则》、《中国注册会计师职业道德守则》、《会计师事务所业务检查办法》等。为了保障注册会计师依法独立执行业务，发挥注册会计师在社会主义市场经济中的作用，根据国务院的立法规划，财政部正组织力量草拟《中华人民共和国注册会计师法》，对注册会计师的地位、作用、资格取得、执业标准、工作守则、会计师事务所管理等问题以法律的形式加以规范，从而保证我国的注册会计师事业在法制的轨道上顺利发展。

6. 中国注册会计师协会。为了加强注册会计师队伍建设，团结广大注册会计师为经济管理服务，1989年2月，经财政部批准，成立了中国注册会计师协会。中国注册会计师协会是由中国注册会计师组成的职业组织，其宗旨是：引导注册会计师在工作中正确执行国家的法律法规，不断完善注册会计师队伍自身建设，维护合法的职业权益，交流工作经验，沟通业务信息，增进国内外业务交往，促进注册会计事业的发展，为建设社会主义服务。中国注册会计师协会的主要职责是：组织会员开展思想品质教育和专业技能教育；支持会员依法履行职责，维护合法权益，向政府反映意见和建议；组织开展业务交流活动，总结工作经验，提高服务质量推动注册会计师业务的开展；制定职业道德规范，监督会员遵守；协调会员关系，调解业务争议；拟订注册会计师执业准则、规划、工作制度，报财政部批准后公布，并监督会员执行；开展与国际会计师团体、外国会计职业组织之间的交往活动。中国注册会计师协会成立几年来，在维护注册会计师合法权益，完善注册会计师业务标准，促进注册会计师提高业务水平等方面发挥了重要作用。目前，全国已有27个省、自治区、直辖市成立了地区性注册会计师协会。

（三）我国注册会计师业发展中的问题和改革方向

尽管几年来我国的注册会计师事业发展迅速，但与经济发展对注册会计师的要求相比，仍很不适应。如，我国的注册会计师队伍力量不足，1万多人的注册会计师队伍很难承担起大量的查帐验证和会计咨询工作。据统计，目前对外商投资企业的查帐验证业务还不到30%，国内各种经济联合体经注册会计师查帐的不至20%；企业集团经注册会计师查帐的不到15%；对国营企业的查帐只有部分地区在进行试点。从经济发展的要求来看，我国目前的注册会计师队伍无论是在数量上还是在质量上，都远远不能满足需要。另外，我国现有的注册会计师队伍还存在年龄老化、知识结构不合理等问题，不能适应改革开放和经济发展的要求。因此，必须对我国现行的注册会计师制度进行改革，推动我国的注册会计师事业尽快发展。根据财政部制定的规划，除了在改进注册会计师管理体制、加强注册会计师法制建设方面要力求有所突破外，要着重抓好注册会计师的队伍建设，要在严格保证质量的基础上，使我国现有的注册会计师队伍从目前的1万人，到1995年发展到3万人，2000年发展到10万人；会计师事务所要从目前的500家，到1995年发展到1 000家，2000年发展到1 500家；从业人员从现在的2万人，到1995年发展到10万人，2000年发展到30万人。会计师事务所的业务收入，从现在的年1.5亿元，到1995年增加到5亿元左右，2000年增加到20亿元左右。

二、会计咨询服务业

80年代初，随着经济体制改革的进行和多种经济成分的发展，在部分地区出现了一种专门为集体、乡镇、私营企业和个体工商户记帐的“会计专业户”，以后逐步发展为会计服务公司。其服务的项目有：代为记帐，代为编制会计报表，代为设计会计制度，代为申报纳税，代为办理工商登记，代为培训会计人员，代为草拟经济合同等。这些从业人员，不占国家编制，不用国家拨款，自收自支，自负盈亏，由当地财政部门进行指导和管理，并经当地税务部门审核其所记帐目是否符合规定。这种做法，为解决会计人才短缺问题起到了很好的作用。从我国目前会计工作实际情况来看，虽然近几年经过改革开放会计工作有了很大发展，但仍有两个问题比较突出：一是一些单位的会计人员素质低，适应不了经济管理和经济发展的要求；二是会计人员来源匮乏，一些规模小、人员少、经济业务比较简单的单位即便只配备一名会计和一名出纳人员也有困难。代理记帐业务在国外已发展多年，形成了一套比较规范的做法，成效显著。从解决我国会计工作中的实际困难和社会分工趋于细化的要求出发，大力发展代理记帐业务，广泛提供会计咨询服务有着广阔的前景。随着中央关于大力发展第三产业号召的发出，会计咨询服务业的发展异常迅速，目前各种会计服务公司已有近百家，其业务也已从原来的"代理"发展到会计凭证、帐簿设计、印刷、经销，会计软件经销，其他会计用品开发、经销，推荐会计人才等多方面，实现为会计工作全方位服务。为了加强对会计咨询服务业的管理，引导会计咨询服务业的发展，财政部在1992年6月发布的《城乡集体经济组织会计工作的规定》中对代理记帐问题作出规范，即："会计业务少的城乡集体经济组织，可以不设会计机构，但至少应当配备一名会计人员和一名出纳人员；或者设一名出纳人员，将记帐业务委托代理记帐单位办理"，"会计师事务所或者经县以上（含县）财政部门批准的其他有关机构，可以受托办理城乡集体经济组织的代理记帐业务。经县以上（含县）财政部门批准的其他有关机构办理代理记帐业务的会计人员，都应当持有会计证；机构负责人应当具有助理会计师以上（含助理会计师）专业技术资格。"同时，财政部于1992年在天津等地进行了代理记帐试点，并把电子计算机运用到会计咨询服务业中来，实现会计咨询服务的现代化。根据财政部的规划，拟在总结试点经验的基础上广泛推广会计咨询服务公司的做法，到2000年，有条件的县和城镇，都要建立会计服务公司，从业人员力争达到10万人，并形成全国性的电子计算机会计服务网络。

三、会计信息服务业

会计信息是经济管理的重要信息。据统计，我国的经济信息中有60%来自于会计。但我国目前对会计信息的开发和应用都非常薄弱，造成了严重的浪费。其原因是：第一，会计信息标准的不统一，限制了会计信息的统一分析、对比和充分利用；第二，会计信息的处理手段陈旧，难以及时处理并为决策部门和信息需要者及时提供各种会计信息。为此，财政部门正采取措施，推动会计信息服务业的发展。

（一）改革信息标准，为统一搜集、处理会计信息创造条件。1992年，财政部在总结多年来会计制度管理经验的基础上，借鉴国际惯例，制定发布了《企业会计准则》和工业、商品流通、对外经济、施工、房地产、旅游和饮食服务、交通、金融、保险、农业等行业会计制度，改过去按部门、按所有制制定会计制度为按行业管理，使会计信息标准规范、统一、可比，同时规定了会计信息披露制度。《企业会计准则》和行业会计制度从1993年7月1日起执行，这为统一搜集、处理和利用会计信息创造了极为有利的条件。

（二）大力推广会计电算化。会计电算化是将电子计算机运用到会计工作领域，实现会计核算和会计管理现代化的总称。会计电算化的开展，一方面引起会计工作方法和手段的改进，另一方面，由于会计电算化的实现需要相应的信息、人才、硬件、软件支持，从而带动以服务于会计电算化为主的服务业的发展，并使及时、高效地处理、提供会计信息的会计信息服务业发展有了现实的基础。财政部作为主管全国会计工作的职能部门，从1989年开始致力于会计电算化的推广和会计信息服务业的发展。一是加强会计电算化法规建设，相应制定了会计核算软件管理、商品化会计核算软件评审等方面的法规，使我国会计电算化的发展有了可靠的法律保障；二是制定会计核算软件规范，提高会计核算软件质量；三是培训会计电算化人才，总结和推广会计电算化经验。目前，我国的会计电算化事业发展迅速，在大中城市已有60%的单位开展了会计电算化，为会计信息处理的现代化打下了基础。

（三）规范会计软件市场。会计软件，是实现会计电算化、开展会计信息服务业必不可少的重要物质手段。会计软件的取得主要途径有两条：一是单位自已开发，优点是可以更好地结合本单位的管理需要，缺点是开发费用高；二是向专门从事会计软件开发、销售的单位购买，优点是方便、快捷、成本开支低，缺点是软件本身往往需要进一步深加工才能适应单位的管理要求。随着社会专业分工的细化和商品经济的发展，依靠后一种途径取得会计软件越来越占主导地位。为此，以专门从事会计软件的研制、开发、销售为主的会计软件服务业应运而生，并在近年来取得了相当快的发展。目前，全国开发和销售会计软件的专业公司有130多家，年销售额达到4亿多元。各会计软件公司不仅有专门的技术开发人员，还有专门的销售人员、培训人员、维护人员、市场调查人员等，形成了一支技术上比较过硬的会计电算化专业服务队伍，会计软件业因此也成为会计信息服务业中的一大主要市场。为了保证会计核算软件质量，引导会计软件市场的健康发展，财政部在1992年12月发布的《会计核算软件管理的几项规定（试行）》中对会计软件提出了10项基本要求，包括：软件提供的数据输入项目，满足财政部发布的会计制度的要求；软件提供用户的会计科目编码方案符合财政部发布的会计制度中有关会计科目编码方案的要求；软件具有必要的防范会计数据输入差错的功能；软件的计算和结帐功能符合财政部发布的会计制度的规定；经计算机登记处理的系统内会计凭证及据以登记的相应帐簿，软件只能提供留有痕迹的更正功能；软件具有按规定打印输出各种帐簿以及必要的查询功能，打印输出的帐页连续编号；对计算机根据已输入的会计凭证和据以登记的相应帐簿生成的各种报表数据，软件无修改功能；软件具有防止非指定人员擅自使用和对指定操作人员实行使用权限控制的功能；对存储在磁性介质或者其他介质上的程序文件和相应的数据文件，软件有必要的保护措施；软件具有在计算机发生故障或由于其他原因引起内外存会计数据破坏的情况下，利用现有数据恢复到最近状态的功能；等等。同时，财政部还规定，作为商品化会计核算软件，或者在地(市)以上的一个或多个行业系统范围内推广应用的会计核算软件，应通过省、自治区、直辖市、计划单列市财政厅(局)或者财政部组织的评审，并对通过评审的会计核算软件经销单位在售后服务、广告宣传以及软件更新版本等方面作出了规定。目前，通过财政部评审的商品化会计核算软件已达20个，通过省级财政部门评审的会计软件达130多个。

(四)积极筹建会计信息中心。会计信息是经济管理的重要依据。我国对会计信息的管理和利用存在四个问题：一是会计信息按部门、所有制汇总反映，自成体系，口径不一；二是会计信息经过层层汇总，到中央主管部门的数据只是一个总括的数字，数据被平均化，掩盖了很多问题，不利于进一步分析和利用；三是会计信息层层汇总，往往需要几个月时间，会计信息的利用失去了时效性；四是会计信息为政府管理部门集中掌握，不能为社会广泛服务。鉴于会计信息管理中存在的上述问题，财政部于1988年提出建立会计信息中心的设想，继而于1989年先后在河北、天津、江苏、山东等地进行了会计信息中心的试点，取得了一定成效。建立会计信息中心的基本思路是：在各级财政部门建立会计信息的数据处理中心，收集、汇总、分析、利用、发布会计信息；会计信息收集范围以会计报表数据为主，兼顾其他会计信息；把基层单位的会计信息层层收集上来，存贮在会计信息中心；会计信息中心除了为政府管理部门提供会计信息外，还为社会性机构、基层单位提供会计信息咨询和服务；会计信息中心全国联网，从而形成辐射全国，面向政府、企业、社会的会计信息服务体系。

(财政部会计司　丁平准　高一斌)

社会审计咨询业

我国的社会审计咨询业是一个年轻的行业。第一家由审计机关管理指导的社会审计组织成立于1983年，迄今仅9年余。经过9年的开拓发展，我国的社会审计从无到有，从小到大，已成为咨询业中一支重要力量。

一、社会审计咨询业是审计体系的重要组成部分

我国社会主义审计体系由国家审计机关、内部审计机构和社会审计组织三部分组成。社会审计咨询业类似于国外的民间审计职业，在我国采用社会审计的叫法。

根据《审计条例》规定，社会审计组织是依法独立承办审计查证和咨询服务的事业单位，实行有偿服务，自收自支，独立核算，依法纳税。社会审计组织在各级审计机关的管理指导下开展工作。目前社会审计组织的名称为审计(师)事务所。

社会审计与国家审计二者同属于外部审计性质，均依法、秉公、秉原则进行审核检查，在审计过程中，其独立性不受外来或内在因素的影响与干忧；在工作中均应当遵循客观公正、实事求是、保守秘密的原则，不得弄虚作假，徇私舞弊，泄露秘密；审计程序特别是审计实施阶段的程序，亦基本相同。社会审计与国家审计的主要区别有三点：一是国家审计机关具有《宪法》赋予的强制性监督权，社会审计的工作方式是受托服务，即办理业务时须先有国家机关、企事业单位和个人的委托；二是国家审计机关实施审计监督，有权依法对被审计单位的违规违纪行为进行处理处罚；而社会审计没有处理权，其审计报告起证明、公示、咨询作用，不具有强制性；三是国家审计机关为人民政府的职能部门，所需经费来自于国家预算，社会审计则是实行企业化管理的事业单位，国家不核拨经费，通过有偿服务向委托方收费，维护自身的生存发展。

按照《审计署关于社会审计工作的规定》的要求，成立审计事务所应经当地审计机关同意，由省、自治区、直辖市以上审计机关审查批准。设立审计事务所的基本条件是：有载明其宗旨、任务、组织形式的章程；有办公场所；3万元以上自有资金；有注册审计师；有符合国家规定条件的法定代表人。经批准成立的审计事务所，依照有关规定，向当地工商行政管理机关办理登记，领取营业执照后，始得开业。

二、在改革开放中产生、成长、发展

我国社会审计的产生、成长、发展的过程，至今大体经过五个阶段。

(一)自发创建阶段。1984年前后，随着国家审计机关的建立，不少地方相继成立了一些社会审计组织。促成建立社会审计组织的因素多种多样。湖北省黄冈县审计局成立之后，一些有关城镇集体企业、农村合作经济组织的查帐查证事项找上门来，为办理这些不属于审计机关审计范围的工作，县审计局将一部分退休人员组织起来，专门办理审计查询和咨询服务事项。河北省审计局出于审计力量与审计任务极不适应的考虑，提出：组织社会力量，试办自负盈亏的审计公司，

办理审计机关交办的事项，接受社会委托的查证工作，加强对集体乡镇企业的审计监督。武汉市审计局为发挥审计、财会工作在促进企业加强经营管理方面的作用，报请市体改委批准，成立了武汉市审计财会咨询服务公司。这时的社会审计工作还处于萌芽时期，各地为适应改革开放和经济建设的需要自发组建是主要特点。

（二）引导试建阶段。各地社会审计组织开展的审计查证和咨询服务工作，引起了多方面注意。1985年3月召开的全国审计工作会议提出："各级审计机关要把社会力量组织起来，充分发挥他们的作用。"同年7月，中共中央书记处、国务院在有关文件中明确指出："在建立部门、单位内部审计的同时，可以试建社会审计组织。"此后，各级审计机关积极引导社会审计工作，使其在更大范围迅速发展。到1986年末，全国已有2/3的省、自治区、直辖市开展了试建工作，共建各类社会审计组织189个，其中机构较多的是河北、江西、湖北、广东、河南五省，约占全国的72%。这个阶段审计机关处于"边组建、边工作"时期，社会审计组织主要发挥"补充力量"的作用，其业务来源主要是审计机关委托。

（三）积极稳妥发展阶段。1986年8月，审计署对有关问题进行了调查研究后认为：开展社会审计工作是经济发展的客观需要，审计机关要积极扶植，着重解决对社会审计的管理和指导问题。同年12月提出："要大力发展社会审计组织，在审计机关的管理下，发挥社会力量的作用"，得到了国务院的同意。1987年初审计署发出了《关于进一步开展社会审计工作若干问题的通知》，要求各地在经过试点、总结经验的基础上有计划、有步骤、积极稳妥地发展社会审计组织。在这个阶段中，各地审计机关积极组建机构，调配充实人员，紧密围绕经济建设的需要开展业务，使社会审计逐渐发展成为审计体系中一支重要力量，其作用愈来愈显露。到1988年底，全国已有审计事务所1 415个，相当于同期审计机构数的45%。

（四）巩固提高阶段。1988年11月30日《审计条例》发布后，审计署制订了《关于社会审计工作的规定》，要求各地认真贯彻总结经验、巩固提高、健康发展的方针，进一步端正业务指导思想，积极开展业务，提高事务所自身管理水平，审计机关要加强管理，扎实做好工作。1990年4月起，审计署陆续制定了《社会审计工作规程》等业务规则，使审计事务所业务有所遵循。1991年10月审计署发布《注册审计师制度（试行）》对社会审计从业人员的资格提出了规范化的要求：注册审计师是依法从事审计查证和咨询服务的专业人员，担任注册审计师应经过考试。审计事务所向委托方提交的审计报告，应有负责该项目的注册审计师签字。到1992年底全国省级以上审计机关从具有中级以上专业技术任职资格、在审计事务所工作一年以上的人员中考核批准了8 400名注册审计师。

这个阶段，审计事务所的组织机构和从业人员较前有显著增长，注册审计师队伍已初现端倪（见表1、表2），其地域分布基本合理（见表3），业务范围继续扩大，为步入大力发展阶段打下了坚实的基础。

（五）大力发展阶段。1992年6月党中央、国务院做出了关于加快发展第三产业的决定，指出审计咨询业是与科技进步相关的行业，是加快发展的重点之一。

为了适应建立社会主义市场经济体制的需要，落实党中央、国务院的战略布署，审计署修订了加快发展社会审计咨询业初步方案，提出了"大力发展，积极提高"的方针，制定了"八五"、"九五"的发展目标和相应的政策措施。我国的社会审计咨询业步入了大力发展阶段。

三、紧密围绕改革开放和经济建设开展业务

9年来，各地审计事务所坚持为改革开放和社会主义经济建设服务，承办了大量业务（见表4、表5），发挥了很好的作用。

表1：

社会审计组织机构发展情况

年　份	审计事务所数（个）	较上年增长%
1986年末	189	
1987年末	480	153.9
1988年末	1 415	194.8
1989年末	2 148	51.8
1990年末	2 321	8.1
1991年末	2 502	7.8
1992年末	2 812	12.4

表 2：

社会审计从业人员发展情况

年　份	全部从业人员		中级以上职称人员	
	总数（人）	较上年增长%	总数（人）	较上年增长%
1986 年末	1 609		117	
1987 年末	3 925	143.9	500	327.3
1988 年末	7 358	87.5	2 533	406.6
1989 年末	14 039	90.8	5 263	107.8
1990 年末	18 342	30.6	7 273	39.2
1991 年末	20 747	13.1	7 924	8.9
1992 年末	25 842	24.6	10 606	33.8

表 3：

1992 年审计事务所地域分布状况一览表

地　区	县以上行政区划数	审计事务所数（个）	从业人员数（人）	注册审计师数（人）
合　计	3 199	2 812	25 842	8 474
审计署		18	411	175
北　京	19	38	434	130
天　津	19	28	309	76
河　北	191	186	1 129	532
山　西	131	141	1 255	392
内　蒙	113	87	592	204
辽　宁	115	123	1 214	670
吉　林	68	73	815	281
黑龙江	147	98	1 412	179
上　海	22	45	1 147	249
江　苏	118	121	1 483	486
浙　江	98	97	912	250
安　徽	122	111	930	396
江　西	111	114	786	163
福　建	91	90	786	299
山　东	150	160	1 490	781
河　南	175	182	1 869	449
湖　北	114	113	1 355	378
湖　南	140	128	888	195
广　东	137	139	1 166	417
广　西	118	71	453	59
海　南	23	25	99	54
四　川	239	208	2 257	683
贵　州	96	78	370	91
云　南	145	65	375	171
西　藏	86			
陕　西	118	104	901	307
甘　肃	100	47	228	111
青　海	52	14	55	49
宁　夏	29	23	165	47
新　疆	112	85	557	200

表 4:

社会审计业务发展情况

年 份	审计机关委托审计（项）	其他部门单位委托查证（项）	咨询服务（项）	培训人员（人）
1986年以前	1 244	2 176	1 007	22 244
1987年	1 951	9 725	1 406	17 619
1988年	4 542	81 399	7 523	23 017
1989年	11 998	585 748	18 239	27 294
1990年	22 970	404 794	21 634	28 366
1991年	13 013	428 873	18 455	33 576
1992年	13 589	748 603	20 877	34 428
合 计	69 307	2 261 318	89 141	185 644

表 5:

1992 年社会审计业务项目分类表

业务项目类别	项目数
审计机关委托事项	13 589
财务收支审计	31 658
承包离任审计	14 047
清理债权债务	3 220
经济案件鉴定	5 792
验资年检	640 776
资产评估	5 262
基建预决算审计	14 410
咨询服务建帐建制	13 589
担任审计顾问（户）	14 488
其他审计查证	33 438
培训人员（人）	34 428

审计事务所开展的主要业务项目有：

(一)注册资金的验证和年检。注册资金的数额，标志着企业经济实力的大小，是企业在经营活动中承担民事责任的依据。一些企业为了在对外交往中处于有利地位，采取不正当手段以少充多，以小充大，从事与自己经济行为能力不相符的活动，甚至骗钱骗货。辽宁省鞍山市审计事务所在市工商局的支持下，于1986年8月起在全国率先开展了企业注册资金的验证业务。通过4个月的验资工作，发现新开办企业谎报资金的情况比较突出，占总户数的41%，多报资金占申报总额的26.5%。于是鞍山市规定从1987年起，企业注册资金必须经市审计事务所验证。1988年国家工商局在《企业法人登记管理条例实施细则》中，将审计事务所等机构出具的验资证明，作为企业办理工商登记申请营业执照时必须提交的证件。注册资金的验证和年检工作，不仅打击了“皮包公司”的违法经营活动，维持了经济秩序，同时也帮助合法经营的企业摸清了家底，清理了债权债务，为加强管理打下了基础。1989—1992年全国审计事务所办理的验资项目共有171万项。

（二）经济案件鉴定。审计事务所接受各级人民法院、检察院以及仲裁机关的委托承办的经济案件纠纷、经济犯罪案件鉴定工作，为这些机关准确定案、调处纠纷、打击犯罪，提供了可靠的依据。如上海市徐汇审计事务所近两年办理经济案件鉴定200多项，其中在全市有影响的大案要案占相当比重。天津市和平审计事务所1988年以来受理检察机关委托的案件49起，查出违纪、违法人员41人，贪污、挪用公款100多万元，收回赃款，为国家挽回损失近30元。据不完全统计，1987年以来全国审计事务所共办理此类业务10.4万项。

（三）办理横向经济联合、承包租赁、股份制试点企业的审计和资产评估，为加快改革开放步伐发挥了应有作用。如福建省审计师事务所1992年前三季度先后承接包括福日集团、闽东电机集团、省汽车集团在内的3家企业以联营或转换股份制为目的的投资评估任务。这些企业评估前帐面净值为31 800万元，评估后重估价值为43 600万元，净增值11 800万元，在社会上引起很大反响。1991、1992两年各地审计所共办理资产评估业务1.1万项，维护了资产所有者的合法权益。1988年2月国务院发布《全民所有制工业企业承包经营责任制暂行条例》后，各地审计事务所积极配合国家审计机关开展承包经营审计、厂长离任审计和经济责任审计。仅1992年即承办1.4万项。

（四）基建工程决算审计。近几年，一些地方基本建设投资宽打窄用，预决算高估冒算的现象比较严重，不仅扩大了基本建设规模，使国家建设资金流失，而且还严重腐蚀了一批干部。1987年以来，各地审计事务所相继接受建设单位的委托，开展了基建预决算审计业务，为建设项目节约了大量的资金。江苏各地审计事务所1989—1992年验证工程决算2 416项，验证总金额20.18亿元，经审计核减1.35亿元，核减率为6.6%。山东各地审计事务所近两年验证工程决算，核减金额2.4亿元，核减率为10%。烟台市市、区（县）两级审计事务所1990、1991年对263个项目的1.138亿元决算金额进行审计验证，核减700多万元，核减率14.9%。

（五）主管部门指定的查证事项。为了维护国家利益，明确经济责任，许多部门充分利用审计事务所的查证工作协助施行管理。据不完全统计，各地开展的各种税费计提拨缴审计的项目主要有：私营企业应纳税款、工会经费商业网点建设费、退休养老保险基金、退休统筹工资总额、待业保险基金、保险理赔额、交通规费等。1991年中国人民解放军所属新兴审计事务所接受总后勤部委托，对全军226个企业化工厂391个附属企业应纳能交基金、预算调节基金进行了清收。上海、黑龙江等省、自治区、直辖市的民政厅、局与审计机关联合发文确定，为加强管理，保护社会团体的合法权益，在社会登记和年检时，由审计事务所对其资金来源、缴付、收入、负债情况进行审计验证。国家旅游局决定在对旅游企业的年检审核中实行审计验证制度，旅行社呈报行业管理考核的各项经济指标时，应同时提交审计事务所的验证报告。

（六）国有资产评估。1991年11月国务院发布的《国有资产评估管理办法》确定，经批准的审计事务所是国有资产评估机构。在此之前，在国有资产管理部门的支持下，一部分审计事务所经过参加培训，进行试评估之后，取得了国家资产评估资格。1991、1992两年共办理资产评估业务7 678项。

（七）担任审计会计顾问，提供咨询服务。针对一些企业尤其是小型集体企业、乡镇企业存在的财会人员素质不高，基础工作差，帐目不清等问题，各地审计事务所广泛开展了建帐建制，财会咨询服务等业务，收到了较好的效果。据1987年至1992年底统计，共办理此类业务7.3万项。一些事务所还担任了企业的常年审计会计顾问，帮助企业解决财务核算和咨询管理方面的问题，沈阳兴华审计事务所1991年为121户企业担任常年顾问，帮助企业纠正违纪291项（次），企业接受咨询意见纠正违纪金额2 462万元。随着工作发展，常年审计会计顾问工作在向较高层次发展。哈尔滨市审计事务所已将咨询顾问的内容从查找错帐，发展到经营决策、协调关系等方面。

（八）培训审计财会人员。各地审计事务所根据社会需要，因地制宜地开展了培训审计、财会人员的工作。据不完全统计到1991年底，共培训了18.6万人次。审计事务所开展的培训工作，也为提高社会审计咨业自身素质发挥了很好的作用。中国审计事务所举办的国有资产评估、基建决算审计、旅行社审计验证等专项培训班，不但为全国各地审计事务所培训了一批骨干，而且促进了此类业务的开展。

四、社会审计咨询业的发展目标

社会审计咨询业在“八五”、“九五”期间的发展目标是：

1. 到1995年全国审计事务所争取发展到4 000—5 000个，比“七五”末增长90%至130%。在京津沪等大城市，要建立若干拥有较高素质的从业人员、能够承办各种复杂业务、具有国际水准的审计事务所。到2000年，审计事务所的数量要进一步增加，同时要着重于扩大规模，提高质量。

2. 到1995年，审计事务所的从业人员达到45 000人，比“七五”末增长145%，其中作为骨干的注册审计师要达到1/3以上。到2000年，从业人员和注册审计师应比“八五”末再增加一倍。

3. 到1995年，审计事务所的业务要有较大的发展，年承业务量要达到100万项，比近三年平均业务量增长120%。到1995年社会审计咨询业年创造第三产业增加值要超过3亿元。

4. 现有的审计事务所到1995年都要办成自主经营、自负盈亏、自我发展、自我约束的独立的经济实体，按照企业运营机制管理。

5. 逐步建立适合中国国情、与国际惯例相衔接的管理体制。要借鉴国外民间审计管理的成功经验，结合政府机构职能转变，逐步改进审计机关直接管理审计事务所的方式，到1995年，全国及各省、自治区、直辖市的注册审计师协会要承担起一部分原来由审计机关担负的具体管理工作。

为实现审计事务所在“八五”、“九五”期间的发展目标，要抓好以下工作：

1. 提高对大力发展审计咨询业重要性、紧迫性的认识。审计咨询业是第三产业的重要组成部分，它通过审计查证和咨询服务活动，揭示财务信息，证实经济活动的真实状况，行使社会监督的职能，为政府和公众决策提供依据，保证建设资金的有效投入，维护经济秩序，促进企事业单位加强经营管理，提高经济效益。从世界发达国家的历史看，民间审计既是市场经济发展到一定阶段的产物，又是促进市场经济发展必不可少的手段。在我国建立社会主义市场经济体制的过程中，注册审计师大有用武之地。

2. 加强队伍建设，提高从业人员素质，建设一支合格的注册审计师队伍。从1993年开始对已进入注册审计师队伍的人员进行年度注册考核，不合格的，要取消其资格。要对从业人员进行培训，提高政策、业务水平。审计署在近期内要研究注册审计师考试问题。

3. 开拓业务，提高质量。审计事务所要努力为改革开放、经济建设服务，全面开展各项业务，要完善质量控制制度，将工作质量与工作人员的执业资格、个人收入相联系，建立风险补偿机制。

4. 提高审计事务所的经营管理水平，坚持以社会效益为重，搞好经济核算，合理确定收费数额。要强化竞争意识，以优质服务在竞争中立于不败之地。

5. 中国注册审计师协会已于1992年11月成立，注册审计师和审计事务所的管理工作逐步交由协会办理。要结合中国国情，借鉴国外经验，探索由社会审计协会管理注册审计师的路子。

6. 加强和改进审计机关对社会审计咨询业的管理，在继续搞好审批机构、审批注册审计师等管理工作的同时，将工作的侧重点转向业务质量、财务收支、以及注册审计师履行职责情况的监督和检查，对协会进行指导。

（审计署审计体系指导司　王智玉）

企业管理咨询业

企业管理咨询是一种以智力为企业提供服务的新兴行业，是现代第三产业的重要组成部分。在党的十一届三中全会以后，随着我国改革开放方针的贯彻实施，从1980年开始，中国企业管理协会率先组织学习和引进了国外的企业管理咨询的理论与方法，并结合我国的国情开展了管理咨询工作。经过十多年的实践与探索，使管理咨询这一新兴事业，在我国得到发展，并取得了较好的经济效果。

一、管理咨询发展的概论

80年代初期，我国企业刚从文革后的恢复性整顿中复苏过来，内部管理还很混乱，管理思想和经营方法都远远落后于经济发展。在转轨变型、提高经济效益上急需得到科学的指导帮助。企业管理咨询正是适应了当时这一客观历史要求应运而生的，它以深入现场、为企业提供切实有效的帮助为特色，迅速地在全国范围推开，赢得了广大企业的欢迎。

管理咨询创建的初期，咨询始终密切配合国家各个时期经济中心工作发挥积极作用。在全国各地广泛培训管理人员，造就大批优秀管理人才；在全国范围有力地传播、推行科学管理和现代化管理；积极配合党和国家的改革大业，扎扎实实促进企业内部管理体制改革。同时一些企业利用管理咨询贯彻厂长负责制；建立统一的、强有力的、高效率的生产指挥和经营管理系统；完善经济责任制，促进企业的转轨变型；开发拳头产品，提高产品的性能、质量，降低物资消耗；制定企业发展战略，为贫困地区改变落后状态，促进技术与管理进步，组建集团公司等等，进行了大量工作。

创建一项新生事业一切从零开始，需要一个成长发展过程，企业管理咨询，是对一切不合理现状和各种因循守旧观念的变革，是一场革命。因此这一发展过程会更为曲折，而且咨询效果中最重要的社会效益和综合效益部分又难以用数字直接计算，让人们去直接感受到，因此管理咨询比开创其他事业常常会遇到更多的困难。正是由于各级领导的重视与关怀，广大管理咨询人员凭着对创业的热情和责任，认真工作，才使我国企业管理咨询有了今天的可喜局面。

（一）中国企协系统的全国性咨询网络已形成，咨询取得较好的经济效果

开展管理咨询，需要有专门的组织队伍。国外管理咨询已有数十年的历史，各种专业管理咨询公司迅速发展，还有为数众多的个人咨询服务所。这些国家还设有各级咨询协会、联合会，对会员有严格的职责要求，并负责协调咨询组织和政府之间的关系。

我们在学习、借鉴国外经验，开展管理咨询工作时，建立了自己的咨询组织。1982年在中国企业管理协会内首先成立了咨询部，随后在1984年经原国家经委批准成立了中国企业管理咨询公司。在这期间全国各地方企协和行业企协系统也相继成立了各种企业管理咨询组织，如咨询公司、咨询中心、咨询服务部，有的大中型企业利用企业的人才优势，组建了咨询服务部。据不完全统计，目前全国已有26个省、自治区、直辖市企协成立了咨询组织，在纺织、电子、航天、铁道、

石油、化工、医药、机械、烟草、轻工等行业企协也成立了咨询组织。据不完全统计，企协系统省、市级的咨询机构现有236家。

为了强化各咨询组织之间的联系，交流信息，探讨问题，1985年由中国企业管理咨询公司牵头组织了中国企业管理咨询公司，组织社会上、学术上与企业界有坚实理论基础和丰富实践经验的专兼职咨询人员，研究探讨源于实践高于实践的管理咨询理论研究。这一系列的组织建设使中国企协系统在全国形成了完整的咨询网络，使咨询事业的发展从组织上得到了保证。

在建立中企协系统咨询组织的同时，咨询也取得了较好的经济效果。创建十多年来，据不完全统计，企协系统共咨询了近6 000个企业，并拥有153家长期客户，特别是中国企协咨询服务中心（原中国企业管理咨询公司）不仅承担了指导全国开展管理咨询工作的重任，还完成了以国营大中型骨干企业、国家优秀企业为代表的29个行业的89家企业的134次咨询服务，受到了社会各界的高度评价。在接受咨询的企业中，有国家一级企业20家，占全国132个一级企业的15.15%。例如，中企协咨询部在常州继电器厂的咨询，咨询的当年，工厂的产量比计划超过25%，利润超过计划的35%。咨询人员在提高产品质量的咨询课题上提出了35条改善意见，实施了33条，当年继电器厂的产品被评为部优质产品，录音机机芯产量大幅度上升，各项技术经济指标超过了历史最好水平，当年实现利润比上年增长94.45%。又如，河南开封印染厂咨询前连续3年亏损，咨询后的半年时间，棉布的印染水平和管理水平都有较大的提高，印染布一等品率由55%提高到85%，摘掉了亏损的帽子。再如，对航天工业部3531厂的企业管理咨询服务，帮助企业“产品军转民”后建立一套大量生产的物流管理和成本管理的方法和制度，建立管理标准和工作标准，建立企业信息系统，为企业使用计算机打下了良好的基础。经过连续三年的咨询，在厂的努力下，企业主导产品（风华牌冰箱）获得国家银质奖，物耗水平、经济效益水平达到国家一级企业水平。

浙江省企业管理咨询公司，从1985年至1991年先后对110家企业进行了咨询服务，完成咨询课题427项，按咨询方案，可节约流动资金4.76亿元，新增产值7.4亿元，企业实际新增利税1.53亿元。江苏省企协与省生产调度办公室联合对全省48家重点亏损企业组织了扭亏咨询，收到了显著效果。成都市企业管理咨询服务公司成立5年来，共完成208个企业的综合管理咨询，5年中企业落实咨询方案，可节约流动资金9 200万元、增加经济效益1 900万元。上海市咨询研究会接受了市人民政府委托对全市环卫系统提供咨询服务，帮助提出解决市区600万人粪便垃圾处理的方案，这表明管理咨询已成为政府部门解决具体问题的参谋。

江苏省盐城市燕舞无线电厂是在全国500家大型企业中第248位的大型骨干企业。由于生产迅速发展，企业内部管理跟不上，暴露出了不少问题，并且连续失了三把火。市委、市政府曾3次派工作组（每次20～30人）进驻企业帮助解决问题，但每次都是不欢而散，问题长期得不到解决。最后市领导抱着试试看的想法，派盐城市企业管理咨询公司的人员进厂，仅用了3个月的时间就见到了效果，帮助企业提高了产品质量，降低了成本，压缩流动资金4 000万元（其中仅在制品资金就压缩了1 000万元），大大缓解了1989年度企业资金的困难。咨询组还帮助企业清理了三角债，在厂领导再三挽留下，决定进行长期咨询服务。这种事例表明，企业管理咨询的作用有时是企业的行政主管部门无法替代的，很多厂长赞扬咨询给企业送来了“一面镜子，一把尺子、一架梯子”，为企业发展争取了时间。此外，云南、四川、河南、山东、黑龙江、陕西、天津、西安等省市，水电、交通、铁道、纺织、建材、商业等行业管理咨询机构，也都在为企业提供管理咨询服务上取得了不小的成绩，树立起了自己的形象，在当地和本行业形成了较大的影响。这表明我国的企业管理咨询，作为一个新兴行业，一个实体性的智力服务产业已具雏形。

我国的管理咨询不仅帮助企业找差距，而且还注意总结企业成功的经验。企业管理咨询的目的是帮助找出企业存在的问题并提出有效措施加以解决，这一点中外管理咨询是相同的。但在中国，企业管理咨询既要注意认真地帮助企业找差距，又要实事求是地帮助企业总结经验，上升到理论高度，形成企业自己的管理特色，以激发企业的自豪感和进取心。同时广大的咨询人员，在为企业改善经营，谋求经济效益的提高时，强调要注意社会总体利益与提高企业经济效益的统一，不能损害社会总体利益。

（二）培训、建立企业管理咨询的骨干队伍

为使咨询取得成功，需要有一支政治素质和业务素质好的咨询队伍。所以我们在咨询事业初创阶段十分注意对咨询人员培训。这些年来，我们采用各种方式培训咨询队伍。自1980年以来，采用派出去、请进来等方法引进世界各国先进的管理咨询方法，曾派人去日本学习，请英国、法国、德国、西班牙、瑞典、美国等咨询机构的专家来中国讲学。在国内举办各类培训班，面向企业管理的主要骨干力量。各省、市、自治区，及行业企业管理协会也举办各类咨询培训，通过这类短训班培训了万余名咨询骨干及领导干部。

随着咨询事业迅速发展,考虑国内外的环境条件,要求咨询人员必须具有职业道德,才能保证这一新兴的智力服务行业健康发展。为此,中国企业管理协会明确规定了十条职业道德准则:(1)坚持四项基本原则,严格遵守中央的有关方针、政策、法令。(2)恪守独立、公正、客观的立场。(3)坚持社会效益与企业经济效益的统一。(4)一切判断基于事实。(5)服务不仅要为企业解决问题,更要着眼于提高企业的管理水平。(6)在不违法的前提下,为委托者保守业务秘密。(7)不做因维护委托者的利益而损害第三者的事。(8)不接受力不胜任的委托。(9)不做诋毁同行的事。(10)除事先商定的报酬外,不接受其他额外酬金。这些成为咨询人员共同遵守的规范。自1987年起,中国企协制定了咨询顾问资格认定标准和管理办法,组织各地、各行业企协对咨询人员进行了咨格考核和认定。现在全国共有专、兼职咨询人员9 200名,具有中高级顾问资格的6 300名,高级管理咨询顾问246名。

中国企业管理咨询创业之初,咨询人员的职业化、咨询事业的产业化都受到现实条件的限制,因而出现了大量的兼职咨询人员,他们每年抽出一定时间参加各级管理咨询机构组织的咨询活动,同时他们又在自己的企业(单位)灵活运用管理咨询方法,开展内部自我管理咨询活动,为中国广大企业提高素质、增强活力,做出了具体的成绩,从而也在面上普及了企业管理咨询;另一方面,专职咨询人员吸收一定的本行业兼职咨询人员一道工作,也有利于取得更为有效的咨询结果。咨询队伍"专兼"结合,以专为主,形成强大的咨询合力。

这些年来,全国广大管理咨询人员脚踏实地,深入实际,公正无私,努力工作,以卓有成效的咨询服务,为提高企业素质和经营管理水平,加快企业发展出谋划策,用自已的实际工作成效与优良品德作风,赢得了用户的理解与合作,推动了企业管理咨询事业的发展。

(三)实行"培训、咨询、研究"三结合,建立起完善的企业管理咨询体系

企业管理咨询是一门多学科交叉的业务,咨询服务是咨询顾问出售知识和智力,帮助企业实现管理的改进、变革、创新的过程。实践证明,企业管理咨询服务要圆满完成,有赖于高素质的咨询队伍、知名而权威的咨询组织,而队伍和组织要建立在"培训、咨询、研究"三结合的管理咨询体系基础上。另一方面由于管理咨询的高智力特征,必须有系统的理论为指导,把源于实践的具体咨询的方法、思路、技巧,加以提炼总结,形成规律性的、高于实践的东西,而咨询培训不仅是提高咨询人员素质的必要环节,也是推广、传播企业管理咨询理论方法的重要环节。所以"培训、咨询、研究"三者在实践中必须有机结合,形成完善的管理咨询体系。

中国企业管理协会于1986年成立了企业管理咨询研究会(委员会),在中国企业管理咨询委员会的统一协调指导下,全国地方企协先后建立了56个管理咨询研究会。创建的目的在于开展管理咨询的学术研究,探讨管理咨询的理论与方法,提高咨询工作水平与质量。各研究会广泛开展了咨询研究工作,组织了五次全国性的管理咨询学术研讨会,进行了全国优秀企业管理咨询论文评选。

中企协每年召开一次全国性的企协系统咨询工作会议,已召开了10次,组织全国的咨询机构交流经验,使咨询工作不断得以提高。在各省、市发展不平衡的情况下,起到了促进作用。在全国还召开了咨询顾问代表会议,组织专题讨论,开展咨询顾问之间的直接交流。

这些年来,我们把培训、咨询、研究紧密结合起来,使咨询的工作质量不断提高,使咨询事业得到了健康发展。

我们根据国外的咨询先进经验,并结合我国的咨询实践编写出版了《企业管理咨询的理论与方法》、《管理咨询专业指南》、《企业管理咨询手册》等专业书籍300万字(不包括地方和行业的)。目前全国不少大学的管理专业也将其列为重要的教学内容。从而有力地推动了管理咨询事业的发展。

(四)咨询服务领域进一步扩展

随着咨询事业的发展,咨询服务的领域、对象和课题在深度和广度上都得到了发展。服务的方式、方法也有了显著的提高。我国企业管理咨询服务领域已由工业企业发展到商业企业、金融投资、交通运输、建筑建材、邮政通讯、旅游服务等领域。服务对象已由大中型企业发展到大型、特大型企业,并扩展到行业管理咨询,企业集团的咨询,为国外政府机构提供咨询等等。服务内容由生产管理、质量管理、成本管理等专业管理发展到市场营销、投资决策、经营战略、管理组织设计、企业集团管理模式和经营机制、计算机管理信息系统等综合性的咨询。服务方式由短期咨询为主转变为长、短期结合,注重长期咨询。咨询不只提供改善方案,而且注意咨询方案的实施与效果的跟踪,根据社会的需求,积极组织管理咨询与技术、工程、信息、法律、可行性研究咨询相结合的多位一体的综合型咨询,这充分显示中国企业管理咨询的服务能力有了实质性进步。

经过十多年的努力实践与探索,管理咨询这一新兴事业在我国得到了发展,并取得了较好的经济效果。实践证明,它既是企业借助社会力量提高经济效益的一种有效途径,也是国家对企业加强管理和指导的一

种有效手段。企业管理咨询在发展经济，提高企业经营管理水平中的作用正日益显示出来，一套具有中国特色的企业管理咨询的方法，正在逐步形成。

二、目前管理咨询工作中存在的问题和建议

（一）咨询专业人员少，队伍不稳定。管理咨询工作的质量取决于咨询人员的素质，衡量一个国家管理咨询发展的水平如何，重要的方面是专职咨询人员的数量。目前我国咨询人员数量极少，专职队伍就更少了，据不完全统计现有专职管理咨询人员500人。特别是近两年，优秀咨询骨干流失严重。实践证明，要培养出一名优秀的管理咨询顾问，需要花费大量精力。但我国有90%以上到国外接受管理咨询专门训练的人，都不在管理咨询岗位上，也不搞咨询，这将严重的威胁着年轻管理咨询事业的发展。美国最大的管理咨询公司麦建时公司，他们把一名硕士研究生培养成一名优秀的顾问要3—5年时间，该公司在全世界有近两千名咨询人员。

（二）缺乏行业管理，鱼目混珠。尽管中国企业管理协会及各地和行业企协几年来开展了管理咨询顾问资格认定工作，发放了资格证书。但由于在全国还未形成一个明确的咨询管理机构，实行统一归口的管理，没有规定管理办法，更没有咨询立法。所以社会咨询市场十分混乱，许多人用管理咨询作牌子，甚至还有不少行政主管部门把正常的检查指导工作也叫做咨询。有的大学老师带学生去工厂实习，也叫咨询。有的乱收费。这样一来反倒使企业分不清真正的管理咨询到底是什么样子，从而也就直接损害了管理咨询的声誉与形象。给管理咨询的健康发展带来了极大的危害。西方资本主义国家对咨询人员都要进行咨询顾问资格认定，否则就不允许开业。

（三）没有管理咨询行业的政策。政府习惯于行政指挥，不会利用咨询组织帮助改善企业经营管理。政府也没有把咨询看做是管理和指导企业改善管理的重要手段，企业也就缺乏要求咨询的动力，当然更谈不上有什么政策、法律来保护这一年轻的管理咨询行业。

（四）当前最重要的是加强行业管理。加强对管理咨询的行业管理和进行立法已势在必行。国家应指定专门部门统一管理指导全国的管理咨询工作，不能把目前社团管理与咨询机构的管理混为一谈。管理咨询机构的开业必须规定有多少中高级专业人员。管理咨询人员只有取得咨询顾问资格的人员才能到企业从事管理咨询工作，并且要加强日常对管理咨询工作的检查与社会监督。在完善统一管理基础上进行管理咨询立法，从而提高管理咨询工作质量。日本政府中小企业厅授权中小企业诊断协会考核认定中小企业诊断士。在英国没有在管理咨询协会注册的人员，不能开展咨询。德国是用咨询联合会的方式管理咨询机构和咨询人员。西方资本主义国家对管理咨询机构和人员都有一套完整的管理办法。随着咨询事业的发展，政府必须有一个机构能把全国的管理咨询人员管起来，逐步实现咨询机构的企业化，咨询人员的专业化、专职化和咨询事业的产业化。

（中国企业管理协会咨询中心　房景环）

旅 游 业

一、我国旅游业发展的现状

党的十一届三中全会以来，我国旅游业发展十分迅速，已经成为一个像样的行业，并取得了巨大成就。

(一)旅游接待和收汇。旅游接待人数和旅游创汇情况，是旅游业的重要的综合指标，它反映了我国旅游业发展的总体规模和水平。1978年，我国来华入境旅游者人数仅180.92万人，其中外国人22.96万人，华侨1.81万人，港澳台同胞156.1万人；旅游外汇收入2.629亿美元。而1992年，来华旅游入境总人数3 811.61万人，为1978年的21.07倍，比1991年增长14.3%；1992年全国旅游外汇收入39.5亿美元，为1978年的15.1倍。

(二)旅游涉外饭店建设。我国旅游业的迅速发展，与旅游饭店建设迅速发展是密不可分的。1978年，我国仅有旅游涉外饭店431座，客房74 583间，床位164 790张。由于各级旅游管理部门在发展旅游业中首先注意加快旅游涉外饭店建设，到1985年，全国拥有旅游涉外饭店995座，客房127 861间，床位333 156张，但仍然存在旅游住宿难问题。到1988年，全国拥有旅游涉外饭店1 719座，客房228 797间，床位545 592张，主要旅游城市住宿难问题基本得到了缓解。到1992年，全国拥有旅游涉外饭店2 354座，比上年增长10.5%；客房35.1万间，比上年增长9.35%；床位73.77万张，比上年增长8.57%，为进一步扩大对外开放创造了良好的前提条件。1988年8月，经国务院正式批准，由国家旅游局正式颁布了《中华人民共和国评定旅游涉外饭店星级规定和标准》，并由国家旅游局的全国旅游涉外饭店星级评定委员会统一负责旅游涉外饭店星级的评定工作。我国的旅游涉外饭店星级评定标准是根据国际上的通行做法并结合我国国情制定的，凡是从事接待海外人士的国营、集体、合资、独资、合作、个体的饭店、酒店，宾馆、度假村、餐馆等，不分其隶属关系均应遵循，参加评定和接受旅游行政管理部门的统一管理。截止1991年底，全国共评出星级饭店860家，其中五星级饭店21家，四星级饭店49家，三星级饭店237家，二星级饭店396家，一星级饭店157家。1991年5月，国家旅游局和国家物价局共同制定、颁布了关于星级饭店价格的有关规定，实行饭店星级的标准与价格基本一致的政策。

(三)旅行社及客源市场。我国旅行社分为三类：第一类为经营对外招徕并接待外国人、华侨、港澳台同胞来中国、归国或回内地旅游业务的旅行社；第二类为不对外招徕，只经营接待业务的旅行社；第三类为经营中国公民国内旅游业务的旅行社。我国旅行社发展十分迅速。1980年至1985年间，仅有中国国际旅行社总社、中国旅行社总社和中国青年旅行社总社三个第一类旅行社。1992年，全国旅行社共实现营业收入51.25亿元，比上年增长14.0%；外汇收入18.75亿元外汇人民币，比上年下降15.0%；结汇9.37亿元外汇人民币，比上年增长12.7%；上缴税金1.86亿元，比上年增长13.5%，全年实现利润6.44亿元，比上年增长42.9%；旅行社的年利润率为12.6%，比上年提高2.6个百分点。全国旅游涉外饭店营业收入264.81亿元，比上年增长40.3%；外汇收入88.92亿元外汇人民币，比上年增长45.9%；结汇29.01亿外汇人民币，比上年增长184.8%；上缴税金11.03亿元，增长46.1%；全国旅游涉外饭店盈亏相抵后的利润总额为10.93亿元，利润率为4.1%。

(四)旅游交通。我国非常重视旅游交通设施的建设和完善。为适应旅游事业的发展，中国民航已建立了以北京、上海、广州、成都、西安、沈阳六大城市为中心的6个航空公司并形成了区域性辐射网络。截止1991年底，中国民航已有451条航线，其中：国际航线52条，国内航线391条，地区航线8条，与香港地区飞定期包机航线20条。在机场建设方面，全国已拥有民用机场99个，其中能起降B737型以上飞机的机场54个。在运力方面，中国民航已拥有运输飞机224架，年运输量达1 500万人次。铁路运输方面，1991年，铁路运送外国旅游者136万人次，外籍华人和华侨8.5万人次，港澳台同胞1 081.8万人次，共计1 226.3万人次，比1990年增长14.7%，比历史最好水平的

1988年增长5.0%。为适应我国旅游事业蓬勃发展的需要，铁路部门积极采取措施，努力增加旅游专线和旅游专列，而且形式多样。如北京至济南，北京至大同、呼和浩特的旅游专线、专列；西安至乌鲁木齐往返的中国丝绸国际东方快车旅游专列，北京至西安、洛阳、上海、杭州、桂林、广州的豪华旅游列车等。为满足国内旅游者自费旅游的需要，暑期7、8两月，增开了北京至青岛、烟台、大连的临时旅客快车；北京至北戴河每天增开3对全列空调客车。还增开了一些长途快车或短途快车，新增了一些双层空调列车。旅游汽车是发展旅游事业的一种重要交通工具，1991年底，我国共拥有各种旅游汽车41 326辆，其中载客车35 052辆，总座位44.19万座，其他车辆6 274辆。在载客车辆中：大型客车4 960辆，占载客车总数的14.2%；中型客车5 578辆，占载客车总数的15.9%；小型客车24 514辆，占载客车总数69.9%。

（五）旅游产品开发。1978年至1985年，主要是进行了恢复历史文化古迹和主要风景名胜等传统观光产品；1986年，开始提出开发特殊旅游项目；1991年开展了评选旅游景点40佳活动，推进了旅游产品质量的提高；1991年开始筹备并于1992年开展的'92中国友好观光年，推出了249处国家级旅游线路景点、14条专项旅游线路、100项节庆活动，使我国旅游产品开发上了一个新的台阶。1992年8月，国务院决定试办11个国家旅游度假区，将使我国旅游产品从观光型向观光度假型综合发展。

（六）旅游商品。我国旅游商品生产和经营主要有轻工、纺织、商业、旅游等4个大的系统，全国旅游商品销售网点已发展到3 000多家，经营的旅游商品品种达5万多个。其中：手工艺品、旅游书画、开司米和真丝织品等名牌商品，尤为海外旅游者所欢迎。旅游商品销售收汇：1980年2.51亿美元，占旅游外汇总收入的40.76%；1985年4.71亿美元、占37.68%；1986年5.28亿美元，占34.5%；1988年6.92亿美元，占30.8%；1989年4.69亿美元，占25.2%；1991年7.04亿美元，占24.8%。比率总的是下降趋势。

（七）旅游文娱。从1989年起，我国旅游文娱工作开始列入了国家旅游局工作议事日程。1989年，国家旅游局“三定”方案，在旅行社饭店管理司设立了旅游文娱工作指导处，专门抓这项工作。经过几年的努力，到1991年我国旅游文娱工作，已全面普及，开始走向繁荣。据统计，截止到1991年8月，我国旅游涉外饭店文娱设施共有10 393处，其中：交谊舞厅816个，迪斯科厅890个，卡拉OK厅622个，桑拿浴室696个，台球室844个，按摩室782个，酒吧1 359个，多功能厅1 318个。全国平均每家饭店、宾馆有文娱设施5.47处。在可比项目方面，旅游行业的文娱设施，约占全国高、中档文娱设施的1/3强。据对全国52个旅游城市和地区统计，1991年，全国旅游文娱创汇1.4亿外汇人民币，占全国旅游外汇总收入的0.96%。此外，旅游文娱创收估计可达3亿多人民币。

（八）国内旅游。党的十一届三中全会以来，随着我国改革开放的发展，人民群众生活水平的不断提高，我国国内旅游发展十分迅速。特别是1991年初，李鹏总理在听取旅游工作汇报时指出：旅游业分为两个方面：一是国际旅游；二是国内旅游，都是第三产业。国内旅游的发展潜力也是很大的。随着国内人民生活水平的提高，国内旅游也要上。主要是控制公费旅游，如果自已花钱旅游，不但不应该限制，还应该支持。为了深入贯彻李鹏总理的指示，国家旅游局在河北省石家庄市召开了旅游资源开发和国内旅游座谈会，许多地区把发展国内旅游列入了主要议事日程，由于各级领导的重视，国内旅游开始得到迅速发展。其主要特点有：一是经营国内旅游业务的旅行社更加注重宣传促销，二是各地组团虽然以中、短线的经济团为主，但长线跨省旅游团明显增多，三是一些经济比较发达的地区，如广东，长线搭乘飞机的旅游团比例较大；四是旅行社经营方法更加灵活，多样化，更加适应不同层次消费者的需求。我国从1986年开始对上一年的国内旅游人数和国内旅游收入进行估算，1985年，国内旅游为2.4亿人次，国内旅游收入为80亿人民币，1988年，国内旅游为3亿人次，国内旅游收入187亿元人民币；1989年，国内旅游下降为2.4亿人次，国内旅游收入下降为150亿元人民币；1991年，国内旅游又上升为3亿人次，国内旅游收入又上升为200亿人民币。

（九）出国旅游。我国出国旅游（包括边境旅游）实际上从改革开放以来是在逐年增加的，只是没有列入统计项目内容而已。边境旅游从1987年11月批准辽宁丹东至朝鲜新义州一日游开始，边境旅游的规模无论是参游人数，还是涉及地区等方面，都有了显著的发展。1989年以前，边境旅游业务仅有3项，1990年增加到6项，参游者达2万余人。到1992年8月，全国范围已经开办或已经批准正在筹办的边境旅游业务项目已达26项，中方参游人数超过12万人次，接待周边国家的参游者近10万人次。旅游天数已从最初的一日游、三日游扩展到四日游、七日游；参游范围已从朝鲜、俄罗斯边境扩展到蒙古、哈萨克、越南、缅甸、老挝等边境，并由边境毗邻城镇向纵深地区延伸，涉及我国黑龙江、吉林、辽宁、内蒙古、新疆、广西、云南等7个省、自治区，可以说边境旅游业已在我国旅游业的发展中扮演着越来越重要的角色。有人按照外国旅游统计的惯例，作了这样一个估算，如果将我国出国人员中从事公务、商务、探亲的人也当作旅游者计算，再加上边境旅游人数，我国出国旅游已经达150万人。

（十）旅游人才培养。我国旅游业从1979年开始发展，到目前已在全国初步建立了具有一定层次和门类的旅游院校体系。截止1991年底，全国共有高、中等旅游院校266所，其中高校（含本科、专科和系、专业）70所，中等专业学校20所，职业高中178所，另有旅游培训中心11个（不含与中等旅游专业学校合一的培训中心）和两所成人高校。上述旅游院校在校学生58 141人，其中高等旅游院校7 567人，占13%；中等旅游专业学校3 701人，占6.4%；职业中学46 873人，占80.6%。这些旅游院校，已为全国旅游行业输送高、中、初级专门人才3万多人。这些毕业生遍布全国各旅游单位和从总经理到服务员的各级各类专业岗位，并且大多数已经起到了骨干作用。为使旅游行业岗位培训规范化、制度化，按照“分级管理、分工负责”的培训原则，各级旅游部门和旅游企业陆续建立了岗位培训基地。国家旅游局在北京二外、上海旅专、天津中国旅游管理干部学院、南京金陵旅游管理干部学院和杭州大学5个岗位资格培训基地，委托举办了多期旅行社，饭店总经理岗位资格培训班，受到了普遍欢迎。此外，还举办了多种适应性培训班，培训市场开发、财务和劳动工资干部，也收到了良好的效果。

（十一）旅游法规。随着我国旅游业的逐步发展和完善，先后制和颁布实施了《旅行社管理暂行条例》、《导游人员管理暂行规定》、《旅游安全管理暂行办法》、《关于禁止在旅游业务中私自收授回扣和收取小费的规定》等条例、法规。从1989年开始，着力进行了《中华人民共和国旅游法》的起草工作，现仍在修改之中。从1991年开始，按党中央、国务院“二五”普法的统一部署，深入开展了旅游普法教育，有力地促进了旅游行政管理部门依法管理，促进了旅游企业依法经营。

（十二）行业管理。为加强对旅游工作的领导，1988年5月，国务院决定成立国家旅游事业委员会。国务院副总理吴学谦任主任，国务院副秘书长李昌安、国家旅游局局长刘毅、国家计委副主任郝建秀任副主任，15个与旅游有关的部、局、办的领导同志任委员。国家旅游事业委员会办事机构设在国家旅游局。截止1991年底，全国共有县以上旅游行政机构592个，其中省、自治区、直辖市旅游局30个；计划单列市旅游局14个；地、市、县旅游局548个。全国旅游从业人员已达185万人。1986年6月，中央书记处在听取国家旅游局关于旅游工作汇报时指出，国家旅游局应成为管理全国旅游事业的归口单位。自此之后，各级旅游主管部门在统管全行业方面陆续采取了一系列措施。1986年12月，北京市成立了旅游事业管理局，改变了以往多级、分散管理的局面，并为全国树立了榜样。我国对具有接待海外游客的企业实行定点管理制度。到1991年底，全国有定点餐馆100家，定点旅游购物商店740家，定点娱乐场所124家。

二、我国旅游业发展目前存在的问题

旅游业在我国是个新兴的行业，各方面都缺少经验，因此，难免存在这样那样的问题，而这些问题正是我们今后进一步努力的方向。

（一）对旅游业的产业性质和地位还缺少足够的认识。虽然旅游业是国家鼓励发展的创汇型经济产业，但有的部门和单位仍把旅游业看作是非生产性的行业，认为它不能创造价值和社会财富。旅游投资屡次成为压缩清理的对象，经过多次明确强调的方针难以形成具体政策或政策难以到位。一些主管部门仍把所属的旅游企业当作接待基地，虽然国务院早在1986年，把旅游业纳入了国民经济和社会发展计划，但有的省、自治区、直辖市至今还未完全落实。

（二）旅游交通运力不足。国际航班紧张，40%多的客源市场不能成行；有些线路铁路客运超载现象严重存在；好多线路只靠当前单线已满足不了旅游业发展的需要。有的铁路站段需要增开始发车，有的需要加挂卧铺车辆，有的需要多留卧铺票；公路运输，有的缺少通往旅游景点的公路，有的旅游公路水平低，有的风景区内缺少公路；旅游汽车，车辆老化，价格过高，税收过重，更新困难，严重影响服务质量和旅游安全。

（三）旅游基础设施综合接待和创汇能力较低。从旅游接待地区或接待城市看，有的住宿设施不足；有的游览项目衰退老化；有的交通条件差；有的晚间娱乐设施缺乏；有的旅游购物比重太低。由于配套程度较低，使综合接待能力和创汇水平难于提高。

（四）旅游饭店建设和经营管理有待进一步加强。相当一批边远城市和旅游业刚刚兴起的地区及城市缺少涉外旅游饭店；相当一批新建旅游饭店债务负担过重，一些老饭店面临更新改造任务，但缺乏足够的资金；一些饭店设备、用品仍然要进口，国产旅游设备、用品，如旅游卫生洁具，长期质量不过关。

（五）旅游产品与旅游市场需求不相适应。旅游产品结构单一，以观光型为主的旅游产品结构仍未改变；旅游产品更新乏力；旅游产品开发缺乏对国际旅游市场需求的研究，项目针对性差；旅游项目开发锐意创新精神不足，许多地区出现项目近距离重复或雷同，缺乏地方特色和民族特色，效益不高。

（六）旅游商品创汇比重逐年下降。1986年，旅游商品销售创汇占旅游外汇总收入的34.5%，而1991年下降为24.8%。从旅游商品产销情况看，旅游商品品种老化，创新不足；旅游商品包装、运输等产销许多环节都不如旅游发达国家的先进水平；旅游商品生产和销售缺少大型产、销基地和场所；在旅游商品销售中应用普惠制尚不普遍，地区之间发展也很不平衡。

（七）旅游文娱活动，有待进一步大力发展。我国旅游文娱工作起步晚，发展迅速，但与旅游事业发展要求还有很大差距。主要有：拳头产品少，缺乏特色；有的经营接待秩序差，漫天要价；有的服务质量差、素质低。

（八）旅游宣传招徕经费太少，对外招徕秩序混乱。按国际经验，每招徕一个外国旅游者，宣传促销的平均费用约5美元以上，而我们在这方面的支出与实际需要相差太大。因此，我们国外客源市场宣传促销的广度、深度都非常不够。由于有关政策措施不配套，法规不健全，使旅行社外联销售相互削价竞销混乱现象长期得不到解决，严重影响了我国对外招徕能力的正常发挥。

（九）旅游教育、人才培养与旅游业发展需求不相适应。一些地区、部门和单位比较重视物质资本（硬件）的投入，忽视人力资本（软件）的投入，旅游教育不足；旅游院校布局不尽合理，结构上高等旅游教育规模过大，而中等旅游教育小于高等旅游教育，比例倒挂；旅游专业设立与社会需求脱节，导致毕业生分配困难。

（十）旅游服务质量不高。有的饭店一流设备，二、三流服务；有的许多服务环节与国际上先进水平差距很大，不能使旅游者满意；由于服务质量上不去，国外旅游者第二次、第三次重游我国的很少。有的特别项目旅游，如日本青年新婚旅游、未婚女青年旅游等，很少来中国。

（十一）行业管理困难重重。全国2 130家旅游涉外饭店隶属400多个主管部门，1 600多家旅行社也分属许多部门，各自为政，各行其是；有的部门举办旅游经营的动机并非真正为了搞旅游甚至并非为了经济目的。因此，不能按旅游行业规定管理旅游，往往偏离市场规则运行。

（十二）对旅游行业的具体优惠政策不落实。1. 在信贷方面，对使用国内资金的旅游建设项目，贷款利率偏高，饭店还本付息困难；好多旅游饭店缺少流动资金，普遍要求银行予以低息贷款，以支持旅游饭店维修、更新改造。2. 在税收方面，进口旅游汽车，税率过高，企业负担过重，无法生存。3. 在外汇留成方面，旅游商品创汇视同外贸出口创汇未得到很好的落实。4. 在小额贸易方面，目前所规定的小额贸易限额太小，不利于旅游创汇。5. 在工资政策方面，国营旅游饭店职工工资与“三资”旅游饭店职工的工资差距太大，造成企业技术骨干大量流失。

存在上述问题的主要原因有：

（一）在思想上，没有深刻认识到发展旅游产业的重要性，真正把发展旅游事业摆到应有的地位。有的只把旅游业当成赚钱的手段，而没有把它当作一项经济产业来对待；有的对发展旅游业的经济效益持有疑虑，对发展旅游业没有全力支持；也有的只看旅游业的直接经济效益，而没有看到发展旅游业的间接经济效益和社会效益。

（二）在体制上，没有从外事接待工作转到旅游经济产业上来。许多旅游管理部门还没有从与其他部门合署办公中独立出来，仍然政企业不分；许多旅游管理机构，没有充分发挥应有的管理职能。

（三）在管理上，没有从过去以行政手段管理为主转到运用经济、法律手段管理为主。旅游业的管理，还没有建立起以经济杠杆联结的、协调有序的运行机制；旅游业与有关部门的联系与配合，还更多的是靠行政干预，还没有形成用经济手段实现相互之间的有机联系，互相协调配合的形式还是低层次的；旅游管理机关的内部，无论在机构设置、工作程序、功能配套、分工协作，都与科学管理有相当大的差距。

（四）在队伍素质上，无论是职业道德，还是业务水平，都还不能适应旅游业发展的要求。目前旅游从业人员中，仍有相当一部分职工，没有受过旅游专业训练，对旅游业务不懂或不熟悉；旅游管理部门和旅游企业缺少旅游管理专门人才。

三、旅游业的发展目标

1992年11月，国家旅游局在广东省中山全国旅游局长研讨班上，提出了90年代的旅游发展目标。

（一）到1995年，旅游外汇收入达到50亿美元；到2000年达到100亿美元，力争跻身世界旅游大国的行列。按此目标，在“八五”和“九五”的10年中，共为国家创汇600亿美元，今后8年的年均增长率为14%。国内旅游收入1995年争取达到500亿元人民币；2000年达到1 200亿人民币，10年累计收入7 000多亿元，今后8年的年均增长率为21%。

（二）实现这一战略目标的可能性。1. 我国改革开放自1992年春邓小平同志南巡谈话迈出了新步伐，给旅游业发展带来了新的机遇；2. 我国旅游业经过1978年至1988年的起步打基础阶段，1989年和1990年的反制裁阶段，从1991年起进入了振兴阶段，已经到了一个新的加速发展的阶段；3. 各地和外资对旅游不断增大投资的态势已经出现，国内旅游发展蓬勃发展，出国旅游也已开始，实现新的旅游发展目标，已经具备了必要的条件。

（旅游局政策法规司　迟景才）

居民服务业

饮食服务业

饮食业是指出售加工烹制的饮食品、并提供就地消费的设备和场所的行业，主要包括酒家、餐馆、饼屋、快餐业、冷热饮、茶楼、酒吧间、咖啡屋、早点铺等经营行业，具有生产、流通和服务三种职能。饮食业是传统的服务行业，与人民生活和经济发展密切相关，对提高城乡居民的生活质量，满足国内外游客的需要，缓解就业压力，都具有极其重要的战略意义。

一、饮食业发展现状

建国40多年来，我国饮食业发生了深刻变化。适应社会发展和人民生活水平提高的需要，已由私营饮食业、小摊小点为主转变为以公有制为主体、大中小兼有的新型饮食业，特别是改革开放以来，各地引进外资，创办中外合资、合作和外商独资企业，进一步调整了所有制构成，形成了多种经济成分并存、共同参与市场竞争的新格局。

（一）多种经济成分并存，所有制结构发生了根本变化

我国饮食业经历了曲折的发展过程，经过建国初期的社会主义改造，饮食业的经营思想、经营方式发生了很大的变化，极大地改变了饮食业的面貌，并陆续新建了一批国营饮食企业，促进了市场的繁荣活跃。在这个时期，有些地区在改革高潮中，过多地撤摊并店，不适当扩大公私合营面，以致出现经营不灵活，品种、项目减少的问题，给群众生活带来不方便。在“大跃进”和后来的“文化大革命”中，极左思想泛滥，不仅没能调整这些失误，反而愈演愈烈。大批从事商业服务业的人员被裁减，公私合营时期保留的饮食业小摊点被撤销，并大搞所有制升级，使得饮食业网点大量减少。受所谓“服务得好会出修正主义”荒谬理论的影响，许多具有优良传统的菜点和便民服务项目被丢弃，经营特色没有了，服务程序不讲了，服务质量严重下降。经营形式趋向单一化，网点减少到历史上的最低数，出门吃饭难的状况日趋严重，以致成为后来长期难以解决的老大难问题。

党的十一届三中全会，及时总结了我国建国以来经济建设的经验教训，制定了改革开放、以经济建设为中心的方针政策，各行各业解放思想，大胆改革，都取得了较大的成就。改革开放以来，我国饮食业也发生了巨大的变化。到1992年底，全国饮食网点达到173.9万个、从业人员480.2万人，比1978年分别增长15倍和4.6倍。为社会安置了300多万待业人员。营业收入达到590亿元，比1978年翻了三番多。随着“国家、集体、个人一起上”方针的贯彻，个体饮食业有了迅速发展。1992年与1978年相比，饮食网点个体所占比重从30.7%上升到90.8%，全民比重从46.2%下降为1.9%；从业人员个体所占比重从7%上升到67%，全民比重从75%下降为12%，在多种经济成分共同发展中，国营和供销社饮食业在市场上继续发挥着主导作用，一个以国营和供销社饮食业为骨干，全民、集体、个体、私营、“三资”等多种经济成份竞相发展的所有制结构体系初步形成。

（二）饮食企业经营机制发生了积极变化

饮食业长期实行薄利经营的方式，企业价格由主管部门通过毛利率层层控制，燃料费不进成本。随着改革的逐步深入，原来的价格管理体制和作价办法已不适应经济的发展了。为此原商业部和国家物价局1991年联合发文规定燃料费进入成本，以减少燃料价格上涨对饮食企业的影响，又于1992年发文全面放开饮食服务业价格，企业可以根据市场变化和企业情况自主定价，从而扩大了企业在市场经营中的灵活性。

饮食业的经营成本中，职工工资占很大比重，解放前大都实行拆帐制，把职工的劳动和企业的收入结合起来，多劳多得，以调动职工的积极性。公私改造后，拆帐工资制改成了固定工资制，实践证明这种制度不适应这个行业，不能调动职工的生产积极性。1981年原商业部下发了《国营饮食服务企业实行固定工资加提成工资制度的试行办法》的通知，开始在全行业内实行提成工资制。这个制度的实行充分调动了广大职工的劳动积极性，体现了各尽所能，按劳分配的原则，促

进了饮食业的发展。近几年饮食业根据企业实际情况，还逐步推行了岗位技能结构工资制。

在扩大企业自主权，转换企业经营机制改革中，对小企业实行租赁经营，对大中型企业推行承包经营责任制。承包经营责任制的主要形式有两包一挂、一包一挂、基数承包、超额分成、利润递增包干。所谓两包即包实现利润指标、包企业发展和更新改造；所谓两挂，即职工分配与经济效益、与服务质量挂钩，突出了饮食服务行业讲求服务质量的特点，是承包经营责任制在饮食服务业实行中的新发展。供销社饮食服务企业因基本是与各级供销社统一核算，大多采取大包干的形式，即企业承包上交利润指标，完成上交后自主分配。1991 年原商业部在上海召开了全国饮食服务业工作会议，会上在总结十多年来饮食服务企业改革开放经验的基础上，又提出了转换企业经营机制的"两比照"，即大中型酒家饭店比照中外合资企业放开搞活，小型饮食服务企业比照个体经济放开搞活。各地按照这一部署，积极进行探索。市、县饮食公司适应社会主义市场经济体制的要求，积极转变职能，向经营服务管理型公司过渡。一些经济实力雄厚的城市公司正向着跨地区、跨行业、跨所有制的企业集团发展，促进了饮食业的规模化经营。

（三）新的宏观管理机制迈出了较大步伐

党的十一届三中全会以来，我国饮食服务业恢复和发展很快，各种经济成分、各部门大办饮食服务，使行业的所有制结构和规模都发生了根本的变化，过去那种适应产品经济的、以部门和系统管理为主的各自为政的管理体制已经不适应了。行业的发展，统一市场的形成，亟需对全行业实行统一管理。1984 年以来，随着经济体制改革的深入，北京、沈阳、哈尔滨、南京、武汉、齐齐哈尔、牡丹江等地方，在当地政府的领导和支持下先后进行了统管社会商业、饮食服务业的试点，积极探索建立适应社会主义市场经济发展的行业管理体制。特别是北京、齐齐哈尔等大中城市，已经结束了试点工作，于 1988 年由政府颁布了饮食服务业的行业管理办法，在全市实施全行业管理，突破了多年形成的、按企业隶属关系高度集权的管理体制。在饮食服务业首先开始了直接管理向间接管理、微观管理向宏观管理、部门管理向行业管理的转变。

（四）市场供应服务状况改善，形成新的市场格局

国有的风味特色店和传统小吃得到恢复并不断发展壮大，集体、个体和私营兴办的咖啡屋、酒吧间、饮食摊点大量兴起，方便了人民群众多层次消费需求。新式快餐、自助餐厅、超级饼屋、烧烤、食街等新领域的拓展，促进了饮食业供应服务方式的改变。劳务输出，到国外开办餐馆，速冻食品及原辅材料出口，扩大了中国饮食文化在世界上的影响，增加了外汇收入。各种经济成分的发展，把企业推向市场竞争的轨道，增加品种，提高了质量，基本上解决了饮食市场长期存在的"吃饭难"状况。

二、存在的问题

实践证明，改革开放有力地促进了饮食业的发展，这 14 年是我国饮食业发展的最好时期。但我们也要看到，在饮食业的发展过程中，还存在着一些问题，主要是：

（一）饮食业劳动社会化程度低，远不适应不断变化的新的消费需求。按每千人拥有的网点计算，1992 年是 1.48 个，这个水平大大低于国外水平，同我国 1952 年的水平持平；饮食业还是以手工作坊式的生产方式为主，前堂后灶搞经营，工厂化生产、集约化经营程度很低，生产经营水平不高，城镇居民仍在为一日三餐而忙碌；企业、机关、学校"办社会"现象严重，饮食业还不能为这些单位解决就餐问题，食堂后勤设施重复；小学生午餐难问题还存在；网点设施落后，服务面窄，城镇居民日常生活中还有诸多不便。

（二）宏观管理失控，市场秩序混乱。近些年来，社会各部门一哄而上办餐馆，部门所有，各自为政，竞争处于无序状态。一些单位和个人乱办厨师培训班，滥发厨师技术等级证书，妨碍了中国烹饪技术水平的提高，破坏了中国饮食文化在世界上的声誉。部分个体户和私营饮食企业偷税严重，卫生条件极差，损害了国家的利益和消费者的健康。

（三）国有饮食企业活力不足，缺乏发展后劲。目前国有饮食企业经营机制不完善，企业破产、兼并机制还没有形成，职工招收和流动困难重重，富余人员全靠自已消化，劳动效率难以提高。社会负担过重，2.6 个在职职工负担一个离退休人员，加上医疗费用开支不断加大，一些企业 1/3 的流动资金被挤占，缺乏发展后劲。很多城市在市政建设中无偿拆除网点，造成商业系统饮食服务网点减少。

饮食业发展中出现的这些问题，原因主要有三个方面：一是传统观念轻视饮食业，加上受传统经济体制影响，在政策上、指导思想上重生产、轻流通，鄙薄饮食业，否认饮食业的商业性和产业性，把它作为社会的福利事业、慈善事业来办。这种认识，制约了饮食业的发展。二是国家对饮食业的投入不足，使这个行业得不到应有的发展。三是体制上的障碍，在国家、集体、个体一起上的新形势下，行业管理工作没有及时跟上，行业归属不明确，各部门办餐馆自已管理，个体和私营饮食业由工商行政管理部门管理，部门分割，管理多头，缺乏统一的行业管理、规划、协调和指导。

三、1992年饮食业发展情况

1992年初，邓小平同志视察南方的重要谈话和中共中央政治局扩大会议精神，极大地振奋了人心，解放了思想，我国的改革开放和现代化建设进入了一个新阶段。党中央、国务院对第三产业的发展高度重视，相继出台了一系列重要的方针政策，饮食业吸引了大批社会资金，一批机构改革精简下来的人员补充到这个行业中来，促进了饮食业的发展。截止到1992年底，全社会饮食网点达到174万个，从业人员480万人，分别比去年增长8.4%和9.51%，饮食业营业额达到589.7亿元，比去年增长19.9%，是近几年来增长幅度最大的一年。总的看，1992年的饮食业发展有以下几个特点：

（一）产业结构趋向合理。我国餐馆、酒楼经过大量装修改造后，经营上转向中高档，新潮菜馆不断涌现，以中高档为主的市场格局开始形成，较好地满足了小康水平的生活需求。充满现代气息的中式快餐企业如雨后春笋，从沿海到内地，从大城市向中小城市扩展，已占领将近40%的城市饮食市场。海外各种风味饮食纷纷进入国内市场，丰富了饮食市场的供应。一度被大家关注的大众化早点市场在政策导向和市场机制作用下，十分兴旺。

（二）营销方式更加多样化。自助火锅、超级饼屋、连锁快餐、小吃总汇等新的营销方式在一些大中城市相继出现。企业越来越重视在广告宣传、环境装潢、服务功能、展销促销等方面的投入，并展开了激烈的竞争。许多企业从四季如一的供应格局中走出来，转变为针对不同的消费对象，不同的节气时令，精心策划丰富多彩的专题销售。不少企业推出了歌舞助兴、音乐伴餐等高雅的服务项目，融餐饮和娱乐为一体，现代营销方式越来越多地得到利用。

（三）消费档次明显提高。饮食市场活跃，中高档业务大幅度增加，据调查，城市酒席包桌标准平均由原来的250元增加到350元至400元，农村由150元增加到200元至250元。许多个体饮食店进行了改建和装修改造，菜肴和服务质量明显提高，加上灵活多样的服务方式，吸引了大批的消费者，许多城市都兴起了极富特色的个体饮食街。饮食业用粮、用油等原材料下降，海鲜品、家禽类消耗上升。据统计，商业系统国有饮食业用粮、用油分别下降22.95%和68.85%，耗用家禽上升10.07%。

四、饮食业的发展目标

（一）到2000年，饮食业发展总的要求。逐步实现饮食业的社会化、现代化、集约化、产业化，适应人民生活从温饱到小康过程中生活质量提高和消费结构的变化的需要，适应经济发展不断加快的需要，解决经济发展和人民群众生活对饮食业的基本要求。实现饮食业的社会化，主要解决两个问题，一个是促进家务劳动的社会化，使城乡居民从一日三餐和烦琐的家庭事务中解脱出来；另一个是推动机关和企业事业单位内部食堂的社会化，打破“大而全”、“小而全”的自我服务体系。实现饮食业的现代化，包括生产经营方式、管理服务方法、营销手段、服务环境等多方面的现代化”同时还包括面向世界，开展国际技术交流和合作，引进国外的先进设备和管理经验。实现饮食业的集约化，一方面要组织企业集团和多种形式的联合体，发挥规模经营的优势，增强市场竞争能力；另一方面还要增加投入，进行企业的更新改造，逐步改变行业有机构成低的状况。实现饮食业的产业化，就是国家要把饮食业作为一个产业来对待，纳入国民经济计划和核算体系，同时饮食行业要依靠现代科学技术，通过不断的建设和发展，迅速壮大经济实力，为国家提供积累，为社会提供更多的就业机会，使之成为国民经济中的一个重要产业部门。总之，要通过集约化经营和现代化管理加速饮食业的产业化，通过饮食业的产业化推动家务劳动的社会化。

（二）形成新的饮食市场格局。国有企业主要发展具有现代化水平的、在市场上发挥骨干作用和示范作用的风味特色店和快餐生产中心，对集体和个体饮食业主要是引导其在居民生活区和广大的农村兴办饮食网点，经营早点、小吃、夜宵业务，有条件的也要鼓励他们参与高中档业务的经营。积极进行中国膳食结构的研究分析，推出方便、营养、快捷的菜肴菜点半制成品，使得城乡居民一日三餐的饮食结构趋于合理，饮食质量明显改善。国有的快餐中心与众多的社会网点、集体食堂结成网络化经营，最终建成以国有饮食为主导，以风味特色店和快餐中心为支柱，多种经济成分共同发展、活跃有序的饮食市场体系。在重点城市办好若干主导产品的快餐工厂和各种经济成分的连锁系统，发扬大中型饮食企业经营特色，加速拓展服务领域，适应多层次消费的需要。

（三）建立富有活力的饮食企业经营机制。鼓励有条件的地区逐步建立全国性具有雄厚实力、辐射面广的饮食企业集团，用集团公司的政策优势和整体形象，发挥集团企业的规模经营效益。中心城市的饮食公司向紧密型的企业集团发展，集团对紧密层企业逐步实行人、财、物的统一管理，同时大力发展一些半紧密层、松散层企业，走饮食、商品经营、商办工业一体化发展的路子。城市国有小企业，主要向联合经营发展，联合的形式可以是兼并、以大带小、连锁经营等。县城的国有饮食企业实行公司统一核算、分级管理；统一信贷、分户使用管理；统一税后留利、集中装修改造；逐步办成中档次多功能有特色的综合服务楼。集团公司和饮食企业以市场需要为导向，形成自主经营、自负盈亏、自我发展的新机制。

(四)建立新的行业管理体制。按照政企职责分开、实行社会主义市场机制的改革方向，实行“四管四放”的体制，即管行业的总体规模，管政策，管行业结构，管基本消费的安排；放开经营，放开价格，放开用工，放开分配。行业管理与综合部门管理职责分明，行业协调发展。

(五)努力扩大饮食制品出口和劳务输出，大力引进外资、技术、人才和开办海外饮食企业。重点扶持一批在国际饮食市场有发展前景的速冻食品和烹饪原辅料，改进产品包装，加强推销服务，增加外汇收入。继续发展劳务输出，进一步增进对外烹饪技术文化交流与合作，扩大中国饮食文化在世界上的影响。利用改革开放的有利时机，积极引进国外资金、管理技术、设施设备和优秀人才，弥补现有资金和管理经验的不足，以改造老企业，发展新企业，增强发展后劲，扩大市场供应服务能力。积极开办海外饮食企业，开拓国际饮食市场，扩大中国饮食文化在世界上的影响。

(国内贸易部饮食服务业管理局　邵国剑)

居民服务业

居民服务业是通过一定的技术、工具、设备和设施提供劳务，为城乡居民生活和社会活动服务的行业。具有点多、面广、店小、经营分散、主要靠手工操作、劳动密集等特点。具体包括旅店、摄影、美容、美发、浴池、刻字、寄卖、搬家、消费品修理、钟点服务、清洁服务、家庭服务、国内旅游、誊印打字等服务行业，是第三产业中的一个重要组成部分。

一、改革开放以来居民服务业发展和改革的基本情况

党的十一届三中全会以来，在改革开放的总方针指引下，我国居民服务业恢复和发展很快。

(一)服务网点和从业人员成倍增长，方便了人民生活，扩大了就业门路。按照国家统计局提供的统计资料，1992年同1978年相比，全社会的居民服务业网点增长了19.5倍，从业人员增长了7.1倍，平均每年增长24.1%和16.1%。特别是1978年至1988年的10年，行业发展最快，网点和从业人员平均每年的增长速度达34.7%和22.3%。平均每个网点服务的人口为636人，平均每个从业人员服务的人口是259人，都是建国以来的最好水平。10多年来，共为社会安排了约1 000万人就业，在一定程度上缓解了就业的压力。行业的大发展，从根本上改善了供应服务全面紧张的状况，长期困扰我们的“住店难”、“理发难”、“洗澡难”等“几难”的问题得到了缓解。

(二)经过14年的改革，基本上形成了适应社会主义市场经济发展的居民服务业体制。

1. 多种经济成分并存，所有制结构发生了很大的变化。在“全民、集体、个体一起上”的发展方针指引下，居民服务业调整所有制结构起步早，步子大，成果体现得最充分。14年多来，集体和个体居民服务业发展最快，很快就打破了国有和供销社一统天下的局面。1978年，在全社会居民服务业中，全民所有制网点4.3万个，职工45.1万人；集体所有制网点1.3万个，职工5.6万人；个体网点3.4万个，从业人员5.3万人。占全社会网点和从业人员总数的比重，全民为47.8%和80.5%，集体是14.4%和10%，个体为37.8%和9.5%。到1992年底，全民网点仍然是4.3万个，与1978年持平，职工86.2万人，比1978年增长91.1%，集体网点达13.7万人，职工115.6万人，比1978年分别增长10.5倍和20.6倍；个体网点发展到165.7万个，从业人员235.2万人，比1978年分别增长48.7倍和44.4倍；合营企业(包括三资企业)从无到有发展了4 021个，从业人员15.2万人。在全社会网点和从业人员总数中所占的比重，全民是2.3%和19.1%，集体是7.4%和25.6%，个体达90%和52%，合营和三资企业是0.2%和3.4%。

2. 改革取得了突破性的进展，企业经营机制发生了很大的变化。大中型服务企业都实行了经营承包责任制，小企业普遍采取了承包经营和租赁经营的办法。许多大中城市的居民服务业组建了企业集团，增强了整体实力。目前，国有和集体企业的经营、劳动用工、分配，企业有权按照市场需要开展经营服务活动，实行一业为主，多种经营，出现了一批综合经营、跨国经营的大企业。1992年，原商业部和国家物价局联合下发了《关于进一步放开饮食服务业价格的通知》，标志着居民服务业已经全部放开。企业的用工自主权进一步落实，钟点工、季节工和临时工的比重不断增大。1981年7月，原商业部下发了关于《国营饮食服务企业实行固定工资加提成工资的试行办法》后，国有和集体服务企业的职工分配都先后实行了提成工资制。不少地方正在进行股份制企业的试点，推进了经营机制的转换，企业活力大大增强。

3. 积极探索居民服务业的行业管理。1988年，北京市人民政府颁发了行业管理办法，在全国率先对居民服务业实施了行业管理。到1992年底，已经有北京、黑龙江、吉林、江西、福建、江苏、内蒙、河北、武汉、

沈阳等10个省、区、市的约100个县（市），对全社会居民服务业进行了行业管理的试点。为在全国推进行业管理工作积累了许多宝贵经验，也取得了一定的成效。

（三）调整了产业结构，服务领域拓宽，服务市场扩大。新兴的彩照扩印业、美容业、国内旅游业、搬家公司、钟点公司、家庭服务和办公用品修理等行业迅速发展；美发业的各种新潮发型不断推出；桑拿浴、冲浪浴、矿泉浴、泡泡浴等新浴种兴起；不少传统的服务项目和服务方式得到恢复和发展，不仅充实美化了人们的生活，而且丰富繁荣了服务市场，人民生活比过去方便多了。到1992年底，全社会居民服务业的营业额约700亿元。

（四）新建和改造了一大批网点，设施条件和服务环境有了较大的改变。各地、各部门投资新建了不少饭店、美容厅和档次较高的宾馆，改革了一批照相馆、理发店和浴池，增添了许多现代化的服务设施，提高了全行业的整体素质。长期存在的设备简陋、房屋破旧、卫生条件极差的状况有了较大的改善，行业的面貌发生了很大的变化，供应服务能力大大增强。

二、存在的主要问题

应当看到，改革开放以来，我国居民服务业能够以较高的速度发展，是对过去行业长期低速发展、甚至萎缩的补偿。在发展过程中还存在着一些问题，主要有以下几个方面：

（一）受陈旧观念和"左"的思想影响，服务业的性质及其在社会经济发展中的地位和作用还没有被完全认识。长期以来，我们不承认劳务是商品，认为服务性劳动不创造价值，把居民服务业当作福利事业来办。企业根据市场需要建设改造一些房屋设施，与工厂建造厂房一样，是行业经营服务活动所必需的，但是，一些地方和部门却把这作为"楼堂馆所"予以严格控制。所有这些，都是我国居民服务业长期落后于社会经济发展的重要原因。

（二）网点和从业人员不足，服务面窄，居民服务业总供给小于总需求的矛盾仍然十分突出。从提高人民的生活质量、群众处处感到方便的要求看，提供的服务项目、服务范围和服务层次都不相适应。到1992年底，我国城乡每1 000人口只有居民服务业网点2.85个，还不及发达国家70年代初期的水平。

（三）没有统一的行业管理，行业结构、网点布局和经营档次不合理、不配套，发展带有一定的盲目性。长期以来，我国居民服务业的管理体制是按照企业隶属关系，以部门管理为主。在社会各部门、各单位和个人都办居民服务业的新形势下，旧的管理体制不相适应，而新的管理体制又没有及时建立起来，国家没有一个职能部门负责全行业的发展，全社会没有统一的行业管理、规划、协调和指导，行业的发展缺乏宏观调控；没有全行业都必须统一执行的开业、经营、发展等方面的法规，不能依法规范行业的经营服务活动，指导行业健康协调发展。这种状况必然要导致盲目发展、行业不配套、服务门类不齐全等一系列问题。

（四）机关、企业和事业单位"办社会"的问题严重，居民服务业专业化、社会化程度低。目前，我国城镇职工和机关干部以及他们的一些家属，对服务业的需求，如洗澡、理发、吃饭、托儿所、幼儿园、市内交通等，大部分是由企业和机关内部的福利性服务业承担的，不仅加重了国家财政负担，而且增大了产品成本。形成这种局面的原因是多方面的，主要有两条，一是服务业的发展不能满足社会经济发展的需要，各种本应由社会来办的事情，由企业机关自己办起来了。二是在劳务不创造价值的思想影响下，制定服务业的价格时，"见物不见人"，价格不能完全反映劳务的价值，使服务业不能在经营收入中实现必要的补偿，自身难以发展。因此，机关、企业自己办的服务业就越来越多。

（五）有关法规不健全，市场秩序较乱，非法经营，违反政策的现象时有发生。不少新开业的企业和网点，经营者不懂业务，缺乏技术力量，有的不具备基本条件就开业了，服务质量很低。一些社会旅馆、"路边店"为了赚钱，不顾法纪公德，为卖淫、嫖娼、赌博等犯罪分子提供场所和方便，有的甚至公开以色情招徕顾客。一些个体户乱要价、乱收费，不按操作规程提供服务，不讲卫生，损害了消费者的利益和健康。一些执法人员违反国家规定，乱罚款、乱摊派，有的甚至以权谋私，侵害经营者的合法权益。

三、1992年居民服务业发展的基本情况

1992年，我国政治稳定，国民经济高速增长，为居民服务业的发展提供了很好的条件和市场。居民服务业的广大干部和职工，在年初邓小平同志的重要谈话精神鼓舞下，认真贯彻执行中共中央、国务院《关于加快发展第三产业的决定》，按照社会主义市场经济的要求，锐意改革，积极进取，取得了显著成效。据国家统计局统计，到年底全社会居民服务业网点达184.2万个，从业人员452.2万人，比1991年分别增长了4.7%和6.1%，增长幅度在近几年中是比较大的。同历史最好水平的1988年相比，分别增长4.4%和7.5%，是市场疲软以后，网点和从业人员第一次超过历史最好水平的一年。1992年，我国居民服务业的发展主要有以下特点：

（一）1992年初，原商业部在上海召开了建国以来规模最大、规格最高的全国饮食服务工作会议，对居民服务业提出了"两比照"等进一步深化改革的重大措

施，即国有和集体的大中型饭店、酒店比照合资饭店的政策转换运行机制，小型饮食服务企业比照个体经济的政策放开搞活。并且制定了加快发展居民服务业的中长期规划纲要和发展的战略目标。

（二）新兴居民服务业发展快，居民消费比重上升，服务的社会化程度有所提高。大中城市纷纷建立了家庭服务性质的公司，为人们居家过日子提供诸如搬家、买菜、婚庆、清洁、换煤气等劳务；为企业、事业单位提供便利和服务的钟点公司、咨询公司也相继发展起来了。新兴居民服务业尤其是家庭服务业的迅速发展，标志着我国人民的生活正在从温饱型向小康型转变，家务劳动社会化已经开始起步。

（三）旅馆业卖房率大幅度增长，客源构成发生了很大的变化。1992 年，由于各种经济活动和企业间的业务往来频繁，国内外游客增多，旅馆业的卖房率常年保持在 90%以上。在客源构成中，经商和旅游的客人所占比重大幅度上升。据西安市服务公司抽样调查，旅游和商务往来的客人占旅客总数的 65%，其中经商投宿的占 33.74%，比 1991 年增长了 12.67%。

（四）消费档次明显提高。摄影业的婚纱照、艺术照大幅度上升，居民生活摄影逐步由纪念型、实用型向艺术型、娱乐型和装饰型发展。旅馆业带卫生间的标准客房、单间、套间供不应求。浴池业继续由清洁型向健身型、享受型发展，又有许多浴池经过装修改造，增设了矿泉浴、芳香浴、泡泡浴、涡旋浴和冲浪浴等新浴种。一些过去只有大中城市才有的服务项目，如歌厅、舞厅等文化娱乐服务项目，在农村集镇也开始出现。

（五）浴池、洗染等行业呈现出高速增长的态势。同上年相比，浴池、洗染和“其他”三个行业的网点和从业人员分别增长 9.3%和 3.9%、26.6%和 13.1%、10.3%和 14.4%，增长幅度大大超过居民服务业的总增长率。在居民服务业的“其他业”中，网点和从业人员增长较大，主要是由于新兴的居民服务业还没有设置专业统计指标，都统计到“其他业”中了。

四、居民服务业今后的主要发展方向

（一）发展的指导方针。

1. 调动各方面的积极性，依靠全社会的力量发展居民服务业。继续坚持“全民、集体、个体一起上”的发展方针。根据行业特点，有些行业如理发、修理等行业，应主要让私营企业和个体去干；有的行业如旅馆、刻字等特种行业，则应该主要由国有和集体企业经营。

2. 坚持面向人民大众，满足多层次消费需求的经营原则。多做个人消费需求的生意，继续发展传统的服务业，在努力满足人民群众基本生活需要的基础上，不断开拓新的服务领域，积极发展新兴服务行业，适应人们生活水平不断提高的需要。

3. 要始终把提高企业经济效益作为经营服务活动的中心环节来抓。所有的经营者都要正确处理社会效益和经济效益的关系，在较好的社会效益前提下，获取应得的经济效益。

4. 把改革和发展紧密相结合，通过深化改革，建立起完善的居民服务业市场体系，为经营者创造一个良好而公平的经营环境和条件。改革要紧紧围绕居民服务业的发展战略进行，以利于解决行业发展的突出问题，利于增强企业的活力和自我发展能力。

（二）发展的总目标是：逐步实现居民服务业的社会化、现代化、集约化和产业化。建立起多种经济形式、多种经营方式并存，行业结构合理、服务门类齐全的社会化生活服务体系，使我国居民服务业的服务范围有较大的扩展，服务水平有较大的提高。提供的服务要在现有的基础上细化、深化、广泛化，渗透到人们生活的方方面面、时时刻刻，涉及到每个单位、每个家庭、每个人，适应社会经济发展和人民生活达到小康水平的需要。

（三）发展的速度和规模。按照国民经济和社会发展规划的要求，90 年代，我国居民服务业的发展将分两步走，迈上两个新台阶：第一步是到 1995 年，全社会居民服务业网点发展到 235 万个，从业人员 610 万人，营业收入达 1 040 亿元，平均每年增长 7.5%、8.6%和 20%。第二个台阶是到 2000 年，网点发展到 340 万个，从业人员 1 050 万人，营业收入 2 460 亿元，平均每年增长 7.6%、10%和 17%。每千人拥有的网点和从业人员大体上达到发达国家 80 年代中期的水平，初步建立起比较完整的社会化生活服务体系。同时，将为社会安排 1 000 多万人就业。

（四）发展的重点行业。按照 90 年代我国人民的生活由温饱型向小康型过渡的需要，发展的重点主要是两方面：一是大力发展为人们生活服务的新兴行业，包括家庭装饰、整洁、国内旅游、钟点服务、婚丧服务、搬家服务和各种家庭代理服务等，加快我国人民家务劳动社会化的进程。二是对旅馆、摄影、美容、美发、浴池、洗染、消费品修理等传统服务行业，要按照市场的需求提高服务档次，增加新的服务项目，拓宽服务领域，在提高人民生活质量方面多下功夫、多做文章。

（国内贸易部饮食服务业管理局 傅秀泉）

社区服务业

社区服务业，通常是指在社区内为居民的物质生活和精神生活所提供的各种社会福利与社会服务，是有目的、有计划、有组织进行的一种社会行动。在我国，社区服务业是在政府的倡导下，为满足社区成员的各种需求，以社区组织（街道、镇和居委会）为依托，具有社会福利性的居民服务业。

一、社区服务业的产生与发展过程

社区服务业是伴随着经济发展和社会进步产生与发展起来的，是工业化、城市化、社会化大生产和社会分工专业化的产物。在国际上社区服务最早始于1884年英国伦敦的“大学住宅服务组织”，称为唐比厅。经过一百多年的发展，社区服务已经成为西方一些国家主要福利措施。我国的社区服务业，不是国外社区服务的简单移植，而是从我国国情出发，以社会保障为基础，融福利服务和便民利民服务为一体的具有中国特色的社区服务。

（一）社区服务业的发展过程

社区服务业大体经历了二个阶段

第一阶段：倡导与探索阶段（1986—1989年）。新中国成立之后，党和政府大力发展社会福利事业，在城市实行了优待抚恤、安置残疾人就业等制度和政策。同时，依靠社会力量，发动群众，开展扶贫济困、敬老助残、拥军优属和便民利民服务等一些居民服务项目和内容，体现着乡里民间的“出入相友、守望相助、疾病相扶持”的品德，但没有被作为“社区服务业”提出。

党的十一届三中全会以来，我国实行了改革开放政策，经济得到迅猛发展，随着城市人口迅速增长，人口老龄化趋势的加快，解决各种服务问题就显得十分迫切。

鉴于这种情况，1987年9月，民政部在武汉召开的全国城市社区服务工作座谈会上，对社区服务内涵做了定义，提出了社区服务的发展方向。即动员社会和居民自身的力量，解决群众实际困难，为群众提供各种方便，把一些社会矛盾消化在基层。按照这一构思，各地民政部门进行了试点，取得了较好的效果。如北京市建国门街道，在28 042户84 282人口中，60岁以上老年人占12%；社会孤老占总人口的0.37%；残疾人占总人口的0.5%；烈军属占总户数的2.7%。为了解决这些特殊群体的困难，满足其需求，他们从设立残疾人康复站开始，兴办了敬老所、老人活动站、精神病人工疗站、残疾儿童寄托所等十多个社区服务设施，缓解了社会矛盾，得到群众的赞扬。

群众参与是社区服务发展的活力所在。1989年3月天津市和平区新兴街道率先做出探索，成立了全国第一家以“自我管理、自我教育、自我服务”为方针的志愿者协会。该会以无私奉献、热情服务为宗旨，组织社区居民解决生活中的实际困难，改善了社区小环境，为全国建立一支“专职、兼职、志愿服务相结合的服务队伍”提供了借鉴。

第二阶段：推广与普及阶段（1989—1992年）。1989年10月，民政部在杭州召开了全国城市社区服务工作经验交流会。这次会议总结和交流了1987年全国城市社区服务工作座谈会以来社区服务工作的经验，研究当前和今后一个时期开展社区服务的主要任务和具体措施，提出了在全国街道、居委会开展社区服务的战略方针。

在各级政府、有关部门的大力支持和各级民政部门的积极努力下，社区服务业迅速发展。据统计，到1991年全国城镇社区服务设施已有9万个，比1989年增长了19.3%。为了进一步发展社区服务业，民政部在1991年11月于北京召开了全国社区服务工作研讨会，就社区服务的内涵与外延、地位与作用、组织与管理、发展与提高等方面，从理论上进行了探索和研究。社区服务本质上是社会福利工作；主要内容包括老人服务、残疾人服务、优抚对象服务和便民利民服务；就总体而言，社区服务正处于一个发展阶段。不久的将来，将出现一个新的发展高潮。

（二）各级政府和部门的作用

社区服务业的兴起，各级政府与部门起重要的作用。

1. 进行倡导。1987年，民政部向全国倡导了社区服务。1992年7月，《中共中央、国务院关于加快发展第三产业的决定》中，要求为居民服务的社区服务向产业化、行业化方向发展。1992年10月，全国加快第三产业发展工作会议上，把社区服务作为优先发展的行业之一。

2. 进行规划。国务院已将社区服务纳入国家国民经济和社会发展计划，并从1992年度起把社区服务站列入国家计委的年度计划。各省、市分别制定或转发了当地社区服务的发展规划。许多地方政府和有关部门也制定了发展社区服务业的优惠政策和法规。

3. 资金投入。国家在资金上通过两种方式扶持和引导社区服务业。一是各级财政给予一定的支持；二是社会福利有奖募捐。中募委和地方募委几年来共投资2 355万元人民币，兴建社区服务项目1 227个，逐渐形成自筹为主，国家扶持为辅，社会资助为补的资金渠道。

4. 业务指导。首先，民政部先后在武汉、杭州、北京召开全国社区服务有关会议；在重庆、兰州分别召开西南、西北地区社区服务工作片会，推动、指导这方面事业的发展。其次，注重理论指导与专业人员培训工作，加强社区服务的队伍建设。第三，广大民政工作者深入到街道、居委会解决实际问题，交流推广典型。

二、社区服务业的现状

截止1992年底，全国各类社区服务设施11.2万个，比上年增加了1.9万个，增长20%；其中老年人服务设施24 198个，残疾人服务设施8 848个，优抚对象服务设施16 952个，社区服务中心及其它服务设施62 173个，初步形成了以社区服务中心为骨干，以老年人、残疾人、优抚对象服务和便民利民服务为主要内容，以发展社区服务实体来增强自我积累、自我发展的社区服务格局。

（一）社区服务业的基本内容

目前，我国社区服务业各项服务形成了系列。从服务的性质和内容上看，分为两大类六个系列：

第一类：社会福利服务。有三个系列：(1)老年人服务系列。包括孤老包户组、孤老服务站、敬老院、托老所、老年人公寓、老年庇护所、老年婚姻介绍所、老年人活动站、老年人医疗保健站、老年人康复中心、老年人康复门诊、老年人学校等等；(2)残疾人服务系列。包括残疾人服务站、残疾人工疗站、残疾人医疗站、精神病人工疗站、康复中心、残疾人婚姻介绍所、弱智儿童启智班、伤残儿童寄托所等；(3)少儿服务系列。包括托儿所、幼儿园、学前班、课后辅导班、小学生午餐点、儿童医疗保健站、失足青少年帮教组等等。

第二类：便民利民服务。有三个系列：(1)家务劳动服务系列。包括家庭保姆介绍、代买菜、洗衣、打扫卫生、护理病人、送煤上门或代换液化气罐等等。(2)居民生活服务系列。包括便民小吃、便民食杂店、便民洗衣店、便民理发店、便民服务手推车、自行车集中看放点、家用电器修理点、家庭服务介绍所、家务代办点、服装裁剪站、便民修鞋店、便民电话传呼点、便民供奶站等等；(3)文体服务系列。包括青少年校外教育、社区文化体育设施。

（二）社区服务业的特点

1.福利性。社区服务业本质是一种基本社会福利事业。它不以盈利为目的，把社会效益放在第一位。部分项目实行有偿服务，是为了维护正常开支和事业的发展。

2.群众性。社区服务业是群众性的互助活动，实行自我管理。社区内所有居民，既是服务的参与者，又是服务对象和受益者。

3.服务性。社区服务业是与人民生活密切相关的行业。为了满足社区居民多种需要，既有物质生活服务，也有精神文化生活服务。其服务涉及群众的衣食住行等社会生活的各个方面。

4.区域性。社区服务业是就近性和属地性服务。这种服务与居民对社区的认同感、归属感等观念相联系，主要是满足本社区居民的需要，就近就地开展各种服务项目。

（三）社区服务业的基本做法

1.充分调动社会各方面的积极性和力量。改变了单纯依靠国家兴办社会福利事业的格局。即实行了政府扶持、社会捐赠、开办单位自筹资金为主的原则。

2.形式灵活多样。本着因地制宜，从实际出发的原则，社区居民需求什么就开展什么项目的服务，有什么样的条件就发展什么样的事业，形式不拘一格，既便于解决群众迫切需要解决的问题，又起到投资少、见效快的效果。

3.实行“无偿、低偿、有偿”相结合的方针。根据不同的对象和服务项目，采取不同的收费方法，以“服务养服务”，保持自我生存和发展的能力。

（四）社区服务业的效应

1.社区服务为社会福利改革指明了方向，探索出了一条在新时期社会福利社会办的新路子。

2.社区服务密切了党和政府同人民群众的联系。通过开展各项服务，为广大群众办好事、实事，体现了党和政府全心全意为人民服务的宗旨，提高了党和政府的威信，密切了同群众的联系。

3.社区服务促进了基层的稳定，通过大量的群众性互助活动，增强了人们的团结意识，调节了人际关系，将一部分社会问题和矛盾，就地消化、解决，促进了社会的安定。

4.社区服务推动了基层各项民政工作的发展。这项工作的开展，拓宽了民政工作直接和间接的社会服务面，一支支社区服务队伍的形成与发展，大大增强了基层民政工作力量，推进了基层民政工作的迅速发展。

三、社区服务业存在的问题和困难

当前社区服务业发展的困难和问题主要有：

1.计划不落实。社区服务业虽以社区服务站为立项指标列入国家年度发展计划，但尚未纳入地方计划，发展项目、扶持资金等仍没有着落。

2.社区服务设施未以法律、法规的形式纳入城镇建设规划。

3.社区服务业自我积累、自我发展的机制尚未形成。

四、社区服务业的发展趋势

（一）社区服务业的发展方向

坚持社区服务社会化，逐步实现社区服务产业化，形成多种经济成份和经营方式并存、服务门类和设备齐全、服务质量和管理水平较高的社会福利服务和便民利民服务的网络。

（二）社区服务业的发展目标

面向老年人、残疾人、优抚对象，提供社会福利服务；面向社区居民，提供便民利民服务；面向社区机关、团体、企事业单位，采取联营共建，实行双向服务。

（三）社区服务业的基本任务

到2000年，社区服务业增加值平均要达13.6%的速度；在大中城市每1 000人口拥有的网点和从业人员达到发达国家80年代的水平；各类社区服务设施达到26万个；85%以上街道兴办一所社区服务中心，一所养老院或托老所，一所残疾人收托站。要为机关、企事业单位福利服务社会化创造条件。

（四）政策和措施

社区服务业是一项具有福利型和公益型的产业，目前尚处于初创阶段。在社会主义市场经济体制下，加快其发展必须充分利用市场机制，采取一些扶持政策和有效的措施。

1. 统筹规划社区服务业。根据社区服务站为立项指标的国家计划，地方各级政府应结合当地的实际情况，将发展社区服务业的资金、劳力、用地列入当地国民经济和社会发展规划，统一安排，城市规划部门在城镇规划中，安排社区服务建设项目。

2. 多方集资兴办社区服务业。国家要安排部分投资作为发展社区服务业的引导资金，地方要相应安排资金，各级民政部门应从社会福利有奖募捐收入中予以支持。

3. 大力扶持社区服务业。社区服务业除享受国家与当地对第三产业的优惠政策外，各有关部门应给予必要支持和优惠政策。

4. 建立充满活力的社区服务业运行机制。赋予社区服务单位经营、用工、分配等自主权；社区服务业根据不同的服务性质，实行不同经营方式，建立标准有别的服务价格体系；区别不同的服务对象和项目，采取无偿、低偿和有偿等方式，以有偿服务为主，形成自我积累、自我发展的运行机制。

5. 加强社区服务行业管理。各级民政部门要按照国家产业政策，制定发展社区服务业政策、规划，进行业务指导，实行行业宏观管理。要建立社区服务统计指标，制定有关配套的法规政策。

（民政部社会福利司 张南甄）

殡仪服务业

一、殡仪服务业概况

在1956年的一次党中央工作会议上，毛泽东同志亲自倡导实行火葬，当时的党政军国家高级干部151人签字赞同，从此拉开了中国殡葬改革的帷幕。从倡导入手进行殡葬改革，是我国移风易俗的一大特点。共产党员带头，从党内到党外，从干部到群众，从城市到农村，殡葬改革不断深入发展，已经形成了改革的大气候。

1985年国务院发布了《关于殡葬管理的暂行规定》，确定了殡葬管理的方针是：“积极地、有步骤地推行火葬，改革土葬，破除封建迷信的丧葬习俗，提倡节约，文明办丧事。”并规定凡人口稠密、耕地较少、交通方便的地区，应划定为火葬区，而其他地区则为土葬改革区。在火葬区推行火葬，禁止土葬；在土葬改革区允许遗体埋葬，制止乱埋乱葬。划定火葬区和土葬改革区的作法，是我国殡葬改革的一个新举措。各地根据国务院的规定，划分了火葬和土葬改革区，以地方人民政府的名义发布殡葬管理的通知、布告或实施细则，初步建立了殡葬管理的法规体系，殡葬改革走上法制化轨道。

在殡葬改革的推动下，我国的殡仪服务业，包括公墓业和殡葬用品生产业，有了较快发展。特别是党的十一届三中全会以后，在党的改革开放政策指引下，殡仪服务业出现了全面发展的好势头。目前全国85%的城市和40%的县拥有一处以上的殡仪服务设施。截止至1992年底，全国已建立殡馆、火葬场、经营性公墓1 376个，其中：殡仪馆49个，火葬场1 239个，经营性公墓88个。共有殡仪职工2.3万人，火化机2 851台，殡仪车2 956辆，年末固定资产80 186万元，年火化遗体242.5万具，火化率达到35%以上。与1978年相比，全国火化遗体数量增长一倍以上，火化率平均每年增长1.2%。殡仪服务单位亏损面由1978年的100%降到1992年的34%，亏损额减少68%，且有66%的单位实现盈余。仅国有殡仪服务单位固定资产原值，比1978年增加4倍。

从50年代后期开始到80年代初，我国的殡仪服务单位处于行政管理型阶段，没有经营的自主权，内无效益的动力，外无竞争的压力，缺乏改善经营管理的自觉性和主动性，致使殡仪服务单位的经济效益和社会效益长期低下。

1983年民政部在山东省潍坊市召开了全国殡葬工作经验交流会，在殡葬事业单位中推行了承包经营责任制，这是对殡仪服务单位经营管理的一项重大改革。会后许多殡仪服务单位通过落实承包经营责任制，改善经营管理，增加服务项目，增收节支，社会效益和经济效益有了明显提高。1981年全国尚有85%的殡仪服务单位亏损，净亏损2 200万元。1988年亏损单位已降为48%，有52%的单位实现盈余，比1981年减亏增盈5 700万元。

1989年民政部在黑龙江省牡丹江市召开的第二次全国殡葬工作会议上提出了“强化殡葬改革，加强殡葬事业单位经营管理”的任务。许多殡仪服务单位在改革开放的新形势下，积极拓宽服务领域，增设服务网点，改善服务设施，优化服务环境，使殡仪馆的馆容馆貌发生明显变化，全国约有1/3的殡仪服务单位被省、地、市县授予精神文明建设先进单位或绿化美化先进单位。同时，实行骨灰处理多样化，北京、厦门、珠海、深圳等地建起了别具一格的骨灰墙、廊、塔，广州等地组织群众将骨灰撒向大海，试行以树代墓的新葬法。为探索中外合资合作新模式，民政部先后批准了广州、河北、厦门等地引进外资，试办中外合资或合作经营的华侨公墓，满足港澳台胞和海外华侨叶落归根的愿望。

1990年底民政部颁布了《殡馆等级标准(试行)》、《殡馆等级评定办法》和《关于严格掌握标准，认真作好殡仪馆等级评定工作的通知》。目前各地正在认真贯彻执行，努力上等级、上水平，从根本上改变殡仪设施和环境，以适应社会发展的精神文明建设的需要。

二、目前我国殡仪服务业存在的主要问题

一是起步晚、起点低、基础设施差。大部分殡仪馆或火葬场是60、70年代用5亩地、5万元、5个人或8亩地、8万元、8个人建立起来的“三五”式或“三八”式单位，经过20多年的使用，目前仍有相当一部殡仪服务单位基础设施很差，特别是殡葬设备落后，火化机没有解决污染问题，火化设备落后已威胁着殡仪馆在城市的生存。二是殡仪服务设施少，经营服务范围窄。我国每年死亡700多万人，而殡仪馆和火葬场仅有1 288个，远远不能适应广大人民群众办丧事的需要。目前全国仍有15%的城市和60%的县，既无殡仪馆或火葬场，又无公墓。特别是占全国总人口的40%、国土面积占60%的土葬改革区，为土葬改革提供服务的殡仪馆和公墓等土葬殡仪服务设施更加缺乏，影响着当地殡葬改革工作的顺利开展。加上现有殡仪服务单位服务项目少，服务面窄，网点少，致使有相当一部分群众存在办丧事难的问题。三是价格体系不合理，管理体制不适应。殡仪服务项目的收费标准普遍偏低，接尸、火化、骨灰寄存三大支柱服务项目的经营普遍亏损，形成了火化遗体数量越多赔的越多的局面。在管理体制上多数地方实行殡葬管理所与殡仪馆合一的体制，两块牌子、一套人马，这种体制既不利于管理，也不利于经营。四是殡仪职工服务水平低，经济效益差。特别缺乏懂经营善管理的人才。长期以来，把殡葬事业作为一项社会福利事业兴办，只重社会效益，忽视经济效益，至今仍有34%的殡葬事业单位亏损，国家每年对殡葬单位的补贴已近1亿元，制约着殡仪服务的发展。五是殡葬设备和丧葬用品的生产、销售尚未实行行业管理，造成了一定程度的混乱。

三、1992年殡仪服务的发展情况

1992年是我国殡仪服务业发展最快的一年。全国火化遗体比上年增加26.9万具，增长12%。火化率比上年提高3.2%。年固定资产原值比上年增加9 600万元，增长13%。年盈利比上年增加2 635万元，利润增长10%以上。

1992年民政部发出《关于开展等级殡仪馆评定工作的通知》。经民政部检评，沈阳市于洪区殡仪馆、沈阳市文官屯殡仪馆被认定为二级殡仪馆，标志着我国的殡仪馆现代化建设水平上了一个新台阶。同时《研制火化机综合模拟实验台》基础科研项目，列入国家科委“八五”科技攻关规划，对我国的殡葬设备科研与生产影响深远。

根据1988年第二次殡葬工作会议提出的“强化土葬改革，建立土葬服务体系”的任务，1992年民政部在山西长治市召开了全国部分省(区)土葬改革工作座谈会，部署了土葬改革今后的任务，制定了全国土葬改革“八五”和今后十年规划。随着土葬改革的加强，土葬殡仪服务设施在一些地方已开始建立。目前，全国约建有为土葬服务的殡仪馆40多个，经营性的遗体公墓200多个，乡村公益性公墓10万多个，全国建立红白事理事会一类的群众自治组织42万个，所有这些都为克服乱埋乱葬、制止丧葬中的封建迷信活动和倡导文明节俭办丧事发挥了重要作用。

四、90年代殡仪服务业发展展望

党的十四大明确指出，我国将由计划经济走向市场经济。在市场经济条件下，展望90年代我国的殡仪服务业，总的发展趋热是向产业化、现代化的方向发展。

(一)殡仪服务业由事业管理向企业化管理方向发展，走向市场，参与竞争，成为自主经营、自负盈亏、自我发展、自我约束、具有法人资格的经济实体，以适应市场经济发展的需要。

(二)殡葬设备应向无污染和自动化的方向发展。通过落实民政部殡葬设备科研与生产发展十年规划和“八五”计划纲要，在加强国内火化设备科研的同时，积极引进国外的先进火化技术，解决火化机的污染问题，殡葬设备将逐步达到无污染和自动化的程度。

(三)殡仪服务业的管理向规范化和法制化的方向发展。国务院将颁布殡葬管理条例，民政部将制定出新的殡葬事业单位管理办法。同时，要对社会上丧葬用品的生产、销售实行行业管理，使我国的殡仪服务业的管理逐步走上规范化和法制化的管理轨道，为规定《中国殡葬法》打下基础。

(民政部社会事务司　范兆岐)

文 化 事 业

文化事业

一、文化事业发展回顾

党的十一届三中全会以来，我国的文化事业有了较快的发展，不仅在创作生产、理论研究方面呈现繁荣景象，而且在设施建设、队伍建设上也取得了很大成绩。文化事业作为第三产业的重要组成部分，在宣传马列主义、毛泽东思想，宣传党的路线方针，建设社会主义精神文明，振奋人民的革命精神，陶冶人们的道德情操等方面发挥了积极作用；更在广阔的领域丰富广大群众的文化娱乐生活，提供多层次多形式的文化服务，满足人民不断增长的文化需求等方面做出了新的贡献。

文化设施和机构有所增加。1978 年至 1992 年，全国县以上公共图书馆从 1 218 个发展至 2 565 个，增长 110.6%；文化馆由 2 748 个增至 2 901 个，增长 5.7%；群众艺术馆由 92 个发展至 372 个，增长 304.3%；文化站由 17 297 个发展至 48 454 个，增长 180%。其中，乡镇文化站从 1979 年 21 114 个增至 1992 年的 44 863 个，增长 112.5%；剧场、影剧院由 1 157座发展到 1 995 座，增加 72.4%；中等艺术学校由 71 所增至 126 所，增长 77.5%；专业艺术表演团体由2 049个增至 2 753 个，增长 34.3%。

文化队伍不断壮大。1978 年至 1992 年，文化事业全部职工人数由 24.2 万人增至 45.7 万人，增长 88.8%。其中，在艺术表演场所中的从业人数从 13 592 人增至 46 710 人，增长 243.7%；公共图书馆职工人数由 1979 年的 17 539 人增至 43 501 人，增长 148%；群众艺术馆职工人数由 2 454 人增至 11 489 人，增长 368.2%；文化馆由 32 172 人增至 45 190 人，增长 40.5%；文化站由 1979 年的 23 492 人增至76 874人，增长 227.2%。其中乡镇文化站从业人数由 1979 年的 21 911 人增至 64 700 人，增长 195.3%；中等艺术学校教职工人数由 8 017 人增至 11 089 人，增长 38.3%；专业艺术表演团体由 16.15 万人增至 16.48 万人，增长 2%。民间艺术团体近年来有较大发展。始于 1986 年的统计表明，1986 年至 1992 年，民间剧团由 5 990 个增至 6 913 个，增长 15.4%；文化户由 17.24 万个增至 22.85 万个，增长 32.5%；民间艺人由 9.54 万人增至 11.24 万人，增长 17.8%。

随着文化机构和队伍的增加，国家对文化事业的预算内拨款也有所增加，从 1978 年的 4.44 亿元增至 1992 年的 19.46 亿元，增长 328.3%。

14 年来，文化艺术创作百花齐放，欣欣向荣，突出民族特色和丰厚的历史传统，反映时代精神和社会主义风貌，无论在戏剧、音乐、舞蹈、美术、曲艺、杂技、木偶、皮影等专业舞台艺术，还是在群众性业余文艺生产和文化活动中，都涌现出一大批题材多样，风格各异，内容丰富，为广大群众喜闻乐见的文艺作品，文化事业业务经营活动也呈现新的局面。

1978 年全国艺术表演团体演出场次为 64.7 万场(农村演出 21.6 万场)，观众人数达 7.94 亿人次，演出收入 1.1 亿元。随着人民文化生活的多样化的及其他原因，演出逐年减少，1992 年，艺术表演团体演出 42.5 万场，比 1978 年下降 34.3%（其中农村演出 27.9 万场，比 1978 年增长 29.2%)，观众人数 4.63 亿人次，比 1978 年下降 41.7%，演出收入 1.96 亿元，比 1978 年增长 78.2%。

群众性文化活动蓬勃发展。1978 年，各地群众艺术馆、文化馆举办的业务活动中，图书借阅 3 200 万册次，举办展览 1.3 万个，举办讲座 3.9 万次，组织文艺演出、幻灯放映 11.4 万次，组织收看电视 14.4 万次。到 1992 年，活动形式和内容均有较大变化，还负责指导基层文化站，农村集镇文化中心，文化俱乐部，文化户开展多种活动。其中，文化部门群艺馆、文化馆(站)举办展览 3.2 万个，组织文艺活动 9.6 万次，举办各类训练班 4.1 万次，结业人数 143.5 万人次，放映录像 242.9 万场，观众 3.4 亿人次。

全国公共图书馆事业发展较快。藏书总量从 1979 年的 1.84 亿册增加到 1992 年的 3.12 亿册，增长 69.6%；阅览室面积从 21.1 万平方米增至 84.3 万平方米，增长了3倍；年借阅书刊由9 600万册次增至1.26亿册次，年借阅人数从7 800万人次增至1.85亿人次，增长137.2%。近年来，公共图书馆还为读者组织举办各种活动和培训班，年举办次数从1986年的1.8万次增至1992年的2.23万次，参加人数从563.3万人次增至749.3万人次。

十多年来，文化事业适应改革开放的形势，在各项改革特别是经济体制的改革方面有了新的变化，在资金投入上，已从过去国家单一拨款向以国家投资为主，地方单位自筹，集体、个人等社会集资，利用外资等多种投资形式转变。据1985年开始的这方面统计，全国文化基本建设投资年投资额从1985年的6.45亿元增至1992年的7.85亿元，其中国家投资从1985年的3.2亿元减至1992年的2.8亿元，从占全部投资的49.6%下降到35.7%。相应的地方财政自筹、文化部门自筹、单位自筹、利用外资和其他投资有所增加，所占比例1992年分别为36.8%、6.1%、14.8%、3.6%和7%。全国文化单位固定资产原值从1986年的36.8亿元增至1992年的91.45亿元，增长148.5%。

在经营管理上，文化单位开始注重经济效益，特别是在全国范围内开展起来的有偿服务、多种经营活动(亦称以文补文)，进一步拓宽了文化活动和服务的领域，在一定程度上满足了人民群众多层次的文化需要。目前，全国文化事业单位开展有偿服务、多种经营活动的机构有8 931个，占文化部门机构数的48.6%，从业人员达5.48万人，年营业收入11.16亿元，纯收入3.18亿元；用于补充文化事业经费数2.65亿元。第三产业年增加值从1986年的7亿元增至1992年的16.9亿元。

在发展的广度和深度上，文化与经济发展，文化与人们需求结合越来越紧密。各种文化现象涉及各个领域诸如企业文化、社区文化、旅游文化、家庭文化、广场文化、军营文化、校园文化、商业文化等。各类与经济商贸结合的文化节、艺术节遍及全国城乡。文化以其特有的魅力不断开拓新的领域。

值得注目的是，文化事业正在向产业化、社会化方向迈进。80年代初，在南方沿海地区兴起的文化娱乐业迅速向全国扩展，带动了整个文化市场新的活跃。以歌厅、舞厅、卡拉OK厅、音乐茶座、电子游艺、台球以及大型游艺场所等为代表的文化娱乐业，以演出经济机构组织的专业和业余艺术表演团体或个人在各类表演场所举办的营业性演出、组台演出、时装表演等为代表的演出业，以流行音乐、通俗歌曲和国内外电影、电视娱乐业为主要内容的音像业，以结合旅游发展起来的画廊、画店、美术商店、艺术品生产经营网点为主的文化艺术品生产经营业，已逐步纳入产业化、社会化发展轨道，并成为文化产业中的主要发展行业。

据不完全统计，我国目前有省级演出公司43家，各类歌厅、舞厅、卡拉OK厅1.8万家，各类游艺厅8.7万家，文艺音像出版单位160余家，音像发行单位3 000余家，录像放映点6万多个(其中文化系统4万余个)，画廊、画店3 000余家，经核准登记的美术品经营门市柜台、摊点几十万家，年经营收入数十亿元。

文化娱乐业、演出业、音像业、文化艺术品生产经营业的发展，吸引了大批从业人员，回笼了货币，增加了文化产业产值，为探索文化事业发展适应市场经济开辟了新路。同时也带动了整个文化事业的发展，在一定程度上满足了广大群众多层次文化消费需要。

在文化市场发展的同时，各级文化市场主管部门注重与整顿清理相结合，使其健康有序地发展。特别在“扫黄”“除六害”斗争中取得了突出成绩。据不完全统计，3年来，共清查收缴反动、黄色、非法出版书报刊3 980万册，黄色和非法出版、翻录复制的音像片2 880万盒，整顿了大量书报刊摊点、书刊印刷发行单位和音像发行放映点，在全国基本形成了文化市场管理四级网络。

二、文化事业存在的主要问题

14年来，文化事业有了较快的发展，但仍存在许多问题和困难，主要有：

(一) 文化事业投入偏低

长期以来，文化事业经费和投资偏低，形成文化事业基础差、底子薄。十一届三中全会以前的30年，文化事业费占国家财政总支出的比例一直在0.3%—0.4%之间，文化事业基建投资占国家基建总投资的比重一直在0.2%左右(“一五”时期除外)。十一届三中全会以后，文化事业经费和投资有所增加，但与文化事业发展需要相比仍显偏少，所占国家投入比例仍然偏低。

1978年文化事业费4.44亿元，1980年为5.58亿元，占国家财政总支出的比例从0.4%提高到0.46%。“六五”计划时期是文化经费增长较多的时期，1985年达到9.32亿元，占国家财政总支出的0.51%。1986年至1992年，文化事业费从绝对数看仍有所增加，从10.74亿元增至19.46亿元，但占财政总支出的比例下降较多，均低于1980年的水平，各年比例分别为0.46%、0.44%、0.45%、0.45%、0.44%、0.45%、0.44%。

文化事业费在文教科学卫生事业费中所占比重也呈下降趋势，并维持在较低的水平。1986年至1992年分别为2.83%、2.67%、2.51%、2.45%、2.46%、2.44%、2.46%。而同期文教科学卫生事业费占国家财政总支出的比例逐年增长并维持在稳定水平上，其比例分别为16.3%、16.45%、17.96%、18.2%、17.9%、18.6%、17.8%。

从另一个角度看，文化事业费绝对数虽然有所增加，但一些年份还赶不上物价上涨幅度。1987年至1989年，文化事业费分别为10.77亿元、12.18亿元、13.57亿元，比上一年分别增长0.28%、13.1%、11.4%；而同期全国零售物价总指数比上一年上涨分别为7.3%、18.5%、17.8%。

再看基本建设投资。“六五”计划时期，文化基建投资确有较大增长。1981年至1985年，文化基建投资(包括出版、文物)分别为3.63亿元、4.62亿元、4.94亿元、6.04亿元、8.69亿元，5年合计27.92亿元，比前30年文化基建投资的13.77亿元还多一倍。1985年，文化事业基建投资达到6.45亿元，占当年国家基建投资的0.6%。但从1986年至1992年，不仅所占比重连年下降，且投资额均低于1985年6.45亿元的水平(1992年除外)。1986年至1992年文化事业基建投资分别为6.32亿元、6.14亿元、6.42亿元、4.81亿元、5.14亿元、5.78亿元、7.85亿元；占国家基建总投资的比重分别为0.54%、0.46%、0.41%、0.31%、0.30%、0.27%、0.27%。

(二) 文化设施落后

14年来，文化机构设施从数量上看有所增加，但很不平衡，一些年份还有减少。再加上文化事业底子薄，基础差，文化设施落后的状况仍很突出。

目前，全国有421个县无公共图书馆，占县和县级市总数的19.4%，其中270个县未建制机构，151个县有建制无馆舍。全国无文化馆的县238个，占县和县级市总数的11%，其中未建制机构的有92个，有建制无馆舍的达146个。全国有3 503个乡镇无文化站，占乡镇总数的7.2%。可见“六五”计划提出的“县县有图书馆、文化馆、乡乡有文化站”的目标还未完成。此外，在对2 744个专业艺术表演团体的调查中，有915个无排练场所和练功用房，占调查数的33.3%。全国尚有1 132个县和县级市无艺术表演场所(如剧场、影剧院等)，占县和县级市总数的52%。

由于众多的文化设施破旧不堪，长期得不到维修或建设，危房倒塌的数量不断增多，形成近年来文化设施数量上减少的状况。1986年至1992年，全国剧场、影剧院数量各年分别为2 036座、2 094座、2 042座、2 011座、2 011座、2 024座、1 995座；文化馆数量分别为2 993个、2 973个、2 975个、2 955个、2 894个、2 901个；文化站数量分别为53 519个、52 867个、52 923个、51 910个、52 435个、51 959个、48 454个。

现有文化设施房屋破旧、面积狭小的状况也很突出。在1 995座剧场、影剧院中，70%以上是解放前和50、60年代建筑的砖木结构或简易剧场，需要进行维修和扩改建的有1 150余座，占总数的57%。由于设施条件差，设备陈旧落后，相当一部分剧场无法进行正常的业务活动，1992年有467个剧场全年无剧团演出，占总数的23%，无任何演映活动的有223个，占剧场总数的11%。

现有文化馆、图书馆多是利用解放前的旧民教馆、祠庙的旧建筑或50、60年代的简易建筑。在2 835个县级文化馆中，建筑面积不足800平方米的有1 457个，占县级文化馆的51.9%。全国2 197个县级公共图书馆，600平方米以下的有937个，占县级图书馆的42.6%，236个馆无阅览室，占县馆的10.7%。

(三) 文化业务活动开展困难

文化投入偏低，文化设施落后，使得文化事业的开展举步维艰。

专业艺术表演团体从1980年开始的改革、调整，数量逐年减少，1992年比1980年减少780个，下降22.1%。剧团减少会影响演出场次，但还有更多的原因，除文化活动多样化外，物价上涨，经费偏少也是影响剧团演出的主要因素。据统计，文化部门艺术表演团体全年演出场次和观众人次均呈下降趋势，从1980年的112万场减至1992年42.5万场，下降62%；观众从1980年的11.1亿人次减至4.6亿人次，下降58.6%；平均每团演出场次则从318场减至155场，下降51.3%。

影响演出的直接原因是资金。剧团下乡或到基层演出，演一场收入仅几百元，而运输费用和各项补贴开支往往要大于演出收入。流行于文化部门的一句顺口溜：“多演多赔，少演少赔，不演不赔”则成为多数剧团的真实写照。一些文化主管部门虽然有下乡演出补贴的政策，但经费有限，只好规定每年补贴的场数和每场补贴数额，超演超支不补。

另一方面，在广大农村特别是边远地区，人民群众对文艺演出的需求和渴望却远不能得到满足。据一些经济不发达地区的调查，遇到有一个剧团去演出，观众人山人海，许多农民不惜跑几十里路赶来观看。据了解，陕西安原地区农民一年看不上一场电影或剧团演出的占50%；四川阿坝州70%以上的农牧民和2/3以上的村寨、牧业点3年来看不到一场电影或剧团演出。

剧团本身的简单再生产也很难维持。文化部门艺术表演团体的经费用于人员费用1992年为4.8亿元，占预算内支出的85.9%，即国家拨补给剧团的经费绝大多数用于“人头”开支，而开展业务活动、艺术生产的费用所剩无几。多数剧团的设备条件很差，灯光音响陈旧，服装道具长期得不到更换，再加上住房困难，工资福利待遇低，人才流失十分严重。剧团领导主要精力都放在找钱活口上，极大影响了艺术生产和事业的发展。

公共图书馆购书费虽然年年有所增加，但从1987年开始，新购图书册数却连年下降。主要原因是购书费增长赶不上书价上涨幅度。1986年全国公共图书馆购书费为5 300万元，1992年达到9 900万元，但年所购图书分年为1 359万册、1 181万册、1 052万册、978万册、895万册、771万册、740万册、1992年比1986年所购图书减少619万册、下降45.5%。图书馆面积狭小，设备陈旧落后，许多新购图书不能及时上架，一些图书长期打包堆放，不能与读者见面。所购图书减少和服务手段落后，直接影响到为读者服务的质量。近年来，借阅人数、书刊外借册次、为读者举办活动次数都有不同程度的下降。

群众艺术馆、文化馆、文化站业务经费偏少，也是长期困扰群众文化活动开展的主要问题。1986年，文化部门群艺馆、文化馆站业务费占予算内支出的比例为25%，1992年降至21%。而人员费用所占比例一直保持较大比例。1992年所占预算内支出比例达到63.7%。据对2 402个文化馆的一次性调查，全年业务费在7 000元以下的占48.6%，其中没有业务费的有110个文化馆，占调查馆数的4.6%。全国4万多个乡镇文化站平均年经费959元，除去人头费和必要开支外，用于业务活动的经费所剩无几。业务费偏少，导致近年来群众性文化活动如举办展览、组织文艺演出等有所减少。

（四）文化单位负担较重

近年来，文化单位承负各项开支的问题过多过重。其中负担的离退休人员费用越来越重。据调查，一些历史较长的艺术院团，离退休人员占该团总人数的比例有的高达40.7%，其工资占该团工资总额达56%，医疗费用比例更高，达90%以上。许多文化单位医疗费用得不到报销，造成众多矛盾和纠纷。

文化单位负担的税费也较沉重。近年来，国家对文化事业在税收上已有了一些优惠政策。但有些地方受人际关系影响，带有相当的随意性，各地也有所差别，一些文化单位税赋较重的状况依然存在。除税收外，更严重的是名目繁多的收费和摊派。据调查，某省图书馆1992年全年缴纳各种费用达47项，其中垃圾费一项就有十几种。

三、1992年文化事业发展情况

1992年，文化事业在改革探索中继续发展。国办或由国家补助的文化单位和队伍有增有减，民办文化事业有较大发展。

专业艺术表演团体从1991年的2 772个减至2 753个，减少19个。其中文化系统剧团2 744个，职工人数16.2万人，比1992年分别减少16个和4 800多人。

剧场影剧院1 995座，比1991年的2 024座减少29座，职工人数4.58万人，比1991年减少235人。

公共图书馆2 565个，比1991年的2 535个增加30个，增长1.2%。职工人数4.35万人，比1991年增加1 464人。

群众艺术馆372个，比1991年增加1个，职工人数1.15万人，比1991年减少596人；文化馆2 901个，比1991年增加7个，职工人数4.52万人，比1991年减少12人；文化站48 454个，比1991年的51 959个减少3 505个，下降6.7%，职工人数7.72万人，比1991年的8.2万人减少4 800人，下降5.9%。其中乡镇文化站44 863个，比1991年的47 904个减少3 041个，人数6.5万人，比1991年的7.08万人减少5 800人；农村集镇文化中心12 187个，比1991年的11 407个增加780个，增长6.8%。

民间职业剧团6 913个，比1991年的5 746个增加1 167个，增长20.3%；文化户22.85万个，比1991年的22.38万个增加4 695个，增长21%；群众业余演出团队46 945个，比1991年的51 979个减少5 034个，下降9.7%；民间零散艺人11.24万人，比1991年的10.59万人增加6 433人，增长6.1%。

文化事业投入有所增长。1992年国家预算内支出的文化事业费19.46亿元，较1991年的17.28亿元增长12.6%；文化事业基建投资完成额7.85亿元，比1991年的5.78亿元增长35.8%。文化事业单位形成固定资产91.45亿元，比1991年的71.16亿元增长28.5%。

各种经营活动进一步发展。全国开展经营活动的文化单位达到8 931个，比1991年的8 605个增加326个，开展活动机构数占文化单位机构的比重为48.6%，比1991年提高5.5个百分点；从业人员54 806人，较1991年的52 086人增加2 720人；营业收入总额11.2亿元，较1991年的8.99亿元增加2.17亿元，增长24.1%；纯收入3.18亿元，较1991年的2.63亿元增加5 500万元，增长20.9%；用于补充文化事业经费2.65亿元，较1991年的2.26亿元增加3 900万元，增长14.7%。

专业艺术表演团体国内演出场次42.5万场，比1991年的44.6万场减少2.1万场；观众人数4.63亿人次，比1991年的4.64亿人次减少73万人次；出访演出则有所增加，达10 137场，较1991年的7 857场增加2 280场，增长29%。

全国文化部门剧场、影剧院的演出场次288.5万场，比1991年的366.6万场减少78.1万场，下降21.3%(其中艺术演出场次7.2万场,比1991年的8.8万场减少1.6万，下降18.2%)；观众5.32亿人次；比1991年的7.76亿人次减少2.44亿人次，下降31.4%。

1992年，文化系统举办的全国性专业艺术活动有："天下第一团"优秀剧目展演，民族声乐比赛，全国戏剧小品比赛,全国木偶皮影戏汇演,全国舞剧观摩演出，全国青少年钢琴比赛，全国京剧青年团（队）新剧目汇演，全国儿童剧评奖，中国国际合唱节等。1992年，我国有三名青年美术家入选联合国教科文组织首设的"促进艺术奖"。

公共图书馆藏书总量3.12亿册（件），其中图书2.37亿册，报刊4 034.7万份，古籍2 726.2万册，缩微制品91.6万件。藏书总量比1991年的3.06万册（件）增加近600万册（件），增长2.2%。图书购置费9 915万元；比1991年的8 926万元增加989万元；增长11%。阅览室座席数34.4万个，比1991年的33.9万个增加近5 000个。全年总流量人次1.8亿人次，其中书刊外借人次0.77亿人次，比1991年外借人次0.79亿人次减少200万人次；书刊外借册次1.26亿册次，比1991年1.33亿册次减少700万册次。为读者服务共举办各种活动2.2万次，参加人数749万人次，分别比1991年减少8 600次和248万人次。

文化部门群众艺术馆、文化馆站举办的各类展览3.2万个，比1991年的3.5万个减少3 400个；组织文艺活动9.6万次，比1991年的11.6万次减少2万次；举办训练班4.1万班次，比1991年4万班次增加1 139班次，结业143.5万人次，比1991年减少5.3万人次。全年放映录相243万场，比上年减少5万场，观众3.4亿人次，比上年增加1.4亿人次。全国性的群众文化活动有：全国民间音乐舞蹈比赛、第二届《群星奖》活动、第三届沈阳秧歌节、马三立杯中国业余相声邀请赛等。

对外文化交流工作保持良好势头。全年经文化部审批的文化交流项目1 179起，1.71万人次（派出766起，1.15万人；接待413起，5 673人）。其中我派出政府文化代表团11起44人次；艺术表演团组318起，9 938人次；艺术展览178起，666人次；文物展览20起35人次；文化界人士出访222起，675人次，涉及艺术教育、出版、文博、图书、文学、宗教、电影和文化管理等领域；出国参加国际比赛17起103人次，获奖22项，其中金奖8项，银奖8项，特别奖6项。接待外国政府文化代表团21起76人次；艺术表演团组222起，5 023人次；艺术展览87起，241人次，文化界人士来访82起，329人次，国际比赛1起4人次。

1992年，与我国签订文化协定的国家已达117个。

内地与港台地区文化交流有新的进展。如成功组织了第一个大陆艺术家赴台演出团的演出；首届"神州艺术节"在香港举办，产生巨大反响。内地在香港举办的文化交流项目全年达218起，2 843人次；香港在内地文化交流项目34起，443人次。

四、文化事业发展展望

文化事业作为第三产业的一个重要组成部分，在我国的经济建设和社会发展中，将发挥越来越大的作用。而从目前看，还落后于经济发展，还不适应时代和人民的要求，但经过14年来的建设发展，有了一定的基础。特别是近年来广泛开展的有偿服务和经营活动，为事业发展注入了新的活动，并开始步入产业化发展的轨道。

当今，文化离不开经济的支持，而经济要向高层次迈进更需借文化的推动。生产从劳动密集型向技术密集型转化，将不断对文化、知识提出新的要求，人们越来越重视知识、文化在市场经济中的"价值"。与此同时，文化发展也不断吸收、借助经济的运作形态，用新的观念、新的手段等其他产业的生产方式，进行文化的生产、销售和服务。文化产业的兴起，正是这种文化与经济相互结合日益密切的突出体现。

发展文化产业，将对文化事业带来全局性的影响。不仅为更快更好发展文化事业提供物力基础，还将进一步完善文化生产服务体系，对推动文化体制改革的深入，对文化市场的健康发育，都具有重要的作用。更重要的是将改变人们传统的知识价值观，以适应社会主义市场经济发展的需要。

中华民族文化璀璨，博大精深，是我国文化产业发展颇具潜力和魅力的深厚基础。近年来，文化娱乐业、演出业、音像业、艺术品生产经营业等已初步构成文化产业中的主要行业，并从沿海向内地，从城市向乡村扩展。一些省区已形成跨地区、跨部门规模生产经营，网络化服务的发展态势，为我们展现了文化产业发展的广阔前景。

从全国看，文化产业还处于起步阶段。更由于精神生产和文化服务不同于一般的物质生产部门，在产业化发展过程中，需要采取特殊的措施和政策。

首先，要十分重视坚持正确的发展方向，把向人民群众提供健康有益的精神产品和文化服务作为根本任务，把握好社会效益和经济效益的关系。

其次，要解放思想，敢试敢闯，改变仅限于创收的狭隘观念，走出小圈子，进入大市场，不断增强市场观念、效益观念和经营意识。在深化改革过程中，加强行业管理，逐步由供给型、产品型向经营型、商品型过渡。

文化单位在完善内部经营机制的基础上，有条件的实行企业化管理，要敢于接受市场挑战，参与市场竞争。

同时，各级政府对公益性、非营利性或微利的文化行业应实行特殊政策，特别在文化产业发展的起步阶段，予以扶持，在投资政策、金融政策、税收政策等方面，应区别于一般的工商企业，使其尽快启动发展。

发展文化产业，将着重于投资少、见效快的行业，集中力量发挥文化行业的优势和特色。设想在3—5年内，在全国初步建立以文化娱乐、演出、音像、艺术品生产经营等产业为主要内容的文化产业服务体系。近期，在有条件的地区，如大中城市、旅游开放城市、经济发达地区，兴办示范性、带动型文化经济实体。将现有的单个、零散的文化经营单位组织起来，形成一种新的合力，逐步建立一批具有相当规模，水平较高，效益较好的，跨地区、跨部门、跨行业的文化经济实体或文化经济联合体。

未来的世纪是文化的世纪。文化事业的发展在党的正确路线方针指引下，以文化产业的兴起为契机，将开创一个新的局面。中华民族的文化艺术，将在社会主义现代化建设中为建设社会主义精神文明和物质文明做出更大的贡献。

（文化部　张宪辉）

广播电视、电影业

我国人民广播事业是在毛泽东、周恩来同志亲切关怀和领导下，于1940年12月30日在延安窑洞诞生。半个多世纪以来，经过战争的洗礼、创业的艰难，由无到有，由小到大，现已发展成为由国家广播电影电视部管理的，包括广播、电视、电影、音像等综合性行业，作为党在思想战线上的一个重要舆论机关，在社会主义物质文明和精神文明建设中，发挥着越来越重要的作用。

一、1980年到1992年事业发展情况

（一）广播电视业

党的十一届三中全会以来，特别是1983年中共中央以中发［1983］37号文件批转了广播电视部党组《关于广播电视工作的汇报提纲》以来，广播电视进入了一个新的发展时期，在党的路线、方针、政策指引下，在党中央、国务院和地方党委、政府的正确领导及国家有关部委大力支持下，广播电视事业有了很大的发展，开创了令人鼓舞的新局面。在全国基本形成了中央和地方、无线和有线、广播和电视相结合的，城市和农村，对内和对外并重的社会主义现代化广播电视宣传网。

1．广播电视覆盖网不断扩大和完善。

到1992年底，全国共有广播发射台、转播台1 645座，比1980年的582座增加了1.8倍，其中调频广播发射台、转播台由1980年的102座增加到1992年的934座。电视发射台、转播台由1980年的2 469座增加到32 643座。在此期间，中央电视发射塔从1987年1月10日开工建设，塔高405米。武汉、西安、沈阳、天津广播电视发射塔相继建成投入使用。全国广播电视人口混合覆盖率分别由1980年的53%和45%提高到75.6%和81.3%。

收音机、录音机的社会拥有量由1980年的1.24亿台增加到3.59亿台，平均每百人拥有量由12.6台增加到30.6台；电视机社会拥有量由902万台增加到2.28亿台，平均每百人拥有量由0.9台增加到19.5台。听广播、看电视已成为广大群众日常生活不可缺少的内容。

2．广播电视节目制作能力不断提高，节目内容日趋丰富。十几年来，中央和部分省、自治区、直辖市积极进行广播电视中心工程建设。中央电视台彩电中心工程于1983年5月开工建设，1988年12月正式投入使用。到1992年末，已经完成广播、电视中心建设的有：北京市、内蒙古自治区、山西省、福建省、黑龙江省、吉林省、山东省、浙江省、江苏省、江西省、新疆维吾尔自治区、广东省、广西壮族自治区、云南省。正在建设的有河北省、安徽省、湖南省、上海市、河南省、湖北省、陕西省。地方广播电台、电视台大幅度增加，到1992年底，全国广播电台有812座，比1980年的106座增加了6.7倍。对国内广播节目由1980年的149套增加到943套，增加了5.3倍；每天播出小时数由1 854小时增加到7 952小时，增加了3.3倍；广播剧达到381部。

到1992年底，全国电视台共有586座，比1980年的38座增加了14倍多，电视节目达到644套，比1980年的40套增加了15倍；每天播出时间由288小时增加到3 776小时，增加了12倍。电视剧达到838部，比1982年的333部增加了1.5倍。

目前，中国国际广播电台使用38种外语以及普通话和4种方言对国外广播，每天播出159小时。近几年来，采取与外国电台合作互转对外广播节目和租用外国发射机的办法，进一步改善了对远区广播效果。

3．广播电视节目传输系统得到很大发展。我国幅员辽阔，地形复杂，将广播电视节目由节目制作中心传送到各地转播台是一大难题。十几年来，全国广播电视系统把节目传送设施建设作为重点任务之一。1985年开始，国务院批准租用国际通讯卫星，中央电视台的第一、第二套节目，中央人民广播电台的各套节目以及国

际广播电台的节目先后采用卫星传送，为各地转播台提供了优质可靠的节目源。到1992年底，全国卫星地面接收站达到39 627座，比1986年的1 599座增长了23.8倍。与此同时，各省（区）因地制宜建设本省区广播电视节目传输设施，大部分省（区）集中力量建设广播电视专用微波线路。到1992年底全国专用微波线路达到49 544公里，比1981年的7 627公里，增长了5.5倍。少数省（区）由于地形和自然条件限制，建设微波站极为困难，如云南、贵州、西藏、新疆，采用卫星传送本省（区）广播电视节目，取得良好效果。到目前为止，全国已基本形成了以卫星、微波为主的节目传输网，改变了过去落后局面。尤其采用卫星传送广播电视的先进技术，促进了覆盖网的发展，比如云南省实行卫星传送，"五小"覆盖的技术政策，使广播电视覆盖率得到较快的提高。"五小"是指小卫星地面接收站、小功率电视转播台、小功率调频转播台、小功率中波转播台、小片广播网点。到1992年底，全省卫星地面接收站已达到7 316座，广播人口覆盖率由1981年的30%提高到70%，电视人口覆盖率由1981年的17%提高到71.5%。

4. 广播电视电影教育和科研进一步发展和加强。到1992年底，本行业共有4所大专院校：北京广播学院，北京电影学院，广播电影电视部管理干部学院，浙江广播电视专科学校；中等专业学校19所，其中部直属1所，省（区）广播电视厅属18所。已基本具备了为本行业培养本科、专科、中专各类专业人才的能力。

十几年来，广播电视电影科研单位进行了一系列科学研究工作，推动了事业发展，自1985年至1992年底，共有174项科研成果受奖，其中获国家科技进步奖的7项。

（二）电影业

我国电影事业经过几十年的发展，逐步形成了从创作生产、发行放映到科研教育等比较完整的体系，建立起一支拥有50多万人的专业队伍。到1992年末，全国共有故事片、美术片、科教片、新闻纪录片等定点生产厂家22家（此外还有省办电影制片厂十几家），年产故事片170部，比1980年的82部增加1.1倍；电影发行放映网点已覆盖全国广大城乡，县级以上电影发行放映公司达到2 600多个，各类放映单位13.4万个，其中专业电影院3 000多座，5万多个农村售票点。形成了以国营和集体为主体、个体为补充的多种经济成分和经营方式组合的电影放映网络。1992年底，全国城乡电影观众105亿人次，比1980年的287亿人次下降了182亿人次。

（三）音像业

我国音像业在发展之初是作为广播电视的延伸而存在并逐步兴起的。1979年以前，全国仅有广播电视系统所属的中国唱片社（现在的中国唱片总公司）一家音像出版单位，主要出版唱片。1979年开始，我国盒式录音带的出版从无到有，从事出版生产的队伍主要是由各地广播电台、电视台抽调力量组成。1982年国务院在《录音录像制品管理暂行规定》（国发[1982]154号文件）中明确规定，由广播电视部主管全国音像制品管理工作。由于充分发挥了广播电视的技术优势，使盒式录音带的出版和生产发展很快。1987年前后，我国音像业开始进入了全面发展时期，到1992年底，全国音像出版单位发展到194家。录像放映点约5万个，各类音像商店10万个以上。1989年开始，音像行业由广播电影电视部、文化部和新闻出版署三家管理。

二、主要业务活动和改革措施

（一）1949年到1978年的30年时间里，我国广播电视业在社会主义计划经济的大环境中发展，广播电台、电视台是全民所有制单位，受政府部门直接领导，全部经费和建设资金是由政府拨款，全体职工的工资、福利由政府统包统支，广播电台、电视台免费向听众提供精神产品，无偿服务。

党的十一届三中全会以来，为适应改革开放的需要，我国广播电视发展方针政策不断进行调整，比较重要的有以下几项：

1. 1983年广播电视部举行了第十一次全国广播电视工作会议。会后部党组向中央递交了《关于广播电视工作的汇报提纲》，同年10月26日党中央以中发[1983]37号文件批转了这个汇报提纲。在这个文件中，对广播电视的重要地位和作用做了科学的概括：广播电视是教育、鼓舞全党、全军和全国各族人民社会主义物质文明、精神文明的最强大的现代化工具，也是党和政府联系群众最有效的工具之一。同时提出了九条政策措施，其中主要有：(1) 改革事业建设方针，由中央和省两级办广播电视，两级覆盖改为实行中央、省（市、自治区）、市（地、州）、县四级办广播、四级办电视、四级混合覆盖的方针，就是市、县都可以办广播电台和电视台，主要是转播中央、省的广播电视节目。有条件的也可以在中央或省办节目中插播当地的节目，共同覆盖该市、县。(2) 确定了采用广播卫星覆盖全国的方针及积极建设广播专用微波线路；大力发展调频广播等技术政策。(3) 在经济政策方面，提出了节约开支，提高经济效益、并开辟财源以补充国家拨款之不足。还提出三项具体的增收措施；对农村有线广播网的受益者适当收取维护费用；各级广播电视机构建立企业化管理的服务公司或服务部，通过经销广播电视器材和开展技术咨询、技术服务创收；由各级财税部门对广播电视部门的设备进口、正当的经营活动给予减免税的优惠政策。

在37号文件中，提出加强全国广播电视事业管理措施：

(1)明确了各级广播电视机构之间的关系：省、市、自治区广播电视厅（局）受该省、市、自治区人民政府和广播电视部双重领导，以同级政府领导为主。同时，省、市、自治区广播电视厅（局）的宣传工作，受省、市、自治区党委领导和广播电视部指导；事业建设受省、市、自治区人民政府和广播电视部的双重领导，以同级政府为主。上述原则，也适用于省、市、自治区广播电视厅（局）同省辖市、县广播局之间的关系。

(2)在事业建设方面确定了在统一政策、统一计划、统一技术标准的前提下，实行中央、地方分工建设。广播电视部主要负责对外广播建设和带有全局性的重大项目的建设，例如广播卫星发射、中央彩电中心、重大科技及中央确定的专项建设补助等。地方负责中央和地方广播电视在各省、市、自治区的覆盖建设和维护管理、包括基本建设投资、维护经费和人员编制等。

总之，37号文件进一步明确了广播电视的性质和任务，批准了《汇报提纲》中提出的改革广播电视宣传工作，加强广播电视事业建设的方针政策和相应措施。对于开创广播电视工作新局面，建设具有中国特色的社会主义广播事业具有重大指导意义。

2.1988年10月，广播电影电视部在北京召开了全国广播电视厅(局)长会议。会议认真学习了十三届三中全会精神，总结了“七五”前三年广播电视事业建设和改革的经验，研究了后两年工作。会议纪要经党中央、国务院同意下发各省、自治区、直辖市、计划单列市广播电视厅(局)。这次会议主要明确了以下几个问题：

(1)“七五”后两年乃至今后一个时期广播电视事业建设的指导思想是：从中国国情和各地实际出发，实事求是，量力而行，注重效益，协调发展。

(2)按照这个指导思想，“七五”后两年的建设任务是，积极稳步地扩大广播电视覆盖；加强农村广播电视建设；加强少数民族地区和老区、边境、贫困地区的广播电视事业建设；加强对外广播等。

(3)强调各级广播电视事业建设应保证中央广播电视的覆盖，使中央广播电视与省级广播电视覆盖网同步发展。

(4)会议指出，根据广播电视的性质、任务和中央的指示，广播电台、电视台只能由广播电视部门办、不能由其他部门、其他系统办，也不能“民办”，更不能外资合办。

(5)在经济政策方面，除延用37号文件的规定外，提出采取有效方式把部分广播电视节目投入市场，收回成本，提高再生产能力。广播电台、电视台要同音像出版单位密切合作，增加音像制品的出版、发行，开展出租业务。广播电台、电视台可采取经费定额、预算包干、节约提成留用等措施。

3.1990年，根据国家计委关于制定“八五”计划和十年规划设想工作安排，广播电影电视部拟定了《“八五”广播电视事业发展计划及十年规划设想》。提出90年代广播电视建设任务是：加强扩大广播电视节目覆盖，增强节目制作能力，提高节目质量，使更多的群众听到好广播，看到看好电视，建设的重点从城市向农村和老少边穷地区转移，广播电视发展首先是雪里送炭，解决听到听好、看到看好问题。提出了到本世纪末发展目标是：争取各省、自治区广播和电视人口混合覆盖率分别达到85%—90%，其中，中央和省级台第一套广播电视节目人口覆盖率达到80%—90%；“老、少、边、穷”地区达到60%—80%；力争使广播电视节目自制能力比1990年翻一番。

(二) 电影业改革措施

1980年以来，随着我国电视事业的发展普及和文化市场迅速兴盛，电影观众大量分流到电视、歌厅、舞厅、录像点等方面，电影观众开始以每年15%—20%幅度下降，到1987年出现比较严重的经济困难。为遏制电影经济滑坡，采取了以下措施：

第一，设立重大题材故事片资助资金和电影基金。1987年9月起，从中影公司发行收入中提取1 000万元左右的资金，扶持重大题材故事片的摄制。1988年到1991年，共资助拍摄了16部重大题材故事片。1990年第四季度又成立了电影基金会，从全国每张电影票中提取5分钱，纳入此项基金。资金的使用，40%回拨各省、自治区、直辖市作为专业影院改造资金补充，40%用于重大题材影片拍摄和制片厂设备更新，余20%补贴少数民族地区译制影片等以及调控所需。

第二，对电影票价进行改革，改革原则是“按质论价”，不同质量的影片、放映条件实行不同价格。1987年第一次改革是确定一定限量的影片实行浮动票价。1990年开始第二次改革，是把电影票租价管理权下放给各省级物价、文化主管部门。

第三，进行专业影院改造。1987年，财政部同意，由电影发行放映公司所交50%所得税中，退库15%，作为电影院改造专款，加上各级政府的拨款、影院自筹资金、中影公司筹措资金和建设银行贷款，对大中城市的1 200多座专业影院进行了第一轮改造。

以上措施产生了一定效果，在电影观众逐年减少的情况下，1991年比前年收入有所增长。

三、广播电视和电影业存在的主要问题

(一) 广播电视业存在的主要问题

第一，广播电视人口覆盖率比较低。全国还有

20%以上的人口听不到广播，看不到电视；还有近50%左右的人口不能完整地收听、收看中央台和第一套广播电视节目。第二，节目制作能力比较低，致使广播电视节目贫乏，重播率高，进口节目过多等。第三，广播电视事业建设资金和经费不足，严重制约着事业的发展，由此带来的广播电视覆盖率低，节目制作能力不强，对外广播实力较弱等一系列问题长期未能得到解决。

（二）电影事业存在的主要问题

电影观众逐年减少，票房收入大幅度下降，使电影经济遇到严重困难。分析其原因主要有以下几点：第一，电影行业管理体制还没有理顺，表现在制片和放映两头，已按市场的要求进行企业化经营，而中间流通环节，1992年以前仍然是指令性计划，电影单位缺乏完全的自主权；第二，受录像带市场混乱的冲击；第三，电影行业成本上升，税赋过重，致使不少制片、发行、放映单位亏损。1992年和1991年相比，电影放映场数下降18.2%，观众人次下降26.7%，放映总收入下降15.7%，发行收入下降17.9%。

（三）音像业主要问题

市场混乱，走私、盗版、翻录猖狂，使正式的音像出版受到严重打击。音像业由三家分权管理，多头领导，掌握政策不平衡，使海外片商钻了空子，一版多卖，任意抬价。由于管理工作跟不上，造成市场秩序混乱。

四、1992年广播电视、电影业发展基本情况

（一）各项事业发展情况和重要事件

1. 中央人民广播电台、中央电视台、中国国际广播电台采取新的措施加强宣传工作。中央人民广播电台于10月1日正式开播第七套广播节目。该套节目主要覆盖珠江三角洲地区，这使中央台日播出时间增至128小时。至此，中央人民广播电台共办有7套节目：第一、第二套是普通话节目，第三套是立体声音乐节目，第四套是少数民族语言节目（办有朝、蒙、藏、维、哈语节目），第五、第六套是对台广播，第七套如上所述。

为了突出经济建设这个中心，加大改革开放的份量，中央电视台于92年8月31日开办了《经济信息联播》栏目，该栏目旨在形成全国信息传播网络，使电视直接介入经济领域，参与经济活动，提供信息交流，为发展社会主义市场经济提供服务。10月1日，中央电视台对台湾、港澳、海外侨胞广播的第四套电视节目正式开播，采用NTSC和PAL制式分别利用亚洲一号卫星和“俄星”ST-14号转发器进行传送。

中国国际广播电台于10月1日开始增加了对珠江三角洲和港澳地区的普通话、广州话和英语广播节目。至此，国际广播电台日播音时间由1991年的146小时，增加到159小时。1992年9月11日国际台举行了创立45周年纪念庆祝活动。

为进一步加强中央人民广播电台和国际台的宣传工作，1992年经国家批准，中国国际广播工程于9月25日举行开工典礼，李瑞环同志出席并讲了话。中央人民广播电台业务楼建设工程于12月15日举行开工典礼和奠基仪式。

2. 1992年12月，广播电影电视部在北京召开了全国电影工作会议，会上研究讨论了《关于当前深化电影行业机制改革的若干意见》。

3. 广播电影电视科研工作取得了新的成绩。1992年共有18个项目获得科技进步奖。1992年9月19日，广播电影电视部向全国广播电视系统、国家计委、国家科委、国务院经贸办、国务院电子办、邮电部、经贸部、国家技术监督局等部门，发布了《关于采用固定格式中文图文电视（CCST制）作为我国图文电视广播格式》的通告，并于9月24日召开了《图文电视广播系统鉴定会》，决定组织推广应用。

（二）1992年事业发展采取的政策措施

1992年党的十四大确定了建立社会主义市场经济体系，党中央、国务院做出了加快发展第三产业的决定。这给广播电视、电影业的发展带来了新的机遇。为了加快事业发展，主要执行了如下政策措施：

1. 针对广播电视业的性质和存在的主要问题，事业建设资金和经费，在坚持国家拨款为主渠道的原则下，实行国家、社会、个人合理负担。

2. 继续执行积极组织广播电视系统经营创收政策，补充事业发展资金之不足，以增强自我发展能力。各级广播电视部门在坚持社会效益第一的前提下，在国家政策允许的范围内，充分发挥人才、技术、行业系统整体优势，进一步广开门路搞好经营创收。可以经营与广播电视有关的行业，有条件的地方也可以向其他行业投资，可以利用外资引进设备和技术，有条件的还可以向其他行业投资，可以利用外资引进设备和技术，有条件的还可以与外商合资或合作经营企业，接受华侨、华人及外国基金组织的捐助。但广播电台、电视台节目的编、采、播、录等宣传部分不允许外资介入。

在这项政策指导下，全国各地广播电视系统紧紧围绕加快事业发展这个目标，开展了各种经营创收活动。

第一，充分利用广播电视传播信息量大、速度快和覆盖范围广的优势，积极发展信息业和广告业。

第二，充分发挥广播电视多功能作用，在保证完成宣传任务的前提下，利用多种技术开展有偿服务。比如广东省广播电台开发调频广播的副信道（SCA，RDS），建立收费广播系列台，于1992年8月28日开办了羊

城交通广播电台。同时对具备传送大量信息功能的图文电视广播系统积极推广运用。

第三，利用广播电视节目源丰富，技术力量雄厚，积极开办音像制品业，进行摄制、出版、发行、经销、租赁等经营业务。

第四，充分利用技术优势，开展各种技术咨询、技术成果转让，开发新产品，参与市场竞争。比如，中央电视发射台，在担负中央电视台、中央人民广播电台的发射任务的同时，研制开发了十几种广播电视专用设备。全年经营额达150多万元，补充了事业经费不足，稳定了队伍。

第五，综合利用影视拍摄基地，开放经营，有偿服务。

3. 充分调动社会群众办广播电视的积极性，积极组织社会集资和赞助。有线广播经费继续实行国家、社会和集体、用户三者共同负担的原则。有线电视的经费由用户负担。

1992年广播电视系统预算外收入达到203 916万元，国家拨款320 638万元，总支出597 064万元。预算外收入有力地支持了事业发展。

4. 为加强老、少、边、穷地区广播电视事业建设，1992年继续实行对陆地边境县、市广播电视建设专项资金补助，并开始设立对贫困县广播设施建设专项补助投资。此项投资主要用于补助343个少数民族贫困县和中央扶持的部分老区贫困县广播转播台建设。

5. 在广播电台、电视台等单位，逐步采取经费定额、预算包干、结余留用等措施，加强经费管理。各级广播电视部门除原有的全额预算管理外，开始分别采用差额预算、自收自支、财务包干等财务管理办法，以利于事业发展。

6. 为了摆脱电影事业面临的困难，在研究制定行业机制改革措施的同时，1992年采用了一些减免税政策。经北京市税务局批准，中国儿童电影制片厂、中央新闻纪录电影制片厂、北京科学教育电影制片厂免缴了流转税；经国家税务局批准，中国儿童电影制片厂、北京科学教育电影制片厂免缴了所得税；经财政部批准，北京电影制片厂、中央新闻纪录电影制片厂免缴所得税，北京科学教育电影制片厂免缴能源、交通、重点建设基金和预算调节资金。

五、今后事业发展方向

今后广播电视业要继续执行“八五”规划确定的持续、稳定、协调发展的方针。加快广播电视覆盖网和节目传送网的建设，提高覆盖质量。建设的重点仍是广大农村和“老、少、边、穷”地区。要集中人力、物力、财力，加强中央和省级第一套广播电视节目覆盖建设，进一步提高人口覆盖率。继续提高广播电视节目制作能力和交换能力，提高节目质量，丰富节目内容，继续贯彻执行内外并重的方针，加强对外宣传设施建设；对陈旧设备进行更新改造，提高发射效率和技术质量。各级广播电视管理部门要将更新改造项目分批分期列入各级事业建设计划。

全国广播影视系统要根据国发（1993）20号文件《国务院批转国家计委关于全国第三产业发展规划基本思路的通知》，进行调查研究，编制加快广播电视、电影业发展的规划，制定相应政策措施。广播电视作为党、政府和人民的喉舌，必须坚持以宣传为中心，把社会效益放在首位，同时要积极开展多功能服务。紧紧围绕推动广播影视事业发展这一目标，开展各种经营创收活动，不断增强自我发展能力。

进一步深化电影行业机制改革，认真贯彻执行《关于当前深化电影行业机制改革的若干意见》，在各省、自治区、直辖市政府领导下，结合实际，抓紧制订实施细则。

（广播电影电视部计财司　李素亭）

新闻出版业

中国出版经济是我国社会主义制度下出版事业经济活动的总称。它是以生产经营图书、报刊、音像出版物为主要任务而逐步形成的特殊的经济部门。建国以来，我国社会主义出版经济不断发展、壮大，已经成为国民经济的重要组成部分。1985年在国家统计局的产业划分中将新闻出版和教育、文化、广播电视、科学研究、卫生、体育和社会福利事业被列为第三产业。从此，作为社会主义精神文明建设重要组成部分的中国出版事业在国民经济中的独立产业地位被确定。

一、改革开放以来出版业发展状况

（一）“文革”后的恢复与发展（1976—1980年）

党的十一届三中全会，在指导思想上拨乱反正，提出了把全国工作重点转移到社会主义现代化建设上来，党和国家重申要实现工业、农业、国防和科学技术现代化，把中国建设成为社会主义现代化强国。我国进入了新的历史发展时期。全国人民以极大的政治热情投入生产建设，国民经济停滞、倒退的局势迅速扭转。出版事业的各项工作得到了迅速恢复和发展。

1977年12月国家出版事业管理局在北京召开全国出版工作座谈会。会议着重批判了林彪、“四人帮”的反革命路线，讨论了出版工作的具体路线、方针、政策，提出了1978年到1980年的出版工作计划。党和国家对出版工作给予了高度重视，1978年，国务院连续批转了《关于加强和改进出版工作的报告》等文件，在党中央、国务院的领导下，中国出版事业开创了欣欣向荣的局面。

到1980年，全国已有出版社169家，比1975年增加94家；报纸188种，比1975年增加8种；杂志2 191种，比1975年增加1 715种。

在出版方针上，把“为政治服务，为工农兵服务”，改为“为人民服务，为社会主义服务”。出版工作虽离不开为政治服务，但不能把为政治服务理解得太窄。况且有许多书与政治没有直接关系，出版物具有多方面的社会功能，除了社会功能，还有认识功能，审美和娱乐功能。出版工作要满足多个方面、各个阶层的人们对精神食粮的需求。这期间涌现了一大批哲学、社会科学、文化教育、自然科学技术、文学艺术图书和少年儿童读物，《中国大百科全书》、《中国美术全集》等骨干工程开始上马。到1980年，全国图书出版达到2.16万种，总印数45.93亿册，总印张数195.74亿印张，图书出版种数、总印数、总印张数分别比1975年增长58%、28%、92%；全国报纸出版总印数140.42亿份，总印张数141.7亿印张，总印数和总印张数分别比1975年增长28%、48%；全国杂志出版总印数达到11.25亿册，总印张数达到36.72亿印张，总印数和总印张数分别比1975年增长156%、149%。

1980年，书刊印刷工业总产值8.65亿元，比1975年增长75.8%；铅印排字5.5亿字，比1975年增长122%；铅印印刷1 461万令，比1975年增长86%；胶印印刷1 363万色令，比1975年增长72%。

1980年，全国图书销售42.5亿册，比1975年增长20%，销售金额15.5亿元，比1975年增长131%。1980年，全年社会人均购书4.7册，比1975年增长21%，社会每千人每天分得报纸39份，比1975年增长20%，社会人均分得杂志1.1册，比1975年增长120%。

1980年，全国出版用纸量达到85.9万吨，比1975年增长76%。

这一时期，全国出版总印张平均每年增长13.1%，书刊印刷工业总产值平均每年增长12.3%，图书销售额平均每年增长18.3%。与同期全国工业总产值平均每年增长8.1%的速度相比，出版业的发展速度略高于国民经济增长的速度。5年间，城乡人民平均消费水平提高了26.4%，图书销售金额的增长与人民生活水平的提高相适应，出版事业走上了健康发展的轨道。

在全国范围内，一个包括出版、印刷、发行、物资供应、教育、科研和对外出版贸易等门类较为齐全的出版产业雏形已开始形成。出版业经济发展已初具规模。出版系统（不含报社、系统外杂志社，下同）职工近17万人。到1980年，全国出版系统实现利润4.43亿元，其中出版社1.14亿元，书刊印刷厂1.15亿元，新华书店1.78亿元，印刷物资供销企业0.35亿元。出版系统人均利润达到2 600元。

（二）独立产业地位的确立与崛起（1981—1985年）

根据《国民经济和社会发展第六个五年计划》的要求，文化部（这时国家出版事业管理局与文化部又一次合并）制订了《1981—1990年全国出版事业发展规划纲要》，《纲要》提出：“按照党中央的战略部署，80年代要为到本世纪末实现国民经济‘翻两番’的宏伟目标打下基础，要求出版事业也应当有相应的发展，为全面开创社会主义现代化的新局面作出应有的贡献。”

1983年6月党中央、国务院作出了《关于加强出版工作的决定》，《决定》指出：“社会主义现代化建设的新形势，把出版工作推到了我党我国历史上前所未有的重要地位。为了适应建设两个文明的需要，党中央和国务院认为，必须加强和改进出版工作，使出版事业有一个更大的发展”。《决定》分析了出版战线的形势和任务，提出了加强出版工作的一系列重要措施。《决定》还提出：“社会主义的出版工作，首先要注意出版物影响精神世界和指导实践活动的社会效果，同时要注意出版物作为商品出售而产生的经济效果。”从而确定了“把社会效益放在首位，同时注重经济效益”的出版业生产经营活动中的重要原则。

1984年10月党中央作出了《关于经济体制改革的决定》，为经济体制改革进一步指明了方向。在经济体制改革中，适合出版事业特点的出版改革开始积极进行。首先，进行了出版社的经营方针和管理体制的改革。1979年11月在长沙召开的全国出版工作座谈会上，讨论了改变地方出版社的办社方针，原来规定的“地方化、群众化、通俗化”改变为“立足本地、面向全国”，对于解放出版生产力，调动各方面的积极性起到了重要作用。此后各地综合性出版社逐步分为专业性出版社。1984年6月在哈尔滨召开的全国地方出版工作会上提出了“要使出版社由单纯的生产型逐步转变为生产经营型”。这一改革促进了出版社向企业化经营迈了一大步。

1982年提出图书发行体制改革的目标：在全国建成一个以国营新华书店为主体的，多种经济成份，多种流通渠道，多种购销形式，少流通环节的图书发行网络。同时在新华书店推行经营、寄销，试行承包、租赁等经营方式。

在书刊印刷企业、图书发行企业和部分出版社开始试行厂长、经理、社长负责制。

1984年国家实行第二步利改税后，确定了书刊印刷企业、图书发行企业和一部分有盈利的出版社为“自负盈亏、自主经营”的出版企业。

第六个五年计划期间，随着国家经济体制改革和出版业改革起步，出版业得到了空前的发展。

到1985年，全国出版社由1980年的169家发展到416家，全国出版图书达到4.5万种，比1980年增长108%；总印数达到66.7%亿册，比1980年增长45%；总印张数达到282.7亿印张，比1980年增长46%。

全国出版报纸1 445种，比1980年增长669%；总印数达到246.8亿份，比1980年增长76%；总印张数达到202.8亿印张，比1980年增长43%。

全国出版杂志4 705种，比1980年增长114.7%；总印数25.6亿册，比1980年增长128%，总印张数77.29亿印张，比1980年增长69%。

到1985年，全国书刊印刷工业总产值达到17.8亿元，比1980年增长57%；排字量达到70亿字，比1980年增长27%；铅印印刷1 991万令，比1980年增长36%；胶印印刷2 000万色令，比1980年增长47%。

到1985年，全国销售图书61亿册，比1980年增长43.5%，平均每年增长7.5%，销售金额33.5亿元，比1980年增长116%（包括书价提高的因素在内）。1985年，全年社会人均购书5.9册，比1980年增长26%；社会每千人每天分得报纸64.7份，比1980年增长66%；社会人均分得杂志2.4册，比1980年增长118%。

1985年，全国出版用纸量达到632.59万吨，比1980年增长54%。

1985年，全国出版系统实现利润总额达到8.63亿元，比1980年的4.43亿元增长95%。

这一期间，出版业的各项计划指标均达到了历史最高水平。与同期全国工农业总产值平均每年增长11%的速度相比，出版业的发展速度超过了国民经济增长水平。在出版事业的发展中，基础设施建设和技术进步，技术改造取得了可喜的成就。“六五”期间，出版系统完成固定资产投资5亿多元，固定资产达到了17.8亿元，比1980年增长96%。以新华书店为主渠道的多种经济成分的发行网络初步形成，1985年全国已有图书发行网点21 682处，其中国营8 373处，个体1万多处。书刊印刷开始向铅与火的时代告别，电子分色、电子自动照排、多色胶印印刷等新技术已开始在一些大型书刊印刷厂中应用。图书装帧、印刷质量明显提高。在经济体制改革的推动下，中国出版业开始适应社会主义有计划商品经济的要求，在从生产型向生产经营型的转变过程中，增强了自我发展的能力，中国出版业作为一个独立的产业体系开始崛起。

（三）治理整顿，深化改革（1986—1991年）

1.“七五”期间

“七五”期间，全国报纸、杂志、图书出版已初步形成了多层次、多门类、多专业各具特色的较为合理的布局，报纸、杂志、图书质量以及印刷和装帧艺术水平明显提高。陆续出版了一大批体现中国当代科学文化水平和出版水平的国家重点图书和优秀图书。

“七五”期间，出版业为了适应科学技术发展和人民群众多层次、多方面的社会主义需求，报纸、杂志、图书出版呈多品种、少印数的发展趋势。1990年，全国出版社由1985的416家发展到501家；图书出版8万种，比1985年增长72%；总印数57亿册，比1985年减少14%；总印张232亿印张，比1985年减少18%。全国出版报纸1 444种，与1985年持平；总印数211.3亿份，比1985年减少14%；总印张182.8亿印张，比1985年减少10%。全国杂志出版5 751种，比1985年增长22%；总印数17.9亿册，比1985年减少30%；总印张48.1亿印张，比1985年减少38%。

1990年，全国书刊印刷总产值达到39亿元，比1985年增长119%，排字量达到87亿字，比1985年增长24%，书刊印刷1 679.3万令，比1985年减少15.7%。

1990年，全国销售图书60亿册，比1985年减少1.8%，图书销售金额77亿元，比1985年增长129%。

1990年，全国年人均购书5册，比1985年减少15%；全国每千人每天分得报纸52份，比1985年减少20%；全国年人均分得杂志1.7册比1985年减少29%。

1990年，全国出版用纸量108.6万吨，比1985年减少18%。

1990年，全国图书、报纸、杂志出版总印张为463亿印张，比1985年减少17.8%。没有达到“计划”提出的每年增长7%的发展指标。其主要原因：（1）1985年是“六五”期间持续高速发展高峰，以此为基点确定计划发展指标基数过高。“六五”期间出版业面对的是十年“文化大革命”造成的严重书荒后的图书市场，有大量的出版物为“十年书荒”作了补偿。“七五”期间，社会对出版物的需求由饥渴转向选择，出版物的供需关系由卖方市场开始转向买方市场。（2）“七五”期间出版业发展的外部环境变化较大，纸张等原材料价格上涨，致使出版物价格上涨，影响了销售。（3）出版业内部经营机制还不适应改革的要求，图书市场等关键问题还没有解决好。（4）经济政策不配套。出版业一方面减少了国家财政补贴，另一方面面临着税赋过重的情况。

“七五”期间出版业发展状况再一次证明了出版事业的发展与国民经济发展密切相关、相互促进、相互制约的基本规律。

“七五”期间是国民经济体制改革的关键时期，也是出版事业改革与发展的关键时期，出版事业在物资供应、出版物价格、出版物市场和出版社内部经营机制等重大问题方面的改革取得了突破性进展。出版社从计划经济向有计划商品经济的转变中，提高了自我发展的能力，壮大了经济实力。1990年，全国出版事业实现利润13.7亿元,其中出版系统11.7亿元,比1985年增长36%。固定资产达到32.4亿元，比1985年增长82%。

1990年,501家出版社已有职工3.7万人,实现利润5.2亿元,人均利润达到1.4万元,出版社出好书的经济实力有所增强,基础设施有所改善。书刊印刷厂发展迅速，“七五”期间曾出现了“全民、集体、个体一起上”的势头,1990年,全国印刷厂达到6万多家,经过整顿,实行定点制度后,中央和省市级定点厂1 000多家。其中180家国家主要书刊印刷厂职工达到13万人，实现利润1.6亿元，人均利润1 228元。从1987年以来，出版系统用于印刷技术改造的投资10亿多元，书刊印刷企业努力缩短与国际当代印刷水平的差距,在若干印刷厂中的照相排字、电子分色、胶印印刷、装订联动和多色彩印刷技术装备水平有很大提高，一些精细产品已达到国际先进水平。1990年180家书刊印刷厂固定资产达到24.6亿元，已有照相排字设备665台，其中手动照版设备583台，电子自动设备82台；电子分色机124台，轮转印刷机1 041台，平台铅印机1 305台，胶印印刷机1 235台，其中全张四色机16台，全张双色机28台，对开5色机5台，对开四色机187台，对开双色机424台，对开单色机561台。

1990年，国营书店售书网点已达到12 452个，其中新华书店网点9 273处，比1985年增长14.7%；国营书店职工已达到11.4万人。实现利润3.9亿元，人均利润3 474元。集体、个体经营的书店、书摊2.9万处，比1985年增加了28.8%，从业人员已达到10万人。

1990年，出版系统的印刷物资企业已有31家，2 795名职工，实现利润6 958万元，人均利润2.5万元。

“七五”期间，出版事业经济实力的增长和基础设施、技术装备条件的改善，为“八五”时期出版业的持续、稳定、协调发展创造了有利条件。

2.1991年的出版情况

1991年全国共出版图书89 615种（其中新版58 467种)，杂志6 056种，报纸1 524种。与1990年相比，图书增长11.71%（新版增长5.81%)，杂志增长5.3%，报纸增长5.54%。

全国出版总印数图书61.39亿册（张)，杂志20.62亿册(平均期印数18 216万册)；报纸236.51亿份（平均期印数16 393万份)。与1990年出版总印数相比图书增长8.93%，杂志增长15.17%，报纸增长11.95%。

全国图书、杂志、报纸出版总印张526.32亿印张(折合用纸量123.5万吨),比1990年增长13.72%。其中图书266.11亿印张(折合用纸量63.38万吨)，比上年增长14.67%；杂志54.44亿印张（折合用纸量12.79万吨)，比1990年增长13.12%；报纸205.77亿印张（折合用纸量47.33万吨)，比1990年增长12.57%。

1991年图书、杂志、报纸出版的种数、总印数和总印张数均高于“八五”计划确定的种数年增长2%、总印数和总印张数年增长5%的发展水平。全国图书出版扭转了近几年种数增长，总印数和总印张数负增长的状况，出现了全面增长的好势头。

1991年全国出版系统实现利润13.34亿元，比1990年增长10.3%。其中出版利润6.04亿元，比1990年增长19.1%；印刷利润1.70亿元，与1990年持平；发行利润4.66亿元，比1990年增长18.2%。印刷物资供销0.77亿元，比1990年增长16.7%。

1991年度计划执行过程中也存在一定的问题。如图书种数的持续增长过快过猛。1991年比1990年增长11.7%。

二、1992年的出版情况

1992年提出的出版业发展目标是：继续深化新闻出版改革、推动新闻出版事业上一个新台阶的要求，抓好重点图书和优秀图书的出版，除完成全国的“八五”重点图书出版规划外，要求每个省、每个社还要有一批重点图书出版，使出版物整体质量有明显提高；新闻出版队伍建设得到切实加强；新闻出版单位固定资产有较大幅度增长，经济实力进一步增强；技术进步和装备更新有新的进展，推广应用电子计算机技术，调整印刷结构，增加短版活生产能力；书报刊和音像制品覆盖面扩大，发行量稳步增长，读者满足率明显提高；新闻出版对外贸易和对外使用有新的发展；新闻出版单位的经营管理得到全面加强。

全国共出版图书91 860种（其中新版58 019种)，杂志6 435种，报纸1 640种。与1991年出版种数相比，图书增长3.9%（其中新版比1991年减少0.9%)，杂志增长6.3%，报纸增长7.6%。

全国出版总印数：图书63.74亿册（张)，杂志

23.17亿册，报纸252.33亿份。与1991年出版总印数相比，图书增长3.8%，杂志增长12.4%，报纸增长6.7%。

全国图书、杂志、报纸出版总印张为566.33亿印张（折合用纸量132.15万吨），比1991年增长7.6%。其中图书277.87亿印张（折合用纸量65.5万吨），比1991年增长5.4%；杂志60.81亿印张（折合用纸量14.29万吨），比1991年增长11.7%；报纸227.65亿印张（折合用纸量52.36万吨），比1991年增长10.6%。

1992年全国出版系统实现利润14.29亿元，比1991年增长7.12%。其中出版利润6.57亿元，比1991年增长10%；印刷利润1.58亿元，比上年减少7.5%；发行利润5.12，比1991年增长9%；印刷物资供销0.74亿元，与1991年基本持平。

新闻出版署根据近几年出版业的发展情况，提出"控制品种、提高质量"的要求。1992年图书、杂志、报纸出版的种数、总印数和总印张数的增长速度，虽然继续高于原"八五"计划确定的种数年增长2%、总印数和总印张数年增长5%的发展水平。但新版图书增长过快的问题有所遏制，出现了近年来少有的负增长。

三、趋势与展望

1990年6月新闻出版署根据国务院统一部署，结合出版事业"七五"计划期间的成就和存在的问题，根据当前的任务和要求，从需要和可能的实际出发，编制了《出版事业"八五"计划十年发展规划（草案）》。

（一）制订出版事业"八五"计划的指导思想

1. 继续贯彻中央一手抓整顿，一手抓繁荣，治理整顿和深化改革结合的方针。在出版战线巩固扩大社会主义思想阵地，端正方向，加强管理，推动新闻出版事业健康发展，努力为稳定大局，发展经济和社会主义精神文明建设，为提高全民族科学文化水平，满足人民群众日益增长的精神文化生活需要，培育一代社会主义新人作出新的贡献。

2. 坚持为人民服务，为社会主义服务的方向。按照中共中央十三届七中全会确定的方向，坚定地、始终如一地把社会效益放在首位，制订有利于出版事业健康发展的经济政策，加强经营管理，在总体上实现经济效益和社会效益的统一。

3. 出版事业的发展要与国民经济发展水平、人口增长的速度以及人民群众日益增长的物质文化需求相适应。根据中央"控制总量、调整结构、整顿秩序、提高效益"的指导方针，坚持大力调整出书结构，控制品种增长、提高报刊和图书质量，加快印刷技术改造和发行网点建设，使出版事业健康、稳定、持续、协调地发展，争取出版事业新的繁荣。

（二）出版事业"八五"计划和十年规划发展目标

调整后的计划目标，"八五"和"九五"期间，出版社的数量每年递增3—5%。

"八五"期间，报纸、杂志、图书和音像制品种数的发展速度分别确定为每年增长12%、12%、5%、12%；报纸、杂志、图书的出版总印数、总印张数的增长水平分别确定为年均增长5%、5%、8%。音像制品的增长水平确定为每年增长12%。

"九五"期间，报纸、杂志、图书、音像制品的出版种数、出版总印数、总印张数及音像制品的增长水平仍按"八五"期间的增长水平确定。发行网点每年增长幅度不低于5%。

到1995年，全国出版总印张达到636亿印张，比1990年增加173亿印张。发展的具体指标是：

报纸达到2 545种，印制270亿份和233亿份张，比1990年增加1 101种、59亿份和50亿印张，全国每千人日平均分得报纸62份。比1990年增加10份，比"七五"期间各年平均每千人每日分得报纸60.14份增加2.86份。

杂志达到10 135种，印制23亿册和61亿印张，比1990年增加4 384种、5亿册和15亿印张。全国年人均分得杂志2册，比1990年增加0.3册，与"七五"期间各年平均人均分得杂志2册持平。

图书达到10.24万种，印制83亿册和341亿印张，比1990年增加2.22万种、26亿册和108亿印张。全国年人均分得图书6.8册，比1990年增加1.5册，比"七五"期间各年人均分得5.34册增加1.46册。

到1995年，节目录音带5 287个品种，发行1.76亿盒；节目录像带1 760个品种，发行63万盒。

到2000年，出版总印张达到863亿印张；报纸4 485种，344亿份；杂志17 862种，29亿册；图书13万种，122亿册；节目录音带9 300种，3.1亿盒；节目录像带3 100种，75万盒。达到每千人每天拥有报纸75份。年人均拥有杂志2.3册、图书9.5册、节目录音带2.4盒，每千人每年拥有节目录像带1.2盒。激光照排和胶印印书的比重达到50%。

到1995年，全国新增图书发行网点6 000个，达到全国平均10万人有一个新华书店网点。确定各级新华书店常备书书目，以保证人民群众能够随时购买到常用的书籍。到2000年，达到每个新华书店为8万人服务，城市和农村平均1万人1个售书店。

（新闻出版署计财司　吴江江）

卫生事业

一、我国卫生事业发展现状

(一)卫生事业已具相当规模

1992年，全国各类医疗卫生机构204 787个，其中各类医院61 352所（含县及县以上医院13 917所)、疗养院639所、门诊部125 873所、专科防治站1 845所、卫生防疫站3 673所、妇幼保健站2 841所、药品检验所（室）1 953所、医学科研机构339个、乡镇卫生院46 117个、国境卫生检疫所65个；床位304.94万张。

全国卫生人员5 140 246人，其中各类卫生技术人员4 073 986人（占79.3%)、其他专业技术人员99 177人（占1.9%)、管理人员417 670人（占8.1%)、工勤人员549 413人（占10.7%)。按人口平均，每千人口医院床位数为2.38张（1978年为1.94张，增加了21.1%)；每千人口医生数为1.57人(1978年为1.06人，增加了47.1%)，护士数为0.9人(1978年为0.42人，增加了112%)。

目前，全国全民所有制卫生机构165 330个（占79.05%)、床位数2 550 445张（占85.3%)、卫生人员4 128 056人（占82.1%)；集体所有制卫生机构43 604个(占20.9%)、床位数437 976张(占14.6%)、卫生人员744 214人（占14.8%)；私人开业的卫生机构102个（占0.05%)、床位数3 438张（占0.12%)、卫生人员1 259 864（占3%)。

1992年，我国现有行政村735 355个，设置医疗点的村数为651 031个，占行政村的比重为88.5%。村设的医疗点总计为796 523个，其中村或群众集体办的294 417个（占37%)、乡村医生或卫生员联合办的83 742个（占10.5%)、乡卫生院下村设点办的34 213个（占4.2%)、个体办的为350 633个（占44%)、其他形式的为33 518个（占4.3%)。我国现有乡村医生816 557人（1978年为1 666 107人，减少51%)、卫生员452 504人(1978年为3 111 362人，减少85%)、农村接生员446 072人（1978年为743 498人，减少40%)，减少的原因主要是1980年以前乡村医生是指未经县级卫生行政部门考核或培训的原赤脚医生。

在卫生人员培养方面，1992年我国共有高等医药院校121所(其中中医学院30所)，在校学生214 285人，当年毕业生45 664人；我国中等医药学校551所，在校学生311 040人，当年毕业生为93 883人。此外，每年还有30万卫生人员接受毕业后继续教育和各种专业培训。

(二)卫生服务利用效果与居民健康水平有较大提高

1992年，全国医院提供诊疗量25.69亿人次，其中门、急诊24.45亿人次（1980年分别为25.53亿人次与23.78亿人次，变动不大)，住院服务5 222万人次(1980年为2 247万人次，1992年与1980年相比增加了132%，但与1988年以来的水平持平)。同时，全国12.6万个门诊部、79.7万个农村卫生室和15.2万名个体开业人员也向社会提供了大量的医疗服务，诊疗量未统计。此外，全国共开设家庭病床58.5万张，年诊疗877.5万人次。1992年全国每万人口入院人数包括家庭病床为457人，不包括家庭病床453.1人。

全国医院病床使用率1992为78.6%（1978年为80.4%，下降3%)，全国医院出院者平均住院日1992年为16.2日(1978年为14.7日，增加10%)。其中医学院校附属医院病床使用率最高，达到96.6%；其次为省、自治区、直辖市属的大型综合医院，为95.5%；各类专科医院中肿瘤医院病床使用率最高为93.9%。中医医院为69.2%，工业及其他部门所属医院为67.3%，乡卫生院为42.9%。据可统计资料分析，卫生部门医院社会经济效益如下：

1992年医院平均每一医生每天负担诊疗4.8人次，住院1.9人；平均每床占用专业设备资金1.1万元，药品卫生材料周转天数为63天。平均每所医院年收入为856.8万元，其中业务收入768.5万元(大医院年收入在3 200万—5 700万元之间，县医院平均为345万元)；财政差额预算拨款62.1万元(7.24%)和专项拨款26.2万元(占3.1%)；平均每所医院年业务支出为724.9万元，收大于支约10%左右。

1991年我国卫生总费用构成（当年价格）

项目/年代	1980	1991	与1990年相比（%）
卫生总费用（亿元）	132.0	725.44	549.6
一、政府预算（亿元）	41.3	139.11	336.6
所占百分比（%）	31.3	19.13	61.1
1. 卫生事业费	28.3	86.44	305.4
2. 中医事业费	0.8	7.33	916
3. 计划生育事业费	3.3	15.94	483
4. 卫生基本建设投资额	2.9	13.15	453
5. 医学高教科研等	6.0	16.25	270
二、医疗保险支出（亿元）	60.0	322.87	538
所占百分比（%）	45.5	44.50	
1. 公费医疗支出	6.7	50.56	754.6
2. 劳保医疗支出	53.3	272.31	511
（1）全民所有制	39.9	184.80	
（2）城镇集体	9.4	44.31	
（3）乡镇集体	4.0	43.20	
三、群众自费医疗支出（亿元）	30.7	259.44	845
所占百分比（%）	23.2	35.76	154
1. 城镇居民医疗支出	6.8	98.04	1 442
2. 乡村居民医疗支出	23.9	161.4	675
另外：国外贷款（亿元）	4.02		
国民生产总值（亿元）	4 470.0	19 855.00	441
卫生总费用占百分比（%）	3.0	3.65	467
人均卫生费用（元）	13.4	62.63	

1992年在卫生部门综合医院，平均每一诊疗人次医疗费为17.2元，其中药费为11.6元（占67.5%）；平均每一出院者住院医疗费为737.9元，其中药费为398.6元（占54%）、检查治疗费161.7元（占22%），出院患者平均每天住院医疗费为49.9元。1992年卫生部门综合医院部分病种出院病人平均住院医疗费用如下：胃癌3 182.3元（自费1 284.5元）、结肠癌3 122.3元（自费1 635.6元）、急性心肌梗塞2 661.1元（自费1 148.8元）、脑血栓1 937.9元（自费844.2元）、前列腺增生1 863.9元（自费908.9元）、慢性肾炎1 543.1元（自费645元）、胆囊炎及胆石症1 356.8元（自费819.8元）、胃及十二指肠溃疡1 382.7元（797.7元）、病毒性肝炎1 403.2元（自费779.6元）、肺炎777.9元（自费366元）、剖腹产655.2元（自费645.1元）、小儿支气管肺炎226.9元、婴儿腹泻142元。

在我国，由于医疗保健制度不同，城市中医疗服务利用情况有较大的差异：享受公费医疗者两周就诊率为15.74%，年住院率6.18%；享受劳保医疗者两周就诊率为15.47%、年住院率5.67%；享受部分公费医疗照顾者两周就诊率为13.98%，年住院率为4.38%；自费医疗者两周就诊率11.89%，年住院率3.10%。

在传染病防治方面：1992年全国法定传染病发病率为235.11/10万（1978年为2 364/10万，降低90%）、死亡率为0.85/10万（1978年为4.85/10万，降低82%）。多种传染病、地方病得到有效控制和防治。计划免疫"四苗"接种率以县为单位已达到85%，相应的传染病发病率大幅度下降：白喉发病率降到0.02/10万（1980年为1.0/10万）、百日咳发病率降到0.94/10万（1980年为62.82/10万）、脊髓灰质炎发病率降到0.17/10万（1980年为0.76/10万）、麻疹发病率降到10.95/10万（1980年为114.88/10万）。

在妇女卫生保健方面：1992年全国总计完成各类节育手术2 801.8万例：其中放置宫内节育器1 009万人次，取出宫内节育器215.1万人次，输精管结扎86万人次，输卵管结扎450万人次，人工流产1 041.6万人次。全国新法接生占接产总次数的比重达到84.1%（城市91.2%、农村82%），住院分娩率达到

52.7%（城市71.7%、农村41.2%）。我国孕产妇死亡率为94.7/10万（城市49.9/10万、农村114.9/10万），孕产妇死亡的主要原因前5位序列分别是：(1)产科出血（占死因构成的49.1%、死亡率为36.3/10万）；(2)妊娠高血压综合症（占10.1%、死亡率为7.5/10万）；(3)心脏病（占8.9%，死亡率为6.6/10万）；(4)产褥感染（5.9%、死亡率为4.4/10万）；(5)羊水栓塞（占5.4%、死亡率为4.0/10万）。

全国农村改水工作进展较快，目前，农村改水受益人口达到6.7亿人，占农村人口比重75.5%。历年来，我国改水总投资133.5亿元，其中80%的经费由群众集资和乡镇企业投资。改水形式中建立自来水厂、站达332 044个。占改水受益人口比重的40.7%；建手压机井3 311万个，占改水受益人口比重的26%；此外改良大口井、水窖、水柜等受益人口数占改水受益人口比重33.4%。

在食品卫生监测方面，1992年其抽样监测96万件，总合格率为83.4%，比前5年略有好转。其中熟肉及其制品为77.4%、冷食及饮料为82%、酱油为70.4%、奶粉为81.5%、酒为92.6%、水产品为91.7%、豆制品为80.8%、粮食为93.9%、植物油为87.8%、糕点为85.5%。1992年食品中毒39 085件，因中毒死亡332人，比前5年有所下降。

到目前，我国人口平均期望寿命已达到69岁（其中男性67岁、女性71岁），居世界上发展中国家健康水平的前列。

二、卫生事业发展中存在的问题和主要制约因素

（一）问题

1. 卫生事业结构不合理，卫生资源配置比例失调，城市与农村、医疗与预防保健、沿海与内地、西医与中医、工业交通等部门与卫生部门之间的卫生资源分配和服务利用差距很大。

2. 各类预防保健机构与队伍发展滞后，是整个卫生行业的薄弱环节。

妇幼卫生服务不适应需求，全国平均每一名专职妇幼卫生人员服务人口为1.06万人，服务面积为93平方公里。全国7岁以下儿童接受健康检查的只有45.1%。儿童系统保健覆盖人数仅占35%。

3. 医疗服务发展很不平衡。城乡急救医疗服务长期以来是薄弱环节。因恶性肿瘤、脑血管病、心脏病所造成的死亡占43%。社会对中间性医疗护理服务的需求量很大，家庭病床以每千人口1张计算，全国约需120万张，而1992年仅开设了64.8万张。中医机构规模小，条件差，功能不全。1992年全国县中医医院平均床位88张，平均设备总值仅15万元。不适应城乡居民的需要。

4. 保健康复服务发展缓慢，服务内容和管理体制均不适应社会需求。

5. 特殊医疗卫生服务刚刚起步，社会需求加速增长，主要是新兴的医疗服务（如：心理行为医学服务、健康咨询服务、向海外提供医疗劳务等），特殊的医疗服务（包括居民自发需要的服务，以及由行政主管部门带一定强制性的特殊服务，如性病、艾滋病防治，戒毒等），要求医疗卫生机构的服务功能和管理体制尽快改革和调整，以适应社会需求。

6. 卫生资源的利用效益低。1992年统计，全国医疗机构18.8万个，占20.48万个卫生机构的91.8%；医疗人员431万人，占514万卫生人员的83.8%，平均每一个医务人员服务的人口数远远低于世界平均水平（据世界银行1988年统计：世界人均GNP为3 400美元，平均每一医生负担人口为3 930人；我国人均GNP为330美元，平均每一医生负担人口为640人）。尽管城乡卫生人员配置比例悬殊，但相当一部分乡镇卫生院人浮于事，人力资源利用率甚低。从1980年到1990年，卫生人员增长了39%，全国卫生人员人均负担年诊疗人次由1980年的1 022人降至1990年的868人，下降了15%，平均每个医生每日诊疗不到8人次，工作量明显过低。现有卫生队伍进入医疗市场，将面临优胜劣汰的激烈竞争，而富余人员安置也将成为新的问题。

此外，我国城市医院平均住院日高于一些发达国家的一倍以上，给有限卫生资源的利用带来不利影响。一方面，这种低效运行使住院病人增加了不必要的费用负担，加重了医疗服务供求矛盾，另一方面，国家对医院床位补贴的相当部分被无效占用，还要不断分流有限基建投资新建和扩建城市医院，增加新的病床，影响了卫生投入向农村和预防保健倾斜政策的落实。因此要积极探索适应社会主义市场服务的、医院效益好坏与补偿机制紧密挂钩的医院管理办法，不断提高卫生资源的利用效益，引导我国城市医院逐步走上质量效益型的发展道路。

（二）制约卫生行业发展的主要因素

1. 卫生投入不足，结构不合理。据测算，1991年社会卫生总费用约为730亿元，占当年国民生产总值的比重仅为3.6%，低于一般发展中国家（国际上普遍认为最低限度为世界卫生组织所确定的5%）。

2. 长期以来，片面宣传和理解卫生事业的福利性，把政府和企业为职工、居民提供医疗保健福利同医疗卫生机构提供医疗卫生服务混为一体。医疗卫生机构作为社会医疗保健福利制度的载体，承担了间接分配社会福利基金的职能，长期实行低于成本收费或无偿服务政策，而财政补助不足，使公有制医疗卫生机构

未能建立起合理的补偿机制，处于非良性运行的困境。社会各界对亏损经营的医疗卫生机构，自然缺少投产积极性，即使一次性投资兴办后，也难以维持生存，更不能自我发展。

3. 我国计划、财政实行分灶吃饭、分级管理体制，由于各地经济条件不一，致使卫生事业发展不平衡，投向不合理，资金配置重城市、轻农村，重医疗、轻预防。而卫生主管部门缺乏宏观调控能力，对于解决薄弱环节及扶助落后地区卫生事业，缺少有效手段。

长期以来"企业办社会"，各工交部门自办的医疗卫生服务机构，因自成体系，条块分割，区域卫生发展规划工作难以开展，卫生资源利用效益不高，浪费严重。

4. 医疗卫生服务价格体系远未形成，服务收费水平低（药费收入占医疗收费的60%），既不符合价值规律的要求，也不适应社会经济与居民需求的变化。

医疗卫生服务的成本核算尚不规范，各级各类医疗卫生机构及各类医疗保健服务项目的合理比价均未建立，影响运行机制的完善，制约事业发展。

5. 医疗卫生机构缺少经营管理自主权，有关主管部门在资金筹集、劳动人事、分配奖惩等方面统得过多，管得过死，既限制了现有医疗卫生单位的主动创造精神，也压抑了社会办卫生的积极性。

三、发展医疗卫生事业的改革思路

（一）总体改革方向

卫生事业作为第三产业的一部分，在总体上要以产业化为方向，根据行业特点，更新观念、调整政策、转换机制，建立与社会主义市场经济体制相适应的卫生服务体系。

随着社会保障体系的逐步完善，医疗卫生事业单位目前承担的部分社会福利职能，应当逐步转由社会保障体系承担，部分医疗卫生单位逐步向经营型转变，实行企业化管理。卫生行业从服务内容来看，大体可分为医疗、预防、保健、康复4个子系统；从服务层次来看，一般可分为基本服务和特殊服务两个层次。根据各个子行业的服务对象、项目、手段、形式的差异，分别确定改革方向。

（二）改革的主要政策思路

1. 调整投入结构，提高卫生资源的综合效益

由于卫生事业内部划分为不同的门类，不同类别的卫生服务行业面对的人群不同，所承担的福利分配职能也不同，应当划分若干层次，确定分类指导的发展思路。总的思路是政府预算资金必须集中使用在其他筹资渠道所难以解决的卫生工作方面。主要在三方面经费投入要有较大幅度的增加：

(1)面向社会和人群的大规模公共卫生行动，其中包括卫生防疫、妇幼保健、重大疾病的群防群治，卫生人才的培养，基础医学研究等。这是国家为保持和增强综合国力所必须采取的主动行为，在事业经费和基本建设、设备经费上给予重点保证。这类机构的有偿服务收入不冲减财政拨款。

(2)卫生执法监督工作属于政府行政职能范围，应从现有卫生服务行业中分离出来，实行分类公务员制度，由财政全额预算拨款，并适当增拨监督监测经费。

(3)对继续承担基本医疗任务的医疗机构，国家继续拨付基本建设和专项发展经费；由国家规定对医疗服务按不含工资的成本收费的医疗机构，财政继续对在职和离退人员的基本工资、退休金实行差额补贴。适当调整对农村集体所有制乡镇卫生院人员的补助标准，争取达到与全民所有制卫生院相同的水平。对合作医疗（包括乡村医生补贴）继续予以必要的财政支持。

同时在两个方面要适当控制卫生费用过快增长：

(1)控制全民所有制卫生人员总量的增长幅度。我国卫生队伍从满足社会防病治病需求来讲仍然不足，在某些薄弱环节还严重短缺，但从经济水平与卫生人力配置状况的对比来看，每个卫生人员所负担的人口比例，已达到世界上高收入国家的标准，相当于一般低收入国家的1/4左右。这种"数量增长型"的人力资源投入，不但国家提供不起巨额的"皇粮"，而且为大批未经培训人员流入卫生队伍开了方便之门，造成卫生队伍素质低下。因此对全民所有制卫生人员要控制数量，提高质量，调整结构，特别要严格限制未经培训人员继续进入卫生队伍"吃皇粮"。

(2)控制公费医疗经费支出的增长幅度。我国现行的职工医疗保障制度（包括公费、劳保医疗制度）是50年代初期建立的，它对于保障职工身体健康、促进经济发展、保证社会安定发挥了重要作用。但是这个制度本身存在着一些不适应社会发展需要的弊端，缺少合理的医疗经费筹措机制和有效的费用约束机制，在医疗机构和患者双方都存在不同程度的浪费现象。近几年来公费医疗改革取得了初步成效，建立了国家、用人单位、职工个人三者分担医疗费用和各种约束机制，基本遏制了公费医疗支出过快增长的势头，但是仍未根本解决机制问题。目前国务院正在制定的关于职工医疗保障制度改革的决定，将推进职工医疗保健制度向社会医疗保险制度过渡，以适应社会主义市场经济体制的发展和多种用工制度的变革。医疗保健制度的具体实施归根到底取决于社会生产力的水平。现阶段的医疗保险体系，只能是在原公费、劳保医疗的基础上，逐步扩大医疗保险覆盖面，凡是有能力支付医疗保险费的社会团体及城乡居民均可投保。在农村积极推广多种形式的合作医疗保险，随着国民经济的发展，富裕起

来的农民将会逐步纳入社会医疗保险体系。

2. 不断拓宽医疗市场

随着科技进步和人们对自身认识的不断深化，医学模式向社会—心理—生物综合医学模式转化，卫生服务领域正在向广度和深度延伸。随着国民经济发展和人民生活改善，以及按劳分配为主体、多种分配形式并存的分配格局的形成，社会医疗保健需求日益增长，并趋于多样性和多层次性。但是我国现有医疗卫生服务体系主要是适应人们的传统的基本医疗需求，而且对基本需求的供给是很不充分的。因此，深化卫生改革的着眼点要瞄准这个潜在的、巨大的医疗市场，有条件的医疗机构要千方百计在满足群众多层次需求的同时求得自身的发展。各级医疗机构都应当面向市场"按需定产"，摆脱"官医"习气，克服那种既等财政输血，又等患者上门的现象。

3. 改革医疗服务的价格形成机制和价格管理体制

价值规律是市场经济的基本规律，它要通过价格的波动来实现。培育社会主义医疗市场，必须改革医疗服务价格形成机制。长期以来，医疗服务价格在很大程度上被扭曲，既不反映医务劳动的价值，也不反映医疗市场的供求变化。因此，对医疗市场合理价格形成的难度，要有一个清醒的估计。

医疗服务价格形成首先要以医务价值为依据，要承认医务劳动过程中不仅转移物化劳动的价值，而且创造新价值。因此，在医疗服务成本核算时，应当科学地核算物耗成本，制定合理的医院固定资产折旧率，药品卫生材料耗费则应按市场进价加上合理的损耗率来确定成本；同时，更应合理确定作为复杂劳动的医疗服务的人力成本，并承认医务人员为社会提供剩余劳动所形成的价值。

医疗服务价值只能得到相对的表现，最终是在无数次的市场交换中形成的。由于单位产品(包括物资产品和劳务产品)的价值量与劳动生产率成反比例，而医疗服务的劳动生产率提高幅度一般总是低于工农业物质生产部门的劳动率提高幅度，因此在市场经济条件下，医疗服务价格上涨幅度总是大于物质产品价格上涨幅度，医疗费用的不断增长是世界性的必然现象。

但是，鉴于我国国民生产总值的增长状况和社会消费水平的制约，医疗服务价格不可能完全由市场竞争自发形成，现阶段也不可能一步到位。一是因为社会对医疗服务的需要不断增长，但是有支付能力的需求却仍然有限，医务价格完全放开，广大农村居民可能无力支付医疗费用而抑制需求或推迟消费（所谓"小病抗，大病拖"），医务价格在求小于供的情况下仍将回落。二是因为现行职工医疗保障制度中的医疗费用主要支付者是政府和企业，由于政府财力不足或企业经济效益不佳，必然采取种种抑制医疗消费的措施，医疗服务需求不可能有大幅度增长，医务价格也不至于大幅度上涨和持续性居高不下。所以，医疗服务要建立分层次的价格管理体制，对基本医疗服务价格要政府适当干预，对特殊医疗服务价格逐步放开，由市场供求规律调节。

现阶段医务价格定价政策的设想大致如下：基本医疗部分，由财政继续补贴卫生人员基本工资的医疗机构或服务项目，实行按扣除财政补助额的正常成本收费；政府不补贴人员工资但给予基建和专项拨款的医疗机构，实行按全成本收费，其中折旧部分大部分留归医院更新发展用，小部分由卫生主管部门集中使用，支持重点机构，扶助薄弱环节。另一部分属社会成员个人需要的、不由公费劳保医疗基金付费的项目，国家不给予任何补贴的医疗机构提供的特殊的、高档次服务的项目，逐步放开价格，由市场定价。

4. 完善医疗卫生机构内部的运行机制，给卫生机构注入新的活力

卫生事业本身性质决定了其发展过程中政府具有不可推卸的责任，计划调节和市场调节两种手段都要运用。政府对医疗卫生机构除宏观间接调控外，还要有一些必要的直接调控手段，例如建立老、少、边、穷地区卫生事业发展基金等等。但是政府在计划调控的过程中对其实现方式必须进行改革，将单一的计划分配的行政指令变为信息服务、政策引导和法律规范相结合的综合方式。同时，医疗卫生机构要大胆地主动引进市场经营机制，重点在以下 3 个方面进行改革：

(1)强化卫生机构的自主发展机制。在筹集资金方面，卫生机构可以依法向国内外集资，包括向海外输出卫生劳务，以换取外汇收入。其自筹基金在区域规划内可自主进行基本建设和购置仪器设备。卫生机构在完成国家下达的专项业务外，可自主决定设立新的服务项目，收费标准可以分别情况，予以放宽。

(2)改革卫生机构的内部管理体制。第一，在收入分配方面，区分不同情况，核定医疗卫生单位工资总额；对部分单位给予一定的补助，不足部分自行解决。在保证国有资产保值增殖的前提下，卫生机构可以自主选择适合本单位的具体分配方式。根据职工的技术水平、工作条件和实际贡献，决定工资、奖金的档次，并自主决定对职工晋级增薪，降级减薪。第二，在医疗卫生单位的内部机构设置上，有权拒绝任何部门提出的设置对口机构并规定级别待遇的要求，自主确定、自行调整。第三，在人员管理方面，院、所、站长有本单位人事任免权和内部技术职务评聘权。

(3)健全卫生机构的自我约束机制。凡未完成国家

规定或计划拨款合同所要求的卫生工作任务的医疗卫生单位，从院、所、站长到职工都应根据责任的大小，承担相应的责任，轻则降薪，重则免职。对于长期管理不善，医疗服务质量、数量均不合要求的单位可以关、停、并、转。

(4)卫生机构在定员、定额的基础上，通过公开考评，择优上岗。对富余人员可采取离岗培训、内部待业、提前退休、下基层领办、承包、兴办工副业等方法进行安置。既加强劳动纪律，提高效率和效益，又保护绝大多数职工勤奋劳动的热情，真正实现人尽其能。

5. 转变行政职能，加强法制建设

(1)各级卫生行政部门按照“政事分离”原则，转变职能，加强卫生全行业管理和依法行政。主要制定卫生事业发展战略和具体方针，编制全行业中长期发展规划；拟订卫生规章制度、卫生标准和技术性规范；组织信息收集、分析和处理；协调重大医学科技项目的攻关、推广和开发等，逐步由“办卫生”为主向“管卫生”为主转化。

(2)医疗卫生管理机构的设置由地方政府确定，不强求上下对口。医疗卫生单位内部的机构设置，由单位自主确定，报卫生主管部门备案。

(3)严格对医疗卫生技术人员的资格审查，建立和完善医疗卫生机构开业许可制度，加强对医疗卫生机构技术服务质量的监督。

(4)抓紧制订《卫生基本法》和单项卫生法律、法规，完善卫生法规体系。

(5)加强卫生监督机构和队伍建设，健全卫生监督执法体系，地域管理与分级管理互相结合，监督执法与检验出证逐步分开，把卫生监督纳入法制化轨道。

（卫生部政策法规司　宋森）

计划生育事业

中国的计划生育事业，自50年代中期开始倡导，60年代在城市展开，到70年代初已推及全国广大农村，成为一项涉及家家户户的最广泛的社会公共事业。1978年12月召开的中共十一届三中全会，实现了新中国成立以来我党历史上具有深远意义的伟大转折，计划生育事业也由此进入一个新的发展时期。

一、改革开放以来计划生育工作取得了巨大成就

党的十一届三中全会以来，我国计划生育工作经历了第三次人口出生高峰的考验，实现了生育率的大幅度下降。人口过快增长的势头得到控制，人口素质明显提高，从而促进了整个社会经济的发展，也为稳定亚洲和世界人口做出了重要贡献。

70年代以前，我国的人口出生率很高。1970年出生率为33.43‰，自然增长率为25.83‰。1978—1985年的8年间，全国人口自然增长率基本控制在11‰到14‰左右。从1986年开始，我国进入长达10年之久的人口出生高峰期，进入生育峰值年龄的妇女人数大幅度增加。加上计划生育工作中出现的新情况、新问题，人口出生率又有所回升。1987年人口出生率为23.33‰，达到第三次人口出生高峰的最高值，但仍低于50和60年代的生育率水平。从1988年开始，我国人口出生率持续下降，育龄夫妇避孕率不断提高，人们的生育观念也发生了可喜变化，从而为在人口出生高峰期实现生育率的大幅度下降奠定了基础。据国家统计局和国家计生委组织的抽样调查，1992年，全国人口出生率为18.24‰，自然增长率为11.60‰，分别比1970年下降15.19和14.23个千分点，比1987年下降5.09和5.08个千分点；妇女总和生育率为1.72，分别比1970年和1987年降低4.09和0.89；妇女综合避孕率为83.4%，比1988年提高12.2个百分点；计划生育率为69.5%，比1987年提高13.5个百分点。1987年全国早婚人数有279万对，1992年下降到145万对，女性早婚率由23.6%降到12.9%。全国晚婚率1987年为29%，1992年上升到36.5%。我国妇女平均初婚年龄1987年为21.8岁，1992年提高到22.5岁，已接近女性晚婚年龄。

伴随着经济建设、文化教育和医疗卫生等各项事业的发展，我国人口的素质有了明显提高。50年代以前，我国人口死亡率曾高达25‰，70年代平均值下降到6.99‰，1992年已降至6.64‰。建国前，我国人口的平均预期寿命只有35岁，1981年提高到67.8岁，1985年继续提高到68.9岁，1987年又提高到69.5岁，成为世界上平均预期寿命提高最快的国家之一。建国前，我国婴儿死亡率高达203.6‰，70年代婴儿死亡率平均值下降到45.65‰，80年代又继续降至38.28‰。同建国前相比，下降了81%。我国新生婴儿死亡率也由40年代的92.55‰，降到1985～1987年22.4‰，下降幅度为76%。1990年我国新法接生率已达94%，孕产妇平均死亡率为0.95‰，广大妇女儿童的健康状况不断改善。由于实行计划生育，使妇女有更多的机会参加社会经济活动，妇女的社会地位也明显提高。

根据有关专家推算，如果不是有效地控制人口增长，近20年中我国人口总数至少要多增加2亿多人。可见，实行计划生育确实为国家和社会节约了大量的消费资金，大大减轻了人口增长过快给社会经济发展和资源、生态环境造成的压力，产生了巨大社会效益和经济效益。20世纪70年代，世界人口增长率第一次发生了历史性的变化，全球人口年平均增长速度从60年代的2%以上逐步降到2%以下，目前为1.7%，中国为此作出了重要贡献。所有发展中国家1990年的平均出生率为31‰，自然增长率为21‰，总和生育率为4.0。如果不包括中国，发展中国家1990年的出生率则为35‰，自然增长率为24‰，总和生育率为4.6。

二、计划生育事业发展与改革的基本情况

随着改革开放的不断深入，我国计划生育事业也迅速发展，在实践中积累了丰富的经验，逐步探索出一条具有中国特色的计划生育道路。

党的十一届三中全会以后，为了促进经济和社会发展，提高人民的生活水平，维护人民享受更好的生活质量的权利，党中央、国务院把控制人口增长作为一个长期的、关系全局的重大问题和战略任务摆到了非常

重要的位置。1980年，中共中央发出《关于控制我国人口增长问题致全体共产党员、共青团员的公开信》，号召全国人民实行计划生育，提倡一对夫妇只生育一个孩子。1982年党的十二大把实行计划生育，控制人口数量，提高人口素质确定为我国的一项基本国策，提出以人均指标作为经济建设的奋斗目标，使人口与计划生育成为整个国民经济和社会发展的重要组成部分。全国人大五届五次会议通过的《中华人民共和国宪法》规定，国家推行计划生育，使人口增长同经济和社会发展计划相适应；夫妻双方有实行计划生育的义务。《中华人民共和国婚姻法》也规定，夫妻双方都有实行计划生育的义务；晚婚晚育应予鼓励；直系血亲和三代以内的旁系血亲以及患麻风病未经治愈或患其他在医学上认为不应当结婚的疾病者禁止结婚。这些规定，从法律上确立了计划生育工作的重要地位。1991年，党中央、国务院召开计划生育工作座谈会，并且下发了《关于加强计划生育工作严格控制人口增长的决定》。中央提出，各级党委和政府务必把计划生育工作摆到与经济建设同等重要的位置，党政第一把手必须亲自抓，并且要负总责。要把做好计划生育工作和完成人口计划作为考核各级党委、政府及其领导干部政绩的一项重要指标，并制定科学的考核标准和监督措施。党中央、国务院在人口问题上作出的一系列重大决策，提高了各级领导和广大干部群众对控制人口增长重大意义的认识，增强了他们做好计划生育工作自觉性和责任感，从而有力地推动了我国计划生育事业的发展。

1979年以来，我国的计划生育政策不断完善，并且以地方法规的形式稳定下来。1981年全国人大五届四次会议通过的《政府工作报告》，把我国的人口政策概括为“限制人口的数量，提高人口的素质”。根据这一政策，计划生育工作提出了“晚婚、晚育、少生、优生”的要求，取代了70年代“晚、稀、少”的提法。中央《公开信》在提倡一对夫妇只生育一个孩子的同时，提出某些群众确有符合政策规定的实际困难，可以同意他们生育两个孩子。1984年中央提出“要把计划生育政策建立在合情合理、群众拥护、干部好做工作的基础上”。要求“对农村继续有控制地把口子开得稍大一些，按照规定的条件，经过批准，可以生二胎”。1991年党中央、国务院在中发［1991］9号文件中进一步明确表述我国现行计划生育政策是：提倡晚婚晚育、少生优生；提倡一对夫妇只生育一个孩子。国家干部和职工、城镇居民除有特殊情况经过批准可以生第二个孩子外，一对夫妇只生育一个孩子。农村某些群众确有实际困难，经过批准可以间隔几年以后生第二个孩子。为了提高少数民族地区的经济文化水平和民族素质，在少数民族中也要实行计划生育，具体要求和做法由各自治区或所在省决定。实践证明，我国现行计划生育政策是符合我国国情，并且能够为广大群众所接受的。在此基础上，全国各省、区、市从80年代初开始先后制定颁布地方计划生育法规，把现行计划生育政策以法规的形式稳定下来，并且加以规范，同时还不断完善有关的配套政策和措施，形成了一个较为完整的政策法规体系。

改革开放以来，我国人口计划管理和人口统计工作不断加强，逐步形成了较为严密的管理体系。人口计划每年由国家计委在下达国民经济和社会发展计划的同时下达，并层层分解。1981年国家计生委成立后，加强了人口计划的编制、下达、检查和人口预报工作。根据经济与社会发展的战略目标、近期任务和人口预测，编制长期、中期和年度人口计划；逐级下达和分解人口指标，并且落实到基层以及每个育龄夫妇家庭；每年年初和年中进行两次人口计划执行情况的检查，分析人口形势，评估工作效果。在总结多年经验教训的基础上，我国人口计划的管理更加注重实事求是，区别对待，分类指导，使计划既体现严格控制人口增长的要求，同时又定在切实可行、经过最大努力可以实现的基础上。许多地方除人口控制指标外，还从本地实际出发适当设置一些工作指标，以引导计划生育工作健康发展。80年代中后期，各地普遍推行各级党委、政府人口与计划生育目标管理责任制，把人口计划完成的好坏与社会主义精神文明和物质文明建设挂起钩来，严格实行计划生育一票否决权，使人口计划管理真正落到了实处。与此同时，人口统计工作也逐步形成了独立的管理制度、指标体系、统计方法和专业队伍。1982年国家计生委首次成功地组织了全国千分之一人口生育率抽样调查，获取了我国40年来有关妇女婚姻、生育以及当时节育状况等多方面的重要数据。1988年以国家计生委为主，在国家统计局、国家计委、财政部和公安部的协助下，又进行了一次大规模的全国生育节育抽样调查，掌握了计划生育工作开展以来全国和各省、区、市的生育节育水平及其发展趋势。1992年国家计生委再次组织全国计划生育管理信息系统首次调查，获得了一批很有价值的人口数据，为评估和指导各地的计划生育工作提供了科学依据。

改革开放以来，我国计划生育的组织建设迅速发展，已形成一个独立的工作部门和遍及城乡的基层网络。1981年第五届全国人大常委会第十七次会议决定，正式成立国家计划生育委员会，成为隶属国务院的一个职能部门。1988年经国务院批准，国家计生委机关行政编制为169人，比原来有所扩大，机构设置在原有办公厅的基础上增加了政策法规、规划统计、宣传教育、科学技术、财务药具、外事等司。省级计生委一般下设6～7个处，平均行政编制49.6人；地、县两级计生委一般设3～5个科或股，行政编制平均为16人和10人。此外，全国已建立宣传教育、技术服务、药具供应、人员培训为一体的县级计划生育服务站2 400多个，相当一部分乡镇和村还建立了精干的计划生育服务机构。1992年全国计划生育系统共有工作人员29万多人。其中县以上计划生育行政管理部门共3.9万人，事业单位5.8万人；乡级计划生育工作人员20万人，平均每万农业人口拥有专职计划生育工作人员2.3人。中国计划生育协会于1980年成立以来，各级基层组织已发展到90多万个，拥有会员5 000多万人，成为协助政府推动计划生育，团结发动广大育龄群众进行“自我教育、自我管理、自我服务”的重要的群众工作网络。与此同时，计划生育的其它事业机构、群众团体和人口学研究机构也得到较快发展，国家和省一级普遍建立了计划生育科学技术研究所、人口情报中心、计划生育宣传教育中心或分中心、人口报社、干部培训院校或培训中心、避孕药具服务中心或供应站、人口福利基金会、人口学会和人口学研究机构，为实现控制人口增长，提高人口素质这一总目标服务。

我国在推行计划生育工作中一直坚持国家指导和群众自愿相结合的方针。全国和省一级人民代表大会按照立法程序制定控制人口增长的目标和计划生育法规，并通过广泛的宣传教育加以阐明，以保证群众有足够的信息做出自己的决定。在宣传教育方面主要是开展国情、国策的宣传教育，使广大人民认清当前国家和本省、本县、本乡、本村所面临的严峻人口形势，加深对计划生育这一基本国策的理解；开展爱国主义教育，引导广大人民在生育问题上正确处理国家利益和个人利益、长远利益和眼前利益的关系，自觉地为控制人口增长作贡献；在城乡普遍开设人口学校，开展人口与计划生育基础知识教育，用科学知识启发和引导广大群众转变生育观念，提高对计划生育、优生优育的理解和接受能力，帮助他们掌握科学的避孕节育知识和方法。对在校学生也进行人口与计划生育教育，使公民从青少年开始就树立起人口意识和正确的恋爱、婚姻、生育观念。一些基层单位采取了未婚青年或育龄夫妇签订晚婚或计划生育合同的办法，通过这种形式把公民实行计划生育的权利和义务具体化，使有婚育条件的群众按合同规定自我管理，有计划地结婚生育。更多的地方则在基层广泛发展群众性的计划生育协会组织，通过“育龄妇女之家”、“会员中心户”等组织形式把广大群众动员起来，开展经常性的宣传、服务和互助活动，参与计划生育的伟大事业。

三中全会以来，计划生育科学技术工作按照安全、高效、简便、经济的要求不断发展创新，向着高质量、多品种、系列配套、供群众自由选择的方向努力。“六五”和“七五”期间，国家计生委主持了国家“节育技术研究”和“计划生育药具和避孕方法研究”两大攻关项目的25个专题的研究，取得了大量研究成果。从1991年开始，我国计划生育科研，针对现有节育技术和方法存在的缺陷认真研究改进，并加紧对新一代避孕节育技术与方法的研究，已获得米非司酮和皮下埋植剂两项重大科研成果，扩大了多中心临床试验范围。目前，我国已经有了一系列适合国情、品种比较齐全的避孕药具和节育技术，我国男性节育技术已居世界领先地位。各级计划生育技术服务网络，坚持以避孕为主，大力普及避孕节育科学知识，积极推广长效节育措施，并通过普及优生优育知识，开展遗传咨询门诊，实行婚前检查、孕情普查和孕产期保健，加强婴幼保健及早期教育等，为广大育龄夫妇提供热情、优质的服务，指导他们生育健康聪明的孩子。

进入80年代后，我国对人口问题的社会性综合性的认识更加深入，各级政府把计划生育同发展经济、普及教育、改善医疗卫生条件、搞好妇幼保健、增进社会福利和社会保障、提高妇女地位等结合起来，要求全社会都重视和支持计划生育，对人口问题实行综合治理。同时，要求各部门制定的有关社会经济政策，都必须有利于鼓励人们晚婚晚育、少生优生。许多地方十分重视扶贫开发与计划生育相结合，在贫困地区制定了人口、粮食、生态全面规划，综合治理，协调发展的总体战略，把控制人口增长同扶贫开发紧密结合起来，对实行计划生育的贫困户给予政策、技术和资金等方面的优惠照顾，使贫困地区尽快摆脱“越穷越生、越生越穷”的困境，逐步走上人口与经济发展良性循环的轨道。近几年来，随着农村商品经济的发展，各地创造了“少生快富合作社”、“生产、生活、生育中心户”“一帮一合作组”、“富裕幸福家庭工程”等多种组织形式，把计划生育与发展农村经济、帮助农民勤劳致富奔小康、建立文明幸福家庭结合起来，引导农民更加自觉地实行计划生育。各级妇女组织在农村妇女中开展“双学双比”活动，把计划生育作为一项重要内容，鼓励她们摆脱旧的生育观念，更多地参与经济社会发展。为了解除实行计划生育的家庭的后顾之忧，近年来各级政府十分重视发展社会保障事业。在城市普遍开展了独生子女平安保险和少儿“两全”保险；在农村，许多地方依靠国家、集体、个人三方面的力量，积极筹措资金，为独生子女和“双女”户办理养老保险，逐步建立起社会化的养老保险制度。

改革开放的不断深入增进了人口与计划生育领域的国际合作与交流。我国的计划生育事业主要依靠自己的力量，同时也十分重视与国际社会和世界各国建立和发展友好合作关系。70年代末和80年代初，我国政府先后同联合国人口基金、国际人口方案管理委员会和人口理事会等国际组织建立了合作关系。1983年中国计划生育协会加入了国际计划生育联合会。联合国人口基金作为世界上最大的多边人口援助机构，在1980～1989年10年间，执行了两个周期的对华合作方案，向中国提供1亿美元的资助，共安排70多个合作项目。第三周期的项目合作正在执行中。改革开放以来，我国政府同巴基斯坦政府签订了人口、计划生育合作协议；又先后同印度、尼泊尔、孟加拉、泰国、菲律宾、巴西、秘鲁等10多个国家的政府或民间组织进行了友好往来，加强了同第三世界国家在人口、计划生育领域的合作与交往。我国还和日本、美国、法国、荷兰、瑞典等一些发达国家、民间组织以及医药公司、研究机构在人口统计、宣传教育、避孕药具研制、人口政策研讨等方面开展了一系列合作。为了解国际人口和计划生育信息，参与商讨解决世界人口的对策和措施，利用国际讲坛宣传中国计划生育的成就，争取国际社会的了解和支持，我国还积极参加了一些重要的国际人口、计划生育会议。由于我国在控制人口增长方面取得的巨大成就，为解决世界人口问题做出了贡献，1983年，由联合国人口基金赞助成立的联合国人口奖委员会把首届联合国人口奖授予中国，以表彰我国在计划生育领域中所取得的显著成就。1988年，国际人口方案管理委员会为表彰中国对世界人口做出的杰出贡献，向中国计生委颁发了人口奖。同年，中国计划生育协会又荣获争取更好世界协会颁发的1988年度稳定人口奖。

三、1992年计划生育事业的新发展

1992年是我国计划生育事业稳步前进并取得显著成效的一年。全国和各省、区、市都较好地完成了人口计划。全国人口出生率为18.24‰，自然增长率为11.6‰，分别比国家下达计划低2.58和2.73个千分点；与1991年相比，分别下降1.44和1.38个千分点。1992年，我国大陆人口总数为117 171万人。年内出生人口2 119万，比1991年少出生人口140万；比计划少出生人口313万；年内净增人口1 348万，比1991年少增加142万，比计划少增加人口326万。在处于第三次人口出生高峰峰顶的年份，实现了生育率的较大幅度下降。1992年计划生育事业的新发展突出表现在：

(一)坚持中央提出的现行生育政策、人口计划指标和党政一把手亲自抓负总责“三个不变”的原则，进一步稳定和发展了良好的工作局面。

改革开放和经济建设步代的加快，使各级党委、政府越来越深刻认识到，做好计划生育工作，严格控制人口增长，对于经济与社会发展的全局至关重要。因而更加自觉地把计划生育工作摆到与经济发展同等重要的位置。许多地方明确提出了“经济要搞上去，人口要降下来”的奋斗目标，并切实做到了人口与经济“两手抓”。不少地方的党政一把手以更多的精力研究人口问题，掌握人口计划执行情况，加强对后进地区的具体指导，主动协调各有关部门解决计划生育工作中的实际问题，极大地推动了这项工作的开展。为使抓计划生育逐渐形成制度，各地都进一步完善了人口与计划生育目标管理责任制，制定了一些新的配套政策和措施，把计划生育工作的好坏与领导干部的政绩考核、评先、奖惩、任免等挂起钩来。一些省还就党政一把手亲自抓、负总责的具体内容和工作标准作出了明确规定。绝大多数地方都从严格控制人口增长的实际需要出发，进一步调整充实了各级人口与计划生育领导小组；在机构改革中保留了计划生育机构，有的地方还为计划生育部门增加了人员、编制。大部分省、区、市已按中央要求开始逐步增加对计划生育的投入。1992年各级财政对计划生育的投入为19.64亿元，比1991年增加了3.53亿元，增长21.91%。人均计划生育事业经费为1.68元，比1991年增加0.29元，增长20.86%。

我国现行计划生育政策更加稳定。继全国28个省、区、市制定计划生育条例之后，新疆、西藏自治区人民政府也分别制定了计划生育管理办法。一些省对原有计划生育条例作了补充和修订，制定了条例实施细则和与之配套的规范性文件。使现行生育政策更加明确、规范，也有力地保证了现行生育政策的贯彻落实。

各地严肃认真地执行国家下达的人口计划，加强了对不同工作基础、不同地区的分类指导。一些省把国家下达的人口计划作为必须完成的指标，同时向下级党委、政府提出一个力争实现的更严格的指标，鼓励各地努力完成，较好地调动了各级完成人口计划的积极性，使后进地区的工作取得明显进展。

(二)扎扎实实抓基层、打基础，计划生育工作水平有了新的提高。

各地通过认真总结以往经验教训，把加强基层建设和基础工作作为提高计划生育工作水平的一项关键性措施摆到了十分突出的位置。党委、政府对各级计划生育网络建设、基础管理和基本设施配套等提出了明确要求，动员各有关方面为基层办实事，解决实际问题，层层抓落实，形成了重视基层，大力加强基层的局面。一些省、区、市在加强县、乡两级计划生育队伍建设的基础上，把工作网络延伸到村、组，在村民委员会和村民小组建立起计划生育工作网络，配备了专职人员。县、乡、村计划生育技术服务网络进一步加强，全国已有50%的乡镇建立了计划生育技术服务机构，一些省市约有半数以上的村建起了计划生育服务阵地。许多地方的计划生育协会组织在流动人口、集贸市场、城乡结合部以及三资企业和私营企业中得到发展，开辟了新的工作领域。

为了提高基层计划生育管理水平，1992年国家计生委制定下发了《县乡村计划生育工作指南》。许多省市根据这一《指南》制定了符合本地实际的基层工作规范，广泛开展了多种形式的达标竞赛活动，大大改进了基层计划生育的管理。

（三）各有关部门和全社会协调配合，对人口问题实行综合治理取得新的突破。

河北、江苏、江西、黑龙江、山东等许多省提出各有关部门分别把关，各负其责，对人口问题实行综合治理的战略，出现了各有关部门、群众团体计划生育工作的职责分工和考评办法。海南省在全国率先进行人口与社区综合发展的试验，由各有关部门联合组成日常工作班子，把试验区的每一项工作都与人口问题结合起来统筹考虑，为解决我国人口问题提供了新思路。吉林、辽宁等省协调宣传、妇联、农业、科技、民政、共青团、武装部、计划生育等部门共同参与，在生产、生活、生育方面为群众提供广泛的服务，结合妇女"双学双比"、家政教育、军民共建等活动，帮助农民发展经济，勤劳致富，建设文明幸福家庭，走出了一条农村计划生育工作与发展商品经济、帮助农民勤劳致富、建设文明幸福家庭相结合的新路子。

1992年，国家计生委配合《妇女权益保障法》颁布实施，在中央人民广播电台和《中国人口报》上开展了"生男生女都一样"的专题讨论和广播征文活动，引起巨大反响。国家计生委与民政、公安、司法、工会、妇联、共青团等部门和社会团体共同起草并由国务院办公厅转发了《关于加强婚姻管理，制止早婚早育的意见》，有力地促进了计划生育工作。卫生部、国家科委、国家计生委等8个部委和群众团体联合组织了节育技术服务质量检查，促进了基层计划生育技术服务质量和管理水平的提高。人民解放军和武警部队在军民共建社会主义精神文明活动中，积极协助地方开展计划生育的宣传和服务，带动了地方的计划生育工作。

（四）不断研究新情况，解决新问题，加快了计划生育工作改革的步伐。

1992年，各省、区、市针对新形势下计划生育工作出现的新情况、新问题，广泛深入地进行调查研究，积极探索和建立有中国特色的同改革开放和社会主义市场经济体制相适应的计划生育工作新机制，进一步深化了计划生育工作的改革。国家计生委召开的全国流动人口计划生育工作经验交流会，针对流动人口不断增多的趋势，提出了对流动人口不能堵，不能赶，而要因势利导，加强管理和服务的工作思路；在上海召开的全国城市基层计划生育工作经验交流会，全面分析了城市计划生育工作面临的机遇与困难，确立了抓住机遇，大胆改革，建立和健全社会制约与利益导向相结合的工作新机制，继续抓紧抓好城市计划生育工作的方针；全国人口与计划生育目标管理责任制考核工作研讨会，就新形势下如何建立科学的指标体系，做好目标管理责任制的考核评估工作进行了深入探讨；全国计划生育系统人事工作经验交流会提出，要在改革中稳定和加强计划生育工作机构，建设一支数量上、质量上都能适应新形势发展需要的计划生育干部队伍。此外，各级还大力改革了计划生育财务、药具管理体制。国家计生委、财政部和物价局联合制定了《计划外生育费管理办法》，根据这个"办法"，绝大部分省市建立健全了计划外生育费"乡收县管，财政监督"的管理体制。国家计生委在核定全年避孕药具经费的基础上，提出了实行避孕药具经费总承包方案，并在积极推广使用药具科研新成果、新技术，努力扩大避孕药具零售网点，有计划地开展群众自愿选择避孕节育措施试点工作等方面迈出了新步子。

四、计划生育工作面临的问题和今后的发展方向

当前，我国计划生育工作面临的问题主要表现在：

（一）我国出生人口的绝对数字仍然很大。尽管目前人口出生率已降到比较低的水平，但1991年和1992年每年出生的人口都在2 200万左右，高于50年代年平均出生人口的水平，与1974年和1975年的出生人数相当。这样高的人口增长量对于我国的经济社会发展仍然是一个沉重负担。

（二）生育水平不稳定。现在我国还只有一小部分地区计划生育工作的基础比较好，大部分地方还主要靠强有力的行政手段、突击活动和补救措施来控制人口的增长。这样虽然可以在较短的时间内把生育水平降下来，但由于工作基础不牢固，只要稍有放松，人口出生就会出现回升。

（三）地区之间不平衡的现象还很严重。1992年，虽然各省、区、市都完成了人口计划，但是大部分地方计划生育工作基础还不稳固，一部分地方的人口出生率和多孩率还比较高。

（四）随着改革开放步伐加快，特别是社会主义市场经济体制的建立，计划生育工作也出现了一些新情况、新问题。一是部分地方的领导同志对计划生育工作的长期性和艰巨性认识不足，加上经济工作的任务重，抓这项工作的力度和劲头减弱；二是计划生育干部队伍不稳定；三是社会主义市场经济体制建立以后，一些行政手段将出现弱化的趋势，计划生育工作中某些原有的措施和方法将不适应新的形势；四是由于人口城

镇化速度加快，人口的流动性越来越大，城市计划生育工作的难度也增大了；五是一些地方出现了出生婴儿性别比升高的趋势。这些问题的解决，需要全党全社会继续做出坚持不懈的努力，不断研究和探索解决新问题的新方法。

计划生育事业，是建设具有中国特色社会主义的重要组成部分。计划生育事业的发展，必须顺应改革开放的大潮，跟上时代前进的步伐。在新的形势下，计划生育工作一方面要围绕经济建设这个中心，继续坚定不移地控制人口增长，提高人口素质，继续坚持长期以来行之有效的基本经验，并且不断地加以完善。另一方面，要解放思想，实事求是，不断深化计划生育工作的改革，积极探索和逐步建立有中国特色的同改革开放和社会主义市场经济体制相适应的新的工作机制。在计划生育工作中，要把社会制约机制与利益导向机制结合起来，在加强管理的同时，更加注重引导群众自觉地实行计划生育。

使人口的发展同经济、社会的发展相适应，同资源利用、环境保护相协调，是实现我国社会主义现代化建设战略目标的必要条件。为此，应该制定相互配套的政策和措施，走出一条人口、经济、社会、资源、环境协调发展的路子。要把计划生育同发展经济、扶贫开发、资源合理利用、环境保护、普及教育、改善医疗卫生条件、增进家庭福利、妇幼保健、提高妇女地位、妥善解决城市化、人口老龄化问题等结合起来，实行综合治理，在全社会形成一种合力，共同解决我国人口与发展这个重大而复杂的问题。

计划生育涉及广大群众的切身利益，在严格控制人口增长的同时，必须注意工作方法，努力提高管理和服务的水平，把抓紧和抓好统一起来。要按照计划生育工作以宣传教育为主、避孕为主、经常工作为主的方针，不断改善各方面的管理。同时还要大力加强生育、生产、生活方面的综合服务，帮助群众发展经济，解决他们的实际困难，使他们真正感到实行计划生育对自身和家庭的好处，逐步由要我实行计划生育变为我要实行计划生育，从而达到既有效地控制人口增长，又密切党群关系、干群关系的目的。

控制人口数量，提高人口素质，是我国人口政策的两个基本要求。随着广大群众生育观念的转变和对人口的控制能力不断增强，计划生育工作在控制人口增长的速度和规模的同时，还应加强优生优育的指导，落实优生措施，提供生、养、育方面的多种服务。此外，还要在改善人口结构等方面做更多更细致的工作。

（国家计生委办公厅 张汉湘）

教育事业

基础教育

一、基础教育稳步发展，教育质量明显提高

改革开放以来，我国对基础教育管理体制进行了一系列改革，初步取得了成功，形成了多渠道筹措教育经费的新机制，充实和完善了师范教育体系，办学条件得到改善，有力地促进了基础教育的发展。1992年全国小学已经达到71.3万所，在校学生1.22亿人，全国已有91%的人口地区普及了初等教育。普通初中学校数达到69 171所，在校初中生4 065.49万人，不少大中城市和部分富裕的农村，已经普及了初中教育。普通高中14 850所，在校高中生704.89万人。全国幼儿园数达172 506所，在园幼儿2 428.21万人，入园率达31.5%。适龄儿童受到学前一年教育的比例达60%。全国有特殊教育学校1 077所，在学残疾儿童共12.95万人。随着中小学教育的发展和改革的不断深入，以往的应试教育模式已开始向提高全体学生的素质方面转变，使学生在德、智、体、美、劳几个方面全面发展。如从1989年至1992年，全国中小学生参加数学、物理、化学、信息四个学科国际奥林匹克竞赛，参加者74人次，取得金牌5枚、银牌16枚、铜牌7枚，从团体总分看，获得11个第一，5个第二。从1986年到1992年，中学生在参加世界中学生、亚洲中学生及太平洋地区中学生足球、越野、排球、篮球、羽毛球等单项比赛和运动会的比赛中，共获得金牌84枚、银牌35枚、铜牌31枚，打破和创造世界中学生运动会纪录82项次。为祖国争得了荣誉。

二、《义务教育法》实施细则颁布，失学儿童受到社会关注

《中华人民共和国义务教育法》颁布后，小学和初中阶段教育走上了依法治教的轨道。分级办学体制的确立，促进了中小学教育的发展。1992年3月14日，经国务院批准，又颁发了《中华人民共和国义务教育法实施细则》。4月国家教委召开全国电话会议，就如何贯彻落实《实施细则》，推动义务教育实施作了具体布署。各级地方政府积极行动起来，强化义务教育法规和规章制度的建设，落实义务教育发展规划，按地区、分阶段、有步骤地实施义务教育，使全国义务教育向前又迈了一大步。据统计，1992年全国7—11周岁学龄儿童入学率已达到97.95%，比上年的97.87%提高0.08个百分点。小学毕业生升学率达79.61%，比上年的77.71%提高1.9个百分点。小学学生辍学率为2.19%，比上年的2.35%降低0.16个百分点。12—15周岁学龄人口入学率达到66.9%。

为了解决贫困地区未入学儿童和辍学儿童的经济困难，中国青少年发展基金会发起实施“希望工程”，动员全社会的力量，帮助贫困地区失学儿童重返校园接受教育。“希望工程”受到了党和政府的重视和关怀。邓小平同志以及江泽民、李鹏等党和国家领导人都对此给予了高度评价。11月国家教委发出通知，支持中国青少年发展基金会实施“希望工程”。1992年由国家组织直接救助的失学少年过15万名，建立希望小学20所。

三、社会各界积极办学，私立学校有所发展

社会力量办学是近年教育发展中的一个新动向。邓小平同志南巡重要谈话进一步促进了思想解放，广大人民群众、各种社会力量、海外华人华侨兴办学校的积极性越来越高，全国各地出现了一批由公民集体或个人开办的学校。目前社会力量办学的形式大体可分为民办公助、公民合办和私人自办的三种形式。一些公办学校在办学形式上也有所改变，有的实行自主办学，有的实行公办民助，有的由公办改为民办等等。多种形式的社会力量办学热潮的兴起，改变了单一的国家办学体制，开始形成了以国家办学为主体，社会共同办学的新体制。据统计，1992年全国私立中学已有673所，比上年增加129所，在校学生13.88万人，比上年增加33%；私立小学864所，比上年增加209所，在校学生52万人，比上年增加50%，私立幼儿园13 808所，比上年增加1 717所，在园儿童53.62万人，比上年增加28%。

四、教育改革迈出新步伐，中小学施行新的升学和

考试制度

在1991年底召开的全国城市教育综合改革经验交流会上，国家教委提出了加快城市中小学教育改革步伐的新路：一要进一步明确中小学教育的指导思想，也就是要重视全体学生的发展、重视学生的全面发展、重视让学生主动地发展、重视让学生生动活泼地发展。二要坚定地推进升学制度、考试制度的改革，主要内容是：(1)小学升初中，在已经普及初中的地区，取消初中招生统一考试，实行划片就近升学。这项改革措施1992年已开始在全国推开，许多地区陆续取消统考，实行就近入学。(2)初中升高中正在进行改变升学竞争为办学水平竞争的改革探索。(3)高中会考和高考改革。实行高中毕业会考，改变不合理的评价标准，形成对中学教学的正确导向机制，纠正中学偏科现象，引导学生全面发展，调动多数学校教学积极性，增强非重点学校提高教学质量的信心。

五、中小学教师待遇有所改善，教师队伍建设得到加强

近10年来，按照国家的规定，中小学教师逐步提高了工资，特别是一些城市中小学实行工资总额包干和结构工资制的改革，教师工资有了较大幅度提高。10年间国家共下达了50万名民办教师转公办教师的指标。民办教师的待遇也不同程度得到改善。中小学教师住房受到国家和各级政府的重视。在国家每年安排补助专款的同时，各级政府又采取多渠道筹集资金的办法，使中小学教师住房有了明显的改善。1992年9月国务院又转发了国家教委、建设部、全国教育工会的《关于"八五"期间解决城市中小学教职工住房问题的意见》。使广大中小学教师受到很大鼓舞。

为了加强中小学教师队伍建设，提高教师素质，各级政府采取了积极措施，从各方面加强师范教育投入。自1986年以来，共拨出师范教育专款13亿元，利用世界银行贷款近2亿美元，用于改善师范院校办学条件，促进调整结构布局，提高师范院校的办学水平、管理水平和教育质量。与此同时，还采取多种措施，包括脱产进修、在职培训以及利用电视教育等多种手段，培养中小学教师。1992年国家教委先后印发了《关于开展小学教师继续教育的意见》、《关于做好1992年中小学教师"专业合格证书"文化专业知识考试工作的通知》、《关于加快中学教师学历培训步伐的意见》。进一步促进了中小学师资队伍素质的提高，据统计，1992年全国普通小学、初中、高中专任教师学历合格率分别达到82.7%、55.6%、49.1%。

六、教育经费渠道拓宽，办学条件明显改善

多渠道筹措教育经费新机制的建立，拓宽了教育经费来源的渠道，调动了社会各方面集资办学的积极性，大大加快了学校建设的步伐。1981年至1992年，全国共新建中小学校舍3.03亿平方米，改造中小学旧房1.6亿多平方米，中小学生每人平均占有校舍面积由1981年的2.4平方米，增加到1992年的4.4平方米。全国共消除中小学危房4.28亿平方米，危房比重由1981年的15.9%下降到1.98%。由于校舍倒塌而造成的师生伤亡事故大大减少；由于办学条件差造成的一些疾病(如近视眼、皮肤病等)的发病率明显降低。目前，全国大多数地区已基本完成了"一无两有"的建校任务。许多地方在切实巩固"一无两有"的基础上，完成了校舍、教学设备、图书资料及其它附属设施的配套建设。

七、基础教育发展中存在的问题仍然很多，需要进一步加以解决

目前，我国基础教育中存在的重要问题是：基础教育在整个教育中的重点地位没有完全落实；义务教育的实施仍有很多困难，师资水平和教育质量有待进一步提高；义务教育发展不平衡，特别是山区、民族地区、西部地区普及教育难度很大，小学、初中辍学、女童入学难及残疾儿童教育问题仍很突出；初中教育仍是薄弱环节，入学率较低，教师缺额，学历合格率低；教育经费投入不足，公用经费比例下降。这些问题如不较好地加以解决，我国的基础教育就很难在现有的基础上进一步向前发展，甚至有可能使已经取得的成绩也逐渐丧失掉。因此，国家应针对基础教育中存在的问题，采取切实可行的措施，特别是要通过加强立法、加强执法来保证基础教育的顺利发展，这是关系到中华民族未来前途的大事，我们必须予以高度的重视。

（国家教委计划建设司　林志华）

普通高等教育

一、适应改革开放新形势，高教发展步伐加快

在邓小平同志视察南方重要谈话和中央政治局全体会议精神鼓舞下，全国高等教育加快了发展步伐。普通高校主动适应改革开放和现代化建设的需要，取得了新的进展。一是招生规模有较大发展。据统计，1992年普通高校本专科招生75.4万人，比年初国家下达计划的62.8万人多招12.6万人，增长20%，比上年实际招生数增加13.4万人，增长21.7%。二是国家任务计划和调节性计划比例有较大的调整。1992年国家任务计划招生55万人，占招生总数的72.9%，比1991年下降了16个百分点；委托培养和自费生招生20.1万人，占26.6%，比上年提高了16.2个百分点。指导

性计划招生数增加较快，适应了社会主义市场经济发展和社会各方面的需求，是符合当前实际的。三是本专科层次结构和科类结构趋于合理。1992 年普通高校本科招生 35 万，占 46.4%，专科招生 40.4 万人，占 53.6%。多年来首次出现专科招生规模大于本科现象。扩大招生的专科生多数是为乡镇企业培养的，人才流向趋于合理。四是规模效益有所提高。由于普通高校招生和在校生规模扩大，平均在校生规模由上年的1 901人提高到2 074人，平均增加173人，师生比由1∶5.2变为1∶5.7。

二、发展高新技术产业取得显著成果

高等学校拥有近60万名科学研究人员，他们在承担培养人才和重大科研任务的同时，面向经济建设主战场，在促进经济与社会发展方面发挥着越来越重要的作用。高校把科技成果的工程化、商品化和产业化工作做为当前高校实施内部改革的一项重要内容，坚持走以科学技术优势为依托，以市场为导向，以效益为根本的发展科技企业的新路子。在前几年市场普遍疲软的情况下，高校科技产业的销售额和利润连年大幅度增长。据统计，1989 年全国高校共有科技企业 688 个，销售总额为 4.7 亿元，税后利润 0.9 亿元；1991 年共有科技企业 725 个，销售总额达 17.6 亿元，其中创汇 962.5 万美元，税后利润约 2.96 亿元。高校每年鉴定8 000项左右技术成果，其中适应市场需求可供转化的不在少数。因此具有国际竞争力的高技术产品源源不断地出现，已形成了一批影响比较大的拳头产品。如北大方正电子出版系统、天津大学的新型填料塔和高效填料，南开大学的树脂、南京大学的尿激酶等，还有一大批高技术新产品正处于二次开发和推向市场的过程中。

三、普通高等教育各项改革全面展开

1992 年 11 月全国普通高等教育工作会议在京召开。会议提出了加快改革和积极发展高等教育的一个比较完整的思路，出台了一系列重要改革措施。

(一)改革办学体制和管理体制，加强国家对高等教育的宏观协调。

高等学校体制改革最重要的是理顺国家、社会、学校的关系。变国家集中计划和直接行政管理体制为国家统筹规划和宏观管理、学校面向社会自主办学的高等教育体制。实行中央与省（自治区、直辖市）两级管理、两级负责为主的管理体制。国家教委负责统筹规划、政策指导、组织协调、监督检查。地方所属高校，除大政方针和宏观规划由中央决定外，具体政策、制度、计划的制定和实施都交给地方。随着国务院各部委职能的转变和直属企业的下放，部门所属高校的办学体制和管理体制，区别不同情况采取继续由中央部门办、中央部门和地方联合办、下放给地方政府办、企业集团参与和管理等不同办法进行改革。

*(二)改革高等教育投资体制，逐步建立财政拨款为主，多渠道筹措经费的投资体制。*中央和地方的有关部门都要按照“两个增长”的原则，增加对高等教育的拨款，满足高等教育事业发的基本需要。学校也要改变单纯依靠财政拨款的观念，走多渠道筹措教育经费的路子。要制定社会、企业、个人和校办产业等多渠道为高等学校筹措办学经费的具体制度和办法。要改革学生上大学由国家“包”下来的制度。同时，国家、企事业单位、社会团体和学校均可设立奖学金，对品学兼优的学生给予奖励，对毕业后定向就业的学生予以资助；银行设立贷学金，学校组织开展勤工俭学；对部分国家必须重点保证的、特殊的学校和专业、实行专项奖学金或提高奖学金的数额。

*(三)进一步改革招生和毕业生就业制度。*高等学校招生计划体制，实行国家任务计划和调节性计划相结合。国家任务计划是重点保证国家重点项目、国防建设、文化教育、基础学科和高技术研究，以及边远地区、某些艰苦行业所需专门人才。在保证国家任务计划的前提下，放开对各类招生形式的控制，允许各地根据市场需要自行调节委托培养生和自费生的比例。进一步改进招生和入学考试办法。坚持德智体全面考核、以文化考试为主、择优录取的原则。在高中毕业省级会考的基础上，减少高考统一考试科目，录取新生时参考会考成绩。改革高等学校毕业生“包当干部”和由国家“统包统配”的就业制度。随着社会主义市场经济体制的建立和劳动人事制度的改革，在国家政策指导下，实行高等学校大多数毕业生自主择业的就业制度。近期内，国家任务计划招收的学生，原则上国家负责安排就业，学校与用人单位“供需见面”落实毕业生就业方案，并积极推行毕业生与用人单位“双向选择”的办法。调节性计划中，委托和定向培养的学生按合同就业，自费生自主择业。

*(四)积极稳妥地推进高等学校内部管理体制改革。*学校内部管理体制改革包括：逐步进行校内人事、分配、住房、医疗和退休养老保险制度以及后勤服务企业化、社会化等改革，理顺关系、转换机制、调整结构、精简机构、优化队伍、改善条件、提高待遇，调动广大教职工的积极性，增强学校内在的办学活力和主动适应国民经济和社会发展需要的能力，不断提高教育质量、科研水平和办学效益。从 1987 年开始，学校内部管理体制改革在试点的基础上，范围不断扩大。国家教委直属高校内部管理体制改革由过去的 2 所学校扩展到 1992 年的全部 36 所。其他部委所属和地方所属高校内部改革也呈现出全面起步的好势头。尽管各地改

革采取的方法不尽相同,但对转变学校运行机制、调动教职工积极性和增强学校活力都产生了较为明显的效果。

目前,普通高等教育存在的主要问题是:

高等教育全国发展不平衡,人才供需矛盾依然存在。部分地区和高等学校招生出现盲目发展的倾向;教育经费投入不足,人头费比重过大;教师队伍不稳定,受经商、出国、兼职潮冲击严重;教学仪器设备陈旧落后、教材老化。一些专业已跟不上现代科技的发展。

(国家教委计划建设司 林志华)

职业技术教育

一、贯彻《决定》精神,多形式发展职业教育

1991年国务院发布“关于大力发展职业技术教育的决定”,明确了职业技术教育的发展方针和目标:一是到1995年高中阶段职业技术学校在校生要超过普通高中在校生,二是到本世纪末,要使大多数新增劳动力基本上能够接受从业岗位需要的最基本的职业技术训练,在一些专业性、技术性要求较高的岗位,从业者能受到较系统及严格的职业技术教育。三是本世纪末初步建立起具有中国特色的,从中级到高级,行业配套、结构合理、形式多样,又能与其他教育相互沟通、协调发展的职业技术教育体系的基本框架。四是逐步建立健全职业技术教育的研究、教材出版、信息交流、干部和教师培养培训等服务支持体系。《决定》颁发后各级政府及教育部门按照《决定》要求,采取多种形式发展职业技术教育,一方面努力办好现有的职业学校,挖潜扩招,扩大服务面,除原有的为全民所有制单位培养人才外,大多数学校面向多种所有制,特别是为农村、乡镇企业培养人才。全国建立了400多所起示范、骨干作用的重点职业中学。另一方面,广泛开展短期职业技术培训。在办好已有的职业培训中心的基础上,各级各类学校都积极承担短期职业技术培训任务。特别是在农村,已有70%以上的乡举办了农民技术学校。同时还在普通中小学学好文化基础的同时,在适当阶段因地制宜地引进职业技术因素。全国已经形成了以职业技术学校为主体,中小学、成人文化技术培训学校、普通成人高校、普通成人中专、各类培训中心、企事业单位共办的职业技术教育体系。据统计,1992年全国共有中等职业学校1.8万所(包括职业中学、中等专业学校、技工学校),职业大学85所。成人技术培训学校28.4万所,各类就业培训中心2 000多个。

二、职业技术教育规模扩大,中等教育结构趋向合理

近几年来,中等职业技术教育规模不断扩大,整个高中阶段教育持续向职业技术教育倾斜。1992年全国初中毕业生1 116.35万人(包括职业初中),其中升入普通高中的234.7万人,升入各类职业高中的达273.56万人,职业教育超过普通高中。高中阶段职业技术教育占整个高中阶段招生和在校生的比重分别达到53.8%和49.2%。其中中等专业学校出现了近年来少有的发展势头,中专招生87.9万人,比上年增长12.89%。中专招生的科类结构在发展中得到调整。财经、工科、农科招生比例有较大幅度增长,师范、医科在总量增加的情况下,比例略有降低。职业中学继续有较大发展,学校数达9 860所,比上年增加288所,专业点28 457个,比上年增加2 768个;招生数152.14万人,比上年增长10.4%。职业中学招生科类结构也有变化,财经管理及其它面向第三产业的科类比例进一步加大。技工学校也比上年有较大增加,学校数为4 392所,比上年增加123所,招生数60.18万人,比上年增长10.5%。

三、农、科、教统筹,进一步推动了农村职业技术教育改革

农村教育综合改革正在各地蓬勃兴起,农村教育综合改革实验区迅速增加。目前,全国农村教育综合改革实验县已达116个,辐射面进一步扩大,燎原计划示范乡已有5 838个,分布在全国1 248个县内。农业科技的推广,农村人口素质的提高,对加快实施“科技兴农”战略,实现农业的现代化起了积极作用。年初,国务院和有关部门先后召开了农科教结合工作座谈会,会议总结了各地在教育科技兴农工作中,积极实行农科教相结合,促进农村经济发展的经验。在此基础上,国务院发出了《关于积极实行农科教结合,推动农村经济发展的通知》,要求大力发展农村教育,特别是加强职业技术教育和适用技术培训工作,培养一大批扎根农村的科技力量,提高广大农民的素质。根据《通知》精神,各地采取了多种措施,努力发展职业技术教育。主要是:县(市)集中力量办好一两所起示范和骨干作用的职业技术学校,办好农村广播函授学校;乡(镇)办好农民文化技术学校;村建立农民业余文化技术学校;农村中小学在适当阶段引进职业技术教育内容和举办多种形式的职业技术培训班。农、林、水利、气象及有关的中等专业学校努力为农村科技培训与推广网络输送拔尖人才。加强农村职业技术教育和适用技术培训的师资和教材建设。县乡还选拔有一定实践经验的优秀教师和回乡青年,送到大专院校定向培养专业师资。农村教育改革,不仅推动了农村职业教育的发展,为广大农村培养了大批经营、管理人才,也使广大

农民得到了应用技术的训练，产生了巨大的经济和社会效益。

职业技术教育中存在的主要问题是：专业课师资缺乏、学历合格率低，教学方法落后；课程设置随意性强，专业变动频繁，难以形成科学完整的教学规律；教育经费紧缺，教学仪器设备配备不足，难以满足教学需要；职业中学毕业就业政策不完备，与用人制度不配套等等。

（国家教委计划建设司　林志华）

职业培训

改革开放以来，职业培训工作认真贯彻党中央提出的把“经济建设转移到依靠科技进步和提高劳动者素质的轨道上来”的方针，以落实“先培训、后就业，先培训、后上岗”原则和建立“培训、考核与使用、待遇相结合”的制度为基本目标，一手抓政策法规建设，一手抓服务手段的完善。

制定并经国务院批准颁发了《工人考核条例》，在稳步开展技师评聘的基础上，相继制定和完善了技师、高级技师评聘的配套政策，初步建立了我国技术工人初、中、高三级技术等级和考工晋级制度。与建立考核制度和加强劳动力科学管理的需要相适应，从1989年开始，组织有关行业主管部门对全国现有的近9 000个工种的技术等级标准进行分类和修订工作。目前全国工种分类工作已完成，40多个行业的工人技术等级标准也将在今明两年陆续颁布。组织和指导企业工人的技术等级培训和岗位培训。在总结各地开展工人技术比赛经验的基础上，制定了工人技术比赛的有关文件、制度和规章。对技工教育、就业训练（包括学徒培训）、陆续出台了有关在职工人培训和劳动系统干部培训以及职业培训教材、师资队伍建设的政策措施。从1991年开始着手开展职业培训立法工作。

职业培训制度建设，有力地促进了培训事业的发展。到1992年，全国技工学校已发展到4 392所，年招生达60.2万人，在校学生155.6万人，年培养毕业生46万人，教职工总数33.6万人，与1982年相比，分别增长了30.4%、196%、203%、41.1%和89.5%。此外技工学校每年还承担上百万次的短期培训任务。济南、烟台等地开办高级技校的试点工作也已进行，首批近200名学员已经毕业。技工学校设置的工种（专业）达450多个，覆盖国民经济各个行业和领域。就业训练中心从1980年开始逐步发展，到目前为止，全国共有就业训练中心2 400多所，年培训能力110万人，利用就业训练中心与企事业单位合作的培训班等形式，年组织就业训练达300万人次。此外，全国共有职工学校和企业培训中心2万余所，年培训能力达2 000多万人。1990年组织了全国9个工种的青工技术大赛；1992年举办了全国焊接、棉检、水文勘测等工种的技术大赛，并组织了百名青工技术能手示范表演。近几年每年参加群众性岗位练兵、技术比赛的有1 000多万人次。

社会主义市场经济体制的建立，给职业培训事业的发展提供了机遇和提出了更高的要求。

目前，职业培训发展仍然不能满足经济发展的需要。社会上普遍存在鄙薄技术工人、鄙薄职业培训的传统观念，职业培训在整个教育培训中的地位未能予以应有的重视；在社会主义市场经济体制建立的过程中，政府对职业培训管理缺乏有效的手段；职业培训经费严重不足，办学条件差，培训实体缺乏应有的自主权又缺乏自我发展、自我约束的机制，这些都严重制约了职业培训的改革与发展。

今后一个时期，职业培训改革与发展的主要任务是：转变政府职能，改革办学体制，改善管理手段，强化服务措施。到本世纪末下世纪初，使城镇新就业的劳动者能够受到适应从业岗位所要求的不同形式的基本职业技能培训，在一些专业性、技术性较高的岗位和关键岗位，逐步实行持证上岗制度。结合企业岗位技能工资制的实施、劳动用工制度的改革，加强职业技能鉴定制（考核）的社会化管理，形成职业培训的激励机制，从而充分调动广大劳动者生产、学习积极性。使职业培训事业能够为国家经济建设培养大批的高素质的劳动者。具体的措施是：

1. 通过改革理顺政府与企业及培训实体的关系，确立企业办学自主、培训实体自主办学的原则，使培训实体建立起面向市场、直接与企业和社会沟通的运行机制，逐步形成根据市场要求，按需办学和多方办学（包括私人办学）的局面。

2. 转变政府职能，改善职业培训管理，依靠法律、经济和必要的行政手段对职业培训实施有效的社会化管理。在贯彻《工人考核条例》的基础上，逐步完善国家职业技能鉴定（考核）制度，将工人考核的侧重点从企业内部转向社会，由部门、行业管理逐步转向社会化管理，实行技术等级和技师资格的社会化考核，为劳动者技能鉴定提供服务，促进劳动者技能开发、人才交流和劳务市场的发展。

3. 加强职业培训的立法与监督，通过职业培训的立法重点解决：(1)在技术与安全要求高的岗位对劳动者的基本技术素质作出规定，把好劳动者进入企业的基本素质关；(2)明确企业承担职业培训的责任、权利和义务，鼓励企业积极参与和支持职业培训；(3) 明确政府对职业培训的经费投入，拓宽培训经费来源渠道。

4. 强化职业培训服务措施，为职业培训改革与发展创造条件。加强师资和管理人员队伍建设，深化教材改革提高教材质量，加强生产实习教学的指导与服务，建立职业培训信息网络，提供信息咨询服务。

（劳动部培训司　吴道槐）

成人教育

一、成人高等教育获得长足发展

成人高等教育是高等教育的一个重要组成部分，它在直接有效地提高在职从业劳动者和工作人员的素质，灵活多样培养多层次、多规格的高级专门人才方面发挥了重要作用。现在全国已经初步形成了多形式、多层次、多渠道的成人高等教育办学体系。到 1992 年，全国举办函授部、夜大学的普通高等学校有 709 所，广播电视大学、职工大学、管理干部学院、教师进修学院等独立设置的成人高等学校 1 198 所，各级政府和教育部门、业务主管部门、企事业单位及社会力量还举办了大量的各类高中后乃至大学后教育层次的岗位培训、继续教育和助学辅导班等。成人高等教育的师资队伍、管理力量、办学基地和教学设施得到一定程度的充实和改善。据 1992 年统计，全国仅独立设置的成人高等学校就有教职工 20 余万人（其中专任教师近 9 万人），校舍建筑达 2 086 万平方米，固定资产 68 亿元。成人高等学历教育与普通高等教育已经形成了“两条腿走路”共同发展高等教育的新格局。1992 年成人高等学校的本专科在校学生已达 147.87 万人，当年招收本专科生 59.17 万人，分别相当于普通高等学校全日制在校生和招生的 68% 和 78%。此外，高等教育自学考试自开考以来，每年有近 300 万考生参加考试，已有 73.12 万人获得本、专科毕业证书。这种普通高等学校、成人高等学校和自学考试共办高等教育的新格局、拓宽了高等教育的领域，为广大工人、农民和干部提供了更多的接受高等教育的机会。

二、非学历教育蓬勃发展

自 1987 年国务院批转了国家教委制定的《关于改革和发展成人教育的决定》以来，成人教育的重点逐步转向岗位培训，同时突破单一的培养规格和办学模式，实行毕业证书、单科合格证书、专业证书制度，向多功能、多规格发展。特别是成人高、中等教育，进一步向以岗位培训为主的各类非学历教育倾斜。1992 年在独立设置的成人高等学校非学历培训结业的在职人员达 188 万人次，比上年增长 7.46%，成人中初等教育已从单纯的文化补习向文化、技术教育并举转轨。成人技术培训学校数迅速增加，已由 1990 年的 4.7 万所增加到 28.41 万所，全年培训结业人数达到 4 958.5 万人次。特别是广大农村地区，积极贯彻国家教委《关于大力发展乡（镇）村农民文化技术学校的意见》，总结交流经验，重点推动乡级农民文化技术学校的建设。1992 年全国农民文化技术培训又取得了较大发展。全国已有各级农民技术培训学校 27.15 万所，比上年的 21.02 万所增加 29.2%，乡、村两级农民技术学校复盖率已分别达 72.7% 和 28.1%，当年在农民技术培训学校培训结业的学员共 4 460 万人次，占乡村劳动力的 10.4%，比上年的 8.6% 提高 1.8 个百分点。全国已基本形成农民文化技术培训网络，并成为农村教育发展和综合改革的一个重要基地。

三、扫盲工作稳步推进

自 1988 年国务院发布《扫除文盲工作条例》以来，各级党委、政府和有关部门认真贯彻《条例》精神，坚持不懈地开展扫盲工作，取得了显著成绩。1992 年全国扫盲班结业人数达 523.3 万人，已经连续两年扫盲人数突破 400 万的年度目标。1991 年底，国家教委又发布了《关于进一步加强扫除文盲工作的意见》，使扫盲教育在全国范围内掀起新的热潮，各级政府、教育部门把扫盲列入政府行政领导的任期目标，加强对扫盲工作的领导，有的实行扫盲工作行政领导责任制，逐级定规划落实扫盲任务；有的加强宣传舆论工作，提高群众对扫盲教育的认识；有的增加投入，改善扫盲教育办学条件，扩大办学面，加快扫盲进度；有的加强扫盲教材建设和质量管理，各地逐步形成了在政府领导下，有关部门分工协作、齐抓共管的制度。如安徽省政府提出大灾之后扫盲工作要上一个新台阶，1991 年冬季入学 89 万人，1992 年春经考试已脱盲 52 万人。甘肃省召开全省教育工作电话会议，省政府与各地、州签订了“八五”期间扫除文盲责任书，明确目标与责任。江苏把扫除 40 万文盲任务列为省政府要办的 28 件实事之一，1992 年全省有 57.5 万人入学参加扫盲，是上年的 3.7 倍。新疆自治区从 1992 起每年拨 50 万元支持扫盲。福建从省长基金中拿出 200 万元支持扫盲工作。

四、存在的问题

目前，我国成人教育工作中存在的主要问题是：成人学历教育与普通高教仍需协调，成人学历教育质量需要提高；职工培训发展不足，还没有形成体系，不能满足经济发展需要；扫盲流于形式的问题还存在，扫盲后的重新复盲问题没有真正解决。

（国家教委计划建设司　林志华）

科学技术事业

在邓小平同志视察南方重要讲话精神和党中央、国务院一系列文件精神的指引下，1992年我国出现了多年未曾有过的加快改革、开放和现代化建设的新形势，科学技术事业也呈现出快速发展的大好局面。

一、重要活动、政策与法规

1992年3月，经国务院批准召开了全国科技工作会议。李鹏总理在接见与会代表的讲话中明确指出，“90年代，我们要继续坚定不移地执行‘经济建设必须依靠科学技术，科技工作必须面向经济建设’的方针。”“这次会议提出要把努力攀登科学技术高峰，多出成果，快出人才，作为对科技工作的战略要求，具有十分重要的意义”。

1992年4月，召开了中国科学院第六次学部委员大会。江泽民总书记在邀请部分学部委员座谈时强调指出：振兴经济首先要振兴科技；振兴科技，最重要的是人才；振兴科技，应尽力提高对科学技术的投入；振兴科技，必须进一步深化科技体制改革。

1992年4月，各报刊公开发表了由国务院批准下达的《国家中长期科学技术发展纲领》。《纲领》突出了邓小平“科学技术是第一生产力”的思想，全面总结了40多年来我国科技事业发展的成就、经验和教训，分析了我国面临的形势、国情和现状，阐明了我国中长期科技发展的战略目标、方针、政策和发展重点，是指导我国今后10年到30年科技发展的纲领性文件。

1992年5月，由中国大陆著名物理学家、来自大洋彼岸的著名华裔物理学家、来自台湾的著名物理学家组成的中国当代物理学家在京举行了联谊活动，党和国家领导人亲切会见了中华英才，勉励他们为祖国振兴和昌盛贡献力量。

1992年10月，江泽民总书记在党的十四大报告中明确指出：“科学技术是第一生产力。振兴经济首先要振兴科技。只有坚定地推进科技进步，才能在激烈的竞争中取得主动”。“科技工作要面向经济建设主战场，在开发研究、高新技术及其产业、基础性研究这三个方面合理配置，确定各自攀登高峰的目标”。

1992年10月底，在北京召开了庆祝《技术合同法》实施五周年的大会。国务委员兼国家科委主任宋健同志在讲话中提出，科技战线的改革与发展，要贯彻“稳定加强一头，放开搞活一片”的方针。

1992年12月，党和国家领导人亲切会见了“1992年度国家科技奖”、“第三届科技实业家创业奖”和国防科工委专业技术会议代表，希望广大科技工作者认真学习贯彻党的十四大精神，努力攀登科技高峰，在社会主义现代化建设中做出更大贡献。

1992年出台的重要科技政策、计划和法规还有：国务院批准颁布了“海洋技术政策要点”，加强基础性研究的“攀登计划”，国家科委、国家体改委共同制定的“关于分流人才，调整结构，进一步深化科技体制改革的若干意见”，国家科委、人事部等共同下达的“关于全民所有制技术开发型科研机构试行技术经济承包责任制暂行办法”，国家科委制定的“科技人员出国工作若干问题的暂行规定”，“科学技术进步法”已由国务院通过提交全国人大审议。国务院在已批准27个国家级高新技术产业开发区的基础上，又新批准25个开发区，使我国国家级高新技术产业开发区达到52个，等等。

二、研究开发机构和科技队伍

1992年，全国有县级以上国有独立研究开发机构5 487个，高等院校办科研机构2 230个，大中型国有企业办科研机构8 522个；另外，有民办科技机构2.7万个，一般规模都较小。

1992年末，国有企事业单位共有各类专业技术人员2 457万人，比上年末增长2.7%。其中从事科技活动人员232.4万人，科学家和工程师142.4万人。此外，民办科技机构中从业人员有50万人，其中一半左右为科技人员。

三、科技成果与专利

1992年全国共取得省部级以上重大科技成果3.1万项，包括被誉为十大科技成就的银河—Ⅱ型10亿次巨型计算机，胜利二号极浅海步行坐底式钻井平台，新核素铂—202、汞—208、铪—185，τ轻子质量的精确测定结果，大型火电机组仿真技术，双氢青蒿素及其片剂，大麦和性花叶病毒在禾谷多粘菌介体中的发现和增殖研究，白云鄂博大型多金属共生矿弱磁强磁浮选矿新技术，宝钢二号高炉工程，斯坦纳比猜想的解决，等等。

1992 年获国家奖励的成果 980 项，其中包括碘化汞单晶体的制备等 170 项国家发明奖，兖州矿区工程建设技术等 649 项国家科技进步奖，奶牛综合配套新技术推广等 161 项国家星火奖。这批获奖项目同 1991 年相比，具有技术水平高、难度大、经济效益和社会效益好的特点，这批项目已创造经济效益 191.8 亿元。

1992 年在航空、航天、电子、核技术等国防科技领域获得丰收，成功发射 5 颗国内外卫星，特别是把美国研制的澳大利亚通讯卫星用我国长征 2 号运载火箭发射成功，标志着我国航天事业走向国际市场，卫星发射和测控技术跻身世界先进行列。2 544 项国防技术的解密，使和平利用军工技术向新的广度和深度进军。

1992 年我国受理国内外专利申请 6.7 万件，比上年增长 34%。其中来自台湾的专利申请达到 3 391 件，比上年增长 151%。我国已累计受理国内外专利申请 28.4 万件。1992 年授权专利达到 3.1 万件，比上年增长 28%。我国已累计授权专利 11.7 万件。已累计受理专利纠纷案 1 858 件，结案 1 400 件，结案率为 75.3%。

四、科技体制改革

1992 年全国共缔结技术合同 23.55 万项，总成交额达 150.82 亿元，分别比上年增长 13.18%和 59.08%。在总成交额 150 多亿元中，北京为 31.31 亿元，上海为 15.25 亿元，四川为 14.51 亿元，辽宁为 13.17 亿元。技术交易活动的空前活跃，说明科技体制改革在深化，也标志着我国科技成果向生产力转化的步伐在加快。

1992 年科研机构、高等院校同企业的结合有所增强。有 2.2 万个国有企业同科研机构、高校进行了对口交流合作，共向企业转让 8 740 项科技成果，并设立了 4 889个联合研究开发项目。

适应社会主义市场经济发展的需要，1992 年科研机构的运行机制和体制改革又有新的发展。人才分流，组织结构调整开始起步，科研机构面向市场所承担的任务在大量增加。据 1991 年的决算表明，中央各部委所属科研机构，使用科技贷款 9.3 亿元，比改革前开发机构拨款增长 2.5 倍；在毛收入和纯收入中，来自横向的分别占 65%和 88%，分别为纵向的 2.4 倍和 7.4 倍，反映了这批科研机构的任务来源和收入、积累来源，已主要取决于市场。

1992 年为推进科研机构的人才分流、结构调整，着手进行各类试点工作。包括：为探索科研机构发展高技术产业，选择对由冶金部自动化院等四个研究开发机构创建的中国新冶高科技集团公司进行综合试点，对北京、沈阳、武汉、重庆、中山 5 个高新技术产业开发区的综合改革试点，对沧州地区农村科技体制改革试点进行总结验收，审查批准沈阳、南京、广州等 11 个城市作为新一轮科技经济体制综合配套改革试点，等等。

五、几项重要科技计划的进展

1992 年，国家“八五”科技攻关计划全面展开，共安排 176 个项目，已签订专题合同的已占 73%，投入约 10 万名科技人员。这些项目有的已取得重要成果。如基因工程医药新产品研制，重组 α1 干扰素已获得新药证书，并正在建设专业生产企业，预计 1993 年上半年试生产，可年产 80 万支干扰素，产值 8 000 万元。

1992 年星火计划实施国家级项目 700 多个，重点支持 71 个区域性支柱产业和 32 个星火技术密集区，并且使星火计划开始向中西部地区转移。全国星火计划项目新增 7 000 项，培训管理人员和技术人员 130 万人。

1992 年召开了全国火炬计划工作会议，进一步总结了成绩、经验，明确了今后工作目标、任务。到 92 年末，国家级火炬计划项目立项 1 214 项，投资总需求为 65.6 亿元，项目完成后预计为国家新增产值 296 亿元，新增年利税 83 亿元。已实现新产值 100 亿元以上，利税超过 19 亿元。

1992 年经国务院批准，国家级高新技术产业开发区已增加到 52 个，另外还有上百个地方级的开发区。这些开发区的技工贸总收入达 200 亿元，其中工业产值达 150 亿元。

1992 年高技术研究发展计划——863 计划的实施成效显著。到年底止，在 863 计划内的生物、信息、自动化、能源、新材料这 5 个领域中，已取得研究成果 550 项，其中达到 80 年代后期水平的有 300 多项，有的还达到国际水平。目前每年直接参与 863 计划决策的专家近 200 人，间接参与决策的达 1 000 余人，参与工作的科技人员已达 1.3 万人以上。

1992 年为进一步加强基础性研究，国家采取了一系列重大措施，正式实施攀登计划，遴选首批 30 个基础性研究重大关键项目，给予持续稳定的支持，每项研究经费每年 100 万元，5 年共 500 万元。国家增拨自然科学基金 5 000 万元，全国有 108 个重点基础性研究项目和 3 373 个面上基础性研究项目获得国家自然科学基金资助，资助总金额达 2.24 亿元。国务院各部委和地方普遍重视了对基础性研究的支持。全国已有 20 多个省市建立了地方科技基金，有 17 个省市从基金中共安排 1 100 多万元，建立起了青年基金和博士后基金。全国已建有77个国家重点实验室和近100个部门开放实验室，1992年对其中122个实验室进行了资助。

1992年我国软科学研究发展迅速。江泽民总书记为《中国软科学》杂志题写了刊名。国务委员宋健同志提出“软科学研究要上新台阶”。据统计，我国软科学研究机构已达1 100多个，工作人员近3.4万人，取得研究成果7 310项，获国家和省部级成果奖已达1 998项。

1992年社会发展科技工作取得新进展。社会发展科技工作进入“八五”攻关计划项目共26项，计149个课题，698个专题，已全部论证完毕，共签订专题合同653个，大部分专题都在按计划进行，有些项目取得重大进展。

六、科技经费投入

1992年，全国科技机构、高等院校和大中型企业等单位，用于科技活动的经费支出为421亿元，比上年增长3.2%。其中研究与发展经费支出为169亿元，比上年增长19%，相当于国内生产总值的0.71%。

1992年科学事业费实际预算为24.56亿元，比上年基数增长18.3%。科技贷款规模实际为52亿元，比上年增长53%。国家级高新技术产业开发区基建规模共安排19亿元。

七、改善科技人员待遇，发挥人才作用

1992年，珠海市率先重奖有突出贡献的科技人员后，在全国引起强烈反响，各地纷纷效仿，相继有几十个省(市)部委、上百个市地重奖有功科技人员。承担国家重点科技任务的科技人员继续得到补助。同时，全国已对6万多名有突出贡献的专家、学者进行政府特殊津贴。所有这些，都有力调动了科技人员的积极性。

为充分发挥科技人员的作用，在全国2 183个县中，已有1 586个县选派有科技副县长，占总数的73%。这批人才有职有权，有位有为，已成为促进科技与经济结合的生力军。

八、技术引进与智力引进工作

1992年全国对外签订技术引进合同共504项，金额65.9亿美元，比上年分别增长44.4%和90.5%。这些引进的技术，以能源、化工、通讯、机电为重点，其中成套设备引进金额达43.1亿美元，主要项目有10.3亿美元的二滩电站项目，16.3亿美元的乙烯工程项目，9.8亿美元的上海麦道飞机合作生产项目等。以引进技术的国别来源看，从意大利、美国、日本引进技术的金额分别为14.4亿美元、14.3亿美元、13.72亿美元。

1991—1992年两年内，我国共聘请各类外国专家8万多名。同期内我国还选派5.3万多名技术和管理人员到国外实习培训。两年来，在外国专家的指导与参与下，我国建立起100多个新学科、新专业和60多个实验室，培养研究生1万多名，合作研究开发项目1 000多项，取得了一批重要成果。

九、国际科技合作

1992年国际科技合作出现十分活跃的局面。主要表现是：(一)国内外高层科技领导人互访增加。我国内科技部门领导者出访5次，访问26个国家和地区；同时接待来访国外部级科技领导团组29个，加强了科技合作基础，开拓了新路子。(二)我国同15个国家新签了政府间科技合作协定，使得与我国官方有协定的国家增至75个，同我国有科技交往的国家和地区已达128个。(三)在同国外开展科技使用领域上，突出了高技术研究开发合作和对发展我国经济有直接作用的先进适用技术方面的合作，合作方式也更重视建立联合研究开发组织结构。(四)设立了国际科技合作奖，奖励了第一批共5名同中国开展科技合作贡献突出的国外科学家。

1992年我国外派和归国留学人员数额均比上年有较大增长，其中仅获得硕士以上学位学成回国的就比上年增加30%以上。改革开放10多年来，我国共向世界一百多个国家和地区派出19万多名留学人员。目前中国在海外的留学人员还有12万多人。在学成回国的6万多人中，已有半数受聘为高级专业技术职称，2万多人取得各种科技成果，其中200多人获得500多项国际奖，1 000多人获2 000多项专利。

我们完全相信，1993年的我国科技事业在邓小平同志建设有中国特色的社会主义理论和党的十四大精神指引下，在社会主义市场经济发展的需求下，一定会取得更快更好的发展。

(国家科委　张登义)

社会科学研究事业

我国的社会科学研究，泛指人文科学和社会科学。新中国成立后，社会科学迅速发展。从50年代初开始，陆续建立了考古、语言、近代史、历史（古代）、经济、哲学、文学、民族、少数民族语言、法学、世界经济、外国文学、世界历史、世界宗教和亚非所，共计15个研究所和学术情报研究室。有20个省、自治区、直辖市建立了社会科学研究机构。许多高等院校也设立了经济、哲学、历史、文学等社会科学方面的院、系、所或社会科学部。广大社会科学工作者为社会主义革命和建设提供了许多有价值的科研成果，为我国社会科学事业的发展做出了积极的贡献。

一、十一届三中全会以来到1992年社科研究事业发展简况

粉碎“四人帮”以后，迎来了社会科学的春天。为了使社会科学更好更快地发展，1977年，中国社会科学院在原中国科学院哲学社会科学部的基础上正式成立了。1978年3月第五届全国人民代表大会第一次会议任命胡乔木为中国社会科学院第一任院长。受中央委托，中国社科院承担了制订全国哲学社会科学的规划工作，并于1978年9月召开了全国哲学社会科学规划预备会议，400多人参加了会议。在这次会上，讨论并原则通过了《全国哲学社会科学八年（1978—1985发展规划的初步设想》。《设想》提出了25个重大项目作为全国哲学社会科学工作的重点。自此之后，社会科学事业开始进入了较快发展时期。一批在“左”倾思潮泛滥时期被取消或受到严重摧残的学科得到了恢复和重建，一批原来处于空白状态的新兴学科开始建立和发展起来，社科研究队伍不断扩展壮大，学术研究成果层出不穷，社会科学研究事业出现了空前活跃和繁荣的局面。全国社会科学研究的五大系统——社会科学院、高等院校、各级党校、军队系统以及党政机关中的研究机构，经过多年的调整和充实，无论是研究机构还是研究队伍，都已经初具规模。以社会科学院系统为例，截至到1987年，除台湾省外，全国29个省、市自治区、都已经建立起社会科学院，总人数达到7 954人，其中研究人员3 966人，研究机构251个，事业经费每年4 000万元左右。中国社会科学院在原有的15个研究所和学术情报研究室的基础上，发展为32个研究所和两个研究中心，成为学科门类比较齐全、科研力量比较雄厚、机构设置比较完整的全国哲学社会科学研究中心。职工由1977年的2 277人增加到4 926人，净增1.2倍。从1988年以来，全院职工队伍基本上是稳定的。到1992年，由于精简机构，缩减人员，调整队伍结构，虽然职工总数由4 926人减少为4 820人，但科研人员却从原来的3 243人增加到3 822人，比1987年增加17%；副研以上的高级研究员由1 053人增加到1 457人，由占科研人员的31.53%增加到38%，在高、中级研究人员中，中青年研究人员一直保持在60—80%的比例，从根本上改变了“文革”所造成的科研力量“青黄不接”，“后继无人”的状况。为培养德才兼备的社科战线新生力量，1978年成立了社科研究生院，截至1992年，共培养出各学科的硕士、博士生1 800多人（不包括代培和研究生班的学员）。1992年，国家又决定在社科院设立博士后活动站，共涉及8个学科。中国社科院建院以来的10多年里，完成了一大批重大研究成果，其中专著2 932部，学术论文42 383篇，调研报告5 175篇，学术资料18 548种，译著3 311部，还有教材、普及读物、工具书等。1992年同1991年相比，成果总量有了很大增长。以字数计算，1992年各类成果总字数为54 961万字，比上年增加16.85%。其中专著401部，比上年增加了11.3%；学术论文3 608篇，比上年增加了3.1%。1992年，公开发行刊物有76种。社科出版社有中国社会科学出版社、社会科学文献出版社，经济管理出版社等，共出新书363种，再版书43种。中国社科院藏中外文图书已达494.43万册。十一届三中全会以来，为繁荣哲学社会科学，各种学会、研究会相继成立并开展学术活动，到1992年中国社科院主管104个学术、研究会，仅1992年年内举办50人以上的大型学术会议117次，进一步加强了国内学术界的横向联系，活跃了学术空气，促进了学术成果和信息的交流，增进了学术界的团结与合作。同时，积极开展了对外学术交流活动，仅

1992 年全院派出参加国际会议、学术访问、合作研究、讲学、进修人员 710 人次，接待来访 783 人次，交流范围涉及欧、美、亚、非、拉美等几十国家和地区。十一届三中全会以为，国家向社科研究事业的拨款逐年增加。1987 年，国家给中国社科院拨科研事业经费 7 140.3 万元，到 1992 年达 8 961 万元，年均增长 15.5%。以此可以看出，党和政府对社会科学研究事业是重视和积级扶植的。

同社科院系统一样，我国高校系统的人文，社科研究事业也有相当的发展。到 1992 年，全国高校从事社科教学和研究的工作人员共 153 872 人，比 1991 年增加了 10.24%；国家直接拨付用于高校科研机构的研究、办公和管理费用，1992 年为 3 894.3 万元，比 1991 年增加了 62.69%；承担国家、省、部委、企事业项目和自筹等其他经费 1992 年共 4 161.4 万元，比 1991 年增加了 104.3%；经学校上级主管部门批准的高校社科研究与发展机构 1992 年共有 1 192 个，比 1991 年增加了 128.6%；研究课题 1992 年为 13 753 项，比 1991 年增加了 24.42%；出版专著 3 809 部，比 1991 年减少了 21.3%；发表论文 54 862 篇，比 1991 年减少了 5.48%；参加国际学术会议 3 888 人次，比 1991 年增加了 67.05%；国外受聘讲学 452 人次，比 1991 年减少了 33.91%；赴国外社科考察 809 人次，比 1991 年增加了 0.75%；国外合作研究派出 257 人次，比 1991 年增加了 36.7%。

全国其他社科研究系统的事业和成果也都有了相当的发展。

二、十一届三中全会以来社科研究主要活动及作用

哲学社会科学研究在无产阶级革命和社会主义建设事业中具有非常重要的地位和作用。是推进我国现代化建设和改革开放事业的重要思想理论保证。党的十一届三中全会以来，广大社会科学工作者付出了艰辛的劳动，做出了巨大的贡献。

（一）系统地批判了“四人帮”歪曲、篡改马克思主义、毛泽东思想的极“左”谬论，帮助我们党完成了从思想上、理论上正本清源、拨乱反正的任务；积极开展了实践是检验真理唯一标准的大讨论，推动了全国思想解放运动的发展。为党的十一届三中全会的召开作了思想和理论上的准备。为了使社会科学研究顺利、健康地发展，适应全党工作重点转移到经济建设上来这一要求，根据中央的决定于 1979 年 1 月 18 日至 4 月 3 日召开了理论工作务虚会。大家认真总结了建国 30 年来理论、宣传战线基本经验教训，对“左”的错误思想和右的思潮进行了批判，研究了全党重点转移后理论、宣传工作的根本任务。邓小平在会上发表重要讲话，强调在中国实现四个现代化，必须坚持四项基本原则。这次会议对于理论界后来坚持解放思想、实事求是，更好地为建设有中国特色的社会主义进行理论探索起了十分重要的作用。

（二）在建设有中国特色的社会主义理论的探索中作出了积极贡献。主要表现在：

1. 围绕我国经济、政治体制改革，民主法制建设，以及经济和社会发展等重大问题积报开展理论探讨，推出了一大批我国社会主义现代化建设和改革开放实践所需要的战略性、对策性和理论性的重要研究成果。

2. 为促进社会主义初级阶段的理论和党的基本路线的形成，为深化对我国国情和社会发展规律的认识，为党的基本路线的贯彻，做了大量的、有益的理论探讨和调整研究工作。

3. 为党中央、国务院及其有关部委决策提供了有价值的咨询意见，积极参予了对党的政策、决议的宣传、解释、阐发和论证，为党和政府制定、贯彻其政策做出贡献。承担这种任务和职责的，除了党政机关的实际工作者和科研人员外，还有社会科学院、高等院校的专业研究人员。这些社科研究人员，经常接受党中央、国务院，以及各部门和企业的委托，并以极其认真严肃、高度负责的精神和严格的科学态度，高质量地完成任务，得到有关领导和委托单位的好评。

广大社科工作者不仅以自己的科学研究成果参与党的政策和决议的形成过程，而且在决议和政策形成后，也积极参予对这些政策、决议的宣传、阐发、解释和进一步论证，乃至在实践中验证的活动。

4. 在精神文明建设，维护安定团结的政治局面和社会稳定方面起到了重要作用。为了更好地发挥社会科学在精神文明建设中的作用，中国社科院党组 1985 年 11 月向中央起草了《关于如何发挥社会科学在我国社会主义精神文明建设中的作用问题》的汇报提纲，得到中央的好评。在这方面广大社科研究工作者的研究主要集中在：如何既要利用商品经济和市场经济的作用来促进经济的发展，又要防止在其发展过程中所产生的问题；如何既要在对外开放过程中吸取有益的东西，同时又要保持中华民族的优良传统，形成健康、科学的文化结构和思想道德观念；如何做到在发展经济的同时，又要保持干部队伍的勤政廉洁等一系列问题的研究上，提出了有益的战略和对策，对于人们在改革开放中的精神生活和社会生活方式所遇到的问题给予了正确的解答。

维护安定团结的政治局面和社会的稳定，是保证我国改革和现代化建设正常进行的必要条件。在这方面，我国社会科学工作者做了大量工作。他们深入了解和认真研究可能影响社会安定团结和稳定的种种社会因素，不断寻求调节社会利益冲突的有效办法，及时回答和解决在改革开放和新旧体制转换过程中人们由于利益关系变化而发生的多种人民内部矛盾，以及多种思想问题和社会心理问题。为了维护社会的稳定，为我国社会主义现代化建设创造一个良好的、有利的国际环境，我国社会科学工作者及时地对风云变幻的国际形势进行了研究。为党和国家在处理国际问题和国际关系方面采取正确的对策，以便利用矛盾，广交朋友，维护和平，创造一个有利于我国的国际环境提供科学的依据。

5. 积极开展历史、文化研究，为弘扬中华文明作出贡献；某些学科在研究广度和深度上有所进展，成绩明显。

我国的社会科学工作者还积极开展了对马克思、恩格斯、列宁、毛泽东以及邓小平思想理论的系统研究，形成了一定数量的研究成果。这些成果坚持和阐发了马克思主义的基本理论，对于人们提高认识能力和马克思主义素养起了帮助作用。

总之，社会科学界的理论探索和学术研究，在推动思想解放，坚持实事求是的思想路线，促进党的基本路线的形成和贯彻，建设有中国特色的社会主义等方面，都起到了重要的作用。邓小平指出，在一系列大问题上，“理论界作了许多研究、论证和宣传工作，发挥了积极的作用。在理论和学术各个领域，许多同志辛勤劳动，作了大量有益的工作。”这是对我国社科研究的充分肯定，也是对社科工作者辛勤劳动的高度评价。

三、全国哲学社会科学规划和国家社会科学基金

为了使我国社会科学研究事业较快地发展，更好地为社会主义建设事业服务，中央决定于1978年9月召开了全国哲学社会科学规划预备会议，会议讨论并原则通过了《全国哲学社会科学八年（1978—1985）发展规划的初步设想》。根据中央决定，于1983年成立了全国哲学社会科学规划领导小组（其办事机构由中国社科院科研局代行其职），负责全国哲学社会科学工作。这是对社科研究事业的改革和完善措施，但由于社科事业管理体制问题，难以制订全面详尽的全国性的社科发展规划，只能制订具有一定指导性的重要研究课题计划。

1983年，根据党的十二大精神，以及国民经济和社会发展的第六个五年计划（1981—1985）对社会科学的要求，正式确立了262个课程（未包括《大百科全书》、《当代中国丛书》、《地方志》，以及各种重要辞书）作为“六五”国家资助的哲学社会科学重点研究课程。有的重大改革项目是由社会科学、自然科学和工程技术多学科的研究力量合作承担的巨大系统工程；有的成果被国务院转发；有的在海内外产生影响；有的结论和政策建议已被党和政府采纳；一些重要辞书、工具书的编辑出版，对我国两个文明建设，对学科本身的发展，都有重要意义，得到社会的公认和中央领导的赞扬。1986年，根据国民经济和社会发展的第七个五年计划（1986—1990）对社会科学提出的要求，以及党的十二届六中全会《中共中央关于社会主义精神文明建设的指导方针的决议》精神，召开了全国哲学社会科学“七五”规划工作会议。根据“七五”规划工作会议精神和讨论通过的课题指南，共评审出478个（包括1987年、1988年滚动57个）课题作为“七五”国家资助的哲学社会科学重点研究课题，“六五”期间由于各学科在“文革”时中断10年后，需要抓紧时间进行本学科的建设，因而以研究本学科基本理论为主，“七五”则在这个基础开始细分化、深入化，针对某个时期、某个问题展开研究。“六五”和“七五”都重视经济问题和应用问题的研究，但侧重点和研究内容又有区别：“六五”侧重于我国经济发展战略和各领域建设的理论和实践，改革研究主要是农村；“七五”则由于我国开始了经济、政治等方面的全方位改革，而改革的深入又对人们的社会观产生影响，在研究经济建设的同时，主要侧重点集中在对改革和改革与精神文明建设的研究上。这些研究，密切结合改革和建设的实际，对中国经济发展的目标，改革和建设应采取的方针，尤其是经济体制改革和建设中的一些关键性问题，提出了许多有价值的理论、建议和方案，对决策部门的决策和有关政策的形成、制订及实施，都发挥了重要的作用。1991年12月，为落实《国民经济和社会发展十年规划和第八个五年计划纲要》对哲学社会科学提出的要求，召开了全国哲学社会科学“八五”规划工作会议。根据规划工作会议精神和讨论通过的课题指南，共评审出324个课题作为“八五”国家资助的哲学社会科学重点研究课题。这些课题较好地体现了全面坚持党的“一个中心，两个基本点”的基本路线，突出了建设有中国特色的社会主义这一主题为主攻方向。应用研究和对策性研究占到整个重点课题的60%，其中直接研究经济问题和改革开放的约占整个重点课题的48%，从理论与实际的结合和对策方面研究涉及反对“和平演变”、反对资产阶级自由化、维护社会稳定的课题占整个重点课题总数的18%；在基础理论性研究课题中，对有中国特色社会主义理论和对毛泽东，邓小平同志思想理论的研究占有较大的比重。与此同时，也注重了对新兴、边缘、交叉学科的研究；对继承和发扬我国民族优秀文化遗产的课题及吸收，借鉴国外先进文明成果的课题也开展了研究。党的十四大之后，又增补了16项关于有中国特色的社会主义理论和社会主义市场经济问题的研究。

国家社会科学基金的设立，是我国社会科学事业不断发展和对社会科学体制进行改革的产物。国家为了支持跨学科、跨部门的研究，在1980年向中国社会科学院拨出专项经费用于与院外研究机构、高校等部门的合作研究项目。1983年国家又在此基础上增拨经费，形成国家重点研究项目资助经费，为哲学社会科学“六五”国家计划的执行提供了可靠保证。1986年6月，国务院批准了中国社会科学院的《关于设立社会科学基金的请示报告》，同年通过了《国家社会科学基金暂行条例》，社会科学基金的工作正式开始。在国家社会科学基金委员会未成立前，由全国哲学社会科学规划领导小组代行其职，各学科的评审工作由哲学社会科学学科小组代行，为了鼓励和支持青年社会科学工作新的研究工作，又从1989年开始增设了青年社科研究基金。这样，国家资助的社科研究就分为国家重点研究项目、一般基金课题和青年基金课题三大类别。几年来国家社科基金会做了许多工作，取得了不少成绩。但由于体制原因，工作受到一定限制和影响。为了加强党和国家对社会科学的领导，更好地协调、组织全国各个系统、各个部门及全国各地的社科研究，1991年中央决定成立全国哲学社会科学规划办公室（对外挂中华社科基金会牌子），隶属中宣部的一个局级单位。同时，对全国哲学社会科学规划领导小组和学科规划领导小组进行了调整，作为“八五”期间全国哲学社会科学规划的领导机构和规划组织。学科也由过去的18个增加到20个。从1983年到1992年，国家财政给国家社科基金共拨款9 700万元，用于资助社科研课题3 890项。其中重点课题为1 058项，资助额为5 294.55万元；一般研究课题为2 169项，资助额为3 546.52万元；青年研究课题为663项，资助额为432.81万元。

哲学社会科学规划工作是分层次的，除国家的以外，全国各省、市、自治区，也都有自己的社科规划领导小组和规划办公室，负责对本地区的哲学社会科学的发展和规划。各地财政也给予了支持，仅“七五”期间，有22个省、市、自治区的地方财政以社科基金形式投入了1 665万元，支持了2 672项课题的研究。一些系统，如中央党校、国家教委、军队系统等也都有自己的社科规划组织。地方和各系统的规划工作，以及广大社会科学工作者，在为本地、本部门的经济、政治和社会文化的发展上，在为地方和部门领导的决策提供咨询服务方面，在繁荣本地区和本领域的社会科学研究方面，都做出了积极的贡献，受到领导和群众的好评。

国家社科基金的实行，受到广大社会科学工作者的欢迎。他们踊跃申报，认真研究，申报量和主项数逐年增加。以1991年和1992年相比，1991年全国申报国家社科基金3 400份，1992年为5 500份（含申报“八五”重点课题1 555份）；立项数1991年为431项，1992年为914项（含“八五”重点323项）；资助金额1991年为880.45万元，1992年为2 397.7万元（含“八五”重点1 647.1万元）。

为完善国家社科基金制度，1992年制定了《国家资助哲学社会科学研究课题管理暂行办法》、《国家社会科学基金项目申报评审和审批实施办法(试行)》《国家社会科学基金项目检查鉴定和验收实施办法（试行）》以及《国家社会科学基金项目经费管理暂行办法》。一些地方也相应地制定了本地区的管理办法。

四、存在的主要问题

（一）缺乏全国性的社科研究宏观协调管理机构。社会科学研究分散在五大系统，号称“五路大军”，然而缺少统一管理协调系统。有关全国的社科研究的规划、管理和事业发展不能作出总体安排。尤其是在研究方面，难以宏观协调、组织攻关，往往把有限的资金用在低层次的重复研究上。

（二）科研体制不适应新的情况，特别是正在建立的社会主义市场经济体制。许多研究机构缺乏同社会的紧密联系；科研生产力结构不够合理，应用研究机构和研究队伍偏少，并且各层次研究机构和研究人员的分工不明确，因此低层次重复研究现象此较严重；社科研究工作不适应经济发展和社会全面进行的需要，落后于生动活泼的实践。

（三）国家财政对社会科学的投入较少，经费紧张。调整研究、协作攻关、图书情报材料以及现代化的研究手段等，使所需经费日涨，国家财政拨款还不能满足需要；科研人员的物质待遇、生活条件和工作条件较差；高层次、专业性强的学术著作因缺乏出版补贴而难以出版；一些具有重大学术价值的项目急待抢救，也由于资金所限不能进行；由于缺少经费和其他原因，至今没有国家级的社会科学研究成果奖励。

（四）队伍不够稳定。主要原因是社科研究工作者物质待遇较差，社会科学在社会上的地位偏低，还有受“下海”风的影响，一些青年学者不专心于研究工作而“跳槽”。

以上问题需要通过改革，逐步进行解决。

（全国哲学社会科学规划办公室　刘占昌）

体育事业

一

党的十一届三中全会以来，我国体育战线坚持以社会化为突破口，对体育体制进行了一系列重大改革，取得了显著成效。使过去的15年成为我国体育事业发展最迅速、成绩最突出的时期，开创了体育工作的新局面。

——群众体育蓬勃发展。随着国民经济发展和人民生活水平的提高，体育进一步面向社会，许多深受群众喜爱的体育活动更加普及，一些消费层次较高的体育项目也开始进入生活领域，到1992年底，经常参加体育锻炼的人数全国已达4亿多。

——学校体育得到了明显加强。《学校体育工作条例》和《国家体育锻炼标准》在城乡普遍推广。到1992年底，有7亿多人次的青年达到《国家体育锻炼标准》。传统项目学校从1983年的1.6万多所发展到近3万所，参加活动的学生人数从90多万增加到549万，分别增长了1倍和5倍多，各类业余体校从1978年的2 669所发展到1992年底的3 700多所，学生从27万多人增加到近30万人，分别增长了38.6%和11.1%。15年累计向优秀运动队输送了4.5万多人。

——职工体育生机勃勃。到1992年底，全国有5 000多万职工经常参加各种形式的体育锻练，占全国1.4亿职工总数的35.7%。全国行业体协发展到14个，基层体协4万多个，体育辅导、锻炼小组2万多个，职工运动队50多万个。一些工矿、企业、社会团体或区域因地制宜积极投资兴建有特色的体育设施、兴办各类业余体校和组织高水平运动队。同时还利用体育搭台，企业唱戏，成为新时期企业文化建设的重要内容。

——农村体育发展迅猛，活动扎实。全国8万多个乡镇中有6万多个建立了文化体育中心或文化站。根据农村经济发展状况和人民生活明显改革的特点，1985年提出争创体育先进县活动，制定了“加强领导、区别对待、分类指导”的方针，对东部、中部、西部不同经济地区分别提出要求，取得了较好的效果，有力地推动了农村体育的发展。到1992年底，共评出388个全国体育先进县，占全国2 554个县的15.2%。全国有25个省、自治区、直辖市成立了农（牧）民体育协会，700多个县建立了体育辅导站。成功地举办了全国第一届、第二届农民运动会。

——民族传统体育受到高度重视。少数民族地区大都成立了体育领导机构，配备了专职或兼职体育干部，培养了一大批民族体育人才。已举办了四届全国少数民族传统体育运动会。我国民族传统体育的挖掘整理已取得了显著的成效。1987年成立了亚洲武术联合会，以武术为代表的民族体育项目逐步走向世界，受到了许多国家和地区的欢迎。

——老年人体育十分活跃。全国已有2/3多的县（市）成立了老年人体育协会，有3 000多万老年人经常参加体育锻炼，占老年总人数的30%，人均寿命由解放前的35岁增加到69岁。

——伤残人体育得到社会的普遍关心。国家专门成立了中国伤残人体育协会，举办了三届全国伤残人运动会，伤残人、弱智人也登上了国际体育舞台，在第八届国际伤残人奥运会上，我国43名伤残人运动员夺得44枚奖牌，打破了6项世界伤残人奥运会纪录，金牌总数列14位，在第九届伤残人奥运会上，我国24名运动员夺得25枚奖牌；其中金牌11枚，8人14次打破7项世界纪录。

——运动技术水平大幅度提高。15年来，在世界锦标赛、杯赛、奥运会上共夺得642个世界冠军，比1978年前的30个增长了21.4倍；创造424次世界纪录，比1978年前的177次增长了2.4倍。自1982年在印度新德里第九届亚运会上以61枚金牌、51枚银牌、41枚铜牌战胜亚洲历届冠军日本队以来，连续三届保持金牌总数第一，已被世界誉为“亚洲体育强国”，特别是1984年我国体育代表团首次参加奥运会就获得金牌15枚，银牌8枚，铜牌9枚的好成绩，打破了夏季奥运会“零”的纪录。在第25届奥运会上，我国运动健儿顽强拼搏，分别夺得金牌16枚，银牌22枚，铜牌16枚，在参加奥运会的172个国家和地区中金牌名列第 4 位。

——一些优势项目在世界大赛中继续保持领先地位。跳水在第 23 届、24 届、25 届奥运会上分别获金牌 1 枚、2 枚、3 枚。乒乓球在第 24 届、25 届奥运会上分别获金牌 2 枚、3 枚。女子团体实现“九连冠”。女子排球自 1981 年称雄世界排坛以来，连续五届获得世界杯、锦标赛、奥运会冠军，成为世界女子排球史上第一支“五连冠”的队伍。1983 年体操队首次登上男子团体冠军宝座，在第 23 届、第 24 届、第 25 届奥运会上共夺得 8 枚金牌。

——一些原来较为落后的项目有了突破性进展。游泳在第 24 届奥运会上获 3 枚银牌、1 枚铜牌，在第 25 届奥运会上庄泳、钱红、林莉、杨文意共获 4 枚金牌，在 1990 年亚运会上全面超过日本，震惊了世界泳坛。田径运动员陈跃玲在 25 届奥运会上首次获女子 10 公里竞走冠军；李琰在第 15 届冬季奥运会上夺得短跑道速滑表演赛的 1 枚金牌，2 枚银牌，两破世界纪录；叶乔波在第 16 届冬季奥运会上获 2 枚银牌，李琰获 1 枚银牌，填补了我国冬季奥运会的空白。女子柔道队已成为世界柔坛上一支劲旅，在 1986 年、1987 年两届世界杯赛中夺得 4 枚金牌，在第 25 届奥运会上庄晓岩获金牌。

——体育科研、教育有了很大发展。全国体育科研所已发展到 35 所，科研人员 2 000 多人，体育学会会员上万名，15 年来有近 1 000 项科研成果在国内外获奖，取得专利权，并在科学选才、训练、运动机能、运动技术、运动心理、运动后恢复和运动营养等方面的研究取得了较大进步。15 所体育学院共培养体育专门人才近 4 万人，比 1978 年前 2 万多人增长了 1.6 倍。中央 6 所直属体院初步建成教学、训练、科研三结合的中心。

——体育宣传健康发展。全国现有体育记者队伍 2 000多人，全国许多电台、电视台设置了体育专题节目，省、市、自治区主要报刊开辟了固定体育专栏，发行体育图书达 2 700 多种，2 亿多万册（份），体育报刊一般发行近 10 万份，最高发行量近 100 万份，英文版《中国体育》杂志远销 100 多个国家和地区；拍摄以体育为题材的故事片近 20 部，纪录片 200 部。通过体育宣传，增强了广大群众对体育的了解，人们更加关心和支持体育事业。

——体育部门在“以体为主，多种经营”方针的指导下，充分利用体育的多元功能，兴办体育健身、娱乐、医疗、康复、旅游、科技、咨询、培训、广告、彩票、服装器材等投资少、见效快、效益好的项目，到 1992 年底，总收入达 164 415 万元，增强了自我补偿和自我发展能力，提高了社会效益和经济效益。

——国际体育交往更加广泛深入。自 1977 年国际奥委会恢复了我国的合法席位以后，我国体育开始登上世界体育舞台。已加入 41 个国际体育组织和 42 个亚洲体育组织，有 190 多人任职。还派出近 7 000 名援外教练员、专家、技术、管理人员，共援建体育场馆近 40 个。15 年来，体育交往 1 万余起，12 万多人次，分别比 1978 年前的 3 167 起、48 727 人次增长了 2.2 倍和 1.5 倍，足迹遍布五大洲近 170 多个国家和地区。

总之，15 年来的体育改革，在一定程度上对高度集中，过分依赖国家办体育的管理体制有所触动，但其弊端尚未完全消除，社会化程度还不高，群众对体育的供需矛盾进一步加剧。学校体育仍是薄弱环节。体育后备人才不足，经费短缺，场地设施差，功能单一等问题，在很大程度上制约了体育事业的发展。

二

1992 年体育战线认真学习邓小平同志南巡谈话和贯彻党的十四大精神，进一步深化体育改革，扩大对外开放。

——群众体育在毛泽东同志“发展体育运动，增强人民体质”题词发表四十周年之际，全社会掀起了体育运动热潮，仅一年达到《国家体育锻炼标准》的人数有 1 亿多，比 1991 年增长 25%，举办县以上运动会 7.5 万次，参加运动会的运动员达 2 558 人次，分别比 1991 年增长 10%和 4.2%，共培训体育干部 33 万人，同 1991 年基本持平，评出体育先进县 129 个。学校体育得到了全面加强，职工体育、老年人体育、伤残人体育和农村体育相应得到了发展。

——竞技体育继续坚持“奥运战略”，运动技术水平再上新台阶。全年运动员在世界锦标赛、杯赛、奥运会上打破 106 次世界纪录，比 1991 年 50 次增加 2 倍多；共获 89 个世界冠军，比 1991 年 93 个减少 4.3%；在第 25 届巴塞罗那奥运会上中国体育代表团一举夺得 16 枚金牌、22 枚银牌、16 枚铜牌；在第 16 届冬季奥运会上叶乔波、李琰两人共获 3 枚银牌，实现了冬季奥运会奖牌“零”的突破。我国登山队与日本登山队联合胜利登上处女峰南迦巴瓦峰。在国内外引起强烈反响，赢得了党和人民的高度评价。

——体育科技为适应体育事业迅速发展的需要，着力对体育科技体制和运作方式进行了改革，组织了 314 名科技人员，组成 56 个奥运会科研攻关、科技服务的科研组，对田径、游泳、射击、体操等重点奥运会项目进行了科研攻关和科技服务，收到了良好的效果。为中国体育代表团在冬季奥运会上实现奖牌“零”的突破和第 25 届夏季奥运会夺得金牌第四位的好成绩，作出了积极贡献。同时，在科技成果转让、推广上也做了大量工作。

——体育教育规模稳定，结构日趋合理，教学内容不断更新，质量有所提高。全年共培养3 500多人，同1991年持平。

——体育宣传领域不断拓宽，宣传质量进一步提高，在配合第25届奥运会和申办2000年奥运会的宣传中发挥了积极作用。接待和邀请来华采访的境外记者400多人次，加强了我国与世界体育宣传工作的交流。

——体育部门的事业单位利用自身的优势，扩大服务领域，通过开展技术咨询、人才培训、旅游、科技开发和成果转让，兴办各种体育经营性俱乐部和技术型、服务型第三产业，举办商业性竞赛表演，全年共创收4亿多元，比1991年增长了7.6%。

——体育国际交往取得巨大进展。仅1992年我国分别与81个国家和地区进行了交往，与22个国家和地区签定了协定及合作意向书，参加了100多次国际体育比赛，互访400多批，达12 500多人次。通过2000年奥运会的申办，与国际奥委会委员、各国体育领导人进行了大量接触，增进了相互了解，加深了友谊。

三

今后，我国体育事业的发展要以社会化、产业化为方向，建立与社会主义市场经济体制相适应、符合现代体育运动发展规律、国家调控、依托社会、自我发展、充满生机与活力的体育体制和良性循环的运行机制。

——群众体育要推行全民健身计划，实施《社会体育指导员技术等级制度》，抓好《学校体育工作条例》、《国家体育锻炼标准》、《全国企业、事业机关单位和职工体育工作暂行规定》的落实，利用争创全国体育先进县活动，推动农村体育工作的全面开展。同时，要广泛建立各种项目、形式各异、不同规模的社会体育指导站、点和俱乐部，正确引导群众参与体育的自我投资、自我消费、自我受益意识。

——运动协会要因时、因地、因项目制宜，区别对待，逐步向事业实体转变，有条件的协会应成立经济实体，逐步扩大自收部分比重，真正做到国家办与社会办相结合。足球、网球等项目应加大改革力度，积极创造条件，向职业化过渡。

——要建立集中与分散相结合、多强对抗的训练体制，按照"稳住一头，放开一片"的原则，对少数奥运会优势项目的国家队实行集中管理，长期集训；多数项目的国家队放到有一定训练能力和训练条件的地方和部门；向职业化转变的项目，国家队的组建形式可根据项目特点自行确定。

——体育竞赛实行分级管理。综合性运动会由体育行政部门负责组织管理工作；部门和行业综合运动会由主管部门负责；单项比赛由各运动协会负责；其它类型比赛逐步放开。

——体育科技要继续贯彻"体育振兴要依靠科学技术进步，体育科学技术要面向体育发展"的方针，加强体育科学化，建立和完善体育科技与体育运动实践紧密结合的管理体制和运行机制，以实现科技兴体的目标。鼓励体育科研人员和科技干部从事科技成果的推广。

——体育教育要按照国家教委统一部署，认真落实国家体委制定的《关于深化直属体育学院教育改革，扩大办学自主权的若干意见》，结合各学院具体情况，调整学科和专业设置，更新教学内容。有条件的可试行学分制，在完成国家招生任务后，逐步扩大招收代培生、代训生和自费生名额。为体育教育走向社会，面向市场，创造良好的条件。

——体育作为第三产业的重要组成部分，应建立充满活力的自我发展机制，加速体育产业化进程，力争在本世纪末基本形成门类齐全的体育市场体系和多种所有制并存的社会化体育服务体系。

——实行全方位对外开放，加强与世界体育发达国家和周边国家的交流，扩大同发展中国家的合作。进一步拓宽政府与民间、双边与多边体育合作渠道。继续扩大同港、澳、台体育界的交往与合作，积极发展海峡两岸的体育交流。

（国家体委　张发强　李正梅）

交通运输业

铁路运输业

一、改革开放以来发展与改革的基本情况

党的十一届三中全会以来，铁路坚持党的“一个中心，两个基本点”的基本路线，积极推进改革，加快铁路发展。在改革中逐步改变高度集中的计划管理体制，实行了全行业的经济承包，经济管理开始由生产型向生产经营型转变；经营结构打破了单一模式，形成以运为主，多种经营的新格局；改革传统的运输组织和管理方式，积极探索运力资源合理配置的方式，逐步向适应市场经济的方向发展；实行多渠道集资建路，改变了国家独家修路的局面；在利用外资、引进国外先进技术设备、扩大对外交流等方面，取得了显著成果。

（一）铁路在改革中不断发展壮大

1. 运营系统发展概况

党的十一届三中全会以来，从1979年到1992年全路共完成换算周转量148 786.46亿吨公里，1992年达到14 697亿吨公里，比1978年的6 424亿吨公里增长128.8%，平均每年递增6.1%。14年累计增加的换算周转量相当于1978年前30年的1.2倍。客运量从1978年的8.07亿人增加到1992年的9.88亿人，平均每年增加1 390万人；货运量从10.75亿吨增加到15.23亿吨，平均每年增加3 202万吨。

铁路运输积极贯彻综合利用各种交通工具的方针，充分发挥自己长、大、重的优势，将部分短途运输交给公路承担，近年来平均运输距离不断延长。1978年货物平均运程为496公里，1992年达到758公里，延长262公里；1978年旅客平均行程为135公里，1992年达到319公里，延长184公里。在总客运量中，市郊客流所占的比重从1978年的23.5%下降到1992年的12.2%；而长途客流的比重则从76.5%上升到87.8%。

铁路在运输工作中，把国家利益和社会效益放在首位。煤炭运输是亏损运输，它的平均运价仅相当于其他工业品运价的50%左右，但铁路始终把运煤摆在首位。1992年与1978年相比，煤炭运量增长59.3%，比同期铁路货运量的增长幅度高出17.6个百分点。晋煤外运量由5 400万吨增加到20 164万吨，平均每年增加1 055万吨，占年均增加运量的1/3。

铁路机车车辆的运用指标也有了突破性进展。1992年同1978年相比，机车日产量从71.4万吨公里提高到89.7万吨公里。列车平均牵引总重从1 985吨提高到2 483吨，平均每年增加36吨。客货运输换算密度1978年为1 390万吨公里/公里，1992年达到2 744万吨公里/公里，增加97.4%。

1978年以来，铁路投入大量资金改善安全设施，机车“三大件”（机车信号、自动停车装置、列车无线调度电话）普遍安装，安全新技术广泛应用，使运输安全走向了人机结合；设备吃老本的状况得到扭转，失修欠帐逐年偿还，安全系数大大提高；在运输繁忙干线采用先进技术进行改造，增强了运输能力；运用信息技术，建成了部、局、分局的电子计算机网络，使运营生产信息和运输指挥与控制开始走向现代化。

改革开放以来，由于铁路的活力不断增强，劳动生产率随之高涨。1978年，铁路运输系统的劳动生产率为42.3万换算吨公里，十年后的1988年增长为67.6万换算吨公里，增长幅度为59.8%；1992年进一步增长为72.8万换算吨公里，增长幅度为72.1%。铁路的运输收入也随之不断增长。1978年，铁路运营收入为100亿元，十年后的1988年增长为280.6亿元，增长180.4%；1992年收入进一步增长为478.7亿元，较1978年增长了378.3%。改革开放不断地促进铁路提效增收，但是，由于外部环境变化较快，物价不断上涨，铁路运价的调整不能及时到位，以至铁路的经营状况不断恶化，濒临亏损的边缘。1978年，铁路运营系统利润为38.99亿元，十年后的1988年，利润达到74.74亿元，增长了91.7%；而1992年，铁路的运营利润额下降为61.17亿元，同1978年相比，仅增长56.9%，这同全路劳动生产率增长72.1%、运输收入增长378.3%相比，是极不相称的。

2. 基建系统发展概况

1978年以来，铁路基本建设部门努力进行设计、

施工、管理改革，开展限额设计和项目经理负责制，逐步推行招标承包制度和投资包干责任制，完善施工企业的管理机制，认真开展重点项目的复查，集中兵力打歼灭战，投资效益提高，重点工程进度加快。从1978年到1992年新增复线6 027.8公里，新增比重为1949～1992年的44.1%；内燃牵引新增10 448.6公里，新增比重为61.5%；电气化牵引新增7 404.1公里，新增比重为87.8%。

3. 工业系统发展概况

1978年全路新造机车521台，1992年增加到798台，产量增长了53.2%。从1988年起停止了蒸汽机车的生产，1978年～1992年，铁路新造内燃机车4 777台，新增比重为1949～1992年的72.6%；新造电力机车1 782台，新增比重为89%；新造60吨以上货车196 917辆，新增比重为72%；新造空调客车2 665辆，新增比重为100%。

铁路机车车辆工业产品加快更新，不断开发新产品，推出新产品。改革开放以来，机车车辆工业紧紧围绕产品升级，大力进行技术攻关和产品开发，实现了产品更新换代。货运主型内燃机车东风4，由A型发展到B型、C型、D型，同时还试制开发成功了东风5、东风7以及单机功率达到世界先进水平的东风8型。电力机车由韶山1、韶山3过渡到韶山4型。客车已开始研制出25.5米空调硬卧车和新型空调双层客车，改变了30年一贯制的老车型，实现了更新换代。货车研制出C62型运煤专用车，C63型运煤重载单元列车，达到80年代国际先进水平。取得国家级和省、部级科研成果817项，技术进步奖804项，获国家专利595项。

4. 科技系统发展概况

1978年以来，铁路依靠科技进步，加快了铁路现代化的进程。以牵引动力和信息技术为重点进行的技术改造，使铁路内涵发生了深刻的变化。采用先进技术对1.6万公里繁忙干线进行强化改造，增强了运煤通道，东北和沿海铁路的运输能力。成功进行了万吨列车和7 000～8 000吨组合列车的运营试验，开创了我国重载运输的新纪元。牵引动力构成发生了根本性的变化，全路内、电机车完成的总重吨公里1992年已达到78.4%。列车平均牵引总重打破了20多年来徘徊在2 000吨左右的局面，1992年达到2 483吨。建成了中国第一个大型综合自动化编组站——郑州北站，使编组能力提高17%，年经济效益达1亿元以上。建成了铁道部与12个铁路局及56个分局的电子计算机基干网，成为全国12个大型计算机应用系统之一。微波、卫星、光纤、程控等先进的通信技术得到应用，信号设备向机电一体化方向发展。新增自动闭塞5 306公里，比重为建国以来11 287.0公里的47%，新增正线60公斤以上钢轨长度20 801.7公里，填补了这一项目的空白。全路把提高运能和保证行车安全作为科研攻关的主攻方向，以三防（防列车冲突、防切轴、防断轨）为主要内容的科技成果大面积推广应用，使铁路安全工作突破了传统管理模式，走向人机、人技的结合。通过技术改造和设备更新，用科研成果取代落后的技术设施，铁路重大基础装备的水平大大提高，铁路运输发展有了可靠的科技依托。

（二）铁路在改革中不断探索前进

1978年以来，铁路从中国实际出发，不断进行改革的探索与实践。“六五”期间，铁路采取较大举措：(1)打破按省设局的格局，将20个铁路局并为12个；(2)1983年起对国家实行利润递增包干，简政放权，推行内部经济责任制。“七五”期间，实行全行业投入产出经济承包。进入“八五”以来，铁路改革逐步深化，特别是邓小平同志南巡谈话发表以来，思想进一步解放，观念不断更新。铁路面貌发生较大变化。

——经济管理由生产型转向生产经营型。在改革中逐步改变了高度集中的计划管理体制，给企业放权让利。“七五”期间实行的全行业经济承包，打破了长期以来收支两条线的体制，在经济管理上由生产型逐步转向生产经营型；在分配上由按人头给工资改变为按实物工作量算工资，运输和施工企业分别实行“万含”和“百含”包干，在企业内部实行了计件、计时、定额工资等多种分配形式。经营管理的转轨变型，调动了职工的生产积极性，提高了劳动生产率，重点工程和既有线的技术改造速度加快，装备水平和“限制口”的综合能力有了很大提高，从而保证了国家年度计划的超额完成和重点物资的运输。同时促进了铁路干部职工的观念转变，增强了经营意识和企业的活力，在保证社会效益的前提下，提高了全路的经济效益。

——经营结构步入以运为主、多种经营的新格局。铁路多种经营的发展，改变了铁路单一的经营结构，拓宽了经营领域，副业已具相当规模，形成了铁路第二财源，增强了企业的生机与活力。各单位利用自身的优势发展多种经营，扩大了铁路服务范围，提高了服务质量，增强了社会效益。

——价格改革迈出较大步伐。铁路运价改革是一项难度很大的工作。在党中央、国务院的重视、关怀和有关部委的支持下，铁路运价长期背离价值的状况开始扭转，对客货运价进行了历史上较大幅度的调整，同时对临管的新建铁路和合资铁路实行了特殊运价，特别是1989年9月和1990年3月，客货运价分别提高112%和每吨公里5厘，1991年3月建立了每吨公里2厘的铁路建设基金，1992年7月和1993年7月铁路建设基金征收标准又分别提高了1分和1.5分。两次调价和基金制的建立开始改变铁路死运价对活物价的局面，正朝着按照价值规律改革铁路运价的方向前进。

——改革了传统的运输组织和管理方式，向适应市场经济的方向发展。在运输组织上，货运开行了重载、组合列车，单一到站的远程直达列车，定点定线快运集装箱直达列车，试验开行了万吨列车；客运扩大了客车编组，调整了客车编组结构，开行全列卧铺、全程对号直达旅客快车。在运输管理上，为确保重点物资运输和“限制口”通畅，确立了“大入大出、奔图保月，屯兵京哈，疏解中原”的车流调整原则，大力推行机车长交路、轮乘制，实行“限制口”超计划交接列车的奖励办法和货车有偿占用制度。为适应市场经济发展的需要，在保证国家重点物资运输的前提下，计划外运输比重有所增加；一向严格控制的对流、违流运输已适度按市场和货主需求调整；铁路局管内客车的开行或停运，开始按客流变化的市场需求确定；铁路支线的管理体制和经营机制试行改革，提高了经济效益。

——实行多渠道集资修路，改变了国家独家修路的局面。集资修路始于“六五”，“七五”发展较快，进入“八五”形成热潮，地方要求合资修路的积极性越来越高。集资建客站、货场也广为推行。现已建成运营和在建的合资铁路达22条，总长7 933公里，路外投资约100亿元。合资铁路的出现和发展带来铁路建设和运营上的变革。1992年8月，国务院批转了《关于发展中央和地方合资建设铁路的意见》，制定了合资铁路“统筹规划、条块结合、分层负责、联合建设”方针，它体现了国家利益与地方利益的结合，地方优势与行业主管部门的结合，为有效调动各方修路的积极性找了一种较好的形式，为加快我国铁路的发展开辟了一条新路。

——施工企业引入竞争机制，率先进入市场。实行建设项目投资包干责任制，推行招标投标。在基建任务不足的情况下，施工企业承揽路外任务的比重明显加大，初步实现了由指令性任务为主到逐步进入市场，由铁路为主到立足铁路、走上社会的转变，企业在市场中求发展。同时试行项目法施工，在内部管理体制改革上进行了探索。

——工业企业打破了封闭型结构，开始走向市场。通过调整产品结构，理顺配修造关系，引进吸收世界先进技术，加快了技术改造，使铁路工业产品质量提高、品种增加，特别是机车车辆工业广泛开展社会协作，发展横向联合，主产品实现了升级换代，满足了铁路运输的需要，并向路外市场发展。

——对外打破了自我封闭，走向开放。积极利用外资修建铁路，改造工厂，引进大马力内电机车，扩大运力。1978年以来，铁路引进外资，使用日本海外协力基金会和世界银行贷款进行了11条铁路的新建改建和8个工厂、枢纽、科研基地的改造；同时坚持技贸结合，引进了先进的技术装备；不断扩大对外科技交流，加速引进技术的消化吸收和国产化；拓宽对外经济贸易领域，开展边境贸易和对外劳务合作，积极承揽对外工程，发展对外旅游业务，努力增加铁路产品的出口。

二、存在的主要问题

（一）运能与运量的矛盾突出。改革开放以来，铁路虽然发展较快，但仍与国民经济发展的需要有很大距离。以1992年为例，我国工业总产值增长超过20%，而铁路货物发送量只增长3%。目前全国各地提出要车计划日均12万辆左右，而铁路月度计划只能安排7.5万辆左右，仅能满足60%。主要干线能力更为紧张，一般只能满足40%左右。京广、京沪、京沈、陇海、浙赣、宝成、襄渝等干线和主要枢纽能力早已饱和，主要干线长途客车超员严重，限制口达20多个。

（二）发展落后于其他产业部门。铁路是国民经济发展中突出的薄弱环节，不仅数量不足，而且在质量上也远落后于其它产业部门。据统计，四十年来原煤增长1.5倍，原油增长300倍，钢45倍，发电量80多倍，水泥73倍，化肥400多倍，而铁路营业里程只增加1.5倍。铁路客货周转量分别增长了12和17倍，而铁路机车仅增长2.3倍，货车增长4.9倍，客车增长5.8倍。

（三）建设资金短缺。过去，铁路建设全部依靠国家预算拨款，改革开放以来，随着投资主体的下移，铁路投资占全国基本建设投资的比重不断下降，“五五”以前，铁路投资占全国投资的比重平均为9.78%，“六五”时只占7.0%。“七五”铁路实行全行业投入产出承包，“八五”实行铁路建设基金制，铁路投资占全国基本建设投资的比重仍未上升，“七五”为5.9%，1991年为6.1%。铁路建设基金1991年3月1日出台0.2分，1992年7月1日出台1分，1992年底前建设基金达到每吨公里1.2分，仍与国家批准的建设规模存在较大的差距。

（四）改革的难度较大。铁路不适应国民经济的发展，不仅表现在路网规模、运输能力、技术装备、建设资金上，还反映在管理体制、经营机制方面。铁路作为国民经济的基础产业，投资大，建设周期长，具有公益性强的特点，主要执行指令性计划，国家掌握运价制定权，加上运输实行集中统一指挥的行业特殊性，使铁路比一般企业增加了改革的难度。以定价权为例：(1)价格过低。由于国家长期以来对铁路实行限制价格政策，铁路运费占商品销售成本的比重很小，据统计，225类主要商品的销售成本中，铁路运费所占比重不到1%

的有72%，1～2%的有12%，这与其他各国相比差距很大。运价增长幅度远不及物价和运输成本上涨幅度。1985年～1990年，铁路客货运价年均增长6.7%，而同期运输成本增长13%，相关物价年均增长均在10～14%。(2)比价不合理。铁路、水运、公路的运价比为1∶0.57∶10.5，铁路与公路之间的价格差别过大。

三、1992年的基本情况

(一)运输生产情况

1992年，是铁路深化改革加快发展的一年。这一年，在邓小平同志南巡重要谈话和十四大精神鼓舞下，铁路职工群情振奋，解放思想，开拓进取，团结奋战，真抓实干，各项工作取得了新成绩，主要表现在：

1.运输生产取得新突破。1992年，全路日均装车突破7.4万辆，较上年增加1 198车，增长1.6%。全年货物发送量突破15亿大关，达到15.25亿吨，比上年增长3%。其中煤炭运量完成6.4亿吨，晋煤外运量突破2亿吨，较计划超运965.7万吨，超额完成朱镕基副总理要求铁路超运800万吨晋煤的任务。全年换算周转量完成14 691亿吨公里，为年计划的106.5%，比上年增长6.7个百分点。其中货物周转量比上年增长5.4个百分点，旅客周转量比上年增长11.5个百分点。旅客周转量占换算周转量的比重由上年的20.5%上升为1992年21.4%。

1992年，国民经济的发展使本来就很不适应的铁路运输更加紧张。旅客运输，年初即进入最为繁忙的春节运输。节前，沿海地区回内地的民工及放假学生使客流猛增；节后，川、湘、鄂、豫等省民工流向广东、福建、襄渝、京广南段客流严重积压，列车超员十分严重，运输组织工作非常困难。在62天的暑期运输中，直通客流增长较快，主要干线旅客列车超员严重，旅游热点和一些省会城市所在站客流爆满，铁路运输面临又一次大的压力。由于铁路部门精心组织，分别于春运和暑期加开临客4 613列、3 020列，较好地完成了高峰客流的运输任务。全年完成旅客发送量9.88亿人。

货物运输，除受运能制约外，还遇到了一些其他方面的困难。一是由于“春节、暑期”运输，加开临时客车，挤占了大量的货运能力；二是全年发生水害断道频繁。3月下旬汛期提前出现，宝成、鹰厦、外福等线出现水害断道，5月宝成线山体滑坡中断行车，到六月份贵昆、成渝、牡佳、兰新、京通、宝成等15条主要干线先后断道49次，7月上中下旬又先后集中在上海局，郑州、兰州局，哈尔滨、沈阳、呼和浩特局发生水害，严重打乱了正常运输；三是货源分布不均衡，到东南沿海的货物集中，到其他地区和管内的货物相对不足，使全路运用车形成南多北少的局面，给运输组织工作增大了难度；四是线路桥隧施工任务繁重，影响了部分能力，干扰了正常运输。

铁道部为了更好地完成客货运输任务，适应国民经济上新台阶的需要，千方百计挖潜扩能。首先抓住京哈、京沪、京广三大干线，重点解决主要限制口能力不足的问题，实施内电机车长交路，组织开行组合列车和试开五千吨级列车，组织直达远程运输，开展分界口奖罚等一系列挖潜扩能措施。在煤炭运输上，加强空车的调动，优先安排装运电煤、冶金用煤、港口及到华东、中南地区的煤炭装车。对国家重点大中型企业的原材料、产成品等运输实行优先办理，优先配车，积极抢运积压物资。在车流调整上采取分界口不对等交车，“限制口”定量交接，严格控制到上海、广州、柳州、成都局的装车等措施，坚持南车北调，使全路运用车分布进一步均衡。全路进一步加强分界口协作，主要分界站列车交接能力普遍提高。与此同时，各铁路局、分局严密组织线路维修和“短、平、快”项目施工，压缩“天窗”时间，减少对运输的干扰。

2.基本建设进度加快。铁路基建工程投资首次突破百亿元。1992年国家调增铁路建设基金，合资建路、新路新价等倾斜政策相继出台，铁路建设的外部环境有了初步改善。基本建设完成投资103.6亿元，比上年增加25亿元，增长32%。合资铁路完成省筹资金13.7亿元，比上年多6.5亿元，增长22.2%，体现了国铁、地方、企业一起上的局面。铁路投资结构合理调整，新线建设比重增加，达到41.2%，比上年提高6.9个百分点。铁路建设加快形成能力，实物工作量和交付运营里程超计划完成。全年共完成新线铺轨731.9公里，复线铺轨277.7公里，分别为年计划的141.8%和102.9%。交付运营新线475.6公里(其中大秦线242.2公里、商阜线173.4公里)，复线323.1公里(其中胶济线6公里、浙赣线115.8公里、滨洲线78.9公里、焦枝线88.6公里、钱塘江大桥26.7公里)，电气化铁路938.8公里(其中湘黔线113.7公里、郑武电化信武段双线238.1公里和孟平段单线62公里、鹰厦线1.8公里、兰武电化281公里、大秦线242.2公里)，分别为年计划的132.8%、98.8%和148.8%。以“强攻京九、兰新，速战侯月、宝中、再取华东、西南、配套完善大秦”为重点，铁路建设已形成会战态势，一批重点骨干工程进展快，质量好，成效显著。

3.工业生产稳定增长。1992年铁路五大公司所属工厂工业总产值(90年不变价)完成85.36亿元，为计划的117.4%，比上年增长6.7%。销售产值(现价)完成104.66亿元，实现产品销售率100%，呈现生产和销售两旺的态势。1992年列入部指令性计划的11种主要产品中，除修理客车因路外合同修车数不足外，其余十种完成或超额完成计划。全年新造内燃、电力、客车、货车分别完成563台、200台、1 652辆、21 636辆。与上年相比，新造机车、客车、货车分别增长11.5%、1.5%、7.8%；修理内燃机车、客车、货车，均有不同程度的增长。铁路工业企业在完成指令性计划的同时，大力开拓路外市场和国际市场。机车车辆工业总公司下属的15个工厂全年共向路外销售新造货车4 833辆，占全年新造货车总数的22.3%，比上年增加了1 743辆。各企业积极参与国外市场竞争，加入国际招标行列，一些企业还与国外企业合资、联营，向东南亚出口货车、大桥钢梁等，全年完成出口交货值为7 073万元。工业系统技术改造速度加快，经济效益也有明显好转。

1992年，铁路改革迈出新步伐，对外开放进一步扩大，引进外资、技术和设备，对外科技交流和工程承包，边境贸易，对外旅游服务，出口创汇等都取得了新的进展。全路贯彻"科技兴路"方针，围绕重载、高速、安全、集中力量进行科研攻关，取得一批重要成果，有10项获得国家科技进步奖，3项获得国家发明奖。全路积极开展双增双节活动，千方百计增运增收，堵漏保收，提高经济效益。与此同时，运输安全和路风建设进一步加强，治安综合治理成绩显著，铁路两个文明建设取得新的进步。

（二）采取的主要方针政策和改革措施

1992年在邓小平同志南巡重要谈话和党的十四大精神指引下，铁路部门解放思想，更新观念，在转换企业经营机制，加快对外开放以及改革生产组织等方面迈出了新步伐。

1. 贯彻落实《全民所有制工业企业转换经营机制条例》，出台铁路《实施办法》，推动企业走向市场。1992年初，在国家体改委、国务院经贸办、国务院法制局联合拟出《条例》初稿后，铁道部即着手铁路《实施办法》的制订工作，广泛收集和汇总铁路企业扩大自主权的意见和要求。《条例》正式公布后，在多次研讨、反复征集部属企业意见的基础上，前后进行了七次修改。1992年12月31日铁道部、国家体改委、国务院经贸办联合发布了《铁路企业转换经营机制实施办法》。铁路《实施办法》体现了《企业法》、《铁路法》的立法精神和基本原则，结合铁路企业的行业特点，在坚持运输集中统一指挥的前提下，尽可能扩大运输企业的经营自主权，把铁路工业、施工、物资企业有步骤地先期推向市场，为深化铁路企业改革提供了行为准则和法规依据。

2. 积极进行组建广州铁路（集团）公司的改革试点。经与国家有关部门多次协调，国务院经贸办于1992年11月正式批准以广州铁路（集团）公司为核心企业的广州铁路集团。积极探索铁路政企分开、两权分离的途径和形式，认真解决铁路运输集中统一与经营放开搞活的关系问题，进一步增强铁路企业的投资能力，扩大企业管理权限，使企业自我发展的能力不断得到加强。加快铁路建设速度，使铁路运输企业逐步成为具有竞争能力、创新能力、自我完善能力的市场主体。

3. 实行多渠道集资修路，改变了国家独家修路的局面。1992年8月，国务院批准下发了《关于发展中央和地方合资建设铁路的意见》，确立了"统筹规划、条块结合、分层负责、联合建路"的方针，为加快我国铁路的发展开辟了一条新路。全国已建在建的合资铁路达22条7 933多公里，路外投资约100亿元。合资铁路的出现和发展带来了铁路建设和运营管理上的变革。

4. 劳动工资制度综合改革试点顺利进行。首批进入全国试点行列的济南铁路局，机车车辆工业总公司贵阳车辆厂、工程总公司大桥工程局在有关部门指导下，普遍进行了岗位技能工资制度等改革，为全路劳动工资制度的深化改革积累了经验。

5. 改革传统的运输组织和管理方式，向适应市场经济的方向发展。在运输组织上，货运开行了单一到站的远程直达列车，定点定线快运集装箱直达列车。在保证国家重点物资运输的前提下，计划外运输比重有所增加；一向严格控制的对流运输已适度按市场和货主需求调整，铁路局管内客车的开行或停运，开始授权铁路局按照市场客流变化的情况适时确定。全年客货运量和周转量登上新台阶。

6. 铁路住房制度全面铺开。1992年2月，国务院住房制度改革领导小组批复了《铁路住房制度改革指导性方案》。全路企业按照"政策按中央，方案自已定，资金自循环，交叉随地方"的原则，积极推进铁路系统的住房制度改革。至1992年末，已有10个铁路局，19个工程局，44个工厂和31个公司（处）、院、所的房改方案出台，铁路房改进入全面展开的阶段。

四、展望

改革开放以来，中国的铁路事业虽然得到了较大发展，但还不能适应国家经济和社会发展的需要，发展铁路，已经成为党和政府以及全国人民共同关注的问题。

铁路发展的总体思路是"近筹缓解适应，远谋适度超前，创出发展新路，真正当好先行。"

"八五"计划建设新线6 600公里，建设复线4 100公里，电化5 600公里。到1995年营业里程要达到6万公里。重点建设京九线、兰新复线、宝中线、侯月线、浙赣复线、京广线电化、大秦配套工程、南昆线、成昆线电化、西安—安康线等。

"九五"要进一步强化投资，加快建设，集中力量，建设一批大能力的通道。2000年路网总规模要争取达到近7万公里。旧线技术水平上一个新台阶。

到1995年，铁路货运量要达到16.8亿吨，比1990年增加2.2亿吨；客运量达到11亿人，增加1.5亿人。日均装车将达到8万辆以上。运输安全生产要达到基本稳定，服务质量要不断提高。

铁路“八五”基本建设投资922亿元，比原计划增加230亿元；机车车辆购置320亿元，比原计划增加70亿元。还有近300亿元的更新改造投资，也将有一多半投入短平快项目和电化改造。“八五”投资规模是建国以来最大的5年。

目前，铁路改革的总体思路已基本确定，即：“以发展社会主义市场经济为导向，以‘三个有利于’为标准，转变观念，转变职能，转换机制，实现政企分开、宏观调控、多元经营、集团发展、强路富民，建立有中国特色的铁路新型管理体制和运行机制。”

围绕改革的总体思路确定的改革主要措施为：

——继续贯彻《全民所有制工业企业转换经营机制条例》，促使机关转变职能、企业转换机制，推动铁路企业进入市场。

——大力发展多种经营。按照全方位服务、实业型发展、集团化联合的途径，实现铁路多种经营的倍增发展。同时要制定规范，依法经营。

——积极推进合资建路，打破“独家修路”、“独家经营”的模式，发挥多方的积极性，动员社会力量加快铁路的发展。

——进一步扩大对外开放，大胆利用外资，引进国外的资金、先进技术和管理经验，促进铁路事业的发展。

——转变铁道部机关的职能，逐步实现政企分开，使之更好地发挥统筹规划，掌握政策，信息引导，组织协调，提供服务，检查监督的职能，更好地为铁路企业服务。

（铁道部　全毓铮　田克平　林立权）

公路运输业

建国40多年来，我国公路运输生产和建设取得了很大发展。到1992年底，全社会公路客运量完成72亿人，旅客周转量完成3 030亿人公里，货运量完成75亿吨，货物周转量完成3 500亿吨公里；全国公路通车总里程已达到105.7万公里，其中高速公路652公里，一级公路3 575公里，二级汽车专用公路2 086公里，一般二级公路5.27万公里；全国民用汽车拥有量已近692万辆，其中货车441万辆，客车226万辆。

纵观我国公路业的发展，改革开放以来是公路运输生产发展最快的时期。1992年与1979年相比（从1979年开始统计公路社会货运量，故采用1979年数据进行对比），公路客运量增长了54亿人，13年增长量是改革开放前增长量的3倍，年均增长速度高达11.3%；旅客周转量增长了2427亿人公里，是前30年增长量的4倍，年均增长速度高达13.2%；货运量增长了38亿吨，相当于前30年的增长量，年均增长速度为5.6%；货物周转量增长了2 755亿吨公里，是前30年增长量的3.8倍，年均增长速度高达12.6%。

公路交通基础设施建设，“七五”以来是发展最快的时期，仅“七五”期间就新、改建公路12.8万公里，一个五年计划新、改建公路的里程就相当于我国从1906年修建广西友谊关（原称镇南关）到龙州公路算起到1949年的43年间修建公路里程的总和。在这五年中，中国大陆上第一次建成了522公里的高速公路，建成的二级以上公路相当于前35年的总和。民用汽车，我国从1901年进口第一辆汽车到1949年的半个世纪，仅增加了7.3万车辆。而“七五”一个五年计划期间就增加了230万辆，不仅远远超过了建国前50年的增长量，而且相当于建国后前37年增长量的3/4，年均增长速度高达11.4%。

改革开放以来，公路业的发展不仅在速度上明显加快，而且具有以下几个特点：

1. 公路运输在全社会客货运输中的作用日益显著。在全社会旅客运输中，公路客运量所占比重由1979年的61.7%上升到1992年的84.7%，公路旅客周转量所占比重由30.7%上升到44.7%；在全社会货物运输中，公路货运量所占比重由1979年的69%上升到1992年的74.1%，公路货物周转量所占比重由6.5%上升到6.7%，作用明显增强。公路运输平均运距也有较大延长，客运平均运距由1979年的33.8公里延长到1992年的42公里；货运平均运距则由1979年20公里延长到1992年的46.7公里，共延长了1.3倍以上，表明公路中长途客、货运输有了较快的发展。

2. 逐步形成了多种运输经济成分并存的运输结构。为尽快改变交通运输滞后于国民经济发展的被动局面，1984年以来开放了运输市场，鼓励千家万户办交通，改变了历史上那种集中过多、统得过死的做法，从而极大地调动了各方面的积极性，推动了运输生产的发展。特别是个体运输的兴起，为方便人民旅行，解决长期未解决的乘车难、运货难的问题起了重要作用。从1985年到1992年，个体运输承担的公路客运量由4.34亿人增长到21.26亿人，年均增长速度高达30.3%，占全社会公路客运量比重由9.1%提高到

31.2%；承担的公路旅客周转量由126亿人公里增长到705.4亿人公里，年均增长速度高达33.2%，占全社会公路旅客周转量比重由7.3%提高到24.5%；承担的公路货运量由11.24亿吨增长到22.4亿吨，年均增长速度高达12%，占全社会公路货运量比重由20.9%提高到30.5%；承担的公路货物周转量由334.2亿吨公里增长到798.5亿吨公里，年均增长速度为15.6%，占全社会公路货物周转量比重由19.7%提高到23.3%。

3. 公路基础设施质量明显提高。1990年公路通车总里程仅比1985年增加了9%，但通行能力却提高了52%，主要原因就是公路等级结构的改善。1992年与1985年相比，二级汽车专用路以上的高等级公路里程增加了15倍，占公路总里程的比重由万分之四提高到千分之六，一般公路里程增加了28.8%，占公路总里程比重由64.3%提高到73.9%。等外路里程则减少了20%，占公路总里程比重则由35.6降到25.5%。我国公路建设，从零打碎敲到有计划地系统建设，从修一般道路到建设高等公路，从手工操作施工到机械化施工，标志着公路建设有了质的变化，进入了一个新阶段，开始了建设高等级公路的新时代。特别是全长375公里的沈大高速公路建成，把辽宁的主要经济中心城市连接起来，大大缩短了沈阳到出海口的时空距离，产生了巨大的经济效益和社会效益，成为我国公路建设史上的一个里程碑。

4. 建设资金渠道多元化。"七五"期间国家对公路建设出台了提高养路费征收标准和开征车辆购置附加费的政策措施，为公路建设提供了比较稳定的资金来源。各地政府也对筹集公路建设资金采取了许多优惠政策。此外，公路建设还实行了中央补助和地方共建、以粮棉布补助修建县乡公路、以收费方式贷款修路建桥以及民工建勤、民办公助等政策。这些都是"七五"以来公路建设取得巨大进展的主要原因。在公路基础设施（公路线路与桥梁）投资中，国家预算内投资（全部用于国边防公路建设）所占比重已由"六五"期间的42.7%降低到"七五"期间的4.5%，1992年又进一步降到2.9%，97%以上的投资靠自筹、银行贷款、利用外资和其它渠道，其中养路费约占22%，车辆购置附加费约占27%，银行贷款约占11%，利用外资约占5%，其它资金约占32%，说明公路建设的建设资金主要靠地方多渠道筹集。利用外资工作也取得了很大进展，我国公路建设从"六五"开始利用外资，到目前已利用世界银行、亚洲开发银行和日本海外协力基金贷款建设公路项目15个，已建成公路里程1 500公里。在建的项目也将于1996年前后相继投产，再新增高等级公路里程2 200公里，新、改建农村公路约3 000公里。

5. 交通扶贫工作取得显著进展，促进了贫困地区的经济发展。"七五"期间全国扶贫公路建设项目共194个，投资3亿多元，建成公路5 064公里，桥梁67座，8 761延米，共扶持财政部确定的全国301个贫困县中的166个贫困县，使全国通公路的乡由1986年的75%提高到1990年底的96%。

1992年我国公路业以贯彻邓小平同志南巡讲话为主线，加大改革开放力度，加快建设步伐，又取得了较大发展。与上年相比，公路客运量和旅客周转量分别增长了5.5%，货运量增长了2.2%，货物周转量增长了2.1%。特别是专业运输部门已经结束了1988年以来客货运量连年下降的趋势，稳步回升，与上年相比，客运量增长了2%，旅客周转量增长了5.7%，货运量增长1.2%，货物周转量增长了1.9%。

公路基础设施建设，1992年是速度最快的一年。党的十四大把交通放在基础设施和基础工业的首位优先发展，广大人民群众对加快公路建设表现出极大的积极性，"要想富，先修路"的口号已经发展为"小路小富，大路大富，无路不富，高速公路快富"。各地政府为加快公路又相继出台了许多政策，如征收土地开发公路建设费、公路两侧土地增值费、山区和贫困地区公路建设还贷基金等，特别是云南省在地方财政比较困难的情况下，仍下决心每年从省留成烟税中拿出五亿元修公路。这些政策为公路建设开辟了新的比较稳定的资金来源，为加快公路建设创造了有利条件。特别需要指出的是，邓小平同志南巡重要讲话发表后，各省、市、自治区都把公路建设放在重要地位，在筹集公路建设资金方面出现了新的特点，筹集资金的对象由车辆转向土地增值和流通，由交通行业内部转向全社会，由公路建设的直接受益者转向间接受益者，从而大大增加了地方用于公路建设的实际投入。另外，发行债券、集资入股、建立公路建设股份公司等新办法也不断出现。这些都有力地推动了公路建设。1992年公路总里程比上年增加了1.56万公里，其中高速公路增加了78公里，一级公路增加了678公里，二级汽车专用公路增加了627公里，一般二级公路增加了6 300公里，三级公路增加了7 000公里，四级公路增加了7 500公里，等外路则减少了6 600公里。1992年建成的一级汽车专用公路以上的高等级公路里程是"七五"年均建成二级以上公路里程的1.57倍，建设速度明显加快。广州至汕头公路、哈尔滨至大庆公路、三元至铜川公路、合肥至南京公路、武汉至仙桃公路、天镇至走马驿公路、上海杨高路等一批重点项目已建成通车，兰州至敦煌千里国道改造全部竣工。

全社会民用汽车拥有量比上年增加了85.6万辆，

是“七五”年均增长量的1.86倍，其中货车增加了42.8万辆，客车增加了40.9万辆，其它车辆增加了1.9万辆。

1992年也是中外合资公路运输企业发展最快的一年。交通部批准立项的中外合资公路运输企业达74家，中外合资汽车维修企业达30家，分别为改革开放以来至1991年批准的同类合资企业数的2.5倍和6倍。

我国公路业已经取得了很大成就，在综合运输体系中发挥着十分显著的作用。但同时也应该看到，公路交通能力的增长仍跟不上运输需求和交通量的增长，公路交通紧张状况仍未缓解。“七五”期间，虽然公路通行能力提高了50%，但旅客周转量、货物周转量和民用汽车保有量则分别增加了1倍、1.5倍和0.72倍，大大高于公路通行能力的提高幅度。全国公路网日均交通量已超过设计通行能力的20%，特别是国道中约3万公里的主要路段，交通量超过通过能力1倍以上。现有公路数量少，公路密度只及印度的1/5，美国的1/7和日本的1/30，沿海东部地区公路密度较高，但仍比印度全国平均密度还要低得多。混合交通严重，汽车专用路仅6 000多公里，99.4%的公路上人、畜、自行车、拖拉机等与汽车混行，使已超负荷的公路更加拥挤不堪。路况差，到1990年底铺筑沥青和水泥路面的公路只占总里程的23%，其中90%的公路是60年代搞的渣油表处路面，并且有危桥4 000多座。由于路况差，混合交通严重，致使车速低，油耗大，平均车速仅30公里左右，干线公路也只有40公里，汽油车每百公里油耗比国外高出1倍多。现有公路失修失养严重，现有25万黑色路面公路中，有60%超期服役使用，不仅路况日趋恶化，而且抗灾能力差，1984年以来平均每年公路水毁损失就达10亿元左右。公路站场设施不配套。客运站房陈旧，面积小，缺少停车场和站前广场。90%的零担货运站是利用旧仓库、旧车间改造而成，库房面积严重不足，许多货物不得不露天堆放。站点功能单一，不能发挥客货集散的枢纽作用。运输组织管理缺少现代化的计算机和通信手段，不能为货主和旅客提供大量运输信息，无法对货物运输实行跟踪管理，没有形成高效的联运网络，运输能力难以充分利用。公路运输企业营运车辆不足，车型落后，缺少大马力、低油耗的柴油客车和大吨位的载重货车；自卸车不敷需要，品种少，不配套；集装箱车尚处于试验阶段，远不能满足运输生产的需要；专业运输企业应报废的营运汽车约占现有营运汽车总数的1/6；目前大约还有400多万辆拖拉机在从事公路运输。

90年代国民经济加快发展使交通运输的压力更大。为了适应建立社会主义市场经济和加快改革开放及现代化建设的需要，我国公路业应当有更大的发展。我国公路业近年来发展得比较快，从根本上说，是客观经济规律的必然要求。在以农业经济为主的自然经济中，运输方式以肩扛畜驮、畜力车、人力车为主。而在工业化初期，由于对原材料的需求急剧增加，适合于长途大宗货物运输的铁路和水运则得到迅猛发展。随着经济的进一步发展，以第一产业为主转向以第二、第三产业为主，体积小、重量轻、价值高、时效要求高的产品在运输中所占比重越来越大，公路运输则以其机动灵活、安全舒适、快速便捷的特点而崛起。我国目前正处于产业结构发生巨大变化的时期，一方面原材料等基础工业在国民经济中所占比重较大，仍需要继续发挥铁路和水运的作用，但另一方面，电子、轻纺等一些新兴工业和第三产业也在迅速发展，其产品更适合于公路运输，因而促进了公路运输的发展。而且，我国地域辽阔，人口、资源分布比较分散，山地面积占国土面积的70%，这也使得我国经济特别是农村经济的的发展在很大程度上要依赖公路运输。在旅客运输中，公路运输业以其覆盖面广、方便舒适、安全迅速的特点，发挥着十分重要的作用。随着我国经济的继续发展和道路设施的进一步改善，公路运输将有更大的发展，而且，商品经济越发达，市场经济越发展，公路运输的作用也就越能显示出来。

但是，由于公路基础设施建设投资大，建设周期长，占用人力物力多，公路交通基础设施需要量大．因此在国家经济实力有限的条件下，要从根本上改变公路基础设施薄弱落后的局面，必须靠几代人的努力，用几个五年计划的时间才能实现。根据党中央制定的我国社会主义现代化建设大体分三步走的战略目标和经济发展的战略部署，从我国交通运输发展的实际情况出发，交通部经过反复研究论证，提出了从“八五”开始，用几个五年计划的时间，在发展以综合运输体系为主轴的交通运输业总方针指导下，统筹规划，条块结合，分层负责，联合建网，建设公路主骨架、水运主通道、港站主枢纽和交通支持系统。公路主骨架的基本轮廓是重点建设“五纵七横”的3万公里由专供汽车行驶的高速公路和一、二级汽车专用路为主组成的国道主干线。公路主枢纽已初步确定了一批，将具有装卸、换装、多式联运、运输管理和运输代理，灵活的通信、信息，便利的生产生活服务功能。

为实现这一长远设想，到2000年公路业的发展目标是：

全社会公路客运量比1990年增长1.33倍，年均增长10.8%；公路旅客周转量比1990年增长2.09倍，年均增长11.9%；公路货运量比1990年增长1.35倍，年均增长8.9%；公路货物周转量比1990年增长1.8

倍，年均增长10.8%。

为争取使公路交通基本适应国民经济和社会发展的需要，到2000年公路总里程需比1990年增长20%以上，其中二级汽车专用公路以上的高等级公路需翻两番，在国道网中消灭断头路，平均车速达到50公里，其中联结我国主要经济区域的沿海、沿长江、沿陇海、沿京广线四条国道主干线需基本贯通，平均车速达到60公里以上，实现400公里以内当日往返，400—800公里当日到达，运输效率显著提高，运输质量明显改善，满足快速、安全、经济、舒适的运输要求。

90年代将按照“统一规划，分段建设，全线贯通”的原则，建设两纵两横的四条国道主干线公路，即北京至珠海、同江至三亚、上海至成都、连云港至新疆霍尔果斯的国道主干线公路，总长约1.45万公里，除部分交通量不太大的区段利用已有的一般二级公路外，将基本达到汽车专用公路标准，形成我国横贯东西、纵贯南北的快速公路运输通道。这四条快速通道建成后，将会使公路运输所具有的快速、便利、灵活、门到门的优势充分发挥出来，公路在国民经济和综合运输网中的地位和作用将会有显著的变化。除两纵两横外，其它国道主干线的重要路段也需加快建设，特别是西南内陆各省的公路出海通道，北京至上海、北京至沈阳等国道主干线，加强七大经济区域联系以及打通边境重要口岸的干线公路等，其中一些重要路段，要争取在2000年前建成。

在公路运输方面，要加大改革的力度，建立起全国统一的、开放的运输市场，不受地区、部门的约束和限制，并且有较为健全的市场规则，对进入市场的资格、条件和行为有一定的标准和规范，使经营者依法经营，管理者依法行政。积极推动国有或集体运输企业走向市场。鼓励企事业单位自备车辆实行单独核算，自负盈亏，以独立的经济实体参与社会营运，或以入股形式与专业运输企业联合经营。继续发展个体、私营运输。积极发展各种形式的货运交易市场，逐步形成区域性的和全国性的相互联通的市场网络。在统筹规划下，积极发展公用型汽车客运站，推动企业自用站对外开放，形成布点合理、多家经营、开放有序的客运市场。

（交通部计划司　董学博）

水　运　业

我国发展水运业具有十分优越的自然条件。全国海岸线长达18 000公里，岛屿岸线14 000多公里。沿海地区经济发达，工农业总产值超过全国一半以上，被誉为太平洋西海岸的黄金地带；河流湖泊众多，长江水系通航里程达7万多公里，覆盖全国16个省市，加上南方的珠江水系、北方的黑龙江水系和贯通南北的京杭运河，流域面积超过半个中国，几大水系直通太平洋。

建国40多年来，特别是改革开放以来我国水运业取得了很大发展。1992年全社会水运客运量完成2.69亿人，旅客周转量完成197亿人公里，货运量完成8.7亿吨，货物周转量完成13 300亿吨公里。沿海主要港口货物吞吐量完成6.04亿吨，其中外贸吞吐量完成2.08亿吨。内河主要港口货物吞吐量完成2.6亿吨，其中外贸吞吐量完成1 300万吨。1992年与1978年相比，水运客运量增长了16.5%，年均增长1.1%；旅客周转量增长了95%，年均增长4.9%，14年增长量是改革开放前29年增长量的1.13倍；水运货运量增长了1倍，年均增长5.1%，14年增长量是前29年增长量的1.07倍，占全社会货运量的比重由8.1%提高到8.6%；货物周转量增长了2.52倍，年均增长9.4%，14年增长量是前29年增长量的2.56倍，占全社会货物周转量的比重由40.1%提高到45.8%。沿海主要港口货物吞吐量增长了1.75倍，年均增长7.5%，14年增长量是前29年增长量的1.8倍，其中外贸货物吞吐量增长了2.5倍，年均增长速度高达9.4%，14年增长量是前29年增长量的2.7倍。内河主要港口货物吞吐量增长了2.2倍，年均增长8.6%，14年增长量是前29年增长量的2.3倍。

在水运业中，专业运输企业特别是中国远洋运输集团、上海海运（集团）公司、广州海运（集团）公司、大连轮船公司、长江轮船总公司、黑龙江航运局等六大骨干企业发挥着重要作用。1992年专业运输企业完成的水上客运量、旅客周转量、货运量、货物周转量占全国水上客运量、旅客周转量、货运量、货物周转量的比重分别为71%、93%、72%和98.5%。其中六大骨干企业完成的水上旅客周转量和货物周转量占全国旅客周转量和货物周转量的比重分别为55.9%和89.5%。与此同时，为尽快改变交通运输滞后于国民经济发展的被动局面，1984年以来开放了运输市场，鼓励千家万户办交通，极大地调动了各方面的积极性，推动了运输生产的发展。特别是个体运输的兴起，为方便人民旅行，解决长期未解决的运货难的问题起了重要作用。从1985年到1991年，个体运输承担的水上客运量由1 054万人增长到6 763万人，年均增长速度高达36.3%，占全社会水上客运量的比重由4.6%提高到25.9%；承担的水上旅客周转量由4.4亿人公里增长到8.97亿人公里，年均增长速度高达12.6%，占全社会水上旅客周转量比重由4.4%提高到5.1%；承担的水上货运量由1.08亿吨增长到2.33亿吨，年均增长速度高达13.7%，占全社会水上货运量比重由25%提高到28%；承担的水上货物周转量由78.1亿吨公里增长到182.5亿吨公里，年均增长速度高达15.2%，但占全社会水上货物周转量比重由2.1%降到1.5%。目前，专业运输部门货物平均运距已超过2 000公里，旅客平均运距近百公里，而个体运输的货物平均运距则在100公里以内，旅客平均运距为十几公里，水上运输形成了专业部门主要承担中长距离客货运输、个体运输主要承担短途运输的格局，两者既有竞争，又互为补充。

到1992年底，沿海主要港口泊位数已达981个，是1978年的3.15倍，其中万吨级以上深水泊位已达311个，是1978年的2.34倍。改革开放以来14年建成的深水泊位数比建国后29年建成的深水泊位总和还要多，新增深水泊位数已由70年代前的每年一、两个和“六五”期间每年10个，发展到“七五”期间每年近20个。码头泊位的专业化水平也大为提高，建成了一大批煤炭、木材、集装箱、矿石、化肥等专业化程度较高、具有当今世界先进水平的大型装卸泊位。以秦皇岛和上海港为代表的一批煤炭装卸泊位的建设与改造，使我国初步形成比较完整的海上煤炭运输系统，能力达到1亿吨以上。水上安全保障设施建设也从“七五”开始起步，福建镇海角、广东石碑山等具有80年代先进水平的大型灯塔和大连、秦皇岛、青岛、连云港、宁波等采用雷达监视的现代化船舶交管站已投入使用。海事卫星地面站正式开通投入使用，使我国步入国际同类先进水平。

在港口管理体制上，也进行了重大改革，对除秦皇岛港以外的沿海和长江主要港口，由交通部直属改为以所在城市管理为主的体制，在地方政府的积极支持下，增强港口自我积累、自我改造和自我发展的能力，并从1984年开始，在沿海成立了14个海上安全监督局，在长江和黑龙江分别成立了港航监督局，加强对航政的统一管理。

港口建设用外资也取得了很大成绩。我国港口建设从“六五”开始利用外资，到目前为止，共利用世界银行、亚洲开发银行和日本海外协力基金贷款建设港口项目20个，已建成深水泊位13个，新增吞吐能力4 300万吨。在建的项目也将于1996年前后相继投产，再新增深水泊位91个，新增吞吐能力7 220万吨。

到1992年底，内河航道里程达到10.97万公里，虽然由于一段时期内碍航闸坝增多等种种原因比1978年减少了2.63万公里，但水深一米以上的航道里程达到6.14万公里，比1978年增加了4 000公里。而且尽管投资严重不足，但“七五”期间改善的内河航道里程则是“六五”期间的7倍。

到1992年底，全国民用运输轮驳船已达到37万艘，4 066万吨，比1980年（1980年前无统计数据，故无法与1978年比较）分别增加了1.01倍和1.17倍，年均增长速度分别为6%和6.7%。其中专业运输部门轮驳船已达到8.74万艘、3 059万吨，虽然比1978年减少了1.54万艘，但载重吨位却增加了92.1%。船舶平均净载重吨位比1978年增大了1.26倍。六大骨干水运企业运输轮驳船已达到3 918艘，2 194万吨，比1978年分别增加了51%和78.8%，虽然艘数仅占全国民用运输轮驳船艘数的1.1%，但载重吨位占全国民用运输轮驳船载重吨位的56%，平均净载重吨位为5 600吨，远远大于全国民用运输轮驳船的平均净载重吨位（约110吨）。我国海洋运输船舶近2 000万吨，跃居为世界八大航运国家之一，航行于世界150多个国家和地区的1 100余个港口。船舶技术性能也有一定改善，装备了具有国际先进水平的集装箱船、大型散货船和油船，发展了沿海大吨位节能型散货船、3.5万吨级浅吃水肥大型运煤船、客货滚装船等，内河分节驳船队已占内河船舶吨位的40%，民用运输帆船吨位已由1978年的75万吨减少到1992年的14万吨。

1992年我国水运业又取得了新的发展。运输生产摆脱了1988年以来徘徊不前的局面，开始回升，与上年相比，客运量增长了3.1%，旅客周转量增长了11.3%，货运量增长了4.3%，货物周转量增长了2.7%。直属水运企业完成的重点物资运输任务有较大增长，其中煤炭增长了15.8%，原油增长了9%，粮食增长了3.8%。沿海主要港口吞吐量继续保持高速增长的势头，比上年增长13.5%，其中外贸吞吐量增长6.1%，；国际集装箱吞吐量增长25.8%。内河主要港口吞吐量比上年增长5.5%，其中外贸吞吐量增长19.5%，国际集装箱吞吐量增长33.3%。在运输组织上，有关港口和运输企业克服困难，完成了增运晋煤的任务。为适应进一步对外开放和发展外贸的需要，扩大了班轮航线，增加了班轮密度。滚装运输、陆岛运输、江海直达运输、长途旅客运输、卧铺旅客运输、旅游运输和农村客运也有较大发展。

1992年沿海港口建成深水泊位29个，中级泊位19个，小泊位37个，新增吞吐能力4 500万吨。内河港口建成泊位21个，新增吞吐能力924万吨。全国民用运输轮驳船虽然比上年减少了5 500艘，但载重量增加了235.6万吨，载客量增加了9.3万客位，增长速度分别为6.1%和8.2%。

对外开放和利用外资也取得了很大进展。从改革开放到1991年，经交通部批准成立的中外合资水运企业仅有2家，而1992年一年经交通部批准成立的中外合资水运企业就有6家。上海港务局与香港和记黄博集团达成了合资经营上海港集装箱码头的协议。招商局集团联合中银集团等，按照蛇口模式开始开发福建漳州经济开发区。

我国水运业当前存在的主要问题是运输能力的增长跟不上运输需求和运输量的增长，严重滞后于国民经济的发展。同时，内河水运的优势又未得到充分利用。

目前沿海港口吞吐能力严重不足。"七五"期间沿海主要港口吞吐量增加了2亿吨，但吞吐能力仅增加1.5亿吨，而且1990年投产的泊位尚不能马上达到设计能力，实际上可使用的吞吐能力仅增加9 000万吨，能力缺口达1.1亿吨。大连、秦皇岛、天津、青岛、连云港、上海、广州、湛江八大港口实际完成的吞吐量超过设计吞吐能力的20%以上，长期严重超负荷运转。大多数货种泊位能力均有较大缺口，特别是煤炭卸船能力、集装箱吞吐能力以及堆存、疏运能力严重不足。沿海港口作业船与待作业船比由1990年的1：0.86上升到1992年的1：1.2，日均待作业船高达近180艘，压船压货严重。

内河航运落后状况仍未改变，航道大部分处于自然状态，高等级航道极少，碍航闸坝多。到1990年底，通航三百吨级以上船舶的航道里程仅占内河通航里程的11%，通航千吨级以上船舶的航道里程仅占内河通航里程的5%，并大部分集中在长江干线，80%以上的航道只能通航一百吨级以下的船舶，干支不能直达，水系互不沟通，运输不能成网，增加了中转倒载环节，造成我国内河航运船舶吨位小，运输驳船平均吨位仅70吨，运距短，效率低，成本高。内河港口约有40%的岸线处于自然状态，泊位严重不足，库场缺乏，50%以上的内河港口没有装卸设备，完全靠人力装卸。大部分内河港口的客运设施相当落后，许多甚至露天候船、购票。内河航运企业几乎全面亏损，陷入严重困境。由于内河航运落后的状况仍未改变，使内河航运的优势难以发挥出来。

运力紧缺，船舶老旧。随着运输任务增长，运输企业承受着急需增添运力和更新老旧船舶的双重压力。直属沿海水运企业煤船和油船运力严重不足。近年来沿海客运量以每年6%以上的速度递增，而客船运力却几乎没有增加，脱班断航情况也随时可能发生。沿海船队20年以上船龄的船舶已占全部运力的20%左右；远洋船队平均船龄已达15年；内河船舶中严重失修和不符合建造标准的约占41%左右。

水上安全监督和导航缺少现代化手段，船舶吨位小、航速慢；航标设施老旧、亮度不够；救助打捞缺少快速有效的救生设备；消防设施严重不足，长江水上消防基本上是空白；通信设备设施落后，相当多的通信设备还是四、五十年代的老旧产品，通信不畅的问题极为突出。因此，一旦发生海事，难以组织有效的施救。运输组织管理也缺少现代化的计算机和通信手段，不能为货主和旅客提供大量运输信息，无法对货物运输实行跟踪管理，没有形成高效的联运网络，运输能力难以得到充分利用。

造成这些问题的原因是多方面的，主要有：

1. 在指导思想上，长期以来未把发展交通提高到应有的位置，突出表现为对交通投资长期严重不足。水运交通固定资产投资占全国全民所有制单位固定资产投资总额的比重，"四五"为3.3%，"五五"降低到2.8%，"六五"又进一步降低到2.3%，"七五"与"六五"一样，仍为2%左右，远低于"四五"3.3%的水平。"八五"计划安排的公路、水运基本建设投资占全国基本建设投资比重由"七五"计划的3.5%下降到2.6%，而"八五"前两年实际安排的公路、水运基本建设投资又比"八五"计划减少了15%，主要缺口是水运。投资不足是导致沿海港口能力严重不足和内河航运落后面貌迟迟不能改变的主要症结。

2. 运价过低，严重背离运输成本。1985年到1990年，水运企业的运输总成本上涨了1.04倍，年均上涨15%，而运价虽然几经调整，却抵不上因物价上涨引起的运输成本上涨幅度。1990年直属水运企业、下放港口和地方国营水运企业每百元固定资产原值实现的利税仅为9.67元、9.91元和5.85元，分别仅为同期全民所有制独立核算工业企业每百元固定资产原值实现利税的74.7%、76.5%和45.2%。运价过低，严重背离运输成本的状况极大地影响了水运业的发展。首先，运价过低使水运业缺少自我维持和自我发展的能力；其次，运价过低造成了运输需求过度膨胀，使已经很紧张的运输能力更为紧张；第三，运价过低，导致水运业资金利润率过低，无法吸引其它行业以及国外建设资金流入交通行业，严重限制了水运建设的资金来源。

3. 国家在生产力布局上，长期以来忽视了沿江工业布局，未形成沿江工业走廊。水运的优势在于运量大、能耗低、投资省、运输成本低、占地少、尤其适于特大、特长、特重的设备和大宗散货运输，而且有仅提供运输条件，并可满足沿江重工业大量用水的需要。因而世界上发达国家都非常重视发展沿江工业带和临海工业区。美国从1952年到1977年沿密西西比河新建和扩建企业1万多个，总投资约2 000亿美元，使美国93%的冶金企业都布置在密西西比河沿岸，形成了钢铁走廊。前联邦德国在第二次世界大战后，沿莱茵河新建工厂450家。前联邦德国的92家大型钢铁企业中，有66个集中在莱茵河沿岸。我国在工业布局上长期以来集中于铁路沿线，忽视了沿江设厂，致使内河运量不足，内河水运难以发展。运输比价也不合理，一些地区内河运价高于铁路运价，再加上水运时间长的弱点，就很难与铁路和公路竞争。

90年代国民经济加快发展使我国水运业面临着更严峻的形势。90年代国民生产总值年均增长速度为8—9%，预计水运也将继续保持较高的增长速度。到2000年预计全社会水运客运量将比1990年增长32%，年均增长2.85%；旅客周转量将比1990年增长51%，年均增长4.2%；货运量将比1990年增长94%；年均增长6.8%；货物周转量将比1990年增长1.16倍，年均增长8%。沿海港口吞吐量将比1990年增长1.27倍，年均增长8.6%。但是，80年代我国交通运输已经是在拼设备、拼能力和全面告急的情况下完成国民经济和社会发展对交通运输提出的任务。在整个交通运输未得喘息、交通基础设施建设严重欠帐的条件下，90年代国民经济继续保持较快的增长速度，给交通运输带来更大的压力。同时，由于交通基础设施周期长，"八五"期间投入建设的项目，大多要在"九五"期间才能发挥作用，因此，近几年内交通运输能力严重不足的问题不会有较大的缓解。正如李鹏总理在八届人大一次会议"政府工作报告"中指出的那样，随着经济增长速度的加快，基础设施尤其是交通运输已成为国民经济发展的主要制约因素。为了尽快地改变这种局面，必须加快交通建设。

根据公路、水运交通长远发展战略设想，从"八五"开始，要用几个五年计划的时间，重点强化海上南北运输大通道和内河通航千吨级船舶航道所组成的航道、港口、船舶相结合的水上运输通道，并建设包括大连大窑湾、宁波北仑、湄州湾和深圳大鹏湾四个国际中转深水港区在内的一批主枢纽港口，从根本上改变我国水运交通滞后的被动局面，为下世纪中叶我国达到中等发达国家的水平打下坚实的基础。

这实现这一规划设想，并且争取基本适应90年代加快经济发展的需要，到2000年，沿海港口中级以上生产性泊位需达到1 000多个，其中深水泊位约600多个，使综合吞吐能力与吞吐量之比由1990年的0.82：1上升到1.15：1；外贸船在港作业比达到1：1，即，一条船作业的同时，锚地待作业一条船；主要货种装—卸—运的能力达到相互平衡。内河航运，需在长江、珠江、黑龙江、京杭运河和淮河建成三百吨级以上航道一万多公里，基本形成以三级以上航道为骨架，以四、五级航道为基础的内河航运网络，连通区域内省会、主要工矿基地、交通枢纽、主要城镇及发达的工农业经济区域，将目前只能通航五十至一百吨级船舶的干线和主要支流航道提高到通航五百至千吨级顶推驳船队的标准，使干线和主要支流基本实现直达运输。全社会民用轮驳船保有量需有一个较大发展，使能源运输车船基本满足能源运输需要，并加快建设集装箱、汽车滚装运输、散装水泥船和新型客船。需建成以卫星通信为主的全国交通专用长途通信网以及海上遇险和安全系统，解决交通通信不畅的问题，并能承担国际海事组织强制要求的全球海上遇险安全通信任务；需在我国沿海重要水域、港口辖区以及长江口、珠江口建立起较为完整的水上安全监督体系和不同等级的船舶交管系统，使沿海灯塔成链，沿海救助站点基本布齐，水上消防、救生和防污染的空白得到填补，并争取使我国航海教育迈入国际先进水平。

到2000年前沿海港口建设的重点是进一步完善海上煤炭运输系统，使装、卸船能力配套；加速建设和完善国际集装箱运输系统；建设滚装码头设施，发展滚装运输；相应建设其它主要货种的海上运输系统。内河航运建设重点是长江水系，珠江水系和京杭运河。

实现上述目标，任务十分艰巨。首先应增加国家对水运建设的投资；其次，要广开资金渠道，采取各种优惠政策，鼓励社会各方面向水运建设投资；第三，扩大利用外资渠道，吸引外商合资建设港口、码头；第四，加强建设前期工作；第五，在财力、物力有限的条件下，要突出重点，集中力量加快一批对国民经济发展具有重大意义的骨干项目。

（交通部计划司　董学博）

邮电通信业

邮电通信是国民经济的基础设施之一，是第三产业的重要组成部分，它作为一个相对独立的传递信息的产业部门，在国民经济和社会发展以及人们的日常生活中发挥着重要的作用。通信是社会生产过程的一般条件，通信行业本身不但创造着越来越多的直接经济效益，而且为其他部门提供更为巨大的间接经济效益。通信发展水平的高低，已成为衡量一个国家国民经济和社会发展水平的重要标志之一。

一、改革开放以来邮电行业的发展成就

从1978年党的十一届三中全会到1992年，邮电行业在这改革开放的14年中，走过了令人难忘的历程，取得了令人瞩目的辉煌成就，邮电通信建设突飞猛进，通信面貌日新月异。在这14年中，邮电部门坚决贯彻执行党和国家优先发展邮电通信的方针政策，依靠社会各界的支持，利用国内外的资金和技术，以增强通信能力为中心，积极开拓发展新业务，提高质量、改善服务，努力提高企业经济效益和社会效益，使我国的通信面貌发生了深刻、巨大的变化。邮电通信的发展速度超过了国民经济的增长速度，尤其是1992年，我国邮电通信事业更以前所未有的规模和速度发展，全年固定资产投资和通信能力、业务总量、业务收入、实现利润等主要指标，都达到了历史最高水平。总结改革开放14年来邮电通信的发展历程，主要取得了以下几个方面的成就：

1. 通信建设高速发展，通信能力大大增强

我国的邮电通信发展逐步由起步期进入起飞期，发展速度逐年加快，特别是“七五”以来我国的通信发展速度已达到和超过亚洲“四小龙”在通信发展起飞阶段的速度。

从1978年到1992年的14年间，全国邮电固定资产投资总计完成501亿元，为新中国成立后前三十年的9.6倍；邮电通信企业固定资产原值由60.9亿元增加到509亿元，增长7.4倍。绝大部分省会城市和沿海开放城市都建成了邮政枢纽和电信枢纽，新建了北京、上海、广州3个国际电信出入口局，一大批重点通信工程如京汉广中同轴电缆、宁汉光缆、京沪数字微波、南沿海光缆等相继建成投产。邮政通信能力有了较大的增长，不仅邮政生产场地大幅度增加，还新建了一批邮政枢纽、集装箱场地，建成了一大批省内重点邮件转口局和几处海运码头。新增邮运汽车7 687辆，新增火车邮厢214辆，新增集装箱2 196个，还新增了大吨位汽车邮路。电信方面的变化更为惊人，先后建成了一大批电信枢纽和卫星地球站。从1978年到1992年，长话业务电路由1.88万条增加到23.4万条，增长11.4倍；电报电路增加8 430条，达到12 338条；用户电报电路发展到2 304条；长途自动交换机容量由1 863路端增加到52.2万路端，增长279.1倍；用户电报交换机和传真机分别达到5.1万线和9 410部。全国电话交换机总容量达到2 946.8万门，增长4.1倍，其中市话交换机达到1 355.5万门，增长6.8倍；农话交换机达到559.6万门，增长1.4倍。电话普及率由0.38%提高到1.61%。

1992年通信建设的步伐更快，通信网的规模得到了迅速扩大。全年完成固定资产投资162.5亿元，相当于“七五”全部投资的80.4%，比上年增加88.7%。固定资产原值净增133亿元，比上年增长35.4%。新增邮政生产用房57.3万平方米，比上年增长9.6%，达到651.4万平方米。全国已有98.8%的乡镇和95.9%的行政村实现了通邮。新增市话农话交换机423万门，为上年增长数的162.4%，达到1 915.1万门，加上与公网相联的小交换机，总容量达2 946.8万门，已进入世界公网容量前10名。新增长途自动交换机23.6万路端，为上年增长数的188.8%，达到52.2万路端；新增长话业务电路8.2万条，为上年增长数的210.3%，达到23.4万路。全国电话机总数达到1 888.8万部，话机普及率由上年的1.29%提高到1.61%（相当于世界上人均GDP600美元国家的平均水平），部分省会城市已达到10%以上，其中北京和上海、广州的市区分别达到18%和14%。

2. 通信网的技术装备水平发生了质的飞跃

邮电部门在抓住有利时机，大胆利用外资，引进一批具有国际水平的通信设备和通信技术的同时，大力

开发科研攻关的技术改造，从而使通信网的整体技术装备水平发生了质的变化。在邮政方面，机械化、自动化程度显著提高，在已建成的省会市局邮政枢纽楼内都配制了包裹分拣机和升降运输机，部分还配制了印刷品分拣机，在部分省局推广了汇兑稽核、报刊要数的计算机管理。计算机还在邮袋处理、邮运调度、挂号自动登单和邮政编码查询等方面得到了广泛应用。在电信方面，基本上实现了人工网向自动网的过渡，并正在由模拟技术向数字技术过渡。改革开放前，包括京津沪穗在内的大城市、省会城市和沿海城市的市内电话，不仅数量不足，而且都是机电式设备，有的甚至是人工设备。现在这些城市都开通了具有80年代国际水平的程控电话。许多省市实现了县以上市话自动化，全国装有市话自动交换机的共有2 076个市县。沿海地区的许多乡镇、农村也都安上了自动电话。从前国内长途电话基本上靠人工接续，现在长途自动交换已遍布各地，且大多数是程控交换设备。长途传输也由过去的以明线和短波为主发展到电缆、光缆、微波、卫星等多种手段的综合利用，构成了立体化、多功能的信息输体系。

从1978年到1992年，长途电缆由8 183公里增加到38 757.3公里；微波由1.4万公里增加到5.4万公里，建成卫星地球站24个。

1992年全年新增市话程控交换机375万门，达到945.2万门，程控所占比重由上年的55.2%提高到69.7%；开通程控电话的城市达到670个，进入国内直拨网的城市达到1 527个，进入国际直拨网的城市达到947个；全国通过自动网疏通的长话业务比重由上年的76%上升到86.4%。

到1992年底，全国市话网的自动化水平已达到99%，已有670个城市开通了程控电话。长途自动电话骨干网已基本建成，已有1 527年市县进入国内长途自动电话网，有947个市县可以直拨世界196个国家和地区，已有一些省实现了地市以上城市电话交换程控化和长途传输数字化。

3. 邮电业务蓬勃发展，服务水平大为改观

为了适应改革和开放的需要，邮电部门大力发展、积极开拓各项邮电业务。1992年全年完成邮电业务总量290.9亿元，比上年增长42.3%（其中邮政增长22%，电信增长49.5%）；市话用户249.7万户，比上年增长37.2%，达到920.6万户；长途直拨有权用户新增256万户，比上年增长97.5%，达到518.4万户；移动电话、无线寻呼分别比上年增长272.2%和154.1%；邮政储蓄、特快专递、集邮业务分别比上年增长52.9%、69.3%、135.4%。1992年同1978年相比，邮电业务总量（按可比价格计算）增长了7.5倍；函件增长101.7%；长途电话增长14.5倍；市话用户增长6.7倍；农话用户增长2.1倍。

邮电服务水平和业务档次也有了大幅度提高，正在朝着方便、灵活、高效、普及的方向发展。1992年已通邮路的乡镇比重和已通电话的乡镇比重分别达到98.8%和97%。在不断发展传统业务的同时，邮电部门还相继开办了特快专递、电子信函、邮政快件、邮政储蓄、用户电报、礼仪电报、用户传真、数据通信、可视电话、国际会议电视、移动电话、磁卡电话、无线寻呼等新业务。其中特快专递可以通达170个国家和地区，邮政储蓄余额达到475.5亿元。这些新业务的开办，较好地满足了社会方面不同层次的通信需求。目前全国多数省区市实现了用户交费后半年内装上电话；1991年底前交费的待装户绝大多数已经装机；电话障碍修复历时和邮件传递时限进一步缩短；群众买纪、特邮票难的问题趋于缓解。全国邮电部门被地方县以上党委、政府命名为文明单位的，由上年的65%上升到75%；1992年国家有关部门联合进行的行业风气好转问卷调查，邮电名列第一。

4. 邮电的经济效益稳步增长，社会效益日益显著

邮电通信行业的发展，为国民经济和社会的发展，为改善人民群众的生活发挥了积极的促进作用。从1978年到1992年的14年间，邮电部门积极稳妥地进行改革，努力转换经营机制，不断加强经营管理，调动了企业和职工的积极性，使通信企业的经济效益稳步增长。

1992年全年完成业务收入281.9亿元，比上年增长43.3%；其中中央国营完成252亿元，比上年增长42.9%；地方国营完成了29.9亿元，比上年增长47%。实现利润82.8亿元，比上年增长37.5%。上缴利税35.78亿元，是历年来最多的。

1992年与1978年相比，中央国营邮电业务收入增长21.5倍；地方国营邮电业务收入增长22倍。按可比口径计算，通信企业的全员劳动生产率由1978年的5 285元提高到1992年的30 227元。邮电企业的自身积累也有了增加，固定资产投资中自筹资金的比重逐年上升，自我发展能力逐年增强，向国家上交的利税也逐年增多。

邮电通信的发展，改善了我国的投资环境，为国民经济各行业、社会各领域沟通信息、吸引和利用外资创造了条件，促进了改革开放，推动了经济的发展。研究表明：对邮电通信增加1亿元投资，在10年国民收入增加13.8亿元，即具有1：13.8的宏观经济效益；在总投资为额定值时，增加1亿元邮电通信的投资，可净增加国民收入8.3亿元；邮电通信的投资回报率为45.1%，即两年多一点就可回收全部邮电投资。可见其社会效益是显著的。

5. 支撑系统不断发展壮大

邮电教育、科研、工业、物资和设计施工等部门，围绕通信建设和发展的需要，不断发展壮大，发挥了重要的支撑作用，形成了以通信为中心的完整的邮电产业系统。据不完全统计，在1978年到1992年的14年间，全国邮电部门共取得科研成果3 600多项，其中有35项获得国家科学技术进步奖，有12项获得国家发明奖。许多科研成果如大容量中同轴电缆4 380路载波系统、6GHz1920路数字微波系统、四次群和五次群光纤通信系统、小型卫星地面接收站、移动通信技术等均达到国际或国内先进水平，它们的推广应用对通信网的改造和建设发展了重大作用。邮电教育有了大的发展，高等院校由3所发展到6所，中专和技校由66所发展到84所，成人教育和函授教育也有了很大的发展。

6. 坚持两个文明一起抓，队伍建设得到加强

邮电部门始终坚持党的基本路线，狠抓思想政治工作，注重各级领导班子建设和局风建设，加强职工的思想教育、职业道德教育和遵纪守法教育，逐步建设了一支思想好、觉悟高、业务精、纪律严、作风正的邮电职工队伍，使企业的凝聚力明显加强，职工的政治素质和业务技术素质大为增强，“从严治局，全网协作，优质服务，信誉第一”的新局风已经初步形成。

7. 促进海峡两岸通邮通电

在发展邮电通信事业的同时，各级邮电部门十分重视海峡两岸的通邮通电工作。1979年元旦全国人大常委会发表《告台湾同胞书》提出通邮倡议后，邮电部门立即采取措施，于1979年2月17日开放了大陆对台湾的电报业务，3月19日开放了大陆对台湾的长话业务，5月全面开放收寄寄往台湾的信件。第十一届亚运会期间，北京和台北开通了直达的卫星电路。对台邮电业务逐年增长，两岸邮电部门的业务联系逐渐增多。目前正在继续努力创造条件，以争取早日实现两岸直接通邮通电。

改革开放以来，邮电通信行业以前所未有的速度发展，取得了空前巨大的成就，这一点是有目共睹的。但是，与国民经济和社会发展的需要相比，与人民群众的生活需要相比，邮电通信还存在着很大的差距，概括起来，目前主要存在下列几个问题：

(1)通信能力严重不足。这是邮电通信行业目前存在的最大问题。随着改革开放的进一步深入，国民经济各个行业对通信的需求迅速增长，通信条件的好坏已成为吸引外资的重要因素；另一方面，由于人民生活水平的不断提高，社会居民个人的通信需求也在日益增长。社会对通信需求的增长速度超过了通信能力的增长速度。我国的通信虽然这几年的发展速度位居世界前列，但由于起点低，目前仍然处在发展阶段，所达到的水平仍然比较低，与通信发达国家相比存在着一定的差距。以电话普及率为例，发达国家一般在50—80%，世界平均水平为15%，而我国才达到1.61%，差距明显。

(2)服务水平有待于提高。邮电部门的服务工作不尽人意，邮件传递慢、电话装修难依然存在。市场观念不强，经营意识薄弱，管理和技术人才短缺，人员的素质跟不上事业发展的需要。这些问题都需要解决。

二、改革与发展的主要经验和体会

实行改革开放政策以来的14年，是邮电部门真正集中精力进行通信现代化建设的14年，是通信能力增长最多、业务发展最快、社会效益和企业效益最好的14年。我国的邮电通信事业所以发展这样快，其根本原因，就是全国百万邮电职工坚持党的“一个中心、两个基本点”的基本路线，认真实践邓小平同志建设有中国特色社会主义的理论，逐步摸索和形成了一条加快通信发展的新路子。主要有以下几点经验和体会：

——在邮电通信的地位和作用方面，坚持邮电通信是社会生产力的观点，明确邮电通信是经济发展的战略重点，是社会的基础设施和对外开放的必要条件，必须予以优先发展、超前发展。

——在通信发展的指导思想方面，坚持以通信为中心，把增强通信能力和发展通信业务放在首要位置；坚持国家公用通信网必须统一完整，以利于资源合理配制，提供普遍服务，进行规模建设；坚持通信发展要适应社会经济发展的需要，遵循小平同志关于国民经济分三步走的战略思想，制定邮电的发展目标，有重点、分层次地加以实施。

——在通信建设的资金筹集方面，坚持依靠政策多渠道筹集资金。坚持依靠各级政府的领导与支持，贯彻“统筹规划、条块结合、分层负责、联合建设”的方针，调动社会各方面的积极性；敢于负债经营，运用价值规律，不断增强自我积累和自我发展能力。

——在通信发展的技术政策方面，坚持依靠科技进步，应用高新技术，加快通信现代化。牢固树立科学技术是第一生产力的观点，实施通信技术“三个层次”的发展战略，坚持高起点、新技术，积极跟踪世界通信技术发展的进程，跳过国外通信技术发展的某些传统阶段，加大通信现代化的步伐。

——在邮电改革方面，坚持从中国国情和邮电实际出发，遵循经济发展的一般规律和通信发展的特殊规律，按照判断是非得失的“三条标准”积极进行各项改革；根据邮电通信全程全网、联合作业的特点，本着实事求是、积极稳妥的原则，正确处理改革与稳定、改革与发展的关系，使之很好地结合起来。

——在邮电对外开放方面，坚持贯彻国家关于扩大对外开放的方针，切实加强邮电国际合作与交流；充分利用国外先进的通信技术、设备和资金，借鉴先进的通信经营管理经验，努力做好消化、吸收和创新，不断增强自力更生和国际竞争的能力。

——在邮电经营服务方面，坚持把社会效益放在首位，并做到社会效益与企业效益的统一，树立“以优质服务取胜”的观念，，牢固树立“用户第一、质量第一、信誉第一”的思想，努力搞活邮电经营，大力发展和开拓邮电业务，最大限度地满足广大用户的通信需要，为社会提供方便、优质、高效的普遍服务。

——在邮电队伍建设方面，坚持两个文明一起抓，加强思想政治工作，树立超前育人的战略意识，加快人才培养和智力开发，加强局风建设和法制建设。

三、主要改革措施和业务活动

从1978年到1992年，邮电行业在生产经营和改革实践中，主要进行了以下一些活动：

1. 第十七次全国邮电工作会议。1979年3月30日至4月23日在北京召开，这次会议是一个转折点，确定了把邮电部门的工作重点转移到以通信建设为中心、实现通信现代化上来。

2. 开展“邮电是生产力”的讨论。从1979年下半年开始，邮电部门开展了一场关于邮电性质、地位和作用的大讨论，明确了邮电是“社会生产过程的一般条件”，邮电通信是社会生产力。这场讨论对于邮电部门解放思想、更新观念起到了积极的作用，对后来邮电通信的大发展产生了重要影响。

3. 国家制订收取市话初装费的政策。1979年4月20日邮电部向国务院提出适当收取市内电话初装费的报告，同年6月28日国务院批转了邮电部的报告，全国许多地区开始收取初装费。邮电部、财政部、国家物价局反复研究后，并商国家计委、国家经委同意，于是1980年6月作出了关于收取市话初装费的规定。

4. 邮电管理体制的确定。1979年6月28日国务院批转了邮电部《关于调整邮电管理体制问题的请示报告》，确定邮电通信工作由邮电部统一管理，各省（区、市）邮电管理局实行以邮电部为主的邮电部和省（区、市）双重领导。

5. 确定翻两番的设想和番三番的目标。1983年1月邮电部确定到2000年，全国电话机由1980年的420万部发展到2 000万部，邮政处理能力由1980年的200亿件发展到1 000亿件，技术装备达到国际80年代初水平的翻两番设想。为了适应国民经济建设和社会发展的需要，1984年邮电部调整了发展目标，提出到2000年邮电通信翻三番的规划，届时全国电话普及率由1980年的0.43%上升到2.8%，邮件处理能力达到1 600亿件。

6. 国务院和中央书记处作出发展邮电的两个六条指示。1984年10月12日和12月13日国务院和中央书记处分别作出了加快邮电通信发展的六条指示，这两个六条指示明确了邮电的地位和作用，规定了优先发展邮电通信的方针、政策和措施，对于调动全国广大邮电职工和社会各方面的积极性，建设具有中国特色的社会主义现代化邮电通信网，具有十分重要的指导意义。

7. 提出邮电通信发展的“十六字方针”。1988年，国家提出通信建设实行“统筹规划、条块结合、分层负责、联合建设”的十六字方针，明确了条条与块块各自承担的责任，进一步调动了中央和地方发展邮电通信的积极性，努力开创邮电发展的新局面。

8. 推行承包经营责任制和工效挂钩。邮电部门从1985年起推行以经济核算制为基础的承包经营责任制，1988年对原办法进行了改革和完善，并从1988年起开始实行工资总额和邮电业务总量和实现利润复合挂钩的办法。

9. 发展和完善了邮电资费管理。经国家批准，邮电部门先后调整了部分邮电资费，改革了部分资费结构和资费管理办法，提高了部分邮电资费，打破了过于集中的资费管理模式，完善了固定资产折旧制度。

10. 邮电部机构改革完成“三定”（定职能、定机构、定编制），并于1989年4月1日实施。

11. 制定邮电通信发展的“八五”计划和十年规划。1991年，经过反复讨论修订，邮电部门制定出了通信发展的“八五”计划和十年规划，重新确定了目标，并落实了一些具体措施。

12. 邮电改革迈出了新的步伐。1992年，按照国务院转换企业经营机制的要求，进一步调整和充实了承包经营责任制、劳动用工管理、工效挂钩办法以及劳动保险等制度，在一些省进行了企业岗位技能工资制、全员劳动合同制的试点，在邮电工业企业进行股份制试点。通信行业管理进一步加强，已有70多个大型企业专用通信网与邮电公用网运行，联网交换容量达30多万门。

四、90年代邮电改革与发展的主要目标

90年代是实现我国社会主义现代化战略目标的重要时期，也是发展邮电通信事业的关键时期。90年代邮电通信发展的总目标是：“八五”迈大步，提前5年实现翻三番；“九五”再翻一番，适应小康社会对通信的需要。到下个世纪再经过二三十年的努力，使我国的通信达到中等发达国家的通信水平。

1978—1992年邮电通信发展情况

项　目	单　位	1978年	1991年	1992年	1992年为 1978年	1992年为 1991年
一、邮电业务总量						
邮电业务总量	万元	162 191.7	2 043 832.1	2 909 350.0	8.5倍	142.3%
函件	万件	283 544.5	521 081.0	571 840.9	201.7%	109.7%
包件	万件	7 400.5	9 590.9	11 278.3	152.4%	117.6%
汇票	万张	11 852.4	17 078.7	19 225.1	162.2%	112.6%
长途电话	万张	18 574.0	172 921.1	287 379.5	15.5倍	166.2%
市内电话	万户	119.2	670.8	920.6	7.7倍	137.2%
二、通信能力						
邮电局所合计	处	49 623	54 006	54 891	110.6%	101.6%
邮路及农村投递	公里	4 863 282	4 974 768	5 021 487	103.3%	100.9%
长途电话电路	路	18 801	151 779	234 276	12.5倍	154.4%
电报电路	路	8 430	11 933	12 338	146.4%	103.4%
传真电路	路	308	73	65	—	89.0%
用户电报电路	路		2 309	2 304	—	99.8%
市话交换机总容量	万门	174.9	1 033.1	1 355.5	7.8倍	131.2%
农话交换机总容量	万门	230.9	459.0	559.6	2.4倍	121.9%
长途自动交换机容量	路	1 863	286 325	521 885	280.1倍	182.3%
三、邮电通信服务水平						
每百人拥有电话机数	部	0.38	1.29	1.61	1.23	0.32
每一局所服务人口	万人	1.93	2.14	2.11	0.18	−0.03
通邮路的乡镇比重	%	99.9	98.9	98.9	−1.1	−0.10
通邮路的行政村比重	%	97.0	95.8	95.9	−1.1	0.10
装电话的乡镇比重	%	96.5	97.2	97.0	0.5	−0.20
装电话的行政村比重	%	67.8	43.4	44.0	—	0.60
四、邮电通信质量						
总包邮件损失率	0/000	0.0292	0.00541	0.00288		
给据邮件损失率	0/000	0.0482	0.00532	0.00261		
电报投递逾限率	%	3.47	0.23265	0.18939		
长途电话逾限率	%	11.13	14.76	13.79		
市内电话接通率	%		55.22	50.73		
五、固定资产投资						
完成投资额总计	万元		860 673.0	1 624 910.9		188.8%
邮电通信投资	万元		818 630.7	1 539 385.6		188.0%
其中：邮政	万元		49 730.8	63 647.0		128.0%
电信	万元		688 711.5	1 370 697.4		199.0%
邮电工业投资	万元		12 408.4	20 907.5		168.5%
邮电科研投资	万元		2 253.1	3 224.3		143.1%
六、财务收支						
业务收入	万元		1 764 145.4	2 520 406		142.9%
业务支出	万元		1 154 380.8	1 675 881		145.2%
营业外净损益	万元		−29 249.2	−65 081		—
税金	万元		55 949.7	79 517		142.1%
教育附加费	万元		1 033.4	1 478		143.0%
收支差额	万元		554 848.6	741 390		133.6%

到本世纪末邮电通信发展的主要指标是：

——建成以程控交换为主体的城乡电话网，总容量达到1亿门以上，成为世界上最大的电话网之一。全国电话普及率达到5—6%。省会以上城市、沿海开放城市和经济发达地区电话普及率达到30—40%，这些地区平均每户有一部电话，基本消灭待装，用户提出申请后一个月内装机。

——建成以光缆、数字微波、卫星通信为主要手段的长途传输数字网，长途自动交换机达到350万路端，长话业务电路达到140万路，全国县以上城市全部实现国内长途电话直拨，其中半数以上城市实现国际电话直拨。

——建成相对独立的包括航空、铁路、公路运输等多种手段综合利用的快速高效干线邮运网，完善邮政中心局体制，全国函件达到130亿件，年人均10件，其中省会和沿海主要城市年人均80件，省会城市之间、各大经济区主要城市之间以及省到地、地市到县的函件次日投递率达到60%。

——全国邮电业务总量、业务收入以年均27%（后八年25%）的速度增长，达到1 700亿元以上，按可比口径测算，邮电占全国GNP的比重由1990年的0.55%提高到2%左右，占第三产业的比重由1990年的2%提高到6%。

为了实现上述目标，要着重做好以下几项工作：

1. 加快通信建设步伐，增强综合通信能力。首先要集中力量重点抓好干线建设，尽快将一些干线光缆、微波和卫星地球站建成投产；其次要大力推进市话建设，加快移动通信建设；同时还要加强邮政通信建设。

2. 进一步深化改革，努力增强企业活力。一是抓好转变政府职能和转变通信经营发展机制的工作，二是抓好企业内兑换配套改革，三是把深化发展与加强管理结合起来，进一步提高企业素质。

3. 适应市场经济需要，努力搞活企业经营。

4. 坚持两个文明一起抓，积极改善邮电服务。

5. 加强支撑系统的工作，充分发挥支撑系统的作用。

（邮电部计划司　张春林）

航 空 业

民用航空业

党的十一届三中全会以来，在党中央和国务院正确的方针政策指引下，我国的民用航空事业迅速发展，运输生产和基础设施建设取得较大的成绩，体制改革进展顺利。航空运输在我国的改革开放和加速社会主义现代化建设中发挥着越来越大的作用。

一、航空运输快速发展

80年代，国家实行改革开放政策，国内政治和社会稳定，经济繁荣，对外扩大政治经济往来，重视发展旅游和外贸，人民生活水平提高，对航空运输产生很大需求，有力地促进了航空运输的发展，使我国的民用航空事业进入了一个快速增长时期。到1992年底，航空运输总周转量已达到42.8亿吨公里，比1978年增加19倍，14年的平均增长速度为23.5%；旅客运输量达到2 886万人，比1978年增加14倍，平均每年增长20.5%；货邮运输量达到57.5万吨，比1978年增加11倍，平均每年增长18%。这一期间，我国的航空运输在各种运输方式总运量中的比重逐年增大，其中旅客周转量由1978年的占1.6%提高到1992年的5.9%。与此同时，我国航空运输在世界航空运输业中的排列位次也在逐年提前，运输总周转量由1978年的第37位跃升到1992年的第12位，14年中提高了25位，发展速度令人瞩目。

二、航线网络不断扩大

为了适应我国经济社会发展和扩大对外开放的需要，在过去的十几年中，民航航线网络大量扩充。到1992年底，航线总数达到563条，通航里程110万公里，分别比1978年增加400条和85万公里。其中国内航线已有492条，通航城市109个，主要开辟了省会(首府)、沿海开放城市、旅游城市、重点经济城市之间和通往边远地区的航线。现在我国的国内航线已形成以北京、上海、广州、西安、成都、沈阳等大城市为中心枢纽，连接全国各地的航线网络。国际航线已达58条，通航38个国家的53个城市，比1978年增加24个国家38个城市。目前已形成以北京、上海、广州等重点对外开放城市为起点连接世界五大洲、沿边开放城市沟通邻国重镇的国际航线网络。内陆通往香港的地区定期航线13条，另有全国20多个城市辟有飞往香港的包期航线。

三、机队运输能力增强

进入80年代，为解决航空运输加速发展对运力的需求，中国民航加快了飞机的引进和更新换代步伐。从1980年起，利用从国外融资租赁和贷款购买等方式，大量添置了国外大中型干线飞机和国产支线飞机，使我国民航机队规模不断扩大，运输能力大为提高。新引进的飞机有B747、B767、B757、B737、A300、A310、MD82等。1992年底，全国民航共有各型运输飞机300架，其中大中型运输飞机占90%。提供的座位数达到36 000个，比1978年增加4倍。在增加新飞机的同时，淘汰了老旧飞机。目前，中国民航的主力机队，技术新、机龄短，经济性能好，均为世界上最先进的机型，大大地提高了飞行的安全性、舒适性和经济效益。1992年，大中型飞机的平均日利用率达到6.5小时，比1978年提高1.8倍，其中新型飞机的日利用率达到或接近国际平均水平。

四、机场和基础设施逐年改善

在过去的十几年中，中国民航采取国家投资、地方集资和利用外资等方式，对机场和基础设施等进行建设。除重点对北京、上海、广州、成都、大连等近50个机场进行改扩建，提高飞机起降能力，改善综合服务条件外，为满足经济发展和对外开放及发展旅游事业的需要，新建了厦门、深圳、西安、武汉、宁波、温州、沈阳、重庆、济南、西宁、南通等25个大中型机场。到1992年，全国通航机场109个，比1978年增加50个。目前，能够起降B747机型的机场有11个，能够起降B737机型的机场已达60多个，占半数以上。一大批支线小型机场也得到迅速建设和完善，提高了航空运输的通达能力。

在加强机场建设的同时，还大力对基础配套设施进行了建设。在航行保障方面，重点完成了广州至昆明、北京至上海、北京至广州、上海至广州航路的二次雷达全程覆盖；安装了20多部先进的航管雷达；40多个机场安装了仪表着陆系统。目前利用日本政府贷款进行的北京—太原—西安—成都—昆明以东地区和欧亚、北极航路改造工程正在实施当中。在机务维修方面，重点建设了北京、成都、上海、广州等飞机维修基地，提高技术水平，增加维修能力，现已可完成对从国外引进的大型宽体客机的结构检修。在运输服务方面，建立了计算机旅客订票系统，目前已有71个国内城市和40个驻国外民航办事处实现了计算机联网，开通了联程订票；新建和改扩建了一批候机楼、售票处等旅客运输服务设施和货运设施，服务水平有较大改善。

五、体制改革和对外开放取得进展

从80年代初，我国民航踏上体制改革的道路开始，到目前为止已基本形成政企分开，航空公司与机场分设的经营和管理体制。特别是"七五"期间，民航管理体制改革取得实质性成效，打破了旧的管理体制，成立了华北、东北、华东、中南、西南、西北六个地区管理局，成立了中国国际、中国东方、中国南方、中国西南、中国西北和中国东方六大骨干航空公司和一些地方航空运输企业。一些主要机场已成为独立的企业，负责对机场的建设和管理，为各航空公司提供服务。1992年又经国家批准，组建了以中国国际、中国东方和中国南方航空公司为核心的民航企业集团；经过试点上海虹桥机场下放地区，标志着中国民航的管理体制改革向纵深发展。

通过体制改革，地方发展民航事业的积极性得到发挥。"七五"期间有23个省市投资建设机场，投入资金达12亿元，用于42个机场的建设。"八五"期间，地方投资建设机场更是方兴未艾，成为目前民航改善机场设施的重要资金来源。地方和部门开办航空公司也如雨后春笋涌现，对国家骨干航空运输企业起到积极的补充作用。1992年，8家经营定期航空运输的地方航空公司完成运输总周转量3亿吨公里，运送旅客300万人，分别占民航运输总量的6%和10%。

通过对外开放，引进外资，促进了民航的发展。从80年代开始，民航从国外融资租赁飞机近130架，利用外资近60亿美元。分别与德国汉莎航空公司和美国洛克希德及香港和记黄浦公司等合资组建了北京和广州两个飞机维修工程公司。利用外国政府贷款建设了厦门、武汉、济南、深圳等机场。利用第三批日本政府贷款进行的首都机场航站区扩建工程和航路改造工程正在建设当中。还建设了十几家中外合资的宾馆、餐厅和航空配餐公司等。随着改革开放的深化，民航对外合作的领域将会进一步拓展。

六、民航发展中的问题和制约因素

目前，我国航空运输发展虽然很快，但规模还很小，不能适应经济社会的需要。旅客周转量在国家整个交通运输体系中所占比重也只有6%左右；运输总周转量在国际上也只及美国的1/20，日本和英国的1/4、法国的1/2。每万元国民生产总值所对应的航空运输总周转量，也低于人均产值与我国相近的发展中国家。我国地域辽阔，人口众多，旅游资源丰富，航空运输市场广阔。尤其是国家实行对外开放、搞活经济、发展旅游，都需要大力发展便捷的航空运输，并从规模和能力上予以保证。

目前制约民航发展的主要因素，一是基础设施落后，与飞机的增加不相适应，主要表现在机场跑道承载能力低，只有一半的机场能够起降中型飞机，能够起降大型机的为数更少；主要机场旅客候机楼平均超载15%，货运设施只能满足65%，基本的服务设施不配套也不健全。空中交通管制设施和手段落后，二次雷达全程覆盖的航线很少，安装仪表着陆系统的机场也不到一半，再加上空域管理和利用上还存在一些问题，限制了民航运输能力的发挥，飞行安全、航班正常、服务质量也受到一定影响。二是人才数量和素质制约民航的发展。近几年，民航职工队伍的文化程度虽有提高，但仍适应不了技术和资金高度集中且又快速增长的航空运输业的发展需要。一些专门人才还呈相当短缺的局面，特别是缺乏飞行技术人员和高层次的管理人才，需要下大力量进行超前超量的培训，以适应现在和将来发展的需要。

七、90年代航空运输发展前景

目前，我国正处于加快改革步伐和进一步扩大对外开放，发展社会主义市场经济的新时期。航空运输是一种新兴的交通运输方式，发挥的作用越来越大，需要有较快和较大规模的发展。

90年代，民航发展的主要任务是使航空运输以高于国民经济平均增长率一倍左右的速度发展，努力适应国民经济、社会发展和对外开放的需要。

根据预测，1995年航空运输总周转量将比1990年增加2倍左右，到2000年将增加4倍至5倍。

按照上述任务和目标，90年代中国民航将继续大力增强航空运输能力，主要包括扩充航线网络，增加飞机和加强基础设施建设，并把人才培训提高到一个战略高度来超前超量建设，以增强发展后劲。其中国内航线将继续增加北京、上海、广州等大中城市之间的航班并提高飞机座级；提高省会（首府）、开放城市、旅游城市之间航线和航班密度；增辟中西部地区至沿海城市的航线。国际航线继续增加北京、上海广州始发的国际航线和航班，增加主要通航国家的通航点，开辟沿边城市至邻国的航线，以适应扩大对外开放的需要。要继续扩大机队规模，提高运输能力，到1995年末总机队规模提供的商载和座位数分别比1990年增加47.5%和47.3%。至2000年运输能力将再增加一倍。对40个国际机场和国内主要干线机场，分别按满足2000年或2005年的发展目标，用五年左右时间进行建设，提高客货处理能力和现代化水平，并配齐相应的客货服务设施。继续增加先进的航行管制、通信导航和气象服务设施，提高飞行保障能力。大力加强人员培训，特别要抓好飞行技术人员的培养和训练，按满足2000年和2005年需求量超前培训。同时扩大对航行管制、通信导航、机务维修和运输服务等业务人员的培训规模，提高培训质量，满足发展需要。

完成上述生产和建设目标，中国民航的面貌将会有较大的改观，航空运输能力将会进一步增强，将为进入下个世纪航空运输大发展打下坚实的基础。

八、民航发展的几条措施

90年代，为实现上述目标，完成好前述基本任务，准备采取下述措施，加速民航的发展：

1. 始终贯彻“安全第一”的方针，从严治民航。解决好飞行安全工作中存在的问题，把强化安全管理作为一项长期任务坚持不懈地抓下去。

2. 建立并完善民航新的经营和管理体制。贯彻《全民所有制工业企业转换经营机制条例》，转换企业经营机制。重点改革劳动、人事和工资制度，逐步把航空公司推向市场。使企业逐步走上自主经营、自负盈亏、自我发展、自我约束的轨道。

3. 发挥地方积极性。更多地依靠地方修建和改造机场及基础设施，建立适合机场建设投资主体多元化的机场管理体制。提倡国家骨干航空公司与地方航空公司或地方有关部门联办或联营，发挥各自优势，走联合发展民航之路。

4. 扩大对外开放，积极利用外资。允许中外合资建设和经营机场，对总体合资和飞行区合资的，由中方控股。航站区、货运仓库等可由外资独建独营。按照国家有关规定，允许由中方控股与外国合资经营航空公司和机务维修公司，继续做好飞机的国际租赁和利用外国政府贷款工作。

5. 切实重视教育，采取多种途径培养和聚集人才。增大对教育培训系统的投入。重点扩大飞行人员的培训规模，提高训练能力。开辟其它飞行员培训途径，解决飞行员紧缺问题。更多地从地方院校接收普通专业的毕业生，积极从本行业外吸收专业技术人才。

6. 引进先进经验，提高管理水平。加强与外国同行在飞行标准、航行管制、适航管理、机务维修和运输服务等方面的合作，逐步与国际同行业的管理相对接。

（中国民用航空总局计划司　刘万明）

通用航空业

通用航空是民用航空的重要组成部分。它是指除定期和不定期航空运输以外，根据租用合同或协议而取酬的其他民用航空活动。通用航空，在我国1986年以前称为专业航空。其基本任务是为国民经济建设、国防和科学技术研究等部门、行业，以及国外客商、企业提供各种航空服务，它是国民经济建设、社会发展和对外开放中不可缺少、不可替代的一个服务性行业。

通用航空经营项目多，服务范围大，飞行地域广，通常在野外作业，大多是低空、超低空飞行，一般使用的是小飞机、直升机和临时机场。它具有三个显著特点：一是点多、线长、面广，流动性大，高度分散；易受气候和地理条件的制约，表现出很强的季节性和突击性；作业人员的工作、生活条件比较艰苦。二是专业技术性强，不同的作业项目有不同的技术标准与质量要求，飞行难度比较大，没有熟练的飞行技术、丰富的专业知识和对特殊情况的处置能力，飞行安全和作业质量都难以保证。三是它的发展既受到经济基础的制约，也受到国家对其采取的政策、措施，以及自然条件诸多因素的综合影响，发展不够稳定。

一、改革开放以来通用航空业的基本情况

中国民航自从1952年组建第一个通用航空飞行队，到1978年底已拥有14个专业飞行队、2个独立飞行中队，分驻在全国15个省、自治区和直辖市，从业职工达5 000人，其中空勤人员约1 200人；拥有9种型号的飞机和直升机254架，其中飞机5种225架，直升机4种29架。主要作业项目有6大类40多项，作业区域扩展到中国大陆29个省、自治区和直辖市。从1952年到1978年，中国通用航空业累计完成生产飞行540 068小时，年平均飞行20 002小时，1978年完成生产飞行28 995小时。

1978年，党的十一届三中全会确定把党的工作重心转移到经济建设上来，使中国各项建设事业从新走上了健康发展的道路，同时也给中国通用航空业带来了发展的生机。面对这种新形势，中国通用航空业以改革开放方针为指导，努力开拓新局面，以适应国民经济建设和社会发展的需要。

（一）通用航空的管理体制改革取得进展

中国通用航空业在改革开放前，长期延用苏联的经营模式，由政府部门直接管理和经营。这种模式，在当时曾对中国通用航空的发展起到过一定的积极作用。但是，由于它很难充分发挥民航局作为政府主管部门管理通用航空事业的职能，不能将直接经营通用航空业务的单位责权利有机地统一起来，导致企业缺乏活力和动力。同时也不能充分调动起部门和地方兴办通用航空的积极性，严重地束缚了通用航空事业的发展。

在改革开放方针的指引下，1982年7月，经国家经委批准，中国民航局把民航第二飞行总队改建为中国民航工业航空服务公司（后又更名为中国通用航空公司），实行独立核算、自主经营、自负盈亏。此后又先后成立了中国民航广州直升机公司和上海直升机公司。同时，随着中国民用航空管理体制的改革，在组建的国家骨干航空公司中，保留了一批经营通用航空业务的分公司。到1991年底，民航系统的通用航空企业和经营通用航空业务的分公司共有18家，从业职工发展到7 000多人，其中空勤人员约1 300名。

改革开放调动了各部门和地方兴办通用航空企业的积极性。自1982年国务院批准成立中国海洋直升飞机专业公司以来，在10年的时间内，先后成立了飞龙专业航空公司、新疆农业航空服务队、佳木斯农业航空试验站、中原航空公司、翼华航空公司、山西省地方航空公司、牡丹江通用航空公司、江南通用航空公司等16家由部门、地方兴办的通用航空企业，这些企业的兴办壮大了中国通用航空业的实力。

到1992年底，中国从事通用航空作业的企业已达34家，从业人员近1万人，初步形成了由国家、部门、地方兴办的多类型、多层次通用航空企业群，既发挥了中央骨干企业主力军的作用，也调动了部门、地方的积极性，收到了优势互补、各施所长的效果。

（二）服务范围逐渐扩大，作业项目日益增多

改革开放促进了中国经济建设的发展，各部门、各行业和各地区对通用航空的需求日益增长，通用航空作业范围逐渐扩大，作业项目迅速增加。到1992年底，全国（除台湾省外）各省自治区和直辖市都开发了通用航空作业飞行，服务对象遍及农业、林业、牧业、渔业、测绘、水利、电力、地质、冶金、核工业、煤炭、石油、铁路、交通、邮电、城建、环保、海洋、气象、影视、体育、教育、卫生和科研等几十个部门和行业，作业项目增加到10大类100多项。

1．航空摄影与航空遥感。在进行传统的航空摄影工作的同时，为适应经济建设的需要，通用航空业积极开发了彩色红外摄影、天然彩色摄影、彩色红外反转片摄影、多光谱摄影、红外扫描、多光谱扫描和低空大比例尺、高空小比例尺航空摄影等新项目，向航空摄影生产的深度和广度进军。

2．航空物探。为提高航空物探的技术水平，中国民航航空物探飞行单位与地质、冶金部门密切合作，先后研制了DKM－1型脉冲式航电仪和HC－85型氦光泵航空磁力仪，开展了航空电法测量和高精度航空磁法测量作业。1979年使用从国外购置的航空物探综合工作站，进行了可同时获取多种物探数据的航空物探综合测量飞行。1987年利用国外的航空磁总场垂直梯度测量系统，开发了航空磁总场垂直梯度测量飞行。

3．石油航空。石油航空是随着与国外联合勘探、开发石油而新兴的服务项目。它是以直升机为主要工具，辅以小型固定翼飞机，为海洋、陆地石油资源勘探和开发，提供空中运输人员、物资、设备和吊挂、吊装等飞行服务。1978年在渤海首次为国内企业提供直升机近海石油服务飞行；1980年第一次为外国石油公司提供该项服务；1982年在青海冷湖为中国、美国联合进行的石油勘探提供空中吊挂服务飞行。为在海洋和沙漠地域进行石油勘探开发创造了条件。

4．航空护林。随着改革开放，过去的单纯的巡护飞行和空投作业，已经不能满足护林防火的需要，一批新的作业项目应运而生。1979年初采用直升机运送扑火队员，进行机降扑火作业；1981年开始进行飞机喷洒化学药剂直接灭火作业，同时还开展了机载红外线探测仪探查火源飞行。这些项目提高了航空护林防火效率和技术水平。

5．航空播种。在大力开展飞机播种造林、绿化祖国的同时，从1979年开始，开发了以防风固沙、保持水土、改良草原植被为目的的飞机播种牧草作业。在重点商品粮基地大面积地推广飞机播种水稻作业，航空播种已成为农业航空的主要作业项目。

6．航空化学作业。航空化学作业自1978年以来，新的作业项目由于新农药、新肥料和植物激素的出现大量增加，先后开展了飞机根外施肥、飞机喷施植物激素和生长调节剂、航空化学除草以及航空生物方法防治病虫害等30多项作业。

7．其他作业项目。在从事工业、农业、石油等方面通用航空作业的同时，根据国民经济建设和社会发展的需要，还开发了海洋污染监测飞行、空中游览、航空大气环境监测、航空高压线巡护、直升机输电线路基础施工、直升机吊装铁塔和施放导引绳、空中圆周电影拍摄、空中电视实况转播等一大批新的作业和服务项目。

通用航空服务范围的逐渐扩大，作业项目的不断增加，不仅标志着中国通用航空作业技术水平有了很大的提高，也显示出通用航空已成为国民经济建设和社会发展不可缺少的产业部门。

（三）通用航空生产不断发展

改革开放解放和发展了通用航空生产力，中国通用航空生产发展速度明显加快。从1979年到1992年底，中国通用航空总飞行量累计达到645 813小时，平均每年以4.5%的速度递增，年平均飞行46 130小时，

比 1978 年增加 59.1%，结束了多年徘徊在 2 万小时的局面。这 14 年通用航空作业量，是前 27 年的 120%。“六五”和“七五”期间完成的通用航空生产飞行为 221 707 小时和 249 569 小时，分别比“五五”期间增长 35.5%和 52.5%。

中国民航总局直属通用航空企业，作为中国通用航空的主体力量，在改革开放中，为国民经济建设和社会发展做出了重要贡献。14 年累计完成通用航空飞行 555 302小时，占同期通用航空总作业量的 86%，年平均飞行作业 39 664 小时，是 1978 年的 136.8%。

在改革开放中发展起来的部门、地方通用航空企业，自成立到 1992 年底，累计完成通用航空飞行 90 511小时，占全行业总作业量的 14%，年均作业飞行 9 051 小时，在一定程度上缓解了通用航空供需紧张的状况。

二、1992 年通用航空业概况

（一）较好地完成了生产任务

1992 年中国通用航空业经过全行业干部和职工的共同努力，完成了全年通用航空生产计划，基本上满足了农林业和救灾的需要。各通用航空企业积极贯彻落实 1992 年 2 月民航工作会议精神，根据当前通用航空面临的问题和矛盾，千方百计克服困难，努力开拓市场，狠抓安全生产，合理调派飞机，提高飞机利用率。全行业全年共完成通用航空生产飞行 43 695 小时，为 1991 年的 99.2%，其中民航局直属企业完成 29 860 小时，为年计划的 102.9%，地方通用航空企业完成 13 835小时。在民航局直属企业中，南方、西北、西南、通用、新疆和东方航空公司均超额完成年度生产计划。

南方航空公司重视通用航空工作，先后召开两次通用航空业务工作会议，研究通用航空市场形势，针对通用航空飞机大幅度减少，航材紧缺，飞行技术力量不足的状况，采取有效措施解决存在的问题，有力地促进了通用航空生产。近几年来，该公司一直坚持开展“安全、优质、文明基地”竞赛活动，去年从 81 个基地中评选出 76 个“安全、优质、文明基地”，并兑现了奖励措施，极大地调动了空地勤人员的生产积极性。去年，该公司 5 架海岛人飞机共飞行 1 372 小时，平均每架飞机飞行 274 小时，利用率提高幅度较大。

通用航空公司积极开展通用航空市场的促销工作，领导干部亲自走访用户征求意见，与用户建立起互相理解、互相支持的关系，使新疆、平朔、龙羊峡、长海、兴城等几个常年基地得到进一步的巩固和发展。通用航空公司为满足’92 中国友好观光年的需要，新开辟了长白山、河北昌黎黄金海岸、天津塘沽海滨浴场和河南修武县的空中游览业务，取得了较好效果，并提高了通用航空飞机、直升机的利用率。通用航空公司还使用安-30 飞机，承担了邮电部门的邮件包机飞行任务，拓宽了通用航空飞机综合利用渠道。

东方航空公司和主管业务部门的领导，在飞行作业季节深入作业基地检查工作，帮助解决实际问题。华东地区年初任务集中，需同时出动 20 架飞机，而公司只有 12 架飞机可以出动。根据任务的轻重缓急，公司将季节性强、救灾性任务优先安排，既保证了重点，又兼顾了其他，并且提高了飞机利用率。

飞龙专业航空公司任务多而分散，空地勤人员紧张，该公司狠抓人员培训工作，提高了飞行和机务人员的技术水平，保证了各项生产任务的顺利完成。

（二）采取措施改善了通用航空的外部环境，调整了通用航空收费标准

1991 年国家物价局批准了调整通用航空收费标准，对调动通用航空企业的积极性起了一定作用。为了减少因提高收费标准给经营带来的不利影响，各通用航空企业一方面积极向用户做好调价的解释工作，另一方面也积极协助用户解决生产经费问题。如国家测绘局与民航局联合向有关部门反映情况，争取国家对航空摄影的支持，使每年航空摄影经费增加 2 000 万元，全年航空摄影经费达到 4 000 万元，基本上保证了今后一个时期航空摄影工作的需要。

去年，中国民航局下发了《通用航空生产任务的组织实施和保证工作规定》，各地区管理局也结合实际情况，相继制定了一些具体措施和规定，加强通用航空的飞行保证工作，为企业创造一个较好的外部环境，使通用航空生产任务的组织和保证工作得到了改善和加强。

为增强通用航空的作业能力，开辟多种渠道购置通用航空飞机。1992 年底航材公司与石家庄红星机械厂签定了购买 12 架运五 B 型飞机的合同（北方、东方航空公司各 6 架），预计 1993 年下半年交付使用。此外，通过边境贸易形式从独联体引进了 14 架旧安二飞机，已分配北方航空公司 10 架，西北航空公司 4 架。

（三）通用航空科研工作取得新进展

1992 年，通用航空系统共开展九项科学试验，其中《GPS 在通用航空领域的应用》、《应用飞机防治水稻病害和叶面施肥综合作业的研究》、《飞机营造针阔叶混交林的研究》和《飞机喷洒稀土促进橡胶增产试验》等四个课题已通过民航局级技术鉴定。其中《应用飞机防治水稻病害和叶面施肥综合作业的研究》获得民航局科技进步一等奖，《飞机营造针阔叶混交林研究》和《榆林飞播放牧和割草两用草场的研究》分获民航局科技进步二等奖和三等奖；《GP－81 喷洒设备的推广应用》获民航局科技进步推广奖。

1992 年的通用航空工作虽然取得了一定成绩，然

而，由于历史和现实的种种原因，通用航空仍面临着很多问题和困难。主要有：

1. 通用航空飞机严重不足。目前全国拥有农林业飞机、直升机只有180架左右，其中可执行任务的只约占72%。现有的实力满足不了生产的需要。1992年因民航缺少飞机，约有60%的航空摄影任务无法完成。

2. 近几年，飞机、航材、飞机大修、油料等价格大幅度上涨，各种地面保障费用大幅度提高，通用航空企业长期处于高成本经营的状态，政策性亏损日益增加。近几年国家虽对农林业航空收费标准做了些调整，但仍然偏低，价值与价格相背离的情况仍较严重，企业亏损问题长期得不到根本解决，企业生产和经营的积极性难以提高。

1993年中国通用航空业要进一步贯彻党的十四大精神，落实《全民所有制工业企业转换经营机制条例》，解放思想，实事求是，促进通用航空生产力的发展，以通用航空的社会需求为导向，放开通用航空价格，逐步建立起统一的通用航空市场，完善通用航空市场管理规则；巩固与发展现有通用航空企业，调整生产力布局，优化生产结构；鼓励和支持国内有条件的地方、部门的国有、集体、个体、私有企业和外国企业共同兴办多种形式的通用航空企业；加强和完善政府对通用航空企业的宏观调控。为了巩固和发展通用航空业，充分发挥其在国家经济建设和社会发展以及对外开放中的作用，除了民航局要采取相应对策外，国家也要对通用航空业的发展实行必要的优惠扶持政策。

（中国民用航空总局企业管理司　孟平）

市政公用事业

市政工程业

市政工程事业主要包括城市道路桥梁和城市排水系统的建设。

城市道路桥梁建设和管理在国民经济中是具有基础性、先导性的行业；城市排水行业是关系到城市生产和生活的重要产业。城市道路桥梁是城市的骨架，是城市社会、经济活动所产生的人流物流的运输载体；城市排水行业是城市的血脉之一，与城市取水量相应的污水和大气降水迳流都需要及时、可靠的处理（包括收集、输送、净化、再利用和排放等），以保证城市水资源得以良性循环，防治水污染。它们都是城市赖以生存和发展的基础。健全的道路和排水系统带来整个城市的繁荣和经济的发展。

一、我国市政工程事业的发展及问题

十一届三中全会以后，国家经济建设有了飞速发展。伴随着经营管理体制和市政企业事业单位内部的改革继续深入，市政行业出现了从未有过的勃勃生机，重要改革步骤和成果主要有：

市政工程事业建设进入了一个飞速发展的时期，建设了大批道路桥梁设施，与1978年相比，1992年城市排水能力增加1倍多。客货运输能力有很大提高，据统计，全国城市道路年负担货运量在10亿吨以上，负担公共交通客运量在250亿人次以上，还有大量的非机动车交通和行人交通。1992年排放污水量（不含大气降水量，下同）约336亿立方米；其中工业污水占70%，它们中156亿立方米得到处理，排放或处理后达标量占68.1%。工业废水中的一半，除独立工矿区具有较完善排水设施可直接排入江河湖海外，其余企事业单位自建污水处理厂（站）处理后，排水仍须经过城市公共排水设施收集、输送、净化、排放或再用。1992年较1978年公共排水管道长度增长1.6倍，即66 329公里；公共管道普及率为60%，服务面积内管道密度为6.78公里/平方公里；城市污水处理厂的日处理能力增长4倍，达366.3万立方米。

到1992年，市政工程行业的治理整顿、深化改革已经初见成效，立法工作有了新的发展，技术水平不断越上新台阶。市政工程施工企业实行经营承包责任制。综合开发为大型市政工程建设提供了保障。有偿使用为城市基础设施建设增强了"造血"机能，开辟了资金渠道。

虽然市政工程建设在近年取得了很大成绩，但长期以来由于认识上的失误，行业欠账过大。难以适应我国国民经济的高速发展需要。全国70%的城市没有形成干道网，人均占有道路仅6平方米，城市道路管理落后，乱占乱用情况严重。由于为数不少的工厂企业设备、技术及工艺陈旧落后，加之排水系统不完善，80%以上的城市污水未经处理就排入江河湖海。行业内部存在市政建设市场发育缓慢，企业自主权需继续落实，法规建设落后等问题。

二、市政工程事业行业管理正在完善

行业法规逐步健全。《中华人民共和国城市道路管理条例》征求了各部门意见，完成了专家论证会，已报国务院。《城市道路照明管理规定》以建设部第11号部长令颁发。国务院办公厅以国办发［1992］第58号文转发了建设部、公安部《关于加强城市道路与交通管理工作的报告》。建设部以建城［1992］286号文颁发了《城市道路当前产业政策实施办法》。建设部还颁布了《市政工程质量等级评定规定》。《国务院关于当前产业政策要点的决定》明确指出，城市排水和治理污染是国家当前和今后一个时期重点支持的产业。各有关部局也先后颁发《城市排水当前产业政策实施办法》（建设部）、《关于加快城市污水集中处理工程建设的若干规定》（建设部、国家环保局）、《关于进一步加强城市环境综合整治工作若干意见》（国务院办公厅转发国家环保局、建设部文）。市政工程建设业作为国民经济中具有基础产业和先导性的行业，优先发展地位得到了确认。明确了城市基础设施建设的远近结合，以近期为主的规划原则，统一规划，协调发展，分期配套建设，并纳入城市总体规划和城市年度建设计划，与国民经济和城市建设协调发展。

行业建设管理正在受到各城市政府的重视。城市政府正在把城市道路桥梁建设、污水处理工程建设作为重要职责，加强领导，积极提高投资效益和防治能力，按"谁受益，谁负担"原则，采取有力的经济手段，落实资金渠道；加强统一管理，创造条件使该行业向经营型转变。

三、今后发展方向

我国经济体制改革的目标是建立社会主义市场经济，市政行业为适应市场体制，其工作将主要是：

（一）建立统一开放、竞争有序的市政工程建设市场体系。

（二）加快政府职能转换，完善宏观调控机制。

（三）加快健全行业法规。

（四）加快施工企业改革步伐，尽快落实企业各项自主权力。

（五）加强科学管理和技术进步。

（六）调整资金结构，拓宽资金来源。落实资金渠道，用于加快市政工程基础设施的建设。

（建设部城建司　卢英方）

附表

城市道路近年发展水平

年份	道路长度（公里）	道路面积（万平方米）	桥梁（座）	路灯（盏）	人均道路面积（平方米）
1978	26 968	22 530	5 376		2.9
1979	28 391	24 069	5 302	570 208	2.5
1980	29 485	25 255	5 477	662 341	2.8
1981	30 277	28 022	5 726	669 651	2.8
1982	31 934	27 976	6 624	753 210	2.9
1983	33 934	29 962	6 373	801 976	3.0
1984	36 410	33 019	5 849	893 031	3.0
1985	38 282	35 872	7 436	972 192	3.1
1986	71 886	61 485	8 005	1 159 956	4.9
1987	73 453	68 559	9 129	1 280 777	5.3
1988	88 634	20 403	17 989	1 440 200	5.8
1989	96 078	88 873	20 306	1 550 896	6.2
1990	94 820	89 160	21-747	1 625 347	6.0
1991	88 791	85 340	19 914	1 718 412	5.6
1992	96 689	95 171	24 085	1 888 882	6.2

注：从1986年起为城市全社会设施数字。

城市公共交通业

城市公共交通是城市的重要基础设施之一，是城市社会生产的"第一道工序"，是城市正常运转必不可少的前提条件。在我国现阶段，它又是人们出行的主要代步工具。城市公共交通主要包括城市公共汽、电车、出租汽车、地铁、轮渡及架空客运索道、缆车等。

一、城市公共交通发展与改革的基本情况

党的十一届三中全会以后，城市公共交通发展迅速，城市公共汽电车由1978年的25 529辆，发展为1991年的6.6万辆，比1978年增长2.6倍；运营线路14.6万公里，比1978年增长3.1倍；客运总量284.3亿人次，比1978年增长2.2倍。出租汽车是近年来城市公共交通中发展最快的行业。1978年全国城镇拥有出租汽车1 628辆，到1991年底全国拥有出租汽车增至12.8万辆，比1978年增长78.6倍。其中京、津、沪、穗拥有全国出租汽车总数的1/3。在出租汽车飞速发展的同时，中小型公共汽车发展也很快。自1980年广州市发展第一条小公共汽车线路后，北京、上海、沈阳、西安、哈尔滨、长沙、贵阳等大中城市都发展了中小型公共汽车，为居民出行提供了方便，对缓解乘车紧张状况起到了积极的作用。

我国城市公共交通的发展，在注意了大中小结合、长短途结合的同时，还发展了不同类型的交通工具。作为城市快速轨道交通工具——地铁，在城市化进程中，发挥出的效益将越来越被人们所认识。目前,我国有地铁线路49公里,北京是第一个建成地铁的城市,自1965年7月1日北京地铁破土动工以来,到目前为止北京地铁线路总长为42公里,30个运营站。天津地铁于1983年建成通车,全长7公里,设有8个车站。上海地铁于1993年4月进行6.6公里线路段和5个运营站的试运行。上海地铁全线16.4公里,预计1995年完成。广州地铁项目于1990年国家正式批准立项后,现正在积极准备前期工作。青岛、深圳地铁项目国家已正式批准立项,南京地铁项目正在审批过程中,重庆、沈阳市建设轻轨交通项目已经国家正式批准。此外,重庆还在探讨由香港独资建设地铁的可能性。大连、长春、哈尔滨也完成了建设轻轨交通的可行性报告。

随着城市公共交通的迅速发展,城市交通管理体制的改革也有了迅速的发展。

1. 加强客运市场管理是改革过程中公交行业的一项重要任务。

1985年4月,国务院发出59号文件,提出城市客运交通实行多家经营、统一规划、统一管理的方针。各地根据文件的精神,加强了城市公共交通由独家经营转变为多家经营,由单一的公共汽、电车发展成为小公共汽车、出租汽车等交通工具协调发展的新局面。这使城市"乘车难"有所缓解,但也带来了隶属体制、经营管理、服务质量等方面的一些新问题。为此,城乡建设环境保护部于1987年9月发出了《关于加强城市客运交通管理工作的通知》,强调客运交通作为城市的基础设施之一,要在城市人民政府的领导下,由城建部门实行统一规划,统一管理。1988年5月,建设部、公安部、国家旅游局联合颁发了《城市出租汽车管理暂行办法》。《办法》对出租汽车的开业、停业、车辆管理,经营者、驾驶员、站点管理和奖罚等方面的手续、规范、资质等问题做了具体的规定,目前北京、上海、广州、天津、武汉、南宁等100多个大中城市成立了城市客运(出租汽车)管理机构。其主要职责是对城市客运交通进行规划、协调、指导、监督、服务,要会同工商、公安、物价、税务、计量等部门搞好城市客运的开业审批、运行线路、票证、场站、计量管理,任何单位和个人在市辖区内经营客运业务,都必须纳入城市客运交通的统一管理范围,使城市公共交通能在统一规划和统一管理下有序地发展。

为抓好这项工作,交流各地经验,建设部曾多次召开全国城市客运交通管理工作会议。肯定了城市客运管理机构在城市公共交通规划、管理与协调中发挥的作用。1991年建设部要求各地统一颁发营运证、稽查证,进一步推动城市客运交通统一管理的进程。

2. 城市公共交通产业政策的颁布实施,对于城市公共交通的发展起到了指导性作用。城市公共交通长期以来没有明确的发展政策,基本建设和更新改造资金缺口日益扩大,致使车、船和后方基础设施日趋紧张,供求矛盾日益突出,城市居民"出行难"、"乘车难"的局面长期得不到改善,在一定程度上影响了城市经济的发展和社会的安定。为此,1989年3月颁发的《国务院关于当前产业政策要点的决定》(国发[1989]29号文件),明确提出:当前和今后一个时期内,国家将把公共交通建设作为基础产业之一,实行重点扶植和发展。新颁布的产业政策,把公共交通纳入国家计划予以统筹。这是建国以来第一次把公共交通正式纳入国民经济重点发展项目。

建设部于1990年底正式颁布了《城市公共交通当前产业政策实施办法》,阐述了城市公交的性质、地位、作用,并对运营生产、基本建设和技术改造等方面提出发展序列、保障政策和实施措施。1991年确定上海(直辖市)、南京(省会城市)、重庆(计划单列市)、吉林(省辖市)为贯彻《办法》的试点城市,提出了"全面贯彻、分步实施、立足近期、抓住重点"的工作方针,召集了试点工作会议,认真研究和安排了试点工作,组织落实产业政策的具体措施与办法。

随着改革不断向纵深发展,各地公交企业,大力推行了各种承包责任制。主要有:工资总额与营运收入、载客公里双挂钩,百元营运收入含量包干以及租赁制等等。进入90年代,各地公交企业在加强内部管理的同时,注重完善经济承包责任制,不断推出新举措。上海大众出租汽车公司锐意开拓,大胆实践,于1992年6月实行了股份制,通过发行A、B两种股票,筹集资金15 650万元,实行股份制促进了企业的内部深化改革,政企分开,自主经营、自负盈亏,解决了企业资金问题,增强了企业的风险意识,加强了企业的横向经济联系。

最近,深圳市政府批准深圳市公共汽车公司享有公共大巴的专营权,即经政府授予符合条件的企业在一定区域和期限内单独享有经营城市公共大巴服务的权利。政府与企业签订合同,以一定的方式确保专营利润率,使专营企业获得合理的收益并要求其为社会提供高效率的服务。政府在向专营企业提供专营政策的条件下,逐年减少投资,促使专家营企业通过改善经营管理,提供优质服务,横向拓展及开发来达到企业自我积累和自我发展之目的。

二、1992年城市公共交通的发展

1992年,在邓小平同志南巡讲话和党的十四大精神的鼓舞下,城市公共交通又有了新发展。到1992年底,全国城市公共汽电车达7.7万辆,年客运总量291亿人次,出租汽车19万辆,城市渡轮1 199艘,北京、天津拥有地铁49公里，车辆345辆，年运客4.3亿人次。在管理建设上也有新的发展。

——加强法制建设，制定相关的法规及规章。法制建设是搞好城市公共交通工作的关键一环，建设部自1988年开始着手起草《城市公共交通管理条例》以来，经过调查研究和多次修改，于1992年11月在安徽省合肥市召开了由国务院法制局参加的论证会。对《条例》作了进一步的修改，目前已在报批过程中。为贯彻国务院《全民所有制工业企业转换经营机制条例》，建设部根据《条例》精神，结合城市公共交通特点，起草了《全民所有制公共交通企业转换经营机制实施办法》，1992年10月在成都召开的全国城市客运交通管理工作会上，进一步修改和完善了《办法》，目前此《办法》正在审批中。此外还对1984年由建设部、公安部两家制定的《城市公共交通乘坐车船规则》进行了修订，增添了新的内容。

——中国城市公共交通协会经过多年酝酿，于1992年8月已获批准成立，将于近期召开协会成立大会。协会的成立，将进一步加强行业内部的横向联系，交流经验，起到政府与企业间的桥梁作用。

——为提高公交行业服务质量，建设部与中国城建建材工会联合开展了为期一年的全国优质服务竞赛活动。为表彰活动中涌现出的先进集体和个人，于1992年6月在北京召开了表彰大会，国务院副总理邹家华同志莅临会议并作了重要讲话。会上表彰了一大批优胜企业，优质服务驾驶员、乘务员、调度员、优胜车（船）组及保修班组等。

三、存在问题

近年来，城市公共交通发展很快，但仍然存在一些制约其发展的因素，主要有：

1. 公交的供需矛盾仍然突出，乘车紧张状况在一些大中城市中仍未得到缓解；

2. 法制建设还比较薄弱，缺乏行之有效的行政法规；

3. 汽油等原材料价格上涨，使公交企业亏损加剧；

4. 客运市场不规范，盲目竞争影响公交正常运营；

四、2000年城市公共交通发展展望

到2000年，我国的改革开放和现代化建设将迈出新的步伐，为“提前实现国民经济翻两番的目标”，即需要城市公共交通有一个更快的发展，以适应这一需求，为此要：

——制定公交行业总体发展战略目标，扩大城市公交的服务规模，提高服务质量和水平。

——加强法制建设，制定行业法规及规章。

——培育和规范客运市场，实行出租汽车经营权有偿使用及公共交通专营权管理。

——百万人口以上的大城市，应注重发展快速轨道交通，以缓解城市紧张状况。

——加强公交企业内部管理，转换企业经营机制。

——采用国内外先进技术，提高公交行业科技水平。

——开展职业道德教育，提高职工队伍素质。

（建设部城建司　兰荣）

城市环境卫生业

城市环境卫生是城市文明的窗口，是城市建设和管理的重要的组成部分。搞好城市环境卫生工作对于维护城市市容、创造良好的工作、生活环境，促进城市建设的发展具有十分重要的意义。尤其在加快发展开放步伐、建设有中国特色的社会主义现代化城市的今天，已越来越显示出它的重要性。环境卫生的好坏直接影响到国际声誉和投资环境，对国民经济的发展起着重要的制约因素。

一、改革开放以来城市环境卫生行业发展与改革的基本情况

解放以来，特别是改革开放以来，我国城市环境卫生事业发生了巨大的变化，取得了显著的成效。

（一）城市环卫行业发展迅速

为适应改革开放，国家对城市环境卫生的经费有很大投入，逐年增长。1979年至1991年，国家用于城市环卫的资金共达102亿元，平均每年7.8亿元。其中用于基本建设和更新改造的资金20.52亿元，平均每年1.58亿元。基建更改资金占20.12%。近年来对环卫投资增长很快。仅1991年对环卫资金的投入就达20多亿元，是1979年2.6亿元的7.8倍。其中基建更改资金为366亿元，是1979年的2.34倍。

环卫资金的大幅度增长，使环卫设施有了较快发展。据统计，到1991年底止，全国城市有环卫专用车辆27 854辆，比1979年增长4.2倍；有城市公共厕所99 972座，较1979年增长45 792座，增长了0.84倍；城市垃圾、粪便清运量分别为7 637万吨和2 764万吨，比1979年分别增长2.05倍和0.28倍；建成城市垃圾、粪便无害化处理厂169座，比1979年增长14.08倍；全年处理城市垃圾、粪便3 619.9万吨，其中无害处理量为1 238.5万吨，比1979年分别增长6.2倍和17.5倍。全国环卫职工队伍逐年发展壮大。至1991年底止，全国城市环卫职工人数达47.6万人，较1979年增长了2.13倍。其中专业队伍31.2万人，科技人员约4 000多人。过去，环卫职工队伍组成复杂，素质很低。近几年，我们努力改变职工队伍结构，招收的职工中，具有高中以上文化程度的占了相当大的比重。城市环卫行业的迅速发展，使城市环境卫生质量不断提高，促进了城市建设和经济发展。

（二）理顺城市环境卫生管理体制，加强行业领导

解放初期，城市环境卫生工作分别归属当地公安部门和卫生部门管，不久又全部归属卫生部门管辖。1979年，根据国务院国发［1979］70号文件通知，国家城建总局成立，其业务范围包括了城市环境卫生。1980年，国家城建总局、中央爱卫会、卫生部联合发出了《关于改变城市环境卫生体制问题的通知》。从此，城市环境卫生工作正式由卫生部转交到城建行政主管部门负责管辖。1992年，在国务院颁布的《城市市容和环境卫生管理条例》中，进一步明确了行使环卫行业管理职能的各级城建行政主管部门。管理体制的理顺，使全国城市环卫行业实现了统一领导，分区负责的新格局，形成了市、区、街三级管理网络和专业人员管理与群众管理相结合的管理模式。

（三）制定环卫行业发展的方针政策，强化行业管理。

改革开放以来，我国加快了城市环卫行业重大方针政策的制定和出台工作。涉及城市环境卫生行业方针政策的文件有：经国务院批准的《关于加强城市环境卫生工作的报告》（［80］城发环字第35号）；由国务院批转的《关于处理城市垃圾改善环境卫生面貌的报告》（国办发［1986］57号）、《关于解决我国城市生活垃圾问题几点意见的通知》（国发［1992］39号），以及近两年由建设部印发的《城市环境卫生当前产业政策实施办法》（建城［1991］637号）、《城市环境卫生行业"八五"计划和十年规划纲要》（城建［1992］322号）等。

我国城市环境卫生工作的总方针是："全面规划、合理布局、依靠群众、清洁城市、化害为利、造福人民"。

我国城市环境卫生行业的主要政策有：城市环境卫生规划应纳入城市总体规划和国民经济发展计划，与城市建设协调发展；城市垃圾治理以减量化、资源化、无害化为最终目的，积极开展资源回收和综合利用；按照"谁污染谁治理，谁排放谁负担"的基本政策，实行有偿服务；健全和完善环境卫生法规、技术标准、规范体系，实行科学化管理；增加科研投入，依靠技术进步。此外，在城市垃圾治理方面，还有近期以卫生填埋和高温堆肥为主，有条件的地方可发展焚烧技术，提倡分类收集，医院等特殊垃圾统一管理、集中收集、焚烧处理的技术政策等。

（四）编制和完善行业法规、标准，实现依法行政

改革开放以来，国家相继编制了十多部环卫行业标准、规范。如：《粪便无害化卫生标准》（GB7959—87）、《城市生活垃圾卫生填埋技术标准》（CJJ17—88）、《城市垃圾转运站设计规范》（CJJ47—91）等。行业技术标准、规范的出台，促进了环卫工作的标准化和规范化。

《行政诉讼法》的颁布实施，大大加速了环卫行业的立法与执法工作。《城市市容和环境卫生管理条例》就是在原《城市市容环境卫生管理条理》（试行）的基础上，通过十多年的实践总结，几经修改，于1992年上升为国家行政法规，由国务院第101号令颁布实施。近年来，陆续出台了一些配套规章，如《城市环境卫生专用车辆管理规定》（城建［1991］8号）、《城市公厕管理办法》（建设部第9号令）。正在制定的有《城市垃圾管理办法》、《城市道路清洁管理办法》。各地城市环境卫生行政主管部门还结合本地实际制定了一些具体实施细则。依法行政已成为城建环卫部门加强管理的重要手段，大大提高了行业的管理水平。一些城市成立了专门执法队伍，走上了依法管理的轨道。由"人治"走向"法制"的变化，从根本上体现了我国城市环境卫生管理水平的提高。

（五）环卫科研、教育与学术交流活动有所加强

1979年，我国只有北京市成立了环卫科研所，目前我国环卫科研机构已发展到40多个，形成了一支一千多人的环卫科研队伍。这支科研队伍进行了工艺技术、本底数据、配套机械设备、环卫设施等方面软、硬课题的研究。在环卫设施建设、机械设备制造、垃圾处理和综合利用等技术方面取得了可喜的进展。在1990年国家有关部门召开的全国垃圾处理技术评估会上，有22项城市垃圾处理技术被列入了推广和试点推广项目。其中堆肥处理技术项目24%，填埋处理技术占21%，焚烧处理技术占11%，资源回收综合利用技术占26%。如无锡、杭州、武汉、上海等市的堆肥处理技术，深圳、乐山的焚烧处理技术，哈尔滨的原生垃圾代替了煅烧水泥熟料技术，长春、成都等市的垃圾制砖技术等都显示了良好的发展前景。上海环卫科研所研制的水面清扫船还填补了我国水面机械清扫的空白。

环卫教育从无到有。在环卫科研工作不断充实、巩固、提高的同时，我国城市环境卫生教育也开始起步。十多年来，在我国一些城市先后建立了近10座环卫中专学校和技校以及培训中心等。部分高等院校开设了环卫课。环卫教育初具规模。为适应专业教育的需要，1985年建设部组织全国环卫行业和有关大专院校编写了一套课程齐全的城市环境卫生中等专业教材。专

业人才的培养，进一步提高了环卫职工队伍的科学技术和知识水平。

学术交流活动有所增强。1984年成立了"全国环卫科技情报网中心"，促进了国内的横向联系和技术交流。国际间的学术交流活动也较活跃。从1981年开始，我国先后组团赴日本、西德、英国、法国、印度、新加坡等国考察城市环境卫生，派员参加了在马尼拉、马来西亚等国举办的专题国际会议。此外，还邀请了国外专家来华讲学，并在北京、上海、杭州等地进行了国际性的学术交流或举办了培训班。通过"走出去，请进来"的方式，吸取了国外的先进技术，促进了我国环卫科技进步。

二、当前我国城市环境卫生行业存在的主要问题

十多年来，城市环境卫生行业虽然取得了较大的发展，但是由于起步晚、基础差、欠帐多，城市生活垃圾的污染问题仍未得到根本解决，环境卫生质量仍然不很高。当前亟待解决的主要问题是：

（一）城市环境卫生管理体制有待进一步理顺。尽管1979年以后国家明确规定城市环境卫生工作由城建系统归口管理，使大多数城市环卫管理机构相对稳定，但各地城市环境卫生管理体制还是不尽统一，还有部分城市归属爱卫会、城管会或环保局管，不便统一领导和管理。此外，据对40个城市的调查，有71%的环卫管理机构是事业单位，不是政府行政职能部门，出现宏观管理失控。

（二）一些地方对城市生活垃圾处理问题认识不足，重视不够，没有把它纳入城市政府重点工作的议事日程，造成环卫行业发展规划和垃圾处理设施建设计划短缺，与城市总体规划、国民经济计划和社会发展计划相脱节。

（三）城市生活垃圾处理、处置资金严重不足。突出表现在全国城市环卫基础设施薄弱。目前城市生活垃圾、粪便处理率只有34.8%，其中无害化处理率仅占11.9%。大量的城市生活垃圾、粪便运到郊外，没经过任何处理裸露堆方，侵占耕地，造成垃圾包围城市的环境污染状态。

（四）长期以来缺乏对城市生活垃圾回收的综合利用的鼓励政策，致使城市生活垃圾中可回收利用的资源没有得到充分的再生利用。

（五）城市环境法规虽有所加强，但在分类收集、处置垃圾等方面缺乏强制性的法规和行政经济管理手段，城市生活垃圾总量的增长问题没有得到有效的控制。

（六）生活垃圾处理技术和设备制造能力落后，科研水平较低，开发生产未形成能力。

（七）环卫工人劳动条件差，强度大，工资福利低，专业技术人员少，后继乏人。

三、1992年城市环卫行业发展的基本情况

1992年，是城市环境卫生行业历史上发展最快的一年。

据统计，1992年全国城市维护费用于城市环境卫生的投入达28.37亿元，较1991年增长37.2%，其中基建、更改资金为6.5亿元，较1991年增长了80.5%。环卫基建投资，大量用于城市公厕的新建、改造和对城市生活垃圾的处理、处置上，因此公厕水冲厕所的比例以及城市生活垃圾、粪便的无害化处理率等均有很大的提高。由于水冲厕所占了相当大的比重，厕所卫生、洁净程度有很大提高。1992年有城市生活垃圾、粪便处理厂371座，一年中新增处理厂202座，处理量为5 860.2万吨，其中无害化处理量为2 826.6万吨，较1991年分别增长61.8%和128.4%；有城市环卫专用车辆30 026辆，较1991年增长7.8%；全年清运垃圾、粪便11 264万吨，其中清运粪便3 002万吨，较1991年分别增长8.3%和8.6%。有环卫职工513 258人，较1991年增长了7.7%，职工队伍进一步发展壮大。

1992年也是环卫行业在深化改革中大踏步前进的一年。这一年中城市环卫工作在健全行业法规、方针政策等方面取得了显著的成效，对今后环卫行业的发展具有深远的指导意义。

（一）加大了环卫行业法规的力度和法律效力。《城市市容和环境卫生管理条例》（第101号令）是建国以来国务院颁布的第一个有关城市市容和环境卫生管理的法规，它是加快城市环卫行业发展的重要法律保障，是指导和推动城市环卫行业深化改革的重要法律依据。"条例"共分五章四十五条，除第一章总则和第五章附则外，大量是关于管理的规定。第二章是城市市容管理，第三章是城市环境卫生管理，第四章是罚则。"条例"不仅概括地规定了适用范围、管理原则、主管机关，而且还在计划、管理、用工制度的改革、立法、科研、奖励以及提高工人们的待遇等方面的方针、政策和重大改革措施上作了明确的规定。"条例"还对环境卫生管理的原则、任务、设施建设、质量标准以及法律责任等也作了具体的规定。"条例"的出台，标志着我国环境卫生行业法制工作进入了一个新的阶段。

（二）进一步制定了环卫行业的方针政策和改革措施。在国务院批转建设部等部门《关于解决我国城市生活垃圾问题的几点意见》的通知（国发［1992］39号）中，围绕当前城市环境卫生行业存在的主要问题，提出了多项切实可行的重大方针政策、改革措施和发展方向。归纳起来主要有以下几点：一是在解决城市生活垃圾的污染问题上，直接与政府的政绩挂钩，提到了高度上来认识。文件中明确指出：城市人民政府要把城市垃圾处理工作作为创建国家卫生城市和环境综合整治的一项重要考核内容列入市长任期目标；要制定环卫发展规划和具体目标，纳入城市总体规划和国民经济发展计划，落实实施计划和设施用地，认真组织实施。二是深化环卫行业改革。环卫行业实行“政、企”、“政、事”分开，企事业单位要深化内部经营机制改革，加强经济核算，提高经济效益；在实行行业统一监督管理和业务指导的原则下，鼓励单位和个人兴办城市生活垃圾清扫、运输和无害化处理的专业化服务公司，实行社会化服务。三是实行优惠的倾斜政策，大力发展城市生活垃圾的回收和综合利用；对自筹资金进行城市垃圾综合利用的独立核算单位，可在规定的范围内享受国家有关再生资源和综合利用的优惠政策；城市垃圾处理厂可按规定免交土地使用税。四是采取多种渠道的建设资金来源。如增加国家和地方对生活垃圾处理资金的投入、实行受益者集资、积极利用国外贷款等。五是加强科研工作，把城市生活垃圾的处理和综合利用技术的研究及技术开发列入国家和地方的重点科技发展计划。六是稳定职工队伍，结合住房和工资制度的改革，改善住房和工资福利待遇等。

（三）编制《城市环卫行业“八五”计划和十年规划纲要》，明确发展目标和方向。力争到“八五”期末，全国城市垃圾、粪便的无害化处理有一个良好的开端，在垃圾、粪便的容器化收集，机械化清扫、运输以及城市公厕的数量和水冲普及率上均有较大的起步；到2000年，各项目标将在“八五”计划的基础上有更大的增长。争取生活垃圾和粪便污染的严重状况得到显著改善，城市公厕基本达到水冲化，卫生和装备条件得到明显改善，环卫作业机械化、容器化达到较高水平。为使目标如期兑现，“纲要”还提出了各项保障政策和措施。

（四）明确改革思路和要点，加快城市环卫行业改革步伐。根据我党关于建立社会主义市场经济体制的精神，为将环卫行业的事业单位的经营管理引入市场机制，促进环卫行业更快发展，建设部在《关于印发〈市政公用行业的事业单位改革思路和要点〉的通知》（建城［1992］839号）中，根据环卫行业工作类别区分，将环卫行业的改革思路和要点明确为：对街道清扫保洁，实行事业单位承包管理，政府按任务量核拨经费；对垃圾清运处理，设施由国家投资建设或贷款建设，实行行业企业化管理，并实行垃圾清运处理收费制度；对城市公厕，设施由国家投资建设或贷款建设，对向社会开放的公厕，由事业单位管理，并分别不同情况实行厕所收费制度。为当地居民日常生活服务的公厕，由政府补贴。单位内部公厕由所在单位自管。公厕可实行单位或个人承包管理。

（五）1992年全国城市环卫行业还有几项大的活动。一是迎接全国卫生城市、环境综合整治检查，二是评选“洁净城市”，三是成立了全国环卫协会，四是宣传、贯彻实施《城市市容和环境卫生管理条例》。

在全国城市卫生、环境综合整治检查活动中，城市环境卫生是重点检查内容之一，因此环境卫生在考核指标和评分标准中占了相当大的比重。为迎接检查，各地人民政府对环卫设施的建设资金有了很大的投入，从而加速了公厕的新建、改造以及垃圾、粪便处理设施的建设，大大地提高了城市生活垃圾、粪便的无害化处理率，促进了环卫行业的发展和管理。

在建设部1992年12月份召开的全国城市工作会议上，由于北京、深圳、济南三市的城市环境卫生工作成效显著，被授予了“洁净城市”的光荣称号。

全国城市环境卫生协会成立大会于1992年10月在山东省济南市召开。环卫协会由700多个单位组成，选举产生理事143人，常务理事31人。建设部部长侯捷同志任协会名义理事长，周干峙副部长任协会理事长。会议讨论了协会“章程”、办事机构的设置和职责划分等文件。全国城市环境卫生协会的成立，将促进城市环卫行业的横向联系，加强信息交流，协助城市环境卫生行政主管部门做好各项工作。

为贯彻实施《城市市容和环境卫生管理条例》，建设部于1992年7月在天津市召开了“条例”宣传贯彻工作会议，参加会议代表150人。同年九月还在沈阳举办了有近百人参加的“条例”培训班。

通过上述一系列工作和活动，进一步深化了城市环卫行业的改革，增强了活力。北京、深圳等不少城市办起了多种形式的专业服务公司，他们以“优、廉、快”为服务宗旨，推行有偿服务。几年来，环卫有偿服务工作在深入进行。1986年有263个城市实行有偿服务，收费12 663万元，1991年发展到415个城市实行有偿服务，共收费36 893万元，是1986年的2.92倍。有偿服务促进了环卫行业的良性循环和发展。各城市还在劳动、人事、工资分配制度等方面进行改革，获得了明显的效益，为环卫行业的改革和发展闯出了一条新路子。

四、展望

今后要继续贯彻国家有关城市环卫发展的各项方针政策，以提高城市环境卫生质量为中心，全面促进城市环境卫生工作。

根据“八五”计划和十年规划，到1995年，全国城市生活垃圾、粪便无害化处理率将达到20%以上；水冲厕所达70%；生活垃圾的容器化收集率达75%；垃圾清运作业机械化、半机械化程度达70—80%；道路清扫机械化程度达15—20%。到2000年，各项指标将有更大幅度的提高。力争全国城市生活垃圾、粪便无害化处理率达到60%；水冲厕所达80%；生活垃圾的容器化收集率达85%；垃圾清运作业机械化、半机械化程度达90%；道路清扫机械化程度达40%。为实现上述目标，今后重点抓好以下几项工作：

1. 把城市环境卫生工作纳入城市国民经济和社会发展计划，与城市建设协调发展。

2. 认真贯彻执行环卫产业政策，进一步深化城市环境卫生行业的改革。根据环卫产业发展序列和重点发展方向，做好各项组织落实工作。

3. 完善环卫法规和技术标准体系，继续朝着依法管理的方向发展。

4. 搞好环境卫生设施规划，完善环卫设施建设。

5. 加强行业科学管理，实行许可证制度，对承担环境卫生工作的单位和个人进行资质审查。

6. 逐步实行垃圾分类收集、处理，发展多层次垃圾、粪便无害化处理技术，提高无害化处理水平。

7. 加强队伍建设，不断提高职工队伍政治思想水平和业务素质，逐步改善环卫职工的作业条件和福利待遇。

8. 加强宣传教育工作，不断提高全社会环境卫生意识。

（建设部城建司　李光素）

城市园林绿化业

园林绿化作为城市基础设施，是城市市政公用事业和环境建设的重要组成部分。城市园林绿化以丰富的园林植物，完整的绿地系统，优美的景观和良好的设施，发挥着改善城市生态，美化城市环境，为广大人民群众提供休息、游览和开发科学文化活动园地，增进人民身心健康的作用；同时还承担着保护、繁育、研究珍稀濒危物种的任务。优美的园林景观和良好的城市环境又是吸引投资、发展旅游事业的基础条件。随着经济发展和社会进步，城市园林绿化行业的地位和作用将日益突出。

一、概况

新中国成立以后，城市园林绿化事业是在发展生产建设，改善人民生活环境中形成和发展起来的，现已形成一定规模和管理体系。主要由以下几个方面构成：

1. 公共绿地管理：包括各级各类公园，动物园，植物园，其他公共绿地，风景林地及城市道路绿化管理。

2. 专用绿地管理：包括防护绿地，居住小区绿地，工厂、机关、学校、部队等单位的单位附属绿地管理。

3. 园林绿化建设和养护：包括工程设计、施工、养护管理机构和队伍。

4. 园林绿化物资材料生产：包括为园林绿化服务的苗圃、花圃、草圃等生产绿地管理及专用物资材料生产、供应和保障系统。

5. 园林绿化科研、教育、服务管理：包括专业科研、教育单位及园林内的商业、服务单位等。

城市园林绿化行业的各个组成部分相互衔接，形成独立的产业体系。城市园林绿化建设需要同城市其他各项建设密切结合，协调发展。

二、改革开放以来的发展

新中国成立以来，城市园林绿化在城市的环境建设，改善人民生活条件中起到了积极作用，但也经历过曲折和反复。直到改革开放前，我国城市园林绿化行业始终处于比较落后的状况。据188个设市城市1978年统计，全国城市仅有园林绿地81 735公顷，其中公园579处，面积15 228.6公顷；年植树量2 840万株，城市绿化苗圃7 215公顷，系统内职工70 285人。

改革开放十多年来，城市园林绿化的地位和作用逐渐被认识和重视。管理行业的加强和改革的推行，促进了行业发展。主要表现在：

1. 落实规划，作为指导建设的依据。各城市都把城市园林绿地系统规划纳入城市总体规划。对城市园林系统布局、特点和规划指标作出规定，作为建设和管理的依据。许多城市还分别提出短期建设目标，逐年实施。国家五年计划和十年规划也都分别提出要求，从宏观上起到了有力的导向作用。“七五”计划规定，城市人均公共绿地面积应达到4平方米。据统计，全国城市园林绿化固定资产投资“六五”期间为8.49亿元，“七五”期间为15.91亿元；分别占同期城市建设固定资产投资的4.7和3.1%以及同期全民所有制固定资产投资的1.59‰和1.27‰。到“七五”期末，全国城市人均公共绿地达到3.9平方米，绿化覆盖率为19.2%。

2. 同步发展，配套建设。在环境建设同国民经济发展相协调的方针指引下，城市园林绿化的作用和地位被承认，逐步改变过去可有可无，年年欠帐的局面。在城市市政公用工程建设项目、住宅开发项目和其他各种项目建设中都开始安排一定比例的园林绿化配套资金，并同主体工程同步规划、建设和验收，收到良好效果。一些城市还具体规定了各类单位不同的园林绿地标准。有的城市还开展创建“园林式单位”的活动。这些都促进了园林绿化的普及。

3. 义务植树，绿化城市。1981年全国人大五次会议通过了“关于开展全民义务植树运动的决议”，将植树绿化定为公民的义务，这是促进城市绿化的一项重大决策。在各级政府的重视和领导下，普遍实行了义务植树登记卡制度，促进了履行义务率的逐年提高。1982年以来全国城市义务植树累计达10.8亿株。

4. 加强法制建设。改革开放以来，国家颁布了《森林法》、《环境保护法》、《城市规划法》、《城市绿化条例》、《城市园林绿化管理暂行条例》等涉及城市园林绿化的法律、法规。各省、自治区和各级城市颁布了一些地方性园林绿化法规及规章，使城市园林绿化行业有法可依，初步走上法制的轨道。与此同时技术立法也取得很大的进展。

5. 优惠政策和改革措施。国家对城市园林绿化实行了优惠的政策，中央和地方财政给予拨款进行建设和维护。允许有条件的公园实行购票游览，以补贴经费的不足。最近几年又批准对门票的价格作适当的调整。支持园林部门在保证园林绿地的环境和社会效益的前提下，从事多种经营增加收入，国家在税收方面给予减免的优惠。1991年国务院颁发的《固定资产投资方向调节暂行条例》将城市园林绿地建设税率定为零，体现了国家重点支持的政策。这些政策调动了社会各方面的积极性，打破了过去由园林部门一家独办的局面，加速了行业发展。园林绿化行业中的苗木、花卉生产、工程设计施工等部分逐步向产业化转轨，形成了一些经济实体，改变了全部依赖事业费的局面。另外，组织中国特产苗木、花卉、盆景和传统造园技术出口，开拓了中国园林走向世界的道路。园林部门普遍实行了承包责任制，提高了服务质量和工作效率。

6. 依靠科技进步，推动行业向高层次发展。早在1980年，国家城建总局就制定了《1981—1990年园林绿化科研课题项目表》，推动了园林绿化科研的发展，取得许多重要成果。在继承中国优秀造园传统的同时，广泛探索创造现代园林的新风格、新形式，促进了园林绿化科技向高层次发展。特别是在园林植物优良品种的引进、选育、维护、植保技术及措施等方面的成果产生了巨大作用。科技进步正在改变全行业的传统面貌。

三、1992年的主要进展

1992年初邓小平同志南巡讲话以后，全国的改革开放热潮也推动了园林绿化行业改革的深入发展。全国设市城市达到517个，平均人均公共绿地达4.1平方米，绿化覆盖率达20.1%，建成区绿地率达17.3%。园林绿地总面积达387 887公顷，其中公共绿地达61 233公顷。公园2 182处，面积4.15万公顷，年游人量10亿人次。城市绿化苗圃1.4万公顷。园林绿化系统内职工队伍有21万人。全年投入的维护、建设、更改资金25亿元。1992年内发生的对行业有重大影响的事有：

1. 中共中央、国务院于6月发布了“关于加快发展第三产业的决定”，将包括园林绿化在内的公用事业列为“对国民经济发展具有全局性、先导性影响的基础行业”。

2. 建设部组织编写了《城市园林绿化当前产业政策实施办法》，经过专家论证和征求国务院有关部门意见后于5月印发全国。这个办法全面论述了行业的特点、规划目标、发展序列和重点发展方向，保障政策和实施措施。给行业内各项工作以重要依据。

3. 6月，在联合国环境与发展大会上，我国代表宣布：中国已经制定了经济建设、城乡建设和环境建设同步规划、同步实施、同步发展，实现经济、社会和环境效益相统一的战略方针。会上，我国签署了“保护生物多样性公约”等文件。在保护物种多样性方面，园林绿化行业承担了濒危物种移地保护的履约义务。

4. 5月，国务院办公厅转发了国家环保局和建设部《关于进一步加强城市环境综合整治工作若干意见》，其中提出加强以绿化为主的城市生态环境建设，提高城市绿化覆盖率。为贯彻这一“意见”，建设部制定了城市环境综合整治中市政公用设施的考核办法和标准。将对城市园林绿化的考核列为重要内容之一。

5. 国务院于6月以第100号令发布了《城市绿化条例》并于8月1起开始实施。这是我国第一个有关城市绿化的法规。《条例》对城市绿化的规划、建设、保护和管理的有关问题作了全面的规定，使城市绿化的各项工作有法可依。建设部于7月在天津召开了全国宣传贯彻《条例》的工作会议，并举办了专业干部的学习班。全国各省、自治区，各城市都积极广泛学习、宣传《条例》，使之深入人心。按照国务院的立法计划，建设部正在抓紧《城市园林条例》的制定工作。各地方亦加速了园林绿化的专业立法建设，这标志着全国园林绿化行业走上法制的轨道。

6. 12月，建设部在济南召开的全国城市建设工作会议上，命名北京、合肥和珠海为“园林城市”。这是在全国许多城市作出创建“园林城市”规划并逐年按计划实施，各城市大量涌现“花园式单位”的基础上进行的。这次命名活动促进了全国各城市继承我国园林传统，加强环境建设，有力于推动我国园林绿化行业进入一个新的境地。

四、现存主要问题

一是在认识上和政策、措施上不能适应改变行业长期欠帐造成的落后状况的需要。二在开发热和兴办三产中有些地方侵占绿地现象严重。三是行业发展产生的巨大经济效益无法反馈给行业自身，行业建设面临资金拮据困境，不按市场经济运行未得到改善。

五、行业展望和发展方向

人们对自然的亲近与向往和对生活环境质量的追求，预示着园林绿化行业发展有着广阔的前景。城市规划和管理工作者应顺应趋势，采取有远见的措施。建设部在“八五”计划和“十年规划”中：规定城市人均公共绿地面积1995年达到5平方米，2000年达到7平方米。虽然这个指标仍然是较低的，但要普遍达到这一水平，大多数城市都需要采取特别的措施，作出切实的安排，才有实现的可能。

从我国的实际情况考虑，即使经济有了较大的发展，财政上相对宽松，我们在园林绿化的指标上亦不能按现有发达城市的水平来要求。我们必须创造性地工作，努力探索适合我国情况的园林绿化行业发展道路，在提高质量和实际效益方面下功夫。经过多年实践，已经取得一些宝贵经验，如加强绿地系统的建设，使有限的城市绿地构成完整的系统，发挥更大的效益；继承我国人民热爱自然山水的传统，将城市依托的自然地貌保护利用好，把整个城市当成一个大园林来规划建设；搞好道路绿化，美化街景，将铺装路面用绿色覆盖；发动城市各单位和全体居民，人人动手美化生活环境，将一切可以绿化的地方都绿化起来。相信经过专业工作者同广大群众的共同努力，园林绿化行业必将有一个繁荣的未来，中国的城市环境也将提高到一个新水平。

（建设部城建司园林绿化处　王军路）

风景名胜区业

风景名胜区是以资源保护为基础，为人们提供游览、度假和进行各种科学、文化活动服务的新兴产业。风景名胜区事业的发展，对于维护国土风貌、优化生态环境、弘扬民族文化、激发爱国热情、促进旅游事业，推动地区经济的发展，扩大对外开放，建设社会主义物质文明和精神文明，都起到了十分重要的作用。

党的十一届三中全会以来，我国的风景名胜区事业得到了迅速发展．目前，全国已有国家重点风景名胜区84处，省级风景名胜区256处，市（县）级风景名胜区137处，共计447处，总面积8.5平方公里，占国土面积的0.9%。我国的泰山、黄山、武陵源、九寨沟、黄龙风景名胜区被联合国教科文组织批准列入《世界遗产名录》。

一、改革开放以来风景名胜区的工作和发展

（一）开展资源调查，建立风景名胜区体系。从1979年开始，各省、市、自治区建设部门牵头对当地的风景名胜资源进行了普查，基本摸清了全国风景名胜资源情况。在此基础上，1982年国务院审定公布了第一批国家重点风景名胜区44处，1988年国务院审定公布了第二批国家重点风景名胜区40处。各省、市（县）也分别审定了一批省、市（县）级风景名胜区，这些风景名胜区由建设系统归口管理，由地方各级政府具体组织管理形成了具有中国特色的风景名胜区体系。

（二）建立管理机构，加强领导。为了有效地对风景名胜区进行管理，在国家有关方针政策指导和建设主管部门的支持下，由各级人民政府在绝大多数国家和省级风景名胜区建立了管理机构，加强了对风景名胜区的管理。

（三）制定了风景名胜区管理法规，加强了对风景名胜区的保护和管理。1985年国务院发布了《风景名胜区管理暂行条例》。1987年建设部颁发了《风景名胜区管理暂行条例实施办法》，对贯彻执行“条例”做了具体规定。江苏、辽宁、浙江等一些省结合本地实际情况制定了相应的管理法规。使风景名胜区的工作有了法律保证。

（四）组织编制和审批了风景名胜区规划。风景名胜区的规划是风景名胜区各项工作的蓝图。目前，第一批44个国家重点风景名胜区大部分已经完成了规划的编制，第二批40个国家重点风景名胜区大部分已展开规划编制工作。上报国务院的总体规划中已有25个经国务院批准，由建设部发文批复实施。省、市（县）级风景名胜区规划也在抓紧编制中。

（五）采取措施，保护资源与环境，加强风景名胜区的资源管理。各地风景名胜区一经确定，当地政府和有关部门都采取了相应的措施，对景区的环境和各类资源进行了有效地保护。江苏省太湖风景名胜区封闭开山采石点28处，退田还湖946公顷。浙江省搬迁污染环境和侵占景区的单位80多个。湖南省在全省范围内开展了清理整顿风景名胜区环境活动，共清理违章建筑254处，拆除违章摊点427处。辽宁省大连海滨风景名胜区把影响游览的40多个单位全部迁出。广东省肇庆风景名胜区清理了风景区内的40多个采石场。各省在资源保护方面取得了显著成绩。为了加强风景名胜区绿化建设，从1985年到1990年共植树4亿多万株，提高了森林覆盖率，改善了生态环境。各风景名胜区还组织了规划管理、环境卫生、森林防火等专业队伍，使风景名胜区的景容维护、环境卫生、森林防火与防治病虫害等工作有了专人管理。

（六）加强景点和基础设施的建设，改善接待条件。各级风景名胜区按规划有计划有重点地进行基础设施的建设。从1980年到1990年底全国风景名胜区完成建设投资约20亿元，其中大部分用于风景名胜区的基础设施和景区的建设。使风景区的内外交通、水电、通讯、安全、旅游接待等设施状况逐步得到改善和发展。

（七）合理利用风景名胜资源，发展旅游业，促进

地方经济的发展。桂林漓江风景名胜区的芦笛岩风景区1990年接待海外游人46万人次，外汇人民币收入257万元，比1985年增长5倍多。河北省野三坡风景名胜区发展旅游业，使当地农民人均收入从1984年的60元增加到1990年的上千元。辽宁省凤凰山风景名胜区每年按接待游人70万人次计算，为社会增加了2 370万元产值。湖南省衡山风景名胜区1990年旅游接待收入2 640万元，超过了当地工农业产值。据统计，1991年全国风景名胜区接待国内外游人约3亿人次，接待境外游人500多万人次。为国家回笼货币200亿元，促进了地方文化和经济的发展。

（八）成立中国风景名胜区协会，促进风景名胜区事业的发展。"协会"是全国风景名胜区的行业组织，经国家批准，1989年3月成立。"中国风景名胜区协会"在协助政府加强横向联系，推动资源保护、规划建设行业改革，培训干部等方面做了大量工作。

（九）加强了风景名胜区的科研教育和对外交流工作。风景名胜区在资源保护及规划建设中初步开展了相关课题的科学研究工作，制定了技术发展政策。在风景名胜区系统举办了四期管理干部研习班，在同济大学开办了四期风景旅游专业证书班的学习。在对外交流方面，曾与美国、加拿大、澳大利亚等国进行了对口部门互访。选派人员参加美国和加拿大共同举办的国际国家公园研习班。组织了风景名胜区申报世界遗产工作，与联合国教科文组织开展了多项技术合作。

二、风景名胜区发展中存在的问题

风景名胜区事业起步晚，基础差，存在的主要问题是：

（一）资源保护和开发建设所需资金严重不足，缺乏配套的经济政策，致使一些风景名胜资源不能及时得到保护和合理利用，资源破坏现象时有发生。

（二）旅游迅速发展，国内外游客猛增，许多风景名胜区基础设施不足，接待能力差，不能满足需要。

（三）基层管理工作薄弱，一些风景名胜区存在管理不统一，政出多门，对于这样一个综合性资源事业未能有效地实施统一规划和管理。

三、1992年行业发展的基本概况

1992年在邓小平同志南巡讲话精神的指导下，风景名胜区事业得到了进一步的发展。据1991年底统计风景名胜区接待海外游人计500万人次，国内游人3亿次，旅游收入人民币200亿元。其中，国家级风景名胜区经营收入77 662万元，其中门票19 314万元。职工总数10万人。

1992年是风景名胜区行业巩固发展的一年，在这一年中主要做了以下几项工作：

（一）召开了全国风景名胜区工作会议。会议总结和交流了改革开放以来风景名胜区工作取得的主要成就和基本经验，讨论和拟定了"八五"期间和90年代风景名胜区事业的发展规划和政策措施。会议表彰了全国风景名胜区系统的先进集体和先进个人。国务院发出了《关于加强风景名胜区工作的通知》，对今后风景名胜区的工作提出了新的要求。这次会议对加快风景名胜区事业的发展具有重大意义。

（二）编制和颁布了风景名胜区"八五"发展规划纲要。纲要提出了"八五"期间风景名胜区发展的指导思想和发展目标。适应改革开放需要，加强规划，提高风景名胜区资源保护管理水平，加快开发建设步伐。再发展一批新的风景名胜区，使国家级风景名胜区达到120个，其面积占国土面积的1%左右。风景名胜区列入世界遗产10个项目。广泛开发风景名胜区管理达标工作，使50%的风景名胜区达到管理标准。加强科研教育工作和对外交流工作。

（三）开展了风景名胜区达标管理活动。为了加快风景名胜区管理工作的步伐，使各级风景名胜区的管理工作纳入规范化轨道，我部从抓环境卫生入手开展了风景名胜区管理达标活动，泰山、千山风景名胜区被建设部命名为"环境卫生先进风景名胜区"称号；还将逐步开展资源保护、环境卫生、安全游览、文明经营等多方面的管理达标活动，并转入经常化，以推动风景名胜区管理工作的进一步发展。

（四）做好世界遗产工作，加强国际交流。目前中国列入《世界遗产名录》的十个项目中风景名胜区占五个。开展这项工作对保护我国的自然与文化遗产意义极其重大。1992年5月我部组织接待了联合国教科文组织专家考查验收我国申报的遗产项目的工作，1992年12月联合国教科文组织批准武陵源、九寨沟、黄龙风景名胜区列入《世界遗产名录》。同时，我们与联合国教科文组织进行了多项技术合作，收到了良好的效果，1992年我部派世界遗产代表团赴巴黎参加世界遗产公约纪念活动，举办了中国世界遗产图片展览，扩大了对外宣传，国际上对我国的风景资源和保护政策给予了高度评价。推动了中国的世界遗产工作的开展。

（五）抓住改革开放的有利时机，促进风景名胜区建设，带动地方经济发展。在邓小平同志南巡讲话精神的指引下，1992年风景名胜区经济活动逐渐增多，在保护资源的前提下，开发建设了风景名胜区，带动了地方经济的发展。突出的一个特点是地方政府利用风景名胜区开发各种类型的如森林节、武术节等活动，形成了风景搭台、经贸唱戏、地方受益的情况，促进了地方经济的发展。

四、风景名胜区工作的发展方向

（一）加强风景名胜区工作的领导。在全国范围自上而下理顺管理体制，打破部门封锁，实行统一政策，统一规划，多方经营，从根本上加强风景名胜资源的保护和统一管理。

（二）建设好、管理好风景名胜区。争取风景名胜区建设纳入国民经济和社会发展规划，制定支持风景名胜区事业发展的经济政策，支持扶助风景行业改革和经济发展，使风景名胜区开发建设得到可靠的社会保障。

（三）加强风景名胜区规划工作。抓紧规划的编制，要求84个国家级风景名胜区规划要在1993年底全部编制完成。制定风景名胜区实施规划建设的有关规定，加强规划实施过程中的监督、检查和管理。

（四）加强立法，制定规章，全面达标，提高管理水平。积极工作，使《风景名胜区法》早日颁布实施，制定相应的规章制度，颁布风景名胜区各项管理达到标准，使依法治景工作走上正轨。

（建设部城建司风景名胜处）

环境保护业

环境保护是我国的基本国策。环境保护业是国民经济结构中防治污染、改善生态环境、保护自然资源为目的所进行的技术开发、商业流动、环境保护设施的运行、资源利用、信息服务、工程承包、环境管理等活动的总称，是保障经济和社会持续发展的重要产业。

一、我国环境保护业发展的回顾

（一）发展历程

我国的环境保护业，从1973年开创至今已有20个春秋，20年的发展历程可以依照全国三次环境保护大会的时间顺序分为三个阶段:起步阶段、重要转变阶段和迅速发展阶段。

1. 起步阶段（1973—1983年）

1972年联合国在斯德哥尔摩召开了人类环境会议,发表了斯德哥尔摩宣言,向世界各国敲响了环境问题的警钟。我国派代表团出席了会议。继之，1973年国务院召开了第一次全国环境保护会议。会议指出中国存在环境问题,并且还比较严重,提出了“全面规划、合理布局、综合利用、化害为利、依靠群众、大家动手、保护环境、造福人民”的32字工作方针，体现了预防为主、合理利用资源和群众参与的思想,直至今天,这一方针仍然是正确的,有着积极意义。这次会议拉开了我国环境保护业发展的序幕。会后,国务院设立了环境保护领导机构和办事机构,领导小组及其办公室,领导和组织推动了全国的环境保护工作。不少省市也成立了同中央相似的机构。我国环境保护业迈出了第一步。

这一时期，在周恩来等老一辈革命家的关怀和群众的支持参与下,在工业污染治理、“三废”综合利用、城市的消烟除尘等方面开展了一些工作，取得了一定成绩。在1978年2月通过的《中华人民共和国宪法》中规定：国家保护环境和自然资源，防止污染和其他公害。这是新中国历史上第一次在宪法中对环境保护作出的规定。

1978年12月,中国共产党十一届三中全会后,全党工作重心转移到社会主义现代化建设上，也促进了环境保护业的发展。1979年9月，全国人大发布了《中华人民共和国环境保护法（试行）》，结束了中国环境保护无法可依的局面，开始走上法制的道路。通过“三废”治理的实践，我们也逐步认识到：中国不能走发达国家走过的“先污染后治理”的道路,那将会使人口众多、工业规模庞大的中国付出巨大的经济和社会代价，给后代留下难以扭转的“环境赤字”；同样，中国也无法选择发达国家现行的“高投入,高技术”控制环境问题的模式;因为中国是一个发展中国家,难以筹措巨额资金投入环境治理，处理不好也将影响经济发展。中国必须探索自己的环境保护道路。

2. 重要转变阶段（1983—1989年）

1983年国务院召开了第二次全国环境保护会议,党和政府明确宣布环境保护是我国的一项基本国策,提出了“经济建设、城乡建设和环境建设要同步规划、同步实施、同步发展,做到经济效益、社会效益和环境效益的统一”的战略方针,为处理发展与环境的关系指明了正确的方向。根据我国的大量环境问题是由于管理不善造成的以及国家一时拿不出很多钱用于环境保护业的现实，会议明确提出了把强化环境管理作为环保工作的中心环节，实现了思想认识和工作方式的一个重大转变。

第二次全国环境保护会议以后，环保工作围绕着强化环境管理,建立环境保护的法律法规体系,建立健全各级环境管理机构,制定各项环境管理制度,开发全民环境宣传教育,加强环境科学技术研究,防治环境污染等方面,全方位地展开了。这一时期是建国以来经济发展速度最快的时期之一，国民生产总值年均增长10%左右。由于加强了环境管理，促进了污染源的治理,全国环境质量大体保持稳定,没有出现经济迅速发展环境状况随之急剧恶化的局面。

3. 迅速发展阶段（1989年—现在）

从1989年到现在，是环境保护业进一步解放思想，沿着具有中国特色的环境保护道路迅速前进的阶段。1989年国务院召开了第三次全国环境保护会议,把第二次全国环境保护会议制定的大政方针具体化,初步形成了具有中国特色的环境保护道路。主要体现在以下几个方面：

(1)战略方针上，确定了环境保护是现代化建设的一项战略任务，是振兴中华民族的一项基本国策，确立了环境保护在经济社会发展中的重要地位。制定了经济建设、城乡建设和环境建设同步规划、同步实施、同步发展，实现经济效益、社会效益和环境效益统一的指导方针。明确宣布摒弃“先污染后治理”的发展模式，走经济与环境协调发展的道路。要求在制定经济社会发展计划时，同时考虑环境保护的要求。从第六个五年计划开始，环境保护被纳入国民经济和社会发展计划，各地区和有关部门、行业也都这样做了。

(2)在政策建设上，制定了预防为主、谁污染谁治理和强化环境管理三大环境政策，并在实践中不断深化、细化，形成了环境影响评价、“三同时”、排污收费、环境保护目标责任制、城市环境综合整治定量考核、排污许可证、污染限期治理和污染集中控制等项制度和措施。这些制度和措施把行政管理同经济手段、国家监督同宣传教育、法律强制同技术指导结合起来，初步形成了符合国情的环保政策、制度体系。

在法制建设中，把这些在实践中行之有效的制度和措施以法律、法规的的形式固定下来，形成由环保专门法律和相关法律、国家法规及标准相结合，进一步强化了环境管理的效力。

(3)在管理体制上，明确国家、地方以及相关部门的环境保护责任，充分调动各个方面在管理上的积极性。设立了从国家到省、市、县比较健全的各级环境管理机构，建立了一支比较有力的管理队伍。同时，又在工业、交通、农林、水利等部门设立行业或部门的环境管理机构，形成了一个统一管理、分工协作的环境保护管理体制。这种管理体制在强化管理、控制污染和改善环境质量方面发挥了积极作用，实践证明是行之有效的。

(4)在科学技术上，结合中国的国情，因地因时制宜，推广先进实用技术，依靠科技进步，积极推行低污染工业技术，努力把污染控制在生产过程之中。强调将科研成果转化为防治污染、保护环境的现实生产力，大力促进科技成果商品化、实用化。重视示范工程和试验基地建设，为大面积推广应用重大科技成果创造条件。

初步建立起了自已的环保工业和咨询服务业，为实现中国环保工业的腾飞和增强防治环境问题的能力奠定了基础。

(5)在宣传教育上，始终把不断提高全民族的环境问题作为一项基本任务，除在大学设立专业比较齐全的环保专业和在中小学进行环境基础教育外，动员社会各种力量，采用各种形式开展环境宣传教育，初步形成了由社会各界密切协作的环保宣传教育网络，全民环境意识不断提高。

(6)在国际环境事务中，努力发挥作为发展大国和环境大国在世界环境与发展领域中的重要影响和独特作用，积极发展同世界各国和国际组织的环发合作与交流，维护我国和发展中国家的环境与发展权益。合理利用外资，加速污染治理的步伐。

李鹏总理在1992年联合国环境与发展大会发表的重要讲话中指出：“实践表明，我们实行的有中国特色的环境与发展战略是成功的”。我国环境保护业所取得的成绩受到国家和社会各界的肯定，也赢了得了国际社会的积极评价。

(二) 我国环境保护业的成就

80年代以来，随着国家的改革开放和经济社会的迅速发展，环境保护业也取得了长足的进步。

1. 工业污染防治成效显著

我国工业污染负荷占全国污染负荷的三分之二左右，防治工业污染是一项长期而艰巨的任务，是我国环境保护业的重点。由于采取了“预防为主、防治结合、综合治理”的战略，工业污染物排放量得到一定程度的控制，某些污染物排放量显著下降。(见表1、2、3)

我国大气污染属煤烟型污染，局部区域工业粉尘污染严重。烟尘、SO_2和工业粉尘是大气中主要污染物。1981—1991年期间，全国工业粉尘排放量从1 422万吨下降到579万吨，平均每年下降80万吨；工业粉尘回收量从636万吨上升到2 161万吨，平均每年增加150万吨；工业粉尘回收率从31%上升到70%；烟尘排放量从1 454万吨下降到1 341万吨，平均每年下降11万吨，其中工业烟尘排放量占70%左右。

工业废水及废水中主要有毒污染物得到较好控制，1981—1991年期间，工业生产有了大幅度增长，工业废水排放量增加很少，从每年233亿吨增加到239亿吨；外排工业废水处理率和外排工业废水达标率都有明显增长，分别从13%增加到32.3%和从26%增加到50.5%；工业废水中汞、镉、铅、砷、铬、酚、氰等7种有毒物质排放量均呈下降趋势。1991年汞、铬排放量比1981年分别下降68%和77%，砷排放量下降7%，镉、铅、酚、氰排放量下降到40%。这说明工业废水中有毒物质排放量得到较好控制。工业固体废物污染防治贯彻“减量化、资源化、无害化”的方针，大力开发综合利用，成效显著。1981—1991年期间，工业固体废物年产生量从3.77亿吨增加到5.78亿吨，增加53%，而综合利用量从0.75亿吨增加到1.69亿吨，增加125%，综合利用率从20%提高到36.6%，这样既减少了污染，又获得了经济效益。

2. 城市环境质量稳定，部分指标有所好转

城市是工业和人口集中环境污染严重的地区。保护好城市环境是环境保护业的重点之一。80年代以

来，我国城市化程度进一步提高，由于全面推行了城市环境综合整治，城市环境质量保持稳定，某些地区的污染程度还有所减轻。

在城市大气污染控制方面，通过改善燃料结构，治理重点污染源，建设烟尘控制区，使煤烟型大气污染得到较好的控制（见表4）。1981—1991年期间，城市大气中总悬浮微粒浓度明显下降，全国城市平均值从703微克/立方米下降到324微克/立方米，其中北方城市从930微克/立方米下降到429微克/立方米，南方城市从410微克/立方米下降到225微克/立方米；二氧化硫浓度变化不大，少数城市稍有改善。全国城市平均值从115微克/立方米下降到90微克/立方米，其中北方城市从120微克/立方米下降到92微克/立方米，南方城市从110微克/立方米下降到88微克/立方米。

在城市水环境综合整治方面，采取了节约用水，控制重点污染源的污染物排放、完善城市下水系统、提高污水处理能力及废水回用等措施，使城市地表水污染恶化趋势得到抑制，废水重金属污染负荷明显减少（见表5），1982—1991年期间，城市河流污染物综合指标氰化物从28.07降至1.4，砷从47.70下降至小于1，汞从26.74降至0.6，六价铬从4.18降至1.1，铅从49.47（1983年）降至6.6。

表1　全国废气排放、处理情况

项　　目	单位	1981年	1982年	1983年	1984年	1985年	1986年	1987年	1988年	1989年	1990年	1991年
废气排放总量	亿标 m^3	-	54412	60941	66969	70654	69679	77270	82989	83062	85422	101416
燃料燃烧过程中废气排放量	亿标 m^3	-	-	-	-	-	46467	52622	57024	57612	59521	53649
经过消烟除尘的	亿标 m^3	-	-	-	-	25942	28703	32387	37586	40377	43941	45761
生产工艺过程中废气排放量	亿标 m^3	-	-	-	-	-	23212	24648	25965	25450	25901	31050
经过净化处理的	亿标 m^3	-	-	-	-	9890	11027	12488	13576	14583	16051	20088
二氧化硫排放量	万t	1371	1275	1200	1243	1303	1250	1412	1535	1564	1495	1622
烟尘排放量	万t	1454	1458	1353	1311	1323	1384	1445	14447	1398	1324	1314
工业粉尘排放量	万t	1422	1303	1092	1126	1282	1170	1004	1126	840	781	579
工业粉尘回收量	万t	636	893	1082	1236	1439	1712	1603	1861	1786	1987	2161

表2　全国废水排放、处理情况

项　　目	单位	1981年	1982年	1983年	1984年	1985年	1986年	1987年	1988年	1989年	1990年	1991年
废水排放总量	亿t	219.8	294.9	306.7	324.8	327.5	338.8	348.6	367.3	353.5	353.8	336.2
工业废水	亿t	232.7	230.0	239.6	254.0	248.6	260.2	263.8	268.4	252.1	248.7	235.7
经过处理的	亿t	31.1	38.6	46.5	55.1	56.6	63.2	67.8	72.3	75.4	80.2	166.7
处理率	%	13	17	19	22	22.8	24.3	25.7	27	29.9	32.3	63.5
符合排放标准的	亿t	61.2	75.4	88.9	97.1	100.7	110.6	120.7	123.9	120.3	124.6	118.2
达标率	%	26	33	37	38	40.5	42.5	45.8	46.2	47.7	50.1	50.2
经过处理达标的	亿t	-	17.4	23.9	30.2	32.1	34.7	40.4	41.6	43.5	46.4	47.8
处理达标率	%	-	45	51	55	56.7	54.9	59.6	57.5	57.7	57.8	-

注：1991年工业废水处理量中包括经过处理后回用的部分，1990年前不包括此部分。

表3　全国工业固体废物排放、处理综合利用情况

项　　目	单位	1981年	1982年	1983年	1984年	1985年	1986年	1987年	1988年	1989年	1990年	1991年
工业固体废物产生量	万t	37664	38369	38545	42435	46153	60364	53541	56132	57173	57797	58759
工业固体废物排放量	万t	-	-	-	-	-	13306	8687	8545	5265	4767	3376
历年工业固体废物堆存总量	万t	348332	364019	-	482897	506718	741541	633658	658646	674892	648173	596254
工业固体废物占地面积	万m^2	330669	42441	41209	47924	55088	67176	56999	53795	55404	58390	50539
占农田面积	万m^2	—	—	—	—	—	8225	4163	3822	3574	4040	5209
工业固体废物处置量	万t	—	—	—	—	—	23983	25713	27349	30988	32026	11696
工业固体废物综合利用量	万t	7510	8071	7746	9530	12110	14730	13712	14715	16137	16943	22285
工业固体废物综合利用率	%	20	21	20	22	26.2	24.4	25.6	26.2	28.2	29.3	36.6
“三废”综合利用产品产值	万元	12646	147865	164005	195246	234433	304604	500083	500459	581417	642454	1054666
“三废”综合利用产品利润	万元	28977	39519	37882	46896	55684	84684	122645	157174	190804	181054	266878

表4　空气污染年际比较表

单位：mg/m^3

项　目	年　份	全　国		南方城市		北方城市	
		浓度范围	年均值	浓度范围	年均值	浓度范围	年均值
颗粒物	1981	0.160-2.770	0.703	0.160-0.850	0.410	0.370-2.770	0.930
	1982	0.220-1.910	0.729	0.220-0.970	0.470	0.380-1.910	0.950
	1983	0.164-1.358	0.600	0.164-0.541	0.330	0.427-1.358	0.870
	1984	0.190-2.158	0.660	0.190-1.030	0.450	1.370-2.158	0.870
	1985	0.224-1.767	0.590	0.2234-0.821	0.444	0.333-1.767	0.740
	1986	0.196-1.575	0.570	0.219-0.627	0.391	0.196-1.575	0.715
	1987	0.154-1.357	0.590	0.154-0.573	0.370	0.439-1.357	0.805
	1988	0.220-1.597	0.580	0.220-0.740	0.440	0.270-1.597	0.674
	1989	0.117-1.043	0.432	0.141-0.916	0.318	0.117-1.043	0.526
	1990	0.064 0.844	0.379	0.064-0.800	0.268	0.138-0.844	0.475
	1991	0.080-1.433	0.324	0.080-0.376	0.225	0.109-1.433	0.429
二氧化硫	1981	0.020-0.450	0.115	0.020-0.450	0.110	0.020-0.380	0.120
	1982	0.020-0.520	0.115	0.20-0.520	0.110	0.020-0.310	0.120
	1983	0.025-0.324	0.094	0.028-0.324	0.080	0.025-0.257	0.110
	1984	0.007-0.363	0.092	0.012-0.363	0.093	0.007-0.241	0.090
	1985	0.008-0.504	0.105	0.008-0.504	0.100	0.013-0.225	0.110
	1986	0.016-0.434	0.106	0.024-0.434	0.108	0.016-0.313	0.105
	1987	0.035-0.434	0.117	0.035-0.434	0.104	0.040-0.274	0.130
	1988	0.012-0.435	0.094	0.034-0.435	0.099	0.012-0.261	0.089
	1989	0.002-0.394	0.105	0.002-0.372	0.120	0.008-0.394	0.093
	1990	0.003-0.422	0.090	0.003-0.422	0.115	0.013-0.247	0.081
	1991	0.004-0.351	0.090	0.004-0.351	0.088	0.013-0.277	0.092

表5 城市河流主要污染物综合指数

年 份	氰化物	砷	汞	六价铬	铅
1982	28.07	47.07	26.74	4.18	-
1983	1.53	0	5.92	0	49.47
1984	2.99	0.10	3.00	0	29.59
1985	3.98	0.87	0.22	0	16.66
1986	3.25	2.63	258.06	0	15.52
1987	4.89	2.55	10.30	0.75	4.04
1988	4.74	1.83	202.73	0	2.08
1989	0.99	0.61	0.28	0	8.36
1990	0.21	0.28	15.49	0	2.51
1991	1.40	0	0.60	1.10	6.60

3. 江河水系干流及海洋环境保持良好状态

由于有效的污染源控制和区域污染防治工作的开展，长江、黄河、珠江、松花江等水系干流水质皆达到国家1—3类地表水水质标准，主要污染问题表现在江河沿岸大中城市排污口附近。我国海洋环境质量状况基本上是好的，大部分海域水质较好，在部分近岸海域、河口和海湾，受到一定程度的污染。

4. 自然保护工作得到加强

80年代以来，植树造林、自然保护区的建设和珍稀濒危动植物的保护取得很大成绩。全国森林面积1981年为11 877万公顷，1990年上升到12 867万公顷，森林覆盖率从12.4%上升到13.4%，全国森林总生产量和总消耗量持平。1980年前，全国自然保护区仅有70个，1991年达到708个，总面积为5 600万公顷，占国土面积的5.6%，其中有8个自然保护区列入世界生物圈保护区网。珍稀濒危物种保存繁育基地已发展到200多处，一批珍稀濒危物种得到迁地保护。

5. 环境管理体系已初步形成

20年来，我国已初步形成了从国家到省（区、直辖市）、市、县、乡五级环境保护行政管理体系。国家环境保护局为国务院直属局，国务院为加强各部门环境保护工作的协调，设立了环境保护委员会。国家和地方一些工业部门及一些较大企业也都设立了环保机构，配备了管理人员。全国环保系统管理人员1991年已有67 000多人。

法规与标准建设方面，我国已颁布实施了《中华人民共和国环境保护法》、《海洋环境保护法》、《水污染防治法》、《大气污染防治法》、《环境噪声污染防治条例》，中央政府还制定了几十个有法律约束力的环境保护行政规章，同时颁布了230多条各类环境标准。地方政府共颁布800多个地方环保法规和大量环境标准，初步形成较为完善的环境保护法规体系。

环境监测建设方面，我国已建成国家、省、市（地区）、县四级环境监测系统。有关部门和企业也建设了一批监测站，资源管理部门建立了一些生态监测站。三方面监测站合计已达4 000多个，这些监测站为环境管理和污染治理、生态保护提供了必要的科学数据。

6. 环境投资逐年增多

环境保护投资是发展环境保护业的重要物质基础，是计量环境保护业规模的关键指标。80年代以来，环境保护业得到长足的进展，环境保护投资也有了明显的提高。“六五”期间环境保护投资（仅限于污染防治部分，不含污染治理设施运行维护费用，下同）为170亿元，占同期国民生产总值的0.53%，“七五”期间环境保护投资为477亿元，占同期国民生产总值的0.7%，1991年环保投资为166亿，占同期国民生产总值的0.84%（见表6），为环境保护业的发展提供了必要的物质基础。

表6 我国环境保护投资状况及占国民生产总值比例

年 份	环境保护投资（亿元）	环境投资占GNP的比例（%）
1981	25	0.52
1982	28.66	0.55
1983	30.72	0.53
1984	33.36	0.48
1985	48.50	0.47
1986	73.89	0.76
1987	91.98	0.81
1988	99.98	0.72
1989	102.49	0.65
1990	109.06	0.63
1991	16	0.80

二、我国环境保护业的主要问题

80年代以来，我国环境保护业取得了显著成绩，但从总体上看，我国的环境污染和生态破坏仍十分严重，并面临着经济迅速发展带来的巨大环境压力。

（一）环境污染严重，并呈发展趋势

大气环境污染问题中，工业粉尘和烟尘得到较好的控制，但二氧化硫污染仍在继续发展。二氧化硫排放量随着煤炭消耗量的增长，以每年3—5%的速度递增，特别严重的是酸雨污染区在不断扩大，已由“六五”期间的一片发展到目前的四片，并逐渐从南向北扩展，造成了巨大的经济损失。另外，随着机动车辆的快速增长，一些城市的汽车尾气污染也成为不容忽视的环境问题。

水环境问题中，工业废水及废水中有毒物质的排放得到有效的控制，但生活污水排放量随着城市人口的增加，每年以7%的速度增长，有机污染呈发展趋势，大江大河的支流和城市河流有机污染严重，湖泊富营养化问题日益突出。

固体废物污染问题中，一般工业固体废物得到一定程度的综合利用和处置，但生活垃圾和有毒废物没有得到有效的安全处置，全国已有数十座城市的固体废物堆存量超过1 000万吨，形成了垃圾包围城市的严重局面，有毒有害废物的不安全堆放，存在着潜在的污染威胁。

（二）生态破坏已成为制约经济发展的重要因素

水资源短缺。我国人均水资源占有量仅为世界平均值的1/4，居第88位，同时水资源分布不平衡。据统计我国有近300个城市缺水，日缺水量达1 000m^3以上，北方城市更为严重，对工业生产和居民生活影响很大，水污染问题又加剧了水资源短缺的矛盾。

土地资源破坏严重。我国耕地面积以平均每年30万公顷的速度递减。40年前，人均耕地0.18公顷，如今人均耕地仅为0.085公顷，加之水土流失严重，土地沙漠化和盐碱化不断扩展，给农业生产带来巨大危害。

森林覆盖率低。尽管在保护森林和植树造林方面取得显著成绩，但森林覆盖率很低，仍处于世界百位国家之后，人均不到2亩，仅相当于世界人均值的1/9，离改善环境、维持生态平衡的需要相距甚远。

另外，草原退化、濒危物种生境逐渐缩小，自然灾害加重等等生态环境问题也十分突出。生态破坏对环境影响很大，已成为制约经济社会发展的重要因素。

（三）环境保护投资不足，严重影响环境保护业的发展

我国环境保护投资近年来逐步增长，在控制环境污染等方面发挥了越来越大的作用，但是，与环境污染和生态破坏的现实相对照，我国用于环境保护方面的投资数量是不足的，据测算，要使我国环境污染问题基本得到控制，需要环境保护投资占同期国民生产总值的1%；要使环境污染问题基本得到解决，环保投资应占到国民生产总值的1.5%，而要使环境质量有显著的改善，比例需达到2%以上。目前我国环境保护投资水平仅为同期国民生产总值的0.7—0.8%，与环境污染基本控制还有一定差距。环境保护投资不足是制约我国环境保护业发展的重要原因。

（四）环境管理机构不健全，管理能力及其技术支持系统亟待加强

我国的环境管理在环境保护业的发展中发挥了重大作用，但仍存在不少问题，突出表现在环境管理机构的不健全上。国家环保局直属国务院，但省级环境保护机构仅有14个直属省政府的一级局，5个二级局，其余11个归口城建部门或设在城建局内。同时编制不配套、经费不到位的情况也很严重，极大地影响了环境管理的能力。另外环境管理的技术系统，如环境监测、环境信息系统、环境科学研究、环境宣传等基础建设也十分薄弱，与环境保护面临的严竣形势相比，很不相称，亟待加强。

三、1992年环境保护业的基本情况

（一）环境保护活动

各级环境保护部门积极推行各项环境管理制度和措施，环境保护业取得了新的进展。

1. 防治环境污染

1992年，我国环境污染防治水平进一步提高。燃料燃烧废气消烟除尘率85.7%，与上年持平；生产工艺废气净化处理率68.9%，比上年提高4.2个百分点；工业锅炉烟尘排放达标率75%，比上年提高2.7个百分点；工业炉窑烟尘排放达标率51.3%，与上年持平。工业废水处理量175.9亿吨，处理率68.6%，比上年提高5.1个百分点；外排工业废水达标率52.9%，比上年提高2.8个百分点。工业固体废物处置量1.4亿吨，比上年增加0.2亿吨；工业固体废物综合利用量2.6亿吨，比上年增长18.2%。全国新建烟尘控制区566个，面积1 341平方公里；新建环境噪声达标区532个，面积1 084平方公里。

城市燃气供应稳步上升，城市居民用气普及率达51%，比上年提高3.9个百分点。集中供热面积达31 380万平方米，集中供热率6.92%，比上年提高近0.5个百分点。排水设施发展较快，到年底排水管道总长度达66 329公里。垃圾粪便无害化处理量3 167.5万吨，无害化处理率28.3%，比上年提高16.4个百分点。

全国防治工业污染的直接投资118.3亿元，比上年增加7.2亿元。其中，“三同时”建设项目环境保护

工程投资 52.4 亿元，企事业单位污染治理资金 64.9 亿元，用于区域污染综合防治的环境保护补助资金 1 亿元。

2. 保护生态环境

1992 年，全国人工造林 508 万公顷，使全国人工造林保存面积累计达 3 333 万公顷。1992 年，全民义务植树 24 亿株，参加人数达 5 亿人次。"三北"防护林体系工程全年造林 88 万公顷，累计造林 1 333 万公顷；长江中上游防护林体系工程造林 56 万公顷，累计 307 万公顷；沿海防护林体系工程造林 24 万公顷，已经建成 1.3 万公里长的基干林带；平原农田防护林体系工程建设继续发展，已有 603 个县达到了平原绿化标准，占平原县总数的 66%，比上年增加 95 个县；73.5%的平原农田实现了林网化，总面积达 2 800 万公顷；林网化的牧地面积达 38.6 万公顷，占牧地总面积 9.3%；道路、沟渠、河岸绿化率分别达到 80.8%、70.2%和 63.1%。福建省继广东省之后成为全国第二个基本绿化了宜林荒山的省份。

全国共治理水土流失面积 200 多万公顷，累计治理面积达到 5 700 万公顷。列为国家水土保持重点区共 16 片，总面积 3 500 万公顷，1992 年完成治理面积 90 万公顷，其中，先期列入的 8 片重点治理区，已完成第一期治理工程，十年共治理水土流失面积 235 万公顷。

全国治沙造林面积 87 万公顷。以治沙为主要目的造林保存面积累计达 1 000 万公顷，使 10%的沙漠化土地得到治理。从沙漠中新辟农田 133 万公顷。1 100 万公顷受风沙危害的低产农田得到保护。890 多万公顷严重沙化、盐渍化和牧草严重退化的荒漠、半荒漠草原得到改善。

到年底，全国人工种草和改良草地面积 1 200 万公顷；围栏草地面积 686 万公顷；保留牧草种子田 48 万公顷；治虫灭鼠累计面积 4 000 万公顷；建成草地类自然保护区 11 个，省地级鼠虫害测报站点 257 个。

全国村、乡、县级生态农业试点总数达 1 000 多个，试点的农田面积 400 万公顷，占农田总面积的 4%。

全国新建国家级自然保护区 16 个，使国家级自然保护区的总数达到 77 个。其中，有 8 个自然保护区加入了国际人与生物圈保护区网，有 6 个自然保护区被列入国际重要水禽湿地。

物种保护取得成效。我国已建立 16 处珍稀濒危野生动物驯养繁殖中心或救护基地。野驴、羚羊、金丝猴、白唇鹿、大鸨及鹤类等国家重点保护野生动物种群已明显增加。特别是自 1983 年开展抢救大熊猫以来，国家已拨抢救专款 4 000 万元，共抢救大熊猫 146 只，其中救活 110 只，放回大自然 54 只。我国已建立 400 多处珍稀植物迁地保护繁育基地和种质资源库、100 多处植物园和树木园，使 1 000 多种珍稀植物得到保护和繁育。

3. 强化环境管理

1992 年，联合国环境与发展大会后，中国政府十分重视自已承担的国际义务，并努力推进国内的环境保护工作。经党中央和国务院批准，中共中央办公厅、国务院办公厅转发了外交部、国家环境保护局《关于出席联合国环境与发展大会的情况及有关对策的报告》，提出了我国环境与发展领域的十大对策，这是我国环境保护工作的一个纲领性文件，不仅具有现实的指导意义，而且是今后相当长时期内工作的重点和努力方向。

环境法制建设有较大进展。国务院颁布了《中华人民共和国陆生野生动物保护实施条例》、《城市绿化条例》、《关于我国中低水平放射性废物处置环境政策》，批准了《征收工业燃煤二氧化硫排污费试点方案》，转发了林业部《关于当前乱砍滥伐、乱捕滥猎情况和综合治理措施报告的通知》，发布并全面实施了《排放污染物申报登记管理规定》。国家环境保护局还制定了环境行政处罚、防治尾矿污染、防治铬化合物污染、环境监理执法标志等方面的规定和办法。地方立法不断加强，山东、湖南、重庆武汉、大连等省、市制订了环境执法程序规定。国家环境保护局首次进行了全国环保系统执法检查。

1992 年，颁布了 30 项国家环境标准和 1 项环境保护行业标准，累计颁布 263 项环境标准。

国务院办公厅转发了国家环境保护局、建设部《关于进一步加强城市环境综合整治的若干意见》。大连、北京、杭州、天津、广州、武汉、长沙、苏州、海口和南京被评为"1989 至 1991 年城市环境综合整治十佳城市"。

我国海洋环境保护管理工作，着重加强了海上倾倒活动和石油平台的监督、检查以及海洋倾倒区的管理，颁布了《海上疏浚物分类标准和评价程序》、《海洋石油勘探开发化学消油剂使用规定》和《关于征收海洋废弃物倾倒费和海洋石油勘探开发超标排污费的通知》。到年底，经国务院批准的海洋倾倒区 27 个，各海区海洋管理部门批准的临时倾倒区 25 个。全年签发海洋倾倒许可证 686 份，批准的废弃物倾倒总量为 3 504.5 万立方米，与上年相比，废弃物倾倒总量减少 1 408.5 万立方米。

为纪念"人类环境会议"20 周年，配合联合国环境与发展大会的召开，国家环境保护局同共青团中央、铁道部、中国科协等单位联合开展了规模宏大、广泛多样的宣传教育活动。国家环境保护局和国家教育委员会联合召开了第一次全国环境教育工作会议，提出了环境教育要“面向社会、面向基层、面向青少年”的要求及“基础教育、专业教育、社会教育、岗位培训”同时进行的工作方针。开展环境教育的中、小学校达31 088所。

1992年，国家环境保护局局长曲格平荣获联合国“笹川”国际环境奖。

联合国环境署授予我国安徽省颍上县小张庄村村长张家顺、浙江省宁波市鄞县上李家村、辽宁省大洼县西安生态养殖场“全球500佳”称号。国家环境保护局授予103家企业“全国环境保护先进企业”称号。

4. 国际交流与合作

1992年6月，李鹏总理赴巴西出席了联合国环境与发展大会，并发表了重要讲话，提出了中国政府关于加强国际合作、促进世界环境与发展事业的五点主张。国务委员、国务院环委会主任宋健率中国代表团参加了联合国环境与发展大会的部长级会议。1992年6月11日，李鹏总理代表中国政府签署了《气候变化框架公约》和《生物多样性公约》。中国环境与发展国际合作委员会成立并开始工作。

1992年，国际环境保护局派出179个团组，370人次出国参加国际会议和访问；接待来华访问外宾180个团组，400多人次，其中接待部长级代表团9个。在我国召开国际环境会议13个。我国参加审议了《巴塞尔公约所辖废物的环境无害管理技术准则》草案和《西北太平洋地区海洋环境保护行动计划》草案；组织编写了《中国消耗臭氧层物质逐步淘汰国家方案》并经国务院批准；在双边合作中，与美国、芬兰、日本、德国、英国、加拿大和朝鲜等国开展技术交流，举办研讨会，签订了合作协议。同世界银行、亚洲开发银行等国际金融组织的合作也有进展。中日友好环境保护中心于5月在北京奠基。

（二）环境状况

1. 环境污染状况

（1）大气

1992年，全国废气排放量10.5万亿标立方米（不包括乡镇工业，下同）。废气中烟尘排放量1 414万吨，比上年增长7.6%；二氧化硫排放量1 685万吨，比上年增长3.9%；工业粉尘排放量576万吨，比上年下降0.5%。

全国城市大气中总悬浮微粒年日均值范围为90～663微克/立方米，北方城市平均403微克/立方米，与上年相比下降6.1%；南方城市平均243微克/立方米，与上年相比增长8%。据67个城市统计，51%的城市年日均值超标，尤以吉林、济南、太原、兰州、包头、延安、西安等城市为重。

据72个城市统计，二氧化硫年日均值范围为7～463微克/立方米，北方城市平均97微克/立方米，南方城市平均90微克/立方米，与上年相比略有上升。超过国家二级标准的城市有贵阳、重庆、太原、乌鲁木齐、宜宾、南充、济南、石嘴山、青岛、天津、长沙和大同。

据72个城市统计，氮氧化物年日均值范围为11～129微克/立方米，北方城市平均56微克/立方米，南方城市平均40微克/立方米，与上年基本持平，其中长春、济南和运城污染明显加重，兰州、宝鸡和南充略有好转。

1992年，酸雨仍限于局部地区。据58个城市统计，降水pH年均值范围为3.85～7.43，年均值低于5.6的占52%，均为南方城市。赣州、长沙和厦门市酸雨出现频率高达90%以上，南充、宜昌、南昌、怀化、百色、南京、重庆和广州市酸雨出现频率在70%以上。

（2）水

1992年，全国废水排放总量366.5亿吨（不包括乡镇工业，下同），比上年增长9%，其中工业废水排放量233.9亿吨，比上年下降0.8%。工业废水中化学需氧量711万吨，比上年下降1%；重金属排放量1 516吨，比上年下降17.4%%；砷排放量872吨，比上年下降22.6%；氰化物排放量3 579吨，比上年下降23.3%；挥发酚排放量6 425吨，比上年下降18.3%；石油类排放量65 076吨，比上年下降4.8%。

全国大江大河的水质状况良好，但流经城市的河段污染较重。七大水系和内陆河流水质评价总河长38 372公里，其中符合《地面水环境质量标准》1、2类标准的占评价总河长的41%；符合3类标准的占11%；符合4、5类标准的占48%。

城市地表水污染普遍且严重，85.7%的城市河流部分监测项目平均值超标，80%的城市河段受到不同程度的污染。大同市御河、徐州市奎河、汾河太原段、济南市小清河、张家口市洋河等河流污染尤为严重。主要污染物为挥发酚、氨、氮、耗氧有机物、石油类等。

我国湖泊普遍受到氮、磷等营养物质的污染，富营养化状况令人担忧。部分湖泊总汞、六价铬等重金属污染较重。大淡水湖泊中，滇池污染最重。城市内湖则以大明湖和玄武湖污染为重。

北京、银川、广州、桂林、兰州、南宁等大部分城市地下水水质较好，部分城市地下水出现点状污染，总硬度超标现象普遍。各主要城市地下水超采现象仍十分普遍，昆明、南宁等城市地下水位下降幅度较大，贵阳、遵义、六盘水等部分城市由于严重超采造成地面塌陷。目前，全国发现地面沉降的大中城市已达45个。

1992年，我国近海大部分海域水质良好，但部分河口、港湾水域污染严重，局部海域生态环境受到影响。珠江口海域无机磷、无机氮和油类严重超过国家一级海水水质标准，杭州湾无机氮、无机磷的超标率均为100%；长江口无机氮、无机磷的超标率分别为100%和82%。

与上年相比，辽东湾、渤海湾西部、胶州湾、长江口、杭州湾、舟山渔场等海域水质状况变化不大；粤东、粤西沿海、北部湾海域油类污染程度加重，超标1～2倍，超标范围也明显扩大；莱州湾、"渤海中部、渤海湾、黄海北部、黄海南部、江苏沿海和福建沿海水质状况较好。本年度共发生赤潮50起，比上年增加12起，赤潮发生的时间也早于往年。

(3) 城市噪声

1992年，全国区域环境噪声污染仍十分严重，据40个城市统计，平均等效声级均在55分贝(A)以上，其中34个城市高于60分贝(A)。据42个城市的统计，有39个城市的道路交通噪声平均值超过70分贝(A)。在城市噪声源中，道路交通噪声占30.2%，生活噪声占42.9%，工业和其他噪声占26.9%，各类噪声源构成比例与上年大致相同。

(4) 工业固体废物

1992年，全国工业固体废物产生量为6.2亿吨(不包括乡镇工业，下同)，比上年增长5.1%；工业固体废物排放量0.3亿吨，其中排入江河的0.1亿吨，与上年持平。工业固体废物历年累计堆存量59.2亿吨；堆存占地54 523公顷，比上年增加3 984公顷。工业固体废物占用耕地3 711公顷，比上年减少1 485公顷。

(5) 污染事故

1992年，全国共发生工业污染事故2 667起，比上年下降12.2%。其中，废水污染事故1 666起，比上年下降8.3%；废气污染事故820起，比上年下降14.8%；固体废物污染事故36起，比上年下降57.6%；噪声污染事故47起，比上年增长95.8%。上述污染事故造成的直接经济损失达6 715万元，比上年下降11.8%。

据不完全统计，全国每年发生污染渔业事故近千起，经济损失约4亿元。1992年，全国淡水养鱼由于污染造成死鱼面积达32.7万公顷，死鱼数量达4 550万公斤。

2. 生态环境状况

(1) 森林与草原

据1988～1992年全国森林资源清查，全国森林面积达到13 093万公顷，活立木蓄积量达到109亿立方米，森林覆盖率上升到13.63%。初步扭转了长期以来森林蓄积量持续下降的局面，实现森林面积和森林蓄积量的"双增长"。但用材林中可供采伐的成过熟林蓄积量仍呈减少趋势。

全国草原退化、沙化、盐碱化呈发展趋势。草原严重退化面积7 300万公顷；缺水草场面积2 600万公顷；1992年草原鼠虫害发生面积2 000万公顷。

(2) 土地

1992年，全国占用耕地面积呈增长趋势，乱占滥用耕地及违法批地现象有所抬头。据不完全统计，全年建设用地为29.7万公顷，超过计划的7.4%，净占耕地面积量高于往年。全国各类开发区由上年的117个增至2 700多个。在划定的开发区中，占用的土地约80%是耕地。据24个省、自治区、直辖市调查，划定的开发区面积已达15 321平方公里，其中开工面积仅占划定面积的2%左右。

水土流失严重。据最新调查，全国水蚀面积达179万平方公里，风蚀面积达188万平方公里。

全国沙漠和沙漠化土地面积约153.3万平方公里，占国土面积的15.9%，超过全国现有耕地面积的总和。80年代以来，沙漠化土地扩展面积从50～70年代平均每年1 560平方公里增至2 100平方公里，有些地方"沙进人退"的形势十分严峻。沙区主要分布在西北、华北和东北11个省(自治区)，形成长达万里的风沙危害线，有将近1/3的国土面积受到风沙威胁，60%以上的贫困县集中在这里。据不完全统计，全国每年因风沙造成的直接经济损失高达45亿元。

(3) 气候变化与自然灾害

1992年的年平均气温，北方大部分地区偏高0.5～1.0℃，南方大部分地区偏低0.5～1.0℃。年内气温变幅较大，冬季北方气温偏高，出现自1986年以来第七个暖冬；夏季全国大部气温偏低。1992年全国未发生大范围的气象灾害，但江南春汛比往年早且来势猛，3月中下旬长江中下游及其以南地区出现大雨、暴雨天气，赣江、湘江、北江、闽江等江河水位超过警戒水位或历史同期记录，部分地区发生较严重洪涝灾害；春夏季，华北、东北大部分地区出现旱情，四川等地伏旱严重。年内登陆我国的台风8个，比常年稍多，浙江、福建、江苏、山东等省受灾较重。

全国森林火灾受害率为万分之四点四。

全国共发生较大规模的崩塌、滑坡、泥石流灾害50起，造成近300人死亡，灾情轻于1991年，重灾区为陕、甘、川、滇、黔等省。

四、环境保护业的展望

(一) 90年代环境保护业目标及任务

90年代是我国实现经济发展战略的关键时期，也是环境污染和生态破坏从发展走向基本控制的重要转折时期。经济的快速增长，改革开放步伐的加快给环境保护业提出了挑战，又创造了机遇。我们必须抓住这个有利时机，不断强化环境管理、依靠科学技术进步、增加环境保护投入，坚持走具有中国特色的环境保护道路，把经济建设、城乡建设和环境建设结合起来，促进环境与经济协调发展。到本世纪末，使环境状况能保障经济发展战略顺利实施，并与人民小康生活水 相适应。

2000年环境保护规划目标是：环境污染基本得到控制，重点城市的环境质量有所改善，自然生态恶化的趋势有所减缓，逐步使环境与经济、社会的发展相协调，为实现我国生态系统良性循环，城乡环境清洁、优美、安静的远景目标打下基础。

为实现2000年环境保护目标，90年代，要继续突出城市环境综合整治，在抓好重点工业污染源治理的基础上，积极推行污染的集中控制。大气污染防沼要与节能紧密结合，改造落后燃煤方式和燃烧器具要与脱硫和除尘结合起来，控制住烟尘的排放，在酸雨和二氧化硫污染严重的地区加强二氧化硫的治理；水污染防治要与节水和污水资源化紧密结合，加快城市污水处理厂的建设，努力控制有机污染物的排放，保护好饮用水水源；固体废物污染控制要大力发展综合利用，变废为宝，妥善处置与处理有害废物及城市垃圾；生态环境保护要努力增加植被，积极开展江河和水土流失的治理，防治各类自然和地质灾害，加强自然保护区的建设和管理，重点保护好濒临灭绝的珍稀物种。

（二）对21世纪的展望

21世纪的中国，将进入一个加速现代化进程、综合国力不断增强的新时期。在经济发展方面，在实现“翻两番”的基础上，人民生活将进一步由小康水平向比较富裕的水平过渡。到21世纪中叶，人均国民生产总值将达到相当于中等发达国家的水平，基本实现国家的现代化。

在人口方面，到2015年左右，将出现一个人口生育高峰。2030年人口数量将达到16.3～17.0亿，从总体上看，人口形势严峻，人均资源占有量将进一步减少，资源与环境将面临更大的冲击的压力。

根据经济发展与人口发展的情况，21世纪的环境形势可以设想为两种前景：一是从现在起正确处理发展与环境的关系，进一步强化环境管理，增加环保投入，到2000年实现本世纪的环境目标。下世纪一开始，在严格监督管理的同时，把环保投资比例提高到1.5%左右，并随着时间推移逐步增加。到2030年左右，绝大部分城市的环境将实现清洁优美的目标，环境质量明显改善，自然生态环境也进入良性循环，由于综合国力的提高，全民环境意识的增强和环境管理的日臻完善，实现这样的目标是可能的；二是本世纪环保投入不足，环境目标未能实现，下世纪一开始环保投入也没有相应提高。那么，欠帐将进一步扩大，加上人口与经济发展的压力，环境形势将更趋严峻：水资源危机会愈演愈烈，大气质量会进一步恶化，固体废物污染会急剧加重，自然生态环境会更加失调，不但会给人民生活和健康造成极大威胁，也将制约经济的进一步发展。

因此，我们要努力实现第一种前景，避免第二种前景。当前，中国与世界一样，正处在历史的抉择关头，能否实现持续发展，将是影响未来中国环境状况的关键。从现在起，我们就应该努力建立起符合中国国情，又有利于持续发展的生产模式、消费模式、贸易模式，努力促使环境与发展的协调统一，为中国21世纪的环境保护和经济发展创造良好的条件。

（国家环保局计划司　过孝民）

社会保障业

城镇职工养老保险

一、城镇企业职工养老保险制度改革的回顾

养老保险是国家为保障职工年老丧失劳动能力后的基本生活，而制定的一项社会保障政策。我国的养老保险制度建立于50年代初期，所需费用按照企业职工工资总额的一定比例统一提取，统一管理，统一使用。“文革”期间，这一保障制度受到了冲击，养老保险费用由统一提取使用，改由企业自行负担，实报实销。党的十一届三中全会以后，随着经济体制改革的深化，这种企业自我保险的体制已难以为继。企业经营承包责任制的贯彻，财政体制改革的实施，造成一些退休人员多、经济效益差的老企业在养老保险费用负担上，已不堪重负，制约了企业经济的发展，挫伤了在职职工的生产积极性，也诱发了社会不安定的因素，养老保险制度的改革势在必行。为确保广大退休人员的基本生活，促进企业经济的发展，维护社会的安定，在党中央，国务院的领导下，各级劳动部门对养老保险制度进行了一系列的改革，取得了显著的效果，受到了企业职工的拥护和全社会的关注。采取的改革措施是：

(一)实行养老保险费用社会统筹，建立基金制度，以保障退休人员基本生活，均衡企业负担。所谓养老保险费用社会统筹是指由劳动部门所属的社会保险管理机构，按照本地区企业平均养老保险费用负担水平，加上必要的积累，统一提取养老保险基金，作为支付退休人员的养老保险专项费用。其实质是运用社会保险互助互济的职能，通过国民收入的再分配，以达到保障退休人员基本生活的目的。

统筹试点工作开始于1984年，试点最早的城市有广东省东莞市，四川省自贡市，江苏省泰州市，辽宁省黑山县。鉴于改革之初，缺乏经验，企业和职工的社会保险意识淡薄，统筹工作仅在国营企业职工中实行，统筹的范围也只限于以市县为单位进行。1985年福建省率先实行了国营企业职工养老保险费用省级统筹，使基金的调剂使用范围由市县扩大至全省，从而增强了统筹工作抵御各种风险的能力。随后辽宁省大连市、浙江省温州市、湖南省株州市逐步打破所有制界限和用工制度的界限，实现了养老保险一体化的改革，不仅使所有企业职工都能平等地享受到养老保险待遇，同时也为职工在不同所有制企业之间流动创造了条件。随着养老保险制度改革深化，统筹工作也不断得到发展。据统计，到1992年底，全国已经基本上实现了国营企业职工养老保险费用市县统筹。其中，福建、江西、河北、四川、吉林、山西、陕西、宁夏、北京、天津、上海等11个省、自治区、直辖市已将市县统筹过渡到省级统筹。此外，经国务院批准，铁路、水利、电力、邮电、中国建筑工程总公司等系统还按行业实行了养老保险费用统筹。集体企业职工养老保险费用统筹已扩展到1 700多个市县。各地还普遍开展了外商投资企业中方职工、私营企业职工养老保险费用社会统筹。参加统筹的企业近49万户，在职职工8 500多万，退休人员1 700多万，全年收缴养老保险基金300多亿元，支出270多亿元。

统筹工作的开展为退休人员提供了可靠的养老保险费用来源，解除了职工和企业领导的后顾之忧，为企业转换经营机制创造了条件，也为劳动力资源的合理配置提供了保证。例如：1989年，由于市场疲软，资金紧张等多方面的原因，部分企业处于停产半停产的状态，在职职工的工资难以得到保障，但参加统筹企业的退休人员都能够及时足额地领取到养老保险金，受到了各级政府领导的赞誉，提高了养老保险制度改革的知名度。

(二) 随着劳动用工制度的改革，为劳动合同制工人建立了养老保险基金。国务院于1986年发布了《国营企业实行劳动合同制暂行规定》(国发［1986］77号)。《规定》指出：企业在国家劳动工资计划指标内招用常年性工作岗位上的工人，除国家另有特别规定者外，统一实行劳动合同制。为确保劳动合同制工人的合法权益，《规定》还规定了对他们实行养老保险制度。所需费用由企业和劳动合同制工人共同缴纳。企业缴纳的养老保险基金，在缴纳所得税前列支，缴纳的数额为

劳动合同制工人工资总额的15%左右。由企业开户银行按月代为扣缴，转入当地劳动行政主管部门所属的社会保险专门机构在银行开设的“退休养老基金”专户。劳动合同制工人缴纳的养老保险基金数额为不超过本人标准工资的3%。由企业按月在工资中扣除，并缴纳给当地社会保险机构。随着全员劳动合同制的实行，一些省、自治区和直辖市打破了固定工同劳动合同制工人的界限，养老保险费用实行了按同一比例提取，调剂使用的办法，从而使养老保险基金的双轨制转入单轨制，减轻了企业和国家的负担，为深化养老保险制度改革创造了条件。

(三) 制定了多层次的养老保险制度，开展了企业补充和职工储蓄性养老保险试点。为深化养老保险制度改革，国务院在总结各地改革经验的基础上，于1991年颁布了《关于企业职工养老保险制度改革的决定》(国发［1991］33号)。《决定》指出，随着经济的发展，逐步建立起基本养老保险与企业补充养老保险和职工个人储蓄性养老保险相结合的制度。基本养老保险费用由国家、企业、个人三方共同负担。企业补充养老保险由企业根据自身经济能力，为本企业职工建立，所需费用从企业自有资金内提取，个人储蓄性养老保险由职工根据个人收入情况自愿参加。国家提倡、鼓励企业实行补充养老保险和职工参加个人储蓄性养老保险，并在政策上给予指导。同时，允许试行将个人储蓄性养老保险与企业补充养老保险挂钩的办法。为推动多层次养老保险制度的实施，山西、福建等省在部分经济条件较好的市县和企业试行了这一制度，为全面推广提供了经验。

(四) 拟定了基本养老保险费用由国家、企业、职工个人共同负担的办法。随着我国人口老龄化速度的加快，退休人员近年来每年净增100多万，养老保险费用的需求量也相应增长，国家和企业的负担日益沉重。为改变这一状况，国务院国发［1991］33号文件中规定，改变养老保险完全由国家、企业包下来的办法，实行国家、企业、个人三方共同负担，职工个人也要缴纳一定的费用。职工个人缴纳基本养老保险费，在调整工资的基础上逐步实行，缴费标准开始时可不超过本人标准工资的3%，以后随着经济的发展和职工工资的调整再逐步提高。为贯彻国务院这一决定，江西省率先开展了个人缴费试点，取得了较好的效果。

(五) 为深化养老保险制度改革，一套自下而上的社会保险管理网络已经基本形成，为养老保险基金的收缴、支付、管理提供了组织保证。根据国务院国发［1986］77号和国发［1991］33号文件，以及国务院批准的劳动部“三定”方案的规定，自1986年以来，各地劳动部门根据改革的需要，相继建立了各级劳动部门所属的事业性质的社会保险管理机构，负责养老保险基金的收缴、管理、支付等项工作。据统计，到1992年底，全国共建立了省、市、县三级社会保险管理机构3 400多个，配备了社会保险专职干部3万多名。

(六)为退休人员制定了各项补贴和养老金调整办法，以保障他们的实际生活水平不因物价调整而降低。例如，1979年、1985年、1988年国家调整了猪、牛、羊、家禽、鲜蛋、水产品、蔬菜的销售价格后，分别以副食品价格补贴的形式增加了退休人员的养老金。此外，1985年，1988年，1989年因工资改革等因素，国务院决定调整养老金标准，增加了退休人员养老金收入。

回顾这一阶段的改革历程，广大退休人员深深感到，在国家经济尚不发达，资金紧张的情况下，为保障他们的基本生活，党和国家在这方面作出极大的努力。而且养老保险制度的改革给每个退休人员都带来了实惠。

二、养老保险制度存在的主要问题

近年来，我国城镇企业职工的养老保险制度改革虽然取得了较大的成绩，但总体上看还难以适应社会主义市场经济体制发展的需要，存在的主要问题是：

(一) 实施范围较窄，难以适应多种经济成份长期并存、共同发展的需要。我国现行的养老保险制度只适用于国营企业职工。集体企业职工和外商投资企业中方职工只是参照执行，而其他所有制企业职工则没有建立养老保险制度。这一状况制约了职工的合理流动，也不利于不同所有制企业间的联营兼并。

(二) 社会化程度低，长期以来困扰企业领导集中精力搞好生产。表现为，一是在养老保险费用实行社会统筹之前，所需费用均靠企业自行筹集；二是养老保险费用的支付，医药费用的报销均由企业负担；三是退休人员大量的管理服务工作也由企业自行承担。这些都加重了企业负担，以致企业办社会的现象日趋严重。

(三) 现行养老金的计发办法不合理，没有体现公平与效率的原则。按照现行规定，建国后参加工作的退休人员，连续工龄满10年者均可退休养老。其中，工龄满10年不满15年的，养老金为退休前本人标准工资的60%；工龄满15年不满20年的，为70%；工龄满20年以上的，为75%。其存在的主要问题是：

1. 按本人退休前的标准工资计发养老金难以体现职工一生对社会贡献的大小，也难以反映出企业自身经济效益的好坏。同时，标准工资仅适用于国营企业，其他所有制企业则没有标准工资的概念，尤其是随着企业分配自主权的落实；标准工资已不复存在，因而按标准工资计发养老金的办法已不够科学。

2. 按照现行规定，连续工龄20年以上的，养老金标准均为标准工资的75%，没有体现多劳多得的原则，在客观上鼓励一些工龄已满20年的人提前退休，另谋新的工作，也加重了国家和企业的负担。

3. 没有建立起养老金随物价指数或职工工资增长指数相应自动调整的机制，虽然国家通过补贴和调整养老金的办法来增加退休人员的收入，但有时受国家和企业财力的影响，养老金的增长速度仍低于物价增长的速度，以致退休人员生活水平下降。

（四）养老保险立法工作滞后。我国现行的养老保险规定是1978年制定实施的，至今已经15年了。在此期间，随着经济体制改革的深化和人民生活水平的提高，原有规定已经不适应形势发展的需要，各省、自治区、直辖市都对原有办法进行了改革，而且各地差异较大，需要尽快立法，以使各地改革有所依据，建立全国统一的养老保险制度。

（五）积累的养老保险基金尚无有效的保值增值的办法，不利于减轻国家和企业的负担。随着养老保险费用社会统筹的深入开展，积累的基金也将逐步增加，目前，这笔资金只是存入银行或购买国家发行的债券，而目前银行利率低于通货膨胀率，养老保险基金的存款时间越长，数额越大，则损失也就越大，因而制定基金有效的保值增值办法，将死钱变为活钱则有利于降低基金的提取比例，减轻国家和企业的负担。

（六）管理体制分散，不利于养老保险制度改革的统一规划。目前劳动部门分管城镇企业职工的养老保险；人事部门负责国家机关、企业单位工作人员的养老保险；民政部门负责农民的养老保险。此外，中国人民保险公司也经营了一小部分城镇集体企业职工养老保险，这种多头分散的管理体制，造成政出多门，部门之间互相掣肘，影响了改革工作的进程。

三、1992年我国养老保险制度改革的基本情况及改革的设想

随着我国人口老龄化速度的加快，到1992年底，全国退休人员已达2 597万人，全年支付退休费用694.8亿元。其中，全民所有制单位退休人员为1 972万人，全年支付退休费用572.4亿元，分别比1978年增长了7倍和34倍。

在这一年中，各地劳动部门以邓小平同志南巡讲话精神为动力，围绕党的十四大提出的建立社会主义市场经济体制、转换企业经营机制的要求，加快了养老保险制度的改革步伐。

（一）开展了基本养老金计发办法的改革试点。改革的原则是，新的计发办法要有利于企业分配自主权的落实，养老金的享受条件要体现权利与义务相结合的原则，养老金的数额要体现公平与效率相结合的原则。改革后的计发办法是将养老金分为两部分，第一部分按照退休人员所在地区上一年的社会平均工资的一定比例计发（这一部分占整个养老金的1/3左右）；第二部分是根据职工个人缴纳养老保险费的年限长短，按其缴费工资的一定比例计发。而且整个养老金每年随本地区零售物价指数或社会平均工资增长指数定期调整，以使养老金不因物价上涨而贬值，同时也体现了退休人员分享社会发展成果的原则。

江西省南昌市是我国第一个改革养老金计发办法的试点城市，该市人民政府规定，凡缴费年限（改革前的连续工龄可视为缴费年限）满15年的，养老金的第一部分为本省上一年社会平均工资的25%；第二部分按照职工退休前指数化月平均工资计发，缴费年限满15年以上的，缴费年限每满一年发本人指数化月平均工资的1.5%。缴费年限满10年不满15年的，第一部分不变，第二部分为缴费年限每满一年为1.3%。缴费年限满5年不满10年者，第一部分不变，第二部分为缴费年限每满一年为1.1%。缴费年限不满5年的，发一次性养老金。同时，该市还规定，养老金每年七月，按上一年零售物价指数增长情况，调整一次。

据统计，到1992年底，除南昌市外，辽宁省锦西市、湖北省秭归县、山西省忻州市、河津县都相继进行了改革，并不断完善计发办法。参加这一改革的企业4 300多户，职工55万多人。

（二）进一步扩大了企业补充养老保险和个人储蓄性养老保险试点。据统计，1992年福建、山西、四川、广西、辽宁、湖北、湖南等省的4 000多个企业、60万职工开展了企业补充养老保险试点。例如，福建省南平地区规定，在职职工工龄不满10年的每月每人补充3元；10年以上20年以下的，补充7元；20年以上的补充10元。湖南株州冶炼厂劳动服务公司试行了企业补充保险与个人储蓄性养老保险相挂钩的办法，该公司规定，职工个人每月储蓄1元，公司相应为其补充2元；个人储蓄2元，公司补充4元；个人储蓄3元，公司补充6元。企业为职工补充的养老保险费用，可在职工退休时一次支付给本人，也可逐月支付。目前，各地在试点中，具体办法多种多样，补充的标准也不尽一致，但增强了企业的凝聚力，调动了职工对社会保险制度改革的参与意识。

（三）全国已有一半以上的省、自治区、直辖市实行职工个人缴纳基本养老保险费的办法。为保证职工个人缴纳基本养老保险费办法的顺利实施，国家计委于1992年决定安排14亿元工资总额计划指标，用于增加职工工资。即哪个省、自治区、直辖市实行个人缴费，则按照缴费总额，相应增加该地区的工资总额。据统计，到1992年底，经劳动部批准，福建、江西、四川、河北、山西、湖南、浙江、辽宁、甘肃、广西、内蒙、青海、贵州、河南、安徽、江苏、宁夏、北京等18个省、自治区、直辖市以及能源部、水利部所属企业均实行了国营企业职工个人缴费办法，参加缴费的职工计4 180多万人，缴费标准为职工月工资的2%或标准工资的3%。虽然缴费标准不高，但调动了企业职工积极参与养老保险制度改革的积极性，在一定程度上减轻了国家和企业的负担，打破了我国几十年来职工完全依赖国家和企业养老的传统做法。

（四）提高了养老保险费社会统筹的管理水平。一年来，各地除扩大统筹的范围，规范养老保险基金的提取办法外，重点抓了养老保险的社会化管理服务工作。据统计，到1992年底，全国已有1 014个市县开展了养老金社会化发放。社会化发放的形式主要是，改养老金每月由企业发放为由社会保险管理机构委托银行储蓄部门代发，退休人员可凭养老金储蓄本就近领取，或是由社会保险管理机构按区分片每月定点发放，对行动不便的退休人员社保机构还可逐月将养老金送到退休人员家中。社会化发放既方便了退休人员，也避免了个别企业将社保机构拨付的养老金挪作它用。

另外，山东、山西、四川、黑龙江、湖南、河南、浙江、北京等省、直辖市还根据本地区的具体情况建立了不同规模的退休人员活动中心，一是为广大退休人员提供文体娱乐活动场所，二是兴办了一部分为退休人员服务的经济实体，如老年用品商店，老年疾病医疗所，老年家务服务公司等。上述服务项目的开展受到了企业和退休人员的热烈欢迎。

（五）拟定了《城镇职工养老保险条例》。为加强我国养老保险的法制建设，劳动部近年来在各地总结试点经验的基础上，拟定了《城镇职工养老保险条例》，并于1992年10月报送国务院审批。该条例对养老保险的实施范围，享受对象，养老金的支付办法，费用来源，基金管理等问题都作了具体规定。其主要特点是打破了所有制和用工制度的界限，体现了所有职工都具有平等享受养老保险待调的权利。

（六）根据《国务院关于企业离退休人员增加离退休金的通知》（国发［1992］29号），各地增加了离退休人员的离退休金。国务院通知规定，从1992年1月份起，适当增加企业离退休人员的离退休金。其标准为，未参加1985年工资制度改革的全民所有制企业离休、退休人员每人每月增发10元离退休金。然后在此基础上，再按本人月离退休金（包括上述增发的10元）的10%增加离退休金。参加了1985年工资制度改革的全民所有制企业离退休人员，直接按本人月基本离退休金的10%增加离退休金。离休人员增加数额不足12元的，按12元发给，退休人员增加数额不足10元的，按10元发给。城镇集体所有制企业离退休和退职人员增加离退休金和退职生活费的问题，由各省、自治区、直辖市人民政府参照通知精神，制定具体办法。增加离退休金所需费用，已参加统筹的，从统筹基金中解决，未参加统筹的，按原开支渠道解决。

我国养老保险制度的改革虽然取得了较大的成绩，但改革的任务仍十分繁重，按照社会主义市场经济体制的要求，我们设想，到本世纪末，将在全国各类城镇企业中建立起统一的多层次的养老保险体系，基本养老保险费用在全国范围内实行统一筹集，统一调剂使用，实现退休人员管理服务工作的社会化。在“八五”期间，主要是加强有关养老保险制度的立法，扩大养老金计发办法的改革试点，推动养老保险费用的省级统筹和集体企业统筹，提高社会化的管理水平，为企业转换经营机制创造良好的外部环境。

（劳动部保险福利司　张寿琪）

农村养老保险

农村经济体制改革以来，原有以集体经济为基础的保障体制已经不能适应农村经济和社会发展的需要。农村产业结构的调整，生产的专业化、社会化、商品化、市场化趋势，使得劳动者经营风险增大；家庭的小型化，人口 的老龄化，使农村“老有所养”的问题日益突出，必须建立适应农村经济社会发展需要的社会保障制度，解决制约农村经济和社会发展中的一些深层次问题。其中的核心问题之一就是要逐步建立农村养老保险制度。

一、近年来中国农村社会养老保险工作的进程

1990年7月，国务院总理办公会议专题研究了社会保险制度改革的问题，会议明确了农村社会养老保险由民政部负责。

1991年1月，国务院批准民政部选择一批有条件的地区开展建立县级农村养老保险制度的试点。同年6月，国务院《关于企业职工养老保险制度改革的决定》（国发［1991］33号）进一步明确，农村（含乡镇企业）的养老保险由民政部门负责。

根据国务院的决定，在总结探索农村基层社会保障工作的经验和深入调查研究的基础上，民政部制定了《县级农村社会养老保险基本方案》，按照方案确定的原则，在山东组织了较大规模的试点。从1991年8月起，山东牟平等5个县市的县级农村社会养老保险制度开始运转，不到2个月的时间，30多个乡镇、2 810个村、38家乡镇企业近8万人参加了社会养老保险，交纳保险资金近500万元，取得了组织实施建立县级

农村社会养老保险制度的基本经验。

1991年10月，民政部在山东省牟平县召开了全国农村社会养老保险试点工作会议，总结推广了山东省建立县级农村社会养老保险制度的经验，进一步确定了建立我国农村社会养老保险制度的基本原则，对全国范围下一步的试点工作作了部署。

根据我国农村的实际情况，建立农村社会养老保险制度所遵循的主要原则是：

1. 坚持低保障标准，以保障老年人的基本生活为目标。

2. 保险资金以个人缴纳为主，集体补贴为辅，国家给予政策扶持。

3. 坚持自助为主，互济为辅，采取储备积累的保险方式，农民先缴纳保险费，然后享受社会养老保险的权利。

4. 坚持农村务工务农经商各类人员的社会养老保险制度一体化的方向。

根据这些原则，建立县级农村社会养老保险制度的基本做法是：

(1) 保险对象为农村户口且不由国家供应商品粮的公民，参加保险的年龄一般为20岁至60岁，务工务农经商等各业农村人员，参加统一的养老保险制度。(2) 交费标准为多档次，由保险对象自己选择。个人交纳的资金和集体补助一并记入个人名下，建立个人帐户。集体补助比例由企业或乡村根据其各自的经济情况确定并统一交纳。乡镇企业和乡镇事业单位职工由单位统一组织交纳保险资金，其他人员以村为单位交纳资金。(3) 保险对象一般从60岁开始领取养老金。养老金的标准由交费档次和交费年限决定。(4) 养老保险以县为单位管理，县设农村养老保险事业管理处，负责经办具体业务，乡镇设管理所，村设代办员。县以上根据情况设立相应的业务机构。(5) 在现阶段，养老保险基金主要是购买国家发行的高利率债券，或存入银行，支持国家建设，并保值增值。

二、1992年农村社会养老保险工作的发展状况

1992年，农村社会养老保险事业取得较快的发展，主要体现在以下几个方面：

(一) 进一步扩大试点范围。根据全国农村社会养老保险试点工作会议精神，1992年初，全国各地将农村社会养老保险试点县市扩大到近500个，整个工作从沿海到内地迅速展开。发展最快的武汉市在市政府的领导下，全市各级民政部门克服各种困难和阻力，努力工作，仅用3个多月的时间，就在全市农村基本建立起养老保险制度。武汉的工作走在了全国的前列。

(二) 加大推进力度，加快发展步伐。根据邓小平同志南巡讲话精神，为了顺应改革大潮，促进农村社会养老保险事业的发展，1992年7月，民政部在武汉召开了全国农村社会养老保险工作经验交流会，重点总结推广了武汉市建立农村社会养老保险制度的经验。会议强调指出，在新的形势下，必须抓住时机，加大力度，加快步伐，推进农村社会养老保险事业的发展。会议提出了“学武汉，赶山东，农村社会养老保险更上新台阶”的目标。在这之后，农村社会养老保险又有了更大的发展。江苏省率先在全省各县（市、区）全面开展了建立农村社会养老保险制度的工作。山东省的农村社会养老保险在近百个县推开。河北、黑龙江、福建、四川、上海等20多个省市政府也加强对这项工作的领导，采取相应措施，推动养老保险的发展。

到1992年底，全国已有700多个县根据民政部《县级农村社会养老保险基本方案（试行）》确定的原则，由政府制定并颁布了开展农村社会养老保险工作的实施管理办法，建立了农村社会养老保险管理机构，组织农民参加养老保险。其中170个县（市）基本建立起面向全体农村人口的社会养老保险制度。全国已有3 500万农民参加社会养老保险，积累保险费10亿多元。

1992年12月，经国务院批准，民政部在江苏张家港召开了“全国农村社会养老保险工作会议”，重点总结推广了江苏省在全省全面推进农村社会养老保险的经验。会议回顾了近年来全国农村社会养老保险发展的情况，系统总结了建立有中国特色的农村社会养老保险制度的基本经验。这次会议标志着全国范围内大规模的试点工作告一段落，这项工作开始转入在有条件的地区逐步建立农村社会养老保险制度的新阶段。

(三) 研究制定了有关的政策法规。民政部先后与国家体改委、劳动部联合下发了“关于城镇和农村社会养老保险分工的通知”，与中央机构编制委员会办公室联合下发了“关于农村社会养老保险试点有关编制问题的通知”，与财政部商议后下发了“关于农村社会养老保险资金购买国家债券有关事宜的通知”。为了保证试点工作的健康发展，民政部制定下发了“县级农村社会养老保险基本方案”、“农村社会养老保险管理服务费提取使用办法”、“农村社会养老保险基金使用通知”等一系列的有关政策和规定。许多省、自治区、直辖市和计划单列市也相继制定了许多具体的规定和办法。

同时，根据工作的需要，各级民政部门开展了大规模的干部培训工作。到1992年10月，仅民政部就培训了2 000多人，促进了养老保险工作的顺利开展。

三、存在的主要问题和今后的发展目标

农村社会养老保险工作的开展，产生了良好的效果。第一，农村社会养老保险制度的建立消除了农民的后顾之忧，解决了农民老有所养的问题，缩小了工农差

别，满足了农民的需要。第二，农村社会养老保险制度的建立促进了农村计划生育政策的落实。山东烟台市十几个县市退了近万个二胎指标，仅山东牟平一个县就退了800多个。第三，农村社会养老保险制度的建立密切了党群关系和干群关系，大大减少了赡养矛盾，和睦了家庭关系，促进了农村社会的稳定。第四，农村社会养老保险制度的建立还合理地引导了消费，使消费基金变成了积累基金，促进了农村经济的持续发展。

农村社会养老保险工作中也存在一些困难和问题，主要是：第一，工作关系还没有完全理顺，给这项工作的发展造成了很大的影响；第二，国家对农村社会养老保险还没有制定必要的法规，工作中存在无法可依的问题，税前列支、基金的保值增值等政策还没有出台；第三，农村社会养老保险工作量大，需要相应的工作机构和人员编制。

今后一个时期，农村社会养老保险工作，要坚持积极领导，稳步发展的方针，在有条件的地区全面推开。重点是进一步理顺工作关系和管理体制，进一步制定一系列必要的政策法规，建立健全机构，加强专业队伍的培训，以保障这项事业的健康发展。争取到2000年全国有半数以上的地区开展这项工作，1/4到1/3的农民参加农村社会养老保险。

（民政部农村养老保险办公室　温凤龙）

待业保险

我国的待业保险是国家通过立法强制实施的一种社会保障制度，其目的是通过建立专项基金的方式，使暂时失去工作的职工，在待业期间获得必要的物质帮助，保证其基本生活，并通过转业训练、职业介绍等手段为他们重新实现就业创造条件。

一、我国待业保险制度的建立

（一）制度的建立

由于我国长期实行计划经济体制，就业实行以固定工为主的统包统配的劳动制度，企业只能进不能出，人浮于事，劳动生产率低下，给企业、国家乃至整个经济的发展和社会的进步带来了不利的影响。

党的十一届三中全会以后，为适应深化经济体制改革的需要，针对企业劳动制度存在的种种弊端，配合试行企业破产法，1986年7月12日国务院颁布了劳动制度配套改革的4个规定。其中的《国营企业职工待业保险暂行规定》（以下简称《暂行规定》），从制度建设的高度，首次对我国国营企业职工实行待业保险做出了明确的规定，其对象为4类人员：即破产企业职工，濒临破产企业法定整顿期间被精简的职工，终止、解除劳动合同的工人和企业辞退的职工。

《暂行规定》的实施，标志着我国待业保险制度的建立，填补了我国社会保险体系的空白，使我国在世界上进入了社会保险体系比较完善的国家之列。

（二）待业保险的概况

6年多来，在各方面的共同努力下，待业保险工作取得了一定成效。目前，各地劳动部门已设立待业保险机构2 100多个，配备专职工作人员12 000人；建立健全了财会制度、预决算制度及相应的帐、卡、表、册等，基本上做到了组织健全、制度健全、手续完备；在基金的管理上，做到“专户储存、专款专用、专项管理”。劳动部于1989年制定了《国营企业职工待业保险基金管理办法》，为下面的工作提供了依据。待业保险工作已初步形成了具有一定吸收、安置、转化待业人员能力的兼有社会保险和就业服务双重功能的体系。

截止1992年底，全国参加待业保险的单位共有47.6万户（包括国有企业、机关事业单位、集体企业、三资企业等），职工达7 443万人；建立转业训练基地750个；生产自救基地500多个；累计为65万待业职工发放待业救济金和医疗费1.4亿元，并帮助34万名待业职工重新就业，待业职工的平均待业期为5个月。

在治理整顿期间，各地劳动部门还使用了大量的资金，救济大批停工待工人员，使他们渡过了难关，得到了政府的肯定，受到了企业和职工的欢迎。

为适应改革的需要，待业保险制度要进一步加以完善。为此，在1990年7月，劳动部选定上海、杭州、大连和广州4市为待业保险改革的试点城市，以探索改革的路子，取得了一定的成效；为后来制定新的待业保险规定提供了可靠的依据和宝贵的经验。

二、存在的主要问题

在总结经验、看到成效的同时，我们还应看到待业保险制度这个年轻的事物还存在着不少亟需解决的问题。

1. 实施范围窄。现行制度仅限于4类人员：即宣告破产企业职工，濒临破产的企业法定整顿期间被精简的职工，终止、解除劳动合同的工人和企业辞退的职工。难以适应深化经济体制改革的要求和搞活大中型企业的需要。

2. 保障水平低。按现行规定，待业职工第一年可以领取原标准工资60%至75%的救济金，第二年只能领取原标准工资的50%的救济金，难以维持基本生活。

3. 待业保险基金承受能力弱。目前基金虽有结余，但是发展很不平衡，承受力仍然很弱。例如中国有色金属总公司所属的杨家仗子矿，1991年底按濒临破产企业处理，精简职工4 000人，两年共需待业救济金871万元，而锦西市全市历年累计基金额只有229万元，缺口达642万元，全部支付也仅够维持被精简职工6个月的生活。

4. 相应的配套政策不健全，一些关系没有理顺。如：基金的筹集缺乏强制性手段，国务院虽然规定企业缴纳基金由银行代为扣缴，但执行过程中难以实施；兴办生产自救基地的优惠政策未能落实；待业职工享受救济期满后，如何维持生活问题一直议而未决；一些地方政府领导对基金任意挪用的现象时有发生，等等。

这些问题需要在完善待业保险制度过程中尽快予以解决。

三、1992年的工作

1992年，各级劳动部门在贯彻国务院《全民所有制工业转换经营机制条例》过程中，加强立法，扩大待业保险范围，主动支持企业改革和消化富余人员，各项工作取得明显成果。

1992年全国缴纳职工待业保险基金的单位比1991年（42万个单位）增加了5.6万个。缴纳待业保险的职工总人数比1991年(7 123万人)增加了320万人。全年共接收待业职工34万人，相当于前5年接收待业职工总和（30万人）的114%。全年共支出待业救济金8 959万元，已是前5年支出待业救济金总和(4 976万元）的170%。此外，全年为解决部分停产、半停产企业职工生活问题，共支出待业保险金9 163万元，受到了各级政府、企业和职工的欢迎。

(一)《国有企业职工待业保险规定》出台

根据党中央和国务院的要求，劳动部在调查研究，总结几年工作和试点经验的基础上，拟定了《国有企业职工待业保险规定》，国务院1993年4月12日以国务院第110号令发布。《规定》扩大了待业保险的实施范围，增加了享受的对象：一是增加了按照国家有关规定撤销、解散企业的职工，这主要是配合国家产业结构的调整；二是增加了停产整顿企业被精减的职工，实际上是允许企业裁减冗员，有利于精干职工队伍，提高职工队伍素质，促进企业恢复和发展生产；三是增加了企业开除、除名的职工，主要是考虑：(1) 企业为他们缴纳了待业保险费，(2) 在社会上要给他们一条出路，(3) 可以解除企业领导担心他们闹事的顾虑，有利于企业加强劳动纪律和内部管理；四是终止解除劳动合同的职工，不仅包括原劳动合同制工人也包括实行全员劳动合同制职工，这是为了深化劳动制度改革，推行全员劳动合同制；五是企业辞退的职工，不仅包括因违纪被辞退的，还包括其他原因被辞退的；六是按照省级人民政府规定享受待业保险的其他职工。也就是说，在企业职工中除临时工和自动辞职、离职的职工外，失去工作后都可以享受待业保险。

《规定》还就管理体制、监督机制的建立，提高救济标准，与就业服务的关系等做出了明确的规定。《规定》的出台，标志着我国待业保险制度改革进入了一个新阶段。

(二)为适应改革的不断深化，各地适时扩大待业保险范围，支持企业改革。

1. 扩大待业保险范围。截止到1992年底，已经省级人民政府批准实施扩大待业保险范围的有山东、黑龙江、海南、辽宁、河北、上海、浙江、福建、湖北、江苏和安徽等11个省、直辖市，其中山东省的改革步子较大。已上报省级人民政府待批的有北京、天津、河南、广东、广西、四川和宁夏7个省、自治区、直辖市。

(1) 山东省的待业保险改革步子大，方向准。山东省新的待业保险《办法》主要特点有二：一是改革的步子大，城镇各种所有制企业职工的待业保险一次到位。《办法》规定待业保险实施范围包括：全民企业职工、县以上集体企业职工、国家机关事业单位合同制工人、外商投资企业的中方职工、实行企业化管理的事业单位的职工及其他所有制企业中经劳动部门办理录用手续的所有职工。在享受对象上，除自动离职的职工外，凡是按照规定转到社会上待业的职工都可以享受待业保险。二是改革的方向准，《办法》紧紧抓住待业保险为保障待业职工生活，帮助待业职工再就业服务这一根本宗旨。在保障待业职工的生活方面，《办法》除提高了救济标准外，还增加了对双职工同时待业或生活特殊困难的待业职工给予不定期困难补助及待业职工死亡丧葬补助、供养直系亲属救济的项目；为做好待业职工再就业工作，《办法》规定，待业职工重新就业时不受年龄、婚否和原所有制身份的限制，只要用工单位生产工作需要，职业介绍所可随时介绍就业。

山东结合本省的实际，扩大待业保险范围实现一步到位，标志着山东省社会保障的一个重大突破。它适合社会主义市场经济的要求，符合待业保险发展的方向，有利于实现社会保险全社会的一体化，并可以减少传统体制中不同所有制职工身份界线带来的不必要的麻烦。劳动部已将山东省《办法》转发到全国，以推动全国待业保险改革工作的开展。

(2)杭州市不断扩大待业保险范围，完善待业保险制度。

杭州市做为劳动部待业保险改革的试点城市之一，始终走在全国的前列。1991年在全国率先进行了扩大待业保险范围的改革试点。1992年又进一步扩大了范围，其最显著的特点是覆盖面广，包括全民所有制企业，县以上集体所有制企业，机关、团体、事业单位，中外合资经营企业，中外合作经营企业，外商独资企业，劳动就业服务企业，街道企业，镇办企业（乡村办企业），股份制企业，城镇私营企业，国有农、林、牧、渔场，城镇个体工商户。享受待业保险的对象是：宣告破产的企业的职工；濒临破产企业法定整顿期间被精简的职工；终止、解除劳动合同的城镇合同制职工；企业违纪辞退的职工；按市政府有关规定辞退的企业职工；经市政府批准关停的已缴纳待业保险基金的企业中被精简的职工；企业招用3个月以上的城镇临时工，因合同终止或解除合同的职工；经企业批准办理辞职手续的职工；被企业依法开除、除名的职工；国有农、林、牧、渔场，城镇私营企业，镇办（乡村办）企业招用的城镇（含统销户口）合同制职工，因合同终止或解除合同的职工；经工商行政管理部门批准歇业的城镇个体工商户；其他经市政府批准享受待业保险的待业职工等17类人员。

在扩大范围的同时，相应地增加了救济项目和提高救济标准。一是提高救济标准，待业救济金每人每月发放最低标准从原来的38元提高到60元；待业职工的医疗补助费由每人每月3元提高到8元；每人每月增加生活补贴15元。二是增设救济项目，待业职工因患病到县以上医院治疗，负担医药费确有困难的，按规定经审核批准，补助医药费50—70%，最高为2 000元；对符合计划生育规定，在待业期间分娩的待业女职工，给予一次性生活补助费300元；待业职工在享受待业救济期间死亡的，以一次性补助的方式，给予丧葬费、供养直系亲属抚恤费、救济费。三是延长救济期限，对救济期已满而尚未找到工作、家庭没有生活来源的待业职工，由本人申请，经审核批准，可延长救济期限3—6个月。

2. 各地劳动部门在确保待业职工基本生活的同时，还在使用待业保险基金促进再就业、支持企业改革调整结构方面创造了一些好的经验：

（1）使用待业保险基金扶持关停并转企业

①及时缓解关停企业部分职工生活困难。黑龙江省齐齐哈尔市在1992年元旦和春节期间，先后给全市关停和半停产企业中的12 000多名特困职工发放救济金。

②扶持关停企业启动生产。辽宁省沈阳市借给25家已关停和面临关停的企业生产自救费958万元，使3 500名停工待工人员返回了生产岗位。

③推动企业顺利兼并。北京市给市第六针织厂支付转业训练费和救济金共51万元，支持这个厂兼并第四织袜厂，使508名职工平稳转移。

(2)支持大中型企业进行劳动制度改革，促进企业转换经营机制，帮助企业解决下岗人员的生活和安置问题。

①北京市1992年开始，每年使用待业保险基金作为企业贷款的贴息，支持企业发展第三产业安置富余人员。目前，已有43家企业获得贷款近4 000万元，安置富余人员2 100人。

②上海市劳动局和市总工会分别从待业保险基金和工会结余经费中拨款3 000万元，联合组建“上海市富余劝业开发总公司”，拟安置大中型企业富余人员10万人。

（三）适应当前深化改革的新形势，进一步发挥待业保险的作用。

从当前改革的实际情况看，今后几年，大部分富余人员还不可能流向社会，仍然需要在企业内部消化。这对待业保险工作来讲，又是一个新的课题，待业保险将如何支持企业改革？为此，劳动部于1992年8月25至26日，在辽宁省锦州市召开了部分省市待业保险工作座谈会。参加会议的有辽宁、黑龙江、吉林、北京、河北、河南、山东、浙江、陕西、四川、湖北和沈阳、西安，以及劳动部确定的试点地区上海、杭州、大连、齐齐哈尔等共17个省市劳动部门负责待业保险工作的同志。与会同志认真总结了几年的工作，交流了经验，分析了形势，提出了新的思路和措施。经过充分讨论，统一了思想，取得了共识。

会议认为，从实际情况看，许多大中型企业开辟生产经营门路安置富余人员，关停并转企业恢复生产，解决职工生活困难，都急需要资金扶持和帮助。因此，将部分待业保险基金使用于企业内部，为转换经营机制创造条件，是符合国情的，应当做为使用待业保险基金的一个重要方面。必须在当前深化改革的新形势下，更新观念，拓宽思路，开辟使用待业保险基金的新领域。这样做既能够有力地支持企业，尤其是国营大中型企业深化改革，又可以使待业保险基金发挥更大效益。

会议提出，“八五”期间待业保险工作的任务是，继续扩大实施范围，确保待业职工基本生活，促进待业职工再就业，支持企业深化改革。待业保险基金的使用应着重考虑以下3个方面：

1. 健全失业保护机制，对流向社会的待业职工提供社会保障，促进再就业。要按照国家规定向待业职工及时发放救济金，确保其基本生活费用。同时，使用待业保险基金加强就业训练、生产自救和职业介绍工作，为待业职工再就业创造良好条件。要灵活使用待业救济金促进待业职工再就业；对企业招用就业较困难的待业职工的，可将其应享受的待业救济金一次性全部拨付给企业，做为支付工资的补贴；对待业职工自愿组织起来就业或自谋职业的，可以将其应享受的待业救济金一次性全部或分拨付给所在单位或个人，作为开展生产经营活动的扶持资金。

2. 扶持关停并转企业调整产业结构，发展生产。对按照国家调整产业结构政策实行关停并转的企业，职工生活确无保障的，适当发给救济金，帮助其解决职工生活困难；对需要组织职工开展转业训练和生产自救的，可适当给予扶持；对按照国家产业政策开辟新的生产经营项目的，可适当借予待业保险基金帮助启动生产。

3. 支持企业，尤其是国营大中型企业深化劳动制度改革。对实行劳动制度综合配套改革和实行全员劳动合同制、合理劳动组合、择优上岗等改革的企业，其下岗人员（或厂内待业职工）基本生活确无保障的，可适当发给救济金；对需要发展第三产业安置富余人员的，可适当借予生产自救费，或使用适量资金作为企业向银行贷款的贴息；对组织下岗人员开展转业训练的，可适当拨付部分转业训练费。

上述后两种措施，应考虑在待业保险基金承受能力较强的大中城市实行。对企业内享受待业保险待遇的人员，也应视为待业职工。

会后形成了《部分省市待业保险工作座谈会纪要》，下发全国。目前已取得明显的成果。

（四）配合审计署，做好对待业保险基金的审计工作

根据国家的部署，1992 年对"养老保险基金"和"待业保险基金"进行全面的审计工作。为配合审计署做好该项工作，劳动部于 1992 年 5 月发出通知，要求各地配合各级审计部门做好工作。经过近 8 个月的审计工作，对待业保险基金的管理和使用工作总的评价是好的，但也提出了一些尚需改进的地方。我们已要求各地尽快进行整改工作，使制度更加完善。

四、我国待业保险制度发展的设想

完善我国待业保险制度，应该适应社会主义市场经济及厂内待业和社会待业双重待业长期并存的需要，培育待业保障与促进就业相结合的待业保险机制，完善待业保障与就业服务相结合的保险服务体系，逐步建立起覆盖全体劳动者的、具有中国特色的待业保险制度。

"八五"期间的主要任务是：

1. 适应调整产业结构和企业转换经营机制的需要，确保待业职工的基本生活，适时扩大待业保险范围。在组织实施《国有企业职工待业保险规定》的同时，研究对其他不同所有制企业职工实行待业保险的具体办法，并在部分地区试点，"八五"末期全面推开。

2. 在巩固现有的生产自救基地的基础上再建一批新的生产自救基地，增加吸纳待业职工的能力。要着重改善转业训练基地的条件，增设适合待业职工特点且社会需要的专业，提高师资队伍素质，为待业职工重新就业创造一个良好环境。

3. 对各地创造的促进待业职工再就业行之有效的做法，应及时总结推广，条件具备时可以制定待业职工再就业的具体办法，切实解决好待业职工再就业问题。

（劳动部劳动力管理和就业司　张昕）

医疗保险

公费医疗改革

一、我国公费医疗现状

1952 年政务院发布《关于全国各级人民政府、党派、团体及所属事业单位的国家工作人员实行公费医疗预防的指示》。享受对象主要为各级政府机关、党派、人民团体及文化、教育、科研、卫生等事业单位的工作人员、在乡的二等乙级以上革命残废军人和高等院校在校学生。医疗费用由各级财政按规定的年人均定额拨款支付。

公费医疗制度建立初期享受人数约 400 万人，每人每月经费标准为旧币 15 000 元。1992 年底享受公费医疗人数（含大学生）约 3 000 万人，医疗费支出 60 多亿元，人均支出约 220 元。公费医疗管理由卫生和财政部门共同负责，医疗经费分级统筹、管理、使用。各省市初步建立了一支公费医疗管理队伍。

公费医疗制度是我国社会保障制度的重要组成部分，实施 40 余年来，使机关和事业单位职工都享受到了基本的医疗保障，减轻了职工因病伤和生育增加的经济负担，对于恢复和增进劳动者的身体健康，保护社会劳动力，促进经济发展和社会安定，发挥了重要的作用。

随着社会经济的发展与变化，在计划经济体制下建立起来的公费医疗制度逐渐显露出一些弊端，主要是医疗保障的覆盖面较窄，社会化程度较低，缺少合理的筹资机制和有效的费用机制。目前各地公费医疗预算定额标准不一，大多低于实际支出水平。由于享受人数不断增加，职工老龄化和疾病谱变化，药品涨价和医疗服务收费调价，高技术医疗设备的应用，加之人们医疗需求观念的变化，导致医疗费用迅速增长。现行公费医疗制度属于政府"全包"的福利型制度，"管钱的不管医，管医的不管钱，看病的不问多少钱"，在一定程度上刺激了不合理的、过度的医疗消费。机制缺陷与管理不善，造成经营短缺与严重浪费现象长期并存。"七五"期间，公费医疗费用支出平均每年增长 23%，其中 1988 年、1989 年增幅都在 30%以上。1991 年有所

回落，增长14%，也超过当年财政支出增长的11.7%的水平。政府和社会各界对此反映强烈，改革现行公费医疗制度势所必然。

1984年，卫生部和财政部联合下发《进一步加强公费医疗管理的通知》，提出积极稳妥地改革公费医疗制度的原则。各地本着保障干部职工基本医疗，克服浪费，有效利用卫生资源的精神，结合当地实际情况，对公费医疗制度进行改革尝试，主要是在医疗经费筹集渠道不变的情况下，改革医疗经费的管理形式，实行医疗费用开支与个人挂钩，并建立和完善相应的管理制度和措施。

1. 普遍实行公费医疗费用与个人适当挂钩。目前实行个人挂钩的已占公费医疗享受对象的90%左右。职工个人负担比例一般为门诊医药费的10—20%，住院医药费的5—10%，全年个人负担总额一般控制在本单位平均年工资额的5%，或以本人1个月工资额为限。

2. 采取多种形式，加强公费医疗经费管理。目前，主要有5种形式：一是由医疗单位直接管理，全国已有21个省、自治区、直辖市和8个计划单列市发出“通知”、“规定”、“试行办法”等，这些地区的部分市、县将公费医疗经费定额划拨医院，由医院直接管理，结余由医院留用一部分，超支由财政、医院和享受单位三方分担；二是享受单位直接管理，结余留用，超支由单位填支，或财政酌情补助；三是由各级公费医疗办公室统管；四是由公医办、财政、医院和享受单位四方签约共管；五是试点地区由医疗保险机构管理。这些形式在不同程度上强化医疗经费管理，遏制了医疗费用增长过快的势头。

3. 进行社会医疗保险制度改革的试点。1989年3月国务院确定在辽宁丹东、吉林四平、湖北黄石、湖南株洲4个市进行医疗保险制度试点，在深圳市和海南省进行社会保障综合改革试点。1990年4月，四平市公费医疗改革方案出台。海南省在1991年11月16日以省长令发布《海南省职工医疗保险暂行规定》，于1992年1月1日起施行。深圳市于1991年9月成立医疗保险局，市政府在1992年5月4日颁发《深圳市社会保险暂行规定》及《职工医疗保险实施细则》，经过沙头角镇的试点实践，9月起在全市逐步铺开。

1992年5月，国务院成立医疗制度改革小组，国务委员李铁映同志任组长，国家体改委、卫生部、劳动部、财政部、人事部、医药局、中医药局、物价局、全国总工会等部门的负责同志参加。卫生部、劳动部分别提出公费医疗和劳保医疗改革方案；国家体改委在卫生部、劳动部方案的基础上，进一步起草《国务院关于职工医疗制度改革的决定》（讨论稿）。

二、我国社会医疗保障制度改革的总体方向和目标

逐步建立与我国国情和社会主义市场经济体制相适应的多形式、多层次的医疗保障制度，扩大医疗保险覆盖面，使全体社会成员都能获得基本的医疗保障，提高全民族健康水平。

公费医疗制度主要是在现有基础上改革完善，向社会医疗保险体制转化，具体目标是：

建立社会医疗保险基金，实行国家、单位、个人多方筹资，风险共担。建立有效的医疗费用控制机制。保证基本医疗，克服浪费，合理地利用医疗卫生资源。建立统一的各级医疗保险管理机构，中央宏观调控，地方因地制宜，发挥管理、协调、监督等综合功能。建立健全医疗保险法律法规体系。

当前应着重抓好下列5项工作：

（一）改革医疗经费筹资机制，建立医疗保险基金

医疗保险基金按当地行政事业单位工资总额的一定比例，由国家、投保单位、受保人共同筹集。保险基金主要由各级财政拨付，投保单位和受保人也要适当缴纳保险费。投保单位缴纳的医疗保险费，在单位福利费列支；受保人缴纳的医疗保险费，在国家调整职工工资中加入医疗费成分，由个人按一定比例缴费。目前可以从个人工资总额的1%起步。三方筹资的具体比例由地方政府确定。

在医疗保险基金尚未建立前，各地根据目前医疗费用实际开支水平，由公费医疗管理委员会（办公室）、财政、卫生部门共同商定，合理调整公费医疗经费预算定额标准。

（二）实行医疗保险责任给付和投保单位与受保人适当分担医疗费的办法

1. 医疗保险机构对受保人用于疾病治疗、生育及必要的预防等所支出的费用，大部分给予偿付。给付项目以现行公费医疗规定的报销范围为基础，并作适当调整（如划定用药范围与品种、确定医疗点及转诊范围等）。

具体给付比例由地方确定。

2. 投保单位和受保人分担部分医疗费。

（1）受保人负担比例：

门诊、住院药品费的10—20%；

手术费、一般检查治疗费和住院床位费的5—10%；

特殊检治疗费（具体项目另定）5—10%。

为了不过多增加受保人的经济负担，年度内个人负担医药费总额，原则上控制在单位年平均工资总额（国家统计局口径）的5—10%。具体比例由地方政府确定。

在职工工资尚未调整前，可采取变通办法，将现有医疗经费的小部分，按受保人年龄档次发给个人医疗费补贴，用于就医时的个人付费。

(2) 投保单位负担部分医疗费。

实际发生的医疗费用除去医疗保险机构给付部分和受保人负担部分的差额部分，由投保单位负担。可从单位福利费或其他收入中列支。

(3) 对特殊人群和特殊病种，给予适当照顾：

离休、退休及符合1978年《国务院关于安置老弱病残干部的暂行办法》和《国务院关于工人退休、退职的暂行办法》(104号文件)规定的退职人员的医疗费，医疗保险机构的给付比例高于在职职工，个人负担适当减免。具体比例由地方政府确定。

老红军、在乡二等乙级以上革命残废军人的医疗费，医疗保险机构给付100%，免除个人负担。

法定甲类传染病、精神病、公伤、职业病和实行计划生育手术及计划生育手术后遗症的医疗费，医疗保险机构给付100%，免除个人负担。

(三) 加强医疗经费管理，建立对医疗单位的费用制约机制

医疗保险管理机构对医疗保险基金实行分级管理，一般以地级市作为医疗保险基金统筹与管理的核算单位。为分散大病的经济风险，上一级医疗保险机构可以再提取一定数额的大病风险基金，集中管理，调剂使用。医疗保险机构要努力使医疗保险基金保值和增值。

医疗保险管理机构对医疗单位实行定点医疗和医疗保险服务合同制度。合同内容包括服务范围、质量要求、收费标准、付费方式、奖惩办法等。医疗保险机构与医疗单位签定合同，引进医疗服务竞争机制，促进医院提高质量、节约开支、克服浪费。

医疗保险事业机构对合同医院的付费，可采取3种方式：一是以服务人次、项目、床日计量，分等级核价付费；二是按疾病分类测算标准病种费用定额，按病种定额付费；三是按投保人平均费用定额付费；由医疗单位直接管理和调剂使用。各地从实行出发，权衡利弊，择优选用。

(四)建立统一、高效的社会医疗保险管理体系，加强法制建设

建议国务院设立社会保障委员会，下设社会医疗保险管理机构，制定方针政策，负责宏观调控，加强监督执法。同时，建立各级非营利性的社会医疗保险经办机构，具体承担资金筹集、投保登记、支出审核、费用给付等等。

在上述机构尚未建立之前，要充实和加强现有的各级公费医疗管理机构，提高管理水平。

国家制定医疗保障法或医疗保险条例，明确规定各级政府、医疗保险机构、投保单位、受保人和医疗单位在医疗保障方面的责任、权利和义务，使各方面有法可依，有章可循。

(五) 配套改革，逐步过渡

公费医疗制度改革与工资、财务制度，物价体系、卫生事业管理、药品生产经营体制及其它社会保障体制要配套改革，与劳保医疗制度改革协调进行。

职工个人缴纳医疗保险费和分担小部分医疗费用，应与工资制度改革同步实施。

医疗单位和医务人员要参与医疗保险管理，认真执行国家有关医疗保险的法规、制度，在为干部职工提供优质服务的前提下，坚持因病施治、合理检查、合理用药、合理收费、克服浪费，节约医疗费开支。

理顺医疗单位补偿机制，改革国家对医疗单位的补助办法，使医疗单位能自我维持和自我发展。

药品（包括医药卫生材料）是防病治病的特殊商品，要改革药品产、供、销体制和经营方针，要制定《医疗保险基本药品名录》，控制药品费用支出，使其与医疗保险制度相适应。

继续扩大试点，及时总结交流。

(卫生部政策法规司 蔡仁华)

企业职工医疗保险制度改革

我国企业职工医疗保险制度建立于50年代初期，它对于保障职工身体健康，促进经济发展，维护社会安定，发挥了重要作用。但是，随着经济体制改革的深入以及社会主义市场经济体制的确立，出现一些新情况、新问题。现行的企业职工医疗保险制度已不适应经济发展的需要，必须进行改革。

一、现行的企业职工医疗保险制度存在的主要问题

(一)现行的免费医疗制度与我国的经济体制不相适应。其基本特征是将职工的医疗费用全部包下来，缺乏内在的制约机制，许多职工不了解国家、企业的沉重负担不断提高对医疗的期望值。职工只知享受免费医疗的权利，却不承担合理节约医疗费的义务，这是医疗费严重超支的原因之一。1978年至1986年，全国全民所有制单位医疗费开支总额增加3.95倍，年人均开支增加2.6倍。医疗费开支的增长速度高于同期工资总额（增长3.37倍）、职工人数（增长37%）的增长速度。

(二)社会化程度低，医疗保险覆盖面窄。全民所有制企业职工医疗费按政府规定的统一比例从职工工资总额中提取，没有建立医疗保险基金制度，没有形成

社会化管理，不同所有制企业之间医疗待遇差别较大，从而造成企业负担时轻时重。

（三）现行的职工医疗保险管理体制分散、管理制度不完善，造成医药和医疗经费的浪费。表现为，职工看病、医生治疗和经费管理相互脱节，国家、企业无法进行有效的控制和管理。随着经济的发展，医院和药品生产企业、销售企业都参加了商品生产和交换，这就难免出现片面追求经济效益，忽视社会效益的倾向，由此而增加的费用开支和药品浪费，必然加重国家和企业负担。

（四）医疗费用标准偏低，经费不足，不能适应医疗费用合理增长的需要。随着医学科学的进步，新的医疗技术、设备、检测手段和药品在临床上的广泛应用，使医疗水平有较大提高，加之职工队伍老龄化引起老年病，慢性病增多，使医疗费不断增长，但计提基数仍维持50、60年代的水平，医疗经费来源和分配，缺乏随客观需要的增加而相应增长的机制。1992年虽提高了职工福利基金提取比例，调整了福利基金的计提基数，仍难以解决医疗费用逐年上升的需要。且医疗费用开支项目不合理，致使医疗经费的缺口越来越大。全国超支现象普遍存在。

（五）现行制度本身缺乏适应市场经济要求的管理运行机制和对医患双方的制约机制。

总之，现行的企业职工医疗保险制度改革势在必行。

二、改革情况

企业职工医疗保险制度存在的问题涉及面广，十分复杂，解决问题的出路只有深化改革。

早在1982年，为了保证患病职工的医疗，原劳动人事部、总工会、财政部发出《关于制止把医疗费全部发给职工个人包干使用的通知》（工发总字［1982］22号）。1983年原劳动人事部下发《关于在经济改革中要注意保障企业职工的劳动保险、福利待遇的意见》（劳人险［1983］68号），要求各地要注意总结经验，既能保证职工患病医疗，又能克服浪费的试点经验，加强管理，改革制度，及时研究解决改革中出现的问题。近几年，各地摸索出一些行之有效的办法，及时向各地进行介绍和交流。1984年原劳动人事部保险福利司与总工会社会保障部转发了北京市劳动局、总工会、卫生局《关于扩大职工劳动保险制度改革的试点的通知》（劳人险［1984］5号）的通知，介绍北京地毯五厂、燕山石油化工公司等单位对职工医疗保险制度改革的一些做法。并于1990年和1992年分别在四川乐山和湖南株州召开企业职工医疗保险制度改革经验交流会，收到较好效果。为了进一步推广职工大病医疗费用社会统筹的办法，劳动部在广泛征求各地意见的基础上，下发了《关于试行职工大病医疗费用社会统筹意见的通知》（劳险字［1992］25号），为各地开展医疗费统筹工作提出了原则意见。

企业进行医疗制度改革办法主要有以下三种：

（一）以保证基本医疗和加强医疗管理为重点的费用由职工个人适当负担的办法。这一办法已在80%以上的企业中试行，虽具体办法不一，但有一定效果。四川省自1987年10月开始，有组织有领导开展试点，现已有11个市、地、州的32个县，2 800户企业，120万名职工参加。改革的指导思想是：职工医疗费用个人应适当负担，实行国家、企业、个人三方负担；严格医疗管理制度，减少药品和经费的浪费，保证职工基本医疗需求，促进生产发展。这一办法的特点，一是在一个县或一个市的范围内的所有企业中同时进行，形成改革的小气候，杜绝漏洞，防止医疗费向没有进行改革的企业转移。二是将国家、单位对职工的医疗补贴由暗补改为明补，改革职工门诊定额包干的办法。三是改革现行的统包办法，实行医疗费超支个人少量负担，节约给予部分奖励的办法。

（二）深化企业医疗保险制度改革，推行职工大病医疗费社会统筹。这一办法的做法是：(1)统筹的范围以县（区）或行业（系统）组织统筹，逐步扩大。(2)统筹的对象为在职职工（合同制工人、混岗大集体工人）和离退休职工。对合同制工人、计划内临时工和计划外用工大病医疗费的申报和拨付，按有关文件规定的医疗期执行。医疗期以外的医疗费用，不予拨付。(3)以病种和费用相结合确定“大病”。范围为紧急抢救、入院治疗或手术后恢复期间连续就医的内脏疾病、恶性肿瘤、严重外伤和女职工计划内生育、难产引起的合并症等病种，以及费用超过一定数额以上的部分。(4)统筹基金的来源，一般从职工福利基金中提取，由企业逐月按统筹范围内职工人数每人2元或3元的标准上交主管单位，单独设帐，专款专用。(5)各地区根据实际情况确定拨付的起点和比例。河北省大城县自1989年实行大病统筹以来至1990年10月，受益较大的有13个单位，共缴纳大病医疗统筹基金12 629元，发生大病34人次，拨付大病医疗费用37 339.54元，纯收益24 710.54元。实行大病医疗费用社会统筹，将少量分散的医疗费集中起来，统一调剂，使一个企业承担的风险转由参加统筹的企业共同负担，“独木难支”变为“众木成林”，由企业保险过渡到一定程度上的社会保险，向医疗保险社会化管理的目标迈进了一步。截止到1992年末，全国已有16个省、市的96个县、160个系统（行业）、130万名职工参加大病医疗费用社会统筹。尤以四川、河北等省试点范围最广。

（三）退休职工医疗费用社会统筹，保证退休职工老有所医。退休职工医疗费用统筹是所有统筹项目中难度最大的，也是巩固和发展退休费用社会统筹的关键。河北石家庄地区开展这项工作始于1985年11月，是全国开展最早的地区。他们因地制宜、不断探索，逐步建立起人、钱、医统一管理的医疗保险管理新体制（即：人钱医一体化；基金统管支一体化；医疗服务一体化）。此后，河南、湖北、湖南、辽宁、江西等省的一些县（区）相继学习、试点。截止至1992年底，全国有16个省、市的88个县、28个系统、27.2万名离退休职工参加。其中河南省的28个县、11.5万名离退休职工参加。湖北蕲春县、湖南常德市、河南平顶山市、武陟县等经过几年实践，从起步发展到完善，逐步摸索出一套比较适应本地实际情况的管理制度和办法，为其他地区的改革带了好头。如辽宁锦县注意建立退休职工医疗门诊部，掌握医疗主动权，加强服务工作，不仅保证了退休职工老有所医，而且对患病职工，坚持把退休费送到家，药费报销到家。几年来，这一办法在均衡企业负担，保证离退休职工的基本医疗，节约医疗经费，稳定大局等方面都发挥了重要作用。

三、展望

今后企业医疗保险制度改革的方向是：随着经济和社会发展，逐步建立起费用由国家、企业、职工三方合理负担，既能保证职工的基本医疗需要，又能控制医疗费用的不合理增长，符合我国国情的、社会化程度较高的、多种形式的企业职工医疗保险制度。改革要采取“统一领导，分散决策，因地制宜”的方法，先易后难，分步到位，先试点，再全面推广，最终使12亿人口的全体公民都享有可靠的医疗保障，逐步建立起有中国特色的、新型的医疗保险制度。

（劳动部保险福利司　徐金玲）

工伤保险

一、改革开放以来工伤保险制度改革的基本情况

工伤保险是社会保险的重要组成部分，它是在职工因工发生伤亡事故和患职业病后，国家和社会对本人和家属提供医疗康复、抚恤和基本生活的一项保障制度。

党的十一届三中全会以来，为适应改革开放形势的需要，我国工伤保险制度的改革取得了较大的进展，主要有：

（一）部分市县根据工伤保险改革的需要，开始建立、健全劳动鉴定机构，加强对因工伤残和职业病职工的劳动鉴定工作。

（二）1987年，卫生部、原劳动人事部、财政部，中华全国总工会共同颁发《职业病范围和职业病患者处理办法的规定》，将职业病范围由原来的14种扩大到99种。

（三）在当地政府和劳动部门领导下，海南省海口市，辽宁省锦州市、铁法市、东沟县、铁岭县，广东省深圳市、东莞市，福建省将乐县、霞浦县，吉林省延吉市等市县开展了工伤保险改革试点。如铁岭县建立工伤保险基金，并根据行业实行差别费率。商业、粮食业的费率最低，为工资总额的0.3%，矿山业最高，为3.3%。

（四）在总结各地试点经验的基础上，1988年劳动部提出我国职工工伤保险制度改革的基本思路，主要内容是：调整工伤保险待遇，由只对全残职工发放退休费，改为对所有因工致残职工依据残废等级发给定期残废金和一次性残废补助费；逐步提高丧葬费和供养直系亲属抚恤费标准，建立工伤保险基金，并逐步实现社会化管理。

（五）1989年，由劳动部、卫生部牵头成立了职工工伤与职业病致残程度鉴定标准课题组。开始研究制定伤残等级评定标准。

上述改革，对促进生产的发展，保证伤残职工身体康复及基本生活发挥了重要作用，并为改革的进一步深化，做了有益的探索。

二、工伤保险制度中存在的主要问题

当前，我国工伤保险制度存在的主要问题是：

（一）实施范围窄。现行制度基本上是在全民所有制企业中执行，集体和外商投资企业参照执行。这种状况难以适应多种经济成份、多种用工形式长期并存，以及劳动力的合理流动的需要。

（二）尚未建立基金。1969年受“文革”影响，劳动保险基金被取消，工伤保险费均由企业自行负担。目前企业特别是小型和微利企业遇有较大伤亡事故或职业病发生，工伤补偿费用自身无法承担。

（三）待遇水平低。表现在，一是职工因工伤残或死亡后，没有一次性补偿；二是完全丧失劳动能力职工的生活费仍以50年代的办法和标准计发；三是待遇缺乏随工资或物价水平变化而调整的机制。

（四）立法滞后。50年代制定的《劳动保险条例》中有关工伤保险的政策和待遇，早已名存实亡。由于没有新的法规替代，职工的合法权益难以得到充分保障。

（五）尚未建立工伤补偿同安全卫生工作相结合的机制。工伤保险与职业安全卫生、工伤事故的预防有着密切的联系，但目前工伤保险费用均由企业自行负担的状况，不利于促进企业安全生产、降低职业病和工伤事故的发生频率。

因此，改革、完善现行工伤保险制度，实行社会化管理对减轻企业经济方面和事务性工作方面的负担，促进企业搞好安全生产、经营，保护职工的合法权益，已是当务之急。

三、1992年改革情况及今后设想

1992年是我国工伤保险制度改革取得较大进展的一年。

（一）改革试点情况

到1992年底，辽宁、吉林、江西、山东、山西、浙江、福建、四川、湖北、河南、广西、湖南、河北、江苏和上海15个省（直辖市）的约250个市县开展了工伤保险制度改革试点。广东、海南两省由政府发文，在全省范围内进行了全面改革。如广东省实行按行业和企业伤亡事故发生频率确定工伤保险基金缴费比例，并规定根据安全生产状况进行调整。矿山业费率最高为工资总额的1.5%，服务业最低仅为工资总额的0.5%。改革试点地区，工伤保险基金的平均费率一般不超过工资总额的1%，此外，还适当提高了待遇水平，加强了工伤、职业病的防治工作。

（二）立法情况

1. 经劳动、卫生等部门专家、实际工作者的多年努力，全国统一的《职工工伤与职业病致残鉴定标准》于1992年3月下发各地试行，该标准对伤残情形划分为10个等级。1—4级为完全丧失劳动能力，5—6级和7—10级分别为大部分和部分丧失劳动能力。残情鉴定是在工伤认定基础上，在医疗终结之后由县以上劳动鉴定委员会组织进行，残情定级后发给证件并据此享受不同的工伤待遇。这个鉴定标准填补了我国工伤保险的一项空白。

2. 制定出我国第一个比较完整的工伤保险方面的专项法规——《中华人民共和国企业职工工伤保险条例》，并上报国务院审批。其主要内容是：(1)在一定的范围内实行工伤保险费用社会统筹，建立工伤保险基金；(2)建立工伤保险与工伤预防、职工伤害康复相结合的机制；(3)适当提高工伤保险待遇水平；(4)建立并完善统一的评残等级评定标准；(5)扩大工伤保险的实施范围；(6)实行国家立法，分级管理的办法。

（三）建立健全劳动鉴定机构

为了加强劳动鉴定工作，使评残工作更加科学化、正规化，以便更好地保护职工合法权益。到1992年底，全国已有2 000多个市县建立、健全了劳动鉴定机构。

以上改革措施，收到了良好的效果，对职工、企业和社会都有利。但是，工伤保险制度的改革还有待于进一步深化，今后改革的主要设想是：

第一，扩大工伤保险的覆盖面。新的工伤保险制度应适用于全民所有制企业、城镇集体企业、私营企业和外商投资企业（中方职工）的全部职工。并统一工伤补偿办法和补偿标准。

第二，建立基金制度。工伤保险基金由企业缴纳，个人不交费，实行社会调剂和储备，风险共担。根据行业特点实行差别费率，根据企业安全生产情况实行浮动费率。

第三，具体管理工作，实行社会管理和单位管理相结合，以社会管理为主的方式。开始时，可以先把企业支付的长期工伤保险待遇由社会保险机构管起来，然后逐步将短期工伤待遇和大量的日常服务性工作管理起来，以方便企业和职工。

第四，建立残废和死亡一次性补助金制度；因工死亡职工遗属的定期抚恤金以及其他工伤待遇要随物价或社会平均生活水平的提高而定期调整。

第五，大力加强工伤、职业病的预防和康复工作。包括安全教育、设备更新和相应的设施建设等等。

总之，工伤保险关系到千家万户，关系到企业的生产经营乃至社会的稳定。工伤保险制度的改革要以适应企业转换经营机制和转变政府职能为宗旨，更好地为企业服务，为广大职工服务，为社会主义建设服务。

（劳动部保险福利司　唐霁松）

社会福利业

社会福利业是国家和社会为优抚对象、老年人（主要是鳏寡孤独）、残疾人等提供各种生活服务和劳动场所而举办的事业，主要由优抚安置事业、社会收养事业、社会福利企业、社会福利有奖募捐等内容构成。社会福利业是民政第三产业的一个重要组成部分，也是社会保障的一个重要内容，具有较强的福利性、服务性、政策性，在我国直接体现着社会主义制度的优越性，关系到巩固国防和稳定社会。

一、改革开放以来社会福利业发展情况

我国的社会福利业单位相当一部分是50年代和60年代初建立起来的，其中有少数是接收国民党或外国“慈善团体”办的所谓“福利机构”。当时发展社会福利事业的主要任务是为优抚对象提供休（疗）养场所，收养社会上“三无”对象（即无家可归、无依无靠、无生活来源的孤老残幼、精神病人），组织伤残军人、困难户、残疾人开展“生产自救”，褒扬烈士。“文革”期间，社会福利事业的发展受到了严重的阻碍和破坏，带来了一系列社会问题。

党的十一届三中全会以来，社会福利业发展呈现出以下几个特色：

（一）深化社会福利业改革，实行社会福利社会化，走中国特色的社会福利事业发展的道路，适应建立社会主义市场经济的客观需要。

社会福利体现政府的责任。解决社会福利的问题，不外采取三种方式：一是不管不问，听之任之，就象旧中国政府那样。那是一种不负责任的态度。二是全包下来，由政府发给补贴费，象一些福利国家那样。而我们是一个发展中的国家，没有那么多的钱，办不到。三是采取国家、集体、家庭相结合、多途径的方式。这种办法比较符合我们的国情。

在社会主义市场经济体制下，企业主要任务是发展生产，把职工福利全背在企业身上，势必造成企业负担过重，难以集中力量发展生产，因此社会福利必须社会化，解决企业从业人员的社会福利问题。农民，特别是富裕起来的农民，对社会福利事业的要求越来越强烈，他们已经觉悟到，只有社会福利业发展才能解决他们的后顾之忧，补充家庭保障之不足。财政体制改革，对社会福利事业单一筹资方式产生了压力，国家、集体、个人共同负担社会福利资金也势在必行。社会结构的变化，家庭的小型化，老龄人口的增加，生活方式的改变等等，都要求社会提供更多更好的社会福利和社会服务。

由于各级民政部门找准了社会福利业改革方向，在城市实行由封闭型向开放型的转变，在农村实行集体福利集体办，使社会福利社会化工作取得显著进展。到1992年，社会办的收养事业单位所占的比重从1978年的83.8%上升到95.6%；社会办的福利企业单位所占的比重已从零上升到86.3%。

（二）社会福利业发展成绩斐然，事业规模登上了一个新台阶，发挥了社会稳定机制的作用，有助于国家经济发展，有利于促进社会进步，为扩大对外开放创造了必要的条件。

1. 优抚安置事业。优抚安置事业是国家和社会为优抚对象举办的特殊性社会福利单位，包括优抚卫生事业单位、光荣院、烈士纪念建筑物管理单位、军队离退休干部休养所、军供站等单位。1992年，优抚安置单位已发展到3 531个，有工作人员4.5万人；分别比1978年增加1.6倍和2.8倍。全国累计开发使用军地两用人才280多万人。

2. 社会收养事业。社会收养事业是国家和社会为收养社会孤老、残、幼和流浪乞讨人员而举办的事业单位，包括社会福利院、老人公寓、养老院、敬老院、儿童福利院、精神病院、残疾人康复中心、收容遣送站等事业单位。到1992年，社会收养事业单位已达4.3万个，有职工16万人；分别比1978年增加3.8倍和3.6倍。

3. 社会福利企业。社会福利企业是国家和社会为帮助残疾人劳动就业而举办的各种生产活动的单位，是具有社会保障性质的特殊企业。到1992年，社会福利企业已达49 836个，有职工190.9万人（其中残疾职工77.8万人）；分别比1978年增加56倍和15倍。

4. 社会福利有奖募捐。社会福利有奖募捐是通过销售奖券，向群众筹集社会福利资金，发展社会福利事业的新兴产业。自1986年国务院常务会议和1987年中共中央书记处先后讨论并批准了民政部《关于开展社会福利有奖募捐活动的请示》后，社会福利有奖募捐业白手起家，走向产业化。到1992年，累计筹集资金10多亿元，其中用一部分发展社会福利事业，在一定程度缓解了发展社会福利事业资金短缺的矛盾。

（三）社会福利业是我国政府鼓励发展的行业之一，并在税收上给予优惠，促进其发展。

《中华人民共和国固定资产投资方向调节税暂行条例》规定：优抚和社会福利设施、社会福利工厂（国家限制发展的产业、产品除外）固定资产投资方向调节税税率为零。”财政部颁发的《国家能源交通重点建设基金征集办法实施细则》规定：民政部门所管的社会福利企事业收入免征国家能源交通重点建设基金；财政部印发的《关于国家预算调节基金征免事项的补充通知》规定：确属民政部门所办的残疾人社会福利企业事业收入免征国家预算调节基金。税务部门对于养老院、医疗康复等福利性的服务项目，在所得税、营业税上也给予减免税优惠照顾；对社会福利企业，残疾人员占生产人员35%以上的免征所得税、营业税，占50%以上的免征产品税或增值税；民政部门所属工厂生产的供残疾人专用的产品，免征产品税或增值税。海关总署对残疾人组织和个人所需的进出口货物和物品，也制定了税收优惠政策，等等。这些政策，对社会福利业的发展起到了积极的促进作用。

二、1992年社会福利业发展的几个特点

（一）加大了社会福利业改革力度

邓小平同志南巡谈话，对当前的改革和建设，具有十分重要的指导作用，而且对整个社会主义现代化建设事业，具有重大而深远的意义。为了贯彻落实小平同志南巡谈话的精神，民政部印发《关于加快民政工作改革开放步伐的意见》（民办发［1992］19号）其中对社会福利业的改革开放问题也采取新举措。

1. 今后一段时期要加快发展社会福利业，其关键是解放思想，转变观念，深化改革，扩大开放；立足服务，面向社会，推进社会福利社会化，为经济建设服务，为经济体制改革服务。

2. 福利企业要继续贯彻国家保护扶持政策，在此基础上：要加强管理，加强技术改造，加快转换经营机

制；要保护残疾人的切身利益；把福利企业推向市场，使其逐步成为自主经营、自负盈亏、自我发展、自我约束的独立的商品生产者和经营者。

3. 社会福利事业单位要立足服务，扩大对外开放，逐步建立以有偿服务为主、有偿服务与无偿服务相结合的福利服务机制。

4. 要巩固和发展社会福利有奖募捐事业，采取多样化的办法，增强对社会吸引力，扩大奖券发行量。获得的收入要重点支持社会福利业的发展。

（二）社会福利业纳入国家第三产业发展规划

1992年11月6日，国务院副总理邹家华在全国加快发展第三产业工作会议上所作的《认真贯彻党的十四大精神加快第三产业的兴起和发展》主题报告中，对社会福利业的发展问题也作了专门阐述。90年代我国第三产业发展的总体布局提出：到本世纪末初步建立起适合我国国情的统一、开放的市场体系，初步建立起比较健全的社会化综合服务体系，初步建立起比较合理的社会保障体系。其中，改革和完善社会福利业是建立社会保障体系的重要内容之一。同时，提出了今后社会福利业发展的主要任务和目标是："进一步发展社会福利业。逐步建立起覆盖面较广、生活有保障的社会福利网。福利事业单位要充分利用现有设施向社会开放，扩大服务面，开展有偿服务。"这为今后宏观调控社会福利业发展指明了方向。

（三）社会福利业得到持续、稳定发展，人民社会福利水平得到提高

1. 优抚安置事业在深化改革中得到提高。全国优抚安置单位有床位10万张，比上年增长5.3%。优抚事业单位床位利用率为75.4%，比上年提高0.9%。目前，每万优抚对象拥有各种优抚安置床位数25.4张，比上年增加1.3张。

2. 社会收养业在扩大对外开放中持续发展。城乡各种社会收养单位床位数83.9万张，收养人员达65.2万人；分别比上年增长8.8%和8.0%。社会收养单位床位利用率为77.5%，比上年略有上升。社会收养社会化程度继续提高，全国社会举办的社会收养单位床位数所占的比重已达86.9%，比上年提高0.4%。目前，每10万人口拥有社会收养床位数为72.8张，比上年增加5.3张。

3. 社会福利生产迅猛发展，转换经营机制取得了初步成效。全国平均每百个乡镇有社会福利企业67.4个，比上年增加14.7个。福利企业年总产值达661亿元，比上年增长60.2%；盈利32.8亿元，比上年增长38.4%。

4. 社会福利有奖募捐业开辟了筹集福利资金的新渠道，正向产业化方向迈进。1992年，发行有奖募捐券13.3亿元，销售约12亿元，筹集资金4.3亿元。

三、我国社会福利事业发展存在的问题和困难

现有社会福利事业的发展与广大群众的要求，还存在着很大差距。(1)覆盖面小。据统计，我国有优抚对象4 000万人，老年人口近1亿人，残疾人5 164万人。这是一个数量较大的群体。而全国优抚休（疗）养院床位只占优抚对象8%，地市县中没有福利院的还有1 500个，乡镇敬老院的覆盖面只有62.9%，全国县以上城镇中有劳动能力的残疾人就业率只有70%，等等。(2)企事业单位素质偏低，设备陈旧，技术落后，社会经济效益不理想，在市场竞争中处于劣势。(3)全国社会福利业发展仍不平衡，东部沿海地区与中、西部地区发展的差距在明显增大。造成上述问题的主要原因是：

1. 国家投入少，资金不足，造成了社会福利设施长期得不到改善，"欠帐"较多。社会福利业发展投资的主体是国家，但我国每年用于社会福利业投资很少，事业费拨款占国民生产总值1‰，不仅低于发达国家水平，而且也低于一些发展中国家。

2. 改革措施不配套。一方面，缺乏吸引外资、社会资金投入用于发展社会福利的优惠政策；另一方面，主要是扶持政策不完善。

3. 管理落后于发展。社会福利业管理较为粗放，这不仅弱化了国家优惠政策的优势，而且加剧了社会福利业因先天不足而带来的困难，影响了社会经济效益的提高。

四、社会福利业发展展望

1. 贯彻落实国务院召开的全国加快第三产业发展工作会议精神，制定《加快发展社会福利业规划》，指导社会福利业持续、稳定、健康发展。

2. 兼顾公平与效率的原则，继续扩大社会福利覆盖面，形成社会"安全网"与"减震器"，保证市场经济的正常运行。我国实行社会主义市场经济，社会竞争机制的形成，势必带来各种风险，包括社会成员因生、老、病、死等各种非个人力量所能抗拒的客观因素而造成的收入差距风险等。这客观要求建立兼顾公平与效率原则的社会福利制度，保证优抚对象、老年人、残疾人的基本生活，形成必要的社会"安全网"与"减震器"，以促进市场经济的正常运行。

3. 继续深化社会福利业改革，在改革中求发展，社会福利业应在立足于现有条件的基础上，充分发挥优势，拓宽视野，扩大领域，对外开放。同时，继续倡导社会福利社会办、群众的事情群众办为原则，充分动员社会力量，多形式、多层次、多渠道筹集资金，推进以国家兴办为骨干、集体兴办为基础，个人兴办为辅助的社会福利网的形成。

4. 加快社会福利业的法制化建设。加速制定和颁发社会福利业有关法规、条例，健全和完善各项管理规章，明确国家、集体、个人各方面的权利、责任和义务，使社会福利业纳入法制管理的轨道，有法可依，有章可循。

（民政部综合计划司 陈越良）

社会救济业

社会救济是国家和社会对无法定扶养义务人、无劳动能力、无生活来源的社会成员（简称“三无”对象），以及因家庭缺少劳动能力或因天灾人祸造成生活困难的社会成员（简称社会困难户）等给予的款物接济和帮助，以保障他们的基本生活。社会救济分为城市社会救济、农村社会救济、特殊对象救济、精减退职职工救济和五保供养、灾民生活救济。

一、改革开放以来社会救济的发展

改革开放以来，社会救济遵照“依靠群众，依靠集体，生产自救，互助互济，辅之以国家必要的救济和扶持”的方针，帮助社会救济对象树立自强自立的精神，主要靠自身的力量逐步摆脱贫穷与落后，走勤劳致富之路，取得了明显成果，实现了由国家救济向地方、集体、群众“三结合”救助的体制转变。

（一）城市社会救济

城市社会救济对象主要是居民中的“三无”对象和社会困难户。救济标准以保障基本生活为原则。

城市社会救济有定期定量救济和临时救济两种。“三无”孤老残幼和特别贫困户给予定期定量救济，其他贫困户一般给予临时救济，帮助他们渡过难关。从1978年到1992年，“三无”对象和社会困难户年人均定救费由42元增加到230元，增长447.61%。临时救济费支出由1 201万元增加到3 406万元，增长183.59%。

（二）农村社会救济

农村社会救济对象主要是村民中的“三无”对象和社会困难户。改革开放以来，各地从实际出发，采取多种措施保障农村救济对象的生活：（1）集体补助。国务院发布的《农民承担费用和劳务管理条例》要求“公益金，用于五保户供养、特别贫困户补助”。（2）国家救济。对于贫困地区和灾区，乡、镇、村集体和群众无力补助的贫困户和无力全部供养的五保户，由国家给予社会救济。（3）扶持生产。对有劳动能力的贫困户，集体和国家扶持他们开展多种经营，并从政策上给予优惠照顾，帮助他们逐步摆脱贫困。从1978年到1992年，国家用于农村贫困户和五保户的生活救济费达33亿多元，累计救济5.3亿多人次。同时，通过扶贫使2 150多万贫困户摆脱了贫困，部分贫困户走上了劳动致富的道路。

（三）城乡特殊对象救济

城乡特殊对象救济，是根据国家的有关规定，对特定的人员进行的救济与补助。特殊救济对象主要有：原国民党起义投诚的生活困难人员、宽大释放的原国民党党政军特生活困难人员、散居归国华侨生活困难人员、台胞台属中的生活困难人员、外侨中的生活困难人员等十几种人员。据1992年统计，国家支出的特救费达6 959万多元。

（四）精减退职职工救济

根据国务院《关于精减退职的老职工生活困难救济问题的通知》（[65]国内字224号）的规定，凡1961年1月1日至1965年6月9日期间精减退职的，1957年底以前参加工作的国营、公私合营企业、事业单位和国家机关、人民团体、民主党派，以及在军事系统工作而无军籍的职工，精减当时和现在全部或大部丧失劳动能力，或者年老体弱，或者长期患病影响较大的，精减当时和现在家庭生活无依无靠的，由当地民政部门按月发给本人原标准工资40%的救济费。享受救济的退职老职工本人的医疗费用，凭医疗单位的收费凭证由民政部门补助2/3，本人负担1/3。凡不符合享受40%救济标准的而生活又有困难的，由民政部门给予社会救济，使他们的生活不低于当地一般居民。到1992年底，又有天津、上海等21个省、自治区和直辖市对精减退职老职工救济制定了地方性规定。较好地保障了精减退职职工的生活。

（五）五保供养

五保供养是对农村村民中的“三无”对象由集体经济组织给予保吃、保穿、保住、保医、保葬（未成年人保教）。

五保供养产生于农业合作化时期，经过多年的发展和完善，已成为农村社会保障的重要组成部分。改革开放以来，为了适应农村实行联产承包责任制的新形势，五保供养工作也进行了改革，采取了乡、镇统筹供养、村公益金供养、入敬老院集中供养、亲属邻居承包供养、群众代耕代养等多种形式，使他们的生活得到了较好保障。从1978年到1992年，五保对象的生活费由不足100元增加到432元，增长332%。

（六）灾民生活救济

灾民生活救济是在公民遭到自然灾害（水、旱、风、雹、霜冻、农作物病虫害、地震、滑坡、泥石流、瘟疫等）袭击而造成吃、穿、住、医等方面的困难时，由国家和社会提供的，灾民急需的维持基本生活的资金和物资的救济。

我国是一个人口众多、地域辽阔的大国，也是一个多灾的发展中国家。世界十大主要灾害种类中，除火山爆发外，均在我国有所发生。据统计，一般年份，全国农作物受灾面积 4 000—4 600 万公顷（按播种面积计，下同），倒塌民房 300 万间左右，各项直接经济损失 500 亿元以上；轻灾年份，农作物受灾面积 3 300 万公顷以上，倒塌民房 150 万间以上，直接经济损失 300 亿元以上；大灾年份，农作物受灾面积 4 700 万公顷以上，倒塌民房 400 万间以上，直接经济损失 800 亿元以上。从 1950 至 1990 年，平均每年大约有 2 亿人次遭受自然灾害侵袭，有近万人因灾死亡（地震灾害除外）。

建国以来，我国人民在同自然灾害的斗争中取得了巨大成就。国家制定了救灾工作的基本方针，基本精神有四点：一是充分调动广大群众和集体经济的力量，自力更生地战胜灾害带来的困难；二是恢复生产，增强自身的经济活力，提高抗灾自救能力，满足灾后的物质生活需要；三是坚持“一方有难，八方支援”，动员全民、全社会抗灾救灾；四是对灾后群众和集体不能解决的困难，政府给予必要的救济和扶持。实践证明，上述方针符合我国的国情，是行之有效的。

为了做好灾民生活救济工作，切实保障灾民生活，从 1978 年到 1992 年，仅中央下拨的灾民生活救济费（简称救灾款）即达 120 多亿元，调拨灾民所需口粮 200 多亿公斤，为 5 亿多人（次）解决了因灾缺粮的困难；14 年来共从洪水和地震废墟中抢救和转移安置灾民近 5 000 万人（次）；帮助近 2 亿人（次）重建家园，修建因灾倒塌的住房 4 000 多万间；为 4 500 多万人（次）提供衣被近亿件（套）；为 3 亿多人（次）治愈了因灾引起的伤病；按照国家、集体、个人共同负担的原则，采取亲友领养孤儿、照料孤老和国家、集体创办福利院、福利生产企业等办法安置了数万名因灾造成的鳏、寡、孤、独和残疾人，使他们的生活得到可靠保障。基本上解决了灾民吃、穿、住、医的生活问题，把灾害的损失减少到了最低程度。

1983 年以来，灾民生活救济工作进行了改革，主要在以下几方面：

1. 在指导思想上，变单纯灾民生活救济为保障灾民基本生活和扶持灾民生产自救相结合。1978 年-1992 年，共扶持灾民贫困户 3 000 多万户（次），其中 70%的户已摆脱了贫困。在扶贫的同时，还扶持创办救灾扶贫经济实体近 3 万个，使 75 万多贫困灾民转向工副业生产，1991 年创产值 126 亿多元，利润 13.4 亿元。

2. 在救灾款的使用上，变无偿救济为无偿救济与有偿扶持相结合（商财政部同意）。有偿使用资金回收后留在地方，建立救灾扶贫周转金，用于扶持灾民生产自救，创办救灾扶贫经济实体。到 1991 年底，多方筹集和积累周转金 18 亿多元。其中投放救灾款 12 亿多元，占 68%，32%是吸引的社会资金。同时，在对灾区的扶持上，坚持一般与重点相结合的原则，对 209 个多灾贫困县进行了重点扶持。

3. 在基层广泛建立了救灾扶贫互助储金会、储粮会等群众性互助合作组织，积聚了群众互助自救的力量。储金会是由江西倡导，进而在全国推开的。到 1991 年底，全国建立互助储金会 17.2 万多个、储粮会8 300 多个，入会农户 4 965 万多户，积累资金近 11.3 亿多元，储粮 6 000 多万公斤。

4. 在探索救灾款的分级管理方面，对部分省、区实行救灾款包干。1983 年以来，民政部会同财政部先后对甘肃、宁夏、贵州、青海、西藏、新疆等 6 个省、区实行了救灾款包干，由省、区统一掌握救灾款，轻重灾年调剂使用，调动了地方的积极性，增强了救灾工作的主动性。

5. 在探索救灾体制方面，引进了保险机制，试办了救灾保险。自 1989 年底开始试点，1992 年已扩大到 102 个县，7 个连片地（市）。这种更大范围的互助互济形式和保险手段，改变了单纯依赖行政手段和中央拨款救灾的状况，开辟了救灾资金的新来源，增强了救灾的经济实力，培养了农民自我保障的意识，提高了救灾水平，促进了生产的发展。

6. 在对外合作和交往方面，与国际社会建立了广泛联系，国际救灾捐赠和援助行动日益增多。1989 年我国为响应联合国“减灾十年”的号召，成立中国国际减灾十年委员会；1992 年我国正式加入国际民防组织。1980 年以来，先后接收国际救灾援助款物价值 10 多亿元人民币。仅 1991 年江淮流域的大水灾就接收了价值 8.5 亿元人民币的国际救灾援助。

几年来救灾改革的实践证明，改革坚持的方向是正确的，办法是可行的，成效是显著的。但也必须看到，前些年已经进行的改革，是在原来救灾体制上进行的，还面临着许多新的情况和问题。

1. 分级管理的救灾责任制没有形成，依然存在着各级责任不清、单纯依赖中央的倾向。

2. 对如何使救灾扶贫与农村经济改革的新形势相适应的问题，在战略上研究不够。

3. 救灾款在使用和管理中还有不少问题：一是资金来源渠道少，数量不足，供需矛盾较大的问题并没有从根本上解决；二是有偿扶持款的回收率较低；三是优亲厚友、平均分配救灾款等问题在一定范围内依然存在。

4. 救灾立法工作法制建设没有跟上改革的步伐，

还不适应改革的需要。

此外，没有救灾装备，手段落后，信息不灵等，也影响着救灾工作的开展和改革的深化。

二、1992年社会救济发展简况

1992年社会救济又有新发展。社会救济标准有所提高，社会救济对象的生活进一步改善，继续向社会化方向迈进。

（一）城镇社会救济。随着各地副食、燃料和粮食的调价，救济对象的救济标准也相应提高，城镇社会救济人口和救济费支出呈上升趋势。1992年，国家临时救济的城镇人口908万人次，比上年增长31.59%；支出临时社会救济费1 933万元，比上年增长18.73%。贫困户定期定量救济19万人，比上年增长18.75%；支出定期定量救济费2 254万元，比上年增长22.3%。城镇孤老残幼国家定期定量救济18万人，增长5.88%；支出定期定量救济费6 486万元，比上年增长12.64%。

（二）农村救济。农村救济人口和救济费继续呈下降的趋势。农村临时救济2 432万人次，比上年下降17.72%；临时救济费1.26亿元，下降0.78%。国家定期定量救济31万人，下降3.12%；支出的定期定量救济费2 254万元，下降12.12%。贫困户集体补助费1.23亿元，下降2.38%。

（三）精减退职老职工救济和特殊对象救济也有程度不同的变化。1992年精减退职老职工40%救济达25万人；支出40%救济费9 671万元，比上年增长4.88%。定期定量救济30万人，比上年下降3.22%；定期定量救济费支出6 936万元，比上年增长10.79%。其他特殊对象救济费比上年增长3.98%。

（四）五保供养。全国五保人口319万户、387万人，分别比上年增长1.78%和1.92%；已落实五保供养的356万人，比上年增长1.05%；年人均生活费432元，比上年增长4.35%。

（五）灾民生活救济

1992年属中等灾害年度。全国有2.4亿人程度不同地因灾遭受财产、收入方面的损失；5 067万公顷农作物受灾，其中减产30%以上的有2 467万公顷，基本无收的有433万公顷；倒塌房屋196万间，损坏了700多万间；因灾死亡5 741人，伤9.9万人；300多万人遭受洪水围困被迫转移；部分灾区的生命线工程、工矿企业、公共设施也遭到不同程度的破坏。各类直接经济损失折合人民币达854亿元。

1992年国家共支出灾民生活救助款项11.54亿元。其中用于灾民口粮7.6亿元，相当于救济了8 700多万灾民每人一个月的口粮；补助灾民建房1.24亿元，建房185万间；用于灾民紧急抢救、转移安置4 700多万元；用于解决灾民衣被困难3 700多万元；用于灾民治疗伤病费用4 200多万元。此外，拨给甘肃、宁夏、青海、新疆、西藏、贵州6省（区）救灾包干经费1.26亿元；拨给河北等10省（区）救灾保险超付及定额补贴款1 546万元。在灾区各级党委、政府的重视和领导下，灾区群众的生活困难解决得较好，灾区人心稳定，社会秩序良好。

三、社会救济存在的问题及发展方向

当前社会救济存在的主要问题，一是社会贫困人口有增加的趋势。1992年城镇贫困人口1 995万人，增长21.57%。尤其是城镇失业人员的后期救济问题，应引起重视。二是社会救济费增长缓慢。由于一些地方财政紧张，1992年农村社会救济费比上年递减30.19%。目前，城镇临时救济每人次只有2元多，农村只有5元多；城乡贫困户定救每人每月不足10元，很难保障他们的基本生活。三是全国尚有30多万符合五保条件的人未落实五保供养。四是精减退职老职工救济问题较大，全国尚有一些符合条件的人未落实救济。

为适应社会主义市场经济的需要，社会救济应走社会化的道路。首先，动员中央、地方、社会、群众多方面的财力、物力，多层次、多渠道、多形式的做好社会救济工作。其次是采取国家救济与集体补助相结合，生活救济与扶持生产相结合，大力扶持有劳动能力的救济对象，开展多种生产经营活动，变“输血”为“造血”，走劳动致富的道路。最后是发动企事业单位、机关、团体和个人兴办福利事业，保障贫困人口的基本生活。

（民政部救灾救济司 王克俭）

国　家　机　关

国家机关是统治阶级行使国家权力的机构，它体现一个国家的政治制度。资本主义的国家机关，一般按照“三权分立”的原则建立，由立法机关、行政机关和司法机关三个部分组成。我国的国家机关是按照“议行合一”和民主集中制的组织原则建立的。按照宪法规定，我国的国家机关包括国家权力机关、国家行政机关、国家审判机关和国家检察机关等。

一、国家权力机关

人民代表大会是我国的最高权力机关，分为全国人民代表大会和地方各级人民代表大会。1954 年 9 月，第一届全国人民代表大会第一次会议在北京举行，标志着人民代表大会制度在全国范围内的确立。1958 年 1 月第一届全国人大第五次会议至 1966 年 5 月“文化大革命”前的九年多时间，人民代表大会制度处于缓慢发展的时期。1966 年至 1976 年的“文化大革命”期间，人民代表大会制度遭到严重的破坏，全国人大及其常委会仅仅保留一个名义，实际上已失去最高国家权力机关的作用。地方各级人大和人民委员会被“革命委员会”所取代。1976 年粉碎“四人帮”之后，地方各级人民代表大会逐步恢复工作。1978 年 3 月，第五届全国人大第一次会议召开，修改了宪法，重新恢复了 1954 年宪法的一些基本原则，确认全国人民代表大会是国家最高权力机关。在此期间，地方各级人民代表大会也陆续召开会议，选举产生了地方各级政权机关领导人。经历十年内乱破坏的人民代表大会制度得到恢复。

我国人民代表大会的选举制度具有选举的普遍性、平等性、无记名投票以及直接选举和间接选举同时并用等特征。代表名额分配的总的原则是按人口多少分配代表名额。全国和地方各级人大代表实行差额选举，候选人按选区或者选举单位提名产生。各政党、各人民团体可以联合或者单独推荐代表候选人；选民或者代表 10 人以上联名也可以推荐代表候选人。代表选出之后，接受原选区选民或原选举单位的监督。

全国人民代表大会是我国的最高国家权力机关，由省、自治区、直辖市和军队选出的代表组成。每届任期 5 年。第七届全国人民代表大会共有代表 2 970 人，其中中共党员 1 986 人，占总数 66.8%；民主党派和无党派人士 540 人，占总数 18.2%；工人、农民 684 人，占总数的 23%。

全国人民代表大会的主要职权是：1. 修改宪法和监督宪法实施。2. 制定和修改刑事、民事、国家机构和其它基本法律。3. 选举、决定任命和罢免中央国家机关领导人员。4. 审议决定国家的重大事项。5. 监督中央国家机关的工作。

全国人民代表大会常务委员会是全国人民代表大会的常设机构。全国人民代表大会每年召开一次会议，对国家特别重大的问题作出决定。全国人大常委会在全国人民代表大会闭会期间，可以及时地对国家的一系列其它重大问题作出决定，充分发挥国家权力机关的职能，保证国家机器正常有效地运转。第七届全国人大常委会由委员长 1 人、副委员长 19 人、秘书长（兼）1 人、委员 135 人、共 155 人组成。依照宪法，全国人大常委会组成人员不得担任国家行政机关、审判机关和检察机关的职务。如果担任上述职务，必须向常委会辞去常委会的职务。

全国人大设专门委员会，是全国人大的经常性工作机构。七届全国人大设有民族、法律、财政经济、教育科学文化卫生、外事、华侨和内务司法等七个专门委员会。

第七届全国人民代表大会各专门委员会组成人员为 158 人。全国人大常委会组成人员参加专门委员会的 115 人，占常委会组成人员的 74.2%，占专门委员会组成人员的 72.8%。

地方各级人大是我国的地方国家权力机关。县级以上的地方各级人民代表大会的职权是：1. 在本行政区域内，保证宪法、法律、行政法规和上级人民代表大会及其常务委员会决议的遵守和执行。2. 审查和批准本行政区域内的国民经济和社会发展计划、预算以及它们执行情况的报告。3. 选举本级国家机关领导工作人员。4. 监督本级人大常委会、人民政府、人民法院、人民检察院的工作。

县级以上的地方各人大常委会是本级人大的常设机关，对本级人民代表大会负责并报告工作。县级以上地方各级人大常委会的职权是：1. 领导或者主持本级人大代表的选举。2. 重大事项决定权。3. 监督权。4. 人事任免权。

二、中华人民共和国主席

中华人民共和国主席是我国国家机关的重要组成部分。国家主席与全国人大常委会结合行使国家元首的职权。

中华人民共和国主席最初是根据1954年我国第一部宪法设立的，并规定"中华人民共和国主席对外代表中华人民共和国"。1975年第四届全国人民代表大会通过的宪法和1978年第五届全国人民代表大会通过的宪法，均未设立国家主席职位。对于国家元首的职权，前者基本未予规定，后者则规定由全国人民代表大会常务委员会委员长行使。1982年第五届全国人民代表大会第五次会议通过的宪法基本上恢复了1954年宪法的元首体制，并在此基础上有了新的发展。该宪法规定，中华人民共和国主席、副主席由全国人民代表大会选举产生，凡有选举权和被选举权的年满45周岁的中华人民共和国公民可以被选为国家主席、副主席，其每届任期与全国人民代表大会每届任期相同，连任不得超过两届。

中华人民共和国主席代表中华人民共和国接受外国使节递交国书，并根据全国人民代表大会及其常务委员会的决定，公布法律、任免国务院总理、副总理、国务委员、各部部长、各委员会主任、审计长、秘书长，授予国家的勋章和荣誉称号，发布特赦令，发布戒严令，宣布战争状态，发布动员令。根据全国人民代表大会常务委员会的决定，派遣和召回驻外全权代表，批准和废除同外国缔结的条约和重要协定。

国家副主席没有独立的职权，其职责主要是协助国家主席工作。

三、国家行政机关

1954年第一届全国人民代表大会召开之前我国行使最高国家权力的机关是中央人民政府和政务院。地方是各级人民委员会。

1954年第一届全国人民代表大会之后，国务院是最高国家权力机关的执行机关，是最高国家行政机关。国务院对全国人民代表大会负责并报告工作，在全国人民代表大会闭会期间，向全国人民代表大会常务委员会负责并报告工作。

国务院实行总理负责制，副总理、国务委员协助总理工作。国务委员受总理委托，负责某些方面的工作或专项任务，可以代表国务院进行外事活动。国务委员中有的兼任部长或委员会主任，有的不兼任这方面的职务。国务院秘书长在总理领导下，负责处理国务院的日常工作。

国务院行使下列职权：1. 根据宪法和法律，规定行政措施，制定行政法规，发布决定和命令；2. 向全国人民代表大会或者全国人民代表大会常务委员会提出议案；3. 规定各部和各委员会的任务和职责，统一领导各部和各委员会的工作并且领导下属各部和委员会的全国性的行政工作；4. 统一领导全国地方各级国家行政机关的工作，规定中央和省、自治区、直辖市的国家行政机关的职权的具体划分；5. 编制和执行国民经济和社会发展计划和国家预算；6. 领导和管理经济工作和城乡建设；7. 领导和管理教育、科学、文化、卫生、体育和计划生育工作；8. 领导和管理民政、公安、司法和监察等工作；9. 管理对外事务同外国缔结条约和协定；10. 领导和管理国防建设事业；11. 领导和管理民族事务，保障少数民族的平等权利和民族自治地方的自治权利；12. 保护华侨的正常权利和利益，保护归侨的和侨眷合法的权利和利益；13. 改变或者撤销地方各部、各委员会发布的不适当的决定和命令；14. 改变或者撤销地方各级国家行政机关的不适当的命令、指示和规章；15. 批准省、自治区、直辖市的区域划分，批准自治州、县、自治县、市的建置的区域划分；16. 决定省、自治区、直辖市的范围内部地区的戒严；17. 审定行政机构的编制，依照法律规定任免、培训、考核和奖惩行政人员；18. 全国人民代表大会和全国人民代表大会常务委员会授予的其他职权。

我国国务院的所属部门的机构是各部、各委员会和办公厅以及直属机构和办事机构。机构的设置是根据工作需要和工作效率原则，随着情况的变化增加或减少。国务院各部、各委员会的设立、撤销或者合并，须经总理提出，由全国人民代表大会决定。在全国人民代表大会闭会期间，由全国人民代表大会常务委员会决定；国务院直属机构、办事机构的设立、撤销或者合并，由国务院决定。

建国以来，政府机构主要是经济管理机构进行过四次大的调整和精简。第一次是1958-1959年，国务院的工作部门，撤销合并了9个部委、10个直属机构和2个办公室，至1958年底，国务院共设60个工作部门。第二次是1970年，中央决定将国务院的79个工作部门裁并为32个。第三次是1982年，根据重叠的机构精简、业务相近的机构合并的原则，将国务院的工作部门由100个减至61个。第四次是1988年。这次机构改革紧紧抓住转变职能这个关键，着重对经济管理部门进行了精简和调整。国务院工作部门由72个减为66个，包括1个办公厅、41个部委、19个直属机构、5个办事机构。部委机构包括，外交部、国防部、国家计划委员会、国家经济体制改革委员会、国家教育委员会、国家科学技术委员会、国防科学技术工业委员会、国家民族事务委员会、公安部、国家安全部、民政部、司法部、监察部、财政部、审计署、中国人民银行、商业部、对外经济贸易部、农业部、林业部、水利部、建设部、地质矿产部、冶金工业部、机械电子工业部、航空航天工业部、能源部、化学工业部、纺织工业部、轻工业部、铁道部、交通部、邮电部、物资部、劳动部、人事部、文化部、广播电影电视部、卫生部、国家体育运动委员会、国家计划生育委员会。直属机构是、国家统计局、国家物价局、国家环境保护局、国家技术监督局、国家建筑材料工业局、国家工商行政管理局、海关总署、新闻出版署、国家气象局、中国民用航空局、国家土地管理局、国家海洋局、国家地震局、国家旅游局、国家医药管理局、国务院宗教事务局、国家档案局、国务院参事室、国务院机关事务管理局。国务院办事机构是，国务院港澳办公室、国务院侨务办公室、国务院特区办公室、国务院外事办公室、国务院法制局。另外还设有15个由部委归口管理的“国家局”。

1992年底，国务院工作部门由1988年的66个增加到70个，增加的工作部门是，国务院经济贸易办公室、国务院新闻办公室、国务院对台事务办公室和国务院研究室，均为办事机构。

根据国务院组织法规定，各部、各委员会实行部长、主任负责制。各部部长、各委员会主任领导本部门工作，召集和主持部务会议或者委员会会议、委务会议，签署上报国务院的重要请示、报告和下达命令、指示。副部长、副主任协助部长、主任工作。各部设部长一人，副部长2至4人，各委员会设主任一人，副主任2至4人，委员5至10人。

地方各级人民政府是我国各级国家权力机关的执行机关，是地方各级行政机关。地方各级人民政府都对本级人民代表大会和上一级国家行政机关负责并报告工作。县级以上的地方各级人民政府在本级人民代表大会闭会期间，对本级人民代表大会常务委员会负责并报告工作。他们都是国务院统一领导下的国家行政机关，都服从国务院。

地方各级人民政府的组成分三种情况：1.省、自治区、直辖市的人民政府分别由省长、副省长，自治区主席、副主席，市长、副市长和秘书长、厅长、局长、委员会主任等组成。2.自治州、县、自治县、市、市辖区的人民政府分别由州长、副州长，县长、副县长，市长、副市长，区长、副区长和局长、科长等组成。3.乡、民族乡、镇的人民政府分别由乡长、副乡长、镇长、副镇长组成。地方各级人民政府的任期，同本级人民代表大会任期相同。八届全国人大以前，省、自治区、直辖市、自治州、设区的市的人民政府每届任期5年。县、自治县、不设区的市、市辖区、乡、民族乡、镇的人民政府每届任期3年。

县级以上的地方各级人民政府行使下列职权：执行本级人民代表大会和它的常务委员会的决议，以及上级国家机关的决定和命令，规定行政措施、发布决定和命令。省、自治区、直辖市以及省、自治区的人民政府所在地的市和经国务院批准的较大的市的人民政府，还可以根据法律和国务院的行政法规，制定规章；依照规定的权限，管理本行政区内的经济、教育、科学、文化、卫生、体育事业、城市建设事业和财政、民政、公安、民族事务、司法行政、监察、计划生育等行政工作，培训、任免、考核、奖惩行政工作人员以及办理上级国家行政机关交办的其他事项。

乡、民族乡、镇的人民政府行使下列职权：执行本级人民代表大会的决议和上级国家行政机关的决议和命令；发布决定和命令；领导本级人民代表大会代表的选举；召集本级人民代表大会会议；管理本行政区域内经济、文化建设和民政、公安工作；保护社会主义的全民财产和劳动群众集体所有财产，保护公民私人所有的合法财产，维护社会秩序，保障公民的人身权利、民主权利和其他权利；保障农村集体经济组织应有的自主权；保障少数民族的权利和尊重少数民族的风俗习惯；保障妇女同男子有平等的政治权利、劳动权利、同工同酬和其他权利；办理上级人民政府交办的其他事项。

1992年，山东莱芜市由县级市上升为地级市，吉林新设松源市，全国地级市共191个；县级市达323个，增设34个；县和县级行政机关1 848个，减少了46个；镇14 539个，增加2 084个，乡33 827个，减少了6 743个。

地方国家行政机关为了工作的需要，可以设置代行行政事务的代表机关。这些机关代表上级政府对下级行政机关进行工作上的指导、监督和检查，同时也办理委派机关交办的事务，它对委派机关负责并接受其领导。依照《中华人民共和国地方各级人民代表大会和地方各级人民政府组织法》的规定，省、自治区的人民政府必要时，经国务院批准，可以设立若干行政公署，作为它的派出机关；县、自治县的人民政府必要时，经省、自治区、直辖市的人民政府批准，可以设立若干区公所，作为它的派出机关；市辖区和不设区的市人民政府，经上级人民政府批准，可以设立若干街道办事处，作为它的派出机关。截止1992年底，行政公署为110个；区公所1 231个，比1991年减少了1 865个；街道办事处5 233个，比1991年增加了47个。

县以上各级人民政府为了更好地行使职权，完成对本行政区域行政管理的任务，根据工作需要和精干的原则，设立若干工作机构，不完全与国务院所属工作部门对口，各省之间也不完全一样。

省辖市政府除个别的体制改革幅度大以外，工作部门设置与省对口，而且县级人民政府机构设置，大部分与所属的市对口；但也有一些县根据本县的情况，机构设置与所属市不完全相同。

国务院和地方政府的机构设置，第八届全国人大召开之后会有新的变化。

四、中央军事委员会

中华人民共和国中央军事委员会也是我国国家机关的一个组成部分。中央军事委员会领导全国武装力量。中央军事委员会由主席、副主席若干人和委员若干人组成，实行主席负责制，每届任期同全国人民代表大会每届任期相同。中央军事委员会主席对全国人民代表大会和全国人民代表大会常务委员会负责。

五、人民法院和人民检察院

人民法院是国家的审判机关，是人民民主专政国家机器的重要组成部分和工具之一。它通过惩办一切犯罪活动来保卫我国人民民主专政制度，并通过处理民事、经济、行政等案件，实现保护人民权益的职能。

中华人民共和国成立之后，在彻底打碎旧的国家机器的基础上，开始在全国范围内建立各级人民法院。1951年9月3日，中央人民政府委员会第十二次会议通过了《中华人民共和国人民法院暂行组织条例》，统一了人民法院的组织机构和审判制度：我国人民法院分为县级人民法院、省级人民法院、最高人民法院，基本上实行三级两审制，下级人民法院的审判工作受上级人民法院的领导和监督，各级人民法院为同级人民政府的组成部分，受同级人民政府的领导和监督；人民法院审判案件实行人民陪审制、巡回审判制、公开审判制等等。1954年第一次全国人民代表大会之后，人民法院不再是同级人民政府的下属部门，它作为国家审判机关，与国家行政机关、人民检察机关一样，都在国家权力机关——全国人民代表大会和地方各级人民代表大会的监督之下，各自构成统一的体制，从而加强了人民法院的地位，人民法院的组织体系由三级改为四级，即基层人民法院、中级人民法院、高级人民法院，最高人民法院，改三级两审终审制为四级两审终审制。"文革"期间，人民法院在组织建设、审判工作等方面，都遭到严重破坏。1974年初，全国法院陆续恢复，党的十一届三中全会以后，明确提出了发展社会主义民主、加强社会主义法制的任务，从此，人民法院建设进入了新的发展时期，初步形成了具有中国特色的审判制度和法院体系。

人民法院的任务是：1. 审判刑事案件、惩罚犯罪、维护社会秩序。2. 审判民事案件，调整平等主体公民之间、法人之间、公民和法人之间的财产关系和人身关系。3. 审理经济纠纷案件，调整生产和流通领域内的经济关系。4. 审判不服从行政机关处理决定向人民法院起诉的行政诉讼案件。5. 用自己的全部活动教育公民忠于社会主义祖国，自觉地遵守宪法和法律。

最高人民法院是我国最高审判机关。最高人民法院由院长一人，副院长、庭长、副庭长和审判员若干人组成，并设审判委员会。最高人民法院向全国人民代表大会及其常务委员会负责并报告工作。

最高人民法院的主要职权是：监督地方各级人民法院和专门人民法院的审判工作；审判法律规定由它管辖或审理的案件；对于法院在审判工作中如何具体应用法律的问题，作出司法解释；领导和管理全国各级人民法院的司法行政事项。

地方各级人民法院是按照行政区域设置的审判机关，在其管辖区域内行使审判权。它的管辖地区就是它的同级行政机关管辖地区。地方各级人民法院分为：高级人民法院、中级人民法院、基层人民法院。

高级人民法院设在省、自治区和直辖市。其职权是：监督辖区下级人民法院的审判工作；审判法律规定由它管辖或审理的案件；领导和管理下级人民法院和本院的司法行政工作。

中级人民法院设在省、自治区内的各地区、中央直辖市、省、自治区辖市和自治州。其职权是：监督辖区内基层人民法院的审判工作；审判法律规定由它管辖或审理的审案件；领导和管理下级人民法院和本院的司法行政工作。

基层人民法院设在县、自治县、不设区的市和市辖区。其职权是：审判刑事、民事、经济和行政案件的第一审案件；处理不需要开庭审判的民事纠纷和轻微的刑事案件；指导人民调解委员会的工作。

专门人民法院是我国在特定领域内设立的审理特定案件的法院。主要有军事法院、海事法院、铁路运输法院等。

军事法院是设立在中国人民解放军中的审判机关。军事法院分设三级：中国人民解放军军事法院；各大军区、军种级单位的军事法院；兵团和军级单位的军事法院。军事法院的审判工作受最高人民法院监督。军事法院审判现役军人和军队在编职工的刑事案件以及最高人民法院授权审理的刑事案件。现役军职人员的民事案件由地方人民法院受理。

海事法院是为行使我国司法管辖权，审理海事、海商案件而设立的专门人民法院。海事法院管辖包括涉外案件在内的第一审海事案件和海商案件，不受理刑事案件和民事案件。

人民检察院是国家的法律监督机关，其任务集中体现在两个方面：一方面，检察机关要镇压各种反革命活动和刑事犯罪活动，打击一切犯罪分子；另一方面，要保护国家、社会和公民的利益和权利。将打击和保护密切结合起来，从而为社会主义现代化建设的总目标服务。

1949年9月，中国人民政治协商会议第一届全体会议通过的《中国人民政治协商会议共同纲领》和《中华人民共和国中央人民政府组织法》明确规定建立人民检察制度。1954年9月，第一届全国人民代表大会第一次会议通过的《中华人民共和国宪法》和《中华人民共和国检察院组织法》，全面规定了新中国的检察制度。宪法同时对检察机关的垂直领导原则、独立行使检察权等问题作了明确规定。此后，普遍建立各级检察机关并加强业务建设和组织建设，全面开展各项检察业务。1957年反右派斗争以后，受“左”倾错误思想影响，检察机关的独立职能被削弱，许多检察机关被撤销。“文革”开始之后，各级检察机关受到更加严重的冲击，至1968年底，最高人民检察院和各级人民检察院相继被撤销。1978年3月第五届全国人民代表大会第一次会议通过的新的《中华人民共和国宪法》，又重新规定设置人民检察院。

人民检察院的主要职权是：对叛国案、分裂国家案等重大犯罪案件的检查权；对刑事案件的侦查权；批准逮捕权；公诉权；侦查监督权；审判监督权；对于刑事判决、裁定的执行和监所、劳改、劳教活动的监督权。

最高人民检察院是国家的最高检察机关，领导地方各级人民检察院和专门人民检察院的工作，对全国人民代表大会和全国人大常委会负责并报告工作。最高人民检察院设检察长一人，统一领导检察院的工作；设副检察长若干人，并设检察员、助理检察员和书记员若干人。最高人民检察院设检察委员会，由检察长、副检察长和各业务部门负责人组成，实行民主集中制，讨论和决定重大案件和其他重大问题。

地方各级人民检察院按国家行政区划，在县以上分别设置地方各级人民检院对本级人民代表大会及其常务委员会负责并报告工作，同时，各级人民检察院的工作除受最高人民检察院领导外，上级人民检院还领导下级人民检察院的工作。地方各级人民检察院分别设置与最高人民检察院各业务机构相对应的检察处、科和其他业务机构。

目前我国的专门人民检察院中有军事检察院。它是国家在中国人民解放军系统中设立的专门的法律监督机关。主要处理现役军人和军内在编职工的犯罪案件。各级军事检察院实行双重领导原则，即中国人民解放军军事检察院在中华人民共和国军事委员会和最高人民检察院的领导下工作，其他各级军事检察院在本级部队政治部和上级军事检察院领导下进行工作。各级军事检察院设检察长一人，副检察长和检察员若干人。

人民检察院的领导体制，是指它对内对外的组织关系而言。人民检察院实行的是在中国共产党的领导下，各级人民检察院受同级人民代表大会及其常务委员会的监督，最高人民检察院领导地方各级人民检察院和专门人民检察院的工作，上级人民检察院领导下级人民检察院的工作的原则。

（人事部政策法规司　季晓南　刘宁劲）

社 会 团 体

在我国，社会团体通常是指一定数量的公民或法人为了一个共同的宗旨和特定目的，自愿结合组成的社会组织，一般以协会、学会、联合会、联谊会、研究会、基金会、促进会、商会等命名。它区别于国家机关、企业、事业单位等组织形式，是一种非营利的民间性组织。

党的十一届三中全会以来，我国社会团体出现了蓬勃发展的势头，各类社团组织的大量涌现，标志着我国民主建设进程以及公民结社热情和参与社会管理意识的增强，而且也反映出我国经济体制改革的客观需求。可以预见，随着我国社会团体的健康发展，社会团体必将成为我国社会主义建设事业中一支不可忽视的社会力量。

一、我国社会团体发展的基本情况

早在建国前，我国社会团体就有了一定的发展，据统计，最早成立的自然科学类社会团体，如中国药学会，中国地理学会分别于1907年和1909年成立。截止到1947年，约有近30个，如中国护理学会、中华医学会、中国农学会等，同时，在解放区成立并发展起来的如文联、妇联、青联及工会等。

1950年，中央人民政府颁布了《社会团体登记暂行办法》，由当时的内务部负责社会团体的登记工作。据记载，曾在内务部登记成立的社会团体有60多个，一大批诸如中国贸促会，中华体育总会这样的全国性社团组织陆续宣告成立。

1960年以后，由于“左”的路线影响和国民经济暂时困难，以及接踵而至的“十年动乱”，社会团体工作一度陷入停顿，大部分社会团体中断了活动，甚至解散了机构。

党的十一届三中全会以来，随着我国改革开放的深入，给社会团体的发展带来了生机。在这期间，有近1 200个全国性的社团组织应运而生，遍及政治、经济、科技、文化、教育、体育、卫生、社会福利等领域，为我国的社会主义建设事业注入了活力。其中仅中国科协所属的具有权威性的理、工、农、医等全国性社团组织就发展到近150个，其下属分支学会达1 800多个。

1989年10月，国务院颁布了《社会团体登记管理条例》(以下简称《条例》)。至此，我国社会团体工作开始步入了法制化管理的轨道。依据《条例》的有关规定，民政部及各地民政部门从1990年6月开始对《条例》施行前成立的尚未登记的社会团体，办理复查登记，已经登记的(指在内务部时期登记的)办理换证手续。据统计，截至1992年底，经业务主管部门资格审查后申请复查登记的全国性社会团体1 100个，新成立社团300个。通过民政部的审核批准，目前已有1 008个全国性社会团体进行了复查登记，263个新社团宣告成立。在这些全国性组织中，行业性社团264个，占21%；专业性社团341个，占27%；学术性团体582个，占46%；联合性社团84个，占6%。

据全国县以上民政部门对社会团体的统计，目前，全国共有社会团体约15万个。

二、社会团体在我国社会主义建设事业中的地位和作用

社会团体在组建原则上由于打破了部门、系统和地域的界限，因此，它能最大限度地将某一领域、某一行业中的专家、学者、知名权威人士组合在一起，具有人才、知识、信息密集的优势。同时，由于其民间性的特征，社会团体在开展活动上具有自主性强、灵活、超脱等特点，在参与社会事务，开展国际间的交往与合作中显示出不可忽视的作用。实践表明，社会团体日益成为维系社会进步，促进我国经济建设发展的重要力量。

社会团体的作用主要体现在以下方面：

(一) 桥梁和纽带作用

社会团体是公民结社行为的组织，表现形式为社会各个方面群体利益的集合体，因此，它能作为不同行业，不同层次、不同方面利益的代表者，及时向党和政府反映各方面的要求、愿望和建议，为政府部门制定政策提供决策服务。同时，社会团体作为中介力量，积极在本行业，本领域内宣传、贯彻党和政府的有关方针、政策，在实行自我教育、自我约束和自我管理中求得发

展。社会团体在政府与企业、政府与社会组织及个人之间架起了一座联结的桥梁。同时，也在沟通社会团体与社会各界，社会团体与国际间的联系方面发挥了重要作用。

（二）党和政府部门的助手作用

我国实行经济体制改革以来，政府部门转变职能，在对企业由直接、微观的管理向间接宏观管理转变的进程中，社会团体较好地适应了简政放权，实行社会化管理的要求，为企业经营机制的转换，参与市场竞争提供了较好的协调、组织、咨询、信息等社会化服务，在协助政府部门做好行业管理方面发挥了不可替代的作用。很多学术性组织积极通过学术活动，向政府部门提供建议和意见，为政府部门制定法规、政策、进行决策提供咨询服务。还有些专业性组织，积极接受政府部门委托，进行跨行业、跨系统和区域的人员培训和社会教育，起到了拾遗补缺的作用。

（三）社会服务的重要力量

社会团体由自身性质决定，首先对其会员提供较好的服务。同时，面向社会开放办会。实行广泛的社会服务，也是社会团体社会功能之一。近些年来，社会团体从民间渠道出发，逐步拓宽服务领域，取得了良好的社会效益和经济效益。它们致力于社会需要的各项事业，提供各种各样的诸如咨询、信息、培训、项目、技术开发与转让等方面的社会服务，为社会进步和经济发展做出了贡献。

社会服务还体现在从事各种公益事业，例如扶贫、救灾、文化交流、社会福利、卫生保健、教育、体育等方面。在这些方面社会团体做了大量的、卓有成效的工作，受到了党和政府及广大人民群众的高度评价。社会公益事业的开展，净化了社会风气，促进了社会主义事业的繁荣，也满足了社会各界的多种需求。中国青少年发展基金会从1989年以来，开展了一个声势浩大的“救助贫困地区失学少年重返校园”的希望工程，几年来，共向社会各界，海内外筹措资金1.07亿元，向25省区648个贫困县的小学教育事业提供了资助，建立“希望小学”70所，使近33万名小学生重返校园，产生了强烈的社会影响。

（四）社会经济活动的重要参与力量

随着我国经济体制改革的深入，社会团体开始逐渐介入社会经济活动，由科技性社团率先开展的以四技（技术咨询、技术服务、技术开发、技术转让）科技开发企业的创立，为社会团体经营办实体开了先河。同时按照有关规定办理审批手续的报社、杂志社、出版社、培训中心（或学校）、研究中心（研究所）等也允许做为社会团体的实体机构设立，为社会团体提供了参与经济活动的多种途径。1992年9月，国家工商管理局在《关于改进企业登记工作，促进改革开放和经济发展的若干意见》中对社会团体可以从事经营办实体的问题作了明确规定。这是我国社团管理方面的一项重大改革。社会团体凭借自己的优势和早已形成的信息网络和组织网络，走向社会，参与经营活动，一方面经费自筹，更好地发展事业，为会员服务提供了物质保障，同时也为社团发挥自身潜能，更好地为经济建设服务提供了用武之地。可以预见，社会团体利用自身所特有的凝聚力、号召力和影响力，直接、间接地参与社会经济活动，必将成为我国社会主义经济建设中的一支生力军。

（五）在开展民间国际交往中发挥独特作用

社会团体作为民间性的组织形式，在国际交往中发挥着积极、独特的作用。首先，社会团体以非官方的方式，开展涉外活动，对我国对外工作开辟了一条重要渠道。同时，由于社会团体的特有性质，使之更便于开展与国际上相应民间组织与机构的交流与合作。近些年来，越来越多的社团组织积极开展对外交往活动。它们利用多种形式，宣传中华民族的优秀文化，介绍我国改革开放政策以及社会、政治稳定和经济发展的伟大成就，在文化、教育、卫生、体育等方面加强同国外的交流和在经济、科技领域的合作方面做出了积极的努力。

三、社会团体发展趋势展望

纵观我国社会团体的发展历史，我们可以看到，社会团体这一组织形式正在为广大人民群众所认识。但是，由于我国社会团体工作长期以来处于无法可依、管理分散的状况，社团的发展还存在一些问题：例如行政化倾向比较突出；社团内部管理机制不够健全；经费不足；开展活动缺少活力等。这些问题的存在，制约着社会团体自身优势的发挥和其健康发展。

民政部自1989年组建社团管理司以来，认真贯彻《条例》，在加强社团管理法制建设，完善社团管理政策指导等方面做了大量的工作。目前，《结社法》起草工作正在积极进行。同时为配合《条例》的贯彻实施，民政部已先后发布了30多个规范性文件。其中《关于贯彻执行〈社会团体登记管理条例〉有关问题的通知》，与中组部、人事部、财政部、劳动部联合下发的《关于全国性社会团体编制及其有关问题的暂行规定》等文件，为社会团体的健康发展提供了很好的政策保证。

预计在今后一个时期，随着我国改革开放，经济发展和社会的全面进步，社会团体将进入一个稳步发展的阶段。这时，适应经济建设发展和“小政府、大社会”变革以及人们物质文化需求日益增长的变化，相应社会团体的建立和发展将不可避免，社会团体的作用日益突出。

同时，社会团体也将在社会发展的进程中找准自己生存与发展的位置，积极开拓自身活动领域，在经费自筹、人员自聘、工作自主的发展道路上，不断前进。

政府部门在建立和完善社团管理法规建设方面，为社团健康发展提供服务，促进社会团体增强自主意识和自我发展的能力。

（民政部社团司 富琼英）

公　安　机　关

我国公安机关是武装性质的国家治安行政力量和刑事执法力量，公安工作是国家社会管理工作的一个重要方面。1992 年，各级公安机关和武警部队认真学习邓小平同志视察南方重要谈话和十四大精神，贯彻两手抓、两手都要硬的指导思想，依照有关的法律规定，认真履行各项职责。坚持严厉打击严重刑事犯罪活动的方针，狠抓侦察破案工作，重点打击犯罪团伙和杀人、抢劫等严重暴力犯罪活动。加强公共场所治安秩序的整顿和治理，大力扫除社会丑恶现象，严密各项公安行政管理工作，有效地维护了政治稳定和社会安定，保障了正常的工作、生产和生活秩序，保护了公民的人身、财产安全和其他合法权益，为我国工业、农业和第三产业的发展，为改革开放和社会主义经济建设创造了良好的治安环境。全年全国公安机关共查破各类报警案件 360 余万起，其中查破刑事案件近 108 万起，缴获赃款和赃物折款共计 27 亿多元。经检察机关批准，依法逮捕各类人犯 48 万余名；查破制造、贩卖毒品案件 14 701 起，缴获海洛因 4 489 公斤；查破拐卖妇女儿童案件 16 718 起；查处卖淫嫖娼人员近 25 万名。在全国范围内收缴非法持有的枪支近 20 万支，其中军用枪支 2 291 支。

近几年，盗窃案件一直居报警案件的第一位。1992 年盗窃案件占全部报警案件的 45%，占全部刑事案件的 72%，严重危害国家经济建设和人民群众的切身利益。公安机关持续开展反盗窃斗争，重点打击盗窃公私巨额现金、盗窃工业原材料和盗窃破坏国防、邮电通讯线路、电子设施、电力设施、水利设施等犯罪活动。全国公安机关共查破各类盗窃案件 159 万起，其中经济系统的盗窃案件有 7 万余起。

侦查处理诈骗和部分重大走私、投机倒把等经济犯罪案件是公安机关直接为经济建设和经济秩序服务的重要内容。1992 年共查破诈骗案件 39 112 起，走私案件 1 880 起。公安边防部门共缉获走私货物价值人民币约 15 亿元。

针对一些地方和路段社会治安不好，严重危害交通运输秩序，影响群众安全的情况，公安机关采取一系列措施，不断整顿铁路、公路治安秩序，先后有 17 个省、自治区和铁路公安机关相继组织了专项斗争，打击交通线上的抢劫、盗窃犯罪活动。

在打击各种违法犯罪活动的同时，公安机关依法维护公共场所特别是各种专业市场、农贸集市的治安秩序，保护有关部门执法人员的安全。督促和协助企事业单位落实治安防范措施，减少了一些案件的发生。1992 年特大盗窃、抢劫银行案件比上年下降了 33%。

依法管理交通安全秩序和消防监督工作是公安机关的职责。1992 年全国机动车达 2 000 万辆。在经济建设和交通运输事业高速发展，车辆产交通流量迅猛增加而道路建设严重滞后的情况下，我国交通事故正处于高发期。经过公安机关和社会各方面的努力，交通事故有所减少。全年共发生道路交通事故 22.8 万起，死58 792人，伤 144 264 人；交通肇事中，个体运输户造成死亡的占 23%，其死亡数比上年增加 1 500 多人。全年共发生火灾 3.9 万多起，死 1 900 多人，伤3 300 多人，直接经济损失近 7 亿元。与 1991 年相比，火灾起数下降 12.8%，死人下降 5.5%，伤人下降 9.7%，直接经济损失上升 32.9%。特大火灾上升幅度增大，全年共发生特大火灾 177 起，死 153 人，直接经济损失 2.8 亿多元。

为了更好地为改革开放和经济建设服务，各级公安机关积极改进和改革公安机关的执法活动和管理方式，已初见成效。一是为维护城市社会治安，提高动态环境下控制治安的能力，开始在大中城市建立民警巡逻体制。在 3 个直辖市、20 个省会市和 27 个大中城市投入警力 3 万多人执行巡逻任务，及时预防和打击违法犯罪活动，处置各种突发事件，为群众提供安全保护和救援。二是简化出入境和前往边境地区的审批验证手续，取消因私再次出境的出境卡，缩短了审批验证时间。三是进一步简化了建筑防火设计审查手续，缩短了审批时间，减轻了企业负担。四是撤销了全国公安机关在公路上设立的交通检查站，公路交通管理实行流动巡逻，为提高车速、货畅其流和保障安全创造了条件。五是抓紧在大中城市公安机关建立 110 报警求助电话，城市派出所实行日夜办公，随时接待群众，维护社会治安。六是改革和加强了流动人口和暂住人口的管理工作，为公民从事经济和社会活动提供必要的保障和方便。

1992年，全国共有职业制人民警察88万多人，武装警察67万人。为了便于公安机关执行职务，保护人民，加强人民警察队伍的正规化建设，全国人大常委会通过了《人民警察警衔条例》，人民警察开始实行警衔制度。在授衔之前，公安机关普遍进行了整顿和培训，清理了一批不合格人员，处理了公安队伍中发生的一批违法违纪案件，整体素质有明显提高。

公安机关的工作任务同发展经济有着直接的关系。如何在改革开放形势下进一步做好公安工作，为经济建设和改革开放创造良好的治安环境，是各级公安机关正在积极研究并不断实践的课题。公安工作将随着改革开放和经济建设的不断发展而进一步改革和加强。要本着积极、慎重、科学的原则推进公安工作自身的改革，使公安工作的体制、机制更好地体现自身的性质，适应和促进社会主义市场经济体制的形成和运转。同时，不断提高人民警察的政治素质、业务素质和装备水平，增强抗腐蚀能力和战斗力，保证人民警察队伍忠于职守，严格执法，更好地为保障和促进改革开放和经济建设服务。

作为公安机关组成部分的中国人民武装警察部队，是国家的一支武装力量，由内卫、边防、消防等部队组成，担负着国内安全保卫的重要任务。1992年，武警部队不断深化执勤任务，执勤效能显著提高，为国家的改革开放和国民经济的发展提供了重要的保障和服务。在固定目标执勤中，确保了目标安全。积极参加社会治安综合治理工作，有300多个大中城市的武警部队参与公安机关的民警巡逻工作。在各类抢险救灾工作中，武警部队出动兵力8.3万人次，抢救遇险群众9 400多人，抢运重要受灾物资3.1万多吨，为保护国家和人民群众的生命财产做出了贡献。武警部队还积极开展拥政爱民活动，共投入340多万个劳动日支援国家重点工程和社会公益事业，有2 400多个单位在创建“双拥”模范城（县）活动中，被评为拥政爱民先进集体，为当地经济发展和精神文明建设做出了贡献。

（公安部办公厅）

第六部分

第三产业分地区发展概况

北 京 市

一、北京市第三产业的现状和特征

我市第三产业在改革开放中得到了迅速发展，现已形成行业门类比较齐全、各种经济形式并存、整体效益较好的产业群体。在推动首都现代化建设，完善特大都市功能，提高人民生活质量等方面发挥了巨大作用。

1992年我市第三产业增加值完成了314.4亿元，占国内生产总值的比重已达到44.5%，第三产业就业人数占全社会就业人数的比重达到42.6%，两项指标均居全国前列。

通过1992年对我市第三产业普查资料的分析，我市第三产业主要呈现以下四个方面的特征：

1. 突出首都功能，体现"三个中心"，有关行业发展位居全国之首。

北京是党中央国务院所在地，是全国政治中心和经济建设指挥中心。因此，为社会公共服务的部门具备相当规模，北京市正朝着"全国的政治中心、文化中心和国内、国际交往中心"的方向健康发展。

1991年底，北京市第三产业中的党政机关及社会团体有2883个，从业人员33.6万人，全年提供增加值21.82亿元，均居全国各大城市之首；我市第三产业中的卫生体育、文化教育、科学研究等事业单位共有5 355个，从业人员66.3万人，全年提供增加值46.84亿元，居全国前列；此外，我市新闻出版发行总量(1 467万千印件)、广播电视人口覆盖率(98%)、体育场馆(33个)、科研机构(358个)、在校生人数(13.7万人)、邮电业务总量(15.74亿元)、电话总数(102万户)、通往各地航线(79条)、旅游综合接待能力(涉外宾馆、饭店203家，8万张床位)、城镇道路建设等均居全国前列。

2. 行业结构由传统的商业、饮食服务业向旅游、房地产、金融、保险、咨询服务等新兴行业倾斜。

1991年，交通运输、邮电通信、商饮服务等传统行业共提供增加值105.65亿元，比1984年(我市第一次第三产业普查年份)增长2.4倍，占全市第三产业增加值的比重由1984年的42.3%缩小到40.4%，而同期旅游、金融、保险、房地产、咨询服务等新兴行业却以每年21.5%的速度递增，快于传统行业2.4个百分点，占第三产业增加值的比重由1984年的26.5%增至29.6%，提高了3.1个百分点。整个行业结构由传统型行业开始向新兴行业倾斜。

3. 所有制结构发生变化，但仍以全民所有制经济为主体。

改革开放以来，在"全民、集体、个体一起上，大力发展第三产业"的正确方针指引下，多种经济类型的企业、事业单位相继成立，竞相发展，"气象不凡"，在解决本市"诸多不便"方面发挥了重要作用。1992年底，全市从事第三产业的个体户比1984年增长了1.9倍，全年创造增加值12.83亿元，增长11.8倍，平均每年以44%的速度递增，比同期全民所有制单位经济增长率快1倍；"三资"、股份制企业由1984年的不足10个发展到233个，年末拥有职工4.9万人，创造增加值6.82亿元，占全市第三产业增加值的比重为2.6%；全民所有制单位提供的增加值占第三产业的份额，虽比1984年减少4.9个百分点，但还是高达79.1%，仍占主导地位。

4. 我市第三产业城市空间分布呈"耗散型"，发达程度东北地区高于西南地区，农村第三产业悄然兴起。

我市二环路以内第三产业较为密集，每万人拥有商业零售营业网点182个，比二环与三环路之间及三环与四环路之间高97.4%和25.5%，越往外密集程度相对减弱，形成一个以城区为中心向外辐射的环型发展布局，呈"耗散型"分布。乡村第三产业增加值5.86亿元，比1984年增长3.6倍，平均每年跃增24.3%，超过了同期城镇第三产业增长速度。

二、北京市第三产业存在的问题

我市改革开放以来第三产业发展成就是明显的，但依据国内、国际第三产业发展经验数据的对比分析，我们认为作为首都及特大城市北京市第三产业发展的差距很大，目前存在的主要问题是：

(一)第三产业比重偏低，没有发挥出主体产业的功能和作用。1991年北京市第三产业增加值占国民生产总值的43.7%，同年全市人均国民生产总值

5 761.4元，折合1 079.68美元。世界银行《1984年世界发展报告》的统计资料显示，当一国或地区人均国民生产总值在500到1 000美元的区间内，第三产业的产值占国民生产总值的比重大体在47—51%之间，北京低于这一标准。经验资料还表明，第三产业增加值占国民生产总值比重保持在60%左右较为合适，北京与60%的合理结构水平相距还很远。

北京有众多的高等院校和科研院所，而1991年全市的综合技术服务及咨询服务业创造增加值在国民生产总值中的比重仅为1.62%，与北京作为科技文化中心的地位很不协调，第三产业发展的潜力并未得到充分的发挥，作为主体产业的地位有待进一步加强。

（二）第三产业现有规模偏小。1991年，第三产业从业人数263.5万人，占全社会劳动者人数41.57%，年末固定资产原值784亿元，占全市固定资产原值的59.2%，不及70%的水平，比重偏低。

（三）社会化程度低，第三产业商品化水平不高。我市第一、二、三产业内部办的各种自我服务型机构（食堂、幼儿园、卫生室等）人财物的利用率不及30%；一些新兴行业，如信息咨询、房地产经营管理、家庭服务等，没有形成规模。而遍布企事业内部的自我服务机构又阻碍了第三产业的社会化、商品化，亟待改革。

（四）市场体系尚未建立，流通渠道不畅。我市目前流通渠道单一，1991年我市全社会生产资料流通量中，北京的国营物资供销企业所占比重超过40%，而全国仅为22%，北京生产资料市场开放程度大大低于全国平均水平；此外，物资、商业、外贸三分天下的局面，阻碍了大流通市场的形成。再者，北京的资金市场、劳动力市场、人才市场、信息市场、房地产市场、技术市场也尚处起步阶段，没有形成体系。

三、1992年北京市发展第三产业采取的主要政策和措施

1992年北京市人民政府制订了一系列政策和措施，鼓励第三产业的发展。主要思路是：把发展第三产业同产业结构调整，支持国营大中型企业开展优化劳动组合，安置富余人员结合起来，制订了24条具体措施，创造一个更加宽松的外部环境，支持国营大中型企业积极兴办第三产业。主要措施是：

简化新办第三产业企业审批手续，提高办事效率。由市计委、市集体经济办牵头，组织各有关部门参加，成立市政府第三产业联合审批领导小组，下设联合审批办公室。其主要任务是简化企业申办第三产业的审批程序；督促各有关部门，提高办事效率；协调、解决企业在新办第三产业过程中遇到的特殊困难和重大问题。

企业法人因安置富余人员兴办第三产业，申请变更原登记注册事项的，除增设具备法人资格的分支机构外，其它事项由企业法人依据章程自主确定，可不再提交上级主管部门批件，直接向工商行政管理机关申请。

鼓励企业富余人员，经原企业同意，自愿组合、自筹资金合作、合伙兴办新的第三产业企业；允许企业采取资金入股或投资入股的方式兴办股份合作制的第三产业企业；支持和鼓励企业职工按照合作制的原则兴办职工消费合作社；对具备资金、场地、设施、人员和技术力量等基本经营条件的企业，允许跨行业开展多种经营。

放宽审批有条件的第三产业企业和劳动就业服务企业开展批发业务。生产企业开办的有商业批发业务的企业，除国家有特殊规定的商品外，可以从事非自产商品的批发经营业务，其注册资金可区别不同经营项目，适当降低限额起点；商业零售企业兼营批发业务的，其批发营业场地面积要与批发业务相适应，不作具体规定。允许企业灵活经营，能批则批，能零则零。

对从事饮食、服务、修理、服装零活加工的第三产业企业和劳动就业服务企业职工，经有关部门批准，可实行提成工资。

安置到第三产业企业和劳动就业服务企业的富余人员的退休费统筹基金、职工待业保险基金，仍由原所在单位缴纳。职工达到退休年龄时，仍回所在单位办理退休手续，享受退休待遇。其中到社会上待业的，由原所在单位出具证明，按规定享受待业保险。

安置到第三产业企业和劳动就业服务企业的各类人员，均应与所到企业鉴订劳动合同。合同一经签订即具有法律效力，双方必须严格履行。

各金融机构要在信贷计划的总盘子中，划出一定的贷款规模，用于支持第三产业的发展。市劳动局要安排一部分资金，用于贷款贴息。

在保证归还贷款的前提下，企业自有资金比例可按不低于10%掌握。对规模较小的企业，可用少量流动资金贷款支持其营业用房的装修和价值不高的设备购置。允许信用社向从事第三产业的集体企业发放小额固定资产贷款和简易设备维修贷款。

合理规划和安排好新办第三产业的经营场地问题。城市规划管理部门要协助各区、县实行统一规划，安排专门用于第三产业的场地。

四、1992年北京市加快第三产业发展的情况

1992年首都市场繁荣，购销两旺。在《中共中央、国务院关于加快发展第三产业的决定》和全国加快第三产业发展工作会议精神指导下，北京市坚持打开城门，开放市场，实行“买全国的、卖全国的；全国来建、全国来卖”的方针，吸引各方面资金发展第三产业，收

到了积极的效果。全年新增商业、饮食、服务等第三产业网点1.3万个，新建集贸市场124个，第三产业从业人员增加10.6万人，一批大中型商业设施相继建成开业。市场多元化格局开始形成。典当业、拍卖行出现在北京街头。遍布在全市的早市、夜市大大方便了群众。1992年社会商品零售总额完成430亿元，增长20.2%，比全国平均水平高5个百分点。金融、保险及房地产、信息咨询等新兴第三产业有较快发展，比重明显提高。邮电业务量达到21.6亿元，比上年增长37.6%，市内电话机用户达47.8万户，比上年增长21.6%。1992年是我市第三产业发展最快的一年。

与此同时，第三产业利用外资的步伐明显加快。房地产开发、商业零售领域的合资，取得了突破性进展。外贸出口在提高效益的基础上稳步增长。全年出口15.1亿美元，增长10.2%。全年新办海外企业30家，总投资1724万美元。全年共接待入境旅游者174.8万人次，旅游创汇10.75亿美元，创历史最好水平。

固定资产投资结构合理，增长适度。1992年全市固定资产投资完成200亿元，比上年增长38.5%，其中地方固定资产投资完成124亿元，比上年增长41.6%。主要投向城市基础设施、危旧房改造、第三产业和工业后劲项目、大型农田水利项目、科教文卫及政法公安等重点项目。城市基础设施完成投资58亿元，比上年增长64.7%，占全市固定资产投资比重达到29%，是近10多年来最多的一年。第三产业完成投资126亿元，占全市固定资产投资的63%。全年新增市内电话装机容量18.7万门。新增燃气用户6.3万户。集中供热面积200万平方米。市区绿地面积扩大112公顷。治理污染源65个。全年商品房建设投资达29亿元。房屋竣工1 091万平方米，其中住宅662万平方米，有近10万户居民迁入新居。危旧房改造开复工260多万平方米，竣工80万平方米，1992年一次性安置和回迁居民1.7万户。教育、医疗、文化、政法、公安设施进一步改善。全年竣工中学校舍18万平方米。

科教文卫各项事业蓬勃发展。科技成果商品化水平明显提高。全年技术交易总额达到22.2亿元，增长70.7%。推广先进适用的科技成果约增加产值30亿元。

五、北京市今后发展第三产业的基本思路

根据北京市发展第三产业总的战略方针，初步设想，未来10年北京市第三产业发展的战略目标是：通过大力发展与首都特点相适应的第三产业，推动第一、第二产业的优化，促进商流、物流、信息流灵活运转，满足人民群众日益增长的物质、文化方面需要，加速首都社会、经济的发展。逐步建立起适应社会主义市场经济新体制的统一市场体系、城乡社会化综合服务体系和社会保障体系。形成一个同第一、第二产业发展相适应，内部结构合理，以服务功能为核心的，适应社会主义市场经济新体制的开放型、多功能、多层次、高效率、运转协调、充满活力的现代化第三产业体系，并逐步成为首都经济的主体产业。

（北京市计划委员会　刘志）

天 津 市

在13世纪中叶，商业、漕运业的发展，标志着天津商业都市的形成。1860年天津被辟为通商口岸后，开始成为我国北方重要的商品和物资集散地、著名的商业都市。自1868年至1937年的70年中，天津对外贸易总值平均占全国10%以上，占华北地区的45%～60%。1882年第一家外资银行英国汇丰银行开业，到1936年，天津共有外国人开办的银行17家，资本总额4.34亿元，占外国在华银行资本总额的16%，仅次于上海，居全国第2位。同时又有中国开办的银行总行和分行共计100多家，占全国银行资本总额的12.7%，形成了解放北路金融街和我国北方的金融中心。1949年，天津第三产业增加值1.65亿元(当年价格)，占国民生产总值的40.54%。新中国成立后，天津第三产业得到了进一步发展，但是由于片面追求所有制升级和重生产、轻流通、轻服务，使第三产业的发展落后于整个经济的发展。第三产业占国民生产总值的比重由1953年的41.7%，降到1958年的24.6%，1971年又下降为21.24%，1978年恢复到24.31%。1978年天津市国民生产总值为82.65亿元，比1949年增长19.3倍，平均每年增长10.94%；而工业增加值1978年为57.53亿元，比1949年增长37.87倍，平均每年增长13.45%；第三产业增加值1978年为20.09亿元，仅增长11.18倍，平均每年增长9%。

改革开放的14年间，天津市制定了一系列政策扶植第三产业的发展，例如国家、集体、个体三者一齐上，发展了商业服务业；从解决乘车、就餐、理发、入托等几“难”入手，解决了人民生活服务中的诸多不便；工业自销增加，开始了实行包括发展第三产业在内的多元化经营；加强了科研和技术服务，教育机构迅速发展，加快了人才培养；各种专业职能市场纷纷建立，如贸易中心、批发市场、科技市场、金融证券交易市场、劳务市场、房地产市场等；新的行业逐步产生，如租赁业、保险业、信息业、咨询业、科技服务业、航空、港口服务业、农村服务业、劳动就业服务业等。1992年天津市政府召开了全市发展第三产业工作会议，制订了《天津市第三产业发展规划基本思路》和一系列政策性文件，促进了天津市第三产业更快地发展。1978～1992年第三产业固定资产投资平均每年增长16.3%，比全市固定资产投资平均每年增长速度高出1.3个百分点。第三产业固定资产比重由1978年的23.26%提高到1992年27.1%。目前天津市第三产业已形成4个层次12大行业，其中金融保险业，商业服务业和交通邮电业是天津第三产业的3大支柱行业。

1992年天津第三产业增加值达到150.3亿元，比上年增加14.6%，占全市国民生产总值411.2亿元的36.6%。在第三产业增加值中，第一层次占50.8%，第二层次占34.7%，第三层次占9.6%，第四层次占4.8%。几个主要行业的增加值占全市第三产业的比重分别为：商业及饮食业27.3%，金融保险业23.1%，交通邮电业23.8%，科技及科技服务业1.7%，咨询业0.5%，房地产业4.5%，公用事业1.6%，居民服务业3%，地质普查业0.7%，农村综合服务业0.7%，教育文艺广播电视事业5.8%，卫生体育福利事业2.5%，国家机关4.8%。

一、第三产业几个重点行业1992年发展情况

(一) 商品流通业

国内商业狠抓大流通，促进市场繁荣。1992年先后举办了天津春季商品交易会和全国最畅销商品大型展销活动。各区、县、局和大中型批发、零售企业，举办不同规模的订货会、展销会、招商会。新建和完善了钢铁炉料、钢铁、煤炭、石化、食糖、猪肉等34个全国性或区域性的批发交易市场，改造和新建了东方商厦、东海商厦、滨江商厦等7个大中型商场，装修和改造了430个中小网点，新建、改建、完善了103个批发和集贸市场。经国务院批准，开始组织实施由华联商厦与香港信德集团、天津立达(集团)公司与泰国正大集团合资经营商场的建设工程。在商业企业内部狠抓机制转换，增强了企业活力。国合零售商业实行了“四放活”政策，全市“四放活”企业达1 200多户，占总数的55%；有2 300多个小门店租包给职工个人经营；200多个集体企业实行了股份合作制；700多个供销社小门店实行了“租壳卖瓤”双金抵押承包；在劝业场、

华联商厦、百货大楼、国际商场进行了股份制试点；龙门大厦进行了股份制改组，建立了有限责任公司；试办了茶叶集团、狗不理饮食企业集团等一批商贸企业集团。1992 年，内贸商业购进实现 176.9 亿元，比上年增长 6.3%；销售实现 235.6 亿元，增长 154%；全市社会商品零售额实现 187.7 亿元，增长 10.9%。

在外贸方面，积极审核上报企业自营出口权，1991 年共为 73 家企业申报了外贸经营权，17 家获得批准，使我市外贸企业达 81 家；批准外商驻津办事机构 161 家，使外商驻津办事机构累计达到 313 家；充实了天津驻外机构的力量，批准设立了 54 家海外企业和驻外机构；加快了出口商品结构调整步伐，增加了高价市场和技术的出口比重，1992 年天津口岸出口完成 17.4 亿美元，增长 8.3%，其中技术出口 4 100 万美元，增长 34.9%。

（二）金融、保险业

截止 1992 年底，全市共有各种金融机构 1 265 家，比上年增加 87 家。其中银行机构 914 家，非银行金融机构 351 家，分别比上年增加 21 家和 66 家；批准成立了 22 家城市信用社；建立了在全国影响较大的天津证券交易中心，全国 22 个省、自治区、市 100 多家金融机构成为会员单位，市内增设了 11 家证券交易营业部，全年共转让各类债券 30.87 亿元，相当于上年的 4.2 倍；建立了外汇公开竞价市场，吸收会员单位 50 家，全年成交 8.78 亿美元；建立了渤海化工集团财务公司。与此同时，还批准成立了英国标准渣打（麦加利）银行天津分行和法国巴黎国民银行天津分行两家外资银行，使天津金融的对外影响空前壮大。到目前为止，已初步形成同业拆借、证券交易、外汇调剂 3 大金融市场体系。全年各项保险业务、投保金额、办理保险赔案、支付赔款都在积极健康发展。同时积极筹建了天津人寿保险公司和太平洋、平安保险分公司。

（三）交通、邮电业

1992 年是天津交通、邮电业建设和发展最好的一年，完成了一批较大的重点项目。港口通信枢纽、南疆石化码头和一公司 3 号泊位改造按期投产；东突堤北侧 6 个泊位已完成主体工程；民航机库工程已经开工。为适应客运市场的需要，民航天津国际分公司顺利完成了改换机型工作，恢复和新开了天津～深圳、天津～福州、天津～汕头、天津～西安～成都航线；加大了天津～汉城包机密度。天津机场接纳了天津～日本包机和前苏联各加盟共和国～天津包机。市联办新辟了天津～营口的旅客联运业务，天津与其他城市的旅客联运代办业务已发展到 13 个城市。市话交换机安装开通 13.26 万门，净增 9.5 万门，总装机达到 35 万门。长途自动交换机全年净增 5 600 路端，增开长途电路 1 000 路。园满完成五县程控化改造工程。

运输邮电业务创造历史最好水平。港口吞吐量完成 2 928.6 万吨，比上年同期增长 23.2%。铁路发送量完成 7 166.4 万吨，全市公路货运总量完成 1.46 亿吨。民航机场旅客吞吐量完成 30.24 万人，货邮吞吐量完成 1.3 万吨，国际航空分公司完成旅客运输量 34.45 万人。

（四）房地产业

1992 年天津房地产综合开发有了良好起步。按照市政府的统一部署，住房制度和土地使用制度改革进展顺利。全市有1.47万个单位232万职工建立住房公积金。全市4500万平方米公产住房按房改要求调整了租金。土地出让出租和房地产开发开始纳入市场轨道。1992年出让土地148块3.97平方公里，放开了房地产二级市场。取得经营执照的房地产开发企业从1991年的73家增至175家。在开发范围上扩大到大型商贸设施、公寓、写字楼、工业厂房等项目，并注意了新区开发和旧区改造相结合，提高整体配套功能。1991年市区新建和翻建住宅205万平方米，完成维修危陋房屋159万平方米，抗震加固25.9万平方米，为居民换房3.8万间，使居民住房条件有了进一步改善。

（五）市政公用事业

1992 年天津市政公用设施建设继续得到加强。京津塘高速公路建成了宜兴埠至跃进路段，延伸至天津机场。建成塘沽港区 8.15 公里的高速公路边接线和塘沽四号路立交桥，使塘沽区、经济技术开发区、保税区的交通更加便利。拓宽了津淄公路、程林庄路，建成了刘庄桥，提前完成了地方铁路津南支线。翻建里巷道路 1 284 条、计 21.42 万平方米，继续完善了天津的道路交通体系。完成了第二煤制气厂的扩建改造工程，铺设和投产使用了大港至柳林 45 公里天然气复线，增加了 4 万煤气用户。加快了新开河水厂二期续建和东郊污水处理厂工程，铺设排水管道 6 028 米。新增供热面积 164.7 万平方米，比上年增加 112 万平方米。基本宗成了开发区 1.8 平方公里二期工程的“三通一平”、保税区的起步区内道路排水工程、武清产业园区和 12 个经济小区的“五通一平”，使天津市的投资环境进一步得到改善。

（六）国际旅游业

1992 年，天津国际旅游接待和创汇都创历史新水平。全年接待国际旅游者 10.9 万人，比 1991 年增长 39.2%。旅游创汇 5070 万美元，增长 53.3%。1992 年是天津旅游观光年。市政府对旅游工作十分重视，召开了全市旅游工作会议，成立了天津市旅游事业委员会，制订了旅游业发展规划，拟订了配套政策措施。并开展了旅游资源调查，确定近期开发的16个项目，使旅游产品配套化、市场化、商品化。

（七）科技事业

1992年全市召开科技工作会议，确定了科技兴市战略，使天津科学技术事业取得了新进展。首先，加强了应用基础研究。市科委1989年设置《21世纪～青年科学基金》，1990年相继设置《自然科学基金》，两项基金设置以来，已实施基金项目555项，许多项目达到国际国内先进水平。第二，发展高新技术。1992年实施火炬计划41项，安排重点攻关课题26个，实施星火计划154项，项目实现后可创年产值5.04亿元，利税1.41亿元。第三，加速新技术产业园区建设。1992年新批准园区高新技术企业349家，超过前3年的总和。截止1992年底，园区共有高新技术企业571家，企业职工总数1.42万人，其中有大专以上文化程度的人员占职工总数的44%。第四，1992年全市申请专利1 767项，授权897件，比上年增长29.7%。全市累计专利申请7 705件，获权3 499项。第五，发展了技术市场，1992年全市共登记技术合同10 863项，技术合同成交额5.06亿元，比1991年分别增长10.6%，增长48.5%。第六，深化科技体制改革，进一步搞活科研院所内部机制和外部环境。按照体现科研院所与科技发展的15项指标，在市属114个独立科研所中评出一级所12个，二级所47个，三级所49个。60%的科研机构实行所长负责制，80%的科研院所实行承包责任制，有28个院所实行人员内部流动组合。科研所兴办经济实体50个，分流科技人员600余人。第七，民办科技机构迅速发展。全市民办科技机构已由1991年的300家，发展到1992年700家，销售额由6 000万元上升到1亿元。并发展了4个中外合资民办所。第八，进行国际合作交流与引进智力。1991年引进国外人才项目50个，聘请国外和港、澳、台专家135名，涉及美、日、德、法、意、英等14个国家。选派工商企业科技、管理人员赴国外培训进修、研修项目38个，共240余人，比1991年增加1倍。

（八）劳动就业服务业

1992年全市劳动领域的各项改革和事业发展取得了新的成绩。在原有18个职业介绍所的基础上，市劳务市场和部分区、县劳务市场相继建成开业，在短短两个月内，就为近5万人提供了就业服务。并与156个街、镇（乡）的劳动服务公司（站）相衔接，初步形成了劳务市场网络。全市劳动服务企业已发展到3 300多个，吸收从业人员14万余人，生产经营总额23亿元，实现利税2.6亿元。待业保险为全市全部待业职工提供了必要的生活救济，而且通过多种形式帮助其中50%以上的人实现了再就业。各级就业训练中心举办培训班381期，培训1.5万余人。全市142所技工学校在校生人数达3万余人，在职职工技术等级考核培训10万余人。在社会保险方面，养老保险覆盖面继续扩大，新办集体企业已纳入社会统筹，外商投资企业中方职工养老保险制度已经出台。截止1992年底，全市近4 000余户企业181.1万职工和51.2万离退体人员参加了统筹。

（九）农村社会化综合服务业

天津农村社会化综合服务由生产环节的服务发展到产前、产中、产后的全程服务。1992年底全市市、县、乡、村4级农业社会化服务组织1.6万余个（服务实体4 382个），群众自办服务单位1.73万个（自办实体12 251个）。各级各类服务人员1.6万人，占农村总劳动力的9.4%，比1991年增加了1.13倍。在农村服务业中，科技、流通服务业有了突破，全市农村有2千余个科技服务组织，人员8 930人，对传授科学技术、办好试验基地和示范基地发挥了很好作用。全市农村销售服务组织建立1 629个，占服务组织总数的10%，从事流通服务人员9 844人，占总服务人数的13%，建立各种农贸批发市场200多个。农村服务组织把过去分散、单项、各自为政的服务改变为综合、全方位、多功能、集团化的社会化服务。并逐步做到了管理上的规范化、制度化和科学化。

（十）教育、文化、卫生等社会事业

1992年全市各级各类教育加快改革，协调发展。全市222个乡镇中有189个实现普及九年制义务教育。城市在统筹规划基础上，调整学校布局，完成新建、改扩建中小学15所。高级中学由1991年的7所增至10所。有计划地安排了职业中等专业学校和全日制中等专业学校的建设，职业中专达到24所。高等院校建设加快，完成了医学院、外语学院教工住宅和农学院图书楼工程，音乐学院教学楼按计划施工，并调整了部分院校的专业设置。卫生事业取得显著成绩，农村初级卫生保健规划全面实施，4个试点区县全部达标。城市初级卫生保健开展了试点工作和“示范达标街”活动。卫生综合实力得到增强，一中心医院建成开业，南开医院新楼改造、胸科医院主楼、蓟县医院、西青中医院工程竣工交付使用。引进医疗新技术40项，自行研究并成为服务项目75项，提高了全市医疗卫生服务技术水平。文化事业方面举办了第二届国际友好城市艺术节和各项社区文化活动。出版总印张超额完成计划。体育事业取得新成就，游泳跳水馆建成使用，体育中心一期体育馆工程开工建设，第43届世界乒乓球锦标赛筹备工作顺利进行。广播、影视、新闻出版、干部培训、民政、政法、档案、社会科学等各项社会事业均取得新进展。

二、主要问题

近几年来，天津第三产业虽有了较快的发展，但按照作为经济中心城市的要求，与一些先进城市相比还存在着差距。天津第三产业发展存在的主要问题是：第三产业在社会经济中所占比重低，影响了全市经济的平衡协调增长，不适应大批吸纳剩余劳动力的需要；市场体系发育和程度还比较低，市场结构、市场法制和市场基础不健全，影响了社会再生产的顺畅运行；社会化服务体系和社会保障体系不适应调整结构的需要，不利于生产要素的合理流动；生产、生活服务业商品化、专业化、社会化程度低，造成经济效益差；新兴的第三产业起步较晚，服务职能差；产业组织管理较落后，不能对市场作出敏感反映，也不能较好地利用市场竞争和创新经营。

三、天津市第三产业今后的发展方向

按照发展社会主义市场经济的要求，紧紧围绕一、二产业的发展和人民生活水平的提高，围绕优化结构，提高效益，增强中心城市的功能，立足天津，服务环渤海，辐射全国，面向世界，超前发展。为把天津建成为我国北方的金融商贸中心，技术先进的综合性工业基地，全方位开放的现代化国际港口城市而努力。总的目标是用10年左右的时间，逐步建立适应社会主义市场经济体制的统一开放的市场体系，比较合理的新型社会保障体系和比较健全的城乡社会化综合服务体系。按照加快发展第三产业，改造发展第二产业，稳定提高第一产业的方针，充分利用第三产业投入少、产出多、能耗小、见效快的特点，使其成为90年代天津经济发展新的增长点。第三产业发展要为第一、二产业服务，与第一、第二产业发展统筹规划，使三次产业相互促进、协调发展。90年代末，第三产业增加值占国民生产总值的比重和就业人数占社会劳动者总人数的比重，要超过发展中国家的水平。在优化一、二、三次产业结构的同时，调整好第三产业内部结构，积极发展新兴第三产业。积极慎重地逐步分阶段地对外开放服务贸易市场，提高天津服务行业竞争力，尽快使部分服务业进入国际市场。

当前天津第三产业发展的重点是：1. 投资少、收效快、效益好、就业容量大，与经济发展和人民生活密切的行业，主要是商业、金融保险业、房地产业、旅游业、劳动就业服务业、社会保险业、农村综合服务业等。2. 与科技进步相关的新兴行业，主要是科技、信息、咨询业要超前发展。3. 对国民经济发展具有全局性、先导性影响的基础行业，主要是交通运输业、邮电通信业、市政公用、环境保护、教育事业等。

（天津市计委　樊月龙、于嘉力）

河 北 省

党的十一届三中全会以来，在改革开放的方针指导下，河北省第三产业获得了较快的发展。第三产业继第二产业之后，超过第一产业，在我省经济中的地位和作用显得日益突出和重要。

《中共中央、国务院关于加快发展第三产业的决定》发布后，河北省省委、省政府相应发出了《关于认真贯彻落实中共中央、国务院加快发展第三产业的决定的通知》。各级政府高度重视，省政府成立了省直有关部门领导参加，政府主要负责同志挂帅的河北省第三产业协调领导委员会和河北省市场建设规划协调委员会，并分别在省计委成立了第三产业办公室和市场建设办公室。地市政府也相应成立了指导和协调第三产业发展的组织机构。省和一些地市及行业已制定了发展规划。全省第三产业进入了一个蓬勃发展的新阶段。

一、改革开放以来河北省第三产业发展现状

（一）第三产业迅速增长，在全省经济中已占据重要地位，成为河北经济发展的重要推动力。1978年～1992年期间，第三产业增长速度高于第一、二产业，占国内生产总值的比重呈逐步上升的趋势。第三产业增加值由1978年的38.49亿元（当年现价，下同）增加到1992年的324.82亿元，增长了7.44倍，按可比价格计算，平均每年递增11.5%；占国内生产总值的比重由21%上升到28.1%。同期，第一产业增加值平均年增长4.32%，所占比重由28.51%下降到22.3%；第二产业增加值平均增长8.7%，所占比重由50.46%下降到49.6%。在1978～1992年全省新增国内生产总值中，第三产业的增加份额占29.3%，超过第一产业所占的21.3%。第三产业在我省国民经济中的地位，从1988年开始由第三位跃到第二位，并且成为河北省国民经济发展最具活力的产业部门。

（二）第三产业固定资产投资规模不断扩大，实力得到进一步增强。1986～1992年，全省第三产业固定资产投资由61.12亿元增加到131.98亿元；投资额增长1.16倍，平均每年增长13.7%。其中1991年第三产业固定资产投资占全社会固定资产投资的比重达到47.2%，超过第二产业投资规模。第三产业主要行业交通、通信、商业、市政公用、旅游及教育、广播、卫生等事业的基础设施水平有了较大幅度的提高。

（三）第三产业从业人员大幅度增加。改革开放以来，第三产业单一公有制经济的局面被打破，初步形成了多种经济形式和经营方式并存，互相促进、共同发展的格局。从事第三产业经营活动的私营、个体劳动者人数迅速增加。1978～1992年，全省第三产业人数由254.82万人增加到577.73万人，增长1.28倍，平均每年增长6%。其中城镇从事第三产业活动的私营、个体劳动者人数由恢复到现在，发展到15.8万人；农村集体、私营、个体劳动者人数发展到178.8万人。在全社会新增就业劳动者中，从事第三产业的322.91万人，占32.3%，超过第二产业28.84%的比例。第一、二、三产业的从业人员比重由1978年的70.46∶17.64∶11.90变为60.4∶21.2∶18.4。

（四）城乡集贸市场由恢复到壮大，逐步发展成为我省商品流通的重要渠道。改革开放14年来，河北省城乡集市贸易得到了迅速的恢复和发展。初步形成了大中小相结合，综合与专业相结合，批发与零售相结合的市场网络。到1992年底，全省城乡集贸市场总数发展到3 719个，比1979年增加了2 178个；市场成交额达到211.13亿元，比1979年的6.3亿元增长了近33倍。市场规模不断扩大，1992年全省出现了30个成交额超亿元的大市场。其中石家庄新华集贸中心和石家庄市南3条小商品批发市场成交额分别达到14亿元和12亿元，均被列入全国10大集贸市场。

市场的发育和发展取得了巨大的社会效益和经济效益，并形成了一大批具有特色的市场。

——石家庄新华集贸中心和石家庄南3条小商品市场。1992年被列入全国10大专业批发市场行列，交易产品以服装、小工业品及电器零部件为主。拥有15 500个摊位，1992年成交额达26亿元，向国家交纳税金3 135万元，相当于两市场所在区财政总收入的70%以上。

——新城县白沟市场。拥有箱包制品、小商品、针

织品、人造革制品原料等24个专业市场，经营商品140个大类、4 000多个品种，年成交额5亿元以上。有固定门店1 400个，固定和流动摊位17 500个。产品辐射全国大部分省市，并出口独联体国家和其他国外市场。现已发展成为全国最大的箱包市场和著名的小商品集散地。

——蠡县留史皮毛市场。上市品种130种(类)，占国内外有价值皮毛类的80%左右；拥有摊位3 500多个，年成交额5亿元以上。交易的皮张既有马、牛、羊、兔等一般粗皮，也有貉子、紫貂、水獭、猞猁、狐狸等珍贵细皮，还有马蹄毛、牛耳毛及其它一些价值昂贵的绒毛。国内167家企业常年在市场设点购销皮毛。当地和附近市县有10多万人常年围绕市场进行购销活动。产品辐射国内和国外市场。1991年，留史皮毛市场被原商业部、国家计委确定为国家级皮毛批发专业市场。

——安国药材市场。上市中药材达100多个品种，辐射国内和国外市场；拥有400多家加工、经营厂店和5 000多个摊位。1992年成交额达8亿多元，出口国外市场5 000多万元。目前，全县20个乡镇、198个自然村围绕该市从事药材种植和药材加工经营，形成了12个药材加工专业村和2万多家加工专业户。安国每年举办两次全国性的医药、药材交流大会，为促进我国中药材、中成药、中药机构的发展发挥了重要作用。

——永年县南大堡蔬菜批发市场。上市蔬菜品种30多个，年成交量达5亿多公斤，成交额2.5亿元。新鲜蔬菜及菜制品行销国内40多个大中城市，并打入美国、日本、东南亚各国市场。这个市场的发展，带动周围80多个村发展成为蔬菜培育、种植及加工专业村，5 500多农户成为蔬菜生产专业户，初步形成了以永年南大堡为中心的区域性蔬菜生产基地。

这些市场辐射面广、带动面大，不仅带动了当地有特色的农工副业生产，富裕了当地群众，增加了政府财政收入，同时培养和造就了一大批懂管理、善经营的商贸人才。为促进流通，推动城乡经济的繁荣，做出了积极的贡献。

(五)第三产业发展过程中存在的主要问题。14年来，尽管第三产业发展速度很快，人民生活与社会生产的服务质量有所改善，但由于是在较低水平上的快速发展及旧的经济体制遗留的一系列问题，河北省第三产业发展滞后，仍然是全省三次产业失衡的主要方面和经济快速发展的制约因素。

主要表现是：1. 第三产业总量不足，就业人员比重偏低。现有第三产业既不适应第一、二产业发展的需要，也不能满足社会消费的需求。2. 第三产业内部结构不合理，新兴产业和基础产业发展缓慢。在农村，农业综合技术信息服务和生产服务严重滞后，影响着农业生产力的进一步提高；交通不便、信息不灵制约着乡镇经济的发展和提高。在城镇，技术咨询信息服务总量不足、水平偏低，生产经营环境差，同样影响着生产力的发挥与发展。在基础产业方面，突出表现在交通运输能力和邮电通信能力与社会经济发展的需要不适应。这已成为当前国民经济和社会发展的“瓶颈”。3. 公益性、福利性、自我服务的事业多，能自我发展的少。在传统经济体制下建立起来的自我服务体系没有根本打破，有的甚至还在继续发展。大量的服务生产力被束缚在行政、企事业单位内部，既造成社会浪费又加重了财政和企业负担。4. 投资体制不畅。靠政府经办的多，靠社会兴办的少，基础产业国家包揽。第三产业建设信贷规模小，资金投入稳定性差。5. 行政分割、部门垄断现象严重存在，影响着第三产业事业的健康发展。

二、1992年河北省第三产业发展取得较大进展

邓小平同志视察南方的重要谈话发表后，市场经济取向的改革力度加大，我省各项政策开始向第三产业倾斜，各地区、部门、社会团体、企事业单位兴办第三产业事业的热情更加高涨，大力促进第三产业发展的社会气候逐渐形成。1992年，全省第三产业增加值完成324.82亿元，比上年增加58.23亿元，增长16.3%；占国内生产总值的比重达到28.1%，比上年提高0.7个百分点。其中，第一层次：流通部门完成增加值139.6亿元，比上年增长17.3%；第二层次：为生产和生活服务的部门完成增加值124亿元，增长13%；第三层次：为提高科学文化水平和居民素质服务的部门完成增加值34.8亿元，增长24.8%；第四层次：为社会公共需要服务的部门完成增加值26.5亿元，增长19%。在国内生产总值的增量中，第三产业占新增额的31.2%。

(一)固定资产投入略有增加，可比投入下降。全年第三产业固定资产完成投资额131.98亿元，比上年增加13.68亿元，投资额增长10.4%。第三产业占全社会固定资产投资的比重为39.3%，比上年下降7.9个百分点。

全民、集体、私营及个体三类投资主体第三产业固定资产投入呈不同的态势。

——全民第三产业固定资产投资较上年大幅度增长，增幅超过全民固定资产投资的增长幅度。全年完成固定资产投资67.65亿元，比上年增加31.5亿元，投资额增长87.4%；占全民资产投资的比重达34.13%，比上年上升6个百分点。反映这一变化的主要因素是影响国民经济全局的铁路、公路、港口、机场、邮电等基础设施建设速度加快。

——集体所有制单位第三产业固定资产投资额比上年略有增长。全年固定资产投资完成12.98亿元，比

上年增加2.42亿元，投资额增长22.9%，占其完成的固定资产投资总额的比重降为18.2%，比上年下降13.7个百分点。这一势态反映，向第三产业倾斜的政策还没有真正落实。

——城镇和农村的私营及个体第三产业固定资产投资大幅度下降。1992年，全省私营及个体第三产业固定资产投资仅完成48.24亿元，比上年减少18.63亿元，投资额下降27.86%。主要原因是：固定资产建设成本大幅度上升及农民收入增长减缓。

（二）市场体系建设步伐加快。党的十四大以后，社会主义市场经济体制的确立，为市场体系建设提供了巨大的动力，各类市场建设发展加快。

——商品市场。河北省计划管理的商品（物资）品种和数量在逐年减少的基础上，又大幅度削减，国家及省定价管理的农副产品、工业消费品、生产资料分别占其总值的比重下降到接近零、1.2%、1.7%，商品流通已基本市场化。交易主体、交易场所实现了多元化、多样化，商业网点大量增加。到1992年底，全省商业网点达50多万个，物资经营网点达到1万多家；城乡集贸市场达到3 719个，生产资料市场220多个。国营、集体、个体（合营）在社会商品零售额中所占的比重分别为45.2∶27.5∶27.3。生产资料销售形成物资部门、工业企业自销和其他企业经营"三分天下"的局面。

——金融市场。金融机构及金融网点建设取得进展，初步形成遍布全省城乡的金融机构网络；融资方式实现多样化，金融市场活跃。截止1992年底，全省郊县以上金融机构达到12 238个，国家银行机构和非银行金融机构分别达到6 029个和6 209个。在郊县以上非银行金融机构中，农村信用社机构4 650个，城市信用社机构431个，信托投资公司（含办事处）39个，证券公司2个，金融市场31家。到1992年底，全省共发行各种有价证券56.3亿元，转让5.4亿元；有形、无形同业拆借市场共拆出、拆入资金142亿元；外汇调剂市场成交7.7亿美元。基本形成了以银行同业拆借市场、债券发行与转让市场、外汇调剂市场为主体的金融市场体系。

——劳务市场。从1986年开始起步到1992年底，全省共建立劳务市场1692所。1992年城乡劳动力求职登记的人数达到71万人，交流成功51万人，求职登记就业率达到72%。人才交流市场截止1992年底共建立11所，1992年交流人才4.7万人，其中引进省外人才1.5万人。劳务市场的雏形基本形成。

——技术市场和产权市场。技术市场已形成一定规模；产权市场仍处在探索和初创阶段。到1992年底，全省各种技术经营机构约为2 000家，全年技术交易额为7.93亿元。产权市场由于国有资产管理主体多元化及产权关系模糊等原因，交易范围较窄，交易机构较少，交易量也较小。全省仅有3家产权交易市场，即邯郸产权交易市场、张家口地区资产经营公司和秦皇岛市资产经营公司。产权交易活动也显得较为沉闷。

——房地产市场。进入1992年以来，全省商品房出售、单位及私有房屋买卖、租赁、抵押、土地使用权出让等交易活动增多。全省房地产交易2.82万起，交易面积300多万平方米，交易额达5.74亿元。房地产开发企业发展到417家，年开发量发展到200万平方米。沿海地区、环京津地区和大中城市房地产市场开始进入活跃期。

（三）第三产业各业全面增长，主要业务活动指标好于上年水平

——交通运输和邮电通信业。全年完成增加值64.96亿元，比上年增长18%；完成固定资产投资17.1亿元，新增固定资产13.2亿元；从业人员发展到87.1万人。交通运输业务主要指标货物周转量、旅客周转量、港口货物吞吐量、民航客运进出量四项指标分别完成1 469.5亿吨公里，377.3亿人公里，8 121.3万吨、1.4万人，全部好于上年水平。邮电通信事业，全年业务总量完成10.4亿元，比上年增长42.3%。新增城市电话用户12.9万户，1992年底全省达到38.2万户。全省电话普及率达到1.26部/百人，比上年提高0.26个百分点。国际长途直拨用户比上年增长7.8倍，无线寻呼用户比上年增长2.3倍。

——金融保险业。全年完成增加值71.42亿元，比上年增长13.1%；完成固定资产投资2.07亿元，新增固定资产1.2亿元。从业人员达到14.96万人。到1992年底，全省金融机构各项存款余额达1161.6亿元，比上年增加222.3亿元；各项贷款余额达1 180.7亿元，比上年增加129.5亿元。全年银行现金收入1 323.7亿元，比上年增长31.4%；现金支出1 331.6亿元，增长32.4%。收支相抵，货币净投放7.97亿元。保险业，1992年各类财产保险承保总额达到1 504.7亿元，比上年增长9.3%；各种人身保险承保金额356.3亿元，增长14.6%。全年共处理各种财产保险赔案18.3万件，支付赔款5.3亿元；支付人身保险赔款2.5亿元。

——商业、公共饮食业、物资供销及仓储业。全年完成增加值74.64亿元，比上年增长16.6%；完成固定资产投资12.25亿元，新增固定资产8.14亿元。从业人员达到19.83万人。国内商业，社会商品零售市场平稳增长，全年社会商品零售总额达到490.2亿元，比上年增长12.8%；生产资料市场购销两旺，全年物资系统销售生产资料279亿元，比上年增长62.5%。对外贸易业步入低潮，外贸出口增长缓慢，全年出口总额17.8亿美元，仅增长2.5%。

——教育、文化、广播电视事业。全年完成增加值26.43亿元，比上年增长34.0%；完成固定资产投资8.13亿元，新增固定资产6.3亿元；从业人员为73.2万人。教育事业发展取得突破性进展。高等学校招生数量增加较多。1992年普通高等学校招收本、专科学生3.3万人，比上年增长37.5%；成人高等学校招收本、专科学生1.7万人，比上年增长41.7%。中等教育稳步发展。全省各类中等专业技术学校招收学生4.3万人，比上年增长15.4%；高中农、职业技术学校招生5.1万人，比上年增长22.4%。基础教育保持发展势头。全省普通初中招生79.2万人，比上年增加9.0%；小学生招生132.5万人，比上年增加5.7%。广播电视事业，广播人口覆盖率达到73.7%，电视人口覆盖率达到88.1%，均好于上年水平。

——卫生、体育、社会福利事业。全年完成增加值7.35亿元，比上年增长3.2%；完成固定资产投资2.4亿元，新增固定资产1.83亿元。从业人员发展到28.6万人。卫生事业，基础条件有所改善，1992年末全省医疗机构病床总数达到13.2万张，比上年末增长2.4%；专业卫生技术人员达到18.9万人，增长3.2%。体育事业，专业运动成绩有所提高，群众性体育运动发展活跃。全年有2人3次超2项世界纪录，3人4次超4项亚洲记录，9人15次打破12项全国纪录。举办省以上运动会45次，有831万人达到国家体育锻炼标准。社会福利业发展较快，社会待业保险在全省普遍推开。全省有两万个单位，340万职工参加了待业保险，先后为1.5万名待业职工提供了社会救济。

——科学研究事业、综合技术和生产服务业。科学研究事业，完成增加值1.01亿元，比上年增长19.2%；完成固定资产投资5630万元，新增固定资产3135万元；科研人员增加到2.98万人。综合技术和生产服务业，完成增加值11.69亿元，比上年增长9.3%；完成固定资产投资2 963万元，新增固定资产2 658万元；从业人员达到21.94万人。

——房地产业、公用事业和居民服务业。房地产业完成增加值24.58亿元，比上年增长20.2%；从业人员1.8万人。公共事业完成增加值3.48亿元，比上年增长12.4%；从业人员6.92万人。居民服务业完成增加值12.80亿元，比上年增长3.2%；从业人员42.3万人。

（四）重点项目建设

1992年，河北省第三产业基础设施建设的步伐加快。全省开工在建的重点项目中属于第三产业基础设施的项目有14项，包括大秦铁路（二期）、京广线京郑段电气化、京九线衡商段、河北沙蔚铁路等4条铁路，京石、石太两条高速公路，秦皇岛港、唐山港、黄骅港等3个港口及石家庄正定机场等交通基础设施和省邮电工程、省二院病房楼、省电视中心、省高校工程、石家庄桥西污水处理等项目。14项工程全年完成建设投资约10亿元。其中唐山港7号、8号泊位建成并正式通航；京石公路基本建成并部分开通使用。

三、第三产业前景展望

根据河北省第三产业发展的现状和逐步建立起社会主义市场经济体制的要求，从现在起到2000年，我省第三产业发展的总体目标是：逐步建立起全省统一开放的市场体系，功能比较健全的城乡社会化综合服务体系，合理可靠的社会保障体系和切实有效的省级经济调控体系。

增长速度：第三产业增加值年均增长17%，到1995年达到460亿元，2000年达到1 000亿元左右。

第三产业增加值占国内生产总值的比重：1995年达到32%，2000年达到38—40%。比1990年分别提高6个和13个百分点左右。

第三产业就业人数占全社会劳动者总人数的比重：1995年达22%，2000年达30%。

第三产业重点发展商品流通、交通通信、金融保险、城市建设、信息咨询、科技教育、劳动就业服务、农村服务体系、房地产、旅游，以及社会保障等行业。当前重点是培育与建设市场体系，特别是目前极为落后的要素市场体系；大力发展交通、通信等基础设施，缓解瓶颈制约。力争尽快建立起符合市场经济体制要求的基本框架；解除交通、通信等直接影响全省经济发展的刚性约束，以此来带动第三产业和促进整个经济的快速发展。

（河北省计经委产业处）

山 西 省

进入80年代后，山西省委、山西省人民政府在发展第三产业方面，先后制定出台了《关于城市商业体制改革的若干规定》、《山西省开发资金市场暂行办法》、《山西省发展个体工商业暂行办法》、《山西省发展生产资料市场暂行办法》等一系列政策措施来促进第三产业的发展。尤其是在中共中央、国务院作出关于加快发展第三产业决定之后，省委、省政府于1992年9月提出了《关于加快发展第三产业的实施意见》，要求全省上下，解放思想，提高认识，抓住机遇，加快第三产业的发展。1992年底，省委、省政府在制定促进山西经济上新台阶的方案中，进一步明确了第三产业的战略地位和作用，提出了山西省第三产业的发展目标、重点行业和重点工程建设，以引导和推动全省第三产业的快速、健康发展。

一、发展中的第三产业

改革开放以来，山西省的第三产业有了较快的发展，取得了显著的成就。交通运输、商业物资、外贸、金融等传统第三产业有较快的增长，房地产、旅游、信息、咨询等新兴第三产业逐步兴起，各类方便人民生活的服务业以及科技服务、生产服务、文教卫生服务等越来越多地出现在城市和乡村。第三产业在山西国民经济和社会发展中，具有越来越重要的地位和作用。

（一）第三产业总体发展情况

从1978年到1992年的14年中，全省国民生产总值中第三产业的增加值由18.3亿元增加到147.57亿元，按可比价格计算，平均每年递增9.6%，（其中1992年比1991年增长10%）增长速度高于第一产业的3.6%、第二产业的8.2%和全省国民生产总值7.5%的速度。第三产业增加值占国民生产总值的比重逐步上升，全省一、二、三次产业的比例由1978年的20.7：58.5：20.8改变为1992年的16.0：55.6：28.4。

随着第三产业的发展，第三产业的从业人员迅速增加。截止1992年底，全省第三产业从业人数由1978年的149.6万人增加到329.6万人，增长2.2倍，平均每年递增5.8%，高于第一产业的0.05%、第二产业的5.39%和全省2.38%的增长速度。第三产业从业人员占全省社会从业者总数的比重也由1978年的15%上升到1992年的23.8%。全省一、二、三产业从业人员的比例由1978年的65.4：19.6：15.0改变为46.8：29.4：23.8。目前，第三产业已成为山西省能够容纳新增劳动力最多的行业，对于缓解就业矛盾，保持社会经济稳定发展，发挥了重要的作用。

投资增加是第三产业发展速度加快的一个重要原因。在1979年至1991年山西省全社会固定资产投资中，第三产业的投资累计为247.2亿元，占全省的24.5%。1991年第三产业的投资，比1979年增长4.1倍。

山西省第三产业的加快发展，不仅促进了一、二产业，繁荣了城乡市场，丰富和方便了人民生活，同时也为增加全省的财政收入做出了重大贡献。1992年，第三产业实现营业盈余46.84亿元，占全省营业盈余总额的40.8%；实现生产税净额14.41亿元，占全省生产税净额的22.3%。

近年来，山西省第三产业门类日趋齐全，服务网络逐步扩大，传统行业不断发展，新兴行业迅速兴起，并逐步向产业化、行业化、社会化发展。从第三产业内部四个层次的发展来看：1992年与1980年相比，第一层次中各行业的增加值由10.8亿元增加到57.7亿元，从业人员由57万人发展到157.5万人，分别增长了4.3倍和2.8倍；第二层次中各行业的增加值由4.7亿元增加到56.6亿元，从业人员由12.7万人发展到37万人，分别增长了11倍和2.9倍；第三层次中各行业的增加值由3.9亿元增加到18.6亿元，从业人员由43万人发展到67.5万人，分别增长了3.8倍和57%；第四层次中各部门的增加值由1.6亿元增加到14.67亿元，从业人员由16.6万人发展到67.6万人，分别增长了8.2倍和3倍。四个层次增加值的比例由1980年的45.8：19.9：16.6：17.7改变为1992年的39.1：38.4：12.6：9.9；从业人员的比例由1980年的36.8：8.2：27.2：27.3改变为1992年的47.8：11.2：20.5：20.5。第三产业内部结构的改变，使整个社会产业结构发生了新的变化，社会经济结构逐步由以劳动密集型为主向知识技术密集型为主的方向发展。

（二）第三产业各主要行业发展情况

1. 交通通信

第三产业中的交通运输业、邮电通信业是对经济发展具有全局性、先导性影响的基础行业。10多年来，中央与山西省地方各级政府为了加强能源重化工基地建设，支援全国的经济建设，一直把交通通信作为重点，调动各方面的积极性，投入了大量的人财物力，进行了大规模的建设改造。目前全省已初步形成了以铁路、公路、民航以及黄河部分区段水运四种运输方式组成的初具规模的综合交通运输网和邮电通信网，使山西交通运输、邮电通信落后的局面得到逐步改善。

铁路运输，全省形成了以南北同蒲、大秦、石太、京包、京原、太焦、候西、邯长8条干线为骨架，13条支线、544条专用线、7个出省口组成的纵横交错的铁路运输网，近1/2的县境内通了火车。铁路营业里程由1978年的2 057公里，发展到1992年的2 331公里；货运量由9 166万吨，增加到24 880万吨；客运量由2 124万人，增加到3 024万人，分别增长了13.3%%、171.4%和42.4%。

公路运输，全省已形成以国道、省道为骨架，以县乡公路为脉络，沟通邻省与省内城乡，衔接铁路、重要矿区、重要经济作物区的公路运输网，基本实现了县县通油路，98.9%的乡镇通公路，96.8%的行政村通机动车。公路通车里程由1980年的27 261公里发展到1992年的31 554公里；公路货运量由6 443万吨增加到31 099万吨；客运量由2 374万人增加到14 967万人，分别增长了15.8%、382.7%和530.1%。

民用航空，省城太原市已有对外航线23条，可通往全国26个大中城市。货运量由1978年的0.09万吨增加到1992年的0.52万吨；客运量由2万人增加到30.86万人，分别增长了4.8倍和14.4倍。

邮电通信，初步建成了以省会太原为中心，联接国内外，沟通各地市县的现代化通讯网络。兴建了太原电信枢纽、山西微波站、山西国际电台、山西邮电总站、太原邮政枢纽等大型工程。全省邮路总长度由1987年的14.4万公里增加到1992年15万公里，省、地、县之间的邮路全部实现了运输机械化，乡镇所在地通邮达100%，乡村达98%。1992年末，全省市内电话用户达18万户，农话用户达到1.7万户。全省邮电业务总量由1978年的4 258万元增加到1992年的42 066万元，增长了8.9倍。

2. 商业、饮食、服务业及对外经济贸易

改革开放以来，全省城乡市场繁荣，一个多成份、多渠道、多种经营方式、城乡通开、纵横交错的流通网络已逐步形成。1992年与1978年相比，全省商业及饮食、服务业机构由3.1万个增加到34.45万个；从业人员由32.4万人增加到100.4万人，分别增长了10.3倍和3.1倍。社会商品零售总额1992年达到240.57亿元，比1978年增长了4.7倍，其中城镇商品零售总额129.97亿元，乡村商品零售总额110.61亿元。随着商品市场的发育和发展，流通与服务水平的不断提高，技术、信息、劳务市场也进入了开拓阶段，市场体系正在建立和完善，各种服务业在经营方式上逐步向企业化、商品化、社会化发展，改善和扩大了对企业的产前、产中、产后服务，对于改变“企业办社会”，转变企业经营机制，起到了积极的促进作用。

对外经济贸易发展迅速，出口商品收购成倍增长，创汇能力显著增强，利用外资和技术引进逐步扩大。1992年与1978年相比，全省外贸商品收购总额由2.9亿元增加到27.71亿元，增长了8.6倍；直接出口商品总值由731万美元增加到58 334万美元，增长了78.8倍；出口商品品种扩大到415种，出口国家和地区达94个。1992年，全省自营进口到货11 759万美元，比上年增加4 236万美元。1992年全省利用外资18 095万美元，利用外资项目327个，年末全省“三资企业”发展到377家。

3. 金融、保险业

山西的金融事业，随着国民经济的发展，发生了巨大的变化。十一届三中全会以来，全省金融系统认真贯彻执行党中央经济体制改革决定，建立中央银行体制，完善新型金融体系，扩大金融业务领域，不断增设基层网点，开辟新的存款项目，开辟多种融资渠道，发展多层次金融市场，使银行成为筹集经济建设资金的主渠道，同时信贷资金的使用效益也大大提高，有力地促进了山西能源重化工基地建设。1992年与1978年相比，全省银行信贷收支规模由25.62亿元和46.61亿元增加到460.7亿元和514.8亿元，分别增长了16.98倍和10倍；现金收支规模由30.57亿元和32.42亿元增加到527.74亿元和621.13亿元，分别增长了16.3倍和18.2倍；城乡居民储蓄存款由7.2亿元增加到363.7亿元，增长了49.5倍。

保险业从1980年恢复后，业务迅速扩大，服务领域不断拓宽，由国内保险发展到国外保险，从城市保险发展到农村保险，由国营保险发展到集体、个人、居民家庭保险。1992年，全省保险专业机构发展到139个，国内保险种类增加到120多种，国内业务承保额达到1 010亿元，涉外业务承保额达到35亿美元，保费收入达到101 727万元，涉外业务保费收入达到679万美元。同时，全省各地保险公司本着“主动、迅速、准确、合理”的要求，对保险客户因自然灾害和意外事故所造成的损失及时给予赔偿，保障了国民经济的稳步发展和人民生活的安定，对促进技术引进和对外经济的交流起到了重要的作用。

4. 旅游业

山西旅游资源尤其是地上文物古迹比较丰富。近几年来，适应改革开放的新形势，山西旅游业按照“以太原为中心”、“一窟、两山、一河”为重点的资源开发战略和打基础、创牌子、上效益的指导原则，加快了发展步伐。太原、大同、五台山、运城、临汾等重点旅游资源开发和基础设施建设初步成龙配套，开放旅游景点104个，10余条具有鲜明特色的线路产品打进国外旅游市场。目前，全省旅游行业初步形成年接待国际游客6万人次，创汇3 000万元（外汇人民币），国内游客年接待500万人，回笼货币2亿元的产业规模，旅游经济开始走上标准化、规范化、法制化的轨道。旅游业的兴起，对促进我省对外开放和产业结构调整，带动相关行业的发展，促进山区、老区的脱贫致富，将发挥越来越重要的作用。

5. 科技、教育业

为适应经济建设和提高全民族文化素质的需要，山西省各级政府把发展教育、科技放在战略地位，在建设资金紧张的情况下，逐年增加投入，使教育和科技成为近年来发展较快的行业。1978年，全省有高等学校16所，中等专业学校73所，普通中学14 062所，技工学校50所，小学33 393所，各级各类学校在校学生总数578.46万人。经过调整教育结构，1992年全省普通高等学校发展到25所，中等职业技术学校发展到124所，农业及职业中学发展到376所，技工学校发展到103所，小学发展到41 712所，普通中学有所减少，各级各类学校在校学生总数为479.1万人。与此同时，各类成人教育学校迅速发展，并逐步由过去偏重于学历教育转向广泛的职业技术培训。1991年全省成人教育在校生人数达到158万人，比1980年增长了82%。

山西省紧紧围绕“科学技术是第一生产力”的思想，以科技为先导，大力发展科学技术，使科技队伍不断壮大，科研机构进一步健全，整个科技战线呈现出勃勃生机。1991年全省共有地方单位（不含中央驻晋单位）各类专业技术人员57.2万人，县以上全民所有制独立的科学技术研究机构和情报文献机构214个，比1980年增加了43个。在科技力量加强的同时，认真贯彻“经济建设必须依靠科学技术，科学技术必须面向经济建设”的方针，取得了一批科技成果。十三年来，全省累计有2 957项科技成果获奖，并有一大批科技成果运用于生产实际，转化为生产力。

6. 文化、卫生、体育业

改革开放以来，山西文化事业发生了巨变，一个适应经济建设发展的充满生机和活力的文化事业格局初步形成，在社会主义物质文明和精神文明的建设中发挥着巨大作用。1992年与1978年相比，全省电影放映单位由4 122个发展到5 277个，艺术表演团体由147个发展到166个，公共图书馆由61个发展到116个，博物馆由15个发展到67个，广播电台由1座发展到26座。全省出版报纸由1978年的17 869万份发展到1992年的70 047万份，各类杂志出版由598万份发展到3 589万份，图书出版由6 422万册发展到14 163万册。

卫生事业进一步发展，城乡医疗卫生条件不断改善。到1992年，全省共有医疗机构5 935个，比1978年增加940个；医院2 518所，比1978年增加216所；床位10.77万张，比1978年增加4.23万张；专业卫生技术人员达到13.12万人，比1978年增加5.47万人；平均每千人拥有医院床位3.35张，比1978年增加0.65张；平均每千人拥有卫生技术人员4.40人，比1978年增加1.24人。

体育设施不断增加，90%的市县把体育场地的建设纳入了市政建设总体规划，兴建了体育运动中心等大型体育活动设施以及遍布城乡的各类体育运动场所，推动了体育事业的发展。到1992年底，全省共有各类体育场地490个，其中当年新建体育场地216个。共有等级运动员3017人，优秀运动员444人，专职教练150人，等级裁判员1986人，达到国家锻炼标准的有212万多人。运动员水平不断提高，1992年山西运动员在国际、国内的比赛中多次获奖，并破62项省纪录。

二、第三产业发展存在的主要问题

山西第三产业从总体上看，虽然获得了长足的进步，但与国内较发达的省市相比，与山西经济上新台阶的要求相比，还存在较大差距和不少问题，第三产业仍然还是全省国民经济发展中的一个薄弱环节。

1. 发展速度不够快，特别是近两年第三产业的发展明显落后于第二产业，不利于促进工农业生产和经济建设的更好更快发展。1992年山西省第三产业占国民生产总值的28.4%，略高于全国平均水平，这主要是由于山西煤炭运量大，交通运输业增加值比较多，而其它行业则比较落后。

2. 内部结构不尽合理，水平低，发展不够协调。山西省第三产业基本上是以传统行业为主，而这些传统行业仍然是在低水平，低层次上求发展，走的是粗放经营的路子。新兴行业起步晚，比较少，直接服务于生产和科技发展的行业严重滞后，社会化服务体系和社会保障体系不健全。行业之间，行业内部发展不够协调，就是在传统第三产业中，商品流通业、居民服务业等，都有很大差距。

3. 地域差距拉大，发展不够平衡。农村落后于城市，山区落后于平川，小城市落后于大城市，不少农村和山区的第三产业还处于初始状态，一些资金、技术和知识密集型的行业基本都集中在城市，农村缺乏发展这些行业的条件。

4. 缺乏总体规划，缺少行业管理。有些行业盲目发展，重复建设，失去控制，造成浪费。另外，行业多头管理，经营行为不规范，政策措施不配套，违纪违法行为严重。

5. 社会化水平低，福利现象严重。山西全民所有制大企业多，企业办社会现象相当普遍。这种分散化的自我服务、封闭性运行状态，加重了企业负担，降低了社会效益，与服务社会化的发展趋势极不相称。

三、90 年代山西第三产业发展目标和重点

中共山西省委、省人民政府《关于促进山西经济上新台阶的意见》，把大力发展第三产业摆在重要战略地位，提出了明确的要求。今后相当长的一个时期，山西省第三产业增长速度要明显高于第一、第二产业。“八五”后三年平均每年增长速度要达到 11.3%，到 1995 年，第三产业增加值要突破 200 亿元。“九五”期间平均每年增长速度要达到 14.9%，2000 年力争达到 400 亿元。第三产业增加值占国民生产总值的比重，1995 年要达到 35%左右，2000 年要达到 40%以上，分别比 1992 年提高 6.6 和 11.6 个百分点。第三产业就业人数占全社会劳动者总人数的比重，1995 年达到 27%，2000 年达到 33%，分别比 1992 年提高 4 个和 10 个百分点。太原、大同、阳泉、长治、朔州、晋城等市的第三产业发展速度要高于全省平均水平。

根据山西省实际，加快发展第三产业的重点是“三通三业”，即商品流通、交通通信、资金融通、科技教育事业、旅游业、服务业。目标是逐步建立起一个完整的、符合国情和省情的社会主义统一市场体系，功能比较健全的城乡社会化综合服务体系，适应社会主义市场经济的社会保障体系和切实有效的省级宏观调控体系。

（山西省计委　王大中、徐恕德等）

内蒙古自治区

一、改革开放以来第三产业发展情况

改革开放的14年，是内蒙古自治区经济和社会发展最迅速，人民生活水平提高最快的时期之一。第三产业发展速度加快，规模扩大，为优化经济结构、促进全区整个国民经济和社会发展起到了重要作用。主要表现在以下几个方面：

(一)第三产业增长速度高于国民生产总值增长速度，第三产业占国民生产总值的比重提高。1979年到1992年，全区国民生产总值按可比价格计算增长了2.13倍，平均每年增长速度为8.5%。其中：第三产业的增长速度达到10.4%，高于国民生产总值增长速度。由于第三产业发展速度较快，国民生产总值的构成发生了明显的变化。1978年，全区第一、二、三产业的比重分别为33.8%、44.5%和21.7%，到1992年变为33.9%、40.8和25.3%。第三产业比重上升了3.6个百分点。第三产业发展水平落后的状况有所改善，三次产业的结构趋于优化。

(二)第三产业从业人数增加，成为容纳新增劳动力最多的产业。随着第三产业的发展，其从业人数增加，1979年到1992年，第三产业从业人数增加133.2万人，占同期新增从业人数323.3万人的41.2%。在第三产业从业的劳动力占全社会劳动力总数的比重，由1978年的14.4%增加到1992年的23.3%。1992年第三产业从业职工达到227.5万人，比上年增加11.3万人，增长5.0%。第三产业持续大幅度地吸收劳动力就业，有效地改变了自治区劳动力三次产业间配置不尽合理的局面，为深化改革、调整产业结构、精减机构和社会稳定起到了积极作用。

(三)第三产业内部结构得到改善，基础行业交通、邮电和商业、金融等与市场经济关系密切的行业增长速度快于其他行业。1992年，全区交通、邮电、商业、金融保险业增加值共计58.21亿元，占第三产业增加值的61.8%。其中，交通运输和邮电通信业占第三产业增加值的31%，金融保险业占第三产业增加值的22.8%。1992年交通、邮电、商业、金融业从业人数达113万人，占第三产业人数的49.7%。1980～1990年，全区第三产业新增附加值的70%和新增就业人数的50%来自于这些行业的发展。目前，房地产业、旅游业、居民服务业、信息咨询及各类技术服务等新兴行业正在兴起，第三产业的领域不断拓宽。

(四)集体和个体兴办的第三产业发展较快，已成为第三产业的重要方面。目前，全区第三产业从业人数中全民所有制的人员占55%，城镇集体经济企业中的人员占14%、个体经济的人员占6%，从事乡村集体和个体经济的人员占25%。1991年全社会商品零售总额中，国营商业占48.67%，集体商业占30.42%，个体商业占14.05%。集体和个体经济的迅速发展，从根本上改变了单一所有制形式下的僵化格局，使第三产业的发展充满生机和活力。自治区第三产业的发展已经走上了国家、集体、个体一起上的新轨道。

总之，改革开放以来，全区第三产业得到较快发展。但由于第三产业在改革开放以前的很长时期内没有得到应有的发展，仍然处于相对滞后的状况，主要表现为：一是发展水平低。第三产业增加值在国民生产总值的比重，不仅低于经济发达地区而且低于全国平均水平。1991年，全区第三产业增加值占国民生产总值的24.9%，低于全国平均水平2.3个百分点。二是内部结构不合理。基本上以传统行业为主，新兴行业少。近年来尽管交通、邮电、流通、科技等发展较快，但仍然不能适应要求。现有的集体、个体和其它非国有的第三产业企业数量少，水平较低。三是管理体制不适应市场经济发展的要求。特别是由于条块分割体制不顺等原因，不少企业单位难以发挥应有的社会作用。四是布局不合理。特别是由于自然、地理等原因，农村牧区和边远贫困地区的交通不便，信息不灵，科技教育和文化卫生等事业落后，严重制约着商品经济的发展和脱贫致富。五是效益低。不少行业处于微利经营，自我发展能力很弱。

二、第三产业重要行业发展情况

改革开放以来，自治区在农牧业生产取得突破性发展和工业化水平明显提高的同时，第三产业发展速度明显加快。1992年全区国民生产总值达372.76亿元，比上年增长11.1%。其中第一、二产业分别比上年增长4.6%和14.9%，第三产增加值94.13亿元，比上年增长15.2%。在第三产业中，尤其是交通运输、邮电通信、对外贸易、旅游、国内贸易和饮食服务、农村服务体系及科技、教育事业，取得长足的发展，使整个国民经济的总体结构趋向合理。

（一）交通运输业

在国家及地方倾斜发展政策的有力扶持下，自治区交通运输业的基础设施建设加快，运输能力增强、运输规模逐步扩大，因交通运输落后而严重制约国民经济发展的状况得到较大改善，为经济进一步发展创造了条件。1991年自治区用于交通运输业的固定资产投资总额达13.5亿元，比上年增长92.9%，约占当年全部固定资产投资完成额的13.4%。1992年与1978年相比：铁路通车里程增加1 219.9公里，达到5 022.9公里；公路通车里程增加6 169公里，达到43 704公里。货物周转量由224.55亿吨公里增加到652.74亿吨公里，增长1.91倍。其中铁路货物周转量由214.96亿吨公里增加到515.18亿吨公里，增长1.39倍；公路货物周转量由9.59亿吨增加到137.56亿吨公里，增长了13.34倍。1992年铁路旅客周转量达69.24亿人公里，公路旅客周转量40.26亿人公里，分别比上年增长14.18%和5.2%。

全国最长的地方铁路——集宁到通辽线全长943公里，它是利用世界银行贷款建设的地方自借自还项目，总投资188 718万元，1992年底已完成100 354万元，占整个项目投资预算的53.2%。其中1992年完成固定资产投资34 384万元。计划1993年全线拉通，1994年投入运行。这条贯穿自治区腹地连接内蒙古东西部的地方铁路对于开发农牧业，开发能源及有色金属工业等有着重大的促进作用。

自治区民航运输迅速发展，1991年货物周转量、旅客周转量分别比上年增长1.7倍和24.9%。新增通航里程1 528公里，新开辟区外航线6条，恢复区内航线1条。

（二）邮电通信业

1992年是内蒙古邮电通信建设史上投资规模最大、建设项目最多、通信能力增加最快的一年。全年基建技改项目150多个，完成固定资产投资3.7亿元，相当于1990年底全区邮电固定资产原值的57%。全年新增长途业务电路808条，相当于1990年底长途业务电路总数的46%。自治区首府到盟市所在地的业务电路平均达到58条，较上年增长75%。有34个局正式进入全国长途直拨网，占有全区旗县局的36.5%；全年新装市话交换机6.8万门，实现自动化的旗县已达78个，占总数的96%。农话新装自动交换机7956门，实现自动化的乡镇由上年的21个增到49个。全年完成邮电业务总量3.22亿元，比上年增长28.26%。

一批重点建设项目进展顺利，呼和浩特邮政枢纽于1992年10月投入试运行；呼和浩特长途2 000线程控交换工程、乌兰浩特～白城数字微波工程、赤峰～朝阳数字微波工程，海拉尔卫星地球站扩容改造等工程都已投入使用；呼和浩特～薛家湾、牙克石～海拉尔～满洲里数字微波亦即将投入使用；北京～呼和浩特小同轴扩容工程也正在加紧施工，预计1993年上半年即可投产。

（三）对外贸易

在“对内搞活、对外开放”方针的指引下，自治区充分发挥地理位置和资源优势，在不断巩固发展港澳、东南亚市场的同时，积极扩大对蒙古、俄罗斯的贸易，进一步开拓了美国、日本、西欧、南美等市场。全区的对外贸易取得突破性进展，打破了封闭的经济体系。1992年，全区外贸进出口总额完成93 555万美元，比1978年增长60.28倍，比上年增加33 585万美元，增长56%。其中：现汇贸易总额47 253万美元，比上年增加9 333万美元，增长24.61%，易货贸易总额46 302万美元，比上年增加24 252万美元，增长110%，其它各项指标都创历史最好水平。1992年全年外贸出口总额58 887万美元，比1978年增长57.39倍，比上年增长40.62%；当年出口商品成交额33 291万美元（不包括易货贸易成交），比上年多成交5 749万美元，合同履约率为87.73%，比上年提高5.76%，撤约合同金额比上年减少138万美元；全区外贸出口商品收购总额为249 130万元，比上年增长29.99%；全年外贸进口34 668万美元，比上年增加16 569万美元，增长91.54%，其中：现汇贸易进口12 317万美元，增长58.7%，易货进口22 351万美元，比上年增加12 013万美元，增长116.2%。

（四）旅游业

内蒙古自治区的旅游业经过10多年的发展，已具备一定的规模，特别是近几年对俄罗斯、蒙古过境旅游的兴起推动了对外开放，促进了国际间经济与文化的交流。旅游业已发展成为全区对外开放的“窗口”和非贸易创汇的重要产业，在全区经济和社会发展中显示出越来越重要的作用。1992年共接待来自63个国家和地区的海外游客103 810人次，比上年增长169.28%。旅游创汇256万美元，比上年增长14.18%。中俄边境旅游发展迅速，已成为自治区旅游业中最重要的组成部分。1992年接待俄罗斯游客40 543人次，比上年增长359.83%，创汇约16万美元。为促进内蒙古旅游业的发展，近年来自治区重点建设了呼和浩特周围的希拉穆仁、格根塔拉、响沙湾、成吉思汗陵等旅游点,以及呼伦贝尔盟的呼和诺尔、白音胡硕2个草原旅游点,完善配套了旅游点的"蒙古包"饭店、餐饮等接待设施。内蒙古饭店、合资建设的昭君大酒店在"七五"期间投入使用,形成较强的接待能力。其中内蒙古饭店1992年实现利润205.2万元。

(五)国内贸易和饮食服务业

党的十一届三中全会以来,一个多种经济成份、多种流通渠道、多种经营形式、减少流通环节的新型流通体制初步建立,国内贸易和饮食服务业稳定发展。1991年全年完成社会商业商品纯购进总额112.58亿元,比上年增长3.21%,全区商品零售总额为163.17亿元,比上年增长11.6%,城乡集贸市场成交额达21.46亿元,比上年增长17.58%。自治区最大的商贸中心内蒙古民族商场年销售额由1987年的6 469万元,增加到1991年的17 262万元,年增长速度为24.1%,1991年实现利税1 334.5万元,较同期增长32.39%,人均实现利税6 000元。1991年全区当年形成社会商品购买力203.55亿元,比上年净增22.14亿元,增长12.21%。到1991年末,全区商业、饮食业、服务机构达20.93万个,比上年增长4.66%,从业人员81.24万人,增长2.99%。随着商品经济的发展,全区个体商业、饮食业、居民服务业发展迅速。1991年末,全区个体商业机构占商业机构总数的比重为72.57%,比上年增加0.74个百分点,人员所占比重增加1.1个百分点;个体饮食业经营机构占饮食业经营机构的85.35%,比上年增加1.45个百分点,人员比重为50.82%;个体服务业经营机构占服务业经营机构总数的87.4%,比上年增加1.21个百分点,人员所占比重为49.53%,个体商业饮食业、居民服务业的迅速发展,弥补了国营商业、饮食业、居民服务业的不足。

(六)农村社会化服务体系

近年来,内蒙古自治区农村牧区社会化综合服务体系发展进一步加快,农牧业科技服务体系的机构逐步健全,服务功能有了改善、服务组织的实力增强,有力地促进了农村牧区商品经济的发展。目前,建成旗县农业技术服务中心25个,牧业技术推广中心20个;乡镇、苏木农牧业综合服务站分别达到乡镇、苏木总数的86%和80%。各类民办专业协会和研究会达600多个,许多民办公助的科技服务组织开始向技术经济实体转化。由农民技术骨干组成的各类专业技术组织发展到6 000多家。

(七)教育事业

随着经济建设的发展和改革步伐的不断加快,全区教育事业在改革中前进,取得了令人瞩目的成就。改革13年来,全区共培养出专科以上人员8.6万人,是改革前30年总和的1.58倍,目前自治区的教育事业在调整中继续稳步发展。

1.基础教育得到了加强。全区100个旗县市区如期完成了普及中小学教育的历史任务,根据教育部门统计,1990年末全区学令儿童入学率、小学生巩固率、毕业、升学率分别达到97.9%、98%和95%,在全区范围内普及了初等教育。

2.职业技术教育发展较快。1978年,职业教育无一所学校,1991年发展到农职业高中214所,在校生6.3万人。职业技术学校生占整个高中阶段在校生的比重提高到40%以上。中等教育单一的状况得以扭转。

3.普通高等教育在稳定发展的同时,结构进一步优化。到1992年全区普通高等院校发展到19所,在校生3.2万人。1980～1990年的10年间为各条战线培养输送本科毕业生7.07万人,占自治区解放以来本专科毕业生的65%。同时专科生比例增加,本专科比例倒挂的状况基本扭转,结构进一步优化。

4.成人教育得到前所未有的发展。已形成与普通教育相互并行、均衡发展的格局,农牧民扫盲和扫盲后教育进展很快,全区青壮年文盲比例已下降到6.6%,每年有近百万农民受到不同程度的职业技术培训。

(八)科学技术事业

科学技术事业得到较快发展并在自治区经济建设中发挥了巨大作用。"攻关计划"、"星火计划"、"火炬计划"、"丰收计划"等的实施收到了明显的经济效益。1981～1991年,全区共取得重大科研成果885项,其中有许多项目获得国家级奖励。仅1991年,全区取得科研成果397项,比上年增加160项,其中重大科研成果151项,比上年增加45项。在重大科研成果中获国家级奖的有4项,获自治区奖的147项,许多科研成果已在生产实践中推广应用,科技"星火计划"项目1991年共63项。其中,国家级"星火计划"项目7项。自治区级56项,均比上年有所增加。

科技队伍不断壮大,到1991年底,全民所有制单位自然科学方面的专业技术人员达20.2万人,比1979年增加10万多人,使平均每万名职工拥有专业技术人员,由1979年的527人提高到689人。

三、内蒙古自治区第三产业发展展望

根据中共中央、国务院关于加快发展第三产业的精神,自治区党委、政府明确提出了加快第三产业发展的要求,并结合内蒙古实际,编制了发展第三产业规划思路,明确了今后内蒙古第三产业的发展方向。

90年代发展第三产业的指导思想是:以党的十四大提出的建立具有中国特色的社会主义市场经济体制的基本思想为指导,认真贯彻落实《中共中央、国务院关于加快发展第三产业的决定》精神,以及自治区党委确定的"提前实现国民经济发展第二步战略目标"的总体要求，解放思想，实事求是，深化改革，优化结构，突出重点，放宽政策，分类指导，调动各方面的积极性，使自治区第三产业在不断提高效益的前提下，更好更快地发展。

90年代第三产业发展的主要目标是:90年代第三产业增长速度要超过第一、第二产业，使其逐步实现产业化、社会化和现代化。通过发展第三产业，要逐步建立起适合我区特点的、功能齐备的市场体系，交通运输体系、邮电通信体系、城乡社会化综合服务体系和社会保障体系。到2000年，在基本实现一、二、三产业协调发展的基础上，使第三产业增加值占国民生产总值的比重和就业人数占社会劳动者总人数的比重，力争达到全国平均水平。

为了促进内蒙古第三产业更快更好地发展，制定了10条政策措施：

1. 坚持专业化生产和社会化服务的方向，建立充满活力的第三产业发展机制。

2. 搞好城镇规划，积极支持区街乡镇发展第三产业。

3. 充分动员社会各界力量，多渠道筹集第三产业发展资金。

4. 拓宽多种经营渠道，扩大生产经营范围。

5. 逐步理顺价格关系，增加第三产业收益。

6. 改革用工、人事、分配制度，扩大就业范围。

7. 对第三产业在税收上给予一定优惠。

8. 放宽信贷政策，搞活资金融通。

9. 简化各种审批手续，提高办事效率。

10. 采取多种灵活变通办法积极发展外经外贸。

（内蒙古自治区计委）

辽 宁 省

一、改革开放以来我省第三产业发展状况

党的十一届三中全会以来，我省第三产业得到了迅速的恢复和发展。各级党委、政府都十分重视第三产业，并把其纳入了主要工作日程，进行统筹规划。省及各市、县普遍建立了第三产业领导小组和工作机构，加强了对第三产业发展的统筹规划、政策引导和协调服务。进一步强化了基础设施建设和企业内部经营机制的改革，开始建立和培育社会主义市场体系，使全省第三产业发生了明显的变化。据统计：到1992年末，全省第三产业增加值达到361.1亿元，比上年增加58.8亿元，增长19.5%。比改革开放前的1978年增加332.27亿元，增长11.5倍，平均年递增19.1%，超过同期国民生产总值年递增13.4%的速度。占国民生产总值的比重达到27.8%，比1978年提高了14.8个百分点。一、二、三产业在国民生产总值中的构成比例顺序也由1978年的二、一、三，发展为现在的二、三、一。全省第三产业从业人员达到507.8万人，比上年增加23.8万人，增长4.9%。比1978年增加282.4万人，增长1.25倍。占全社会劳动者的比重由1978年的18%提高到25.9%。无论是第三产业增加值，还是第三产业从业人员占全社会劳动者的比重都超过了全国的平均水平。

我省第三产业发展的内部结构变化特点是：

(一)交通运输邮电通信事业成绩显著。随着改革开放的不断深入，我省交通运输邮电通信事业得到了较快的发展，与国民经济发展不相适应的状况有所改善。特别是近10年来，省政府加大了对其投资的力度，并相继建成了海城——岫岩铁路、沈阳——大连高速公路，沈阳桃仙及大连周子国际机场，沈阳新北客站，营口、锦州、丹东港口等一大批交通设施。建设速度之快，规模之大是历史上任何一个时期都无法比拟的。1992年全省铁路通车里程、公路通车里程为3 563公里、41 548公里，分别比1978年增长2.1%和36.9%；全年各种运输工具完成货运量8.1亿吨，比上年增长2.3%，比1978年增长3倍；港口货物吞吐量完成6737万吨，比上年增长11%，比1978年增长1.33倍。港口旅客吞吐量437.6万人，比上年增长14.3%，比1978年增长1.74倍；全年新增黑色路面2173公里。邮电通信事业加快发展。全年完成邮电业务总量15.5亿元，比上年增长43.5%，比1978年增长19.2倍。全年新增长途交换机容量8 410路，市话交换机容量18万门，农话交换机容量4.4万门；增开长途电话业务电路6 640路。到年末，全省电话交换机总容量已突破100万门，成为继广东、上海、北京之后第4个突破百万门的省份。这些部门的增加值达到72.9亿元，占整个第三产业增加值的20.2%，目前居各行业中的第2位。

(二)商业饮食服务业繁荣兴旺，市场体系建设取得较大进展。到1992年末，全省社会商品零售额达589.4亿元，比上年增长15.3%(扣除物价上涨因素，实际增长8.8%)，比1978年增长5.9倍。全省城乡集市贸易市场已发展到2 728处(万人以上大集350处)，比上年增加233处，比1978年增加2 170处。其中综合集市贸易市场1 784处，专业市场944处。全年城市集市贸易成交额204.8亿元，比上年增长48.1%，比1978年增长106.8倍，相当于社会商品零售总额的34.8%，已成为沟通城乡商品流通的重要渠道。生产资料市场异常活跃。到1992年末，全省生产资料市场已发展到83处，全年生产资料市场成交额达193亿元，比上年增长1.1倍。全省各市场建立了综合性生产资料交易中心，并开始向专业化、以批发为主的方向过渡。全省还新建、改扩建以沈阳商业城、沈阳中兴大厦、大连中兴大厦、大连富丽华大酒店为代表的一大批大型、多功能、综合性、现代化的商业、服务业网点。到1992年末，全省商业饮食服务业网点达55.1万个，从业人员171.3万人，比上年分别增长11.8%和16.4%，比1978年分别增长17.4倍和3.2倍。这个行业的增加值达70.2亿元，目前居各行业中的第3位。

(三)金融保险业得到迅速恢复和发展。到1992年末，全省拥有各种金融保险机构10 302个，比上年增加307个，比1978年增加9 532个。全省金融机构各项存款余额比年初增加302亿元，增长28.7%。各项

贷款余额比年初增加 261.3 亿元，增长 18.7%。这些贷款重点支持了大中型企业和乡镇企业发展生产、扩大商品流通以及企业技术改造、国家重点建设项目的需要。金融市场比较活跃，各种金融债券发放交易、资金拆借规模明显扩大，为经济的较快发展创造了较好的资金环境。

保险事业迅速恢复，增加了险种、扩大了业务。1992 年，全年国内业务财产险承保金额达 4 120.6 亿元。全省有 3 万个企业参加了企业财产保险，727 万户居民参加了家庭财产保险，1 926 万人参加了人身保险。为全省经济发展和居民财产及人身安全解了后顾之忧。

（四）农村第三产业异军突起，为贫困地区脱贫致富闯出了一条新路。农村实行联产承包责任制后，随着农村产业结构调整的不断深化，从农业生产中分离出大量的剩余劳动力务工经商，从事客货运输、商品流通、劳务服务及以家庭为主要生产单位的商品生产。1992 年全省农村从事第三产业的就业人数约占整个农村劳动力的 25%左右。农村发展第三产业，一是以农村集贸市场为依托，大力发展商品流通，使农村集贸市场不仅是农民互相调剂余缺的场所，而且是幅射地区农副产品的集散地，工业品的主要销售市场；二是发展交通运输业，沟通城乡、内外之间的联系。我省贫困地区大多是交通不便、信息不灵，有东西运不出去，需要的各种生产、生活资料又不能及时得到。根据这一状况，我省偏远地区都积极发展交通运输业。目前全省农村剩余劳力中有相当一部分从事客货运输业，这不仅大大缓解了农村运输紧张的矛盾，而且也获得了可观的经济效益；三是发展劳务输出，为剩余劳力找到了重要出路。仅我省朝阳地区就有 20 多万人到北京、沈阳等地从事各种劳务，约占整个农村劳力的 15%。在一些乡村，第三产业已成农村经济发展的支柱产业。

（五）新兴的技术、信息咨询等第三产业发展更快，为经济建设服务成效显著。综合技术、信息咨询、人才市场、讨债、典当、保安等各种服务应有尽有，为经济建设和方便人民生活创造了良好的条件。科技兴辽的战略方针进一步贯彻实施，科研成果显著，技术市场持续活跃，1992 年全省共签订各类技术合同 2.5 万份，成交额 13.2 亿元，比上年增长 36%；科技兴农取得新进展，“一二三”工程及科技扶贫等成效显著；高新技术开发和产业建设有新的发展。全年共安排高新技术项目 303 个，实现产值 18 亿元，形成 27 个高新技术企业。沈阳、大连高新技术开发区建设速度加快。人才市场的建立，初步缓解了社会上“有人没事干，有事没人干”的矛盾。

（六）教育、文化、卫生和体育事业蓬勃发展。1992 年末，全省普通高校在校生已达 13.5 万人，比上年增加 1 万人，比 1978 年增加 8.4 万人；广播、电视的收听、收视率已达到 74.6%和 72.8%。卫生事业进一步改善医疗条件和服务质量，医疗和预防保健工作取得新的成绩。年末，全省卫生机构达 7 921 个，其中医院 2 016 个。拥有医疗床位 20.2 万张，各类专业卫生技术人员 23.3 万人。比 1978 年分别增加 1 233 个、322 个、8.8 万张和 10.2 万人。体育事业成绩显著，在国内外重大比赛中都取得了令人瞩目的成就，群众性体育活动也得到了较大发展。

二、我省发展第三产业的主要工作

我省第三产业发展的巨大变化，是省委、省政府高度重视，实行优惠政策，增大对第三产业投入的结果。

1. 广泛宣传、全面动员，提高对发展第三产业的认识。省委、省政府十分重视发展第三产业工作，并把其纳入了重要议事日程。自 1985 年以来，省政府已先后召开了 4 次全省第三产业工作会议或经验交流会议。省委、省政府的主要领导亲自主持会议并作重要讲话。大力宣传发展第三产业的重大意义，强调要破除重生产、轻流通、轻服务的旧的传统观念，摆脱姓“社”姓“资”的思想束缚，提高对发展第三产业的思想认识。省委、省政府根据辽宁省情，制定了“因地制宜，突出重点，深化改革，坚持 5 个一起上，即：坚持国家、集体、个体一起上；坚持大、中、小型一起上；坚持传统和新兴第三产业一起上；坚持城市、农村一起上；坚持社会方方面面一起上”的方针，鼓励全社会大力兴办第三产业。同时，还利用广播、报纸、电视等新闻媒介，宣传、报导全省发展第三产业的政策、形势，改变旧的传统观念和看法，使全省上下统一了思想认识，为发展第三产业打下了良好的思想基础。

2. 制定优惠政策，放手发展。针对辽宁的实际情况，省政府制定了一系列发展第三产业的优惠政策。并于 1985 年和 1987 年分别下发了《关于大力发展第三产业的决定》、《关于进一步发展第三产业和个体工商业的决定》。文件中对发展第三产业的方针、政策作了详细的规定。一共制定了包括发展第三产业所需的资金、营业场地、工商登记、经营范围、收费标准和价格、税收、经营体制、吸引外资、减轻负担、人才培训、企事业单位机关生活服务设施对社会开放、加强领导等在内的 31 条优惠政策。这个文件下发后，极大地调动了各行各业发展第三产业的积极性，在全省范围内掀起了发展第三产业的热潮。为进一步促进第三产业的发展，为辽宁进行第 2 次创业创造良好的环境，省政府近期又研究制定了鼓励发展第三产业的 20 多条优惠政策，进一步明确了发展第三产业的方针、目标、重点和政策措施。主要包括：动员全社会力量放手兴办第三产业；放宽第三产业企业经营范围、简化第三产业开业审批手续；进一步理顺和放开第三产业价格；广开发展第三产业的资金来源和筹资渠道；运用金融、税收等经济手段扶持第三产业的发展；赋予第三产业企事业单位用人自主权和分配自主权；建立充满生机活力的第三产业自我发展机制等方面的内容。这些优惠政策的贯彻实施，必将进一步促进全省第三产业的发展，推动整个辽宁经济登上新台阶。

3. 制定第三产业规划，使第三产业沿着正确轨道发展。"六五"时期，在制定全省国民经济计划的同时，还制定了详细的第三产业发展规划。在"六五"、"七五"和"八五"期间，针对辽宁重工业重、轻工业轻、第三产业严重落后，不适应经济发展的特殊情况，在制定第三产业发展规划中，不仅明确了每个时期发展第三产业的指导思想、发展目标、发展重点，而且还详细规划了第三产业各行业的具体目标和量化指标。及保证目标实现的政策措施。同时，经常检查计划的执行情况，及时发现和解决计划执行过程中出现的新情况，新问题，以保证计划的顺利实施和计划目标的实现。

4. 增加对第三产业的投入，强化基础设施建设。针对辽宁第三产业严重落后，阻碍经济发展的实际，省委、省政府决定增加对第三产业的投入。1980——1990年的10年间，我省全民基本建设投资中，用于第三产业的投资累计达275.1亿元，占投资总额的比重为41.1%，与前三十二年之和相比，分别高出1.6倍和18.5个百分点。1991年全省全民基本建设投资总额中，用于第三产业的为57.8亿元，比上年增长24.8%，占当年投资的39.2%，比上年提高2.3个百分点。这些投资重点用于第三产业基础设施建设。一是交通运输业。重点建设了沈阳——大连高速公路，沈阳桃仙、大连周水子国际机场，锦州、营口、丹东港口的建设，城市电话设施，据统计，仅1985年以来，全省新引进50多万门程控交换机设备；二是商业饮食服务业。重点建设了一大批多功能、现代化、综合性、高档次的对外宾馆、饭店及市场等；三是城市公用设施和房地产业。其投资占第三产业投资的45%左右；四是文教卫体科研事业。这部分投资约占第三产业投资的20%左右。这些设施的建成，不仅大大方便了群众生活，缓解了国民经济运行中的诸多矛盾，而且还为辽东半岛的对外开放提供了良好的客观条件。

三、存在的问题

改革开放十多年来，辽宁第三产业取得了令人瞩目的成就。但是长期形成的我省第三产业严重落后的局面仍未得到根本的改变。首先，我省第三产业总量不足，总水平低。第三产业增加值占国民生产总值的比重，不仅低于发展中国家水平，而且也低于广东、北京、上海、天津、海南、宁夏、青海、甘肃等省区。1991年我省第三产业增加值占国民生产总值的比重在全国的位次排14位。居中等水平。这与我省整个国民经济的发展水平是极不相称的。其次，是行业内部结构不合理。第三产业中的一些急需行业仍然十分薄弱，有的已成为严重制约经济发展的"瓶颈"行业，为生产、生活服务的行业既不适应需要又不健全。人民生活中的诸难问题依然存在。第三，是省内地区间发展很不平衡。到1991年末，沈阳、大连市的第三产业增加值占国民生产总值的比重分别为40.2%和34.1%，不仅大大高于全省的平均水平，而且已进入全国大城市的先进行列；而鞍山、本溪、辽阳、盘锦等市的比重均在20%以下。

造成我省第三产业发展滞后的主要原因，一是长期受产品经济观念影响，在指导思想、计划安排、政策导向上"重生产、轻流通、轻服务"，没有把第三产业作为一个产业来抓。认为第三产业是低级劳动，抓第三产业的劲头不如抓第一、二产业的劲头大；二是长期受计划经济体制的束缚，排斥市场和市场体制，强调自我服务、自成体系，第三产业的社会化、产业化、商品化程度低，福利化、封闭化现象严重，既缺乏自我发展的内在动力，又缺乏市场竞争的外在压力；三是第三产业综合协调和宏观管理的工作不够有力，政策不够灵活。

四、展望

今后10年，按照加速发展社会主义市场经济的总要求，把第三产业放在突出位置，作为建立社会主义市场经济体制、促进国民经济上新台阶的关键环节和支柱产业来抓，以市场建设为核心，以资金筹措为重点，进一步深化改革、扩大开放、放活政策、调整结构，逐步建立起门类比较齐全、内部结构比较合理、多种经济成份并存、服务质量较高的市场体系、社会化服务体系和社会保障体系，用10年左右的时间使第三产业增加值占国民生产总值的比重和就业人数占社会劳动者总人数的比重达到或超过发展中国家的平均水平。

今后10年我省第三产业发展的总目标是，逐步建立起适应社会主义市场经济的统一、开放的市场体系，比较健全的城乡社会化综合服务体系和新型的社会保障体系。以较高的速度、质量和效益激励第一、第二产业加速发展，牵动国民经济和社会发展的全面增长，促进辽宁经济跃上新台阶。

具体目标：

增长速度：到2000年，第三产业增加值达到1000亿元，10年间年均递增14.6%，高于第一、第二产业增长速度。

第三产业增加值占国民生产总值的比重：到2000

年，要由1990年的26.5%提高到40%左右，使一、二、三产业比例由1990年的17.5：56：26.5调整为12：48：40。

第三产业就业人数占全社会劳动者总人数的比重：到2000年，要由1990年的24.7%提高到45%，使一、二、三产业就业人数比例由1990年的34.3：41：24.7调整为30：25：45。

根据省情特点，发展重点是：第一，激励生产与消费，促进工农、城乡、地区之间经济联系的商业、物资、仓储、对外贸易等流通行业。第二，有效筹集和合理运用社会资金，为经济和社会发展提供保障的金融、保险业。第三，为社会生产和人民生活提供全方位服务的行业，主要是农村社会化服务业、综合技术、信息咨询、居民服务业等。第四，对国民经济发展具有全局性、先导性的基础行业，主要是交通运输、邮电通信、科技教育和公用事业。

（辽宁省计委　石仲民）

吉 林 省

一、第三产业发展的基本情况

进入80年代以来，吉林省第三产业得到迅速恢复和发展，取得了可喜的成果。

（一）第三产业发展加快，总量增加。1992年，吉林省第三产业出现高速发展的良好势头，全省第三产业增加值达到126.75亿元（当年价），比1978年增长3.2倍，年均增长10.8%，分别比第一、第二产业高4.5%和2.1%；比上年增长18.2%，大大超过同期国民生产总值增长13%的速度。第三产业在国内生产总值中所占比重达到24.6%，比1978年提高6.3%，比上年提高0.9%。全省第三产业从业人员达到292.25万人，比1978年增加169.9万人，增长1.39倍；比上年增加6.76万人，增长2.39%。第三产业从业人员占全社会从业总人数的比重达到23.7%，比1978年提高4.7%，与上年持平。

（二）第三产业功能明显增强，统一的市场体系、城乡社会化综合服务体系和社会保障体系建设步伐加快。市场体系建设，1992年全省社会商业网点达到30.4万个，比1978年增长14.1倍，比上年增长8.57%；城乡集贸市场达到1529处，比1978年增长4倍，比上年增长8.9%；集市交易额占社会商品零售总额比重达到33.1%，比1978年提高28.8%，比上年提高5.3%。一批具有地方特色的批发市场相继建立，并日益发挥出重要作用，有些正在发展成为全国性的商品交易中心，如吉林玉米批发市场、吉林化工市场、东北木材市场、梅河果仁市场等。金融、技术、人才、劳务、房地产等生产要素市场也有较大的发展。到1992年末全省各类市场已达1 700多处，仅1992年全省共建各类市场225处，总面积130多万平方米；总投资4.4亿元，相当于1978—1991年全省市场建设累计投资的总和。社会化综合服务体系建设，不断开拓新的服务领域。1991年全省共有技术交易机构1 319家，形成了一个包括多学科、多层次的技术交易网络，有力地促进了科技成果向现实生产力的转化，特别是长春、吉林两个高新技术产业开发区的建立，标志着全省以高新技术开发、信息咨询等为主要内容的新兴服务行业进入了一个新的发展时期。社会保障体系建设开始起步，成立了吉林省社会保险公司，社会保险业从国内到涉外，从城市到农村，从财产到人身，覆盖各个领域；由国家、集体、个人合理负担的社会福利和慈善救济事业也有了较大的发展。

（三）第三产业各行业全面发展，内部结构进一步改善。传统第三产业各行业继续稳步发展，1992年全省交通运输、邮电通信业增加值达到27.9亿元（以下均为1990年不变价），比上年增长13%，在第三产业增加值中比重达到25.3%；金融保险业增加值达到26.8亿元，比上年增长3.9%，在第三产业增加值中比重达到24%；商品流通业增加值达到12.64亿元，比上年增长1.42倍，占第三产业增加值比重达到11.1%。新兴第三产业各行业保持较快的发展势头，1992年综合技术和生产服务业增加值达到4.39亿元，比上年增长10%，占第三产业增加值比重达到3.8%；居民服务业增加值达到3.71亿元，比上年增长12.1%，第三产业增加值比重达到3.3%，其中旅游业增加值达到0.57亿元，比上年增长15%；房地产业增加值达到8.32亿元，比上年增长27.6%，占第三产业增加值比重达到7.4%。

（四）多种经济成份的第三产业发展格局已经形成。在公有制经济继续发挥主导作用的同时，其他经济成份发展加快，日益发挥出重要作用。

吉林省第三产业之所以有较快发展，根本原因就是改革开放为其创造了良好的客观环境和有利条件。

第一，认识比较快。早在1984年，省委在四届三次党委扩大会议上，就决定把发展第三产业作为振兴吉林经济的“三个突破”任务之一，要求各级党委和政府把发展第三产业纳入重要工作日程。省委省政府领导在分工中，有专人负责抓第三产业；制定了吉林省第三产业发展战略，规划了到本世纪末发展目标、规模及保证措施；创办了第三产业杂志，对推动第三产业发展起了很好的舆论导向作用。自1985年以来，省政府每年都召开专题会议，具体研究部署第三产业发展问题。

第二，政策启动较快。1985年，省委、省政府颁发了《关于加快发展第三产业的若干规定》。以后，省委、省政府又陆续下发了若干行业性文件，推动了第三产业的加快发展。1992年，中共中央、国务院《关于加快发展第三产业的决定》下发后，省委、省政府紧密联系实际，很快就提出了贯彻落实中共中央、国务院决定的意见，出台了14条改革措施，推动第三产业进入新的发展时期。

第三，运用经济手段，扎扎实实地发展第三产业。一是拨出专项资金作为扶持第三产业贷款贴息，1985年以来，省财政累计贴息达4千多万元，实现贴息贷款4亿多元，吸引市县两级和企业增加投入12亿多元，用贴息贷款共上了2300多个项目，其中规模在百万元以上的就达760多个。全省9个市地州都建了万米以上的商厦，建成各类商贸批发市场226个，新建各类商业街181条。二是转换投入机制，放活投资主体。主要是放手让个体私营经济兴办第三产业；实行股份制，走社会化投入的路子；调整政府行为，增强集资力度；采取优惠办法，积极招商引资等等，多层次、多角度地增大了投入，推动了第三产业发展。

第四，设立专门工作机构。1985年，设立省第三产业协调办公室，负责对全省第三产业工作的指导、协调、调研和服务。各市县也都设立了相应的机构。而后，又相继设立了第三产业研究室，组建了第三产业协会，初步形成了全省的第三产业工作网络，为加快第三产业发展提供了组织保证。

尽管吉林省第三产业有了较大的发展，但在很大程度上带有恢复性质。无论是从第三产业总体看，还是从其内部各层次、各部门看，第三产业仍然比较落后。当前第三产业发展中，存在的主要问题是：

一是总量不足，第三产业在国民生产总值中的比重仍然很低。1992年全省第三产业占国民生产总值比重为24.6%，与同期全国平均水平27.7%还相差3.1个百分点，尚未恢复到本省1957年28.2%的最高水平。

二是第三产业内部结构不合理。全省第三产业构成中仍以商业、交通运输、金融保险等传统行业为主体，新兴的信息、咨询、广告、技术服务、居民服务等行业所占比重较小，发展缓慢。尤其是交通运输业等瓶颈制约还没有得到明显缓解。

三是地区之间发展不平衡，有的地区发展快一些，有的地区发展慢一些。第三产业中的资金、技术和知识密集型的行业基本集中在城市，农村第三产业还相当落后。

四是政策法规不健全，缺乏发展第三产业的统一规划和明确的宏观政策引导。行业多头管理，政出多门，有关法规不健全。

二、优势行业

吉林省第三产业经过近十几年的恢复和发展，已形成一些比较突出和有地方特色的领域和行业，主要有：

（一）比较发达的交通运输和邮电通信业。1992年，吉林省有铁路营业里程3 473公里，是全国铁路密度最高的省份之一，公路里程27 192公里，内河航道里程1 114公里。大安至俄罗斯的国际航道已经开通；长春机场已成为对外开放的国际空港。邮电通信业近年来发展较快，1992年实现邮电业务总量7.01亿元，长途电话电路数8 016条，电话交换机容量56.3万门，全省百人平均拥有电话机2.2部，高于全国平均水平，长春通信枢纽工程业已开工，它的建成将使吉林省的邮电通信业发展取得新突破。

（二）迅速兴起的金融保险业。近年来，吉林省的金融保险业发展较快，成为第三产业中与交通邮电并列的两大支柱行业之一。1992年底，全省银行各项存款余额499.4亿元，贷款余额861.1亿元，分别比上年增长58.5%和36.9%；开办国内外险种193个，比上年增长25.3%，国外保险金额35.9亿美元，国内保险金额1 701.4亿元，分别比上年增长2.4倍和58.9%。

（三）稳步发展的科技教育事业。吉林省的科技、教育，多年来一直在全国占有重要地位。到1992年末，全省有科学研究机构209个，全民所有制单位自然科学技术人员39.4万人，平均每万人中有158.5人。在校大学生7.57万人，平均每万人拥有大学生30.6人，基础教育比较发达，职业教育、成人教育也发展很快。在光学、应用化学、固体物理、生物工程及汽车研究等方面，均居全国领先地位。“七五”期间共取得科技成果2038项，其中有1502项得到推广应用，开发新产品1万余种，创产值60多亿元，利税近12亿元。1981—1991年工业科技进步贡献率达到34.4%。长春、吉林两个高新技术产业开发区的建立将带动全省科技教育事业加快发展，“科技兴省”不仅成为全省人民的共识，而且正在变成推动经济全面发展的现实。

（四）独具特色的旅游业。吉林省位于东北地区中部，东界俄罗斯，东南隔图们江、鸭绿江与朝鲜相望。省内有驰名中外的长春市伪满洲国皇宫、电影城，吉林市的松花湖、龙潭山鹿场，长白山天池胜景、长白山自然保护区自然风光和吉林冰雪旅游等国内景点和旅游专线，吸引着世界各地的游人。1992年，全省接待海外旅游者83 572人，比上年增长34.9%，创汇1 106万美元，比上年增长28.8%，各项经济指标均创历史最好水平。在’92中国友好观光年里，吉林省成功地举办了’92中国长春电影节、第二届吉林雾松冰雪节和延边朝鲜族民俗节，广交海内外朋友，让世界认识吉林，让吉林走向世界，取得了显著成效，推动了文化、经贸的交流与发展，带动了全省旅游业达到新的发展水平。

三、重要事件

（一）1984 年 12 月，中共吉林省四届三次党委（扩大）会议决定，把第三产业作为振兴吉林经济的“三个突破”之一，要求各级党委和政府把发展第三产业列入重要工作日程，省委省政府领导分工中责成专人抓第三产业。在这项重要的战略决策的指引下，吉林省第三产业发展问题开始受到普遍的重视。

（二）1985 年 3 月 12 日，中共吉林省委、吉林省人民政府发布《关于发展第三产业的若干规定》指出：要提高对发展第三产业的认识，各级政府把发展第三产业作为振兴吉林经济的战略措施来抓，使我省第三产业有了较快的发展；要坚持国家、集体、个人一起上的方针，从社会需要出发，有重点地发展第三产业；积极解决营业场所，并鼓励农民进城办第三产业；采取“国家投资，群众集资，引进外资相结合，以群众集资为主”的办法，开辟多种渠道筹集资金，从 1986 年起在各级财政预算中砍出一块用于发展第三产业，并设立第三产业贴息贷款，利息由省负担；对第三产业实行税收优惠，同时把价格放开搞活；搞好人才开发和培训，逐步改善第三产业职工的生活条件，提高他们的社会地位和政治待遇；各级政府必须加强领导，指定或组成一个有权威的管理机构，具体负责制订规划，研究有关政策，协调各方面关系，提供服务。《规定》的发布，大大地推动了全省第三产业的发展，其中的一些政策，直到今天仍在发挥着积极的作用，而开辟多种渠道筹集资金，发放第三产业贴息贷款的政策措施则作为经验在一些兄弟省市得到推广。

（三）为加强对全省第三产业的领导，省政府成立吉林省第三产业协调办公室，具体负责制定发展规划，研究政策，协调关系，提供服务。各市、地州和一些县也相继建立了相应的机构，为第三产业健康发展提供了组织上的保证。

（四）1985 年，在省政府领导下，省三产办组织人员对全省第三产业历史和现状进行了调查，根据经济发展需要，制定了“七五”期间到本世纪末第三产业的战略规划。各地也都结合本地实际情况和需要，制定了相应的发展规划。

（五）1986 年，《第三产业》杂志在长春创刊，该刊立足吉林，面向全国，大力宣传党和国家发展第三产业的方针、政策，报道各地发展动态，先进经验和理论研究成果，对吉林乃至全国第三产业的发展起到了一定的推动作用。

（六）1990 年 6－11 月，省政府动员 3 000 多名各级工作人员，进行全省社会商业网点普查，摸清了底数，看到了成绩和发展潜力，对存在的问题也有了清楚的了解，为制定全省第三产业“八五”规划，逐步理顺商业网点布局和调整行业结构提供了可靠的依据。

（七）1991 年，为加强第三产业发展研究工作，调动了全社会力量，加快发展吉林省第三产业，经省政府批准，省第三产业研究室、第三产业协会先后于 3 月和 8 月成立，一支理论工作与实际工作相结合发展第三产业的队伍开始形成。

（八）1992 年初，邓小平同志南巡谈话发表以后，省委、省政府于 6 月作出《关于加快改革开放，使全省经济更快更好地跃上一个新台阶的决定》，提出“以市场体系建设为重点，大力发展第三产业”，提前一年完成“八五”计划，到 1994 年，第三产业增加值增长一倍，达到 192 亿元，年均增长 26.1%，占国民生产总值的比重为 30%；第三产业从业人员达到 390 万人，年均增长 10%以上，占全社会劳动者比重达到 28%；市场体系、社会化综合服务体系和社会保障体系初具规模。9 月 12 日，省委、省政府颁发了《贯彻落实〈中共中央国务院关于加快发展第三产业的决定〉的意见》。

（九）在 1992 年 11 月国务院召开的“全国加快第三产业发展工作会议”上，副省长张岳琦在会上作了题为《集聚资金、加大投入、加快发展第三产业》的发言，介绍了吉林省从 1985 年以来采取省政府贴一点、社会筹一点、企业投一点、市县拿一点的办法，集聚发展资金，增加对第三产业的投入，推动第三产业以快于第一、第二产业的速度持续增长的经验，受到了会议的重视。

四、吉林省第三产业展望

90 年代，吉林省第三产业要在第一、第二产业发展的同时加快发展，第三产业的增长速度要超过第一、第二产业的增长速度。要按照发展社会主义市场经济的要求，优化内部结构，拓宽服务领域，提高内在质量，强化总体功能，把全省第三产业提高到一个新的水平。

（一）“八五”期间到本世纪末第三产业主要目标

——逐步建立起适应社会主义市场经济体制的统一的市场体系、城乡社会综合服务体系和社会保障体系。争取“八五”期间，全省社会主义统一市场体系、城乡社会化综合服务体系和社会保障体系建设初具规模，到 2000 年三个体系更加完善。

——第三产业增加值，到 1995 年达到 214 亿元，五年间平均增长 19.8%，在国民生产总值中的比重达到 31%；2000 年达到 374 亿元，10 年平均增长 15.7%，比重达到 34%。

——第三产业就业人数，1995 年达到 395 万人，占全社会劳动者总数的28.1%；2000年达到424万人，比重达到30%以上。

（二）90年代，吉林省第三产业发展重点

1、加强基础。一是加快发展交通运输业，二是继续加强邮电通信建设，三是积极发展城市公用事业，四是大力发展科技和教育事业。

2、搞活流通。一是发展商业和饮食服务业，二是发展物资仓储业，三是大力发展对外贸易，四是继续发展金融保险业。

3、培育新兴第三产业。一是大力发展房地产业，二是加快发展综合技术服务业，三是积极发展信息、咨询业。

4、发展旅游。"八五"和"九五"期间，吉林省旅游业发展目标是：努力开发利用旅游资源，加快"一带四区"（一带：东起珲春图们江、鸭绿江直到集安市的边境旅游开发带；四区：长春市、吉林市、长白山和西部草原四个旅游区）的重点开发，突出重点旅游线路的配套建设，加强旅游交通和旅游商品开发，使全省的旅游资源优势逐步转变为产业优势。

（吉林省计经委　刘树森、刘锡定、袁振昆等）

黑 龙 江 省

一、概况

改革开放14年来，黑龙江省第三产业逐步扭转了过去长期萎缩停滞的局面，进入了重新加速发展时期。从1978年到1992年，第三产业增加值由27.16亿元增加到202.0亿元，第三产业增加值占国内生产总值的比重由15.5%上升到24%；就业人数由176.1万人上升到393.8万人，占全社会劳动者人数的比重由17.6%上升到26.7%，全省商业、物资、外贸、交通通信业、金融业、居民服务业，以及教育、科技、文化、卫生等传统第三产业不断壮大；信息咨询业、旅游业、房地产业等新兴行业发展较快。第三产业已经成为全省经济的重要支柱产业。从总体上说，14年来第三产业发展以两三年为周期，呈波浪式前进，并有3个发展高速期（1984年、1988年、1991年）详见下表。

黑龙江省第三产业增长速度变化表

年　　度	1979	1980	1981	1982	1983	1984	1985	1986	1987	1988	1989	1990	1991
比上年增长%	3.7	13.3	2.1	9.4	1.2	27.2	0.4	15.8	11.4	32.0	5.5	－12.0	17.6

这个时期，第三产业的发展呈现以下特点：1.投入增加，发展速度加快；2.三次产业结构失衡状况有较大改善，第三产业内部结构也有了显著变化，新兴行业发展速度加快；3.第三产业劳动生产率不断提高；4.集体、个体和私营第三产业迅速发展，初步形成了以公有制为主导，多种所有制并存，共同发展的新格局。

二、发展第三产业的主要政策

改革开放以来，黑龙江省在发展第三产业方面做了许多工作，前期主要表现为政策的单项推进。

1987年，省委、省政府确定了“南联北开、全方位开放”的方针，作出了发展对外贸易，把黑龙江作为国家北方重要贸易通道和开放口岸的重大战略决策。

1988年，省委、省政府确立了“科技兴省”的战略方针，提出加快和深化科技体制改革，充分发挥现有科技人员作用，进一步放活对科技人员的管理政策和办法，加强全社会对科技的支持。一些关系全省经济发展全局的三产行业，得到重点扶持和优先发展。

随着改革的深入和开放度的不断扩大，以及第三产业在经济发展中所处的地位和作用的日益增强，省委、省政府对加快发展第三产业更加重视，采取了更为明确有力的政策措施。

在黑龙江省“八五”和十年规划纲要中，明确提出要大力发展第三产业，动员全社会力量一齐上；要特别注重交通运输、邮电通信等基础产业，商饮服、金融保险、信息咨询等社会服务业也要有较大的发展；强调全面贯彻落实“科技兴省”战略方针，依靠科技进步推动经济与社会发展，大力发展教育事业。

在最近出台的《黑龙江省经济发展上新台阶方案》中又指出，要全面贯彻中共中央、国务院关于加快发展第三产业的决定，加快发展第三产业，尽快形成新的经济支柱。要制定鼓励发展第三产业的优惠政策，坚持谁投资、谁所有、谁受益的原则，进一步放手发展集体、个体、私营和其他经济成分，调动社会各方面力量增加对第三产业投入。除国家明确限制发展和经营的行业及产品外，第三产业经营范围一律放开，允许企业突破行业界限，按照市场的需要，自主选择经营范围和经营方式。对文化、医疗、卫生等行业，要逐步放开经营。鼓励第三产业企业兼并工业企业。鼓励组建第三产业企业集团。对基础性和先导性行业，在继续以国家经营为主的同时，打破行业垄断，引入市场竞争机制，引导社会力量去办。要放宽第三产业企业审批案件，简化审批登记手续。

《中共中央、国务院关于加快发展第三产业的决定》下发后，省政府研究部署了制订第三产业发展规划的工作方案，召开了全省加快第三产业发展工作会议，并组织有关部门在全面制订第三产业行业发展规划和政策措施的基础上，制订了《黑龙江省第三产业发展规划纲要》和《黑龙江省关于加快发展第三产业的若干政策措施》。从打破限制，放开价格，增加第三产业投入，运用金融、税收、财政贴息等经济手段扶持第三产业发展，拓宽利用外资领域等方面制订了32条具体政策措施，为第三产业发展提供了良好的政策环境。

三、现状和存在问题

1992年，全省上下在省委、省政府的领导下，遵循邓小平同志南巡谈话和十四大精神，积极贯彻落实中共中央、国务院关于加快发展第三产业的决定，改革开放迈出较大步伐，第三产业呈现较好的发展势头。第三产业增加值达202.0亿元；占国内生产总值的比重达24%，比上年增长0.7个百分点；就业人数达393.8万人，占全社会劳动者人数的26.7%，比上年增长了12.3万人。第三产业投资所占全社会的投资比重由上年的24.9%上升到34.1%。

交通运输和邮电通信业继续稳步发展。全年运输邮电增加值为45.56亿元，比上年增长4.1%，占国内生产总值的5.4%。邮电通信事业发展速度加快。全年完成邮电业务总量7.84亿元，比上年增长34.6%，其中特快专递增长1.05倍，长途电话增长45.7%，无线电寻呼增长1.4倍，全省市内程控电话交换机总容量达30.7万门，比上年增加20.3万门。截止到年末，全省市内电话装机达到40.83万户，比上年增长32.9%。

1992年，全年社会商品零售总额442.2亿元，比上年增长13.8%（扣除价格因素，实际增长4.9%）。

1992年，全省对外开放领域明显扩大，对外经贸空前活跃。全年外贸进出口总额28.2亿美元，比上年增长42.7%。出口总额18.3亿美元，增长33.2%，进口总额9.9亿美元，增长64.3%。与周边国家的边境易货贸易进出口总额15.9亿美元，比上年增长1.2倍，居全国19个内陆省份之首；其中出口总额8.3亿美元，增长1.5倍，进口总额7.6亿美元，增长86.6%。利用外资大幅度增长，对外经济技术合作取得明显进展。全省先后同30个国家和地区签订利用外资项目923个，比上年增长2.5倍，利用外资协议金额5.5亿美元，比上年增长2.1倍，实际使用外资1.1亿美元，增长62.7%。以技术改造为主要内容的招商引资活动取得丰硕成果，12月间在香港举办的对外经济技术合作洽谈会，共与境外客商签订合同和协议194项，总投资124亿元，利用外资12.7亿美元。随着对外开放领域的不断扩大，“三资”企业数量不断增加，截止1992年末，注册的“三资”企业已达1 450户，比上年末增加920户，增长1.7倍。对外承包工程和劳务合作有很大发展。向独联体一些国家派出从事建筑、农业、林业、医疗等方面的人员达1.5万人。

全省银行和金融部门各项存款余额752.9亿元，比上年初增加199.9亿元，增长36.1%；各项贷款余额953.6亿无，比年初增加159.3亿元，增长17%。

保险事业进一步发展。1992年，全省承担保险责任总额达1 920.5亿元，比上年增长12.6%；保险业务总收入11.9亿元（含保险储金5.3亿元），增长50%；保险业务总支出5.3亿元，增长25.1%。已有50 832个企事业单位的93.4万职工参加了养老保险，为16.1万人发放养老保险金7 750.4万元。

科技事业蓬勃发展。1992年，全省共取得各类科技成果506项，其中达到国际先进水平的18项，属于国内首创或领先的178项，达到国内先进水平的172项，达到省或部先进水平的138项。全省从事科技工作的各类专业技术人员达到100.2万人，比上年增长3%。

各类教育事业取得新进展，普通高等教育发展加快，成人教育规模有所控制。文化、卫生事业持续稳步发展，医疗条件进一步改善。社会福利事业继续发展。1992年，全省由社会集体供养的孤、老、残、幼人员4.74万人，社会集体办敬老院1 102个，收养2.35万人。民政部门办的社会福利院、儿童福利院、精神病院27个，收养5 660人。

黑龙江省第三产业虽然有了较大发展，但长期形成的落后状态尚未彻底改变，仍在相当程度上制约着全省经济发展和社会全面进步。目前存在的主要问题是：

1. 总水平偏低。1992年，黑龙江省第三产业增加值占国内生产总值的比重为24%，比全国的27.7%低3.7个百分点。而世界发达国家一般为60%左右，中等收入国家50%左右，低收入国家亦达35%，与之相比，则差距更大。全省第二产业就业人数的比重为26.7%，与发达国家60%、发展中国家40%左右比，总量不足问题也十分明显。

2. 第三产业行业发展不均衡，某些行业已成为全省经济和社会发展的瓶颈。交通运输严重不足，造成煤炭、木材等产品大量积压；通信设施落后，容量较小，信息传递不灵；城市基础设施和公共服务设施严重滞后，上学难、行路难、看病难、住房难、吃水难等问题尚未根本解决；社会保障体系没有建立起来，使转换企业经营机制等经济体制改革进展迟缓；农业社会化服务体系不完善，农产品商品化程度不高。

3. 第三产业不仅行业发展不均衡，而且地域布局也很不合理。总的说，农村第三产业发展水平低于城市，资源型城市第三产业发展水平低于综合城市。小城镇第三产业发展水平低于大中城市水平。边远市县特别是19个边境市县第三产业尤为落后，远不适应对外开放和经济发展的需要，存在着较大的地区差距。

四、主要行业的发展情况

黑龙江省第三产业在全面发展的基础上，近几年，对外贸易特别是边境贸易和旅游、交通通信、信息咨询等行业有较突出的进展。

对外贸易和旅游业。80年代中期以后，在省委、省政府提出的沿边发展战略和“南联北开，全方位开放”的方针指导下，全省对外开放明显扩大，对外贸易尤其是边境贸易空前活跃。到1992年底，全省已与97个国家和地区建立了贸易往来关系，边境口岸从1987年的3个发展到18个。边贸市场已延伸到原苏联15个加盟共和国，带动了国内其他省、市、自治区与原苏联直接或间接的经贸往来。外贸进出口总额达28.2亿美元，比1978年增长61倍多。1988—1992年，全省共签订利用外资合同1 479项，合同金额12.26亿美元。实际利用外资5.39亿美元。在易货贸易大幅度增长的同时，经济技术合作有突破性进展。1992年，全省边境易货贸易总额8.3亿美元，比1987年增长3.9倍。1988年到1992年，对外承包工程和劳务合作共派出人员近3.9万人，其中1992年派出11 265人，比上年增长20.2%。边贸已由大贸的补充地位发展成对独联体经济贸易的主力军。全省对原苏联边贸占全省对外贸易总额的比重，已由1988年的7.7%上升到1992年的56.4%，经济效益和社会效益明显提高。1992年，全省易货贸易征税达22 293万元，增值税17 091万元。

全省国际旅游业近年来蓬勃发展。先后开发了一批具有地方特色的专项特种旅游项目，已经改造和建设并对外开放的有桃山、玉泉狩猎场，尚志滑雪场，大小兴安岭森林特色旅游等线路。为争办冬季亚洲奥运会正在改扩建亚布力滑雪场、哈尔滨—亚布力公路等。旅游基础设施也明显改善。“七五”以来，陆续交付使用了哈尔滨市区通往机场的埃德蒙顿路、通往玉泉景点的哈阿高速公路等，新建了银河宾馆、丁香大厦、哈尔滨大酒家、黑河宾馆等，目前，全省有各类旅行社50余家，旅游涉外宾馆38家，增强了接待能力。旅游交通民航线路增多，飞机班次增加，缓解了游客进出难的问题。特别是近年来对俄旅游的兴起，拓宽了客源市场，极大地推动了全省旅游业的发展。1992年，全省共接待观光、旅游、访问、探亲以及从事各项活动的外国人、华侨、港澳台同胞12.3万人次，比1978年增长31.6倍，每年平均增长28.3%。从接待的客源情况看，比较显著的变化是国外游客显著增加，尤其是独联体客源大幅度增加。随着旅游业的发展，旅游收汇再创历史最好水平。1992年当年创汇已达1 350万美元，比上年增长50%，是1978年的74倍。

交通运输和邮电通信业。黑龙江省交通运输和邮电通信事业近年来发展较快。运输线路、车辆和各种技术装备大量增加，现代化水平日益提高，已形成了铁路、公路、内河、民航、管理相连接，四通八达的运输网络，成为亚洲及太平洋区域通往欧洲的重要陆路通道。1992年全社会各种运输工具完成货物周转量841.92亿吨公里，比1978年增长90.9%。完成旅客周转量212.08亿人公里，比1978年增长133.6%。“七五”期间，建设了嫩江—黑宝山、龙镇—黑河两条地方铁路，全省铁路营业里程由1978年的4 594公里增加到1992年的4 879公里，增加285公里。路网布局有很大改善。1992年底，全省公路通车里程达47 882公里，比1978年增加3 085公里，公路质量显著提高。新交付使用的哈尔滨—大庆汽车专用公路就是黑龙江省第一条全封闭、全立交的高等级公路。截止1992年底，全省城市公路桥梁470座，比上年增加19座。1986年交付使用的哈尔滨松花江公路大桥作为我省松花江流域内第一座大跨径、永久式公路桥梁，目前已成为全省公路交通的枢纽。公路货运量完成2.04亿吨，货物周转量59.78亿吨公里，比1978年增长1.6倍和4.39倍。公路旅客运输周转量达50.86亿人公里，比1978年增长1.9倍。

邮电通信业建设近年来突出抓了长途通信干线建设和市话发展两个重点，既致力于加快增加通信能力，缓解供求矛盾，又着眼于网路基础建设，为发展积蓄了后劲，创造了条件。1992年与1978年相比，全省邮路增加5.5万公里，增长36%。长途电话增加9 825路，增长11倍。1992年完成邮电业务总量达7.84亿元，比1978年增长了4倍多。市内电话大量增加。1991年到1992年一年间，全省市内电话交换机总容量增加25.9万门，增长了65%。邮电局所、生产场地大为改观。1992年，全省邮电局所达1 638处，比1978年增加93处。

信息咨询业。作为新兴产业，近几年发展迅速。全省经济信息系统，省、市（地）、县三级信息中心机构及网络建设初具规模。目前已有14个市（地）、66个县建立了信息中心，拥有各类技术装备220多台（套），信息队伍500多人，信息市场30家，正在筹建的10家。全省已有40多个厅局建立了信息机构和行业信息网络，信息队伍1 160多人，网络兼职人员8 700多人，微机8 000多台，传真、电传机250多台。其中电力、统计、财政、铁路、银行、邮电、商业、海关等行业部门建立了比较完善的信息系统和信息网络。

据 1992 年底统计，全省现有全民、集体、个体信息机构 1 900 多个，从业人员 7 万多人，有大、中、小型计算机近百套，微机 14 000 台左右，固定资产原值 4 亿多元。在这 1 900 多个信息机构中，已有近千家取得了对外开展有偿服务的资格，从业人员近 4 万人，注册资金 1.5 亿元。

全省信息咨询部门，坚持为经济建设服务的方向，把为宏观决策、宏观调控和计划工作服务作为主要任务。基本建成了全省宏观经济预测、监测网。月度、季度、半年度、年度和 2 年滚动经济预测工作日益规范化、程序化，精度不断提高，在编制国民经济和社会发展规划及计划中发挥了重要作用。围绕国家、省及地方改革开放中的重大经济问题、热点和难点问题开展对策研究，提出了一批有价值的分析研究报告。为企业转换机制、进入市场的微观经济活动提供了大量导向信息。为培育、发展信息市场，在全国率先出台了第一部地方性信息规章——《黑龙江省信息市场管理暂行规定》，有力地推动了全省信息市场的发育和成长。各行业信息分系统积极承担本行业和部门的统计、信息、计算机应用等业务，为本行业的发展提供了有力支持。目前，全省信息产业呈现出多层次、多类型发展模式，出现了国家、集体、个体一齐上，现代化手段和传统服务方式并举的可观局面。

五、今后的展望

今后，黑龙江省第三产业的发展，将本着进一步解放思想、深化改革，充分利用市场机制和国家政策，国家、集体、个人和外资一起上的原则，以促进改革开放、推动经济发展，方便人民生活，增强劳动就业为目标，争取到本世纪末，逐步建立起适合我省国民经济和社会发展要求的开放的市场体系，比较健全的城乡社会化综合服务体系和比较合理的社会保障体系。

——第三产业增加值平均每年递增 17%，1995 年达到 290 亿元（1990 年价格，下同），2000 年达到 620 亿元。

——第三产业增加值占国民生产总值的比重，1995 年由目前的 24%提高到 33%，2000 年达到 45%。

——第三产业就业人数占全部就业人数的比重，1995 年由目前的 26.7%提高到 35%；2000 年达到 45%左右。

发展重点，一是对国民经济发展具有全局性、先导性影响的基础行业，主要是交通、邮电通信和教育事业等；二是投资少、收效快、效益好、就业容量大，与经济发展、对外开放和人民生活关系密切的行业，主要是商贸、物资、金融、旅游、饮服、房地产和文化体育事业等；三是与科技进步相关的新兴行业，主要是科学技术、咨询信息业等；四是为农业产前、产中、产后服务的行业和为提高农民素质和生活质量服务的行业。近期要把培育和发展各类市场，加强为市场服务的行业，以及为扩大对外开放创造软硬环境，作为第三产业发展重点。

（黑龙江省计委）

上　海　市

把上海建成“一个龙头，三个中心”的国际中心城市，是党的十四大确定的宏伟目标。上海要成为国际经济、金融、贸易中心之一的关键，是大力发展高层次，强辐射与国际接轨的第三产业。经过14年的努力，上海正在朝国际性经济中心城市的方向发展，高层次的第三产业发展正在成为上海经济发展战略的重点，对外开放和市场经济体制的逐步形成，已加深了上海参与国际分工的范围和程度。上海加快城市功能的转变，大力发展第三产业，重塑上海经济中心功能。近年来，上海从全国经济发展的战略高度，从将上海建设成为国际经济、金融、贸易中心城市的高度，从立足当前、着眼21世纪的高度，来规划、引导和推动第三产业的发展，做了大量的工作。上海率先建立了第三产业统计制度，制定了第三产业发展规划，培育和发展了各类市场。市政府制定的一系列优惠政策促进了第三产业发展，这些都为上海第三产业大发展奠定了基础。

解放前，上海曾是全国乃至远东最大的经济中心城市，以商业、金融业为主的第三产业十分发达（这是在半殖民主义下的畸形发展）。解放后，上海经济取得了突飞猛进的发展，但在国内外特别定的历史条件下，由于多方面的因素，上海从多功能的经济中心城市逐步演变为功能较为单一的工商业基地，第三产业长期处于滞后发展的状态。上海第三产业占国民生产总值的比重，从解放初期的41.7%下降到1978年的18.6%。党的十一届三中全会以后，随着改革开放的不断深入和进展，上海第三产业出现了建国以来前所未有的快速增长势头，从1978年到1992年，按可比价格计算，上海国民生产总值增长191.4%，平均每年递增7.9%，而同期第三产业增长299.7%，年均增长达10.4%。第三产业占国民生产总值的比重也由1978年的18.6%上升到1992年的33.1%，平均每年增加一个百分点。第三产业内涵不断丰富，内部结构逐步趋向合理，一个外向型、多功能、开放型的第三产业体系正在逐步形成。

一、重塑“中心”功能的大动作

（一）以发展内外贸易为先导，重塑贸易中心功能。上海商业开始向大商业、大市场、大流通方向发展，对外贸易有了较大增长，1979—1992年上海的对外贸易发展迅速，进出口总值从30.26亿美元增至97.47亿美元，增长222.1%，年均增长9.4%。物资市场体系正在培育发展，继1979年7月在上海建立全国第一家综合性生产资料交易市场后，上海已先后建立了机电产品、汽车配件、农机产品、木材、燃料、钢材、化工原料、纺织机械等29种物资交易市场，1990年又建立了上海物资交易中心，1992年建立了金属交易所，继而又建立了煤炭交易所、石油交易所等，一个规模大、品种全、多渠道、多层次的生产资料市场体系已逐步形成。消费品市场发展更快，至1992年底，上海已建立经营消费品的综合性、专业性贸易中心、交易市场和集贸市场近千个，批发、零售网点共14万多个，已基本形成了万商云集、星罗棋布的流通新格局。

（二）以发展金融市场为中心，重建金融中心地位。金融功能逐渐恢复，多元化的金融体系正在形成。1979年以来，上海的金融保险业有了长足的发展，金融保险业占第三产业的比重由1978年的13.8%上升到1992年的26.6%，增加值从7.02亿元增至92.5亿元，增长12.2倍，年均增长21.9%，远远超过国民生产总值的增长速度，1986年组建了总管理处设在上海的具有综合金融功能的交通银行，为金融改革迈出了新的一步。1990年以后，中国人民银行又批准了上海开设外资金融机构。至1992年底，全市已有各级各类中资金融机构1 762个，其中市级分行8个，投资信托机构7个，信用社54个，证券公司5个，网点171家，企业集团财务公司2个，保险公司市级分公司2个，外资银行上海分行16个，合资财务公司3个和外资金融机构驻沪办事处42个。初步形成了以中央银行为领导，商业银行为主体，多种金融机构并存相互协作具有中国特色的多元化金融体系。1986年以来，继开展同业拆借和贴现资金业务后，又先后成立了上海外汇调剂中心和上海证券交易所。到1992年底，上海外汇调剂中心已累计成交100多亿美元，调剂量居全国之首，证券累计交易额已超过1 000亿元，交易量也居全国之最。同时，各主要专业银行开办了外汇业务，拓宽了业务范围。1991年起，人民银行总行又批准上海发行人民币特种股票（B种股票），这是运用股权形式吸引外资的新尝试，这些都表明，上海的各种金融功能正在逐步恢复，并有较大的发展。

（三）以发展交通运输、邮电通信业为基础，重现港口都市风采。建国以后，上海的交通运输和邮电通讯业的装备现代化取得较大进展，但仍不能满足经济和社会发展的需要。1979年以来，上海对交通运输和邮电通讯业进行了较大规模的技术改造，水运、铁路、民航等运输装备和设施，邮电通讯的手段都有了较大的改善。电话已可直拨国内外，市内电话号码由6位改为7位。市内交通设施也有所改善，全市公交线路和运行里程年均增长14.6%和6.7%。但由于欠帐太多，上海的交通运输和邮电通讯的发展仍不能满足社会发展的需要。

（四）以发展国际旅游业为媒体，重树开放城市形象。1978年以来，上海紧紧抓住对外开放这一有利时机，大力发展国际旅游业，促进上海的国际旅游业迅速恢复和发展，接待量大幅度增长，接待人数从1978年24.02万人猛增至1992年的125.31万人，增长4.2倍，年均增长12.5%，旅游外汇收入也从1978年的0.83亿元，增长到1992年的32.03亿元，增长37.6倍，年均增长29.8%。旅游业的快速发展带动了旅馆业和其他相关行业的发展，一大批星级宾馆拔地而起，同时也促进了餐饮业、娱乐业、航空业和市内出租汽车业等第三产业的发展。对外交往的扩大，增进了外国人对上海的了解，上海人了解外国，使上海逐步向国际化城市推进。

（五）以发展房地产业为契机，加速城市建设和旧区改造。上海房地产业从1956年完全被公房制度替代后，自1979年起逐步恢复，先后成立了房产交易所和房地产市场，至1992年底投入市场销售的一般商品住宅共461万平方米，另外还开展了调剂房屋余缺、公房拍卖、旧房出售、私房租赁等。土地批租也已起动，自1988年虹桥开发区第26地块的土地使用权出让以来，至1992年的五年中，已批租了200多幅土地，推动了旧区改造和城市建设的步伐。1991年上海隆重推出了以住宅商品化为最终目标的房改方案，并已收到了良好的效果。

二、上海第三产业的大飞跃

从纵向和总体上来看，在1979年以来的十四年中，除了1988年和1989年两年受治理整顿期间宏观紧缩政策的影响外，其间曾有两次强劲的发展势头，第一次是党的十一届三中全会以来的1979—1987年，上海的第三产业进入了较快的发展时期；第二次是进入90年代的前3年，第三产业已步入了一个加速发展的新时期，其中1992年更是上海第三产业硕果累累的一年。

（一）1979—1987年，上海第三产业的复苏时期。随着改革开放的深入，社会主义商品经济的逐步发展，上海的第三产业出现了建国以来前所未有的快速发展势头，对全市国民经济的发展产生了积极的影响。主要表现在：第一，发展速度遥遥领先。1979—1987年，第三产业增加值从50.76亿元增加到159.48亿元，年平均递增速度为11.2%，是同期全市国民生产总值年均递增速度的1.3倍，是第二产业增加值年均递增速度的1.5倍。第三产业占全市国民生产总值比重由18.6%上升为29.2%，平均每年增加1.18个百分点。第二，就业比重迅速提高。9年中第三年产业在全市每年安置的新增加和转移劳动力的就业总量中所占比重由13%上升到70%；第三产业就业人数在全市总就业人数中所占比重由21.5%上升到27.2%；第三，劳动生产率快速上升。9年中第三产业全员劳动生产率平均每年递增9.7%，为同期工业递增速度的3.7倍，9年总计边际劳动生产率（即增加一单位劳动力所能增加的产值）为工业的1.5倍；第四，初步形成了以商品流通业、金融保险业和交通邮电业三大行业为支柱的多元化结构。1987年上述三大行业分别占全市第三产业增加值的35.5%、21.3%、20.1%。

1979—1987年，上海第三产业快速发展，主要是由于上海贯彻执行对内搞活，对外开放的政策，不断深化经济体制改革，逐步调整产业结构的结果。具体来看，导致第三产业快速增长的主要因素：一是生产和收入较快增长的带动，这是第三产业发展的最基本因素。计量分析结果表明，在全市商品流通业和交通邮电业9年发展中，生产性因素的贡献约占40%，消费增长因素的贡献约占60%。二是改革开放以来偿还生活和社会设施方面大量历史欠帐因素的推动，体现在1979—1987年全市基本建设投资总额中第三产业投资比重比1950—1978年平均水平翻了一番多。由于长期累积的欠帐过多，第三产业的投资效果显著，投入产出比超过第一、第二产业。三是安置了大量回城知青和企业及农村富余人员的就业。四是受价格变动的影响，9年间价格因素在第三产业累计净增总值中占到6.6%，影响第三产业占国民生产总值的比重达6.5个百分点。

（二）1990—1992年，上海第三产业加速发展时期。90年代，上海经济步入了一个重要的转折时期。1990年，党中央、国务院决定开发开放浦东，把上海和浦东作为全国改革开放的重点地区，上海已由全国改革开放中的后卫被推上了前锋位置，改革开放的力度正在不断增大。上海市委、市府及时提出“大力发展第三产业，积极调整第二产业，稳定提高第一产业”的“三、二、一”方针，形成了“大贸易、大市场、大流通、大交通”以及上海要成为国内外“资金流、商品流、技术流、人才流、信息流”交汇枢纽的战略思想。党中央、国务院“尽快把上海建设成为国际经济、金融、贸易中心"的宏体目标的确立，都为上海第三产业的加快发展提供了极为有利的机遇，也对上海第三产业的发展提出了更高的要求。在上海产业结构战略性调整的推动下，进入90年代以来，上海的第三产业迅猛发展，第三产业占GNP的比重平均每年增加1.4个百分点，主要表现在：(1)金融保险业迅速崛起，一大批新兴行业应运而生，如信息业、咨询服务业、房地产业、广告业、租赁业等。(2)为人民生活提供服务的行业得到了明显改善，全市商业、饮食业和服务业的网点迅速增加。(3)兴建了一大批市场，特别是要素市场，其中金融、证券、生产资料、房地产等要素市场的发展带动了存量的优化和生产要素的重组，成为推动上海的经济增长的重要因素。

(三)1992年上海第三产业发展硕果累累的一年。1992年上海第三产业出现加速发展的良好势头，主要表现为：城乡第三产业企业开业数成倍增长，浦东开发效应推动了海内外大量投资进入第三产业，市场培育和发展有较大进展。1992年，在工商管理部门注册登记属于第三产业的开业户数超过4.3万户，其中，城市开业户数3.07万户，郊县开业户数1.23万户。按所有制结构分，全民所有制开业户数0.78万户，集体所有制1.9万户，联营0.26万户，个体1.29万户，私营企业0.06万户。在新开业的4.3万户中，商业占67%，金融保险业占0.7%，交通邮电业占0.8%，旅游业占0.2%，房地产业占1.8%。

浦东开发效应推动海内外大量投资进入第三产业。1992年，浦东新区第三产业增加值达22.0亿元，比上年增长20.3%，高于全市的增长速度。第三产业利用外资329项，比上年增长10.8倍。其中，房地产业占82.9%，商业占6.4%，交通邮电业占1.9%。同时各省市纷纷进军浦东，兴办第三产业。1992年新批准的中央和各省市在沪投资企业4 500家，其中90%为第三产业，项目投资113亿元，分别是1991年来的6倍和11.4倍。1992年加大了以市场为取向的改革力度，兴建了一批全国性和区域性的大市场。其中，金融、证券、生产资料、房地产等要素市场的发展有新的突破。尤其是金融、证券市场的成长发育，调动了几百亿资金，使上海的资金流量和总量大幅度增加，出现了在经济高速增长的同时，资金仍相对宽松的局面，成为推动上海经济增长的重要因素。全年证券交易额达760亿元，比上年增长6倍，其中股票交易额约500亿元，外汇调剂中心全年调剂外汇37亿美元，增长38%；同业资金拆借达1 693.3亿元，增长1倍多，房地产市场成交201幅地块，出让金额达26.6亿美元和15.3亿元。技术市场签订合同3.27万项，交易额达15.3亿元，增长63.5%，劳务市场参加交流的人数达30万人次。金属交易所自开业7个月来，交易总额488亿元，受到国际金属交易界的重视和关注。煤炭交易所，全国性肉类、化工市场已经开业，并制定了一系列符合国际惯例的市场交易管理规则，为要素市场与国际接轨打下了基础。1992年，一大批现代化商业购物中心陆续拔地而起，南京路、淮海路、四川路、豫园商场修缮一新，一批超级市场迅速崛起，商业零售网点遍布居民小区。

从第三产业内部结构来看，呈以下几个特点：(1)第三产业中的传统行业仍然是上海发展第三产业的主体，但所占第三产业的比重的缓慢下降，1978年商业、交通邮电业和金融保险业的增加值占第三产业比重达87.3%，而到了1992年，上述三大传统行业所占比重已降至76.8%，14年间下降了10.5个百分点，平均每年减少0.75个百分点。(2)第三产业中的新兴行业迅速发展，其中信息业、咨询服务业、广告业、房地产业发展更快，年平均增长速度均在20%以上，新兴行业从占第三产业比重几乎是零迅速增加到15%以上，并显示了持续高速发展的强劲潜力。

上海要在2010年基本上建成国际经济、金融、贸易中心就必须大力发展第三产业已成为全市人民的共识，也已逐渐成为各级主管部门的行动准则。14年中，上海在推动第三产业发展方面着重抓了以下几项工作：

1. 政策支持。14年来，各级主管部门制定了一系列政策措施，鼓励支持发展第三产业。计划部门制定了发展第三产业的政策思路，着重抓了全国性大市场的组建。财政部门推出了对金融业、信息业、旅游业等第三产业行业实行减免税方案，积极培育股份制企业，制定政策措施鼓励下岗人员兴办第三产业，积极扶植全国性大市场建设。金融部门积极稳妥地引进外资银行，制定有关政策措施，鼓励兄弟省市来沪兴办第三产业，投放数百亿元贷款支持商业网点的改造。工商行政部门主动清理过时法规，取消不必要的行业归口审批制度，简化登记手续。物价部门则下放定价权，放开经营性收费，调整公用事业收费标准等。

2. 体制改革。商业部门在300多户企业中推行了"六自主"改革，在数十户企业中推行了股份制改革，其中8户商业企业公开上市了股票，在数十户大型批发公司中试行了"税利分流"，组建了数十个商业企业集团，近10个综合商社，对十多家企业进行了无行政隶属关系的试点，同时放宽了行业界线，鼓励各行各业兴办第三产业。此外，社会保障和医疗保险制度的改革亦有了良好的开端，养老保险方案已初步拟定并正在试点。

3. 投资倾斜。上海市政府一直将第三产业作为上海国民经济发展的重点加以扶植与支持，并采取投资倾斜政策加大对第三产业的投资力度。14年来，全市固定资产投资明显向第三产业倾斜，第三产业投资比重逐年上升，1992年，第三产业投资额已达139.54亿元，比上年增长55.3%，所占全市比重已达到49.5%，是历年来投资额最大，增长率最高的一年，并首次超过了第二产业的投资比重。第三产业的投资主要投向流通部门，这不仅促进了第三产业自身的发展，而且也带动了第一和第二产业的发展，更主要的是对于转变城市功能发挥了巨大作用。上海还充分调动集体和个人的积极性，放手让城乡集体经济组织和私营企业、个人兴办那些投资少、见效快、劳动密集、直接为生产和生活服务的行业，坚持谁投资、谁所有、谁受益的原则，并取得了良好的效果。

经过14年的努力，上海第三产业已步入了健康、快速发展的轨道，但是也还存在一些问题。(1)第三产业的总量仍相对较小，以纵向比较来看，1992年上海的第三产业比重虽然已达到33.1%，是近30年来的最好水平。但仍尚未达到"一五"时期的水平，同时第三产业的发展仍然不能适应第一、二产业和整个国民经济发展的需要。从横向比较来看，由于我国的产业分类标准与其他国家有一定的差异，再加上"企业办社会"，价格不合理等因素，上海第三产业的实际比例可能高于目前的统计数据，但是用现行数据与国外比较就可以发现，目前在经济发达的国家中，第三产业一般占国民生产总值的50—60%，有的甚至更高，中等收入国家一般也在40—50%，低收入人的发展中国家一般也能达到30—40%。再从劳动就业结构来看，目前经济发达国家第三产业人数占整个就业人数的比重为60%左右，我国仅为22%左右，上海也只达到30.1%，可见上海第三产业发展是很不够的，发展潜力也是巨大的。(2)仍然存在瓶颈制约。主要表现在：第一、交通运输业发展缓慢，严重制约着国民经济的发展，已经成为国民经济发展的瓶颈行业。第二，生产性服务行业发展不足，严重阻碍生产的专业化，社会化进程。(3)企业流通方面，随着商品经济发展加快，存在的问题越来越突出，如市场发育不完善，市场化程度低等，商业流通的不发达直接增加了对流动资金的需要，严重降低了企业的资金效率。根据世界银行测算，我国流动资金对固定资金的比例为57%，上海1992年为48.8%，远远高于其他国家15%的水平。(4)信息咨询业不发达。为企业提供各种信息和咨询服务的新兴行业发展不足，信息在部门之间互相封锁，信息闭塞和信息失实给企业的发展带来了不良影响。(5)金融保险业虽然有了较大发展，但仍远不能适应当前经济发展的客观要求，以至一方面资金短缺，财政紧张，另一方面又有大量社会资金闲置，资金得不到有效利用等。

总之，从上海整个国民经济发展战略角度来考察，第三产业发展不足带来的问题也是很严重的，必须花大力气加以克服。

三、发展上海第三产业的展望。

依据国内外经济发展的基本规律和经验，从80年代上海经济发展的强劲势头出发，站在上海目前产业结构的水平以及上海经济显示出来的增长潜力的基础上，根据党中央、国务院加快第三产业发展的决定和对上海发展的新要求，上海第三产业发展的总体思路是要面向全国，面向世界，面向21世纪，为建立统一的社会主义大市场服务，为国内外经济接轨服务，为周边地区的工农业生产服务，走贸易兴市、金融强市、科技立市的新路，形成高级化、国际化、市场化的产业结构，为在下世纪初把上海建设成为国际经济、金融、贸易中心奠定坚实的基础。具体设想是：迅速提高第三产业在国民经济中的比重，力争在2000年第三产业比重超过45%，建立和完善一批全国性市场，基本建成五大功能区，一是中央商务区(CBD)即浦东陆家咀和浦西外滩组成的面积约3—5平方公里，集中发展国内外各类银行、跨国公司、国际性财团，综合商社，海外驻华商务机构的总部或分支机构。二是商业贸易区，即在中央商务区外围，黄浦江两岸约30平方公里的范围，在这一区域内，90年代要建设2万平方米的商厦20座，各类特色商业街20条，使其成为集国内外名特优精商品、设施先进、功能完备的现代化商业区。三是高科技园区，主要是浦东张江高科技园区、漕河泾高新技术开发区和嘉定科技城，集中进行高新技术的开发和产业化。四是涉外功能区，主要是浦东外高桥保税区和浦西虹桥开发区，外高桥保税区主要发展转口贸易，仓储及出口加工区，涉外金融业等产业，虹桥开发区主要发展对外贸易，同时又是上海的领馆区之一。五是旅游度假区，初步规划建设的有青浦旅游城，浦东花木旅游开发区和横沙岛国家旅游度假区。同时要逐步建立现代化通信信息系统，高效便捷的交通系统，规范化的中介服务系统，功能完善的公用事业服务系统，现代化的文化传播系统；完善的社会福利保障系统等六大配套系统。

总之，加快发展上海的第三产业是一项十分紧迫和艰巨的任务，必须在把握和研究现实情况的基础上，以制定规划人手，加强领导，统一认识，制定切实可行的政策措施，按照建立社会主义市场经济新体制的要求，加快改革步伐，形成健全的市场机制，并向生产要素商品化，投资主体多元化，经济运行市场化，市属郊县城市化，公用事业民营化，经营方式集约化，分配结构弹性化和政府管理间接化的目标推进。

(上海市计委　王三谦、蔡晓虹、孙大淳)

江 苏 省

江苏省国民经济发展遵循经济发展规律的轨迹，三次产业经历了50—60年代的“一、三、二”和“一、二、三”，70—80年代的“二、一、三”的发展顺序，目前正进入“二、三、一”的发展阶段，第三产业在整个经济发展进程中处于上升趋势。

一、改革开放以来江苏第三产业取得可喜进展

随着改革开放的深入和商品经济的发展，江苏第三产业一改过去步履蹒跚的状态，发展步伐逐年加快，第三产业正在国民经济发展中发挥着越来越重要的作用。1992年江苏第三产业增加值为458.52亿元，比1978年的49.44亿元翻了三番，年均递增13%，所占比重由19.8%上升至23.2%，提高了3.4个百分点。人均第三产业增加值由1978年的84.7元提高到1992年的661.5元，也翻了三番。第三产业从业人员由1978年的292.46万人增加到1992年671.14万人，占全社会劳动者的比重由10.5%上升到18.6%，提高了8.1个百分点。

与此同时，江苏第三产业的总体水平和产业素质得到较大提高，特别是一些与国民经济发展密切相关的行业得到长足的发展，焕发出极大的活力，对全省国民经济发展起了积极的推动作用。

(一)交通运输和邮电通信建设步伐加快，综合运输体系和现代通信网络基本形成。

为了保证江苏经济持续稳定的增长，尽快改变交通邮电落后的状况，“七五”以来，作为国民经济运输大动脉和“先行官”的交通运输和邮电通信建设得到较高程度的重视和加强。从1986年到1991年，交通邮电业固定资产投资完成额累计100.27亿元，占同期固定资产投资总额的10.3%，占同期第三产业投资额的31%，仅1990年和1991年两年的投入已超过“六五”时期的投资总和。这对优化运网结构，提高基础设施的技术装备，建立现代化的通信网络发挥了积极的作用。

1991年末，全省水陆交通网长度达到49 681公里。拥有铁路正线营业里程748公里，复线率达到65%，鲁宁输油管道省境管线334公里，公路通车里程24 929公里，其中一、二级公路占总里程的14%。全省有99%的乡镇通了公路，基本形成了以南京为中心、干支相连的公路网；内河通航里程23 670公里，其中机动船通航里程14 800公里，通航船闸97座，除徐淮部分丘陵地区外，实现了乡乡通航；全省拥有大中小港口340多个，万吨级以上泊位41个，初步形成了沿海、长江、运河为主体的港口群体布局；民用航空拥有军民共用机场8个，开通航线41条，与国内主要城市相连接。同时，水陆运输市场多元化竞争机制基本形成，车船运输工具增长迅猛，乘车难、购票难、托运难的矛盾有所缓解。

1991年末，全省邮路总长度29.15万公里，长途电话电路数1.61万条，比1985年增长4.2倍。市话和农话交换机总容量分别达到71.53万门和38.82万门，比1985年增长255.5%和80%。全省电话普及率由1985年的0.69部/百人，提高到1.61部/百人，城市电话普及率由2.8部/百人，提高到6.15部/百人。程控交换、光纤通信、数字微波等具有国际先进水平的新型通信技术和装备已广泛采用，11个省辖市全部开通了程控电话，程控电话占市话总容量的61.2%。县以上城市全部实现市话自动化，并进入全国长途自动电话网。建成南京、苏州两个邮件处理中心。全省的通信手段、方式和技术水平得到很大提高，已基本建成以南京为中心多层次辐射的通信传输干线网。

(二)搞活商品流通，强化市场导向，积极培育和建立市场体系。

“加工工业为主，供销两头在外”的经济格局决定了江苏经济的发展必须依靠市场，开拓市场，建设市场。经过十多年的改革实践，江苏的商品流通结构、购销方式、经营机制和手段发生了深刻的变化，各地根据经济发展的客观需要，积极培育市场体系，市场建设取得较大进展。苏北地区根据其农副产品资源丰富的优势，重点发展各类农副产品的零售和批发市场；苏南地区根据其工业发达、交通便利的优势，大力发展了工业品专业批发市场和生产资料市场；在中心城市，各类要素市场发展迅速，并显示出勃勃生机。到1991年底，全省各类市场近7 000个，其中包括综合性市场和农副

产品、工业品专业市场在内的各类集贸市场4 192个。生产资料市场114个，金融市场117个，技术贸易机构2 500家，劳动职业介绍机构812个。在这些市场中，年交易额超亿元的集贸市场17个，超亿元的生产资料市场15个。一批规模大、辐射力强的区域性大型市场脱颖而出，如苏州物资贸易中心、吴江东方丝绸市场、常熟招商场、海门绣品市场、吴县渭塘珍珠市场、丹阳眼镜市场、徐州农副产品批发市场等，并出现了市场中介组织。

在兴办市场的同时，以市场为依托，开展各类配套服务，有力地促进了第三产业的发展。目前，在每个骨干市场周围，商业、饮服业、运输业、邮电业、旅馆业、文化娱乐业、房地产业、信息咨询业、金融业等相关行业都应运而生，形成了繁华的第三产业区，大大增强了市场的凝聚力，也为第三产业的发展开拓了更加广阔的空间。

经过十几年的努力，江苏市场规模由小到大，市场组织由无到有，市场种类由少到多，市场层次由低到高，已初步构成了多层次、多形式、综合配套、城乡通达的市场体系框架。

（三）开发旅游资源，拓展旅游市场，发展旅游经济。

旅游业是改革开放中迅速发展起来的新兴产业。在改革开放方针政策的指引下，江苏积极利用和开发丰富的旅游资源，把旅游业作为扩大对外开放、发展外向型经济先导产业的重要组成部分，极大地推动和促进了旅游业的发展。近几年来，在上级政府和有关部门的支持下，全省13个旅游开放城市共修复、开发了近200个景区、景点，形成了17个旅游国线景点，同时推出了40多个专项旅游项目，其中5项被纳入全国专项旅游线路。开发了30条旅游线路，发掘了20多个民间旅游节庆活动，并推向国际市场。旅游设施有了较大的改善，全省拥有旅游饭店56家（其中有45家星级饭店），计客房8 725间，分别比1978年增长了2.5倍和6.5倍；全省旅游汽车已达1 514辆，比1980年增长2.1倍；长江、太湖、古运河已配置机动游船18艘；有68家旅游定点商店和22家涉外旅游餐馆。此外，还兴建了一批娱乐设施。全省现有旅行社138家，其中从事对外招徕的一类社10家，负责国际旅游接待的二类社39家，经营国内旅游业务的三类社89家。与18个国家和地区的150多个旅行社建立了业务联系，并在日本、德国、香港设立了旅游经营和办事机构。同时，旅游交通有了一定改善，旅游教育事业也得到相应发展。全省现有旅游从业人员4万多人，其中国际旅游从业人员27 478人，比1981年增长近2.7倍。培养了一批初、中、高级旅游管理人才。

“七五”期间，江苏省旅游投资14.7亿元，同期国际国内旅游总收入达90亿元，投入产出之比为1∶6.1，高于全国1∶4.6的水平。1978年以来的14年间，江苏旅游接待、创汇保持了稳定持续发展的势头，共接待海外旅游者658万人次，创汇7.5亿美元，年均增长15.8%和21%，占全国第五位。旅游经济呈现出一派欣欣向荣、方兴未艾的景象。

（四）增强社会服务意识，积极培植智力型社会服务体系，发展新兴的第三产业。

律师、会计、咨询、信息、广告等智力型社会服务是知识密集型行业，是商品化、市场化、社会化的产物，它对整个经济运行的催化、润滑、粘合、调节、疏理、传导、促进作用是任何产业不可替代的。在经济高速增长、市场经济迅速发育阶段，智力型服务的作用将转化为巨大的物质力量。随着改革开放的深入和商品经济的发展，江苏第三产业中的新兴智力型服务行业如雨后春笋，发展很快。到1991年底，江苏全省有会计事务所203个，从业人员1 600人，其中注册会计师430人；有审计事务所108个，从业人员1 306个，其中注册审计师486人；律师事务所141个，律师1 800人，设公证处101个，公证人员680余人；在工商部门注册登记的咨询机构1 802个，专职和兼职从业人员2.68万人，咨询内容包括工程、技术、管理、金融、核资、外资、法律、会计等等。江苏的信息服务主要分为四个层次：一是民间信息交流；二是依附于一些产业的信息机构；三是各级政府和各主管部门、行业的信息系统；四是党政领导部门的信息系统。目前不少信息机构已经成为经济实体、步入市场，信息业正向商品化、社会化、产业化的方向迈进。

但是从整体上看，前一个时期江苏第三产业的发展在很大程度上是补偿性质的，远不能适应、满足现代化建设和人民生活水平提高的需要，从国内、国际间的比较来看，第三产业发展仍然存在极大的不足。主要表现在：一是第三产业总量相对不足，在国民生产总值中比重偏低，二是第二产业内部结构层次不高，新兴行业所占比重仍然偏小；三是第三产业的商品化、社会化程度与“经济服务化”要求相距较大，产业内部自我积累、自我发展的机制尚未形成；四是地区间发展不平衡，尤其是苏北地区第三产业发展层次相对较低。

二、1992年是江苏第三产业发展最快的一年

为了进一步贯彻落实中共中央、国务院《关于加快发展第三产业的决定》，尽快改变江苏第三产业不适应国民经济发展的状况，江苏省委、省政府制定了《关于放手发展第三产业的实施意见》，要求全省上下解放思想、更新观念、放手发展第三产业。并制定了六条政策：一是充分调动各方面发展第三产业的积极性，坚持国

家、集体、私营、个人一起上；二是简化审批手续，改变第三产业开业难的状况；三是对第三产业实行信贷倾斜，多渠道筹集资金；四是放宽第三产业的经营范围和经营方式，放开经营价格，提高市场调节比重；五是对第三产业区别情况，实行不同程度的税收优惠；六是鼓励机关兴办第三产业，改革第三产业中的用工分配制度。

1992年是我省第三产业发展最好、增长最快的一年。全年第三产业实现增加值458.52亿元，比1991年增长29.9%，占国民生产总值23.2%，比重提高了0.7个百分点。人均增加值由1991年的485元提高到661.5元，增加了176.5元。从事第三产业的人员达671.44万人，占全社会劳动者人数的18.6%，比1991年增加42万人，比重提高了1.1个百分点。第三产业内部结构也发生了新的变化，各类市场迅速发育，智力型服务行业蓬勃兴起，交通邮电、内外贸易有了突破性进展，金融保险、科教文卫事业发展明显加快。第三产业内部四个层次（运输邮电商业饮食、金融保险服务、科教文卫、党政机关）的增加值分别为197.55亿元、183.91亿元、51.97亿元和26.10亿元，比1991年分别增长了27.1%、33.6%、28.2%和29.1%。第三产业发展的主要特点是：

（一）三产企业显著增多。1992年全省新开业的三产企业有7.01万户，占新开业工商企业的63%。在新开业的三产企业中，商业物资流通企业和饮服企业居多，约占80%；房地产开发公司发展迅猛，截止1992年底，全省已有各类房地产开发公司1 113家，其中1992年批准成立946家；新兴社会服务业蓬勃兴起，各类为生产、生活服务的文化娱乐、广告等行业不断涌现；智力型服务业发展势头良好，工程技术咨询、科技开发、法律顾问、会计审计事务所等有较快发展，仅南京市目前就有各类民办科研机构904家。

（二）三产投入大幅度增加。1992年全省第三产业固定资产投资完成额（全民和城镇集体）达142.79亿元，比上年增长97.4%，占全省投资完成额（全民和城镇集体）的41.6%，比1991年上升5.4个百分点。投资增速最快的是商业、物资、供销等流通部门，增长达134.8%，其次是房地产和公用事业，增长108.2%，交通邮电业的投资增长98.6%，比1991年增加22.59亿元。今年一季度全省第三产业固定资产投资力度进一步加大，完成投资额18.94亿元，比去年同期增长168.9%，占全省同期投资完成额的49.5%。

（三）交通通信建设进一步得到重视。一是交通建设兼程并进。沪宁高速公路、宁通一级公路、宁连一级公路正在加紧施工；连结市与市、市与县的一些公路也在改造拓宽；市区道路建设方面，徐州市全长54.8公里、宽60米、6车道的三环路已建成通车，南京市的外环路也已开工。徐州铁路枢纽扩建和东陇海复线徐州至邳州段已经竣工，徐州和南京火车站的改扩建工程已开始动工，新长铁路沂淮段已铺至沂河大桥。机场建设方面，南通机场已建成，徐州大郭庄机场的改造工程已完成，南京新机场建设进入前期准备。二是邮电通信建设突飞猛进。长话和市话能力显著增加，1992年长话电路总数比上年增加10 903路，市话交换机容量增加22.35万门，程控电话已达77.08万门，占市话总量的82.1%，农话交换机容量增加11.84万门。邮电业务总量比上年增长51.3%，其中特快专递、无线寻呼、移动电话等业务增长幅度增在90%以上。

（四）内外贸易和市场建设有了新突破。1992年，江苏的消费品市场稳中见旺，全省社会商品零售总额802.54亿元，比上年增长20.6%（扣除价格因素，实际增长15%）。各类市场迅速发展，成绩显著。据不完全统计，1992年全省集贸市场已发展到4 510个，比上年增加318个；生产资料市场200个，比上年增加86个，生产资料市场调节比重达90%以上，建成了南京石油交易所和苏州物资交易所两个期货交易市场；劳务市场968个，比上年增加156个；金融市场126个，比上年增加9个；技术贸易机构4 800个，比上年增加2 300个。全省集贸市场成交额达243.68亿元，比1991年增长36.8%。成交额超过亿元的市场已达27个，比上年增加10个，其中中国东方丝绸市场和常熟招商场成交额均超过15亿元。1992年投入集贸市场建设资金6.8亿元，相当于前13年总投入的92.9%，新增市场面积410.38万平方米。

1992年全省对外贸易空前活跃，全省出口总额36.71亿美元，比上年增长35%，进口总额15.81亿美元，增长51.4%。

（五）外向型三产出现良好开端。各地采用合资、合作、独资等形式，吸引外商来开发旅游资源，建涉外宾馆，开餐馆，搞零售商业，开发房地产。1992年全省新增“三资”类三产企业810家，占新批三资企业数的11.8%，总投资额为29.63亿美元，占新批三资企业投资规模的25.7%。

（六）金融、保险业出现好势头。1992年是江苏金融改革迈大步的一年，也是金融业务大发展的一年。全省金融机构各项存款余额1 422.60亿元，比年初增加287.87亿元；各项贷款余额1 470.42亿元，比年初增加242.02亿元，增加19.86亿元，是江苏历史上贷款最多的一年，增幅高于全国平均水平。同年经中国人民银行批准发行各类地方性债券54.23亿元，比上年增加1.58倍。全省人民保险公司系统国内财产承保总额3 366亿元，比上年增长24.3%。全省有6.88万户企业参加了企业财产保险，1 429.3 万户居民参加了家庭财产保险，有 2 065 万人参加了人身保险。

（七）科学、教育事业有了新发展。科技工作取得新成果。1992 年全省共获国家级发明奖 13 项，科技进步奖 22 项，星火奖 9 项。获得省级科技进步奖 428 项，其中一等奖 2 项，二等奖 31 项，三等奖 152 项，四等奖 243 项。全省专利申请量 4 218 件，比上年增长 19%；授权量 2 086 件，比上年增长 41%。普通教育事业取得新进展。1992 年全省招收研究生 2 372 人，在学研究生 6 802 人，比上年增加 234 人；普通高校招收本专科学生 5.17 万人，在校学生 15.27 万人，比上年增加 0.8 万人；各类中等专业技术学校在校学生 14.94 万人，比上年增加 0.76 万人；职业中学高中在校学生 19.82 万人，为全省普通高中在校学生人数的 46.3%。

（八）旅游业持续兴旺。1992 年全省共接待旅游、参观、访问以及从事各项活动的海外游客 80.84 万人次，比上年增长 28.5%。其中外国游客增长 24.2%，华侨和港澳同胞分别增长 1.7 倍和 39.3%，台湾同胞增长 19.2%。全年旅游外汇收入 6.1 亿元（外汇人民币），比上年增长 22.9%。全省接待国内旅游者 2 660 万人次。

三、江苏第三产业发展思路

1992 年江苏第三产业发展出现的前所未有的好形势，为江苏第三产业登上新台阶奠定了良好的基础。江苏省委、省政府决定把第三产业作为江苏经济发展的新的生长点，把放手发展第三产业摆到突出的位置。规划到“八五”期末，第三产业增加值达 710 亿元，占国民生产总值的比重达到 28%，年递增 21.5%；从事第三产业劳动者人数达 970 万人，占社会劳动者的比重达 25%，年递增 9.7%。逐步向符合江苏省情的统一的社会主义市场体系、比较健全的城乡社会化综合服务体系和比较合理的社会保障体系迈进。

一是继续加强交通通信建设。加快铁路运输通道建设，建设新（沂）至长（兴）铁路、宁启铁路和沪宁高速铁路客运专线；建设沪宁高速公路、宁连、宁通一级公路及江阴长江公路大桥；建设南京新机场；抓好港口开发和建设，提高港口集疏运能力；做好京杭运河的整治工作。提高通信能力和质量。“八五”末，全省电话交换设备总容量达到 350 万门，移动通信网覆盖全省，电话普及率达每百人 4 部，市话普及率达每百人 17 部，长话业务电路达 6 万条，邮电业务总量 41 亿元。

二是加速培育市场体系。重点建设一批大宗物资批发市场，选择发育比较成熟的市场向期货市场过渡；着力建设技术、金融、劳务和人才、信息、房地产等生产要素市场；加快建设一批生产资料、农副产品和日用消费品等具有江苏特色的区域性专业市场。同时，要注重建立市场信息系统，培养规范化、高素质的经纪人队伍。

三是大力开拓房地产业。房地产开发要同开发区建设和小城镇工业新区建设相结合，同全省重大基础设施相结合，同老城改造与住房制度改革相结合。深化土地使用制度改革，推行土地有偿使用；政府垄断土地一级市场，放开搞活地产二、三级市场及房产经营；进一步拓展房地产市场范围，扩大商品住房、仓库、商场、综合楼等的建设和出售业务；建立房地产的估价、仲裁、咨询、代理等中介机构。

四是积极发展旅游业。进一步开发和利用本省丰富的旅游资源，加快改善旅游交通条件和旅游配套服务。重点建设太湖旅游度假区和长江旅游热线，着力开发建设徐海旅游资源。1995 年接待海外入境人数 120 万人次，国际旅游创汇 2 亿美元以上，国内旅游收入达到 64 亿元。

五是广泛开发信息咨询服务。积极培植新兴智力型服务行业，广泛开展城乡信息咨询等综合技术服务；充分开发和利用信息资源，逐步建立多层次多学科的咨询服务体系和多功能开放式的信息服务系统。

六是积极拓展金融、保险业。继续推进金融体制改革，培育发展金融市场，逐步建立新的金融机制，有计划地发展城市信用社、信托投资公司和企业财务公司，争取试办地方银行，适当引进外资银行；积极稳妥地发展证券业，规范债券、股票及社会集资的业务操作行为；逐步改革外汇管理体制，强化外汇调剂，增加收汇率，搞活外汇资金。扩大保险业务范围，增设新险种，完善保险体系，逐步建立和健全保险代理人、经纪人制度，争取设立地方人寿保险公司。

七是努力办好教育事业。紧紧围绕经济建设这个中心，加快各类教育事业发展，大力培育为市场建设服务的外经、商贸、交易等专门人才，积极发展职业培训、转业培训及终生教育等，使 90 年代的专门人才总量比 80 年代翻一番，在业人口人均受教育年限由 1990 年的 6.9 年提高到 7.5 年左右，每万人中大专以上文化程度人数由 1990 年的 147 人提高到 200 人左右。

八是尽快建立社会化的社会保障体系。发展与社会保障相配套的社会服务事业，鼓励并支持兴办老年公寓、医疗康复中心和待业、转业培训基地。加快农村社会保障体系的建立和发展。尽快将市、县为单位的社会保险过渡到全省范围内统一的社会保险，实现社会保障事业的社会化和产业化。

（江苏省计委 郭世良、甘丽）

浙　江　省

一、浙江第三产业发展的总体态势与基本特征

改革开放以来，伴随着经济发展战略的转变和国民经济结构的调整，浙江第三产业开始摆脱了长期不稳定发展的态势，步入了正常发展的轨道，在短短的时间里获得了长足的发展。综观这一时期的发展态势，其发展变化呈现出如下基本特征：

（一）第三产业增加值的总量指标已跻进全国前列，但其结构指标却始终低于全国平均水平。统计数据显示，1991年浙江第三产业增加值已由1978年的23.11亿元增加到245.71亿元（1992年初步统计数为295亿元），这一规模同国内生产总值一样，已跃迁到全国第七位；第三产业增加值占国内生产总值的比重为25.0%，却比全国低2.2个百分点。究其原因，主要是高速推进的工业化进程，导致了第二产业的急剧膨胀，从而使第三产业的比重相对偏低。这一情况表明，处在工业化加速时期的浙江经济，提高第三产业的比重指标似乎比提高总量指标面临着更多的困难。

（二）第三产业增加值比重开始超过第一产业比重，标志着浙江第三产业的发展进入了一个新的阶段。1978年至今，是建国以来浙江第三产业发展速度最快的一个时期。按可比价格计算，在1979—1991年的13年间，浙江省第三产业年均递增速度为12.9%（以1978年为基数），快于同期国内生产总值年均递增12.0%的速度。与此同时，第三产业增加值占国内生产总值的比重，从1978年的18.6%上升到1992年的25.1%，连续两年超过第一产业比重，实现了历史的转折，标志着浙江三次产业的发展开始实现由“二、一、三”阶段向“二、三、一”阶段的转换。

（三）以流通部门为主导行业的第三产业内部结构的转换开始启动。在浙江第三产业内部结构中，第一层次即流通部门（包括交通邮电业、商业饮食业、物资供销仓储业等）的比重较高。1991年这一层次的增加值为120.27亿元，占第三产业的比重为48.9%。这表明浙江流通部门相对发达，特别是商业，已成为全省第三产业的主要支柱。第二层次即为生产和生活服务的部门（包括金融保险业、旅游业、房地产公用事业、咨询信息服务业和综合技术服务业等）呈稳定上升趋势，其中尤以金融保险和国际旅游业发展最为突出。1991年这一层次的增加值为88.72亿元，占第三产业的比重已上升到36.1%，比1978年提高6个百分点，与第一层次产值比重仅提高0.3个百分点形成鲜明对比。这一迹象表明，在第一层次出现低水平的饱和之后，第三产业内部结构正在发生新的组合，进而推进第三产业整体素质的改善。

（四）第三产业已经成为吸纳劳动力增量的主要产业部门。1991年浙江从事第三产业的就业人数已达441.51万人，比1985年的310.09万人增长42.4%，均快于同期第一产业增长7.4%，第二产业增长4.8%的速度。1991年浙江第三产业就业人员比重已上升到17.1%，比1985年的13.4%上升3.7个百分点。在1985—1991年间，浙江社会劳动者净增260.80万人，其中第三产业吸纳131.42万人，占50.4%，大大高于第一产业吸纳35.9%、第二产业吸纳13.7%的比例。这一情况显示，浙江第三产业的发展，创造了大量的就业机会，为减轻社会沉重的就业压力提供了广阔的通道，已经成为吸纳劳动力增量的主要产业部门。

（五）第三产业开始成为国民经济的新增长点。改革开放以来，第三产业发展对国民经济增长所起的推动作用是有目共睹的。从浙江情况看，在80年代国内生产总值的增量中，第三产业的份额约占四分之一；财政收入中来自第三产业的部分更大，尤其是一些经济水平和第三产业发展较快的地区更是如此，如浙江义乌市的财政收入中，有一半来源于第三产业。可以预料，随着一大批基础设施的建成和投入使用，房地产业和旅游业等新兴产业的崛起，对外贸易的新拓展和金融保险业的繁荣，特别是随着第三产业的发展，可以强化各种服务功能和调节功能，促进人流、物流、信息流、资金流的畅通运行，有利于进一步发挥第一、二产业的潜力和效益，推动浙江的工业化和现代化进程。

从以上的分析中，我们可以感受到改革开放以来

浙江人民加快发展第三产业的前进步伐。然而从经济和社会发展的总体水平看，浙江第三产业的产业化、社会化和国际化程度不高，市场体系、城乡社会化服务体系和社会保障体系远未建成，已经成为浙江经济向更高层次发展的制约因素。因此，在实现现代化建设的第二步战略目标中，大力发展第三产业仍是一项十分艰巨的任务。

二、以专业市场为载体，带动整个第三产业的发展

浙江第三产业在发展中形成了自己的特色和优势，其突出一点就是以专业市场为载体，带动整个第三产业的发展。浙江专业市场的起步，始于80年代初期，经过10年的蓬勃发展，形成了以地方经济为依托，多种形式、开放经营、平等竞争、繁荣活跃的社会主义专业商品市场网络。到1991年底，全省专业市场发展到3 802个，年交额204亿元。特别是1992年贯彻落实邓小平同志南巡重要讲话后，各地兴办专业市场又有大动作，扩建新建大中型市场37个，面积55.1万平方米。黄岩市路桥在扩建原有商品市场的同时，划地100多亩，投资1亿元，兴建一座拥有10个专业市场的商业城。

浙江的实践证明，专业市场是促进第三产业发展的有力杠杆。这突出地表明在以下两个方面：

(一) 专业市场作为流通领域商品交换的场所，它的发展本身就是第三产业发展的重要内容。换个角度说，就是商品流通业的发展寓于市场之中。具体而言，专业市场的发展一是促进了商品流通的基础设施的建设与完善。目前，浙江规模较大、成交额超亿元的市场有20个，其中又以义乌小商品市场和绍兴轻纺市场为最著。这两个市场名扬全国，规模大、档次高、功能全、配有自动扶梯、电控装置、各项服务设施一应俱全，初步实现了基础设施的现代化和管理现代化。二是促进商业流通人员的大幅度增长。据统计，1991年与1985年相比，全省社会劳动者人数中商业人员增长了15.4%，大大高于其他行业就业人员的增长幅度。这跟专业市场的发展不无关系。义乌市的小商品市场，每天有7万客商进场交易，旺季高峰时多达10万人。可见，市场作为商品交换的中介，跟商业是不可分割的，市场的扩展，本身就意味着商业的发展。

(二) 专业市场的兴起，既对第三产业的发展提出了新的需求，同时也创造了必要的社会经济条件。一方面，它所形成的人流、物流、资金流、信息流要求加快交通运输，邮电通讯等基础设施的建设，要求建立四通八达的购销网络、金融网络和其他服务设施；另一方面，它所带来的人口和劳动力转移、生产和生活资料的聚集以及高能量的经济吞吐，又造成了巨大的经济吸引力和扩张力，为第三产业的发展提供了场所、资金、劳动力和人才，提供了高密度的社会联系和经济交换关系。例如浙江湖州织里原是个贫穷小镇，仅有一条狭窄的石路小街，绣刺品市场开办7年来，带动了旅馆、饭店、交通、邮电、银行等第三产业大发展。新街两旁高楼林立，还新建了自来水厂、变电所、煤气站、托运站等，成为新兴的商业集镇，体现了市场兴而百业旺的繁荣景象。所以，从发展专业市场入手，带动第三产业发展，是值得总结推广一条经验。

在大力兴办专业市场、带动第三产业发展的过程中，浙江各级政府做了大量工作。一是根据当地经济发展水平、地域交通优势、商品合理流向等实际情况，对市场建设坚持因地制宜、统筹规划、合理布局、分类推进的原则，从而防止了市场发展一哄而起，盲目竞争的无序状态。二是充分调动社会力量，对市场建设所需资金实行多渠道筹集的办法，按照"谁投资、谁得益"的原则，鼓励社会各方集资。据浙江省工商管理部门提供的资料，近年来浙江用于商品专业市场建设的投资共8.4亿元，其中市场管理费收入占37%，社会集资占31%，银行贷款占23%，财政拨款占9%。实践证明，这是关键的一环，否则市场建设就难以启动。三是遵循价值规律，运用市场机制，为经营者放开手脚、大胆经营，创造一个自由、开放、平等、竞争的政策环境和交易环境，其中主要涉及：放开价格，即允许上市商品，均按市场供求，自由定价，随行就市，充分发挥市场调节作用；放开经营，即不设关卡、不搞封锁、拆除蕃篱，真正做到货畅其流，物尽其用，增加市场的聚集力和辐射效应；采取灵活多样的经营方式，即可以自营、联营，也可以代销；可以现货交易，也可以期货交易；可以现金成交，也可以托收承付。四是通过加强对市场主体和市场客体的管理以及对市场商品价格、合同、税收等方面的监督、检查、调节，使市场管理逐步走上制度化、法制化、科学化的轨道，确保市场健康有序的运行。可见，浙江各级政府对市场建设的作用，主要体现在制定政策、协调服务和监督调控以及引导建设大市场、大流通等方面上。

由上所述，我们认为，从浙江的实际出发，特别是从农村商品经济发展的现实需要出发，以专业市场率先起步的态势，携带整个第三产业的发展，即以商品市场建设为龙头，带动和促进金融、劳务、技术、物资、信息及房地产等市场的发育，在当前仍然不失为一条加快第三产业发展的基本路子。

三、浙江第三产业发展的新起点

1992年，在党的十四大精神和中共中央、国务院

关于加快第三产业发展的决定的文件精神指引下，浙江省的各地、各部门根据全省的部署，结合自身的实际，在正确处理全局与局部、长远与当前关系的同时，突出重点行业和薄弱环节，陆续提出了加快发展第三产业的规划和政策。在此基础上，浙江省人民政府又下发了《关于加快发展第三产业的通知》，着重提出了15条主要政策和措施，为全省第三产业的发展注入了新的活力。通知在鼓励农村集体经济组织和农民个人自筹资金进城兴办第三产业；鼓励党政机关转变职能、精简机构、组织富余人员创办第三产业；以及鼓励行政事业单位人员，从单位分离出来从事第三产业等方面都有具体的规定。15条政策措施的出台，加大了改革力度，在许多方面都有突破。这些政策措施力求通过工商行政管理、劳动人事、财政税收、金融、价格、土地管理等综合部门的体制改革和政策调整，从第三产业企业的开业、人员流动、收入分配、税收扶植、资金融通、价值补偿、建设用地等各个环节促进第三产业的发展。与此同时，强调了政策的调控管理，强调了法制建设，以确保第三产业的健康发展。所有这些，都为第三产业发展提供了相对宽松的外部环境。正是在这种背景下，1992年浙江第三产业发展取得了重大进展，主要表现在：

（一）第三产业主要行业保持了全面增长的势头。据对1992年的初步统计，浙江第三产业增加值为295亿元，按可比价格计算，比上年增长14.8%。其中，交通运输、邮电业为54亿元，增长19.1%；商业饮食、物资供应仓储业为90亿元，增长12.2%；金融保险业为64亿元，增长21.7%；房地产业为17亿元，增长12.1%；其他行业为68亿元，增长9.9%。

需要指出，1992年浙江国际旅游业更是突飞猛进。在’92中国友好观光年暨江浙沪旅游年活动的推动下，全省国际旅游业高潮迭起，旅游项目新颖多样。全年共接待海外游客71万人，比上年增长28.6%；旅游外汇收入增长幅度更大，达到38.6%，充分显示了旅游业作为浙江第三产业重点行业的巨大发展潜力。

1992年，浙江各行各业还掀起大办商业的热潮，新办的公司、经营部、商店、餐馆等如雨后春笋般地涌现。到1992年末，全省共有商业、饮食业、服务业机构85.25万个，比上年增加7.32万个，比1979年的8.75万个增长8.7倍。其中：服务业机构比79年增长25.9倍，为最快；饮食业机构比79年增长14.6倍，为其次；商业机构比1979年增长7.3倍，为最低，反映了内部结构的变动速率。

（二）第三产业增加值占国内生产总值的比重继续超过第一产业比重。据1992年年报初步统计，全省国内生产总值为1 174亿元，其中第一产业为255亿元，第二产业为625元，第三产业为295亿元，占国内生产总值的比重分别为21.7%、53.2%和25.1%。第三产业比重比第一产业比重高出3.4个百分点（1991年仅高出0.1个百分点），从而揭开了第三产业发展的新序幕，标志着第三产业发展进入了一个新阶段。

（三）农村劳动力向第三产业转移的速度明显加快。年报统计资料显示，1992浙江农村从事第一、二产业的劳动力分别比上年减少10.18万人和5.2万人，降幅分别为0.8%和1.2%；唯独从事第三产业的劳动力比上年增加42.64万人，增幅高达15.7%。从总量上看，1992年农村新增劳动力和第一、二产业转移出来的劳动力已全部被第三产业所吸收，从而使农村三次产业结构由1991年底的65.1：21.8：13.1转变为63.8：21.2：15.0，反映浙江农村就业结构的变化趋势。

如上所述，1992年浙江第三产业的发展呈现出良好的增长势头。然而，由于第二产业的增长高达33%，拉动了整个国内生产总值以17%的速度推进，致使第三产业的增长“黯然失色”，再度出现低于国内生产总值增长速度的态势。正确认识这一特点，对于正确处理三次产业协调发展的关系，促进第三产业的全面、快速发展是十分有益的。

四、在工业化和市场化的双重目标下，加快第三产业发展

第三产业的兴旺发达，是现代化经济的一个重要特征。加快发展第三产业，是在当前新的历史条件下，保证我国改革、开放和发展相互协调、全面推进的一项重大而紧迫的战略任务，它对于建立社会主义市场经济体制、全面提高国民经济整体素质、实现90年代现代化建设目标，具有重大战略意义。当前，浙江经济发展进入了一个新阶段，具备了全面、加速发展第三产业的条件。我们必须紧紧抓住这一机遇，切实加强领导，转变观念，真正把第三产业作为带动全省国民经济发展的支柱产业来抓。

根据党的十四大精神和中共中央、国务院关于加快发展第三产业的决定的精神，90年代浙江发展第三产业的指导思想是：按照建立社会主义市场经济体制的要求，以产业化、社会化和国际化为方向，以调整经济结构和提高经济效益为中心，坚持国家、集体、个人一起上的方针，加大改革开放力度，统筹规划，突出重点，发挥优势，协调发展，建立充满生机的第三产业发展机制，推动第一、第二产业的发展，促进全省国民经济更快更好地上一个新台阶。

这一指导思想的总体表述可以分解为“五个化”，即经济市场化、投资与经营主体多元化、第三产业发展方向的产业化、第三产业发展方向的社会化和第三产业发展方向的国际化。

经济市场化：就是第三产业的发展，要适应“社会主义市场经济体制”的要求，抓好市场体系建设。

第三产业投资和经营主体多元化：就是第三产业的发展，要走国家、集体、个人一起上的路子，把依赖国家投资转变为主要依靠社会各方面的力量，让集体、个体和私营投资创办的第三产业。要鼓励机关事业单位和厂矿企业兴办第三产业。同时，积极利用外资发展第三产业，形成以多种经济成份、多种经营主体并存的新格局。

第三产业发展方向的产业化：就是第三产业的发展，要实现机制的转换，使现有的大部分福利性、公益性和事业性第三产业单位逐步向经营性转变，并按照社会主义市场经济的原则，逐步形成自主经营、自负盈亏、自我积累、自我发展的第三产业运行机制，实现服务—盈利—积累—发展的良性循环。

第三产业发展方向的社会化：就是第三产业的发展，要不断提高为生产和为生活服务的社会化程度，把“大而全”、“小而全”的封闭式的自我服务转变为开放式的社会化服务；加速实现产前、产中、产后服务的专业化、社会化；逐步使机关事业单位的后勤服务和福利设施向社会开放；尽力提供各种形式的便民服务，解决居民家庭生活不便问题。为此，才能提高服务效率，促进经济迅速发展，改善人民生活质量。

第三产业发展方向的国际化：就是第三产业的发展，要充分利用改革开放所提供的外部环境，不断提高开放程度，实现国际化经营和与国际市场“接轨”。要通过兴办中外合资、合作企业和外商独资企业，学习国外先进的管理经验和灵活的经营方式，逐步学会按国际惯例兴办第三产业。要创造条件，鼓励商业、物资、外贸企业向境外发展，逐步形成国内国际市场统筹经营的连锁商店或综合商社，为国内外经济的直接溶合创造条件。

以上诸点，从各个不同角度提出了第三产业发展的方针、活力、效益、手段、趋势等方面的问题，粗线条地勾勒出了 90 年代第三产业发展思路的基本框架。深刻理解和正确把握这些方面，对于促进第三产业全面、快速、健康地发展，把第三产业提高到一个新水平，具有十分重要的意义。

为此，在 90 年代，浙江要在继续保持第一、二产业较快增长的同时，加快发展第三产业，使第三产业的增长高于国内生产总值的增长，基本实现一、二、三产业的协调发展。到 2000 年，第三产业增加值占国内生产总值的比重达到 40%左右，比 1990 年提高 15.5 个百分点；第三产业就业人数占全社会劳动者总人数的比重达到 30%以上，比 1990 年高出 13 个百分点。届时将初步形成与经济发展相适应的市场体系、服务体系和社会保障体系，在浙江第三产业的发展中树立一个新的里程碑，把国民经济整体素质提高到一个新水平，为迈向 21 世纪奠定坚实的基础。

附表 1—3

（浙江省计委　李建中）

附表 1

浙江国内生产总值

单位：亿元

年　份	国内生产总值	按三次产业分		
		第一产业	第二产业	第三产业
1978	123.72	47.09	53.52	23.11
1980	179.68	64.61	84.07	31.00
1985	413.84	123.88	198.91	91.05
1990	836.81	224.95	407.03	204.83
1991	983.54	245.18	492.65	245.71
1992	1 174	255	624	295

（注：1992 年为预计数）

附表 2

浙江国内生产总值构成
（以国内生产总值为 100）

年份	按三次产业分		
	第一产业	第二产业	第三产业
1978	38.1	43.3	18.6
1980	36.0	46.8	17.2
1985	29.9	48.1	22.0
1990	26.9	48.6	24.5
1991	24.9	50.1	25.0
1992	21.7	53.2	25.1

（注：1992 年为预计数）

附表 3

浙江国内生产总值指数
（以上年为 100）

年份	国内生产总值	第一产业	第二产业	第三产业
1978	121.9	118.7	128.6	113.5
1980	116.2	97.3	132.0	113.1
1985	121.8	101.9	135.3	119.2
1990	104.0	102.7	105.2	101.5
1991	115.8	106.8	120.9	115.5
1992	117.0	101.3	133.0	114.8

（注：1992 年为预计数）

安　徽　省

一、第三产业基本情况

改革开放以来，我省第三产业有了较大的发展。尤其是邓小平同志今年南巡讲话之后，我省及时制订了加快发展第三产业24条政策措施，促进了第三产业的迅速发展。1992年与1978年相比，第三产业增加值由19.1亿元增加到161.31亿元，增长了8.45倍。按可比价格计算，平均每年递增10.8%，超过了同期国民生产总值的增长速度。第三产业增加值占国民生产总值的比重已由16.9%上升到22.3%；第三产业从业人员由161万人增加到491.37万人，占社会劳动者总数的比重由8%上升到16.46%。改革开放为我省第三产业的发展开辟了广阔的道路。近几年，在交通、邮电、商业、饮食服务等传统行业发展的同时，旅游，金融、咨询、信息、房地产等新兴行业迅速崛起，一个门类比较齐全，各种经济成份并存的第三产业体系在我省已初步形成。

(一)传统的商品流通业为主体的第三产业发展较快

商品流通领域打破了国营商业和供销社独家经营的垄断局面，初步形成了多种流通渠道、多种经济成份、多种经营形式、少环节的“三多一少”的新流通体系，减少了指令性的计划品种，实行了简政放权。改革开放14年来，全省社会商品零售总额增长4.3倍，社会商业、饮服业机构和从业人员分别增长7.3倍和2.8倍，居民消费水平提高3倍，物资体制开始突破以分配调拨为主的产品经济模式，建立并形成了多种形式，不同规模的生产资料市场，社会主义商品市场体系逐步发展。到1991年底，全省商业、饮食、服务、物资业增加值已占第三产业的16.8%，从业人员33.7%。此外，全省的技术、信息咨询和房地产市场也进入了开拓阶段，整个市场呈现出一派兴旺的景象。

(二)交通运输、邮电通信业出现了良好的发展势头

改革开放以来，加快了交通邮电事业的发展速度。到1991年底，全省铁路营业里程达1 540.3公里，公路通车总里程达3万多公里。高速公路从无到有实现了新的突破，新建各种公路桥梁5 120座；内河航运通航里程达6 017公里；车船运力发展迅速，其中全社会民用汽车达到15.9万辆，交通部门运输船舶达到202万载重吨。目前，我省社会货运量已达46 733万吨，社会客运量38 894万人，港口货物吞吐能力达5 000多万吨，民航货运量和客运量分别达0.1万吨和17.8万人。与此同时，我省的邮电通讯业也得到了较快发展。1991年与1978年相比，全省电话机、市内电话容量和长途电路，分别增长2.6倍、3.5倍和6.4倍。传统的和新兴的邮电业务，都有较大发展。通信网的技术装备水平有了很大提高，63个县局中有59个已开通自动电话，16个地市已全部程控化并可直拨长途电话，省会合肥市与国内800多个大中城市及200多个国家和地区开通了长途自动拨号业务。全省县以上公众电报已基本实现自动转报。交通运输邮电通信业的发展，为工业、农业和国内外贸易的合理发展创造了条件。到1991年底，全省交通、邮电通信业增加值占第三产业增加值的比重已达20%，从业人员占15.7%。

(三)金融事业方兴未艾

改革开放以来，我省金融事业相继改变了单一的国家银行体制，改革了利息、外汇、外债管理、信贷资金管理制度和银行内部管理制度，恢复和发展了保险事业，为我省的经济建设提供了有效的资金保证。目前，我省已形成多种类、多层次、业务部门较齐全的金融体系。目前全省各类银行及其分支机构达4 229个，职工4.3万人。1991年末全省信贷资金规模达495.1亿元，比1978年增长8.1倍。随着各种商业票据、有价证券的出现和各城市银行系统普遍开展同业拆借活动，促进了资金的横向融通，也促进了金融市场的形成。金融业务的迅速扩展直接改变了它在第三产业中的地位，其作用迅速上升。1991年底全省金融保险业增加值已占第三产业的22.6%，从业人员占1.8%。

(四)科教文卫事业蓬勃发展

到1991年底，全省科教文卫事业增加值占第三产业的比重已达14%，从业人员占20.5%，具体来说，科技事业根据“经济建设必须依靠科学技术，科技工作必

须面向经济”的方针，科技力量开始面向经济主战场，全省已建立了一批多学科、多层次的科研机构，形成了一支有一定实力和研究水平的科研队伍，科研成果不断涌现。“七五”期间，全省取得科技成果 6 600 多项，部分科研成果已转为生产力。目前，全省共有各类科研机构 370 多个，各类专业人员 54 万多人，其中自然科学技术人员占 48%。技术市场已初步形成，从事技术开发、技术转让、技术咨询和服务的机构发展到 100 多家，基本形成了一个多层次、多渠道的技术贸易网络，成为社会主义市场的重要组成部分。

教育事业：办学条件有了较大改善，教育的普及进程加快，教育质量在不同程度上也有所提高。到 1991 年底，全省适龄儿童入学率达 98.4%，年巩固率为 98.4%，毕业率为 96.9%，均达到或超达全国平均水平。全省 105 个县级单位中，已有 98 个经省级验收普及了初等教育。1991 年全省在校大学生达 6.59 万人，毕业生 1.9 万人，分别比 1978 年增长 1.1 倍和 2.4 倍，高校总数比 1978 年增加 15 所。与此同时，中等教育、技工培训和特殊教育均取得了令人瞩目的成就。

文化事业：市场十分活跃并不断扩大。按照国家、集体、个人一起上的政策，不少地区建成了数量较多高、中、低档娱乐经营场所，初步形成具有一定特色的经营管理方法，管理系统和管理秩序的经营管理体系。如广播电视事业。全省已有 18 座广播电台及转播台，18 座电视台、703 座电视发射台及转播台。全省电视人口覆盖率已达 79%。

卫生事业：初步突破了以纵向、封闭为特征的卫生管理体制，出现了卫生部门、厂矿企业、集体所有制单位开设的医疗卫生机构和个体开业医生，以及各种联合体并存的局面。到 1992 年底，全省卫生机构发展到 2 035 个，其中医院 3 049 所，比 1978 年增长 14.2%。医院床位达到 11.45 万张，平均每千人医院病床 2 张。1992 年全省卫生服务行业从业人员 17.43 万人，同时尚有约 5 万农村医生和卫生员从事当地农村居民的基本卫生服务，很大程度上缓解了广大人民群众“看病住院难”的问题。

（五）旅游企业迅速崛起

10 多年来，尤其是在“七五”斯间，我省旅游业取得了长足的进步，已成为拥有一定规模的新兴产业。到 1991 年底，全省旅游涉外饭店已有近 70 家，各类旅行社 56 家，旅游从业人员 1 万多人。“七五”期间，来皖海外游客累计达 31 万人，平均每年递增 18.5%，旅游外汇收入累计达 1 250 多万美元，平均每年递增 37.4%，接待国内游客累计达 4 300 万人，平均每年递增 20.4%，人民币收入累计 20.5 亿元，平均每年递增 16.5%。旅游业自身也已经形成了相当的产业规模和行、游、住、吃、购、娱六要素初步配套的产业体系。

二、存在的主要问题

改革开放以来，我省第三产业虽然有了长足发展，但从第三产业增加值占国民生产总值的比重，社会劳动者中第三产业从业人员的比重这两项衡量第三产业整体发展水平的指标看，在全国均居下游水平。1990 年全国平均数分别为 17.2%和 18.6%，我省仅为 19%和 15%。1991 年我省第三产业增加值占国民生产总值的比重在全国各省市中排第 27 位。这说明，近年来我省第三产业的发展只是低起点上发展，其整体水平仍然十分落后。主要问题表现在：

（一）认识不足，重视不够。长期以来，由于受产品经济的思想影响，对第三产业的作用缺乏应有的认识，重生产、轻流通、轻服务，忽视价值规律、商品生产和市场作用，没有把第三产业作为国民经济支柱产业对待。因而投入不足，价格不顺、扶持不够，致使第三产业发展缺少良好的外部条件和内在动力。

（二）第三产业在国民经济中的比重低，发展落后，与第一、第二产业的发展不协调。主要表现在：一是交通邮电业的发展滞后，与第一、第二产业的发展需要很不适应，二是生产服务体系不健全，尚未形成全省范围内适应社会主义市场经济体制的产前、产中和产后综合服务体系，特别是农村更为落后，发展商品经济的服务体系基本没有建立起来。三是为提高劳动者素质服务的教育、科学、文化、医疗卫生等还远远不能满足需要，科研和技术成果的转化率低、周期长等。

（三）第三产业的发展，缺乏清晰的行业规划和行业管理，缺少鲜明有力的政策引导。第三产业行业多、范围广，有些还是近些年才发展起来的，由于缺乏行业规划和行业管理，造成第三产业发展中一定的盲目性，普遍存在着经营行为缺乏规范性。

（四）流通部门构成第三产业的主体，但产业内部发展不协调。交通运输、邮电通信、商业、金融保险等传统产业部门的增加值占第三产业总值增加值的 60%左右，从业人员占第三产业全部从业人员的 50%以上，构成了第三产业的主体。但是产业内部存在问题不少：直接为生产、生活服务的交通通信、城市公用事业等基础性产业部门发展仍然落后，各种生产服务体系尚不健全，市场发育不充分、不能满足社会化的发展需要；信息、咨询、外汇、金融、保险的运行机制与社会发展不协调，社会保障事业不发达。

（五）第三产业发展水平在城市与农村之间存在差异，发展不平衡。第一、二产业发达的地区相对来说，第三产业的发展水平也较高，造成第三产业在城市、地域分布上的差异。从 1991 年全省各地市第三产业增加值比重看，排在前 6 位的就有 5 个是城市，比重最高的蚌埠市达 32.4%。而比重最低的滁县地区 17.2%，相差 15.2 个百分点；再从 1991 年第三产业从业人员比重看，排在前 9 位的均是城市，其比重均高于全省平均 14.9%的水平。目前我省不少边远地区和农村的第三产业还处于初始状态；发展比较缓慢。在产业内部构成上，一些资金、技术和知识密集型的行业基本都集中在城市，农村缺乏发展条件。

（六）机关、企事业单位办第三产业，社会化程度低。改革开放以来，为了增加职工福利和收入，不少企、事业单位和机关团体兴办了大量的福利型的商业和服务业，但由于产权以及管理体制的障碍，这些单位兴办的第三产业主要是自我服务，封闭运行，不求社会效益，从而缩小了生产服务市场，遏制了社会化服务业的发展。不少单位的第三产业服务设施社会化、商业化程度低，资源得不到合理配置，浪费严重。

（安徽省计委）

福 建 省

一、建国后福建第三产业发展状况

从新中国成立到1978年近30年的时间，产业结构以农业为主体，以为备战服务的军工、支前和自给性的日用工业品生产为主，第三产业在国民经济中的比重虽有升有降，但十分落后。这一时期第三产业的发展大体上经历了以下三个阶段，其基本情况是：

第一阶段是1950—1962年。这一阶段第三产业在国民经济所占的比重逐步上升，增长速度超过国内生产总值。从三次产业结构看，一、二、三次产业占国内生产总值的比例由1950年74%、13.3%和12.7%变为1962年的46.4%、23.1%和30.5%，第一产业比重下降了27.6个百分点，第二产业比重上升了9.8个百分点，第三产业比重上升了17.8个百分点。12年间第三产业年平均增长速度高达12.6%，均超过国内生产总值平均增长6.2%，第一产业平均增长1.1%和第二产业平均增长11%的速度。从第三产业内部四个层次的结构看，1962年与1950年相比，各层次占第三产业的比重，第一层次由66.9%下降到47%，第二层次由6.6%上升到23.6%，第三层次由11.6%上升到18.4%，第四层次由14.8%下降到11%。

第二阶段是1963—1970年。这一阶段第三产业占国民经济的比重下降，是发展速度最慢的一个阶段。一、二、三产业结构由1963年的48.4%、22.8%和28.8%变为1970年的44.2%、30.7%和25.1%，第三产业比重下降了5.4个百分点，其年平均增长速度仅为2.9%，大大低于国内生产总值年均增长6.5%、第一产业年均增长6.8%和第二产业年均增长10.1%的速度，是建国后福建省第三产业发展最慢的一个时期。在第三产业内部四层次发展上，第一层次占第三产业的比重比1962年下降了4.6个百分点，为42.4%；第二层次上升了0.7个百分点，为24.3%；第三层次下降了2.1个百分点，为16.3%；第四层次上升了6个百分点，达17%。

第三阶段是1971—1978年。这一阶段第三产业占国民经济的比重徘徊不前。三次产业占国内生产总值的比重变化不大，平均保持在41.8%、36.7%和21.5%左右。这一时期产业结构最大特点是，第二产业所占比重开始超过第一产业，到1978年三次产业比例是36.1%、42.5%和21.4%，这表明福建国民经济发展的主导力量从以农业为主逐步转向以工业主，但第三产业的发展仍然滞后。在发展速度上，第三产业八年平均增长7.2%，除快于第一产业年增长3.2%外，慢于国内生产总值年均增长8%和第二产业年均增长14.8%的发展速度。第三产业层次结构上，四个层次所占比例到1978年分别为47.9%、21.7%、18.4%和12%。

二、改革开放以来福建第三产业发展状况

十一届三中全会以来，随着改革的深入和对外开放的不断扩大，农业的基础地位大大增强，国民经济进入工业化阶段，全省第三产业也获得了新的生机并迅速发展。

（一）第三产业总体发展水平

1. 第三产业总量增长较快，比重提高。1992年福建第三产业增加值已达207.8亿元(绝对值为当年价，速度按可比价，下同)，比1991年增长20.1%，比1978年增长3.7倍，14年平均增长11.7%，明显快于第一产业平均增长7.2%的速度，也快于国内生产总值平均增长11.5%的速度，并逐步接近第二产业的发展速度。全省一、二、三产业在国内生产总值的比例已由1978年的36.1%、42.5%和21.4%调整为1992年的28.5%、41.9%和29.6%，第三产业的比重14年上升8.2个百分点，促进了三次产业的协调发展。

2. 第三产业内部结构有所调整。本省第三产业内部四个层次增加值占全部第三产业增加值的比重，第一层次大多数是传统的行业，由1978年47.9%调整到1991年的42%；第二层次大多是新兴行业，比重由21.7%调整到36.3%，提高了14.6个百分点，表明本省新兴行业开始得到发展；第三、四层分别由18.4%、12%调整为13.4%、8.3%。

3. 从事第三产业的人数不断增加。随着一、二产业的发展和经济体制改革的不断深化，发展多种经济成份，使社会生产力进一步得到解放，城乡劳动力得以合理流动，大量富余人员涌入第三产业，使全省第三产业的从业人员迅速增加。1992年在全省农村劳动力

中，从事第三产业的人数达149.9万人，比1978年增长了24.8倍，增长速度大大快于农村第一、二产业。在全省社会劳动者中，第三产业从业人员达324.2万人，占全社会劳动者的比重达21.8%，比1978年提高了10.5个百分点。尤其是在“七五”期间每年新增的就业中，第三产业新增就业人数就占33.4%。由于第三产业的发展，就业人数的增加，城乡居民生活水平有很大的提高。1992年比1978年，全省职工平均工资增长3.9倍，年平均增长12%；城镇居民人均生活费收入增长5.1倍，年平均增长13.9%；农民人均纯收入增长6.1倍，年平均增长15%。

（二）第三产业主要行业的发展

1. 交通邮电业。作为第三产业基础行业的交通邮电业发展很快，1992年其增加值达40.69亿元，比1978年增加37.3亿元；各类运输工具货物周转量达230.67亿吨公里，比1978年增长2.1倍；旅客周转量122.73亿人公里，比1978年增长2.4倍。沿海主要港口货物吞吐量1 862.1亿万吨，比1978年增长3.7倍；邮电业务总量14.69亿元，比1978年增长13.6倍。14年间全省重点建设了福州和厦门两个港口，扩建和改造了鹰厦和外福两条铁路，新建和改建了厦门和福州两个机场，以及福州至马尾、厦门和漳州等主干线公路和重点大桥的建设，初步形成了海、陆、空交通运输网络和综合运输体系。1991年止，全省铁路营运里程为1 087公里，比1978年增加78公里，其中电气化铁路占47.2%；公路通车里程达41 745公里，比1978年增加12 630公里，全省942年乡、14 577个自然村中有940个乡、11 967个自然村通了公路；已开辟国内外航线69条；码头泊位和内河航道建设也有很大发展。同时，我省的邮电通信事业也在迅猛发展。1991年全省邮路单程总长167 587公里，比1978年增加63 630公里；邮电局（所）达2 180处，邮件特快业务通达180多个国家和地区；全省市话交换机总容量达40.68万门，比1978年增长8.4倍，其中程控电话达25.1万门；全自动长途交换机从无到有发展到13 950路，农话交换机总量达14.39万门，增长2.63倍多。全省县以上实现了市话自动化，移动电话已覆盖9个地市所在地。数字微波和长途光缆等先进通信设施也有了长足发展。

2. 商品流通业。改革开放以来，我省城乡市场逐步放开搞活，各种类型的集市贸易应运而生，成为我省第三产业的三大支柱行业之一。1992年，商品饮食业增加值达50.66亿元，比上年增长22%；全省社会商品零售总额达319.78亿元，比1978年增长了7.5倍。商品市场具有一定规模，并在社会主义市场经济发展中发挥越来越重要的作用。

——消费品市场。市场的主体结构由单一国有经济向多种经济成分并存转变。从粹商品零售额看，国有商业、集体企业和合营企业、个体经济所占比例由1980年的47.4%、47.3%和0.02%、0.8%调整到1992年的38.2%（其中：国有商业占29.5%，供消社商业占8.7%）、12.6%、2.9%、37.5%；零售商业机构1980年全民所有制、集体所有制、个体分别占33.3%、36.7%和30%，到1992年发展到2.6%、12.1%和85.3%。竞争性、开放性的多层次市场格局正在形成，市场主体多元化的结构已初步建立。全省1985年就全面取消了工业品统购包销制度和农副产品的统购派购制度，工业品和农副产品购销实行统购、计划收购、订购、选购、经销、代销等多种形式。到1992年为止，全省共建有集贸市场1 823个，零售市场280 496个，工业品批发市场130个，农副产品批发市场172个，拥有农副产品采供机构4 395个，工业品批发机构3 010个，零售机构41 410个，仓储企业964个。组建了一批贸易中心、农工商联合体和商业企业集团，还发展了跨省区协作的联购分销批发体系。

——生产资料市场。通过扩大生产企业和地方支配物资的自主权等改革，初步形成了指令性计划、指导性计划、市场调节相结合的物资流通格局。指令性统配物资连续大幅度削减，从1979至1992年，全省统配物资品种由61种（包括物资部门统配品种为256种）减少为12种（包括物资部门管理的为45种），其统配量约占全社会消费量的20—40%。1993年计划部门管理的统配物资仅保留钢材等3个品种。随着自由购销范围和规模的扩大，连结省内外的综合性和专业化的各种交易市场和贸易中心不断涌现，初步建立了多种形式、不同规模的生产资料市场。目前全省已建成地市以上的生产资料贸易中心17家，钢材市场11家，城乡物资供应网点609个，汽车（含旧车）交易市场4个，综合性物资边贸市场2个，还建立了国际信托服务总公司、外商投资企业物资供销服务公司等物资对外供销机构。

3. 金融保险业。

——资金市场。资金市场虽然发展不够平衡，开放程度较低，但从总的方面说还是起步较早，发育较快。城乡短期资金市场已相当普及，以资金拆借、票据承兑贴现、短期证券交易、外汇调剂和买卖为主要内容的资金融通、间接融资和直接融资两种形式并存及交替进行；以证券公司为主的长期资金，包括股票、债券认购转让和买卖也应运而生，并迅速成长。出现了几家区域性、综合性、具有改革开放特色的金融机构，如兴业银行、交通银行、厦门国际银行、华兴投资公司等，它们在资金融通中发挥了重要的作用。目前，已初步形成了以中央银行为领导，专业银行为主体，全民、集体、股份等多种所有制并存，银行和非银行金融机构分工协作、互相补充的新型金融体系。全省除了拥有工商、农业、中国、建设四家省专业银行外，还拥有23家信托公司和投资公司、3家证券专营公司。全省共有金融机构6 058个，从业人员5万多人；农村信用社3 459个，对农村经济的发展起了不可低估的作用。至1991末，全省共发行各种证券41.05亿元。外资、合资银行也在发展，截止到1991年底我省外资、合资银行设的代表处和办事处达15家，形成了联系广泛、内外沟通的金融网络。

——保险业。全省保险种类达200多种，1992年各类保险业务承保额为3 384亿元，比上年增长1.54倍。全省共有3.78万户企业和245万户家庭参加了财产保险。各种人身保险承保人数已达1 725万人。全年共处理国内外保险业务赔案92万多件。省保险公司已设立保险代理网点2 597个，拥有从业人员3 840人，其中专职保险公司633个，保险员1 262人。代理网点和队伍的不断扩大，促进了保险事业的发展。

4. 房地产业。截止到1992年10月止，全省从事房地产开发企业已达468家（内资220家，外资248家），其中经资质审查并取得开发资质证书的房地产开发公司有330家。全省61个市、县、区已成立了房地产交易所，福州、泉州成立由建委、房管、工商、物价等部门组成的房地产交易所市场管理委员会，建立市场交易活动固定场所，并提供配套服务。截止1991年底，全省商品房建设开发工作量达13.49亿元，建商品房193.9万平方米。1992年房地产增加值达10.68亿元，比1991年增长36%。

5. 信息咨询业。目前，全省九个地市和47个县（区）成立了经济信息中心，初步形成了省地县三级经济信息系统网络。作为改革开放产物的咨询业，已成为现代科学决策体系的重要组成部分，目前全省各种类型的咨询机构约有100多家，各种信息咨询活动越来越活跃。

6. 农村社会化综合服务业。目前全省普遍建立了县、乡（镇）、村三级农资技术网络，创办了56个“庄稼医院”、2682个技术咨询服务站。这些农资系列化服务体系，已接待技术咨询服务300万人次，培训职工和农民5万多人次，并提供技术资料、预约送货、配方供肥、租赁维修农机具、防治病虫害等服务；其次，开展以骨干农副产品为龙头的系列化服务，主要是以科学为先导，以供销社为依托，抓住当地骨干新产品建立商品生产基地，为农民提供产前、产中、产后的系列化服务；第三，专业合作组织的综合服务。全省已成立了专业合作社和专业协会130个。这些专业合作组织，通过供销社提供信息、资金、物资、技术、储运、销售等服务，把产购销结合起来，从而提高商品生产专业程度、扩大经营规模。

7. 科教文卫事业。近年来，我省着力提高城乡群众的科学文化素质，促进各类科教文卫事业的较快发展。全省初步形成了一个以电台、电视台、日报社、科技馆和各类文化艺术表演场所及学校、医院为基础设施的文化教育娱乐保健体系。1992年全省高等学校33所，比1978年增加17所；中等专业学校107所，增加49所；普通中学1 491所，增加313所。全省卫生机构数4 914个，比1978年增加1 105个；卫生技术人员9.07万人，增加3.58万人；医院病床位6.3万张，增加1.8万张。影剧院、俱乐部、礼堂、博物馆和公共图书馆均有较大增加。各项社会事业的发展，有力促进了全省社会主义精神文明的建设。

（三）第三产业外向型发展

福建第三产业利用外资起步于1979年，到1991年的13年间，全省第三产业共签订利用外资合同492个，合同利用外资金额12.76亿美元，分别占利用外资总数的9.9%、23.8%。外商直接投资金额9.26亿美元，占第三产业合同外资金额的72.6%。全省已开业（工商注册）的第三产业外商投资企业达396家，其中房地产业258家、商业67家、交通运输业42家及其他行业29家，从业人员有2.1万人，为本省劳动力转移开辟了新的领域。随着对外开放的不断扩大，一些在国际上或区域内较有名气的跨国公司、跨国银行相继来闽投资拓展第三产业。可以说，利用外资不仅填补了第三产业发展过程的“资金缺口”，而且也有效地重组了生产要素，推动了产业结构层次的提高和优化。

14年来，我省第三产业发展过程中的主要问题：

一是总量不足。1992年本省第三产业在国内生产总值中的比重为29.6%，大大低于发达国家60%以上的水平，也比发展中国家平均40%左右的水平低，与国内先进省市比也存在差距。

二是结构扭曲。第三产业内部各行业发展不平衡，交通运输一直是本省经济发展的瓶颈部门，然而近年来发展却滞后于第二产业及第三产业的其他部门，远不能满足需要。1992年交通运输、邮电通信业在第三产业增加值中的比重只有19.5%，比1978年的23.8%，下降4.3个百分点。商业、饮食业和物质供销等行业发展相对缓慢，在第三产业中的地位有所下降，与消费结构的矛盾日益突出；在为生产和生活服务的部门中，尽管金融、保险业、居民服务业近年发展较快，但由于基础薄弱仍不适应发展需求；而综合技术和生产服务业、房地产业仍处在发育阶段；科技、信息、咨询是本省第三产业中的新兴行业，但进展不快。

三是效益不高。1992年，本省第三产业的每个社会劳动者创造的增加值约0.6万元左右，只有第二产业的2/3左右，大大落后于上海万元左右的水平。这不仅是价格体系不合理的体现，也表明了本省第三产业仍以传统行业为主，高科技含量、高附加值的产业的比重偏低。

三、近年来本省为加快第三产业发展所采取的措施和做法

近年来，我们依靠深化改革和扩大开放，采取放宽

搞活与分类指导相结合，国家、集体、个人一起上，内资外资并举的办法，调动了各方面的积极性。主要进行了以下四个方面的改革：

（一）以放权让利为主线，转换企业经营体制。在交通运输、邮电通信、商业、外贸等第三产业企业中普遍推行承包责任制。承包形式主要有："两保一挂"（保上缴税利、保企业后劲、工资总额同上缴税利挂钩）；上缴税利递增包干；上缴税利基数包干、超收分成；全行业或企业投入产出包干等。一部分企业把竞争机制引入承包经营责任制，实行基数招标，厂长招聘，干部选聘，劳动优化组合等。近来年，还选择一部分企业进行股份制、租赁制和兼并转让等多种形式改革试点。大部分企业积极推行劳动用工制度、分配制度改革。组建企业集团也迈出了步伐，交通、商业、外贸、房地产、科技开发等行业先后组建了一批企业集团。金融系统也已实行企业化经营，按经济规律办事。近年来，商业企业还推行"四放开"改革，使企业经营机制逐步走上以市场为调节导向的轨道。

（二）积极培育市场体系，发挥市场功能。培育市场是从价格体系改革入手的。近年来，通过"放、调、减、控、优"等综合措施，打破了高度集中管理的物价运行机制，国家定价的品种范围不断缩小，企业定价权不断扩大。目前价格由市场决定的产品，在农副产品中约占81%，在消费品零售中约占95%，在生产资料中约占87%。1992年在社会商品零售额中，市场调节比重达95%以上。伴随着价格改革的深化，商品、物资及资金、劳务等各类要素市场也在逐步发育。

（三）转变政府职能，改善宏观调控。按照政企分开的原则，下放微观事务管理权，打破集中过多、管得过细、统得过死的同时，政府职能开始按照经济发展的要求不断转变，实行政企分开的原则组织管理经济活动，除了一些直接的管理外，还运用了经济、政策、法律等手段实行间接管理和调控。

（四）推进综合改革试验。做为全国综合改革试验区的福建省，在第三产业体制与运行机制改革方面除按全国统一部署，搞好面上改革外，还致力于多方面的综合改革试验。主要内容有：在石狮市按照"小政府、大社会"的原则，进行政府机构及经济运行机构改革试点，建立以市场调节为主和面向国际市场的经济运行机制。在湄洲岛进行旅游经济区改革试点，探索加强行业宏观协调管理、与国际旅游经济运行机制相衔接，高效率、开放式的旅游经济新体制。进行住房制度改革试点，在南平市进行"提租改革"试点；福州市组建"解困住宅合作社"，采取政府、单位、个人多方筹集建设资金，解决不同层次住房困难户的问题，1991年提出以"统一租金、配房购券、买房优惠、合作建房、筹集资金、确保解困"为主要内容的住房制度改革；漳州市对新住宅实行新房新租和收取租赁保证金的办法；石狮市从"以息代租"起步实行房改，对新建住房收取保证金。进行社会养老保险制度改革，在全国率先对全省国营企业职工退休费用统筹管理，目前，全民所有制职工的养老保险已占全民职工人数的92%以上。并在全省范围内对集体企业职工实行基本保险加补充保险"双层结合式"的退休养老保险制度。福州市等地市还开展集体企业职工行业保险。

四、加快福建第三产业发展的设想

（一）加快第三产业发展的指导思想

福建第三产业发展的指导思想是：立足基础，加速发展，优化结构，突出重点。以服务设施的建设为基础，服务资源的开发为前提，服务质量的改善为手段，服务效益的提高为中心，服务市场的发育为纽带，服务政策的倾斜为保证，经过分阶段、有序地发展，逐步形成繁荣兴旺、先进发达、优质高效、开放灵活、道德文明的第三产业体系，使第三产业向产业化、社会化、多样化和国际化方向发展。

（二）第三产业发展的战略目标

第三产业发展的总目标是：争取用十年左右或更长一些时间，逐步建立起适应社会主义市场经济体制的统一市场体系、城乡社会化综合服务体系和社会保障体系。

90年代，要在一、二产业发展的同时，加快第三产业发展，力争在一些主要指标上达到或接近发展中国家的平均水平。初步设想：第三产业增加值十年平均每年递增速度为15%以上；第三产业增加值占国内生产总值比重1995年达35%左右；2000年达40%以上；第三产业从业人数占全社会劳动者比重1995年达25%，2000年达30%以上；第三产业全员劳动生产率（按1990年不变价计算，下同），由1990年的4 800元提高到1995年的7 580元，2000年的11 700元，人均国民生产总值中，第三产业创造的份额由1990年的450元增加到1995年的860元，2000年1 680元。

（福建省计委　唐仕宝）

山东省

在经济社会发展过程中，一、二、三次产业之间相互依赖、相互促进，三足鼎立，缺一不可。随着现代化进程的加快，第三产业在我省国民经济和社会发展中的地位越来越重要。建国40年来，特别是党的十一届三中全会以来，我省第三产业取得了长足发展，传统产业得到全面振兴，新兴行业正在迅速崛起，第三产业已经开始成为国民经济发展的重要支撑力量。

一、第三产业发展回顾

1978年，全省第三产业增加值仅为32.07亿元(当年价)，占国内生产总值的比重为16.9%，第三产业就业人员为253万人，占全社会劳动者的比重为8.5%。改革开放以来，随着各级各部门思想的不断解放，对第三产业重要性的认识得到加强。省委、省政府明确提出，把发展第三产业作为振兴山东经济的战略措施来抓，近几年主要抓了以下几方面的工作：

(一)以解放思想、更新观念为动力，实施经济工作重点的战略转移。山东的经济结构过去以农业、基础工业为主，第三产业发展相对滞后。在农业解决了温饱问题，工业发展已具有相当规模的基础上，省委、省政府立足于进一步提高我省的经济素质，提出在巩固第一产业，提高第二产业的同时，大力发展第三产业。通过总结推广先进典型，开展大讨论、大动员，破除了“左、旧、小”的传统观念和封闭保守的小生产思想，逐步树立起了高度重视第三产业的现代商品经济意识和社会化大生产意识；逐步破除了第三产业不创造价值的片面认识，树立了现代化的财富观，开始认识到第三产业是增加社会财富的战略产业；破除了轻商抑商的小农经济观念，树立了发展大流通、开拓大市场、搞好大服务的思想。1991年初，省委、省政府以鲁发〔1991〕9号文件作出了《关于大力发展第三产业的决定》，明确了第三产业发展的指导思想、发展目标和发展重点。1992年9月，又召开了全省第三产业工作会议，制定了《山东省第三产业“八五”及十年发展规划》和《山东省人民政府关于加快发展第三产业的若干政策措施》。思想观念的转变和工作重点的转移，为第三产业的发展创造了前所未有的良好环境，促进了第三产业的大发展。

(二)抓住薄弱环节，实行重点突破，促进第三产业向高层次发展。根据省情和经济发展的主要任务，我省在不同时期注重抓好不同的重点行业，以重点突破带动第三产业不断由低层次向高层次发展。“七五”期间，集中力量、集中资金加强交通、通信等基础设施建设，增强了对经济发展的保障能力。在农村，结合农村经济体制改革，重点发展多层次、多形式的产前、产中、产后社会化服务体系，在全省形成了以县级服务为中心、乡镇服务为骨干、村级农民服务为主体，上下贯通、成龙配套的服务体系。1989年以来，针对流通滞后的突出矛盾，集中力量抓商品流通，政策、资金向流通倾斜，经过几年的努力，我省流通设施现代化水平明显提高，网点成龙配套，各类市场遍布全省城乡，出现了物畅其流的大好局面。在传统行业得到较快发展的基础上，全省第三产业工作会议确定，在继续加强科技、教育和流通、交通、通信的同时，大力发展市场潜力大、附加价值高、带动能力强的金融保险、信息咨询、房地产、旅游娱乐等行业，使其成为第三产业内部的重要支柱。目前新兴行业的发展已形成热潮，整个第三产业开始由以传统行业为主向高层次发展。

(三)城乡结合，以城带乡，分层次发展。根据各地社会、经济地理条件不同，我省在发展第三产业的过程中，实行不同的区域配置，由城市——城镇——农村梯次展开，分层次发展。济南、青岛、烟台、潍坊、淄博、济宁、威海等大中城市，充分发挥其技术优势、开放优势和城市辐射功能，在积极发展传统行业的同时，着重培植新兴第三产业，建成全省重要的商贸中心、金融中心、交通中心、信息中心和科技教育中心。小城市和城镇优先发展投入少、见效快、劳动密集的交通、通信、商业饮食业和居民生活服务业，积极稳妥地发展金融保险、房地产等新兴第三产业，形成区域第三产业发展中心，并不断向高层次发展。以乡镇为农村第三产业的生长点，重点建立和完善多层次、多形式的产前、产中、产后社会化服务体系。大中城市、小城镇和农村乡镇的第三产业相互联系、相互补充、相互配合，在全省初步形成了城乡沟通、布局合理、行业齐全的第三产业发展新格局。

（四）多渠道融通资金，增加第三产业投入。我省针对第三产业投资主体多元化、分散化的状况，提出了“政府带头，多方集资，联合建设，共同受益”的方针，初步形成了多渠道、多形式的第三产业投入机制。1988年以来，我省陆续建立了交通、地方铁路、邮电、商业网点等多项建设基金，稳定了资金来源，并开始实现了流动增殖。抓好教育费附加、城市维护建设费、公用事业费附加的征管工作，专款专用，每年用于发展教育和城市公用事业的资金达30多亿元。建立了科技发展基金，每年安排6 000万元用于科技攻关和重点工业性试验项目。1991年初，我省把第三产业亟待发展的行业列入产业政策重点发展序列，在信贷方面享受国家重点扶持产业和行业的优惠政策。在增加国家投资的基础上，积极动员集体、个体、私营资金，投入第三产业，探索出预售设施集资、入股分红、招商自建、企业投资、房地产开发起步等多种形式，融资机制更加灵活。第三产业利用外资的规模和领域不断扩大，“七五”期间我省利用国外政府贷款、国际金融组织贷款建设了兖石铁路、济青公路、市话增容等许多第三产业基础设施建设项目。1992年又进一步扩大对外开放，允许外商通过中外合资、合作和独资等形式，兴办交通、商贸、信息咨询、旅游、教育卫生等项目，外商对第三产业的投资大幅度增加。多渠道、多形式资金投入机制初步形成，为第三产业发展提供了强有力的资金保证。1992年，我省仅全民所有制单位用于第三产业投资就达140.74亿元，比上年增长90.2%，占全部投资的比重由31.6%提高到42.9%。

（五）遵循社会主义市场经济的规律，建立充满生机与活力的发展机制。以产业化为方向，逐步实现第三产业由福利型、公益型和事业型向经营型转变。从1991年初开始，我省把企业化经营行业全面推向市场，实行独立核算，自主经营，自负盈亏，自我发展；医疗卫生、体育、文化等事业单位，也采取了半企业化、半事业化经营，走以“实业”养事业的路子，企业化经营收入大幅度增加，自我发展能力显著增强。第三产业企业经营机制转换步伐不断加快，1992年将试点经验在全行业推开，并开始推广到第三产业其它经营性行业，企业活力明显增强，经济效益大幅度提高。我省还制定了一系列优惠政策，打破行业垄断，放手让集体、个体和私人兴办第三产业，在注册登记、税收管理等方面提供方便和支持，目前全省城乡个体、商业、服务业网点数占全省网点总数80%以上，零售额占社会商品零售额20%以上，在繁荣城乡市场，方便人民生活，吸收劳动力就业方面发挥了重要作用。在金融、保险、通信、铁路运输、高等教育等方面也积极探索了引入竞争机制、打破垄断的路子。

二、第三产业主要行业发展情况

近几年，由于省委、省政府重视第三产业的发展，工作抓得扎实，第三产业发展势头很好。1992年，全省第三产业增加值达到448亿元，比上年增长23.2%，比1978年增长了4.1倍，年均增长11.1%，第三产业占国内生产总值的比重提高了5.7个百分点。第三产业中各行业都有了较大发展，传统行业得到振兴，新兴行业迅速崛起，整个第三产业开始由低层次向高层次发展。主要行业发展情况如下：

（一）交通通信业

1978—1992年，交通、通信业完成基建、更改投资164.2亿元，比前26年的总和增加5.4倍，年均增长14.2%，基础设施滞后的状况得到初步改善，对经济发展的保障条件明显增强。

交通运输发展迅速，目前全省基本形成了由铁路、公路、水运、航空、管道组成的综合运输网络。到1992年末，全省铁路通车里程由1978年的1 385公里增加到2 042公里；公路通车里程由3.42万公里增加到4.3万公里，其中高等级路面里程达2.8万公里。1992年，全省完成货运量4.76亿吨，比1978年增长1.1倍。全省拥有通往22个城市的航线41条，航空客运量达89.5万人次。

通信事业突飞猛进，形成了以省会济南为中心，联结国家邮电通信干线，沟通全省城乡广大地区，具有较高效能的邮电通信网络。1992年邮电业务总量完成15.6亿元，比1978年增长14.5倍，年均增长21%。全省市话交换机容量达到71.4万门，比1978年增长5.6倍，其中程控交换机由1978年的空白发展到47.2万门。全省88个县市区开通了国内直拨电话业务。其中10个市县开通了国际直拨电话业务。

（二）商业服务业

经过改革开放14年来的大发展，全省初步形成了以公有制为主体，多渠道、多种经济成份、多种经营方式、少环节的商品流通新格局。流通规模不断，1992年全省社会商品零售总额达到794亿元，比1978年增长6.4倍，年均增长15.4%。流通业的活跃，方便了人民生活，推动了全省经济的发展。

社会商业网点发展迅速，流通设施建设得到不断加强。1992年来全省零售商业、饮食业、服务业网点达到112.7万个，比1978年增长7.3倍；从业人员269.72万人，同比增长4.9倍。针对我省流通设施规模小、现代化水平不高，制约商品流通和整个第三产业发展的突出矛盾，我省集中资金加强流通设施建设。从1991年起建立了省产业结构调整专项信贷资金，省里每年安排5亿元，支持影响全局的大型、特大型网点建设。银行信贷资金向流通倾斜，各级、各市地也都分级负责，增加投资。近两年来，全省确定了76个流通设施重点项目，总规模134万平方米，总投资36.7亿元。经过几年的努力，流通设施滞后的状况已得到根本改变，促进了商品流通的全面活跃。

市场体系不断发育和完善，1992年我省共有城乡集贸市场7 632处，比1978年增加1.1倍。当年成交总额303亿元，比1978年增加25倍，单个市场年成交额过亿元的43处。全省集贸市场中有专业批发市场935处，年成交额过亿元的36处。县以上生产资料贸易中心和物资市场164处，物资销售网点3 861个。金融、科技、劳务等市场也有了较大的发展。

（三）金融保险业

信贷规模不断扩大，金融宏观调控能力增强。全省初步形成了以国家银行为主体，多种金融机构配套的金融体系。全省金融机构已达14 795个，基层网点遍布城乡，共有网点3 315个。同业拆借、股票、债券、票据贴现等金融市场初步形成，资金渠道不断拓宽。1992年全社会各项存款余额达1 455.53亿元，各项贷款余额1 717.49亿元，分别比1978年增长15倍和11.8倍。信贷领域不断拓宽，资金投向日趋合理。农业贷款大幅度增加，支持了农村经济的全面发展；工业贷款重点扶持轻工业，促进了结构合理化；重点工程和技术改造资金得到优先保证，资金使用效益不断提高；外贸贷款增加，加快了对外贸易的发展；自1985年起增设了老少边穷地区经济开发贷款，推动了欠发达地区的经济振兴。

自1980年恢复保险业务以来，我省保险事业得到迅猛发展。1992年国内外保险业务总收入达到27.3亿元，比1978年增长58.8倍，年均增长40.6%。保险服务渗透到社会各领域，保险的经济补偿、防灾、防损和聚集社会资金的作用得到充分发挥，对发展经济、稳定社会、安定人民生活具有越来越重要的意义。

（四）外贸旅游业

改革开放以来，我省对外贸易不断扩大，外向型经济取得重大进展。我省已与150多个国家和地区建立了贸易关系，人口和面积占全省40%的8个地级市、54个县（市、区）被划入沿海经济开放区。1992年，全省出口创汇达47亿美元，比1978年增长5.7倍，年均增长13.2%。

旅游事业日益兴旺。我省的国际旅游业是1978年以后迅速发展起来的，1992年全省接待国外游客和港、澳、台胞24.2万人次，旅游外汇收入3.4亿元外汇人民币，分别比1978年增长25.8倍和339倍，平均每年递增26.1%和51.6%。旅游业的迅速发展，促进了我省各种资源的开发利用，推动了交通、电信服务的发展，扩大了就业门路、活跃了国际文化交流，在促进经济发展和扩大对外开放中起着越来越重要的作用。

（五）科技教育事业

“科教兴鲁”战略取得明显成效，综合科技实力显著增强。到1992年底，全省各类专业技术人员223万人，县及县以上全民独立科研与开发机构420所，民办科研机构2 520所。1978—1992年，全省共取得重要科研成果19 500余项，其中达到国际国内先进水平的8 300多项。科技成果的推广应用得到普遍重视，仅“七五”期间推广的348项重要科技成果累计增加经济效益就达249亿元。科技进步对经济增长的贡献率已由“六五”末的26%提高到35%。高新技术产业迅速崛起，威海、济南、青岛、枣庄、烟台、潍坊、淄博、济宁八个高新技术开发区初具规模，全省出现了一批不同类型、各具特色的高新技术生长点。技术市场异常活跃，技术成果商品化进程加快。1992年末，各类技术贸易机构达3 880个，从业人员4.2万人，其中科技人员占60%以上。当年签订技术合同14 060份，合同金额8.3亿元。

教育事业稳步发展，为国民经济的发展培养了大批优秀人才。1992年，全省有普通高校49所，比1978年增加15所，在校生达到12.97万人，增长2.4倍。根据经济发展的需要，高校各类专业结构得到合理调整，工科、医药、财经、师范等专业招生比例上升。中等教育结构日趋合理，1992年各类职业技术学校发展到1 077所，在校生58.4万人，占高中阶段在校生的比例由1978年的7.3%提高到54.4%。初等教育在普及的基础上，教学质量不断提高。学龄儿童入学率、巩固率由1978年的96.6%和95.4%均提高到98%以上。成人教育发展迅速，已形成了多种形式的培训网络。1992年，各类成人教育学校在校生达384万人，人民文化素质有了较大提高。全省文化、卫生、体育、出版、广播影视、社会福利等各项事业也都有了较大发展。

我省第三产业发展取得的成就，为“八五”及今后10年的发展奠定了良好基础，但第三产业滞后仍是我省经济发展的薄弱环节，占国内生产总值的比重低于全国平均水平。交通通信等基础设施有待于进一步加强，流通渠道不畅通，生产服务体系不完善，还远不适应一、二产业发展的要求。生活服务业发展缓慢，社会化服务程度低。社会事业发展不快，人均指标大部分位于全国中下游，科技水平、管理水平和劳动者素质比较低，不适应经济和社会发展的需要。存在上述问题，一方面是由于一、二产业基数大，发展较快，第三产业所占比重相对较低，更重要的是思想观念更新慢，重生产、轻流通的观念仍在不同程度上禁锢着人们的头脑；

工作思路不宽，第三产业发展机制不活，筹资渠道不畅，缺乏稳定的资金来源；多种所有制并存，多渠道公平竞争的市场环境尚未形成。

三、今后的发展设想

根据《山东省第三产业"八五"及十年发展规划》，今后我省第三产业发展总的指导思想是，围绕实现我省国民经济上新台阶的战略任务，加大改革力度，全面放开搞活，建立充满生机与活力的第三产业发展机制，力争第三产业的增长速度明显高于一、二产业，占国内生产总值的比重每年提高1个百分点。形成功能齐全、结构合理的城乡社会化服务体系，使第三产业逐步成为国民经济的主要支撑力量。

按照国民经济上新台阶的要求，我省第三产业增加值，按1990年不变价格计算，1995年达到600亿元，2000年达到1 300亿元，平均每年增长17%，占国内生产总值的比重，1995年达到26%，2000年达到30%。

社会商品零售额，1995年达到1 200亿元，2000年达到2 500亿元，平均每年增长16%；出口总值1995年达到75亿美元，2000年达到150亿美元，平均每年增长16%。

货运量，1995年达到6.3亿吨，2000年达到9亿吨，平均每年增长8%；邮电业务总量，1995年达到30亿元，2000年达到60亿元，"八五"年均增长50%，十年年均增长30%。

科技进步对经济增长的贡献由"七五"末的35%提高到45%；普及九年制义务教育，普通高校在校生，到1995年达到16万人，2000年达到40万人。

根据我省经济今后发展趋势，我省第三产业的发展重点是以教育为基础、科技为先导，在继续加强商品流通、交通运输、邮电通信的同时，大力发展市场潜力大，带动能力强，附加价值高的金融保险、信息咨询、房地产、旅游、娱乐等行业，使其成为第三产业内部的重要支柱，带动整个第二产业的发展，主要行业的发展要点是：

商业服务业。重点是树立大商业、大市场、大流通的观念，充分利用国际、国内两种资源，努力开拓国际、国内两个市场，集中力量搞好流通设施建设，力争每年新增流通设施营业面积100万平方米以上。到"八五"末全省形成大中小相结合，综合与专业市场相结合，城乡一体的现代化流通网络。

交通运输业。以提高综合运输能力为重点，集中力量加强重点通道、重点港口、重点枢纽的建设，特别要加强空港建设，建立和完善铁路、公路、航空、水运、管道多种运输方式相结合的综合运输体系。到1995年，铁路营业里程达到2 951公里，公路通车里程4.45万公里，港口吞吐能力1亿吨，到2000年达到3 470公里、6万公里和1.5亿吨。

邮电通信业。要加快基础设施建设，增强综合通信能力，抓好市话交换、长话交换和长途传输干线三个环节，重点建设主要通信干线，增加国际通信线路。长途电路1995年达到3.9万路，2000年达到18.8万路，市话交换机容量1995年达到150—200万门，2000年达到380万门。

房地产业。重点是加快房地产管理体制的改革，搞好房地产综合开发，以地生财，以财招商，使房地产综合开发成为基础设施建设资金的重要来源。

对外贸易。强化整体开放意识，全方位，多元化开拓国际市场，扩大出口创汇。加快外贸体制改革，赋予更多的生产企业自营进出口权，把企业推向国际市场。调整和优化出口产品结构，形成电子、机械、化工、服装、建材五大出口支柱产业。大力发展对外承包工程和劳务合作，到2000年合同额力争突破8亿美元。

旅游业。要发挥资源优势，继续完善山水圣人旅游区、滨海旅游区和千里民俗旅游线。在搞好大型景点景区建设的同时，围绕"吃、住、行、游、购、娱"完善旅游基础设施和服务功能。到1995年接待国际旅游者60万人次，国内旅游者4 100万人次；到2000年接待国际旅游者100万人次，国内旅游者6 000万人次；旅游业收入年均增长15%以上。

金融保险业。在搞好资金融通，方便服务的同时，加快建立健全金融市场，继续办好同业资金拆借市场，积极开办债券股票交易市场，建立和完善外汇调剂市场。大力发展保险业，办好老险种，发展新险种。

科技事业。继续贯彻科学技术面向经济建设，经济建设依靠科学技术的方针，重点开展应用研究，解决经济建设中的关键问题，并力争在高新技术和基础研究的若干重点领域有所突破。大力引进、吸收世界先进的科学技术，加速科技进步。深化科技体制改革，建立起有效的研究开发推广应用相互促进的运行机制，促进科技与经济的紧密结合。

教育事业。在抓好普及九年制义务教育的同时，进一步加强基础教育。深化高等教育改革，按照上学交费、不包分配的思路，逐步改变国家包办教育的状况。支持兴办各类私立学校，逐步形成国家、地方、企业、民间共同办学的新格局。成人教育要坚持学以致用，加强对在职职工的培训和教育，全面提高职工素质。

（山东省计委）

广 东 省

第三产业作为国民经济产业结构的重要组成部分，在整个经济发展格局中的地位越来越重要。改革开放14年来，我省经济取得了持续高速的发展，全省国内生产总值年平均递增13.1%。其中，第三产业年均递增14.8%，较之第一、二产业的发展速度快，比重呈上升趋势。

一、广东第三产业发展与现状

建国以来，广东第三产业的发展，大体可以分为改革开放前、后两个阶段。改革开放之前，三年恢复和“一五”时期，第三产业发展开始起步，原有一定基础的商业零售及饮食服务经营单位逾50万户，第三产业保持了年均10%的增长速度，1957年第三产业占同期国内生产总值的比重为25.9%。但后来第三产业的发展出现徘徊不前的局面。1958年至1978年，20年间第三产业平均年增长仅3.8%，低于全省同期国内生产总值年平均增长4.6%的速度；占国内生产总值的比重由1957年的25.9%下降到1978年的23.7%。

改革开放后，中央赋予广东特殊政策和灵活措施，我省始终坚持以市场为导向的改革，使第三产业有了较快的发展，对全省经济和社会的发展、经济结构的改善起到了积极的推动作用。1979年至1992年，第三产业增加值年平均递增14.8%，1992年第三产业占国内生产总值的比重上升到34.8%，比1978年上升了11.1个百分点；从第三产业内部结构看，80年代初，首先恢复和发展了交通运输业、邮电通信业、商业饮食业、物资供销和仓储业，1985年流通部门的增加值占第三产业增加值的比重为57%。1985年后，金融保险业、房地产业、公用事业、居民服务、旅游业、咨询信息和各类技术服务等有了较快的发展。具体行业发展情况是：

国内商业发展较快。1992年，全省社会商品零售总额1 060亿元，比1978年增长12.4倍多。平均每万人拥有商业网点从1978年的13个增加到150多个，拥有商业服务人员由88人增加到417人，分别增长了11倍和3.7倍。1992年，全省城乡集贸市场达3 600多个，集市贸易成交额达402亿元，比1978年增长25倍。

交通、通信有了很大改善。1992年全省货物周转量达2 900亿吨公里，客运周转量412人亿公里，比1978年增长3倍和7倍。1978年～1992年的14年间，全省新增公路通车里程达到3 000多公里，新建公路桥梁1 800多座，公路干线实现无渡口通车；铁路建设方面建成了衡广复线，广深复线共479公里，新建三茂铁路，使铁路营业里程从1 005公里增加到1 287公里。广梅汕铁路和广深准高速铁路建设正在抓紧建设之中。港口建设方面：建成沿海港口泊位109个，新增能力33.80万吨/年，全省拥有万吨泊位38个，港口综合通过能力超过1亿吨。机场建设方面：全省目前拥有广州白云、深圳、汕头、湛江、梅县5个大中型民用机场和珠海、阳江、罗定、台山等小型机场及军民共用的佛山、惠阳、韶关机场。全省已初步形成了以广州为中心，以铁路和海运为骨干，由铁路、公路、水运、民航和管道等5种交通运输方式共同组成的交通运输网。邮电通信方面：全省城乡电话交换机总量由1978年的21.7万门增加到1992年的322.7万门，长途电话由728条增加到5万多条，可直拨世界180多个国家和地区。邮电业务总量由1978年的1亿元增加到1992年的57亿元。

金融保险业在改革中增添了活力。目前全省共有金融机构8 000多个，1992年末，全省金融部门各项贷款余额达到1 813亿元，比1980年的156亿元增加10.6倍。全省形成以城市为中心，辐射范围不断扩大的跨系统、跨地区的资金融通网络。全省建立保险支公司近100个，专职保险代理站1 329个。业务收入近20亿元。

旅游业蓬勃发展。目前我省共有旅行社260多家，职工21万多人，1992年，营业收入130多亿元，国际旅游发展得很快。涉外宾馆、旅行社已达685家，国际旅游总收入近10亿美元。

科技、信息、教育事业也有不同程度的发展。

二、广东第三产业发展的特点

（一）第三产业发展速度快于第一、二产业发展速度。

广东是全国经济发展较快的地区，1979～1992

年，广东第三产业增加值平均每年增长14.8%，高于全国平均增长幅度，也高于全省第一产业、第二产业增长幅度。

广东第三产业的增长速度，很大程度上取决于新增非农劳动力（指新增社会劳动力和农业中的过剩劳动力）的投放方向和强度。据测算，改革开放前，广东新增非农劳动力的76.8%投向第二产业，仅23.2%投向第三产业，这期间，第二产业年均递增为12.6%，第三产业仅以平均4.7%的低速度增长。改革开放十四年间，广东新增非农劳动力的45.9%投向第二产业，54.1%投向第三产业。这期间第二产业增加值年均递增率7.0%，而第三产业年均递增率达到9.6%，高于第二产业2.6个百分点。第三产业劳动力的增长，大部分来源于社会劳动者的增长额；极小部分来源于第一产业劳动力向第三产业的转移。据推算，广东第三产业劳动力的增长中，93%来自于新成长的劳动力，仅有7%来自于农业劳动力的转移。

第三产业中盈利性服务行业发展较快，非盈利性服务行业发展较慢。流通和为生产生活服务行业因实行市场分配方式收益较高，有条件通过服务—赢利—积累实现扩大再生产，并以相对优惠的比较利益吸引了相对多的生产资源的投入而迅速增长；科技、文化和社会公共行业在实行非市场和半市场分配方式的条件下，因财政补贴不足，比较利益差，致使发展速度暂时赶不上流通和服务行业。

（二）珠江三角洲第三产业较其他地区发达。

珠江三角洲是广东经济发展最快的地区，第三产业原来有基础，加上改革开放以来的发展，1991年第三产业占国内生产总值的比重已达到36.6%，比山区和其他地区分别高出8.9和8.6个百分点。全省第三产业增加值615亿元，其中61%是在土地面积仅占26.6%，人口占33.3%的珠江三角洲实现的；人均服务产品占有量高达436.9元，等于全省平均水平的2.6倍，第三产业密度为每平方公里14.8万元，相当于全省平均6.31万元的2.3倍。

珠江三角洲第三产业的总体发展水平较高，其主要原因：一是国民经济发展水平高。珠江三角洲人均国内生产总值约5 000元，一方面居民收入高水平，有较高的服务购买力，支撑的推动第三产业生活服务业供给的增长；另一方面对生产服务需求大，诱导了相应生产服务业的发展。此外，国民经济发展的高水平必然与高生产率相伴促使社会资源向高生产率导致高收益的产业转移，引起了低收益的农业生产在珠江三角洲内就地升级为高效农业，进而使第一产业比重下降，第三产业比重上升。二是人口密度高。由于人口密度高，产生的服务需求量大，使第三产业的供给易于达到起点规模，促进了新服务行业的诞生；人口密度大形成旺盛的服务需求不仅提高服务效率，而且支撑着较高的服务价格，由此而产生的高收益激励着第三产业的发展。三是地处交通枢纽和经济、政治、文化交流的中心地带。广州、深圳、珠海已构成一个对外接受港澳及海外经济辐射、对内实施经济、政治、文化辐射的中心地带。由于大量外来人员（包括海外、省外，区外人员）“入境”消费当地的各类相关服务，增大了当地的服务需求，使本地成为服务的“净出口”地，因而在其他条件不变时，也会刺激当地第三产业供给水平的提高。

（三）第三产业中多种经济成分并存，集体和个体企业及其从业人员增加较快。

第三产业就业比重迅速增大，主要是非全民所有制经济成分的发展。1991年来，广东第三产业社会劳动者达658.15万人，比1978年增加383.85万人，平均每年增长6.6%，快于劳动力就业总数年均递增2.7%的速度。与此相适应，第三产业所有制就业结构也发生变化。全民和城镇集体就业人数虽仍居主体，但比重明显下降，而随着农业劳动力转移步伐加快和个体经济发展，乡村和城镇个体从事第三产业的人数迅速增加，比重提高。1978～1991年，13年间第三产业内部各种经济成份劳动力的年均递增速度是：全民所有制为7.0%，城镇集体所有制为3.6%，城镇个体劳动者为21.9%，乡村劳动者为12%。这表明，广东第三产业的发展，主要是“集体、个体、外商和乡村一起上”的结果。

三、第三产业发展存在的问题

广东第三产业虽然有了较快的发展，但总体水平仍然不高，在其发展过程中，存在问题和制约因素有以下几个方面：

（一）地区间发展不平衡。

第三产业主要集中在城市和沿海地区，而农村、山区则比较薄弱。占全省面积70%、人口48%的山区，受地理环境影响，经济发展较慢，1991年第三产业产值比重和就业比重分别为26.3%和16.3%，均低于全省34.5%和20.5%的平均水平。人均服务产品占有量74.3元，比全省平均水平低106.4元。从山区目前经济发展状况看，第三产业发展慢，主要是第二产业还未达到一定的发展速度，带动不了第三产业的发展，山区第三产业的发展还需要一个过程。

（二）第三产业内部发展不均衡，影响总体水平提高。

1. 交通运输能力不足，制约了经济发展。

广东交通运输业经过近10多年的较快发展，仍适应不了经济发展的需要。目前广东按人口和面积计算的铁路网密度只居全国24位，运输业增加值占社会总产值的3.5%。公路运力低，海运能力不足，内河航运萎缩，沿海港口深水泊位缺乏。交通运输对全省经济发展的相对滞后越来越明显。

2．金融信用和社会保障体系滞后，有碍于资金利用率的提高和生产要素的流动。

近10多年来，广东金融市场有了一定发展，但由于金融体制方面的问题，其发展仍较为缓慢。银行储蓄一条渠道，债券、股票占比例较低。融资形式单一，证券市场发育不全，影响了社会资源的优化配置和资金利用效益的提高。

社会保障体系不健全是我省社会资源优化和产业结构调整的又一难题。其主要表现是社会保险的覆盖范围小，社会化程度低。1991年全省参加养老和待业保险的职工人数占职工总人数的50%左右，职工保险费用的70%以上要企业负担。由于保险制度不统一，职工保险待遇存在着明显的差异。一方面影响了企业的平等竞争；另一方面不利于劳动力的合理流动，成为产业结构调整中企业重组的最大障碍。

3．科教文卫事业发展缓慢，影响技术进步和人口素质的提高。

广东科教文卫事业原来基础薄弱，加上长期投入不足，其发展与经济增长形成明显反差。1991年全省地方社会文教卫生科研经费支出49.5亿元，仅占国民收入的3.6%。每万人口大专以上文化程度和自然科技人员数分别为134名和70名，全国排列第15位和第24位。医疗单位和卫生技术人员也低于全国平均水平。改革开放10年，广东工业总产值平均递增17.8%，而技术进步平均仅增长3.5%，技术进步贡献率为19.3%。人口素质不高，科技发展后劲不足已严重制约了广东经济的发展。

（三）市场体系发育不全，影响着市场调节机制在更宽广范围发挥作用。

改革开放以来，广东在建立社会主义市场体系方面比全国先走了一步，但市场体系发育仍不完善，目前除了农产品市场和工业消费品市场较成熟外，其他要素市场如房地产市场、资金市场、劳务市场和技术市场等还没有完全建立起来，致使各种市场体系不能有机连接。加上市场规划、市场组织不健全以及价格扭曲现象的存在，影响了市场调节机制在更宽广的范围发挥作用。规模经营和规模效益低，削弱了企业的竞争力。

广东第三产业发展存在的问题，主要是长期以来指导思想和理论认识的偏差，其次是没有按价值规律去办第三产业，大量的社会服务工作作为一项福利事业包起来，税收、价格、信贷、投资等经济政策也不利于第三产业的发展。

四、广东第三产业发展目标及发展战略

第三产业的发展是我省国民经济和社会发展的有机组成部分，按照建立社会主义经济体制和运行机制的要求，依靠改革开放，从体制、机制和政策上为第三产业创造有利条件，加快第三产业的发展，使它的发展速度明显快于国民生产总值的发展速度，并与第一、第二产业协调发展；在总体布局上，建立健全适合我省省情的统一开放的市场体系、城乡社会化综合服务体系和社会保险体系；按照市场经济的要求，加快第三产业的基础设施建设，加快转换传统行业的经营机制，使传统行业的运行方式由福利型、公益型向经营型转变，加快第三产业的产业化、社会化和事业化的进程。同时，加快与市场经济体制相适应的新兴行业的开拓和发展；依靠科技进步，积极采用高新技术，使广东第三产业成为高素质的现代化产业部门并逐步与国际市场衔接，实现产业国际化。

第三产业的发展，既要从解决当前经济和社会问题出发，发展直接服务于生产和生活的行业门类，又要考虑发展能形成产业化的行业。广东第三产业发展分两个阶段的目标，初步设想是：2000年前，第三产业年均递增15.4%，占国内生产总值的比重由1991年的34.6%上升到49%；从业人员占社会劳动者总人数的比重由1991年20.5%上升到40%。2000年至2010年，第三产业年均递增13.8%，占国内生产总值的比重上升为64%，从业人员上升为59%。在第三产业的发展中，以下行业的发展要取得新的突破：

——加快金融改革步伐，真正建立起金融市场。利用好股票、债券、委托投资、租赁等多种融资工具和融资形式，拓展证券市场。设立一批资信评估机构和证券经营机构，建立全省统一的证券交易网络。积极发展地方专业性的非银行金融机构，鼓励外资大银行来广东设立分行。

——大力开发和拓展咨询、信息业。多渠道、多形式培养法律、财会、审计人才。试办合作制或其他体制的律师事务所，法律咨询服务中心。鼓励发展各类信息技术和资源开发、信息咨询服务等经济实体。

——加快房地产业发展，促进房地产市场向规范化发育。有组织、有计划地进行土地连片开发和商品房开发。通过招标，拍卖等形式，有偿有限期出让城镇国有土地使用权。积极引进外资搞活房地产二级市场。

——大力发展旅游业。把省内旅游热线连成网，开发民俗风情和特种旅游项目，搞好旅游区的配套建设，吸引更多的境外游客。力争旅游创汇以年平均11%的速度递增，到2010年达到60亿美元。

——推进科技进步，努力形成广东的科技开发高潮。开发一批产值超亿元的重大科技项目。加快高新技术产业开发区的建设。通过多种渠道增加科技投入，使研究发展经费年递增27%，到2010年，该项经费占国内生产总值的比重，从现在的0.4%上升到4%；建设一批重点实验室和与企业联系密切的技术研究开发中心，积极发展技术市场。

（广东省计委　樊樱）

广西壮族自治区

第三产业作为国民经济的重要组成部分，在社会经济发展中的地位越来越重要。改革开放以来，随着工农业生产的快速发展，广西第三产业迅速崛起，呈现出一派生机蓬勃的繁荣景象。第三产业的发展对促进生产，优化结构，提高人民生活等方面都起到了积极作用。

一、发展特征

改革开放以来，广西第三产业发展迅速，呈现出新的特征，主要表现为：

一是总量增大，速度加快，比重提高。1978—1992年，广西第三产业的年增加值由1978年的19.16亿元增加到1992年的155.69亿元（均为当年价），按可比价格计算，1979—1992年间平均每年增长8.64%，1992年广西第三产业增加值占全自治区国民生产总值的比重为27.20%，比1978年提高了1.92%，比1991年增加36.35亿元，增长15.70%。

二是产业内部结构变化明显，呈现新的三足鼎立的结构格局。从第三产业内部主要的12个行业的发展速度看，1979—1992年，发展速度最快的是公用事业、居民服务业、金融保险业、国家党政机关社会团体，平均每年增长速度分别为17.45%、16.68%、15.93%、10.50%。其增加值所占第三产业增加值总量的比重也呈上升态势。进入90年代后，增长幅度最大的是房地产业、综合技术和生产服务业、居民服务业、公用事业、分别比1991年增长28.50%、27.90%、26.70%、26.70%。第二产业内部结构的态势，1978年是交通邮电业、商业、教育文化广播电视业等三个行业为主架，增加值分别占第三产业增加值总量的19.21%、23.17%、12.89%，三者之和占第三产业增加值总量一半以上。80年代以来，教育文化广播电视事业虽然逐年发展，增加值不断增大，但所占第三产业增加值总量的比重则逐年下降，从1978年的12.89%降至1992年的9.1%，平均每年的增长速度为7.17%，明显低于其他行业。金融保险业异军突起，持续高速增长，增加值从1978年的1.81亿元增加到1992年的31.13亿元，平均每年增长15.93%，增加值占第三产业增加值总量的比重由1978年的9.45%跃升到1992年的20%，与交通邮电业、商业并驾齐驱，形成了新的三足鼎立的结构格局，这三项1992年增加值之和达99.09亿元，占当年第三产业增加值总量的63.65%。

三是从业人数增长较快，劳动生产率不断提高。第三产业迅速发展吸纳了大批劳动者，从1978年的131.9万人增加到1992年的354.7万人，平均每年增长7.32%，比同期第一产业、第二产业从业人数增长速度分别高4.94%和4.20%，1992年比1991年增长13.50%。第三产业从业人数占全社会从业人数的比重由1978年的9.10%上升到1992年的16.00%，比1991年提高1.6%。自1985年以来，农村第三产业从业人数增加特别快，1992年达152.98万人，比1991年增加27.59万人，增长20%。1992年农村第三产业劳动者人数占整个第三产业劳动者总数的43.13%。1992年从事第一产业的劳动者比1991年减少15.4万人，下降0.90%。上述变化表明，从80年代中期以来，农村第三产业得到较快的发展。第三产业劳动生产率随着科学技术的进步，劳动者素质的提高，而在不断提高。劳动生产率从1978年的1 453元/人，提高到1992年的4 389元/人，平均每年增长8.20%，1992年比1991年增长14.93%。

四是产业经济从单一向多元结合发展，从封闭型向开放型转变。改革开放以来，随着经济体制改革的深入发展和对外开放领域的不断扩大，广西第三产业经济从原来的单一的公有制经济形式逐步向多元经济结合的形式发展，从封闭型经济逐步走向开放型经济，形成了公有制经济、个体经济、私营经济、外资经济等多种经济成分相互竞争、优势互补、共同促进的局面。就个体经济来说，到1992年底，全自治区个体工商户已达63.4万户、85.9万人，比1979年分别增长98.06倍和73.7倍；比1991年分别增长10.52%和9.78%。私营企业从无到有，1992年达2 097户、雇工人数37 605人，比1991年增长40.12%。在个体、私营经济复苏时期，主要是从事零售商业、饮食服务业、修理业。80年代中后期以来，随着具有较高文化素质的城镇和农村青年，以及既有一定专业知识和技能，又善于经营管理的停薪留职、辞职人员加入到个体、私营的行列，其经营迅速向交通运输、建筑设计、文化艺术、科技开发、信息咨询、美术装璜等行业扩展。

随着经济改革的深化和对外开放的扩大，第三产业从单一经济向多元经济发展，从封闭型经济向开放型经济转变。到1992年底，全区第三产业的合作、合资、独资、“三资”项目累计518项，其中1992年签约项目为407项，投资金额84 037万美元，当年开工项目102项，实际投入资金10 996万美元。外商投资行业已从初期的旅游宾馆，扩展到交通运输、商业饮食、物资供销、房地产业和科研、教育、卫生等事业。

二、发展重点

改革开放14年来，广西从实际出发，突出重点，着重抓了6个方面的建设。

——自治区在宏观上把加快交通运输和邮电通信业建设放到振兴广西经济的重要战略位置，制定规划，采取一系列措施和优惠政策，确保交通运输和邮电通信业的快速发展，以适应社会经济发展的需求。从投资来说，1979—1992年累计完成固定资产投资49.93亿元，投资占全区国有单位完成固定资产投资的比重，由1978年的7.4%上升到1992年的14.22%。1992年完成投资11.75亿元，比1991年增长74.85%；占全区国有单位完成投资的比重由1991年的12.39%上升为14.22%。在改革开放14年中，兴建了南宁至北海二级公路、南宁至梧州二级公路、南宁至防城港铁路、南昆铁路南宁至平果段和钦州至北海铁路、西江航道整治一期工程、防城港8个万吨级泊位、钦州港2个万吨级起步码头、北海港和梧州港改扩建工程、贵港市猫儿山中转港、南宁机场改扩建、北海机场、梧州机场、柳州机场等等一批大中型交通骨干项目。邮电通信建设方面，兴建了南宁、桂林、柳州、梧州、北海等5市和防城港以及20多个县(市)程控工程。到1992年底，全自治区铁路通车里程达2 293公里，其中国铁1 836公里，地方铁路457公里，双线区段长128.6公里；与区外沟通的铁路干线有湘桂线、黔桂线、枝柳线、黎湛线，可连接全国铁路网络，铁路年运输能力达4 000多万吨。全区公路通车里程达3.72万公里，其中一级公路11公里，二级公路682公里；三级公路1 917公里，四级公路18 878公里，等外公路15 803公里，83个县(市)和98%的乡镇以及70%的行政村通了汽车。全区内河通航里程达4 521公里，其中水深1米以上航道2 317公里；有大小内河港口106个，其中年吞吐能力在1万吨以上的有77个，年吞吐能力达200万吨以上的有贵港、梧州两个。全区沿海有大小港口21个，各类泊位60个(处)，其中万吨级以上泊位10个(防城港8个，北海港2个)，最大泊位3万吨级，可乘潮进出5万吨船舶，沿海港口已开辟国内外航线80余条，与80多个国家和地区的170多个港口有贸易往来。全区现有南宁、北海两个民用机场，桂林、柳州两个军民合用的军用机场，15个专业航空临时机场；桂林、南宁两机场可起降波音737、757和图154、MD82等大型飞机，已开辟国内外航线20条，总航程18 441公里，形成了以桂林、南宁为中心，连接北京、上海、广州以及西南、中南、西北、华东、东北各大城市的国内航空网络。全区现有长途电话业务电路3 600条，电报电路357路，市话交换机总容量20多万门。农话交换机总容量近10万门。邮路总长度达17.93万公里，还拥有载波、微波、无线、光纤、数据传输等一批现代通信设备，已初步形成了首府为中心、辐射全区城乡、联接全国、沟通世界的通信网络。

1992年全社会货运量完成23 457万吨，比上年增长4.39%。全社会货物运输周转量完成478.27亿吨公里，比上年增长11.32%。其中：铁路310.96亿吨公里，公路102.72亿吨公里，水路64.42亿吨公里，分别比上年增长8.61%、12.12%、24.65%。全社会旅客运输量完成27 263万人，比上年增长10.44%。全社会旅客运输周转量完成223.94亿人公里，比上年增长21.9%。其中：铁路83.19亿人公里，公路133.39亿人公里，水路7.31亿人公里，分别比上年增长16.32%、26.82%、1.77%。1992年全社会港口货物吞吐量1 522万吨，比上年增长16.53%。其中，防城港325万吨，比上年增长21.26%；北海港131万吨，比上年增长9.16%。1992年全自治区完成邮电业务总量4.59亿元，比上年增长39.31%；特快专递完成94 205件，国际港澳函件203.28万件，邮政储蓄达11.34亿元，分别比上年增长132%、35.63%、91.32%；长途直拨长话有权用户达44 116户、无线寻呼达48 375户、传真27 125万份，长途电话3 490.67万张，分别比上年增长4.13倍、2.71倍、1.18倍和72.76%。1992年全区交通运输和邮电通信业完成增加值34.06亿元，比1991年增长16.52%。

——商贸流通业。改革开放以来，我区按照“多种经济成分、多种经营方式、多条流通渠道、减少流通环节”的原则，积极发展大流通，努力培育大市场。经过14年的改革与建设，打破了独家经营、单一渠道、封闭分割的流通格局，大流通、大市场的格局已初步形成，其主要表现是：

1. 集贸市场遍布城乡，农副产品流通体制发生了巨大变化。集贸市场经过改革开放14年的恢复和发展，已初步形成了区域和地方性市场相结合的覆盖全区的市场网络。1992年末，全区城乡集贸市场达2 359个，市场总面积达693.8万平方米，集市贸易成交额122.84亿元，分别比1978年增长0.54倍、7.67倍、9.24倍。

进入90年代后，广西城乡集贸市场发展速度快、专业化、规模大。1992年全区城乡集贸市场达2 359个，比上年增加100个，增长4.43%。其中，综合性集贸市场 2 143 个，工业品专业批发市场 36 个，农副产品专业市场 92 个，废旧品专业市场 7 个，其他专业市场 36 个。1992 年全区城乡集贸市场成交额达 122.84 亿元，比上年增长 19.08%，农贸市场已从单一经营向多元化经营发展，由过去单一经营农副产品发展到经营粮食、食糖、畜牧、蔬菜、水产、水果、药材、钢材、木材、建材、煤炭、生资、机动车辆、技术、金融、劳务、房地产、文化艺术、人才等多种市场。初步形成了一个多层次、多专业、多门类、全方位、开放式的城乡市场体系，有力地促进了生产的发展。

2. 工业品消费市场有了较大的发展，已形成国营商业、工业自销、供销合作社、农民贩运、集体商业、个体商业、国营商业与供销合作社联合，同时参与竞争的格局。到 1992 年末全区有工业品专业市场 33 个，成交额达 10.54 亿元；工业品专业市场中，批发市场有 6 个，成交额达 4.5 亿元。南宁交易场、和平商场、柳州市驾鹤市场，玉林市龙船市场，年成交额都在亿元以上，吞吐和辐射能力较强。

3. 生产要素市场正在发育和兴起。到 1992 年底，全区已有钢材、木材、煤炭、建材、机动车辆等生产资料市场 36 个；有技术、金融、劳务、房地产等市场 36 个。在培育生产要素市场中，主要有三种形式：一是主管部门独办，工商行政管理部门积极参加管理；二是行业主管部门和工商行政管理部门联办；三是工商行政管理部门移植集贸市场管理模式自办。此外，特种市场，如文化市场已有初步发展，不断满足人民群众日益增长的精神文化需求。

4. 加强了市场管理，创造了良好的经营环境。在发展市场的同时，我区各级工商行政管理部门认真加强管理，在规范化、制度化、法制化方面下功夫，努力做到活而有序。全区各地按照“乡镇、县城、城市三级文明集贸市场标准”，开展创建文明集贸市场活动，涌现了一批设施完善、管理规范、效益显著的文明市场。1992 年有 20 个市场被评为“全国文明集贸市场”，有 80 个市场被评为“全区文明集贸市场”。对市场的违法违章行为，依法进行了查处，保护了合法经营，打击了非法经营，净化了流通环境。

——金融保险业。从机构调整开始，成立中国银行分行，恢复和成立了工商银行、农业银行、保险公司和股份交通银行，恢复了集体所有制农村信用社、城市信用社，信托公司、投资公司等融资实体相继成立。

1992 年金融保险业完成增加值达 31.13 亿元，比上年增长 15.6%，比 1978 年增长 16.2 倍，改革开放 14 年每年平均增长 15.93%。

——对外贸易业。1984 年 4 月，国务院批准北海市（含防城港区）为沿海开放城市。1988 年 3 月，国务院又批准梧州市、玉林市、钦州市和合浦、防城、苍梧三县为沿海经济开发区。自治区党委和自治区人民政府为加快四市三县一港对外开放步伐，先后于 1984 年 7 月发出《关于开发建设北海、防城港管理办法的暂行规定》；1988 年 5 月发出《关于我区贯彻实施沿海地区经济发展战略的决定》，就指导思想、总体布局、政策原则、战略措施和组织领导等问题作了具体规定。1988 年 6 月，自治区政府颁发了《关于鼓励发展外向型经济的若干规定》。1992 年国务院又批准凭祥市、东兴镇为边境开放市镇，南宁市享受沿海开放城市政策。经国务院批准建立了桂林市、南宁市高新技术产业开发区和批准北海市为国家旅游度假区。这样形成了以北海、钦州、防城港金三角和东兴、凭祥、梧州、玉林为重点，沿海、沿边、沿江为龙头的全方位开放的新格局。1992 年外贸出口首次突破 10 亿美元，达 11.08 亿美元，比上年增长 33.1%。1992 年出口商品已发展到 17 大类、2 500 多个品种，商品结构和商品质量也有很大改善和提高。已同 130 多个国家和地区进行贸易往来，与 5 000 多家客户建立了业务联系，同近 200 家国外贸易机构建立了代理、经销和包销业务。随着我国对越关系正常化，广西边境贸易迅速恢复和扩大。1992 年我区已有 4 个国家级边境口岸、8 个自治区级边境口岸、25 个边民互市点开放，从 1989 年恢复边民互市以来，边境贸易额成倍增长，边境贸易总额从 1989 年的 4 亿多元，猛增到 1992 年的 32 亿元，增长了 7 倍，1992 年比 1991 年增长 45%

利用外资规模不断扩大。1992 年新签外商直接投资项目 1 338 个，比上年增加 1 148 个，协议外资 14.5 亿美元，比上年增长 14.6 倍。1992 年实际利用外资 2.37 亿美元，比上年增长 2.6 倍。到 1992 年末实有“三资”企业 1 870 个，比上年末增加 1 311 个，其中已建成投产 452 个，比上年增加 177 个。

——国际旅游业。广西旅游资源得天独厚，桂林“山水甲天下”闻名中外。全自治区有 500 余处观赏价值高的景点，还有 11 个少数民族的民俗风情。广西抓住独特的旅游资源，积极开发，发展以桂林国际旅游为中心，带动全区旅游业发展。1992 年国务院把北海列为国家级旅游度假区，凭祥、东兴列为边境开放市镇。至此，形成了以桂林为重点，柳州、南宁、梧州、北海为中心的全区全方位开放的旅游格局。其次是采取各种措施，加强和改善旅游业硬件和软件建设，创造旅游的良好环境。旅游业在改革开放中蓬勃发展，据统计，1992 年接待国际旅游者 59.7 万人，比上年增加 10 万人，增长 20%，比 1978 年增加 54.3 万人，增长 10.1 倍；旅游收入外汇人民币 5.5 亿元，比上年增长 32.6%，比 1978 年增长 63.4 倍。

——科技、教育、文化卫生体育事业。改革开放以来，我区把科技进步作为振兴广西经济的关键，大力推动科学技术的发展。通过发展多种所有制形式的科技组织，建立多功能、全方位的科技服务体系；通过实行专利及科技进步奖等一系列的科技奖励制度，特别是实施“星火”计划以及高新技术产业开发区的优惠政策，建立科技“三项”科技经费制度，有力地促进了科技事业的发展。至1992年底，全区创办了科技型企业126家，其中高新技术企业40家、中外合资企业10家；建立了区地市县乡农科服务网络；科技队伍不断壮大，1992年全区国有单位拥有科技人员66万人，比1978年增长4.48倍，科研成果不断涌现，1978—1992年取得重大科研成果4 183项，其中获得国家级奖励的科研成果264项，获自治区级奖励的435项。1992年全区共取得省部级以上登记的科技成果1 360项。在这些获奖成果中，凡属推广应用方面的成果，基本上都已推广应用，产生了显著的经济、社会效益，据对96个项目统计，年产值9亿多元，利税1.2亿元。全年受理专利申请945项，授权专利414项，分别比上年增长15.9%和19.3%。技术市场繁荣兴旺，共签订各类技术合同843项，成交额7741万元，比上年增长83.9%。

广泛动员社会力量兴办各类学校，加快教育事业的发展。1978—1992年，全区高等学校由16所增至25所，在校大学生数由2.09万人增至3.7万人，平均每万人口拥有普通高等学校在校学生数由6.1人增至8.5人。中等职业教育在改革中不断发展，1992年各类中等职业学校在校学生12.2万人（含技工学校），比上年增长12.2%，占高中在校学生总数26.8万人的45.5%。初等教育得到进一步普及，1992年末初中在校学生136.8万人，小学在校学生595万人，全区80%的县（市、城区、郊区）普及了小学教育，7—11周岁小学学龄儿童入学率达97.9%，小学生巩固率为96.9%，小学毕业生升学率由上年的66.2%上升到67.1%。已初步形成了高等、中等、初等和幼儿及成人教育的教学体系。文化事业日益繁荣，1992年末有艺术表演团体115个；电影放映单位4 972个；文化馆96个；公共图书馆99个；博物馆35个；档案馆107个；广播电台13个，广播人口覆盖率达63.2%；电视台、转播台26个，电视人口覆盖率达77.5%。卫生医疗条件不断改善，1992年末全区拥有卫生机构5 839个，有病床7.9万张，比上年增加0.2万张；专业卫生技术人员11.3万人，比上年增长2.2%，护师、护士3.3万人，比上年增长4.1%。体育事业蓬勃发展，运动水平不断提高，1992年在第25届巴塞罗纳奥运会上，广西运动员共夺得银牌2块，铜牌1块，在其他重要国际比赛中共获得2块金牌、5块银牌、6块铜牌。群众体育活动广泛开展，有80%的学校推行《国家体育锻炼标准》，学生达标率为88.4%。

三、政策措施

（一）深化改革，逐步建立新的发展机制

1. 为适应以家庭经营为主体的多种经济形式、多种经营方式并存的农村双层经营体制，促进农村社会主义市场经济成长，积极探索农村社会化服务体系。改革14年来，采取各项措施，逐步建立和健全了科技、植保、机作、机修、种子、运输、物资供应以及为农副产品初加工服务等方面的社会化服务实体；鼓励农民进入流通领域从事经营活动。从1982年起，把农村供销社由“官办”恢复为“民办”，使其成为农民的合作商业经营组织形式。从而加快了以为生产和生活服务的农村第三产业的发展。

2. 改革流通体制，搞活商品流通。1984年6月自治区人民政府发布了《关于搞活商品流通的若干规定》，重点是改革国有商业批发体制，即把自治区二级批发站交由所在的中心城市管理，并相继建立了一批贸易中心和商品专业市场。取消日用工业品的统购包销和农副产品的统购派购制度，打破条块分割、地区封锁的局面。国有商业企业在经营方式进行了重大改革：一是实行上缴税利基数包干、超收分成或超收全留，以及亏损包干、超亏不补、减亏全留等多种形式的承包经营责任制；二是对小型商业企业逐步实行放开经营、租赁经营；三是从1991年起学习重庆市“四放开”（经营、价格、分配、用工）经验，在试点的基础上逐步全面推开。从而转换了企业经营管理体制，调动了广大职工的积极性，提高了企业在市场的竞争力和综合效益。物资供应部门逐步改变以产品分配调拨为主要经营形式，缩小指令性分配调拨计划，扩大市场调节的范围，实行多渠道经营，建立生产资料专业市场。交通运输打破独家经营，实行多种经济成分、多种经营方式并举，依靠群众集资办交通，加快了交通运输业的发展和商品的流通速度。

3. 改革外贸经营管理体制，打破独家经营格局。在改革开放中的1984年6月，自治区党委、自治区人民政府发出了《关于将梧州市作为我区对外经济贸易改革综合试点的决定》，制定了8条具体政策措施。1987年，外贸企业试行成本和出口承包经营，超亏不补，减亏分成。1988年全面推行企业承包经营责任制，从过去统负盈亏改为由各地、市和自治区外贸公司切块承包，从独家经营转向多元化经营，从产销脱节、责权利分离到产销见面、责权利统一，为进一步理顺各方面的经济关系，自治区人民政府又决定将切块承包改为地、市与外贸专业公司联营共包，风险共担，利益均沾。1991年，国家取消外贸出口财政补贴，实行“统一政策，平等竞争，自主经营，自负盈亏，工贸结合，推行代理制，联合统一对外”的新机制，自治区外贸部门相应制订了切实可行的配套改革措施，促进了新旧体制的平稳过渡，调动了企业的积极性。充分利用沿边区位优势，用好用活国家有关边贸政策，制定具体措施发展边境贸易和相关的第三产业。

4. 改革计划、财政、物价管理体制。计划管理方

面，一是大幅度缩小指令性商品计划范围，除国家指令性规定的商品品种和自治区所需的极少数重要商品外，其余商品放开；二是允许生产企业按国家规定自销产品；三是取消农副产品和日用工业品统购统销计划管理，对外贸易出口计划只下达指导性计划；四是扩大地方和企业投资项目的审批权限。财政税收方面，从1980年开始，国家财政税收实行“划分税种，核定收支，分级包干”，1988年改为“定死基数，递增包干，超收全留，欠收自补”和“定死基数，定额补助”的管理体制。1989年对税收征管模式进行改革，全面推行征管、检查两条线的征管模式，建立征、查相互制约、监督的机制。恢复和坚持上门缴税制度，实行“票款分离”制度。价格管理方面，从1979年以来，通过以放为主的循序改革，改变了我区价格形成机制僵化，行政定价的商品面广量大的局面。特别是1991年和1992年果断地放开了绝大部分产品和劳务价格（其中92年放开区管价格500多种），价格形成机制有了实质性变化，自治区直接管理的商品价格从1979年的2 378种（类）减少到1992年底的20种（类），管理的比重从1979年的95%以上压缩到1992年底的10%以下，市场调节价格的比重已超过90%，有力地推动了第三产业的发展。

（二）多渠道筹措资金，增加第三产业投入

通过财政拨款、银行贷款、建立基金制、发行债券、社会集资、横向联合、引进外资等多种形式，广泛筹集资金，增加第三产业投入，加快第三产业的发展。据统计，全区第三产业国有单位固定资产投资，从1978年的1.85亿元增加到1992年的40.67亿元，每年平均增长24.7%，比同期全自治区国有单位固定资产投资平均增长速度（17.57%）高出7.13个百分点，其所占比重从1978年的19.30%上升到1992年的43.90%，提高了24.60个百分点。1992年第三产业国有单位固定资产投资完成额比1991年增长136.87%，增幅创历史最高水平，比同期全自治区国有单位固定资产投资完成额增长速度（81.79%）高出55.08个百分点。其所占比重比1991年所占比重提高10.29个百分点。自治区固定资产投资政策向第三产业倾斜，不仅加快了第三产业发展步伐，而且促进了整个经济结构的优化，使国民经济一、二、三产业逐步走向协调发展的轨道。

（三）统筹规划，加强指导

在改革开放的推动下，各级领导和广大干部群众，不断解放思想，更新观念，克服重生产、轻流通、轻服务的思想观念，从产品经济、计划经济观念中解放出来，树立大流通、大市场、大服务的观念。各级政府把发展第三产业摆到经济发展战略的重要位置上，结合实际，制订规划，付诸实施。一是制定国民经济发展总体规划时，将发展第三产业的投资、信贷、就业、用地等列入城乡整体发展规划，合理布局城镇和厂矿企业第三产业的发展；在各类开发区的建设中，从一开始就把第三产业摆在重要位置。二是政府转变职能，简政放权，简化审批程序和手续；加强对第三产业的指导和服务，培训经营和管理人员及从业劳动者，提高人员素质。三是加强对发展第三产业的政策法规研究，制定和完善有关规章制度，依法经营和监督，确保第三产业快速、健康发展。

四、问题·展望

改革开放14年来，广西第三产业有了长足的发展，取得了很大的成绩。但是，从总体水平来看，仍旧不高，与全国发展水平比仍有差距，与广东等发达省区发展水平相比，差距更大。广西第三产业的发展还比较落后，主要原因，一是我区现阶段的第一、第二产业尤其是第二产业发展水平不高，物质基础薄弱，对第三产业发展的推动力较弱；二是长期以来受重生产、轻流通等一系列传统观念影响，对第三产业的发展没有给予足够重视；三是第三产业的发展机制不活，运转缓慢，某些行业和部门改革、开放的步子较慢，影响了第三产业总体水平的提高；四是对第三产业投入不足，基础设施和技术装备落后，尤其是交通通信已成为制约经济发展的“瓶颈”；五是约束农村第三产业发展的条条框框较多，还未彻底破除，使其未能得到应有的发展。为加快我区经济发展步伐，提前实现第二步发展战略的目标，必须进一步解放思想，转换脑筋，抓住机遇，深化改革，扩大开放，加速发展第三产业。我区发展第三产业，既可从区内第一、第二产业特别是后者的加快发展来获得推动力，更可凭借西南出海通道的建设来获得加速力。这就是机遇，抓住机遇，充分发挥（广西地处沿海、沿边、沿江）区位优势、自然资源优势、旅游的优势以及人文方面的优势，促使第三产业在国民经济中超前发展，以不断适应伴随着大西南扩大开放、加快开发所带来的物流、人流、和信息流进一步增加的需要。快马加鞭，把广西的第三产业建设成为功能齐全、结构合理、比较发达、多层次、多元化的流通和服务体系，即有区域特色的市场体系、城乡生产生活综合服务体系和社会保障体系。这一目标将在90年代末展示在世人面前。

（广西壮族自治区计委　洪普洲　罗宽中）

湖 南 省

湖南长期是一个农业省，农业比重大，二、三产业基础薄弱，经济发展水平不高。党的十一届三中全会以来，特别是"七五"和"八五"期间，全省各级政府认真调整产业结构，大力促进非农产业特别是第三产业的发展，因而80年代以来，全省第三产业主要经济指标一直保持了较高的增长速度，落后面貌有了明显改善。1992年，全省第三产业增加值245亿元，比上年增加42亿元，增长17.8%；是1978年的8.9倍，年均递增12%，快于同期国民生产总值的增长速度；占国内生产总值的比重由1978年的18.6%上升为26.7%，提高8.1个百分点。全省第三产业劳动者451.84万人，比1978年增加265.33万人，年递增3.9%；占全社会劳动者的比重由1978年的8.2%上升到13.8%，提高5.6个百分点。1992年全社会第三产业固定资产投资60亿元，占全社会固定资产投资的42.7%，比上年提高8.5个百分点。

10多年来，全省第三产业的主要行业都有较大发展。

商业物资供销饮食业。由于改革、开放，商品流通领域发生了巨大变化，一个全方位、开放式、立体化的商品流通网络已经初步形成。1992年，全省共有社会零售商业、饮食业、服务业机构68.24万个，比1978年增加60万个。平均每万人拥有的社会零售商业饮食业服务业网点105个，比1978年增加89个。全省有社会商饮、服务业从业人员180.8万人，占全省就业人口的5.5%，比1978年上升了4个百分点。每万人拥有的商、饮、服务业人员239人，比1978年增加173人，特别是近几年来，各级政府抓紧建设市场基础设施。1992年底，全省有城乡集贸市场3 870个，同时还建成了一批功能较为齐全，设施比较先进、管理比较规范、能辐射全省甚至全国的大型专业或综合批发市场。全省社会商品零售总额453.4亿元，比上年增长15.8%。对外贸易，随着对外开放和发展外向型经济，全省的对外贸易有了较大突破。进出口经营机构由1978年的7家发展到目前的67家，发展经贸往来的国家和地区由50多个增加到120多个，出口品种由200多种增加到1 000多种，客户由500家发展到近3 000家，由单纯的进出口贸易发展到利用外资、技术引进、对外承包工程和劳务、技术出口等综合性对外贸易。1992年全省进出口总额20.58亿美元，比1978年增长12倍，其中出口14.11亿美元，比1978年增长9.6倍。物资供销业改革了流通体制，加快了物资经营企业的转轨变型。目前全省已建立了一批钢材、化工产品、机电产品、汽车等生产资料市场。全省物资系统销售总值122.8亿元，比上年增长65%。

交通运输邮电业，改革开放以来，各级政府增加投入，加快基础设施建设，使交通运输邮电的落后面貌初步改观。1992年全省共有铁路营业里程2 631公里，比1978年增加765公里；公路里程58 110公里，比1978年增加3 569公里；内河航运里程10 010公里，比1978年减少788公里，初步形成了一个以铁路为骨干，公路水运为联线的综合运输网络。1992年底，全省运输业共有劳动者34.6万人，全年完成客运量52 622万人，比1978年增加25 118万人，客运周转量482.43亿人公里，增加4.7倍，完成货运量42 548万吨，增加22 435万吨，货运周转量901亿吨公里，增长2.9倍。邮电业，1992年，全省共有邮电局、所2 600处，职工4.6万人，邮路及农村投递线路总长度29.02万公里，电报电路497路，长话电咱7 169路，市话程控交换机容量26.3万门。完成邮电业务总量7.77亿元，比上年增长36.1%，首次开通了移动电话服务，建立了长沙移动电话交换系统，82个县（市）新辟了无线寻呼系统，并实现了全省联网。

金融保险业。10多年来全省金融业在国家各总行的大力支持下，不断发展壮大，已形成一定规模。到1992年末，全省银行机构4 966个，银行职工6.38万人，分别比上年增加129个和0.58万人，全省金融机构贷款余额775亿元。近年来，随着金融体制改革进一步深入，非银行的金融机构不断出现，如信托投资公司、证券公司、企业财务公司等。同期，全省非银行金融机构101家。保险业自1980年恢复以来，发展很快。全省保险机构154个，保险业务总收入15.2亿元，比上年增长 64.8%。同时以养老、待业、计划生育、医疗、救灾为主的社会保险也得到很大发展。近年来，保险业开始引入市场竞争机制，太平洋保险公司和平安保险公司开办多种保险业务，使保险市场更为活跃。

旅游业。湖南旅游资源丰富，东一线西一片。东边有洞庭天下水，岳阳天下楼，五岳独秀的南岳衡山以及韶山、长沙毛泽东同志早期革命活动纪念地。西边有列入世界遗产名录的武陵源风景区。武陵源风景以奇特、宏伟、壮观的石英砂岩峰林地貌为主的奇妙景观闻名于世，集大自然的“野、神、奇、秀”于一体，“峰三千水八百”，峰奇石怪，鬼斧神工，瀑布飞泉、洞阔景神，野趣横生，气势磅礴，变化万千，被誉为奇山、奇水、奇景。国家 1982 年在这里建立第一个森林公园和自然保护区。10 多年来，全省旅游业面向国际、国内两个市场大力开发旅游资源，发展旅游业。近年来又兴办容旅游和经贸为一体的三节（岳阳国际龙舟节、浏阳国际烟花节、大庸国际森林保护节）二会（桃花源桃花观赏会、南岳庙会）一漂（湘西猛洞河漂流）一祭（祭黄帝陵）。逐步形成了包括旅游设施、旅游服务、旅游产品的有湖南特色的旅游业。1992 年共接待来湘旅游观光、探亲访友的外国人、华侨和港澳台胞 13.1 万人次，比上年增长 27.3%，旅游外汇收入 2 332 万美元，比上年增长 71.5%，接待国内游客 1 546 万人次，旅游收入 4 亿元，分别增长 27.8%和 25.8%。

10 多年来，全省第三产业虽然发展较快，但仍然存在很多问题。一是发展水平总体水平偏低，无论是增加值占国内生产总值的比重还是就业人数占全社会劳动者比重都低于全国平均水平，更低于沿海经济较发达地区的水平。二是“三产”内部结构调整慢，目前仍以商业物资供销饮食业、交通运输、金融保险等传统行业为主，其增加值占三产业增加值的 70%左右，基本上停留在十几年前的水平。一些发展社会主义市场经济所急需的新兴行业，如信息、咨询、综合技术服务、广告、仓储等行业发展缓慢，交通运输、邮电通信、教育等基础行业发展滞后，文化、卫生、体育、广播、电视等事业的发展也难以适应国民经济发展和人民生活水平提高的要求。三是部分行业事业型、福利型的状况没有改观。

1992 年初开始，省委、省政府组织各方面力量研究我省第三产业发展的现状，分析存在的问题，并依据中共中央、国务院中发［1992］5 号文件和全国加快第三产业发展工作会议精神，研究和提出了加快发展我省第三产业的总体思路、目标、政策措施。中共湖南省委下发了湘发［1992］18 号文件，即《中共湖南省委、湖南省人民政府贯彻中共中央、国务院〈关于加快发展第三产业的决定〉的实施方案（试行）》。省委、省政府指出，第三产业是我省 90 年代国民经济迈上新台阶的新经济增长点。加快发展第三产业是一项长期而紧迫的战略任务。加快发展第三产业总的指导思想，是在统一规划下，放手、放开、放活，动员社会各方面的力量来办，实行国家、集体、个体、私营一起上，内资外资一起上，城乡一起上，机关事业、企业单位一起上，基础行业、传统行业、新兴行业一起上。总的政策原则上，实行比发展第一、二产业更加优惠的政策，更快地实施社会主义市场经济的新体制。按照社会主义市场经济的要求，摒弃一切不利于第三产业发展的观念和认识，改革一切阻碍第三产业发展的体制和政策，充分运用市场机制，采取切实有效的政策措施。结合我省的实际，省委、省政府制定了 11 条加快发展第三产业的政策。

1. 实行广集资，谁投资、谁所有、谁受益的投资机制。坚持多渠道、多层次、多形式增加第三产业投入，特别是动员和引导社会资金投入第三产业。建立交通、通信、市政、商业网点等第三产业专项发展基金。各级政府增加对第三产业基础和先导行业的投入，以其中部分作为引导资金，运用参股、贷款贴息等形式引导第三产业的投资方向，发展重点行业和建设重点项目。争取在“八五”期内，全省第三产业当年投资占全社会固定资产投资比重提高到 40%以上。

2. 坚持企业化、社会化方向，加速建立第三产业自我发展机制，现有绝大多数第三产业单位逐步由福利型、公益型、事业型向经营型转变。机关、团体、企事业单位现有信息咨询机构、内部服务设施和交通运输工具在搞好对内服务的同时，应向社会开放、开展有偿服务。

3. 实行扶持、鼓励加速发展第三产业的优惠税收政策。

4. 实行重点扶持的信贷政策。银行要调整信贷结构，增加第三产业的信贷投资。重点行业和重点项目要给予重点支持。对符合条件的集体、私营企业和个体工商户，开办资产抵押贷款业务，发放固定资产技术改造和简易设备维修贷款。

5. 放开第三产业的价格，除极少数关系国计民生的商品和收费由国家定价外，其他第三产业价格和服务收费标准原则上放开，实行市场调节。

6. 确保交通、邮电、市场等基础设施建设。对基础行业，实行以业养业、建业、负债建设、自我积累、自我发展的机制。交通，开征省内公路货运附加费、适当提高客运附加费和养路费征收标准；邮电，按新标准恢复收取邮政建设费，邮电通信设施和通信用房建设征地，按最低补偿标准执行；市场建设，零售和批发商业企业可按销售收入分别提取 5‰和 3‰的网点建设基金、市场管理费和上交罚没款主要用于市场建设。

7. 简化工商审批手续，放宽登记条件。新开办的第三产业经主管部门审查，工商行政管理部门应受理登记；无主管部门的，可直接向工商行政管理部门申请登记。放开经营范围，取消各种不必要的许可证和专项审批手续。所有第三产业企业，都可自主选择经营范围和方式，实行一业为主、多种经营。条件具备的新办企业，注册资金未到标准的，经主管部门同意，差额部分允许实行担保登记，也可先登记再在一年内补足。

8. 第三产业布局和设施建设要纳入城镇建设和总体规划，统一安排交通、通信、市场、教育、卫生等基础设施建设。

9. 大胆利用海内外资金、技术管理经验和销售渠道等有形无形资产，发展第三产业。鼓励外商来我省投资兴办第三产业。也可租赁承包或购买第三产业。外省来我省投资兴办第三产业的，实行所得税“两免、三减半”的优惠政策。

10. 鼓励人才向第三产业流动，大力培训各类人才。要把培养第三产业需要的各类人才纳入“科教兴湘”规划和实施计划。

11. 加快第三产业法制建设。各级各部门要全面清理现行的有关法规、制度和办法，并根据实际情况尽快制订包括行业标准、业务范围、价格收费、资产评估、监督管理、奖励惩罚、职业道德及纠纷仲裁等内容的条例和规定。

根据省委、省政府的要求，省计委组织各有关部门制定了《湖南省第三产业发展规划(草案)》。规划确定，90年代我省第三产业发展规划的主要目标是：紧紧围绕建立社会主义市场经济体制，逐步培育建立起适合我省省情的统一、开放、竞争有序的市场体系，比较健全的城乡社会化综合服务体系和新型的社会保障体系。第三产业增加值年递增20%，就业人数年递增10%，到2000年，第三产业增加值占国民生产总值的比重达38%，就业人数占全社会劳动者总人数的32%。

《规划》确定，全省加快发展第三产业的重点是：突出抓好商品流通、交通运输、邮电通信、金融保险、房地产、旅游、科技、教育、农村社会化综合服务体系、社会保障体系、文化卫生及城市便民服务、信息咨询等12个重点，近期要大力培育和发展各类市场，促进为市场的行业的发展，积极为市场经济发展和运行创造基础条件和环境，《规划》还对上述重点行业分别提出了具体发展目标和任务。

商品流通业及商品市场：发展目标是，到2000年社会商业从业人员达700万人，社会商业网点100万个，城乡每万人有商业从业人员1 000人，社会商品零售总额2 000亿元，物资销售总额400亿元，进出口总额60亿美元。

金融保险业与金融市场：建立和完善中央银行为领导、国家商业银行为主体、联系世界金融，多种金融机构分工协作的金融体系；以中心城市为依托的不同层次规模、规则健全、开放灵活和统一的金融市场体系；信用形式信用工具多样化、金融管理营运和服务手段现代化、多功能、高效率的金融服务体系。到2000年，全省保险业务总收入达到45亿元。

科技事业与技术市场：加速科技成果转让为商品，再转化成现实生产力，使科技开发、推广、培训、服务一条龙形成网络。“八五”期间重点创办1 600个农科教中心，到2000年组建技术市场1 000个以上，做到县县有综合、专业技术市场、技术市场，技术市场合同交易额达到40亿元。

房地产业与房地产市场：逐步建立起比较完善的房地产市场体系，比较健全的房地产管理体系和比较合理的房地产收益分配体系。90年代，城乡完成住房建设投资1 000亿元，新建改建住房面积5.45亿平方米。

劳动就业服务与劳务市场：“八五”末建立起省、地、县三级劳务市场及乡一级劳动服务站。到2000年，招工、用工基本上进入劳务市场。

信息、咨询业与信息市场：优先发展信息、咨询业，使信息咨询业成为结构合理、手段先进、有一定规模的独立产业。到2000年，信息广告、咨询业收入达6亿元。

农村社会化综合服务：到2000年农村生产服务业增加值达15亿元。形成以农业社会化服务体系为主，包括农村第二产业的服务体系，农村市场体系等组成的多部门、多层次、广大农民参与的综合性服务网络。

旅游业：充分利用我省丰富的旅游资源，把我省建设成为一流的旅游胜地。到2000年，全省旅游业接待海外游客创汇1.3亿美元，接待国内游客收入20亿元。

(湖南省计季　首先庆)

湖　北　省

一、第三产业发展的历史和现状

(一) 改革开放以来，湖北省第三产业得到了迅速恢复和发展，取得了很大成绩。

改革开放前的30年，湖北省第三产业不仅没有得到应有的发展，反而呈现出逐年相对萎缩的趋势。第三产业占国民生产总值的比重由1952年的27.7%下降到1978年的17.3%，第三产业就业人数占社会劳动者的比重长期以来维持在10%以下。

十一届三中全会以来，通过贯彻改革开放的方针，第三产业下降的趋势得到根本性扭转。1992年的第三产业增加值达到253亿元，与1978年相比，按不变价格计算增加了3.36倍，平均每年增长11.7%，分别比第一产业和第二产业平均年增长速度高出6.9个百分点和0.4个百分点，使第三产业占国内生产总值的比重由1978年的17.3%上升为25.4%。

从第三产业内部各业增长状况看，1978年至1990年，按当年价格计，增长10倍以上的有：卫生、体育、社会福利事业，增长14倍；综合技术和生产服务业，增长11倍；科学研究事业，增长10倍。其次，国家党政机关、社会团体增长9.5倍；教育、文艺和广播电视事业，增长8.3倍；交通运输、邮电通信业，增长7倍；房地产业和公用事业分别增长6.8倍和6.7倍。以上均高于第三产业平均增长水平。商业、饮食、物资供销业，金融保险业，居民服务业等虽分别增长5.1倍、5倍和4.9倍，但均低于平均增长水平。

从三次产业的就业结构看，1991年第三产业就业人数达到460.97万人，比1978年增长了290万人，平均每年增长7.9%，占全部劳动者的比重由1978年的8.9%上升为18.3%。

1978年以来，湖北省注重了对第三产业的投资，使得湖北省第三产业的实力得到加强。1978年至1990年，全社会对湖北第三产业的投资额由6.1亿元增至64.9亿元，增长9.7倍，大大高于第一产业4.4倍、第二产业1.7倍的投资增长速度。其中，湖北地方投资倾斜更大，湖北地方对第三产业的投资由1978年的3.7亿元，增加到1990年的50.1亿元，增长13倍，而同期对第一、第二产业的投资只增长4倍，第三产业的投资所占比重由1978年的18.1%上升到1990年的44.9%，湖北省地方投资中第三产业所占比重则由24.7%上升到47.4，接近对第一、第二产业投资的总和。1990年对湖北第三产业64.9亿元投资中，交通运输、邮电通信业占23.4%；公用事业占20.3%；教育、文艺和广播电视事业占8.8%；卫生体育和社会福利事业占3.4%，使湖北省第三产业实力在中部9省居第二位，其中商业、饮食、物资供销业、公用事业、卫生、体育、社会福利事业居第一位。

第三产业的较快发展对我省产业结构合理化，促进整个国民经济持续稳定协调发展，缓解就业压力，都起了很好的作用。

(二) 1992年湖北省第三产业稳定发展。

1992年，我省第三产业稳步发展。按当年价格计算，第三产业增加值达到253亿元，比上年增长7.9%，增长速度比1991年提高了0.1个百分点，占国内生产总值的比重为25.4%，与1991年持平。在第三产业中发展较快的是金融保险业和房地产业，分别比上年增长了10.6%和10.4%，使之占第三产业的比重分别由1991年的14.2%、6.1%提高到14.6%和6.3%。运输和邮电业也得到了稳步发展，增加值比上年增长7.2%，所占比重由1991年的20.2%，上升为20.6%。这些情况表明，1992年我省第三产业在总量增长的同时，内部结构也得到了改善。第三产业的稳步发展对促进1992年我省整个国民经济的发展和产业结构调整起到了较好的作用。

1992年，我省第三产业虽然得到了稳步发展，但仍然存在一些不容忽视的问题。主要表现在：

1. 总量不足。1992年我省第三产业增加值在国内生产总值的比重为25.4%，比全国平均27.7%的水平低2.3个百分点，分别比北京、广东、上海、天津、福建等地1990年的水平低13.5、8.7、5.5、4.5和4.1个百分点。与世界上其他国家相比，无论是增加值总量和就业人数，都低于公认的在同一经济发展水平条件下应达到的标准。

2. 内部结构不合理，发展层次低，质量不高。在第三产业中传统产业占绝大部分比重，其中商业饮食业占 26.5%，新兴第三产业如信息和咨询服务业等所占比重甚微，在传统第三产业中，运输、邮电和金融业等不能满足生产发展的需要，仍然是第三产业发展中的薄弱环节。

3. 发展速度低于全国水平。1992 年，我省第三产业增加值增长 7.9%，比同期全国平均水平 9.2%低 1.3 个百分点，与沿海先进省市的差距更大。同时，与我省近年情况相比，虽然增长速度快于 1989 年、1990 年和 1991 年，但与 1978～1991 年平均递增 11.3%的水平相比，仍有不小的差距，第三产业发展滞后于国民经济发展的状况尚未根本改变。

二、第三产业发展设想

大力发展第三产业，是 90 年代我省调整产业结构，加快经济发展步伐的一项重要内容。我们要把加快第三产业的发展作为一项战略措施来抓。总体目标是：建立完善的市场体系、城乡社会化服务体系和社会保障体系，改变我省第三产业不适应国民经济发展的状况和落后于全国平均水平的状况。为此，“八五”和 90 年代要在不断提高第三产业质量和层次的同时，使第三产业的发展速度高于第一和第二产业，逐步提高第三产业在国内生产总值中的比重，提高第三产业就业人数在全部三次产业劳动者人数中的比重。到 1995 年，第三产业增加值占国内生产总值的比重由 1991 年的 25.4%上升为 29%，第三产业的就业比重由 1991 年的 18.2%提高到 25%左右；2000 年第三产业增加值占国内生产总值的比重达到 37%，第三产业的就业比重提高到 30%以上。

第三产业范围广泛，行业特点各不相同，不可能平行发展。从现在到 2000 年，要着重抓好国民经济影响大、发展前景好的行业，优先发展制约经济发展的关键性行业，支持发展就业容量大、与人民生活密切相关的服务业。发展的重点行业是：(1) 交通运输和邮电通信业；(2) 商业和物资供销业；(3) 金融和保险业；(4) 房地产业；(5) 咨询、信息业和各类技术服务；(6) 旅游业。

优先发展对全省国民经济具有全局影响的基础行业，增强对经济发展的支撑能力。加强综合运输体系的建设，逐步形成铁路、水运、公路、航空等综合运输网络，提高各种运输方式的关联度，特别是要抓紧长江、汉江的立体交通建设；建立多层次大容量通信网。

根据市场经济发展的要求，加快商品流通行业的发展，建立完善的社会化市场体系。在农副产品集中产区和大中城市建设一批大型农副产品批发市场，在工业品主产区和交通枢纽兴建一批区域性工业品批发中心。分层次、按区划发展建材、煤炭、有色金属等区域性物资市场，有步骤地建立几个重要生产资料的期货市场和设备调剂市场。

积极发展前景广阔、对国民经济带动性强的行业。尽快建立起比较完善的金融市场。扩充金融业服务领域，积极稳妥发展金融机构；专业银行要进一步向企业化方向发展，打破地域界限、分工界限，允许交叉，合理竞争。保险业继续向多险种、多功能方向发展，搞好配套服务。加快房地产综合开发和房屋商品化步伐，大力推动房地产咨询、估价、信息、保险、金融、代理等中介服务为内容的房地产综合服务体系的建立和发展；规范房地产交易行为，保护国家在城市长期投资而形成的土地级差收益。

面向经济建设主战场，建立多功能的综合科技服务与信息咨询产业。加快技术市场的发育与完善，促进科研机构与企业的结合，形成技术推广服务网络。大力开拓信息、咨询服务业市场，在大中城市建设专利技术服务、咨询服务中心和经济技术信息库，逐步建立健全网络化、现代化的信息、咨询服务管理体系。

大力发展社会服务，满足人民日益增长的物质与文化生活的需要。积极开发旅游资源，搞好景点布局，以反映湖北悠久历史、楚文化传统和优美自然风光为主，逐步建设一批具有特色的旅游景点、旅游城市和旅游开发区，形成“两点两线两山”的重点旅游景点格局；兴办特色旅游，把旅游观览与经贸活动结合起来，加快建设一批具有一定规模的旅游商品生产和销售中心；改善旅游服务条件，提高管理水平和服务质量。改造和提高饮食业，发展营养食品、疗效食品、快餐食品、特色食品等专营店；积极发展商品维修服务、各种家庭服务、文化娱乐、文化艺术服务。

努力发展农村第三产业，加快迈向小康步伐。建立农业生产社会化服务体系、搞活农村商品流通。继续发展农村运输业、商业、饮食服务业和各种生活服务业；大力发展和完善农业生产产前、产中、产后的社会化服务体系，重点支持农业生产资料供应、良种繁育、农业技术推广、植保、环保、土肥监测、防疫、农机、农业气象和农产品收购服务体系的建设。

三、加快第三产业发展的政策措施

(一) 解放思想、统一认识、加强领导。加快第三产业发展，关系到我省改革和现代化建设的全局。各地、各部门都要增强紧迫感，提高自觉性。尤其是各级领导干部要进一步解放思想，切实改变“重工农业、轻第三产业”、“重生产建设、轻流通服务”的思想观念，把思想统一到党的十四大和中央、国务院关于加快发展第三产业的决定的精神上来。象抓第一、第二产业那样抓好第三产业的发展。

（二）完善第三产业发展规划，加强宏观调控。第三产业发展的规划，要按照1992年全国加快第三产业发展工作会议精神，结合“八五”计划的调整和十年规划的制定，进一步进行修订和完善。当前，在加快第三产业的发展中，既要开放搞活，发挥地方、企业、个人的积极性和主动精神，又要十分重视加强宏观引导和调控，特别是对涉及国民经济总量平衡、结构协调和其他关系全局的重要活动，必须认真执行国家和省的政策，不能擅自突破界限。各级政府要加强领导，抓紧做好我省第三产业的总体规划和协调工作。

（三）大力抓好第三产业发展的两个环节。第三产业的发展，必须建立在市场经济的基础上，充分发挥市场的作用。同时，又必须建立起充满活力的发展机制，逐步实现由福利型、公益型、事业型向经营型转变。

抓住前一个环节，就是要建立新的市场机制，积极有序地发展各类商品市场。打破地区、行业界限，彻底撤销各种影响商品正常流通的关卡，形成全省统一乃至全国统一的商品市场体系。

抓住后一个环节，就是要放活经营。在不损害国家利益的前提下，允许国营中小型第三产业企业承包、租赁、拍卖给集体和个人经营。努力深化第三产业企业股份制改革，积极推进集团化经营，参与组建全国性和区域性第三产业企业集团，支持关、停、并、转的工业企业转向第三产业。

（四）多渠道筹集第三产业发展资金。省要安排部分投资作为发展第三产业的引导资金，运用参股等方式引导第三产业的投资方向。对土地实行有偿使用，以地生财。在认真执行国家有关政策的前提下，积极扩大发行债券、股票筹集资金。坚持谁投资、谁收益的原则，对集资建设的基础设施实行有偿使用。大力引进外资发展交通、邮电等基础设施建设，继续支持外商兴办其他第三产业。

（五）加快第三产业对外开放的步伐。加入关贸总协定后，我国将面临新的国际环境。扩大第三产业对外开放，一方面要把引进外资从生产领域逐步扩大到金融、贸易、交通、旅游和其他第三产业；另一方面要积极鼓励国内第三产业到境外去开展国际竞争。同时，要改革外贸体制，放宽对自营出口企业条件的限制。

（六）简化审批手续，实行税收优惠政策。工商管理部门要简化对第三产业开业的审批手续。物价部门要逐步减少国家定价的范围，放开大部分第三产业价格。劳动人事部门，要赋予第三产业企业用工自主权，实行全员劳动合同制。适当放宽编制，鼓励职工向第三产业流动。税务部门要对兴办第三产业实行税收优惠，兴办技术密集型的新兴产业和关系国计民生的基础产业、短线微利行业，可根据具体情况实行更加优惠的政策。

（七）尽快制定一套切实可行的政策措施和法律法规。第三产业要依靠全社会来办。加快第三产业的发展，主要靠政策引导和扶持。要尽快制定具体政策措施，并完善相应的法制建设，使各项政策措施规范化、系统化，有法可依。创造一个有利于第三产业发展的政策环境，调动各方面的积极性，推动第三产业的迅速发展。

（湖北省计委　高瑞科　黄锡坤　邹伟进）

河　南　省

改革开放以来，河南省第三产业有了较快的发展，特别是随着城乡经济的迅速发展和流通体制改革的进一步深化，省委、省政府确定的“大市场、大流通”的战略思想逐步深入人心，一批大中型流通设施和商业网点迅速建立，市场繁荣，流通活跃，第三产业的比重呈不断上升的趋势，一个开放式的大市场、大流通的发展格局初步形成。

一、河南省第三产业发展现状

河南省地理位置适中，历史上就是全国商务活动的中心，第三产业的传统行业有一定基础。改革开放以来，河南省第三产业规模从小到大，得到迅速发展，产业结构明显改善，推动着人们思想观念、生活方式、消费结构和整个社会面貌发生了深刻的变化。

(一)第三产业总量大幅度增长，传统行业不断壮大，新兴行业异军突起，为社会开辟了更多的就业门路，积累了更多资金。

1992年第三产业增加值达到314.1亿元，比1991年增长10.9%。1978—1992年间，第三产业年均增长15.6%，超过同期国民生产总值年均增长10%的速度，也超过同期一、二产业分别增长5.3%和11.5%的速度。第三产业增加值占国民生产总值比重，由1978年的17.6%提高到1992年的25.9%。在第三产业内部，运输邮电业、商业饮食业、物资供销仓储业和金融保险业为主体的传统行业继续发展和提高，1992年占第三产业增加值比重达到57.5%，比1991年增加0.1百分点，旅游、文化娱乐、科技信息、咨询服务及房地产等新兴行业正在兴起，其增长超过了第三产业的平均增长速度。第三产业从业人数不断增加，1992年第三产业从业人数达627万人，占全部社会劳动者的14.6%，较1991年增加42万人，占全部劳动者的比重提高0.7个百分点。第三产业为国家积累了大量资金，给社会带来巨大的宏观效益。推测算，1992年第三产业实现利税近百亿元，分别为一、二产业实现利税的2倍多和40%以上。

(二)发展和培育了各类商品市场、金融市场和一批门类齐全的专业批发市场。

80年代以建立城乡集贸市场和各种零售商场为重点，深化流通体制改革，逐步放开市场、放开价格、放开经营，初步确定了“三多一少”、“城乡通开”的社会主义流通体制，形成以国有商业、物资企业为主体，集体、个体和其它经济成份相互补充，协调发展的局面。进入90年代，以建设郑州粮食批发市场为开端，相继建立了8个国家级的批发交易市场，5 400多个各类市场，一个以郑州为中心的中原城市商业群体正在形成。同时积极培育各种要素市场，金融市场已具雏形，技术市场方兴未艾，劳务市场日趋活跃，房地产市场、信息市场虽然起步较晚，但也展示了良好的发展前景。

(三)交通邮电业得到全面加强，充满生机和活力。

到1992年底，共有中央铁路干线4条、支线8条，干线和支线纵横交错，地方铁路的营业里程、客货运量均居全国首位，分别为1 762公里、340万人和719万吨。郑州已成为全国重要的铁路交通枢扭。公路建设以国道107线和310线的河南境内段为骨架构成郑州至各市地的米字形公路网络，高级及次高级路面达24 344公里，较1991年增长7.3%，郑州、开封黄河大桥的建成，提高了省内公路网和连接外省公路的综合运输通达能力。民用航空有较大发展，全省有郑州、洛阳、南阳3个较大型机场，郑州至香港、北京、广州、深圳、厦门、西安、济南，洛阳至香港、日本等都有航班，国际航线正在向全方位扩展。内河航运发挥着越来越大的作用。全省已初步形成以郑州为轴心，铁路为骨干，公路为网络，民航、水运、管道为补充的立体型、复合式、四通八达的交通体系。邮电通信事业也有较快发展，有12个大中城市已开通程控电话，83个市县进入长途自动网，42个城市可直拨180个国家和地区，12个市地开通了移动通信业务，全省所属的17个市地全部开通了无线寻呼。

(四)科教文卫事业蓬勃发展。

城乡基础教育进一步得到巩固，全省总体上基本普及了小学教育，中等职业教育和成人教育发展迅速，高等教育结构不断改善。广播电视覆盖率显著提高，城乡文化市场和人民文化生活日趋繁荣。医疗卫生条件明显改观，预防、保健体系进一步完善。科技事业蒸蒸日上，科技成果推广应用和引进技术的消化吸收取得了巨大成效，多形式、多层次的科技咨询业呈现出旺盛的发展势头。

（五）社会服务和社会保障体系日臻完善。

城市综合服务业蓬勃兴起，农村社会化服务体系正朝着产业化、专业化方向健康发展，服务领域不断扩展，服务功能不断增强，城市养老保险、待业保险、医疗保险制度在改革中逐步建立起来，农村各项保险事业迅速发展，社会福利和社会救济事业也有了长足的进步。

虽然近几年来我省第三产业有了较大的发展，但长期形成的严重落后局面仍未得到根本改变。一是总量不足，比重偏低。与国际水平和一些先进省市相比，存在着明显的差距和不足，特别是每个第三产业劳动者创造的增加值差距很大，仅为全国平均水平的87%。1992年第三产业占国民生产总值的比重为25.9%，其比重较1991年还下降1.3个百分点。究其主要原因，一方面由于工业生产高速发展，总量大幅度增长，比重上升，相对降低了一、三产业占国民生产总值的比重；另一方面我省工业化、城市化水平低，第三产业发展尚缺乏强大的物质技术基础。二是内部结构发展不平衡。旅游服务、农村服务体系、市场中介组织等新兴产业还比较薄弱。三是第三产业还停留在封闭型、福利型、公益型的初级阶段，“大而全”、“小而全”自成体系，专业化、商品化、产业化程度低，经济效益和社会效益亟待提高。四是投资机制和价格补偿机制尚未建立起来。长期以来用于第三产业的投资严重不足，第三产业的价格补偿十分有限，限制了第三产业的自我发展能力。

二、1992年的市场建设取得了重大进展

随着改革开放的逐步深入，建立统一开放的社会主义市场体系越来越重要，越来越迫切。因此，我省在加快改革计划、财政、银行、外贸、工商等体制的同时，充分利用河南地处中原、资源丰富、交通便利的优势，加快市场建设，放开搞活大流通，取得了一定成效。

（一）解放思想，提高认识，建立机构，狠抓落实。

1991年底，省委、省政府召开市场工作会议，会议把培育和发展大市场，放开搞活大流通，发展第三产业，作为河南经济上新台阶的一个重大措施，提出了建立大市场、搞活大流通、组织大贸易、参加大循环、促进大发展的战略目标，结合河南经济发展实际制订了《河南省市场体系建设十年规划和“八五”计划要点》，拟定了商品市场、金融市场、劳务市场、房地产市场、技术市场、信息和咨询市场等市场体系发展建设规划，引导市场体系健康发展。各市地县党委、政府也把市场建设列入委重要议事日程，成立了相应的领导小组和工作机构，结合实际制定具体措施，把市场建设工作落到实处。

（二）因地制宜，突出重点，着力发展大中型批发市场，推动各类市场建设蓬勃发展。

消费资料市场和生产资料市场是全省市场建设重点。在市场体系建设上，突出三个方面：一是围绕方便人民生活大办第三产业，要求各地从实际出发，放开搞活商业企业，加快商业零售网点建设。二是围绕解决农副产品的卖难问题，把搞活农副产品流通，发展农副产品批发市场放在重要位置。三是围绕搞活大中型企业，改善大中型企业的外部环境，建立生产要素市场，完善市场体系。在市场设施建设上，把大中型批发市场作为全省市场建设的重点，集中力量规划和建设26个全国性和区域性大中型批发交易市场。1991年以来，省政府为调动各方面建设市场的积极性，先后印发了《关于加强城乡集贸市场建设的决定》等四个关于市场建设的文件，出台了一些优惠政策，推动了市场建设的发展。目前我省市场建设有五个特点：一是全社会兴办市场，市场建设资金大部分来源于市（地）、县、乡自筹，公司、企业、客商融资，集体、群众集资；二是市场档次提高，功能比较齐全；三是市场运行和管理不断规范化；四是市场建设的范围从消费资料向生产资料市场以及金融、技术、劳务、信息和房地产市场等第三产业的各行业延伸；五是政府对市场建设的引导作用增强，在市场建设的同时，开始形成政府调控市场的运行机制。我省各类市场的不断发展和完善，对搞活商品流通，促进各种生产要素的优化配置，为企业转换经营机制提供了有利的前提条件。截止1992年底，全省已建起各类市场5 425个，仅有形物资商品市场交易额就达230亿元。其中，综合性集贸市场发展到3 800多个，成交额达到105亿元，占全社会商品零售额的20.7%。1992年全省市场建设进一步加快，立项兴建各类市场645个，投资6.74亿元。其中，工业品市场144个；农副产品市场129个；生产资料市场49个，生产要素市场55个。省政府重点抓的26个大中型批发市场，已有郑州粮食、农副产品、农业机械、农业生产资料、建筑材料、中药材和中原芝麻等6个全国性批发市场和河南日用工业品、中原机电产品、工具轴承、纺织、纱布，郑州工业品、煤炭、蔬菜果品等7个区域性批发市场及外汇调剂市场相继开业。中原国际博览中心等13个项目正抓紧建设。在加强物资商品市场建设的同时，生产素市场也得到长足发展。1992年，全省拥有金融市场22家，证券交易网点318个，信托投资公司14家，开展资金拆借180亿元（其中拆入120亿元），调剂外汇3.85亿美元，发行有价证券41.78亿元，各种有价证券交易额达21.86亿元；技术贸易机构3 600多个，成交7亿多元；职业介绍机构900多处，接待求职200多万人，介绍成功者150多万人；房地产交易机构115个，成交112万平方米，约4.2亿元；产权交易市场（所）24家，开展资产转让4.8亿元；信息市场也初具规模，其中郑州市信息市场、南阳市信息市场已在全国享有盛名。

（三）进一步深化流通体制改革，确定了"三多一少"、"城乡通开"的流通体制。

放开搞活流通的根本途径，在于继续深化改革。省委、省政府总结了亚细亚商场建立新型企业经营机制的经验，在全省推广，大张旗鼓地宣传和鼓励商业企业公平竞争，使企业真正树立市场观念、竞争观念、服务观念、效益观念，积极主动开拓经营。彻底打破了长期以来商品实行统购包销的方式，形成了工商联营，商商联营，农工联营，以及工业自销，企业自购，商业代购代销，合同订购订销，产需直接见面等多种形式的营销格局，减少了流通环节，加快了流通速度，促进了大流通、大市场的建立和完善。全国的郑州大型零售商业集团之间的"商战"，产生了强烈的社会轰动效应，为搞活流通、建立市场运行机制拉开了序幕。在激烈的"商战"中，战果辉煌的亚细亚商场，特别引人注目。亚细亚商场是股份制集体企业，无主管部门，实行董事会领导下的总经理负责制。这种政企分开，两权分离的管理体制，使亚细亚一开始就成为自主经营、自负盈亏、自我发展、自我约束、面向市场的经营者，真正确立了充满活力的经营机制。目前，仅郑州市就有亚细亚商场、华联商厦、商业大厦、紫荆山百货大楼、郑州市百货大楼等6家营业额跻身全国百强之列的大型零售商业企业。

（四）计划管理商品、物资的范围和数量大大减少，市场调节的范围明显扩大。

逐步缩小指令性计划的范围，扩大市场调节比重，将大批农副产品、工业消费品、生产资料放开经营，自由购销，是促进市场发育的一项迫切任务。1992年初，我省下发了《关于河南省计划管理体制若干意见》，对国家原来实行计划管理的22种商品，减少4种指令性计划；全部取消省计划管理的商品，改为市场调节。暂时不能取消的指令性计划，也改变了管理办法，由经营部门根据市场需求，与生产企业和农民签订合同。对原来省实行指令性计划管理的17种生产资料，全部取消指令性计划管理。对仍实行指令性计划管理的生产资料，进一步减少了调拨任务和分配数量。凡减下来的计划上调产品，全部实行市场调节，由企业自销。

（五）积极稳妥地进行了价格改革。

我省把改革不合理的价格体制作为促进市场发育的重要措施来抓，在逐步调整和理顺比价关系的同时，实行调放结合，以放为主，较多地减少了商品价格的计划管理，除国家严格控制的直接关系国计民生的少数重要商品外，原来省计划管理的商品价格基本上已全部放开，由企业自主定价，实行市场调节，促进市场发育，使商品价格依据市场供求情况，随行就市，灵活作价，进而引导企业生产。

三、今后的发展设想

根据全国第三产业发展规划基本思路和我省90年代整体发展战略和经济上新台阶的总要求，河南加快发展第三产业的总体思路是：以建立适应社会主义市场经济要求的统一市场体系、城乡社会化综合服务体系和社会保障体系为目标，为河南经济全方位进入市场服务，为河南对外开放服务；以产业化、社会化、市场化为方向，依靠市场机制、依靠社会力量、依靠政策引导，走贸易开路、金融活体、基础配套的路子。到本世纪末，逐步形成以郑州为中心，以沿黄城市群为依托，城乡贯通，辐射中原，面向全国的商贸、金融、信息中心，带动全省经济的振兴。90年代河南第三产业发展的具体设想是：

（一）大力提高两个比重

大幅度提高第三产业增加值占国民生产总值的比重和就业人数占社会劳动者总人数的比重，使这两个比重达到全国平均水平。到本世纪末，全省第三产业增加值达到1 000亿元，90年代第三产业年均增长15%左右；第三产业增加值占全省国民生产总值的比重由1990年的26.6%提高到2000年的35%以上；第三产业从业人数占全社会劳动者人数由1990年的14.1%提高到2000年的25%以上。

（二）着力培育市场体系

全省要以建设郑州商贸城为重点，以国家级、省级批发市场为龙头、区域性批发市场为骨干，形成辐射省内外的工业消费品、农副产品和生产资料批发市场网络，把第三产业中的许多行业与市场体系的形成和发展紧密结合起来。近期要重点发展农副产品批发市场和生产资料批发市场，完善和提高现有的国家级和省级26个大型批发（交易）市场，扩大交易规模，健全市场规则，增强综合服务功能。同时积极筹建引入期货机制的商品交易所。逐步建成统一、开放、有序的初、中、高级市场相结合的社会主义市场体系。加强流通基础设施和现代化信息网络、中介组织及经济仲裁机构建设，积极探索现货与期货相结合的交易形式，提高市场层次和组织化程度，加强市场法规建设，建立规则统一、公平竞争的市场秩序，发挥市场机制作用，强化交易、信息、价格、储运、结算等市场服务功能。

（三）建立完善六大配套系统

90年代，要着力健全完善六个功能齐全、综合配套、辐射力强的大系统：一是大交通系统。加快建设以郑州为中心的航空港、铁路港和公路港，以及航空运输、高速公路、地方铁路、各种现代化的通信网络建设。二是大流通系统。建立起城乡通开，内外贸结合，功能齐备，具有先进管理水平和现代化的技术、设备，与市场经济发展和人民小康生活需要相适应的商品流通体系。三是大服务系统。农村社会化综合服务体系建设，要走贸工农一体化、产供销一条龙的路子，强化功能，完善体系，形成网络，扩大覆盖面；城市要建立完备的信息咨询、项目评估、招标投标、律师公证、会计审计、商检、质检等一系列为市场正常运行提供中介服务的机构。同时大力发展家庭服务业和社区综合服务网络，形成方便人民生活，促进市场经济发展的产业化、社会化服务体系。四是科技教育系统。超前发展科技教育事业，加快科技教育体制改革，尽快形成科技与经济有效结合的机制，加速科技开发的产业化。发展完善基础教育、职业教育、成人教育、高等教育，形成结构合理、充满活力的教育体系。五是大保障系统。发展各类社会保障机构，完善各种保险制度，使待业、养老、医疗、住房纳入社会化轨道，保障人民生活和社会的稳定，为经济体制转轨创造良好的社会环境。六是大文化系统。各类文化事业要适应人民精神生活多层次的需求，为经济建设和对外开放服务，成为新思想、新文化、新技术的传播媒介。

（四）优化三个层次

第一个层次，省会城市郑州。充分发挥区位优势和交通通信枢纽的优势，以发展第三产业为主，加快发展速度，规范、完善商贸中心城市建设，实现产业发展序列转换和城市功能再造。增强其综合服务功能，提高郑州作为省会中心城市的吸引力和辐射力，使其成为中部地区乃至全国的现代化、多功能的商贸、金融、信息中心，带动全省经济的发展。第二个层次，区域中心城市。要紧紧围绕第二产业发展需要，结合各自的特点，重点发展为生产服务的交通通信、信息咨询、科技服务和金融等基础产业和与科技进步相关的新兴行业，大力培育和发展市场体系以及为市场运行提供服务的行业；同时，适应广大城乡居民的生活需要，有计划地发展文化娱乐、旅游和社会服务业，着力提高第三产业的发展速度和比重，使其成为区域经济发展中心。第三个层次，县城和农村中心集镇。要以城镇为结点，以农村社会化综合服务体系建设为核心，以各类批发市场和集贸市场为纽带，在城乡之间、工农之间、农民与市场之间架起桥梁、兴商建镇，加速农村分工分业进程，推动农村自然经济向商品经济转变。

（河南省计经委 张庭建、吉刚）

四　川　省

1992 年，四川省第三产业增加值 391.96 亿元，占国内生产总值 1 431.22 亿元的 26.5%；从事第三产业的劳动者人数 965.5 万人，占全省社会劳动者人数 6 203.41万人的 15.6%。党的十一届三中全会以后，四川省第三产业发展迅速，成效显著。

一、基本特点

（一）发展速度高于全国平均水平，总量排位靠前。

1949 年，四川省第三产业增加值 5.95 亿元。由于各种原因，1949—1977 年间，全省第三产业发展缓慢。截止 1977 年，增加值仅 30.52 亿元。1978—1991 年，按可比价格计算，四川第三产业增加值增长 3.1 倍，同期全国增长 2.4 倍，四川占全国的比重由 5.6%上升到 6.2%。在全国各省、市、自治区排位，四川省第三产业增加值 1988 年居第四位，1989 年居第三位，1990 年居第二位，实现了一年升一位。1991 年，仍然保持全国第二位，仅次于广东省。

（二）发展速度高于一、二产业，占国内生产总值的比重不断上升。

在四川的产业结构中，三大产业历来以“一、二、三”排位。1985 年，第二产业所占比重超过第一产业，形成“二、一、三”的产业发展序列至今。1979 年至 1991 年，四川省国内生产总值年均增长 8.5%，其中第一产业年均增长 4.3%，第二产业年均增长 10.9%，第三产业年均增长 11.4%，第三产业的增长率居三大产业之首。与此相应，1978 年至 1991 年，第三产业占国内生产总值的比重由 18.8%上升到 26.2%。

（三）新兴产业的发展速度高于传统产业的发展速度，第三产业的内部结构明显改善。

在较长一段时期内，四川省第三产业的发展主要是靠商业、运输等传统产业支撑。1980 年，商业占第三产业增加值的比重为 36.5%，交通运输业占 15.8%，两者合计达到 52.3%。随着改革开放的深入发展，金融、保险、房地产、信息咨询等新兴行业得到较快发展。1992 年，在第三产业增加值中，商业饮食、物供仓储业占 29.6%，交通运输、邮电通信业占 14.67%，金融保险业 17.7%，房地产业占 7.2%。

（四）第三产业对整个经济增长的贡献度不断上扬，超过第一产业。

1979 年，四川省国内生产总值比上年增长 18.67%。其中，三大产业各自的贡献度是，第一产业为 6.37%，第二产业 8.54%，第三产业 8.76%，第三产业的贡献度最小，仅占国内生产总值新增部分的 20.1%。1992 年，全省国内生产总值比上年增长 12.3%。其中，三大产业各自的贡献度是，第一产业为 3.01%，第二产业为 5.69%，第三产业为 3.2%，第三产业占国内生产总值新增部分的 28.4%，而第一产业占国内生产总值新增部分由 1979 年的 34.1%下降到 14.1%。

总体评价，党的十一届三中全会以来，四川的第三产业取得了前所未有的发展，但整体水平仍然低于全国平均发展水平，与较为发达的省市比较差距更大。全省第三产业发展中存的主要问题：一是交通通信不畅；二是市场体系发育程度较低；三是新兴行业仍然比较薄弱；四是城乡社会化综合服务体系和社会保障体系不完善；五是城市基础设施欠帐较多。

二、第三产业主要行业的发展情况

（一）交通通信业。

建国 40 多年来，四川的交通通信业有了很大发展，基本形成了与全国交通、邮电网相连接的，具有一定规模和能力的铁公水空立体交通运输体系和集成数字交换邮电通信体系，“蜀道难”的状况有所缓解。一是形成了“H”型铁路骨架、成渝两大铁路枢纽和四条进出川主要通道。1992 年，铁路营业里程 2 684 公里，比 1978 年增加 70 公里，增长 2.7%；宝成、成昆、成渝、襄渝、川黔和内宜六大干线和成灌、彭白、万南等 10 条支线计 155 公里。二是公路总里程居全国第一位，基本形成以成渝两市为中心、以国省道干线为骨架的、以大中城市为依托的公路网。全省所有县(市)97%以上的乡通了公路，18 个大中城市进出口的改造基本完成。1992 年，公路通车里程达到 9.8 万公里，建成高等级公路 580 公里，重点整治油路 700 公里，新铺油路2 597公里。三是已经形成以长江为骨干，连通岷江、金沙江、嘉陵江、乌江等7条主要支流的树网状的内河航运网。共有大小航道99条，通航里程8 801公里，省内60%的地、市和57%的县水运便利。四是航空事业发展较快。全省已开放民用或军民合用机场8个，共有大中小型飞机47架，计5 444客座，开通了省内外及地区航线80多条，连结全国50多个主要城市和沿海开放城市，与香港、新加坡等国家和地区已开辟直航。1992年，航空旅客运输量达到283.6万人次，货邮运输量达5.3万吨，运输总周转量为3.5亿吨公里，民航旅客吞吐量达到333.4万人次，货邮吞吐量完成6.3万吨。五是建成了一批骨干通信设施，形成了以微波、光纤、卫星、程控电话、无线寻呼、图文传真等现代化通信体系。成都等8个城市已建成程控电话交换网，117个县（市）实现市话自动化，70多个县市实现长话直拨，13个城市开通国际长话。1992年，交通通信业增加值为57.53亿元，比上年增长22.2%，占全国的4.1%。

存在的主要问题：一是交通、邮电的发展严重滞后于国民经济其他部门的发展，也落后于全国交通、邮电的发展水平。三线建设以后，国家连续17年未在四川新建一公里国家铁路。现有的四条进出川铁路，总能力只有3 000多万吨，一直处于超负荷运输。整个公路技术等级仍然较低，多数进出川公路通而不畅，经济区和大中城市进出口及城镇过境公路拥挤，边远山区和少数民族地区公路发展缓慢，明显影响了四川经济的发展。二是重陆轻水，无论是七大支流，还是省内的长江干流，均未得到充分利用；三是现有民用机场技术等级低，地面保障设施差，设备陈旧且不配套，加之四川盆地多雨、多雾，能见度较低，不能很好地保障航班的安全正点；四是邮电通信技术装备落后，通信能力严重不足。电话普及率仅为全国平均水平的一半。长途电路紧张，省专电路平均63条，低于全国平均71.8条的水平，长途自动电路溢出比高达70%，省际出口电路溢出比更高。农村通信设施相当落后。

（二）商品流通业。

改革开放以来，四川的商品流通业进入了一个新的发展时期，市场流通规模不断扩大，初步形成了多种经济成分并存和多渠道、开放式的流通格局，国内商业、物资供销和对外贸易蓬勃发展。1992年，商业饮食、物供仓储业增加值116.02亿元，比上年增长9.4%。全省社会商品零售总额719.35亿元，比1978年增长5.7倍。在社会商品零售总额中，全民、集体、个体和其他经济成份所占比重，1978年分别为46%、51%、0.2%、2.7%，1992年分别为36.23%、30%、22.5%、11.27%。社会商业机构1 094 251个，从业人员2 264 463人，分别比1985年增长17.57%和16.4%；外贸出口总额14.86亿美元，进口总额7.13亿美元，分别比1978年增加14.74亿美元和6.92亿美元。

存在的主要问题：一是统一开放的市场体系发育还不完善；二是流通基础设施落后，网点布局不平衡；三是国营企业活力不足。1991年，全省商业厅系统有亏损企业1 772个，亏损额达4.1亿元。截止1992年底，全省粮食企业累计亏损挂帐24.9亿元，仅利息每年就需支付2亿元以上。

（三）金融业及金融市场。

四川金融市场的建立，使金融业务得到较大发展。1992年，全省金融业、保险业增加值69.36亿元，比上年增长29.2%。主要特点：一是建立了以中央银行为领导、国家专业银行为主体、多种金融机构并存和分工协作的金融组织体系。到1992年末，全省各类金融单位及其分支机构达到21 000多家。其中，国家银行的机构网点8 977个，农村信用社机构10 106个，城市信用社机构246个，信托投资公司61个，财务公司1个，金融市场32个，证券公司4个。金融从业人员约15万人。二是初步形成了以银行同业拆借市场、证券发行与转让和外汇调剂市场为主体的金融市场体系。1992年，全省各类有价证券余额98亿元；累计拆借资金达668亿元，年末余额183亿元；证券机构网点459个，批准发行各类有价证券71亿元，证券交易量为36亿元，开通了上海、深圳股市专线，外汇成交额8.5亿美元，创历史最高水平。三是金融业务有了较大发展。1978年至1992年，全省国家银行新增贷款余额852亿元。各项存款余额由1978年的79亿元增加到1992年的931亿元，增长10.8倍，各项贷款余额由1978年的104亿元增加到1992年的1 196亿元，增长10.5倍；保险业自1980年恢复以来，已开办200余个险种，累计业务收入达50多亿元，年均增长40%以上。1992年，全省非银行金融机构存款余额达289亿元，各项贷款余额254亿元，金融机构外汇存款余额4.2亿美元，贷款余额9.2亿美元。四是金融电子化工作有了较大进展。全省电子化处理金融业务覆盖率达30%，计算机处理业务的金融服务网点覆盖率达20%。

存在的主要问题：金融业的总体发展水平还不高，无论是资产负债规模、机构体系建设以及金融运作手段都不适应社会主义市场经济发展的要求，金融机构转换经营机制的难度较大，金融市场发育程度较低，金融宏观调控体系不完善。当前存在的突出问题是：资金拆借市场存在混乱现象，短借长用严重；证券市场管理尚待规范，审批体制尚未理顺，程度不同地存在乱集资问题，发行和交易的证券品种太少，不能满足社会公众投资的需要。

（四）房地产业及房地产市场。

现已发展成为包括土地使用权出让、转让和房地产开发、买卖、租赁、互换、评估、抵押、典当、拍卖、信托、债券、信息及劳务为一体的开放型市场。1992年，房地产业增加值28.09亿元，比上年增长12.1%。目前，四川已批准成立的开发公司由治理整顿结束时的222家发展到1 018家，其中资审发证的871家，占全国开发公司总数12 000多个的7.2%；开发投资量为35亿元，占全国731亿元的4.79%；开发创税1.2亿元，占全国41.4亿元的2.9%；开发创利1亿元，占全国64亿元的1.56%。房地产业开发土地面积895.7公顷；施工房屋面积925.5万平方米，其中竣工面积332.1万平方米；销售房屋201.2万平方米；综合开发量达到22亿元。城市人均居住面积由78年的3.2平方米提高到7.85平方米。近十年来，建成综合小区130个，城镇旧城改造的步伐有所加快。全省已有56个市县（区）成立了房地产交易监理机构，现已建立房地产交易所近150个，从业人员的2 400人，有10个市县建立了固定的交易场所。

存在的主要问题：一是房地产管理体制不顺，政策不配套，一、二、三级市场脱节。二是房地产市场供给仍然不足，但少数地方存在高档写字楼、别墅区阶段性供给相对过剩，全省四平方米以下的住房困难户仍有5.5万户，危房364万平方米。三是宏观调控和市场机制不完善，缺乏能反映市场供求关系的土地供给制度和地价体系，开发环境不如沿海。四是房地产交易中的收益分配机制不健全，国家应得的收益没有完全收回。五是房地产市场的基础没施薄弱，多数县市存在有市无场，沿街设市的局面。六是房地产市场的运行规则不健全，缺乏必要的中介体系和配套的服务体系。七是法制建设明显滞后，房地产市场管理和发展缺乏相应的法律法规。

（五）劳务市场。

四川的劳务市场始建于1986年。当年12月，成都市率先开放劳务市场，继而带动全省绝大多数地市和一部分县（市、区）相继开放劳务市场，并建立了劳务市场管理机构或职业介绍所。几年来，各级把劳务市场的建设放到重要位置，首先抓好市场建设试点，积极建立和完善就业服务体系，研究制订劳务市场的政策法规，开展“一条龙”服务，通过开展职业咨询、就业培训、职业介绍、技工交流、劳务输出等项工作，为劳动力供求双方进行“双向选择”起到了积极的作用，一定程度上促进了劳动力的合理流动。1992年，全省拥有各类职业介绍机构577个，县以上劳动部门开办的劳务市场或职业介绍所158个，其中市、地、州劳动部门主办的18个，县（市、区）劳动部门主办的135个。截止1992年底，在全省各类劳务市场或职业介绍机构登记交流的人数累计达到184.57万人，交流成功120.2万人，占登记交流总人数的65%左右。由于四川人口众多，劳动力供过于求和结构性矛盾导致劳务市场的运行环境不宽松；同时，受旧体制的影响，劳务市场的机制难以发挥作用。

（六）技术市场。

1985年以后，四川省的技术市场发展较快，技术市场的管理工作逐步得到加强。技术市场的兴起和发展，沟通了技术供需双方的联系渠道，促进了科技与经济建设的结合，加速了科技成果商品化和向现实生产力的转化。7年多来，全省技术合同成交金额累计达到39.32亿元，有8万多项（次）科技成果通过市场实现了向工农业生产的转移。1992年技术合同成交金额达到14.5亿元。截止1992年底，全省共有各种所有制的技术开发经营机构3 800余家，固定从业人员5万人（其中科技人员占60%）。

存在的主要问题：技术市场的发展仍然处于起步阶段，尚未形成完整的体系，规模也不适应发展社会主义市场经济的要求。目前，全省技术合同成交额约占全省国内生产总值的1%，大大低于一般国家的水平。

（七）旅游业及旅游市场。

四川是全国的旅游资源大省，具有得天独厚的旅游资源。不但有享誉中外的峨眉天下秀、青城天下幽、剑门天下险、蒙门天下雄等老景观，而且有小三峡、蜀南竹海、海螺沟等新景点，还有九寨沟、黄龙寺等世界一流的自然景观以及大足石刻、恐龙博物馆、乐山大佛等众多的人文景观。目前，四川拥有国家级风景名胜区10处，省级风景名胜区19处，国家重点文物保护单位33处，省级文物保护单位272处，以大熊猫、银杉等为主的各类珍稀动、植物保护区17个，已形成7大旅游片区。1991年，国内组织专家和群众评选“中国旅游胜地四十佳”，四川拥有7处，居全国各省市之首。截止1992年末，已有各类旅行社200多家，涉外饭店100多家，床位近3万张，其中星级饭店33家；旅游系统拥有职工3万多人，其中经考试合格的各种翻译导游人员约1 000多人；拥有旅游车船公司20多家，车辆460多台。1992年，当年接待外国人11.09万人、华侨0.64万人、港澳和台胞19.99万人，分别比1980年增长5.8倍、8.6倍和12.4倍；旅游外汇收入34 782万元（外汇人民币），比1980年增加33 928万元。

存在的主要问题：四川的旅游业因地处内陆，离口岸城市远，景点分散，交通通信困难，基础设施差，开发的难度较大，旅游管理水平和服务质量也亟待提高。

（八）信息咨询业。

改革开放以来，四川的信息产业逐步兴起，目前已建立与全国经济信息系统、银行电子化系统、统计信息系统、工商信息系统、邮电通信系统、电网监控系统、铁路运营管理系统、民航旅客服务系统、天气预报系统、财政税务信息系统、科技情报系统、航天测控系统等相配套的信息和业务系统，有的已形成比较健全的计算机网络系统，建立了规范化的指标体系和较完善的工作程序，生产出了品种多样的信息产品，其社会化程度逐步提高。1992 年，四川拥有科技信息人员 5 000 多人，科技信息机构 100 多个，其科技信息资源及其服务业务覆盖了全省各厅（局）和 21 个市、地、州；已开通的国际联机检索系统；可直接检索 10 个国家的科技文献资料的专利信息；拥有广告经营单位近 1 400 家，广告公司 200 多家，电台 41 家，电视台 54 家，杂志社近 100 家，有线广播 189 家，报社 94 家；广告业现有从业人员 2 万多人，广告业营业额 3 亿元以上。

存在的主要问题：四川的信息产业虽然发展较快，但法律、法规不健全，信息共享度低，多数子行业的规模小，素质差，设备陈旧且利用率低，行业内低水平重复劳动多，整体效益差等。

（九）农村社会化综合服务体系。

目前，全省各级各类服务体系已初具规模，基本建成了以国家，集体和合作服务组织为主体，群众性服务为补充的多门类、多层次、多形式、多渠道的农村服务体系。其服务组织主要包括五种类型：一是围绕土地经营开展综合性服务的社区性合作经济组织体系；二是以提供技术、物资、信息和经营管理服务为主的农业专业技术经济服务组织；三是以供销服务为主的国合商业服务组织；四是以提供资金服务为主的服务组织；五是为专项生产经营提供综合性服务的学校、各种专业性合作组织、农民专业协会和从事专业服务性经营的农民个体企业。目前，在乡镇综合服务体系中，各种专业技术服务站 42 877 个，从业人员 17 万多名；在农业技术服务体系中，省、市（地、州）县、乡（镇）四级已有各类专业技术管理推广机构 8 800 个，技术人员 4.7 万人；拥有专兼职的村农技员 5 万多人；已建立起各种庄稼医院和农资技术服务站 4.1 万个；农村系统的农机具维修服务网点近万个。全省有各类农民文化技术学校 28 600 所，在校学生 621 万人，其中乡镇农民文化技术学校 6 000 所；农民兴办的各种专业技术协会 1.3 万个，拥有 60 多万会员。1992 年，开展农业技物结合有偿服务的县 180 个，乡（镇）农技站 6 665 个，县、乡两级共办经济实体 1 519 个，流动资金4 700 万元，经营总额达 3.58 亿元，利润 2 500 万元。

存在的主要问题：四川的农村社会化综合服务体系仍处于起步阶段，存在体系不健全，机构不完善，供销服务脱节，科技、金融、交通、市场、保险等服务跟不上农村商品经济的发展等问题。

（十）工业企业兴办第三产业。

改革开放以来，四川工业企业坚持“一业为主、多种经营”，利用企业自身的潜力，逐步兴办和发展包括交通、商业、科技、旅游、文教、卫生、文艺、出版、广告、建筑设计、房地产开发等行业在内的第三产业经济实体，为繁荣市场经济、满足城乡人民物质和文化需要、调整企业结构、安置劳动就业人员等起到了积极的促进作用。截止 1992 年底，全省工业企业兴办各种形式的第三产业经济实体 2.6 万户，从业人员达 126.5 万人，实现销售收入 167.8 亿元，占全省工业销售收入的 11.4%，实现利润 6 亿多元，上缴税金 5 亿多元。

存在的主要问题：总体上看，四川工业企业兴办的第三产业规模小、范围窄、层次低，多数工业企业的多种经营仅局限于传统行业、生活服务、封闭式的自我服务项目。

随着社会主义市场经济的不断发展和改革开放的不断深化，四川省委、省政府逐步将发展第三产业的工作摆上了重要的议事日程。根据《中共中央、国务院加快发展第三产业的决定》，结合四川的实际情况，省人民政府于 1992 年 9 月 28 日制订了《大力发展第三产业的决定》，对当前和今后一段时间发展第三产业的指导方针、发展目标和有关政策提出了具体意见。根据国家计委的要求，四川省计委于 1992 年 10 月拟出《四川省第三产业发展十年规划和第八个五年计划纲要》（研究提纲），并送省级有关部门征求意见。国务院召开全国加快第三产业发展工作会议以后，四川省与会代表及时向省委常委专题汇报了会议精神。中共四川省委五届第七十五次办公会议议定：第三产业是四川经济发展的重点之一，各级党委和政府要把这项工作纳入重要日程，政府主要领导同志要亲自抓这项工作，并要求结合四川实际，突出重点，抓好规划。这次会议还决定，全省不成立加快第三产业发展的领导小组，在省计委内部成立第三产业办公室，负责协调全省发展第三产业的工作。同时还明确，在 1993 年适当的时候召开四川省加快第三产业发展工作会议。根据省委、省政府的决定，省编委于 1993 年 2 月正式批复同意成立省计委第三产业办公室。省计委抽调人员，组织专门力量开始筹备全省加快第三产业发展工作会议。省内各市地州和省级有关部门亦逐步把第三产业的发展摆上重要的议事日程，全省初步形成了第三产业发展的较好环境和工作基础。

（四川省计委　王晓明）

云　南　省

一、云南第三产业发展的基本情况

改革开放以来，云南省第三产业呈现出较快的发展势头。1980年到1992年，全省第三产业增加值年均递增15.6%，高于同期全省国民生产总值年均递增10.3%的速度。1992年，云南省第三产业增加值达104.2亿元，占当年国民生产总值的20.4%，从业人员达220万人，占全社会劳动者人数的10.7%。第三产业发展的主要特点是：

（一）商业、物资供销仓储业已成为云南第三产业的支柱行业。

该行业实现的国民生产总值占整个第三产业近4成，从业人员占了约30%。由于商业流通的发展，全省流通规模1992年比1980年扩展了近6倍，极大地促进了云南经济的发展。

（二）交通运输和邮电通信业发展较快。

1980年到1992年，云南省下大决心，花大力气改变这两个行业的落后状况，铁路贷物发送量增长了6倍，民航航线里程扩大了20多倍，邮电业务总量增长了10倍，使长期制约云南经济发展的交通运输和邮电通信业有了较大的改善。

（三）金融、保险、房地产业发展活跃。

金融业发展迅速，1992年，全省各项存贷款余额均比1980年增长了10倍左右；云南省保险公司自1980年成立到1992年，承保财产总额已达2 000亿元，支付经济补偿约5亿元；作为第三产业新兴行业的房地产业，1992年也应运而生，呈现出良好的发展势头。

（四）科技实力逐步增强。

截至1992年底，全省拥有自然科学研究与发展机构近200个，科技人员12万多人。各类技术贸易机构约500家。“七五”期间，获国家级奖励71项，国务院部委级奖228项，省科技进步奖607项；1992年，技术合同成交总额已达2亿多元。

（五）文化事业发展迅速。

目前，已基本实现乡乡有地面卫星接收站，广播和电视的人口覆盖率达70%以上。各类学校及在校学生人数、各类卫生机构及卫生技术人员、图书馆、博物馆等，无论从数量上还是质量上都有显著改善。

云南第三产业的发展，初步改变了云南产业结构的传统格局，为全省经济和社会发展注入了新的活力。但从改革开放10多年以来的发展历程看，还存在着不少问题，突出表现在以下几个方面：

第一，发展水平低，对国民经注的制约作用日益突出。云南第三产业在国民经济中所占的比重，长期以来徘徊在20%左右，平均比全国水平低近10个百分点；从就业构成上看，云南第三产业从业人员占社会劳动者人数的比重与全国平均水平比较，也低了近10个百分点。利用《1987年云南省投入产出表》对全省30多个行业所作的分析表明，制约云南经济发展的“瓶颈”行业，主要集中在第三产业（加权平均在整个“瓶颈”行业中占80%左右），其中国内商业对云南省经济的制约作用，更超过了农业、交通运输、邮电通信等一直被认为是云南经济发展的主要“瓶颈”行业。

第二，云南第三产业的发展缺乏稳定的发展机制和制度保障。1980年以来云南省经历的几次经济波动中，第三产业的波动通常要高出国民经济的波动5～6个百分点，表明云南第三产业的发展尚处在幼稚阶段。原因大致有以下几种：一是“第三产业是不创造物质财富的非物质生产部门”这种观念根深蒂固；二是第三产业的发展长期未被纳入经济和社会发展规划；基本上处在自生自灭的状态；三是传统体制下条块分割的格局极大地妨障着第三产业的整体发展；四是云南经济发展水平低，对第三产业的有效需求不足；五是缺乏政策支持，表现在对第三产业的投入严重不足，第三产业价格形成机制不合理，行业管理限制过多等等。

二、云南加快第三产业发展的举措

1992年6月中央5号文件下达和11月全国加快第三产业发展工作会议的召开，极大地提高了云南上下对发展第三产业的认识，坚定了云南加快发展第三产业的决心，并随之采取了一系列措施：

（一）中央5号文件下达后不久，云南省计委即成立了第三产业办公室，负责制定云南省第三产业发展规划及相应的组织、协调、监督、服务工作。到1992年11月，该办公室在计委领导和有关部门支持配合下，编制了《云南省发展第三产业规划基本思路》（第二稿），提交各有关部门和地区讨论修改。

（二）1992年底，云南省人民政府第56次常务会议专题研究全省第三产业发展问题。会议认可了《规划思路》中关于云南省第三产业发展的战略目标，明确提出，90年代云南第三产业增加值应平均每年递增20%左右，到2000年，全省第三产业增加值占国民生产总值的比重，应达到37%以上。以上述设想为基础，会议研究并提出了90年代云南发展第三产业的指导方针、发展重点和政策保障的框架，明确指出，要从体制上、机制上、政策上为第三产业发展提供制度和物质保障；要重点发展商品流通业和商品市场、旅游业、金融保险业、房地产业和社会服务业；要在信贷、税收、价格、行政法规、行业管理各个方面为第三产业发展提供政策支持。

（三）以省政府56次常务会议精神为指导，云南相继正式建立了"旅游发展基金"和"市场建设基金"。云南省计委第三产业办公室和省旅游局受命抓紧编制《云南省商品市场体与建设规划》及《云南省旅游业发展规划》，预备将这两个《规划》纳入"八五"计划，尽快组织实施，现两个《规划》正在紧张编制之中。

（四）1993年初，云南省人民政府向全省转发了国务院关于转发国家计委《加快发展第三产业规划基本思路》的文件，部署各地州市开展第三产业普查、编制第三产业发展规划、落实加快第三产业发展有关政策等方面的工作。各地州市闻风而动，纷纷结合本地实际，采取措施促进当地第三产业的发展。

（云南省计委第三产业办公室）

贵 州 省

一、历史发展成就

1978年以来，在经济体制改革和对外开放政策、特别是建立社会主义市场经济新体制的推动下，贵州省第三产业获得了长足发展，取得了显著成绩。

（一）发展规模不断扩大，经济实力逐步增强。

1992年与1978年相比，全省第三产业增加值由8.34亿元增加为87.87亿元，年均增长13.0%；第三产业劳动者由72.52万人增加为188.04万人，占社会劳动者人数比重由6.9%上升为10.9%。第三产业发展总量的不断增加，有效地促进了全省三次产业的协调发展和整体素质的提高。

（二）传统行业稳步发展，新兴行业迅速崛起。

1992年与1978年比较，全省社会商品零售总额由24.61亿元增加为120.96亿元，年均增长12.05%；公路通车里程由3.06万公里增加为3.19万公里；铁路通车里程由1 366公里增加为1 481公里，且已完成了湘黔、贵昆、川黔铁路的电气化改造工程；货物周转量由78.84亿吨公里增加为265.34亿吨公里，年均增长9.06%；旅客周转量由25.39亿人公里增加为202.21亿人公里，年均增长16.0%；邮电业务总量由2 552万元增加为19 286万元，年均增长15.54%；邮路总长度达3.75万公里。新兴行业如房地产、城市交通运输、市场中介服务、环境保护、信息咨询等行业，伴随经济发展和社会进步方兴未艾。

（三）金融业发展迅速，增长势头强劲。

1992年与1978年相比，全省银行存款由18.1亿元增加为209.04亿元，年均增长19.1%；银行贷款，由21.62亿元增加为267.59亿元，年均增长19.7%；城镇居民储蓄存款由1.47亿元增加为79.9亿元，年均增长32.84%；农村居民储蓄存款由0.37亿元增加为14.94亿元，年均增长30.23%。保险业务不断拓宽，种类逐步增加，保险服务逐步优化，其经济的互补性作用得到进一步发挥。1992年与1980年相比，全省保险业务收入由124万元增加为45 400万元，年均增长52.45%。信托业、社会保障等行业也得到较快发展。

（四）外向型第三产业初具规模，发展态势较好。

1992年与1978年比较，全省进出口总额由1 645万美元增加为83 542万美元，年均增长24.03%。其中，进口总额由1 360万美元增加为11 118万美元，年均增长16.20%；出口总额由285万美元增加为22 424万美元，年均增长36.60%。利用外资由少到多，逐步增加。1992年与1986年比较，全省利用外资签约金额由1 196万元美元增加为19 079万美元，年均增长58.70%；实际利用外资由276万美元增加为4 365万美元，年均增长58.43%。其中，直接吸收客商投资由74万美元增加为1 979万美元，年均增长72.93%。接待来黔旅游人数由11 031人次增加为76 300人次，年均增长38.03%。其中，接待外国人由3 632人次增加为18 700人次，年均增长31.41%，接待华侨、港澳和台湾同胞由7 399人次增加为57 300人次，年均增长40.66%。旅游外汇收入由496万元（外汇人民币）增加为3 778万元，年均增长40.27%。与西南地区5省7方及国内其它兄弟省（市、区）发展多层次、多形式、多渠道、全方位的横向经济联合协作，在沿海开放地区设立“窗口”100多个。

（五）科教文卫体全面发展，人口文化素质逐步有所提高。

1991年与1985年相比，全省自然科技人员由115 006人增加为374 923人，净增加259 917人。其中，工程技术人员由35 557人增加为93 039人；农业技术人员由14 706人增加为18 077人；卫生技术人员由41 116万人增加为60 238人；科研人员由2 151人增加为3 541人；教学人员由21 476人增加为200 028人。每万人口中有自然科技人员由38.75人增加为114.61人，增加75.86人。科技人数增加，科技成果大量涌现。1980年至1992年，全省获省级科技进步奖累计达2 120项。

教育事业总规模稳步发展，结构不断得到优化。1992年与1978年相比，全省普通高等学校在校生由13 255人增加26 685人；中等专业学校在校生由22 309人增加57 000人；普通中学在校生由1 371 700人减少为103 800人。平均每万人口在校生大学生由4.93人上升为7.94人，中专生由8.30人增加为16.96人，普通中学生由510.61人减少为309.40人。

学龄儿童入学率由89.4%上升为92.4%。

全省人民文化生活得到较大改善和提高。1992年与1978年相比全省广播人口覆盖率由23.31%上升为58.26%，提高34.95个百分点；电视人口覆盖率由17.43%上升为63.73%，提高46.3个百分点。卫生事业也得到了较快发展，人民群众看病难，住院难的状况有所改变。教育事业蓬勃发展，一大批优秀教育人才脱颖而出，为贵州省人民争得了荣誉。

总之，贵州省第三产业发展已经迈出较大步子，为第一、第二产业发展做出了巨大贡献。但是，贵州省第三产业起步晚，基础差，总体上还比较脆弱，还存在很多急待研究和解决的问题，如总量发展不足，重点行业运行滞后；资金困难，加快发展受羁绊；综合服务水平低，对经济，社会发展的推动力较弱；交通、运输、邮电、通信紧张，流通不畅的矛盾尖锐突出，等等，都有待于改进和加强。

二、1992年发展现状

1992年，贵州省第三产业增加值达87.87亿元，比上年增长17.1%，比同期国内生产总值增长速度高8个百分点；三次产业增加值占国内生产总值的比重为36.5%、37.0%和26.5%。

（一）交通运输与邮电通信业

1992年，全省公路通车里程达3.19万公里，比上年增加500公里。其中，等级公路11 601公里，比上年增加355公里；完成全社会货物运输量13 931万吨，比上年增加1 315万吨，增长10.4%，完成货物周转量265.34亿吨公里，比上年增长13.8%；完成旅客周转量202.21亿公里，比上年增长10.7%。

1992年，全省完成邮电业务总量达19 286万元，比上年增加3 472万元，增长22.0%。其中，信函5 470万件，电报442万份；长途电话1 264万张，分别比上年增长6.0%、10.8%和35.0%。在邮电业务总量中，特快专递5.73万件，比上年增长1.3倍；邮政快件944万件，比上年增长14.0%。年末，全省邮路总长度达3.75万公里，比上年增长2.7%；长途电话电路为1 916路，比上年增长14.5%；市内电话交换机总容量为10.63万门，比上年增长25.2%；程控电话交换容量为3.23万门，比上年增长1.6倍；市内电话用户为7.45万门，比上年增长15.9%。

（二）流通业与市场物价

1992年，全省社会商业国内纯购进总额达142.25亿元，比上年增长22.5%；社会商品零售总额达120.96亿，比上年增长14.7%；其中，消费品零售额为106.75亿元，增长14.9%；农业生产资料零售额为14.21亿元，比上年增长13.7%。在全省社会商品零售总额中，国有单位零售额为47.13亿元，占38.96%，比上年增长18.6%；集体所有制单位零售额为28.23亿元，占23.34%，比上年增长8.7%。其中，供销合作社17.65亿元，占14.59%，比上年增长1.8%；个体商业零售额为30.39亿元，占25.12%，比上年增长13.2%；农民对非农业居民零售额为14.91亿元，占12.33%，比上年增长17.5%。在全省消费品零售总额中，居民消费品零售额为96.44亿元，占90.34%，比上年增长14.4%；社会集团消费品零售额为10.31亿元，占9.66%，比上年增长19.6%。从消费品的地域分布上看，城镇消费品零售额为77.33亿元，占72.44%，比上年增长18.4%；农村消费品零售额为29.42亿元，占27.56%，比上年增长6.6%。全省国合商业商品销售总额比上年增长14.8%，销售毛利额比上年增长31.4%，缴纳税金总额比上年增长60.7%。全年全省新建、扩建各类商品市场313个，总面积达107.69万平方米。一批专业市场正在兴建，省外市场得到较大拓展，边贸取得好成绩。

1992年，全省物资供销机构生产资料购进总额达31.82亿元，比上年增长38.4%，销售总额为33.95亿元，比上年增长38.4%。其中，物资系统生产资料购进总额为24.91亿元，销售总额为26.72亿元，分别比上年增长52.7%、52.3%。全省外贸进出口总额达33 542万美元，比上年增长38.3%。其中进口总额为11 118万美元；比上年增长1倍，出口总额为22 424万美元，比上年增长20.0%。在外贸出口总额中，工矿产品15 870万美元，比上年增长15.5%；农副产品加工品218万美元，增长17.2%，农副产品3 636万美元，增长48.0%。全年全省外贸顺差为11 306万美元，比上年增长6.9倍；签订利用外资合同210项，比上年增长179项；实际利用外资4 365万美元，比上年增长88.1%。其中，吸收客商直接投资1 979万美元，比上年增长1.7倍。全年全省实际引进省外协作项目145个，比上年增长42个，引进资金19 669万元，比上年增长40.7%；引进省外技术项目130个，引进物资总金额36 090万元。

1992年，全省社会商品零售物价总水平比上年上升7.4%。其中，消费品零售价格水平比上年上升7.6%；农业生产资料价格水平比上年上升5.6%。列入调查的371个商品中，价格水平比上年上升的有266个，占71.7%。其中，粮食上升40.8%，食用植物油上升12.2%，鲜菜上升21.9%，房租上升23.5%。全省城镇居民生活费用品价格水平比上年上升8.7%，农民生活费用价格水平比上年上升6.9%。全省农副产品收购价格总水平比上年上升6.0%。

（三）第三产业投资与主要形成的能力

1992年，全省国有单位完成固定资产投资中，用于第三产业的投资为16.07亿元，占27.7%，比上年增长16.3%。其中用于交通，通信的投资增长40.1%；市内电话自动交换机1万门完工投入营运，新增粮食库存5 823万公斤。

（四）金融业与保险及社会福利业

1992年，全省银行存款达209.05亿元，比上年增长20.5%；银行贷款达267.59亿元，比上年增长20.0%；城乡居民储蓄存款达94.85亿元，比上年增加18.89亿元，增长24.88%。其中，城镇居民储蓄存款为79.91亿元，增长23.64%，农村居民储蓄存款为14.94亿元，增长31.89%。

1992年，全省保险业务总收入达4.54亿元，比上年增长71.72%；承保额达490.97亿元，比上年增加12.40亿元。全省全年已结赔案件21.97万件，已结赔案金额1.91亿元，分别比上年增长39.85%和47.72%。年末，全省民政部门办各种社会福利院54个，收养人数1 543人，拥有床位2 817张；民政部门救济困难户人数444.5万人次，比上年增长28.3%；城乡集体办敬老院703个，比上年增长41.7%；收养人数5 474人，比上年增长57.1%。

（五）旅游业与环境保护业

1992年，全省围绕"92中国观光年"这个中心，努力开拓国内、国际旅游市场，完善旅游服务，旅游业获得较快发展。全省全年接待海外旅游者共计7.63万人次，比上年增长1倍。其中，接待外国人1.87万人次，增长80.5%，接待华侨、港澳和台湾同胞5.73万人次，增长1.1倍；旅游外汇收入达3 778万元（外汇人民币），比上年增长1.7倍。

1992年末，全省环境保护系统有环境监测站54个，实有人数1 281人；全年完成环境污染限期治理项目39项，投资1 160万元；征收排污费2 282万元；累计建成烟尘控制区16个，面积为66平方公里；建立环境噪声达标区6个，面积22平方公里。

（六）科学教育事业

1992年，全省共计取得各项自然科技成果244项。其中，达到国际先进水平22项，达到国先进水平162项，在获奖科技成果中，省级科技进步奖242项，比上年增加11项。其中，一等奖4项，二等奖21项，三等奖111项，四等奖106项。年末，全省共有县以上全民所有制自然科学独立科研机构114个。

1992年，全省在校研究生150人；普通高等院校在校生26 685人；中等专业学校在校生5.7万人；普通高中在校生13.3万人；普通初中在校生90.69万人；小学在校生435.94万人；学龄儿童入学率92.35%；全省幼儿园1 319所，在园幼儿27.07万人。全省高教自学考试报考人数达5.24万人，获毕业证书862人，获单科合格证书3.16万人。

（七）农村第三产业

1992年，全省农村第三产业总产值达19.99亿元，比上年增加4.67亿元；占农村社会总产值比重为7.9%，比上年提高1个百分点。年末全省农业机械总动力达315万千瓦，比上年增长3.9%；小型及手扶拖拉机3.12万台，比上年增长5.0%；农用载重汽车8 147辆，比上年增加337辆；排灌动力机械39.3万千瓦，比上年增长2.9%；农副产品加工机械126.5万千瓦，比上年增长3.7%；农业有效灌溉面积达61.73万公顷，比上年增加10.5万亩，增长20.5%。

三、发展设想

（一）指导思想

加快发展我省第三产业总的指导思想是：以社会主义市场经济为指导，以满足人民群众不断增长的物质文化生活需要为目的，以建立合理的省区域三次产业结构为准则，以投资少、效益好、就业容量大、与经济发展和人民生活关系密切的行业为导向，以建立"三大体系"（社会主义市场体系、城乡社会化综合服务体系、社会保障体系）为中心，以经济体制改革和对外开放为动力，以发展重点为突破口，加快我省第三产业发展步伐。

（二）发展目标

1. 在第一、第二产业稳定发展的同时，加快第三产业发展，第三产业的增长速度要高于第一、第二产业，基本实现一、二、三次产业协调发展。第三产业增加值占国民生产总值的比重和第三产业劳动者人数占社会劳动者人数的比重，力争达到或接近全国平均水平。

2. 增长速度：1991年至2000年，我省国民生产总值年均增长速度为9%；第三产业增加值年均增长速度为15%。

3. 第三产业增加值占国民生产总值的比重：到1995年和2000年，全省国民生产总值分别到392亿元和603亿元；第三产业增加值达123.80亿元和249.00亿元（按1990年价格计算）；第三产业增加值占国民生产总值的比重分别达31.4%和41.3%。

4. 第三产业劳动者人数增长速度和比重：1991年至2000年，我省社会劳动者人数平均增长速度为4.0%，第三产业劳动者人数年均增长速度为13.0%。到1995年和2000年，全省社会劳动者人数分别达2 009.7万人和2 445.1万人；第三产业劳动者人数分别350.8万人和646.3万人；第三产业人数占社会劳动者人数比重分别达17.5%和26.4%。

（三）发展重点

我省90年代第三产业发展的重点是：依托科技教育，加强"四通一游一化"（交通、通信、流通、融通、旅游、农村社会化服务体系），积极发展第三产业中的其他行业，逐步改善我省三次产业及第三产业的内部结构，逐步提高第三产业的总体发展水平。

（贵州省计委 王鹤年 谷成彬）

陕　西　省

在改革开放中，陕西省第三产业得到了迅速发展。目前已形成行业门类较齐全、各种经济形式并存、整体效益较好的产业群体，在推动全省现代化建设、完善城市功能、发展社会主义市场经济、提高人民生活质量等方面都发挥了显著的作用。

一、第三产业发展的速度、规模、水平。

新中国成立后，在“一五”、“二五”和三线建设时期，陕西省是全国投资的重点地区之一，集中主要力量建成了较为完整的工业体系。同时，也加强了农业的生产建设，使第一产业，第二产业，特别是第二产业在国民经济结构中的比重迅速提高。由于长期受计划经济体制的影响，我省第三产业发展相对落后，第三产业占全省国民生产总值的比重，从1952年的19.5%下降到1978年的17.5%。1978年以后，在改革开放和发展商品经济的新形势下，我省在指导思想上重视了第三产业的发展，放宽有关政策，实行国家、集体、个人一齐上的方针，有力地促进了第三产业的发展。不仅商业、饮食业、交通运输业、邮电业等传统行业稳步增长，同时，旅游、金融、保险、信息咨询、广告、房地产等新兴行业，从无到有，迅速扩大。新兴的综合技术服务业和以旅游业为骨干的居民服务业也得到较快的发展，第三产业已经成为全省国民经济的一个重要产业。1978年到1991年的13年中，第三产业的增加值平均增长12.7%，超过同期国民生产总值年均增长8.4%的水平。

第三产业在国民经济中的地位逐步提高，贡献日益增长。在国民生产总值中，近30%的产值是靠第三产业实现的，第三产业在国民生产总值中的比重已超过第一产业。1991年，在国民生产总值构成中，第一产业占27.1%，第二产业占43.3%，第三产业占29.6%。第三产业所占比重，比1980年提高10.2个百分点。第三产业的就业人数，1991年比1980年增长1.1倍，占全社会劳动者总数的比重由11%提高到16.9%。

第三产业在全国的地位高于整体水平。1991年全省国民生产总值430.85亿元，人均国民生产总值1 301元，在全国30个省市自治区列第21位。第三产业增加值127.2亿元，人均第三产业增加值384元，列全国第19位。

二、第三产业内部结构趋向合理

从投资产业结构看，用于交通运输、邮电、商业流通、教育事业的投资增长，比重提高。1991年全省用于交通运输、邮电、商业流通、教育事业的投资为7.23亿元、2.21亿元、2.71亿元，分别比1980年增长4倍、1.42倍、2倍。1991年交通运输邮电通信的从业人数为44万人，提供31.55亿元的增加值，分别占全省第三产业的15.9%和24.8%；商业、饮食、物资仓储业的从业人员为71万人，提供增加值12.22亿元，分别占25.7%和9.6%；金融保险业的从业人员为7万人，提供增加值30.16亿元，分别占2.5%和23.7%；科研教育文化卫生和综合技术服务业的从业人员为72.8万人，提供增加值28.01亿元，分别占26.3%和22%。

从所有制看，公有制占绝大部分。公有制单位的从业人员共174.9万人。占第三产业全部从业人员的63.3%。其中全民所有制单位职工146.2万人，占52.8%，城镇集体所有制职工28.7万人，占10.4%。城镇个体劳动者和其他所有制单位职工22.4万人，占8.1%，乡村劳动者86.2万人，占31.2%。

从城乡分布看，第三产业从业人员主要在城镇。城镇占68.8%，乡村占31.2%。

三、第三产业发展的新阶段

自从改革开放以来，从总体看陕西省第三产业一直保持稳定增长的趋势，第三产业增加值及在整个国民生产总值中的比重逐年递增。但比重增幅由高逐渐回低，甚至出现近几年的停滞状态。大体分为三个阶段：第一阶段，1980年至1986年为高速发展阶段，第三产业年均增长16.7%，超过同期国民生产总值年均增长10.2%的速度6个百分点，占整个国民生产总值的比重由19.75%提高到27.72%，提高了7.9个百分点，平均每年提高1.3个百分点；第二阶段，1987年至1990年，增长的趋势放慢，其间增加值年均增长6.2%，低于国民生产总值年均增长7.2%的速度。第三产业占国民生产总值的比重由27.6%提高到29.7%，提高了2.1个百分点，平均每年提高0.52个百分点；第三阶段，1990年至1992年，3年中第三产业的比重在29.5%上下徘徊，出现了停滞的状态。

四、第三产业各行业都得到了迅猛的发展

旅游业发展极快。1979年至1992年的13年，陕西共接待国外游客285万人次，每年平均递增28%，增长速度居全国之首。1992年接待境外游客41.5万人次，仅次于穗、京、沪、桂林和杭州，列全国第六位。据测算，包括直接经济效益和间接经济效益，1992年全省旅游总收入近70亿元，其中外汇人民币收入4.3亿元，占总收入的6.25%，实现利润8.7亿元，上交税金2.69亿元，占总收入的3.91%。建成了一大批宾馆及其他配套机构设施。1991年全省有经营国际旅游业务的一类旅行社2家，二类旅行社24家，经营国内旅游业务的旅行社20家，旅游涉外定点饭店36家，其中三星级以上宾馆16家，四星级3家，五星级2家。涉外定点餐馆19家，涉外定点商店30家，涉外旅游汽车公司5家。拥有床位8 000余张，具备了每年接待境外旅游者100万人次以上的能力。

饮食业有了较快的发展。1991年全省拥有全社会饮食机构55 545个，比1980年的6 815个增长8.15倍。从业人员101.8万人，增长23.6倍，分别为全国的13位和14位。

各类服务机构迅速发展。1991年全省社会服务机构46 808个，比1980年的4 227个增加10倍。服务人员达到12.6万人，增长4倍多。每万人社会服务业机构数和人数为14个和37.7人，在全国列为18位和15位。

交通邮电业建设加快。建成了现代化水平的咸阳机场，高峰小时客流量1 200人，年吞吐能力160万人次。初步改变了陕西航线少，通航里程短，航班稀的局面。1991年末已发展到航线45条，通航里程48 915公里，西安已与北京、上海、广州、厦门、乌鲁木齐等41个大中城市通航，还同香港、名古屋等开通了国际航线，客运量66万人，周转量182 664万人公里，分别比1978年增长4倍和82倍。

截止1991年底，全省铁路通车里程为2 149公里，营业里程1 845公里，分别比1978年增长6.9%和3.5%；公路通车里程为3.8万公里，比1979年增长13.4%。高等级公里从无到有，迅速发展。西（安）临（潼）高速公路的建成通车，实现了中国西部高速公路零的突破。西（安）三（原）一级公路、机场专用公路、三（原）铜（川）一级公路投入运营。西（安）宝（鸡）一级公路正在建设中。关中高等级公路的发展，使西安与重要旅游景点、航空港、卫星城镇的交通初步实现了快速化。改变了来陕西旅游者进得来，出去难的局面。

市内电话交换机总容量达到22万门，长途电话达到6 100条。陕西的交通邮电建设出现了良好的发展势头。

私人载客汽车从无到有，1991年已发展到9 121辆，居全国第11位。西安市的私人出租也已达5 500辆。

交通运输的发展，加快了商品流通。加快了城乡之间，产供销之间以及各经济区之间的商品流通速度，扩大了客流、物流、商流的范围，促进了统一大市场的形成。一批以公路、铁路为依托的大容量、多功能、跨区域的综合性或专业性的边贸、商贸市场在众多工农业生产基地和商品集散地迅速兴起。1991年陕西省人民政府制定了《进一步搞活流通若干问题的决定》，提出了一系列政策措施，加快了流通体制改革，加强了市场体系建设。据不完全统计，1991年以来全省通过各种渠道，用于商业网点设施和集贸市场建设的总投资规模在17亿元以上，建设项目达758项，总面积143平方米，全年集贸市场成交额66亿元，比上年增长32%，占全社会商品零售总额的29%。形成了咸阳优质钢材市场、耀县药材市场等较大规模、具有一定影响的重要市场。西安、咸阳、宝鸡、铜川等城市的经济辐射范围迅速扩大，沿路沿线的卫星城镇蓬勃崛起。

五、1992年陕西第三产业的发展状况

1992年陕西第三产业发展又上了一个新的水平，产值达到146亿元，比上年增长14.7%，第三产业在国民生产总值中的比重为29.2%。

首先，用于第三产业的投资增长。1992年全省用于第三产业的投资26.73亿元，增长47.9%，投资比重由35.7%上升到41.2%。其中，用于运输邮电通信业投资增长79.3%，商业饮食供销仓储业增长83.9%；科学综合技术服务业增长46.6%，所占投资的比重分别比上年上升了4.7、1.5和0.6个百分点。这些投资收到了较好的效益，一是在建设中加强了市场建设。据不完全统计，近两年来用于市场建设的投资达3.7亿元，完成市场建设的面积120万平方米，新增246个市场。其中专业性市场占35.2%，批发市场占18.2%。二是生产资料市场进一步发展。1992年全省金属、煤炭、木材、机动车和综合生产资料市场132个。三是生产要素市场稳步发展。全省证券市场40个，房地产市场60个，劳务市场33个，建筑市场11个。

其次，交通运输和邮电有了较大的发展。1992年运输邮电业的产值为34亿元，铁路正线进展里程2 470公里，高等级公路1992年通车里程为127公里，比上年增加50公里。客运量1992年为22 059万人，比上年增长1.2%；货运量为23 877万吨，比上年增长 4.3%。邮电业完成 49 102 万元，比上年增长 29.9%。

再次，旅游事业进一步发展。目前已形成了吃、住、行、游、购、娱六要素齐全的产业体系。1992 年全省接待海外旅游者首次突破 40 万人，达到 41.5 万人，比上年增长 33.8%。其中，外国人占 82.7%，华侨和港澳台占 17.3%。通过旅行社接待入境散客和外联人数 5.4 万人，比上年增长 20.7%，占总人数的 11.7%。

全省旅游外汇收入 41 165 万元外汇人民币，比上年增长 40.7%，平均每一游客在陕消费 939.8 元，比上年增加 26.8 元。旅游外汇收入中，劳务收入 31 157 万元，占 75.7%，其中民航部门劳务性收入为 12 173 万元，住宿费收入 9 037 万元，分别占 29.6%和 21.9%。商品性收入 10 008 万元外汇人民币，其中商品销售收入 3 250 万元，占 7.9%，饮食业销售收入 6 758万元，占 16.4%。全省各类旅行社 19 个，共接待海外旅游者 38.4 万人，占 87.6%。陕西的旅游业在保持发展传统旅游景点，如关中的碑林博物馆、大雁塔、秦俑馆、华清池、乾陵、茂陵等，同时还建成具有现代化水平的陕西省历史博物馆、开辟了集参观、展览、学术交流、科研为一体的综合服务项目。

六、陕西省在第三产业的发展中面临的主要问题

从总体上讲，陕西省的第三产业的发展水平低，比重小，结构性矛盾比较突出，不适应整个经济发展的需要。具体说，存在以下几个方面的问题：

1. 第三产业以传统行业为主，新兴行业少。

交通通信业、金融保险业、物资仓储业和教育文化广播电视事业占整个第三产业的比重 1980 年为 69.12%，1986 年为 68.98%，1991 年为 69.52%，10 年间平均保持在 70%左右，而新兴行业如信息咨询、技术市场等刚刚起步，所占比重甚小。1991 年综合技术服务和生产技术服务业的产值仅为 3.92 亿元，第三产业的增长仅仅靠传统产业，而且交通运输的增长不多，在相当程度上是靠涨价因素。

2. 交通邮电在国民生产总值中的比重虽然由 1986 年的 17.7%提高到 27.5%，但仍是经济社会中的薄弱环节。陕西省没有南北铁路通道。主要铁路干线通行能力严重不足，公路等级低，民航飞机少，陕南陕北机场比较简陋，长途电路少，市内电话容量不足。

3. 商业物资业发展缓慢，已成为突出问题。

近几年来，商业、物资业的增加值在第三产业中的比重呈现下降的趋势，1991 年其增加值为 12.22 亿元，还低于 1988 年的 13.8 亿元，占第三产业的比重 1991 年为 9.4%。仅为 1986 年 18.7%的一半。主要原因是城市化低，农村人口比例大，而农民纯收入增长缓慢，影响了购买力的提高。生产资料要素市场也刚刚起步。

4. 信息咨询业等生产要素市场很不适应发展社会主义市场经济的要求。1991 年全省信息咨询业的增加值仅 0.04 亿元，说明这个行业同资金、劳务、证券市场一样也才起步。

5. 在经营机制上，社会化、产业化、商品化、福利化不够，机关、企事业单位封闭式自我服务严重。在管理上缺乏明确的规划和有力的政策法规支持。

七、今后的发展方向

加快发展第三产业，是陕西省 90 年代经济发展的一个重要内容。根据陕西省委、省政府 90 年代国民经济上新台阶的要求，陕西 90 年代国民生产总值年均增长 11%，第三产业的增长要高于国民生产总值的增长，第三产业的增加值占国民生产总值的比重由 1992 年的 29.2%提高到 2000 年的 40%左右。最近，制订了《陕西省 90 年代第三产业发展规划（纲要）》。

从我省的实际情况来看，今后重点发展的行业是：

1. 对国民经济发展具有全局性、先导性影响的，如交通、邮电和运输等基础行业，以带动全省其他行业的发展，起桥梁作用。陕西省将重点发展铁路建设，争取修通南北铁路干线，提高公路等级，提高完善以西安为中心的网络骨架，搞好机场配套，扩大通航能力。到本世纪末，交通运输和邮电通信业的增加值达到 110 亿，占国民生产总值的比重达到 10.3%。

2. 为改革开放、经济建设和人民生活服务的各类市场建设。建设具有地方特色的区域性大中型批发市场，在关中、陕北、陕南建设一批现代化市场。在西安、咸阳、宝鸡、铜川等城市兴办消费品购销中心、生产资料批发中心以及高科技中心市场、纺织品市场等。

3. 抓好农村的第三产业，主要是为农业的产前、产中、产后服务的行业；为提高农民素质和生活、技术服务的行业。

4. 扩大发展我省的文化、旅游事业。开展以西安为中心的东西南北 4 条旅游线的建设。大力开发有地方特色和较高观赏价值的旅游商品，提高文物复制品的水平和质量。兴建具有国际水准的旅游购物中心、文物拍卖中心，开办外币商店和免税商店。到本世纪末，接待海外游客达到 120 万人次，旅游收入 15 亿外汇人民币。

5. 大力发展金融保险业、房地产业及房地产市场、信息咨询业、广告业、对外贸易等。到本世纪末，金融业的增加值达到 50 亿元，占国民生产总值的比重达到 4.7%；房地产业的增加值达到 30 亿元，占国民生产总值的比重达到 2.8%。

（陕西省三产办　杜占魁）

甘　肃　省

甘肃位于黄河上游，地处黄土高原、内蒙古高原和青藏高原的交汇处，是西北5省的交通枢纽。早在1 000多年前，随着联接中国与西亚、中亚、南亚、欧洲、非洲的政治、经济和文化往来的“丝绸之路”的形成和畅通，各方商贾云集甘肃，极大地促进了我省商业贸易的繁荣和经济文化的空前发展。中华人民共和国成立以后，甘肃的第三产业在第一、第二产业取得重大进展的同时，也相应地得到了发展，商业贸易、交通邮电、科学、教育、文化、卫生等事业发生了巨大的变化，为甘肃经济社会的发展作出了重大贡献。

一、改革开放以来，第三产业得到了迅速发展

改革开放以后，由于国民经济整体实力的逐步增强，我省对第三产业的投资进一步加强，1978年至1992年的15年间，全省第三产业基本建设投资累计达79亿元。全省的产业结构发生了明显的变化，第三产业发展很快。1992年全省第三产业增加值达84亿元，按可比口径计算比1978年的12.49亿元增长4.78倍，年平均递增13.36%，占国民生产总值的比重由19.3%提高到30.32%。随着第一、二产业的不断发展以及传统经济理论和观念的逐步更新，第三产业中商品物资流通、交通运输、邮电通信、金融业、保险业、科学技术、对外经济贸易、教育、文化、卫生、广播电视、体育、公共事业、社会福利以及直接为工农业生产、人民物质精神生活服务的各项社会服务业，都取得了较快的发展，旅游、房地产、信息咨询等一大批新兴行业也已开始形成，使第三产业结构由过去以商品流通、交通邮电为主的单一结构转向以传统行业和新兴行业多项鼎立的格局，对第一、第二产业的发展起到了积极的促进作用。同时，经济体制改革和经济运行机制的转变，使原来单纯的事业型、公益型、福利型行业开始走上适应社会主义市场经济发展的轨道，在扩大投入、价值补偿、经营方式和经济活动等方面，市场调节已展现雏型，为第三产业的发展开辟了新的领域，注入了新的活力。

——商品物资流通。做为第三产业中传统行业的我省商品物资流通业在以市场经济为取向的改革中，发生了最为深刻的变化，打破了以往独家经营、一统天下的局面，初步形成了多种形式、多种流通渠道、多种经营方式和减少经营环节、价格放开的开放式格局。截止1992年底，全社会商品零售总额较1978年的25.78亿元增长了4.59倍，年均递增速度达12.43%。其中，国有经济、集体经济、个体经济所占比重分别由63.5%、34.5%、0%调整为45.5%、25.2%、21.1%。随着市场体系的培育和发展，生产资料和消费品市场以及各类生产要素市场不断拓展，1992年全省已累计建成生产资料和生产要素市场47个，年成交额达7.5亿多元。

——交通、运输、邮电通信业。交通、运输、邮电通信业自改革开放以来有了较快的发展，基础设施条件有了很大的改善，基本形成了以兰州为枢纽的铁路、公路、航空运输和邮电通信网络。1978年至1992年的15年中，全省累计客运量达8.82亿人，其中，铁路1.41亿人，公路7.33亿人，民航269万人；铁路累计货物运输量达3.36亿吨，公路累计货物运输量达3.52亿吨。邮电业务总量按可比价格计算1992年较1978年增长了3.86倍，年均递增11.2%。邮路总长度增长了6.6%。长途电话电路增长了3.43倍，电报电路增长了24.6%。

——保险业。我省保险业在停办20多年后，于1980年恢复兴办，在改革开放政策的指引下，经过十余年的艰苦努力，保险业从无到有，从小到大，得到了蓬勃发展。保险业务已经由单向承保国内业务、险种单一的状况向多向承保国内国外业务、多险种服务方面延伸。1980年到1992年全省保险业务收入累计达8.86亿元，年均递增42.7%。

——对外经济贸易。随着外贸体制改革的不断深入，为我省对外经济贸易和经济技术交流注入了新的活力，外贸出口增长较快，出口商品结构有了新的突破，初步实现了由农副产品、原材料为主向工业制成品为主的转变。1978年到1992年全省进出口贸易总额累计达19.82亿美元，年均递增14.99%，其中出口总额累计达16.85亿美元，年均递增为13.5%。截止1992年底，全省批准建立的三资企业已达256家，利用外资合同总金额达3.4亿美元。

——房地产业。房地产在改革开放的大潮中迅速崛起，逐步打破了行政划拨和低租分配的体制，开始向商品化经营的方向转变，并形成了房地产转让、租赁、拍卖、销售等初级市场。自1984年房地产综合开发在我省逐渐推开以来，全省已有各类房地产企事业单位260多家，从业人员近万人。“七五”期间，全省共完成房地产开发工作量7.17亿元，建成商品房157.4万平方米，其中建筑面积在2万平方米以上的住宅小区10个。

随着经济的发展，我省第三产业中的金融、科技、教育、文化、卫生、广播电视、体育、公共事业、社会福利、旅游、信息咨询以及直接为工农业生产、人民物质精神生活服务的各项社会服务业，在改革开放以来都取得了较快的发展。但是，由于我省地处内陆腹地，自然条件差，交通不便，经济发展底子薄、基数小，加之长期形成的封闭、半封闭的小生产意识和轻商抑商、鄙视服务业的观念，还不同程度地禁锢着人们的头脑，使第三产业无论是在为第一、第二产业服务的深度和广度上，还是在营造和开拓市场、刺激生产和消费、扩大就业等方面，都难以适应经济社会发展的需要，目前存在突出的问题是：

（一）产业结构失衡。我省第三产业增加值在国民生产总值中所占比重较高，高于全国平均水平，显现出与实际发展水平出入较大的“虚高化”结构特征。其原因主要是由于我省第一、第二产业不发达，再加上工业结构和地理位置的影响，原材料工业比重大，交通运输距离长，原材料调出量和制成品调入量较大等。另外，第三产业就业容量大的优点未能充分发挥，全省1992年从事第三产业的劳动力人数仅占全省劳动力总数的15.3%，低于全国平均水平。

（二）交通运输、邮电通信滞后，已成为全省国民经济和社会发展中的“瓶颈”。铁路运输运量和运力的矛盾非常突出，特别是陇海线宝（鸡）天（水）段通过能力小，已成为第二条亚欧大陆桥的“肠梗阻”，严重制约着“东联西进”战略的实施。公路运输结构性矛盾突出，经济效益差，发展后劲不足。航空运输处于飞机少，技术薄弱的低起点状态。邮电通信的突出问题是长途电路严重不足，城市电话容量小，农村电话技术落后，供求矛盾突出。

（三）市场体系发育缓慢。我省各类市场目前仍处于较低层次，功能不全，水平不高，辐射力不强，未能充分发挥我省的优势。特别是有色金属、石化、建材等具有产地优势的大市场还未形成；粮油、蔬菜、瓜果以及土特产品等具有区域特色的批发市场还不尽完善；中心城市和重点县镇还缺乏分层次的大中小相结合的商品批发，销售市场；城乡集贸市场设施差、场地小、布局不合理；金融、人才、技术、劳务、房地产、信息咨询等生产要素市场刚刚起步，有些还处于萌芽状态，与经济社会发展的要求极不适应；市场交易规则、市场监督制度以及相应的市场法律法规等组织建设工作明显滞后。

（四）投资比重偏低。长期以来我省对以服务业为主的第三产业投入偏低，特别是对第三产业中市场体系建设、社会化综合服务体系建设、房地产、旅游、信息、咨询业等新兴行业投入甚微，制约了第三产业的整体发展。

（五）体制和政策不适应。由于受长期以来计划经济思想中重工轻商、重生产轻流通、重产值轻效益等观念的束缚，使我省第三产业的发展在计划、财政、金融、税收、物价、工商行政管理等各方面都缺乏正确的体制和政策环境，同时，也造成了第三产业自身运行机制的严重缺陷。突出表现为：行业，部门垄断和地方割据现象严重；对第三产业价格、服务收费标准管得太死，造成多项服务事业长期价值补偿不足；城乡发展规划对第三产业发展缺乏通盘考虑；土地转让、房地产开发等方面的政策、法规不健全；第三产业中许多行业在投资上仍然采取国家包下来的做法等，因而，难以调动全社会各方面力量兴办和加快发展第三产业的积极性。

二、旅游业蓬勃兴起，已成为第三产业中极具前景的重点行业

改革开放以来，甘肃的旅游业经过10余年的建设，有了突飞猛进的发展，初步形成了以“丝绸之路”为轴线，以兰州、敦煌、嘉峪关、天水、平凉、甘南等为重点的富有甘肃独特地方风格的旅游区和“行、住、食、游、购、娱”6大要素基本配套、布局基本合理的产业规模和年接待国际旅游者40万人次的能力。1979年至1992年的14年间，全省累计接待海外旅游者33.8万人，旅游外汇收入达5 421万美元。旅游业的蓬勃兴起，极大地促进了甘肃产业结构的调整和经济文化的发展，加强了甘肃与海外和内地之间在经济、技术、贸易、文化和教育等领域的交流和合作，促进了甘肃产业结构的调整和经济文化的发展。旅游业已成为全省国民经济的支柱产业，1992年各项主要业务指标均达历史最好水平，共接待海外旅游者11万人次，较1991年增长11.0%，旅游外汇收入达1 108万美元，增长11.7%。

（一）旅游服务设施有了较大的改善。甘肃1979年开始正式接待海外旅游者，经过10余年的建设发展，全省旅游系统已拥有固定资产2亿元；可供国际游客常年参观的游览点38个，逐步建成配套的游览点22个；直接从事涉外旅游服务的职工达6 400余人，专职外语导游200余人；旅游涉外定点宾馆、饭店27家，其中已评定一星级1家，二星级9家，三星级4家，拥有标准客房3 957间，标准床位6 000余张；用于接待国内旅游者的宾馆、饭店和旅馆，遍布全省各旅游区和旅游点；经营国际旅游业务的一、二类旅行社20家，经营国内旅游业务的三类旅行社 20 家;旅游汽车也有显著增长,全省直接用于旅游服务的旅游汽车已达 370 辆。

(二)旅游交通已初具规模。甘肃旅游交通已形成以兰州为枢纽、四通八达的旅游交通体系。现拥有兰州中川二级机场和敦煌、嘉峪关、庆阳 3 个三级机场。有 15 条航线通达国内 18 个大中城市及旅游点,省内有 2 条航线,连接 4 个大中城市及旅游点,直达香港的航线也已开通。全省境内铁路线上已开行 23 对客车,兰州、天水、武威、酒泉、嘉峪关等地均有客车通达北京、上海、广州、武汉、青岛、成都等国内大、中城市。连接省内外的干线公路已达 1 万多公里,省内各主要旅游点均有公路通达。

(三)旅游商品生产和销售已具一定水平。甘肃旅游商品的生产和销售已取得长足的进步,初步形成了连接省内各大中城市和旅游景点的服务网络,主要旅游区、旅游点均设有旅游商店、旅游商品销售和为旅游服务的餐馆。全省旅游涉外定点餐馆、商店已达 35 家,旅游商品生产厂家 120 余家,年产值 1.5 亿元,共有 6 大类 5 000 余种旅游产品,"七五"期间全省旅游购物创汇收入已占旅游创汇的 25%。

三、1992 年第三产业发展的基本情况

1992 年,是近几年来甘肃经济增加最快的一年。特别是邓小平同志南巡重要谈话以后,全省抓住机遇,从甘肃实际出发,全面实施"双带整推"战略,改革开放的步伐明显加快,国民经济发展进入了新的增长阶段,第三产业有了新的发展。1992 年全省第三产业增加值达 84 亿元,比 1991 年增长 8.9%,占国民生产总值的比重为 30.32%,增长 0.2 个百分点;第三产业就业人数达 203 万人,占全社会劳动力就业总数的 15.5%;投资结构得到进一步调整,用于第三产业的投资有所上升。在基本建设投资中,第三产业投资达 11.1 亿元,占全部基本建设投资的比重为 28.4%,增长 55.0%,在更新改造投资中,第三产业投资达 3.9 亿元,占全部更新改造投资的比重为 19.8%,增长 144.7%。

(一)商品流通得到进一步的发展。1992 年全省消费品市场日趋活跃,市场供应充裕,全社会实现商品零售总额 144.2 亿元,较 1991 年增长 19.3%,其中国有经济增长 14.3%。集体所有制增长 12.8%,个体经济增长 42.6%,从而使非国有经济零售额的比重上升到 54.4%,其中个体有证商业占 21.2%。市场建设有了新的发展,截止 1992 年底,全省已建成各类农贸市场、小商品市场、粮油批发交易市场 1 564 个,增长 6.8%。

(二)交通通信等基础设施建设进一步加强。宝中铁路正在加快建设,兰新铁路复线、平庆地方铁路等重大项目陆续开工;河西千里国道改造工作、车道岭公路隧道等已竣工通车;兰州航空港也已正式开放并直航香港,兰州中川机场、敦煌机场扩建项目也即将开工。全年完成增加值 15 亿元,较 1991 年增长 8.3%。货物周转量增长 7.5%,旅客周转量增长 2.8%。邮电通信业发展加快,兰州至西宁光缆、兰州至白银数字微波和兰西微波扩容改造等工程已建成开通,全年完成邮电业务总量 2.7 亿元,增长 28.5%。

(三)对外开放进一步扩大,对外贸易大幅度增长。全年进出口贸易总额达 4.2 亿美元,增长 50.4%,其中出口总额 3.5 亿美元,增长 39.1%。吸引外资、利用外资取得突破性进展,1992 年当年批准外商投资企业 217 家,增长 14.5 倍。

(四)金融业务量继续扩大。1992 年全省金融机构已达 5 445 个,增长 7.3%,银行各项存款余额 257 亿元,各项贷款余额 302 亿元,分别增长 26.1%和 18.4%。城镇居民储蓄存款余额 136 亿元,增长 27.1%。

(五)保险业务继续以较高的速度扩展,社会保障能力不断增强,全省保险机构达 120 个,增长 6.2%;承保金额 638 亿元,增长 43.3%;保险业务总收入 3.8 亿元,增长 58.3%。参加财产保险的居民家庭 77.3 万户,参加人身保险的居民 421.6 万人,均较上年有所增加。

(六)科学技术的发展,促进了全省经济的振兴。1992 年以系列蒙耐尔合金研制,河西内陆灌区粮草畜综合效益优化模式的研究与示范为代表的一批重大科技成果和项目达到了国内外先进水平,并产生了较好的效益。民办科研机构有了较大发展,已突破 500 家。高新技术开发区的建设取得较大成果,高新技术开发区产值 1992 年突破 3 亿元。技术交易市场活跃,交易水平大大提高,全年正式合同金额达 2.3 亿元。

(七)房地产业发展迅速。1992 年全省共拥有房地产开发公司 160 家,房地产交易所 22 家,固定资产达 7 000多万元。商品房建设也进一步加强,1992 年全省商品房竣工面积达 31.7 万平方米,销售面积达 37.3 万平方米。

(八)信息、咨询业已逐步渗透到国民经济生活的各个领域,取得了较为显著的社会和经济效益。1992 年全省咨询业和综合技术服务业在工商行政管理部门登记注册的已达 1 537 户,从业人员 4.43 万人,注册资金 6.17 亿元。统计信息自动化系统建设已初具规模,全省 97.5%的乡镇建立了统计工作站;政府部门信息系统已建成由省、地、县三级信息中心组成的纵向信息网络;科技信息机构已发展到 380 个,专兼职科技信息人员 4.5 万人,各级科技情报机构馆藏文献达 950 万册(件)。

(九)农村社会化服务已初步形成网络,服务队伍逐步壮大。1992 年全省已建成农业、畜牧、林业、水利、农机、渔业等6个系统的省、地、县、乡四级农业服务组织7 466个，从业人员达3.27万人。

四、第三产业发展展望

90年代，是甘肃第三产业加快发展的关键时机。随着邓小平同志南巡重要谈话和党的十四大精神的贯彻执行，甘肃的第三产业将跨上一个新的台阶。1995年全省第三产业增加值将达132亿元，2000年达240亿元，占国民生产总值的比重分别达到34%、40%。第三产业就业人数占全社会劳动者总数的比重，1995年将达到19%以上，2000年达到25%以上。展望90年代的甘肃第三产业，交通通信、商品流通、金融保险、旅游、房地产、信息咨询、农村社会化服务体系以及各项社会服务业将成为第三产业发展的重点。

（一）交通通信业。2000年甘肃的交通运输业，将尽快建成宝中铁路、兰新复线和平庆地方铁路，力争建设宝兰或宝中复线，相应建设天成地方铁路；建设兰州至中川、天水至北道高速公路；扩建兰州中川、敦煌机场。并在此基础上形成以省会兰州为中心，以陇海、兰新铁路，西兰、甘新公路，民航上海—西安—兰州—嘉峪关—乌鲁木齐为横轴；以甘青、包兰铁路，兰包、甘川公路，民航北京—成都—昆明—广州航线为纵轴；以连接重点城市的干线铁路和高等级公路为骨干的十字型交通大通道。邮电业务总量和主要通信能力，2000年将在1980年的基础上翻四番，全部市县电话进入全国长途自动交换网，全省程控电话达到100万门，将基本适应小康经济社会发展的需要。

（二）商品物资流通业。2000年甘肃的商品物资流通业将形成多种经济成份共同发展、多种经营方式并举、多渠道、少环节的流通网络，社会商品零售总额将达400亿元。将形成以全国性、区域性大市场为龙头，各地各具特色的专业市场为骨干，各种生产要素市场为配套，发育比较完善，功能比较齐全的市场体系。将在中心城市、县城和重点乡镇形成一批大中小相结合的商品批发销售市场和农贸市场，将在河西、中部、东部地区建成区域性的粮油批发交易市场和大型蔬菜、瓜果批发市场；将在重点城市建成具有产地优势的国家级有色金属交易市场、石化产品交易市场。对外经济贸易也将有一个大的发展，1997年将吸收外商直接投资10亿美元，“三资”企业将达1 000户，出口创汇2000年将达到15亿美元。

（三）金融保险业。2000年甘肃的金融业将形成以人民银行为领导，国有商业银行为主体，地方银行、投资公司以及各种金融机构共同发展的金融体系。全省金融机构及网点将达5 537个，从业人员达到4.8万人。拆借资金达300亿元，外汇调剂成交额达5亿美元，债券、股票等有价证券年累计上市交易额也将有较大增长。保险业也将有大的突破，2000年全省保险公司承保金额将达1 450亿元，国内外保险业务收入将达9.5亿元。

（四）旅游业。2000年甘肃的旅游业将形成以敦煌为龙头、兰州为中心、天水为龙尾，以石窟线、朝圣线、访古线、民俗风情线、自然风光线、专项体育线为内容，国内旅游、国际旅游并举，地方特色的旅游产品丰富，行、游、吃、住、购、娱相配套的旅游发展格局。接待海外游客达到15万人，旅游创汇达5 000万美元。

（五）房地产业。2000年，甘肃将建成比较完善的房地产市场体系和行之有效的管理体系，房地产业走上公开化、规范化、可调控以及自我积累、自我发展、自我约束的发展轨道。房地产业的增加值将达23.4亿元，占国民生产总值的比重达4.0%，从业人员达2万人，城市人均居住面积达8平方米，商品房占新建房屋的比重达40%。

（六）信息咨询业。2000年甘肃的信息咨询业的产业化、商品化、社会化的程度将显著提高，并将建成基本与市场经济发展相适应、结构合理、手段及网络较为完备的具有相当覆盖面的省、地、县三级信息、咨询系统。信息、咨询服务业增加值将达到3亿元，占国民生产总值的比重达到0.5%左右。

（七）农村社会化服务体系。2000年，甘肃将形成省、地级服务为导向，县、乡级服务为骨干，村级和农民合作为主体，成龙配套、上下贯通，各种经济成份共同发展的三级农村社会化服务体系。以良种、化肥、农药、农膜等农业生产资料供应为主的产前服务，农业机械、农田水利、病虫害防治、水产养殖、饲料生产等产中服务，农牧渔产品的收购、加工、贮存、运输、销售等产后服务以及技术培训、咨询等服务工作将进一步得到改善，水平将有所提高，服务领域将不断拓展。将在全省86个县、区和1 527个乡镇建立健全各类农业服务中心（站），农业服务站村一级的普及率也将进一步扩大。

（八）社会服务业。2000年甘肃的社会服务业，将形成国有、集体、私营、个人、合资等多种经济成份共同发展，布局合理、行业齐全、经营方式灵活、品种多样的中、小型服务网络。大众化的理发、浴池、修理、家具、服装、洗染等行业在继续发展的同时，健身、美容、装饰、清扫、搬家、典当、拍卖以及家庭服务业也将有较快的发展。医疗康复、文化娱乐、幼儿园、托儿所、养老院、婚姻服务、殡葬服务为内容的具有福利性、经营性的服务业也将有大幅度的提高。

（甘肃省计委　武毅、武德凯）

新疆维吾尔自治区

一、新疆第三产业发展现状

(一) 基本情况和特点

建国40多年来,在党和国家的大力支持下,新疆的经济建设取得了长足的进展,随着第一、二产业的发展,第三产业也有了较快发展。1992年与1952年相比,新疆第三产业的增加值由1亿元增加到120亿元(按当年价格计算),按可比价格计算,40年增长了47倍,平均每年递增10.1%,高于同期国民生产总值年均7.8%的递增速度;第三产业增加值占国民生产总值的比重由13.3%上升到31.4%,提高了18.1个百分点。第三产业从业人数由12.1万人增加到140.8万人,增长了11.6倍,平均每年递增6.3%;第三产业从业人员占全社会劳动者总数的比重由5.3%上升到21.8%,提高了16.5个百分点。特别是党的十一届三中全会以来,随着改革开放的深入,新疆第三产业发展明显加快。1992年与1978年相比,第三产业增加值由6.7亿元增加到120亿元(按当年价格计算),按可比价格计算,14年增加了9倍,平均每年递增15.8%,超过了同期国民生产总值年均11.1%的递增速度;第三产业占国民生产总值的比重由17.3%上升到31.4%,提高了14.1个百分点。第三产业从业人数由60.7万人增加到140.8万人,增长了2.3倍,平均每年递增6.2%;第三产业从业人员占全社会劳动者总数的比重由12.4%上升到21.8%,提高了9.4个百分点。目前,新疆第三产业内部结构仍以传统第三产业为主,1992年,在第三产业增加值中,第一层次(即流通部门,包括交通运输业、邮电通信业、商业饮食业、物资供销业和仓储业)的增加值占49.6%,比上年增长18.8%,其中邮电通信业增长36.6%,交通运输业增长24.2%;第二层次(即为生产和生活服务的部门,包括金融、保险、地质普查、房地产、公用事业、居民服务业、旅游业、咨询服务业和各类技术服务等)占25.7%,增长7.7%,其中公用事业增长32.8%,综合技术和生产服务业增长11.6%;第三层次(即为提高科学文化水平和居民素质服务的部门,包括教育、文化、广播电视事业、科学研究事业、卫生、体育和社会福利事业等)占13.1%,增长17.6%,其中卫生、体育、社会福利事业增长21.9%;第四层次(即为社会公共需要服务的部门,包括国家机关、政党机关、社会团体以及军队警察等)占11.6%,增长20.9%。

从总体上看,新疆第三产业发展有以下几个特点:(1)起步晚,发展快,现居全国中等水平。第三产业占全疆国民生产总值的比重,从1978年到1992年,平均每年增加1个百分点,年均递增速度高于同期国民生产总值和第一、二产业的年均增长水平。(2)1992年,新疆国民生产总值中,第一、二、三产业的比重分别为30%、38.6%和31.4%,第一产业比重偏大,第二、三产业比重较小。(3)1992年,全社会劳动者中,第一、二、三产业就业人员比重分别为60%、18.3%和21.7%,第一产业从业人员较多,第二产业从业人员和第三产业向社会提供的就业岗位较少。(4)第三产业内部结构,以交通运输业、邮电通信业、商业饮食业、物资供销业和金融保险业所占比重较大,而信息咨询业、房地产业、旅游业、各种服务业和公用事业等新兴第三产业和农业产前、产中、产后服务业发展缓慢,科学研究和教育、卫生事业相对滞后,为市场服务和为生产、生活服务的社会化程度较低。

(二) 主要行业和特点

1. 交通、邮电等基础设施建设和服务得到加强。围绕建设“以乌鲁木齐为中心的连结区内外的公路、铁路、民航、通信组成的综合运输体系和邮电通信网络”这个基本设想,自治区近几年的公路、铁路、民航、管道、通信设施的建设取得了优先发展,1992年以来,交通运输继续保持增长,尤其是铁路、民航部门挖潜增运,科学调度,保证了全区重点物资的调出,货物周转量分别增长6.2%和50%,北疆铁路乌苏—阿拉山口段的贯通,兰新铁路复线的正式开工,为建设西北国际大通道,加快东联西出,促进我区国民经济发展,创造了良好的基础条件;与此同时,邮电通信事业迅速发展,全年完成邮电业务总量比上年增长34.2%,其中特快专递、无线寻呼等业务增长幅度在100.6%以上,长途电话、市内电话发展明显加快,进入长途电讯网的市、县已达15个，市内程控电话达6.2万门，增长1.1倍。

2. 传统产业得到进一步发展。1992年，传统服务业包括商业、饮食、物资供销、外贸、金融、保险、运输、邮电、修理等行业，较上年都有不同程度的提高和发展。表现在，第一，商品流通不断扩大，城乡市场繁荣活跃，商品供应充裕，服务领域更广。社会商品零售总额比上年增长14.9%，消费品零售额增长13.8%，农业生产资料增长24.1%，物资供销销售总额增长28.4%。第二，对外开放的范围、领域明显扩大，对外贸易取得显著成绩。进出口总额比上年增长63.4%，其中出口总额增长25%。地边贸易进出口总额增长2.22倍。第三，饮食、修理、娱乐、浴池等服务网点增长迅猛，服务方式更加灵活、服务范围继续拓宽、服务水平不断提高。第四，各类金融市场有所发展，信贷资金市场空前活跃，各类保险渗透各个领域，为工农业生产的发展和人民生活水平的提高起到了重要的促进作用。

3. 新兴行业起步发展迅速。1992年新兴服务业发展迅速，并已初步形成规模。第一，信息、咨询业已开始起步，特别是科技服务业发展很快，现已形成一定规模，拥有相当的基础设施和先进的工作手段。各地区、各部门及生产企业已普遍重视信息收集及咨询业务，一系列多种类型的信息、咨询组织如雨后春笋，相当一部分单位将传统的事业性咨询信息服务变为企业化经营，建立专门机构，制定有关制度，采取相应措施，把信息收集和分析预测应用于经济活动，为经济活动和经济决策起到了积极作用。第二，各类专业技术服务业迅速发展。多种经济成份、多层次、多范围的科技服务和技工贸实体不断涌现，每年向社会提供大量信息、推荐大量开发项目，使科技成果在生产实践中不断推广应用。第三，旅游业随着自治区对外开放步伐的加快也有了新的发展。1992年接待海外旅游者23.9万人次，比上年增长94%；全区旅游创汇3 575.56万美元，比上年增长62.73%；接待独联体购物旅游者大幅度增长，全年累计入境人数达13.09万人次，比上年增长3倍；组织国内公民出境旅游团组116个，总人数3 474人次。第四，房地产业发展迅猛。各类房地产开发公司在全疆普遍建立，已达到200多家，业务范围扩展到沿海发达地区。第五，社会福利事业、城市社区服务业、农村社会养老保险业、社会福利有奖募捐业等新兴第三产业也取得了一定的发展。

4. 市场体系建设取得重大突破。1992年，我区市场体系的建设全面展开，已初步形成了商品市场、生产资料市场和要素市场相结合的多种形式的市场系统。在商品流通市场建设方面，1991年已拥有各种形式和市场1 004个，商品零售总额19.76亿元，占全区社会商品零售总额的14.41%。专业性批发市场已经起步，1992年已建立和正在筹建乌鲁木齐肉类产品批发市场、蔬菜副食品批发市场、自治区工业品批发市场、新疆畜产品批发市场、乌鲁木齐副产品批发市场、瓜果批发市场、伊宁、霍城等9个集贸、工业品批发市场，正在筹建地县畜产品、农副产品批发市场8个、自治区粮油批发市场及地县粮油批发市场8个，在生产资料市场建设方面，目前已建成汽车、交易市场15个，钢材市场8个。在要素市场建设方面。我区金融市场已初步形成，以适应经济发展要求，对金融体制进行了改革，金融业务范围得到拓宽，同时，根据新疆经济发展的需要先后建立了一些非银行金融机构，如证券公司和各种证券交易所等。以科技咨询业、科技信息业和技术服务业为主的新型服务行业的出现，为我区技术市场的建立打下初步的基础，1992年自治区已在乌鲁木齐地区初步建立了技术市场，全区共签订合同858份，全年成交额0.6亿元，居西北地区前列。人才劳务市场的建设也开始起步，目前巴音郭楞州、吐鲁番地区和阜康、米泉、昌吉等地州县市也已建立了人才交流市场，全区共举行11次人才交流大会。

5. 第三产业全面发展，形成了各种经营形式参与竞争的局面，尤其是个体和私营企业发展迅猛。由于改进企业登记管理制度，简化审批环节和审批手续，落实企业经营自主权以及积极支持政府机关事业单位、人民团体创办第三产业，到1992年全区第三产业企业已发展到5.72万人，从业人员达75.9万人。包括有中外合资、外商独资、股份合作制、私营、个体等多种形式，经营范围由传统行业向新兴行业拓宽，发展较快的有房地产业、信息咨询业、综合服务业等，特别是广告经营企业发展较快，仅1992年上半年就发展90多家，占前10年发展总和的50%。为促进个体和私营经济从事第三产业，自治区制定了一系列优惠政策，在经营范围，办理登记、制止“三乱”，以及税收、贷款、用地、资金等方面给予人力支持，1992年从事第三产业的个体工商户已占总数的80%以上。

（三）存在的主要问题

目前，新疆第三产业发展过程中存在的主要问题，一是第一、二、三产业发展不够协调，呈现“两头高，中间低”的结构失衡状态。第一、三产业发展较快，第二产业发展相对缓慢。1991年新疆第一、二、三产业占国民生产总值的比重与全国30个省、市、自治区相比，第一产业位居第9位，高于全国平均比重8个百分点；第二产业位于第26位，低于全国平均比重11个百分点；第三产业位居11位，高于全国平均比重2个百分点。由于第二产业水平低，发展相对滞后，对国民生产总值的贡献份额较小，使第三产业发展缺乏有力的依托，对国民经济难以发挥有效的服务、协调和推动作用。二是第三产业内部结构不够合理，传统第三产业占主体地位，新兴第三产业刚刚起步。1991年与全国30个省、市、自治区相比，第一层次占第三产业的比例为46.1%，高于全国平均比例6个百分点，位居第四位；第二层次比例为28.8%，低于全国平均比例近10个百分点，位于第26位；第三层次比例为13.4%略高于全国平均比例，位居第19位；第四层次比例为11.7%，高于全国平均比例近4个百分点，位居第五位。新疆第三产业内部构成主要是流通部门，而为生产和生活服务的部门比例偏低。主要是因为新疆交通、邮电业受区域大，运输距离长，交通通信等基础设施差，设备和手段落后，同等的客货运输费用相对较高等因素，形成较高增加值。而新兴第三产业发展水平较低，规模小，房地产业、服务业、信息咨询等行业起步较晚发展迟缓，不能迅速成为壮大第三产业的新生力量，从而形成差距。三是第三产业缺乏应有的发展机制。受条块分割管理体制和市场条件的影响，新疆第三产业发展的内外部机制不健全，各部门自成体系。各部门、各企事业单位办“社会”，实行自我服务，形成零星的、各为短期利益发展的局面，难以形成社会化程度较高、规范协作的产业，加之第三产业大多行业长期被视为非生产性、福利性、事业性行业对待，其发展受到严重束缚。四是缺乏明确的规划和有力的政策支持。第三产业发展是在各部门、各企事业间发展，行政多头管理，政出多门与法规的不健全并存，第三产业难以统一规划，缺乏长期发展的指导和相应的配套政策措施。五是发展水平在城乡、地域分布上差异很大，发展很不平衡，北疆好于南疆，城市好于农村。

二、新疆第三产业发展目标和重点

要使新疆经济在90年代迈上新台阶，必须加快第三产业的发展步伐，使之率先迈上新台阶，以带动和促进整个国民经济的迅速发展。

（一）基本发展思路

90年代，要把大力兴办和发展第三产业作为经济发展的一个重点来抓，其发展思路是：按照社会主义市场经济的要求，围绕实现自治区到本世纪末的经济发展战略目标，在保持国民经济协调发展和产业结构合理化，提高经济效益的基础上，注意把握住第三产业与第一、二产业间的相互关联，相互制约，相互促进的关系，在全面推进改革，扩大开放的过程中，进一步解放思想、更新观念、依靠科技进步和政策导向，全面规划，突出重点，发挥优势，抓好“两通”（交通、流通），提高素质，优化结构，完善功能，配套发展，更好地为生产和生活服务，逐步建立起符合新疆实际的第三产业体系。根据这一发展思路，从国民经济和社会发展的全局出发，初步设想新疆第三产业发展可分为三步走：第一步，在提高和巩固第三产业在国民经济中的比重的同时，加快新疆第二产业的发展，形成第三产业与第一、二产业相互促进、协调发展的格局。第二步，建立起第三产业内部行业之间配套发展的产业体系，使第三产业内部结构趋于合理。第三步，逐步建成以城市为中心，横向联系为主，布局结构合理，比例关系协调，发展重点突出，符合新疆实际的第三产业体系。

（二）发展目标

1. 总体发展目标：第一、二、三产业协调发展。结合新疆实际，90年代要稳步发展第一产业，提高农业整体效益，加快农业结构调整，积极发展以乡镇为主体的农村二、三产业，实现种、养、加、贸结合，保粮食、稳棉糖、压油料、上园林、兴畜牧、抓水产，促加工、放流通，走高产优质高效农业的路子，促进农村经济全面发展；要大力发展第二产业，重点发展能源和重要原材料工业，加快优势资源，特别是石油天然气等资源的开发和相关产业的发展，改组改造传统产业，继续调整工业结构，提高经济效益；要加快发展第三产业，形成新的产业增长格局，特别是加发展交通、通信等基础产业，加速科技进步，大力发展教育、信息、咨询、金融、保险、旅游、生产和居民服务等行业，基本实现第一、二、三产业的协调发展。第三产业要大力发展投资少、收效快、收益好、就业容量大，与经济发展和人民生活关系密切的行业和对国民经济发展具有全局性、先导性影响的基础行业，争取用10年左右或更长一些时间，逐步建立起适应社会主义市场经济新体制的统一市场体系，城乡社会化综合服务体系和社会保障体系。

2. 第三产业发展目标：力争达到和保持全国中上水平。90年代，自治区党委和人民政府提出的奋斗目标是：国民生产总值年均增长11—12%，到1997年提前实现国民生产总值比1980年翻两番半的目标，力争到2000年翻三番，人均国民生产总值达到4 000元以上。与此相适应，新疆第三产业的发展目标是：年均增长保持在14—15%左右，到本世纪末，第三产业占国民生产总值的比重达到38—40%左右，比1990年提高10个百分点左右；第三产业从业人数占社会劳动者总数的比重达到30—32%左右，比1990年提高11个百分点左右，在提高整体素质和水平的前提下，力争达到和保持全国中上水平。在“八五”后3年及至“九五”期间，只要政策措施得力，消除对发展第三产业不利因素，就完全可能实现这一发展目标。

（三）近期发展方针和重点

1. 按照上述第三产业发展目标，近期宜采取以下发展方针：(1) 传统第三产业与新兴第三产业相结合，近期以传统第三产业为主。(2) 城市带动农村，农村促进城市，城乡共同发展，近期以城市为重点。(3) 在坚持公有制为主的前提下，积极支持个体、私营和“三资”第三产业的发展。(4) 注重效益，经济效益和社会效益并重，体现了服务的商品性，按价值规律办事。(5) 近长期利益兼顾，因时因地制宜，宏观引导，微观放活，有规划，有组织地发展第三产业。

2. 近期发展重点是：(1) 进一步发展传统第三产业，使交通通信业、商业物资业、金融保险业保持占较大比重的同时，增大房地产、服务业和公用事业等新兴第三产业的比重，特别要使交通运输、邮电、通信、科技教育等具有全局性，先导性、基础性的行业有较大发展。通过建设西北国际大通道，加强交通运输和邮电通讯基础设施建设，缓解我区交通运输、邮电通信的瓶颈制约和改善对外开放的投资环境。(2) 积极培育和发展各类市场体系，为市场经济创造基础条件和外部环境。针对当前市场基础设施比较薄弱的状况，“八五”后3年要把培育和发展各类市场作为第三产业的主攻方向。要继续大力发展商品市场，特别是重要农产品批发市场和生产资料市场，重点抓好区域性钢材、粮食、棉花、肉、油、糖等重要商品市场建设，有步骤地搞好包括债券、股票等有价证券的金融市场；努力发展技术、劳务、信息、房地产等市场和外贸市场中介组织。在大力发展各类市场的同时，切实加强经济立法工作。(3) 根据自治区党委和人民政府关于“以地缘优势带动资源优势，以贸易起步促进产业联动”的发展方针，加快实施“两线开放，贸易先行”的战略，大力发展商贸、旅游和多种形式的服务业。进一步搞好开放城市经济技术开发区和边境经济合作区建设，扩大对外开放，外引内联，把我区建成向西出口的商品生产基地，国际商品转口基地和重要的购物及旅游中心。(4) 加快发展农村第三产业，主要是为农业产前、产中、产后服务的行业，为提高农民素质和生活质量服务的行业。(5) 大力发展与科技进步相关的新兴行业，超前发展对国民经济发展后劲有关键作用的科技、教育事业和一定规模的信息咨询业。

(新疆维吾尔自治区计委　规划处)

宁夏回族自治区

一、第三产业发展状况及主要特点

第三产业是现代社会发展的重要特征，其发展具有极强的时代优势，可以在更广泛、更高层次上推进国民经济发展和人民生活的提高。改革开放以来，我区第三产业异军突起，在国民经济和社会发展中起着愈来愈重要的作用。

（一）主要特点

建国初期，宁夏除传统农业外几乎没有现代工业和建筑业，第三产业更是处于原始商业、运输业的落后阶段。之后20多年，第二产业已成为国民经济主导部门，第一产业也有了较大发展，第三产业虽然比重相对上升，但增长仍很缓慢，经历了一个平缓而漫长的过渡时期。党的十一届三中全会以后，特别是80年代以来，随着改革开放的不断深入和国民经济的发展，我区第三产业发生了巨大变化。具体来看有以下7个特点：

1. 第三产业投入增加，实力增强。1979—1991年全区全民基本建设投资中，第三产业累计投资26.6亿元，相当于1959—1979年20年的4.8倍，投资比重由15%上升到28.9%。在国家对第三产业投入增加的同时，集体、个体投入机制也逐步形成，使基础设施得到加强，第三产业的服务条件有了明显改善。

2. 第三产业增长速度高，比重上升快。1991年第三产业增加值已达到22亿元，与1978年相比较年递增12.2%，高于同期国内生产总值增长的幅度。在全区国内生产总值中，已是三分天下有其一。三次产业的总体结构已由改革初的第二产业比重最高，第一产业次之，第三产业最低的“二一三”型转化成“二三一”型新序列，第三产业所占比重达32.2%，明显高出全国27.3%的平均水平。

3. 第三产业劳动者人数迅速增加。到1991年全区第三产业劳动者人数已达到43万人，比1978年增加27万人，增长1.7倍，占全区社会劳动者人数的比重由11.9%上升到19.6%。从业人员整体分布已转化为第一产业最多、第三产业次之、第二产业最少的“一三二”序列。

4. 第三产业内部结构明显变化。第三产业包括行业多、范围广。具体分为流通部门，为生产生活服务部门，为提高科学文化素质服务部门和为社会公共需要服务部门四个层次。以此考察，我区第三产业内部四个层次的构成水平为39.7：33.5：17.8：9.0，商业物资等传统流通产业层次有了新的发展，新兴的咨询服务、信息业，旅游业正处于起步阶段。与全国相比较第一层次流通部门、第三层次为提高科学文化水平和居民素质服务部门比重高于全国平均水平，而第二层次为生产和生活服务部门比重水平较低。在第三产业内部的26个主要部门中，比重高于全国的有公路、铁路货运、卫生事业、体育事业、教育事业、文化艺术广播电视事业、科学研究事业、综合技术服务业等8个部门。在这8个部门中，铁路、公路货运业比重高，主要是受需求拉动的结果，6个是属于财政拨款的事业部门，得到国家和地方财政的保证。其余18个部门（占第三产业2/3以上）则明显低于全国比重水平，其中尤以物资供销业、房地产业、居民服务业、金融业和行政机关部门差距最大。由此可见我区第三产业内部存在着明显的不平衡态势，加速第三产业结构调整是第三产业发展中不可忽视的问题。

5. 第三产业呈国民经济供给初级型状态。第三产业与第一、二产业相辅相成、相互促进、互为推动，有着十分密切的内在联系，其联系力度大小是衡量第三产业发展质量高低的重要标志。利用投入产出模型分析结果，我区每万元第三产业服务值中，供给第一、二、三产业使用的只有200元、2 640元和1 020元，分别低于全国360元，2 890元和1 410元的平均供给水平。第三产业服务的2/3以上用于居民和社会消费等。反映出我区第三产业对国民经济发展的推动力仍比较弱，第三产业发展还带有相当大的“非生产性”产业痕迹，呈现较显著的“社会消费型”特点。

6. 第三产业综合经济效益高于第一、二产业。第三产业发展与第一、二产业相比具有投资小、见效快，投入少、产出多的特点。利用投入产出模型考察分析，目前我区第三产业成本社会纯收率为4 160元，分别比第一产业多2 197元，比第二产业多986元。

7. 第三产业已成为财政收入的主要来源。目前，我区财政收入中来源于第三产业的比重已达40%以上，第三产业的各项税收保持了高于第二产业和财政总收入增长的势头。第三产业发展，不仅在我区经济和社会发展中显示出日益重要作用，而且正在逐步成为我区财政积累的重要源泉。

（二）重点行业发展状况

1. 传统流通行业继续发展，基础设施条件改善。流通部门属第三产业中的传统产业和基础层次，是培育和发展市场体系的重点环节。主要包括交通运输业、邮电通讯业、商业、饮食业、物资供销和仓储业等行业。

交通运输、邮电通信业取得了前所未有的大发展。目前我区铁路通车里程已有471公里，公路通车里程已达到8 200公里，其中等级公路7 556公里，实现了乡乡通公路。1991年末，有营运客车1 981辆，其中交通部门占32.2%，私营个体占67.7%，全区完成客运量3 187万人次，旅客周转量166 240万人公里；有载货营运汽车15 799辆，交通部门和私营、个体及厂矿企业事业单位分别占6.3%、33.8%和59.9%。全区完成公路运输货运量2 316万吨，货物周转量127 663万吨，与改革初期比较都有了成倍的增长。邮电通讯业作为发展市场经济，扩大对外开放的必要条件，受到社会各方面重视。邮电通讯能力扩大，市内电话容量达到3.6万门，长途电话电路增加437条，基本实现了市、县电话自动化。

商业、饮食服务业已转变了国营商业独家经营的局面，开始形成了多种经济成份、多种流通渠道、多种经营方式的格局。到1991年末，全区商业、饮食服务业机构网点5万多家，其中集体、个体商业饮食网点4 020家、4.2多万个。城乡集贸市场232个，从业人员13万多人，其中个体5万多人。社会商品零售总额达到33.5亿元，全民、集体、个体分别占48.4%、26.7%和14.2%。初步形成了统一物资市场网络：一是银川、大武口、吴忠、固原等中心城市的钢材、木材、汽车市场和物资贸易中心；二是区、地（市）、县（市）物资部门以及生产主管部门的专业、综合物资供销机构；三是城市及乡镇物资零售网点。全区从事物资经营企业已有1 141家，从业人员1.2万人，销售产值12.3亿元。目前通过市场购销的物资总量占全区物资实际消费量的比重钢材占71.1%，木材56%，水泥85.6%，为进一步培育和发展市场体系创造了条件。

2. 为生产和生活服务的行业体系逐步形成。为生产和生活服务的部门属第三产业的第二层次，是我区城乡社会化服务体系建设的重要内容。主要包括金融和保险业、房地产和公用事业、居民服务业、综合技术服务业、信息咨询业和旅游业等部门。

金融保险事业有了较大发展，一个以人民银行为中心，国家专业银行与多种金融机构并存，分工协作的金融体系已经形成。到1991年底全区共有金融机构978个，遍及全区城乡各个角落，金融职工1.4万人，金融资产97亿元，各项贷款93.5亿元，金融在发展社会主义市场经济中的杠杆作用正日益发挥。保险事业自1980年恢复以来，已开设59个保险种类，为2 229个单位、28.8万户居民承担财产保险总额近亿元，为114万多个居民办理了人身保险，从而为社会保障体系的进一步形成和完善创造了条件。城市公用事业投资增加，近10年来平均每年超过2 700万元，城镇、交通、道路、供水、绿化等方面都有了很大改善。房地产、信息咨询服务业正在起步，目前全区有情报部门100多个，信息咨询机构50多个。旅游业进一步受到社会各界的重视，旅游设施和条件正在逐步改善，1991年累计创汇53万元美金，接待了7 300多人，国内旅游回笼人民币230多万元，较过去有了长足进步。

3. 为提高科学文化水平和居民素质服务部门的功能正在逐步发挥。以科技、教育为主体的人才技术服务部门系列属于第三产业的第三层次，主要包括科技、教育、文化、广播电视、卫生、体育等事业。

到1991年底，全区全民科技、文化、教育、体育、卫生、广播电视等就业人员达到9.5万人，比1978年增长1.2倍。随着科技体制改革的不断深化，民办科研机构，生产、科研联合体应运而生，目前已达200家。科技成果向现实生产力的转移步伐加快，在国民经济增长中的贡献份额不断提高。全区高等学校增加到7所，初步形成了工、农、医、师四大门类为主体的办学体系；中等学校510所，其中中等专业学校26所，中等教育结构单一化的状况有了改变，适应市场需要的中等专业技术教育具备了一定规模。全区医疗、预防、保健服务网络基本形成，卫生部门的事业机构已达385个。在广大农村地区各种形式的村医疗站2 729个，全区专业卫生技术人员已达1.7万人，平均每千人拥有病床2.16张，拥有卫生技术人员4.12人，医疗卫生条件和服务水平有了进一步提高。广播电视覆盖面积继续扩大，广播混合覆盖率为73.7%，电视覆盖率达到76.8%，目前全区已有广播电视台8座，电视发射转播站33座，对市场经济发展和丰富群众文化生活起着越来越重要的作用。

二、第三产业发展中的主要问题

（一）第三产业总体发展水平低，地区间不平衡

改革开放以来，我区第三产业的发展是在低基础、低层次上的发展，其占国内生产总值、社会劳动者人数比重明显上升，这与第二产业发展水平低，速度相对缓慢，也有关系。因此从总体上看仍是处于低水平的发

展。第三产业的发展不平衡，地域差距大。突出表现在第三产业在经济结构中所处的地位和发展程度上差异较大。1991 年全区 20 个市县大体呈现出四种类型：一是第二产业占绝对优势（50%以上）的有 4 个市占总数的 20%；二是第一产业占绝对优势（50 以上或至少在 40%以上）的有 12 个县，占总数的 60%；三是一、二、三产业的比重依次降低的有 3 个县，占总数的 15%；四是呈现出三、一、二产业结构的有 1 个县，占总数的 5%。这 4 种类型中，第三产业的比重虽不尽相同，但总的情况是普遍比重不高，与其他两大产业尚未构成协调发展比例。少数市县第三产业发展严重滞后，比重仅占三大产业的百分之十几，很不适应经济、社会发展的需要。

（二）第三产业内部结构不甚合理，基础行业落后，新兴部门薄弱

主要问题有：一是交通运输、邮电通信发展滞后，是影响我区经济发展的一个突出问题。因铁路运量的限制，全区每年都有 300 多万吨原煤及其它产品不能外运销售，还有部分工业原料不能及时运入。邮电通信能力严重不足，与经济发达地区的差距在继续拉大，邮电业务总量，我区前些年约占全国总量的 0.3%，而 1991 年却下降到只占 0.2%。社会通信市场日益增长的需求与邮电通信能力不足、服务水平不高之间的矛盾十分突出，在银川市等经济较发达市县表现更为显著，制约着宁夏经济发展。二是信息咨询、旅游、房地产等新兴行业起步迟、发展较缓慢。改革开放推动了我区信息咨询业的兴起，并呈现出良好的发展态势，但作为刚起步的一门新兴产业，相当幼稚与脆弱，在全国处在后进状况。信息咨询服务机构少，普遍水平较低，一般仅能提供简单的供求信息；上市的信息商品（包括服务），质量低、种类少、初级形态多；市场交易行为不规则，销售价格或收费标准不规范，缺乏应有的政策指导；从事信息咨询的单位多集中在城市，且 70%以上在银川市；农村信息咨询业务十分落后。我区的旅游业近几年虽有了长足的进步，其各项主要经济指标仍排在全国第 30 位。我区内容丰富、风格独特的旅游资源，长期以来没有得到应有的开发利用，致使旅游业尚处在起步阶段，难以形成相当的气候。这也与我区城市基础设施和交通、通信的落后，有着直接关系。三是教育事业落后，农村人口中文盲比重大。改革开放 14 年来，是建国后我区教育事业发展最快最好的时期，积累了不少宝贵的经验。但是与我区庞大的受教育群体需求相比，仍处于严重的不适应状态。据 1990 的第四次人口普查，全区 15 岁以上文盲半文盲人口为 102.7 万人，文盲率高达 33.3%，占总人口比重为 22.1%，高出全国 6.2 个百分点。固原地区文盲率竟高达 54.9%。由于劳动力文化素质低，必然对我区经济的发展产生直接的影响。

（三）市场体系发育不完善

随着社会主义市场经济这一改革取向的逐步确立，我区的市场建设和发展取得了明显的进步。但是，由于传统观念和理论的束缚，以及长期计划经济的影响，我区市场体系无论是在“硬件”结构上，还是运行机制上，都存在着不少不完善、不健全的方面。

我区统一、开放、竞争的市场体系还未完全形成。改革开放促进了我区市场体系的培育和发展，但只是比较注重了城乡集贸市场的培育，而各类专业、批发市场发展较慢，生产资料市场只有一定的进展，生产要素市场刚刚开始起步。靠计划手段及行政命令推动市场运行的模式依然存在，制约着市场自身规律要求发展的进程。

市场主体的行为不能完全按照市场经济的规则进行。由于市场体系的不完善和市场机制未能有效地发挥作用，我区企业普遍存在的问题是不能全面地运用市场手段通过竞争实行资源的合理配置，人、财、物的调剂往往受制于行政约束。企业行为常常与政府行为纠缠在一起，企业依赖行政权威的心理还相当突出，削弱了企业在市场经济原则指导下谋生的本能，也不利于市场机制的形成和作用的发挥。

市场层次低、局限性较大，特别是生产要素市场相对落后。我区 232 个集贸市场中，上市人员在万人以上的仅有 34 个，千人以上甚至数百人的市场较为普遍。现有的 16 个专业批发市场中，上市品种单一，以经营农副产品为主，工业品且多为外地产品，市场层次较低，辐射面小，难以全面发挥引导生产、活跃流通的作用。加之我区生产要素市场发展迟缓，计划体制尚未得到根本改变，行政壁垒牢固，使得资金、人才、技术、信息、劳务等生产要素的购置难以体现和适应市场变化和按效益配置的原则。

（四）科技对国民经济的渗透能力和增长贡献都十分有限

目前全区 1 500 多家乡以上小型工业企业中有 2/3以上没有开展任何技术开发活动。改革开放以来，我区在工业方面取得了 500 多项科技成果，而得到应用的仅有 30%，得以推广转化的则不足 7%，绝大部分没有进入生产领域成为现实的生产力。与科技进步密切相关的科技咨询业、信息业和各类技术服务业还都处于起步阶段，民办科技实业的发展要晚于国内先进省、市 5 年以上。科技对工农业生产增长的贡献份额只有 25%和 29%，均低于全国平均水平。尤其是值得引起重视的是虽然目前我区每万人拥有科技人才比例高于全国，但科技骨干人才外流的趋势仍有加剧之势，已

成为制约科技事业发展的突出问题。

（五）非公有制第三产业发展慢，比重低且不稳

第三产业门类众多，领域广阔，涉及到社会、经济、生产、生活的各个方面。与其相适应，必须从宏观上积极引导，调动各方面的积极性共同兴办第三产业。但是，目前我区在这方面的问题较多，主要是政策引导不够，社会各方面的力量还没有充分动员起来。在全区社会商品零售总额中，1991年全民所有制企业占48.4%，集体企业占26.6%，其它非公有制经济成份只占14.2%，农业对非农业居民零售占10.7%。在就业方面，1991年全区城镇个体劳动者只有3.06万人，仅占社会劳动就业人数的1.4%，同期的城镇待业人员高达3.75万人，待业率明显高于全国。近几年，作为第三产业重要补充部分的我区个体、私营经济基本上处在徘徊不前的状态，1992年全区共有个体工商户53 642户，从业人员75 219人，自有资金25 396万元，比1991年分别下降了2.5%、2.2%和1.5%、与邻近省区大幅度增长的局势形成了鲜明的对照。

（六）社会服务、保障体系发展滞后

自治区成立30多年来，全区还没有一家像样的星级宾馆，涉及到人民群众生活的衣、食、住、行、生、老、病、死以及生产领域诸环节的产、供、销和农村社会化服务等方面的服务行业尚未充分发展起来。特别是农业的产前、产中、产后服务体系不配套、不健全、不完善。流通服务薄弱，市场信息滞后导致农副产品滞销积压。仅1992年1—6月，我区国营商业经营的主要农副产品有30多种严重积压，总额达11 828万元。全区农民有4亿多斤粮食待售，夏季小麦价下降，农民减少收入1 726万元。我区的社会保障制度还很不完善，无论从保障的体制、方法、还是保障的范围、标准都很不适应市场经济的要求。社会保险尚未走上法制轨道，管理体制未理顺，实施范围较小，统筹基金的社会化程度低，与我区经济体制改革不相适应。社会救济还处在低标准、浅层次上，单纯依赖国家拨款的被动局面没有从根本上打破。社会福利事业远远落后于形势发展的需求，面临着许多新的情况和问题。现行医疗保健制度很不适应商品经济发展的内在要求，公费医疗经费管理缺乏有效手段，国家财政负担沉重到了难以承受的程度。农村原有的合作医疗保健制度解体，造成医疗管理制度混乱，农民的医疗、防保任务难以落实，且负担加重。社会保障制度改革滞后，已影响到了我区的整个改革，特别是企业改革的进程。

三、第三产业发展目标及重点

90年代是我区实施黄河经济战略，实现第二步战略目标，使全区国民经济提前翻两番半的关键时期，也是第三产业进入突破性发展的时期。必须抓住这一历史性机遇，重视和加快第三产业发展，使之对全区国民经济登上新台阶，达到新水平，建立社会主义市场经济新体制，优化经济结构起到积极、有效的作用。

（一）发展目标

利用十年左右的时间，逐步建立起适应社会主义市场经济的三大体系：一是初步建立起适合区情的统一、开放的市场体系，包括继续发展和完善消费品市场，努力发展生产资料市场，积极培育和发展包括债券、股票等有价证券的金融市场，努力发展技术、劳务、信息和房地产等市场；二是初步建立起比较健全的、开放型、多层次、多功能的社会化综合服务体系，包括交通、通信、服务业、城市市政公用业和社区服务业，信息、咨询、旅游业，居民饮食服务业；三是初步建立起比较合理的社会保障体系，包括建立起新型的待业保险、养老保险、医疗保险等社会保障制度，改革和完善社会福利业和社会救济业。

90年代，要使全区第三产业发展明显快于国民生产总值增长速度。形成第一、二、三产业相互促进、协调发展的格局，使第三产业在国民生产总值和全社会劳动力总人数中所占比重仍高于全国平均水平。

——增长速度：90年代、全区国民生产总值增长9—10%，第三产业年均增长12—13%，其中“八五”、“九五”分别为12%和13%。

——第三产业增加值占国民生产总产值比重：到1995年和2000年分别达到35%和40%以上，其绝对值（按1990年不变价计算）分别达到33亿元和58亿元。

——第三产业从业人数占全社会劳动力人数的比重：到1995年和2000年，分别达到25%和30%以上，其绝对数分别达到60万人和84万人。

（二）发展重点

我区第三产业发展重点是：投资少、收效快、效益好，就业量大，为生产和人民生活服务的行业；与科技进步、相关的新兴行业；为农业产前、产中、产后服务的行业，为提高农民素质和生活质量服务的行业；对国民经经济具有全局性、先导影响的基础行业。通过第三产业重点行业的发展，使全区第三产业在总体发展的同时，内部结构也有一个较大的改善。在进一步发展交通通信业、商业物资业、金融保险业，使之保持较大比重的同时，增大房地产、科教文卫、公用事业、旅游、信息咨询业的比重，特别要超前发展科技、教育事业和一定规模的信息咨询业。近期要把培育和发展各类市场作为发展第三产业的主攻方向。

（宁夏回族自治区计委　雷保国、曹宝江等）

海 南 省

海南实行改革开放特别是建省办经济特区以来，全省国民经济逐步摆脱了长期低速发展的局面，开始步入高速发展的轨道。从1988年初建省到1992年底的5年间，海南省国内生产总值平均每年递增11.8%，1992年全省人均国内生产总值达到2 113元，首次超过全国的平均水平，实现了党中央、国务院在建省之初要求海南"争取三五年内赶上全国经济发展平均水平"的第一步战略目标。在海南国民经济迅速发展的进程中，第三产业的兴起和发展，对建立社会主义市场经济新体制、改善投资环境、引进开发建设资金、提高人民生活质量、加快海南产业结构调整，促进经济高速度增长等都起了十分重要的作用。

一、第三产业发展的基本情况

海南省地理条件优越，具有独特的资源优势和良好的发展条件。但由于种种原因，长期以来经济发展比较缓慢，第三产业更为落后。建省前的1987年，全省第三产业增加值仅有16.3亿元，不仅规模小，而且内部结构不合理，基本上以传统行业为主，房地产业、信息咨询服务业等第三产业的新兴行业几乎空白。第三产业的落后状况，严重制约了国民经济的发展。

建省办经济特区后，全省上下认真贯彻执行党中央、国务院的有关指示精神，采取了一系列简政放权和放开搞活的措施，调动各方面兴办第三产业的积极性，有力地推动了第三产业的发展。据统计，1992年，全省第三产业增加值达43亿元，按可比价格计算，比建省前的1987年增长70.6%，建省5年年平均递增11.3%。其中，1992年比1991年增长20.5%。随着第三产业发展速度的逐年加快，海南的产业结构也发生了明显变化。1987年，在全省国内生产总值构成中，一、二、三次产业的结构比例为51.3∶19.5∶29.2。到1992年，第三产业占国内生产总值的比重已上升到30.5%。1987年全省从事第三产业的劳动者人数为50.8万人，占当年社会劳动者人数的18.1%，1992年达72.5万人，占当年社会劳动者人数的22.4%。总之，经过5年发展，海南的交通、邮电业明显加强，外贸、金融业蓬勃发展，旅游、房地产业日新月异，城乡市场进一步繁荣，整个第三产业充满生机活力。

(一) 旅游业

海南的旅游资源丰富，气候宜人，具有独特的海岛风情和热带、亚热带自然景观，是国内外游客旅游、渡假的理想之地。1986年国家把海南作为全国七大重点旅游地区之一，给海南旅游业创造了很好的发展机遇。建省以后，海南将旅游业确定为重点发展行业，调动全社会办旅游的积极性，利用特区的优惠政策，大力引进国内外资金，加强旅游基础设施建设，加快开发海南丰富的旅游资源，提高旅游接待能力、服务质量和经营管理水平，使起步较晚的海南旅游业进入了新的发展时期。截至1992年底，建省5年接待国内外旅游者累计708万人次，年平均增长26.9%，其中国际旅游者累计105.1万人次，年平均增长9.3%。5年旅游创汇累计7.76亿元（外汇人民币），年平均增长49.9%。其中，1992年接待国内外旅游者247.4万人次，比上年增长75.9%；旅游创汇3.1137亿元（外汇券），比上年增长53.9%。5年来，全省新建和改建旅游宾馆120家，其中，新增涉外宾馆（酒店）49家，客房5 412间，床位1.1万张。到1992年底止，全省共有涉外宾馆（酒店）80家，星级饭店14家，仅涉外宾馆（饭店）的客房总间数就由1987年2 804间增加到8 216间，并拥有床位1.74万张。全省现有旅行社83家，经营旅游汽车出租业务的单位发展到70多个，拥有大中型旅游汽车400多辆，出租"的士"近3 000辆，使全省旅游接待能力明显增强。

海南旅游业发展的特点：一是重视和加强旅游规划工作。全省规划建设海口、三亚、东部沿海、五指山、尖峰岭和西沙等六大旅游中心系统，重点开发白沙门、桂林洋、高隆湾、石梅湾、亚龙湾、五指山、铜鼓岭、南湾猴岛、万泉河和红树林等10大旅游区，其中国家批准的亚龙湾国家级旅游渡假区则是重点的重点。二是中外的大企业和公司看好海南旅游业，调整了投资方向，向旅游业倾斜，走联合开发和成片开发的路子。仅1992年全省批准立项的旅游开发项目达89项，计划投资人民币近百亿元。全省由开发企业和金融公司联合成片开发的旅游区已超过20个，主要集中在东南部海岸，以热带海滨渡假旅游为主题。三是旅游业开发区已从海口、三亚逐步向其他市县拓展。琼山、文昌、琼海、万宁、陵水、通什、屯昌、定安、澄迈、临高等市县都积极推出各具特色的旅游项目，开展招商引资活动，一批以旅游景点、宾馆、饭店及娱乐中心为一体的综合开发项目正在动工兴建。

（二）房地产业

建省前的海南房地产业，无论是规模还是经营管理都处于相当低的水平，1988 年商品房销售额仅 2 800万元，从事房地产开发企业 11 家。随着建省办特区和“海南投资开发热”的掀起，中外投资商都看好房地产业，纷纷投资开发，使房地产业迅速崛起，发展势头迅猛，已形成开发建设、交易、物业管理等多层次配套的市场体系，成为海南新兴的支柱产业。

初步统计，到 1992 年底，全省经营房地产开发的企业已从建省前的 11 家发展到 1 069 家。在海南经营房地产开发的企业以“三资”企业和省外企业为主体。在参与开发的外商独资企业中，除香港、澳门、台湾的企业外，还有日本、美国、新加坡、加拿大、阿根廷、瑞士等国家的外商参与经营。目前全国除西藏外，几乎每个省市以及中央各部委都在海南设立了分支机构，投入资金参与房地产开发。建省 5 年来，商品房完成投资额累计达 48.4 亿元，其中 1992 年为 30.2 亿元，比 1991 年增长 178%。在全国 30 个省市房地产业的商品房投资建设中，海南居全国第五位。1992 年商品房投资占固定资产投资的比重达到 24%，比上年提高 12 个百分点。

建省 5 年来，海南的房地产业共开发土地面积 5 371公顷，施工房屋面积 853.7 万平方米，其中住宅面积 555.3 万平方米。建成竣工面积 221.1 万平方米，其中住宅 167.7 万平方米。

海南的房地产业在开发建设的同时，市场体系也逐步形成。目前从事房地产经营的交易所已达 19 家，房地产市场交易活跃，销售率高。1992 年，商品房年内可供销售面积 172.9 万平方米，实际销售面积 128.8 万平方米，销售率达 75%。1992 年海南商品房销售额达 28.9 亿元，比上年增长 4 倍。

海南房地产业的发展，为特区的地方财政提供了较多的资金。建省 5 年房地产业企业经营总收入达 73.1 亿元，实现利润 11.3 亿元，累计缴纳税金和各种建设基金达 3.33 亿元，对海南的经济建设起了积极作用。

海南房地产业的发展还促进了相关产业的发展，促进了产业结构调整。1987 年全省建筑业创造的国民收入为 3.1 亿元，占当年国民收入的 6.8%，到 1992 年建筑业创造的国民收入达到 17.64 亿元，比重上升到 15.7%。建省五年建筑业创造的国民收入平均年递增 26%，大大高于全省国民收入平均年增长 11.3%的平均水平，是五大物质生产部门中增幅最大的一个行业。房地产业的发展，带动了建材工业的快速增长。1992 年主要建筑材料如水泥、木材的产量均比 1987 年增长 1.5 倍以上。

（三）交通运输、邮电通信业

为了迅速改变投资环境，吸引外资，加快开发建设的步伐，海南建省后，增加了对交通邮电业的投入，大力发展交通运输和邮电通信业。5 年全省交通邮电业累计投资 17.43 亿元，平均每年递增 49.1%，其中，1992 年投资额达 6.81 亿元，比上年增长 96.4%。5 年累计完成社会货物运输量 25 482 万吨，年平均增长 10.9%；完成社会货物周转量 1 011 026 万吨公里，年平均增长 13.5%；完成港口货物吞吐量 4 621 万吨，年平均增长 6.7%。

公路：5 年来，全省新建或改建公路 942 公里，新建桥梁 983.7 延米/39 座。截至 1992 年底，全省公路通车里程 1.3 万公里，公路密度达到 0.38 公里/平方公里，形成了三纵四横的公路交通网络骨架。全长 268 公里的东线高速公路，至 1992 年底已有 65.3 公里的路段通车，全线将于 1994 年建成通车。1992 年公路货物运输量达 5 393 万吨，比上年增长 9.4%；旅客运输量 35 141 万人，比上年增长 113%。

港口：建省后，全省先后对海口、三亚、八所、清澜、乌场以及洋浦等港口进行了大规模新扩建，重点建设深水泊位。现已构成全岛北有海口港，南有三亚港，西有八所、洋浦、马村港，东有清澜、乌场港的“四方七港”格局。港口年吞吐能力由建省前的 737 万吨增加到 1 170 万吨，万吨级以上泊位由建省前的 2 个增加到 9 个。1992 年港口货物吞吐量 1 067 万吨，比上年增长 18.2%。目前，马村港 3.5 万吨级煤码头、洋浦港二期工程等新建扩建重点项目正在抓紧建设。

铁路：目前岛上仅有南部的三亚与西部的八所、石碌之间有铁路通车，铁路营运里程 238 公里，担负岛内以铁矿石为主的货运与部分客运。为加强与大陆的交通联系，海南西环铁路第一期工程叉河至那大路段已于 1992 年底正式动工兴建，与大陆铁路联网的海南铁路通道项目已进入实施阶段。

航空：建省以来，海南民航事业有了较快的发展，空中航线由建省前的 4 条增加到 26 条，每周有 100 多个航班往返于国内各大中城市，还开通了海口至香港、新加坡、曼谷等地区的国际航线。民航货运量由建省前 1987 年 1 100 吨增加到 1992 年的 7 800 吨，年平均增长 47.9%，民航旅客运输量也由 1987 年的 16 万人增加到 1992 年的 68.3 万人，年平均增长 33.7%，扩建后的海口机场已进入全国十大航空港行列。正在加紧建设的三亚凤凰机场，可起降波音 747 等大型客机，将于 1994 年建成通航。

邮电通信业：建省 5 年来共投入 5 亿多元资金建设邮电通信设施，比建省前 36 年的投资总和增长 6

倍。1992年邮电业务总量达到2.72亿元，比上年增长71.9%，是建省前1987年的14.5倍，5年年平均增长72.9%。全省邮电通信已形成完整体系，长途业务电路比建省前增长4.4倍；市内电话交换机总容量达到10.98万门，其中程控电话占75%；全省电话普及率从建省前的每百人0.47部提高到1.77部，其中海口市电话普及率为17.44%。通信技术有了长足进步，光缆、数字微波、程控交换、无线寻呼、移动电话、磁卡电话、分组交换、自动转报等已投入使用，卫星通信也正在抓紧建设。全省县城以上已实现电话自动化，海口、三亚市内电话已实现程控化，并开通了移动电话，同时还建成了全省无线自动寻呼系统。目前全省已有11个市县进入全国电话自动交换网。函件、快件、电报、长话、无线寻呼、传真、邮政储蓄等业务逐年大幅度增长。其中，1992年邮政业务比上年增长23.5%，电信业务比上年增长87%。

（四）商品流通业

建省初，国务院授权海南在国家宏观计划的指导下，建立有利于社会主义商品经济发展，主要是市场调节的新体制。5年来，我省在市场体系的建立方面进行了大胆的探索。目前我省商业流通已改变了过去国合商业一统天下的局面，基本形成了多种经济成份并存，相互竞争的新格局。在社会商品零售总额中，全民、集体经济成份所占比重从1987年的55.6%下降至1992年的46.2%。流通主体的经营范围已开始打破部门、地区、行业界限。经营形式也逐步多样化，不同层次的集贸市场、批发市场、期货市场等各种市场经营形式已经形成。价格改革不断深化，在完全放开生活资料价格的基础上，1992年又完成了除国家统分化肥外的18种主要生产资料实行计划价和市场价并轨，目前，海南的生活消费品和90%生产资料的价格已放开，随行就市。改革的深入，促进了商品流通的活跃。1992年，全省社会商业零售机构由1987年的6.49万个增加到7.25万个，全社会商品零售总额达58.33亿元，比1987年增长106.4%，建省五年平均每年递增15.6%，其中，1992年比1991年增长29.7%。物资消费总额达54.9亿元，比1987年增长2.8倍，年平均增长30.6%。对外贸易商品进出口总值16.94亿美元，其中出口总值8.81亿美元，比1987年增长6.7倍，年平均增长50.2%。

（五）金融保险业

海南建省办特区以来，金融部门利用特区的政策优势，以适应和促进海南特区市场经济的发展为目标，不断深化改革，积极拓展金融市场，进一步强化金融管理，使海南金融业有了长足的发展，金融体制已由单一的银行体制发展成为以中央银行为领导、专业银行为主体、多种金融机构并存、合作和竞争的体制，正朝着全国金融中心的方向迈进。

各项存款大幅度增长，资金紧缺矛盾得到缓解。到1992年底，全省金融系统年末存款余额达346.8亿元，其中国家银行年末存款余额达275.7亿元，分别比建省前的1987年增长7.58倍和6.67倍；年末贷款余额为269.5亿元，其中国家银行年末贷款余额为209.95亿元，分别比1987年增长4.88倍和2.72倍，全省城乡居民储蓄存款1992年末达到108.1亿元，比1987年增长3.95倍。全省首次出现存大于贷的可喜局面。到1992年底，全省外币存、贷款余额分别为9.29亿美元和7.4亿美元，分别比1987年增长12.5倍和13倍。5年来，全省各金融部门重点支持了我省基础设施建设项目18.51亿元，省属重点工业项目12.02亿元，工业技改项目2.94亿元，支持市县工业项目、扶贫项目9.68亿元，有力支持了特区的经济建设。

金融机构发展迅速，金融市场活跃，融资集资多样化。全省现有各类银行和非银行金融机构2 000多家（包括网点），与其他地区按面积和人口比，海南的金融机构最密、辐射面最广、金融人才最多。目前海南的证券市场和外汇调剂市场日趋活跃，5年来，通过发行企业债券、股票、房地产投资券、短期融资券等有价证券，为特区经济建设集资83.6亿元。1992年，全省外汇调剂量达8.9亿美元，比1987年增长11.9倍，5年共调剂外汇28.75亿美元，同业折借累计发生244亿元。

1992年海南拥有保险公司22家，国内保险业务承保额达197亿元，国际保险业务承保额达36.6亿美元，分别比建省前的1987年增长5.1倍和11.3倍。

改革开放特别是建省办特区以来海南省第三产业呈现出的一派繁荣兴旺、生机勃勃的景象，与改革开放前形成了鲜明的对照。但总体上看，海南省第三产业的发展仍然存在许多问题。一是总体发展的水平还不高。第三产业占国民生产总值的比重以及就业人数占总劳动者人数的比重不仅大大低于经济发达国家，而且与先进的兄弟省区市相比仍有不小差距。还应该看到，海南第二产业基础十分薄弱，今后随着第二产业的迅速发展，提高第三产业占国民生产总值的比重任务仍然十分艰巨。二是第三产业的发展还不平衡。这几年第三产业的发展主要集中在海口、三亚等少数几个城市。相当的县城特别是少数民族地区、老区和山区第三产业仍处于发展缓慢和落后的状态。三是第三产业内部结构也不尽合理，传统行业仍占主体地位，新兴行业的发展刚刚起步。科教文卫事业的发展相对比较迟缓，交通运输发展仍不能满足经济发展的要求。第三产业的社会化、服务化水平还比较低以及第三产业发展还缺乏明确的规划、健全的政策法规等等。这些问题的存在，仍然是由于市场发育不充分，市场机制的运作还受阻碍的结果。今后要进一步加大改革的份量，加快社会主义市场经济体制的建立和完善，促进我省第三产业的更快发展。

二、海南省第三产业发展规划设想

根据海南省今后经济发展的奋斗目标，全省第三产业发展的方向是：争取用10年左右的时间，逐步建立起适应海南特区市场经济体制的开放型、多层次、多功能的市场体系、社会化综合服务体系和社会保障体系。同时，依靠科技进步，积极采用高新技术，推动第三产业结构的优化组合，提高产业的带动能力和转变能力，使第三产业成为一个高素质的现代化产业部门。初步规划到1995年第三产业增加值占国内生产总值的比重达到34%；2000年达到38%以上。第三产业从业人数占全社会劳动者人数的比重1995年达到27%，2000年达到34%。第三产业主要行业的发展目标是：

1、旅游业。把旅游业作为第三产业的龙头产业来抓，充分利用海南丰富的旅游资源优势和特殊优惠政策，大力吸引国内外资金，加强旅游设施建设，改善旅游条件，加快旅游人才培训，提高旅游服务质量，开拓旅游市场，扩大旅游商品开发，逐步把海南建成全国知名度较高的旅游大省之一。规划到1995年接待旅游者总数260万人次，其中国际旅游者40万人次，旅游创汇5.6亿元（外汇人民币）；2000年计划接待550万人次，其中国际游客70万人次，创汇11.6亿元（外汇人民币）。“八五”期间旅游创汇年平均增长33.9%，“九五”期间年平均增长15.7%。按照海南旅游业发展的总体规划，加快旅游景点开发。重点建设海口、三亚、东海岸、五指山、尖峰岭、西沙等集吃、住、行、游、购、娱为一体的各有特色的旅游中心系统。

2、商品流通及商品市场。逐步建立一个面向国内外市场，完全开放的具有现代化技术、设施和管理水平的高效、顺畅、统一、可调控的商品流通体系。1995年和2000年，全省社会商品零售总额分别达到80亿元和160亿元，10年平均增长14.9%。对外贸易进出口总值1995年和2000年分别达到24亿美元和60亿美元，“八五”及“九五”期间年平均增长分别为20.7%和20.2%。

3、金融、保险业。逐步建立和完善适应海南特区全方位开放，面向国内外，中央银行、专业银行、商业银行、外资银行、保险公司、证券公司等各种金融机构并存且协调运行的金融运行机制和宽松高效的资金市场，为我省90年代实现超常规发展提供充裕的资金条件；建立健全金融宏观调控体系，促进资金的合理流动与资源的优化配置。

4、交通运输和邮电通信业。交通运输业在岛内发展以公路运输为主，积极发展铁路运输。对岛外目前以海运为主，逐步过渡到海运和铁路运输相配套，并积极发展航空客货运，逐步建成海运、铁路、民航等各种运输方式相互协调、岛内外联系密切、四通八达的立体运输网络。计划到1995年，全省社会货运总量达9 000万吨，比1990年增长88.8%，年平均增长13.5%；客运量达到2.9亿人次，比1990年增长81%左右。2000年货运量达到14 500万吨，比1990年增长115%，年平均增长16.6%，2000年达到3 300万吨。

邮电通信业要积极采用数学微波、光缆、卫星等现代化的设施和设备，逐步建成优质高效、方便快捷的现代化邮电通信网络。1995年，全省电话交换机实装容量达到51万门，比1990年增长5.4倍；2000年电话交换机实装容量达到166万门。1995年全省电话普及率达5.0部/100人，比1990年增加4.1个百分点；2000年达15部/100人。1995年全省长话自动交换机达25 000路端，比1990年增长16倍；2000年达70 000路端，1995年全省邮电业务总量达18.2亿元（按1990年价格计算，下同），“八五”期间年平均增长52.5%；2000年达98.3亿元，“九五”期间年平均增长40%。

5、房地产业及房地产市场。深化改革，积极引导和发展，逐步建立起比较完善的房地产市场体系、行之有效的管理体系和比较合理的收益分配体系。建立自我积累、自我发展、自我约束的运行机制。计划“八五”期间投入房地产建设资金110亿元，占全省全社会固定资产投资计划420亿元的26.2%，累计建设商品房面积1 070万平方米；“九五”期间计划投入建设资金230亿元，占全社会固定资产投资计划850亿元的27.1%，累计建设商品房面积1 500万平方米。

6、科技事业和技术市场。实行“科技兴琼”战略，增加投入，加快机构建设，加强基础性研究和科技成果推广应用，逐步建立适应社会主义市场经济的、科技与经济建设密切结合的运作机制，促进科技成果迅速向现实生产力转化。到本世纪末，高新技术年产值增长速度要高于第三产业的增长速度；经济的增长和经济效益的提高主要依靠科技进步来实现，科学技术的投入产出比要高于全省投入产出的平均水平；科技成果转化率争取比目前提高10个百分点。

（海南省计划厅　周子华、郑华川）

沈 阳 市

党的十一届三中全会以来，沈阳的经济发展焕发了生机，第三产业也摆脱了萎缩、停滞的困境，获得了空前的发展机遇。为扭转沈阳第三产业相对落后、严重制约全市经济发展的局面，沈阳市委、市政府提出了振兴沈阳经济必须强化第一产业、优化第二产业、大力发展第三产的指导思想。市政府相继颁布了《沈阳市关于发展第三产业若干政策的试行规定》、《沈阳市关于加快发展第三产业的暂行规定》，制定第三产业的发展规划，鼓励和动员社会各方面大力兴办第三产业，有力地促进了我市经济的发展。全市第三产业投资大幅度增加，1978 年以来，共投资 175.3 亿元，占建国以来第三产业投资总额的 88%以上。1992 年，第三产业资产总额增加到 415.4 亿元，比 1980 年增加 3.7 倍。1978～1992 年，沈阳第三产业增加值平均年递增 11.7%，比同期国民生产总值增幅高出 2.9 个百分点，其中，1992 年第三产业增加值达 110.2 亿元，比上年增长 14.1%，从业人员已达 99.3 万人，比上年增长 6.7%，比 1978 年增加 6.8 倍。整个第三产业呈现出一派繁荣景象。

一、交通运输、邮电通信等基础产业条件显著改善

建国后，特别是改革开放以来的发展和建设，沈阳交通和邮电通讯的现代化步伐明显加快，基础设施建设大有改观，业已成为沈阳第三产业中的重要组成部分。

沈阳是东北地区最大的铁路枢纽，是沈大、沈山、沈丹、沈吉、沈承等 6 条铁路干线的交汇点，其铁路密度和客货运量在全国均名列前茅。1992 年铁路货运量达到 588 万吨，客运量达到 3 701 万人次，分别比上年增长 1%和 6.1%，比 1978 年增长 8%和 7.5%。近几年扩建的沈阳西站，是国内一流的大型编组站，日编组能力达 1 200 辆。新北客站的建成，大大增强了沈阳地区的铁路客运能力，日客运量达到 20 万人次。新建的桃仙一级国际机场，是东北地区最大的航空港，已开通了始发和过往的国内外航线 40 余条。其中，国际航线 4 条，分别通达香港、俄罗斯的伊尔库茨克、日本的仙台和韩国的汉城。近几年来，通过大规模的公路建设，使得沈阳的公路交通日趋发达。新建的沈大高速公路，贯穿了辽南 7 个城市和营口、大连两个港口城市，大大缩短了沈阳距出海口的时空距离。通过大规模的交通设施建设，沈阳的运力成倍增长。1992 年，沈阳客、货运量分别达到 9 402 万人次和 12 047 万吨，分别比上年增长 25%和 1.1%，比 1978 年增长 1.31 倍和 6.2 倍。

邮电通信业也呈现出欣欣向荣的景象。与建国以后至 1978 年以前相比，固定资产投资成倍增加，邮电业务量也大幅度增长。1992 年，全市邮电业务总量达到39 589万元，比上年增长 42.2%，比 1978 年增长 11.1 倍，平均年递增 19.5%。全市电话机总数达到 28.7 万部，比上年增长 25%，比 1978 年增长 7.9 倍。扩充、完善后的通讯设施，可与国内各地和国际上 140 多个国家和地区进行电话、电传、传真等通讯联系。

二、传统商业、饮服业蓬勃发展

改革开放以来，沈阳商业一改过去"独家经营"、"渠道单一"的僵化模式，代之的是所有制多元化、竞相发展、充满生机的新格局。1992 年，全市社会商品零售总额达到 141 亿元，比上年增长 17.4%，比 1978 年增加 7.6 倍。商、饮、服零售网点达到 6.9 万个，营业面积达 400 余万平方米，比上年增长 6%和 2.5%。经济体制改革，极大地调动了沈阳城乡居民大力发展传统商、饮、服业的积极性，加之政府因势利导，收到了显著效果。各级政府本着"全面规划、统筹安排、立体开发、分步到位"的原则，着重协调安排建设高层次、多功能、现代化的大型商业设施，明显地改善了沈阳商业的整体形象。继联营公司易地重建之后，新建、扩建、改建了中兴、中山、商业城、北方贸易大厦、鹿鸣春大厦、铁西商业大厦、文化大楼、纺织大楼、和平商场等 20 多座大中型商业设施，总面积 36 万平方米。仅中兴、商业城两座商业设施营业面积就达 12 万平方米，年销售额都可达 6 亿元以上，分别跻身于全国十大巨型商业零售企业之列。

为引导私营、个体经济积极投入第三产业，沈阳市政府大力加强市场的开发建设，切实收到了开办一处

市场、带动一批企业、活跃一片经济、富裕一方群众的功效。全国闻名的沈阳五爱市场，过去仅是个设有100多摊位的“马路”市场，虽几经搬迁，仍满足不了交易规模日益扩大的需要。面对这种形势，沈河区政府及时做出了“建设五爱市场、繁荣城区经济、搞活商品流通”的战略决策。1992年在市场面积3.3万平方米的基础上再度进行扩建，扩建后的五爱市场将是经营面积达到10万平方米，拥有摊位1.5万个，就业人员近5万人的大型批发市场。1992年原有规模的5 700个摊位销售额达19.2亿元，比上年增长68%，在全国市场中连续两年位居第二。随着五爱市场交易规模的迅速扩大，其对周边经济的辐射作用也十分明显。目前，五爱市场已有几百户生产企业在场内经营，一些企业的领导和经销人员把市场看成销售的窗口，经常深入市场了解需求状况。沈阳郊区农民凭借靠近五爱市场的区位优势，大力发展服装工业，仅于供区千余户农民加工的裤子，每年在这里销售近几百万条。依托五爱市场，临近的旅店、饭店、运输、娱乐等第三产业，也都如雨后春笋般地发展起来。此外，近年来建成的“中国鞋城”已经成为全国最大的鞋类专业批发市场，占地2.7万平方米，经营各种鞋类1 400多种，日客流量6万人次，92年销售额5.25亿元，商品覆盖全国20多个省、区、市。

三、新兴市场兴旺繁荣

改革开放以来，沈阳第三产业的新兴领域也获得空前发展，并逐步成为第三产业新的增长点。

生产资料市场。1978年以后，生产资料逐步转化为商品进入流通领域，实现了零的突破。为迅速培育和发展生产资料市场，沈阳市政府有关部门直接投资或组织有关方面建设市场设施；制定引导企业走向生产资料市场的优惠政策；积极向企业提供市场信息；不断完善生产资料市场的法规体系，保证市场的健康运转。在这些工作的推动下，沈阳生产资料市场得以迅速发展壮人。1992年，沈阳有各类生产资料专业市场41处，成交额1 006亿元，分别比上年增长58%和1.68倍。沈阳钢材市场是国家首批的七大钢材市场之一，在市政府的大力扶植和企业的积极参与下，业已成为东北地区最大的金属材料专业市场。1992年，进驻该市场的企业有254家，年成交额20亿元，成交量73.6万吨。此外，铁西区政府，把发展生产资料市场当作为大工业配套服务体系的重点来抓，先后组建了生产资料市场、机电产品市场、闲置设备联合调剂中心和超储积压物资处理中心，并组织了有重型厂、电缆厂等30多家驻区企业参加的铁西物资购销集团。通过采取上述措施，极大地活跃了流通，有力地促进了生产。

金融市场。改革开放给金融业注入了生机与活力，1978年以来，沈阳金融市场迅速发展，一是以改革促发展，健全和完善金融体系，很快形成了以国家银行为主体、多种金融机构并存且分工协作的新格局，并在全国率先成立了股份制集体所有制金融机构—沈阳合作银行。二是强化管理、建立秩序，使金融领域活而不乱。三是狠抓业务开拓，沈阳市金融部门根据经济发展的需要，在巩固发展传统银行业务的同时，开拓了保险、信托、证券、融资、咨询、评估等十几个业务领域。这些强有力的工作，使沈阳市金融市场规模、金融机构、就业人数均成倍增长。1992年底，沈阳市已有各类金融机构1 385家，从业人员达2万多人，吸收存款356.8亿元，发放贷款余额达400.2亿元，比上年分别增长13.2%，10%，27.3%和18.2%，比1978年分别增长5.7倍，4.3倍和10.3倍。

证券行业异军突起。1986年，沈阳在全国率先开办了债券转让业务，1988年批准金杯汽车公司发行股票。到目前为止，发行的企业债券和短期融资债券累计已达41亿元，累计买卖各种有价证券70亿元。此外，保险业务也获明显发展。自1980年恢复保险公司以来，沈阳保险分支机构和代办网点已达2 000余个。1992年保险金额达623亿元，总收入10.8亿元，分别比上年增长17.3%和37.6%。

技术市场。1980年沈阳建立了全国第一家技术服务公司，技术市场的开拓与建设由此起步。沈阳市政府通过加强对技术市场工作的组织，强化科技成果的推广力度，促进了技术市场的繁荣和交易规模的扩大。1992年，技贸成交额达到6.5亿元，比上年增长24.3%，占全省的55%以上。技术开发合同成交额每年都以20%以上的速度递增。目前，技术市场已经成为经济与科技相结合的重要渠道。

劳务市场。沈阳劳务市场于1985年成立，经过几年的建设和发展，现已扩展到区（县）、街道，并已延伸居民委员会和大中型企业。围绕劳务市场的形成与发育，市政府劳动管理部门建立了劳动力资源管理制度；用工信息网络、预测预报、求职登记制度，针对家务劳动社会化的趋势，在市内辟建5个零工劳务市场。在这些工作的推动上，全市现有各类劳务市场205所，仅“七五”期间，经沈阳劳务市场和人才市场调剂介绍的各类就业人员就达100余万人次。这不仅促进了劳动力的合理流动和有效配置，而且有力地促进了劳动用工制度的改革。

四、前景展望

到本世纪末，在沈阳经济发展的总体格局中，大力发展第三产业，对实现经济结构调整、产业升级，乃至实现沈阳跨世纪振兴的宏伟目标具有十分重要的战略意义。为此，发展沈阳第三产业，要认真贯彻《中共中央、国务院关于加快发展第三产业的决定》精神，坚持国家、集体、个人一齐上的方针，以市场的发育、建设为中心，以商品购销业、金融保险业、旅游服务业、信息咨询业、交通通讯业、房地产业为重点，大力推进第三产业的发展。总的发展框架是：在90年代乃至下世纪初10年，沈阳的第三产业要有三个明显进展：一是发展速度明显加快，90年代递增速度达到15.8%，超过1978～1990年3.8个百分点；二是占国民生产总值的比重明显提高，由1990年的39%提高到2000年的52%和2010年的60%；三是服务领域明显拓宽，新兴第三产业渐居主导地位。按90年不变价测算，第三产业增加值在"八五"末期达到160亿元，"九五"末期达到343亿元。

根据中共关于加快发展第三产业决定的精神，市委、市政府确定沈阳第三产业发展的目标是，在今后5—8年内，形成商品化、产业化、社会化、现代化、国际化的第三产业的新格局，把沈阳建设成东北亚地区的区域性中心城市。

（沈阳市计经委 孙宏达、刘伟奇）

大　连　市

一、大连市第三产业发展的总体状况

大连是以港立市，以港兴市。解放以后，整个国民经济走上了健康发展轨道。但是随着不同时期的经济发展指导思想不同，也带来了我市第三产业发展的起伏变化。建国以来的43年间，大连市第三产业的发展经历了一个“马鞍形”的曲折过程。到1978年，第三产业在国内生产总值中的比重仅为17.9%，降低到历史的最低点。大连市的城市功能日渐单一，金融、贸易的中心城市地位衰退，城市发展困难重重。党的十一届三中全会以来，实行改革开放政策，全市第三产业的发展进入了一个新的历史时期。第三产业在国内生产总值中的比重连年上升，许多新兴产业蓬勃兴起，对于推动经济发展，促进商品流通，方便人民生活，都发挥了越来越大的作用。第三产业所占国内生产总值的比重，1980年为20%，1986年上升为27.1%，1990年为31.6%，1992年为353%。从增长速度看，1980年至1992年13年间，全市国内生产总值平均递增速度为8.8%，第一产业递增速度为9.7%，第二产业为7.3%，第三产业为11.3%。1992年同1991年相比，国内生产总值增长13.1%，其中第一产业增长10.4%，第二产业增长13.4%，第三产业增长13.8%。90年代第三产业固定资产投资也明显加快，1992年比1990年增长26.4%，这一增长速度也高于全市固定资产投资增长速度。

经过建国以来几十年的艰苦努力，特别是经过改革开放以来的14年发展，大连市第三产业在国内生产总值中的比重明显上升，积累净值达165.8亿元的固定资产（占全部固定资产的46.6%），使大连在今后的发展中有了较雄厚的物质基础，对经济的发展和扩大对外开放，将会起到巨大的推动作用。

二、大连市第三产业的优势

1. 便捷的交通运输邮电业。大连交通条件得天独厚，经过40多年的建设与发展，大连已经形成了海运、公路、铁路、航空和管道等多种形式组成的交通运输网络。1992年全年完成货运量11 470万吨，客运量6 999万人次。大连邮电通信业近10年来有了迅猛发展，先后增铺了海底电缆、采用超高频技术开通了微波电路，同时邮电通信的服务手段也灵活多样，又新开办了无线电寻呼、有声信函、用户电报、三类传真、邮政储蓄、国际国内快递、磁卡电话等新的通信手段。到1992年，全市电话交换机总容量达14.4万门，电话普及率为7.04%，全市长途业务电路1 969路，比1985年增加了1 405路，用户可直拨全国和世界各地。全市邮路总长度12 080公里，比1985年增加了6 201公里。大连邮电业的迅猛发展，为大连市向现代化国际性城市发展奠定了基础。

2. 发达的口岸商品流通业。与便利的交通条件相联系，大连是我国重要的对外贸易口岸。1992年大连口岸进出口商品总值达100亿美元。据大连海关统计，大连市地方进出口商品总值38.9亿美元，比上年增长20.5%，其中出口20亿美元，增长24%。1992年全市享有进出口自营权的企业有48家，其中外贸专业公司11家，双轨制公司2家，地贸公司11家，自营生产企业24家，外地外贸公司驻连机构100余家。市自营出口达12.39亿美元，比1991年增长24%。与外贸相联系的内贸也日益发展。多种经济类型、多种经营方式、多条流通渠道和少环节的流通体制已经形成。1992年全市社会商品零售总额达114亿元，是1978年12.7亿元的9倍，年平均增长18.4%；商业从业人员达28.7万人，比1978年增长了33倍，全市城乡商业网点已发展到57 446个，比1978年增长12倍，年递增21.8%，同时，大连商业企业经营实力得到不断增强，1991年全市商业企业拥有经营面积568万平方米，比1978年增长24倍，固定资产原值达33.8亿元，净值率高达76.6%。承担着生产资料流通的物资供应业也越来越被人们所重视。大连物资供应业已经形成了街道、院校、乡镇、部队等共同开办物资企业的多元化格局。为适应日益活跃的商品流通业的发展，仓储业也得到了迅速发展。1991年，大连担负口岸进出口货物和国内货物储存、中转、保管任务的各种营业性企业253个，储存库点271个，库点数量比1982年增长6.74倍。仓储占地面积1 014万平方米（不含大连港区内堆场面积），从业人员由1982年的3 000多人增加到1991年的10 500人，增长3.5倍。仓储的配套设施也比较完善，拥有各种机动车辆和装卸机具 1 020 台(辆)。大连市基本形成了种类齐全、结构合理、容量较大、规模可观的仓储业，其仓储能力基本可以满足港口中转及东北地区经贸、粮食、商品等部门在大连地区储存中转的需要。

3. 比较完整的金融体系。到 1991 年，全市有各类金融机构 1 400 多个，从业人员达 1.68 万人，创国民生产总值达 19.5 亿元，占全市第三产业增加值的比重由 1981 年的 12.5%提高到 28.4%。信贷业务有了长足发展，1991 年全市各项金融存款余额 231.2 亿元，是 1980 年的 25 倍，其中城乡居民储蓄余额 122 亿元，是 1980 年的 25 倍；各项贷款余额 300.1 亿元，是 1980 年的 19 倍。信用工具也走向多样化，贷款由原来单纯的信用放款扩大到抵押贷款、担保贷款、贴现贷款等多种形式；债券、股票等有价证券从无到有，目前已发展到 9 种，金融市场的发展也具备了一定的规模，先后建立了有价证券的发行与转让市场。开办了多层次资金拆借市场，其辐射范围达 20 多个省、市、自治区，到 1991 年末，累计拆入资金 551.9 亿元，拆出资金 490 亿元。建立了外汇调剂市场，自 1988 年开办以来，办理对公外汇调剂 14.8 亿美元，办理个人外汇调剂 100 万美元。为适应外向型经济发展，现有 12 家境外银行在大连设立办事处，目前大连已与 155 个国家和地区的 4 000 多家金融机构建立了业务代理关系，开通了国际电传专线。社会保险事业有了较大发展。现有 5 大保险公司，保险代理网点 1.3 万个，保险种类已达 156 种，其中国内财产险 78 个，人身险 41 个，涉外业务险 38 个。10 年来累计为全市 3 616 亿元的财产提供了风险保障，承保额以年均 25%的速度递增；保险业务总收入 15 亿元，年增长 33%；处理各种赔偿 17 万余件，年递增 41%；为全市各类财产和人员提供经济补偿 6 亿元；实现利润 3 亿元，向社会提供资金 2.1 亿元。

4. 方兴未艾的旅游业。旅游业是大连近 10 年来兴起和发展的最快的产业之一。大连地处辽东半岛南端，市区三面环海，海岸线曲折多姿，岛屿众多，滩涂辽阔，具有天然的海滨风光。同时大连的气候资源条件好，夏无酷暑、冬无严寒，具有暖温带海洋性气候特征，是我国著名的北方避暑疗养胜地。另外，大连别具一格地保留着日、俄、德、法、意等不同国家和民族风格的建筑同现代化的高楼大厦相互交融。欣欣向荣的文化事业，风光各异的园林景观以及相对发达的社会环境都是发展旅游观光的宝贵资源。大连旅游设施比较完备，具备“行、住、吃、游、购、娱”的旅游要素。行，大连已初步形成了四通八达的海陆空立体交通网络，以及便捷的通讯条件。住，目前大连涉外旅游饭店 40 家，其中星级饭店 27 家(五星级 1 家、四星级 2 家、三星级 6 家)，可以满足不同层次游客的需要。吃，大连饮食文化是以突出地方特色的海味名菜吸引了广大游客，并经营具有国内外各地特点的名饮佳肴，有中餐、西餐、日本风味、朝鲜风味、伊斯兰风味及粤菜馆数千家，既有大连独特风味，又融合了国内外饮食文化特点。游，除具备四大风景区外，还开辟了“中国传统文化研修”、“海上游览”、“海上垂钓”等 20 多个特种旅游项目，每年还举办“赏槐会”、“艺术节”、“国际服装节”等融旅游、商贸和社会文化于一体的大型项目。娱，大连先后建起了碧海山庄、西游记宫、历险宫、封神榜宫、海豚表演馆、水下世界等旅游娱乐项目，一些旅游单位还配有保龄球、网球、游泳池、健身房、桑拿浴等康乐设施。大连旅游业的发展已步入全国大中城市的先进行列。

5. 蓬勃崛起的房地产业。改革开放以来，大连房地产业进入了迅速发展时期。从 1981 年至 1991 年大连城市住宅建设累计投资 40 多亿元，新建住宅面积 1 106万平方米，实有城市房屋住宅建筑面积 2 730 万平方米，人均居住面积由 1980 年的 2.26 平方米上升到 6.3 平方米。随着房地产市场的建立、发展和逐步完善，土地使用权的有偿划拨、转让和房屋买卖、租赁、抵押以及房地产入股、联营、临街民房改变使用用途等交易行为日益增多。它将在把大连建成现代化国际性城市过程中发挥不可估量的作用。

6. 发达的科教文卫事业。大连科技研究、文化艺术和卫生事业有较好的基础。全市拥有各种种类专业技术人员 24 万人，其中自然科学人员 11.5 万人，社会科学人员 12.5 万人，各类科研机构 339 所，1991 年完成科技成果 400 项，比上年增加 302 项，大连科学技术总体水平不仅在省内名列前茅，在全国 14 个沿海开放城市中名列第三。教育初步形成了多层次、多渠道、多形式的办学体系。有各类初等学校 1 544 所，普通中学 273 所；幼儿入园率达 80.2%，适 龄儿童入学率城市 100%，农村 95%，初中升学率 75%，高中生升入上一级学校达 40%左右，76%以上的地区实施了 9 年义务教育；职业技术和成人教育居于全国先进行列，全市现有普通中专、技工学校、职业高中 173 所，在校生 4.8 万人，教育结构比较合理。现有普通高等院校 13 所，在校生 3.7 万人，大连文化是以吸收外来新鲜文化为主，继承传统和地方文化为辅的基本特征。文化艺术部类比较齐全，杂技、歌舞、书法、摄影等有一定优势，群众文化比较活跃，对外文化交流也比较频繁。大连也是我国体育名城，以足球城、田径之乡著称，体育总体水平在全省居于榜首，在全国居于前列，无论是群众体育、竞技体育都居全国先进水平，体育设施比较先进和齐全。大连市医疗卫生事业在国内同类城市中处于中等水平，医疗门类齐全，功能较完整，并具有一定专业特色，1991 年，全市有卫生机构 1 221 个，床位 3.3 万张，卫生工作人员 4.4 万人，其中专业技术人员 3.2 万人、中医师 1 387 人、西医师 9 222 人、药剂师 1 790

人。1991年大连市被评为全国“十佳卫生城”之一。

三、1992年大连市第三产业发展新特点

1992年大连市认真贯彻《关于加快发展第三产业的决定》，依靠全社会力量积极兴办第三产业。坚持国家、集体、个人、外商一起上的方针，使第三产业得到较快发展。1992年大连市第三产业投资额达38.6亿元，比1991年增长75.7%，占投资总额比重达48.7%，比1992年提高8%。全年第三产业实现增加值82亿元，比1991年增长13.8%，其增幅分别高于第一、二产业3.4%和0.4%，占全市国内生产总值的结构比重达35.3%，比1991年增加了1.2%。

交通运输邮电通信 港口建设中，大窑湾新港4个泊位正式建成投产，新增吞吐能力260万吨/年。大连港全年完成港口货物吞吐量5 909万吨，比1991年增长8%，其中外贸货物吞吐量3 673万吨，占总吞吐量的62.2%，仍然居全国各港口首位。大连港旅客发送量43万人次，增长30.4%。铁路货物发送量3 094万吨，旅客发送量2 382万人次，分别增长5.7%和0.5%。公路货物周转量达37 215万吨公里，增长6.7%，邮电通信事业迈上新台阶。全年完成邮电业务总量4.1亿元，比上年增长46.5%；业务收入3.89亿元，增长51.3%。邮政业重点发展以信函为主导的轻、新、特业务，取得明显效果。电信业务快速增长。全年完成市话放号30 191户，农话1 599户，发展长话有权用户3万户。通信建设速度加快，新开通市话交换机5.7万门；8.5万门程控工程于1992年年底竣工；新增长途自动交换机2 000线；1 920路数字微波工程已开通使用。除长海县外，各市、区局电信交换设备全部实现程控化；市、县间的传输实现了数字化；市内局间传输实现了光纤化。

商业市场 商业城乡市场货源充足，商品销售日趋活跃。全年实现社会商品零售总额114亿元，比1991年增长19%。在社会商品零售总额中，消费品零售额104.2亿元，增长19.1%。商品消费出现多层次、多元化、多趋向的新格局，购买力投向相对分散，消费热点逐步增多，主要消费品种，名、优、特、新商品已成为消费的主流，农业生产资料继续保持旺销势头，实现农业生产资料零售额9.7亿元，增长17.4%。国有经济继续发挥主渠道作用，实现商品零售额57亿元，占全市商品零售总额的比重仍达55.7%。个体经济增势不减，商品零售总额已达20亿元，增长24.4%。城乡集市贸易持续活跃，全年新建集市贸易市场22处，至年末全市已达295处（不含生产资料市场），全年集市贸易成交额为26.8亿元，增幅高达61.9%。为加快大连市外向型商业的发展，经国家批准大连试办两家与外商合资经营零售商业企业已开始起步。

生产资料市场销售全年实现购销总额116.6亿元，比1991年增长47.8%。

外经外贸 据大连海关统计，1992年全市地方进出口商品总值38.9亿美元，比上年增长20.5%，其中出口20亿美元，增长21%。外商投资企业出口创汇6.38亿美元，比1991年增长54.4%，截止年末，全市实有外商投资企业1 539家，其中已投产（营业）的达624家，当年完成产值（营业额）61.2亿元，增长65%。国际经济合作与旅游事业稳步发展。全年新签对外承包和劳务合同160项，合同金额6 613万美元，分别增加37项和增长1.33倍。外派各类劳务人员4 843人次，增长60.4%，先后接待境外旅游者9.3万人次，创旅游外汇收入4.1亿元外汇人民币，分别增长28%和33.2%。至年末，国外（境外）企业驻连办事机构已发展到606家。

科学技术 1992年共安排各类科技项目556项，按计划执行的项目占91.4%，其中有73项通过了市级以上科技成果鉴定。据初步匡算，可新增产值6亿元，新增利税1.7亿元，创节外汇5 000万美元。全年共取得科技成果420项，并有70%的科技成果已直接得到推广和应用，创产值1.5亿元，利税3 200万元。技术市场交易活跃，全市共签订各类技术合同7 633份，成交金额3.2亿元，比上年增长25%，高新技术产业园区建设全面启动，实现技工贸总收入6亿元。

金融和保险 金融形势基本稳定。到1992年末，全市金融机构各项存款余额达到313.2亿元，各项贷款余额达360.7亿元，分别比年初增加82亿元和60.6亿元，为历史最高水平。引进外资银行进展顺利，日本东京银行和兴业银行在大连挂牌营业。金融市场发展正在加快，全年累计向个人发行的各种有价证券20.5亿元，占全部居民金融资产（不含手持现金）增加额的40.6%。同业拆借市场和外汇调剂市场，全年从外地净拆借入资金达31.1亿元，调剂外汇成交量达6.9亿美元。保险事业蓬勃发展。全市大保险公司充分发挥职能作用，努力开拓保险业市场。截止年末，全市已开办各类保险业166种，累计承保额达1 553.3亿元，比去年末增长64.6%。全年实现保险业务总收入比上年增长47.5%。共处理各种赔案46.6万件，比去年增长2.7倍，支出赔款2.5亿元，增长31.5%。社会养老保险制度改革不断深化。职工养老保险已覆盖到城镇各种所有制企业的职工；在全民、集体以及外商投资企业中推行了待业保险制度；全市已有19万农民参加了养老保险。

教育和卫生事业 幼儿教育普及率稳步提高，城区和县（镇）3至6周岁幼儿入园率达到90%，普及九年制义务教育工作健康发展，城乡242所初（完）中和1 549所小学已分批进入实施九年制义务教育阶段，实施地区人口覆盖率达到100%，比规划指标提高了11个百分点。全市拥有卫生机构1 233个，其中医院244

个。每千人拥有医院床位4.92张，卫生技术人员6.14个。医疗先进设备增加，诊治条件继续改善。创建国家卫生城和城市综合治理工作成效显著，在全国城市卫生检查评比中，我市名列34个直辖市、省会市和计划单列市第一名，荣登全国“十佳”卫生城市榜首。

文化和体育 大连市文化艺术界在省以上重大比赛活动中共获奖63项，其中国际奖1个，全国奖21个。还成功举办了大连第四届国际服装节开幕式等重大演出活动。对外文化交流更加活跃，全年接待国外文艺团组20批399人次，演出147场；派出出国团组4批66人次，在法国及日本演出211场。体育事业继续发展，特别是“足球特区”的建立，为大连市体育发展翻开了新的一页。

城市公用事业与环境保护 全年新增供热面积130万平方米，新发展燃气用户2万户，完成新建住宅小区100万平方米上水配套。工业废水、废气、废渣、粉尘四项指标综合治理率达83%。1992年，我市城市环境综合整治定量考核得分，继续在全国32个重点城市中处于领先地位，名列国家城市环境综合整治“十佳城市”榜首。

房地产事业 截止1992年，全市共批准188家房地产开发公司，其中有51家合资企业，并招商开发面积达2.9万平方米。1992年住宅建设投资完成14.6亿元，比1991年增长72.8%。住宅竣工面积216.9万平方米，创历史最高水平，其中商品房住宅建设完成投资额10.7亿元，比1991年增长105.8%。

四、大连市第三产业发展的问题

1.第三产业增加值的比重偏低。1992年大连市第三产业增加值占国民生产总值的比重达35.3%，同大连历史相比，和1952年35.3%持平。说明尽管近些年来大连市第三产业发展较快，但依然带有恢复性质的，与国内外一些城市相比，有一定的差距

2.第三产业内部行业发展不够均衡。从1980年到1990年10年间，第一层次的增加值由5.3亿元增加到13.6亿元，年均递增13.6%；第二层次的增加值由2.8亿元增加到8.6亿元，年均递增11.9%，第三层次的增加值由1.1亿元增加到2.5亿元，年均递增8.8%；第四层次的增加值由0.5亿元增加到1.9亿元，年均递增15.9%，这说明大连市第三产业中第三层次即科教、卫生、体育和文化事业的发展是缓慢的，这对于提高人口素质、实现科技兴市极为不利。

3.地区间的不平衡性。大连市南部市区和近郊区工农业经济相对于北部地区发达，因而第三产业发展规模的速度也自南向北渐次递减，南部6个市区的占地面积仅是全市的30%，但却集中了全市70%的第三产业。北部的广大农村，仍采取小农生产方式，因此，那里的第三产业尤为落后，农业生产严重地缺乏产前、产中和产后服务，第三产业的门类和规模较南部相差甚远。

4.市场辐射能力低。主要表现，一是大型零售商业相对偏多，大型批发商业发展的少。日用工业品批发企业的数量和经营规模仍维持在前几年的水平，而且普遍经营困难，多年在低谷徘徊；二是一般集贸市场发展的多，专业批发市场少；三是传统商业发展的多，新兴商业发展的少。目前尚无规模较大的超级市场、连销商店和功能齐全的大型综合性现代化购物中心；四是零售商业网点发展的多，饮食服务网点发展的少。1990年大连市每千人拥有的饮食网点仅为0.8个，远低于同期全国17个主要大城市1.8个的平均水平。

五、第三产业发展方向

大连市第三产业发展总体目标是经过十年或更长一段时间，把大连逐步建设成为“四个中心”，进而把大连建设成为“北方香港”。

初步建立起开放、畅通、高效、灵活的大商贸、大市场、大流通体系，并逐步形成东北亚国际贸易中心之一；

初步建立起以国家银行为主体的多种经济成份并存的多元化金融体系，使大连成为我国北方金融中心，并逐步成为东北亚的金融中心之一；

初步建立起旅游景点布局合理、旅游项目和服务水准较高的旅游区，使大连成为我国北方重要的国际旅游城市，并逐步发展成为东北亚的国际旅游中心之一；

初步建立起与国际国内联网，准确迅速、覆盖面广的信息咨询服务体系，使大连成为国内重要的信息中心，逐步发展成为东北亚国际信息中心之一。

为实现这一目标，我们提出到2000年第三产业发展的指导思想是：从大连的实际出发，按照实现国民经济又快又好登上新台阶的战略目标和建设北方香港的要求，坚持改革开放，以社会主义市场经济为导向，突出发挥口岸优势，建设相对完善的市场体系，以社会化、产业化为方向，强化城市综合功能，形成三次产业协调发展互相促进的新的经济格局。

（大连市计委 黄叔平 周洲）

哈尔滨市

一、改革开放以来第三产业发展的基本情况

建国以来，哈尔滨市第三产业的发展经历了一个曲折的发展过程。历史上的哈尔滨曾经是一个第三产业相对比较发达的城市。30年代，哈尔滨市商品贸易额就达到20亿元(当时的工业总产值仅有2亿元)，资金流通额占全东北40%，第三产业从业人员的比重高达76.3%。建国以后，由于将主要精力用于进行大规模的以工业为主的经济建设，影响了第三产业的相应发展，使第三产业占国内生产总值的比重逐年下降。到1970年下降到23.3%的历史最低水平。党的十一届三中全会以后，市委、市政府十分重视第三产业的发展，根据哈尔滨市工业发展较快的情况，认识到必须相应发展第三产业，并对第三产业的发展实行了重点倾斜政策。在市财力十分有限的情况下，积极想办法筹集资金，努力增加对第三产业的投入，投资的重点是商业、科技、教育等第三产业的主要行业。认真组织编制第三产业发展规划，制定相应的政策措施。在制定哈尔滨市深化改革，扩大开放的“33条”意见中，对第三产业的发展给予了足够的重视，政策实施中，加强了监督检查和协调服务工作。随着改革的不断深入和对外开放的逐步扩大，第三产业得到较快地发展。到1992年底，第三产业增加值达到73.6亿元，与1978年相比增长3.88倍，平均每年增长12%，占国内生产总值的比重达到43.4%，比1978年提高13个百分点。从业人员比例达到32.9%，也有较大幅度的增长。第三产业快速发展，为实现哈尔滨市翻两番的第一步战略目标做出了积极贡献。第三产业基础设施明显改善特别是“七五”时期，全市累计投资57.8亿元，重点改造和建设了一批基础设施，使第三产业发展的后续能力进一步增强。从1978年到1992年底的14年间，先后形成了哈一百、百货大楼、工贸中心、丁香大厦、粮油贸易大厦、哈尔滨大酒家、地下商业城、金融大厦、哈尔滨大学、市图书馆、话剧院、市第一医院、广播电视中心、少儿活动中心、师范学校、冰球训练馆、市检察院大楼、动力区法院办公楼、道外和南岗看守所等一大批第三产业骨干基础设施。市内电话发展到22.6万部，比1978年增加21万部，邮电业务总量平均每年增长30%。第三产业的主要行业均有较大发展。

市场繁荣稳定，购销两旺。到1992年底，社会商品零售总额达到116.28亿元，比1978年增长6倍，平均每年增长15.1%。城乡集市贸易不断扩大。对外经贸迅速发展。尤其是哈尔滨市取得外贸自营出口权和对俄罗斯及东欧国家开展边贸以来，有力地促进了对外经贸的快速发展。到1992年底，连续三年成功地举办了哈尔滨边境地方经济贸易洽谈烩，既扩大了出口，又加强了与国内外的联系，已先后与100个国家和地区建立了经济技术合作和贸易往来关系。保证和促进了对外经贸的较快发展。到1992年底，进出口总额达到5.96亿美元，其中出口4.09亿美元，比1978年增长1.67倍，平均每年增长44.1%。房地产业发展势头强劲，每年竣工住宅建筑面积180万平方米以上。金融保险业稳步发展，到1992年底，银行存款余额达到206.9亿元，贷款余额达到250.2亿元，分别以23%和26%的速度增长；社会保险金额平均每年增长18%以上。建立了哈尔滨市信息中心和工程咨询公司，并开展了卓有成效的工作，信息咨询业方兴未艾。科技、教育、文化、卫生、体育等方面也都取得了较大进步。

但是，在第三产业取得较快发展的同时，也存在一些不容忽视的问题：一是思想不够解放，认识不高，存在重生产、轻流通服务的模糊认识。二是发展不够平衡。商饮服、外贸、金融和房地产等行业发展较快，科技、教育特别是信息咨询业发展相对比较落后。三是基础设施还不完善。由于历史欠账较多，再加上资金紧张，基础设施建设速度较慢。四是政策不够灵活，条条框框多，办事效率低。五是统计制度不健全，底数还不十分清楚。

二、1992年第三产业发展的基本情况

1992年，哈尔滨市认真贯彻全国第三产业工作会议精神，落实中共中央国务院关于加快发展第三产业的决定，采取超常规措施，保证和促进了全市第三产业的发展。第三产业增加值达到73.6亿元，比1991年增长8%，占国内生产总值的比重提高到43.4%，比上年

增加0.8个百分点。

(一) 运输邮电业

客、货运量比上年有所增长。货物发送量2 087.88万吨，比上年增长2.2%。其中铁路877.45万吨，下降5.5%；公路929.1万吨，增长7.2%；水路280.7万吨，增长13.6%；民航0.63万吨增长28.6%。旅客发送量3 075.8人次，比上年增长2.3%。其中铁路2 094.7万人次，增长1%；公路929.2万人次，增长4.6%；水路9.9万人次，下降了1.3%；民航42万人次，增长43.8%。

邮电通信业进一步发展。全年邮电业务总量2.94亿元，比上年增长34.3%。年末拥有电话机22.6万部，比上年增加4.94万部。其中自动电话机19.62万部，增加4.77万部。

(二) 商业

市场繁荣，销售旺盛。全年实现社会商品零售总额116.28亿元，比上年增长18.2%，扣除价格上涨因素，实际增长8.6%。在社会商品零售总额中，消费品零售额110.07亿元，比上年增长18.4%亿元，其中，售给居民96.67亿元，增长17.4%；售给社会集团13.4亿元，增长25.9%；售给农民的农业生产资料6.21亿元，增长14.9%。城乡集贸市场发展到282个，比上年增加15个。全市集贸市场成交额24.24亿元，比上年增长40.5%。

(三) 对外贸易和国际旅游业

对外经贸取得新进展。成功地举办了第三届哈尔滨边境地方经贸洽谈会，成交额7.6亿美元。以扩大开放为龙头，全面实施了市场多元化战略。全年进出口总额达到5.96亿美元，比上年增长25.2%。其中出口总值4.09亿美元，增长30.3%；进口1.87亿美元，增长15.4%。在进出口总额中，对独联体及东欧国家易货出口2.25亿美元，比上年增长37.2%。利用外资步伐明显加快。全年利用外资签定合同403项，比上年多284项，外商投资2.66亿美元，增长3.7倍。实际利用外资0.43亿美元，比上年增长22.5%，其中外商直接投资0.32亿美元，增长1.5倍。年底累计签约“三资”企业587家，开业150家。

经济技术开发区建设进展较快。道路、通信、给排水等基础设施建设进展顺利。南岗、平房两个小区完成基础设施投资5 154万元，到年底，已经有83家外资企业和109家内资企业进入开发区。经济技术开发区已成为我市经济发展新的生长点。

国际旅游业发展较快。全年接待国际旅游人数9.51万人次，比上年增长40.1%。旅游外汇收入6 951万元(外汇人民币)，比上年增长55.2%。其中，商品性收入1 665万元，增长0.5%；劳务性收入5 286万元，增长87.2%。

(四) 金融保险业

金融业稳步发展。年末银行存款余额达到206.9亿元，比上年增长28.7%；贷款增长高于经济增长速度，年末贷款余额250.2亿元，增长20.1%。融资渠道增加，金融市场活跃。全市累计发行各种债券21亿元，内部股票1.4亿元，从外地融资市场拆入资金23亿元。成立了市证券交易中心，已有3家债券公司在上海、深圳交易所取得席位。

保险业继续发展。到年底全市承保国内财产保险总额329.9亿元，比上年增长11.9%。国内财产保险业务收入1.77亿元，增长54.2%。承保各种人身保险人数165.83万人次，人身保险业务收入1.42亿元，比上年增长52.5%。

(五) 科技教育事业

科技工作取得新成果。1992年，哈尔滨市大力推进科技进步，充分发挥科技第一生产力的作用，促进科技不断长入经济。全年组织完成各类主要科技计划项目208项，投入经费1.34亿元，比上年增长21.6%，其中，科技攻关计划项目113项，星火计划项目26项，火炬计划项目20项，科技成果推广计划项目31项，微机推广应用计划项目18项。全年共取得科研成果291项。具有国际水平的34项，国内首创的61项，国内先进水平的171项。申请专利983项，国家专利局授权的312项。技术市场活跃，签定技术贸易合同5 387项，技术合同贸易额3.46亿元，比上年增长54.5%。高新技术产业开发区发展迅速，加快了高新技术产业化的进程。到1992年底，一期工程3.7万平方米已全部投入使用。高新技术企业已发展到343户，开发高新技术项目529项，投产407项，全年实现产值2.94亿元，利税3 554万元。

教育事业稳定发展。年末普通高校24所，在校生5.36万人，比上年增加0.31万人；中等专业学校在校生2.72万人，比上年增加0.2万人；技工学校在校生1.74万人，增加0.1万人；普通中学在校生23.05万人，减少0.06万人；小学在校生52.17万人，减少0.48万人。学龄前儿童入学率达到97.5%。

(六) 文化、卫生、体育、广播电视等社会事业均取得新成绩

文化、新闻、出版、广播、电视事业保持良好发展势头。市区电影放映单位共放映9.92万场，观众达2 792万人。市区专业艺术表演团体演出0.19万场，观众达2 792万人次。市区专业艺术表演团体演出1 900场，观众170万人次。公共图书馆达到13个，藏书总量455万册。出版杂志6 522.8万册，报纸44 084万份。

卫生事业继续发展，医疗条件进一步改善。到年底，全市拥有医院294个，比上年增加4个。卫生技术人员3.99万人，其中，医生1.67万人，护师、护士1.32万人。医疗卫生床位3.13万张，比上年增加700张。

体育事业取得新成绩。在国内外重大比赛中，共获金牌33枚，银牌27枚，铜牌28枚，2人4次破超4项世界记录，1人破1项全国记录。在省七运会上，获金牌118枚，银牌88枚，铜牌81枚。成功地组织了“百万青少年上冰雪”等群众性体育活动。

三、哈尔滨市第三产业的发展方向

（一）发展思路

以党的十四大精神为指针，进一步深化改革，扩大开放，解放思想，放宽政策，在全面推进国民经济和社会发展进程中，把第三产业作为支柱产业加快发展，以搞活流通为重点积极发展第三产业传统行业，突出发展高水平、高层次的新兴行业，努力推进第三产业的社会化、产业化进程，把第三产业的发展提高到新水平。

（二）发展目标

到2000年，第三产业增加值达到143.9亿元，平均每年增长10.8%，占国民生产总值的比重达到46.5%。具体分两步走：到1995年，增加值达到82.52亿元，占国内生产总值的比重由1990年的40.24%上升到43.6%；从业人员达到93万人，占全社会劳动者的比重由32.9%上升到38%。到2000年实现总体目标。传统行业增加值，到1995年达到59.7亿元，占72.8%；到2000年，达到106.4亿元，占74.4%。新兴行业，到1995年达到5.3亿元，占6.5%；到2000年达到12.1亿元，占8.5%。

（三）发展重点

围绕实现商贸、金融、交通电信、旅游、信息、科技、文化娱乐等7个中心，重点发展商品流通业、金融保险业、房地产业、交通邮电业、科技教育事业、旅游业、居民服务业、信息咨询业。

（哈尔滨市计委　侯文龙）

西 安 市

一、发展现状

改革开放以来,我市第三产业发生了深刻的变化,从1978年到1992年、第一、二产业年平均递增速度为10.18%和11.76%,而第三产业的年平均速度为17.26%,大大高于一、二产业的增长速度,其增加值达到55.08亿元,占国民生产总值的比重也从1978年的23.4%上升到1992年38.5%,提高了15.1个百分点。到1992年末,第三产业从业人员达到92.54万人占全市从业人员的比重为25.88%,比80年增加了10.22个百分点,比85年增加了4.88个百分点。

14年来,我市三次业结构变化过程大体分4个阶段。

第一阶段(1978—1984年),农村经济大发展阶段。随着农村联产承包责任制、大包干等一系列政策的实施。大大地调动了农民的积极性,农业生产连年获得好收成,为第三产业发展奠定了物质基础。这个时期第三产业的比重上升了5个百分点,即从1978年的23.4%提高到28.4%,第一、二产业的比重则分别下降2.17和2.79个百分点。

第二阶段(1984—1988年),城市经济大发展阶段。这个时期,我市国民生产总值平均增长20.03%,第三产业也受到了重视,为解决城市居民的吃饭难、住店难等一系列问题,市政府专门成立了三产办,动员各方力量,抽调专人负责这项工作,三产业的比重又提高9.29个百分点,达到34.17%。第一、二产业的比重则持续下降了4.35和4.26个百分点;分别达到12.45%和50.5%。

第三阶段(1989—1991年),治理整顿阶段。随着国家紧缩银根,压缩固定资产投资规模,清理整顿公司等一系列措施的实施,市场疲软,库存积压,经济效益差的问题暴露的比较充分,第三产业的发展也受到了影响,在这个阶段,第三产业的比重由37.05%提高到37.5%,增长速度明显放慢。

第四阶段,1992年至今,经济恢复和发展阶段。邓小平同志南巡讲话的精神传达后,很快在我市形成了“振兴西安经济,促进经济上新台阶”的势潮。第三产业也随之进入了一个新的发展时期,当年我市国内生产总值完成143.08亿元,比上年增长19.8%,其中,第一产业增9.32%。第二产业增长21.33%,第三产业增长21.97%,第三产业占国内生产总值的比重达到38.5%。

从以上分析不难看出,14年间第三产业总体上有了大的发展,它们在为生产和为人民生活服务方面做出了贡献。同时,第三产业内部各行业也有长足进步,发生很大的变化。

(一)商业市场繁荣兴旺。到1992年末,商饮服务网点达到7万个,从业人员39.3万人,网点数比1978年和1985年分别净增加6.7万个和3.3万个。社会商品零售总额实现了100.08亿元,比1978年的97亿元增长了11.2倍,14年间平均递增幅度为18.8%。新建和改造的唐城百货大厦、西安百货大厦、民生百货大楼和工贸中心等项目已经成为我市商业的中坚力量。饮食业日新月异,大小网点遍布全市,集贸市场迅速发展,1992年末全市恢复和新建的集贸市场405个,年交易额29亿元,是1985年的9.5倍。

(二)金融保险业发展较快。1992年银行存贷款余额分别为222.1和218.5亿元,是1985年银行存贷款额的5.3倍和4.45倍。保险公司1980年恢复,在短短的14年中,已发展成为拥有600多名职工,20多个营业网点和160多个专职代办保险机构的大系统,保险种类已达150多种,1992年承保金额为478.2亿元,国内保费收入1.3亿元。保险业的恢复和发展,为我市经济建设和人民生活提供了保障。

(三)交通运输能力不断提高。1992年我市铁路、公路、航空客运量和货运量的总计数分别为8 050.6万人和8 246万吨。是1985年2 404万人和4 701万吨的3.3倍和1.7倍。新启用的西安航空港咸阳机场,是国内四大机场之一,年飞行量可达24万架次,铁路西安站是全国特等客运段之一,每天有52对客车对开,西安公路发展迅速,境内有5条国道干线,12条省道干线纵横交错,现代化的航空、铁路、公路交通网络基本形成。

(四)邮电通信业面貌发生了较大变化。1980年以来,邮电通信业固定资产增长了3倍,邮电业务总量达到2.37亿元，通信能力和服务水平相应得到了提高。到92年底，我市拥有长途电话线路5 440条，国内可通达800个市县,国际可通达200多个国家和地区。市区电话交换机服务面积206平方公里，交换机容量8万门，各单位安装的用户交换机19.5万门。新开通无线传呼5 000户,移动电话4 000门,磁卡电话100门，邮电服务网点和邮路总长度增加很多。平均日处理邮件，信函能力大大提高。尤其是1986年以后引进的程控交换机，以及256路自动电报交换机，光纤，“PCM”等先进设备的应用,使我市的通信技术步入了现代化行列。

(五)旅游事业有了很大发展。西安市是我国古代文化遗存较多的地区，有史前的半坡人遗址和被誉为“世界第八奇迹的”秦始皇陵兵马俑坑，有举世罕见的秦铜车马、国宝金棺银椁,有闻名世界的千年古塔大雁塔、小雁塔和雄伟状观的钟、鼓楼。随着以秦始皇陵为主体的骊山风景区的开发、明代护城河的修整、唐代艺术博物馆和陕西省历史博物馆的建成，以及扶风法门寺旅游线路的开辟，进一步增强了西安的吸引力。“七五”时期,我市共接待来自世界100多个国家和地区的游客139.5万人。比“六五时期净增75.13万人。增长117%；创汇收入8.24亿元，比“六五”时期的2.08亿增长了近3倍。1992年我市接待国外游客40.2万人，创汇收入4.1亿元，比“六五”时期的总和还多，旅游设施有了改善，到目前为止，我市有各种旅行社40家，涉外宾馆38家，年接待能力100万人以上，旅游事业已成为我市的一大优势产业。

(六)科技新成果不断涌现。1992年末我市有独立核算的专业科研机构604个,各类专业技术人员50多万人，它们以其先进的装备和雄厚的技术力量，1992年共开发技术项目4 054项，其中，获奖项目1 913项，达到80年代国际水平的有132项。

科技开发区从无到有，形势喜人。1988年经国务院批准高科技开发区建设后，到1992年底，开工面积达68万平方米，投资额20亿元。开发高新技术成果568项，有十几项被授于国际博览会金银奖。

(七)外经外贸发展迅速。1980年前后，我市对外贸易机构只有一个进出口公司,由于没有直接出口权，其进出口业务主要依靠省上和天津口岸代为办理。出口产品大部分为农副土特产品，出口收汇每年只有1 000万美元。1987年我市自营出口以来,外贸事业有了大的发展，现已拥有大小进出口公司14家，加上7家大型工业企业已获进出口权，全市有可以直接从事进出口业务的企业共20多家。1992年，实现进出口总额为2.34亿美元，其中进口额0.62亿美元，出口额1.72亿美元。出口产品结构已也有了很大改善，其中机电产品出口额占全市出口额比重在60%以上。利用外资规模也在不断扩大。至1992年末已办成“三资”企业303个，实际利用外资4亿美元。

(八)教育事业勃蓬发展。1992年，全市小学校数2 339所，小学生在校人数67.62万人，比1985年增长了8.78%，高中专学校77所，在校学生10.8万人。研究生近7 000人。有12所院校的47个专业和21所院校的186个专业可分别授博士和硕士学位。

(九)市政基础设施建设步伐大大加快。城市道路总长，铺装面积有了较大增加，到1992年末，城市铺设道路总长1 121公里，比80年453公里增加1.47倍，铺装道路面积1 123万平方米，比80年增长1.6倍,建成了一批具有现代化水平的立交桥,环行过街天桥、地下通道等工程，一环路全面打通，西三一级公路、西临高速公路、西延铁路和现代化全天候的大型国际机场已投入使用。居民的住房条件大有改善,人均住房面积由1980年的3.68平方米，提高到1992年的6.4平方米。自来水生产能力98.8万吨/日,煤气供应量为9 881万立方米,液化石油气供应总量为20 658吨，家用煤气普及率达40.6%。

在发展第三产业方面，还存在着一些不容忽视的问题：

1.第三产业发展水平偏低,满足生产和生活的需要尚有差距。1992年，我市第三产业增加值占国民生产总值的比重为38.5%，第三产业从业人员占全社会从业人员总数的比重为25.88%。

2.第三产业内部发展不平衡。1992年我市第三产业增加值为55.08亿元，其中，交通、邮电通信业为12.50亿元，占全部增加值比重的22.70%；商业、饮食服务业、仓储业为10.5亿元,占比重为10.07%;金融保险业为15.54亿元，占比重28.21%。三个的行业比重合计数为70%，成为我市第三产业中的支柱。科技、旅游的优势远未得到发挥,广告咨询,综合服务等新兴行业比重很小，尚未形成规模。

二、今后的发展重点和方向

针对第三产业发展中的问题和现状,“八五”期间，我市第三产业既要全面发展,又要突出重点。总体目标是：力争在“八五”期间或更长一段时间，逐步建立起适应社会主义市场经济体制的、与全国融为一体的市场体系,城乡社会化综合服务体系和社会保障体系。第三产业的增加值1993年达到58亿元，1995年达到75.7亿元，年平均递增14%，占国内生产总值比重分别达到41.02%和43.43%。为了实现上述目标，必须抓住当前有利时机，解放思想，开阔思路，以科技、商贸、旅游为先导，以金融保险为依托，促进和带动交通、邮电、城市基础设施和公用事业的发展，加快房地产开发步伐，使其尽快成为我市的又一支柱产业，从而带动全市第三产业中其他行业迅速发展。

第一，按照大商业、大市场、大流通的经济发展要求，重点发展商品流通业及商品市场，把西安建成西北最大的流通中心。商品流通业是我市第三产业中的支柱产业和带头产业。“八五”期间的主要目标是：按照社会主义市场经济的要求，努力抓好商贸设施和市场建设，重点建设大中型商贸设施和批发市场。1993年及1995年社会商品零售总额分别达到117亿元和150亿元，每年平均递增17%。

第二，充分发挥优势，以旅游业促进其他行业的发展。旅游业是产业关联度比较高的综合性的经济文化产业和创汇型产业。“八五”期间的主要目标是，在抓好旅游资源开发利用的同时，重点搞好配套设施建设，提高管理和服务水平，使我市的旅游业成为一个比较发达的综合性产业，把西安建成具有古都特色的国际旅游城市和中国西部旅游中心。1995年，我市接待国外旅游者要力争达到70万人，旅游收入9亿元外汇人民币。

第三，促进成果转化、大力发展科技事业和技术市场。“八五”期间的主要任务是：坚定不移地贯彻执行“经济建设必须依靠科学技术，科学技术工作必须面向经济建设”的基本方针，充分发挥我市智力密集、科技力量雄厚的优势，把科技力量最大限度地调动到经济建设主战场上来。

第四，积极发展金融业及资金市场，把西安建成西北的金融中心。“八五”期间的主要目标是：积极探索建立以中央银行为领导，以国有商业银行为主体、多种金融机构并存的新的金融体系。各专业银行要转换经营机制，逐步向商业银行迈进。

第五，高度重视先导产业的作用，优发展交通运输和邮电通信业。“八五”期间的主要任务是：

1. 积极发展公路运输，加快西安地区高等级公路和主枢纽站的建设速度。今年及“八五”后期主要抓好“五路”、“三站”、“一桥”的建设。“五路”是：西安东西过境一级公路、临潼—阎良二级公路、310国道临潼—渭南段和西安—兴平段、西安—兰田汽车专用公路、210国道西安段。“三站”是：西安城东汽车客运站、户县汽车客运站、西安汽车零担货运站。“一桥”是周至渭河大桥。大力发展县乡公路，改善农村交通状况。

2. 争取建设西安铁路南环线，以减轻现在西安站的客、货运输压力。

3. 大力发展航空运输，使西安成为国际航空港。积极发展地方航线，增辟国际航线。

4. 统筹规划，加速发展邮电通信业。邮政要实现中转自动化分拣和快速传递，提高邮件日处理能力。电信要积极发展移动通信，可视电话、磁卡电话和分组交换新业务。

第六，抓好城市基础设施建设，大力发展市政公用事业。

1. 抓好供水排水。重点是建设黑河引水工程，完善段家村应急水源工程，完成环城河截污工程和北石桥污水泵站。

2. 把供气供热项目建设好。“八五”末完成城市气化一期工程，基本形成年消纳2.5至2.7亿立方气的能力，努力开拓气源，扩大石油液化气储气设施，1995年使城市气化水平达到60%。

3. 认真搞好城市道路和公共交通建设。重点是开通二环路和改建南北中轴线，集中形成市区路网骨架。

4. 重视城市环卫和园林绿化工作。通过专业队伍和社会相结合的清运方法，对全市生活垃圾和基建废弃物逐步实行定点卫生堆埋和倾倒，完成全部公厕的旱改水。扩大城市绿化面积。

第七，加快土地使用制度及住房制度改革，促进房地产的发展。“八五”期间，房地产业发展的指导思想是：统一规划、合理布局、因地制宜、综合开发、配套建设。房地产开发原则是：坚持经济效益、社会效益和环境效益的统一，坚持综合开发与土地使用制度改革，住房制度改革相结合，新区开发与旧区改造相结合。

（西安市计委　张万善）

武　汉　市

武汉位于我国中部的长江与汉水交汇、长江与京广铁路线交叉处，经济地理和交通运输条件较好，历史上又是以商业为主的城市，第三产业相对比较发达。建国后，随着国民经济的发展，第三产业也相应得到一定发展。但是，由于长期来多种原因的影响，第三产业的发展几经曲折，总体水平仍然较低。

党的十一届三中全会和改革开放以来，武汉第三产业才得到较快的发展。特别是近两年来，在邓小平同志南巡重要讲话和党的十四大精神指引下，为适应社会主义市场经济体制的建立和更好地发挥中心城市多功能作用，武汉市委、市政府将发展第三产业工作列入重要议事日程，作为经济和社会发展的"突破口"、"新的增长点"和长期的战略任务来抓。设立了规划协调第三产业发展的专门班子，组织制定了方案，确定了第三产业发展目标和重点，在投资、价格、用工、人事、税收、信贷、审批登记、设施配套等方面制定了关于促进第三产业加快发展的10条具体政策，配套制定了部分地方规章制度。同时，广泛动员社会各方面力量，多渠道筹措资金，增加了投入，使武汉市第三产业有了长足的发展。1979至1992年，全市第三产业增加值由11.1亿元提高到83.8亿元（按当年价计算，增长速度按不变价计算，下同），增长3.6倍，年平均增长11%以上；第三产业增加值占国内生产总值的比重由1978年的25%上升到1992年的36.3%；第二产业从业人数由1978年的90.79万人增加到112.44万人，占社会劳动者人数的比重由1978年的20.1%提高到31.2%；全市第三产业企业和单位达10.28万个（含个体6.24万个），占企业和单位总数的81%。现已基本形成了以传统行业为主、门类较全、多种经济形式并存的第三产业体系。

一、第三产业发展的基本特点

1. 以传统行业为主，商业饮食业、金融保险业、运输邮电业比较发达。在第三产业的增加值、企业和就业构成中，传统行业都占很大比重，均为90%以上。从第三产业增加值的构成看，商业饮食业（含物资供销、外经外贸、仓储业，下同）、金融保险业、运输邮电业所占比重最大，分别为25%、20.9%、17.5%，三者相加共占63.4%；从第三产业企业构成看，商业饮食业占比重最大，占81.2%；从第三产业就业构成看，商业饮食业、运输邮电业和教育、文化艺术、广播电视业所占比重最大，分别为30.3%、14.4%、15.7%，三者相加共占60.4%。

2. 新兴行业从无到有，逐步得到发展。全市旅游企事业单位有65家，其中涉外旅游定点饭店15家，床位4 080张，1992年接待旅客13.38万人，比上年增加49.3%，外汇收入达2.03亿元（外汇券），比上年增长81.7%。初步形成了"吃、住、行、游、购、娱"基本配套的旅游服务网络。房地产业去年有较快发展，目前，全市注册的房地产开发经营企业已达427家，其中三资企业188家，注册总资金近75亿元，其中外方注册资金43亿元，去年竣工面积有488多万平方米，其中住宅330万平方米，房地产转让、出租、招租、抵押等经营业务也相继起步。科技服务业和技术市场有一定发展，全市有各类技术交易机构1 250个，其中市一级805个，1992年成交各类技术合同4 730多项，比上年增加87.5%，成交额3.6亿元，增长78%。全市有信息咨询单位300多家，其中调查的248个单位拥有资产3 000多万元，从业人员7 000多人。广告经营单位278家，比上年增加106家，广告营业收入达8 785万元，比上年增长50%左右。适应就业制度改革和居民生活不断提高的需求，劳务中介和新兴居民服务中介机构正不断建立，全市已有74个劳务市场，每个城区都有一个职业介绍所，每一条街都有一个劳务服务中介所。

3. 社会福利事业和社会保险业发展加快，社会保障体系初步建立。在社会福利事业方面，目前已基本形成了以国家办的为骨干，集体办的为主体，家庭自我保障为基础的体系。其中全市已有国家办的福利院15个，乡镇办的福利院87个，城区街道、居委会兴办的社区服务设施1 670个。社会福利已向社会开放，在国家办的社会福利院中，属自费代养的已占1/2；基层社区设置的1 032个老年人服务中心（站），每天以娱乐、饮食、康复等多种服务项目接待老年人2万多人次，为许多家庭解除了子女上班时老人无人照顾的后顾之忧。

改革以来，社会保险业也得到复苏和发展。武汉市社会养老保险实施方案已正式颁布实施，全民所有制单位养老保险覆盖面达90%以上，集体企业养老保险覆盖面达80%以上，农村居民中已有近60万人参加了养老保险，乡镇企业、“三资”企业、个体及私营企业中也推行了养老保险。结合企业经营机制转换和保障制度改革，还在待业保险、工伤保险和医疗制度改革方面开展了试点工作。

4. 多种经济成份并存，集体和个体经济兴办的第三产业迅速发展。在第三产业企业中，国有和集体企业3.95万个，占38.4%；个体户6.24万个，占60.7%；私营企业699个，占0.6%；“三资”企业220个，占0.2%。近年来，从事第三产业的个体、私营企业、“三资”企业发展加快，过去，到市工商部门办理营业执照的个体户、私营企业和“三资”企业每天不足三四十人，1992年下半年以来，每天接待数百人。到1992年末，个体工商户（第三产业）较上半年增加0.85万个，从业人员增加1.16万人；私营企业（不含运输业）较上半年增加248个，从业人员较上半年增加2 352人；“三资”企业较上半年增加152个。

工业企业兴办第三产业取得一定成效。武汉是老工业基地，结合工业企业改造和企业组织结构调整，大力兴办第三产业。近两年来，各工业主管部门把“发展第三产业转产一批”作为搞活企业的重要措施之一。目前，二轻行业的第三产业企业已达1 190户。安排人员2.69万人，占本行业职工数的41%，年销售收入可达6亿元，创利税1 800万元左右，使12户企业扭亏转盈。1992年市纺织工业从事第三产业的人员已达全系统职工总数的7%，创利税3 000多万元，由于兴办第三产业而扭亏为盈的企业的4家，明显减亏的有6家。机械工业系统从事第三产业人员已达10%以上，1992年营销额达9亿多元，占局系统销售收入的1/3，上缴税金占18%。

二、第三产业的优势行业

武汉市的商业饮食业、金融保险业和运输邮电业是第三产业中的三大支柱行业，同时也是最具特色的重点行业。

武汉历史上曾以商业繁荣著称，是我国内地最大的商埠重镇，是华中地区农副土特产品集散地和商品流通中心。改革开放以来，由于实行商品（物资）流通体制改革，初步形成了以国营商业为主导、多种经济形式、多种经营方式、多渠道、少环节、开放式的商品（物资）流通体制，商品交易日益活跃。商业饮食业共有8.35万个企业或网点机构，34.04万从业人员。1992年社会商品零售总额达128.26亿元，比上年增长13%左右：商品购进总额180亿元，销售总额194亿元，年销售额1亿元以上的零售商场10个（比上年增加2个），其中武汉商场销售额达6亿元。批发市场、专业市场、集贸市场也有相当规模，以批发为主的汉正街小商品市场，拥有网点或摊点10 008个，年销售额12亿元，上缴税费5 000多万元；以钢材、有色金属材料、煤炭、木材、建材、机电设备、汽车和汽车零部件等为主的各类生产资料市场正逐步建立发展，物资供销机构年购进总额已达204亿元，销售总额225亿元；全市共有集贸市场377个（含批发市场17个），年商品成交额已达26亿元，比上年增长22.1%。

武汉金融保险业发展历史悠久，30年代曾形成我国内地金融中心。目前已有金融机构1 562个，从业人员2万多人，形成了以人民银行为领导，以各类专业银行为主体，以各类信托、投资、租赁、证券、城乡信用社为辅助的金融体系。1992年，银行各类贷款余额达308亿元，各类存款余额246亿元，其中城乡储蓄存款107.8亿元。资金拆借市场、外汇调剂市场、证券交易市场迅速发展，十分活跃。1992年，武汉资金市场拆借融通资金147亿元，比上年增长35.5%；外汇调剂2.8亿美元，其中跨地区调剂外汇0.69亿美元：全年证券交易额达211亿元，比上年增加6倍。1992年4月成立的武汉证券交易中心，已有146家来自全国20个省市的甲、乙类会员参加交易，交易制度比较健全，交易手段现代化，建立了功能齐全的电脑运行系统。到目前为止，证券交易中心已成交190亿元，成为全国最大的国债交易中心市场。1992年市保险公司的保险费收入已达5.7亿元，比上年增长57%。

交通运输、邮电通信业是武汉的优势行业。历史上，武汉素有“九省通衢”之称，经过40余年的建设和发展，武汉已形成了以铁路和长江航运为骨干，包括铁路、水运、公路和民航组成的立体型综合运输体系，成为我国内地的交通运输中心。全市交通运输系统企业1 338个，从业人员16.22万人，年旅客运输量约8 500万人，旅客周转量166.6亿人公里，货物运输量14 050万吨，货物周转量704.1亿吨公里，港口货物吞吐量2 432万吨，邮电业务总量3.4亿元。

武汉铁路枢纽与京广、武九、汉丹三条干线相连接，辐射四方。1992年铁路客、货运量分别达到2 035万人和4 903万吨。以长江和汉水为主的航运水系，连通我国中部的江河湖泊，水运极为便利。以武汉为中心的水运航线辐射面积达287万平方公里，影响约占全国面积的1/3，武汉是长江中游最大的港口城市。以武汉为中心的公路运输，通过纵横交错的公路把武汉同周围广大城乡和全国各地联接起来，并与铁路、水运相连，形成了四通八达的公路运输网。据1992年统计，全市公路通车里程2 712.8公里，其中水泥路面112.26公里。武汉民用航空事业逐步有所发展，1992年拥有各类民航机18架，其中大型客机10架，经营国际、国内和省内航线45条。武汉天河机场正在加紧建设之中，1993年底将建成投入使用。

三、第三产业存在的问题和面临的制约因素

总的来讲，武汉市第三产业发展滞后，水平低，与经济发展、改革开放、人民生活需要不相适应。具体看，有以下几个主要问题：

一是市场体系发育不够。如消费品、工业品批发市场数量少，规模小，尚处于初级阶段，大型高档次零售商场不多，商业网点布局也不够合理；生产资料市场没有形成气候，“大进大出”的集散地功能作用未得到发挥；金融市场融资能力有待进一步发掘，地方和外资银行未能建立，股票市场没有起步；房地产市场刚刚起步，且运行方式急待改进和完善；技术市场还不够活跃；劳务市场尚未真正形成。同时，市场法规和市场机制不健全，市场发育从总体上看还很弱小，在一定程度上制约了企业经营机制的转变和经济的发展。

二是交通、通信等基础设施仍然落后。前十年中，武汉交通邮电发展慢于经济发展，交通邮电的发展速度比工业慢2.5个百分点，而且运输结构也不合理，铁路运输负荷倚重，水运优势未能充分发挥，航空运输微乎其微，电话普及率在17个大中城市中占第13位，传真、卫生通讯等新兴电讯手段运用很少。城市基础设施建设也落后于经济发展和人民生活的需要，水、电、气供给严重不足。武汉的投资环境和生活环境都比较差。

三是服务体系很不完善。工农业生产的发展，要求科技、人才、邮电、信息等提供高质量的服务，而我市科研成果转化慢、技术市场不健全、人才交流不畅、信息不发达、满足不了生产的需要。在生活服务方面，零售商业、饮食业、服务业网点和从业人数仍显不足，在17个大中城市中，千人拥有商业网点和从业人数分别居第12位和第16位，而且网点布局不平衡，各种“生活服务难”的问题在某些地区、某些对象上大量存在，新兴的各种服务项目虽然相继出现，但发展不够，也满足不了人民生活日益提高的需要。

四是社会保险刚刚起步。我市社会保险体系处于初建阶段，由于企业亏损面大，老企业多，老职工多，保险基金筹措困难，加上保险部门职责不清，管理办法不健全，社会保险工作开展得不够快，跟不上企业转变经营机制、改革用工制度以及保证社会安定的需要。

此外，武汉市第三产业加快发展，还面临着不少制约因素：

第一，思想观念的制约。把第三产业当成“不创造社会总产品和国民收入”的非产性部门，“重工业、农业、轻第三产业”的观念，把服务工作看成是“低人一等，侍候人的工作”，对个体、私营经济在社会主义条件下对国民经济发展的作用认识不一等传统的理论、观念，还在影响第三产业的发展。第二，管理体制的制约。第三产业包括的行业众多，牵涉到的管理部门也很多。多头管理、条块分割、“大而全”“小而全”的格局尚未打破，第三产业的商品化、企业化、社会化程度难以提高。所创造的价值得不到充分实现，社会资源得不到充分分利用，企业发展缺乏活力和动力，社会整体经济效益低。第三，政策导向的制约。由于过去对第三产业发展问题的忽视，有关第三产业发展的产业政策研究较少，因而缺乏明确的宏观政策导向，使“三产”行业和企业的发展带有一定的盲目性，且难以得到有效的政策扶持。同时，某些政策由于缺乏连续性，也制约了第三产业的顺利发展。第四，资金投入的制约。我市每年地方支配的财力极为有限，生产建设资金十分紧张，而能用于第三产业项目的投资则微乎其微。第五，生活消费水平的制约。我市居民的生活消费水平较低，与特大中心城市的地位极不相称。1990年我市居民的年人均生活费收入为1 466元，在全国17个直辖市和单列市中居倒数第3位，仅为深圳的38%；居民年人均储蓄额仅为1 029元，在17个城市中居第12位；城市居民的食品支出在整个消费品支出中的比重（恩格尔系数）高达66.3%，高于全国平均水平12个百分点。因此，对第三产业发展拉动乏力。

四、加快第三产业发展的设想

在我国经济和社会发展进入一个新的时期里，第三产业的加快发展，具有全局性的重大战略意义。第三产业的重要性和必要性，正逐步在我市上下形成共识。在前不久闭幕的我市第八次党代会和第九届人代会上，把加快第三产业的发展列入了主要议程，从武汉市情出发，提出了武汉第三产业加快发展的战略目标、重点和对策。

90年代总的奋斗目标是：坚持党的基本路线，围绕建立社会主义市场经济体制，进一步加快改革开放步伐，大力发展社会主义生产力，努力把武汉建设成为四城雄踞（钢铁城、商业城、科技城、汽车城）、三区崛起（东湖新技术开发区、武汉经济技术开发区、阳逻经济技术开发区）、两通发达（交通、流通）的我国中部地区经济中心、贸易中心、金融中心、交通中心和科教中心，进而逐步建设成为经济实力强、文明程度高、城乡一体化的开放型、多功能、现代化的国际性城市。要求我市第三产业要以快于第一、第二产业的速度发展，按年平均13%以上增长，到2000年，第三产业增加值占国民生产总值的比重提高到42%以上，第三产业从业人员的比重达到40%以上，初步建立起与社会主义市场经济体制相适应的统一开放的市场体系、城乡社会化综合服务体系、新型的社会保障体系，形成大流通、大市场、大服务的发展格局，最大限度地发挥中心城市多功能作用。

第三产业的发展重点：一是加快发展“大进大出”的商品流通业，逐步建立以市场机制为基础，具有比较先进的管理水平和较完善的基础设施，开放、高效、畅通、可调控的商品流通体系，成为辐射区域、联结国内国际商品市场的我国中部地区中心大市场；二是大力发展服务内地、面向海外的金融业，形成全国性的金融市场；三是积极发展房地产业，使其逐步成为我市支柱产业之一；四是继续加快以交通邮电为主的基础设施建设，为武汉的经济发展和开放开发创造良好的环境。在突出发展以上重点行业的同时，还要抓住机遇大力发展科技服务、信息咨询、旅游、居民服务等新兴行业，并围绕生产发展、人民生活的不断变化的需求，逐步建立和完善社会综合服务体系和社会保障体系。

（武汉市计划委员会）

广　州　市

改革开放13年来，广州市在稳定发展第一产业，优化提高第二产业的同时，重点加快了第三产业的发展步伐,使全市经济逐步向着结构合理化、产业高度化的方向演进。三类产业的比例由1978年的11.7：58.6：29.7演变为1991年的7.3：46.5：46.2。产业结构的优化和升级，不仅促进了经济运行的良性循环和社会生产力的发展,推进了市场经济的发育成长,而且大大提高了广州作为中心城市的辐射、服务功能作用。1991年广州市国内生产总值达386.67亿元，比1978年增长3.63倍,年均递增12.5%;国内生产总值在全国大城市中的位次由第6位上升到第3位，其中第三产业增加值所占比重居首位。

一、广州第三产业发展的现状

广州市第三产业的发展具有以下几个特点：

1. 第三产业逐步成为广州经济增长的重要推动力之一。

首先,第三产业在产业结构中的地位逐年上升。改革开放以来，广州第三产业的发展经历了两个阶段：1979—1985年处于“解决欠帐”的恢复改善阶段，第三产业增加值比重由34.1%提高为37.4%,就业人数比重由25%提高至31%。1986年以后,广州第三产业进入了作为独立的产业加快发展的相对协调阶段。至1991年第三产业增加值达到178.58亿元，占当年国内生产总值的46.2%,比1978年的29.77%高出16.5个百分点,超出全国同期27.2%水平19个百分点;全市第三产业的就业人数达126.74万人,占全市就业人数的35.6%。其中市区高达46.1%，比1978年的24.2%高出11.4个百分点，超出全国同期18.9%平均水平16.7个百分点。第三产业对广州经济增长起着重要作用。“七五”期间，第三产业对全市经济增长的直接贡献(国内生产总值增量中第三产业所占的份额)达56.9%。1990年外贸出口对工业总产值增长的直接贡献达58%;第三产业对市属预算内财政收入的贡献达46%。

其次,第三产业始终保持着高速平稳增长的态势：1978—1991年，广州市第三产业年均递增14.4%，比全市国内生产总值年均递增12.5%的速度高出1.9个百分点。其中，“七五”期间年均增长速度达到15.9%，明显高于第一、二产业年均增长的1.7%和8.4%的速度。80年代中后期,广州第二产业出现过两次大的起伏，波峰与谷底的幅差达20.9个百分点。但第三产业的增长则比较稳定，幅差最大仅为9.7个百分点。第三产业这一较强的抗外部波动能力,在一定程度上缓和了第二产业起伏对全市经济发展的不稳定因素。

此外,第三产业的素质有了较大的提高：1991年，广州第三产业劳动生产率为14 090元/人（按增加值计算，下同），比1978年增长6倍，与第一、二产业比较,第三产业劳动生产率分别高出11 218元/人和345元/人，年均增长率分别高出16.1个和29.2个百分点;第三产业的投入产出比为1：0.94,高于第二产业的1：0.30。第三产业就业人口正趋向年轻化,文化素质有所提高，与第二产业就业人口素质的差距进一步缩小。

2. 第三产业的内部构成由以传统服务业为主逐步升级成为多功能的综合服务体系。

在增加值的绝对量持续有较大增长的前提下，1978—1991年广州第三产业增加值中，第一层次（流通部门）比重由80.7%下降为49.1%，其中商业、饮食、物供仓储业降幅达13.3个百分点；第二层次（为生产和生活服务的部门）比重由10.8%上升为39.4%,其中金融保险业比重由3.1%上升为25.7%,升幅达22.6个百分点,房地产业、信息咨询业、综合技术服务业等新兴行业比重由10.8%提高为39.4%。第三产业内部结构得到合理调整，四个层次的比重由1978年的80.7：10.8：3.6：4.1演变为49.1：39.4：7.8：3.7。1991年，广州市全市货运量（用地区数）达19535万吨，铁路货物到发量达2825万吨；民航广州港旅客运量达519万人次；邮电业务总量达9.35亿元；旅游系统接待人数达710.6万人次，其中境外游客203.4万人次；社会商品零售总额达177.4亿元;广州口岸进出口贸易总值达196.8亿美元;广州地区金融机构各项存款余额达601.9亿元。上述情况表明，广州第三产业已初步形成了为整个经济区提供多种功能的综合服务能力。

3. 逐步确立了以市场为方向，多种所有制经济成份并存的第三产业发展格局。

目前，广州市第三产业中市场调节的比重，商业饮食业达98%，物资供应仓储业达90%，居民服务和公用事业达95%，房地产业达88%，交通运输市场、金融市场、房地产市场、技术市场、信息咨询市场、教育市场等新兴的第三产业市场体系初步形成并日益繁荣。1991年，第三产业内部多种经济成份就业人数比重，全民所有制部门占71.01%，集体所有制部门占16.68%，其他经济类型部门占12.31%。全市社会商品零售额中，全民、集体、个体、其他经济成份零售额比重为49.5：18.1：19.1：13.3。

总的来看，广州第三产业已由改革开放前从属于第一、二产业的附属产业上升为与第二产业等量齐观的主导产业，并且已开始进入了由以传统服务为主要内容的粗放发展阶段，向以新兴现代产业为主的集约型发展阶段转化的产业升级进程，已初步形成为广州相对邻近地区的优势产业，并起到了推进市场发育和市场体系形成，有效改善投资环境的重要作用。

二、广州加快第三产业发展的基本经验与存在的主要问题

广州加快第三产业发展的基本经验是：

1. 切实把第三产业提到战略产业的高度来加以重视。80年代初，广州市委、市政府即把第三产业中一些主要行业的发展提到国民经济和社会发展计划的重要位置进行安排。1985年，《广州经济社会发展战略纲要》进一步提出了到本世纪末广州的产业发展方向是“以轻纺工业和第三产业为重点”，据此而制定的广州市“七五”计划，明确地把“提高第三产业在全市经济中的比重，提高为生产、生活服务水平”作为经济发展指导思想，并对第三产业主要行业发展作了突出安排，确立了第三产业在广州市经济发展中的重要地位。

2. 坚持按市场化、社会化的要求发展第三产业。广州的城市经济体制改革首先从第三产业中的传统领域起步，将流通体制改革作为突破口。1979年初，广州率先提出“敞开城门，搞活流通”，大胆地开放了农产品市场，放开商品价格，改革批发、零售体制，其后逐步将市场机制引入到饮食、旅游、交通运输、公用事业等服务性行业，使第三产业中的一部分行业从福利型向经营型转变，实现了市场化。与此同时，广开城门欢迎全国各地和境外客商前来经商营业。至1991年底，外地来广州市设店经营的企业达1 000多户，各地驻穗办事机构918户，港澳及外国驻穗机构1 300多户；并且始终坚持广州市场较高的开放度，即使在治理整顿期间市场疲软、本地产品严重积压的困难情况下，广州也不搞地区保护主义，被誉为“不设防的城市”和“永不落幕的交易会”；此外，努力促使内部服务机构及文化、卫生等部门由福利型向经营型和效益型转变；在全国率先进行“民间办学”、“企业办体育”、“企业办杂志”、“企业资助文化团体”的探索，使教育、文化、体育事业由政府包办转向政府与社会共同兴办，并逐步实现产业化，收到较好的成效。

3. 多渠道筹措社会资金，大力增加对第三产业的投入。为了解决第三产业投资不足的问题，广州市较早地实行了“谁负责，谁投资，谁受益”的办法，打破行业、部门和所有制界限，放手让各方面兴办第三产业。通过财政投资、引进外资、银行贷款、职工集资、发行债券等多种形式相结合的办法，增加了对第三产业的投入。“六五”、“七五”期间，市属全民所有制企业投资中用于第三产业的投资比重分别达到65%和61%，高于历史上较高的“一五”、“五五”时期的48%和49%的水平。

改革开放初期，为改善投资环境和吸引境外商人，广州市有意识地将外商直接投资引导向第三产业，发展了一大批宾馆、酒店、游乐园、出租汽车项目。此后，逐步将外商直接投资引导向第二产业。近年，又再次将外商直接投资引导向第三产业，重点投入到交通运输、邮电通讯、文化教育、房地产开发、大型综合商场和大规模的旅游设施等中长期规划确定的重点发展产业项目。

4. 实行优惠政策，促进第三产业自我发展机制的形成。改革开放以来，为了尽快弥补历史遗留下来的40多亿元城市基础设施等方面的欠帐，广州对第三产业实行了一系列优惠政策。从80年代初起，陆续对零售商业、服务行业、肉菜市场、影剧院、园林公园、体育场馆等实行了承包经营。从1983年开始，广州市政府批准市属10个公共交通企业及自来水公司等企业，实行向市财政包干利润不上交的“以交通养交通”、“以桥养桥”、“以港养港”、“以话养话”、“以园养园”、“以房养房”，使这些因长期投入不足而发展滞后的部门，初步形成了自担风险、自我积累、自我发展的机制。对企业承包、资助文化、艺术、体育团体，实行税收优惠，大大加快了这些方面的发展步伐。

5. 积极探索和引进国外先进的管理方法和手段，转换第三产业的企业经营机制。广州在全国率先实行了出租小汽车以表计费、扬手即停，超级商场、体育馆、文化宫、影剧院综合经营，灯光夜市、小商品一条街，邮政储蓄、邮政快递，储蓄保险等灵活多种的经营方式，并首先引进国外的酒店、宾馆管理办法，创办了一批具有国际水准的星级酒店，首创商品“售后三包服务”等。

在转变企业经营机制方面，首先推行出租车单车承包、商店柜台承包、商业交叉经营、供销人员促销奖励、放开经营范围等一系列改革措施；同时，及时制订相应的管理规范，既促进了第三产业企业在竞争中的发展，又保证了经济秩序的健康稳定。

当前，广州市第三产业存在的主要问题：

一是总体发展水平不适应经济上新台阶的要求。广州第三产业增加值所占比重明显低于亚洲中等发达国家和地区平均60%的水平；第三产业就业人员所占比重也与亚洲中等发达国家和地区平均50%左右的比重有相当的差距。

二是内部结构不够合理，“瓶颈”环节矛盾突出。广州第三产业内部四个层次比重与发达国家第三产业各层次25：10：30：35，亚洲中等发达国家和地区30：15：35：20的结构比较，广州第二层次的信息咨询服务业，第三层次的科技、教育、文化等行业，第四层次的政法等行业等比重偏低，说明能够有效促进社会经济现代化进程的新兴行业发展总量不足。同时，传统行业中交通、通讯依然是制约经济发展的“瓶颈”环节，商业、旅游业规模经济效益较差，缺乏高水平的“拳头”项目。全市还没有与经济发展阶段、与大都市要求相符的博物馆、科技馆、艺术馆。这表明，能够表现广州中心城市作用的第三产业优势未能得到充分发挥，整体素质还亟待继续提高。

三是广州第三产业一些行业的发展受到现行管理体制的制约。由于无法对铁路、海运、远洋、民航、通信、银行等部门实行统筹规划，使之与广州市经济增长和广州市作为中心城市所应承担的为邻近地区提供服务的要求相协调，发展因此而受到影响。外贸出口、劳务输出、境外旅游的管理，也有许多不利于发展的因素。

三、广州市加快发展第三产业面临的机遇与挑战

今后15年，广州面临着第三产业发展的极好机遇：

1. 广州市以15年基本实现现代化、建成服务辐射功能较强的国际大都市的战略目标，客观上为第三产业加快发展提供了有利的时机。

2. 广州市经济将持续快速发展，市民生活将从小康向富裕阶段过渡，其消费方式、水平的变化，为第三产业发展提供了巨大的市场要求。

3. 随着广州市产业结构迈向高度化，“三高”农业的迅速发展将促使农村剩余劳动力加快向第三产业转移，第二产业中加工业的调整改组也将使部分就业人口转向第三产业，这就为第三产业发展提供了充裕的人力后备资源，成为加快第三产业发展的一个推动力。

4. 广州市将在改革开放中继续先行一步，从而为理顺第三产业领域的交流和合作，利用国外资源加快第三产业发展提供有利条件。

5. 广州市第三产业具有较好的基础，并且在以往第三产业发展中积累了一定的经验，初步建立了以市场经济为主导、有利于第三产业发展的良性循环机制，这为进一步提高第三产业发展水平提供了现实可能性。

今后，广州市第三产业发展面临的挑战：一是在亚洲中等发达国家和地区第三产业现代化、国际化程度较高的情况下，广州要赶上这些国家和地区，不仅要进一步提高第三产业增加值比重，更重要的是必须从整体素质上缩小差距。二是在第一、二产业仍未能转向内涵扩大再生产，仍需要大量投入的情况下，如何保证第三产业有较大的资金投入量，这是今后必须解决的突出问题。三是在沿海和内地第三产业政策基本持平的情况下，广州如何通过加快第三产业改革开放步伐，形成有利于第三产业超前发展的“软”环境和“硬”环境，这是今后能否充分发挥广州优势的关键所在。

四、广州市第三产业发展的方向

（一）发展方向

坚持改革开放，按照建立社会主义市场经济和力争15年赶上亚洲中等发达国家和地区的战略目标要求，继续把第三产业作为全市经济发展的战略产业，在努力稳定提高第一产业，调整优化和发展第二产业的同时，大力推进第三产业的高度发达。通过改革管理体制、转换经营机制、健全市场体系、扩大利用外资，尽快建立起结构协调、布局合理、综合性强、外向度高、优势突出和扩散、聚合辐射面广的第三产业，以促进全市经济登上新台阶。

（二）发展目标

经过15年左右时间的努力，逐步建立起广州作为国际大都市要求相符的第三产业10大体系：一是完备的开放型消费品、生产资料市场体系；二是具有国际水准的、配套衔接的立体化交通运输体系；三是通达面广、高效通畅的邮电通信体系；四是多渠道、多方式、多层次的中心城市金融体系；五是体现地方特色、规模宏大、档次较高的旅游服务体系；六是功能齐全、快捷便利的信息咨询体系；七是符合社会主义市场发育、健全需要的市场中介组织服务体系；八是适应经济发展，并能适应不断提高经济素质和居民素质要求，在国内大城市中属一流的科研、教育体系；九是商品化、产业化、社会化的房地产业服务体系；十是与人民殷实小康生活阶段相适应的生活服务体系和社会保障体系。通过上述十大体系的建设，使广州第三产业总体发展水平赶上亚洲中等发达国家和地区水平。

到 2005 年，全市第三产业的增加值达到 1 155 亿元（按 1990 年价），比 1990 年增长 2.7 倍，年均递增 14%，占国内生产总值的比重达到 60%；第三产业就业人数占社会劳动总人数的 50%；第三产业劳动生产率达 53 000 元/人，年均增长 10%，高于第一、二产业劳动生产率的增幅；第三产业内部结构趋向合理，四个层次的比重调为 35：46：15：4；15 年内累计对第三产业投资 2 000 亿元，占同期全社会投资总额的 66.6%。

（广州市计划委员会）

重　庆　市

一、改革开放以来重庆市第三产业加速发展

（一）概况

重庆是长江上游经济中心，西南地区最大的工商业城市，第三产业发展有着良好的条件和广泛的需求。改革开放14年来，随着国民经济的迅速发展，产业结构的不断优化调整，重庆市第三产业呈现出前所未有的加速发展局面。全市第三产业增加值由1978年的7.7亿元增加到1992年的83亿元，平均增长速度高于一、二产业增长速度；第三产业占国民生产总值的比重由1978年的16.53%增至1992年的30.3%，增加了13.77个百分点；第三产业从业人员由1978年的74.27万人增至1992年的152.1万人，其占全社会从业人员比重也由12.63%增至17.9%。第三产业发展在总量增加的同时，其内部行业发展的构成也发生了显著变化，向更高层次演进，金融、产业服务、房地产、旅游等兴第三产业发展较快。目前，交通邮电、商贸流通、金融保险三大行业的增加值占全市第三产业的55%，成为重庆第三产业的主体。改革开放以来，重庆市第三产业的迅速发展，强化了基础设施建设，增强了城市综合功能；优化了国民经济结构，培育了经济新增长点；加速了市场经济建设，促进了市体系发育；改善了投资环境，促进了对外开放；加快了社会进步，发展了精神文明；改变了城市面貌，方便了人民生活，使社会生产和人民生活上升到更高的层次。

目前，重庆市第二产业发展总体水平仍然不高，还存在总量不足，人均水平低；结构欠合理，功能不完善；城市基础设施较差，市场发育不健全；经营规模小，社会化程度低等问题。1991年重庆市第三产业增加值在国民生产总值中的比重为30.3%，仅与全国平均水平相当，与全国17个大城市（直辖市、计划单列市）相比较，处于较为落后的水平。这与重庆作为区域性特大中心城市的功能地位很不相称，不能适应重庆改革开放、经济上新台阶和人民生活水平提高的需要。因此在进一步改革开放，发展社会主义市场经济的新形势下，加快重庆第三产业发展仍很紧迫。

重庆市是我国老工业基地，也是市带县有着广大农村腹地的内陆特大城市，工业和农业在国民经济中占有传统的优势地位，经济结构和资源配置主要围绕第一、二产业展开，第三产业发展具有一定难度。近年来，市政府采取了相应的政策措施，促进第三产业发展。根据党中央、国务院《关于加快发展第三产业的决定》精神，1992年市政府召开了重庆市加快第三产业发展工作会议，统一部署了全市第三产业发展工作。同时，在市计委内成立重庆市加快发展第三产业办公室，统一组织协调全市第三产业发展。市计委制订了《重庆市加快第三产业发展规划纲要》，确定了本世纪内全市第三产业发展的目标和任务，为全市第三产业的进一步发展勾画出了蓝图。目前，重庆市第三产业出现了加速发展的态势。

（二）交通通信建设

重庆是我国西南地区重要的交通通信枢纽和对外经济交流的主要出入口。重庆交通运输以长江、嘉陵江两江和成渝、川黔、襄渝三条铁路干线以及国道210、212、319三条国家干线公路为主骨架，形成以重庆母城为轴心的“十”字形布局。“十”字形干枝上连接着20多条中小通航河流和众多的公路、铁路支线，并结合航空运输和管道运输（天然气管网）、索道运输，构成水陆空联运、方式多样的综合运输网络。同时，光纤、微波、卫星相结合的现代化通信网也初步形成。1992年，全市运输部门完成货物周转量219.12亿吨公里，运送旅客周转量103.83亿人公里，分别比上年增长15%和14.4%。同年，全市交通运输货运总量达14 851万吨，客运总量达25 009万人。近年来，为适应改革开放新形势的需要，重庆进一步加强了对交通通信建设的投入，促进了投资环境的改善。

航空运输是最为便捷的现代运输方式。“七五”期间投资建成的重庆江北机场改变了重庆航空运输的落后局面。总投资3.4亿元的重庆江北机场是国家“七五”重点建设的一级机场，拥有一流的跑道，良好的空域条件，精密的导航设备，完备的配套设施。机场建成后，吸引全国主要航空公司进场营运。目前重庆通往国内主要城市的航线有26条，并开有每周四班直航香港

的包机。1992年，重庆航空旅客运量突破百万，达102万人，货运量为1.69万吨。

铁路运输和公路运输，仍然是重庆最重要的、运量最大的运输方式。“七五”以来，重庆的铁路建设取得了长足的发展。成渝、川黔两大干线铁路实现了电气化，运力成倍增长；重庆铁路枢纽及其站场的改扩建，提高了重庆铁路综合运输能力；1992年竣工的重庆铁路新客站，改善了重庆铁路客运条件，大大提高了旅客吞吐能力，1992年，重庆铁路货运量2 804万吨，客运量2 186万人。

近年来，重庆公路建设也取得了很大进展。新建了国道210线市区至江北机场的一级公路，结束了重庆没有高等级公路的历史，同时改扩建了国道212、319线，正在抓紧建设成渝高等级公路，使重庆东、南、西、北的对外公路交通条件得到改善。1992年，全市公路货运量达10 961万吨，客运量达21 590万人，居全国各大城市前茅。城市道路新建了菜袁路，形成市区又一条东西向主通道，正在建设的滨江公路将大大缓解城区行车矛盾。结合城市道路建设，新建了横跨嘉陵江的石门大桥，现正在建设长江二桥，并配套建设了城市道路立交、人行天桥、地道等交通设施，提高了陆上综合交通能力。

水运是重庆交通运输的优势。长江重庆至宜昌常年可通行1 500—3 000吨货船；三峡工程建成后万吨级船队可直达重庆。为挖掘长江“黄金水道”的运输潜力，按通行千吨级货船，进行了大规模整治，改善了通航条件；适应三峡工程建设和三峡库区水位，对重庆港主要码头，作业区进行了改扩建，进一步扩大了重庆水上运输能力。1992年，水运货物总量1 079万吨，客运总量1 131万人，比上年有较大增长。

通信事业的发展是现代信息社会高速进步的必然。近年来，重庆邮电装备水平明显提高。10万门程控电话、重庆微波通信枢纽以及重庆卫星地球站等重点通信工程的建成，极大地提高了重庆对内对外的通信能力。

交通通信设施的建设极大地改善了重庆的投资环境，促进了对外开放的进一步扩大。目前，外资来重庆投资建设十分活跃，1992年全市新签利用外资488个，协议外资金额5.64亿美元；其中新批“三资”企业443家，协议外资金额3.8亿美元。令人更加可喜的是，外商来重庆投资已对城市道路、桥梁等交通设施表现出浓厚兴趣，已有港商、日商分别投资建设重庆地铁及城市轨道交通工程，横跨长江、嘉陵江的城市桥梁建设也正在实施或协议之中。可以肯定，随着对外开放的扩大，重庆的交通通信事业必将得到更大的发展。

（三）商贸流通业

重庆自古以来就是长江上游的商业重镇。明清时，重庆商业有较大发展；从1890年辟为通商口岸以后，重庆一直是四川及西南贸易的主要市场及集散中心。改革开放后，重庆流通中心的作用日益扩大。1991年1月，为进一步搞活流通，搞活国合商业企业，重庆市在国合商业实行经营、价格、用工“四放开”改革，经过试点扩大到全面推行，进一步搞活商贸流通，改变了国合商业的经营面貌，取得到很好的效果。

商业“四放开”改革成效显著，一是促进了销售扩大、市场活跃。许多零售商店、基层供销社积极开拓经营，增加名优商品和适销商品供应，增设网点，促进了市场繁荣。二是推动了商业结构的调整。城区的大中型零售商场，突出经营特色，扩大经营规模、经营门类。市级专业批发公司批零结合步伐加快，企业总销中零售比重上升12个百分点。工商联营得到巩固发展，7家工商百货经营一体化联营集团总销2.7亿元，占百货站全年总销的53.7%。三是增强了企业内部活力。分配放开和用工放开，促进了企业内部经营机制转换。企业内部普遍推行的百元销售工资含量、联销联利计酬等多各分配形式，调动了职工积极性。用工上的改革，使企业内部正在形成激励和压力机制。四是提高了经济效益。在“四放开”推动下，企业加强以对进货、资金、费用、服务质量的管理，出现了周转加快、费用降低、服务质量提高、价格灵活的良性循环趋势。重庆市商业“四放开”改革在全国引起很大反响，国家商业部、体改委对“四放开”给予充分肯定。

近年来，重庆商贸流通、市场建设十分活跃。市里投入巨额资金，建成了朝天门、菜园坝大型批发市场；生产资料市场建设发展十分迅速，1987年成立的重庆钢材市场已发展成为西南最大的钢材市场，也是全国六大钢材市场之一。1992年，重庆钢材市场交易量达43万吨，交易额突破13亿元。此外，近年成立的西南机动车交易市场，重庆机电产品交易市场交易活动也十分兴旺。目前；还有一批区域性生产资料市场正在兴建之中，这大大增强了中心城市流通功能，同时，集贸市场向大规模、综合型发展。全市集贸市场面积近5年增加了194万平方米，近郊各区建成了上万平方米的农副产品交易大楼，县及县辖区、镇有了上千平方米的棚盖式农副产品交易市场。大规模的市场建设促进了商品交易。1992年全市社会零售总额达144亿元，在全国14个计划单列市中名列第二。其中，社会商品购进总额222.5亿元，销售总额241.3亿元；供销机构物资购进总值46.11亿元，销售总值48.11亿元，在全国大城市中位居前列。重庆作为区域性特大城市的流通交换功能正在逐渐得到发挥。

（四）金融业发展

金融业是第三产业的重要组成部分，加速金融业的发展对于更好地筹集、运用资金，实现资源优化配置，促进国民经济发展具有重要作用。改革开放以来，随着市场经济的发展和市场体系的建立，重庆金融业及金融市场有了很大的发展。

目前，重庆初步形成了以中央银行为领导，国家专业银行为主体，多种金融机构并存和分工协作的金融组织机构体系；初步建立了以同业拆借、证券买卖、外汇调剂为主的区域性金融市场。金融业务不断拓展，直接融资比重逐年上升，初步形成了融资渠道多元化，融资形式多样化的资金融通格局。

随着金融体制改革的不断深化，重庆市积极扩大融资渠道，改进融资方式，陆续推出商业票据，增强了重庆金融间接融资和直接融资功能。市银行存款余额由1980年的19.5亿元增加到1992年的184亿元；银行贷款余额由1980年的28.7亿元增加到1992年的257亿元。从1981年起，证券从无到有，到现在已形成国债、金融债、地方企业债、短期融资债、企业股票等5大类17个品种的证券，累计发行有价证券50多亿元，约占全国的1.23%，其中企业债券近20亿元。证券交易总量16亿多元，约占全国的2.4%。1992年，配合企业股份制改革，全市批准三家股份企业向社会公开发行股票7 720万元，另批准6家股份制公司发行股票1.4亿元。重庆金融市场十分活跃，从1987年建立资金拆借中心以来，已累计拆借500多亿元；从1988年建立外汇调剂中心以来，已累计调剂外汇5亿多美元。

（五）房地产业

重庆市房地产业从1978年起步，“六五”、“七五”期间商品房屋竣工125万平方米，产值近5亿元。近年来，随着住房制度改革，对外开放的扩大特别是外资的大量引入，重庆房地产业进入了飞速发展阶段。

以地招商，以地建城，以地聚财，土地有偿使用，土地出让拉开了重庆大兴大办房地产业的帷幕。为在全市推行土地有偿使用制度，市里制定了《国有土地出让转让试行办法》，《重庆市划拔土地使用权转让出租规定》等政策法规，同时，先后完成了土地资源详查、土地登记确权发证、制定基准地价等基础工作。1989年，重庆有偿出让了第一宗国有土地使用权，到1991年底，已出让土地30多宗。1992年初，小平同志南巡谈话后，改革开放势头迅猛，外资大量涌入，重庆“地产热”日益升温。市里抓住大好时机，制定了《重庆市外商投资城市建设综合开发暂行规定》，成立了由市有关部门组成的土地出让工作领导小组及办公室，为投资者提供了良好的服务，大大加快了土地有偿出让工作的步伐。1992年，重庆市共出让79宗土地，出让面积达260平方米，出让金达5亿多元，当年回收1.5亿元，已有20多家外资和中外合资企业通过土地出让获得了225万多平方米的土地开发房地产。

土地是房地产业的核心，地产热引发了房产开发的兴旺繁荣，1992年底，重庆市房地产开发公司总数达162家，注册资金10.5亿元，独资、合资公司61家，其中独资11家，注册资金2.7亿美元，其中外资1.5亿美元。重庆市城区及近郊已给开发公司划出改造片点251处，占地面积约490万平方米，房屋开发量达240多万平方米。其中成片开发占有很大比重。中外合资重庆魁星楼股份有限公司买下临江门一带2.6万平方米土地使用权，计划在6年内投资7亿元人民币，在这片旧城区上建成号称长江第一楼的魁星楼。香港深华发展有限公司和香港安好投资有限公司独资修建朝天门至沙坪坝地下轻轨，并在轻轨各站出口地段买下部分地块土地使用权，计划在6年内投资数十亿元建设地下轻轨和各出站口综合大楼。以上成片房地产综合开发工程建成后，将极大地改变重庆城市面貌，增强城市功能。

房地产业的迅速崛起，带动了相关产业的发展，给第三产业发展注入了巨大活力。随着改革开放的深入，房地产业将在国民经济特别是第三产业的发展中占有更重要的地位。

二、重庆市第三产业进一步发展的方向

国民经济的发展，产业结构的优化，改革开放的深入，人民生活的提高，要求第三产业以更快的速度发展。根据中共中央、国务院《关于加快发展第三产业的决定》和《全国第三产业发展规划基本思路》的精神，结合重庆市情、围绕科技兴渝、工业改造和经济上新台阶的要求，重庆市第三产业进一步发展的总体思路是：着眼于大市场、大流通、大服务，增加区域性经济、金融、贸易中心的综合功能，突出沿江开放城市的特色，实行超常规，跨越式发展。

第三产业进一步发展的总体目标，是要经过十年或更多一些时间，形成以金融业、房地产业、商贸流通业和交通通讯业为支柱的，各类第三产业和一、二、三产业协调发展的基本格局；逐步建立起适应社会主义市场经济新体制的市场体系、城乡社会化服务体系和社会保障体系；把重庆建设成为人流、商流、资金流、技术流、信息流的全要素集散地和集商贸中心、金融中心、交通中心、科技中心、信息中心为一体的，服务于三峡库区和长江上游地区的区域性第三产业中心。

实现上述总目标，第三产业对国民经济的推动力将大大增强，到2000年，全市第三产业增加值提高到360亿元，10年平均增长15%，高于全市国民生产总值10%的速度，也高于一、二产业的速度，其增加值占全市国民生产总值的比重由1990年的26.8%上升到45%；第三产业从业人员由1990年的141万人增加到250万人，占全社会劳动者的比重由1990年的17.4%上升到30%；第三产业内部结构趋于协调。流通类，（批发、零售商业和旅馆业、交通、仓储、通信等）和服务类（金融、不动产、产业服务和生活服务等）的结构比重由1990年的68：32，变化为50：50。

重庆市第三产业发展的方向是要形成六大网络体系。即：形成市场体系发达、服务设施配套、市场规则健全、功能完备的大市场、大商贸、大流通网络体系；形成以在重庆的国家银行为核心，多种金融机构并存，具有国际金融功能的，证券市场活跃的，按国际通用方式运行的区域性金融体系；形成以重庆为枢纽的，水陆联运，东西衔接，南北贯通的快速、便捷的长江上游综合运输体系；形成国内外畅通，装备先进，功能齐全，信息灵敏，快速方便的现代化通信网络体系；形成产业服务多元化、生活服务多样化、服务水平高质量的城乡社会化服务体系；形成覆盖面广的保险制度和社会保障体系。

按照以上方向发展，实现规划目标，重庆市第三产业的总体水平将逐步赶上国内发达城市。

（重庆市计委 李勇）

青岛市

一、基本概况

经过建国以来40多年的建设，青岛市第三产业已具有一定规模，在国民经济中的地位正在逐步提高，特别是改革开放以来，第三产业发展尤为迅速。1992年，第三产业增加值达到78.1亿元，占国民生产总值的比重达到31.2%；1978年至1992年年均增长12.5%，比第一、二产业分别快了5.5和1.4个百分点。目前第三产业初步形成了门类比较齐全、多种经济成分并存的发展格局。

(一)传统行业不断壮大。商业、饮食、居民服务、交通邮电和金融保险等传统行业仍然是我市第三产业的支柱行业。到1992年，上述5个行业增加值达到54.4亿元，占全市第三产业增加值的70%。商业、饮食服务业设施不断增加，商品购销渠道逐渐扩大。1992年末，全市商业、饮食服务业网点达到11.9万处，比1980年增长8.8倍。全市社会商品零售总额达到99亿元比1978年增长7倍。交通运输和邮电通信业发展取得了较大成就。到1992年，港口吞吐量达到3 240万吨，比1978年增长55.69%；邮电通信业务总量达到3.06亿元。金融保险业发展较快，1992年增加值达到21.43亿元，占第三产业增加值的比重已达到27.4%，在第三产业发展中占有重要的地位。1992年，青岛市制定了“八五”期间建设46处万平方米以上的大型商业设施的规划。到年底，已有32处开工建设，其中5处已竣工营业；引进了两家外资银行，青岛证券公司恢复营业，并开通与上海证券交易所的联系和股票买卖业务。

(二)新兴行业正在崛起。我市信息咨询、综合技术服务、旅游、广告以及房地产业等行业从无到有，迅速发展。以经济信息技术服务为主的信息咨询业有了长足的进步。到1992年，全市信息咨询与综合技术服务业增加值达到1.85亿元，比1980年增长77倍，部分信息机构与国际国内主要信息网已建立固定联系。旅游业发展较快。到1992年，全市已有旅行服务社48处，各类宾馆1 600余处，全年共接待国内、海外游客分别为509万人次和10.8万人次，均比1978年增长5倍以上；旅游收入达到2.4亿元外汇人民币，已成为我市非贸易外汇收入的主要来源。以开发商品住宅为主的房地产业在旧城改造、小区建设中发挥了重要作用。1992年全市商品房屋竣工面积达到88万平方米，其中商品住宅74万平方米，占住宅竣工面积的53%。以转让市委、市纪委、市人大、市政协办公楼原址用地为契机，全市房地产业特别是国有土地使用权有偿出让、转让工作蓬勃开展，土地市场空前活跃，进入了全方位发展的新阶段。

(三)各类市场建设加快。随着社会主义市场经济的不断发展，以消费资料市场为主的各类专业市场以及城乡集贸市场得以发育，逐步扩大，打破了过去市场单一的局面。消费资料市场形成了以国合商业为主渠道、多种经济成分并存的市场网络。生产资料市场突破了以计划调拨为主的分配模式，逐步建立起340多个综合物资供应网点。金融市场已具雏形，建立起包括同业拆借、外汇调剂和证券交易三位一体的有形融资场所。外汇调剂已由柜台交易发展到公开竞价交易。技术市场稳定发展。自1985年正式建立以来，通过举办各种技术交易活动，有力地促进了科技成果的推广和应用．城乡集贸市场和交易额已分别达到592处和30.6亿元，比1978年分别增长1.1和22倍。

(四)对外开放成效显著。依靠口岸和加工能力较强的优势，不断扩大对外贸易和加快利用外资的步伐，特别是近几年取得了较大的进展。1992年，外贸出口商品收购总额达到43.1亿元，比1978年增长7倍；出口创汇达到6.63亿美元，比上年增长48.3%。全年批准利用外资项目1 100个，比上年增长2.17倍，实际利用外资3.43亿美元，比上年增长3.35倍。为了使对外开放向更高层次发展，去年，确定了以“一园三区三线”为基本框架，展开布局，全面启动，整体开放，形成一个各有侧重、优势互补、梯次拓展、合力并进的对外开放新格局的总体思路。“一园三区三线”即：高科技工业园、经济技术开发区、保税区、旅游度假区和环胶公路、烟青公路、济青公路沿线。

(五)科技教育等社会事业有了新的发展。1992

年，全市已有独立科研机构74个，各类专业技术人员28.7万人。1978年到1992年，共取得科研成果7 136项。1992年，全市有各类大专院校14所，在校学生1.65万人，比1978年增长4.76倍。文化事业机构达到1 200处，比1978年增长1倍。全市体育场馆已达12个，体育人口占全市人口总数的50%左右。广播、电视、新闻、出版、档案等各项社会事业也有了较快的发展，全市已有广播电台7处，电视台6处，广播、电视人口覆盖率分别达到94%和90%。

二、问题

改革开放以来，我市第三产业的不断发展，为今后全面振兴奠定了良好的基础。但是，发展过程中还存在许多突出问题。

(一)第三产业总体发展水平比较低。交通运输、邮电通信、信息咨询服务等行业不够发达，不适应生产日益增长的需要，影响了经济整体素质的提高；商业饮食服务业以及公用事业等发展较慢，使群众生活在许多方面感到很不方便。

(二)商品流通业发展明显滞后。在生产建设不断发展和人民生活不断提高的情况下，商品流通业没有得到相应发展。商业设施、网点布局、市场建设以及服务质量等方面与国内先进城市相比存在较大差距。

(三)新兴行业跟不上社会发展的需要。信息、咨询服务业增加值仅占全市第三产业的2.36%。房地产等其他新兴行业也比较落后，不适应城市建设和对外开放的需要。

(四)商品化经营、社会化服务程度不高。第三产业中的部分行业，长期以来被视为福利事业，靠财政大量补贴维持，缺乏发展的内在动力。同时，许多企事业单位兴办的第三产业，多以自我服务为主，经济效益和社会效益都比较低。

(五)思想认识不够，开放意识不强，直接影响了第三产业的发展。长期以来，各级政府没有象抓第一、二产业那样大办第三产业，在政策措施上控制多、鼓励少。

总之，全市第三产业总体发展水平还比较低，远远不适应经济发展和对外开放的需要，与青岛在全国全省所处的地位很不相称。

三、展望

青岛地理位置优越，客观环境较好，且是全国的经济中心城市、沿海开放城市和计划单列城市，经过几十年的建设，特别是改革开放多年的发展，积蓄了比较雄厚的物质技术基础，只要提高认识、发挥优势、放宽政策、强化措施，第三产业就能够迅速崛起，成为国民经济的支柱产业。对此，今后全市发展第三产业遵循的指导思想是：坚持党的"一个中心，两个基本点"的基本路线，围绕实现国民经济上新台阶的战略任务，不断深化体制改革，加快对外开放步伐，在全面推进国民经济和各项社会事业发展过程中，优先发展第三产业，按照商贸金融为主体、交通通信为基础、科技教育为动力、社会服务为保证的基本思路，解放思想、放宽政策、大开城门、外引内联，尽快跨上一个新台阶。

(一)到本世纪末，青岛市确定第三产业发展的基本任务是：形成"五个中心"，建立"两大体系"，即：经过十年左右的时间，逐步把青岛建设成山东省以及沿黄河经济区甚至全国的商贸中心、金融中心、交通通信中心、旅游中心和海洋科教中心，建立起比较完善的社会服务体系和社会保障体系，使我市成为商贸云集、货畅其流、交通便利、信息灵通、科技发达、文化昌盛、人民生活方便舒适的现代化港口贸易旅游城市。

(二)为实现上述基本任务在实施过程中分两步走：第一步，从现在起到"八五"期末，用3到4年的时间打好第三产业翻身仗。要以商贸为突破口，抓好基础设施建设，基本解决人民生活中各种"难"的问题。在这期间，争取第三产业的发展速度高于第一、二产业，使第三产业落后的状况从总体上有较大改观，为建立完善的第三产业体系打下良好的基础。

第二步，再用五年的时间，推动第三产业有更大发展，争取到本世纪末，第三产业在国民生产总值中的比重有较大提高，赶上或超过国内同类沿海开放城市，走在全国、全省的前列，基本形成繁荣的商品流通业，发达的金融保险业，畅通的交通运输业，灵便的邮电通信业，以及门类齐全、功能完善的社会服务体系和社会保障体系，基本建立起适应对外开放要求，能够满足生产建设和人民生活需要的第三产业体系。

(三)按照以上指导思想和基本任务，初步确定今后十年第三产业发展的主要指标是：第三产业增加值，平均每年递增18%，1995年达到106亿元，占国民生产总值比重达到35%左右；2000年达到240亿元，占国民生产总值比重达到45%以上。

第三产业从业人员，1995年达到120万人，占社会劳动者总人数30%；2000年达到180万人，占社会劳动者总人数的40%。

商业、饮食业服务网点，到1995年达到12万处，比1990年增加1万处；每千人拥有网点达到17处，比1990年增加7处。

社会商品零售总额，平均每年递增15%，到1995年和2000年分别达到150亿元和300亿元。

外贸出口创汇，1995年达到14亿美元，2000年达到35亿美元。

交通运输客运和货运量，平均每年分别递增5.2%和5.4%，到1995年分别达到5 540万人和

12 541万吨，到2000年分别达到7 159万人和16 373万吨。

邮电业务总量，平均每年递增18%，到1995年和2000年分别达到2.6亿元和5.2亿元；市区电话普及率由1990年6.1%，提高到1995年的20%和2000年的35%。

保险业务总收入，平均每年递增9.7%，到1995年和2000年分别达到4.7亿元和6.6亿元。

接待来青人数，到1995年，海外宾客达到12万人次，国内游客达到650万人次，2000年分别达到20万人次和750万人次；旅游创汇，到1995年和2000年分别达到1亿美元和2亿美元。

商品房屋竣工面积，平均每年递增20%，到1995年和2000年分别达到117万平方米和292万平方米，分别占全市房屋竣工面积的42%和78%。

统筹安置城乡社会劳动力，“八五”期间，城镇11.5万人，农村25万人；“九五”期间，城镇12.5万人，农村35万人，城镇待业率每年保持在1.5%左右。

（四）为全面实现第三产业发展目标，促进第三产业加快发展，青岛市还制定了一些政策措施。一是广泛动员社会各方面力量发展第三产业，坚持国家、集体、个人一起上的方针，在政策上要一视同仁，创造一个公平竞争的环境；二是第三产业的各种价格和服务收费标准，除少数确需由国家制定外，都要逐步放开；三是要提高银行贷款中第三产业的比重，特别是大中型批发市场，要给予信贷支持；四是市有关部门和工商部门对开办第三产业企业的申请要简化审批手续，缩短审批时间，改变目前第三产业开业难的状况；五是在城市规划中，主要道路临街建筑、房屋的第一层或空地，原则上要用于建设商业网点。总之，要开阔思路，放开手脚，依靠全社会力量大力兴办第三产业，以促进整个国民经济的大发展。

（青岛市计委　范建军、郭宗元）

宁波市

一、基本概况

改革开放以来，宁波市的国民经济得到了前所未有的发展。全市国民生产总值已从1978年的19.92亿元，增加到1992年的211.7亿元，年均递增18.4%。伴随着经济与社会的发展，全市三次产业结构也发生了显著变化。尤其是《中共中央、国务院关于加快发展第三产业的决定》下达后，市政府迅速制定了《加快我市第三产业发展的指导意见》，尔后又召开了全市加快第三产业发展工作会议，编制了《宁波市第三产业发展规划(草案)》，明确提出宁波市发展第三产业的指导方针、总体目标和发展重点。同时，为了更进一步推进第三产业的发展。市政府又制定了《关于加快我市第三产业发展的有关政策措施》，从广泛动员各方力量发展第三产业；增加对第三产业的投入，加快基础设施建设；改革劳动、人事分配制度，鼓励劳动力向第三产业转移；理顺第三产业价格，建立以市场价格为主的价格形成机制；实行轻税薄赋政策，增强第三产业企业的发展后劲；加强和改进宏观调控，促进第三产业健康发展等7个方面制定了38条具体政策措施，有力地促进了宁波市第三产业的发展。至1992年底，全市第三产业增加值已从1978年的3.87亿元，增加到50.9亿元，年均增长约20%，第三产业增加值占国内生产总值的比重有所上升，1992年为24.1%。第三产业从业人员已从1978年的24.73万人，增加到1992年的78.76万人，占全社会从业人员的比重上升到1992年的21.5%。对第三产业的投入大幅度上升，第三产业固定资产投资额已从1979年的1.82亿元增加到1991年的22.74亿元，占全市固定资产投资总额的44.2%，至1991年底，全市第三产业已拥有固定资产约156.8亿元，占全市固定资产总数的50.19%。第三产业已经成为支撑经济繁荣与稳定的重要支柱。

宁波市第三产业内部门类比较齐全，内部结构仍以传统行业为主。1978年第三产业内部四个层次的比重为64.74：22.93：7.24：5.08，至1992年调整为50.26：36.28：5.14：8.02。第一层次中传统的商饮物供业比重有所下降，第二层次中金融保险业、房地产业等新兴行业的比重有较大幅度提高，而第三层次中科教文卫等社会事业发展跟不上经济社会发展速度。至1992年交通运输邮电通信业、商业饮食物供业和金融保险业三大行业仍为宁波市第三产业的支柱行业。这三大行业的增加值1992年为37.4亿元，占全市第三产业增加值的73.5%。其中交通运输、邮电通讯业增加值为10.1亿元，比上年增长12.5%。商业、饮食、物供业增加值为15亿元，比上年增长18.8%。金融、保险业增加值12.3亿元，比上年增长32.4%。

二、重点行业发展情况

1、交通运输、邮电通信业

宁波港已初步建设成为功能齐全，大中小泊位配套的多功能、多层次、区域性的综合港。拥有5 000吨级以上泊位47个，其中万吨级以上泊位15个，“八五”期间还将建成20万吨级的矿石中转码头，开工建设一批5万吨级以上的专用码头。对外开放以来，宁波港已与57个国家、地区的180个港口实现通航。1992年港口货物吞吐量达4 367万吨，从1980年吞吐量仅326万吨的小港，一跃成为我国大陆沿海第五大港。港口旅客进出港人数达318万人。以港口为中心的交通集疏运网络已逐步形成。铁路萧甬线横贯宁波市北部，白沙、洪镇、北仑三支线与宁波港三港区相接，通过浙赣、沪杭线与全国铁路网连接，萧甬铁路复线项目已经国家批准，正在抓紧实施。1992年铁路货运量达425万吨，比上年增长7.6%，铁路客运量414万人，比上年增长5.1%。公路以杭甬国道、甬道、江拔等省道为干线，以城市中心，向周围辐射，城乡公路网四通八达，杭甬高速公路已经开工建设，沿海大通道宁波至温州段将在“八五”后期开工建设，宁波镇海至上海金山车客滚装轮渡明年上半年可通航。1992年公路货运量达5 328万吨，比上年增长28.6%，公路客运量达9 076万人，比上年增长13.4%。内河航运以杭甬运河为主航道，甬江、姚江、奉化江三水系连接各市县支线，构成内河航道网。1992年，水运货运量达700万吨，比上年增长12%，水运客运量达268万人，比上年增长10.1%。民航起步虽晚，但发展迅速，至今已开通18条航线，国务院已正式批准开放宁波空港口岸，开通了宁波至香港航班。1992年航空货运量达2 186万吨，比上年增长36.6%，航空客运量达14.3万人，比上年增长34.4%。

邮电通信业。1992年，全市邮电业务总量2.96亿元，比上年增长60.9%，为1978年的26.9倍。年末市内电话用户7.3万户，比上年净增2.1万户。农村电话4.9万户，比上年净增2万户。城乡分别为1978年的8.2倍和3.6倍。1992年开通移动电话业务，移动电话0.14万户。无线寻呼用户1.96万户，比上年净增1.34万户。全市至去年底已拥有程控电话20万门，尚有20多万门程控电话建设项目正在实施，到"八五"末可超过50万门，电讯传输由沿海光缆通过我市。

2、商品流通业

1991年商业增加值13亿元，比1980年增长4.1倍；商业从业人员23.58万人，比1980年增长1.7倍；商业网点发展到10.1万个，比1980年增加6.2倍；集贸市场518个，比1980年增加6.9倍；1992年市场建设加快，商业基础设施不断改善。全市改造、扩建、兴建和规划各类市场和商业网点88个，计96万平方米，总投资约18亿元。全市社会商品零售总额89.2亿元，比上年增长24.3%；为1978年的10.05倍。在社会商品零售总额中，居民消费品零售额69.5亿元，比上年增长23.3%；社会集团零售额9.8亿元，比上年增长40.3%；农业生产资料零售额9.8亿元，比上年增长17.2%；分别为1978年10.8倍、15.5倍和5.41倍。

对外贸易业。1992年全市自营出口7.8亿美元，比上年增长64.9%，自营进口2.2亿美元，比上年增长124.5%，分别为1985年的343.6倍和34.4倍。出口商品结构在拓展商路中得到调整，轻纺、工艺产品成为出口拳头产品，两类商品出口占市出口总额的50%。三资企业出口大幅度增长，1992年出口额为1.4亿美元，比上年增长82%。全市外贸收购总值59.4亿元，比上年增长68.5%，为1978年的44.66倍。宁波口岸1992年进出口总额26亿美元，比上年增长38%，其中出口总额10.2亿美元，比上年增长20%。

生产资料市场购销两旺，1992年物资供销机构纯购进55.7亿元，比上年增长53.1%，纯销售58.13亿元，比上年增长54.4%。其中，煤炭、钢材、水泥、木材等销售量均比上年有较多增长。

3、金融、保险业

1992年，全市金融保险业增加值已达8.51亿元，比1978年增加39.6倍，占第三产业增加值的21.99%。全市金融机构已发展成以中国人民银行宁波分行为领导，工商银行、农业银行、中国银行、建设银行、交通银行等国家银行分支机构为主体，信托投资公司、城乡信用社等多种金融机构并存、分工协作的区域性金融体系。1991年全市金融系统各项存款余额118.06亿元，比1978年增长22.38倍，各项贷款余额122.7亿元，比1978年增长16.8倍。外汇存贷款分别达0.84亿美元和1.1亿美元。1992年金融系统年末存款余额比年初增加42.5亿元，贷款余额比年初增加37亿元。金融市场培育加快，各类证券交易活跃。1992年全市各类有价证券成交额达9.9亿元，比上年增加1.6倍；外汇调剂市场交易额7亿美元，比上年增长98%；短期资金同业拆借额250亿元，比上年增长1.5倍。1992年全市共有各类金融机构1 331家，比上年增加18家。

保险业适应市场经济发展需要，各类保险业务不断拓宽，保险服务机构遍及城乡，保险责任日益扩大。1992年各类财产承包总额506亿元，比上年增长36%。全市有1.26万户参加保险，有17.24万户居民参加家庭财产保险，有115万人参加人身保险。全市共处理赔案5.7万件，支付赔款2亿元，为2.6万人支付人身险赔款1亿元。

4、科技、教育、文化事业

1992年共实施市级以上星火计划、火炬计划、科研攻关等科技项目414项，通过鉴定或验收173项。共取得市级以上科技进步奖90项，其中省级11项。有212项发明创造被授于国家专利权。开发市级以上科技新产品150项，其中20%达到国内先进水平。至1992年，全市拥有2个部属科研机构，18个市属科研院所，52个民办科研机构，从业人员500多人。年末全市全民单位拥有科技人员9.3万人，比上年增长3.3%。1992年全市共签订技术交易合同1451份，协议金额3 600万元，分别比上年增加54%和71%。1992年全市组织出国科技交流18次，共93人。开展国内科技横向联合和展销洽谈11次，促销协议200余份，协议金额超亿元。

1992年全市有各级各类全日制学校3 592所，在校学生79.65万人，比上年增长3.4%。全市有普通高等学校4所，在校学生5 299人，比上年增加428人。普通中等专业学校19所，在校生10 523人，比上年增长11.2%。技工学校12所，在校生3 690人，比上年增长40%。普通中学402所，在校生22.86万人，比上年增长11.3%。各类中等职业技术学校在校生29 383人，占高中阶段在校学生总数的51.4%。小学2 404所，在校学生40.16万人。至1992年全市已有149个乡镇、街道92%人口的地区实施九年制义务教育。至1992年全市有成人高校5所，在校生3 267人，比上年增长56.2%，成人中专18所，在校学生2 931人，增长38.5%，成人技术培训学校毕结业学生18.66万人次。至1992年全市有幼儿园1 030所，在园幼儿12.87万人，幼儿入园率已达57%。此外，私人办学正在兴起，开始打破由国家包办教育的局面。

文化、新闻、广播和电视事业取得新成绩，起到了宣传、教育作用，促进了社会主义精神文明建设。至1992年全市有电影放映单位480个，其中影剧院80

个，文化馆12个，图书馆9个，艺术表演团体11个。

卫生、体育事业进一步发展，至1992年全市医院床位达1.23万张，比上年增长4.1%。年内共设家庭病床1623张，年末全市有专业卫生人员2.04万人，比上年增长1.7%。其中医生7960人，增长4.4%。农村卫生工作得到进一步加强，新增饮用自来水人口20万人。急性传染病总发病率比上年下降16%。1992年全市在参加省以上各类体育比赛中共获金牌143枚、银牌97枚、铜牌116枚。

5、旅游业

宁波具有7000年悠久历史和文化，拥有丰富的旅游资源。其中自然、人文景观相结合的溪口雪窦山风景名胜区年均接待国内外旅客80万人次以上；天童寺、阿育王寺作为佛教旅游胜地，每年有数万名日本、东南亚国家和港台地区的佛教徒前来修学和朝拜。1991年全市接待国际旅游者4万多人，比1985年增加1.7倍，旅游创汇3085万元外汇人民币，比1985年增长12.4倍。全市已有涉外饭店10家，标准客房1192间，其中三星级饭店5家。1991年城区接待国内旅游者239万人，回笼人民币1.1亿元。

三、至本世纪末发展规划目标

争取通过90年代的努力，逐步建立起与城市地位相适应的、具有较强辐射能力的交通、通信网络体系；建立以公有制为主体，多种经济成份协调发展，适应社会主义市场经济要求、类型齐全，结构合理，统一有序的市场体系；建立以生产和生活服务为主体，由传统行业和新兴行业构成的，优质高效、灵活多样的城乡社会化综合服务体系；建立社会福利与社会保险相结合，基本保险与补充保险相结合，国家、集体、个体合理负担的功能齐全、制度完善的新型社会保障体系。

90年代全市第三产业年均增长速度21%，高于国民生产总值年均增长15%的速度，至2000年第三产业增加值达210亿元，占国民生产总值的比重达到40%左右。其中市区占50%以上。第三产业就业人数占全社会劳动者总人数的比重达30%左右。第三产业内部4个层次的比例调整为40：48：7：5，年均增长速度分别为18.5%、23%、22%和18.5%。

根据宁波市的特点，确定选择交通运输和邮电通信业、商品流通业、金融保险业、房地产业、农村社会化综合服务业、科技和信息咨询业等对国民经济发展具有全局性、先导性影响的基础行业，对经济发展和人民生活关系密切的行业，与科技进步相关的行业，为农业生产服务和为提高人民素质和生活质量服务的行业作为重点发展行业。

——至2000年，交通运输和邮电通信业增加值要求达到43.5亿元，占全市第三产业总值20.7%左右，年均增长22%。全市客运总量“八五”末达10880万人，“九五”末达14230万人。全市货运总量“八五”末达10500万吨，“九五”末达16600万吨。至“八五”末邮电业务总量达到6亿元，年均递增28%。全市电话装机容量“八五”达到50万门，“九五”达到100万门。电话普及率“八五”全市达到7部/百人，市区达到近20部/百人，“九五”全市达到18部/百人，市区达到40部/百人。

——至2000年商品流通业增加值达34亿元以上，占第三产业总值16%，年均增长15%。从业人员53万人，年均递增9.4%，社会商品零售总额达到305亿元，年均增长17.5%。

——至2000年金融保险业增加值达55.5亿元，占全市第三产业总值的26%。贷款总额“八五”及“九五”分别达到253亿元和630亿元，存款总量分别达到250亿和600亿元。保险业务收入分别达到3.4亿元和4.83亿元。

——至2000年房地产业增加值达28.4亿元，占全市第三产业总值的13.5%。新建住房“八五”和“九五”分别达到150万平方米和350万平方米，人均居住面积为8.4平方米和9.28平方米，住房成套率达85.5%。全市农村人均居住面积“九五”末达到20平方米以上，住房质量继续提高，基本解决居住困难户。

——逐步建立起一个多行业、多层次、功能齐全、设施配套、与农村经济发展和农民生活需求相适应的农村社会化综合服务体系。积极发展为乡镇企业和村镇建设提供生产和生活服务的农村第三产业，积极培育农村集贸市场的发展，到2000年有20%的农村劳动力从事第三产业，第三产业在农村经济中的比重不断上升。

——至2000年科技、信息咨询业增加值占全市第三产业总值的3%左右，年均增长22%，从业人员年均增长15%左右。科技进步对经济增长的贡献率达到50%。科技成果应用率达到80%，高新技术产值占工业总产值的比重达5～10%，技术市场交易额和信息咨询营业额成倍增长。

宁波市第三产业的发展要以现代化、社会化和产业化为方向，以调整经济结构和提高经济效益为中心，坚持生产服务与生活服务相结合，城市服务与农村服务相结合，传统行业与新兴行业相结合，国内市场与国际市场相结合。进一步解放思想，加大改革力度，坚持国家、集体、个人一起上的方针，逐步形成自主经营、自负盈亏、自我约束、自我发展的第三产业运行机制。积极引导各种经济成份和各方面的力量，全面、快速、健康地把第三产业推上一个新台阶。

（宁波市计委　冯建全、王文玲）

厦　门　市

一、第三产业发展概况

党的十一届三中全会以来，厦门市第三产业获得了迅速的发展。1992年全市第三产业增加值达29.18亿元（现价），与1978年相比，增长10.8倍，年均递增19.3%，与特区创办初期的1981年相比，增长6.9倍，年均递增20.6%（增长速度按可比价格计算，下同）。第三产业增加值占国内生产总值的比重1992年达37.4%，比1978年提高16.4个百分点。在总量增长的同时，第三产业各主要行业也有很大的发展。

交通运输，初步建成了海陆空立体交通体系，运输条件有了较大改善，14年来，港口货物吞吐量增长3.3倍；铁路空运量增长1.9倍，货运量增长1.4倍；公路货运量增长1.6倍，空运量增长2.2倍；厦门航空港已开辟37条国内外航线，1992年旅客进出总量达216万人次，居全国第5位。

邮电通讯，1992年末市话交换机总容量已近9万门，市话到达户6.66万户，市话普及率为每百人5.8部，移动电话用户达3 393户，无线传呼达36 638户，已开通了国内绝大部分市、县及世界180多个国家和地区的直拨长途电话，14年来邮电业务总量增长59.4倍。

商业，1992年全市零售商业、饮食服务业网点共2.44万个，从业人员10.2万人，分别比1978年增长39.9倍和11.2倍；全市平均每千人拥有网点21.1个，比1978年增长20.4个。1992年全市社会商品零售总额达45.71亿元，比1978年增长16.9倍，年均递增22.9%，远远超过改革开放前29年年均递增6.1%的速度。

外贸，1992年末，全市拥有外贸进出口权的企业已由1978年的5家中央外贸支公司，发展到包括中央、省外贸专业公司、地方外贸公司、各类工贸企业223家及数百家“三资”企业。1992年全市对外贸易进出口总额达28.42亿美元，其中出口17.66亿美元，分别比1978年增长33.7倍和12.1倍。转口贸易也有了一定发展，1992年全市已设立保税仓库32家。目前与我市有贸易往来的国家和地区已从1978年的84个扩大到130多个国家和地区。

金融保险，已初步形成以中央银行为领导，专业银行为主体，外（合）资银行和其他非银行金融机构并存的多层次、多功能，外向型的特区金融体系。至1992年底，全市拥有各种金融机构28家，比1978年增加25家，从业人员达4 453人，比1978年增长5.2倍。短期资金市场和外汇调剂市场已具相当规模，证券市场正在起步，保险险种已达164种，14年来，全市银行信贷存款和贷款余额分别增长37.1倍和22.1倍。

房地产业，至1992年末，全市已拥有房地产开发公司213家，其中：中外合资、外商独资88家。1992年投资额达8.3亿元，占全社会固定资产投资总额的25.1%。

旅游，至1992年末，全市已拥有各类旅行社37家，其中一类社4家，二类社7家，三类社26家；为旅游服务的涉外饭店、宾馆27家，其中三星级以上涉外宾馆15家；1992年全市接待境外来厦外国人、华侨和港、澳、台同胞25.79万人次，旅游外汇收入4.08亿元（人民币外汇券）。

科技，1992年末，全市已拥有各类科学技术机构132个，其中内联科技机构31家，民办科技机构50家，科技人员总数近6万人，全市经专家评审、鉴定登记的重大科技成果有96项，其中获市以上科技进步奖44项。科技市场发育也比较迅速，1992年市科技市场成交额达3 650万元

教育，1992年全市已拥有高等院校7所、中等专业学校10所、中小学校396所，共有在校学生19.76万人，比1978年增长16.2%；1978年以来，我市还根据改革开放、建设特区的需要，大力开展职业技术教育，目前已形成拥有一所职业大学、3所技工学校、7所职业中学，及一批普通中学兼办的职业高中班的职业技术教育体系，几年来为特区输送了60多个专业，3万余名毕业生。

卫生，1992年末全市拥有卫生机构461个，医院病床数3 742张，各类专业卫生技术人员6 011人，分别比1978年增长1.1倍、20.20%和50%。

改革开放14年来，我市第三产业获得了很大的发展，但也存在一些问题。一是交通邮电等基础设施建设滞后于经济发展。由于厦门过去长期处于海防前线，城市基础设施建设投入少，“欠帐”多，十一届三中全会以后，特别是建立特区以后，虽然政府集中了大量财力、物力用于基础设施建设，一个时期内仍无法弥补以前的“欠帐”，交通邮电建设仍滞后于迅猛发展的特区经济，就当前来说港口吞吐量、航空客运量均超过原设计能力的2倍以上，进入厦门的火车车皮只能满足需要量的60%，装电话难、打电话难的问题仍未能得到解决。二是城市社会化服务体系不完善，社会化服务程度不高。由于社会化服务体系不完善，一方面造成入托难、入学难、乘车难等社会问题，另一方面造成一些单位自办托儿所、幼儿园、食堂等“大而全、小而全”封闭式自我服务实体，三是新兴行业发展不足。在第三产业四个层次中，交通邮电、商业、饮食、物供、仓储、金融保险等处于第一、第二层次上的传统行业仍然占绝大比重，1992年其增加值达23.5亿元，占全市第三产业增加值的80.4%，处于第三层次上的信息咨询业等新兴产业在整个第三产业中所占比重很小。

二、在发展第三产业过程中所采取的主要措施

过去14年中，我市把加快第三产业发展与改革开放紧密结合起来，主要抓了以下几项工作：

1. 以市场体系的建立为中心，促进第三产业加速发展。在发展特区经济的实践中，我们认识到，只有充分发挥市场机制的作用，建立统一高效的市场体系，才能促进第三产业的繁荣。为此，我们采取了以下措施：

一是积极培育各要素市场。在生活资料市场方面，通过对食品及农副产品价格比较彻底的改革，以及通过建立多种经济成份并存的所有制结构形式，促进了特区生活资料市场的发育。到1992年底，全市已拥有各种所有制成份的商业企业机构1.83万个，其中全民所有制机构仅3.4%；各种不同类型的付食品市场、集贸市场和小商品市场100多个。在生产资料市场方面，打破了国营物资企业单一经营的传统格局，设立了生产资料贸易中心、钢材市场、汽车贸易中心和生产资料保税中心等综合性、专业化的生产资料市场，使生产资料供求由特区建立初期主要依靠计划安排转向主要依靠市场调剂。在金融方面积极发展融资市场，1986年建立了银行同业拆借市场，1988年又成立了会员基金制“厦门金融市场”，与全国7大金融市场的80多个金融机构建立了正常的融资关系。努力培育证券市场，目前已建立了以证券公司为中心，4个证券交易柜台为主体的有形市场，从事有价证券的买卖与转让。不断开拓外汇调剂市场，1986年我市开始试办外汇调剂业务，1987年初设立外汇调剂中心，1987年7月外汇调剂中心实行会员制，共吸收了14家经纪商会员和80多家自营商会员，与全国20多个外汇调剂中心建立了融资关系，并继上海之后，在国内较早地采取公开竞价、集中结算的交易方式，使外汇管理与市场调节得到有机结合。在劳务（人才）市场方面，我市先后建立了市、县（区）劳动服务公司、厦门劳务市场技术工人交流中心，职业介绍所、人才交流中心等常年性服务机构，全面开展劳务信息、政策咨询、就业指导和职业介绍工作，发挥了协调劳务（人才）供求关系，推动劳动力（人才）合理流动的多功能作用。在房地产市场方面，实现了由单一的国有企业开发经营到多种经济成份同时开发经营的转变，开发建设的商品房实行公开出售、价格放开。我市还积极培育地产一级市场实行国有土地有偿使用，1988年6月，首次以公开竞投方式有偿出让土地使用权。在技术市场方面，1987年成立的技术商品交易所已成为特区技术交易中心，目前全市已建立技术中介机构、技术市场经营机构近100家，具有管理、中介、经营3个层次功能的技术市场雏型已经基本形成。

二是加快经营机制转换步伐，把第三产业推向市场。早在改革开放之初，我市就率先在商贸行业推行以承包、租赁经营为主要内容的改革，取得了良好的效果。近几年来，我市已开始把福利型，公益型和事业型第三产业全面推向市场，对企业化经营行业实行独立核算，自主经营、自负盈亏，自我发展；对医疗卫生、体育、文化等事业单位，也要求其走半企业化、半事业化经营的路子，以“实业”养“事业”。

三是打破行业垄断，鼓励集体、个体和私营发展第三产业。我市制定了一系列鼓励集体、个体和私人兴办第三产业的政策，在注册登记、税收管理等许多方面提供方便和支持，放手让他们发展。1992年全市个体商业、饮食、服务业达到1.93万户，从业人员达到3.46万人，分别比1980年增长228.8倍和34.5倍。目前，个体商业、饮食、服务业网点已占全部网点数的82%，社会商品零售额占全市社会商品零售总额的40%。

2. 多渠道集资，增加对第三产业的投入。长期以来，资金投放少、渠道不畅，一直是阻碍第三产业发展的一个重要原因。没投入，就没有产出，也就没有发展。近几年来，我市十分重视增加对第三产业的投入，针对投资主体多元化、分散化的现状，积极探索有效的筹资路子，初步形成了多渠道、多层次的第三产业投入机制。

第一，建立第三产业发展基金制，稳定资金来源。1978年以来，根据改革开放和特区建设的需要，我市陆续建立了公路建设还贷基金、养港基金、市话发展基金、科技成果推广还贷基金、市场建设基金、物资开发基金和高等教育发展基金等，各项基金每年投入近亿元。基金制的建立不但第三产业的发展有了稳定的资金来源，而且实现了流动增值，增强了第三产业发展后劲。同时，我们积极抓好教育附加费、城市建设维护费、公用事业附加费的征管工作，专款专用，每年用于发展教育和城市公用事业的资金上亿元。

第二、增加第三产业的信贷资金投入。改革开放14年来，我市一直比较重视对第三产业的信贷资金投入，第三产业信贷资金占整个信贷规模的比重逐年增加。去年初，我们响应党中央、国务院关于加快发展第三产业的号召，把第三产业的有关行业列入重点发展序列，在信贷方面享受国家重点扶持行业的优惠政策，人民银行和各专业银行，都对第三产业重点行业所需贷款优先给予安排，用于第三产业的贷款已超过工业。1992年全市用于第三产业的信贷资金超过23亿元，占全市信贷规模的70%左右。

第三、扩大社会融资，依靠社会力量兴办第三产业。近几年来，我市在增加政府投资的基础上，积极鼓励集体、个体、私营资金投入第三产业，探索出很多好的融资形式。一是预售设施集资，即由政府组织建设，通过预售设施的产权或预租设施，筹集资金。二是入股分红，即由不同的经济实体按自愿互利的原则，通过股份合作制，签定投资入股合同，由工商行政管理部门组织建设，市场设施租赁费收入按股资分红。三是招商自建，即由政府划出土地，统一规划设计，吸引客商进场自建设施。四是房地产开发起步，即政府对土地成片开发，生地变熟地以后出售，所得收入主要用于第三产业设施建设。

第四，积极利用外资发展第三产业。1978年以来，我市利用外国政府贷款的国际金融组织贷款，建设了厦门高崎国际机场，东渡港一期工程，进行了员当湖环境治理，目前正在进行的项目还有机场二期工程，东渡港二期工程和计算机信息联网工程。近年来，我们进一步扩大了利用外资的范围，允许外商通过合资、合作和独资等多种形式，兴办交通、商贸、信息咨询、旅游、教育卫生等项目。外商对第三产业的投资增长迅速，旅游、房地产、商业饮食服务业已成为外商投资的热点。仅1992年已签定的第三产业利用外资合同金额就达11.2亿美元。

3. 抓住薄弱环节，实行重点突破。第三产业行业多、门类广，不分重点齐头并进，难以实现较快发展。在发展第三产业过程中，我市集中力量抓了滞后于经济发展的交通、通讯、流通“三通”设施建设，以重点突破，推动整个第三产业的发展。

在交通方面，我市集中财力、物力完成厦门国际机场、东渡港一期和二期工程、厦门跨海大桥、和平客运码头改建和扩建、长途汽车站改建、福厦公路厦门段的改造等8大工程，新建了湖滨南北路、疏港路、嘉禾路、湖里大道等一批城市主干道以及古宅至罗田、内林至锦园、杏林至西亭、陈中至凤山、港内至岸岩头、新店至大嶝等连接卫星城镇的主要公路30余条，初步形成了厦门市快速交通网，为缓解厦门交通紧张状况起了很大的作用。在“八五”及“九五”期间，我市还将集中全力抓好厦门国际机场二期工程、东渡港三期工程、海沧港口工程、福厦高速公路工程（配合省里）、连接厦门本岛至海沧台商投资区的西通道工程等，进一步缓解厦门交通紧张状况。

在通讯方面，完成了人工接线电话到程控电话的转变，目前程控电话交换机总容量已近9万门，实现了电报转报自动化，邮件分拣半自动化，配合国家完成了光缆通讯工程、长话线路由过去的2 000线增至目前的5 000线，建成了微波通讯站，移动通讯中心和卫星地球站，在全市范围内基本实现了“交换程控化，传输数字化”，大大提高了我市邮电通讯能力。

在流通方面，长期以来，我市流通设施规模小、水平低，与许多兄弟城市相比差距较大，严重制约着我市经济的发展。针对这一问题，我市在抓好交通、通讯的基础上，集中力量大抓商品流通。14年来，我市新建改造了一批商业网点，其中包括营业面积上万平方米的华联商厦、友谊商场。完成了同安蔬菜批发市场、湖里集贸市场、莲花市场、集美市场、美仁宫市场等一大批集贸市场的建设，同时还投入大量资金，改造了原有的仓储设施，增强了商贸企业的仓储能力。目前，我市正在抓莲湖商业城、五交大厦、商业批发大厦、一百大厦、供销大厦和5 000万吨粮食周转库等大型商业设施的建设，并力争在“八五”末期完成全市主要集贸市场的新、改、扩建工作。

4. 积极发展外向型第三产业。厦门是我国东南沿海的出海口之一，其地理位置决定了它的第三产业发展必然是外向型的。改革开放14年来，我市始终把面向国际市场，发展外向型第三产业作为我市第三产业的发展方向，并围绕这一方向做了大量工作。

首先，在管理制度上，我市打破了传统的计划管理模式，对传统的财政体制、劳动工资体制、金融体制等进行了改革，逐步建立了社会主义市场经济体制和运行机制，实现了与国际市场的接轨，为第三产业沿着外向型道路发展铺平了道路。其次，积极引进外资对传统的第三产业企业进行改造，促进全市第三产业按国际惯例运作，提高全市第三产业发展的外向度。14年来，我市第三产业领域累计引进三资企业336家，外资金额25.1亿美元。第三，鼓励本市第三产业企业打入国际市场。14年来，我市积极扩大有进出口权的企业范围，有进出口权的企业由1978年的5家发展到目前的223家。同时，我市还赋予外贸企业内销权和内贸企业进出口权，提高国内外两个市场要素交流量，刺激商贸业企业外向型发展。此外，我市还积极支持本市第三产业企业到海外发展，直接打入国际市场。1992年末，全市已累计有26家第三产业企业在海外有企业或办事机构。

三、90年代我市第三产业发展展望

厦门是一个美丽的海港风景城市，它面对台湾，背倚祖国大陆，是我国东南沿海的门户。得天独厚的地理优势，决定了厦门第三产业的发展有着广阔的前景。

90年代，我市第三产业发展的总目标是：以追赶亚洲“四小龙”，建设社会主义“自由港”为目标，加快第三产业发展，把厦门建设成为联接国内外两个市场的金融保险中心、商贸展览中心、货物仓储转运中心、信息咨询中心及旅游中心，使21世纪的厦门成为以工业为主、科技为先导，第三产业发达的现代化港口大城市。

具体目标是：至2000年，全市第三产业增加值达239.5亿元（现价），与1990年相比，增长116倍，年均递增28.9%（按可比价格计算）；第三产业增加值占国内生产总值的比重达到47.9%，第三产业就业人数占社会劳动者总人数的比重达到40%，分别比1990年增加11个和10.4个百分点。

我市第三产业发展的重点是：与经济发展和人民生活关系密切的行业。主要是商业、服务业、物资、对外贸易、金融、保险、旅游、房地产、仓储等投资少、见效快、效益好的行业。

——与科技进步相关的新兴行业，主要是为生产和生活服务的各类技术服务业、咨询业（包括科技、法律、会计、审计、统计等咨询行业）和信息业。

——对国民经济发展具有全局性、先导性影响的基础行业，主要是应该超前发展的交通运输业、邮电通信业、科学研究事业、教育和公用事业等。

90年代是我市第三产业发展的关键时期，我们将继续加大第三产业发展领域的改革力度，按社会主义市场经济的要求，建立和完善第三产业发展机制，多渠道、多方式筹集第三产业发展资金，增加第三产业投入；抓住交通、邮电等相对薄弱环节，进行重点突破，加快社会化服务体系的建设步伐，使厦门市第三产业跨上一个新台阶。

（厦门市计委）

成　都　市

一、改革开放以来第三产业发展的基本情况

成都历来流通发达，各种市场体系比较健全，1992年全市第三产业增加值为92.6亿元，比上年增长11.5%，是1978年的6.22倍，占全市国民生产总值的36.8%，居西南、西北城市之首。1992年全市第三产业从业人员达到123.15万人，比1980年增长77.05%，就业比重达到21.25%，第三产业已成为国民经济的重要产业。

城乡市场持续繁荣，购销两旺。1992年全社会商品零售总额达到130.1亿元，比上年增长158%，是1978年的7倍。1992年全市集市贸易成交额的44.2亿元，是1985年的4.8倍；商品总购进242亿元，是1978年的3倍，商品总销售249亿元，是1978年的3.2倍。生产资料市场兴旺，1992年物资供销企业物资购销总额193亿元，比上年增长46.8%；购进、销售总额分别达到94亿元和99亿元，其中钢材、木材、水泥、汽车等销售量增长幅度均在3成以上。

服务项目增加，服务规模扩大。1992年全市商饮服务业机构达到20.14万个，是1979年的12倍；从业人员49.16万人，是1979年的3.0倍。万人拥有零售商饮服务网点个数居全国各大城市前列。

我市金融业立足成都，面向我国西部地区，服务于经济发展，积极地进行了金融体制改革，初步形成了以同行拆借市场、债券发行转让市场和外汇调剂市场为主体的金融市场。至1992年底，全市各类金融机构已发展到2 059个，是1978年的2倍，职工人数1.8万余人。全市银行信贷收入230亿元，是1978年的9.67倍；信贷支出195亿元，是1978年的8.65倍，全年累计货币净回笼21亿元，比1980年增长11.62倍。保险业从无到有，1992年全市保险机构已发展到126个，各类保险承保总额达472亿元，业务收入3亿元。证券市场活跃，省市在蓉证券交易机构38家，全市有代办处和代办点42个，一个以成都为中心辐射全川，联接京、深、沪的证券交易网络已基本形成。改革开放以来全市累计发行各种证券近60亿元，证券交易累计成交12亿元。金融市场的发展有力地支持了生产和流通的发展。

科学技术事业也取得了长足进展，技术进步对经济发展的影响增加，在国民生产总值中的比重从“六五”末的28%上升到1992年的38%。1992年全市各类专业技术人员达到42.17万人，其中自然科技人员21.66万人，分别是1985年的2倍和1.63倍。每万名职工占有的科技人员名列全国大中城市第4位。成都市科技实力雄厚，智力资源丰富，在基础科学、应用科学、高新技术等一些领域中居领先地位，特别是机械、电子、生物、新材料开发、光学、计算机应用、核工业、激光、光纤通讯、医学、光机电一体化等高新技术领域具有较强的综合优势和技术开发能力。

交通、邮电事业有了比较大的发展。1984年以来，我市掀起了建国以来规模最大的公路加宽改造高潮，交通闭塞的局面得到了较大改善，“七五”期间，实现了乡乡通公路，目前已实现了村村通公路，境内主要干线大都进行了新建和改造，并大部分建成了二级以上高等级公路。1992年底，全市公路总里程达到5 252.8公里，是1978年的1.18倍，其中等级路4 330.2公里，是1978年的1.67倍。邮电通信事业发展快，1992年邮电业务总量达3.12亿元，比1980年增加10倍，业务收入达1.03亿元，比1987年增加12.6倍；电信业务总量达到2亿元，业务收入达到12.35亿元，分别比上年增长83.3%和72%，利润增长101.4%。

教育卫生事业进一步发展。全市现有高等院校19所，在校学生达5.97万人，是1978年的3倍；中等教育学校621所，在校学生35.3万，其中中等职业技术学校190所，在校学生8.21万人，是1978年的5.4倍，小学校3 398所，在校生64.96万人，小学儿童入学率达99.7%。全市医疗保健水平不断提高，1992年，全市卫生机构1 671个，拥有病床3.7万张，分别是1978年的3倍和1.54倍；平均每万人拥有医院病床数34.4张，拥有卫生技术人员54.5人，分别是1978年的1.15倍和4.4倍。

“七五”以来，我市旅游业发展十分迅速。全市已拥有各类涉外饭店26家，床位1.36万张，其中涉外床

位0.83万张。1992年接待境外游客19.26万人次，比上年增长13%，创汇16亿外汇人民币，比上年增长13.7%，分别是1979年的14倍和21倍。

外贸工作迅速发展。1992年全市出口收购总值达7.6亿元，是1978年的11.25倍；进出口总额达2.35亿美元，是1988年的3倍；出口商品结构有显著改善，工业制成品比重大幅度上升。1992年工业制成品出口比重已达77.2%，外贸出口市场已扩大到日本、东南亚、中东、欧洲、北美等40多个国家和地区。

1989年以来，成都市人民政府为加快全市第三产业的发展，发布的有关第三产业的地方性法规和行政规章、规范性文件就达16个，如根据国务院城乡集市贸易管理办法和有关法律法规的规定，结合我市实际，发布的"成都市集市贸易管理实施办法"；为加强成都市钢材市场管理，整顿钢材流通秩序，发布的"成都市钢材市场管理暂行办法"；为奖励在推动我市科技进步中作出重要贡献的集体和个人，充分发挥广大科技人员的积极性和创造性，发布的"成都市科学技术进步奖励办法"；为促进成都地区邮电事业的发展，保障邮电通信的正常进行，发布的"成都市保护和发展邮电通信暂行规定"等等。此外，为了进一步促进全市经济的发展，更好地发挥中心城市的作用，市政府于1991年决定把发展大商业、搞活大流通、培育大市场作为今后全市经济工作的战略任务，并纳入市政府一级目标。市政府于1992年初，组织有关部门编制了"成都市旅游发展"八五"规划"、"成都市发展第三产业"八五"计划和十年规划"，并发布"成都市人民政府关于加快第三产业若干政策的通知"，规定了放宽第三产业的审批手续、放开第三产业企业经营自主权、用工分配自主权等7个方面48条政策。并于1992年7月成立了由市政府常务副市长为组长的成都市发展第三产业协调领导小组，负责全市发展第三产业战略的组织实施和重大问题的协调。领导小组下设"成都市人民政府发展第三产业办公室。"，负责日常具体工作。这些政策、法规的发布和市政府的决策促进了全市第三产业市场体系的形成，加快了全市第三产业的健康发展。

成都市第三产业发展速度

年份	国内生产总值（亿元）	第三产业增加值（%）	比上年增长（%）	占全市国民生产总值比例（%）
1979	41.36	9.12	20.3	22.0
1980	46.30	10.72	15.2	23.2
1981	49.01	12.07	10.5	24.0
1982	55.41	11.82	—4.9	21.4
1983	62.77	13.89	10.9	22.1
1984	71.20	17.90	25.2	25.1
1985	86.49	23.51	26.6	27.2
1986	94.89	28.69	9.8	30.2
1987	112.56	33.51	8.0	29.8
1988	139.88	38.91	6.2	27.8
1989	153.98	45.45	4.1	29.5
1990	174.27	56.63	13.9	32.5
1991	206.13	74.26	24.8	36.3
1992	252.0	92.60	11.5	36.8

我市第三产业的发展成就显著，但仍有许多方面不能适应国民经济发展和人民生活的需要，不能适应改革日益深化、开放不断扩大的要求，主要表现在：

交通运输、邮电通信、教育及公用事业等对国民经济具有全局性、先导性影响的基础行业发展滞后，已对第一产业、第二产业和第三产业其他行业的发展形成制约作用。

市场发育程度较低。除消费市场发展较快较好、生产资料市场初具规模外，金融市场、技术市场、劳务市场、信息市场等生产要素市场的规模还较小，管理水平不高，分割现象严重，缺乏必要的调控手段，统一市场体系尚未真正形成。外贸、房地产、科技服务、信息咨询等新兴行业起步较晚，发展缓慢，比重较小。

社会保险制度不够完善，且多家分管未成体系。城市社会服务尚未形成网络。在农村，为农业生产提供综合服务的行业、为提高农民素质和生活质量服务的行业相对不足。

为使90年代我市第三产业的发展能有新的突破，我们要彻底破除长期形成的重物质生产、轻非物质生产的狭隘观念，以产业化为方向，改革不适应第三产业发展要求的管理体制，放手、放权、放活，建立充满活力的自我发展机制，促进第三产业全面、快速的发展。

二、一些主要行业已形成发展优势

成都经过40多年特别是改革开放14年的发展，第三产业中许多行业较之中国西部乃至全国各大城市，已具有鲜明的特点和发展优势，主要表现在：

1. 商贸流通已优先于其他产业发展，成为位居前列的支柱产业。“七五”以来，新建、改建、扩建、装修网点1 022个，面积78万平方米，在城区建成大型骨干商业、物资业网点、仓库29个，总面积30万平方米。城区新建集贸市场和批发市场31个，新增面积14.7万平方米，初步形成了一个以城市为依托、城乡结合、门类比较齐全的市场网络。国合商业规模迅速扩大，增强了竞争实力。同全国几百家批发企业发展了业务往来，与西南地区290多个县级批发企业建立了稳定供货关系，并开设了边境贸易商行。

大流通、大市场格局的逐步形成，使城市流通的辐射力和吸引力显著增强。它给农副产品和工业消费品的流通也带来巨大活力，商品的进出量大幅度增加。初步框算，1992年流入成都的商品约120亿元左右，流入市外、省外的商品约100亿元左右，这些流入流出的商品，除国合商业发挥主渠道作用大进出外，有相当一部分是通过批发市场等多条渠道流通的。

流通业发展带动了一批相关产业发展，增强了城市综合功能。商业部门最终商品每增加10个百分点，带动社会产值多增2.15亿元，每元商品零售额拉动工业生产值1.06元。随着商品流通的不断扩大，一些相关服务行业蓬勃发展起来。

流通的发展，促进了我市产业结构的调整，取得良好的经济效益和社会效益，对增加财政收入起到重要作用。1992年，第三产业增加值占国民生产总值的比重达到36.8%。“七五”期间，商业饮食服务业投资约占全市总投资的3%，而1990年全市商业饮食业和物资企业实现的净产值在国民收入中已达到11.5%，上交国家的营业税、所得税、能源交通基金，占当年财政收入的23.7%。商业饮食服务业的投入产出效益比工业高51.4%。商业每亿元固定资产原值创净产值700万元，比工业部门高一半以上。流通的发展还大量增加了城镇就业途径，促进了农村剩余劳动力的转移。商业设施的建设，也加快了旧城改造和城市现代化建设步伐，改善了城市面貌。

2. 邮电、交通业发展迅速。成都是全国六大通讯中心之一，邮电通信业务总量居西南地区首位。“七五”以来，实行投资倾斜，加强邮电基础设施建设，1989年建成邮电枢纽，邮件处理能力提高65%；连续4年每年投资1亿元用于通信建设，1990年全部郊县实现长途电话直拨；1992年引进程控电话系统交换机4.2万门，实现了市话全网数字站。总投资7 000万元的西南地区最大的长途通信枢纽大楼正在建设中。目前一个有较高质量、多层次的邮电通信服务网络已初步形成。1992年末拥有电话机门数和移动电话部数分别比上年增长25.5%和1.7倍。

成都是我国西南地区铁路、公路、航空运输的枢纽。宝成、成渝、成昆3条铁路干线交汇成都，有西南最大的客、货铁路运输中心站——成都火车北站和东站。以3条国道和8条省级公路为骨干的公路网基本形成，是全国公路密度最大的地区之一。城北客运中心是西南最大的汽车客运站。公路运输的客、货周转量分别为1978年的10.4倍和7.7倍。民航事业发展迅速，成都双流机场是全国四大航空港之一，共67条航线与全国各大中城市和香港相联、近期还将开通4条国际航线。

3. 科技、教育事业发达，是全国重要的综合科研、教育基地之一。成都有普通高等院校19所，其中全国重点大学5所，在西南各大城市中居首位，万人拥有在校学生人数居全国各大城市前列，全市有各种独立设置的科研、综合技术服务机构273个，拥有各类科技人员39.7万，其中自然科学技术人员20.04万，居全国各大城市第四位，万人拥有自然科技人员数仅次于北京、上海。

4. 成都历史悠久，旅游事业的发展具有优势。成都是国务院公布的首批历史文化名城。悠久的历史、独特的自然环境，造就了成都具有众多闻名全国的自然景观和人文景观。

成都已有2 300多年历史，为六朝古都。大熊猫基地更是国内国际旅游者参观的热点。全市现有国家级风景区1个，省级4个，市级3个，国家重点文物单位6个，省级33个，市级6个，历史文化名城5个，现在已有经营国际国内旅游的各类旅行社64家，旅游涉外宾馆、饭店21家，旅游汽车公司两家，旅游从业人员2.5万人，旅游中专和职业学校各一所。1991年接待旅游从业人员2.5万人，1991年接待旅游者人数和创汇数均居全国前15个主要旅游城市之列。全市已初步形成以自然景观、人文景观、社会景观相结合，以自然景观为主的市郊旅游圈。以成都旅游为中心，东中转至长江三峡，西至西藏、南至蜀南“竹海”，“石海洞乡”和昆明，北至九寨沟、西安的旅游辐射圈。

成都传统旅游商品自成特色，蜀绣、银器、漆器、丝绸等传统出口旅游商品畅销海内外。

四、90年代发展方向

根据成都市国民经济和社会发展十年规划和第八个五年计划纲要以及当前经济形势发展的要求。“八五”和90年代，我市第三产业发展的总任务是：增强基础，发挥优势，加快发展新兴行业，大力培育生产要素市场，经过努力，争取在1995年初步建立起重点突出、结构合理、效益较好、机制灵活的第三产业发展体系；2000年，形成与成都在全国全省地位、作用相称的、适应社会主义市场经济、较为完善的统一、开放和有序竞争的市场体系、城乡社会化综合服务体系和社会保障体系。

为实现上述总任务，我市发展第三产业必须遵循的指导思想是：以社会主义市场经济为导向，更新观念，深化改革，扩大发展开放度；依靠政策，加强引导，创造良好发展环境；运用市场经济规律，建立投入产出良性循环新机制；突出重点，合理布局，加快形成全面发展新格局。

按照上述总任务和指导思想，初步确定“八五”和90年代第三产业发展目标是：在优化结构、提高效益的基础上，以高于第一、二产业的增长速度加快发展。全市第三产业增加值10年平均增长15%，“八五”末和2000年分别达到123亿元和242亿元，在国民生产总值中的比重和就业比重，“八五”末分别达到42%和30%，2000年分别达到50%和40%左右。

从成都的实际情况出发，我市第三产业发展重点行业是商业、金融业、房地产业和旅游，与此同时，大力发展交通邮电等“瓶颈”产业，努力发展信息咨询新兴行业以及科技、教育、卫生事业。

（成都市计委　孙家原、蒲林德等）

南　京　市

第三产业的兴旺发达，是现代经济的重要特征。加快第三产业的发展，对于建立社会主义市场经济体制，优化经济结构，促进经济发展上新台阶，具有重大的战略意义。

一、概况

解放以来，我市同全国一样，一、二产业发展较快，由于认识上、政策上的局限，为社会生产和人民生活服务的第三产业没有得到相应的发展。改革开放以来，第三产业有了较大的发展，全市第三产业增加值占国内生产总值的比重，从1978年的19.29%上升到1992年的34.5%。第三产业的实现增加值由1978年的6.4亿元，上升到1992年的85.17亿元。整个80年代第三产业的年均递增速度14.6%，超过了同期国内生产总值年均9.5%的递增速度。全市第三产业从业人员占全市社会劳动者总数的比重，由1978年的19.7%上升到1992年的26.1%。第三产业的迅速增长，对国民经济的发展起到了很大的推动和促进作用。

1992年我市第三产业如同整个国民经济发展一样，出现十分强劲的势头，也是改革开放以来发展最快、最好的年份。1992年国内生产总值比1991年增长25.7%，第三产业增长27%，与第二产业增长27.2%的速度基本相近。第三产业增加85.17亿元，占国内生产总值的34.5%。第三产业就业人数达到74万人。第三产业的传统行业不断扩大，金融保险业、交通通信业、商业物资业的比重占到整个第三产业近2/3，房地产业、信息咨询业等新兴行业发展也较快。第三产业已经成为国民经济的主要产业。

二、特点

1. 产业结构调整迈出新的步伐

1992年第三产业增加值占国内生产总值的比重由1991年的32.6%上升到34.5%，提高1.9个百分点；而占全市经济主体地位的第二产业增加值占国内生产总值的比重由1991年的57.9%降至57.5%，第一产业由9.5%降至7.9%。第三产业的发展使产业结构逐步优化和升级，同时也提高了第一、二产业的发展水平。一、二产业的发展可以为第三产业提供大量的财力、物力，为第三产业开辟更加广阔的市场，反之，第三产业水平提高对第一、第二产业有很大的推动和促进作用。一、二、三产业的协调发展是我市国民经济步入良性循环的重要标志。

2. 流通业得到加强

流通业是第三产业中的传统行业，也是支柱产业和带头产业，流通业是联结生产与消费的中间环节，是工农、城乡之间的桥梁和纽带。流通业的发展对促进国民经济的发展和人民生活的提高具有举足轻重的作用。1992年我市流通业在原有的基础上得到了不断的扩大和加强。全市流通企业增加值37.42亿元，占国内生产总值的15%，占第三产业增加值的44%，比1991年增长30.9%。其中交通、邮电通信业实现增加值15.9亿元，比1991年增长25.9%，商业、物资、仓储业实现增加值21.5亿元，增长35%。传统行业得到了进一步的发展。特别是邮电、通信业更新很快，1992年全市的无线寻呼、用户电传、用户传真、数据通信等电信新业务基本上满足用户需要，并且开通了磁卡电话和具有自动漫游功能的移动电话。1992年市话用户达13万户，国际长途直拨用户达6 000多户。1992年市话交换机容量17万门，1993年底可达40万门。先进的通信手段为我市经济的高速发展提供了必备的条件。

商品流通业发生了很大变化，市场的繁荣，物质的丰富，基本满足了人民的需求，提高了人们的生活质量。1992年商品流通业实现增加值21.5亿元。社会商品零售总额104.49亿元，全市拥有商业网点69 345个，外贸出口商品收购总值13.33亿元。商品流通业发展的同时，与此相适应的商品市场体系有了很大的突破，全市建成各类市场360个，营业面积45万平方米。其中，各类集贸市场283个，规模较大的生产资料市场10个，高级形态的期货市场7个。各类市场的建立，形成了大市场、大流通的格局，促进了商品流通业上规模、上水平的发展。

3. 新兴行业有了新发展

第三产业中的新兴行业主要包括金融保险、公用事业、房地产业、信息咨询业。随着市场体系的不断发展和完善,新兴行业在市场经济建设中的地位和作用,越来越被人们所重视和关注。1992 年全市新兴行业实现增加值 30.52 亿元,占国内生产总值的 12.4%,占第三产业增加值的 35.9%,1992 年比 1991 年增长 17.7%。在新兴行业中尤以金融保险业、房地产业发展较快,信息咨询业也开始兴起。

金融保险业的发展,对于更好地筹集和运用资金,稳定通货,促进产业结构调整,有着十分重要的意义。1992 年全市金融保险业增加值 20.53 亿元,占国内生产总值 8.3%,占第三产业增加值的 24%,比 1991 年增长 16.2%。金融保险业的发展,一是逐步建立和完善了中央银行体制,形成了以国家银行为主体,多种金融机构并存的金融体系,全市有各类金融机构 976 家,其中保险、信托、证券、信用社等非银行金融机构已达 305 家,基本上适应了商品经济多元化的发展需要。二是信贷资产总量及金融服务领域显著扩大。1992 年全市金融机构存款余额 243.55 亿元,贷款余额 210.26 亿元,比 1991 年分别增长 22%、25.6%,其中信贷资金 40%以上用于支持商业、物资、供销等第三产业。三是金融市场初具规模,改革了银行单一信用为多种信用,开辟了多种融资渠道。自 1986 年以来同业资金拆借累计融资总额约 400 亿元,银行审批和参与发行企业债券累计 15 亿元,办理证券交易近 30 亿元,配合 9 家股份制企业改造发行内部股票 7 311 万元,开办企业和个人外汇调剂累计 10 亿美元。四是保险功能日益增强,年保险总收入近 2 亿元,开办 120 种国内和海外保险种类,同时扩大了保险资金运用范围和服务领域,增强了社会经济补偿功能。

房地产业虽处在初级阶段,但其增长幅度高于其它产业。1992 年房地产业增加值 3.9 亿元,比 1991 年增长 42.4%,占第三产业增加值 4.5%。1992 年房地产开发总投资完成 8 亿元,竣工房屋面积 117 万平方米,在建面积 203 万平方米。房地产业的健康发展,关键在于房地产体制的改革,1992 年我市首先对土地使用制度进行改革。5 月开始运行,也就是将"三无"变为"三有",即无偿使用变为有偿使用;无限期使用变为有限期使用;无流动变为有流动。总的看,改革力度较强,步伐较快,到 1992 年底共出让土地 34 幅,总面积 29.53 万平方米,土地出让费人民币 9 243.9 万元及 872.7 万美元。此外,还办理补交地价地块 46 幅,人民币 4 085.7 万元。加强房地产体制的改革,促使房地产的开发不仅能为国家经济建设积累大量的资金。而且对促进建筑业与相关产业的发展,合理配置土地资源,改善投资环境,扩大对外开放,调整消费结构,都具有十分重要的意义。

4. 以科、教、文、卫为主体的其它行业也在不断增强自身发展功能

以科教文卫为主的其他行业,在计划经济的年代,历来靠国家财政拨款来支撑和发展,缺乏活力和推动力,致使这些行业滞后于国民经济的发展,与人民群众日益增长的物质文化生活需求不相适应。改革开放以来,特别是邓小平同志南巡讲话以后,传统的计划经济观念开始转变,社会事业社会化的观念进一步确立。1992 年以科教文卫为主的其它行业实现增加值 17.23 亿元,占国内生产总值的 7%,占第三产业增加值的 20.2%,比 1991 年增加 35.5%,这些行业一是深化内部改革,增强活力,解决财政投入不足;二是积极稳妥地开拓、延伸新的行业,利用自身的有利条件,兴办各种经济实体,在注重社会效益的同时提高经济效益;三是拓宽筹资渠道,筹集社会资金,利用外资等兴办事业,加快了社会事业社会化的进程。

第三产业的发展,对我市国民经济结构的调整和优化,对改善投资环境,提高人民物质文化生活水平起了重要作用。但是与国内外先进水平相比,与全市经济、社会发展的要求相比,还存在相当的差距。主要表现为:

1. 总体水平不高。1992 年我市第三产业增加值占国内生产总值的比重 34.5%,虽然高于全国 27.7%的平均比重,但远远低于国际水平,目前经济发达的国家第三产业占国民经济的比重为 60%左右;在全国十大中心城市中,我市居第 8 位;与小康水平相比,应达 40%,我市低 5.6 个百分点。从劳动就业看,1992 年我市第三产业就业人数占社会劳动者总人数的比重为 26.1%。国际上高收入的国家第三产业就业人数的比重为 2/3 左右。

2. 第三产业中结构不够合理,新兴行业发展滞后,传统行业与新兴行业构成了第三产业的主体。传统行业在第三产业中占有主导地位,稳中有升,1992 年占第三产业增加值的 44%;新兴行业起步较晚,占第三产业增加值的 36%,按照发达国家的标准,新兴行业占的比重应略高于传统行业,这一块上不去就会影响整个第三产业的发展水平,另外,从新兴行业在国民经济中的地位来看,其各个部门、各个行业都直接服务于企业生产和居民生活,因而促进和大力发展新兴行业是第三产业发展中的当务之急。

3. 农村第三产业发展速度低于城市。1992 年,五县第三产业增加值 9.097 亿元,占国内生产总值的 18.6%,大大低于城市第三产业增加值占国内生产总值 38.4%的比例。县城及主要集镇除商品流通业、交通运输业、邮电通信业、居民服务业等传统行业发展较快外,金融保险、房地产、信息咨询等新兴行业发展较

为滞后，水平明显落后于城市。乡以下及省际、市际交界处，传统行业的发展也较为落后，尚没有形成有规模、有特色、布局合理、方便生活的各类网点。

三、1991年—2000年第三产业发展目标

我市加快发展第三产业的总目标是：争取用十年左右或更长一些时间，逐步建立起面向区域、服务全国、衔接国际市场的市场体系，基本适应社会化大生产和小康生活水平需要的城乡综合服务体系以及基本健全的社会保障体系。具体达到下列要求：

1. 整个90年代，在第一、第二产业继续发展的同时，第三产业的增长速度要高于第一、第二产业，以1991年为基数，第三产业增加平均每年递增23.2%，到2000年全市达400亿元左右，占全市国内生产总值的比重为49%左右。实现全市产业序列从“二、三、一”型转变为“三、二、一”型。第三产业从业人员也将由1991年的74.5万人，增至134万人，年均递增6.7%，占全市社会劳动者总数比重40%左右。其中，到“八五”末，国内生产总值达到160亿元，年递增26.4%。

2. 第三产业内部结构要有较大改善。传统行业在稳定发展中提高档次和效益；新兴行业要大力发展，扩大比重，逐步成为主导行业。到2000年我市将形成以商品流通、金融保险、房地产、交通邮电、旅游娱乐事业为主体（占全市第三产业总值的71.5%左右）、科技、信息咨询等其他行业相应发展的新格局，使我市整个第三产业上一个较高的层次。

3. 我市加快第三产业的发展布局是：以建设现代化、国际化大都市为战略目标，适应城市总体布局规划要求，以城市中心区为核心，以一批开发区和重点交通设施为生长极，带动区县城镇，辐射周边地区，使第三产业的空间布局和产业组合比较合理。其重点是：

（1）城区。围绕增强城市综合服务功能，加快第三产业大型、高档次设施建设，使其相互协调并得到充分发展：一是以新街口至山西路为核心，建设形成以大型零售商业、文化商业、金融贸易的高档旅游饭店的综合商业贸易区，整体水平达到国内一流。二是围绕核心区，建设各具特色的商业街。三是在车站、码头、机场和干线道路等交通便利的地区，建设一批大型批发市场，并大力发展仓储业和运输业。四是充分利用现有基础，建设一批高品位旅游景点。

（2）城郊结合部及郊区。城郊结合部要根据产业、人口和空间布局的需要，依托一批基础条件较好的中小城镇和城市化新区，大力发展第三产业。以浦口高新技术开发区、新港工业开发区、禄口航空港等重点投资地区为生长点，抓好当地第三产业的配套以及连接这些新区的交通干线两侧的开发建设。浦口要形成具有一定规模、相对独立、较高水平的江北地区的综合服务中心。城郊结合部，要以最终进入城市建成区为标准，规划和建设主要基础设施。

（3）五县。各县第三产业发展以县城和一批条件较好的集镇为重点，按照方便人民群众生产和生活，有利于省际、市际交流和坚持县、乡（镇）国有、集体、个体一起上的原则，建设形成一批具有一定规模的批发交易中心和专业市场，利用各自优势和有利条件，发展自身的特色行业。

（南京市计委 耿乃凡）

长春市

一、改革开放以来第三产业发展现状

党的十一届三中全会以来，在省委、省政府的正确领导下，我们按照国务院、省政府关于发展第三产业的政策精神，结合我市的实际情况，为发展第三产业积极地开展工作。从1981年开始，特别是1985年全省第三产业工作会议后，就把第三产业的发展列为政府工作的重要日程。确定了一名副市长分管第三产业工作，并成立了长春市第三产业办公室和长春市商业网点办公室。几年来，市政府颁发了十几份关于发展第三产业的文件，开展了第三产业的普查工作，总结推广了一个区、两个街道办事处和一个居民委员会兴办第三产业的经验，还在朝阳区召开了兴办第三产业的现场经验交流会。在实际工作中，重点抓了长春市第三产业发展规划和有关政策的制定；发展第三产业资金的筹集、管理和使用，组织协调和研究解决发展第三产业中遇到的有关问题；为发展第三产业提供信息咨询服务；利用多种形式，如产品交易会、科技成果转让会、经贸洽谈会和创建电影城、净月森林风景旅游城等，推动第三产业的发展，收到了很好的效果。尤其是1992年，针对市场发育不充分，流通环节薄弱的问题，加强政策引导，组织动员社会力量，多形式、多成份兴办第三产业，促进了第三产业的发育和发展。在当年新注册的7 984户企业中，从事商业、饮食、物资、仓储、科研和综合技术服务等第三产业的户数达6 412户，占80%。第三产业的迅速发展，对支持工农业生产，繁荣城乡市场，改善人民物质文化生活，扩大劳动就业，增加财政收入起到了重要的作用。到1992年，第三产业增加值达到38.9亿元，比1978年增长5.1倍，年均递增13.7%，不仅快于同期国民生产总值11.1%的平均增长速度，也快于同期一、二产业的发展速度。第三产业占国民生产总值的比重已由1978年的17.6%上升到1992年的25.1%。第三产业从业人员由1978年的36.5万人增加到1992年的84.9万人，第三产业从业人员占全社会劳动总人数的比重由1978年的21.5%上升到1992年的26.3%。已经初步形成了一个行业多、范围广、门类比较齐全、多种经济形式并存的第三产业格局。

（一）商饮服务业网点不断增多，市场建设初见成效。1992年，全市社会商品零售总额达到76.8亿元，比上年同期增长11.6%。其中，国营商业完成零售额36.5亿元，增长18.9%；集体商业完成18.7亿元，增长0.5%；个体商业完成11.4亿元，增长9.67%；合营商业完成4.6亿元，增长1.9倍。通过多种渠道筹措资金，新扩建了一大批商业、饮食业、服务业网点，建设了友谊商店、国贸中心、北国之春、华联大厦等一批大中型骨干网点和专业网点。到1992年底，全市商饮服务业网点已达到58 719个，比1978年增长12.4倍；社会商品零售总额比1978年增长5.7倍。经过10多年的建设和发展，市场体系已逐步健全。到1992年底，全市城乡建成了蔬菜批发、小商品批发、果品批发、木材、钢材、劳务、证券交易等各类专业市场357处，建筑面积70多万平方米，占地面积222.3万平方米。其中：消费品市场339个，生产资料市场11个，生产要素市场7个。与此同时，还打破了蔬菜、果品等统购统销的旧模式，实行放开价格，敞开销售，自主经营，做到了生产者、经营者和消费者等几个满意，搞活了农副产品流通。1992年，全市城乡集市贸易成交额达到24.55亿元，占全社会商品零售总额的32.2%。

（二）外向型经济发展迅速，对外开放取得突破性进展。近年来，我市外贸部门不断调整出口产品结构，积极开发适销对路新产品；进一步改善投资环境，大胆吸引外资，拓宽国内外市场，加强国际间交流合作。出口创汇、利用外资和劳务输出等方面都取得了显著成就。1989年国务院批准计划单列后，当年自营出口创汇达2 888万美元。1992年达到1.57亿美元，比上年增长2倍，比1989年增长4.4倍。出口商品有豆粕、玉米、水泥、糠醛、坯布等170多种，远销美国、日本、英国、科威特等32个国家和地区。围绕用好、用足国家赋予的沿海开放政策，实施了以“两区两城”（高新技术产业开发区、经济技术开发区和汽车贸易城、森林旅游城）建设为先导的总体战略，有力地带动了全市的对外开放。高新技术开发区已经被批准为国家级开发区，目前，基础设施建设全面展开，招商引资出现良好势头，1992 年实现技工贸总收入 3.78 亿元，比上年增长 2.2 倍。新开辟的长春经济技术开发区与中外客商达成合资合作意向 40 多个，创办“三资”企业 5 家，吸引外资 1 000 多万美元。长春汽车贸易城和森林旅游城建设开始起步，建立和完善了管理机构，各项工作已深入展开。到 1992 年末，全市已开业的第三产业外商投资企业达 88 家，实际投资额 11 312.2 万美元，分别占全部“三资”企业的 30.5%和 43.2%。其中商饮服务业 16 家，房地产业 37 家，交通运输业 5 家，其他 30 家。

1992 年，随着改革开放的进一步深入，第三产业打破了利用外资禁区，外商投资有了突破性进展。第三产业“三资”企业达 65 家，占全部“三资”企业的 32.3%；实际投资 10 081 万美元，占全年利用外资总额的 57%。’92 中国长春电影节获得圆满成功。内贸成交额达到 55 亿元，对外贸易总额突破 2 亿美元，签定合资合作项目 69 项，利用外资金额 1.7 亿美元。为发展第三产业打开了新的突破口。

（三）交通运输和邮电通讯事业不断加强，城市基础设施明显改善。新改建京哈公路（长春—德惠段）、图乌公路（长春—农安段）、长春—大浦柴河、吉长北线等主要干线公路 976.1 公里，建设了长春飞机场，完成 4 万门市内程控电话网改造。铁路客运站改造、公路客运中心站扩建、电信枢纽大楼等一批重点工程陆续开工建设。到 1992 年，全市各种运输完成货运量9 499.2 万吨，比上年增长 3.2%；完成货物周转量 586 729 万吨公里（周转量不含铁路和民航），比上年下降 2.3%；完成客运量 4 440.8 万人，比上年增长 5.3%；完成旅客周转量 131 776 万人公里，比上年增长 14.1%。民航发送旅客 18.8 万人，比上年增长 18.2%。货邮发送量 2 308.4 吨，比上年增长 7.2%。旅客吞吐量 36.9 万人，比上年增长 19.8%。货邮吞吐量 6 029.6 吨，比上年增长 16.7%。全年完成邮电业务总量 2.6 亿元，比上年增长 40.2%，其中邮政业务增长 21.1%，电信业务增长 53.9%。一批新兴的邮政电信业务继续保持高速增长的势头，如特快专递增长 53.7%，无线寻呼用户增长 3.2 倍，全网 BP 机用户已达 3 万余户。移动电话开通不足半年，发展用户1 400余户，设备容量达到饱和。已开始大规模进入居民家庭的市内电话、农村电话和长途电话增长速度明显加快。全市城镇电话已发展到 10.5 万户，比上年增长 43.8%；农村电话年末达到 6.8 万户，比上年增长 3.9%。

1992 年，我市新铺道路 15.4 万平方米，新改建 40.6 万平方米。到 1992 年末，全市铺装道路总长度 707 公里。全市拥有营运公共电、汽车 684 辆。年末行车线路长度 772.2 公里。

（四）科技、教育先导作用日益突出，文化、卫生、体育等各项社会事业也有较大进步。到 1992 年末，全市拥有各级各类独立科研机构 105 个，比 1978 年增加 7 个，增长 7.1%；有各类科技人员 31.3 万人，比 1978 年增加 8.9 万人，增长 39.7%；每万名人口拥有科技人员 485 人，比 1978 年增加 114 人。1992 年市属企事业单位通过鉴定、登记的科技成果 116 项。其中，属于国际首创、领先和达到国际先进水平的 5 项；属于国内首创、领先和达到国内先进水平的 61 项；达到部、省级先进水平的 37 项。全市共有教职工 15.6 万人，比 1978 年增加 7.2 万人，增长 85.7%。各类学校2 973 所，其中全日制高等院校 26 所，在校生 5.29 万人，比 1978 年增加 1.65 万人。基础教育、成人教育和职业教育有了很大的发展，中小学办学条件不断得到改善。

到 1992 年末，全市有各种医疗机构 833 个，比 1978 年增加 55 个，增长 7%；拥有医疗床位 23 988 张，比 1978 年增加 11 227 张，增长 87.9%。基本缓解了看病难、住院难的问题。文化和体育事业也有很大发展，先后涌现出一批优秀剧目、演员和优秀运动员，丰富了城乡人民精神文化生活。

（五）金融、保险、房地产、风景旅游、信息、咨询等新兴行业呈现较好发展势头。1992 年，我市金融保险业的增加值已达到 11 亿元，占第三产业增加值的比重为 28.3%。全市银行存款余额达到 122.2 亿元，各项贷款余额达到 210 亿元，分别比上年增长 24.3%和 18.1%。全市拥有各级各类金融机构 1 216 个，比 1980 年增长 1.8 倍，其中专业银行综合性金融机构增加 56 个，储蓄机构增加 655 个，证券、信托保险公司增加 17 个，城市信用合作社、联社及农村信用社增加 60 个。全市有 60 户企业实行股份制经营，股本金总额 8.2 亿元。其中股份有限公司 18 户，有限责任公司 20 户，股份合作制企业 22 户。房地产业异军突起，从 1985 年到 1992 年已发展到 147 家，开发了 27 个小区，完成建筑面积 430 多万平方米。风景旅游事业发展较快，1992 年接待境外旅游者 3.87 万人次，旅游创汇收入 623 万美元。信息、咨询和技术服务业得到了不断开发。

虽然近几年我市第三产业有了较大发展，但是从总体上看，仍然滞后于一、二产业，与国民经济的发展不相适应，与先进城市比较还有一定的差距，还存在许多亟待解决的问题。一是对发展第三产业缺乏足够的认识。资金投入不足，许多项目得不到落实。二是总体发展水平比较低，还不能适应国民经济发展的需要。第三产业占国民生产总值比重较低，与国内发展较快的城市相比还有很大差距。三是内部结构不合理。一些低档次的饭店、旅店、五金建材店较多，服务水平较低，综合服务功能差。交通运输、邮电通讯等行业不能满足经济发展和对外开放的需要。基础设施落后，社会化服务体系和保障体系不健全。四是发展不平衡。第三产业的发展主要集中在城市，农村比较薄弱，尤其农村社会化服务体系需要进一步完善。五是行业多头管理，运行管理机制不规范。有关法规尚不健全。

二、90年代第三产业发展的基本思路

根据中共中央、国务院和省委、省政府关于加快发展第三产业的有关精神，90年代我市发展第三产业的指导思想是：按照建设现代化国际性城市的要求，以增强城市整体功能为基础，以改善服务质量和提高服务效益为中心，以深化改革和扩大开放为动力，以建立统一市场体系、城乡社会综合服务体系和社会保障体系为目标，强化科技、教育优势，搞好交通、邮电等基础设施建设，塑造大商贸、大金融、科教文新格局，努力开发旅游、信息、咨询等新兴产业，加快步伐，保持一、二、三产业协调发展。

依据上述指导思想，我市第三产业发展的主要目标是：

1．第三产业增加值，到1995年达到69亿元，平均增长24.5%；到2000年达到195亿元，平均增长21.2%。

2．第三产业从业人员，到1995年达到114.8万人，占全社会劳动者总数的31%，年均增长9%；2000年达到184.9万人，占全社会劳动者总数的35%，年均增长9.5%。

3．到本世纪末，适应社会主义市场经济新体制的统一市场体系、城乡社会化综合服务体系和社会保障体系建设初具规模。

按照上述发展目标，结合我市实际，90年代我市发展第三产业的重点是：

1．投资少、收效快、效益好、就业容量大、与经济发展和人民生活关系密切的行业，主要是商业、对外贸易业、金融业、保险业、旅游业、房地产业、居民服务业、科教和文化卫生事业等。

2．与科技进步相关的新兴行业，主要是咨询业（包括科技、法律、会计、审计等咨询业）、信息业和各类技术服务业等。

3．农村的第三产业，主要是为农业产前、产中、产后服务的行业，为提高农民素质和生活质量服务的行业。

4．对国民经济发展具有全局性、先导性影响的基础行业，主要是交通运输业、邮电通信业和公用事业等。

根据党的十四大提出的建立社会主义市场经济新体制的要求，针对当前我市市场基础比较薄弱的状况，近期要把培育和发展各类市场，以及为市场经济发展创造基础条件和外部环境作为第三产业发展的主攻方向。90年代，要抓住有利时机，大力发展第三产业，加快改革开放和现代化建设。按照建设现代化国际性城市第一阶段目标，形成东北亚地区大城市的经济规模的综合实力；形成具有现代化水平的城市交通通信、基础设施、城市管理；形成多层次、多渠道、全方位对外开放的新格局，实现金融、贸易、产业和管理与世界经济接轨；形成符合国际惯例的、国内外市场贯通的社会主义经济运行机制和运作方式；形成较高文明程度的社会主义的社会文化和社会风貌。

（长春市计委　李晋修）

深　圳　市

深圳建市以来，在大力发展工业的同时，重视发展第三产业，实行放开搞活、培育市场的政策，采取优惠政策鼓励内外投资者投资商贸、金融、房地产、交通、电讯等行业，使深圳第三产业随着国民经济的高速发展和经济结构的调整，获得较为迅速的发展。

1. 第三产业对经济增长贡献率较高。经过10多年的发展建设，深圳市第三产业的总量有了很大的提高，第三产业增加值由1979年的8 340万元增至1992年的132亿元，增长157倍，年递增47.6%。第三产业在国内生产总值中所占的比重平均高达43%。1990年、1991年和1992年分别为41.9%、43.6%和46.4%，尽管近两年由于基建投资规模大，大中型工业项目投产多，比重有所下降，但在深圳财政收入中第三产业所占比重仍达60%以上。1991年全市第三产业的增加值率为57.48%，第三产业人均总产出4.82万元，人均增加值达2.77万元，其中第三产业中人均利税最高的五大行业依次是金融保险业、房地产业、交通邮电业、商贸、饮食业和旅游业。全市第三产业每百元固定资产总产出为100.64元，每百元固定资产创增加值57.85元，每百元固定资产创利税34.62元。

2. 第三产业门类逐步齐全。随着特区建设的发展，不仅商业、金融、交通等几个传统行业在原有基础上获得高速发展，而且保险、证券、科技、信息、公证、咨询．仓储、旅游、房地产、教育、文化、卫生、体育以及广告等新兴行业也逐步兴起，使第三产业行业逐步齐全。1991年全市第三产业增加值中，属于第一层次流通部门提供的增加值39.40亿元，从业人员17.24万人，分别占全市第三产业的42.35%和51.35%；属第二层次为生产和生活服务的部门提供的增加值45.06亿元，从业人员10.19万人，分别占48.44%和30.35%；属第三层次为提高科学文化水平和居民素质服务的部门提供的增加值3.68亿元，从业人员2.91万人，分别占3.96%和8.66%；属第四层次为社会公共需要服务的部门提供增加值4.88亿元，从业人员3.24万人，分别占5.25%和9.64%。

3. 区域分布梯级推进。1991年全市所辖5区中，罗湖、福田区第三产业较为发达，罗湖区拥有第三产业单位8 195个，创造增加值54.52亿元，分别占全市的22.85%和58.61%。福田区拥有第三产业单位3 648个，创造增加值16.11亿元，分别占全市的10.17%和17.32%。南山区拥有第三产业单位3 035个，创造增加值11.13亿元，分别占全市的8.46%和11.97%。宝安区与龙岗区拥有第三产业单位20 990个，创造增加值11.26亿元，分别占全市的58.52%和12.10%。

4. 传统产业更为发达。传统的商业、饮食业、金融业日趋繁荣，成为第三产业的支柱。商业、饮食业购销两旺、市场繁荣，经营机构由1979年的183户上升到1991年的21 300多户；商业购进总值1992年248.7亿元，比上年增长22.4%；销售总值277.4亿元，比上年增长23.1%；1992年进出口总额79.77亿美元，比上年增长33.7%，其中出口51亿美元，增长48%，进口28.8亿美元，增长14%；与122个国家和地区建立了贸易往来；金融机构由30多家增至348家，银行贷款余额由1979年6 100万元增至到1992年的370亿元；存款余额由9 600万元增至550亿元；城乡居民储蓄存款由1 310万元增至153.9亿元。1992年底止，全市改组成公众公司并已公开发行股票的企业20家，其中上市公司19家，股票交易额达438亿元。

5. 新兴行业迅速兴起。房地产业迅猛发展，1992年全市注册的房地产开发经营企业已达108家。从特区成立至1992年底，销售商品房总面积共1 000多万平方米，仅转让土地的人民币收入就达20多亿元。1992年，全市房屋竣工面积340.24万平方米，其中商品房197万平方米，占57.9%；旅游业、文化娱乐业发展很快，建成了“锦绣中华”、“民俗村”、“仙湖植物园”和“野生动物园”等一批颇具特色的旅游景点。1992年接待过夜国际游客214.3万人次，旅游外汇收入达21.3亿元外汇人民币，在国内旅游城市中居第4位，创利6.24亿元；信息咨询业日益兴起，各种信息及咨询机构60多家，兼营咨询的企业200多家，开展了企业资信、市场行情、经贸动态等比较广泛的信息咨询业务。

第三产业虽然获得了较大的发展，但由于一段时期内政策倾斜不够，投入较少，因此第三产业发展从整体上仍滞后于经济的发展，主要表现在：各行业发展不平衡，交通、电讯业和科教文卫、社会保障事业发展滞后；布局和结构不合理，缺乏规模效应，商业虽较繁荣，但缺乏大型百货商场，特别是信息、咨询、科技等新兴行业和社会中介组织还很薄弱，还不能适应经济发展的需要；缺乏总体规划与强有力的宏观调控，第三产业发展与城市发展规划不协调，土地利用、转让存在失控现象，商业等行业发展尚处于自发状态；管理体制落后，垄断性经营过多，经营范围限制太严，报批手续繁琐，办事效率不高，不适应建立商贸运输中心的城市功能的客观要求。

（深圳市计划局综合处）

创刊于1985年1月5日的《中国经营报》是一张以各类经营者和经济工作者为主要读者对象的经济类报纸。

在为数众多的同类报纸中，《中国经营报》一直是一张受读者欢迎和同行好评的报纸。其原因体现在下列公式中：

成功＝资本＋时机＋人才＋《中国经营报》

这也是《中国经营报》的办报宗旨——我们力图使《中国经营报》在社会主义市场经济的排序中和企业面向市场的生产经营活动中起到上述作用。

《中国经营报》不是只谈“经营”，而是着眼于经营者经营活动所涉及的广泛领域——经营者（我们的主要读者）所关注的广泛领域。但是，对经营成败的一招一式以及相关的思路、方法、信息的展示和剖析，的确是《中国经营报》的特色所在。

1994年《中国经营报》将扩版为对开八版，每周二、五出版。扩版后的《中国经营报》将通过财经新闻、社会新闻、经营管理、质量与监督、经济信息、教育培训、文化娱乐、生产与生活服务等各具特色的版面和众多设计精巧的栏目、视角独具的文章，使自身成为信息量更大、实用性更高、可读性更强、更受读者欢迎和喜爱的报纸。

资金＋时机＋人才＋中国经营报＝成功

中國經營報

中经报联合体共同迎接市场经济新挑战

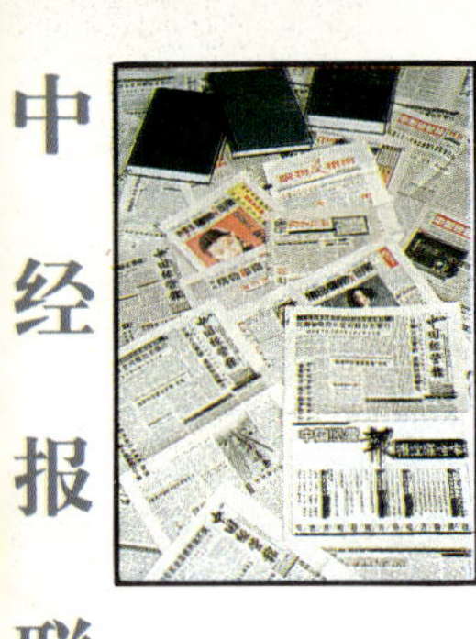

中國經營報報業聯合體

中国经营报报业联合体(简称"中经报联")是以《中国经营报》为主报,《购物指南》报系,大型丛书编辑出版系列和实体系列为分支的报业经营联合体。

"中经报联"的创建是在总结本报经营十年来的成功经验基础上,充分发挥报业作为信息集散地的优势,大力发展新闻出版业和不断开拓新的相关领域的结果。

在近十年的时间里,"中经报联"的各个分支机构,充分利用各自的传播手段与媒体,为催熟社会主义市场经济体制积极努力,并在取得了良好的社会效益的同时取得了巨大的经济效益,使"中经报联"向报业集团方向发展迈出了坚实的步伐。

"中经报联"除北京总部外,在全国十几个省、市、自治区、经济特区都有自己的分支机构。"中经报联"聚集了一大批年富力强,经验丰富、知识门类齐全的专业人才,为今后的长足发展奠定了良好的物质和人才基础。

中经报联大事记

1984.6 中国经营报筹办、试刊

1985.1.5 中国经营报创刊

1986.12—1987.11 组建中美中小企业国际交流联络处,组织中国企业家(14 省市 170 余人)赴美参加"塔尔萨中国周"大型经贸洽谈活动

1988.5 薄一波同志为中国经营报题名

1988.10《北京购物指南》筹办、试刊

1989《长沙购物指南》创刊

1991《深圳购物指南》创刊
组建中美合资波瑞包装有限公司
出版《世界工商企业指南》

1992《太原购物指南》创刊
组建中日合资华日旅业开发公司
组建北京中经开发公司
建立烟台市电子大屏幕显示牌
建立乌鲁木齐市电子大屏幕显示牌

1993《精品购物指南》(北京)创刊
《内蒙古购物指南》创刊
《海南购物指南》创刊
《中国第三产业年鉴》编辑并筹备出版
筹备出版《中国名牌产品》丛书

□中经报联董事局

北京中经公司

中国经营报

总编室　编辑部　记者部

记者站　各地记者站

□购物指南报系

精品购物指南报(北京)

深圳购物指南报

海南购物指南报

内蒙古购物指南报

太原购物指南报

河南购物指南报(筹)

□编辑出版系列

世界工商企业指南

中国第三产业年鉴

中国认证年鉴

中国名牌产品

□实体系列

中美合资北京波瑞包装有限公司

中日合资海南华日旅业开发公司

中经报联广告公司

新疆乌鲁木齐市大屏幕广告公司

与/您/共/同/迎/接/市/场/经/济/挑/战

地址:北京市海淀区海淀路 165 号
电话:2569686,2569688,2544846,2544847
传真:2569687
邮政编码:100080

博士伦隐形眼镜销售
山西省眼科醫院經營範圍：散瞳檢影、驗光配鏡、醫療器械。
山西省眼科醫院擁有20家鏡片廠，生產的各種眼鏡片經山西省產品質量監督檢驗所監督抽查，符合國家標準GB10810—89的規定，為合格產品。
山西省眼科醫院產品質量高，服務質量好，連續三年獲得山西省質量評比第一名。
山西省眼科醫院

第七部分

专题述评与介绍

中国期货市场述评

孙志新

党的十一届三中全会以来，我们着重改变了以实行指令性计划为主要内容的计划体制，大部分产品价格陆续放开，市场调节的范围和比重显著扩大。现在市场决定价格的部分，在工业消费品中占90%，在生产资料出厂价格中占70%，在农产品收购中占85%。随着对外开放进一步扩大，我国经济的对外依存度明显提高，已接近40%。在日益激烈的国内外市场竞争中，商品价格和利率、汇率的波动，直接影响到众多企业的生产经营活动。这就在客观上产生了利用期货市场的功能来回避价格风险、减少市场调节盲目性的需求。现代期货市场还有促使商流和物流适当分离，调节供求，有效地利用风险投资，带动第三产业发展，推动对外贸易发展等多种功能。因此，在我国建立和发展期货贸易制度和期货市场的问题被迅速地提上日程。

早在1988年初，国务院领导即提出要研究国外期货制度。国家体改委和国务院发展研究中心为此联合组成期货市场研究工作小组，开始在全国组织力量进行期货市场试点研究工作。1992年李鹏总理在七届人大五次会议的政府工作报告中明确提出了“试办期货市场”的任务。1993年又在全国体改工作会议上指出，办期货交易所先订立制度和试点。邓小平同志南巡重要谈话和党的十四次代表大会提出建立社会主义市场体制的战略目标，也为我国期货市场的发展提供了重要的理论依据。

近几年我国已经建立了试办期货贸易的郑州粮食批发市场、深圳有色金属交易所和上海金属交易所，正在筹建上海粮油商品交易所。最近又相继成立了一批专业的期货经纪公司。与此同时，在煤炭、化工、石油、黑色金属等重要产业也建立引进期货机制的大型生产资料交易市场或交易所。一些期货咨询、研究机构应运而生。现在，我国期货行业已初具规模。

郑州粮食批发市场是商业部和河南省政府于1990年10月共同建立的我国第一个具有期货性质的商品交易市场，主要交易小麦、玉米等农产品。现有会员单位350多家，累计成交量超过130多万吨，月均成交量1亿斤粮食左右，大大高于当初年交易1亿斤的设想。自1991年3月22日第一笔1 000吨未收获小麦远期合同诞生以来，远期合约交易已占到1/3以上。“郑州价格”开始对全国粮食交易起指导作用。在充分准备的基础上，郑州粮食批发市场正实现由现货交易起步，向期货交易发展的目标迈进，不久将正式推出期货标准合约的交易。

深圳有色金属交易所是由中国有色金属工业总公司与深圳市政府共同领导的我国第一家规范化的金属期货市场。自1992年1月18日正式开业以来，共成交有色金属50多万吨，交易总金额70多亿元，合同执行率达100%。在总交易量中，80%以上属于远期合同交易。交易所已吸收111家会员单位，分布在全国27个省市和港澳地区。去年10月9日，深圳有色金属交易所在国内第一个推出实行了“特级铝期货标准合同”交易，迈出了向期货交易过渡的关键性一步。

上海金属交易所是物资部与上海市政府于1992年5月共同建立的，自开业以来，已迅速地发展成为全国金属交易的“龙头市场”。到目前为止，上海金属交易所交易的铜、铝、铅、锌、锡、镍等六种有色金属的成交量已达629万吨，成交额达1 140多亿元。日交易额从开始的4 000多万元，增加到现在的15亿元左右，最高时达到30亿元。上海金属交易所对我国生产资料交易、金属生产和加工企业已日益强烈地显示出了市场导向作用，同时对国际市场也产生了一定的影响。上海金属交易所共设有68个会员席位，现在有58家会员单位，其中一半以上是商贸流通企业。目前，上海金属交易所正在研究和设计铜的期货标准合约，不久将问世。

这些交易所，在试点期间，大胆地冲破了一些现行的体制和政策，为允许合约买卖，交易所内价格放开，会员单位可代客户买卖，交易中的盈亏在企业税前利润中冲销等。普遍引用了国际期货市场的运行机制和管理模式，象会员制，保证金制，公开竞价和统一结算制度等，并相应建立了交易规则和管理规定。在形成规范的交易秩序和有影响的预期价格等方面已经显露出远比一般批发市场的巨大优越性；同时，大大降低了交易成本，提高了商品流转速度，扩大了合同转让率，消除了长期困扰企业的三角债和价格垄断所带来的不良影响，为我国期货市场的发育起到了"实验场"和"排头兵"的作用，并奠定了良好的基础。

尽管我国期货市场的初步发育从总体上看是稳定的、健康的，但也出现了一些值得注意的问题，主要是：(1)近一时期，不少地方和部门办期货交易所的积极性很高，但由于对于期货市场及其基本功能尚不明确，再加上宣传误导，把必须实行实物交割的远期合约交易和某些现货批发也认为是期货交易，这说明现代期货市场真正被社会所认识还需要一个过程。(2)在没有建立全国统一的期货监管机构和制定统一的期货交易法规的情况下，发展期货市场难以进行统筹规划，也难以采取有力措施加强对期货市场的管理与监督。(3)在我国价格体制不完善、市场机制不健全，部门和地区分割严重的情况下，双重体制的摩擦以及原有的传统观念，也束缚着期货市场的健康发展。例如，受现行金融体制的束缚，建立规范的交易结算制度还有困难；受交通运输条件的影响，实物交割也不能完全到位等。(4)某些境外地下经纪公司乘虚而入，打着合资的招牌在境内发展期货经纪公司，对客户进行欺诈活动，殃及到期货经纪业的声誉。(5)缺少精通期货业务、训练有素的管理、交易和研究人才。

探索期货贸易，试办期货市场，是我国经济发展和改革开放的客观要求，也是国务院制定的改革任务。因此，我们必须在前一阶段探索实验的基础上，积极稳定地推进我国期货市场的发展。

1. 组织制定发展中国期货市场的实施方案。

现在我国期货市场已由政策、理论研讨阶段步入实施准备与试点阶段。根据现代市场集中交易和高风险的特点，试办期货市场必须坚持积极稳妥、一切经过试验的方针和"先挖渠、后放水"的原则，从中国实际出发，吸收借鉴国际期货市场通用的做法，确定我国期货市场发展的目标，并作出统一规划和总体部署。绝不能一哄而起，盲目行事。要根据国务院领导同志关于在我国试办期货市场的重要指示，组织有关方面的力量，研究制定发展中国期货市场的实施方案，保证我国期货市场从一开始就能有领导、有步骤、稳步健康地向前发展。

2. 尽快建立全国统一的期货监管机构。

根据其他国家的经验，建立一个有效的组织、监督和管理体系是期货市场健康发展的保证。中国发展期货市场也必须建立统一的政府管理机构。其主要依据是，期货市场是专业性很强的市场，应当集中一支懂理论又了解操作实务的专家进行管理；期货市场又是统一的市场，必须打破部门和地区分割。因此，应在我国实行由国务院期货监管机构统一管理、全国期货协会行业管理、期货交易所自我管理和工商行政管理机关监督管理的管理体制。可考虑将现在的全国证券管理委员会扩展为全国期货证券管理委员会，下设中国证券监管委员会和中国期货监管委员会。

中国期货监管委员会在全国期货证券管理委员会的领导下行使以下职能：(1)制定、解释并监督执行有关期货交易的法规；(2)全权审查和批准期货交易所的设立、变更和终止；(3)审定期货交易所制定的章程、规则；(4)审定期货交易上市品种；(5)查处期货交易中的严重违法违纪行为，仲裁期货交易中的重大经济纠纷；(6)当发生重大突发事件时采取紧急措施，停止期货交易。

3. 抓紧制定我国的期货交易法规。

从中国发展期货市场的进程看，从一开始就要对期货市场进行必要的法律规范，以保证期货交易的正常运行和期货市场的健康发展。但考虑到目前进行全国性期货立法条件尚不具备，期货立法工作可分三步走：第一步参照股份有限公司和有限责任公司的作法，先拟定《中国期货市场的规范意见》，作为期货立法的前期准备。第二步在经过试运行取得经验的基础上，由国务院制定和颁发《期货市场管理条例》，使其具有法律约束力。第三步在我国期货市场发展到一定阶段，正式立法条件具备时，由全国人民代表大会批准实施《期货市场管理法》。

4. 搞好全国期货市场的试点工作。

近几年我国期货市场的试点工作取得了积极进展，为推动期货市场的健康发展奠定了良好的基础。根据积极稳妥、一切经过试验的方针，当前要集中力量作好期货市场的试点工作。

(1) 继续办好郑州粮食批发市场、上海金属交易所、深圳有色金属交易所，完善其功能，加快向期货交易过渡。可组织有关专家研究制定标准期货合约，待条件成熟时推出试行。同时进一步完善交易所的自我管理机制，建立相应的监督、管理、仲裁机构，健全交易规则和管理制度，规范经纪代理业务，开发结算保障系统，加速信息传递，提高通讯设施和计算机管理的现代化水平，使交易运行更加规范化。

(2)建立一批规范的期货经纪公司，造就一支熟悉国内外期货交易的队伍。期货经纪公司是为期货交易服务的重要中介组织。国家要有重点地扶植和培养一批国营的大型期货经纪公司，让他们以其雄厚的资金、良好的社会信誉、熟练的经纪业务在发展健康的期货交易中起中坚作用。同时对已经建立的期货经纪公司要加强管理，对其经营资格、资金信用、代理业务等进行审查，并通过制定相应的管理制度，保障客户利益。

5. 把培训期货人才放在重要位置。

中国发展期货市场，人才是关键，需要培养和造就一大批各方面的专业人才，包括研究、管理、结算、法律和计算机软件开发等多种人才。过去大学没有期货专业，没有期货课程，不可能有这方面的人才，目前有些是在国外学成，人数极少，实务人员更是匮乏。由于期货市场专业性强，管理要求高，大力培养人才至关重要。当前，要通过举办各种形式的讲学班、研修班来培养各类期货专业人员，有的要送到国外进行培训，特别是期货管理和期货交易的专门人才。有条件的交易所和经纪公司要大胆从国外直接引进人才，充实到关键的工作岗位。只要有了一大批从事现代期货交易和管理的专门人才，中国期货市场的发展就能够建立在一个比较高的起点上。

从目前我国期货市场发展的趋势看，要建立与我国经济相适应的现代期货市场，大体要经过三个阶段：(1)大力发展和繁荣我国的现货市场，在有条件的地区建立和完善以期货交易为目标的交易所，通过引入期货机制和发展标准合约的转让，实现由远期合约向期货交易的过渡，其中重要的是广泛应用"对冲"原则。这是我国期货市场的探索和创立阶段。(2)在经过探索取得经验的基础上，建立起几个比较规范的期货交易所，进一步改进和完善保证金和结算制度，发展期货经纪业，同时健全期货交易法规，使我国期货市场得以健康发育。这是我国期货市场的确立阶段。(3)当我国期货市场有了一定程度的发展，企业、外贸、金融体制改革基本到位，中国期货市场要逐步对外开放，开展国际化经营。这是我国期货市场走向成熟的阶段。

我们完全可以相信，发展期货市场这一具有重要意义的创新事业，一定能够在中国获得成功。在不久的将来，中国有条件成为国际期货大国。

（作者单位：国家体改委
中国期货市场咨询中心）

中国郑州粮食批发市场

一、国务院的重大决策

1990年10月12日，中国郑州粮食批发市场（以下简称郑州市场）隆重开业，在国内外引起了强列的反响。早在1987年，国务院就提出研究建立我国粮食市场的课题。根据河南地处中原、交通便利、信息灵通又是粮食主产省的有利条件，国务院发展研究中心、国家体改委和商业部委托河南进行课题研究。经过两年多的调研论证，研究成果得到国家有关部门的肯定。1990年5月21日，李鹏总理亲自批准在郑州创办粮食批发市场；6月25日，商业部在北京举行新闻发布会，向国内外宣布了这一决定；7月27日，国务院批转商业部等8部委《关于试办中国郑州粮食批发市场的报告》为郑州粮食批发市场试点制定了8项政策。这是我国流通领域的一项重大改革措施。

二、全新的市场运行机制

中国郑州粮食批发市场是由商业部和河南省政府联合开办的非营利、服务性事业单位，是中国唯一面向全国进行省间议价粮油调剂的国家级粮油交易市场。第一，郑州市场是政府宏观调控市场的重要手段和工具，以全心全意为交易者服务为宗旨，理顺流通渠道，规范交易行为，本身不从事经营活动，与交易者不存在经济利益矛盾，能够真正实现"公开、公平、竞争"。第二，它是有组织、有限制、规范化的现货粮食批发市场，依照商业部和河南省政府颁布的《中国郑州粮食批发市场交易管理暂行规则》及其《实施细则》的规定，按以下方式组织、服务、监理交易活动：1. 实行会员制。凡具备《规则》所规定条件的粮油生产、经营、加工企业，经过资信审查并报商业部批准可成为郑州市场会员，具有进场交易资格。非会员可以委托会员代理交易；2. 在国家政策指导下，以公开、平等、竞争的拍卖和有监督的协商买卖等方式达成交易，形成交易价格；3. 监督合同履行。交易双方达成交易后在场内签订合约，并向市场交纳交易保证金；合约必须经市场确认后才能生效，履约过程中如有违约，市场依法予以处理，履约无误，市场退还保证金；4. 上市品种以小麦为主，全国的杂粮和河南的玉米、油料、粮油副产品均可进场交易。第三，国家通过郑州市场进行宏观调控，制定价幅限制，防止粮价大起大落；实行购买配额，合理调配粮食资源；与国家专项储备制度相结合，适时吞吐调节，稳定粮食市场。第四，郑州市场中买卖双方直接交货，减少了运输压力，节约了社会劳动。

由商业部会同国家11个部委组建的郑州市场协调领导小组为郑州市场最高领导机构，协调处理涉及部门、地区间的政策性问题，其办公室设在商业部。商业部有关司局和河南省政府有关厅、局联合组建的郑州市场管理委员会对市场直接实施领导，解决市场运行中的问题，办公室设在河南省粮食厅。郑州市场实行主任负责下的事务部制，设综合、信息、交易、结算、监察法规5个部。

三、运行实践显示的综合效应

郑州市场诞生于市场疲软的大气候之中，开业运行面临着许多困难。郑州市场一方面争取国家给予优惠政策，如批准所有粮油品种上市，放宽价幅限制，优先安排铁路运输，优先贷给交易资金，免征部分税收等。同时，理顺交易机制，优化服务功能，如举办集中交易周、拓宽交易方式、代办郑州铁路局范围内的铁路运输计划、代办结算、提供信息服务等。另外，深入广泛地开展宣传工作，进一步增强吸引力，使交易活动日趋活跃，市场得到较快启动并进入正常运行，市场作用逐步得到发挥。

（一）经济功能

1. 促进了粮食资源的合理配置。郑州市场是一个常年不间断组织交易的固定交易市场，能够为全国的交易者随时提供进场交易机会，增强了市场的流动性，减少了采购员满天飞、推销员到处跑和粮食流向不合理的现象，节约了社会劳动。市场辐射范围不断扩大。目前，郑州市场的会员已近390家，来自全国20多个省市。进场交易的行业由单一的粮食部门扩大到商业供销、外贸、轻工、农牧等行业；进场交易的企业由粮食经营者发展到粮食生产者和加工消费者。1992年，成交粮油70万吨，比上年增长27%；成交金额6.5亿元，比上年增长53.8%。从1990年10月12日开业至1992年年底，累计成交总量140万吨，成交金额12亿元。郑州市场还进行了国家专项储备粮通过市场吞吐调节的试验。在1993年度全国粮油交易会上，郑州市场组织了粮油拍卖活动，共达成各类粮食交易13万吨，成交金额近1亿元。国内贸易部领导认为，这是粮食流通领域的又一次重要的商务活动，为探索规范化的中国特色的粮油交易提供了模式。

2. 确立了规范化市场的基本原则。郑州市场场内的一切交易活动，如交易、结算、交割、监督、风险管理、商务处理、费用收取等，都按照国家制定的《郑州粮食批发市场交易管理暂行规则》、《实施细则》等法规制度组织进行，从而将交易纳入了规范化的渠道，改变了过去场外那种分散、秘密、封闭的传统交易方式，有利于克服签约的随意性和毁约的任意性，为企业提供了一个较为良好的经营条件和市场环境。同时，由于建立了履约保障机制，强化了经济制约手段，合同履约率达90%，没有发生“三角债”现象，增强了交易者的安全感，赢得了交易者的信赖。

3. “郑州价格”成为全国粮食交易的指导价格。价格是交易活动的综合反映，是实现国家宏观指导的集中体现。郑州市场通过“公开、公平、竞争”形成的交易价格，通过新华社、经济日报等新闻媒介和郑州市场信息刊物每旬向全国发布，受到社会各界的广泛关注。“郑州价格”已开始对全国粮食市场发挥导向作用。许多粮食经营企业将作为粮食交易的指导价格，部分农民也运用“郑州价格”保护自身利益。它还成为一些地区粮食生产经营决策、政府部门进行价格宏观调控、部分省市财政部门进行平、议差价结算的重要依据。一些外国政府研究部门也非常重视及时搜集、整理、研究郑州市场交易价格。特别是1991年3月22日郑州市场第一笔远期合同的签订，并从1992年3月开始公布远期合同价格，使郑州市开始具有一定意义上的预期价格指导作用，使现货市场的功能日臻完善。

4. 郑州市场成为全国粮食交易的信息中心。郑州市场是全国粮食交易者集聚的场所，并同国内外市场和信息部门有广泛的联系。郑州市场将各地的价格导向、供求状况、交易意向、生产形势等第一手资料汇集在一起，进行整理、筛选、分析加工，对未来价格及供求形势进行预测，再由信息刊物《粮食交易信息》反馈到全国各地，还通过666888咨询电话随时提供信息咨询。郑州市场已主办全国粮油市场交易信息网，其信息中心的功能和作用将会得到进一步发挥。

（二）社会效应

1. 推动了社会主义统一市场体系的建设。郑州市场的建立和成功运行，唤起了人们建设市场的热忱和信心，全国相继建立了7个区域性粮油市场，并促进了河南省和全国其他行业市场建设的发展，如金属、物资、商业、供销、轻工等行业均陆续建立了各级各类批发市场或交易所。郑州市场热情支持各类市场的建设，积极为他们提供业务和技术指导。为促进市场的共同发展，1992年4月，郑州市场牵头成立了全国粮油批发市场联席会。

2. 促进了相关经济部门的改革。郑州市场是在我国深化经济体制改革中出现的新生事物，需要政府决策部门、经济领域各相关部门以至整个社会的热情支持和积极参与，为其发展创造一个良好的外部环境。郑州市场两年多的运行，也给政府决策部门、经济管理部门提出了一系列深化改革转变职能，以适应市场经济运行机制需要的新课题。郑州市场的发展促进了各有关部门的改革，有关部门的改革又为郑州市场的发展创造了条件。

3. 传播了期货知识，培训了交易人才，增强了人们的市场观念。郑州市场利用各种形式，通过各种渠道宣传介绍市场的性质、作用和意义，广泛传播新型市场知识，提高了人们对规范化市场的认识。通过集中培训、考察学习和实践锻炼，培养了一批市场管理人才和实际操作人才。郑州市场举办了多期交易人员培训班，参加培训人员近500人次。

4. 在国际上树立了良好的改革开放形象。郑州市场的建立被国际舆论称为“中国坚持改革开放的重要标志”,“发育市场的良好开端”,使我国在国际上树立了良好的改革开放形象,产生了重要的政治影响。开业以来,美国、日本、加拿大、前苏联、法国、波兰、阿根廷、香港、世界银行等十几个国家、地区和国际组织的官员、经济专家、新闻记者先后到郑州市场考察采访。郑州市场也应邀到国外考察访问和参加国际市场研讨会,与国外市场建立了信息联系,促进了国际经济交流与合作。

5. 证明了从现货市场起步,逐步向期货市场发展的决策的正确性。作为国家试点单位,郑州市场的成功运行证明了国务院关于试办批发市场,建立社会主义统一市场体系,以及从现货交易起步向期货市场发展的思路是正确的,也为社会主义市场经济的理论提供了实践依据。为制定有关法律提供了重要素材。

四、期货交易准备工作基本完成

郑州市场在不断巩固、完善、发展现货交易的同时,积极开展了期货交易的研究、设计和筹备工作。

1. 对美国、英国、日本、新加坡、香港等期货交易所进行对比研究,并结合中国国情,拟定了《中国郑州商品交易所期货交易规则》。1993年3月1日,河南省人民政府正式批准试行,同时批准启用“中国郑州商品交易所”名称,与中国郑州粮食批发市场实行一套管理机构,期货、现货两种机制同时运行。

2. 郑州市场与中国科学院软科所合作,设计完成了我国第一个计算机复数竞价系统和期货结算系统。

3. 发展了郑州交易所首批期货会员,并举行了期货交易培训班和出市代表培训班。

4. 选定了第一批定点交割仓库。

期货市场是组织标准化合约买卖的场所,是更高层次的市场形式,郑州商品交易所的运行将成为我国市场发展的新的希望。

上海金属交易所

一、基本概况

上海金属交易所是由原物资部和上海市人民政府共同组建的,从事物资交易管理和服务的非营利性的全民所有制事业单位,于1992年5月28日开业。其主要业务是组织会员单位在交易所内按照公开、公平、公正、竞争的原则,进行金属材料的期货和现货交易。交易所是一个服务性的机构,本身不从事交易。交易所实行会员制,目前有会员55家。其中流通企业29家,外贸、金融企业9家,生产企业17家。会员除自营外,还有权接受客户的委托,代理客户买卖。目前上市的品种有铜、铝、铅、锌、锡、镍和生铁7种。每周一、三、五为交易日,各品种依次分节进行交易。

金属交易所自1992年开业到1993年6月2日,共计有152个交易日,累计成交各类有色金属862万吨,成交额达1 590亿元,最高一天的交易额达30.7亿元。1992年共计91个交易日,成交总额为488.4亿元,日平均成交额达到5.4亿元。1993年第一季度日均成交额达15.78亿元,第二季度日均成交额达到24亿元以上。1993年3月开始按照国际规范推出了一号电解铜标准合约的期货交易,运转情况良好。交易所取得的初步成功,受到了国内外的极大关注。国外期货专家认为,由于上海金属交易所地处纽约、伦敦、上海构成的大三角的一角,它填补了东西半球5小时金属交易空白的时差,很可能成为世界第3个有影响的金属交易所。美、英、德、日、瑞士等许多大企业纷纷提出申请,要求成为上海金属交易所的会员。

二、主要特点和作用

期货市场是商品交易的一种高级的、有组织的市场形态。因此,上海金属交易所一开始就把遵循国际惯例、高起点、高标准地运行作为准则,初步形成了五大特点:

(一)管理规范严格。交易所本着先立法,后开业的宗旨,按照国际期货交易规范,制订了《上海金属交易所管理暂行规定》等四个规定和《会员违规、违约处理实施细则》。交易活动中,上海金属交易所严格执行各项规章制度。10个月中,交易所先后对不能按期交纳履约保证金的4个单位发出了“停止交易通知书”,对不能如期履约的18笔业务的违约单位作出支付违约金、赔偿损失等处理,确保了市场的正常运作。

(二)交易透明度高。交易所内所有商品的交易,均由会员的出市代表在交易厅内通过电脑终端进行。电脑根据价格优先,时间优先的原则,对买卖报价进行自动撮合成交。在交易过程中,买卖双方均不见面,但交易价格涨落、供需变化及成交笔数,在屏幕上一目了然,体现了公开、公平、公正的交易原则,建立了平等竞争的机制。

(三)合同履约率高。由于交易所严格实行保证金制度和规范管理,交易合同的履约率高。从开业至1993年3月底,共成交57 340笔,其中到期合同31 130笔全部履约,没有发生一笔三角债。如云南锡业公司和金川有色金属公司在所订铁路车皮计划落空后,为保证履约,分别派出汽车10辆和80辆,以10倍于火车的运费从5 000里之外日夜兼程,将货按时运到上海交割。交易的高履约率使交易所和会员单位的信誉大大提高,吸引更多的企业和单位向交易所聚合。

(四)信息导向灵敏。交易所不仅及时把每个交易日的成交量，最高、最低成交价等信息传送给每个会员和客户，并向社会公布，而且由于与路透社信息网联通，还可向用户提供国内外的行情分析、生产与消费趋势，沟通了国内外市场信息，有利于全国统一市场的形成。

（五）交易成本低。由于实行集中交易，交易的环节少；只需预付成交额5%的保证金，到期提货，企业可大大减少库存和资金占用；交易所供求集中、市场容量大，成交机会多，避免了采购员、推销员“满天飞”，节省了大量的人力和差旅费；每笔交易只向交易所交1‰的手续费，是现货市场的1/35。

上海金属交易所经过一年的运作，取得了一定的成绩，对发展大市场，大流通发挥了积极的作用。

一是大市场的聚合效应。目前交易所会员虽然只有55家，但都属国内的大型、特大型企业；是全国内、外贸易、生产、用材、金融等行业的代表，不仅自营交易数量大，而且可办代理业务，吸引了众多客户和金属材料资源；委托代理的客户已有1 000多家，几乎覆盖全国各省市。许多大的生产企业，如江西铜业公司、云南锡业公司、葫芦岛锌厂、白银有色金属公司、连城铝厂等都准备把大部分计划外资源投放交易所销售。铜陵有色金属公司作出决定，撤销分散在各地的销售点，全部资源投放交易所。全国最大的地方金属流通企业——上海市金属材料总公司经销的85%的有色金属从交易所进货。交易所也吸引了大量进口资源，实物交割中多以伦敦金属交易所（LME）注册的进口铜为主，促进了国内外流通。

二是价格发现机制和导向作用已开始形成。交易所是市场经济的“竞技场”，价格的“晴雨表”。上海金属交易所集中了国内有色金属的大部分供求关系，交易者对价格变化的反应十分灵敏，对未来价格的预期有较大的代表性。通过会员单位在场内集中竞价交易，已经形成比较真实的市场价格。交易所开业以来有色金属价格三次较大的升降，都比较真实地反映了国内供求关系的变化、国际市场价格的变化和国内外汇汇率变化带来的影响。交易所的价格涨、落总是比全国分散的现货市场要早，实际上交易所的成交价已成为全国有色金属市场的权威报价。交易所按价值规律调节供求，稳定物价的作用是明显的。

三是套期保值、规避价格风险的功能得到较好发挥。企业利用期货交易机制搞套头交易，进行保值；有的则学会了信息分析行情预测，进行投机赚取价差。交易所开业后，合约平仓率在1992年6月仅14.5%，以后逐月提高，去年7个月的平均合约平仓率达到74%。实物交割为26%；今年头4个月的平仓率又提高到88.3%，其中四月份的实物交割仅为7.9%。虽然这样的比率与国际期货实物交割仅占1—3%左右相比差距还很大，但对建立不久的上海金属所会员单位来说，无论是观念还是实际运作都是不小的进步。

三、今后发展

上海金属交易所的发展目标是争取通过几年的努力，把交易所建设成各种功能齐全、设备完善、高层次的、具有中国特色的金属交易所。

（一）进一步加强交易所自身建设，大力提高工作人员的业务素质，抓紧人才引进和人才培养；建立强有力的结算中心；促进会员经纪公司的建立，尽快把会员自营业务与接受客户委托业务分离开来，以保证交易的公正和保护客户的利益；加快信息网建设，建立交易所的风险基金和交割仓库等，为期货交易创造良好的条件和环境。

（二）加强与国际期货市场接轨的研究和准备。主要包括：1. 中国的产品质量标准如何与国际产品的质量标准统一起来；2. 解决所有交易所会员的进出口权问题，使会员单位具有同等的竞争条件，并为发展国际会员创造条件；3. 解决用多种外汇进行期货交易结算的体制；4. 完备期货交易所立法，这种立法既要根据中国的国情，也要尽可能与国际期货的法规相衔接。

（三）建议尽快组建以大银行、大金融企业为核心，交易所和实力强的会员单位参加的期货结算公司。它独立于交易所，专门从事期货交易清算业务并且承担交易风险。可以使交易所会员在期货市场的风险得到分散，以保证国内期货交易一开始就能健康地发展。

深圳有色金属交易所

一、概况

深圳有色金属交易所于1991年6月10日宣告成立；在深圳市人民政府公布有色金属期货交易的法规制度后，深圳有色金属交易所于1992年1月18日郑重宣布依法开市；并于1992年10月9日推出了《特级铝标准合约》，率先进行了期货交易；深圳市政府于1993年1月颁布了有色金属期货经纪商的管理暂行规定，中国有色金属、中国航空、中国军工、中信（上海）、中金、金海、铜陵等7家会员，被批准在深圳注册期货经纪公司。

目前，深圳有色金属交易所拥有经理事会和市政府批准、工商注册的会员110个，分布在27个省市以及香港和澳门。其中30%是生产企业，20%是消费企业，50%是物资、内外贸、金融企业。

交易品种：铜、铝、铅、锌、锡、镍、镁、锑。

交易时间：星期一至五上午9：00—11：30。共分六节，第一、四节为铜的交易；第二节为铝的交易；第三节为其他六种金属交易；第五、六节为特级铝的期货交易。

组织管理：监察委员会（由深圳市政府、中国人民银行、国内贸易部、中国有色金属工业总公司的有关部门组成）；理事会（由投资单位、主管部门、会员代表组成）。交易所实行理事会领导下的总裁负责制，下设交易部、结算部、信息部、研究部、电脑部、综合部。

深圳有色金属交易所的发展目标是：在致力于金属期货交易的同时，开拓农副产品、金融证券的期货交易；在吸收国内企业、公民投资期货交易的同时，逐步吸收外商投资期货交易；在逐步完善期货交易的法规、制度、市场建设的同时，向外开拓，成为国际期货交易所俱乐部的成员之一。

二、深圳有色金属交易所的建立、模式与特点

中国有色金属工业总公司于1986年在深圳建立了联营展销中心，为有色金属市场的探索开辟了途径。之后，中国有色金属工业深圳公司先后派了40多人次到美、英、香港等地学习期货交易；同时，在香港设立期货公司，从事国际金属的期货贸易。在学习和实践的基础上，探索建立有色金属交易所的路子。我们在1988—1991年间，对期货市场的作用、商品的选择和交易所选址等问题进行了多次研讨，撰写了一批论文，在社会上形成了共识，为交易所的建立奠定了理论基础。

深圳有色金属交易所的建立参照了伦敦金属交易所和芝加哥期货交易所的经验。主要特点是：

1. 由大型国营企业投资联办，为非营利性的企业法人。实行会员制，由会员委派出市代表入场交易；会员既可自营，又可接受客户委托代理；经纪公司的会员还可接受公民的委托。

2. 实行集中交易，公开叫价的方法。

3. 价格实行市场调节。每日升跌幅不能超过上一交易日的收市价的3%。

4. 实行风险基金、保证金（含差价追加保证金）及收费余额风险储备金的财务管理方法及每日清算制度。

5. 实行统一结算。结算部门充当买方的卖方或卖方的买方角色，起到结算与保证作用。

6. 实行标准合约交易。允许远期合约和期货合约公开转让，期货合约的交易采用标准仓单进行动作。

7. 交易所具有对违约方的处罚权(含强制平仓、停牌、罚款等)。

8. 交易所实行信息共享的原则。及时、准确地向社会公布价格信息、成交信息、金融信息等资料。

9. 期货交易法规由政府制定和颁布。

10. 期货市场的管理，由政府设立监察委员会，依法进行监督、协调和稽核。

三、深圳有色金属交易所的法规建设

1. 1991年9月21日深府［1991］386号《关于印发“深圳有色金属交易所管理暂行规定”的通知》。

2. 1991年12月7日深府办［1991］236号《转发“深圳有色金属交易所交易规则”的通知》。

3. 1993年1月14日深圳市人民政府令第6号发布《深圳经济特区有色金属期货经纪商管理暂行规定》。

四、深圳有色金属交易所的市场运行

交易所开市以来，引起了国内外投资者的关注。国内的企业、公民及国外企业要求参与期货交易的人越来越多；交易量逐步增加；期货市场的“发现价格、分散风险、缓解价格波动及降低交易费用”的功能，已经显示出来。具体情况表1—3所示。

表1：　交易量的变化

91年9.23～ 12月10日试业	92.1.18～6.30 开业前半年	92年1.18～ 12月31日	93.1.1～ 5.30	预计93年 1.1～12.31
0.37亿元	6.85亿元	63亿元	76亿元	200亿元

表2：　铜、铝的价格变化

单位：元/吨

时间 项目	86年→88年→92年1月			92年1月→92年7月→92年12月→93年4月			
		大起	大落		价格上升	价格回落	波幅小频率大
铜	6000—6500	25000—27000	16400—16600	16400—16600	23500—24000	19000—20500	20200—22600
铝	4200—4500	18000—20000	8300—8600	8300—8600	13500—14000	10250—11800	12100—12950

表 3：　综合指标

运期合约比率		平仓率		合同执行率		铜价升幅		铝价升跌幅	
92 年度平均	93 年 1—5 月平均	92 年度平均	93 年 1—5 月平均	92 年度平均	93 年一季度（平均）	92 年度（最大）	93 年一季度（平均）	92 年度（最大）	93 年一季度（平均）
68.15%	87.85%	55.5%	85.5%	95.5%	100%	+24.24%	−4.00%	+38.82%	+2.00%

五、积极探索，稳步发展，实现目标

中国的期货市场尚处在萌芽阶段。深圳有色金属交易所还是颗幼苗。我们需要努力学习、积极探索，并向国际期货市场开拓，以期在更大范围内实现市场风险社会化，资源配置合理化和期货市场运行质量与效率的不断提高。当前亟待解决的问题是：1. 期货市场的理论问题；2. 期货市场的统一性与可分性问题；3. 期货市场的法规建设及其管理机构的建设问题；4. 期货市场的相关要素市场的建设问题：如交易所、经纪商、结算行、仓储运输业、外汇市场、信息市场等；5. 期货市场大范围的运行条件问题等。

中国改革开放的大潮不可逆转，深圳地处国际金融贸易的要冲，深圳有色金属交易所将为争取成为中国第一个国际性的期货交易所而奋斗！

单位名称：深圳有色金属交易所
地　　址：深圳市华富路海外装饰大厦 B 座一楼
邮　　编：518031
电　　挂：0442 深圳
电　　话：3343504 3343483
电　　传：421226 SME CN
传　　真：(0755)—3343505

中国国际期货有限公司

中国国际期货有限公司（China International Futures Co.，Ltd.），简称中期公司（CIFCO），成立于 1992 年 12 月 28 日，是经原国务院经贸办批准成立，国家工商行政管理局核准登记注册的中国首家大型期货经纪公司。中期公司是由原国家物资部、商业部中国粮食贸易公司、中国核工业物资供销总公司、中国农村发展信托投资公司、中国抽纱海南进出口公司、中国植物油公司、中银信托投资公司、珠海宏达贸易有限公司、广中工贸总公司、江苏太仓电解铜厂共同投资入股组建的有限责任公司。

中期公司是独立的企业法人，实行自主经营、独立核算、自负盈亏，主营期货交易代理、商品实物交割、现货交易及代理业务，同时兼营与主营业务相关的信息服务、咨询服务等。

中期公司本着客户至上的宗旨，专营代理，不做自营，以充分保证客户的投资利益。在业务操作方面，确保公开透明，严禁期货交易在公司内“对作”、“对赌”“吃点”，根本杜绝做假行为。要求公司内的客户代理人必须客观、如实、及时、准确地提供行情报告，严禁误导客户过量和盲目下单。中期公司拥有上百台先进的卫星通讯和信息传递设备，可以随时向客户提供国际国内各大期货交易所的商品报价情况，以及与之相关的世界各地发生的政治、经济、军事、气候等诸多方面的信息。

中期公司能够代理客户在国内外的期货交易所进行交易，并向客户提供结算、交割、咨询、信息等全方位的服务。在国际业务方面，中期公司委托了国际上著名的跨国期货经纪公司，如美国培基证券公司、美国嘉吉投资服务公司、美国 REFCO 期货公司、英国雷曼兄弟公司、英国鲁道夫证券公司等作为自己的代理公司，在国外的期货交易所下单交易。在国内业务方面，中期公司已经成为上海金属交易所、深圳有色金属交易所、郑州商品交易所、上海粮油交易所、上海石油交易所、上海化工交易所、南京石油交易所等国内大型交易所的会员，能够直接代理客户入场交易。

中期公司是顺应我国建立社会主义市场经济的潮流，在国内期货事业蓬勃发展的形势下应运而生的。它的诞生和发展得到了中央领导及国务院各部门的大力支持，也得到了海内外各界朋友的鼎力相助。国务院副总理田纪云曾专门为公司题词：“发展期货交易，参与国际竞争”。国家体改委主任李铁映在视察了中期公司之后，欣然题词：“发展期货交易，服务市场经济”。国内贸易部部长张皓若也勉励中期公司要“规范管理，规范运作，为发展中国期货市场做贡献”。

正是由于得到了从上到下各级领导及社会各界的关心和支持，使中期公司在成立后短短半年的时间里，就形成了一个以北京总部为核心，下辖上海、南京、沈阳、湖北、广州、深圳、珠海、郑州等多家分公司的大型企业集团。中期公司实行董事会领导下的总裁负责制，公司的最高权力机构为股东大会。北京总部内设置了发展规划部、交易部、结算部、金融财务部、信息技术部、市场开发部、交割贸易部和办公室等部门。其中交易部、结算部是直接参与代理业务的部门，这两个部门在其他部门的配合下，对客户的帐户资金进行管理，帮助客户盯市、下单、进行交易。其他部门负责向客户提供市场行情分析预测报告，收集、整理各种经济信息，宣传维护公司的形象，保护客户的正当权益，普及期货知识，培训期货人才，管理公司的运作，代理国际期货交割和国内交易所的现货交易。

中期公司开业初期，以代理客户从事金属、农产品、能源等类商品的期货、期权交易为主。随着业务的扩大和客户要求的增加，还将向商品基金方向发展。目前中期公司可以代理的交易品种主要有英国伦敦金属交易所（LME）的铜、铝、铅、锌、锡、镍、铝合金等有色金属和美国纽约商品交易所（COMEX）的金、银、白金、钯等贵金属，农产品中主要做美国芝加哥期货交易所（CBOT）的大豆、豆油、玉米、小麦，纽约棉花交易所（NYCE）的棉花，咖啡、糖和可可交易所（CSCE）的咖啡、糖等。此外，还有国内各大商品交易所的上市品种，如有色金属、石油、农产品等。

经过几个月的运营，中期公司的业务量有了很大的发展。随着客户的增加，客户对中期公司的要求也不断增加，现有的英国、美国商品交易所的交易已经不能满足需要了。为此，中期公司决定从 1993 年 8 月起增设远东地区商品交易所的交易代理业务。这样不仅使国内的广大客户可以不受时差的困扰，交易更为便利，而且交易的品种也有所增加。远东地区的期货交易大多集中在日本、新加坡和香港。远东盘交易的开设，大大扩展了中期公司的业务领域，实现了 24 小时不间断交易，使中期公司向国际化大型期货经纪公司的目标又迈进了一步。

除了业务方面的开拓以外，中期公司还在不遗余力地发展公司本身。现在中期公司已在全国从南到北的各大金融中心城市设立了分公司或代表处，形成了自己的分支机构，在国内的期货经纪公司中规模首屈一指。中期公司将立足于现有的分支机构，顺应改革的大趋势和国内兴起的期货热潮，进一步向沿海、沿江、沿边的其他城市发展。中期公司以期货代理业务主营方向为核心，逐步开拓其他相关业务，并积极投资其他领域。

中期公司成立伊始，即以面向市场，面向未来，向国际标准化大型期货经纪公司发展为奋斗目标。在管理上采用国际同行通行的体制，严格遵循国际通用的期货交易法令和规则，进行全面自律性管理。中期公司有一流的期货交易人才，装备了现代化的通讯设备，与世界各大期货交易所和国内商品交易所实现信息同步反馈。中期公司将致力于推进我国期货事业的成熟与进步，促进我国期货市场的建设沿着标准化和规范化轨道发展，立足国内，放眼世界，把公司建成一个名副其实的跨国经营期货经纪公司。

单位名称：中国国际期货有限公司
法人代表：田源　董事长
总　　裁：卢建
地　　址：北京朝阳区新源南路 6 号京城大厦 24 层
电　　话：4665158、4665128
传　　真：4665140

中国证券市场述评

中国证券监督管理委员会交易部

一、中国证券市场的发展概况

从1981年我国恢复发行国库券开始算起，证券业的出现至今已有12年多了。证券市场是伴随着经济的发展、改革的深入和人们思想观念的转变而兴起的。特别是从1991年以后，我国证券市场发展迅速，并呈现出繁荣兴旺的良好势头。

（一）市场规模不断扩大

从发行市场上看，1981年到1992年我国各类有价证券累计发行3 817亿元，其中国库券1 084亿元，财政债券397亿元，特种国债和保值公债200亿元，国家投资债券407亿元，企业债券960亿元，金融债券610亿元，股票159亿元。1992年证券发行额达到1 280亿元，其中国库券410亿元，国家投资债券127亿元，企业债券379亿元，金融债券255亿元，股票109亿元。1992年的发行额比1981年的48.7亿元增长了25倍，比1991年的624亿元增长了1倍。在证券发行市场上，政府债券为主体，占到32.03%，如果再加上由财政担保的国家投资债券则占到41.95%。从1982年到1992年，各种债券的发行量平均每年增长45%，股票的发行量从1988年到1992年，每年增长70%以上。

从流通市场上看，我国证券的流通交易是从1988年国库券可以兑现、流通开始的。1991年全年有价证券流通总量为554.7亿元，其中国债券为447.9亿元，占比重80.7%；地方债券为24.6亿，占4.4%；企业股票为45.1亿元，占8.1%。1992年流通总量为1 044亿元，其中债券为351亿，占34%；股票692亿，占66%。

我国股票交易的历史很短，但发展很快。1991年上海、深圳交易所建立的第一年，股票流通量为45亿，仅占整个有价证券流通量的8%；1992年一跃为692亿，占到证券交易总量的2/3。

（二）交易市场体系初具框架

我国证券交易市场初步形成集中交易和分散交易相结合的格局。集中的交易市场包括："两所"、"一网"、"三中心"。"两所"即上海证券交易所、深圳证券交易所，"一网"即全国证券交易自动报价系统（STAQ），"三中心"即天津、武汉、沈阳证券交易中心。在"两所"上市交易的主要是上市公司的个人股，北京STAQ系统进行国库券交易和法人股流通试点；"三中心"则主要是进行国库券和投资基金债券的交易。分散的交易市场是散布在全国各地的3 000个证券营业网点，包括证券公司、信托公司证券业务部的网点及银行、信用社的证券代办网点，进行债券的柜台交易。

仅从"两所"来看，上海证交所1990年12月成立，1991年上市8家股票，交易量为16亿。1992年有29种A股，9种B股上市；交易量A股为490亿，B股为3个亿。深交所1991年7月成立，1991年上市6种股票，交易量为35亿。1992年有23种A股，交易量为417亿元；9种B股，交易量为16.6亿。1992年北京STAQ系统有3种法人股、4种债券上市交易，股票市价总值为4.5亿。

（三）证券市场管理体系初步形成

1992年10月，国务院证券委员会（简称证券委）和中国证券监督管理委员会（简称证监会）宣告成立。证券委是国家对全国证券市场进行统一宏观管理的主管机构，证监会是证券委的监督执行机构，由有证券专业知识和实践经验的专家组成。同时国务院有关部门和地方政府也具有一定的证券管理职权。国家计委负责证券计划的编制和综合平衡；财政部负责国债有关事宜，并归口管理注册会计师和会计师事务所；人民银行负责证券经营机构的审批和管理；地方政府归口管理证券交易所。证券行业自律性组织主要有中国证券业协会和中国国债协会。

（四）证券经营和中介机构迅速发展

随着证券业务量的不断扩大，可以经营证券业务的金融机构和为证券业服务的中介机构也不断增加。到1992年底，可以经营证券业务的金融机构，证券公司有85家，信托投资公司386家，银行和信用社的代办网点2 000多个。证券中介机构有500多家，主要是会计师事务所、审计事务所、律师事务所、资产评估事务所、信用评级公司或事务所、证券投资咨询公司等。上海、深圳证券交易所的会员也不断增加。到1992年底，上海证券交易所有会员171家，深圳证券交易所会员151家。

二、中国证券市场的特点及作用

（一）我国证券市场经过试验、探索和发展，已初具规模并形成了以下特点：

1. 债券市场规模不断扩大

债券品种增加，从1981年单一国库券已发展到目前几十个品种。债券的发行和流通已市场化。我国的证券市场是从债券开始，并从政府债券为主体发展起来的。除国库券以外，政府债券又增加了国家重点建设债券、特种债券、保值公债等，至1992年年底，政府债券累计发行2 000多亿元。同时政府债券的发行方式由行政摊派改为证券商承购包销，投资者自愿购买，政府债券已全部进入流通市场。这些改革大大提高了政府债券的信誉，并推动企业债券、金融债券市场的开拓。1992年企业债券累计发行800多亿元，金融债券累计发行达600多亿元，仅1992年一年各类债券即发行了1 000多亿元。

2. 股份制企业改革加快，股票市场逐步趋向规范化

股票市场的改革是从企业改组为股份制开始的，初期改组的股份制企业很不规范，发行的股票有的混同债券，又分红又还本，有的保息分红，股民不承担风险。自国家体改委和有关部委公布了《股份有限公司规范意见》以及有关的规定后，各地统一按照《规范意见》改组股份制、发行股票，对过去组建的不规范的股份制企业也按照《规范意见》重新改组。股份制改造规范化，相应的股票发行也趋于规范化。

到1992年，中国已有3 600家股份制试点企业。从产业划分，工业企业占50%，商业企业占30%，其他行业占20%。从所有制改造的情况分析，原为全民所有制企业占24%，原来是集体企业的占61%。当然，规范化的股份制企业改造目前全国约近百家，还有许多问题有待进一步改进和完善。

3. 统一的证券管理体系开始建立

国务院批准的证券委和证监会的成立标志着我国证券市场由粗放阶段进入到统一管理的规范化阶段，统一监管机构的成立将促进中国证券市场向统一化、规范化和法制化的方向迈进。

4. 证券市场已开始对外开放

深圳、上海两市采取发行人民币特种股票（B股）对外开放，同时，一批经过挑选的企业正陆续到香港证券市场上市。

（二）中国证券市场的出现和发展对我国的经济生活发挥了积极作用，并将对我国的经济发展和体制改革产生深远影响，重要表现在：

1. 证券市场发挥了重要的筹集资金的作用。

从政府债券市场来看，到1992年底，我国已累计发行各类政府债券合计2 000多亿元，目前余额为1 480亿元左右。政府债筹集的资金基本上用于经济建设。多年来，国家预算中用于建设的资金只有350—380亿元，而1992年一年发行的国债就达410亿元，超过了预算集中的建设资金。因此，国债市场的发展为筹集重点建设资金发挥了十分重要的作用。

企业债券市场的开放，为重点企业，特别是基础工业方面的重点企业筹集资金发挥了重要作用。比如1990年100多家大中型企业发行债券即达30亿元，其中24家大中型电厂发行的债券额为6.9亿元，11家石油化工大中型企业发行债券为7.3亿元，上海30万吨乙烯工程累计发行债券近10亿元，为这项工作得以顺利完成提供了重要保证。武汉钢铁公司一次发行债券5 000万元，解决了该厂改造资金的需要。

股票市场发行规模还比较小，但由于股票筹资的特点。使发行股票的企业得到很快发展。企业通过发行股票筹集资金，因为不用向投资者归还本钱，这就使企业消除了沉重的债务负担；而且资信好的企业。其股票还可以溢价发行，从而筹得大量资金推动企业迅速发展。

总之，证券市场作为重要的筹资渠道，其作用越来越显示出来，如1992年全国发行有价证券总量1 280亿元，相当于当年新增贷款3 510亿元的36.57%，可见证券市场融资对我国经济发展已发挥着重要的作用。

2. 证券市场的发展，将推动我国以市场为导向的经济体制改革，促进市场体系的形成。

证券市场对于经济体制改革的重要意义，在于它把投资资金由计划分配转向由市场分配，在集中计划经济体制下，投资是政府的行为，投资资金是由政府按计划分配的。而在证券市场上，企业、个人都是投资主体，证券市场上的资金不是按计划分配的，是受市场机制的作用而流动，哪个企业，哪个行业，哪个地区经济效益好、利润高，资金就流向这些企业、行业和地区，证券市场的出现，推动资本进入市场，商品市场与资本市场共存就形成了完整的市场体系。在完整的市场体系中，企业既可以摆脱对政府的依赖和干预而得到自主的发展，同时他们也将受到市场的强有力的约束。在市场竞争中，效益好的企业，既能在商品市场上占有阵

地，也能从资本市场上筹措到资金，而效益差的企业在商品市场没有阵地，在资本市场上也筹不到资金，优胜劣汰的竞争机制把资本引到了效益好的企业、行业和地区，从而实现了资源的优化配置。

3. 为企业改革探索了一条新路子

股份制国有企业产权关系明确，股东拥有最终所有权，企业从法人资产为基础自负盈亏，国家和其他股东一样只对拥有的股份负有限责任，因此，若企业经营不善，资不抵债，企业将在法人资产的基础上宣布破产。

股份制与股票市场的改革实践证明，进行股份制改造，特别是进入股票市场的企业，都大大增强了企业的经营机制，提高了经营效益。如深圳 5 家上市公司，几年来，实现利润年平均增大 97%，净资产年增长 1.3 倍，自有流动资金比例都在 50%以上。

三、中国证券市场的发展与完善

1. 继续扩大直接融资比重及股票发行量

我国十多年来的金融改革一直坚持以间接金融（通过金融机构贷款）为主，直接金融（通过证券市场）为辅；在证券市场中以债券为主，股票为辅。这两个为主的原则是符合中国国情的。但从目前改革的实践经验和情况变化来看，有必要适当扩大两个为辅的比重，加快证券市场特别是股票市场的发展。国民收入格局起了变化，个人收入多了，需要扩大能吸引个人投资的渠道，并通过股份制转换企业的经营机制。从宏观调控角度讲也需要通过证券市场加大对资金使用的制约，提高效益，并减轻银行负担，把个人的储蓄通过股票转为投资，有利于减少通货膨胀的压力。

2. 加强证券法规建设，健全证券市场的监管体制

纵观政府推动型的一些国家的证券市场的发展，政府的作用主要表现在，采取各项政策措施推动企业上市，建立证管机构，加强法制建设，采取适当的措施平抑市场的剧烈波动。

我国政府应加强对证券市场的监督管理，加强监管并不是说由政府直接出面插手管市场运作，主要抓好两个方面，一方面是健全法规，严格执法，依法管理，另一方面是社会性监督组织。同时，让市场机制更好地发挥作用，建立起从政府主管机构到证券行业自律性组织和中介机构，分层次、各负其责，协调配合的证券市场监督管理体系。

3. 积极发展机构投资者，提高市场的稳定性

我国目前股票市场上的投资者多为散户，风险意识和承受能力都比较弱，随着股票市场规模的不断扩大，发展机构投资者已成为十分重要的问题。目前我们正在进行社会保障体制的改革，应当允许各种保险基金进入股票市场进行长期投资。同时要大力发展合作基金，由专业人员为广大的中小投资者进行投资，从而降低单个投资者所面临的风险，获得综合效益。这种机构投资在中国有特殊重要意义，组织起来可以变成法人而不是私人投资，有利于实现公有制为主体的原则，可以加快股份制和股票市场的发展。同时通过基金的投资，可以有效地同操纵市场的大户的不正当行为作斗争，引导短期行为的投资转向长期投资。基金发展以后，公股进入市场、国家公务员通过基金进入市场都能得到较好地处理。

4. 改变股票发行办法，改进对交易市场的调节和管理

在我国股票市场目前只在少数试点城市试验，但其需求却辐射到全国，供需矛盾严重。在交易市场上，大户操纵，内幕交易，价格暴涨暴跌等情况都曾出现。

目前正在加紧制定证券交易法和建立证券监管机构，这是从根本上保证建立“公开、公平、公正”市场，制止内幕交易和大户操纵的措施。同时，采取措施充分披露各方面信息包括企业状况、市场状况以及监管和法律要求。进一步扩大投票发行量，提高股票发行透明度，发行新股认购表应该不限数量，不公布中签章，只收工本费，做到彻底公开，防止再次出现排队抢购新股认购表，影响社会安定的问题。对于股票交易，要加强监督管理，防止内幕交易，防止少数人操纵，保证交易市场公平高效地运转。股票市场的价格，受多种因素影响，涨落不断变化，政府应从法规、规则的角度，尽量理顺市场的机制，避免出现股灾，保护中小投资者利益。

5. 企业股份制改造必须做到规范化

向社会公开发行股票和上市必须按标准严格要求，这是股票市场健康发展的基石。我们必须按照国家有关部门颁布的《股份制企业试点办法》及其他规范性文件，认真作好企业股份制改造工作。成熟一家，发行一家，上市一家，绝不盲目地追求数量而放松质量要求。企业的资产评估应真实，产权界定必须明晰，按照股份制的会计制度，对企业的会计制度进行改造。同时，股份公司的改制需逐步向国际标准靠近，走向国际化。从目前国有企业改制为股份公司的情况看，我们应努力做好三个基础工作：一是建立股份公司管理体制，改变企业办社会、政企不分的状况；二是清产核资、资产评估，解决帐实不符、财产不清的问题；三是改变会计制度，解决成本不实、利润不实以及虚盈实亏的问题。

6. 运用股票市场利用外资，是灵活有效的对外融资渠道

随着我国证券市场的发展，特别是股票市场的兴起，外商对购买股票投资中国企业表现出了浓厚的兴

趣。通过比较可以看出，直接投资和购股票都可以到在中国投资并分享经济成长收益的目的，其结果基本一样。但是购买股票使外商的投资变得更加灵活，外国投资者可以通过买卖股票来选择其投资方向，以获取较高的收益，同时在中国的政策有所调整或变化时，或外商认为有风险时，可以及时减少或放弃其在中国的投资计划，这是直接投资所没有的便利。因此发行股票以吸引外资是一种新的更灵活的融资渠道，1991年，我国进行了只对境外人的B种股票的试验，这是在我国实行外汇管制，中国内地与海外的经济管理体制差别较大的情况下设计的过渡方案。从试验情况来看，基本上取得了成功。同时我国的证券改革还准备考虑中国企业到海外直接上市，海外上市目前主要考虑香港为主，中国企业到海外直接上市的好处是，影响巨大，任何投资者都可以投资参与，筹资的潜力更大，我们还可以学到国外证券业先进的管理经验，有助于国内改进对证券市场的管理。

深圳证券市场

王喜义

深圳是全国进行企业股份制改造和股票市场试点的城市之一。自1987年深圳发展银行首次向社会公开发行股票开始，深圳证券市场经历了一个从无到有、从小到大、从单一品种到综合市场的过程，深圳也成为我国证券发行与交易的重要市场。

一、深圳证券市场的基本概况

深圳证券市场的主体是股票市场，几年来，深圳特区以股票市场为龙头，还逐步发展了企业债券、可转股票债券、基金证券、认股权证等市场。其基本情况概述如下：

1. 证券机构。包括五类，即证券商、交易所、登记公司、投资基金管理公司和投资咨询公司。

——证券商。到1993年4月底，共有63家81个网点，其中有3家是有独立法人资格的证券公司，另外还有15家是由其他地区的非银行金融机构在深圳设立的证券业务部。它们主要从事股票、债券的代理买卖、承购包销及与之相关的代保管、清算、咨询等业务。

——深圳证券交易所。它主要为深圳证券市场提供集中交易场所。到4月底，深圳证券交易所共有会员311家，已经进场交易的会员有138家，其中包括异地会员98家，本地会员40家。

——深圳证券登记有限公司。进行证券的集中登记、从事清算、交收、过户、保管等业务。

——投资基金管理公司。共2家，主要从事基金的发起、设立，基金赁证的发行、基金资产的投资与管理等。

——证券投资咨询公司。为境内外的投资者、筹资者及证券市场管理部门收集有关信息资料，提供投资参考和决策咨询。

2. 上市公司和上市证券。到1993年5月底，共有股票上市公司31家，上市股票42种，其中有A股31种，B股11种。上市企业中有11家是异地企业，分别来自海南、湖北、四川、辽宁和珠海。

此外，还有10家企业发行的企业债券在交易所交易，其中包括深圳宝安企业（集团）公司发行的可转换股票债券。

3. 交易情况。1992年，深圳证券交易市场累计成交额是438亿元；1993年，由于上市公司增加，异地会员陆续进场，投资者队伍扩大，1—5月份的累计成交量已经超过500亿元人民币。

4. 管理体制和管理法规。早期的深圳证券市场主要由中国人民银行深圳经济特区分行独立行使管理职能。1991年，深圳成立证券市场领导小组，协调证券市场的管理，人民银行深圳分行作为主管机关负责日常工作。1993年，国家成立证券管理委员会和中国证券监督委员会，负责全国证券市场的管理工作。人民银行主要管理证券机构、基金及金融债券。深圳证券市场的管理体制也作了调整，深圳市政府也成立了证券管理委员会，下设办公室，管理证券的发行与交易。从1993年4月份起，人行深圳分行不再行使证券市场主管机关的职能，除证券机构、基金、金融债券外，其他管理职能已顺利移交给市证券管理委员会办公室。同时还相应加强了证券交易所对上市企业及会员证券商的日常监管职能。

为了加强对证券市场的监管，深圳证券市场的主管机关及有关部门相继制订了一系列的法规和条例，规范证券市场的运作。主要包括《深圳市股票发行与交易管理暂行办法》，《深圳市人民币特种股票管理暂行办法》及《实施细则》，《深圳市股份有限公司暂行规定》，《深圳市上市公司监管暂行办法》，《深圳市内部股份证管理暂行办法》，《深圳市证券机构管理暂行规定》，《深圳市投资信托基金管理暂行规定》等。

二、深圳证券市场的运作架构与特点

深圳证券市场的运作，主要由三部分组成，即深圳证券交易所、深圳证券登记有限公司和会员证券商。它们之间相互配合、相互制约，保证了集中交易市场的顺利运作。

深圳证券交易所为上市证券的交易提供场所，同时，依据深圳证券交易所的章程和业务规则，对会员证券商实行自律管理，对公司的上市申请进行审查，组织上市公司按照上市公司监管的有关规定披露公司的有关资料。

证券商利用交易所提供的场地进行交易，一方面必须接受交易章程和业务规则的约束，另一方面，作为会员，在合法的程序下，可以通过制订和修改“章程”和有关规则，体现证券商对市场发展的要求，保障会员的正当权益。

深圳证券登记有限公司是一个法定证券登记机构，为证券的发行和交易提供登记和清算保管等方面的服务。登记公司提供的服务，可以使投资人、证券商和发行人的权利得到充分的保障。

总的看来，深圳证券市场的运作有以下特点：

1. 实行集中交易，不搞柜台交易，防止分散交易可能导致的舞弊和内幕交易等不法行为的出现。

2. 在交易中实行“三优先”原则，即价格优先、时间优先、顾客委托优先以充分保障委托人的利益和市场交易的连续性。

3. 立足深圳，面向华南，辐射全国。通过大力推进异地上市工作，吸收异地会员到深圳，把深圳逐步建成全国性的证券市场。

4. 积极推进B股市场的发展，带动深圳离岸金融业务。在市场管理中，实行A、B股分开的原则，由境内外证券商联手发展B股市场，并严格限制B股的投资人为境外人士，使B股市场成为吸引外资的重要渠道。

三、深圳证券市场的发展历程

深圳证券市场从萌芽走向逐步规范，经历了几个大的转变。

1. 市场规模由小到大，交易日益活跃。1990年，深圳的上市公司只有5家，全年的交易量17.65亿元，到1992年，上市公司增加到20多家，全年的成交量达到438亿元。而1993年5月底，上市公司已增加到31家，上市股票42种，1—4月份的成交量已经超过500亿元。在市场规模扩大的同时，证券业队伍也迅速发展，深圳的证券商已经由1991年年初的11家15个网点，发展到1993年4月底的63家81个网点，证券从业人员也由1990年的200多人发展到2 000多人。

2. 股票价格由管制到放开，完全由市场力量决定。1990年5月开始，为抑制“过热”的股市，深圳实行了股价的涨跌停牌制度，限制股票价格的涨跌幅度。限价制度在短期内抑制了股价的过快上涨，但从长期看，造成市场价格扭曲，在一定价格幅度内有行无市，黑市交易猖獗。因此，在1991年上半年，利用各上市公司分红派息的机会，逐步放开限价。股价放开以后，并没有引起价格的大涨大跌，市场规律得到尊重，投资者可以重新在市场价格信号下作出投资决策。

3. 市场交易由分散走向集中，实现了集中交易和集中过户。深圳最早的证券交易是分散在各证券商营业网点进行的。1987年，深圳只有一家证券经营机构(深圳经济特区证券公司)，1988年，发展银行股票在深圳经济特区证券公司挂牌交易时，特区证券公司包揽了证券交易、登记、过户、清算等全部业务。1989年，证券经营机构增加到3家，上市股票增加到发展、金田、安达三家，三家股票在三家证券商网点分散交易，分散过户。1990年5月以后，深圳证券市场进入“过热”状态，股票交易量迅速增加，为了解决投资者买卖股票难的问题，人民银行深圳分行又批准了8家证券商开业，但是股票交易仍处于分散状态，给市场的发展、投资者权益的保障带来了诸多的困难。因此，从1990年开始，深圳即着手组建深圳证券交易所和深圳证券登记有限公司，为证券交易提供集中交易场所和集中登记、过户服务。1990年12月1日，深圳证券交易所开始试营业，1990年11月26日，深圳证券登记有限公司试营业，开始形成了由交易所、登记公司、证券商三者相互配合、相互制约的运作体制，分散交易市场结束，集中交易市场到来。

4. 市场管理由以行政手段为主转向以经济手段、法律手段为主。早期的证券市场管理主要以行政手段为主，除实行限价政策以外，还通过行政手段干预上市公司的分红派息、增资扩股等事宜。1991年开始，为了更有效地管理证券市场，一方面完善管理架构，另一方面注意改进管理方式，主要运用税收杠杆、溢价发行、调节基金、机构投资者等经济手段来稳定股市。同时还颁布了《深圳市股票发行与交易管理暂行办法》等数十个管理法规，用来规范投资者，经营者的行为，也约束管理者本身的行为，克服了过去主要通过行政手段调控股市所带来的头痛医头、脚痛医脚的弊病。

5. 市场由境内延伸到境外，开辟了吸引外资的新渠道。1991年，深圳证券市场的管理部门和部分企业开始酝酿发行人民币特种股票，1991年12月18日，深圳首批发行B股的10家企业签订承销协议，首开了深圳B股发行市场先河。1992年初，南玻B股发行并上市成功，拉开了深圳B股交易市场的序幕。到1993年5月底，已有11家公司的B股在深圳证券交易所上市交易。B股市场的开拓，一方面为我国的企业带来了稳定的外资来源，另一方面，可以带动深圳离岸金融市场业务的发展，对于深圳金融的发展带来积极的推动作用。

6. 实现了地区性市场向全国性市场的转变。早期的深圳证券市场是一个地区性市场，上市公司来自深圳本地，证券商在深圳注册成立，投资者以深圳为主。随着股份制企业在全国不断增加，股票发行规模也不断扩大，以异地公司上市和异地会员入场为契机，深圳开始发展成全国性的证券市场。目前，深圳证券交易所有11家异地公司上市交易，进场的异地会员98家。今后，随着市场的进一步发展，异地公司和异地会员占有的市场份额会进一步增加，深圳证券市场作为全国性市场的趋势不可逆转。

四、深圳证券市场发展的若干经验

(一)建立证券市场是发展社会主义市场经济的必然要求

6年来，深圳证券市场能由小到大，由地方性市场发展成全国性市场，由不规范到初步规范，除了有各级领导、证券市场主管机关及证券从业人员付出艰辛的劳动外，最根本的一点是因为它顺应了发展社会主义市场经济的要求，因而具有强大的生命力。

首先，它重塑了企业的经营机制，焕发了国有企业的活力。国有企业改造成股份公司以后，企业的发展和积累的增长是股东的根本利益所在，股份制企业的长远发展计划，避免了国有企业经营中经常出现的短期行为。目前，国有大中型企业的效益普遍不理想，但深圳的股份制企业特别是上市公司每年实现的利润和净资产都有较大的增长，表明股份制企业具有较强的自我发展动力和自我约束能力。

其次，证券市场的建立为企业开辟了筹集资金的新渠道。企业的筹资从单纯的依靠自身积累和银行贷款转到借用证券市场向社会公众直接融资。这种融资行为具有不还本付息、资金可长期使用、风险共担、利益共享的优点，企业能灵活、自主地使用，同时又有广大股东的监督，因而可以保证资金有效地使用，提高资金使用的效益和社会资源配置的效率。

第三，有利于调整产业结构。如何合理调整产业结构，一直是我国经济发展的难点。利用证券市场分配资金，通过股价的高低、升降获得调整产业结构的信息，引导资金的流向，引导企业调整和改善生产经营。企业可以通过证券市场进行参股、兼并、优化组合。政府可以通过发行市场的安排来合理调整产业结构，支持重点行业、产业的发展。

第四，开辟了吸引外资的新渠道。利用B股市场筹集外资，与举借外债和吸引外商直接投资相比，筹资成本更低，资金使用期限更长、自主性更大，效益更高。同时不会增加我国政府和企业的外债负担。既为外商投资者接受，又利于我国经济的发展。

(二）证券市场的运作必须遵循市场经济规律

深圳证券市场的发展，有正反两方面的教训。促成成功的因素是多方面的，但关键的一点是必须遵循经济规律。开办证券交易所、放开限价、增加证券经营机构和上市证券、推动异地上市和发展异地会员、开拓B股市场，这些举措之所以能够成功，是因为它们反映了深圳证券市场发展的必然要求。

相反，过多的计划指标，部门间的相互牵制，多头管理，行政干预、“平均主义”等不符合市场经济发展的因素曾一度严重地干扰了深圳证券市场的发展。

(三)促进证券市场的发展必须与保护投资者的利益相结合

证券市场是为经济发展服务的。企业利用证券市场筹集资金，发展生产，而广大投资者是证券市场中资金的供应者，发展证券市场必须保护投资者的利益，特别是中小投资者的利益。这是国内外证券市场监管的首要宗旨。我国是社会主义国家，居民用自己的劳动所得投资于证券，支援国家建设，更应该得到充分的保障，不允许有损害投资者利益的行为发生。

深圳证券市场的发展过程中，在如何保护投资者利益问题上，教训是深刻的。早期深圳证券市场因为监管力量不足，出现了证券商营私舞弊、上市公司信息披露不充分、不及时等问题；政府对上市公司的分红派息、增资扩股等曾一度进行干预，影响投资者行使正常的股东权利；加之市场运作机制不健全、效率不高，增加了投资者的风险。1991年以来，深圳证券主管机关坚持公开、公平、公正、高效的市场原则，进行了一系列大胆的改革，如制订合理的股票发行、上市标准，保证公众公司的质量；制订法规监管上市公司，要求上市公司及时披露有关资料，同时约束上市公司，保证公司的经营以股东的利益为目标；监管证券商、会计师事务所等中介机构，保证市场信息准确及时地传播。改善交易设施及运作机制，提高交易效率，促进市场健康地发展。

当前，随着全国“证券热”的出现，保护投资者利益的工作更加艰巨，管理机关力量不足，经验不够，证券从业人员素质不高，对中介机构监管不力，制度不健全，上市公司的素质参差不齐，不同交易所之间的恶性竞争，都可能导致上市公司经营效果不好，投资者的利益受损失。因此，面对全国性证券热的出现，有必要用更多的精力、资源来进一步抓好证券市场的制度建设，加强市场监管的力量，以更好地保护投资者的利益，保证证券市场的筹资功能能充分地发挥。

(四）要重视法规的建设

加强证券市场的立法，一方面建立市场秩序，保障市场的正常运作，另一方面保障投资者、筹资者、中介机构各自的正常权益，促进市场的正常发展。

深圳证券市场的发展中，十分重视法规建设，制订了一系列法规。但这些法规仍有不少缺陷。一是只有地方性法规，无法适应全国性市场的到来；二是法规体系没有建立起来，许多市场行为还不能用法律来规范，主观随意性大，干扰了市场的正常运作。

随着全国性证券市场的出现，要进一步加强法规建设，制订全国统一的证券立法，保证全国统一市场的形成，防止市场分割。建立证券法规体系，既规范直接当事人（投资者、筹资者）的行为，又规范其他有关当事人（证券商、会计师、律师）的行为，促进市场健康发展。

（作者单位：中国人民银行深圳经济特区分行）

深圳股票市场简评

禹国刚

一、回顾与现状

深圳经济特区作为改革的试验场和排头兵，在企业股份制改造和发展证券市场方面走在全国前列。

1. 发展历程

早在1982—1984年，深圳就先后出现了宝安投资（联合）总公司、深圳银湖旅游中心以及宝安县一些集体企业公开发股票，筹集资金，走企业股份化的道路。尽管是公开发行股票，并可流通转让和分红派息，但由于当时市政府尚未制定相应的法规和管理政策，加上人们对股票和股份经济的认识还很肤浅，有的可以退股，股票仍停留在保本保息、股票债券化的阶段。因此，这种股票还不是真正意义上的股票，公司还不是真正意义上的股份公司。这是深圳股份制与证券市场萌芽阶段。

1986年10月，深圳市政府制订了《深圳经济特区国营企业股份化试点的暂行规定》，正式开展了企业股份制改革的探索。

1987年3月深圳发展银行率先进行了股份制改革的探索，成为中国首家拥有个人股份的银行和首家挂牌买卖股票的金融机构。

1988年2月，金田股份公司发行股票成为深圳首家国营企业改组成股份有限公司和深圳首家探索设置企业股的国营企业。

1988年11月深圳万科企业股份有限公司改组设立，成为深圳国营企业首家向社会公开发行股票的股份公司和深圳首家发行外汇普通股的股份有限公司。

1989年11月15日，深圳市人民政府批准成立深圳证券交易所。

1989年12月深圳蛇口安达运输股份有限公司招股成立。1990年3月原野股份有限公司向社会公开发行股票，并作为全国第一家中外合资股份公司挂牌买卖股票。是深圳股份制与证券市场的宣传发动阶段。

1990年3月以后，深圳特区股份制改革从政府部门的宣传发动转向企业的积极主动。许多企业提出股份制改革的要求，一改过去政府向企业宣传搞股份制的好处，转为企业向政府说明搞股份制对企业有何好处。

1990年出现了股市过热，2月至11月底，在深圳柜台交易时，股市曾出现连续10个月的狂涨。1990年12月至1991年9月，深圳集中交易期间，股市又出现连续10个月的下跌。随着管理加强，软硬件的建设，股市的调节开始朝着按经济规律办事和市场调节为主的方向发展，深圳股市进入了一个有涨有跌，相对平稳的发展阶段。

1992年，深圳企业股份制的改组、上市工作取得了突破性进展。到年底，已经完成了近百家公司的股份制改组。

2. 二级市场

深圳证券交易所自1989年11月15日开始筹建，1990年12月1日开始集中交易，交易所是一个不以盈利为目的、实行自律性管理的会员制事业法人。

其宗旨是发展完善证券市场，为深化企业体制改革创造市场条件，引导社会资金流向，优化产业结构，保障投资者合法权益，促进经济发展。作为深圳有价证券集中交易的唯一合法场所，其主要职能是为证券集中交易提供场所和设施，负责有价证券上市的审核批准，对证券商及上市公司进行日常监管，提供证券市场的行情服务以及主持对证券特许从业人员资格的审查考核等。

交易所实行理事会领导下的总经理负责制。深圳证券交易所的成立，使深圳证券市场完成了从柜台交易到集中交易的转变，并实现了交易的电脑化和清算交割的无纸化，这在很大程度上保证了“公开、公平、公正”原则的实现。同年深圳证券登记公司宣告成立，使深圳股票从分散过户迈向集中过户，大大提高了股票登记过户的效率并为深圳证券业的无纸化操作创造了必要的条件。

1991年6月份深圳股市开始取消涨跌停牌限制，标志着深圳股票二级市场开始由行政调控转向市场自我调节发展。

1993年新年伊始，深圳证券交易所交易大厅移址。新交易大厅总面积约为1 800平方米，内设218个交易席位，配备在新交易大厅的电脑系统经扩容每天撮合笔数提高至数万笔。目前正致力于电脑交易系统的升级和深圳证券交易大厦的筹建。

截止到1993年5月，深圳证券交易所已发展到31家上市公司，有A股、B股、认股权证、债券和可转债共54只交易工具，上市公司股票发行总额达33亿元人民币。

从股票交易来看，1988年为400万元，1989年为2 300万元，1990年为17.6亿元，1991年为35.08亿元，1992年为438.28亿元，1993年截止3月份为288.43亿元。本所现有本地会员25家，随着深圳股市区域化和国际化的发展，异地会员现有287家，遍布除西藏、台湾之外的全国各省市，B股特许境外证券商61家，遍布五大洲。近来深圳证券交易所卫星通讯系统已经开通，上述区域化、国际化的步子还将进一步加快，同时深圳证券交易所正积极吸引外地规范的股份公司前来挂牌。深圳证券交易所将努力办成为全国服务的证券交易所。

二、深圳股票市场的意义和作用

1．股份制与证券市场的发展完善了企业运行机制

以深圳最早的5家上市公司为例，在1988—1990年三年中，利润年平均增长97%，净资产平均增长1.3倍，这与深圳市属国营企业三年中利润普遍下降形成鲜明的对比。究其原因，股份公司促使企业转变经营机制，增强企业活力，形成了具有自我发展、自我约束、自主经营、自负盈亏的内在机制。

2．股份制改造与股票市场成为政府调整产业结构的重要手段

特区建立11年来，产业结构与产品结构的调整主要是依靠增量调节，随着特区经济的高速增长，今后对产业结构、产品结构的调整面临着从增量调节为主转变为以存量调节为主，这不仅是创造深圳效益的必要，也是经济发展到一定阶段所必需。

如何使经济效益高的企业得到较快发展，这是长期以来实现结构调整中的一个重要问题。通过股份制改造和公司上市，可使一批好的企业迅速扩大规模，增加有效供给。例如深圳中华自行车厂，自行车年出口量达100万辆，出口额为1亿美元，是世界上第二大自行车出口厂家。现通过发行股票筹集资金办分厂，若其生产能力再翻一番，就成为世界上最大的自行车出口厂家。

3．开辟了吸引外资的新渠道

股份公司建立了一套按国际惯例运作的管理体制，规定了经营者、投资者各方面的权利和义务；具有一种分散风险、集中投资、稳定经营的机制，对吸引外资，发展外向型经济起到重要作用。据统计，目前特区利用股票形式吸引的外资折合人民币约5亿元。过去主要采取外商直接投资和对外举债的形式引进外资，前者要求外商除了拥有资金外，还必须具备项目、管理、人才等诸多条件，后者则受到我国偿债能力的限制。与举借外债和吸引外商直接投资相比，发行股票更有利于吸引海外居民、团体、机构拥有的巨额游资，而企业又不必承担偿债的风险。

4．股份制企业与股票市场的运行为第三产业的发展提供了契机

第一，利用股份制的集资功能推动第三产业的发展。股份制能使企业迅速筹集资金，扩大经营规模，增加有效供给，开辟新产业，开发新产品，具有自我发展的能力。如深圳市金田实业股份有限公司，原是市纺织工业公司下属的二级公司，注册资本不到250万元。通过股份制改造后的短短4年，净资产增长到6 000万元，是改造前的24倍。利润增长到3 500万元，是改造前的8倍。成为一个拥有10家全资附属企业、10家合资企业，并在香港、泰国、美国、华沙地等地设立公司或办事机构的集团性公司。目前深圳上市公司中从事金融、商业、房地产业的股份公司已占相当的比重。

第二，股票市场带动了相关产业的发展，成为第三产业的龙头。股票市场属直接金融范畴，市场主体众多，需要一系列社会化服务与之相配套。目前特区内已有70多个证券营业部开业，年内可达100个左右，大批证券营业部开业带动了特区房地产业、通讯业、信息服务业、银行服务业的发展；同时大批企业的股份制改造和发行、上市又带了投资咨询、顾问业、印刷、广告、会计、审计、律师、资产评估和资信评估等社会公共服务事业的发展，形成了以证券业为龙头的第三产业体系。

（作者单位：深圳证券交易所）

深圳证券登记有限公司

深圳证券登记有限公司是深圳经济特区改革开放的产物，是一家伴随着我国市场经济的蓬勃兴起而不断发展的专业化证券服务机构。

1988年深圳股市初创时采用“一户一票”制度在柜台交易，每交易一次，必须办理一次过户手续，再换一张甚至几张股票。到1990年，股市热潮骤起，交易量急剧扩大，过户登记远远跟不上市场运转的需要，股票交割期由最初的一个星期延长至十天，甚至一个月。加上股票交易与登记没有分离，给营私舞弊者以可乘之机，使投资者利益受到损害。为使深圳股市走上健康发展的轨道，深圳市人民政府和中国人民银行深圳特区分行决定筹建交易所和登记公司，实现股票集中交

易，集中过户，并使股票交易与过户相互独立，形成证券商、交易所、登记公司三者相对独立、互相配合的市场架构。

1990年8月，在没有现成经验可供借鉴的情况下，筹备组成员艰苦创业，大胆摸索，在市政府和人民银行的大力支持下，广泛征求各方面的意见，经过3个月的紧张筹备，于11月26日试营业，成为新中国第一家专业化证券登记机构。登记公司是由深圳金融及证券经营机构出资组建的股份制企业，其宗旨是为证券市场的健康发展提供管理服务，保障国家和投资者的合法权益。公司主要的业务范围是：经批准发行的证券登记，证券托管业务，股票交易的清算过户，有价证券的还本付息或分红派息，以及经主管机关批准的其他业务。

公司自成立以来，一直致力于推进深圳证券市场的规范化与现代化运作。首先，登记公司将9家发行公司的股东进行了重新登记，将旧股票换发成"一手一票"，打印发出约200万张标准股票，为深圳股票在短期内实现集中交易创造了重要的前提条件，并承担起集中过户登记业务。虽然这种交收登记方式仍停留在实物股票阶段，但它使市场运作效率有了较大提高，为集中交易创造了条件，并使营私舞弊和黑市交易大为减少。

由于证券市场规模的扩大和交易的活跃，实物股票逐渐不能适应市场的发展。为此，登记公司着手设计股票集中托管方案，将实物股票收回而代之以电脑帐面记录，股份的交收以划帐形式完成。集中托管方案经证券界论证完善，于1991年12月底开始实施，上市股票逐步进入非流动化运作。集中托管制度的实施，使深圳证券市场的运作产生了质的飞跃，交易、交收效率大为提高，为市场规模的进一步扩展创造了条件。并以此为契机推动了深圳证券业全面电脑化的进程。在此基础上，深圳B股从发行，交易到交收实现了完全无纸化运作。从鸿华公司开始，新股的发行也采用了完全无纸化形式。

随着股份制改造与证券市场的发展，异地企业要到深圳挂牌上市，越来越多的地区及投资者参与深圳股市，深圳证券市场面临着从一个地方性市场向区域性、全国性市场的转变。根据我国地域辽阔、通讯设施落后、散户众多等特点，登记公司在各有关单位的支持配合下，自1992年7月开始实施"集中清算与分布式登记"的股份清算登记模式。根据这一模式，深圳证券登记公司为该区域化市场的一级存管、清算与交收中心，投资者与证券商之间股份的二级交收与过户登记分别由证券商本身及当地登记处负责，目前，登记公司已经协助全国30多个中心城市建立了当地登记机构，越来越多的投资者可以就地买卖深圳股票。由于采用了数据分流、分层管理的方式，这种区域化的清算，登记模式将为深圳股市的规模及其覆盖面提供广阔的扩展空间。

高度现代化、专业化的中央结算系统是市场发展到一定阶段与规模的必然要求与产物。从规范和完善市场运作出发，深圳登记公司在国内率先倡议建立中央结算公司。并从实际出发，借鉴欧美、亚洲等国证券市场的发展经验，展开了对深圳证券市场中央结算系统的研究工作，提出了在深圳建立中央结算公司的可行性报告，并就具体组建做了大量实际准备工作。

公司一贯注重自身运作手段和业务制度的改进和完善，并取得卓著成效。现已开发出国内首套股份登记、存管和清算电脑系统，实现了开户、登记、托管和清算业务的电脑化操作。同时开发出电话委托等一批证券交易和管理系统。在业务设计上，成功地策划实施了A、B股登记、托管和清算流程，并正在与国内外有关机构共同酝酿深圳B股海外上市的登记、托管与清算等运作方案。

作为深圳证券市场运转的数据中心，登记公司为深圳股市的发展与完善付出了艰辛的劳动。目前，公司已为100多万投资者建立了股东档案，为20多家发行公司进行了股东登记。公司还通过对登记资料的统计分析，结合市场情况向市政府和主管机关提出了一系列报告和建议，对政府调控市场起到了决策参考作用。

几分耕耘，几分收获。经过几年来的努力，深圳证券登记公司已从单纯的股份登记过户、分红派息发展到集中存管、集中清算与集中交收为一体的综合性证券服务机构，客观上已经具备了向中央结算公司发展的条件与实力，将在我国证券市场的建设和发展中发挥越来越大的作用。

深圳经济特区证券公司

一、公司概况

1985年9月中国人民银行总行批准深圳试办一家证券公司，1987年9月深圳经济特区证券公司（以下简称公司）正式成立。数年后的事实表明，全国首家证券公司的成立是建立证券市场的一个重要步骤，是证券市场迅速活跃和发展的先决条件之一。

公司成立时，面临既无证券市场，又无证券业务的严峻的环境。公司员工发挥深圳人的开荒牛精神，大胆开拓，辛勤耕耘，在一年内就打开了局面，开创了公司赖以生存的业务基础。开业后不久，公司开展了国库券柜台转让业务。1988年公司国库券买卖成交总量达

6 000多万元，在当时全国各大城市中名前茅。1988年3月，公司为发展银行进行股份登记、换发股票、派息、扩股工作，并率先开办了发展股票交易业务，由此产生了深圳股票市场。此后公司继续拓展一级市场和二级市场业务，推出万科和金田股票上市。在1989年夏形成了多家股票交易，有行有市的股票市场，并继续发展到今日的规模。

公司由10家国营银行和国营金融机构投资入股，成立时实收资本为人民币550万元，员工仅6人。到1993年6月末，公司已拥有实收资本14 062万元，净资产3亿多元，员工330余人。

回顾过去的6年，是深圳股市从无到有，蓬勃兴起的6年；也是公司从小到大，茁壮成长的6年。然而，公司上下清醒地看到：中国证券市场仅仅走出了第一步，为完善和发展证券市场还需要我们做大量的工作。同时，公司也面临着日益激烈的市场竞争的压力，我们必须把压力当成动力，把挑战看成机遇，继续发扬创业初期的顽强拼搏、努力实干的精神，在竞争中求发展。

公司实行董事会领导下的总经理负责制，董事长赖璞光，总经理廖熙文，总经理领导各行政服务部门和营业部门，并设有副总经理和助理总经理协助总经理工作。

二、交易业务

深圳经济特区证券公司作为全国第一家证券公司，勇于创新、大胆开拓，在股票交易市场上占据领先地位。

公司成立以来股票代理买卖成交额迅速增长，1988年仅为100万元，1989年为2 800万元，1990年为6.4亿元，1991年为9.93亿元，1992年为58.34亿元，而1993年头5个月已达55.1亿元。(成交量数据均按国际通用口径计算，如按买卖双边相加的口径计算则应乘以2)

目前公司在深圳证券交易所有8个席位，在上海证券交易所有6个席位，并且是STAQ系统和NET系统会员。公司还是中国证券业协会和深圳证交所的常务理事单位。

为适应不断发展的交易业务需要，公司从1989年着手开发证券电脑系统，先后投资数千万元，公司的微机远距离网络已开发成功，可连结多个本地和外地工作站，并具有不断改进和扩展的巨大潜能。公司的电脑工程师具有丰富实践经验和开发能力。

公司在深圳市共有9个营业网点，分布于市内各地，为投资者就近提供服务。各营业部开设保证金帐户，自动交割，瞬间到位，客户可以随时撤单；电话委托系统更能使客户超越空间和赢得时间；触摸屏使客户能随心所欲地自己发出买卖指令，实时技术分析显示，随时揭示买盘、卖盘、报价、成交的变化，并即时绘出股价指数及股价变化曲线，各营业部还设有多间设施先进、环境舒适的交易室。

公司拥有几百名训练有素的年轻营业员，朝气蓬勃，通晓业务，操作熟练，待客热情有礼，讲究诚实信用的职业道德，维护客户利益。既重视机构投资者和大户，也重视散户，使每一个客户都能够在公司获得称心的服务。

公司拥有专业分析人员，每日收市后可向投资者提供当日各种技术指标和图形，并及时提供各种信息，包括深圳、上海、香港股市及STAQ和NET系统的各种信息。

为了形成跨地区的交易网络，公司还在全国各大、中城市大力发展营业机构：

上海业务部：成立于1992年，是深圳证券业中最早在外地设立的分支机构。该业务部营业面积目前为全国之冠，达3 200平米。1993年1月至5月累计成交金额11.5亿元。

珠海营业部：是目前珠海特区唯一的一家外地证券机构，于1993年7月开业，是联结深圳与珠海两个特区的证券市场的纽带。

四川业务部和武汉营业部已获批准设立，将于近期开业。

公司在深圳市的9个营业部是：公司本部，友谊城营业部，华强南营业部，蛇口营业部，体育馆营业部，园岭营业部，布吉营业部，东乐营业部和文华营业部。

三、承销业务

公司自成立以来，一直不遗余力地从事承销业务，曾推出多家上市股票和其他证券。从1988年3月独家代理发展银行扩股和公开交易起，至目前为止公司共办理股票、债券承销业务50余项。公司是深圳最大的证券承销机构和B股承销境内特许商之一，具有深圳证券交易所和上海证券交易所的上市推荐人资格。在1992—1993年深圳17家新上市公司中，本公司担任其中8家本地公司的总包销商和上市推荐人，担任了琼能源、川盐化和粤富华等异地公司的上市推荐人。公司拥有一支经验丰富、高素质的专业队伍，现有承销人员约30人，其中有硕士学历或中级职称者达70%。

承销业务内容有：承销各种有价证券；为公司进行股份制改造；为公司策划发行、上市；为上市公司及内部公司策划配售股票；推荐股份公司在深圳证券交易所、上海证券交易所上市；推荐股份公司在STAQ、NET系统上市。

四、发展前景

公司将在近年内进行增资扩股，把总资本增加到10亿元以上。并将在深圳市和其他地区继续增设机构和扩大员工队伍，组成涵盖上海、深圳、北京股市的跨地区交易网络和承销网络，形成跨地区的大型证券公司的架构。

公司通过B股的承销和交易早已深入国际业务，今后将谋求建立国外机构，提高国际化的层次。

公司不担拥有一大批全资下属的分支机构，还参股北京国证实业股份有限公司并出任董事长，又设立了关联企业深圳市博大投资发展有限公司。公司将参股更多有良好前景的企业和项目，与公司本部及全资机构一起组成一个实力雄厚的多元化经营的企业集团。

单位名称：深圳经济特区证券公司
总 经 理：廖熙文
地　　址：深圳市国贸大厦33楼、5楼
电　　话：2232916、2202026

上海证券市场

周泽洪

1992年以来，在邓小平南巡讲话精神的鼓舞下，市委、市政府把股份制试点作为深化企业体制改革和金融体制改革的重要内容，大胆试验，稳步推进，上海的证券市场获得了突飞猛进的发展，公开发行及上市交易股票的股份有限公司数量激增，股份制企业的机制转换和经营状况进展良好，证券市场规模迅速扩大，股票和各类债券的上市量、交易额成几十倍的增长，评判交易所的会员单位遍布全国30多个省、市、自治区和计划单列市，交易手段日臻先进，法制建设逐步加强，人民币特种股票市场迅速拓展，初步建立起一套B股的交易体系，上海的证券市场日益由区域性向全国性发展。

一、股份有限公司数量激增。从1984年11月上海第一家股份制企业——飞乐音响股份有限公司诞生到1991年底，全市公开发行股票的股份有限公司只有8家，股本金总额为4.2亿元。1992年上海的股份制试点步伐明显加快，一年内分四次共发行了53家股份有限公司的股票，股本金总额达110.7亿元，一年中发行股票的股份公司和股本金总额为前7年的6.6倍和26.4倍。这53家股份有限公司涉及工业、商业、服务业、科技、房地产、文化事业、城市基础设施建设等行业，其中大多数企业在国内外享有一定的声誉，是本市产业结构调整发展的重点，有增强电力供应的申能股份有限公司、有装备现代通讯设施的国脉实业股份有限公司、有为轿车工业配套的轮胎橡胶（集团）股份有限公司、有企业改革的排头兵二纺机股份有限公司、有结合旧城区改造拓展一流商业环境的中百一店、华联商厦股份有限公司等，还有挑起浦东开发重任的陆家嘴金融贸易、金桥出口加工区、外高桥保税区的三个开发股份有限公司，以及为改善城市用水质量组建的凌桥、原水股份有限公司等公用事业企业。截止到1992年底，全市共有向社会公开发行股票的股份公司61家，股本金总额达115.4亿元（其中：国家股73亿元，占63.3%，发起法人股14.3亿元，占12.4%，向法人募股11.8亿元，占10.2%，个人股7.79亿元，占6.8%，B股8.55亿元，占7.4%）。

二、证券市场的规模迅速扩大。到1992年底，在上海证券交易所挂牌交易的证券75种，其中，股票40种（A股29种、B股9种、2种权证），各类国债、企业债券35种，上市股票的股份公司股本市价总额达到648.75亿元，比上年猛增18倍之多，全年的证券交易总量达到760亿元，比1991年增长6倍多，其中股票交易量494亿元，比上年增长了30倍。股票交易占各类证券交易额的比重，从1991年的17.7%提高到76.3%，全年证券累计成交200多万笔，比上年增长了10.56倍。

证券交易所的会员已从刚开业时25家扩大到181家，其中：外地会员142家占78.55%，遍布全国30多个省、市、自治区、计划单列市（仅西藏、内蒙两地没有会员），交易席位也从1990年12月19日刚开业时的46个，发展到560个。登记在册的投资者的股东帐户从交易所开业时的3万个，增加到1992年底的130万个，增长了43倍，其中有相当多的是几人、几十人合用的帐户，类似小的共同基金。从居民投资者来看，从事证券交易者占城市人口的比例约占12%，已经超过了证券业发达的纽约和香港的8%—10%。

按照建立金融中心的要求，面向全国、服务于全国，证券交易所努力扩大证券市场的规模，完善服务网络，自开业到1992年的2年多时间里，数次更新电子计算机系统，使容纳交易用户数量从100个提高到1 200个以上。交易配对能力从过去的每秒最高成交6笔提高到每秒300笔。新增远程通讯线路1 000对，已与171个会员公司电子计算机远程连网，远程通讯用户已达228个，比1991年底的22个增长了9倍，连通了全国22个省、市、自治区的33个城市，开通市内和异地专线电话83台。

上海的证券交易，已初步建立起一套以电脑化为基础，由电脑自动对盘交易，中央结算、“无票化”交收、电脑自动过户、资金交收银行自动结转和光纤远程通讯为支柱的运作系统，表明了上海证券交易的手段已初步达到国际现代化的水平。

三、拓展人民币特种股票（B股）市场，大步走向世界舞台。自1991年底上海率先发行了我国第一张人民币特种股票——上海真空电子器件股份有限公司1亿元（人民币）面值的B股以后，1992年又推出了二纺机、大众出租、永生制笔、冰箱压缩等9家公司发行B股，募得面值1.15亿元美元，溢价实收5.82亿美元，投资人遍布于欧美各国和港、澳地区及东南亚各国，到1992年底，在上海证券交易所上市的B种股票已达9家，全年累计B股交易额3.03亿元，在较短的时间内，本市已初步建立起一套B股交易体系，改进完善了B股登记结算手段，加强了与国际投资人和境外证券商的宣传和信息沟通。

四、证券市场管理与法制建设逐步加强。为协调、推进本市股份制试点、加强证券市场的统一领导和管理，于1992年5月成立了上海市证券管理委员会，代表市政府对证券市场行使领导、协调管理和监督的职能，通过下设的证券管理办公室处理日常工作。

在证券市场的管理方面，为了既要保证社会稳定，又要充分发挥市场机制的调节作用，培育成熟的证券投资人，于1992年2月到5月间，采用了小步快走，逐步到位的做法，分5次逐步取消对股价涨跌的限制。尽量避免了股价的大起大落，较平稳的过渡到全面放开股价。为了保证证券市场的公平、公正、公开使证券市场向健康的方面发展，还对股票认购证的使用，法人股的认购范围以及不得进行直接、间接股票买卖的人员范围等问题，作出了一系列的规定。

在证券市场法制建设方面，本市积极贯彻国务院有关部门颁布的股份制试点的规范意见和配套文件，市政府也先后颁布了《上海市证券交易管理办法》（市府第40号令）、《上海市股份有限公司暂行规定》（市府第15号令）；市政府与市人民银行联合发布了《上海市人民币特种股票管理办法》；市人民银行发布了《上海市人民币特种股票管理办法实施细则》，市税务局发布了《关于对股份转让书据征收印花税的实施办法》等法规，保证了股份制企业的运作和证券市场的管理逐步趋向规范化。

五、促进上海经济发展和金融中心地位的形成。股份公司、证券业和证券市场的发展，不仅为一批急需改造发展的企业筹措了资金，加快了浦东开发、产业结构调整、高新技术应用和旧城区改造的步伐，同时也带动了其他经济的发展，促进上海整体经济保持较高速的增长。1992年全市国民生产总值增长14.8%，工业销售值增长20.6%，社会商品零售总额增长19.2%，外贸出口增长17.9%。在经济保持较高速增长的同时，金融形势稳定，信贷规模控制在计划指标内，现金回笼完成了全年任务。与此同时，短期资金拆借市场、外汇调剂市场、各种物资交易市场成交十分活跃。事实证明，日益加快、加大的资金流、商品流的汇聚，是把上海建成全国最大的金融贸易中心和太平洋西岸重要的国际金融贸易中心的主要特征和客观条件。

社会主义证券市场建设刚刚起步，需要继续培育、发展、完善，从而实现高效、统一、有序而规范的管理。

（作者单位：上海市计委）

上海证券交易所

上海证券交易所成立于1990年12月19日，是一个非营利性、会员制的事业单位。它的成立是我国证券市场走向规范化轨道的重要标志，为我国证券市场的发展创造了条件。

一、交易规模

上海证券交易所自创建以来，证券交易量已近2 000亿元，其中1991年91亿元，1992年为650亿元，1993年1月至3月1 030亿元。1993年一季度交易量中股票交易占97.5%。预计1993年证券交易量可达4 000亿元。目前上海证券交易所的上市品种为94种，其中各种债券34种，股票及权证60种（包括人民币特种股票10种）。上海证券交易所会员单位有270家，其中异地会员为230家。交易席位已达560个。证券投资者超过了200万人，并且还有增加的趋势。

二、交易特点

1. 现货交易。上海证券交易所目前证券交易都是现货交易，所有买进证券者都必须有足够的资金即期支付，所有卖出证券者都必须同样具有足够的证券即期付出。在市场发展相对完善时，将考虑适当进行期货交易的试点。

2. 电脑交易。上海证券交易所具备先进的、大容量的计算机系统，场内交易由电脑控制完成，并与场外联网，形成一个高效的电脑交易网络，提高了整体的交易水平。

3. 面向全国。上海证券交易所有会员270家，异地会员中，除台湾、西藏之外遍布全国各省、区、市，现已有70多个城市与上海证券交易所开通了异地同步行情显示交易网络。1992年交易额中，异地交易额接近1/3，1993年已接近1/2。最近上海证券交易所建立了卫星信息传递系统，1993年底建立1000个接收站，使信息覆盖面扩大到全国和部分海外城市。

三、交易程序

上海证券交易所的证券交易程序有股东登记、资金专户、委托买卖、场内交易、直接过户、清算交割及行情显示等环节。

1. 股东登记。每个投资者若想参与上海证券交易所的股票买卖，都必须首先办理股东登记，即持本人身份证到交易所或交易所指定的地点，填表办理登记手续，由交易所向投资者提供一个股东磁卡，载录投资者姓名、住址、编号及将来买卖股票的种类、数量。使用磁卡，投资者可到交易所任何一家会员公司买卖在上海证券交易所上市的股票。

2. 资金专户。投资者要买卖股票或债券，可到交易所的会员公司开列资金专户，专户上记载姓名、地址、存入现金数量等内容。主要是解决投资者买卖证券时携带大量现款的困难。根据目前的磁卡设计，不久将与资金专户合而为一。

3. 委托买卖。持有股东磁卡和资金专户的投资者，可到交易所会员公司填表委托买卖所需股票或债券。委托卖有以下几个要点：一是委托有效日期，有1日委托和5日委托二种。委托期内未成交，则自动撤销原委托，期内成交，则在时效上属合法成交，二是委托的价格，有市场委托、限价委托之分。市场委托是指按某证券的市场价格买卖，限价委托则是按照投资者注明、需要的价格买卖，不能混淆或不明确，否则会出现价格纠纷。

4. 场内交易。交易所场内各会员公司的交易员接到柜台业务员的委托要求后，依次、逐笔将委托要求输入电脑，交易所电脑系统按照价格优先、时间优先的原则，将委托买卖撮合成交。

5. 直接过户。在买卖成交后，电脑根据投资者的磁卡编号将成交的股票取出或放入，这种直接过户保证了成交后的不可更改，免去了繁琐的手续。

6. 清算交割。目前成交的证券清算交割分二级进行，一是交易所与会员公司的清算交割，采用净额清算(当日某会员买入卖出轧底的余额)和中心保管库方式进行。二是会员公司与客户间的清算交割，一般在成交次日进行。

7. 行情反映。交易所与会员公司（包括异地会员公司)之间建立同步行情显示网络，投资者通过显示屏可以直接了解交易行情的变化情况，同时每次委托成交的信息也都通过网络及时反馈到柜台前的电视屏幕上，使投资者可以了解、监督委托交易情况。

（上海市计委　孙大淳、蔡晓虹）

上海万国证券公司

上海万国证券公司(以下简称公司)是中国人民银行总行批准成立的上海第一家以证券业务为主的股份制金融机构，于1988年7月18日成立。公司是独立核算、自主经营、自负盈亏的独立经济法人，实行董事会领导下的总经理负责制。公司在1992年进行增资扩股工作以后，全国170多家大型企业和企业集团成为公司的股东单位，总资本金已达到10亿人民币，从而，成为国内最具规模与实力的大型证券公司之一。

5年来，公司本着为大中型企业服务、为投资者服务、推动证券业发展的精神，积极开展工作，在证券发行、证券交易、人才培养、证券研究等各个方面，都取得了令人瞩目的成果。

在竞争激烈的一级市场上，公司以第一流的服务，吸引了众多的企业。迄今为止，公司已帮助上海24家企业创建或改制为股份有限公司，其中有国内最大的商业零售单位上海第一百货商店股份有限公司、在浦东新区占有举足轻重地位的陆家嘴金融贸易区开发股份有限公司、国内企业改革的先进典型二纺机股份有限公司、国内第一家文化事业性质的东方明珠股份有限公司，并作为主承销先后为30家企业代理发行了A、B种股票。除此之外，公司还代理60余家企业发行了债券、短期融资券及其他有价证券，累计承销金额80多亿元人民币，其中股票承销总金额近50亿元，在全国发行市场上处于领先地位。

在二级市场上，公司经营企业股票、企业债券、金融债券、国债四大系列金融商品的代理买卖和自营买卖，交易量逐年大幅度上升，证券委托买卖交易量历年来都名列上海各大证券机构前茅。至1993年3月为止，公司的交易量已达250亿元。由公司与深圳有关机构开设的沪深两地双向接受客户委托买卖股票业务，为上海投资者买卖深圳上市股票提供了方便。公司在上海证券机构中首创的VIP咨询室，使投资者能及时观察行情，作出准确的投资决策，受到了投资者的欢迎。

为了在激烈的市场竞争中处于领先地位，公司悉心培养各类证券业务人才，公司的从业人员，绝大多数从社会上择优招聘而来，公司的管理人员都具有大专以上文凭并具有真才实学，公司的柜面业务人员也都具有金融、财会的专业知识。公司在上海财经大学等高校设立了“万国证券奖学金”，为培养证券业人才提供了有力的保证。公司开设的业务培训中心，吸引了遍及全国各地证券从业人员近万人参加。

公司为发展中国证券业，还积极从事证券理论的研究。公司在1989年建立了国内第一家证券研究所，并创办了国内第一本《证券研究》杂志，受到了国内外证券理论界的关注。公司还积极从事证券知识传播的工作，与上海电视台合作开办的股票知识讲座，听众达200万人次。公司编印的《投资指南》周报，由于分析中肯，指点得当，每期都被广大投资者一抢而空。

公司经过5年来的艰苦创业，事业已得到了长足的发展。现在，公司的营业部与业务代理点已遍布上海城乡，在上海证券交易所、深圳证券交易所、中国人民银行全国证券自动报价交易中心均占有席位，业务范围遍及全国29个省市区的300多个中心城市，并在南京、重庆等地设立了5个分支机构。

公司始终把国际著名的证券公司作为自己的发展模式，并与境外著名的证券经营机构如：美国最大的美林证券公司，日本最大的野村证券公司，韩国最大的大宇证券公司，英国、香港著名的霸菱、百富勤、浩威证券公司，新加坡的华侨银行证券公司等建立了境外业务代理关系。在发行、交易、研究等诸多领域进行了成功的合作。

公司的发展速度、管理模式、经营业绩受到国内外各界人士的普遍关注和重视，江泽民、朱镕基、黄菊等领导都亲临万国证券公司，对公司的工作给予了充分的肯定。市委书记吴邦国也十分关注公司的发展。

党的十四大确立的社会主义市场经济体制给万国证券公司的发展提供了更为广阔的舞台。现在，公司的全体员工决心进一步发扬“追求卓越”的万国精神，为把“万国”建设成为可与“美林”、“野村”匹敌的世界一流证券公司而努力奋斗。

上海海通证券公司

上海海通证券公司于1988年9月22日正式成立，是一个经营证券业务的全民所有制金融企业。公司的宗旨是按照国家经济及金融的方针.政策.开拓证券市场，运用市场机制，引导资金流向，为筹资、投资者和发展我国证券市场服务，支持经济建设发展。公司实行自主经营、独立核算、自负盈亏、依法纳税，是具有独立法人资格的经济实体。公司注册资本金为人民币3 500万元，美元500万元。

公司主要经营范围，代理发售各种有价证券，自营和代理证券买卖，代理支付和代收证券的本息、红利，证券代保管以及经人民银行批准的其他证券业务。

公司实行经理负责制，设总经理一名，为公司的法定代表人，负责公司的日常全面的经营管理工作。设副总经理若干人，协助总经理工作。公司下设办公室、发行部、市场部、财会部、业务推进部、调查研究部、国际业务部、电脑部、人保部和监察室等部门。

公司目前人员年龄构成情况：30岁以下占66.46%，31～40岁占22.36%，41～50岁占10.56%，50岁以上占0.62%。职员文化构成情况：研究生占1.24%，大专、本科占49.07%，中专、高中占46.59%，高中以下占3.1%。

自公司成立截止1993年4月底，公司业务总量达287亿元，其中发行量36.1亿元，交易量251.3亿元，创利8 820万元。

1992年公司的业务得到了迅速发展，业务年总量达1 308 692万元，其中发行量为198 447万元，交易量为1 110 245万元，全年利润3 041万元。

1992年3月，公司参加了由财政部组织的1992年度国库券承购包销团，再次担任副主干事，并包销了总额为4.1亿元的一、二期国库券。1992年公司主承销向社会公开发行了新锦江等8家企业的A股股票，共8 475.79万股，金额为201 621.6万元；并首次主承销发行B股股票——中国第一铅笔股份有限公司B股250万股，金额1 249万美元。同时公司还为32家企业发行短期融资券6.2亿元，为企业急需资金提供了保证。

1992年公司交易额为1 110 245万元，是公司开业至1991年累计的334.5%。在有180多家会员公司参加的全国报价系统内交易中名列第四。同时公司建立了国际业务部，设立了人民币特种股票的委托业务。一年B股成交5 330万美元。

1992年公司网点建设取得可喜成绩，以进军浦东新区的姿态在浦东开发区设立了第一个分支机构——浦东即墨路营业部，吸引广大的投资者参与浦东开发。一年新增了闸北、新开河、即墨路、宝山四个营业部。1992年6月，公司在浙江省杭州市设立了第一家外省市营业部，成为上海首家在外省市开设经营机构的证券公司，从此“海通”正式走向全国，截止1993年4月，股票交易额突破8.5亿元。此后，公司又在绍兴、宁波、昆明、青岛等地建立了营业部，其中昆明营业部是我国西南地区第一家代理买卖上海股票的证券经营机构。同时，公司积极发展国际业务网络，在香港、韩国等地设立了境外代理商，开辟利用外资的多种途径。

海通证券公司从成立时的只有一个业务点发展到目前有市内8个营业部，外省市6个营业部，市内19个业务代理处和11个境外代理商，初步形成了立足上海，面向全国，走向世界的格局。

公司地址：上海市北海宁路30号

邮政编码：200080

电　　话：3252151（总机）
传　　真：(021) 3248938

全国证券交易自动报价系统

全国证券交易自动报价系统（简称STAQ系统）是我国第一个投入实际运行的依托计算机网络从事证券交易的综合性场外交易市场。由中国证券市场研究设计中心（“联办”）发起筹建系统中心设在北京，连接国内证券交易比较活跃的大中城市，为会员公司提供有价证券的买卖价格信息以及交易结算等方面的服务，使分布在各地的证券机构间能高效、安全地开展业务。STAQ系统的建立，极大地便利了异地证券交易机构间的信息沟通、证券买卖及清算交割，提高了报价、交易和结算诸环节的准确、有效性，安全性和可靠性。从而使中国证券市场由割断的区域性初级阶段一跃进入现代化的高级发展阶段。

一、系统建立的背景及发展状况

1989年底，“联办”受中国人民银行体改办和财政部国债司的委托，组成由国家体改委、国家计委、财政部、人民银行、国务院发展中心和“联办”专业人员参加的考察组，赴全国主要城市对我国证券市场和证券业的发展状况进行了一次大规模的考察。通过这次考察，“联办”认识到，要使我国经济摆脱滞胀，转入良性循环的轨道，必须下大力解决经济发展中长期积累的一些深层问题。开拓我国新的资金转化渠道，不失时机地发展我国证券业，通过启动证券市场来分流资金，是改善目前财政状况、缓冲银行压力，调整产业结构和提高经济效益，从而推动经济持续稳定增长的有效途径之一。

借鉴了国外的经验，结合当时我国的实际情况，“联办”认为要首先从发展和完善国债市场入手。当时，由于通讯手段落后，信息传递不畅，公众金融意识淡薄，造成各地之间存在明显的不合理价格差，致使我国证券市场处于割断、独立式的分散交易，黑市买卖大行其道，不利于公平交易，不利于国家监管部门的管理，不利于保护投资者的利益，也不利于市场的正常、健康发展。

针对这些现实问题，“联办”以促进中国证券向统一和规范化方向发展为主旨，于1990年3月正式着手筹备全国证券交易报价系统。

在筹办过程中，“联办”本着起点高、投资少、见效快的方针，自筹人民币150万元，在半年时间内完成从软件设计开发、调试运行到正式交付使用一系列工作。

STAQ系统作为联办推动我国财政金融体制改革的试验场所，已经取得了显著的成绩。它联接了国内证券交易比较活跃的大中城市，保证各会员公司间高效、安全地开展业务，从而使中国证券市场完成了从割断的区域性初级发展阶段向集中统一的现代化高级发展阶段飞跃。虽然系统还不够完善，但它标志着中国证券市场已有意识地向标准化、规范化、科学化阶段过渡，我们相信，系统的发展将对今后中国证券市场的发展产生深远的影响。

二、系统在我国证券市场中的地位、作用

STAQ系统从开始筹建之初就着眼于推动建立全国性的统一大市场。这种统一大市场是指在统一证券法规、统一行为准则和统一管理体制下的有中心、有局部、多层次的市场。为了适应各地区交易市场的具体情况，报价系统在管理规则上应当比集中式的交易所宽松，以便吸收各地证券经营机构参与统一交易，并吸引大量符合基本条件，但还不能在交易所挂牌的企业股票入网流通。由于它能同各个交易所联网，并最大限度地联通全国各地的交易市场及交易机构。因而它在证券市场中的层次最具备广泛性，其作用亦愈显重要。

基于以上因素，系统建立以来，确实发挥了全国性市场应有的作用。由于系统计算机网络覆盖40个省市，其即时报价可以在几秒钟之间通过计算机网络把已输入的报价传递到各会员公司的终端上，为会员公司提供准确、及时的价格信息，这就缩小了地区差价，平抑了黑市；在交易机制上，系统普遍采用了做市商制度，由一批具备一定资金实力和经营经验的证券商承担做市责任，这就保证了系统证券的流通性和市场价格连贯性和相对稳定性。在结算交割上，系统逐步实行电脑化结算方式，辅之以比较灵活的结算交割方法，大大提高了结算效率和资金运转的安全可靠性。在市场组织上，系统严格实行自律管理，以执行委员会下属的各部门分工负责系统运行的管理事务，并订有近20种自律性法规。这些做法对新兴的中国证券业都具有重要的探索意义。

三、系统的组织结构和管理制度

STAQ系统是非营利性的会员制组织，全体会员大会是系统的最高权力机构，系统理事会由全体会员大会选举产生。目前，系统的日常事务由执行委员会主持。执委会下设市场运行部、市场管理部、市场销售部、技术支撑部、清算部（兼国债转帐结算中心）等，分工负责，对系统的日常运行进行管理和监控。系统会员已由刚开通的18家增加到230多家，包括了国内主要的全国性信托投资公司和专业证券公司及其他各类非银行金融机构，系统跨越地区由6个城市扩展到近50个

城市，在会员组织形式和地域分布上真正体现了跨地区、跨部门的原则。

为了保证系统的正常运行，STAQ 系统建立了一整套自律性的内部管理制度和规则，其中包括系统章程和细则、上市交易规则、结算规则、证券业务人员考核注册制度、会员入会申请和资格审查制度等。

四、系统的主要功能

即时报价：会员公司可以通过系统终端，将本公司对系统内上市证券的报价显示在所有终端上，同时可以在自己的终端上获取其它公司的报价信息。

自动撮合：参与系统交易的会员公司可以通过在各自电脑终端输入交易意向买卖单，系统中心电脑系统将根据“价格优先、时间优先”原则，予以撮合成交。

信息分析：系统中心设立系统历史数据库及经济数据库，供会员公司随时查找系统的历史数据及国内外与证券有关的经济数据。

统一结算：会员公司可通过各自终端向系统结算中心发出结算指令。结算中心负责资金和证券的统一划拨和调配，简化了交割清算过程，保证了交割清算环节的高效和可靠。

五、系统的运作状况

目前，系统上市券种包括国债、金融债券、企业债券、法人股共四大类 20 多个品种，截止到 1993 年 6 月底止累计成交近 270 亿元，交投的活跃显示了 STAQ 系统在证券市场中的重要地位和融通资金中的重大作用。

为了促进中国证券市场的发展，STAQ 系统还进行了一系列的开拓性改革试点。

首先，1991、1992 年，“联办”两次受财政部委托担任国库券发行承销的总协调，STAQ 系统协助“联办”组织进行了国债的承购包销、竞标包销，改变了过去国债发行的行政摊派方式，将经济手段引入国债发行机制，使其建立在供需双方自愿的基础上，有效的提高了国债的信誉，降低了筹资成本。1993 年，在宏观经济形势非常严峻，国债销售十分困难的情况下，继续承销国债 20 亿元，解决了国家燃眉之急，在交易机制上采取“净价交易方式”，实现了国债发行交易的又一次改革，同时，积极进行“外币国债”的改革探索工作。

其次，是无券操作的推行，无券操作通过电脑记帐、转帐结算，进行证券发行流通，免去了证券的印刷、包储、调运及兑付后的销毁环节，与实物券相比，具有先进、简捷、经济、安全等一系列优越性，这是我国清算交割体制和手段现代化的又一重要进展。

STAQ 系统最为重大的改革试点是法人股流通转让取得成功。

目前，在深圳、上海股市流通的只是个人股部分，占总股份达 1/3 的法人股还未正式引入，导致了一系列问题的产生。而法人股流通对于优化生产要素配置、转换企业经营机制、投资主体多元化，调整国家产业结构具有极其重要的意义。法人股流通势在必行。

1992 年 7 月 1 日，法人股流通转让试点在 STAQ 系统开始运行，到 1993 年 6 月底，共成交 5.78 亿股，交易金融达 30.22 亿元，挂牌券种达到 10 只。法人股市场虽然经历过较长的平缓时期，但由于其优越的长短期投资价值逐渐被机构投资人所认识，进入 1993 年 4 月下旬，法人股交易空前活跃起来，各股价格全面上扬，日交投达到千万股的新水平，5 月 6 日，日交易量达创记录的 3 400 股，金额突破 2 亿元。伴随市场的活跃，STAQ 系统在软硬件方面也进行了重大改进：建立新信息厅，全部采用电脑自动撮合交易，实行卫星同步行情传输，制订、完善上市、交易规则以规范上市公司、证券公司行为，这些举措大大提高了市场运行效率，保证了“公开、公正、公平”。STAQ 法人股市场进入到一个新的发展阶段。

今后，STAQ 系统将不断扩充交易品种，增加会员数量，扩大系统覆盖范围，积极推动中国证券业改革，特别是法人股流通改革。此外，还将与各证券交易所、交易中心及国际财经信息网连接，进一步增强同国内外金融界的交流与合作，使其成为集证券发行、交易、清算和多方面信息服务为一体的国际性证券系统。

淄博乡镇企业投资基金

投资基金是国际上广为流传的一种金融信托业务。它通过发行基金证券，接受投资者的委托，将投资者分散的资金集中起来。由在投资方面具有经验的专家，代表投资者分散投资于不同行业的不同企业或企业股票，获取利润后再按投资者持有基金证券的比例分配给投资者。

投资基金和证券、股票相比，虽都是金融投资工具，但又有所不同。债券反映的是一种债权债务关系，股票反映的是一种产权关系，投资基金证券反映的是一种信托关系。由于基金证券一般不投资于某个固定企业，而是选择效益好的多个企业进行投资，还投资于一些看好的债券、股票，因此基金证券又被行家称作“组合股票”，象企业股票一样，有可能获得比债券更高的收益，同时又能避免一般股票所具有的高风险。

为了支持、帮助乡镇企业完成它们所肩负的跨世纪的历史重任，把它推向一个新的发展阶段，中国农村发展信托投资公司认真研究国际上关于投资基金的通行做法，结合我国的实际情况，完成了建立“乡镇企业投资基金”的构想，并于1992年付诸实施。

乡镇企业投资基金通过发行受益证券的方式，广泛筹集资金，统一交由国家控制的金融机构组成的基金管理公司管理，重点选择那些面向国际市场、以出口为导向、经济效益好、有发展潜力的乡镇企业为主要投资对象，通过对乡镇企业的直接投资、购买乡镇企业股份或入股的方式，促进乡镇企业技术改造、产品更新、出口创汇并向股份制、市场化方向发展。

淄博乡镇企业投资基金是国内第一个经中国人民银行总行、国家体改委批准设立的基金，第一个公司型基金，第一个投资于乡镇企业的基金，也是第一个将在上海证券交易所或全国电子证券交易系统上市的基金。因此是一种有法律保障的、规范化的基金。

淄博市是国务院批准的、我国最早进行乡镇企业股份合作制试验的地区。该地区乡镇企业的市场化程度高，产权关系明确，制度建设健全。其中，相当一部分企业已进行了规范化的股份制改造，这些企业的股票，经过适当时间的运行，有可能公开上市转让。这样，在淄博设立投资基金就有了制度、市场等方面的合适条件和环境。对基金证券持有人来讲，就有可能取得乡镇企业股票的上市交易收入。

淄博本身工业基础好，是北方的一个工业重镇，聚集了一批象齐鲁石化工业公司、山东铝厂这样的大企业，因此，乡镇企业的发展机会多、后劲足，有较高的收益前景。淄博乡镇企业的产值和利税增幅均高于全国平均水平10个百分点，经过认真筛选，基金管理公司将选择一批发展速度快、产品市场拥有率高、经济效益好的乡镇企业进行投资，这样就能使基金证券持有人有较好的分红收益。

淄博乡镇企业投资基金具有以下优点：

风险低。淄博基金首先投资于淄博效益好的一批乡镇企业，就有可能避免因某一家企业效益差而带来的投资风险，同时基金投资于证券，所谓“东方不亮西方亮”，确保投资基金的风险控制在最小范围。

收益高。淄博基金既投资于企业，也投资于股票、债券，本身还可以上市转让交易，因此，它除了能享受每年一次的分红外，还能获得市场交易带来的收入。

专家管理。目前一些投资者苦于不懂投资业务或没有精力从事投资。淄博基金则由在投资方面具有经验的专家来运用基金投资，为基金证券持有人代理，使其能很方便地获得投资良机。

流通性好。预计淄博基金发行半年后即可上市转让，基金证券持有人可以随时收回资金。

淄博乡镇企业投资基金于1992年11月正式设立，基金规模3亿元，首期发行1亿元。11月11日，中国农村发展信托投资公司与淄博市人民政府在钓鱼台国宾馆举行隆重的基金签字仪式暨新闻发布会。中央电视台新闻联播节目当晚进行了报道，各大新闻机构都迅速地作出了反应。基金受益证券认购工作开始后，社会各界反应十分热烈，短短3天时间，首期发行的1亿元基金受益证券即被认购一空，反映出投资者对投资乡镇企业的强烈冲动，对投资基金这一新型金融工具所持的坚定信心。

淄博乡镇企业投资基金作为中国大陆的第一个投资基金，其建立成为1992年度中国证券业十大新闻之一。

（中农信公司办公厅）

大力发展中国的保险事业和保险市场

杨庆蔚　　姚　鸿

保险是在商品经济条件下对不可避免的各种风险所造成的损失进行经济补偿的活动。保险业作为第三产业的重要组成部分，以分担风险和组织社会后备基金的形式，为国民经济和社会发展提供经济保障。大力发展保险事业，对保障人民生活、维护社会安定，以及保证国民经济稳定、正常地运行和发展都有着极其重要的意义。

一、保险业在国民经济和社会发展中的地位和作用

世界保险业的发展已有几百年的历史。社会保险的发展也已经有了一百多年的历史。

从我国的保险事业在国民经济和社会发展中的地位和作用来看，可分为社会保险事业和商业性保险事业两大部分，这两项保险事业虽然有各自的特点和独立性，但在社会主义市场经济中，又有着密切的联系。

我国的社会保险制度始于建国初期，1951年政务院根据政协《共同纲领》第二十二条关于在企业中“逐步实行劳动保险制度”的规定，正式颁布了《中华人民共和国劳动保险条例》，奠定了我国职工退休养老保险制度的基础。几十年来，虽几经修正和补充，至今仍是规范职工退休养老、医疗和工伤待遇的基本制度之一。

但是，由于这一制度是根据“国家保险”的原则制定的，基本是采取国家包下来的办法，在“文革”期间，这一制度的统筹功能又受到了严重破坏，使社会保险变成了“企业保险”，产生了许多弊病，已不能适应社会主义市场经济发展的需要，也不能适应老龄化社会发展的需要，必须进行彻底的改革。

社会保险是随着工业的社会化发展而发展起来的，社会保险的对象是以工资收入为主要生活来源的劳动者，设置有养老保险、医疗保险、工伤保险和失业保险等“四大保险”，其中的养老保险是社会保险中最主要的一个险种。

随着改革开放不断发展和深化，1986年，社会保险制度的改革首先以养老保险和待业保险制度的改革开始。作为养老保险制度改革的重要一环，目前全国已经在国营企业和大部分集体企业中开展了职工退休费用社会统筹，到1991年底，全国99%的市、县的国营企业实行了统筹，其中北京、福建、宁夏等11个省、自治区、直辖市实行了省级统筹，铁道部等5个部门实行了行业统筹。

截至1991年末，全国企业职工的养老保险基金总收入294.93亿元，总支出247.38亿元，年终滚存结余164.35亿元；待业保险基金总收入8.37亿元，总支出2.5亿元，年终滚存结余25.18亿元。在短短的几年中，两项保险积累的基金已达190亿元左右，这说明了社会保险的巨大潜力。

我国的商业性保险有较长的历史，但由于种种原因，50年代后期，国内保险业务被停止了。改革开放后，经国务院批准，中国人民保险公司于1980年全面恢复了国内保险业务，成为当时我国唯一的商业性保险国家公司。经过十余年的艰苦努力，商业性保险有了很大的发展。

——保险覆盖范围不断扩大，参加保险的企业和家庭连年增加。到1991年，参加保险的企业已达56万个，参加保险的家庭11 000多万户，国内各类财产承保总额近4万亿元。

——保险业务收入有了大幅度的增长。1991年接近240亿元，比1980年年均增长40%以上，其中中国人民保险公司1991年的保险业务收入达236亿元，占全国保险收入的98%以上。

——衡量保险发展水平的两项指标，保险密度（人均保险业务收入）和保险深度（保险业务收入占国内总产值（GDP）的比例）都有显著提高。1980年保险密度和保险深度仅为0.47元和0.1%，1991年分别提高到20.72元和1.2%

——保险公司的实力迅速增强。到1991年，中国

人民保险公司全系统共有分支机构 3 400 个，从业人员近 10 万人；各种代办点 11 万多个，代办人员 20 万人；海外机构 67 个，海外职工 800 多人；公司总资产达 330 亿元，各种准备金 223 亿元；开办国内财产保险种类有 100 多种，人身保险基本险种有 30 多种；同世界上 100 多个国家和地区的 1 200 多家保险公司、再保险公司、保险经纪公司建立了分保业务关系。1991 年全国保险公司已增加到 4 家，除中国人民保险公司外，还有深圳的平安保险公司、交通银行的太平洋保险公司和新疆生产建设兵团农牧业保险公司。另外，香港民安保险公司在深圳、海口设立了分公司。

——商业性保险事业有力地支持了国家财政。据统计，1983 至 1991 年，保险业累计向国家上缴税利 80 多亿元，1991 年仅中国人民保险公司一家上缴税利就达 27 亿元。

社会保险和商业性保险都是国家须臾不可或缺的社会和经济事业。社会保险是国家兴办的法定保险，是用强制的行政手段保障劳动者的基本生活需求，在保险业务中属人身保险的范畴。因为要为将来的老龄化社会做战略准备，所以在操作的过程中，必须会积累下一笔巨额的资金。一个经营得好的社会保险制度，能给国家的经济建设带来巨大的好处。这是因为这笔基金数额巨大，来源稳定，而且可以在一个较长的时期内暂时不用，正是国家经济建设急需的长期资金的一个重要来源，尤其是对于那些经济效益好，但建设期长、投入大的国家重点建设项目和公共福利建设项目，社会保险基金可以发挥极大的作用。

但是，社会保险随着制度的逐步“成熟”和老龄化社会的发展，必然会在资金收支等方面出现困难而逐步失去活力，因此必须鼓励集体和个人积极参加商业性的人身保险，作为社会保险的补充，以提高人们生活保障质量。许多发达国家的经验证明，商业性的人身保险有极好的发展前景，对社会保险的发展也有极重要的意义。

二、当前保险业发展中存在的主要问题

我国保险市场的发展无论是从发育程度，还是从保险的密度和深度等发展水平来看，与发达国家还有很大的差距，既便是与发展中国家相比也是落后的，因而需要我们付出更大的努力，尽快赶上中等发达国家的保险水平。

我国保险业走过了艰难曲折的道路，真正发展还是改革开放后近十几年的事情，基本上还处在创建的阶段，不可避免地存在许多问题，突出的有以下几个方面：

1. 保险市场分工不清，秩序混乱

在社会保险领域由于没有一个全国统一的社会保险机构，国家几个有关部门不同程度地参与经办了社会保险，并酝酿成立各自的社会保险机构，社会保险有可能变成部门保险。中国人民保险公司参与了一部分社会保险业务，一些政府部门也参与了补充保险等商业性保险业务。在农村的保险市场上，也发生了有关业务划分等问题的争执。

在商业性保险领域，虽然现在仍是中国人民保险公司一统天下，但银行、民政、劳动、铁道、供销、农机、卫生、教育、城建、信用社以及各种工业公司等，都不同程度地开办了保险性质的业务，而且还有许多部门、甚至地方政府都在准备经办保险。由于这些行业的保险规模小，不规范，而且大多采用行政手段，抵御风险的能力必然就差。另外，我国保险业目前是把财产保险和人寿保险这两种不同性质的保险混在一起经营，这也是不符合保险的基本原理的。

应该看到，中国的保险市场尚是一块未开垦的处女地，有巨大的市场潜力和商业机会，在市场经济条件下，由于经济利益机制的驱动，各行各业插手保险也是可以理解的，这对迅速扩大保险市场也有一定的好处。但如果不能合理地划分市场、加强管理和正确地引导竞争的话，必将形成一场“保险大战”，其结果可能会造成保险失信于民的恶劣影响。

2. 保险机构政企不分

在我国商业性的保险市场上，中国人民保险公司占踞了 98%以上的份额，作为商业性保险的主渠道，其承担着双重职能，一方面在行业发展上担负着管理的职能，一方面又是保险业务的经营参与者，是企业。这双重的职能在客观上造成中国人民保险公司政企合一。保险企业在相当程度上受政府的红头文件和行政指令约束。作为中央企业的保险公司也要通过给地方政府利益的手段换取支持，地方政府成为保险企业竞争的对象。过分依赖地方政府，造成违背保险原理，违反保险条例的现象时有发生。有的政府部门把属商业性保险的业务弄成社会保险来经办，但具体办法使用的又是商业性保险的办法。这种政企不分的高度垄断，既造成保险业发展的僵硬化，又是造成保险市场混乱的主要原因之一。

3. 保险业管理体制不顺，保险资金的运用缺乏活力

社会保险积累的基金现在是存在各地的银行中，收益率较低。且没有保证，不能适应保险基金必须保值增值的需要，而且长期资金被当做短期资金使用，这本身就是一种浪费。由于各地方政府对社会保险的管理有很大的权力，在当前资金普遍紧缺的情况下，地方政府挪用保险基金的事情也就屡有发生。

中国人民保险公司在行政上属人民银行管理，那

么在资金渠道上必然是要为银行服务。发达国家保险企业的资产运用率普遍都在85%以上，而中国人民保险公司目前的资产动用率还不到10%，保险基金的运用受到限制，严重影响了保险公司的经营活力。保险公司总准备金的积累速度过慢，与不断增长的风险责任和业务发展速度不相适应，造成潜在的保险责任准备不足。

除上述几个方面存在的主要问题外，保险业还存着人才缺乏，有关保险的各项基础工作薄弱，国家对保险业缺乏有力的宏观调控，以及保险业的活动缺少法律、法规的约束等一系列的问题，从而制约了保险业的健康发展。

三、加快发展保险业的政策思考

中国的保险业和保险市场如何加快发展？完全垄断的模式难以形成竞争机制，不利于提高保险水平和服务质量；近期增加过多的保险公司，在现实条件下也难以保证保险经营的稳定和被保险人的利益不受损失。根据目前的条件，必须明确发展我国保险市场的指导思想，即适应发展社会主义市场经济的要求，逐步建立起多元化、多层次的保险市场。平等、有序地开展竞争，使保险业真正做到宏观控制和微观搞活，既要体现业务的发展规模和速度，又要讲求社会效益，为我国的经济发展和社会安定提供切实可靠的保障。

按照上述指导思想和原则，对当前保险市场的发展有以下要求：

1. 保险市场的主体和结构

社会保险中的法定保险是主要运用行政手段的政府行为，从事社会保险业务的主体，应是国家的社会保险机构，一般商业性的保险公司不得插手法定的社会保险业务。当前我国的社会保险要坚持国家、集体和个人三者合理负担的原则，采取“现收现付与部分积累相结合”的保险模式，对保险对象实行统一政策、分类管理。中国农村的保险是社会保险的一个极其重要的方面，但是根据中国的国情，农村地区现阶段不宜推行通常意义上的那种强制性的社会保险，国家不能作为农民保险的最后承保者。中国广大农村的经济发展水平差别很大，应该鼓励和组织农民参加多层次的、选择性的保险，这正是商业性保险公司的展业范围。政府部门对农民的保险应起监督和组织的作用，而不应直接去经营农村的保险业务。如要经营，则应成立独立的保险公司，与政府部门脱钩。

各种补充保险虽属社会保险的范畴，但在经营上是属商业性保险的业务范围，各级政府部门不要去经营补充保险，也不要以商业性保险公司的盈利性质去贬低保险公司的社会作用。因为从保险的给付来看，对单个的企业和个人来说，实际上参加商业性保险的收益要远远高于参加社会保险。补充保险是社会保险引进市场机制的一个渠道，也是当今世界上社会保险发展的潮流。

在商业性保险领域，要有条件地逐步设立多种保险公司，如可以根据地域需要设立地方性的保险公司；发展专业性的保险公司；建立再保险公司，即保险公司的保险公司；在目前费率水平较高，保险覆盖面有限的情况下，可以允许不同行业的企业集团投资建立自保公司；也可建立起与投保人利益联系更加紧密的相互保险公司，以及根据目前农村保险的现状组织保险合作社等。在保险企业的所有制形式上，既可以有全民所有制、集体所有制，也可以采取股份制。

随着进一步的开放，外国的保险公司也会逐步进入中国的保险市场。对于外国的保险公司，是应适度地开放市场，但更重要的是要充分认识到保险业的特殊性，不能把它视同一般的商业市场和金融市场。根据各国的经验，对外国保险公司的经营范围是要有严格限制的。

银行和邮政储蓄要大力开办个人养老保险储蓄业务。使人们能够有机会进行养老保险性质的长期储蓄。开展个人养老保险储蓄的业务，主要是在利率，还本付息的方法上作特殊的处理，并在利息税等方面给予优惠。邮政系统还可以利用网点多的优势，开展简易人身保险。在保险市场上，要按照国际惯例，把从事财产保险的公司和从事人寿保险的公司分离开，分别注册，分别经营。

继续发挥中国人民保险公司的主渠道作用，我国是一个自然灾害较多的大国，在保险市场发育初期，需要有一家大型的国家保险公司作为主渠道来带动本行业的发展。中国人民保险公司作为中央所属的大型综合性保险企业，有着较强的经济实力和良好的信誉，在今后的一定时期内，要进一步改革公司的内部结构，通过自我完善，使之真正成为一个多元化经营的、综合性的、跨国界的大型保险集团。

2. 保险市场的竞争与秩序

保险市场的发展原则应是平等竞争，规则竞争。建立保险市场的秩序，目的是使市场主体的行为规范化。

(1)为了保障被保险人的利益，应通过立法程序禁止非保险业的单位和个人经营保险业务（但可代理保险业务）。保险市场的参与者必须是经主管部门批准的保险企业。为使保险企业真正平等竞争，要限制非保险业务的金融机构，如银行等兼营保险业务，如要经营一般的商业性保险业务，则必须设立单独的保险公司。

(2)坚持政企分开的原则，从事商业性保险业务的保险公司要真正实行企业化经营。政企分开后，各级政府不要干预保险企业的正常业务经营活动，不能以保险企业的隶属关系和向地方财政的纳税多少来认定是否支持了地方经济建设。取消保险公司为地方代办保险、与地方政府共保等办法。

(3) 保险市场竞争的手段应该是依靠设计适合客户需要的险种，以合理的费率和优质的服务赢得客户，要把保险真正作为商品来经营。反对单纯依靠降低费率、多给代理手续费和提前支付安全无赔款优待费等手段来竞争。为避免行业垄断，提倡在同一地区，同一类保险业务中至少有两家或两家以上的保险企业同时经营。

3. 保险资金的管理和运用

社会保险积累基金的管理和运用已成为当前社会保险事业发展的主要矛盾。这笔资金应用于国家的建设。国家财政用于建设的资金十分紧缺，而一些重点基本建设项目和公益性建设项目又必须大量投资，如果没有稳定可靠的长期资金来源的话，就不得不经常挤银行的信贷，这也就是银行业务中的政策性信贷长期纠缠不清的一个重要原因。社会保险积累的资金是长期建设资金，运用好这笔资金，对国家财政有重要意义。

社会保险基金运用的首要一条是安全性。为了保证资金运用的安全，积累基金的大部门应购买安全性最高的国家债券或中央政府、地方政府担保的优良债券。这类债券的运用，要建立在债权债务关系的基础上，投保人是这笔钱的债权人，而国家使用这笔钱时，实际上是作为债务人向投保人借钱。社会保险机构是债权人的代表，财政部则是债务人的代表，双方经过协商，确定债券的数量、利率和期限等条件，而不要采取强制购买的方式。

财政部要设计养老保险的专门债券，并使之标准化。债券的利率可以是固定的，也可以是浮动的。发行可采取登记的方式，这样还可以节约大量的印刷费、运输费和发行费。筹集的资金只能用于国家重点基本建设和公共事业的建设，不得用于财政经常预算的平衡。

目前我国金融行业的利率体系是单利体系，不能适应保险资金运用的需要，在利率体系不可能很快改变的情况下，要使债券能够复利运用，可以采取剪息票的方式，规定每年还利息。根据保险机构的需要，利息可以用发新债券的方式，也可以用现金的方式归还。除购买债券外，允许有一部分资金用于比较灵活的金融活动。以争取较高的收益。可以考虑成立专门的政策性金融机构，根据国家的专门法令，从事社会保险基金的投资活动。

商业性保险中的财产险和人身伤害险筹集的资金，是国家经济建设的中、短期资金的主要来源。对商业性保险公司的资金运用也要放开，以调动保险企业的积极性。提高保险总准备金的提存比例，增强保险企业的实力。要合理制定对保险企业的征税基数和适当降低保险企业的税率。同时财政也不再替保险企业承担亏损责任，要使保险企业真正成为自主经营、独立核算、自负盈亏、依法纳税，具有自我发展，自我约束能力的企业。

4. 保险业的管理机构与立法工作

国家要有一个统一的机构来统管全国的社会保险业务，同时还应成立一个高层次的委员会，协调社会保险的资金运用以及同国民经济和社会发展的关系。

要加强国家保险管理机关对保险市场和保险企业的监督、保证职能。在加强对市场主体管理的同时，还要注意建立、完善保险代理人制度，尽快建立保险公证人制度，在条件成熟时建立我国的保险经纪人制度。

完善保险市场管理的基础是建立健全我国的保险法体系，使保险当事人的行为有准则，使保险市场管理有依据。当前应抓紧制定有关社会保险和商业性保险的各项法律、法规，建立有中国特色的保险法体系。

(作者单位：国家计委社会事业司)

中国劳务市场述评

王爱文

中国劳务市场是随着经济体制改革的深化成长和发展起来的。促成中国劳务市场发育的直接因素有三个方面。一是80年代初期就业制度的改革，通过实行“三结合”的就业方针缩小传统的统包统配就业制度的范围，允许一部分待业青年通过自谋职业和组织起来就业的方式解决就业出路，从而在政策上开出了市场就业的先河。二是80年代中期企业用人与工资分配制度的改革，扩大了企业用人与分配的自主权，促成了国有企业市场用人与工资分配制度产生，从而使国有企业的用人与工资分配在一定程度上面向了劳务市场，这也标志着劳务市场中作为劳动力需求方面的企业市场主体开始形成。另一方面，80年代中期发展起来的民营经济的劳动工资制度基本上是市场经济体制，这就从劳动力需求一方形成了市场用人的气候，使80年代初期仅仅是部分劳动者有选择权的不对称的劳务市场逐步具有了双向选择的特征。三是农村经济体制改革的深化和政府对农村劳动力进入城镇企业各种限制的放宽，使农村劳动力成为城镇劳动力供给的重要调节资源，提高了城镇劳动力的流动率，也促进了城镇的就业竞争，从而活跃了城镇刚刚发育的劳务市场。此外，农村乡镇企业的发展和政府对科技人员流动政策的松动也成为我国劳务市场的重要动力源。

与市场机制的发育相适应，“有形的市场”——市场服务机构也迅速建立起来。特别是作为市场枢纽的职业介绍服务机构发展最早。中国的职业介绍服务机构是循着四条线索发展起来的。一是80年代初期为了解决城镇青年的就业问题，劳动部门办了劳动服务公司，承担职业介绍功能；二是80年代中期为解决国有企业技术工人和企业多余人员等在职职工交流问题而由劳动部门办起来的工人交流机构；三是80年代中期以来为解决干部和科技人员合理流动而由人事和科研管理部门兴办的人才交流机构；四是和职业介绍事业独立化、经营化、社会化的趋势相适应，社会各方面包括私人建立的职业服务机构。

劳务市场服务机构除了职业介绍机构外，还进一步延伸到了就业训练和失业保险、劳动就业服务企业。上述四个方面形成了一个综合的、多层次的市场服务体系。在这个体系中，职业介绍是“窗口”（或“龙头”），就业训练是基础，失业保险是市场运行的保障，劳动就业服务企业是调节劳动力供求的基地。到目前为止，全国共建立职业介绍机构1 500多所，其中劳动部门1 300多所，这些职业介绍机构在1992年一年就为1 100多万人次进行了求职登记，职业介绍机构的发展正呈方兴未艾之势。就业训练机构在改革以后的十多年时间发展速度很快，目前全国就业训练中心已达2 200多所，年训练能力达260万人次。就业训练中心不仅为新就业的劳动者提供了基本劳动技能的获得机会，还为失业者的转业训练提供了条件。和职业介绍一样，就业训练也在全国城市范围内形成了社会多方面办学的多层次多形式的格局。失业保险制度是随着劳动制度改革的深化适应劳务市场的要求建立起来的。失业保险不仅为失业者提供了生活救济，也为就业训练和劳动就业服务企业提供了资金来源。目前，全国参加失业保险的单位已达43万多家，职工7 000多万人。到1992年上半年救济职工人数累计达40多万人。由于有了失业保险基金的资助，全国建立了400多个生产自救基地和750个转业训练基地。我国失业保险虽然起步晚，但从开始起就突破了只提供救济的传统格局，并成为开发劳动力资源的积极手段，劳动就业服务企业是发展比较早的，产生于80年代初我国劳务市场的萌芽阶段。劳动就业服务企业创办的初衷是集中社会力量解决就业问题。在劳务市场发展起来之后，劳服企业同劳务市场的运行形成了密切的关系，在劳动力资源方面成为调节劳动力市场供求平衡的一支十分重要的力量，因而也就成为中国特色的劳务市场服务体系的重要组成部分。劳动就业服务企业经过十多年的发展，目前已达20万个，在企业中就业的人数达870多万人。不仅是市场服务体系的重要组成部分，也是国民经济中的一支十分重要的力量。

劳务市场的产生和发展对国民经济的发展，经济体制改革诸方面发生了积极的影响。虽然我国劳务市场的作用与地位尚未完全表现出来，但在以下几方面普遍地获得了社会的认可。

一是促进了劳动力资源的开发和利用。劳务市场机制的形成改变了传统的政府包配的就业方式，调动了劳动者主动就业的积极性和创造性，从而使80年代初期巨大的就业压力得到了缓解。劳务市场机制的形式促进了城市企业之间、行业之间乃至区域之间的合理调剂。从而使我国传统的劳动力计划配置体制造成的劳动力同生产资料结合不充分的问题得到了缓解。劳务市场机制取代了传统的劳动力行政调配方式，从而使劳动力流动建立在了劳动者和用人单位利益的基础之上。劳务市场机制的形成还为农村剩余劳动力的开发利用创造了更广阔的空间，从而使农村劳动力在一定程度上取得了进入城镇就业岗位的资格。我国劳务市场的实践证明，劳务市场比过去的计划调配体制在调动劳动者的积极性、合理配置劳动力资源方面具有明显的优越性。

二是促进了多种所有制形式的发展和产业结构的调整。80年代前期，经济体制改革的一项基本内容是调整所有制结构，这就要解决劳动力资源在不同所有制之间的合理配置。城镇民营经济的发展从两个方面得益于劳务市场：一方面，借助市场机制的作用，从国有企业得到了企业初创时期不可少的技术力量，另一方面又通过劳务市场获得了大批来自农村的廉价劳动力。目前，农村劳动力已成为城镇民营经济的基本劳动力资源。农村乡镇企业的兴起也在相当大的程度上得益于城镇的人才市场。由此可见，民营经济的发展本身就要求劳务市场与之相匹配。80年代以来我国产业结构的调整更是离不开劳务市场的作用，不仅农业劳动力向非农产业转移是通过劳务市场实现的，而且城市经济内部第二产业劳动力向第三产业转移也在很大程度上借助了劳务市场这只“无形之手”。正是由于劳务市场机制的形成，才使得我国建国以来最大规模的经济结构调整得以平稳过渡，避免了过去无数次因为经济结构大调整造成的劳动力军队式的大调动大转移产生的许多消极后果。

三是促进了经济体制改革特别是劳动体制改革的深化。劳动力供过于求是我国的一个基本国情。因此，任何重要的改革都绕不过这一关。特别长期以来作为就业主渠道并且一直处在隐形失业压力之下的国有企业的改革更是如此。劳务市场机制的形成及其向国有企业的延伸不仅促进了隐形失业向显形失业的转化，也为企业调整内部劳动力结构合理拉开工资差距提供了基本手段。企业可以通过优化劳动组合等手段引入岗位竞争机制在一定程度上达到这一目标。由于市场竞争规则取代了企业行政领导的单一标准，在岗位竞争中的暂时下岗者在心理上更易于认同这个结果。职工对收入差距拉大的承受力也提高了。劳务市场机制的风险效应还促进了劳务市场“安全网”——社会保险制度的建设与发展。劳动、工资、培训、保险诸方面制度的改革在培育劳务市场的前提下统一起来，形成了配套改革的气候。

四是促进了政府劳动管理职能的转变。和市场经济国家的劳动部门相比，中国政府对劳动管理对象、管理手段都有很大的不同。前者是调节和管理市场，规范劳务市场秩序；后者则是管理国营企业的用人与工资，甚至直接管每个在业劳动者的生老病死。这就限制了企业的用人与分配自主权和劳动者的就业选择权。劳务市场机制形成之后，促进了市场服务体系的建设，从而使劳动部门的服务职能得到了强化。一方面，市场机制形成之后，劳动者的就业自主权和企业的用人自主权得到了实施的场所，从而缩小了传统体制下政府管理手段的作用范围。劳务市场的产生及其相伴随的竞争风险产生促进了政府对市场风险保障制度的重视，从而推动了社会保险体系的建设。另一方面，政府对劳动管理的立法以及监督监察制度也相应得到了完善。没有社会主义市场经济的体制目标也就不可能提出政府转换职能的任务。从这一点上我们不难理解劳动部门职能转换同劳务市场建设的内在联系。

中国现阶段的劳务市场尚不是全国统一的大市场，是以多形式多层次的形式表现出来的。从市场的作用范围看，主要有三个层次的市场。第一层次是企业内部的劳务市场，主要存在于大中型国营企业，职工同企业固定结合的关系尚未打破，只能实现岗位、工种之间的竞争和劳动力流动。特别是优化劳动组合形成了企业下岗职工同在岗职工之间类似于失业者与在业者之间的竞争。第二层次是行业和区域市场。这种市场形式的存在是和我国条条与块块并重的劳动管理体制分不开的，特别是包干就业的政策。行业劳务市场表现为劳动力流动与工资决定不受所在区域的控制而在行业内部进行。甚至行业职工的子女也在行业内部就业。个别行业还实行了全行业社会保险。区域劳务市场在现阶段成为我国劳务市场的主要形式，表现为区域范围内职工的相对自主流动，不受户籍制度的限制。在一些大中城市，市场的调节范围基本上是和城区范围重合的，甚至还有相当一部分邻近地区的农村劳动力进入了城市劳务市场。我国的区域劳务市场是以城市为中心的，通过市场的幅射作用把一部分农村劳动力纳入了市场调节范围。我国劳务市场的服务机构基本上集中在城镇。劳务市场的第三层是跨区域劳务市场。表现为一些大中城市和经济发达地区吸收劳动力的范围超越了所属行政区域，形成了跨省市的劳动力大流动。目前具备跨区域劳务市场气候的市场幅射源均集中在沿海一些经济发达的省份与城市。如深圳劳动力中外来劳动力的比重已大大超过本地劳动力。这些地区劳动力的供求状况已经在很大程度上取决于外来劳动力流入的规模和速度。但从全国来看，跨区域的大市场还是极少数、表现为劳动力跨区域流动主要指向少量城市和地区。

从中国劳动力市场的技术结构来看，如果我们按照现行劳动人事管理体制分为机关干部、科技人员、城镇企业劳动力、农村劳动力四类，则可得出这样的结论，科技人员市场和农村转移出来的劳动力市场比较活跃。科技人员市场的兴起主要得益于多种所有制形式的发展对人才的需求以及国家对科技人员放宽流动限制的政策。民营经济获得人才的主要渠道是通过劳务市场，因为国家对科技人才的计划分配是面向国营单位的。农村劳动力中转移出来的劳动力已成为中国劳务市场的部分。值得一提的是，城市改革中政府的目的是培育劳务市场，把劳动力推向市场属于改革中应有之义，而农村劳动力都是自发进入市场中来的。劳务市场机制的形成对城镇劳动者来说是利益格局的调整，存在利益损失；而农村劳动力则是从劳务市场上得到了好处。目前，科技人员与农村转移出来劳动力两大市场资源不但流动率高，而且收入水平也在很大程度上是由市场决定的。相比之下，城镇企业职工受劳务市场的作用程度就较弱，特别是国有企业更是如此。国有企业不仅劳动力流动率低，而且工资决定也不受劳务市场左右。政府机关职工进入市场的步伐无疑是最慢的。

由于我国劳动力管理的区域、行业、所有制色彩太重，造成了劳动管理上的分割，从而使现阶段的劳务市场具有了分割性、不均衡性的特征。

我们可以参照市场经济国家的标准对我国劳务市场发育的状况作出一个粗略的判断。

如果从古典意义上分析劳务市场的发育状况要考虑四个基本指标。(1) 劳动力流动率；(2) 企业自主用人率；(3) 劳动者的就业范围；(4) 工资均衡率。

既然我国传统劳动管理体制中劳务市场机制作用不充分的主要表现是劳动力不能流动，那就可以把劳动力流动率作为评价市场机制是否发挥作用的基本指标。但事实是，1992 年我国在职职工的流动率仅为 2.7%，远低于同年度美国的数字（12%）。而根据问卷调查，全国约 27%的职工要求调动工作。想流而流不动，这正是现阶段劳务市场不发达的一个缩影。

企业自主用人率是反映企业劳务市场主体是否确立的重要标志，它不仅包括企业自主招工的比重也反映企业对不需要的劳动力能辞出去的比重。毫无疑问，市场经济国家的前两个比重应当是百分之百。但我国现在作为用人主渠道的国营单位不仅饱受统包统配之苦，也存在多余人员走不出企业大门的问题。

劳动者的就业范围反映劳动者作为就业主体就业选择权的实现程度，也反映市场调节的复盖面。但我国长期实行的属地包干就业政策和保险福利向社会化发展的滞后，极大地限制了劳动者就业的圈子。许多行业、地区都不同程度地存在排斥外来劳动力的倾向。

工资均衡率的含义是一定技术水平的劳动者在专业对口的前提下，在不同的企业就业后工资水平不能差别太大。在市场经济国家由于存在工会和雇主组织两大集团的抗衡，所以工资的均衡程度较高。工资的均衡率还反映劳务市场的复盖面和调节的灵敏度。但我国现阶段的工资水平在地区、行业、企业之间则是七长八短，规则极不统一。

从上述几个方面看，中国的劳务市场显然处在初级阶段。从劳动力流动看，还存在相当比例的"第二职业"现象，这不能不说是劳动力流动的要求客观存在，但流动又不能实现这种矛盾状况的扭曲反映。

如果我们从现代意义上的劳务市场的角度来衡量中国的劳务市场，则就要从两个方面补充标准，一是市场服务体系的健全程度；二是市场法制秩序的完善程度。

我国劳务市场的发展同西方市场经济国家的不同之处在于，我国从一开始就注重市场的服务体系建设与市场秩序的规范。西方国家从市场形成到开始建立市场服务体系大约经过了近百年的时间。政府对市场的法制管理和宏观调控则是在第二次世界大战之后才出现的。这一点体现了不同的制度背景。我们是从对企业和劳动者流得过多的旧体制起步的，因而主导做法是放开市场；西方国家则是首先形成一个自发的无序的市场，然后才建立了市场的管理体系。但是，市场服务体系的建设和法制化水平的提高，在很大程度上受制于经济发展水平和社会管理能力。从市场服务体系看，职业介绍机构的服务范围较宽，但服务对象却受我国劳动力分割管理体制的制约，从而复制出了我国劳务市场的分割特征。就业培训由于受资金供给和培训质量的制约，培训范围主要集中于城镇国营单位的劳动力。一大批劳动技能缺乏，最需要培训的农村劳动力都被拒之于培训的大门之外。我国劳动力由于质量原因造成的劳动力供过于求和供不应求并存的结构性矛盾，将长期制约我国劳务市场的平衡。失业保险是劳务市场运行的内在调节器，但目前我国的失业保险只局限于国有企业劳动力的范围。而相对来说失业风险大的非国营企业职工则处于有险无保的地位。

从劳务市场的法制化建设来看尚存在着许多的“空白”。不仅规范劳务市场的基本法规——《劳动法》、《就业促进法》等尚在孕育之中，其它方面的法规也还存在着政策代替法律甚至土政策代替法律的问题，也存在着劳动法规分所有制、分行业划限的问题。这就限制了市场规模的延伸。另一方面，劳务市场的监督监察体系建设还处在探索阶段。在一些地方和一些企业也还存在着侵害劳动者权益的问题。

由此可见，现阶段我国的劳务市场不仅机制比较微弱，市场服务体系和市场秩序也存在着根本欠缺。至少我们还不能说劳务市场已经对劳动力资源配置发挥了基础性的作用。

从今后一个时期看，制约我国劳务市场的根本问题，已经不光是制度上和意识形态方面设置的“禁区”，诸如“劳动力商品”“劳动者的主人翁”地位，而是一些实实在在的体制构造与生产力水平的约束。这一点比之我们在80年代前期避讳劳务市场提法的状况是一个历史的进步。下一步培育和发展劳务市场的主要矛盾是：

第一，放开劳务市场同我国劳动力供过于求的矛盾。开放劳务市场固然有促进劳动者就业的一面，但意味着政府不再承担包就业的义务，企业也不背就业的包袱。隐形失业显形化是必然的。由此导致的失业问题将成为我们的一大顾虑。因此，劳务市场的培育应当同营造就业服务手段和拓宽就业门路并举，这是培育我国劳务市场的策略选择之一。

第二，劳务市场培育与我国劳动力分治政策的矛盾。我们长期实行的福利政策和传统制度造就了我国劳动者的不平等身份，诸如城乡劳动力界限，工人和干部的身份界限等。开放市场意味着放开界限，让劳动者平等竞争，有什么本事干什么活拿什么工资是最基本的原则。但这会导致社会劳动者的利益格局大调整，这就要考虑既得利益者的承受力，特别是城乡劳动者两大集团。因此，我们不能采取资本主义早期那种剥夺劳动者生产资料，把劳动者赶入市场的办法。只能逐步消除利益差别。因此，渐进式地培育市场是策略之二。

第三，现阶段的劳务市场处于不均衡的状态，以国有企业和非国有企业之间为界限，存在着计划体制管得过死同市场管理失控的矛盾。我们培育市场的核心是让市场机制在国有企业的用人与工资分配中发挥更大的作用。两种体制并存造成的工资决定方式的差别使国有企业处于技术骨干力量流走而多余人员沉淀的矛盾。因此，完善市场秩序同深化国有企业的劳动工资制度改革并举是我国培育劳务市场的策略之三。

（作者单位：劳动部劳动科学研究所）

宜昌市发挥市场机制作用，办好职业介绍所

党的十一届三中全会以来，宜昌市认真贯彻“三结合”就业方针，改革了“统包统配”的就业制度，实行多种渠道就业，尤其是近几年来，计划安置就业的比重显著缩小，市场对就业调节的作用大大增强。为此，宜昌市从有利于解放生产力出发，更新观念，在劳动就业工作的实践中，抓住社会主义市场经济发展的契机，不断完善劳动就业服务体系，建立职业介绍机构和劳务信息网络，逐步增强服务手段，拓宽服务领域，提高服务质量，发挥了劳务市场调节就业的作用。1987年，宜昌市设置了5个劳务市场常设机构，开展了包括招工、招聘、技术工人交流、富余人员调剂、临时工介绍、毕业生介绍等多种形式与内容的劳务市场，为供需双方提供服务，让择业者和求职者在平等条件下竞争，受到企业和待业人员的欢迎。

为了使职业介绍工作从一开始就步入良性发展的轨道，宜昌市狠抓了职业介绍工作的基础建设，一手抓“硬件”建设、一手抓“软件”开发。在硬件建设方面，一是抓机构的建立和完善，二是配备工作人员，三是改善办公场所条件，四是增添必要的设备。所有这些为职业介绍工作的顺利开展提供了坚实的物质基础。

在软件开发方面，主要是逐步建立和完善以程序规范化、管理科学化、工作制度化为主要内容的建章立制和微机辅助职业介绍的软件开发工作。

在商品经济条件下，劳动力供求双方的双向选择和劳动力的合理流动，都是在劳务信息交流的基础上实现的。掌握劳动力资源和用工信息是保证职业介绍活动有效进行的重要环节。因此，劳务信息是职业介绍的生命线，托起这条生命线的是全市劳务信息员队伍和畅通的信息网络。

全市现有劳务信息员212人，其中专职劳务信息员39人，兼职劳务信息员151人，特邀劳务信息员22人。劳务信息员多数是全市各局和企事业单位的劳资干部，他们长期从事劳动经济管理工作，熟悉劳动法规政策，专业知识丰富。为了提高信息员的业务素质，每半年举办一期信息员业务知识培训班，还通过组织交流经验，取长补短，达到相互促进的目的。

为了加强供求信息的收集与传递，市里建立了两级信息处理中心和3个信息网络。两级信息处理中心即：职业介绍所为一级信息处理中心，就业管理处为二级信息处理中心。三个网络：一是以市劳动就业管理处为中心、各职业介绍为基点的纵向信息网络，具体承担劳务供求信息的收集、处理、传递和发布工作；二是沟通城区与市属7县2市以及全国12个省市间的横向信息网络，有计划、有组织地开展地区间劳务交流和劳务输出，进行劳动力余缺调剂，合理开发和利用劳动力资源；三是与市委、市政府各职能部门建立的联系网络，及时向他们通报我市劳动力供求情况及各类可供劳务输出的劳动资源信息，并通过他们了解市内国家重点项目建设单位对劳动力的需求及省内外劳务信息。

宜昌市职业介绍的另一项重要工作是开展就业指导，通过开展就业意识调查，了解就业倾向，针对问题，宣传就业形势和“三结合”就业方针，进行就业咨询，举办就业指导班，帮助待业人员树立正确的择业观。几年来先后介绍700多人到乡镇企业工作，300余人到私营企业就业。

从1990年开始在应届初、高中毕业班开设就业指导课，让这些未来的劳动者接受就业基本常识的教育。

通过组织待业人员到招工难的单位观摩学习，请在岗老工人讲传统，让广大待业人员了解企业生产情况，消除职业选择上的片面性，树立为经济发展作贡献的思想，最大限度地解决“两难”问题。

宜昌市还不断拓宽职业介绍服务领域，增强服务功能：

1. 主动为国营大中型企业服务，广泛开展技术工人交流活动。各职业介绍所主动为企业提供信息、牵线搭桥、采取余缺调剂、有偿安置、借用、招聘、借调、兼职、智力支援等形式，并协助办理有关手续。同时积极向企业推荐介绍学有专长的计划外大中专毕业生。去年共向企业推荐介绍计划外大中专毕业生160余人。

2. 为供需双方提供优质服务。近几年，宜昌注意改进服务方式、方法，提高服务质量。一是坚持常年性服务与集中服务相结合，根据用工单位要求，常年性的组织劳动力供求双方见面洽谈或定期开办集中性劳务市场，组织供需双方双向选择；二是变被动服务为主动服务，改变过去坐办公室按部就班等人上门的办法，各职业介绍所的工作人员坚持多下企业、服务上门，既减轻了企业劳资干部的负担，又为企业解决了不少实际困难。三是对每一位求职人员都热情接待，做到认真登记、仔细访谈，有时为了帮助特困的求职者谋职，需要连续跑好几个单位，甚至十几个单位，也有时企业急需成批的季节性用工，市职业介绍所的工作人员走街串户，通知待业人员应聘。由于处处为用工单位和求职者着想，热情服务，受到企业和求职者的普遍称赞。

3. 全力做好职业介绍的社会宣传工作。宜昌市在实践中体会到，职业介绍需要社会的支持和理解并形成共识，这样才能不断推进职业介绍工作的发展。为此，他们利用人们普遍关心劳动就业的心理，加强对职业介绍工作的宣传，在市电台开办“劳动就业之窗”栏目，利用新闻媒介开展宣传月活动，自办《劳动就业》专刊，对职业介绍的意义、目的、宗旨、服务内容、服务对象等进行广泛地宣传，各职业介绍所还充分利用黑板报、墙报、新闻图片等形式紧密配合，收到了良好的社会效果。据市电台作过一次问卷调查表明“劳动就业之窗”节目的收听率达75%，就连居委会的老婆婆也反映这个节目办的好。多种形式的宣传提高了职业介绍所的知名度，为职业介绍工作的开展创造了良好的外部环境。

（劳动部劳就司 李燕妮）

长春市劳务市场简介

长春劳务市场在劳动力资源管理、劳务信息传递、办理用工手续以及劳务市场管理等方面，实行了“一条龙”综合服务，探索解决“就业难”和“招工难”的新路子，为企业和劳动者“双向选择”牵线搭桥，对推动劳动制度深化改革，搞活国营大中型企业做出重要贡献。据目前统计，劳务市场已为数以千计的企业，推荐介绍47.4万多合格的劳动者，这些人大多数已成为各条生产战线的主力军。

一、功能齐备，服务周全

长春劳务市场是1984年建立的，有800平方米全国第一流的劳务交流大厅，宽敞明亮、装修典雅、环境舒适，是劳务交流的理想场所。

开放性是劳务市场特点之一。市场除为本市、本地区用工单位和求职、交流人员服务外，也为外地的服务对象提供服务，打破了区域界限。

综合性是劳务市场特点之二。市场开设的服务项目多，大厅内共设10个服务窗口。既有传递职业供求信息、沟通就业培训渠道、调剂劳动力余缺；又有开展工人技术交流、技术咨询、组织招工招聘；还有组织劳务输出输入，开办各种家庭用工等服务内容。劳务市场成立以来的8年间，共安置城镇待业青年11万多人，交流调剂技工2.3万多人，招聘离退休人员2.6万多人；介绍个体和家庭用工2.8万多人；疏导农村劳动力进城务工28.7万多人；组织城镇待业青年就业前培训5.8万多人。

选择性是劳务市场特点之三。市场改变了单纯行政手段调配劳动力的方式，实行用工单位和劳动者之间的“双向选择”。劳务交流活动完全体现了“国家宏观调控、企业自主用工、社会提供服务、公民自主择业”的新格局。

竞争性是劳务市场特点之四。市场在组织劳务交流活动中，面向社会、条件公开、机会均等、平等竞争、互相选择、择优录用。进入劳务市场的招工单位，须提出招工简章，招工范围、条件和招工名额。考核成绩、录取人员名单向社会公开，全部招工过程置于群众监督之下。

经常性是劳务市场特点之五。市场一年四季不间断地开放，每时每日都在为用工单位和广大求职者传递信息、牵线搭桥、推荐介绍，进行综合服务。

二、“群龙服务”，各成体系

长春劳动部门的领导，谈到劳务市场的基本经验时，概括是“全方位，一体化”，“一条龙”服务。其实更具体地说，应该是“群龙服务”自成体系。劳务市场劳动力资源实行“一条龙”管理；信息实行“一条龙”传递；招工、技术工人交流实行“一条龙”服务；各级劳务市场实行“一条龙”联网，业务上保持联系，工作上相互支持。据统计从1979年到1991年，经劳务市场介绍就业的人，输入三条渠道，有65%安置到集体企业；5%安置到个体和私营企业；30%安置到全民企业和合资企业。

1.劳动力资源实行“一条龙”管理。主要是实行“待业人员登记管理”，由街镇劳动服务站（职业介绍所）负责待业人员的登记，建立待业人员档案和劳动卡片。招工均以待业人员登记为凭，坚持月结算、季清理、年复查的制度。待业人员登记的数据逐级上报汇总，被输入市劳务市场微机，进入待业人员资源数据库，就业之后再输入就业去向库。县（市）、区劳务市场也实行微机管理，建立起劳力资源数据库，按统一时间，各县（市）、区劳务市场将软件交换，到市劳务市场汇总，初步形成了劳力资源人工联网管理形式。

2.长春劳务市场的信息传递，实现了“一条龙”服务。市场设立了综合信息服务部，设有招工信息板。同时又在各系统、各单位的劳资部门、有关经济部门、职业培训部门聘用了信息员。长春市已初步形成纵横交错、四通八达的信息网络。纵向的劳务信息交换是市劳务市场对各县（市）、区劳务市场；横向劳务信息交换是向外地区职业介绍所，提供缺少劳务的行业、用工时间、工资待遇及工种技术、需要人员数量等信息，有组织有计划地进行劳务输入。

3.信息传递“一条龙”服务，促进了联合办公“一条龙”服务体系的实现。办理招工手续，涉及到劳动局各处室的业务。为了方便招工、择业，把这些部门的有关业务，集中到劳务市场实行联合办公。企业招工、劳动者择业，从头到尾不出大厅，一次连续办完一切手续。不仅提高了工作效率，而且也为企业和求职者提供方面。

三、探索新路，解决“两难”

长春市的就业形势总趋势是劳动力供大于求，存在着“就业难”的问题，这不是短期内能够解决的。但是，就许多人的择业意识而言，由于受传统就业观念的影响，重全民轻集体和不愿到私营企业就业的现象，比较严重。有些青年非全民企业不进，有些家长宁可养子女一辈子也不让进集体或私营企业。所以条件较差的全民企业以及一些集体和私营企业存在“招工难”问题。

为解决招工和就业“两难”问题，长春劳务市场正探索新路子，试图解决这个问题，已经初见成效。

办法之一是进行就业形势和“择业意识”教育。动员社会力量，开辟多渠道就业，收到了一定效果。1991年长春市共安置2.5万人就业，其中进入劳服企业的有9 986人，占就业总人数的40%，进入全民企业的7 000人，占28%；进入集体企业和私营企业的约有8 000多人，占32%。今年一季度共招工5 061人，进入集体及个体就业的，比去年同期有增无减。

劳务市场还积极鼓励一些招工难单位，努力改善企业内部环境，转换经营机制，增加经济效益，从而提高知名度，增加吸引力和凝聚力。

办法之二是宣传政策，鼓励组织起来就业和自谋职业。市劳动局和税务局联合下发文件规定：“劳动就业服务企业办理从业手续的人员，在本单位被录用为集体所有制工人时，工令连续计算。被录入全民所有制和其它集体所有制企业的从业人员，其工令也连续计算。”市政府转发市劳动局的文件规定：“对城镇待业青年自谋职业独立经营的饮食、服务、服装、零活加工、小副食、小百货等摊床和经市劳动局确定的就业难点单位，为安置本单位职工子女就业办的集体企业，免征所得税，营业税已到期纳税仍有困难的可按税收管理体制，免征所得税和营业税。”由于政策的放宽，宣传的深入广泛，一大批待业青年走上了劳服企业、集体企业或自谋职业的就业道路。

办法之三是组织“两难”挂钩，为招工难单位和就业难点牵线联姻，解决“两难”问题。一次长春市一个较大的全民企业，计划招用500名工人，由于企业劳动条件比较艰苦，劳务市场发布招工信息后，市区待业人员报名很少，用工单位又急需劳力，招不进人来，将给企业造成经济损失。市劳务市场根据九台市交换的劳动力资源信息，营城镇矿工子女待业的多，特别是女青年待业的多。经互相协调，招工单位同意，由市政府批准，这个“招工难”企业同九台营城镇挂钩，通过择优录用，很快招满了名额，既解决了“招工难”又缓解了营城镇的就业压力。

办法之四是“易地招工”。建工、建材、煤矿、搬运装卸等行业存在招工难问题。解决这些单位用工问题，主要是靠招用农村富余劳动力。市劳动局制订了调控使用农村劳动力的“八五”计划和十年规划，确定“八五”期间，每年城镇需要农村劳力7.5万人左右。主要保建工、建材、煤矿、搬运装卸用工，其它行业不得使农民工。对进城务工的农村劳动力由劳动部门发放“务工许可证”，凭证办理暂时居住户口，持证上岗，凭用工批准单支付工资。市劳动局每年下发一次农村外埠劳力用工计划，各主管局按控制数字使用农村劳动力，并实行劳务监察制度。既控制了农村劳力盲目进城，又满足了招工难单位的用工需要。

个体和家庭用工也存在“招工难”问题，长时期供不应求。为挖掘保姆的劳力资源，劳务市场一方面向本地区各乡镇发函，联系农村富余劳力进城当保姆，同时派人到输出保姆集中的地区，挖掘保姆资源。于是出现了亲联亲友联友，到劳务市场洽谈当保姆的可喜景象。近五年劳务市场介绍保姆和个体用工，每年都在3 000人左右。

目前，长春劳务市场正在进一步总结经验教训，加强自身建设，不断完善“一条龙”服务功能，为劳动制度综合配套改革和搞活经济提供更好地服务，做出新的贡献。

（劳动部劳就司　李燕妮）

培育和发展我国的人才市场

唐志敏

一、我国人才市场发育的现状和培育发展我国人才市场的必要性、迫切性

党的十一届三中全会以来，顺应改革开放的大潮，我国的人才流动工作开始起步，经过这10多年的探索，取得了一定的成绩。以人才自主择业、人才与单位“双向选择”为特征的人才流动已经突破了传统的“统包统配”体制。这种突破首先出现在再次就业市场上。据统计，从1983年至1991年共有50多万人次在人才流动中选择了新的单位。在初次就业市场中，尽管计划分配仍占主导地位，但大中专毕业生和用人单位双向选择的成分已越来越大。

几年来，专门从事人才流动管理和社会化服务的一大批人才流动机构得到了迅速发展，在人才市场的发育中发挥了重要作用。目前全国政府人事部门所属的人才流动机构共1 585个，在省、地（市）和部分县（区）形成了网络。此外，行业和民办人才流动机构也在逐步发展。人才流动机构开展了多方面的人才流动社会化服务工作，许多地方设立了人才交流的固定场所，并举办了集市型人才市场。1990年至1991年共受理人才流动争议案件2 429起，调解1 733起，仲裁280起。人才流动争议仲裁保障了人才与单位双向选择的权利，维护了双方权益。在社会保障方面，已建立了企业职工的行业养老保险制度，一些地区建立了事业单位和流动人员的待业养老保险。实践说明，人才流动工作的开展为人才市场的培育和发展奠定了基础，经过十几年的发展，我国的人才市场得到孕育并略具雏形。

但是，从总体上看，人才流动难是当前的主要倾向，人才市场调节的范围还比较小，社会化程度比较低，社会保障制度还没有建立，人才市场的发育处于初级阶段。

传统“统包统配”的人才资源配置体制是与计划经济体制相适应的，这种体制主要有两个内容：一是初次择业由国家计划统一分配，二是再次择业由国家计划统一调配。计划体制下生产资料由国家计划调拨，资金由国家财政统一筹集，相应地，劳动力和人才也要由国家统一配置。这种体制在历史上起过重要作用。但是“统包统配”体制由于脱离供求规律，必然造成人才资源的闲置和浪费。我国长期存在的人才一方面积压浪费，一方面又缺乏的结构性矛盾就是这种体制长期作用的瘀结。

市场经济目标的提出，为合理配置人才资源创造了良好的条件，同时，也要求我们尽快建立人才市场以适应形势发展的需要。

第一，培育和发展人才市场，是社会主义市场经济发展的内在的和客观的要求。社会主义统一、开放、完整的大市场包括物资分配市场、资金分配市场和劳动力市场等。这三个市场共同反映着整个社会再生产与流通过程中生产要素的相互联系和相互制约。人才市场是劳动力市场的重要组成部分，是高层次的劳动力市场。当前在建立社会主义市场体系中，物资市场、资金市场都取得了较大发展，如果劳动力和人才市场的培育和发展跟不上，就会使社会生产力的人财物三要素在不同的机制下运行，这就很难实现人才与生产资料的优化组合，也就不可能建立社会主义市场经济体制。

第二，人才市场是发展多种经济成分的要求。无论是进一步发展乡镇企业、民办科技实体及私营企业，还是引进外资发展三资企业，都需要通过人才市场选择人才，而且这些所有制成分的单位的内部用人机制也要求与外部的人才市场相连接。

第三，人才市场是国有企业转换经营机制的要求。把企业推向市场，企业真正成为自主经营、自负盈亏、自我发展、自我约束的法人实体和市场竞争的主体，必须拥有用人自主权，能根据生产结构的变化，自主地吞吐调节人才，使 人才有进有出动态组合。这只有通过人才市场才能实现。

第四，培育和发展人才市场，是人事制度改革的重

要内容。人事制度是上层建筑的组成部分，它必须随经济体制的变化而变化。由传统“统包统配”的人才资源配置机制向人才市场机制的转变，必然给人才管理体制的各个环节带来根本变革，这是市场经济给人事工作提出的新课题。当前进行行政管理体制和机构改革，将有大批的人需要分流。推行国家公务员制度也要使人才能进能出能上能下，所有这些都要求建立人才市场作为环境条件。

第五，培育和发展人才市场是充分开发利用我国人才资源，发挥知识分子作用，解决生产力的重要措施。人才资源是我国的第一资源，充分开发利用人才资源，是关系到我国在90年代乃至下世纪初的国际竞争中能否立于不败之地的战略问题。建立人才市场，是解决我国目前人才资源面临的低度利用、浪费严重，后继乏人等问题的重要途径，是一项长期的有战略意义的选择。

二、培育和发展人才市场的总体设想

培育和发展人才市场的指导思想是：在国家宏观调控下，加速人才市场政策法规体系、社会化服务体系和社会保障体系的建设，建立起与社会主义市场经济相适应的人才市场体系，以充分开发利用我国的人才资源，使人尽其才、才尽其用，为经济建设和各项事业的发展服务。

培育和发展人才市场的总体目标是：人才自主择业，单位自主用人，市场调节供求，健全社会保障，完善社会服务，在国家宏观调控下，使市场调节在人才资源配置方面起基础性作用。

其主要环节是：

(一)在人才管理上要转变观念，自觉地适应建立社会主义市场经济体制的要求，破除几十年来形成的各种旧的模式和观念的束缚，充分认识市场机制在合理配置人才资源中的作用。应树立人才价值观念、人才流动观念和人才市场观念，承认并尊重单位用人自主权和人才择业自主权。各级人事部门应转变职能，简政放权，放宽放活企事业单位的人事管理，变直接管理为间接管理。

(二)确立人才与单位在人才市场中的主体地位。赋予人才自主择业权和单位自主用人权，保证人才与单位在公开、平等、竞争的条件下进行双向选择，彻底打破人才的单位所有、部门所有，改变国家对单位用人的直接干预，使人才与单位成为市场活动的主体。

深化人事制度改革，发展和完善各种形式的聘用合同制，以合同契约明确双方的权利、义务，使单位和人才在平等、自愿基础上建立劳动关系。建立辞职、辞退制度，保证个人的辞职权利和单位辞退人员的权利。

进一步放活人才流动，逐步打破户籍、住房、干部身份等对人才流动的限制，消除人才在不同地区之间和不同所有制单位之间流动的障碍。逐步在全国推行工作寄住制度，允许专业技术人员和管理人员不迁户口到外地工作。

积极改革高等学校应届毕业生由国家包分配的办法，推广毕业生自主择业的制度。应帮助国家不包分配的毕业生在人才市场中实现就业。对仍需国家分配的毕业生，也可通过人才市场与用人单位进行双向选择。

(三)制定人才流动争议仲裁规定，建立人才流动争议仲裁体系。政府人事部门应在各级政府领导和支持下，组建具有权威性的人才流动争议仲裁机构。应完善工作制度，做好案件受理、调解仲裁、监督执行等工作，妥善解决人才流动争议问题，切实维护人才与单位的权利和利益。

(四)建立市场调节机制。充分发挥价值规律作用，逐步形成反映人才供求与人才培养成本的市场工资，利用市场工资和人才供求变化的相互作用调节人才供求关系，达到人才资源的合理配置。

(五)加强国家的宏观调控职能。国家通过政策法规手段、经济手段和一定的行政手段，规范市场行为，减少市场的局限性和盲目性，引导人才流向，控制人才的流量和流速，实现人才供求总量的动态平衡。

各级政府人事部门应加强对人才市场的指导和管理，建立良好的人才市场运行秩序和监督系统。加快人才市场立法工作，完善市场法规，规范市场行为，保证人才市场沿着健康的方向发展。

(六)健全社会保障制度。改革现行的单位办保险的制度，建立健全待业、养老、伤残、医疗等社会保障制度。完善国有企业待业、养老保险制度，尽快建立和推广机关、事业单位待业、养老保险制度，为人才市场的形成创造良好的社会条件。

各级政府人事部门应认真做好机关事业单位待业、养老保险基金的筹集、发放和管理工作，切实解决待业、退休人员的生活保障问题和待业人员的再就业问题。

(七)完善社会化服务体系。充分发挥政府人事部门所属的人才流动机构在人才市场中的组织和服务功能，并以此为核心建立起多层次、多功能覆盖全社会的人才流动机构体系。人才流动机构应具备人才信息、交流、开发、评价等方面职能，为人才与单位提供全方位服务。

各级政府人事部门所属的人才流动机构应加强自身建设，完善服务功能，提高服务质量。允许有条件的单位、部门和民间建立多种形式的人才流动机构。各级政府应对人才市场场所的选址、资金筹集上予以支持。有条件的人才流动机构应配备现代化的信息设备，建立人才信息库，实现人才信息的联网。鼓励人才流动机构围绕人才开发创办各类实体，工商、税务等部门应给予人才流动机构所属实体一定的优惠政策，以扶持它们的发展。

培育和发展人才市场的实施步骤是：大体用两年左右时间，在大中城市建立固定的人才市场场所，制定有关人才市场的配套法规；“九五”期间在全国范围内初步形成较为完善的人才市场体系。

（作者单位：人事部流动调配司）

北京市人才交流服务中心

北京市人才交流服务中心隶属于北京市人事局，创办于1984年6月21日，是适应改革开放需要成立的为人才流动实行社会化服务的机构。目前有工作人员79人，下设的主要业务部门有：北京人才市场，北京市人才流动中转库，社会保障部，国际人才交流部，培训部，人才流动争议仲裁办公室。北京市人才交流服务中心也是北京中外合资企业中方高级管理人员联谊会、北京离退休人才开发中心和北京会计师事务所第十一分所的主管部门。

北京市人才交流服务中心的主要服务对象是专业技术人员和管理人员。服务的项目主要有：为人才求职、兼职服务；为单位招聘人才服务；管理流动人员人事档案，办理流动人员因私出国政审工作；负责事业单位待业保险金的筹集、管理、发放和待业人员的管理工作；受理人才流动争议案件，进行协调和仲裁工作；办理事业单位辞职、辞退人员的有关手续；承接人才培训工作；技术劳务输出工作；技术协作和开发的服务工作；协调、指导各区、县人才服务中心的工作。

北京市人才交流服务中心成立后，至1992年底，日常接待各类人才达15万人次，举办各种规模的人才交流洽谈会116次，总计为28万人次提供了双向选择求职就业的机会；受理流动争议仲裁案件480起，实施仲裁210起，维护了用人单位和流动人员的合法权益；举办80余期不同类型的培训班，培训人才3万余名，其中中外合资企业中方高级管理人员1 600余名；组织外语人员和各类科技人员兼职服务4 600人次；管理流动人员人事档案1.1万份。中心所属的北京离退休人才开发中心积极开发老年人才资源为社会服务，先后为5 000余名离退休人员介绍了新的应聘单位，为社会培训各类人才1.5万名。中心所属的会计师事务所开展会计公证业务，几年来验资查帐2 000余户，在我市的经济活动中发挥了积极的作用。

党的十四大确定了建立了社会主义市场经济体制的改革目标，人才市场作为一个要素市场加快了发展的步伐。1992年11月18日，经市人事局批准，北京市人才交流服务中心组建成立了“北京人才市场”，该市场以职业介绍为主要功能，成为北京市常年开放的人才交流的固定场所。人才市场设在北京市劳动人民文化宫科技馆内，平日为招聘人才的单位和求职个人提供信息服务，推荐和介绍人才，每周三定期举办人才交流洽谈会。人才市场下设人才介绍所、高级人才介绍所、业余兼职介绍所、人才招聘活动服务中心和技术开发服务部，其工作目标是提高社会化服务能力，使为人才供需双方的服务实现活动经常化、服务专业化和手段现代化。

为了创造与各单位内部人事制度改革相适应的外部环境，在事业单位建立起职工能进能出的机制，开辟富余人员走向社会待业的渠道，北京市1992年开始在市属科研院所进行待业保险试点工作，经市政府批准1993年进一步扩大试点，并力争用2—3时间在全市建立起事业单位统一的待业保险制度。北京市人才交流服务中心具体承办待业保险的有关工作，以保障待业人员在待业期间的基本生活，并努力促进这部分人员的再就业。至1992年底，第一批输送到市人才中心待业的已有11人，试点工作正在顺利进行。

为适应社会主义市场经济体制的建立和各项改革的需要，北京市人才交流服务中心将扩建为北京市人才服务中心，进一步发展人才的交流、开发功能，增加人才评价功能、贮备功能，完善人才社会保障功能。人才服务中心将组建北京人才素质测评考试中心，发展测评考试技术，为单位择人、个人择业服务；组建北京人才信息中心，建立专门人才信息库，开展人才预测和人才市场需求调查工作；组建北京社会培训中心，扩大培训业务，发展为求职人员转换工作岗位培训工作，帮助求职人员根据市场需求增强职业竞争能力和再就业能力；成立北京京才实业开发总公司，发挥首都人才资源优势，举办生产自救科技开发实体，在开发人才潜能的同时，为待业人员提供更多的短期就业机会。

市场是统一的、开放的。北京市人才服务中心要在首都人才市场社会化服务体系的建设中发挥主导作用，调动多方面积极因素，为建立、发展多层次、多功能、专业分工和属地服务相结合的统一的人才市场而努力。

单位名称：北京市人才交流服务中心
法人代表：韩光耀　主任
通信地址：北京市劳动人民文化宫内
邮　　编：100006
电　　话：5123373

我国的劳动争议处理制度

刘 旭

新中国成立初期，我国就建立了劳动争议处理制度。40多年来，这一制度经历了建国初期创立、50年代中期中断、改革开放后恢复三个阶段。在我国朝着社会主义市场经济体制方向发展的今天，劳动争议处理制度作为依法维护劳动关系双方，即用人者和劳动者合法权益的重要手段，发挥着不可替代的作用。

一、新中国劳动争议处理制度的历史沿革

调解、仲裁、审判是解决劳动争议相互联系，互为补充的三个环节，组成了我国的劳动争议处理制度。劳动仲裁在这一制度中处于中心地位，劳动仲裁制度的兴衰决定着劳动争议处理制度的存亡。

（一）建国初期劳动争议处理制度的建立

建国初期的劳动争议处理工作是指1949年至1955年这一阶段对私营企业劳资争议的处理工作。当时我国私营企业在经济中占有较大的比重，私营企业劳动关系的稳定对整个国民经济的恢复都有重要意义。在工业企业中，1949年共有职工305.9万人，其中私营企业有职工164.4万人，占53.7%；1950年私营企业有职工181.6万人，占53%。由于当时劳资纠纷比较普遍，调整劳资关系、处理劳资争议成为劳动行政部门的一项重要工作。根据政务院1950年10月《中央人民政府劳动部试行组织条例》规定，劳动部设劳动争议处理司；根据劳动部1950年5月发布的《省、市劳动局暂行组织通则》规定，省、市劳动局设劳动争议调处科，负责调处公私合营企业中的劳动争议。同时还规定，由劳动局聘请总工会、工商行政部门、工商联的代表组成仲裁委员会，对于调解无效的劳动争议进行仲裁。1950年10月劳动部发布了《关于劳动争议解决程序的规定》，规定了劳动争议处理的范围和工作程序。范围包括，一切国营、公营、私营、公私合营及合作社经营的企业中，因雇用、解雇、工资、工时、生活待遇、奖罚、劳动保险、劳动保护以及因执行劳动纪律、工作规则、劳动合同等而发生的劳动争议。

据不完全统计，从1950年到1955年全国城市共处理了20万劳动争议案件，各级劳动行政部门和劳动仲裁委员会在调整劳动关系、处理劳动争议方面做了大量工作，收到了显著效果。

（二）劳动争议处理制度的中断

随着资本主义工商业的社会主义改造进入高潮，实行了全行业的公私合营。这一时期发生的劳动争议主要由企业的行政和基层工会通过协商解决；解决不了的，由企业主管部门处理。通过劳动行政部门处理的劳动争议有下降的趋势。例如1953年共受理争议45 588件，1954年受理28 117件，1955年只受理17 514件。当时在理论上也有一种倾向，认为资本主义工商业的社会主义改造完成以后，劳动争议只会越来越少。在这种指导思想下，从1955年7月劳动部发出了撤销劳动争议仲裁委员会的通知，于是各地陆续撤销了劳动争议仲裁委员会。1956年1月劳动部撤销了劳动争议处理司。《关于劳动争议解决程序的规定》自行停止实行。人民法院也不再受理劳动争议案件。建国初期建立起来的劳动争议处理制度中断了。提交到劳动行政部门的劳动争议案件，转由信访部门处理。

在此后30年中，各级劳动部门通过人民群众来信来访处理了很多属于劳动争议方面的纠纷，其中不乏老大难问题。信访部门在国家法制建设极不健全的情况下，发挥了自身的作用。然而，80年代我国改革开放以来，随着民主和法制建设的发展，特别是劳动制度逐步走上法制化轨道，只是通过信访渠道解决劳动争议已经不能适应劳动制度改革的需要，不能保证及时、有效处理劳动争议。

（三）劳动争议处理制度的恢复

劳动制度改革是整个经济体制改革的重要组成部分，而劳动争议处理制度则是劳动制度改革的重要保证。1986年4月，中共中央、国务院在《关于认真执行改革劳动制度几个规定的通知》中要求各地区要十

分重视做好劳动争议问题的处理工作。同年7月，国务院在《关于发布改革劳动制度四个暂行规定的通知》中进一步提出，要加强劳动人事部门的组织建设，相应地建立劳动争议仲裁机构。1987年7月，国务院正式发布了《国营企业劳动争议处理暂行规定》（以下简称《暂行规定》），劳动争议处理制度得以恢复。

应当指出，劳动争议处理制度的恢复，是指依照国家的法律、法规建立劳动争议处理机构、依法定程序处理劳动争议这一制度的恢复。新的劳动争议处理制度不是建国初期劳动争议处理制度的简单重复或照搬。两者最主要的区别在于，其一，背景不同。前者是处于建国初期，当时私营企业占有较大比重，而后者是在建国30年之后，国有企业占有绝对统治地位；其二，法规依据不同。前者依据的是中央劳动部1950年发布的《关于劳动争议解决程序的规定》等文件，而后者则依据《暂行规定》。另外，劳动仲裁委员会的组成、受案范围、处理程序均有区别。

二、新时期的劳动争议处理工作

新时期的劳动争议处理工作是以1987年《暂行规定》为标志的。到目前大体经历了准备、起步、提高3个阶段。

（一）恢复的背景及工作进展

进入80年代以后，随着经济体制和劳动制度改革的深入发展，企业劳动工资制度开始搞活，过去几十年形成的国营企业一统天下局面被打破。在劳动工资制度方面，能进不能出、能上不能下、一次分配定终身的僵化作法开始改变。1986年国务院发布实行的关于改革劳动制度的四个《暂行规定》，是建国以来我国劳动制度的一次重大改革。特别是在新招工人中普遍推行的劳动合同制，改变了过去那种用行政手段确定劳动关系的作法。企业与工人平等协商，相互选择，通过依法签订劳动合同明确双方的责、权、利，确定双方的劳动关系，使劳动制度开始走上了法制化的轨道。为了保证劳动制度改革健康发展，国务院于1986年决定恢复重建劳动争议处理制度。

从1986年至1987年《暂行规定》出台为准备阶段。这一阶段的主要任务是筹建机构，配备人员，颁布法规，制定实施细则，许多地区开始处理劳动争议。1988年至1990年为起步阶段，主要任务是处理争议，宣传法规，培训干部。1991年至今为提高阶段，适应新形势，筹备修改法规，推广仲裁员、仲裁庭试点。

（二）劳动争议处理基本制度

1. 处理劳动争议的3个环节。根据《暂行规定》，处理劳动争议分为企业内部调解委员会调解、劳动仲裁委员会仲裁、人民法院审判3个环节。企业调解实行自愿原则，仲裁实行强制性原则，对裁决不服，当事人可向人民法院起诉。法院实行两审终局。

2. 调解委员会和仲裁委员会组成。根据《暂行规定》，企业调解委员会由职工代表、企业行政代表和企业工会委员会代表组成。调解委员会办事机构设在企业工会委员会。

仲裁委员会由劳动行政机关的代表、同级总工会的代表及与争议事项有关的企业主管部门的代表或者企业主管部门委托的有关部门的代表组成。仲裁委员会受理劳动争议案件，实行一次裁决制度。

3. 仲裁受理范围。按照《暂行规定》，仲裁受理的争议包括，国营企业因开除、除名、辞退违纪职工发生的争议和因履行劳动合同发生的争议。各地根据《暂行规定》制定的实施细则，根据不同情况扩大了受理范围。而对外商投资企业、私营企业、乡镇企业的劳动争议，按照国家有关规定，也可参照《暂行规定》执行。

（三）劳动争议处理机构的建设

到1992年底，企业已成立调解委员会22.5万个，使国营企业70%左右的劳动争议在企业内部得到了解决。企业调解发挥了解决争议第一道防线的积极作用。

各地已建立劳动仲裁机构2 800多个，配备专兼职工作人员5 000多名。在人员相对不足的情况下，克服困难，处理了大批争议案件。

（四）劳动仲裁处理争议的作用

劳动仲裁部门作为处理劳动争议的专门机构，自重新建立以来，一手抓配备人员、健全组织，一手抓办案，为保证稳步推进劳动制度改革发挥了重要作用。

1. 及时处理了大量争议，为稳定大局做出了贡献。从1986年到1992年，各级劳动仲裁委员会共受理争议5万余件，处理48 000多件，结案率为96%。在处理的案件中，调解解决和其他方式解决的占89%，裁决的只占11%，体现了裁决办案注重调解、形式灵活、及时有效的特点。

2. 依法公正办案，维护了劳动关系双方的合法权益。仲裁办案遵循以事实为依据，以法律法规为准绳及当事人在法律面前一律平等的原则，不得偏袒一方而损害另一方。从1992年处理的争议看，企业胜诉的占30%，职工胜诉的占26%，双方各有部分胜诉的占44%。企业与职工胜诉比例基本相同。

3. 仲裁办案质量较高，减轻了人民法院的负担。按照程序，仲裁裁决后，当事人有对裁决不服的，可向当地人民法院起诉。据统计，仲裁工作恢复以来到1992年，起诉的共有1 127件，占仲裁处理案件总数的2.3%。据典型调查，法院审理的劳动争议，大多数审判结果与仲裁裁决是相同的。这说明，劳动仲裁委员会是有能力依法办案的，办案质量是经得起考验的，多数当事人对裁决结果是服从的。仲裁办案保持较高的质量，也为人民法院减轻了工作负担。

三、劳动争议处理制度的发展方向

劳动争议处理制度是一种协调劳动关系、解决劳动纠纷的劳动法律制度。其自身的发展与完善要适应劳动关系及劳动争议的新变化、新特点。

（一）劳动关系新特点

1. 劳动关系形式多样化。改革开放以来，改变了单一的国营企业、集体企业的格局。目前，我国成型的经济类型有八大类，即：国有经济、集体经济、私营经济、个体经济、联营经济、股份制经济、外商投资经济和港澳台投资经济。随着多种经济形式、多种经营方式并存局面的形成，劳动关系的类型也趋复杂。另外，在同一企业内部，也有可能存在着多种形式的劳动关系。

2. 劳动关系主体明确了。计划经济时期那种企业是国家的附属物。职工是国家职工、企业没有选择职工的权力、职工没有选择企业的权力的状况改变了。劳动关系双方即用人者和劳动者作为劳动关系主体处于平等地位。

3. 劳动关系的建立法制化了。过去我国实行固定工制度，劳动关系是用行政手段确定的，一次分配定终身。新型劳动制度则是推行劳动合同制，用人者和个人在平等自愿协商的基础上通过依法签订劳动合同的形式确定劳动关系。劳动关系的建立、维系和调整都以法律为依据。

4. 劳动关系呈动态平衡状态。劳动制度改革，一方面使劳动关系双方的合法权益有法律保障，减少随意性，一方面创造出劳动力合理流动的环境。流动是为了使劳动者在更适合自身条件的岗位上达到新的稳定。

（二）劳动争议的新变化

随着劳动关系的变化，劳动争议也出现了一些新特点。

1. 集体争议增多。从劳动仲裁委员会几年来立案处理的劳动争议看，集体争议呈上升趋势。1992 年处理集体争议 538 件，是 1987 年 85 件的 6.3 倍。

2. 非国有企业劳动争议增多。外商投资企业、私营企业的劳动争议逐年上升。这类企业的争议在仲裁委员会立案数 1990 年是 1987 年的 13.2 倍。

3. 因履行劳动合同的争议比例高。1992 年国有企业劳动合同制工人只占职工总数的 18%左右，固定职工占 72%，而这一年劳动仲裁委员会受理的劳动合同制职工争议案 3 904 件，固定职工争议案 3 100 件。

4. 因劳动报酬、保险福利的争议增多。从全国看，1992 年与 1987 年相比，因劳动报酬方面的争议上升了 3.1 倍；因保险待遇方面的争议上升了 3 倍。

（三）发展与完善劳动争议处理制度

我国经济体制改革的目标，是建立社会主义市场经济体制。为适应新的形势要求，劳动争议处理制度有待于发展和完善。

1. 建立劳动争议处理法规体系。《暂行规定》颁布以来，对规范劳动争议处理工作起了重作用。但是，随着形势的发展，《暂行规定》一些内容已不适应需要。例如，规定劳动仲裁受理范围只包括国营企业中两类劳动争议，在实际工作中，各地的受理范围基本都突破了这一界限。因此，需要在总结经验的基础上制定出新的法规。与此同时，制定出与之配套的劳动仲裁委员会办案规则和组织规则及企业劳动争议调解委员会工作规则。

2. 完善劳动争议处理机构。通过几年努力，劳动仲裁委员会和劳动争议调解委员会的组织建设虽然取得了很大成绩，但还不十分健全。一些该建立仲裁机构的地区没有建立，有的建立了机构，人员配备不齐。从整体看按实际工作需要健全机构、配备人员是一项艰巨任务。劳动争议调解组织基本只限于国有企业，推动非国有企业建立劳动争议调解组织或类似的劳资协商解决争议的组织也是当务之急。

3. 确立仲裁员、仲裁庭制度。在仲裁实际中，不少地方采取了仲裁员、仲裁庭制度。事实证明，采取这一制度有利于提高办案效率和质量。今后要积极推动各地全面实行仲裁员、仲裁庭制度。

4. 使仲裁员培训制度化。仲裁员的质量是仲裁办案质量的核心。为实行仲裁员制度，要编写出仲裁员培训统一教材，制定全国统一的培训要求和标准，统一颁发仲裁员资格证。

（作者单位：劳动部劳就司）

市场经济体制下
我国职业培训的构想和对策

吴 道 槐

我国职业培训事业，自党的十一届三中全会以来，取得了很大的发展和成就，为国民经济各部门输送了数百万技术工人，仅技工学校10年来就输送了约320万毕业生。职业培训的形式也已发展成为包括技工学校、职业中学、就业训练中心、教育培训中心、学徒培训和在职工人培训等多种形式。到1992年，全国有技工学校4 392所，在校学生155.6万；就业训练中心有2 400所，年培训能力110万人；学徒培训每年约300万人；企业办职工学校和培训中心20 000余所，年培训能力2 000多万人。为适应经济发展和劳动制度改革，职业培训工作面在拓宽，条件在改善，改革在深入。一个多方办学、多种培训形式、初、中、高层次结合的职业培训体系已初步形成。经过14年的实践总结和学习国外的先进管理经验，初步创造和积累了具有中国特色的办学经验和管理经验。

但是职业培训的改革在整个大的外部环境尚未形成配套的改革格局(如经济体制、教育结构、教育体制、人事制度、人的思想观念等)的状况下，很多改革的措施还难以落实，改革还有很大阻力，因此职业培训的改革只能说取得了阶段性成果。

一、职业培训面临新形势和要求

党的十四大提出了建立社会主义市场经济体制的目标，职业培训也面临着新的形势和新的要求。社会主义市场经济体制对职业培训提出了转变观念、转变职能、深化改革、建立新的管理体制和办学体制等一系列要求。

(一)遵循市场经济的竞争法则，指导职业培训。以职业技能为核心的劳动者素质的高低，正是他们在市场竞争中能力强弱的依据。素质不高的劳动者必然在竞争中被淘汰。或者只能寻找较差的职业或岗位。在国际劳动力的市场竞争中更是如此。所以职业培训本身应具有竞争意识和能力。从而为增强企业和劳动者的竞争能力创造条件。在数量和质量的关系上，既要注意数量的发展，更要注意质量的提高，以质取胜。竞争是一种辩证的运动过程，并非一劳永逸。因此，职业培训不仅要重视后备劳动力的培养，同样需要高度重视在职劳动者的素质提高。竞争不仅要立足于国内市场，而且要走向国际市场，为我国庞大的劳动力大军的输出创造条件。故职业培训的内容和考核标准要向国际标准靠拢和对接，使职业培训逐步国际化。竞争机制已经开始使职业培训的作用变大、地位提高。许多地方国营大、中型企业积极转换经营机制，进行劳动制度、工资分配制度的改革，确立企业与劳动者平等的主体地位。企业的用工自主、职工竞争就业和实行各种形式的按劳分配，使职工产生了危机感和紧迫感。职工把提高自己的技术业务水平和增加竞争能力视为切身利益，激发出极大的学习热情，企业也给予积极的支持。可见，竞争法则将使职业培训出现新的生机和活力。

(二)要尊重和适应价值规律。职业培训是一种智力投资，是投资就要讲究效益，使培训者能创造出比社会平均效益更高的效益，劳动者能够得到更多的劳动报酬。如此才能形成企业乐于培训，劳动者自觉接受培训的动力机制。因此培训应以最小的投入获取最大的收益，避免重复培训和盲目办学。既然培训的效益是国家、企业和个人分享，因此培训的资金也应由国家、企业和个人共同投入。

(三)以市场供求为取向开发职业培训。过去，国家是靠计划来安排劳动力的培养与使用。在社会主义市场经济日益发展的情况下，劳动力的合理配置必须立足于劳务市场和人才市场，研究市场的动向和要求，作出合乎市场发展趋势的预测，制定职业培训的指导性计划，并以此调节教育培训结构，使劳动力的供需结构适应社会经济发展的需要。

（四）弥补市场经济缺陷。市场经济本身有其自身不可克服的盲目发展倾向，反应在职业培训上则表现为过分地向个人择业的好恶倾斜、培养的盲目性以及乱办班、乱收费和乱发文凭等。因此国家应用法律的、经济的和必要的行政手段驾驭劳务市场、调节培训需求，并规范办学实体、企业和社会的职业培训行为，建立约束机制。

（五）改革开放以来我国经济处于稳步增长的态势，而且随着经济体制的变化，国民经济将会出现持续、高速发展的状况。面对这样一种形势，建立一支适应这种要求的工种齐全、结构合理、质量合格的技术工人队伍，成了更加紧迫的要求。我国现有工人约1亿人，技术工人约占其中的70%。据测算，国民生产总值每增长1%，技术工人就需增加0.3%。中高级技工应占技工总数70%。由于新技术工人需求量急剧增长，带来了扩大办学规模、改善办学条件、提高培训质量和加快师资、教材建设等一系列新要求。我们目前的状况显然不能满足这种需要。其次，90年代经济高速增长，是在经济体制由计划经济逐步向社会主义市场经济转化的过程中实现的。由于市场规律和机制发挥作用，企业为了争夺市场，竞争不仅是必然的、需要的，并且将是激烈的。国民经济各部门的产品结构，产业结构的调整以及新技术的开发和利用，将会以前所未有的规模和速度发展、变化。一部分企业在竞争中破产、倒闭，关、停、并、转企业将会增多，尤其是我国在恢复关贸总协定中的缔约国地位以后，许多行业将面临严峻挑战。目前我国全民所有制行业约有1 000多万富余人员，处理得不好将会继续扩大和膨胀。本着以“厂内消化为主、社会消化为辅”的方针，安置如此之大的失业大军，将给转业训练形成巨大的压力。其三，由于我国人口众多，90年代城镇每年新增长的劳动力约有500万人，需要进行就业前培训。农村将有1～2亿劳动力要向非农产业转移，需要进行实用技术培训。按照国务院关于大力发展职业技术教育的决定中提出的要求，在90年代要逐步做到：“使新增劳动力基本上能够受到从业岗位需要的最基本的职业技术训练，在一些专业性、技术性要求较高的劳动岗位，就业者能较普遍地受到系统的严格的职业技术教育。”可见就业前的培训数量之大、门类之多，覆盖面之广也是前所未有的。

（六）在我国实行社会主义市场经济和经济高速增长的大背景下，职业培训的功能、作用及内涵必然发生重大的变化，需要重新认识。高质量的职业培训既是一国经济腾飞的强大武器，又是开发利用丰富的劳动力资源实现充分就业，促进社会安定的重要措施。有效地培训应是融经济、社会功能于一体，实现以下良性循环，即增加社会投入—提高培训产出—扩大就业渠道—合理配制资源—维护社会安定—促进经济发展。

二、职业培训存在的困难和问题

我国职业培训事业虽然取得了很大的成就，但从经济、科技的发展和就业的需要来看，却又显得严重滞后，与当前面临的新形势、新要求形成强烈的反差。特别是在有的领域（如乡镇企业），有的地区（如广东、上海）和有的方面（如高级技工严重短缺），已经成为经济社会发展的瓶颈。全国技工学校虽然每年能输送45万毕业生，但仅能弥补全国4 000万技术工人的自然减员。自然减员大部分是高、中级技工，而补充上来的大都是初级技工，因此平均技术等级相对下降。近年来企业技术装备水平的进步，加大了与职工技术素质的反差。这一反差已经成为影响企业经济持续发展和效益提高的严重障碍。造成我国技术工人和后备劳动力培养严重滞后于经济发展和劳动就业需要的原因，是多方面的，但最主要的是领导和管理体制问题，具体表现在以下三个方面：

（一）传统计划体制下的高度集中的管理体制和办学体制束缚了职业技术培训的发展。改革开放以来，职业培训的管理体制和办学体制进行了积极的改革。如技术学校毕业生的“统包统配”改为择优分配；毕业生实行劳动合同制等。但50年代以来的高度集中的计划经济体制的模式，尚未彻底改变。它的特点和弊端是：第一、国家按新增劳动力计划指标，统一规划劳动力的培养和使用。技工学校、就业训练中心等培训机构的招生和毕（结）业生的分配，既受劳动计划的“保护”，又受计划的束缚。第二、培训实体普遍缺乏办学自主权，缺乏生机和活力，缺乏主动反映劳务市场需求的机制。第三、领导管理体制上，用管理行政的方法管理培训实体，政、校职责不清，管得过多过死，同时又缺乏服务的意识。这样一方面影响了培训实体积极性的发挥，另一方面又造成政府职能部门负担过重。第四、管理手段单一，单纯靠红头文件办事，缺乏用立法、法规及经济手段进行宏观调控。第五、缺乏服务意识和措施，缺乏利用税收政策和国内外贷款等措施向职业培训倾斜，来促进它发展。在当前我国经济处于高速增长和社会主义市场经济体制建立的过程中，这种管理体制和办学体制就更显得僵化和不适应。

（二）教育结构失调，教育与经济发展和社会需求脱节，在从业人才结构中没有确立技术工人的应有地位。在教育指导思想上偏重追求高级人才的培养，忽视对中、高级技术工人的培养。以1991年为例，全国普通高等学校毕业生61.13（不含师范生）万人，中专（不含中师）42.69万人，合计干部类毕业生106.47万人。而技工学校毕业生仅人41.3万人。两者比例为2.5：1。日本在经济起飞的70年代，当时的池田内阁制定的《国民所得倍增计划》中，对人才需求计划指标确定为：科学技术人员新增7万人，工业新增技术员44万人，技工160万人，人才的构成为宝塔形。而我国人才培养则成倒宝塔形，头重脚轻。其结果是机关、企事业单位各类干部严重膨胀，而生产一线需要的技术工人却严重短缺。由此影响新技术的开发和利用，影响产品质量、劳动生产率和企业整个经济效益的提高。

（三）国家对各级各类教育的投入不尽合理，特别是在技工教育上投入过少。据有关资料统计，1989年在国家财政预算对普通高等学校、中等专业学校、农、职业中学和普通中、小学近340亿元的投入中，高等学校占25.8%，普通中、小学占58.3%，中专占11.6%，农、职业中学占2.8%，而技工学校仅为1.6%。我国每年60多万高校毕业生都由国家包下来，有的是用非所需。而技工教育投入微乎其微，严重损害它的发展和质量的提高。技工学校以生产实习教学为主，立足于培养学生的熟练技能技巧，但绝大多数学校生产实习教学设备陈旧落后，大多是使用企业淘汰下来的废旧机具，学生只能在低水平下循环操作。在大量引进高、新技术的今天，这种培训后备技术工人的条件已经无法适应。世界上经济发达国家都是将最先进的设备用于培养后备技术工人。上海是我国技工教育比较发达的城市之一，但在300多所技校中，至今仍有20%的学校没有实习工厂。全国4 000多所技工学校，80%是企业办校，它们的发展受企业经济、技术发展状况所左右，经费来源是“企业营业外支出”，处于一种不稳定状态；再加上企业领导对技工学校的重视程度不同，技校对自己的发展前景很难预料。地方劳动部门和企业主管部门举办的技工学校，由于经费是从地方财政的“工交商事业费”开支，经常性费用都难以为继，更无力增添教学设施，改善办学条件。我国技工学校有40多年历史，但从中央财政到地方财政至今还没有设立技工教学专项投资和基本建设专项投资。

三、对策及措施

深化职业培训各个领域的改革，从改革中求发展，求质量。改革的构想是：适应社会主义市场经济体制和企业转换经营机制的要求，转变政府职能，改善管理手段，改革办学体制，强化服务措施，使职业培训更加有效地服从和服务于社会主义经济发展和劳动制度改革的全局。

（一）深化办学体制改革，形成更加灵活、开放的办学形式及运行机制。通过改革，理顺政府与企业及培训实体的关系，确立企业办学自主、培训实体自主办学的原则。使培训实体建立起面向市场、自主办学、直接与企业和社会沟通的运行机制，逐步形成依据市场需求、按需施教、按需办学和多方办学的局面。

（二）加强职业培训的立法和法规的制定与修订工作。《职业培训法》的起草工作已经起步，应坚持不懈地抓下去。此外，还应按照建立社会主义市场经济体制的要求和本着“企业办学自主、培训实体自主办学”的精神，修改《技工学校工作条例》、《就业训练中心管理暂行规定》，制定《企业内职工培训条例》、《学徒培训条例》和《国家职业技能鉴定条例》等，使职业培训立法和法规系列化，为政府监督和协调提供法律依据，以此规范和约束企业和社会的办学行为。

（三）健全职业技能的考核与鉴定制度，加强其社会化的管理。在贯彻《工人考核条例》的基础上，逐步完善国家职业技能鉴定（考核）制度。将工人考核的侧重点从企业内部转向社会，从由部门、行业管理转向社会化管理。实行技术等级和技师资格的社会化考核，为劳动者技能鉴定提供社会化服务，促进劳动者技能开发、人才交流和劳务市场的发展。具体做法是：一是要在已进行的工种分类的基础上，逐步建立和完善既符合我国国民经济各行业不同特点、又可与国际标准相互转换与对照的职业分类和职业技能标准体系，并依据实际进行经常性修订和调整。二是要逐步建立和健全负责组织实施职业技能鉴定（考核）的工作机构。三是改革技师评聘制度，实行技师任职资格考评与聘任公开的办法。按照国定规定考评技师的工种（岗位）范围、任职条件、考核要求、由社会专门的考评机构严格进行考核、评审。取得《技师合格证书》后，由用人单位自主确定聘任技师的数量、职责、任期和有关待遇等。四是加强各类职业技术学校及就业训练中心毕（结）业生“双证书制”考核的社会化管理。各级劳动行政部门要结合政府职能转变，强化对劳动者技能鉴定（考核）工作的规划、协调、监督和服务。

（四）强化职业培训服务手段，大力提高培训质量。师资培训工作重点应是提高现有生产实习教师的素质，加快培养后备实习指导教师，使他们在课堂上能讲技术理论课，下厂能指导生产实习的理论技能兼备新型的职业培训教师。教材建设要适应社会主义市场经济体制，引入市场机制，根据职业培训的实际需要不断增加教材品种，提高教材质量。同时通过教学计划，教学大纲的制定、教学质量评估等手段的应用，加强对教材建设的宏观调控。强化技工学校、就业训练中心生产实习基地建设，加强生产实习教学指导与服务。加强职业培训科学研究，建立职业培训信息预测网络，开展咨询服务活动。

（五）多方筹措资金，保障职业培训事业积极发展。本着国家、社会、企业、个人共同分担的原则，努力拓宽职业培训经费来源。国家财政（包括以贷款的形式）对职业技术教育的经费支持应不受部门管理限制，根据各类职业技术学校（培训中心）的规模统筹安排使用。定向培训（包括学徒培训）的经费，应按国家规定由委托培养的企业承担，没有办学能力的企业职业培训经费由主管部门集中使用，用于兴办和支持面向企业的培训事业，为这些企业的人才培养提供服务。对承担就业训练和转岗、转业培训的技工学校应允许使用就业扶持金和待业保险金，同时，鼓励开展有偿培训、由各地、各部门根据情况自行确定有偿培训的收费标准。大力发展勤工俭学、生产实习创收、建立职业培训基金，培养自身的“造血功能”。鉴于国家财政仍存在很大困难，对技工教育事业一时很难有较大的投入。但是，可仿效对义务教育和职业中学资金投入的做法，对技工教育予以支持。中央财政为支持义务教育，特设“扶持贫困地区普及初等教育专项投资”，每年拨款1亿多元，至今已安排13亿多元。其中“七五”期间7.5亿元，地方配套资金40多亿元。群众集资150亿元，对推动义务教育的普及起了很大作用。又如中央财政为了支持普通中学改办职业中学，每年给专项补助5000万元，也取得明显效果。比照以上作法，建议中央财政设立“技工教育专项投资”，每年拨款8000万元，地方配套投资3亿元。用途是：(1)支持高新技术产业所需技术工人的培养；(2)贫困地区企业所需中、高级技工的培训；(3)农村劳动力向非农产业转移的培训；(4)严重亏损企业，长期停工半停工企业所办技工学校的贷款或教职员工的困难补助，以支持学校转换机制，度过难关，巩固技工教育阵地。

（作者单位：劳动部培训司）

白沟现象评析

张子诚

白沟，这个华北平原上昔日默默无闻的古镇，自改革开放以来，声誉日隆，现已成为蜚声全国的箱包及小商品集散地。1992年，白沟市场的成交额进入全国集贸市场前10名之列。白沟地居偏僻，远离大城市，不靠交通干线，却能吸引全国30个省、市、区的客商和几十个国家的游客，拥有24个专业市场，1 000多家门店，2万多个摊位、3万多个商贩，日客流量达到10万人。其繁华隆盛，一至于此。白沟商业基本由个体业者组成，大都小本经营，实力微薄。然而在10数年中，国家经济潮起潮落；国营商业时荣时衰之际，白沟商业却如疾风劲草，长盛不衰，并且从总体上呈加速发展之势。白沟市场在发展之初，没有列入政府的规划和计划，国家也没有给予大量投入和物质上的支持，只是通过自发、自然的发育，而终能在全国市场上立住脚根，在箱包和小商品系列形成价格低、货种全、应变快等优势，占据了强有力的竞争地位。这些现象使不少在产品经济中过惯了人们感到很奇怪，称之为白沟现象。这些现象的确难于用产品经济的常规作出解释，它是伴随着我国的改革大潮，在新旧体制交替的过程中产生的，它是在我们身边发生的许多既熟悉又陌生的事物之一。白沟的发展，打破了传统经济理论的某些定理和结论，所以引起我们的关注与深思。这种思索可能使我们得到一些关于在改革中发展社会主义市场经济的最初的亲知。

一

白沟经济可以看做一个微型的自由市场样本。白沟市场上的业者卒皆平等，没有谁受到特别的扶持、保护或限制。每天上市的上万种商品，其品种、款式、花色、数量、原材料或成品的采购等项决定，都是由业者独自做出的，完全不受政府计划的干预。每种商品的价格都是通过同类商品的充分竞争，由供求状况确定。上万个摊位集中在一条长街上，比质论价、彼此间不存在信息的阻隔，使每种商品都自然地形成为买卖双方所接受的均衡价格。没有一个卖主或买主能够垄断市场，左右全局；没有一宗交易能单独打破整体均衡；每个业者都是为牟利而经营，独立决策并承担市场的风险。从白沟的发展历程，我们仿佛看到市场经济胚胎初育的情景，带有鲜明的自发、自然、自律的特征。但在70年代末开始振兴的白沟市场，不同于明清时做为水陆码头的白沟商埠，也不同于西方资本主义萌芽时期的城邦经济，而是在经历了近40年集中计划的现代中国经济中，在产品经济体制的夹缝里下滋生出来的。在传统体制下面，它作为一种不合法的地下经济，受到行政力量的长期压抑、限制和取缔，艰难而顽强地生存下来。只是当国家实行改革开放之后，它才取得合法地位，释放出久蓄的能量，得到迅猛的发展。

类似白沟这样在近10年中发展起来的市场，在华北平原上随处可见。容城服装、安平金属网、安国中药材、里县皮革、定州纺织器材等集贸市场都属此类，只是在规模、辐射范围和经营货种上有所区别。这些星星点点的农村集市，在远离中心城市的农村地区悄然而生，经十数载生息繁育、渐成气候。它们从城市吸引资金，又使货品回流城市，填补着公有制经济的某些供给不足，同时完成了自身的原始积累。这种在传统的主流经济之外骤然发展起来的新型经济，呈现出我们未曾见识过的野性、活力和创造性。我们只感到其深不可测的发展潜能，却看不到其发展的前沿边际。这正是我们的改革所千呼万唤的社会主义市场经济的萌动。

如果说我国经济体制改革是以市场取向的渐进的转变过程，那么也可说是社会主义市场经济体制逐步生长发育的过程。这种新体制不可能在一夜之间到处发生，只有在旧体制最薄弱的环节，在行政力最淡薄的空间率先发生和成长。在传统体制下，农村地区、小商品、行政区划交界地域和非国有制经济领域等都是行政力、计划功能相对薄弱的地方。这些地方如果再复合了交通、资源、商业传统等条件，就可能成为市场经济的生长点。

白沟地处农村，四县交界地带，有一千多年的商业传统、明清时达于全盛，到建国前尚有200多家店铺，300多个摊点。建国后，个体经商被视为资本主义而遭禁止，白沟市场逐致萎缩。但少数村民仍私下继续经商，绵延不绝，屡禁不止。1971年秋，白沟所辖高桥村农民张国卿、李荣才从北京皮革厂买回边角余料加工成自行车座套和小提包，串村兜售，卖得很快，遂带动全村，又很快被当作资本主义尾巴割掉。直到党的十一届三中全会以后，农村个体经济解禁，白沟农民从对土地的依附中解脱出来，立即以人造革箱包制品为武器，从商品市场为自己猎取更多的货币收入，自制自销，形成最初的、以个体为主、小商品为主、工贸结合的农村专业集市。尔后历经宏观经济的两度紧缩，不但不伤元气、反而把触角伸向全国，成了名副其实的大市场，俨然世外桃园。小平同志南巡讲话后，好风劲吹，白沟趋势扬帆出海，成了国内外投资的热点。投资者接踵而至，基础设施建设一字摆开，开发区规划迅速实施，白沟作为新兴商城的姿态隐然可见。白沟远离城市，从几个方面复合了旧体制最薄弱的因素，从有利于市场经济发展这一点来看反成幸事。这也许是白沟现象背后最重要的本因。

于是我们得到一种启示：当我们大力推进改革、催生社会主义市场经济新体制之时，我们应该特别注意那些最容易发生新型生产关系的生长点，对其加强研究、扶助和因势利导，在经济社会发展规划、生产力布局、城市建设规划和体制改革规划中给以特别的安排，使其作为新体制的实验区。特别是在广大农村和中西部落后地区，发现和扶助新经济体制的幼苗，更具有特殊的意义。

二

白沟商品的最大优势是价格低廉。同类商品质量相当或者稍差一点，在白沟市场比在大城市国营商店的售价一般要低30—60%。价格低则吸引了越来越远、越来越多的购买者，买的人多了又吸引越来越远、越多的卖者，货种也因此越来越多。经过相当规模的充分的同场竞争，使每一种商品价格落到最合理的位置上。

白沟商品的质中价廉是符合城乡广大消费者现阶段的消费心理的。小商品本属低值易耗，消费者对其质量、功能的要求并不很高。尽管商品的外观、质地、工艺稍逊，但消费者可在价格上得到补偿。白沟和其他许多成气候的大型农贸市场一样，正是由于找到了一种既适合自己生产，又适应于社会消费序列中的某一定位，所以才生生不已地发展起来。

商品价低的原因是什么?首先是交易成本低。白沟市场凡是外采的商品都是从生产厂家或从生产地的专业市场直接进货。白沟为28个城市71个厂家代销箱包，从浙江义乌、广州、汕头和澄海等地集贸市场采购小百货。中间环节少，费用低。其次是生产成本低。白沟当地的箱包生产已十分专业化，原辅材料及附件、衬布都有专业市场，就地采购，专门加工，所以高效省工。使用城市大工业的边角废料，又使原材料成本大为降低。家庭生产，往往不计人工和房租。机械很少，又不提折旧，以人力代替机器，都使生产费用大为减少。第三是白沟业者信奉“货多招远客、薄利多销”的生意经，对单个商品仅求微利，靠批发多销取胜。竞争使商品价格趋于低平，白沟商人接受了这个有利于消费者的市场结果，而以扩大市场占有率的策略为自己牟求利益，这是市场的另一种结果。两种市场结果为买卖双方同时带来利益。这是白沟现象背后的利益关系。

进一步分析还可以看出，白沟市场的这种低价机制实际是与中国农村经济的一般特征联系在一起的。我国农村长期单一农业的经济结构，劳动力滞留在土地上，无限供给，大量过剩，其边际收益几近为零。这种状况使农民形成一种特定的心理，认为家里的闲人，在农闲时搞一点工副业，添补家用，是一种额外的收入。不干也要吃饭、干也不多吃饭，所以不觉得在务工中有什么劳动的投入，也不计较对劳动力消耗的补偿。农房成了临时厂房也是闲物利用；家用缝纫机投入生产也无须提取折旧，就像给自家缝东西一样。劳动力、房屋、机器、工具都资本化了，却不加补偿，以致构成白沟商品令人难以思议的低价。应该说，这是白沟农民为了摆脱贫穷，跻身市场经济进行初始积累的一种牺牲。白沟农民的这种特别的收益观是从古代农村家庭手工业承袭下来的，它刚好适应于尚属初期阶段的白沟箱包制作业。概而言之，这种由无数的农房和丰富的农村劳动力，经过无须补偿的资本化而形成的生产要素，如果凝结在为市场所需的某种技术简单、低值易耗的商品上，就会出现白沟箱包那样的奇迹。如果考虑到白沟市场上的小百货是采自南方一样的乡村，出自一样的手工业农户，就可以判明，白沟小百货的低价是与箱包出于一样的原因。这启示我们：白沟的、义乌的、汕头的、澄海的农民是否已经为自己找到一条可以为更多的中国农民所效法的致富之路呢？处在二元经济的深谷中，既缺少资本又缺乏技术的贫困农村，是不是可以仿效白沟而慢慢走出深谷，实现自我积累，走向振兴呢？

三

对于白沟市场的繁荣，当地政府是有功劳的。首先，当70年代末，国家政策不再提割资本主义尾巴之后，当地政府就真的不割了。早在1982年，白沟政府就为经营人造革及制品的农民发了营业执照，扶持起第一批合法的个体商户。交易量增加了，政府则组织建设市场。1984年，政府投资120万元、兴建了1.5万平方米的“白芙蓉”市场。以后几年陆续投资2 000多万元，开辟了4条商业街和8个专业市场。市场初建和贫困农民初涉商业时，都得到信贷的支持。在市场管理上，当地政府有所谓四管四放。即治安方面管住秩序，放开方式；工商行政方面管住方向，放开范围；税务方面管住征收面，放开税率；建设方面管住规划，放开主体。其核心内容是，在保障正常的交易秩序前提下，政府对经营者实施最少的限制、放给最大的自由和提供尽可能多的服务。政府从现实和长远的角度，尽量为整个交易活动创造一个良好的法制、政策和硬、软性服务的环境，准确地扮演了扶持市场的保姆、维持秩序的法官和建设市场的上帝的角色。

在现代，一个后起经济的发展历程中，政府的参与几乎是不可缺少的。政府对于经济发展所起的作用也越益重要。但是，当缺少足够的信息和经验，而却急于事功的时候，政府干预经济的行为也会带有风险性和盲目性，也可能干出拔苗助长的蠢事。白沟所在地政府的官员具有很高的行政智慧，他们干的不瘟不火、恰到好处。他们所遵循的“先予后取、先放后管、先兴后建、先繁荣后规范”的管理方针，体现了政府对市场经济规律和群众首创精神的充分尊重、宽容大度和实事求是、谨慎行事的领导风格。政府在适当的时间，以适当的方式和适当的力度介入成长中的白沟市场经济，如春风化雨、画龙点睛，真正为人民普施了泽惠。

在现代经济中，诚实有为的工商业者是有赖于政府的。他们需要秩序。而在秩序良好、市场顺利运行中，业者沉浸于商战竞技，反可能忘记了政府的存在。这正是管理的最佳境界。政府的作用，一是维持这种秩序；二是当企业一时有困难、有要求的时候，能够及时伸出援手。仅当此时，企业才感到政府的存在。

四

白沟经济发展中产业演进的逻辑是：先有一种产品（人造革制品），形成一个市场，即先有工，后有商，以工哺商。通过市场扩大了销售，打开远处的市场，反过来促进生产规模的扩大和分工的加深，即以商促工。

在商的方面，由小的交易引来大的交易；由近的客户引来远的客户；由地产品交易引为外采品的交易，由行商引来坐商；以本地的市场复合许多远方的市场（如小百货），如此循环扩大，形成辐射全国，沟通海外的大市场。在工的方面，由家庭内的分工转为家庭间的分工；由工序、工艺的分工推及到制、运、销、采的分工；由本地加工扩散到外地加工。工与商的相生相促，产生了对服务业和基础设施，公共管理的需求。近年来，白沟的金融、通讯、交通、给排水、餐饮、住宿、文化娱乐各项服务和各种设施以及各类管理组织机构迅速发展起来。白沟的第三产业应运而生。

发展起来的基础设施和管理服务体制可以支持更大规模的交易和生产活动，可以负荷更高水平的经济发展需求。规模扩大的内涵是顾客、劳动者、资金和信息的集聚。各种生产要素在一个有形的市场空间的集聚就产生了巨大的外部经济性，它会像磁石般引来更多的生产要素，进而形成更多的企业、产业和行业，逐渐形成一个地域特有的文化和社会结构，形成现代城市的轮廓。白沟现已进入形成城市的阶段了。

白沟经济在其发展中形成了自己独特的体制，这是在社会主义条件下，局部地区率先发育起来的一种现实的市场经济体制。尽管这种体制尚有待于走向新的规范和高级形态，但已给白沟带来经济的繁荣和很高的知名度。这是白沟所拥有的一项特别的资源。今天的白沟已不再只是靠客多招远客了，而是以其优越的体制、政策环境和高知名度，吸引越来越远、越来越大的投资家。白沟的建设也因而一日千里，出现了所谓的“白沟速度”。原规划到2000年开发区面积达到9.8平方公里，一期工程到1997年完成5.7平方公里。规划自1992年4月开始实施，仅半年多即完成一期工程的骨架开发。这个速度远远超出规划者的预计，现在重新规划到2000年开发区面积扩大为20平方公里，常住人口达到10万人，流动人口日均达到30万人，日成交额超过500万元。当地政府为了实现这个规划已经制定了一系列特别优惠的政策，广为招徕。半年多来，已签约投资项目200多个，开工40多个。整个白沟镇成了一个繁忙的工地。天津一条街、福建石狮一条街、保定地产一条街、箱包交易大厅、综合交易大厅、旅游飞机场等投资几百万、上千万的项目相继建成。与香港合资的总投资1亿元的“华北商城”正在紧张施工，国内合资的“大来民族商城”也已开工。白沟开始脱掉乡土面貌，走向现代化。

白沟有不靠国家而自谋发展的经验和历史。现在又有了倾斜的政策支持，如虎添翼。只要按照党的十四大指引的发展社会主义市场经济的路子，坚定地走下去，白沟的发展速度还会加快。预定的规划还将被打破。再过7年，到本世纪末，白沟商城将成为华北平原上一颗璀灿的明珠，这座由农民创造的城市将发出异样的光彩！

（作者单位：河北省计划委员会）

社会化综合服务业

大力发展新兴居民服务业 促进我国家务劳动社会化

傅秀泉

1992年，在我国居民服务业中，搬家、婚丧服务、家庭清洁、家庭装饰、家庭代理等家庭服务业和国内旅游、钟点服务、美容等为人们生活服务的新兴行业发展迅猛，引起了世人的关注。由于这些行业是近几年发展起来的，国家还没有对其进行专业统计，全国到底发展了多少，现在还说不清楚。但是从国家统计局提供的统计资料来看，1992年，我国居民服务业网点和从业人员仅比1991年增长4.4%和6.1%，而居民服务业中的“其他业”的网点和从业人员，比1991年增长了10.3%和14.4%，增长幅度高于全行业的一倍多，主要原因就是这些新兴的行业被统计到“其他业”中去了。按照这个情况分析推算，到去年底，这些新行业的网点全国约有1.5万个，从业人员大约是6.1万人。去年仅北京市就成立了“净土”、“万邦”、“众邦”、“三替”、“好心”、“协力”、“满意”、“知心”等“帮忙公司”20多家，搬家公司40多个。

新兴服务业的发展，能切实解决群众居家过日子的急事、难事和琐事，极大地方便了人民的生活。大到装修房屋、搬运家具，小到换煤气、买菜、代送礼品等，只要拨一个电话，许多令人头疼的家务事便有人替你代劳。北京市“净土帮您中心”成立半年多，就接到各种电话4万多人次，其中义务咨询2万次，为居民办事15 000多件。社会各界反映很好。

进入90年代，为人们生活服务的行业在我国迅速发展，决不是偶然的现象，有其深刻的经济和社会根源。经过十四年的改革开放，我国的社会主义现代化建设事业取得了巨大的成功。解决了温饱问题的11亿人民正信心百倍地向着小康生活水平迈进，沿海经济发达地区人民的生活消费已经跨上了一个新的台阶。一个国家经济的发展必然带来居民消费水平的提高，消费水平的变化又直接表现为一定时期消费特征和数量关系的变化。近几年来，在我国城镇居民的消费结构中，劳务消费的比重增长较大，“花钱买方便”已经被越来越多的人接受，传统的封闭式自我服务型消费方式正在改变。人们期待着家务劳动社会化。直接为人民生活服务的新兴行业正是适应了消费结构变化应运发展起来的。

家务劳动社会化是社会经济现代化的一个重要标志。90年代，是我国社会主义现代化建设的关键时期，人民生活将逐步从温饱型向小康型转变，加快家务劳动社会化的步伐，必将使更多的劳动者从繁重的家务劳动中解脱出来，有更多的时间休息调整，充实发展，提高素质，直接推动着我国社会生产力的发展。新兴服务业的迅速发展，对加快实现我国城乡居民家务劳动社会化具有十分重要的意义。据有关部门调查，我国城镇职工人均每天要在操持家务上花去2个小时，而女职工则多达3.2个小时。另据对上海市500户居民抽样调查，人均每天将4.28小时用于家务的夫妇占15.7%，5.7小时的占14.2%，也就是说，有近1/3的家庭，要为家务付出一天的1/6的时间。因此，城镇职工都认为，“下班比上班累，假日比平日忙”。可见，大力发展居民服务业，特别是发展那些为人们生活服务的家庭服务业，把附着于千千万万个小家庭的点点滴滴、零零碎碎的家务事交由社会来承担，已经是我国社会经济发展过程中亟待解决的一个大问题。

随着我国改革开放和现代化建设的发展，大力发展家庭服务业，加快实现家务劳动社会化的条件已经基本具备了。首先，人们的思想观念发生了很大的变化。一方面，劳务也可以成为一种社会劳动、也能够创造价值、也是一种商品的观念已经被人们公认；另一方面，“花钱买轻松”在许多大中城市已经成为一种时尚，特别是40岁以下的年轻人的家庭更是如此。北京市一对青年知识分子夫妇就直言不讳地说：“当家务劳动不再含有某种精神调剂作用时，我们宁可为每一桩琐事花钱”。这种心态越来越具有代表性。其次，随着人们的收入增多，消费水平的提高，许多城镇居民也具备了家务劳动社会化的经济实力。

当前，家庭服务业兴而不旺的问题应该引起注意。去年10月30日，杭州市“明日家庭服务社”在一片惋惜声中悄然关闭。这家服务社的主要业务是代人买菜、洗菜、送菜，开业才一个多月就关门了。关闭的主要原因是收费太低，无利可图，开业后的第一个月就亏损2 500元。在市场经济条件下，赔本的买卖是没有人干的。我国的家庭服务业尚处在起步阶段，面对的是千千万万的家庭和个人，行业要很快地发展起来，首先需要社会各界和有关部门的大力支持，要为家庭服务业进入市场提供平等的竞争机会，创造扩大再生产的条件。第二，家务劳动既然作为有价值的商品被出售，就应该遵循等价交换的原则。因此，广大消费者对家庭服务公司收取必要的服务费应予以理解。第三，家庭服务企业自身也要从加强内部管理、一业为主综合经营等方面找出路。第四，行业管理部门对新兴服务业要加强调查研究，了解行业在发展过程在碰到的问题和困难，给予及时有效的引导和帮助，提供信息等方面的服务，指导行业健康协调发展。

（作者单位：国内贸易部饮食服务业管理局）

方兴未艾快餐热

侯渝波

快餐是一种大众化饮食业，包括传统小吃、盒饭、速冻食品、方便食品等。随着我国改革开放的深入和经济建设的发展，人们的生活水平正由温饱型向小康型过渡，快餐的兴旺成为当前我国饮食市场的新特点与新趋势，在饮食业中所占的比重越来越大，成为第三产业中迅速崛起的新领域。据有关部门统计，截止1992年底，全国共有30多家快餐公司，100多家快餐连锁店。快餐年销售额200亿元，约占饮食业销售总额的40%。这些快餐公司分属不同的部门，有全民的、集体和个人的，也有合资、独资、联营的。经营品种中西结合，既有美式炸鸡、汉堡包、牛肉面、意大利馅饼，也有中式饭菜合一的盒饭套餐，还有港式、日式、法式等。营业时间几乎是全天候，并且经常爆满，甚至出现吃快餐排队的现象。美国的肯德基和麦当劳在北京的连销店都创下了年销售额和日销售额的世界纪录。一个以现代中式快餐为骨干，传统小吃快餐、现代中式快餐、西式快餐并存的快餐市场格局初步形成。据有关专家预计，今后一两年内，快餐热将由沿海开放地区向内陆地区扩展，由经济文化中心城市向中小城市发展，逐步成为大众消费投资较大的又一新领域。快餐热将持续升温。

快餐市场的兴旺并迅速发展，是进入90年代以后才开始的。在此以前，快餐的发展大致经历了两个阶段。其一是经营传统的饭菜合一的盒饭、盖浇饭、炒饭以及各种饼、面等传统的快餐阶段。主要特点是以各具地方特色的传统小吃为主要代表品种，手工操作，价格低廉，以流动人员为主要服务对象。二是1984年前后，引进了国外的快餐设备，解决了食品保鲜和保温问题，但烹制仍不太规范，质量不太稳定，从本质上讲仍然没有摆脱传统快餐的窠臼。80年代末期，西式快餐如美国的肯德基，意大利的必胜客等相继打入中国市场并取得了巨大成功，其生产、经营、管理模式使中国餐饮业耳目一新，中国传统快餐面临着巨大的挑战。1991年，中国人自己的第一家快餐公司上海新亚快餐股份有限公司宣告成立。之后，北京、天津、杭州等地也相继成立了快餐公司，现代中国式快餐开始起步。中国快餐业经营跨入了新的阶段，并在近两年之内得到了迅猛的发展。

快餐热的出现，并非偶然现象，与现代经济发展和社会化程度提高有着密切的联系。首先，随着经济的发展，社会的进步，人们的生活节奏明显加快。快节奏的生活呼唤快节奏的饮食。省时方便成为人们对饮食的新要求。应运而生的快餐符合现代生活节奏和消费心理。快餐最大的特点就是“快”，如肯德基要求，服务员必须在1分钟之内完成对一个顾客的服务。从而使人们节约了许多不必要的等候时间。其二，我国14年改革开放的成功，使人民的生活水平得到了很大的提高。收入的增加使在外就餐成为人们社会交往、增进感情的一种新的消费选择。在日常生活中，人们并不太追求在外就餐的高级与奢华，而更希望吃到方便实惠、简洁可口的饭菜。快餐相比之下花费不多，快捷优质，极大地满足了这种需求，于是成了人们的一种最佳选择。第三，现代生活，人们更注重生活情调，在物质消费水平越来越高的今天，人们也在追求更高品味的精神享受。人们不再仅仅把就餐看作一种生活必需，而把它作为一种丰富生活的手段，许多家庭甚至制定计划，定期到外就餐，在短暂的休息中享受独特的情调。服务热情，环境优雅的大众化快餐，自然受到人们的青睐。人们饮食文化观念的变化，极大地促进了快餐业的发展。

快餐经营是世界饮食业发展的方向，是现代化经济发展的必势趋势。当今世界快餐业已进入了跨国营销的新阶段。各种风味独特的快餐已风靡全球。应该看到，我国的快餐业还处于起步阶段，生产、经营与管理还不够规范。要使中国式快餐真正走上社会化、集约化、现代化的健康发展轨道，需注意以下几点：

1. 品种要有特色。要充分发扬中国烹饪渊源流长的优势，开发适应大众需求的风味独特的品种。据调查，想吃当地风味的人要比选择外国风味的人多25.2%。中国快餐要形成自己的拳头产品，几千年积累下来的丰富多彩的传统小吃、饭（面）食要发展，要完成从小吃到快餐的飞跃。否则，中国式快餐难有一个质的发展。

2. 价格要适中。快餐现在流动人口较多的地方生产比较好，要设法打入机关、学校、企事业单位和当地居民中去，促进后勤服务和家务劳动的社会化，成本和价格必须降下来，这是大批量发展快餐需要研究解决的问题。

3. 科学的生产、经营、管理方式。国外成功发展快餐的经验表明，快餐经营应采取工厂化生产，连锁店销售的方式，统一规格，统一标准，保证产品和服务质量，树立企业整体形象，增进规模效益，这是快餐现代化的必然要求。彻底摆脱一店一铺的手工作坊式的经营方式。

4. 讲究营养配套。小康消费水平给餐饮质量的提高带来新的契机。味美、营养是科学饮食的要求。现在一些名牌西式快餐由于脂肪等对人体健康不益的成份过多，已被营养专家称之为“垃圾食品”，遭到抵制。中国快餐业应避免走这条老路。

方兴未艾的快餐业是中国饮食业要着重发展的一个领域，国家饮食服务行业的权威部门对此已引起高度关注并制定了重点发展的政策。许多地区在这方面已取得了初步经验。如上海的新亚快餐股份有限公司，以集团化连锁店经营方式取代分散的单独经营方式，以机械化规模生产取代手工作坊式操作，统一销售品种，统一规格质量，统一设备设施，统一店名标志，统一装潢格调，统一服装式样，统一财务核算，并计划在3年内设立一家中心生产厨房和两家食品加工厂。连锁经营，规模生产，分散销售，现代快餐经营已初具雏形。相信在不久的将来，伴随着中国现代化建设的飞速发展，将兴起众多的与大流通、大市场、大商业相适应的快餐店。

（作者单位：国内贸易部饮食服务业管理局）

便民利民，走社会化综合服务的“利康”之路

孟继明 刘 轩

北京市利康商业服务业集团公司和利康搬家公司是北京市住宅建设总公司所属的服务企业。利康首创的“提盒送鸭”、搬家服务曾名噪京城，感动了成千上万个用户，受到人们的充分肯定和普遍赞扬。

1985年1月，为了安排职工子女就业，我们靠27名待业青年，凭着2辆平板三轮车、8张桌子和10万元起家，创办了北京市朝阳区第一家烤鸭店——利康烤鸭店。开市大吉，顾客盈门，店前排起了“长蛇阵”。为满足顾客需求，我们又创出了一条“电话预订，提盒送鸭，服务到家”的便民利民新路子，既方便了顾客，又扩大了有限的店堂面积，把店堂延伸到了顾客家的餐桌上。之后，又相继开设了“小家宴”、“快餐饭盒”、“夜市”等新的服务项目，大大方便了顾客。“利康”本小利微，名不见经传，又地处北京市东郊，竞争实力与老字号烤鸭店相比明显处于劣势。但利康人靠“利国康民”的座右铭、靠“热情周到”的社会学、靠“锐意改革”的新举措、靠“薄利多销”的生意经，一句话就是靠“利康精神”，在激烈的市场竞争中站稳了脚跟，而且名声大振，受到中外宾客的青睐，成为首都文艺界、体育界名人聚会的“文体沙龙”。我们坚持“提盒送鸭、服务上门”，到目前已达6万户，月营业额从建店初期的6万元到现在已突破了100万元大关；人均创利税1.3万元，在全市同类餐馆中名列第一，荣获北京市精神文明建设先进单位、北京市优质服务标兵单位、首都饮食行业“十优”单位和北京市“五一”劳动奖章等光荣称号。我们不仅在几个城近郊区建立了利康分店，还在天津、上海、保定、武安等市开办了利康烤鸭店，实现了冲出京城，走向全国的愿望，同时也把“利康精神”送到了千家万户。

从1985年创办北京利康烤鸭店到现在，已经走过了8个年头。8年来，我们抓住机遇，深化改革，为加快发展首都第三产业，勇于探索，大胆尝试，不断实践，走出了一条“便民利民，开展多方位、多层次、多领域社会化综合服务”的利康之路。我们从无到有，从小到大，如今，已发展为拥有600名职工、1 260万元注册资金、13个企业实体，涉足饮食、商业、皮革成衣、肉食加工、炉灶修缮、家电维修、化学清洗、出租汽车、蔬菜畜牧养殖、机关服务、房地产开发等20多个行业及各种社会化、系列化服务领域的综合性企业集团

——利康集团，年营业额已达2 000多万元，实现利税300万元，使利康集团的发展跨上了一个新台阶。我们坚持的“便民利民，优质服务，开拓进取，艰苦创业”的利康精神和社会化综合服务的利康道路，赢得了首都各界人士的普遍赞誉。

1988年初，利康人针对北京大量居民住宅小区相继建成后，居民中普遍存在的“搬家难”的问题，在京城率先创办了利康搬家公司，解决了居民乔迁的一大难题。这一举动又一次给“利康”带来了满城赞誉。公司成立伊始，就确定了“搬家为民，信誉至上”的经营宗旨和“五不三满意”的服务公约，即“不吸用户烟，不喝用户酒，不吃用户饭，不喝用户水，不损坏用户财物；包用户时间满意、价格满意、财产安全满意。”

利康搬家公司在服务中，面对的是成千上万各种各样的客户，既有居民，又有企事业单位，既有中国的，也有外国的，既有孤寡老人，也有残病青年，既有普通市民，也有社会知名人士。搬运的物品也是五花八门。在搬家服务中职工们严守“五不三满意”的服务公约。当客户家有残疾人时，就既搬家又背人，在遇到高层楼房电梯停运的情况下，就人背肩扛，把客户的物品一层一层搬上楼。通过优质服务，赢得了“要搬家，找利康”的崇高声誉。到目前为止，搬家公司已由成立之初的8名职工，5辆车，发展到近700名职工，各种车辆154部，固定资产800万元的规模，累计行程400多万公里，为近8万客户提供了搬家和搬迁服务。公司的经济效益也逐年递增，1992年的营业额达到1 146万元，比1988年增长了26.3倍，平均每年增长93.7%。

在“利康”的启示和带动下，京城众多的搬家公司和“帮您服务中心”纷纷模仿，这一新兴服务领域迅速崛起。在目前京城已开办40多家搬家公司的情况下，利康又开拓了“搬家一条龙”的服务方式，不但为顾客搬家，还提供室内装饰、装修。靠“利康精神”，靠“搬家一条龙”系列化服务，在北京搬家市场竞争中，取得了高达50%的占有率，生意越做越红火。

1990年9月，利康集团在开展社会化综合服务的道路上，又进行大胆尝试，承包了中国海关总署办公大楼的机关食堂后勤服务工作，成为全国第一家把社会化综合服务范围拓展到国家机关的企业。这项探索已进行了近3年，取得了经济效益和社会效益双丰收。我们以优质服务和科学管理，保证了近千名职工的用餐，赢得了广大机关职工的赞誉。近年来，我们又陆续承包了北京市建设银行等五六个单位的机关食堂，继续在社会化综合服务的道路上不断探索、开拓。

“顾客需求无止境，利康服务无终止，只要精神不疲软，办法总比困难多”，我们经常用这句话激励利康全体干部和员工。在现代化商品经济迅速发展的今天，各方面对各项服务社会化、专业化的要求越来越迫切、越来越高，我们正是适应了这个发展趋势，使社会化综合服务的路子越走越宽，眼界也越来越远，经营的触角正在向更广阔的领域延伸。不论服务项目大小，利益薄厚，只要对社会有利，对人民有利，我们都努力去做。我们以建立社会化综合服务体系为指导思想，以利康饮食业为龙头，相继创办了利康皮件厂、利康肉食品加工厂，开发了年供应量达几十万公斤的蔬菜、鲜肉、活鱼的现代化养殖基地，设立了办公用品、制冷设备、家用电器修理部，专门为厂矿企业、孤寡老人等上门修理，为缓解北京“修理难”贡献力量。我们还根据北京豪华饭店、宾馆逐年增多，清洁清洗任务重的情况，成立了利康清洗公司，不仅为大饭店、大宾馆提供专业化的清洗服务，还走街串巷为千家万户提供抽油烟机和地毯的清洗服务。正是凭着利康人坚韧不拔的劲头，便民利民的精神，热情周到的服务，为繁荣首都经济，促进首都第三产业的发展，做出了应有的贡献。

利康的发展告诉我们：没有改革，就没有利康的今天，更没有利康的明天；提供优质服务，一切为顾客着想，是企业生存的根本；走便民利民，社会化综合服务的道路，是企业发展的方向。

（作者单位：利康商业服务业集团公司
北京市体改委）

北京新街口社区服务中心

北京市西城区新街口社区服务中心（简称中心，下同）地处城区西北角，占地328平方米，建筑面积1 050平方米，是目前北京市区最大的街属社区服务中心之一。中心是由新街口街道办事处出资80万元，上级各部门和社会各界集资、赞助30万元兴建，于1989年12月落成投入使用的。3年来，中心不断完善社会服务项目，提高服务质量，为地区经济建设以及社会稳定与进步起到了积极的促进作用。1990年被评为市级一流社区服务中心，1991年被评为北京市模范社区服务中心。

中心属多功能、综合型的社会福利服务设施。“立足民政，面向社会”是中心的服务宗旨。在服务项目的选择上，他们坚持“实事求是，因地制宜，合理布局”的原则，根据社区居民的实际需要和承受能力确定服务项目，建立福利、服务、经营互补的服务体系。目前，中心设有优抚、老年人、残疾人、社会福利咨询、家庭劳务、文化娱乐、青少年、职业培训、婚姻、婚庆、殡仪等11个服务系列，42个服务项目。为社区内的居民，特别是烈军属、老年人、残疾人、青少年，以及驻地单位解决了一些急需解决的社会问题。在服务收费上，中心根据不同服务对象，采取无偿、低偿和有偿3种形式。3年来，共举办了各类活动1.3万场次，参加人数39.3万人次。中心日平均接纳360人次，每天开放12小时以上，设施利用率高达98%。

社区服务工作管理，街道设“社区服务协调管理委员会”，委员由街道工委、办事处、有关科室负责人、辖区单位、居民代表组成，管委会主任由办事处主任兼任。管委会下设办公室，负责管委会和中心的日常工作，以及指导街道福利单位(如聋儿康复中心、残托所、敬老院、福利工厂)和居委会社区服务等工作的开展。居委会的“社区服务工作小组”，负责本片微型社区的各项社会服务工作。此外，社区服务办公室还分管街道老龄委、残协、校外教育、家庭服务、文化体育、职业技术培训等项工作。

为了推进社区居民参与社会服务活动，提高居民“我为人人，人人为我”的服务意识，满足居民在供养、医疗、康复、文化娱乐、家庭服务等多方面的需求，增强居民社区的归宿感，中心先后成立了社区服务志愿者协会和社区服务协会，社区服务志愿者1 046名。在街道43个居委会中，有36个建立了微型社区服务点，服务项目达545个，在政府的倡导下，一个以中心为龙头，辐射、指导、协调各基层单位社会服务活动，发动社区成员开展互助性的社会服务的工作网络已经形成，社区服务扎扎实实地深入人民群众的生活中。

此外，中心还注意抓好本社区的社区服务事业的建设。在市政府、市民政局、市残联的支持下，对东明聋儿康复中心的设施进行了改造，使其使用面积由原来的250平方米扩展到540平方米，康复条件明显改善，收托率得到了提高。3年来，中心收入用于安置待业及离退休人员在社区就业和再就业支出6.9万元，用于扶持福利单位、补助生活上确有困难的残疾人、资助开展无偿性的服务活动以及提高民政管理对象的生活质量等6.88万元。

几年来，在发展社区服务过程中，我们有两点体会：

1.改革开放后，城市民政工作概念的内涵发生了重大的变化，传统的“拜拜年，发发钱”的工作方法，已经落伍。需要根据我国的国情和改革开放的需要，拓宽服务领域，丰富服务内容，建立适合现代城市特点的民政工作新体系，更好地为经济建设服务。我们认为，发展社区服务是城市民政工作改革的一个方向。在社会主义市场经济下，政府职能部门将逐步由目前的服务管理型向管理型过渡，由政府管福利向社会办福利转化。在城市民政部门简政放权过程中，大量日常繁杂具体的服务工作，应由居民所在区域内的各类社会福利事业机构承担，而这些福利事业应在政府和社会的扶持下，最终纳入第三产业，走自收自支、自负盈亏、自我管理、自我发展的道路。

2.在社会主义市场经济下，社区服务中心应加强以经济效益促进社会效益提高的经济观念，由单一福利型向服务经营型转变。为此，中心率先提出了社区服务在经济体制转变过程中的经济承包方案，在抓好各项社会服务的同时注意提高经济效益。3年来，中心共收入46.3万元，自有资金积累8.4万元。我们将服务系列由初建时的9个增加到11个，服务项目由24个增加到目前的42个。与此同时，对原有的收费标准进行了调整。同时，扩大“以服务养服务”的经营领域，增加服务收入。新开设的婚姻系列服务、殡仪系列服务、录像、电子游艺，均属此列。

(北京新街口社区服务中心　陈新)

江苏无锡惠山街道“重阳楼”

一、重阳楼概貌

改革开放以来风景秀丽的无锡市西北郊，南依惠泉山，北临大运河的绿色田野上矗立起200多幢居民住宅楼，形成颇具规模的住宅新区无锡北塘区惠山街道办事处的社区服务中心——重阳楼，就建在新区的中心地带。重阳楼由地面建筑和地下建筑两部分组成。

地下建筑是由原来防空洞改造而成的，有东、西、北三个出口。地下建筑平面看呈回字型，中间是350平方米“仙乐舞厅”的舞池，额定座位170个；西北角是200平方米的“卡拉OK歌厅”，额定座位60个；西南角是地下部分的门厅和小卖部。舞厅的南北两侧还各有18间面积不等的活动室；东侧是附属设施。地下建筑设置有现代化通风除湿设备，具有冬暖夏凉的特点。舞厅、歌厅的面积在无锡市内属大型娱乐场所，内部装璜设计、沙发、灯光达到中等以上档次，视听音响全套引进日本设备。

地面是三层建筑物，正面看呈凸型状。“重阳楼”系全国老龄委主任王照华同志题写的。楼内服务项目：一楼有银行新村储蓄所、休息接待室、康复医疗室、录像租带室、老年人教室、图书阅报室、司诺克桌球房；二楼有一个80座位茶室、展览室、棋牌室、老龄委办公室；三楼是群众体协办公室，两边平台是暑期纳凉活动场所。

二、重阳楼的建造过程

惠山街道办事处于1982年成立，没有社会服务设施。由于街道领导想为人民办点实事，提出苦干3年，建设社区服务中心的计划。

首先依托人防工程开设“仙乐舞厅”。1987年配合市人防办公室办地下防空洞建设的项目，争取到200万基建资金，并投入自己多年积累18万元作装修费用，高质量地建成了重阳楼地下建筑，开设了北塘区首家舞厅。

其次，多方筹集资金建设地面建筑。“仙乐舞厅”的开设，初步改变了惠山社区的业余文化生活，同时也使街道领导尝到了发展社区服务的好处，坚定了完善设区服务中心的决心。1988年和1989年，街道采取一“靠”、二“筹”、三“挤”的办法，集中60万资金投入重阳楼工程。一是依靠各方领导支持，如省民政厅资助了10万元，市老龄委拨款10万元。二是向辖区单位、经济往来的友好单位，说明建造重阳楼的社会效益，实行社会服务社会参与，筹集10万元。三是缓建机关干部宿舍，挤出30万资金。1989年12月，重阳楼落成。

三、重阳楼的功能、效益和前景

重阳楼落成以来，已接待国内外来宾120多批，每天前来参加活动的达1 500人次。重阳楼已成为无锡城里有名的活动中心，惠山社区居民每天生活不可缺少的一部分。从几年来重阳楼运转情况看，有以下三方面的特点：

（一）功能多

1. 教育功能。利用教室开设了北塘老年大学，设书法、绘画、诗词创作3个专业，已结业6期12班。创办了家长学校、三优学校，推广优生优育工作。成立市首家关心下一代协会，组织暑期学生兴趣班，成为街道暑期青少年教育基地。

2. 宣传功能。利用展览室和走廊宣传牌结合形势开展各种内容的宣传教育活动。3年来，举办过国防教育、社区服务、计划生育、老年生活等定期展览。

3. 拥军功能。利用重阳楼设施为驻地部队官兵服务，节日提供免费服务，举行军民联欢。

4. 敬老功能。重阳楼面向老人服务，其中茶室、图书室、棋牌室的服务对象大部分是退休职工。街道对70岁以上老人作为优待对象，发给优待卡。并依托居委会组织老人来楼活动。

5. 医疗功能。重阳楼内设的康复室，一年365天全天候服务，设有内科、小外科、针灸、推拿、美容等特色门诊，并开设家庭病床。

6. 体育功能。利用平台面积大、业余老师多的特点，组织老年迪斯科、门球、香功、太极拳、八段功等骨干培训班。

7. 防暑功能。利用防空设施冬暖夏凉的特点，每年夏天为患有心肺病的老人，烫伤的病人发放进洞休息证。

8. 娱乐功能。重阳楼的看、跳、歌、喝、乐等多种娱乐活动时间，每天都在12小时以上，娱乐项目涉及社会各种年龄文化层次的内容，为人们所喜闻乐见。

（二）效益佳

经济效益颇为可观。舞厅每张舞票2—5元，五年来营业额每年以30%的速度增加，歌厅每位入场5元，每唱一曲3元。储蓄所每年支付重阳楼房租费近万元，录像室每年上交承包费2.8万元，桌球室每年收益1万元，茶室收入近万元。其他的基本无收益。社会效益更为瞩目，重阳楼被省民政厅评为省社区服务先进集体，并为街道争得一系列荣誉作出了贡献。

（三）前景广

党的十四大确立中国要走社会主义市场经济的道路，使具有综合性、多功能、高效益的社区服务中心更有生机和活力。为此，街道领导认真研究，拓宽思路，抓住机遇，决定发展和扩建重阳楼。

1. 扩大重阳楼房屋设施。利用后面空地，兴建2 000平方米综合服务开发大楼；翻建西侧食堂为二层多功能餐厅；两楼之间空地建小花园；重阳楼由二层加高为四层。

2. 采取三个“一点”的办法筹集建设资金，即上级拨一点，群众捐一点、街道补贴一点，计划集资100万元，使重阳楼的社会效益和经济效益呈持续滚动式发展。

“重阳楼”事业的成功与发展，是我国社会主义城市社区服务的一个缩影。

（无锡惠山街道办事处　陈惠）

中国资产评估业述评

曲若霓

一、我国资产评估业的产生及发展

资产评估是商品经济发展中不可缺少的一项社会公证事业,它在经济发达国家已有上百年历史,而我国尚属起步阶段。

资产评估从最基本的意义上说，是一种对资产的价格判断,是评估人按特定目的,遵循法律或公允标准和程序,运用科学的方法,对被评估的资产的现实价格进行评定和估算。

资产评估有自己的独立性和特殊性，它不同于财产清查。财产清查是为使企业实有的物资财产与帐簿记载的相符所进行的实物盘点和向有关单位和个人所进行查询核对,它包括对货币资金、往来款项和实物资产三方面的清查。其中对实物资产的清查,是在盘点的基础上对部分实物的质量和使用功能进行评估，目的是确定实际价值,以调整实际数额。财产清查是企业内部一项常规性的财物管理工作，可以定期或不定期进行,其作用是保护企业的财产实物与价值形态的完好。可见,财产清查侧重于静态地评估企业财产价值,这与资产评估是有区别的。在商品经济条件下,企业所占有的财产通过经营活动能得到增值。评估资产的价值应考虑其特殊的商品性，不能只是对实物量和实物形态的评估,还要对资产运用的效果进行估价。具体反映效果的指标就是运用资产新创造的价值即利润。由于资产是随时间的推移而发生的价值增值，所以资产评估更应是一种动态的评估。

建国以来，我国曾先后进行过四次全国范围的国有资产清产核资工作，由于当时价格变化不大或没有充分考虑价格变化因素，着重于实物资产的清查核定,没有重点考虑国有资产价值重估问题。随着我国经济体制改革、开放搞活、出现了许多三资企业,企业联营、兼并和股份制迅速发展,企业承包经营、租赁、贷款担保、抵押、投办保险、拍卖等经济行为不断增多，产权关系变动频繁,而由于近年来的通货膨胀,资产使用寿命过长以及技术进步等因素，造成资产帐面价值普遍低于现值或重置价值,由此带来一些问题:一是按原值提取的折旧远远不能补偿固定资产的损耗，同时造成企业成本虚降、盈利虚增、国家财政虚收的假象,也不能确切反映企业的经营实绩；二是在企业兼并、拍卖、股份制试点和与外商合作经营等经济活动中，一些地方和企业对原有资产只是按帐面原值或帐面净值计算,没有考虑重置成本、无形资产、预期收益、环境条件等因素,使资产所有者的权益受到了严重侵害,并且也与国际惯例不相符,造成国家和企业不应有的损失。面对这些伴随改革开放而出现的新情况，只有对企业资产进行重新估价,才能正确反映它的现实价值,促进资产的有效使用和合理流动，资产评估已超越了过去那种作为一种清产核资的常规性工作，而成为一项赋予资产以价值的市场化活动，即对企业资产作为商品来确定其现价，并估算资产使用的经济效益与时间价值,以便为产权流动和转让提供依据。为此,国家国有资产管理局于 1989 年 9 月颁发了《关于在国有资产产权变动时必须进行资产评估的若干暂行规定》,明确规定,凡占有国有资产的单位在实行租赁、联营、股份经营、兼并和出售国有企业、破产和结业清理以及中外合资合作等涉及国有资产产权变动或经营使用主体发生变动的经济行为时必须进行资产评估，评估结果由国有资产管理部门进行确认。此后,资产评估机构在全国纷纷建立，资产评估业成为我国社会主义市场经济条件下一个新兴行业。

随着改革开放的不断深化，资产评估在由计划经济向商品经济转变过程中发挥出越来越重要的作用：

1. 促进了社会主义市场经济的建立。建立社会主义市场经济是社会主义理论和实践上的一个重要突破，经济工作中要采取市场经济所要求的经营管理方法和经营措施,如组织产权转让市场,改变无偿调拨资产的作法。为组织企业资产进入市场,必须按商品经济规律准确计算其价值。在评估基础上进行的产权交易，保障了投资者和经营者的合法权益，使产权交易得以顺利进行。

2. 优化了国有资产管理。对国有资产的优化管理最重要的一点是实现资产的合理流动，以达到资产存量的优化组合与合理配置，保持结构合理化。科学地评估资产存量，可做到帐实相符、价质相符，使资产得以合理流动。国有资产管理的另一内容，是推动资产占用者有效经营，节约使用资产，用定量的投入取得最大效益。资产评估考虑到客观经济环境变化，特别是价格变动的核算和折旧方法，使企业的经济效益得以真正的反映，提高了经营者在资产管理方面的责、权、利透明度，促使企业合理使用资产，提高了资产的运营效益。

3. 确保国有资产足额补偿。由于物价上涨，资产重置成本与历史成本差额急剧扩大，如发电站每千瓦装机容量投资，按帐面历史成本只有 1 100 元，而重置成本将近 3 000 元，按原值提取折旧基金，无法从实物形态上实现固定资产更新和国有资产保值，提取折旧基金偏少，反映到产品成本中物化劳动支出失实，虚增企业盈利，掩盖经济效益下降和国民收入超分配的实情，在国力可能的情况下，选择适当时机对企业资产按重置成本进行评估，可确保国有资产的足额补偿和企业更新改造的顺利进行。

4. 有利于执行对外开放政策。以前，我国有关中外合资的法律中对合资企业双方投入资产的价格问题有"由合营双方评议商定"的原则规定，缺乏资产评估具体法规制度，在执行过程中，中方投入的资本基本是按帐面价值作价的，吃亏不小。近几年，我国许多企业重视了资产评估工作，在与外商合资前，都注意委托经国家确认的资产评估机构进行资产评估，维护了企业权益，减少了国家损失。如河南省驻马店饲料厂与美商合资，开始该厂以帐面价值向美方报价 280 万美元，美方已同意。驻马店地区国有资产局得知此事后坚持进行评估，评估后的资产价值 500 万美元。又以此价与美方谈，美方不同意，该项合资没有谈成。以后正大集团愿与该厂合资，按 500 万美元成交，挽回 220 万美元。辽宁省沈阳市某单位与日商合资，日方投入食品加工设备报价人民币 331.4 万元，经我方进行技术鉴定，日方投入的是日本淘汰的二手设备，评估定价为 71.7 万元，日方同意按此价投入，挽回损失 260 万元人民币。因此，开展资产评估，才能在对外开放中维护我国国有资产的权益，保障我国国有资产不致贬值或流失。

5. 资产评估促进深化经济体制改革。随着经济体制的改革，企业资产占有多元性和经营方式多样化，资产所有者的产权利益关系也随之复杂，正确评估企业现有资产，有效地划分国家资产、企业资产和个人资产，才能划分各方的合法权益，推动经济体制改革特别是企业经营机制改革的深化。据国家国有资产管理局资产评估管理中心 1992 年对全国国有资产评估工作的一次调查，对 31 个省、自治区、直辖市和计划单列市以及部分中央单位的数字汇总，自 1989 年开展资产评估工作，截止 1991 年第三季度，在企业实行兼并、联营股份制经营、租赁、中外合资合作经营，以及转让企业产权、出售资产等经济活动中对国有资产进行评估的已有 2 374 项。被评估的资产帐面原值为 207.87 亿元，帐面净值为 153.842 亿元，经评估后重新确定的价值为 250.3 亿元，平均升值 62.7%。实践证明，进行资产评估既保护了投资者的权益，又防止了国有资产白白流失。

二、我国资产评估立法概况

我国第一个有关资产评估方面的法规，是在第一次全国范围清产核资工作中，由原政务院财政经济委员会于 1951 年 7 月 31 目颁布的《国营企业资产清理及估价暂行办法》。这一《办法》明确规定，对截至 1952 年 6 月底的全国国营企业的实有资产进行重新估价，并对固定资产、流动资产、土地、有价证券等的估价方法作了具体规定。之后，国家先后于 1962 年、1971～1972 年、1979～1980 年进行了三次全国范围的国营企业清产核资工作。这几次没有重点考虑资产价格重估问题，也没有颁布其他有关资产评估法规和规章。改革开放以后，尤其是最近几年，产权变动相当频繁，物价上涨幅度较大，迫切要求对现有资产进行评估。1988 年国家国有资产管理局成立后，首先着手制定的就是《国有资产评估条例》，并列入国务院立法计划。1988 年 9 月，国家国有资产管理局颁发了《在国有资产产权变动时必须进行资产评估的若干暂行规定》，明确规定：凡是占用国有资产的单位，在涉及资产产权主体变动或经营、使用资产的主体发生变动的经济行为中，必须进行资产评估工作。这些经济行为包括：实行租赁、联营、股份经营、兼并和出售国有企业（包括资产折股出售），破产清理、企业歇业清理，以及中外合资、中外合作经营等。另外，这一《规定》对资产评估的组织管理，资产评估机构的资格，资产清查、评定估算、验证确认等评估具体工作以及资产评估方法等作了规定。1990 年 5 月，国家国有资产管理局颁发了《资产评估机构管理暂行办法》，对申请资产评估证书的资产评估机构应具备的条件、评估机构应遵守的工作规则及应承担的法律责任、资产评估报告书应具备的内容等，作出了具体规定。1991 年 11 月 16 日以国务院总理 11 号令的形式发布了《国有资产评估管理办法》，这是我国资产评估的基本法规，它主要规范了资产评估的组织管理、程序、方法和法律责任等。这一《办法》，从地域上说主要适用于中国境内的国有资产评估。有关国有资源有偿使用、开采的评估办法，也由国务院另行规定。从行业上说，这个办法适用于资产拍卖、转让、企业兼并、出售、联营、股份经营，与外国公司、企业和其他经济组织或者个人开办中外合资经营或中外合作经营企业，企业清算以及依照国家规定需要进行资产评估的其他情形。另外，在资产抵押及其他担保、企业租赁等经济活动中，如果当事人认为需要的，也可以进行评估。对一些特定行业以及大范围的资产评估（如清产核资等），由国务院决定是否和何时进行评估。从内容上说，《办法》既适用于固定资产、流动资产的评估，也适用于对无形资产和其他资产的评估，也就是说可以适用于企业整体资产的评估。《国有资产评估管理办法》的颁发，使我国资产评估工作有法可依，并逐步走上法制轨道。此外，为加强资产评估工作的管理，国家国有资产管理局还陆续下发了《关于从严审批资产评估机构资格的通知》、《关于建立国有资产评估报告制度的通知》和《关于加强资产评估培训工作的通知》等一系列文件。我国资产评估工作法规制度的建立和这些配套文件的发布，使我国资产评估工作逐步走向制度化、规范化。

三、我国资产评估机构现状

资产评估机构是具体从事资产评估的单位或组织。根据《资产评估机构管理暂行办法》的规定，资产评估机构是指持有国家或省、自治区、直辖市以及计划单列市国有资产管理部门颁发的资产评估资格证书的资产评估公司、会计师事务所、财务咨询公司、审计师事务所等机构，或者国有资产管理部门认可的临时性资产评估机构。就是说我国的资产评估机构有正式和临时两种。资产评估机构具有承担国有资产和非国有资产评估的资格，并接受国有资产管理部门的监督和管理。我国的资产评估机构不是国家机关，也不应是以盈利为目的的企业，而是公正性、服务性的组织，实行有偿服务，以自收自支略有结余为原则。资产评估机构可以是专营的，也可以是兼营的，如会计师事务所可以兼营资产评估业务。专营的资产评估机构也可以专营资产评估的某一、二项业务，如专营房地产的评估、专门从事铁路的资产评估等。资产评估机构可以由有关部门建立，也可以搞合作制，甚至与外国合资合作设立，但不论以何种形式建立的资产评估机构，都必须归口国有资产管理部门统一管理，取得合法资格，依据法规和政策进行资产评估。

资产评估机构必须具备下列条件才能取得资产评估资格：一是经政府有关部门审查批准，并经工商部门登记注册；二是具有一定的资产评估工作经验，具有资产评估能力，经过资产管理部门考核，确认资产评估资格；三是具备一定数量能胜任资产评估工作的各类专业人员。资产评估是一项技术性很强的工作，评估人员中要求有技术人员、经济管理人员、会计，具有中级以上技术职称的不得少于50%。具备了以上条件的资产评估公司、会计师事务所、审计事务所、财务咨询公司等机构，在取得资产评估资格证书后才能从事资产评估业务。《暂行规定》中明确了申请资格证书必须具备的条件，同时还规定了资产评估机构在开展业务时应遵守的工作规则以及资产评估报告的基本要求。资产评估资格证书由国家统一印制，由省以上国有资产管理部门审核颁发。

资产评估机构申领资产评估资格证书后，即可以从事资产评估工作，其职责有：1. 按照国家有关法律、法规、政策进行资产评估。评估机构可以对国有和非国有资产进行评估，评估后编写资产评估报告，承担资产评估的法律责任。2. 机构内部的组织建设。评估机构可以实行董事会制、经理制，或其他管理形式，根据具体情况自行确定，机构内部可设置一定的业务职能部门，分别管理各自的业务工作，并建立健全各种内部管理制度。3. 培养、管理资产评估人员。4. 接受国有资产管理部门的监督和管理。

国家国有资产管理局负责管理全国的资产评估工作，其设置的资产评估中心，是为资产评估服务的机构，并承担下列管理职能：一是研究制定资产评估工作的政策、制度、办法；二是管理全国的资产评估工作和资产评估机构，印发"资产评估资格证书"，监督检查资产评估政策、法规的执行情况；三是负责资产评估的立项、审核认证工作，调解资产评估中的纠纷，建立资产评估信息资料库；四是培训管理资产评估人员，制定评估人员的管理办法，确认评估人员资格，组织评定资产评估人员的职称。

资产评估是一项政策性、技术性都很强的工作，以前由于我国缺少这方面的法律规定，评估机构五花八门，有事业单位机构，也有民间合作制机构；评估人员也是参差不齐，来自各个方面。为了适应全国资产评估业务的发展，国家编委和人事部于1989年10月26日批准成立国家国有资产管理局资产评估中心，负责对全国国有资产评估工作进行管理。按照分级管理的原则，地方各级国有资产管理部门也将国有资产评估工作纳入自己的管理范围，许多地方成立了资产评估管理的专职机构。我国从事资产评估业务活动的人员也随着资产评估工作的开展逐步壮大。

四、1992年资产评估工作的进展

1992年，全国资产评估工作在前几年的基础上又有了很大进展。

（一）立法方面

为了进一步贯彻1991年发布的《国有资产评估管理办法》，国家国有资产管理局于1992年7月正式颁发了《国有资产评估管理办法实施细则》，为各地的资产评估机构更好地理解和贯彻《国有资产评估管理办法》提供了依据。12月国家国有资产管理局又与国家物价局联合发布了《资产评估收费暂行办法》，为资产评估机构实行有偿服务提供了依据。

（二）评估项目管理

1992年全国批准立项数13 778项，确认项目数11 846项，被评估的帐面原值15 271 713.79万元，帐面净值11 689 808.90万元，评估后的价值为18 182 642.68万元，增值率为55.54%。

（三）评估机构管理

1992年，国家国有资产管理局本着宁少勿滥，从严要求的原则，从申请资产评估资格的30多个机构中筛选出16家上报评估资格审查委员会，经审查，授予3家正式评估资格。到1992年底国家国有资产管理局共授予35家中央所属资产评估机构资产评估资格，其中正式资格22家。截止1992年底，全国共有正式评估机构618家，临时机构347家，成员15 014人。这些机构中经济管理人员8 818人，技术人员5 286人。

（四）评估人员的培训

为了提高评估人员的业务素质，1992年全国共办班87次，培训了一大批评估工作人员。

随着社会主义市场经济的建立，商品经济不断发展，更多的企业走向市场，资产评估业的作用越来越重要。将来社会上可能还要出现一些零散的、专业性的评估机构，如鉴定金银成色的，鉴定珠宝、文物的，专门从事铁路资产评估的，专门从事房地产资产评估的等等，这些都属于资产评估行业，应当归口进行管理，以便统一执行评估政策，加强行业管理。我国的资产评估业将随着社会主义市场经济的建立和发展而不断发展壮大。

（作者单位：国家国有资产管理局政策法规司）

中国企业评价

李克穆 陈东升 方宇

国务院发展研究中心所属《管理世界》中国企业评价中心成立于1988年8月，并于翌年元月首次推出“1987年中国100家最大工业企业及九大行业50家评价”。随着全国企业评价工作的发展，在十数家部委的支持下，于1991年7月成立了唯一的全国性企业评价机构——中国企业评价协会。从最初《管理世界》中国企业评价中心的设置，以及中国企业评价中心的成立，至今已经6年了。总结这6年的工作及其发展历程，可以进一步明确评价的宗旨，对于中国评价工作健康的发展将大有裨益。

一、6年工作回顾

管理世界杂志社成立于1985年。1986年隶属国务院发展研究中心管理。杂志社所属《管理世界》杂志、《现代企业导刊》均为国务院发展研究中心主办。《管理世界》杂志以国务院发展研究中心的研究课题为主体，着重反映有关国民经济发展与改革的实证性、政策性和超前性研究的研究成果，为其办刊宗旨。正是基于这一宗旨，《管理世界》在全国众多经济研究和管理科学类的刊物中，独树一帜。也正是这种对国民经济发展研究的务实精神，构成了以实证性研究的中国企业评价项目的基础。

企业是国民经济发展的基础，当我国经济体制改革从农村转向城市时，如何确立企业在国民经济发展中的主体地位，如何进一步发挥我国大中型企业在国民经济发展中的带头和骨干作用，就成为人们关注的焦点。1988年管理世界杂志社经过反复论证，确立了以实证性研究的方式开展中国企业评价的项目，并于当年8月成立以《管理世界》编辑部为主体的《管理世界》中国企业评价中心。中国企业评价中心成立以来，得到了国务院所属部委的大力支持，在国务院发展研究中心的直接领导下，开展了一系列富有成果的活动。

（一）积极推动企业评价工作

——从1989年1月26日召开“1987年中国100家最大工业企业及九大行业50家评价”成果新闻发布会，首开中国企业评价之先河；并于当年与国家统计局工业交通统计司首次合作，推出“中国500家最大工业企业及行业50家评价”成果；至1993年，工业企业评价已经进行6年了。

——1992年3月，《管理世界》中国企业评价中心联合国务院研究室财金组、工交组，中国人民银行总行，对外经济贸易部，物资部，商业部，铁道部，交通部，邮电部，国家民航局，国家旅游局，国家新闻出版署11家部委，首次公布“中国500家最大服务企业评价”结果。至1993年已经连续3年进行“中国500家最大服务企业评价”。

——1992年7月，《管理世界》中国企业评价中心与国家统计局固定资产投资司联合，首次进行“中国500家最大建筑业企业和500家最佳经济效益建筑业企业评价”。1993年《管理世界》中国企业评价中心、国家统计局固定资产投资司，以及新加入的建设部施工管理司共同合作进行这一评价。根据将评价工作与行业管理有机结合的精神，共同制定评价方案，使对建筑业企业评价更为客观、公正、科学。

——1992年11月，管理世界杂志社与未来学会、中国社会科学院社会学研究所共同进行“中国127个地级以上城市经济社会评价”。

《管理世界》中国企业评价中心还指导一些省市经济研究中心与当地政府有关部门合作进行地方性企业评价。

特别应当指出的是，中国企业评价协会成立以后，《管理世界》中国企业评价中心即作为中国企业评价协会的评价机构继续开展评价工作。这表明，《管理世界》中国企业评价中心从过去仅隶属于杂志社的角度研究问题，上升到从全国范围去研究、评价中国企业发展问题了。

（二）深入进行企业跟踪调研工作

为进一步推动我国大中型企业经营的发展，及时了解和研究企业经营发展的变化，沟通企业间及企业与政府部门间的信息，1990年7月中国企业评价信息网络正式成立（该网络在中国企业评价协会实行会员制以后，已并入会员网络）。在企业积极配合下，定期调查和研究企业经营状况的变化，并将研究成果反馈给企业。

为了做好调研工作，我们还联合数十家部委（包括中央直属公司）共同组成研究咨询员网络。在此基础上，编辑出版了内部刊物《中国产业经济动态》。《中国产业经济动态》主要反映了中国经济的发展及趋势、特别是政策调整，以及企业发展的信息。这样，一方面沟通了企业与政府部门间的信息；同时也使企业能够及时了解全国经济发展形势、行业发展状况乃至政策的调整，适时地调整企业的经营策略。

（三）积极开展资信和咨询业务

目前中国企业评价协会主持的几项全国性企业评价，以其“客观、公正、科学”的评价原则，赢得了国内各界和国际社会广泛的欢迎和信誉。国务院发展研究中心管理世界杂志社出版的《中国大型企业排序（工业卷·中英文版）》，已经得到国内外实业界的普遍欢迎，成为外国实业界与中国实业界进行国际经济合作与交往的重要桥梁。同时，国内外厂商委托资信和咨询的业务也日益增多。

与此同时，各级经济主管部门委托的各类咨询项目也渐增加。特别典型的项目是：内蒙古包头市政府委托的《中国神木煤综合开发利用布局研究》。该项课题为国家确定神木为综合开发利用选址，提供了可靠的咨询依据。正如该项目鉴定委员会负责人吴明瑜签署的鉴定意见中指出的：“该课题组根据国家总体发展战略，结合我国“八五”计划和十年规划的生产力布局和区域政策，以及分析神府—东胜所在区域的各种条件因素，在调查研究和翔实的基础资料基础上，从宏观、中观及微观角度进行了比较系统深入的研究和测算，研究探讨了有关神木煤综合开发利用布局等一系列重大问题，得出了有实用价值的成果，并提出了颇具建设性的结论和建议。”

（四）开展中国经济宏观景气跟踪研究

在我国，企业的发展与国家宏观景气状况联系越来越紧密了。加强我国宏观景气的跟踪研究，无论对宏观经济调控部门，还是对企业的运营，均具有积极的现实意义。1991年，由国务院研究室工交组、国家体改委宏观调控司与我们共同组成的“中国经济宏观景气跟踪专家问卷系统”项目小组正式成立。该项研究除采用宏观经济模型对当前或未来经济进行分析外，还采用专家评审法（即特尔菲法），根据对国家宏观调控部门，地方金融、计经委、统计等部门的专家调查的结果，进行综合研究，并提供翔实的研究报告。3年来，此项研究获得政府决策界和各级经济部门的一致好评。

除上述工作外，中国企业评价协会还组织了大量的专题研讨会和专题讲座，为积极推进中国国民经济的发展办了一些实事。

二、企业评价必须坚持科学和无偿的原则

中国企业评价协会的基本宗旨：按照国家惯例和我国国情，“客观、公正、科学”地评价我国企业，为政府决策，为企业健康发展和进入国际市场服务。

（一）坚持“客观、公正、科学”的评价原则

“中国500家最大工业企业及行业50家评价”是目前国内最具影响的评价之一，并由此带动起一系列的评价，包括各种类型、各种层次的评价。但无论何种评价都应该坚持“客观、公正、科学”的评价原则。

首先，我们进行的企业评价是按照国际惯例即采取国际通用的兼顾规模与效益的评价体系进行评价，使评价结果在国际上具有可比性。同时，我们反复指出，评价本身并不是简单的排序，而是通过一系列研究，根据客观数据，从宏观、微观两方面进行经济分析的结果。

评价本身就是一种规范，即采用这种规范衡量某一事物。因此，企业评价对企业的行为具有一定的引导作用。例如，“销售额”评价即经营规模评价，最早出现时，并未完全被人们所接受。但时至今日，“销售额”已为人们所接受，有些地方已提出，要变“工业总产值”指数为“销售额”指数，以衡量工业状况乃至企业状况。这说明，人们对经济运行有了更深的理解，人们在观念上又有了新飞跃。正因为如此，评价引起了人们在思想方面的共鸣。另外，采用经济统计资料的“硬指标”为评价标准，改变了受人为因素左右较大的“软指标”为标准的判断。正因为用“硬指标”来衡量企业经营规模状况和经济效益的优劣；许多企业负责人认为这种评价更为合理。

其次，我们的评价已经建立起一个较为完整的体系，并具有评价简便但内涵丰富的特点。对企业的考虑，不仅从销售额方面衡量其经营规模，同时还以“模糊数学模式”进行企业综合经济效益评价，并着重体现企业技术进步的因素。从类别方面，设有全国篇：500家最大经营规模和最佳经济效益企业；行业篇：行业50家最大经营规模和最佳经济效益企业；地区篇：地区（按行政区划）50家最大经营规模和最佳经济效益

企业。全部数据由国家统计局提供，并经计算机数据库处理。

当然，企业评价工作还存在许多难点有待深入研究解决，以使评价体系更为完善。例如，企业上报范围和口径不统一，需要进一步规范化；集团企业和股份制企业的增加等，也给统计工作和评价工作增加难度；由于价格等多方面的传统体制的因素，评价指标的可比性受到影响。上述这些问题均需要我们加强研究，进一步完善评价体系，扩展评价领域，使其在遵循国际惯例的同时，更为合理，更具实用性。

（二）评价工作是促进企业发展的一个重要环节

开展评价工作6年来，我们体会到，企业评价工作是促进企业发展的一个重要环节，从多方面促进这一工作的深入发展，有利于企业的健康发展。

第一，为宏观决策提供有力的咨询依据。

正如1989年1月27日《人民日报》头版头条刊载《我国评出百家最大工业企业》一文中指出：这一结果表明，大型企业在我国国民经济中发挥着极为重要的作用；我国的工业主体结构还处在工业化的初期阶段；地区结构，大型企业主要分布在沿海大城市和原料产地；为国家调整产业结构和制订产业政策提供了一个可靠的重要依据。这是第一次用实证研究的结果，再次证明大型企业在国民经济发展中发挥了骨干和带头的作用。

第二，积极推动企业评价工作，促进大型企业经营管理的完善。

国务院发展研究中心主任孙尚清同志曾经指出，企业评价工作表现在推动企业经营管理水平的提高。社会经济发展归根到底取决于企业的效益。如果企业低效益或无效益，国民经济的发展和社会财富的积累就是一句空话。在治理整顿、深化改革的今天，从各方面采取措施，推动企业提高经济效益，对治理整顿和深化改革都是至关重要的。

原国务院生产委员会副主任李祥林在“1990年中国500家最大工业企业及行业50家评价”成果新闻发布会上指出：企业评价工作非常重要，我们企业很多，但在国民经济中起主导作用的是大中型企业。把大中型企业搞好了，国家经济的主体就巩固了。由于企业评价可以全面反映企业经营管理水平和发展状况，因此对企业的发展有着指导作用。国务院生产委员会将全力支持企业评价工作，并充分利用这一评价成果指导生产。

第三，成为国际交流与合作的重要咨询根据。

由于采用“国际语言”即按“销售额”排序，管理世界中国企业评价中心连续三年的评价结果已成为国际经济交流与合作的重要咨询依据。正如日本大和证券首席代表指出，这次评价结果是中国建国以来，唯一可以与国外评价资料进行比较的资料。许多国外大企业也用此衡量和选择中国的合作伙伴。

除上述宏观意义外，从微观意义方面看，评价改变了大量评比、检查所带来的人力、物力、时间上的巨大浪费，使企业没有经营上的“干预感”。同时，评价又给企业一种巨大的压力，这种巨大的压力来自于竞争。原第二汽车制造厂厂长、东风汽车联营公司总经理陈清泰指出，“‘中国500家最大工业企业评价’给人以压力，也给人以激励，是企业所欢迎的。去年（1990年）二汽各种组织机构评选出来的优秀单位、个人共2 000余项（人）；各种检查团组来二汽检查千余次，给企业造成巨大的负担。而这些评比、检查又涉及到企业经营管理的各个层面，是对企业微观管理的直接干预。”

（三）无偿原则是评价公正的前提

评价的原则首先应当是“客观”、“公正”，如果失去这一点，评价也就失去了现实的意义。中国企业评价协会作为唯一的全国性企业评价机构，即社会中介机构，应该不受各种因素的影响，才有可能保证自己的公正地位。作为中国企业评价协会评价机构的《管理世界》中国企业评价中心，坚持“客观”、“公正”的原则，不搞有偿评价。评价不同于咨询，如果有偿，势必影响评价的公正性，是不可取的。

前一时期，社会上开展的评奖活动比较多，其中有些活动缺乏科学性和公正性，不注重社会效益，增加了企业的负担，影响了企业正常的经营。还有的不负责任的评比形成企业“轮流坐庄”的局面。这类评比活动造成的不良影响，国家明令禁止是必要的和及时的。我们进行的企业评价同上述评比、评奖、评优活动在目的、内容和形式上都有严格区别。

针对上述情况，中国企业评价协会将协助有关部委，做好以下工作。第一，中国企业评价协会将积极协调有关企业的各种评价，使各类评价向一个整体方面发展，相互协调，相互促进。第二，在总体协调企业评价工作的基础上，不断拓展评价领域。第三，进一步规范评价者的行为。

（作者单位：《管理世界》中国企业评价中心）

附：1992年企业评价工作成果

1991年中国500家最大服务企业及行业评价

管理世界中国企业评价中心

名誉主任：邹家华
顾　　问：袁宝华　吕　东　孙尚清　李祥林
　　　　　张彦宁　张　塞　汤丙午
评价指导：卢春恒　吴凯泰　程秀生
主　　任：李克穆
副 主 任：陈东升　张玉川
秘 书 长：方　宇
副 秘 长：阎长乐　王晓霞　贾廷战
工作人员：蒋东生　尚增建　尚　鸣　李　晶
　　　　　王林燕　刘新华　李　凌　田　野

中国500家最大服务企业评价委员会组织机构

顾　　　　问：李岚清　柳随年　胡　平　郭振乾
　　　　　　　郑光迪　柯德铭　何光伟　张有民
评 价 指 导：金建栋　刘向东　马成珩　孙　钢　汪乾庆　吴江江
　　　　　　　赵智仁　沈柏年　孙荣兴　金毓铮　卢　建　倪小庭
工作委员会：陈东升　方　宇　阎长乐　李小平　蔡　进　石建国
　　　　　　　王建国　常露莎　贾国桂　秦仲云　林利权　刘　蕴
　　　　　　　史博利　孟　东　郭明生　杜越新　牛成利　李德才
　　　　　　　许毓信
评价系统设计：陈东升　方　宇　阎长乐
计算机处理：阎长乐　刘新华　李　晶

说　明

一、最大服务企业评价仍采用工业企业评价的方法，选取一项反映企业当年实绩的价值指标作为主要评价标准，以此排序。具体讲：

1. 金融保险业，采用资产总额为标准排序。

2. 对外经济贸易业，采用进出口总额（进出口贸易）和合同额加营业额（国际经济技术合作公司）为标准排序。

3. 物资供销业，以营业收入，即当年实现的总销售额为标准排序。

4. 商业批发、零售业，以营业收入为标准排序。

5. 铁路运输业，以运输清算收入为标准排序。清算收入是考虑铁路运输的特殊性而采用的一种运输收入指标。

6. 交通运输业，因其运输种类繁多，包括远洋、沿海、内河、公路、港口、码头、管道运输等。为了具备可比性，除按运营收入为标准外，其名次将分行业（类别）给出。

7. 邮电服务业，以营业收入为标准排序。

8. 民航运输业，以运输收入为标准排序。

9. 旅游业，以营业收入为标准排序。

10. 其他，包括仓储企业、饮食服务等。

二、"中国500家最大服务企业"的行业比例确定，考虑以下因素：

1. 中国国民经济各行业（服务）发展状况；

2. 国民经济发展中各行业国民收入所占比重；

3. 各行业实际拥有的企业数量；

4. 行业职工人数、资产额、国民经济依存度；

5. 企业单位的划分；

6. 随着我国服务企业（行业）的不断发展，“500家”的结构将随之变化。

三、“中国500家最大服务企业”由《管理世界》中国企业评价中心与11家部委联合发布。

这11家部委分别是：

国务院研究室财金组、工交组

中国人民银行总行

对外经济贸易部

物资部

商业部

铁道部

交通部

邮电部

国家民航局

国家旅游局

国家新闻出版署

银行

名次	企业名称	资产总额（亿元）
1	中国工商银行	11 399.72
2	中国农业银行	5 941.65
3	中国人民建设银行	4 092.14
4	中国银行	2 714.75
5	交通银行	581.13
6	中国投资银行	174.34
7	广东发展银行	120.85
8	招商银行	65.36
9	深圳发展银行	43.54
10	福建兴业银行	37.93

保险业

名次	企业名称	资产总额（亿元）
1	中国人民保险公司	350.00
2	中国太平洋保险公司	10.02
3	平安保险公司	4.50
4	大连人寿保险公司	2.60

信托投资业

名次	企 业 名 称	资产总额（万元）
1	中国国际信托投资公司	4 526 282
2	中国对外经济贸易信托投资公司	3 575 194
3	广东国际信托公司	1 120 000
4	上海市投资信托公司	676 399
5	中国工商银行信托投资公司	595 000
6	山东省国际信托投资公司	400 300
7	中国农村发展信托投资公司	397 081
8	中国经济开发信托投资公司	390 000
9	中国银行信托咨询公司	358 953
10	中信兴业信托投资公司	358 274
11	中国工商银行上海信托投资公司	310 150
12	中国人民建设银行信托投资公司	301 500
13	中国人民建设银行上海信托投资公司	270 000
14	广州国际信托投资公司	261 122
15	中国工商银行北京信托投资公司	256 058
16	中银信托投资公司	238 000
17	中国光大国际信托投资公司	237 024
18	中国工商银行广东省信托投资公司	229 397
19	吉林省信托投资公司	223 643
20	天津市国际信托投资公司	220 824
21	天津信托投资公司	213 000
22	中国新技术创业公司	208 214
23	中国工商银行沈阳市信托投资股份有限公司	205 000
24	中国银行北京信托咨询公司	198 700
25	中国银行上海信托咨询公司	181 406
26	中国人民建设银行广东省信托投资公司	175 208
27	中国人民建设银行江苏省信托投资公司	175 164
28	江苏省国际信托投资公司	162 358
29	福建华兴信托投资公司	160 000
30	中国工商银行江苏省信托股份公司	150 767
31	深圳国际信托投资公司	146 443
32	山西省信托投资公司	138 579
33	中国农业银行江苏省信托投资公司	138 317
34	中国工商银行安徽省信托投资公司	137 736
35	中国工商银行湖北省信托投资公司	136 396
36	湖南省信托投资公司	136 300
37	中国银行广州信托咨询公司	136 113
38	中国人民建设银行山东信托投资公司	131 717
39	中国工商银行浙江省信托投资公司	130 184
40	中国人民建设银行河南省信托投资公司	129 744
41	中国工商银行重庆信托投资公司	125 754
42	广东华侨信托投资公司	124 362

43	北京国际信托投资公司	121 931
44	中国工商银行山西省信托投资公司	118 796
45	中国农业银行信托投资公司	116 450
46	广东粤财信托投资公司	115 190
47	浙江省国际信托投资公司	107 866
48	中国银行大连国际信托投资咨询公司	107 469
49	大连国际信托投资公司	105 950
50	上海爱建信托投资公司	105 352
51	厦门国际信托投资公司	104 446
52	中国工商银行江苏信托投资公司	103 501
53	广西信托投资公司	100 323
54	济南市信托投资公司	100 300
55	辽宁省国际信托投资公司	99 133
56	珠海国际信托投资公司	93 712
57	中国人民银行青岛市信托投资公司	90 373
58	中国银行江西信托咨询公司	85 200
59	中国信息信托投资公司	85 000
60	中国农业银行湖北信托投资公司	84 721
61	中国农业银行浙江信托投资公司	83 138
62	中信上海信托投资公司	82 734
63	辽宁信托投资公司	80 640
64	中国工商银行成都市信托投资公司	80 200
65	新疆国际信托投资公司	78 442
66	无锡市信托投资公司	75 295
67	中国建设银行黑龙江省信托投资公司	75 000
68	中国工商银行河南省信托投资公司	74 600
69	广东国际信托投资公司深圳公司	73 766
70	中国银行深圳国际信托咨询公司	73 237
71	湖北省国际信托投资公司	73 159
72	广西国际信托投资公司	73 000
73	海南赛格国际信托投资公司	72 851
74	中国工商银行广西分行信托投资公司	68 936
75	中国工商银行沈阳市风险投资股份有限公司	67 776
76	海南汇通国际信托投资公司	67 220
77	哈尔滨市国际信托投资公司	66 778
78	汕头国际信托投资公司	66 140
79	佛山国际信托投资公司	66 085
80	中国建行沈阳市信托投资股份有限公司	63 000
81	中国工商银行四川省信托投资公司	62 680
82	黑龙江省国际信托投资公司	61 000
83	中国工商银行哈尔滨信托投资公司	60 200
84	中国人民建设银行北京信托投资公司	60 000
85	河北省国际信托投资公司	59 835
86	湛江国际信托投资公司	59 200
87	中国工商银行云南省信托投资股份公司	59 152

88	中国工商银行武汉市信托投资公司	58 600
89	鞍山金钢信托投资公司	58 380
90	北京京华信托投资公司	57 384
91	石家庄信托投资股份公司	56 805
92	中国工商银行辽宁省信托投资股份有限公司	54 941
93	中国人民建设银行安徽省信托投资公司	54 739
94	苏州市信托投资公司	54 700
95	中国人民建设银行浙江省信托投资公司	54 628
96	中国人民建设银行广州市信托投资公司	54 300

财务公司

名次	企 业 名 称	资产总额（亿元）
1	中国华能财务公司	33.86
2	中国石油化工总公司财务公司	31.68
3	中国科技财务公司	29.53
4	中国华诚财务公司	9.05
5	中国有色金属工业财务公司	8.90
6	中国长城财务公司	8.30
7	深圳经济特区发展财务公司	7.83
8	中国重型汽车工业财务公司	7.22
9	东风汽车工业财务公司	7.01
10	解放汽车工业财务公司	6.90

租赁

名次	企 业 名 称	资产总额（亿元）
1	中国租赁有限公司	20.98
2	中国对外贸易租赁公司	6.50
3	中国电子租赁有限公司	5.97

对外经济贸易业

名次	企 业 名 称	进出口总额（万美元）
1	中国化工进出口总公司	839 800.00
2	中国粮油食品进出口总公司	578 000.00
3	中国纺织品进出口总公司	349 597.00
4	中国化工进出口总公司辽宁分公司	258 257.00
5	中国土产畜产进出口总公司	256 050.00
6	中国技术进出口总公司	254 105.00
7	中国五金矿产进出口总公司	213 987.00
8	中国电子进出口总公司	149 991.00
9	中国冶金进出口总公司	146 268.00

10	中国机械进出口总公司	146 043.00
11	中国丝绸进出口总公司	139 252.00
12	中国工艺品进出口总公司	113 164.00
13	中国轻工业品进出口总公司	98 215.00
14	中国煤炭进出口总公司	82 649.00
15	中国航空器材公司	80 208.78
16	中国烟草进出口总公司	76 393.00
17	中国航空技术进出口总公司	74 500.00
18	中国有色金属进出口总公司	69 902.00
19	广东省轻工业品进出口公司	63 624.00
20	中国化工进出口总公司山东分公司	63 382.00
21	广东省化工进出口公司	58 716.00
22	上海市丝绸进出口公司	56 067.00
23	中国船舶工业贸易公司	55 120.00
24	中国北方工业公司	53 128.00
25	中国仪器进出口总公司	50 227.00
26	吉林省粮油食品进出口公司	49 969.00
27	中国化工进出口总公司河北分公司	49 673.00
28	广东省纺织进出口公司	48 390.00
29	中国石化国际事业公司	47 378.00
30	广东省土产进出口公司	46 045.00
31	中国丝绸进出口公司江苏省分公司	44 265.00
32	河北省纺织品进出口公司	43 273.00
33	中国包装进出口总公司	42 480.00
34	上海市服装进出口公司	40 815.00
35	浙江省丝绸进出口公司	39 452.00
36	山东省纺织品进出口公司	39 242.32
37	广东省食品进出口公司	39 059.00
38	黑龙江省粮油食品进出口（集团）公司	38 920.00
39	上海市纺织品进出口公司	37 765.00
40	广东省工艺进出口公司	37 183.00
41	广东省机械进出口公司	35 383.00
42	上海市五矿进出口公司	33 719.00
43	中国机械设备进出口总公司	32 535.95
44	山东省粮油进出口公司	32 423.00
45	江苏省对外贸易公司	32 018.00
46	广东外贸开发公司	30 224.00
47	中国南光有限公司	29 400.00
48	上海市文体进出口公司	29 291.00
49	上海市化工进出口公司	29 061.00
50	广东省丝绸进出口公司	28 883.10
51	山东省对外贸易总公司	27 105.00
52	江苏省纺织品进出口（集团）公司	26 664.00
53	上海市机械进出口公司	25 507.00
54	中国医药保健品进出口总公司	25 307.00

55	北京市服装进出口公司	25 236.00
56	辽宁省服装进出口公司	25 023.00
57	江苏服装进出口（集团）公司	24 609.00
58	上海市抽纱品（集团）进出口公司	24 472.00
59	上海市轻工进出口公司	23 801.00
60	中国电子进出口总公司北京分公司	23 310.00
61	广州轻工业品进出口（集团）公司	23 125.00
62	广东省对外经济发展公司	22 315.00
63	中国汽车工业进出口总公司	21 919.30
64	广东省五矿进出口公司	21 885.00
65	辽宁省粮油进出口公司	21 600.00
66	中国化工进出口总公司江苏分公司	20 842.00
67	山西省煤炭进出口公司	20 634.95
68	四川省丝绸进出口公司	20 603.82
69	山东省食品进出口公司	20 528.00
70	中国海外贸易总公司	20 099.00
71	山东省服装进出口公司	19 806.00
72	上海市家用纺织品公司	19 770.00
73	浙江省粮油食品进出口公司	19 629.00
74	中国化工建设总公司	19 448.40
75	山东省畜产进出口公司	19 300.00
76	上海市医药进出口公司	18 113.00
77	中国电子进出口总公司深圳工贸公司	17 888.00
78	中国冶金进出口公司上海分公司	17 815.00
79	广东省畜产进出口公司	17 605.67
80	上海市食品进出口公司	17 576.00
81	广州市对外贸易总公司	17 505.00
82	湖南省粮油食品进出口公司	17 323.00
83	新疆纺织品进出口公司	17 317.00
84	天津服装进出口公司	17 270.00
85	辽宁省五矿进出口公司	17 225.00
86	河北省食品进出口公司	16 885.00
87	江苏省工艺品进出口（集团）公司	16 831.00
88	江苏粮油食品进出口（集团）公司	16 774.00
89	江苏省轻工业品进出口（集团）公司	16 697.00
90	山东五矿进出口公司	16 681.00
91	北京市针棉织品进出口公司	16 267.00
92	中国（福建）对外贸易中心集团	16 178.00
93	福建省轻工进出口公司	15 977.00
94	中国对外贸易中心（集团）	15 510.38
95	河南省粮油食品进出口公司	15 323.00
96	河南省服装进出口公司	15 319.18
97	浙江省纺织品进出口公司	15 254.00
98	中国华润有限公司	15 000.00
99	湖南省进出口公司	14 743.00

100	福建省粮油食品进出口公司	14 561.00

国际经济技术合作公司

名次	企 业 名 称	营业额（万美元）	合同额（万美元）
1	中国建筑工程总公司	53 495.00	49 286.00
2	中国成套设备出口公司	22 445.00	26 228.00
3	中国港湾建设总公司	17 073.00	21 225.00
4	中国冶金建设公司	10 014.00	21 235.00
5	中国福建经济技术合作公司	10 801.00	14 312.00
6	中国公路桥梁建设总公司	8 408.00	13 889.00
7	中国海外工程总公司	7 161.12	15 020.24
8	中国机械对外经济技术合作公司	9 570.00	12 513.00
9	中国广东国际经济合作公司	10 806.00	10 622.00
10	中国天津国际经济技术合作公司	3 884.00	11 515.00

物资供销业

名次	企 业 名 称	营业收入（万元）
1	中国汽车贸易公司	516 095.00
2	上海市金属公司	504 522.00
3	中国黑色金属材料总公司	484 115.00
4	中国铁路物资总公司	442 225.00
5	中国轻工物资供销总公司	397 596.00
6	中国机电设备总公司	386 852.00
7	上海市化轻公司	353 009.00
8	中国有色金属材料总公司	320 755.00
9	上海市机电设备供应公司	249 755.00
10	中国轻工业原材料总公司	236 264.52
11	中国水利电力物资总公司	187 409.00
12	中国化工轻工总公司	174 609.00
13	上海市燃料公司	171 935.00
14	中国邮电器材总公司	152 566.00
15	北京市机电公司	128 983.00
16	中国机械工业供销总公司	119 170.00
17	浙江省金属材料公司	115 690.00
18	中国农业机械总公司	108 558.50
19	北京市金属材料公司	106 754.00
20	苏州物资贸易中心	103 091.00
21	辽宁省金属材料总公司	103 059.00
22	上海市木材公司	95 584.00
23	上海物资贸易中心	91 874.00
24	中国印刷物资公司	91 761.00
25	浙江省燃料公司	91 582.00

26	无锡市金属材料公司	85 338.00
27	广东省金属材料公司	82 452.00
28	浙江省机电公司	82 229.00
29	辽宁物资集团公司	81 020.00
30	湖南省金属材料总公司	78 680.00
31	天津市金属公司	78 416.00
32	上海市生产资料服务公司	76 963.00
33	广州市金属公司	76 915.00
34	中国交通物资总公司	75 141.00
35	天津市煤建公司	74 720.00
36	天津市机电公司	72 227.00
37	江苏省燃料公司	68 343.00
38	湖北省金属公司	65 691.00
39	武汉市黑色金属材料公司	65 559.00
40	四川省物资贸易中心	65 535.00
41	江苏省木材公司	64 586.00
42	广东省燃料公司	61 573.00
43	广东省机电设备公司	60 945.00
44	浙江省开发公司	59 699.00
45	广西区金属公司	58 379.00
46	青岛市金属公司	58 054.00
47	中国国防军工物资供应总公司	57 720.00
48	北京市化轻公司	57 646.00
49	无锡县金属材料公司	57 113.00
50	无锡市机电设备公司	55 888.00
51	南京市金属公司	55 465.00
52	辽宁省化工材料公司	55 372.00
53	中国建材总公司	53 090.38
54	湖北省机电公司	52 432.00
55	中国物资储运总公司	52 392.64
56	中国木材总公司	52 282.80
57	河南省金属材料公司	51 300.00
58	广西区机电公司	51 100.00
59	上海市汽配公司	50 693.00
60	唐山市机电设备总公司	50 584.00
61	成都物资贸易中心	50 294.00
62	云南省机电公司	50 010.00
63	重庆市金属材料公司	49 347.90
64	黑龙江省化工轻工材料总公司	49 243.20
65	四川省金属公司	48 720.00
66	浙江省化轻公司	48 301.00
67	沈阳市金属材料总公司	47 969.00
68	江西省金属公司	46 660.00
69	南通市燃料公司	46 468.00
70	中国（深圳）物资工贸集团有限公司	45 919.00

71	武进县贸易中心	45 772.00
72	中国医药物资供销总公司	45 358.00
73	辽宁省机电公司	45 060.00
74	南京市石油公司	45 060.00
75	山西省金属公司	44 666.00
76	辽宁省燃料公司	44 454.00
77	大连市金属材料公司	44 169.00
78	中国物资再生利用总公司	44 080.00
79	沈阳市燃料总公司	43 411.00
80	石家庄市金属材料公司	43 145.00
81	山西省机电公司	42 907.00
82	云南省金属公司	42 321.00
83	山东省汽车销售公司	42 227.00
84	中国商业物资总公司	41 488.00
85	广西区化建公司	40 886.00
86	郑州市机电公司	40 407.00
87	深圳市金属公司	40 262.00
88	烟台市化轻总公司	40 087.00
89	广东省化工公司	39 778.00
90	大连市化工轻工公司	39 658.00

商业批发、零售业

名次	企业名称	营业收入（万元）
1	上海市百货总公司	270 275
2	上海市交电家电商业集团公司	224 809
3	江苏省棉麻公司	192 935
4	广东省石油公司	175 941
5	中国农业生产资料公司广州分公司	164 501
6	上海市文化用品批发公司	150 445
7	辽宁省大连市药材集团公司	130 659
8	上海市五金机械总公司	117 225
9	四川省农业生产资料公司	115 514
10	上海市纺织品公司	115 197
11	广东省农业生产资料公司	112 247
12	上海市粮油贸易公司	107 491
13	江苏省农业生产资料公司	103 870
14	天津市五金交电公司	98 768
15	上海市第一百货商店	95 992
16	上海市药材公司	87 577
17	河南省周口地区棉麻公司	84 438
18	北京市交电公司	84 103
19	广东省糖烟酒集团公司	83 305
20	江苏省新华书店	82 909
21	天津市粮油购销公司	82 593

22	广东省五金交电公司	81 554
23	山东省新华书店	77 014
24	黑龙江省农业生产资料公司	76 698
25	广东省广州市五金交电采购供应站	73 906
26	新华书店总店	72 770
27	河北省农业生产资料公司	72 349
28	广东省广州市药材公司	70 614
29	上海市土产棉麻公司	70 155
30	上海市华联商厦	70 085
31	北京市西单商场	68 850
32	河南省棉麻公司	68 561
33	上海市禽蛋公司	68 238
34	北京市百货公司	68 075
35	四川省新华书店	67 782
36	上海市糖业烟酒公司	67 110
37	北京市百货大楼	66 552
38	北京市东安集团公司	65 270
39	四川省成都市百货采购供应站	64 248
40	河南省新华书店	64 100
41	上海市新华书店	62 022
42	湖南省新华书店	61 622
43	广东省华侨商品供应公司	59 198
44	辽宁省沈阳市中兴—沈阳商业大厦	58 045
45	上海市针织品批发公司	57 584
46	上海市物资回收利用公司	57 511
47	天津市文化用品采购供应站	56 406
48	上海市农业生产资料公司	54 407
49	广东省广州市烟草贸易中心	53 380
50	广东省商业贸易中心	52 599
51	湖北省武汉市石油公司	52 038
52	天津市华联商厦中原公司	51 678
53	辽宁省沈阳市物资回收总公司	51 071
54	河南省农业生产资料公司	50 800
55	上海市油脂公司	50 630
56	广东省食品集团公司	50 476
57	河北省新华书店	50 386
58	广东省深圳市免税商品供应公司	50 342
59	上海市杨浦区供销合作社	49 828
60	北京市药材公司	49 622
61	江苏省南京市新街口百货商店	48 382
62	中国五金交电化工公司	48 016
63	河南省安阳市棉麻公司	47 126
64	湖北省武汉市武汉商场股份有限公司（集团）	47 120
65	广东省广州市食品公司	46 729
66	海南省糖烟酒公司	46 147

67	辽宁省沈阳市沈阳工业品贸易中心	46 000
68	黑龙江省哈尔滨市第一百货商店	45 845
69	广东省百货公司	45 306
70	天津市交电采购供应站	45 237
71	辽宁省大连市大连商场	44 951
72	河南省新乡市棉麻公司	44 421
73	天津市药材集团公司	43 919
74	北京市文化用品公司	43 894
75	安徽省新华书店	43 687
76	浙江省新华书店	43 510
77	甘肃省农业生产资料公司	42 838
78	河南省郑州市百货文化用品采购供应站	42 204
79	北京市隆福大厦	42 149
80	辽宁省农业生产资料公司	41 982
81	广东省广州市南方大厦股份集团公司	41 605
82	中国植物油公司	41 374
83	天津市化工采购供应站	41 048
84	黑龙江省哈尔滨市秋林公司	40 899
85	天津市百货采购供应站	40 783
86	天津市五金采购供应站	40 575
87	上海市食品杂货公司	39 193
88	广东省广州市石油公司	39 081
89	广东省化工原料公司	38 398
90	广东省深圳特区贸易（集团）公司	38 275

铁路运输业

名次	企　业　名　称	清算收入（万元）
1	北京铁路局	797 649
2	郑州铁路局	692 509
3	沈阳铁路局	659 807
4	上海铁路局	534 195
5	哈尔滨铁路局	439 501
6	成都铁路局	362 441
7	广州铁路局	343 235
8	济南铁路局	283 503
9	兰州铁路局	188 290
10	柳州铁路局	158 014
11	乌鲁木齐铁路局	110 912
12	呼和浩特铁路局	100 367

民航运输业

名次	单　　位	运输收入（万元）
1	中国国际航空公司	399 573.25
2	中国南方航空公司	227 863.31
3	中国东方航空公司	209 570.74
4	中国西南航空公司	82 511.41
5	中国北方航空公司	78 288.71
6	中国西北航空公司	56 820.21
7	新疆航空公司	28 122.95
8	厦门航空公司	24 841.35
9	上海航空公司	23 610.81
10	首都国际机场	16 035.17

交通运输业

运输业

名次	企　业　名　称	营业收入（万元）
1	中国远洋运输总公司	
2	中国对外贸易运输总公司	558 192.58
3	中国石油天然气总公司管道局	227 262.90
4	中国长江轮船总公司	
5	上海海运管理局	
6	广州海运管理局	
7	天津海运公司	
8	大连轮船公司	
9	黑龙江航运管理局	
10	中国汽车运输总公司	

港口

名次	企　业　名　称
1	上海港务局
2	秦皇岛港务局
3	天津港务局
4	大连港务局
5	广州港务局

邮电服务业

名次	企　业　名　称	营业收入（万元）
1	北京长途电话局	76 538.56
2	广州市电信局	57 962.44

3	深圳市邮电局	50 360.94
4	上海市长途电信局	49 769.49
5	北京市市内电话局	35 188.29
6	上海市市内电话局	23 970.60
7	上海市邮电局	23 327.61
8	大连市邮电局	22 945.63
9	沈阳市电信局	19 518.20
10	东莞市邮电局	17 613.22
11	武汉市电信局	17 378.91
12	南京市电信局	16 673.23
13	哈尔滨市电信局	16 519.79
14	杭州市电信局	16 276.80
15	福州市电信局	16 142.05
16	厦门市邮电局	16 099.43
17	深大电话有限公司	15 717.25
18	成都市电信局	13 697.56
19	青岛市邮电局	13 652.05
20	珠海市邮电局	12 960.67

旅游服务业

名次	企　业　名　称	营业收入（万元）
1	中国大酒店	25 866.00
2	花园酒店	20 834.00
3	丽都假日饭店	20 166.13
4	白天鹅宾馆	19 490.00
5	中国大饭店	18 009.00
6	富华酒店	17 448.00
7	东方宾馆	15 839.00
8	静安希尔顿酒店	12 535.55
9	北京饭店	12 246.00
10	新都饭店	12 172.00
11	金陵饭店	12 082.86
12	长富宫中心	11 321.00
13	珠海宾馆	11 190.00
14	王府饭店	10 734.00
15	流花宾馆	10 121.00
16	长城饭店	10 077.00
17	友谊宾馆	9 690.00
18	花园饭店	9 632.53
19	西苑饭店	9 197.00
20	京广中心	8 993.00
21	昆仑饭店	8 898.00
22	珠海度假村	8 587.00
23	深圳湾大酒店	8 555.00

24	中山温泉	8 390.00
25	国际饭店	8 380.00
26	香格里拉饭店	8 349.00
27	波特曼香格里拉酒店	8 175.00
28	机场宾馆	8 163.00
29	白云宾馆	8 145.00
30	华亭宾馆	8 112.80

对1991年中国500家最大服务企业及行业评价的补充分析

1991年中国500家最大服务企业位于行业榜首的是：银行业：中国工商银行；信托投资业：中国国际信托投资公司；保险业：中国人民保险公司；租赁业：中国租赁有限公司；财务公司：中国华能财务公司；对外贸易业：中国化工进出口总公司；国际经济合作公司：中国建筑工程总公司；物资供销业：中国汽车贸易总公司；商业批发零售业：上海百货公司、上海第一百货商店；铁路运输业：北京铁路局；航运公路管道运输业：分别为中国远洋运输总公司、中国长江轮船总公司、中国公路运输总公司、中国石油天然气总公司管道局；港口：上海港务局；邮电通讯业：北京长途电话局；旅游业：广州中国大酒店；仓储业：中国物资仓储运输总公司。与首次评价相比，位于榜首的企业仍居垄断地位，但各行业内部企业位次此长彼落，变动较为剧烈；这预示着中国服务大企业在市场竞争中将会出现飞跃的发展。

研究结果表明：我国500家最大服务企业，作为国民经济发展的重要支柱，主要分布在金融、流通、交通运输、通讯等重要行业。尽管近十几年来，上述行业已有了较大的发展，但仍难以适应国民经济高速发展的需要。因此，进一步加快上述“传统”服务业的发展，对于逐步建立我国统一市场体系、城乡社会化综合服务体系和社会保障体系具有重要的战略意义。

研究结果还显示出，我国500家最大服务企业大部分集中在中心城市和沿海经济比较发达的地区。分布最多的省市依次分别是：北京、广东、上海、辽宁、江苏和天津等。这种分布格局在短期内难以改变。

“中国500家最大服务企业及行业评价”是参照国际惯例：即以行业为基础，选取能够充分反映企业经营实绩的价值指标，进行评价排序的。根据这一评价体系推出的结果，对加快我国第三产业的发展，促进第三产业与第一、二产业的协调发展，调整国民经济的产业结构，推动第三产业的国际合作，以及如何充分发挥500家最大服务企业在国民经济发展中的骨干带头作用，提供了可靠的咨询依据。

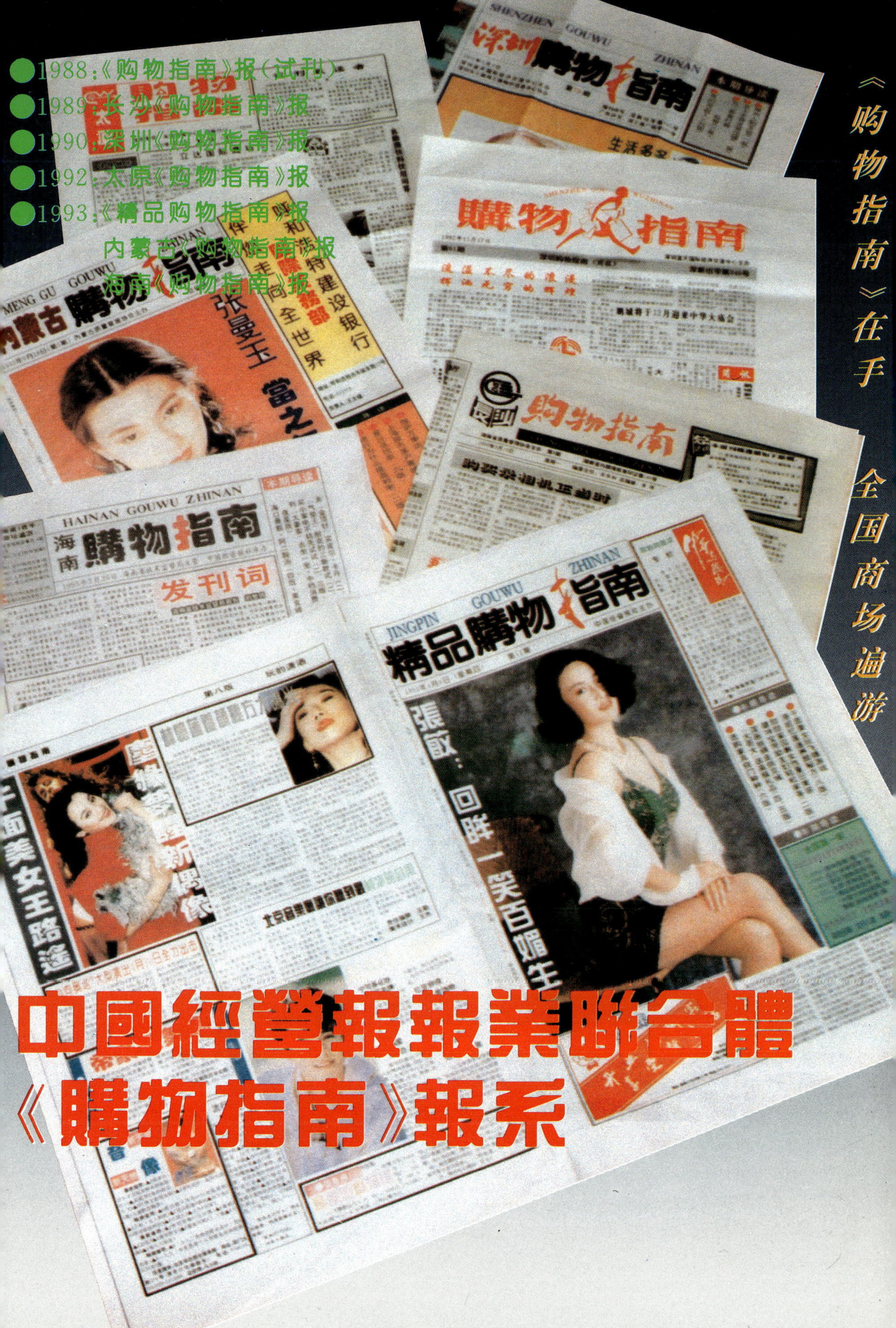
●1988:《购物指南》报(试刊)
●1989:长沙《购物指南》报
●1990:深圳《购物指南》报
●1992:太原《购物指南》报
●1993:《精品购物指南》报
内蒙古《购物指南》报
海南《购物指南》报
《购物指南》在手
全国商场遍游
中國經營報報業聯合體
《購物指南》報系

重庆钢铁集团产业公司简介

重庆钢铁集团产业公司是重庆钢铁(集团)公司为发展多种经营企业，开发三产业而组建的集管理、生产、经营、开发为一体的实体公司。公司设经理部、生产经营管理部、技术开发部、劳资部、财经部、综合部，下属轧钢、材料、炉料、机修、汽修、化工、电器轻工、三废再生等八个总厂和建安、三联、商贸、科技开发等四个公司。共有职工23700多人。主要产品有多种规格的园钢、螺纹钢、扁钢、轻轨、铁丝、铁钉、角钢、小槽钢等，微电机、法兰盘、钢锭模、中柱管、绝热板，合成渣、发热剂、石灰、焦化副产品、印刷制品、劳保用品等。开设有旅游、饮食、运输、仓储，科技咨询等服务行业。

重钢产业公司办公地点在重庆市大渡口区李子林。电话:875551转2273、2272，810564

地处北京广渠门外的“四川豆花饭庄”是重钢主办的享誉京城的川味餐馆。川味菜肴、小吃名点、品种多样，装璜雅致、古朴豪华、精巧高贵，深受众多的社会名流和中外宾客青睐。

在职工住宅区兴办百货商场，方便职工，服务社会。

航行于长江中游的川陵55号轮是重钢与涪陵轮船公司联合建造的旅游客轮，为观光游览三峡风景提供了方便。

西北有色金属研究院

西北有色金属研究院热诚向您提供：

微孔金属材料及制品。由于它具有可渗透性，在国民经济许多部门广泛用作过滤、吸尘、气体扩散、液态化、催化反应、电解、消音、阻尼、阻火及发汗冷却等器件。该院已有近30年研究、生产和开发历史，在国内处领先地位。产品有20多个品种上百种规格。左上图为部分微孔金属材料及元器件。

层状金属复合材料及设备。它融汇了组元金属优异特性，成为许多工业部门关键结构材料。该院近30年研究、生产和开发出钛、铜、铝、钢及稀贵金属等50多个品种数百种规格的产品，形成年产一万吨能力，达世界先进水平，在20多个行业中得到广泛应用，获巨大效益。左下图为铝/铁复合锅和钛/钢复合材料制成的大型换热器。

地址：陕西省宝鸡市71号信箱
邮编：721014
电话：(0917)412239 412222
电传：70157 BJIMR CN
传真：(0917)412001
电挂：3055
院长：陈义超

利康之路——「便民利民，开展多方位、多层次、多领域社会化综合服务」

利康烤鸭一分店二楼宴会厅

孟继明总经理（右一）出席河北武安市金桥利康烤鸭分店新闻发布会。

北京市利康商业

北京市利康商业服务业集团公司是北京市住宅建设总公司所属的第三产业，从1985年创办北京利康烤鸭店至今，本企业已发展为拥有600名职工、1260万元注册资金、13个企业实体的集团。集团以利康饮食业为龙头，相继创办了利康皮件厂、利康出租汽车公司、炉灶修缮、蔬菜畜牧养殖基地；设立了办公用品、制冷设备、家用电器修理部；成立了利康清洗公司、利康华丰建筑队、利康房地产开发公司；兴办了中外合资的利康中冠化学工业实业公司。四年来，集团营业收入达3947.9万元，实现利税463.5万元，年利润递增15%以上。

1988年成立的利康集团，创下了两个全国第一：1988年2月建立的利康搬家公司成为当时全国第一家搬家公司。我们靠"搬家一条龙"系列化服务，占有京城搬家市场的50%。1990年9月集团承包了中国海关总署办公大楼的机关食堂后勤服务工作，成为全国第一家把社会化综合服务范围拓展到国家机关的企业。

单位名称：北京市利康商业服务业集团公司
地址：北京市朝阳区芳草地西街8号楼
邮编：100020
负责人：孟继明

利康烤鸭店后餐厅

利康精神——「便民利民，优质服务，开拓进取，艰苦创业」

服務業集團公司

利康烤鸭店服务员正在送鸭上门

利康集团总经理孟继明

1985 年 1 月创办的朝阳区第一家烤鸭店——利康烤鸭店，坚持“提盒送鸭、服务上门”，到目前已上门服务 6 万户，月营业额从建店初期的 6 万元到现在已突破了 100 万元大关，人均创利税 1.3 万元，在全市同类餐馆中名列第一，并在天津、上海、河北保定、武安等市开办了利康烤鸭店分店。

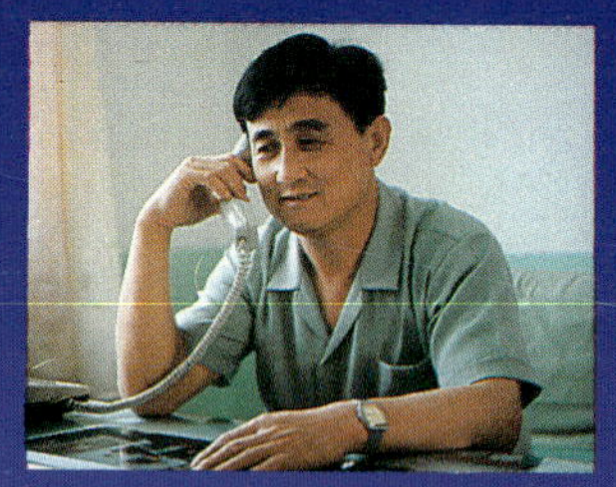
经理张建珂

枣莊礦務局山家林煤礦多種經營公司

山东枣庄矿务局山家林煤矿多种经营公司组建于1980年，自1985年实行内部承包以来，企业活力不断增强，一年一个新台阶。1992年总收入、工业总产值、利税分别达到了3702万元、2845.40万元和364.58万元，分别比1990年提高47.84%、91%和78.8%。目前公司拥有固定资产1000万元，流动资金500万元，在册职工1154人，生产厂队12个，经营项目50余个，初步形成了融生产、生活、服务于一体的综合生产体系。公司被煤炭部、山东省煤炭工业管理局命名为“明星企业”。该公司到“八五”末年总收入将达到8000万元，总产值达到4000万元，利税达到700万元。

公司工业生产中心

枣庄矿务局山家林煤矿多种经营公司
地址：山东省枣庄市山家林
邮政编码：277011　电报挂号：2651
电话：05471—417108

上海海通証券公司

SHANGHAI HAITONG SECURITIES COMPANY

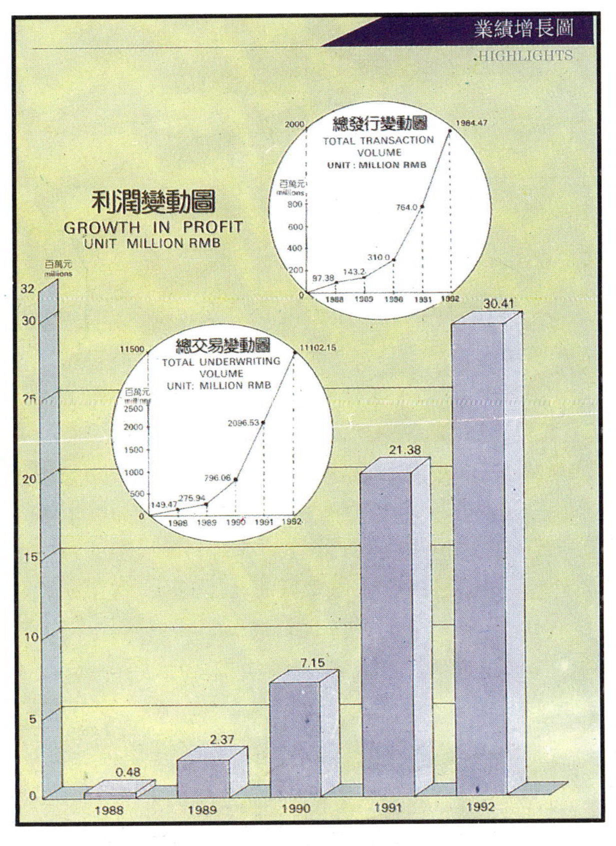

公司地址：上海市北海宁路 30 号
邮政编码：200080
电话：3252151(总机)
传真：021—3248938

山東龍口礦務局梁家第三產業開發總公司

总经理曹堡珲

企业法定地址:山东龙口市金沙路 19 号
总公司电话:(05456)211789
总经理电话:(05456)211578

山东龙口矿务局梁家第三产业开发总公司是 1992 年 12 月经省煤炭工业管理局批准成立的全民所有制法人企业,是一个集开发、效益、安置、服务和科工贸为一体的综合性的开发公司。总公司下设多种经营公司、贸易公司、运输公司、生活服务公司、建筑安装工程公司、海上养殖公司。中韩合资:韩龙木制品有限公司。中日合资:海南三亚龙林冲印有限公司及梁煤商厦、金沙宾馆等经营实体。主要经营:种养殖、运输、木器加工、金属加工、服装加工、橡塑加工、涂料加工、建筑安装、打字印刷、饮食住宿、旅游服务及机电设备、仪器仪表、家用电器维修安装、新技术开发咨询、转让等。总公司拥有固定资产 4000 万元。

总 经 理 曹 堡 珲 真 诚 欢 迎 国 内 外 各 界 朋 友 光 临 合 作

产品质量认证

国家技术监督局质量认证办公室

一、什么是质量认证

市场经济是有序化、法制化的商品经济。商品交换以合同的形式来实现。而在合同的三大要素(质量、价格和服务)中,质量是第一位的。因而,如何保证商品质量符合质量条款的要求,则成为履行合同的关键。显然,由第一方(生产者、销售者)提供的自我证明有"自卖自夸"之嫌,而由第二方(买方和消费者)的证明又有"过份苛求"之弊,加之双方均是当事方,一旦双方发生质量纠纷,双方各自的证明均无仲裁和判决效力,因而诞生了为之服务的第三方机构,该机构能独立于产、销双方并不受任何一方的经济利益所支配和影响,并能以科学的方法和中立立场对商品和企业依据质量要求进行评价,提供公正的质量证明。为促进商品交流提供了有力的支持。

作为国家经济秩序的政府主管部门,为了确保人及动植物的生命、安全、健康、环境保护、国际安全和出口产品质量,制定技术法规,建立技术标准体系。同时,为了表明在市场流通的产品符合技术法规和技术标准的要求,便于指导用户和消费者正确选购,履行国家质量监督,建立质量认证制度。

由得到充分信任的第三方,利用认证证书和认证标志去证明产品和服务符合规定的技术标准和相应的技术要求,并持续给予跟踪监督的活动,称之为质量认证。

从上可以看出质量认证有两重功能,一是为国家监督服务,二是为市场竞争服务。

综上所述,质量认证制度是商品经济发展的产物,随着商品经济规模的不断扩大和日益国际化,为提高产品信誉,减少重复检验,减少和消除贸易技术壁垒,维护生产者、经销者、用户和消费者各方权益,产生了第三方认证。这种认证不受产销双方经济利益支配,以公正、科学的工作逐步树立了权威和信誉,现已成为各国对产品和企业进行质量评比和监督的通行作法。据统计,目前参加国际标准化组织的91个成员国有70个国家建立了本国的认证制度,参加国际电工委员会的42个成员国都开展了电器产品的安全认证。

质量认证的历史已历经百年,发展到今天大致为两种类型:

1. 产品质量认证。就各国实施产品认证的情况,分为两种:

安全认证:涉及安全、健康、环境保护和国家安全的产品,依据法规和法规引用的强制性标准实行强制性的产品安全认证。不经安全认证,不带安全认证标志的产品,不许进入市场。否则,一经查出,依法制裁。

合格认证:为鼓励市场公平竞争,依据国家标准,对产品进行合格认证。此种认证为自愿性的合格认证。

2. 企业质量体系注册。此种评价是产品认证发展到一定阶段,为解决没有国家标准的产品,以及没有具体硬件产品的服务性企业第三方评价的需要。依据国家质量管理和质量保证标准对企业的质量体系的保证能力进行评价并给以注册。

与此同时,为了保证承担认证中产品检验任务的检验实验室的工作质量,许多国家建立了实验室资格认可制度,依据国际标准化组织和国际电工委员会制定的实验室认可准则开展工作。

同理,为了保证承担认证中进行工厂审查的人员的资格和工作质量,各国也建立了注册检查员(审核员)制度。

近年来,为保证认证工作的质量,又发展了对认证机构的认可制度。

上述工作计划、规划、立法、监督由政府部门执行,而具体技术性工作包括认可机构、认证机构以及技术支持机构—检验实验室和检查机构,均由官方、半官方和第三方的社团法人或财团法人机构来实施。无论哪一类,属性如何,均作为技术服务行业。在美国从事认证工作的机构有400家左右,整个西欧约有500家机构和1 000多家检查机构从事这方面工作，成为市场经济的一支巨大技术支持服务队伍。

由于认证工作的开展，又连带产生了一个新型行业即认证咨询业和认证代理机构。认证咨询业向企业提供各国开展认证的技术法规、技术标准、认证机构、认证性质、检验方法、检查机构，甚至认证程序、时间和收费标准等，大大方便了企业，同时这类机构还对如何获得认证提供帮助。而认证代理机构则分为两类，一类是代理申请机构，其服务对象是企业，此类机构有时也与认证咨询机构为同一类机构；另一类是代理认证机构的业务，其任务来自各认证机构，受认证机构的监督和管理。业务内容为代受理申请、产品检验工厂审查、发证后监督等，根据与认证机构代理协议内容而定，有些是全项目的，有些是部分项目或单项。

二、实行质量认证的作用与意义

实行质量认证制度的意义在于它是由一个公正的认证机构对产品提供正确、可靠的质量信息，这种制度既符合买方的利益，也符合卖方的利益。由于需要和使用这一质量信息的对象不同，质量认证有多种不同的作用：

1．指导消费者正确选购质量有保障的商品。消费者往往凭自己的经验和有限的知识来挑选商品。如果购买的是茶具、毛巾、棉布等简单商品，消费者大多有能力来鉴别其质量，即便是挑选不当，损失也不会太大。但如购买的是较昂贵且结构复杂的商品，例如家用电器、照相机等，如果单凭个人或朋友的经验、手摸眼看等主观性的手段无法判断这些商品的内在质量，同时由于不了解当时的经济技术水平发展程度，而单靠价格驱使在选购商品上更显得茫然。在科学技术飞速发展、新产品日新月异的现代社会，普通消费者缺乏合理选购商品的技术知识，也不具备检验商品所需的技术手段。因此，在选购商品时往往处在被动的地位。实行产品质量认证，凡是经过认证的商品都带有特定的认证标志，该标志向消费者提供正确的质量信息，表明这种商品经过公正机构即认证机构的科学评价监督，证明其质量符合国家技术法规和标准要求。这样就可以正确指导消费者在保证质量的前提下选购自己称心满意的商品。而且，消费者如果想进一步了解认证产品的具体质量情况，只要根据认证标志附注的标准编号，就可以从标准化机构查询到认证产品所遵循的标准及对质量的详细要求。

2．帮助企业改进企业素质，建立健全有效的质量体系。一个完善的质量认证制度，在批准认证之前，要对企业的质量体系的有效性进行检查和评定。其目的是判定该企业是否具备持续稳定生产符合产品标准要求的保证能力，只有当质量体系符合规定的要求时，才能取得批准认证的资格，这是认证的基本条件之一。

而今迅速发展的企业质量体系认证，由于采用了国际通行并转化成52个国家标准的质量管理和质量保证的ISO9000系列标准，使对质量体系的要求具备了国际通行语言。

企业在为了获得认证的同时，必须不断改进其素质，建立健全其质量体系，使其保证能力不断改进，实际上是对企业（特别是中、小企业）的促进和帮助。

3．使质量有保证的商品处在有利的竞争地位。商品带认证标志进入市场，使用户和消费者得以区分商品的质量有是否有保证，显然给经过认证的商品带来极强的竞争优势。同时许多国家规定，政府集团采购、以及大型商业集团的批发网、零售网均规定优先采购经过认证的产品，更增强其竞争力。

近年来，随着企业质量体系认证的发展，这一成果被招标业、保险业作为入围资格的前提条件，不经认证无参与招标、给予保险的资格。这又给经过认证的企业以优厚地位。可以肯定的说，市场经济发展得愈充分，由于认证标志起着质量信誉证明的作用，其竞争优势将愈加明显。

4．国家控制产品质量、保护用户和消费者利益的有效手段。产品的安全性直接关系到使用者的人身安全和健康，因而许多国家多以立法的形式予以规定，例如《电器产品安全法》，以强制性安全认证维护市场秩序，凡未经安全认证、不带安全认证标志的产品不许进入市场，一经发现则依法查处。

而对实行合格认证制度的自愿性认证产品，通过这一制度的实施，国家将宏观地控制这些产品的质量，掌握市场流通商品的质量状况。

5．实行认证制度是执行GATT要求，为消除贸易中技术壁垒创造良好前提。关贸总协定的《贸易中技术壁垒协定》（又称《标准守则》），是为消除由于各国技术法规、技术标准以及为保证符合技术法规和技术标准而建立的认证制度带来的差异形成妨碍贸易自由化而制定的国际准则。要求各国以国际标准化组织（ISO）指南性文件作为建立本国认证制度的基础，从而为国与国之间双边、多边认可，直至最终走向以国际标准为基础的国际认证制度，彻底消除贸易中技术壁垒，我国的认证制度正是按这条路走的。

三、我国开展质量认证情况

如同我国的学位制度、律师制度、注册会计师制度、招标制度、证券制度一样，我国的质量认证制度也经历了研究、借鉴、吸收、摸索、试点到全面执行的过程。

改革开放以来，我国从实行有计划的商品经济过渡到社会主义的市场经济。国内市场和国际贸易都得到迅速发展。但由于我们没有建立符合国际惯例的认证制度，使我们自己搞的一些产品质量监督形式得不到国外的承认，而面临着在经济上蒙受损失和对方设置技术壁垒的限制。我国的许多出口企业，由于不了解各国认证制度的要求，许多出口产品打不进国际市场，价格也远远低于所在国经过认证的同类产品。一些了解认证要求的企业每年不得不花费十分珍贵的外汇申请外国认证和由外国检验机构出具检验报告。这一切，使我们认识到必须大胆吸收和借鉴国际通行作法，建立我国的认证制度。并且，为保证认证工作的质量，应按照国际惯例的要求，积极、稳妥、扎实地推行我国的认证制度，建立健全与认证管理和实施相关的一系列法规，保证我国认证工作严格按照法律、法规有条不紊地进行。

从1981年我国建立了第一个认证委员会，即中国电子元器件认证委员会算起，我们基本上是在边认识、边试验、边吸收借鉴、边总结经验的过程中走过来的。1985年我国又建立了中国电工产品认证委员会，这两个认证委员会都是先加入国际认证组织，然后按国际认证组织的规定，在我国开始进行认证试点，在接受了国际专家组的严格审查后，取得了国际组织全权成员国的地位。我国电子元器件认证委员会的专家还受国际认证组织委派参与审查印度的认证机构。与此同时，我们许多从事认证的检验机构、检查人员还接受了许多外国认证机构的委托，承担了不少认证检验、检查任务。事实证明，我国完全有能力建立起我国自己的认证制度。

1988年12月29日，我国颁布《中华人民共和国标准化法》，第一次确立了质量认证工作在我国的法律地位。1991年5月7日，国务院正式颁布《中华人民共和国产品质量认证管理条例》，随后不久，国家技术监督局又以局长令的形式颁发了有关开展认证工作的五个配套规章。1993年2月，全国人民代表大会又颁布了《中华人民共和国产品质量法》，再次确立了产品认证和企业质量体系认证的法律地位。这两个法和条例及相应配套规章，为在我国全面推行质量认证制度奠定了可操作性的法律基础。

到目前为止，我国已建立了包括电子元器件、电工产品、消防设备、玩具、卫星地球站设备、汽车用安全玻璃、水泥等十个产品认证委员会。

与此同时，从1992年下半年到现在已建立了四个从事企业质量体系认证的试点机构。开始按等同ISO9000的国家标准GB/1900系列标准认证。

四、质量认证实例介绍

1. 中国电子元器件质量认证委员会

中国电子元器件质量认证委员会于1981年4月成立，按照国际电工委员会电子元器件质量评定体系（简称IECQ）的规范和要求在我国实行电子元器件质量认证。在实行认证的过程中，该委员会严格按国际认证组织的要求，完善工作机构、制定符合国际要求的工作文件。1983年，该委员会受IECQ委托开展审查印度的认证机构工作。受IECQ秘书处的委托，中国电子元器件认证委员会代表在1989年11月在北京召开的国际电子元器件和材料会议上就IECQ的发展情况和我国电子元器件认证情况进行介绍。1990年10月在北京举行的IEC（国际电工委员会）第54届年会上将中国电子元器件认证委员会秘书处所写的“世界电子元器件认证体系简介”用中英文对照形式印发，并在亚运村国际展览中心举办的展览会上展示我国经过认证的电子元器件产品。我国一直是IECQ认证体系中的比较活跃的成员国。

2. 中国水泥产品质量认证委员会工作简介

中国水泥产品质量认证委员会成立于1988年。水泥是重要的建筑材料，我国水泥产量从1985年起居世界第一位，1991年达2.4亿吨。在水泥质量未开展认证工作之前，我国水泥供应原则是，重点工程只使用统配水泥企业的产品，而统配水泥企业每年产量只有3 000多万吨，远远满足不了需要，而且统配水泥企业一旦列入国家计划，其质量意识反倒减弱，因为“皇帝的女儿不愁嫁”。这样造成一种奇怪的现象，重点工程所用水泥供应不足还需进口，而大量地方水泥厂生产的水泥，即使质量好也不能用。为解决这一矛盾，决定对水泥实行自愿性合格认证制度。认证委员会由水泥的生产、流通、使用、科研和监督部门组成，按照国际认证原则，严格按照标准和技术要求检验产品，审查企业质量体系，并进行跟踪监督，使用户充分信任经过认证的产品，放心使用。迄今已有近300个企业通过了质量认证。

特别要指出的是，近年来由于我国水泥实行质量认证，使经过认证的水泥质量有了保证，信誉日渐提高，促进了我国水泥的出口。据统计，1989年我国水泥出口仅为43万吨，到1991年已达1 074万吨，为国家创汇4亿美元。原经贸部和国家建材局还规定，不经认证，水泥不许出口，有力地把住了出口水泥质量关，受到水泥进口国的欢迎。同时水泥进口国把中国水泥认证作为接受条件，又促进了中国水泥认证工作的发展。

3. 红梅牌滑子蘑罐头通过认证扬誉东瀛

丹东罐头食品总厂是全民所有制企业，1958起生产出口罐头，1988年开始进行国家方园标志认证。在申请认证之前，工厂质量体系不完善，产品质量不稳定，出口量一直停滞不前，1988年辽宁省技术监督局受国家技术监督局委托在该厂进行产品质量合格认证试点。产品标准使用相当于日本标准的地方标准，质量体系检查使用等同于ISO9000的国家标准。开始时，企业对认证以及质量体系的要求不太清楚，通过咨询，企业认识到只有建立完善的质量体系，对产品实行全过程的质量控制，才能保证产品质量符合标准要求。在一年的准备工作中，该企业为保证符合认证要求，编制了五万字的“质量手册”和17种质量管理标准以及8种产品的质量保证体系，通过试运转，找出不足、加以修改，1989年被批准认证。

实践证明，通过认证，企业建立了健全的质量体系，使产品始终处于受控状态，提高了企业素质，保证了产品质量长期稳定。1989年10月，日本川铁株式会社的用户“日车食品”罐头专家到厂参观后说“只有经过质量认证的产品，在国际市场上才更有发展前途”。在此之后，许多日本厂商点名要该厂经过认证的产品，1989—1990两年出口560吨，而1992年则要求供货1 050吨。该厂产品迅速占领了滑子蘑罐头的国际市场。

地理信息服务

李根洪

地理信息系指具有自然属性和社会属性的地表物的空间位置、性质及现状。地理信息业是以测绘为主体的技术密集型产业。涉及许多高科技领域。随着科学技术的发展,地理信息无论是获取的手段,还是提供的服务都发生了质的飞跃,在第三产业中具有越来越显要的地位。

一、地理信息服务在国民经济和社会活动中的作用

人类文明社会的经济发展离不开地理信息,现代地理信息服务已广泛深入到社会各个领域。诸如第一产业的农田水利建设及林、牧、渔业的发展,第二产业的资源调查及开发,能源、交通、通讯、工矿等工程建设及城乡建设,第三产业的地震、气象、环保、商贸、旅游、文化、教育、科研、卫生以及行政规划决策、宏观调控管理、防治灾害、行政区划界线划定等等,都需要各种基础地理信息和专题地理信息。

在我国,地理信息的获取与应用有着悠久的历史。早在公元前1200年,《史记·夏本纪》记载了夏禹治水"行山表木,定高山大川"的测绘活动。《周礼·夏官篇》载有"职方氏掌天下之图",《地官篇》载有"大司徒之职,掌建邦之土地之图",记载了地图的制作和地理信息的应用。

新中国成立以来,随着国家大规模经济建设的开展,对国土进行了广泛的资源调查和测绘活动,取得了达数百万Mb信息量的地理信息成果。包括:多级的地面三维控制网,即近20万个点的三角控制网,23万余公里的一、二等水准路线及1 500点左右的重力控制网;航空、航天遥感摄影已覆盖全国,有的地区已多次摄影,取得了大量的遥感信息资料;测制了从1:1万、1:2.5万、1:5万、1:10万、1:20万、1:25万、1:50万到1:100万的国家系列比例尺地形图21万余幅。此外,为满足各项工程及城市市政建设需要,每年要测制提供数以十万计的1:500至1:2 000的大比例尺地形图以及众多的其他地理信息。仅测绘资料供应部门的统计,每年向各经济建设等部门提供大地成果10万点以上,近40万张航空象片和百万张以上的各种比例尺地形图。在人民生活方面,地图已成为交通旅游、购物等人们活动不可缺少的工具。近几年,每年在市场上公开发行的地图品种达500余种,发行量近2亿册幅。至于各专业部门编制的专题地图品种繁多,信息量越来越丰富,应用面也更加广泛。

地理信息服务在国家经济和人民生活中发挥日益重要的作用,具有鲜为人知的社会经济效益。例如在沈大、沪宁等高速公路的规划建设中,由于使用了经过精确测绘的地理信息资料,缩短了上百公里的线路建设,为国家节省近10亿元的投资。1985年发生在长江西陵峡的大滑坡灾害,由于事先根据精确的监测资料预报了险情,从而创造了滑坡区457户居民、1 371人无一伤亡的奇迹。精确的地籍测绘资料不仅是国家合理安排使用土地的依据,而且能为国家财政增加税收收入。一个地区的综合地理环境信息评价对于优选投资项目,提高投资效益是不可缺少的。因此,正确认识地理信息服务在国民经济和社会生活中的地位与作用,无论是对国民经济的发展,还是对地理信息业本身的发展,都是至关重要的。

二、现代地理信息服务的发展趋势

随着空间技术、计算机技术及电子技术的发展和应用,边沿学科的相互渗透,地理信息的获取、处理、管理和提供方式发生了根本性的变化,具有了更加准确、快速、高效的特点。同时,地理信息的服务与应用已深入到社会发展的各个领域,具有更高的广度与深度。现代地理信息服务的发展趋势有以下的特点:

(一)高精度、快速地提供空间地理信息

以往,由于受到信息获取和处理技术的影响,空间地理信息的精度受到一定的限制,而且几乎不可能做到实时提供。随着空间技术和计算机技术发展起来的

全球卫星定位(即利用人造卫星传递的信息,精确测定地面点的座标)系统(GPS),是一种精密的定位方法,它比经典的大地测量方法更具有全天候、精度高、长距离、观测时间短、能直接测定三维座标等优点,已开始广泛应用,并有逐步取代传统定位方法的趋势。

近几年,测绘部门开始应用GPS技术布测国家高精度控制网,1992年还组织了全国的GPS大会战,累计已布测300余点位,并将继续加密到700余点。GPS方法测定的空间数据较之以常规方法测量的成果,其相对精度提高了一个数量级;并且由于长距离定位的特点,使我国实现了用常规方法难以做到的大陆架卫星定位网布设以及南沙岛礁与大陆大地定位网的联测。全国许多城市也已用GPS技术建立或改造旧的城市控制网。这些高精度的空间地理信息为建立高精度的国家地理信息系统奠定了坚实的数据基础。

利用GPS技术进行动态定位,迅速而实时地求得运动目标的三维座标,可以为飞机、舰船、车辆等提供全天候、连续、实时、高精度的三维位置、三维速度和时间数据,从而成为现代交通管理、监测、安全保障的重要手段。总之,利用GPS技术快速提供高精度的空间地理信息数据,已经、并将继续在石油勘探、找矿、交通、海洋调查等许多国民经济领域内得到更广泛的应用。

(二)提供更具现实性、宏观、动态的地理信息

从上个世纪开始,人们就用航空摄影的方法(航空遥感)来获取地面的各种信息。本世纪50年代以来,随着航天技术的发展,遥感(RS)越来越成为获取地理信息的重要手段。航天遥感与航空遥感比较,不仅仅是飞行平台高度的改变,而且在传感器、信息的传输和处理技术方面都有巨大的变化。因而,用遥感手段提供的地理信息服务也具有几个显著的特点。首先是信息的宏观性,一幅卫星遥感图象可以覆盖数万平方公里的区域,便于宏观地了解和分析区域的自然地理和社会经济概况以及相互之间的联系。其次,由于卫星不断地围绕地球飞行,通过它可以不断地取得最具现势性的地理信息,对地理信息的更新有重要的意义。再次,通过对信息的周期性分析对比,可以反映自然地理和社会经济发展的动态变化。用遥感手段获取的地理信息还有一个很大的特点,就是这些地理信息,多是数字式的记录,有利于自动地对信息进行处理、分析、识别、分类和统计,快速地以数字方式或者图象、图表等方式提供给用户使用。

正因为遥感信息的上述特点,在地图测绘、专题图编制、地质找矿、林业调查、农业估产、环境保护等许多方面越来越多地应用遥感手段提供的地理信息,进行宏观规划决策及专题分析研究,取得了许多重要的成果。同时各部门也建立起多渠道的遥感信息资料接收、处理与分发服务体系,为本部门及社会提供遥感信息服务。

(三)直接提供更适用、更直观的综合数字信息服务

60年代中期发展起来的地理信息系统(GIS)技术,使地理信息服务发生了革命性的变化。

传统的地理信息服务,主要是提供以纸介质表现的地理信息(模拟图件,如各种地图)来进行的。用户要在这些模拟地图上加入自己的信息内容进行模拟分析,得出的结果精度低、速度慢,而且由于模拟图件生产、更新周期长,现势性差。

GIS技术是用于对空间和非空间地理信息数据的获取、存贮、分析、检索和显示的计算机数据管理系统。它同时具有数据库、信息分析及显示等功能,因而可以直接将表示空间关系的地理信息和其他属性的地理信息进行综合,为一个特定的目标进行分析、检索和转换并将结果显示在屏幕上或纸上,直接向用户提供经过综合分析的更精确、更直观、更适用的数据。它突破了传统的模拟方法获取、并主要以纸介质表现的地理信息服务方式,代之以地球学为基础,运用系统工程的信息科学的最新成就,以计算机技术和遥感技术等科学技术作支撑,研究空间综合分析评价和系统应用的理论与方法,为用户提供数字地理信息服务。

测绘部门从1984年开始用GIS技术建设1∶100万国土基础信息系统(MGIS),现已建成具有2 500万点位,60Mb的1∶100万数字地面模型(DTM),数据量达300Mb的全国1∶100万地形数据库以及由8万条地名组成的地名库。该系统不仅为国家经济信息系统和各专业部门的专业信息系统提供最基础的空间地理信息,而且已直接应用于防汛、电讯、交通、地震、气象等许多工程项目,取得了很好的效益。

此外,国家测绘局还着手全国1∶25万地形数据库及部分省区1∶5万等更大比例尺地形数据库的建设,以期能为各行各业提供更精确、更详尽的数字地理信息服务。与此同时,地矿、石油、水利、交通、气象、农业以及城市等一批专业地理信息系统也开始建设并陆续投入使用,使地理信息服务全方位展开。

(四)向社会各个领域提供更广泛、更深入的服务

随着GIS技术的发展,地理信息可以和更多的专业(甚至企业)的信息有机地统一到一起,对构造现实社会新的空间结构和秩序进行综合分析,制作模型,作模拟实验,从而作为制定计划和决策的重要手段。地理信息不仅为国民经济各部门服务,而且将越来越多地直接走进每一个企业,甚至直接为家庭提供服务。

三、发展地理信息服务应采取的对策

（一）加强统一规划，搞好协调发展。我国现在从事地理信息生产、服务工作的职工人数达30万人，涉及到测绘、地矿、能源、交通、水利、农林、城建、地学等20多个经济、科研部门和军事部门。地理信息，特别是基础地理信息的采集、服务有共享性。过去，由于国家缺乏统一规划协调，各部门重复摄影、重复测绘采集信息的情况时有发生，造成国家资财的浪费。今后，随着地理信息采集服务技术设备的现代化，如全国空间大地网的布设、航天航空遥感技术的综合应用，基础和专业地理信息系统的建设，将耗费大量资金。为此，国家必须加强对地理信息服务体系建设的统一规划，搞好协调工作。应在《中华人民共和国测绘法》的基础上制定一些补充法规条例，使基础地理信息和专题地理信息有机结合，合理布局，充分发挥其在国民经济和社会生活中的整体效应和作用。

（二）地理信息服务体系的建设应以产业化为目标，贯彻科研、生产、教学相结合的原则。现代地理信息服务体系涉及到空间、电子、计算机、信息、光学等一系列科学技术领域，属于高科技范畴。信息系统的建设又是一项庞大的系统工程。目前，我国已有一批从事地理信息研究、教学的高等学校和研究机构，有一批具有相当规模和技术水平的地理信息生产、服务实体。为此，我国现代地理信息服务体系的建设应在现有基础上，始终明确产业化目标，坚持科研、生产、教学相结合，发挥集团总体优势，并且逐步形成具有中国特色的信息系统软件开发应用和系统的技术标准。

（三）发挥社会主义市场机制作用，理顺地理信息价格、价值关系。长期以来，地理信息业的投入主要靠国家财政。投入严重不足，投入与产出所产生的经济效益一般是一比几十、甚至上百倍的差距。尽管80年代以来逐步对地理信息服务收取部分费用，但总的是标准很低，基本上为无偿性质。地理信息产品基本上是按产品经济模式运行，谈不上商品化，信息的价格与价值严重背离，致使地理信息生产补偿长期处于严重不足的状态。这是多年来困扰地理信息业发展的一大难题。解决的办法是，一方面国家应增加对属于国家实施行政社会管理、资源环境经济规划决策所需的基础地理信息部分的投入，另一方面使地理信息的服务，特别是专题地理信息服务纳入市场机制轨道，理顺地理信息产品的价格与价值关系，使地理信息的投入与产出之间形成一个自我补偿、发展良性循环的机制。

（四）妥善解决地理信息的密级问题，以适应国家改革开放的需要。长时间以来，由于地理信息服务的主要对象之一是军事和国家经济管理部门，因此，地理信息产品的密级一般定得高，致使地理信息产品的流通和使用范围受到很大限制。这种情况不利于当前市场经济和国家改革开放政策的实施。为此，有必要划清地理信息保密与公开的界线，使绝大多数地理信息（除国家机密经济信息和军事要素信息外）服务社会化、市场化，以适应外国资本到中国投资办厂或合作开发以及对外进行经济科技文化交流的需要。

（作者单位：全国测绘资料信息中心）

中国技术市场

刘东升 雷庆西 黄述清

一、我国技术市场发展历程及其规模

我国技术市场是改革开放的产物。从出现到初步兴起，到近年来的迅速发展，至今已有十几年的历史。1978年邓小平同志在全国科学大会上发表了关于科学技术是生产力的重要讲话，十一届三中全会确定了我国以经济建设为中心的基本路线。1982年党中央提出经济建设必须依靠科学技术，科学技术工作必须面向经济建设的基本方针，明确地把依靠科学技术发展经济提到了全国人民的面前。过去，我国在计划经济体制下，科研单位多数独立于企业之外，除了少数大型企业有自己的研究开发机构外，多数企业特别是中小企业没有科研力量和开发机构。科研力量和研究工作基本都集中在大型科研院所和大学内。科学研究与生产建设相脱节，成为长期困扰我国经济发展的一个矛盾。在党中央改革开放和发展科技的政策方针鼓舞下，一部分科研人员率先迈出改革步伐，尝试着技术成果商品化的方式，并开始把研究成果拿出来，向企业推荐转让，同时，企业和经济部门也开始向科研单位寻找技术成果，技术开始作为商品与生产结合进入流通领域 。1978年，技术转让、技术交易、技术咨询等技术市场活动开始萌芽；1980年，武汉市、沈阳市出现了我国最早的科技开发贸易机构（科技开发中心或科技开发公司），专门从事上述工作；根据社会上对技术的需求，将技术介绍到企业，促进了企业的技术进步，也使企业获得可观的经济效益，受到许多企业的欢迎；1982年党中央提出依靠面向方针以后，各种技术转让、技术开发、技术咨询、技术服务、技术培训、技术推广活动更加活跃，为了引导、扶植这些活动的开展，由国家科委、国防科工委、中国科学院、中国科协、财政部、工商行政管理局等部门组成全国技术市场协调指导小组，出台一些优惠政策，这些扶植政策使“四技”活动得到更大发展。1984年下半年，中央开始酝酿科技体制改革的问题，总结前几年的实践经验，经过反复研究，提出了技术可以有偿转让的问题。1985年3月中共中央颁布了《关于科技体制改革的决定》明确规定开放技术市场，使技术进入流通领域，实行有偿转让，企业需要技术，可通过市场获得；改革拨款制度，促使科研开发机构走向市场，面向经济建设主战场，开发工作要以市场和经济建设的需要为导向，国家逐步减少科研开发机构的事业费。这是科技体制改革决定中关键的两项内容。科技体制改革决定出台后，我国技术市场迅速发展。1984年全国技术合同成交额仅7亿元，1985年达到22亿元。此后，每年增长幅度都在50%以上。1989年全国技术合同成交额就达81亿元，1990年受当时形势影响回落到75亿元，1991年又发展到74亿元，1992年一跃达到151亿元，比1991年增长59%以上，是技术市场发展以来空前的丰收年，技术市场的发展已上了一个新台阶。我国技术市场产生、形成、发展的实践过程说明，它是促进科技与经济结合的有效途径，是科技体制与经济体制改革的成功举措。正如宋健同志讲的：“技术市场是科技体制改革的突破口”，“开放技术市场是在理论上和实践上的一大突破”。

目前，我国技术市场已初具规模。

（一）已基本形成较完善的政策法规体系。在党中央国务院的重视下，有关部门共同努力，我国技术市场已从初创时期，逐步走上运用法律、行政和经济手段进行综合管理的轨道。为加强技术市场的宏观调控和行为规范的指导，有关法规已相继出台。1985年颁布《中华人民共和国专利法》，1987年颁布实施《中华人民共和国技术合同法》，以及国家科委陆续发布了《技术合同认定规则》、《技术合同认定登记管理办法》、《技术合同认定规则》、《技术合同仲裁机构管理暂行办法》和《技术交易会管理办法》等，形成了由基本法律、配套行政法规组成的比较完备的法制体系，使我国技术市场有法可依。

同时，各级政府还制订了扶植技术市场发展的多项优惠政策，如科研单位、大专院校从事技术合同法规定的“四技”活动，可以暂免营业税和所得税；企业纯技术收入在30万元以下的，也可暂免营业税和所得税，30万元以上照章纳税；还可从技术收入中拿出一定比例（国家规定一般为15%，有些地方的规定还要高于这个比例），奖励从事这项工作的技术开发、推广和管理人员，不计奖金税。这些政策对推动我国技术贸易的发展，技术成果扩散，调动广大科技人员的积极性，起到非常重要的作用。

（二）建立健全了技术市场管理体系。目前，全国44个省、自治区、直辖市和计划单列市都建立了技术市场管理机构，据1991年统计，全国75%的地、市和30%的县都建立了技术市场管理机构。为贯彻实施技术合同法，本着面向基层、便利基层的原则，各地技术市场管理机构，在全国建立了1 019个技术合同认定登记站。签订的合同经过认定登记后，就可以到税务部门办理享受免征税优待，可以到银行提取现金，奖励有关人员，兑现各项优惠政策。经过近几年的各级培训，我国已培养起一批有较高素质的技术市场管理干部队伍。

（三）覆盖全国城乡的技术市场经营体系已经初步形成。1992年全国共有各种类型的技术贸易机构28 066个；其中，全民所有制机构11 139个，集体所有制机构12 898个，私营和个体约3 700余家。全国技术市场从业人员68.6万人；其中专职人员31.5万人，兼职人员37.1万人。全国技贸机构在1992年成交技术合同金额达35.7亿元，比1991年增长83.05%，占总成交额的23.56%。近年来民办科技开发、中介服务机构发展很快，已成为技贸队伍中一支新兴力量。这些技贸机构在促进技术市场交易中起到了催化和媒介作用，为技术成果商品化、产业化作出了很大贡献。

（四）技术交易活动日趋活跃。自1981年我国举办首届全国技术交易会以来，大大小小的各类技术交易会成为我国技贸活动的一个重要方式，取得了很好的社会效益。有的交易会已发展到常年化和定时定点。如已成功举办四届“广州全国新技术新产品博览会”，几年来共签订技术合同1万余项，成交金额40多亿。近年来，许多地方还将各种民俗文化活动与技术交易相结合，“文艺搭台，科技唱戏”，有效地扩散、吸收先进技术成果，振兴了地方经济。在小平同志南巡谈话精神和党的十四大方针的鼓舞下，1992年我国技术市场交易活动更加活跃。全国性、地区性的技术交易会、技术展交会、技术招标会、洽谈会、信息发布会以及技术拍卖会等多种形式的技术交易会共举办611次，有力地推动了技术成果扩散，使我国技术交易活动达到一个空前规模。

二、我国技术市场存在的问题及不足

10多年来，尽管我国技术市场迅猛发展，但还不能适应我国整个国民经济发展的需求。与国际市场的技术贸易比，还处于初级阶段，这主要表现在：

（一）技术合同成交金额占国民经济生产总额比例很小，技术成果转化率也很低。

（二）科研单位和企业还处于两方饥渴状态，技术供需双方难于直接见面，“卖技术难”和“买技术难”的呼声同时存在。

（三）技术贸易形式还是商品交换的初级形式。多为分割的、暂时的、服务功能不全的、“赶集”式，断续进行，尚不能充分满足弥散于广大城乡间的技术需求。缺乏大型的功能齐全的常设技术交易场所。目前技术市场基础设施不足，技术信息与新技术商品还没有一个大的流通渠道，咨询、评估、论证的功能也不健全。

（四）以技术中介机构为主的科技第三产业的规模还远不能适应形势的发展，还应适当调整政策，鼓励技术中介机构的发展。

（五）大中型企业，开展技术交易活动的积极性尚未充分调动起来。

（六）技术成果大部分缺乏中间试验，或者不成熟，直接影响转化。

三、我国技术市场的工作任务

（一）进一步提高全社会，特别是有关领导对技术市场重要性的认识。工业企业虽然是技术市场最大买方，但从全国来看，每个企业购买技术的平均数是很低的。要提高认识，转变观念，需要全社会进一步认真宣传、学习、贯彻《技术合同法》和配套的行政法规。要使技术市场有法可依，依法管理，做到健康有序的发展。首先，需要各级领导重视支持技术市场工作，应当强化技术市场管理环节，尚未设立技术市场管理机构的应尽早设立，已设立的，应使各级技术管理机构职能到位，提高其权威性，使其真正具备政策法规、规划的制定和监督实施，宏观指导和组织协调等职能。

（二）积极建设技术交易场所，改善交易环境，提高交易质量。

1. 下功夫建设一批大型常设技术市场，改变当前交易会的短期交易状况。实践表明，只满足于临时性的技术交易会形式，无法使我国技术贸易发展到一个较高的层次。在全国逐步建立一批具有信息、咨询、论证、联销、代销等多种服务功能的常设技术市场，已成为社会供需双方和广大技术市场工作者的共识。所谓常设技术市场是相对交易会而言，但它不是交易会的简单延伸或固定化。常设化技术市场以固定的交易场所、全方位的服务、优惠政策和与劳务人才市场、金融市场相配套，为交易双方创造良好的交易环境。常设市场可与分布全国各地的技术中介机构形成一个有效的信息网络、联销代销网络，成为技术商品的集散地，实现“买全国、卖全国、通世界”的目标。为此，国家科委等部门正与各地政府积极协作，在调查研究的基础上，抓好试点工作。如准备先从北京、上海等地的大型常设技术市场入手，探索新经验，以推动全国。

2. 积极建立技术商品信息系统，形成技术商品信息主渠道。建立全国技术市场信息系统是提高技术市场工作效率，强化技术市场的咨询、中介、代理等功能的重要措施，作为发展科技第三产业的基础建设，建立全国性技术市场信息系统是个很大的工程，需要各级政府的支持和各部门、各地区、各单位共同努力，才能建设好。

3. 要加强技术中介服务机构的建设和培养一支有技术专长、懂经济、会经营的技术经纪人队伍。当前，在深化经济与科技体制改革中，将有大批科技人员随着机构调整分流出来，其中很大一部分要参加兴办科技第三产业。这给培养扩大技术市场经营服务队伍带来了极好的机遇。应该因势利导，大力发展和扩大属于第三产业的科技咨询、中介、经营机构。为了加速技术成果转化，发挥它们的作用，就要为这类机构的发展创造一个适宜的环境，“放水养鱼”，鼓励发展。应当积极调整和制定相关政策，如可享有科研单位、大专院校的同等待遇，暂减免征营业税和所得税，以使它们得到自我生存和发展的基础。同时吸引大批科技人才进入技术市场系统，能提高队伍素质，促进技贸活动的高质量进行，形成技术市场机制的良性循环。各级政府还要加强对他们的引导和管理，帮助他们总结交流工作经验，加强对经营管理人员的培训，不断提高工作水平和质量，开拓经营领域，遵纪守法，引导他们走上健康发展的轨道。

（三）进一步完善技术市场的法规和政策建设。我们已经有了一套从中央到地方的比较完整的技术市场法规体系，对规范我国技术市场行为起着积极有效的作用，但也需要根据形势的发展变化，不断在实践中完善修改补充。当前更主要的要认真贯彻执行这些法规，做到有法必依、违法必究。已经出台的各项扶植政策也是非常必要的，要进一步加快成果转化，加快我国技术市场的发展，就必须根据新形势的需要，进一步调整完善各项扶植政策，出台新的政策，如鼓励买方购买技术的政策；调动大中型企业进入技术市场的政策；鼓励技术出口的政策等。

（四）加强技术合同仲裁工作。随着技术贸易规模的迅速扩大，技术合同纠纷案件也在相应增加。国务院已于去年批准建立了技术合同仲裁制度和仲裁机构。目前，全国已批准建立了 26 个技术合同仲裁机构，1993 年国家科委召开了第二次全国技术合同仲裁工作会议，确定全面、高质量地把技术合同仲裁工作逐步开展起来，这是维护技术合同当事人合法权益和促进技术市场健康有序发展的重要手段。

（五）改进工作方法，加强调查研究，搞好试点，推动技术市场登上新台阶。搞好开拓农村技术市场的试点工作。农业是国民经济的基础，党中央历来重视农业的发展，通过技术市场机制，把技术成果和人才推向农业战线，运用新技术成果，加速我国农业的发展，是技术市场工作的重要内容。据统计，1992 年全国技术市场交易中用于促进农业发展的项目 2 万多项，成交金额 10.25 亿元，尽管这一数字较历年有了很大提高，但占全国技术合同总成交额仅 7.24%，显然与我国这个农业大国的发展需要是不相称的。当前广大农村依靠科技致富的意识日益浓厚，如何充分运用市场机制，加速科技成果向农业的转移，促进农业的更大发展，如何根据我国农村经济的特点，深入开拓农村技术市场，如何更紧密地将“星火计划”、“丰收计划”以及科技扶贫工作等与技术市场有机结合，是当前的工作重点之一。要在 1992 年在山西、湖南、河北、江苏、江西、广西等省、自治区进行试点工作的基础上继续抓好试点工作，总结经验，进行面上推广，推动我国农村技术市场更快的发展。

当前，在贯彻中央关于国营企业转换经营机制的工作中，以技术贸易为契机，促进企业的技术进步和增加活力是一条有效途径。企业通过开展技贸活动，确立企业经营中开拓产品市场与技术市场的新的经营思路和机制，不仅使企业的能量得到释放，带来可观的经济效益，也促使企业向科、工、贸一体化方向发展，为企业成为真正自我约束、自主经营的经济实体打下坚实的基础。国家科委将继续抓好在沈阳市进行的运用市场机制促进搞活大中型企业的试点。

（六）努力开拓我国技术市场的国际化渠道。近年来，随着我国经济的发展，我国技术成果进入国际市场的数量逐渐增加。一方面，我国的技术较适用于一些发展中国家，大量实用型技术受到这些国家的欢迎。另一方面，在个别领域，我国的技术成果已达到和超过国际先进水平，受到国际市场的瞩目。我们要抓住机遇，努力发展国际技术贸易，加速我国技术成果向发展中国家和东南亚地区的转让，建设好东南、东北、西北等国际技贸窗口，加强国际间的技术经营管理方面的学术交流，组织好国际性技贸洽谈考察和展交活动，并努力探讨和逐步使我国的技术转让机制与国际市场机制接轨，使我国技术更多地进入国际市场。

（作者单位：国家科委技术市场管理办公室）

北京市新技术产业开发试验区综述

刘向东

北京市新技术产业开发试验区（以下简称试验区），作为我国第一个国家级的高新技术产业开发区，自1988年5月国务院批准成立以来，迄今已经走过了5年的发展历程。

5年来，在邓小平同志发展高科技，实现产业化的思想指导下，试验区运用国家赋予的18条优惠政策，发挥智力密集优势，积极探索，艰苦创业，创造了以市场为导向、有利于创业和创新精神发展的环境，取得了显著的经济效益和社会效益，展示出令人瞩目的生机和活力。

1992年5月15日，江泽民总书记和李鹏总理亲临试验区视察，称赞试验区“取得了很大成果，是全国首创”，对试验区的发展予以充分的肯定。

一

试验区建立在我国智力资源最为密集的中关村地区。中关村地区是首都的科学城和文化区。建国40多年来，党和国家在这个地区投入了大量的财力物力和人力，使这里形成了科研力量密集，科学仪器设备密集、图书情报信息密集、科研成果密集，成为中外闻名的智力库。这里聚集着中国科学院、中央各部委和北京市属研究院所等128个科研机构，包括北京大学、清华大学等著名大学在内的50所高等院校，荟萃了8万余名科技工作人员，具有完整的高等教育，基础研究、应用研究、技术开发和工程设计体系。这里每年有一万多项科研成果问世，其中许多研究已达到世界先进水平。但是长期以来，受僵硬的经济管理体制和重研究轻开发的传统观念影响，造成科研与生产之间的脱节、科研成果到现实商品之间的断层，导致很多科研成果被搁置，不能为国计民生服务。

80年代初以来，改革开放和新技术革命的大潮使中关村地区的部分科研人员毅然走出学术殿堂，寻求将停留在实验室的科研成果转化的现实商品的新路，在中关村地区相继建立了一批以电子信息技术为主的技工贸相结合的新型企业。这些企业以技术为依托，面向市场求生存、求出路，探索出“自筹资金、自愿组合、自主经营、自负盈亏”的四自原则的灵活运行机制，没要国家一分钱，却在短短几年内为社会创造了几千万元的财富，推动了以微电子为代表的新技术产业的发展，逐步形成了“中关村电子一条街”，引起了国内各界的广泛关注。

1988年5月，中共中央、国务院在对“中关村电子一条街”进行实地调查研究和广泛听取意见的基础上，由国务院颁布了《北京市新技术产业开发试验区暂行条例》，批准以“中关村电子一条街”为基础建立北京市新技术产业开发试验区。这是为促进科技与经济直接结合，加速科技成果转化为现实生产力，发展高新技术产业，推动技术、经济发展的重要战略决策。

同年，北京市人民政府又进一步制定了《北京市新技术产业开发试验区暂行条例实施办法》。规划的试验区位于北京市西北海淀区内，它以中关村为中心，占地面积约100平方公里。另在海淀区永丰乡划定2平方公里作为试验区的中间试验基地。试验区地理位置优越，距北京火车站和北京国际机场仅40分钟路程；区内交通便捷，拥有10多条重要交通干线和30多条公共交通线路；市政公用基础设施齐备，有62家邮电局，可提供良好的通信服务；金融体系健全，智力资源丰富，环境优美，空气清新，是一个比较理想的发展高新技术产业的投资场所。

在试验区内建立的新技术企业将享受一系列的财政税收、基本建设、进出口、劳动人事等优惠政策；新技术企业减按15％税率征收所得税，企业出口产品的产值达到当年总产值40％以上的，减按10％税率征收所得税，新技术企业自开办之日起，3年内免征所得税，第四至六年按前项规定的税率，减半征收所得税，以自筹资金新建技术开发的生产、经营性用房，自

1988年起，五年内免征建筑税；新技术企业生产出口产品所需的进口原材料和零部件，免领进口许可证，进口国内不能生产的仪器和设备，五年内免征进口关税；新技术企业所用贷款，经税务部门批准，可税前还贷；用于新技术和新技术产品开发的仪器设备，可以实行快速折旧；新技术企业开发的新产品，可自行制定试销价格，经营国家没有统一定价的新技术产品可以自行定价；试验区内的新技术企业，免缴奖金税。

经核定的新技术及其产品范围是：电子信息技术与产品；激光技术与产品；光、机、电一体化技术与产品；生命科学和生物工程技术与产品；新材料技术与产品；新能源技术、节能新技术与产品；环境科学和劳动保护新技术与产品；新型建筑材料、构件、施工技术及设备；精细化工技术及产品、新药物和生物医学工程；核应用技术及产品；地球科学、空间技术、海洋技术及产品；以及能带来高经济效益，适合首都特点的其它新技术及产品。

试验区办公室，作为海淀区人民政府的派出机构，全面负责办理有关试验区新技术企业的审核事宜和各项管理规定实施中的具体工作。

二

兴办高新技术产业开发区是一项意义深远的事业。在没有现成模式可资借鉴的情况下，试验区以深化改革，勇于创新的精神，认真执行国家发展高新技术产业的优惠政策，积极改善软环境，创造硬环境，优化小气候，为实现产业化铺平道路。

在党中央、国务院、市政府的支持和关怀下，试验区的政策环境也不断优化：优先在每年信贷计划中安排对高科技企业的贷款规模；优先把试验区认定或改造为股份制的高科技企业纳入北京证券发行计划；市政府把3 000万美元以下，符合有关规定的外商投资高科技企业立项审批权下放给试验区办公室，工商注册、登记、发照、管理权适当下放给试验区；对试验区税收返还政策延长5年，除上交中央的部分外，北京市的全部返回，主要用于试验区的建设与发展。由于试验区规划面积内基本上是建成区，可规划用地少，1991年10月，经国家科委、北京市政府批准，在试验区北部上地村划出1.8平方公里建立上地信息产业基地，允许有偿转让土地使用权50年；基地实行统一规划，综合开发，配套建设，将拥有科研区、生产区、贸易区、娱乐场所和生活小区，并建立相应的支撑保障体系。上地基地经过一年多时间的建设，基本完成主要市政基础设施，主干道和环路基本开通，部分标准厂房和配套住宅区已经竣工，使试验区的投资硬环境得到明显改善。

正是由于试验区构建了有利于企业创业创新的发展环境，并把市场机制引入这一智力密集地区，活化了多年来沉淀在这里的生产要素，大大加快了科研成果的商品化，试验区已经初步建设成一个有一定规模的、基本符合市场经济规范，具有持续创新能力的高新技术产业园区。试验区五年来取得的成就，主要表现在以下几个方面：

1.试验区经济在高速高效的轨道上健康发展。从1988年起试验区主要经济指标都以平均每年30%以上的速度快速增长，特别是小平同志南巡讲话以来，试验区经济更是呈现蓬勃的发展势头。截至1993年第一季度，已累计实现技工贸总收入172亿元，工业销售产值58亿元，上交国家税金6.5亿元，出口创汇2亿美元。1992年与1987年相比，技工贸总收入增长7倍，工业销售产值增长20倍，上交国家税金增长7倍，出口创汇增长10倍。

2.试验区企业群体和产业规模迅速壮大，具有一定规模产业的骨干企业明显增长。目前，新技术企业已达2 800多家，其中技工贸总收入过千万元的企业96家，超亿元的10家。产值过千万元的企业40家，超亿元的5家。涌现了四通、联想、北大方正、大恒、京海、康拓、隆源等一批在总体规模、收入水平、上缴税金、创造利润和出口创汇等方面较突出的先进企业。

3.形成了一支高素质、有实力的专门从事高技术产业开发的队伍，造就了一批掌握现代科技和经营管理技能，富有创业、创新、开拓、进取精神的企业家队伍。目前，试验区从业人员已达6万，其中378名博士，3 177名硕士，2万名学士，173名留学回国的留学生，企业科技人员占职工总数的50%。

4.外向型经济不断发展。试验区注重加强国际合作研究与开发，采用多种形式广泛开展国际间的科技和文化交流。1989年11月，试验区被接纳为世界科技园区协会会员。企业经营活动的国际化趋势越来越明显，一些大企业充分认识到参与国际竞争是其生存和发展的必然要求，积极开拓国际市场，在海外建立开发销售中心、培训和维修网点，有力推动了自己的产品步入世界高科技领域的先进行列。试验区在境外建立的分支机构有40家。目前试验区的外商投资企业达500家，美国GE、惠普、日本松下、日立等大企业也进入试验区，出口创汇企业已达近百家。

5.形成了多元化的企业发展格局。在已经形成的高技术产业体系中，1992年，电子信息技术产业占51.98%，光机电一体化技术产业占22.84%，生物及医学工程产业占9.69%，新材料技术产业占7.18%，新能源及节能技术产业占6.62%。在企业群体中。中国科学院系统创办的企业占10%，大专院校创办的企业占10%，中央部委系统创办的企业占23%，国有大中型企业创办的占6%，无主办单位集体企业占23%，三资企业占12%。

6. 试验区在区域经济发展中的主导作用日益增强，已逐步发展成为北京市实现科技成果商品化、产业化、国际化的基础。1992年试验区企业的工业产值和税收已占海淀区的54%和30%，1993年一季度，试验区工业销售产值以91%的高速增长，已占到海淀区的71%。海淀区各系统普遍把创办和发展高新技术企业作为抓机遇促发展的重要措施。高新技术企业的发展促进了海淀区商业、房地产业、饮食服务业的发展，也带动了海淀区无形资产的大幅度增值。

试验区的建立和发展，为北京地区各方面力量发展高新技术产业和推进科技进步提供了大舞台，成为北京市高新技术科研、开发、中试、生产、销售、培训、服务的综合性基地。

三

在知识智力密集地区创办北京试验区，是在改革开放新形势下为探索建立促进技术进步新机制的一种崭新的尝试。其基本目的是为了充分发挥现有的智力资源和科技力量的作用，通过优惠政策的扶持和导向，创造一个良好的投资环境，吸引分流科技人才进入经济主战场，推动高新技术产业的形成和发展，促进高新技术的商品化、产业化、国际化。

北京试验区建立5年来，不仅以其高速度，高效率表现出旺盛的生命力，更重要的是，它的健康发展为科技体制改革开辟了一条新途径。党中央、国务院相继批准了52个国家级高新技术产业开发区，并颁布了相应的优惠政策，希望高新技术产业开发区成为发展我国高新技术产业的基地，向传统产业扩散高新技术的辐射源，对外开放的窗口，深化改革的试验区和科技与经济密切结合的示范区。北京试验区的先行探索为创建中国特色的科技园区积累了宝贵经验：

1. 初步建立了符合社会主义市场经济运行规律，适应高新技术产业发展要求和国际惯例的经济管理体制和企业运行机制，起到了深化改革的示范作用。

试验区坚持以市场的取向的改革实践，在转换企业经营机制，创造公平竞争的有秩序的市场环境，完善政府管理职能，为企业做好规划、协调、服务和监督工作等方面进行了大胆而积极的探索。

新技术企业是试验区的主体和基础。这些在改革中新建的经济实体，逐步形成和完善了一套全新的运行机制和经营模式。企业的运行机制就是自愿组合、自筹资金、自主经营、自负盈亏、自我发展、自我约束；企业的经营模式是以技术为依托，以市场为导向，技工贸一体化发展。

1991年初，国家科委、国家体改委批准试验区实施以产权制度改革为基础的综合配套改革试点方案，对不同的企业分别按股份有限公司、有限责任公司和股份合作制企业的模式进行改造。截止1992年6月底，试验区共有19家新技术企业被北京市体改委批准进行股份制试点。

市场机制是推动生产要素流动和促进资源优化配置的基本方式和手段。试验区因势利导地建立市场交易的新秩序、新规则，在市场体系的建设中，着重抓了人才市场，技术市场的组建，并注重高新术产业发展的支撑服务体系建设，建立了创业服务中心、贷款担保公司、投标公司、审计事务所、会计事务所等中介机构。

试验区办公室乐于当新技术企业的“开明婆婆”，主要通过执行国家的优惠政策，完善对新技术企业的严格界定、工商注册登记、税收征管稽查、财政审计等方面的行政职能来加强对新技术企业的管理和指导，重点为企业做好规划、协调、服务和监督工作，积极为企业创造走向市场、开展平等竞争的良好的外部条件。

2. 试验区的新技术企业以技术为依托，初步形成了自己的高新技术产业经济的基础力量，并在国民经济中发挥孵化器和辐射源的功能。

中关村电子一条街的企业最初大多是对引进的以计算机为代表的外国新技术产品进行二次开发，把外国新技术产品转变为可供国内用户使用的产品。目前，试验区相当一批的新技术企业，以技术进步和技术创新为动力，依靠自己的技术力量开发研制系列化标准化的高新技术产品和制造工艺技术。几年来，试验区的新技术企业推出了四通4S高级科技编排系统、联想486、386、286微机、海豚终端、华海HCS多功能微机核子秤、亚都加湿器等名闻遐迩的拳头产品，共拥有3 000多项高新技术成果。

试验区在用高新技术装备传统产业，促进传统产业的产品结构调整，带动地方经济方面发挥了重要作用。北京大学新技术公司生产的激光照排系统，以其清晰、高速和适应性强的特点，在短短两三年时间里迅速占领全国90%的省级报业出版市场，淘汰了劳动强度高、效率低而且对劳动者身体有害的铅字手工排版技术。中关村地区的一些集团公司通过在全国各地设立分支机构等形式向全国20多个省、市、自治区扩散高新技术成果及其产品500余项，与海淀区传统企业横向合作项目43项，逐步形成了一个以中关村地区为中心的新技术产业发展网络。

3. 试验区党的建设取得了富有成效和特色的进展，党组织在企业中较好地发挥了政治核心作用。

试验区党组织工作的基本特点是注重实效，不搞形式主义，企业党组织的工作重点是监督企业依法经营，促进企业领导班子的团结，思想政治工作丰富多样，注重培植企业文化、拼搏精神、创业精神，提高企业的凝聚力和向心力，对试验区的发展产生深远而积极的影响。

四

应当看到的是，试验区所蕴藏的巨大经济发展潜力还远未充分发挥。过去的5年为试验区经济奠定了坚实的发展基础。

90年代的今后几年是试验区高新技术产业上台阶的重要时期，试验区将抓住发展社会主义市场经济的大好时机，迎接更为严峻的国际竞争的挑战，向"产业规模化、企业集团化、资金股份化、管理科学化、市场国际化"的目标进军。为国家的经济发展提供源源不断的技术后援，为国家产业结构调整提供动力和后劲。

试验区今后工作的基本思路是：

——进一步推进上地信息产业基地的建设和招商工作，以8公里高新技术产业带建设为重点，大力推进中部高科技经济区的投资环境的建设，使试验区的投资硬环境日趋完善。

——进一步完善试验区的市场体系，在继续办好已有的市场的同时加速建立资金市场、房地产市场、技术信息市场，尽快建立风险投资公司和信用担保公司，办好各类中介服务机构。

——加快以产权制度改革为核心的股份制试点工作，建立规范化和符合国际惯例的高新技术企业组织模式，并争取一部分实行股份制试点企业的股票公开发行、上市交易。

——进一步转变政府职能，完善试验区的各项法规、办法，做好执法监督和扶持企业的服务工作，使政府职能真正转变到营造和维护公平竞争的市场环境上来。

我们深信，在党中央、国务院和北京市政府的领导下，经过试验区建设者的努力奋斗，充分发挥试验区智力资源的作用，到2000年试验区将建成一个教科产结合、技工贸结合的高技术、高效益、高文化、高辐射的外向型、开放型的高新技术园区。

（作者单位：北京市新技术产业开发试验区）

加快铁路建设　促进经济发展

杨洪年

一、铁路的重要作用

根据交通运输为生产和生活服务的社会功能，借鉴国外通用的三次产业分类方法，我国进行国民生产总值统计时，把交通运输业列为第三产业的范畴，铁路运输是重要的组成部分。

1. 铁路对国民经济的贡献率较高。在1990年国民生产总值构成中，第一产业占28.4%，第二产业占43.6%，第三产业占28%，其中交通运输业占6.89%，而铁路约占交通运输业的2/3。这是在现有运力不足、运输需求受到限制、运价偏低的情况下计算出来的。如果运力充足，运输需求得到满足，运价能够反映运输生产价值和市场供求规律，经计算，交通运输对国民经济的直接贡献率约9%左右，其中铁路约占6%，也就是约占国民生产总值的1/16，这对国民经济的贡献是不小的。今后，我国重视第三产业的发展，在第三产业中更重视交通运输业特别是铁路业的发展，是有重要经济意义的。铁路发展了，会直接促使第三产业比重的提高。

2. 铁路对经济增长的影响度较大。铁路是社会生产不可缺少的基本条件，处于社会生产过程的上游，是生产领域在流通领域的继续，能够产生很强的国民经济带动效应，对经济增长的影响程度较大。据有关单位测算，交通运输对经济增长的影响度(包括直接影响和间接影响）约为23.6%，按其中铁路约占2/3，即15.7%。例如，“七五”期间经济增长率为7.8%，其中1.23%是直接和间接受到铁路运输的影响。

3. 铁路对经济发展的制约。前面是从正面分析铁路的作用。如果从运输供给不足的角度看，它对经济发展又是严重的制约因素。很长时期以来，国民经济的发展受到能源和交通的制约，要解决能源生产和供应问题，在很大程度上又取决于交通运输，特别是铁路运输。由于铁路运输能力不足，山西能源基地约有4 000万吨煤积压待运，造成自燃损失，而许多省市因缺煤而停电限产，使国家每年损失产值约4 000亿元，减少税收500亿元。东北、西南地区煤炭开发和西北地区石油开发，也都受到铁路运输的制约。

二、铁路成为制约我国经济发展的“瓶颈”

铁路是国民经济的基础设施，是综合运输体系的骨干和主力，对我国社会主义现代化建设，对改革开放，对社会主义市场体制的形成和发展，都具有举足轻重的作用。建国44年来，铁路运输生产和建设都取得到了很大的成绩，运输量不断增长，运输线路有所延长，技术装备有所改善，运输能力也有较大增加。但是，随着经济和社会的发展，铁路对国民经济的需要却经历了由基本适应到不适应，由发展比较同步到发展严重滞后，以致成为制约我国经济发展的“瓶颈”。

1. 产运比例失调。国民经济高速增长，铁路运输缓慢发展，产运比例失调由来已久，这是国民经济结构性矛盾表现之一。“六五”后期，国家开始注意调整产业结构，“七五”期间更进一步调整产业结构，要求逐步实现产业结构合理化。但是，实践的结果，产业结构失衡，产运比例失调的状况并没有明显好转。例如，“四五”时期工农业总产值年平均增长速度为7.8%，铁路货运量年平增长速度为5.4%；“五五”时期工农业总产值午平均增长速度为8 1%，铁路货运量年平均增长速度为4.6%；到了“六五”工农业总产值年平均增长速度为11%，而铁路货运量年平均增长速度仅为3.3%；“七五”时期工农业总产值年平均增长速度为11.4%，铁路货运量增长速度只有2.9%，相应各个时期的铁路运输弹性系数分别为0.70、0.57、0.30和0.26，产运比例失调的状况越来越严重。在3年治理整顿期间，经济增长速度有所减慢，局部地区运输紧张状况有轻度缓解，但是产运比例失调的状况也没有完全调整过来。自从1992年初之后，全国出现了经济高速增长的新形势，产运比例失调进一步突出了。1991年比1990年经济增长7%，铁路货运量增长1.16%；

1992年比1991年经济增长12.8%，铁路货运量仅增长3%，运输弹性系数分别降低到0.17和0.23，产运比例失调达到了最严重的程度。

2. 铁路对国民经济运输需求的满足率下降。我国铁路线路少，运输工具不足，运输能力短缺，这是长期困扰铁路运输的基本因素。改革开放以来，国民经济高速增长，而铁路运输能力仍缓慢发展，运力与运量的矛盾十分尖锐。就全路范围来说，铁路对国民经济运输需求的满足率，1979年为90.7%，1985年为75%，1988年为68.3%，1992年更进一步下降到60%，运输供求的差距，不是缩小了，而是拉大了。在贯通全国的铁路干线上，如京沈、京通、京广、陇海、京沪、沪杭、浙赣、焦枝、枝柳、湘黔、襄渝、宝成、京包等主要干线，丰西、石家庄、济南、徐州、南京、武汉、株州等铁路枢纽，运输能力利用率均已达饱和程度。全路卡脖子的"限制口"多达24个。通过这些干线运往华东、中南的物资，以及进出西南、西北地区的物资均受到限制，各"限制口"对运输需求的满足率仅40—50%。

3. 铁路线路和运输工具发展缓慢。铁路运输紧张，满足率下降，这是运力供给不足造成的，具体来说是构成运力的主要要素——铁路线路和机车车辆发展缓慢的结果。

建国44年来，我国铁路新线建设里程和旧线改造规模都超过了自1876年中国开始有铁路至1949年73年间铁路建设的总和。从1949年至1991年铁路营业线路增加了3.16万公里，平均每年增加770公里，近十多年来，铁路新线建设规模大大地缩小了。从平均每年新建铁路正线里程看，"一五"和"二五"时期(1953—1962年)为984公里，"调整"和"三五"时期(1963—1970年)为758公里，"四五"和"五五"时期(1971—1980年)为800公里，"六五"和"七五"时期(1981—1990年)仅为318公里。铁路线路是运输能力的基础，线路少，不仅能力不足，而且迂迴余地小，因此铁路运输紧张就不是局部性问题，而是全国性问题。

不仅铁路线路少，运输工具更为不足，是当前影响运输能力的最突出最直接的原因。历年来铁路机车车辆增长速度都大大低于运输周转量的增长速度。"五五"时期车辆增长速度与货物周转量增长速度为2.5%和6.1%，"六五"时期分别为2.47%和7.3%，"七五"时期分别为3.9%和5.5%。"六五"、"七五"期间铁路货车保有量平均每年只增加1万辆，1991年只增加5 000辆。同时车辆构成也不合理，宜装敞车的货物占75%，而敞车数只占62%，1991年敞车数比1990年反而减少了，因此铁路车皮成为社会上最紧俏的商品，成为某些单位和个人"以车谋私"的手段。

三、铁路投资比例下降，资金来源不足

我国铁路运输存在的主要矛盾是运输需求同运输供给严重失衡。这一矛盾从两方面表现出来，一方面是经济高速增长与铁路运输的缓慢发展，使铁路成为制约国民经济发展的"瓶颈"；另一方面是发展交通运输业对资金的需求同资金短缺的矛盾，使运输能力发展缓慢，运输紧张状况加剧。

1. 交通投资占国民生产总值的比例偏低。国际上通常用交通投资占国民生产总值的比例来分析交通运输与国民经济的关系。"二五"和"四五"交通运输固定资产投资占国民生产总值的比例分别为2.41%和2.35%，"三五"、"五五"和"六五"均在2%以下。"七五"时期由于提高运输设备折旧率，把基本折旧提成用于运输设备的更新改造，使用公路养路费作为其他固定资产投资，使运输业固定资产投资占国民生产总值的比例保持在2%以上。但作为增强交通运输基础设施的基本建设投资比例，"五五"、"六五"和"七五"均低于"二五"和"四五"。

世界上一些经济发达的国家早已建成强大的交通运输体系，但对运输业的投资仍然持续保持较高的水平。例如日本运输设施投资占国民生产总值的比例1960年为3.7%，1970年为4.4%，1980年为4%。总的来看，我国交通运输投资占国民生产总值的比例是偏低的。

2. 铁路基本建设投资比例下降。就交通运输业来说，从"一五"至"四五"时期，交通运输基建投资占全国基建投资比重为14.9%(不包括邮电，下同)，"五五"时期下降到12.14%，"六五"时期为12.85%，"七五"为11.3%。其中，铁路基建投资比例，"一五"为11.4%，"二五"为9.1%，"三五"为12.3%，"四五"为11.0%，"五五"下降到4.7%，"六五"为6.7%，"七五"为5.4%。在交通运输业内部各种运输方式之间实际形成的投资横向分配比例，"一五"至"四五"铁路基建投资占运输业基建投资比重为65%左右，"五五"至"七五"，铁路投资仅占运输业投资的50%左右。以上投资分配比例的变化，使铁路在"六五"和"七五"期间成为综合运输体系中发展较慢的运输方式，也是最紧张的运输方式。"七五"期间铁道部实行"投入产出，以路养路、以路建路"的大包干，虽然名义投资额有所增加，但由于受物价的影响，可比投资额并没有增加。进入"八五"时期，铁道部门面临的突出问题仍然是资金不足、来源不丰的问题。铁道部门现实所能筹措到的建设资金，包括已经建立的铁路建设专项基金在内，比国家计划安排的铁路建设规模，资金缺口高达48%，问题是相当严重的。

3. 铁路内部投资分配比例发生变化。"一五"至

“三五”时期铁路新线建设投资比例是增长的，“三五”达到70%，营业线改造投资比例下降到10.62%，而机车车辆购置投资也只占15.88%。从“四五”开始，特别是“五五”以后新建铁路投资比例不断下降，“五五”为36.85%，“六五”为38.89%，“七五”为31.6%。与此相反，营业铁路改造投资比例增长很快，“五五”、“六五”达到33%左右，“七五”增长到52%，机车车辆购置投资为26%。铁路投资的将近2/3用在既有线改造上。铁路内部投资分配比例的变化，必然导致新线建设的减少和营业线改造的加强。在国民经济加速发展，运输需求迅猛增长，而又投资不足的情况下，提高营业铁路和投资比例，加速既有线技术改造，以适应当前运输需求，也是一种现实的选择。但是，新线建设放慢，不仅增加既有线压力，运输紧张状况难于缓解，更使运输后劲不足，影响国民经济的长远发展。

4. 铁路建设资金结构与国民收入分配格局不协调，资金来源不丰。改革开放以来，我国财政体制改革发生了重大变化，从国家财政来看，两个收入比重下降。其一，财政收入占国民收入的比重1953—1978年这26年间平均为34.2%，1979年以后逐年下降，1988年下降到19.2%，10年间下降15个百分点。其二，中央财政占全国财政收入比重，“一五”时期为70%，60年代经济调整时期为60%以上，1979—1988年仅为50%，1988年更下降到47.2%。财政结构的变化，导致投资结构的变化，政府投资比重下降，社会资金比重提高。如全民所有制单位固定资产投资资金来源，国家投资1981年占38.6%，1989年下降到13.4%，8年间降低了25个百分点；银行贷款，自筹资金及其他资金来源1981年占56%，1989年提高到75.6%，8年间增加了20个百分点。这样就使长期依靠国家投资的铁路建设，由于中央财政的不足而深感建设资金的严重短缺。

5. 政策不配套，政策方向与政策手段不协调。国家为发展交通运输业制定了一系列方针政策，党的十二大把铁路列为经济建设的重点，从1983年起国家决定征收能源交通建设基金，以加强能源交通建设，1989年国务院制定颁布的《产业政策要点》强调优先发展交通，加强铁路建设。但保证这些政策方向的政策手段和措施往往不配套，或实施迟缓，失去了建设时间。“七五”时期铁路实行大包干，想突破中央财政的困难，靠铁路自身经营，增强活力，积累建设资金，但在高物价、低运价、活物价、死运价的经济运行机制下，铁路自我积累和自我发展的能力受到很大限制。直到1991年特别是1992年，国家出台了铁路建设专项基金政策，并大力提倡中央、地方、企业合资建路，才使铁路建设有了新的转机。

四、抓住机遇，加快铁路建设

当前，全国上下，各级地方政府和人民群众对铁路建设普遍重视，并给予大力支持。许多地方为铁路建设提供最好的服务，作出最佳的配合，创造良好的外部环境。党和国家政策也向铁路倾斜，把加快铁路建设，与农业问题一起列为当前经济工作的“重中之重”。形势很好，铁路开始进入了高速建设时期。

1. 改变铁路“瓶颈”约束的主要出路是加快铁路建设。改变铁路制约经济发展的“瓶颈”状态，必须大幅度地增加运力。增加运力的途径既要重视对既有铁路线的改造，改善组织管理，挖掘运输潜力，但更重要的是要加快铁路建设，尽量采用新技术，这是大幅度增加铁路运力，改善路网布局的主要途径。所谓加快建设，一方面要比我国历史上曾经出现过的建设速度还要快，另一方面经过十年八年的建设，使铁路能够基本适应经济高速增长的需要，而不是拖得过久才能见效。我国铁路建设历史，“一五”到“四五”平均每年修建新线大约1 000公里左右，属中等建设速度；“六五”和“七五”平均年修建新线约340公里，属低速建设。90年代铁路进入高速建设时期，平均每年修建新线应达2 000公里左右，电气化线路平均每年1 200公里左右，平均每年新增车辆2万辆左右，使铁路运输能够基本适应经济高速增长的需要。

2. 发挥中央、地方和企业的积极性，联合建路。这是加快铁路建设的一条新路子。随着改革开放总方针的贯彻和实施，财政和投资管理体制已经和正在进行重大改革，预算内资金相对减少，预算外资金大幅度增加；中央财政比重减小，地方财政比重扩大；投资主体和投资结构多元化。适应这种情况的变化，铁路必须破除高度集中、自我封闭、独家建设、独家经营的传统模式，应大力推进合资铁路与地方铁路的发展，采取多种形式，开拓多种渠道，大力提倡并采取相应的政策调动地方和企业联合投资建设铁路。最近几年，全国各省市都深感交通运输设施薄弱对经济发展的严重制约，对投资建设铁路的积极性大大提高了。为了发挥这种积极性，并持久地保持下来，应按照谁投资谁受益的原则，按照国家对股份制的有关规定，对合资铁路建立起独立核算、自主经营、自负盈亏、利益分享、风险共担的铁路投资管理体制。当前合资铁路已有好的开端，但在发展过程中还有些新情况，出现些新问题，产生些新矛盾，有关部门和省市应及时研究解决，使这一铁路建设新模式在90年代得到健康地发展。

3. 内外启动，多方筹资。实现铁路高速建设的目标，需要大量的资金。资金够不够，资金从那里来，成为加快铁路建设的关键。根据国民收入分配格局的变化和铁道部门经营管理的现状，铁路建设资金的筹集，需要路内路外一起启动，采取新办法，开辟新财源。(1) 要千方百计增加铁道部门的内部积累。“七五”期间铁路实行大包干，由于高物价、低运价的影响，内部积累率有所降低，但是近两年来，由于实行了新线新价、优质优价等运价改革，铁路运价总水平还是有所提高的，只要尽量增加客货运输量，努力降低运输成本，挖掘内部财源，增加铁路部门内部积累是有可能的。(2) 建立铁路发展专项基金，提高征收标准。目前这项基金已经建立起来，对铁路建设起了重要作用，但按每吨公里 1.2 分钱征收，标准偏低，应再适当提高。这项基金将成为 90 年代铁路建设资金的主要来源。(3) 国家财政向铁路倾斜，提高能源交通建设基金投向铁路建设的比重。(4) 扩大利用社会资金，吸收民间金融资产把它转化为铁路建设资金。开辟这项新的资金来源，这是当前铁道部门应该重视的问题，应扩大利用。1992 年铁道部门发行了铁路建设债券 20 亿元，三年期，年息 10%。如果铁道部门继续发行建设债券，按目前国库券利率看，三年债券年息不能低于 12.52%，大大高于铁路的资金利润率，使铁道部门望而却步。为了扩大利用民间金融资产，应建立铁路建设专项贴息基金，以补偿铁路建设债券高利息率与铁道部门低利润率之间的差额。这项贴息基金的资金来源可以按取之于路、用之于路的原则，从铁道部门客运收入专项上缴和铁路发展基金上缴的流转税中提取大部分或全部。(5) 利用外资。除国家统借统还的外资用于铁路建设外，目前铁道部门直接利用外资修建铁路还很少。如何进一步扩大利用外资修路的问题需要深入研究。随着市场经济的发展和“四沿”开放的扩大，在某些局部地区直接吸收国外或港、澳、台资金用于铁路建设，应该是可行的。当然要按我国有关规定，进行共同管理，开展内外运输业务，以补充我国铁路运力之不足。

4. 改革铁路运价，促进铁路建设。运价与铁路发展有深刻的内在联系。除了运价水平高低决定铁路收入水平和内部积累外，运价管理体制和制定权限，运价反映市场供求的灵活度和运价吸收投资者的程度，都与铁路建设有关系。当前，铁路运价的主要问题是集中过多，统得太死，价格形式单一，形成机制僵化。这种价格体制不利于铁路建设的发展。现在有些地区新建铁路不受全国统一运价的限制，实行新线新价，这不仅能够按期偿还修路的贷款，其增值收入还可以用于本地区铁路建设和改造，而且还具有吸收社会资金的作用。为了调动地方企业乃至社会投资者对建设铁路的积极性，应利用运价杠杆，加快运价改革，使投资者看到投资后的盈利，这对加快铁路建设的作用是很大的，应该予以重视。为此，根据铁路的地位、作用和建设资金来源情况，建立起国家、铁道部门和地方对铁路运价进行分级管理的体制，看来是必要的。

5. 精心组织，内外协作，集中力量打歼灭战。铁路运输欠帐太多，要想在较短期间内获得建设上的大进展，取得立竿见影的效果，必须选择重中之重，精心组织，紧急动员，全国上下、路内路外协作，集中力量打歼灭战，在“八五”和“九五”期内，集中人力、物力、财力，贯通和强化具有全国意义的几条大通道，更快地形成有效的运输能力，以便尽快扭转铁路运输紧张被动的局面。

（作者单位：国家计委综合运输研究所）

邮　电　通　信

发展中的辽宁邮电

辽宁邮电通信网是东北和内蒙古东部三盟地区的通信枢纽。担负着沟通省内通信，连接辽吉黑及内蒙古东部三盟长途通信和邮件中转任务。辽宁省邮电部门实行市局管理县局体制。全省共有15个市邮电（政）局、44个县（市）邮电局和17个省直邮电单位，共有职工53 088人。

党的十一届三中全会以来，在邮电部及辽宁省各级政府的领导下，辽宁邮电发展得到社会各界支持、广筹资金，坚持高技术、高起点和多手段并重的原则，引进先进的通信技术和通信设备，推进通信网建设和技术改造，使辽宁邮电通信从起步到起飞，发展速度逐年加快。

“七五”期末，全省邮电固定资产达20亿元。与“六五”期间相比，长话业务电路增长2倍；市话交换机总容量增长1.2倍；农话交换机总容量比“六五”增加4万门。邮路及农村投递路线增加2.2万公里。技术装备水平明显提高。长途自动交换机占总容量的比重已达67.3%；市话程控交换机占市话交换机总容量的比重已达55.4%；农话交换机自动化程度达到29.5%；县以上邮电局全部实现公用电报自动转报，利用现有电话网开办了数据通信业务；新建了移动通信和无线寻呼系统；全省邮路机械化程度提高到96.3%的水平，大连、锦州、沈阳邮政枢纽和丹东国际邮件交换站等工程项目建成投产后，邮件处理能力和机械化程度进一步提高。“七五”全省通信发展的态势表明，全省通信网迈向现代化通信已经有了良好的开端。

进入“八五”后，特别是1992年，辽宁邮电通信建设再上新台阶：到1992年底，全省邮电固定资产两年累计完成投资16.27亿元，公用通信网电话交换机总容量突破100万门，长途自动交换机达到2.95万路端，长话业务电路达到1.59万路，移动电话用户期末户数达到4 779户，无线寻呼用户期末户数达到13.76万户，全省邮路及农村投递路线总长度已达到26.65万公里，通邮路的乡镇、行政村比重均达为100%。全省通信技术装备水平提高显著，通信网实力进一步增强；全省长途自动（直拨）电路已达1.29万路，市和44个县长途电路自动化比重已达81.4%，全省14个省辖（市）、330个乡镇具备国际国内电话直拨功能，可与全国600多市县、世界180多个国家和地区通话；市话程控交换机容量已达69.7万门，市话交换机程控化比重已达87%；线路传输基本形成了以数字微波为主，以沈阳为中心的具有较强辐射功能的干线传输网。1992年新增邮政生产场地1.5万平方米，建成市、县邮政局房17处，新开自办汽车邮路43条，邮政网覆盖面继续扩大，邮政网的实力得到加强。去年全省邮电业务总量完成15.64亿元，业务收入完成14.7亿元，达到业务总量、业务收入的增长速度双超全国平均水平的奋斗目标。

90年代是辽宁邮电发展的关键时期。辽宁邮电部门将进一步解放思想，促进辽宁邮电实现三次飞跃。

第一次飞跃，是“八五”期间实现通信网量的大幅度增长。“八五”期间，要加快以大连为前沿，沈阳周围城市群为腹地，沈大高速公路沿线的经济带和科技开放带，丹东、营口、锦州沿海港口出口加工区，以及沿边地区的通信建设，带动“三辽”地区的通信发展，提前实现我省“八五”期间“一番二网三化”（即邮电业务总量和主要通信能力比“七五”翻一番；建成全省移动通信和公用分组交换数据通信网；实现长途传输数字化、长途电话自动化、邮政中心局主要环节邮件处理机械化）通信发展总目标和农村通信“2127”（即全省农村电话交换机总容量和农村电话普及率比“七五”翻1番，农村自动电话交换机和实现国际国内电话的乡镇达到70%）工程目标。

第二次飞跃，是“九五”期间实现通信网质的飞跃，使网的结构科学化，建成一个四通八达、城乡一体、功能齐全的立体通信网。到2000年，全省主要通信能力和邮电业务总量比1980年翻5番、比1990年翻3番以上；全省城乡电话普及率达到10.7%；电信干线向综合业务数字网过渡，局部实现窄带ISDN网；完善本地网，使全省乡镇以上的电话全部进入长途自动交换网，实现自动拨号；移动通信基本实现数字化；进一步开发公用分组交换数据网等新业务，为辽宁省的"第二次创业"提供优质可靠的通信服务。

第三次飞跃，是到下世纪初，通过3个五年计划建设，到2015年实现全省通信现代化，使全省城乡电话普及率达到40%以上，普遍采用当时世界先进技术，建成中等发达国家水平的现代化通信网，全面满足社会对通信的需求。

单位名称：辽宁省邮电管理局
局　　长：孟广业
地　　址：沈阳市和平区市府大路157号
电　　话：3354006—74
邮　　编：110002

阔步前进中的湖北邮电

一、基本情况

湖北地处中原腹地，优越的地理环境使其成为全国重要的通信枢纽。省邮电管理局既是邮电部、省政府领导下的全省通信行业主管部门，又是负责组织全省邮电通信生产、建设的大型企业。下辖15个地市级、71个县(市)级通信企业和17个属支撑系统的直属单位，邮电服务机构遍布全省城乡。

全省现有邮电职工46 000多人，具有一支门类较齐全、掌握现代化通信技术的专业技术队伍，其中高中级专业技术人员1 800余人，初级专业技术人员5 000人。邮电通信生产能力也初具规模，固定资产累计达21亿元。

邮政方面："九省通衢"的交通优势给我省邮政通信网的发展创造了极为有利的条件，全省拥有邮政生产用房25万平方米，邮运汽车430台，邮路和投递路线共25万公里，现已形成以武汉为中心，四通八达的省内邮政通信网。

电信方面：多种传输手段(明线、同轴电缆、微波、光缆)并用的国家一级通信干线贯穿我省东西南北，形成纵横交错的干线通信网覆盖我省。省内通信以一级干级为依托，建立了以省会武汉为中心向各地市、地市向各县（市）、县（市）向农村三级辐射的通信网络体制。全省现有长途自动交换机总容量1.3万路端，长途业务电路1万条。市话交换机总容量36.7万门，农话交换机总容量17万门。全省邮电业务总量与业务收入在1992年双超8亿元的基础上，今年可望突破12亿元。

二、发展中的成就与经验

改革开放14年来，我省邮电通信事业得到了前所未有的发展：1992年全省邮电业务比1978年增长5倍，14年的固定资产投资是1978年前30年总和的3倍。电信方面：市话交换机总容量比1978年增长5倍；长途业务电路比1978年增长11倍，且数字化程度达60%以上；至1992年底，全省县以上城市全部实现了电报转报自动化，市内电话自动化，长途直拨自动化。部分农村支局也已进入全国自动电话网。与此同时，传真、移动通信、无线寻呼、会议电视、磁卡电话、分组交换等新业务与新功能应运而生、蓬勃发展。邮政方面，生产用房、生产场地与邮运汽车都是1978年的2倍，邮政机械化作业、自动化处理水平也得到了很大的提高。

通信能力的增长与新技术的应用，使服务水平和经济效益稳步提高。1992年全省电话话机普及率由1978年的0.35%上升到1.12%；人均年函件量由1978年的2.5件上升到4.2件；业务收入、利润分别比1978年增长13倍和14部；劳动生产率（人均业务总量）由1978年的3 450元上升到18 880元，增长4.5倍，资金利润率与成本利润率也有不同程度的提高。

回顾我省邮电通信发展所取得的成绩，有以下几点经验：

一是坚持"统筹规划、条块结合、分层负责、联合建设"和"国家、地方、集体、个人一起上"的发展方针，以增强通信能力为中心、依靠政策和地方政府的支持，多渠道筹集建设资金，加快通信建设的步伐。

二是坚持以市场需求为导向，以满足经济建设和人民群众的通信需要为目的，以"人民邮电为人民"为服务宗旨，积极开发新业务，增加业务新功能，不断提高通信质量与服务质量。

三是坚持依靠科技进步的方针，按照"高起点，新技术，力争一步到位"的原则，加速通信网络现代化建设。同时，加强专业技术人才的培养与岗位培训，全面提高职工队伍素质。

四是坚持社会效益与企业效益相统一，深化企业内部改革，强化企业管理，大力开展增收节支活动，把有限的奖金投入到通信最急需、效益最好的地方，同时合理劳动组合，严格控制增员，努力提高劳动生产率。

三、发展规划要点

湖北邮电今后一个时期发展的基本思路：到"八五"期末，全省邮电通信能力和业务总量提前实现在1980年的基础上翻三番，"九五"在"八五"的基础上再翻两番，到2000年，邮电通信基本适应小康社会发展水平的需要；然后再用20年左右的时间，每个五年计划再翻一番，赶上和超过世界中等发达国家的通信水平。

“八五”计划：“八五”期末邮电业务总量达到22亿元，年均增长36%，业务收入达到21.5亿元，年均增长36%，利润达到2.2亿元，年均增长23%。电信方面：全省市话交换机总容量达到170万门，年均增长50%。长途自动交换机总容量达到12万路端，年均增长97%，长途业务电路7万路，年均增长72%；农话交换机总容量达到50万门，年均增长28%，进入长途自动交换网的支局达50%。全省电话话机普及率达到4%，其中省会武汉市达到20%，省辖市达到15%，县城达到10%，农村达到1%。邮政方面：建立中心局体制，建立装备完善、功能齐全、处理邮件迅速的10个邮区中心局，扩大邮政生产场地、房屋21.5万平方米，并根据业务需要组成分工明确、结构合理的快件、普件、重件复合通信网，新增邮运汽车330辆。“八五”期末，全省邮区中心局基本实现邮件处理机械化、自动化。

“九五”主要目标：邮电业务总量达到88亿元，年均增长32%；市话交换机总容量达到500万门，年均增长24%，农话交换机总容量达到200万门，年均增长32%；长途程控交换机容量达40万路端，年均增长27.2%；长途业务电路达到25万路，年均增长29%；全省电话普及率达到10%。一个以交换程控化、传输数字化的现代化电话通信网将初具规模，并以此为依托，建成覆盖全省城乡的无线寻呼网、移动通信网、县以上城市的可视电话网和分组数据交换网。邮政生产用房达到60万平方米，邮政生产运输车辆达1 200辆，全省县以上城市邮政作业处理基本实现机械化、自动化与电脑化。

单位名称：湖北省邮电管理局
法人代表：梁清章　局长　党组书记
通信地址：武汉市解放大道412号
邮　　编：430022
电　　话：563333

蓬勃发展的武汉邮电科学研究院

邮电部武汉邮电科学研究院创建于1974年，是邮电部直属科学研究机构，也是国家光纤通信技术工程研究中心。该院地处武汉市风景秀丽的东湖之滨，占地42公顷，建筑面积13万平方米，资产总额1亿多元。现有职工1 500多人，其中具有高级工程师、副教授以上职称的专业技术人员270人，具有工程师等中级职称的专业技术人员450人。

武汉邮电科学院以发展光纤通信技术并紧密服务于通信建设为宗旨，主要从事光纤通信系统技术、光电端机、光纤光缆、光电器件、光无源器件及光纤通信体制和标准的研究，研究项目覆盖了光通信的主要领域，成为我国专业齐全，成龙配套的光纤通信研究与开发的基地之一，是一个集科研、开发、生产、经营和技术服务于一体的完整实体。院属单位有：邮电部激光通信研究所、邮电部固体器件研究所、武汉电信器件公司、光纤光缆研究部、邮电部第三实验工厂、情报研究室、研究生部、国家光纤通信进出口商检实验室、邮电部光通信产品质量监督检测中心、深圳亚光通信有限公司、武汉中光通信公司以及技术开发、经营、设计和施工部门。

10多年来，该院先后承担了国家和邮电部的“六五”、“七五”、“八五”光通信领域的多项重点科研攻关项目和国家“863”高技术研究项目，已有200多项科研成果通过鉴定，其中66项成果达到或接近当代国际水平，56项成果属国内首创或国内领先水平，55项成果为国内先进水平。这些成果中的90%以上得到了推广应用。在光通信设备方面：已研制并生产了从2Mb/s到565Mb/s光纤通信设备系列及相应的PCM数字复接设备，技术性能全部符合国际CCITT相关建议。采用超大规模集成电路、厚膜工艺、贴片工艺、混合集成等先进技术和工艺，使设备具有更高的稳定性和可靠性。在光电器件方面：已研制生产的激光器组件寿命达到25万小时；1.3、1.5μm单模、多模尾纤耦合发光二极管，1.3、1.55μm单模、多模尾纤耦合激光器及组件，PIN/FET光接收机组件等器件已广泛使用，并占领了国内大部分市场；DFB－LD等新产品研制成功，为国内高速率、大容量光纤通信系统提供了关键部件。在光无源器件方面：研制生产出PC型、FC型和直插式光纤活动连接器，光纤固定连接器，光可变衰减器，声表面波滤器等产品。生产的陶瓷光纤活动连接器在任意互换的情况下，最大插入损耗小于0.5dB，金属型固定连接器插入损耗小于0.2dB。在光纤光缆方面：已研制的1.3μm单模光纤平均衰耗值达0.4kB/km，1.55μm零色散位移单模光纤衰耗值小于0.25dB/km，所有技术指标符合国际CCITT相关建议。目前，建有年产1万公里光纤和3 000公里光缆的生产车间，可提供紧套光纤、松套光纤、松管多芯充油光纤和架空式管道用骨架式、层绞式2～12芯光缆，4～24芯直埋式光缆等品种。上述光纤通信系统产品，已进入国家一级、二级干线，产品质量稳定可靠。先后完成2、

3、4、5次群光纤通信系统和光纤图象传输系统工程共计250多个，东至江浙，西到新疆、北至黑龙江，南到海南，遍布全国20多个省、自治区、直辖市。

该院重视人才培养，从1980年以来，为国家培养光纤通信专业的硕士、博士研究生100多名，为用户培训光通信各类技术、维护专业人员5 000多人次，并被邮电部定为亚太地区光通信技术培训中心。此外，编著、出版了10余部有关光纤通信的专著和刊物，发表了1 000多篇科技论文。该院还先后与10多个国家和地区以及国内众多的科研院所、大专院校、工厂、企业建立了广泛的科技交流和技术合作关系。

该院得到现在的发展，首先是积极贯彻国家关于科技体制改革的决定，抓了单位体制的转轨变型，由单纯的科研型，转变为以科研为主，科研—开发—生产—经营一体化的运行机制，进而又步入了以市场为中心，以科研为先导的市场—科研—生产—市场的运行机制。其次，国家和部门给予大力扶持，连续安排三个五年计划重点科技攻关开发光通信技术，并先后建立了光纤工业性试验基地、光通信工程试验场、光纤通信技术工程研究中心，为进一步发展奠定了坚实的基础。第三，跟踪世界光纤通信发展方向，同时结合我国通信建设的需要，研究开发一系列技术先进又符合国情并具有竞争力的新技术和新产品，从而受到广大用户的欢迎。第四，利用多种途径，努力解决好科研成果向生产的转化：一是在院内建立起技术转化的机制，将成熟的技术迅速转让到部属大型生产企业，扩大产品生产规模，满足市场需要；二是将一批适用于省内特点的技术与部分省属邮电生产厂合作，共同开发生产，满足省内的需求。第五，注重人才的培养，建立人才激励机制和竞争机制。现在全院有国家级有突出贡献的中青年专家7人，部级有突出贡献的中青年专家12人，被人事部确定为享受国家政府津贴的人员已达35人。同时，注重改善了科技人员的工作条件和生活条件。

在新的形势下，该院根据国内国际两个市场的需要，坚持科学研究和技术开发为主，积极发展高新技术产业，积极开展与国内外有关单位的合作，努力完成以2.4Gb/s和622Mb/s同步数字系列光纤通信技术等一批有代表性科研项目，占领新的技术制高点。在“八五”末期，科研成果要达到80年代末期国际水平，某些项目达到90年代初国际水平；开发的新产品要达到国际80年代末期国际商用水平，某些产品要达到90年代初期国际商用水平。同时，利用自身条件和部属大型工厂及各省属邮电工厂的优势，将新产品形成规模生产，产品的质量和价格在国内和国际都具有一定的竞争能力；并抓住通信建设大发展的良好时机，使年生产总值在现有1.5亿元的基础上进一步高速增长，不断满足市场需要，充分发挥作为国家光通信产业“国家队”的中坚作用。

单位名称：邮电部武汉邮电科学研究院
通讯地址：湖北省武汉市东湖东路4号
法人代表：江廷林　院长
电　　话：702430
邮政编码：430074

陕西邮电通信

陕西省邮电管理局是省政府管理通信的行政职能部门，同时，又是全省邮电企业的领导机构，行使政府和企业双重职能。全省所辖115个企事业单位，其中地市邮电局10个，县（市）邮电局89个，直属通信企业5个，非通信企业9个。省会西安分设邮政局、电信局、全省共有邮电支局所1 803个。邮电科研、工业、设计、施工、物资、教育、医疗等机构一应俱全，实力雄厚。目前，全省有邮电职工31 537人，其中中央国营职工28 255人，有专业技术人员4 889人，大中专以上文化程度4 097人，技师、业务师132人。全省邮电固定资产原值达10亿多元。

改革开放以来的14年，陕西的邮电通信事业以前所未有的速度阔步发展。全省初步建成了省内纵横交错、沟通三秦、连接省际的电信网和遍布城乡、四通八达、星罗棋布的邮政网，极大地改善了陕西的投资环境，促进了经济的振兴和社会的发展。其主要特点是：

一、通信能力能力迅猛增加，技术装备明显改善。随着新技术的不断发展，通信网不仅有了量的增加，而且发生了质的变化。电信网初步实现了由人工向自动的转变，由模拟向数模兼容和数字技术的过渡。目前，全省10个地市20个县开通了数字程控电话，77个县实现了市话自动化，电话普及率达到1.35%。所有地市县的电报接转实现了自动化，形成了以西安为中心的省内省际公众电报辐射自动交换网；西安、宝鸡等地市县开通了无线移动电话；10个地市和9个县市开办了20个无线寻呼台；数字微波、光纤技术已经在传输方面广泛应用，初步形成了由电缆、光缆、微波、卫星等多种手段综合利用构成的省内立体化、多功能、高质量的长途传输体系。邮政机械化、自动化正在逐步推广，报刊发行要数、挂号登单、邮政储蓄微机处理系统已在10个地市投入使用。建成了西北地区第一条商业信函自动生产线。初步建成了西北地区最大的具有国际先进处理能力和手段的西安邮政枢纽。形成了以西安为中心，沟通省内广大城乡并与北京及全国各地相联系的邮政通信网。

二、邮电业务蓬勃发展，经济效益显著提高。目前，电信：除已开办国内、国际长话、市话、电报、传真、会议电话等业务外，还开办了160电话信息台、电子信箱、专用电话、数字数据专线，可视图文、有线电视、分组交换、"108"国际受话人付费等业务。全省55个地县市的电话进入国际、国内长途自动网，直接与国内1 146个城市和世界上196个国家和地区直拨电话。邮政：除已开办信函、包裹、印刷品、汇兑、报刊发行、集邮、国际邮件等传统业务外，还办理邮政快件、有声信函、邮政储蓄、国内和国际特快专递，国际邮政汇兑等新业务。同时，省会局还通过北京、上海、广州等国际邮件互换局，同世界上120多个国家和地区通邮。邮电业务的蓬勃发展，促进了企业经济效益的提高。到1992年底，全省邮电业务总量达到4.93亿元，比上年增长30.4%；邮电通信总量达到3.65亿元，比上年增长23.6%；邮电业务收入达到4.65亿元，比上年增长26%，企业自有收入达到5.12亿元，比上年增长19.2%；均创历史最高水平。

三、邮电服务明显改善，企业信誉不断提高。近几年来，在抓好通信建设的同时，邮电企业职工的业务和技术素质也得到了提高，广大邮电职工良好的职业道德品质得到了培养，邮电服务水平和通信质量有了明显的改善，为社会提供了优质高效的通信服务。省邮电管理局连续6年荣获全省思想政治工作优秀企业称号；连续4年被省政府评为振兴陕西、发展经济先进单位、连续两年荣获省委、省政府在全省16大服务行业开展的以优质服务、用户满足为主要的主要内容的"创佳评差"最佳厅局称号。并且在全省各行业中率先成为全行业文明系统。

随着经济的发展和改革开放的进一步扩大，90年代，陕西的邮电通信事业将以更高、更快的速度发展。"八五"计划投资32.6亿元用于邮电通信建设。主要发展目标是："八五"末邮电业务总量达到11.23亿元，年均增长30%，在1980年基础上提前5年实现翻三番，邮电业收入达到10.8亿元，年均增长31%；全省电话普及率达到2.4%。"八五"后3年的主要任务是实施"112560"工程。即建设11个邮区中心局；建成总长度3 427公里，初期提供4.9万条电路的25条长途传输干线；改、扩建60万门市话程控交换机。届时，全省实现地市电话程控化，县城市话自动化，乡乡通电话。"九五"邮电业务总量和主要通信能力将在"八五"的基础上再翻一番，全省县以上城市基本实现市话交换程控化，长途传输数字化，邮政业务处理微机化。

上述目标完成之后，陕西的邮电通信网将发生质和量的历史性的巨大变化，通信条件将大为改观，基本适应陕西经济发展和对外开放对邮电通信的需要。

单位名称：陕西省邮电管理局
法人代表：张作瑛
通信地址：西安市劳武巷68号
邮政编码：710002
电话号码：715615

加快发展湖南邮电通信

1985年以来，湖南邮电部门紧紧依靠各级政府的支持，解放思想，抓住机遇，大胆加速发展，邮电通信能力成倍增长，通信装备的技术水平发生了质的飞跃。到1993年4月底，全省电话交换机容量已由1985年的17.1万门增至68.9万门；长途电话电路由1 200条增至9 000条；市内电话全部实现自动化，其中地市和部分县市实现程控化；省内数字传输骨干基本形成；90%的县市和200多个农村集镇进入国际国内直拨电话网；无线寻呼通信覆盖全省县以上城市；移动通信发展方兴未艾，全省已初步形成地下与空中相结合的现代化立体通信网。几年中湖南邮电通信走出了一条"起点高、规模大、速度快"的超常规发展路子，基本上适应了湖南经济发展的需求。

一、抓住机遇，大胆规划，实现通信发展的三次飞跃

1985年，我们破除了"有多少钱办多少事"的传统观念束缚，作出了根据市场需求，从整体上展开布局，搞大建设，首先集中力量抓好省会长沙的通信建设和地市电话自动化改造的决策。这一决策实施不到3年，全省地市城市全部实现电话自动化，并在国内首家引进西德EWSD程控交换机，建成了长沙万门程控电话局，使长沙的通信水平进入全国省会城市先进行列。之后，又在长沙至湘潭间建成省内首条140条兆光纤传输通道，实现了我省邮电通信发展的第一次飞跃。

1988年，湖南省委、省政府作出"以开放对开放，以开放促开放"的经济发展战略决策。省局及时调整了"七五"后期和"八五"期间的通信发展规划，提出了发展湖南通信的"7215"计划，即到"八五"期末，全省市话自动交换机容量达到70万门，长途全自动用户达到20万户，农村自动交换机容量达到10万门，无线寻呼单机达到5万个。为了实现"7215"计划，我们一方面大胆引进先进的程控电话设备，迅速装备地市和经济发达县市的电话网；另一方面引进国外70年代水平的10万门二手电话设备，改造山区县的市话网。结果仅4年时间，就实现了全省县市市话自动化和地市电话程控化，农话自动电话的容量基本从零开始，突破10万门，无线寻呼用户达到6.9万户，使“7215”计划超进度完成，形成了我省邮电通信发展的第二次飞跃。

1992年，社会对邮电通信的需求更趋旺盛，只有规模投入，规模发展，才能不断满足市场需求，把握服务市场经济的主动地位。6月份，我们迅速调整了原来的“7215”计划，制定了快速发展湖南通信的“165”通信工程目标，即到“八五”期末，全省电话机总数达到165万部，并以此目标为主线，用世界上80年代和90年代的先进通信技术，建成8个现代化的通信网，即农村大集镇以上数字传输网，农村大集镇以上城镇程控电话化和长途直拨网，县城以上移动电话网，县城以上无线寻呼网，地市以上集群电话网，地市以上可视会议电话网，地市以上数据分组交换网，县以上语音信息服务网。投资70多亿元的“165”通信工程一旦建成，湖南邮电通信的技术等级和能力不但跻入了全国十强之列，一个现代化的通信体系将基本形成。

为加速实现“165”通信工程，省政府成立了“165”通信工程领导小组，并制定了一系列的优惠政策。一年来，已取得重大进展，到1993年底，全省市话交换机规模将达90万门，其中程控电话达71.4万门，50%的县市城市电话实现程控化；省内干线光缆达3 100公里，干线微波达2 700公里；移动通信网覆盖14个地州市和48个县市；建成地市以上数据分组交换网、可视电话会议网和语音信息服务网。

二、负债经营，强化管理，知识超常规发展的需要

邮电通信是技术、资金密集型产业，建设资金短缺一直是困扰邮电通信发展的根本问题。1985年以来，全省邮电部门贯彻“统筹规划，条块结合，分层负责，联合建设”以及“国家、地方、集体、个人”一起上的通信发展方针，依靠各级政府支持，面向社会筹集了一定的建设资金。但由于湖南是一个内陆省份，经济不够发达，仅仅靠政府集资仍然难以弥补通信建设资金的缺口。为此，我们大胆利用国内外贷款搞负债经营。1985年，我们首次利用贷款2 000万元，建成了长沙万门程控电话和长沙至湘潭光缆传输工程。近几年来，先后利用法国政府贷款4.3亿法郎引进法国设备，建设长、衡、株、岳、潭5市21万门程控电话和湘西南数字微波工程；利用中国银行1亿美元贷款，建设省内移动电话网、数字传网以及县市程控电话网；利用比利时等国政府贷款，建设农村程控电话网和城市程控电话网扩容工程，各地市县邮电局在地方政府的支持下积极争取当地银行贷款，用于本地通信建设。为筹措通信建设资金，我们还动员全省邮电职工压缩消费支出，勒紧腰带集资搞通信建设，仅去年就筹集了8 000多万元建设资金。

为了使有限的建设资金尽快发挥最大的效益，我们在全省邮电部门改革了传统的建设投资计划管理体制，推行通信建设承包责任制；同时，推行项目负责人制度，对全省的重点工程，成立专门的工作班子，形成省、地、县三级责任人管理体系，使全省庞大的建设工程处于有效的控制状态，得以高速、有序地进行。

1985年以来，我们在加速邮电建设的同时，努力拓展通信服务工作的深度和广度。一方面加强发展邮电传统业务，1992年全省各邮电企业组建电话安装公司，开展装机大会战，当年发展用户12万户，为1985年前35年全省电话用户总数的1.6倍；另一方面大力开发长途直拨、无线寻呼、移动电话、数据交换等邮电新业务，使邮电企业为社会提供的通信服务量成倍增长。1985年以来，全省邮电业务总量年均增长21.6%，邮电通信较好地发挥了作为国民经济基础设施的支撑作用。

单位名称：湖南省邮电管理局
局　　长：张秀发
地　　址：长沙市解放东路7号
电　　话：442667
邮　　编：410011

改革开放中的福建邮电

福建地处祖国东南沿海，由于历史和地理的原因，改革开放之前邮电通信十分落后。邮政是手工操作，电话交换靠人工，电信传输靠明线，1978年省只有7个局有自动电话，容量只1万多门。党的十一届三中全会后，随着全党工作重心的转移，福建邮电部门坚持以通信为中心，抓住改革开放的机遇，依靠政策，依靠科技进步，依靠各级党政领导和社会各方面的支持，积极采用高、新技术、积极推进邮电通信建设。1982年11月，全国第一套程控电话交换系统在福州开通，这是福建邮电通信进入高速发展的起点。

根据福建既有沿海，又有山区，还有17个贫困县的实际状况，我们确立了保证沿海地区，带动中间地带，扶持贫困地区的分层次梯度推进的指导思想，并根据社会需求的变化和各层次通信发展的状况，逐步转到加快沿海通信发展，提高中间地带通信水平，推动贫困地区发展上来。同时，提出以市话为重点，优先发展市话，带动农话的方针，有力推动了整个通信网的建设与发展。1989年国庆前夕实现了全省县（市）以上电话自动化，并于次年实现全省县（市）以上长话进入国

CVIK PLAZA
赛特购物中心
中創商業發展公司
中创商业发展公司是隶属中国新技术创业投资公司，从事管理和经营商业、物业的专业公司。中创商业发展公司以实现集团化、专业化、连锁化管理大型现代化商业企业、便利店为目标，实现商业企业的规模经营和专业化管理。
位于首都北京的赛特购物中心，是中创商业发展公司经营和管理的首家商业企业，于 1992 年 12 月开业，经营面积一万平方米，以经营高品位、高档次的商品以及国际最新流行商品、世界名牌商品为主。置身其中，能及时了解和拥有世界精品，领略现代国际大都市的文化气息。
赛特购物中心以其“荟萃世界名优精品、传播现代消费文化”为宗旨，在公众中树立了良好的企业形象。
地址：北京建国门外大街 21 号
国际俱乐部 238 室
邮政编码：100020
电话：5325803
法人代表：尹铁铮
职务：总经理

北京市百货公司

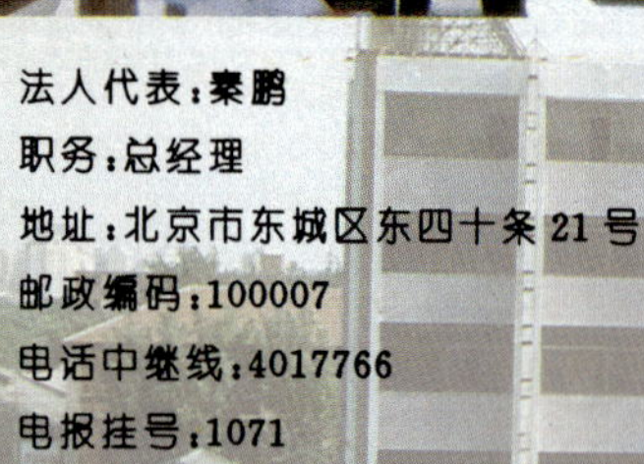

法人代表：秦鹏
职务：总经理
地址：北京市东城区东四十条21号
邮政编码：100007
电话中继线：4017766
电报挂号：1071
传真机号码：4015215

北京市百货公司创建于1949年2月，是国内大型商业批发企业之一。所辖二十六个专业分公司和联营体，有营业设施63806.1平方米，商品行销全国，年购销总额逾8亿元。经营方式以批发为主，兼营零售，代理代销，联营展销，代客发运，同时积极开展外经外贸业务。

中西医结合治癌研究所

中国山西临汾地区中西医结合治癌研究所所长武艺敏主任医师，经过长期研究研制成只杀癌细胞不杀正常细胞的特效药「天化殖癌细胞更新剂」(命生丸)，经过多年的临床验证，显效率达97.8%。

经国家专家评审该成果达到国际先进水平，属国内外首创！曾荣获国际科学与和平中国科技之光成果金奖(1991年11月)，中国爱迪生发明协会「金」奖(1993年5月)。

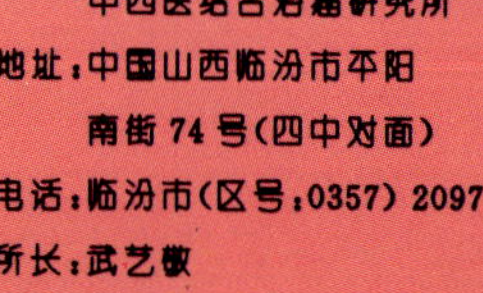

单位：中国山西临汾地区
中西医结合治癌研究所
地址：中国山西临汾市平阳南街74号(四中对面)
电话：临汾市(区号：0357) 2097
所长：武艺敏
邮编：041000

天津市职工住房合作社
天津市职工住房合作社成立于 1989 年 1 月，隶属天津市总工会，是非赢利的服务性事业单位。该社重点为天津市企事业单位的劳动模范、先进生产（工作）者和住房困难职工改善居住条件，解决住房困难，提供住房服务。
该社建设的住宅免交固定资产投资方向调节税、房产税、建筑税、营业税、能源税和教育附加税，免购建设债券。
该社成立 4 年来，已合作建房 4 期，共 13 万平方米，到 1992 年底已竣工 3 期共 75 万平方米。该社按工程成本计算房屋价格，只收取成本 3%的管理费，4 年来，该社先后为 270 多个中小企业，1500 余户住房困难的职工解决了住房。
天津市职工住房合作社
经理：李昆
地址：天津市和平区赤峰道 2 号
电话：399565
邮编：300041
这是该社 1989 至 1990 年首批兴建的来安里合作建房小区，建筑面积达 25 万平方米，至 1991 年年底 800 多户职工正式搬入小区。

北京瑞迪集團

愿友共同发展

咨询、技术服务及手持电话、无线寻呼备品备件销售，同时兼营各种短波、微波、卫星天线及铁塔的设计安装服务。

北京市西城华卫无线通信设备安装队，具有独立法人资格，主要从事无线寻呼台和移动通信网设计及有关无线通信设备的施工。该安装队有雄厚的技术力量和现代化的测试手段，北京127寻呼台、移动通信网均系该队施工。

瑞迪集团本着为邮电通信事业的发展，提高邮电通信的服务水平，竭诚为大众服务的宗旨，热诚寻找合作伙伴，愿同国内外客商建立密切的业务往来。

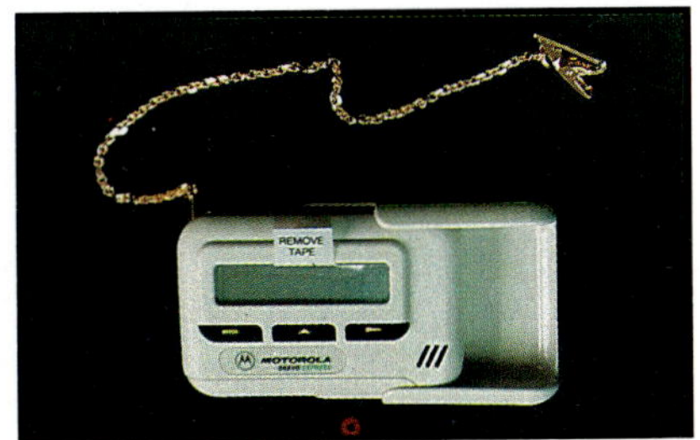

总经理：叶新圻
副总经理：黄汉民、王锡良、虞镇平、戴国强
党委书记：刘德澄
副书记：徐柏生
机电商厦地址：江苏省无锡市通运路8号
电话总机：(0510)218000
电挂：2623
传真：(0510)202534
邮编：214005

无锡市机电设备公司创建于1962年，是主营各类机电设备和产品的全民所有制企业。现有职工710人，拥有固定资产5000多万元，库存储备1亿多元，营业面积20000多平米，下设20个经营业务分公司以及生产维修部门、汽车自选商场、精品商场、娱乐合资企业和3个联营公司。公司获国家二级企业称号，入选中国500家最大服务企业，中国物资流通百强企业，为“重合同、守信用”企业。1992年销售额达7.65亿元。

公司与长春第一汽车制造厂、上海电机集团公司等全国几十家大中型骨干企业建立了“基地”关系。公司在深圳设有“窗口”，并与美国SUN石油公司和瑞典SKF集团分别建立了区域代理关系和分售处。

总经理：叶新圻

在无锡市区建造的14500平米，12层高的机电商厦，集经营交易、购物、信息、娱乐、餐饮、高级写字间为一体，并配有国际先进水平的3米×4米电视屏幕墙，可为各行业提供广告宣传。

無錫市機電設備公司

山西进出口商品检验局

山西商检局领导成员。局长葛玉生（左二）、副局长李祝九（右二）、副局长王留发（右一）、局纪检组长倪福安（左一）。

山西商检局现拥有300多万元的检验检测设备。其中有高效液色谱、气相色谱、原子吸收分光光度计；自动量热测定仪等十多种大型仪器。

山西进出口商品检验局检验、办公大楼外景

山西进出口商品检验局成立于1959年，是统一管理山西地区进出口商品检验工作的主管机关。依据《商检法》和《商检法实施条例》在山西地区履行其职责和任务。

我局专业技术力量雄厚，检测设备齐全，可以检验化验30多类计320多种商品。其中食品理化、矿产化工和大同商检局的煤焦实验室，经国家商检局考核达到国家二级实验室水平。目前在太原、大同、阳泉、平朔、晋城等地设立了商检机构。山西商检分公司与香港中检公司、日本海事鉴定协会、法国的BV等检验机构建立了委托关系。1991年8月，5000多平米的商检大楼投入使用。局内实行了微机联网管理。局固定资产已达到1000多万元。

局长：葛玉生
副局长：李祝九、王留发
通讯地址：山西省太原市滨河西路中段
邮编：030024
电话：641638 641645

内国际长途自动网，成为全国第一个实现长话自动化的省份。

在通信发展过程中，我们坚持科技是第一生产力的观点，积极采用高新技术，努力提高整个通信网的科技含量。在福州开通程控电话之后，我们加快了程控技术设备的引进工作，并在传输建设中，广泛采用光纤光缆、数字微波等新技术，至1992年底，全省城乡公用网电话交换机达80万门，其中71%为程控交换机；建成了两个与国家一级干线相连，通达各地市，完全由光缆、数字微波构成的环形网络；数字传输线路通达全省91%的市县，全省长途光缆、数字微波传输线路达5 000公里。根据目前建设进展情况，全省县以上交换、传输数字化可在1993年前实现。

在邮政方面，我们坚持"科技兴邮"的指导思想，积极推广应用邮政新技术、新设备。1988年，我们建成了福州邮政枢纽，安装使用了国内先进的邮政设备，1992年底，全省8个邮区中心局全部建成。近年来，还广泛应用收寄机、取包机、捆扎机等邮政设备，并于1992年11月开发应用了邮政报刊发行微机处理系统。

我们加快了通信建设和网路的技术改造，使通信能力得到明显增强，有力促进了邮电业务的发展。1992年，全省实现了邮电业务总量和主要通信能力在1980年的基础上翻3番的目标。全省完成邮电业务总量14.69亿元，按可比口径，比1980年翻了3.6番，全省邮电固定资产24.8亿元，为1980年1.5亿元的16.5倍，城乡电话交换机容量80万门，为1980年的8倍，长话业务电路达10 019条，为1980年773条的13倍。

福建与台湾一水之隔。福建邮电部门注意抓好对台邮电通信服务，促进闽台两省的邮电业务的发展。1992年福建挂往台湾的长途电话为236.4万张，比1991年增长62.6%，福建寄往台湾和由台湾寄来的函件分别为143.5万件和62.9万件，分别比1991年增长30%和10.3%。

在通信发展中，我们始终坚持"两手抓"，大力加强职工队伍建设，为通信更快更好发展提供有力的思想保证和精神动力。一方面明确树立"人民邮电为人民、团结开拓创一流"的福建邮电精神，持续深入开展"一切为用户、满意在邮电"活动，不断提高广大职工的思想政治素质和职业道德意识、服务意识，至1992年全省已有93.8%的通信企业被地方党委、政府评为文明单位；另一方面重视提高职工队伍业务素质，创办北京邮电学院福州分院，扩大省内邮电院校教学规模，建立健全各地市教育培训基地，为企业培养、输送了大批专业技术人才。

根据党的十四大关于加快通信等基础设施的开发与建设的精神，90年代福建邮电发展的主要任务是，抓住有利时机，加大发展步伐，建设一个具有一定规模的现代化通信网，全面满足社会通信需求。

在今后的10年，邮电通信要争取每隔两三年上一个新台阶。第一步在1992年实现翻3番的基础上，1993年实现全省县以上交换、传输数字化，新增城乡电话交换机容量50万门，总容量达130万门，有50%的乡镇进入国际国内长话自动网，争取所有县市开通移动电话；第二步，1995年实现主要通信能力和业务总量在1980年的基础上翻4番；第三步，2000年，主要通信能力和业务总量在1995年的基础上再翻一番，城乡电话交换机总容量要达到600万门以上。

"八五"主要发展目标：

1. 邮电业务总量年均增长30%，1995年比1990年翻两番。

2. 城乡公用网电话交换机容量1995年底达到300万门，75%乡镇进入国内国际电话自动网，通电话的行政村比例达到75%以上。

3. 邮电局电话机总数增加到165万部；全省电话普及率达到5%，其中城市电话普及达到20%。

4. 建设长途光缆、数字微波4 500公里，达到6 000公里；长途自动交换机为10万路端，长话业务电路为4.8万条。

5. 移动电话覆盖全省县以上城市，实现全省各县市无线自动寻呼。

6. 建成全省分组交换网，扩大、完善以地市为中心的本地电话网。

单位名称：福建省邮电管理局
法人代表：林全泉　局长
地　　址：福州市东街45号
邮政编码：350001
电话号码：550940

上海邮电通信业的现状与发展前景

上海市邮电管理局是统一经营上海地区邮电通信的大型企业，是我国国际通信的出入口局之一，也是上海市的通信主管部门，实行系统为主的双重领导体制，下辖有邮政局、市内电话局、长途电信局、郊县邮电局、浦东新区邮电局等通信单位，并辖有20多个社会和邮电通信服务的企业单位及股份制公司。目前经营的邮政电信业务主要有：函件（商业信函、广告信函）、包裹、印刷品、储蓄、汇兑、报刊发行、集邮、邮政快件、特快专递、邮购、电报、市内电话、长途电话、用户电报、传真、移动电话、无线寻呼、会议电视、图像数据通信等。可以说，目前世界各国通信部门所经办的大部分业务，上海邮电部门均可经营。现有职工近4万人。

改革开放以来，特别是“七五”以来，上海邮电通信有了长足的发展，通信能力不断提高。1992年同1985年相比，全市邮电业务总量增长了近4倍，新增固定资产净值26亿元，净增电话交换容量80万门，新增电话用户60万户，新增长话（国际、国内）电路16 652条，新增邮政作业场地5万多平方米，新增和改造邮电支局所234处，新增邮运车辆370辆，全市邮路总长度增加到15.8万公里。电信网络实现了由模拟向数模结合并以数字为主的方向转变；邮政作业实现了以人工为主向半自动、自动化方向转变。至目前，全市公众电话交换机设备总容量已达到110万门（其中程控交换机比重已达到76%），成为中国大陆第一个公众电话容量超过百万门的城市，全市的实装电话用户已达83.78万户；国际国内长途自动交换机分别达到3 600路端和13 000路端，长途业务电路达到21 000余路；拥有E—TACS制式二个网的移动电话系统，用户超过12 000户，并与国内及境外部分城市开通了漫游业务；覆盖全市的无线寻呼系统，用户已超过17万户。同时，为适应上海发展外向经济的需要，国际通信的传输能力也不断增强，除现已建成的太平洋、印度洋二座卫星地球站、一条中日海底电缆外，中日美联合建设的中日海底光缆工程也在加紧建设，今年将开通电路。随着浦东开发规模的不断扩大，浦东邮政、电信枢纽楼、卫星地球站等一大批通信建设项目正在启动。

近年来，上海邮电通信之所以发展较快，主要经验有：一是紧紧依靠了上海市委、市政府和邮电部的正确领导，1984年由邮电部和上海市联合组成的上海市通信建设领导小组，加强了对上海邮电通信建设的领导。二是充分利用政策，争取社会各方面的支持，几年来坚持“四管齐下”，走政府投资、企业积累、用户集资和负债经营相结合的路子，通过多渠道集资，建设资金的投入不断增加。三是改革了传统观念，拓宽了加快邮电通信发展的路子。从1988年起，依靠各级地方政府，联合社会各方面力量，本着互惠互利的原则，共同发展通信事业，加快了郊县和市区的通信建设步伐。

随着社会主义市场经济的建立和发展，对邮电通信提出了越来越高的要求，为了能适应上海将逐步成为远东地区经济、金融、贸易中心的发展战略和浦东开发开放的需要，根据邮电通信必须超前发展和全国邮电通信发展规划，上海邮电部门对原定“八五”和“九五”通信发展规划作了调整。主要发展目标是：“八五”期间，上海本地网电话总容量达到250万门；国际长途交换机达到2.5万路端，国内长途交换机达到11.2万路端；移动电话容量达到15万户；无线寻呼容量超过60万户。同时，要新建、改建电话局（站）162处。邮政通信要完成重件和轻件两个处理中心的全部设施，投入运行；新建和改建局所81处，实现邮运、储蓄、发行、速递等计算机管理联网。“九五”期间，上海本地网电话总容量达到600万门，上海电话总容量将于1995年超过新加坡，1997年超过香港，交换机数字化程度达到95%以上，并实现本地电话网号码升到8位字长；国际长途交换机达到5万路端，国内长途交换机达到18万路端；移动电话容量达到30万户，无线寻呼容量超过100万户。

在未来上海通信的发展中，浦东新区的通信建设占有特别重要的位置。根据把上海建成太平洋西岸最大的经济中心之一的战略构思，浦东的通信建设将比浦西市区先一步、高一层，积极采用新技术和新装备，分阶段、分层次地开发建设。“八五”期间，以3个重点开发区为主，搞好网路布局和光缆建设，电话交换机容量达到35万门，电话主线普及率赶上浦西水平。“九五”期间，继续搞好电话网建设，电话交换机容量达到100万门。“八五”和“九五”期间，在浦东要建设长途交换中心、国际卫星地球站和电信信息中心，并以此为核心，建设综合业务数字实验网（ISDN），智能业务实验网（IN）等，提供包括图像、信息、城市管理、CATV等一系列新业务及智能业务；建成数字式移动电话系统，开放宽带ISDN业务。邮政要建成邮政综合业务楼和邮件处理中心。

单位名称：上海市邮电管理局
局　　长：徐志超
地　　址：上海市北苏州路276号
邮　　编：200085

工业企业兴办第三产业

发展三产业　企业有生机

重庆钢铁（集团）公司

重庆钢铁（集团）公司（以下简称重钢）是始建于1938年的我国重点大型钢铁联合企业。党的十一届三中全会以来，重钢始终坚持改革开放的方针，把解放生产力、发展生产力放在首位，积极探索老企业自我发展之路：在全国率先进行扩大企业自主权试点，在全国第一家实行自销钢材，在大型钢铁联合企业中首批推行厂长（经理）负责制，在全国第一家向社会发行数亿巨额企业债券，自筹资金进行大规模技术改造。经过重钢人的团结拼搏，基本改变了重钢设备陈旧、工艺落后、效益低下的状况，使历经半个世纪的老旧企业焕发了生机。

重钢现有全民职工5万人、集体企业职工1.7万人。有固定资产（原值）22亿元，到1992年底形成年产焦112万吨、铁140万吨、钢150万吨、钢材134万吨的生产能力。重钢在发展生产的同时，在深化内部改革、转换企业经营机制、发展第三产业等诸多方面进行积极、有益的探索。

一、积极拓展进出口贸易渠道和国际经济技术合作领域。1988年成立了重钢进出口公司，获得独立进出口权。开办以来累计进出口总额达3.9亿美元，创汇2.4亿美元，成为本地区进出口首户和国内同行业进出口大户。并与日本、美国、俄罗斯、澳大利亚及东南亚各国、台湾、香港等进行直接贸易和经济技术合作。

二、积极拓展融资渠道。从1986年至今，重钢先后6次向社会发行企业债券，累计总额为5.45亿元。与工商银行、建设银行联办储蓄所22个，储蓄金额为6 000万元。同时与银行相互参股，使工业资本与金融资本紧密联系，为重钢贷借资金提供了方便。积极引进外资，开办合资企业；推进股份制试点等等。总之，重钢借用和调度国内外闲散资金，支撑了生产建设发展和日常生产经营活动。

三、积极拓展多种经营、第三产业领域。重钢是一个老企业，人多钢少，劳动生产率低，职工子女就业难度大是长期存在的问题。发展多种经营、开发第三产业，不仅推动了重钢的经济发展，而且也增加了企业经济效益和社会效益。1978年，重钢兴办了第一批多种经营集体企业（大集体），解决了“文革”期间沉淀下来的14 000多名职工子女就业问题。1983年，组建了劳动服务公司（小集体）。1984年开始又将定编产生的全民富余职工组织起来，引进集体企业机制，兴办第三产业，组建了多种经营公司（厂中厂）。成立了重钢经济协作办公室，开展对外联营和经济技术协作。到1992年底，重钢拥有多种经营集体企业（含第三产业）247个、22个行业，职工23 700多人，固定资产12 702万元（重钢投入5 347万元），累计实现工业总产值12亿元，销售收入29亿元，利润总额2.5亿元，上交国家各种税费1.3亿元。

四、进一步转换企业经营机制，加快多种经营开发和第三产业发展，促进整体效益的提高。

一是成立重庆钢铁集团。1992年12月，正式组建重庆钢铁集团，它是以重庆钢铁（集团）公司为核心企业，以资产联合和生产经营联系为纽带，具有综合功能的多层次经济联合体。由一个核心企业、25个紧密层企业、12个半紧密层企业和65个松散层企业所组成。其宗旨是综合发展、共创效益、立足国内、跨国竞争。

二是明确了到本世纪末加快重钢发展上台阶的战略目标和两条战线。加快重钢发展的战略目标是建立以钢铁生产为主、多种经营，集产业、科研、金融、流通、外贸为一体的多元化大型跨国经营集团。到2000年时，销售收入在1990年的基础上翻两番，同时使钢铁生产线和多种经营战线成为加快重钢发展的两大支柱。

三是将可为社会提供服务的单位，分离出来成为重庆钢铁集团的子公司，除为钢铁生产线服务外，面向社会提供服务，走向市场参与竞争。目前，已有进出口、房地产开发、生活服务、设备制造供应、建筑安装、钢加工、三峡发展、炉窑工程等子公司。正在筹备或办理汽车运输、电子、设计院、特种工程和对外经济协作、卡斯特自动化技术有限公司重庆分公司等子公司。

四是成立了产业公司。归口管理重钢大集体、小集体、厂中厂、经协系统的多种经营集体企业。并对其进行产业、企业、技术、产品“四大结构”的调整，逐步承担起企业办社会的全部职能。

五是积极推进股份制。已将重钢七厂改组为“重庆恒达钢业股份有限公司”，拟将氧气厂改组为“重庆元达实业股份有限公司”，待时机和条件成熟将有条件的厂（矿）和集体企业改组为股份制企业。

六是积极进行多种形式的经营活动。向外扩大合资、联营、投资控股公司，对深圳市金源实业股份有限公司进行了承包等等，增强企业的经营能力。

五、在今后一段时间，重钢将继续抓好钢铁生产主线的矿山建设，优化品种结构、优化工艺、节能降耗，强化品种质量，发展多种经营、开辟第三产业。其主要思路是：

1. 继续为职工“搭设新舞台、开发新产业”、让职工“创造新财富、体现新价值”。随着生产经营的发展，将会有更多职工从钢铁生产主线游离出来从事多种经营、开发第三产业，重钢将充分发挥每个职工的聪明才智，使人尽其才、才尽其用，为重钢的发展多作贡献。

2. 到本世纪末，重钢从总体上将实现“五个转变”。一是由单一的钢铁产品生产向钢铁产品为主、多元化产品生产转变；二是由单一的钢铁产品经营向钢铁产品和多元产品经营转变；三是由单一钢铁产业领域向产业、流通、资本领域发展转变；四是由单一的国内经营向国内国外同时经营转变；五是由单一的企业经济向企业集团化经济转变。

3. 多种经营的重点向第三产业发展。一是发展冶金产品深加工，机械设备制造、建筑安装、气体加工、耐火材料、农业机械、化工原料等行业；二是发展旅游、房地产、饮食、物资、轻工、电气、商贸等行业；三是发展水上陆地交通运输、仓储行业；四是发展科技、法律、会计、管理、信息等咨询服务业；五是面对市场充分发挥职工的聪明才智，开发政策允许、力所能及、能够盈利的领域。

4. 多种经营（含三产业）的发展目标。到本世纪末，销售收入达到35亿元。其中加工制造业为17.5亿元，平均增长速度为20—30%；建筑安装业为1.75亿元，平均增长速度为30%；流通业为11.55亿元，平均增长速度为41%；其他行业为4.2亿元，平均增长速度为45%。实现上述目标的措施是：广泛引进资金、用活资金，扶持重点，以经济手段为主进行结构调整，引进国内外先进的管理及技术，实现多种形式的企业组织形式和经营形式，广泛开展与科研机构、大专院校乃至国际经济技术机构的交流与合作，尽快将成熟的科研成果转化为生产力。

发展第三产业是大中型棉纺织企业的必由之路

郑州国棉四厂

郑棉四厂是“一五”期间兴建的大型一类棉纺织企业。目前拥有纱锭12万余枚，布机3 300多台，在职职工9 800余人，退休职工3 200人。年生产能力为棉纱18 000吨左右，棉布9 000多万米。为了发展第三产业，于1992年10月10日建立了四达实业总公司。经过短短半年多时间的发展，公司初具规模，设有贸易、综合服务、技术咨询3个分公司，下属19个基层单位，是一个集工商贸为一体，跨行业、跨地区、独立核算、自负盈亏的集体性质企业。1993年上半年公司创经济效益33万元。

一、发展第三产业的迫切性

郑棉四厂作为一个大型国有企业兴办第三产业，不仅仅是为了应付眼前面临困难的权宜之计，而是作为落实企业“一业为主，多种经营，内引外联，走向世界”战略方针的一项重大举措。

第一，发展第三产业是建立社会主义经济体制，调整和优化产业结构，全面提高经济素质和效益的需要。郑棉四厂作为一个大型国有骨干企业，为解决人民穿衣问题和国民经济发展做出应有的贡献。建厂36年来，共生产棉纱50.4788万吨，棉布29.9577万米，创税利8.8462亿元（是建厂投资的24.43倍）。在当前改革开放的新形势下，应当在落实中央决定，加快第三产业方面再谱新篇章，做出新成绩。

第二，发展第三产业是棉纺织行业进行产业结构调整和转移的需要。当前全国棉纺织行业生产能力大于市场需求25%以上，40%左右的企业亏损。郑棉四厂年创税利一般在3 000万元左右，而1992年税利下降到1 000多万元。在这种形势下，除了通过高起点的技术改造，提高产品档次，提高产品质量在逆境之中求生存之外，有效的措施就是走“一业为主，多种经营”的路子，大力发展第三产业，调整产业结构，这样就可以“西方不亮东方亮”，开辟新的行业发展局面。

第三，发展第三产业是解决工厂办社会问题的需要。长期以来，工厂办社会是困扰国有大中型企业的老大难问题和沉重包袱。郑棉四厂负担3 000多退休职工每年要支出近千万元,为职工办食堂、医院、幼儿园、盖房子每年平均要支出千万元以上;在这方面就业的职工也在千人左右。同时,企业领导也被置身于协调处理各类非生产经营性矛盾的漩涡之中。把工厂办社会的问题推给政府不行,取消不办也不行,兴办第三产业的经营实体,把"包袱"从企业身上卸下来,是一条可行的出路。

第四,发展第三产业也是企业安置富余人员的需要。郑棉四厂通过合理组合将有近千人的富余人员,靠搞别的加工工业,产品开发和市场都有较大困难,靠发展第三产业也是比较现实的出路。

二、主要做法

基于以上的认识,坚定了我们大力发展第三产业的信心和决心,主要做法是:

1. 把转变思想观念放首位,坚持不争论、先实践的原则。在中共中央、国务院的决定发布后,郑棉四厂就利用多种形式组织职工学习,分析纺织行业的发展趋势,摆企业面临的实际问题,消除职工中"搞三产是抓芝麻,丢西瓜","不务正业"等糊涂认识,并着手做准备工作,于当年10月10日成立了以发展三产为主要任务的四达实业总公司。

2. 领导重视,采取优惠政策推动三产发展。一是从领导力量上大力支持。把经验丰富的老厂长及党委副书记、行政副厂长,团委书记抽调出来,领导第三产业的开发和组织。二是从财力物力上大力支持。在厂财政十分困难的情况下,投资现金135万元,并把沿市区干道的一栋宿舍楼底层改造成铺面房,共拿出房子100多间用于公司发展。三是从政策上大力支持。凡到公司搞第三产业的职工,半年之内的工资仍由大厂支付;公司职工继续享受大厂福利待遇;公司职工退休、调动时仍将关系转入大厂。

3. 通过生活服务部门先承包后划出的原则解决工厂办社会问题。对承包单位放权,视作模拟法人,在用工、分配、经营方面有自主权,真正使承包单位独立经营,为厂内厂外两面服务,单独核算,自负盈亏;同时,对承包单位在工作上扶持,帮助解决实际问题。待承包单位各方面条件成熟后,瓜熟蒂落,从企业中自然分离出来。比如厂幼儿园经过一年承包实践,在按规定交纳房屋折旧费、企业管理费、工资附加费、大修理费、水电气费后,自己承担职工工资奖金。1992年,厂里少支出7万多元,幼儿园职工收入增加20%以上,入托幼儿增加70余名。在这种情况下,把幼儿园从企业划出,顺理成章地成为一个独立的经营实体。厂招待所、小餐厅等单位也都是这样从厂里脱离出来的。

4. 采用新的经营机制,促进公司蓬勃发展。在领导体制上,实行董事会领导下的总经理负责制。在机构设置上本着精简、高效的原则,严格按工作需要而设。在用人上,因事设岗,实行全员劳动合同制。根据承包者的具体情况,灵活采用各种方式。在经营方式上,采取划小核算单位,签定承包合同,自主经营,自负盈亏。凡3个月完不成承包任务者黄牌警告,6个月完不成承包任务的单位关、并、转。在分配上,上不封顶,下不保底。按承包合同规定,分别采取定死基数,超额分成或包死基数超额全留的办法,多创效益多收入,没有效益无收入。由于采用了新的机制,有效地调动了员工积极性,使公司能在较短的时间内取得较大成绩。

三、下一步发展打算

郑棉四厂发展第三产业方面刚刚起步,今后还有大量的工作要做。

1. 在解决工厂办社会方面迈出较大步伐。按照先承包,后划出的原则,成熟一个划出一个,逐步把职工食堂、医院、浴池、绿化队、汽车队、机修车间乃至生产辅助部门从企业脱离出来,成为独立的专业化服务实体。

2. 大力发展高科技项目。积极创造条件,发展科技、金融、房地产、信息、咨询等行业,重点搞好高科技项目。在提高经济效益方面迈出大步子,在安置企业富余人员方面迈出新路子。

3. 拓宽贸易渠道,开发国内外市场走向世界。目前在国内贸易上已做了大量工作,并在新疆建立了边贸分公司,对俄罗斯、哈萨克斯坦进行了考察,并签定了成立联合公司意向书和贸易协议。下一步将在国内、国外设立更多的贸易点,使四达公司真正成为跨行业、跨地区、跨国的具有较大规模的经济实体。

商业企业兼并工业企业是存量结构调整的一条途径

刘 志

加快第三产业的发展,提高第三产业在国民经济发展中的比重,很重要的方面是果断调整产业结构,将第二产业中的部分企业转向第三产业。目前,北京市二环路以内的部分工业企业,占据着优越的地段,但企业连年亏损或者微利,发展困难。仅靠增加投入、上项目,以增量变化改善整体结构,不仅时间长、见效慢,而且受市财力限制,很不现实。应该及时调整存量结构,使一些发展不下去,应该关停并转的工业企业,通过政策引导进入第三产业,北京市概括为"退二(退出二环路)进三(进入第三产业)”。企业兼并是优化产业结构，盘活资产存量的有效途径。北京东安集团公司打破产业和行业界限，兼并了原北京手表二厂，在这方面带了一个好头。

北京东安集团公司组建于1988年9月，是在原东安市场的基础上，通过“分解、组合、辐射、开拓”的方式建立的。是北京市第一家商业集团，也是全国最早组建的商业集团之一。1992年仅核心层企业的营业额达7.97亿元，是集团组建前1987年的2.8倍，实现税利6 286万元，是组建前的2.56倍。现在东安集团已是拥有9个行业、14个公司、66个企业和独立核算单位的经济实体。企业分布在全国9个省、市、自治区和北京12个区县。1992年底，集团在册职工6 004人，另外，还有2 000多人在紧密层、半紧密层企业工作。

几年来，东安集团公司采取开展横向联合做法，充分利用联合单位原有房屋、场地，稍加改装使之成为经营场所，不断扩大经营规模，走出了一条“投资少、见效快、双方受益、繁荣经济、满足消费需求”的新路子，先后成立了宁安、新安、春安三个大中型商场和一些零售商店。

北京手表二厂是70年代初建立的电子表厂，位于北三环西路，拥有职工605人，占地18亩多，房屋建筑16 000多平方米，固定资产总值654万元，现值477万元，因生产不景气，近几年大多数职工回家待业，厂房设备绝大多数闲置无用，靠出租少量房屋的租金发给职工待业工资，由于长期亏损，负债累累，连职工医药费都无法报销。为此，厂领导多方寻求企业出路。

东安集团公司得知这一情况后，有意与其双方联合，将此处闲置厂房改建为商场和餐馆。此事得到原市长陈希同同志的高度重视，专门召开了市长办公会议，经过充分、细致、严肃、认真的讨论，决定由东安集团公司兼并市手表二厂。市政府这一决策，不仅受到了东安集团公司和手表二厂干部职工的坚决拥护，也受到党中央、国务院的高度重视和赞扬。这一决策可谓一举多得：(1)只花少量投入建立了一个大型商场。海淀区有常驻人口150万和几十万的流动人口，目前尚没有一个大型商场，群众购物非常不便。利用原有厂房扩建为大型商场，既节约了大量资金，又缩短了建设工期，在较短时间内解决了群众购物难的问题；(2)救活了两个工厂。手表二厂的日子不好过，它的上级主管单位北京手表厂也负债几千万元，困难重重。此举不仅手表二厂600多名职工有了工作岗位，工资福利显著提高，近200名退休人员生活有了保障，北京手表厂无偿接收了100多万美元的机器设备，还得到1 200万元的资金补偿；(3)创造了经济效益和社会效益。东安集团公司兼并手表二厂以后，将此地改扩建为一个比东安市场营业面积大两倍的大型商场和一座东来顺饭庄，预计年营业额可达几亿元，税利几千万，同时可容纳2 000多名职工就业。

随着社会主义市场经济体系的逐步建立，要完善首都城市的功能，必须进一步调整一、二、三产业结构，必须把加快发展第三产业放在突出位置，逐步使第三产业成为首都的主导产业。东安集团公司兼并手表二厂，实现了跨行业的兼并，为北京市产业结构调整，盘活资产存量，发展第三产业，迈出了可喜的一步。

(作者单位：北京市计委)

机械工业系统第三产业的现状及发展设想

机械部三产办

机械工业作为装备部门在企业数、职工人数和工业总产值三方面均占全国工业的1/4左右，固定资产原值占1/5，已成为国民经济的支柱产业之一，是发展国民经济的重要部门。

长期在计划经济体制的管理模式下，机械工业系统内形成一套自我封闭、自成体系、自我服务的生产生活管理运行机制，专业化协作和社会化服务水平较低，第三产业发展滞后，是机械工业效益不高、发展不快的一大制约因素。因此加快发展第三产业具有十分重要的意义。

机械工业系统内蕴藏着发展为生产和生活服务第三产业的巨大潜力，加快发展第三产业是各级政府管理机构转变职能，企业转换经营机制，实现产业结构调整，提高经济效益，促进机械工业全面发展的客观需要。

改革开放以来，随着社会主义市场经济体制的建立，机械工业企业已经下放，机电产品价格绝大部分也已放开，国家指令性计划逐步缩小，这就为企业走向市场，为培育机械工业产品市场，为加快发展以服务为宗旨的第三产业创造了有利条件。

一、机械工业部系统第三产业的现状

据不完全统计，机械工业部系统有各类第三产业企事业单位(含科研设计院所、院校、物资供销机构、外贸单位、协会、学会等)10 816个，从业人员96.44万人，固定资产原值达103.4亿元(详见附表)。

附表：　机械工业部系统内第三产业企事业单位情况

类　别	企业数（个）	从业人员（人）	固定资产原值（万元）
研究院	236	72 933	184 444
院校	175	55 567	134 807
物资供销机构	292	30 037	74 612
外贸单位	45	3 603	10 315
勘测设计单位	23	7 838	16 538
工程安装及综合服务公司	22	7 883	7 720
医疗单位	5	643	1 682
各类学会	8	60	—
各类全国性协会	36	330	—
劳动服务公司	9 917	781 473	601 562
其他	57	4 057	2 340
合计	10 816	964 427	1 034 026

机械工业长期以来只重视第二产业的发展，忽视第三产业的发展。根据部分省市厅、局的调查结果看，现有第三产业的产值和从业人员占行业的比重不高，据沈阳市机械局部1992年对全局2 263户独立核算企事业单位的调查，从事多种经营的第三产业产值和从业人员各占15%左右，不少省市厅、局也只有10%。结构性矛盾比较突出，传统行业发展较快，新兴行业增长缓慢，专业化、社会化水平比较低。

二、关于加快发展机械工业系统第三产业的设想

在党中央国务院关于加快发展第三产业方针、政策指导下，坚持积极鼓励、突出重点、发挥优势、讲求效益的原则，结合机械工业的现状，加快机械行业第三产业发展规划的重点是，加快建立适应社会主义市场经济体制的机电产品统一的市场体系；培育建设高效的产业化信息、咨询综合服务体系；逐步建立比较完善的机械工业产业公证服务体系。

(一) 加快建设培育统一的机电产品市场。建设机电产品市场，要坚持边建设、边治理、在发展中不断完善的原则。要与国家有关部门协调，纳入全国统一市场体系的建设轨道。根据市场的历史继承性、不断开拓性、形式多样性、经营互补性，结合机电产品、机械企业及用户的特点，培育机电产品市场的基本构想是：

1. 对关系国计民生的重大产品及为国家重点建设项目配套的装备，如发电设备、重型矿山设备等，其供需关系是少数生产厂对少数用户，可实行产需直接见面，用计划与招标、投标相结合的市场形式进行交易。

2. 对汽车等一类产品，供需关系是少数生产厂对众多用户，可以组织全国性的汽车贸易市场，由汽车集团公司或大的汽车生产厂建立自己的销售服务网点，形成自己的体系，并纳入统一的市场组织调控系统。

3. 对汽车配件、内燃机配件产品，其供求关系是多数生产厂对少量用户，需求关系相对稳定，可以进入汽车、内燃机配套产品销售服务体系，也可以进入机电产品贸易市场。

4. 对量大面广的通用产品，如机床、农机、低压电器、工具、基础件等，是建立市场组织体系的重点，抓好全国性、区域性、省市范围三级销售网的建设，以全国性销售网为中枢，通过各区域、中心城市（包括边贸城市）工贸大厅、联销公司等再辐射到各省、市销售网点和企业，并逐步与国际市场接轨。通过采用现代化管理技术和手段，最终建立起销售现代化、社会化为主要特征的销售组织体系，并形成产、供、销一体化，技、工、贸相结合，国内国外两个市场相接轨，市场销售、信息咨询、管理服务相统一，地方网点、中心城市贸易大厅相联系的统一机电产品市场网络。上海、沈阳两个市场先行试点。为促进机械工业机电产品统一市场的尽快形成，由部牵头，组织省市和重点企业参加，集贸易、信息、咨询、服务为一体，筹建北京机电产品工贸中心、中国机械成套设备出口服务中心和机械工业联购联销联供网络中心。

各地已建立和正在筹建的机电产品市场，机械贸易中心，应做好规划、指导、调控和服务。

5. 在机电产品生产地、集散地和消费地要积极发展各种形式的批发市场，积极筹建可供产需双方进行常年交易的固定场所。

(二)加快面向机械工业特殊专用材料的生产资料市场建设。对机械工业生产用的一些特殊专用材料，如电工用冷轧硅钢片，电线电缆用铜、铝材料，轴承、模具用合金钢，电力容器用铝箔，铸造用原辅材料等，需积极组织货源，沟通产需渠道，在现有供销公司、材料公司的基础上，逐渐形成省市、地方的供需网络。在交通运输发达的中心城市，增建仓储设施，建立批发交易市场。

（三）培育建设高效的产业化信息、咨询综合服务体系。随着市场经济的不断完善，政府机关的宏观决策、企业的生产经营活动，企业的发展在很大程度上依赖于信息、咨询服务的发展。机械工业的信息咨询产业要既为各级领导制定政策、规划、计划服务，也为企业经营决策，市场发展和社会服务。“八五”期间，要建立与社会主义市场经济相适应的机械工业宏观决策、企业生产和为市场体系运行服务的信息、咨询综合服务的框架；建立起部和各省市厅、局、全国性的协会、学会、商会、大集团公司相联系的信息、咨询机构。到2000年，使机械工业信息、咨询业发展成为结构合理、手段先进、有一定规模的独立产业，基本满足机械工业发展对信息、咨询服务的需要。

（四）根据国家有关发展金融市场的规划意见，应积极探索和逐步筹建机械工业发展所需资金的直接融资渠道，逐渐形成间接融资和直接融资两条腿走路，申请建立机械工业信托投资公司，以缓解制约机械工业发展的资金紧张矛盾。在机械工业系统内，组建集团性的财务公司，合理调度使用资金；发展各种形式的机电设备租赁公司；建立金融担保拆借中介服务机构。加强现有与国际金融组织的联系机构，拓宽利用外资的渠道。

（五）牢固树立技术也是商品的观念。提倡各地和一些大中型企业创办技术市场，发挥各类各级协会、学会的桥梁的作用，组织各种技术交流和技术交易活动，兴建技术成果交易站等；鼓励有条件的科研院所、大专院校分流出相当力量与企业联营、合作，加快科技成果的转让；按照国家科委“关于加快发展科技咨询、科技信息和技术服务业的意见”的精神，制定有关实施细则，支持鼓励科技人员承包、领办、兴办各种类型的科技服务机构，通过辞职、停薪留职等各种形式进入科技服务业。

（六）大力发展机械工业的产业公证服务，如产品质量认证、工程项目监理、财务会计审计等。在国内有关法律、法规和政策指导下，逐步建立机械工业的产业公证服务体系。当前要抓以产品质量为主的华信技术检验公司，以工程项目监理为主的建设监理服务公司和会计师事务所的筹建工作。

（七）在机械工业系统内，固定资产存量的合理调整是国有资产保值、增值的一个重要方面。在市场作用下，企业的生产方向变动而形成的闲置设备调剂的需求会越来越大。在国家《关于闲置设备调剂利用管理办法》指导下，积极建设机械工业闲置设备调剂市场。目前系统内虽然有一些单位经营二手设备，但层次较低，未形成网络。要开展从设备估价、设备修复、改造到成套的闲置设备调剂工作，建设闲置设备调剂的市场网络。筹建中机闲置设备调剂咨询服务中心。

（八）机械工业劳动力资源很丰富，应运用计划与市场有机结合的机制来调节劳动力的供求关系，引导劳动力的合理流动，实现劳动力资源的最佳配置。发展机械工业的行业劳务市场，采用计算机等先进手段，提高调配层次，逐步从单个人员的流入流出向成建制的劳动力调配发展，把有些行业和企业富余的有技能的劳力向急需的企业和行业调动；要抓住周边国家急需劳动力的机遇，积极组织劳务输出。同时要开展各种职业技术培训工作。发挥部人才交流中心的枢纽作用，在机械工业系统内开展人才开发、培训和交流、人才招聘、信息交流和咨询、配合有关部门组织技术劳务市场和劳务输出等业务。

（九）要重视发挥机械工业系统内大专院校的人才、科技优势。鼓励他们开展一些为智力服务的中介机构，以适应社会主义市场经济发展和第三产业发展的需要，拓宽教育内容。

（十）在机械工业系统内，凡有条件的地方和企业，在国家有关政策指导下，也应积极发展房地产业和旅游业。利用这些产业资金利润率高的特点为机械工业筹建建设资金，扩大社会就业。推进机关和企事业单位后勤服务社会化发展，逐步引入市场机制，打破部门分割和封闭的自我服务格局，实现内外两面服务，使大多数后勤服务单位成为实行自收自支管理方式的服务经营实体。

三、为支持全国第三产业的发展提供必要的装备

加快发展第三产业，需要各方面的协同，综合运作。机械工业担负着为支持全国发展第三产业提供装备的任务，应把为第三产业发展必须的装备纳入机械工业的发展规划中。当前应重点围绕商业、物资业、外贸业、仓储业、金融业、保险业、科技服务业、信息业、咨询业、交通运输业、邮电通信业、市政公用事业、地质勘察业、环境保护业、卫生、文化、教育、体育等行业，通过调查研究，市场分析，为这些行业提供先进高效和机电一体化的交通运输机械、邮电通信设备，传送搬运设备、办公机械及计算机、科研教学仪器、医疗器械、环保设备，同时搞好零配件的生产供应和设备仪器的维修服务。在“八五”计划调整和制订“九五”计划时，对这几类产品搞好生产布局，产品品种和生产能力的发展规划。

中國國際工程咨詢公司

中国国际工程咨询公司成立于1982年，它拥有七十八家成员公司，有各类工业、交通运输、通讯、建筑以及农业和林业等多行业的工程咨询力量，技术实力雄厚，具有多学科综合咨询能力，能够承担各类工程咨询业务，是一家在国内投资建设领域里有一定影响并在国际同行业中有一定知名度的中国目前最大的工程咨询机构。

公司成立十多年来，遵循公正、科学、可靠的服务宗旨，进行了三十余项国家宏观经济专题的研究，为二十多个城市和地区的经济和社会发展规划以及企业技术改造规划提供了咨询，完成了一千三百多项国内外各类建设项目的咨询。

中国国际工程咨询公司将继续竭诚为国内外客戶提供良好的服务，并愿与国内外同行开展合作与交流，努力开拓，创造新的业绩。

董事长：陈光健

总经理：石启荣

通讯地址：北京车公庄西路32号
邮编：100044
电话：总机 8415511
总经理办公室 8415456
外事局 8414928
电报挂号：北京 6696
电传：22095 CIECC
传真：(861) 8417301

中國 中國 中國 中國 中國 中國

國旅總社的主要旅游產品

- 團體觀光旅游
- 散客和家庭旅游
- 商務旅游
- 獎勵旅游
- 會議旅游
- 出境旅游
- 專項旅游

中國國際旅行社總社
地址：北京復興門内大街 103 號
郵編：100800
電話：(01)6011122
傳真：(01)6012013
電傳：22350 CITSH CN

局长 王遇春

山东煤炭资源丰富，煤种齐全。全省含煤面积占国土面积的三分之一，已勘探预测的总储量约2680亿吨。煤炭品种以气、肥煤为主，并有焦煤、瘦煤、贫煤、褐煤、无烟煤等，还有天然焦和油页岩，多属低灰、低硫、发热量高的优质煤。目前有统配生产矿井43对，设计能力3542万吨，有洗煤厂17座，设计能力1840万吨；地方煤矿共有地县营矿46对，设计能力701万吨，乡镇煤矿462处，能力近千万吨。山东是全国的产煤大省，年产煤6000多万吨。经过40多年的发展，山东煤炭系统已经形成生产、建设、地质勘探、科研、设计、机械制造、化工、教育、医疗卫生等布局合理，设施配套，门类比较齐全的煤炭工业体系。共有职工50多万人。

山东煤矿重视发展多种经营第三产业。从1979年开始起步，由产值1800万元、利税250万元，发展到1992年的多种经营第三产业产值收入突破14亿元，实现利税5500万元，安置人员15000余人。经过10多年的艰苦创业，多种经营第三产业从无到有，从小到大，固定资产达到5.8亿元，流动资金3.5亿元，职工人数达到11万人，现有230多个大中型企业，11个直属分公司，主要产品1000多种，其中地毯、衬衫、医疗器械、标准件、阻燃防护服、防静电工作服、蓄电池电瓶、猪鬃、奶油巧克力等30多种产品获省、部、国优称号，有20多种产品出口12个国家。还在深圳、海南和青岛等地开拓了外向型经济基地，并在美国洛杉矶创办了SMD实业有限公司、在俄罗斯建立了彼尔姆华实有限公司等。

山東省煤炭工業管理局

山东省煤炭工业管理局

地址：山东省济南市堤口路141号
电话：(0531)551234、554772
电挂：3516　邮编：250031

黄岛兴隆渡假村

山东煤管局劳动服务公司天鹅大酒店

枣庄远大丝绸厂生产的丝绸品种齐全、花色多样

东潍坊华美矿泉水公司开发的“奇灵泉”天然优质矿泉水源于 600 米井下

江西宾馆主楼(内院)
江西宾馆简介
江西宾馆座落在南昌市繁华的八一大道中段，交通方便，是江西政治、经济、文化、商务活动和国内外重要宾客、旅游团体下榻的理想场所，是江西首家三星级饭店。它有中、西豪华套房和各类套房、标准房212间，设施设备齐全，有国内外直拨电话，闭路和卫星接收电视。餐厅能同时提供各种档次的中西宴会、冷餐会和地方风味佳肴，并有高级台球、酒吧、镭射卡拉OK舞厅。影院、娱乐城是江西目前最大的集游览、娱乐、购物、品尝于一体的综合性文化娱乐场所。
江西宾馆遵循「宾客至上，服务第一」的宗旨，恭候海内外嘉宾光临。
总经理：曾范庚
电话：221131
电传：95005 JXH CN
电挂：6333 南昌
传真：224388
邮编：330006
地址：南昌市八一大道78号
江西宾馆牡丹厅宴会厅，高雅豪华，使用纯银餐具，并备有钢琴伴奏。

東安集團

总经理：丁瑢

東來順飯莊

简 介

北京东安集团公司是一九八八年九月二十日，在原东安市场的基础上，通过分解、组合，辐射和开拓组建起来的。集团囊括商业、饮食业、食品加工业、宾馆旅游、工业生产、修理服务、房地产开发和仓储运输等九大行业；下设十四个公司级经济实体：东安市场、长安商场、双安商场、东安饮食公司、稻香春食品公司、中安宾馆、东安开发公司、东安服务公司、东安房地产开发经营公司、东安出租汽车公司、东安仓储运输公司、宁安商场、春安商场和新安商场，拥有60余个企业和独立核算单位，分布在山东、河北、河南、江苏、湖南、内蒙古等省、市、自治区和北京十二个区县。一九九二年，仅核心企业就实现营业额7.97亿元，创利税6286万元。此外，东安集团在全国各省市还有37个大型企业为集团松散联合体，是一个经营覆盖面广，经济实力较强的大型综合企业集团。

地址：北京东城区金鱼胡同12号　电话：558351　电挂：6447
电传：22505　BOOTH　CN400　邮编：100006

廣東强力集團有限公司

GUANGDONG QIANGLI GROUP CO.,LTD.

广东强力集团有限公司，座落在珠江三角洲的经济开发区三水市城区，是生产经营强力啤酒和强力系列高级饮料的地方国营企业。拥有从西德引进的全套啤酒酿造、饮料生产和包装的先进设备。并拥有一支高水平的专业队伍。年产5万吨啤酒、5万吨饮料。产品风味独特，深受各界青睐。在全国形成了海陆空立体销售网络。并出口东南亚及欧美等国家和地区。

强力啤酒和强力饮料屡获殊荣。早已畅销全国各地。近期开发的强力天然芒果汁、天然水蜜桃汁、蕃石榴汁和3合1果汁，消费者反响强烈，很快便赢得市场。它将形成又一系列饮料。成为饮料市场的一朵奇葩。强力荔枝汁，芒果汁被评为广东省宴会用酒水。"强力"诚意与各界携手合作，架一道产销两旺的金桥。

新的型格 新的追求
新的品味 新的奉献

Located at sanshui County in Pearl River Delta, The Co. is a local State—owned enterprise producing and managing Qiangli beer and other series high quality soft drinks with a whole set advanced equipment and technology from abroad and a strong technical force. It has an annual production capacity of 50,000 tons of beer and 50,000 tons of drinks. Its products are of unique flavour and well received by customers, selling throughout the country and are exported to Southeast Asia, Europe and America.

Its beer and series drinks gain reputation from Customers and it has recently developed natural mongo and peach liquid, guava and three in one liquid well received by customers. It is a flower in full blossom in soft drinks markets. Qiangli Lichee liquid and mongo liquid are appointed to be the banquet drinks in Guangdong province. The factory sincerely hopes to co——operate with personages at home and abroad and to build a gold bridge for production and sales.

总经理：丘敬华
公司地址：广东三水市西南镇
电话：732698 传真：731190
邮编：528100
General Manager: Qiu Jinghua
Add: Xingang Rd.,E, Guangzhou, China
Tel: 4451136 Cable: 4493 Telex: 44498 ZJBCO CN

强力啤酒和强力饮料

中国统配煤矿总公司关于加快发展第三产业的意见

中共中央、国务院《关于加快发展第三产业的决定》,为我国第三产业的发展指明了方向。特别对煤炭工业深化改革、转换经营机制、调整产业产品结构、提高经济效益具有重要的意义。

煤炭工业是国民经济的重要基础产业,长期以来受传统的计划经济体制和产品经济模式的束缚,产品单一,产业结构不合理,并且一直为企业办社会、用人多、效率低、经济效益差所困扰。搞好多种经营加快第三产业的发展,是煤炭工业减人提效,解决大量富余人员和待业青年就业的主要途径;是打破企业封闭式自我服务体系,适应社会主义市场经济发展的需要;也是提高经济效益,促使煤炭工业走出困境、走上良性循环、健康发展道路的重要途径。

总公司所属各单位,都要充分认识发展第三产业的必要性和紧迫性,抓住当前有利时机,加快改革开放步伐,转换企业经营机制,使第三产业有一个全面、快速的发展。

一、发展第三产业的方向和目标

煤炭企事业单位兴办的第三产业是多种经营的重要组成部分,要坚持为生产服务与为生活服务相结合、城市服务体系与矿区服务体系相结合、传统行业与新兴行业相结合、矿区市场与国内市场及国际市场相结合,既要考虑需要又要考虑可能,使第三产业与煤炭工业生产建设相互促进、协调发展。

要坚持统筹规划、突出重点、因地制宜、发挥优势、分清层次、各有侧重、政策倾斜、分类指导的原则,从本地区、本部门的实际出发,努力发展各具特色的第三产业,逐步形成全方位多层次的第三产业格局。

对第三产业企业的经营方式,可以根据煤炭行业特点、企业规模、市场环境、资金来源和有利于经营的原则来确定,既可开办全民经营的第三产业,也可以开办集体经营或股份制及个体经营等多种形式的第三产业。调动各方面积极性,多渠道筹集资金。所有从事第三产业的企业都应办成自主经营、自负盈亏、自我发展、自我约束的经济实体。发展第三产业必须坚持以经济效益为主,以效益促安置,形成健康、协调发展的经营机制。

发展第三产业的目标是:

"八五"期间要基本完成从内部封闭式的自我服务体系向社会化的转化,使煤炭企业现有为生产、生活服务的部门和单位,逐步与原煤生产脱钩,组成专业性公司或经营单位,形成对内有偿服务,对外经营的经济实体。"八五"后三年通过发展多种经营、第三产业将安置划转分流现有职工40万人、全员效率达到1.5吨/工,使煤矿职工的物质文化生活水平进一步提高。

根据煤炭工业的实际情况和第三产业的发展现状,以及调整和优化产业结构的要求,初步考虑"八五"后三年第三产业产值(收入)年均增长15%左右。这个目标是就总公司系统而说的,各单位要根据自己的实际情况可以高一些,也可以低一些,合理地确定各自第三产业发展目标。

"九五"期间要进一步加快发展第三产业的速度,扩大发展规模,提高发展档次,拓展服务领域,在煤炭行业形成一支庞大的、强有力的第三产业队伍。到本世纪末,再安置划转分流现有职工60万人,全员效率达到1.8—2.0吨/工。

在"八五"及"九五"期间要继续积极做好待业青年的安置工作。经过努力,到本世纪末使煤炭行业的第三产业形成商饮服务、交通运输、金融保险、信息通信、技术咨询、房地产开发、旅游疗养、文化生活、对外贸易、劳务输出、广告宣传、财会审计、技术开发、法律事务等服务网络,建立起一支百万人的第三产业大军,把煤炭企业的划转分流职工变为一支既服务于社会,又创造良好经济效益的生力军。

二、发展第三产业的重点及主要途径

根据煤炭行业的特点和实际情况,当前发展第三产业的重点:一是投资少、收效快、效益好、安置人员多、与经济发展和煤矿职工生活关系密切的行业,主要是商业、物资业、金融业、交通运输业、通信业、修理业、对外贸易业、旅游业、房地产业、仓储业、再生产资源业、居民服务业、饮食业和文化卫生事业等。二是与科技进步相关的新兴行业,主要是咨询业(包括科技、法律、会计、审计等咨询业)、信息业和各种科技服务业等。

发展的主要途径有:

1. 将企业内部的生活服务部门如食堂、浴室、招待所、理发室、幼儿园等划转出来,成立生活服务公司;将矿区内文化、娱乐、体育设施(如电影院、剧院、俱乐部、歌舞厅、图书馆、体育场馆)等划出成立文化服务公司,对社会开放;对矿区医疗卫生、培训中心、供暖、供水、供电、供气、通讯、环境卫生、园林绿化管理等福利型、公益型、事业型的单位和设施,逐步向经营型转变;并全部实行企业化管理。

2. 将为生产服务的部门从煤炭生产中划转出来,实行企业化管理。物资供应部门可以成立物资供应公司,利用仓库、场地和运输的优势发展仓储业,开展租赁业务和修旧利废业务。对矿区自营铁路和各单位的汽车可组成交通运输公司。矿区机修厂和矿井机修车间（厂）也可成立机修公司，对内有偿服务，对外经营。

3. 为适应商品市场体系和社会主义市场经济需要，有计划地建立一批煤炭贸易市场，解决煤炭流通领域滞后的状况，逐步建立起高效、畅通、统一、可调控的煤炭流通体系，形成大流通、大市场、大服务的新格局。

4. 利用总公司和各煤炭企事业单位办的疗养院、宾馆、招待所发展不同层次，不同需求的旅游综合服务，包括成立旅游车队，培养导游人员，开发旅游产品，与国内外旅游部门挂钩承担旅游业务。

5. 各单位要结合住房制度改革，进行商品房的开发建设管理。大力发展建筑业，实行设计—建设—装修—经营—维修一条龙服务，并积极创造条件到沿海、沿边、沿江、沿路开放地区、经济特区、开发区及境外开展房地产业务。

6. 科研、设计、院校、地质等单位一方面要加速管理体制、运行机制的改革，对自身的机构、人员进行精简，对后勤生活服务系统实行企业化经营；另一方面要根据各自特点大力发展适应科技进步、为科技成果推广与应用服务的行业，建立面向社会和煤炭生产建设及经营管理的多功能、多层次的科技信息咨询服务公司和高新技术产业，开展科技、经济、工程、会计、审计、煤质等方面的咨询服务、技术服务，促进专利、专有技术和科技成果的转让与合作。

7. 继续大力发展商业、饮食业、居民服务业，首先充分占领总公司系统1 100万职工家属的生活消费市场，并可成立不同层次的贸易公司和集团公司，要在占领矿区市场的同时，积极向社会市场发展，为经济建设和人民生活提供多层次、高质量的服务。

8. 在充分发挥矿区优势，继续办好农、林、牧、渔业和副食品生产的同时，发展相配套的农副产品加工，形成“种养加、农工贸、产供销”一体化的服务体系。

9. 发展劳务输出和劳动就业服务业。开展社会化的就业培训和职业介绍；有组织地以多种形式向沿海开放区、经济特区、开发区及境外搞劳务输出。

10. 积极开展对外贸易，扩大产品进出口业务。充分利用沿边、沿海地区的有利条件，在力开发同周边国家的边境贸易。要积极引进国外先进技术、设备，充分利用外资。对有条件的第三产业企业，争取给予进出口权，促进生产与市场的直接结合，不断扩大产品进出口业务，进一步发展同世界各国的经济贸易。

11. 发展金融业。建立不同层次的内部银行，负责内部集资、内部股票、债券及内部资金和职工工资的管理；吸收闲散资金，以内部拆借等方式加快资金周转，提高资金利用率。逐步开展与国家有关银行及国外金融机构的业务往来。

12. 发展煤炭行业保险业。结合煤炭行业的特点，积极开展各种形式的保险业务，并负责管理本行业的劳保统筹、医疗保险、待业保险及集体企业退休保险等，逐步建立起基本保险与补充保险相结合，国家、集体、个人三方合理负担的社会保障体系。

13. 除上述途径外，还可以发展既符合国家产业政策，又有利于安置人员，而且经济效益好的其他行业和项目。

三、加速发展第三产业的主要措施

1. 提高认识，转变观念。各级领导干部和广大煤炭职工要充分认识发展第三产业对煤炭工业发展的重要战略意义，决不能把发展第三产业看作仅仅是为安置人员的权宜之计，要真正认识到这是关系到我们煤炭企业能否生存与发展的问题。早认识，早主动；早行动，早受益。为了提高领导干部的经营意识、管理水平，总公司和各企事业单位要继续抓好对各级领导干部和管理人员的培训工作。

2. 加强领导，健全机构。总公司及下属各单位可根据本单位的实际情况成立或明确一个现有机构来管理和协调多种经营第三产业的发展，管理机构不强求对口，但必须健全各项管理制度，并把发展多种经营第三产业纳入各职能部门的工作范围。总公司要求各省局（公司）、各企事业单位的领导成员都要重视第三产业的发展，主要领导要亲自抓。第三产业企业的领导干部和主要管理人员应该是创业型的、懂经营的、会管理的人员。要把发展第三产业纳入企业经营者的任期目标。

3. 多渠道、多方式筹集资金，拓宽筹资、融资渠道，保证第三产业的健康发展。发展第三产业的资金，要坚持国家、集体、个人一起上多渠道筹集原则，除向国家申请部分低息贷款外，主要靠企业内部筹集。一是企业从各类自有资金中提取一部分；二是发行内部股票、债券；三是职工集资；四是引进外资。

4. 统筹规划，协调发展。各单位要根据中央5号文件和总公司的要求，结合本地区、本单位的实际情况，编制第三产业发展规划，作为“八五”计划和十年规划的重要组成部分，确定发展重点，明确发展目标，制定分阶段的实施方案。为了加强第三产业发展的指导与协调，总公司及省局（公司）、矿务局在编制计划时，要包括多种经营第三产业内容，并对其建立健全计划统计指标体系。

5. 发展第三产业具有开放型、多层次、多功能的特点，因此，需要多方面、各类专业人员。解决途径主要有三条：一是制定一些吸收人才的优惠政策，支持和鼓励专业人员和广大职工向第三产业流动；二是企业对从事第三产业的人员分批分期进行培训；三是向社会招聘。

6. 为确保第三产业项目能尽快发挥经济效益，在项目管理上，由各级计划部门牵头，根据各自的权限，组织有关部门审定项目，列入计划，加强监督指导。多种经营、综合利用、第三产业及其它有关部门，负责技术业务指导、组织施工、生产经营管理。财务部门负责按计划积极组织资金到位和按期还贷。

四、加快发展第三产业的内部政策

为了扶持和鼓励各单位积极发展第三产业，并形成一定的激励机制，总公司决定：

1. 对从事原煤生产和第三产业的企业，在工资上实行“分类管理”，“分灶吃饭”。对煤炭各企业内部实行划转分流发展的第三产业单位，自负盈亏暂有困难的可给予适当补贴，从第2—3年起在工资总额上要与煤炭生产单位完全脱钩；对新发展的第三产业企业原则上控制在每投入5 000元至1万元资金安置1名人员，其工资管理办法由第三产业管理机构与劳动部门核定。

2. 煤炭企业发展第三产业，要采取新机制、新办法，可以参照乡镇企业的经营方式，也可以执行地方政府和其他行业一切有利于发展第三产业的优惠政策。

3. 对煤炭企业兴办的第三产业项目，要尽量简化审批手续。企业自筹资金所上的项目，可由企业自主决定立项；属利用国家贷款的项目，可按限额规定报有关部门审批，总公司只管信息导向、产业政策、监督指导。

4. 凡实行自主经营、独立核算的单位，盈亏均与原单位脱开，新增的收入和盈利主要用于归还贷款、自我积累、自我发展，原单位不得平调。

5. 对第三产业企业，在人事、劳动、分配方面要形成干部能上能下、职工能进能出、工资能高能低的机制。可单独核定工资总额并与经济效益挂钩，参照社会同行业(企业)的作法，可以分别实行产值含量工资制、提成工资制、效益工资制等多种分配形式，企业可根据效益情况自主决定。

6. 煤炭企事业单位应在厂房、设备、用地、人员、资金等各方面支持发展第三产业，并提供必要的启动资金。但必须分清产权，对固定资产和各种资金一律有偿使用，保证国有资产保值、增殖，防止国有资产流失。

7. 鼓励和发动有一技之长的人领头开发第三产业。无论干部、工人、技术人员均可向本单位申请开办第三产业。经慎重进行可行性研究确定的开发项目，可采取多种形式举办，包括停薪留职办个体，但原则是用工应主要招收本企业划转分流的现有职工或待业青年。

8. 对为发展第三产业积极引进人才、技术和资金并产生效益的职工给予表彰和奖励，有突出贡献者重奖。

9. 全民企业职工在多种经营第三产业工作的，除退职办个体企业之外，工龄连续计算。在社会保障体系尚不健全的情况下，职工达到离退休年龄时，在第三产业单位离退休确有困难的，可回原单位办理离退休手续，并享受有关同等待遇。

10. 积极推进矿务局管理体制的改革。按照企业集团的模式调整企业的内部结构和生产经营组织形式，以适应社会主义市场经济及以煤为本、多种经营、加快第三产业发展的要求。

大力发展具有中国特色的工会企事业

中华全国总工会事业发展部

一、工会企事业发展的基本情况

（一）发展概况

我国工会兴办企事业有着光荣传统，经历了不同的发展时期。早在革命战争年代，工会就在党的领导下，创办过工人俱乐部、工人消费合作社等。新中国成立后，50年代到70年代，在党和政府的关心和支持下，我国各级工会兴办了一大批文化宫、俱乐部、疗养院等为职工服务的文化福利事业。

进入80年代以来，随着我国改革开放和社会主义商品经济的发展，工会传统的经费靠补贴的福利性、公益性的事业，逐步走上了“以事业养事业、以事业发展事业”、“无偿服务和有偿服务相结合”的改革之路，工会企事业有了新的发展。

1992年，各级工会认真学习贯彻小平同志南巡重要讲话和新《工会法》，全国总工会与国家工商行政管理局、国家税务局三家联合下发的《关于工会兴办企业若干问题的规定》，特别是《中共中央、国务院关于加快发展第三产业的决定》，解放思想，转变观念，乘势而上，工会企事业出现了迅猛发展的好势头。同年8月，全国总工会在上海召开了首届“全国工会企事业工作会议”、“全总十一届十五次主席团会议”，这两次会议以小平同志南巡重要讲话精神为指导，贯彻落实中央5号文件，研究如何进一步解放思想，站在参与改革，推动改革的高度，加快发展工会企事业的问题。上海会议后，各给工会把发展工会企事业作为工会适应我国经济发展和改革开放的新形势，推动工会工作进入经济和社会发展的广阔领域，强化工会桥梁纽带作用的一项战略任务，作为工会整体工作中的一件大事摆上重要议事日程，切实抓紧抓好，抓出成效。从此，工会企事业进入了加速发展的新阶段。据不完全统计，到1992年底，工会企事业已达88 931个，比上年增加39.81%，总产值近110亿元。其中：各级工会兴办的为企业生产、职工生活服务的经营性实体49 635个，产值70.69亿元，已具有一定经济规模的职工消费合作社288家，职工信用社129家，职工住宅合作社111家。现有工会文化宫、俱乐部、体育馆3.46万个，工会院校112所，职工学校1 312所，各类职工疗养院（所）3 262个，各类宾馆（饭店）888个。

（二）工会企事业的基本特色

1. 以“三服务”为宗旨。工会兴办企事业，坚持“为改革开放、发展社会生产力服务，为职工群众服务，为推进工运事业服务”的宗旨。这个“三服务”宗旨，正确反映了工会兴办企事业与国家改革开放、发展经济全局的关系，与职工群众的关系，与工会整体工作的关系，符合广大职工的长远利益和现实利益，充分体现了全国人民的总体利益和职工具体利益的统一。在社会主义市场经济条件下，我国工会通过兴办企事业，实现“服务—创收—更多更好地服务”，具有鲜明的工会特色。

2. 以第三产业为主体。工会企事业中有第一产业、第二产业，但大多数企事业集中在第三产业。在8.89万个工会企事业中，属于第三产业的企事业约占88.6%。在第三产业中，商业饮食服务业约占19.76%，为生产生活服务的企事业占31.49%，为提高科学文化水平和职工素质的企事业约占49.87%。由此可见，工会企事业是以第三产业为主体，以职工福利保障和社会化综合服务为主要内容，具有广泛的群众基础和社会基础。

3. 以社团集体所有制企业为主要经济成分。到1992年底，各级工会兴办经济事业26 324个。其中全民所有制、中外合资企业、股份合作制、全民企业与集体联营等多种经济成份的企事业5 288个，占20%，其他80%的企业都是各级工会自办，工会资金投入，属社团集体所有制企业。

4. 以企业富余人员、停产半停产企业职工和待业子女、困难职工家属为主要从业人员。到1992年底，在工会兴办的企事业从业人员23.8万人中，企业富余人员、停产半停产企业职工和待业子女、困难职工家属15.5万人，占65.13%。上海工会“三产”系统到1992年底，安排从业人员6.5万人，其中80%是企业富余人员。

5.工会企事业具有双重属性。工会企事业是社会主义市场经济的一部分，同社会上的其他企事业一样，需要按经济规律、市场经济法则办事，创造社会效益和经济效益。但工会企事业举办主体是工会，资金来源主要是工会节余经费，所以它又是工会工作的一部分，它的成功举办将直接增加工会的实力、凝聚力，推动工会各项工作的全面发展。

（三）当前工会企事业发展的特点

1.各级工会领导重视，党政领导支持。上海会议以后，各级工会基本上实现了把抓工会企事业作为分管领导的职责转变为全会的重要职责，主要领导亲自抓。工会贯彻中央5号文件大力兴办第三产业，普遍受到了党政领导的密切关注，许多省市领导十分重视发挥工会这支重要社会力量的作用，积极鼓励、支持工会兴办第三产业，帮助解决工会企事业发展中的有关政策等问题。

2.发展势头猛。一是数量增加快。1992年，山东省工会兴办为企业生产和职工生活服务的企事业1 541个，安置就业人员16 270人，实现产值1.14亿元，分别比上年增长440%、380%、180%。二是规模越来越大。1992年以前，天津市工会企事业投资规模最大的仅为40万元，而1992年一年投资规模在50万元以上的工会企事业就有124家，其中300万元以上的20家，规模最大的达1 200万元。南京市总工会筹资1.75亿元兴建的高33层、面积达2.5万平方米的综合文化娱乐中心已破土动工。三是发展的面越来越广。1992年全国兴办企事业的工会组织20 234个，是上一年的2.37倍。浙江省举办企事业的工会组织1991年还只有174个，1992年发展到1 564个。已经出现了从南到北，从沿海到内地、到边疆全面启动的局面。

3.一些地区的工会企事业已向集团化经营和外向型经济发展。为了提高工会企事业参与市场竞争的能力，上海、天津、南京、汕头等市工会发挥组织网络的优势，积极发展集团化经营，在提高规模效益上下功夫，如上海市工会系统的汇工集团、银发集团等一批紧密型、半紧密型的集团公司，已经成立和正在组建。工会企事业发展已开始由数量型增长转向质量、效益型增长。中外合资企业和境外企业已从1991年的33个，发展到1992年的290个。

4.向高层次新兴行业发展。“上海万国投资咨询服务有限公司”、“拍卖行”、天津的“电话信息服务中心”，以及一些地区工会兴办的“科技服务中心”，房地产交易所、证券交易所、会计、审计、律师事务所等一批新兴行业，标志着工会企事业已从解决就业、拾遗补缺的基础上，进入参与社会资源配置，提高资源使用效率的层次上来了。

二、发展工会企事业的重要意义

党的十四大提出，我国经济体制改革的方向和目标是建立社会主义市场经济体制。实现这个目标，要求第三产业有一个大的发展，这是关系我国改革开放和现代化全局的重大任务。中央5号文件提出：加快发展第三产业，主要应依靠社会各方面力量，要充分调动各方面的积极性。工会是加快发展第三产业的一支重要力量，具有独特的优势。在这项关系国家经济发展全局的重大任务面前，各级工会积极行动，真抓实干，充分显示了我国工会组织的主动性、创造性和社会责任感，为国家第三产业的发展做出了贡献。

1.增加了第三产业的投入，壮大了公有制经济，对加快改革和经济发展起了促进作用。我国工会以资金、房产、技术、信息、劳务等形式投入兴办企事业。据不完全统计，仅1992年，各级工会利用工会结余经费、企事业收入及其他渠道筹集的资金投入工会企事业达26.45亿元，总产值70多亿元。工会还发挥与国外工会组织联系广泛的优势，积极引进外资，发展工会企事业。仅改造文化宫一项，成都市总工会就引进外资5亿元人民币，汕头市总工会也引进了7 000万港币。以第三产业为主体的工会企事业发展，在调整我国三次产业的比例关系，优化国民经济结构，缓解经济生活深层次矛盾中已经发挥了积极作用并将发挥越来越大的作用。

2.扩大了就业渠道，在保证社会稳定，改革顺利进行中发挥了“稳定器”的作用。随着产业结构的调整，企业经营机制的转换，以及政府职能转变，需要为大量富余人员提供新的就业岗位。工会兴办企事业，以安置企业富余人员、停产半停产企业职工为重点。不仅为职工创造了大量就业机会，而且直接安置了23.8万名职工就业。上海市工会系统兴办的企事业在“八五”期间将协助政府和企业安置10万名富余人员再就业。既缓解了劳动就业压力，减轻了政府和企业负担，又增加了国家财政收入。工会举办的企事业，仅1991年、1992年两年就累计上缴国家税金12亿多元。

3.促进了市场发育。到目前为止，工会已办了288个职工消费合作社，129个职工信用社，其中上工信用社和上海外滩职工信用社存款余额都已突破5亿元；还有各地工会兴办的各种集贸市场、灯光夜市、劳动就业服务公司、劝业公司、信息咨询服务公司、技术交流交易会、证券交易所、房地产交易所等等，对于我国消费资料市场、金融市场、技术市场、劳务市场、信息市场、房地产市场的培育和完善，起到了积极促进作用。

4. 推动了科技成果的推广应用。据统计，仅1992年，工会企事业举办新技术培训班16.77万次，1 873万人次受到各种新技术培训；实现技术服务项目228.5万个，推广新技术7.3万项次，攻破技术关键26.38万项。

5. 在建立和完善城市社会化综合服务体系中将起十分重要的作用。工会现有文化宫、俱乐部、体育馆34 610个；疗养院、休养所3 262个，床位113 385张；图书馆（室）193 302个，藏书5.24亿册；电影放映单位15 173个。这些基础性、社会性和公益性事业，是我国城市社会化服务的一支重要力量。工会发展企事业，提高经济效益，实现“服务—创收—更好地服务”良性循环，将在更高的水平上更多地满足人民日益增长的物质和文化生活需要，促进“两个文明”建设。

6. 增强了社会保障的能力。到目前为止，工会已建立群众性补充保险组织43 401个，参加人数873.15万人。1993年已成立了全国职工保险互助会，将建立起覆盖全国企事业单位的职工补充保险网。工会长期从事职工保险工作，有组织系统，有信息资料，有一批专、兼职干部。工会参与保险事业，对于我国建立覆盖城镇全体职工，国家、集体、个人三方合理负担，基本保险与补充保险相结合的社会保障体系，促进生产发展，保障职工和社会稳定具有重要作用。

7. 强化了党联系群众的桥梁和纽带作用。通过兴办企事业，工会增强了经济实力和工作活力，为职工办了大量好事、实事，解决了许多职工的实际困难，强化了工会“维护、建设、参与、教育”四项社会职能，增强了工会的吸引力和凝聚力，职工更加紧密地团结在党的周围，为现代化建设努力奋斗。

三、工会企事业发展面临的主要问题

工会企事业总体上还处于起步阶段，发展中存在着许多问题和困难。主要是：

1. 工会企事业缺乏应有的扶持与保护。长期以来，对有关工会企事业的理论和政策缺乏研究，忽视了工会这支发展第三产业的重要社会力量的作用，对工会企事业的特点和重要性认识不足。在实践中，对工会企事业发展不是鼓励、扶持、保护、发挥作用，而是把工会办企事业视同党政机关经商办企业加以限制。工会“要不要”、“能不能”办企事业，很长一段时期政策不稳定，影响了工会组织的积极性。

2. 政策不落实、不配套、不优惠，不利于工会企事业发展。虽然近年来，各级工会积极疏通政策，与国家、省市有关部门一起制定了一些政策，但大多是“领出生证”的政策，缺少“扶持发展”的政策。中央5号文件中规定的一系列政策，如“谁投资、谁所有、谁受益”的产权政策，信贷政策、人才政策等在工会企事业中还不落实。一些市场有需求，工会有优势、有条件发展的行业，如金融业、保险业等，对工会限制过严。

3. 工会企事业管理机构还不健全；管理制度不够完善；缺乏经营管理人才；统计薄弱、底数不清，发展很不平衡；特别是一大批老的福利型、公益型事业单位，房屋破旧，设备落后，资金不足，缺乏自我积累、自我改造的能力。

四、加快发展工会企事业的目标和措施

（一）发展目标

根据工会有现企事业的基础和工会组织的性质，力争到2000年，围绕国家第三产业发展“三大体系”的总体目标，以职工社会化综合服务和社会保障为重点，建立起适应社会主义市场经济体制，具有中国工会特色的社团产业。工会企事业的增加值在国民生产总值中的比重要达到1%左右；工会企事业增加值占国家第三产业增加值的3.5%；为企事业单位富余职工创造更多的就业转岗机会，在工会企事业就业人数占整个国家第三产业就业人数的1.5%左右。

（二）主要措施

为了实现上述目标，要着重做好以下工作：

1. 进一步解放思想，换脑筋。以第三产业为主体的工会企事业是国家第三产业的重要组成部分，发展工会企事业是推动工会工作进入经济建设主战场和社会发展广阔领域，强化工会各项社会职能的一项战略任务。解放思想，换脑筋，就是要从工会的实际出发，实事求是，按照社会主义市场经济的要求，摒弃一切不利于工会企事业发展的观念和认识。既要解决胆量问题，敢于大办；又要解决方向问题，发展中注意工会的优势和特点，扬长避短，突出工会特色；还要解决科学态度问题，坚持从本地区、本单位的实际出发，因地制宜，量力而行。

2. 加强政策研究和政策疏通。当前国家为加速发展第三产业制定了一系列政策，这些政策既是工会企事业发展的导向，又是发展工会企事业十分重要的资源。要认真研究政策，指导各级工会用好用足国家政策。同时，要与国家有关部门建立和疏通关系，制定和完善有关工会企事业的配套政策和规定。

3. 进一步搞好工会企事业发展规划的制定和落实。近期内全总将根据国务院批转国家计委关于《全国第三产业发展规划基本思路》，突出商品流通、金融保险、房地产、劳动就业、科技服务、信息咨询、居民服务、旅游、文化教育、社会保险等行业，制定好全国工会企事业发展规划，使之能纳入国家和各地政府的经

济和社会发展规划中。并积极组织落实，把各级工会发展企事业的积极性保护好、引导好、发挥好。

4. 加强领导，强化管理。当前工会企事业发展很快，但管理滞后，跟不上发展的要求。各级工会要切实加强领导，坚决改变似管非管，发展无目标，项目无论证，工作无要求，效益无考核的状况。强化管理主要是：(1) 健全和强化管理组织，根据转变政府职能的要求，明确各级管理部门的职责。(2)制订工会企事业经营承包责任制及财务、会计、审计等管理制度和监督制度，使工会企事业在各种制度约束下自主经营。(3)抓好统计指标的建立和统计数字汇总，全面准确地反映工会企事业的增加值和发展水平。(4) 抓好信息指导和服务。

5. 加大改革力度，建立和完善工会企事业的经营机制。按照"政企分开"、"两权分离"的原则，推动大多数老的事业和单位以产业化社会化为方向，转换机制，推向市场，逐步做到自我积累、自我改造、自我发展。

6. 加强经营管理人才的培训。准备用几年时间，有计划、分层次地对工会企事业人员进行岗位培训，特别是加强对经营管理者和金融、保险、房地产、信息咨询、会计、审计、法律等方面人才的培训，造就一支具有开拓创新精神、现代市场经济意识和经营管理能力的工会企事业干部队伍。

上工城市信用社

随着改革开放的深入，上海经济建设迅速发展，金融领域十分活跃，但也出现了开户难、存款难、结算慢及新开办企业告贷无门等现象，尤其是第三产业蓬勃发展，矛盾更为突出。为缓解矛盾，配合上海经济腾飞，经中国人民银行上海市分行批准，由上海市总工会牵头的上海上工城市信用社于1988年7月15日正式开业。

上海上工城市信用社，实行股东代表大会和理事会领导下的社主任负责制，业务上归口中国人民银行领导，是一个自筹资金、自主经营、自求平衡、自负盈亏、独立核算的集体企业。

上工信用社现有职工42人，聘请银行离退休人员25人为业务指导，固定资产达300多万元，积累资金1 400万元，福利基金300万元，奖励基金300万元，至1993年3月底存款余额已突破5亿元，贷款余额近2.02亿元，年人均创利近40万元。5年来，上缴国家税收近1 500万元，成为地方税收大户之一。随着证券市场的发展，1990年作为上海证券交易所会员，开设了证券业务部，设立了证券交易大厅，办理债券和股票的委托买卖，证券交易，月成交量由开办时77万元上升至4.6亿元。上工信用社5年来，业务量每年以30%～50%发展速度递增，成为上海乃至全国城市信用社的佼佼者，是一支不可忽视的金融机构，受到了社会各界好评。

上工信用社的宗旨是"服务第一，客户至上"。支持地方经济发展，为发展第三产业"输血"，为大中企业"解困"，为小型企业脱贫，取得了良好的社会效益。

近年来上海的第三产业如雨后春笋蓬勃兴起，仅工会系统两年内就兴办了第三产业经济实体达5 000多家，其中1 000多个职工技协、工会三产、退管会等在上工信用社开户，占开户总数的45%。上工信用社为支持上海市职工消费合作社的发展，给予贷款累计达7 000多万元；还先后为工会下属的住宅合作社、富裕劝业总公司、文体房产总公司、发发出租公司以及产业工会三产提供贷款，极大地方便了工会兴办的第三产业。据不完全统计，为各类三产提供贷款约占总贷款额的1/4，成为他们的"输血"机构。上海冶金局工会成立的益鑫工贸公司注册资金为500万元，经营各类商品及进出口贸易业务，由于贸易量大，资金缺，筹措资金相当困难。上工得知这一信息后，千方百计上门服务，帮助他们分析业务风险，解决资金上的暂时困难，使该公司的业务得到发展，成为冶金系统三产的排头兵。

上工信用社作为银行的补充，为大中型企业"解难"也作出了不小的贡献。如对东方航空公司购买飞机，上海重点建设项目东方电视塔，以及一些大中企业如上海十二丝织厂、正泰橡胶厂等的暂时困难，上工信用社及时与银行联合解决贷款，促使这些企业顺利渡过难关，目前这些企业发展兴旺。

此外，对一些告贷无门濒临倒闭危险的困难企业，上工在严格执行金融政策的同进，坚持网开一面，实行扶贫措施，给予优惠利率，帮助一些企业开发新产品，使其转危为安。1992年以来，由各区、县、局工会介绍来的扶贫单位近20个，每月贷给近300万元，累计贷款6 000多万元，帮助他们逐步摆脱了困境。如上海嘉定县镇办企业新申玻璃厂原生产的各类有色和无色坯境玻璃，因工艺简单，销路不好，89年一度亏损24万余元。为了扭亏为盈，开拓新产品，生产适销对路的工艺玻璃，经该县总工会推荐作为扶贫对象向上工信用社贷款10万元，使其迅速投产。目前该厂已打开了外贸销路，并在原产品的基础上又生产了镶嵌钟表，进而又开拓生产了镶嵌水晶玻璃工艺品，外销很受欢迎。1990年盈余1万余元，预计1993年创利20万元。

如今，上工信用社正在加大改革开放力度，广开门路吸收存款。强化内部管理机制，进一步调动职工的积极性。以崭新的面貌迎接新的挑战，继续为深入改革作出应有的贡献。

天津市职工住房合作社

天津市职工住房合作社成立于1989年1月，隶属天津市总工会。是非营利的服务性事业单位。

该社的宗旨是贯彻国家各项住宅政策，依靠工会组织的优势，发挥国家、地方、企事业单位及职工四方面的积极性，广集资金，合作建房。重点为本市企事业单位的劳动模范、先进生产（工作）者和住房困难职工改善居住条件，解决住房困难，提供住房服务。

该社建设的住宅纳入本市建设计划，市城乡建设委员会根据市住宅建设的整体要求，下达和安排该社年度建房计划和施工计划，统筹安排房屋建设用地和材料。同时，在办理审批手续上给予支持。

根据国务院国发［1988］11号文件的规定及天津市合作建房的有关政策，该社建设的住宅免交固定资产投资方向调节税、房产税、建筑税、营业税、能源税和教育附加税，免购建设债券。该社建设的住宅，大配套纳入市政计划，减免配套费，住宅小区内由该社自行配套。

该社成立四年来，始终坚持群众集资、单位资助、国家扶持、民主管理、自我服务的原则，积极探索合作建房的道路。经过与各参建单位和职工的共同努力，到目前为止，已合作建房四期，共13万平方米，到1992年底已竣工3期共7.5万平方米。

职工合作建房的房价，由职工个人购房款、职工所在单位资助款和政府减免的税费三部分组成。对职工个人购房款，每平方米按200—240元收取，对一次性交足购房款的职工给予优惠。职工个人购房款项通过所在单位统一交纳。该社坚持不以赢利为目的，按工程成本计算房屋价格，只收取成本3%的管理费，因此房价低廉，受到企事业单位和职工群众的欢迎。四年来，该社先后为270多个中小企业，1 500余户住房困难的职工解决了住房。

为了增强职工合作建房的吸引力，该社始终把“快建房、建好房、建出廉价房”作为该社的目标和要求，千方百计抓进度、抓质量、抓降低造价，并具体落实到每一期工程中去。为了确保工程质量，让职工住上满意的房子，该社严把质量关，成立了工地质量监督小组，把严格质量管理贯穿到施工全过程。经有关部门的检查验收，已经竣工的7.5万平方米住宅，全部楼号均达到优良标准，其中5个楼号被评为市全优工程。

为了降低住房造价，该社还采取了提高土地利用率，减少征地费用；采取定向招标，实行工程总承包；想方设法购进优质低价建筑材料；搞好配套工程科学设计等措施，精打细算，节约开支，有效地降低了工程造价。

几年来的实践证明，工会是合作建房的一支生力军，工会在合作建房事业上是可以大有作为的。首先，工会参与政府研究住宅政策和住房制度改革等工作，了解职工住房情况和职工购房的承受能力。第二，工会组织网络覆盖面广，发动和宣传群众的能力强，比较适合组织面向社会、跨地区、跨行业的住宅合作社。第三，工会与企业有着密切的联系，在组织职工合作建房时，能够得到各行各业的大力支持。第四，职工群众对工会兴办住房合作社表现出极大的信任，他们说：“我们相信工会不会赚我们的钱”。

为了适应改革开放新形势，推动住房制度改革，进一步发展职工合作建房事业，更好地为广大职工群众服务，该社决心抓住当前的大好时机，在深化改革、强化服务，自我完善上下功夫，并积极创造参与国际间工会组织合作建房的交流与协作，为加快职工合作建房事业的发展贡献力量。

农村合作基金会述评

中农信公司合作基金部

一、农村合作基金会产生的背景

管好用好农村集体资金是农村合作基金会产生的直接动因。80年代初，农村改革改变了人民公社体制，普遍实行了以家庭联产承包为主的责任制，农村集体经济组织的职能发生了根本的变化。但是，经过30多年积累，到1985年，全国农村集体经济组织有各类资金820多亿元，以后每年还有100多亿元的集体提留款。这些集体资金是农村经济发展特别是农业生产发展的重要财力。由于在实行家庭联产承包责任制后，农村集体资金的管理工作一度被削弱，致使出现了一方面农民购买生产资料要向银行、信用社贷款，且往往贷不到；另一方面属于农民所有的大量集体资金被贪污、挪用、无偿占用或存在银行、信用社长期闲置不用。在这种情况下，为了管好用好集体资金，发挥集体资金的作用，提高集体资金的使用效益，从1984年开始，在江苏、浙江、辽宁、河北等地产生了农村合作基金会这种集体资金的管理和融通组织。

如果从更深的层次或更本质的意义来分析，农村合作基金会产生的根本原因是农村商品经济发展对农村合作金融的强烈需求。以实行家庭联产承包责任制为发端的农村改革，使农村经济从结构到运行机制都发生了深刻的变化；投资主体由过去单一的人民公社集体分解为为数众多的农户、乡企业和其他经济组织；非农产业迅速发展；农村经济的货币化、信用化程度日益提高；农村经济的运行越来越取决于市场的安排。这一系列的变化，使以组织上的单一性和业务上的高度计划性为基本特征的传统农村金融体制，已难以为农村经济的发展提供充分的金融保证。

农村多元化的经济结构和商品经济的发展，必然要求形成与之相适应的多种金融形式、多种信用方式、多种融资渠道并存的农村金融体系。尤其是面对千家万户的农户和众多的乡镇企业，客观上需要有合作金融为其提供小额、及时、优惠和便利的金融服务。

为了适应农村商品经济发展对合作金融的需求，从1984年起，国家对传统计划经济体制下实际上已成为国家农业银行的组成部分的农村信用合作社进行了改革，目的是恢复其合作金融组织的性质。但由于历史的原因和涉及到多种利益关系的重大调整，农村信用合作社的改革大多局限于划分与农业银行的业务分工、适当扩大自主权、建立健全内部经营责任制和岗位责任制等方面，而在恢复其“三性”，即组织上的合作性、管理上的民主性、经营上的灵活性方面，一直没有实质性的进展。

正是在农村改革和商品经济发展客观上需要有合作金融组织，而农村信用合作社又不能完全恢复其合作金融组织性质的背景下，农村合作基金会便应运而生了。

二、农村合作基金会的形式和运行机制

农村合作基金会的形式有以下几种：一是乡（镇）农村合作基金会，这是目前农村合作基金会的主要形式；二是村农村合作基金会，这种形式也较多；三是乡（镇）、村联办的农村合作基金会，即乡（镇）、村两个层次都有农村合作基金会，但村农村合作基金会作为乡（镇）农村合作基金会的派出机构，不实行独立核算；四是县或地（市）的农村合作基金联合会。

由于农村合作基金会产生以来，到目前还没有全国统一的规章制度和管理办法，各地对农村合作基金会的政策又有所差别，造成了全国各地的农村合作基金会在性质、业务范围和经营管理等方面缺乏统一性。但就比较普遍的情况而言，目前农村合作基金会的运行机制大体可描述为：

1. 以农村集体经济组织和农民为会员。

2. 成立会员代表大会、董事会（或称理事会）、监事会，作为其组织机构。其中，会员代表大会是农村合作基金会的最高权力机构，董事会是管理机构，监事会是监督、检查机构。

3. 建立了章程、财务管理、会计核算、资金投放等基本的规章制度。

4. 业务比较单一，且有明显的地域性。即主要在乡（镇）或村的社区范围内从事资金吸收和投放活动。不设金库，无结算等银行业务。

5. 不经过工商和税务登记，无金融业务许可证。

6. 不列入国家信贷计划管理，也没有建立严格的资产负债比例管理，无备付金和准备金制度。

7. 主要由政府的各级农村合作经济经营管理部门对其进行指导和管理。

三、农村合作基金会的现状

（一）农村合作基金会的发展概况。近十年来，农村合作基金会在全国各地得到了迅速发展。农业部的统计资料表明，到1992年底，全国已有乡（镇）级农村合作基金会1.75万个，占全国乡（镇）总数的38.5%；村级农村合作基金会12万个，约占全国总村数的15.7%。吉林省95%以上的乡（镇）建立了农村合作基金会，江苏、四川、山东、河北等省建立农村合作基金会的乡（镇）都已占全省总乡（镇）数的70—80%；全国农村合作基金会筹集资金的规模已达165亿元，其中四川省近30亿元，江苏、河北、山东、广东等省超过了15亿元。

在一些地方，农村合作基金会出现了自下而上逐级联合的趋势。到1992年底，全国有县级农村合作基金联合会250个左右地级农村合作基金联合会近30个。其中四川省70%的县、50%的地（市）建立了相应的农村合作基金联合会。

农村合作基金会正在逐渐改变其集体资金管理和运用机构的属性，向着合作金融组织方向发展。突出的标志是，农村合作基金会的资金来源中，农民个人的资金从无到有，且比例越来越大；集体资金的比例正在下降。农民个人资金的数额及占农村合基金会资金来源总额的比例：1990年为20亿元，占25%；1991年为30多亿元，占31%；1992年为近60亿元，约占37%。1992年与1990年相比，农村合作基金会的资金来源总额从80亿元增加到165亿元，增加了85亿元，其中农民个人资金增加了40亿元，占资金来源增加总额的近50%。

（二）农村合作基金会的作用。农村合作基金会在实践中发挥了多方面的重要作用，显示了旺盛的生命力：

——加强和改善了农村集体资金的管理，合理和有效地使用了集体资金，提高了农村集体经济组织的资金积累能力。

——为多渠道筹集农业生产资金，建立新型的农业投资机制，找到了一条可行的途径。1992年，全国农村合作基金会投放于农业生产的资金达65亿元。随着农村合作基金会的进一步发展，它将更广泛地、更多地动员和组织农村闲散资金，用于增加农业投入。

——推动了农村第三产业发展。农村合作基金会不但其本身已成为农村第三产业的重要组成部分，而且更主要的是，通过农村合作基金会的资金扶持，有力地促进了农村社会化服务组织和其他第三产业的发展。仅1992年，农村合作基金会投放于农村第三产业的资金为20亿元。可以预见，农村合作基金会的进一步发展，将给农村第三产业的发展注入新的生机和活力。

——在一定程度上缓解了农村资金供求矛盾，平抑了农村民间高利贷。目前，许多地方的农村合作基金会已成为当地的农户和乡镇企业的一条重要融资渠道。1992年，全国农村合作基金会为农户和乡镇企业提供的资金分别为58.8亿元和88.3亿元。据一些地方调查，由于农村合作基金会的建立和发展，有效地抑制了民间高利贷活动，民间借贷利率能下降30—50%。

——更有重要意义的是，农村合作基金会的产生和发展，正在推动着农村金融体制改革的深化和要素市场的发育，它有利于提高农村资金的市场化程度，丰富农村金融市场的内容，促进整个农村经济的市场化进程。

（三）农村合作基金会得到党和政府及有关部门的肯定，受到了有关方面的关注和支持。自1986年以来，党中央、国务院在有关文件中，都肯定和鼓励建立和发展农村合作基金会。党的十三届八中全会作出的《关于进一步加强农业和农村工作的决定》中，明确要求"继续办好农村合作基金会"。

国家有关部门重视和支持农村合作基金会的发展。农业部作为农业主管部门，为农村合作基金会的发展做了大量工作，自1988年以来每年都下发了支持农村合作基金会的文件。中国人民银行作为金融主管部门，也对农村合作基金会给予了肯定，已把它列为农村金融的补充。

中国农业银行在1986年就发出文件，要求各地农业银行和信用社对农村合作基金会开展社区内部融资活动不要干预，并通过信贷业务对农村合作基金会给予引导。

各地党委和政府对农村合作基金会给予了高度重视。吉林省人大常委会以立法的形式将农村合作基金会的若干问题加以规定；四川省委全会作出了关于建立农村合作基金会的决议，把建立农村合作基金会作为振兴四川省农村经济的一项战略措施；北京、天津、山东、山西、湖北、云南、新疆等省、市、区都以党委或政府的名义发出文件，肯定和支持农村合作基金会，并对办好农村合作基金会提出了具体要求。

中国农村发展信托投资公司(简称中农信公司)作为在农村改革中产生的全国性的非银行金融机构和我国政府指定的世界银行对中国农村部门政策调整贷款的执行机构，承担着探索深化农村改革特别是农村投资与金融体制改革的任务。几年来，中农信公司坚持从市场经济出发，面向农村变革的宗旨，把推动农村合作基金会向适应农村市场经济需要的规范化的合作金融组织方向发展，作为深化农村与金融体制改革的重要内容，对农村合作基金会给予了特别的关注和支持。在贷款扶持、试点示范、制度规范、体系建设、理论设计等方面，为支持和引导农村合作基金会的健康发展做了一系列的工作，取得了显著的成效。1992年，中农信公司把发育农村合作金融列为公司总战略的重要内容，并提出了把农村合作基金会发育成农民合作银行的构想。

农村合作基金会已引起了有关国际组织的关注。世界银行的有关人士认为，中国的农村合作基金会是一种很有希望的组织或模式。1992年，为了支持开展农村合作基金会的理论研究和农村合作金融方面的国际交流，联合国开发计划署资助中农信公司组织召开了“中国农村合作基金组织发展国际研讨会”。

四、农村合作基金会面临的问题

1.现行的有关政策已不适应农村合作基金会的发展。现行的对农村合作基金会的政策，是以农村合作基金会作为集体资金管理和运用机构为基本框架的。其核心内容是，农村合作基金会的资金来源主要是集体资金，资金投放限于本乡(镇)、本村的社区范围内。但目前绝大多数的农村合作基金会的现状和发展方向的政策规范，将会制约农村合作基金会的进一步发展，或带来农村合作基金会发展中的盲目性、无序性。

2.缺乏有效的信用保证机制。农村合作基金会吸收农民资金后，没有任何形式的信用保证措施，这使农村合作基金会和农民都承担了很大的信用风险。一旦出现挤兑风潮或农村合作基金会发生严重的经营亏损，将对农村金融秩序和社会安定造成严重危害。

3.法人地位不明确。由于农村合作基金会本身不规范，以及现有法规不完善，目前还难以确认农村合作基金会是企业法人，还是社团法人，或其他性质的法人。这使农村合作基金会虽然经过近10年的发展，已初具规模，但至今仍无恰当而明确的法人地位，其登记、纳税、诉讼、风险责任的承担，以及终止或破产后的债权、债务的处理等，都没有明确的规定。

4.不合理的行政干预严重。应该肯定，地方政府和有关部门的支持，对农村合作基金会的建立和发展起到积极作用。但是，有些地方政府把农村合作基金会这个农民的合作金融组织当作政府的附属，或把农村合作基金会当作政府部门的延伸，使农村合作基金会成了调整条块或条条之间利益关系的工具，其“官办”的色彩在一些地方已比较严重。

5.内部管理不善。这主要表现在，不少农村合作基金会的规章制度不健全，无章可循或有章不循；工作人员的文化水平和业务素质较低，尤其缺少金融方面的知识。

五、对农村合作基金会的几点思考

(一)农村合作基金会需要有明确的发展方向。由于受宏观经济体制改革进程的制约，国家对农村金融体制改革至今仍无比较清晰的总体框架，再加上人们在看待农村合作基金会时有不同的视角，存在不同的观点，以致国家和有关部门对农村合作基金会的今后发展没有明确的政策导向。这已成为农村合作基金会进一步发展的主要制约因素。

中农信公司认为，在建立农村市场经济体制的进程中，农村改革的触角已从主要发育农村产品市场向培育农村要素市场延伸。进一步加大农村金融体制改革的力度，进行深入的、系统的而不是表面的、局部的农村金融体制改革已势在必行。在此背景下，农村合作基金会的发展方向问题应成为深化农村金融体制改革的重要内容，国家和有关部门在考虑农村金融体制改革的总体方案时，应对农村合作基金会有一个充分而长远的设计，明确确立它的发展方向。

基于下列几点的判断，中农信公司提出，农村合作基金会发展的目标模式是农民合作银行体系。

1.农村经济体制改革的方向。以建立市场经济体制为取向的农村改革，必然要求改变高度计划、高度垄断的农村金融体制，使农村金融走向市场化。市场经济最基本的要求就是要开展有效竞争，农村只有一家、二家金融机构，难以形成有效的竞争。农村合作基金会发展成非国有的农民合作银行体系，有利于形成国有银行机制改革的压力和动力，有利于农村金融市场的发育，有利于在竞争中提高农村金融的活力和效率。

2.农村经济发展需要有一个合理的农村金融体系支持。金融将是今后农村经济发展的重要支柱，能否建立一个健全的农村金融体系，将直接关系到农村经济能否快速、持续、稳定地向前发展。面对广大的农村、众多的农民、各种所有制形式的经济单位，农村需要建立由承担不同功能的开发(政策)银行、商业银行和合作银行组成的金融体系，以满足不同经济层次对金融的需求。

3. 合作金融组织发展的内在规律。国外农村合作金融组织发展的理论和实践证明，合作金融组织发展到一定的阶段，必然有自下而上建立自己体系的内在要求，以形成体系成员间的相互支持和协作，增强抗风险能力，提高竞争能力。同时，也只有形成体系，才便于政府通过体系对面广量大的农村合作金融组织实施有效的宏观调控和间接管理。

4. 农村合作基金会的业务需要进一步拓展。随着农村商品经济的发展和农村经济货币化、信用化程度的提高，必然要求农村合作基金会拥有多样化的银行业务。只有这样，才能更好地为农民和农村经济发展服务，也才能更好地发展自己，在竞争中站稳脚跟。

（二）农村合作基金会需要更多的理解、关注和支持。国家应把农村合作基金会当作农民的一项事业，在它的发展过程中给予一些必要的优惠、扶持政策，包括税收照顾、财政扶助、人员培训等；政府有关部门应从农村改革和发展的大局出发，去看待、支持农村合作基金会的发展；经济理论界应加强对农村合作基金会的调查研究，将农村合作基金会的丰富实践进行理性的总结，并探索在我国国情下发展农村合作基金会的目标模式及具体操作方案；有关单位应积极争取有关国际组织在资金、技术等方面对发展我国农村合作金融事业的支持。

（三）农村合作基金会需要加强管理。有关部门应尽快制定成立农村合作基金会的条件、审批程序和登记管理等方面的规定或办法，避免建立农村合作基金会中的混乱现象；加紧制定示范性的规章制度，切实加强农村合作基金会的组织、制度和业务建设；要探索建立农村合作基金会的信用保证机制的途径，研究制定对农村合作基金会实行资产负债比例管理的办法，减少农村合作基金会的信用风险。从长远来看，农村合作基金会的进一步发展，还需要有相应的法律保障。有关部门和立法机构应着手研究、制定《合作金融组织法》或《合作银行法》，以及其它相关的法规、制度。

（四）农村合作基金会需要学习和借鉴国际农村合作金融组织发展的经验。国际农村合作金融组织的发展已有悠久的历史，形成了比较成熟的理论，积累了丰富的实践经验。学习和借鉴有关国家农村合作金融的理论和经验，对于推动我国农村合作基金会的发展有着重要意义。今后应在农村合作金融的组织构造、制度规范、财务运作、业务拓展、体系建设、政策支持、国家立法等方面，与有关国家和国际组织进行更多和更深入的交流和协作。

广东省茂名市茂南区农村合作基金联合会

广东省茂名市茂南区农村合作基金联合会（以下称茂南联合会）成立于1991年12月。它是广东省第一个县级农村合作基金联合会，是在广东省有关部门和茂名市、茂南区政府的支持下，由中国农村发展信托投资公司（简称中农信公司）发起、设计、指导的农村合作金融组织的试点。

茂南联合会主要由茂南区的各乡（镇）农村合作基金会入股组成。凡向联合会投入固定股金的乡（镇）农村合作基金会，即成为联合会的正式会员。茂南区共有8个乡（镇）农村合作基金会，现已全部加入了联合会。中农信公司为了扶持并更好地指导茂南联合会的建立和发展，也向联合会投入了固定股金，并成为其特许正式会员。

茂南联合会按照既能切实保证民主管理，又有利于对其实施合理的监督和政策、法律指导的原则，设置了由会员大会、董事会、监理会组成的组织机构。会员大会是联合会的最高权力机构，董事会是会员大会闭会期间的执行机构，它们是联合会实行民主管理的组织保证。监理会由股东单位和政府有关部门派代表组成，对联合会实施政策、法律方面的指导和监督。

茂南联合会实行独立核算、自主经营、自负盈亏，独立承担民事责任。其财产属于会员集体所有，不隶属于任何政府部门和任何经济组织。

在中农信公司的指导和帮助下，茂南联合会制定了由14个部分组成的一套比较完整的规章制度，包括章程、会员大会制度、董事会议事规则、监理会议事规则、股金管理办法、财务管理制度、会计制度、资金投放制度、收益分配制度、内部审计制度、岗位责任制度等，使联合会的经营管理和业务操作都比较规范。

茂南联合会以期限股金和委托、代管股金的形式，主要吸收茂南区内的乡（镇）、村农村合作基金会、农村集体经济组织和农民的资金。资金主要投放于茂南区内的乡镇企业、农户和个体工商户。同时，作为茂南区农村合作基金会的管理、指导、协调机构，联合会还承担着帮助、指导乡（镇）、村级的农村合作基金会的建立和发展，协调全区农村合作基金会之间的各种关系，加强全区农村合作基金会的体系化、规范化、制度化建设的任务。

自成立以来，茂南联合会以良好的服务态度，多渠道、多方位地聚集农村闲散资金，迅速壮大了资金规模。经过短短一年的时间，到1992年底联合会已由成立时27万元固定股金，发展到了近5 000万元的资产规模。

茂南联合会已成为促进茂南区农村经济发展的重要融资渠道。1992年一年，联合会累计投放资金5 037万元，其中，支持农业和开发性农业1 359万元，解决了157户农户的资金不足的困难；扶持乡镇企业2 115万元，使245家乡镇企业或好上加好，或起死回生；投放于商业和服务业1 460万元，帮助了169家集体和个体经济发展农村第三产业。联合会还投放资金102万元，用于解决农民的生活困难。据初步匡算，通过联合会的资金投放，可使茂南区增加农村社会产值1亿多元。

茂南联合会的建立，有力地促进了茂南区的乡(镇)、村级农村合作基金会的发展。在联合会的指导和帮助下，茂南区的农村合作基金会由1991年的9个发展到1992年的35个，其中乡(镇)级的农村合作基金会从4个增加到8个，村级农村合作基金会从5个增加到27个。全区农村合作基金会筹集的资金总额，1991年底为2 300万元，1992年底达到了10 800万元。目前，茂南区已初步形成了以联合会为龙头，乡(镇)农村合作基金会为中心，村农村合作基金会为基础的三级农村合作金融网络，并基本上实现了全区农村合作基金会的规章制度规范化、业务操作规程统一化。

实践证明，茂南联合会的试点是成功的，它得到了有关部门和当地政府的肯定，受到了当地农民的称赞。它的组织建设、制度建设和体系建设等方面的经验，已在全国产生了较大的影响。

军办第三产业概述

总后生产管理部

军办第三产业是指由军队投资兴办和管理，为军队和社会的生产和生活提供服务的企业和单位。军办第三产业是适应军队建设的需要，着眼于服务保障部队，逐步发展壮大起来的。早在革命战争年代和新中国初期，为了保障部队作战、训练、战备和执勤的需要，方便官兵与家属的生活，安置军官家属子女就业，军队就先后兴办了相当数量的招待所、军人服务社、商店、浴池、理发室等服务单位。这是早期军办第三产业的主要形式。从其特点看，它服务项目较少，业务范围有限，长期以来以满足军队自身需要为目的，处于封闭状态。党的十一届三中全会后，随着全党工作中心和军队建设指导思想的战略性转移，国家以经济建设为中心，国家财政支出中用于军队建设的比重逐年减少，军费供应总量和军队建设的实际需求之间缺口较大。同时军队经过精简整编和战略调整后，部分营房、装备、物资和设施闲置。在党的改革开放政策的鼓舞下，为了支援国家经济建设，弥补自身军费不足，军队开始投入一部分人力、物力和财力，发展军队生产经营，军办第三产业随之得到了较大发展。

截止1992年底，军办第三产业拥有独立核算和单独核算单位近5 000个，从业人员16万人，第三产业增加值和利税分别达88亿元和20亿元，分别占军队生产经营产值和利税3成和4成，涉及科技教育、信息咨询、医疗卫生、交通运输、商业贸易、饮食服务、物资供销、房地产开发、仓储和居民服务等行业，成为军队生产经营的支柱产业和国家第三产业的一个组成部分。其中，军队重点发展并已经形成特色的有以下几个行业：

一、科技教育和信息咨询

军队科技教育和信息咨询，是指军队所属科研机构、院校、科技开发等单位和企业对外开展有偿的科技服务和提供科技及生产经营信息咨询等多种形成的服务活动。主要包括：(1) 技术咨询；(2) 科技成果转让；(3) 新产品开发；(4) 技术修理；(5) 各类专业人员培训；(6) 协同有关单位进行科技攻关；(7) 提供科技和生产经营信息。军队从事科技服务和信息咨询的主要有国防科工委、军事医学科学院，总部和各军兵种、各大军区所属的科研机构和专业技术院校等单位。

二、交通运输服务

军队交通运输服务是指军队利用富余的车辆、船舶、飞机、港口、码头等设施工具，向社会开发客运、货运的有偿服务活动。党的十一届三中全会以后，根据邓小平同志关于“在当今的局势下，空军、海军要投入一定的装备和设施来支援四化建设”的指示，海军于1985年4月经国务院、中央军委批准，率先成立了中国海洋航运公司，利用海军的港口和编余船艇，开发远洋运输业务。1986年12月，经国务院、中央军委批准，空军又成立了中国联合航空公司，先后开辟了40条航线，并在国内设立了28个联航分公司和办事处。6年来，联航在无一飞行事故的情况下，共运载旅客约200万人次，运送货物8 000多吨，1992年营业额近3亿元。与此同时，军队不少汽车运输部队和陆军船舶部队也积极组织空闲运输力量，有偿支援国家和地方工程建设，开发客货运输服务。

三、对外贸易经济

军队对外贸易经济，是指军队有进出口权和有外经权的公司开展进出口贸易和对外经济技术合作的经营活动。其范围主要包括：向他国和地区出售或购进商品（含无形商品）、兴办中外合资、合作企业；组织办理劳务输出；承包国外工程；在国外举办小型商品展销会、技术交流会；派人出国考察、订货、培训、监造、验收及邀请国外技术人员来华进行技术服务等。到1993年初，全军共有中国天诚（集团）总公司、中国惠通（集团）总公司、中国新兴进出口公司、中国远望（集团）总公司、中国兰天实业总公司、中国嵩海实业总公司、中国天龙实业总公司、南方工贸总公司等41家有进出口权和外经权的公司。1992年全军有进出口权的公司共承担2.33亿美元的国家出口创汇任务，有

3 200多名劳务人员外派出国工作。

四、军队企业房地产开发

军队企业房地产开发，是指军队企业在保守军事秘密、保证军品生产任务的完成、保留军队产权、提高经济效益的原则下，利用自身空闲的房产进行开发、建设、租赁、合资合作等以盈利为目的的经济活动。1985年以来，随着改革开放步伐的加快，全国城镇房地产业迅猛发展，一些位于城镇和地处沿海、沿江、沿边的军队企业，利用空闲房地产进行开发经营活动逐渐增多，其经营方式主要有：(1)出租空闲房屋；(2)出售商品房屋；(3)与地方换建或合资建房；(4)利用空闲房地产开办第三产业；(5)军用土地使用权有偿转让，合作经营。军队企业房地产开发坚持“统一规划、归口管理、讲求效益、以房养房”的原则，贯彻国家的有关政策，执行军队的有关规章制度，接受国家建设部门的业务指导。开发的范围主要包括：军队企业空闲的房地产；根据企业产品结构调整和总体规划要求，需改变用途的房地产；建筑为平房或危房，而且可以划出成为单独院落的房地产；军队企业利用自有资金征购地方的房地产。军队企业可以参与地方的房地产开发经营和依法开展涉外经营。

五、招待所、宾馆

招待所、宾馆(含饭店、酒家)是指由军队投资兴办和管理，对军队来往人员和国内外宾客提供接待、食宿、会议等服务的场所。军队的招待所，原是为了部队接待来往人员的需要而建立起来的，十一届三中全会后，随着国家发展开放步伐的加快和旅游业的发展，军队的一些宾馆、招待所开始对社会开放。许多部队为了改善设施条件，提高服务档次，采取自筹资金、集资和引进外资等办法改建和新建了一批档次较高的宾馆饭店，如北京的王府饭店、京丰宾馆，深圳的三九大酒店、广州的三寓宾馆、华泰宾馆，长沙的华天宾馆，上海的兰天宾馆、天鹅信益宾馆，兰州的八一宾馆等。到1992年，军队共拥有半开放和全开放型的宾馆、招待所1 500多个，从业人员达7万多人，总营业收入达16亿元。

六、医疗服务

军队医疗服务，是指军队医疗卫生单位利用医务人才和医疗设备的优势，在做好为部队官兵防病治病的同时向社会开发，有偿地为军外人员提供各种医疗卫生服务的活动。其主要方式有以下四种：(1)军队医院实行门诊住院对外开放，直接收治社会上的各类伤病员；(2)军地协作，通过与地方医院联系，由地方介绍病人到部队医院就医；(3)组织医疗队，开放专科门诊和医疗服务站、点，对外医疗。仅1986—1992年，全军医院门诊治病人达1.5亿人次，收容住院750多万人次。第一军医大学附属南方医院的惠侨楼，专为港澳台同胞和海外华侨、国际友人进行健康检查和疾病治疗，1980年以来，先后给几十个国家和地区的数万人进行诊治，受到了海内外人士普遍的赞誉。

七、仓储服务

军队仓储服务，是指军队利用空闲的库房、货场、站台、铁路专用线及机械设备和设施，开发为地方单位存储物资、器材等有偿服务活动。其主要形式有：(1)代储物资；(2)开展运、装、卸一条龙服务；(3)为用户进行物资包装、简单装配，开发物资保养业务等。军队的仓储设施是按照战时需要建立起来的，具有容量大、分布广，机械化、自动化程度高等特点，军队精简整编后，出现了相当一部分暂时闲置的储存能力。80年代后期，军队仓库开始逐步向社会开放，开展了有偿代储业务。在代储中，一般遵循以下原则：(1)在保证战备训练等自身用房(地)的前提下和不泄露军事秘密的条件下进行；(2)储运的物资与自身所具备的储运条件相适应；(3)坚持安全第一的方针，确保物资与人身安全。通过开发代储业务，军队许多仓库已经改变了过去“存储靠上级安排，经费靠上级拨款”的运行模式，有些仓库已走上了经费自给有余，以库养库的发展道路。

在发展军队第三产业的过程中，军队坚持了以下原则：一是坚持为部队服务的方向。军办第三产业企业和单位的服务内容、服务方式、收益分配等都服从和服务于军队建设的需要，保证优先为部队官兵提供衣、食、住、行和文化娱乐等多方面的服务。二是严格遵守政府法令和军队规定，依法经营。军办第三产业在企业登记、劳动用工、收益分配等方面必须严格遵守国家和各级政府的产业政策及军队生产经营的有关规定，照章纳税。三是坚持社会效益与经济效益的统一。军办第三产业必须从社会需要出发，维护军政、军民团结，维护军队良好的形象。四是立足军队优势，发展第三产业。军办第三产业项目的确立，投资的多少都应从军队实际出发，突出发展条件具备、前景看好、效益明显的行业和项目。

从近几年的实践看，发展军办第三产业利国、利军、利民：

1. 它有力地支援了国家的经济建设。加快第三产业的发展，是现阶段我国建立社会主义市场经济体制，优化经济结构，提高经济现代化水平的重要途径和面临的主要任务之一。我军作为国家经济建设一支重要力量，通过发展军办第三产业，以军队自身人力、物力、财力参与市场竞争，不仅使军队占有的各种生产要素在社会主义市场经济的大环境中得到了较佳的配置和利用，而且为国家经济建设提供了各种急需的信息和服务，对于繁荣和稳定市场起到了积极的作用。军队第三产业的发展有力地支援了国家建设，国防科工委先后为攀枝花钢铁公司计算机管理系统第一期工程，广东茂名石油工业公司计算机管理系统，山西潞安矿务局指挥调度工程等国家重点项目提供技术服务，使比较先进的军用技术转为民用，收到了良好的社会效益和经济效益。

2. 军办第三产业促进了军队的全面建设。由于第三产业具有投资少、见效快、效益好等特点，军队对第三产业人力、物力和财力的适量投入，实现了经费最大限度的增值，较好地弥补了军费不足，缓解了军队建设中的供需矛盾。通过发展第三产业，还打破了军队后勤自我封闭状况，沟通了与社会的联系，加快了军队后勤保障社会化的进程，从而实现了军队后勤在整个社会中的合理分工，强化了军队后勤战时的保障功能，并实现了军队后勤机构的精干高效。在与地方第三产业企业的市场竞争中，军队后勤单位的服务质量也有了明显提高，较好地满足了广大官兵物质生活和精神生活多方面的需要。另外，军办第三产业较大的就业容量，也为军队安排家属子女就业提供了方便，从而解除了军队干部的后顾之忧，并减轻了地方政府和整个社会的就业压力。

3. 军办第三产业较好地方便了人民生活。由于军队的分布具有点多面广的特点，军队较为配套完善的运输、医疗、维修和文化娱乐机构与设施向社会开放，不仅充分发挥了和平时期这部分机构与设施相对过剩的服务保障功能，增加了部队收入，而且为人民生产和生活提供了极大的便利，尤其是在经济不发达地区，军办第三产业已经成为促进当地经济发展和保障人民生活的一支重要力量，对于密切军政、军民关系，推动社会主义物质文明和精神文明建设都起到了积极的作用。

根据国家产业政策和军队生产经营发展的现状，在今后一个时期内，军办第三产业要实行重点发展、倾斜起飞的发展战略。在大力挖掘军队潜力的基础上，重点发展那些投资少、收效快、效益好、就业容量大、与军队生活和人民群众生产、生活密切相关的房地产业、物资仓储业、医疗卫生业、居民服务业，以及对军队现代化建设和国家经济发展具有关键作用的科技教育业、信息咨询和广告业，同时要继续抓好交通、通信设施的开发和利用，力争实现军办第三产业快速、高效的发展。为此，在政策上要采取以下措施：

1. 充分调动各方面的积极性，放手发展第三产业。按照谁投资、谁受益的原则，鼓励军队企业、事业单位，在保证军事需要的前提下，经过批准可以资金、房地产、设备、技术、劳务等投资第三产业。有条件的单位要进一步向社会开放医疗、修理、运输、文化娱乐机构和设施，兴办那些投资少、见效快、直接为生产和生活服务的行业。提倡军队企、事业单位的离、退休人员在与原单位脱钩的前提下，从事经营活动，兴办经济实体。鼓励军队院校、科研机构兴办多种形式的科技咨询和服务企业，实行企业化经营。允许军队第三产业企业兼并关、停的工业企业和工业企业兼营转轨经营第三产业。

2. 以产业化为发展方向，建立灵活高效的经营机制。军办第三产业机构和单位都要向独立核算的经济实体转变，实行企业化经营，做到自主经营、自负盈亏。现有的大部分福利型、公益型第三产业单位，要按照对内搞好服务，对外放开经营的原则，创造条件向经营型转变，逐步减少行政事业费支出。要赋予第三产业企业在机构设置、劳动用工、投资决策等方面的自主权。按照国家的有关行业政策，放开大部分第三产业的价格和收费标准。同时，要打破军办第三产业各自为战，分散、多头经营的格局，组建跨地区、跨行业的第三产业企业集团，鼓励工商、工贸结合，增强军办第三产业的市场竞争力，积极推进国际化经营。

3. 广开资金来源和筹资渠道，增加对第三产业的投入。军队除了争取和用好国家用于支持第三产业发展的专项资金外，军队各级后勤部门要通过多种途径筹措建立第三产业发展基金，用于扶持军队重点行业和重点项目的发展。允许军办第三产业企业经过批准，以发行股票，债券等形式筹集发展资金，第三产业企业可以在执行国家法律和军队有关规定的前提下以留用资金、实物、工业产权和技术成果等向其他企业投资，可以购买和持有其他企业的股份。鼓励军办企业以更加灵活的方式吸收和引进军外、国外资金发展第三产业。

成都珠峰宾馆

成都珠峰宾馆系国家二星级旅游涉外饭店，是中国旅游饭店协会会员单位、四川省旅游协会常务理事单位。

宾馆位于成都市繁华商业中心——上西顺城街107号，占地面积共5 328平方米，总建筑面积20 300平方米。主楼16层，高62米。共有各式客房248间(套)，其中标准间200个，单间36个，豪华套房12个。宾馆内部装修考究，客房宽敞舒适，均有中央空调、闭路电视、程控电话、音响广播、消防烟感报警系统等设施。宾馆配套服务项目齐全，餐饮方面，有川菜餐厅、粤菜餐厅、西餐厅，可提供各种美食佳肴；娱乐方面，有摇滚舞厅、交谊舞厅、大小卡拉OK厅；商务方面，有购物中心、邮电通讯服务中心；宾馆还设有美容健身中心；此外，还可提供旅游、出租汽车、医疗、票务等一系列服务。

珠峰宾馆自1988年3月开业以来，各级管理人员继承和发扬了我军的优良传统和作风，艰苦创业、开拓进取、求实创新。由于中层以上管理人员部分是军队转业干部，多数过去连宾馆大门都没进过，现在转业经营管理一座现代化饭店，其难度是可想而知的。面对这种情况，总经理娄一民提出了尽快适应“三个转变”的要求，即：由军人向老百姓转变，由消费者向生产者转变，由外行向内行转变；并采取“走出去学，请进来教”等办法，强化经营管理知识的学习和经营意识的培养；同时根据宾馆的实际情况制定了一套较为完整的经营管理制度。宾馆一开业就吸引了大批的中外宾客，客房出租率达到了85%以上，“当年开业，当年赢利”，一时传为佳话。5年来，珠峰宾馆在挖掘内部潜力、拓宽经营领域、完善经营体制等方面下功夫，取得了较好的经济效益，共实现收益1 325万元，上交利税507万元。1992年被四川省人民政府评为“四川省十大宾馆”，按营业收入排位第六。

珠峰宾馆在抓经济效益的同时，把社会效益列为头等大事来抓。他们及时收集宾客对服务质量的反映，根据旅游管理部门的要求及时改进提高，受到宾客的欢迎。此外，他们主动加强与地方各级政府的联系，诚恳接受他们的领导监督，积极完成交给的各项任务，连年被省、市、区各级政府评为“先进单位”、“红旗单位”，树立了企业的良好形象。

为了保持宾馆的发展“后劲”，提高竞争实力，珠峰宾馆的决策者们十分注重设备设施的更新改造，几年来，先后利用固定资产折旧费等720万元，对客房、电梯、锅炉等进行更新改造，提高了宾馆的“硬件”水平，完善了配套服务项目。此外，还充分利用现有场地，引进资金1 500万元，进行多种方式的合资、合作、租赁经营。据权威部门测算，珠峰宾馆的固定资产已由原1 900万元增值为1亿元。

单位名称：成都珠峰宾馆
法　　人：娄一民
邮　　编：610015
地　　址：成都市顺城街
电　　话：662441

津塘储运中心

津塘储运中心位于天津市河东区津塘公路146号，创建于1984年9月，现有从业人员98人，法人代表、经理毛伯恒，党委书记宋孟军。

该中心自创建以来，坚持“艰苦创业、奋发拼博，开拓进取，智慧经营，系列服务，信誉取胜”的经营宗旨，经历了含辛茹苦的创业历程，走过了崎岖不平的发展道路，把昔日一片杂草丛生的荒草滩，逐步建设成为拥有26万平方米储存场地、3万多平方米库房面积，总储存能力为100万吨，年装运能力为40万吨的综合性储运经营基地。

目前，固定资产已达1 800万元，年营业额1 200万元，创利润575万元，人均获利5.9万元。9年来累计创利税3 800万元，为促进部队建设和支援国家经济建设做出了突出的贡献。曾多次被北京军区和天津市评为生产经营先进单位。经理毛伯恒同志被授予全军劳动模范称号。

9年来，津塘储运中心既有创业的艰难，也有收获的甘甜：既有守业的困苦，也有成功的自豪，在企业的创办、建设和发展过程中，体会最深的有三点：

（一）白手起家，艰苦创业。在创业初期，储运中心的全体人员依靠无私奉献、干一番大事业的拼搏精神，采取措施渡过了两大难关。一是“借兵打仗”，渡过了人员紧缺关；二是“借鸡下蛋”渡过了经费拮据关，运用滚动发展的办法做到了经营建设两不误。

（二）系列服务，信誉取胜。中心为了客户物资的安全，始终坚持主要领导昼夜值班，轮流查库查哨制度，为了客户存取货物方便，始终坚持每天24小时开门营业，提货进货，随到随办。经过津塘储运中心周转的货物有几千万吨，既有钢材、水泥、木材等紧俏物资，也有自行车、汽车、机械设备等贵重物品，从没发生过丢失损坏现象，也没多收过客户一分钱，真正是靠服务揽客，靠信誉挣钱。由于热情周到的服务，使与储运中心建立业务关系的客户由最初的几家发展到现在的几十家，有的已稳定了八、九年。“服务是企业的根本，信誉是企业的生命”在津塘储运中心得到了充分的体现。

（三）开拓进取，敢于竞争。中心的领导和全体干部，以社会主义市场经济的理论为指导，了解市场、掌握市场、捕捉信息，不断增强市场竞争意识和竞争能力：一是由客户找上门来转变为走出去寻找客户；二是充分利场地、库房、机械设备和铁路专用线的优势，能存则存，能运则运；三是采取薄利多存，薄利多运的方法，争取客户，稳定货源，以多取胜。由于津塘储运中心市场竞争意识强，能够利用优势，灵活经营，以变应变，在天津市同行业竞争激烈中才立足于不败之地，经济效益逐年提高，今年可望达到600万元。

津塘储运中心拥有700亩地皮的储运场地，紧靠津塘公路，是通往天津开发区、保税区和新港的咽喉要道，也是天津市今后开发的重要地段，地理条件十分优越，发展前景非常乐观，被外商称之为“风水宝地”。在邓小平同志视察南方重要讲话和党的十四大精神鼓舞下，津塘储运中心的全体同志，信心百倍地投入市场经济的大潮中，在发动群众、调查论证的基础上，制订出了1993年至2000年的7年发展规划：一是充分利用现有场地、库房、机械设备和铁路专用线的优势，继续开展储运业务；二是以储运业为依托，大力发展多种经营，尤其是抓好现有经营摊点的创收；三是广泛招商，吸引外资，兴办高科技工业项目；四是建综合服务楼、商厦或高级娱乐场所，提高土地的使用效益。津塘储运中心的经营指导方针是：坚持储、工、贸并举，实行全方位、多渠道综合开发经营，确保效益年年稳步提高。力争年创利递增幅度10—15%，到2000年创利翻1—1.5番，达到年创利1 000—1 500万元，为部队建设和支援国家经济建设做出更大的贡献。

单位名称：北京军区后勤部津塘储运中心
法人代表：毛伯恒
邮　　编：300182
地　　址：天津市河东区京唐公路146号
电　　话：413217：

广州天河大厦

广州天河大厦与全国著名的广州天河体育中心仅一路之隔，创建于1987年底。几年来，大厦以诚实、热情、有礼、优质的服务风格，赢得了国内外宾客和社会各界的赞誉，取得了较好的经济效益和社会效益，年利润以两位数的速度增长。1989年，在全国首批旅游涉外饭店评比中，率先跨入星级宾馆行业，多次接待国内、军内同行的考察和参观；多次被省、市评为优质服务、治安、计划生育、卫生、绿化等方面的先进单位，成为军队第三产业绽开在南国的一枝新花。

天河大厦建筑面积25 000多平方米，拥有客房135间，写字间160个，公寓50套，设有粤、鲁、川味餐厅6个，可同时接待近700名宾客就餐，客房有标准房、三人房和套房，有各类大小会议厅，装备有中央空调、自动电梯、国内外直拨程控电话、闭路电视，具有商务和商场、邮政、车船、机票、酒吧、卡拉OK舞厅、发廊等多项服务项目。这里环境优美，视野开阔，停车方便，交通便利，可通达市区各地。

天河大厦的优质服务、经济效益，在广州同档次、同类型宾馆饭店中均名列前茅。总结起来经验有以下几条：

1. 树立天河精神。天河大厦是在国家经济紧张，军队经费不足的前提下办起来的企业。开业初期，就以军队严格的管理，严明的纪律和地方的经营管理经验为借鉴，把培养员工的创业精神和主人翁意识当作首要任务。一开始就提出了“团结协作，勇于开拓，勤奋学习，克已奉献，谨慎谦虚，勤俭办企”的企业精神。几年来，就是用这种精神教育全体员工去完成自己的工作任务。使全体员工明确服务的目的，认清客人、大厦、员工三者之间的关系，把自己的切身利益同大厦的效益紧密结合在一起。通过开展评选微笑服务优秀员工、岗位练兵比赛、晋升技术等级来提高全体员工的服务质量和技巧，使整个大厦的服务质量不断提高，声誉逐步上升。

2. 培养天河职业道德。天河大厦始终把提高员工的职业道德当作大事来抓。让大家牢牢记住“诚实、热情、有礼、优质”的服务风格。不论是港、澳、台同胞、外宾，还是国内普通客人，不以衣貌、肤色取人，都一视同仁。1992年春第三届全国残疾人运动会在广州天河体育中心召开，部分运动员和大多数记者入住大厦期间，服务员细致热情的服务赢得了他们的称赞。各层次管理人员注重做好思想工作。对出现的问题，不是单纯的扣奖金，而是进行教育帮助；对做出成绩的员工，除给予奖励外，还利用会议、墙报等形式宣扬他们的事迹，以鼓励本人，启发大家。在生活上，尽量关心照顾，真正让员工体会到大厦的温暖，把自己的利益自觉地与大厦的利益联系在一起，增强了天河的凝聚力。

3. 塑造天河素质。天河大厦十分注重人才队伍建设，多年来采取送学、请专家施教和岗前培训等方式，提高大厦的管理水平和职工素质。为了方便客人，他们发挥大家的聪明才智，开展多种特色服务和文明服务。餐厅不仅有几百元的宴席，也有几元钱的粤、鲁、川风味小吃。客房除免费为宾客擦皮鞋、补衣服、邮信外，还代办有长话、电汇、传真，代购车、船、机票，客人偶染小疾，能马上给予治疗。宾客遗留物品、现金和金饰时，大厦都千方百计找到失主。几年来，仅拾到现金就达20多万元，相机、手表、金银手饰等物品价值10万元。对那些丑恶现象，大厦历来都给予坚决抵制，维护了宾客的利益和大厦的声誉。

天河大厦的服务宗旨是：宾客至上，信誉第一，文明礼貌，优质服务。在市场经济形势下，大厦将抓住机遇，发扬成绩，争取更大进步。在天河大厦附近即将矗起一座建筑面积万余平方米、高51层具有四星级涉外饭店水准的现代建筑，为1997年香港回归祖国献上一份厚礼。

单位名称：广州天河在厦
总 经 理：赤玉乾
地　　址：广州市天河体育西路
电　　话：5515195
传　　真：5515041
邮政编码：510620

环　境　与　发　展

张 红 军

一、环境与发展——全球社会的新热点

环境问题是一个古老的问题，发展问题也是一个古老的问题，而把环境与发展作为一个统一的整体，则是近些年的事情。

在漫长的原始社会、奴隶社会和封建社会，人类生产活动的强度和范围还相对较小，对环境的影响也仅限于局部地区，环境问题还没有成为社会经济发展中的关键问题。但是从产业革命开始，环境污染问题就如洪水猛兽冲向了毫无思想准备的人类。随着煤炭、化工、石油、冶炼等重工业的迅速发展，环境污染日益蔓延。到本世纪 30 年代，世界闻名的“八大公害”事件开始相继出现。面对这种情况，世界各国政府和人民认识到，环境问题作为一个严峻的社会问题已经摆到了每个人的面前，人类必须把保护和改善自身的环境做为世界各国共同的目标。1972 年 6 月 5 日，联合国人类环境会议在瑞典的斯德哥尔摩召开，会议发布的《人类环境宣言》强调指出：“保护和改善人类环境是关系到全世界各国人民的幸福和经济发展的重要问题，也是全世界各国人民的迫切希望和各国政府的共同责任。”这次会议之后，世界上许多国家都把环境保护切实摆上议事日程，不断增加环境保护投资，制定各种严格的法律条例，大力开展环境科学研究，积极发展清洁工艺技术，使环境面貌得到了很大改观。进入 80 年代中期以来，世界环境问题有了新变化，从世界范围来看，环境污染和生态破坏问题并没有得到根本解决，而且打破了区域和国家的界限从局部地域的问题演变成全球性的问题，暂时性的问题相互影响演变成长远性的问题，潜在性的问题进一步发展演变成现实性的问题，新的全球性的环境问题不断出现。全球性的气候变暖、臭氧层的破坏、生物多样性的锐减、有毒化学品的越境转移、重大的恶性环境污染事故都给人类的生存和发展带来了巨大的威胁。在这种情况下，人们越来越深刻地认识到，脱离开社会经济发展来单纯地解决环境问题是行不通的，对此人们形成一种共识，即：环境问题是在社会经济发展的过程中产生的，解决环境问题也必须在社会经济发展的过程中完成，环境与发展是相互影响和密不可分的矛盾统一体。80 年代中后期，在综合考虑环境与发展的基本思路下，持续发展的战略逐渐流行开来。所谓持续发展是指既满足当代人的需要，又不对后代人满足其需要的能力构成危害。持续发展的战略把环境和经济联系起来提出政策和措施，对环境和经济提出了更高层次的要求，是人类面对错综复杂的环境与发展问题而采取的唯一正确的选择。

在持续发展的战略指导下，世界各国开始在环境与发展这一暂新的领域探索具体可行的政策和措施，着手在我们生存的星球上建立一种新的文明。不论从哲学和伦理的理论框架上，还是在开发与建设的具体实践中，持续发展的思想正在成为人们的共同认识和一致行动，这也是环境与发展——这一全球社会新热点的最高层次的集中体现。

二、联合国环发大会与中国的后续行动

1992 年 6 月 3 日至 14 日，联合国环境与发展大会在巴西的里约热内卢举行。180 多个国家派代表团出席了会议，102 位国家元首或政府首脑亲自与会并讲话。会议通过了《里约环境与发展宣言》和《21 世纪议程》两个纲领性文件和“关于森林问题的原则声明”。会议期间，已经过长期谈判而达成基本一致的《气候变化框架公约》和《生物多样性公约》进行开放签字，有 154 个国家分别在这两个公约上签了字。我国国务院总理李鹏率团与会，在大会首脑会议上发表了重要讲话，并在安理会 5 个常任理事国中率先签署了两个公约。这次会议是继 1972 年联合国人类环境大会之后举行的一次讨论世界环境与发展问题的筹备时间最长、规模最大、与会级别最高、影响极为深远的历史性会议。

联合国环境与发展大会是在全球环境持续恶化、发展问题更趋严峻的情况下召开的。自1972年联合国第一次人类环境会议以来，尽管一些工业化国家环境污染防治取得了重大进展，但区域性和全球性环境问题仍日趋严重，大气污染加剧，酸雨范围扩大，淡水资源短缺，水土流失和沙漠扩展，森林资源锐减，野生动植物减少，臭氧层耗损，危险废物扩散，全球气候变暖，都给人类生存与发展构成了现实的威胁，特别是使发展中国家处于贫穷和环境恶化的双重困境。在这种背景下，1989年第44届联大通过了44/228号决议，决定于1992年召开一次联合国环境发展大会。在会议筹备和里约会议期间，政府、民间组织和新闻媒介广泛参与，会议取得了多方面的积极成果。

《里约环境与发展宣言》是指导未来较长时期内国际社会在环境与发展领域内合作的基本文件，包含了“国家主权”、“发展权”、“环境保护与经济发展不可分割”、“发展中国家的特殊情况和需要应优先考虑”、“消除贫困是保护环境的重要基础”等环境与发展领域的基本原则。宣言强调环境保护应作为社会经济发展进程不可缺少的组成部分，对环境与发展进行综合决策，对于世界各国都具有现实的指导意义。

《21世纪议程》是在全球、区域和其它范围内实现持续发展的行动纲领，涉及到国民经济和社会发展的各个领域，其核心是要求世界各国为保护环境而加强研究、规划和行动。议程中关于贫困问题、人口问题、健康问题、人居问题以及各种环境和资源问题的行动议程，为全球环境与发展的各个领域描绘了未来的方向。

《生物多样性公约》是在联合国环境规划署推动下制定的旨在保护和合理利用生物资源的法律文件。《公约》由序言、42个条款和两个附件组成，为缔约国规定了一定的保护义务，同时也规定向发展中国家提供其履行公约义务必需的资金与技术。公约在技术转让、生物资源提供国应分享商业开发利润等方面的条款对发展中国家较为有利，是一项有利于全球生物资源保护并兼顾各方利益平衡的文件。

《气候变化框架公约》是联合国大会设立的“气候变化框架公约政府间谈判委员会”用一年多时间艰苦谈判的结果，其目标是限制导致气候变化的来自人类活动的温室气体排放。在公约谈判过程中，尽管各方利益和立场大相径庭，公约未明确规定限制二氧化碳的指标，但仍迈出了应付全球气候变化的第一步，世界各国普遍对此持积极和欢迎的态度。

《关于森林问题的原则声明》旨在为各国保护和利用森林资源、减少或消除关税壁垒、改善林产品贸易条件提供指导原则。声明强调各国有按其环境政策开发森林资源的主权，承认各国的发展权，决定向发展中国家提供新的、额外的资金和优惠的技术转让。这件非法律声明得到了发展中国家的普遍认同，大多数发达国家也认为这个声明具有积极的意义。

联合国环境与发展大会之后，中国对环境与发展问题更加重视，以认真负责的态度履行中国的国际义务和环发大会的各项原则和要求。在联合国环境与发展大会结束不久，中共中央办公厅和国务院办公厅经党中央和国务院批准，转发了外交部和国家环境保护局关于出席联合国环发大会情况及有关对策建议的报告。在这个报告中，根据环发大会的原则和精神，结合中国的具体情况，提出了中国在环境与发展领域的十大对策，即：实行持续发展战略；采取有效措施，防治工业污染；深入开展城市环境综合整治，认真治理城市“四害”；提高能源利用效率，改善能源结构；推广生态农业，坚持不懈地植树造林，切实加强生物多样性的保护；大力推进科技进步，加强环境科学研究，积极发展环保产业；运用经济手段保护环境；加强环境教育，不断提高全民族的环境意识；健全环境法制，强化环境管理；参照环发大会精神，制定我国行动计划。这十大对策，是我国20多年环境与发展事业历史经验的总结，是在社会主义市场经济形势下环境与社会经济协调发展的战略，也是联合国环发大会之后中国后续行动中最基础、最重要的体现，其核心内容主要有：

一是要转变传统发展战略，走持续发展的道路。进入80年代以来，中国的社会经济发展战略开始发生重大转变，集中表现为由以大量消耗资源和粗放经营为特征的传统发展模式向社会经济各方面协调、稳定、持续发展的模式转变。但是，这种转变是一个漫长的过程，需要生产模式、生活模式和思维模式都发生根本的变革。我国发展战略的转变还处于起步阶段，传统的发展战略仍占有很大位置，这种情况不仅会造成对环境的极大损害，而且使发展本身难以持久。因此，转变发展战略，走持续发展的道路，是加速发展经济，解决环境问题的根本措施和正确选择。为此，十大对策中强调，必须继续坚持“经济建设、城乡建设、环境建设同步规划、同步实施、同步发展”的指导方针；各级人民政府和有关部门在制定和实施发展战略时，要编制环境保护规划，切实将环境保护目标和措施纳入国民经济和社会发展中长期规划和年度计划，并将有关的污染防治费用纳入各级政府预算，确保其实施；在产业结构调整中，要严格执行产业政策，淘汰那些能源消耗高、资源浪费大、污染严重的工艺、装备和产品；在项目建设中，必须严格按法律规定，先评价，后建设；在考核各地经济工作和干部政绩时，不但要看发展速度和经济效益，而且要考核社会效益和环境效益。

二是要继续把防治工业污染和城市环境综合整治作为环保工作的重点。我国的环境问题带有明显的工业化初期的特征，特别是在人口稠密、工业集中的城市，环境问题最为明显。在工业污染防治方面，要提高技术起点，尽量采用能耗小、污染物排放量少的清洁工艺；要根据环境承载能力，合理布局，实行资源优化配置；各级政府主管部门在审批项目时要严格把关，凡是采用落后工艺、布局不当、污染环境的工业项目，一律不得批准建设；要提倡区域综合治理和集中控制，提高规模效益；要坚持引导和限制相结合的原则，积极防治乡镇企业污染，严禁对资源的乱采滥挖；大力开展综合利用，最大限度地实现“三废”资源化；在转换企业经营机制的过程中，要明确企业治理污染的责任，坚持“污染者付费”的原则，不允许企业向社会转嫁污染来换取自身的高效益。在城市环境综合整治方面，要努力治理烟尘污染，普及工业与民用型煤，限制原煤散烧，大力推行集中供热和联片采暖；对城市污水要逐步实行清污分流、污水截流和集中处理，并尽可能回收利用。广泛开展固体废物、生活垃圾综合利用和无害处理，尽快改变垃圾围城的状况；新区建设和老城改造，应把集中供热、燃气、园林绿化、垃圾和污水处理等统一规划，配套建设。

三是要强化政府在环境管理上的职能，更好地运用经济手段保护环境。在经济体制改革和政府机构改革中，政府在环境管理方面的职能不但不能削弱，而且还应加强。为此，要按照社会主义市场经济体制的要求，进一步完善环境保护法律体系，同时执行更严格的法规和标准。要更多地利用经济手段保护环境，消除经济运行过程中的不利于环境的因素。

三、环发问题的国际合作与对中国的影响

随着环境与发展问题越来越为人们广泛认识，环发领域的国际合作越来越为人们广泛认识，环发领域的国际合作也越来越多。中国以积极、认真、负责的态度，参加了保护地球生态环境的国际努力。中国目前已参加并签署的主要国际公约包括：《控制危险废物越境转移的巴塞尔公约》、《保护臭氧层维也纳公约》、《关于消耗臭氧层物质的蒙特利尔议定书》以及《生物多样性公约》和《气候变化框架公约》。参加这些公约，表明了中国对环境保护十分重视的原则立场，同时也承担了更多的国际义务，对国内的社会经济发展和环境保护都提出了更高的要求。特别是《气候变化框架公约》中有关限制二氧化碳排放的原则，对我国能源乃至整个国家的经济发展都可能产生较大影响，对此我们应该早做准备。

（作者单位：　国家环保局法规司）

培育体育市场，加快体育产业化进程

张发强　李正梅

一

建立社会主义市场经济体制，是我国经济体制改革的目标，这是一场深刻的社会变革。它不仅要改变我国经济运作方式，而且势必影响体育领域，使我国体育面临许多前所未有的新情况和新问题。

发展社会主义市场经济，建立社会主义市场经济新体制，对发展体育事业来说，既提供了机遇，又面临着挑战。党的十一届三中全会以来，特别是近年来，伴随着社会主义市场经济的发展和人民生活水平的提高，体育逐步面向社会，许多深受群众喜爱的体育活动更加普及，一些过去不常见、消费层次较高的体育项目也开始进入生活领域，体育作为一种健康投资和高雅的休闲、娱乐方式以及联结社会、经济的桥梁，逐渐被越来越多的人所接受。各级体委领导把握机遇，转变观念，大胆探索，真抓实干，努力发展体育产业，增强了体育的自我“造血功能”，14年共创收16亿多元，经营范围从初期的体育场馆门票收入，场地出租，开办体育服装器材商店，体育招待所（宾馆）发展到现在的“以体为主，多业补体”的经营格局。其特点是：(1)开发体育本身价值，兴办各种体育经营性俱乐部、健康城和商业性竞赛表演，如广州办的希尔顿体育俱乐部和美特体育俱乐部，北京、陕西、湖北办的体育健康城；(2)利用体育的优势，兴办与经济、教育、文化、科技、卫生相关的产业，如体育咨询、培训信息、旅游、广告、艺术等；(3)利用体育国际交往广、知名度高的特点同社会、企业联姻，开展体育赞助、体育集资，发行体育奖券等；(4)利用现有的体育场地设施兴办农、工、商、贸为一体的综合性产业也都取得了较好的效果。体育市场的拓展和发育，在社会主义精神文明建设中发挥了积极的作用。把竞争机制引入了体育领域，为体育事业增加了后劲和活力；拓宽了人民群众的消费领域，满足了人民群众对体育日益增长的需求，促进了经济建设，扩大了开放；加强了区域间、国际间的体育交往获得了较好的社会效益和经济效益。但是，目前我国体育产业化程度不高，体育市场仅处于形成和发育阶段，体育自身的潜力与优势没能充分发掘出来，缺乏优惠政策和强有力的组织、行政措施，在很大程度上影响和制约体育产业的迅速发展。

在深化体育改革中，体育要坚持两条腿走路的方针，随着社会经济的发展，综合国力的增强，在国家不断增加对体育投入的同时，体育应积极进入市场，大力发展各类体育专业市场和与体育相融合的市场。以产业化为方向，发展体育事业，通过体育体制改革和运行机制的转换，改变计划经济体制下由国家统一配置资源的方式，建立起自觉运用价值规律、供求规律和竞争规律合理配置资源的方式，争取用10年或更多时间建立起与社会主义市场经济相适应、符合现代体育运动规律、布局合理、门类齐全的体育市场体系，并初步形成多种所有制形式并存、产业结构合理的社会化体育服务体系。

二

（一）培育和发展各类体育市场

——大力开拓体育健身娱乐市场。积极引导和鼓励社会各行各业兴办各类健身娱乐俱乐部，适当发展高档次俱乐部，为群众开展体育活动提供场地、设施和技术辅导等各种优质服务，以满足消费者对健身娱乐不同层次的需求。在经营上，发挥民族传统体育与现代体育的优势，并积极引进国外趣味性强的健身娱乐项目与设施。

——积极开发体育竞赛表演市场。要结合体育竞赛制度的改革和群众观赏高水平竞赛的需求，积极引导和规范体育竞赛的经营活动，鼓励各界承办国内外高水平体育竞赛和表演。建立各种体育竞赛服务经济实体和体育经纪人制度。

——加快培育体育训练服务市场。业余训练和专业训练都要根据条件和可能，逐步扩大有偿训练和有偿转让。并建立相应服务机构，为运动人才的有偿输送、交流和转会提供综合服务，以实现高水平运动人才的优化配置。

——积极扩大体育技术信息市场。大力发展体育技术中介服务和信息咨询业，利用市场机制，促进体育高科技产品的开发，推进体育技术成果转让和应用。提高体育信息资源使用效率和效益。

——发展体育用品市场和其它各类市场。要全面发展与体育密切相关的体育用品、广告、赞助、彩票、旅游和体育康复、医疗、艺术、图书、刊物、音像制品等市场，以促进体育产业的发展，满足人民群众物质文化生活的需要。

为抓住当前有利时机，促进体育市场的发展，国家体委拟在北京市崇文区规划和建设一座高水平的、以体育为主要特色、具有综合服务功能的体育市场——中国体育城（固定市场），占地约2.5平方公里。使之成为展示中国体育成就的窗口，联结世界体育的桥梁。初步构想，主要由5大功能区组成，即：1. 体育高科技开发区：承担国家高水平运动队的训练、竞赛和体育科学技术交流、技术指导，运动医学方面的综合研究和治疗；2. 体育健身娱乐区：为国内外消费者提供体育健身、康复、娱乐等全方位综合性服务；3. 体育新闻出版和体育信息经营区：承担国内外体育新闻宣传报道，出版经营体育图书、刊物、音像制品，提供体育咨询、信息服务；4. 体育商贸开发区：为国内外消费者提供高、中、低档体育用品；5. 综合服务区：为国家体委机关和体育团体提供办公场所，开展体育彩票、广告、保险、金融和体育劳务进出口业务。

国家体委从1993年开始每年轮流在大城市举办一次中国体育用品博览会（流动市场），为国内外体育用品生产厂家提供展示和交易产品的机会，促进体育用品市场的开发和建设。同时，要重视开拓新体育市场，不断扩大市场规模，提高市场质量，做到市场系列多层次、配套化、综合化。在市场发展上，不断拓宽渠道，鼓励国家、集体、个体、独资、合资等多种所有制参与竞争，扩大对外贸易，走向国际体育市场。

（二）规范市场行为

体育行政部门要积极主动地制定体育市场的管理法规体系，做到宏观管住，微观放活，使体育产业健康、顺利发展。

建立体育市场管理机构和经纪人机构，制定体育行业的开业标准和从业条件，颁布与体育有关的体育产品的质量标准，对业务经营活动进行必要的监督。

三

以改革现有的体育体制和转换运行机制为契机，推进体育事业单位逐步向企业化过渡，让其在市场中求得生存和发展，使体育组织从行政型向社会型转变，体育事业从福利型向消费型转变，体育设施从事业型向经营型转变，体育工作从人治向法制转变，从而实现体育的生活化、普遍化、科学化、社会化、产业化。

——运动协会向事业实体转变，广开经费来源渠道，有条件的协会应成立经济实体，逐步扩大创收部分的比重，真正做到国家办与社会办相结合。足球、拳击、网球等有条件或条件较具备的项目应加大改革力度，积极创造条件，向职业化过渡。

——体育场馆和大部分体育事业单位应继续坚持“以体育为主，多种经营”的方针，扩大对外服务，加速由事业型向经营型转变，逐步做到自收自支、企业化经营。

——体育院校和科研单位，应充分发挥自身优势，拓宽社会服务领域，增加代培生和自费生的招收名额，对人才培训、技术咨询、科技开发和成果转让，实行有偿服务，兴办经济实体，开辟多种经费来源渠道。

——各级体委机关和所属单位的后勤服务设施，在搞好对内服务的同时，应向社会开放，有条件的可以发展成为经济实体，实行企业化经营。

四

加快体育产业化进程，是90年代体育改革的战略任务，各级体育部门要紧紧抓住当前有利时机，进一步解放思想，大胆开拓，敢为天下先，采取切实可行的突破性措施，为其创造条件。

——要支持“国家、集体、个人一起上”的方针和“谁投资，谁受益”的原则，打破部门、地区和所有制界限，广泛动员社会各个方面的力量，大胆引进外资和吸引社会闲散资金，鼓励企事业单位和个人积极投资兴办经营性的体育设施和体育活动网点。

——对于实体化的协会和实行企业化管理的单位要逐步扩大业务活动和经营活动的自主权。在宏观调控下，鼓励用经营的方式办竞赛。允许实体化协会按照自身的规律举办经营性的高水平竞赛表演，提高竞赛的社会效益和经济效益。

——建立运动员、教练员人才市场，搞活人才交流。逐步实行教练员聘任制和对运动员实行有偿培训和转让。

——在国家政策允许的范围内，赋予实体化的单位一定的工资、奖金分配权，经费支配权和国际体育交流权。

——机关简政放权后，要制定优惠政策，鼓励那些敢想、敢闯、有经济头脑和有实干精神的同志去开发体育产业。同时支持待聘和退下来的教练员、退役运动员和科研人员从事体育产业开发。鼓励组建各种所有制形式的体育中介服务机构，为群众提供健身、咨询、康复等专业技术服务。

——体育设施的建设是发展体育事业和开发体育产业的基础条件，各级政府要把体育场地设施建设的投资列入地方社会经济发展规划和城市建设规划，提倡建设多功能、多样化、适合群众活动和体育产业开发的中、小型体育设施。严禁利用开发体育产业为借口，变相侵占各类能活动的体育场地设施，已被侵占的要采取有效措施尽快恢复和重建。

——调查体育产业现状，研究制定体育产业统计指标体系，为发展体育产业统筹规划、宏观调控提供依据。

——清理、修改、完善现有的政策法规，加快制定新法规，确保体育产业沿着法制轨道健康发展。

五

体育作为社会主义精神文明建设的重要组成部分，应始终把提高社会效益和经济效益放在同等地位，在过渡阶段，要根据人民群众消费水平的承受能力和体育意识等因素，强调为社会、为人民服务；同时，也要讲求经济效益，考核体育产业的发展速度、资金积累、国有资产增殖等，使二者有机地结合起来。

——在新旧体制交替过程中，要处理好短期效益与长期效益的关系。切忌短期行为，既要考虑到适应市场经济体制，又要按照体育运动规律办事，保证体育训练工作的连续性和输送周期性。

——要把握体育产业的收益与分配之间的关系。发展体育产业的效益主要用于发展体育事业。在分配上要做到兼顾国家、集体、个人三者利益，要防止在分配上“亏了国家和集体，最后肥了自己”的倾向，也要避免“只求体育发展，个人利益都不管”的倾向。在分配比例上，应遵循多收益多留成，多劳多得的原则。既要保证使体育产业收益主要用在发展体育事业上，又要使职工得到合理报酬。对于在发展体育产业中做出突出贡献的单位和个人，应给予表彰和奖励，要名正言顺地去奖。以保护和调动职工发展体育产业的积极性。

（作者单位：国家体委计财司）

文 化 市 场

上海市文化产业情况概述

上海市文化局经营管理处

党的十一届三中全会以来，随着改革开放的深入，上海文化产业有了很大的发展。特别是1992年以来，在邓小平同志南巡重要讲话和党的十四大精神指引下，在各级政府，各级财政部门以及各有关方面的领导关心和支持下，上海市文化系统的干部，职工适应改革开放的潮流，更新观念，努力开拓，在文化产业经营和文化事业发展方面迈出了可喜的一步，取得了良好的经济效益和社会效益。上海市文化产业的经营开发是从1979年全市文化系统在南汇新场乡召开"上海农村文化工作现场会"，推广该乡文化馆创办"亦工亦艺"农村文艺工厂的经验开始的。综观上海市文化产业15年来发展的历程，大致可分为3个阶段。

第一阶段：1979年至1987年，上海市文化系统由传统的无偿服务向部份的有偿服务转变，即本身业务延伸，自力补文的阶段。在这一阶段，郊县文艺工厂发展很快，各文化事业单位充分利用自己的业务条件，扩大有偿服务，各项"以文补文"的活动广泛开展。据1987年的不完全统计，全市市、区、县所属192个全民文化事业单位有124个开展"以文补文"活动，占64.6%，覆盖面涉及剧团、剧场、图书馆、美术馆、艺校等。一年净收入1 141.3万元，其中810.4万元用于补文，占净收入的71%。

第二阶段：从1988年至1991年，是上海市文化产业全面发展的阶段，"以文补文"活动迅速展开。在文化部、财政部1988年第一次联合召开"全国文化事业单位以文补文经验交流会"的推动下，我们进一步解放思想，利用自身优势办经济实体，使"以文补文，多业助文"工作，由局部向全面，由一般向深层次稳步发展，到1991年，全市文化事业机构217个，开展各类经营项目457个，其中包括文化娱乐、演出公司、音像出版、综合经营、餐饮、图书文献信息等项目内容。而且经营实体的规模不断扩大，注册资产从几万，10万元发展或拥有资产几十万，几百万甚至上千万元的中外合资、合作联营、承包管理等多层次、多类型的文化娱乐中心、公司、酒店、俱乐部等组成的经营实体群，造就了一支善经营懂管理的文化经营管理队伍。至1992年底，全市文化系统文化经营的纯收入达4 458.3万元，其中用于补文的为4 103.4万元，占纯收入的92%，是1987年补文数810万元的5倍多。从1987年到1992年底，直接用于补文数，累计达15.546万元人民币，从1987年到1991年的5年中，国家预算拨款平均增长速度9.7%，以文补文数在5年中的平均增长速度超过5%。

第三阶段：从1992年以来，在邓小平同志南巡重要讲话和十四大精神鼓舞下，进一步解放思想，更新观念，出新思路，作大手笔，完善管理制度，使文化产业的经营开发活动又上新台阶，开始出现一批初具规模的管理水平较高、经济效益较好、有一定实力和竞争力的跨地区、跨行当、跨部门联营、合营文化企业。如原上海县文化局所属上海宏华实业公司成立以后，建立了第一家挂靠在县房地产公司下的"上海县房地产总公司文化系统开发部"，成立半年来，为县引进外资近10个亿，实现房地产开发利润上千万元。又如浦东新区龚路影剧院在乡政府的人力支持下，组成了由文化站、广播站、影剧院为一体的上海新潮文化旅游发展公司，将原工艺品厂，建材供应站、综合商店、饮食店、皮件厂、修配厂、电脑器材厂等归属于公司，参与市场竞争。如上海市文化局通过了一年的努力，积极吸引外资，在原有4家中外合资公司的基础上，今年6月份又有中外合资夜巴黎娱乐总会，上海南梦宫有限公司，上海好运娱乐城，上海开乐娱乐有限公司，汇艺文化物业咨询有限公司，文泰快速彩印公司等一批合资企业开张。

文化产业的发展促进了上海文化事业单位进入良性循环，增强了自给力和造血功能，涌现了一些自负盈亏，自主经营的文化经营实体。继文艺表演团体体制改革以后，市文化局还将上海美术馆和上海油雕院由原来的差额单位转为自收自支单位管理。虹口区曲阳文化馆领导在认真分析馆的现状后，决定实行自收自支、自主经营、自负盈亏和全员劳动岗位合同制的“三自一全”办法，与虹口区文化局签订了全面承包文化馆的协议，从而成为全市第一家“不吃皇粮返公粮”的文化事业单位，为深入改革文化馆内部的管理体制，探索自我发展道路拉开了序幕。

本市文化产业的发展给了文化事业有力的促进，繁荣了文化事业和文化市场。几年来我们通过文化经营和积累资金，改善文化事业的硬件设施，确保演出功能的提高。一批老字号剧场如兰心剧场，上海音乐厅，中国大戏院等剧场在换血改造中获得新生。改建后的上海音乐厅恢复了初建时的金碧辉煌和高雅华丽的风采；改建后的兰心剧场从一个表面千疮百孔，内部设备陈旧老剧场改造成了高档次，外向型，多功能的新型剧场。中国大戏院经过两年多的改造，升高了舞台，更新了剧场设施，变得舒适、豪华，可适应各种演出。如黄浦区西藏书场利用地理位置优势，临时性停业经商出租柜台，从1987年至1992年租柜收入累计达1 200万元，利润900万元，不仅为剧场自身改造筹措了资金，还拿出200万元帮助舞台完成大修改建任务。全市剧场总投资433.5万元，用于剧场硬件设施改造293.5万元。通过改建提高了剧场经营档次，为剧场演出，为观众看戏创造了一个良好环境，又收到了良好的经济效益和社会效益。几年来，还通过文化经营积累资金，积极支持出人出戏，努力发展各类文化事业。上海市演出公司自1989年至1991年共创利928万元，演出场次4 003场，他们积极支持和资助优秀节目演出，积极参与和出资主办，大型演出活动。虹口区文化局近3年除对较大项目集中投资外，每年补助虹口区越剧团近30万元，支持3个街道新建文化站上等级，服务补贴5万元，并以必要的经费支持新剧目上演。上海市文化局对于两年一度的上海艺术节，徐江区文化局，南汇县文化局，南市区文化局，黄浦区文化局对一年一度的“桂花节”，“龙华庙会”，“桃花节”，“元宵灯会”，“黄浦区旅游节”等活动，都大力支持，投入相当资金。静安区投资150万元改建区少儿图书馆新馆，去年9月，以优良的设备，优质的服务向广大少年儿童提供一个良好的校外教育阵地，被兄弟省市与市有关部门称为全国一流的区少儿图书馆。

综上所述，有力地证明了市场机制给上海市文化产业带来了巨大的推动力，文化经营已成为繁荣文化事业不可缺少的重要组成部份。“以文补文，多业助文”，发展文化产业，绝不是单纯为了解决眼前文化经费不足的权宜之计，而是培育、发展、繁荣文化市场，深化文化体制改革，发展文化事业的必经之路。文化产业的发展由点到面，是一个从单一经营向规模经营、集约经营，由初级到高级的发展变化的过程，是不断解放思想，破除旧的思想观念和陈规陋习的过程。文化事业单位要在社会主义市场经济大环境中求生存、求发展，求繁荣，必须破除完全依赖国家的“等、靠、要”的思想，改变国包国办型的文化发展模式，逐步向经营型、企业型、市场化、社会化的方向发展。

上海经济的腾飞，必然带来文化的繁荣。我们要继续解放思想，奋力开拓，把握机遇，加快步伐，为繁荣发展上海的文化艺术事业，满足人民群众日益增长的文化需要，把上海建设成为具有社会主义高度物质文明和高度精神文明的国际大城市作出应有的贡献。

出版业经济政策研究

吴江江 邬书林 朱福铮 孟东

一、出版业的性质和完善经济政策的意义

出版业是以物质生产为载体，以传播知识与信息为目的的文化工作和经济工作，相当多的出版物还具有意识形态的性质。出版业既是社会主义精神文明建设的重要方面，也是国民经济的重要部门。出版物是发展经济、政治、科学、教育和文化，提高全民族素质的重要条件之一，是宣传党和国家方针政策，进行思想教育工作的重要媒介。出版业主要包括出版（编辑工作）、印刷（包括印刷物资）、发行3大部分，其产品有图书、报纸、期刊、音像制品和电子出版物等形式。

一个国家的出版业发展水平，是反映该国经济、政治、科学、文化和教育发展水平的重要标志。联合国教科文组织在1980年初，曾组织50名知名专家学者专门研究书刊印刷和出版业对经济、教育、科学、文化的影响。这项为期3年的研究工作得出如下结论：一国书刊印刷业的水平，是该国经济、科学、教育、文化发展水平的标志；印刷业的发展与国民经济的发展之间有很高的相关关系（其相关系数为0.9）；印刷业的发展对国民经济的发展有巨大的促进作用，印刷是以较小的投入换取巨大的社会价值的产业。这份报告在比较了世界上180个国家与地区情况后认为，世界上经济、科学、教育、文化发达的国家一般都重视书刊印刷和出版业的发展，并注意用优惠的经济政策刺激其发展，而经济和文化落后的国家，一般都忽视书刊印刷和出版业的发展。

二、出版业存在的问题

我国出版业发展过程中存在的主要问题表现在以下几个方面：

1. 出版业的发展还不适应社会主义精神文明建设的需要。1981～1990年10年间，全国出版总印张以平均每年2.2%的速度增长，其中“六五”期间平均每年增长8.5%。由于书报刊价格大幅度调整，“七五”期间全国出版总印张平均每年递减3.7%，“八五”计划的头两年，递减趋势得到控制，发展速度逐步回升。

“七五”后期全国人均占有报纸、杂志、图书的数量呈递减趋势，与人口增长成反比。由于逐步减少和取消了对大部分报纸杂志的补贴，很多报纸和杂志尤其是科技报刊经费严重不足，处于难于维持的状态。

2. 出书难的矛盾没有得到很好解决。一批代表我国先进水平的学术著作和专业图书以及代表我国民族文化发展水平的文化典籍由于亏损严重，而无法出版。为维持经营，一些出版高层次学术著作的出版社不得不出一些中低层次的盈利书；有的甚至突破专业分工范围出“畅销书”。

3. 图书发行环节不畅通，已严重制约了出版业的发展。新华书店是我国图书发行的主渠道，新华书店的发行网点基本上是解放初期建成的，建筑老化、设备陈旧、年久失修，全国城镇发行网点约有30 000处急需更新改造，占网点总数的30%。在老少边穷地区，问题更为严重。一些农村供销社相继取消了图书销售的业务，1991年农村供销社售书点比1985年减少了1.5万处。大多数新华书店仅有微利，且流动资金短缺造成经营困难。

4. 现行报刊发行体制已不适应现代化报刊发展的要求。现行的“邮发合一”的报刊发行体制矛盾突出表现在两个方面。一是报刊的发行费率，报刊普遍反映负担过重难以承受。二是报刊预订费的合理占用问题。现行的报刊预订费由邮发部门统一收取，按月与报刊社结算的办法也是使报刊社流动资金紧张的原因之一。

5. 技术装备落后，技术改造任务繁重。全国近70%以上的报纸、书刊印制仍采用手工排版、铅字印刷的旧技术和旧工艺，装订的手工操作仍占装订工作量的40%左右。目前运转的设备中，70年代末80年代初的设备仅占20%，大部分设备是50、60年代的产品，还有近10%的设备是30、40年代出产的。印刷质量普

遍较低，致使国内许多精细产品流往国外和港澳地区印刷，每年数额高达3亿多元。在图书编辑手段，报刊编采手段、出版物的出版手段、发行信息网络技术手段以及电子出版物等高科技应用方面，我国与世界发达国家的差距更大。

6. 分配水平低，住房条件差，造成专业技术人员外流。出版业是我国知识分子高密度集中的产业，但由于分配水平低，住房条件差，造成编采人员和书刊印刷厂技术骨干大量外流。有的书刊印刷厂因技工大量外流，已出现进口设备无合格技工操作的状况。而另一方面，企业招工却非常困难。出版企业已面临专业技术队伍青黄不接的局面。

三、出版业经济政策近几年的调整情况

对出版业发展所面临的实际困难，党中央和国务院的领导同志非常重视，曾多次指示要研究解决出版经济政策问题。

自1990年3月以来，新闻出版署曾多次与财政部、国家税务局、国家计委、中国人民银行等部门共同研究调整出版经济政策的问题，并先后到部分省（区）市进行了联合调查。对出版业的经济状况及存在的问题取得了共识，为经济政策的调整打下了良好的基础。

在调查研究的基础上，根据出版业发展的实际需要和国家财政状况，提出了调整经济政策的方案：(1)建立出版事业发展资金；(2)对政策亏损数额大的出版单位提高补贴定额；(3)免征县和县以下新华书店及农村供销社图书销售营业税；(4)免征老少边穷地区出版社、书刊印刷厂和新华书店的所得税；(5)免征出版社、杂志社和书刊印刷厂的增值税；(6)对重点印刷技术改造项目继续安排专项拨款；(7)对现有出版社、杂志社、书刊印刷厂和国营书店固定资产投资方向调节税实行免税或5%以下低税率；(8)对新华书店承担的中小学课本发行和国家常备书目贷款予以保证并实行低息。经过努力，在国家计委、财政部、国家税务局、中国人民银行等有关部委的大力支持下，出版经济政策调整的总体方案取得了进展。

1990年10月，国家税务局发出《关于减半征收营业税的通知》，同意对县和县以下新华书店及农村供销社销售图书，从1990年9月1日至1991年底，减半征收营业税。并同意对8个少数民族地省（区）采用个别审批的办法，给予全部免征营业税的照顾。

1991年1月，新闻出版署、国家计划委员会、建设部联合发出《关于图书发行网点建设若干问题的通知》，要求各省（区）、市新闻出版局商城建和计划部门，制定切实可行的图书发行网点建设计划，并常抓不懈，争取用5年左右的时间，使图书发行严重不适应两个文明建设的情况有所改变。

1991年4月，国家税务局发出《关于国家定点书刊印刷企业加工费收入减征增值税的通知》，同意对新闻出版署批准的国家定点书刊印刷企业因加工费收入改征增值税后税负增加的部分，经各省（区）、市税务局审核，可在1991年1月至1992年12月给予减征增值税的照顾。

1991年4月，经国家计委同意，在国务院第82号令公布的《中华人民共和国固定资产投资方向调节税暂行条例》中规定：图书发行网点可享受零税，全国定点书报刊印刷厂和全国定点（1990年以前成立）的出版社、报社、杂志社按5%征收，非定点书报刊印刷厂及其它印刷厂和1990年后成立的出版社、报社、杂志社按30%征收。

1991年10月，中国人民银行《关于民族贸易县贸易贷款实行优惠利率的通知》中，将新华书店纳入国家确定的421个民族贸易县贸易贷款实行优惠利率的范围。并规定民族贸易贷款年利率为5.75%，贷款企业可享受2.88%利差的优惠。

1991年10月，财政部和新闻出版署联合发出《关于建立出版企业发展专项资金的规定》。出版专项资金的来源分别由财政按出版系统当年已上交所得税（扣除超承包返还后的）净额的10%和由预算列支和出版企业按留利的10%集中。

1991年12月，新闻出版署在《关于调整少数民族省（区）图书发行折扣的若干规定》中，规定凡发给8个少数民族省（区）新华书店的图书，出版社一律以六五折向新华书店发货店供货，发货店一律以七0折向8个少数民族省（区）新华书店发货。此水平比统一规定低5个折扣。各省（区、市）出版社、发货店对本省（区、市）内少数民族地区新华书店的供货，也可按照上述规定执行。

1992年3月，国家税务局《关于县和县以下新华书店及农村供销社销售图书减征营业税的通知》，同意将减免政策在1992年和1993年内延续执行。

特别是1992年中央9号文件提出要进一步完善宣传文化经济政策以后，国务院有关部门又相继出台了一些出版经济政策，支持出版业的发展。

1993年3月，《国家税务局关于进一步支持宣传文化事业的通知》。对出版物只征收增值税，不再征收营业税。并对下列出版物免征增值税：中国共产党和各民主党派的各级组织的机关报和机关刊物；各级人民政府的机关报和机关刊物；各级人大、政协、妇联、工会、共青团的机关报和机关刊物；军事部门的机关报和机关刊物；大中小学的学生课本和专为少年儿童出版发行的报纸和刊物；科技图书和科技期刊。除上述出版物之外，出版其他出版物纳税有困难的，可按税收管理的规定，由各省、自治区、直辖市税务局，各计划单列市税务局批准给予定期减免或免征增值税照顾。

1993年4月，国家物价局重工司和新闻出版署计财司发出改革书刊价格管理的通知，主要内容有：(1)大中专教材和中小学课本价格仍按现行管理体制和管理权限实行国家定价。国家及省级教育行政管理机关指定与中小学课本配套的教学参考书、复习资料、学生练习册以及中小学生必备的字典，由出版单位提供印张定价标准和定价依据，并按隶属关系报新闻出版管理部门和物价主管部门批准执行。(2)党和国家的重要文献（包括法律、法规、著作、文选）按照微利的原则由出版单位制定具体定价标准，报新闻出版署、国家物价局备案。(3)第一、第二款涉及书刊的租型费纳入国家管理范畴，租型费的变动需报经国家物价局和新闻出版署同意。(4)其它图书的价格由出版单位根据纸张成本、印刷工价和发行册数自行制定定价标准。各出版单位要切实搞好成本核算，降低成本消耗，建立以盈补亏的出版机制，鼓励学术著作和重点图书的出版，力求做到社会效益和经济效益的统一。(5)各级新闻出版主管部门和物价主管部门要加强对书刊价格的宏观管理，引导出版单位正确定价，保持图书价格的相对稳定。

对老少边穷地区的图书发行网点建设，国家计委也将给予一定的投入。

出版经济政策调整对出版业的发展起到了积极的促进作用。

1992年9月，曾对全国性的出版经济政策的贯彻落实情况进行了一次较为全面的调查，调查材料表明：

自1990年第四季度和1991年全国县和县以下新华书店及农村供销社销售图书实行减半征收营业税政策以来，已减征税款7 557.3万元，预计1992年也将减征近6 000万元，减征税款总金额近1.4亿元。减税形成的资金已用于图书发行网点建设3 292.1万元，建349个网点、80 593平方米；用于网点维修534.1万元，修建网点206个、36 354平方米；还用于补充流动资金1 053.3万元、上交财政774.1万元、其它285.46万元。

截止1992年底全国已审批国家定点书刊印刷厂385家，其中208家已执行在1991、1992两年内加工费收入减征增值税的政策。预计全国国家定点书刊印刷企业加工费收入减征增值税约5 612.2万元。

调整出版业固定资产投资方向调节税的税率对出版业的发展是至关重要的。根据1991年全国出版系统发行网点建设的估算数据，全年发行网点建设投资1.8亿元，其中生产发展基金投入1.4亿元，其它各项资金0.4亿元。根据调整前后的不同税率计算，可减免固定资产投资方向调节税0.54亿元。经调整后的出版社、印刷厂和报社等新闻出版单位的固定资产投资方向调节税也都在优惠税率的范围内，如天津的出版大楼，因享受优惠税率可节约支出700多万元。

全国已有二十几个省（区、市）建立了出版企业发展专项资金，已形成资金1.1亿元（有些省、区、市的出版企业发展专项资金也在建筹中）。1991年形成的专项资金已用于补助学术著作出版1 311.7万元、技术改造和设备更新1 829.4万元、图书发行网点建设1 110.6万元、借款2 107万元、其它1 156万元。

1992年在实行让图书发行折扣的政策后，各少数民族省（区）的受益情况分别为：广西600万元、云南300万元、内蒙古180万元、新疆145万元、贵州130万元、宁夏80万元、青海50万元、西藏7.5万元，八省（区）的总受益金额近1 500万元。

其它各项出版经济政策也在贯彻和落实中。由于管理体制等方面的原因，上述统计数据还不能全面、准确地反映全国出版经济政策的调整情况。

在中央出版经济政策调整的推动下，地方出版经济政策的调整也取得了积极的进展。不同程度地争取到了优惠政策。地方出版经济政策调整与中央政策相互配合，促进了各地出版业的发展。

各级出版管理部门和出版单位，对出版经济政策调整工作是充分肯定的。

1. 调整出版经济政策，缓解了“出书难、买书难、卖书难”的矛盾，促进了出版业持续、稳定、协调的发展。

2. 出版经济政策调整增强了各级出版管理部门的宏观调控能力，得到了各级出版管理部门的拥护和支持，各项政策得到了及时的贯彻和落实。

3. 出版经济政策调整已取得了明显的社会效益和经济效益，对近几年出版业的发展起到了重要的促进作用，全国的出版总量走出低谷，发展速度明显增快，为出版事业再上新台阶创造了有利条件。

出版经济政策调整取得明显社会效益主要表现在：一批代表国家水平的学术著作和专业图书，在出版企业发展专项资金等出版经济政策的支持下得到出版；农村图书发行形势已见好转，图书销售比重增加；全国图书出版扭转种数增加、出版总量负增长的被动局面；中央对口支援，推动边疆建设，加强民族团结的指示精神，促进少数民族地区图书发行业发展的措施得到进一步的落实；出版企业的经济实力进一步增强，固定资产和流动资金较调整前明显增加；出版、发行、印刷的基础设施条件有所改善，基本建设的规模和投资额逐年增加。

经济政策调整为出版业增长提供了动力，1989年由于多种原因的影响，全国出版总量跌入低谷，比上年骤减17.1%，其中图书减少9.4%；在出版经济政策调整后的1990年，出版总量下跌的趋势有所控制，但仍比1989年减少2.3%，其中图书减少4.7%；1991年调整工作初见成效，出版总量比上年增长13.72%，其中图书增长14.46%。1992年图书出版总印数比1991年增长3.8%，总印张比1991年增长5.4%。

需要说明的是，全国出版总量迅速恢复的因素是多方面的，但调整出版经济政策在其中起到了重要的作用。

4. 出版经济政策调整与出版企业承包经营责任制相配套，提高了全国出版行业的经济效益和经济实力。

从年利润总额看：全国出版行业利润总额近几年的情况分别为：1989年12.64亿元；1990年13.71亿元，比1989年增10.8%；1991年15.42亿元，比1990年增11.2%。

从企业留利水平看：全国出版行业近几年的情况分别为：1988年7.31亿元；1989年9.68亿元，比1988年增长32.4%；1990年10.15亿元，比1989年增长4.9%；1991年10.66亿元，比1990年增长5%。

从固定资产年末原值看：全国出版行业近几年情况分别为：1988年31.43亿元；1989年35.68亿元，比1988年增长13.5%；1990年40.81亿元，比1989年增长14.3%；1991年44.5亿元，比1990年增长10%。

从企业自有流动资金年末余额看：全国出版行业近几年情况分别为：1988年98.02亿元；1989年114.04亿元，比1989年增长16.3%；1990年129.90亿元；比1989年增长13.9%；1991年140.1亿元，比1990年增长10%。

5. 出版业在国民经济中的独立的产业地位越来越突出。

出版业在改革开放的14年中得到了很大的发展，在国民经济中的地位也越来越突出。1991年国务院11个部委和中国企业评价中心进行的中国500家最大服务企业的评价活动中，中国印刷物资公司和10家新华书店进入500家行列。其中新华书店总店在全国90家最大商业批发、零售企业中居第16位；中国印刷物资公司在全国90家最大物资供销企业中居第24位。

出版经济政策调整工作已取得了一定的成效，这与财政、税务、计划、金融等部门的理解和支持是分不开的。但同时也要看到，出版业在发展过程中还面临着很大的困难，需要进一步地完善经济政策，建立与出版物生产要求相适应的经济运行机制和社会保障机制。总的要求是，国家要为出版业的发展提供良好的经济环境和文化环境，建立健全法律法规，依法管理出版业，按照政企分开的原则理顺出版管理部门与出版单位的关系；加强出版业的经营管理，促进出版业的繁荣。

（作者单位：新闻出版署计财司）

1992年金融宏观控制的主要经验

戴根有

一、1992年金融运行状况

1. 现金高投放。

1992年现金净投放1 159.2亿元，年末余额较上年同期增长36.4%。现金高投放在一季度就已经有所表现，二季度以后继续发展。根据往年规律，春节前投放的现金一季度末可全部回笼。1992年一季度回笼60.6亿元，虽然与上年基本持平，但考虑到1992年春节提前因素，实际节后平均日回笼少于上年。二季度以后多投放额逐季增加到年末比上年同期多投放624.8亿元。

2. 国家银行信贷增长平稳，非银行金融机构贷款高增长。

1992年，国家银行各项贷款增加3 526.1亿元，累计比上年同期增长19.4%，增幅与上年基本持平。

但是，1992年非银行金融机构贷款增长相当高，到年末，农村信用社贷款增加644.2亿元，增长35.6%；城市信用社贷款增加171.1亿元，增长54.12%；信托投资公司贷款增加589.2亿元，增长48.6%。非金融机构信用社的迅速增长，对当年需求的加速上升起了不可低估的作用。

3. 各项存款增长，货币供应量水平猛增。

单位活期存款全年增加1940亿元，比上年增长35.6%，是1983年以来增长率最高的。其中企业存款全年增加1 764.5亿元，比上年增长34.9%。由于存款货币高增长，1992年$M_1$①　增幅迅速回升，全年达35.9%，比上年增幅24.1%高11.8个百分点。在M_1高增长的同时，$M_2$①继续保持高增长，全年达31.3%，比上年增幅26.8%高4.5个百分点。在$M_0$①、M_1增幅迅速回升的同时M_2继续高增长，历史上不多见。4月份M_1增幅超过M_2，12月末，M_1高于M_2增幅4.8个百分点；M_0自9月份起也超过M_2的增长，12月末，高出5.1个百分点。M_0和M_1，与M_2相比，均是流动性强的货币，其变化更能反映社会即期支付能力水平的变动。历史上M_0、M_1增幅超过M_2增幅的年份，大多出现社会总需求过快增长。1992年出现的这一现象显示社会总需求与社会总供给的平衡状况变化较大。

4. 城乡居民储蓄存款增幅持续回落，但居民总储蓄水平仍然很高。

1992年城乡居民存款增加2 434.4亿元，较去年同期多增加358亿元，比上年增长26.7%，增幅比上年末回落2.8个百分点。在居民收入持续增长，消费需求平稳的情况下，银行储蓄存款的变动主要受直接融资迅速发展的影响。1992年居民重新置配金融资产，如果加上居民购买的股票、债券、当年居民总储蓄增长率在30%以上。

二、1992年金融运行背景

1. 以投资为先导的总需求拉动经济的高增长。

自年初始各地纷纷学习沿海，调整经济指标，很快在全国范围内兴起了办“开发区”、“保税区”，上项目的热潮；国家为提高大中型企业活力，对其实行减税；各地对开发区和自主项目扩建也实行了更优惠的减免税政策，加之投资审批权限下放，对投资行为的约束力减弱，这些都大大增强了企业和个人的投资预期，促使1992年投资高增长。1992年全社会固定资产投资比上年增长达37.6%。经济的高速增长对货币信贷提出了很高的需求。其中既有合理因素，也有不合理成份。以现金增长为例，1992年影响现金投放迅猛的因素：一是经济活跃，各经济主体交易增多，用现量增加；二是

① M_0＝通货发行额－金融机构库存现金。

M_1＝M_0＋企业活期存款＋农村集体存款＋机关团体部队存款。

M_2＝M_1＋单位定期存款＋自筹基建存款＋居民储蓄存款＋其他存款

（财政存款除外）

经济体制改革，商业“四放开”，机关企业办实体，铺底现金增加；三是债券股票直接投资大发展，居民金融资产转移用现量增加；四是城乡居民收入增加，消费增长以及物价上升增加的用现量；五是各种灰色、黑色经济活动旺盛，用现量增加，等等。上述因素中一、二、三基本是合理的，四、五有一部分是不合理的。综合分析，整体上讲 1992 年现金投放与 1988 年由于居民抢购而引起的现金大投放有区别。

从信贷方面讲，由于在发展速度上，地方急于求成，投资无约束扩张的问题又有抬头，具体表现在：经济发展追求高速度而不是高效益；开发区过多过滥；任意减免税收、批租土地；对“三资企业”的管理过松等等。所有这些都对银行信贷供应形成了很大压力，一些地方要求银行突破规模放款，非金融机构出于地方和自身利益的考虑，贷款迅速增加。

2. 过去几年银根一直很松。

1989 年四季度以后，宏观经济政策上过多地采用货币政策启动经济，结果形成了持续几年很高的货币、信贷供应。1990、1991 年，专业银行超额储备始终保持 11%的高水平，到 1992 年末达 13%。1992 年，由于投资需求迅速回升，专业银行通过资金拆放为非银行金融机构提供了资金来源。到年末，超额储备率降到 6.7%，净拆出资金近 700 亿元。

3. 非银行金融机构迅速发展。

影响货币供应量增长的因素主要有财政净借款，金银外汇占款和银行贷款。1991 年除银行贷款增加外，外汇占款的增加也是影响当年货币供应量增加的主要因素。1992 年却不同，外汇占款对 M_2 增长的影响程度减弱，由年初约 14.9%降为年末的约—1.9%，国家银行贷款对 M_2 增长的影响度也在降低，由上年 72.4%降为年末的 58%。对 M_2 增长影响力增强的却是以前影响很小的其它资产，由上年的—3%，上升到年末的 21.9%。进一步分析，这主要是由于专业银行资金通过拆借大量流入非银行金融机构所致。

在 1992 年投资需求的强烈冲击下，国家银行曾一度突破规模发放贷款，但毕竟在很大程度上还要受到规模的约束，而非银行金融机构在业务和贷款的管理上所受约束要小得多。加之 1992 年一些地方不经过任何批准擅自开办了一些准金融机构（如财政信用机构等），农村的基金会数量也迅速增加，它的行为不受任何约束。这种状况使得国家银行在受到控制后，资金流向非银行金融机构。社会信用总量并没有收缩，反而呈扩张势态。由于现行的贷款统计中只包括国家银行和农村信用社贷款，而城市信用社、地方银行、各种财务公司、财政信用机构的贷款量并末包括在内，从而形成了贷款与货币供应量之间的差距拉大。因此，1992 年货币的高增长来自社会信用总量的急剧扩张，它反映出社会需求的扩张势态。

4. 直接融资的迅猛发展，使货币流动性迅速增强。

1992 年以深圳、上海为先导，债券、股票发行引人注目，在地方和企业强大的发展冲动下，在社会信用总规模不断扩大的同时，各种形式集资不断出现。据统计，全年经批准发行的债券、股票 1 274 亿元；加上计划外的各种集资总计约 2 000 亿元。直接融资的迅速发展，为居民提供了多种金融资产，由原来单一银行储蓄存款方式转为持有各种股票和债券，尤其是目前股票、债券的收益率大大高于银行储蓄存款利率，居民更倾向于购买股票、债券，反映在货币变动中，居民储蓄存款持续减落，而企业存款迅速上升，从而引起准货币向单位活期存款的转移。

三、1992 年货币政策评价及宏观金融控制的主要经验

1992 年国民生产总值比上年增长 12.8%，乡及乡以上工业总产值增长 21.7%。随着经济增长加速，早两年曾经出现的农民工回乡和在职职工隐性失业现象有所缓解。国际收支状况基本平衡，贸易继续保持顺差，引进外资增加。

1992 年国民经济运行的主要问题，是在投资高增长的推动下物价出现攀升之势。全社会零售物价总指数 3、6、9、12 月分别比去年同期上涨 5%、4.2%、5.7%和 6.8%，其中：35 个大中城市分别为 10.5%、7.2%、10.6%和 10.9%；35 个大中城市职工生活费价格指数分别为 11.1%、8.2%、12.3%和 13.3%；生产资料价格指数中国人民银行统计 3、6、9、12 月各月分别比去年同期上涨 4.1%、6.8%、11.8%和 14.8%。物价上涨指数在市场经济国家与通货膨胀率是同义语。在日本，物价上涨 3%，政府和中央银行就感到很大压力，在西德上涨 2%，中央银行就要采取措施。我国生活费指数超过二位数，居民心理仍较平稳，主要是 1992 年各单位各种“创收”活动和从事第二职业收入猛增，职工收入的高增长抵消了物价上涨造成的损失。从物价上涨趋势及水平看，1992 年通货膨胀实际已经形成。

通货膨胀归根到底是社会总需求大于社会总供给的结果。与 80 年代以往的几次总需求膨胀相比，1992 年这一次膨胀，投资的先导作用尤其突出。因此从宏观经济政策管理角度总结 1992 年经验，其重心是如何抑制投资膨胀，控制合理的投资规模。

仔细分析 1992 年投资膨胀的根源，从经济运行的深层机制方面看，有一些与前几次是一样的。如投资项目的自我约束机制不健全，地方政府的行为特别明显等。但也有一些是新出现的，如投资计划的约束性更弱了，纪律性比过去更松弛了，税制漏洞（特别是房地产税）问题暴露更充分了等等。

1992年的投资膨胀，从投资资金来源方面分析，主要是由国内贷款和自筹资金支持的。全年全社会固定资产投资增加额中国内贷款和自筹资金比重达87.3%。详细解释它的形成机制需要很长篇幅，这里只简略指出以下几点：

——1990、1991年，由于各种原因，国家各专业银行形成了较宽裕的资金头寸。在1992年过旺的投资需求冲击下，专业银行绕过贷款规模向非银行金融机构拆出资金，通过非银行金融机构向建设项目提供了资金来源。

——非银行金融机构（其中有一部分是银行自己办的）利用目前金融监管不力以及在贷款规模、利率管理，特别是利润分配等方面的体制漏洞，迅速扩展了自己的业务。目前在金融体制上，非银行金融机构之于国家银行，类同于非国有企业之于国有企业，有较多的体制灵活性。

——自筹资金的表现形式是各种形式的集资，其背后起决定作用的因素一是政府行为（如卖户口集资），二是高利息吸引。在高利集资的背后是现行银行储蓄存款实际的负利率状况，以及各种集资项目以地方政府和国有企业的信誉为担保等。

从资金来源方面总结控制固定资产投资进而控制通货膨胀的经验，主要有以下几点：

(一)金融宏观控制的关键是控制商业性金融机构的准备金水平

金融机构准备金加银行体系外现金称为基础货币，它是市场货币供应量形成的基础。金融机构准备金包括法定准备金和超额准备金。后者又称备付金或金融机构的可用资金或“头寸”。超额准备金低就是“银根”紧。当银根紧时，金融机构囿于首先要保证支付，它就不能扩大贷款或拆出（拆出的实质也是放贷）。1992年为什么专业银行向外拆出了大量资金，原因之一是专业银行受投资需求冲击，利用了1990、1991两年积累下来的过高的超额储备。1991年专业银行备付金率高达13%，是多年来最高的。1991年12月专业银行备付金1 724亿元，按正常银根要求（6%的备付金）计算，多了约900亿元。这年末基础货币对M_2的乘数为2.35，这就是说，由于专业银行超额储备过高，这时它实际获得了约2 000亿元的潜在M_2扩张能力。事实证明，后来实际发生的专业银行大量通过资金拆出为固定资产投资提供资金来源，就是以这一潜在能力为基础的。由于中央银行体制的建立，我国货币和信贷供给的机制已经发生了很大变化，在贷款规模之外，又增加了一个“资金”的因素。清醒地认识这一变化，对于防止人们的认识继续停留在中央银行体制建立前的阶段上，防止专业银行绕过规模放款十分重要。这是1992年我们获得的金融宏观控制的主要经验。

根据1984年经验，专业银行备付金保持6%左右大体正常。备付金率6%左右应成为中央银行宏观金融调控的一个重要政策指标。只要专业银行的备付金率不低于5%，既令少数地区银行发生支付困难，也应由专业银行自已去调节。中央银行要善于将专业银行的备付金控制在让它们时时过“紧日子”的水平上。只要做到了这一点，宏观上大体不会失控。

(二)控制金融机构超额准备金水平的关键是控制中央银行对各金融机构的贷款

1992年以固定资产投资的资金来源主要来自贷款和自筹。从贷款方面谈，它是由金融机构放出的，但金融机构放款也必须有资金来源。要从资金来源控制固定资产投资，归根结底要控制金融机构的资金来源。金融机构的资金来源一是存款，二是向中央银行借款，三是自有资金。其中向中央银行借款约占其资金来源总额的1/3。并且它是基础货币创造的主要源泉，在金融体系中具有乘数效应。中央银行贷款是我国中央银行区别于西方国家中央银行，最有力、同时也最具有中国特色的控制手段。每当宏观失控，总有人会说中国的中央银行没有控制手段，这是不符合实际情况的。可以回忆一下，80年代的每一次紧缩，归根到底都是紧缩了中央银行贷款才最终奏效的。现在我们回过头来总结1992年，假定年初面对当时出现的总需求扩张态势，中央银行如果赶在专业银行拆出资金之前采取紧缩银根的措施，收回对专业银行的贷款，降低它们的超额储备水平即可用资金能力，则1992年的资金拆借肯定不会发展到后来出现的那种程度。从这里我们可以反过来体会到，控制中央银行对各金融机构的贷款是多么重要。

说到中央银行贷款，我们需要顺便评价贷款规模管理（又称限额管理）的作用。规模管理是计划经济体制下运用了几十年的行之有效的控制方法。现在也仍然需要坚持。但是需要指出的是，这一方法过去之所以有效，其条件，一是如果在计划之外做动作则视为违犯财经纪律，二是纪律执行认真严肃。改革开放以来，特别是建立中央银行体制以后，这两个条件已经发生了变化。主要是原来确定的财经纪律界限现在不如以前那样清楚了，因而检查起来也就增加了困难。贷款计划管理说起来很有效，实际执行结果与初始愿望大相径庭。1984年建立中央银行体制以来各年年初信贷计划与年末实际执行结果之间的误差，最高年达1倍多，平均达48%。计划与实际执行结果之差之大，使人们完全有理由怀疑如果仅靠这一手段，到底有多大的约束力量。这一事实也启发我们，在新的历史时期，要善于适应已经变化了的金融环境，寻找新的金融控制手段。它就是中央银行贷款。

(三）适应市场物价的变化，实事求是地调整利率水平

1992年以来自筹集资与银行储蓄展开了激烈的竞争。这场竞争的实质是利率竞争。非银行金融机构(包括农村合作基金会在内的各种基金会）业务迅猛增长，其主要手段也是利率竞争。国际货币基金组织驻华代表斯各特先生在一次国际研讨会上十分肯定地说，如果在1992年上半年中国说提高了银行的存贷款利率，这一年后发生的很多事就不会发生。

在市场经济体系中，利率是最重要的价格。由于现行金融体制的缺陷，我们现在当然还做不到如同对待商品价格那样放开大部分利率。但是目前利率管理过于僵化，利率远远脱离统一的市场体系中其他价格的变化轨迹，无论如何是不适应市场经济发展需要的。

实事求是地确定利率水平，利率应该追踪物价，并保持一定的正利率水平。1993年5月15日对存贷款利率只进行了小幅度调整，据人民银行6月份综合全国30个省市信息测报点反映，对这次利率调整，“各界反应平淡”。利率水平不到位，资金“脱媒”现象就很难制止。

(四）加强对非银行金融机构的监管

非银行金融机构业务去年发展迅猛。其所以会如此，因为它们与国家银行相比，在利率、贷款规模、特别是利润分配等方面存在许多监管漏洞。日本在经济高度增长时期，资金是由地方中小金融机构流向大的城市银行和政府政策性金融机构的。正是这一资金流向，保证了他们在这个时期产业结构升级的资金需要，并据此提高了全社会劳动生产率，增强了日本经济的国际竞争能力。在我国，1992年出现了相反的情况，这无疑对国民经济整体效益的提高和增强经济发展后劲是极为不利的。

要解决这个问题，一是要抓紧理顺利率体系。目前要在同时提高市场存贷款利率的同时，相应调整金融体系内部的利率水平，以减少非银行金融机构的“寻租”基础。在这个问题上，我们应该充分注意到我国中央银行对金融机构信用放款额特别大的实际情况，采用我们自己的特殊政策，而不能照搬西方做法。二是视非银行金融机构资金头寸情况，在充分考虑到它完成自身任务的条件下，运用特殊融资券手段，抽走其富裕资金。三是加强对其利润分配的管理。与前两条措施相比，这一条更有釜底抽薪的性质。加强对非银行金融机构的管理，切忌仅用行政办法予以简单撤销（当然，对未经人民银行批准者除外）。从金融改革的方向看，我国金融机构不是多了，而是少了。我们要把握住发展方向，用经济手段解决现在的问题。这样既不留后遗症，又有利于发展。

1992年国民经济运行中的问题不仅仅是金融宏观控制方面的问题，它还有财政政策方面的问题，1992年房地产投资增长过猛，基本原因是在这一领域存在超高额利润。房地产业实际税赋过低，特别是巨额土地增值收入通过各种渠道大量流入个人腰包，更是触目惊心。另外现行财政包干体制，以及国营企业缺乏自我约束机制等，都是推动投资过猛的原因。应注意总结研究这方向的经验教训。

（作者单位：中国人民银行调统司）

关于第三产业的价格改革

张善良

一、我国第三产业价格领域存在的主要问题

第三产业包括的行业非常广泛，每一行业都存在这样那样的问题。概括来说，整个第三产业价格方面存在的主要问题是：

(一) 部分行业的价格仍主要由国家制定，其价格水平严重偏低，行业内部比价也不合理。

目前，第三产业中仍主要由国家管理价格的行业是交通运输业、邮电通信业、旅游业以及与人民生活关系比较密切的若干服务业等。金融领域的利率和汇率也基本由国家制定。上述行业的国家定价水平普遍偏低。

交通运输业。目前，我国铁路货物运价的平均水平只有 0.385 分/吨公里（含 1.25 分铁路专项建设基金），水运货物平均运价水平为 1.84 分/吨公里（公路客货运价格已放给企业，其定价水平显得相对比较合理），运价水平严重偏低。铁路、水运和民航客运的平均运价也较低。运输业内部比价也不合理。表现为：水运价格高于铁路，中远途客货运价与短途运价相比不合理，铁路、水路和民航三种运输方式之间没有适当拉开差价，造成铁路、水路、公路、航空四种运输方式之间不能很好的分配运能，货运主要集中在铁路上，水路和公路未能很好地为铁路分流，使得铁路运输的紧张状况长期难以缓解。当前运输行业成为制约国民经济发展的“瓶颈”，运价偏低和内部比价不合理是一个重要因素。

邮电通讯业。自 1978 年以来，国家多次调整邮电通信业的定价，放开某些邮电通信服务的收费，使该行业的整体价格水平已经有了较大提高，促进了该行业的发展。目前，我国国内基本邮政资费标准为：平信每重 20 克本埠为 1 角，外埠为 2 角；印刷品资费每重 100 克本埠 4 分，外埠为 3 角。市内电话初装费为 3 000 元至5 000元（突破 5 000 元要报国家物价局、邮电部批准），基本月租在万门标准基础上乙种用户（办公）每级递增 3 元），甲种用户（住宅）每级递增 2 元，通话费每 3 分钟原则上不超过 0.1 元。国际及港澳台的邮政资费也多次进行了调整，目前已接近国际市场的价格。

旅游业。我国旅游价格经多年改革已突破了以低价亏损为特征的政治接待型体制，初步建立了以合理收费为目标的经营型体制，形成了大体适应旅游市场供求以及服务性质的多种价格形式。经过多次价格调整，目前我国旅游价格的总水平有了较大幅度提高。但是，我国的旅游价格水平仍然低于国际价格。如民航客运价格（每客公里为 0.32 元）低于国际运价，旅馆饭店的价格偏低，我国著名旅游景点的门票价格也较国际为低，等等。低价格低收益制约了旅游、文物等部门进一步提高服务水准，开发旅游景点，增加服务项目，客观上制约了旅游业的发展。

服务业。我国文教、卫生、体育、科技等服务业中由国家定价的服务收费水平较低，不能很好地反映复杂劳动凝结的价值。但是，国家管理以外的项目收费水平较高，特别是相对于基本是低收入水平的居民来说，负担是相当重的。就拿教育收费来说，我国普遍实行九年制义务教育，中小学教育的收费水平国家规定是很低的。但是，近年不少地方以提高教师待遇、改善教学条件等为名，搞各种名义的集资，巧立名目乱收费，加重了学生家庭的负担。

(二) 部分行业、产品的价格形成不科学，有些产品尚未被真正当作商品来对待。

近年，在第三产业传统行业快速发展的同时，新兴的产业如房地产业、信息咨询服务业等也有了较快发展。到 1992 年底，全国房地产开发公司发展到了近 10 000家，房地产交易所和估价事务所等中介服务机构2 000多家。总的说来，我国房地产业还处于初步发展阶段，对房地产业运行规律的探索才刚刚起步，特别几十年来我们一直没有真正把房地产当作商品，至今

还有许多人对房地产商品的特殊属性认识不清，以致对房地产商品的价格形成应包括哪些部分，如何合理规定房地产业的收益水平及其分配原则，房地产抵押价格如何确定等问题缺乏深入的研究，造成我国现阶段房地产价格十分混乱，国家难以科学管理。信息咨询业也存在类似的问题。不少人对此行业的社会属性及其重要性认识不足，重视不够，国家又没有严格规定也无法全面规定该行业的服务收费标准，因此，在实际经济生活中这方面的收费存在很大的随意性，水平普遍偏低，信息的价值和效能难以全面体现。

（三）利率与汇率调节的功能远不能适应社会主义市场经济的要求。

金融业是第三产业中带有特殊性质的行业，是国民经济的重要组成部分，特别是在社会主义市场经济条件下，它是国家宏观调控的重要执行部门，利率和汇率都是重要的宏观调控手段。近年，我国多次使用利率和汇率杠杆调节国民经济运行，取得了较好的效果。但是，目前利率的确定仍然带有较强的主观性，我国官方汇率高估的问题也很突出，外汇调剂市场虽然“随行就市”，但因有较多的行政干预，“市场汇率”也不能很好地反映人民币的购买力水平，高估的成分依然存在，因而造成我国外汇黑市屡禁不止，干扰了我国经济的正常秩序。总之，利率和汇率是两个非常重要的经济参数，又是宏观调控的重要杠杆，如何随着经济形势变化而适时调整利率和汇率的问题并没有很好地解决，还没有建立起一种能适时调整的机制。

（四）国家宏观调控体系不健全，对放开的价格缺乏有效的宏观调控。

第三产业中放开价格，实行市场定价的比重较大。由于我国宏观调控体系尚不健全，对放开价格的宏观调控目前只限于临时发布一些行政干预政策规定、在一定的时侯实行限价、或者临时将定价权收归国家或地方管理等。由于宏观调控不力，造成第三产业价格上涨较高，特别是其中的服务收费上涨幅度较大，影响到整个物价总水平和居民生活费用价格上涨较高。

二、进一步推进价格改革的政策建议

（一）坚持以市场为取向的改革方针，积极稳妥地推进价格改革。

第三产业领域要按照过去社会主义市场经济体制的目标，积极推进以塑造市场机制为方向的各项改革，适时调整国家定价，有条件放开的坚决放开。价格改革要坚持既积极又稳妥的原则。上述第三产业中仍由国家管理价格的行业都是国民经济的基础行业，调整或放开这些行业的价格影响面广，幅度大，稍有不慎都可能带动物价的全面波动，从而影响到社会的安定。

（二）逐步提高偏低行业的价格水平，调整行业内部比价，放开一部分商品和服务的价格与收费。

交通运输业。铁路运价水平提高只能逐步进行。作为一种选择，可以在不直接提高运价率的前提下，通过提高铁路的装卸费、延长起码计价里程、取消递远递减定价原则、调整铁路运价号，放开某些货种的铁路运价等来提高铁路收益水平，并将提价的部分收入用于建立专项建设基金，以加快铁路的建设和发展。水运货物运价从长远来看应放开。为避免造成较大震动，可采取逐步提高至合理运价水平再放开的策略。各种运输方式的客运价格都应随着运输成本的增加和供求情况而适时调整。

邮电通讯业。要逐步提高基础函件和邮政通讯服务的价格水平。对新兴的特快专递、程控电话服务、图片传真、无线寻呼、移动电话等业务的价格可以放开，要采取大力鼓励发展邮电通讯基础设施的政策，吸引社会各方资金投入。

旅游业。我国的旅游价格总水平应逐步向国际市场靠拢，这是我国旅游业与国际市场接轨的客观要求，价格水平的提高也必将会有利于提高旅游业的服务水准，提高服务质量。但是，目前，因我国服务设施、质量等的不足，其价格应同国际市场保持一定的距离，略低于国际的价格水平。在行业内部要拉开质量差价和档次差价，民航票价和旅游景点的门票可按国际国内不同旅游对象分别实行公布价格和折扣价格。旅游价格应建立随着汇率的调整而相应变动的机制，适应与国际接轨的要求。目前，有一种观点认为，应当把较低的旅游价格作为吸引招徕游客的政策长期实行。我们认为，我国具有悠久的文化传统，地域十分辽阔，旅游资源十分丰富，因此，吸引旅游客源不应当主要靠较低的旅游价格，而应当通过加强宣传、改进服务、提高质量作为招徕游客的主要手段。与国际市场价格靠拢，可以促进旅游企业提高自身素质，增强企业经营积极性，提高我国旅游业的整体服务水平。

重要基础设施、公益事业和服务业的收费仍应由国家管理，要逐步建立可根据价值规律，供求关系及时调整的机制。国家要加强对房地产业、信息咨询业等新兴产业价格的研究，由国家规定价格形成项目和收益标准，采取有效措施，整顿房地产市场，控制房地产市场价格混乱的局面。

（三）加快宏观调控体系中价格调控体系的建设，为第三产业的发展创造良好的宏观环境。

价格调控体系是宏观调控体系的重要组成部分。在社会主义市场经济体制下，价格调控必须具有明确的目标，主要采用间接调控的方式，发挥价格参数的信号作用，通过提供价格信息，协调价格矛盾，引导价格行为，要在维护市场机制的前提下，对市场机制难以充分发挥作用或竞争不充分的方面进行价格干预，防止出现垄断。价格调控具体来说应包括以下几个方面：(1)管好国家定价。适时调整商品和收费的定价权限，该放开的坚决放开；适时调整国家定价的水平，使国家定价也能反映价值规律和供求关系的变化；制定好国家指导价。(2)搞好临时干预。就是当放开的某些商品供求关系发生变化、价格发生波动时，国家根据需要而采取临时性的干预措施。如当某类商品市场价格暴涨时，可以采取限价、规定利润率、经销差率，也可以采取抛售替代产品等办法来间接控制该商品的价格。(3)强化间接调控。建立价格专项调控基金，建立物资商品储备制度；运用补贴——财政或银行贴息等办法来影响价格总水平。(4)健全价格法规。(5)加强市场与国民经济宏观监测，运用货币、金融等手段控制价格总水平等。

特别需要提到的是，利率和汇率是宏观调控的重要杠杆，要深化金融体制改革，建立以中央银行为核心的金融调控体系，适时调整利率，稳定币值，抑制通货膨胀，保持市场物价的基本稳定，为经济发展创造良好的宏观环境。

(四)加快市场体系的建设，完善市场法规，促进市场机制的健康发展。

放开价格的目的是为了塑造合理的市场机制。但放开价格并不意味着市场机制的自发形成和正常运作。由于我国市场体系发育还存在不少问题，市场体系还很不充分，市场法规也不健全，市场被肢解、分割，市场形成价格的机制被严重扭曲。为了让市场机制正常地发挥作用，当前要大力推进市场发育，加快市场体系建设，完善市场法规。第三产业中有许多行业价格已经放开，为了让这些行业能更快更健康的发展，要把建立第三产业各行业市场纳入市场体系建设的整体规划之中，以充分发挥市场机制的积极作用。

(作者单位：国家计委市场物价司)

服务贸易总协定与中国的第三产业

何 宁

自从我国于1986年正式申请恢复关贸总协定缔约国地位,特别是去年年初以来,关贸总协定成了一个热门话题,全国上上下下,各行各业,男女老少,都在谈论关贸总协定。但是,对于关贸总协定主持的乌拉圭回合多边贸易谈判,了解的人就不多了;对于乌拉圭回合中的服务贸易谈判,知道的人便更少了。

"服务贸易"一词较早地出现在70年代初经合组织的一份报告中,这份报告对当时即将进行的"东京回合"多边贸易谈判(1973—1979年)所要讨论的问题进行了评论。美国在1974年贸易法第301节中也首次使用了世界服务贸易的概念。在东京回合谈判中,美国政府根据1974年贸易法第102节(G)的规定,有充分的权力就服务贸易问题进行谈判,但美国和其它参加国都没有谋求在服务业中作出具体减让。在东京回合谈判期间及后来,美国政府继续对服务问题进行研究。在美国的1979年贸易协议法和1984年贸易和关税法中世界服务贸易的概念更加具体化。在1988年综合贸易法第1301节中对1974年贸易法第301节做了一些调整,从而体现了服务业、制造业和农业生产者的共同利益。长期以来,美国的服务提供者致力于建立一个类似于关税和贸易总协定的全面国际规则,以便实现服务贸易自由化,提高美国服务业在国际市场的竞争能力。

一般说来,国际服务贸易所指的是各国之间在服务业方面进行的贸易往来。服务业包括的部门很多,除了农业和工业部门以外的其他各部门几乎都可以包括在服务业之内。服务业的概念同我国第三产业的概念相差不多,其中一个比较主要的差别在于,服务业包括建筑与工程部门,而我国第三产业不包括这个部门。服务业中对于国家经济发展起到比较重要的作用的部门有:金融、保险、电讯、运输、建筑和工程、旅游等等。

服务业在世界经济的发展中占有重要的位置。在历史上,作为工业出现的标志,火车所起的作用(运输)就是服务业中的一个部分。当今世界经济贸易活动中的金融、电讯、运输等服务部门更是经济发展中的一支生力军。没有服务业就不会有现代经济持续稳定的增长。在过去的30多年里,西方许多发达国家的服务业取得了很大的发展。目前,服务业容纳了这些国家大部分的就业人数,服务业生产总值占国内生产总值的60%以上,许多发展中国家的服务业也有较快的增长。服务业在一些发展中国家中占国内生产总值的40%到50%之间,就业人数也在总就业人数中占50%左右。据统计,当前世界货物贸易达4万亿美元,服务贸易达9 000亿美元。服务贸易的增长速度大大高于货物贸易的增长速度。

在缺少国际规则的情况下,美国通过双边谈判的方式,解决服务贸易市场准入和不公平贸易问题。美国1974年贸易法第301节允许美国的企业向政府提出调查外国不公平贸易做法的要求,如果双边磋商和谈判未能取得满意结果,美国可以单方采取报复措施。1975年至1988年,美国11次引用第301节条款,处理有关服务贸易的争端。这些争端涉及航空运输、广告、广播、建筑和工程、电影发行、保险和海上运输等服务部门。

1984年以后,一些国家在酝酿举行新的一轮多边贸易谈判。在此过程中,美国不断施加压力,要把服务贸易包括在新一轮的贸易谈判中。美国的谈判目标是:减少或消除国际服务贸易方面的壁垒或扭曲,以及实施国民待遇的障碍和在开业权方面的限制;建立包括争端解决程序在内的国际规则。然而,发展中国家则坚持要把服务贸易问题置于关贸总协定的权限范围之外。经过激烈的争论,发展中国家终于同发达国家达成妥协,同意将服务贸易纳入新的一轮多边贸易谈判,也就是现在的乌拉圭回合谈判。

1986年9月,在乌拉圭的埃斯特角召开的部长级会议发动了乌拉圭回合谈判。在乌拉圭回合宣言的第二部分中对于服务贸易谈判作出如下决定："这一领域的谈判应旨在建立有关服务贸易的原则和规则的多边框架，包括为个别部门制定可能的纪律，以期在保证透明度及逐步自由化的条件下扩大此种贸易，并以此作为促进所有贸易伙伴的经济增长及发展中国家的发展的一种手段。这一框架应尊重适用于服务的国家法律和条例的政策目标，并应考虑到有关国际组织的工作。……"

服务贸易作为谈判议题首次纳入多边贸易谈判，成为关贸总协定多边贸易谈判中的一个前所未有的新议题，将总协定的谈判范围从传统的货物贸易领域，扩展到服务贸易领域，使乌拉圭回合成为关贸总协定40年历史上范围最广泛的一轮谈判。乌拉圭回合谈判结束之后，一个前所未有的多边服务贸易协定——《服务贸易总协定》（GENERAL AGREEMENT ON TRADE IN SERVICES，简称GATS）即将生效，世界范围内的服务贸易将置于一个多边的协议框架之内。服务贸易总协定将对今后世界各国之间进行的服务贸易的发展产生深远的影响，对世界经济贸易的发展产生不可低估的推动作用。

根据部长们的授权，服务贸易谈判组就服务贸易的原则和规则的多边框架进行了为期六年的谈判，经过各方的共同努力，终于就服务贸易总协定（草案）达成协议。为了使这个新协议具有广泛性，吸引各国参加协议，协议的条款灵活性较大，协议较为平衡地反映了参加谈判的各方利益。

服务贸易总协定的宗旨是在透明度及逐步自由化的条件下扩大服务贸易，促进各国的经济增长及发展中国家的发展。服务贸易总协定是在关贸总协定主持的乌拉圭回合中谈判达成的，服务贸易总协定条款中的许多概念，甚至语言都来自关贸总协定。但是由于服务贸易与货物贸易有着不同的特点，许多概念已经具有特定的含意。

服务贸易总协定由三大部分组成：一是协议条款本身；二是部门协议，或称为附录；三是各国的市场准入承诺单。

框架协议条款本身共有6个部分，35个条款。最主要的条款有：最惠国待遇、市场准入和国民待遇等。

1. 最惠国待遇。最惠国待遇条款规定，各缔约方应立即和无条件地给予他方服务和服务提供者以不低于其给予其他国家相似服务和服务提供者的待遇。如果一缔约方无法取消与上述规定不符的措施，则应申请最惠国待遇的例外。

最惠国待遇条款是服务贸易总协定中的一般性义务。其适用范围包括所有服务部门或分部门，不论一个国家是否承诺开放这些部门或分部门的义务，即不论是否将这些部门列入承诺单，都应遵循最惠国待遇原则。因此我国各有关服务部门不论是否具有对外开放、参与国际竞争的能力，都要遵循最惠国待遇原则。各部门如有一些无法取消的与此原则不符的措施，均应提出例外申请，否则将面临十分不利的局面。

2. 国民待遇。服务贸易总协定中的国民待遇条款，是整个协议中最重要的条款之一。这一条款规定，各缔约方以其承诺单中所列服务部门或分部门及所列条件和限制为准，其所采取的与提供服务有关的措施所给予外国服务和服务提供者的待遇，不应低于给予本国相同服务和服务提供者的待遇。不论这些待遇在形式上相同，还是不相同，只要不对外国服务和服务提供者造成歧视，就都是符合国民待遇原则的。如果形式相同或不相同的待遇，改变了竞争条件，使其有利于国内服务和服务提供者，就认为是违背了国民待遇原则。

3. 市场准入。市场准入也是总协定中的一个关键条款。与国民待遇一样，市场准入也是一种经过谈判而承担的义务，实施对象也是既包括服务也包括服务提供者。市场准入条款中列出了6项市场准入的限制措施，其中包括4项数量限制，1项对法律实体形式的限制，1项对于外资份额的限制。各国应将与上述限制有关的各项措施列入承诺单，否则不能予以实施。条款中所列限制以外的任何其他限制，只要不是歧视性的，均不在协定所辖范围之内。

4. 透明度。条款规定各国应立即公布其所采取的所有与服务贸易或对服务贸易协议产生影响的措施。

5. 增加发展中国家的更多参与。根据增加发展中国家的参与条款的规定，发达国家应采取具体措施，旨在加强发展中国家国内服务业，为发展中国家的服务出口提供市场准入的条件。

允许发展中国家根据国内政策目标和服务业发展水平逐步实现服务贸易自由化，允许发展中国家开放较少的市场，逐步扩大市场的开放程度，允许发展中国家对于外国服务或服务提供者进入本国市场设置条件。

另外，这一条款还规定为了帮助发展中国家的服务出口，各国应建立联系点，向发展中国家提供与市场准入有关的信息。

服务贸易总协定的附录共有5个。除了关于第2条（最惠国待遇例外申请的附录之外，其余4个都是关于具体服务部门的附录。其中包括关于提供服务的自然人员移动、航空运输、金融（含保险）服务和电讯服务等部门的附录。这些附录是服务贸易总协定的一个不可分割的组成部分，目的在于对上述部门如何实施总协定的原则或规则做出更为具体的规定。

初步承诺清单就是各国所承担的开放服务贸易市

场的义务,其具体内容为:对于实施市场准入原则的限制或条件;对于实施国民待遇原则的限制或条件。如果一个国家承担了开放某一服务部门的义务,那么,这个国家就应该在初步承诺清单中注明,市场准入和国民待遇原则是否和在多大程度上适于下面提到的4种交付方式。

服务贸易总协定所涉及的服务贸易基本上可以包括以下4种交付方式:

1. 越境交付。这种交付方式主要指以中间媒介方式提供服务。电讯服务是此种交付方式的典型行为。这种交付方式一般说来不涉及人员、资本和物资的移动。

2. 消费者移动。这种交付方式指一个国家的消费者越过国境到它国的国土上购买服务的过程。旅游服务是此种交付方式的典型部门。我国的旅行社每年所接待的数以万计的外国旅游者都是通过消费者的移动,购买我国的旅游服务。

3. 实体的存在。也可以称为商业性存在。这种交付方式指服务提供者在外国建立一个商业性机构,如子公司或分公司等,并在当地提供服务。此种交付方式比较常见。外国银行在我国的上海开设分行,提供金融服务,便是此种交付方式的例子。

4. 自然人移动。这种交付方式主要指服务提供者越过国境到消费者所在的国土上提供服务的过程。与第三种交付方式所不同的是,此种交付方式不以商业性机构的形式出现。此种交付方式主要以专业人员或劳务输出为主要内容。

中国全面参加了乌拉圭回合的谈判,也参加了关于服务贸易总协定的谈判,在谈判中做出了自己的积极贡献,并提出了自己的初步承诺开价单。我国所准备承担的义务,没有超出各个服务部门已经采取的开放措施,可以在不修改国内现行立法的情况下履行这些义务。我国服务业的开放程度是有限度的,因而不会因为加入服务贸易总协定而使我国服务业面对巨大的外来冲击。加入服务贸易总协定之后,我国服务业面对国外服务业竞争的压力有多大,能否保证我国国内服务业在竞争中求得自己的生存和发展,对于这些问题,根据目前我国服务业开放现状,就可以做出自己的回答。自从我国服务业各部门对外开放以来,我国的服务业有了突飞猛进的发展,竞争能力不断提高,服务质量也大大改善,并没有因为开放而使我国的服务业一蹶不振。在可以控制市场开放程度的前提下,加入服务贸易总协定,对于中国的服务业来说有以下一些好处:

1. 适当地引进竞争,促进国内服务业的发展。在经济发展的过程中,竞争是不可缺少的。我国改革开放以来的变化就可以充分地证明这一点。要加快我国服务业的发展,也必须适当地引进竞争。自从我国实行改革开放的政策以来,我国的一些服务部门先后采取了不同的开放措施,这对于促进我国国内服务业的发展起到了一定的推动作用。加入服务贸易总协定,使这些开放措施固定化,并且不断扩大服务部门的开放程度,将促使我国国内服务业有较快的发展。

2. 增加透明度,有利于全面了解国外的服务市场情况,做到知已知彼。服务贸易总协定生效以后,我们可以通过各个缔约方提供的初步承诺表,较为清楚地了解其他国家在服务贸易方面所采取的限制措施。这就为我国的服务和服务提供者进入其他国家的服务贸易市场提供了较多的信息,有利于我国服务的出口。

3. 有利于我国服务业的出口取得享受公平待遇的权利。服务贸易总协定是第一个对于世界服务贸易进行管理的多边协定。最惠国待遇是总协定当中的一项重要原则。这一原则将为我国服务的出口提供较为公平的竞争环境,使我国的服务出口免受歧视性待遇,能够在公平的基础上与其他国家进行竞争。

4. 有助于建立一个较为稳定的竞争环境。今后的服务贸易活动又将增加一层多边协定的保护,使得竞争环境更加稳定,这对于竞争能力较弱的国家来说,是非常重要的。

5. 可以利用多边机制中的争端解决程序,解决在双边服务贸易活动中的摩擦,以此保护我国的服务出口利益。当然,争端解决机制的利用是双向的。我们可以利用这个机制,其他国家也可以利用这个机制来对付我们。

我国的服务业有着悠久历史,但是由于各种各样的原因,服务业的发展受到制约,到目前为止仍较为落后,在国民经济中所占的比重还比较低。我国服务业在国民生产总值中的比重仅在27%左右,服务部门就业人数在总就业人数中的比重仅在20%左右。这种状况与我国经济发展的水平是很不相适应的。

在这里,我们暂且借用一下国家统计局1987年度《中国投入产出表》中的一些有关第三产业的数字。前面已经讲到第三产业的概念同服务业的概念有所不同,但差别不是很大。而且从1987年到现在统计数字虽有变化,但是这些变化还没有达到产生质的变化的程度。

根据1987年度《中国投入产出表》,1987年我国第一产业、第二产业和第三产业在国内生产总值中所占的比重分别为28%,47.5%和24.5%。我们再看一下物质生产部门和非物质生产部门的比例,因为物质生产部门和非物质生产部门之间的比例,也可以从一个角度反映一个国家的产业结构。1987年,我国物质生产部门同非物质生产部门在国内生产总值中的比例分别为84.8%和15.2%。如果把建筑业归在服务业之内，非物质生产部门的比例会增大一些。但是上面刚刚提到的数字表明，我国产业结构的重心向物质生产严重倾斜，物质生产部门的比例大大高于发达国家的水平，这同发达国家将产业结构的重心由物质生产转向非物质生产的趋势，形成明显的对比。从生产的中间投入构成上看，农业和工业各部门对服务的需求程度还比较低，也就是说服务业对社会的渗透力还不强。这表明我国的服务业还没有真正走入社会生产领域。在这方面我国同其他国家之间的差别是显而易见的。

这种差别的产生同我国多年来不重视服务业的发展有着密切的关系。在建国以后相当长的时期内，由于种种原因，我国服务业被看作非生产性活动，一直没有得到应有的重视。发展重点向工业，尤其是向重工业严重倾斜，致使服务业的发展缓慢。

服务业的落后，极大地影响了农业、工业和服务业的协调发展和社会再生产的顺畅运行，妨碍了经济效率和效益的提高，也束缚了服务业自身的发展。对于我国来说，经济是否能持续快速增长与服务业的发展状况有很大关系。由于服务业发展落后，目前我国的经济增长只能靠工业来推动。在这种情况下，国民经济即使一时能以较高速度发展，但也难以持久。服务业提供的人力资源、高科技和信息是90年代我国经济增长的重要因素。发展服务业不仅是优化经济结构，促进经济发展的需要，而且是缓解经济生活中深层矛盾，特别是缓解电讯、能源、交通紧张局面的有效途径。

改革开放以来，特别是80年代中期以来，我国对服务业的发展给予了充分重视。1991年4月全国人大七届四次会议通过的十年规划和“八五”计划纲要，对服务业给予了更加充分的重视，明确提出要进一步重视服务业使服务业继续快于农业、工业的发展。到2000年，服务业在国民生产总值中的比重要提高到1/3左右。随着我国对于服务业重视程度的提高，服务业也有较快的发展。80年代平均每年增长10.9%，超过了同期国民生产总值8.9%的年均增长速度。我国服务业今后的发展目标是：90年代年均增长11%左右；2000年服务业增加值占国民生产总值的比重达到35%以上。即使这样的目标实现了，我国服务业的发展仍然不能满足国民经济发展的需要，仍然落后于其他许多国家服务业的发展。因此，我国服务业的发展应该得到充分的重视。不下大的气力，我国的服务业就不能在国民经济发展中发挥应有的作用，甚至还会阻碍经济的发展。

我国服务业发展的落后，正预示着这一产业部门今后高速发展的潜力。世界上许多国家的经验都表明，服务业的发展程度高低与这些国家的经济发展阶段是分不开的。经济发展的水平越高，服务业发展的水平也越高。我国正处在国民经济快速发展的阶段，我国的服务业也必将出现一个高速的发展，以适应我国国民经济发展的需要。从现在起，我们应该有意识地加强对于服务业的宏观管理，解决服务业在发展过程中出现的问题，使我国的服务业尽早得到大的发展，使服务业在国民经济的发展中起到所应有的作用。

（作者单位：外经贸部国际司）

第八部分

第三产业企业、事业单位介绍

中国国际航空公司

中国国际航空公司成立于1988年7月1日。其前身是原民航北京管理局的一部分。

中国国际航空公司是民航局直属的骨干航空公司之一，也是我国目前最大的一家航空运输企业，承担航空运输、通用航空和专包机任务。主要经营范围是国内、国际和地区的定期和不定期航班的客、货、邮、运输业务，通用航空业务，航空器维修，国内外航空公司间的代理业务。兼营与航空运输有关的广告，航空快递，航空食品，宾馆餐厅商店，地面设备制造和维修等项目。

公司现经营国内航线45条，国际和地区航线36条，飞往世界26个国家和地区的33个城市，通达国内大部分省会、主要城市和旅游热点，基本形成了一个以北京为中心的国内外运输网络。此外，公司还承担着我国党和国家领导人出访以及外国国家元首、政府首脑在华访问期间的专包机任务。公司的国际和地区航线的运输总周转量占全行业的3/4，国内航线运输总周转量占全行业的1/10。

公司目前拥有各种类型的飞机60余架。其中以波音系列为主的大中型飞机30多架。有目前世界上最先进、豪华、舒适的波音747—400（COMBI）客货两用机，406个座位的波音747—400全客机，以及载货量最大的波音747—200F全货机。

公司拥有第一飞行总队和23、24两个飞行大队，技术精湛，经验丰富。其中23飞行大队已连续安全飞行27年，第一飞行总队飞遍世界五大洲，在100多个国家和地区的200多个机场安全起降，创下了安全飞行38年的光荣纪录，在国内外享有盛誉。

中国国际航空公司在天津、内蒙设有两个分公司，在上海、广州、厦门、大连、深圳、西安设有6个办事处。在国外设有30多个办事处。公司拥有控股和参股的合资企业10余家，其中有北京飞机维修工程有限公司，北京航空食品有限公司，华力空运有限公司，北京航空工艺地毯有限公司和机上服务用品（香港）有限公司等。

中国国际航空公司的宗旨是为旅客和用户提供安全、舒适、快捷的航空运输和通用航空业务，坚持社会主义方向，全心全意为旅客、货主和用户服务，为国家经济建设和促进国际交往服务。

中国国际航空公司的经营方针是保证安全第一，改善服务工作，争取飞行正常，提高经济效益和社会效益。

中国国际航空公司的目标是，努力把自己建设成为一个深受国内外广大旅客、货主欢迎和信赖的、具有世界先进水平的航空公司，为发展我国的民航事业，为社会主义祖国的现代化建设，为促进中外政治、经济、文化的交流和合作做出自己的贡献。

单位名称：中国国际航空公司（英文名称：AIR CHINA）　　电　话：（01）4563220
法人代表：殷文龙　总裁　　传　真：（01）4563831
地　址：中国．北京．首都国际机场　　电　传：210327 BJKLH CN
邮　编：100621

发展中的北京地铁

北京地下铁道是我国第一条地下铁道，现有两条运营线路，全长42公里，30座运营车站。北京地铁一期工程1965年7月1日动工兴建，该工程东起北京火车站向西至石景山区的苹果园站，全长23.6公里，共设17座车站，1969年10月1日建成通车。北京地铁二期工程于1971年3月开始施工，二期线路从北京火车站东端起沿旧北京内城城墙向北经建国门、东直门，向西经西直门，向南到复兴门，全长16.1公里，共设12座车站并与一期线路在长椿街至礼士路区段相接，构成环型线路；北京地铁二期工程于1984年9月19日建成，并按马蹄形通车试运行。1987年12月28日，一线和环线正式分开独立运行。

北京市地下铁道总公司全面负责北京市地下铁道的运营管理和新线开发建设，是一个现代化、技术密集型的大型企业，具有地上地下建筑、车辆、供电、通信、信号、线路、机电设备、列车运行和行车组织自动化系统等各类专业技术；拥有整套自动化程度较高的行车指挥及运行保安系统；有独立的供电系统、通信系统、空气调节系统、给排水系统和照明系统。北京地铁现有职工1万余名，各种专业技术人员1 277人，电动客车326辆，各类运营生产设备17 766台套，具有地上建筑316 325万平方米，地下建筑217 704万平方米，固定资产总值17.9亿元。

北京地铁每天早5：10至23：00运营18个小时，全天共开行列车800多列，列车最小间隔3分钟，列车采用4至6辆编组。目前，北京地铁日均客运量为125万人次，星期日145万人次，重大节假日高达170多万人次。1992年运送乘客4.28亿人次，占首都城市公共交通运输总量的12%。北京地铁的建设与发展，对于加快首都城市建设、繁荣首都经济、促进首都交通现代化事业的发展发挥着越来越重要的作用。

——坚持安全运营和新线建设双担一肩挑，是地铁事业不断向前发展的重要保证。1987年建成了复兴门350米折返线，实现了一线、环线的独立运营。1992年又建成了复兴门到西单的地铁工程。

——坚持把地铁的发展建立在科学技术进步之上，是地铁事业不断发展的重要条件。我们依靠科技进步先后解决了钢轨断裂检测与焊接，研制了地铁迷流的防护，特别是针对走电失火的隐患，完成了"地铁主保护系统"这一重大科研项目。1989年依靠自己的力量研制成功了第一组新型的宽体电动客车，结束了北京不能制造地铁车辆的历史。

——解放思想、转变观念，依靠改革开放为企业发展注入新的活力，是地铁事业不断发展的根本出路。我们确立了"一业为主、多种经营、以副补主、全面发展"的指导思想，成功地利用外资正在进行北京地铁一期工程综合技术改造和复兴门至八王坟新线建设，加快了北京地铁的建设步伐。

党和政府历来重视首都地铁事业的发展。1983年7月，中共中央、国务院原则批准的北京市城市建设总体规划地铁路网方案为"一环七线"，总长度为236公里。这八条线分别是：

一号线：苹果园至通县，全长50公里；二号线：为现有的环城线，全长23公里；三号线：香山经颐和园、西直门到首都机场，全长50公里；四号线：清河经积水潭、宣武门至永定门，全长24公里；五号线：和平里经雍和宫、崇文门至宋家庄，全长15公里；六号线：莲花池经八里庄、阜城门、朝阳门至焦化厂，全长27.5公里；七号线：丰台至大郊亭，全长22.5公里；八号线：大屯经鼓楼、前门、永定门至红星乡，全长24公里。

为了配合争办奥运和适应首都城市建设的发展，市政府有关部门正在重新修订北京地铁路网规划。目前，我们已完成了"东南北线"、"西颐线"等线路的可行性研究工作。北京地铁现已进入了一个新的历史发展时期，地铁复兴门至八王坟新线正在全面施工，此项工程计划1996年建成通车。届时长安街下将有一条交通大动脉投入运营，将为缓解长安街交通紧张发挥重要的作用。

解决城市交通问题的根本出路是发展地铁。随着改革开放的不断深入和市场经济的不断发展，我们要在十四大精神指引下，解放思想，奋力开拓，不断加快首都地铁建设的步伐，为解决首都城市交通问题做出新的贡献。

单位名称：北京市地下铁道总公司　　地　址：北京西城区北河沿2号
法人代表：高毓才　总经理　　邮　编：100044
电　话：8320575

上海市政实业总公司

上海市政实业总公司是由上海市市政工程管理局根据《中共中央、国务院关于加快发展第三产业的决定》的精神，为适应社会主义市场经济和深化内部改革需要而投资建立的，集经营、管理、服务为一体的全民所有制企业。

上海市政实业总公司下属有工程技术咨询部、上海市政实业总公司房地产经营公司、上海市政工程监理技术咨询公司、上海软土地基处理公司、上海市政综合经营公司、上海市政业达贸易公司等。其经营门类十分广泛，包括土木工程、机电、环保专业领域内的技术咨询，工程监理，地基处理的设计和施工，市政配套项目的建设单位工作，房地产开发和咨询，物业管理，室内装璜，建筑材料，金属材料，化工原料，设备购置和租赁，机电产品及配件，五金交电，皮革制品，橡塑制品，日用百货，文化用品，劳防用品，服装鞋帽，钟表眼镜，食品和副食品，仓储等。

上海市政实业总公司实力雄厚，技术力量强，公司成立后先后承接一大批咨询、监理、施工项目。咨询项目有：漕河泾新兴技术开发区三期市政配套工程，长宁市西工业小区市政配套工程，浦东陆家咀开发区舍杨住宅小区市政配套工程，浦东六里工业小区市政配套工程等，总投资达数亿元人民币。监理项目有：国家重点工程沪宁高速公路上海段中的8个标段，1993年上海市府一号工程浦东内环线全线和浦西内环线中南市、卢湾、长宁、闸北四个区段的道路下水道，浦东张江高科技开发区首期启动地块一期市政工程，1993年市府实事工程——外滩综合改造二期工程，上海合流污水治理工程9.1标，以及一批系统排水工程的监理项目等。施工项目有：沪宁高速公路上海段粉喷桩地基加固工程，浦东内环线罗山立交桥粉喷桩地基加固工程，合流污水治理工程中江泵站进水管加固工程等。此外，总公司还积极进行房地产开发，物业管理和各种经营贸易活动。公司并准备发展对外贸易，上海市政实业总公司正朝多元化的经营方向迈进。

上海市政实业总公司坚持“严守合同、竭诚服务、信誉第一”的企业宗旨，真诚同国内外客商、用户、社会各界洽谈业务，携手合作，互惠互利，共同繁荣。

历史带来新的机遇。上海市政实业总公司积极创造新的业绩，公司全体员工将团结奋斗，克服困难，发扬上海市政工人敢闯敢拼搏的优良传统，把握机遇，用实际效果、实际效率、实际速度和一流质量去迎接明天，为开发开放浦东，为振兴上海作出贡献。

单位名称：上海市政实业总公司　　地　　址：上海市浦东即墨路97号9楼
法人代表：黄元琇　总经理　　邮　　编：200120
电　　话：(021) 8862733　8862734

上海市公共交通总公司

上海市公共交通总公司是全国公共交通行业中规模最大的国有企业之一。在上海城市的形成、建设和发展中，公共交通业从无到有，逐步发展。随着上海改革开放步伐的加快、经济建设大规模展开和市场经济的进一步活跃，公交企业面临着乘车供求矛盾突出、道路阻塞严重、车况设备陈旧和经营机制尚未理顺的困难。近年来在政府的支持和社会各界的配合下，上海公交总公司开展综合整治，强化企业管理，努力挖潜增能，积极改革探索，取得了较好的效益和良好的信誉。

上海市公共交通总公司于1988年组建，现行政下属单位有13个汽、电车公司及机动车大队、电车供电所，共辖有150余个车队和23个车间；有客车制造公司等9个工业单位；并有驾驶员培训部、技校、中专、干校等4个直属单位。至1992年末，企业共拥有88 252名职工；7 000多辆各类大中型客车近100万座客位；27座大型或双层停车、保养场，44座郊区汽车中心站；经营运营线路474条，其中全日线121条、高峰线27条、夜宵线29条、郊县线170条、长途线89条、专线38条；线路总长度2.3万多公里，年总行驶里程3.8亿多公里，日均行驶近105万公里；年客运总量58.78亿人次，日均运客1 586万人次。企业客运的政策性亏损由上海地方财政予以补贴。企业兼营的客车制造年生产能力近900辆，汽、电车底盘生产600套；轮胎翻修11.4万条；年工业销售总额为1.66亿元。企业坚持“为经济发展、城市建设和人民生活提供优质服务”的宗旨，承担着占全市地面客运总量95%的业务，以其四通八达的线网和经济低廉的票价，成为绝大多数普通市民出行的主要工具。

一、坚持为市民办实事，多形式地缓解乘车供求矛盾。企业每年将新村小区、越江交通的乘车条件列为实事项目，集中新增能力，确保重点改善，近4年新辟、延伸线路129条。并通过股份制、中外合资合作等集资形式，共辟专线38条，切实缓解了全市大交通枢纽、浦东新区和“热点区域”的供求矛盾，一些市郊交通空白点得到了填补。企业还根据市场需求，在43条线路上开辟母婴、中小学生专车；为500多家企事业单位提供职工上下班定班车或直达班车；在18条主干线上实行头末班车招手即停措施；实行了盲人免费乘车和照顾70岁以上老人优先就座的服务项目等，适应了社会不同层次的乘车需求。

二、提高服务质量，争创文明服务和文明乘车的良好环境。企业结合每年的形势任务和各阶段工作要求，以“文明在车厢，奉献在岗位”系列活动为载体，推行有明确服务标准、统一服务用语、针对性操作要点的一套规范服务准则；通过设立社会特约监理网络、公开质量监督内容和举报电话、聘请社会抽样调查、健全奖惩制度等，建立了一套服务质量社会监理机制；通过与社会单位携手合作，创建了50多个公交文明集散点和文明站点，促进了社区精神文明建设。

三、不断深化改革，推进经营机制转换。企业积极探索适合公交特点的经营管理模式：全面推行了承包经营责任制、实施了方针目标管理、全面质量管理等管理方法；着手使4个郊区公司实行独立核算，“分灶吃饭”；推行了全员劳动合同制，实行了以岗位技能工资为主的结构工资制；并逐步引入了计算机管理，集群系统无线电通讯设施等现代化管理手段，加强了各项专业管理和基础工作；注重职工培训和人才培养，企业现有各类专技人员5 204人；企业的技术进步和科研工作取得一定进展，在电车穿越隧道、汽车节能、车辆检测等方面取得较好成效。

四、发展多种经营，逐步增强企业活力。企业贯彻“一业为主，多种经营”方针，瞄准市场需求，发挥人才、设备、技术、地域的优势，成立单独核算单位170多家，从事车身、站点广告、房地产开发、物业经营、客运出租、汽车修理、汽配销售、劳务服务、商业饮食等经营。既增加了企业的收入，又安置了公交富余劳动力。

上海公共交通总公司将进一步深化改革，推进经营机制转换，以合理线网布局，先进车辆装备、优质服务水平、齐全后方设施，为上海的经济腾飞和跻身现代化国际城市行列努力作出奉献。

单位名称：上海市公共交通总公司　　电　　话：(021) 3290106
总 经 理：黎干生　　联 系 人：办公室　谢大成
地　　址：上海市延安东路34号　　邮　　编：200002

中国国际旅行社总社

中国国际旅行社总社（China International Travel Service 缩写为 CITS）成立于1954年，是国家旅游局直属的、中国规模最大的一家以招徕接待海外来华旅游者为主营的全民所有制大型旅游骨干企业，固定资产总值1.32亿元。改革开放以来（1978—1992年）国旅总社累计接待外国游客近300万人，为同期全国旅游部门接待外国游客人数的23%；创外汇15.5亿美元。其中1992年，国旅总社接待海外旅游者达31万人，比上年增长32.5%，人天数达198.2万人天，营业收入总额7.42亿元人民币，利润总额4 845万元人民币。根据国家旅游局公布的《关于1992年度全国一二类旅行社业务情况的通报》的200家旅行社的经营情况，国旅总社在四项指标中，营业收入、利润总额、外联人天数三项指标排行榜中名列第一。

国旅总社的组织机构设置为4个办公室，19个业务部。现有员工近900名，其中包括达20多个语种的、经验丰富、业务熟练、熟悉国际旅游市场的外联销售和经过严格考试合格的翻译导游队伍以及各类高级经营、开发和管理人才。

国旅总社与世界上100多个国家和地区的800多家旅游商社建立了经常性的、相互信赖的业务合作关系，并已在日、美、法、比利时、瑞典等国家设立了多家全资子公司和业务机构，形成了一个稳定的国际销售网络。在国内各地有147家国旅分支社，并与航空公司、铁路、游船公司、酒店、餐馆等各方面建立了良好的合作关系，与国内各地的100多家饭店签有订房合同，形成了一个完整的接待网络，为海外旅游者提供高质量的“食、住、行、游、购、娱”综合服务。国旅的宗旨是：顾客至上，质量第一。

国旅总社提供的旅行服务项目主要有：团体旅游、散客和家庭旅游、专业旅游、探险旅游、会议接待、展览会及地面服务，为过境旅游者和在华外国人提供旅游服务，为驻华外国人出国旅游提供服务，在接待国内旅游、中国公民出国旅游方面也有较大发展，与国际旅游急救组织有多年合作关系。国旅总社注重旅游产品开发和完善，其产品丰富多彩，价格合理，营销灵活，服务优质，深受游客欢迎。

面对国内外旅游市场竞争日趋激烈的形势，国旅总社努力转换企业经营机制，坚持以市场为导向，力求市场战略上高人一筹，营销策略上招招领先，进一步扩大其在海内外的影响，全方位占领市场。在企业内部大力推行各项工作的标准化、规范化、程序化管理，积极开发和应用先进的电脑技术，已建立了国际电脑预订系统，将国旅产品信息发布到世界各主要国家和地区的25万个零售商的电脑终端上，直接接受旅华预订。并且还建立了国内同行业中第一个跨地区、跨行业的经营性的电脑预订网络。与此同时，加强旅游专业人才和管理人才的选拔、培训和使用，建设一支优秀的员工队伍，为企业的长远发展奠定坚实的基础。

近年来，国旅总社按照一业为主、多种经营的方针，相继在北京、上海、海口、三亚、杭州、桂林等地投资，拥有一批参股和控股的航空公司、汽车公司、餐饮、购物、娱乐、商贸、饭店管理、咨询开发等企业，资产总值约3.53亿元。

1989年3月，为适应形势发展的需要，经国家旅游局批准，国旅总社和各分、支社组建了国旅集团。1992年6月，国务院经贸办正式批准、国家工商局办理集团登记手续。国旅总社作为集团公司是国旅集团的核心企业，在壮大自身实力的同时，积极推进集团的紧密化，逐步完善国旅集团的结构、功能和联结纽带。国旅总社内部已经实现计算机辅助业务和管理网络，对外国旅集团国际电脑预订系统和国内各主要旅游城市的预订网络系统的开通，使我国旅游业由传统作业方式向现代化迈进，走上了大生产、大市场、大流通的发展道路。

国旅总社积极探索在旅行社、旅游投资、旅游交通、饭店管理、工商贸易和金融咨询等方面业务的全面发展，努力把国旅建设成为一个以旅行社为主业，综合性的、多功能的、法人股份制为基础的跨国集团公司，为中国旅游业的发展做出更大的贡献。

单位名称：中国国际旅行社总社　　电　　话：6011122（总机）/6012055（值班室）
地　　址：北京市复兴门内大街103号　　电　　传：22350 CITSH　CN
邮　　编：100800　　传　　真：6012013/6059512

中国旅游服务公司

中国旅游服务公司系国家旅游局所属的经销、生产各类旅游商品、物资的全国性公司，于1979年经国务院批准成立，国家工商局注册登记，具有独立法人资格。

公司业务范围：经销全国旅游商品、物资及设备、旅游汽车和汽车零配件；三类商品的进出口业务；旅游行业对外技术交流和培训；经营免税商店；旅游商品的开发、生产和销售；承办全国旅游商品展销订货会；旅游设施的改造装饰业务。

公司下设：物资供应部、开发部、装修部、中国旅游清洁公司、总经理办公室、财务部、政工人事部、审计室、总务部等。此外，还有中国旅游服务公司福州开发区分公司、北京朝阳极地制冷设备经营部和本味庄餐厅等经济实体。各主要部门的职能和服务内容是：

物资供应部：是为全国旅游行业提供商品物资的部门。物资供应部下设机电设备科、汽车业务科、对外贸易科、饭店用品科、食品饮料科、汽车零件科、财务科、极地制冷设备经营部及中国旅游服务公司扬州五星毛毯厂。

开发部：负责运用国家投资、外资及企业自筹资金，统一开展旅游商品生产和旅游服务设施项目的投资开发和经营管理工作；动用灵活多样的合作形式，开发旅游商品，拓展公司业务，从事商贸活动。

装修部：是专门负责全国旅游饭店装修工程和进口装修材料、设备的业务部门。目前公司拥有国内外专业设计师、建筑师、机电工程师、高级技术人员组成的技术骨干队伍和训练有素及工种齐全的施工队伍，可承接各种装修装饰工程和办理各种装修材料、设备的进口业务。

中国旅游清洁公司：是经国家工商行政管理局注册登记的专业清洁公司，已于1992年加入国际清洁用品商会（ISSA），并于同年成为美国著名清洁设备生产厂家Clarke中国总代理，现已在全国各大地区设立了经销点。

中国旅游服务公司成立十几年来，在全国各地已拥有40余家地方性公司和15家直属或联营企业，构成了一个集旅、工、商、贸相结合的全国性专业公司。

中国旅游服务公司自创办以来，本着顾客至上，服务第一的宗旨已与全国1 000多家旅游宾馆（饭店）、旅游汽车公司以及其他有关部门建立了密切的业务关系，与亚洲、欧洲及美洲众多的贸易商社和厂家有着广泛的业务往来，在国内外享有良好的信誉。中国旅游服务公司真诚希望发展扩大与各界朋友的联系与合作，为发展我国旅游事业做出更大的贡献。

单位名称：中国旅游服务公司　　电　　话：4663870，4668849

法人代表：刘日青　总经理　　传　　真：(01) 4677859

地　　址：北京市三环北路1号　　电　　传：210344　CTSC CN

邮　　编：100027　　电　　挂：2711 北京

海南省旅游总公司

海南省旅游总公司是海南省政府直属的大型旅游骨干企业，是国家一类旅行社，拥有分布在岛内各地的海口宾馆、三亚金陵度假村、通什度假村、通什旅游宾馆等星级宾馆以及海外旅游公司、海南商品服务公司、海南旅游汽车公司、天马国际旅行社、海南儋州旅游置业公司、海南旅游房地产公司等全资企业，并对海南五洲旅游股份有限公司控股，在香港设有办事机构。总公司下设办公室、人事部、计财部、国内旅游部、海外旅游部、航空部、进出口贸易部、房产证券部、企业发展部等业务部门。总公司系统共有 1 200 人。

1988 年 4 月，党中央、国务院批准设立海南省办经济特区，原海南行政区旅游局易名为海南省旅游总公司，成为独立核算、自负盈亏的具有独立法人资格的经济实体。总公司成立后主要开展了国际旅游和以新、马、泰三国旅游为内容的海外旅游。1990 年被国家旅游局批准为一类旅行社，成为海南省首家一类社。面对海南旅游市场竞争日趋激烈的现状，公司作出了走旅游、贸易、房地产开发、金融证券、航空业务相结合的多元化经营的决策，提出了“靠改革启动、靠两航（行）起飞，靠开拓续航”的发展思路。经过全体职工的共同努力，总公司发生了巨大的变化，1992 年各项工作取得了历年来的最好成绩：共实现利润 1 072 万元，比 1991 年增长 330%；共接待境内外旅游团 988 个、旅游人数 39 561 人，比上年增长了 164%；进出口贸易创汇 208 万美元；资金总投入 6 698万元，比上年增长了 737%。目前总公司资产净值已达 2.6 亿元，是 1988 年的 550%；完成了海口宾馆的规范化改制工作，成立了海南五洲旅游股份有限公司；恢复进出口贸易经营权，取得二级房地产经营权、国际机票代理权；开发了证券业务；在省内外 7 个城市设立了分支机构，经营区域从海口辐射全国各地。

“三靠”工作思路，使总公司经营范围从单一的旅游接待发展成集旅游接待、宾馆服务、旅游商品、汽车、房地产开发、进出口贸易、航空、金融证券为一体的跨地区、跨行业的多元化经营的企业集团。

靠改革启动，就是以最大限度地调动人的积极性为核心，进行人事制度和分配制度改革。一是“以工作辨是非、以贡献论英雄”的原则指导下，搬掉铁交椅，对干部实行聘任、职工聘岗为内容的人事制度改革。二是打破铁饭碗，在分配制度上实行超产提成，经营部门工资奖金同利润相挂钩。三是在下属企业领导中推行经营目标责任制。

靠两航（行）起飞，一是根据海南四面环海的特点，靠抓航空业务解决旅游接待的咽喉症结，方便游客进出岛。近年来联营了海口——香港、北海——香港等航线包机业务，取得了中国民航局颁发的国际机票经营许可证，国内机票代理量也日益增多，并先后在儋州、通什市等省内主要旅游地区设立了航空票务中心。二是同海南省建行、海南南华金融公司、天津信托投资公司、安徽安庆市人民银行、池州银行等省内外各金融机构建立广泛联系，引入 6 698 万元，解决困扰公司发展的资金问题。

靠开拓续航，是总公司的发展宗旨。1992 年总公司开始开拓房地产业务，先后在海口、三亚、陵水、洋浦、山东威海等热点地区取得 2 000 多亩土地的使用权，在洋浦附近开发了春阳园高级别墅区。同时，我们通过向三亚亚龙湾开发股份有限公司、海南南华金融公司、中海联置业股份有限公司、海南恒源信托投资股份公司等企业参股投资近 3 000 万元，扩大了公司的经营范围，分散了经营风险，壮大了实力，使总公司有较稳定的经济收益来源。

总公司将继续走多元化经营之路，在层次上、规模上、功能上更上一层楼，力争在现有的水平上用三至五年时间，使总公司发展成为集旅游、加工业、贸易、房地产开发、金融证券、航空业务为一体的跨国集团公司，努力实现国内外旅游年接待人数达到 10 万人次，年创汇额超千万美元，年实现利润突破 1 亿元人民币，为我国旅游业发展做出贡献。

单位名称：海南省旅游总公司　　电　话：774679
法人代表：张纪南　总经理　　传　真：773647
公司地址：海口市机场东路 8—1 号海旅大厦六楼　　邮　编：570003

厦门南方旅行社

厦门南方旅行社创建于1991年10月，是一家军办全民所有制企业。

下属机构：南方旅行社目前拥有：旅行社、厦门招待所、厦门接待处、南盛商贸公司、商务中心、车队、电子娱乐中心等多家下属企业。下设有办公室、外联部、公关部、旅游部、组团部、接待部、贸易部、客房一部、二部、三部、餐厅一部、二部、三部、工程部、康乐部、车队、总务部、财务部等21个职能部门，是一家集旅游、商贸于一体的中型企业。

企业精神及宗旨：企业的发展有赖于企业精神的发扬，南方旅行社信守的企业精神是“热情、周到、守信、实干、创优”。服务宗旨是：“发扬优良传统，全心全意为人民服务”。

专业人员：至1992年底，全社共有员工128人，专业人员43人，其中有中级职称4人，初级职称39人，为员工总数的33.6%，形成了一个专业人员的梯次队伍。

经营范围及资产规模：南方旅行社以经营中国公民国内旅游业务为主，兼营贸易、住宿、饮食、汽车营运、工程承建、房地产开发、娱乐等，与全国各地168家同行建立了协作关系。

1992年底，全社固定资产620万元，配备了传真机、电脑系列等自动化管理工具；拥有各种大小车辆22台，成为厦门市国内旅游最大车队；有高、中、低多档次的客房168间，床位520张，设备齐全，住房率85%以上；有等级餐厅供旅客任选就餐，并有供旅客娱乐的卡拉OK厅、康乐游艺中心等综合性娱乐场所；配有闽南语、粤语、客家语、英语、日语、国语等语种的导游队伍。形成集吃、住、行、游、购、娱乐、商贸于一体的经营网络。

主要成绩及影响：经过两年来的艰苦创业，南方旅行社发展迅速，在强手如林的旅游市场竞争中占取了较大市场，出现了超常规跳跃式的发展，取得了较好的经济效益。1992年接待旅游团队和各种会议团体12.9万人次，车辆营运达23万人次，营业额达467.23万元，实现利税209.3万元，年人均创利1.6万元，完成上级下达经济指标的290%，比上年增长131.9%。南方旅行社在重视经济效益的同时，也十分注重社会效益。仅一年中，为“希望工程”、灾区、老区人民捐款5.6万元，经常义务为学校、医院、街道派车服务。开展为旅客加工特殊食品，义务代客洗衣，寻查亲友等特殊服务。

南方旅行社的崛起和迅速发展令同行刮目相看，在特区树立了军办企业的良好形象，赢得了社会的普遍赞誉，被当地政府评为“社会治安综合治理先进单位”；在“’92中国友好观光年”活动中，被福建省评为“旅游行业先进集体”；《人民日报》、《解放军报》、《中国旅游报》、中央电视台、中央人民广播电台等16家新闻单位对南方旅行社的发展状况进行了综述报道，全国政协主席洪学智将军挥毫为该社题词：“发展旅游事业，为经济建设服务”。使南方旅行社在国内旅游界的知名度不断扩大。在1993年6月召开的中国国内旅游协会首届全国代表大会上总经理张春生当选为理事，并在大会上介绍了经验。

发展规划及战略：立足厦门，在武夷山组建分社，北京、上海、福州、石狮设立接待站和进一步搞好现有经营项目的基础上，向深度广度发展，大力开发房地产业，加快高档次客房大楼和上档次、上规模的星级宾馆基建工作，争取在1995年底正式开业。在晋升办好二类社的基础上，进一步拓宽业务，向高层次发展，申办一类社。把生意做到港、澳、台和国外去。使之成为一个跨地区、跨行业，具有内引外联，立体经营的集团化大企业。

单位名称：福建省军区厦门南方旅行社
法人代表：张春生 总经理
地　　址：厦门市镇邦路59号
电　　话：(0592) 256387 256386
传　　真：(0592) 256387
邮　　编：361001

锦西市旅游局旅游资源介绍

锦西市位于辽宁省西南部，不但有得天独厚的地理位置、便利的交通条件和古老灿烂的历史文化，更有丰富奇特引人入胜的旅游资源。国家级风景名胜区兴城，集明代古城、温泉、首山、海滨、辽东湾第一大岛菊花岛于一地，风光名胜得天独厚、浑然一体。兴城的古城，始建于1428年，是我国现存唯一完好的明代城池。城内著名的明代商业街和街上的两座高大祖氏石坊及保存完好的建于1403年的古文庙及城墙上的魁星楼等，更给古城增加了浓郁的古代商业、军事、文化艺术色彩。

兴城温泉发现于唐朝初年，距今已有1 300年的历史，远在辽金时代就已闻名。北宋以后的多位文人墨客曾对温泉留下了赞美的诗句。兴城温泉是由地下熔岩作用形成的天然矿泉，水温达70余度，水中含多种矿物质和微量元素，对于风湿性关节炎等多种疾病具有很高疗效。现在温泉水疗已成为兴城60余家疗养院必不可少的康复保健手段。

被称为兴城五宝之一的首山峰峦俊秀，松柏常青，野草繁茂，山谷幽深，怪石嶙峋、威武险峻。每到夏季，当白云笼罩峰峦的时侯，常呈现出兴城八景之一的“三首云冠”。首山中峰上有直径为13米的烽火台，西侧有寺院朝阳寺。近年来山上新建了楼、台、亭、阁、塔多处。首山西临古城、南面大海，是游人观山、望城、看海的好去处。

兴城海滨有一座长2.5公里的美丽浴场。在浴场入口处有一座高大的汉白玉牌楼和花岗岩雕刻的菊花女塑像。弧形的海岸边有样式新颖各异的亭台楼阁、旅店、餐馆、照相馆、货摊、疗养院、兴海公园及观海亭“三礁揽胜”等景观。神洛大世界和西游记宫等游乐项目也均距海滨浴场不远。海滨每年吸引数百万游客。特别是这里一年一度的“七月海会”，使海上竞技项目、文艺汇演、商品展销、空中旅游、焰火晚会等活动荟萃一起，成为“闹海的盛会”。

菊花岛是渤海湾中第一大岛，面积13.5平方公里，岸线长20.59公里。远在辽金时代该岛曾是闻名遐迩的佛教圣地。岛上风光旖旎、古迹繁多。锦西市政府已决定将菊花岛开辟成国际游乐城，以适应国内外旅游者的需求，促进锦西经济的发展。

独一无二的水上长城——九门口长城，座落在绥中县境内，是辽宁省内保存最完整的一段明代长城。长城下9个高大的水门跨九江河巍然矗立；雄伟的长城随山势蜿蜒起伏；山青水秀，别具风采。此景区距山海关仅25公里，距碣石宫遗址24公里，是辽宁省重点旅游开发地带。

碣石宫遗址是秦汉大帝国统一多民族国家形成的象征，具有极高的文物、历史、科学和旅游价值。北行宫南临渤海，距海边数百米。

碣石宫遗址对面的海中不远处，耸立着3块巨型礁石，这就是历史上赫赫有名且争论已久的“碣石”。此石近海而立，在附近的黑山东观此石，它仿佛是一只褐色的雄鸡屹立海面，扬颈啼鸣；在墙子里村正面观此石，它又宛如一位少妇携一双儿女正望海盼夫。这一带的海滨是国内少有的天然优良浴场，海域壮阔、空气清新、滩缓无礁、水碧沙白。据有关人士透露，这一带的海滨浴场仅次于我国海南岛三亚市的牙龙湾海滨浴场。

绥中县内的景点还有，朱梅墓园、妙峰寺双塔、凌云阁、园通寺、前所古城、前卫歪塔、明代边墙、将军湖等。

新划入锦西市的建昌县有盛产猕猴桃及200多种草药的绿色明珠大黑；有主峰高954米，生长着近90万株柏树和古松并具有古庙、点将台和八大山景的县级柏树自然保护区—柏山；还有瀑布、水潭和由13个山洞及古庙清泉组成的云山洞等。

在锦西市所辖的3个区内，有雄伟壮观、物产丰富的虹螺山；天水一色的虹螺湖；庄严肃穆的塔山阻击战烈士纪念塔；规模宏大的道佛两教胜地灵云寺；建筑别致、水雾蒸腾的圣水寺；因石柱石笋石花遍布而宛若仙境的霄云洞，传说神奇雕工粗犷的沙锅屯石塔；距今7 000多年的新石器晚期人类遗址沙锅屯洞穴遣址；水质优良水量充沛的甜水河子矿泉，以及正在开发建设中的龙湾海滨浴场等。

锦西依山傍海，物产丰富，气候宜人，经济发达、文化繁荣、旅游资源丰富多彩、旅游接待和服务能力优良上乘，是个令人瞩目、值得世人驻足畅游的好地方。

（锦西市旅游局）

成都饭店

成都饭店位于四川成都蜀都大道东段，国家四星级饭店，是中外佳宾的理想下榻之处。从1986年底开始，用半年时间，高质量、快速度地完成了成都饭店全面改建工程，1987年5月18日，正式宣布开业。

改建后成都饭店拥有标准房、套房、豪华套房及贵宾商贸间296间，室内设有中央空调、卫星电视、程控电话、音响系统、电冰箱，以及具有国际标准的卫生间、现代化消防系统等，使您感到方便、舒适、安全。

成都饭店的餐食服务丰富多彩，品种齐全，有可供1 500人同时进餐的国内首创“蜀乐宫川菜艺术表演餐厅”和各具特色的宴会厅、小餐室、西餐厅、食街及韩国烧烤餐厅，供应中外宾客零餐、大中小型宴会、冷餐会、鸡尾酒会、风味餐、自助餐、名特小吃等。还设有国际商场，主要经营“名、优、新、高”的旅游商品，品类繁多，质量第一，让顾客随时都能买到称心如意的优质商品。

饭店还为宾客提供多种形式的服务和健身娱乐设施，有美国进口的全套健身器材，英式台球、桑拿浴、迪斯科舞厅、卡拉OK歌厅、室内恒温游泳馆、网球场、高尔夫练习球场、啤酒园、棋牌阁、高级酒吧，最近，还向广大宾客推出了“成都饭店蔓莎梨园剧场”，主要表演高水平川剧，并销售川剧艺术服饰、脸谱及名家字画等。同时还提供先进的电讯、邮政服务、外币兑换、商务中心、出租车队，飞机票、火车票代订服务、国际会议厅、国际时装屋等服务设施，完善的配套服务，让顾客感到处处方便、满意。

成都饭店十分重视对内部的经营管理和对服务人员良好素质的提高。由于饭店始终坚持以“宾客至上，全优服务”为宗旨，经常受到中外宾客的赞扬，1987年被评为“全省旅游系统优质服务竞赛”的先进单位，荣幸地被国家旅游局吸收为中国旅游饭店协会会员。1992年跨入豪华四星级饭店，经过全体职工的艰辛努力，各项经济指标均有较大幅度的增长，在营业收入、接待宾客总数、接待外宾天数、利税、外汇收入、客房出租率、外宾比率7个方面均创历史最好水平。

单位名称：成都饭店　　地　　址：成都市水碾河路
总 经 理：杜玉明　　邮　　编：610066
电　　话：441604

京通饭店

京通饭店于1986年8月建成并正式营业。现有职工123名，固定资产800多万元，建筑面积1万多平方米，有客房184间，床位550个，设有大小餐厅10个，大小会议室6个，并设有商品部、理发室、车队、洗衣房、电话总机房及供热等附属设施。客房内设有卫生间、彩电、电话、沙发床、沙发、写字台、空调或电风扇。1991年被北京市物价部门定为一级旅店。

饭店自开业以来，注重职工的思想政治工作，不断对职工进行马列主义基础理论教育，革命人生观、价值观教育，以及优质服务、职业道德和艰苦奋斗教育，努力建设一支政治合格的服务队伍。在繁忙的工作中，饭店多次组织干部、职工外出学习，参加军内外职业培训，组织岗位练兵和竞赛，并在实践中不断总结经验，不断提高服务质量和业务技能。在管理方法上，为适应改革开放的新形势，为国家多创效益，企业实现了以量化管理和经营承包责任制为主体的经营机制的转换，并制订了一整套符合本店特点的管理办法，建店以来，饭店以优质的服务、合理的价格、安全舒适的环境受到军内和社会的普遍赞扬，社会效益和经济效益逐年提高，其床位利用率每年平均在93%以上，年创利税逐年增加，今年可望超过200万元。由于全店同志的共同努力，多次受到总参通信部和当地政府有关部门的奖励和好评。

单位名称：京通饭店　　地　　址：北京海淀区万寿路乙27号
法人代表：席道瑜　总经理　　邮　　编：100036
电　　话：6846405

成都长城商厦

一、基本概况

国营成都长城工贸部，系军办大型全民所有制企业，新设立的长城商厦，是现代化的大型精品商场，经营场地达4 000平方米，豪华装修，以经营中高档进口商品和荣获国家质量金质奖的家电产品、食品、精品、礼品、化妆品、百货、皮革制品、钟表、服装为主。

长城工贸部以工为依托，贸为窗口，是上海上菱电冰箱总厂指定的四川特约经销商，中国雪柜有限公司指定的华凌冰箱四川代理商，是无锡洗衣机总厂指定的小天鹅洗衣机四川代理商。长城商厦拥有第一流的商品，一流的服务，深受广大消费者的喜爱和信赖。

长城工贸部是四川省首家评为《无伪劣假冒单位》及《诚信经营企业》，银行《特级信用企业》。成都市技术监督局、市消费者协会与长城商厦共同建立了《质量咨询跟踪服务站》长城工贸部，长城商厦连续7年被军队评为先进企业。

二、成绩和经验：

长城工贸部创办于1985年2月，白手起家，艰苦奋斗，锐意进取，近5年来，实现锐利800多万元，上缴国家税金400多万元，共解决社会待业青年1 000多人次就业。1993年1—7月完成销售收入近3 100万元，实现税利200多万元。企业在社会上得到了充分的肯定，知名度大大提高。所有这些归结于以下几个方面：

(一) 长城工贸部有一个团结、务实、精干的领导班子，大家同心同德地搞好生产经营工作。

(二) 市场是企业的生存和发展空间，争取和赢得市场是搞经济工作的关键。商厦紧紧依靠全国有名气的、有名牌的生产厂家，把工贸部、商厦办成这些厂家在西南地区的窗口，与他们建立起良好的工贸关系。

(1) 坚持广泛宣传介绍，利用新闻媒介来沟通厂商、客户、消费者与工贸部和商厦之间的了解和感情联络，提高知名度，增大辐射面，也是工贸部、商厦经营上的一个成功之举。

(2) 掌握信息，做出决策，采取出奇以绝，独道经营的策略，前几年许多人一窝蜂赶时髦，经营同一种走俏商品的时候，长城工贸部却独辟蹊径转向经营以荣获国家金质奖和国际金奖的冰箱、洗衣机、音响为主的家电产品，经受了市场疲软的考验，闯出了一条新路。

(3) 售后服务已成为继价格之争，质量之争以后的第三次竞争。长城工贸部，长城商厦为了满足客户和广大消费者的需求，克服人员不足，设备新置，场地紧张的困难，组建了由6个维修站为基础的技术服务部，脚踏实地为消费者服务，深受赞扬。

(4) 合法经营，严格管理。工贸部在经营活动中，遵纪守法，坚持走合法经营之路。

(三) 既讲经济效益，更重社会效益。

长城工贸部、长城商厦始终坚持军办企业要带头讲政治，标准要高，完成任务要好。一手抓物质文明，一手抓精神文明，从而形成了自己特有的企业文化和企业形象。1990年，出资10万余元与四川日报共同举办了“长城工贸杯”巴蜀文化知识竞赛活动，得到社会各界的充分肯定和高度赞扬。

长城工贸部、长城商厦将继续努力，炼就一支德才兼备的优秀职工队伍；向国际市场挺进；将行业从商业扩大到餐饮娱乐、期货、文化旅游等行业，逐步形成集团化经营，使长城工贸部、长城商厦上档次，迈向更高的台阶。

单位名称：成都长城商厦　　地　址：成都市西意龙街
总 经 理：孙惟烈　　邮　编：610015
电　话：673095　673428　673846

深圳三九大酒店

深圳三九大酒店是一家集食、宿、娱乐、办公和会议为一体的涉外国际三星级酒店，由深圳三九旅游服务有限公司经营管理，隶属深圳三九企业集团。

三九大酒店以巍峨、宏伟、钢铁长城般的英姿昂首矗立在深圳深南东路与沿河路交汇处的“龙头”位置上。酒店占地面积2万平方米，主楼15层，拥有各式豪华客房272间，写字楼100间。装饰风格典雅，设施设备齐全，有闻名遐迩的月光俱乐部、牡丹大酒楼、德兴城火锅海鲜酒家、幽静典雅的西餐咖啡厅和别具风味的天光阁川菜酒家；设有商务中心、医疗中心、4千平方米的大型停车场。另外，酒店还附设金饰珠宝金行、服装行、工艺画廊、美容美发厅、超级市场，并提供洗衣、代购车船机票、汽车出租、旅游等服务；备有豪华圆桌会议室，接待和承办各种大中型会议和商务活动。

三九大酒店自1991年底加入三九企业集团以来，对外充分发挥“三九”名牌优势，加强广告宣传，树立良好企业形象；对内不断强化“三九机制”，狠抓经营管理，取得了较好的经济效益和社会效益，开创了企业持续、稳定、协调发展的新局面。

1992年，是三九大酒店加强自身基本建设，打下坚实基础的一年。酒店通过“硬件”的改造，不断完善服务设施，大力提高优质服务，取得了良好的经济效益。全年开房率持续稳定在80%左右，营业收入2 233.58万元，实现利税834.34万元，创汇410万港元。

1993年，酒店进入了开拓发展的阶段。经过认真的市场分析，分别在惠阳淡水和广州承包经营了两家酒店。在预计今年深圳市旅游业将呈现滑坡趋势的情况下，酒店领导果断决策，于今年初提出了“投资一百万，打好广告战”的经营策略，加强了广告宣传，努力拓宽客源渠道，积极开展优质服务活动，塑造“微笑、周到、团结、高效”的企业形象，使三九大酒店在市场上赢得了广泛的声誉。1993年1—7月份，酒店开房率比去年依然有所提高，平均每月达80%以上。创利1 000万元，已完成全年利润任务。

在社会效益方面，三九大酒店以举办高规格的大型会议而名声鹊起。如“全国政法工作会议”、“全军医药工作会议”和“广东省巡警建设工作会议”等。还有一些著名的影视歌星，如刘晓庆、斯琴高娃和香港巨星黎明、梁雁翎等都慕名下榻三九大酒店，以致使三九大酒店在同行中享有着“明星”酒店的美誉。

三九大酒店结合旅游市场情况，经过研究和分析，制订了5年内实现税利1亿元的奋斗目标和发展规划：

一、在酒店后面再兴建一座亚洲一流的具有国际水准的81层“三九国际大厦”。这个项目的建筑设计方案已通过国家权威建筑专家的技术论证，得到总后首长、集团领导的大力支持。报深圳市政府的审批立项工作已基本完成可望于今年底动工。

二、通过联营和收购等方式，逐步建立起一个连锁酒店网。这是发展酒店业的基本目标。抓住时机，首先在全国的几个热点城市建几个酒店。现已在海南成立九辰实业有限公司，正在开发约20亩红树林，建造“红树林渡假村”；广州三九大酒店、淡水三九大酒店进入注册阶段，将于1993年底或1994年初开业。现正加紧在海南、上海、成都等地三九大酒店的筹建工作。根据形势的发展，我们还准备在香港购买酒店，作为进军国际市场的桥头堡，已派员到香港考察。做到看好、选准，建一个，见效一个，创企业发展整体效应。

三、坚持走企业多元化的道路。根据改革开放步伐的加快，珠江三角洲的发展日新月异，现正大力发展道路交通等基础设施，酒店已在江门成立了江门三九五色实业有限公司、新会三九采石场，积极参加这一地区的建设；酒店还利用深圳背靠有“花城”美誉的广州，在深圳建成占地10多亩的三九花木场，并把“三九”花卉打进港澳市场作为目标。

单位名称：三九大酒店　　电　　话：5548888
总 经 理：霍树荣　　传　　真：5533849
地　　址：深圳市深南东路2号　　电报挂号：6709
邮　　编：518002

北京市日用工业品批发交易市场

北京市日用工业品批发交易市场，是由北京市文化用品公司组建的北京市第一家全民性质的日用工业品批发交易市场。1992年7月开始营业，以场地租赁为主，兼有其他经营形式。

批发交易市场现已出租的营业场地8 000平方米，设有石狮厅、温州厅、瑞安厅、办公用品综合厅、食品包装机械厅和五金工具厅等7个展销营业厅，引进了全国各地10余个省、市、自治区的550多家企业进场经营。

批发交易市场为进场企业提供了3 100平方米的仓库，百余套写字间、复印、传真设备和150余部电话、以及运输、广告宣传、资金结算、人员的食住行和就医等一系列配套服务。

目前，批发交易市场的软硬环境已初具规模，商品的日销售额已达1 500万元以上，社会效益和经济效益显著。

批发交易市场由北京市文化用品公司副总经理张喜亲自挂帅，在建场初期就制定了“先予后取，放水养鱼”的原则。首先，为了创造让进场企业安心经营的必要条件，批发交易市场把场地出租费压到了全国同档次营业环境的最低价格以下，之后又再次降价，每平方米月租金仅60—80元，使招商工作进展比较顺利。同时大力开展各种形式的宣传攻势，广播、报导、广告、宣传资料等一起上，并免费宣传有影响力的厂家与商品，扩大市场知名度。由于批发交易市场经营方针正确，宣传有力，要求进场的企业十分踊跃。

其次，批发交易市场重视与进场企业的感情投资。市场定期召开进场企业人员座谈会和节假日联谊会，通报市场发展情况，公布宣传计划，发放慰问信，听取他们的意见和反映。有位进场企业的经理对市场的领导说：“你们待我们真好。尽管如今生意不好作，但我不想走。如果我要走，就永远不会来北京作生意了。”在提供服务的质量方面，批发交易市场本着周全、热心、节省的原则。周全就是围绕进场企业的经营活动开展一系列的服务，包括人员的吃、住、行、办公、洗澡、就医、商品的存储、运输、上下站、交易的发票、结算、通讯等。热心是指对客户有求必应，能解决的尽快解决，不能办的说明情况，讲清道理，并主动为进场企业解决一些实际困难，如代购机、车票等。节省就是从进场企业角度着想，能少收的费用就少收或不收，目前浴室、代购车船票等服务项目都是无偿的。

批发交易市场在抓好软环境的同时，在经营上也力求办出自己的特色。首先，吸取了其他市场的经验教训，以有特色的商品整厅包租为主。例如，由温州市政府牵头搞的温州厅，主要经营温州生产的皮鞋、服装，经营人员、商品质量、安全卫生、服务质量等都由温州人管理，避免了一些可能出现的问题。其次将零散进场户按经营商品分类，逐步调整摊位，突出整厅的特点。目前，批发交易市场综合厅已形成本市最大的经营办公用品的场所，仅笔类就有上千个品种。最后，为了保证进场企业的合法经营，市场制定了一套较为完善的管理规定，克服了一些市场只招商，不管理的短期行为，使进场企业真正感到进国营市场放心、经营安心。

批发交易市场的领导在完善各种管理制度的同时，还经常教育员工要时刻注意自己的形象，坚决制止对进场企业吃、拿、卡、要和依权压人的不正之风。市场领导严于律已，广大员工也严格要求自己，整体管理水平得到了很大的提高。

现在，北京市日用工业品批发交易市场虽然取得了长足的发展，今后仍准备在提高服务质量，扩大市场的经营规模上下功夫，同时加强信息工作，扩大市场的辐射范围和影响力，提高市场的知名度。

单位名称：北京市日用工业品批发交易市场　　地　址：北京市永定门外沙子口东革新里42号
法人代表：张喜　总经理　　邮　编：100077
电　话：7226251

北京市西单购物中心

北京西单购物中心是一个现代化的国营商业企业，于1991年1月15日开业面市。

开业以来，西单购物中心以“名特优新、高精专洋，质优价实”为经营方针，经济效益取得了很好的成绩，仅以1993年上半年为例，销售额为2.05亿元，与1992年同期相比上升49.62%，实现利润总额939.6万元，与上年同期相比上升22.89%，人均劳效1 200元，与上年同期相比上升43%，人均创利税14 500万元，与上年同期相比上升30%，在北京市同行业百家企业评比中，主要经济指标保持领先地位，其中人均劳效名列前茅。

把一颗热心、耐心、诚心、爱心奉献您的西单购物中心，“四心”精神已家喻户晓，以此为标准设立的百余项便民项目深受顾客的欢迎。在开业短短的2年里购物中心获得了“全国文明经营示范单位”、“北京市精神文明先进单位”、“商品质量好、售后服务好单位”、“物价、计量信得过单位”等光荣称号。

在改革的大潮中，西单购物中心勇于进取和开拓，立足于高起点，在劳动用工、人事和工资三项制度的改革上进行了大胆的尝试。1991年，在开业不到半年之际，“中心”在全市108家试点单位中率先实行了全员劳动合同制；1992年，“中心”对全部职能部室的管理人员进行了公开招聘和考核，将竞争机制引入管理层；1993年5月又在全场推动了全额浮动的《岗位工资制》，从而初步形成了职工有进有出，干部有上有下、工资有高有低的新型机制。中心三项制度配套改革的作法受到了上级主管部门的称赞，并在1993年上半年北京市企业劳动人事工资制度改革经验介绍会上进行了推广。

在此同时，中心人审时度势，充分利用改革开放的大好政策，扩大实力开办分店和精品专卖店，兼并商场成立了以西单购物中心为龙头的连体，为西单购物中心向集团化发展打下了坚实的基础。

在七运会即将召开之际，西单购物中心在全体职工开展了“迎七运、献四心、创四优、争星级”竞赛活动，在全场推行接待4种特殊顾客的40字规范用语，为进一步提高西单购物中心经营服务水平，为迎接七运争办奥运而贡献力量。

单位名称：北京市西单购物中心　　电　　话：6024695
法人代表：周建虹　总经理　　传　　真：6024657
地　　址：北京市西单北大街132号　　邮　　编：100032

北京燕莎友谊商城

北京燕莎友谊商城是一个具有国际水平的大型、多功能、外向型的豪华购物世界，也是我国首家商业合资企业。它的诞生标志着我国商业现代化发展水平迈上了一个新的台阶。

商城位于京东风景秀丽的亮马河畔，西南为第二使馆区，北侧为拟建中的第三使馆区，与周围20余家颇具规模的高级饭店、公寓相呼应，完善了本市及该地区的旅游服务体系。商城交通条件十分便利，距首都机场17公里，距北京火车站仅8公里，且有多条公共交通线路与之相连通。

商城的主体建筑是中、德、韩合资兴建的北京燕沙中心总建筑群的一部分，具有典型的欧陆风格。其建筑面积4万平方米，营业面积2.2万平方米，居北京各大商场之首，7层经营大厅在装饰上紧紧围绕所经营的商品特点，或豪华典雅，或欢快活泼、风格独特、韵味各异，并辅以自动扶梯、垂直电梯、中央空调、电视监控、自动报警等现代化设施，且全部采用计算机网络管理，为消费者提供舒适便捷的购物环境。

商城以海外旅游者、常驻外宾及国内较高档次消费者为主要服务对象，坚持以经营高档化、系列化、专业化商品为主的经营特色，本着“广开渠道，精心选择，高档为主，质量第一”的进货原则，荟萃了具有浓郁中国风情的旅游商品，历史悠久的地方特产和国外名牌精品等10余万种，其中有30%是来自美国、日本、法国、意大利、德国、港澳台等20多个国家和地区的进口商品。

商城在商品陈列上力求布局合理，通透性强，既考虑商品的自身特点，又考虑其相互之间的连带性，既考虑宾客的购物习惯，又考虑不同商品的交易频率等因素。另外，商城采用先进的敞开式销货方式，做到了90%的商品开架售货，促进了销售活动，密切了商城和消费者之间的关系。

商城在自己的诞生和成长过程中，不断探索，大胆实践，形成了先进的燕莎经营管理模式，那就是“以市场经济的思想武装自己的头脑，以严格而富于凝聚力的科学管理规范企业的行为，以中国特色和现代技术相结合的经营手段创造良好效益”。为了达到企业管理的规范化、科学化、现代化，商城首先按照“精简、统一、效能”的原则，建立起企业内部的组织机构和“统一领导、分级管理、层次清楚、责权分明”的管理体质。商城下设部室45个，配备了一支技术结构合理、文化素质较高的近3 000人的员工队伍。最高决策层设有高级经济师、高级会计师、高级工程师、中间管理层和执行层配备了各系列初、中级专业技术人才近300名，全体员工队伍80%以上是青年人，25%以上具有大专学历，80%员工具有一定的外语水平。同时，商城还通过各种专业培训和实践锻炼，不断提高员工队伍的整体素质。

商城为了在商业服务上创出一条新路，结合自身的特点，突出“多方位、多功能、高品味、快节奏”，设立了一系列的服务项目，其中包括函电购物、外币兑换、幼儿托管、验目配镜、化妆美容、量体裁衣、图章篆刻、装裱字画、送货上门、海外托运等，并在一层设有总服务台，不同楼层分别设有“贵宾接待室”、“顾客休息室”、“司陪休息室”、“茶道室”、“现场作画室”等，同时配备专人服务，供应冷热饮料和精美的小食品，使顾客感到宾至如归。

商城自1992年7月1日正式开业以来，坚持推进商业战线的改革开放，和市场紧紧地联系在一起，不断在经营、管理、服务上下功夫，取得了可喜的成绩，创造了年销售额5.5亿的高水平，在企业国际化道路上迈出了可喜的一步。

商城将不断开拓自己的经营潜力，为自己提出更高的奋斗目标，并以更饱满的热情在奔向“国内一流、国际水平”的道路上迅跑。

单位名称：北京燕莎友谊商城　　地　　址：北京朝阳区亮马桥路52号
总 经 理：郝树仁　　邮　　编：100016
电　　话：4651188

北京海淀花园路百货商场

花园路百货商场是1983年为安置待业青年就业而开办的劳动就业服务企业(简称劳服企业)。目前企业经营管理着一座2 300平方米的商业楼，4个附属商店，2个电器维修部，1个招待所，1万余平方米的仓储面积，累计325万元的固定资产。企业连续36次被评为劳动部、北京市、海淀区先进单位，1991年被北京市授予“质量管理奖”，1992年被北京市评为“首都文明单位”。先后有81人次被评为各级各类先进个人。商场经理叶世光同志1991年获得北京市精神文明建设奖章。

(一)坚持走深化内部改革之路，逐步完善内部经营机制。

劳服企业普遍存在经营场地简陋，业务渠道不畅，资金紧张，经营管理经验不足，职工队伍素质差的问题。针对困难，企业坚持走改革开放之路。从1986年开始进行了一系列的改革，年年都有新举措，1986年我们在企业中实行柜组长责任制，商场将销售、经营品种、小组差销率三项指标落实到组。小组有人事权、奖金分配权和一定范围的进销权。1987年，我们又将三项指标增加到五项指标(增加奖金利润额，资金周转天数指标)，同时实行综合百分计奖，上不封项，下不保底。1988年1989年企业实行了“经理责任制，干部聘任制，职工劳动合同制，工资分配浮动制”的四制管理制度。在劳服企业中率先打破了“铁饭碗”。1990年以来，实行了职工全员劳动合同制，并实行择优动态劳动组合。对不合格的职工撤岗场内待业。1993年企业在劳动分配上进行改革，实行岗位工资和效益提成工资。把职工的企业工资、福利补贴、奖金等全部停发，一律按完成效益提取收入。通过几年来一系列的改革，完善了企业经营机制，经济效益不断提高。1990年营业收入比上年增长8.2%，实现利润增长11%，1991年营业收入比上年增长11.9%，实现利润增长11.1%，1992年营业收入比上年增长15.2%，实现利润增长14%。企业经济效益的提高，促进了安置效益，现在安置待业青年占职工总数的70%。

(二)夯实基础，完善各项规章制度，开展服务工作全面质量管理。

按照商业企业管理的要求加强了基础管理，从商品质量、劳务质量、环境质量等方面逐步健全商场的各项管理制度。其中有：商品购进、商品验收、商品保管、商品销售、商品退换、财务管理、环境卫生管理、店堂卫生管理、设备管理等24种管理制度。商场根据业务分工设立了30个岗位，相应地制定了岗位责任制，2个奖罚条例和7个全面工作质量管理办法。商场努力按照科学化，规范化的原则，建立了全面质量管理机构，选配了专职人员成立全质办。服务质量工作形成了“纵向到底，横向到边”的三级质管网络。并结合各部门的实际情况绘制了商品购进、储存服务、质量信息等职能图和网络图共9种。同时狠抓制度的落实，坚持检查考核，采取百分计奖的办法兑现。通过检查评比竞赛，使商场的各项规章制度能够贯彻落实。

(三)加强两个文明建设，提高职工整体素质。

几年来，商场党支部、团支部、工会认真开展了精神文明的建设，加强了青年职工的政治素质、文化知识、业务技能的教育培训工作。我们制定了职工教育规划和年度职工教育计划，采取了脱产或不脱产方法，用走出去、请进来的教育方法。仅1990年请海淀区商委学校专职教师来办了4期全员优质服务脱产轮训班，共轮训200人。商场在1991年组织全体成员参加了“服务工作全面质量管理”电视讲座学习。商场现有90人分别取得了中央电视台和有关部委颁发的证书，80人取得了北京市一商局钟表眼镜学校颁发的合格证书。有64人取得了劳动部门颁发的服务二级岗位证书和6名会计证。通过业余自学和函授学习现有24名初中生取得了中专、大专学历。

商场由工会，共青团组织开展职工文体活动，成立了歌咏、足球、田径、象棋等队。同时企业还注重职工民主管理工作。为提高全体职工的参与意识，开展了“我为‘花百’增效益”合理化建议活动。商场8个柜组成立了QC活动小组，他们“自己选择课题，自己制定对策，自己解决问题”，这8个QC小组根据本业务柜组存在的实际问题，选择了不同的服务课题进行了攻关活动。有3个小组获得了劳动部、北京市先进QC小组称号。

单位名称：北京市海淀花园路百货商场　　地　址：北京海淀区花园路1号
法人代表：叶世光　经理　　邮　编：100083
电　话：202.1660

上海荣华鸡快餐公司

上海荣华鸡快餐公司属全民企业，成立于1991年12月28日，现有职工400余人。公司坚持“弘扬国货，大力发展祖国烹饪文化，发展我国的快餐事业”为目的，以“规模经营，科学管理，立足本市，面向全国，走向世界”为宗旨，几年来先后在上海、镇江、北京、天津等地开设14家快餐连锁店，它以其科学配方、连锁经营的优势，发展和壮大了荣华鸡快餐事业，为我国快餐业早日腾飞探索了一条科学之路。

一、荣华鸡快餐的特点

上海荣华鸡“色泽金黄、皮脆骨酥、肉嫩鲜滑、香味浓郁”，这种符合中国人口味的炸鸡，再配之以蛋炒饭、酸辣菜、咸菜毛豆、豆腐花、浓汤等辅菜，形成了荣华鸡套式快餐。其主要优势在于：1. 在价格方面，一客荣华鸡比同类型其他洋快餐便宜近1/3左右；2. 在口味方面，荣华鸡更适应中国人口味；3. 在配套服务方面，趋于更灵活、更方便。荣华鸡快餐的经销成功，使我国的快餐业跃上了一个新的层次，改变了以往快餐单一的格局。我们可以自豪地说：荣华鸡快餐已经以其优质、低廉、口味适中、服务配套灵活，达到了一流的快餐水准。问世3年来的荣华鸡累计营业额近5 000万元，利润1 000万元，收到中外宾客的表扬信3.4万余件，上门服务3.7万客，新闻报道78篇17万字，取得了很大的社会效益和经济效益，被上海市黄浦区科协列为星火计划项目，荣获优良品种一等奖。被新闻界誉称为“中国第一快餐”。

二、荣华鸡快餐成功的因素

1. 勇于竞争、敢于竞争，目标瞄准世界一流快餐。荣华鸡自始至终把竞争对手瞄准世界一流快餐。在环境美化、门面装修，服务卫生、广告宣传、社会公益等方面，吸取洋鸡的长处，发挥自身的长处，积极竞争，通过竞争，提高了档次，扩大了知名度，提高了品种质量。

2. 注重质量。荣华鸡快餐在上海乃至全国脱颖而出，成为洋快餐最有实力的竞争对手，这与其注重质量，视质量为生命的原则密不可分，承担加工腌制工作的工场，有一整套操作过程，在连锁店，炸鸡过程同样有严格的要求，不合格的品种绝不出售，并实行每月考核制，严格的考核是质量保证，这使荣华鸡在短时期里走上了一条欣欣向荣的大道。

3. 加强人才培训。企业文化的发展影响着企业的最终实绩。在荣华鸡快餐公司成立之后，就非常重视人才的培训，它实行了合格上岗，开门前培训、年度培训制度，制订了严格的规章制度，拍摄岗位教育专题录像片，使培训管理工作落到了实处。

4. 实行统一的技术标准。“五个统一”即门面标志统一，烹调配方加工统一，工作服饰、服务统一，管理统一，宣传口径统一。这五个统一形成了连锁店企业的系统性和规范性。

5. 注重公关宣传。发展快餐业，经营者除了抓好快餐的品种、质量以外，还要注重广告宣传，以此来扩大产品声誉。回顾荣华鸡的发展过程，有一条成功的经验，即经营者利用一切机会来宣传荣华鸡快餐系列。

6. 口味、价格符合消费者需求。快餐的口味是否适合消费者，价格有否竞争优势，对经营者来说是至关重要的。荣华鸡的价格定向始终符合群众的消费水平。

荣华鸡是改革的产物，在新形势下，将克服困难，为继续推进我国的快餐事业而踏踏实实地努力工作，为弘扬祖国的烹饪文化而奋斗。

单位名称：上海荣华鸡快餐公司　　地　　址：上海市南京东路819号四楼
委托法人：单明道　总经理　　邮　　编：200001
电　　话：3223560

中国国际贸易中心

中国国际贸易中心是中国对外经济贸易咨询公司和香港嘉里兴业有限公司共同合资兴建和经营的大型综合性商业服务企业。总建筑面积42万平方米，于1990年8月30日全面正式开业。

国贸中心座落在北京长安街东端，大北窑立交桥北侧，是北京的商务及外交区域中心，它集办公、公寓、居住、饭店、会议、展览、购物、娱乐设施为一体、被誉为“城中之城”。它包括38层国贸大厦和6层国贸西楼组成的写字楼，可提供61 000平方米的办公面积，是一个理想的办公场所。它的设计标准已达到国际一流水平，500条国际电话专线和3 000条直播电话以及卫星通讯设施，组成了巨大的通讯网，楼里装配有最高技术水准的楼宇自动管理系统，吸引了20多个国家和地区的230多家外商机构在此办公。

五星级的中国大饭店和四星级的国贸饭店，是由香格里拉管理集团管理，共拥有1 047间套房，服务周到，是具有国际一流水准的迎宾宾馆。

两栋30层的国贸公寓，可提供448套一居室、两居室和三居室的住房，室内设计新颖，设备齐全，每套公寓设有阳台，它除了为外商提供豪华、舒适、幽雅的居住环境，还增设了健身中心、游乐室、幼儿园和儿童游乐场等配套设施，并开办了早晚班车接送外国驻京人员的子女上下学，大大方便了在此居住的外国客户。目前，公寓里居住着各个国家和地区的370家住户。

一座7 600平方米国内首屈一指的现代化建筑风格的展览大厅，功能齐全、使用灵活，是世界各地的商业人士进行国际展览、促销、商业、贸易和信息交流的理想场所。与之相配套的还有国际会议大厅和宴会大厅。35家商店组成的购物中心、各种康乐设施、1 200个停车位的停车场以及22家不同风味的餐厅，为在此居住、为公和旅游的客人提供了衣、食、住、行的方便。除此之外，还设有邮局、银行、旅行社、航空公司、邮件快递等服务设施。使来国贸中心的客人，在一个屋檐下，解决一切想办的事情。

从1985年奠基开始，国贸中心一直遵循着文明、礼貌、高效、优质的企业精神不断开拓进取。施工期间，建立完善的质量管理体系，严格把关，使得整个工程质量高，本着多、快、好、省的方针，使国贸中心这样一个国内没有先例的大规模、高水平的中外合资工程在短时间内完工，并达到了国际一流水平。

开业前，国贸中心就开始对员工进行各个层次的培训，加强员工的服务意识和管理意识，同时狠抓管理，制定标准化、制度化、规范化的管理原则，使国贸中心的服务和管理水平达到世界水平。另外，国贸中心还制定并执行了“加强宣传促销、积极开拓市场、争创最佳效益”的经营方针。开业两年多来，为国家创汇2.2亿美元，仅1992年就创汇1.06亿美元。目前，国贸中心的写字楼和商场的出租率达100%，公寓出租率达95%以上，饭店客房出租率达80%。此外，还先后承办了各种大型会议、宴会5 000多次，举办国内、国际展览和博览会80多个，来国贸中心参加活动的各界人士达1 500万人次，取得了良好的社会效益和经济效益。

1992年亚太经社会第48届会议在国贸中心召开，李鹏总理和联合国秘书长加利出席，亚太经社会40个正式成员和10个准成员以及联合国其他国际组织的110多个代表团约700名代表出席了会议。1993年3月，奥委会检查团的12位检查团成员来京下榻在国贸中心，其会议中心设在国贸中心中国大饭店，短短的几天，国贸中心的服务给检查团成员留下了深刻的印象，他们评价说：国贸中心的设施和服务比巴赛罗那总部要好得多。当有人问接待检查团的服务人员，你们对检查团的服务与其他人员有什么不同时，服务人员答说：没有什么不同，来这里的都是我们的客人，无论对什么客人，我们都一样服务。国贸中心也正是本着这样一个宗旨，不断吸引着国内外的客人们。

目前，为了进一步适应改革开放的需要，满足国内外宾客的需求，国贸中心正在准备对现有设施，在原有基础上，进行改建、扩建，拓展业务，以适应改革、开放过程中国内外宾客不断增长的需求。

单位名称：中国国际贸易中心
法人代表：孙锁昌　董事长
电　　话：5052288
地　　址：北京建国门外大街1号
邮　　编：100004

成都物资企业（集团）总公司

成都物资企业（集团）总公司（以下简称总公司）于1993年2月组建，是全民所有制的大型企业，是具有法人资格的经济实体。总公司由市物资局、加上局机关1992年兴办的四川省成都进出口公司物资公司、成都物资综合工贸公司、成都物资房地产开发公司、成都物资经济发展公司和原局属成都物资贸易中心5个企业融合组成。总公司按融合的方案进行组建，既有利于发挥成都物资贸易中心在经营上的优势，又有利于发挥局机关工作人员有较高管理素质和综合协调能力的优势，也为新组建的4个公司开辟新的经营领域创造了条件，从而形成合力，有利于总公司的发展壮大。

总公司在人、财、物方面实行统一管理，财务实行统一核算，利税统一解交。为形成行业优势和规模经营，市物资局直属的11个企业在保持其法人地位不变，享有国家赋予的各项自主权的前提下，作为总公司的子公司，纳入总公司管理。

由于总公司系统是由总公司本部及其子公司组成，因此，不但具有人才、资金的优势，物资流通设施也有较好基础，全系统仓库占地面积165 258平方米（其中，库房、货棚4 029平方米，露天货场61 734平方米）；有5条铁路专用线、22台起重设备和近300辆汽车；还有目前西南地区最大的一条机械动力配煤线、一个金属回收料场。

为进一步发挥总公司系统的综合优势，扩大规模经营和提高规模效益，总公司除保持传统的经营优势外，将努力开辟新的经营领域。

首先通过多种业务渠道，继续发展与东南亚及独联体等国家和地区的进出口业务，努力实现进出口业务的更大突破；其次，大力开展房地产经营。总公司将从多方面努力，在有的项目已进行实际工作，并开始产生效益的基础上，促进房地产经营业务的更大发展；第三，要逐步增加对流通技术、设施和管理的投入，努力依靠流通技术进步，增强企业后劲。积极发展物资配送、集装箱运输、综合加工利用、信息服务等方面工作，将总公司建成一个懂管理、善经营、高效益的经济实体，使成都市的物资工作上一个新台阶。

单位名称：成都物资企业（集团）总公司　　地　　址：成都市青石桥路北街25号
总 经 理：刘俊杰　　邮　　编：610021
电　　话：661601

包头裕丰粮油公司

包头裕丰粮油公司（原包头第一粮食仓库）是内蒙大型粮食仓库之一。属中型企业。占地13万平方米。固定资产1 112.29万元，现有职工1 000多人，仓储能力在1亿公斤以上，吞吐能力在15亿公斤以上。铁路专用线两条1.36公里。防雨棚5 800m²，日处理能力200吨的烘干塔1座，提升塔3座，固定输送线950延长米。

几年来，我们以经济效益为中心，安全保粮为重点，积极转换经营机制，改变了过去统收统支，亏赔全部由国家包下来的局面。1981以来实现利税2 249.73万元。其中栈租利润356.05万元。多营利税1 893.68万元。从1985年至今，先后被商业部、商业厅、自治区、包头市评为全国粮食仓储先进单位、双增双节先进单位、经济效益先进单位、企业管理优秀单位、四无粮库、文明单位、自治区级先进企业、1991年又晋升为国家二级企业。法人代表李鸿锦主任兼总经理被评为内蒙和包头地区优秀企业家，被商业厅、财政厅授予优秀主任。

首先，解放思想、更新观念、积极转换经营机制，使企业由管理型转变为经营型企业。对于国家的重大改革措施、方针、政策，我们采取多种形式，利用各类会议进行学习宣传，提高认识、统一思想。明确奋斗目标，及时调整工作方针。为了在未来经营中扬长避短，我们制定了“经营与储备结合，加工与商贸结合，主业与多营结合。向规模型经营转变”的经营战略。同时又及时调整了工作方针。

及时举办市场营销知识培训班。请内蒙企协的专家、教授讲授市场营销、消费心理、公共关系等专业知识。以培养一支适应市场经济要求的管理业务人员队伍。

精简行政管理机构。将业务科室改为对外经营部门，成立裕丰粮油公司。在转换经营机制的过程中，我们变坐商为行商、出动汽车、四轮车、平板车20多辆组成流动售粮队。走街串巷售粮，取得了良好的经济和社会效益。坚持开展“争先创优、人节百元”和节约“十个一”的双增双节活动。在苏式仓顶提升工程中，在一无资料、二无经验的情况下。自行设计自已施工圆满完成了六栋苏式仓顶提升任务。达到国内先进水平。为国家节约了28万元。

其次，以深化改革为动力。促进经济效益稳步增长。在平价粮经营方面坚持实行栈租制。在经营管理体制上实行“一业为主、多种经营”。在内部配套改革方面：从1986年开始坚持实行主任负责制、任期目标责任制、任期终结审计制；管理体制上，坚持实行以定额管理为基础，目标管理为主行政管理为辅的管理体制。并建立三包二挂一保经济责任制；财务管理上，实行专业和群众相结合的三级核算办法，建立了内部银行，实行财务审批一支笔制度。在人事用工制度上，环节干部实行主任聘任制和招标选聘制，班组长实行部门负责人任命。坚持打破全民和集体工、干部职工界限。实行双向选择、合同化管理；分配制度上，工资方面，1988年实行工效挂钩。建立了企业正常升级制度。另外实行浮动工资，计件工资制、重点岗位津贴、岗位技能工资制。奖金分配上实行百分计奖为主的联利、联责计奖。目标承包年终兑现奖、责任奖。

第三，强化管理基础工作，向管理要效益。积极推行现代化管理，建立生产经营、思想政治工作、民主管理3个管理系统。实行全面质量管理、标准化管理。积极应用微机辅助企业管理。使管理水平和工作效能不断提高。

第四，尊重知识、大胆使用人才。注意培养青年干部，推动企业发展。建立职工教育中心，成立了业余党校、业余团校和职工培训学校。以此为阵地提高干部职工思想、业务素质。通过采取自培和送外学习相结合的两条腿走路方法，使我库由1982年仅有1名大专毕业生、3名中专生发展到1992年已有大、中专毕业生85人。

第五，把思想政治工作纳入目标管理。坚持“一岗双责制”。采用“五必谈”、“三必访”、“六个结合”的方法。变消极因素为积极因素。实行三级民主管理。支持工会、共青团工作。增强企业凝聚力。

第六，坚持从职工工资、福利、住房、子女安排4个方面关心职工生活，解除职工后顾之忧。

今后，我们要把企业逐步调整为：经营与储备结合，主营与多营结合，走科、工、贸相结合的路子。内外贸并举，收购、储存、加工、销售一体化、多业齐发展的具有规模型经营的经济实体。

单位名称：包头裕丰粮油公司（内蒙古包头东河国家粮食储备库、包头第一粮食仓库）
法人代表：李鸿锦 库主任、总经理 电话：71177 联系人：李慧英
地 址：内蒙古包头市东河区工业南路南口15号 邮 编：014040

上海金达经济开发公司
北京铁路局制冷设备安装公司

北京铁路局驻上海办事处所属企业上海金达经济开发公司、北京铁路局制冷设备安装公司及全体职工向各界朋友致意，并广泛寻求真诚的合作伙伴，大胆开拓新的经营领域。

经营宗旨：质量高、价格低，重名声、守信誉，项目广、服务好，讲协作，高效率。

经营方式：高科技开发、咨询、培训、安装、修理、加工、服务、批发、零售、代销代购。

经营范围：

主营：空调制冷、水电暖道、电子电气、机房装修、铁道车辆配件、医疗器械、煤炭、石油及制品、钢材、建材及装璜材料、化工原料及产品、有色金属、生铁、纺织品、五金交电、汽车配件。

兼营：制冷工程设计、工程监理、干鲜果蔬贮运、制冷剂、保温材料、日用百货、服装、土特产品、饲料、电冰箱、冰柜修理。

经营部门：

上海金达公司驻北京联络处：联营运输部　经理：赵振淮　3225294

经济合作部　经理：孙化瑜　3225730

制冷公司：经济开发部　经理　苏亚仪　3226900　制冷工程部　经理　思洪川　3226815

科技开发部　经理　贾玉安　3226910

总经理：张捷生　电话　3226805

上海地址：上海虬江路1150号　电话　3253030—31725　邮编　200071

北京地址：北京复兴门外北蜂窝路甲10号　电话　3226910　邮编　100038

中国环球公共关系公司

中国环球公共关系公司成立于1986年，是中国第一家全国性的产业公共关系公司。公司隶属于新华社，可以利用其遍及海内外的分支机构充分扩展业务网络，并借助其强大的技术优势，信息优势和人才优势全面发挥公关业务能力。

中国环球公共关系公司拥有一大批多年从事海内外公共关系业务的优秀人才，良好的文化素质、职业修养、从业道德和敬业精神，使公司具有优秀的职业队伍。通过全面、综合、长期的整体公关策划和严谨、周密、专业的公关执行手段，为国内外各种机构、企业和团体提供高质量的专业公关服务。

中国环球公共关系公司为国内外广大客户提供市场调研服务；媒介沟通、宣传、咨询和策划服务；新闻简报、资料的编辑和翻译服务；企业内外部、各行业事务的协助与总体公关策划服务；特别活动——各种形式的交流活动，赞助性的学术和文化体育活动开幕、开业典礼仪式，各类会议、展览展销、社会公益活动的策划与执行服务；设计和制作影视、印刷品和礼品广告，代理自制广告的发布业务；新闻资料片摄影和录相服务；美术装璜、图文设计的制作；电脑刻绘、电脑排版和印刷服务。

中国环球公共关系公司总部设在北京，并在国内外设有分支机构。北京总部直辖四大客户部及新闻部、调研部、资料中心、广告部，办公室和财务部等职能业务部门，并拥有环球公关企划公司（大型活动公司）和环球图文制作公司两个专业子公司。中国环球公共关系公司是您走向市场，走向社会最可靠的朋友。

单位名称：中国环球公共关系公司　电　话：3073136

总经理：王志文　传　真：3074887

地　址：北京宣武门西大街57号　邮　编：100830

中国黑色金属材料总公司

中国黑色金属材料总公司（英文名称：China National Ferrous Metal Materials Corp. 简称 CNFMC）是 1988 年 6 月组建的全民所有制物资流通企业。CNFMC 分支机构遍布全国，在天津、沈阳、上海、武汉、成都、西安、北京、郑州、深圳等城市设立华北、东北、华东、中南、西南、西北、北京、郑州、深圳公司和上海百事顺经纪公司等 10 个直属公司；在全国各主要城市设有燕京、天津、内蒙、吉林、江苏、浙江、安徽、江西、福建、山东、湖北、湖南、广东、广西、四川、贵州、陕西、青海、新疆、南京、青岛、武汉、重庆、西安公司等 24 个全资子公司；总公司还在经济特区和开发区设有窗口企业和联营公司（如深圳金荣、海南中金、金工公司等）。这些公司均为独立法人、自主经营、独立核算的经济实体，二级公司还下设了若干经营机构和联营公司。总公司本部内设 9 个部处室：综合计划管理部、总经理办公室、财务管理部、经营财务部、经营部、开发部、供应部、进出口部、行政处。

CNFMC 共有员工 1 000 多名，文化程度大中专以上的占 54%，高级专业人才占 3%，具有中级技术职称的占 18.5%。

CNFMC 具有雄厚的实力，拥有流动资金人民币 13 亿元，固定资产 5 911 万元，在物资流通领域起着举足轻重的作用。1992 年销售钢材 320.4 万吨，销售额 84.4 亿元。销售额在全国物资流通行业名列前茅，被评选为全国物资百强企业第二名。

CNFMC 经营领域宽广，国家工商行政管理局核准总公司的经营范围：主营钢材、生铁、铁合金和其它黑色金属及其压延产品、金属丝及其制品的计划内供应和计划外销售，兼营汽车（含小轿车）的零售；有色金属及其压延产品、废旧金属（只限进口）、建筑材料的销售。通过批发、零售、交易会、经销、联购联销、代购代销、代储代运、项目承包、协作串换、咨询服务等方式开展经营业务。各直属公司还利用地方优惠政策或采取联营等方式，努力突破企业经营范围的限制，向金融、实业、科技等领域渗透，并积极创造条件，开拓国际市场，扩大国际合作，向公司的既定目标稳步前进。1992 年销售进口钢材 30 万吨，作为上海金属交易所的会员单位，总公司利用新组建的上海百事顺经纪公司，积极开展有色金属自营和代理的期货交易，成为该所交易大户。

CNFMC 积极贯彻孙振国总经理倡导的**“增强团结、勇于开拓、热情服务、提高效益”**的企业精神，公司经营业务迅速扩大，实力明显增强。为适应国家经济体制的变革，公司及时调整经营战略，从主要承担物资部下达的指令性计划钢材中转供应任务转向市场经营。1992 年市场经营规模已占总经营规模的 80%以上，企业全面走向市场。1993 年开始正全力实现从单一钢材贸易企业模式向背靠金融、依托实业、以贸易为导向的、跨国经营的、综合商社式的企业模式飞跃。

CNFMC 始终坚持努力发挥国家物资流通主渠道的骨干作用，积极开发资源，组织各直属公司或与其他兄弟公司联合，先后向鞍钢、唐钢、武钢、首钢、通钢、衡阳钢管厂、东北风冷轧薄板工程等投资，还通过为冶金企业解决资金、原料不足等实际困难，密切了同钢厂的关系，赢得了钢厂的信赖。唐钢在总公司和华北公司建立了产品经销处，武钢在中南公司建立了产品经销部，宝钢在华东、西北建立了产品分销部。通过与钢厂的合作，争取到相当数量的资源，建立了一批相对稳定的资源基地，为促销保供，满足国家重点工程和生产建设的需要奠定了基础。

按照 CNFMC 的发展战略，经营规模要提高到并稳定在 100 亿元以上，实现税利 1 亿以上，同时，要在经营管理水平、壮大企业实力上有大的发展和提高，职工生活、福利相应改善，把公司办成国内一流的企业，并向国际靠拢。

单位名称：中国黑色金属材料总公司
地　　址：北京海淀区羊坊店 115 号
总 经 理：孙振国
邮　　编：100038
电　　话：3284411—3223

中国农业生产资料集团公司

中国农业生产资料集团公司是经国务院经贸委批准，具有法人地位，自主经营、独立核算、自负盈亏的经济实体，隶属于国内贸易部。

公司有40多年经营农资商品的历史，曾几经更名，其前身是全国供销合作总社化肥农药采购供应站，1982年更名为中国农业生产资料公司；1992年经国务院经贸委批准成立中国农业生产资料集团公司。现注册资金1.48亿元，其中固定资产原值6 400万元，流动资金8 400万元。公司机构网络和业务覆盖全国，在沈阳、天津、上海、广州、成都、深圳设有6个全资子公司，在全国主要港口、各大化肥厂设有27个办事处，在主要中转地设有9个大中型仓库。

公司主要经营化肥、农药、农膜（含原料）、饲料、农药（机）具。自成立以来，业务量不断增加。1978年销售额仅27亿元，1990年增加到60亿元，1991年销售额67亿元，年调拨经营化肥量占全国年社会总销量的20%以上。被《管理世界》中国企业评价中心及11个部委联合评价的“1991年中国500家最大服务企业及行业”列为“商业批发、零售企业”首家。企业经营管理水平较高，全资子公司中上海、广州公司为国家二级企业，天津公司为市级先进企业。经过长期贸易合作，公司与国内主要农用工业生产厂家及40多个国外厂商建立了业务往来和友好合作关系。

几年来，公司为了更好地参与市场竞争，积极开发经济联合，抓住多种贸易机会开拓经营，使集团公司向全方位、实业化、多元化、集团化、国际化经营的方向迈进。

公司在发展主营业务的同时，不断开拓相关的业务和实业，独资或与地方合资建设复混肥加工厂17个、散装化肥灌包厂3个、饲料加工厂3个、塑料编织袋厂1个，走工贸一体化的道路。同时，还积极发展第三产业和开拓新的经营领域，在广西岑溪成立凯达石材有限公司、开发大理石等建筑材料。与军事科学院联营北京侨海出租汽车公司；与武警总部联营北京凯达汽车配件购销公司；在秦皇岛独资建有夏都宾馆、在石家庄联营建有北方大厦、在苏州联营建有申江酒家、在大连等地也建有宾馆饭店；在海南成立中农海南发展公司，开发房地产贸易等。

1992年，经国务院经贸委批准，以集团公司为核心企业组建成立了中国农业生产资料集团。集团现有77家成员单位，是各具独立法人资格又有共同经济联系的农资流通企业、生产企业、科研单位等组成的贸工技术相结合，内外贸相联系的多层次联合体；是农资行业为了提高组织化程度，适应建立社会主义市场经济，建设大市场，搞活大流通的需要而建立的新型经济组织；是国内农资商品流通行业首家全国性大型企业集团。

集团成员单位几乎遍布全国，有流通企业41家、生产企业30家、宾馆服务业3家、科研单位大专院校3家，其中中外合资、股份制企业、外商独资企业占有一定比重，形成集团的综合功能和多元化经营格局。

集团公司建立以后，业务不断扩大，经营从原先的内贸型逐步向内外贸相结合型发展，先后在香港、深圳、绥芬河、广西、丹东等地与有关外贸、边贸单位建立联营关系，借船出海，开发对外贸易和边境贸易。去年，公司利用国内农药货源充足的优势，通过南宁经济技术合作公司出口农药370吨，价值518万元。随着改革的深入，公司将进一步挖掘内部潜力，转换经营机制，壮大企业的实力，为我国农业生产的发展做出更大贡献。

单位名称：中国农业生产资料集团公司　　地　　址：北京市海淀区车公庄西路25号
法人代表：喻福高　总经理　　邮　　编：100044
电　　话：8413322

中国农副土特产品开发公司

中国农副土特产品开发公司是国内贸易部的直属公司之一，也是全国最大的农副土特产品专业性公司，于1989年经国务院批准、国家工商行政管理局登记注册。

公司经营范围十分广泛，主营茶叶、调料、食用菌、各种罐头食品、副食品、蜂产品、土特产品、议价粮油、羽绒品、裘皮和皮革制品等农副土特产品以及中国陶瓷、烟花、炊事用具等各种日用工业品和各种民用建筑材料。此外，公司本着“改革开放”和“本业为主、综合经营”的精神，立足国内，面向世界，进行全方位的开拓创新。

公司成立4年来，面对国内外两个市场，抓住生产、加工和销售3个环节，积极开展各种业务，取得了较好的社会效益和经济效益。4年销售额达人民币4亿多元，创利900多万元，上交利税600多万元，并为国家出口创汇2 000多万美元。

公司有下属全资子公司5个，即：宁波（保税区）华合国际工贸公司，哈尔滨华合经济贸易公司，满洲里华合边贸公司，惠州华美实业公司，深圳宝安农副产品分公司。另有控股公司5个，即：上海国际茶叶商品拍卖中心，深圳正发实业公司（中外合资），惠州农副产品批发市场（工贸公司），海南华合香料联合公司，丹东华合工贸公司，境外企业有俄罗斯中实公司（联营）。此外，还有合资和联营企业20多个，有商品基地若干个。

公司的直属联营和合资企业已生产出了一批名、特、优、新产品，如博湖蕃茄酱、中国瑰菌、牛肝菌、猴头菌、金针茹、金耳、松茸、蜂蜜、金岳玉液（营养白酒）、肉鸡、茉莉花茶、明洲绿珠茶、天然红色素，月见草油、畜产品及革皮、裘皮服装、高士达皮鞋、伊里兰羽绒服装、景德镇瓷器、唐山瓷砖、醴陵花炮等等。可满足消费者和贸易伙伴的要求。

公司拥有3个研究所，即国内贸易部昆明食用菌研究所，杭州茶叶加工研究所。西安生漆研究所。并且拥有一批“团结拼搏、立志创业、开拓经营、信誉第一”的高、中级职称的技术人员，业务骨干及管理人员，可以为业务伙伴与合作对象提供真诚、可靠、周到的服务。公司诚挚地希望同国内外同行和仁人志士友好合作，共同发展。

单位名称：中国农副土特产品开发公司　　电　话：6016375
总 经 理：罗辉美　　电　挂：3964
地　　址：北京复兴门内大街45号。　　传　真：6031702

中国对外贸易运输总公司

中国对外贸易运输总公司（简称中国外运）成立于1950年，是中国对外贸易经济合作部领导下的综合型、多功能、国际化的大型外贸专业运输企业集团。

在新中国成立后的前30年，我国对外贸易实行国家统一管理的体制，与此相适应，外贸运输按专业分工，由中国外运独家经营。那个时期，中国外运作为出口公司的货运总代理，承担全部进出口货物的租船、订舱、配载、接交、报关等工作。

1979年以后，我国的货运代理业，同其他许多行业一样开始实行多家经营，竞争的局面逐渐形成，但是中国外运凭借自己多年形成的优势和实力及在国内外的影响，凭借在新形势下所采取的灵活经营方针，仍然保持着我国外贸货运量的主要份额和最大外贸运输企业的地位。也正是在这一时期，中国外运除经营传统的各类进出口贸易和非贸易物资的海洋运输、铁路运输、公路运输、航空运输、多式联运外，又开始涉足航运、船务代理、进出口贸易、劳务输出、工程承包、信息咨询、房地产、金融、饭店、保险等业务。

中国外运经过40多年的发展，到目前在全国各地共设有64家子公司和45家合资和合作企业，从业人员5万多人。为适应海外业务发展的需要，从1980年开始在世界22个国家和地区建立了109个独资和合资企业，国外投资额达9亿多美元。同时与世界150多个国家的500多家租船、运输、航空代理公司建立了业务关系，从而形成了连接国内外的运输网络。中国外运还拥有自己的仓库、货场、码头、船队，车队。有仓库和货场总面积550多万平方米，集装箱中转站30多个；有大小码头11座，岸线长3 500米，最大的码头可停靠5 000载重吨以上的船舶；有各种运输船舶70多艘，250多万载重吨，开辟远近洋航线40多条，还有载货卡车6 000辆，中国外运是“国际货运代理协会联合会”、“国际仓库协会联盟”、“国际航空货运组织”和“波罗的海航运公会”的成员。

中国外运在其43年的发展历史中，不仅在进出口货物运输方面为货主提供优质服务，而且在引进先进的运输工具、运输方式和运输组织技术方面发挥了巨大的推动作用。在这方面，中国外运在中国创造了许多“第一”，比如：

第一个采用集装箱运输，1973年开辟了中日间的第一条集装箱班轮航线；第一个组织陆海联运，这种方式于1977年由中国外运北京子公司首创；第一个组织国际多式联运，我国最早的国际多式联运是在1980年由中国外运组织的；第一个开办“大陆桥”运输，1980年首先开办，至今仍由中国外运独家经营；第一个开办航空快件业务，先后合资成立了中国外运—敦豪快件有限公司、中国外运—天地快件有限公司。

中国外运是我国最早跨出国门，实行跨国经营的企业之一。早在1980年初，中国外运就与包玉刚先生经营的香港环球集团公司、日本兴业银行、香港汇丰银行及中国船舶工业公司合作，在香港成立了第一家海外公司——国际联合船舶代理有限公司。同年9月，中国外运又在美国开设了第一家独资子公司——华运公司。经过十几年的艰苦创业，中国外运已在海外创办了109家独资合资企业，设立了15个代表处，这些公司和机构主要分布在香港、日本、美国、德国、比利时，挪威、肯尼亚、巴西、新加坡、澳大利亚、南朝鲜等22个国家和地区。公司派出到国外工作的人员达80人，海外企业雇员总数已近4 000人，这些企业经过不断的探索和追求，已基本适应海外的竞争环境，取得了较好的经济效益。目前中国外运在海外的固定资产和投资总额已达9亿美元。其中，在新西兰的2万公顷的森林是我国迄今为止的海外3大投资项目之一。

1992年国务院有关部门已批准以中国外运为核心企业组建企业集团。一个“以运为主、储运结合、多种经营、全面发展”的大型跨国企业集团正在形成。

单位名称：中国对外贸易运输总公司　　电　　话：8404000（总机）
法人代表：吴秉泽　总经理　　8415315（总经理办公室）
地　　址：北京西三环北路21号久凌大厦　　传　　真：8405668
邮　　编：100081

中国化工进出口总公司

中国化工进出口总公司（简称中化公司，英文简称SINOCHEM），成立于1950年，是中国最早的国家外贸专业总公司，主要经营石油、化工品、化肥、塑料、橡胶、农药等商品的进出口贸易和运输业务。

1987年，中化公司大胆借鉴日本、美国等跨国公司的经验，率先作出了国际化经营的战略决策，并得到国务院的批准和有关部门的支持。在5年的国际化经营中，中化公司共完成营业额596.46亿美元，平均年营业额119.3亿美元。5年进出口以外的国际化营业总额195.65亿美元，平均年国际化经营额39.1亿美元。近几年来经营额均排在全国500家外贸企业的首位。在美国《幸福》杂志公布的世界500家综合性大企业排名中，1991年排第27位。以中化公司为核心企业的中国化工石油进出口企业集团（简称中化集团），由150余个外贸企业、大中型石化企业和科研院所组成，1991年被国家列入全国首批55家大型企业集团。

目前，中化公司北京总部共有职工1 023人（其中长期派驻国外的260余人），他们之中许多人是外贸、外语、金融、法律、保险、航运、石油、化工等领域的专家，有长期的海外工作经验和国际贸易经验。公司在京内共设有中化国际石油有限公司、中化国际化工品有限公司等13个子公司。京外设有中化海南有限公司等5个特区子公司，中化辽宁等7个化工公司于1993年成建制划归到总公司。在海外已设立了70余个分支机构和代表处，雇佣当地职工860余人。

近年来，中化公司努力向综合化发展，在开展石油、化工品等贸易的同时，还开拓了粮食、油脂、钢材、汽车、五金、机械设备等商品的直接贸易和易货贸易。特别是在工业生产和仓储运输、金融保险、旅游餐饮、广告展览、信息咨询等第三产业领域的发展尤为迅速和卓有成效。

一、工业生产投资方面，目前，公司在国内外有50多个主要投资项目，有在美国的磷肥厂、塑料包装厂，在泰国、马来西亚的橡胶厂、化工厂、石化厂，在日本、新加坡开展了石油加工业务。在国内，有塑料厂、长丝涤纶厂、乙内酰胺厂、农药厂、食品厂等。我们公司投资参股的年500万吨炼油能力的炼油厂，正在大连加紧建设。

二、仓储运输方面，中化公司在沿海投资兴建了相当规模的码头和油库仓储设施，已建成和在建的储罐100万立方米，其中舟山23万吨及的石油码头，是我国最大商用石油转运基地。中化公司在海外的船队已发展到30余艘，载重吨位达100多万吨，期租船42万吨，航运水域远及世界各主要港口。

三、金融方面，1990年成立的中化财务公司，主要开发国际间的中长期银行贷款、短期融资及中化集团内部的存贷款业务。到1992年底，3年累计贷款总额约50亿元人民币，实现利税5 000万元人民币，总资产15.5亿元人民币，成为中化集团成员企业国际化经营的金融后盾。

四、旅游餐饮服务方面，目前有三星级的北京裕龙大酒店和广州中化大酒店；中化南戴河培训中心和中化大连培训中心；中化公司参股的北京国际贸易中心和环亚美食城；美国和平超级市场等。

五、广告展览方面，中化国际广告展览公司业务蓬勃发展，1992年营业额3 000万元人民币，促销额达6亿美元。现已在北京、上海、广州和美国等地设立了10家独资、合资公司和办事处，初步形成国际广告集团架构。

六、信息咨询方面，1985年以来，公司先后实现了与美联社、路透社和美国伊密斯信息公司的可视电脑终端的联网，形成了以中化贸研所为核心的国际信息网络。1992年开发研制出中化电脑信息系统，形成了公司内部和全国用户的电脑联网。此外，还编辑多种刊物资料，供本公司、石化行业和上级部门参考。

随着社会主义市场经济的发展，中化公司进一步转换经营机制，大力发展国内贸易和第三产业，争取再用3到5年时间，创建成具有中国特色的，以贸易为窗口、实业为基础、金融为后盾，国际贸易与国内贸易相结合，跨越若干部门，功能较为齐全的综合商社。

单位名称：中国化工进出口总公司　　地　　址：北京西郊二里沟
总　　裁：郑敦训　　邮　　编：100044
电　　话：8316023

中国技术进出口总公司

中国技术进出口总公司（CNTIC，简称中技公司）是对外贸易经济合作部直属的外贸专业总公司。成立于1952年，现有职工996人，以经营技术和成套设备进出口业务为主。1992年公司进出口经营额在全国各外贸公司排位第六，是具有国际知名度的大型企业。

40年来，在进口业务方面积极引进和进口先进技术和成套设备2 400多项，成交总额累计430多亿美元，其中不少是举世瞩目的重大技术和大型成套设备项目。50年代以原苏联和东欧国家进口的156项骨干项目为核心的成套设备和技术项目400多个，保证了我国第一个五年计划的顺利完成。60年代中技公司首次从日本引进了维尼纶生产成套设备，开创了新中国从西方国家引进技术和进口成套设备项目的篇章。随后，又陆续从日本和西欧国家进口了80多个技术项目，填补了我国在石油、冶金、矿山、电子等生产领域的空白。70年代，中技公司从美国、日本和西欧国家进口了重大项目300多个，其中有13套大型化肥成套装置、4套大型化纤成套设备、武钢1.7米轧机设备和宝钢一期工程等。1979年以来，我国进入了改革开放的新时期，在市场经济的新形势下，中技公司既面临着严峻的挑战，同时也带来了发展的机遇。中技公司继续发展进口业务，在进口业务的贸易方式上，广泛采用国际间通用的各种贸易方式。在引进项目中，积极采用引进技术、合作设计、合作制造和合作生产以及设计分交、设备分包等方式。同时，还开展了国际二手设备交易、租赁、备品配件进口和寄售、维修与技术服务等业务。

在进口业务不断发展的同时，为适应社会主义现代化建设的需要，发展我国技术出口，自1986年起，中技公司开始从事出口业务，凭着多年的进口业务渠道和广泛的国内外客户关系以及技术贸易的经验，发挥公司以进带出，进出结合的优势，努力开拓，积极发展，使出口业务取得了显著的成绩，并初具规模，截至1992年底止，实际出口累计达2.5亿多美元，出口产品和项目，从高、新技术及其产品到大、中、小型成套设备、范围涉及电子技术、计算机、微波通讯技术、机械加工与制造技术、各种晶体制造技术，化工、冶金、电力、纺织和建材等行业的工业技术和成套设备。技术和设备销往美国、日本、新加坡、南朝鲜、香港、巴基斯坦、土耳其、埃及、泰国、印尼、马来西亚、伊朗、伊拉克、布隆迪、西欧、独联体东欧等20多个国家和地区。

投资业务方面，已在海内外投资建立了贸易与实业相结合的各种独资、合资和合作企业达40多个。公司有一个直属专业公司即开发公司，专门从事公司投资业务的开发、经营和管理。在海外业务方面，已建立了一个分布广泛，功能齐全，且有一定实力的海外业务经营与信息网络。目前，海外有17个代表处，10个独资公司和7个合资公司，加入了3个贸易中心。

1993年，中技公司将进一步贯彻以经济效益为核心的经营方针，按照一业为主，多种经营的要求，加快公司经营格局调整的步伐，加快内部经营机制转换的步伐，促进公司各项业务持续、稳定、全面发展。在现有业务继续扩大发展的基础上，要有重点、有选择，积极大胆地涉足和发展金融、房地产、内贸和仓储、运输等新业务。

中技公司将发扬重合同、守信誉、开拓进取的精神，在海内外工商贸易、金融和企业各界朋友们的通力支持和合作下，为促进国际经济技术交流，发展我国的对外贸易，为我国的现代化建设作出新的、更大的贡献。

单位名称：中国技术进出口总公司　　地　　址：北京西三环北路21号久凌大厦
总 经 理：佟常印　　邮　　编：100081
电　　话：8404118

中国供销合作对外贸易公司

中国供销合作对外贸易公司成立于1987年1月，是国内贸易部直接领导，具有法人资格，实行独立核算，自主经营，自负盈亏的对外贸易企业。现有员工120人，设有14个业务部，建有独资、联营、合资企业12个，在国外合资企业2人，驻国外代表处2人，国内办事处3个。公司成立以来累计完成进出口贸易总额2亿多美元，实现利税1.4亿元，公司积累1 184万元。公司与海内外建立了广泛的联系，拥有较多的购销渠道，有一批熟悉外经、外贸业务人员，为今后大力发展国际贸易（含易货贸易）打下了坚实的基础。

本公司具有下列优势和有利条件：一是经营范围广泛，有粮油食品、副食品、农副产品、土畜产品、针纺织品、服装、日用百货、文教用品、五金、日用杂品、化肥、农药、农膜及其原料、小型农机具、建筑材料、化工商品及供销社自身建设所需要的商品。二是资金雄厚，自有资金和上级拨入4 000多万元人民币。三是经营方式灵活，开发进出口、工程承包、批发代购、代销、联营、咨询服务等业务活动。四是拥有一支较强的外经外贸队伍，人员素质较高。五是有稳定的国内外贸易渠道。本公司坚持一个指导思想，实现两个战略转变，做到五个到位。

1．坚持一个指导思想。坚持以提高经济效益为中心的指导思想：公司的每一项工作都必须围绕这一中心开展，各项决策要做到充分进行论证、综合考虑，既符合经济发展规律，又顺应历史潮流，实现决策科学化，获取最高经济效益。

2．实现两个战略转变：一是转变思想观念，抓住90年代最后一次机遇，发展壮大公司的实力。我们必须树立明确的市场观念、竞争观念；必须树立强烈的事业心和艰苦创业精神，树立开拓、发展观念；树立时间效率观念。二是转变企业内部机制，制定和实施全员职工合同制。职工能进能出；实行部门经理、副经理聘任制，不称职的及时解聘，做到干部能上能下；实行内部待岗制，对不能适应工作，或者不好好工作的实行内部待业，发给一定的生活费，允许自谋职业；建立岗位责任制，实行目标管理，做到有职有权，责权利相一致。

3．做到五个到位，即权力到位、管理到位、人才到位、分配到位、政策到位。权力到位就是制定岗位责任制；管理到位就是引入竞争机制，实行优胜劣汰；人才到位就是根据业务工作需要，积极配备各种专业人才，量才使用，达不到要求的实行内部待岗制度；分配到位，就是建立工资与职务挂钩，奖金与经济效益挂钩的分配制度；政策到位，就是认真学习，掌握国家和地方有关政策和法规。

本公司为了抓住90年代改革开放机遇，加速社会主义市场经济建立的进程，参与市场竞争，提出总体发展战略是：以贸易为先导，以实业为基础，面向国内外大市场，抓住国家“三区”“四边”开放机遇，多元化、全方位、高速度发展贸易、实业和旅游，不断壮大企业实力。至90年代末，使公司成为贸工、贸农、贸技、贸旅相结合的大型企业集团。逐步实现实业化、集团化、国际化、现代化。

90年代公司发展的主要目标：

（1）贸易额：1995年进出口总额2 100万美元，国内贸易2.1亿元；2000年进出口总额4 350万美元，国内贸易4亿元。

（2）实业数：1995年实业总数为17个，2000年实业总数达到30个。

（3）旅游业营业额：1995年达到1 000万外汇人民币，到2000年营业额3 000万元外汇人民币。

（4）建立分支机构：到1995年在国内外建12个公司、办事处，到2000年再建10个公司、办事处。并将公司各业务部改为二级法人公司，达到具有国际竞争力的跨国企业集团。

本公司本着平等互利、信誉第一的原则，竭诚与海内外客商广泛合作，扩大贸易和技术交流，为海内外同仁提供一流的服务。

单位名称：中国供销合作对外贸易公司　　地　　址：北京市复兴门北大街5号
总 经 理：陈云锡　　邮　　编：100045
电　　话：8031116，8526182

蓬勃发展的山西商检事业

山西进出口商品检验局是国家设在山西的进出口商品检验机构，是涉外经济执法监督部门，是统一管理山西地区进出口商品检验工作的主管机关。其职能是，依据《商检法》和《商检法实施条例》所赋予的职责和任务，对山西地区进出口商品质量、规格、数量、重量、包装的安全、卫生实施法定检验；负责进出口商品及其生产单位的卫生注册、检验认证、颁发质量许可证和认可国内外检测实验室等管理工作；办理对外贸易公证鉴定业务；负责出口商品普惠制产地证书的签证管理工作，维护对外贸易关系人的合法权益，促进山西对外经济贸易发展。

山西商检局成立于1959年。目前共有干部职工202人，其中专业技术干部154人，占职工总数的76%；大专以上文化程度的占职工总数的61.3%。拥有价值300多万元的检测检验设备，其中有气相色谱、高效液相色谱；原子吸收分光光度计；水份、挥发份、固定炭测定仪、自动热量测定仪等10多种大型仪器设备。有卫生物、食品理化、化工、矿产、生丝、纺织等实验室，其中食品理化、矿产化工和大同商检局的煤焦实验室，经国家商检局考核达到国家二级实验室水平，可以检验化验30多类计320多种商品。我局先后在太原、大同、阳泉、平朔、晋城等地设立了商检机构。山西商检分公司与香港中检公司、SGS、IITS、日本海事鉴定协会、法国的BV、日本的SK、OMIC等检验机构建立了委托关系。1991年8月，5 000多平方米的商检大楼投入使用。全局配有微机、电传、直拨电话等现代化设备，局内微机实行了联网管理。局固资产已达到1 000多万元。

为了促进山西对外经济贸易的发展，适应对外开放的需要，今后将重点抓好以下工作：

一、依法施检，把好进出口商品质量关。在出口方面，工贸检相互支持配合，共同把关。在进口方面，继续在大中型骨干企业派驻商检技术人员；对进口收用货部门，坚持做好催促报验和跟踪调查服务，提高进口商品检验率；继续搞好涉外财产鉴定评估工作和国外委托检验、装船前检验业务。

二、在出口企业中推行ISO9000系列标准，开展国际标准的评审和认证工作，使出口企业质量管理向国际规范靠拢，推进分类管理，减少批批检验。与此同时，进行国际认证和加贴商检标志工作，推荐我省质量稳定可靠的出口商品加贴商检标志，增强我省出口商品的竞争能力。

三、对外商投资企业实行优惠政策。商检机构向“三资”企业颁发优惠手册。凭此手册，“三资”企业到商检办理报验、检验、出证手续时予以优惠。其中，商检公司在检验、鉴定等业务的收费上，优惠40%。

四、扩大普惠制的利用率。普遍优惠制（GSP）是发达国家给发展中国家的适合的出口制成品和半制成品，按照优惠待遇进行免税、减税。我们将帮助和指导出口经营单位和涉外旅游定点商店，扩大和提高普惠制利用率，以达到扩大出口增加创汇的目的。

五、为外贸提供优质服务。对进出口商品逐步公布检验流程时限，并向社会公布，以加快检验签证效率。

六、为乡镇企业提供优质服务。一是帮助乡镇企业进行出口生产厂的考察论证和技术改造，以达到商检考核认证、注册；二是派专人到企业进行技术指导，从原料、生产到包装，逐一解决存在的问题；三是商检机构对乡镇企业实行报验、检验、出证三优先政策；四是帮助乡镇企业开发新的出口产品。

七、继续帮助出口企业、进口收用货部门和外贸经营部门培训各类业务和技术人才。

八、加快筹建商检机构工作步伐。总体设想是，在报经省政府转发“关于建立商检机构设施意见”之后，在今明两年，完成晋南、晋东南地区商检机构的筹建工作；对原有的大同、阳泉商检机构，进行必要的改扩建；在太原机场口岸、开发区设立商检机构。拟筹办驻非洲科特迪瓦共和国检验机构。

九、深化商检机构内部改革。把商检公司推向社会检验市场，自负盈亏，独立核算；对局业务处室，实行改革，局把报验、检验、出证权利下放业务处室，实行一条龙服务，以调动干部职工的积极性。

十、继续搞好廉政建设。在搞好向社会招聘商检廉政监督员工作的同时，继续采取派专人专访、发征求意见函等形式，抓好商检廉政工作，建设一支高效、廉洁的商检队伍。

单位名称：山西省进出口商检局　　电　　话：641638　641645
地　　址：山西省太原市滨河西路中段　　邮　　编：030024

交通银行

交通银行建立于1908年3月4日，是我国早期成立的大型银行之一。1958年以后，交通银行的内地业务分别并入当地人民银行和建设银行。1986年7月24日，国务院决定重新组建交通银行，重新组建以后的交通银行是我国第一家全国性的商业银行，它于1987年4月1日正式对外营业，并将总管理处（总行）由北京迁至上海。

经过近7年的改革和发展，交通银行作为一家全国性的股份制、外向型、综合性的商业银行已经初步建成。至1992年底，全行员工共2.3万人，总资产达1 570亿元。重新组建后的交通银行有以下基本特点：

一、在银行的产权形式上实行股份制。全行注册资本金为80亿元人民币，1992年底实收资本金为60.1亿元，其中中央财政控股占23%，263个省、市、区（县）地方财政股份占42%，1 800多家工商企业股份占35%，1993年计划扩股20亿元，今后将创造条件，根据《交通银行章程》，吸收10%的个人股份。根据股份制企业的特点，交通银行实行董事会领导下的总经理负责制，银行享有独立的经营管理自主权。同时，建立了中央与地方、企业利益共享、风险共担的利益关系，在加强对银行监督和管理的同时，增强银行发展的活力。

二、按经济区域和业务重要程度设置分支机构。交通银行按照市场经济发展的需要，以效益为原则，设置分支机构。目前已在74个大中城市建立了75个分支行，625个营业网点，其中在10个经济中心城市设立管辖分行；1993年将在16个中心城市增设分支行。各分支行的业务不受本地区的局限，可以向周围地区辐射，旨在促进跨地区、跨行业的经济联合和经济中心、金融中心的逐步形成。

三、业务范围不受固定分工的限制。交通银行的业务范围，在行业和地区上不受固定分工的限制，走企业可以选择银行、银行可以选择企业的路子，与各金融机构之间实行业务交叉，合理竞争。交通银行在重新组建开始就确定了“一流的服务质量、一流的工作效率、一流的银行信誉”的办行宗旨，竭诚为客户服务，以此求得各项业务的稳步发展。

四、实行综合经营，为社会提供全方位、多功能的金融服务。交通银行既经营本外币、长短期的各类银行业务，也经营租赁、咨询、信托、投资、证券等多种金融业务；同时，对某些特殊业务，逐步实行分业管理，并投资成立了中国太平洋保险公司，海通、沈阳、连通、汉通证券公司，投资或控股32家房地产开发公司；在银行内部建立信托投资部、证券业务部等。1992年全行代理发行有价证券66.54亿元，办理有价证券交易额为262亿元；房屋开发面积58万平方米，房屋销售面积为28.5万平方米；向金融机构和工商企业投资余额为24亿元。

五、以资金的流动性、安全性、盈利性的合理协调为经营目标，建立自主经营、自负盈亏、自求平衡、自担风险、自我约束和自我发展的经营管理机制。各分支行均有相应的经营自主权。同时在总行和管辖分行成立资产负债管理委员会，全行严格实行资产负债比例管理制度和风险管理制度，促进各项业务稳步发展。1992年底，交通银行与中央银行资金往来，存大于贷120亿元；与同业往来，拆出大于拆进107亿元。1992年总资产达1 570亿元，资本净值111.8亿元，实现利润27.14亿元，境内行资本收益率为31.45%，比上年增长2.28%。

六、努力使业务运作和制度与国际惯例和通行原则接轨，把拓展国外业务作为发展重点。1993年初交通银行的41家分支行，已同海外350家银行的682个总分支机构建立了代理行关系。1992年，全行国际结算总额为51.64亿美元，比上年增长73.5%；非贸易结算总额为26.73亿美元，增长124%。近3年3次成功地在新加坡发行了债券2.4亿美元，其中今年发行1亿美元。全行外汇资产约占总资产的37%左右。交通银行在继续办好现有香港分行、纽约分行的同时，1993年6月正式成立伦敦代表处，并积极准备在东京设立分支机构。

今后交通银行将以市场为导向，以完善商业银行发展模式为内容，以提高资金使用效率为目标，加快交通银行改革与发展的步伐，在完善综合服务功能和内部经营机制方面要有新的飞跃，力争把交通银行办成我国第一家比较规范化的股份制、多功能的全国性商业银行，为到本世纪末跨入国际商业银行先进行列打好基础。

单位名称：交通银行　　地　址：上海市仙霞路18号
法人代表：戴相龙　　邮　编：200335
电　话：2751234

中国太平洋保险公司

中国太平洋保险公司成立于1991年4月26日，是经营各类保险业务的社会主义股份制的商业保险企业，是一家全国性的公司，注册资本金为人民币10亿元。原由交通银行总管理处及其分支行全额投资，现行将转变为由交通银行控股，地方财政和企事业单位参股的股份制公司，并于近期向社会招纳法人股2.1亿元人民币。

中国太平洋保险公司是独立核算、自主经营、自负盈亏、具有法人地位的经济实体，行政上隶属于交通银行总管理处，接受中国人民银行领导、管理、协调、监督和稽核。公司实行董事会领导下的总经理负责制。董事长戴相龙，总经理潘其昌。公司设有监事会，内部实行系统管理，分设办公室、计划财务部、国内业务部、国外业务部、再保险部、人事教育部、监察室、稽核室、调查研究部、防灾防损部、资金运用部和电脑部。总公司统一领导全公司的业务经营，统一制订全公司的业务、财务计划和发展规划，并负责全公司的涉外事务，对分支公司的主要人事任免、职工编制核定、再保险以及总准备金管理、盈利分配等方面实行统一领导。

总公司设于上海，依据精干、高效的原则，按经济区域设立分支机构。现已在沿海开放城市和内地中心城市设立了52家分支机构。各分公司在规定的业务范围内，行使总公司授予的各项职权，从事各项经营活动，编制财务报表。系统内实行分级核算，考核盈亏。

公司具有外向型发展的特点，现已在90多个国家和地区发展了150个海外代理点，其中亚洲67处、欧洲34处，非洲13处，美洲30处、大洋洲7处。近期还将在纽约、伦敦和香港设立子公司和营业办事机构，力求实现业务运作的国际化和规范化，努力和国际保险市场接轨。

公司的宗旨是坚持一流的服务质量，一流的工作效率，一流的公司信誉，为稳定经济、安定人民生活服务，为繁荣我国的保险市场，发展我国的保险事业作贡献。

中国太平洋保险公司奉行艰苦创业，稳健经营，积极进取，一手抓业务，一手抓管理和队伍建设的原则，短短两年就取得了显著成绩。承保的业务范围包括人民币和外币的各种财产保险、责任保险、信用保险和人身保险，并办理各种国内、国际再保险业务。此外，还与国内外保险机构建立了代理关系和业务往来关系，代理外国保险机构委托的估损、鉴定和理赔事宜。

公司成立两年来，年年超额完成业务指标。1991年开业当年的承保金额就达913亿元，业务收入达2.84亿元。1992年承保金额达2 798.4亿元，比上年增长204.8%，业务收入达7.52亿元，增长168.57%。与此同时，业务新领域也不断得到拓展，向社会提供的险种从1991年末的80余种发展到1992年的100多种，其中涉外业务险种近40种。令人瞩目的是公司在卫星发射保险、机场责任险、机身保险等重大项目上有了新突破，并继续向保险的深度和广度进军。

公司依托交通银行雄厚的金融实力，内部又设有健全的风险管理体系，因而具有强大的赔付能力。1991年公司处理国内业务赔案17 977起，支付赔款7 417万元；处理涉外业务赔案1 073起，支付赔款折合人民币669万元。1992年处理国内业务赔案32 570起，支付赔款13 409.5万元；处理涉外业务赔案1 637起，支付赔款折合人民币6 416万元。特别是1991年苏南地区大水和1992年上海联毛公司特大火灾、天津港大海潮、武汉航空公司伊尔—14客机失事等赔案处理迅速、合理，其中上海联毛火灾赔付3 800万元，为我国企财险最大的火灾赔案，有力地支持了受灾企业和群众，为尽快恢复日常生产和生活提供了保障，充分体现了保险的社会“稳定器”和“减震器”的作用。

在我国全面改革开放，创建社会主义市场经济新体制，迎接国民经济更大发展的形势下，公司确立了新的奋斗目标，即要把公司建成一个具有一流水平的，能够参与国际竞争的，全国性的股份制的社会主义商业保险企业。

单位名称：中国太平洋保险公司
法人代表：戴相龙
电　　话：4377050
地　　址：上海市衡山路534号衡山宾馆内
邮　　编：200030

宏利人寿保险公司在中国设立代表处

宏利人寿保险公司（manulife Financial）作为加拿大的主要财经机构之一，是一家在加拿大处于领先地位的国际性的人寿保险公司。宏利公司成立于1887年，是世界上历史悠久的保险公司，以稳健著称。1992年资产总值已达300亿美元，在世界各地设有200多个分公司，主要业务分布于加拿大、美国、英国以及亚洲太平洋地区。

宏利与中国的联系历史悠久，1893年宏利公司在上海发出其在亚洲的第一张保单后，至今已整整100年。到30年代宏利在中国的业务已扩展到南京、北京、武汉、福州、汕头等10余个城市。1897年宏利在香港设立了分公司，经过百余年的发展，亚太地区已成为宏利公司拓展业务的重要地区。

阔别半个世纪后，宏利重返中国。随着中国改革开放和市场经济的发展，宏利与中国的联系正在不断加强。1992年5月，宏利在南开大学资助设立了《宏利—南开精算师考核中心》，该中心将提供北美精算师公会的精算师考试。该中心是目前国内唯一的精算师考试中心。精算人员对开展人寿保险业务具有至关重要的作用，宏利真诚地希望，中国的有关保险业务人员能通过该中心取得世界上公认的精算师证书，从而有助于开展国际业务，促进对外开放和交流；同时，宏利还希望以该中心为基础，逐渐发展中国的精算师队伍，在2000年，成立中国精算师公会，颁发中国的精算师证书。

1993年5月，宏利公司与中国人民银行签署了理解备忘录，并与中国人民保险公司续签了培训协议。宏利公司将分别在加拿大和香港为中国培训金融、保险专业人才。

宏利公司相信中国经济发展的良好前景，并看好中国潜力十分巨大的人寿保险市场，也希望为中国保险市场的发展作出自己的贡献。因此，宏利分别在中国北京和深圳设立了代表处，并将于近期在上海也设立代表处。宏利北京代表处于1993年5月6日在人民大会堂隆重地举行了成立典礼。宏利北京代表处将致力于增强宏利与中国的联系，发展宏利与中国人民银行、中国人民保险公司等有关政府部门和企业的良好合作关系，深入地了解和研究中国的保险市场和金融市场，为更好地参与中国保险市场的建设作出自己的努力。

加拿大宏利人寿保险公司经过百年创业，以雄厚的资金、良好的信誉和完善的服务，赢得了世界各地客户的依赖，而今朝，宏利更希望投身于中国正在进行的现代化建设，以自已充实的资金力量，百余年从事人寿保险的经验以及国际性公司的管理技术，为中国的保险业作出贡献。

公司名称：加拿大宏利人寿保险公司
中国业务拓展副总裁　区国成　先生
地址：香港北角电器道169号宏利保险中心28楼
电话：5105801
传真：5032927
北京代表处代表　张森福　先生
地址：北京东长安街33号北京饭店1629室
电话：(01) 5137766—1629
传真：(01) 5137766—6856
深圳代表处代表
兼中国业务拓展总监：郭杨　女士
地址：深圳市深南中路华联大厦1719室
电话：(0755) 3351000—1719
传真：(0755) 3351000—1739

中国农村发展信托投资公司

中国农村发展信托投资公司（简称中农信公司），是由国务院批准成立，由国家计委直接领导的，以金融为主业的综合性大型联合企业，是世界银行向我国政府提供的中国农村部门调整贷款的唯一执行机构和法定提款人。中农信公司成立于1988年4月1日，注册资本金为2亿元人民币，外汇1 000万美元。

1992年，中农信公司资产规模年末余额突破90亿元人民币，实现利润1.66亿元；证券交易额达96亿元人民币；出口创汇完成1 200万美元；开发建设房地产总面积141万平方米。1993年3月末，公司资产规模已经突破100亿元人民币。中农信公司正伴随着改革的深入发展而迅速壮大着自身的实力。

1988年6月23日，世界银行批准了对中国2亿美元的农村部门调整贷款（简称农调贷款）。中农信公司成功地担负起管好用好这笔贷款的重任。5年过去了，中农信公司在广泛吸纳国内外资金增加对农村产业的投入，在探索中国农村投资与金融体制改革的途径，在发育农村市场与中间金融组织，在为完善农村社会化服务体系提供金融服务，在带动农村产业结构调整等方面，进行了积极的探索，取得了一些有意义的实践成果。

1. 支持农村改革试验区。几年来，公司运用1亿元的世界银行农调贷款，支持了全国15个省区的19个国家级农村改革试验区，从事粮食购销体制、土地制度建设、合作经济组织建设、乡镇企业制度建设、农村金融体制等改革试验。

2. 扶持农村中间投资（金融）组织。公司通过世行农调贷款的转贷使用，发育的22个农村中间投资（金融）机构，在当地政府的支持下，几年来不断发展壮大，在农村经济市场化的过程中发挥着积极的作用。

3. 支持建立外向型创汇农业基地。公司运用2 200万美元的世行农调贷款，支持建立了6个外向型创汇农业基地，共支持创汇农业项目22个。经过几年的发展，这些项目的年出口创汇能力已达到近1亿美元。

4. 支持发展农民合作基金（简称农合金）组织。农合金组织是我国农民在改革实践中创造的合作经济组织。到1992年底，全国已有乡镇级的农合金组织1.75万个，占全国乡镇总数的38.5%；村级农合金组织12万个，约占全国总村数的15.7%。年筹资规模已达165亿元，其中投放在农业生产中的资金，相当于中央财政用于地方农业支出的两倍。实践证明，农合金组织已成为聚集社会闲散资金，增加农业投入，支持农村经济和农户发展生产的重要金融力量。

5. 建立乡镇企业投资基金，促进乡镇企业发展。公司已经建立的乡镇企业基金有：淄博乡镇企业投资基金，宁波乡镇企业发展基金；公司现正在与国家科委合作，发起“中国星火科技信托投资基金”，主要对那些列为国家级星火科技项目的乡镇企业进行投资。公司通过建立这些基金，努力推动为乡镇企业服务的资金市场的发育。

6. 建立农村社会化服务体系。中农信公司创立之初，出资1 000万元与河北省人民政府合资成立了河北飞龙（集团）公司，旨在通过建立这样一家公司，寻求千家万户分散生产与社会化大生产和大市场的结合点。几年来，这家公司通过不懈努力，已逐步由成立之初的为农户的单项服务向产前、产中、产后系列化服务发展，逐步形成了比较完整的服务化体系。

中农信公司的宗旨是：从市场经济出发，面对农村变革，实现公司总战略；总战略是：高举三面旗帜（扶持乡镇企业、发育合作金融、建设中小城镇），领先两个行业（外贸、证券），大造一个舆论（农村变革）。

5年来，公司聚集了一大批金融、外贸、房地产、法律、项目管理等方面的专业人才，全系统员工中，大专以上文化程度占90%以上，平均年龄35岁，形成了一支年富力强、勇于开拓的职工队伍。

中农信公司在国内重要省市设立了10多个代表机构；建立了包括4家境外公司、1家信托投资公司、5家证券公司、10家贸易公司、11家房地产公司、13家实业公司、1家传播公司及1家杂志社在内的46家所属企业；参股、入股了国内外18家企业，已经形成了以金融为主体，多种经营配套、资产经营一体化的企业群体。

单位名称：中国农村发展信托投资公司　　地　　址：北京西城区德胜门外大街
法人代表：翟新华　总经理　　邮　　编：100088
电　　话：2062277

中银信托投资公司

中银信托投资公司是经中国人民银行总行和国家外汇管理局批准成立，国家工商行政管理局核准登记注册的独立法人企业。它是于1988年6月在经济体制改革，特别是在金融体制改革的大潮中脱颖而出的跨地区、跨部门、跨系统、跨行业的全民股份制中央级金融性公司。中银公司面向国内外从事各种信托投资业务，注册资本为4亿元人民币，1 000万美元。公司总部设在北京。

中银公司的经营宗旨是：严格按照国家统一的金融方针、政策及有关法律、法规，综合运用信托、投资等多种方式，积极筹集和融通资金，有效地支付和促进沿海及内地的经济联合，为发展外向型经济服务，并在从事国内外金融活动中努力探索金融体制改革的道路，为发展我国社会主义市场经济做出贡献。

中银公司实行董事会领导下的总经理负责制，自主经营，独立核算，自求平衡，自负盈亏，自担风险，自我发展和完善。公司成立5年来，历经白手起家的创业艰苦，始终坚持在改革中求生存，谋发展，逐步成长壮大。公司总资产已从成立初期的3 600万元人民币增至目前的23.8亿元，其中外汇资产已由原来的500万元增至1.1亿美元，1988～1991年4年税利总额达9 656万元人民币，年人均创利50万元人民币。作为我国金融体制改革的产物和股份制非银行金融性试点企业，中银公司还在机构体制、运行机制、内部管理诸方面进行了有益的成功尝试，已呈现出如下好势头：

一是资产业务多样化。证券业务、房地产业务、中介业务等上升到重要位置，资产业务的多样化呈良好发展趋势。

二是负债业务与资产业务基本上达到了合理比例。融资领域日益广阔，融资手段日臻完善。

三是内部管理跨入正规化的轨道。聘任制、部门负责制、人才的“双向选择”制度等一系列的规章、制度构成了一套严密、灵活、有效的机制，保证了公司经营高效、快捷、安全的运行。

目前，中银公司已为几十个中央国家部委所属的大型公司、企业和20多个省、自治区、直辖市的地区企业及一批外资、独资、合资企业提供多种金融服务。并利用自身在国内外金融界的良好信誉和多种灵活的融资方式，充分利用国际上的游资，承担了广西北海“港澳招商中心”（占地6.5平方公里）和广东阳江“海陵岛综合开发试验区”（占地22平方公里）的成片开发重任，促进了当地经济的发展。同时，中银公司还积极稳妥地开拓国际业务，在澳大利亚、新加坡、香港、澳门等国家和地区投资办物业，并与许多国家和地区的实业界及金融界保持密切联系。

中银公司衷心感谢各级政府和银行部门领导同志长期以来对中银事业的热情支持和关心，也十分感谢海内外各界朋友与中银公司的鼎力合作！中银公司愿与国内外各界朋友在平等互利、信誉至上的基础上建立广泛的业务联系，并开展多种业务合作，共同为发展我国社会主义市场经济做出贡献。

单位名称：中银信托投资公司
法人代表：杨秀芳　总经理
地　　址：北京市海淀区白石桥北路52号
　　　　　奥林匹克饭店三层
电　　话：（01）8322134
　　　　　（01）8316688—313、315
传　　真：（01）8325978
邮　　编：100081

中国电子租赁有限公司

中国电子租赁有限公司是中国电子进出口总公司和中国银行信托咨询公司合资经营的全民所有制企业，是机电行业集金融、租赁、外贸于一身的全国性非银行金融机构。公司实行董事会领导下的总经理负责制，具有独立的企业法人地位，在业务上受中国人民银行、国家外汇管理局和对外贸易经济合作部领导、管理。

公司经营范围包括：机电行业融资租赁、租借、转租赁、回租业务；信托存款业务；经营性租赁、抵偿租金产品的销售处理业务；不动产租赁业务；租赁项下短期流动资金贷款业务；境内外外汇信托存款、信托放款、信托投资、借款业务；境内外汇放款业务；国际融资租赁业务；自有资金（人民币、外汇）的投资业务；委托、代理、担保见证、征信咨询业务；中国人民银行批准的债券业务；中国人民银行和国家外汇管理局批准经营的其他金融业务；租赁项下的进出口业务。

公司自1986年12月成立以来，坚持改革开放，遵循“信誉第一，客户至上，高效工作，优质服务”的宗旨，努力完善经营管理，积极拓展业务领域，经营规模不断扩大，经济效益逐年提高，在客户和同行中赢得了信誉，为我国机电行业的技术改造和技术进步、扩大机电产品的出口做出了贡献。6年来公司共计成交租赁、金融等项目770多项，实现税前利润4 320万元，其中1992年成交107项，实现税前利润1 333万元，比上年增长23.6%。1992年公司资产总额已达到7.93亿元，比上年增长32.32%。

公司在经营活动中，认真执行国家的各项方针政策，特别注意执行国家的金融政策，坚持把国家利益与公司利益、经济效益与社会效益统一起来，资金主要投向国家重点发展的企业和产品，投向经济效益好、能出口创汇的项目。公司内部建立和完善了一套科学规范的管理制度，初步建立起计算机管理系统，管理水平不断提高。公司重视抓好人才培养，提高职工队伍素质，在现有人员中，具有大专以上学历的占65%，具有高级和中级专业职称的分别占10%和40%。

公司在抓好租赁、金融业务的同时，重视开拓投资业务。在海南设立了代表处，独资兴办了瑞南实业发展总公司；在深圳设立了办事处，联营兴办了奥林匹克实业公司；在张家港市联营兴办了瑞港公司；在北京合作经营了瑞京科技贸易公司、环东潮州美食城和华远出租汽车公司。

公司重视发展对外交往与合作。与日本三菱信托银行、三和银行、法国里昂信贷银行、里昂信贷国际租赁公司、德国财务租赁公司等国际知名银行和租赁公司以及国内40多家金融机构，建立了密切的业务合作关系，与亚洲开发银行、加拿大帝国商业银行、德意志银行、瑞士联合银行、香港汇丰银行等进行了业务合作商洽。

公司将进一步解放思想，锐意进取，优化资金投向，拓展业务领域，同海内外朋友携手合作，使经济水平再上新台阶。

单位名称：中国电子租赁有限公司
法人代表：崔天清　总经理
地　　址：北京市复兴路甲23号电子大楼七层
邮　　编：100036
电　　话：8223947　8223950
传　　真：8223946
电　　传：222711 CELCO CN
电　　挂：6041（国内）

中国国际工程咨询公司

中国国际工程咨询公司成立于1982年，由国家计委归口管理，并经对外贸易经济合作部批准，具有对外开展经济技术合作业务权。公司在国家工商行政管理局注册，并在世界银行和亚洲开发银行登记，具有法人资格。公司注册资本为人民币1亿元。

公司的主要任务是，为国家经济建设的正确决策和加强建设项目管理提供咨询服务。主要业务范围是：1. 接受国家有关部门、单位委托，承担有关经济建设、产业结构、产品发展前景及建设项目布局等全局性、战略性、长远性问题或某个专题的研究。2. 接受各级政府部门、有关银行、投资公司和单位的委托，对基本建设、技术改造等各类投资项目提供项目建议书、可行性研究报告的编制与评估等咨询服务。3. 接受有关地方政府或企业委托，对地区经济发展和企业技术改造规划提供咨询服务。4. 接受国内外客户委托，承担国内项目、涉外项目、国外工程建设项目的项目建议书、可行性研究、工程设计、厂址选择、工程地质勘探、环境影响评价、材料设备采购和施工招标、施工监理、人员培训、竣工验收后评价等项目建设全过程咨询服务。5. 对外开展经济技术合作业务，承揽国外工程项目，为各类工程项目的咨询、勘察和设计提供服务，组织工程所需设备、材料的出口，对外派遣咨询、勘察、设计和工程技术劳务人员，在海外兴办非贸易性企业。6. 为国外客户来华投资、选择项目和合作伙伴提供咨询服务；为国内客户到海外投资提供咨询和代理。7. 开展与工程咨询有关的市场研究、财务策划、信息合作、资产评估、企业管理、房地产开发、风险管理等其他咨询业务。

公司本部设有9个专业项目部和若干综合性部门以及一个工程咨询研究所，并有一批子公司和合资合营公司，公司还与78家实力雄厚的成员公司和众多合作单位组成我国目前最大的工程咨询集团，并聘请了国内著名的经济、技术、金融、法律和管理等方面的专家、学者和富有丰富建设经验的知名人士组成专家委员会，作为高层次的智囊团。公司具有多学科综合咨询能力，可以承担国内外各类经济建设和工程项目的咨询业务。

公司成立10年来，坚持公正、科学、可靠的原则，业务迅速发展，到1992年底，公司完成的业绩有：1. 国民经济建设中的重要专题研究30余项，主要有能源基地开发，化肥、乙烯、盐碱、有色金属及矿山等发展战略，钢铁大厂选址研究，钢材品种结构的调整，重点机电设备技术引进的国产化，汽车、彩管发展规模研究，速生丰产林发展战略，如何用好世界银行贷款等，为国家制定长远经济发展规划提供政策建议和备选项目，并在已建设项目中发挥了指导作用。2. 完成了武汉、哈尔滨、沈阳、重庆、成都、桂林、北海、连云港和邯郸等20多个城市和地区的经济和社会发展规划以及工业企业技术改造规划的咨询，根据国家产业政策和地区优势提出了地方经济与国民经济协调发展的咨询建议，为国家调整产业结构发挥了作用，并且对推动地方经济的发展起了积极作用。3. 完成了1 300多项各类建设项目的咨询评估，涉及的总投资达12 000多亿元。通过咨询评估，对42个建设条件不成熟，布局不合理，不符合产业政策或经济效益不理想的项目建议取消立项或推迟建设；对850多个方案不够完善的项目，提出了调整和优化意见，占咨询项目总数的64%；对近150个存在各种矛盾的项目，通过调查研究，客观、公正地提出了协调处理意见，帮助落实了建设条件，占11%；对项目的投资概算进行了实事求是的认真核算，其中建议减少投资近270亿元，建议增加投资480多亿元。通过以上工作，大大加强了建设项目前期工作的深度，为提高投资效益和决策的正确性、可靠性以及加强项目实施管理发挥了重要作用。4. 完成了一批涉外项目和国外工程的咨询业务，其中有20多个世界银行贷款备选项目，40多个日本海外协力基金项目和300多个中日合作诊断项目，并先后在索马里、津巴布韦和孟加拉等国的项目中中标，为我国工程咨询走向国际市场进行了有益的尝试。

中国国际工程咨询公司正在进一步拓展业务领域，积极面向国内外两个市场，努力参与竞争，加强自身的组织和业务建设，力争为国家经济建设作出更大贡献，为国内外客户提供更好的服务。

单位名称：中国国际工程咨询公司
总 经 理：石启荣
地　　址：北京市车公庄西路32号
电　　话：8415456（总经理办公室）
传　　真：（861）8417301
邮　　编：100044

中国石化咨询公司

中国石化咨询公司是中国石油化工总公司直属专业咨询服务机构，经国家工商行政管理局登记注册，具有独立法人地位，具备行业评估的资格。公司拥有一支经验丰富，配套齐全的专业技术队伍，包括原油加工、石油化工工艺、机械设备、仪表自动化、计算机应用、电力电气、给排水、热工、土建、暖通、环保、总图、贮运以及市场、价格和财务分析等专业人员，其中大多数具有高级工程师职称（部分为教授级）或硕士学位。有些专家在多个国内的科学技术协会担任领导职务和国家科学奖的评委。公司与中国石化总公司所属的16个设计、规划、咨询单位组成联合体，为客户提供多学科、全方位的技术服务；与国外同业也有着良好的合作关系，曾与美国的 SRI International、LDP、ADL、东西方中心、ASME，日本的 JIS，以及俄罗斯的 HииXUMMAШ 等，共同完成过“中国石化发展战略研究”、“中原油田轻烃利用”等重大课题和可行性研究。公司是中国工程咨询协会的会员，总经理兼任其常务理事，双方一起进行过许多国家重点建设项目的评估工作和课题研究。此外，本公司还肩负全国压力容器委员会的主任委员和秘书处的工作。

公司的机构设置：总经理、副总经理、总工程师。下设经营部、技术经济部、炼油工程部、化工工程部、公用工程部、石油化工设备部、财务科、资料情报室、出版室，并聘请石化系统、化工部、建设部、社科院等几十位专家担任顾问。

公司的业务范围：1. 编制炼油、石油化工及后加工行业的规划和企业发展规划；2. 国民经济和石化行业宏观战略课题研究；3. 编制新建项目和现有工厂或装置改造的可行性研究报告以及市场、价格、技术等单项研究；4. 进行地区性和行业性的投资机会研究；5. 可行性研究报告的论证和评估；6. 为已建成项目进行后评价；7. 压力容器及设备强度评定和标准、规范的制定和咨询；8. 企业生产经营活动的诊断分析；9. 提供中介服务和专家服务；10. 组织国内外研讨会、报告会、讲座以及技术培训；11. 转让技术，包括专题报告、手册、计算机软件、电器及设备开发等；12. 承接石化产品市场、价格、技术趋势等信息咨询。

公司的主要业绩有：曾完成过“2000年石化行业的战略规划”、石化行业的“‘七五’、‘八五’规划”；近3年已完成了包括燕山、茂名、辽阳、天津、洛阳、广州以及深圳等在内约60项基本建设大中型和技术改造限额以上项目的可行性研究报告的评估，核定投资约500亿元人民币，同时为全国主要石化企业完成发展规划或单项工程咨询报告40多份；并完成‘八五’期间沿海企业贯彻两种资源、两个市场可行性的初步探讨”、“我国发展乙烯经济规模的研究”、“炼油厂经济规模”、“‘八五’、‘九五’国内油品、石化产品市场预测”等重大课题。

单位名称：中国石化咨询公司
法人代表：苏亿民
地　　址：北京市海淀区西土城路3号北楼
邮　　编：100088
电　　话：(01) 2029620
　　　　　(01) 2032211—312
传　　真：(01) 2029619
电　　挂：北京 4287

上海投资咨询公司

一、公司成立

上海投资咨询公司是以为建设项目决策咨询为特色，由上海市计委、经委、建委、建设银行共同组建于1986年10月。它的成立，以拥有权威的专家网络、综合的协调能力，并遵循公正、科学、可靠的咨询准则而著称。在1987—1992年的6年间，共完成各类咨询评估项目400多个，涉及投资700亿元。

经过6年多的努力，公司的咨询业务拓宽了很多，在改革开放呈现出大发展的新形势下，逐步实现了3个转变，即：由单一的评估论证，转变为编制规划，项目建议书，可行性研究报告等多种类型的咨询服务；从只接受政府部门委托任务，转变为也接受企业的委托；从服务于国内，转变为向涉外咨询发展。

通过咨询的实践和培养，迄今公司已拥有一大批具有高、中级职称、老、中、青相结合的咨询人员。与此同时，公司还致力于网罗社会上的各类专家，建立了一个拥有2 000名多学科、综合性、高层次的专家网络。在激烈的竞争中，公司在咨询市场上已经牢牢地站稳了脚跟。

二、主要成就和体会

6年来，公司为上海市政府各部门、外资企业、国内企业等委托的投资项目提供了不少有益的咨询意见，已建成和在实施中的重大项目有：南浦大桥、扬浦大桥、内环线、扬高路、人民广场地下变电站、450米高电视塔、涤纶工程、薄板工程、中厚板工程、“三联供”工程、头孢素工程，以及浦东陆家嘴、金桥、外高桥3个开发区建立的合资公司等。

南浦大桥是上海市区第一座横跨黄浦江大桥，经过长时间的勘察，市政设计部门于1987年作出了一个投资为9.2亿元的可行性研究报告，其中3亿元用于动迁，6.2亿元用于造桥。与此同时，铁道部大桥局和同济大学的一些桥梁专家也分别提出报告，认为建桥的投资偏高。受上海市计委委托，公司组织了42位著名专家评估论证，建议投资控制在8.2亿元，并推荐采用先进的叠合梁结构。经国家计委转报国务院批准实施，已于1991年11月建成通车，投资控制在概算内。

咨询涉外项目是跻身于世界咨询行业的必要一步。公司在成立不到两年的时间里，即承揽了世界银行提供贷款项目，分别与美国的波斯·爱伦·哈密尔顿和波斯顿两家咨询公司合作咨询编制低压电器、印刷和包装机械、电子元器件、精密光学仪器4个行业的发展规划。目前，还与英国的奈特（K·W）公司合作，对电子元器件、精密光学仪器两个行业进行管理咨询。与此同时，还为外商王二海投资的项目进行全过程咨询代理，仅1992年就完成咨询代理项目24项。

从几年来的咨询实践中有以下几点体会：

1. 一个咨询公司必须始终如一地把公正、科学、可靠和重视咨询质量作为基本准则，才能取得政府部门和社会各界的信任，咨询事业才会取得发展，咨询业务才能逐渐扩大。

2. 聘请社会专家参加分类咨询是咨询公司的“外脑”，“外脑”要通过“内脑”来组织，因此，在重视“内脑”的配备和培养的同时，要致力于专家网络的建设。

3. 重视信息的采集、贮存和加工。公司需要的信息量是相当广的，包括宏观的、微观的、经济的、技术的、国内的、国外的等各个方面的信息，这是公司咨询业务发展的基础。

三、发展方兴未艾

今后一个时期的咨询发展目标是把公司发展成为一个高层次、多功能的咨询公司，既为国内外投资者提供咨询服务，又从事软科学咨询课题的开发和研究；在立足搞好国内咨询工作的同时，积极开拓对外咨询业务，逐步跻身于国际咨询行列。

单位名称：上海投资咨询公司　　地　　址：上海宛平路300号甲
法人代表：彭厚安　总经理　　邮　　编：200030
电　　话：4724455

成都市工程咨询公司

机构简介：本公司是经成都市人民政府批准成立，为成都市工程建设项目提供各类咨询服务的有资格的综合咨询机构。本公司拥有23家实力雄厚的成员单位和由建筑、机械、化工、冶金、地质、轻工、纺织等方面的专家200多人组成的咨询队伍。本公司还与西南建筑工程咨询公司、香港嘉裕国际有限公司合作，成立了中外合作成都长源工程咨询有限公司。

机构设置：总经理、总工程师、综合业务部、办公室、项目一部、项目二部、工程业务部。

业务范围：1．由市审批的固定资产投资项目、技术引进、利用外资项目的咨询评估、项目概预算审查、中评估和后评估；上报国家审批项目的预评估。2．编制地区（含各种开发区）和行业经济发展规划；编制中、小型工程建设项目的建议书、可行性研究报告。3．工程建设项目代理和工程监理等全过程咨询服务。4．业主委托的其他咨询业务。

主要业绩：成立5年来，已完成项目评估、可行性研究报告编制、地区经济发展规划编制等任务162项，估算总投资95.52亿元。其中：项目评估123项，估算总投资56.15亿元，代表项目有成都市经济技术开发区（即龙泉驿工业开发区）项目建议书、成都市三瓦窑热电厂扩建工程、成都市过境（二环）路工程、成都市天然气开发利用工程、中外合资西南精密铸造有限公司高尔夫球头厂工程；项目可行性研究报告编制39项，估算投资39.37亿元，代表项目有成都市石人坝住宅小区、中国酒城、中国西部成都商品物资交易市场，成都府南河综合整治工程；地区性经济发展规划编制5项，主要有成都市优势产业发展规划及重点备选项目预可行研究(1993——2000年)、都江堰市青城桥工业开发区规划、龙泉旅游娱乐特区规划。

近来，公司积极拓展业务，开展了工程代理及工程管理工作，承担建设项目从立项到工程施工执照等全部前期工作的代理业务。

通过对项目的评估论证，一是坚持了国家的产业政策和投资方向，在已评估项目中，能源、交通、邮电和城市基础设施项目占一半以上；二是对评估论证的项目提出了科学、合理的意见和建议，完善、优化了项目建设方案；三是强化了固定投资项目的前期工作，为建设单位协调、落实建设条件，使项目的决策建立在可靠的基础上。由于公司本着客观、公正、科学的原则，所提建议基本上得到了上级决策部门的采纳，对克服投资短期行为，减少盲目上项目起到了一定的作用；四是通过编制地区性、专业性发展规划，为地区和行业的经济发展，勾勒了一个基本轮廓，明确了经济发展和行业优化的方向，为地方和企业领导决策提供了重要的参考依据。

发展规划：根据发展社会主义市场经济的要求和成都市第三产业发展规划对工程咨询业发展的部署：

1．继续搞好建设项目咨询评估主业，优质高效地完成市政府各部门委托的项目咨询评估任务，积极参与成都市宏观经济规划和专题研究，重点搞好成都市重大建设项目的咨询工作，为市政府宏观决策服务，使公司发展成为成都市重要的工程建设咨询机构。

2．面向市场，参与竞争，为全社会的建设项目业主提供投资咨询服务。从目前的前期工作咨询逐步发展到建设项目全过程、全方位咨询服务。即：投资机会研究，市场调研、可行性研究，工程代理、工程监理、项目中后评估、企业生产技术经济咨询等，使公司发展成为建设项目业主的重要的决策参谋机构。

3．积极开拓对外业务，为外商投资提供咨询服务和代理等。并帮助国内企业了解国际市场，引进资金，引进项目，参与国际竞争。

4．一业为主，多种经营，在搞好工程咨询主业的同时，开展电讯工程施工、高科技产品开发经营，建材营销代理等，并建立产品销售网络。使公司具备相当的综合实力，更好地为工程咨询主业服务。

单位名称：成都市工程咨询公司　　电　话：(028) 675124　678526
总 经 理：彭世久　　副总经理：吕映海　　传　真：(028) 678526
地　　址：成都蜀都大道横九龙巷57号6楼　　邮　编：610016

北京有色冶金设计研究总院

北京有色冶金设计研究总院（以下简称总院）创建于1953年，现有职工1 738人，其中具有高级技术职称的700人、中级技术职称的419人。设有6个分院、19个设计研究所，包括采矿、选矿、冶金、加工、稀有金属冶金、各辅助专业、电算等48个专业。还设有14个多种经营公司、14个科研试验室以及为之服务的信息、档案、图书、科研试制厂、文印厂等辅助生产部门。

为了适应基本建设决策民主化、科学化的客观需要，总院于1981年6月成立了中国京西工程咨询公司，同年10月，经原国家进口管理委员会批准，1992年又经对外经贸部批准，可以对外开展业务，使总院成为一个可以对国内外开展以有色金属技术咨询、工程设计、科学研究和工程承包为主的、独立经营的综合经济实体。

40年来。总院先后完成了有色金属工业和其他行业的工程咨询、规划、设计共1 009项、科研项目740项。这些成果遍布于全国除台湾省以外的30个省、市、自治区，分别形成了东北、华北、西北、华东、中南、西南和中原地区的有色金属骨干企业，为我国有色金属工业的发展和合理布局，作出了贡献。

近5年是总院发展的一个重要时期，五年来共承担工程设计370项，其中有色金属工程147项，其他行业223项；完成科研项目140项；受有关部、委和企业委托完成工程咨询项目40项，其中国家重点项目18项，合计建设资金100多亿元。此外，受国家计委和国务院发展研究中心委托，完成10项专题研究和区域规划及其它中小项目共100多项。

进入80年代，先后与26个国家和地区的近80个工程公司、科研机构和厂家建立了业务联系，承担了新加坡、泰国、巴基斯坦、伊朗和香港地区的工程设计、科研、咨询共12项。完成中日诊断项目9项。涉外项目大幅度增加，合同总额达5亿美元，外汇收入1 000多万美元，约占总院“八五”期间工程咨询、设计收入的30%。

总结成绩，有下面几点体会和经验：

一、以本行业为主，广开门路。早在1979年，总院为进入市场，提出“以本行业为主，广开门路”。1988年进一步提出“一业为主，两头延伸、多种经营”的方针。业务范围从有色金属工业扩展到轻工、建材、电力等多种行业。工作内容包括工程咨询、设计、施工监理、工程承包全过程。此外，还创办了14个多种经营的技术开发公司。

二、深化改革，转换经营机制。经过内部经营机制的转换，调动了全院职工的积极性，增强了内部凝聚力。

三、强化全面质量管理。建立、健全了一整套全面质量管理体系，并制定了一系列质量标准和规范，提高了总院的信誉，使任务饱满。

四、不断提高技术和装备水平。总院把职工培训作为一项战略任务来抓。对老技术人员补充和更新知识，对中青年技术人员举办外语、计算机、专业技术培训班，同时，注重在实践中培养。此外，制定了技术职称考核大纲。设立了青年科技奖励基金。

为了提高设计科研工作效率和质量，从1979年起，自筹资金，大力推进设计科研装备的现代化进程。目前，已拥有微机135台，CAD工作站85个，各种笔式绘图机20台以及其他多种现代办公设备，形成了多层次完备的硬件配置系统。与此同时，大力开发软件，目前已拥有数值计算、CAD绘图、方案优选和管理软件共278个。这些设备为现代化的设计科研提供了物质基础。目前，总院计算机绘图约占总出图量的30%，方案优选占50%，数据计算工作量达70%，信息管理工作达60%。

五、组建强有力的领导班子，两个文明建设一起抓。

总院的领导均是来自基层，具有几十年的实际经验和领导能力、具有高级技术职称的同志。1985年执行院长负责制以来，形成了一个团结协作的领导班子。

单位名称：北京有色冶金设计研究总院　　地　　址：北京市复兴路12号
法人代表：余明顺　院长　　邮　　编：100038
电　　话：3262233

西北有色金属研究院

西北有色金属研究院是60年代中期国家投资建设的以稀有金属材料为主要研究内容的大型院所，是中国有色金属工业总公司直管重点院所，是我国稀有金属材料加工专业技术开发中心。“中国有色金属工业总公司西北质量检测中心”和“陕西省有色金属产品质量监督检验站”挂靠在本院。是首批被赋予科技产品进出口权的科研院所之一。

本院的主要任务是从事各种新金属材料的研究与开发，其特色是以稀有金属材料及加工技术为主，与金属材料的基础理论、应用、防护和爆炸复合、表面技术等特种技术相结合；以高技术及应用研究为主，兼顾有色金属和稀有金属产品的开发与试制，同时还承担稀有金属材料加工专业的各种工程承包。

为适应稀有金属工业发展需要，本院已建成了比较齐全的专业领域和不同层次结构的科研队伍。目前本院的研究领域有钛及钛合金、难熔金属及合金、贵金属及合金、超导材料、核材料等材料类型；加工工艺、粉末冶金、金属材料爆炸加工与焊接、金属材料腐蚀与防护等特种工艺技术和金属物理、化学分析、科研情报和非标准设备设计制造等公用基础三大组成部分。本院现有科技人员600多人，其中高级技术职务者131人，他们中有国家超导技术专家委员会首席专家之一、“高临界温度超导电性基础研究”首席科学家、副院长周廉教授，粉末冶金专家、科学技术博士、副院长殷为宏教授等一批知名专家。还有一批青年科技人员正在成为新的学术带头人。

在科研方面，研究院全面贯彻“科学研究必须面向经济建设”的方针，坚持从严治院，提倡“求实、探索”、“奋发向上”的精神，瞄准本领域的世界前沿，充分发挥人才荟萃、学科领域齐全和设备先进的综合优势，执行了一整套倾斜于科研的优惠政策，全力开展科研工作，每年均承担一定数量的国家863、国家攻关和重大军工配套项目，年均科研投资370多万元。建院以来，共取得科研成果600多项，其中部省级以上奖励成果占半数，每年均有大量成果转化为生产力。在试制方面，每年完成试制任务近千项，为国防重点工程和国民经济各部门提供了大量的高精尖产品，有14项产品被评为原国家经委优秀新产品，6项产品获国际博览会金、银牌，为提高我国稀有金属材料加工的科技水平及国民经济、国防建设和科学技术的发展作出了突出的贡献。近30年来，本院为我国人造卫星、通讯卫星、原子能、氢弹、洲际导弹、核潜艇等重点工程以及电子、兵器、冶金、化工、轻工和航天等部门提供了许多有特殊要求的稀有金属材料或元器件，曾3次得到中共中央、国务院、中央军委的联合嘉奖，多次受国家科委、国家计委、国防科工委、原国家经委、冶金部和中国有色金属工业总公司的奖励和表扬。

在稀有金属材料加工领域，本院的超导材料研究已跨入世界先进行列，难熔金属和钛合金研究在国际上也具有一定的学术地位。周廉教授被聘为国际低温工程材料委员会理事和国际学术杂志《超导体科学与技术》编委；殷为宏教授则是国际普兰西协会会员和联络委员。本院还在国内牵头负责组织“钛及钛合金”、“难熔金属”、“稀有金属结构与性能测试”和“难熔金属及钛合金化学分析”等4个全国性学术会议。本院对外科技交流和经济不断发展。近几年来，先后与美、英、法、德、日、俄及东欧等20个国家和地区的科研机构、大专院校建立了科技合作或经贸关系。

在改革开放的新形势下，本院认真贯彻“稳住一头、放开搞活一片”的方针，在保证重点科研课题的前提下，努力搞好开发和应用研究，加快由科研型向科、工、贸一体化转变的进程，更好地为国民经济建设主战场服务。

本院拥有各种实验设备和仪器1 600多台套，其中国家科委统一管理的23种大型精密仪器23台；实验室建筑面积36 000平方米；占地面积近9万平方米的西安新区实验室扩建正在紧张施工中，建成后全院固定资产总值将超亿元。本院负责编辑《稀有金属材料与工程》、《钛工业进展》等4种刊物，其中前者于1992年被评为国家级优秀期刊。

在改革开放的大潮中，本院愿以百倍的热情，竭诚为国内外客户服务。

单位名称：西北有色金属研究院　　电　　话：(0917) 412239，412222
院　　长：陈义超　　传　　真：(0917) 412001
地　　址：陕西省宝鸡市71号信箱　　邮　　编：721014

中国技术监督情报研究所

中国技术监督情报研究所(中国标准情报中心)是在原中国标准情报中心和国家计量局情报研究所的基础上于1990年1月正式组建的，是我国国家级的标准、计量、质量信息机构，也是我国5大国家级专业信息中心之一，为对外合作的需要，又称中国标准情报中心。

中国技术监督情报所的任务是：积极配合技术监督工作，贯彻“以质量为中心，以标准化、计量为基础”的方针，广泛开发技术监督信息资源，生产满足用户需求的信息产品，为领导决策，为科研、生产、进出口贸易和技术进步，提供迅速、准确、全面的信息服务。

中国标准情报中心是中德两国的技术合作项目，在德国政府的援助下，一个有效的、有权威的现代化的标准信息系统正在建设和完善中。

研究所拥有雄厚的技术力量，在全所200名职工中，有专业技术干部158名，其中，高级技术职称人员31名，中级技术职称人员66名，大专以上学历的科技人员占职工总数的71%。

研究所是全国唯一的收藏标准、计量、质量文献最多的信息服务机构。标准资料收藏有61个国家、70多个国际和区域性组织以及450多个国外专业学（协）会的标准文献约36万件；还收藏有国外标准化期刊160余种、标准化专著6 000余册。每年接待读者和用户达2万多人次，答复用户咨询信函数千件，复印各种文献150多万页，文献的利用率居其他科技文献之首，平均达30%。研究所还收藏计量文献6万余册，中外文计量期刊500种。

先进的技术装备，使研究所的文献加工、资料管理、咨询服务、信息产品生产等由手工操作逐步向自动化方向发展。已建成由40台微机构成的局域网，服务器硬盘总容量达2 000MB以上，并拥有光盘驱动器、工业磁带机、计算机编辑排版系统、传真机等一批现代化的设备。

中国技术情报监督研究所开展的服务项目有：(1) 馆藏文献资料阅览复制，(2) 国外文献资料的代译与译文提供，(3) 国内外标准、计量文献目录及资料出版与发行，(4) 馆藏文献资料函索、快速、定题、定向咨询服务，(5) 标准文献数据库销售，(6) 标准文献数据库系统技术咨询，(7) 举办各种培训班，接受代培业务，(8) 开展技术中介、技术开发业务。

中国技术情报监督研究所建有标准文献数据库，已自行建成中国国家标准（GB）、国际标准化组织标准（ISO）、国际电工委员会标准（IEC）、欧洲共同体标准（EN），以及德国（DIN）、日本（JIS）、英国（BS）、法国（NF）等四个国家的国家标准数据库。美国（ANSI）、前苏联（GOST）的国家标准数据库即将建成。已建成的数据库每月更新维护一次，为用户提供最新的现行有效的标准制修订信息。同时，也可根据用户的需要，生产按专业分类组合的各种数据库。

根据数据库的信息，研究所印刷出版了颇具特色的《最新国家标准和国际标准目录》，该《目录》按《中国国家标准分类法》编排，除有标准号、标准名称、发布、实施日期、替代关系、修订信息外，还有和主要工业国家标准的参照关系，为用户提供了较多的信息。

为适应社会主义市场经济的需要，根据国家关于加快发展第三产业和信息咨询服务业的方针政策，在稳住基础工作的同时，利用所里馆藏资料、设备、人才的优势，深化改革，分流人才，正在兴办技工贸一体化的实体。建立信息咨询服务网，为我国边境开放城市、三资企业、技术引进项目、乡镇企业提供全方位、全过程的咨询服务。

下一步发展规划要点：

1. 根据国家经济发展的需要，广泛收集标准、计量、质量方面的信息资料，重点收集国外著名的专业学(协) 会标准、国内外技术法规、质量、认证文献、译文资料，到2000年，馆藏文献资料达到60万件。

2. 加速文献资料检索、管理现代化建设。抓好ORACLE新系统的开发。建设更多的数据库，包括：中国行业标准库、国内外技术法规库、质量认证数据库、国外著名专业学（协）会标准数据库，在此基础上，实现和各部委、各省市的联机检索和传真网络。

3. 积极创造条件，在我国恢复关贸总协定（GATT）缔约国地位后，成为我国“贸易技术壁垒协定

(TBT)”的咨询点，为国内外用户提供技术法规、标准和认证体系的咨询服务。

单位名称：中国技术监督情报研究所（中国标准情报中心）　传　真：202.2798　202.2931
法人代表：洪用对　所长　电　话：202.2288—3412、3320
地　　址：北京市海淀区知春路4号　邮　编：100088

深圳国际企业服务公司

深圳国际企业服务公司是深圳在国内第一家中外合资的广告公司，合资方是美国智威汤逊广告有限公司。

公司1986年成立以来，在探索广告整体策划并向客户提供全面代理服务的道路上，逐渐形成自身的规模实力和创作风格。

公司下设市场策划部、客户服务部、创意设计部、媒介部、制作部、资料室等。公司30余名广告专业人员，在市场策划、媒介策划、创意设计、文案撰稿、立体制作、装璜印刷等领域竭力为广大工、商客户服务。

深圳市环境卫生管理处

深圳市环境卫生管理处成立于1984年，处属8个企事业单位，现有职工2 300多人，其中事业编制1 340人，隶属市府城管办领导。担负着全市690万m^2道路清扫、32座公厕管理任务，日清运垃圾800吨。管理处干部职工发扬“开拓、创新、团结、奉献”的深圳特区精神，深化改革，勇于探索，使昔日素有“南头苍蝇深圳蚊”之称的边陲小镇，成为设施配套，市容整洁，环境优美的现代化城市，1992年被中央爱委会命名为“国家卫生城市”，成为全国3个“洁净城市”之一。

——按照现代化城市的标准配套环卫基础设施，使环卫建设适应特区经济发展的需要。目前全处拥有各类机械设备120台（套），万人平均拥有量达到国家规定的标准。全市基本达到了垃圾收集容器化、粪便排放管道化、运输机械化、管理科学化、处理无害化的目标。

——按商品经济发展的客观要求，深化环卫改革。第一，成立了全国第一家专业清洁公司，对社会开展全方位的清洁卫生有偿服务，从而结束了环卫工作长期由国家包揽的历史，全市18家清洁公司每年不仅上交税利150多万元，而且为国家节约垃圾清运费300多万元；第二，我处全面推行定额经济承包责任期，人均清扫面积由2 200m^2增加到4 500m^2。从1989年开始，我们将逐年增加的300多万m^2道路承包给清洁公司，每年为国家节约正常经费450万元；第三，在环卫用工方面，坚持多用临时工和轮换工，从根本上解决了因固定工增多所带来环卫经费不足，职工住房紧张等一系列问题。

——强化管理，环境卫生水平上了新台阶。一是在行业内部全面推行卫生质量评分制；二是全面推行“一定二包（即定任务、包管理、包质量）的管理模式，把管理质量与职工的经济利益直接挂钩；三是成立一支装备现代化执法严明的市容卫生监察队伍，全处共有专职市容卫生监察员280人，兼职卫生监察员800多人，配备了一批现代化的设备。

——加强职业道德教育，促进社会主义精神文明建设。管理处曾5次被深圳市委、市政府评为立功创模先进单位。

单位名称：深圳市环境卫生管理处　电　话：2235797
地　　址：深圳市新园路15号环卫处　邮　编：518001

国家地震局工程力学研究所

国家地震局工程力学研究所原名中国科学院土木建筑研究所，在中国科学院领导下，成立于1954年。1962年易名为中国科学院工程力学研究所。1984年4月改由国家地震局领导，所名改为国家地震局工程力学研究所。

研究所现有职工520人，其中研究技术人员280人。有高级研究技术人员80人，其中研究员17人，中级研究技术人员216人。有4个硕士点，1个博士点，1个博士后科研流动站。

研究所设12个研究室。强震观测研究室：从事强震观测、强震数据处理与应用研究；工程地震研究室：从事工程地震研究，包括强震地面运动规律研究以及地震动区划和小区划等；建筑工程研究室：研究建筑工程抗震、抗风的设计理论和工程减灾措施；生命线工程研究室：研究供电、通讯、供水、交通等生命线工程抗震、抗风、抗冰的设计理论和工程减灾措施；特种工程研究室：研究地下结构、核反应堆结构、海洋平台、各种工业塔罐等的抗震、抗爆、抗风、抗冰设计理论和工程减灾措施；岩土工程研究室：研究地基、基础及岩土工程结构的抗震、抗风、抗冻、抗塌问题；震动模拟实验室：进行地震等振动模拟实验，研究和发展实验技术和研制振动实验台；环境振动测试室：进行现场测试（地震、风、冰等）研究和发展现场测试技术和方法，开展各种振动应用技术研究；计算技术室：引进和推广先进的计算机软、硬件技术，提供良好的计算机服务；仪器研制室：研制以传感器为主的与工程防灾有关的测试仪器和设备以及计量标定技术；防灾研究室：研究综合防灾的理论和方法以及灾害预测和灾害保险的研究；情报资料室：从事有关科技情报的收集、分析、研究与图书资料服务，以及刊物编辑、出版、发行工作。中国地震工程联合会秘书处办公地点设在工程力学所。研究所是中国地震学会地震工程专业委员会和中国灾害防御协会常务办事机构的挂靠单位。

“七五”期间，在已鉴定的98项课题中，属国际水平的8项，国内首创15项，国内先进水平的14项。“七五”期间获地市级以上科技进步奖的成果有100多项，其中获国家科技进步奖的成果有8项，获部级奖励的成果20多项。

1992年获国家科技进步奖1项，获国家科技进步2等奖1项。获部级奖励的科研成果5项。891型测震仪获国家地震局科技进步2等奖，《人员掩蔽工程结构安全问题研究》获建设部国家人防科技进步2等奖；获地市级科技进步奖的6项，其中1等奖3项，2等奖3项。全年正式发表的论文175篇，其中在国外刊物上发表33篇，科技著作5部。近几年，科技人员每年发表的论文都在100篇以上。研究所主编或参编的多项建设国家标准，如：《建筑抗震设计规范》（已颁布实施）、《核电厂抗震设计规范》（待批准颁布）等，正在或即将在国民经济建设中发挥效益。

研究所承担的科技咨询与开发项目年均50多项。科技咨询与开发的内容有：城市抗震防灾基础工作的研究，包括地震危险性分析、地震小区划、工业与民用建筑和生命线工程的震害预测、砂土液化判别和软土震陷估计；各类建筑的抗震分析、模型试验和现场试验；海洋平台场址工程地质评价；冰荷载实测；尾矿坝的地震稳定性的研究；基础隔振减振研究；桩基质量检测和承载力估计；爆破拆除；计算分析程序编制；振动仪器研制；土动力特性试验以及建筑材料力学性能试验；研究所首创的人工振动采油技术研究正展现广阔前景。上述科技咨询和科技开发项目主要是以地震工程领域的最新科研成果及其衍生的先进技术服务于国民经济建设，增强了城市、开发区及水利、电力、交通、核工业等行业的重大工程建设防御地震灾害的能力，节约建设投资，解决工程建设中的技术难题，有些技术的应用也在生产领域中产生了直接的经济效益。

研究所与美、日、俄等30多个国家进行了广泛的国际学术交流与联系，在国际上有学术地位和声誉。

单位名称：国家地震局工程力学研究所　　电　话：62901
法人代表：谢礼立　所长　　传　真：（0451）64755
地　址：哈尔滨市南岗区学府路9号　　电　挂：5504
邮　编：150080

中国地图出版社

中国地图出版社成立于1954年，是编制出版各类地图的中央级专业出版社，直属国家测绘局管理。其主要任务是：编制和出版全国各类学校学生、教师需要的教学地图和广大读者需要的各类参考地图、专题地图、旅游交通地图、少数民族文字地图、外文地图及相关书籍。由于地图编制出版是测绘产业体系的重要组成部分，地图是测绘产品的主要表现形式之一，因此，中国地图出版社是测绘业与社会需求的一个重要结合部，是测绘产业面向市场、服务社会的重要窗口。

中国地图出版社现有职工430人。社内部除管理部门外，还设有编辑部、出版部、发行部、制版部和中国、世界、教学、历史、地图更新5个编辑室以及资料编译室、美术广告部、地图研究所、《地图》杂志编辑部等业务生产部门；社外设有管理上海地区出版发行业务的上海办事处（副牌“中华地图学社”）和管理西北、西南地区出版发行业务的西安办事处，在北京还开办了地图邮购门市部。在国家测绘局主管部门的直接关怀和指导下，经过近40年的努力，已发展成为技术力量强、效益好、贡献大的地图出版单位，每年除向社会提供大量地图资料外，还向国家上交税利数百万至上千万元。

40年来，中国地图出版社已编制出版教学地图900余种，其中朝、蒙、维、哈、藏5种少数民族文字教学地图110余种；外文（含中外文对照）版地图120余种；涉及天文、气候、地质、地震、植被、土壤、人口、民族、历史、医疗卫生等各个学科的专题地图300余种；实用参考地图，如中国和世界政区、地形图、图集（册）、挂图、分省分国系列图、交通旅游图等2 500余种；还相继出版了与本专业相关的区划、人口、地名、港口等方面的资料手册，以及历史、地理、地图制图译文等书籍。累计共编制出版各种地图（含书籍）4 000余种，发行16亿册（幅）。其中，1978年至今的15年中，完成的品种总数的59%，发行量占发行总量的66%，实现利润占全部利润的80%。1992年达到历史最高水平，共编制出版地图（含书籍）298种，发行1.5亿册（幅），实现利税上千万元。

改革开放以来，我社陆续编制出版360余种具有较高学术价值、影响较大的专题地图，其中获国家级奖励的9种，获省部级奖励的31种，在国内外享有较高的声誉。塑料灯光地球仪和塑料立体地图研制成功，填补了我国地图品种的空白，得到社会各界的好评。

中国地图出版社造就了一支适应能力较强、技术素质较好的地图编制出版的专业骨干队伍。在全社430名职工中有高级职称50人，中级职称120人。我社积极开展对外技术交流，多次派员到国外进行专业技术考察、进修，参加国际图书博览会，并与外商商谈合作出版和版权贸易。已先后合作出版了20余种地图，发行量达20多万册（幅），既扩大了影响，又创收了外汇。我社还拥有先进的编绘制印设备和技术，能承担各类比较复杂的地图品种和高难项目；在上海、北京、天津、西安、成都等地有近20家地图印刷、装订协作厂，可以承担和完成大批量的印刷装订任务；有以全国新华书店为主渠道和作为补充的自办发行网络。

中国地图出版社积极贯彻“为人民服务，为社会主义服务”的出版方针，始终坚持“社会效益和经济效益”一起抓的经营指导原则。为满足经济建设和广大读者需要，除了积极出版需求量大的畅销地图品种外，对于印数少、质量要求高、无利润或亏损的地图品种，只要社会效益好，也都分轻重缓急，坚持出版。至今，我社已出版的分洲、分国系列地图、少数民族文字地图、学术价值高的专题地图，外文版地图等亏损品种约占出版品种的40%左右，基本满足了外事、科研、民族地区的教学及国内外学术交流等不同层次的需要。

中国地图出版社以本社的编辑、出版力量为依托，大力发展横向经济技术合作，开发和利用社会技术力量，延伸编辑、编绘队伍，增加地图品种，增强生存和竞争能力。目前，我社已与社外几十个单位、几百名专家和科技人员合作设计和编绘各类地图，初步取得了明显的效果，同时，立足本国，面向世界，逐步走向国际大市场。

单位名称：中国地图出版社　　地　　址：北京白纸坊西街3号
法人代表：张学良　　邮　　编：100054
电　　话：3014136

中国审计事务所

中国审计事务所于1988年经审计署批准，国家工商行政管理局核准注册正式建立开展业务。是面向全国各界，具有独立法人资格的审计、会计、经济管理咨询机构。1991年又经国家国有资产管理局批准授予资产评估资格。

中国审计事务所宗旨是：承办国内外经济机构、国际经济组织、企业社会团体及其他单位和个人的委托，提供审计、会计和经济管理方面的咨询服务。在承办一切业务活动中，严格遵守中华人民共和国有关法律、法令和规章制度，坚持客观、公正、独立的原则，与委托单位密切合作，信守合同，注重质量，讲究效率，为委托单位保守秘密，维护委托人的合法权益。

中国审计事务所建所后业务不断发展，人员规模不断扩大，已发展为具有较强实力，可以接受委托承办各类大中型项目的审计、会计、经济管理的咨询机构。目前从业人员已达150多人，其中具有大专以上学历的占85%；具有高级职称的审计师、会计师、经济师、工程师等55人；注册审计师85人。另外还拥有一批专家、教授、学者担任本所顾问，指导、配合工作。

中国审计事务所设有财务审计部，证券业务审计部，外资审计部，资产评估部，事业发展部，培训部，综合业务部，事务部，人事部。在京内外设有分支机构13个。

中国审计事务所，极其重视业务制度建设和队伍建设。经过不断实践，基本形成规范化管理，具有一支较高水平的专业咨询队伍，保证了业务发展的需要，目前本所年承办大中型项目的能力可达200个以上。

中国审计事务所始终坚持质量第一，信誉第一，客观公正的原则，面向社会，接受各界委托，截止现在已办理各类项目（包括帮助国家工商局审查企业年检报告）近1 800项，审计金额达600多亿元，提出改善管理建议400多项，为国家和经济实体挽回经济损失1亿多元，帮助许多企业建章建制、理顺帐目。取得了明显的经济效益、社会效益，工作质量受到客户好评，赢得了较高的信誉。

——承办工商企业验资和行业年检审计验证工作。5年来协助工商行政管理部门，先后对1 000多个企业实有资本进行审验，核实资金200多亿元，查出资金不实5 000多万元。协助旅游行政管理部门进行旅游行业年检审计。

——承办基本建设预、决算审计。

——接受司法机关或当事人委托，对经济案件进行鉴定30余项，鉴定金额1.5亿多元。

——接受委托承办大中型企业经济效益审计60余项，提供改善经营管理的建议200多项。

——承办厂长（经理）离任审计，对企业法人任期内的经济责任进行客观公正评价，为上级单位或董事会，考核了解干部业绩提供重要依据，也使当事人对自己任期内的功过得到心悦诚服的确认。

——承办财务收支审计、财产清盘和提任审计会计顾问，帮助主管部门对下属单位加强监督管理，维护国家经济利益，帮助企事业单位建章建制，改善财务管理。

——承办国外贷款、援款项目审计公证。

——承办资产评估业务。中国审计事务所是国家国有资产管理局第一批批准的具有资产评估资格的审计事务所。已承办10余项国有资产转让和中外合作、合资的资产评估业务，评估值达5亿多元。

——连续5年接受国务院、北京市税收、财务、物价大检查办公室的委托，对中央、市属160多个公司企事业单位检查；接受40多个企事业单位委托，对本单位执行财经纪律情况帮助自查。

——面向全国培训社会审计和会计人员，提高业务素质，扩大知识面。

中国审计事务所，本着“立足竞争，积极发展，总结经验，稳步提高”的指导思想，正积极努力增强实力，扩大服务领域，为发展我国社会主义市场经济，提供更多的服务，做出新的贡献。

单位名称：中国审计事务所　　地　址：北京市海淀区白石桥路甲4号
法人代表：李必全　所长　　邮　编：100084

中国国际企业合作公司

中国国际企业合作公司（简称国企公司）是经国务院批准成立，国家工商行政管理局登记注册的全民所有制大型涉外企业，具有独立的法人资格。是从事国际经济技术合作和交流、进出口贸易、咨询服务、房地产开发及实业投资的综合性经济实体。

组织国际间企业及企业家交流、承担国内外客户委托的各种经济、技术、人才的交流和开发业务，在国内外举办各种国际会议和展览。

承办对外经济合作咨询服务业务，为外商来华办企业提供咨询服务，包括企业法规、企业资信、联络合作对象和项目选择。

为外商及外商投资企业提供工商代理、商标代理和广告代理，为外商企业和国内企业提供广告设计、制作、市场调查和咨询服务。

承办向外商投资企业、外国（地区）企业及其驻华机构派遣各类中方专业技术、管理人员和劳务人员，以及为上述企业、机构及其中方雇员提供配套的涉外事务和人事管理服务。

承办外商入境居留、婚姻、国籍、治安、再出境、再入境等涉外事务的咨询工作。

承担国（境）外各类工程项目和境内外资工程；向国外派遣各类工程生产和服务行业的劳务人员；在国（境）外兴办各类非贸易性企业，经营国（境）外承包工程和海外企业所需设备和材料的出口。

经营或代理机械设备、仪器仪表等商品的进出口业务、技术进出口业务。承办中外合资经营、合作生产“三来一补”业务。

承担房地产的开发和经营。提供有关业务的咨询服务、技术服务。经营房屋的装修、装饰；房地产开发所需的建筑材料、化工原料、机电产品、装饰材料的销售（国家专项专营规定的除外）。

国企公司遵守中华人民共和国法律、法令和条例，在对外业务中，按照国际惯例、尊重所在国家和地区的法律、法令和风俗习惯。公司遵循改革开放的方针，灵活开展各项业务活动，实行科学管理、自主经营、独立核算、自负盈亏。公司实行总经理负责制，总经理是公司的法定代表人。

国企公司总部设在北京，并在境内外设立了分支机构、办理机构及代理机构。

国企公司致力于：改善我国投资环境、更好地吸收外商投资、引进人才技术、促进我国和世界的经济发展与技术进步。其宗旨是：服务、信誉、效率、友谊。

欢迎海内外客户来电来函洽谈业务，国企公司为您提供一流的优质服务。

公司下设机构：

办公室	综合计划部
人事部	对外联络部
财务部	国际合作部
业务部	工程劳务部
咨询部	进出口一部
广告部	进出口二部
资金部	进出口三部
展览部	电子进出口部
人力资源部	工程投标部

单位名称：中国国际企业合作公司　　电　话：2256483，2255511～3152
法人代表：殷子烈　总经理　　传　真：2256385
公司总部：北京市海淀区学院南路62号　　邮　编：100081

中国诚信证券评估有限公司

中国诚信证券评估有限公司是由北京、上海、深圳、广州、海南、福建等地的16家金融、证券、法律、会计机构合股的股份制非银行金融机构，注册资本为人民币2 000万元。1993年1月8日在国家工商行政管理局注册并正式开业。是中国首家全国性证券评估机构。

公司的经营范围：各种有价证券信用等级的评定；证券商的信用等级评定；股份公司信用等级评定；金融企业信用等级评定；对股票发行与上市公司的可行性研究报告、资产评估报告及有关材料的验查和评估；对企业股份制改造、股票发行上市和管理提供方案设计及金融、法律、会计、审计咨询、新金融工具的设计与运用指导以及与金融业务、证券业务相关的硬、软件开发、推广、销售、培训、信息服务、国内外交流、宣传，经证券业主管部门和中国人民银行批准的其他业务。

公司常设机构有：证券评级部、金融机构评级部、评级审核部、会计事务部、企业改组与兼并事务部、法人股流通咨询部、研究设计部、国际业务部、法律事务部、出版培训部、办公室、人事处等12个部门。

公司分支机构有：海南中诚信证券评估有限公司、中国企业海外上市顾问（香港）有限公司、北京嘉诚资产评估联合公司、北京中诚证券广告公司、三峡融资咨询有限公司。

为保证公司从事金融、证券中介服务、评级工作的独立、客观、公正性和高水平的专业质量，公司特设立专家委员会。

主　任：董辅礽（全国人大常委、全国人大财经委员会副主任委员、中国社会科学院经济研究所名誉所长、教授、博士生导师）

副主任：厉以宁（全国人大常委、全国人大法律委员会副主任委员、北京大学教授、博士生导师）

江　平（全国政协常委、中国政法大学教授、博士生导师）

阎达五（中国会计学会副会长、全国注册会计师协会副会长、中国人民大学教授、博士生导师）

公司由一批高素质的专门人材和富有经验的证券、金融专家、信用评级专家、企业股份制改组与兼并专家、经济与企业分析专家、会计与审计专家、资产评估专家、法律专家、计算机专家和其他专业人材组成，1993年6月止公司职工人数105人，大学以上学历占94%，硕士、博士学历占41%。

公司建立了较健全的工作、业务制度，所建立的信用评级制度及其方法和指标体系，已通过专家委员会鉴定并予以实施，是国内最早的一套评级制度和体系。公司还建立了较先进的信息搜集、整理、储存、分析的计算机网络系统，建立了资料丰富的股份制企业、证券商、证券市场的信息库。

目前，公司是深圳证券交易所、中国证券市场设计研究中心STAQ系统、中国证券交易系统有限公司NET系统、海南证券报价交易中心、武汉证券交易中心的上市推荐人和这些交易机构的合格信用评级机构。

公司还开展证券研究工作，与国家体改委、财政部、国家国有资产管理局、中国证券业协会、中国企业评价协会合办并由公司具体承办了1993年4月中国大型企业股份制改组与证券市场发展国际研讨会，与中国证券交易系统有限公司NET系统和中国证券市场研究设计中心STAQ系统共同主办了“法人股市场规范与发展问题座谈会”。这些活动，都得到了国家及国际国内证券界的广泛重视。

单位名称：中国诚信证券评估有限公司
法人代表：毛振华　总经理
地　　址：北京市海淀区白石桥路3号
友谊宾馆乡园公寓24栋
传　　真：8498323（公司）
2562959（《中国证券评估》编辑部）
电　　话：8498316（办公室）
8498318（人事部）
8498312（评级部）
8498320（股份制改组与企业兼并事务部）
8498311（国际业务、研究设计部）
8353156（出版培训部）

国际技贸信息库

国际技贸信息库由北京图新信息咨询公司主办。北京图新信息咨询公司依托中国国家图书馆(北京图书馆)，有着丰富的信息资源、雄厚的技术力量和广泛的国际协作关系，以信息为基础，以咨询作龙头，以开发促销售，进行多元化的服务，是集技、工、贸、服四位一体的高新技术企业。

业务范围：

策划并承办以高新技术为主的各类展览会、展销会、信息交流会；主办各种培训班、组团出国考察；承接策划组织大型公关活动的委托代理业务；各类商贸及产品促销服务；建立由经济、金融、财会、法律、科技等领域的专家组织的专家库，在广泛合作基础上进行投资咨询、经济可行性研究、市场调查与分析、营销策划、管理系统设计与企业诊断；研究、开发计算机软、硬件、图书馆自动化、机电一体化产品，承揽完成有关技术工程项目；操作运行国际技贸信息库。

国际技贸信息库是公司的一项主要业务，目的在于发展会员，建立一个庞大的技术、贸易信息网络，促进交流，互通有无，使我们的企业能在信息社会的今天把握每一次可能成功的机会，为国家经济繁荣作出贡献。

国际技贸信息库的最大优势就是其网络优势，分布在全国及世界各地的分库是其业务的基础。无论是总库还是各分库都把为会员提供高质量服务放在首位。会员不仅仅是我们的合作伙伴和服务对象，也是我们信息库发展中的有生力量，更是我们信息库可靠信息的主要来源。因此增强参与意识，共同繁荣信息库是我们的共同目的。信息库发展得越好，我们就越能从中获得更大的收益。我们热烈欢迎你参加本信息库，为我们共同的目标、志趣和事业，携手奋斗。

一、信息库的宗旨和特色

1、这个信息库不买卖信息而是同会员一块利用信息，发展信息，获取信息的成果和效益。

2、致力外销（商品及科技成果外销）；会员同信息库合作发展贸易，分享利润。

3、协助我国企业发展，为企业排忧解难。

4、争取外资投入我国经济建设。

5、引进新技术，促进科技交流。

6、开展对台贸易与投资服务。

7、分别在国内及国外各建100个分库，成为我国第一个民间跨国贸易信息网，为会员服务，为国家服务。

8、创建“国际技贸信息市场”集中发布国内外各类商品供需信息、房地产信息、技术信息及投资信息等，并进行现场洽谈与交易。

二、会员和会费

会员分团体会员及个人会员，团体会员入会费300元，常年费300元，个人会员减半，缴纳会费后可领会员证。

三、会员权益

1、会员可免费得到《技贸信息》项目册（双周刊），此刊将搜罗世界最著名之信息网信息、国内各大信息网信息和本库国内外各分库的第一手信息，另加《技术转让》及《投资信息》两大类，内容将极丰富。

2、会员可利用信息与信息库合作发展贸易，分享利润。分享比例按各自贡献大小确定。

3、团体会员可向信息库申请下列各项服务：

争取国内外资金与贷款；委托产品外销和向国外征购物资及商品；代寻国内外合作、合资伙伴；委托技术转让或以技术投资在国内外设厂；引进新技术、新产品；协助办理机器设备租赁；提供“短、平、快”优秀投资项目；委托国内外市场商品求售或征购；

英文产品目录（Catalog）是产品进入国际市场的“门票”。信息库可接受委托为企业编印第一流的图文并茂的英文彩色Catalog，并提供渠道，散发至国外对口进口商手中；委托国内外市场调查及可行性研究；委托国外投资环境调查、评估投资计划；代征国外代理或提供代理服务；代聘专业人才；有关科技、投资、市场、企管、专利、国内外广告及展览、法律税务等咨询服务。

4、会员每年可免费在周刊上刊登文字广告一则，刊登广告信息将可传至各省、市、自治区的分库及分布在全球的100个国外分库（英文稿可由信息库代撰并打字）。

5、会员可参加本信息库组织的专题报告会、研讨会、国际投资经贸洽谈会、国内外产品展销会、国外考察团（会员享受优惠）以及各种经贸培训班等。

6、会员可参加本信息库各项业务、联谊及康乐活动以保持与信息库的频频接触，随时交换意见与信息。

四、入会办法

如果您觉得这个信息库立意正确，计划周详，并具有高度热情和能力为您服务的话，请填具《国际技贸信息库会员登记表》寄送本库，并将会费（入会费及首年年费）汇往下列单位：

开户名称：北京市图新信息咨询公司　　联 系 人：靳惠川、张少青、刘玫
开 户 行：北京市建行海淀支行科贸　　帐　　号：26397580

单位名称：国际技贸信息库　　地　　址：北京海淀区白石桥路37号428室
总 经 理：曲军　　邮　　编：100081
电　　话：8420542

盛世长城国际广告有限公司

盛世长城国际广告有限公司是一家以经营国内外各类广告设计、制作，代理自制广告发布和外商来华广告业务的专业性中外合营广告公司，合营的历史并不长。然而，在北京、广州、上海，乃至全中国，盛世长城广告的盛名，正以其统一的公司形象、生动奇特的产品创意、科学精密的媒介策划、独一无二的媒介监测而举世瞩目。

溯其源，盛世长城合营三方实乃荟中外之精萃，中国长城工业公司、中国天马旅游实业公司和英国盛世国际广告公司分别以中国航天高科技、旅游事业和遍及全球的广告网络各领国际风骚。合资后的盛世长城国际广告公司以英国盛世国际广告公司一流的为广告客户服务和中国坚持改革开放、锐意创新的长城精神为宗旨，忠实地充当着国内外市场的桥梁，并为提高国内广告专业水平，推动中国广告业与国际广告业的合作，促进外商在中国的投资竭绵薄之力。

客户服务乃盛世长城广告公司的核心构成，涉及统筹、联系广告业务上每项细节，诸如创意过程、媒介策划、市场调查及分析，都需要面面俱到。因此，客户服务人员不仅是公司的代言人，而且同时也代表客户与创意及媒介等部门磋商广告事宜，他们具有“双重身份”。而盛世长城广告公司为客户服务的最大特点是，我们谢绝同时为两个拥有竞争产品的客户作任何广告策划和创意，因为，我们致力建立一个与客户目标统一、意念一致的公司形象。

生动奇特的产品创意是高水准、合国情、易收效的广告的保证。如果把客户比作上帝，盛世长城广告公司不会为“忽然一曲称君心”而沾沾自喜。而是以最合理的费用，用出色的创作意念，发挥最大的宣传效力。为达到产品促销的目的，本公司创意部不仅拥有资历丰富的创意总监，而且量材重用一批摒弃平庸，追求善美、表现进取的创意人员。也许，这本身不是一个标准，但我们确信这是造就立异鸣高的创意的一个较好的做法。

科学精密的媒介策划是为客户提供在中国最佳竞争条件的直接体现。根据中国现行改革开放的政策和市场经济发展趋势，我们认为，最有效的媒介策划应是国外科学管理＋中国的具体情况＋各种媒介关系的总和。为此，我们编制了一套独一无二的电脑监测程序，对全国各大城市的视听媒介进行广泛监测，多方搜集资料，科学分析客户竞争对手的媒介活动，以选择最佳效率的媒介策划。

自合营广告公司成立日起，我们一直致力于国内外广告领域的开拓，以自身的热情和胆略创造、耕耘着，国内外代理广告业务发展迅速，现拥有中外合资广州宝洁有限公司、广州达能酸乳酪有限公司、上海达能酸乳酪有限公司、华阳恩赛有限公司、金宝汤亚洲有限公司、广东李宁体育用品有限公司、上海金纳合资饼干食品有限公司、香港淘化大同有限公司、强生（中国）有限公司、西安杨森制药有限公司等多个跨国企业和国内大企业在中国的广告代理。由盛世长城国际广告有限公司推出的“海飞丝”、“玉兰油”、“飘柔”、“潘婷”、“护舒宝”、“舒肤佳”、“一加一”等品牌的产品广告以及国际羊毛局“纯羊毛标志”等广告精品，可谓家喻户晓、脍炙人口。

巍巍盛世，悠悠长城——盛世长城国际广告有限公司不会在自己辉煌的历史中停留，我们每一步前行，都是公司各种业务宗旨的实践成就。传统只是前进过程中的一种参照，而我们决不会以守旧的思维方式和行为影响我们的全方位的为客户服务。因此，盛世长城广告公司的特质在于我们的广告人具备特殊的时代意义，永远属于潮流、属于青春、属于活力、属于创造、属于革命，并能在整个流转的市场经济中审视我们自身和客户的产品。相信在这一荟中外之萃的立体组合中，我们将会筑起一座崭新的长城。

单位名称：盛世长城国际广告有限公司　　电　　话：5066929/30/31
总 经 理：关超博　　副总经理：王春泉　　传　　真：5066932
地　　址：北京市朝阳区东三环北路8号　　邮　　编：100004
亮马河大厦2102室

吉林化学工业公司联合化工厂

位于中国最大的化学工业基地中部的吉林化学工业公司联合化工厂系吉化企业集团的紧密层企业。工厂总占地面积为90万平方米，固定资产总值6 156万元，年销售额2亿元，利税近4 000万元，现有职工5 200人。

改革开放以来，工厂坚持走以化工生产为主，第三产业并举的发展道路。历经20多年的建设，工厂主导产品乙腈获国家优质产品银奖，邻苯二甲酸二辛酯、溶解乙炔获部优质产品奖，醋酸丁酯、醋酸异丁酯、醋酸乙酯、氯乙酸、无水乙醇邻苯二甲酸二异丁酯获省优质产品奖，省级以上优质产品产值率达到73%，产品在市场上具有良好的信誉，部分产品打入国际市场，成为外商免检产品。

吉林化学工业公司联合化工厂1992年被国务院5个部门划为国家大型二类企业，管理上连获殊荣，荣获化工部清洁文明工厂、质量管理奖和“七五”科学技术进步工厂等称号，1991年晋升为国家二级企业。

工厂凭借本地区优惠的经济政策，以及身处化工原料基地，基本有机化工材料充足、技术力量雄厚、公用工程齐备的优势，内引外联，招商引资，在市场经济条件下，将为广大用户提供更多更好、质量优良的“云雀牌”化工产品。

目前，吉林化学工业公司联合化工厂第三产业发展进入新的历史阶段。1992年下半年随着企业经营机制的转换，工厂根据中共中央、国务院关于加快发展第三产业的决定精神，确定“依托企业，面向社会；开发市场，兴办实体；各业并举，多制结合；分类管理，协调统一”的第三产业发展战略，明确提出遵循国家第三产业发展的总体规划，根据劳服企业劳动密集型、经营范围广、机制灵活等特点，充分利用国家和地方政府的有关政策，优先发展投资少、见效快、就业容量大以及与经济发展和人民生活密切相关的行业，坚持生产和生活服务相结合，不断拓展新领域，增强经济实力和竞争能力，逐步向适应社会主义市场经济的外向型联合企业的方向发展。

工厂发展第三产业工作重点：充分发挥劳服企业网点多，普及面广，核算单位小等优势，在积极稳定地发展商业、饮食服务业、洗理、修理、搬运、家庭服务、文化娱乐及各类技术服务等行业的基础上，拓宽发展道路，慎重发展交通运输、房地产、商品信息、旅游、物资经销、对外贸易等行业。

工作思路：在确保企业正常生产经营的前提下，多方面、多渠道、多类型地开发第三产业，尽可能多地安置富余人员，提高企业的经济效益和职工的收入水平。

工厂发展第三产业总体上分三步走：第一步，制订优惠政策，创造有利条件，吸引和扶持基层单位及个人兴办各类劳动密集型实体，取得安置效益；第二步，用足用好有关经济政策，挖掘切实可行的项目，开发实业，取得经济效益；第三步：引进人才，技术和资金，进行横向联合，发展外向型经济，形成具有劳服企业特色的第三产业发展格局。

经过半年多时间的努力，工厂第三产业已初具规模，集旅游，娱乐与文化于一体的龙潭山跑马场广招各界人士的到来，东山宾馆，联华彩色图片社，盛华印刷厂，劳保制鞋厂，立东服装厂，香元大酒店相继开业，为第三产业发展奠定了雄厚基础。工厂热忱欢迎国内外朋友到吉林来旅游观光，洽谈合作。

单位名称：吉林化学工业公司联合化工厂
厂　　长：马俊宽
厂　　址：吉林省吉林市兴城街10号
邮　　编：132022
电　　话：(0432) 339887，337348
传　　真：(0432) 337348
电　　挂：0049
开 户 行：工商行驻吉化办事处
帐　　号：47503

丹东市自来水公司

丹东市自来水公司始建于1913年，距今已有80年的历史。隶属丹东市市政公用局领导的全民所有制的省级先进企业。是国家大型二类企业。其主要任务是：负责城市自来水供应和生产，供水管道安装、维修。自来水产品质量优良，各项水质指标均超过国家规定标准。丹东市自来水公司被国务院发展研究中心《管理世界》中国企业评价中心划定为：行业规模第65位。

公司现有职工1 430人，有经济技术职称人员144人。工人平均技术等级为7级。拥有固定资产原值9 541万元，净值7 214.7万元，供水机组74台/组。总装机容量为9 161千瓦。管道总长度为1 817.3公里。其中：φ75以下的为1 303.2公里，φ75以上的为514.1公里。现有水源地8座，净水场2座，加压站5座。年供水量为10 247.5万吨，用水户为132 516户，用水人口为44.5万人，其中：单位用户3 685户，居民用户128 831户。公司占地面积为296 367m²，建筑面积44 430m² 自来水产品价格，工业用原水0.15元/吨，其他用水一律0.30元/吨。

机构设置：

公司下设科室21个，其中：行政13个，党群8个；基础单位17个，其中：2个水厂，1个工程公司，5个营业管理所，供应处，汽车队等。并有6个单位为独立核算，自负盈亏。

多年来，公司坚持公用事业经营："必须坚持为城市经济发展和为人民生活提供优质服务"的方针。坚持四项基本原则，坚持物质、精神文明一起抓，不断深入企业内部的改革，努力挖掘内部潜力，使公司的各项工作都有明显的进步和提高。

1. 坚持"两个文明建设"一起抓，被辽宁省授予先进党委，多次被省政府、省行业窗口赛先进集体，省绿化先进单位，省先进职工之家，省保卫工作一级达标单位，省退休职工先进之家，沈阳军区民兵基层建设先进单位等荣誉称号。

2. 加强企业基础建设工作，认真推行现代化管理方法，努力提高企业素质，使企业管理工作达到标准化、规范化、程序化。公司档案管理为国家一级单位，标准化工作已达到三级水平。计量工作已达到三级水平，民主管理评为省先进单位。全面质量管理，设备管理，能源管理等均达到省规定标准。统计工作、财务工作、职工教育、安全工作、卫星、环保工作均达到有关规定的标准。

3. 贯彻"一业为主，多种经营"方针。在保证完成供水生产和经营任务的同时，利用富余人员和设备搞好多种经营，以增强企业内部活力，并取得了很好的经济效益。

单位名称：丹东市自来水公司　　地　址：辽宁省丹东市振兴区青年大街
法人代表：陈作哲　　邮　编：118000
电　话：222849

北京章光101集团公司

北京章光101集团公司是原北京市毛发再生精厂，现为北京章光101集团的核心层企业。公司是集科、工、贸、供、产、销于一体的综合性外向型实体公司。公司的主导产品为世界著名养发美容专家赵章光先生发明的“101”毛发再生精系列产品。由于产品的功效独特，自1987年以来，连续5年被国家各部委推荐参加国际发明博览会，先后荣获7次国际金奖。1989年荣获第36届尤里卡世界国际发明博览会一级骑士勋章；1988年荣获第16届日内瓦国际博览会奥斯卡金杯奖和产品金奖；1989年荣获第38届巴黎国际博览会工商会金杯奖和产品金牌奖以及北京首届国际博览会金牌奖；1990年荣获中国中医药文化博览会金牌奖；1991年又荣获美国第14届纽约国际发明展览会金牌奖。“101”系列产品被誉为“美发之神”、“东方魔水”而风行国内外。产品销售不但覆盖了国内所有的省市，还远销到世界上40多个国家和地区。从1987年以来，该系列产品已创产值2.5亿元，实现利税1.3亿元，创利1 570万元。经过几年发展，集团公司已成为一个拥有固定资产3 000万元，流动资金2 000万元，下属12个企业（公司）、4个国内合资企业、3个国外合资（合作）企业的综合性国营中型企业。

集团公司今后发展目标是：充分发挥“101”系列名牌产品的优势，实现规模经营，壮大综合实力，使企业在产品质量、科技开发、技术进步、生产后劲等方面有一个大的飞跃，在提高企业社会效益的同时提高企业的经济效益，从而带动全市福利事业的发展。集团公司的经济指标为：1995年实现产值8 000万元，创利税4 000万元，创汇300万美元；2000年实现产值1个亿，实现利税8 000万元，创汇600万美元。

单位名称：北京章光101集团公司　　电　话：7711632
总 经 理：卢积存　　电　传：5158943
地　址：北京市朝阳区劲松西口725号　　邮　编：100021

邯郸八一冷饮食品厂

邯郸八一冷饮食品厂（即北京军区9887工厂）始建于1982年5月，是一个以生产冷饮、饮料、食品为主，兼营烟、酒、糖、茶、饮食、装璜、图片等业务的综合性中型服务企业。10年来，固定资产由原来的20万元上升到500万元，年创利由建厂初期的20万元发展到200万元。

工厂坚持向消费者奉献优质产品。在生产中严把进料关、配料关、制作关和卫生关，冷饮产品质量在邯郸市一直名列前茅，其中“雪皇牌”冷饮、核桃红冰淇淋、巧克力膨化雪糕、奶油冰点、果奶888和高档系列冰淇林分别被邯郸市和河北省评为“食品卫生信得过产品”和“振兴河北新产品”。我厂连年被军队和当地政府评为“卫生红旗单位”和“质量管理先进企业”。

八一冷饮食品厂坚持优质服务，对经销我厂产品的客户实行四包，即包经销者免费到医院体检身体；包代办营业执照；包免费入冷库保存当天未销售完的产品；包调换磕碰变形的产品。由于产品质量好，服务上乘，经销我厂产品的客户与日俱增，产品已覆盖市区及周围所有县市，并已打入安阳、邢台、聊城等市的冷饮市场。

面对市场经济新形势，八一冷饮食品厂计划在巩固现有规模，更新改造设备的基础上，增加投资，新上一条易拉罐灌装生产线，并准备在秦皇岛、邯郸、邢台等地开设分厂，走集团化经营的路子，进一步提高质量，扩大生产，在规模和效益两方面，走在当地同类企业的前列。

单位名称：邯郸八一冷饮食品厂　　地　址：邯郸市陵园路31号
厂　长：王金歧　　邮　编：056001
电　话：323895

上海蓝天汽车修理总厂

上海蓝天汽车修理总厂（中国人民解放军第九五五0工厂）白手起家，以自力更生的精神，艰苦创业，仅用两个月时间于1987年1月正式对外营业。现占地面积12 000平方米，建筑面积8 302平方米，新建的三层楼厂房具有修理大型车、小型车和停放车辆的综合功能。

1988年6月与日本五十铃自动车株式会社合作成立了华东地区规模最大的五十铃汽车维修站，由日本提供成套的汽车检测和教学设备，是在中国五十铃汽车维修站中唯一设有技术培训中心的维修站，每年由日本专家前来授课。1992年日本五十铃汽车公司在工厂召开全中国五十铃汽车维修站站长会议，工厂被评为最佳维修站。近几年来，工厂为了拓宽业务，相继与全国有关汽车厂协作，建立了“庆铃”、“江铃”、“福铃”、“斯太尔”、“金杯”等9个特约维修站。

工厂现在固定资产900万元。维修设备齐全，拥有车、铣、刨、磨、镗等门类齐全的精加工设备，以及从日本引进的高压油泵测试台、汽车检测线、发动机多功能测验仪、缸体激光热处理、烘化房等一整套先进的汽车维修、调整、加工检测设备。

工厂技术力量雄厚，现有职工210人，其中工程师5名，技术员4名，中级以上技工64名，专业技术人员占全厂总人数的51%，75%的一线工人参加过技术培训。年修车能力3 000辆以上，主要承接以五十铃汽车为主的各种进口大、中、小型汽车及吊车、铲车、挖掘机等工程机械车辆，是上海市汽车维修行业核准的汽车修理一类企业。

工厂还建有五十铃汽车配件和国产汽车配件经营部及蓝铃酒楼、蓝铃综合经营部和招待所。

建厂6年来，在改革开放方针指引下，经过全厂干部、职工的艰苦努力，取得了较好的经济效益和社会效益。共实现产值7 720.4万元，创税利1 405.3万元，人均实现税利7.8万元。

企业的经验是：

（一）重视了弘扬团结、拼搏、求实、进取的企业文化，发挥军办企业的政治优势。把强化企业思想工作，加强职工队伍的精神文明建设、调动职工的积极性作为企业之本。

（二）靠质量求发展，向管理要效益。坚持了“质量第一，客户至上”的办厂宗旨，把全面提高企业的总体素质，实行规范服务、跟踪服务、优质服务、完善质量法规、强化质量管理作为创业之道。

（三）注意了全方位发展，不断拓展业务渠道。既抓本地区，又不断将维修网络幅射到外省、市；既抓专业车型，又不断扩展多种车型维修；既抓车辆维修这个重点，又抓配件销售、发展餐饮、商贸等第三产业，走工贸结合的道路。通过这几个方面，较好地促进企业的加速发展。

在改革开放的新形势下，工厂正沿着一业为主，多种经营，维修为主，吃住、行、购物一条龙服务的路子继续发展。并准备在现有配件经营部的基础上，扩建汽车配件公司；在维修的基础上，扩展汽车改装，组装和销售业务，实行工、商、贸并举，争取创造更好的效益。

单位名称：上海蓝天汽车修理总厂　　电　　话：4488809　5491015
法人代表：周士柏　　传　　真：（021）5491015
地　　址：上海市四平路2160号　　邮　　编：200433

上海飞机制造厂劳动服务公司

上海飞机制造厂劳动服务公司是独立核算、自负盈亏的法人单位，现有324人，隶属上海飞机制造厂。下设有2个分公司（大场分公司、振航技术服务公司）、2个加工厂（缝纫工厂、装璜工厂）、1个旅游出租车队、2家综合商店、2座酒家（华龙酒家、新龙酒家）、1个废旧物资回收站、1个洗涤服务部、1家合资联营厂。公司人员大多数来自工厂下属的富余人员，且大厂没有任务下达给服务公司，公司要养活自己，必须要靠自己去向社会找任务，即所谓找米下锅。

改革开放以来，服务公司坚持以经济建设为中心，发动职工紧紧围绕公司提出的“振奋精神，深化改革，开拓进取，积极奉献”的口号。积极开展生产经营工作，全面完成各项工作任务，使公司经济效益一年比一年好，1989年公司完成产值250万元，利润60万元，1990年完成产值370万元，创利是72万元（工厂指标是53万元），1991年完成产值430万元，创利75万元（工厂指标是66万元），特别是1992年度，工厂指标是69万元，我们完成产值580万元，创利130万元，1993年上半年公司又实现了产值876万元，创利172万元。

几年来，公司按照中央关于深化改革的政策精神，转换内部运行机制上，本着“理顺、精干、高效”的原则，建立起能适应有计划商品经济的公司内部体制，在奖励、用工和干部任用方面，力图在公司内部形成一种充满生机的竞争向上的机制。充分激发职工的劳动热情，使公司沿着“投入少、产出多、效率高，不断提高经济效益”的良性循环的发展道路前进。

公司的做法可以用12个字来概括，即“三个用，四个干，五个抓，六个靠”。

三个用是：用他人的资金，他人的设备，他人的技术来发展自己；

四个干是：积极主动出去找任务干，有条件好好干，没条件创造条件干，干部群众一起干；

五个抓是：抓管理制度落实，抓产品和服务质量，抓市场信息，抓新老客户，抓经济效益；

六个靠是：靠党的开放政策，靠领导的关心支持，靠全厂各车间、科室的帮助，靠服务公司干部职工的团结合作，靠职工的聪明才智、积极性，靠社会的支持帮助。

具体措施是：

1. 扬长避短、果断决策、开拓经营
2. 强化经营管理，增强企业活力
3. 坚持以人为中心的企业管理

由于公司坚持抓了领导班子和职工的思想政治教育和劳动纪律。公司职工的精神面貌明显改观，队伍的凝聚力不断增强，职工个人的业务能力大大提高，这些都有力地保证了公司目标的实现。

今年，公司将要逐步推行劳动、工资制度方面的改革，进一步发挥“蓄水池”的作用，积极接待和妥善安排下岗人员和企业富余人员，为工厂深化改革，健康发展作出新贡献。

单位名称：上海飞机制造厂劳动服务公司　　电　　话：4381064

法人代表：俞全官　总经理　　传　　真：(021) 4390471

地　　址：上海市宛平南路底百步桥　　邮　　编：200232

第九部分

第三产业统计资料及分析

中国第三产业发展的现状与问题

庄　健

一、我国第三产业发展的现状

第三产业是国民经济中除农业、工业、建筑业以外的所有行业的总称。尽管第三产业内部各行业性质差异较大，但从总体上看都属于为生产和生活服务类。因而可称为广义的服务业。服务业从一、二产业部门中分化出来，成为一类专门的产业，是生产社会化程度提高和生产力发展的客观要求。

建国40多年来，随着第一、二产业的发展，我国第三产业有了长足的发展。1992年与1952年相比，我国第三产业的增加值由194亿元增加到6 701亿元，增长了34倍。按可比价格计算，平均每年递增6.8%；特别是改革开放以来，随着工业农业等各项建设事业的蓬勃发展，第三产业对振兴国民经济，促进第一、二产业的协调发展，以及对建立社会主义市场经济体制发挥的作用越来越为人们所重视，第三产业的发展步伐明显加快，呈现出我国历史上少有的好形势。1979—1992年，第三产业平均每年递增9.9%，超过了同期国民生产总值9%的递增速度。1992年，第三产业增加值占国民生产总值的比重达27.9%，从业人员达11 742万人，占当年社会劳动者人数的19.8%。

（一）在第三产业中，传统商品流通业发展最快

在改革开放大潮的推动下，商品流通领域打破了国营商业和供销社独家经营的垄断局面，多种流通渠道、多种经济成分、多种经营形式并存的新的流通体系正逐步形成。简政放权、减少指令性计划以及转换企业内部经营机制等一系列改革，加快了我国传统商品流通业的发展。改革开放14年来，全社会商品零售总额增长了6.1倍，居民消费水平提高了1.5倍，各种物资和商品大幅度增产，市场不断扩大。到1992年，全国各地的工业消费品和农业消费品批发市场均逾千个，建立了国家级粮食批发市场。物资体制开始突破以分配调拨为主的产品经济模式，逐步建立起各类物资贸易中心、生产资料服务公司以及各类物资经营公司、物资商场、物资供应站和门市部等销售网点，形成了多种形式、不同规模的生产资料市场。各类商品大幅度增产，限购商品品种大幅度减少，按行政层次分配的商品的旧流通模式逐步改变，社会主义市场体系正逐步建立。在物资供销业和国内商业不断发展中，流通与服务的水平不断提高，随着综合技术服务业、咨询、情报、房地产业的发展，劳务领域的不断扩大，全国的技术、信息咨询和房地产市场进入了大幅度开发阶段。

（二）交通运输邮电通信业出现了新的发展势头

改革开放以来，国家在增加投入的同时，改革了旧的管理体制和投资体制，改革了地区封锁、条块分割的运输体制，实行国家、集体、个人一起上的方针，改变了独家办交通邮电的格局，加快了交通邮电事业的发展速度。1992年，全国铁路营业里程达5.4万公里，全国公路通车总里程为106万公里，内河航运通航里程11万公里，建成港口万吨级以上深水泊位280余个；车船运力发展迅速，其中全社会民用汽车已达692万辆，水运轮舶船达37万艘。目前，我国公路和水运的社会货运量已达83.7亿吨，社会客运量74.7亿人，港口货物吞吐量6亿吨。与此同时，我国的邮电通信也得到了迅速发展。1992年与1978年相比，邮电业务总量由11.7亿元增长到290.9亿元，增长了24倍。全国电话机、电话交换机容量和长途电路，分别增长4.1倍、3.0倍和11.5倍。邮电业务，除了函件．包裹．汇兑．发行和电报、电话等传统业务有较大发展外，特快专递、邮政快件、邮政储蓄、长途直拨、程控电话、用户电报、图片传真、数据通信、无线寻呼、移动电话等新兴业务也有较大发展。

（三）金融事业进入新的发展时期

改革开放以来，我国金融事业相继改变了单一的国家银行体制，改革了利率制度、外汇、外债管理制度、信贷资金管理制度和银行内部管理制度，加强了法制建设，恢复和发展了保险事业，为我国的经济建设提供了有效的资金保障。目前，我国不仅拥有承担领导和管理全国金融事业的中央银行（即中国人民银行），还有

中国工商银行、中国农业银行、中国人民建设银行、中国银行等四大专业银行。除此以外,其他银行有交通银行、广东发展银行、福建兴业银行、深圳发展银行、蛇口招商银行、烟台住房储蓄银行、蚌埠住房储蓄银行。发展了一些非银行金融机构,如信托投资公司、财务公司、金融租赁公司、证券公司和证券交易所等。在经济特区和一些沿海开放城市还引进和开办了若干外资和中外合资的金融机构。1992 年末,全国信贷资金总规模达 24 269.1 亿元,比 1978 年增长 11.9 倍。随着各种商业票据、有价证券的出现和各城市银行系统普遍开展同业拆借活动,促进了资金的横向融通,也促进了金融市场的形成。

(四) 农村第三产业发展迅速

随着农村经济体制改革的不断深入,我国农村第三产业如雨后春笋般迅速涌现。一大批以家庭经营为主要形式的小商店、小饭店、小食杂店、小修理店、小理发馆、小饲料厂、运输专业队、营销专业户、科技示范户、农机队等多种形式的服务业蓬勃兴起。这种以家庭经营为主要形式的第三产业在改革前农村基本上是个空白,而改革后新的农村经济政策则促进了它的飞速发展。1992 年,全国农村约有 4 600 万人从事第三产业。农村第三产业的迅速发展,吸收了大批由第一产业游离出来的剩余劳动力,他们的经营活动又为第一产业提供了产前、产中和产后的系列化服务,推动了农村产业结构的调整,加速了农村由自然经济向商品经济的转化。农村商品经济的发展,带动了农村运输业的发展。目前,全国的运输业已从过去的马拉、手推式的运输方式发展到拖拉机、农用汽车等运输工具的专业队伍。1992 年全国农村运输业产值已达 906 亿元,比 1978 年增长 25.3 倍,农村商饮服务业产值已达 1 108.4亿元,比 1978 年增长 13.8 倍。

(五) 科技事业蓬勃发展

改革开放以来,我国的科技事业贯彻党中央提出的"经济建设必须依靠科学技术,科技工作必须面向经济建设"的方针,动员大部分科技力量面向经济建设的主战场,促进了科学技术向生产力的迅速转化,基础性的科学研究也得到了加强。科技体制改革有了明显的进展,先后进行了开放技术市场,改革拨款制度和科技人员专利制、科学基金制、技术合同制、所长负责制等管理制度的尝试,实施了一系列以科技攻关计划为主体的各种科技计划、工业性实验计划、星火计划、高技术研究发展计划、火炬计划和丰收计划、燎原计划等,有力地推动了传统产业的技术进步和高新技术的产业化。在基础研究方面,实行科学基金制,采用了民主评议、择优支持的新办法。截止 1992 年,在国有企事业单位中,专业技术人员总数达 1 759.7 万人,其中从事教学的人员有 875 万人,占 49.7%,从事科学研究的人员有 33.7 万人,占 1.9%。1992 年,全国共取得省、部级重大科技成果 31 000 项,国家发明奖 170 项,国家科技进步奖 649 项。

(六) 教育事业迅速恢复和发展

改革开放以来,我国教育事业取得了明显进展。一是在教育管理体制方面,基础教育实行地方负责、分级办学、分级管理,调动了各级地方政府兴办教育事业的积极性,促进了基础教育的发展,办学条件有了较大改善,教育的普及步伐加快,教育质量在不同程度上也有所提高。高等教育在加强政府管理的同时,适当扩大了学校办学的自主权,加强了高等学校跨部门、跨地区的横向联系。二是在办学体制方面,国家包揽过多的状况正在改变,企业事业单位和社会团体办学发展较快,公民个人办学已经出现,初步形成了多形式、多层次、多渠道办学的新格局。三是在教育内容和方法方面,各地对课程、教材、考试和教育内容等,作了大量的改革和探索,积累了不少好的经验。我国教育事业已经具有较大的规模:1992 年全国在校大学生达 218.4 万人,毕业生 60.4 万人,分别比 1978 年增加 1.6 和 2.7 倍。全国成人教育也出现了好势头,目前全国有 4 911 万名职工参加了多渠道、多层次、多形式的脱产或不脱产学习。中等教育调整了结构和布局,占全国人口 78%的地区全面实施了九年制义务教育。

(七) 文化体育事业空前繁荣

随着改革开放的不断深入,文化市场十分活跃并不断扩大。按照国家、集体、个人一起上的政策,不少地区建成了数量众多的高、中、低档娱乐经营网点,不少项目有较高的税利收入;已初步形成具有一定特色的经营管理方法、管理系统和管理秩序的经营管理体系。到 1992 年,全国已拥有文化艺术馆 2 911 个,图书馆 2 563 个,博物馆 1 085 个,电影放映单位 13.4 万个,比改革开放前有了较大增长。文物保护工作和档案事业也取得了很大发展,全国已有 812 座广播电台,591 座电视台。

体育事业也有了突破性进展。我国已有各类体育场地 550 万个,占地面积 6.1 亿平方米,人均占有 0.5 平方米。平均 150 万人拥有一个体育场,220 万人拥有一个体育馆,24 万人拥有一个游泳池。到目前为止,我国开发的体育项目中已有 1/3 达到或接近世界水平。

(八) 卫生事业有新发展

改革开放以来,我国初步突破了以纵向、封闭为特征的卫生管理体制,出现了卫生部门、厂矿企业、集体所有制单位开设的医疗卫生机构和个体开业医生,以及各种联合体并存的局面。到 1992 年底,我国卫生机构发展到 20.48 万个,其中:医院 6.1 万个,医院床位

274.4万张，平均每千人医院病床2.3张，1992年全国卫生服务行业从业人员514万人，其中医生180.8万人，每千人医生数达1.5人。此外，尚有120多万农村医生和卫生人员从事当地农村居民的基本卫生服务。这在很大程度上缓解了广大人民群众“看病难、住院难”的问题。

(九) 旅游业迅速崛起

经过14年的建设，我国旅游业已成为拥有一定规模的新兴产业。1978年至1992年，旅游入境人数达到27 061万，旅游外汇收入累计达225亿美元。1992年，我国共接待国内外游客3 812万人（其中外国人401万人，港澳和台湾同胞3 394万人），是1978年的21倍；旅游外汇收入总额39.5亿美元，是1978年的15倍。我国旅游业通过行、游、住、吃、购、娱等6大途径，对经济和社会的发展产生了深刻的影响。

(十) 信息咨询业将发挥越来越重要的作用

随着经济规模的扩大、经济活动的加速、科技的日益发展和人民生活水平的逐步提高，信息咨询业的作用越来越突出。它包括法律、统计、会计、审计、工程、工艺、经济等方面的咨询和各类信息的收集、整理、存贮以及提供等各项服务。信息是社会、经济、科技发展必不可少的资源的观点已为人们所接受并引起重视。由于各行各业的信息咨询、信息处理服务部门陆续创建并提供服务，从政府部门到企业事业单位的各种信息系统不断发展，全国的信息、咨询市场开始逐步形成。

二、第三产业发展过程中存在的问题

虽然我国的第三产业有了长足的发展，但与经济发展的要求相比，与人民生活水平的提高速度相比，无论在总量上还是在内部结构上都有许多不相适应的地方。突出表现在以下九个方面：

(一) 我国第三产业在国民经济中的比重偏低，其内部结构不适应居民生活由温饱向小康的过渡。

世界银行《1992年世界发展报告》表明，与世界不同类型的国家和地区相比，我国第三产业的水平是偏低的。1990年第三产业增加值占国内生产总值的比重：市场经济工业国的美国为65%，日本为56%；上中等收入国家的阿根廷为45%，葡萄牙为54%；下中等收入国家的墨西哥为61%，巴西为51%；低收入国家的印度为40%，巴基斯坦为49%。中国只有28%，是比重最低的国家之一。从劳动力的就业结构看，1989年第三产业占就业总人数的比重：高收入国家的美国为70%，日本为58%；上中等收入国家的阿根廷为68%，南朝鲜为44%；下中等国家的墨西哥为57%，巴西为53%；低收入国家的印度为57%，巴基斯坦为30%，中国只有18.3%。

第三产业的相对落后，使我国第一、二产业的发展受到了一定的影响：运输能力不足、交通结构不合理，造成物资积压、流通不畅；通讯能力差、信息咨询少，使信息不灵，交流困难；金融信用体系不健全，已不适应筹集建设资金的需要；社会保障体系的不健全，影响了生产要素的流动，妨碍了经济结构调整的顺利进行。另外，目前的科技体制也不适应提高国民经济效益的需要，科技进步在促进国民经济发展方面所起的作用尚不够明显。

第三产业相对落后，其内部结构与居民需求结构错位，影响着居民生活由温饱型向小康型的过渡。在温饱阶段，居民为了满足生存需要，主要需求是有饭可吃、有衣可穿；而在向小康过渡的进程中，居民温饱有余，必然提出服务、享受和发展的要求。然而，目前我国第三产业的内部结构基本上还是停留在温饱阶段，与居民的消费观念、消费水平、消费需求的发展变化已不能完全适应。这种不适应迫切需要第三产业的较快发展。

(二) 流通体系落后，不适应社会再生产顺利进行的需要。

1. 从交通运输业来看：建国40多年来，我国已初步形成了包括铁路、公路、水运、航空、管道等五种运输方式在内的综合性的交通运输体系。但我国的交通运输能力在整个经济中还是严重不足的。1992年我国五种运输方式的总里程为207万公里，尚不及国土面积相当的美国1938年公路总里程的1/2。

世界经济发达国家的国民经济与交通发展的相关趋势告诉我们，在人均GNP低于1 000美元的时期，运输业发展速度一般高于国民经济发展速度；但当人均GNP达到3 000美元时，由于高产值货物比重的不断上升，每万元产值所需运输物资不断减少，运输业的增长速度逐渐下降。由于我国人均GNP还远低于1 000美元，我国运输业发展低于经济发展速度，不仅不能说明我国的运输结构合理，而恰恰反映了我国运输不畅的客观现实。

铁路曾一度是我国综合运输体系中的骨干，1978年铁路货运量占总货运量的44.2%，铁路货物周转量占总周转量的54.4%。然而，改革开放以来，这种情况发生了变化。在交通运输业中，铁路已不再占骨干地位。1992年，我国铁路货运量占全国总货运量的15.6%，铁路货物周转量占全国总周转量的39.9%；铁路客运量占总客运量的11.7%，铁路旅客周转量占总周转量的44.6%。纵观国民经济发展各时期，从经济增长速度与铁路运输增长速度的比例关系可以看出，50年代铁路运输增长快于国民经济增长，两者是适应的；60年代以来，铁路运输增长速度一直低于国民经济增长，铁路运输成了国民经济的制约因素，先行产业成了“瓶颈产业”。而发达国家的经济发展史表明，其工业化初期，铁路货运量的增长速度一般都高于GNP的增长速度。

我国铁路发展长期落后于国民经济的发展，致使运输能力与运输量需求之间的矛盾十分突出，铁路货运装车满足不了要车计划，全国旅客列车运行区段半数以上能力不足，旅客列车超员严重，一般超员30—50%，乘车难、运货难成了严重的社会问题。

随着经济体制改革的深入，商品经济迅速发展，横向经济联系日趋活跃，城市间、城乡间的联系进一步增强，社会化大生产对公路运输提出了及时、快速、保质的要求。同时，公路货运的特点是批量小，货点分散。因此，公路运输具有机动灵活、快速方便、送货上门的特点，最适于承担中短途客货运输和零担货、鲜活货及港口的集疏运，对促进地域性的经济开发，有着不可取代的优势。但多年来，我国的公路运输一直未纳入国家重点扶持计划。我国现有公路中，低标准的四级及等外级公路占84.1%，而高等级的一、二级公路仅占2.3%，公路汽车平均行驶速度仅有30公里，汽车单位耗油量比发达国家高1倍，万车死亡率相当于发达国家的20—30倍，严重地制约着公路优势的发挥。

内河港口、航道多属自然状态，开放不够，严重地影响了水运效益的发挥。我国东部沿海地带包括12个省（市、区），14个开放城市，4个经济特区，3个三角洲，2个半岛。该地区海洋运输承担了我国经济外贸投资90%以上的运输任务，对我国南北物资交流、促进贸易发展有着独特的优势。但由于我国港口数量少，布局不合理，码头泊位能力不足，集疏运条件差，中转储存功能低等原因，还远远不能适应社会经济和对外贸易发展的需要。我国秦岭以南水量充沛，江河湖泊众多；长江水系生产发达，众多炼油厂、发电厂、钢铁厂、化工厂集建于此，江河沿岸名城古镇、名胜古迹繁多，又蕴藏着发展旅游发展客货运输的极大潜力。但长期以来，由于国家对内河航运的投入甚少，多数江河航道仍处于自然状态，通航标准低，运输效益差。虽然全国内河航道有10.9万公里，但水深1米以上的航道只有6.1万公里。

我国航空运输也显得落后。1992年我国航空客运周转量为399亿人公里，是美国的1/40，日本的1/5，甚至低于巴西、新加坡、泰国等发展中国家。我国的航空货运目前尚处于起步阶段。

2. 从邮电通信业来看：邮电通信紧张的状况相当严重。很多城市室内电话装不上，长途电话打不通，邮政作业场地和运输能力偏低。我国1992年每百人电话拥有量仅1.6台，远远落后于世界平均通信水平。发达国家电话普及率达80%，1988年全世界平均每百人拥有电话14部，亚洲每百人3.3部，我国电话机总量只相当于日本东京一个市的电话量，比亚洲、非洲的电话普及率分别低1/3和1/2，在159个国家中居第113位。目前我国通信能力只能满足社会需要的一半左右。

3. 从商业、饮食服务和仓储业来看：突出问题是缺乏统一完备的市场体系，尚未形成反应灵敏的市场供求变化机制，买难、卖难等诸多矛盾仍困扰着国民经济的正常循环。

——从流通环节看，市场调节手段单一，商品供求结构不平衡；条块分割，地区封锁，阻碍流通的现象依然存在；流通企业特别是全民和集体所有制商业企业活力不足，尚未具备与市场经济相适应的机制；经济法规不健全，价格体系不合理，缺少平等竞争，正常交易的市场秩序。

——从外贸体制看，一方面，许多外贸进出口公司经济效益还比较差，工贸、农贸、技贸、商贸等结合得还不够；另一方面，许多生产企业还不能直接参与国际竞争，信息反馈慢，产品难以适应国际市场的变化。

（三）社会保障体系不适应调整结构的需要，不利于生产要素的流动。

1. 从范围上来看，我国社会保障的覆盖面还太低。目前，我国享受社会保险的人数占社会劳动者的比例约为30%，2000年目标为35—40%。但与国际水平比较，这一数值也有很大差距，目前世界上小康型国家的覆盖率为75%，富裕型国家为87%。建国以来，特别是改革开放以来，我国社会保障的对象已由城镇向农村做了较大的辐射，但目前其主体仍然在城镇。

2. 从构成看，社会保障制度的结构不够合理。我国目前的社会保障主要是劳动就业保险，职工只要就业，就可享受国家和集体的病、伤、老、死的大部分乃至全部费用。由于劳动就业保险与企业的生产经营活动直接相关，其在社会保障体系中的比例偏大，就会给经济结构的调整造成极大的困难。因为调整经济结构必然使一部分企业破产，而企业一旦破产，其职工的工资、福利也就没了保障。

3. 从资金来源看，我国社会保障资金主要来自企业，加重了企业的负担。1992年职工保险福利费用总额为1 309.9亿元，其中全民所有制单位1 096.3亿元。在全民所有制单位职工保险福利费用中，由民政部门支付的有9.6亿元，占0.9%；由单位自身支付的有1 086.7亿元，占99.1%。长期以来，企业作为国家的行政附属物，承担了许多与自身生产经营活动无关的责任，如办学校、盖宿舍、建医院、架桥梁，几乎无所不包。“企业办社会”使企业背上了沉重的包袱，难以集中财力进行技术改造、产品更新。企业无法作为独立的商品生产者和经营者进入市场，严重地影响了企业的生产积极性，影响了内部活力的发挥。

4. 城镇居民医疗、住房等的福利化，造成了一些浪费现象和社会分配不公。近几年，职工的医疗卫生费都以近20%的速度递增，其中与大开药方、滥开营养贵重药品有很大关系，这不仅造成了极大的浪费，也给国家财政带来了沉重的负担。住房商品化刚刚起步，住房资金尚不能良性循环，住房紧张现象还普遍存在。

（四）金融信用体系尚不健全，不适应融资、筹资、监控经济运行的需要。

1. 金融机构行政式布局与精简机构、提高效率的总要求不相适应。我国现行的金融机构布局基本上是行政性的，按中央、省、地（市）、县的行政编制设立。这样的机构布局完全忽略了我国经济发展水平的差异，使得银行机构重叠和虚设现象严重。由于银行带有行政单位的性质，缺乏独立性，因而政策性业务多，经营性业务少，承担风险意识差。

2. 银行业内部分工简单与日益扩大了的业务量不相适应。目前，我国除了邮政储蓄专门提供储蓄业务外，各专业银行仍然集信贷、储蓄、汇兑于一体。随着商品经济的不断发展，这种包罗一切、不专不精的服务方式，必然在日趋繁多的服务需求面前捉襟见肘。中央银行调节控制性差，专业银行相互间缺乏有效联系，不利于国家宏观调控。

3. 融资方式的单一性与社会经济的发展不相适应。改革以来，我国资金流量格局发生了很大的变化，居民结余资金成为社会投资资金的主要来源。然而从目前情况看，我国的融资形式主要是银行储蓄，渠道比较单一。这一方面不利于有效地利用资金、提高资金的使用效益；另一方面，使投资风险集中于国家银行一家，一旦发生挤兑现象，容易引发严重的通货膨胀。

（五）教育、文化、卫生体系尚显薄弱，不适应国民素质提高的需要。

1. 我国教育的总体水平偏低，满足不了国民素质的需要

从教育机构看：1992年，我国普通高等学校、中等学校、普通中学、小学分别为1 053所、102 271所、84 021所和712 973所。就普通高等学校和中等学校来说，平均每100万人才有1所普通高校，每1万人才有1所中等学校。显然，在科学技术高度发达的今天，这一教育机构数量远远满足不了社会对高科技人才的需求。就普通中学、小学来说，平均每万人有0.72所普通中学、6.1所小学。很难满足我国扫除文盲、普及九年义务教育的需要。

从文化程度看：我国第四次人口普查资料表明，我国只有1.4%的人具有大学文化程度，8%的人具有高中文化程度，初中和小学文化程度的分别占23.3%和37.1%。文盲和半文盲仍占很大比重，为总人口的15.9%，高于我国高中以上文化程度人口的比重。因此，从总体上说，我国目前的平均教育水平仅为小学偏上水平。就大学文化而论，每万人中的大学生数，美国为500人、日本200人、印度也有55人，而我国只有20人。

2. 教育经费偏低的现象严重

从公共教育支出占GNP的比重看，低收入国家一般为1—3%，中下收入国家一般为2—5%，中上收入国家一般为3—5%，高收入一般在5%以上。1992年我国的教育事业费占GNP的比重仅为2%，不仅低于世界发达国家，而且低于发展中国家的印度和南朝鲜。

文化事业包括艺术事业、文物事业、图书馆、文化馆等，它对活跃人们的精神生活，提高人们的精神面貌起着不可替代的作用。随着人民生活水平的提高，人们对文化事业的要求也越来越高、越来越广。与此相比，我国目前的文化事业状况则显得相当薄弱。

医疗保健是提高人们身体素质、保障身体健康的重要手段。经过几十年的卫生设施建设和卫生人员培训，我国已形成了一套基本的卫生体系。天花、血吸虫等传染病已基本绝迹，中国人的平均寿命也由解放前的35岁延长到69岁。但与人们进一步的需求相比，与其他国家的水平相比，我国的医疗卫生水平还有相当大的差距。(1) 从总体规模上看。1992年，全国共有医院61 352所，平均每所医院有44张床位，46位医护人员（其中29位医生，15位护士）。按全国人口平均，每600人才有1位医生，每1 200人才有1位护士。医疗手段的短缺现象，在农村更为普遍。目前全国平均每村只有1.1个医疗点，1.6个卫生人员，且医疗设备简陋，远远不能满足广大农村居民看病就医的需要。(2) 从医护比例上看。我国的护士数少于医生数，1992年医护比例为1：0.6，而外国护士数一般为医生数的2—3倍，说明我国医护结构失调现象还相当严重。

（六）目前的科技体制，不适应提高国民经济效益的需要，人均资源的相对贫乏要求科技事业有较大发展。

1. 科技人员分布不合理：我国的科学家、工程师在研究机构、企业技术开发机构和高等院校中的分布，就科技人员来讲，企业只略多于高等院校，但远低于科研机构；就科学家和工程师来讲，企业比科研机构更少。因此，企业中的科技力量无论在人数上还是在素质水平上都是相对较低的。美国和日本1984年生产部门的科技人员数都远远超过高等学校和科研部门，分别

占50%和40%以上,美日之所以成为当今世界上的经济大国,其中一个重要原因就是他们生产部门中科研与开发的比重大、人员素质高。因而,我们要发展经济,就必须重视企业中科研开发人员的数量和质量。

2. 科研经费投入布局不够合理:科技开发也是一种生产活动,同样需要资金的投入。资金投入合理,有利于各部门科研开发活动的开展,有利于科学技术向生产力的转化。但目前,我国科研经费投入结构仍不够合理,主要是企业科技开发的投入过低。日本1960年企业中科技经费投入就占总投入的55.8%,此后比重一直上升,1987年高达66.6%。

3. 研究与应用脱节,转化渠道不畅:三个部门的科研与开发活动有着十分密切的联系。研究机构和高等院校的科研活动应在深入调查实际、了解生产需要的基础上进行,而企业的科研活动则应加强高科技、高技术的研究与开发,从而使理论研究和实际需要紧密结合起来,加快科技向生产力转化的进程。然而,目前情况并非如此,我国科研部门和高等学校中的科研活动注重理论较多,联系实际较少;而企业中的科研人员则很少有机会进一步学习和深造。另外,科技成果的转化渠道不畅,也是一个十分严重的问题。

(七)旅游业发展缓慢,不适应对外交往和创汇的需要。

旅游业,作为我国对外开放的一个"窗口",其发展水平的高低、服务质量的好坏,直接关系到我国对外经济交往中的信誉和形象。随着商品经济的发展和全方位的对外开放,我国旅游业的发展步伐很大。但是,我们应该看到:(1)我国的旅游综合服务体系还没有建立健全。旅游景点分散,交通运力不足,旅游资源、旅游商品、旅游文娱的开发不够,面对不同年龄、不同文化、不同层次的旅游服务需求,显得不够适应;(2)旅游商品价格的混乱现象比较严重。由于销售回扣的存在,不少旅游商品的价格与实际价值相差很大。这种行业不正之风,阻碍了旅游者的购物行为,严重损害了我国旅游市场的信誉;(3)部分城市的旅游秩序混乱,有待调整。

(八)信息咨询业十分薄弱,不适应科学决策的需要。

与世界上的发达国家相比,目前我国的信息、咨询服务还处于初创阶段。各级信息中心对社会的辐射面还不够宽,咨询企业和机构所开展的业务还不够广,特别是科技、统计、会计、审计、法律等方面的咨询服务面向本系统的多,面向全社会的少;面向城市的多,面向农村的少;面向沿海地区的多,面向内地及边远地区的少。这不仅影响了信息、咨询服务业自身的发展,也影响了国民经济其他产业的发展。

(九)第三产业就业比重偏低,不适应吸纳大批剩余劳动力的需要。

我国人口众多,劳动就业压力很大。1992年末全国就业人口总数为59 432万人(其中城镇15 630万人,乡村43 802万人)。1992年15~60岁的劳动年龄人口达7亿人之多,劳动力资源利用率为84.5%。面对如此巨大的劳动年龄人口和就业压力,近几年党和政府在安排劳动力就业方面作出了极大的努力。1985年以来,城镇共安置就业2 000多万人;农村已有2 000多万人转入乡镇企业和其他非农产业。同时农业的兴修水利、农田基本建设、种草、植树、修路等项事业的发展也吸引了一部分农村剩余劳动力。尽管如此,我国的就业矛盾依然相当突出。1992年城镇中尚有364万人待业,待业率达2.3%;在农村,仍有1亿多富余劳动力尚待开发利用。

众所周知,第三产业行业多、范围广,劳动密集型行业与知识密集型、技术密集型行业并存,可以吸收大量的劳动力就业。第三产业的发展,可在很大程序上缓解就业压力,并促进经济结构优化。1985年以来,国内第三产业的发展已为城镇提供了近700万个就业岗位,农村则吸纳了近800万人的剩余劳动力。但分析中国社会劳动者就业结构的现状,我们发现:从事第三产业的人数占社会劳动者的比重偏低(占社会劳动者总数仅19.8%),是三次产业中最少的。与世界上的其他国家比较,我国的第三产业就业人数的比重显得更低。美国、日本、加拿大等经济发达国家,从事第三产业的人数比重一般都在60%以上;即便是埃及、巴西等发展中国家,比重也高达40%左右。这说明我国发展第三产业,安置更多待业人员还有很大潜力。

附:表1—5

(作者单位:国家统计局平衡司)

附表 1：

国内生产总值

单位：亿元

年　份	国内生产总　值	第一产业	第二产业	第三产业
1978	3 588.1	1 018.4	1 745.2	824.5
1979	3 998.1	1 258.9	1 913.5	825.7
1980	4 470.0	1 359.4	2 192.0	918.6
1981	4 775.1	1 545.6	2 255.5	974.0
1982	5 182.3	1 761.6	2 383.0	1 037.7
1983	5 787.0	1 960.8	2 646.2	1 180.0
1984	6 928.2	2 295.5	3 105.7	1 527.0
1985	8 527.4	2 541.6	3 866.6	2 119.2
1986	9 687.6	2 763.9	4 492.7	2 431.0
1987	11 307.1	3 204.3	5 251.6	2 851.2
1988	14 074.2	3 831.0	6 587.2	3 656.0
1989	15 997.6	4 228.0	7 278.0	4 491.6
1990	17 681.3	5 017.0	7 717.4	4 946.9
1991	20 188.3	5 288.6	9 102.2	5 797.5
1992	24 007.2	5 731.0	11 575.2	6 701.0

注：本表按当年价格计算。

附表 2：

国内生产总值产业构成

单位：%

年　份	国内生产总　值	第一产业	第二产业	第三产业
1978	100.0	28.4	48.6	23.0
1979	100.0	31.5	47.9	20.7
1980	100.0	30.4	49.0	20.6
1981	100.0	32.4	47.2	20.4
1982	100.0	34.0	46.0	20.0
1983	100.0	33.9	45.7	20.4
1984	100.0	33.1	44.8	22.0
1985	100.0	29.8	45.3	24.9
1986	100.0	28.5	46.4	25.1
1987	100.0	28.3	46.4	25.2
1988	100.0	27.2	46.8	26.0
1989	100.0	26.4	45.5	28.1
1990	100.0	28.4	43.6	28.0
1991	100.0	26.2	45.1	28.7
1992	100.0	23.9	48.2	27.9

注：本表按当年价格计算。

附表3:

国内生产总值环比指数

单位:%

年　份	国民生产总　值	国内生产总　值	第一产业	第二产业	第三产业
1978	111.7	111.7	104.1	115.0	113.8
1979	107.6	107.6	106.1	108.2	107.8
1980	107.9	107.9	98.5	113.6	106.0
1981	104.4	104.5	107.0	101.9	106.9
1982	108.8	108.5	111.5	105.6	110.6
1983	110.4	110.4	108.3	110.4	112.6
1984	114.7	114.5	112.9	114.5	117.1
1985	112.8	112.9	101.8	118.6	116.6
1986	108.1	108.5	103.3	110.2	111.1
1987	110.9	111.1	104.7	113.7	112.9
1988	111.3	111.3	102.5	114.5	113.6
1989	104.4	104.3	103.1	103.8	106.7
1990	104.1	103.9	107.3	103.2	102.1
1991	108.2	108.0	102.4	113.3	105.5
1992	113.0	113.2	104.1	120.9	109.6

附表4:

第三产业增加值内部结构

单位:%

年份	第三产业增加值	运邮业	商饮业	金融业	房地产	其他
1978	100.0	21.0	32.2	9.4	6.0	31.4
1979	100.0	22.3	26.7	9.3	6.4	35.4
1980	100.0	22.3	23.3	9.4	6.2	38.8
1981	100.0	21.7	23.4	9.5	6.0	39.5
1982	100.0	22.8	15.4	12.9	6.1	42.8
1983	100.0	22.4	14.5	14.8	5.8	42.5
1984	100.0	21.4	18.7	15.7	4.9	39.3
1985	100.0	19.2	27.2	14.5	4.4	34.6
1986	100.0	19.6	24.5	17.4	4.8	33.7
1987	100.0	19.1	25.0	18.9	4.5	32.5
1988	100.0	18.1	26.8	19.2	4.5	31.4
1989	100.0	17.5	22.5	25.9	4.2	29.8
1990	100.0	22.6	16.9	25.0	4.3	31.2
1991	100.0	22.0	21.5	23.3	4.0	29.2
1992	100.0	20.9	21.1	22.9	4.7	30.4

附表 5：

按三次产业分的社会劳动者人数

（年底数）

年　份	合　计（万人）				构成（以合计为 100）		
		第一产业	第二产业	第三产业	第一产业	第二产业	第三产业
1978	40 152	28 313	6 970	4 869	70.5	17.4	12.1
1979	41 024	28 629	7 241	5 154	69.8	17.7	12.6
1980	42 361	29 117	7 736	5 508	68.7	18.3	13.0
1981	43 725	29 771	8 033	5 921	68.1	18.4	13.5
1982	45 295	30 853	8 377	6 065	68.1	18.5	13.4
1983	46 436	31 145	8 711	6 580	67.1	18.8	14.2
1984	48 197	30 862	9 622	7 713	64.0	20.0	16.0
1985	49 873	31 105	10 418	8 350	62.4	20.9	16.7
1986	51 282	31 212	11 251	8 819	60.9	21.9	17.2
1987	52 783	31 614	11 762	9 407	59.9	22.3	17.8
1988	54 334	32 197	12 188	9 949	59.3	22.4	18.3
1989	55 329	33 170	12 012	10 147	60.0	21.7	18.3
1990	56 740	34 049	12 158	10 533	60.0	21.4	18.6
1991	58 360	34 876	12 469	11 015	59.8	21.4	18.9
1992	59 432	34 769	12 921	11 742	58.5	21.7	19.8

中国各地区第三产业水平评价及发展研究

刘成相

为了优化产业结构,发展社会主义市场经济,提高居民生活质量,使国民经济上一个新台阶,中共中央、国务院已作出了《关于加快发展第三产业的决定》,为中国发展第三产业指明了根本方向和战略目标。然而,由于中国各地区经济发展极不平衡,如何因地制宜地制定切实可行的发展政策,有重点分步骤地把第三产业向广度和深度引导,就成为当前急需研究的一个重要课题。

一、不同地区第三产业发展水平的评价

1. 第三产业发展水平高低的评价标准

一般认为,第三产业增加值占国内生产总值(GDP)比重的高低是衡量第三产业发达程度和经济发展水平的尺度。其基本依据是:经济发达国家第三产业在国内生产总值所占比重一般在60%以上,中等收入国家在50%左右,低收入国家在35%左右。我们认为,用第三产业增加值占GDP比重的高低衡量经济发达程度,在国与国的经济比较中,作总体评价是可以的,但在一个国家内衡量各地区经济发展水平尤其是在一个经济发展中国家内衡量各地区的第三产业和经济发展水平就失之偏颇了。在中国农业比重大,工业发展较慢的地区,第三产业所占比重反而高于农业比重小工业发展较快的地区。如西藏、青海两省1991年第三产业比重达35%左右,明显高于辽宁、江苏和浙江三省28.2%、21.4%和25%的比重。因此,对各地区第三产业发展程度的衡量,不能仅看第三产业所占比重的高低,而必须在考虑比重的同时,从经济发展水平和工业化程度等方面综合分析判断。这是因为,作为一个国家,为了总体经济的发展,必然要依据自然条件和发展基础,制定本国的地区发展战略。因而在实际发展中各地区行业发展的侧重点不同。同时在发展中国家内,由于工业化程度较低,第一产业(农业)发展中,首先要求交通、商业等第三产业发展,第三产业比重显得较高。中国地区第三产业的情况正是如此。结合各地具体情况,我们认为可采用"经济发展阶段比重法"和"因子分析方法"来客观评价各地区第三产业发展的不同类型和发展水平。所谓"经济发展阶段比重法",即先确定一个地区经济发展水平和工业化程度,再观察第三产业增加值的比重大小。具体地说,我们选用人均GDP来反映地区经济的发展水平,以第二产业增加值占GDP比重大小代替工业化程度,在此基础上,再参照第三产业比重,最后判断各地区第三产业属于哪类情况。采用"因子分析方法",我们主要选用了人均GDP、第二产业所占比重、第三产业所占比重、第三产业劳动者人数所占比重等四个因子,利用因子分析模型进行测算,得出各地区因子得分的估计值。然后根据估计值大小进行排序,以比较各地区第三产业的发展水平。

2. 各地区第三产业发展水平的评价

(1) 用"经济发展阶段比重法"进行分类划分。

H·钱纳里等著名专家认为,产业结构变化过程有三个阶段。第一阶段,即人均GDP400美元以下,经济增长主要由初级产业和传统产业支撑;第二阶段,人均GDP在400～2 100美元之间,经济增长主要由急速上升的第二产业所支撑;第三阶段,人均GDP在2 100美元以上,经济进入发达状态,第三产业的增长对整个经济增长的贡献进入相对稳定的持续上升状态。根据上述规律,我们把人均国内生产总值达到2 000元以上,第二产业比重占40%以上的地区定义为处于工业化的加速时期;把人均GDP低于2 000元、第二产业比重在40%以下的地区定义为处于工业化初步发展时期。对于后工业化时期,我国尚未进入,分析时不予考虑。我们把各地区第三产业增加值占国内生产总值的比重以全国平均水平为界,划分为高于全国平均水平和低于全国平均水平两类。将上述划分标准结合起来,全国大致可分为四类地区。第一类为工业进入加速时期,第三产业比重超过全国水平的地区;

第二类为工业进入加速时期，第三产业比重低于全国平均水平的地区；第三类为处于工业化初期，第三产业比重高于全国平均水平的地区；第四类为处于工业化初期，第三产业比重低于全国平均水平的地区。按照这种划分，1991年在全国30个省、市、自治区中，第一类地区有北京、天津、上海、辽宁、广东5个地区；第二类地区有江苏、浙江、黑龙江3个地区；第三类地区有山西、福建、海南、陕西、甘肃、青海、宁夏、新疆、西藏9个地区；第四类地区有河北、江西、河南、内蒙古、吉林、安徽、山东、湖南、湖北、广西、四川、云南、贵州等13个地区。

(2) 采用"因子分析法"进行发展水平的评价。

经济发展阶段比重法是以经济发展水平为前提而划分的，主要反映各地区的发展特征，但难以反映各地区的水平次序。因子分析法较好地解决了这一问题。分析结果如下：

采用因子分析法评价地区发展水平

地区	因子测算值	排序	地区	因子测算值	排序
北京	3.129	1	湖北	−0.219	16
上海	2.415	2	宁夏	−0.228	17
天津	1.454	3	甘肃	−0.308	18
广东	0.755	4	河北	−0.325	19
辽宁	0.742	5	陕西	−0.376	20
黑龙江	0.518	6	山东	−0.463	21
山西	0.326	7	江西	−0.647	22
吉林	0.239	8	西藏	−0.652	23
新疆	0.041	9	河南	−0.714	24
福建	0.011	10	安徽	−0.721	25
江苏	0.008	11	海南	−0.781	26
浙江	−0.004	12	湖南	−0.808	27
内蒙	−0.025	13	广西	−0.885	28
青海	−0.091	14	云南	−1.043	29
四川	−0.117	15	贵州	−1.167	30

二、各类地区应发展的重点和政策措施

从上述情况可以看出，中国属于发展中国家，仍处于工业化的进程阶段，需要在资金、人员等方面继续加强工业发展。同时，必须看到，与这个阶段相配套的第三产业也是比较落后的，同低收入国家占35%左右的水平相比，偏低5～10个百分点。第三产业发展不足，已成为经济低效运行的重要原因。因此，根据中国经济的现实情况和发展趋向，应当着力提高第一产业即农业的质量，稳步增加产量；继续发展第二产业，积极调整工业结构；大力促进第三产业的兴起。按照中国90年代GDP平均每年增长8～9%的规划测算，到2000年第三产业占国内生产总值的比重要达到35%左右，第三产业每年需递增11%左右。所以，要明确目标，统筹规划，分类确定重点行业，以建立统一市场、社会保障、社会服务、宏观调控4个完整体系，制定税收、价格、统计、工商等方面的法律法规，创造一个有利的发展环境，以保障第三产业发展达到预期目标，适应国民经济的整体运行。

第三产业包括的行业繁多，全面铺开，在现有的国力情况下是不可能的，需有重点、有步骤地推进。从全国来说，90年代应把发展的重点放在有利于第一、二产业较快发展的行业，放在人民生活急需的行业，即交通运输、邮电通信、商品流通、金融保险、技术教育、房地产、旅游、信息咨询、技术服务和居民日常服务业上来。作为不同类别的地区应根据经济发展的水平制定切实可行的重点行业。

第一类地区，第三产业的发展情况基本上适应其工业化加速阶段，因而应注意第二、三产业间的协调发展，面向国际国内市场，把发展第三产业的重点放在金融、外贸、信息、咨询、房地产、广告及技术服务等新兴行业方面。

第二类地区，第三产业增长落后于工业化加速发展的阶段，发展第三产业、提高第三产业所占比重的任务比较艰巨，应在积极调整工业结构、继续发展第二产业的基础上，大力促进第三产业的兴起。其发展重点应是交通运输、邮电通信、商业和金融保险业。同时，改

善城市公用设施和社会环境，推进信息、咨询、房地产等新兴行业的产业化和商品化，积极发展各类劳务型服务业。

第三类和第四类地区，仍处于工业发展的初期阶段(在一个地区内也存在不平衡，有的城市已进入了加速增长阶段)，其主要精力和力量应是加强第一、第二产业的发展，使其早日进入工业加速时期，但同时也不应忽视发展第三产业。这两类地区的第三产业发展重点，应放在传统的交通、商业、邮电通信等基础行业建设方面，放在为农业生产提供各类服务的农工贸综合服务上，以促进工农业生产的飞速发展和为其他新兴第三产业的发展创造良好条件。

附：表1—2

(作者单位：国家统计局平衡司)

附表1：

各地区国内生产总值构成（1991年）

单位：%

	国内生产总值	第一产业	第二产业	第三产业
北京	100	8.2	52.2	39.6
天津	100	8.7	56.0	35.3
河北	100	24.7	47.9	27.4
山西	100	15.9	54.8	29.3
内蒙古	100	36.5	38.6	24.9
辽宁	100	16.9	55.0	28.2
吉林	100	28.4	47.9	23.7
黑龙江	100	20.4	56.3	23.3
上海	100	3.9	64.3	31.8
江苏	100	23.8	54.8	21.4
浙江	100	24.9	50.1	25.0
安徽	100	31.7	46.7	21.6
福建	100	31.2	39.8	29.0
江西	100	39.4	33.3	27.3
山东	100	33.2	47.5	19.3
河南	100	33.7	39.1	27.2
湖北	100	32.6	42.0	25.4
湖南	100	38.3	35.9	25.8
广东	100	23.4	42.1	34.5
广西	100	42.5	31.1	26.3
海南	100	46.5	22.8	30.6
四川	100	35.3	38.5	26.2
贵州	100	40.0	35.2	24.8
云南	100	39.2	41.5	19.3
西藏	100	50.8	13.7	35.5
陕西	100	27.2	43.2	29.6
甘肃	100	26.1	43.8	30.1
青海	100	24.8	41.1	34.1
宁夏	100	26.6	41.2	32.2
新疆	100	35.9	34.6	29.5

附表 2：

各地区第三产业增加值内部结构（1991 年）

单位：%

	第三产业增加值	运邮业	商饮业	金融业	房地产	其他
北京	100	14.5	21.4	31.1	2.2	30.8
天津	100	23.3	19.9	25.5	4.9	26.4
河北	100	21.0	21.4	23.7	7.5	26.5
山西	100	20.8	18.7	26.6	3.7	30.2
内蒙古	100	31.9	8.3	22.9	4.0	33.0
辽宁	100	21.8	21.5	26.3	5.2	25.2
吉林	100	25.4	5.3	27.0	7.2	35.1
黑龙江	100	24.4	14.6	27.5	3.7	29.9
上海	100	25.8	20.6	29.2	2.5	21.9
江苏	100	22.0	19.9	23.9	9.0	25.2
浙江	100	17.7	31.3	20.5	6.3	24.3
安徽	100	20.2	12.1	22.7	13.3	31.8
福建	100	19.3	22.7	23.4	4.7	30.0
江西	100	14.3	12.2	24.4	7.4	41.7
山东	100	15.7	14.8	28.3	8.9	32.5
河南	100	19.0	20.8	17.6	12.6	30.0
湖北	100	20.2	27.6	14.3	6.1	31.8
湖南	100	19.8	22.4	17.6	6.4	33.7
广东	100	18.5	20.8	22.1	4.6	34.1
广西	100	18.1	21.2	21.6	4.7	34.4
海南	100	19.1	15.4	24.6	9.7	31.3
四川	100	14.3	31.6	15.5	7.5	31.2
贵州	100	17.5	23.2	17.6	4.5	37.3
云南	100	14.1	31.5	12.7	5.6	36.1
西藏	100	15.9	26.3	5.8	1.3	50.6
陕西	100	24.8	9.6	23.7	4.3	37.6
甘肃	100	17.4	43.8	17.3	1.3	20.4
青海	100	15.0	26.9	16.6	2.5	39.0
宁夏	100	21.8	18.0	22.2	4.8	33.2
新疆	100	21.7	24.5	17.7	1.4	34.7

国外第三产业情况的分析和研究

江健桐　闫海琪

第三产业是国民经济的重要组成部分。在某种意义上说，第三产业是国民经济的基础产业。它以多种多样的服务内容和方式，为生产和消费的正常发展提供必要的条件，对宏观经济的发展起着推动或延缓作用。第三产业又是国民经济的调节器，国家的很多经济政策都通过第三产业的活动，对经济各个领域乃至整个经济产生重要的影响。第三产业在生产和消费、资源合理分配和使用、提高经济和社会素质和效益，发展社会生产力等方面起着极其重要的作用。从世界经济发展过程观察，可以说，第三产业是市场经济机制形成和发育的基础。当今世界上，发达国家综合实力的主要标志之一就是拥有强大的第三产业。国外第三产业的发展经验及发展规律对我国深化改革开放、建立市场经济和迅速发展生产力，具有一定参考价值。

一、第三产业的范围和分类

国际上对第三产业概念有不同的看法和表述。联合国、国际货币基金组织及不少国家的统计机构一般使用“服务”的概念，日本、德国、韩国等一些国家的统计局在宏观经济统计中明确采用了三次产业的分组法。

经济活动可分为农业、工业和服务业三大类，也可称为第一产业、第二产业和第三产业。第一产业包括农业、林业、渔业和畜牧业；第二产业包括矿业、制造业、电、煤气、热力和水生产业及建筑业；第三产业包括商业（批发和零售商业及进出口贸易）和旅馆业，交通运输、仓储和通信，金融、保险、不动产业和信息、咨询等产业服务业①，政府机关、社团服务、居民服务、旅游、教育、科学、文化、卫生保健、法律、宗教等服务业。由此可见，第三产业包括的范围很广，行业繁多，既有形成产业的，也有没有形成产业的。第三产业的技术跨度很大，从劳动密集型到知识密集型和技术密集型都有，但以劳动密集型的行业居多。它们一般具有资本有机构成低，投资少，收益快的特点，也是容纳劳动力较多的行业。但是发达国家第三产业中有不少资本密集型和技术密集型行业。

第三产业按其服务对象大体上可以分为两大类，即为生产服务和为居民服务两大类。为生产服务的主要包括：交通运输、通信、批发商业、金融、保险、不动产业、信息服务（情报、咨询、广告等）、科学研究等。为社会生活服务的主要包括；文化、教育、卫生保健、饮食业、旅游业、住宅和公用事业、个人服务、社会保障服务等。事实上很多行业都既为生产服务，也为生活服务，是沟通生产和生活的行业。上述的划分只是从该行业以那一方面为主来确定的。第三产业还可按其对经济的服务功能来划分，如流通服务、知识服务、信息服务、生活服务等。

二、第三产业在国民经济中的地位

第三产业的迅速发展是20世纪世界经济发展的重要特点之一。第三产业发达与否是国家经济发展水平高低的重要标志。经济越发达的国家，第三产业也越发达。进入80年代，在世界经济活动总量中，第三产业已经超过了第一产业和第二产业之和，取代了物质生产部门而成为最强大、最广泛的部门。

（一）第三产业在现代社会经济中占有重要的地位

从全世界范围看，90年代初，世界第三产业产值占国民生产总值的比重平均约为60%，其中34个低收入国家平均为31%，48个中等收入国家为50%，22个高收入国家（即发达国家）平均为65%左右。其中60%以下的有5个，60—70%的有13个，70%以上的有4个。②高收入国家比低收入国家高出1倍以上。可

---

① 产业服务业主要指情报、信息、广告、职业培训和各种咨询服务业。

② 世界银行按照人均国内生产总值的高低，把世界各国分成经济发展水平不同的三类：一是低收入国家，二是中等收入国家，三是高收入国家。

见，经济发展水平越高，第三产业也越发达，在其经济生活中占有举足轻重的地位。经济和合作发展组织国家的人均国民生产总值约为1.8万美元（按购买力平价方法计算），其中2/3是第三产业创造的，物质生产部分只占1/3。1991年，我国第三产业占国民生产总值的比重为27.2%，不仅大大低于世界60%的平均水平，也低于低收入国家的水平。尽管我国第三产业统计存在某种程度的低估，但仍足以说明我国第三产业发展严重滞后，与整个经济发展不相适应。

第三产业不但在本国，而且在国际上扮演着十分重要的角色。诸如外交、文化、科学技术、教育、交通运输、通信、广播、信息、金融、保险、贸易、旅游等构成了国际社会活动的错综复杂的、相互依存和相互竞争的网络。例如，1970—1990年间，国际上的服务贸易年均增长12%，1990年达到8 000亿美元，占世界贸易总额的1/5左右，成为国际贸易的一项重要业务。人们一般认为，服务贸易主要是劳动密集型的，发展中国家劳动力资源丰富，搞服务贸易应占优势。但实际上，发展中国家是服务的净进口国。发达国家应用它们的传统力量——强大的财力、知识、技能、通信、信息技术以及历史上形成的种种联系而占有了服务贸易优势，其中金融是最有份量的部门。它的银行业、保险业和证券交易足以使企业联合成具有竞争力的更大的企业。

第三产业对产业结构调整的作用广泛而深远。它不但对整个国民经济结构产生调节作用，而且对农业、工业、建筑业等物质生产部门的内部结构、生产方式、技术经济效益等方面都产生着深远的影响。可以说，很多经济活动的深层次问题都与第三产业有关。

（二）第三产业是市场经济的基础产业

这可以从三方面进行观察。

首先，在市场经济活动中，第三产业具有广泛的服务特性。第三产业所以在西方发达国家得到迅速发展，很重要的一个原因就是，第三产业是市场经济的基础产业。当物质生产达到一定水平的时候，第三产业的发展关系到经济以至整个国家的生活的正常发展。市场经济的价值是通过需求和供给的结合来实现的，它的核心是交换，它不但包括物质产品的交换，还包括资金、人才、技术、资源、知识、信息的交换。这都需要第三产业为各种交换的正常进行提供完善的服务渠道。在农业经济时期，商品市场狭小，第三产业不发达。进入工业化时期，商品生产规模逐步扩大。现代市场经济的交换活动不断发展和扩大而更加错综复杂，在这种情况下，第三产业的加速发展是必然的。从西方国家的经济发展情况来看，60年代起的“黄金时期”促使第三产业进入加速发展时期。可以说，资本主义经济是在不断增强其第三产业的情况下，才维持它的生存与发展的。

其次，第三产业是外向型经济的先行行业。世界上市场经济发达的国家都建立了强大的外向型经济，这种经济以完善的第三产业作为对外联系的重要手段。18世纪初期的资本主义经济中，第三产业已占国民生产总值的40%左右，其中商业和交通通信约占一半，第三产业得到了相应发展。在资本主义工业化中期（18世纪末和19世纪），对外扩张进一步扩大了金融、保险、运输、通信、不动产等方面的国际活动范围，它们得到了迅速发展。第二次世界大战以后，现代科技，特别是电子技术的迅猛发展，第三产业的各行业，尤其是信息、金融和贸易等，得到长足的发展，推动了世界经济的迅速发展。

第三，第三产业是一个国家实力的重要组成部分。发达国家除了物质生产和军事实力外，在金融、保险、航运、教育、卫生保健、科学技术、社会管理、旅游、国防、政府管理等方面都有较强的实力，一些西方国家就是靠这些来称霸或控制世界的。这说明，一个国家的综合国力的强大不但要靠丰富的物质生产，还要靠强大的第三产业。发达国家之间的经济差距往往与第三产业的发展水平有关。美国是发达国家中经济发展水平最高的，其第三产业也最发达。下面简要介绍美国第三产业的一些情况。

从下表可以看出，美国经济中的最大部门——制造业、服务业、金融保险业、商业（包括批发和零售）4个部门在经济中的地位基本上不相上下，表现出明显的市场经济性。强大的制造业以相应的服务、金融、商业作基础。在金融保险中，不动产占很大的份额，表明这种财富交易对经济资源配置的重要作用。美国的商业网十分发达。以零售商业为例，1987年全国零售商业网点490万个，既有专门的零售店，也有兼营的店；既有雇佣人员的店，也有近百万个无雇佣人员的零售点。1988年全国零售额达15 400亿美元。按人口平均6 328美元，零售额相当于个人收入的41%。美国的超级市场办得十分灵活，大的和小的分布适中，消费者购买方便。美国社会生活高节奏，社交活动增加，妇女就业增多等促使餐馆业较快发展。在服务中，卫生保健服务达到2 400亿美元，按人口平均为1 000美元，水平相当高。产业服务达到2 000亿美元，占整个国民生产总值的4.1%。

美国1988年国民生产总值构成

单位：亿美元

项目	数值	项目	数值
国民生产总值	48 806	服务	8 725
农业	998	旅馆	409
矿业	804	卫生保健	2 485
建筑业	2 326	产业服务	2 003
制造业	9 486	法律服务	674
水、煤气、清洁	1 488	社团组织	501
交通、通信	2 926	汽车服务	418
批发商业	3 261	个人服务	369
零售商业	4 547	教育服务	331
金融、保险、不动产	8 303	娱乐	265
不动产	5 546	电影	122
银行	992	家庭	94
保险持有者	680	政府和政府企业	5 706
保险经营	322	联邦	1 876
信贷机构	116	州、地	3 830
其他投资公司	147		

市场经济发展的一个重要标志是社会经济效益高，因为市场经济活动机制决定于需求与供应的关系，有效地分配社会资源。发达国家市场经济发展已达相当高水平，它们的经济效益较高。例如，发达国家的劳动生产率和产品质量不断提高，库存越来越少，能耗减少，美国的汽车总公司要求它的零部件供应商按时按量送货，将15%的销售额用于研究与开发等，都促进了第三产业的发展。

（三）第三产业对整个经济发展的促进作用

1. 第三产业的增长速度高于整个经济的增长速度，对整个经济直接作出贡献。

60年代中期至70年代末，全世界平均、低收入国家、中等收入国家及经济和合作发展组织国家的第三产业增长速度均高于国内生产总值和第一产业的增长速度。全世界平均、中等收入国家及经济和合作发展组织国家的第三产业增长速度，也高于第二产业。我国不少人因其服务性质而将第三产业视为二等产业，但从世界上看，却是领先产业。

1965—1980年三次产业增长率（%）

	国内生产总值	第一产业	第二产业	第三产业
低收入国家	4.8	2.6	7.6	5.5
中等收入国家	6.2	3.4	6.5	7.5
经合组织国家	3.6	0.8	3.1	3.7
世界平均	4.1	2.2	3.9	4.3

80年代以来，世界经济增长放慢，第三产业增长也随之放慢。但低收入国家第三产业增长速度有所提高（主要受中国的影响），若不包括中国和印度，则第三产业增长速度低于1965—1980年；中等收入国家（主要是拉美国家）因经济不景气而放慢增长，经合组织仍快于经济增长。1978—1990年，我国第三产业增长率高于整个经济的增长率：1978—1984年高1.2个百分点（第一产业年增长7.3%），1984—1990年高1.3个百分点（第一产业增长明显放慢，第二产业增长明显加快）。

1980—1990 年三次产业增长率*（%）

	国内生产总值	第一产业	第二产业	第三产业
低收入国家(含中国和印度)	6.1	3.9	8.2	6.5
(不含中国和印度)	3.9	2.6	3.7	4.8
中国（1978—1984 年）	8.9	7.3	8.9	10.1
中国（1984—1990 年）	8.6	3.8	10.9	9.9
中等收入国家	2.5	2.4	2.3	2.6
经合组织国家	3.1	1.7	2.2	3.2
世界平均	3.2	2.7	2.4	3.3

注：*为国内生产总值增长率，中国为国民生产总值增长率。

2. 第三产业对经济发展有着巨大的推动力。

通过调整经济结构推动经济发展，是当今世界各国制订经济政策的基本原则之一。近 40 年来的世界经济发展表明，第一、第二产业对经济增长的推动力逐步减弱，第三产业推动力增强，使经济走向高效、低耗、优质的更高水平。这一经济发展模式比较符合刘易斯经济增长模型① 所显示的规律，经济增长动力逐步从第一产业和第二产业向第三产业转移。

第三产业对经济发展的推动力可以用国内生产总值增加额中三次产业所占的比重来表示。不同国家的第三产业对经济增长的推动力存在较大的差别。一般看来，发达国家的推动力比发展中国家大。从附表 3 大致可以看出，70 年代至 80 年代中期，大多数发达国家经济增长的主推动力均为第三产业，第三产业对经济的推动力为 0.7 左右，其中，意大利为 0.86、法国为 0.85、德国（联邦德国）为 0.73、美国为 0.71、加拿大为 0.7、日本为 0.52。可以看出，发达国家经济增长正朝着减弱第二产业，增强第三产业的方向发展。美、日、法、加拿大等国家第一产业的推动力微弱，不到 0.05。1947—1970 年，第一产业对美国经济增长的推动力极弱，80 年代也仅为 0.021。第二产业的推动力减弱。1947—1980 年，第二产业对美国经济增长的推动力不断下降，80 年代回升到到 0.302；法国从 1970—1973 年的 0.39 降到 1986—1989 年的 0.21，加拿大从 0.34 降到 0.29。1986—1989 年，这些国家第二产业推动力都在 0.30 以下。美国第三产业的推动力从 40 年代末的 0.566 上升到 70 年代的 0.75，80 年代回落到 0.679。日本的经济增长模式与其他发达国家有所不同，它的经济增长主要是由第二产业和第三产业共同推动的。50 年代以来，日本第一产业的推动力从 0.108 下降到 80 年代的 0.008；除了经济起飞的 60 年代，第二产业的推动力达到 0.466 以外，其他时期保持在 0.4 左右；第三产业推动力从 50 年代和 60 年代的 0.48—0.49 上升到 80 年代的 0.58。

从附表 3 还可看出，发展中国家经济的主要推动力为第二、第三产业，第一产业的作用不可忽视，如 1970—1988 年，印度第一产业对经济增长的推动力为 0.11。在工业化过程中（如 1961—1981 年的中国台湾省），第二产业的推动作用最大，超过 0.5，在工业化完成后（如 1981 年后的中国台湾省）第三产业作用加强，有取代第二产业而成为经济增长主推动力的趋势。

1987 年与 1970 年相比，韩国的 509 360 亿圆国内生产总值增量中，有 36%是就业人数和就业结构变化的结果，其中第二、三产业分别为 19.2%和 19.4%；有 64%是劳动生产率提高的结果，其中第二、三产业分别为 34.9%和 21%（见附表 4）。在此期间，第二、三产业就业人数分别增长 226%和 130.7%，劳动生产率分别提高 125.8%和 61.2%。由此可见，1970 年韩国第三产业发展已达一定水平（占国内生产总值的 43%），1970—1987 年韩国经济增长主要推动力为第二和第三产业，以第二产业为主。

从 1977 年起，韩国第一产业对经济增长的推动作用明显减少。1970—1973 年，第一产业的推动力为 0.11，1986—1989 年几乎降到 0；第二产业的推动力大为增强，推动力从 0.45 上升到 0.53；第三产业的推动力为 0.49。泰国经济在 80 年代发展很快。第一产业的推动力从 0.26 降到 0.08，第二产业的推动力从 0.26

① 刘易斯经济增长模型的主要内容是：经济增长可分解成就业人数和劳动生产率两个因素。由于各部门的劳动生产率存在差别，经济增长可通过劳动力从劳动生产率低的部门向劳动生产率高的部门转移来实现。

升至0.43，第三产业的推动力为0.48。韩国、泰国等新兴工业国家的经济增长模式与日本类似，主要靠第二和第三产业共同推进。新加坡的经济增长模式与美、法、加拿大相似，以第三产业为经济增长的主要动力，其推动力从1970—1973年的0.64上升到1986—1989年0.86，第二产业的推动力从1970—1973年的0.36降到1986—1989年的0.15。

1971—1980年，中国台湾省的国内生产总值增长9 750.3亿新台币元中，就业人数增长因素占40.4%（第二、三产业分别为30.4%和12.9%），劳动生产率提高因素占56.6%（第二、三产业分别占24.9%和26.3%）。第二产业年均增长速度比第三产业高1个百分点，是经济增长的主推动力。1980—1990年，就业人数和就业结构影响减弱，劳动生产率提高因素的作用加大，第三产业取代第二产业成为经济增长的推动力。这期间，中国台湾省经济由于内需增加，产业升级和经济素质提高，先进科学技术的大量应用、产业服务水平的提高，使第三产业对经济发展的推动作用加大。这期间，第三产业年均增长速度比第二产业高3.5个百分点。

印度、巴基斯坦、孟加拉国等低收入国家的第一产业对经济增长仍起着相当重要作用。1986—1989年孟加拉国第一产业的推动力为28%，第二产业在25—28%，第三产业的推动力在50%左右。

1960年至今，我国第一产业占国民生产总值的比重从47%降到28%，降低虽近半，但仍高于印度，巴基斯坦。第二产业的比重从33%升至44%，高于低收入国家。第三产业从20%升至28%，低于低收入国家。这说明，我国经济增长模式基本上仍属低收入国家的模式，一方面，农业在国民经济中仍占相当大比重。另一方面，工业有了相当大的发展，对经济增长的作用大为增强，而第三产业发展比较落后，对经济增长的作用仍小。

1979—1984年，我国就业人数变动和劳动生产率提高因素对经济增长的推动作用相当。第三产业推动作用较小，就业结构变动的作用微弱。与改革开放前相比，第一产业的作用明显增强。1985—1990年，第三产业的作用明显增强，第二产业成为经济增长的主推动力。总的看来，我国经济增长主要依赖于就业人数的增长，劳动生产率提高较慢，第三产业的作用较小，经济增长主要靠外延的物质扩大再生产。

发展中国家（地区）第三产业对经济的推动力一般在0.5以下，中国台湾省为0.51，韩国为0.4，印度为0.5。第二、三产业同为经济增长的主要推动力。1984—1990年，中国第三产业的推动力为0.31，虽高于1978—1984年0.21的水平，但仍远低于亚洲“四小龙”，还有很大的发展潜力。

3. 国民经济各行业的发展与第三产业的关系。

第三产业是现代经济生活的重要部门，对于工农业生产、人民生活、社会进步起着十分关键的作用，是不可或缺的产业。可以说，第三产业是国家经济和社会发展的基础产业，是社会生产力发展、物质生产部门劳动生产率不断提高、科技进步、生产专业化和协作日益加强的必然产物。第三产业虽然不提供有形物质产品，但它所提供的劳务大多直接或间接参与了物质生产过程，是第一、二产业发展的基本保证。第三产业也为社会劳动力再生产和社会生活的正常进行提供了必要的条件。

第一，各行业在生产过程中要直接耗用第三产业所提供的服务。

第二，各行业的产前、产中和产后服务均属第三产业范围。商品购进和商品销售要求商业、交通通信、广告和信息服务业有相应发展，保证企业生产用原料、固定资产顺利购进和产品得以销售；金融、保险和不动产为企业生产提供资金保证；先进管理技术和管理经验的运用，协调了生产过程的各环节和提高生产效率。

第三，各行业在生产中采用技术装备、新材料和先进技术，劳动者科技素质和生产效率的提高都离不开教育、科技和产业服务业。

第四，第三产业的自我服务作用增强。随着生产力的提高，第三产业在经济中的比重不断提高，第三产业在为第一、第二产业服务的同时，更多地是为自身服务。

以日本为例：

1985 年日本一些行业的产值构成（占总产值的%）

	直接消耗				增加值
	总计	第一产业	第二产业	第三产业	
第一产业	44.2	11.8	20.8	11.6	55.8
第二产业					
矿业	51.3	0.3	12.7	38.3	48.7
制造业					
化工	70.7	0.2	55.2	15.3	29.3
一般机械	59.8	0.0	26.9	32.9	40.2
建筑业	57.3	0.2	40.0	17.1	42.7
电子和煤气	48.4	0.0	34.9	13.5	51.6
供水和废物处理	32.0	0.0	19.0	13.0	68.0
第三产业					
商业	32.1	0.0	4.7	27.4	67.9
金融和保险	25.0	0.0	3.4	21.6	75.0
不动产	25.0	0.0	7.0	5.8	87.2
交通	54.5	0.0	28.4	26.1	45.5
通信	25.7	0.0	5.6	20.1	74.3
政府服务	29.9	0.0	14.6	15.3	70.1
教育、科技和医疗	34.5	0.4	19.6	14.5	65.5
其他服务	41.2	0.2	20.3	20.7	58.8

从上表可以看出：第一，除了交通运输业以外，其他第三产业的增加值占总产值的比重均在 50%以上，接近或超过 60%。这说明第三产业是高增加值产业。第二，在所列的 15 个行业中，直接消耗的 50%以上靠服务提供的行业有 8 个，接近 50%的行业有两个。第三，第三产业 8 个行业的中间消耗中，物耗比重或在 50%以下，或接近 50%，服务所占比重较大。这说明第三产业是低物耗行业，第三产业的自我服务作用较大。

（四）第三产业是资本主义国家经济衰退的缓冲部门

本世纪前半期，资本主义经济衰退频繁主要是由于资本主义社会基本矛盾造成的。但是第三产业发展不够也是一个重要原因。第二次世界大战后，特别是 50 年代末至 60 年代，资本主义国家经济经历了一段“黄金时期”，这与第三产业的迅速发展不无关系。即使 70 年代和 80 年代，第三产业继续发展也在一定程度上缓和了资本主义经济和社会的矛盾。

与第一和第二产业相比，第三产业发展较为稳定，在资本主义国家经济衰退时期，第三产业仍有增长，或衰退程度较轻。下列 6 国 70 年代以来 13 个经济衰退年份，第三产业负增长年份只有 3 个，且慢于经济衰退速度 1、0.3 和 0.6 个百分点。

6 国经济衰退年份第三产业增长情况

	经济衰退年份	国内生产总值增长率（%）	第三产业增长率（%）
印度	1972	−0.8	3.0
	1979	−4.7	2.6
日本	1974	−0.3	0.0
美国	1974	−0.6	1.4
	1975	−1.0	1.8
	1979	−0.2	1.6
	1981	−2.4	−1.4
英国	1975	−1.2	2.9
	1980	−3.3	−3.0
	1981	−2.1	−1.5
原西德	1975	−1.5	1.5
	1982	−0.5	0.3
韩国	1981	−3.1	1.9

(五)第三产业能源和原料消耗较其他产业相对节约

随着经济的发展，能源和资源的短缺成为世界经济的首要问题。发达国家在受到70年代两次世界能源危机冲击后，率先对产业结构进行了重大调整，更加重视非物质生产部门的投入。与第一和第二产业相比，第三产业资源消耗较少，它的发展在一定程度上缓解了能源和资源短缺的矛盾。

(六)第三产业是安排劳动力的主要部门

从就业构成看，就业人口中第三产业所占比重与经济发展水平呈正比例。

目前，发达国家有2/3的劳动力在第三产业就业。1991年美国为71.6%，英国为70.3%，法国为65.2%，日本为58.7%。中等收入国家在1/2左右。如韩国1991年为47.7%，中国台湾省为47.0%。低收入国家在1/3以下，中国1991年为18.9%。第三产业安排劳动力相当少。

(七)使居民生活得到改善

居民在解决温饱问题以后，生活质量的提高是多方面的。不仅需要丰富多样的物质产品，还要依靠第三产业的丰富服务。诸如饮食、行、居住、环境、保健、教育、文化活动、娱乐等，都需要发展。目前发达国家居民消费支出构成中，服务性支出占60%左右。如，1987年美国占70%，1990年日本占55%。

(八)第三产业对城市经济生活的作用突出

发达国家3/4以上的人口生活在城市，加上科技、教育、娱乐和各种市场多在城市，第三产业更多地集中在城市。日本的10大城市1988年的就业人数中，第三产业占70.4%。美国的纽约、芝加哥等5大城市更高，达到75%。也就是说，每4个就业人员中，有3个从事第三产业。

三、第三产业发展的特点

(一)发达国家第三产业发展的三个阶段

1. 商业和交通、通信业领先发展阶段。

在资本主义工业化前期，产业资本和市场的形成有赖于商业和交通通信业的配合发展。1788—1801年，英国第一产业占经济的比重下降了7个百分点，第二产业上升了2个百分点，第三产业上升了5个百分点，这些上升是靠发展商业和交通、运输业实现的。到工业化基本完成的1847年，产业结构由1788年的40：21：39变成21：35：44。

英国1788年—1847年三次产业结构的变化(%)

	第一产业	第二产业	第三产业	其中：商业和交通、通信业
1788年	40	21	39	12
1801年	33	23	44	17
1847年	21	35	44	19

1776年美国独立后初期，经济的支柱产业是种植业。进入19世纪，随着工业化和开发西部，商业和交通、通信业迅速发展。到19世纪70年代末，美国商业、交通、通信业在经济中的比重上升到27.6%，成为第三产业的主要行业，超过了第一产业(20.5%)和第二产业(21%)的水平。

2. 金融、保险和产业服务业的发展增强了第三产业的服务作用。

19世纪末和20世纪初，自由资本主义向垄断资本主义发展，合股公司和跨国公司的兴起，促进了金融资本和产业服务业的发展。金融业成为筹集资本和调整社会资源分配的重要手段。1871年，英国三次产业结构为15：40：45，其中金融、保险和产业服务业比重为22%；到1907年，产业结构变成6：34：58，其中金融、保险和产业服务业比重为29%，比1871年上升7个百分点。19世纪70年代末，美国金融、保险和产业服务业比重为11.7%，到19世纪末，上升到16%，上升了4.3个百分点。

3. 金融、保险和产业服务业、科学教育事业及信息产业进一步发展。

二次大战前后，科技开发和知识更新加快，科学技术在生产中得到更广泛的应用，电子技术在社会生产中的应用，不仅推动了工业生产，也为商业、交通通信、金融保险、产业服务和个人服务业的进一步发展创造了条件。发达国家的经济增长更多地依靠科学技术和产业信息。跨国公司的进一步发展、国际贸易的扩展也对金融、保险和产业服务业提出了更高的要求。这些都使第三产业在经济中的地位发生了历史性转折，产值开始超过第一、二产业之和，成为进入后工业社会的重要标志之一。

4. 政府管理第三产业采取不同方式。

鉴于第三产业行业众多，对经济和社会发展的作用各异，发达国家政府在管理中采取不同的政策，使第三产业各行业得到协调发展。对于带有全局性的行业，如金融、科技、教育、卫生保健、社会保障等由政府直接管理或更多干预，而对其他行业，如商业、餐饮、旅馆、民间信息咨询、广告等多采取间接管理方式。

（二）韩国和中国台湾省第三产业的发展

韩国第三产业的发展模式与发达国家相似，但发展更为迅速，1960—1970年，商业、交通和通信业发展较快，占国内生产总值比重由22.1%上升到28.2%；1970年以来，金融保险和产业服务业及社会、个人服务业发展较快。1980年工业化完成之后，第三产业比重开始上升。

中国台湾省1959—1980年，第二产业比重上升较快，第三产业发展相对缓慢。1980年，工业化完成后，第二产业比重开始下降，第三产业比重开始上升。

1960—1990年韩国和中国台湾省三次产业结构的变化（%）

	年份	第一产业	第二产业	第三产业	商业、交通①	金融②
韩国	1960	37.0	20.0	43.0	22.1	20.9
	1970	29.5	27.3	43.2	28.2	15.0
	1980	16.0	41.0	43.0	20.7	22.3
	1989	10.0	44.0	46.0	20.6	25.4
中国台湾	1959	27.0	30.0	43.0	21.0	22.0
	1971	13.0	44.0	43.0	21.0	22.0
	1980	8.8	51.3	39.9	20.7	19.2
	1990	4.6	47.2	48.1	23.4	24.7

注：①包括商业、交通和通信及旅馆业。②包括金融保险和不动产、产业服务、社团服务和个人服务业。

（三）近20年来发达国家的第三产业发展特点

1. 逐步形成了第一、第二产业的上游、中游、下游系列行业，充填了经济领域内的许多空白点，同时也加强了一些薄弱的点和面。原来这些点和面是由一产和二产自营自用，缺乏较强的专业和组织能力，有些甚至无法进行。由于第三产业的发展，这些行业在经济活动的纵向和横向作用越来越大，促使经济向优质和高效方向发展。

2. 一些较古老的传统部门，如商业、教育、运输原来就有较高的水平，同经济发展的关系密切，也不断采用新的技术和服务方式而得到发展。

金融和保险业是现代经济生活的有力组织者，由于运用高技术而得到迅速发展。不少发达国家的这些行业也象工业一样，发展成为跨国产业，决定着经济的兴衰。

3. 信息产业在市场经济总量进一步增加的情况下，应运而生，并走在所有产业的前面，以至人们说发达国家已经进入信息社会。信息成为联结一切活动的纽带，从企业内部的联系到企业与国内外的联系，都能迅速满足不同层次的决策和经营的各种要求。

4. 政府服务。这既是国家管理的需要，也是经济活动的需要，很多国家都十分注意组织和改进政府服务，既不管死，也不放乱，而是使整个经济和社会活跃起来。凯恩斯经济理论为了拯救资本主义经济，赋予政府进行干预的职能。发达国家政府大体上有4方面的职能。即，一般政府服务，如立法和司法、货币和财政、政府人事管理、中央的采购和供应、外交、国防、社会秩序、基础科学研究、社会保障等；各种社团和社会服务；经济服务；其他。

发达国家的政府流动规模不小，其支出一般占国民生产总值的30—50%，比发展中国家的20—30%高出将近1倍。这主要是社会保障。一些发达国家还通过调整政府需求的办法来影响社会总需求，从而达到引导经济发展的目的。发达国家的政府近20年来呈现扩大之势。

以美国为例（见附表6）。1970—1989年，美国发展较快的第三产业大体可分为三类：一类是高新技术的运用，使这些行业原有服务能力和服务领域扩大，如空运、通信、银行等信贷机构；一类是新兴服务业，如与信息有关的产业服务，交通服务、汽车修理和服务等过去由运输设备生产和运输等业兼营的行业；一类是高层次消费需求相关的行业，如健康保健、休闲和娱乐、法律服务、教育等，随着人民生活水平的提高，人们的消费需求由相对低层次向较高层次发展，使高层次消费需求服务业得以较快发展。一些与物质生产联系密切的行业，如传统运输业和批发、零售商业等，发展相对较慢，占第三产业增加值的比重下降。

（四）发展中国家第三产业的行业构成

在市场经济走向成熟的进程中，形成了较完善的第三产业体系。它大体上可分为4大类：批发、零售商业和旅馆、餐馆业；交通、仓储和通信业；金融、保险、不动产和产业服务业；个人服务、社团服务和政府服务。1988年，发达国家这4类产业之比大体为25：10：30：35左右。如果将第一类和第二类合并称为流通产业，第三类和第四类合并称为产业服务和个人服务业，则发达国家的产业服务和个人服务业相当于流通产业的两倍。

发展中国家第三产业发展水平低于发达国家，主要是产业服务和个人服务水平较低。如按上述4类行业构成观察，亚洲"四小龙"为30：20：20：30，泰国约为45：15：15：25，印度约为30：20：20：30。发展中国家流通产业占第三产业的一半甚至更多。

印度1988年第三产业占国民生产总值的比重为39.5%，它的行业构成如下：

印度第三产业行业构成 （单位：百万卢比）

	1970年	1988年	1988年比70年代增长倍数
商业、饭店、餐馆	3 438	35 533	9.3
运输、仓储、通信	1 115	13 814	11.4
金融、保险、不动产产业服务	3 569	19 979	4.6
社团、社会和个人服务	1 635	16 869	9.2
政府行政、国防	2 031	16 225	7.0

由此可见，近20年印度的第三产业中，发展最快的是交通通信，商业和社团、个人服务发展也较快，金融保险，尤其是产业服务（由于国营成分多些，尚未形成较大的产业服务行业）发展较慢。

从附表7可见，1951—1983年，中国台湾省水运、铁路运输、批发和零售商业、住宅服务、政府服务发展缓慢，占第三产为增加值的比重有所下降。而公路运输及空运和仓储、银行和其他金融机构、通信、保险发展较快，占第三产业增加值的比重分别上升4、2.9、2.5、2个百分点；1967—1983年，不动产业几乎从无到有，发展速度很快。中国台湾省第三产业发展模式与19世纪末、20世纪初发达国家相一致，只不过发展速度更快。

我国第三产业内部结构的变化特点主要是：1952—1978年，交通和通信发展较快，金融保险业稳步上升，商业相对下降。1978—1990年，商业、交通和通信的比重下降，金融、产业服务、社会服务和个人服务持续上升。这同外国第三产业发展的规律基本符合。但我国的第三产业的基础较差，已经制约了经济的发展和人民生活水平的提高。

（五）一定规模的投入是第三产业正常发展的保证。

随着生产的发展，第三产业的资金和技术密集程度不断提高，所需投入不断增加。

1. 投资。很多国家十分注意第三产业的投入。发达国家第三产业投资占全部投资的比重在70%以上，亚洲"四小龙"超过50%，均超过第三产业在国内生产总值中的比重。

第三产业投资额占总投资额的比重（%）

	1980	1985	1987	1988	1988年三产投资占GDP%
美国	62.4	75.6	79.4	79.2	13.1
德国	72.2	71.1	70.3		18.7①
英国	69.7	71.8	73.6		11.9
法国	71.5	72.2	72.9	72.6	14.6
韩国	50.6	56.2	56.7		14.4①
中国台湾	50.1	57.5	53.5	56.0	11.6
印度②	37.0	46.5	41.1	45.2	10.8
中国		46.3	45.0	44.1	13.9

注：①1987年数字；②当年4月1日至次年3月31日。

印度历次五年计划时期第三产业投资的比重为："一五"（1951财政年度至1955财政年度，财政年度为当年4月至次年3月）49%，"二五"47.3%，"三五"40.7%，"四五"47%，"五五"43.2%，"六五"50.8%，都在40%以上。印度著名经济学家马哈拉诺比斯教授是印度自第二个五年计划起的政策制定者，他对投资分配提出了这样的增长理论，即计划的基本战略是增加重工业投资和增加服务方面的支出，以增加购买力和新的需求。

我国80年代第三产业投资比重为44—46%，同印度差不多。但我国第三产业的原有基础较差，近几年投资比重呈下降趋势，如不增加投入很难使第三产业赶上去。

2. 高技术的行业比重增加。不只是服务产业迅速发展，就连一些个人服务行业也采用新技术。

3. 教育发展要适应第三产业发展的需要。发达国家大学的专业设置和大学生的学科构成都是有利于第三产业发展的。

四、关于我国发展第三产业的一点看法

发达国家发展第三产业已经有200多年的历史，它是在市场经济的环境中发展起来的，其间经历了不少的挫折，才发展成今天比较成熟的产业结构，维持着市场经济继续发展。

90年代以前的40年，我国在计划经济体制下，片面强调物质生产的增长速度，靠外延扩大再生产，忽视效益（1984—1990年我国经济增长中，靠劳动生产率提高的占31.7%，远低于亚洲"四小龙"的60—75%的水平），忽视科学技术的应用，加上缺乏市场意识，对第三产业的重要作用认识不足，将第三产业中的多数行业看作是非生产部门，整个第三产业未能得到应有的发展。现在可以明显看出，这种状况已经严重地制约着经济的发展。

我国在深化经济体制改革，建立社会主义市场经济，推进企业经营机制的转换，将企业推向市场，搞好物质文明建设和社会主义精神文明建设的过程中，发展第三产业具有重要战略意义。对于我国这样一个劳动力丰富，自然资源相对不足的国家来说，进入第三产业快速发展阶段是必然趋势。

建国以来，我国经济发展战略有过两次重大调整。一是1978—1984年，由片面追求发展重工业转向农村经济改革和大力发展农业，加强了第一产业在经济发展中的作用。二是1984年以后，城市经济改革逐步展开和乡镇企业蓬勃发展，整个工业高速和比较协调发展。我们认为，从现在起到本世纪末以至下世纪初，我国经济发展战略重点中应有第三产业的位置。

由于第三产业发展水平与经济发展水平密切相关，因此制定第三产业发展规划要充分考虑我国的具体国情和各地的具体情况，使第三产业发展规划更加符合我国的经济发展的需要。

1. 增加第三产业投资。根据我国国情，制定第三产业的总目标和合理结构目标，增加对第三产业的投入，逐步增强对经济和社会的服务作用。

2. 注意区别城市和农村社会的不同需要和分清轻重缓急。农村以建立农业综合服务体系为重点，提高农产品的商品化程度，处理好农工商、农工科、农工贸的关系，为推动农业生产发展建立良好的内部和外部环境。城市以发展商业、金融业、基础设施和科学教育事业为重点，更合理地分配资源和资金，提高产品质量和提高经济效益。

3. 注意区分经济发达地区和落后地区。经济发达地区要以发展产业服务和个人服务业为重点，大力发展科学、教育事业，提高经济效益，增强出口产品的竞争力，选择一些城市发展金融业，加强金融业在经济中的作用；经济落后地区以发展流通类第三产业为重点，为经济发展打下良好的基础。

4. 要大力发展科学和教育事业。目前发达国家经济发展主要依靠科技进步，研究与开发经费占国内生产总值的比重在2%以上。亚洲"四小龙"在1—2%之间。它们计划在不久的将来达到或超过发达国家的水平。而我国目前这一比重仅为0.7%，与上述国家（地区）相比，有相当大的差距。

从各国第三产业的发展经验并结合我国的具体情况来看，今后我国第三产业的发展速度应快于经济增长1—2个百分点，以年均增长10%左右为宜。从我国现阶段的经济发展水平看，第三产业占国内生产总值的比重达到35—40%比较合适。

附：表1—8

（作者单位：国家统计局国际统计信息中心）

附表1：

一些国家和地区三次产业构成①（%）

	1960年	1970年	1980年	1985年	1988年	1989年	1990年
中国：第一产业	47.0	35.0	30.4	29.7	27.4	28.4	28.4
第二产业	33.0	41.0	49.0	45.2	47.1	44.3	43.6
第三产业	20.0	24.0	20.6	24.8	25.5	27.2	28.0
印度：第一产业	50.0	42.0	34.0	29.0	29.0	28.0	
第二产业	20.0	21.0	24.0	25.0	25.0	26.0	
第三产业	30.0	37.0	42.0	46.0	46.0	46.0	
苏联：第一产业	20.5	21.7	14.9	19.5	22.7	24.0	
第二产业	62.3	51.2	51.5	45.5	43.7	55.0	
第三产业	17.2	23.1	33.6	35.0	33.6	31.0	
日本：第一产业	13.0	6.1	4.0	3.0	3.0	3.0	2.5
第二产业	45.0	46.4	41.0	41.0	41.0	41.0	42.1
第三产业	42.0	47.5	55.0	56.0	56.0	56.0	55.4
美国：第一产业	4.0	2.8	3.0	2.0	2.0	2.0	2.0
第二产业	38.0	34.7	34.0	31.0	29.5	29.0	29.0
第三产业	58.0	62.5	63.0	67.0	68.5	69.0	69.0
英国：第一产业	4.0	2.4	2.0	2.0	2.0	2.0	1.7
第二产业	43.0	37.9	35.0	36.0	42.0	36.0	39.0
第三产业	53.0	59.7	63.0	62.0	56.0	62.0	59.3
法国：第一产业	10.0	6.5	4.0	4.0	4.0	3.0	4.0
第二产业	38.0	38.8	36.0	34.0	37.0	30.0	29.0
第三产业	52.0	54.7	60.0	62.0	59.0	67.0	67.0
韩国：第一产业	37.0	29.5	16.0	14.0	11.0	10.0	9.0
第二产业	20.0	27.3	41.0	41.0	43.0	44.0	45.0
第三产业	43.0	43.2	43.0	45.0	46.0	46.0	46.0
香港：第一产业	4.0	2.3	0.8	0.5	0.3	0.3	0.3
第二产业	39.0	36.2	32.0	29.8	27.5	26.5	24.9
第三产业	57.0	61.5	67.2	19.7	72.2	73.2	74.8
中国台湾省：第一产业	27.0	16.0	8.6	6.4	5.5	5.3	4.1
第二产业	30.0	41.0	51.3	51.0	49.8	47.3	42.5
第三产业	43.0	43.0	40.1	42.6	44.7	47.4	53.4

注：①中国为国民生产总值构成，其他为国内生产总值构成。

附表 2：

一些国家和地区的三次产业就业人口比重（%）

	1960 年	1978 年	1980 年	1985 年	1987 年	1988 年	1989 年	1990 年	1991 年
中国：第一产业	65.7	70.5	68.7	62.4	59.9	59.3	60.0	60.0	59.8
第二产业	15.7	17.4	18.3	20.9	22.3	22.4	21.7	21.4	21.4
第三产业	18.6	12.1	13.0	16.7	17.8	18.3	18.3	18.6	18.9
巴基斯坦①：									
第一产业		52.7	52.6	50.6	49.2	51.2	51.1	51.1	
第二产业		24.2	20.3	20.1	21.0	19.8	19.8	19.8	
第三产业		23.1	27.1	29.8	29.8	30.0	30.1	30.1	
苏联：第一产业	42.0	17.0	17.0	19.3	18.8	18.4	18.2	18.2	
第二产业	29.0	47.0	47.0	38.1	38.3	38.9	39.0	38.4	
第三产业	29.0	36.0	36.0	42.6	42.9	42.7	42.8	43.4	
日本：第一产业	33.0	13.0	13.0	8.8	8.3	7.6	7.2	7.2	6.7
第二产业	30.0	39.0	39.0	34.9	38.1	38.6	34.1	34.1	34.4
第三产业	37.0	48.0	48.0	56.3	51.6	53.8	58.7	58.7	58.7
美国：第一产业	7.0	4.0	3.5	3.1	3.0	2.9	2.9	2.8	2.9
第二产业	36.0	33.0	30.3	28.2	27.3	27.1	26.9	26.5	25.5
第三产业	57.0	63.0	66.2	67.7	69.7	70.0	70.2	70.7	71.6
英国：第一产业	4.0	2.0	2.6	2.5	2.4	2.2	2.1	2.1	2.1
第二产业	48.0	43.0	35.4	31.2	29.7	29.1	28.4	28.5	27.6
第三产业	48.0	55.0	62.0	66.3	67.9	68.7	69.5	69.4	70.3
法国：第一产业	2.0	9.0	9.0	7.5	6.9	6.6	6.3	6.0	5.7
第二产业	39.0	40.0	40.0	30.5	30.4	29.8	29.6	29.5	29.1
第三产业	39.0	51.0	51.0	62.0	62.7	63.6	64.1	64.5	65.2
韩国：第一产业	66.0	41.0	41.0	24.9	21.9	20.6	19.5	18.3	16.7
第二产业	9.0	37.0	37.0	30.8	34.0	34.9	35.0	35.1	35.6
第三产业	25.0	22.0	22.0	44.3	44.1	44.5	46.5	46.6	47.7
香港：第一产业	8.0	3.0	3.0	1.6	1.5	1.3	1.1	0.9	0.8
第二产业	52.0	57.0	57.0	44.4	42.9	41.1	38.8	36.7	34.9
第三产业	40.0	40.0	40.0	54.0	55.6	57.6	60.1	62.4	64.3
中国台湾省：									
第一产业	49.5	24.9	19.5	17.6	15.3	13.7	13.1	12.8	12.9
第二产业	21.2	39.3	42.3	42.1	42.8	42.5	43.0	40.9	40.1
第三产业	29.3	35.8	38.2	40.2	41.9	43.8	43.9	46.3	47.0

注：①为当年 7 月至次年 6 月，1980 年所列为 1981 年度数字。

附表 3：

三次产业对经济发展的推动力（按 1980 年不变价计算）

	年 份	第一产业	第二产业	第三产业
美国	1929—1957①	0.029	0.402	0.462
	1947—1950	0.000	0.434	0.566
	1950—1960	—0.004	0.333	0.671
	1960—1970	0.007	0.293	0.700
	1970—1980	0.012	0.261	0.750
	1980—1988	0.021	0.302	0.679
日本	1950—1960	0.108	0.405	0.487
	1960—1970	0.054	0.466	0.480
	1970—1980	0.026	0.398	0.576
	1980—1989	0.009	0.410	0.581
法国	1977—1986	0.072	0.076	0.852
德国（联邦德国）	1970—1985	0.012	0.256	0.731
意大利	1980—1986	0.023	0.117	0.860
加拿大	1970—1986	0.028	0.276	0.696
印度	1970—1987	0.110	0.384	0.506
韩国	1970—1987	0.054	0.541	0.404
新加坡	1970—1987	0.000	0.352	0.648
中国台湾省②	1961—1971	0.074	0.504	0.422
	1971—1981	0.019	0.567	0.414
	1981—1990	0.010	0.430	0.560
中国③	1978—1984	0.279	0.403	0.208
	1984—1990	0.254	0.437	0.309
	1978—1990	0.284	0.432	0.283

注；①为国民收入，按现价计算。②按 1986 年不变价计算。③为国民生产总值，按现价计算。

附表 4：

中国、韩国和中国台湾省经济增长因素的分析

	国内生产总值增量				国内生产总值增量的构成（%）			
	合计	一产	二产	三产	合计	一产	二产	三产
中国	（1978—84 年，按现价计算，亿元）							
就业人数	1 666.3	1 087.5	439.3	139.5	49.9	32.6	13.2	4.1
劳动生产率	1 673.8	189.6	921.2	563.0	50.1	5.3	27.1	16.7
合计	3 340.1	1 277.1	1 360.5	702.5	100.0	37.9	40.3	20.8
	（1984—1990 年）							
就业人数	7 349.7	2 258.2	3 063.3	2 028.2	68.3	21.0	28.5	18.8
劳动生产率	3 408.2	470.3	1 633.0	1 304.9	31.7	4.4	15.2	12.1
合计	10 757.9	2 728.5	4 723.3	3 291.1	100.0	25.4	43.7	30.9
韩国	（1970—1987 年，按 1980 年不变价计算，10 亿南朝鲜圆）							
就业人数	18 333	—1 356	9 793	9 896	36.0	—2.6	19.2	19.4
劳动生产率	32 603	4 133	17 778	10 692	46.0	8.1	34.9	21.0
合计	50 936	2 777	27 571	20 588	100.0	5.5	54.21	40.4
中国台湾省	（1971—1980 年，按 1986 年不变价计算，亿新台币元）							
就业人数	3 938.6	—288.6	2 966.7	1 260.5	40.0	—3.0	30.4	13.0
劳动生产率	5 522.7	512.2	2 432.0	2 567.5	56.6	5.3	24.9	26.4
合计	9 750.3	223.6	5 398.7	3 828.0	100.0	2.3	55.3	39.4
	（1980—1990 年）							
就业人数	5 011.7	—243.8	1 871.4	3 384.1	25.6	—1.2	9.5	17.3
劳动生产率	14 557.5	435.9	6 561.9	7 559.7	74.4	2.2	33.5	38.7
合计	19 569.2	192.1	8 433.3	10 943.8	100.0	1.0	43.0	56.0

附表 5：

一些国家和地区第三次产业内部结构（%）

	年份	合计	批发、零售商业及旅馆业	交通、仓储业和通信业	金融保险、不动产及产业服务	机关团体和社会、个人服务
中国	1952	100.0	42.5①	15.4②	5.4③	30.7④
	1978	100.0	32.2①	21.0②	11.0③	30.9④
	1980	100.0	27.2①	19.2②	53.6④	
	1985	100.0	19.5①	19.8②	60.7④	
印度	1975	100.0	39.6	15.2	18.2	27.0
	1985	100.0	34.0	15.5	21.8	28.7
	1988	100.0	31.9	17.5	20.6	30.0
日本	1960	100.0	33.0	19.7	22.4	24.9
	1970	100.0	34.6	15.7	22.6	27.1
	1980	100.0	25.9	11.6	26.0	36.5
	1988	100.0	22.7	10.3	28.1	38.9
美国	1960	100.0	35.7	13.9	29.2	21.1
	1970	100.0	36.9	13.4	35.5	14.2
	1980	100.0	26.2	10.0	31.6	32.2
	1985	100.0	25.4	9.3	34.0	31.3
英国	1960	100.0	32.8	23.3	16.8	27.1
	1970	100.0	23.7	19.9	30.1	26.2
	1980	100.0	21.9	12.2	31.5	34.5
	1987	100.0	21.1	11.2	36.3	31.4
法国	1960	100.0	35.3	15.3	11.3	38.1
	1970	100.0	31.7	14.6	17.1	36.6
	1980	100.0	24.7	10.3	29.5	35.6
	1986	100.0	24.1	9.9	30.7	35.2
韩国	1960	100.0	37.7	13.8	25.2	38.2
	1970	100.0	48.2	17.0	14.2	20.6
	1980	100.0	30.1	18.0	26.0	25.9
	1988	100.0	28.0	16.6	30.1	25.2
香港	1970	100.0	32.3	12.5	24.5	30.7
	1980	100.0	29.3	11.0	39.5	20.2
	1989	100.0	32.8	12.2	35.1	14.9
中国台湾省	1971	100.0	42.6	12.9	31.3	13.2
	1980	100.0	37.7	16.6	38.0	12.4
	1990	100.0	35.0	13.7	40.5	10.8
泰国	1960	100.0	48.5	20.2	12.9	18.4
	1970	100.0	54.8	15.1	14.7	15.4
	1980	100.0	53.2	13.9	16.6	27.6
	1987	100.0	44.3	16.0	15.9	23.7

注：①仅指商业；②仅指运输、邮电业；③仅指金融业；④包括其他。

附表 6:

美国第三产业内部结构

单位:%

	1960 年	1970 年	1980 年	1985 年	1988 年	1989 年
交通运输和公用事业	14.2	12.2	13.6	13.4	12.6	12.2
交通运输	7.3	5.9	6.0	4.9	4.8	4.6
铁路运输	2.7	0.5	1.2	0.8	0.6	0.6
地方和市内客运	0.6	0.4	0.3	0.3	0.3	0.3
公路货运和仓储	2.3	2.3	2.5	2.1	2.0	1.9
水运	0.6	0.5	0.4	0.3	0.2	0.2
空运	0.6	0.9	1.0	1.0	1.1	1.1
管道运输(不包括天然气和煤气)			0.3	0.2	0.1	0.1
交通服务			0.3	0.4	0.4	0.4
通讯	3.3	3.4	3.7	3.9	3.7	3.6
电话、电报	3.0	3.1	3.4	3.5	3.3	3.1
广播、电视	0.3	0.3	0.4	0.4	0.4	0.4
电、气和卫生服务	3.6	2.9	3.9	4.5	4.3	4.1
批发商业	10.0	9.1	10.9	10.0	9.3	9.0
零售商业	16.2	14.9	13.8	13.5	13.0	12.9
金融、保险和不动产	20.2	18.5	22.6	22.9	23.8	23.8
银行	3.0	3.2	2.9	2.8	2.8	3.2
除银行以外的信贷机构			0.3	0.4	0.6	0.5
证券和债务人财产销售			0.5	0.9	1.2	1.2
保险	2.8	2.6	2.9	2.3	2.9	2.6
不动产	13.6	11.9	15.8	16.1	15.9	16.1
控投公司和其他公司			0.1	0.4	0.4	0.2
服务业	18.1	20.2	21.1	23.2	25.0	25.7
旅馆业	0.8	0.9	1.1	1.1	1.2	1.2
个人服务	1.9	1.5	1.1	1.1	1.1	1.1
产业服务	2.2	2.9	3.9	5.2	5.7	5.9
汽车修理和服务			1.2	1.2	1.2	1.2
电影			0.3	0.3	0.3	0.4
娱乐和休闲			0.7	0.7	0.8	0.8
健康保健	4.3	5.7	6.1	6.6	7.1	7.2
法律服务	1.0	1.3	1.3	1.7	1.9	2.0
教育	0.9	1.4	0.9	0.9	0.9	1.0
社会服务和俱乐部	1.8	1.9	1.5	1.4	1.4	1.5
私人家庭服务	1.5	0.9	0.4	0.3	0.3	0.3
政府服务	21.3	25.0	18.1	17.0	16.3	16.4
联邦政府服务	10.2	10.3	6.5	6.1	5.4	5.5
州和地方政府服务	11.1	14.7	11.7	10.9	11.0	10.9
合计	100.0	100.0	100.0	100.0	100.0	100.0

附表 7：

中国台湾省第三产业内部结构

单位：%

	1951年	1961年	1967年	1983年
交通运输和仓储	10.1	12.8	12.4	13.1
水运	1.6	1.9	1.4	0.8
铁路运输	3.3	3.1	2.1	0.6
其他运输和仓储	3.7	6.1	6.8	7.7
通讯	1.5	1.7	2.0	4.0
批发和零售商业	30.3	31.0	32.2	29.8
银行、保险和不动产	2.3	3.5	5.1	7.8
银行和其他金融机构	2.2	3.1	3.4	5.1
保险	0.1	0.4	1.7	2.1
不动产	0.0	0.0	0.0	0.6
住宅服务	19.0	15.7	13.6	12.9
政府服务	24.9	25.8	25.4	22.3
其他服务	13.4	11.2	11.2	14.2
合计	100.0	100.0	100.0	100.0

附表 8：

研究与开发经费占国民生产总值的比重

	年份	货币名称	研究与开发经费占国民生产总值%	按人口平均的研究开发费用（单位本币）	每一研究人员年平均费用（单位本币）
美国	1988	美元	2.6	514.7	156 400.0
日本	1987	日元	2.8	80 825.0	15 988 300.0
原民主德国	1988	马克	4.6①	716.6	92 200.0
原联邦德国	1987	西德马克	2.8	941.6	345 600.0
英国	1986	英镑	2.3	154.7	
法国	1987	法郎	2.3	2 188.8	1 109 400.0
意大利	1987	里拉	1.2	204 308.0	165 769 500.0
加拿大	1987	加元	1.4	286.5	127 700.0
澳大利亚	1987	澳元	1.3	219.7	101 100.0
苏联	1988	卢布	6.2①	133.8	24 800.0
捷克斯洛伐克	1988	克郎	4.5①	1 667.8	388 300.0
波兰	1988	兹罗提	1.2	9 350.1	10 300 400.0
匈牙利	1988	福林	2.4	3 066.3	1 512 200.0
保加利亚	1987	列弗	3.3①	103.0	18 300.0
南斯拉夫	1988	第纳尔	1.2	66 210.2	45 612 300.0
印度	1986	卢比	0.9	34.0	312 700.0
印度尼西亚	1988	卢比	0.2	1 482.0	8 093 000.0
菲律宾	1984	比索	0.1	11.4	127 000.0
南朝鲜	1988	南朝鲜圆	1.9	55 013.8	41 506 800.0
泰国	1987	铢	0.2	50.0	481 100.0
新加坡	1987	新加坡元	0.9	143.5	111 500.0
埃及	1982	埃镑	0.2	0.9	
墨西哥	1984	比索	0.6	2 051.5	9 552 800.0
巴西	1985	克鲁塞罗	0.4	39 763.8	101 971 900.0
阿根廷	1988	比索	0.5	110.0	312 700.0

注：①研究与开发经费占物质生产净值的比重。

（京）新登字 041 号

责任编辑　朱维盛　杨玉英

美术编辑　陆晓婷

中国第三产业年鉴·1993
ZHONGGUO DISANCHANYE NIANJIAN

《中国第三产业年鉴》编委会　编纂

*

中国统计出版社出版
（北京复外三里河月坛南街 38 号）
中国华云公司照排中心照排
北京二二〇七工厂印刷
各地新华书店经销

*

787×1092 毫米　16 开本　63.5 印张　2000 千字
1993 年 10 月第 1 版　1993 年 10 月北京第 1 次印刷
印数：1—10000
ISBN 7-5037-1081-0/F.466
定价：108 元